蓝琪　主编

中亚史

第一卷

蓝琪　苏立公　黄红　著

商务印书馆
创于1897　The Commercial Press

图书在版编目（CIP）数据

中亚史. 第一卷 / 蓝琪主编；蓝琪，苏立公，黄红著. — 北京：商务印书馆，2020（2022.8重印）
ISBN 978-7-100-18499-1

Ⅰ. ①中… Ⅱ. ①蓝… ②苏… ③黄… Ⅲ. ①中亚—历史 Ⅳ. ①K360.0

中国版本图书馆CIP数据核字（2020）第085640号

中 亚 史

第一卷

蓝琪　主编

蓝琪　苏立公　黄红　著

商　务　印　书　馆　出　版
（北京王府井大街36号　邮政编码 100710）
商　务　印　书　馆　发　行
三河市尚艺印装有限公司印刷
ISBN 978-7-100-18499-1

2020年10月第1版　　开本 640×960　1/16
2022年8月第2次印刷　　印张 32

定价（全六卷）：460.00元

总　序

蓝琪等同志编著的《中亚史》即将出版，索序于我。我对中亚的历史素无研究，是没有资格写序的，但考虑再三，还是答应了下来。我之所以承命不辞而有“越位”之举者，是因为被作者刻苦治学的精神深深感动。在贵州研究中亚史，条件是很不利的。获得资料很难，对外交流的机会也少，等等。但作者们以极大的毅力克服种种困难，十余年坚持不懈，终于获得了丰硕成果。《中亚史》从原始社会一直写到 1991 年，亘古至今，结构严谨，内容充实，实在难能可贵。

我国史学界过去很少有人专门研究中亚史，但有一些前辈学者在他们的著作和译著中也涉及中亚史的某些方面或某些问题，并取得了卓越的成就。例如，陈垣先生的《元西域人华化考》、冯承钧先生的《西域南海史地考证译丛》、张星烺先生的《中西交通史料汇编》、向达先生的《唐代长安与西域文明》，都是精品。今天，我国作为一个有世界影响的大国，需要深入了解世界，既要了解它的现状，也要了解它的历史。中亚是我国的近邻，研究中亚史很有必要。希望蓝琪等同志继承前辈学者的宝贵遗产，不断取得新的成果。

我还想借此机会谈谈研究世界史的问题。研究世界史，要兼顾整体与局部两个方面。第二次世界大战后，世界在经济、政治、文化各方面日益密切联系起来。伴随着迅速全球化的时代，历史学也必须把世界作为一个整体来研究。人们迫切要求知道：人类历史是怎样由原始、孤立、分散的人群发展成为今天这一密切联系的整体的。只有局部的研究，只见树木，不见森林，是不符合时代要求的。再者，国别史和地区史的研究如果不放在更加广阔的世界背景下进行，那么它们在世界上的地位、作用以及彼此的关联和相互影响，是无法谈清楚的，整体的说明就站不住脚，难以成立。好比一座大厦，如果它的种种构件都不结实，那么这座大厦就只是徒有其表，看起来富丽堂皇，但不久就会坍塌下来。

我国较大规模地开展外国历史的研究，是在 1978 年改革开放以后，至今只有几十年的时间。因此，无论是世界史的研究，还是国别史、地区史、专门史的研究，都需要继续展开。还有不少空白点，有待填补。我们的任务重，但底子薄，所以更要加倍努力。我老师一辈的史学家都已归道山了。与我同辈（大约在 80—90 岁之间）的史学工作者，在世的也不多了。开拓我国世界史（广义的，包括全球史与区域史、国别史等）研究新局面的重任落在了中青年一代身上，希望各位奋发努力，勇攀高峰。我相信再过几十年，我国的世界史研究定将迈上一个新的台阶，成为国际史学界大厦中的重要一员。

齐世荣，时年八十有五

2011 年 9 月 15 日

前　言

先谈一下撰写《中亚史》的前前后后。笔者于 1983 年考入贵州师范大学历史系，幸运地成为治中亚史的前辈项英杰先生的学生。当时，导师正在组织力量翻译一批外文著作，计划以后写一部四卷本的中亚通史。历经 15 年，包括笔者在内的三届七名研究生共翻译了由项师选定的十多种（近 300 万字）英、俄、日文专著和《大英百科全书》的有关条目，其中一些成果已经由《贵州师范大学学报》增刊《中亚史丛刊》（共七册）出版。由于史料匮乏、语言繁杂、史实模糊，以及现有文献资料互相抵牾等困难，直到 1998 年项师仙逝，撰写中亚通史之事仍未提上日程，但笔者从未意识到先生的这一遗愿将由自己来完成。

2002 年，即项师去世四年后，联合国教科文组织编写的《中亚文明史》汉译本第一、二卷出版，仔细阅读之后，笔者朦胧地意识到写一本中亚史的时机似乎来到了。2003 年，笔者接受翻译《中亚文明史》第五卷的任务，在读完《中亚文明史》第五卷英文本之后，撰写中亚史的想法清晰起来。[①] 同年，贵州师范大学组建历史与政治

① 《中亚文明史》是联合国汇集世界著名中亚史专家撰写的一部连续性的中亚经济文化史，它代表着 20 世纪末的研究水平，此书所用资料可以弥补中亚史构建中文明史资料的缺乏。其中，《中亚文明史》第一、二卷的资料可以完成中亚原始社会和古代文明的撰写，《中亚文明史》第五卷中 16—18 世纪中叶的内容正好填补了国内中亚史研究的空白。

学院，笔者不知深浅地把写一部中亚通史的想法向领导汇报，立即得到校领导和院领导的鼓励和支持，于是，撰写本书的工作进入实质性阶段。2008 年，经审批，此课题获得国家哲学社会科学基金资助（项目编号 08BSS009）。历时 10 年，《中亚史》的撰写终于完成。

在此，有必要对本书研究与撰写的地理和时间范围做一说明。古代中亚边界是不稳定的，它随时代而变化，随中亚部族与周边文明国家之间势力的消长而变化。一般来说，学术界对中亚有广义、狭义之界定：广义中亚范围指西起里海，东达兴安岭，南自喜马拉雅山山脉，北至阿尔泰山；狭义中亚范围仅指阿姆河和锡尔河之间的两河流域地区。本书的研究对象主要是今哈萨克斯坦、乌兹别克斯坦、吉尔吉斯斯坦、塔吉克斯坦、土库曼斯坦和阿富汗所在地区，有时候也涉及与它们有关的地区。

本书共分六卷，论述内容起于中亚旧石器时代，终于 1991 年苏联解体。第一卷论述了中亚原始社会和奴隶社会，主要内容是生产力和生产关系与早期国家的兴起；第二卷论述了封建社会兴起的历史，主要内容是阿拉伯人和波斯人的王朝历史；第三卷和第四卷论述了封建社会发展的历史，主要内容分别是突厥王朝和蒙古帝国的历史；第五卷论述了封建社会衰亡的历史，主要内容是哈萨克汗国、布哈拉汗国、希瓦汗国、浩罕汗国的历史；第六卷论述了中亚沦为殖民地、半殖民地的历史和中亚人民争取自治、独立的斗争史，以及苏联时期的中亚历史。

本书体例按通史要求均衡安排，克服了以往同类著作中史料多的地方多写，史料少的地方少写或不写的状况。本书的结构安排可概述为“以编定性，以章定范围，以节定内容”。在人类历史发展过程中，除了渐进性的量变外，还存在着突起性的质变；本书力图用马克思历史唯物主义的观点，根据中亚历史发展轨迹上出现的一些质变点划分时段，并以编的形式做出界定；中亚地区在文化上是一个统一体，但在政治上却一直是分裂的，本书将诸政权统治地区归纳在章的形式下；在各章以下，本书以节的形式阐述了具体的历史内容，每节基本上控制在5000字左右。

本书内容涵盖了苏联解体以前中亚地区存在过的所有王朝，按中国人撰史的习惯，此书可以冠以“中亚通史”一名。但在看了一些学者对“通史”的定义之后，本人决定采用“中亚史”作为本书之名。主要考虑有两点：第一，据《易·系辞》云：“往来不穷谓之通”，“不穷”指时间的无限，贯通一切时间的通史是不可能存在的；第二，严格地说，时间上的通只是通史的必要条件，真正的通史必须具备通史精神。[①] 对于通史精神，施丁教授认为：“不通古今之变，则不足以言通史。”[②] 中国的中亚史学尚处于起步阶段，欲达到上述境界，尚有待努力。

本书各卷有分述和总述，在对地区政权进行分述的同时，对当时中亚的政治、经济、对外关系以及宗教和文化情况做了总体论述。在分述和总述中，作者力求系统、全面、准确。所谓系统，就是着眼于中亚政权在此时段内的变革过程；所谓全面，就是研究领域尽可能包括国家和社会生活的各个方面，即政治、经济、社会、民族、宗教、对外关系；所谓准确，就是客观、求实，向读者展现事物的本来面目。在分述和总述的基础上，作者力求对研究对象进行反思，希望总结出一些带规律性的认识，即通史精神。

此外，本书在前人研究基础上做了一些推进性的尝试。如中亚经济和文化的南北差异一目了然，本书在考察中亚原始生产力的发展时，明确了这一差异产生于旧石器时代后期，到新石器时代早期呈现出定居文化和畜牧聚落文化的南北特征。又如，众所周知，中亚是古代东、西方贸易和文化的通道与融合地，本书指出，如果中亚的背后没有一个强盛的汉唐中国，中亚地区就不可能成为东、西方交往的桥梁。

对早期中亚的历史进程，本书还提出一些新的思考。如在第一卷第二编第一章第二节中，作者提出中亚地区在铁器时代经历了东方游牧民族迁徙和西方文明（希腊亚历山大大帝）远征的两大冲击，

---

① 参见刘家和：《论通史》，《史学史研究》2002年第4期。

② 施丁：《说“通”》，《史学史研究》1989年第2期。

正是在这些外力的冲击下，中亚古代政权（国家）加速形成；又如本书对16—19世纪中叶的中亚国家（或王朝）的性质做了界定，认为16—19世纪上半叶的中亚社会仍然处于前近代时期的封建时代。16世纪以后，远离工业文明发源地的中亚没有出现由封建生产方式向资本主义生产方式过渡的本质变化，中亚国家政权组织和社会结构仍然是封建性质的：哈萨克汗国实行封建领主制与部落家长制结合的宗法封建制度；以定居农业为主要生产方式的布哈拉汗国和希瓦汗国，贵族代表大会在汗国内外的政治生活中都有重要的发言权，两个汗国都采取了以采邑为基础的统治方式，将行政权和财政权通过采邑转让给贵族统治。中亚诸政权的经济制度仍以封建地主阶级占有土地来剥削农民剩余劳动为基础，国家的经济来源主要是封建地租。中亚社会的主要矛盾也是封建性质的，农民与封建主之间的矛盾是社会的主要矛盾。

本书还做了一些十分必要但暂无相关研究的课题。如把中亚原始文化与周边文化相联系比较，并且指出，中亚原始文化发展的进程与世界较先进的西亚地区基本上是一致的。又如探索中亚原始文化的起源时认为，旧石器时代早期中亚发现了西方传入的阿舍利文化，旧石器时代中期中亚发现了以勒瓦娄哇—莫斯特类型为特征的石片文化，因此，中亚从旧石器时代起就具有文化融合的特征；新石器时代，中亚文化受到西亚的影响；青铜时代，中亚南方文化显示出受到两河流域、伊朗和印度河下游地区的影响，中亚北方的草原文化更多地受到了欧亚草原西部文化的影响。在此基础上，笔者推断，与印度河流域文明一样，新石器时代以前的中亚原始文化可能是尼格罗—澳大利亚种（黑种人）的达罗毗荼人创造的；从铜石并用时代起，中亚原始文化的创造者是欧罗巴人中语言属印欧语系的一支人群，即雅利安人。

本书与以往著作的不同之处，各卷的序言中都有说明，在此不一一指出。需要特别说明的是，在立论方面，中亚历史的很多事件和人物都存在着观点上的歧异，本书对此没有一一阐述，而是在对尽可能多的观点进行比较、分析之后，采取了笔者认为较为客观的一种。需要指出的是，本书虽是集体成果，但各卷的框架设计、资料的采用安排、文字的取舍统一，以及最终定稿都系由笔者完成，因此，全书风格一致，语言统一。

现在呈现给读者的这部《中亚史》凝聚了贵州师范大学三代学人的心血，也是笔者学习和研究中亚史30余年①的一个总结。本书是在国内外研究成果的基础上完成的。在撰写过程中，本书参考了中亚史前辈王治来先生的《中亚通史》，在“中亚塞种国家”一编中，参考了学长余太山的《塞种史研究》等著作；在西辽史、喀喇汗王朝史和叶尔羌汗国史的撰写中，参考了魏良弢先生的《西辽史研究》等著作；在察合台汗国部分，参考了刘迎胜先生的研究；在萨曼王朝部分，参考了学长许序雅的研究；在沙皇俄国统治中亚的部分，使用了学长吴筑星和董兴森翻译的俄文资料（发表在《中亚史丛刊》第一、四册）；在宗教苏菲派部分中，参考了学兄张文德博士的《苏菲主义》等研究。可以说，如果没有他们的研究成果，这部《中亚史》从体例的完整到内容的充实都是不可能完成的。

英国学者休谟在其《论历史研究》一书中说：“历史不仅是知识中很有价值的一部分，而且还打开了通向其他许多部分的门径，并为许多科学领域提供了材料。”②笔者衷心希望《中亚史》一书能够起到这种作用。

本次出版的平装本，在原来精装本的基础上未做改动。由于每卷独立性较强，页码未做连排处理。

蓝　琪

2020 年 8 月

① 编者于 1981 年开始准备中亚史研究生的考试，至今 30 余年。

② 〔英〕休谟：《论历史研究》，见瑜青主编：《经典启蒙文库 · 休谟经典文存》，上海大学出版社 2002 年版，第 211 页。

总目录

第一卷

第一编　中亚原始文化（前200万年—前7世纪）

第四编 西突厥汗国（6 世纪中叶—7 世纪中叶）

第二卷

第一编　群雄逐鹿（651—750）

第三卷

第四卷

第一编 蒙古帝国时代（13 世纪上半叶）

第二编 蒙古汗国时代（1270—1370）

第三编 帖木儿帝国时代（1370—1507）

第五卷

第一编 中亚早期民族国家的兴起（16世纪）

第六卷

第一编　沙俄时期（19世纪中叶—20世纪初）

第三编 中亚现代民族国家

第一卷 序

《中亚史》第一卷主要论述中亚地区的原始文化、早期文明、古代国家的历史。从内容上看，本卷在世界历史的分期中属于上古史的范畴；从社会发展史的角度考察，这一时期的中亚社会处于原始社会和奴隶社会阶段。

《中亚史》第一卷分“中亚原始文化”、“中亚文明时代”、“中亚塞种国家”、“西突厥汗国”四编。第一编起于200万年前在喜马拉雅山南缘的西瓦利克地层发现的石核石器，终于中亚北方早期铁器时代（前7世纪）；第二编从中亚地区步入阶级社会的公元前10世纪起，到希腊人统治结束的公元前3世纪止；第三编从塞种在中亚建国的公元前3世纪起，到塞种国家灭亡的6世纪止；第四编从突厥人在中亚建国的6世纪中叶起，到唐代中国灭亡西突厥汗国的7世纪中叶止。

在第一编“中亚原始文化”中，作者论述了中亚地区石器时代、青铜时代和早期铁器时代的文化，归纳了各个文化阶段的特征。作者指出，在旧石器时代早期，中亚存在着砾石文化和阿舍利手斧文化；在旧石器时代中期，中亚存在着以勒瓦娄哇—莫斯特类型为特征的石片文化。因此，地处东亚与西亚之间的中亚原始文化从旧石器时代起就具有融合的特征，在砾石文化的基础上，接受了西方传入的阿舍利文化。

作者在本编中强调了中亚原始人类从旧石器时代就开始有效地利用和开发了中亚地区的生态环境。在新石器时代早期，以北纬45度为界，中亚经济呈现出南、北差异：以哲通文化为代表的中亚南方从原来的渔猎和采集征用型经济逐渐向原始农业的生产型经济转变；以克尔捷米纳尔文化为代表的中亚北方草原从渔猎和采集过渡到畜养家畜的生产型经济。随之，中亚原始文化逐渐呈现出南、北特征，以原始农业为基础的中亚南方发展了定居文化，以畜牧业为主的中亚北方形成了畜牧聚落文化。

在世界一些地区，铜石并用时代的文化特征是不明显的，因此，这些地区的铜石并用时代往往被纳入新石器时代晚期；与之不同，中亚的铜石并用时代文化具有鲜明的特征，因此，本书将它分离出来，独立成章。作者指出：中亚铜石并用时代使用的铜器是红铜（天然铜）以及与自然共生矿同存的合金铜，铜器的加工采用了冷锻、冶铸技术；在发现铜石的大多数遗址中，与铜器一起还发现了在红色或淡黄色陶衣上绘以黑色装饰图案的彩陶，它们几乎占了陶器总量的三分之一，彩陶成为中亚铜石并用时代的一个文化特征。因此，中亚铜石并用时代的文化又被称为彩陶文化。

本编论述了中亚地区青铜和铁器文化的特征。中亚发现的青铜大多数是含砷和铅的合金，含锡的青铜较少。中亚早期铁器时代的文化遗址表现出以下一些特征：中亚北方的牧—耕型经济开始转向季节性迁移的游牧或半游牧经济；中亚南方表现出三个特征，即大型灌溉系统的出现、城堡的建设、文字迹象；北方游牧或半游牧部落的南迁冲击了中亚南方的定居农业中心，南北交流频繁起来。

在本编的最后，作者将中亚原始文化放在世界范围内进行了考察。作者指出：中亚原始文化发展的进程与世界较先进的西亚地区基本上是一致的。在青铜时代，中亚南方文化显示出两河流域、伊朗和印度河下游地区的影响；中亚北方的草原文化更多地受到了欧亚草原西部文化的影响。在此基础上作者推断：与印度河流域文明一样，新石器时代以前的中亚原始文化可能是尼格罗—澳大利亚种（黑种人）

的达罗毗荼人创造的；从铜石并用时代起，中亚原始文化的创造者是欧罗巴种人中语言属印欧语系的一支人群，即雅利安人创造的。

在第二编“中亚古代文明”中，作者论述了中亚南、北方经济和政治的发展历程。本编论述了中亚地区经历了来自东、西方的压力，即东方游牧民族的迁徙和西方文明（希腊亚历山大）的远征。作者指出，外力的冲击加速了中亚古代政权（国家）的形成；与此同时，中亚也成为东西方文明的汇聚之地和多元文化的交融之地。

在第三编“中亚塞种国家”中，作者论述了公元前3世纪至6世纪的近一千年中在中亚形成的政权。在中亚北方有游牧行国奄蔡、康居、月氏、乌孙；在中亚南方有定居农耕小国大宛（Ta-Yuan）、罽宾（Ki-Pin）、乌弋山离（Alexandria-Prophthasia）；在此基础上形成的大帝国——贵霜和哌哒。这些国家都是语言属印欧语系东伊朗语族的人建立的，从人种和地理方位上可以认定这些人是波斯铭文中的塞克人，他们在中国史书中被记为塞种，因此，本编将他们建立的政权统称为塞种国家。

本编重点论述了中亚经济的发展状况。作者指出，中亚南方由于引阿姆河、泽拉夫善河等水的灌溉工程的修复、扩建和新建，农业得到迅速发展，大片绿洲形成；在此期间畜牧业形成了区域性特征；中亚的采矿、制陶、金属加工和纺织业在原有的基础上继续发展，武器制造和城市建筑的发展较为显著。

本编论述了这一时期中亚的交通状况，丝绸之路的开通促进了中亚地区与东方的联系。作者指出：汉代中国的强盛使中亚地区开始成为东、西方交往的桥梁。贵霜帝国对印度的统治使中亚获得了出海口，海路贸易随之发展起来，这是中亚地区以后不再有的情况。

本编还论述了这一时期中亚的宗教状况。作者指出：除了琐罗亚斯德教和希腊诸神崇拜外，公元前3世纪以后陆续开始在中亚流传的有佛教、印度教、摩尼教、景教，中亚地区的信仰呈现出多样化的倾向。与以往相比，由于贵霜帝国的统治，中亚宗教更多地吸收了印度因素。

在第四编“西突厥汗国”中，作者论述了以突厥部为主的铁勒各部的历史。作者指出：6 世纪以前，中亚地区主要是欧罗巴种人中语言属印欧语系的居民的居地，此后，蒙古利亚种的铁勒人陆续由东向西迁入中亚北方地区。从此，欧罗巴种的印欧人开始与蒙古利亚种的铁勒人融合，拉开了中亚居民突厥化的序幕。

本编重点论述了突厥部落发展的历史。作者指出：突厥部人在叶尼塞河上游生活期间以狩猎和采集为生；迁到阿尔泰山西南坡以后开始了游牧生活；6 世纪中叶，突厥人建立了自己的汗国。在突厥汗国形成过程中，突厥人占据了亚洲三大草原，即蒙古草原、天山草原和哈萨克草原，受到了周边文明影响的突厥社会的封建因素得以迅速发展，其中，“有封建主义的部族，也有奴隶制的部族，有无阶级的氏族和部落，也有从无阶级向有阶级过渡的部落和部落联盟”[①]。

本编还论述了西突厥汗国统治时期中亚南方昭武九姓国的情况。作者指出：母权制残余和被奴役的等级——贱民和奴隶——在昭武国社会中残存下来，从粟特经济活动来看，突厥人时期奴隶的劳动已经失去了主导地位。

作者指出，突厥汗国在世界古代史上占有重要地位，突厥人是至今发现最早创制自己文字的游牧民，他们将自己部落之名——突厥——给予了与他们说同样语言的所有铁勒族人民。

《中亚史》第一卷的分工：第一编（贵州师范大学蓝琪教授），第二、四编（淮南职业技术学院苏立公副教授），第三编（贵州师范学院黄红副教授）。

蓝　琪

① 马长寿：《论突厥人和突厥汗国的社会变革》，见《突厥与回纥历史论文选集》上册，中华书局 1987 年版，第 132—138 页。

第一卷目录

第二编 中亚文明时代（前 10 世纪—前 3 世纪）

第三编 中亚塞种国家（前3世纪—公元6世纪）

第四编　西突厥汗国（6世纪中叶—7世纪中叶）

第一编 中亚原始文化

（前200万年—前7世纪）

人类文明从低级向高级发展经历了二三百万年的历程，中亚（Central Asia）人类文明的起源可以追溯到两百多万年以前。19世纪，丹麦学者汤姆森（Thomsen）将人类初期的历史划分为石器时代、青铜时代和铁器时代三个阶段；中亚原始文化的发展也经历了以上三个阶段，在各个阶段中分别呈现出本地区的特征。人类原始文化的内容包括了物质文明、精神文明，以及在创造物质与精神文明过程中结成的社会组织。在考察中亚原始文化的过程中，本编以工具的制造为主线，以展现中亚原始人类的物质文化，探索中亚原始人类的精神文化，推断中亚地区原始人类的社会组织。

第一章

旧石器时代文化

旧石器时代是以制造打制石器为标志的人类物质文化发展阶段。根据石器的打制技术，考古学将旧石器时代分为早、中、晚三个时期。一般而言，旧石器时代早期起于石器出现的250万年前，终于30万年至20万年前；旧石器时代中期起于30万年至20万年前，结束于大约5万年至4万年前；旧石器时代晚期起于大约5万年至4万年前，到1.5万年前结束。中亚旧石器时代三期的划分基本上与世界普遍性划分保持一致，只是旧石器时代中期的起止时间向后移了几万年。

打制石器的技术有四种。最早的打制石核技术（即砾石文化，Pebble Culture）和两面打制技术（即阿舍利文化，Acheulian Tradition）一直到大约15万年前结束。此后，出现了勒瓦娄哇—莫斯特（Levalloisian-Mouster）技术，这种技术比前两种技术先进，是在制作石器之前，预先加工和修整一块石核，再从石核上打制薄片石器，勒瓦娄哇—莫斯特技术在大约距今3.5万年前结束。最后一种打制石器技术是细长形石叶加工技术。以上石器技术在欧洲旧石器文化的分期比较清楚，因此，考古学界基本上以欧洲旧石器代表文化的名称对世界其他地区的石器进行分类和命名。中亚地区也是如此。

在东亚的旧石器文化遗址中，以斫器为主，几乎没有发现采用阿舍利技术和勒瓦娄哇—莫斯特技术制作的石器，因此，有学者[①]将东方旧石器文化称为“砍斫器文化圈”（The Great Chopper-tool Complex）；西方在旧石器时代早期就出现了两面加工石器的阿舍利手斧技术，因此被称为“手斧文化圈”（The Great Hand-axe Complex）；地处东亚与西亚、东欧之间的中亚，在旧石器时代早期存在着阿舍利手斧文化，在旧石器时代中期存在着以勒瓦娄哇—莫斯特类型为特征的石片文化。

第一节　旧石器时代早期文化

目前，中亚旧石器时代早期最早的石器工具是在喜马拉雅山最南缘的西瓦利克带（Silwalik Belt）地层中发现的，总共出土了一组石片和一件石核石器。地质学上认定这一地层处于200万年前。由此，中亚旧石器时代的起点可以确定在公元前200万年，终点大约在30万年至20万年前。不过，中亚某些地区的旧石器时代早期文化一直延续到距今8万年至7万年。

从考古发掘物来看，这一时期打制石器的石材是经过挑选的，石材的选择受到了地区石材种类的限制。石器选用的石材有砾石（卵石）、石英岩、沉积岩（或火成岩）、燧石岩和碧玉，等等，其中，使用最多的是经水冲磨过、硬度较大的砾石。因此，中亚旧石器时代早期的石器以厚重的砾石石器为主。

中亚旧石器时代早期石器的种类有石片和石核。石片的打制方式是用石锤（或角、木锤）从原石上打下一块块石片，或者将原石举起向作为石砧的大石块撞击，劈裂出石片。剥离下来的或劈裂

① 美国考古学家莫维士（Movius）于1944年发表《平行两种文化假说》（Parallel Phyla Hypothesis），指出早期旧石器时代，世界存在两个技术传统不同的文化圈。一是砍斫器文化圈，包括东亚、南亚次大陆北部；一是手斧文化圈，包括非洲和欧洲的南、中、西部以及中东和印度。这种观点因东亚和蒙古高原发现了手斧而受到质疑。

出来的石片，有的已经很锋利，可以直接使用；有的还需要经过简单加工修整。因此，有的石器是一次打制成功的，有的则经过了二次打制。这种打制技术因最早发现于英国埃塞克斯的克拉克当（Clactonian）露天遗址，所以被称为克拉克当石器。克拉克当石器的典型特征是石片厚重粗大。在中亚，用石片加工的石器有刮削器、尖状器和雕刻器等器形。刮削器是在石片的一边或多边加工，用来刮兽皮、木料、骨类的工具；尖状器是把石片相邻的两条边加工成尖形，用以刺割；雕刻器是在石片尖端打成垂直的短刃，用以雕刻。

剥离过石片的剩余石块称为石核，石核也作为工具使用，被称为石核石器或砾石石器。石材在打下了石片以后，表面遗有石片剥离的痕迹，习惯上把单面剥离过石片的石核称为砍斫器；把两面打过石片的石核称为敲砸器；把周缘加工过的石核称为盘状器；把周身进行过加工的石核称为石球。在中亚各地发现的旧石器早期遗址中，几乎都出土了石核石器。

旧石器时代早期文化遗址在中亚南部、中部和北部都有发现。其中，最重要的是中亚南部塔吉克斯坦（Tajikistan）和阿富汗（Afghanistan）之间黄土层中的一些遗址，这些遗址有较为清楚的地层次序的考古材料。

到 1986 年年底为止，考古学家在南塔吉克斯坦发现了属于旧石器时代早期的三个遗址：拉胡迪（Lakhuti）、卡拉套（Karatau）和库尔达拉（Kuldara），并获得了十分重要的考古材料。

拉胡迪一号遗址位于阿姆河（Amu Darya）上游，面积为 216 平方米。在距今 30 万年的第五土层中发现了 1100 件石器，类型为石片和石核。石片的数量不多，种类以刮削器为主；大部分石器呈不规则形状，发现了船底形石器和凹面形石器。在里斯冰期（距今约 20 万年至 15 万年）的中后期土层中，发现了一些形状隐约可辨的盘状形或矩形石核。

卡拉套遗址在拉胡迪遗址以西 250 公里处，面积达 500 平方米。20 世纪 70 年代，塔吉克斯坦考古学家拉诺夫（V. A. Ranov）对该遗址进行了考察。在离地表 64 米以下的第 6 地层中发现了石器，据热释光断代，该文化层年代的上、下界分别为距今 210000 ± 36000 年和距今 194000 ± 32000 年。

卡拉套遗址共发掘石制品 200 余件，石材是变质岩。石器类型有石片和石核。石片有各种形状的斧子、少量砍斫器、边缘不规则的刮削器、各种小型刮削器、制作粗糙的小型尖状器以及锯齿形和凹面形石器，还有粗大的单面砍斫器。这些工具是极端不规则的，大部分石片没有第二步加工的痕迹，个别石片的一边比较平整，显示出旧石器时代中期石器技术的特征。有学者认为卡拉套文化遗物与中国黄土地区旧石器时代早期器物有着某些相似性，但是，现在看来还难以做出更多的推论。①

在三个遗址中，较小的库尔达拉遗址在南塔吉克斯坦的哈瓦陵（Khavaling）地区。该遗址中出土了 40 件石器，分布在第 11 和 12 地层中，经热释光测时法测定，其年代约在 8 万年至 7.5 万年以前。库尔达拉石器类型为石片和石核。石片石器的特点是器型较小，通常小于 5 厘米；石器类型有小型刮削器，其中包括有细锯齿的长刮削器。库尔达拉石器采用砾石文化中的石块劈裂技术，因此，尽管它的地质时间较晚，但仍然属于旧石器时代早期文化遗址。

从塔吉克—阿富汗黄土区往南，在今巴基斯坦（Pakistan）西部的索恩（Soan）河畔，最著名的旧石器时代早期遗址是距今 80 万年至 25 万年前的索恩文化遗址。考古学界认为，索恩文化遗址是中亚最典型的旧石器早期文化遗址。美国学者帕特尔松（T. T. Paterson）和巴基斯坦学者德鲁蒙德（H. J. H. Drummond）对它进行了考察。帕特尔松在他的有关巴基斯坦波托瓦尔高原（Potwar Plateau）考古的著述中将此文化遗址视为中亚地区旧石器早期文化的标准模式。

在东旁遮普（Punjab）喜马偕尔邦（Himāchal Pradesh）的古勒（Guler）、那拉迦尔（Nalagarh）等上层台地中，也出土了属于早期

---

① 这是塔吉克斯坦学者 V. A. 拉诺夫的观点，参见〔巴基斯坦〕A. H. 丹尼、〔苏联〕V. M. 马松主编：《中亚文明史》第 1 卷，中国对外翻译出版公司 2002 年版，第 23 页。

索恩文化的石器。在这些石器中，石片石器较少，石核石器较多，有些石器是从砾石河床或覆盖着河床的黄土层中发掘出来的。索恩早期石器的特点是用平底砾石或圆形砾石制成，多数石器的大部分仍保持着砾石的原样，未做加工。少数石器属于克拉克当文化类型，即是从未加工的石核上打制出来的石片。在索恩石器中缺乏诸如尖状器或刮削器这类可以清楚辨认的片状石器。

在穆尔加（Murgha）、康格拉（Kangra）溪谷以及喜马偕尔邦的昌迪加尔（Chandigarh）镇附近，发现了手斧、两面刃器和大石刀一类的器物。于是，以往认为索恩文化是独立发展起来的观点受到了质疑。尽管如此，手斧之类的双面石器只是偶有发现，砾石工具是索恩早期文化发掘物中的主角。

在中亚中部，旧石器时代早期遗址中，东面有费尔干纳盆地（Fergana Valley）的库尔布拉克（Kulbulak）遗址，西面有克谢夫河谷（Keshef-rud）遗址。在这些遗址中发现了个别的阿舍利型双面工具，不过，它们的地质年代难以确定。

库尔布拉克遗址位于锡尔河（Syr Darya）上游北岸，在今吉尔吉斯斯坦（Kyrgyzstan）境内的恩格伦（Angren）镇附近发现了一个露天遗址。苏联考古学家卡西穆夫（M. R. Kasymov）对它进行了考察。该遗址地层次序良好，其中最早的地层距今大约有 70 万年至 50 万年。在库尔布拉克遗址上发现了一种类型不太明确的阿舍利文化。

在伊朗高原（Iran Plateau）东北角马什哈德（Mashhad）附近的克谢夫流域发现了距今约 80 万年的克谢夫河谷遗址。20 世纪 70 年代，考古学家阿·阿拉里（A. Arali）和斯·西鲍特（C. Thibault）对该遗址进行了考察。出土物有锯齿形和凹面的片状工具、钩状器具和克拉克当型石片。有些石器是在更新世（180 万年至 1.1 万年前）中期和晚期的地岩层中发现的。在该遗址中发现了石斧。

在中亚北部，旧石器时代早期文化遗址在克拉斯诺夫斯克（Krasnovodsk）半岛、哈萨克斯坦（Kazakhstan）草原和中亚沙漠地区都有发现。在这些遗址中，发现了大量双面工具，其中可以辨认属于阿舍利型手斧。在蔡林诺格雷德附近的维希奈夫斯卡村（靠近赛密兹布古群山）以及曼吉什拉克（Mangyshlak）半岛等地，发现了时代久远的圆形砾石石器。

中亚北部发现的砾石石器和石斧没有一件是分层埋藏的，它们的地质年代不明确，由于石器缺乏地层次序的考古材料，只能按其类型判断属于旧石器时代早期。

从中亚旧石器时代早期的遗址来看，用砾石打制石片的技术及在未加工石核上打制石片的克拉克当石器技术在中亚南部、中部和北部普遍存在，它们是中亚最早的石器技术。以手斧为特征的阿舍利石器技术的传播从南向北逐渐明朗起来，如果中亚北部出土手斧的遗址能够在时间上加以确定，那么可以说，阿舍利型石器技术是通过北方草原传播到中亚的。

从南塔吉克斯坦和巴基斯坦索恩河流域发现的遗物推断：古人类在中亚南部出现极早，大约在 200 万年前就已经在此活动了。拉胡迪一号与卡拉套一号遗址出土的石器见于垂直与水平方向的各个地层中，土层的一般厚度都在 2.3 米—2.7 米之间，由此可以推断，中亚原始人类在中亚南部停留的时间较长，他们可能已经生活在有一定凝聚力的群落之中。到目前为止，在中亚旧石器时代早期的遗址中还未发现真正的文化土层，即没有见到生活居所、炉灶、厨房等遗迹，也没有发现集中的动物遗骸。这些迹象表明，中亚旧石器时代早期的遗址只是中亚原始人类的狩猎营地。

第二节　旧石器时代中期文化

中亚地区旧石器时代中期文化的物理测年几乎仍然没有确定，对于现存的各种划分都有人提出了这种或那种的保留意见。[①] 不过可

① 〔巴基斯坦〕A. H. 丹尼、〔苏联〕V. M. 马松主编：《中亚文明史》第 1 卷，第 35 页。

以肯定的是，旧石器时代中期的典型文化，即莫斯特文化（Mouster Culture）①，在中亚大约始于15万年前，盛行于8万年至3.5万年前。按欧洲的分类，在里斯—武木末期和武木初期，即10万年至4万年前，中亚迎来了旧石器时代中期文化的兴起和繁荣。②

莫斯特文化的特征是采用勒瓦娄哇技术（Levalloisian）打制石器。勒瓦娄哇技术是一种比克拉克当技术和阿舍利技术更先进的打制技术，首先将原石（或称石核）预制成一定的形状，大多数为倒置的龟甲形，然后从预制石核上打下石片，这些石片的外形十分精确（大多数呈有规则的三角形或四边形），以至于每一件物品无须修整就可以当刀或箭头使用。这种打制的石器最早在法国巴黎近郊的勒瓦娄瓦·佩雷（Levallois-Perret）发现，故名。莫斯特文化的代表性工具有三角形尖状器、边刮器，而中亚地区莫斯特文化的代表类型有品种繁多的刮削器、边缘经过修整的尖状器和雕刻器，以及大小不一的石斧和砍斫器。

用勒瓦娄哇技术生产精确薄片的可能性依赖于与人类体质的进步及人类思维活动有关的几种因素。在石核上的打制变得更加大胆精确，目的性更加明确。这表明人类手腕在方向上的灵活性和机动性得到了进化。劳动和手的进化同时促进了人智力的进化。石核和薄片两者是研究人脑理解力进一步发展的指示物，是工作者对所承担的任务有比较清楚的认可的指示物。简言之，这是积极深入研究人类智力化过程的证据，是研究人类超越存在于自身的原始动物成份的证据，是研究纯人类新特征与特性和新法律实现的证据，不仅是生物学上的，也是社会学上的。③

中亚旧石器时代中期的遗址众多，目前，已经发掘的遗址达78个，主要分布在中亚南部。塔吉克斯坦学者拉诺夫和美国学者戴维

---

① 该文化因最初发现于法国多尔多涅（Dordogne）省莱塞济（Les Eyzies）附近的穆斯捷（Le Moustier）岩棚，因此，被称为莫斯特文化。

② Denis Sinor, *The Cambridge History of Early Inner Asia*, Cambridge University Press,1990, p.54.

③ Ibid., p.53.

斯（R. S. Davis）对它们进行了考察。根据地区性差异，中亚旧石器时代中期遗址可以分为四种类型。

第一种，勒瓦娄哇型。即采用勒瓦娄哇预制石核技术，在一个或多个面的石核上打制石片，石片多为三角形和四边形，石片仅做简单修理，工具类型不明显。

阿姆河上游流域的拉胡迪遗址出土的石器是勒瓦娄哇类型的代表。拉胡迪遗址在旧石器时代早期就已经存在。在地表下 63 米的黄土层中，发现了在预制一个或多个面的石核上打制的石器。石器的类型有比较规整的砍斫器和一些锯齿状工具。根据热释光断代，这些石器距今 13 万年。阿姆河上游流域的勒瓦娄哇类型的石器特征明显接近东南亚而不是西方，尽管目前还看不出它们与东南亚旧石器文化在文化上的直接联系。也有学者认为，这种原始的勒瓦娄哇技术的打片方法是由当地的文化传统演化形成的。

第二种，勒瓦娄哇—莫斯特型。与勒瓦娄哇类型相似，也是在预制的石核上打制石器，但石核具有更多的台面，甚至出现了圆盘状石核，与勒瓦娄哇类型不同的是大部分石片具有经过修整的刀刃。

瓦赫什（Vakhsh）河沿岸的达雷库尔（Dara-i Kur）遗址是勒瓦娄哇—莫斯特类型的代表。1950 年，在阿富汗平原上一条很深的灌溉渠中，考古学家发现了一件属于莫斯特类型的尖状器。1954 年，美国学者库恩（C. S. Coon）对该地区的卡拉卡马尔洞穴（Kara Kamar Cave）及其他遗址进行了发掘。他声称在不同的地层中发现了旧石器时代中期和晚期的石制品。尽管有人认为五个洞穴和其他遗址中的材料都属于旧石器时代中期，但美国学者戴维斯认为只有达雷库尔遗址才真正属于旧石器时代中期。

达雷库尔位于阿富汗境内一个山谷侧壁的巨大岩石之下，距今约 6 万年至 3.5 万年。戴维斯对该遗址进行了考察。在旧石器中期的地层中出土了 800 多件石器，石材是玄武岩。石器的种类有多台面的勒瓦娄哇型石核和从石核上打制的石片工具：刀状薄片、尖头三角形石片、边缘经过修整的尖状器和刮削器，此外还有一两件不太清晰的雕刻器。在此，没有发现手斧。从发掘的石制工具推断，当时人们已经在制备好的盘状石核上打制石片，并将打下的石片进行修整。

遗址上发现了绵羊或山羊以及疑似牛科动物的遗骸。在遗址中，还发现了一块人类颅骨的残片，有学者认为："它在一定程序上与尼安德特人（Neanderthals）吻合。"①这是迄今为止在阿富汗发现的旧石器时代中期的唯一人类骨骸。

第三种，山区莫斯特型（即典型的莫斯特型）。与前面两类相同的是也在预制石核上打制石器，与之不同的是石器类型明显，如刮削器和尖状器。

山区莫斯特型文化常见于中亚南部的希萨尔（Hissar）山与其他山脉之间的谷地和悬岩中，捷希克塔什洞穴（Teshik-Tash Cave）和奥格泽基奇克洞穴（Ogzi-Kichik Cave）遗址是山区莫斯特型的代表。

捷希克塔什遗址位于乌兹别克斯坦的泽拉夫善（Zerafshan）河以南地区，在班森（Baisun）山脉的悬崖中。1938 年，苏联考古学家奥克拉德尼科夫（A. P. Okladnikov）等人发掘了该遗址。该遗址是一个 21 米深的石灰石洞穴，有五个居住层，可能是原始人类长期穴居的地方。它的发掘使我们首次获得了旧石器时代中期文化（或者说中亚莫斯特文化）的确凿证据。

在捷希克塔什遗址的五个居住层中，共出土了 2520 件修整过的石片和碎片。从质地上看，石材选用的是当地出产的各种岩石。从器形上看，主要有对工作边缘做过修整的各种刮削器，包括加工了一面或两面的长叶石片，有的尺寸很大。此外，还有典型莫斯特特征的尖状器，以及少数简单的雕刻器。这些石器在所发掘的几个文化层中几乎没有发生任何变化。

在捷希克塔什遗址上，发现了各种动物的遗骸，有野马、猪、鹿、豹、棕熊、鬣狗和西伯利亚山地羊（Capra Sibirica），以及许多

---

① 〔巴基斯坦〕A. H. 丹尼、〔苏联〕V. M. 马松主编：《中亚文明史》第 1 卷，第 49 页。

小型哺乳动物和禽鸟的骨骸，等等。其中，以山羊的遗骸最多，占骨骸总数的83.79%。① 在该遗址上，发现了包括骨针在内的一些骨制工具。这些遗物说明狩猎是当时人们获取食物的主要方式，山羊是主要的捕捉对象。从今天在此地已经灭绝的鬣狗等动物判断，当时该地区的气候比现在湿润。

捷希克塔什遗址的五个居住层都发现了炉灶。在最后一层居住层中，发现了一个大约七八岁的尼安德特人墓葬。在他的身边放置着六对西伯利亚山地羊的角。羊角摆放的位置使人们推测，它们可能象征着某种宗教仪式。捷希克塔什人可能是迄今为止在中亚发现的最早人类化石。

在同一地区，也是在难以进出的峻峭山谷中，还有阿米尔特米尔洞穴（Amir-Temir Cave）遗址。该遗址的出土文物显示人类在此有过短暂或偶然的居住。奥克拉德尼科夫认为：在班森山脚下的丘陵地带，可能有露天的定居地存在，它们常常是猎羊者的居住地；洞穴文化或许只反映了旧石器时代中期居民生活的一个方面，即季节性生活。

奥格泽基奇克遗址在塔吉克斯坦瓦赫什山脉南麓一个隐蔽的小山谷中，坐落在一座石灰石悬岩下，在今已干涸的一股泉水附近。拉诺夫于1979年对这一遗址进行了发掘。

该遗址出土的石器制品有加工过的石核和修整过的石片，共约一万件。从石器的制作来看，与捷希克塔什遗址出土的石器相似，也属于山区莫斯特型。但是，它们也有地方特色，即石材选自当地的岩石。

在该遗址上发现的动物残骸有龟、野马、红鹿、犀牛和山羊等。整个发掘现场到处可见明显是被人类折断的动物骨骼残片。奥格泽基奇克遗址的最佳居住层是在紧靠洞外下方的斜坡上。在遗址上发现了巨大的炉灶。在炉灶内发现了龟的遗骸，它是连壳一起烘烤的。

---

① 〔巴基斯坦〕A. H. 丹尼、〔苏联〕V. M. 马松主编：《中亚文明史》第1卷，第51页。在明显供食用的动物骨头中，西伯利亚山地羊占绝大多数，为总量的83.79%。

这些遗迹说明，中亚原始人类在旧石器中期已经知道使用火，而且开始吃熟食了。在遗址上还发现了一个用石块堆成的宽约 1.5 米的椭圆形设施，在它的一端摆放着两只野山羊角。由于该设施并未与墓葬挨在一起，因此几乎可以认定它是一个神坛，由此推知当时人类可能已经萌发了宗教意识。

在锡尔河流域（今吉尔吉斯斯坦境内的恩格伦镇附近）的库尔布拉克露天遗址中，最早的地层距今大约有 70 万年至 50 万年。苏联考古学家卡西穆夫经过勘察把它分为九个文化层。除最上面的三个文化层被认为属于旧石器时代晚期文化遗址外，其余各层都被视为旧石器时代中期的莫斯特型文化遗址。在属于中期的文化层中，出土的石器有带锯齿状和边部经过修整的微型刮削器，以及楔形和棱柱形石核。有的学者又把它单独列为一类，即细齿状的莫斯特型石器。

第四种，索恩莫斯特型。与山区莫斯特型一样，索恩莫斯特型石器类型明显，有刮削器和尖状器；与之不同的是，用细砾石制作的石斧和砍斫器在索恩莫斯特型石器中占了很大比例。

在前一节，我们介绍过今巴基斯坦西部索恩河畔的旧石器时代早期遗址。旧石器时代中期的索恩莫斯特型石器与相邻山区的山区莫斯特型石器有着直接的关系，因为两组石器都体现了典型的莫斯特型制品的特征，即在已制备过的石核上打制石片，然后再将石片加工成各种器形。索恩文化的石器类型有刮削器、尖状器，还有小型切割器或石斧等。与山区莫斯特型石器不同的是，索恩莫斯特型文化利用了当地现成的材料，即河中的细砾石与中砾石。

索恩莫斯特文化在波托瓦尔高原上也有发现。它们是旧石器时代中期与晚期的遗址。这些遗址与现在的索恩河河道相连，延绵不绝，广达数平方公里。遗址都处于石料露出地面、易于取用的地方。其中，属于旧石器时代中期的遗址大多数处于饮水方便和能够提供石材的地方，遗址上有成批的石器出土。这些石器似乎都是从制备过的石核上打制下来的石片加工形成的。石器类型也有刮削器，修整过的尖状器，大、小型的切割器，等等，它们采用劈裂的方式制作，石材几乎全是石英岩，取自西瓦利克地层。地层与石器工场遗址的黄土沉积物被热释光测年法确定为距今 6 万至 2 万年。

与旧石器时代早期遗址相比，在乌兹别克斯坦与塔吉克斯坦的旧石器时代中期人类所居住过的洞穴中，发现了真正的文化土层，即发现了生活居所、炉灶遗迹和动物遗骸。这些迹象表明，中亚旧石器时代中期遗址已经不再只是临时的狩猎营地，而是人类的较长期的定居地。

炉灶遗迹和灶中的动物遗骸表明，中亚原始人类已经学会了使用火；从几米深的炉灰推知，中亚原始人类还学会了控制火；从动物遗骸反映，与旧石器时代早期一样，旧石器时代中期的中亚原始人类仍然以狩猎和采集为生。但是，中亚原始人类狩猎的种类和数量比旧石器时代早期多得多。这些除了说明该时期石器技术的发展和石器种类的增加外，还可以推测人类可能已经以集体驱逐方式在猎获大型动物了。在中亚旧石器时代中期，除了洞穴掩蔽所和面积有限的地面遗址外，在波托瓦尔地区发现的大规模遗址也说明，人类群落在逐渐扩大，原始人类形成了更为复杂的群落关系。由此推测，作为人类交流方式的语言可能随需要已经产生。因为，如果没有发音清晰的语言，较为复杂的集体行动难以实施。

由于在蒙古高原（Mongolian Plateau）的旧石器时代中期遗址上也发现了具有勒瓦娄哇技术和莫斯特文化特征的石器，因此，史学界认为，蒙古的勒瓦娄哇技术可能是从中亚草原（The Steppes of Central Asia）通道传入的。[①] 在阿尔泰（Altai）山区，在戈尔诺阿尔泰州比斯克市南 135 公里处的捷尼索娃洞的第 22 层中出土了勒瓦娄哇石核、勒瓦娄哇尖状器、石刃、侧缘刮削器（Side Scraper）、雕刻器、锯齿缘石器、石片。[②] 这些迹象表明，中亚北部草原在旧石器时

① Denis Sinor, *The Cambridge History of Early Inner Asia*, Cambridge University Press, 1990, pp.54-55.

② 〔日〕关矢晃：《近年（1992—1994）俄罗斯阿尔泰地区考古学状况——旧石器时代、新石器时代的发掘收获》，朱延平译，《华夏考古》1997 年第 4 期。

代中期已经成为东西方文化交流的通道，西方的石器技术可能是先传入阿尔泰地区，然后再由阿尔泰地区传播到蒙古高原的。

第三节　旧石器时代晚期文化

中亚旧石器时代晚期始于大约5万年至4万年前，结束于大约1.1万年前，与世界其他地区的历史进程基本吻合。中亚有大约50处遗址被认为属于旧石器时代晚期，但是，由于大部分遗址的出土物是互相孤立的，所以它们的年代归属只能是推断。与中亚旧石器时代中期遗址相比，中亚旧石器时代晚期的考古材料极少，对此，学者们做出以下解释：旧石器时代晚期遗址被误认为莫斯特文化（即中期）遗址；恶劣的气候环境毁坏了许多旧石器时代晚期的遗址；许多旧石器时代晚期遗址还未发掘出来。

中亚旧石器时代晚期器物的特征：一是石器技术有了极大的改进，长石片（石叶）石器取代了以往的石片和手斧工具，石叶的边缘大都经过修整，石叶成分随着时间的推移而日益占据优势。二是石器种类增多，分类趋于细致和明朗，如刮削器分为端刮器、圆形刮削器和简单的石片刮削器；雕刻石器分为雕刻刀、尖状器、大切割器和两面刃器等；尖状器分为石锥、钻孔器和打孔器等。三是动物骨头和象牙被广泛利用制作工具，出现了骨针、骨刮削器，骨制鱼叉、标枪、投矛器等新工具；在骨器制作上还发明了磨光技术和钻孔技术。

中亚旧石器时代晚期文化遗址主要分布在六个地区：锡尔河以北地区的库尔布拉克洞穴和奥比拉赫马特洞穴（Obi-Rahmat Cave）、费尔干纳盆地的霍贵伊果尔（Khoja-gor）遗址；泽拉夫善河流域的撒马尔罕（Samarqand）遗址、阿曼库坦（Amankutan）遗址、库土尔布拉克（Kuturbulak）遗址；阿姆河上游流域的舒格诺（Shugnou）遗址；阿富汗的卡拉卡马尔遗址和阿克库普鲁克（Ak-Kupruk）遗址；巴基斯坦的里瓦特（Riwat）遗址和桑浩（Sanghao）遗址；里海（Caspian）东南岸克拉斯诺夫斯克半岛的扬加贾（Yangaja）遗址。以下详细解说。

锡尔河以北的库尔布拉克遗址出土的石器分属于旧石器时代早期、中期和晚期。其中，最上面的三个文化层属于旧石器时代晚期。这三个文化层中出土的石器展示了连续的锯齿状工具的传统。尽管它们还带有中期石器的某些特征，但它们已经与莫斯特型石器有明显的区别，比莫斯特型石器修整得更好一些。

奥比拉赫马特遗址被分为若干地层，属于旧石器时代中期的地层不多，出土石器的种类较少，而属于旧石器时代晚期的地层较多，出土的石器种类也多。在奥比拉赫马特洞穴中，出土的石器与莫斯特型石器类似，唯一的特点是石器类型和数量在逐步增加，以此可以将它与旧石器时代中期的石器分开。

霍贾伊果尔遗址位于费尔干纳盆地伊斯法拉（Isfara）河右岸，奥克拉德尼科夫对它进行了发掘研究。在该遗址中发现了刮削器，包括圆边和双边两种类型；还有钝边的小型尖状器，这种尖状器在同时期的西亚遗址中也有发现，说明它与西亚地区可能存在着某种联系。

中亚腹地泽拉夫善河流域的旧石器时代晚期遗址有撒马尔罕遗址、阿曼库坦遗址、库土尔布拉克遗址。

撒马尔罕遗址位于乌兹别克斯坦撒马尔罕的共青团湖附近，距今约 1.6 万年。该遗址是苏联考古学家哈拉莫夫（N. G. Harlamoff）于 1939 年发现的，苏联考古学家列夫（D. N. Lev）领导的考古队于 1958 年至 1967 年在此进行了发掘。列夫把该遗址分为三个文化层，共出土器物大约 7000 余件。石器大多数是修整过的石叶和石片，器物有石核刮削器和高侧面刮削器、尖状器、砍斫器、雕刻器，等等。撒马尔罕出土的石器具有莫斯特文化和细砾石石器的特征。

在撒马尔罕遗址上发现了 13 种动物的遗骸，其中有 11 种属于哺乳动物，它们是象（或犀牛）、马、更新世驴、野驴、骆驼、野猪、鹿、瞪羚、草原绵羊、野牛和狼的遗骸。此外，还有两种鸟类和一种爬行类动物龟的遗骸。最有意义的是在该遗址上发现了人类的下颚骨和两颗牙齿，它们对研究中亚原始人类学具有重大意义。据研究推断，中亚原始人类归属于欧罗巴人种地中海类型。

列夫对距撒马尔罕遗址40公里处的阿曼库坦遗址进行了发掘。在该遗址中，石器数量不多，除了具有莫斯特文化特征的石器外，还有刀状和凹面形石器。与石器同时出土了一些动物遗骸，包括鹿、摩弗伦羊、熊和野山羊。有学者认为撒马尔罕遗址与阿曼库坦遗址有联系，前者是在后者的基础上发展形成的。但这种观点还未能得到确认。

库土尔布拉克遗址位于今乌兹别克斯坦境内的泽拉夫善河南岸，属于旧石器时代晚期，卡西穆夫对该遗址进行过考察。在库土尔布拉克发现的材料与撒马尔罕极为相似，有修整过的石片与石叶，凹形工具和石核工具，刮削器、雕刻器和砾石工具等。只不过，库土尔布拉克的大部分石器形状较小，打制得更加精巧。

阿姆河上游瓦赫什河南的舒格诺遗址分为五层，除表层属于中石器时代外，下面四层都属于旧石器时代晚期，拉诺夫对该遗址进行了考察。该遗址发掘面积达500平方米，出土石制工具大约4700件。在遗址表层下的第一层发现的石器以较小且弯曲的石叶为特色，最引人注目的工具类型是一种前端突出部可辨别的石核刮削器。与之一起出土的还有尖端和边缘都经过细致修整的石叶刮削器，明显属于旧石器时代晚期。

在表层下的第二层发现的器物最多。在出土器物中，大部分是厚重的石叶，其外形类似于中期的莫斯特型，许多石叶具有凸棱，似乎是凿。器物分为刮削器、尖状器等，其中，圆形刮削器的全部盘状圆周都做过修整。旧石器晚期文化的典型器物是细长石叶制作的端刮器，它们或者用厚实的细长石叶制成，或者用宽阔的截头石叶制成。尖状器中有一边或两边修整得十分锋利的石锥，以及钝边的钻孔尖状器。

再往下的第三、四层，出土物很少，其中大部分属于旧石器时代中期的莫斯特文化。由于第三层中所见的椭圆形石核具有旧石器时代晚期风格，因而也将之归属于旧石器时代晚期文化遗址。

阿富汗的旧石器时代晚期文化遗址有卡拉卡马尔遗址和阿克库普鲁克遗址。

卡拉卡马尔遗址在今阿富汗普勒胡姆里（Pul-i-khumri）至中国塔什库尔干（Tashkurgan）之间的谢别克村附近，距今大约 1.1 万年。1954 年，美国考古学家库恩对该遗址进行了发掘。这里出土的石器具有莫斯特型石片的特征，因此，最初该遗址被定位为旧石器中期的莫斯特文化，后来，因在遗址中出土了边缘经过修整的细石片，表现出细石叶技术特征，最终被确认为旧石器时代晚期文化。出土的器物有刮削器、钻孔器等，刮削器中出现了带沟槽和锯齿的端刮器，其他石片工具占出土物的 21%。

拉诺夫认为，卡拉卡马尔遗址的第二层是亚洲常见的旧石器时代晚期文化的一个变种，是从中期的莫斯特文化发展形成的。中国学者认为，该遗址出土的刮削器和细石器与伊拉克出土的旧石器时代晚期器物类似，因此，该遗址文化可能是从西亚传过来的。在该遗址中发现的动物遗骸有野山羊、野马和鹅喉羚等，可以推知，该遗址上的居民以狩猎为生。

阿克库普鲁克遗址在卡拉卡马尔以东 50 公里处，位于阿富汗北部的巴尔哈布（Balhab）河流域马扎里沙里夫（Mazar-i-Sharif）以南，距今约 1.6 万年。该遗址出土文物中既有旧石器时代晚期的遗存，又有属于中石器时代的。美国学者杜普雷（L. Dupree）和戴维斯对该遗址进行了考察。

阿克库普鲁克遗址有三个发掘点，共出土石器约 2 万件。[①] 其中被命名为二号和三号的遗址有助于我们了解中亚旧石器时代晚期石器的特征。杜普雷和戴维斯把出土的器物划分为两组。第一组是石

① 彭树智、黄杨文：《中东国家通史・阿富汗卷》，商务印书馆 2000 年版，第 21 页。

片和石叶石器，器物有石片、石叶、带锯齿的刮削器、带脊棱的刮削器和端刮器；第二组是用石叶或石片端部制成的简单雕刻器。在二号遗址的洞穴中发现了一块刻着人面轮廓的细砾石。这一发现表明旧石器晚期的中亚原始居民已经开始有艺术欣赏和审美观念。

巴基斯坦波托瓦尔高原的旧石器时代文化大部分被归入旧石器中期至晚期，其中里瓦特遗址是一个露天遗址。英国和巴基斯坦考古队对该遗址进行了发掘。用热释光方法测得其年代约在距今 4 万年前。此遗址中出土的石器所采用的石材是细纹理石英岩，器形是属于旧石器时代晚期风格的石叶和石核。在该遗址上发现了人类建造的住所，其遗迹有一堵低矮的石墙和一些石柱的基座。整个遗迹表明这里可能是一处宿营地。

桑浩遗址位于巴基斯坦北部斯瓦特（Swat）河的一条小支流南岸的一个山谷中。巴基斯坦考古学家丹尼（A. H. Dani）发现了这一遗址，并对其进行了发掘。1973 年，英国考古学家奥尔欣（B. Allchin）详细描述了这一遗址。该遗址中有三米高的堆积层，考古学家把该堆积层分为十二层。在从表层（第十二层）向下至第七层的五层中，出土的石器有：片状石核、剥自石核的石片、刮削器（主要是凹面形的）、锥子、雕刻器以及一把小型手斧，此外还有石叶和片状石核。这五层文化代表了旧石器时代晚期的传统，基本上属于旧石器时代晚期文化。其中最上面的三层（第十二层至十层）有丰富的石英制品，第九层至第五层也有类似的石器，但是不如上三层丰富。以上各层中的所有石器都具有自己的风格，这些石器的特征进一步支持了地方文化延续性的假设。

该遗址上还出土了一些动物或人类的遗骸。根据遗址的堆积层判断，桑浩遗址有人类持续居住的迹象。

里海东南岸克拉斯诺夫斯克半岛的扬加贾遗址属于旧石器时代晚期遗址。拉诺夫等曾经对该遗址进行过研究。该遗址上发现了晚期石器特征的石叶和石片工具，包括高侧面的石核刮削器。

从库尔布拉克、舒格诺及撒马尔罕等遗址出土的石器来看，中亚旧石器晚期的石器制作与中期莫斯特石器加工传统有着连续性。因此，史学界认为“中亚旧石器时代晚期的石器加工技术，并非从外界引进，而是在其本地的莫斯特时期石器基础上发展起来的”①。尽管如此，在旧石器时代晚期，不同地区的原始人类也开始有了来往和联系。在撒马尔罕遗址上发现的石核、石叶和石片工具，与附近的西雅布塞（Siabsai）、霍贾马兹吉尔（Khoja-mazgil）等许多遗址上的石器相似；在费尔干纳盆地发现的钝边小型尖状器，与西亚地区发现的这类器物类似。这些相似性表明，在旧石器时代晚期，不同地区的原始人群可能已经有了来往和联系。

拉诺夫根据奥克拉德尼科夫关于中亚旧石器时代文化按两条路线发展的观点，提出了一个非常复杂的分类图式。按照这一图式，中亚地区的遗址可归为两种类型：一类是在中亚旧石器中期的莫斯特石器技术的基础上发展起来的，多数遗址属于这一类，该类遗址出土的石器类似于西亚旧石器时代晚期文化；另一类是在小亚细亚（Asia Minor）地区的影响下发展起来的，其传播路线可能是由南哈萨克草原的卡拉苏遗址开始，下经撒马尔罕遗址，再至以后中石器时代的希萨尔文化（Hissar Culture）。由于现有的中亚旧石器时代晚期的材料较少，因此，任何分类的尝试都只能是暂时的假设。

在中亚旧石器晚期文化遗址上，发现了人类建造的住所，居住方式从穴居过渡到屋居。从某些宿营地的布局来看，这一时期中亚人类存在着较为复杂的社会生活。

---

① 〔巴基斯坦〕A. H. 丹尼、〔苏联〕V. M. 马松主编：《中亚文明史》第 1 卷，第 57 页。

第二章

中石器和新石器时代文化

中石器时代（Mesolithic Age）是旧石器时代向新石器时代过渡的时期，所以，中石器时代又被称为后旧石器时代（Epipnleolithe）或前新石器时代（Protonealithe）。在中石器时代，尽管打制石器仍占据主导地位，然而，局部磨光的石器已经出现。世界上大多数地区的中石器时代大致处于1.5万年前至7000年前期间；中亚中石器时代的时间大约始于1.2万年前，终于公元前6000年。

新石器时代是石器时代的最后发展时期。世界各地经历新石器时代的时间长短不一，有的地区历时5000至6000年，有的地区（如西亚）只有2000年左右；中亚新石器时代的历程大约有3000年，始于公元前6000年，终于公元前3000年。由于各地新石器的发展状况不同，因此，新石器时代没有统一的分期标准，有的地区将新石器时代分为早、晚两期，有的地区分早、中、晚三期。中亚新石器时代可分为早、晚两个时期，大约公元前6000年至公元前4000年为新石器时代早期，公元前4000年至公元前3000年为新石器时代晚期。在新石器时代早期，中亚地区普遍使用了磨制石器，出现了手制陶器和农业的遗迹；在新石器时代晚期，轮制陶器出现，在少数遗址中还发现了铜。从总体来看，中亚新石器时代文明受到了西亚新石器时代文化的影响。

中亚新石器时代的遗址以北纬 45 度为界呈现出南、北差异。以哲通文化（Jeitun Culture）为代表的中亚南部已经从原来的渔猎和采集征用型经济逐渐转变为原始农业的生产型经济；而以克尔捷米纳尔文化（Kelteminar Culture）为代表的北方草原，由于自然气候等方面的原因，人类的社会生活没有发生质的变化，仍然过着渔猎和采集生活，这种状况一直持续到新石器时代后期，畜养家畜的生产型经济才开始出现。两种经济的区分虽然在新石器时代早期露出端倪，然而直到新石器时代末期，中亚南部的农业聚落中仍有畜养家畜的部落；在中亚北部的畜牧聚落中，特别是东北部，还存在着经营农业的部落。

第一节　中石器时代文化

在中石器时代，石器普遍细化，细石器（Microlithes）被广泛应用。细石器大致可分为东亚—北美式和地中海式两类。东亚—北美式细石器的主要代表是细石核和细石叶；地中海式的代表是几何形细石器，即用细长石叶加工成的三角形、梯形或半月形等石刃，它们可以镶嵌在柄上作为镞、刀、镰等复合工具使用。这两种类型的石器处于旧石器时代晚期，盛行于中石器时代，某些地区甚至到了新石器时代或更晚时期仍在继续使用。

从类型上看，中亚细石器主要属于地中海式，只有东部帕米尔地区遗址的石器更多地显示出东亚—北美式特征。中亚细石器包括石片和石叶两种，具体形制有刮削器、尖状器、石刃等。根据形状，这些石器可分为非几何形和几何形。一般说来，前者早于后者，但在某些地区也存在二者并存的现象。在中石器时代，中亚开始出现一些简单的磨制石器，不过磨制石器的出现只是偶然现象。

在中石器时代，中亚原始人类发明了复合工具，即弓箭、投矛、渔具等器具。复合工具的使用提高了狩猎技术，狩猎业比旧石器时代有长足的发展。从出土的动物骨骸分析，猎物的种类和数量都在增多。狩猎业的进步为驯养动物提供了可能性，这一时期驯养的动物有羊，可能还有狗。

中亚中石器时代遗址主要集中在以下三个地区：中亚西部的里海沿岸、中亚南部的阿富汗丘陵地带和中亚东部的费尔干纳盆地。

（1）中亚西部里海沿岸的中石器时代遗址有加里卡马班德（Ghar-i Kamarband）、桑伊查克马克（Sang-i-Chakmak）和杰贝尔（Jebel）。

加里卡马班德遗址在里海南岸，由加里卡马班德（即带洞）、霍土（Hotu）和阿里特佩（Ali-tepe）等洞穴组成。美国学者库恩对它们进行了研究。该遗址大约处于公元前 1.1 万年至公元前 5000 年之间，可分三个地层。其中，最早的地层处于大约公元前 1.1 万年至公元前 8000 年之间，在此地层中发现了呈几何形的燧石工具，有的是不对称梯形，各条边往往内凹。在此还发现了弓箭箭头，有人推测，即使不是全部，也有部分燧石工具可能是组合箭头（或标枪）的部件。这一点从遗址上发现的波斯羚羊、野牛和驯鹿等动物遗骸的痕迹得到了证实。在遗址的中间层发现了陶锥，然而，黏土容器的缺乏说明这只是最初的实验。此后不久，出现了最早的陶器。在该地层中发现了抛光的石子、动物牙齿和穿孔贝壳制作的饰物等物品，此外，还发现了一个身上撒着红色赭石的女性墓葬。在遗址的后期地层中发现了尝试畜养绵羊和山羊的迹象。在霍土洞穴的中石器时代地层中发现了与狩猎有关的燧石工具、小型泥锥，以及可能是一个女性的简单雕刻。在阿里特佩洞穴中发现了野山羊和绵羊的遗骸，洞穴的遗存处于公元前 1.2 万年至公元前 1.1 万年间。

桑伊查克马克遗址位于里海东南的戈尔甘（Gorgan）平原，由东、西两个小丘的遗址组成，它们大约处于公元前 6000 年。伊朗学者马苏达（S. Masuda）和苏联学者马松（V. M. Masson）对此遗址进行了考察。桑伊查克马克遗址东丘属于新石器时代文化（在下一节中叙述），遗址中陶片大量出现，说明陶器在日常生活之中已经广泛使用。西丘遗址是一个高约三米的土墩，可分为五个文化层，它们都属于中石器时代文化。在西丘遗址上出土的、最具中石器时代特征的器物有：一是黑曜石制作的石叶，以及一些细石片和骨制的小型别针；二是三块碎陶片，两块见于土墩堆表面，一块在第三文化层中。土墩表层陶片的地质学年代不明确，缺乏地层次序的意义，考古学界仍把西丘遗址归属于中石器时代。学者们认为，即使西丘文化层居民已经知道如何制作陶器，那也只是这项发明的初始阶段，不能代表该遗址文化的总体发展水平。在西丘的五个文化层中都发现了建造房屋的遗迹，有些房屋的地面经过夯实，上面覆盖着一层石灰泥，间或有红色痕迹。房屋建筑分为两类：一类筑有炉灶，墙头残留着被烟熏过的痕迹；另一类没有炉灶，房间分隔得很小，地面经过铺垫和粉刷。

杰贝尔遗址位于里海东岸，由杰贝尔、凯利（Kayly）和旦旦查什马（Dam Dam Chashma）三个洞穴组成，三个洞穴遗址大约处于公元前 9000 年至公元前 6000 年之间。苏联学者马松和萨里阿里迪（V. I. Sarianidi）对该遗址进行了考察。凯利洞穴位于克拉斯诺沃茨克半岛上，在此遗址中出土的石器形体细小，多呈几何形。洞穴可能是狩猎者的季节性营地，在此发现了绵羊、山羊和波斯羚羊等动物的骨骸，说明这里的人类仍处于狩猎阶段，狩猎的对象主要是小动物。

（2）在中亚南部的阿富汗丘陵地带有阿克库普鲁克遗址，在巴基斯坦的西北地区有梅尔伽赫（Mehrgarh）遗址。

阿克库普鲁克遗址地处阿富汗兴都库什山（Hindu Kush Mountains）北麓的丘陵地带，它由加里阿斯普（Ghar-i Asp）、加里马尔（Ghar-i Mar）、达雷库尔、卡拉卡马尔等洞穴组成。阿克库普鲁克遗址文化属于旧石器时代晚期和中石器时代，前面我们已经介绍过阿克库普鲁克遗址中旧石器时代晚期的文化遗存，下面主要介绍该遗址的中石器时代文化。

经碳 14 测年，加里阿斯普洞穴遗址大约处于公元前 8000 年左右。在该遗址中发现了刈刀（可能是简单的镰刀）、石锄和石磨等工具，它们展示了一种新型经济的出现，其居民是以定居农业为生的群落。不过，该遗址出土的赤鹿、瞪羚及野羊的遗骸证实了此时期狩猎仍占据相当突出的地位。加里马尔洞穴遗址经碳 14 测年，大约处于公元前 6610 ± 100 年，该遗址分上、下两个文化层，中间被一层贫瘠的沙土隔开。下层时间较早，出土的遗物大致与加里阿斯普洞穴类似。工具有刈刀、刮削器、钻孔器和凿子，还有骨制的锥子等物。在该遗址中发现了驯养的绵羊或山羊的遗骸。遗址上层的时间稍晚，出土的遗物与下层基本相似，不同的是，上层出土了石锄、石磨、皂石和石制容器等器物。从以上出土物推测，位于北纬 30 度—40 度之间（海拔 500 米—750 米）的北阿富汗是世界上最早驯化动物和最早栽培植物的中心之一。有学者认为，动物驯化和植物栽培是经阿富汗北部地区陆续传播到安纳托利亚和爱琴海的。当然，这一说法尚需新证据的支持。

梅尔伽赫遗址地处巴基斯坦格奇（Kachi）平原，该地区是一个过渡地带，一侧是俾路支斯坦（Balochistan）、阿富汗和伊朗的干燥内陆高原；另一侧是印度河—恒河平原。梅尔伽赫遗址分为八个文化层，最早的文化层（史学界称为第一期和第二期）属于中石器时代文化，大约处于公元前 7000 年至公元前 6000 年之间。贾里奇（J. F. Jarrige）率领的法国考古队对这一遗址进行了发掘。

梅尔伽赫遗址最早的文化层（第一期）处于公元前 7000 年前后，距离地表 23 米。在此出土的石器有两万余件，典型的器物有雕刻器、钻孔器、端刮器、石镰刀片等，其中，最具中石器时代特征的石器是石叶和几何形细石器。石叶分成平口、凹口等种类，它们常作为镰刀的镶嵌刃使用，出土的细石叶通常是安装在木制或骨制棍棒上。在较晚一些的地层中，发现了箭镞。在该遗址中没有发现磨制石器和陶器。

在最早的文化层中，发现的动物遗骸主要是野生动物，有瞪羚、沼泽鹿、野驴、白斑鹿、野猪、大象、印度大羚羊和黑羚，驯养的绵羊和山羊的骨骸较少，说明当时人类基本上还处于狩猎阶段。

在该遗址上发现了房屋的遗迹。屋基为矩形，地面用黏土铺成，地面上有一块小磨石，上面残留了芦苇的痕迹。房屋的墙壁由固定尺寸的土坯砌成，土坯的表面遗有手印。在最早的文化层的上层（即第二期）发现了一座完整的房屋，墙壁用三排土坯砌成。整个房屋分成四间小室，每间长 1.5 米、宽 1 米。在此发现了人的墓葬，墓葬很简陋，墓穴用小砖墙隔开，将红赭石置于骨骸之上，并放置一些用石、骨或贝壳等制成的装饰品。

以上特征表明梅尔伽赫遗址的早期文化（即第一、二期）属于中石器时代文化。石器工具以石叶为主，驯养绵羊和山羊的现象已经出现，不过仅仅是偶然现象，人类仍以狩猎为生。

（3）中亚东部的费尔干纳盆地有塔什库梅尔（Tash-kumyr）和奥比希尔（Obisil）洞穴等遗址；在帕米尔山区有奥什霍纳（Oshhoner）和卡拉图姆舒克（Karatumsuk）遗址。

塔什库米尔和奥比希尔等洞穴及若干露天遗址位于费尔干纳盆地，中石器时代的石器已经从比较粗笨的形状逐渐过渡到了细石器，但这些细石器都不具有真正的几何形状。在帕米尔东部，中石器时代最大的遗址是奥什霍纳和卡拉图姆舒克，在此出土的细石器较大、较重，也没有真正的几何形状。因此，该文化与中亚发现的其他中石器时代文化不同，它们似乎属于东亚—北美式。

中石器时代是中亚社会经济发生巨大变化的时代，它是中亚从征用型经济向生产型经济转化的过渡时期。在此期间，中亚原始居民经历了从狩猎和采集向畜养和农耕转变的历史阶段。虽然狩猎仍是中亚原始人类的主要生活方式，但驯养家畜的尝试已经开始，出土的石镰刀片器物也证明了中亚原始居民已经从采集向原始农业过渡。可以相当肯定地说，如果说公元前 7000 年还不太确定的话，那么，至少在公元前 6000 年时转变的过程已经明显地开始。这些决定性的转变将使人类在新石器时代获得巨大飞跃。

从中石器时代遗址展示的居住情况可以推断，在中石器时代，中亚原始人群开始由不稳定群居向稳定过渡，开始形成了以血缘关系为纽带的氏族社会。女性雕刻的出现反映了女性在社会中的地位，似乎可以推测，以妇女为中心的母系氏族社会组织在此时期形成。

第二节　中亚南方的新石器时代文化

在北纬45度以南的中亚南方地区，在属于中石器时代的一些遗址上已经出土了磨制工具，不过，当时的磨制石器只限于局部磨光，而且是偶然现象。到了新石器时代，磨制技术在中亚被普遍地应用，成为新石器时代的一个基本特征。中亚地区出土的磨制石器有石斧、磨盘、石杵等。除了磨制石器，正如我们所知，新石器时代文化的基本要素（弓箭、陶器）在这一发展阶段遍及地球上有人类居住的一切地区，中亚也不例外。陶器是新石器时代中亚居民使用最普遍的日用品，也是新石器时代最重要的特征和标志之一。中亚新石器时代的陶器为手制，胎中多掺草末，有一些彩陶，但大多数是素器。除了上述特征外，在新石器时代早期，农业和畜养业的遗迹出现，尽管采集或渔猎在经济生活中仍占有重要地位。中亚的农作物有大麦和小麦，畜养的动物有狗、绵羊和山羊，还有牛。此外，新石器时代的中亚居民大多数已经从穴居过渡到了屋居，小规模的聚落形成，它们可能以母系氏族公社的形式存在。

中亚西部的哲通文化、中亚南部的梅尔伽赫遗址和中亚东部的布尔扎洪（Burzahom）遗址，是中亚南方新石器时代文化的典型代表。

（1）哲通文化是迄今为止已知最早的中亚农业文化，分布于今土库曼斯坦（Turkmenistan）科佩特山（Kopet Dag）支脉的狭窄地带，得名于阿什哈巴德（Ashgabat）城以北30公里的哲通遗址，年代为公元前6000年至公元前5000年，属新石器时代早期文化。苏联考古学家马鲁先科（A. A. Marushenko）、马松和萨里阿里迪先后对它进行了发掘和研究。

在哲通文化遗址上，出土了具有新石器时代特征的器物：磨制石器、陶器和农具。石器种类有石斧、磨盘、石杵等。陶器为手制，器形有碗、罐、大杯等。陶器采取泥条盘筑法制作，胎中掺大量草末，有的陶器用红彩，横向或纵向的波浪纹、直线纹、三角纹等装饰。骨制纺锤的出现也说明该文化居民已经开始纺织。

在哲通文化中发现了原始农业的遗迹，即大麦和小麦的遗迹，以及用于农业生产的石锄、装有骨柄的石镰刀、用于谷物加工的磨盘和石杵。哲通文化的原始人类是以农业为主、兼营狩猎的混合型经济。在时间较早的遗址上，出土的动物遗骸有波斯羚羊、野绵羊、野猪、狐狸、猫、狼、野兔和野驴等野生动物，说明狩猎在人们的生活中仍然具有一定的重要性；在时间较晚的遗址上，狗、山羊（或绵羊）和牛等遗骸在动物遗骸中占据了多数，表明它们可能已经被畜养。

在哲通文化遗址上发现了房屋的遗迹。房子为半地穴式，墙壁用截面呈椭圆形的草泥块砌筑，墙面抹有灰泥，并经过施彩。房屋为单间住室，每间面积 13 平方米到 39 平方米不等。其中，中间房屋为面积 64 平方米的大屋，可能系聚会场所，其他建筑有粮仓、窝棚和地窖。有的屋内建有土灶。

在哲通文化遗址上，出土了陶制或石制的人物和动物小雕像，其中比较常见的是妇女和山羊的雕像。将居住情况和妇女雕像结合来看，该文化遗址上的居民组织可能处于母系氏族社会阶段。以上雕像有的是做垂饰之用，还发现了骨、石、贝壳串珠等装饰品。

哲通文化遗址在许多方面与西亚的耶莫（Jarmo）遗址、耶利哥（Jericho）遗址有相似之处，但是，石器仍保持着本地中石器时代细石器的传统。

在中亚西部，除了哲通文化外，里海东南岸的桑伊查克马克遗址也有属于新石器时代文化的部分，其中，东丘文化就属于新石器时期的文化遗址。年代稍晚的东丘遗址距离中石器时代文化的西丘文化遗址只有 150 米，面积比西丘大。在东丘遗址的古地层中也发现了一些具有中石器时代特征的细石器、骨制工具和组合工具，如发现了一个上面饰有动物图案的木制镰刀柄。这些器物表明，东丘新石器文化是从本地中石器时代文化发展形成的。

在东丘遗址中出土的新石器时代器物有磨制石器和陶器。磨制石器有石斧，陶器有一只陶壶和大量陶片。陶壶盖在一个女尸的头骨上，陶壶有纹饰，其风格与伊朗中部的出土物相同。大量陶片的出现可以推知，陶器在日常生活中已经广泛使用。大部分陶片上有几何形、十字形、横向或纵向的平行线装饰，在一些陶器上，淡黄色或红色陶衣还装饰着红色或深棕色彩纹。陶器装饰图案和动物俑的发现说明该遗址上的居民萌发了艺术意识。在该遗址中发现了泥锥、纺轮和骨针，说明这一时期的居民已经开始了纺织业。

在东丘遗址上发现了居住的遗迹，由房屋和一些附属建筑组成，如小型工作场和炉窑。房屋大多为长方形，用长 70 厘米、宽 20 厘米的土块堆砌而成。东丘房屋的建筑布局在许多方面与哲通文化类似。

在中亚西部，南土库曼斯坦科佩特山北麓的阿尔丁特佩（Altyn-tepe）遗址反映了新石器时代、铜石并用时代和青铜时代连续不断的三种文化。在此主要阐述阿尔丁特佩的新石器时代文化的遗迹。阿尔丁特佩的新石器时代文化的遗址大约处于公元前 4000 年至公元前 3000 年之间。苏联考古学家马松对它进行了研究。

在该遗址出土的石器中，虽然没有发现磨制石器，但是，发现了大量陶器和赤陶俑。陶器多为各类容器，并以图案装饰；赤陶俑为武士装束，头戴一顶有护耳的精致头盔。在该遗址上发现了原始农业，即大麦和小麦的遗迹，其中大麦多于小麦。

该遗址的建筑遗迹面积达 25 公顷，周围环绕生砖砌的围墙，墙厚约两米，墙外四周用矩形扶垛加固。围墙的建造反映了中亚原始居民在建筑居所之时已开始考虑安全问题。

该遗址上发现了一座妇女墓葬，随葬品中有几件青铜器，说明该遗址文化可能处于新石器时代晚期。

（2）位于巴基斯坦西北部的梅尔伽赫遗址在中石器时代已经有过介绍。梅尔伽赫遗址中属于新石器时代的遗址大约处于公元前5500年至公元前4000年之间。该遗址上的新石器文化可分为早期地层和晚期地层，早期地层中出现了磨制石器和陶器，晚期地层中出现了铜。

在早期地层中，梅尔伽赫遗址出土的石器大约有4000件，其中，磨制石器有斧子和锛子。梅尔伽赫遗址中出土的陶器最具特色，在出土的一大堆碎陶片中有一半属于手制（显示出是用手工捏制的稻草与黏土的混合物），其器物有碗和表面有凹痕的浅圆盘；此外，还出土了模制陶器，即陶器的下部是在一个篮筐中成形，是为模制；另有一些碎陶片属于轮制，器物有碗和球状容器，饰以简单的几何形、十字形、斜线、圆点或影线方块，有些装饰图案使用双色。在此还发现了陶质手镯，其截面呈长方形，也用淡黄色陶制作。

梅尔伽赫新石器时代晚期地层中出土了成堆的碎陶片，这么多陶器片的发现说明当时存在着专业化的陶器手工业，并且开始了批量生产。晚期地层出土的陶器广泛使用了轮制技术，其中，有40%的陶器用质地优良的原料制作。在装饰方面，彩绘的质量也有很大改善，早期的几何形已经改成了一排排反刍动物和禽鸟。这些美丽的装饰图案与史前印度河流域的文化模式有相似之处。梅尔伽赫遗址晚期地层中出现了铜，在少数坩埚中发现了铜屑。此外，还发现了一只铜指环和一颗铜珠，以及一小块铜锭。

梅尔伽赫出土的动植物遗迹显示人类已经从狩猎和采集的征用型经济演进到了生产型经济。在中石器时代遗址上发现的动物遗骸品种是野生类动物；而在新石器时代遗址上，野生类动物如羚羊等越来越少见，畜养的绵羊和山羊则越来越多。植物栽培从陶器土坯上的谷物印痕表现出来，主要栽培大麦和小麦。六棱裸大麦似乎是当地的主要作物，裸小麦以及典型的带壳类谷物的数量有限。此外，留下的植物遗迹有枣属果实、葡萄，还发现了棉籽。

梅尔伽赫遗址在中石器时代地层发现了房屋建筑遗迹，在新石器时代遗址上则发现了由6或10间房屋组成的矩形建筑居住遗迹，这些房屋的规划、比例和风格各不相同，显然有不同的用途。与房屋建筑遗迹并存的是墓地遗迹。早期地层中的墓地缺少建筑结构，仅用红赭石置于骸骨之上，并在其间放置一些装饰品；晚期地层的墓地上发现一些建筑遗迹，在一个墓地上发现了有土坯建筑残迹的墓坑。

梅尔伽赫遗址出土的新石器时代遗物在许多方面类似于南土库曼斯坦的哲通文化。此外，从该遗址中出土的伊朗产绿松石、阿富汗北部的天青石、阿拉伯海（Arabian Sea）沿岸的贝壳，都表明中亚南部与伊朗和阿拉伯等地有一定的联系。

除梅尔伽赫遗址外，中亚南部新石器时代遗址还有在中石器时代提到过的阿富汗兴都库什山北麓丘陵地带阿克库普鲁克遗址，以及乞力古尔穆罕默德（Kili Gul Muhammand）遗址、塞赖克勒（Sarai Kala）遗址、贡拉（Gumla）遗址和贾利普尔（Jalilpur）遗址。

阿克库普鲁克遗址上的加里马尔和加里阿斯普洞穴是新石器文化的典型代表。据碳14测定，加里马尔的新石器时代陶器层年代分别为公元前4815±85年、公元前4360±70年和公元前5005±75年。在这里发掘出土的反映原始农业的石具有石锄、石磨、石杵、石容器等。此外，还发现了畜养家畜的遗骸，它们是绵羊和山羊。据碳14测定，加里阿斯普洞穴的年代最近的一层为公元前2550±60年左右，在该地层中除了石片、凿子、骨锥子、针、钻孔器和研磨器等中石器时代的燧石工具外，还发现了新石器时代文化的器物，主要有用脆性土混杂草料制成的陶器。

地处今阿富汗坎大哈（Kandahar）南部与巴基斯坦北部之间的乞力古尔穆罕默德遗址是一个长约90米、宽55米的小丘，时间晚于梅尔伽赫遗址。1950年，美国学者费尔塞维斯（W. Fairservis）对其中3.5平方米的遗址进行了探测性发掘，一直挖掘到深11米—14

米的原生土层。据碳 14 测定，该遗址底部四个文化层的时间大约在公元前 4900 年至公元前 3000 年间，属于新石器时代的早期文化。在该遗址上发现了磨制石器残片和陶器。在较早的地层中发现了手制和篮纹模制陶器，多数陶器的陶胎为淡黄色，表面为红色或火红色，还见到一种夹砂的粗陶；在较晚的地层中发现了轮制陶器，以颇具特色的黑彩装饰，或者以包括简单几何形图案在内的各种图案装饰；还发现了铜的迹象。在早期地层中，发现了畜养绵羊、山羊和牛的骨骸。此外，还发现了用土坯或夯实黏土建造的房屋。

在巴基斯坦塔克西拉（Taxila）古城西南三公里处的塞赖克勒遗址地处卡拉贾拉（Kala Jala）河南岸，由南北长约 610 米、东西宽约 300 米的四块连续排列的台地组成。文化堆积层的深度超过了 4 米，它们可以分为四个时期。早期的地层属于新石器时代文化遗址，据碳 14 测定，时间大约在公元前 3160 年至公元前 3000 年间。在早期地层中发现了磨制石器，器物为手斧，形制简单，通常对刃口进行过修磨，锤击端则为圆形。这里出土的陶器为手制红棕色粗陶，陶器种类有限。器体一般较为厚实，底部显示出篮纹或垫圈印痕。没有证据表明，手制陶器是先在篮筐中成形后再把表面加工光滑的，而很有可能是容器在制成之后被放置于席垫上，或放在垫上干燥所致。关于陶器的磨光技术，似乎是先施以红色陶衣，然后用一种拍子或石头括磨以使表面光滑。有些陶器显示，在陶土尚柔软之时，在容器外表涂上一层粗砂。塞赖克勒遗址上的出土物表现出来的陶器技术，如陶器底部的篮纹、用稻草刷拉毛陶器外表等，令人想起中国华北地区及克什米尔（Kashmir）布尔扎洪遗址的新石器时代陶器，它们之间可能存在某种交流。在该遗址的早期地层中没有发现彩陶，也没有证据表明使用过金属工具；在后期的地层中，金属器物相当常见。

贡拉遗址位于印度河与其支流古马勒（Gumal）河相汇处的冲

积平原上，遗址是一个小墩堆，由巴基斯坦考古学家丹尼发掘。在该遗址上发现了相继的六个文化层，其中，第二至第六文化层发现了陶器，在堆积层的底部是手制的粗陶碎片，其他层出土的陶器制作精细，并且发现了彩陶。

贾利普尔遗址地处今巴基斯坦旁遮普平原拉维（Ravi）河左岸之南大约5公里处，遗址面积为360平方米到400平方米，堆积物约有两米厚。遗存可分为两个时期，第一期为新石器时代文化遗存，在此发现了用鲜红陶土制成的手制陶器，表面有柔滑的粉粒遗迹。陶器的主要特点是在陶器烧制之前涂上一层厚厚的黏土与碎陶片混合成的泥浆，使表面粗糙。这种装饰形式与塞赖克勒遗址中早期文化层出土的夹砂陶器类同。

（3）在中亚东部，新石器时代文化遗址的代表是布尔扎洪遗址。布尔扎洪遗址位于克什米尔山谷中，在山区，新石器时代的文化遗址有30多个，它们均位于卡雷瓦斯（Karewas）河畔的高地上，高地下面是河流和湖泊。目前，在已经发现的新石器时代文化遗址中，只有布尔扎洪和古夫克拉尔（Gufkral）遗址得到了系统的发掘。

布尔扎洪遗址位于印度河支流杰卢姆（Jhelum）河畔，在今斯利那加城（Srinagar）东北16公里处。1935年开始发掘，大规模的发掘是在1960年至1971年间，由印度考古学者哈赞奇（T. N. Khazanchi）领导。该遗址分为一期甲段、一期乙段和一期丙段三个阶段。甲段为中石器时代文化，乙段为新石器早期文化，丙段属于新石器晚期文化。该文化遗址中最典型的出土地物是陶器。

在一期乙段的遗址上出土的陶器均为手制，主要有三种质地，即厚实的粗灰陶、精细的灰陶和夹砂的暗红陶，其中第一类最多。器物有球状罐和盆，两者都有圈足，底座上往往带有席垫纹。制作手法采用泥条盘筑法，然后以细枝束或草把刮扫，容器表面留下不规则的扫痕。陶器经烘烧为暗灰色，表面有不规则的裂纹，可能是泥坯中含有粗砂的缘故。在一期丙段遗址上，陶器技术有了进一步发展，出现了磨光灰陶。磨光灰陶采用圆盘—条带技术，烧制后呈现出灰色和黑色斑纹，表面光洁。器物有长颈的球形罐，有空心足和三角形小孔支座的盘、碗和盆。值得注意的是，一期丙段地层中发现了一只轮制的桔状泥釉罐，在其颈部的条幅上绘有带角的黑色图案，角状图案上有刻划的阴文水线，罐体的下部则饰有排列密集的平行线。陶罐的形状和图案与前哈拉帕文化（Harappan Culture）的制品类似。一期丙段遗址上还发现了铜镞。

从陶器成形技术、陶器底部的席纹和用草把刮刷陶器主体等特征来看，克什米尔的新石器文化遗址与波托瓦尔高原的塞赖克勒、巴基斯坦的加利盖（Ghaligai）和洛伊班斯瓦特（Loebanr Swat）谷地新石器文化，以及中国黄河流域的仰韶文化之间存在着一定的联系。

在布尔扎洪遗址的早期地层上发现了地穴式居住，发掘出圆形地穴 37 个，小型坑室 45 个。[①] 小型坑室多位于中央，圆形地穴则散在四周。这似乎可以推断，聚落可能是按亲戚关系群的氏族组合进行布局的。在晚期地层中，出土了柱木结构的房屋遗迹，同时还发现了少量留有残垣的泥土平台。据推测，该遗址上的居民可能从事农业生产，过着定居生活。

在布尔扎洪遗址上发现了六座墓，墓地中有随葬品及动物的骨殖，成人和动物的骨骸上撒有红赭石，但是，没有发现建筑。葬式分别有直肢葬、蹲踞葬和择骨葬三种，多为一次葬和二次葬。

人类对大自然的依附性在人类社会的各个方面都留下了印记，但当人类不仅靠采集食物和猎取动物，而且通过栽培植物和畜养动物养活自己之时，这一依附性大大减弱了。以上新石器时代文化遗址展现了中亚地区经济生活开始从征用型向生产型转化，这一转化通常被称为“新石器时代革命”。新石器时代遗址上出土的绵羊和山羊的骨骸、数量不少的陶器、大麦和小麦的遗迹、房屋建筑的遗迹，

---

① 〔巴基斯坦〕A. H. 丹尼、〔苏联〕V. M. 马松主编：《中亚文明史》第 1 卷，第 97 页。

这一切预示着中亚原始居民新生活的来临，这一切为即将到来的古代文明创造了条件。然而，也就是从这一时期起，中亚地区历史发展的不平衡日益明显，当狩猎、捕渔和食物采集在一些地区仍然占据重要地位之时，南土库曼斯坦和阿富汗北部地区的居民已经走在了新生活的前列。

第三节　中亚北方的新石器时代文化

在新石器时代，中亚北部的原始居民除了继续以中石器时代的细石器技术制作石器外，开始了具有新石器时代特征的器物——陶器的生产。中亚北部的新石器时代遗址主要分布在三个地区：阿姆河下游、咸海沿岸和哈萨克草原。

（1）阿姆河下游的克尔捷米纳尔文化是新石器时代的典型代表。克尔捷米纳尔文化遗址分布很广，从阿姆河下游远至泽拉夫善河下游和哈萨克斯坦北部以北地区流行。[①] 主要遗址在阿姆河流域的阿克恰河三角洲、乌兹博伊（Uzboy）河上游地区、马汉（Mahan）河流域、咸海东北草原。克尔捷米纳尔文化处于公元前6000年至公元前4000年之间，属于新石器时代早期文化。[②] 该文化遗址的最早发现地在已荒废的克尔捷米纳尔渠附近，故名。1939年，苏联考古学家托尔斯托夫（S. P. Tolstov）对它进行了发掘研究。

在克尔捷米纳尔遗址中，发现了新石器时代早期的典型器物——手制陶器。器物有罐、钵和船形器皿等。在较早的地层中，

---

① 〔苏联〕托尔斯托夫：《古代花剌子模》(*Drevnij Khorezm*)，〔苏联〕古尔加莫夫（Ja. G. Guljamov）、阿斯科洛夫（A. Asiarov）：《原始文化和泽拉夫善河下游灌溉农业的出现》(*Pervobytnaja kul'tura i vozniknovenie oroshaemogo zemledelija v nizov'jakh Zaravshana*)，转引自Denis Sinor, *The Cambridge History of Early Inner Asia*, Cambridge University Press, 1990, p.64。

② 有学者认为，最早的遗址只追溯到公元前4000年，后期的遗址处于公元前2000年初期，因此克尔捷米纳尔文化处于公元前4000年至公元前2000年之间。参见Denis Sinor, *The Cambridge History of Early Inner Asia*, Cambridge University Press, 1990, p.64。

陶器器形为圜底或尖底，在较晚的地层中，出现平底陶器。陶器纹饰比较丰富，有刻划、压印、戳刺的波状纹、圆点纹、箭形纹，部分陶器施有红彩。在晚期地层中发现的陶器多为素面。在晚期地层中发现了使用红铜器的迹象。

该文化遗址地处河湖沿岸，从工具组合和出土的鱼骨兽骨来看，其上的居民仍以狩猎、捕鱼和采集为生。对所发现动物骨骸的分析表明，当时人们猎捕的动物多为草原上常见的野驴、波斯羚羊、野猪、獐、赤鹿，以及牛、野马和骆驼等大动物。梭鱼、鲤鱼和须鲶鱼骨骸的发现证实了当地的捕鱼生活。捕鱼使用带石枪头的渔矛。在该遗址上未见到栽培谷物和畜养家畜的骨骸遗迹，因此推断，创造克尔捷米纳尔文化的中亚原始居民仍然处于征用型经济阶段，没有演进到以生产为基础的经济阶段。

在克尔捷米纳尔文化遗址上发现了人类居住的遗迹。在业已干涸的乌兹博伊河沿岸，居住地面积不大，多数集中，大约绵延 5 公顷至 6 公顷。在詹巴斯（Janbas-kal）发现了面积约 270 平方米的椭圆状房子，房子中央有一个大炉台，可能是燃烧圣火的神台，家庭使用的普通炉台以数列的形式建在外围。房屋是木柱、木梁结构，房顶用很轻的芦苇草覆盖。在泽拉夫善河下游的迪亚巴克尔（Darbazykyr）居地遗址发现了一个 81 平方米、有四个角落的住宅。

（2）在咸海沿岸地区发现的新石器时代遗址有扎尔帕克（Zhalpak）、科斯莫拉（Kosmola）、撒克绍斯卡亚（Saksaul'skaya）。扎尔帕克遗址地处咸海岸边，在遗址上，除了发现刀状石片制作的石器工具和箭镞等中石器时代器物外，还发现了陶器，因此，它应该属于新石器时代遗址。在出土的陶器中，有底部或平或圆的半圆形的杯子以及颈部清晰可辨的大型陶器。这些容器的表面用锯齿形模子或雕刻法进行装饰。

科斯莫拉遗址分布在咸海沿岸多处地点，其中，科斯莫拉 4 号和 5 号属新石器时代文化遗址。在两处遗址上都发现了混有砂子的泥坯烧制的陶器。陶器的壁很薄，并有线纹、痘纹、苇纹和划纹装饰，图案单调，通常是排列成行。

在撒克绍斯卡亚二期遗址的较晚地层中发现了陶器，因此，它也属于新石器时代文化遗址。此处出土的陶器是一些具有平底或圆底的小容器，容器的口沿相当美观，沿顶部呈扁平状，陶器的装饰图有锯齿形、平直或波状的划线、痘纹勾出的各种几何图形。

咸海地区新石器时代遗址文化既与阿姆河下游的克尔捷米纳尔文化相似，又与外乌拉尔南部地区和咸海东部地区的文化有共同之处。

（3）哈萨克草原的新石器时代文化遗址很多，典型代表有卡朗古尔（Karaungur）、卡拉土尔盖（Kara Turgai）和彭基（Pen'ki）遗址。

卡朗古尔遗址位于哈萨克南部草原，它由多个文化层组成，有些文化层属于中石器时代。在属于新石器时代的文化层发现了陶器。陶器为圆底薄胎，以点、孔和锯齿模加工的图案装饰。哈萨克南部草原的新石器遗址文化与阿姆河下游的克尔捷米纳尔文化相似，由于地理位置的接近，两地的文化可能存在着交流。

卡拉土尔盖遗址是哈萨克中部草原的新石器时代文化遗址的典型代表。在卡拉土尔盖河谷出土了属于新石器时代的典型器物——陶器。在遗址中发现了大量的陶器碎片，主要是容器碎片，说明这一时期陶容器已经大量使用，容器口沿微张，形体宽大，以梳状模子、刻印纹孔和圆槽进行装饰。

哈萨克北部草原最著名的遗址是彭基遗址，它位于今哈萨克斯坦巴甫洛达尔州（Pavlodar）东北200公里处。苏联学者查赖雅（L. A. Chalaya）对该遗址进行了考察。彭基遗址被分为1号和2号。

彭基1号遗址出土的石器有刮削器、钻头、剃刀、组合式镶嵌刃片、小刀和箭镞等。它们是用刀状石片制成的，具有中石器时代特征。这里的箭头与乌拉尔南部地区的新石器的箭头相似。在该遗址上发现的新石器时代器物为陶器，多为碎陶片。陶器为厚壁尖底，主要用麻点纹和梳刮方法制出各种图案装饰。在此遗址中发现了居住遗迹，住宅长 15 米，宽 7 米，纵向轴线呈南北方向。住宅的中央有一椭圆形炉灶，直径 2.5 米，另有两个炉灶分别靠着北墙和南墙。

彭基 2 号遗址出土的石器与 1 号遗址相似，也有属于中石器时代特征的石器。新石器时代器物为陶器，主要是厚壁平底容器，采用麻点和篦子印纹装饰。在该遗址上出土了两颗打磨得光洁的尖牙，可能是垂饰。此外，还发现了一幅长 14 厘米的麋头画像，它嘴巴张开，耳朵朝后。这类出土物反映出该遗址受到了乌拉尔与南西伯利亚（Southern Siberia）风格的影响。

彭基 1 号遗址的石器组合物与里海沿岸的杰贝尔四期文化类似。陶器在造型和装饰图案上，则类似于北方乌拉尔地区和南方克尔捷米纳尔文化的制品。在艺术和装饰品，1 号和 2 号遗址的出土物都具有浓厚的乌拉尔与南西伯利亚风格。

哈萨克草原东部的新石器时代文化的典型代表有乌斯特纳林（Ust'-Narym）、特鲁什尼科弗（Trushnikovo）、马洛克拉斯诺雅斯卡亚（Malo-Krasno-yarskaya）遗址。在这些遗址中，最引人注目的是乌斯特纳林遗址，苏联学者切尔尼科夫（S. S. Chernikov）对它进行了考察。

在乌斯特纳林遗址上出土的石器与西伯利亚新石器时代的石器十分相像。表现在石块被直接劈裂，石核的形状多种多样，以及石制工具种类多等方面。根据出土的工具和动物遗骸推知，当时这里的人们仍然过着渔猎的生活。总体来看，乌斯特纳林遗址既反映了南西伯利亚地区的文化传统，也反映出与克尔捷米纳尔文化之间存在的联系。在乌斯特纳林遗址上出土的箭镞、利用精巧反向修整而钝化的双刃细石器和有倾斜刃边的石片等，反映出它与克尔捷米纳尔文化之间的关系；陶容器的装饰图案亦体现出克尔捷米纳尔后期物品的特点。此外，在此还发掘出了房屋、炉灶、墓葬的遗迹。

中亚北部地区众多河流湖泊和拥有大量野生动物的广袤草原，为捕鱼、狩猎等提供了最佳条件。在此有利的生态环境下，在新石器时代早期，中亚北部的居民在不同程度上仍然保持着狩猎、捕鱼和采集的生活方式。直到新石器时代晚期，畜养家畜的现象才开始在中亚北部出现。从彭基1号和乌斯特纳林遗址上发现的居住遗迹说明，中亚北方居民在不同程度上开始了定居和半定居生活，它从一个侧面反映了经济开始稳定下来。

第三章

铜石并用时代和青铜时代

人类从石器时代进入青铜时代（Bronze Age）经历了一个过渡阶段，考古学上，这一过渡阶段被称为铜石并用时代（Chalcolithic Age）。在一些地区，铜石并用时代被纳入新石器时代晚期；中亚铜石并用时代大约处于公元前5000年至公元前3000年，从时间上看也可以纳入新石器时代晚期，但由于这一时期的中亚文化遗址具有与新石器时代不同的特征，所以，本书将它独立出来。在铜石并用时代，中亚出现了以红铜（天然铜）和自然共生矿的合金铜制作的金属器，红铜的加工采用冷锻和冶铸技术。铜石并用时代中亚文化的主要特征是，在大多数遗址中出土了制作精美的彩陶。彩陶成为中亚铜石并用时代一个显著的文化特征，因此，中亚铜石并用时代的文化又被称为彩陶文化。

青铜时代是人类历史发展的关键时期，世界各地进入青铜时代的时间是不同的，中亚青铜时代起于公元前3000年，终于公元前1000年。中亚南部的青铜文化以公元前2000年为界，明显区分为两个阶段，公元前2000年以前是青铜文化早期和全盛时期，此后是青铜文化的衰落时期；中亚北部，青铜文化的全盛时期稍晚一些，大约处于公元前2000至公元前1000年之间。中亚出土的青铜大多数是铜砷和铜铅合金，铜锡合金不多。

青铜时代，人类生产力得到了极大提高；中亚的原始农业、畜牧业和手工业在此时期也得到很大的发展。穆尔加布（Murgab）河流域，以及阿姆河与锡尔河之间的河中地区（Transoxiana）[①]都出现了较大的农业聚落，管理聚落的社会组织也在形成之中。随着手工业和交换的发展，以神庙为中心的小城镇出现了。

第一节　铜石并用时代

中亚南部的安诺（Anau，另译安瑙）、卡拉特佩（Kara-tepe）、纳马兹加（Namazga）、阿尔丁特佩和吉奥克修尔（Geoksiur），中亚北部的阿凡纳羡沃（Afanasevo）和博泰（Boatai）遗址，都是铜石并用时代的代表性遗址。

（1）中亚南部文化遗址。

中亚南部铜石并用时代的安诺文化遗址很多，主要分布在今土库曼斯坦南部的科佩特山北麓平原上，其年代大约在公元前5000年初至公元前3000年初。1904年，美国考古学家庞普里（R. Pumpelly）在阿什哈巴德东南12公里处的安诺首先发现了铜石并用时代的文化遗址，故名。以后，在此附近地区陆续发现了卡拉特佩、纳马兹加、乌卢格特佩（Ulug-tepe）、阿尔丁特佩和吉奥克修尔遗址。20世纪50年代起，以考古学家马松为代表的苏联考古队对它们进行了大规模发掘，确认这些文化遗址属于铜石并用时代。

在安诺文化遗址上发现了红铜铸品，即红铜铸造的锥、斧、刀、镞、矛、凿，以及镜、镯、环、别针等，它们是目前中亚地区出土

① 河中地区，指阿姆河与锡尔河之间地区。阿拉伯人称该地为Mawara an-nahr，意为河外之地，指阿姆河以东地区，“阿姆河外”在英文中写为Transoxiana，Oxus是阿姆河的古称，OX是它的缩写形式。

的最早的铜制品。除了铜工具外，在此出土了很多手制彩陶，彩陶为深褐色的单彩或红黑双彩，绘有三角、菱形、方格、十字、平行线等几何纹或山羊等动物纹。主要器物有平底钵、碗、罐等。

在安诺文化遗址中，发现了石锄等农具，以及小麦和大麦等农作物的遗迹，由此推断，其上的居民已经开始了原始农业。遗迹反映，在安诺文化后期，农业生产已经不只是靠天作业，也开始了人工引水灌溉。在此文化遗址中，还发现了驯化的牛、狗、羊和骆驼的遗骸，由此可知，其上的居民开始了原始畜牧饲养。尽管如此，打猎在生活中仍占有一定的地位，发现了野马、野猪、狐狸、鹿、羚羊和狼等野生动物的遗骸。考古学家从遗址的出土物推断，畜养家畜的时间可能晚于农业生产。在该遗址中还发现了赤陶纺轮和陶车的轮子；赤陶纺轮反映了纺织业的兴起，陶轮可以说明运输业的发展。

在安诺文化遗址上发现了建筑遗迹，遗迹表明，其上的居民已经过上了定居聚落的生活。房屋为土坯建筑，房屋墙壁或地面施以红或黑色的单彩或双彩几何纹。一间住房及附属的储藏室构成一个单元，每一单元供一个家庭居住，从每一单元的房屋结构来看，家庭可能开始成为社会的基本细胞。由若干单元组成一个多间房屋集合的大聚落，它们可能是氏族性的聚落。在聚落内，有可能是用作崇拜中心和集会场所的房屋，内设祭祀用的灶台。达希列基（Dashlyji）遗址的居民大约有40—50人，它可能是一个单氏族聚落。氏族聚落的保留可能是为了满足原始农业的集体性需求。

在安诺文化遗址上发现了赤陶人像和动物塑像，人物塑像多为女性。从出土众多的女陶像推知，当时社会可能处于母系氏族公社阶段；不过，在安诺文化的晚期，出现了许多男子陶塑，这一现象是母权制衰微的象征，反映了父系向母系氏族社会过渡的发展。

在安诺文化遗址上发现了墓地建筑。早期的墓常常建在聚落居地之中，死者为单人侧身屈肢葬，有的尸体以赭石染色；后期的墓地建筑在聚落的边缘地带，有用土坯筑起的椭圆形集体墓室，面积一般为5平方米—6平方米，一座墓可葬两三人至十多人不等。从住房和墓葬的遗迹来看，安诺文化尚无明显的贫富分化，尽管有的墓有少量饰物、容器或祭肉随葬。

在铜石并用时代，南土库曼斯坦文化遗址反映出人口增长的迹象。除了有像安诺、达希列基和雅锡特佩（Yassy-tepe）这些面积为0.5公顷—1公顷的较小聚落外，也出现了占地10公顷以上的较大中心，如阿尔丁特佩、卡拉特佩、纳马兹加。

除了规模的变化外，南土库曼斯坦的农业聚落文化还呈现出东、西差异。以安诺、卡拉特佩、纳马兹加为代表的西部遗址上出土的彩陶大多数以几何图案装饰，颜色分成红、黑两种；以阿尔丁特佩、吉奥克修尔为代表的东部遗址出土的彩陶，装饰图案简单、质朴，主要母题为绕着杯、壶口沿的平行直线。公元前4000年中叶以后，西部遗址出土的彩陶，除了描绘有精致的几何图案外，还出现了动物图像，如山羊、雪豹和禽鸟等；东部遗址的彩陶，在装饰中也出现了一种新的风格，即吉奥克修尔风格，其特征是采用了硕大而鲜明的多色十字或半十字图案。

阿尔丁特佩遗址上的新石器时代文化在上一章已经陈述，本节将对它的铜石并用时代文化做一总结。从遗址的发展来看，农业聚落呈不断扩展的趋势。阿尔丁特佩文化在铜石并用时代迅速扩展，属于铜石并用时代的遗址占地面积达到了25公顷，出现了由生砖围墙包围起来的大的聚落，围城厚约两米，墙体外有矩形扶垛加固。在聚落内，较大的居住地上建有一些多居室房屋，每一住宅有12—15个房间，其中有一个厨房、一个公用的谷仓和一个公用庭院。这类住宅表明，多居室住宅是一个大家庭的聚落，由有亲缘关系的若干小家庭居住，他们共同参与大家庭的活动。家庭聚落可能是当时社会的基本单位。

在阿尔丁特佩遗址上发现的墓地大多数是集体墓地，一个墓穴大约有12—15具遗骸。在普通墓穴中，随葬品只有一两件彩陶壶。在一个妇女墓中，出土的随葬品有五件陶制容器和两件石制容器，以及几件铜器。由此观之，阿尔丁特佩居民在铜石并用时代开始出现财富和社会地位的差别。

铜石并用时代具有代表性的遗址还有吉奥克修尔。吉奥克修尔遗址位于科佩特山前平原地带的古捷詹（Tedzhen）河河口，大约处于公元前4000年至公元前3000年，苏联学者克洛平（I. N. Khlopin）对该遗址进行了考察。

在吉奥克修尔遗址上出土了大量陶器，器物有陶轮、陶壶、陶杯、赤陶像等；陶器的装饰图案简单、质朴，主要在沿杯、壶口边有一圈平行线、十字或半十字图案。陶器是在专门的窑炉中烧制，保证了统一的烧制温度。

在吉奥克修尔绿洲上，发现了规模较大的灌溉系统，在居住地附近发现了人工开掘的沟渠，约长3.5公里，宽2.5米—5米。[①]此外，有浅沟分布于农田各处，浅沟水漫出时对农田进行灌溉，这种灌溉使农作物获得了多次供水，保证了收成。史学界把这种灌溉方式称为“吉奥克修尔农耕”。这种灌溉方式在青铜时代的穆尔加布河绿洲、巴克特里亚（Bactria）、泽拉夫善河下游和花剌子模（Khwarezmia）等地普遍使用。

在吉奥克修尔遗址上出土了一些具有肥硕躯体的赤陶像，可能是丰育女神。这种塑像的类型很多，其中，大量是坐像，丰满的乳房取代了像中人的手臂和肩膀，像中人的大腿上饰有各种巫术符号。据此推测，当时的人们可能希望以母性和生育来表现农业庇护神的形象。

从发掘的遗址和遗迹来看，吉奥克修尔文化沿着以下几个方向向周边地区传播：在东北方，在泽拉夫善河流域发现了具有吉奥克修尔风格的陶器，其中最典型的有属于青铜时代文化的撒拉兹姆（Sarazm）遗址；在东方，该文化影响到穆尔加布河三角洲，在此发现了散布很广的定居地，其陶器明显具有吉奥克修尔风格；在东南

---

① 〔巴基斯坦〕A. H. 丹尼、〔苏联〕V. M. 马松主编：《中亚文明史》第1卷，第163页。

方，该文化影响到阿富汗和巴基斯坦的一些地区；在南方，该文化影响到伊朗东部和阿富汗西南边境锡斯坦（Sistan）地区。

创造安诺文化的居民属欧罗巴人种东地中海类型。关于安诺文化的起源，史学界有两种说法，一说直接源于伊朗高原；一说在中亚哲通文化的基础上发展起来，在发展中受到了伊朗高原文化的影响。安诺彩陶上的图纹，与伊朗南部和两河流域新石器时代晚期的图纹相似。可以推测，安诺遗址的史前居民可能与伊朗、美索不达米亚（Mesopotamia）等地发生过密切的文化联系。同时，中国考古学家在新疆发现的铜石并用时代的彩陶，其装饰图案在许多方面与安诺彩陶类似[①]，因此，安诺文化可能与中国文化也发生过联系。

除安诺文化外，在中亚南方青铜文化中具有代表性的文化还有今阿富汗的农业聚落。在公元前5000年末至公元前3000年初，阿富汗南部的农业文化繁荣起来。主要的农业聚落遗址处于土地肥沃和得到充分灌溉的坎大哈省境内，如蒙迪加克（Mundigak）、赛义德卡拉（Said Qala）、德莫拉西贡旦（Deh Morasi Ghundai）。遗址上的出土物和遗迹体现了中亚原始农业的三个特征，即坚实的土坯屋、发达的彩陶、丰育女神或各种有蹄类动物的赤陶像。在这些遗址上，出现了铜矿遗迹，表明遗址上的人们掌握冶铜技术不会晚于公元前3000年中叶。

在铜石并用时代，由于文化联系的日益加强，伊朗、阿富汗及印度—巴基斯坦西北部广大地区已经属于同一个文化系统。这一点从房屋类型、塑像、金属器物、丧葬仪式等特征中可以反映出来。

（2）中亚北部文化遗址。

在中亚北方，铜石并用时代的文化遗址在时间上比中亚南方的要晚，大约晚1000年左右；遗址文化呈现出与中亚南方不同的面貌，更多地表现出畜牧经济的特征。米努辛斯克（Minusinsk）盆地的阿凡纳羡沃遗址、哈萨克北部彼得罗巴甫洛夫斯克（Petropavlovsk）附

---

① 苏联科学院主编：《世界通史》第1卷，生活•读书•新知三联书店1959年版，第307页。

近的博泰遗址是中亚北方铜石并用时代的典型文化遗址。

阿凡纳羡沃遗址的年代大约处于公元前 3000 年下半叶至公元前 2000 年初。20 世纪 20 年代，苏联考古学家在阿凡纳羡沃山区发现了巴捷尼村墓地，后来，此墓地出土物和遗迹被命名为阿凡纳羡沃文化。阿凡纳羡沃文化的分布很广，从叶尼塞（Yenisey）河中游的米努辛斯克盆地向西南一直延伸到阿尔泰山地区。

在阿凡纳羡沃文化遗址上，虽然也出土了具有新石器时代特征的石器，即斧、杵、磨盘、矛、箭镞等工具，但值得注意的是红铜制品，其中有铜针、锥、小刀等工具和耳环、手镯等饰品。从石器和铜器的器物来看，该文化不属于原始农业文化。此外，在该遗址的墓地上还发现了绵羊、牛、马等家畜的遗骨。在该遗址上出土了手制陶器，陶胎呈黑色。器形有尖底罐、圜底器，平底缸和香炉形等。从陶器看，当时的人们可能已经开始了定居生活。

在阿凡纳羡沃文化遗址上发现了居住遗迹。居住遗迹的面积不大，房屋有地穴式和木结构两种。此外，在遗址上发现了墓地建筑。墓的土冢上有圆形石垣，高达 1 米，直径 5 米—6 米，下面建一个或数个方形墓穴，穴上以原木或石板覆盖。多数为单人葬，少数为双人合葬，也有 3—8 人同穴的集体葬。死者以坐姿入殓，后来形成仰身或侧身屈肢葬。在墓穴与石垣壁之间建儿童墓葬。从墓地的规模来看，阿凡纳羡沃的居地很小，由 8—11 个小家庭构成。

以畜养牲畜和定居生活遗迹推断，尽管渔猎和采集在经济生活中还有重要意义，但阿凡纳羡沃文化已经处于早期畜牧阶段。从墓中的随葬品来看，阿凡纳羡沃文化尚无贫富分化现象。因此推测，阿凡纳羡沃文化可能仍处于母权制氏族社会阶段。

阿凡纳羡沃文化的创造者属欧罗巴人种的最东支。从文化面貌反映，阿凡纳羡沃文化与黑海（The Black Sea）沿岸的竖穴墓文化（Pit Tomb Culture）、木椁墓文化（Timber-chambered Tomb Culture），以及中亚扎曼巴巴文化（Zaman-baba Culture）有程度不一的相似性。

博泰遗址的时间大约在公元前 3000 年至公元前 2000 年。苏联学者科罗勃科娃（G. F. Korobkova）对它进行了研究。

在博泰遗址上发现的最有价值的遗迹是马的遗骸。在该遗址上出土的30多万块动物骨骼中，有99.9%是马的骨骸。可以推测，当地居民或者专门猎捕野马，或者已经开始专业化养马。而后一种可能性更大。从出土的马的遗骸来看，17%的博泰马高达136厘米—144厘米，与当代美洲印第安人乘骑的马大小相当（130厘米—140厘米）。马骨骸的大量发现说明，马成为经济生活的主要因素之一，野马或家马无疑是铜石并用时代欧亚草原居民的主要肉食来源之一，马在当时人们信仰体系中亦占有相当重要的地位，这一点已从随葬品中表现出来。

在博泰遗址中，马遗骨的出土对研究草原部落文化与经济发展具有特殊意义。有学者认为，博泰文化时期，马已被用于骑乘，并有可能用来追捕野马，放牧牛、羊。苏联学者科罗勃科娃对马骨进行专门分析之后，分辨出马骨有被笼头套住过的颊片；美国考古学家安东尼（D. W. Anthony）等人提出，马在当时已经用于骑乘。使用马嚼所造成的马齿磨损为马用于骑乘提供了证据。博泰遗址出土了19匹三岁以上成年马的牙齿，发现三匹马中的五颗牙齿明显有磨损痕迹。学者们由此推断博泰的一些马用过马嚼，并被骑乘了数百小时。[①] 从某种意义上说，博泰文化是亚洲游牧文化的先驱。

第二节　中亚南方全盛时期的青铜文化

在中亚南方，青铜文化起于公元前3000年，在公元前2500年至公元前2300年间达到全盛。中亚南方全盛时期的青铜文化有以下四个特征：第一，青铜器大量使用；第二，手工业专门化；第三，农

① D. R. Brown etc., Bit Wear, Horseback Riding and the Batai Site in Kazakstan, *Journal of Archaeological Science*, 1998, Vol.25, pp.331-347.

业与畜牧业聚落分明；第四，原始城市兴起。尽管每一个遗址的遗存并不完全具备以上四个条件，但大多数遗址文化具有两个以上的特征。

中亚南方全盛时期青铜文化的典型遗址有：南土库曼斯坦的阿尔丁特佩和纳马兹加遗址；阿富汗赫尔曼德（Helmand）河中下游的蒙迪加克和沙赫里索克塔（Shahr-i Sokhta）遗址；巴基斯坦西北部的梅尔伽赫遗址；泽拉夫善河流域的撒拉兹姆遗址。

（1）在阿尔丁特佩遗址中，青铜文化大约处于公元前3000年至公元前2000年间。这一时期的遗址得到了系统的研究。研究表明，遗址的绝大部分文化属于青铜全盛时期，其文化特征是：青铜器的使用、手工业专门化和原始城市兴起。

在该遗址上出土了青铜器、银器和金器。青铜器多为武器和工具，主要有短剑、吹箭，各种小刀、镰刀和别针；银器主要为指环、手镯、别针、镜子和锛子；金器多为印章，印章上雕刻着动物图案。在此遗址上，发现了铸铜炉的遗迹，熔铸金属的技术采用人工合金及心轴的空心模具。青铜含有砷和铅，含锡的非常罕见。

青铜时代经济的一个重要特征是手工业的专门化。在阿尔丁特佩的文化中心，劳动分工有了重大进展，手工业不仅与农业分离成为一种独立行业，而且，手工业中也出现了专门化倾向。如陶器制作与其他手工业分离成为专门的制陶业。阿尔丁特佩的制陶业十分兴旺，在该遗址中发现了50多个烧陶的炉窑，出土的陶器均为轮制，进行标准化的生产。由于专业陶器工场成批生产，所以，中石器时代的手画彩陶很少见到了。专门化提高了生产率，其中一座陶窑每年能烧制16000—20000件陶器。①

从阿尔丁特佩遗址的布局、居住建筑、墓葬建筑等遗迹来看，阿尔丁特佩不仅仅是一个大型农业中心，而且已经具有一个城市的规模，研究者将阿尔丁特佩确定为原始城市或神庙市镇。阿尔丁特

---

①〔巴基斯坦〕A. H. 丹尼、〔苏联〕V. M. 马松主编：《中亚文明史》第1卷，第171页。

佩居住遗迹的建筑布局是：在居住地的四周建有围墙，有些地方还建筑矩形塔加固围墙。围墙上开有一扇中央大门，大门是用壁柱装饰的纪念性塔门。通往大门的道路宽 15 米，它被两条纵向墙隔成三条道路，中央大道供车辆行驶，道上铺设石子和大块碎陶片，两边的小道为步行小路。城市中，房屋建筑出现了按职能划分的小区。北部有占地面积约两公顷的工匠区，在此发现了 50 多个烧陶窑炉。区内建有多室住宅，在住宅之间有弯曲的小路。按照房屋的密度估计，阿尔丁特佩的居民人数可能达到了 6000—7500 人。①

从城市布局的遗迹来看，青铜时代的中亚地区已经明显呈现出贫富分化。与工业区有明显区别的是"贵族区"。贵族区的布局呈矩形，街道作直角交错，房屋宽敞，装饰精美。此外，在城市遗址的东部还有宗教界人士的居住区，住宅区的四周有大约两米厚的生砖围墙与外界隔开，区内建有重要的宗教性建筑，阶梯式祭塔高达 12 米。

在阿尔丁特佩遗址上发现了墓葬建筑的遗迹，在贵族区附近和工匠区附近建有集体墓。在贵族区附近的墓中，尸体是用细毛料包裹，随葬品有挂在死者颈部和绕在其髋部的珠链；在工匠区附近的集体墓中，尸体是用粗陋的藤席包裹，随葬品仅仅是为数不多的陶壶。此外，还有单人墓，墓穴中一般建有圆柱形石灯，墓主绝大多数都是女性。单人墓的随葬品很多，除了陶器外，还有金属印章、象牙珠、手镯、项圈、石制容器、石灰石制成的大"圆柱"、端部饰有雕刻动物头像的灰石杖、青铜别针和其他饰品等。从墓葬中的随葬器来看，阿尔丁特佩居民的财富及其社会地位已经出现差异。

（2）纳马兹加遗址位于科佩特山麓到穆尔加布河下游一带，时间大致在公元前 2500 年至公元前 1500 年间，在公元前 2300 年左右达到鼎盛。②从 1949 年起，苏联考古学家马松等人主持了该遗址的

---

① 〔巴基斯坦〕A. H. 丹尼、〔苏联〕V. M. 马松主编：《中亚文明史》第 1 卷，第 171 页。

② 同上书，第 169 页。

发掘工作。

纳马兹加遗址的四至六期属于青铜文化，在此发现了冶炼的熔炉和矿渣，出土了青铜、红铜和金、银制品。青铜器有印章、针、锥、钻、凿、斧、镰、矛、短剑、镞和罐等。从金属器的种类和特征可以推断，在四至六期的纳马兹加遗址上，冶炼和金属制作已经专门化了。

在此时期的遗址中，发现了面积达 20 公顷以上的城市遗迹。在纳马兹加城，纵横交错的街道把城市分隔为多个居住区，有的居住区四周建有土坯砌成的防御围墙。在一些居住区发现了手工业生产的遗迹，根据遗迹推测，城市居住区可能是按职业划分的。

在纳马兹加城附近发现了农业聚落的遗迹。通过对纳马兹加遗址西部 50 公里处的托奇奈克特佩（Toichnek-tepe）、肖尔特佩（Shor-tepe）、科沙特佩（Kosha-tepe）三个农业聚落的出土物研究发现，这三个农业聚落文化受到了纳马兹加文化的影响。纳马兹加城与周围农业地区有着密切的联系，可以说，纳马兹加城的经济生活离不开周围的农业聚落。

（3）阿富汗境内发现的蒙迪加克和沙赫里索克塔遗址是中亚南方城市迅速发展的典型例子，它们处于公元前 2600 年至公元前 2500 年之间。在公元前 3000 年中叶，两个遗址的聚居中心呈现飞速发展的面貌，面积是铜石并用时代末期的七八倍。[①]

蒙迪加克遗址由赫尔曼德河北岸的一系列小丘组成，时间大致处于公元前 3000 年至公元前 1500 年之间。著名学者卡萨尔（J. M. Casal）把该遗址分为五个时期，对它们进行了编序。一至三期是蒙迪加克小型农业村落时期；四至五期，是蒙迪加克城市文化时期，到铁器时代城市衰落，最终被废弃。

在蒙迪加克一期遗址中出土的金属器，最早的器物是一把扁平的小刀，可能曾经安有木柄。在此地层中，出土了一种青铜尖状器

① 〔巴基斯坦〕A. H. 丹尼、〔苏联〕V. M. 马松主编：《中亚文明史》第 1 卷，第 144 页。

或打孔器，具有十字形截面，这种青铜器在该遗址的四期地层中大量出现，基本上取代了骨制的锥子、钻孔器。随着序列的增加，金属器出现的频率和品种随之增加，以后出现了器型较大的矛头和刀。对青铜器的分析，可知蒙迪加克早期的青铜器含锡量很低。含锡量达 5% 者是蒙迪加克遗址的最高记录，大多数只占 1%，含铁 0.15%，其余都是铜。[①] 在蒙迪加克遗址出土物中，陶器的地位十分重要，其中，占总数 90% 的陶器是轮制，呈淡黄和红色。[②]

在该遗址上发现了动植物的遗迹。在较早的遗址上发现了绵羊、山羊、牛、马和狗等家畜的遗骸；农业的遗迹有小麦。可以推测，这一时期该地区的居民以农业为主，兼营家畜饲养。

蒙迪加克遗址面积在第四期以惊人的速度增长：从第三期的 6 公顷—8 公顷扩展到第四期的 55 公顷—60 公顷。[③] 在早期的居住遗迹上出现了土坯住宅，地基为黏土铺成（偶尔掺有石子），也有以粗糙的石灰石岩石铺砌地基的。随着居住区的扩大，城市布局发生了很大变化，出现了有规划的手工业区和墓葬区。建筑物也发生了变化，出现了阶梯式建筑，建筑物正面有两个低阶，平台前面矗立一系列半圆形柱子，高 1.6 米，以带状物环绕为装饰。从第四期建筑遗迹来看，蒙迪加克已经从以前的小型农业聚落发展为一座城市了。

在蒙迪加克遗址上发现了墓葬的遗迹。墓为方形，有些墓穴是用砖墙隔开，随葬品与尸体分置。出土的各种器物及发现的遗迹表明，蒙迪加克城是当地的一个重要的经济中心。

沙赫里索克塔遗址地处赫尔曼德河河口。在该遗址的出土物中，最有特色的是陶器。从出土陶器来看，陶器的制作技术与铜石并用时代并无多大区别，但劳动力组织和专业分工却与以前大不相同。在此遗址上发现了由 50—100 个炉窑组成的大型制陶场，陶器制作采用快轮成批生产。陶器风格呈现出南土库曼斯坦、俾路支和伊朗

---

① 〔巴基斯坦〕A. H. 丹尼、〔苏联〕V. M. 马松主编：《中亚文明史》第 1 卷，第 154 页。

② 同上书，第 153 页。

③ 同上书，第 144 页。

南部的风格。

在该遗址上发现了大麦、小麦和葡萄等栽培植物的遗迹。除了原始农业外，该遗址上居民还以捕捉禽鸟作为食物的补充。在遗址上发现的动物骨殖多为禽鸟，种类多达 45 种，95% 以上的禽鸟是生活在沼泽地带的大鹬、鹅等。

与铜石并用时期相比，该地区有了很大的发展，遗址面积从公元前 3200 年至公元前 2800 年的 15 公顷—17 公顷，扩展到公元前 2400 年的 150 公顷。[①] 农业聚落遗迹反映，手工业生产已从分散走向集中。在遗址的西部和南部发现了专门进行手工业生产的居民聚居区。民居建筑也更加趋向于统一规划，居住区的住宅一般用土坯堆砌而成，房顶由掺有稻草的黏土覆盖。

该遗址上的墓地远离居住区，面积约 21 公顷。墓葬分圆形和方形两种，大多数墓葬实行多人葬。在公元前3000年初的一个墓葬上，墓穴先后安葬了 13 人，随葬品置于身体四周，种类丰富，有饰品、陶器等日常用品。对该遗址上出土的 300 多件随葬品研究表明，公元前 2500 年前后的随葬品较其他时期更加丰富，说明了公元前 3000 年中叶，中亚社会经济发展较快。

出土的器物和发现的遗迹都显示了沙赫里索克塔遗址从农业聚落发展为城市的过程。把沙赫里索克塔与蒙迪加克遗址的自然资源做对应检测研究，可以发现，大约在公元前 2500 年前后，两地出现了相互依存的关系，学者们判断，两个地区可能已经形成了某种政治上的统一。

（4）巴基斯坦西北部的梅尔伽赫遗址在中石器时代和新石器时代都已经介绍过了。梅尔伽赫遗址的第六、第七期属于青铜时代文化，时间大约在公元前 3000 年至公元前 2600 年。

在梅尔伽赫遗址上发现的铜和青铜器很少，只有一把凿子、一把扁平的斧子及一枚装饰别针。第六期遗址上的建筑遗迹受到了严

① 〔巴基斯坦〕A. H. 丹尼、〔苏联〕V. M. 马松主编：《中亚文明史》第 1 卷，第 144 页。

重侵蚀，只留下一些住房和露天加工场地的废墟。从许多陶窑遗迹来看，梅尔伽赫曾是一个制陶中心。在第七期遗址上出现了一个公共建筑，它建在一个巨大的土坯平台上，平台之北有堵狭窄的土坯墙，墙上规则地排列着一些壁柱。俯瞰平台，可以发现一排排土坯砌的矩形房间，这些房间可能是住宅，有的房间建有地下室，里面有大量陶器。

（5）撒拉兹姆遗址位于今塔吉克斯坦的品治肯特（Pendjikent）城附近，遗址的时间大约在公元前3000年至公元前2000年间。苏联的考古学者对该遗址进行了考察，将它确定为青铜早期和全盛时期的遗址。

在撒拉兹姆遗址上发现了大量金属制品：有青铜器、金器和银器。在撒拉兹姆遗址上出土了彩陶，陶器为轮制，有多色的十字形和半十字形装饰图案，与吉奥克修尔陶器的装饰图案相同。由此推测，它与周边地区有密切的联系。费尔干纳的矿藏丰富，这可能是吸引吉奥克修尔居民的地方。尽管如此，撒拉兹姆文化仍然保留着自己的一些特征，如在一个墓葬中发现了一件海贝手镯，它不属于南土库曼斯坦风格。

在撒拉兹姆发现的建筑遗迹是用土坯建造的房屋，房屋中央有一个神殿，神殿中间置放椭圆形祭台，墙壁上画有彩色图画。

可以说，在青铜时代，中亚地区的手工业已经从农业中分离出来，出现了一批专门从事陶器和青铜器制作的手工业者。随之，早期城市在中亚地区形成。城市的发展在青铜时代早期最为明显，从规划性的建筑遗迹推知，城市按职业布局分划成各居住区。

青铜时代的出土物和遗迹的相似性说明中亚地区内部的联系和影响加强了。除此之外，中亚地区居民与外界有着频繁的交流，中亚的青铜文化受到了苏美尔文明（Sumerian Civilization）、古埃兰文明（Elamite Civilization）和哈拉帕文明的影响。如从出土的大理石和绿泥石雕刻的精美器皿和金属钮扣、印章来看，中亚地区在建筑和雕刻方面主要受到了苏美尔和古埃兰文明的影响。

第三节　中亚北方的青铜文化

中亚北方青铜文化的全盛时期比中亚南方晚一些，尽管在公元前3000年初就有青铜文化的萌芽（阿凡纳羡沃文化），但青铜文化的全盛时期大约处于公元前2千纪至公元前1千纪之间。中亚北方青铜时代文化具有以下特征：第一，青铜器的使用；第二，马的驯化和骑乘；第三，半地穴式房屋。中亚北方青铜文化主要分布在哈萨克草原和阿姆河下游东岸。

（1）咸海以北的安德罗诺沃文化（Andronovo Culture）遗址是青铜文化的典型代表，时间大约在公元前2千纪至公元前1千纪初之间，范围从阿尔泰山西部一直延伸到叶尼塞河，包括了哈萨克斯坦和南乌拉尔山草原，最重要的中心是米努辛斯克盆地。20世纪20年代，苏联考古学家捷普劳霍夫（Teploukhov）在阿钦斯克（Achinsk）附近的安德罗诺沃村发现，故名。

学界将安德罗诺沃文化分为三期：公元前18—前16世纪为早期；公元前15—前12世纪为中期；公元前12—前8世纪为晚期。目前，三个时期的文化遗址都已经在哈萨克草原上发掘出来。

安德罗诺沃文化生产力的最大进步是懂得了冶炼金属。在北哈萨克斯坦的卡尔宾（Kalbin）山从浅露天矿井中开采，从表层得到的是氧化矿石，原矿经石锤敲打，然后在原始熔炉中融化。遗址上出土了矿石、炼渣。在居住区发现了冶炼和铸造的工场遗迹，冶炼者用黏土浇注模具，也有用石材复合模具浇铸的。遗址上出土的青铜制品有锻造或铸造的武器和工具，如斧、矛、镞、刀、短剑、锛、凿、锯、镐、鱼钩、锥、针及铜箍。从器物种类繁多推断，出现了专门制作青铜器的手工业者。除铜矿外，还发现了锡矿和金矿遗址。金的加工技术与红铜相似，金制品主要是饰品，即串珠和饰牌，以及金银镯、鬓环。

安德罗诺沃遗址上出土的陶器为手制，平底，容器带有凸出的侧边。这些容器由像梳子印上的之字形、三角形和菱形装饰，回字纹特别流行。

畜牧经济和原始农业的大发展是安德罗诺沃文化的特征。在安德罗诺沃文化遗址上出土了牛、马、羊等家畜的骨骼。根据出土的骨镳判断，马在安德罗诺沃文化中期（前 15—前 12 世纪）已用于骑乘，此后（前 12—前 8 世纪），半游牧经济开始形成。在该遗址中发现了粗毛线制作的圆锥形帽子和耳罩等，说明羊毛已经逐渐成了重要的纺织或编织原料。遗址上还发现了碳化麦粒的遗迹，以及青铜镰刀、砍刀、石锄、石磨盘和石磨棒等器物。由此推断，其上的居民虽然以畜养家畜为主，但也经营锄耕农业。

家畜饲养者和农业者在犁耕或围栏畜牧附近的永久性居地过着或多或少的定居生活。在安德罗诺沃文化遗址上发现了村落的遗迹，它们一般分布在河流下游沿岸，总面积在 1 万平方米以上。村落居住地建筑了 10—20 座圆形或长方形半地穴式房屋，屋顶以圆木柱支撑，房内有贮藏窖、炊用的泥灶和取暖的石灶。如晚期的阿列克谢耶夫卡（Alekseevka）遗址上有长方形房屋 12 座，面积均不超过 250 平方米，中间有隔墙。除半地穴式房屋外，也发现了建筑在平地上的茅舍遗迹，建筑遗迹反映其上的居民可能过着定居生活。

在安德罗诺沃文化遗址上发现了墓地的遗迹，它们是一些不高的土冢，土冢周围有石板砌成的圆形围垣，直径为 5 米—33 米不等，有些围垣互相衔接成网状。墓内普遍建筑一个长方形墓穴（少数为两个），穴深 1 米—3 米不等，内置木椁或石棺。从墓中遗骨分析，早期主要实行火葬，中期开始实行土葬，儿童则一律土葬。土葬的葬式为侧身屈肢，头一般向西或西南。一般而言，墓内随葬品不多，多为陶器、青铜器和木、骨制品；在规模较大的墓中，随葬品里发现了金器。从葬式和随葬品来看，贫富差异的现象已经出现。男女合葬墓普遍，女子置于男子身后，据推断，男人的地位提高了，当时的社会可能处于父权制氏族阶段。

对安德罗诺沃文化墓葬中出土的人骨资料分析表明，安德罗诺沃文化的居民属欧罗巴人种的一个特殊类型，学界定名为安德罗诺沃类型。

比较研究认为，安德罗诺沃文化与东欧的木椁墓文化有着密切的联系，两种文化的遗迹在南乌拉尔山地区交错分布。这种融合现象在安德罗诺沃文化中期表现得尤其明显，有可能木椁墓文化的居民参与了安德罗诺沃中期文化的进程。在东部地区，安德罗诺沃文化与西伯利亚森林地带居民有密切的联系；在南部地区，安德罗诺沃文化与阿姆河畔的塔扎巴格雅布文化（Tazabagyab Culture）发生过接触。

安德罗诺沃文化虽然属于青铜文化，但它在某些方面受到了铜石并用时代中亚北方阿凡纳羡沃文化的影响。以后，随着草原部落的迁徙，安德罗诺沃文化对中亚南方青铜时代后期的文化产生影响。尽管如此，安德罗诺沃文化在西西伯利亚草原、叶尼塞河畔、鄂毕河地区都是短暂的，在这些地区一种新文化，即卡拉苏克文化（Karasuk Culture，前13—前10世纪）很快出现。后者带来了影响着南西伯利亚和哈萨克斯坦生活各个方面的新变化，在哈萨克斯坦新文化遗址已经发现。①

（2）卡拉苏克文化是20世纪20年代由苏联考古学者捷普劳霍夫首次在卡拉苏克河畔巴捷尼村附近发现，定名为卡拉苏克文化，并将它归入南西伯利亚青铜文化，名为南西伯利亚青铜文化卡拉苏克期。以后，苏联考古学者吉谢列夫（S. V. Kiselev，1905—1962）对卡拉苏克文化遗址进行了发掘研究。中亚卡拉苏克文化分布于哈萨克草原中部戴恩德巴耶夫（Dyndybayev）墓地及乌拉尔山的塔吉斯肯（Tagisken）。这些坟墩出土了有价值的陶器，其特征是以纯卡拉苏克图案装饰，如白色颜料填充陶器沟槽和附有球形把手。

---

① 〔苏联〕索斯诺夫斯基（G. P. Sosnovskij）:《外贝加尔地区的瓷砖墓》,〔苏联〕迪科夫:《外贝加尔地区的青铜时代》、《堪察加和楚科奇的近期考古资料的光线年龄》，均转引自 Denis Sinor, *The Cambridge History of Early Inner Asia*, Cambridge University Press, 1990。

目前，考古学界将卡拉苏克文化遗址分为早、晚两个时期，从公元前13—前11世纪是其早期，也名卡拉苏克期；公元前10—前8世纪是其晚期，也名石峡期。有学者认为，石峡期文化遗址并不属于卡拉苏克文化，而是与卡拉苏克文化平行的另一种文化，他们称之为鲁加夫卡文化。

在卡拉苏克文化遗址上发现了采铜、冶铸的手工业工场的遗迹。哈萨克斯坦的采矿业兴盛，如在杰兹卡兹甘（Jezkazgan），前斯基泰人的青铜时代矿工们开采了大约100万吨的原矿石。[①] 卡拉苏克金属技术是在掌握了红铜之后的冶铜技术，即加砷和锡技术，这种技术逐步地改进了合金的性质和金属器的技术质量。[②] 在哈萨克斯坦和乌拉尔山，金属加工者的产品也展示了高度完善的冶金技术，它们的特征器物有弯刀、斧子，以及一枚刻有牡羊头或一对马头形式手柄的小刀。弯刀的柄首为环形、蘑菇形或兽头形，青铜斧子普遍使用，斧柄上端带有凸轴，在插入处是六边形。常见的青铜器还有锛、四棱形锥、戈、镰等。从青铜器分析，其上的居民掌握了在铜中添加砷和锡的青铜冶炼技术；青铜器的制作技术也是较高的，这一点从刀和剑的柄把反映出来，一些柄上雕刻有山羊、马、鹿头像。此外，卡拉苏克文化遗址上还出土了垂饰、鬟环、筒形穿饰、双联或三联饰牌、手镯、戒指等种类繁多的青铜饰品。此外，用宝石装饰世俗用的铜铃和青铜片，也是卡拉苏克文化的特征。

卡拉苏克文化遗址的标志性器物是陶器。它们在形式上和装饰上与安德罗诺沃文化不同，除了平底容器外，圆底容器非常普遍；它们很少用回纹和人字形装饰，而是以曲线、菱形和等腰三角形图案装饰，有的加填白彩。具有这种特征的陶器广泛分布于哈萨克草原。

在卡拉苏克文化遗址上发现了绵羊、牛、马的骨骸，其中绵羊

---

① Denis Sinor, *The Cambridge History of Early Inner Asia*, Cambridge University Press, 1990, p.85.

② Ibid..

最多，牛、马次之。从动物骨骸和骨制工具来看，其上居民从事家畜饲养。带有骨镳的原始笼头的出现说明马已被用作交通工具；马勒的出土说明马开始驯为骑乘工具，但在此文化中没有发现马嚼子。在卡拉苏克文化遗址上发现了农业的遗迹，出土了铜镰、石磨，发现了制革和纺织的遗迹。

在卡拉苏克文化晚期遗址上发现了居住遗迹，其中一处发现了8座长方形的半地穴式房屋地基，它们呈长方形，面积为150平方米—160平方米。房屋前建筑了斜坡门道，房屋中间有一排炉灶，沿墙边安放着木板床。卡拉苏克文化遗址的居住遗迹的地层很薄，反映了居住时间不长，由此推知，居民可能开始了半游动的生活，居住地只是过冬地。

卡拉苏克文化的另一特征是出现了新式的墓结构。在卡拉苏克文化遗址上发现了墓地的遗迹，每一墓地有几十座甚至上百座墓。墓是用未加工的几块石板制成一个密封石箱的形式，上面再用一块石板盖上。早期的墓葬地表用石板砌成方形（也有少数是圆形）墓垣围墙，墓垣彼此衔接，形成网状。墓地附近立有剑形的尖头石碑，碑前棱的下部往往刻有兽角兽耳的人面形象，少数刻人面浮雕，一些刻有女性特征，其余为男像。墓穴为土圹或石箱，多为单人葬，也有男女合葬和成年人与儿童合葬。葬式多为仰身直肢（也有屈肢），一般头向东北。在墓地遗迹中，发现了石刻。男子与女子或小孩合葬及碑刻男像反映了氏族中男性地位的上升，当时社会可能处于由母系氏族向父系氏族过渡的阶段。从随葬品来看，氏族成员之间尚无明显的贫富不均现象。

卡拉苏克文化分布较广，西起伏尔加（Volga）河，东至中国殷商政权统治地区，在此广大范围内发现了具有卡拉苏克文化特征的青铜器。学界对卡拉苏克青铜文化的传播一直存在着争论。在卡拉苏克文化遗址上出土的青铜器，如弯刀、短剑、锛、各种饰品，以及器物上的动物纹装饰，都与伏尔加河流域、外贝加尔、中国北方草原地带的青铜文化类似，说明卡拉苏克文化与上述地区的青铜文化曾有密切的联系。

关于谁是卡拉苏克文化的创造者这一问题也存在不同意见。目前，主要有两种说法，一说卡拉苏克人是欧罗巴人种与蒙古人种的混合型人创造的，具体说，叶尼塞河流域的居民与中国北方的移民创造了卡拉苏克文化；另一说认为，卡拉苏克人具有帕米尔—费尔干纳类型和安德罗诺沃人的特征，其文化是在安德罗诺沃文化的基础上发展起来的。

无论如何，卡拉苏克文化与安德罗诺沃文化存在着密切的关系。这一点可以从陶器形制和装饰上反映出来。在形制上，两种文化都出现了澡盆状陶器形状，卡拉苏克文化中的掌形垂饰、管状垂饰实际上是安德罗诺沃之类器物的复制品；在装饰上，卡拉苏克陶器的蔓藤花纹是继承安德罗诺沃的图案，而其几何纹是在安德罗诺沃装饰风格基础上发展起来的。卡拉苏克文化中的墓地建筑使用了安德罗诺沃文化的建筑技术，特别是石棺及墓周的圆石圈，这些在叶尼塞河以东并未发现。因此，卡拉苏克文化与安德罗诺沃文化的联系要密切得多。

安德罗诺沃文化和卡拉苏克文化对周边地区产生了很大的影响。其中，塔扎巴格雅布遗址文化就表现出受到安德罗诺沃文化影响的痕迹。据苏联考古学家托尔斯托夫推测，安德罗诺沃文化的创造者可能在公元前1500年以后，沿阿克恰河，经花剌子模绿洲，把他们的文化传播到了阿姆河流域。

阿姆河下游东岸的塔扎巴格雅布文化遗址地处中亚南、北方交界地区，它的青铜文化具有南、北方文化的特征。塔扎巴格雅布遗址的时间大致在公元前1500年至公元前1000年之间。苏联考古学家托尔斯托夫对它进行了研究。

在塔扎巴格雅布遗址上出土了一个浇铸十字形金属矛头的石模，证明在此存在着金属铸造业。在出土的器物中，没有金属器，只有陶器。陶器为手制，平底，上面饰有压制的几何形花纹和网状纹。

在塔扎巴格雅布遗址上发现了农业的遗迹。农业遗迹首先从灌溉渠反映出来，灌溉渠建在阿姆河上，把河水引入农田。灌溉农业的发展说明其上居民放弃了以往以渔猎为生的单一生活方式。[①]其次，在遗址上发现了大约 50 个农业聚落的遗迹，聚落占地面积一般都不大，由两座或三座矩形大屋构成，每一聚落居民大约在 100 人左右。[②]聚落中的房屋为半穴居式，浇铸十字形金属矛头的石模就是在其中的一个房间里发现的。这说明，在该地区居民中有从事金属铸造的工匠。

在塔扎巴格雅布遗址上发现了容纳 100 多座墓的墓地遗迹。墓地上的建筑均为方形土圹墓、木椁，它们与北方草原的墓非常相似。

在天山（Tian Mountain）以北地区也存在着北方青铜文化的代表，重要的遗址是克尔木齐墓群。克尔木齐墓群在今中国新疆维吾尔自治区阿勒泰市西南约 12 公里处。墓群发现于 20 世纪 60 年代初期，目前，已经发掘出延续时间相当长的32座墓。从出土器物来看，有一部分墓属于青铜时代，其年代可能处于公元前 1200 年至公元前 700 年之间。墓葬中发现了畜养的牛、马、羊的骨骸。

在这些墓中，出土的陶器与卡拉苏克文化遗址的相似，可以推断，克尔木齐墓群的青铜文化受到了来自米努辛斯克盆地的卡拉苏克文化的影响，同时又吸收了来自西部的安德罗诺沃文化的因素。该墓群的发掘首次揭示了天山以北草原文化。

可以提到的北方青铜文化遗址还有伊犁（Ili）河流域的几处遗址。其中，铁木里克墓地地处七河地区（Semirjetsche，指巴尔喀什湖以东以南的大片地区），它与安德罗诺沃文化有着密切的渊源关系。

中亚北部草原的青铜文化表明，从公元前 2000 年起，中亚北方新石器时代的猎人、渔民和采集者逐渐转变为以畜养为生的牧人，完成了由狩猎向畜牧的过渡。随着中亚北方的牧人对马的驯化和马

---

① 苏联科学院主编：《世界通史》第 1 卷，第 629 页。

② 〔巴基斯坦〕A. H. 丹尼、〔苏联〕V. M. 马松主编：《中亚文明史》第 1 卷，第 260 页。

的驾驭，马拉车在北方草原普遍使用，畜牧者利用马拉的轻便战车开始向四面八方进军。此后，畜牧经济将逐渐向游牧经济过渡，在此基础上，形成了丰富多彩的游牧文化。

第四节　中亚南方晚期的青铜文化

公元前 2 千纪中叶，中亚南方全盛时期的青铜文化呈现出衰落的迹象，在原来繁荣的文化中心附近出现了新的开发区，此外，中亚南方的多个地区出现了牧人墓地。因此，中亚南方晚期的青铜文化具有三个明显的特征：一是出现了大片的牧人墓地，墓地的随葬品和葬式具有北方畜牧文化的特征；二是全盛时期的农业聚落和城市普遍处于衰落和废弃状态；三是在全盛时期的文化遗址附近出现了新的文化遗址，它们既保留了以往中亚南方农业文化的特征，又呈现出北方畜牧文化的影响。

公元前 2 千纪中叶，牧人墓地在中亚南方的大多数地区出现，包括阿姆河下游和上游流域地区，今塔吉克斯坦南部的卡菲尔尼甘（Kafirnigan）河下游地区、瓦赫什河与克齐尔（Kyzyl）河下游地区，费尔干纳盆地。

（1）在阿姆河下游地区，从牧人墓葬的遗存来看，其上居民在此停留时间不长，没有留下文化堆积物，这些墓地遗迹表现出北方草原文化的痕迹，同时也具有与邻近农业文化相联系的一些面貌。

阿姆河上游地区的代表性墓地遗址有：汤迪留尔（Tandyriul）、努雷克（Nurek）、达希列（Dashly）。汤迪留尔遗址地处阿姆河上游北岸的希萨尔谷地。在此遗址中，发掘出 34 座墓，墓内有丰富的随葬品，其中陶器最多。除少部分是模制陶器外，大多数陶器是轮制。陶器制作的质量很高，施以白色陶衣，器形主要有壶、瓶、盆等。此外，在墓地中发现了金属器，其代表物是青铜刀和圆柱形珠，还发现了具有安德罗诺沃文化风格的铃形耳垂。

努雷克墓地也在阿姆河上游北岸的希萨尔谷地中，它的时间比汤迪留尔要晚。在其中的一块墓地上发掘出 16 座墓。墓的结构是在地面上挖出一个土坑，表面覆以若干石块。在墓地中发现了一把刀尖向后弯曲的青铜刀残片以及一条金头箍，头箍上有五个突节，其中一个突节嵌着一颗绿松石。墓中出土的陶器多为手制，大部分陶壶均为双头锥形。

阿姆河南岸 30 公里的达希列绿洲的墓地最早是苏联—阿富汗考古队发现的，1970 年此墓地得到了范围广泛的发掘，考古学者萨里亚尼迪发表了这次考古的结果。

达希列 1 号墓地位于一个设防居地的废墟上，在此发现了 87 座墓和一座神庙的废墟。密集的墓建在居住遗址之内。研究者对 10 个墓进行了发掘。墓的形制是：墓穴本身呈矩形，长 1.7 米、宽 1 米；四角作圆弧形，少数为圆形或椭圆形。墓的四壁常用土坯砌成，墓顶可能也用土坯覆盖。大部分尸体是完整的骨架，少数墓中仅埋葬部分骨殖。

达希列 18 号和 19 号遗址上的墓一般面向北方而建，大部分是单人葬，死者侧身屈肢，或朝左或朝右侧；少数墓呈仰身或俯身葬。随葬品中大部分是陶器，其中 90% 为轮制；主要器形为有柄脚或无柄脚的瓶子，以及壶、罐、高脚杯、盆状如带流壶和缸器等容器。金属制品为青铜镜、手镯、壶、别针、头带、短剑等。墓葬中还发现了编织的篮筐、印章。一些墓中放置了大块的羊腿，有一座墓埋了一匹马。

（2）塔吉克斯坦南部卡菲尔尼甘河下游的贝希肯特（Beshkent）遗址因贝希肯特谷地而得名。此地发现的青铜时代的墓地被统称为贝希肯特文化。典型的墓地有图尔哈（Tulkhar）和阿鲁克陶（Aruktau）。

图尔哈墓地是贝希肯特文化中最大的一块，时间较早，据推测大约处于公元前 14—前 8 世纪之间。在图尔哈墓地上发掘出 75 座墓，它们的建筑结构几乎完全相同：墓坑呈矩形或圆形，坑内填黄土，在大多数情况下，墓坑的长轴线呈东西向；墓坑建有朝向各不相同的斜坡或竖穴墓道通向地面，在上面用石块覆盖，从外表看来仿佛是一个石块堆。

墓穴内的尸体呈侧身屈肢，双臂抱肘，双腿屈膝，大部分为单人葬，其中也有异性合葬的八个双人墓，有的是同时入葬，有的是不同时期葬入的。在配偶墓中，男女死者的头部均向东，而妇女始终背朝入口，面对男子。

图尔哈墓地中的一些墓内有丰富的随葬品，其中，有陶器、金属制品和石器。70% 的陶器为手制，主要器形有壶、盘、盆。金属制品有薄叶刀，刀的端部通常向外弯曲，有时还有一道中脉。此外，还有短剑、剃刀、锛、侧柄圆镜、别针等。从刀、短剑等遗物来看，贝希肯特文化具有畜牧文化的成分。

贝希肯特文化中出现了具有草原牧人的墓葬方式，即火葬。在早期图尔哈遗址中发现了九座火葬墓，墓穴为浅坑结构，呈南北向，坑南的底部有一椭圆形凹穴，上面覆盖着扁平的石板或细长的石块，坑内石块有的组成卍形，或有四根辐条的圆圈，偶然会见到一些模制的烧制质量很差的陶器碎片。

从随葬品和葬式来看，贝希肯特文化与草原文化有着联系。在筑有斜坡墓道的早期图尔哈墓坑中，发现了一把东哈萨克草原常见的短剑和两把类似于木椁墓出土的刀，这是北方部落进入贝希肯特谷地的证据，说明青铜时代的畜牧部落参与了贝希肯特文化的创造。

（3）在塔吉克斯坦南部的瓦赫什河与克齐尔河下游沿岸也发现了青铜文化晚期的古墓。20 世纪 60 年代，考古学家李特文斯基（B. A. Litvinsky）率领的考古队对这些墓地进行了发掘，并对其中的五个遗址进行了全面或部分的研究，它们是：瓦赫什 1 号遗址，面积为 3.6 万平方米，有 50 座墓，发掘了 40 座；提格鲁瓦雅巴尔卡（Tigrovaya Balka）遗址，面积为 54.4 万平方米，有 130 座墓，其中发掘了 116 座；欧库尔（Oikul）遗址，面积为 5.72 万平方米，52 座墓全部被发掘；瓦赫什河下游的贾拉库尔（Jara-Kul）遗址，面积为6万平方米，共有80座墓，发掘了13座；克齐尔河下游的马坎伊马尔（Makan-i Mar）遗址，面积为6万平方米，共有40座墓，发掘了12座。[①]总共发掘的233座古墓[②]，它们采用统一的土葬模式，随葬品也大体相同，因此，这些墓地被统称为瓦赫什文化。瓦赫什文化的时间大约在公元前2千纪的最后一个世纪。

在瓦赫什文化的墓中，金属随葬品占少数，只有14座墓出土了青铜短剑、镜子和小刀，它们反映了游牧文化与农业文化的金属器类型有一定联系。大多数随葬品是陶器，陶器多为手制，与轮制的外形相同，甚至尺寸也一样，它们与阿富汗定居农业居民制作的陶器相仿。埋葬方式与巴克特里亚的农业居民的方式相同。在瓦赫什文化的墓中发现了许多羊骨，它们应是家养的羊。

（4）在费尔干纳盆地发现了北方传统的墓葬，其中用石块圈隔开的墓，用泥土或土石混合物修筑了墓穴。卡拉套山脉中的陶塔拉（Tautara）墓属于这种类型，墓中的陶器不仅包括了见于北部草原地区的形制，而且还有模仿南方定居绿洲陶器的痕迹。

以上墓的墓制和随葬品或多或少地反映了畜牧文化的成分。对于这一时期大片畜牧部落墓地的出现，有些学者认为，这些现象反映了中亚南、北方文化的交流；而另一种看法是，中亚南部某些部落在此时期内转向了以畜牧业为主的经济形态，成为农业社会中一个发达的经济分支。

无论如何，以上大多数墓地受到了以畜牧经济为主的北方安德罗诺沃文化和卡拉苏克文化的影响是不争的事实。北方文化通过一般意义上的文化交流影响着南方的墓葬文化，这种可能性也是存在的；然而，更有可能的，是安德罗诺沃文化部落对中亚南方的大举入侵。如果墓地文化表现出来的影响并不能够有力地证明这一点的

---

① 〔巴基斯坦〕A. H. 丹尼、〔苏联〕V. M. 马松主编：《中亚文明史》第1卷，第289—290页。
② 同上书，第287页。

话，那么，中亚南方全盛时期的青铜文化遗址大范围的衰落对此提供了证据。公元前 2 千纪中叶，原来高度发达的定居文化中心普遍衰落，甚至废弃了。

全盛时期的青铜文化中心阿尔丁特佩和纳马兹加在公元前 2000 年表现出明显的衰落。阿尔丁特佩被完全废弃，该地的农业文化暂时中止；纳马兹加遗址在公元前 1500 年左右逐渐衰落，其中，相当一部分已成为废墟，留下来的是面积不超过 1 公顷—2 公顷的小居地。里海南岸的希萨尔特佩（Hissar-tepe）、土朗特佩（Turang-tepe）在青铜时代全盛时期十分繁荣，到公元前 2 千纪初，两地出现了人口急剧减少的现象，至今还没有资料说明衰落的原因。不过，从出土的灰陶和黑陶来看，里海南岸原来的文化传统并未完全中断，它们在另一些地区继续发展。如在科佩特山的松巴尔（Sumbar）河流域，从此处墓地的随葬品来看，大部分陶器的形状和色彩还保留了里海东南地区的文化传统，未经烧制的土砖建筑也表明，这里还保留着定居农业聚落的传统。可以说，青铜晚期里海南岸的文化是在青铜时代全盛时期文化的基础上发展起来的。

青铜时代全盛时期的蒙迪加克遗址，在青铜时代晚期也极大地减小了，公元前 2000 年的蒙迪加克第五期文化遗址出现了明显的退化，居地的大部分已经变为废墟，在废墟上也没有出现新文化居地。在文化退化的地区，变化最明显的是陶器，与早期的蒙迪加克遗物不同，陶器为手制，装饰图案是相当有限的一些几何形，在红底上绘以黑彩。阿富汗西南的沙赫里索克塔遗址在这一时期也衰落了，居住面积从公元前 2000 年初的 80 公顷降到青铜晚期的 5 公顷，普通的定居地取代了早期的城市中心，不久，便全面衰落了。①

公元前 2 千纪中叶，中亚南方在青铜时代全盛时期高度发达的定居文化中心全部衰落或崩溃，对其原因，有多种推测。以马松为代表的一些学者认为文明中心衰落和部落的迁徙可能是气候的原因，

① 〔巴基斯坦〕A. H. 丹尼、〔苏联〕V. M. 马松主编：《中亚文明史》第 1 卷，第 262 页。

这一时期，中亚地区气候有逐渐干燥的迹象；也有学者认为是地力的衰竭和盐化所致，因为在这些地区开始的原始农业已经有近 4000 年之久；但更多的学者认为，北方畜牧部落的入侵是南方农业和城市文化衰落的原因，因为在旧的文化中心附近出现了新的开发区，新开发区的青铜文化除了继续保持原中亚南部的特色外，亦含有北方草原青铜文化的成分。

在纳马兹加文化衰落之时，邻近地区出现了特肯特佩（Tekke-tepe）、厄尔肯特佩（Elken-tepe）等新的文化中心。在新的文化遗址中，以往发达的未经烧制过的砖砌的房屋的传统被保留下来，房屋内分几个房间，用狭窄的走廊分开。在青铜全盛时期，纳马兹加彩陶分为红、黑两种，并以几何图案装饰。在新的文化遗址中，陶器的质量变得粗糙了，彩绘趋于简单，从前的双彩绘演变为单彩绘，甚至没有彩绘，仅以划纹修饰，或者干脆是素陶。陶器上的动物图案反映出北方草原文化的特征。

除了在离原文化中心不远处形成的这些新文化中心外，在公元前 2 千纪中叶以后，中亚南方地区还出现了另外三个大的新开发区。它们分布在穆尔加布河三角洲、巴克特里亚绿洲和阿姆河中游地区。

（1）从阿富汗发源的穆尔加布河蜿蜒向北流，在马尔吉亚那（Margiana）分成几个支流，形成了肥沃的三角洲。在阿尔丁特佩和纳马兹加文化衰败之际，马尔吉亚那文化区形成。据推测，在阿尔丁特佩和纳马兹加被废弃之后，聚落群体有组织地向东迁入穆尔加布河三角洲，在此形成了被称为马尔吉亚那文化的新开发区。

以公元前 2 千纪中叶为界，马尔吉亚那文化遗址可以分为早、晚两个时期。在早期遗址上，马尔吉亚那文化遗址的居地较小，面积只有 0.5 公顷—3 公顷。[①] 居地遗址大多数由一个城堡和邻近的墩丘组成，城堡呈正方形，四角建有圆塔；墩丘面积很大，没有规则。城堡内划有专门的工匠区，发现了窑炉等设备。出现了饰以简单划

---

① 〔巴基斯坦〕A. H. 丹尼、〔苏联〕V. M. 马松主编：《中亚文明史》第 1 卷，第 251 页。

纹的模制陶器，它们与草原青铜时代部落的器物十分类似，不过，轮制陶器仍然保留着中亚南部的传统，而且还出现了新的形制。泰普（Taip）一号居地发现了四枚圆筒印章和一些陶罐，陶罐印有两种以上的印纹。

马尔吉亚那晚期文化以塔希尔贝（Tahirbay）遗址为代表。在定居地中，越来越频繁地见到制作粗糙、通常没有装饰图案的模制陶器，器形中也出现了草原文化中常见的有细长流的陶器。有学者判断，公元前2千纪中叶，马尔吉亚那绿洲文化受到了北方草原文化的影响。在遗址中发现了墓地，除了典型农耕文化的土葬外，出现了火葬。在土葬墓中，出土了类似于安德罗诺沃型人种的遗骨；在随葬品中，器皿上的纹饰出现了在科佩特山麓绿洲地带未曾见到过的母题。到青铜时代末期，穆尔加布河三角洲的定居绿洲数量减少，制作赤陶人像和动物像的传统也逐渐消失。

（2）除了穆尔加布河三角洲的新文化区外，在今阿富汗和土库曼斯坦交界处也出现了新的定居文化遗址，学界用两个古希腊地名将它命名为巴克特里亚—马尔吉亚那文化（Bactria Margiana Archaeology Complex），在中国，它被称为“大夏—玛剑文化”。

大夏—玛剑文化遗址地处长约600公里、宽约80公里的沙漠绿洲中，年代大约在公元前2200年至公元前1700年。在此出土了金属工具和纹饰精美的彩陶，发现了小麦、大麦的遗迹和畜养的绵羊、山羊的遗骸。彩陶图案多取材于当地动物，据此，苏联考古学家提出了其上居民信琐罗亚斯德教（拜火教）的看法，因为动物崇拜是该教礼仪的组成部分。

在大夏—玛剑遗址上发现了用土坯建造的房屋，建筑规模很大，有些建筑的基地与古埃及金字塔的规模相当。苏联考古学家依据规模和结构，认为这些建筑物是宗教的礼仪场所；美国宾夕法尼亚大学的希伯尔特（F. T. Hiebert）博士在分析生活遗物之后提出，这些建筑更有可能是复杂的居室，居室分普通人的和首领的。2000年，希伯尔特博士在一处多间土坯房址中一间的地下发现了一枚石印。

石印质料是黑玉（Jet Stone），印面正方刻有四或五个符号，据碳 14 测定，年代为公元前 2300 年。墓葬的随葬品有器具和珠宝，妇女的随葬品比男子的贵重。

（3）与穆尔加布河三角洲有着密切关系的阿姆河流域文化遗址也是青铜时代晚期的新开发区。公元前 2 千纪中叶，在阿姆河中游北岸的库吉唐套山（Kugitangtau）与贝松套山（Bessontau）的狭长地带出现了一些新的文化区，它们集中在阿姆河及其支流附近。其中，最有代表性的居地是萨帕利（Sapalli）遗址。

萨帕利遗址距阿姆河仅数公里，聚落沿着苏尔汉河（Surkhan Darya）流域逐步扩展开来，个别聚落甚至深入到塔吉克斯坦的瓦赫什河谷。萨帕利是一个定居的农业聚落，居地的中心是边长为 82 平方米的方形城堡，周围绕以土坯墙，上建椭圆形塔。城堡中央为一开阔地，似为广场。沿城墙四周有由若干小房间组成的建筑，用以生产和生活。该居地中的居民数大约为230—250 人。[①] 与城堡毗邻的土墩虽然形状难以确定，但也建有各种各样的建筑。

在萨帕利居地内发现了墓地遗迹，有的墓室建在地下，有的建在建筑物墙脚下，墓葬的随葬品反映了萨帕利聚落有较高水平的物质文化。萨帕利墓有许多是衣冠冢。在其中一个衣冠冢中发现了一把青铜斧和一把青铜矛，表明此墓是为了纪念一个武士。衣冠冢数量的增加，表明武装冲突的加剧。

萨帕利文化与穆尔加布河三角洲文化很相似，这一点不仅可以由设防遗址的类型，而且还可以从陶器的形制和扁平印章符玺上反映出来。在萨帕利文化遗址中，赤陶像极为罕见，不久就绝迹了；印章很多，印章上或刻有骆驼，或刻有展开双翼的鹰，一枚呈锯齿状的十字形印章的图案是几条相互缠绕的蛇将山羊、野猪、狮子等动物包裹在内。该遗址出土了一面镜子，镜面是一人头，镜柄为一女人身躯，其姿态为双手叉腰，这面镜子被认为是萨帕利文化中最

---

① 〔巴基斯坦〕A. H. 丹尼、〔苏联〕V. M. 马松主编：《中亚文明史》第 1 卷，第 253 页。

具创造性的器物。

萨帕利早期文化与马尔吉亚那早期文化非常相似；萨帕利后期文化（前 2 千纪下半叶）与马尔吉亚那的塔希尔贝遗址的遗存也十分吻合。这一类似性表明它们之间有着亲缘关系，可以肯定它们源自同一文化。有学者认为，萨帕利文化与穆尔加布河文化都是科佩特山地带（即阿尔丁特佩和纳马兹加文化）聚落迁徙的结果。

除萨帕利文化外，阿姆河流域新的文化区还有萨帕利农业聚落北部的贾尔库坦（Jarkutan）遗址和泽拉夫善河下游的扎曼巴巴遗址。

贾尔库坦是阿姆河北岸最大的居地，居住时间也比萨帕利长久。贾尔库坦遗址上有一个方形城堡，城堡面积约为 4 公顷，在城堡之外是生产和生活的综合区，有一块大墓地。在此发掘出约 900 座墓穴。[①] 如萨帕利一样，这里也有衣冠冢，其中，一些衣冠冢的随葬品非常丰富。

扎曼巴巴遗址在泽拉夫善河下游三角洲的一些小溪流和小湖泊之间，时间大致在公元前 2000 年至公元前 1800 年间。苏联学者古里雅穆夫（G. Gulyamov）对它进行了研究。扎曼巴巴遗址因与中亚农业部落有联系而具有特殊意义。

在扎曼巴巴遗址上出土的大部分金属器物是青铜制品，使用的金属器有铜制作的小刀、镜子、鱼钩，这些铜是没有添加锡的砷化物。[②] 出土的陶器多数为手制，种类有赤陶像，四方形隔离陶容器是养鸟器，容器的一半装有谷物，另一半是盛水。从陶器的形制上看，该文化可能受到了纳马兹加文化的影响，如双层陶窑和赤陶像是科佩特山区遗址中常见的陶器。不过，在出土陶器中，至少有两种与北方草原文化的特征相似，由此推测，扎曼巴巴遗址文化在某种程度上受到了北方草原文化的影响。

扎曼巴巴人不仅饲养大小牲畜，而且还成功地进行农业生产。

---

① 〔巴基斯坦〕A. H. 丹尼、〔苏联〕V. M. 马松主编：《中亚文明史》第 1 卷，第 255 页。

② Denis Sinor, *The Cambridge History of Early Inner Asia*, Cambridge University Press, 1990, p.80.

已经发现了小麦和大麦的遗迹。从一尊小雕塑，即生育女神像，可以看到扎曼巴巴人与南方农人最初的联系。

在扎曼巴巴遗址上发现了居住的遗迹，居住地由黏土垒成的围墙环绕，围墙内建有狭长的大型居室。居住地附近有一块墓地，墓穴很小。大多数墓为单人葬，少数是男女合葬。在一座墓中出土了一件扁平的女陶俑。

从考古材料来看，扎曼巴巴文化是在本地石器文化的基础之上发展起来的，在发展过程中，受到了南方农业文化和北方草原文化的影响。据推测，南方农业文化的影响与科佩特山北麓的定居农业聚落向外迁徙有着直接的关系；北方草原文化的影响与南迁的北方畜牧群体有关。

根据穆尔加布河三角洲、巴克特里亚和阿姆河中游地区形成的新的定居文化中心，以及新文化中心遗址上出土的陶器和发现的居址、墓葬遗迹分析，以李特文斯基为首的一些学者推测，在公元前 2 千纪以后有草原青铜文化的部落来到了中亚南方，这里曾经发生过草原部落侵袭定居农业部落的活动。北方畜牧者的南下使中亚南方的社会发生了以上的重要变化，中亚地区文化的多样性在此漫长的过程中逐渐形成。

第四章

铁器时代文化

铁器时代（Iron Age）指在青铜时代之后，人类使用铁器的时代。铁器的制造是人类发展史上最伟大的技术革命。就世界范围而言，人类最早使用铁器是在公元前 2 千纪末，然而，由于熔化铁矿石需要较高温度（至少达到 1500 度），同时铁的硬度比铜的大，加工的难度也比铜大得多，因此，铁器的普及经历了一个缓慢的过程。中亚在公元前 1 千纪初迈入铁器时代，公元前 1000 年至公元前 700 年是中亚早期铁器时代。在此时期，中亚地区的一些文化遗址上出土了带铁刃的工具，而大多数遗址的出土物中没有铁器，之所以将它们纳入铁器时代文化遗址，是因为这些遗址的文化遗存呈现出与青铜时代不同的特征。中亚早期铁器时代文化遗址有以下一些特征：在中亚南方，人工灌溉系统完善和发展，在定居农业文化中心建筑了有防御措施的城堡；在中亚北方，畜牧经济开始向季节性放牧的半游牧或游牧经济过渡。相应地，以农耕经济为主的定居文明和以半游牧或游牧经济为主的游牧文明分别在中亚南、北地区形成。

第一节　中亚南方早期铁器时代的文化

在早期铁器时代，中亚南方的经济有了极大的发展，表现在铁器的使用、人工灌溉系统的扩大和大片绿洲的出现；在这些绿洲上出现了带防御措施的城堡。中亚南方早期铁器时代的典型文化遗址分布在里海东南、穆尔加布河三角洲、南土库曼斯坦山区、巴克特里亚、费尔干纳地区。

（1）里海东南米斯里安平原的达希斯坦（Dahistan）遗址是典型的铁器时代文化遗址，年代在公元前 1100 年至公元前 750 年前后。在达希斯坦遗址上出现了大大小小的聚落，小聚落一般占地在 5000 平方米左右，大聚落面积达数十公顷。其中，最大的聚落遗址是伊扎特库利（Izatkuli），占地面积大约有 50 公顷。

在一些聚落中遗址中发现了铁的遗迹：铁渣。大量出土物是陶器，这一时期的陶器与青铜时代的彩陶不同，大部分是优质灰陶，常常施以黑色陶衣。

在达希斯坦遗址上发现了灌溉网遗迹。与铜石并用和青铜时代的吉奥克修尔灌溉系统不同，达希斯坦的灌溉系统由许多长达数十米甚至数百米的小水渠组成，它们将山溪或大河三角洲的水引向灌溉地。在 1951—1953 年、1969 年，苏联学者马松对建于大约公元前 1 千纪下半叶的达希斯坦灌溉系统的主渠（伊扎特库利水渠）进行了研究。

伊扎特库利水渠建在阿特拉克（Atrak）河北岸，向北一直延伸到伊扎特库利和马道特佩（Madau-tepe）。除主渠外，还有初级水渠、次级水渠和小水沟。主渠遗迹长 50 公里—60 公里，宽约 5 米—8 米，深约 2.3 米—2.7 米；初级水渠宽约 1.5 米—3 米，深约 1.2 米—1.65 米；次级水渠宽约 0.8 米—1.3 米，深约 0.8 米—1 米；小水沟宽约 0.5 米—0.7 米，深约 0.4 米—0.5 米。大大小小的水渠构成了稠密的水渠网。沿途地区通过大大小小的各级水渠从主渠引水灌溉。主渠源头建有控制水源的设备，中央还建有泄水道。水渠遗迹反映了当时的建筑水平和农业发展的程度。与之类似的灌溉系统在其他地区，如穆尔加布河绿洲、巴克特里亚、泽拉夫善河下游和阿姆河三角洲都有发现。

在伊扎特库利聚落遗址中央发现了一座呈五边形的城堡遗迹。城堡坚固，四周环绕着许多呈小丘状的房屋，城郊多处地方出土了制作陶器的轮盘。

达希斯坦遗址的另一个典型聚落是马道特佩。这一文化植根于当地青铜时代的土朗特佩文化。在聚落遗址上出土了铁器遗存铁渣，以及先进的灌溉系统和城堡建筑。聚落的平面布局与伊扎特库利聚落大体相似，聚落中央有一座城堡，城堡的墩丘高达 13 米。从建筑遗迹来看，城堡可能是该地区的行政中心；从坚固的围墙来看，当时部落之间可能经常发生战争。

（2）穆尔加布河三角洲的铁器时代文化遗址有塔希尔贝、亚兹特佩（Yaz-tepe）和阿拉瓦利特佩（Aravalli-tepe）。它们大致处于公元前 10 世纪至公元前 7 世纪中叶。遗址上分布着大大小小的聚落，其中，最大的阿拉瓦利特佩聚落占地面积大约 7 公顷，最小的亚兹特佩聚落只有 1 公顷的面积。20 世纪 50 年代，苏联学者马松对该遗址进行了考察。他将遗址分成东区、中央区、西区三部分。塔希尔贝遗址、亚兹特佩和阿拉瓦利特佩分别是东区、中央区和西区的典型代表。

塔希尔贝是东区最大的城市聚落，在此发现了建筑遗迹，即矩形小城堡。在小城堡的西面有一些小墩丘，它们是居住区的遗迹，如今已经侵蚀。在中央区的亚兹特佩聚落遗址上发现了丰富的文化遗迹，学界将它分为三期：公元前 900—前 650 年的遗存为亚兹一期；公元前 650—前 450 年为亚兹二期；公元前 450—350 年为亚兹三期。考古学者在 200 平方米的面积内进行了深层发掘，发现了属于亚兹一期和二期的遗物和三期的房屋遗迹。在亚兹一期出土了铁器和绝大部分为手制的陶器；在亚兹三期发现了建在巨大平台上的中央城堡的遗迹，城堡坐落在由未经焙烧的砖砌成的高达 8 米的平台上。西区由大约 10 个聚落遗址组成，其中，阿拉瓦利特佩是典型代表。阿拉瓦利特佩的城堡建在聚落中央的一个平台上，城堡高达 10 米。

根据聚落的遗迹推测，塔希尔贝、亚兹特佩和阿拉瓦利特佩的城堡可能是当时穆尔加布河三角洲经济和文化中心。

（3）厄尔肯特佩、乌卢格特佩是南土库曼斯坦山区铁器时代的文化遗址，在两个遗址中都发现了属于亚兹一期文化的地层，出现了若干新聚落。厄尔肯特佩居住区达 12 公顷，属于亚兹一期文化的地层厚达 2 米—2.5 米，聚落四周有城墙围绕，城堡坐落在 6 米高的平台上。厄尔肯特佩可能是这一地区的文化中心。穆尔加布河三角洲和南土库曼斯坦山区的遗存与达希斯坦遗址文化的遗存相似。

在阿姆河以南到北阿富汗北部地区，早期铁器时代的文化遗址很多，北部有库楚克特佩（Kuchuk-tepe）、梅达特佩（Maida-tepe）、米尔沙迪（Mirshadi）、布伊拉奇（Buirachi）、贝津扬诺耶特佩（Bezymyannoye-tepe）、克齐尔特佩（Kizil-tepe）的下文化层和克齐尔查（Kizilcha）第六期文化层的下层。学界将它们统称为巴克特里亚文化遗址。

在库楚克特佩和克齐尔查特佩两个遗址中发现了铁器。在一些遗址上发现了灌溉遗迹，灌溉系统多建造在阿姆河上游支流上，建造方式与穆尔加布河三角洲的灌溉系统类似。可以推测，这些地区的居民已经开始了较为先进的灌溉农业生产。发掘表明，库楚克特佩、梅达特佩建筑了城堡，城堡建在砖砌的几米高的平台上，城堡四周有围墙，墙内有供居住和宗教仪式的建筑。

（4）在巴克特里亚南部（今阿富汗境内）发现了提利雅特佩（Tillya-tepe）文化遗址，时间大约处于公元前 10 世纪至公元前 7 世纪中叶。苏联学者阿斯卡洛夫（A. Askarov）对它进行了研究。

提利雅特佩遗址占地面积大约 1 公顷，该遗址中较低的文化层

（即提利雅第一期和第二期）属于铁器时代。在此出土了铁器和青铜器。铁器种类不详，可能属于亚兹一期（前900—前650）。青铜器有青铜镜、双刃、箭镞等。在此文化层中发现的陶器有手制和轮制，多为白衣红彩纹饰呈三角形的彩陶，还有饰锥刺纹和蓖纹的灰陶和褐陶。其中，轮制彩陶在时间上比手制彩陶时间更早一些，在数量上手制彩陶居多。在此遗址中发现了马的骨骸。从陶器发展的情况和马的遗骸来看，该地区的一些居民可能来自北方草原地区。这类遗址还见于阿富汗北部的奈马巴德（Naimabad）与法鲁哈巴德（Farukhabad）绿洲。

法鲁哈巴德绿洲的阿勒丁迪尔亚特佩（Altyn-Dilyartepe）建有四周环绕城墙和带防御工事的巨大城堡。达希列绿洲的阿勒丁特佩（Altyn-tepe）在铁器时代有牢固的设防，拥有高耸于平台之上的城堡和城墙。在阿勒丁特佩第十层上建有夏宫和冬宫，这些似乎证实存在着一个前阿黑门尼德（Achaemenid，前550—前330）的政治实体，即巴克特里亚国家。它的影响扩展到了穆尔加布河三角洲，河中地区也受到了影响。

（5）费尔干纳盆地早期铁器时代的遗址主要分布在北部和东部。在费尔干纳盆地东部卡拉（Kara）河源流域一带发现了15个可以辨认的地块，大多数为氏族聚居地，也有设防的城镇遗址。学者们对其中的楚斯特（Chust）遗址进行了研究，确定楚斯特遗址文化属于早期铁器时代文化，并以楚斯特文化统称这一地区的遗址。

楚斯特文化是定居农业文化，时间大致在公元前12世纪至公元前7世纪前后，在迄今所发现的80多处遗址中，得到较充分研究的有楚斯特、钦贝尔（Chimbai）、阿什卡尔（Ashkal）、奥什（Osh）和达尔弗津特佩（Dalverzin-tepe）。在这些遗址中，出土最多的是青铜器，有工具、武器、马鞍、装饰品和个人必需品等器物。青铜浇铸技术普遍，考古学家发现了浇铸镜子、镰刀或小刀的石模与陶模。除青铜器外，楚斯特文化中的陶器具有特色，它们均为手制，器物形式多样，种类丰富，常见的器形有盆、杯、圆底壶、平底钵、灌注容器。楚斯特文化中的彩陶含量不少，均为红衣黑彩，主要纹饰为倒三角形。

在楚斯特文化遗址中没有发现铁器，将它确定为早期铁器时代文化是依据以下事实：第一，在达尔弗津特佩遗址上发现了铁矿熔渣和一把铁刀残片，它的出现预示着费尔干纳铁器时代的开始。第二，在楚斯特文化遗址上发现了大小不等的聚落，楚斯特聚落遗址的面积为 4 公顷，达汗聚落大约 5 公顷，阿什卡尔聚落在 10 公顷以上，达尔弗津特佩聚落最大，达到了 25 公顷。在聚落周围建有设防的围墙，有中心城镇，达尔弗津特佩聚落还建筑了城堡。这些都具有早期铁器时代的特征。第三，在楚斯特文化遗址中发现了三孔笼头和颊片等马具，说明马已经用来骑乘。在青铜时代，马还未驯化到这一程度，只能拉车。由于马的骨骸和马具遗物多发现于时间较晚的地层，因此有学者认为擅长于骑马打猎的居民可能是在楚斯特文化后期来到这里的，他们显然是来自北方草原。

在楚斯特文化的早期遗址中，居住的房屋遗迹为坑穴式，室内外都筑有贮藏谷物的坑；在较晚的地层中，房屋建在地面，采用未经焙烧的矩形砖砌成。从居地或城镇的遗迹分析，建筑规模庞大的达尔弗津特佩可能是该地区的中心。苏联学者扎德尼普罗夫斯基（Y. A. Zadneprovsky）对该文化遗址进行了考察，在遗址中发现了一些反映楚斯特文化生活特征的遗迹，如谷类、纺梭等。纺梭的发现说明其上的居民已经开始纺织生产。

在中亚早期铁器时代遗址中发现的铁器并不多，有的遗址上甚至没有铁的遗迹。然而，先进的灌溉系统和带防御措施的城堡遗迹在中亚南方的大多数遗址中都可以看到，因此，学者们认为大型灌溉系统和城堡的建造是中亚早期国家生活中的两个重要内容。

公元前 2 千纪与公元前 1 千纪之交，中亚原始居民开始有了宗教信仰的意识。中亚南方早期铁器时代的居民普遍性崇拜火，这一点可以从一些庙宇中发现的小祭坛建筑遗迹得到证实。在一些遗址中还见到了女神阿雷德维·苏拉·阿纳希塔（Aredvi Sura Anahita）

的肖像。在早期铁器时代，中亚地区还流行拜密特拉神（Mithra），密特拉神的形象常常被描绘成驱赶着一辆战车的雄健武士，这一形象与充满武装冲突的时代背景相吻合。

早期铁器时代，在达希斯坦文化遗址、穆尔加布河三角洲和巴克特里亚北部遗址上发现的庞大而复杂的灌溉系统不仅反映了农业的发展，而且说明了当时中亚社会存在着指挥和协调各种社会力量的机构，它不可能是控制一个部落联盟的酋长，很可能是指挥几个部落或部落联盟，甚至高于部落联盟（最早国家）的首领。城堡的建筑证明了国家的存在。达希斯坦遗址中的伊扎特库利、穆尔加布河三角洲的亚兹特佩、巴克特里亚的阿勒丁、费尔干纳盆地的达尔弗津特佩最初的职能可能是管理和指挥农业，此后，手工业在此中心发展起来，聚落中心逐渐发展为城镇。国家政权形成以后，它们成为国家政权中心，坚固的城堡建筑起来，城堡的防御措施城墙也建筑起来。

在此时期，国家的范围并不大，管辖的地域不会超过一个绿洲，因此它们建造的灌溉网也未能达到公元前 1 千纪中叶的程度，灌溉遗迹上出现的手制彩陶说明这些文化遗址最晚不会晚于公元前 8 世纪中叶。学者们以考古发掘物与文献传说为依据，认为在巴克特里亚存在着一个中央集权的国家，其时间在公元前 2 千纪最后 250 年至公元前 1 千纪初。

第二节 中亚北方早期铁器时代的文化

中亚北方的早期铁器时代文化处于公元前 10 世纪初至公元前 7 世纪之间。在这一时期的中亚北方文化遗址中，铁器使用的遗迹还不多见，大多数遗址发掘出土的生产工具仍然是青铜器。然而，这些遗址呈现出与青铜文化不同的特征：第一，在中亚北方的农业文化遗址中出现了规模较大的灌溉系统；第二，青铜时代的畜牧部落开始演变成半游牧或游牧部落，真正意义上的“游牧人”出现；第三，出现了部落联盟或高于部落联盟的社会组织。这些现象成为中亚北方草原早期铁器时代的标志。

中亚北方早期铁器时代文化遗址主要分布在阿姆河下游三角洲、咸海东岸、哈萨克中部草原。

（1）阿米拉巴德（Amirabad）遗址位于阿姆河下游三角洲的古花剌子模地区，在阿恰河下游发现了十几处遗址，它们是中亚北方最有代表性的铁器时代文化遗址，被统称为阿米拉巴德文化。阿米拉巴德文化大约处于公元前 10 世纪至前 8 世纪之间，具有代表性的遗址有雅卡帕尔桑（Yakka-Parsan）二期、卡瓦特（Kavat）二期和巴扎尔（Bazar）十期。苏联学者托尔斯托夫对雅卡帕尔桑二期遗址进行了考察。

雅卡帕尔桑二期遗址地处阿姆河下游右岸支流阿恰河下游地区。在遗址中没有发现铁，发现了青铜器：一枚有眼孔的针、一把有手柄的镰刀、一枚有铤的青铜簇。还发现了加工谷物的石磨和陶制容器，陶器为手制，容器底部呈圆形。陶器为灰棕色，施以红色或淡灰陶衣，有些陶器饰以小十字形、网络形或枞树形纹。从渊源关系来看，陶器与卡拉苏克的相似，展示出卡拉苏克草原文化的影响。

在遗址上发现了居住遗迹，它们是两排半洞穴式房屋，共计 20 座。房屋的平面布局呈矩形，每座房屋的面积为 90 平方米—110 平方米，一座房屋被隔成两三个房间，屋内有许多贮藏坑及柱洞，中央有一长形的炉灶，在房屋四周建筑了大量贮藏坑。房屋全部建在两条沟渠的汇合处，房门面向沟渠而开。

将阿米拉巴德文化遗址确定为铁器时代文化的依据是，在遗址上发现了先进的灌溉系统的遗迹。在此发现的灌溉渠比青铜时代后期的塔扎巴格雅布文化的灌溉渠要更长一些，河流沿岸筑有堤防加固。灌溉渠由主渠和分支槽组成，主渠长达 3 公里左右，引阿恰河河水，在引水口处建有调节水流的控制设施。

从灌溉系统和居住遗迹来看，阿米拉巴德文化是在该地青铜时代的塔扎巴格雅布文化的基础上发展起来的。灌溉渠的遗迹及青铜农具的使用表明阿米拉巴德文化属于农业文化，然而，因其地处中亚南北交界之地，该文化又具有与北方文化类似之处。

阿米拉巴德文化遗址在公元前 7 世纪至公元前 5 世纪的地层中出土了铁制镰刀。随着铁器的使用，大片森林得到开发，农耕地区扩大，灌溉渠也不断完善。在花剌子模的居兹利克尔（Jutsliker）古城（实际上是一个建有围墙的村子）建有保护牲畜和村民的围墙，可能是防范游牧民的冲击。

（2）咸海东岸塔吉斯肯高原北部发现的遗址是墓葬文化遗址，在此发现了 70 多座墓。它们遍布在塔吉斯肯高原北部至咸海之东的广泛地区，被统称为塔吉斯肯文化。该文化的时间大约在公元前 10 世纪初。苏联学者托尔斯托夫等人对这一文化遗址进行了考察和研究。

在塔吉斯肯文化遗址中，每一块墓地都由几个大墓及周围或其间的小墓构成，这些小墓或者附属于大墓，或者成群地环绕在大墓周围。每个大墓附属的小墓数目不等，最多的有 7 个，最少的仅有 3 个。从多个小墓围绕着一个大墓排列的建制推测，大墓的主人可能是部落首领。

塔吉斯肯墓的形制为墩丘状坟冢，用未焙烧生砖建造。大墓建筑一般采用长 54 厘米、宽 28 厘米、高 10 厘米—12 厘米或长 48 厘米、宽 32 厘米、高 10 厘米—12 厘米的两种规格的生砖砌成。建筑小墓的生砖规格各异、并无定式。大墓的中央墓室和墓内走廊都放有丰富的随葬品，随葬品有陶器、青铜器及青铜或金制饰品。在这些墓中发现了动物肢体的遗迹，它们与墓主埋在一起。塔吉斯肯墓建筑技术在中亚南方农耕文化中已经存在很长时间，它们可能是借鉴了中亚南方的农耕文化。

塔吉斯肯遗址中，6 号墓是规模最大的墓，它的圆形墓冢的废墟直径达 25 米。在墓室墙上的一厚层枝条处发现了大约 100 枚青铜钉。这些青铜钉可能是当时钉在墙上用来挂毯子的。在墓室中还发现了镰形青铜刀、青铜针和金器等随葬品。墓室四角各放置一组陶器，陶器十分丰富，达60多件。陶器为手制，施以陶衣和白色装饰。其形制和装饰类似于卡拉苏克陶器，但与之不同的是，这里的陶器形制更多，装饰更加华丽。尽管这里的手制陶器与中亚北方草原部落的相似，但轮制陶器，如细颈球形壶和圆形有柄陶盂，却呈现出中亚南方青铜时代陶器技术的特征。

在随葬品中没有发现铁制品，但从大、小墓的形制和关系来看，在该地区出现了大的社会组织和管理社会组织的权力中心，权力中心的领导者不再是号令一个氏族或一个部落的首领，可能是专制小君主。由于这些因素，这一文化被纳入早期铁器时代文化的范畴。

（3）在哈萨克广袤草原上也发现了几处墓地遗址，其中，具有代表性的是丹迪贝·比加泽（Dandybay-Begazy）遗址，因此，这些遗址被命名为丹迪贝·比加泽文化，时间在公元前10世纪至公元前8世纪之间。

比加泽墓是丹迪贝·比加泽文化中最具代表性的建筑，陵墓呈正方形，墓有入口，墓内有一两个墓室，墓顶盖有石板。比加泽墓的独特之处，一是墓中设有祭坛，祭坛上放置着祭祀器物和献祭品；二是墓室中放有桌子，桌上放置着日常用品（多为陶器），如装饰品、武器以及一大堆羊骨。羊骨的放置反映了灵魂不死的思想已经产生。比加泽墓的建造除了建材与塔吉斯肯墓地不同外，其他方面都与塔吉斯肯墓相似。以此推测，两个地区可能存在着交流与联系。

在丹迪贝·比加泽文化遗址中没有发现铁器，出土的金属工具仍然是青铜器。陶器和青铜器大致与卡拉苏克的前期文化类似，不同之处是出现了一些球形陶器。

在遗址中发现了一些农作物的遗迹和牛、马、羊等牲畜的骨骸，其中，绵羊和山羊的骨骸占很大比例。在该遗址中出土了骨制颊片的笼头，这在当地是首次出现，笼头的出现表明此时马已被驯化用于骑乘。以上发现表明，丹迪贝·比加泽文化是畜牧文化。

在遗址中发现了建筑房屋的遗迹，但未能显示出房屋结构。遗址上的出土物反映了其上居民可能从事畜牧和农业，但遗址的文化层不厚，说明在此定居时间不长，可能其上的居民已经从定居农业和畜牧业的生活逐渐过渡到了季节性迁徙的半游牧生活。据推测，其上的居民们可能每年春天在定居地周围的小块农田里播种以后，就带着畜群离开居地去夏季牧场，待秋天再返回来收割庄稼，并在此过冬。居民们在此建造了过冬的房屋，在夏季牧场上建造了夏季居地。

在遗址上发现了墓地，从墓的规模和随葬品的丰富程度来看，在此曾出现过某种形式的政权。随葬品中出现的武器说明，武器在人们的生活中有相当的重要性，据此推测，武力冲突在社会生活中频繁发生。

由于马的骑乘技术的推广和运输工具的改进，中亚北方青铜时代的畜牧者在公元前10世纪初完成了向半游牧和游牧经济的过渡。草原部落组织随着新经济形式的出现而发生了变化，迁徙导致了部落的重组和部落牧地的重新分配，于是，掌握分配权利和保护部落安全的部落首领也发生了变化。随着权力的制度化，他们逐渐成为专制小君主，大型陵墓的建筑反映了上层建筑的这一变化。塔吉斯肯大墓和丹迪贝·比加泽大陵墓的主人绝非只是号令一个部落的首领，而是能够指挥庞大人群的专制君主。

骑马技术的掌握和游牧生活方式的形成使新的文化——游牧文化产生。哈萨克草原早期铁器时代遗址的研究表明，游牧文化在伏尔加河流域至中国安阳之间的广大地区既有共同的特征，又丰富多彩——它们可以与南方定居绿洲发生的“城市革命”相媲美。

第五章

原始文化综述

中亚原始文化的发展进程与世界较先进地区的发展进程基本上保持同步。总的来说，中亚南方的原始文化呈现出与两河流域、伊朗高原、印度河下游流域的联系；中亚北方的草原文化更多地受到了欧亚草原西部文化的影响。以旧石器时代中叶为分界，在此之前，中亚原始文化的创造者是直立人；在此之后，是现代人类的祖先晚期智人创造了中亚原始文化。其中，新石器时代的文化的创造者可能与印度河流域文明的创造者一样是达罗毗荼人（Dravidians）；从铜石并用时代起一直到铁器时代，中亚原始文化的创造者是欧罗巴种人中语言属印欧语系的一支人群，即雅利安人（Aryan）。

第一节 原始文化

按世界历史的划分，旧石器时代早期文化起于距今 250 万年前，中亚年代最远的石器是在距今 200 万年前的西瓦利克地层中发现的。此后，中亚原始文化经历了连续不断的石器文化、铜器文化和铁器文化三大发展阶段。对各个阶段出土文物的研究表明，在原始文化发展的大多数时期，中亚生产力的发展水平与世界较先进地区生产力的发展水平基本上保持一致。

在 200 万年前的旧石器时代早期，中亚地区以克拉克当技术打制石器，这种技术也是西亚和东亚、非洲和欧洲最早的石器技术；稍后，中亚地区的石器制作也采用了在非洲和欧洲普遍使用的阿舍利石斧技术，在距今 70 万年前的西瓦利克地层中发现了中亚最早的石斧。[①] 在旧石器时代中期，中亚采用了在制备的石核上打制石片的勒瓦娄哇技术。勒瓦娄哇技术在西亚、非洲和欧洲十分普遍，以其为特征的莫斯特文化在中亚存在的时间较长，一直持续到距今约 2.5 万年至 2 万年前。因此，中亚一些地区进入旧石器时代晚期的时间与世界先进地区相比可能要晚一些。在旧石器时代晚期，中亚原始人类除了延续莫斯特文化传统以外，与世界其他地区一样，开始了石叶石器的制作。总的来看，在旧石器时代，中亚原始文化与世界较先进地区保持着同步发展。

在中石器时代，中亚使用复合型工具弓箭的时间几乎与西亚和欧洲同步。中石器时代是中亚从征用型经济向生产型经济转化的时期，在此时期，中亚原始人类栽培了谷物。在今阿富汗加里阿斯普洞穴遗址中发现了刈刀（可能是简单的镰刀）、石锄和石磨，它们展示了原始农业的开始。该遗址大约处于公元前 8000 年左右。在西亚，原始农业产生的时间大约也在公元前 8000 年左右，因此，中亚开始原始农业的时间与西亚基本一致。

在中亚新石器时代晚期的遗址中，发现了以红铜或黄铜为原料制作的金属器具。从时间上看，西亚大约在公元前 6 千纪初进入铜石并用时代，中亚大致在公元前 5 千纪初进入铜石并用时代，因此，中亚进入铜石并用的时间可能比西亚要晚一些。

随着金属工具的使用，大约在公元前 3000 年，中亚开始迈入青铜时代；西亚在公元前 3000 年已经进入青铜时代。与西亚相比，中

---

① 〔巴基斯坦〕A. H. 丹尼、〔苏联〕V. M. 马松主编：《中亚文明史》第 1 卷，第 26 页。

亚进入青铜时代的时间也稍晚一些。但中亚青铜文化全盛时期与世界其他地区几乎是一致的，即在公元前2500年左右。

就目前的研究来看，世界上最早出现铁器的地区是小亚细亚，时间大约在公元前2千纪末期，到公元前1千纪中期，铁器已经普及到欧亚大陆各地。中亚南方在公元前1千纪初期出现了使用铁的遗迹，由此观之，中亚使用铁器的时间也不算晚。从目前的发掘来看，中亚北方进入铁器时代的时间可能晚于中亚南方。① 这一现象似乎可以假设：铁器传入中亚地区不是经草原地带，很有可能是经伊朗高原进入阿富汗地区，再北上传入中亚其他地区的。这一时期在中国新疆西部地区也发现了使用铁器的遗迹，而在锡尔河以北的哈萨克草原却没有发现这类遗迹。中亚北方地区使用铁器的时间也晚于中国新疆西部地区。

从石器、铜器和铁器三个阶段来看，中亚原始文化虽然在某些时期稍稍晚于西亚，但与欧亚的其他地区相比，其发展水平基本上是同步的。

历史的进步是各种文明互相交流、互相补充的结果。考古资料表明，欧亚草原是东、西方往来的最早通道；地处欧亚草原中段的中亚草原是连接东、西方的天然桥梁，向东可以到达蒙古草原，向西可通往黑海北岸的南俄草原。中亚草原既是原始人类迁徙的通道，又是文化交流的场所，处于其间的中亚原始人类有机会吸收东、西方先进文化的成分。考古资料显示，中亚原始文化在石器、铜器和铁器时代都受到了外界的影响。

首先，中亚石器的形制与世界其他一些地区的石器存在着共性。在旧石器时代早期，在索恩遗址中出土的石核工具，与西方的克拉克当石器相似；在卡拉套一号遗址出土的砾石石器与中国黄土地区的旧石器时代早期文化基本类似。

---

① Karl Jettmar, An Iron Cheek-piece of a Snaffle Found at Timargarha, *Ancient Pakistan*, 1967, Vol.3, pp.203-209.

关于旧石器时代早期石器，学术界产生过“亚洲旧石器文化发展理论”的争论，争论的焦点是东亚、中亚、西亚和南亚旧石器文化的分类和归属。学者们根据出土文物判断：在东亚，砾石石器文化占优势；在中亚、西亚和南亚地区，则是阿舍利文化占优势。但是，后来在巴基斯坦的索恩遗址和南塔吉克斯坦的卡拉套遗址等地出土了砾石石器，而在蒙古高原的赛音山达附近又发现了生产阿舍利双刃工具的制作场遗迹，于是，原来的判断受到质疑。《剑桥早期内亚史》指出，在旧石器时代早期，中亚可能存在着两种不同的文化传统：一种是砾石石器文化，它是针对本地区而言的；另一种可能是阿舍利文化，它显然与很早就制作双刃式工具（阿舍利手斧）技术的西方存在着联系。[①] 出土文物显示，中亚在旧石器时代早期存在着砾石文化与阿舍利文化，不过，砾石文化传统占据了优势。以塔吉克考古学家拉诺夫和蒙古学者多尔基（D. Dorj）为首的学者们认为，从巴基斯坦的穆尔加、康格拉溪谷和昌迪加尔旧石器时代遗址来看，虽然这些地区都出土了手斧及其他的双刃器具，但是，在旧石器早期发掘物中，这些双刃器具并不占优势，主要的发掘物仍是砾石石器。也就是说，在南亚，砾石石器文化也占主导地位。

在旧石器时代中期，在今乌兹别克斯坦撒马尔罕附近的遗址中出土的石器具有莫斯特型石器和细砾石石器的特征，蒙古利亚和西伯利亚勒瓦娄哇技术的共同来源必定是中亚的勒瓦娄哇—莫斯特式文化（在捷希克塔什上层和塔什干的霍吉肯特［Khojikent］洞）[②]，而中亚这一文化的起源可能与伊朗（比索通洞［Bisitun］）和地中海（卡尔迈勒山［Carmel］的勒瓦娄哇—莫斯特洞）的勒瓦娄哇—莫斯

① Denis Sinor, *The Cambridge History of Early Inner Asia*, Cambridge University Press, 1990, p.53.

② 参见〔苏联〕奥克拉德尼科夫：《南乌兹别克斯坦捷希克塔什洞穴的莫斯特、尼安德特人墓葬研究》和《洞穴——乌兹别克斯坦一个新的纪念碑》，〔苏联〕杰列维扬科：《阿穆尔河中游的新石器时代》和《阿穆尔河中游的诺沃彼德罗夫卡文化（石片文化）》，〔苏联〕杰列维扬科、奥克拉德尼科夫：《远东旧石器时代的类型学和地层学》，均转引自 Denis Sino, *The Cambridge History of Early Inner Asia*, Cambridge University Press, 1990, p54。

特文化有联系。[①]

在旧石器晚期，费尔干纳盆地霍贾伊果尔遗址钝边小型尖状器在同时期西亚遗址中也有发现。这些说明，中亚在旧石器时代就与东、西方发生了联系。

在新石器时代，中亚与外界文明的交流频繁起来。哲通文化遗址出土的石器尽管还保持着本地中石器时代细石器的传统，但是，在许多方面都与西亚的耶莫遗址、耶利哥遗址出土的石器有相似之处。总体来看，中亚新石器时代文明主要受到西亚新石器文化的影响。当然，亚洲东部和北部文明对中亚地区也产生过影响。塞赖克勒遗址上出土的陶器表现出来的制陶技术，如陶器底部留下的篮纹和用稻草刷拉毛的陶器外表等，与中国华北地区新石器时代的陶器类似。克什米尔的新石器时代遗址上出土的陶器，从成形技术、席纹和刮毛的外表等特征来看，也与中国黄河流域的仰韶文化之间存在着一定的联系。乌斯特纳林遗址上出土的石器与西伯利亚新石器时代的石器十分相像。哈萨克北部草原的彭基 1 号和 2 号遗址的出土物，特别是陶器造型和装饰图案，体现了浓重的乌拉尔与南西伯利亚的风格。

近期研究表明，中亚青铜时代的文化是在本地文化基础上发展起来的，它独有的特色证明它并非源于西亚。[②]然而，中亚青铜文化在其漫长的发展过程中，接触到两河流域的苏美尔文化、伊朗的古埃兰文化和南亚哈拉帕文化，并受到了它们的影响。其中，建筑和雕刻方面的成就主要是受到苏美尔和古埃兰文化的影响；印章的制作主要受到印度哈拉帕文化的影响，阿尔丁特佩文化墓葬出土的印章被称为哈拉帕型印章；一些大型农业聚落在向早期城市的发展过程中，很可能受到了印度河文明（Indus Civilization）的影响，印度河文明鼎盛时期，经过规划的城市提供了中亚城市布局的全新构

---

① Denis Sinor, *The Cambridge History of Early Inner Asia*, Cambridge University Press, 1990, p.54.

② 〔巴基斯坦〕A. H. 丹尼、〔苏联〕V. M. 马松主编：《中亚文明史》第 1 卷，第 4 页。

图。[①] 此外，萨帕利出土的柄上饰以人像的镜子也有南部俾路支斯坦影响的痕迹。到了早期铁器时代，中亚与外界的交往因半游牧和游牧经济的发展而进一步扩大。关于公元前1千纪上半叶，中亚与周边地区的交往将在第二编第四章第三节商路与贸易中详细论述。中亚原始人类在吸收东西方文明的基础上，创造了自己独具特色的中亚原始文化。从石器时代开始，中亚原始人类就有效地利用和开发了中亚的生态环境——无论是高峻的山区，或草原、半沙漠地带，抑或是山前绿洲，并在此基础上创造了多样性和复杂性的原始文化。

旧石器时代生活在中亚的各群体在制造石器时发展了各不相同的传统。[②] 因此，通过对石器类型的研究和旧石器时代遗物的组合，各地的品种都被区分开来。到了新石器时代，随着食物生产的出现，地方性差别变得明显起来。在青铜时代，中亚南北地区的文化差异进一步扩大。在此时期，中亚北方完成了马的驯养，在西起伏尔加河、东至中国的殷商统治地区的广大范围内，新型文化——游牧文化形成；而中亚南方的城市文明也形成了自己的特征，它有别于在它一侧的美索不达米亚和另一侧的哈拉帕文明，居于中介，自成中心，被法国学者皮埃尔·阿米埃称之为“外埃兰文明”[③]。可以说，中亚地区是古代文明的一个发源地，是人类历史发展的一个独立中心，中亚原始文化是世界文明的重要组成部分；中亚原始人类的劳动为经济的演进和智力的发展做出了贡献。

第二节　原始居民

目前，在中亚地区出土的旧石器时代早期的遗物只是一些石制工具，至于旧石器时代早期的文化遗址至今尚未发现。不过，可以

① 〔巴基斯坦〕A. H. 丹尼、〔苏联〕V. M. 马松主编：《中亚文明史》第1卷，第4页。

② 同上书，第2页。

③ 同上书，第5页。

肯定地说，中亚地区即使不是人类起源的中心地，至少也是早期人类的居住地。

在生物分类学中，“人类”（Homo）是属名。一般认为，人类这一属可以分为三个种：能人（Homo habilis）、直立人（Homo erectus）和智人（Homo sapiens）。大约在700万年前或更早，在非洲，人的系统与猿的系统开始分离。在经历几百万年之后，大约250万年前，在非洲诞生了最早的人类，这就是能人。在距今大约200万年前，出现了直立人。直立人的起源地很可能也在非洲，在他们出现之后不久，开始走出非洲，向欧亚大陆各地扩散，一直到达了太平洋西部的爪哇岛。直立人将他们的石器文化传遍了欧洲与亚洲，因此，欧亚大陆的早期石器文化有着明显的共性。随着人类逐渐定居下来，各地区石器技术的发展有了自己的特征，地区文化传统也随之形成。

中亚旧石器时代早期的打制石器就是这些直立人创造的。有学者对非洲原始人类向东南亚迁徙的状况做过推测，他们认为旧石器时代原始人类从东非向东南亚地区迁徙的路线可能经过伊朗东南部地区，迁徙的时间大致在旧石器时代中期以前。[①] 如果这一推测成立的话，那么中亚原始居民有可能是东非原始人类在距今30万年以前从东非向东南亚迁徙途中的一个分支。中亚旧石器时代早期的石器文化是他们在中亚活动的证明。

直立人走出非洲以后，在距今30万年左右形成了一个独立分支，被称为尼安德特人。尼安德特人因其化石在1856年发现于德国杜塞尔多夫附近尼安德特河谷（Neander Valley）的一个山洞而得名。尼安德特人的分布很广：西起欧洲的西班牙和法国，东到中亚的乌兹别克斯坦，南到巴勒斯坦，北到北纬53度线。

尼安德特人的活动时期处于距今20万年至4万年前。尼安德特

① 旧石器中期以前，人类很可能从东非经伊朗东南（俾路支和锡斯坦一带）移到东南亚。参见魏杞文：《伊朗远古文化的新研究》，《世界历史》1979年第1期。

人化石常与莫斯特文化共存，因此，中亚旧石器中期文化可能是直立人中的尼安德特人创造的。在中亚旧石器时代中期文化遗址上发现了尼安德特人化石，一处是在捷希克塔什遗址最后一层的居住遗迹中，发现的是一个尼安德特儿童的遗骸；另一处是在阿富汗境内达雷库尔遗址中，发现的是一块人类颅骨残片。

然而，在旧石器时代中期，地球上与尼安德特人并存的还有智人。距今20多万年前智人就已经出现，学术界一般将智人分为前后相继的两大类：早期智人与晚期智人。晚期智人就是现代人类的祖先。智人在非洲以外地区出现的时间在距今10万年前，因此，中亚旧石器时代中期文化也可能是智人创造的。晚期智人在非洲以外地区出现在距今5万年前，因此，尼安德特人和晚期智人曾并存于一段时期之内，但是，利用古人类化石提取的线粒体DNA的基因学证据表明，他们之间没有发生过通婚。

大约在3万年前尼安德特人突然消失了，在人类这一属中，其他所有的种都陆续灭绝了，只有晚期智人依然在地球上生息活动，而且日益兴旺。可以说，旧石器时代晚期及其之后的文化都是晚期智人创造的。

由于长时期自然和历史条件影响的结果，在距今5万年至4万年前，晚期智人在一定的地域内分化成不同肤色的人种，其中，可以明显区分的有三大人种，即蒙古人种（Mongoloid）、尼格罗人种（Negroid）和欧罗巴人种（Europeoid）。[①] 蒙古人种又称亚美人种，是黄种人，主要分布于亚洲、南美洲、北美洲和北极地区。尼格罗人种又名赤道人种，是黑种人，最初分布于非洲，以后广布南、北美洲。欧罗巴人种又称高加索人种（Cavcasoid），是白种人，最初分布在欧、亚、非相连接地区。稍后，欧罗巴人种中出现了具有地中海东支形态特征的成分。有关旧石器时代的人类学材料显示，当时的

---

① 另一种划分是：蒙古人种（黄种）、欧罗巴人种（白种）、尼格罗人种（黑种）和澳大利亚人种（棕色种）。

中亚原始人类似于欧洲和东地中海地区的人。[①] 中亚旧石器时代晚期的原始人类可能属于欧罗巴种地中海类型人。

在新石器时代中期和晚期，伊朗东部和北印度河流域的原始文化都是达罗毗荼人创造的，而中亚西部科佩特山麓地区的哲通文化也可能是达罗毗荼人创造的。古人类学研究表明，这一时期，中亚各地出现了具有宽鼻特征的达罗毗荼人。达罗毗荼人属尼格罗人种与欧罗巴人种混合类型。

中亚铜石并用时代文化和青铜时代文化可能是中亚新石器时代文化的创造者与从黑海和里海北岸迁徙来的欧罗巴人种的共同创造。欧罗巴人种按语言区别又分为印欧、高加索、闪米特含米特、乌拉尔四个语系。“印欧语系”（Indo-European family）这一语言学术语出现于 19 世纪初叶，说这种语言的居民分布在印度和欧洲的一些地区，故名“印欧语系”。目前，印欧语系是世界上分布最广的一个语系，大约世界人口的一半以该语系中的某一种语言为母语。

中亚铜石并用时代和青铜时代文化的创造者就是欧罗巴人种中语言属印欧语系的一支人群，因此，来到中亚的欧罗巴人又被称为印欧种人。19 世纪以后，学术界试图通过对该语系起源的研究，探讨古代欧罗巴人的迁徙。通过考古遗物，可以了解印欧种人来到中亚的时间和途径。

学界对于欧罗巴人印欧种人的起源地和迁徙时间存在着不同的看法。在东西长约 5000 公里、南北宽约 1000 公里的欧亚大草原（Euroasian Steppe），在公元前 2500—前 700 年的近两千年中发生过几次大的迁徙运动。目前，最有说服力的是黑海北岸的“小亚细亚起源说”和“黑海—里海起源说”。[②] 持小亚细亚起源说者认为：原始印欧语居民非常熟悉车子，“车子”一词在印欧语系诸语言中有共同的词根。考古发现表明，车子最早出现在东欧，具体地说是在黑海

---

① 〔巴基斯坦〕A. H. 丹尼、〔苏联〕V. M. 马松主编：《中亚文明史》第 1 卷，第 5 页。

② J. P. Mallory & D. Q. Adams, *Encyclopedia of Indo-European Culture*, Routledge, 1997, pp.297-299.

北岸的东欧草原，时间是在公元前3300年左右。持此说者还指出，原始印欧种人外迁的时间在公元前2300年以前，因为在此以前，车子都是实心车轮，只是到了公元前2300年左右有辐车轮才出现，而在印欧语系诸语言中没有表示“车辐”的共同词根，这表明当“车辐轮”出现的时候，语言属印欧语系的居民已经向四处迁徙了。[①]轻便马车的出现使公元前3千纪中叶中期的欧亚草原西端的牧民迁徙到了草原东端。

“黑海—里海起源说”的主要提倡者是美国加利福尼亚大学考古学研究所的女学者吉布塔（M. Gimbutas）。她提出，印欧语系在亲缘关系上与乌拉尔语系中的芬兰—乌戈尔语族最为接近，而芬兰—乌戈尔语族的起源地是乌拉尔山中部地区，那么，与此相对应，印欧语系的最初起源地应该在乌拉尔山南部到伏尔加河中、下游的草原地带，即里海北岸草原地区。这一看法得到了语言学与比较神话学的佐证。

美国学者安东尼根据其年代大约为公元前2100—前1700年的辛塔什塔—彼德罗夫卡（Sintashta-petrovka）文化墓葬中出土的14辆车遗物判断，马车起源于欧亚草原西端。尽管出土的木质车轮已经腐朽，但是从遗迹仍然可以推知车轮直径为90厘米，有8—12根轮辐。于是，他认为，这种马车是青铜时代流行于欧亚大陆的一种有辐两轮轻快马车（Chariot）。这类马车在西亚（主要是安纳托利亚和两河流域）、中亚（主要是乌克兰和哈萨克斯坦草原）和东亚（主要是商、周文化遗址）均有出土。它们不仅在基本形制上相似，而且在许多细节方面也相同。这些都充分表明它们有共同的起源，不太可能是各自独立的发明。

一幅比较清晰的图画展现在我们面前：欧罗巴人中语言属印欧语系的一支人群，在公元前4千纪中叶以前生活在西起黑海北岸，向东一直延伸到乌拉尔河的里海北岸草原。从公元前4千纪中叶起，

---

① 〔英〕伦夫鲁：《考古学与语言：印欧语系起源之谜》，《当代人类学》1988年第3期。

他们乘上安着实轮的车向外迁徙，中亚北方铜石并用时期的阿凡纳羡沃文化证实了这次迁徙运动的存在。

正是在印欧种人的这次迁徙时期，中亚中部和南部遗址上出现了饲养马的遗迹，中亚中部和南部地区的陶器和青铜器技术具有了北方草原文化的特征。如纳马兹加文化遗址中出现了动物图案的陶器，里海东南部戈尔甘河流域遗址中出现了黑陶等。

此后，印欧种人从他们的发源地不断向外迁徙，一支印欧语系雅利安语族的人在公元前1600—前1400年广布中亚草原，史学界将他们称为雅利安人。[①]这些雅利安人在中亚北部创造了安德罗诺沃文化，根据苏联人类学家捷别茨的研究，“安德罗诺沃人”亦属于欧罗巴型。[②]一些雅利安人在大约公元前1450年，驾着马拉车从中亚北部草原南下到伊朗高原，在公元前1千纪初他们在伊朗高原的一些地区成为多数，随后，建立了米底（Media）、波斯（Persia）两个王朝。一些雅利安人来到中亚南部，把原来居住在中亚的印欧种吐火罗人（Tocharoi）[③]赶到天山以东直至黄土高原一带。还有一些雅利安人远征印度河流域，开创了印度文明史上的雅利安时代。

印欧种雅利安人从中亚北部草原南下的路线可能是：沿里海东北岸而行，在大约公元前2300—前2100年前后抵达里海东南地区。在公元前15世纪中叶，一部分人向西进入了伊朗西部地区；一部分人继续南进，经穆尔加布河三角洲、巴克特里亚、北印度河流域。根据塔扎巴格雅布文化的分布，苏联考古学家托尔斯托夫推测：在公元前1500—前1000年，来自欧亚大草原上的“安德罗诺沃人”沿着阿克恰河，穿过花剌子模绿洲，南下进入土库曼斯坦、伊朗和阿富汗等地。塔扎巴格雅布文化广泛分布于塔什干草原与山麓地带、

---

① 公元前2千纪后半叶，印欧种的雅利安人和大多数伊朗种人先后离开草原向南征服，定居于印度次大陆和伊朗境内，而伊朗种人（突出者是斯基泰人）于公元前1000年出现在草原上已经得到了证实。直到公元后的最初几百年，最后一批伊朗种人才从草原上消失，他们被突厥人取代。

② 王治来：《中亚史纲》，湖南教育出版社1986年版，第15页。

③ 吐火罗人是印欧语系东伊朗语族的民族，西方将月氏人称为吐火罗人。

撒马尔罕、费尔干纳盆地以及泽拉夫善河下游等广大地区。[①]

这一时期在中亚文化遗址上出土的考古材料对这次迁徙提供了证据。在公元前2000年以后的青铜时代晚期文化，即里海南岸的希萨尔特佩、土朗特佩遗址表现出人口急剧减少；位于科佩特山麓北侧的阿尔丁特佩遗址和纳马兹加遗址衰败，阿尔丁特佩完全被废弃，纳马兹加的相当一部分成为废墟，另一部分被面积不超过一两公顷的小型定居地取代；锡斯坦的沙赫里索克塔遗址在这一时期也趋于萎缩，居住面积从公元前2千纪初的80公顷，在青铜时代晚期减少到了5公顷，普通的定居地取代了早期的城市中心，旋即全面衰落。

在新兴的穆尔加布河三角洲文化中心，越来越频繁见到的是制作粗糙的模制陶器，以前的彩陶及其几何装饰都发生了变化，彩绘趋于简单，从前的双彩绘演变为单彩绘，或者没有彩绘只有划纹。这类器物与草原青铜器部落的器物十分类似，如在泽拉夫善河下游三角洲的扎曼巴巴文化遗址上，至少有两种陶器与北方草原文化的陶器相似。此外，在新兴的文化居地上出现了新的墓葬方式，除了典型农耕文化特征的土葬外，在图尔哈墓地遗址上出现了火葬。以上变化在阿姆河下游的塔扎巴格雅布文化遗址中反映突出，在此出现了模制陶器和木椁墓葬，这种模制的陶器在草原部落中非常普遍，木椁墓葬与安德罗诺沃文化墓葬极为相似。阿姆河上游地区的瓦克什文化遗址（约前1100）中最常见的葬式是骨骸的头部朝向北方，这些人类骨骸属于长头型的印欧种人的骨骸；在达希列墓葬遗址上，发现的死者头部也是朝向北方的，墓室内还放置了部分动物以供死者享用，多为羊，也发现了马的骨骸。

上述文化遗址及出土文物所反映的现象证明，这一时期存在印欧种人向中亚腹地及南部地区的迁徙活动。他们的迁徙使这里原有的定居文化或衰败或中止，相应地，他们带来的草原文化在此发展起来。

---

① 王治来：《中亚史纲》，第12页。

中亚早期铁器文化的创造者除了原来居住在中亚地区的居民以外，还有向中亚地区迁徙的铁器部落，它们的居民也属于印欧种人。按中亚铁器或残存的铁渣的时间分布状况来看，大约在公元前 1100 年以前，北印度河流域发现了铁器；公元前 1100 年前后—前 750 年之间，在里海东南地区的达希斯坦发现了铁器；公元前 900—前 650 年之间，在巴克特里亚、马尔吉亚那、费尔干纳等地区发现了铁器；中亚北部草原地区出现铁器的时间较晚，大约在公元前 6 世纪前后。因此，中亚最早出现铁器的时间应该是公元前 1100 年之前不久。

按史学界有关铁器起源的学说①，再根据中亚铁器残存遗迹的时间先后顺序，大概可以确定，中亚铁的使用和铁器的技术是从伊朗西部传入的。伊朗西部靠近学术界普遍认可的最早的铁器起源中心赫梯帝国（Hittite Empire）。铁器向中亚传播的路线可能是经古代伊朗西部、里海东南地区，抵达北印度河流域，然后，从北印度河流域向东北传入中国新疆西部地区，再向西北传入中亚各地。

中亚铁器技术的传播者可能也是印欧语系的欧罗巴人，因为在发现铁器的遗址中所发现的人类骨骸属于欧罗巴人。

① 关于铁器起源说主要有两种观点，即一元说和多元说。一元说认为铁器起源于小亚细亚地区；多元说认为小亚细亚、印度和中国都可能是铁器的起源中心。参见孔令平、冯国正：《铁器的起源问题》，《考古》1988 年第 6 期。

第二编 中亚文明时代

（前10世纪—前3世纪）

按人类学者的观点，人类文明与人类原始文化的区分具有以下一些标准：城市中心，国家的政治权力，纳贡或税收，文字的出现，社会的等级，庞大的建筑，专门的艺术和科学，等等。[①] 当然，并非所有文明都具备以上全部特征。中亚文明时代开始于公元前9—前6世纪，在此期间，中亚南方的定居聚落和北方的游牧部落在不同程度上步入了阶级社会，出现了程度不一的政权。在此过程中，中亚经历了东方游牧民族的迁徙压力和西方文明的冲击，东、西方两大运动加速了中亚国家的形成；中亚地区也在外来势力的争夺之中，成了多种文明、多元文化汇集和交融的地区。本编主要探讨中亚早期文明的形成，探索中亚游牧和农耕政权的政治、经济、文化发展状况，研究中亚游牧民和定居农民之间的关系。中国、希腊和罗马的作家们提供的证据，以及考古资料与古代铭文成了研究这一时期的基本史料。

---

① 〔美〕斯塔夫里阿诺斯：《全球通史》，上海社会科学院出版社1988年版，第105—106页。

第一章

早期文明的形成

文明是人类历史在一定发展阶段上形成的。阶级的出现、国家的形成被视为早期文明出现的重要标志。恩格斯说："古代文明作为社会发展中的一个质的界限，是与阶级关系的发展和国家的建立紧密联系的。"[①]考古发现和古文字的解读表明，中亚社会从新石器时代起贫富差异就开始出现；在青铜时代，贫富差异在社会群体中明显起来；到了早期铁器时代，以经济为基础的阶级形成，随之，阶级压迫的工具——国家便产生了。

第一节　早期文明形成的内部因素

生产力的发展是中亚早期文明形成的主要因素。在青铜时代早期（前3000年左右），以农耕和畜牧为主的南、北两大区域在中亚形成。在铁器时代初期（前1000年左右），由于马的驯化，中亚北方草原的畜牧部落基本上完成了向各种形式的游牧生活的过

① 《马克思恩格斯全集》第21卷，人民出版社1995年版，第165—169页。

渡，游牧经济最终确立起来；由于铁器的使用，大型灌溉水利工程在中亚南方绿洲兴建，穆尔加布河三角洲（马尔吉亚那）、帕提亚（Parthia）、巴克特里亚、泽拉夫善河流域和花剌子模绿洲的定居农业经济得到了极大的发展。

在青铜时代，家畜饲养的发展和农业灌溉的进步使部落内部的私有财产得以积累，贫富分化的现象加剧。在铁器时代初期，随着经济差异的日趋明显，以经济为基础的等级（阶级）形成，中亚的游牧部落和定居聚落都开始迈入阶级社会，阶级关系成为社会关系的主要方面。随着阶级冲突的激烈，以军事首领或部落酋长为首的、集中的政权建立起来，公元前 9—前 6 世纪，中亚北方草原上出现了游牧政权，中亚南方绿洲出现了早期的国家。

下面以斯基泰人（Scythian）、撒乌罗玛泰伊人（Sauromatae）、萨尔马特人（Sarmatans）的出土文物观察他们的社会发展状况，探索古代文明时期中亚北方的游牧政权的情况。

斯基泰人最早生活在蒙古高原西北草原，在叶尼塞河源头的萨彦岭（Sayani Mountains）中发现了属于他们的墓地。考古学界确认，其中的安罗加（Anloga）金字塔式陵墓（前 8—前 7 世纪）和图瓦（Tuva）的沙皇谷（前 9 世纪末或前 8 世纪初）属斯基泰人的墓葬遗址。墓冢的规模宏大，在安罗加墓地，有直径达 120 米、呈三重同心圆布局的墓；在沙皇谷中，阿尔宗（Arzon）二号墓直径为 80 米，高 2 米。这些墓是用石料砌成的，其中，阿尔宗二号墓的石料来自数公里以外的砂岩石。从墓的布局和墓的规模来看，公元前 8—前 7 世纪，斯基泰社会不仅产生了财富分化，而且出现了能够调动大批人力和畜力的较集中的政权。

古希腊历史学家希罗多德（Herodotus，前 484—前 425）写于公元前 5 世纪的著作《历史》（*The Histories*）也反映了斯基泰人阶级分化和政权存在的情况。据《历史》记，在公元前 7—前 5 世纪，斯基泰人继续生活在部落首领统治的部落中，部落首领称王，王的权力是世袭的，尽管受到武士会议的限制。臣属于斯基泰王的部落要向王室部落交纳贡赋，并为王及部落贵族提供服务。在斯基泰人中间有王族和奴隶之分，当时奴隶只用于家内劳动，显然，斯基泰社会是一种不发达的奴隶制社会。

从斯基泰国王的葬俗中也反映出斯基泰社会阶级分化和政权存在的情况。据《历史》记载，国王去世之后，先把国王的尸体制作成木乃伊；然后，王族用车把国王尸体载至其所统辖的地区，各地民众一般以自残身体的某一部分来祭拜国王；最后，把国王尸骨安葬在王室的墓地上。在入葬时，通常以王妃、侍者等以及马匹殉葬，随葬的物品还有武器、黄金饰物等。

有学者认为，公元前 7—前 5 世纪时期的斯基泰社会处于早期的阶级社会①；另有学者认为，斯基泰人仅仅处于迈入国家的阶级关系的门槛边②。从考古资料来看，斯基泰人在迁入黑海北岸以前已经迈入阶级社会，并存在着强大的王权，这一点是无可置疑的。

公元前 5 世纪，居住在乌拉尔山南坡的撒乌罗玛泰伊人的氏族结构已经瓦解，开始迈入阶级社会，他们的社会发展程度比斯基泰人低，处于阶级社会形成的军事民主制时期。这一点从属于撒乌罗玛泰伊军事贵族的宏大陵墓中反映出来。

公元前 4 世纪，在撒乌罗玛泰伊人居住地上发展起来的萨尔马特人明显处于氏族制度解体、阶级社会形成阶段。在萨尔马特人的居住遗址上发现了设防的城市和贵族、军事首领及其亲兵的厚葬墓冢。

再往西，生活在黑海北岸草原的辛梅里安人（Cimmerian，或西密利安人）也进入了阶级社会。辛梅里安人称其统治家族为王族，据记载，公元前 7 世纪，当斯基泰人以排山倒海之势逼近黑海北岸草原之时，辛梅里安人王室曾集会商议对策。王室认为应该抵抗斯基泰人，而大多数民众认为不必冒生命的危险与强大的对手作战。两种意见各不相让。最后民众杀死了王族成员，把他们埋葬在杜拉

---

① A. I. Terenozhkin, *Kimmeriytsî*, Kiev, 1976; A. M. Khazanov, *Sotsial'naya istoriya skifov*, Moscow, Nauka, 1975.

② M. I. Artamonov, *Sokrovishcha sakov*, Moscow, 1973.

斯（Duras）河河畔，然后全体人离开了故乡。当斯基泰人到达时，这里已空无一人。这一传说反映了辛梅里安人社会阶级矛盾的尖锐情况。

早期铁器时代形成的游牧经济扩大了北方草原各部落之间的交往；在这些交往中，除友好往来以外，更多的是争夺牧场的战争。在中亚北部早期铁器时代的墓葬中发现了许多新式兵器，在楚斯特墓葬遗址中还发现了凌乱放置的人体遗骨，它们都反映了战争的经常性。为了保卫部落的安全，部落之间开始联合起来，结成部落联盟。部落联盟赋予其首领极大的权力，于是，以军事首领为统治者的政权逐渐形成。塔吉斯肯墓葬文化和丹迪贝・比加泽墓地上的大型陵墓建筑都展示了部落联盟首领的权力和政权的集中程度。

在早期铁器时代，中亚南方农耕社会也出现了贫富差异，产生了经济状况不一样的社会集团，即阶级。阿姆河下游的花剌子模，阿姆河中、上游的巴克特里亚，泽拉夫善河与卡什卡（Kashka）河之间的索格底亚那（Sogdiana，即粟特）[①]，穆尔加布河三角洲，戈尔甘河与阿特拉克河之间的帕提亚，哈里鲁德（Harirud）河流域的赫拉特（Herat）等地区在早期铁器时代迈入了阶级社会。

关于中亚南方阶级社会的发展程度，学界有着不同的看法。以敦克尔（M. Duncker）为首的学者们认为，早在公元前 9 世纪，即波斯阿黑门尼德王朝建立之前，巴克特里亚古国就已经建立起来；而以季亚可诺夫（M. M. Dyakonov）为首的学者们持不同的观点，他们认为中亚南方的农耕文明在这一时期并没有形成国家，而是处于军事民主制的衰落时期。季亚可诺夫强调，穆尔加布河三角洲（马尔吉亚那）没有出现君主政治，因为在贝希斯敦（Behistun）

---

① 在公元前 545—前 539 年间，波斯帝国征服了河中地区，将这一地区设立为波斯的索格底亚那行省。以后，在大流士时期的贝希斯敦铭文、纳克希・鲁斯坦姆铭文 N、苏萨铭文 SE 和波斯波利斯铭文 F 中都记载着波斯行省"索格底亚那"。在古希腊等西方著作中，沿用了波斯帝国对这一地区的称谓"索格底亚那"。"粟特"是"索格底亚那"一名的中文转写，在早期的汉籍中，《后汉书》和《三国志》将该名分别转写为"栗（粟）弋"和"属繇"，在《周书》卷 55《异域传下》中，开始出现"粟特"这一转写形式。

铭文中，东伊朗的波斯、米底和埃兰，以及两河流域的巴比伦（Babylon）等地的叛乱首领都称王，而马尔吉亚那的叛乱首领没有称王。①

从考古发掘分析，在波斯阿黑门尼德王朝兴起以前，最早的国家政权在中亚南方确实存在着。

（1）这一点首先从灌溉系统的规模上反映出来。在公元前 2 千纪末至公元前 1 千纪初，中亚南方兴建了一些能够利用大河进行灌溉的水利工程。在穆尔加布河三角洲的马尔吉亚那文化遗址和里海东南部达希斯坦文化遗址上发现了庞大而复杂的灌溉系统，达希斯坦的灌溉水渠长达 50 公里—60 公里；在阿姆河中上游流域的巴克特里亚遗址中，公元前 10 世纪—前 8 世纪左右出现了复杂的灌溉渠；在公元前 7 世纪，花剌子模绿洲出现了大灌溉渠，使此地区的农业文化超过了以往的阿米拉巴德文化。大多数学者认为，没有国家政权，这些灌溉系统不可能兴建，因此，规模巨大的人工灌溉渠遗迹反映了当时已经存在着指挥和协调各种力量的最高政权机构。

（2）其次，坚固的城堡和城墙遗迹也是国家政权存在的证据之一。在中亚南方的大多数遗址上发现了城堡遗迹。在公元前 7—前 5 世纪的苏对沙那城（Sutrushana）遗址上发现了城堡建筑遗迹。在苏对沙那与费尔干纳连接处的俱战提（Khojand，今忽毡）发现了建于公元前 6—前 5 世纪的城市遗址，城市平面布局呈正方形，占地 20 公顷，在遗址上发现了城堡建筑。在乌拉·丘别（Ura-Tyube）绿洲西北边缘地带发现了占地约 16 公顷的城市华塔克（Khvatak），城市遗址上也有城堡建筑，城堡四周有防御设施，在城南，有一堵建于公元前 6—前 5 世纪的厚 8 米的城墙。在巴克特里亚聚落遗址上也发现了城堡，城堡建在由生砖砌成的几米高的平台上，四周绕以围墙。在阿富汗北部的阿勒丁特佩遗址中也发现了城堡建筑，城堡四周有围墙环绕，还建筑了防御工事。在达希斯坦，占地约数十公顷

① M. M. Dyakonov, *Ocherk istorii drevnego Irana*, Moscow, 1961.

的一些大型聚落遗址上发现了城堡建筑，其中，伊扎特库利聚落中央有呈五边形的城堡建筑，马道特佩的中央城堡的墩丘高达 13 米。在公元前 10—前 7 世纪的帕提亚（Parthian）聚落遗址中，大型聚落内都建筑了防御城堡，其中，厄尔肯特佩聚落四周筑有以生砖为材料的城墙，城堡修筑在高达 6 米左右的平台上。

（3）大型灌溉系统和坚固的城堡建筑都需要一个能够统一和协调行动的权力机构，这类权力机构不可能在以往的部落和部落联盟组织内产生，很有可能是几大部落联盟形成的国家。建筑在高台上的坚固城堡是国家政权的象征。

（4）文字的出现也是早期文明形成的标志之一。在铁器时代早期，中亚地区原来用来传输语言的图画符号发生演变，出现文字。在安诺文化遗址出土了一枚刻有四个类似字母符号的石印。2001 年，在哈佛大学关于语言、考古会议上，与会学者指出，石印上的符号可以肯定是一种文字，它既不是美索不达米亚文字，也不是印度河流域和中国的文字，它可能是中亚最早的文字。中国学者李学勤先生指出："安诺石印，如果年代可靠，还是能给我们研究文字起源一些启迪的。印上的符号均由简单的直线构成，没有任何象形意味，这一点同中国常见的陶器符号相似。"[①] 中亚有文字的事实被中国史书记载下来。据中国史书记载，粟特人拥有自己的文字，被称为粟特文或窣利文（Sogdian script），该文字是以阿拉米字母（Aramaic alphabet）为基础创造的。与粟特人几乎同时拥有文字的是花剌子模人，他们最初也是用阿拉米字母书写花剌子模文，这些文字是写在羊皮或木片上，刻在钱币上，至今尚未被释读。粟特文和花剌子模文创立的时间被确定在公元前 3 世纪，但成熟文字的出现往往要经

---

① 关于安诺石印的研究，《中国文物报》于 2001 年发表了一系列文章：5 月 23 日报道了安诺印章的发现；7 月 4 日第 7 版发表了李学勤的《中亚安诺遗址出土的石印》一文，此文对安诺遗址及印章本身，以及铭文拓本等做了详细的介绍；8 月 19 日发表了水涛的《关于中亚安诺遗址出土的印章及其相关问题》，此文对李学勤的文章做了补充和修订；11 月 30 日发表了星灿的《〈纽约时报〉关于安诺出土"石印"的争论》一文，对安诺印章的争论问题做了梳理。

历很长的过程，因此，粟特文和花剌子模文出现的时间应该在公元前 3 世纪以前。

如今保存下来的一些文献也可以说明，在公元前 1000 年初期中亚已经迈入了早期文明这一事实。波斯古经《阿维斯塔》（*Zend-Avesta*）的一些内容反映了中亚地区早期文明时代的社会情况。[①]《阿维斯塔》是波斯先知琐罗亚斯德（Zoroaster）创立的琐罗亚斯德教（Zoroastrianism）的经典，在谈到当时的社会情况时，《阿维斯塔》记载说，土地是归由个别家庭组成的氏族共同占有的，几个氏族组成部落，最大的联合体是部落联盟。一定地域内的部落联盟首领是国王。社会分为三个等级，祭司（Athravan）、战士与农夫，国王是最高祭司。在《阿维斯塔》较晚的部分中出现了手工业者等级。

从考古资料和文献记载推断，在中亚南方，国家政权已经出现。国家政权的出现主要是社会经济发展和社会矛盾冲突的结果。不过，在中亚南方，国家的形成还有外在因素，即游牧民对绿洲的攻击也是国家政权产生的一个重要因素。在与中亚草原毗邻的花剌子模绿洲中，甚至村落和小城镇都建筑了设防设施，如居兹利克尔古城建有保护城内居民的围墙。这一点也可以从文献记载中得到证实。《阿维斯塔》记载了琐罗亚斯德号召绿洲地带居民团结起来抵抗游牧人侵扰的事实。当时北方游牧人崇拜台伐斯，而琐罗亚斯德教是反对台伐斯的，说台伐斯是恶魔，是苦难的根源，必须消灭台伐斯。琐罗亚斯德号召人民团结起来与台伐斯的崇拜者做斗争。在抵御战争中，中亚南方定居民组织起来，形成了国家。从中亚南方遗址中出土的手制彩陶（大多数发现于公元前 8 世纪中叶以前的遗址中）推断，国家政权的形成不会晚于公元前 8 世纪。

文献资料与考古资料互相补充，共同说明了中亚南方在波斯帝国统治之前已经迈入了早期文明时代，国家政权已经存在。

---

① 有学者认为：“《阿维斯塔》是波斯古老的文献，这部传世之作的成书年代虽然难以确定，但起码可以上溯到公元前 10 世纪以前。”参见〔伊朗〕贾利尔·杜斯特哈赫选编：《阿维斯塔》编者前言，商务印书馆 2005 年版，第 14 页。

从城堡遗址可以推断出最初的国家政权的状况。当时的国家政权可能是以绿洲为中心的地方性国家政权，它的管辖范围仅仅是一片绿洲及其上的一个城镇，城堡建筑在此城镇中，该城镇是此地区的首府。如亚兹特佩是马尔吉亚那绿洲的首府，阿勒丁特佩是巴克特里亚的首府，达尔弗津特佩是费尔干纳的首府，厄尔肯特佩是北帕提亚的首府。最初的国家政体可能是由贵族阶层控制的贵族政体，作为统治层的贵族的政治权力是相当有限的，部落贵族会议还起着重要的作用。在《阿维斯塔》的《文迪达德》（Vandidad）篇中，提到过“好人会议”，它可能指部落首领会议。

至今未发现更多的资料可以解释中亚第一个阶级社会是什么性质的社会。学界认为这些大型灌溉系统的建筑可能是奴隶劳动的结果，因此，学界认为中亚产生的第一个阶级社会应是奴隶占有者的社会。

第二节　早期文明形成的外部因素

在公元前1000年初期，中亚地区发生的两件事——游牧民的西迁和波斯帝国、亚历山大帝国的东进——影响了中亚早期文明的形成。

在中亚北方，游牧政权的形成除了游牧社会内部的阶级分化这一因素外，外来压力也起到了重要作用。公元前1千纪初，欧亚草原上发生了由东向西的游牧迁徙运动，这次发端于欧亚草原东端的蒙古高原的迁徙运动对中亚游牧政权的形成起到了促进作用。

在公元前1千纪初期的游牧民大迁徙运动中受到冲击最大的是具有先进游牧文化的斯基泰人。学界对引发此次大迁徙的因素做过多种猜想。据希罗多德记载，居住在额尔齐斯（Irtysh）河流域的阿里马斯普人（Arimaspea）好战，他们不断地与邻近部族发生战争。被阿里马斯普人从北方驱赶出自己家园的伊赛多涅斯人（Issedone/Issedonians）向锡尔河流域迁徙，攻击在此游牧的玛撒该塔伊人，迫使玛撒该塔伊人向西迁，冲击了在里海东北和咸海西北草原上游牧的斯基泰人。于是，斯基泰人向西迁移，引发了欧亚草原的大迁徙运动。按希罗多德的记载，这次大迁徙是由好战的阿里马斯普人引起的。

不过，中国西部发生的一些事件似乎也可以视为斯基泰人西迁的动因。公元前 9 世纪，在欧亚草原东端贝加尔湖（Baykal）以南蒙古高原一带放牧的畜牧部荤粥人、鬼方人、猃狁人频繁地与中国中原地区居民发生冲突。殷商时期，“高宗伐鬼方，三年克之”；到周代，猃狁人强大起来，成为中原政权的边境大患。《诗经》的很多诗篇反映了猃狁对周人的威胁：“靡室靡家，猃狁之故”；“不皇启居，猃狁之故”。在公元前 823 年和公元前 817 年，猃狁人两次大举南侵，周宣王倾全国之力拼死抵抗，最终击退了猃狁。此后，周人分别在太原和朔方修筑城堡加强防御。猃狁在南侵不利的情况下，开始把目光转向西南方向。正是此时（前 9—前 8 世纪），斯基泰人开始向西迁移。于是，有学者将斯基泰人的西迁与猃狁被打败联系起来。当然，也有学者对此持怀疑态度。[①]

又有学者认为，斯基泰人的西迁与当时中国西部的秦国有关。秦国在兴起之时（约前 825 或前 824）开始讨伐西部的蛮族（西戎）。据史书记载，在公元前 9 世纪上半叶至公元前 7 世纪下半叶的两百多年中，秦国一直在征伐西戎。到秦穆公统治时期（前 659—前 621），征伐战争取得了决定性胜利，西戎 12 或 14 国被征服。西戎在秦国的攻击下西迁，由此引发了斯基泰人的西迁。

公元前 1 千纪初期草原东端发生的这一次轻微波动，在巨大的欧亚草原地带的每一个角落都产生了一连串意想不到的后果，游牧部落的分布发生了变化。第一，蒙古高原上的畜牧和游牧部落很早

---

① 马雍、王炳华《阿尔泰与欧亚草原丝绸之路》一文对此说提出质疑。他们认为猃狁就是犬戎。犬戎被周宣王驱逐后，应当是向山西北部和河北中、北部东迁，即后来形成了中山国和代国的狄人，他们未必对中亚地区的民族迁徙产生影响。参见张志尧主编：《草原丝绸之路与中亚文明》，新疆美术摄影出版社 1994 年版，第 5 页。

就与中国中原地区的定居政权发生了交往，他们的西迁有可能给中亚游牧民带来了先进的文化，特别是强大的猃狁人。第二，代表着骑马游牧的草原文明精华的斯基泰人，他们西迁之后，撒乌罗玛泰伊人、萨尔马特人先后占据里海东北至咸海西北的草原，玛撒该塔伊人占据了咸海北岸和东岸草原，伊赛多涅斯人和阿里马斯普人占据了锡尔河以北一直到阿尔泰山南坡。这些游牧部落来到具有先进游牧文化的斯基泰人故地，吸收了斯基泰人先进的游牧文化。斯基泰人文化对中亚地区的游牧文化产生了广泛而持久的影响。第三，公元前 1 千纪初期发生的迁徙运动促进了各游牧民族之间经济、文化的交流与融合，使欧亚草原地带的游牧民和半游牧民的政治经济生活的联系密切起来。在此基础上，产生了相似的经济结构，并导致生活方式的一致，最终形成了斯基泰—西伯利亚文化统一体。尽管欧亚草原各地的文化模式存在着差异，然而，中亚游牧文化的共同特征仍然是十分明显的，与斯基泰文化一样，它们也是武器、马、动物艺术三位一体的文化。

除了东、西方向的迁徙外，从公元前 3000 年起，在欧亚草原放牧的部落还源源不断地南下。公元前 2 千纪中叶，被称为雅利安人的一支印欧种人从北方草原向南迁徙，来到了伊朗高原和中亚南部。他们的到来对这些地区政权的形成起到了推动作用。公元前 9—前 8 世纪，雅利安人已经成为伊朗高原上的主要居民；到公元前 7 世纪，他们来到了阿姆河下游的花剌子模绿洲。

关于牧民南下的迁徙路线，史学界有不同的说法。有些学者认为他们是沿里海东岸南下到中亚南部的，有的学者则认为他们是经高加索南下到伊朗高原，以后又从伊朗高原再进入中亚地区的。南下牧民的语言属于印欧语系中的伊朗语族，因此，学者们称他们为伊朗人或印伊种人，后来他们在西亚建立了政权，学界以其政权所在地称他们为米底人和波斯人。米底人和波斯人迁入伊朗高原的时间至今仍是一个悬而未决的问题。有学者推测他们是在公元前 9 世纪至前 8 世纪之间到达伊朗高原的，据《阿维斯塔》的记载推断，米底人和波斯人开始南迁时，已掌握了冶铁、养马、驾车等技术。

来到伊朗高原的米底人和波斯人最初臣属于当地土著部落，到公元前 7 世纪后半叶，他们建立了自己的政权。据亚述文书记载，米底人在公元前 1 千纪初定居于伊朗西北部，公元前 9 世纪，米底人开始迈入阶级社会，建立了几个小的王国。当时，在米底人西部的是强大的亚述国。亚述国对新兴的米底小王国发起频繁进攻，为了对付强大的亚述国，米底人的几个小王国团结起来，形成了统一的米底国。在反对亚述人（Assyria）的战争中，米底国强大起来。公元前 7 世纪中叶，米底国成为与埃兰、乌拉尔图（Urartu）、马纳（Mannai）和亚述并列的大王国。公元前 612 年，米底人攻克了亚述古都尼尼微（Nineveh）城，成为西亚最强大的国家。

波斯人得名于地名“波斯”（Parsua），Parsua 一名最早出现在亚述王萨尔马纳萨尔三世（Shalmaneser，前 9 世纪中叶人）的铭文中。有人认为波斯地处乌尔米亚湖（Urmia Lake）附近，而有人则认为它在扎格罗斯山脉（Zagros Mountains）中部。据亚述铭文记载，公元前 834 年，亚述国曾收到来自波斯地区的 27 位国王的贡赋，可见，在公元前 9 世纪中期，来到波斯地区的伊朗人还未统一。波斯人是由 10 个部落结合形成的部落联盟，其中阿黑门尼德部落地位最显赫。希罗多德说：“阿黑门族就是它的一个部族，而波斯的国王便是从这个阿黑门族出身的。”[①] 公元前 800 年左右，波斯人与米底人分离，继续向南迁徙，进入伊朗南部的古代埃兰国境，成为埃兰国的臣民。

阿黑门尼德部首领阿赫门涅斯（Achaemenes）在公元前 700—前 675 年间成为波斯部落联盟的首领，他是有史可查的第一位波斯首领。他的儿子铁伊司佩斯（Teispes）于公元前 675 年开始称王（前 675—前 640 年在位），随后，他征服了波斯河谷地区，建立了国家。铁伊司佩斯死后，其国一分为二，长子居鲁士一世（Cyrus I，前 640—前 600 年在位）统治安尚地区，号安尚王；次子阿里亚拉姆涅

① 〔古希腊〕希罗多德：《历史》，商务印书馆 1959 年版，I，125。

斯（前 640—前 615 年在位）统治波斯，号波斯王。在居鲁士之孙居鲁士二世时期（前 558 年—前 530 年在位），安尚王兼并波斯，建立了统一的波斯国。公元前 553 年，居鲁士二世起兵反抗米底国的宗主权地位，历经三年的战争，波斯国独立出来。在摆脱了对米底国的臣属关系以后，波斯国采用了米底人的许多法律和行政管理方法，如沿用米底国王的称号，居鲁士二世自称"大王、王中之王、大地之王"。

波斯国在大流士一世（Darius I）统治时期（前 521—前 486 年在位），发展成为一个东起印度河、西抵爱琴海、北起亚美尼亚、南达尼罗河第一险滩的大帝国。波斯帝国成为古代世界最伟大的帝国之一。

波斯帝国留下了许多波斯铭文，其中，波斯帝国与中亚游牧民发生的一些战争被波斯铭文记载下来，使我们今天能够通过它们了解中亚游牧民的情况。在大流士一世在位时期所刻的铭文有贝希斯敦铭文、苏萨（Sūšā）铭文、纳克希·鲁斯坦姆（Naqš-e Rostam）铭文。其中，贝希斯敦铭文所在地是今伊朗克尔曼沙阿城（Kermanshah）东 30 公里的一个村子，该村位于今哈马丹（Hamadan）到巴比伦的古商道边。铭文刻在一座难以攀登的山崖上，离地约 150 米。铭文左上部有浮雕，面积约为 3 米 ×5.5 米，图案为大流士头戴王冠，左手持弓，左脚踩在仰卧于地的高墨达（Gaumata）身上。在他身后站着手握弓箭和长矛的两名侍从，前面是九名被俘的叛王。这些叛王双手反绑，头颈被绳缚住，呈鱼贯而入状。

贝希斯敦铭文分成许多组，约有 1200 行字，用三种楔形文字（古波斯文、巴比伦文、埃兰文）刻写。1847 年，罗林森释读了铭文的古波斯文。铭文记载了波斯帝国国王冈比西斯二世（Cambyses II）死后，波斯发生的高墨达政变以及由此引起的全国暴动的史实。铭文颂扬大流士一世镇压了国内的起义活动，出征 19 次，俘获 9 个叛王，重新恢复了波斯帝国的统一。这些战争中包括了对中亚地区的征服战争。

继波斯帝国之后，征服中亚南方的是希腊人亚历山大。公元前492年，强大的波斯帝国入侵希腊城邦国家，开始历时半个世纪之久的希波战争。面对波斯大军，雅典军队赶赴离雅典城42.196公里的马拉松平原抵抗。最终雅典军成功围歼了入侵者，士兵斐力庇第斯（Phillipides）受命前往雅典城报捷。斐力庇第斯一路飞奔，在捷报传到之后，他倒地身亡了。此战之后，波斯国王又发动过几次对希腊城邦的战争，作为波斯帝国属民的粟特人参加了公元前480年波斯国王薛西斯一世（Xerses I，前486—前465年在位）发动的第三次对希战争。最后，希波战争以和约的形式结束。

公元前4世纪，位于希腊北方的马其顿王国依靠军队（马其顿方阵）强大起来，国王腓力二世（Philip II）立下消灭波斯帝国的雄心，然而，壮志未酬就遇刺身亡。以后，腓力二世之子亚历山大完成了灭亡波斯帝国的任务。公元前334年春，亚历山大向波斯人宣战："你的前辈入侵马其顿和希腊的其他地方，无故加害于我们。我被任命为希腊人的统帅，要进军亚洲报仇雪恨，因为你们是头等大敌。"公元前334—前331年期间，亚历山大通过格拉尼卡斯（Granicus）、伊萨斯（Issus）和高加米拉（Gaugamela）三大战役消灭了波斯帝国。胸怀建立大帝国的理想，亚历山大继续向东进军，于公元前329年初进攻阿姆河南岸的巴克特里亚。唇亡齿寒，粟特城太守斯皮塔米尼斯（Spitamenes）赶来支援。然而，一切的努力都无济于事，巴克特里亚陷落，希腊军队北上渡过阿姆河进入河中地区。公元前329年春夏，粟特地区的政权中心玛拉干达（Maracanda，即撒马尔罕古城）被希腊人攻占。

接着，亚历山大向粟特的东北方进军。途中，希腊军队在苏对沙那遭到当地约3万居民的阻拦，发生了粟特人抗击希腊入侵者的一次大战。当地居民先消灭了前来征粮的希腊军队，然后，利用崎岖陡峭的地势与前来增援的希腊军队进行了殊死搏斗。在搏斗中，粟特人失利，大多数人跳崖自杀，苏对沙那原有的3万居民只剩下8000人。

攻占苏对沙那以后，亚历山大抵达了锡尔河河岸。以居鲁士城为首的锡尔河畔各城居民迅速组织起来，抗击入侵者。居鲁士城进行了顽强的抵抗，希腊军队用云梯和擂石器等工具攻占了它。希腊军队在城内进行了大屠杀，在这场屠杀中大约有 8000 多粟特居民被杀。

玛拉干达城被攻占之时，城民退入一些易守难攻的岩寨坚持抵抗，包括奥克夏特、西济密特、阿利马札和何尔门岩寨。其中，奥克夏特岩寨最为著名，被称为“粟特之磐石”。亚历山大不愧是亚里士多德的学生，他在征服过程中不仅采取了军事手段，还实施了如拉拢地区贵族等政治和外交措施。在西亚，他装出大王的姿态，并以东部的风俗礼仪装饰自己，在东方民众面前强作谦卑，采纳君王具有神性的教谕，成了大流士的继承人；在中亚，他任命当地贵族为督办，以缓解希腊人与粟特人之间的矛盾，取得地区贵族的支持，并通过他们实现自己在粟特的统治。这些手段取得了意想不到的成果，粟特贵族对希腊人的态度发生转变，许多人转到了希腊人一边，瓦解了当地的抵抗运动。公元前 328 年年末，奥克夏特岩寨投降，亚历山大迎娶寨主奥克夏特之女罗克珊娜为妻。以后，奥克夏特促成了其他岩寨统治者的投降。到公元前 327 年，亚历山大陆续征服一个个岩寨，完成了对粟特的征服。

与游牧民的迁徙运动一样，波斯帝国和亚历山大帝国的东征对中亚南方产生了重要影响。伊朗人南下建立的波斯帝国在中亚实施了近两百年的统治，为了抵抗波斯人的入侵和压迫，中亚地区居民团结起来，有利于国家的形成与巩固。此外，波斯人的统治将东伊朗语言和文化传播到中亚地区，在长时期内，中亚文化呈现出东伊朗文化的特征，此后不久，中亚地区出现了自己的文字。继波斯人之后来到中亚的希腊人把希腊文化带到了中亚，亚历山大在中亚建筑的战略要地和在交通要道上建筑的城市逐渐发展成为中亚经济和文化的中心，亚历山大留下的武装驻防军、马其顿长官和希腊移民带来了希腊文化。希腊文化是中亚地区在早期文明时代接触到的先进文化，有利于中亚经济和文化的发展。

第二章

游牧政权

公元前 7 世纪末到公元前 4 世纪，欧亚中部草原上居住着几个说印欧语的、相互之间具有血缘关系的部民——咸海以西的斯基泰人、撒乌罗玛泰伊人、萨尔马特人和马萨革泰人（玛撒该塔伊人）；咸海以东的伊赛多涅斯人、牧地塞克人和阿里马斯普人。据考古和文献资料分析，在以上各族人的社会中出现了王族、贵族、奴隶的等级区分；他们形成的政权不再是部落或部落联盟的形式，很可能是早期的游牧国家。此外，这几大集团在生活方式上很相似，而在经济和文化以及社会发展中则各具历史特色。

第一节　斯基泰人

有关斯基泰人的文字史料是大量的，但它们支离破碎，常常相互矛盾。可以追溯到斯基泰人的考古资料已大量出现，数千墓地的发掘有助于我们系统地阐述和解决有关斯基泰部落的物质和精神文化。但也必须指出，有用的文字和考古资料仍然不能够使我们对有关斯基泰人历史和古物的某些重要问题做出确定的回答，一些问题仍在讨论之中。[①]

有关斯基泰人的情况除了通过考古资料了解外，还可以从古希腊、罗马、波斯史书的记载中了解到。我们获得的有关斯基泰人最重要的资料保存在希罗多德的书中。有“史学之父”之称的古希腊史家希罗多德曾亲历黑海北岸的斯基泰人居地，他在《历史》一书的第 4 章几乎全部记述斯基泰人的历史。[②] 关于斯基泰人生活的大量事实还可以在那些生活在希罗多德时代前后的希腊作家、诗人和历史学家的著作中看到，在那些使用其前辈报道的罗马作家的著作中看到。

斯基泰人一名源自希腊语 skythaio，最早出现在希腊荷马史诗《奥德赛》中，汉语另译为西徐亚人或斯奇提亚人。“斯基泰”一名的含义广泛。从地理意义上看，它指从多瑙（Danube）河河口至顿（Don）河河口的黑海北岸草原；从政治意义上看，它指占据上述地区的斯基泰王国；从文化意义上看，它指铁器时代典型的游牧文化，斯基泰艺术被视为欧亚草原动物艺术的典型代表；从民族意义上看，它最初指仅生活在中亚草原至黑海北岸草原的一个部族，后来，成了欧亚草原上所有游牧人的统称，凡是与斯基泰人有着类似文化和风俗的游牧人都被称为斯基泰人。据希罗多德介绍，希腊人把南俄和中亚的游牧人都称为“斯基泰人”，波斯人把欧亚草原上的各部游牧民都称为“塞克人”（Sakā，另译萨迦），中国史书把他们统称为塞种。

---

① Latyshev, Izvestija drevnikh pisatelej grecheskikh i latinskikh o Skifii i Kavkaze-Scythica et Caucásica e veteribus scriptoribus graecis et latinis, 1, *Scriptores Graeci*, 1893-1947.

② 苏联学者梅柳可娃认为《历史》这部名著中的大部分评论都是无用的，对于涉及内亚方面是严重不足。在斯基泰人历史上做出重要贡献的有：多瓦图尔（Dovatur）《在希罗多德〈历史〉中我们土地上的各民族》（*Narody nashej strany v "Istorii" Gerodota*），此书包含了原始文本、翻译和评论了希罗多德有关内亚片断的评论；里巴科夫（B. A. Rybakov）《希罗多德书中的斯基泰人》（*Gerodotova Skifija*）；纳杰哈尔特（A. A. Nejkhardt）《苏联史学中希罗多德文献记斯基泰人》（*Skifskij rasskaz Gerodota v otechestvennoj istoriografii*），此书中包含了许多有用的相关信息；克雷奇默（K. Kretschmer）在保利·维索瓦（Pauly-Wissowa）的古典辞书《古典学实用百科全书》（*Realencyclopaedie der Altertumswissenschaften*）中的“斯基泰”人词条。

斯基泰人的语言属于印欧语系中的伊朗语族，因此，语言学家们将他们归属于游牧伊朗人的一个分支。从库勒（Kule）出土的一个属于斯基泰人的瓮中，我们可以了解到斯基泰人的面貌特征：他们蓄发，留胡子，戴尖顶帽，用帽檐盖住耳朵以抵抗风寒。

根据考古资料，斯基泰人最初生活在叶尼塞河流域至阿尔泰山区之间的地区。俄罗斯考古学家列斯在南西伯利亚（今图瓦共和国境内）发现了斯基泰人的墓葬群。1971 年至 1974 年间，苏联考古学界对叶尼塞河源头萨彦岭的安罗加古墓进行了发掘，发表的考古学报告认为它是目前发现的最早的斯基泰文化墓葬。据考古研究，这座墓葬的年代大约在公元前 8—前 7 世纪，有的学者认为还要早一个世纪。

安罗加古墓由石块堆砌而成，每块长 20 厘米—40 厘米，重达 20 公斤—50 公斤。安罗加古墓规模宏大，直径为 120 米，墓中央有一个用原木构造的方形主墓室，周围有 70 个配室。配室以三重同心圆的形式分布。该古墓曾遭到盗掘，墓主人的骨骸散乱。在主墓室中，除了墓主人的骨骸外，能辨认出的骨骸还有女性 1 人、男性 8 人。在一个配室中发现了 15 具男性骨骸。在随葬品中，发现了 161 具马的骨骸，它们集中葬在几个墓室里。

此外，这一地区的图瓦墓也被认为是斯基泰人的墓葬。图瓦墓上坟丘起伏不平，如山谷状，大多数墓葬属于斯基泰国王，当地人称之为沙皇谷。沙皇谷中的大多数墓只是简单的土堆，有 4 座墓由石头建造，它们排成一列，彼此之间相隔约 1600 米。苏联考古学者于 1971 年发掘了命名为阿尔宗一号的石墓，确认它的年代在公元前 9 世纪末或公元前 8 世纪初期，这是已知最古老的斯基泰墓之一。被命名为阿尔宗二号的墓由砂岩石建造，墓呈圆形，直径为 80 米，高 2 米，墓室中有一对男女的骨骸并排躺着，他们是同时下葬的，女方有可能是殉葬的。随葬品中总共出土了黄金物品约 5700 件，1657 颗中亚产的绿松石珠子，以及青铜、铁和骨头制成的箭镞，一把弓的残骸，石祭盘和其他物件。

从考古资料反映，斯基泰人与以往的畜牧部落民不一样，他们已经开始了游牧经济，他们饲养的牲畜主要是马、羊、牛。有关他们的游牧生活，希罗多德是这样记录的："原来他们（指斯基泰人）并不修建固定的城市或要塞，他们的家宅随人迁移，而他们又是精于骑射之术的。他们不以农耕为生，而是以畜牧为生的。他们的家就在车上……""精于骑射"，也就是说，斯基泰人已经掌握了娴熟的驭马技术，能够骑在马上射猎。由此推知，马鞍、马镫及马嚼等马具在斯基泰人中已经使用。

斯基泰人制作了适应骑射的服装，即合裆裤，这就是中国人所说的穷裤。穷裤不仅具有御寒功能，还方便骑手在马上活动。穷裤的发明增强了斯基泰人在马上的机动性，提高了他们的作战能力。

游牧的斯基泰人具有尚武的精神，这一点从考古资料和文献记载中都可以了解到。考古学家在斯基泰人的墓穴中发现了大量武器：复合弓、长矛、标枪、斧、剑、匕首，以及皮革鳞甲和鳞甲上的铁片和青铜片，在主墓者身旁还有全身披挂的战马殉葬。与普通斯基泰男性墓一样，有的女性墓中也堆放着武器，但在这类墓中常常只发现箭。不过，有些女性墓或多或少的有种类齐全的武器，与箭一道还发现了一两支矛，极少的还有一把剑。希罗多德曾提到，斯基泰人在展示他们的战利品时，他们拿出砍下的敌人头颅以及挂在马缰绳上的头皮，以示夸耀。他们或者把战俘的头皮制成手巾，头皮数量的多少成为勇猛程度的标志。斯基泰人的这些习俗在阿尔泰山时期已经形成，此后，在西伯利亚的沃古尔人（Vogul）和奥斯佳克人（Ostiaks）中也有剥下敌人头皮挂于马缰的做法。

以上习俗以后成为游牧文化的一些特征[①]，它们表现在武器、马具和动物风格的艺术三个方面。从武器来看，斯基泰人有青铜和铁

---

① 关于斯基泰文化的起源问题目前有几种说法：一说发端于黑海北岸伏尔加河下游的木椁文化，一说起源于中亚或西伯利亚，一说源自于古代伊朗为主的西亚地区，也有人笼统地认为东亚也是斯基泰文化的起源地之一。这里采用第二种观点，参见《中国大百科全书·考古学》，中国大百科全书出版社 1986 年版，第 482—483 页。

制的战斧、弓箭、刀、剑，其中，弓是他们喜欢的武器。从马具来看，斯基泰人留下来的马具有笼头、鞍座和鞍垫；斯基泰人形影不离的伙伴是马，他们精心修饰马匹。在武器和马具上，他们雕刻了一些图案，多数是动物形象，因此，斯基泰人的艺术又被称为动物艺术。在阿尔宗墓地出土了几千件猫科动物雕刻，它们构成了斯基泰人饰物中最精致的雕刻品。斯基泰人所创造的游牧文化被视为早期铁器时代草原游牧文化的典型代表，因此，早期的游牧文化又被称为斯基泰文化。斯基泰文化在公元前 6 世纪前后发展成熟，达到鼎盛，它的一些文化特征一直延续下来，留给了以后的匈奴①和突厥人。

斯基泰人在阿尔泰地区之时可能已经萌发了宗教意识。在阿尔泰地区发现了许多石人雕像，据苏联学者吉谢列夫推测，这些石像的年代应在公元前 700 年以前。②这些石人雕像可能表达了诸如灵魂不死等宗教意识，这些意识与原始萨满教（Shamanism）有一定的关系。他们经常以牲畜祭祀神灵，其中，最多的是马。在祭祀时，他们一边呼唤神灵的名字，一边把牲畜杀死。在安罗加墓的石料中发现了一块鹿石残片，由此断定，对鹿的崇拜大约出现在公元前 8 世纪中叶以前。

考古发掘显示，斯基泰人在阿尔泰山一带生活时已经形成了庞大的社会组织，而且建立起能够协调各方面力量建造巨型陵墓的政权。大陵墓的主人必定是掌握政权者，他们可能是军事首领，更有可能是国王。从希罗多德的记载可以推知游牧政权的存在，《历史》

---

① 本书未设专章叙述匈奴，但匈奴与本书有关章节，特别是与北部行国的联系紧密，在此做一概述。中国文献将匈奴之起源追溯到远古时期，他们以胡、狁、戎、狄等许多不同的名称为人所知，如今将商朝的鬼方一名也列入其中。然而，从严格的历史观点来看，我们的历史知识还不允许我们对公元前 3 世纪以前的匈奴做出任何可靠的报道；在早期中国史中，可以确认属于匈奴的只有另一个名称，即胡人。胡人（匈奴）在中国历史的战国末期，在中国北方第一次正式露面，以后，不断南侵中国各诸侯国的土地，西击月氏等部民，与西方康居、乌孙发生了联系。

② 张志尧：《额尔齐斯河上游与邻境内人形石雕像》，转引自张志尧主编：《草原丝绸之路与中亚文明》，第 179 页。

记载说，斯基泰人在当时是一片荒漠无人的沙漠地带生活，最初有一个名叫塔尔吉塔欧斯的男子，他有三个儿子，在这三个儿子的统治时期，有一些黄金制成的锄、扼、斧和杯子从天上落到他们生活的土地。当长子里波克赛司和次子阿尔波克赛司想去拿这些物品时，黄金就燃烧起来无法靠近，而小儿子克拉科赛司走近时，火却熄灭了，于是他便把这些黄金制成的物品带回了自己的家。两个哥哥目睹了这些情况后，便同意把全部王权交给最年轻的兄弟。这一传说看似神奇荒诞，但通过它可以推测，在斯基泰人中原来可能有三个主要部落，以后三个部落统一起来。日本学者江上波夫据此推测，古代斯基泰人实行的是末子继承制。

在公元前 1000 年初期，斯基泰部落开始向西迁徙，在公元前 9 世纪时，他们可能已经到达咸海沿岸。从考古资料来看，当时，斯基泰人生活在欧亚草原的中段，即东起阿尔泰山、西至里海北岸之间的地区内。遗憾的是，对这一时期斯基泰人的社会发展和文化生活我们不能进行全面的叙述。当他们西迁到黑海北岸以后，他们的历史才被具有高度文明的希腊人记载下来，我们对他们才有了更多的了解。

公元前 8 世纪，斯基泰人西迁的前锋已经抵达顿河东南的北高加索山区，考古学家在此发现了斯基泰人的墓地。公元前 8 世纪后期，公元前 720—前 700 年期间，斯基泰人赶走了在黑海北岸游牧的辛梅里安人，并随一部分逃亡的辛梅里安人从打耳班（Derbend）翻过高加索山，进入了乌尔米亚湖地区。在公元前 700—前 628 年期间，斯基泰人参与西亚角逐，转战西亚和小亚细亚，从卡帕多细亚（Cappadocia）到米底，从高加索到叙利亚（Syrian），他们的骑士无处不在，极大地影响了这些地区的历史发展进程。

从公元前 8 世纪末到公元前 3 世纪，斯基泰人占据着东起顿河、西至多瑙河之间的黑海以北的浩瀚草原。据希罗多德记载，在公元前 5 世纪末，特别是在公元前 4 世纪，生活在黑海北岸的斯基泰游牧人逐渐定居下来，这一现象在东克里米亚（Crimea）、博斯普鲁斯（Bosporus）诸城附近表现得最为突出。在第聂伯（Dnieper）河下游的斯基泰人地区，公元前5世纪出现了设防牢固的大城镇，如扎波罗热地区的卡缅卡（Kamenka）和兹纳缅卡（Znamenka）镇，住在这些城镇的居民向周边草原上的人们提供铁和青铜器皿。卡缅斯科·戈诺迪什彻城（Kamenskoe Gorodishche）在公元前4世纪和公元前3世纪上半叶是斯基泰政治、经济和贸易的中心。在斯基泰国东部地区，即伊利扎威丁斯卡亚·斯坦尼察（Elizavetinskaya Stanitsa），发现了一个设防的遗址，在公元前4世纪和公元前3世纪初，它是顿河下游和亚速海（Sea of Azov）北部地区行政、贸易和手工业中心。公元前3世纪，从中亚草原西迁的萨尔马特人征服了黑海北岸地区，斯基泰王国的大部分地区被他们夷为平地。在以后的两千多年中，游牧文化一直对农耕文化构成了巨大的威胁。

斯基泰人对世界文化的贡献是巨大的，在斯基泰游牧经济的发展过程中，游牧文化的一系列特征逐渐明显起来。其中以动物形象为主的草原艺术一直向西传到了南俄罗斯和乌克兰（Ukraine），甚至远达德国。

第二节　撒乌罗玛泰伊人、萨尔马特人和马萨革泰人

（1）“撒乌罗玛泰伊人”一名最早见于古希腊历史学家希罗多德的著作。据希罗多德所记，撒乌罗玛泰伊人是黑海北岸的斯基泰人的东部邻居。在公元前6—前4世纪，他们生活在伏尔加河以东一直延伸到咸海以北的中亚草原上，在乌拉尔山南地带发现了公元前5世纪的撒乌罗玛泰伊军事贵族们富裕而宽大的墓地——如伊列克（Ilek）河畔的帕雅提马里（Pyatimary）墓群。

据希罗多德的记载，撒乌罗玛泰伊人和斯基泰人有亲缘关系。有学者认为，撒乌罗玛泰伊人是斯基泰人的一个部落。但是，由于

撒乌罗玛泰伊人与创造安德罗诺沃文化的东部邻居来往密切，他们的语言被认为是不很纯正的斯基泰语。

撒乌罗玛泰伊人的社会经济发展水平总体上说赶不上斯基泰人。在伏尔加河流域发现的属于撒乌罗玛泰伊人的墓地表明，在撒乌罗玛泰伊人的社会中，贵族与普通成员之间的财产差别不是很大；而乌拉尔山南坡的撒乌罗玛泰伊人墓地文化反映，财产和社会差别是十分明显的，在此发现的公元前 5 世纪的撒乌罗玛泰伊人军事贵族墓地，墓地宽大而富裕。学者们推测，在伏尔加河和顿河之间活动的撒乌罗玛泰伊人的氏族结构的分解较为缓慢，氏族部落贵族在经济和军事上的权力比乌拉尔山地区的贵族要薄弱。

从考古资料来看，撒乌罗玛泰伊妇女的地位是很高的，她们可以参与军事活动和社会生活。在目前已经发掘的、以武器随葬的撒乌罗玛泰伊人墓中，有 20% 是撒乌罗玛泰伊妇女的。在许多墓地中，女性坟墓占据着中央位置，而且随葬品也是最丰富的。正是在撒乌罗玛泰伊妇女的墓穴中，发现了一些石制的祭坛，一些考古学家认为这与某种信仰有关。学者们认为撒乌罗玛泰伊人的社会还存在着母系氏族的残余。

从公元前 5 世纪末期起，一些撒乌罗玛泰伊人越过顿河，来到并定居在亚速海附近，他们与斯基泰人和米底人为邻。他们与斯基泰人和平相处，这一点可以从斯基泰人向东畅通无阻地穿过属于撒乌罗玛泰伊人的一条很长的地带这一事实反映出来。此外，从希罗多德的记载中，我们了解到撒乌罗玛泰伊人与斯基泰人一起进行过反抗波斯帝国的战争。

（2）“萨尔马特人”第一次出现在古文献中是在公元前 3 世纪，有学者从语言学的角度研究了萨尔马特一名，认为此名与妇女在该民族中占有重要地位有关。Mata 意为妇女，Sarva-Sarva 意为一切的一切，两个词共同构成了该民族的名称，即 Sarvamata。从遗骨分析，萨尔马特人属于欧罗巴人种中的帕米尔—费尔干纳类型。

考古资料反映，公元前 5 世纪，萨尔马特人已经占据了原撒乌罗玛泰伊人的乌拉尔山南坡，他们的活动向东达到了托博尔（Tobol）河，在他们中，有来自乌拉尔山以北森林—草原地带的移民。公元前4—前3世纪，南乌拉尔山的部分人口移往伏尔加河下游和外乌拉尔山草原，征服了居住在那儿的撒乌罗玛泰伊人，组成了萨尔马特人的政权，其中，阿息部（Aorsi）、罗克索兰部（Roxolani）、阿兰部（Alan）和伊兹吉斯部（Iazyge）是比较强大的部落联盟。

萨尔马特人的文化史可分为三个连贯的阶段，与中亚草原有关的只是早期阶段，公元前3世纪西迁之后的历史不属于中亚的范围。在早期阶段，萨尔马特人最典型的古城遗址是位于托博尔河西侧的设防城镇丘达基，该城的平面呈不规则椭圆形，周围有壕沟。城内居住遗址上的房屋由长方形的前室和后室组成，屋顶呈圆锥形，中央留一出烟孔。墙壁用原木或木板构筑，墙和屋顶的外面抹泥。

在萨尔马特人的墓地上发现了长方形或方形，还有圆形或椭圆形的墓穴。葬式大多数是土葬，少数为火葬。土葬多为单人葬，少数是多人合葬，即几个男子或男女合葬。一般为仰身直肢，尸体下铺垫草、毡、树木韧皮或织物，间或有木棺。墓内放有雄黄、白垩、白黏土、炭屑、石灰或硫磺。在随葬品中发现了兵器、马具、陶器、饰物等。

从遗存来看，萨尔马特人的社会发展水平也落后于斯基泰人。公元前4世纪，萨尔马特人的社会尚处在氏族制解体、阶级开始形成的阶段。在墓地遗址中，发现了氏族—部落贵族、军事首领及其亲兵的厚葬墓。墓葬遗存反映出萨尔马特人存在着浓厚的母权制残余。如妇女在墓地中占据中央位置，而男子则在她们的旁侧。在萨尔马特人中，妇女不仅可以继承已故男性首领的地位，还可以统率军队参加战斗。古希腊罗马史学家们都注意到了这一点，他们指出妇女在萨尔马特人的社会生活中拥有特殊地位。如希罗多德记述说，萨尔马特妇女穿男人的衣服，与男人一样骑马作战；据公元前4世纪的希腊历史学家厄福洛斯（Erphoros）记，萨尔马特人对自己的妻子百依百顺，就像对待圣母一样。显然，在萨尔马特人社会中，母权制的遗风比斯基泰人更为浓厚和持久。

萨尔马特的文化属于早期铁器时代的游牧文化。萨尔马特文化分布范围很广，在东起托博尔河、西到多瑙河的广大地区，即咸海、里海和黑海北岸草原都有发现。最能体现萨尔马特人文化特征的是青铜或铁制的兵器，常见的兵器有长剑、长矛、长弓、铁盔、鳞甲和环甲。长剑长 1 米，剑柄首呈镰形、一字形或环形。装饰性器物有：剑鞘包皮、马具饰品、金冠、项链、手镯、别针、饰牌、带钩、串珠等游牧民族喜爱的饰物。萨尔马特人的艺术除了斯基泰人喜爱的动物纹外，还有几何纹、植物纹及神像，这些图案作为陶器和金器的装饰。此外，在萨尔马特人中还存在着与农业文化有联系的经济，如制陶、铸造、纺织和木、骨、革加工等手工业。他们的陶器，前期为手制，后期有部分为轮制，器形有带耳的球形或蛋形罐、壶、钵、碗、杯、香炉等。

在乌拉尔河流域奥尔斯克（Orsk）附近，在公元前 5 世纪末属于萨尔马特人的古墓中发现了阿黑门尼德的艺术品，以及波斯统治者阿塔薛西斯一世（Artaxerxes I）铭刻，由此可以判断，南乌拉尔的萨尔马特人与波斯帝国保持着联系。

公元前 3 世纪，萨尔马特政权中的各部开始从乌拉尔山前地带大规模向西迁徙，横穿乌拉尔山草原，征服了伏尔加河下游的撒乌罗玛泰伊人，占据了伏尔加河流域；有的渡过顿河进入黑海北岸草原地区，在此蹂躏了斯基泰人的相当大部分地区，占据了黑海北岸草原。①

来到黑海北岸草原的大部分萨尔马特人仍然以游牧为生，但小部分人开始了定居农业生活。根据罗马史家斯特拉波（Strabo，公元前 64—公元 23）的《地理志》（*The Geography*）记载，来到北高加

---

① 古希腊历史学家狄奥多罗斯·西库路斯（Diodorus Siculus）写了一部范围广阔、篇幅达 40 卷的巨著《历史文库》（*Bibliotheca Historica*），今有幸保留下了 15 卷，其中包括叙述亚述人、埃及人、埃塞俄比亚人等“古代诸民族”及希腊人神话时代的开头 5 卷，保存了大量此前的史料。关于萨尔马特人，参见〔古希腊〕狄奥多罗斯：《书目》第 2 卷，43.3。

索的萨尔马特人中有部分人已经成为以农耕为业的定居民了。考古学家对捷列克（Terek）河谷以及捷列克河与桑扎（Sunzha）河之间地区属于公元前1世纪到公元1世纪的萨尔马特人遗址的发掘，进一步证实了斯特拉波的记载。

来到黑海北岸的萨尔马特人与西方发生了经济和文化联系，他们通过希腊和罗马商人获得西方的金银制品、酒、陶器、装饰品等物品。如意大利的青铜容器和一些胸针绕道从希腊城市沿多瑙河—潘诺尼亚的贸易之路到达萨尔马特人手中。考古资料和文献资料表明，萨尔马特人曾来到了奥尔比亚（Olbia）、潘蒂卡派（Panticapaeum）、塔奈斯（Tanais）等城市，在这些城镇的居民中都发现了萨尔马特人，有的甚至还成了统治者。新来者带来了他们的生活习俗、艺术和宗教，对当地城镇的风貌产生了影响。

在西迁黑海地区以后，萨尔马特人的社会分化加剧。在黑海北岸地区和北高加索的萨尔马特人墓中，贵族随葬的金制品的数量增多，超过了早期萨尔马特人的墓葬。而与之形成对比的是，普通萨尔马特人的墓葬中只有简单的一些物品随葬。这种对比表明，在萨尔马特人的社会中，财产和社会差别在不断地扩大。萨尔马特人大约经历过奴隶制，与斯基泰人一样，他们把奴隶用作家庭奴仆，当然，也把奴隶作为货物进行交换。希腊历史学家波里比阿（Polybius，前202—前122）记载说，许多奴隶从萨尔马特人领地上的彭蒂斯（Pontus）出口，塔奈城（Tanay）是一个买卖奴隶的市场。

萨尔马特人来到黑海北岸之后，斯基泰文化发生了变化。初期，斯基泰文化对萨尔马特文化产生了影响，从公元前3世纪起，萨尔马特人开始在金器上镶嵌彩色玻璃、宝石和珐琅。此后，萨尔马特文化的影响在后期斯基泰文化中反映出来。动物风格从斯基泰人的艺术中消失了，但是，神人同性的肖像，特别是骑马者的肖像，在壁画和墓穴的浮雕中普遍存在。此外，在斯基泰人时期曾对黑海北岸的历史发挥过重要作用的一些部落，如库班（Kuban）的吕底亚（Lydia）部落，因受萨尔马特文化的影响而不再是一个独立的具有种族文化的部落了。这一点从该地区墓地出土的器物中可以得到证实。

在第聂伯河下游、伏尔加河沿岸、亚速海北部和其他一些地方发现了有丰富墓葬的古墓，它们可以追溯到4世纪末期。这些遗址的葬俗使我们想起了萨尔马特人的葬俗，其中发现的许多物品有萨尔马特人外观。同时，在这些古墓中也有不具萨尔马特人文化特征的物品；在墓中发现了具有匈奴特征的装饰品和其他物品。一些学者认为这些古墓是属于萨尔马特人的。[①]然而，它们属于匈奴则更有根据。[②]

近代所有的历史学家、考古学家和语言学家一致认为，由于斯基泰人和萨尔马特人属于伊朗语语族，在人种学上不可能对公元1千纪下半叶居住东欧草原上的斯拉夫人，也不可能对黑海北部地区的斯拉夫人起到直接的作用。然而，直到中世纪，斯拉夫文化（特别是斯拉夫艺术）一直保存着斯基泰和萨尔马特文化的一些传统，斯基泰动物风格艺术和萨尔马特人的动物形象艺术残存下来，特别是在古罗斯人的艺术中。

在萨尔马特人中，有一个名叫阿兰的部落联盟，它在汉籍《史记》、《汉书》、《魏略》中被称为奄蔡人。阿兰人属伊朗种（更准确地说是斯基泰—萨尔马特人），语言属于印欧语系中的伊朗语族。他们以游牧为生，在占据黑海东北部草原以后，他们专门饲养马匹，经常袭击安息帝国（公元前170—公元226）。公元1世纪的罗马文献记载了他们的活动。

（3）“马萨革泰人”在汉语中又译为玛撒该塔伊人，公元前9—

---

① 鲁特基夫斯卡（Rutkivska）:《公元一千年中叶乌克兰草原范围内的游牧民和农耕民》（Kochovki ta zemlerobi na territorii stepovoj Ukraini v seredini I tysjacholittja ne, 1969），转引自 Denis Sinor, *The Cambridge History of Early Inner Asia*, Cambridge University Press, 1990, p.116。

② 扎舍卡杰（Zaseckaja）:《匈奴时期黑海北岸和伏尔加河草原的墓址特征》（Osobennosti pogrebal'nogo obrjada gunnskoj epokhi na territorii stepej Povol'zhja i Severnogo Prichernomo'rja, 1971），转引自 Denis Sinor, *The Cambridge History of Early Inner Asia*, Cambridge University Press, 1990, p.116。

前8世纪生活在里海与咸海之间。据希罗多德记载，马萨革泰人“穿着和斯基泰人相同的衣服，有着同样的生活方式”。有人认为，萨尔马特人、马萨革泰人、塞克人这些古代民族实际上是同一个民族的几个不同的组成部分。持这种观点的学者根据他们在语言、相貌特征、生活方式及宗教习俗等方面的共同特点，把他们统一归属于塞克人的范畴，因此，马萨革泰人又被称为塞克—马萨革泰人。

最早记载马萨革泰人的是出生于普洛康奈斯（Proconnesus）岛的希腊诗人阿利斯铁阿斯（Aristeas），他于公元前7世纪下半叶游历了中亚草原，并根据自己的见闻写下了长诗《独目人》（*Arimaspea*）。以后，希罗多德根据阿利斯铁阿斯的记载和他在黑海北岸的见闻写成《历史》一书，在书中，对马萨革泰人做了介绍。

公元前8世纪，里海北岸的斯基泰人的东面正是马萨革泰人。据希罗多德记载，斯基泰人是在马萨革泰人的攻逼之下向西迁徙的。据希罗多德记载：“玛撒该塔伊人据说是一个勇敢善战的强大民族，他们住在东边日出的方面，住在阿拉克赛斯（Araxes）河对岸和伊赛多涅斯人相对的地方。有一些人说他们是斯奇提亚人（即斯基泰人）的一个民族。”有学者认为，阿拉克赛斯河是锡尔河，马萨革泰人居住在锡尔河对岸，即锡尔河北岸；另有学者认为，阿拉克赛斯河指阿姆河，马萨革泰人的居地在阿姆河对岸，即阿姆河右岸，处于阿姆河与锡尔河之间的地区。实际上，马萨革泰人的活动范围较广，从里海以东至锡尔河下游之间都是他们的牧地。以后，分布在里海南岸今土库曼斯坦南部的达赫人（Dahae）和帕尔尼人（Parni）是他们的后裔。①

马萨革泰人以畜牧为主，兼营捕鱼业，他们放牧牛和马。据希

① 有学者认为达赫人即帕尔尼人，或即希罗多德《历史》中的达欧伊人。一般认为他们是马萨革泰人的一支，理由是伊朗农民那时称呼马萨革泰人为“达赫”，意为“敌人”、“盗匪”。也有学者认为达赫人和帕尔尼人是前马萨革泰人后裔中的两支。笔者认为后一种观点更为准确一些。参见王治来：《中亚史纲》，第71页；〔匈牙利〕雅诺什·哈尔马塔主编：《中亚文明史》第2卷，中国对外翻译出版公司2002年版，第368页。

罗多德记，马萨革泰人“不播种谷物，而是以放牧和捕鱼为生……他们也饮牛乳”。考古资料证实了希罗多德的记载，在克孜尔库姆（Kyzyl-Kum/ Qyzyl-Kum）沙漠西北部发现了一个设防驻地吉列克拉巴特（Chirk-Rabat），考古学界认为它与马萨革泰人有关。对这一地区的研究表明，马萨革泰人不是纯粹过着游牧生活，而是兼营捕渔业和半游牧的家畜饲养业。马萨革泰人的马匹以胸甲防护，正是在中亚北部地区，最早发现了马的铠甲。

马萨革泰人勇武善战。据希罗多德的记载，马萨革泰人拥有骑兵和步兵，还有弓兵和枪兵。所有战士的枪头和箭头都用青铜制造，因为那里只有大量的黄金和青铜，而没有铁和银。我们今天所掌握的地质情况证实了希罗多德的记载，在马萨革泰人当年活动的区域内确实没有铁矿，但是，盛产铜和锡。

马萨革泰人的社会发展水平与萨尔马特人相似，在他们中虽然已经出现了国王，但政权组织可能只是军事民主政体，他们的国王可能只是部落联盟的首领而已。在马萨革泰人中，母权制习俗保留下来，妇女在社会中占有较高的地位。按照希罗多德的记载，马萨革泰人崇拜至上的太阳神——密特拉，同时还有各种形式的火祭和马祭。

马萨革泰一名在语源学上有三种不同的解释：第一，源于古《阿维斯塔》经中的“马斯耀”，意为食鱼者；第二，源于古《阿维斯塔》经中的“马斯雅卡”，意为大塞克部落；第三，源于伊朗语的“马斯—恩吉兹”，马斯在伊朗语中意为大，恩吉兹意为蛮族，即大蛮族。三种解释都暗示了马萨革泰人与定居波斯人之间存在着密切的关系。

公元前 6 世纪，马萨革泰人不断侵扰波斯帝国的东北边境地区，为此，双方进行了多次战争。据希罗多德的记载，战争由波斯人挑起，“当居鲁士把巴比伦人这个民族也征服了之后，他就想把马萨革泰人也收归自己的统治之下”。居鲁士二世曾在锡尔河南岸建筑了带有城堡的边境据点以对付马萨革泰牧民。当时，马萨革泰人的统治者是在丈夫去世之后即位的女王托米丽司（Tomyris）。公元前 529 年，居鲁士二世遣使向托米丽司求婚，被其拒绝。之后，他便把大军开抵阿拉克赛斯河，并在河上架桥，还在渡河用的浮桥上修筑舫楼，准备进攻马萨革泰人。双方议定，托米丽司的军队从阿拉克赛斯河后退三日的路程，居鲁士军渡河作战。居鲁士二世渡河后行军一日，然后扎营。将老弱留下诱敌，自己率精锐部队返回阿拉克赛斯河。托米丽司之子斯帕尔伽披赛斯（Spargapises）被诱，率军前来劫营，杀死老弱之后，以为消灭了波斯军队，庆祝胜利，饮宴为乐。此时，居鲁士二世率军返回袭击了这些吃饱喝足之后酣睡的马萨革泰人，斯帕尔伽披赛斯醉中被俘，酒醒后他羞愤不已，自杀身亡。

托米丽司为了报杀子之仇，把国内军队全部集合起来与居鲁士二世作战。希罗多德在他的著作中描写了这次战争的情况：据说在一开头的时候，他们双方在对峙的情况下相互射箭，箭很快射完了，他们便猛冲上来用枪、剑之类的武器进行了殊死的厮杀。据说，他们这样厮杀了很长一段时间，哪一方面都不想退却。结果马萨革泰人取得了胜利。波斯的军队大部分死在那里，而且居鲁士二世本人也在这场战争中阵亡。托米丽司在波斯阵亡者的尸体中间找到居鲁士二世的尸体，把他的首级割下来放到一只盛满了人血的革囊中，而且还蹂躏了居鲁士二世的尸体。

居鲁士二世死后，长子冈比西斯（Cambyses）继承了阿黑门尼德王朝的王位。在冈比西斯二世统治结束之后，波斯帝国内部发生了争夺政权的战争，帝国境内各地人民纷纷起来反抗波斯的统治。经过一年左右的征伐，波斯国王大流士一世镇压了各地的反叛，重新统一帝国。在此期间，波斯人与马萨革泰人牧民也进行了战争。据说，公元前 518 年，马萨革泰人又打败了步居鲁士二世后尘、进军中亚的波斯国王大流士一世。“波斯皇帝大流士一世远征马萨革泰人的战争也遭到了失败。其首领希拉以苦肉计引诱波斯军队进入无水草的沙漠之中，使其大部分人马困死。”然而，马萨革泰人最终还是被大流士一世打败，他们的居地被纳入波斯帝国版图，成为波斯帝国的第 15 行政纳税区。

在波斯人之后，马萨革泰人又要面对希腊人亚历山大的远征及其后塞琉古王朝（Seleucid dynasty，前 312—前 64）的统治。以后与塞琉古希腊人作战的就是马萨革泰人的后裔达赫人和帕尔尼人，他们从里海南岸不断侵入塞琉古王朝的属地，威胁着塞琉古王朝的统治，阿姆河下游的花剌子模国支持了这些游牧部落对希腊人的斗争。据说，达赫人和帕尔尼人甚至南下到了今阿富汗北部地区，他们破坏城镇，摧毁堡垒，蹂躏农村，使希腊人受到很大的威胁。以后，推翻希腊人，在帕提亚建立王朝的就是马萨革泰人的后裔。

据希罗多德记载，在斯基泰诸族的最东端起往东，依次是秃头的阿尔吉派欧伊人（Argippaeans，也译为阿尔吉帕人）、伊赛多涅斯人、阿里马斯普人和以神兽格立芬为象征的黄金产地的部族。此处希罗多德所说的斯基泰诸族，指居乌拉尔山南坡和咸海以北的萨尔马特人和马萨革泰人，也就是说，在他们的东部是阿尔吉派欧伊人的居地。希罗多德又说，斯基泰诸族生活的地区是一片平原，而阿尔吉派欧伊人则居住在粗糙多岩石的地带。据此推断，阿尔吉派欧伊人可能分布在哈萨克丘陵地带。

阿尔吉派欧伊人与西方斯基泰人之间有着一定的联系，当时，斯基泰人常常来到阿尔吉派欧伊人居地上，希腊人通过斯基泰人了解了阿尔吉派欧伊人的情况。

据希罗多德记载："这些人不分男女据说生下来便都是秃头的。他们是一个长着狮子鼻和巨大下颚的民族。"[①]这些描述表明了阿尔吉派欧伊人的面貌特征。在汉籍《庄子·逍遥游》中曾提到中国极北部的一个国家，名为"穷发"，史学界认为"穷发"即秃头之意。阿尔吉派欧伊人有自己特有的语言，到他们那里去的斯基泰人要借助 7 名通译，通过 7 种语言与他们打交道。

据希罗多德记载，阿尔吉派欧伊人以树木的果实为生，这种树

① 〔古希腊〕希罗多德：《历史》，Ⅳ，23。

名为“彭提孔”，其树形如无花果树，其果实如豆子般大小，果实内有核。当果实成熟后，他们用布把它包起来挤压里面的黑色汁液，舔食这种汁，或是将这种汁与奶混合饮用。榨过汁的渣滓做成点心食用。由于该地区的牧场不好，因此他们只有为数不多的畜类。由此可知，阿尔吉派欧伊人的经济是采集和畜牧。他们居住在树下，冬天在树的四周围上一层不透水的白毡，夏天便不用白毡了。他们穿着与斯基泰人一样的衣服。①

据希罗多德记载，由于他们被视为神圣的民族，因此没有人加害于他们。他们也没有任何武器。在他们的邻国民众之间发生纠纷时，他们是仲裁者。而且，任何被放逐的人一旦请求他们庇护，这个人便不会受到任何人的危害了。从这些描述来看，阿尔吉派欧伊人的社会发展水平较低，在他们之间还未出现财产分化的迹象，也没有什么财富引起邻人入侵或抢夺，因此，他们过着一种平和的生活。

第三节　伊赛多涅斯人（尖顶帽塞克人）

阿尔吉派欧伊人再往东是伊赛多涅斯人的牧地，由此可以确定伊赛多涅斯人的牧地在哈萨克丘陵以东。在另一处，希罗多德的记载说，伊赛多涅斯人的西部边界与阿拉克赛斯河北岸的马萨革泰人相邻，由此可以进一步界定，伊赛多涅斯人的牧地在锡尔河北岸以东的地方。将两处记载结合分析，伊赛多涅斯人的牧地在楚河与伊犁河之间，从考古资料分析，其东端一直延伸到伊犁河上游。

从地理方位上可以认定，希罗多德所说的伊赛多涅斯人是波斯铭文中的塞克人（Sakā）和中国史书中的塞种。塞克一名最早出现在公元前641或前640年的亚述铭文中，指中亚北部的牧人。公元

① 〔古希腊〕希罗多德：《历史》，Ⅳ，23。

前 6 世纪，塞克之名频繁出现在波斯铭文中。公元前 4 世纪的希腊学者亚里士多德（Aristotole，前 384—前 322）把中亚西部操东伊朗语的民族叫斯基泰人；把中亚东部讲东伊朗语的民族称为塞克人。成书于 1 世纪的中国史书《汉书》将伊犁河流域的游牧民称为塞种。波斯波利斯铭文 h 第 3—10 行记载，大流士一世说："我所有的这个王国，从索格底亚那对面的塞克（Sakā），直到埃塞俄比亚，从印度到萨尔底斯。诸神中最大的阿胡拉·马兹达把它授予我。"从波斯人所处的地理方位来看，索格底亚那对面即是锡尔河以东、以北地区，塞克人的游牧地区与伊赛多涅斯人的地理位置一致。

在大流士一世苏萨铭文第 14—30 行中，波斯人把塞克分成了崇拜豪麻（Hauma）的塞克和戴尖顶帽的塞克两种；在大流士一世纳克希·鲁斯坦姆铭文 a 第 15—30 行中，塞克人又被分为三种，即崇拜豪麻的塞克、戴尖顶帽的塞克和海对面的塞克。根据考古和文献资料反映，三支塞克人的活动地区大致是：崇拜豪麻的塞克人居住在阿赖帕米尔、费尔干纳；戴尖顶帽的塞克人居住在锡尔河北岸至七河流域；海对面的塞克人是在黑海北岸游牧的斯基泰人，他们也被称为欧洲塞克人。①

从地理位置和考古资料的情况来看，伊赛多涅斯人属于戴尖

① 关于这三支塞克人分布的问题较为复杂，史学界对此也存在着分歧，主要有以下三种观点。第一种观点认为，豪玛瓦尔格·塞克人，即崇拜豪麻的塞克人，主要分布在费尔干纳盆地、帕米尔和阿赖岭等地；提格拉豪达·塞克人，即戴尖顶帽的塞克人，主要分布在吉尔吉斯斯坦和南哈萨克斯坦草原东部地带，即帕米尔、阿赖岭以北，包括塔什干、天山至巴尔喀什湖以南及西南的楚河、塔拉斯河流域；提艾伊·塔拉·达拉伊雅·塞克人，即海对面的塞克人主要分布于阿姆河以北、咸海东南、索格底亚那之地。第二种观点认为，牧地塞克人，即崇拜豪麻的塞克人，可能分布于锡尔河流域；提格拉豪达·塞克人，即戴尖顶帽的塞克人，可能分布于中亚腹地（中亚两河地区）；近海塞克人，即海对面的塞克人，可能分布于里海或庞特（Pont）海海岸。第三种观点认为，崇拜豪麻的塞克人可能居住在费尔干纳；戴尖顶帽的塞克人可能居住在锡尔河两岸至谢米列契地区；海对面的塞克人，又称欧洲塞克人，分布在黑海北岸。此外也有学者认为崇拜豪麻的塞克人和戴尖顶帽的塞克人是指同一种人。参见王治来：《中亚史》第 1 卷，中国社会科学出版社 1980 年版，第 17 页；〔苏联〕伯恩施坦：《中亚境内天山、七河地区的古代文化》；张志尧主编：《草原丝绸之路与中亚文明》，第 132 页；〔匈牙利〕雅诺什·哈尔马塔主编：《中亚文明史》第 2 卷，第 5 页；余太山：《塞种史研究》，中国社会科学出版社 1992 年版，第 5 页。

帽的塞克人。希罗多德的《历史》也提到过尖顶帽塞克人（Sakā Tigraxaudā），他说这支游牧民“属于斯基泰的塞克人，戴着一种高帽子，帽子又直又硬，顶头的地方是尖的。……这些人虽是阿米尔吉欧伊·斯基泰人（Amyrgion），却被称作塞克人。因为波斯人是把所有斯基泰人都称为塞克人的”。从20世纪30年代起，苏联史家伯恩施坦（A. N. Bernshtam）及其后的阿基舍夫（K. A. Akishev）等学者在楚河与伊犁河流域进行了长期的发掘。此后，他们发表了考古报告。伯恩施坦撰写了《塞族考古》，阿基舍夫与库沙耶夫（G. A. Kushaev）撰写了《伊犁河流域的塞人和乌孙的古代文化》等著作。在以上著作中，他们确认希罗多德所记载的伊赛多涅斯人就是波斯铭文中的尖顶帽塞克人。

在《塞族考古》一书中，伯恩施坦指出，伊犁河流域，尤其是图尔根（Tulgan）、伊塞克湖（Issyk-Kul）、塔尔加尔山谷（Talgar Ravine）和额尔齐斯河流域曾是“祢王塞克族”之境。从考古发掘可知，这支塞克人就是尖顶帽塞克人，他们可能就是希腊史学家所称的伊赛多涅斯人。伯恩施坦认为：“塞克人时期的古墓一直蔓延到守金怪兽地区而无间断，亦即通过额尔齐斯河的北捷什斯地区到阿尔泰国。”

伯恩施坦根据伊塞克湖出土的头骨认为，伊赛多涅斯人至少在公元前5世纪已经开始与蒙古利亚种人同化了。出土头骨表明，伊赛多涅斯人基本上属于欧罗巴人，但含有蒙古利亚人种的特征。他们中的80%属欧罗巴人种类型，其中，也发现了一定数量的、具有蒙古利亚人种特征的短头型。

1957年，阿基舍夫在伊犁河右岸发掘了塞克人的两大墓场，年代属于公元前5至前4世纪。在伊犁河北岸，考古学家发现了30多座石堆墓构成的古墓群，即著名的贝沙提尔（Besshatîr）古墓群。在古墓群中，规模最大的墓直径达105米，现存高度为17米。这些石堆墓四周大多砌有石圈，中间有用原木和木板按“井”字形建造的墓室。其中，贝沙提尔古墓遭到了盗掘。1969—1970年，苏联学者对中等规模的伊茨希克古墓进行了发掘，该墓直径 60 米、高 6 米，主墓室已经被盗过，副墓室幸存完好。在此，发现了许多属于王族阶层的豪华的金银陪葬品，黄金饰品很多，它们具有斯基泰文化特征。

在伊茨希克古墓的陪葬品中，出土了一具“黄金人”，它是一具从头到脚都用金箔装饰的年轻人的骸骨，头上戴有一个尖顶的帽子。可以肯定，这些墓地属于尖顶帽塞克人，因此，也可以确定尖顶帽塞克人的生活地区在楚河至伊犁河流域之间的草原上。

从尖顶帽塞克人像中可以了解塞克人的服饰：绔、长靴、马褂、尖帽或风帽构成了他们全套的戎装。头饰或是高而尖的小帽，或是紧护头部而披于背后的风帽，这种尖顶帽不兜风，利于马上奔驰。据古波斯文献《耶施特》（*Yašt*）记载，塞克人（文中称塞克人为“图拉”）拥有快马。希罗多德说：“他们穿着裤子，带着本国自制的弓和短箭，此外还有他们称之为‘撒伽利司’的战斧。”[①]与斯基泰人一样，塞克人也崇尚武力，从一些可以认定属于塞种的墓葬中发现了马具、盔甲和刀、剑、斧等各种武器。

通过这些墓葬推测，在公元前 8—前 6 世纪，塞克人的社会中出现了贫富分化的现象。贵族的墓葬一般规模庞大，巍然矗立，有的高达 20 米，如贝沙提尔古墓周围有用云杉筑成的四米高的围墙，墓的拱顶也用圆木建造，内部分为走廊、前厅和墓室等三部分。普通塞克人的墓是一些不显眼的小土丘和石丘。贫富分化的现象还从随葬品中反映出来。在大贵族的墓中，随葬品有马、马具、兵器、各种精美的金属容器，甚至黄金制品；在普通塞克人的墓中，随葬品很少。

从波斯铭文中，可以了解尖顶帽塞克人已经建立起某种形式的军事民主政权，产生了军事首领。不过，尖顶帽塞克人初期的政权是不强大的，公元前 6 世纪，该政权臣属于波斯帝国。在公元前 522 年 12 月，塞克人利用波斯帝国王权交替、国内叛乱之机，起兵反抗波斯帝国的统治。在贝希斯敦铭文第 2 栏第 5—8 行列举的叛乱者名

---

① 〔古希腊〕希罗多德：《历史》，Ⅶ，64。

单中，提到了塞克人。公元前519年，大流士一世开始了讨伐塞克人的战争，塞克人战败，许多人被杀，首领被俘。贝希斯敦铭文第5栏第20—30行对此战记载说："国王大流士说：后来，我和军队一起向塞克人进发。于是，他们——戴尖帽的塞克人向我推进。我来到海边，用木材和全军一起渡河。接着，我猛烈攻击塞克人，俘获其别部，他们被绑着带到我这里来，我杀死了他们。他们的首领斯昆卡（Skunxa）被抓住带到我这里。"在贝希斯敦铭文浮雕的9位被俘首领中，其中最后一个头戴尖顶帽的就是塞克人的首领斯昆卡。幸存下来的塞克人重新臣属于波斯帝国，塞克人所在地区成为该国的一个郡，大流士一世为尖顶帽塞克人安排了另一位首领。

重新统一波斯帝国之后，大流士一世着手把他统治下的波斯划分为20个郡，各郡委派太守管理，帝国规定了各郡应该缴纳的税款数。大流士一世"把他的领土分成了二十个波斯人称为萨特拉佩阿（Satrapy）的太守领地，随后，他又任命了治理这些太守领地的太守"①。太守这个称号在米底时代出现，只是在波斯帝国时代才真正开始起作用。太守的民族成分，在大流士一世改革前后发生了很大变化。居鲁士二世和冈比西斯二世时代，甚至在大流士一世执政之初，太守通常由本地统治者或上层人物担任。希罗多德说："波斯人习惯上对于国王的儿子是尊重的；甚至国王叛离了他们，他们仍然把统治权交还给国王的儿子。有许多例子可以说明他们这样做乃是他们的惯例，特别是把父亲的统治权交还给伊纳罗司的儿子坦努拉司，以及交还给阿米尔塔伊俄斯的儿子帕乌西里斯；但没有人比伊纳罗司和阿米尔塔伊俄斯给波斯人以更大的损害了。"②大流士一世改革以后，波斯人成为郡太守的主要人选，"照例正是波斯人被任命担任萨特拉佩阿的职务"。因此，大流士一世为尖顶帽塞克人安排的首领可能也是波斯人。

① 〔古希腊〕希罗多德：《历史》，Ⅲ，89。

② 同上书，Ⅲ，15。此两人是埃及统治者，他们于公元前460—前455年间起来反对波斯统治者。

此外，大流士一世还规定了“每个个别民族应当向他交纳的贡税；为了这个目的，他把每一个民族和他们最接近的民族合并起来，而越过最近地方的那些稍远的地方，也分别并入一个或是另一个民族。”于是，希罗多德论述了大流士一世“如何分配他的太守领地和每年向他交纳的贡税”。[①]塞克人和当时位于里海或咸海以东的斯基泰人被纳入大流士一世的第 15 区，每年应该缴纳的贡赋是 250 塔兰特（Tarrant）[②]。

据贝希斯登敦铭文第 1 栏第 12—20 行的记载，塞克人要向波斯帝国纳贡，执行大流士一世的命令，不舍昼夜。根据苏萨铭文第 14—30 行和纳克希・鲁斯坦姆铭文 a 第 15—30 行的记载，塞克人还必须遵守波斯法律。

据希罗多德记载，伊赛多涅斯人有崇拜髑髅的习俗。“当一个人的父亲死去的时候，他们所有最近的亲族便把羊带来，他们在杀羊献神并切下它们的肉之后，更把它们主人的死去的父亲的肉也切下来与羊肉混在一起供大家食用。至于死者的头，则他们把它的皮剥光，擦净之后镀上金；他们把它当作圣物来保存，每年都要对之举行盛大的祭典。就和希腊人为死者举行年祭一样，每个儿子对他的父亲都要这样做。至于其他各点，则据说这种人是一个尊崇正义的民族，妇女和男子是平权的。”[③]这种风俗以后在匈奴人中也见到过。

在艺术方面，塞克人继承了以前斯基泰—西伯利亚艺术中的动物风格。最典型的艺术形式是用动物的形象来装饰弓筒、剑鞘、剑柄、马具、首饰和各种饰牌。这些装饰艺术品一般采用各种金属、木材或骨头为材料，经过铸造或雕刻制成，图案是表现各种飞禽走兽或怪兽的不同形态。

最具特色的塞克人文化是石雕，它通过岩画和鹿石表现出来。这一时期在楚河和伊犁河流域发现了以动物为题材的许多岩画和鹿

① 〔古希腊〕希罗多德：《历史》，Ⅲ，89。
② 同上书，Ⅲ，93。
③ 同上书，Ⅳ，26。

石。在额尔齐斯河流域及南哈萨克斯坦其他地区也发现了描绘各种动物和车辆的岩画。①1957年，在塔姆加里山口（楚河、伊犁河的西南部）发现的岩画大约有1000幅之多。其中，一部分属于公元前7—前5世纪的塞克人。1959年，在巴尔喀什湖以北特西克塔斯（Tesiktas）和卡拉汪古尔山区（哈萨克草原南部）发现的岩画中，有一种形态特别的野牛。在与楚河和伊犁河平行的固尔札巴什小山丘上发现的岩画大都是动物题材，其中有一种罕见的双头山羊和狗，甚至还有象。鹿石是指矗立的石柱，石柱呈四棱形，细而长，石柱的一面雕刻有鹿的图案，有时还雕刻了人脸图像，石柱在腰部的某个部位刻有带子、刀、剑和弓箭。有学者推测，鹿石可能在公元前8世纪前后开始出现。在这一时期，塞克人中没有出现使用文字的迹象。

在今哈萨克丘陵地带发现了塞克人的墓地，墓的风格别具特色。墓由大小两个石堆组成，它有两列长约20米—30米的石阵，石阵呈“解爪胡”状向东延伸，因此，有人称之为带胡须的墓。有学者认为，向东方延伸的胡须状石阵可能与太阳崇拜有关。一般说，在直径10米左右的大石堆墓下有埋葬着尸体的墓穴；小石堆则没有墓穴，在其地表上直接放置马骨、陶器。在七河流域发现了塞克人的烛台和祭桌，有学者认为，此地的塞克人存在着萨满教和拜火教的风俗，并由此推断，拜火教的故乡首先是塞克人的游牧区。七河流域出土的宗教遗存大多数是用黏土制作而成。

塞克文化是在南西伯利亚（尤其是在安德罗诺沃文化）的影响下产生的。七河流域的塞克文化从青铜时代文化开始一直与南西伯利亚有着密切的联系。七河和天山出土的陶器和青铜工具与阿尔泰地区安德罗诺沃文化和卡拉苏克文化的出土物尤为相同。库沙耶夫根据他在伊犁河流域的考古发掘，认为：“塞克墓多出土饰金青铜

---

① 〔苏联〕奇列诺娃：《蒙古和西伯利亚的鹿石》，转引自张志尧主编：《草原丝绸之路与中亚文明》，第153页；〔苏联〕弗鲁姆金：《哈萨克斯坦境内的考古发现》，转引自张志尧主编：《草原丝绸之路与中亚文明》，第217页。

器，它们普遍具有西伯利亚的动物风格。”他指出：“前期乌孙（Wusun）墓（指塞克人墓）出土的器物与南西伯利亚、阿尔泰、西哈萨克、北吉尔吉斯等地的出土器物大体相近。”

在公元前6世纪20年代前后，塞克人的活动范围扩大了，他们挤压着原来居住在锡尔河下游流域的马萨革泰人，一部分塞克人迁徙到更远的南西伯利亚地区。这次迁徙延绵了几个世纪，迁徙的塞克人与当地的部族相互杂居、渗透和融合，以后建立了一些新的政权。

戴尖帽的塞克人的牧地以后成了新迁入的乌孙人的领地，乌孙人在此建立了乌孙国。乌孙文化的发展与塞克文化走着相同的路线，学界把塞克人和乌孙人的遗存作为一种文化的两个发展阶段，在七河流域和中部天山的考古可以发现塞克文化与乌孙文化之间的继承关系。这类文化遗存向东一直延伸到天山东部，与车师文化（Kiu-shih Culture）和中原西传到哈密、吐鲁番盆地的文化相融合，形成一个较大规模的民族文化融合区。

第四节　牧地塞克人（崇拜豪麻的塞克人）和阿里马斯普人

在伊赛多涅斯人的西南和正南面是波斯铭文中称为崇拜豪麻的塞克人；在伊赛多涅斯人的东北部，是阿里马斯普人（希罗多德称阿里玛斯波伊人）。

崇拜豪麻的塞克人在波斯文献中频繁出现，被称为豪玛瓦尔格·塞克人（Sakā Haumavargā），意为牧地塞克。1938—1947年间，苏联考古学者对牧地塞克人生活之地进行了发掘。他们发现，牧地塞克人按区域和人种差异可以再分为两支：一支在尖顶帽塞克人的西南方，从药杀水（锡尔河）中游河岸向东延伸到卡拉套山前地带，以后，这支牧地塞克人被称为药杀水塞克人。药杀水塞克人一名曾出现在斯特拉波的《地理志》和托勒密（Ptolemaeus，约 90—168）的《地理学》中。他们早期的活动中心在卡拉套山东北坡，主要在别尔卡拉，后期的活动中心移到锡尔河畔。另一支在尖顶帽塞克人正南方，在费尔干纳至帕米尔北部地区，这支牧地塞克人被称为费尔干纳—阿赖塞克。他们早期的活动中心在羌阿赖（帕米尔北部），在基依克塔什发现了他们的君长的墓地；他们后期的活动中心在费尔干纳平原地带，主要在胡尔沙布。

从考古资料来看，牧地塞克人与尖顶帽塞克人一样，属于印欧种东伊朗语族人。他们属于南西伯利亚人和青铜时代的安德罗诺沃型人的混合型。不过，从出土的遗骨来看，两支牧地塞克人存在着一些差异，药杀水塞克人在人种上更多地表现出与马萨革泰人和萨尔马特—阿兰人的关系，而费尔干纳—阿赖地区的塞克人更多的是与安诺文化的创造者有联系。

在牧地塞克人遗址中没有发现文字，他们的情况只能从遗留下来的墓葬和波斯、希腊的文献中了解。

在药杀水塞克人占据的地区，既有着稠密的居住地，也有空旷无人烟的地区。药杀水塞克人的居住遗迹不局限于小河谷，大河两岸和高山牧场都有，但大多数居地集中在高山河谷的出口处，这一点从他们墓地的分布反映出来。从其居住地能够便利地通向牧场，尤其是通向山间的避暑地。其中，卡拉套的避暑地在海拔 400 米—1000 米之间，人烟稠密，尤其是北山的东北坡，附近有丰富的夏季牧场；他们的居地一般是避冬的理想地，可以免遭风暴和雪崩的侵袭。

在斯特拉波和托勒密记载的药杀水塞克人的地区发现了古墓群。墓的特征是：周边石台呈正圆形，中央墓坑石台呈椭圆形，石台之间填以碎石。塞克人之后，乌孙或康居人的墓则无石堆。在卡拉套出土了药杀水塞克人的陶器，它们以松土为原料，经过轻度烧制，断裂面呈黑色，这些陶器一般涂以红色或黄色。

目前发现的威加拉克古墓（公元前 7—前 5 世纪）属于药杀水塞克人，古墓出土的陶器主要是圆球状陶器，表面经过涂饰，有的陶器呈凸凹形，有的敞口，有的细口（带小柄），一般未加装饰。陶器的形制和修饰反映了药杀水塞克人的文化与尖顶帽塞克人的文化存在着联系。墓中发现了铜制和铁制的蘑菇柄形短剑、刀和镞等武器，以及马具、马衔、三孔马镳，马具采用铜制、铁制或骨制。此外，还发现了铜制或金制的各种动物形状的艺术品。[①]在奇尔奇克（Chirchik）河谷，尤其是在博斯腾（Bostan）地区，发现了动物岩画，它们属于公元前1千纪的塞克人。药杀水塞克人崇拜火，可能信仰拜火教。

在费尔干纳—阿赖塞克人的墓地上也出土了大批陶器，它们以几何纹修饰，既有天山地区的特点，又受到安诺文化中彩饰的影响。在费尔干纳—阿赖地区出土的青铜器有青铜短剑（剑柄呈米努辛斯克型）和有山羊图案的青铜斧，以及有兽形神像的青铜或黄铜饰品。在后期的墓中，铁质或骨质制品较多。在今费尔干纳奥什市发现了公元前6世纪以前的岩画遗迹，它们应该属于费尔干纳—阿赖塞克人。岩画以动物题材为主，有鹿、山羊、狗、象和牛等。[②]东部费尔干纳的岩画除了狩猎场面外，还有描绘车辆和仪式场面的岩画，如有一幅岩画上，数人立于一犁之后，或者坐在牛车上。

出土物反映，费尔干纳—阿赖塞克人古墓在保留了天山地区文化特征的同时，又发生了一些变化，如察克马克古墓的地下墓室砌成四方形，上面平铺以石，又如土列依干古墓使用巨石铺成了球形。

在东帕米尔地区也发现了费尔干纳—阿赖塞克人的墓地，在地表上出现了圆形堆石的竖穴墓，墓为单人或双人葬，尸体均为屈肢。随葬品中的陶器与天山和锡尔河中游一带发现的相同，为圆底、手制、素陶。在此还发现了武器，主要是由木、骨、红铜或青铜制作的三棱形箭镞和铁质短剑。帕米尔1号墓表现了南西伯利亚—阿尔泰文化的特征，反映了此地的文化曾受到南西伯利亚和天山文化的

① 乌恩：《欧亚大陆草原早期游牧文化的几点思考》，《考古学报》2002年第4期。

② 〔苏联〕奇列诺娃：《蒙古和西伯利亚的鹿石》，转引自张志尧主编：《草原丝绸之路与中亚文明》，第153页；〔苏联〕弗鲁姆金：《哈萨克斯坦境内的考古发现》，转引自张志尧主编：《草原丝绸之路与中亚文明》，第217页。

影响，这些文化是经羌阿赖传播的，基依克塔什型的古墓和羌阿赖库尔加克的古墓以及自卡拉捷金（Kara Tegin）到加尔玛一带发现的塞克遗迹都证明这一点。

大约在公元前6世纪至前5世纪，波斯国王大流士一世向塞克人展开征伐，与尖顶帽塞克人一样，牧地塞克人不仅受到波斯军队的入侵，也处于波斯人的统治之下。据希罗多德记载，牧地塞克人是塞克人中最活跃的一支，他们曾数度突入前亚地区，还曾对波斯帝国的征战进行过抵抗，一有机会就发起反击。

随着亚历山大的到来，药杀水塞克人与希腊军队发生了战争。公元前329年春夏，亚历山大在征服索格底亚那的夏宫玛拉干达之后，向锡尔河畔进军，占领了锡尔河畔的七座城市，与锡尔河北岸的药杀水塞克人隔河相对。在此期间，他在锡尔河南岸修建了一个防御药杀水塞克人的据点，名为艾斯恰特亚历山大（Alexandria Eschate）城，意为“最远的亚历山大城”，地址在今忽毡城一带。亚历山大在与锡尔河对岸的药杀水塞克人相持不下的情况下，决定渡河出击。希腊军队依靠弓箭手、骑兵和皮筏冲破了药杀水塞克人的包围，渡过了锡尔河，全军登岸集合之后，亚历山大首先派雇佣军一个团和长矛手四个中队向药杀水塞克人发动进攻。在希腊人猛烈进攻之下，药杀水塞克人一边以小股骑兵牵制希腊军队，一边向荒漠中撤退。此役的地点可能在别哥瓦特。在此役中，药杀水塞克人大约千人阵亡，被俘者达150人。[1]为了歼灭药杀水塞克人，亚历山大命令军队乘胜追至荒漠，天气异常炎热，又缺乏水源，亚历山大及其士兵们只能喝脏水，于是，军中疾病流行，亚历山大腹泻不止，被抬回营地。希腊军队不得不撤军返回。对此，希腊史家阿里安（Arrian，约96—180）评述说：“如果不是因为亚历山大病倒，我相信西徐亚人（这里指塞克人）是会全军覆没的。”[2]

---

① 〔古希腊〕阿里安：《亚历山大远征记》，商务印书馆1979年版，第124页。

② 同上。

公元前6世纪20年代前后，牧地塞克人解体，原居地被康居人和贵霜（Kushan）人瓜分。锡尔河东岸与楚河下游之间的地区和卡拉套山两侧被康居人占据，形成了康居联盟，即古代史家所记的“水塞克”联盟中的朗克（Ranka）。在康居联盟中，西北地区的游牧民与锡尔河畔的马萨革泰人、萨尔马特人中的阿兰人融合并定居下来，在卡拉套山的一支则仍过着游牧生活，游牧地可能一直延伸到哈萨克草原中部，他们保存了塞克游牧民的文化。贵霜人则占据了费尔干纳盆地至帕米尔附近地区，这一地区的大多数人抛弃了原来的游牧文化，开始了定居农耕生活。

塞克人中还有一支生活在阿尔泰山一带，他们被称为阿里马斯普人。阿里马斯普人位于伊赛多涅斯人之东北，居住在斋桑湖（Zaisan Lake）附近的额尔齐斯河上游流域。阿里马斯普人就是中外史书中记载的“独目人”。据希罗多德记载，“阿里马”的意思是“一”，“斯普”的意思是“眼睛”，因此，阿里马斯普人是一只眼睛的人。据《独目人》的残篇诗句记载，阿里马斯普人毛发毵毵，面貌奇特，只在前额当中长着一只眼，故名独目人。中国先秦史籍《山海经》也曾提到，在遥远的北方有一个“一目国”，其民只有独眼，长在脸面的正中。[①] 东、西方文献对独目人的相同记载，不可能是巧合。据《独目人》残诗记载，阿里马斯普人人口众多，勇悍善战；畜牧业发达，羊马成群。

中国先秦史籍《穆天子传》对阿里马斯普人的居住地留下了记载。《穆天子传》出土于战国后期的墓中，随葬入墓的时间在公元前3世纪初，因此，它的成书应在公元前3世纪以前。根据书中的内容分析，该书是公元前770年以后的作品。书中叙述了公元前10世纪周穆王到西域的长途旅行路线。据该书记载，周穆王从阿尔泰山中段的东麓越过山口，经阿尔泰山西麓沿黑水（额尔齐斯河上游河流）

① “有人一目，当面中生”，参见任孚先、于友发译注：《山海经》，新世界出版社2009版，第420页。

西进，来到了一处宜于放牧的平原，再往西经过一个山口，来到了西王母之国。西王母之国的瑶池可能指斋桑湖，周穆王一行在距瑶池不远的一个辽阔平原上举行了大规模的狩猎，这里有无数的大鸟在湖边换毛，周穆王装载这些珍贵的鸟羽达百车之多。斯基泰人也曾对希罗多德说起过鸟羽之事，斯基泰人说在伊赛多涅斯人和阿里马斯普人以北有一个酷寒的地方，空中密布羽毛，以致人们无法通过。希罗多德认为这是对雪花的比喻，指大雪而已。但对照《穆天子传》的记载，斯基泰人说的羽毛应该不错。东西方对斋桑湖漫天羽毛的记载不谋而合，而在描述此事之中，斯基泰人准确地指出了阿里马斯普人居地的位置，即在斋桑湖以南。

在斋桑湖以南奇里克提河谷发现了一处古墓地，苏联学者在第五号墓中发现了属于公元前 7—前 6 世纪的一只青铜箭鞘，内装有青铜箭矢，外表由金质雄鹿雕像装饰。[①] 这些物品属于阿里马斯普人。

阿里马斯普人东面的居民是守护黄金的部族，希腊人不知道他们的名称，只是神话般地把他们称为看守金子的狮身鹰头兽。斋桑湖以东的大山是阿尔泰山，此山确实以盛产黄金出名，可以肯定，这支以神兽为象征的部落生活在阿尔泰山脚下。阿里马斯普人为了夺取黄金经常与他们进行战争，并把他们描写成怪兽。

中国先秦史籍《穆天子传》和《山海经》对这一地区的地理和部落都有记载，其中最为重要的是《穆天子传》。书中记载周穆王从东周都城洛阳开始，向北经过山西北部，折而向西，到达河套地区。此后，出现了一段脱文。接着，便从昆仑山开始叙述。学界根据昆仑山的方位、文化遗存论证了昆仑山即今阿尔泰山。在汉籍中，阿尔泰山名为金山，盛产黄金。

从考古发掘中可以了解到守护黄金部落的情况。1929 年，在阿尔泰山发现了巴泽雷克（Pazyryk）古墓群，有五座墓位于阿尔泰山

---

① 〔苏联〕弗鲁姆金：《哈萨克斯坦境内的考古发现》，转引自张志尧主编：《草原丝绸之路与中亚文明》，第 217 页。

乌拉干（Unaghan）河河畔，地处卡通（Katun）河河与比亚（Biya）河上游，其中，巴泽雷克1号、2号墓的时间最早，可能属于公元前6—前4世纪，学者们认为，它们可能就是以“狮身鹰头兽”为象征的部落首领或部落贵族的墓。由于气候条件，墓在建成之后不久被封冻在土中，经过两千多年，冻土没有融化，墓葬建筑、尸体及随葬品保存完好。

1947—1949年间，苏联学者对巴泽雷克古墓进行了发掘。墓中出土了大量青铜器，铁器也占有一定比重，此外，还有金器。这些器物反映了阿尔泰山区居民处于铁器时代。

巴泽雷克古墓的出土物反映了阿尔泰山居民的畜牧业和狩猎的情况。据学者们推断，从公元前9—前8世纪起，阿尔泰部落的经济发生了重大变化，已经从定居畜牧业逐渐过渡到随畜移徙的游牧和半游牧经济，其中养马占据了主导地位。以马殉葬的情况很普遍，在1号墓中发现了十套马骨，马具丰富，有马勒、马鞍和马面罩等，其中一个马勒上饰有金叶，一个马鞍的坐垫下塞满了鹿毛。在5号墓中发现了一辆马车，车由车厢和四个车轮组成，车厢内设有座位，座位上方的四角有四只毡制的天鹅。除马外，墓中发现了牛、羊的骨骼，可以推知，阿尔泰居民还饲养细毛羊、山羊和大角牲畜，包括犁牛。

从墓的建筑和随葬品来看，公元前5世纪的阿尔泰山居民中贫富差别已经很大，可能已经出现了阶级。从墓的规模来看，巴泽雷克1号墓高2.2米、直径47米，使用石块达1800立方米。吐爱克延1号墓的墓穴深8米，面积达50平方米，墓穴的南半部为墓室，墓室是用圆木建造，墓室面积达30平方米。靠近墓室南墙处，有一口或两口用木材雕凿成的木棺，木棺和棺盖上满饰着艺术雕饰，或粘贴着用皮革或白桦树皮剪成的各种动物形象。墓室的上面有顶板，下面有底板，有的顶板和底板为双层。墓室外的底板和墙上铺有毡毯。整个墓穴的上面有圆木铺成的椁顶板，椁顶板由三四对立柱支撑。墓穴的上半部填有数百根圆木，圆木上填有土石。墓穴上的封土，堆形不大，其上为直径达70米的石材砌成。

在当时的条件下，要建造如此巨大的墓冢，必须役使大批人以集体力量才能完成。由此推断，在阿尔泰山区的早期游牧者中已经产生权力集中的政权。

古墓反映出来的文化属于斯基泰游牧文化。墓中的尸体也像斯基泰部落的上层首领人物一样，经过香料涂敷。1949 年发掘的巴泽雷克 2 号墓为男女合墓，墓主人的后脑壳上有三处被尖锤击穿的痕迹，头皮已被剥去，与斯基泰人剥去死敌头皮的情况一样，身上绘有纹饰，手、胸、背和脚上都绘有动物形象。巴泽雷克 1 号墓的主人也是男女合葬，男女脸带黑色，颧骨稍高，男人文身，身上刺着像猫一样的动物，有翅。两具尸体皆保存在油膏中。

在巴泽雷克 4 号墓发现的一个马勒，其上挂着数件垂饰，垂饰上刻有大耳狮身鹰头兽像。在阿尔泰山古墓群发现的大量艺术品中，有一件为狮身鹰头兽袭击麋鹿的雕塑。这些出土文物说明，阿尔泰古墓群属于希腊人所说的“守护黄金的、以狮身鹰头兽为象征的部落”。这些部落的文化虽然属于典型的斯基泰文化，但他们的人种已经融入了蒙古利亚种的成分，他们是有黄种成分的白种人。

巴泽雷克古墓群出土物还有来自中国的丝绸、波斯的毯子等，这些物品反映出这一地区与东西方的交往。

第三章

绿洲农业古国

公元前10世纪以后，巴克特里亚、索格底亚那、花剌子模和帕提亚地区陆续出现了建造复杂、规模宏大的灌溉渠，它们的建造反映了上述绿洲存在着协调各部力量的某种形式的政权。公元前1千纪中叶，波斯帝国统治了中亚地区；公元前4世纪，希腊人也确立了在中亚的统治；波斯人和希腊人的统治加速了中亚地区独立国家的形成，出现了巴克特里亚王国、粟特国、花剌子模国和帕提亚王国。

第一节　早期的巴克特里亚政权

“巴克特里亚”一名是古希腊人对今兴都库什山以北的阿姆河中上游流域地区的称呼。从巴克特里亚地区的大型灌溉系统和筑有城堡的城市来看，在公元前2千纪最后250年和公元前1千纪初，这里可能存在着国家形式的政权。在公元前6世纪后期，巴克特里亚成为波斯帝国的一个行省，此后，希腊人在此建立了王朝，希腊王朝的统治持续到1世纪上半叶。

考古发现，在公元前10—前8世纪前后，在巴克特里亚绿洲上出现了大型城堡建筑遗址，这些城堡建在巴克特里亚绿洲的一些大聚落内，大多数城堡建筑在生砖砌成的几米高的平台上，四周有围墙环绕，围墙内有密集建筑物。如法鲁哈巴德绿洲上的阿勒丁迪尔亚特佩，在该遗址上发现了带城墙和防御工事的巨大城堡。这些遗迹反映了巴克特里亚在波斯统治之前可能存在着政权较为集中的国家。在波斯帝国形成以前，巴克特里亚人与斯基泰人一起来到近东，参与了波斯人反对米底和亚述国的斗争，这些活动也反映了巴克特里亚人权力集中的情况。此外，据文献《阿维斯塔》记载，巴克特里亚国王维斯塔斯帕（Vištāspa）是琐罗亚斯德教的保护者，“国王”这一称号可以说明早期巴克特里亚王国的存在。

在波斯帝国征服中亚时期，巴克特里亚地区成为波斯帝国入侵和统治的巨大障碍，国王居鲁士二世亲自参与了征讨巴克特里亚的战争，据希罗多德记载：“原来，他近旁有巴比伦阻碍着他，巴克妥利亚人（即巴克特里亚人）、塞克人和埃及人对他来说也是这样。因此他打算亲自去征讨这些民族，而把征服伊奥尼亚人的事情委托给他的一个将军去做了。”居鲁士二世在公元前545—前539年间攻下了巴克特里亚，随之，马尔吉亚那和粟特投降。于是，中亚大部分地区被纳入波斯帝国的行政管理体系。

波斯帝国对中亚的统治确立起来以后，巴克特里亚成为帝国治下的一大行省。在大流士一世统治时期，“从巴克特里亚人的地方直到埃格洛伊人（Aegli）的地方为第12区，他们所交税额为360塔兰特银币”[①]。波斯帝国派太守统治巴克特里亚，现在已知的巴克特里亚太守有大流士一世期间派出的达达尔什（Dadarshi）和亚历山大入侵时期统治巴克特里亚的柏萨斯（Bessus，另译比苏斯）。

在波斯人统治时期，巴克特里亚的首府是巴克特拉（Bactra）城，该城遗址在今阿富汗北部马扎里沙里夫城以西23公里的巴尔赫（沃济拉巴德）城附近。巴克特拉城建于公元前1千纪中期，最早的

① 贝希斯敦铭文第1栏第12—20行。

居住区建于公元前6—前4世纪。巴克特拉城在中国史书中被译为监氏、蓝氏、薄佉罗、缚喝罗等名，唐玄奘在《大唐西域记》中记为小王舍城，城内居民语言属印欧语系伊朗语族，他们信仰琐罗亚斯德教。

在公元前4世纪亚历山大东征中亚前夕，巴克特里亚摆脱了波斯人的统治，波斯太守企图在此建立自治政权，然而，希腊人的征服使他未能成功。对于这一时期的历史，古罗马地理和历史学家斯特拉波和古希腊史家阿里安都有记载。斯特拉波曾在亚历山大图书馆任职，他著述的《地理志》是根据随亚历山大远征将士的回忆写成的，该书汇集了中亚至南亚地区人文地理历史的相关信息；阿里安的《亚历山大远征记》吸收了亚历山大部将托勒密·索特的著作《亚历山大的"起居注"》和亚历山大时期的军政文书资料。

公元前334年春，亚历山大开始东征。在三年的时间内（前334—前331），亚历山大通过格拉尼卡斯、伊萨斯和高加米拉三大战役打败了波斯帝国大流士三世的军队。大流士三世一方面坚壁清野，延缓亚历山大的东进；另一方面派人把他的女眷和财物、帐篷等送到里海关口的一个地方①，准备东逃。公元前330年，大流士三世从埃克巴坦纳（Ecbatana）经里海关口逃到里海东南部山区，在此准备做最后的抵抗。据古希腊史家阿里安记载："有巴克特里亚边境上的一些印度部族，加上索格底亚那和巴克特里亚人，以上这些部队由巴克特里亚督办柏萨斯指挥。和这些人一起前来支援的，还有居住在亚洲西徐亚人当中的一个叫萨卡的部族（塞克人）。他们所以来支援，并不是因为他们附属于柏萨斯，而是因为他们和大流士结了盟。这批部队是马上弓箭手，指挥官叫马那西斯。"②亚历山大追到里海关口时，大流士三世一行又逃到巴克特里亚郡。在此，巴克特里亚郡太守柏萨斯和波斯将领那巴赞斯等人废黜了大流士三世。据阿里安

① 〔古希腊〕阿里安:《亚历山大远征记》，第105页。

② 同上书，第91页。

记载说："跟大流士一起逃跑的骑兵司令那巴赞斯、巴克特里亚督办（太守）柏萨斯、阿拉科提亚和德兰吉亚那（Drangiana，今锡斯坦一带）太守巴散提斯（Barsaentes）等人已经把大流士劫持起来。"①他还记载说："政变是在他（指柏萨斯）的督办区内发生的。"②之后，柏萨斯自立为王，号阿塔薛西斯四世。"在当地了解到大流士确已被劫持，装在一辆篷车里带走。柏萨斯已顶替大流士掌握了大权。巴克特里亚骑兵和跟随大流士逃跑的那些波斯部队都尊他为领袖。"③

亚历山大在获悉这一情况之后，加速了东征步伐。在亚历山大的追逼之下，"柏萨斯和他的随从带着关在篷车里的大流士逃了一段路。但当亚历山大眼看就要追上他们的时候，那巴赞斯和巴散提斯就把大流士刺伤，丢下不管。他们自己带着六百骑兵逃脱。大流士不久因伤重而死。亚历山大未能见他一面"④。大流士三世的去世标志着历时两个多世纪的波斯帝国灭亡。此后，柏萨斯以最高首领的身份在巴克特里亚实施统治，在此，他组织力量抵抗亚历山大的入侵。

公元前 329 年初，亚历山大开始征伐巴克特里亚。他的进攻是沿着一条非常迂回的路线进行的。可能是为了绕开卡拉库姆（Kara-Kum）沙漠，亚历山大首先向南进军，经和椟城（今里海东南达姆甘附近）、赫拉特城、坎大哈城，来到喀布尔；然后，亚历山大北上翻越兴都库什山进入巴克特里亚。⑤柏萨斯在巴克特里亚组织抵抗，试图拦阻希腊军队的前进。粟特太守斯皮塔米尼斯也赶来支持。然而，柏萨斯对抵抗希腊军队毫无信心，在获悉希腊军队已经逼近之时，他组织部下烧毁了储存的粮食，破坏了道路、桥梁，然后，率军渡过奥克苏斯河（即阿姆河），放弃了巴克特里亚，逃往粟特的脑塔卡

---

① 〔古希腊〕阿里安：《亚历山大远征记》，第 106 页。

② 同上书，第 106—107 页。

③ 同上书，第 107 页。

④ 同上书，第 108 页。关于大流士之死，有一种说法是："这一事件应归咎于巴散提斯和萨提巴尔扎尼斯。"参见〔匈牙利〕雅诺什·哈尔马塔主编：《中亚文明史》第 2 卷，第 43 页。

⑤ 王治来认为，亚历山大可能是取道恰里卡尔山隘翻越兴都库什山的。参见王治来：《中亚史纲》，第 58 页。

（Nautaca，今沙赫里夏勃兹）。

亚历山大不战而取巴克特里亚。在德拉普萨卡（Drapsaca，即今安德拉布）休整数日之后，亚历山大向当时巴克特里亚的最大城市阿尔诺斯（Aornos）和巴克特拉城推进。不久，希腊军队占领了这两座城市，随之，巴克特里亚地区的其他城市相继投降。亚历山大任命波斯人阿塔巴扎斯（Artbazus，另译阿尔塔巴祖斯）为巴克特里亚总督，然后率军继续北上，向奥克苏斯河进发，渡河进入粟特。关于亚历山大渡河的情况，阿里安记载详细："因为这条河有六斯台地宽，又特别深，跟宽度不成比例。河底是沙土，水流又很急。在河底打桩不牢固，水流很容易就把它们冲走，根本站不住。而且，附近又缺少木材。很明显，如果从远处把足够搭桥的木材运来，一定会耽误很多时间。于是他就让部队把盖帐篷用的兽皮集中起来，装上最干的谷糠，密密地缝起来做成不透水的皮筏。这些皮筏做成后，只用了五天的时间就顺利地把部队渡过河去。"①希腊军队迅速而顺利地进入粟特地区，在脑塔卡俘获了柏萨斯。亚历山大以弑逆罪将柏萨斯施以割除鼻、耳之刑，然后将其处死。对此，阿里安评述说："对柏萨斯采用这样过火的极刑，我是不同意的。我认为对犯人断肢斩首，处以极刑，是野蛮行为。"②

征服巴克特里亚和索格底亚那等地以后，亚历山大率领包括巴克特里亚人和粟特人在内的远征军南下，于公元前 327 年夏天开始征服印度河平原。然而，由于士兵的厌战情绪，亚历山大于公元前 326 年年底放弃了继续征战的企图，踏上了回国之路。在途经幼发拉底河下游沼泽地带时，亚历山大生病发烧，于公元前 323 年 6 月 13 日在尼布甲尼撒（Nebuchadrezzar）皇帝的宫殿去世，亚历山大东征结束了。亚历山大东征从公元前 334 年开始到公元前 323 年结束，前后经历九年的时间，在此短暂时期，他建立了一个东抵印度，南

---

① 〔古希腊〕阿里安：《亚历山大远征记》，第 117 页。

② 同上书，第 128 页。

及埃及和波斯湾，地跨欧亚非三洲的大帝国。

亚历山大死后，亚历山大帝国随之瓦解，亚历山大部将坡狄卡斯（Perdiccas）在帝国的亚洲地区摄政，各地方政权仍然由留驻各地的希腊将领和地方官共同统治，这些人不服从摄政王坡狄卡斯的统治，他们各自为政。

巴克特里亚和粟特的统治者是亚历山大部将阿明塔斯（Amintas），亚历山大去世以后，阿明塔斯控制不了局势，驻守两地的希腊人（两万步兵和三千骑兵）离开驻地，聚集起来准备返回遥远的故乡。摄政王坡狄卡斯认为此举将危及希腊人在中亚的统治，立刻派遣米底的希腊将领佩松（Persson）前去阻止。佩松按照坡狄卡斯的命令，解除了中亚希腊士兵的武装，将他们杀害，把他们的财产分配给自己的士兵。佩松还撤了阿明塔斯的职，撤换了由亚历山大任命的、本地贵族担任的总督，以一个名叫腊力普的马其顿人取而代之。腊力普在职一年后被调往帕提亚，斯塔萨诺尔接替了他的职务。

佩松在中亚的行为导致了地区统治者的反叛。公元前 317 年，巴克特里亚、阿里亚（Arius，赫里河中游右岸地区，今阿富汗西北部赫拉特城，古时称为阿里亚）、德兰吉亚那（赫尔曼德河下游）、阿拉霍西亚（今坎大哈一带）、帕罗帕米萨德（Paropamisades，阿姆河上游到印度河上游流域之间地区）和犍陀罗（Gandhara）等中亚和印度地区的将领联合组成了反佩松联盟，奥克夏特是这一联盟的主要首领。经过战争，他们终于保住了本地人在东方各省的统治权。奥克夏特和斯塔萨诺尔分而治之，奥克夏特统治着从兴都库什山到印度河之间的地区；斯塔萨诺尔统治着巴克特里亚和粟特。

公元前 321 年，亚洲摄政王坡狄卡斯被自己的部下刺杀身亡，希腊将领们开始了瓜分帝国的战争。在这场战争中，巴比伦总督塞琉古·尼卡托（Seleucus Nikator）于公元前 312 在西亚建立了塞琉古王朝（前 312—前 64）。公元前 307 年，塞琉古远征中亚。巴克特里亚的希腊殖民者和雇佣军没有抵抗就归顺了塞琉古。从此，巴克特里亚成了塞琉古王朝补充兵员和粮食的后方基地。公元前 261 年，巴克特里亚的希腊统治者摆脱塞琉古王朝的统治，建立了独立的希腊—巴克特里亚王国。

第二节 希腊—巴克特里亚王国

亚历山大征服索格底亚那以后，曾把当地贵族斯皮塔米尼斯的女儿阿帕马（Apama）嫁给他的部将塞琉古·尼卡托，他们生下了儿子安条克（Antiochus）。塞琉古在夺取亚历山大帝国东部各省的统治权之后，于公元前 293 年任命安条克为总督，管理塞琉古王国北部诸省，其中，阿姆河与锡尔河之间的河中地区和阿富汗地区也在他的管辖之下。巴克特里亚首府巴克特拉城的铸币厂曾经发行过铸有塞琉古父子联名的钱币，这些钱币可能就是在安条克统治巴克特里亚时期铸造的。

塞琉古于公元前 280 年去世，安条克继承了父位，史称安条克一世（前 280—前 261 年在位）。安条克一世去世以后，他的儿子即位。是为安条克二世（Antiochus II，前 261—前 246 年在位）。正是在安条克二世统治期间，巴克特里亚表现出强烈的独立倾向。

在塞琉古王朝统治期间，巴克特里亚的希腊移民和本地的巴克特里亚部族一起进行了反对塞琉古王朝统治的斗争。塞琉古王朝统治者在争夺亚历山大帝国统治权的斗争中，关心的只是西方事务，东方只被视为给西方战争提供人力和财力的基地而已，不堪掠夺的东部各地区开始表现出独立倾向。在安条克二世统治后期，塞琉古王朝频繁与埃及进行战争，放松了对东部各省的控制，在此有利的形势下，东部各省的独立倾向日趋明显。独立运动最初在巴克特里亚和粟特总督狄奥多塔斯（Diodotus，？—前 245）的鼓动下发展起来，最早的迹象从考古发现的钱币上反映出来。在以安条克二世之名铸造的钱币上出现了狄奥多塔斯的肖像和纹章，这一变化最初并未引起塞琉古王朝中央政府的重视。安条克二世去世的公元前 246

年，巴克特里亚和粟特两地完全分裂出来了。[①]此时，狄奥多塔斯已经以“国王”之名铸币。

以巴克特里亚为中心，在兴都库什山以北包括粟特在内的河中地区形成了一个希腊—巴克特里亚王国，中国史籍称之为“大夏”。希腊—巴克特里亚王国存在了100多年（前246—前135），立国之初，王国并未完全脱离塞琉古王朝，它承认了塞琉古王朝的宗主国地位。

国王狄奥多塔斯统治一年之后去世（前246—前245年在位），其子狄奥多塔斯继位，史称狄奥多塔斯二世。在他统治期间（前245—前230），希腊—巴克特里亚王国与帕提亚王国联盟，由此导致了国内希腊统治集团的不满。公元前230年，粟特总督攸提德谟斯（Euthydemus）发动政变，杀死狄奥多塔斯二世，立其子（或近亲）安提马库斯（Antimacus）为王。几年以后，攸提德谟斯废黜了安提马库斯，自己称王。在公元前225年左右，希腊—巴克特里亚王国的国王已经是攸提德谟斯了。可能正是在攸提德谟斯统治时期（前225—前190），希腊—巴克特里亚王国彻底摆脱了与塞琉古王朝的臣属关系。因此，有人把攸提德谟斯的统治看成是希腊—巴克特里亚王国的开始，如地理学家斯特拉波认为：“头一个建立了巴克特里亚独立的乃是攸提德谟斯家族。”

希腊—巴克特里亚王国在公元前3世纪末至公元前2世纪初达到鼎盛，其间经历了攸提德谟斯一世近40年的长期统治。在他统治前期，塞琉古王朝的安条克三世（Antiochus III）于公元前209年率领大军攻打巴克特里亚，企图重新征服东部诸省。安条克三世的军队沿阿里亚河前进，趁巴克特里亚主力军夜间离开河口之机，骑兵和步兵渡河。此后，安条克军队与巴克特里亚的骑兵遭遇，经过激战，安条克三世击溃了攸提德谟斯的骑兵。接着，安条克三世本人

① 一说分裂活动是在公元前238年塞琉古二世时期（前246—前226年在位）才最终完成。参见〔匈牙利〕雅诺什•哈尔马塔主编：《中亚文明史》第2卷，第65页。

率军包围了巴克特拉城，攸提德谟斯被围在城中。巴克特拉城防卫坚固，安条克三世围城两年未能攻克，最后双方同意谈判。攸提德谟斯派儿子德米特里（Demetrius）出城与安条克三世谈判。

在谈判中，德米特里向塞琉古国王指出，锡尔河以北的塞克游牧民的活动威胁着希腊—巴克特里亚王国边境的安全，而希腊—巴克特里亚王国是希腊文明的前哨，它的安全直接与塞琉古王朝的安全息息相关。德米特里以唇亡齿寒的道理晓之，强调希腊—巴克特里亚王国的稳定和强大对塞琉古王朝的重要性，如果希腊—巴克特里亚国遭到削弱，北方游牧民将入侵塞琉古王朝。一席话让安条克三世认识到希腊—巴克特里亚王国的统一和稳定也是塞琉古王朝本身利益之所在。于是，安条克三世同意了希腊—巴克特里亚的独立，并于公元前206年与希腊—巴克特里亚王国订立了盟约。盟约规定：塞琉古王朝承认攸提德谟斯的国王称号，后者应当承担起保卫塞琉古王朝在北部边境安全的责任。德米特里在谈判中表现出来的才华得到了安条克三世的赏识，他把自己的女儿许配给他，以巩固盟约。希腊—巴克特里亚王国在政治上获得了独立。

安条克三世与希腊—巴克特里亚订立和约之后，攸提德谟斯怂恿安条克三世征讨兴都库什山以南的喀布尔。亚历山大去世以后，驻印度河上游流域的马其顿总督腓力浦被杀，整个北印度动荡不安。旃陀罗笈多（Chandragupta，即月护大王）在北印度自立为王，建立了孔雀王朝（The Mauryan Dynasty，前324或前321—前187）。[①]他攻下摩揭陀首都华氏城后驱逐了希腊驻军，以500头大象换得了兴都库什山以南及西北印度一带的领土，基本上统一了印度河和恒河两大流域。在塞琉古东征之时（前309），旃陀罗笈多不仅有效地

---

① 旃陀罗笈多是摩揭陀人，出身于低贱的首陀罗种姓，母亲是个养孔雀的。由于被难陀驱逐，从摩揭陀逃出，与一个名叫阇那伽的婆罗门到旁遮普来见亚历山大，并向马其顿人学习骑兵战术。亚历山大死后，他与阇那伽返回摩揭陀，号召人民起义，驱逐希腊人。公元前320年，旃陀罗笈多联合印度西北各邦，在婆罗门的支持下，推翻了难陀王朝，在华氏城自立为王，创立印度历史上著名的孔雀王朝。强盛时期的孔雀王朝版图北至兴都库什山、克什米尔，南至迈索尔。

抵抗了塞琉古王朝的入侵，还将势力扩展到东伊朗高原的一些地区。有关文献含糊地记载说，旃陀罗笈多与塞琉古缔结了条约，塞琉古似乎承认了旃陀罗笈多对旁遮普、伽德罗西亚（Gedrosia）[1]、帕罗帕米萨德，以及阿拉霍西亚（坎大哈地区）等地区的统治。为了维护在孔雀王朝境内希腊人的利益，条约中的某些条款明确了希腊人与当地伊朗妇女所生孩子的权力。在安条克三世南下攻喀布尔之时，孔雀王朝已经处于衰落之中。当时，在喀布尔的统治者名叫苏布哈迦色纳，在安条克三世率军逼近之时，苏布哈伽色纳不战而降，向塞琉古王国缴纳大象和赔款。双方重申了一百年前塞琉古一世与旃陀罗笈多签订的友好条约，条约确认了孔雀王朝对印度河和赫尔曼德河之间的地区拥有主权。此后，安条克三世取道坎大哈回国。

攸提德谟斯在希腊—巴克特里亚王国的统治稳定下来以后，开始向外扩张。公元前206年以后的数年，他在东方占据了费尔干纳，在南方，将其统治延伸到兴都库什山以南地区。

攸提德谟斯去世之后，其子德米特里继位（前190—前160年在位）。是时，正值新兴的罗马帝国与塞琉古王国战争时期，战争以安条克三世的失败告终。罗马与塞琉古之间的战争有利于包括中亚在内的东部地区的独立。正是在此期间，德米特里继续向兴都库什山以南和古代的西北印度扩张，征服了喀布尔、犍陀罗、旁遮普、信德等地。德米特里在旁遮普建筑了攸提德谟城，即以后的奢羯罗城（今巴基斯坦的锡亚耳科特城），在阿拉霍西亚建筑了德米特里亚城（Demetrias），德兰吉亚那成了希腊—巴克特里亚的一部分。

在攸提德谟斯和德米特里父子执政时期，希腊—巴克特里亚王国达到了极盛，政治昌盛，经济和文化繁荣。立国之初，希腊—巴克特里亚王国的疆域只限于兴都库什山以北，经过两代国王的扩张，王国领土的北部包括了索格底亚那和费尔干纳，西北部延伸到穆尔加布河三角洲的马尔吉亚那，西部抵达阿里亚等地区，西南角的德

---

① 今伊朗和巴基斯坦交界处。

兰吉亚那已经是王国的一部分，王国的东北边境最远抵达了锡尔河，在南方，王国疆域抵达印度河流域的西北部。

这一时期的考古发现了许多银币和铜币，它们证实了希腊—巴克特里亚王国的繁荣昌盛。钱币的大部分是在攸提德谟斯时期发行的，钱币使用的范围广泛，在巴克特里亚、索格底亚那、帕罗帕米萨德、阿里亚、阿拉霍西亚、德兰吉亚那和马尔吉亚那等地区都有发现。当时，希腊—巴克特里亚王国统治者控制着塞琉古与印度的贸易，他们极其看重贸易带来的经济利益，曾出兵保护塔什库尔干以便商路的畅通。为了贸易，希腊—巴克特里亚统治者积极寻求出海口，据考察，他们的势力曾抵达阿拉伯海。

在征服了印度西北部的大片土地以后，德米特里便长期驻在那里，没有回到巴克特里亚，奢羯罗成了他的政治中心，也是兴都库什山以南、印度河以东地区的首府。德米特里把新征服的印度之地分成许多小领地，派遣自己家族的成员管理。德米特里长期居住在印度，放松了对巴克特里亚本土上的管理，于是，巴克特里亚本土发生了政变。

一位名叫攸克拉提德斯（Eucratides，另译欧克拉提德）的人起来反对德米特里。在历经了激烈的斗争之后，攸克拉提德斯大约在公元前171年[①]夺取了巴克特里亚的政权（约前171—前145年在位）。此后，他投靠塞琉古王朝以维持自己的统治，因此有人认为他与塞琉古朝皇室有亲族关系。

在他统治时期，希腊—巴克特里亚王国受到了来自多方面的威胁。首先是来自印度的攻击。为了复辟，德米特里多次从印度进军巴尔特拉等城，不过，都没有成功，攸克拉提德斯最终保住了他在巴克特里亚的统治，甚至夺取了德米特里在印度的一部分领土。德米特里在公元前160年左右被杀（或被废）。其次是来自帕提亚的

---

① 也有学者认为，攸克拉提德斯当权的时间可能在公元前174年至公元前156年间。参见王治来：《中亚史纲》，第78—79页。

威胁。帕提亚国王米斯拉提德斯一世在公元前 170 年即位之后，就以抵制巴克特里亚的势力作为首要任务，曾经出兵夺取属于希腊—巴克特里亚王国的两个省。此外，攸克拉提德斯还面临着北部边境地区游牧民的威胁，来自锡尔河以北的塞克人不断侵袭希腊—巴克特里亚王国，他们可能占据了巴克特里亚的北部地区，至少索格底亚那当时已经不在巴克特里亚的统治范围内了。据查士丁（Justin）说："以前曾是巴克特里亚一部分的索格底亚那这时很可能已在野蛮人的手中。"也有人说，索格底亚那地区当时并入了花剌子模。可以肯定，索格底亚那已经脱离了希腊—巴克特里亚王国。

尽管面临种种威胁，攸克拉提德斯统治时期的希腊—巴克特里亚王国仍然繁荣。这一点可以从发行的攸克拉提德斯纪年的钱币和当时建筑的宏伟的艾哈农城宫殿反映出来。

攸克拉提德斯在国内积极地推行希腊化政策，常以自己的希腊血统自傲，轻视巴克特里亚本地民族，这些政策在巴克特里亚统治集团内部引起了不满。公元前 145 年他被其子杀害。史书对这位弑父者没有记载，但有学者推断，史书所记的阿波洛多托斯（Apollodotus）就是他，此人在位时间很短，他的兄弟赫里奥克里斯（Heliocles，另译赫里克勒斯）替父报仇，杀死了弑父者，自己登上了王位。希腊—巴克特里亚王国在这些内乱中走向衰落，在赫里奥克里斯统治期间（约前 145—前 130），希腊—巴克特里亚王国灭亡。

公元前 135 年，在塞克人的一支，即吐火罗人的攻击之下，希腊—巴克特里亚王国的统治中心从巴克特里亚撤往犍陀罗地区。公元前 85 年前后，塞克人首领毛厄斯（Maues，佉卢文写作 Moa 或 Moga）率领部众进入塔克西拉，摧毁了当地的希腊政权。犍陀罗的其他希腊领地也一个一个衰亡，有的希腊政权一直残存到公元 5—10 年，此后，希腊人在中亚的统治便结束了。

今阿富汗东北边境昆都士城东北的艾哈农城（Ay Khanum）遗址使我们了解到希腊化时期巴克特里亚王国的一些情况。艾哈农城建于大约公元前 329 年至公元前 305 年间，当时可能是希腊—巴克特里亚王国的东部首府。艾哈农城建在灌溉便利、农耕条件优越的两块平原上，其北郊和西郊各有一块长27公里、宽不少于9公里、面积大约243平方公里的小平原，法国学者称之为“艾哈农小平原”。法国学者戈丁（Gardin）对艾哈农小平原进行了勘查。考古队的第一次勘探活动证明，在过去的5000年中这一带气候没有太大变化，最迟从公元前3000年起，巴克特里亚就聚居着农耕人群。在希腊人征服以前，这块土地上就已经建筑了大面积的沟渠灌溉网；在希腊人统治时期，灌溉面积进一步扩大；在后希腊时代，这些灌溉渠仍然在发挥着作用。艾哈农城建在人口稠密的聚居区内，灌溉渠和陶瓷残片的分布情况反映了城中人口数量的变化。戈丁的同事根泰莱（Gentelle）于1978年发表了他的发掘报告。根泰莱的研究证明，聚落中的居民分散居住在大农庄内，从考古遗址来看，普通房屋是用土砖砌成的，通常一家有几间住房和储藏室。

艾哈农城建有坚固的城墙，墙体辅以矩形塔楼。城区分东、西两部分，目前，对东城区和西城区的一部分展开了发掘。东城区有高约60米的卫城，在此遗址上发现了墓地、兵器库和剧场的遗迹。西城区总面积大约270万平方米的居民区，有城墙环绕，西南部有面积大约9000平方米的宫殿区，估计是该城的行政管理中心，在此发现了广场、官署、宅邸等建筑的遗迹。在宫殿的东、南、北三面分别建筑了神庙、体育馆和贵族住宅区；在贵族住宅区内，有带庭院或花园的大房子。

在遗址中出土了具有希腊风格的陶器，外来器型的输入刺激了陶器的生产，这类陶器在质量和数量上都有提高，以致本地工匠很快放弃了传统的产品。这类陶器几乎完全取代了前一时期流行的陶器，它们遍及包括偏僻的小山村在内的各个地区，成了该地区的主要文化现象。

艾哈农城遗址的出土物表明巴克特里亚除了吸收希腊文化外，还与印度河文明有着密切的联系，这一点从寺院建筑上反映出来。

建于公元前 3 世纪的艾哈农城的寺院主塔在 700 年中历经了五次重建，不同时期的扩建不仅反映了各个时代的宗教观，还反映了受印度文明影响的犍陀罗式建筑风格、雕塑和装饰艺术。

艾哈农城在公元前 2 世纪中期开始衰落，其原因可能是塞克人入侵。城市遗址显示出遭到了袭击和焚烧。在紧靠北面的城墙上发现了五个箭镞和两个矛头。按照法国学者法兰克福特（H. P. Francfort）1984 年发表的考古报告，寺庙内发现的箭镞可能是塞克人留下的。不过，相同造型的箭簇在艾哈农的兵器库中也有发现，因此，也不能说这些箭镞肯定就是塞克人使用的，至今对该城的突然废弃还没有定论。

第三节　粟特

粟特一名最早出现在古波斯铭文中，在苏萨铭文中记为 Sugda，古希腊文转写为 Sogdi，在中国史书中根据音译，记为粟特或索格底亚那。粟特的地理位置大致是：阿姆河以北、锡尔河以南、费尔干纳以西、花剌子模以东之间的地区，其中，繁荣的地区是泽拉夫善河流域。

从考古发掘来看，粟特最早的城市建于公元前 7 世纪，有的城市带有防御措施。由此推知，粟特地区在公元前 7 世纪出现了某种形式的政权。公元前 6 世纪，粟特成为波斯帝国的属地，以后相继处于亚历山大帝国、塞琉古王朝和希腊—巴克特里亚王国统治之下。

据史料记载，波斯国王居鲁士二世在公元前 545—前 539 年间发动了对中亚的战争。在这场战争中，粟特没有遭到破坏，在居鲁士二世攻下巴克特里亚之后，粟特人投降，接着，波斯帝国的势力扩展到了锡尔河南岸。由于锡尔河北岸的塞克人对波斯人的入侵采取坚决的抵抗，居鲁士二世在锡尔河南岸的粟特境内建筑了一些带有城堡的边境据点，古代作家称之为城市。其中，居鲁士城

（Cyropolis，又名居洛波里斯城）[1]就是这一时期建筑的。在大流士一世统治时期，粟特、花剌子模、帕提亚和阿列欧伊（Arii）四个郡组建成波斯帝国的第16区，该区居民每年向波斯帝国缴纳的贡税是300塔兰特银币。[2]此后，粟特人参与了波斯帝国的一些对外战争，如公元前480年，粟特派人参加了波斯国王薛西斯一世对希腊城邦的第三次战争。波斯帝国的统治一直持续到亚历山大东征时期。

公元前329年，希腊军队夺取巴克特里亚以后，北渡阿姆河进入粟特境内。此时，统治着粟特的是本地人斯皮塔米尼斯。斯皮塔米尼斯积极组织力量抵抗亚历山大的军队。阿里安在其著作《亚历山大远征记》中对此有较为详细的记载。据阿里安记载，希腊军队在攻占巴克特里亚之后，大约于公元前329年春末夏初进入索格底亚那，开始进军其首府（兼夏宫）玛拉干达城，是年夏，希腊人攻占了玛拉干达城。斯皮塔米尼斯率部向粟特冬宫（即布哈拉城）撤退，并与波利提米塔斯（Polytimetus，今泽拉夫善河）河以西的游牧人结盟共同抵抗希腊入侵军。

亚历山大攻占玛拉干达城以后，没有继续向西夺取粟特地区的冬宫布哈拉城，而是向东北方进军。途中，希腊军队在苏对沙那遭到了大约3万居民的阻拦，发生了粟特人反希腊入侵者的一次大战。当地居民先消灭了前来征粮的希腊军队，然后，他们利用崎岖陡峭的地势与前来增援的希腊军队进行了殊死搏斗。在搏斗中，粟特人失利，大多数人跳崖自杀，苏对沙那原有的3万居民只剩下8000人。[3]亚历山大本人在此次战斗中受伤，他的腿骨被一箭射中，导致骨折。

攻占苏对沙那以后，亚历山大抵达了锡尔河河岸。以居鲁士城为首的锡尔河畔城居民迅速组织起来，抗击入侵者。据阿里安记

---

① 居鲁士城在今塔吉克斯坦北部城市苦盏城西南偏西约64公里，其东部为费尔干纳，1936年前名为忽毡（Khojand）或俱战提。

② 〔古希腊〕希罗多德：《历史》，Ⅲ，93。

③ 〔古希腊〕阿里安：《亚历山大远征记》，第119页。

载："沿河一带的部族把驻守在他们城镇的马其顿部队都捉住杀掉了。为了保卫他们的安全，已开始空前加强城防工事。"[①]希腊军队用云梯和擂石器等工具攻占了其中的五座城市。最后，亚历山大率部进军居鲁士城，它是该地七个城市中最大的一座，抵抗也最为顽强。希腊军队通过城墙下的引水渠道攻入城内，对居民进行了大屠杀。阿里安记载说："按照亚历山大的命令，把敌人斩尽杀绝。把妇女、小孩和全部缴获都带走……对俘虏也如法处理。"[②]在这场屠杀中，粟特大约8000多名居民被杀。在保卫城市的战斗中，除了粟特人以外，还有逃亡到此的巴克特里亚人。

在征服锡尔河南岸诸城以后，希腊军队与锡尔河北岸的药杀水塞克人隔河相望。塞克人在锡尔河北岸集结起来，准备与希腊军队决战。正值此时，亚历山大得知斯皮塔米尼斯包围了玛拉干达城。于是，他调拨一支军队去解玛拉干达城之围。在希腊援军逼近之时，斯皮塔米尼斯佯装撤围逃走，诱敌深入沙漠，之后，斯皮塔米尼斯采取了反攻。"他们并不是消极等待敌人来攻，也不只是准备敌人来时冲他们一下；而是一见马其顿部队来了，就快马加鞭，围着步兵方阵兜圈子，不停地向他们猛射排箭。"[③]在斯皮塔米尼斯的反攻下，大部分希腊援军被歼灭，只有300多人突围逃走，斯皮塔米尼斯再次包围了玛拉干达城。

在与塞克人隔河对峙期间，亚历山大在锡尔河南岸建筑了一个据点，这就是艾斯恰特亚历山大城。以此城为基地，希腊军队渡过锡尔河，出击塞克人。在此，亚历山大染病，中止了对塞克人的进攻，返回艾斯恰特亚历山大城。他留下一支军队驻守该城，之后班师返回玛拉干达城。经过三天的急行军，亚历山大赶到了玛拉干达，斯皮塔米尼斯再次不战而撤，希腊军队追踪到了沙漠边缘。鉴于上次的教训，亚历山大不敢贸然深入沙漠。于是，他下令蹂躏泽拉夫

---

① 〔古希腊〕阿里安：《亚历山大远征记》，第120页。

② 同上书，第121页。

③ 同上书，第125页。

善河流域地区，对居民进行杀戮[①]，给该地区带来了深重的灾难。

当冬季来临时，亚历山大放弃了对斯皮塔米尼斯的进攻，留下3000希腊军驻守玛拉干达，其余军队与他一起撤回巴克特拉城过冬。大概就在此时，亚历山大一面积极地从本土和西部诸省调集援兵；一面通过原巴克特里亚太守柏萨斯的老朋友西西科塔斯（Sisicottus）牵线，与咸海南部的科拉西尼亚（Chorasmians，即花剌子模）国王法拉斯马尼斯（Pharasmanes）会晤，商谈结盟之事，为再次进攻粟特做准备。

公元前328年春，亚历山大再次出征粟特，两万希腊军队分五路进军。粟特居民不畏强暴，利用设防的堡垒与希腊军队作战。希腊军队的扫荡使得粟特地区满目疮痍，他们不仅攻击那些进行抵抗的粟特人，还把前来归降的人也通通杀掉。当亚历山大向粟特进军之时，粟特最强有力的抵抗者联合塞克人开始向希腊人的后方巴克特里亚进军，他们占领了一个边防站，继而兵临巴克特里亚首府巴克特拉城下，在此，他们伏击希腊军队，击毙了希腊雇佣兵60余人。[②]

公元前328年冬，斯皮塔米尼斯率3000马萨革泰骑兵进攻希腊要塞巴伽（Baga）。巴伽地处粟特人与马萨革泰人之间的地区，具体位置仍不清楚。在此，他们与科那斯（Godomannus）率领的希腊救援部队相遇，双方发生激战，斯皮塔米尼斯在损兵800余人以后，再次退往沙漠地区。[③]据阿里安记载，此役之后，粟特人开始疏远斯皮塔米尼斯，可能是亚历山大对粟特贵族进行政治拉拢的结果。据说，军中的马萨革泰人杀死了他，并把他的头砍下来送给了亚历山大。[④]

斯皮塔米尼斯被杀以后，粟特的抵抗力量分散在一些易守难攻

---

① 〔古希腊〕阿里安：《亚历山大远征记》，第127页。

② 同上书，第140页。

③ 同上书，第141页。

④ 另有一说：斯皮塔米尼斯的妻子曾劝其夫投降亚历山大，在遭到拒绝后杀夫，并亲自将其首级送给亚历山大。

的山地岩寨，继续抵抗希腊人。到公元前 327 年，亚历山大陆续攻下一个个岩寨，基本完成了对粟特的征服。

亚历山大对粟特的征服是成功的。在征服中，他不仅采取了军事手段，还实施了拉拢当地贵族等政治外交措施。征服粟特以后，亚历山大任命当地贵族为督办，以缓解希腊人与粟特人之间的矛盾，取得当地贵族的支持，并通过他们实现了在中亚的统治。在公元前 328 年年末，奥克夏特岩寨投降，亚历山大迎娶该寨寨主奥克夏特之女罗克珊娜为妻，并将斯皮塔米尼斯之女阿帕马嫁给手下大将塞琉古・尼卡托。奥克夏特在亚历山大征服粟特其他岩寨的战争中，扮演了重要角色，促成了其他地区统治者的投降。后来，亚历山大任命他为帕罗帕米萨德总督。

亚历山大在征服粟特之后，对当地的制度和习俗采取了尊重的态度，并身体力行，“装出大王的姿态，并以东部的风俗礼仪装饰自己，在东方民众面前强作谦卑，采纳君王具有神性的教谕。他成了大流士的继承人”[①]。尽管亚历山大的这些行为引起希腊贵族中保守派的反对，然而，正是通过这些手段，粟特贵族对希腊人的态度发生了转变，他们中的许多人转到了希腊人一边，使这些地区的抵抗运动平息下来。

亚历山大去世之后，粟特处于塞琉古王朝的统治之下。公元前 3 世纪中期，希腊—巴克特里亚王国建立以后，粟特又成为该国的一部分。以后，粟特太守攸提德谟斯夺取了巴克特里亚王位。在他与儿子德米特里统治的近 70 年（前 225—前 160）中，希腊—巴克特里亚王国达到了鼎盛。以后，德米特里的统治中心南移到印度河流域，尽管如此，粟特一直是希腊—巴克特里亚王国的属地，直到公元前 2 世纪中叶大批塞克人的南下和希腊—巴克特里亚王国的灭亡。

有关这一时期粟特人的经济生活，从中国史书《后汉书・西域

---

① 〔匈牙利〕雅诺什・哈尔马塔主编：《中亚文明史》第 2 卷，第 45 页。

传》中可以了解一些。该书记载说：“（粟特）出名马牛羊，蒲萄众果，其土水美，故蒲萄酒特有名焉。”从考古发掘中，也可以知道这一时期粟特的社会发展水平。

考古发现了一些城市或城堡的建筑遗迹。在苏对沙那，最早的城市形成于公元前7—前5世纪之间，它们是波斯人统治之前的遗址。在苏对沙那和费尔干纳连接处的俱战提平原，发现了一座城市遗址，建于公元前6—前5世纪，最初以黄土筑造的堤墙保护，以后出现了未烧制的矩形砖块修建的城墙。城市的平面布局呈正方形，占地20公顷，由市区和城堡两部分组成。在城市遗址上出土了轮制和手制的陶器，器物大多是日常用具，如炊具、餐具和贮藏用具，其中，不乏精制品。一些学者推测，陶器制作技术可能借鉴了中亚南部地区和公元前7—前4世纪费尔干纳中部的埃拉坦文化（Eylatan Culture）。在此出土了石磨、石杵和赤陶纺锤。在俱战提山区，考古学家甚至发现了采矿的遗迹，开采的矿产是青金石和红玉髓。

粟特的大多数城市是在波斯人和希腊人统治时期建筑的。据斯特拉波记载，亚历山大在占领粟特之后，曾经在这里建造了一些城市，并组织希腊移民迁到这些城市中。其中，最著名的城市是艾斯恰特亚历山大城，它是在居鲁士城的基础上建造起来的。在塞琉古王朝统治时期，安条克一世曾在泽拉夫善河流域的玛拉干达城建筑了带有通道的防护墙。

据文献记载，粟特人已经拥有自己的文字，文字是以阿拉米文为基础创造的。粟特文字的创立时间可能是在公元前3世纪前后，在中国史书中，它被称为粟特文。在宗教方面，粟特人信奉琐罗亚斯德教。在希腊人统治时期，粟特文化受到了希腊文化的影响。

第四节 花剌子模国

花剌子模绿洲位于阿姆河下游流域及其向东延伸至咸海南岸之间的地区。希罗多德在其《历史》一书中记载道:“在亚细亚,有一个四面被山环绕起来的平原,在这些山当中有五个峡谷。这个平原以前是属于花剌子模人的,它位于和花剌子模人本身、叙尔卡尼亚人、帕尔托伊人、萨朗伽伊人和塔玛奈欧伊人的土地交界的地方。”目前,我们对文中所提到的诸类居民的情况还不清楚。根据波斯铭文可以肯定的是:花剌子模绿洲东面是粟特;西南面是马尔吉亚那和帕提亚;西面是帕尔尼人和达赫人的牧地;东北面是马萨革泰人的牧地。

公元前1千纪初期,花剌子模绿洲出现了属于早期铁器时代文化的阿米拉巴德文化,它是在本地晚期青铜文化遗址塔扎巴格雅布的基础上发展起来的。从1937年起,苏联学者托尔斯托夫主持了花剌子模绿洲的考古工作。考古发现,公元前7世纪时,花剌子模农业文化比其前身阿米拉巴德文化有了极大的进步,在公元前8—前7世纪间修筑了一些技术含量很高、规模很大的灌溉系统。通过对它们的研究,有学者认为,花剌子模绿洲在阿黑门尼德王朝之前已经形成了国家,他们将其命名为花剌子模古国,并确定莫夫(Merv)和赫拉特是古国的两个中心。

然而,有考古学家认为,在公元前8—前7世纪,花剌子模绿洲既无众多的人口,又无先进的灌溉系统,花剌子模灌溉系统的大发展时期是在公元前6世纪左右,像卡拉里吉尔(Kalalî-gîr)这样的大定居点是在阿黑门尼德时期才出现的。基于这些理由,这些学者认为在波斯阿黑门尼德王朝以前,所谓的花剌子模古国并不存在,可能仅仅是一个部落联盟而已。

花剌子模绿洲在公元前8—前7世纪是否存在政权这一问题还有

待于进一步的考古发现。不过，在公元前 7—前 5 世纪，从花剌子模绿洲内出现的新建城镇和城堡推测，操伊朗语的定居部落和半定居部落已经联合组成了大的部落联盟，这是可以肯定的。城镇和城堡的建筑起码标志着，调动成批人力和管理公共设施的较为集中的政权存在。公元前 6 世纪，“花剌子模”一名在波斯铭文中出现，贝希斯敦铭文记为 Uvārazmi，在希腊语中被转写成 Chorasmians，汉语根据希腊语音译为科拉斯米亚或科拉西尼亚。史学界认为中国史籍《史记・大宛列传》中记载的宛西小国“驩潜”就是指花剌子模国。

公元前 6 世纪，波斯军队入侵花剌子模绿洲，花剌子模绿洲遂处于波斯帝国的统治之下。居鲁士二世去世以后，其子巴尔迪亚（Bardia）成为包括花剌子模在内的中亚各省的长官。公元前 522 年，大流士一世夺取波斯帝国王位，帝国各地叛乱。据贝希斯敦铭文记载，在此叛乱期间，花剌子模人没有像中亚其他地方那样宣布脱离波斯国的统治。[①] 在以后大流士一世划分的 20 个郡中，花剌子模成为波斯帝国的一个郡，属于第 16 区，与粟特等四个郡每年向波斯帝国缴纳 300 塔兰特银币。

波斯帝国对花剌子模人的盘剥情况由希罗多德记录下来。除了规定每年应缴纳的税收外，波斯帝国通过封山、堵水等手段垄断资源以收取额外租税：“自波斯人掌握了政权以来，它（花剌子模）就成了国王私人的土地。从这周边的诸山中，有一条称为阿开司的大河流出来。这条大河分成五个支流，在先前它们分别穿过五道峡谷而灌溉了上面所说的那些民族的土地；然而自从波斯的统治开始以来，这些人就倒霉了。国王封锁了山中的峡谷，并用一个闸门把每一个山路给封了起来，这样水就流不出来了，山中的平原就变成了一个湖，因为水流到平原上来而没有泄出去的地方。结果以前使用这个河的河水的人们不能再用了，因而处于十分困难的地位。因为

① 余太山：《塞种史研究》，第 2 页。

在冬天，他们和其他的人一样有雨降下来，但是夏天他们却需要水灌溉他们播种的小米和胡麻。因此只要没有水给他们，他们就和他们的女人到波斯去，在国王的宫殿门前高声哭号。国王终于下令把通向他们中间最需要水的人那里去的闸门放开，而当这块地方把水吸收足了的时候，闸门就关上了，于是国王下令再为其他那些最需要水的人开放另一个闸门，而据我所听到和知道的，在开放闸门的时候，他在租税之外，还要征收大量的金钱。”

在波斯人的统治结束之后，希腊人统治了中亚各郡，而花剌子模绿洲是一个例外，花剌子模人建立了自己的国家。公元前 329 年，亚历山大出兵占领了玛拉干达城，但由于粟特人的顽强抵抗，希腊人对粟特的占领是不稳固的。在公元前 329 年冬天，亚历山大退回巴克特里亚过冬。正是在此时，亚历山大开始与花剌子模国王接触，以期结盟。他们之间的会晤由古希腊学者阿里安记载下来：“科拉西尼亚（即花剌子模）国王法拉斯马尼斯带领一千五百名骑兵也来了。他说他们住在科其亚（Colchis）和阿马宗（Amazons）女人国的边界上，如果亚历山大打算讨伐科其亚和阿马宗，把居住在攸克塞因海（黑海）附近一带的各部族征服的话，他愿意当向导，并为远征军筹备一切供应。……然后（亚历山大）向法拉斯马尼斯表示感谢，并和他友好结盟。”[①] 这一时期，在花剌子模绿洲边缘游牧的是马萨革泰人。在马萨革泰人中，以妇女为首领或王的现象普遍存在，花剌子模人所说的“科其亚和阿马宗女人国”应该指马萨革泰人的政权。这支游牧民可能一直是花剌子模绿洲的威胁，因此，在波斯帝国灭亡之后，花剌子模人企图与希腊人结盟以对付这些游牧民。正是这一联盟的存在，希腊军队才没有进入花剌子模国。

花剌子模国保持了独立，在公元前 4—前 1 世纪期间，它成为一个强大的国家，花剌子模绿洲的城市和定居地区得到了进一步的

---

① 〔古希腊〕阿里安：《亚历山大远征记》，第 138—139 页。

发展。

考古发现，花剌子模国水利灌溉系统高度发达，在东起阿克恰河三角洲，西至萨雷卡麦什低地之间形成了灌溉网。一些灌溉水渠的规模很大，长达 60 公里—70 公里，宽达 20 米—40 米。[①] 在花剌子模灌溉渠中，建于公元前 4—前 3 世纪的古尔都松（Guldursun）渠工程最具代表性，大的灌溉绿洲有阿克恰河三角洲以南的丁吉尔泽（Dingildzhe）绿洲。

花剌子模国居民主要从事灌溉农业。从考古遗迹中发现了粟、大麦、芝麻、胡麻、水果等农作物和经济作物的遗迹。目前已经发现，在花剌子模国山区和平原经营着牲畜饲养和园艺业，居民饲养的牲畜主要是牛、马、羊。考古发掘表明，花剌子模国的手工业有陶器制作、铜器制作、纺织、开矿等。在克尤泽利吉尔（Kyuzeli-gir）城发现了生产轮制陶器的加工场；在布坎套（Bukantau）山区南部克里切套（Kerichetau）山区发现了开采冶炼铜矿的铜渣堆，出土了古代矿工用于开采露天矿的绿岩锤子和重达 8 公斤的大石锄；在克孜尔库姆发现了开采绿松石矿石的遗迹。[②]

在此时期，花剌子模国出现了规模不等的城镇和设防城市。1938—1939 年，考古学者对建于公元前 5—前 4 世纪的设防城市克尤泽利吉尔城遗址进行了发掘。克尤泽利吉尔城位于阿姆河左岸的萨雷卡麦什地区，它建筑在一块天然的高地上，平面布局呈三角形，占地 25 公顷。城市四周有设防严密的围墙，城墙上筑有椭圆形的棱堡。城区内建了一排排密集的住房，房屋一般用未烧制的砖块建造。公元前 4—前 3 世纪，花剌子模带城墙的城市还建筑了护城河和城堡，其中最有名的是詹巴斯卡拉（Dzhanbas-kala）城和巴札尔卡拉（Bazar-kala）城。詹巴斯卡拉城位于阿姆河下游右岸，呈正方

① 〔匈牙利〕雅诺什·哈尔马塔主编:《中亚文明史》第 2 卷，第 357 页。

② 同上书，第 358—359 页。

形，面积约为3.4万平方米，城市被双层围墙围住，墙高10米—11米，每层厚1米—1.3米。外墙有一排密布的箭孔，每三孔一组，内墙也有箭孔。入城门后，要迂回曲折五次才能进入城中。一条大街将城区分成两部分，每部分约有房屋200间。哈札拉斯普（Hazarasp）城和津吉尔奔特（Dzhingirbent）城也是这一时期建筑的。

从花剌子模古城的分布、结构和功能来看，上述城市具有以下特点：城市一般建筑在农业区与草原邻近的地带，或者坐落在主要商道旁边；城市带有设防措施，有的城市在战略高地上或绿洲边缘地带建有城堡或堡垒，堡垒由多层楼堡护卫，俯视四方。此外，有的建筑也有防范措施，如建于公元前4世纪的廓克里甘卡拉（Koy-Krilgan-Kala）神祠，它的平面布局为圆形，直径约90米，由一座圆柱形大型建筑物构成，外边绕以围墙，围墙之上设置了九个棱堡以加强防御。① 甚至一些官宦之家或富裕的大户人家在建造住房时修建了防御设施。② 通过对卡拉里吉尔城的考古，发掘出一所带有许多房间的大型住宅，整个房屋由一堵厚达两米的外墙环绕，用未经烧制的矩形砖砌成。

花剌子模城是手工业、商业和文化的中心，同时也起着保护商道沿线农业区的作用。绿松石制品远销波斯、印度等周边地区，说明花剌子模与周边国家和地区的联系紧密。

公元前3世纪，花剌子模人开始使用阿拉米字母书写自己的语言，在此基础上，创造了花剌子模文，这些文字书写在羊皮或木片上，在陶罐等器物上也出现了花剌子模文。考古学家在花剌子模附近的科依克雷尔干卡拉城（Koy-Krîlgan-kala，即“死羊城”）发现了一个属于公元前3世纪的陶罐，上面的铭文可能就是用古花剌子模文书写的。③ 另外，在巴比伦的西帕尔（Sippar）也发现了一些用

---

① 〔匈牙利〕雅诺什·哈尔马塔主编：《中亚文明史》第2卷，第359—362页。

② 同上书，第361页。

③ 王治来：《中亚史纲》，第46页。

花剌子模文书写的名字。[1]遗憾的是，古花剌子模文字至今尚未释读成功。

这一时期花剌子模绿洲的艺术受到了斯基泰文化、古希腊文化和犍陀罗文化的影响。陶器制作精美，绘有人头、动物、鹰头、狮身和斯基泰骑士等图案。在托普拉克卡拉（Toprak-kala）的宫殿壁龛中，塑有国王、妃妾及侍从的泥塑，这些泥塑形象生动、姿势逼真。在古城墙上还残留着精美的壁画。

花剌子模人最初崇拜日、月、星辰等自然物，廓克里甘卡拉神祠的建筑特征和该地出土的香炉、祭台、祭品反映了自然崇拜的关系。此后，花剌子模人信奉琐罗亚斯德教，许多学者甚至认为，花剌子模古国是最早开始传播琐罗亚斯德教的地方。虽然在花剌子模发现的墓葬仪式多种多样，但从盛放尸骨坛罐的摆放仪式和数量来看，琐罗亚斯德教葬俗最普遍。

花剌子模国的西北、正北和东北面都是游牧民。里海以东的马萨革泰人后裔帕尔尼人和达赫人分布在其西北，在更远的西方，即黑海北岸的斯基泰人和萨尔马特人先后与花剌子模人发生了联系。花剌子模人与斯基泰人原来关系紧张，为了缓和关系，斯基泰人曾经派遣使者与花剌子模人签订了友好协定，担任使臣的是花剌子模的近邻马萨革泰人。尽管花剌子模人与游牧民不断协调着关系，但总的来说，花剌子模国与周边的游牧政权关系紧张，冲突经常发生。这一点从建有严密围墙的花剌子模绿洲城市和筑有坚固防御工事的一些建筑物中反映出来，也可以从花剌子模国王与亚历山大结盟的盟约中反映出来。

---

① 〔匈牙利〕雅诺什·哈尔马塔主编：《中亚文明史》第 2 卷，第 356 页。

第五节　帕提亚王国

“帕提亚”一名指从里海东南岸到穆尔加布河三角洲（马尔吉亚那）之间的地区，可能得名于在此活动的帕尔尼人。

公元前2千纪末至公元前1千纪初，帕提亚地区出现了长达50公里—60公里的灌溉工程。除了庞大的灌溉网外，在公元前10—前7世纪间，该地区的定居聚落比青铜时代的聚落大，并且在聚落上建筑了城堡。从该遗址的遗迹推断，帕提亚在此时期存在着一定的政权，有的学者认为，在波斯帝国统治之前帕提亚地区已经形成了国家，而有的学者认为，在穆尔加河三角洲没有君主政治。

公元前7世纪，帕提亚先后臣属于亚述国和米底国。公元前673年，亚述国王阿萨尔哈东向里海南岸出兵时，势力抵达帕提亚。米底人强大起来以后，帕提亚地区居民又向米底人纳贡。波斯帝国建立之后，国王居鲁士二世征服了帕提亚，任命波斯人维什塔斯帕担任帕提亚和希尔克尼亚（Hyrcania，里海南岸和东南岸一带，另译赫卡尼亚）的统治者。居鲁士二世死后，长子冈比西斯即位，称冈比西斯二世。冈比西斯的胞弟巴尔迪亚管辖着包括帕提亚在内的东部各省。维什塔斯帕之子大流士在夺取波斯帝国政权之后，仍然让其父维什塔斯帕统治帕提亚。在波斯帝国各地起义反大流士之时，帕提亚人起来反对维什塔斯帕的统治，大流士派兵增援其父，并于公元前520年4月在帕提亚的帕提格拉班纳（Patigrabana）平息了这场叛乱。以后，大流士将帕提亚与花剌子模等地划为一区，即第16区，派太守统治，规定该区要缴纳的赋税为300塔兰特银币。波斯帝国在帕提亚的统治持续了两个世纪。

波斯人的统治结束以后，帕提亚经历了希腊人的统治。亚历山大东征之时，先取阿姆河西岸希尔克尼亚地区的首府扎德拉卡塔（Zasracarta，今阿斯特拉巴德），波斯将领那巴赞斯、希尔克尼亚总督福拉塔弗尼斯投降希腊人。亚历山大进入帕提亚，然后南下进入阿里亚。阿里亚太守萨提巴赞斯（Satbarzanes）投降。但当亚历山大离开阿里亚向东进攻巴克特里亚之时，萨提巴赞斯杀死了留守阿里亚的希腊将领阿那克西普斯（Anaxippus）及其部。亚历山大回师镇压了阿里亚的叛乱。在平定叛乱之后，亚历山大任命波斯人阿萨米斯为阿里亚太守。接着，亚历山大南下攻德兰吉亚那。途中，希腊人建筑了一座新城，名为阿里亚的亚历山大城（Alexandria in Aria），即今天的赫拉特城。德兰吉亚那被亚历山大占领以后，德兰吉亚那和阿拉霍西亚两地的波斯太守巴散提斯向印度河流域逃亡。[①]公元前329年，亚历山大离开德兰吉亚那首府费拉达（Frada）向巴克特里亚进发。

亚历山大去世之时，帕提亚的统治者是弗拉塔费涅斯（Phrataphernes）。摄政王坡狄卡斯在试图维持各征服地区的统一之时，被部下刺杀。摄政王死后，亚历山大将领们于公元前321年在叙利亚的特里帕拉狄索斯（Triparadisus）召开会议，讨论了重新划分势力范围的问题。当时驻守米底的希腊将领佩松派其弟攸达模斯（Eudamus）前往帕提亚取代了原总督弗拉塔费涅斯，以后，帕提亚成为亚历山大部将塞琉古的属地（前312—前250）。

公元前3世纪中叶，大约在希腊—巴克特里亚王国独立之时，帕提亚与希尔克尼亚总督安德拉戈拉斯也宣布脱离塞琉古王朝独立，建立了帕提亚王国。建国之初，帕提亚王国在东部和北部受到了游牧部族帕尔尼人的侵扰。帕尔尼人在今土库曼南部，遍布于农业绿洲的边缘地带。他们在首领阿尔萨西斯（Arsaces）的率领下对帕提亚发起频繁的攻击。帕提亚总督安德拉戈拉斯在抵抗帕尔尼人的战争中被杀，他的去世标志着希腊人在帕提亚的统治结束了。此后，

---

① 阿里安认为，巴散提斯来到印度河流域以后，当地人把他绑送给亚历山大处置，参见〔古希腊〕阿里安：《亚历山大远征记》，第113页；巴基斯坦学者A. H. 丹尼认为巴散提斯来到阿拉霍西亚东部（即印度河流域），重新得到了“山地印度人”的支持，参见〔匈牙利〕雅诺什•哈尔马塔主编：《中亚文明史》第2卷，第44页。

政权落入了以阿尔萨西斯为代表的帕尔尼部贵族手中。

大约在公元前 248 年，阿尔萨西斯以尼萨（在今土库曼斯坦的阿什哈巴德西北）为中心建立起独立政权，即阿尔萨西斯王朝。该王朝自公元前 3 世纪中叶起，持续统治帕提亚近五百年（前 248—公元 224）。据学者研究，中国史书中提到的“安息”是 Arsaces（阿尔萨西斯）的汉语音译，因此，中国史书中的安息王朝就是帕提亚王国。

安息王朝已经不再是希腊人的政权，而是由说伊朗语的帕尔尼人建立的政权。一年后，安息王朝的创建者阿尔萨西斯在与巴克特里亚希腊人的战争中去世，他的兄弟提里塔特继位，史称阿尔萨西斯二世。提里塔特于公元前 247 年正式称王，因此，有学者认为安息王朝的第一位国王应该是提里塔特。

塞琉古王朝不能容忍帕提亚分裂出去，多次出兵讨伐安息王朝。公元前 247 年，塞琉古军队在托勒密攸尔盖特的率领下逼近帕提亚。在此危急的形势下，安息国王提里塔特与希腊—巴克特里亚国王狄奥多塔斯二世缔结盟约，两国合力共同抵抗塞琉古军队。结果，塞琉古军队被迫撤退，东部各省彻底获得了独立。安息王朝乘胜追击，兼并了希尔克尼亚。公元前 230—前 227 年间，塞琉古王朝再次组织军队征讨安息王朝，在战争初期取得了胜利。正值此时，塞琉古王朝的西部地区爆发叛乱，塞琉古军队返回，安息王朝迎来了巩固的时间。公元前 209 年，塞琉古国王安条克三世再次组织军队东征，他率领着十万步兵和两万骑兵打败了安息国王阿尔塔巴努斯（Artabanus）的军队，阿尔塔巴努斯被迫承认了塞琉古王朝的宗主权（前 209—前 192）。公元前 192 年，塞琉古王朝与罗马帝国发生战争，安息王朝利用这一机会重新获得了独立，并夺取了塞琉古王朝在里海南岸的诸省。

国王米思里代蒂兹（Mithradates）统治时期（前 171—前 139），安息王朝迎来了强盛时期。在巴克特里亚与塞琉古王朝这两个东、西强国的战争期间，安息王朝积极扩张领土。在东方，安息王朝夺取了巴克特里亚的一些领土；在西方，安息王朝攻取了塞琉古王朝的米底，为继续西进和南攻铺平了道路，将统治疆域扩展到整个伊朗高原、亚美尼亚、美索不达米亚的部分地区。随着西进战争的顺利，安息王朝的首都一再西迁。首都最初在今阿斯特拉巴德附近的尼萨城，以后迁到了位于今伊朗东北达姆甘西南附近的赫卡托姆皮洛斯城（Hecatompylos，意为“百门之城”），中国史书称之为和椟城。后来，安息王朝的都城又西迁到埃克巴坦纳，到公元前 90 年，幼发拉底河畔的泰西封（Ctesiphon）成为安息王朝的都城。

在经历了米思里代蒂兹统治的鼎盛时期以后，安息王朝经历了内外危机。在帕提亚国东部，公元前 140—前 130 年，塞克人的迁徙不仅导致了希腊—巴克特里亚王国的覆灭，对安息王朝也造成了严重的影响。塞克人入侵了安息王朝东部地区，其中一些人甚至深入到美索不达米亚。公元前 129 年，安息国王弗拉阿特二世（Phraates Ⅱ，公元前 138—前 127 年在位）在与塞克人的战斗中阵亡。安息王朝在抵抗无效的情况下，把一些游牧人从帕提亚本土迁移至阿拉霍西亚的哈蒙湖（Hamun Lake）周围和德兰吉亚那地区，此后，游牧人治理的一些小国接受了安息王朝的宗主权，成为属国。

在安息王朝的西部地区，希腊化城市居民们为了维护自己的权利，不服从安息王朝的统治起来造反。在随后的两百年中，安息王朝境内的这些希腊化城市成了反对安息王朝中央政权的主要力量。

在王朝内部，安息王朝的疆域虽然扩大了，但政权基础却未能扩大。安息王朝始终没有改变建国初期的政权结构，部落时代的贵族参议会在国家事务中仍然发挥着相当大的作用，国王的权力受到了影响。安息王朝的地方政权相当复杂，主要存在着两种形式，即直属于中央政权的总督区和附属小王国的半独立领地。

总督区由国王任命的总督统治。安息王朝总督区比波斯帝国的要小得多，在某些情况下，好几个总督区的权力集中在一人手中。从尼萨古城出土的贝壳等遗物中可以看到，安息王朝存在着庞大和发达的官僚体系。在总督区内，最基层的组织是由不多的几个村庄组成的迪兹（Diz，安息语，即希腊语，斯旦思莫斯），其首脑称为迪兹帕特（Dizpat），在迪兹内设置了小兵营。

安息王朝中央管辖的范围并不大，国内存在着许多独立领地，它们主要是在埃勒梅斯（Elymais）、马尔吉亚那、德兰吉亚那等地区。由于安息王朝政权的社会支持面过于狭窄，王室对这些小国家的分裂和独立采取了姑息政策，只满足于上缴赋税而已。

在安息社会中，东部地区受帕尔尼人的影响很深，社会可以划分成四个阶层。最上层的阿札特（Āzāt）是自由人，主要是帕尔尼人，他们中的贵族把持着国家权力，是安息王朝的统治阶级；第二阶层由军队主体构成，在此阶层中，装备良好的骑兵依附于帕尔尼贵族，为统治阶层服务；第三阶层由农村村民组成，他们拥有一定的财产，在村社中也享有一些权益，但他们没有完全的人身自由，集体依附于统治阶级，给统治者提供赋税；生活在社会最底层的是奴隶，他们在经济中的地位现在还不清楚。

安息王朝的西部地区受塞琉古王朝奴隶制的影响较深，在苏萨城发现的有关奴隶释放的文献反映了奴隶制较为流行。统治这些地区以后，帕提亚人继承了奴隶制度。不过，与东部地区相比，西部自由民的范围较广泛，其中，城镇的居民、宗教成员、帕提亚移民以及一部分农民都是自由民。在西部地区还存在着比东部地区繁杂得多的种种非奴隶性依附形式。

安息王朝的经济以农业为主，兼有畜牧业经济。大部分农业靠灌溉，在安息王朝时期，灌溉范围比以往得到了长足的发展。考古发现的一张王室领地的农田地籍总图，反映了安息王朝的一些财政情况。国家严格控制着税收，尼萨的考古材料提供了各种类型的税收项目，它们随着农田种类的不同而有所区别。其中，帕特巴兹（Patbāz）是专供国王使用的税收；还有一种类似于什一税的、专供宗教活动使用的税收。

安息王朝时期，手工业在全国得到了发展。在东部地区，马尔吉亚那制作铁器，如武器和盔甲，以及毯子都很有名。出土物表现出希腊风格，出土了陶器、玻璃器、铁兵器、盾牌的青铜护手、印章和铸有希腊文的钱币。

安息王朝的建筑业十分发达。据中国史书记载，“其属大小数百城，地方数千里，最为大国”(《史记·大宛列传》)。城市建筑的平面图几乎都呈圆形或椭圆形，具有军营传统的性质。早期的房屋建筑风格受希腊人的影响，采用平屋顶石柱，墙壁带壁龛；后期的建筑有了自己的风格，屋顶为拱穹结构，希腊式的柱子转变为柱壁。后期建筑的典型例子是桶形拱顶建筑，即具有拱穹屋顶，三面为柱壁，另一面是拱廊，这种建筑结构在以后的清真寺建筑中继承下来。在东部，神庙建筑多为方形，中央有四根柱子，这种形式源自古代的拜火神庙。

尼萨城、哈特拉（Hatra）城堡和弗拉斯帕城是安息王朝城市建筑的典范。1930—1936年和1946—1960年间，苏联考古学家A. A. 马鲁先科和马松先后对尼萨古城遗址进行了发掘。尼萨城遗址在今土库曼斯坦阿什哈巴德城西北18公里的巴吉尔村，遗址包括旧、新尼萨城区。旧尼萨城区是安息国王的住地，面积约14公顷，四周有土坯城墙，厚约10米。城内建筑可分南、北两部分，南部为宫殿和庙宇，有方形和圆形大殿各一座，方形大殿面积约400平方米，内有4根高达12米的四棱砖柱，沿墙则有半圆柱，其形式与多瑞安式、科林斯式和伊朗式的立柱相似。大殿的第二层也有圆柱，其间摆置着比真人还要高大的男女彩塑。圆形大殿的装饰和立柱与方殿相似。在城北，有一座由方形回廊改建的王室仓库，面积约3600平方米，此外还有若干王陵。

新尼萨城在旧城的南面，面积约18公顷，筑有土坯城墙，墙上建有望楼。城门开于东墙，城门附近有安息贵族的墓地。城南内耸立一座城堡，城堡外四面是房舍，有一道用草泥修建的外城墙，长6公里以上。

哈特拉城遗址在今伊拉克北部的摩苏尔（Mosul）西南约64公里处，此城建于公元前2—公元1世纪间。哈特拉城的平面呈圆形，直径约 1.6 公里，有细方石筑成的两道城墙。遗址中央是一个长方形的圣区，它分为两个部分，每一部分以一个大厅为中心，附建一些小厅和拱穹结构的房屋。

弗拉斯帕城遗址在乌尔米亚湖的东南方，城市的平面呈椭圆形，城的中轴线自南向北依次有人工湖、神庙和塔楼等遗迹，两条南北走向的干道与中轴线并行，干道之间的中央部分是圣区。根据遗址判断，弗拉斯帕是经过统一规划设计的城市。

以上遗址反映，城市在国家统治中占据着重要地位。其中，希腊城市是在塞琉古王朝时期建立的，在安息国统治期间，它们的地位有所降低，但城市仍保留着自治权。在安息王朝时期，公共议会的重要性逐步丧失，城市政治向寡头政治发展，权力集中于参议会，参议会由少数富有的、大户家族的代表组成。

安息地处远东与地中海之间，安息王朝在东、西方贸易中起着中转作用，安息商人垄断了远东与地中海之间的贸易，他们通过陆上交通与莫夫、德兰吉亚那、坎大哈及北印度发生贸易。

1948 年，在尼萨宫殿遗址上出土了大量酒瓶碎片，其上有铭文。据研究，铭文的语言是公元前 2—前 1 世纪用阿拉米字母书写的安息语，这可能是迄今发现的最早的安息语文献。铭文内容反映了酿酒、贮酒、出纳、税收等情况，从中反映出安息王朝行政机构的某些特征及中亚葡萄种植业的历史。

考古材料表明，安息王朝的文化是希腊文化与本土文化融合形成的，具有混合的特征。它们表现在建筑、雕刻和绘画上。王朝初建时期，缔造者帕尔尼人仰慕希腊文化，向往希腊人的生活方式，他们模仿吸收了希腊文化的形式和传统，采用希腊的语言和艺术。在尼萨城的宫殿遗址上出土了希腊神阿芙罗狄特、赫拉克勒斯、赫拉的雕像饰品，在宫廷使用的酒杯上刻有希腊酒神的故事。

帕提亚出土的雕塑主要为岩石浮雕和圆雕。岩石浮雕以刻画人物正面像为特征，神态较呆板，内容大多数表现国王或神。圆雕的代表作是表现帕提亚诸神和希腊诸神的镀金或镀银像，以及尼萨宫廷的男女泥塑像。最能反映安息艺术水平的是在尼萨古城出土的有象牙雕刻的角杯，总共发现了40多件。角杯的上部雕刻着表现天神、诗神、酒神及希腊神话的场面，角杯底部雕刻着精致的人头牛身或鹰头蛇身的怪兽形象。除了雕刻外，角杯还以宝石镶嵌。钱币的铸造也反映了当时的雕刻技术，钱币正面雕刻的是国王头像，反面各不相同。在安息王朝初期，钱币反面雕刻的是手持弓箭、戎装的阿尔萨西斯像，后期雕刻的是已经神化的国王像。

安息王朝发行的钱币上有火坛的象征符号，似乎可以推测安息人的琐罗亚斯德教信仰，帕提亚除了使用塞琉古纪年外，还使用琐罗亚斯德历法。琐罗亚斯德教的教义深入安息王朝的官方意识形态之中，王室以宗教法规来证明自己的合法性。因此，有学者认为，安息可能已经以琐罗亚斯德教为国教。此外，安息王朝东部地区的居民开始信仰佛教，出现了一批佛教学者，他们曾远赴中国参与传教和译经工作。

在安息王朝时期，帕提亚与周围地区的联系加强。在对外关系中，安息王朝执行了与希腊—巴克特里亚联盟、放手向西扩张的政策。建国之初，在公元前247年，安息国王与希腊—巴克特里亚国王狄奥多塔斯二世结成反塞琉古的同盟。安息王朝的外交政策获得了极大成功，西进取得了胜利。战胜塞琉古王朝以后，安息王朝国力大增，成为希腊—巴克特里亚王国的威胁，据记载，安息王朝曾出兵侵占过属于希腊—巴克特里亚的领土。希腊—巴克特里亚国王狄奥多塔斯二世对与安息结盟一事感到后悔，国内的希腊统治集团对此事也极为不满，狄奥多塔斯二世因此招致杀身之祸。

在安息王朝后期的对外关系中，罗马帝国是一个主要因素。当时，安息王朝统治集团内形成了亲罗马和反罗马两派。亲罗马派主要由希腊人、美索不达米亚地方城市首脑和安息贵族组成，他们从罗马人的向东扩展和罗马军团对他们的许诺中看到了新的希望；反罗马派由伊朗地区贵族组成，他们与东部的游牧部族关系密切，他们期望在战争中获得财富，他们流行的口号是“光复阿黑门尼德王朝遗产”和“征服全亚洲”。安息王朝和罗马帝国之间的一系列战争正是在这种背景下发生的。战争一直进行到安息王朝被波斯本地政权萨珊王朝（Sassanids，226—651）灭亡为止。安息王朝对罗马帝国的战争阻止了罗马人的东进，使罗马人没能进入中亚腹地。

第四章

社会经济与政权形式

在早期文明时代，中亚地区居民以游牧与农耕混合型经济为生。北方牧民的经济是畜牧—农业混合型，或畜牧—渔猎混合型；南方居民的经济是农业—畜牧混合型。在中亚北方，以游牧经济为基础的游牧国家建立起来，国家的基层组织是氏族和部落；王族和部落首领构成了国家的统治阶层，氏族和部落中的普通牧民与奴隶构成了被统治阶层。波斯帝国统治时期，中亚游牧民向波斯帝国纳贡；希腊人入侵时期，中亚游牧民进行了顽强抵抗，没有臣属于希腊政权。在中亚南方，以农、牧经济为基础的定居农耕国家建立起来，国家的基层组织是以亲缘关系为基础的村社聚落；国王和部落贵族构成了国家的统治阶层，村落居民和奴隶构成了被统治阶层，村落居民向部落贵族或国王交纳租税，并承担国家或村落的劳役。波斯帝国统治时期，中亚南方成为波斯帝国的郡，由波斯帝国派太守统治；希腊人统治时期，中亚南方的一些地区由希腊人任命的本地贵族统治。

第一节　社会经济

在早期文明时代，中亚地区的主要经济类型是游牧与农耕，这是由中亚的自然地理条件决定的。在中亚，有两大游牧地带，一是中亚北方草原，它处于从黑海北岸向东延伸至蒙古草原的欧亚草原中段；二是山区游牧带，其中，主要游牧带从伊朗高原向中亚南部延伸到帕米尔山区的东段。

中亚北方草原的气候条件和牧场能够满足多畜种放牧的需求，属于多畜种放牧的复合畜养地带。在此，畜养的牲畜有马、羊、牛、骆驼等，其中，放牧的牲畜主要是马。中亚草原地带的巨大生产力和扩展力成为草原地带游牧政权的经济基础。

在草原游牧地带，除非出现战争和自然灾害，否则，游牧民东西方向的大迁徙并不是经常发生的，史书中记载的"逐水草而居"主要指牧民在一定的游牧范围内进行的小规模冬夏牧场的往返迁徙。一般而言，这种迁徙方向是夏季向北、冬季向南。具体情况大致是：在冬季营地上，他们建造了避寒住所，或者住在山洞内；到了春季，他们在过冬地周围可耕作的小块农地上播下谷物，然后赶着畜群离开过冬地，迁到夏季牧场；他们在夏季牧场搭建帐篷；到了秋末，他们又赶着畜群返回冬居地收割庄稼，并在此过冬。

山区游牧地带的气候和牧场适合于牧羊，因此，羊是山区游牧地带最为普遍的牲畜。一般来说，冬季牧场在山谷中，夏季牧场往往在高山坡上，牧民在此往返迁徙。如从西费尔干纳盆地向帕米尔·阿赖（Pamir-Alai）山的迁移；在阿拉套山（Ala-Tau），冬季的迁徙路线指向恰特喀尔（Chatkal）山谷、塔拉斯（Talas）、卡拉套和莫云库姆（Moyun Kum）沙漠，其中，莫云库姆是比较理想的冬季牧场。此外，在山区游牧带还有垂直方向的季节性迁徙。在塔吉克斯坦山区，夏季游牧民把牲畜赶到希萨尔、达尔瓦兹（Darvaz）和卡拉捷金地区的山麓，冬季回到瓦赫什河流域和卡菲尔尼甘河谷度冬。[①]

无论是中亚北方草原还是山区游牧地带，牧民们从事的不是单一的游牧经济，而是采取畜牧—农业混合的经济形式，普遍以农耕为辅助手段进行牲畜放养。实际上，不管放牧的程度如何专业化，在地理环境允许的条件下，绝大多数牧人也种植一些庄稼。草原地带可以种植的作物有春小麦、燕麦、黍等耐旱作物。虽然草原地区不乏肥沃的土壤、丰富的水资源，但湿度和生长期的不足限制了农业的发展，农耕仅仅是一种补充。

中亚南方在新石器时代已经出现了专门栽培植物的部落；到青铜时代，绿洲地区开始了灌溉农业。从灌溉工程的遗迹来看，中亚南方居民因地制宜，利用环境建造了合理利用水资源的灌溉工程。在阿姆河三角洲，人们一般先蓄积洪水，然后把水引入灌溉渠中。在巴克特里亚，灌溉渠通常建在主水道沿线，利用河床的自然高度，自上而下地沿缓坡灌溉大片农田。在山麓地带，居民使用冰雪融水，修筑隧道式灌溉渠，通过地下水道输送。据说，这种地下渠输水方式源于波斯，它们在波斯语中被称为坎儿井（Karez）。坎儿井是由竖井、地下渠道、地面渠道和涝坝（小型蓄水池）四部分组成。

在早期文明时代，花剌子模绿洲、费尔干纳平原、阿姆河三角洲以及锡尔河上中游地区的农业有了很大的发展，形成了大片的灌溉农业区。通过对科佩特山麓等地的考古发掘，可以确定帕提亚定居地的数量和规模、灌溉田地的范围都有了很大增长。在塞琉古王朝时期，泽拉夫善河流域和阿姆河河谷等地区由于灌溉农业的扩大而成为著名的粮仓，成为塞琉古王朝与其他希腊将军争夺西方地盘时的一个粮食基地。

中亚南方绿洲的粮食作物主要有大麦、小麦、粟，此外，还种植了芝麻、胡麻等经济作物（在帕提亚甚至出现了种植棉花[②]）和南

---

① 〔俄〕娜塔丽娅·Г. 戈尔布诺娃：《游牧民族传统大迁徙和季节性流动对中亚地区古代商路形成的作用》，《西域研究》1996 年第 3 期。

② 〔匈牙利〕雅诺什·哈尔马塔主编：《中亚文明史》第 2 卷，第 99 页。

瓜、甜瓜、杏、桃、李、葡萄等蔬菜水果，其中，葡萄特别有名。希腊史书提到了马尔吉亚那的葡萄种植业。在波斯统治时期，原产于中国的桃和杏、印度的稻米传到中亚。

在早期文明时代，巴克特里亚、泽拉夫善河流域、费尔干纳盆地和马尔吉亚那等地形成了以农业为主、畜牧业为辅的混合型经济。在帕提亚绿洲农业地区内有许多从事牲畜饲养的游牧部落；在花剌子模绿洲的部民以灌溉农业为生，也从事牛、马、羊等牲畜的饲养。

在中亚南方，除了农牧业外，手工业在早期文明时代发展迅速。在传统的制陶业、青铜器制造业和纺织业继续发展的同时，铁器制造业开始出现，有一部分工具与武器已经用铁制造，甚至在北方草原地带都发现了铁刃铜柄的短剑。关于金属加工业的迅速发展，希罗多德提到了马萨革泰人马匹穿戴的防护胸甲，阿里安提到了中亚武士在投入战斗时的护身甲，即锁子甲。锁子甲是需要多种工艺才能完成的，它们反映了中亚金属制造业的水平。当然，这些制品虽然在中亚北方草原发现，但也有可能是中亚南方制作的，因为，游牧地区的手工业没有定居农业地区发达，而且，尚无考古资料证实游牧人自身生产了这些先进的器具。

在早期文明时代，中亚采矿业得到了发展。克齐尔库姆、努拉套山脉、费尔干纳盆地的瑙卡特（Naukat）低地、俱战提山区、库拉马（Kurama）、恰特喀尔山地、阿汗格兰（Ahangaran）谷地、阿尔马立克（Almalik）[①] 以及卡拉套山区均开采金、铜、银、铁矿。如今在俱战提山区发现了采矿的遗迹；在凯腊克库姆（Kayrak Kum）见到了炉渣，它们的原料可能来自瑙卡特、乌奇克特利（Uchkatli）、济达伽米尔赛（Dzhidargamirsay）、科奇布拉克（Kochbulak），以及位于卡拉马札尔（Karamazar）的科尼曼苏尔（Koni Mansur）等地；在布坎套山区南部及里海附近的克里切套山麓地带发现了铜

① 阿尔马立克在天山与伊犁河之间，后来在此建城，元、明时期的中国史书分别称之为阿力麻里、阿力马力。

渣堆；在费尔干纳盆地西南部索克（Sokh）河流域的巴加希尼（Bagashiny），公元前1千纪中叶掌握了锑加工技术。除了金属矿外，还发现巴达克山（Badakshan）开采天青石，花剌子模绿洲和克孜勒库姆开采绿松石的遗迹。金属矿和宝石矿的开采促进了该地区金属冶炼和宝石加工等手工业的发展，粟特生产的宝石制品是青金石和红玉髓等。

在波斯和希腊人统治之前，中亚已经出现了城市，其中，玛拉干达城就是公元前7世纪建筑的，如今的故城遗址在今撒马尔罕以北的阿弗拉西雅甫（Afrasiab）高原上。花剌子模绿洲也建筑了居兹利克尔城，在丁吉尔泽农业绿洲发现了带有许多房间的大型住宅。巴克特里亚的大型聚落几乎都建筑了城堡，城堡内有密集的建筑物。从考古遗迹看，当时的建筑材料主要是土制生砖，房屋建筑一般是几间住房和一些储藏室。

希腊人统治时期，中亚城市经历了史无前例的飞速发展过程，“千城之国”的美名远播西方，这些城市一般以统治者的名字命名，如亚历山大城、塞琉古城和安条克城等。希腊时期的中亚城市有以下一些特点：第一，采取希腊式布局，将城市设计成直线形，成直角交叉的两条主要街道将城市分割成四个区，公共建筑集中在交叉路口附近。赫拉特城遗址反映了这种风格。第二，城市周围建筑了工程浩大的城墙和坚固的城堡。在莫夫绿洲，在亚历山大城的基础上扩建起来的乔尔卡拉（Gyaur-kala）城，面积大约达到1500平方米，呈方形，四个城门由两条在城中心相交的主干道连接起来。城市四周建筑了长达250公里的防护墙。安条克一世任东部各郡太守之时（前290），在玛拉干达城周围建筑了带有通道的防护墙，在阿里亚首府阿尔塔科那城（今赫拉特城）建筑了防御城墙，在巴克特里亚绿洲建筑的艾哈农城建筑了坚固的防御城墙，墙体辅以矩形塔楼，在城东南角建有一座城堡。

在不同的地理位置上建筑的城市有着不同的作用。建筑在波斯或希腊人统治边界上的一些城市是为了防御游牧的塞克人，如在锡尔河南岸建筑的六座（也有说是七座）城市，这些城市似乎没有存在多久，可能只不过是希腊军队防止塞克人入侵的营哨。这类城镇由希腊移民居住，以保卫帝国的东北边境。

建在商道上的城市最初可能也是为了军事上的需要，后来才发展成重要的商业中心。在马其顿军人东征之时，希腊商人追随其足印，进行贸易活动，他们与当地居民一道共同建设了这些城市。亚历山大在今喀布尔以北约 60 公里处建筑了亚历山大·迦毕试（Alexandria-Kapisu）城，该城处于中亚通往印度的商路上。印度恒河流域来的商队，从华氏城出发，经马土腊（Mathura）、呾叉始罗（Taxila），越开伯尔（Khyber）山口，来到该城。然后，继续向西可通波斯，向北可通往希腊—巴克特里亚。希腊—巴克特里亚国王德米特里征服犍陀罗、旁遮普和信德以后，在旁遮普建筑攸提德谟城（奢羯罗城），此城以后成为该地区的政治文化中心。

此外，波斯和希腊征服者在中亚兴建了一些殖民城市，如亚历山大在巴克特里亚和粟特建筑的城市，主要是为了安置希腊人、马其顿移民，以恢复和重建征服时期遭到破坏的经济。斯特拉波说亚历山大曾在粟特和巴克特里亚建立了八座城市，查士丁称巴克特里亚为“千城之国”。

希腊统治时期建筑的这些城市首先成为亚洲诸希腊王国之间贸易的主要场所，成了当地经济中心，因此，也是王国赋税收入的主要来源地；其次，这些城市以后成为传播希腊文化的中心，希腊移民的生活方式对中亚社会和文化产生了影响。

第二节　政权形式

对中亚北方草原出土物的研究证明，公元前 8—前 7 世纪，生活在中亚草原上的部落已经完成了从畜牧经济向游牧经济的转化，游牧经济的确立使中亚北方部落社会发生了重大变化。

游牧经济的优越性使牲畜的数量迅速增加，青铜时代已经存在的贫富差距进一步扩大，人们社会地位的悬殊日益明显。在游牧社会中，出现了可以区分的三个阶层：王及贵族统治阶层、普通牧民、奴隶。据文献记载，公元前 7 世纪的斯基泰社会的三个阶层：一是王族。斯基泰人形成了贵族首领阶层，核心是王族，王族是由军事贵族或祭司所属氏族产生，国王的继承是世袭的。二是普通牧民。2 世纪罗马作家吕西安（Lucian，120—180？）称之为有“八条腿的人”，即驾着两头牛和一辆二轮车的牧人。[①]三是奴隶。斯基泰社会存在着使用奴隶劳动的现象，奴隶主要用于家庭和家族，奴隶制从未在游牧经济中占据主导地位。显然，这是奴隶制的一种不发达形式。此外，在游牧社会中，虽然妇女掌权的现象直到公元前 2 世纪依然存在，但男子的地位明显已经提高。一些学者把公元前 7—前 5 世纪的斯基泰社会看成是早期的阶级社会[②]；而另一些学者则坚持认为它尚处于迈入国家的阶级关系的门槛边[③]。

从发现的墓葬文化推断，游牧社会的基层组织仍然是氏族或部落。考古发现，中亚北部草原的墓通常被分隔成一个个墓群，一个墓群可能是一个氏族或部落的墓地，当时草原游牧者的基层社会组织可能仍然是氏族或部落，这些部落各有各的牧地和墓地，战时可能也是以氏族或部落为单位组织作战。如斯基泰王国由四大部族组成，每部族又分为若干部，各部首领负责断案、征税、向异族属国索贡等。放牧是分散的个体劳动，但游牧生活却不能单家独户地进行。牲畜的恋群性、牧场的共同占用以及人与畜在迁徙过程中所需

---

① 吕西安闻名于罗马文坛，曾游历希腊、意大利与高卢等地，后定居雅典。主要著作有《神的对话》与《冥间的对话》等，对当时宗教狂热和盛行的迷信以及某些人生前的虚荣做了讽刺和揭露。

② 参见〔苏联〕捷列诺日金：《关于斯基泰人的社会系统》（*Ob obshchestvennom stroe skifov*），哈扎诺夫（Khazanov）：《斯基泰人的社会史》（*Social'naja istorija skifov*, 1975），均转引自 Denis Sinor, *The Cambridge History of Early Inner Asia*, Cambridge University Press, 1990, p.105。

③ 参见〔苏联〕格拉科夫：《斯基泰人》、〔苏联〕阿塔蒙诺夫：《可萨史》（*Istorija khazar*），均转引自 Denis Sinor, *The Cambridge History of Early Inner Asia*, Cambridge University Press, 1990, p.99。

要的互相帮助等因素，构成了游牧民的群体生活。群体生活需要的组织和管理机构随之出现。

游牧经济的集体行动，如群体放牧、草场分配、组织迁徙等，都需要权威者的协调，于是，游牧社会中产生了能够号令大批人力和物力的权威人物。公元前 8—前 7 世纪，中亚北方游牧社会内存在着最早的政权，它的初期形式可能是部落联盟首领的统治，后来发展成游牧国家。这一点从中亚北方草原的墓葬文化反映出来。在阿尔泰山至南俄草原的广大地区内，不仅出现了如贝沙提尔之类建筑复杂的墓，还发现了殉葬的人和马匹。由此推断，中亚北部草原上已经存在着能够指挥和调动大批人力的集中的政权。

波斯帝国兴起以后，中亚北部的游牧民被纳入波斯帝国的统治范畴，他们向波斯人纳贡，但没有见到波斯向游牧地带派出太守的记载，波斯人对游牧地带的统治可能仅此而已。尽管波斯历任统治者与中亚塞克人都发生过战争，但是，在波斯帝国时期，中亚游牧民侵入中亚农耕地带和城市的记载并不多，波斯人也没有像希腊统治者那样到处建筑坚固的城堡。

在希腊人征服中亚时期，希腊人发动了征服中亚北部草原的战争，然而，在塞克人的顽强抵抗下，希腊人始终没能对塞克人实施过统治。在此期间，塞克游牧民犯边的现象频繁出现，这一点可以从塞琉古王朝加建围墙和加固城堡等措施反映出来。

随着大片绿洲的形成，中亚南方社会也迈入了阶级社会，在早期阶级社会中，明显可以区分的阶层有两个，即以国王为首的贵族构成了统治阶层，以及被统治的普通劳动者阶层，包括农民和手工业者。在中亚南方社会中可能存在着奴隶，他们为富人干活，参与建造和维修灌溉渠，或参加国王和部落贵族的私人武装。但奴隶只是作为贵族或统治阶层的附属，作为一个阶层则不明显。

规模巨大的灌溉工程和坚固城堡的遗迹，反映了在早期文明时代中亚南方已经存在着早期的国家。中亚早期国家的基层组织可能是以亲缘关系为基础形成的乡村聚落或城镇聚落，人们集体从事农业或家庭手工业，他们向国王或部落贵族交纳租税。此外，村社成员还承担着一些义务，如建造和维修灌溉渠，或参加国王和贵族的私人武装等。

公元前 6 世纪，中亚南方绿洲小国接受了波斯帝国的统治，被纳入波斯帝国的行政管理系统。波斯帝国有一套管理地方行省（郡）的制度，被征服地区被划分成 20 个郡，帝国中央政府向各地派遣太守，一般是一个郡派一位太守，也有一个太守管理多个郡的现象。太守以波斯人充任，大多数是王子或王室成员。太守集地方的军政大权于一身，是真正的封疆大吏。据贝希斯敦铭文记载，巴克特里亚的太守达达尔什曾经率军队镇压亚美尼亚、马尔吉亚那等地的起义，可见，太守有兵权。中亚绿洲国家成为波斯帝国的地方政权，帝国中央对中亚各郡任命了太守，居鲁士二世的幼子巴尔迪亚曾管理花剌子模、巴克特里亚、帕提亚和克尔曼（Kerman）等郡。

在大流士一世统治时期，对地方政权进行了改革，重要内容之一是削弱太守的权力，将太守的兵权分离出来，对各郡增派了军事长官，并规定了郡太守和军事长官的职能。郡太守是行政长官，负责本地的行政管理、司法和经济，以及对地方官吏的监督和维持地方治安；军事长官统领军队，独立于郡太守，直接由国王任命并向中央政府负责。军政分立的局面没有延续多久，大流士一世去世以后，太守重新握有兵权，他们在所管辖地区如同独立的君主，当中央权力削弱之时，他们纷纷独立。

中亚被征服地区以进贡的形式向波斯帝国交纳赋税，最初，送礼的数额没有固定下来。在大流士一世统治期间，各郡承担的赋税数额被规定下来。税额的总量是根据该郡的耕地数量和肥沃程度，以及农作物种类和产量确定的。各郡的税款不仅由普通老百姓承担，郡内的富人也必须承担。从伪亚里士多德的《经济论》中反映了郡太守征税时的情况："当波斯王传令卡里亚的僭主马约索鲁斯输款纳贡时，马约索鲁斯把国内最富有的人召来告诉他们波斯王要求贡物，而他本人则可以免交。于是一些得到授意的人即刻答应纳贡，还当场呈报每人应付的数额。这样一来，那些富有的人部分碍于体面，部分出于惶惧，只得应承下来。结果实际献出的款项远大于应交数额。”[①]希罗多德叙述了每个郡应纳的货币税，从古希腊历史学家色诺芬（Xenophon，前 427—前 355）的记载可以了解到赋税的使用情况，波斯国王“给所有向他纳贡的国家领袖下命令，要他们提供维持一定数目的骑兵、弓箭手、投石手和轻步兵的经费……这些军队的经费都是由负有这种责任的地方长官供给的……”[②]

在波斯帝国的行省制度中，各郡有一些自治权，甚至在大流士改革之后，情况也是如此。各郡的社会组织继续存在着，并且保留了本部族的法律和传统。在大郡中，甚至还存在着若干比较小的国家，它们享有自治权。对于离波斯统治中心较远的边远地区，波斯帝国很少干预其内部事务，对它们的统治是通过当地的土著王公实现的，赋税也由土著王公负责替波斯人征收。

中亚各郡不仅在经济上为波斯帝国提供赋税，还参与了波斯帝国的战争。花剌子模、粟特、巴克特里亚居民及塞克人在阿黑门尼德王朝的经济和军事中发挥过作用。塞克部落曾为波斯帝国提供了大批马上弓箭手，直接参与的战争有马拉松之战、温泉关战役（Battle of Thermopylae，前 480）和普拉塔亚战役（Battle of Plataea，前 479）。在薛西斯一世征讨希腊时，塞克骑兵和花剌子模、粟特武士出现在他的精锐部队中。此外，中亚各郡还参与波斯帝国在各地的驻防，巴克特里亚曾向波斯军队提供了三万名骑兵；塞克人曾在埃及、巴比伦等地的波斯驻防部队中服务；花剌子模人曾出现在埃列芳庭岛（在努比亚边境）和孟斐斯（Memphis），在巴比伦的西帕尔也发现了花剌子模语和塞克语名字的痕迹。

---

① 伪亚里士多德（Pseudo-Aristotle）的《经济论》，作于大约公元前 4 世纪末亚历山大远征东方期间，真实作者不详，近代学者威尔卡克（Wilcken）、罗斯托夫采夫（M. Rostovtzeff）、安德里德斯（Andreades）等人的著作中都有讨论。参见巫宝三主编：《古代希腊、罗马经济思想资料选辑》，商务印书馆 1990 年版，第 188—189 页。

② 〔古希腊〕色诺芬：《经济论》，商务印书馆 1981 年版，第 13 页。

为了密切中央与地方的关系，波斯帝国修建了四通八达的御道，在宽阔大道上，每隔一天路程的地方设置驿站和修建旅馆，保证御道的畅通是太守的职责。驿站和旅馆的费用以及镇守关隘的兵士的费用，都由郡太守负责筹措。

行省制度巩固和加强了波斯帝国在中亚各地的统治，事实证明它是有效的，它的统治和剥削延续了好几个世纪，后来的亚历山大帝国、塞琉古王朝、帕提亚王朝和萨珊王朝继续实施了这种统治方式。

公元前5世纪前半叶，当波斯人在与希腊的战争中遭到一系列挫折之时，波斯帝国各郡纷纷起来反对波斯人的统治，在此过程中，花剌子模、粟特和塞克人结成了反波斯联盟。因此，亚历山大东征前夕，中亚一些地区已经摆脱了波斯帝国的统治。

公元前329年，希腊军队开始征服中亚南方地区，亚历山大在一些战略要地和交通要道上建立了以亚历山大命名的新城，他在这些新城安置了希腊长官、驻防军和希腊移民。最初，中亚人民爆发反希腊入侵的抵抗，亚历山大一方面动用军队镇压，一方面开始拉拢和利用中亚上层贵族，任命当地贵族为总督，通过他们实现希腊人在中亚的统治。希腊人统治时期，在帕提亚和巴克特里亚等希腊化地区可能实行双重土地所有制，最高土地所有者是国王，而耕种土地的半自由村民是次一级的土地所有者。除了王室土地外，还存在希腊城市管理的土地和圣堂，在中亚的其他地区，可能也存在着这三类土地。

亚历山大在中亚的统治是以武力为后盾的，据文献记载，亚历山大在巴克特里亚驻有希腊骑兵3500人，步兵1万人①；在阿拉霍西亚有4600名士兵②。随着被征服地区的扩大，这一数字还应加上那些被移居到新建城镇中去的雇佣军。屯垦、殖民而来的希腊人在一定

---

① 〔古希腊〕阿里安：《亚历山大远征记》，第165页。

② Quintus Curtius Rufus, *History of Alexander the Great of Macedonia*, VII, pp.3-4.

程度上推动了该地区城市经济的发展。

亚历山大在中亚的统治是短暂的，他去世以后，亚历山大帝国瓦解。接着统治中亚南方地区的是亚历山大的部将塞琉古建立的塞琉古王朝。塞琉古之子安条克成为中亚地区各郡总督，安条克的主要活动一是加强塞琉古王朝对帕提亚和巴克特里亚的控制，二是防御北方草原塞克人的入侵。他在兴都库什山以北的中亚地区建立了权威，对这些地区建立了希腊总督的统治，同时，也任命了一些地区首领。像亚历山大一样，塞琉古王朝也增建了一些定居村庄和城镇，并且积极屯垦、殖民，组织希腊人移居这些村庄和城镇，以保卫帝国的东北边境和加强对该辖区的殖民统治。

塞琉古王朝对中亚的统治并不长久，半个多世纪以后，巴克特里亚率先脱离塞琉古王朝独立。希腊—巴克特里亚王国脱胎于希腊塞琉古王朝，统治上层仍然是希腊人，因此它仍然是一个希腊王国。希腊—巴克特里亚王国的统治范围除了巴克特里亚地区外，还包括阿姆河以北的粟特和印度西北地区。希腊—巴克特里亚王国实行一种郡县制度，郡称为 Eparchy，县称为 Hypachy。县又分为若干驿亭（Stathros），亭各有长。由于驿亭制度与当时西汉的制度相同，近代中国学者杨宪益认为，这些政治措施都是向中国汉朝学来的。

紧随希腊—巴克特里亚王国，帕提亚王国也从塞琉古王朝的统治下独立出来。后来，游牧的帕尔尼人夺取国家政权，建立了安息王国，帕尔尼人成为安息王国的统治者。安息王国是东伊朗人建立的国家，国家的体制受到了三方面的影响：阿黑门尼德王朝、塞琉古王朝时期希腊政权和帕尔尼游牧政权的传统。尽管国王为一国之首，但帕尔尼贵族参议会起到了很大作用，它由国王的亲属组成，限制了国王的权力。

花剌子模于公元前 5 世纪脱离波斯帝国统治，在亚历山大征服粟特的战争时期，它企图借助希腊人的力量消灭周边游牧的塞克人。在亚历山大的短暂统治和塞琉古统治时期，花剌子模国一直是独立的。

在希腊人统治时期，由于希腊移民的到来，中亚原有的按照血缘关系组织起来的氏族部落、部落联盟遭到了破坏。亚历山大带头与中亚居民通婚，这一举措加强了希腊人与中亚当地居民之间的联系。希腊移民是希腊文化的载体，他们的到来给当地居民注入了新鲜的血液，带来了新的生产关系和技术，这促进了中亚生产力的发展。

第三节　商路与贸易

原始人类的交往很早就开始了。从考古资料可以了解到旧石器时代远古人类的交往；从文字资料可以考查到人类在公元前 3000 年至公元前 2000 年时期的交往，如对印度印章的研究可以了解两河流域与印度河流域在公元前 3000 年的贸易关系。实际上，在丝绸之路开通以前（公元前 2 世纪以前），欧亚大陆之间已经存在着一些固定的交通路线。

在欧亚大陆的中部，大约在北纬 45 度左右，横亘着连绵不断的高山，从东到西有兴安岭、阴山、祁连山、阿尔泰山—天山、札格罗斯山、高加索、托罗斯（Taurus）山、喀尔巴阡（Carpathians）山。这一连串的高山与其间的黑海、里海、咸海共同形成了一堵屏障，将欧亚大陆分成南、北两个部分。山链的北面是一片干旱草原和沙漠，大约在北纬 50 度附近形成了一条东西交通的大动脉，被称为草原之路；山链的南面是沙漠与绿洲，从一个绿洲到另一个绿洲也形成了一条东西交通的通道，它们在不同时期有不同的称谓，最早被称为天青石路，后来又被称为丝绸之路。

草原之路西起顿河入黑海的海口城市塔奈斯，然后溯顿河而上，经过希罗多德所记的一系列部落的住地，到达阿尔泰山支脉的石头平原。在马被驯化和役使之后，游牧民靠骑马驾车，几个月的时间就可跑上几千里。希罗多德对这条西起顿河口、东达阿尔泰山的道路深信不疑，因为在他生活的公元前5世纪，斯基泰人在这条路上非常活跃。阿尔泰山并不是这条草原之路的终点，它与中国内地西去的道路相连，这一段可以看成草原之路的东段。它起源于洛阳，经漠北草原，由鄂尔浑河地区向西沿着杭爱山之北，经科布多盆地至阿尔泰山南麓，然后，顺额尔齐斯河至斋桑湖。

中亚草原地处欧亚草原中段，在新石器时代就与欧亚草原东、西地段的文化有着联系。在草原之路上最早运输的主要产品是黄金，为了寻求黄金，斯基泰人奔走在这条路上，黄金作为斯基泰文化的载体，已经成为斯基泰文化的一个特征。黄金从阿尔泰山源源不断地流往黑海沿岸，再流向西方，希腊迈锡尼文化就以黄金著称。黄金被阿尔泰山的阿里马斯普人所控制，由伊赛多涅斯人、秃头人转卖给斯基泰人。

公元前1千纪中叶以前，华夏文明与西方的交往主要是通过草原之路，从西方输往中国内地的主要商品并非黄金而是玉石。自殷周以来，中原贵族社会内建立起一套礼制，玉石成为行礼时所用礼器的重要材料之一，需求量很大。就目前出土的考古资料来看，在公元前6—前5世纪，游牧于中亚一带的斯基泰人已视中国丝绸为宝物，中国运往西方的产品主要有丝绸、漆器、铜镜等，这些商品都很受西方商人的珍视。据美国《全国地理》杂志报道[①]，德国考古学家在原联邦德国南部斯图加特的霍克杜夫村发掘了公元前5世纪的一座古墓，发现墓中遗骸上残存着中国丝绸的遗迹。

阿尔泰山乌拉干河畔巴泽雷克墓的发掘物可以反映公元前5世纪草原之路上商品交换和贸易的发达。在巴泽雷克墓发现的物品中有中国丝织品、来自米底或波斯的大毛毯。在五号墓中发现了白色金属制的中国镜一面，这些证实了中亚草原与东、西方的联系。美国学者赖斯认为：在公元前5—前4世纪期间，巴泽雷克是东西方贸

① 即1980年3月号，转引自杜石然编：《中国科学技术史稿》上册，科学出版社1982年版，第229页。

易的中心。

在北纬45度山链以南，东、西之间的陆路交通主要是通过一个接一个的沙漠绿洲构成，大约在公元前3000年至公元前2000年这条交通已经形成。考古和文献资料证实，在此时期，从今阿富汗境内的巴达克山到地中海东岸和埃及之间的道路，它途经伊朗、美索不达米亚、叙利亚，然后南至埃及，北至安纳托利亚。

在这条路上，东去的商品主要是天青石，因此，此路又被称为天青石路。天青石是一种在特殊地质条件下形成的矿石，只有亚洲少数地区有这种地质条件，古代就得到开采的天青石矿只有巴达克山一处，而且世界上质量最好的天青石矿至今仍在此地。[①]两河流域的奴隶制国家以及北非埃及古国用天青石装饰神庙和王宫，需求量很大，因此，这条商路上的天青石贸易非常兴旺。有学者认为，从巴达克山西运的天青石分海、陆两路。海路是由巴达克山运到印度河，然后从印度河出海进入波斯湾后再经陆路运到伊朗和美索不达米亚等地。陆路是从巴达克山往西南到喀布尔，然后向西到赫拉特，再从赫拉特经里海南岸到伊朗高原、美索不达米亚等地。埃及人是从两河流域西北部的米底国获得天青石的。在这条路上，西来的商品主要有美索不达米亚的粮食、油类、羊毛、椰枣、芦苇、鱼类等物品，该地区以这些产品换取天青石、木材和一些金属。公元前4世纪，亚历山大东征的路线基本上就是沿天青石陆路而来。

除了北方的草原之路和南方的天青石路两条东西交通大动脉外，南北之间的通道是游牧民与农耕定居民交往的路线。尽管山脉和湖泊阻横在欧亚大陆中部，但它们从未阻碍过人类的交往，更没有阻止欧亚大陆游牧民的南下。到公元前3000—前2000年时，沿山隘和海岸形成了一些固定的南北交通路线。从西向东有：从黑海西岸南下到巴尔干半岛；从高加索山口通往安纳托利亚和两河流域；从里

---

① 〔法〕伯纳德：《阿富汗艾哈农地区的历史地理研究》，见《法国铭文与文学科学会报告》1981年版，第108—120页。

海东南南下到伊朗高原和呼罗珊地区；从咸海北岸南下到锡尔河中下游地区；从巴尔喀什湖沿岸到七河流域；从蒙古草原到中国的华北地区。进入青铜时代以后，生活在黑海、里海和咸海以北草原的游牧民分批从他们的故土向外迁徙，形成了一次次规模巨大的、世界性的民族迁徙浪潮。他们沿着以上路线先后来到了南欧、西亚、中亚和南亚，在这些地区建立了希腊、赫梯、米底、波斯、印度等国家。

公元前1千纪初期南下到伊朗高原的波斯人，后来在波斯湾北岸建立了一个横跨亚非欧的大帝国。中央集权的大帝国不仅保持了欧亚大陆上原有的交通，还修筑了四通八达的御道，形成了覆盖全国的驿道网。御道以波斯湾北面的苏萨城为起点，向西越过底格里斯河，经叙利亚和小亚细亚抵达爱琴海沿岸的以弗所（Ephesus），全长2683.2公里，沿途设有111个驿站，驿站备有换马。这条御道继续向西可至爱奥尼亚，与希腊各城邦相通，向西南方通埃及，向东南方通印度。通往印度的岔道很长，它从底格里斯河河谷出发，经伊朗高原东部进入喀布尔河河谷，向东南到达印度河流域，途中，另有一条岔道向北翻越兴都库什山到达巴克特里亚。

在公元前1千纪中叶，以巴克特里亚为中心，中亚地区东西南北交通的网络形成。其中，通往东部的道路从巴克特拉经瓦赫什河谷，越喀尔提锦与阿赖岭（今瓦罕走廊），到达喀什噶尔。以后，这条路构成了丝绸之路南道的中段。西去的道路从巴克特拉出发，经帕提亚、埃克巴坦纳，从埃克巴坦纳继续西行可至大马士革与腓尼基的推罗城，向南可以到苏萨城，在苏萨城走波斯帝国御道可到达小亚细亚的以弗所等城，此路后来成为丝绸之路的主干线，也可以说是丝绸之路中道。南下的道路从巴克特拉出发，越今阿富汗兴都库什山各山口，朝东南方向经开伯尔山口进入印度河流域，或者从巴克特拉到喀布尔后，向西南方到阿拉霍西亚（坎大哈），再抵达波斯城市波斯波利斯和帕萨尔加迪。北上的道路从巴克特拉出发，渡阿姆河，经粟特境，抵达锡尔河岸，渡锡尔河，从七河流域北上与北方草原之路相接，南下可到达中国中原各地。经此路，巴克特里亚可以获得西伯利亚的黄金，因此，北上之路被称为黄金路。公元前4—前3世纪，此路被匈奴垄断，输入巴克特里亚的黄金渐少，希腊—巴克特里亚国王不得不以白银或铅取代黄金铸造钱币。

在公元前1千纪上半叶，中亚本地与周边地区交流的商品有矿产，其中主要是宝石。花剌子模开采的绿松石和绿松石制品销往波斯、印度等周边地区，粟特开采和加工的天青石和红玉髓也销往中亚其他地区及周边地区。根据波斯铭文的记载，大流士一世在苏萨建造王宫时，从花剌子模运来了绿松石，从粟特运来了天青石和红玉髓。

除了中亚内部的商品交流外，经中亚转运的商品有中国的丝绸。波斯统治者把丝绸当作“皇帝宫廷中的稀世之珍”，公元前5世纪，波斯市场上就已经有中国的丝绸出售。中亚南部各绿洲在原始文化时代与西方的联系就已经开始，中亚绿洲成为东、西方经济和文化交流的桥梁是在公元前1000年左右，它与中国秦国的崛起有着密切的关系。

公元前1千纪初期，随着东方中国秦国的强大和经济的发展，西方开始了解中国；公元前5世纪，秦征服了西戎，向西北开疆拓土，发展贸易，中国的丝绸等商品开始经中亚南部绿洲输往西方，西方开始认识中国。在希腊—巴克特里亚国王攸提德谟斯和他的儿子德米特里统治时期，他们把自己的帝国扩张到了赛里斯（Seres）和弗林尼（Phryni）。经学者们考证，认为“赛里斯”即指中国。日本学者及川仪右卫在其所著的《东洋史》中说：“Seres者原由中国丝字一音推演而成，即丝商人之意，于是常称中国人为Serica。”可见，在希腊化时代，西方关于中国的知识的最初来源之一，便与中国丝绸有关。除了丝绸外，通过中亚转手的还有阿尔泰山区的黄金、印度的香料和象牙等。当时，希腊人已经知道了来自东方的桃子和杏梅等水果，但他们以为桃子产自波斯，杏、梅出自亚美尼亚。劳费尔（Berthold Aufer）在《中国伊兰》一书中说希腊人错了，桃子原来出自中国，杏、梅原来也出自中国。这些产品也是通过中亚传到波斯帝国境内。

从此，中亚不再是西方与东方交往的终点，更多地成为西方到东方的交通要道，于是，中亚绿洲成为运输东、西方商品的中转站。在东西方经济交流中，波斯帝国时代确立的驿站制度有利于中亚桥梁作用的发挥。从公元前 1 千纪中叶起到新船路开辟的 16 世纪的两千多年的时间里，中亚一直是东、西方经济交流的必经之地，东、西方文化交流的融合之地。因此，中亚也就成为各派强大势力争夺的地区。

公元前 1 千纪中叶，在东、西方交通大动脉上形成了许多重要的贸易中心，它们是：巴克特拉、尼萨、埃克巴坦纳、苏萨、高加米拉、尼尼微、大马士革、推罗、以弗所，以及迦毕试、阿拉霍西亚、犍陀罗等。除了沿商道的大城市外，沿途还有一些简朴的小驿站，如在阿姆河北岸的帖尔穆兹（Termez）附近就有一个驿站，伊朗语名为 Pardagwi，它源自希腊词 Pandocheion，意为客栈。

贸易的繁荣还可以从这一时期的钱币上反映出来。为了商业流通的需要，波斯帝国铸造了钱币。大流士统治时期，波斯帝国统一铸造了称之为大流克的金币，每枚重达 8.42 克，它是帝国货币体系的基础。帝国内的贸易主要使用被称之为西克勒的银币，银币以国王的名义在小亚细亚诸郡铸造，每枚重达 5.6 克，含银量达 95% 以上。与此同时，各自治城市、附属王公和郡总督也可以制作银币。在波斯帝国时期，货币第一次被引入中亚，然而，根据考古资料判断，中亚地区铸币是在希腊人统治时期。

亚历山大东征之时，包括中亚地区在内的原波斯帝国境内继续使用波斯钱币大流克。塞琉古王朝统治时期，曾大量铸币，特别是在巴克特拉城和艾哈农城的造币厂。在希腊—巴克特里亚王国时期，攸提德谟斯发行了大量钱币，早期的希腊—巴克特里亚王国钱币仿照希腊铸币的形式，正面铸国王像，反面铸保护神之像。钱币采用希腊量制，即德拉克麦（Drachm，1 德拉克麦相当于 4.36 克），钱币上国王的名字和称号采用希腊文。从德米特里起，铸币采用本地的量制，现在还不清楚本地量制的情况，铸币上除了希腊文外，出现了佉卢文（Kharosthī）[①]，佉卢文是当地通用的文字，它的使用是为了便于当地居民的辨认。目前，在巴克特里亚、粟特、帕罗帕米萨德、阿里亚、阿拉霍西亚、德兰吉亚那和马尔吉亚那等地区都发现了德米特里发行的钱币。

安息时期，帕提亚王朝发行了银币德拉克麦和铜币。王朝创建者阿尔萨西斯一世在位期间，开始发行钱币。面额为 4 德拉克麦的银币，正面通常饰有面部朝左的国王头像，反面周边铸希腊字母，正中有一坐像，手持弓箭，可能是身着游牧民服饰的阿尔萨西斯像。德拉克麦银币的形制各不相同。从公元前 170 年起，钱币的反面出现一组字母，据研究，它们是铸币厂名称的缩写，如莫夫铸币厂的钱币上有希腊字母 pi。自伏洛加塞斯一世（Vologases，51—78 在位）以后，银币上开始刻有帕提亚文字。

波斯人积极保护中亚的过境贸易，波斯帝国御道的修建，将中亚地区的商路与御道连接起来，有利于中亚地区的远程贸易。在希腊人统治时期，塞琉古王朝统治者积极保护和控制商路，塞琉古与印度统治者旃陀罗笈多签订的和约不仅保证了阿富汗斯坦的和平，也便利了中亚与印度的经济文化交往。在希腊—巴克特里亚王国时期，巴克特拉城发展成为中亚对外贸易的中心，希腊—巴克特里亚统治者在积极寻找出海口的同时，始终把控制中亚地区的商业贸易和保证商路的畅通作为重要的政策之一，为中亚地区经济和文化的发展做出了贡献。

---

① 佉卢文又称佉卢虱底文，起源于古代犍陀罗，最早在印度西北部和今巴基斯坦一带使用，是公元前 3 世纪印度孔雀王朝阿育王时期的文字。

第五章

宗教与文化

早期文明时代，中亚北方的游牧民开始有了原始宗教的意识，崇拜天地日月水火，特别崇拜太阳和火，并以马、火、血等祭神和盟誓；中亚南方接受了西亚传入的琐罗亚斯德教和希腊诸神崇拜，印度佛教也开始在兴都库什山以南传播。然而，中亚没有孕育出任何大的具有世界性的宗教，没有任何一种宗教赢得过本地之外其他居民的笃行，任何一种宗教都缺乏足够的书面资料，宗教信仰很难得到解释和说明。早期文明时代，中亚居民语言属印欧语系的东伊朗语，在北方的游牧民中没有文字的迹象，在南方出现了文字的迹象，在波斯帝国统治之后，以阿拉米文书写的官方文书、命令、政事日志与备忘录在中亚出现。在中亚北方，与游牧生产方式相适应的游牧文化形成，具有原创性的动物艺术是欧亚草原对世界文化的巨大贡献；在中亚南方，波斯、希腊和印度文明因素传入，以城堡为中心的多元文化开始发展起来。

第一节 宗教

在公元前 1 千纪初期，中亚北方的牧民已经萌发了原始宗教的意识。它主要从以下几个方面表现出来，对此，《历史》有详细记载。

第一，原始居民崇拜天地日月水火，其中特别崇拜太阳和火。斯基泰人在诸神中间只崇拜太阳，马萨革泰人也崇拜太阳神密特拉。他们献给太阳的牺牲是马，因为他们认为只有人间最快的马才能配得上诸神中间最快的太阳，马萨革泰人也实行马祭。

除了太阳外，火也是北方牧民崇拜的对象。目前，在里海东北的乌兹博伊高地上发现的巨石建筑反映了当地牧人对火的崇拜。建于公元前 5—前 2 世纪的巨石建筑呈长方形（1360 平方米），东、西南角是圆形角隅，建筑顶部有一个厚重而复杂的布局，炽热的火焰曾在那里长时间地燃烧。东、西面沿中央隆起部分横着几排平行的拱形直立板块，其间的空隙有灰烬填充；北面是一个成直角状的半封闭区域，有两个祭坛；此外，还有大炉床或祭坛，火持续燃烧的痕迹到处可见。

第二，牧民原始宗教意识的另一表现是相信灵魂不死，他们用人和牲畜殉葬。斯基泰人在其国王死后，“同时埋葬他的一个行觞官、厨夫、厩夫、侍臣、传信官；此外还有马匹、所有其他各物的初选品和黄金盏”。

第三，牧民们相信占卜。在斯基泰人中，卜者很多，占卜的方法是：卜者拿着大束的柳条，把它们放在地上松开。卜者一边把一根根的柳条分开摆，一边说出自己的卜辞。在说卜辞的同时，卜者又把柳条一根根地拾起来结为一束。

第四，牧民的原始宗教的仪式形成。斯基泰人相信誓言，起誓的方法是：把酒倾倒在一个陶制的大碗里面，然后缔约者用锥子或小刀在其身上刺一下或是割一下，流出的血滴到碗里面，然后他们把刀、箭、斧、枪浸到里面。此后，缔结者自己和他们随行人员当中最受尊敬的人在庄严的祈祷之后再饮碗中之酒。这种做法，在后来的匈奴和突厥人中也存在。

考古发掘表明，中亚农耕地区的居民在青铜时代早期已经萌发了宗教意识。在阿尔丁特佩居住遗迹上发现的一些建筑，其规模和结构与古埃及金字塔相当。据此，苏联考古学家们认为，这些建筑物是庙宇，在这些建筑遗址中，发现了一座 12 米阶梯形塔的遗迹，有学者认为该塔可能是宗教仪式时的祭塔。在早期铁器时代，中亚南方出现了对太阳和火的崇拜，这一推断可以从庙宇建筑中小祭坛遗存得到证实。对太阳与火的崇拜还可以从中亚的一些地名反映出来，如“花剌子模”，其意为太阳的土地（“花剌”为太阳，“子模”为土地），“粟特”是“火之地”的意思。

公元前 1 千纪初，中亚南方居民中出现琐罗亚斯德教信仰。大约在公元前 1450—前 1200 年间，伊朗人的先知琐罗亚斯德曾在草原上生活和传教，以后，他的宗教被迁徙部落带到了南方，成了“伊朗人的宗教”[①]。琐罗亚斯德在改革原始雅利安宗教的基础上创立了自己的宗教，经书《阿维斯塔》描写了他的故乡及其最初活动的地区：“那里威武的君王动员起（精兵强将）；那里有无数的高山峻岭和良好的牧场；那里有水面辽阔和深不可测的江河；那里适于航行的江河波浪翻滚，撞击悬崖峭壁，向马鲁（位于赫拉特）、粟特和花剌子模方向奔腾而去。”[②]有学者认为，他的出生地在巴克特里亚，而德国学者马迦特（Marquart）认为在花剌子模。琐罗亚斯德自称出身于河中地区显贵的斯皮达门家族，自幼受宗教意识的影响，20 岁开始传教，30 岁得到神主阿胡拉·马兹达的启示，领悟真谛，创立了琐罗亚斯德教。

---

① 参见〔英〕玛丽·博伊斯：《摩尼教帕提亚文赞美诗》，以及重要著作《摩尼教中古波斯文和帕提亚文读物》和《琐罗亚斯德教史》，转引自中国社会科学院欧亚史研究网站。

② 〔伊朗〕贾利尔·杜斯特哈赫选编：《阿维斯塔》，第 168 页。

在传教过程中，琐罗亚斯德创作了许多诗歌，这些诗歌世代口诵相传，后来收集起来，编入经典《阿维斯塔》的《伽萨》（Gāθās）中。琐罗亚斯德传教的诗歌是用巴克特里亚语传诵的，到《阿维斯塔》成书之时，这种古代语言已经消亡。《阿维斯塔》中的《亚思纳》（Ysanas），《文迪达德》（Vendidād）、《亚什特》（Yasht）、《维斯帕拉德》（Vispered）是后人所作。其中《文迪达德》为宗教礼仪书，成书时间最晚。

《伽萨》首次提出了善恶二元宇宙观。据称，世界延续 12000 年，善神阿胡拉·马兹达统治的最初 3000 年是黄金时代，当时没有寒冷、炎热、疾病、衰老或死亡，大地遍布绵羊、山羊和牛群；此后，恶神安格拉曼纽（Angra Mainyu）创造了饥饿、疾病和死亡。《伽萨》在二元宇宙观的基础上形成了善恶的宗教观，提倡抑恶扬善、善必胜恶的信条，即阿胡拉·马兹达将掌握天上和地下的权力，太阳将永远照耀，一切邪恶都将消亡。《伽萨》阐述了琐罗亚斯德的道德观，即以拯世救人为主旨的三善（善思、善言、善行）以及以农业和养畜业取代游牧业为纲领的社会观。琐罗亚斯德教崇拜火，因此，又被称为拜火教。

在波斯，琐罗亚斯德教的国教地位一直保持到公元前 6 世纪前后。在波斯帝国统治时期，琐罗亚斯德教在巴克特里亚和粟特拥有很多信仰者，在两地出土了许多物品；在安息王朝发行的钱币上刻有琐罗亚斯德教象征符号火坛，琐罗亚斯德教可能已经成为该国的国教。此外，巴克特里亚、帕提亚和花剌子模等地开始使用琐罗亚斯德历。不过，中亚各郡祭拜的地方神和多种崇拜也得到了波斯人的尊重，巴克特里亚居民信仰的神灵有地方神阿纳喜特（Anahid）和太阳神密特拉。这些情况反映了波斯帝国出于政治统治的考虑，对被征服地区的信仰采取宽容态度。

在希腊人统治时期，移居中亚的希腊人崇拜希腊神，在中亚仍然继续原有的宗教活动。考古发现的钱币表明，他们崇拜的希腊神有宙斯、波塞冬、阿波罗、赫利俄斯、赫拉克勒斯、狄俄尼索斯、狄俄斯库里兄弟、雅典娜、阿耳忒弥斯、赫卡忒、尼刻等。在此期间，纯粹以东方风格建造的神庙中开始供奉希腊神。位于巴克特拉绿洲的第尔伯金（Dilberjin）的一个神庙圣堂的门口就有狄俄斯库里兄弟的彩色神像；在巴克特里亚的卡尔查延（Khalchayan）也发现了一座用陶土制作的雅典娜女神像。在钱币中，当地的执政者将自己与希腊诸神联系起来。

在希腊统治时期，希腊人也不排斥中亚居民的信仰。塞琉古王朝在中亚新建的希腊神庙中，不仅供奉着希腊神，而且还供奉着地区崇拜的神，如巴克特里亚的地方神阿纳喜特。这种宗教宽容的态度为希腊宗教与地方信仰的融合创造了条件。在中亚，希腊神与中亚的地方神融合起来，宙斯被比定为阿胡拉·马兹达；赫拉克勒斯被比定为凡雷思拉格纳；阿波罗与赫利俄斯被比定为密特拉；阿耳忒弥斯被比定为那纳。

宗教融合的突出例子反映在塔克蒂桑金（Takht-i-Sangin）的阿姆河神庙中。在该神庙的石砌祭坛上刻着希腊铭文，而供奉的却是当地河神玛耳塞阿斯（Marsyas），刻画河神吹奏双管的手法与希腊人描绘米南德河（安纳托利亚的一条大河）的手法类似。此外，在塞琉古时代建造的艾哈农城遗址上也发现了宗教融合的遗物，其中，有一尊当地女神的赤陶像和一个骨雕像的正面图都具典型的东方色彩，女性特征十分夸张，她们不是纯粹的希腊神像，而是当地的丰育女神。在该城遗址中还出土了一块描绘希腊自然女神库柏勒和胜利女神的饰板，她们身着希腊服饰，胜利女神驾驭着一辆由狮子拖着的马车，库柏勒坐在马车上，车后有一位身着希腊传统长袍的人为库柏勒撑伞遮阴，另一位身着希腊传统长袍的祭司在有台阶的高祭台顶上焚香，太阳、月亮、星辰在空中闪耀，其中太阳被人格化为赫利俄斯半身像。这块镀银饰板所展示的图像表明了东、西方宗教信仰的融合，希腊人采用了东方的祭拜方式祭拜希腊神。

在此时期，来自印度的佛教对中亚居民的宗教观也产生了影响。公元前 6 世纪在印度创立的佛教到公元前 4 世纪时有很大发展。印度佛教原来是没有偶像的，自从希腊文明传入以后，佛教有了偶像，偶像的塑造也具有希腊色彩。在孔雀王朝统治时期，特别是第三代君主阿育王（Ashoka，又称无忧王）时期（约前 304—前 232），佛法得到极大发展，成为该国国教。在阿富汗坎大哈旧城出土了一件用希腊文和阿拉米文两种文字刻的铭文，铭文中谈到了阿育王皈依浮屠之事。为弘扬佛教，阿育王在公元前 253 年召集佛教僧侣在华氏城（Palibothri）举行第三次结集。在他的支持下，佛教从印度的恒河流域向外传播，据《善见律毗婆娑》记载，有 18 位高僧被派往 9 个地方传教，其中就包括印度西北部的克什米尔和犍陀罗等地。公元前 3 世纪，佛教已经渗入兴都库什山以南的希腊式城市，在希腊移民统治阶层中，可以感受到印度宗教对这些新主人的影响。在阿育王时期，佛教还传到了巴克特里亚和帕提亚地区，在巴克特里亚的希腊人中出现了佛教徒，在帕提亚东部，佛教的传播十分迅速，帕提亚的佛教学者还远赴中国参与传教工作。在佛教的传播中，印度商人与工匠起到了一定作用，他们到希腊—巴克特里亚王国诸城经商和做工，带去了佛教。佛教得以在中亚传播，与希腊人开放的宗教思想和宽容的宗教政策是分不开的。

希腊—巴克特里亚王国诸王在崇拜地区神之时，不仅吸收了希腊神的一些形式，还吸收了印度佛教的某些形式，如在希腊—巴克特里亚国王欧克拉提德的钱币上铸有的当地城市女神迦毗沙的神像，女神头戴塔形冠，与坐在王位上的宙斯像相似，而左面的大象和右面印度佛寺石窟杰作支提神殿的场景又体现了印度宗教的特色。

第二节　文化

从人种学上看，在早期文明时代，无论是中亚北方草原的牧人还是南方穴居的农耕居民都是欧罗巴人种的东支，古希腊与古波斯的文献并没有对中亚草原居民和绿洲居民进行区分。波斯波利斯和纳克希·鲁斯坦姆铭文上的浮雕可以提供人种的外表特征。从语言学的角度来看，在早期文明时代，中亚居民语言属印欧语系的东伊朗语。斯特拉波认为，花剌子模人属于马萨革泰人和塞克人的一部分，粟特人与巴克特里亚人在生活习俗上与游牧民很少有区别，米底人、波斯人、巴克特里亚人以及粟特人所说的语言都是一样的，很少有区别。在此时期，在中亚游牧民中没有发现有文字的遗存。

公元前9—前7世纪是欧亚草原游牧生产方式确立的时期，游牧生产方式的确立促进了牧民生活方式的转变。与游牧生产和生活方式相适应，游牧民的衣食住行的模式也逐渐固定下来。

游牧经济决定了牧民的饮食习惯，肉类、奶制品等蛋白质较高的动物产品成为他们的主要食品，谷物成为他们的主要辅食，如果牧民自己不能生产，就从农耕地区以各种方式获取。随着游牧生产方式的确立，公元前1千纪初，游牧民的服装是上衣下裤（穷裤）。这一点可以从波斯铭文的浮雕中塞克人的服饰上了解。在波斯波利斯铭文的戴尖顶帽的塞克人浮雕中，塞克人的服饰是：束腰齐膝的短外衣，一条腰带系住，腰带上挂着短剑，下身穿着紧身裤。上衣下裤的服装适于骑马作战，动作灵活方便，开弓射箭，运用自如，往来奔跑，迅速敏捷。中国在战国时期（前4世纪）开始采取游牧民的服饰，公元前302年，赵武灵王改革服装，采取游牧民的短衣、长裤服饰，改变了以往赵国官兵身穿长袍、甲胄笨重、骑马不便的状况。上衣下裤的服饰是游牧民对世界文化的贡献之一，如今，整个温带的服装几乎都采取了上衣下裤的式样，只有热带和部分亚热带地区仍然保留上衣下裳的古风。

游牧民对世界文明的交通做出了巨大贡献，东伊朗语族牧民以一种高轮式轻便车代步。随着对马的驯化，马可以骑乘之后，更为轻便的代步方式是骑马，在此过程中，牧民们不断发明和改良马具与骑马技术。随着畜牧向游牧过渡，草原牧民的居所由土制砖屋逐渐转变为移动的营帐，他们建造了易于安装和拆卸的蒙古包。蒙古包是一种以木为结构、以动物的皮或毛毡覆盖的轻便帐篷。

除了以上物质文化外，游牧文化还表现在精神文化方面。其中，最突出的是游牧民的尚武精神。在游牧社会中，为了拥有水草丰美的牧场和水源，抢劫与掠夺成为游牧民经常性的行为，因此“崇尚勇敢”成为游牧人伦理文化的特征。

宣扬勇敢的方式很多，据希罗多德记载，斯基泰人饮他在战场上杀死的第一个人的血，并将他在战场上杀死的所有人的首级送到国王处，这样，他可以分到一份掠获物，否则就不能得到。在波斯人统治时期，波斯郡太守每年都要在自己的管辖地区举行典礼，典礼上，他在酒钵中用水调酒，曾经杀死敌人的那些斯基泰人可以饮这里面的酒，未立战功的人则不许饮酒，而是很不光彩地坐在一旁。他们认为这是奇耻大辱。

尚武精神成为牧民的共同习俗，如把战俘的头颅做成饮器。希罗多德记载，具体做法是：“把眉毛以下的各部锯去并把剩下的部分弄干净。如果这个人是一个穷人，那么他只是把外部包上生牛皮来使用；但如果他是个富人，则外面包上牛皮之后，里面还要镀上金，再把它当作杯子来使用。有人也用自己族人的头来做这样的杯子，但这必须是与他不合的族人并且是他在国王面前打死的族人。如果他所敬重的客人来访，他便用这些头颅做的饮器来款待客人，并告诉客人，他的这些死去的族人怎样曾向他挑战，又怎样被他打败。他们用这些东西来证明他们的勇武。”

此外，把敌人的皮肤做成手巾挂在马首也是炫耀战功的一种方式。具体做法是将首级“沿着两个耳朵在头上割一个圈，然后揪着头皮把头盖摇出来。随后他再用牛肋骨把头肉刮掉并用手把头皮揉软，把它做成手巾保存下来，并把它吊在他自己所骑的马的马勒上以示夸耀。拥有最多这种头皮制成的手巾的人，便被认为是最勇武的人物。许多斯奇提亚人把这些头皮像牧羊人的羊皮那样缝合在一起，当作外衣穿。许多人还从他们的敌人尸体的右手上剥下皮、指甲等，用来蒙覆他们的箭筒”。

以上这些习俗在欧亚草原地带，无论是草原西端还是东端，都能看到。在草原东端，据《资治通鉴》记载，公元前403年，（赵魏韩）“三家分智氏之田。赵襄子漆智伯之头，以为饮器”。这些习俗一直沿袭下来，在以后的匈奴、突厥等游牧民中还继续保持着。

游牧文化对世界文化的最大贡献是极富表达力的动物艺术。动物形象往往刻在牧民们使用的短剑、小牌、带钩、斧柄、刀柄、铜镜、饰牌、铜箭镞等工具上。常见的动物形象有狮子、奔鹿、狮身鹰头像、怪枭、猛禽、猫科动物等，在南塔吉斯肯和咸海地区的塞克人以狮和豹为母题。这些动物一般双眼突出，两耳竖起。在欧亚草原上，这一艺术是游牧民具有共性的艺术，被称为动物艺术。动物艺术的兴盛期在公元前8—前6世纪之间，到公元前3—前2世纪时开始衰落。游牧民艺术的另一特点是往往以带钩、柄、饰牌等装饰马具、武器、衣着和器皿，并且成为财富的标志。

中亚农耕地区在早期文明时代也形成了自己特有的农业文化，即灌溉农业和以城堡为中心的城市文化。在波斯人和希腊人的统治下，中亚农耕文化和城市文化在原有的基础上继续向前发展，在此过程中，吸收了波斯和希腊文化，表现了具有综合特征的文化特色。中亚地区文化的交流与融合在希腊—巴克特里亚王国时期达到高潮。

在波斯帝国统治之前，中亚南方居民说的是与古波斯语一样的东伊朗语方言，它们按地区称为粟特语、帕提亚语、巴克特里亚语等。在波斯帝国统治之前，中亚文字没有明显的发展，尽管在巴克特里亚和安诺文化考古遗址上曾经发现了刻有四个类似字母符号的石印章，但它们只是文字的一点迹象而已。真正文字在中亚的出现是在波斯帝国统治之后。

波斯人最早用楔形文字书写古波斯语，楔形文字局限于书写和记载国家大事和宫廷发布的国王诏令。波斯帝国建立以后，为了适应大帝国的需要，波斯人开始使用广泛流行于西亚的阿拉米文。阿拉米文由22个符号组成，简单易学。阿拉米文成为帝国的官方书面语以后，以它发布命令，书写政事日志与备忘录以及送往各省的外交公文和商业文书。据贝希斯敦铭文，大流士一世曾把铭文的抄件送到各行省去，这些抄件中包括阿拉米文抄件，如今，在埃及发现了贝希斯敦铭文的阿拉米文抄件片断。

各行省在收到阿拉米文的官方文件之后，一些懂得两种或更多语言的书记员将这些文件译为当地太守能够看懂的文字。于是，中亚地区出现了熟悉和使用阿拉米文的书记员。后来，帕提亚语、粟特语和花剌子模语等中亚语言也开始使用阿拉米文书写，如粟特文就是用阿拉米字母书写的；在花剌子模附近的科依克雷尔干卡拉发现了属于公元前 3 世纪的一个陶罐，其上的铭文据说是阿拉米文；巴克特里亚及印度西北部也采用阿拉米字母书写本地语言，在艾哈农发现了写有阿拉米文字的贝壳，上面记录着各种账款。1948 年，在旧尼萨城发现了大批酒瓶碎片，其上有铭文，据研究，铭文的语言是公元前 2—前 1 世纪用阿拉米文书写的帕提亚语。这是迄今发现的最古老的帕提亚语文献，这种文字也称为巴列维文（Pehlevi）。

在此时期，北印度的旁遮普一带使用的佉卢文也源于阿拉米字母。最初，印度人用阿拉米字母给地方语注音，后来逐渐发展成为文字。佉卢文的形成大约在公元前 3 世纪中叶，此时正是佛教的发展时期，因此有许多佛经是用佉卢文写的。此外，佉卢文也是官方文字，孔雀王朝的阿育王用它来写敕令，钱币上的铭文也用它书写。随着佛教的传播，佉卢文传入中亚，1—2 世纪时，佉卢文在中亚地区广泛使用。随着贵霜王朝的灭亡，佉卢文于 4 世纪中叶逐渐被弃而不用。

波斯帝国幅员辽阔，其境内汇聚了印度文明、西亚文明、埃及文明和希腊文明，正是在这一时期，中国文明也被西方所知。几大文明的接触，促进了东、西方文化的空前发展。几乎同时，东、西方都出现了一批哲学家：中国的孔子、印度的佛陀、中亚的琐罗亚斯德，以及希腊的理性主义哲学家。这一时期的知识分子们开始思考宇宙及生命的起源与目的、理想政府的道德基础等问题。古代学者们对这些社会问题的思考促成了古典时代哲学、宗教和社会体系的构建。波斯大帝国的统治在客观上促进了当时几大文明的交往，中亚在这些交往中起到了桥梁作用。

亚历山大东征将希腊文明带到了中亚。亚历山大重视学术，随他一起东征的人中有自然科学家、测量学家、历史艺术家；在他从印度返回巴比伦之时，带走了10名印度哲学家，这些人曾经反对希腊人在印度的统治，亚历山大不但没有囚禁和处死这些哲人，还给他们送去许多礼物。亚历山大对文化的尊崇有利于文化的交流和繁荣。

在这种氛围中，希腊文化对中亚文化产生了影响，尤其是在造型艺术与建筑方面。公元前5—前4世纪是希腊雕刻艺术的繁荣时期，出现了米隆（Milon）、菲狄亚斯（Phidias）等一批杰出的雕塑家。米隆的代表作《掷铁饼者》和菲狄亚斯的名作《命运三女神》都是举世瞩目的佳作。亚历山大东征将希腊的雕刻艺术带到了中亚。在此时期，中亚在造型艺术上表现出希腊特有的自然主义表现手法，如重视人体描绘，如象牙小雕像、石雕壁、泥塑像等艺术表现了希腊造型艺术的影响。在巴克特里亚铸币上，国王像的雕刻技术高超，线条逼真，形象生动，每一枚钱币都是一个精湛的艺术品。

在帕提亚，安息国的缔造者帕尔尼人和达赫人最初仰慕希腊文化，向往希腊人的生活方式，自称是“希腊迷”。他们在宫中上演希腊戏剧；在一些城市，如尼萨，修建希腊式神庙，在尼萨还出土了装饰着阿芙罗狄特、赫拉克勒斯、赫拉等希腊诸神的雕像。后来，随着安息王朝政治的稳定以及与罗马帝国的开战，安息统治者逐渐抛弃了纯希腊文化，开始提倡本族文化，在安息境内出现了本地文化与希腊文化融合的现象。这一点从建筑、雕刻和绘画上反映出来。尼萨古城出土了大理石雕像、赤陶塑像、鎏金银像和象牙雕刻等艺术品，它们既有希腊风格，也保留了东方艺术的成分，其中，最突出的是40多件象牙角杯，角杯的上部雕有表现天神、诗神、酒神等希腊诸神的场面；角杯的尖端又雕刻着马、鹿、狮身鹰头的怪兽、半人半马的带翼怪兽等游牧文化中的动物艺术。

在兴都库什山以南地区，希腊文化吸收了印度文化的成分，产生了综合性艺术。兴都库什山以南的希腊钱币采用双语铭文，除了希腊文外，还有用佉卢文字书写的俗语。在该地区的希腊钱币上，神祇虽然仍是希腊神，但是采用了印度的象征符号——法轮。它们是希腊艺术与印度文化融合的突出例子。

希腊—巴克特里亚王国兼收并蓄，产生了本地的天文学家、物理学家、数学家和哲学家。希腊移民对天文学的兴趣，在中亚和印度都产生了影响。亚历山大企图把希腊文化与中亚的地方文化融合起来，曾经采用波斯国王按朝代纪事的方法，并在这一基础上创造了新的纪年法。塞琉古王朝继承了亚历山大创立的纪年法，以公元前 312 年 10 月 1 日为始计年，后来，希腊—巴克特里亚采用塞琉古王朝的历法。在艾哈农城遗址上发现了精密复杂的日晷，在印度天文学中有巴比伦天文学观念，这些成就是希腊移民带来的。

在哲学方面，公元前 275 年前后，亚里士多德学派哲学家克利尔克斯（Clearchus）来到中亚，克利尔克斯在艾哈农城留下了德尔斐箴言的一份抄本。如今，刻有这些箴言的石碑已不复存在，但是，残存的石基上保留了克利尔克斯本人的题词，箴言的最后一部分也刻在碑基上，箴言如下："幼年时代，学习好行为；青年控制奔放热情；中年时代，努力实施公道；老年时代，诸事深思熟虑；去世之时，则无丝毫悔恨。"

中亚古代文化由于受到外来文化的影响，已经不再是公元前 1 千纪初期的状况，它接受了波斯、希腊和印度的成分，奠定了中亚地区多元文化的基础。

第三编 中亚塞种国家

（前3世纪—公元6世纪）

在公元前3世纪至公元6世纪的近一千年中，中亚地区出现了一系列国家。其中，游牧行国有：奄蔡、康居、月氏、乌孙和哌哒（Hephthalites）；定居农业国家有：大宛、罽宾、乌弋山离和贵霜帝国。[①]这些国家是由语言属印欧语系东伊朗语族的人建立的，他们在波斯铭文中被称为塞克人，在中国史书中被称为塞种，因此，本编将他们建立的政权统称为塞种国家。在此期间，中亚北方的畜牧业表现出地区特色；中亚南方修复、扩建和新建了许多灌溉系统，由此农业得到了进一步的发展；建筑和采矿业在原来的基础上迅速发展起来。丝绸之路的开通加强了中亚与东、西方的贸易，贵霜帝国对印度的统治使中亚地区获得了出海口，海路贸易也随之发展起来，这是中亚地区此后不再有的情况。

---

① 要叙述突厥占领之前中亚的塞种城邦国家的历史是相当困难的，无疑，这些国家在公元前2世纪末期以前已经存在。但到1世纪中叶，人们发现他们之间处于战争状态。中国对他们的报道只是涉及中国政治和军事力量有关或变迁的历史。

第一章

北方行国

“行国”一名始见于中国史书《史记》，据此书的定义，“行国”指随牲畜迁移的游牧政权。在中亚正北方有奄蔡和康居两个行国，在中亚东北方有乌孙行国。三个行国都处于这一时期开通的丝绸之路的北道上，它们对东、西方经济和文化的交流做出了贡献。除奄蔡外，康居和乌孙游牧政权与中国西汉王朝确立了臣属关系，汉朝中央政府参与了这些国家的王位继承、政权更替等大事件。

第一节　奄蔡

奄蔡（Yen-ts'ai）是欧罗巴人种中语言属印欧语系的萨尔马特人建立的国家。[①] 在不同时期，中国史书对该政权有着不同的称谓。《史记·大宛列传》、《汉书·西域传》和《后汉书·西域传》称之为奄蔡；《三国志·魏略·西戎传》又名阿兰；《汉书解诂》一书认

---

① 对于奄蔡的族源，史学界有不同的观点，有印欧种萨尔马特人说，参见周一良、吴于廑主编：《世界通史》“上古部分”，人民出版社 1973 年版，第 125 页；也有蒙古东胡人说，参见〔美〕麦高文：《中亚古国史》，中华书局 2004 年版，第 35—70 页。本书采用印欧种萨尔马特人说。

为奄蔡就是阖苏。希腊、罗马文献称之为阿兰尼（Alani）、阿兰息（Alanorsi）。奄蔡是古音读法，阿兰、阿速、阖苏都是它的转音。

奄蔡国在公元前2世纪已经形成，统治者由西拉锡（Siraci）和阿息部两个氏族成员担任，据斯特拉波的《地理志》记载，公元前2世纪，在里海和顿河之间的草原上，在萨尔马特人中有以西拉锡部和阿息部为首的两个政权。据《史记》记载："奄蔡，在康居西北可二千里……临大泽，无崖，盖乃北海云。"康居国在咸海正北，奄蔡在康居西，由此推知，公元前2世纪时，奄蔡人游牧于咸海至里海北岸草原。①

在公元前2世纪末至公元前1世纪上半叶，奄蔡国强大起来，其国领土向西不仅抵达顿河流域，可能还南下占有了北高加索部分地区。奄蔡国的军队以骑兵为主，古希腊罗马史书和亚美尼亚（Armenia）、格鲁吉亚（Georgia）的编年史都提到过阿兰（奄蔡）的骑兵，说他们作战的武器是与其他萨尔马特人相似的长铁剑。据《史记》记载，奄蔡"控弦者十余万"，与当时"控弦者数万"的乌孙和"控弦者八九万人"的康居相比，奄蔡已经成为中亚北方的一个大国。斯特拉波在同一书中记载说，西拉锡王阿比喀斯（Abeacus）能够调动两万骑兵，阿息部王斯巴迪努斯（Spadinus）能指挥20万人马。

不过，与当时欧亚草原东段的匈奴政权相比，奄蔡国可能还是小国。据《汉书·陈汤传》记载："（匈奴）郅支单于自以大国，威名尊重，又乘胜骄……又遣使责阖苏（奄蔡）、大宛诸国岁遗，不敢不予。"由此可知奄蔡当时向匈奴人纳贡。

到1世纪，奄蔡国统治氏族不再是西拉锡氏和阿息部氏，而是阿兰氏。于是，奄蔡国被称为阿兰。《后汉书·西域传》说："奄蔡国，改名阿兰聊国。"罗马帝国后期的历史学家阿米亚努斯·玛尔塞

① 对于奄蔡的地理位置，史学界有不同的看法。有的认为在黑海东北，如丁谦的《西域传考证》；有的认为在里海北，魏源、徐继畬持此看法；有的认为在咸海周围，如苏北海先生；有的认为在咸海和里海北边草原地带，如日本学者松田寿男。

利努斯（Ammianus Marcellinus，330—390）在《晚期罗马帝国史》一书中说，在1至3世纪期间，阿兰人代表了一股强大的力量，频繁地威胁着罗马帝国在多瑙河沿岸和小亚细亚较为僻远的领地，还成功地深入到高加索地区，在公元初的两个世纪中，阿兰人屡次袭击南高加索和邻近地区。他们发动了对安息王朝的战争。在72—74年之间，阿兰攻入安息王朝领地南高加索和米太·阿特洛巴特那（Media-Arturopatna），以及亚美尼亚。大约在136年，一支两万人的安息国步兵落入阿兰人的圈套，经过浴血奋战才得以脱离险境。正是此时，阿兰东面的康居国强大起来，向西扩张，阿兰沦为康居的附庸。《后汉书·西域传》记载："奄蔡国……属康居。"直到3世纪，阿兰才从康居统治下独立出来。对此，《三国志·魏略·西戎传》说奄蔡国"故时羁属康居，今不属也"。

3至4世纪，奄蔡再度兴盛，从咸海至顿河、从乌拉尔山至高加索的大片草原是他们的游牧地。在此，他们还经捷列克河谷与阿拉格瓦（Alagwa）河河谷之间的狭窄通道频繁袭击和掠夺高加索地区，这一通道原名萨尔马特门，但此时已经被称为阿兰（奄蔡）门。阿兰人对西方的骚扰最初是小规模的，以抢战利品为目的。3世纪中叶以后，阿兰人大规模地西进。

4世纪中叶（350—374），奄蔡国被西迁的北匈奴击败，其王被杀，阿兰氏统治的奄蔡国灭亡了，奄蔡国由匈奴统治。亡国后的阿兰人一部分迁到高加索，另一部分迁到欧洲。迁到高加索的阿兰人与当地部落融合，形成了以阿兰人为主体的联盟，史称阿兰尼亚（亚美尼亚）；迁到欧洲的阿兰人于5世纪初来到了伊比利亚半岛（Iberian Peninsula）西南部，与当地的西哥特人（Visigoth）融合。留在高加索的阿兰尼亚人后来臣属于突厥，接受了天主教，在10至12世纪期间，他们有了自己的文字，创作了长篇英雄史诗。在1238—1239年间，他们在蒙古西征中受到了沉重打击，残存者迁到高加索山区和南奥赛提亚（South Ossetia），有人认为，今高加索地区的奥塞特人（Ossete）是阿兰人的后裔。

奄蔡国地处水草丰茂的中亚草原，以游牧畜牧经济为主，奄蔡人放牧的牲畜有牛、羊、马、骆驼、骡、驴等。除了畜牧业外，奄蔡人兼营狩猎，据《三国志・魏略・西戎传》记载："奄蔡……其国多名貂，畜牧逐水草。"奄蔡国的貂皮在当时享有盛誉。奄蔡国的手工业以制革、酿酒著称，其中，酿酒业最有名，《史记正义》称引《括地志》："奄蔡，酒国也。"游牧的奄蔡人居住在半穴式房屋内，对此，《后汉书・西域传》记道："奄蔡国……居地城。"

奄蔡位于丝绸之路北道上，据《汉书・西域传》记载："（丝绸之路）北道西逾葱岭则出大宛、康居、奄蔡焉。"利用这一有利条件，奄蔡人东与康居、大宛等中亚国家乃至中国进行着频繁的贸易，西经亚美尼亚、高加索、小亚细亚与罗马进行贸易。据斯特拉波记载，奄蔡人与高加索地区诸政权建立了国际贸易联系，他们控制了黑海地区其他政权与阿姆河以北地区和中国的商道。此时，在罗马市场上出售的中国大黄被称为 rha-ponticum，意思是"黑海的大黄"。罗马人不知道奄蔡人向其出售的大黄是从中国贩卖过来的，还以为是奄蔡人生产的，所以称其为黑海的大黄。此外，奄蔡与南方的花剌子模、贵霜乃至印度发展贸易。据斯特拉波记，（奄蔡人）将骆驼组成商队，同印度与巴比伦进行贸易，他们与亚美尼亚人和米太人进行实物交换而获得货物。奄蔡国从这些贸易中获利，国家因此富庶。

奄蔡虽远离中国，但由于贸易关系，与中国有使者往来。在汉武帝开拓西域、经营西北边疆之时，中国曾派使者前往奄蔡。《史记・大宛列传》记载："汉始筑令居以西，初置酒泉郡以通西北国。因益发使抵安息、奄蔡、黎轩、条枝、身毒国。"

奄蔡人是语言属印欧语系东伊朗语族的欧罗巴种人，他们身材高大，头发颜色淡黄。在公元前 2 世纪后期，受月氏迁徙冲击的一些塞种人顺锡尔河而下，进入奄蔡国，因此奄蔡人的宗教文化与斯基泰人极为类似：以树枝占卜，插剑于地誓盟，崇尚武功。奄蔡人的习俗与康居人基本相同，据《史记・大宛列传》记载，奄蔡与康居大同俗；《后汉书・西域传》也说："奄蔡国……民俗衣服与康居同。”

在 8 世纪以后，在咸海至里海北岸游牧的奄蔡人与迁徙到中亚草原的突厥族佩彻涅格人（Pechenegs）混居，逐渐被他们突厥化。[①]

第二节　康居

康居（K’ang-chü）是马萨革泰人后裔康居人建立的国家。[②]《世说新语·排调篇》一书描述了一位于 326—342 年间来到中国的康居僧侣康僧渊的外貌特征，“目深而鼻高”。可以确定，康居人属欧罗巴人种。

在公元前 2 世纪，康居人在今哈萨克斯坦南部和锡尔河中、下游一带放牧。最迟在公元前 2 世纪后期，康居人建立了国家，都城卑阗城在今塔拉斯河畔。[③] 张骞第一次出使西域时（前 138—前 126）到过康居国。据中国史书记载，康居国中央政权实行双王制，最高统治者有“康居王”和“康居副王”，如《汉书·陈汤传》记载：“康居副王抱阗将数千骑，寇赤谷城东。”康居王位实行父子相传的世袭制。康居国是一个比较成熟的国家，除了王与副王外，在康居国统治阶层中还有一定的行政分工，出现了“康居太子”、“康居贵人”、“王子”和“翕侯”（Yabghus）等官职。其中，翕侯可能是部落贵族，地位尊贵，拥有实权，国家每遇大事，国王就与翕侯商议，据《汉书·匈奴传》记载：“会康居王数为乌孙所困，与诸翕侯计。”

据《史记·大宛列传》记载，在公元前 2 世纪后期，康居人口不多，军队只有八九万人。与当时东方的匈奴国比起来，康居地小兵弱，只能算小国；与南边的大月氏（Yüeh-chih）的政权相比，康

---

① Bosworth, C. E, *History of Civilizations of Central Asia*, Vol.4., UNESCO, 1998.

② 目前，还没有更多的资料将乌孙、康居民族纳入吐火罗人。

③ 关于康居国都城卑阗城的所在地，日本学者藤田丰八认为在今塔什干；白鸟库吉认为在今奇姆肯特至土尔克斯坦一带；研究《大唐西域记》的英国学者瓦特尔斯（Watters）认为在今撒马尔罕；丁谦认为在今塔拉斯河畔。岑仲勉认为丁谦的看法是正确的。

居国力也赶不上。因此，康居“南羁事月氏，东羁事匈奴”。

到公元前后时，康居国达到了鼎盛，据《汉书·西域传》记载：“康居国……户十二万，口六十万，胜兵十二万人。”在强盛之时，康居南边的大月氏政权处于分裂之中，而以贵霜为中心的帝国又尚未建立，于是，康居摆脱了对大月氏人的臣服，此时，《汉书·西域传》只提到康居“东羁事匈奴”。

康居国强大以后，向外扩张。当时，康居国西面和北面的奄蔡国和严国分别成了康居的属国。“严国，在奄蔡北，属康居。”在南方，康居还有五个附属小国，据《汉书·西域传》记载，这五个地方政权是：苏薤，治苏薤城（今撒马尔罕）；附墨，治附墨城（今布哈拉）；窳匿，治窳匿城（今塔什干）；罽，治罽城（今柯提，Kath）；奥鞬，治奥鞬城（今乌尔根奇）。[①] 康居国强盛时的疆域东起锡尔河以北，西至阿姆河以西地区的广大地区，河中地区和花剌子模绿洲都是它的臣属地，甚至有学者认为，康居国强盛时期，西边领土延伸到了里海和黑海以北的广大地区。

然而，在2世纪上半叶，在中亚南方兴起的贵霜帝国陆续夺取了康居的属国和属地，如粟特、花剌子模、奄蔡等先后都成了贵霜帝国的领土，康居国也沦为贵霜帝国的属国，这一点从考古资料中可以反映出来。考古学家在花剌子模、撒马尔罕、布哈拉等原康居属地上发现了仅仅在贵霜帝国内部流通的贵霜铜币。尽管如此，直到3世纪，康居国仍然是北方的强国，这一点从中国史书有关康居国朝贡和康居国与中原王朝的外交关系中可以看到。[②] 康居国在衰落

① 关于这五个小王国的地理位置，参见岑仲勉：《汉书西域传地里校释》，中华书局1981年版，第249—256页。

② 先秦时期开始有“朝贡”一词，“朝”意为谒见天子，“贡”意为向天子献上贡品和物产。《周礼·春官·大宗伯》记：“春见曰朝，夏见曰宗，秋见曰觐，冬见曰遇。时见曰会，殷见曰同。”《汉书》记：周朝，“以时入贡，名曰荒服”。两汉时期，“朝贡”一词成为专门术语，《汉书》中有“来朝”、“来献”、“朝献”、“奉献”、“遣使”表述朝贡。《汉书·西域传》序文说：“昭宣承业，都护是立，总督城郭，三十有六，修奉朝贡，各以其职。”“朝贡”不再反映诸侯与天子的关系，而是藩属国与宗主国之间的关系。通过朝贡活动，朝贡双方结成一定的政治、经济关系。“朝贡”包括藩属国的“贡献”和“上表”（请封、请求内附、请援等）；宗主国对朝贡国往往有赏赐、册封。

中一直苟延到4世纪。

康居是以游牧经济为主的行国，据《史记·大宛列传》记载：“康居在大宛西北可二千里，行国，与月氏大同俗。”《汉书·西域传》进一步记载说，“康居国，王冬治乐越匿地”，“夏所居蕃内”。由此可知康居人的冬牧地在“乐越匿”，夏牧地在“蕃内”。据岑仲勉先生考证，“乐越匿”在锡尔河下游一带，夏牧地“蕃内”在咸海、里海以北。[①]两地相距数千里，康居人在此数千里之内游牧。康居人放牧的牲畜有骆驼、驴、马、牛、羊等。除了游牧经济外，康居在南方的属国大多数是以灌溉农业为主的地区。

康居国的城市主要有都城卑阗城和郅支城（Chih-chih）。郅支城是西匈奴郅支单于西奔康居时（前44）建筑的，它建在赖水（今塔拉斯河）河畔，据《汉书·陈汤传》记载，郅支“发民作城，日作五百人，二岁乃已”。郅支城历时两年完工，城周筑有壕沟，城内分两层，内城为土建，称土城，土城外还有木城。郅支单于的宫殿在土城内，城上设有望楼，看来是一个军事堡垒。

康居国位于丝绸之路北道上，丝绸之路北道经大宛、康居、奄蔡，最后到达罗马。因此，与奄蔡国一样，康居国的过境贸易发达，中国产的丝绸、漆器、铁器、铜器、玉器、药材等沿丝路运抵康居后，由康居商人行销西方；西方各地的宝马、毛织品、毛皮、珠宝、药材、香料和珍禽异兽等通过康居再转运到中国各地。如今，在里海西岸发现了汉代铜镜，在高加索出土了汉代玉剑，在克里米亚半岛出土了汉代丝织物，它们是康居和奄蔡商人转手贸易的见证。康居国的特产是毛皮，境内盛产鼠皮、貂皮、白昆子皮、青昆子皮，康居的毛皮享誉东西方，因此，丝绸之路北道又被称为“毛皮路”。

由于长途贸易，康居国的运输业兴盛，骆驼、马、驴承担着长途运输的工作。为了保证贸易的安全，康居商人还组织了武装沿途保护。康居国对东、西方经济交流做出了贡献。

---

① 参见岑仲勉：《汉书西域传地里校释》，第246—249页。

在对外关系中，康居国与中国两汉王朝的关系密切。从《汉书·董仲舒》和《汉书·司马相如传》的记载来看，在张骞第一次出使西域还未归国之时（前 126），中原地区就已经知道了康居国。董仲舒在对策中阐述天下一统重要性时说："夜郎、康居，殊方万里，说德归谊，此太平之致也。"司马相如在公元前 133 或公元前 132 年的告巴蜀民檄文中说："……康居西域，重译纳贡，稽首来享。"张骞第一次出使西域时曾亲临康居，第二次出使西域时曾派副使出使康居，这些事件是西汉王朝与康居国的最初接触，此后，康居国与中国中原王朝的官方交往不断。

在公元前 2 世纪晚期至 4 世纪晚期的五百多年中，康居国与中国的关系以 3 世纪为分界，可分为两个时期。在前期，康居国虽然与中国有使者往返，但恃强自傲阻止两汉王朝在西域的活动；在后期，康居国因国力衰退，朝贡不绝。

3 世纪以前，康居使者往来中国的情况，汉籍记载很多。据《史记·大宛列传》记载，公元前 113 年左右，在中国派往康居的使者返国之时，康居曾派使者同行回访，来到西汉都城长安，了解了西汉的强大富庶。在汉成帝时期（前 33—前 7 年在位），康居"遣子侍汉，贡献"。1 世纪初，王莽当政之时，康居与中原王朝的联系中断。到东汉明帝班超出使西域之时（73—102），"……康居、月氏……复愿归附"。康居国还出兵协助东汉打击与匈奴勾结的姑墨。据《后汉书·班超传》说，78 年（建初三年），班超"率疏勒、康居、于阗、拘弥兵一万攻姑墨石城"。

尽管如此，两汉时期的康居国始终是经营西域的一大障碍。据《史记·大宛列传》记载，公元前 104—前 101 年间汉武帝派贰师将军李广利讨伐大宛，康居国出兵支援大宛。由于康居兵的阻挠，西汉未能攻占大宛都城，只好与大宛议和。在此期间，康居还为大宛郁成王提供庇护。由于康居国的敌对态度，西汉在西域设立西域都护府之时（前 60），曾授意西域都护：督察康居等国的行为、动静，及时报告朝廷。

此后，康居国王又庇护被汉军追击的匈奴单于郅支。公元前58—前56年，匈奴内乱，五单于纷争，郅支单于与其弟呼韩邪单于对立。呼韩邪单于率部南迁，归附汉朝；而郅支单于则率部西迁徙，设王庭于坚昆（该部的活动在阿尔泰山）。在得知这一情况之后，康居国王派贵人带厚礼邀请郅支单于移至康居国。汉将陈汤向康居国王阐明中国立场并“谕以威信”，争取到康居国一部分贵族的支持，陈汤将郅支围困在郅支城内。但康居国王仍执迷不悟，遣兵支援：“兵万余骑，分为十多余处，四面环城，亦与相应和。”最终，陈汤破城而入，康居军队才离去。

除了阻挠中国在西域的行动外，康居自恃是中亚北方的一大强国，对中国使者态度傲慢无礼，据《汉书·西域传》记载：“康居骄黠，讫不肯拜使者。都护吏至其国，坐之乌孙诸使下，王及贵人先饮食已，乃饮啖都护吏，故为无所省以夸旁国。”汉朝官员对这种侮辱义愤不已，都护郭舜建议：“归其侍子，绝勿复使，以章汉家不通无礼之国。”

尽管发生了以上一些不和谐的事件，但康居国始终没有与中国发生直接冲突，其中的原因据《汉书·西域传》推测，康居“何故遣子入侍？其欲贾市为好，辞之诈也”。康居国遣子纳贡，要求成为汉之属部，与西汉对属国和非属国的政策是不同的。西汉为了加强与属部的政治联系，规定属部不仅可派使者朝觐，还可以派朝贡使。与民间互市相比，朝贡贸易的利润巨大。朝贡者不必来到京师，他们在边郡缴纳贡物，由边郡回赐。只有属国和属部才有此优惠待遇，故康居国一直承认自己是西汉属国。

3世纪以后，中国处于战乱分裂状态，然而，康居国与中原王朝的使节往返没有中断。在曹魏政权之时（221—265），康居曾遣使纳贡。《三国志》卷三十《魏书·乌丸鲜卑东夷传》记：“魏兴，西域虽不能尽至，其大国……康居……无岁不奉朝贡，略如汉氏故事。”西晋武帝时期（265—290），康居两次遣使来朝，267年，“康居王那鼻遣使上封事，并献善马”，287年，“南夷扶南、西域康居国各遣使来献”。中国史书对康居到中国贡献的最后一次记载为381年，当时，康居国是向前秦苻坚“遣使贡方物”。

康居国与中原王朝之间除了官方的使节往来外，还有民间往来。据《三国志》裴松之注引《诸葛亮集》载，后主刘禅建兴五年（227）三月诏曰：“凉州诸国王各遣月支、康居胡侯支富、康植等二十余人诣受节度。”当时正值诸葛亮第一次北伐，驻节沔阳。诏书中提到的“康居胡侯支富、康植”就是当时聚居于河西的康居移民首领。据前秦《重修邓太尉祠》记载，362年，冯翊护军统辖“支胡、粟特、水杂户七千”①。这一记载反映了康居国的粟特居民移居中国，并在中国政府中当兵的情况。

康居国与中国的关系还表现在文化交流上。康居国佛僧到中国传播佛教。据《高僧传》、《开元释教录》、《大唐内典录》等书记载，从2世纪末到4世纪末，康居国佛僧在中国翻译佛经，其中著名者有康巨、康孟详、康僧会、康僧渊、康道和等人。他们在中国译了《问地狱事经》、《中本起》、《修行本起》、《阿难念弥陀经》、《镜面王》、《察微王》、《梵皇经》、《小品》、《六度集》、《杂譬喻》等佛经，并给《安般守意》、《法镜》、《道树》等佛经作注。其中，康僧会等人还在中国建筑寺庙。康居国佛僧建寺立庙，翻译佛经，弘扬佛法等活动有力地推动了佛教在中国的传播。

在对外关系中，康居国还注重与匈奴的关系。公元前2世纪匈奴强大起来，驱逐月氏，雄踞中国北方。在此期间，康居国开始臣属于匈奴。为了借用西匈奴郅支单于的力量，当郅支单于西迁中亚时，康居王派贵人携带几千驴马前去将他迎到康居国，并以女妻之。据《汉书》记载：“康居王以女妻郅支，郅支亦以女予康居王。”但郅支单于自视大国国君，以残忍的态度对待康居国民，“怒杀康居王女及贵人、人民数百，或支解投都赖水中”。对此，康居国王不敢反抗。

---

① 参见吴山夫：《金石存》，转引自唐长孺：《魏晋南北朝史论丛》，生活·读书·新知三联书店1955年版，第394页。

除了与匈奴结好外，康居国与东邻乌孙国也关系密切。公元前2—前1世纪时，乌孙国势力比康居国强大，“康居王数为乌孙所困”。康居国借匈奴郅支单于之力企图改变这种状况，“康居王……与诸翕侯计，以为匈奴大国，乌孙素服属之，今郅支单于困厄在外，可迎置东边，使合兵取乌孙以立之，长无匈奴忧矣”。郅支单于移居康居国之后，多次深入乌孙国都赤谷城，暴掠乌孙。据《汉书·陈汤传》记载：“郅支数借（康居）兵击乌孙，深入至赤谷城，杀略民人，驱畜产，乌孙不敢追，西边空虚，不居者且千里。”康居乘机掳掠，“康居副王抱阗将数千骑，寇赤谷城东，杀略大昆弥千余人，驱畜产甚多”。

康居与乌孙两国之间除了战争外，康居国还参与了乌孙国内的政争。在乌孙国内斗争失败的贵族大多数是逃到康居国避难，康居国为他们提供庇护和支持。大约公元前11年，“末振将弟卑爰疐本共谋杀大昆弥，将众八万余口北附康居，谋欲借兵兼并两昆弥”。

康居与乌孙两国之间除了敌对外，也互派使节访问。有一次，康居国王把乌孙国使者安排在中国使者之上就坐，表明康居对乌孙国的重视。此外，康居国是乌孙国的近邻，两国之间经济往来也很频繁。

4世纪，康居国明显衰落了。据《晋书》记载，381年，康居曾“遣使贡方物”，此后，中国史书再也没有康居国朝贡的记载。据以后的《魏书》记载，437年，来朝贡的是者舌国：“者舌国，故康居国……太延三年（437），遣使朝贡，自是不绝。”由此推断，康居国的灭亡可能在381—437年间。

康居国灭亡的原因至今未有定论。有学者认为，康居国的灭亡与阿尔泰山南下的游牧民哌哒人有关。据中国史书记载，哌哒国国王之妻曾派康居国人康符真出使中国南部的梁朝贡献，这一记载表明，康居国已经役属于哌哒国。康居国灭亡以后，它的属国和属地走上了独立发展的道路，中亚地区涌现出康国、安国等以昭武为姓的一系列国家。

第三节 月氏

最早记载月氏人的中国史书有《逸周书》、《穆天子传》、《管子》，它们对月氏有着不同的称谓：禺氏、禺知、月支。月氏人是语言属印欧语系的欧罗巴种人[①]，他们的外貌特征在《南州异物志》有记载，书中说大月氏国“人民赤白色”[②]。

据《穆天子传》记载，月氏人居中国中原王朝正北方，即“伊尹献命列禺氏于正北”;《逸周书·王会篇》记:“正北……禺氏。”中国学者王贻樑考证，禺知人的居地在今山西平鲁、井坪一带，平鲁、井坪地处内蒙古草原南缘。《穆天子传》和《逸周书》是公元前5世纪以前的文献，也就是说，月氏人在公元前5世纪以前生活在中国内蒙古草原南缘一带。[③]

月氏人在此以狩猎为生:“月氏……请令以橐驼、白玉、野马、騊駼、良弓为献。”騊駼是一种野生的骡马，月氏人的贡献是野马、騊駼、良弓，由此推知，狩猎是他们的主要经济来源。

---

① 月氏人的印欧种起源得到普遍接受，目前基本上一致认定月氏人就是吐火罗人。

② 三国时期吴国万震《南州异物志》已佚，分别被《隋书·经籍志》、《旧唐书·经籍志》、《新唐书·艺文志》所录。

③ 有人假设月氏最初的家园在西方，以后迁移到中国边境，因此，他们在公元前2世纪的迁移实际上是向西方的一次回迁。参见蒲立本:《中国人与印欧种人》(*Chinese and Indo-Europeans*, 1966)。然而，考古学没有证实任何这类理论，新的发现似乎也倾向于削弱“要在欧洲寻找印欧种人家园”的这些理论。最近对古墓（Kurgan）文化的研究表明，印欧种人的家园在南俄草原方向。对安德罗诺沃文化及其与其他文化之间的关系仔细再审视，以及对墓地文物进行的古人类学分析，不排除印欧种人的家园在更东方的可能性。已经有人将吐火罗人认定为甘肃齐家文化，齐家文化在时间上与其东面的龙山文化形成期平行，但“可能有不同的族缘和独特的文化传统”。参见张光直:《古代中国考古》(*Archaeology of Ancient China*)，耶鲁大学出版社1963年版，第138、235页；程德昆:《中华文明的开始》(*The Beginning of Chinese Civilization*)，耶鲁大学出版社1997年版。安德森(Anderson)认为事实上在公元前2500—前500年的两千年间，甘肃陶瓷艺术的发展有一个明显的连续性。参见安德森:《中国史前考古学研究》(Researches into the Pre-History of the Chinese, 1943)，《远东古物博物馆学报》。

公元前3世纪，月氏人出现在河西走廊一带。[①] 据司马迁的《史记》记载："始月氏居敦煌、祁连间。"此后，《后汉书·西羌传》又记："湟中月氏胡，其先大月氏之别也，旧在张掖、酒泉地。"可以说，在公元前3世纪，月氏人已经生活在武威到酒泉之间的地区了。当时，月氏人之西是乌孙人，乌孙在酒泉以西至敦煌一带；月氏人之东是匈奴，匈奴在内蒙古阴山一带游牧。

月氏从山西平鲁、井坪一带迁往河西走廊的原因，可能与公元前7世纪齐桓公和秦穆公在北方和西北方的征伐有关。来到地势平坦、水源充沛的祁连山间，月氏人开始了游牧业的生活。因地处河西走廊，他们也开始经营由西域输往中原的玉石贸易。《管子》一书中多处谈到了禺氏与玉的关系。其中，《国蓄篇》记载说："玉起于禺氏"，《揆度篇》记载说："北用禺氏之玉"、"玉起于禺氏之边山"，《轻重甲篇》记载说："禺氏不朝，请以白璧为币乎"，《轻重乙篇》记载说："玉出于禺氏之旁山。"不难看出，月氏人可能垄断了过境的玉石贸易。

来到河西走廊不久，在公元前3世纪中期，月氏人强盛起来。据《史记·大宛列传》记载："秦时……月氏盛。"月氏人的势力范围在西方抵达阿尔泰山区，他们的影响在东方到达了河套地区，整个河西走廊被月氏控制。据《水经注》记载："炖煌，古瓜州也。……瓜州之戎，并于月氏者也。"唐魏王泰著的《括地志》记："凉、甘、肃、瓜、沙等州，本月氏国。"月氏强盛起来之后，匈奴成为月氏的奴役部，匈奴单于送太子到月氏为人质。

不过，月氏的强盛并不长久。在公元前3世纪末，匈奴强盛起来。匈奴也是中国北方的一支游牧民族，先秦史籍将他们记为：荤粥、猃狁、獯鬻。公元前209年，匈奴单于冒顿统一了匈奴各部，

① 如果考虑到月氏一名的早期形式：Yü-chih, Yü-shih, Nu-shih (chih)，可以发现这些月氏人，即吐火罗人（Tokharians），在《逸周书》的一张部落表上提到了吐火罗人到达西周宫廷的时间大约在公元前1000年；这可能不真实，但它表明此名在前汉时期就为人所知。无疑，在公元前3世纪初以前，吐火罗人已经定居在祁连山和敦煌之间，一边以秦国为邻，另一边是匈奴。

改变了匈奴人东受东胡挤压、西受月氏侵凌的状况。匈奴统一起来之后，先攻东胡，继而开始西征月氏。公元前 201 年，匈奴首次向月氏发起攻击，初步遏制了月氏东进的势头。初战告捷之后，匈奴着手准备攻月氏的大规模战争。

匈奴与月氏的大规模战争发生在公元前 177 年或公元前 176 年。在此次战争中，匈奴打败了月氏，原来臣属于月氏的楼兰、乌孙和呼揭等国家转而臣属于匈奴。在冒顿单于于公元前 176 年呈给汉朝的书中说："以天之福，吏卒良，马强力，以夷灭月氏，尽斩杀降下之。定楼兰、乌孙、呼揭及其旁二十六国，皆以为匈奴。诸引弓之民，并为一家。"①

此战之后，月氏人开始了长途迁徙。以《汉书》的记载为基础，他们的迁徙可分为两个阶段，第一阶段从故地敦煌到达伊犁河上游，第二阶段从伊犁河上游到达大夏。第一阶段的运动是迫于匈奴。月氏放弃了"敦煌、祁连间"的故土，大部分人向西迁徙，他们以后被称为大月氏，留在"敦煌南山"的少数月氏人被称为小月氏。对此，《史记》记载说："余小众不能去者，保南山羌，号小月氏。"

大月氏的西迁引发了一连串的事件。最先受到影响的是乌孙人。大月氏人向西进入乌孙人的放牧地，即酒泉以西至敦煌一带，乌孙王难兜靡被月氏人所杀，他刚出生不久的儿子猎骄靡由乌孙残部携带投奔了匈奴，冒顿单于收养了他。大月氏沿天山以北地区西迁，冲击了伊犁河和楚河流域的塞种人。②

据《汉书·张骞传》记载，伊犁河和楚河流域是塞种人的居地："月氏已为匈奴所破，西击塞王，塞王南走远徙，月氏居其地。"

---

① 《史记·匈奴列传》：文帝前元四年（前 176）冒顿单于遗汉书。

② 关于月氏西迁伊犁河流域的时间和路线，史学界争议颇多。其年代有两种说法，一说迁于匈奴冒顿单于时，一说迁于匈奴老上单于时。这里采用公元前 177—前 176 年左右这种观点。关于月氏西迁的路线，一说是沿天山南麓西迁，一说是沿天山北麓西迁。这里采用后一种说法。参见余太山：《大夏和大月氏综考》，见《中亚学刊》第 3 辑，中华书局 1990 年版；苏北海：《大月氏的西迁及其活动》，《新疆大学学报》1989 年第 2 期。

受大月氏西迁的影响，生活在伊犁河和楚河流域游牧的塞种人被迫离开故地，朝不同方向迁徙，后来，他们在新迁徙地建立了自己的政权。

首先，向西迁的塞种人一部分留在锡尔河北岸，融入康居国；一部分继续西迁，来到咸海和里海沿岸甚至更西的地方，融入奄蔡国。

其次，向西南迁徙的塞种人渡锡尔河来到了费尔干纳，有一部分人留了下来，他们与当地的印欧种土著人，即牧地塞克人，共同创建了大宛国。有一些塞种人继续南下，其中的一部分来到了阿姆河流域，消灭了这一地区的希腊—巴克特里亚王国，建立了大夏国；有一些迁徙到了帕米尔地区，在此建立了捐毒国和休循国；有一些向东进入塔里木盆地，建立了车师、焉耆、龟兹、姑师、伊循等国；还有一些继续南下，越过县度①到达犍陀罗地区建立了罽宾国。对此，中国史书记载说："昔匈奴破大月氏，大月氏西君大夏，而塞王南君罽宾。塞种分散，往往为数国。自疏勒以西北，休循、捐毒之属，皆故塞种也。"

大月氏西迁到伊犁河和楚河流域之后，匈奴仍然紧追不舍，双方在此发生了多次战争。在一次与匈奴老上单于（公元前 174—前 161 年在位）的战争中，大月氏遭到了沉重打击，其王被杀，头颅被单于做成了饮酒的杯子。《史记·大宛列传》记载说："至匈奴老上单于，杀月氏王，以其头为饮器。"尽管如此，在公元前 139 年张骞第一次出使西域之时，月氏人仍然生活在伊犁河和楚河流域。张骞在过匈奴境时被拦截，单于知道张骞欲去大月氏，于是说："月氏在吾北，汉何以得往使？"由此观之，大月氏还在匈奴之北面的伊犁河和楚河流域。

大月氏离开伊犁河和楚河流域的第二阶段，迁徙的时间大约是

---

① 余太山认为县度位于达瑞尔（Darel）至 Gilgit（吉尔吉特）之间印度河上游河谷，参见余太山：《塞种史研究》，第 145 页。

公元前 130 年。[①] 再次西迁与乌孙的复国有关，乌孙得到了匈奴的鼓励和支持，乌孙王难兜靡之子猎骄靡在匈奴单于家中长大，成年以后，单于让他统率旧部，镇守酒泉以西至敦煌之间的原乌孙故地。在此期间，猎骄靡的势力逐渐壮大起来。据《史记·大宛列传》记载："昆莫既健，自请单于报父怨，遂西攻破大月氏，大月氏复西走大夏地。"后来，乌孙在匈奴的支持下打败了大月氏，在伊犁河和楚河流域重建了乌孙国。

经此失败，大月氏开始了第二次大迁徙。公元前 2 世纪中叶，大月氏途经大宛（费尔干纳）来到阿姆河以北的地区。当时，这一地区属大夏国管辖。大夏国是塞种人建立的国家，在月氏人第一次西迁中受到冲击的一支塞种人南下，灭亡了阿姆河流域的希腊—巴克特里亚王国，在此废墟上建立了自己的国家——大夏。大月氏第二次西迁来到阿姆河北岸流域之后，取代大夏国统治了这一地区。对此，《史记·大宛列传》记载说："过宛，西击大夏而臣之，遂都妫水（阿姆河）北，为王庭。"此时，月氏人还没有建都，他们以王庭为统治中心，王庭具体设在阿姆河北岸的什么地方，史书未有记载。

阿姆河北岸的大夏国被大月氏人灭亡以后，大夏国的一部分塞种人留在大月氏政权之下，大多数人向西南和南部迁徙。向西南方向迁徙的塞种人后来冲击了当时在帕提亚建立的安息王国，动摇了安息王国的统治，最后，他们建立了自己的国家乌弋山离。[②] 向南迁徙的塞种人冲击了印度西北地区，印度的巽迦王朝受到影响，这支塞种人后来建立了一些塞种人国家。

---

① 关于大月氏为乌孙所迫西迁阿姆河的时间，也有两种说法。一说始于老上单于时期，即公元前 174—前 161 年；一说始于军臣单于时期，即公元前 161—前 126 年。据西方史料记载，大约公元前 129 年，帕提亚国王弗拉特特二世（前 139—前 128 年在位）西征塞琉古王朝的叙利亚王国，但因盘踞在粟特和巴克特里亚等地的阿色尼人和吐火罗人等塞克人从东北部大举入侵，不得不转而与塞克人作战。由此推知大月氏人南下的时间可能是公元前 130 年。这里采用后一种说法，参见余太山：《塞种史研究》，第 58 页。

② 关于建立乌弋山离国的塞种人的迁徙途径有两种说法，另一说是迁徙到阿姆河北岸的塞种人向西南迁徙，有的离开此地继续向西南方和南方迁徙。

阿姆河以南地区仍然归属于大夏国。据《史记·大宛列传》记载："大月氏在大宛西可二三千里，居妫水北。其南则大夏，西则安息，北则康居。"公元前129年，张骞先抵达大月氏，后又到了大夏。由此可知，大月氏与大夏国是并存于中亚的两个政权。《史记·大宛列传》记载说：张骞第二次出使西域时，曾"分遣副使使……大月氏、大夏"。公元前113年（汉武帝元鼎四年），张骞派去大夏的副使返回长安，回访的大夏使者随行来到长安，即"骞所遣使通大夏之属者，皆颇与其人俱来"。可见，此时，阿姆河南岸仍是大夏国的领土。

来到阿姆河北岸的大月氏人继续以游牧为业。据《史记·大宛列传》记载：月氏"……行国也，随畜移徙，与匈奴同俗，控弦者可一二十万"。"控弦者可一二十万"说明当时大月氏的军事力量比较强大。从张骞在大月氏所观察到的大月氏人因"地肥沃"而"志安乐"的状况来看，他们生活的地区水草丰美，人民能够安居乐业。此后，大月氏逐渐壮大，他们南下阿姆河以南的巴克特里亚，将阿姆河南北地区统一起来。

第四节　乌孙

乌孙（Wu-sun）是生活在中国西北地区的一支古代民族，自称昆人（又译混夷）。乌孙人碧眼赤须、深目高鼻，属欧罗巴种的印欧种人。昆人最初居今宁夏的固原地区。固原地处六盘山脉，多山谷草场，宜于放牧。公元前11世纪（商末周初），昆人强大，据《诗经·大雅》记载："混夷駾矣，维其喙矣。"《毛诗序》在谈到《诗经·小雅·采薇》的写作背景时说："文王时，西有昆夷之患。"《史记》中《孟子·梁惠王章》记："惟仁者为能以大事小，是故汤事葛、文王事昆夷。"这些记载反映了昆人的强大。

公元前4世纪后期，昆人被日益强大的秦国打败，西迁到河西走廊一带，与月氏为邻。据《汉书·张骞传》说：“闻乌孙王号昆莫。昆莫父难兜靡本与大月氏俱在祁连、敦煌间，小国也。”昆人在酒泉以西至敦煌一带，月氏在酒泉以东至武威一带。此时的昆国弱小，臣属于月氏。

公元前 177 或者前 176 年，月氏被匈奴打败，向西迁徙，引发了一系列迁徙运动，首当其冲受到挤压的是昆人。月氏人西入昆人牧地，杀其王难兜靡，昆人的国家灭亡。留在原地者仍取“昆邪王”或“浑邪王”，意为昆人之王；离开河西走廊的昆人，改名为乌孙。

乌孙人携带难兜靡之婴儿猎骄靡投奔匈奴，匈奴冒顿单于（前 209—前 174 年在位）收养了他。猎骄靡长大之后，在匈奴单于手下带兵，多次立下战功。匈奴让他统率旧部，镇守故地酒泉以西至敦煌一带，为匈奴驻守西界。

大约在公元前130年，在匈奴军臣单于（前161—前126年在位）的支持下，猎骄靡率军征大月氏，开始了复仇之战。乌孙在这些战争中获胜，失败的大月氏人再次西迁。乌孙迁至伊犁河流域，并在此复国。

复国之后，乌孙国一度成为中亚东北部的一个强大政权。据《汉书·西域传》记载：“乌孙国……东与匈奴，西、北与康居，西与大宛，南与城郭诸国相接。”乌孙国疆域东与匈奴为界，抵达东部天山，西与大宛相邻，抵达今纳林河流域，北接康居，抵伊塞克湖畔，南临中亚河中地区的定居国家。在乌孙国内，除了乌孙人外，国民中还有留下来没有迁走的大月氏人和塞克人。据《史记·大宛列传》记载：“乌孙昆莫击破大月氏，大月氏徙西臣大夏，而乌孙昆莫居之，故乌孙民有塞种、大月氏种云。”

猎骄靡羽翼丰满之后，不再臣属于匈奴。对内，他致力于建设独立的乌孙国；对外，他与匈奴和中国西汉王朝保持着友好关系。乌孙复国后不久，张骞向汉武帝建议采取“厚币络乌孙”的手段，使乌孙与“汉结昆弟”，联合对付匈奴。于是，汉武帝派张骞于公元前 119 年第二次出使西域。张骞到达乌孙以后，由于当时乌孙内部不和睦，权力一分为三，即昆莫猎骄靡、大禄和岑陬，加之“其大臣皆畏胡（匈奴）”，因此，昆莫猎骄靡未与汉朝联盟共击匈奴。在张骞于公元前 115 年回国之时，乌孙昆莫派使者几十人带着几十匹马回访。使者归国以后，报告了沿途见到的汉朝的富庶与强大，乌孙王开始看重汉朝，据《史记・大宛列传》记载：“乌孙使既见汉人众富厚，归报其国，其国乃益重汉。”乌孙王派使者向汉朝献马表示友好，同时向汉朝求婚，细君公主远嫁乌孙王，成为猎骄靡的妻子。

然而，在此期间，乌孙国仍然惧怕匈奴，远嫁猎骄靡的细君公主只被封为右夫人。在李广利征伐大宛之时，汉武帝告之乌孙，请乌孙多派一些军队与汉军一起攻打大宛，但乌孙只出骑兵两千，并首鼠两端不肯向前。汉朝征伐大宛的胜利最终才使乌孙及西域诸国对汉朝臣服。

猎骄靡去世之后，其孙军须靡（即岑陬）继位（约前 104—前 93 年在位），他继续推行祖父的内外政策，与汉朝和睦相处，并向汉朝公主求婚，汉嫁解忧公主。军须靡去世之时，其子尚幼，乌孙王位由军须靡的堂兄弟翁归靡（号肥王）继承（约前 93—前 60 年在位）。依乌孙习俗，解忧公主又嫁给了翁归靡。

翁归靡继位以后，一改乌孙王亲匈奴的做法，与汉朝关系密切而疏远匈奴。翁归靡也娶了匈奴公主为妻，但是，并不看重她，而想立与汉朝公主所生的长子元贵靡为王位继承人。翁归靡的做法激怒了匈奴，匈奴对乌孙发动大规模的进攻，占领了两国交界处的乌孙领土车延和恶师，并将此地的乌孙人掳走为奴。匈奴派使者对翁归靡说，乌孙如果把汉朝公主交给他们并同汉朝断绝关系，匈奴就撤兵。公元前 72 年，匈奴联合车师后国再次对乌孙国大举进攻，解忧公主与翁归靡遣使上书，盼汉出兵以救乌孙，汉朝派出 15 万骑兵助乌孙作战。公元前 71 年，乌孙与汉军共击匈奴，俘虏匈奴 3.9 万多人，虏获马、牛、羊、驴、骆驼 70 余万头。[1]同年冬，匈奴单于率领几万骑兵攻乌孙，遇到天降大雪，一日深丈余，人、畜生还者十

---

① （汉）班固：《汉书・西域传》“乌孙国”。

不及一。公元前70—前69年，丁零、乌桓、乌孙从北、东、西三面进攻匈奴，匈奴死亡十分之三，畜产损失约一半，从此衰弱，属国纷纷独立。

公元前69年，龟兹杀害汉朝校尉赖丹，常惠调发西域各国兵力5万多人征讨龟兹，乌孙派了7000人马前来襄助。这些战争一方面打击了匈奴，另一方面也增强了乌孙的实力。乌孙虏获甚丰，经济实力增加，在西域的威望空前大增，成为西域最大国。当时乌孙国拥有12万户，人口63万，军队近19万人。[①]乌孙军队的数量比西域所有国家的总和还多。汉朝和匈奴都把公主嫁给翁归靡以笼络之；远在南道的莎车国"为欲得乌孙心"，将翁归靡的次子万年请去当国王；龟兹国王降宾为靠拢乌孙，娶翁归靡的长女弟史为妻；车师王乌贵在受到匈奴威胁之时也逃奔乌孙，请求庇护。

公元前60年，汉朝在西域设立西域都护，管辖西域事务。乌孙成为汉朝的属国，是《汉书·西域传》所记五十个属国之一，此后，汉朝参与了乌孙国的国事。

乌孙国实行以昆莫（又译昆弥、昆靡，意为国王）为首的专制统治，国家实行双王制，国王分大、小昆莫，王位的继承基本上是长子继承制，但也有兄终弟及的情况。辅佐国王的统治机构有：大禄、左右大将、侯（即翕侯）、大将和都尉、大监、大吏、舍中大和骑君八级。大禄相当于丞相，负责国家的民事和军事。左右大将各一人，专司军事。侯负责地方或部落的军政事务。昆莫、大禄、左右大将和侯这四级在乌孙国掌握实权。在乌孙国中，还保留着氏族公社残余的贵族议事会议，在乌孙国内发挥着重要的作用。据《汉书·西域传》记载，当翁归靡想由其长子元贵靡继承王位之时，"乌孙贵人共从本约，立岑陬子泥靡代为昆靡，号狂王"。乌孙贵人不顾国王的意见，可见氏族制残余在乌孙国中的影响。

---

① （汉）班固：《汉书·西域传》"乌孙国"。

成为汉朝的属国之后，乌孙国大、小昆莫的继任要经过汉朝的册立加以确认才为合法，大昆莫元贵靡、伊秩靡，小昆莫乌就屠、安日、末振将的继任都得到了汉朝册立。除大、小昆莫外，乌孙国的重要官员也由汉朝册封，汉朝给他们颁发印绶，表示权力的合法性。此外，汉朝有权处置乌孙国内部发生的重大事件，如元贵靡与乌就屠兄弟争权夺利之时，汉朝派军队驻屯乌孙，稳定乌孙国局势。

翁归靡曾打算立他与汉朝公主所生的长子元贵靡为王位继承人，为此他向汉朝上书："愿以汉外孙元贵靡为嗣，得令复尚汉公主，结婚重亲，畔绝匈奴，愿聘马、骡各千匹。"然而，翁归靡死后，乌孙国立军须靡与匈奴妻子所生之子泥靡（号狂王）为大昆莫（前60—前53年在位）。依乌孙习俗，军须靡之妻解忧公主转嫁泥靡。泥靡统治残暴，"暴恶失众"，解忧公主与之不和，乌孙统治层分为亲汉派与亲匈奴派两派。在亲汉派的支持下，解忧公主企图杀死泥靡，但没有成功。最后，翁归靡之子乌就屠袭杀了泥靡，自立为王。乌就屠执行亲匈奴的政策，在乌孙国内打击亲汉派。为此，汉朝一方面调兵遣将准备征讨乌孙，一方面派遣解忧公主的侍女冯嫽（即冯夫人，为乌孙右大将夫人）劝说乌就屠。乌就屠害怕汉朝出兵，同意放弃王位，于是，翁归靡与解忧公主所生长子元贵靡（前53—前51年在位）即位，成为乌孙国的大昆莫，乌就屠（前53—前33年在位）成为小昆莫。王位继承斗争最终使乌孙国分裂为大、小昆莫两部分。

元贵靡继任大昆莫以后，小昆莫乌就屠控制着一部分乌孙民众，势力很大。于是，汉朝派遣长罗侯常惠率领军队驻屯乌孙首都赤谷城[①]，为大、小昆莫划分地界和民众。其中，大昆莫管辖6万多户，小昆莫拥有4万多户。元贵靡在位三年之后病逝，其子星靡（前

① 赤谷城的确切位置有两种说法，一说在伊犁河支流特克斯河流域一带，一说在伊塞克湖东南、纳林河上游。可能后者更准确一些。

51—前 33 年在位）继任大昆莫位。星靡懦弱，由冯夫人辅佐，同时给乌孙国的大吏、大禄、大监赐予金印紫绶，希望他们尊重并尽心辅佐星靡。星靡实在怯弱无能，西域都护韩宣曾请求朝廷罢黜他，以他的叔叔大乐（翁归靡与解忧公主所生的幼子）代之，但朝廷没有采纳这一建议。

星靡逝世以后，其子雌栗靡继位（前 33—前 16 年在位）。雌栗靡决心改变乌孙内部争斗不断的局面，颁布法令："告民牧马畜，无使入牧。"这一法令严格规定了乌孙牧民在各自的牧区放牧，不得侵入他人牧区，不得抢牧。雌栗靡的统治在贵族中具有威慑力，民众归附，势力日盛。由于法令调整了各利益集团的关系，乌孙国内的矛盾得以缓解，乌孙社会相对安定，经济再度繁荣，出现了"国中大安如翁归靡时"的繁荣景象。

乌就屠之后的小昆莫是其子拊离（前 33—前 30 年在位），拊离即位不久就被其弟日贰所杀，汉朝派使臣段宗会到乌孙国立拊离之子安日为小昆莫（前 30—前 17 年在位），日贰逃亡康居，汉朝派西域戊己校尉驻屯姑墨，随时准备征讨他。安日派手下贵族姑莫匿诈降日贰，取得日贰信任，伺机杀死了日贰。然而，安日后来又被降民所杀，汉朝立其弟末振将（前 17—前 12 年在位）为小昆莫。大昆莫雌栗靡在国内的威信日增之时，小昆莫末振将认为雌栗靡的强大威胁到小昆莫的存在，于是，设计将雌栗靡杀害。而末振将本人不久也被大昆莫手下的人谋杀，安日之子安犁靡继任小昆莫（前 11—？在位）。雌栗靡被杀之后，汉朝立翁归靡与解忧公主所生的第三个儿子大乐之子伊秩靡（前 16—？在位）为大昆莫。

乌孙国力衰弱，备受在康居避难的拊离之子卑爰疐的侵凌，直到 1 世纪晚期，乌孙国势力方开始复苏，后来，成为拥兵 10 万的大国。

在此时期，乌孙国与东汉的联系多了起来。据《后汉书·耿恭传》记载，74 年，耿恭任戊己校尉以后，发檄文至乌孙国以彰显东汉的威德，见到檄文后，乌孙大昆莫及其以下官员都非常高兴，随即派遣使者向东汉献乌孙的名马，并表示愿意遣子入侍。班超在经营西域之时，建议朝廷联络乌孙，利用乌孙力量攻打龟兹，以达到重新控制西域的目的，据《后汉书·班超传》记载："超既破番辰，欲进攻龟兹。以乌孙兵强，宜因其力，乃上言：'乌孙大国，控弦十万……今可遣使招慰，与共合力。'"

83年，东汉派李邑护送乌孙使者回国并赏赐给大、小昆莫及其以下官员大量锦帛，乌孙也遣侍子随李邑来到东汉朝廷。据《后汉书》记载，汉桓帝时（147—167年在位），乌孙曾向度辽将军种暠表示服从。可以说，乌孙始终与东汉王朝保持着友好关系。

到2世纪后期，匈奴衰弱，鲜卑崛起，乌孙国东部边界遭到新兴鲜卑政权的侵扰，据《后汉书·鲜卑传》记载："鲜卑檀石槐者……因南抄缘边，北拒丁零，东却扶余，西击乌孙，尽据匈奴故地。"① 乌孙国一度还处于鲜卑人的统治之下，据史书记载："檀石槐……自分其地为三部……从上谷以西至敦煌、乌孙二十余邑为西部，各置大人领之。"② 直到3世纪，乌孙才摆脱对鲜卑的臣属地位。

4世纪末至5世纪初，乌孙在西迁嚈哒人的挤压下，开始向南迁徙到帕米尔高原，据《魏书·西域传》记载："乌孙国……数为蠕蠕（指嚈哒）所侵，西徙葱岭（今帕米尔）山中。"迁徙之后，乌孙人仍与中原王朝保持联系。据《三国志·魏志》记载："魏兴，西域虽不能尽至，其大国……康居、乌孙……无岁不奉朝贡，略如汉氏故事。"据《魏书·世祖纪》记载，437年3月，"龟兹、悦般……乌孙……诸国各遣使朝献"。这一年北魏使臣董婉等人出使西域，他们曾到达乌孙并向乌孙国王献上北魏朝廷的赏赐，乌孙国王接受了赏赐，非常高兴，说破洛那（费尔干纳）、者舌两国很想与北魏建立联系，于是，乌孙派向导送董婉等人到达这两国。

---

①〔宋〕范晔：《后汉书》，中华书局1965年版，第2989页。

② 同上书，第2990页。

5世纪以后，伊犁河、楚河流域的悦般、高车等国取代了乌孙国。然而，乌孙人与中国一直有着断断续续的联系，辽朝时还曾遣使入贡。《辽史·太宗本纪》说："会同元年（938）……八月戊子，女真来贡。庚子，吐谷浑、乌孙、鞢鞨皆来贡。"此后，乌孙逐渐融入其他民族之中，史书上不再有乌孙一名。

第二章

南方绿洲小国

在中国古籍中，与“行国”相对的是“居国”，居国指以农耕为业的定居国家。在大月氏人西迁的挤压下，在伊犁河和楚河流域游牧的一部分塞种人离开原居地南下，公元前 2 世纪—公元 6 世纪期间，他们在中亚地区建立起一些塞种国家。本章主要论述大宛、罽宾、乌弋山离三个小国。大宛国位处今费尔干纳盆地，它与中国汉王朝长期保持着联系；罽宾国是塞种人在兴都库什山以南的犍陀罗和呾叉始罗建立的政权，罽宾国与中国汉王朝一直保持着联系；乌弋山离国地处苏里曼山和兴都库什山以西，赫尔曼德河自东北向西南流经全境，形成一片肥沃的盆地，乌弋山离国在吸收安息的希腊文化和印度文化的基础上形成了特有的综合文化。三个塞种国家都处于丝绸之路上，对古代东、西方经济和文化的交流做出了贡献。

第一节　大宛

公元前 2 世纪，在大月氏迁徙浪潮的冲击下，原居伊犁河和楚河流域的一部分塞种人南下，来到了帕米尔西麓，即今费尔干纳盆地一带。费尔干纳盆地在公元前 7 世纪就有塞种人居住。公元前 6 世纪和公元前 4 世纪，统治着河中地区的波斯帝国和亚历山大帝国没有将统治延伸到费尔干纳。公元前 3 世纪建立起来的希腊—巴克特里亚王朝将费尔干纳地区纳入自己的统治①，并在此建筑了一些希腊式城堡。

来到费尔干纳的塞种人推翻了在当地统治的希腊人，与当地人一起建立了大宛国。公元前 2 世纪中叶，大宛国兴盛起来。西汉史官司马迁在写《史记》时，专门写了“大宛列传”一节。据此书记载:“大宛及大夏、安息之属皆大国。”当时，大宛拥有 6 万户，人口 30 万，军队 6 万。强盛之时，大宛国的领土不仅仅包括费尔干纳盆地，北部的统治已经达到了今塔什干一带；在西方的势力发展到了贰师城（即苏对沙那）。大宛国的周围是游牧政权，西北有康居国，东北与乌孙国相邻，西面是大月氏的政权。

大宛国的强盛并不长久，在公元前 2 世纪末，大宛国与中国西汉王朝发生了战争，成为西汉属国，直到 1 世纪初，大宛国才获得了独立。半个世纪以后，1 世纪中叶，大宛国走向衰落，臣服于当时西域的强国莎车，向它交纳贡赋。莎车国国王贤认为大宛国交纳的贡税太少，率大军进攻大宛国。在莎车军逼近之时，大宛国国王延留向莎车投降，莎车国国王贤将延留带回莎车国，另立桥塞提为大宛国国王。此后，大宛国遭到西北方康居国的攻击，桥塞提无力抵抗逃走，莎车国国王让延留回国复位，大宛国继续臣服莎车国，向莎车国纳贡。

1 世纪后期，随着班超在西域经营的成功，东汉王朝在西域的影响扩大，莎车国在西域的霸权受到遏止，莎车国控制下的属国纷纷独立，大宛也在此时获得独立。2 世纪中期，中亚贵霜帝国强盛起来，大宛又沦为贵霜帝国的属国。3 世纪中期，贵霜帝国在新兴萨珊

---

① 有学者认为大宛从来就没有被希腊—巴克特里亚王朝统治过，虽然在这里发现了希腊—巴克特里亚王朝的钱币，但这可能只是商业贸易交往的结果。

王朝的打击下衰弱，大宛国重新获得独立。到4世纪末（或5世纪初），大宛国被嚈哒所灭。此后，大宛一名不再见于史册。在费尔干纳兴起的国家被称为破洛那（另译钹汗、钹汗那等），7世纪，大宛国遗址上建立的国家又被称为宁远国。

大宛国以贵山城为都①，建立了较为完备的统治制度。国王是国家最高行政首领，负责国家的民政、军事、外交。中国文献中提到的大宛国国王有毋寡、昧蔡、蝉封、延留、桥塞提、蓝庾等人。据《汉书·西域传》记载，大宛国在国王之下，设立了副王、辅王各一人，以辅佐国王。不过，氏族制度残余和母系氏族的遗风在大宛国长期存在着，其中，贵族议事会不仅是咨询机构，而且享有很大权力，甚至拥有废立国王的权力。据《史记·大宛列传》记载，当中国西汉王朝将军李广利率军攻打大宛国之时，贵族议事会认为这次战争是由国王毋寡藏匿良马和杀西汉王朝使者引起的，会议决定杀国王以求和。会后，他们杀了国王毋寡，将其首级献给西汉王朝，以求和平。西汉王朝扶持昧蔡为大宛国国王，后来，昧蔡又被贵族议事会成员杀死，另立国王蝉封。这些事件反映了贵族议事会握有操纵国家政权的权力。

在大宛国内，母系氏族的遗风保留下来。妇女的地位仍然很高，大小事务一般都由女子做决定，男子只是遵从女子的决定："大宛国……俗贵女子，女子所言而丈夫乃决正。"公元前1世纪，大宛国与中国西汉王朝交往增多，母系氏族的遗风开始发生变化，到3世纪，妇女的地位降低，男子的地位升高了，据《晋书·西戎传》记载："大宛……其俗娶妇先以金同心指环为娉……不男者绝婚。奸淫有子，皆卑其母。"

大宛国内可能还没有成文法律，断事按习惯法的规定。如提供给他人的马匹，如果马匹没有训练好以致将骑乘者跌下来坠死，马

---

① 大宛都城贵山，有学者认为贵山城是位于锡尔河上游支流的卡散（Kasan），另有学者认为是今俱战提。

的主人要为死者提供棺材作为赔偿。

大宛国是定居农业国，经济以农业为主、畜牧业为辅。据考古发掘，早在公元前 10—前 8 世纪，农耕定居的生产生活方式已经在费尔干纳确立起来。公元前 7—前 5 世纪期间，费尔干纳地区涌现出一批城镇，纳林河与卡拉河之间的埃拉坦文化是典型的农业文化。

费尔干纳的粮食作物主要有水稻和麦子，经济作物有葡萄，此外，大量种植马饲料苜蓿。大宛国在山区发展畜牧业，牲畜种类有马、牛、羊等，其中尤以马闻名于世，特别是产于贰师城的汗血马。汗血马因疾速奔跑之后脖颈部位浸出像血一样的汗水而得名，中国史书称之为“天马”。这种马具有速度快、耐力足、易驯养、体形好的特点，大宛以此为宝，不轻易送人。西汉王朝通过两次战争使大宛国臣服，此后，大宛国在向中国朝献的贡品中都有汗血马。

大宛国内发展起多种手工业，其中，以酿葡萄酒最为有名，酿出的酒几十年都不会变质。有记载说：“宛左右以蒲陶（即葡萄）为酒，富人藏酒至万余石，久者数十岁不败。”除此之外，大宛国的金、银器加工业也是重要的部门，据《史记·大宛列传》记载，大宛通过与汉朝的贸易获得的黄金白银不是用来加工货币，而是制作装饰品，如同心指环等。

大宛国与周边国家和地区展开频繁的贸易。大宛国周边几乎都是以游牧业为主的行国，如乌孙、康居、捐毒、休循等，这些行国以畜产品与大宛国交换它们的农业产品。除地区贸易外，大宛国因地处丝绸之路上，过境贸易和转手贸易兴盛。正是由于这一原因，大宛国内兴起了一些商贸城镇，其中比较重要的除了都城贵山城外，还有贰师城、赭时（Chach，今塔什干）、俱战提。大宛国人擅长做生意，据《史记·大宛列传》记载：“自大宛以西至安息……善市贾，争分铢。”在公元前 2—公元 1 世纪期间，大宛国的贸易仍然停留在以物易物阶段，没有以货币为媒介的贸易；直到 2 世纪，大宛国成为贵霜帝国的属地之后，国内才出现了以货币为媒介的商业贸易，开始使用贵霜帝国铸造的钱币。

在对外关系中，匈奴和中国汉朝是大宛国外交的重点。在公元前2世纪匈奴强盛之时，大宛国周边国家和地区，如康居、乌孙等国在不同程度上臣属于匈奴，此时大宛可能也臣属于匈奴。有记载说，在匈奴使者途经大宛国之时，大宛国要为他们提供一切所需。甚至在匈奴被汉朝打败之后，匈奴郅支单于还向大宛国索取贡赋，大宛国不敢不给，此事发生在公元前1世纪中叶。

公元前2世纪后期，大宛国与西汉王朝发生了初次接触。公元前128年，张骞出使西域经过大宛，大宛派向导和翻译将他送到康居；张骞在第二次出使西域期间（前119—前115）曾派副使访问大宛。之后两年（前113），大宛国派使者回访中国，双方使者往来不绝。

尽管如此，由于大宛国与汉朝统治中心相隔遥远，大宛国在处理与中国汉朝和匈奴的关系中，采取了亲匈奴而远汉朝的政策。大宛国统治者曾经杀汉朝派往西域的使者，并且在汉朝统一西域的过程中起到了阻碍作用。在此背景之下，汉武帝两伐大宛，战争爆发的直接原因是为了获取大宛国的汗血马。汉武帝派使者到大宛国，愿以重金购买汗血马，以改良中原马种，而大宛国拒绝出售，并杀害使者，夺取财物，挑起了战争。战争之初，汉军失利，只有几千人马生还，于是，汉朝再次组织军队和粮草征伐大宛，这次攻克了大宛首都贵山城，获得了汗血马，并在大宛国另立亲汉的国王。此战之后，汉朝派出十几个外交使团前往大宛以西各国，告之汉朝伐大宛之事，宣扬汉朝的威德。于是，西域各国改变了亲匈奴远汉朝的倾向，确立了对汉朝的隶属关系，向汉朝贡献和遣子为质，为汉朝统治西域奠定了基础。

1世纪后期，大宛不再臣属于汉朝，但双方使者往来仍然密切。据《后汉书·顺帝纪》记载，130年，大宛国向东汉王朝奉使贡献。从2世纪中叶到5世纪后期，大宛国贡献汗血马等宝物不断。大宛与中国之间的交往，促进了两国政治、经济、文化的发展。大宛国通过与中国的交往，不仅获得了本国所没有的物品，如丝绸、漆器等，而且还学到了中国的冶铁技术、铸造兵器技术、凿井技术等，据《史记·大宛列传》记载："大宛……其地皆无丝漆，不知铸钱器。及汉使亡卒降，教铸作他兵器。"中国从大宛引进了一些物种，如汗血马、葡萄、苜蓿等。汉武帝在皇宫中大面积种植葡萄和苜蓿，据《史记·大宛列传》所说："汉使取其实来，于是天子始种苜蓿、蒲陶肥饶地。及天马多，外国使来众，则离宫别观旁尽种蒲陶、苜蓿极望。"

第二节　罽宾

罽宾（Ki-pin）是在大月氏迁徙浪潮中被迫南迁的一支塞种人在兴都库什山以南建立的国家。这支塞种人原居天山北麓的伊犁河上游至伊塞克湖畔，大约在公元前 176 年，西迁的大月氏占据了他们的家园，他们越过帕米尔高原、喀喇昆仑山、喜马拉雅山，通过悬度天险，历经艰难险阻和磨难，来到了兴都库什山以南的犍陀罗和呾叉始罗，在此安顿下来、繁衍生息。

当时，统治这一地区的是希腊—印度王国。塞种人来到犍陀罗和呾叉始罗以后，先以被统治者身份居住下来。在公元前 1 世纪初的25年期间，塞种人在其王毛厄斯的率领下推翻了希腊—印度王国，使希腊—印度王国国王退居帕罗帕米萨德（中国史书称之为高附）的迦毕试（Kapisa）城。塞种人在此建立了自己的国家，在中国史书中，该政权被称为罽宾国。

罽宾国东与乌秅国相接，东北与难兜国相邻，西北与大月氏接界，西南与乌弋山离接壤。后来，难兜成为它的附属国。罽宾国都城循鲜，今名塔克西拉城，在《法显传》中名为竺刹尸罗，在《大唐西域记》中名为呾叉始罗，遗址在今拉瓦尔品第新城西北约 20 英里的地方。罽宾国统治地区控制着巴克特里亚和喀布尔通往克什米尔的道路，交通和战略位置都十分重要。

在塔克西拉出土了帕提卡（Patika）“78 年铜盘铭文”[1] 以及大量钱币，它们证实了罽宾国开国之主毛厄斯的存在。在他统治时期，罽宾国不仅拥有犍陀罗和呾叉始罗城，还占领过南边旁遮普的部分地区，在旁遮普已经出土了他的钱币和佉卢文铭文。在毛厄斯之后，其子继任罽宾国国王，正是在此期间，公元前 48—前 33 年间，退居迦毕试城的希腊—印度王国国王阿波罗多特二世（Apollodotua II，另译“阴末赴”）卷土重来，重新确立了希腊人在罽宾国的统治。阿波罗多特二世之后的罽宾王赫波斯特拉土斯（Hippostratus）也是希腊人，他在位的时间较长，考古发掘出不少属于他的钱币。

重新确立塞种人在罽宾国的统治地位的是阿泽斯（Azes）家族。阿泽斯一世本是乌弋山离的国王，在向东的扩张中，他打败希腊人赫波斯特拉土斯，成了罽宾国国王。为了纪念此事，他创立了自己的纪元，史称“阿泽斯纪元”，阿泽斯被称为阿泽斯一世。在塔克西拉出土的银瓶铭文中提到了“阿泽斯时代”，在一些佉卢文铭文中也记录了“阿泽斯时代”，这些考古资料表明，阿泽斯纪元确实存在。阿泽斯一世成为罽宾国国王以后，继续向印度挺进，在印度河中游地区发现了属于他的大量钱币，它们主要是在犍陀罗的华氏城、塔克西拉和印度河中游某地铸造的。

在阿泽斯一世之后，成为罽宾国国王的是阿济利塞斯（Azilises）。在今莫满德（Mohmand）、巴基斯坦的北部和克什米尔都发现了阿济利塞斯的钱币窖藏，阿济利塞斯钱币铸造地与阿泽斯一世铸币地相同。此后，罽宾国国王是阿泽斯二世，他在位时期，继续扩张领土，今阿富汗贾拉拉巴德（Jalalabad）和加德兹也并入罽宾国版图，在这些地区发现了他的铜币以及他的银币窖藏。从钱币来看，质量不如以前，初期的银币是用劣质的银铸造的，后来的银币是铜银合金，

---

① “78 年”应该是哪一年，学术界有许多看法，包括公元前 155 年说、公元前 150 年说、公元前 129 年说、公元前 58 年说等。无论哪一种，学者们一致同意这是塞种人的纪元，纪年时期在公元前 1 世纪的第一个 25 年中，可能始于被大月氏人逐出家园的公元前 177 年，也可能始于他们来到罽宾之年。

银的含量大约只占五分之一。正是在此时期，钱币出现了混乱现象，甚至出现仿制现象。

在阿泽斯二世统治晚期，罽宾国经济衰败，政局混乱，希腊人赫尔玛尤斯（Hermaeus）夺取了罽宾国王位。在呾叉始罗出土了他与大月氏的贵霜翕侯丘就却（Kujula Kadphises，？—75 年在位）共同发行的钱币，钱币正面为头戴王冠的赫尔玛尤斯的头像和希腊文铭文“伟大的君王赫尔玛尤斯”，反面是佉卢文铭文“虔诚的贵霜翕侯丘就却”。

赫尔玛尤斯统治时期，罽宾国一度强盛，统治范围抵达兴都库什山以北的巴达克山区和喀布尔河上游河谷的帕罗帕米萨德，在这些地区发现了属于他的大量钱币。公元 30 年左右，赫尔玛尤斯被乌弋山离国国王冈德法内斯（Gondophares）打败，罽宾国开始了冈德法内斯家族的统治。公元 46 年左右，冈德法内斯去世，他的家族成员继续统治着罽宾。在公元 50—60 年间，罽宾国被贵霜翕侯丘就却打败，相继失去了帕罗帕米萨德、犍陀罗和呾叉始罗，最终，整个国家并入贵霜帝国版图，直至贵霜帝国灭亡。

罽宾国在政治上采用“双王制”，这一点可以从阿泽斯与阿济利塞斯、冈德法内斯与萨山等人的联合铸币反映出来。王位实行世袭制，或父死子继，或兄终弟及。在地方政权中，罽宾国实行总督制。总督由国王任免并对国王负责，总督在辖区内可能拥有行政、军事、司法、征税等权力，但没有铸造和发行自己钱币的权力。据塔克西拉的帕提卡“78 年铜盘铭文”，查奇（Chach）大平原上楚赫萨的总督先后是利耶卡·库苏拉卡、吉霍尼卡（Jihonika）。在贾拉拉巴德出土的一篇铭文中，提到了一位名叫提拉夫哈那（Tiravharna）的总督，从希瓦塞那（Sivasena）出土的一枚印章来看，他是今杰卢姆河与奇纳布（Chenab）河之间阿卜希萨拉地区的总督。

在中央政权遭到削弱和地方离心倾向增大之时，总督开始铸造和发行印有自己头像和名字的钱币，如楚赫萨总督吉霍尼卡发行过自己的4德拉克麦银币和铜币。除总督外，在罽宾国地方政权中，可能还有管理军队的将军（Strategos）。将军一职可能是从希腊—印度王国承袭下来的，相当于印度的军队统帅（Senapati），据出土钱币，在阿泽斯二世时期，有将军头衔的人有因特拉瓦马（Indravarma）及其子阿希帕瓦马（Aspavarma），他们曾仿阿泽斯二世的钱币发行过自己的钱币。

罽宾国是农业定居国家，国内地势平坦，气候温和，兴都库什山的许多河流贯穿其境，丰富的水资源提供了灌溉的便利，罽宾国农业很发达，种植水稻等五谷，也种植蔬菜和葡萄等水果，通晓施肥以促进作物的生长，据《汉书·西域传》记载："罽宾……种五谷、蒲陶诸果，粪治园田。"考古出土的农具有耘锄、草铲、刀刃以及或直或弯的镰刀等。

罽宾国内生长着各种珍贵树种，其中，檀树、槐树、梓树有名，此外，还有竹子和漆树。罽宾国内生长着优良牧草苜蓿，饲养马、牛、羊等牲畜，此外还出产封牛（即瘤牛，一种脖子上有隆起物的牛）、水牛等。

罽宾国内的冶金业和金属铸造业比较发达，用银、铜制作钱币，用银制作银盘，用青铜制作容器等各种日常用品，用铁制作武器和护具，如剑、匕首、矛、标枪、铠甲、头盔、盾等，用金、银、青铜等制作各种装饰品，如耳环、别针、手镯、垂饰等。考古学家在塔克西拉出土了大量的遗物，有金银珠宝、用凸纹术制作的希腊狄俄尼索斯神银质头像、埃及儿童神哈尔波克剌特斯（Harpocrates）的青铜铸像、私人使用的装饰品、家具，以及用陶土制作的一个浅黄色赤陶女性头像。此外，罽宾出产的珍稀物品有珠玑、珊瑚、虎魄、璧流离等。

罽宾国地处丝绸之路南道，国内贸易和过境贸易都十分繁荣。与东方的贸易主要是与中国的过境贸易。据《汉书·西域传》记载，早在汉武帝时期，罽宾国与西汉王朝就有了往来。汉朝沿丝绸之路南道到皮山，再转向西南经乌秅和印度河上游吉尔吉特（Gilgit）一带的悬度，最后抵达罽宾国。这条道路经过了崇山峻岭，行者往往会产生高原反应，据《汉书・西域传》记载："又历大头痛、小头痛之山，赤土、身热之阪，令人身热无色，头痛呕吐，驴畜尽然。"这条路路面宽度仅半米左右，路的一边是深不可测的悬崖峭壁，充满了艰险。

如今，在皮山至罽宾之间的沙提尔（Shatial）、奇拉（Chilas）、吉尔吉特、洪扎（Hunza）等地发现了塞种人的岩画，在奇拉和洪扎岩画中，描绘着野山羊，以及佛塔和塞种骑兵的形象。在洪扎岩画中还发现了罽宾国国王的佉卢文铭文，铭文中有塞种人君主之名。这些画像和铭文不仅证实了塞种人是经过难以逾越的悬度到达犍陀罗和呾叉始罗的，还证实了罽宾国与中亚北部诸国和中国的交往也是经此条道路进行的。这条道路一直沿用至今，今天从中国新疆至巴基斯坦的喀喇昆仑（Karakoram）公路基本上就是沿此古道修建的。

罽宾与西方的贸易是经西邻乌弋山离国，因此，西行之路当时被称为"罽宾—乌弋山离道"。从罽宾国的塔克西拉出发，经迦毕试、巴克特拉和阿息部人地区，或经帕罗帕米萨德、穆尔加布河谷、莫夫，然后，两条道沿里海北岸到达黑海地区。[①]

罽宾国境内的窖藏钱币反映了罽宾国与西方国家的贸易情况。在莫满德的钱币窖藏中，与阿泽斯一世、阿泽斯二世等罽宾国国王的钱币一起出土了安息国国王俄罗德斯二世（Orodes II）的钱币；在塔克西拉的达马拉吉卡（Dharmarrājika）4 号佛塔中，与罽宾国国王阿济利塞斯的钱币一起发现了罗马奥古斯都的钱币。此外，在塔克西拉城出土的金首饰，与薄薄的希腊、罗马首饰不同，它们是用沉甸甸的纯金制作的，与黑海地区同类物品极为相似，这些文物可以说明罽宾国与黑海地区的经贸联系。

在对外关系中，罽宾国重视与中国汉朝的关系，罽宾国多次派使者出使汉朝，希望与汉朝建立友好交往。最初，罽宾统治者对那

---

① 〔英〕约翰・马歇尔：《塔克西拉》第 1 卷，云南人民出版社 2002 年版。

些携带丰富贵重物品通过罽宾—乌弋山离道出使西方的汉朝使者实行抢掠甚至杀害，据《汉书·西域传》记载："自以绝远，汉兵不能至，其王乌头劳（即毛厄斯）数剽杀汉使。"在毛厄斯之子统治时期，罽宾国主动与汉朝交好，派使者携带地方特产访问汉朝。于是，汉朝派关都尉文忠携带贵重物品与罽宾使者同行，回访罽宾国。文忠到达罽宾以后，与被赶下王位的原罽宾国国王阴末赴（阿波罗多特二世）联合，打败并杀死了毛厄斯之子，阴末赴复位为罽宾国国王，汉朝授予印绶。此事发生在汉元帝时期。阴末赴为汉朝所立，与汉朝关系良好。不过，良好的关系没有维持多久，当以赵德为首的汉朝使团出使罽宾国时，阴末赴将赵德监禁，杀死使团的其他成员。《汉书·西域传》记载此事之时说，阴末赴"所以不报恩，不惧诛者，自知绝远，兵不至也"。事后，阴末赴后悔，派使者前往汉朝谢罪，汉元帝考虑再三，决定拒绝接受罽宾的悔罪。从此，罽宾国与汉朝的关系中断，汉朝之丝绸不经罽宾国境，罽宾国失去了极大的经济利益。

赫波斯特拉土斯统治时期，曾派一使团到汉朝谢罪，使团中大多数是商人。此时汉朝皇帝为汉成帝，他接受了罽宾国的悔罪，并准备派使者回访。大臣杜钦知道此事以后，对大将军王凤说："罽宾对我国有所欲求时就奴颜婢膝，没有欲求时就傲慢不服。罽宾归附我国，对我国安定西域没有什么作用，罽宾不归附我国，对我国也没有威胁。这次在罽宾派遣的使团中，没有国王的亲属，也没有当朝的达官贵人，主要是一些商人，可见罽宾使团前来的意图是想与我国进行贸易，只不过借朝献之名而已，罽宾路途遥远且险阻，耗费大量的人力物力财力与罽宾进行交往不是长久之计，既然皇上已下令派人送罽宾使者返国，送到皮山就行了。"王凤采纳了杜钦的建议，汉朝使者送罽宾使者至皮山就返回了，自此以后，汉朝再也没有正式派使者到罽宾国。而罽宾国却不时地派使者前来朝献，实际上是为了进行贸易，一般为几年一次，汉朝也不再派人护送罽宾使者归国。

罽宾国的大多数居民信仰佛教，统治者也推崇佛教，毛厄斯曾建造了一座释迦牟尼舍利塔和一座佛塔，在塔克西拉城遗址上发现了许多属于这一时期的佛塔和寺庙。在达摩卡吉卡的大佛塔周围环绕着 13 座小佛塔。尽管如此，塞种人对境内的琐罗亚斯德教、婆罗门教等宗教也采取宽容的态度。

兴都库什山以南最初是印度人统治的地区，后来被希腊人占领，塞种人在此建立国家以后，接受了该地区希腊和印度文化的成分，因此，罽宾国文化呈现出多种文化融合的特征。这一点首先可以从罽宾国历代国王的铸币反映出来。在这些铸币上既有希腊文，也有印度佉卢文。在塞种国王（如毛厄斯）的钱币上，除了刻有宙斯、阿波罗、波塞冬、赫尔墨斯、尼刻等希腊神祇和印度教的湿婆形象外，还刻有安息国王的称号“王中之王”。

其次，从保存下来的浮雕和壁画上也可以看到希腊、印度和塞种游牧文化的融合。在斯瓦特建造的佛教舍利塔中，有一幅九人饮酒的壁画，画中央是一位男子，男子身着希腊式短上衣或希腊长袍，画中的女子也身着希腊式长上衣或长袍。在今白沙瓦博物馆保存的罽宾浮雕中，主要人物身着当地服装，手拿印度佛教的莲花，摆着希腊式的形态姿势，浮雕周围框架是希腊式的哥林多式壁柱。

再次，罽宾国的建筑也反映了多种文化的融合。塔克西拉城在城市规划方面采用了希腊的棋盘式格局，盥洗盆沿用希腊人形制的石盆，但石盆的背景图案则是印度的母题，诸如莲花之类。该城的双头鹰佛塔的壁龛形式，有的是仿制希腊神庙的山形墙，有的则建成印度的 S 形或印度式四道门（Toranas），其壁柱为希腊哥林多式。詹迪阿尔（Jandiāl）的塞种式神庙的结构是希腊式的，并装饰着希腊古典式的花边和爱奥尼克式（Ionic）的立柱。

第三节　乌弋山离

乌弋山离国建于大约公元前177年或公元前176年，地处今阿富汗南部，统治中心分别在今锡斯坦和坎大哈。汉籍《史记》对乌弋山离国没有记载，由此推知，在张骞出使西域之时，乌弋山离国可能还不存在或者还处于安息帝国的宗主权下。首次对乌弋山离国有记载的史书是写于1世纪后半期的《汉书》，此时的乌弋山离国是一个较大的国家，此后的史书，即《后汉书》和《魏略》对此国都有记载，名为山离乌弋。

乌弋山离国是塞种人建立的国家。大月氏人在西迁之时，占据了尖顶帽塞克人的居地伊犁河和楚河流域，一部分塞克人南下来到阿姆河以北地区。大约在公元前130年左右，大月氏人在第二次迁徙时，灭亡了阿姆河以北的政权大夏国，于是，一部分塞种人向西南迁移，来到了安息王国边境，在此，他们与安息国边境居民发生了战争。

大约在公元前127年左右，安息国国王弗拉阿特二世率领军队与这些塞种人作战，结果，战败被杀死。之后，塞种人占领了莫夫绿洲，沿着莫夫和赫拉特的大道南下，攻占了安息王国的德兰吉亚那和阿拉霍西亚两个省。至此，安息国的整个东部地区，即呼罗珊地区，处于塞种人的势力之下。继弗拉阿特二世为安息国王的阿塔巴努二世（Artabanus II，前127—前124年在位），在与塞种人的交战中阵亡。

公元前124年，安息国伟大的政治家和军事家密特里达提二世（Mithradates II）登上安息国国王之位，在他统治时期（前124—前88），安息国彻底打败了这些塞种人。大约在公元前115年左右，塞种人先后丧失了莫夫和赫拉特附近地区，退守德兰吉亚那和阿拉霍西亚。此后，塞种人的首领苏林接受了安息国的招安，被封为贵族，享有统领塞种人的世袭权力。于是，这些塞种人在德兰吉亚那繁衍生息，该地区也因此被称为塞吉斯坦（Segistan，今译锡斯坦），意为塞种人之居地。

苏林在名义上替安息国管理锡斯坦，实际上，他及其后继者在此实施独立统治。直到沃诺内斯（Vonones）时期，塞种人才彻底摆脱了安息国，建立了独立国家。密特里达提二世去世以后，安息国经历了内忧外患，沃诺内斯乘机独立，建立了塞种国家，他将安息国王的尊号加在自己的头衔上，号称“王中之王”。据《汉书·西域传》记:“乌弋山离国……东与罽宾、北与扑挑（即巴克特里亚）、西与犁靬（即罗马帝国东部）、条支（位于波斯湾沿岸）接。”具体来说，乌弋山离国东界是苏里曼山和兴都库什山，东北与罽宾国相邻，北越阿里厄斯（Arius）河、玛尔葛斯（Margus）河和兴都库什山与巴克特里亚接壤，西部的克尔曼沙漠成为它与安息国的边界。

在沃诺内斯统治时期（约前 58—前 18）[①]，乌弋山离国以锡斯坦为统治中心，并逐渐向东发展，阿拉霍西亚（今坎大哈）和喀布尔河谷被纳入乌弋山离国。统治地区扩大以后，沃诺内斯将东部地区交给兄弟斯帕立里斯（Spalyris）统治，确立了双王制统治。在此期间发行的钱币中，沃诺内斯的像铸在钱币的正面，名号用希腊文书写；斯帕立里斯的像在钱币反面，名号用佉卢文书写。

沃诺内斯去世以后，其弟斯帕立里斯继承了王位，与斯帕立里斯共同执政的是其子斯帕拉卡达姆斯（Spalagadames）。考古发现了他们两人的联合铸币，钱币为银币，正面是右手盖住头顶、左手拿着棍和狮子皮的大力神，铸有斯帕立里斯的名字；反面是一位向左侧面、手持矛和盾的希腊雅典娜女神，铸有斯帕拉卡达姆斯的名字。在斯帕拉卡达姆斯继承父位之后，与他共同统治的是斯帕立瑞沙，在斯帕拉卡达姆斯与斯帕立瑞沙的联合铸币中，斯帕立瑞沙的名号是“王者之弟”。此后，斯帕立瑞沙继承了王位，考古发现了一些斯帕立瑞沙的钱币，他在钱币上的称号是“王中之王”。在斯帕立瑞沙

---

① R. C. Majumdar, *The Age of Imperial Unity, the History and Culture of the Indian People*, p.125.

之后，继位者可能是阿泽斯，从斯帕立瑞沙与阿泽斯的联合铸币分析，他们是父子关系。在铸币上，斯帕立瑞沙出现在钱币的正面，名号用希腊文书写；阿泽斯出现在钱币的反面，名号用佉卢文书写，两人均称“大王”。

大约在公元前 58 年，阿泽斯正式成为乌弋山离的国王，自称“王中之王”，史称阿泽斯一世。也就是在这一年，他可能建立了自己的纪年，史称“阿泽斯纪年”。在位期间，他向东扩张领土，占领了罽宾国的部分地区，最终成了罽宾国国王。

由于阿泽斯将注意力集中在向东的扩张，放松了对统治中心锡斯坦和阿拉霍西亚的统治，安息人俄塔格勒斯（Orthagnes）发动政变夺取了上述两地的统治权。乌弋山离国从塞种人手中转到了安息人手中，据《后汉书·西域传》记载：“自皮山西南……行至乌弋山离国，地方数千里，时改名排持。”中国史书将俄塔格勒斯建立的王朝称为安息小王朝。俄塔格勒斯统治后期，阿拉霍西亚总督冈德法内斯起兵夺取了乌弋山离国国王的位置。

冈德法内斯是乌弋山离国历史上杰出的国王，在他统治时期（约 19—46），乌弋山离国达到了极盛。冈德法内斯在扩张战争中打败了罽宾国王赫尔玛尤斯，占领了包括帕罗帕米萨德、犍陀罗和呾叉始罗在内的整个罽宾；在向南的战争中，他将印度河河口直抵马土腊的广大地区纳入自己的版图。在他统治时期，乌弋山离国版图西起阿里亚和锡斯坦，东至马土腊，北起喀布尔和犍陀罗，南至印度河流域。《汉书·西域传》记载说，乌弋山离国“户口胜兵，大国也”。在白沙瓦地区米安瓦利（Mianwali）附近发现了塔赫蒂巴希铭文（Takht-i-Bahi），据铭文记载，当时统治该地的是“冈德法内斯大王”。[①] 考古学家在冈德法内斯统治地区发现了他的钱币。菲洛斯特拉托斯（Philostratus）在写于 217 年前后的《提阿纳人阿波罗尼奥斯传》一书中，描述了阿波罗纽斯于43—44 年间出访呾叉始罗的情况，

① 黄靖：《贵霜帝国的年代体系》，见《中亚学刊》第 2 辑，中华书局 1987 年版，第 21 页。

书中说冈德法内斯独立于安息，强大到足以成为印度河总督和犍陀罗总督的宗主，他能讲流利的希腊语，并能讨论哲学。

冈德法内斯去世以后，乌弋山离国经历了奥托克拉托（Otto Krato）、阿卜达加塞斯（Abdagases）、帕科勒斯（Parkoles）、萨纳巴勒斯（Sanabules）、冈德法内斯二世（Gondophares II）的统治。①在以上国王中，无人具备冈德法内斯的才能，帕罗帕米萨德、犍陀罗和呾叉始罗相继被贵霜帝国吞并；阿拉霍西亚被贵霜国王索特·麦加斯（Sōter Mêgas）②占领；印度河河口直抵马土腊的广阔领土也被贵霜帝国占领；在贵霜王迦腻色迦（Kanishka）统治时期，乌弋山离国沦为贵霜帝国附庸，局促于锡斯坦一带，3世纪中期又被新兴的波斯萨珊王朝征服。

乌弋山离国的首都是普洛夫达西亚·亚历山大城（Alexandria-Prophthasia）。从考古发掘的联合铸币的形制来看，乌弋山离国实行"双王"统治制度，这种制度一直保留到乌弋山离国统治后期。除了早期的联合铸币外，后期的联合铸币有：俄塔格勒斯与冈德法内斯、冈德法内斯与萨山。在铸币中，执政国王占据正面，储君（或联合执政者）在铸币的反面。在位国王去世以后，储君或联合执政者继任。从联合铸币上反映，乌弋山离国的王位是世袭的，实行父子或兄弟继承制，其中，斯帕立里斯、斯帕立瑞沙都是兄终弟及者，在他们的钱币上均铸有"王者之弟"的说明。

乌弋山离国的地方政权实行总督制，分大总督（Mahaksatrapa）和总督（Ksatrapa）两级，大总督和总督都由国王任命，向国王负责。总督从属于大总督，是大总督的助手，在大总督去世以后，总

---

① 〔英〕麦道克尔（Mac Dowall）有不同的看法，他认为王位序列应该是冈德法内斯、阿卜达加塞斯、俄塔格勒斯、帕科勒斯、冈德法内斯二世、萨佩丹尼斯、萨塔瓦斯特拉和阿尔达密特拉。MacDowall, "The Danasty of the Latter Indo-Parthians", published in "*the Numismatic Chronicle*", London (The British Museum), 1965, pp.137-148。在乌弋山离的诸王的钱币未得到充分研究之前，对此问题难以下结论。

② 南开大学杨巨平先生认为，索特·麦加斯不是贵霜帝国国王，参见《"Soter Megas"考辨》，《历史研究》2009年第4期。

督继任为大总督。在今阿富汗贾拉拉巴德发现的“83 年铭文”中提到了名为提拉夫哈那的总督；在马土腊的狮形柱头铭文中提到了拉朱拉（Rajula）和肖达萨（Sodasa）曾先后担任总督和大总督，铭文还说，肖达萨在当总督之时，曾向大总督库苏卢卡帕提卡致敬。

乌弋山离国东靠苏里曼山和兴都库什山，发源于兴都库什山的赫尔曼德河自东北向西南流入哈木（Hamun）湖，横贯全境，形成一片肥沃的盆地，因此，乌弋山离国的农业和畜牧业都比较发达，据《汉书·西域传》记载：“乌戈地暑热莽平，其草木、畜产、五谷、果菜、食饮、宫室、市列、钱货、兵器、金珠之属皆与罽宾同。”乌弋山离国种植水稻等五谷，出产葡萄等水果，牲畜有马、牛、羊等，手工业有建筑业、铸币业、冶铁业、兵器加工业、金银加工业和金银装饰业等，与邻国罽宾类似，与罽宾国不同的是，乌弋山离国还出产狮子、犀牛等动物。

乌弋山离国向西之路，先向北至安息国的赫拉特、莫夫，然后经安息国至欧洲的罗马；乌弋山离国往东北，经坎大哈—亚历山大城和加兹尼—亚历山大城可至罽宾国；乌弋山离国往东南，越过苏里曼山的木拉山口可达印度。因此，乌弋山离国的商贸很发达，历代国王发行的各种面值的货币证明了贸易兴旺的情况。

乌弋山离国处于丝绸之路南道上，是南道的终点，据《后汉书·西域传》记载：“自皮山西南经乌秅，涉悬度，历罽宾，六十余日行至乌弋山离国，南道极矣。”乌弋山离国与中国汉朝相距甚远，因此，汉朝使者很少到此。据《汉书·西域传》说，乌弋山离国“绝远，汉使希至”。尽管如此，还是有汉朝使者到过乌弋山离国。由于地处丝绸之路南道的终点，汉朝使者来到此国之后，不再往西走了，在此打道回国：“前世汉使皆自乌弋以还，莫有至条支者也。”只有汉使甘英过乌弋山离国继续西行，抵达了波斯湾。

乌弋山离国的宗教、文化呈现出综合特征。乌弋山离国所在地区曾经接受过希腊人的统治，受到了希腊文化的影响，冈德法内斯铸币就是仿照希腊—巴克特里亚的钱币，铸币反面还有希腊胜利女神像。乌弋山离国西邻安息国，受到了安息文化的影响，冈德法内斯发行的 4 德拉克麦铜币就是仿照安息的钱币，正面为国王的头像，反面是国王的坐像，安息国王的尊贵头衔“王中之王”也出现在他的钱币上。乌弋山离国统治者们采取宗教宽容的政策，允许臣民宗教信仰自由，塞种的原始宗教、安息的琐罗亚斯德教、印度的佛教和崇拜湿婆神的印度教，以及对希腊诸神的崇拜，它们同时并存于乌弋山离国，在此互相影响、融合。

第三章

贵霜帝国

贵霜是中国古代游牧民大月氏人西迁中亚河中地区以后建立的政权，在众多塞种国家中，贵霜脱颖而出，成为与当时的中国汉王朝、西亚安息王朝和欧洲的罗马帝国并列的四大帝国之一。鼎盛时期，贵霜帝国的疆域包括了中亚南部、伊朗高原和北印度地区。

第一节　贵霜帝国

大月氏灭亡阿姆河以北地区的大夏国以后，势力逐渐强大起来。大约在公元前 1 世纪，大月氏开始南下入侵阿姆河以南的大夏国。当时，大夏国没有统一的首领，部落各有领地，各自为政，力量分散，《史记·大宛列传》记载了当时大夏国的情况："大夏在大宛西南二千余里，妫水南。……无大君长，往往城邑置小长。其兵弱，畏战。"

大月氏在大夏国很快建立起自己的统治，于是，阿姆河北岸的大月氏王庭迁到阿姆河南岸原大夏国都城蓝氏城。据《汉书·西域传》记："大月氏国治监氏城。"史学界认为蓝氏城即是监氏城，即以后的巴克特拉城。此时，大月氏国疆域扩大了：北以铁门为界与康居接壤；东北以卡拉捷金为界与大宛相邻；南达兴都库什山和喀布尔河流域，与罽宾相接；西临莫夫，与安息王国接壤；东至小帕米尔和吉尔吉特河流域，与无雷国和难兜国接界。无雷国，据考证是指今小帕米尔阿克苏河河谷地区；难兜国，据考证是指吉尔吉特河下游地区。

大月氏在阿姆河以南地区采取分部统治的方式，在原大夏国设置了五个翕侯。《汉书·西域传》记载了五翕侯的名称及各自的方位和地盘。[①] 据考证，五翕侯所在地分别是：休密翕侯在今瓦罕（Wakhan）谷地的萨里克·高盘（Sarik-Caupan）一带；双靡翕侯在今奇特拉尔（Chitral）和马斯图季（Mastuj）之间；贵霜翕侯在今瓦罕西部喷赤河（Ab-i-Panja）左岸；肸顿翕侯在今巴达克山；高附翕侯在今库克查（Kokcha）河流域。[②] 大月氏设置的五翕侯统治改变了大夏国以往"小长"林立的局面，使这一地区的政权相对集中起来。

五翕侯名义上服从大月氏的命令，而实际上，他们在自己的管辖区内享有很大的独立性，他们往往不听从中央的命令，自行其是。目前，在阿姆河流域和泽拉夫善河流域出土了属于公元前2世纪至公元前1世纪时期的钱币，它们反映了翕侯独立管辖的一些情况。在不同的翕侯领地，出土的钱币有仿希腊—巴克特里亚王欧克拉提德的，有仿希腊—巴克特里亚王攸提腾的，有仿安条克一世的，有

---

① 《汉书》和《后汉书》对五翕侯的名称有不相同的记载，前者记为：休密、双靡、贵霜、肸顿和高附五翕侯；后者以都密取代了高附。有学者推测，可能是在《后汉书》撰写之时，五翕侯已经发生了变化，高附部可能摆脱了大月氏的统治。参见王欣：《吐火罗史研究》，中国社会科学出版社2002年版，第114页。

② 印度学者A. K. 纳拉因认为，都密翕侯控制着今天的帖尔穆兹一带，休密、贵霜和肸顿三翕侯在今法扎巴德（Faizabad）、卡拉查延（Khalachayan）等地的周边地区，双靡翕侯的驻地则可能在瓦罕的门户伊斯卡什米（Iskashim）周围。也有学者认为，高附位于现在的喀布尔地区。参见余太山：《塞种史研究》，第30—32页；王欣：《吐火罗史研究》，第115页；〔英〕约翰·马歇尔：《塔克西拉》第1卷，第81页。

仿赫利奥克勒的，各式各样。

公元前后，五翕侯之一的贵霜翕侯强大起来。大约在公元 24—25 年，贵霜翕侯丘就却开始了兼并其他翕侯领地的战争。大约在公元 44 年，丘就却灭亡其他四个翕侯，统一了大月氏国。公元 44 年，丘就却不再称翕侯，采取“大王、王中之王”或“最高王中之王”的称号，此举标志着贵霜王朝的建立。①

贵霜王朝建立之初，丘就却在公元 50 年左右开始了一系列的扩张战争。首先，他把领土扩展到兴都库什山以南，占领了犍陀罗和呾叉始罗。然后，他从安息国手中夺回了原大月氏的翕侯领地高附，夺取濮达（Puskalāvatī），此地可能指兴都库什山南的帕罗帕米萨德和罽宾。② 到公元 65 年左右，丘就却的扩张战争结束，贵霜王朝成为中亚的一大帝国。

贵霜帝国在中亚的统治从公元 44 年起一直延续到 5 世纪中叶，在此四百年内，帝国经历了三个王朝的统治。第一王朝（约 44—140）的国王属于卡德斐塞斯（Kadphises）王族，经历了丘就却、无名王和阎膏珍（Vima Kadphises，也译为维马·卡德斐塞斯）诸王的统治；第二王朝（约 140—234）的国王属于迦腻色迦王族，经历了迦腻色迦一世（140—163）、婆什色迦（Vasiska, Vasishka，163—167 年在位）、胡韦色迦（Huvishka，167—199 年在位）、迦腻色迦二世（199—223 年在位）、波调（Vāsudeva，223—234 年在位）和姓名不详者等诸王③；第三王朝即后贵霜时期（约 3 世纪中期—5 世纪中期）。

丘就却大约在公元 75 年去世，享年八十余岁。在他去世之后的两年中，贵霜帝国经历了内乱。公元 78 年，索特·麦加斯登上贵霜

---

① “贵霜帝国国王世系表”见附录一。

② 关于濮达的地理位置，孙毓棠认为是指巴达克山；王治来认为指兴都库什山以南的帕罗帕米萨德；也有学者认为是巴克特拉的对译，指原大夏西部地区。

③ 以上是根据迦腻色迦纪年推算的。迦腻色迦一世（1—23），婆什色迦（24—28），胡韦色迦（28—60），迦腻色迦二世（60—74），波调（74—94）。

帝国王位，内乱局面才结束。[①]塔赫蒂巴希铭文、潘季塔尔（Panjtar）石铭和塔克西拉的银卷铭文都证实了索特·麦加斯的统治。在塔克西拉公元 78 年的银册铭文中，索特·麦加斯的称号是“大王、王中之王、贵霜天子”，由于王号之后未具姓名，所以他被称为“无名王”。[②]如今，他发行的钱币在坎大哈、喀布尔河谷和旁遮普等地出土，钱币上有讹误的希腊文铭文，铭文称呼他为“伟大的救世主”（Besileus Besileuou Sôter Mêgas）。在他发行的钱币上铸有骑士图像，这一点似乎说明索特·麦加斯可能出身于月氏游牧王族。他在位时期，与行国康居联姻结盟。同时，贵霜帝国也与中国东汉王朝保持友好交往，曾协助班超平定疏勒、击败莎车。公元 90 年，他恃功向东汉王朝提出和亲要求，遭到了班超的拒绝。此后，他派副王谢领兵 7 万前往西域攻打班超，被班超用计击败。从此，他向东汉王朝“岁奉贡献”。可能受中国文化的影响，他在采用古印度和波斯帝王称号“大王”的同时，把中国皇帝“天子”的称号也加在自己头上。他在位期间统一了贵霜货币。他的统治大约结束于 104 年。

在他之后，丘就却之子阎膏珍继位为贵霜帝国国王。在阎膏珍发行的早期铜币上题有“虔诚的丘就却之子（Kujula Karadhrama thidasa）”、“大王、王中之王虔诚的丘就却之子（maharajasa rajatirajasa Kujula kara Kadphises Sacadhrama thitasa）”等字。[③]一再强调自己的身份是要证明自己王位的正统性，同时也反映了他的统治还不稳固，

① 1993 年在阿富汗巴格兰省普利库姆以北 25 英里的罗巴塔克地区发现了贵霜王迦腻色迦时期的大夏语石碑，据南开大学学者杨巨平的研究，丘就却之子阎膏珍直接继承了父位，于是，杨文将 Vima Taktu 认定为《后汉书·西域传》中的阎膏珍，而从碑铭和钱币中的名字推断，丘就却（Kujula Kadphises）之子阎膏珍应该与 Vima Kadphises 对应，编者认为 Vima Taktu 不是阎膏珍，杨巨平先生在文中主要论述了 Soter Megas 不是继承丘就却的 Vima Taktu，至于将 Vima Taktu 认定为阎膏珍的证据并不充分。在此，本文仍采用《中亚文明史》第 2 卷的世系论述，参见〔匈牙利〕雅诺什·哈尔马塔主编：《中亚文明史》第 2 卷，第 194 页。

② 有学者认为“无名王”之所以无名，可能出于两个方面的原因：原因一，当时贵霜境内还有其他的王位竞争者，而无名王仅仅把持了朝政，国王的地位未得到承认；原因二，“由于某种原因，如继位的贵霜新主尚年幼，由索特·麦加斯得以某种名义（如托孤等）实际上行使贵霜王的权力。参见黄靖：《贵霜帝国的年代体系》，见《中亚学刊》第 2 辑。

③ 黄靖：《贵霜帝国的年代体系》，见《中亚学刊》第 2 辑，第 29—30 页。

必须依靠其父的威望才能维持。

阎膏珍在位 35 年（105—140）。[①] 在位期间，阎膏珍对内锐意整顿经济，实行了币制改革，他利用与罗马贸易获得的大量黄金发行了四种金币，开创了贵霜发行金币之先河，以金铜复本位制取代了以前的银铜复本位制。阎膏珍时期铸造的金币重量与当时流通的一种罗马金币的标准重量相同，此外，这些金币以罗马奥古斯都时代的“戴纳里乌斯”银币和“阿乌里乌斯”金币面值为基础；在计量方面，他用古罗马银币的重量单位取代了以往的贵霜钱币阿蒂克。他创制了一种新的、为后来铸币者所沿袭的贵霜式钱币版式：钱币正面图像为站在祭坛前的一位君王，反面为某个神像。以后的贵霜诸王，在登基之后都发行铸有本人图像的钱币。这种铸币方式一直沿袭到贵霜帝国灭亡。

对外，阎膏珍进行扩张战争。第尔伯金铭文（DNIII）记录了阎膏珍出征的一些情况。学者们借助婆罗米文、和田塞克语和古巴克特里亚语，破译了第二至九行：“瞧！［我们］王中之王，尊贵而伟大的贵霜王 Katvisa，现于此树立史诗般的敕文以求福祉：他［Katvisa］登上山冈，越过高地，附察迦毕试。［他］援助行进中的仆佣并使部队挺进。打了一仗，越过此地，捕获了被击败的 Sana 人［阿吠斯陀语作 Sāini-］，消灭了［他们］。他仁慈地让仆佣休息，并给他们每个人礼物。他为神举行庆祝宴会，虔诚而殷勤。然后他设宴款待官兵。他下令把他免除赋税及神［殿］的贡献这件盛事镌刻上石。”[②] 这篇铭文是阎膏珍进军达希迪沃作战的重要记载。阎膏珍征战胜利之后，对随行仆人进行了赏赐，并祭祀了神灵。[③]

在他执政期间，贵霜帝国属国罽宾反叛，阎膏珍出兵镇压，接

---

① 王治来认为阎膏珍在位的时间，相当于罗马皇帝图拉真和哈德里安时期，即 98—138 年，参见王治来：《中亚史纲》，第 129 页；英国学者马歇尔认为，阎膏珍在位的时间大约是 78—125 年，参见〔英〕约翰·马歇尔：《塔克西拉》第 1 卷，第 83 页；黄靖认为是在 105—140 年，参见黄靖：《贵霜帝国的年代体系》，见《中亚学刊》第 2 辑。

② 〔匈牙利〕雅诺什·哈尔马塔主编：《中亚文明史》第 2 卷，第 337—338 页。

③ 同上书，第 338 页。

着乘胜进攻印度，一直抵达旁遮普、印度河流域以至贝拿勒斯。贵霜势力所到之处，塞种人建立的小国家悉数被吞并。据《后汉书·西域传》记："丘就却年八十余死，子阎膏珍代为王，复灭天竺，置将一人监领之。月氏自此之后最为富盛。"在巴克特里亚、喀布尔、旁遮普以及中印度的阿拉哈巴德（Allahabad）和贾巴耳普尔（Jabalpur）出土了阎膏珍的钱币。

丘就却、无名王和阎膏珍这三位王统治的贵霜被称为第一贵霜王朝。在阎膏珍之后，统治权从卡德斐塞斯家族转到迦腻色迦家族，贵霜帝国开始了迦腻色迦家族的统治。

阎膏珍去世以后，握有兵权的迦腻色迦拥兵自立为王（约140—163年在位）。[①] 他在前几位贵霜国王治理的基础上，使贵霜帝国达到了极盛。迦腻色迦夺取王位不久，开始扩张，控制了整个克什米尔地区，该地区至今还有一座以他的名字命名的城市迦腻色迦普罗（Kaniskapru）。接着，他向印度中部和南部进军，占领了印度南部的马尔瓦（Malwa）地区。他派其子婆什色迦担任该地总督，据《后汉书·天竺国传》说："身毒有别城数百，国置王。……其时皆属月氏。月氏杀其王而置将，令统其人。"印度人迦罗那（Kalhana）写于12世纪的《诸王流派》（*Rājataranginī*）一书也有类似的记载。在印度马土腊出土了迦腻色迦的雕像，他身着游牧人的服装，手持宝剑，非常英武。迦腻色迦的权威一度达到恒河流域，今比哈尔邦（Bihar State）地区也被纳入贵霜帝国的版图。

迦腻色迦征服印度之后，北上讨伐花剌子模、大宛等国，这些国家也先后纳入了贵霜帝国版图。当时，"四海之内，三方已定，惟有东方，未有归附"。晚年，迦腻色迦利用东汉与西域关系断绝之机入侵西域，曾把和田、莎车、疏勒等西域小国并入贵霜帝国版图。[②]

---

① 黄靖：《贵霜帝国的年代体系》，见《中亚学刊》第2辑。

② 〔苏联〕苏联科学院主编：《世界通史》第2卷下册，第941页。中国学者对此有不同看法，有人认为迦腻色迦没有占领这些国家，参见莫任南：《东汉和贵霜关系史上的两个问题》，《世界历史》1981年第2期。

《大唐西域记》“迦毕试”条云：“……闻之耆旧曰：昔犍陀罗国迦腻色迦王威被邻国，化洽远方，治兵广地至葱岭东，河西蕃维，畏威送质。”迦腻色迦强盛时期，贵霜帝国的疆域北达咸海、里海海滨，南达中印度的文迪亚山，东至葱岭，西抵伊朗高原。为了加强对印度地区的统治，迦腻色迦把贵霜帝国的首都从蓝氏城（巴克特拉城）迁到富楼沙（今白沙瓦）。

苏赫科特尔（Surkh Kotal）纪念墙题铭可以视为迦腻色迦时期的遗物，全篇铭文仅保存了五分之一。铭文介绍了要塞的建筑情况：“要塞完工时，他还建造了正面建筑和通向那里的阶梯。另外水渠全部用石块加固，以便向诸神的住处供应渠中的纯净水。他这样守护着神殿。”

扩张战争结束以后，迦腻色迦以佛教为统一帝国思想的工具，加强了帝国的中央集权统治。迦腻色迦早年并不信佛，在他早期发行的钱币上刻的是希腊神、波斯神、印度神像，没有佛像。晚年他皈依佛教，在他晚年发行的钱币上出现了佛陀像，为了统一信仰，他授意佛教界领袖胁尊者主持了佛教结集。

迦腻色迦建立了丰功伟业，为了颂扬功业，他把当时中国、印度、波斯、罗马的帝王的称号，即“天子”、“大王”、“诸王之王”、“恺撒”集于一身。他在位时，设立了纪年，该纪年一直保持了99年。纪年始于他统治的当年，即公元140年。[①] 他在位时期的纪年是1—23年，约相当于公元140—163年。这位在佛经、《法显传》和《大唐西域记》等书中都有记载的国王，在中国正史书中却不见记载，这事还是一个谜。

据《诸王流派》记，迦腻色迦之后经历了“三王”共治时期，

---

① 对迦腻色迦纪年元年的时间学界存在争论。以马朱达（Majumdar）、巴沙（Basham）为代表的学者们认为迦腻色迦纪元元年在公元78年；弗利特（Fleet）和肯尼迪（Kennedy）认为在公元前58年；班达卡（Bhandarkar）和马俊达认为在公元278年；维·埃·冯·维吉克（W. E.Van Wijk）认为在公元128年；黄靖认为在公元140年。本书采用黄靖的观点。参见〔英〕约翰·马歇尔：《塔克西拉》第1卷，第85页；罗碧云：《“迦腻色迦纪元”和贵霜王系考》；黄靖：《贵霜帝国的年代体系》，见《中亚学刊》第2辑。

三王是婆什色迦、胡韦色迦、迦腻色迦二世。迦腻色迦一世去世之后，其子婆什色迦继承王位，胡韦色迦任副王；婆什色迦死后，胡韦色迦继任为国王，而婆什色迦之子迦腻色迦二世为副王；胡韦色迦死后，迦腻色迦二世继任为国王。①

在“三王”共治时期，贵霜帝国失去了印度西北部的领地和塔里木盆地的诸国。从这一时期铭文的分布来看，贵霜帝国的统治中心逐渐从印度西北向印度东南迁移，直至迁到了马土腊才安定下来。统治中心的一再迁徙，反映了贵霜帝国面临着由北向南的威胁。统治中心的转移使贵霜帝国中的印度因素加重。从胡韦色迦发行的金币及其分布范围推测，在胡韦色迦统治时期，贵霜帝国一度重现政治稳定、经济繁荣的局面。这一时期的金币始终保持着标准重量和高纯度。

迦腻色迦二世之后，波调登上了王位。②他是贵霜帝国的伟大的君主之一，据《魏略·西戎传》记载，3 世纪早期，“罽宾国、大夏国、高附国、天竺国，皆并属大月氏”。这一记载表明，波调重新征服了“三王”共治时期丧失的印度西北部领土。从考古发掘来看，在塔克西拉、花剌子模等地发现了波调时期发行的钱币，其中在花剌子模出土的他的钱币是阎膏珍和迦腻色迦钱币的两倍之多。不过，在波调统治后期，由于波斯萨珊王朝的兴起和扩张，贵霜帝国受到了巨大威胁。为了遏制萨珊王朝的强劲扩张势头，波调与萨珊王朝西北边境上的亚美尼亚国王库斯鲁斯一世结盟，企图从西面牵

---

① 关于迦腻色迦之后贵霜诸王婆什色迦、胡韦色迦和迦腻色迦二世在位的顺序还有以下几种说法：一说迦腻色迦随着年龄的增长以及来自中亚的军事压力，遂命其子婆什色迦出任印度的副王，由于婆什色迦先其父而死，故由其兄弟胡韦色迦继承此位，后迦腻色迦二世继位；一说在“41 年”是另一个“迦腻色迦”统治着贵霜帝国的西部，而可能是胡韦色迦的一个兄弟与其共享政权，或王室旁系的一员曾在一段时间内篡夺了帝国西部的政权；一说迦腻色迦死后，贵霜帝国由婆什色迦和胡韦色迦兄弟俩分治，以后其中一人之子也名“迦腻色迦”继承了王位；等等。这里采用黄靖的说法。参见黄靖：《贵霜帝国的年代体系》，见《中亚学刊》第 2 辑；〔匈牙利〕雅诺什·哈尔马塔主编：《中亚文明史》第 2 卷，第 193 页。

② 波调指瓦苏提婆，古音为 Po-dien，可与“波调”之音相对。参见〔日〕羽溪了谛：《西域之佛教》，商务印书馆 1999 年版，第 60—61 页。

制萨珊王朝。可能在 233—234 年间，萨珊王朝的建立者阿尔达希尔一世（Ardashir I Bābegān，226—240 年在位）在占领亚美尼亚以后进军贵霜帝国，萨珊军队横扫莫夫、巴尔赫、花剌子模，贵霜帝国的呼罗珊行省普遍遭到蹂躏。此外，萨珊王朝还夺取了贵霜的帕罗帕米萨德和犍陀罗，兵锋远至东旁遮普，在杰卢姆河发现了阿尔达希尔一世的钱币，但没有证据表明塔克西拉或兴都库什山南部的贵霜帝国领土受到了萨珊王朝的控制。阿尔达希尔一世在占领巴尔赫以后，在此建立了一个总督府，治理被征服地区，总督称“贵霜沙”（Kushanshāh），贵霜沙由萨珊统治家族的沙普尔王子担任。波调无力抵抗萨珊王朝的勇猛态势，于是，派使团到阿尔达希尔一世宫廷求和，条件是，波调向萨珊王朝称臣纳贡，以后不再组织反萨珊王朝的同盟。

贵霜帝国在抵抗萨珊王朝的战争中遭到严重削弱。帝国境内的六座城镇或寺院被毁。此后，贵霜帝国在粟特、巴克特里亚及高附一带的统治松弛，势力退到印度河以东地区。229 年，贵霜王波调向中国曹魏王朝贡献，并接受了“亲魏大月氏王”的封号，波调此次遣使中国，可能有联络中国抵抗萨珊王朝的意图。这一时期，贵霜帝国与中国王朝之间的官方往来频繁，据《魏略·西戎传》记：“魏兴，西域虽不能尽至，其大国龟兹、于阗、康居、乌孙、疏勒、月氏、鄯善、车师之属，无岁不奉朝贡，略如汉氏故事。”

3 世纪中期以后，贵霜帝国在外敌入侵中趋于瓦解，仅以“贵霜”之名存在一些地区割据政权，这些政权被称为“后贵霜王朝”。[①]从钱币上可以了解到波调之后继任为贵霜王的统治者有三位，他们是喀内什科（Kaneshko，迦腻色迦三世？）、瓦苏（Vasu，波调二世？）和另一位名为波调的人。

在贵霜帝国走向衰落之时，萨珊国王沙普尔一世（Shapur I）于 245—248 年间对贵霜帝国发起攻击。在这次战争中，贵霜帝国丧失

---

① 王炳华：《丝绸之路考古研究》，第 414 页。

了花剌子模、信德以及直抵富楼沙的领土，帝国统治者被迫向萨珊王朝称臣纳贡，接受沙普尔一世的统治，对此，沙普尔一世的铭文说："我……景仰马兹达的我。统治者沙普尔，……我……伊朗王国的主人，我统治着诸王国：波斯、……贵霜王国……所有上列大小侯国和地区的统治者……他们全都向我纳贡，受我支配。"考古发现，花剌子模3世纪后期开始发行自己的铜币，在此还发现了沙普尔一世的铸币，没有发现贵霜的钱币。这一现象似乎表明至少在3世纪末至4世纪初，花剌子模已摆脱了贵霜而处于萨珊王朝的统治之下。接着，贵霜帝国失去了喀布尔地区，波斯356年石刻说："塞流古，喀布尔最高统治者。"至此，贵霜帝国的粟特、巴克特里亚、犍陀罗和喀布尔都已归附于萨珊王朝。贵霜帝国趁萨珊王朝沙普尔二世年幼和萨珊王朝内部斗争之时机，一度摆脱萨珊王朝独立，并收回了部分失地。但这一成果未能巩固下来，沙普尔二世成年以后，贵霜帝国受到了决定性打击，再次承认了萨珊王朝的宗主国地位。

4世纪上半叶，在贵霜帝国东部领地上兴起的印度笈多王朝（Gupta，约320—540）对贵霜帝国也造成了威胁。笈多王朝最初占据了贵霜的卡乌萨姆比、萨尔纳特赫和贝拿勒斯，以后又占据了马特胡拉和德里（Delhi）地区。402年，当中国高僧法显来到印度北部之时，这一地区已经属于笈多王朝。5世纪初，贵霜帝国的南部领土只剩下旁遮普和印度河上游地区。与此同时，在贵霜帝国的北方，新兴的柔然汗国也在不断蚕食贵霜领土，贵霜被迫迁都薄罗（Bahlo），据《魏书·西域传》记，大月氏国"北与蠕蠕（柔然）接，数为所侵，遂西徙都薄罗城"。

处于四面楚歌之中的贵霜帝国疆域日益缩小。5世纪初，贵霜国王寄多罗（Kidara）有过复兴贵霜帝国的迹象，他兴兵越过兴都库什山向南扩张，吐火罗人之居地（以后名为吐火罗斯坦[①]）和犍陀罗以北地区重新归属于贵霜帝国。据《魏书·西域传》记载："大月

① "吐火罗斯坦"指泽拉夫善河流域以南至兴都库什山以北地区，月氏人曾在此实施过统治，西方将月氏人称为吐火罗人，所以这一地区被称为吐火罗斯坦。

氏国，都卢监城……其王寄多罗勇武，遂兴师越大山，南侵北天竺，自乾陀罗（即犍陀罗）以北五国尽役属之。”

但复兴是短暂的，5世纪30年代，从北部草原南下的游牧民哌哒人抵达阿姆河流域，他们打败了贵霜国王寄多罗，寄多罗任命其子留守富楼沙，自己率部向兴都库什山以南迁徙。在富楼沙的这些贵霜人建立的政权在中国史籍中被称为小月氏国："小月氏国，都富楼沙城。其王本大月氏王寄多罗子也。寄多罗为匈奴（指哌哒）所逐，西徙后令其子守此城，因号小月氏焉。”5世纪70年代末，偏居在犍陀罗等地的贵霜残余势力被哌哒人灭亡，贵霜帝国终结。

第二节　政治统治

大月氏人迁到阿姆河以北地区时，仍以游牧为业，以王庭为统治中心。在迁到阿姆河南岸的古代农业中心巴克特里亚之后，大月氏人对农业采取保护和鼓励的措施。他们不仅没有破坏这一地区的灌溉系统，而且还修复、扩建和新建了一些灌溉渠，使农业进一步发展，在此过程中，有一部分月氏人开始从事农业，他们栽种粟、大麦、小麦等农作物，种植葡萄等瓜果。

据《南州异物志》[1]一书记载："在天竺北可七千里（即贵霜）……国中骑乘常数十万匹，城郭宫殿与大秦国同。人民赤白色，便习弓马。土地所出，及奇伟珍物，被服鲜好，天竺不及也。”可见，大月氏人统治阿姆河流域以后，既有游牧的习俗，也注重农耕，农产品丰富。在丘就却统治时期，贵霜王朝富强，据《水经注》记，大月氏“土地和平，无所不有，金银珍宝，异畜奇物，踰于中夏，大国也”。

作为大国的贵霜帝国不再以王庭为中心实施统治，而是以都城

① 《南州异物志》是三国东吴丹阳太守万震著，此书已散佚，今有《万震南州异物志辑稿》。

蓝氏城实施统治。贵霜帝国实行的是专制统治制度，国王是国家的最高统治者，控制着国家的政治、军事、经济、宗教等大权。

国王的王位为终身制。国王有权任命中央和地方的高级官吏，据《后汉书·西域传》记载："阎膏珍代为王，复灭天竺，置将一人监领之。"中央或地方长官对国王负责。

国王拥有军权。军队由国王统帅，听从国王的调遣。丘就却、阎膏珍、迦腻色迦一世等国王在扩张战争中，亲自率领军队，最早记录阎膏珍的达希迪纳沃（Dasht-i Nawur）铭文说："王中之王，尊贵，伟大的阎膏珍，被月［神］保护，……阎膏珍王从安德足和被他征服的萨纳那里来到此地。"①

国王拥有财政大权。国王有权征收或罢免赋税，如前引第尔伯金铭文记载说："他（阎膏珍）下令把他免除赋税……这件盛事镌刻上石。"②对所征赋税，国王有权任意处理，大量用于装备军队、供应军需、赏赐臣子。

贵霜帝国司法方面的情况不太清楚，从苏赫科特尔铭文中了解到贵霜帝国在处理民事纠纷时还是有法可依的。铭文的第1—3行记："子下令道：程序已办完，可以移交未毁坏的财产：壁炉架、甲衣、甲胄、火红［色］的护身服、良种赛马、谷物、羊，你可以马上运走！马给那个人［或给Dahu］。"③这是一篇离婚案分割财物或遗产的判决书，诉讼的一方拥有动产，即记录中所列举的物品，另一方拥有不动产，即房屋等。④

国王是最高宗教首领，王权高于教权。宗教界的高级祭司是由国王任命的，据用巴克特里亚语写的第一篇第尔伯金铭文记载："王中之王、尊贵伟大的阎膏珍贵霜王……他命令城堡祭司……须看护

① ［匈牙利］雅诺什·哈尔马塔主编：《中亚文明史》第2卷，第341页。
② 同上。
③ 同上。
④ 同上。

神庙，并根据教仪举行礼拜。”[①]第二篇第尔伯金铭文说，阎膏珍修建了第尔伯金堡和神庙，“Toxmodani 被委任为祭司。这样正是我们的国王在进行管理并保护我们”[②]。不难看出，王权凌驾于教权之上，国王在宗教界有至高的权力。

国王利用君权神授思想进行统治。国王是神灵的化身，他的权力是神赐予的，他代表着神灵统治人间。这一点从考古发掘的贵霜王朝钱币和贵霜时期建造的神庙中可以反映出来。贵霜王朝发行的钱币都刻有庇护神，一般是正面为统治者的侧面头像，反面为一神像，并有一段题铭。这些钱币上的神像作为国王的庇护神，既赐予国王统治的权力，也给国王的统治权力以保护和维持。

王权神化的结果使王权与宗教结合起来。从考古发掘和研究的结果来看，贵霜王朝的钱币上的神像，一般都反映了其辽阔疆域内各地不同的宗教信仰。该王朝的缔造者丘就却把“坚信真法”的字样铸刻在钱币上，在马特铭文中胡韦色迦也称自己“坚信真法”。更有记载说，由于胡韦色迦祖父的祈祷，萨婆（Sarva，湿婆神的异名）、旃陀毗罗（Candavira，与月亮相关的神）将王国授予了他。

从钱币和铭文来看，贵霜帝国的专制制度极力模仿罗马帝国。在贵霜帝国的早期钱币上，刻有奥古斯都（Augustus）、提比留斯（Tiberrius）和其他罗马皇帝的图像。[③]丘就却在自己的铜币上，将自己的正面头像刻得与罗马皇帝奥古斯都相似，刻画的宝座也曾经在罗马皇帝克劳底乌斯（Claudius）钱币的反面出现过。丘就却后期还发行了一种版式、大小与奥古斯都皇帝相仿的钱币。在阿拉（Ara）铭文中，迦腻色迦拥有“Kaisara”的称号，这一称号相当于罗马皇帝使用的“恺撒”（Caesar）。

贵霜帝国实行王位世袭制，视父子相传为正统，如丘就却与阎膏珍、迦腻色迦一世与婆什色迦就是父子相传的。其间，出现过兄

---

① 〔匈牙利〕雅诺什·哈尔马塔主编：《中亚文明史》第 2 卷，第 342 页。

② 同上书，第 343 页。

③ 同上书，第 197 页。

终弟及的情况，如婆什色迦的继位者是其弟胡韦色迦，但胡韦色迦在去世之时，还位给婆什色迦之子，即迦腻色迦二世。

贵霜帝国实行中央集权制，除了边远地区仍让原统治者继续统治之外，其余地区都由国王派遣官员统治，地方官员向中央负责。这一制度渊源于波斯帝国阿赫门尼德王朝和希腊—巴克特里亚王国，两个王朝的地方政权都采用中央集权制下的总督制。贵霜帝国也沿袭了这一制度。在大月氏统一阿姆河以南地区初期，实行分封制，它们被分为五个翕侯区，翕侯在自己管辖的范围内拥有很大的独立性和自主权。当大月氏王强大和翕侯弱小之时，翕侯可能还尊重中央、服从中央的命令。当翕侯强大起来以后，他们不再尊敬大月氏王，而是各自为政，互相攻伐，兼并地盘。在这些混战中，贵霜翕侯丘就却获得了胜利，统一了其他四翕侯，建立了贵霜王朝。长达一个世纪左右的混战使国家政治混乱、经济凋敝、民不聊生，饱受战争之苦。丘就却统一各部以后，为更好地治理国家，开始实行中央集权制。

从贵霜帝国境内大型农业灌溉工程的建筑和维修可以推知贵霜帝国的集权程度。如果没有中央集权的管理和分配，一些大规模的建设工程是难以完成的。此外，贵霜帝国发行的钱币也反映了中央集权的情况，原本混乱而种类繁多的钱币在贵霜帝国时期获得了规范和统一，这些都是贵霜帝国实施中央集权的证明。

贵霜帝国幅员辽阔，从咸海延伸到印度中部的马尔瓦地区，从克什米尔延伸至伊朗高原。丘就却将全国划分为若干省区，省区长官的权力被分割。行政长官总督（Kshatrapa）或大总督（Mahakshatrapa）负责各省区的民事统治。他们由国王任命，并对国王负责。在目前发现的铭文中，提供了一些地区的总督之名：瓦那斯帕拉（Vanaspara，任职地不详）、贝拿勒斯的总督哈拉帕拉纳（Kharapallana）；马土腊的总督南达（Namda）、维斯泊西（Varanasi）、拉拉（Lala，贵霜王族后裔）、利耶卡（Liaka）；迦毕试的总督格兰纳夫里耶卡（Granavhryaka）；马哈施特拉邦总督（Mahakshatra）、鲁德拉达曼（Rudradaman）。在纳西克（Nasik）、卡勒（Karle）和朱纳尔（Junnar）铭文中，鲁德拉达曼最初称总督，后来称大总督，吉尔那（Girnar）铭文记载说他获得了大总督的称号。铭文显示，有些总督职务是世袭的，或父子相传，或兄终弟及。

除总督外，贵霜政权还任命了一些被称为元帅（Dandanayaka）或大元帅（Mahadandanayaka）的地方军事官员，授予他们在各地区的军事权，这些军事官员可能还与总督互相制约。[①] 其中，元帅一名的含义是“棍棒挥舞者”，据此推测，他们兼管地区的治安和司法。元帅或者大元帅由国王任命，并对国王负责。

贵霜帝国的地方政权实行省和村两级管理体制，在各省区之下，中央还设置了更小的地方行政机构“村”。例如，有铭文提到村一级官职 Grāmika 和 Padrapāla，意为“村长”。村长的职责是为国王征收赋税，并负责维持辖区的治安。国家的主要文武官员可能是由原先部落首领转化过来的，当地上层人物也被吸收到管理层中。

贵霜帝国内的一些城市也实行总督负责制。由于灌溉农业的发展，手工业的兴盛，国内国际贸易的繁荣，城市在国家生活中的重要性增强，城市不仅是政治中心，也成为经济和文化中心。贵霜帝国时期，对旧城进行扩建的同时还沿商路兴建了许多城市。为了管理城市，贵霜帝国在每个城市派出总督，总督下属三名推事。在有的城市还设置了由五位成员组成的委员会，成员各司其职。据印度的《本生经》记载，城里有专门负责早晨开启城门、夜晚关闭城门的官员，同时他们还负责给外乡人指路。

城市因纵横交错的街道而分割为许多区，区内设有巡视员负责10—40家不等的管理工作，他们对自己辖区内的每一个居民的姓名、年龄、职业、收支状况等都了如指掌。城市手工业者按行业划分成专区，同一行业的人工作、居住在一个街区，不可混住。《本生经》

---

① 〔印度〕A. K. 纳拉因：《贵霜王朝初探》，见中外关系史学会编：《中外关系史译丛》第2辑，上海译文出版社1985年，第159—174页。

中提到的专区有：毯工村、陶工村、织工村、牙雕街、石器打磨匠村等。城内还建筑了供市民进行宗教活动的建筑，内设神职人员负责居民的精神生活。

除了由国王直接派遣总督和元帅进行管理的直辖地以外，贵霜帝国境内还存在着一些承认贵霜帝国宗主权的属国和属地。大月氏人在阿姆河以北地区确立统治以后，势力不断扩大，北方的游牧政权康居一度成为他们的属国。五翕侯时期和贵霜帝国建立之初，由于内部征战不已，大月氏人无暇顾及他们的北方属国；以后，大月氏统治中心南移，对河中地区的控制减弱，康居乘机摆脱了对月氏人的臣属，还占据了大月氏的泽拉夫善河流域。贵霜帝国巩固之后，康居国再次沦为贵霜的属国。后来成为贵霜属地的还有大宛国、花剌子模、奄蔡国、布哈拉绿洲、撒马尔罕、赭时、印度河流域的塞种人居地、马尔吉亚那。

贵霜帝国主要以武力维系着对属国和属地的统治，此外，与属国和属地统治者联姻也是贵霜帝国加强对它们统治的一种方式。据《后汉书·班超传》记载：公元84年，东汉班超平叛西域疏勒和莎车叛乱时，班超与贵霜王取得联系，希望其劝康居国不要支持敌方，“是时月氏新与康居婚，相亲，超乃使使多赍锦帛遗月氏王，令晓示康居王，康居王乃罢兵，执忠以归其国，乌即城遂降于超”。

这些属国和属地承认贵霜帝国国王的最高权威。在政治上，属国国王的继位要得到贵霜国王的册封，并向国王宣誓效忠；在经济上，属国和属地必须向贵霜帝国交纳一定数额的贡赋。除此之外，属国和属地首领们在自己辖区内享有很大的自治权，可以发行自己的钱币，如花剌子模地区发行了本地的铜币，铜币正面是一位骑在马上、全副武装的半身骑士像，反面是一组花剌子模文铭文。贵霜帝国都城迁到印度西北部的富楼沙以后，把注意力集中在印度和西方，放松了对北方属国或属地的控制。在贵霜帝国走向衰落之时，北方属国和属地逐渐摆脱了贵霜帝国的控制。

需要指出的是，无论政治上的臣属关系是否存在，贵霜帝国与属国和属地的经济、文化联系是密切的。商人们在北印度到巴克特里亚、粟特的撒马尔罕和布哈拉城，以及更北方的康居和奄蔡都畅通无阻，有关史料显示贵霜人信奉的佛教传到了康居，当时许多康居贵族信奉佛教。

为了维护统治和对外扩张的需要，贵霜帝国拥有庞大的军队。在中央统治集团中，设置了一个名叫“Senānī”的官职，它的意思是司令官，负责军事事务。军队分为中央军和地方军，中央军驻防都城并随国王南征北战；地方军驻防各省，在具有战略地位的地区和大城市都驻地方军。各省的地方军由元帅或大元帅率领，城市和要塞由总督负责当地的防务。地方军一般只管当地的防务，但国王有权调遣，在国王需要之时随同中央军征战。军队的兵种主要是骑兵，军队常用的武器是双刃剑、短剑、罗马剑、长矛、战斧、投石器等，常用的武器还有呈五角形的组合弓箭，这种弓箭以射程之远和命中率之高而著称。

第三节 贵霜帝国与东西方国家的关系

贵霜帝国外交关系的重点在东方是中国，在西方是萨珊帝国。贵霜帝国与中国之间基本上保持着友好关系，与萨珊帝国则一直处于敌对关系。

在建国之前，大月氏人就与中国西汉王朝发生了接触。西汉皇帝汉武帝派遣张骞出使大月氏，企图与之联合出兵夹击匈奴，此事虽然未果，但相互之间有了初步的了解。此后，大月氏人与中国汉朝之间保持着一定的联系，张骞在第二次出使西域之时，派遣副使出访大月氏，大月氏也派使者回访。

建国以后，贵霜国王曾出兵协助中国东汉王朝打击匈奴以保障丝绸之路的畅通。据《后汉书·班超传》记载，公元78年，班超上疏说：“今拘弥、莎车、疏勒、月氏（指贵霜）、乌孙、康居，复愿归附，欲共并力破灭龟兹，平通汉道。”公元84年，疏勒王在莎车“重利”的诱惑下反叛汉朝，班超出兵讨伐。北方康居支持疏勒和莎车的反叛活动，汉军久攻不下，班超求助贵霜王，请他向康居国阐明利害，不要支持疏勒和莎车。最后，班超在贵霜国王的帮助下成功平叛。在班超派人回都城洛阳报告战果之时，贵霜帝国也派使者向东汉王朝贡献珍宝、扶拔（骡子）和狮子。[①] 据《后汉书·班梁列传》记载，由于协助汉军破莎车有功，贵霜国王向东汉王朝提出和亲要求，但被东汉王朝拒绝。贵霜国王心生怨恨，出兵攻西域。公元90年，贵霜副王谢率7万人马向西域发起进攻，班超在兵力仅有两三千人的情况下，以智取胜。贵霜副王谢求和，得到班超的宽恕，据《后汉书》记载，此战之后，“月氏由是大震，岁奉贡献”。

3世纪上半叶，曹魏政权统治下的中原地区与西域的关系疏远，但贵霜帝国与曹魏政权保持了汉朝时期形成的友好关系，据《魏略·西戎传》记：“魏兴，西域虽不能尽至，其大国龟兹、于阗、康居、乌孙、疏勒、月氏、鄯善、车师之属，无岁不奉朝贡，略如汉氏故事。”同书还记，229年，贵霜国王波调遣使向魏明帝奉献，被封为“亲魏大月氏王”。

除了政治上的交往外，贵霜帝国与中国中原王朝在经济和文化上的交流也十分频繁。中国的丝绸、软玉、漆器、兽皮、铁和镍等输送到中亚，经贵霜商人运往安息、罗马等西方国家。据古代罗马史学家普林尼记：“赛里斯送来的铁最优秀。”在经济交流中，中国的先进技术传入了贵霜帝国，如铸铁技术，据《汉书》记：“自宛以西至安息……不知铸铁器，及汉使亡卒降，教铸作它兵器。”[②]通过贵霜商人，罗马帝国的琉璃、宝石等装饰品和奢侈品也传入中国。

大约在2世纪末至3世纪初，一些贵霜人到中国西域绿洲定居，他们的首领被封侯，据《三国志》裴松之注引《诸葛亮集》记，227

---

① 这一史实是根据《后汉书·章帝纪》的记载，但《后汉书·西域传》记载的献贡者是安息，未提贵霜进献之事，因此，有学者认为，进献扶拔、狮子的是安息而非贵霜。

② 《史记·大宛列传》是：“不知铸钱器”，《汉书》改为：“不知铸铁器”。

年，蜀国后主刘禅下诏说："凉州诸国王各遣月支、康居胡侯支富、康植等二十余人诣受节度。"在新疆出土的大量佉卢文文书也记"贵霜军"的情况，其中一份佉卢文文献说："威德宏大、伟大之国王陛下敕谕，致奥古侯贵霜军及州长黎贝耶谕令如下……"从"贵霜军"一名的出现和他们的首领被封侯的事实来看，进入西域的贵霜人可能不少。贵霜人带来了他们的文化，佉卢文在西域诸小国广为流行。考古发现，当佉卢文在贵霜人中日益荒疏不用之时，2世纪以后，佉卢文却成了西域于阗、鄯善、疏勒、龟兹王国使用的主要文字。[①]

佛教的传播是贵霜帝国与中国文化交流中最引人注目的事件。佛教传入中国中原地区大约在东汉时期。据《后汉书》记："世传明帝梦见金人，长大，顶有光明，以问群臣。或曰：'西方有神曰佛，其形长丈六尺而黄金色。'帝于是遣使天竺，问道佛法，遂于中国图画形象焉。"据现存藏文本《于阗国授记》记，佛教在公元前86—前76年间已经从贵霜帝国传入中国西域于阗国。东汉初期，已经有贵霜人在中国内地传经的记录。以后，西域各国开始有了用本国语言书写的佛经。[②]无疑，贵霜人对于佛教在西域和中国内地的传播做出了重要贡献，许多佛经是贵霜著名高僧翻译的。在中国的月氏人以"支"为姓，当时从贵霜来到中国的高僧有支娄迦谶（又译支谶）、支谦、支曜、支亮、支施仑和祖籍月氏的竺法护。据《高僧传》记，支娄迦谶在147年来到了洛阳，他在此译大乘佛经。由他译出的梵文佛经达15部30篇之多，阿弥陀佛就是由他介绍到中国的，他译的《般若三昧经》对中国佛教产生了很大影响。另一位著名的贵霜人高僧是支谦。支谦在洛阳出生，自幼学习汉书，深受中国文化的熏陶，他曾受业于支娄迦谶的弟子支亮，在222年至254年的32年中，翻译佛经36部48卷。据《出三藏记集》记，西晋著名佛经翻译家竺法护在266年至308年间共翻译佛经154部309卷。由此可见，

---

① 王炳华：《丝绸之路考古研究》，第415页。

② 热扎克买提尼牙孜主编：《西域翻译史》，新疆大学出版社1994年版，第50—52页。

佛教在中国的传播过程中，贵霜人做出了巨大的贡献。

随着佛教的传入，中国的建筑、雕刻和绘画都受到了佛教的影响。据《魏书》记载：“自洛中构白马寺，盛饰佛图，画迹甚妙，为四方式。凡宫塔制度，犹依天竺旧状而重构之……”正是在贵霜佛教艺术的影响下，366 年，闻名中外的敦煌莫高窟开始雕凿，麦积山石窟也是在 4 世纪所凿。随着佛教的传入，壁绘和绣佛像等艺术形式不断涌现，产生了著名画家曹不兴、卫协和顾恺之等一批佛画大师。

贵霜帝国与西方的安息王朝和萨珊王朝一直处于敌对之中。公元前 124 年，大月氏进攻大夏之时，安息王朝曾出兵大夏国，其王亚尔达班（Artabanus）在战争中受伤而死。[①] 丘就却在统一贵霜的过程中，与当时在阿富汗南部割据的安息小王朝冈德法内斯国王建立友好关系，以解除他的后顾之忧。此事在白沙瓦附近发现的塔赫蒂巴希铭文中有记载（第五行），铭文说，在冈德法内斯在位的第 26 年（45），丘就却副王（铭文为 Erjhana Kapsha，erjhana 意思是“副王”、“王子”，Kapsha 可能是 Kadphises 的讹误）对他表示友好。[②] 在丘就却统一大业完成之后不久，冈德法内斯去世，继承者帕科雷斯（Pacores）无力维持统治，一些地方宣布独立，安息小王朝衰落。丘就却乘机发起进攻，从冈德法内斯王朝手中夺取了迦毕试和喀布尔，以及包括塔克西拉、富楼沙在内的印度河流域。

在迦腻色迦统治时期，贵霜与安息两国之间发生过一场大战。战争的起因可能是安息国王试图收复被贵霜帝国侵占的领土。迦腻色迦在战争中获胜，安息国进一步遭到削弱。

3 世纪中叶，阿尔达希尔推翻了安息国，在其废墟上建立了萨珊王朝。新兴的萨珊王朝对贵霜帝国造成了极大的威胁，贵霜国王波调与波斯西部的亚美尼亚政权结成反萨珊同盟。阿尔达希尔先出

---

① 阎宗临：《贵霜王朝的形成》，《山西师范学院学报》1960 年第 1 期。

② 黄靖：《贵霜帝国的年代体系》，见《中亚学刊》第 2 辑。

兵亚美尼亚，在打败西方敌对势力以后，大约于245—248年间向贵霜帝国发起进攻。波调战败，马尔吉亚那、卡尔马尼亚（Carmania）和锡斯坦等贵霜属地被阿尔达希尔占领。伊斯兰教著名学者、历史学家塔巴里（Tabari，838—923）描写此战说，阿尔达希尔“离开沙瓦德（Sawād）前赴伊斯塔赫尔（Istakhr），在此先抵锡斯坦，再至古尔干、阿巴沙（Abarshahr）、木鹿（莫夫）、巴里黑和花剌子模，直达呼罗珊边境，由此再返回木鹿。他杀死了许多人，并把他们的头颅悬挂在阿娜希德祭火神庙中。他从木鹿返回法尔斯，驻跸于此。贵霜王、图兰王和莫克兰（Mukran）王均派来使臣，表示臣服”①。

在阿尔达希尔继承者沙普尔一世统治时期，贵霜帝国又丧失了花剌子模、信德，以及直抵富楼沙的领土，此时，贵霜帝国承认了萨珊王朝的宗主权。此事在波斯铭文“琐罗亚斯德之卡贝”中，在列举包括贵霜省在内的诸行省之前，有“我拥有”之词句。②萨珊王朝在巴拉姆二世（Bahram II，274—293年在位）统治之时，萨珊国王之弟、锡斯坦副王企图篡权，萨珊王朝东部诸省出现了叛乱，贵霜国王暗中支持锡斯坦副王。巴拉姆二世在平定了叛乱和惩处了兄弟之后，对贵霜帝国进行了报复攻击。

贵霜帝国与萨珊王朝的敌对关系一直延续到萨珊国王霍尔米兹德二世（Hormizd II，302—310年在位）。霍尔米兹德二世娶了贵霜帝国公主，两国关系出现了和平。霍尔米兹德二世死后，尚未成年的沙普尔二世即位。萨珊王朝国内发生争权夺利的内乱，贵霜帝国趁机发动战争，夺回了许多失地。沙普尔二世成年之后，对贵霜帝国发起大规模战争，贵霜帝国遭到决定性的失败，自此以后，贵霜帝国承认了萨珊王朝的宗主国地位。

贵霜帝国与萨珊王朝之间虽然进行着战争，但两国之间经济上的往来一直没有中断。陆路贸易从贵霜的印度次大陆出发，经加兹

---

① 〔匈牙利〕雅诺什·哈尔马塔主编：《中亚文明史》第2卷，第383—384页。

② 同上书，第387页。

尼城、阿拉霍西亚、锡斯坦、德兰吉亚那和阿里亚，然后转向北，经莫夫、东伊朗高原，穿越美索不达米亚，到达幼发拉底河的泽格玛（Zeugma）。海上贸易通过阿拉伯海和波斯湾进行，在贵霜统治时期，斯巴西奴·卡拉赫成为双方贸易最频繁的港口。

贵霜帝国与萨珊王朝之间的战争也没有阻碍两国的文化交流。在月氏人来到阿姆河流域之时，统治中亚西部的安息王朝已经存在了两百年，其上居民的文化程度高于初到中亚的月氏人。以后，贵霜帝国历任国王都采用了安息王朝国王“王中之王”的称号。贵霜帝国发行的钱币也仿照安息钱币的式样。据《汉书》记载：“大月氏国（贵霜）……钱货，与安息同。”在宗教信仰上，安息国国教琐罗亚斯德教是初期贵霜国王信仰的宗教，在阎膏珍的钱币上就有安息人信仰的圣牛难提（Nandi）神像。

从考古和有关文献来看，贵霜帝国与罗马帝国保持着较为密切的接触。据弗洛鲁斯（Florus）记，106年，图拉真（Trajan）在战胜达契亚人之后，前来参加罗马城庆典的宾客中有贵霜王朝的使节。大约在71—75年间，埃及人戴奥·克鲁索斯脱莫斯（Dio Chrysostomus）说，他在亚历山大城观看戏剧演出时，眼前不仅看到希腊人，还有巴克特里亚人（贵霜）、斯基泰人、波斯人和一些印度人。

贵霜帝国与罗马帝国之间的经济往来频繁。贵霜帝国利用地处丝绸之路这一地理优势，积极发展中转贸易。贵霜商人把中国的丝绸、瓷器等货物经伊朗运抵罗马；罗马的宝石、珍珠等装饰品也从贵霜国境远运中国中原王朝。

贵霜帝国与罗马帝国之间的商贸活动还通过海路进行，尤其是罗马帝国属地埃及与贵霜帝国有直接的海上贸易。据《厄立特里亚航海记》记载，早在公元前2世纪晚期，南亚季风的规律就已被人们掌握和利用，埃及和印度港口的定期往返成为可能。斯特拉波于公元前1世纪20年代在埃及旅行，他在《地理志》一书中多次提到从非洲经霍尔木兹海峡到印度港口的海路：“得知约120艘船只完成了从霍尔木兹海峡至印度的航行”，“今天的商人们从埃及经尼罗河和阿拉伯湾航行到印度”。古罗马历史学家普林尼的《自然史》一书也谈到了1世纪时罗马人利用季风在印度洋航行的情况，埃及人的船只携带着特定货物从非洲的港口前往印度的港口，大的船只一般还配有武装卫兵。为了方便与罗马帝国的贸易，贵霜帝国在印度境内设立了专门的贸易站，其中最著名的是阿里卡迈都（Arikamedu）贸易站。在埃及境内的“北非港口”出土了贵霜时期印度制作的陶器和用婆罗米字母书写的泰米尔（Tamil）铭文的陶片。在贵霜帝国境内出土了罗马剑及其他器物。贵霜帝国从与罗马的贸易中获利丰厚。普林尼的《自然史》说：“（贵霜）印度每年从我们国家吞没的财富不少于5500万塞斯特斯。”

总的来看，贵霜帝国与中国中原王朝基本上保持了友好关系，与波斯萨珊帝国在大部分时期处于敌对状态，尽管如此，贵霜商人与波斯人之间的经济往来并未中断，从贵霜西去的道路仍然畅通，贸易繁荣。

第四章

哌哒汗国

哌哒是中国古代的一支游牧民。4 世纪 70 年代以前，哌哒在阿尔泰山一带放牧；此后，离开故居开始向南迁徙，占据了中亚河中地区的泽拉夫善河流域；5 世纪 30 年代，哌哒继续南下夺取了巴克特里亚，组建了自己的政权；5 世纪末至 6 世纪初，哌哒国处于极盛，继续向外扩张，疆域进一步扩大；6 世纪中叶，阿尔泰山南坡的突厥人强大起来，建立了突厥汗国，哌哒国在突厥汗国和波斯萨珊帝国的夹击下溃亡。此后，哌哒人散布在中亚、南亚次大陆和北亚地区，与当地居民融合，哌哒一名不再见于史书。

第一节　哌哒

哌哒一名最早在中国和希腊史书中出现，是哌哒汗国王族之姓厌带夷栗陀（Ephthalites）的简称，“厌带夷栗陀”在布哈拉语中意为“强人”，在和田塞克语中意为“勇敢、骁勇”。中国史书对哌哒人的称谓很多，《梁书》称“滑”[①]，《周书》称“献哒”，《隋

① 有学者认为哌哒指阿瓦尔人，是阿瓦尔人的国名。阿瓦尔的两种读音 Avar、Var 在汉文中转写为“滑”。

书》和《新唐书》称“挹怛”,《洛阳伽蓝记》称“嚈哒”,《续高僧传》称“厌怛”。在中亚粟特文书中写作 Hetalit，在中古波斯语文献中记为 Heftal（在新古波斯语中记为 Hētal），在阿拉伯史书中记为 Haital（或 Hayātila），被拜占庭史家普洛科庇乌斯（Procopius）记为 Ephthalitai，在亚美尼亚文献中记为 Hep’t’al，在印度古文献《摩诃婆罗多》中记为 Hūna（匈人），在叙利亚文献中记作 Abdel（或 Hunnāye/ Kūnānāye）。

尽管有学者认为哌哒人是阿瓦尔人[①]，但从以上西方史书的记载来看，哌哒人基本上被看成匈奴，原因主要是哌哒人迁到中亚之时，曾以雄踞北方的匈奴自称。然而，实际上，哌哒人并不是匈奴，也不是匈奴人的一支，考古资料和文献的记载肯定了他们的欧罗巴人属性。

关于哌哒人外貌特征，在出土钱币上，哌哒国国王头像具有垂直扁平的枕骨，面部的鼻子又高又长，眼睛大而有些外突；在今撒马尔罕北部阿弗拉西雅甫遗址的壁画中也画有哌哒人的外貌特征：高鼻深目，留着上髭，没有下髯，头发卷曲。据拜占庭历史学家普洛科庇乌斯记：“哌哒人是匈人中唯一肤色较白、面貌亦不甚丑陋的一支。”[②] 于是，西方史书又将他们称为白匈奴。[③]

哌哒人是一支游牧民族，据《魏书》记载，他们最初在阿尔泰山游牧，力量很弱，受漠北游牧政权柔然汗国的役使。在 366—376 年间，哌哒人离开阿尔泰山故地，南迁到中亚河中地区。当时，在河中地区实施统治的是贵霜帝国瓦解之后形成的一些小国，这些小

---

① 尽管还不能认定，哌哒就是阿瓦尔人，但有学者认为，在哌哒国内至少某部分居民在此一时或彼一时中使用了哌哒、阿瓦尔、瓦尔、匈人这些族名，参见 Denis Sinor, *The Cambridge History of Early Inner Asia*, Cambridge University Press, 1990, p.301。

② Procopius, *History of the Wars*, p.15.

③ 日本学者榎一雄《白匈奴或哌哒的起源》(1955)、《论哌哒的民族性》(1959) 认为：一些中国史书将哌哒看成月氏人，因为在早期月氏人和哌哒诸王的钱币毁坏的头形中可以看到十分类似的情况。但学术共识是，当把他们囊括在吐火罗的月氏人之时，他们与伊朗种人的联系必须认真考虑，即使在他们中不可否认地存在阿尔泰人或匈奴成分。

国人少、力量薄弱，嚈哒人将其赶走，在河中地区站住脚，并逐渐强大起来。嚈哒人南迁的路线还不太清楚，有学者认为他们是经锡尔河以北草原来到河中地区的。[①]

嚈哒人以武力夺取阿姆河流域的情况可以从考古遗址上反映出来。嚈哒人沿途留下了征战的痕迹，考古发现，4 世纪晚期至 5 世纪初，阿姆河流域许多城镇被毁、绿洲荒废。如在今杜尚别以西 40 公里的沙赫里瑙（Shahr-i Nau）城遗址、希萨尔谷地的居民点，以及铁器时代的达尔弗津特佩等城在此时期被毁，比什凯特（Bishkent）绿洲和沙赫（Shah）绿洲被废弃，帖尔穆兹的佛教中心被毁。

来到河中地区以后，嚈哒人不仅控制了一些富裕地区。据中国史书（包括目击者宋云和惠生的报道）记载，嚈哒人无城郭，自由游荡和居住在帐篷中。但凯撒里亚的普罗科匹厄斯和护国公米南德（Menander Protector）两人都谈到是以后崛起的突厥人夺走了嚈哒人的城市。

嚈哒人在控制了东、西方陆上交通要道之后，改善了经济，增强了实力。5 世纪初，嚈哒人在河中地区建立了自己的政权，史称嚈哒人汗国（5 世纪初—567）。[②]此后，嚈哒人开始对外扩张。向西侵犯波斯萨珊王朝，向南征服贵霜人的寄多罗王朝（Kidarites）。[③]

据塔巴里的记载，萨珊王巴赫拉姆五世（Bahram V）在位期间（420—438），嚈哒人攻入萨珊王朝东部边境地区。巴赫拉姆五世曾佯装前往阿塞拜疆打野驴，暗中在东部边境上集结军队，出其不意地在今莫夫的库斯梅罕（Kusmehan）打败了嚈哒，嚈哒国王被杀，

① 有关嚈哒人的迁徙路线，麦高文在《中亚古国史》一书中说，嚈哒是经塔里木盆地到达河中地区的；苏北海认为嚈哒人不可能通过塔里木盆地进入中亚，因为当时控制这里的柔然势力非常强大，因此，嚈哒只可能从康居进入河中地区。现采用后一种观点。苏北海：《嚈哒国在中亚的统治》，《西北史地》1985 年第 3 期。

② “嚈哒汗国世系表”见附录一。

③ 寄多罗王朝是一个短暂的地区政权，5 世纪 20 或 30 年代，寄多罗人把曾经是贵霜的领土占为己有。当嚈哒获得权力之时，吐火罗斯坦和犍陀罗处于寄多罗王朝的统治之下。此后，在嚈哒的压力下，寄多罗人向西迁移，与帕提亚人和萨珊人发生冲突。

王后被俘。巴赫拉姆五世乘胜进军河中地区，迫使哌哒人与之签订合约，接受了以巴尔赫西 400 公里的塔里罕为界的和约。据波斯人菲尔多西（Firdausi）写的《列王纪》一书描述，战争结束以后，巴赫拉姆五世在塔里罕建了一座界塔，在界塔的一根圆柱上刻着"谁也别想用任何方法越过这道疆界，或者渡过这条河"[①]。

5 世纪末期，哌哒人南下攻占了当时由贵霜国王寄多罗统治的巴克特里亚，在吐火罗斯坦确立了统治。寄多罗退往兴都库什山以南。[②] 哌哒人获取巴克特里亚之后，实力进一步增强，可能正是在此时期，哌哒人摆脱了对柔然汗国的臣属。此后，哌哒人继续向兴都库什山以南地区扩张，该地区的一些小国家陆续臣属于哌哒汗国。

哌哒人继续南下，与印度的笈多王朝发生了战争，当时，刚即位不久的笈多国王塞建陀笈多（Skand-gupta，约 454—467 年在位）对哌哒人的入侵进行了顽强抵抗。在哌哒汗国国王阿赫雄瓦（Akhshunvar）统治时期（5 世纪下半叶），哌哒人南进印度受挫，转而东进犍陀罗，大约在 5 世纪 60 或 70 年代，消灭了犍陀罗等地的寄多罗贵霜残余势力，任命本族人的特勤统治这一地区。据《洛阳伽蓝记》记载，宋云"正光元年（520）四月中旬，入乾陀罗国，土地亦与乌场国相似，本名业波罗国，为嚈哒所灭，遂立敕勤（即特勤）为王，治国以来，已经二世"[③]。

---

① Firdausi: *Shahnama*, Warner, Arthur and Edmond Warner, (translators) *The Shahnama of Firdausi*, 9 vols, London: Keegan Paul, 1905-1925, pp.164, 165. 哌哒进入吐火罗斯坦的起始时间由 437 年访问过这一地区的魏朝使者提供，据《剑桥早期内亚史》，哌哒人曾在伊朗边境建立统治，故必然被纳入波斯王朝，波斯王卑路斯曾逃到他们中寻求联盟，联盟一经达成便夺回了自己的王位。此后，卑路斯与哌哒人反目，484 年，卑路斯在与之战争中丧生。参见 Denis Sinor, *The Cambridge History of Early Inner Asia*, Cambridge University Press, 1990。

② 必须修正普遍接受的以下观点，即将寄多罗置于 4 世纪下半叶，以及这些月氏人被哌哒驱逐的时间在 400 年，因为这一观点是基于对法显记录的错误理解。据董琬的报道，董琬于 437 年被派到西部诸国，437 年作为寄多罗家族统治的终点是可以接受的。以法显、鸠摩罗什的记载，其最后年限可能在 412 年以后。于是，在寄多罗统治下兴都库什山南北的统一必定发生在 412—437 年间。到 5 世纪最后 25 年和 6 世纪上半叶，哌哒人在河中地区才成为一股强大势力。

③ （北魏）杨衒之：《洛阳伽蓝记校注》，范祥雍校注，上海古籍出版社 1958 年版，第 317—318 页。

在阿赫雄瓦统治时期，嚈哒人利用萨珊王朝的内部斗争操纵萨珊王位继承，成功地削弱了萨珊王朝的势力，最终使萨珊王向嚈哒汗国纳贡称臣。在嚈哒汗国境内发现了铸有嚈哒印记的一些萨珊王朝钱币，有学者认为，这些钱币可能是萨珊王朝向嚈哒人缴纳的贡赋。除了缴纳贡赋外，在萨珊王居和多（即卡瓦德一世，Kavad I）统治期间（488—496），为了感谢嚈哒人扶持他登上王位，他将萨珊王朝的部分领土划给嚈哒国。

也许是由于西部边境的稳固，在头罗曼（Torman）任嚈哒国王的5世纪末至6世纪初，嚈哒汗国向东北扩张影响。头罗曼沿丝绸之路南北两道向东进入塔里木盆地，嚈哒势力在北道抵达焉耆以东，在南道，于阗、疏勒、姑墨、龟兹、钵和、渴盘陀等国向嚈哒汗国表示臣服。在向塔里木盆地扩张的同时，在493—508年间，他们发动了两次反高车人的战役，争夺准噶尔盆地。可能在6世纪初，嚈哒人杀死了高车副伏罗部的储君穷奇，掳走了其子弥俄突（Mieh-tu）。几年之后，高车国发生叛乱，国王阿伏至罗因推行暴政，招致国人不满，众叛亲离，被部人所杀，高车国另立宗人跋利延（Baliyan）为国王。嚈哒人趁机派大军护送弥俄突回国即位。在嚈哒军队的威慑下，高车人杀跋利延，拥戴弥俄突为高车国王，此事大约发生在507年。

弥俄突是嚈哒人的傀儡，嚈哒人利用他抵制柔然人。516年左右，弥俄突被柔然所杀，部众逃入嚈哒汗国中。嚈哒人又把弥俄突的弟弟伊匐（Yīfú）送回高车国，立为国王，伊匐在高车国实施了有效的统治，曾打败过柔然。

头罗曼时期，印度被纳入嚈哒汗国的版图。印度佛陀笈多（Budha-gupta）统治时期（约477—500），统治层内部发生了争权夺利的战争，地方统治者趁机割据，国家分裂。头罗曼率嚈哒军队从犍陀罗入侵印度，向南一直推进至埃兰（Eran），即在今印度的中央邦（Madhya Pradesh）一带，向东一直打到恒河流域的华氏城。据埃兰铭文记载，当地的头领昙尼耶毗湿奴（Dhanyavisnu）已经向头罗曼表示效忠，称头罗曼为“王中之王”，颂扬他“坚实的嘴巴吹口气，就能使群山战栗”。如今，在恒河流域的俱赏弥（Kausambi）出土了两枚头罗曼的印章。据钱币资料反映，北印度处于头罗曼的统治之下，中印度也在其势力范围之内。

至此，哌哒汗国的疆域东北至天山，东达葱岭，西界波斯萨珊，北及锡尔河以北草原，南及中印度，超过之前大月氏建立的贵霜王朝的版图。据《北史》记载：“西域康居、于阗、沙勒（即疏勒）、安息（指萨珊）及诸小国三十许，皆役属之（指哌哒），号为大国。”[①]《洛阳伽蓝记》记载：“哌哒……受诸国贡献，南至牒罗（今铁尔胡忒，Tirnut）、北尽敕勤、东被于阗、西及波斯，四十余国皆来朝贡……四夷之中，最为强大。”[②]印度的一座碑铭记载说：“著名的头罗曼，闻名遐迩的大地的统治者。”[③]

据成书于8世纪的《文殊师利根本仪轨经》记，头罗曼在向南扩张的时候，汗国后方的犍陀罗与罽宾可能发生纠纷，头罗曼引兵西归，在抵达迦尸（Kāśī）时病逝。临终之前，他指定儿子摩酰逻矩罗（Mihirakula，约517—533年在位）继承王位。登上哌哒王位之后，摩酰逻矩罗一边控制高车，继续利用其遏制柔然；一边向印度扩张。大约在6世纪20至30年代，哌哒军队占领了瓜廖尔（Gwālior），目前发现了摩酰逻矩罗在位第15年在瓜廖尔的铭文，据它记载：“有一位建功立业的大地的统治者，他以头罗曼之名而为人所知，他以真正的英雄气概公正地统治着大地。因为他的业绩，他的家族名声大振，他的儿子是力量无敌的大地之主，以摩酰逻矩罗之名而为人所知。”

摩酰逻矩罗在印度的统治是不稳固的，曾被马尔瓦的耶输陀曼（Yaśodharmān）击败，撤至印度河以西。据532或533年的曼

---

① 苏北海认为布哈拉之西约35公里处的品治肯特就是哌哒故都的废墟，参见苏北海：《哌哒国在中亚的统治》，《西北史地》1985年第3期。

② （北魏）杨衒之：《洛阳伽蓝记校注》，范祥雍校注，第288页。

③ 〔俄〕李特文斯基主编：《中亚文明史》第3卷，中国对外翻译出版公司2003年版，第113页。

达索尔（Mandasor）铭文记载："耶输陀曼统治了世界征服者笈多诸王从未获得的土地。他不承认诸王均听从其敕令的匈奴首领的宗主权……除了湿婆外从未向任何神祇低头的著名君王摩酰逻矩罗也俯伏在他的足前、向他致敬。"

摩酰逻矩罗统治后期，哌哒汗国的属国摩揭陀的婆罗阿迭多王（Baladitya）起兵反叛，摩酰逻矩罗前往镇压，被俘，王位由其弟继承。摩酰逻矩罗被释放以后投靠了克什米尔（当时为伽湿弥罗国）统治者，在此受到礼遇。几年以后，摩酰逻矩罗挑动当地居民反叛并杀死了其国国王，夺取政权。此后，他向西进兵攻打犍陀罗，杀犍陀罗国王及王室成员和大臣，摧毁了当地的许多佛教寺庙。

542年，摩酰逻矩罗去世，他死后，哌哒汗国迅速衰落。545年，萨珊王朝不仅不再向哌哒汗国纳贡，而且还联合东北方的突厥人共同对付哌哒汗国。554年，萨珊王朝与突厥人建立了军事联盟；562年，两国分别从西南方和东北方出兵夹击哌哒，哌哒国王可能在这场战斗中阵亡，法甘尼什（Faganish）或阿弗甘尼什（Afganish）即位为哌哒国王。新继任者已经无力抵御萨珊王朝和突厥人，哌哒汗国灭亡，领土被萨珊王朝和突厥汗国瓜分。哌哒残余势力四处逃亡，散在中亚、南亚次大陆和北亚，逐渐融入当地各族之中。史书不再提到哌哒一名。

第二节　政治统治及外交关系

哌哒汗国是游牧民族建立的国家。哌哒人来到中亚以后，在很长时间内依然过着以游牧为业的生活，在水草丰美的地方进行季节性放牧。放牧的牲畜以羊、骆驼和马匹为多，盛产良马。他们居住在由毡制成的帐篷里，当中国北魏僧统[①]宋云于519年到达哌哒之时，

---

① 僧统即中国管理僧人的官员。

哌哒人仍保留着“居无城郭，游军而治。以毡为屋，随逐水草，夏则随凉，冬则就温”的游牧生活。他们的国王“居大毡帐，方四十步，周回以氍毹为壁”①。

来到泽拉夫善河流域以后，特别是占领巴克特里亚及印度河流域以后，哌哒人在当地农业的影响下，开始种植稻麦等农作物，据《梁书》记载：“滑国（即哌哒）……土地温暖，多山川树木，有五谷。国人以麨及羊肉为粮。”对此，普洛科庇乌斯也有记载：“哌哒……他们不是像其他匈人那样的游牧民族，已经很长时期定居在肥沃的土地上。”随着农耕的进行，哌哒人渐渐定居下来，建筑城市。国王不再以其毡帐为统治中心，而是住在都城里，都城成了汗国的统治中心。据《周书》和《北史》记载，哌哒“其王治拔底延城②，盖王舍城也。其城方十余里”。

虽然哌哒人的物质文化发生了很大改变，但游牧民族的许多习俗在迅速崛起的哌哒汗国内长期保留下来，特别是统治制度方面。在哌哒汗国，哌哒国王称可汗，其妻子称可敦。哌哒国王的权力很大，国王拥有亲自指挥军队和任免军队将领的权力。国王拥有宣战、媾和、与他国签约的外交权。国王拥有任命地方长官的权力，如占领巴克特里亚以后，哌哒国王阿赫雄瓦任命自己的儿子库希那瓦（Khušhnavaz）为镇守官；在占领犍陀罗以后，国王任命特勤为驻守地方的诸侯。此外，国王还有制定宗教政策和处理宗教事务的权力，国王摩酰逻矩罗对印度佛教采取打击压制的政策，没收上层佛教僧侣的财物、地产，赏赐印度婆罗门教宗教人士等。

哌哒汗国的王位是终身制，王位的继承没有实行严格的世袭制。据《魏书》记载：“哌哒……王位不必传子，子弟堪任，死便授之。”由此观之，王位不一定传给国王之子，只要国王的兄弟和侄子胜任者，便能获得王位。哌哒汗国的法律简略，据《魏书》记载，哌哒

---

① （北魏）杨衒之：《洛阳伽蓝记校注》，范祥雍校注，第 288 页。

② 都城拔底延的位置，目前最有影响的说法是巴里黑城和活国（Warwaliz）两种观点，前者以日本学者藤田丰八为代表，后者以日本学者内田吟风为代表。

“用刑严急，偷盗无多少，皆腰斩，盗一责十”。

从出土钱币可知，嚈哒官号有特勤（Tagino）、叶护（Zaboxo）、吐屯（Tadono）和达千[①]（Tarxano）等，这些官职的权限目前还不清楚。可以肯定的是，嚈哒汗国中央的权力是不集中的。嚈哒人来到中亚时人数很少，仅仅“众可十万”[②]。以少数人统治如此辽阔的领土，对于文化比较落后的嚈哒人来说是一件困难的事情，于是，嚈哒汗国的地方行政基本上采取了委托本地贵族统治的方式。嚈哒国王一方面任命一些嚈哒要人为地方统治者镇守，如巴克特里亚、犍陀罗等重要地区；另一方面，嚈哒国王继续保留那些归顺他的地方统治者，如印度、塔里木盆地、帕米尔高原等地的诸小国，前提是这些小国要奉嚈哒汗国为宗主国，向嚈哒国王表示效忠和纳贡。于是，嚈哒汗国内是小国林立。据《魏书》记载，在原来大月氏五翕侯之地出现了伽倍国、折薛莫孙国、钳敦国、弗敌沙国、阎浮谒国；在原康居国故地出现了粟特、者至拔国、迷密国、悉万斤国、忸密国、者舌国等。这些属国有自己的国君，他们独立管辖着自己的领地，并有独立的外交权力。据中国史书《魏书》、《梁书》、《周书》记载，嚈哒汗国的一些属国曾经派遣使者来中国朝贡，有的多达十次，如悉万斤国。

为了防止地方反叛，嚈哒国王经常带着军队巡视各地，“游军而治”[③]，大概就是派军队巡视，威慑各国。据《魏书》记：“嚈哒……分其诸妻，各在别所，相去或二百、三百里。其王巡历而行，每月一处。”嚈哒国王每月一处，不仅仅是为了与诸妻相会，更重要的可能是监察各地。

嚈哒汗国最初拥有一支强大的军队。嚈哒人最初以游牧为生，据《梁书》记，嚈哒“人皆善射”。嚈哒军队是机动灵活的马上弓箭手，男女老幼都擅长于骑射。从嚈哒人发行的钱币来看，嚈哒骑兵

---

① 疑是达干，现仍按音译为达千。

② （北齐）魏收：《魏书》，中华书局1974年版，第2279页。

③ （北魏）杨衒之：《洛阳伽蓝记校注》，范祥雍校注，第181页。

身穿铠甲。依靠这支骑兵，哌哒汗国得以在中亚纵横驰骋、开疆扩土，据《周书》和《北史》记载，“其人凶悍，能战斗”。哌哒人在征服拥有象兵的中亚南部，尤其是征服北印度之后，开始拥有象兵。一只大象上一般有十个士兵，士兵手上都拿着安有长长手柄的大刀，可以居高临下杀敌，大象的鼻子上也绑缚利刃以杀敌。据《洛阳伽蓝记》记载，哌哒“王有斗象七百头，一负十人，手持刀楂，象鼻缚刀，与敌相击”。拜占庭人科斯马斯·印狄科帕留斯脱斯（Cosmas Indicopleustes）在游访印度的行记中说：“哌哒族国王（Gollas，可能就是摩酰逻矩罗）为印度之共主，他向印度人勒索赋税，并有两千匹战象和一大队骑兵助他为所欲为。”[①]哌哒人的主要武器装备是弓箭、大刀、剑、粗短棍棒、铠甲。

哌哒在中亚兴起以后，有力地遏止了柔然势力的西进。5 世纪末 6 世纪初，柔然汗国在中国北魏王朝（386—534）和高车国的打击下衰微。此时，哌哒强盛起来，开始向东扩展，原臣属于柔然汗国的西域绿洲城郭国家于阗、疏勒、姑墨、龟兹、钵和、渴盘陀等国转而臣属于哌哒汗国。521 年，高车部伊匐大败柔然可汗婆罗门（P'o-lo-men），婆罗门率部逃到哌哒汗国内，哌哒国王不仅收留了他，还娶他的三个姐妹为妻。

在对外关系中，哌哒汗国与中国北方王朝北魏、西魏（535—557）、北周（557—581）和北齐（550—577）发生了联系，在西方与萨珊波斯王朝，在南方与印度笈多王朝广泛交往。哌哒与中国北方政权的交往始于 5 世纪中叶，在 6 世纪上半叶最为密切。在头罗曼统治时期，哌哒控制了丝绸之路的南北两道，便利了与中国诸王朝的交往。据《魏书》记载，哌哒使者 14 次向北魏朝贡，北魏出使哌哒 3 次；在 512—515 年和 518—520 年间，高徽以员外散骑常侍和平西将军的身份出使哌哒汗国，此外，宋云与惠生在 518—522 年间前往印度取经时也途经哌哒汗国。北魏灭亡以后，哌哒继续向中

① 〔美〕麦高文：《中亚古国史》，第 258—259 页。

国北朝西魏和北周派遣使臣，据《周书》记载，哌哒汗国使者于546年、553年和558年三次来朝，甚至还与中国南方王朝建立了联系。哌哒派往南方王朝的使者是通过西域南道到达鄯善，然后穿越柴达木盆地，绕过青海，从岷山道南下到达四川，再顺长江而下直抵建康（今南京）的。《梁书》记载说，哌哒从516年至541年间，五次来朝。哌哒朝献的物品主要是当地的物产，如白色大象、黄色狮子、白色的貂裘、波斯锦等。除了哌哒汗国的使者外，哌哒的属国也以本国之名与中国交往。哌哒及其属国的朝献加强了双方的政治联系，更主要的是促进了双方的商贸活动。

哌哒汗国与西方大国萨珊王朝一直处于敌对关系。哌哒人来到中亚之时，萨珊王朝已经存在了两百年多年。哌哒人南下占领巴克特里亚以后，以此为基地不断对萨珊王朝发起进攻。据5世纪亚美尼亚史学家埃里塞（Elishe Vardaper）记，从442年起，萨珊国王伊嗣俟二世（Yazdgird II，438—457年在位）遭到哌哒人的不断攻击，形势严峻，以致他在很长时期一直驻扎在东部边境上。尽管如此，哌哒人还是夺取了萨珊王朝东部的一些领土。

伊嗣俟二世去世以后，萨珊王朝陷入内乱，他的两个儿子争夺王位，最终次子霍尔穆兹（Hurmazd，457—459年在位）夺得了王位，驻守锡斯坦的长子卑路斯（Pērōz，459—484年在位）仓惶逃往哌哒国，请求避难。哌哒汗国趁机插手萨珊王朝内政，从中获得了很大利益。哌哒人为卑路斯提供庇护，在卑路斯答应割让土地的条件下，又出兵帮助他夺取王位。卑路斯登上王位以后，背信弃义，不愿割地。据说，卑路斯用50头大象和300个士兵把先世巴赫拉姆在塔里罕建的界塔向前推移了，以表明波斯军队仍在自己的国境内。哌哒人不能容忍这种背叛行为，双方发生了多次战争。在战争中，哌哒打败并俘虏了卑路斯。萨珊王朝支付了一大笔赎金，卑路斯才得以回国。回国之后，卑路斯向拜占庭帝国求援，准备再次与哌哒汗国开战。拜占庭以大量黄金支持卑路斯与哌哒汗国的战争，拜占廷使者也随同一起观战。然而，卑路斯再次战败被俘。卑路斯写下不再侵犯嚈哒的保证书，并答应支付30头骡驮白银的赎金，但萨珊王朝无力支付这笔赎金，卑路斯之子居和多到嚈哒汗国为人质，卑路斯得以回国。484年，卑路斯撕毁和约，入侵嚈哒。嚈哒国王阿赫雄瓦面对来势汹汹的波斯军队，采取了诱敌深入的战略，在道路上挖壕沟，在壕沟上铺上薄薄的木板，然后在木板上铺上一层泥土。战斗开始以后，阿赫雄瓦佯装失败，沿着特意留好的退路迂回后撤，卑路斯趋兵追杀，波斯军队中的大多数人掉入壕沟，卑路斯本人被杀，其女儿和许多随员被俘，嚈哒汗国大获全胜。

卑路斯死后，其弟弟沃洛盖斯（Vologases，484—488年在位）成为萨珊帝国国王。即位之后，他派锡斯坦总督与嚈哒人谈判，答应向嚈哒称臣纳贡，嚈哒释放了卑路斯之子居和多。居和多回国以后，与叔叔展开了争夺王位的斗争。在嚈哒人的积极支持下，居和多于488年登上了萨珊帝国王位（488—496年、498—531年在位）。496年，居和多因支持马资达克（Mazdak）运动遭到波斯贵族的废黜，逃到嚈哒汗国避难。嚈哒汗国收留了他，与之联姻，并派军队支持他，使他于498年成功复位。作为回报，居和多把赤鄂衍那（中国史籍称石汗那）割让给嚈哒汗国。

萨珊王朝向嚈哒汗国称臣纳贡达半个多世纪，给萨珊波斯人造成的恐惧在帕普（P'arp）的拉扎尔（Lazar）的记载中表现出来："即使在和平时期，听到或看到一个嚈哒人就会使人魂飞魄散，没有人敢公开与嚈哒人战斗，因为每个人都清楚地记得嚈哒人使雅利安人的国王和波斯人蒙受的灾难和失败。"[①]到萨珊帝国国王库思老一世（Khosrau I，531—578或579）统治时期，这种形势发生了变化，库思老一世联合中亚东北部的突厥人，最终灭亡了嚈哒汗国。

嚈哒汗国和萨珊帝国之间的战争对西方产生了影响。萨珊帝国立国之初曾与罗马帝国争夺亚美尼亚，嚈哒人在东方起到了牵制作

① 〔俄〕李特文斯基主编：《中亚文明史》第3卷，第111页。

用，使萨珊帝国面临东、西两面作战的局面，不能专注于亚美尼亚事务。在卑路斯统治末期，亚美尼亚的基督徒趁萨珊与哌哒战争之机，发动了反对萨珊统治的武装暴动。亚美尼亚人驱逐了萨珊帝国派驻的总督，建立起了自己的政权。以后，萨珊国王沃洛盖斯不得不与亚美尼亚和谈，做出让步，拆除了该地区的琐罗亚斯德教拜火祭台，承认了亚美尼亚人有信仰基督教的自由，对基督教堂进行了修缮和扩建。

哌哒统治巴克特里亚以后，与印度笈多王朝发生了联系。当时的笈多王朝国王是即位不久的塞建陀笈多，哌哒汗国的进攻遭到了他的抵抗。残缺的比泰里（Bhitari）石柱反映了这些战争的激烈，第 10 行记载，在战争时，塞建陀笈多“躺在野地里过夜”；457 或 458 年的朱纳格尔（Junāgarh）石刻铭文也记载了塞建陀笈多对哌哒人的战争。塞建陀笈多虽然阻止了哌哒人的南进势头，但国力耗尽，自此以后铸造的金币要比以前少得多，而且粗糙，质量差。后来，头罗曼的进攻加速了笈多王朝的分裂。一般认为，佛陀笈多从即位起，其权力和声望已经大不如前，可以说，他是笈多王朝名义上能够行使最高权力的最后一位皇帝。此后，笈多王朝境内出现了许多割据势力，割据诸王在抗击哌哒的进攻中扩展了地盘，增强了实力，强盛一时的笈多王朝于 6 世纪后期灭亡。哌哒汗国后期，印度河以东的诸小国起兵反抗哌哒人的统治，并获得独立。

与此同时，萨珊王朝也在积极酝酿摆脱哌哒汗国的宗主权。库思老一世登上萨珊王位以后，励精图治，在土地制度、赋税、军事和财政等方面进行了一系列的改革，使萨珊帝国国势蒸蒸日上。545 年，他停止向哌哒汗国纳贡，并开始与哌哒东北的突厥人建立了军事联盟，两国出兵哌哒。哌哒调集全国军队主力在布哈拉地区与突厥进行了历时八天的激战，结果战败，主力被摧毁。562 年，在萨珊波斯军队与突厥军队的夹击下，历时一个多世纪的哌哒汗国灭亡了。

严格来说，嚈哒是一个由不同部落和部族组成的不牢固的集合体，它的政权只有处在不断的迁徙或军事行动中才能维持，一旦行动停顿，国家便趋于涣散。嚈哒人控制了中亚广阔地区之后，依靠军事力量统治了这些地区，但中央力量弱小，无力采取有效的行政措施统治这片辽阔土地上语言、宗教、习俗千差万别的居民。这正是嚈哒汗国未能长久统治的原因。

第五章

社会经济

公元前 3 世纪至公元 6 世纪上半叶，游牧已经成为中亚北方牧民的主要经济形态；农耕仍然是南方居民的主要经济形态。北方的畜牧业在迅速发展的基础上形成了区域性的特征：乌孙人放牧的畜类主要是马和羊，大月氏人放牧马、牛、羊，哌哒人放牧的主要畜种是羊、骆驼和马匹。中亚南方在贵霜帝国时期扩建和新建了一些灌溉渠，形成了大片绿洲，农业进入较快发展时期；手工业在采矿、制陶、纺织业、金属加工，特别是武器制造方面，取得了长足发展；丝绸之路的开通促使东、西方贸易繁荣起来，成为过境贸易中的桥梁，并获得了到印度洋的出海口。

第一节　北方的游牧经济

游牧经济是以游牧性畜牧业为主的经济形态。下文以乌孙国和哌哒汗国的经济为例，阐述这一时期北方游牧经济的情况。

伊犁河和楚河流域，尤其是伊犁河至天山之间的草原及天山山脉的高山草场，都是优良牧场。这片草原草场辽阔、水草丰美，加之气候湿润、雨水较多，适合畜牧业的发展。山中背风向阳的低凹处被俗称为“冬窝子”，冬天只有小雪或基本无雪，牧草不会被雪覆盖，完全可满足畜群的需要；高山上的夏季牧场，地势较高，气温凉爽，畜群在此避开了酷热；广阔的山前地带是春秋季牧场。这片草原先后成为乌孙、月氏、哌哒的放牧地，据《史记》记载：“乌孙在大宛东北可二千里，行国，随畜，与匈奴同俗。”乌孙人的游牧的方式是：当一片草场被畜群吃得差不多之后，转到另一片草场放牧，几个月在草长起来之后，他们又把畜群赶回来。因此，乌孙人的游牧并非远距离的迁徙运动，是在较固定的区域内游牧。

文献的记载和考古发掘可知，乌孙人放牧的畜类主要有马、羊、牛、骆驼、驴，在乌孙墓葬中发现了马、羊、狗的骨骼，其中尤以马骨和羊骨最多。据《史记》记载：“乌孙多马，其富人至有四五千匹马。”同书又记：“乌孙以千匹马聘汉女（指细君公主）。”乌孙马不仅数量多，而且马种优良，马形健美，善走，奔跑，仅次于大宛的汗血马，在汉代被誉为“天马”。在大宛汗血马引进中国中原地区以后，乌孙马被更名为“西极马”。据《史记》说：“初，天子发书易，云‘神马当从西北来’。得乌孙马好，名曰‘天马’。及得大宛汗血马，益壮，更名乌孙马曰‘西极’。”羊也是乌孙人放牧的主要畜种，它们是乌孙牧民的基本生活资料，食物、衣裘、制毡都离不开羊。

大月氏人的畜牧业以养马、牛、羊和骆驼为主。据唐司马贞的《史记索隐》引康泰所著《外国传》说：“外国称天下有三众：中国人众，大秦宝众，月氏马众。”大月氏人的“大尾羊如驴尾，即羬羊也”。此外，大月氏人养的牛是优良品种，据《玄中记》记载：“大月氏又有牛名曰及，今日取其肉，明日疮愈。”大月氏人养的骆驼是单峰骆驼：“大月氏国……出一封橐驼。”

哌哒人在阿尔泰山地带时以游牧为业，牲畜是经济的主要支柱。迁到河中地区以后，在很长时间内仍然过着以游牧为业的生活，放牧的牲畜以羊、骆驼和马匹为多，盛产良马。

乌孙虽然是一个以游牧为主的国家，但在一些地势较低、气温高、日照长、水量足的宜农地带，也有少量农业，如在楚河、塔拉斯河谷，伊犁河南的哈苏（Hassu）地区，纳伦（Naryn）河下游流域和伊犁河北岸的潘菲洛夫以南地区。据考古发掘，发现了乌孙农业生产的直接材料，如在乌孙人的居地上出土了收割农作物的工具青铜镰刀，粮食加工工具石磨、石碾，还发现了谷物的遗迹。[①] 在昭苏县的一座乌孙墓葬中，出土了一件中部鼓凸呈扁圆体、边缘扁平、重达3公斤的舌形铁铧，它与当时汉代关中地区的铁铧形制大小几乎完全一样。据《汉书》记载："汉复遣长罗侯惠将三校屯赤谷。"常惠在乌孙首都赤谷屯田，说明乌孙国内确实存在着农业生产。汉朝的屯田给乌孙人带来了先进的生产技术、工具和耕种方法，促进了乌孙农业的发展。

北方牧民也从事一些简单的手工业。据考古发掘，手工业种类主要有金属冶炼、制陶、毛纺织、建筑。在乌孙的早期墓葬中，出土了小铁刀、小铁锥之类的工具，器物种类不多，质地粗糙。在中期以后的墓葬中，这种情况发生了明显的改变，出土器物的种类增多，制作技术也有长足的进步。其中，铁器除了小铁刀、小铁锥外，还有环首铁刀、铁剑、铁铧；铜器有青铜锥、小铜饰、铜碗；金器有金戒指、金耳环、金箔饰件等。

乌孙人最初制作的陶器为手制，制作粗糙，器形较小，种类主要是壶、钵、碟等日常生活用品；中期制作的陶器虽然还是手制，但有了慢轮加工，陶器较紧实致密，陶质较细，器形较规整；后期制作的陶器均为轮制，形体规整，陶质细，火候高，有的有匀称的弦纹。

毛纺织业是乌孙牧民家庭的重要手工业。牧民们将毛绒搓捻成线，然后编织成各种带子和纺织品，带子是搬迁和骑乘中必不可少

---

① 〔苏联〕阿基耶夫：《1954年伊犁考古考察团工作报告》，见《历史、考古和民族研究著作集》第1卷，阿拉木图1956年版，第29页；〔苏联〕阿基耶夫、库沙耶夫：《伊犁河谷塞克与乌孙的古代文化》，阿拉木图1963年版。均转引自王明哲、王炳华：《乌孙研究》，新疆人民出版社1983年版，第18页。

的，乌孙牧民的衣料主要是毛纺织物。乌孙人还用毛绒制毡，加工过程是：先将洗净的羊毛、羊绒平铺在草席上，然后用力捶打、擀压，在擀压过程中不断添羊毛、羊绒和水，以增加毛、绒的黏附力，最后压实成毡。

从哌哒人以毡为屋的记载来看，哌哒人很早就有制毡业。《梁书》、《北史》、《洛阳伽蓝记》分别记载了哌哒人金制品的情况，即女人头上戴的木角“以金银饰之”；拔底延城“多寺塔，皆饰以金”；哌哒国王和王妃都坐金床。这些记载表明哌哒人的金银首饰业很发达。考古发掘出土了表明个人身份的哌哒印章，上面刻着人名、族徽，在官衔印章上还刻有称衔，此外，有的印章上刻画的人物细致逼真，栩栩如生。它们反映了哌哒人娴熟的镂刻技艺。据《洛阳伽蓝记》记载，宋云见到哌哒国王坐榻的几只脚被雕成凤凰，哌哒王妃的雕成狮子，凤凰和狮子形象活灵活现，展示了当时哌哒工匠的高超雕刻水平。

乌孙牧民的建筑业状况可以从他们的墓葬遗迹反映出来。乌孙墓葬一般采用木椁造型，墓室四壁均用圆木叠砌成墙，接头处互相楔卯以保持牢固，墓室顶部也由木覆盖。墓室四壁挂有毡毯，有的毡毯外还钉附有米字形细木条。由此推知，乌孙人的住房四壁、顶部和地板均用圆木砌成，毡房的四壁挂有毡毯，毡房的屋顶呈圆形，状似穹庐。有关文献证实了这种推断，细君公主在她充满哀怨的《黄鹄歌》中说“穹庐为室兮旃为墙”。这种毡木结构的房子不仅结实耐用、御寒性能好，而且便于撤卸和携带，至今仍是牧民们喜爱的居住形式。除毡房外，牧民们还建造了半定居住所，有的建在石基上，有的没有地基，直接建在地上，房屋一般用泥砖建造。

哌哒人在中亚地区建筑了一些城市，对它们的发掘还不充分。目前，已经发掘的有赤鄂衍那（Chaganiyan）首府布德拉奇城（Budrach）遗址和瓦赫什地区首府卡菲尔卡拉（Kafry-kala）遗址。布德拉奇城遗址在贵霜时期面积在20公顷左右，哌哒时期，城区扩大到了50多公顷，城区之外的大郊区，有农庄、堡垒和宗教性建筑。

卡菲尔卡拉城遗址由一道城墙围绕，城墙上有塔楼；城墙外有一道宽 50 米—60 米、深 5 米的壕沟环绕。城区有一大广场，广场周围建筑了功能各异的建筑物。在遗址的东北角，有一个边长为 70 米的正方形要塞，它由内、外两道城墙环绕。城墙的角落上有坚固的长方形塔楼，城墙当中有凸出的半圆形塔楼，塔楼之间是带有伪装的射箭孔，连护墙的通道也有防御功能。在要塞内有宫殿建筑，宫殿以一座面积为 200 平方米的长方形大厅为中心，大厅周围有小厅和住房，大厅的门向东开。要塞的东南角是一座正方形佛教寺院，墙上装饰着彩色壁画。建筑材料主要是一种用黏土和切细的麦秸制成的土坯，很少使用烧制的砖，用木料做屋柱。兴都库什山以南的地区，像迦毕试和犍陀罗，主要建筑材料是石头。

这一时期，中亚南、北之间以及东、西方贸易都得到了前所未有的发展。南、北方之间的贸易，主要是畜牧产品与农产品之间的交换，活跃起来。这一贸易沿锡尔河流域的商道进行，费尔干纳北部与锡尔河中、下游地区和咸海地区联系在一起。运往北方牧区的产品有谷物、瓜果、陶器、手工艺品和武器；输入南方的商品主要有牧区生产的毛、皮革、肉、乳制品、牲畜等。由于南、北方贸易的兴盛，锡尔河沿线涌现出许多便于商贸的城镇。

中国西汉王朝建立西域都护府之后，匈奴势力北撤，减少了对东、西方交往的丝绸之路的干扰。在此时期，丝绸之路成了东、西方政治、经济、文化交流的重要通道。经乌孙国的路线是：从阳关往西，沿着天山，经过伊吾、车师前部、车师后部，到达乌孙，过乌孙赤谷城，然后与丝绸之路北道的主干汇合，再经康居、奄蔡，最后到达罗马。于是，乌孙东与中国中原地区，西与南高加索地区有往来。

乌孙国以朝贡的形式与中国汉王朝进行着官方交往。乌孙国向汉朝贡献马、牛、羊，尤以马为最多，如猎骄靡聘细君公主就用马 1000 匹，翁归靡为元贵靡求婚的聘礼是马、骡各 1000 匹。乌孙从汉朝输入的商品有手工业品、丝织品、贵重金属，以加工成品为多。

在考古发掘中，出土了汉朝的丝织品、龙纹汉镜等。除官方贸易外，中亚游牧民与汉朝进行民间贸易。汉朝实行铜铁禁运的政策，防止他国用之制造武器，但仍有部分流入乌孙，这可能是通过民间贸易实现的。通过联姻，乌孙与汉朝加强了经济上的往来。中国汉朝先进的生产技术、工具、文化等流入乌孙国，促进了乌孙经济的发展。在与汉朝的经济交往中，乌孙国内的物资交换基本上停留在以物易物的阶段，文献没有提到乌孙用货币进行买卖的记载，考古也没有发掘出乌孙钱币。

乌孙国与西方的贸易情况从考古资料中反映出来。当时南高加索以宝石著称，在乌孙国境内的夏台地区曾出土一枚嵌宝石的戒指，与南高加索公元初的德莫泽夫恰尔遗址出土的戒指一模一样，只是宝石的颜色不同而已。

𠿕哒人在夺取中亚河中地区和巴克特里亚以后，控制了贯穿其境的丝绸之路中段，掌握了此地的过境贸易。拜占庭史学家塞奥凡尼斯（Theophanes）曾谈道："突厥人占有了许多赛里斯人时常出入的市场和港口，这些市场和港口在𠿕哒国王厌带夷栗陀战胜卑路斯之时，曾被𠿕哒人所夺取。"𠿕哒人从这一贸易中得利不少。从出土的萨珊银币来看，𠿕哒商人常到中国境内贸易。如今，在中国境内出土了分布范围很广的萨珊王朝银币，从河北的定县到广东的曲江都有发现。考古发现，许多萨珊银币上打着𠿕哒印记，在河北定县塔基发现的钱币中就有一枚这样的钱币，在萨珊伊嗣俟二世时期的银币边缘压印了一行𠿕哒文字的铭文。[①]因此，有学者认为，它们中有一部分应该是𠿕哒商人用来购买中国物品的。𠿕哒人在萨珊银币上加印本国符号作为本国货币使用。不过，𠿕哒国也发行过本国货币，考古发现了头罗曼、摩醯逻矩罗发行的银币和铜币。

总的来说，公元前3世纪至公元6世纪上半叶，游牧已经成为中亚北方的主要经济形态，北方的畜牧业在迅速发展的基础上形成

---

① 夏鼐：《综述中国出土的波斯萨珊朝银币》，《考古学报》1974年第1期。

了区域性的特征。在此时期，中亚南北贸易有了进一步的发展，北方牧民在与中亚南方的交换中获得了一些生活必需品。

第二节　南方的农耕经济

公元前 3 世纪至公元 6 世纪上半叶的一千年间，中亚农业在原来的基础上有了长足的发展，这一点从阿姆河上、下游，锡尔河流域，泽拉夫善河流域上修复、扩建和新建的灌溉工程和大片绿洲的形成上反映出来。

在阿姆河上游，以瓦赫什河、卡菲尔尼甘河和苏尔汉河流域为中心，修复和新建了一些灌溉渠。波斯帝国时期建筑的引瓦赫什河水的灌溉工程博尔代渠一度被废弃，贵霜帝国时期得到修复并扩建。在 2 世纪或 3 世纪，贵霜统治者在瓦赫什河上新建了祖伊巴尔（Dzhuibar）渠，将河水引入库尔干・秋别（Kurgan-Tyube）地区，在此又建了卡拉兰格（Karalang）和拉格曼（Laghman）两条支渠，灌溉科尔霍扎巴德（Colhozabad）和乌尔塔博兹（Urtaboz）高地以西的土地。此外，在博尔代渠与祖伊巴尔渠之间新建了卡翁渠和扎尔加尔渠。如今，在乌尔塔博兹仍然可以看到一条宽 18 米、高 2.5 米、长 12 公里的堤岸。这些灌溉渠的修建使瓦赫什河下游地区成为灌溉农业区，逐渐发展成一片大绿洲。

在卡菲尔尼甘河中游修建的灌溉渠使吉萨尔、杜当别、伊刺克（Ilak）成为中游的三个灌溉区。其中，有一条水渠将水引入米干支山村，西米干支峡谷成了灌溉农业区；在卡菲尔尼甘河下游建筑的灌溉渠形成了科巴迪安那和萨尔杜兹农业区。在卡菲尔尼甘河下游与比什肯特河谷连接的狭窄地段，考古学家发现了一条长达 3 公里的暗渠，它用来调节两河的水资源，主要是将卡菲尔尼甘河河水调入比什肯特河，以补充比什肯特河的灌溉用水。

在苏尔汉河上，以往修建的特尔米兹和卡拉塔克灌溉渠在此时期得到了扩建。在此时期，新建了名为章（Zang）的大灌溉渠，章渠灌溉范围很广，形成了一片新绿洲“安戈尔”（Angor），并兴起了新的城镇札尔特佩（Zar-tepe）。苏尔汉河灌溉渠的扩建和新建促进了苏尔汉河流域农业的发展，使这一地区成为中亚最富饶的地区之一，是中亚地区重要的粮食基地。

在阿姆河下游，建于公元前4或公元前3世纪的古尔都松渠在这一时期得到扩建，加齐耶巴德·奇尔门亚卜（Gaziabad-Chermenyab）渠得到修复和加固，使旧城堡坎东卡拉（Kandum-kala）和卡达兰哈斯（Kardarankhas）得以复兴，还出现了一些新兴城堡和城镇，如札马赫沙（Zamakhshar，即Izmukshir）、希瓦（Khiva）、德夫克斯坎（Devkeskan）。这一时期，花剌子模绿洲上新建了大灌溉渠，如高霍拉（Gaukhora）、托普拉克卡拉、海汉尼克（Khaikhanik）、瓦达克（Vadak）、布瓦（Buva）。在这些主渠下又建了支渠，如托普拉克卡拉渠上的一支渠灌溉了苏丹韦兹达格（Sultan-Uizdag）山麓地带。阿姆河下游成为中亚灌溉系统最发达的地区，据统计，这一地区的灌溉面积达35000平方公里—38000平方公里，大约相当于今天该地区灌溉面积的四倍。

这一时期，在锡尔河上游建造了一些灌溉工程。1世纪左右，锡尔河上游流经的费尔干纳盆地出现了一系列灌溉渠，它们建造在伊斯法拉（Isfara）、索赫（Sokh）、阿拉凡（Aravan）和沙马丹（Shahimardan，即马格兰）等地。当时，在每条灌溉渠的源头还建有城堡，严格控制灌区水流的分配，如在索赫河系的源头建筑了萨里库尔甘（Sarikurgan）城堡。随着灌溉工程的修建，费尔干纳盆地的灌溉面积迅速扩大，出现了一大批定居点。

在泽拉夫善河上新建的灌溉工程有：河右岸的布隆古尔（Bulungur）渠和帕雅里克（Payarik）渠；河左岸的达尔贡（Dargom）渠和纳尔佩（Narpai）渠。在米安卡拉（Miyan-kala）境内，建造了伊什迪汗（Ishtikhan）渠和瑙金斯克（Naukinsk）灌溉网；在布哈拉地区修建了大渠沙赫鲁德（Shah Rud），此外，还有卡尼梅赫（Kanimekh）

渠、哈尔甘鲁德（Kharkan Rud）渠、赞达那（Zandana）渠和拉米坦鲁德（Ramitan Rud）渠。泽拉夫善河流域灌溉网的建造，使大片土地获得供水，撒马尔罕和布哈拉两大灌溉农业区形成。据统计，1 世纪至 4 世纪期间，泽拉夫善河下游地区有大约 3400 平方公里—3500 平方公里的土地得到灌溉，灌溉区向西发展，一直延伸到今布哈拉绿洲以外的数十公里。

除了修复、扩建和新建灌溉渠外，在此时期建造的灌溉渠比上一时期有明显的改善。首先，主渠式样的改变，由原来的宽浅式（宽达 20 米—40 米）改建成窄深式（宽 10 米—11 米）；其次，灌溉渠的长度比以往增加，往往延绵几公里，甚至数十公里，最长的灌溉渠是花剌子模绿洲的基尔克孜（Kîrkkîz）渠，长达 90 公里；最后，灌溉渠的引水口一直在向上游推进。灌溉渠的输水模式是：主河道—灌渠源头—主渠—支渠—入田渠—农田。

在这一时期，中亚山区的灌溉农业也比以往有所发展。由于山区峡谷的溪流水量小，单纯依靠它们供水显然不够，于是，人们根据地势，把地下水、泉水以及山上的融雪，以贮水池、坎儿井等形式贮存起来。山区的考古发现了一个长方形的大贮水池，长 50 米，宽 40 米，池壁高 2 米，宽 1 米—2 米，贮水池在地势高的那面池壁上开设小口，接纳水源，在地势较低的池壁上开设小口排水。贮水池的灌溉形成了梯田，常见于泽拉夫善河上游和努拉套（Nuratau）山区的山麓地带。考古证明，中亚山区居民在 1 世纪开始使用贮水池灌溉梯田。

在没有地表水的山谷中，居民们建筑坎儿井对地下水加以利用。在科佩特达格和巴巴达格地区以及瓦赫什河流域和泽拉夫善河上游流域，发现了利用地下水的地下通道。由于坎儿井的利用，努拉套山麓地带出现了大面积的农耕地；克齐尔沙漠边缘形成了小面积的农耕地；泽拉夫善河上游山区也因坎儿井的利用而出现了星罗棋布的农耕地。

这一时期，中亚在农具上有革新，在耕作技术上有改进。铁器已经广泛运用于农业生产，诸如铁铧犁等新式农具取代了以往的铁锄，铁铧犁的使用提高了土地的耕作效率。这一时期，中亚居民根据不同的地形和灌溉条件采用不同的耕作方式，他们在水源充足的绿洲开辟水田，在水源不足的山区或山麓地带开辟旱田。

农作物的栽培种类增加，除原有的粟、大麦和小麦外，波斯帝国时期引进的水稻已经成为常见的谷物品种；经济作物除芝麻外，上一时期只在帕提亚发现的棉花在中亚各地普遍种植。此外，在布哈拉绿洲，属于晚期贵霜的克济尔基尔（Kazilkir）居地发现了罂粟籽。在瓜果种植中，葡萄成为特色产品，在布哈拉绿洲、费尔干纳盆地、马尔吉亚那谷地和花剌子模等地广泛种植。考古学家在花剌子模的詹巴斯卡拉以西发掘出了一个葡萄园，其地面被划分为宽（4米左右）、窄（1.5米左右）相间的地带。

这一时期，畜牧业仍然是中亚南方的重要经济产业。绿洲地区的居民圈养牲畜；草原和山麓地带的居民以放牧形式发展畜牧业。这一时期，南方的畜牧业也呈现出地区性特色，大宛国所在的费尔干纳盆地主要产马；巴克特里亚盛产双峰骆驼；花剌子模绿洲盛产牛和马；布哈拉养绵羊、山羊和骆驼；塔什干以羊最多。中亚南方，羊被认为是一种高贵的动物，日常陶器的手柄制作成公羊形状，甚至琐罗亚斯德教神祇之一的“法尔恩”（Farn）也被描绘成公羊状。在苏尔汉河流域的札尔特佩遗址发掘出来的动物骨殖中，绵羊和山羊的遗骸占61.6%，驴占8.6%，猪占4%，马占2.6%，骆驼占2%。

中亚南方的主要手工业有采矿业、金属加工业、纺织业和建筑业。这一时期，以上行业继续发展。

采矿业在中亚南方的发展迅速。在费尔干纳和粟特的山中开采金、银、铁和软玉；在巴克特里亚开采青金石；在阿姆河上游的巴达克山开采红宝石；在卡拉马扎尔开采铜矿。在中亚本地已经可以冶炼和加工这些矿石。据《魏书》记载：“世祖时，其国（大月氏国）人商贩京师，自云能铸石为五色琉璃，于是采矿山中，于京师铸之。既成，光泽乃美于西方来者……光色映彻，观者见之，莫不惊骇，以为神明所作。”由此可知，当时中亚地区已经能够制作玻璃。

这一时期，中亚纺织业的发展可以从纺织大作坊的遗址反映出来。据文献记载，在沙赫里斯坦和布哈拉城之间有纺织棉布、围巾和帐幕的大作坊。在遗址中，还出土了棉纺织品残片。[①]

从布哈拉和希萨尔等古墓中出土的器物来看，金属加工业，特别是武器加工在中亚很发达。制作的武器有短剑、长矛、战斧等，其中最常见的是双刃剑，这种剑长达 1.2 米，剑柄长且呈圆形。此外，还有呈五角形的组合弓，箭杆用木料或芦苇制成，箭头呈三棱形，部件用狭长的骨条或动物角固紧在一起，这种箭以射程远和命中率高而著称。

中亚的建筑技术在这一时期也达到了一定水准。中亚城市建筑与以往建筑相比有以下特点：第一，扩建老城，老城的建筑物增加；第二，兴建新城；第三，由要塞、城区和郊区三部分组成的城市模式逐渐定型；第四，在防御功能加强的同时，随着手工业和商业以及宗教生活的发展，城市成了地区经济和文化的中心。

达尔弗津特佩城位于乌兹别克斯坦南部，面积为 3.25 万平方米，平面呈矩形。城市有城墙环绕，城墙每相隔 30 米—40 米设有一座塔楼。城墙之外建筑了防护水渠和壕沟。城内道路纵横，将城市分为若干区，各城区都建筑了密集的房屋和贮水库。富者居市中心，贫者的房屋位于边缘，城南发现了陶窖和一块陶器加工场，工场附近是工匠的住房。达尔弗津特佩住宅有一个共同特征：建有祈祷专用的房间，室内设有一个壁龛，上置圣火。

公元前 4 世纪亚历山大东侵之时，被希腊人称之为“马拉干达”的撒马尔罕只是一个城堡，当时是粟特地区的皇城。亚历山大占领马拉干达之后，留下一部分部队驻守城堡。据史书记载，当地人斯皮塔米尼斯率部反攻，包围了在马拉干达城堡的马其顿部队，并打败了亚历山大派来的援军。亚历山大亲自率部队报复，把整个

① 〔匈牙利〕雅诺什·哈尔马塔主编：《中亚文明史》第 2 卷，第 214 页。

地区彻底破坏。亚历山大对马拉干达城的毁坏十分严重，以至于他本人没有住在马拉干达城。后来，亚历山大派赫菲斯提昂重新修复了粟特地区各城镇，马拉干达城也得到修复。据阿拉伯地理学家伊斯塔赫里（al-Istakhri）的记载，撒马尔罕城至少有一部分是亚历山大军队建筑的。根据考古发掘，当时的马拉干达城主要是城堡，城堡周围有土筑的泥墙，厚约 20 英尺，长度不详。城内房屋用土坯、草泥建筑。

公元前 4—前 2 世纪，马拉干达城的居住区得到扩展，据考古认定，今考古遗址阿弗拉西阿卜是原马拉干达城址，面积大约有 219 公顷，可以说是粟特地区最大的政治、经济中心。据罗马历史学家昆图斯说，撒马尔罕外城周长 70 斯泰迪阿（约合 13 公里）。[①] 到了大约 4 世纪，撒马尔罕古城又建造了一道城墙，在此道城墙之内的城市面积为 66 公顷，据说，当时没有足够的人力防御 6 公里的古城墙。[②] 此时，城内居民的房屋是分开建筑，房屋由夯实的黏土（黄土）或泥砖建成，屋顶是用泥砖砌成的拱形圆顶或木结构，在其上面抹上一层黏土。

花剌子模绿洲的托普拉克卡拉城建于 2—3 世纪，城市布局为矩形，面积 2.5 平方公里，城市四周有高达 10 米的城墙环绕，城墙上建有塔楼，东北角建有大城堡。城内一条南北方向的大道与其他街道垂直，把城区分隔成匀称的十个街区。主干道宽 10 米，一般街道宽 4.5 米，每个街区为 4000 平方米。在外围街区中发现了以两三所房子为一组的小建筑群，其中有些是手工艺人的住宅。处于城堡中的王宫有一围墙环绕，宫殿里有许多房间，考古发掘的底层房间就有 100 多间，二楼的残迹表明也有许多房间。王宫内藏有大量工艺品，如绘画、雕刻、雕塑等。

贝格拉姆（Begram）城位于喀布尔北面，在潘季希尔（Panjshir）

---

① 〔俄〕巴托尔德：《蒙古入侵时期的突厥斯坦》，上海古籍出版社 2007 年版，第 99 页。

② 〔俄〕李特文斯基主编：《中亚文明史》第 3 卷，第 196 页。

河和果尔班德（Ghorband）河的交汇处，在中国史籍中被称为迦毕试城。迦毕试城布局为矩形，南北长 800 米，东西宽 450 米，城市由城墙围住，城墙下部有石基，上用方形土坯建造，每间隔 17 米建有方形塔楼一座，城墙外有壕沟围绕。城内有两条相互垂直的中央大道穿城而过，将城市分为四个部分，城东北设有城堡，在位于城南的宫殿，城市中拥有发达的地下排水系统。宫殿内建有许多贮藏室，发现了中国汉朝的小巧玲珑的黑漆小碗和来自罗马帝国东部的带装饰画的玻璃器皿，以及精美的希腊青铜塑像和数百件印度象牙制品。

这一时期，中亚城市中的公共建筑高大，一般用正方形的陶土砖或砖坯建造，烧焙砖很少，柱座和柱头等负载物用石料。普通住宅房屋有窗户，注意采光，房屋一般以石雕、雪花石膏雕塑、木刻、绘画等装饰，屋外建有阳台和花园。据铭文记载，建筑师在当时享有较高的社会地位，他们把自己的名字刻在自己建造的建筑物上。

在此时期，中亚除了南、北方的地区贸易外，显著特征是东、西方贸易极大发展起来。在经营东、西方的转口贸易中，中亚地区继续发挥桥梁作用。首先，丝绸之路的开通，使中亚与中国的贸易频繁起来，并从中获得丰厚的商业利润。其次，由于贵霜帝国统治了印度，印度港口成为中亚地区海上贸易的进出口岸。通过海路，中亚与周边地区或国家进行贸易。据《汉书·地理志》记载，贵霜与汉朝之间有一条海上通道，从贵霜统治下的印度出发，经过印度洋、孟加拉湾，穿过马六甲海峡，绕过东南亚诸国，到达中国的合浦（今广西合浦）或徐闻（今广东徐闻）。据希腊商人的《厄立特里亚海航海记》（写于 1 世纪）和斯特拉波的《地理志》记载，由于掌握了季风规律，在公元前 1 世纪后期，贵霜统治下的印度与罗马属地埃及之间的海路贸易活跃起来。这条海路从印度河下游港口巴尔巴里康，或纳巴达（Narbada）河的巴里伽札（Barygaza）出发，经波斯湾和阿拉伯海，贵霜与安息王朝进行海上贸易。西去的海路再往前经阿拉伯海和红海，贵霜与埃及贸易。每当陆路交通受到安息或萨珊王朝阻隔之时，中亚商队就向南转移，把货物从巴克特里亚运到印度河三角洲，再从这里起航，通过海路到达罗马属地埃及。

这一时期中亚出口的商品主要有：香料有胡椒、姜、番红花和蒟酱等；熏香和药材有檀香油、甘松香、麝香、肉桂、芦荟和树胶等；植物油有麻油和椰子油等；染料有靛青、蓝靛和朱砂等；珍贵木材有柚木、檀木和乌木等；宝石和半宝石有钻石、蓝宝石、红宝石、玛瑙、青金石、绿松石和碧玉等；衣料有棉织品、毛布、毛毡、毛毯、鼠皮、貂皮、皮革等；动物有汗血马、骆驼等珍禽野兽；植物有石榴、葡萄、苜蓿、芝麻、胡桃等；以及珍珠、象牙、甘松脂、树脂、漆、大米、糖、奴隶等。中亚进口的物品主要有金、银、铜、锡、铅、锑等金属，以及丝绸、瓷器、皮革、毛织品、紫色染料、珊瑚、黄玉、音乐和舞蹈艺人、艺术性的陶器和玻璃器皿等。

中亚这一时期的贸易情况可以从贵霜铸币反映出来。在贵霜铸币中，铜币的发行量占有很大比例，这一点反映了中亚地区境内贸易十分繁荣。由于对外贸易的需要，贵霜发行了金币。撒马尔罕发行的银币反映了中亚的普遍情况。1 世纪或 2 世纪，撒马尔罕开始制作银币，银币上的铭文最初兼有粟特文和希腊文，后来，希腊文逐渐少用，最后彻底被粟特文取代。银币的重量呈减轻趋势，由 4 克减至 1 克，这种情况在布哈拉和花剌子模都出现了，似乎可以解释为随着中亚境内贸易的发展，银币逐渐成为中亚境内流通货币，银的需求量增加导致银币重量减轻。

从出土钱币的分布来看，当时中亚地区的经济发展是不平衡的。巴克特里亚是贸易最发达的地区；其次是泽拉夫善河流域、花剌子模以及锡尔河北岸的赭时；在费尔干纳等一些地区，还未发现本地铸的钱币，这些地区的贸易可能尚处于物物交换阶段。

第六章

宗教与文化

在塞种国家时期（前 3 至公元 6 世纪上半叶），中亚地区的宗教信仰呈多元化，除了原有的琐罗亚斯德教、希腊诸神崇拜和已经传到兴都库什山以南地区的佛教外，印度教、摩尼教、景教开始传入中亚。贵霜和哌哒人对各种宗教信仰采取的兼容并包政策使中亚地区出现了不同宗教共存和互相影响的局面。在此时期，中亚语言、文字和艺术的特征是：居民的主要语言有阿拉米语各种方言、希腊语、南塞人语、印度语；中亚居民创造了自己的文字，即帕提亚文、粟特文和花剌子模文；中亚艺术呈现出宗教特征，产生了著名的犍陀罗佛教艺术和马土腊佛教艺术。

第一节　宗教

公元前 3 世纪以前，中亚居民在信仰原始宗教的同时，接受了琐罗亚斯德教（拜火教）和希腊诸神的崇拜；贵霜的佛教开始在大兴都库什山以南地区流传，2 世纪中叶，佛教在中亚地区取得了优势地位；在贵霜统治者的提倡下，印度教的湿婆和毗湿奴崇拜获得了较大成功；与此同时，摩尼教、景教开始传入中亚。

（1）贵霜帝国时期，希腊神的信仰扩大到阿姆河上游地区。在苏尔汉河流域的一些遗址中，发现了希腊尼刻（Nike）、雅典娜女神、希腊—贵霜式的宙斯—阿胡拉·马兹达。这些遗物反映了阿姆河下游的贵霜人受到了巴克特里亚的希腊神崇拜的影响。此后，贵霜君主丘就却的钱币正面仍有希腊神赫尔缪斯之名。

（2）公元前 3 世纪以后，佛教从兴都库什山南部向北传播，到公元前 1 世纪中叶已经传到了巴克特里亚。在帝国建立者丘就却的支持下，佛教在中亚获得了优势地位。丘就却本人是否是佛教徒仍存争议，从他在位时期发行的钱币来看，他有佛教倾向，钱币上的铭文是“Sachadharmathida”，意为“正法保护者”。[①]据此，有学者认为他是佛教徒，但对此仍有人提出了质疑。[②]1995 年，在原大夏遗址上出土了一批用犍陀罗语写的三藏经，它们存放在一罐中，罐上的佉卢文铭文提到了两个人，据贵霜碑铭核实，这批三藏经写于丘就却时代，信仰者皆是王室阶层人物。[③]其中的一本残卷的经序（Colophon）中提到了犍陀罗的一位名叫吉霍尼的州长[④]，他可能是丘就却兄弟之子。此外，据中国史书记载，月氏人摄摩腾、竺法兰于公元 58—75 年到中国传播佛教，此时是丘就却任贵霜王时期，有学者认为，1 世纪佛教在中亚十分兴盛，最高统治者的丘就却可能已经信仰佛教，起码也是支持佛教。

除上述迹象外，从当时犍陀罗地区佛教的盛况也可以推知丘就却的宗教倾向。大乘《道行般若经》记载说：“……国名犍陀越（即犍陀罗），王治处其国丰熟，炽盛富乐而人民众多。……其国中

---

① B. N. Puri, *Buddhism in Central Asia*, Motilal Banarsidass, Delhi, 1987, p.100；耿世民：《古代新疆和突厥、回鹘人中的佛教》，《新疆大学学报》1978 年第 2 期。

② 哈尔马塔教授认为丘就却是湿婆的崇拜者，不信佛教。参见〔匈牙利〕雅诺什·哈尔马塔主编：《中亚文明史》第 2 卷，第 248 页。

③ 林梅村：《汉唐西域与中国文明》，文物出版社 1998 年版，第 116 页。

④ E. Errington & J. Cribb, The Ancient India and Iran Trust, In: *The Crossroads of Asia*, Cambridge, 1992, p.83.

有菩萨，名昙无竭（Bodhisattva Dharmodgata），在众菩萨中最高尊……犍陀越常共恭敬昙无竭。为于国中央施高座……昙无竭菩萨常于高座上为诸菩萨说般若波罗蜜；中有听者，中有书者，中有学者，中有讽者，中有守者。”[①] 此段经文描述了犍陀罗的僧众倾听昙无竭菩萨说法，并且与之讨论的情况，反映了佛教生活的繁荣，说明当时犍陀罗和巴克特里亚等地已经是佛教中心。据中国台湾学者古正美考证，此经写于公元 60 年至 78 年间[②]，此时统治犍陀罗的正是丘就却。

丘就却的佛教倾向还从当时的建筑上反映出来。从 20 世纪 60 年代起，苏联考古队多次在贵霜帝国帖尔穆兹地区的卡拉特佩遗址上发掘，发现了山岩间的佛窟、佛塔等遗物，建筑时间大致处于 1—2 世纪。

丘就却时期以小乘佛教为主，当时，小乘佛教说一切有部（Sarvāstivāda）学说在以犍陀罗为中心的西北印度势力很大。因此，丘就却支持的也应该是说一切有部学说。不过，大乘佛教的思想已经开始在下层民众中传播。

丘就却之子阎膏珍继位之后，不崇尚佛法，佛教处于低迷状态。在阎膏珍之后继承王位的迦腻色迦王时期佛教再度兴盛。迦腻色迦早年“不信罪福，轻毁佛法”[③]，而在晚年，他皈依了佛教。据《杂宝藏经》记载：“前后征伐，杀三亿余人，自知将来罪重，必受无疑。心生怖惧，便即忏悔”，于是“修坛持戒，造立僧房，供养众僧，四事不乏，修诸功德，精勤不倦”。[④] 迦腻色迦皈依佛教之后，大力扶持佛教。1908 年在今巴基斯坦的白沙瓦发掘出了著名的迦腻色迦金棺，金棺上刻有佉卢文的铭文。据铭文记载，金棺是迦腻色迦大王

---

① 《道行般若经》卷 9，见《大藏经》（大正新修）第 8 卷，台湾财团法人佛陀教育基金会 1990 年版，第 471 页 c 栏—472 页 a 栏。

② 古正美：《贵霜佛教政治传统与大乘佛教》，台北允晨文化事业公司 1993 年版，第 44 页。

③ （唐）玄奘：《大唐西域记》卷 2，章巽校点，上海人民出版社 1977 版，第 48 页。

④ （北魏）吉伽夜：《杂宝藏经》，花城出版社 1998 年版，第 305 页。

送给他在迦腻色迦布逻城寺庙的礼物。[①] 迦腻色迦之后的“三王”继续崇尚佛教。不过，由于统治中心东迁，佛教中心由犍陀罗转移到了马土腊以及中亚的帖尔穆兹等地。

这一时期佛教的发展首先从迦腻色迦及“三王”的铸币上反映出来。在迦腻色迦的钱币中，许多铸有佛陀（Buddha）像。有学者认为，迦腻色迦是将佛陀拟人化地刻画在铜币和金币上的第一人。[②] 钱币中的佛陀造型分为立佛和坐佛两种。立佛一般身披袈裟，左手持佛钵，右手在身前做说法状；坐佛一般右手置于身前做祈祷状。[③] 有些钱币上的坐佛造型是双手合十置于胸前，似乎手里还转着法轮。[④] 金币上的立佛和坐佛造型与铜币有一些差异，一般带有佛光。其中，在阿富汗阿亨波什发现的一枚迦腻色迦时期的金币，背面是立佛，佛陀有头光和背光，身穿袈裟，右手施无畏印，左手握衣襟。[⑤] 大英博物馆现藏的一枚金币，背面也是坐佛，右手置于胸前做辩论状，左手持宝瓶，整个身子环绕着佛光。[⑥]

这一时期的佛教信仰从当时的建筑反映出来。在迦腻色迦和“三王”时期，贵霜帝国建筑了许多佛塔（亦称窣堵波或浮屠，Stupas）和佛寺。

佛塔的建筑一般呈覆钵型，台基呈方形，四周侧面有浮雕纹饰，台基上建有圆柱形塔身，塔身向上是覆钵丘。初期的覆钵丘低矮，后则逐渐升高。这种佛塔在西北印度和中亚都有。其中，最宏伟的是白沙瓦的雀离，它是迦腻色迦将都城从蓝氏城迁到富楼沙后兴建的，号称百丈浮屠。6 世纪初，宋云出使西域时曾见过此塔，他描

---

① 原载 B. N. Mukherjee, *Shah-ji-ki-Dheri Casket inscription: British Museum Quarterly*, XXVIII, pp.39-46，转引自〔英〕加文·汉布里：《中亚史纲要》，商务印书馆 1994 年版，第 68 页。

② K. Manoj, *Thakur, India in the Age of Kanishka*, p.136.

③ Ibid..

④ B. Chattopadhyay, *The Age of the Kushanas–A Numismatic Study*, Calcutta, Reprinted, 1979, pp.182-183.

⑤ 原载 *The Kushana Numismatics*，转引自刘志华：《贵霜帝国钱币概述》，《丝绸之路》2001 年增刊第 1 期。

⑥ B. Chattopadhyay, *The Age of the Kushanas–A Numismatic Study*, pp.182-183.

述说："复西南行六十里，至乾陀罗城。东南七里有雀离浮图。……上有铁柱，高三百尺，金盘十三重，合去地七百尺。塔内佛事，悉是金玉，千变万化，难得而称。"[①]其他佛塔的形式与雀离类似，如雀离塔旁的两个小塔，"一高三尺，一高五尺，规模形状如大窣堵波"[②]。迦腻色迦在中亚地区建的佛塔与犍陀罗地区的相似，在帖尔穆兹城的覆钵型塔是用大石块砌成的，高约10米。

为了传教的需要，在城镇和偏僻山区也都建有佛寺，其中，山区佛寺是为出家信徒修习而建。寺院一般由塔院、中庭和僧院构成，塔院和僧院在两侧隔中庭相望。塔院一般建在地势较高处。迦腻色迦建的佛寺宏大，其中在雀离塔旁建筑的迦腻色迦王佛寺"重阁累榭，层台洞户，旌召高僧，式昭景福。虽则已毁，尚曰奇工"[③]。当时，帖尔穆兹是贵霜帝国主要佛教中心，建在卡拉特佩山丘的佛教寺群被称为"国王的维哈拉（即寺院）"[④]。这些建筑大部分建于1—2世纪，分为地上寺院和洞穴寺院两类，有不少是迦腻色迦时期建造的。如在帖尔穆兹城北部的法雅斯特佩（Fayas-tepe）发现了一座佛寺，寺院平面为长方形，从西北斜向东南，面积很大，从西北向东南分隔为三部分。每一部分都有一个大院落，分别是僧院、佛堂和食堂院。[⑤]迦腻色迦时期，佛寺内供养的僧众是很多的，据记载，迦腻色迦"于四方建造了四大伽蓝，供养三万大小乘比丘众"[⑥]。

"三王"时代是大建佛寺的时期。在马土腊有15座佛寺、3座佛教圣堂以及无数窣堵波。除考古遗迹外，还有文献记载，在一篇

---

① （北魏）杨衒之：《洛阳伽蓝记校注》，范祥雍校注，第327—328页。

② （唐）玄奘：《大唐西域记》卷2，第49页。

③ 同上书，第50页。

④ 〔俄〕札巴罗夫等：《中亚宗教概述》，兰州大学出版社2002年版，第104页。

⑤ 晁华山：《从古代遗存看贵霜王朝佛教放射状外传的四重环带——兼论中国早期佛教遗存》，见四川联合大学西藏考古与历史文化研究中心等编：《西藏考古》第1辑，四川大学出版社1994年版，第170页。

⑥ 王治来：《中亚史纲》，第142页。

铭文上写着“大王，诸王之王，天子，胡韦色迦之佛寺”①。在帖尔穆兹佛教中心的卡拉特佩发现了一座可以认定处于“三王”执政末期，即 2 世纪末至 3 世纪初的佛寺。寺院沿山坡建成，南北总长 50 米，包括山坡上的房屋、山体内的洞窟，以及窟前院落。整个寺院由南向北分为三进院落，北院是塔院，中院是佛龛院，院西侧连接洞窟佛堂。南院的南北墙建有佛堂，西侧也连接一个洞窟佛堂。中院洞窟之上的山坡上建有僧房。②

佛教兴盛最突出的表现是迦腻色迦召集了第四次佛教大会，即第四次结集。由于佛教的兴盛，佛教内部各派思想活跃起来。迦腻色迦认为有必要召开一次佛教大会以统一佛教各派思想，解决彼此之间的矛盾。说一切有部的小乘佛教也想重新树立自己的正统地位，于是迦腻色迦便授意小乘佛教首领胁尊者出面召集高僧，在今克什米尔举行了佛教历史上的第四次大结集。

《大唐西域记》和《婆薮槃豆法师传》对此次结集都有记载，尽管二者之间存在着一些差别。据《大唐西域记》记载，迦腻色迦“日请一僧入宫说法，而诸异议部执不同。王用深疑，无以去惑。时胁尊者曰：‘如来去世，岁月逾邈，弟子部执，师资异论，各据闻见，共为矛盾。’时王闻已，甚用感伤，悲叹良久。谓尊者曰：‘猥以余福，聿遵前绪，去圣虽远，犹为有幸，敢忘庸鄙，绍隆法教，随其部执，具释三藏。’胁尊者曰：‘大王宿殖善本，多资福佑，留情佛法，是所愿也。’王乃宣令远近，召集圣哲。于是四方辐辏，万里星驰，英贤毕萃，睿圣咸集……”③。

世亲的《婆薮槃豆法师传》对此次结集的记载和玄奘的基本相似。世亲记载这次结集的发起人是迦旃延子（Kātyāyana），马鸣因

---

① H. Lüders, *Mathurā Inscriptions*, Göttingen, 1961, p.68.

② 原载〔苏联〕斯塔维斯基、塞尔戈耶娃：《帖尔穆兹地区卡拉特佩的考古新发现》（*Ставиский. Б. Я., Сергеева. П. К Новые находки на Кара-тепе в старом Термезе*），转引自晁华山：《从古代遗存看贵霜王朝佛教放射状外传的四重环带——兼论中国早期佛教遗存》，见四川联合大学西藏考古与历史文化研究中心等编：《西藏考古》第 1 辑，第 169 页。

③ （唐）玄奘：《大唐西域记》卷 3。

文笔出众，也被邀请参加了结集，并参加了造论的工作。[①]据日本学者小野玄妙等人考证，迦旃延子和胁尊者为同一人，羽溪了谛虽然不赞同这一说法，但也认为此次结集的指导者是胁尊者。[②]

这次结集由世友为上座，胁尊者为指导，邀请了包括马鸣在内的五百位高僧参加。目的是为了统一僧众的思想，解决彼此的矛盾；主要任务是对经、律、论三藏进行详细的解释，其中一项重要任务就是对有部的《发智论》（*Jnānaprasthānam*）进行解释。这次结集的成果是："先造十万颂《邬波第铄论》，释素呾缆藏。次造十万颂《毗奈耶毗婆沙论》，释毗奈那藏。后造十万颂《阿毗达磨毗婆沙论》，释阿毗达磨藏。凡三十万颂，九百六十万言，备释三藏，悬诸千古，莫不穷其枝叶，究其浅深，大义重明，微言再显，广宣流布，后进赖焉。"[③]

集会结束之时，迦腻色迦王"遂以赤铜为鍱，镂写论文，石函缄封，建窣堵波，藏于其中。命药叉神周卫其国，不令异学持此论出。欲求习学，就中受业"。这次佛教会议以后，迦腻色迦派僧侣四处弘扬佛教。一时间佛教在中亚地区迅速发展起来，并对中国的佛教也产生了很大的影响。[④]

（3）印度教的兴起与丘就却之子阎膏珍有很大关系。阎膏珍继承王位之后，贵霜帝国将领土扩展到旁遮普和印度河流域地区，并对北印度实施了统治。从此，阎膏珍的政治和社会生活受到印度宗教的影响，湿婆（Śiva）崇拜的倾向明显起来。[⑤]

湿婆崇拜首先从阎膏珍的钱币反映出来。他的钱币背面是湿婆

---

① （陈）真谛译：《婆薮槃豆法师传》，收于《大正新修大藏经》第 50 卷，第 189 页，台北新文丰出版公司 1975 年版。

② 〔日〕羽溪了谛：《西域之佛教》，第 223—224 页。

③ （唐）玄奘：《大唐西域记》卷 3"迦湿弥罗国"条。

④ 关于贵霜帝国佛教部分，参见吴耀：《论贵霜国王宗教信仰的变化及其原因》，贵州师范大学硕士学位论文，2008 年。

⑤ 以下有关贵霜帝国的湿婆崇拜，参见同上文。

的各种形象，或手持三叉戟，或骑着圣牛。[①]这一点自始至终没有变化。钱币上也有反映湿婆的头衔，即“maheśvara”。其次，在建筑上也有反映，他在位时期建造了不少湿婆神庙，并将第尔伯金的一座希腊神庙改建成湿婆神庙，墙上饰以湿婆和其配偶雪山神女的画像。

根据达希迪纳沃1号铭文记载：“[纪元]279年Gorpiaios[月]15日。王中之王，尊贵伟大的阎膏珍，贵霜王，被月[神]保护，正直的陛下制作了此碑铭，他是赐福者。阎膏珍王从安德足和被他征服的萨纳人那里来到此地。他下令道：安德足将永远向神殿和战神付税。因此他是他们召唤至此。”[②]不难看出，安德足所征之税是用于修建湿婆神庙和战神庙。

随着湿婆神庙的大规模建设，贵霜帝国境内出现了湿婆崇拜中心，如马土腊、贝拿勒斯。如今在马土腊出土了许多湿婆神像，有湿婆及其配偶雪山神女的组合像（Ardhanārīśvara）。雕像右半通常为一头卷发的男子，第三只眼睛是竖立的，左半则为女子，戴着耳环和手镯，相当漂亮。贝拿勒斯当时被称为迦尸或湿婆城，有名言说“迦尸的每个石子都是湿婆神”[③]，由此可见湿婆崇拜的盛况。

在第尔伯金发现的两篇铭文残片记载了阎膏珍的宗教活动。铭文的一篇（至少有10行）被释读如下：“某年某月某日，王中之王，尊贵而伟大的阎膏珍贵霜王，正直的陛下制作此雕像献给湿婆（Oēso）神。他命令城堡祭司和猎人主管，须看护神庙，并根据教仪举行礼拜。”[④]该铭文发现于第尔伯金堡东北角的神庙中，并饰有表示湿婆和帕婆提（Parvati）的壁画。

第尔伯金的第二篇铭文，即令人瞩目的巴克特里亚语碑铭，全文24行记载道：“某年某月某日，王中之王，尊贵而伟大的贵霜王

---

① C. J. Brown, *Coins of India*, Oxford University Press, London, 1922, p.35.

② Ibid., p.341.

③ 刘国楠、王树英：《印度各邦历史文化》，中国社会科学出版社1982年版，第104页。

④ ［匈牙利］雅诺什•哈尔马塔主编：《中亚文明史》第2卷，第342页。

被月神保护。君主阎膏珍将此神殿献给湿婆神……宇宙永恒的主宰……众生之主。当要塞完工时，没有纯净而丰沛的水供饮用。于是，湿婆神想离开这座无水的要塞。为了从旧水源向神殿引水，于是将乌贾因（Ujjayini）的工人和技师带到这里。当时国王阎膏珍派托末丹尼做这里的主管，他便在棱堡内掘了一口井，并将流水从旧水源引进要塞，以使要塞中有充足的净水，不致干涸。这样湿婆神就不会离开神殿。即使无水流经时，井中纯净而充足的水也可供应那里的神殿。但正直的国王阎膏珍得悉旧水源的净水已经缺乏，于是他派李亚苟（Liiago）去那里管理。他受权监护水井和水源。那么，要塞的仆役们必须保护饮用水便是他的决定。然后李亚苟还受命继续看管库贝瑞人（Kuberean）的房舍。接着国王阎膏珍下达口谕：'永远不得在我的领土上开水渠！因为不这样永远成不了一条水流。'然后托末丹尼被委任为祭司。这样正是我们的国王在进行管理并保护我们。随后分配房屋，当国王阎膏珍成为商人们（？）的监护人时，他们有义务贡献一份礼物。他们获得了特权，而他们的义务则是保证永生永世崇拜。作为湿婆神的选民，他是我们的国王，是战无不胜的。"①

这篇铭文详细地介绍了当时第尔伯金堡和神庙的情况，铭文中记录了第尔伯金堡和神殿的供水情况，最初似乎是从墙外的一处水源供水，之后在那里修建了一条水渠，当水源开始枯竭时，在大门侧翼的棱堡内挖了一口井，其用水受到了严格的控制。这些措施显然是阎膏珍下令实施的。尽管该铭文已颇为残缺，但反映了阎膏珍的宗教政策和组织工作。

波调继任贵霜帝国国王时，贵霜国力的衰败影响到了宗教，这一时期的宗教生活比较萧条，神祇的数量大为减少，再也没有了往日的繁荣与辉煌。在波调发行的钱币背面，除了极少数有吉祥天女

① 〔匈牙利〕雅诺什·哈尔马塔主编：《中亚文明史》第2卷，第3433—3444页。

形象外，几乎都刻绘着湿婆和公牛。[①]不过，神像的制作工艺和以前相比，显得非常粗陋。钱币上湿婆的眼睛突出，胸腹特别宽，有时特别平，胸肌也属于罕见的风格。[②]

（4）贵霜帝国之后的哌哒人早期信仰自然崇拜。头罗曼统治期间，在木尔坦修筑了一座太阳神庙，并给儿子起名为 Mihirakula（意为"太阳花"）。[③]有一套发现范围很广的哌哒铜币，从旁遮普向东直到朱木拿河都有发现，铜币的正面为国王头像，反面为一象征太阳的图案，图案下面是头罗曼的名字，表现了哌哒人最初自然崇拜的宗教意识。

在河中地区，哌哒人接受了琐罗亚斯德教。[④]考古发现了头罗曼时期发行的几种钱币，一种银币的正面是国王的头像，面前是一根王杖，反面为拜火祭坛，铭文为婆罗米文；在头罗曼之后的摩酰逻矩罗开始信仰琐罗亚斯德教。在塔克西拉出土的属于摩酰逻矩罗的钱币上，正面是面朝右的国王头像，戴锥形小帽，有用巴克特里亚文书写的头衔和名字，反面是火神坛，火焰中有人物像，左右护卫献上武器，整个图案由珠子圈起来。除考古资料外，文献资料也反映了哌哒人的琐罗亚斯德教信仰。最早对此有记载的是 5 世纪中叶根据北魏使者董琬、高明在中亚的见闻材料写成的《魏书》，在中国，琐罗亚斯德教被称为拜火教或祆教。据《梁书》记载，哌哒人"事天神、火神，每日则出户祀神而后食"。

哌哒人统治中亚以后，对境内的宗教基本上采取宽容的政策。

---

① C. J. Brown, *Coins of India*, 1922, p.37.

② 刘志华：《贵霜帝国钱币概述》，《丝绸之路》2001 年增刊 1 期。不过，根据〔英〕约翰·马歇尔：《塔克西拉》第 1 卷，第 86 页，在塔克西拉发掘出的 831 枚属于瓦苏提婆的钱币中，有 785 枚出自佛教遗址；马歇尔根据其在佛教遗址多年发掘得出的经验，认为瓦苏提婆在位期间是佛教史上发展最快的时期之一。

③ U. Thakur, *The Hunas in India*, p.262.

④ 对哌哒人的宗教，参考资料相当不一致。宋云和惠生报道说他们不信佛教，尽管大量的考古资料证明在哌哒人控制的疆域内信仰佛教；据《梁书》记载，哌哒人崇拜天，崇拜火（信仰琐罗亚斯德教的证明），然而，据报道，在处理尸体中棺葬普遍，这在琐罗亚斯德教中是难以想象的习俗；有迹象表明，聂斯脱里派基督教在哌哒帝国也广泛传播。

闻名世界的阿富汗的巴米延（Bamiyan）佛教洞窟寺虽然在贵霜时期就开始开凿了，但一些大佛像可能是嚈哒时期开凿的。刻在石崖上的两座大佛像，一座高 38 米，一座高 53 米，当玄奘前来膜拜这些佛像时，也为其巨大而震惊。宋云在途经嚈哒役属的地方时发现，于阗、朱驹波等地的习俗风尚中有明显的佛教信仰痕迹，如"死者以火焚烧，收骨葬之，上起浮图"[①]。他还记载说，白沙瓦"城内外凡有古寺，名僧德众，道行高奇。城北一里有白象宫，寺内佛事，皆是佛像，装严极丽，头数甚多，通身金箔，眩耀人目"。迦腻色迦建立的雀离浮图："塔内佛事，悉是金玉，千变万化，难得而称。旭日始开，则金盘晃朗；微风渐发，则宝铎和鸣。西域浮图，最为第一。"[②]据《魏书》记载，当时已役属于嚈哒的朱居、渴磐陀、乌苌等国依然"事佛"。可见，在嚈哒人统治时期，中亚的佛教依然流行。不过，据《大唐西域记》记载，摩酰逻矩罗曾对犍陀罗地区的佛教进行过打击，下令灭佛。5 世纪初法显达到塔克西拉城之时，这里是佛教寺庙中心；7 世纪玄奘到达时，该城已经一片荒凉，此后再未见诸史料。

嚈哒人占领印度大片领土以后，逐渐接受了印度的婆罗门教和湿婆崇拜。头罗曼发行过一种图案为孔雀的铜币，表明他已经受到了婆罗门教的影响，因为孔雀是湿婆神之子、战神迦提凯耶（Karttikeya）的坐骑。摩酰逻矩罗对湿婆更为崇拜，他的钱币上印有湿婆的坐骑圣牛难提，并附有"祝牛旗战无不胜"（Jayatu Vrishadhwaj）的铭文，曼达索尔铭文也说他"除了湿婆外从未向任何神祇低头"，可见他对婆罗门教的崇拜。

摩酰逻矩罗发行了仿贵霜钱币的铸币，铸币上铭文是"祝摩酰逻矩罗战无不胜"（Jayatu Mihirakula），牛旗的旗杆顶端有一只伏卧着的公牛，表明他对湿婆神的崇拜。仿贵霜的钱币正面为国王的立

---

① （北魏）杨衒之：《洛阳伽蓝记校注》，范祥雍校注，第 271 页。

② 同上书，第 328 页。

像和名字，反面为一坐着的女神。在东旁遮普和拉贾斯坦还发现了他发行的小额铜币，一面铸有其头像和名字，另一面为一头公牛，铭文为“祝牛旗常胜”（Jayatu Vrisha）。

（5）3世纪中叶，摩尼教传入中亚。摩尼教为波斯人摩尼所创，波斯本土迫害该教教徒，摩尼本人被处死，教徒逃亡。摩尼教在3至6世纪时传遍中亚。

（6）5世纪，景教开始在中亚流行。景教是基督教的一个教派，即聂斯脱里教（Nestorianism，或译涅斯多留教派），聂斯脱里为东罗马君士坦丁堡主教，他的学说被东罗马认为是异端，受到迫害，一部分追随者逃至波斯，并在此发展起来，与袄教、摩尼教共同成为波斯的三大宗教。景教在哌哒汗国统治中亚时期繁荣起来，拜占庭作家科斯马斯·印狄科帕留斯脱斯在547—550年写成的《基督教世界地理志》（*Christian Topography*）一书中说，在哌哒境内有许多基督教教堂。《马尔·阿巴传》（*Mar Aba*）一书也记载说，549年，在哌哒国王和哌哒基督教徒的要求下，马尔·阿巴主教任命他们中的一位牧师为哌哒汗国的主教。

这一时期，贵霜帝国和哌哒汗国统治者不断选择适合于自己的宗教和崇拜形式，因此，在不同时期，佛教与印度教在中亚都得到了发展。

第二节　文化

塞种国家统治时期，中亚居民说的语言可能有以下几种：阿拉米语各种方言、希腊语、吐火罗语、印度语。阿拉米语的方言有巴克特里亚语、帕提亚语、粟特语和花剌子模语。

贵霜帝国的官方用语最初可能是古巴克特里亚语（大夏语），统治印度地区以后，印度语开始传入中亚，特别是犍陀罗方言和犍陀罗俗语。此后贵霜帝国的官方用语可能是印度语犍陀罗方言。泽拉夫善河流域至少在公元前6世纪已经流行粟特语。吐火罗语当时有A、B两种方言。A种吐火罗语是在地处东面的吐鲁番和喀拉沙尔（焉耆）发现的写本中知道的，很可能是一种只在寺庙内使用的死语言；B种吐火罗语是在地处西面的龟兹发现的，很可能是用于商业及宗教的一种方言。吐火罗成分（语言和种族的）在公元第1000年的整个时期在中亚流行。①

对哌哒人的语言还没有取得一致，尽管大多数学者认为它似乎是伊朗语。《北史》清楚表明哌哒语与高车语、柔然语和诸胡语言不同，"诸胡"可能是对某些伊朗民族的含糊不清的一种提法。有一些史书谈到，哌哒在与阿瓦尔人谈判之时使用吐谷浑译员的必要性。

塞种国家统治时期，中亚北方牧民中还没有发现文字的迹象。中亚南方居民已经创造了自己的文字，其中，帕提亚语、粟特语和花剌子模语开始采用阿拉米文书写。其中，粟特文是在波斯帝国官方文字阿拉米文草书的基础上创造的，在创造过程中，考虑了粟特语的发音特点。

希腊语使用希腊文，希腊字母在中亚地区使用广泛，不仅书写希腊语，而且贵霜帝国的官方语古巴克特里亚语也用希腊字母书写。一些语言学家对现存巴克特里亚石刻铭文，如苏赫科特尔铭文、第尔伯金铭文、壁画题铭、钱币题铭和印章铭文的研究表明，当时的希腊字母改变了音值以适应巴克特里亚语的语音系统。这种

① 关于吐火罗语的详细研究，参见贝勒（Bailey）:《吐火罗考》（Ttaugara），1937；贝勒：《关于吐火罗人的近期研究》（Recent Works on Tokharian），1947；伯罗（Burrow）:《中国新疆出土文书中的吐火罗语成分》（Tokharian Elements in the Kharosthī Documents from Chinese Turkistan），1935；亨宁（Henning）:《焉耆与吐火罗人》（Argi and the "Tokharians"），1938；克劳泽（Krause）:《东方学手册"吐火罗"》（"Tocharisch" Handbuch der Orientalistik），1955；美国研究吐火罗语专家蓝恩（Lane）:《吐火罗语研究现状》（The Present State of Tocharian Studies），1958，此文对吐火罗研究做了很好的概述；蓝恩:《论吐火罗语对印欧语系的意义》（On the Significance of Tocharian for Indo-European Linguistics），1964；蓝恩:《吐火罗语：印欧语和非印欧语的关系》（Tocharian: Indo-European and Non-Indo-European Relationships），1970；法国汉学家伯希和：《吐火罗语与库车语》（Tokharien et Koutcheen），1934。

文字在贵霜帝国时期使用时间较长，直到阎膏珍以后还在使用。

统治印度以后，贵霜帝国官方使用的印度语犍陀罗方言是用佉卢文书写的，从钱币铭文反映，佉卢文采用的也是阿拉米字母文字。佉卢文使用也十分广泛，从巴克特里亚北部一直到中国古代新疆的于阗、鄯善等地，在鄯善（楼兰）王国已经发现了200—320年间用佉卢文书写犍陀罗方言的行政文献。2世纪中叶以后，梵文开始在中亚使用。据说，迦腻色迦一世在克什米尔召集的佛教第四次结集会上，委任当时著名的高僧马鸣重写佛经，马鸣使用的是标准的梵文书写。梵文是在婆罗米文基础上发展起来的，婆罗米文属于塞姆字母。这次结集之后，梵文或婆罗米文逐渐为佛教僧侣接受。婆罗米文随着这些佛教僧侣进入巴克特里亚，如今，在此地区发现了婆罗米文铭文，如第尔伯金铭文。此后，在中亚各地都发现了梵文写的贝叶经。随着婆罗米文的使用，佉卢文开始衰落。

对哌哒人使用的文字，史书记载互相矛盾。根据520年访问哌哒的佛僧宋云和惠生记载，他们没有文字。《梁书》记，他们没有字母，而是用木棍记事。与此同时，一些钱币铭文表明哌哒人使用了改造过的希腊字母。

随着宗教的发展，贵霜帝国的艺术也呈现出宗教特征，其中，以犍陀罗艺术和马土腊艺术最为著名。犍陀罗艺术在迦腻色迦统治之前已初步形成。犍陀罗人很早就开始用希腊和印度文化表现佛教，希望“在此基础上创造出一种适应佛教需要的、新式的、综合的宗教艺术”[①]。贵霜帝国初期，用艺术形象表现佛教的浮雕作品《给孤独长者奉献祇园图》就是这种尝试，它是“我们迄今所知最早的一件由犍陀罗派艺术家雕刻的出现佛陀形象的作品”[②]。到迦腻色迦时期，佛像的雕刻技术和雕刻家的艺术修养都达到了很高的水平。这一时期的佛像雕刻融合了希腊和印度风格，佛像面相椭圆

---

① 〔英〕约翰·马歇尔：《犍陀罗佛教艺术》，甘肃教育出版社1989年版，第43页。

② 同上书，第95页。

形，波浪型发式，高额，眉目修长且距离较近，眼窝略凹，鼻梁高且直，鼻翼较窄，小嘴薄唇，嘴角深陷，具有典型的希腊风格特点。佛像身披的衣料厚重、衣褶流畅深切的袈裟也近似希腊长袍，但佛像头顶上的肉髻、头后的圆光以及赤足则具有印度佛像的特征。除了佛像外，菩萨（Bodhisattva）像的数量也相当多，从形象上看有两种，一种是持净水瓶的，这就是弥勒菩萨，其余是泛指的菩萨。菩萨面相庄严，有胡须，高鼻梁，上身未着衣，下身着裙，肩部和臂腕部有天衣缠绕。发式复杂多样，冠式也有多种，冠上有多种装饰，颈部和胸部也佩戴有多重链饰，手腕还戴有手镯。多数菩萨像有头光。

犍陀罗艺术的影响遍及北印度和中亚，尤其是阿姆河以南的巴克特里亚地区。在帖尔穆兹和阿伊尔塔姆的大大小小的佛塔、寺庙和洞窟寺，在巴拉特特佩、卡拉吾尔特佩、阿克特佩出土的陶俑小佛像都受到了犍陀罗艺术的影响。[①] 此外，在花剌子模地区，犍陀罗艺术的影响在某些城市的艺术发展中也可以见到。[②]

“三王”时期，马土腊的佛教艺术得到迅速发展。与犍陀罗艺术不同，马土腊佛教造像艺术更多地受到了印度的影响。在迦腻色迦时期，马土腊佛像是偏袒右肩型的，显示出初期佛像的特征。它们轮廓凸浮，身躯肥硕，头顶盘成蜗牛状发髻，头顶周围有扇形佛光。与同时期的犍陀罗佛像相比，它们的外表原始而古朴，充满力量，洋溢着生命感。在萨尔拉特（Sānāth）出土的迦腻色迦时期造的立佛像是其代表作。在胡韦色迦时期，马土腊佛教艺术发生了革命性的变化，这一变化是由于犍陀罗佛教艺术的引入而引起的。[③] 这一时期出现了以僧衣覆盖双肩但肉体隐约可见的佛像。它们脸呈圆形，面带微笑，头发形式上呈波浪形，肉髻单纯隆起，头光呈单纯的圆形。双肩缠满较厚的僧衣，并在胸前绣出一排排“U”字形线，右颈部

① 〔苏联〕普加钦科娃、列穆佩：《中亚古代艺术》，新疆美术摄影出版社 1994 年版，第 31 页。
② 〔苏联〕弗鲁姆金：《苏联中亚考古》，新疆维吾尔自治区博物馆 1981 年版，第 44 页。
③ 〔荷〕J. E. 范・洛惠泽恩–德・黎乌：《斯基泰时期》，云南人民出版社 2002 年版，第 159 页。

反转，右手举起，施无畏印，左手紧握胸前的衣端，衣缘下垂，两肘向外张开。这类佛像的制作手法娴熟，技艺精湛，制作数量较多，在马土腊、杰玛普尔（Jamāl Pur）等地区都有发现。马土腊佛教艺术经过“三王”时期的发展，吸收了犍陀罗艺术的若干特色，最终成为与犍陀罗艺术齐名的贵霜佛教艺术，并且后来对犍陀罗艺术亦有影响。

来到中亚之前，哌哒人没有自己的文字，据《梁书》记载，哌哒“无文字，以木为契”。《洛阳伽蓝记》记其“乡土不识文字。礼教俱阙。阴阳运转，莫知其度。年无盈闰，月无大小，用十二月为一岁”[①]。来到中亚以后，哌哒人在与周边国家交流时借用了中亚使用的文字，“与旁国通，则使旁国胡为胡书，羊皮为纸”。从考古出土的哌哒国钱币和铭文可以了解到，哌哒人主要使用巴克特里亚文和婆罗米文。其中，巴克特里亚文可能是哌哒的官方用语，在中亚地区，甚至在今巴基斯坦和中国新疆都发现了用此文字书写的文书。哌哒时期的巴克特里亚文与贵霜时期有些不同，是半草体或草体，目前，还很难释读或不能释读，要勾勒哌哒历史的全貌还有待哌哒文字的释读。

哌哒人的大量艺术遗存在今巴尔赫、阿富汗等地都有发掘。佛教洞窟内一般都有绚丽的壁画和引人瞩目的高浮雕等艺术珍品。壁画主要是佛教主题。第尔伯金也发现了一些属于哌哒的壁画，有一幅画面描绘在一次宴会上人们或坐或半躺，手持高脚杯。一幅画面描绘一列男子用脚尖站立着，穿着长袖紧身右衽长衫，腰部束带，有的佩带短剑。

中亚牧民崇尚武功。乌孙国尊重年青、健壮的人，瞧不起年迈、体弱者，只有年青健壮者可以品尝美食，年老体弱者只能吃他们剩下的。哌哒人也崇尚武功，哌哒女子和男子一样上阵杀敌，因此，妇女的社会地位较高。可敦与国王一起接见外国使者，据《梁书》

① （北魏）杨衒之：《洛阳伽蓝记校注》，范祥雍校注，第288页。

记载，嚈哒“其王坐金床，随太岁转，与妻并坐接客”。可敦还有外交大权，可派遣使者出访他国，在《梁职贡图》的题记上说，520年，嚈哒“王妻□□亦遣使康符真，同贡物”。

中亚牧民的婚俗。乌孙牧民实行一夫一妻制，这一点从墓葬中的男女合墓反映出来。乌孙国盛行收继婚制，妻子同牲畜等财物一样，被视为是家长的私有财产，可以转让，父亲死后，儿子妻其后母（亲生母亲除外），兄弟死后，其兄弟尽妻其妻。嚈哒社会中保留有一妻多夫的习俗。嚈哒人声称一妻多夫制，因此，嚈哒统治者同时娶了婆罗门的三个女儿的婚姻令人相当吃惊。

中亚牧民的葬俗。乌孙国实行土葬，死者头西脚东放置。乌孙国推崇左，以左为尊位。在嚈哒人的葬礼过程中，亲友还实施剺面、截耳等。据《梁书》记载："父母死，其子截一耳，葬讫即吉。"嚈哒富裕者葬入石砌的大陵墓，有随葬品；贫穷者则挖一个坑，将死者和死者随身物品掩埋。《魏书·西域传》记载说："死者，富者累石为藏，贫者掘地而埋，随身诸物，皆置冢内。"在嚈哒人中保持着殉葬习俗，普洛科庇乌斯记载说，嚈哒贵族“为自己招罗一些伙友，其数约二十人或更多，这些人遂成为该贵族的永久性食客，且可分享其财富，但当这位贵人去世后，所有这些人均应按惯例殉葬”[①]。

中亚地区的娱乐活动丰富多彩。从壁画中可以知道，竞技运动有赛马、赛战车、射箭、拳击、摔跤和斗兽。犍陀罗的浮雕上刻画了身穿短裤或只缠腰带的摔跤手。在米林达彭霍著的文学作品《挖壕沟的人》一书中，描述了摔跤训练和比赛的情况。[②]在犍陀罗的浮雕上还可看到拔河比赛和杂技表演的场面。在一幅浮雕上，两个杂技艺人支着一根柱子，其中一位用头顶着柱子。在斯瓦特出土的一个属于嚈哒时期的银碗上刻画着打猎场景：猎手骑在马上追逐猎物，猎手、马、猎物都处于动态之中，有相当的立体感，将打猎场面表

---

① Procopius, *History of the Wars*, p.15.

② 〔印度〕释迦牟尼·拉什迈·马尼：《贵霜人的娱乐活动》，转引自张志尧主编：《草原丝绸之路与中亚文明》，第351页。

现得栩栩如生。

中亚地区的音乐和舞蹈。在奇尔克（Chilek）发现的一只属于哌哒时期的银碗，上面刻画了王家宴会的场景：中心是国王的半身像，周围是一些舞女，舞女的长头巾一直披到大腿。据《洛阳伽蓝记》记载，哌哒没有音乐，但从巴米延壁画上的女音乐师来看，哌哒国内是有音乐的。哌哒也有舞蹈，如银碗上的舞女也是很好的证明。然而，哌哒的音乐和舞蹈都没有流传下来。

第四编 西突厥汗国

（6 世纪中叶—7 世纪中叶）

6 世纪以前，说印欧语的欧罗巴种人构成了中亚居民的主体；5 世纪后期，说阿尔泰语的蒙古利亚种的铁勒人由东向西陆续迁到中亚北方草原[①]；到 6 世纪中叶，铁勒人中的突厥部强大起来，建立了自己的政权——突厥汗国。突厥汗国在世界古代史上占有重要地位，突厥人将自己部落之名——突厥给予了与他们说同样语言的所有铁勒人，他们是至今发现最早创制自己文字的游牧民族。6 世纪后期，突厥汗国以阿尔泰山为界分裂为东、西两个汗国，东突厥汗国统治着蒙古草原，西突厥汗国统治着天山草原和哈萨克草原。西突厥人统治时期，中亚商路上的东、西方贸易十分活跃，东、西方政治、经济和文化的联系频繁。

---

① 西方有学者认为，突厥人来到黑海—里海草原是很早的事，是匈人向欧洲的迁移将新的种族成分带到了这些地区，这些突厥人后来成为此地区的主要种族语言体，参见 Denis Sinor, *The Cambridge History of Early Inner Asia*, Cambridge University Press, 1990, p.256。甚至有人提出，有少许证据表明，在匈人跨越伏尔加河之前，突厥族牧民就出现在这一地区。

第一章

突厥人和西突厥汗国

突厥人原居叶尼塞河上游，6世纪初期来到阿尔泰山西南坡，在此开始了游牧生活，并发展壮大起来；到6世纪中叶，建立了自己的政权——突厥汗国。突厥汗国强盛时期的疆域：东至大兴安岭，西抵西海（里海），北越贝加尔湖，南至兴都库什山以北。然而，由于游牧经济的分散性，草原局势的不稳定，各部落联盟的瓦解和重组瞬息万变。突厥政权的统一不能持久，突厥汗国很快分裂成东西两部分。严重的内乱和中原王朝的压力导致了东、西突厥帝国的日趋崩溃，先后被中原的唐王朝灭亡。

第一节　突厥人

中国史书所记的铁勒在不同时期有着不同的称谓。[①]秦汉时期称

① 在西方史书中，中国史籍中的铁勒部落被称为乌古尔人（Oghur），他们是大突厥部落群体的一支；乌古尔一词意为“同族部落群，即部落联盟”，在民族名称的图表中还有“十姓”乌古尔人、萨拉古尔人（Shara Oghur，可能是“白乌古尔”或“黄乌古尔”），他们的语言与一般突厥语不同，如今只幸存于楚瓦什人中；西方学者认为在匈人向欧洲进发之时，他们占据了哈萨克草原。

丁零，魏晋南北朝时期称敕勒，隋唐时期开始称铁勒。到4世纪，铁勒已经成为部落众多，人强马壮的大部族，分布在东起贝加尔湖，西至巴尔喀什湖之间的地区内。其中，在蒙古草原北部的一支铁勒部落因建造的轮车高大而被称为高车。4世纪末，高车部被东面的柔然部征服，487年，柔然可汗豆仑邀高车部攻打中原的北魏王朝，高车副伏罗部首领阿伏至罗不从，并劝阻之。豆仑不听，于是，阿伏至罗与其弟穷奇率所属十余万落（户）西迁，他们是最早进入中亚草原的铁勒人。

此后，铁勒族陆续西迁，到6世纪时，铁勒人已经遍布于里海以北草原。据《隋书》记载，铁勒人“种类最多，自西海之东依山据谷，往往不绝。……金山西南，有薛延陀、咥勒儿、十盘、达契等，一万余兵。康国北，傍阿得水，则有诃咥、曷巀、拨忽、比干、具海、曷比悉、何嵯苏、拔也末渴达等，有三万许兵。得嶷海东西，有苏路羯、三索咽、蔑促、隆忽等诸姓，八千余。拂菻东，则有恩屈、阿兰、北褥、九离、伏嗢昏等，近二万人。……虽姓氏各别，总谓为铁勒”。金山即今阿尔泰山，阿得水依日本学者白鸟库吉考证为今俄境伏尔加河；[①]据近代学者洪钧（1839—1893）考证，得嶷海为今里海[②]，拂菻指东罗马帝国。由此可见，铁勒人已经迁到了里海以北的中亚大草原上。

突厥是铁勒的一支。“突厥”在突厥碑文中写作Türk，因此，Türk是他们的自称。关于“Türk”一名的词意有两种完全不同的解释。据《周书》记载，突厥人所居的金山“形似兜鍪，其俗谓兜鍪为‘突厥’，遂因以为号焉”；而西方大多数学者认为，“突厥”是一个统治家族的名称，意思是“强大”、“刚毅”。美国学者加文·汉布里认为Türk是“人”和“创造者”的意思；巴托尔德认为Türk与表示法律、法规、法制的“türn”有关；而在成书于11世纪的《突厥语大词典》中，Türk意为“成熟”、“旺盛”。对于Türk一名的含义，至今

① 〔日〕白鸟库吉：《塞外史地论文译丛》第1辑，商务印书馆1940年版，第319—321页。
② （清）洪钧：《元史译文证补》卷27下，商务印书馆1936年版，第448页。

未有统一的意见，不过，从突厥游牧民崇尚“勇敢”精神这一角度考虑，Türk 很可能含有强大等赞美之意。

中文“突厥”是 Türk 一词复数形式 Türküt 的对音。“突厥”一名始见于 6 世纪中叶的《周书》。大约公元前 3—前 1 世纪期间，突厥居匈奴之北。《周书》记：“突厥之先出于索国，在匈奴之北。”中国史书又说，突厥部与契骨部为邻。当时契骨部居叶尼塞河上游，因此，突厥人最早的居地应该在今蒙古高原西北部叶尼塞河上游一带。这一时期，突厥人处于原始狩猎阶段。1 世纪左右，突厥因与邻近部落发生战争而向南迁徙，来到了高昌北山（今新疆吐鲁番北博格达山）。突厥人生活在“平壤茂草，周回数百里，四面俱山”[①] 的山谷中。由于山谷水草丰美，突厥人逐渐开始了以畜牧为业的生活。随着畜牧经济的发展，突厥人子孙繁衍，“渐至数百家”[②]。5 世纪初，柔然人以蒙古草原为中心建立了汗国，突厥人与大多数铁勒人一样成了柔然汗国的属部。柔然统治者将突厥人迁到阿尔泰山西南部，在此为柔然奴隶主锻铁，成为他们的“锻奴”。5 世纪后期，被奴役的铁勒人不断反抗柔然汗国的统治，突厥人在此过程中发展壮大起来，6 世纪初，突厥社会出现了“国大马繁、牛羊遍野”的景象。

据《周书》记载，在每年冬季河水结冰之时，突厥人就来到中原西魏王朝的边境地区寇掠。542 年，突厥人的寇掠行动受到西魏将军宇文测的挫败，“自是突厥不敢复至。测因请置戍兵以备之”。以后，突厥部酋长阿史那土门派人到西魏边境互市。545 年，突厥与西魏朝廷之间开始了官方接触，西魏丞相宇文泰派酒泉胡人安诺槃陁出使突厥。突厥人兴奋不已，互相庆贺说：“今大国使至，我国将兴也。”第二年，土门遣使向西魏王朝献方物。

是年，铁勒高车部密谋反抗柔然汗国的起义，突厥酋长阿史那土门将此谋反行为密告柔然，随之率部族 5 万余众帮助击败了高车部，占据了原高车部所在的天山与阿尔泰山之间的准噶尔

① （唐）李延寿：《北史》，中华书局 1974 年版，第 3285 页。
② 同上。

（Dzungar）盆地，统治了高车部民，突厥势力强大起来。

灭高车部以后，土门自恃有功于柔然汗国，向柔然统治者求婚。柔然主阿拉瓌认为这是无礼的要求，怒言辱骂道："尔是我锻奴，何敢发是言也？"①土门心怀不满，愤而转向西魏王朝求婚。551年6月，西魏将长乐公主嫁给土门。这一联姻使突厥人大为振奋，他们认为有大国相助，定能摆脱柔然人的统治。在突厥与西魏联姻的第二年，即552年，突厥人在土门的率领下起义反抗柔然汗国。

在这次战争中，突厥人打败了柔然可汗阿拉瓌，阿拉瓌在绝望中自杀，余部由阿拉瓌之子奄罗辰率领逃到中原的北齐王朝避难。是年，土门称伊利可汗（Il Qaghan，意为盟主或国王），突厥汗国（552—630）建立起来。553年，土门死，其子科罗②和燕都先后继位。科罗在位时间极短，新兴的突厥汗国主要依靠科罗之弟燕都巩固下来。燕都号木杆可汗（或木汗可汗），在位近20年（553—572）。

木杆可汗"勇而多智"，彻底打败柔然汗国，取代柔然人统治了蒙古大草原，建汗庭于鄂尔浑河上游的郁督军山（Űtüken，另译乌德鞬山或于都斤山，今杭爱山的北山）。以后，木杆可汗又发动了攻打吐谷浑之战和征服西域诸国之战，确立了突厥人在漠北和天山南北的地位。可以说，木杆可汗是突厥汗国的真正建立者。557—562年间，木杆又与萨珊波斯王朝结盟共击呎哒汗国。③

---

① （唐）令狐德棻等：《周书》，中华书局1971年版，第908页。

② 又有"土门之弟"之说。

③ 关于灭呎哒汗国的统帅，东、西方史料有不同记载。《周书·突厥传》和《北史·突厥传》记为："俟斤（木杆）又西破呎哒"；《隋书·突厥传》记："木杆可汗勇而多智，遂击茹茹，灭之，又西破挹怛（指汗国）"；西方史书《陀拔（Tabari）纪年》："可汗（Sindjibou）为最勇健之突厥可汗，统军最众，败呎哒而杀其王者，即为其人。"此处Sindjibou为室点密可汗，参见〔法〕沙畹：《西突厥史料》，第200页。弥南德（Menandre）《希腊史》（残卷）记载："Silziboul可汗与呎哒之战事甫终"，"Dizaboul可汗之使者，于568年来告呎哒已灭"。Silziboul和Dizaboul可汗都指室点密，参见〔法〕沙畹：《西突厥史料》，第200页。对于东、西方记载的不同，沙畹认为："木杆为东突厥可汗，又为西突厥之最高可汗，则得以其在位之胜利属之，而不必为木杆本人。"参见〔法〕沙畹：《西突厥史料》，第200—201页。在考察了木杆可汗的活动以后，笔者认为，与萨珊波斯结盟共灭呎哒的可汗应该是木杆。参见蓝琪：《试述西突厥汗国初期的几个问题》，《中亚研究》1988年第4期。

木杆可汗的大举扩张使突厥汗国领土迅速扩大，据突厥碑文记载，突厥疆域“东到大小肯特山；西到河中地区的铁门”[①]。木杆临终之时，舍子而立其弟佗钵（Tabar）为汗（572—581 年在位）。佗钵在位时期控弦数十万，与中原的北齐、北周王朝相抗衡。为了掠夺奴隶和财富，突厥贵族经常出兵袭击中原地区，北齐和北周王朝的统治者们为了利用突厥贵族的军事力量以打击对方，对突厥人的骚扰不仅不加抵御，反而争先恐后地贿赂突厥贵族。北周高祖宇文邕曾遣使到突厥汗国求亲，突厥嫁女与之结盟，并派兵配合北周进攻北齐；北齐王朝也与突厥人和亲结盟。为了拉拢突厥人，北周每年给突厥“锦缎十万匹”，北齐也“倾府藏以给之”。这种局面直到隋朝时期才得以改变。

581 年，隋朝建立，不久统一了中原，结束了西晋以来中国三百多年的战乱。与此同时，突厥汗国却发生了分裂。隋朝建立的当年（581），突厥佗钵可汗去世，突厥汗国发生了诸小可汗争夺大可汗之位的战争，最终，尔伏（尔拔）胜出，称沙钵略可汗（581—587 年在位）。新兴的隋朝不再采用北齐和北周王朝厚输财物，以博突厥人欢心的对外政策，因此，沙钵略可汗认为隋朝“待之甚薄”，心生怨恨，与隋朝为敌。加之，沙钵略可汗之妻是原北周王朝的千金公主，她煽动沙钵略可汗反隋，一心要报北周之亡及隋的杀父之仇。

582 年，沙钵略可汗征发突厥各部兵 40 万向隋朝发起进攻。在突厥人的强大攻势面前，隋文帝采纳了长孙晟“远交近攻，离强合弱”的策略，分化离间突厥各部，使他们相互攻杀。583 年，隋军分八路出塞反击。在此关键时刻，突厥部分裂，甚至有部落撤出战斗，沙钵略战败。战败以后，沙钵略迁怒于撤出抵抗隋军的小可汗阿波，突袭其部，杀害其母。阿波可汗逃向西方，与西部的突厥人结盟，与大可汗沙钵略对峙，突厥汗国内战爆发。在内战中，突厥汗国分裂成几支割据势力，这些势力兼并的结果，最终形成了东、西两个

---

① 岑仲勉：《突厥集史》下册，第 880—892 页。

突厥汗国。

585 年，东突厥接受了隋朝统辖，部分突厥人南迁到漠南一带。隋末，东突厥重新强大起来，对隋朝边境地区发动多次进攻。618 年，唐朝建立。突厥统治者趁唐朝初建、国力还不十分强大之时，连年进扰内地，掠夺人口和财产。东突厥颉利可汗曾率大军 15 万入攻并州，掳男女 5000 余口；又率骑兵 10 余万大掠朔州，进袭太原。626 年，唐太宗李世民刚刚即位，颉利可汗率兵 20 万直逼唐朝首都长安，兵至距长安城 40 里的渭水北岸。唐太宗设疑兵之计，并亲自率领将士来到渭水河畔，隔渭水与颉利对话。颉利见唐军军容威严，在太宗予以金帛财物的许诺下，突厥与唐朝结盟后撤兵，这就是史书记载的“渭水之盟”。以后，唐太宗与突厥属部薛延陀、回纥、拔曳固等铁勒族人联合，出兵攻东突厥汗国。628 年，薛延陀在漠北建立了独立政权，唐太宗立薛延陀夷男为真珠毗伽可汗。629 年，唐朝派李靖与张公谨领军北上，与薛延陀部夹击突厥，次年俘虏颉利可汗，东突厥汗国余部或走薛延陀，或入西域，降唐者十余万，东突厥汗国灭亡（630）。

唐朝将东突厥汗国的漠南地区分为 6 个州，派突厥贵族担任都督进行统治。半个世纪以后，即 679 年，东突厥人反抗唐朝，重建独立政权，该政权被称为后突厥汗国，或第二突厥汗国（682—744）。后突厥汗国于 745 年被铁勒族回纥部灭亡。

突厥汗国（包括东、西突厥和后突厥）立国近 200 年（552—744），突厥人对欧亚中部地区的历史产生了重大影响。首先，突厥人在政治上第一次实现了对中亚草原、西域城郭国家、蒙古草原的统一，他们将自己部落之名——突厥给予了与他们说同样语言的所有铁勒人，以后，在东北亚—蒙古大草原—中亚—小亚细亚的广大地区内，凡是讲突厥语的人都被西方人称为“突厥”。其次，突厥人创造了自己的文字——突厥文，他们是至今发现最早创制自己文字的游牧民族，欧亚草原的游牧民第一次开始以本族的文字记录自己的历史，留下了包括著名的《阙特勤碑》、《毗伽可汗碑》、《暾欲谷碑》在内的许多突厥文碑铭，它们成为目前研究突厥历史的珍贵资料。

第二节　西突厥汗国

552年，突厥部酋长阿史那土门率部众打败宗主柔然汗国的统治者，自己称伊利可汗，突厥汗国建立起来，但突厥可汗的权威是有限的。汗国建立之初，可汗采取各小可汗分而治之的形式实施统治。

据突厥铭文《阙特勤碑》记载，在土门反柔然汗国的斗争中，其弟室点密（Istami）与他共同战斗，为突厥汗国的创立立下了汗马功劳。该碑东面第一行说："……我祖先布民可汗（伊利可汗）和室点密可汗。他们即位后，创建了突厥人民的国家和法制。"

土门去世之后，室点密又跟随突厥汗国大可汗木杆征战各地。当木杆可汗率领突厥人夺取蒙古草原和征服天山以南地区的战争之时，室点密也统领十万突厥人跟随木杆出战。木杆可汗将阿尔泰山以西地区交给其叔室点密统治。据《旧唐书》记载："初，室点密从单于统领十大首领，有兵十万众，往平西域诸胡国，自为可汗，号十姓部落，世统其众。"单于是匈奴的称号，此处指木杆可汗。以上记载反映，战争结束以后，木杆将西部领土交给其叔室点密统治，自己返回蒙古草原，入主突厥汗国汗庭。

室点密在阿尔泰山以西地区自立为可汗（约558—576年在位），在突厥汗国西部形成了一个半独立的政权，西突厥所领地区以后由室点密的子孙们世袭统治。室点密在焉耆西北300公里的鹰娑川（今新疆库车县西北的小裕勒都斯河）建立了自己的汗庭，室点密统领的这十万突厥人史称西突厥。西突厥内有十大部落，被称为十姓部落。十部首领各持西突厥可汗所赐的箭，因此十部又称"十箭"。在7世纪上半叶，10个部落的划分逐渐明显，据记载，10个部落分左、右两厢。左厢为五咄陆部，即处木昆屈律部、胡禄屋阙部、摄舍提暾部、突骑施贺逻施部和鼠尼施处半部。五咄陆部分布在碎叶（今中亚托克马克附近）以东地区，各部酋长的官号为啜。右厢为五弩失毕部，即阿悉结阙部、哥舒阙部、拔塞干暾沙钵部、阿悉结泥孰部、哥舒处半部。五弩失毕部分布在楚河西至里海北的地区，弩失毕部酋长的官号为俟斤。除突厥十部外，铁勒族葛逻禄、处月、处密等游牧部落，以及龟兹、焉耆等定居绿洲小国也都归属西突厥政权管辖。

562 年，突厥人与萨珊波斯联合灭亡了哌哒汗国，将领土扩张到阿姆河以北地区。西突厥人强大之时，位于今阿富汗喀布尔北的迦毕试国，喀布尔南的漕矩吒国（首都加兹尼），都是西突厥汗国的属国。

尽管西突厥人在阿尔泰山以西地区建立了自己的政权，但直到室点密在世之时，西突厥人一直奉蒙古草原大汗为最高统治者，突厥汗国保持着名义上的统一。576 年，室点密去世，其子阿史那玷厥继位，号达头可汗（Touxanth/ Tardu/ Tateu，576—603 年在位，《隋书》作达度可汗）。达头可汗继位之初仍尊东突厥可汗为突厥汗国的最高统治者。581 年，突厥大可汗佗钵去世，诸小可汗起而争夺大可汗之位。大可汗、小可汗之间对立的激化，加之 581 至 583 年间蒙古草原遭遇了大风雪灾荒，导致突厥汗国的正式分裂。582 年，西突厥达头可汗不再承认东部大可汗的最高统治权，突厥汗国名义上的统一不复存在，西突厥成为一个独立的汗国。6 世纪后期，西突厥人将汗庭西移到吉尔吉斯山以北的千泉地区（今托克马克以西 130 多公里处），有人将此视为西突厥汗国形成的标志。

沙钵略可汗夺取东突厥政权以后，582 年，联合西突厥达头进犯中原隋王朝。当时，达头可汗在突厥汗国内的地位是"兵强而位下"，他与沙钵略之间的关系是"外名相属，内隙已彰"。在进犯隋朝的战争中，达头中途撤军离开战斗，致使沙钵略为隋军所败。沙钵略可汗迁怒于东突厥西部小可汗阿波，达头乘机与阿波联合反沙钵略可汗，不再奉他为最高可汗，西突厥汗国正式形成。东、西突厥汗国以阿尔泰山为界，分疆而治，阿尔泰山以东为东突厥汗国领地，阿尔泰山以西为西突厥汗国领地。[①]

达头在位期间致力于中亚地区的扩张。590 年，西突厥汗国之疆域越过了阿姆河，抵达吐火罗地区，他曾为保卫这些新的征服地而出兵。不过，夺取突厥汗国大汗位仍然是他的主要目标，在他统治后期，他的活动基本上在东方，一直在与蒙古草原大汗争夺汗位。583 年，达头可汗出兵支持阿波可汗攻沙钵略大可汗。599 年，达头可汗在东突厥汗国发生内乱之时，出兵征服了漠北的铁勒各部，控制了整个漠北，一时成为突厥人的共主。此后，他与东突厥汗国的都蓝可汗联盟，反对亲隋朝的染干可汗。600 年，隋出兵击突厥，打败达头，杀都蓝，立染干为突厥汗国的启民可汗。601 年，隋文帝派杨素等人攻达头部属，达头部下大溃，纷纷投奔启民。603 年，达头在无法控制局势的情况下，逃到吐谷浑，不知所终。

当达头可汗在蒙古草原上争夺大汗位之时，西突厥汗国内的统治者是达头的后裔泥利。587 年，西突厥人立泥利为西突厥可汗（587—？年在位）。泥利在位时娶汉族妻子向氏为妻，泥利死后，向氏嫁给了泥利之弟婆实特勤。600 年，向氏和婆实特勤到隋京朝觐，因西突厥汗国发生内乱而留居京师鸿胪寺。

泥利死后，他与向氏所生之子达曼继位为泥撅处罗可汗（？—611 年在位）。处罗可汗治国无道，臣民多叛。605 年，他发兵袭击铁勒诸部，搜括他们的财物，又猜疑薛延陀部生变，杀其酋长数百人，引起铁勒各部造反。608 年，隋炀帝派遣司朝谒者崔君肃到西突厥慰谕，处罗受诏，遣使贡汗血马。609 年，隋炀帝西巡，召处罗可汗会于大斗拔谷（今甘肃民乐县东南扁都口），处罗托故不至，炀帝大怒。当时，达头可汗之孙射匮可汗正派使者向隋朝求婚，隋朝决定利用射匮分裂西突厥，于是，向射匮使者提出“先灭处罗可汗，再谈求婚”的要求。处罗可汗部的牧地主要在伊犁河流域，射

① 关于“西突厥汗世系表”见附录一。

匮可汗的牧地在其西的碎叶川一带。射匮可汗发兵袭击并打败了处罗，处罗向东逃到时罗漫山（今新疆哈密北天山），炀帝派其母向氏前往说服其子入朝。611 年，处罗入朝表示臣隋，后留居长安。第二年正月，炀帝将处罗可汗内附部众一分为三：处罗为曷萨那可汗，领五百骑常从皇帝巡幸；处罗之弟阙度设率老弱万余人到会宁（治所在今甘肃永登东南）居住；特勤阿史那大奈领余众居楼烦（治所在今山西静乐县）。614 年正月，隋皇室嫁信义公主与处罗结为夫妇，并赐锦彩袍千件、彩色丝绸万匹。618 年，唐高祖封处罗为归义郡王。以后，处罗被东突厥始毕可汗派人杀死。

处罗可汗归隋以后，射匮可汗被立为西突厥大可汗（611—617 年在位）。射匮可汗继任西突厥可汗以后，开始了统一西突厥各部的战争，阿尔泰地区的薛延陀部重新归降西突厥汗国。

617 年，射匮可汗去世，其弟统叶护（Ton-yabghu）继位（618—628 年在位）。统叶护可汗智勇双全，擅长指挥作战，控弦之士达数十万人。在他统治时期，西突厥达到鼎盛。西突厥人北并铁勒，西拒波斯，南接罽宾，称霸西域，西突厥汗国疆域东抵阿尔泰山，西至里海东岸，东南至于阗以南，西南以兴都库什山为界，北接咸海和里海以北的中亚草原。此外，统叶护在很多地区和小国都派有突厥官吏监统和督促贡赋的征收，其中，汗国在南部地区设置南面小可汗，并派其长子驻守，西突厥汗国在阿姆河以南的领地得到了进一步巩固。

统叶护在位时期，西突厥人与唐王朝建立了友好关系。统叶护继位的第二年，即 619 年，西突厥汗国遣使入朝，第二年又遣使贡条支巨卵。唐高祖曾与统叶护商议，准备联合出兵攻打东突厥。625 年夏，统叶护可汗遣使向唐朝请婚，唐高祖听从裴矩“远交而近攻”的建议，派侄高平王李道立至西突厥表示允婚。627 年，统叶护派真珠统俟斤向唐太宗献万钉宝钿金带和马五千匹，以迎娶公主。这桩婚姻最终未能成功，其原因主要是东突厥颉利可汗从中阻拦，加之，东突厥连年入寇唐朝边境，唐朝与西突厥往来的道路梗阻。

统叶护在统治后期对部下作威作福，引起部众怨恨，葛逻禄部叛离了西突厥。628 年，统叶护被其伯父莫贺咄杀死。统叶护死后，西突厥汗国内乱迭起，贵族争立。

莫贺咄原是一位小可汗，杀统叶护后自立为大可汗，称莫贺咄侯屈利俟毗可汗（628—630 年在位）。与此同时，弩失毕五部另立达头之子咄陆的孙子泥孰莫贺设为西突厥可汗，但泥孰不从，而是迎立当时流亡在外的统叶护之子咥力特勤为西突厥可汗，是为乙毗钵罗肆叶护可汗（628—632 年在位）。西突厥汗国出现了两个可汗共存的局面。肆叶护是前任可汗之子，得到了大部分西突厥部众的拥护。肆叶护和莫贺咄互相攻击，在此过程中，他们纷纷求助于唐朝，向唐朝求婚。对此，唐太宗答复说："汝国扰乱，君臣未定，战争不息，何得言婚。"唐太宗命双方各守辖境，停止彼此征伐。在此期间，原先役属于西突厥汗国的铁勒族各部纷纷叛离，各部首领自立为汗，争夺最高统治权。630 年，莫贺咄在争夺战争中失败，逃往金山，被杀。肆叶护成为唯一的西突厥可汗。

肆叶护在重新统一西突厥汗国的战争中，北征铁勒各部，被薛延陀部打败。他为人多疑狠毒，杀功臣乙利小可汗，并诛灭其宗族，引起部下人人自危。据《旧唐书》记载："肆叶护素惮泥孰，而阴欲图之，泥孰遂适焉耆。"632 年，弩失毕二部准备发动攻击肆叶护的战争，肆叶护以轻骑逃到康居，寻卒。肆叶护出逃之后，西突厥迎立泥孰莫贺设为可汗。

泥孰又称大渡可汗，其父莫贺设本是统叶护的部属。在 618—626 年间，泥孰曾到长安，当时李世民为了表示唐朝与各族的友好，曾与泥孰结为盟兄弟。泥孰被推举为西突厥可汗之后，立即派使臣到唐朝表示内附。633 年，唐朝使者鸿胪少卿刘善因抵达西突厥，册封泥孰为奚利邲咄陆可汗（632—634 年在位）。

634 年，泥孰病逝，其弟同娥设继位，是为沙钵罗咥利失可汗（634—639 年在位）。635 年，咥利失可汗向唐朝献马五百匹，并上表请婚。唐朝厚加抚慰，但未同意他的求婚。咥利失可汗的统治不得民心，他在位期间，西突厥汗国分裂。638 年，西突厥人另立欲谷设为乙毗咄陆可汗（638—646 年在位）。经过战争，这两位西突厥可汗以伊犁河为界分而治之。就是在此期间，西突厥东部的五咄陆部和西部的五弩失毕部开始出现在中国史书中。一年之后，即 639 年，咥利失之臣俟利发吐屯勾结欲谷设叛乱，咥利失逃往拔汗那，最后死于该地。

咥利失死后，弩失毕部立其弟之子薄布特勤为乙毗沙钵罗叶护可汗（639—641 年在位）。乙毗沙钵罗叶护可汗仍然遵循了乙毗咄陆可汗时期以伊犁河为界的划分。据《旧唐书》记载："乙毗沙钵罗叶护可汗既立，建庭于睢合水北，谓之南庭。东以伊列河为界，自龟兹、鄯善、且末、吐火罗、焉耆、石国、史国、何国、穆国、康国，皆受其节度。"乙毗咄陆可汗建牙镞曷山西，称北庭，统治着厥越失、拔悉弥、驳马、结骨、触木昆等部。在斗争中，乙毗咄陆可汗与乙毗沙钵罗叶护可汗都寻求唐朝的支持。从史书记载来看，唐朝承认了乙毗沙钵罗叶护可汗为西突厥可汗，641 年秋，唐太宗命左领军将军张大师往授玺书，册立他为可汗，并赐给鼓纛。对于乙毗咄陆的使者，唐太宗劝谕他们停兵休战，彼此和睦相处。

乙毗咄陆可汗在兵力强大之后，杀乙毗沙钵罗叶护可汗，乘胜西破吐火罗，东攻伊州（今新疆哈密），并扣留了唐朝使者。642 年，唐安西都护郭孝恪出兵击败乙毗咄陆部众，西突厥属部处密降唐。乙毗咄陆向西攻破米国（地处今乌兹别克斯坦撒马尔罕南），夺取了大量人口与财富。部将泥熟啜擅取俘虏和掠夺物，被乙毗咄陆处死，引起了部众的怨恨。泥熟啜的部属在胡禄屋的率领下袭击乙毗咄陆可汗。乙毗咄陆退守白水胡城（今哈萨克斯坦锡腊姆），在众叛亲离的情况下逃往吐火罗。弩失毕五部及乙毗咄陆的屋利啜等属部派代表到长安，请唐朝废黜乙毗咄陆，另立西突厥可汗。642 年，唐太宗遣使册立前莫贺咄侯屈利俟毗可汗之子为乙毗射匮可汗（642—651 年在位）。

乙毗射匮可汗继任以后，送回被乙毗咄陆可汗扣留的唐朝使者。

646 年 6 月，乙毗射匮可汗遣使朝贡，请婚。649 年，唐太宗逝世，651 年，唐朝瑶池都督贺鲁击败并杀死乙毗射匮可汗，吞并他的部属，西突厥汗国开始了阿史那贺鲁的统治（651—657）。

阿史那贺鲁是室点密可汗第五世孙。在乙毗咄陆可汗统治时期，阿史那贺鲁被任命为叶护，居多逻斯川（今新疆额尔齐斯河上游），统处月、处密、姑苏（哥舒）、歌逻禄（即葛逻禄），以及弩失毕五部。乙毗射匮继任西突厥可汗之后，曾出兵驱逐贺鲁，使其统率的部落离散，648 年，贺鲁率余部数千帐（户）内附，被唐朝安排在庭州莫贺城（今新疆吉木萨尔西北三台），贺鲁被授予左骁卫将军之职。在得知唐军要讨伐龟兹之时，贺鲁曾率随从数十人到长安朝觐，要求担任伐龟兹军向导。唐太宗任命他为昆丘道行军总管，在嘉寿殿设宴款待，赏赐甚丰，还将自己穿的衣服赐给他。贺鲁引导唐朝大将阿史那社尔平定了龟兹，被唐朝晋封为泥伏沙钵罗叶护，并派他去招抚其他西突厥部落。第二年，唐朝在安西都护府下设置瑶池都督府，阿史那贺鲁受命为瑶池都督。

唐太宗去世以后，贺鲁渐有反唐之心，阴谋夺取西州（治所在今新疆吐鲁番市东南高昌古城）和庭州。唐高宗闻讯，派通事舍人乔宝明抚慰。651 年春，贺鲁在其子咥运的怂恿下反唐，西击乙毗射匮可汗，兼并其部众，建牙帐于双河（今新疆双河市境内）、千泉，自称沙钵罗可汗，统西突厥十姓部落（咄陆和弩失毕），处月、处密及西域诸国都归附于他。同年秋，贺鲁入寇庭州，攻陷金岭城及蒲类县，杀掠数千人。唐高宗任命左武卫大将军梁建方、右骁卫大将军契苾何力为弓月道行军总管，发诸府兵 3 万人和回纥骑兵 5 万人西征。652 年春，梁建方等大破贺鲁属部处月。

653 年，逃亡吐火罗的乙毗咄陆可汗死，其子颉苾达度设被立为真珠叶护，他联合弩失毕五部对贺鲁发起攻击，并多次请求唐朝发兵征讨贺鲁。655 年夏，唐朝任命右屯卫大将军程知节为葱山道行军大总管，讨伐阿史那贺鲁。同时，唐朝派丰州都督元礼臣前往册封颉苾达度设为可汗，然而，元礼臣行至碎叶城被贺鲁部众阻拦，未能抵达。656 年冬，程知节军至鹰娑川，前军总管苏定方击败西突厥骑兵 4 万人。

657 年春，大规模征伐西突厥的战争开始。唐朝派出两路人马向西进，主力部队由右屯卫大将军苏定方统率；另一路由早先归附唐朝的阿史那步真为流沙道安抚大使，招集旧部。苏定方兵至曳咥河（今额尔齐斯河上游）时，贺鲁率咄陆和努失毕各部兵马 10 万，抵抗唐军。苏定方命步兵持矛环据南原，自率骑兵列阵于北原。贺鲁军三冲南原未破，苏定方率骑兵乘势反击，大败贺鲁军，追击 30 里，斩获数万人。次日，唐军继续进击，弩失毕五部投唐。[①] 咄陆五部得知贺鲁兵败，奔南道归附唐安抚大使阿史那步真。贺鲁渡伊犁河西逃，苏定方追至碎叶水，尽夺贺鲁部众。贺鲁及子咥运逃往石国（今塔什干）苏咄城，城主伊涅达干将他们逮捕，送交唐将萧嗣业。贺鲁对萧嗣业说："过去太宗皇帝待我很好，我却背叛了他，我愿在太宗昭陵受死，以谢罪于先帝。"唐高宗闻之，顿生怜悯之心，特赦贺鲁，免其一死。659 年，贺鲁病死于长安，唐朝将他葬在颉利可汗墓旁。659 年，唐军斩真珠叶护于新疆博乐，至此，西突厥汗国灭亡。

在灭西突厥汗国的过程中，唐朝从西突厥统治下先后夺取伊州（630）、高昌（640）、焉耆（644）、龟兹（648）四地。640 年，唐朝平高昌麴氏政权以后在此设置了安西大都护府。平定阿史那贺鲁叛乱以后，唐朝把西突厥各部所在地和西突厥统治下的中亚地区纳入唐朝的统治之下。657 年，唐在五咄陆部设置昆陵都护府，以阿史那弥射为兴昔亡可汗、昆陵都护，管辖原五咄陆部落；在五弩失毕部置濛池都护府，以阿史那步真为继往绝可汗、濛池都护，管辖五弩失毕部落。当时昆陵和濛池两都护府都隶属于安西大都护府。702 年，唐增设北庭大都护府，昆陵、濛池两个都护府隶属于北庭大都护府，治所在今吉木萨尔北破城子。

---

① 弩失毕五部是否在此时就投唐，还有待考证。

苏定方平定西突厥汗国以后，将西突厥各部落分别安排在他们原来居住的地方，将贺鲁所掠夺的人口，以及牲畜等财物发还各部。唐朝在这些地区开通道路，设立驿站，划分牧场，恢复畜牧业生产。从此，西突厥十姓部落在久经战乱以后，开始了安居乐业的生活。

第二章

铁勒族部落和昭武九姓国

6世纪中叶，中亚北方草原游牧的铁勒各部落先后臣属于西突厥汗国。在西突厥贵族的残酷剥削下，铁勒各部不断起义反抗西突厥汗国；此后，铁勒人与欧亚草原上的其他游牧民融合形成了马扎尔人、可萨人、佩切涅格人、钦察人等新的部落。在中亚南方，贵霜帝国灭亡以后，河中地区和阿姆河以南地区形成了一些以昭武姓为国君的小国，中国史书称之为昭武九姓国，它们先后处于哌哒汗国和西突厥汗国的统治之下。西突厥汗国对昭武国家实行间接统治，给予它们一定的自治权。唐朝灭亡西突厥汗国以后，以羁縻府州的方式，起用突厥贵族和昭武诸国国王实施对昭武国家的统治。

第一节　西突厥汗国统治下的铁勒族

6世纪中期在中亚兴起的西突厥汗国将阿尔泰山西南坡至里海北岸之间的铁勒各部纳入了自己的统治，铁勒部落构成了西突厥汗国的主体。这些部落从阿尔泰山西南坡起，“依据山谷，往往不绝”，一直到里海北岸，也就是说西突厥汗国的北部是铁勒族各部驻牧之地。

突厥汗国立国之前，包括在天山以北游牧的铁勒诸部臣属于漠北的柔然汗国，它们与宗主国存在着尖锐的矛盾，共同的敌人使突厥与其他铁勒部团结起来。在突厥汗国建立的过程中，铁勒各部接受了突厥部酋长的统领，突厥与铁勒各部联合成一股力量，共同摧毁了漠北的柔然政权。据史书记载，铁勒各部的风俗“大抵与突厥同”，共同的经济生活也有利于突厥人与其他铁勒部的团结。以上因素也正是西突厥人统治铁勒诸部的基础。

突厥汗国建立之初，突厥人以故地准噶尔盆地为根据地逐渐向西征服了柔然汗国的属部和属国。在征服战争中，铁勒诸部在人力和物力上给予突厥部很大的帮助。据《隋书》记：“自突厥有国，东西征讨，皆资其用，以制北荒。”① 铁勒族坚昆部向突厥人提供迦沙（坚昆语，意为陨铁）锻制的刀剑和工具，“甚铦利”②。西突厥首领常常向铁勒乌纥部和薛延陀部“厚敛其物”，并任意驱使其征战。588年，当西突厥与萨珊波斯王朝发生战争之时，在里海以北草原游牧的铁勒可萨部配合突厥人，率兵入侵里海南岸的打耳班。626年，可萨人再次出兵参加西突厥人反波斯的战争。不难看出，在扩张的战争中，突厥人得到了铁勒各部的援助，他们是突厥汗国赖以立国和扩张的基础。然而，突厥汗国建立之后，为突厥汗国立下了汗马功劳的铁勒部民却遭到了突厥统治者的奴役和压迫。

西突厥汗国灭哌哒汗国以后，统治着咸海沿岸以及咸海到里海之间的广大地区的铁勒部落。史书没有明确记载西突厥人对铁勒诸部的统治，根据一些材料分析，可以了解大概情况。西突厥汗国统治以前，铁勒各部分散，无“君长”，“以寇抄为生”③。西突厥贵族统治这些部落以后，对原部落贵族，即伯克，赐予突厥官号。官位等级不等，有“特勤”、“俟斤”、“颉利发”。据《通典·铁勒条》记

---

① （唐）魏征等:《隋书》，中华书局 1973 年版，第 1880 页。

② （唐）杜佑:《通典》，中华书局 1988 年版，第 5493 页。

③ （唐）魏征等:《隋书》，第 1880 页。

载："隋大业元年……（铁勒、薛延陀等）由是一时反叛，拒处罗，遂立俟利发、俟斤契弊歌楞为易勿真莫何可汗，居贪汗山，复立薛延陀内俟斤字也咥为小可汗。"由此可知，契弊歌楞和薛延陀的也咥在反抗西突厥处罗可汗之前，都冠有突厥官号俟利发和俟斤。《旧唐书》记："突骑施乌质勒者，西突厥之别种也。初隶在斛瑟罗下，号为莫贺达干。"[①]莫贺达干也是突厥官名。西突厥统治者通过领有突厥官职的铁勒贵族统治其部民。

尽管如此，西突厥统治者对铁勒贵族极不信任，并随意杀戮。如处罗可汗一次就杀死铁勒首领数百人。[②]西突厥的残暴统治激起了铁勒各部上上下下的反抗。隋文帝在《讨突厥诏》中说："（突厥）世行暴虐，家法残忍。东夷诸国，尽挟私仇，西戎群长，皆有宿怨。"[③]突厥统治者的压迫，使原来成为突厥统治基础的铁勒各部转而为敌，这一点从突厥文碑中反映出来。突厥文《阙特勤碑》南面记突厥创业之时说："九姓乌护（指铁勒）之诸匐及民众！其悉听朕言，谨识之哉！"而突厥汗国建立之后，九姓乌护却成为突厥人的仇敌，据此碑文记："九姓乌护部族本吾仇敌。"[④]在西突厥汗国，铁勒的反抗从达头可汗统治时期（576—603）已经开始，断断续续地一直延续到西突厥汗国灭亡（657），这些斗争以统叶护统治后期为界，主要可分为两个阶段。

在第一阶段（603—627），铁勒各部希望依靠本部部民的力量摆脱西突厥贵族的统治。其中，605年，铁勒族各部爆发了大规模起义。据《隋书》记载："大业元年（605），突厥处罗可汗击铁勒诸部，厚税敛其物，又猜忌薛延陀等，恐为变，遂集其魁帅数百人，尽诛之。由是一时反叛，拒处罗……"薛延陀部的斗争最为突出。

薛延陀由"薛"和"延陀"两部组成，"在铁勒诸部最雄张，风

① （后晋）沈昫等：《旧唐书》，中华书局1974年版，第5190页。
② 详见下文。
③ （唐）魏征等：《隋书》，第1866页。
④ 岑仲勉：《突厥集史》下册，第881页。

俗大抵与突厥同”[①]。薛延陀最早在漠北游牧，5世纪初，臣属于柔然。突厥汗国兴起之后，臣属于东突厥。6世纪末，西突厥达头可汗统一了东、西突厥，薛延陀部从属于达头政权。600年，隋军大破达头可汗，达头败亡吐谷浑，薛延陀部分散。一部分薛延陀人西迁至阿尔泰山西南，臣属于西突厥处罗可汗。605年，西突厥泥撅处罗可汗对阿尔泰山西南的薛延陀等铁勒“抚御无道”、“厚税敛其物”，引起铁勒各部的强烈不满。对此，泥撅处罗召集各部酋长数百人，全部杀害。这一残暴行径迫使薛延陀部起义，他们摆脱了两突厥汗国的统治，拥立本部的乙室钵俟斤为也咥可汗，建牙于燕末山。

在此次起义中，铁勒契苾部也建立了自己的政权。契苾（又称契苾羽）是铁勒族的一个大部，他们在焉耆西北的鹰娑川游牧。西突厥人统治这一地区以后，契苾逐渐沦为突厥贵族的奴隶。处罗可汗的残暴行为激起了契苾部的起义。在起义中，契苾部首领契苾歌楞被推为“易勿真莫贺可汗”，成为诸部起义的首领。在契苾歌楞的率领下，契苾部翻越天山进入吐鲁番盆地，在贪汗山建牙，摆脱西突厥获得独立。

据《新唐书》记载，在这次大规模起义中，独立出来的铁勒部落还有韦纥、仆骨、同罗、拔也古，它们的首领自称俟斤。611年以后，西突厥射匮可汗对独立的铁勒各部进行了再征服，“延陀、契苾二部并去可汗之号以臣之”[②]。第一阶段的起义以西突厥贵族重新征服铁勒各部而结束，铁勒各部的起义失败了。

西突厥统治者对铁勒部民实行民族压迫是铁勒起义的原因，铁勒各部的起义是反压迫、争取独立的正义斗争。铁勒各部的起义虽然失败了，但对铁勒各部的历史发展仍然具有意义。铁勒各部在斗争中发展壮大起来，在政治上得到了锻炼，它们不仅摆脱了西突厥的统治，而且组建了新的部落联盟。

---

① （北宋）欧阳修、宋祁：《新唐书》，中华书局1975年版，第6134页。

② （后晋）沈昫等：《旧唐书》，第5344页。

在起义过程中，以契苾和薛延陀为中坚力量的铁勒人对天山东部的广大地区进行过有效的统治。契苾部的“莫何可汗勇毅绝伦，甚得众心，为邻国所惮，伊吾、高昌、焉耆诸国悉附之”[①]。铁勒部对臣属部或臣属国派遣吐屯，监督过境胡商纳税。西域门户高昌国便是一例。“而铁勒恒遣重臣在高昌国，有商胡往来者，则税之送于铁勒。”除纳税外，臣属国家还要为铁勒部提供封建义务。在阿斯塔那307号墓所出《高昌□善等传供食帐》，中有“（前缺）〈日〉郑伽子传，□□□斗，供鸡弊零出军（后缺）”[②]，鸡弊零部即契弊部。“供鸡弊零出军”说明在契苾部出兵征战之时，高昌国要提供援助。

铁勒各部的起义使西突厥的统治发生危机，有助于隋朝在西突厥内部打击反隋势力，扶植起亲隋的射匮可汗。在独立政权建立之后，铁勒各部企图与隋朝建立交往。607年，契苾部遣使入朝；薛延陀部以铁勒之名与隋朝交往，以期借助隋朝势力抵制西突厥。隋朝派黄门侍郎裴炬前往抚慰。由于隋祚短促，独立的铁勒部没有与隋朝建立起更深的关系。铁勒部民通过这一时期的起义认识到本部力量的不足，在以后的斗争中，他们求助于唐朝，最终摆脱了西突厥的控制。

统叶护继任西突厥可汗以后，在605年大起义中独立出去的铁勒部重新臣属于西突厥汗国。据《旧唐书》：“统叶护可汗，勇而有谋，善攻战。遂北并铁勒……”[③]在统叶护统治末期，铁勒部民重新举起了反西突厥贵族的义旗。

铁勒人第二阶段的起义从627年起，到649年止。在此时期，铁勒部民在本部落首领的率领下，离开西突厥贵族统治地区，归附唐朝，借助唐朝的力量摆脱西突厥的控制，实现了独立。

---

① （唐）魏征等：《隋书》，第1880页。

② 国家文物局古文献研究室等编：《吐鲁番出土文书》第3册，文物出版社1981年版，第257页。

③ （后晋）沈昫等：《旧唐书》，第5181页。

统叶护是西突厥可汗中最有作为的可汗，但是，在统治后期，他“自负强盛、无恩于国”，“部众咸怨”，由此导致了起义，最早发难的是薛延陀部。薛延陀被射匮可汗征服以后，重新臣属西突厥汗国，但薛延陀人不甘忍受西突厥的奴役，628年，西突厥统叶护被其伯父所杀，西突厥内乱，“西域诸国及铁勒先役属于西突厥者悉叛之”[①]。统叶护之子肆叶护可汗一度想重新征服反叛的铁勒诸部，结果“反为所败”。于是，原薛延陀也咥可汗的孙子夷男趁机率铁勒七万帐脱离西突厥，向东越阿尔泰山，进入东突厥境，与东部薛延陀联合起来共同反抗。第二年，薛延陀部与唐朝取得联系，唐太宗遣游击将军乔师望到薛延陀，册封夷男为真珠毗伽可汗。在唐朝扶持下，东迁的薛延陀建立了本部的汗国。

接着，游牧于阿尔泰山以西的铁勒族歌逻禄部（即葛逻禄部）起义。据《隋书》记载：“伊吾以西，焉耆之北，傍白山，则有契弊、薄落职、乙咥……”[②]但薄落职、乙咥的断句应该是薄落、职乙，这是歌逻禄三姓中的两姓。638年，西突厥乙毗咄陆可汗立，阿史那贺鲁为叶护，管理多逻斯川一带，歌逻禄受其管辖。648年，贺鲁投奔唐朝，歌逻禄中的一姓婆鼻（炽俟）也随贺鲁一起归附。

此外，叛离的铁勒族还有契苾部。契苾部被射匮重新征服以后，部落分散为三支：一支留在贪汗山原地，一支西迁到伊塞克湖，一支东越阿尔泰山。迁往伊塞克湖的契苾部于632年在首领契苾何力率领下东迁至沙州界，并“奉表内附”。唐太宗将其部安置在水草丰美的甘、凉二州，契苾部摆脱了西突厥的奴役。契苾何力以后成为唐朝的一员将军，为唐灭西突厥立下了战功。

铁勒诸部的归唐在西域引起了连锁反应。“635年，阿史那社尔亦效法契苾何力，率众东迁内地，臣属于唐。”以后“高昌麹文泰，焉耆王龙突骑支，龟兹王白苏伐叠，疏勒王裴阿摩支，于阗王尉迟

---

① （后晋）沈昫等：《旧唐书》，第5182页。

② （唐）魏征等：《隋书》第1879页。

居密，以及康国王、安国王、石国王等等，亦先后派使或亲身到唐朝，表示臣属”[①]。可见，铁勒族契苾部的归附瓦解了西突厥在中亚东部的统治。

应该说第二阶段铁勒人的叛离活动是成功的，其主要原因是唐朝的强大成为铁勒诸部反突厥人的靠山。统叶护可汗去世以后，西突厥汗国走向衰亡。汗国境内铁勒族的叛离活动加速了这一过程。630年，唐灭东突厥以后，集中力量对付西突厥。从640年出兵平定高昌起，到657年西突厥灭亡的17年中，唐朝与西突厥及其臣属国共进行六次战争。在这六次战争中，据史书记载有铁勒兵参战的就有四次。

在639—640年平定高昌的战争中，唐太宗“时薛延陀可汗请为军向导，故民部尚书唐俭至延陀坚约”，并且“乃拜侯君集为交河道大总管……契苾何力为葱山道副大总管……率突厥、契苾骑数万讨之。”[②]在648年平定焉耆、龟兹的战争中，唐太宗“乃以阿史那社尔为昆丘道行军大总管，契苾何力副之，率安西都护郭孝恪……发铁勒十三部兵十万讨之”[③]。

在平定西突厥的二次战争中，唐高宗“诏左武候大将军梁建方、右骁卫大将军契苾何力为弓月道行军总管，……发秦、成、岐、雍府兵三万人及回纥五万骑以讨之”[④]。显庆二年，唐以右屯卫大将军苏定方为伊丽道行军总管，率燕然都护任雅相、副都护萧嗣业，发唐兵与回纥骑兵万余人自北道攻西突厥沙钵罗可汗，又遣右卫大将军阿史那弥射及左屯卫大将军阿史那步真为流沙道安抚大使，自南道招集西突厥旧众。

从以上各次战事的组军来看，铁勒族人参加了战斗。陈寅恪先生指出：“太宗既任部落之酋长为将帅，则此部落之酋长必率领其部

① 新疆社会科学院民族研究所编：《新疆简史》第1册，新疆人民出版社1980年版，第105页。
② （北宋）欧阳修、宋祁：《新唐书》，第6221页。
③ 同上书，第6231页。
④ （北宋）司马光主编：《资治通鉴》，第6274—6275页。

下之胡人，同为太宗效力。太宗之用此蕃将，乃用此蕃将及其所统之同一部落。”[①] 铁勒部参战情况还可以从唐朝庭州刺史骆宏义的建议中反映出来。骆宏义在上疏中写道：“望请于射脾部落及发处月、处密、契苾等兵六千人，各赍三十日粮，往掩袭……” 又写道：“且番人行动，须约汉兵，东西犄角，不（又？）资翅翼。简胡骑以率其前，率汉兵以蹑其后，贺鲁进退无路，理即可擒。”[②] 不难看出，在平定西突厥的战争中，铁勒族部落和酋长起到了重要作用。

铁勒各部是西突厥汗国建国和扩张时期军事和经济上的强大基础，但由于西突厥贵族的残暴统治，激起铁勒各部的反抗，铁勒诸部纷纷归附于唐，为唐朝统一西域做出了贡献。

在阿拉伯人夺取河中地区以后，铁勒部落沿咸海北岸缓慢地向西迁移，散布在里海以北的草原上。这些铁勒—突厥人分化组成了许多新的部落集团，如马扎尔人、可萨人、佩切涅格人、钦察人等，他们在欧亚草原的活动对南俄草原及西亚都产生了影响。

第二节　昭武九姓国

6 世纪初期，在中亚河中地区形成了以昭武姓为统治者的国家，中国史书称之为昭武九姓国。突厥汗国建立以后，这些国家臣服于西突厥汗国的统治。有关西突厥汗国统治下的昭武九姓诸国情况，在唐朝三藏法师玄奘（600—664）的《大唐西域记》一书中留下了一些记载。玄奘 13 岁出家为僧，先后游历洛阳、成都、荆州、扬州、相州、长安等地，遍访名师，因感佛教各宗派对佛学理论的不同解说，发誓要到西域以问所惑。627 年，他踏上了西行取经之路。玄奘从长安出发，经河西走廊，过玉门关，越莫贺延碛大沙漠，沿

---

① 陈寅恪：《论唐代之蕃将与府兵》，《中山大学学报（社会科学版）》1957 年第 1 期。

② （清）董诰等：《全唐文》卷 186《骆宏义·请急攻金岭城疏》。

伊塞克湖西行，到达西突厥可汗的驻跸地碎叶城在西突厥人的护送下，穿过锡尔河与阿姆河之间的粟特诸国，经铁门关，进入吐火罗国故地。自此向南，越大雪山（兴都库什山），入北天竺。求法归国以后，玄奘写下《大唐西域记》一书。该书记录了这一时期中亚诸国的国情和民风，是研究西突厥汗国监摄下的中亚国家和社会的宝贵资料。

在《大唐西域记》一书中，玄奘将西突厥统治之下的中亚以铁门关为界分成两个地区，铁门关以北是粟特地区，玄奘称之为“窣利”；铁门关以南是吐火罗人的地区，玄奘称之为“覩货罗国故地”。铁门关即今帖尔穆兹以北的布兹加拉山口。下面按此划分论述当时一些重要城邦国家。

对铁门关以北粟特地区的具体范围，学界至今没有统一的看法。大者指热海（伊塞克湖）以西，波斯以东，楚河以南，铁门关以北；小者指阿姆河与锡尔河之间的泽拉夫善河（中国唐代文献写作那密水）流域。泽拉夫善河流域东西长约650公里，沿河流域土地肥沃，物产丰富。公元前5世纪以来，在泽拉夫善河流域绿洲上相继出现了玛拉干达、瓦拉赫沙（Varakhsha）、阿滥谧（Ramithana，Ramitan）等城镇。到6世纪初期，在泽拉夫善河及周围形成了一些国家，它们是康国（Samarqand）、安国（Boukhara）、石国（Chach）、史国（Kesh）、曹国（Khebud）、何国（Koshana）、米国（Maimargh），以及火炣（Khwaresm，货利习弥，今阿姆河下游一带）和戊地（Betik，伐地，又名西安国）。这些国家的国王均以昭武为姓，因此，在3至9世纪的中国文献中，将它们统称为昭武九姓国，有的史书又将它们称为九姓胡或粟特胡。

昭武九姓国人自称月氏人，可能是因为后者曾在中亚建立过贵霜大帝国的原因。据《隋书》记载：昭武九姓本是月氏人，“旧居祁连山北昭武城（今甘肃临泽），因被匈奴所破，西逾葱岭……支庶各分王……以昭武为姓”。对于昭武九姓的来历，以及“昭武”一名的确切含意，学界至今没有令人满意的解释。[①] 从种族上说，昭武九姓人确实与月氏人一样，属于印欧种人，不过，他们在中亚地区生活的时间要比月氏人久远得多。在公元前 2000 年到前 1000 年之间，印欧种东伊朗游牧人陆续迁入阿姆河下游和阿姆河与锡尔河之间的河中地区；公元前 6 世纪，波斯帝国统治时期，这一地区设立为波斯的粟特行省，汉语音译为“粟特”，因此，这一地区的居民被称为粟特人。根据中国文献资料，在大月氏人来到粟特之前，粟特人接受过康居国的统治，在康居国衰落之后，他们接受了大月氏人建立的贵霜帝国的统治。贵霜帝国衰落之际，粟特地区形成了许多小国，这些国家就是昭武九姓国，它们先后处于贵霜帝国和哌哒汗国的统治之下。当突厥人在中亚地区建立政权之时，昭武九姓国臣属于西突厥汗国。

昭武九姓建立的国家不只有九个，据中国史籍《隋书》、《北史》记载，王姓昭武的国家在安国中还有小安国（又名东安国、喝捍），那色波（又名小史，在今乌兹别克斯坦的卡尔施），此外，还有臣属于安国的毕国，曹国一分为三，即东曹、中曹和西曹。在昭武九姓国家中，康国最大，是其他昭武国家的宗主。

康国在唐代文献《大唐西域记》中又名为飒秣建、在杜环《经行记》中称萨末鞬，其地理位置在今乌兹别克斯坦撒马尔罕一带。[②] 据《大唐西域记》记载，康国：“周千六七百里，东西长南北狭。国大都城，周二十余里，极险固多居人。异方宝货多聚此国，土地沃壤稼穑备植，林树蓊郁花果滋茂，多出善马。机巧之技特工诸国，气序和畅风俗猛烈。”

---

① 昭武一词的语源，尚无定论。西方学者把“昭武”比拟为 siyw（古伊兰民族间传说的勇士之名）、Javugasa（见于大月氏王货币上的铭文）、schba 或 Jabgu（叶护）。有的学者认为佉卢文书中有一称号 Cozbo，相当于粟特语佛教文献中的 γωβω，“昭武”为其对音。

② 以撒马尔罕城为中心的地区称为“康国”，其原因是该地区在公元前 2 世纪曾是康居行国的属地。有史书记载：“康国者，康居之后也。迁徙无常，不恒故地，然自汉以来相承不绝。”显然，康国与康居不是一回事，此误在 11 世纪写成的《新唐书》中得以纠正，此书之后，不再将康国记为康居之后。

康国王在粟特文中的尊号是“粟特王萨末鞬主”。在康国统治阶层中，除国王外，还有大臣三人，与康国王共掌国事。国内兵马强盛，军队强大，赭羯（战士）之人其性勇烈，视死如归，战无敌。

在昭姓国家中，康国位置居中，在它的东南面有米国（迷密、弥末、弭秣贺）。据《大唐西域记》记：“弭秣贺国周四五百里，据川中，东西狭南北长，土宜风俗同飒秣建国。”米国都城钵息德城，据学者考证，在今塔吉克斯坦共和国片治肯特东南1.5公里发现的粟特城就是当时米国的都城。1946年，苏联学者开始对该城遗址进行发掘，初步认定，城始建于5世纪，繁荣于7—8世纪之交。城址包括城堡、城区、农庄和墓地四部分。城堡内建有宫殿，城区有城墙和望楼，街区划分有贵族宅邸，城中心有祆教神庙，农庄区有灌渠和民房，墓地在城区南，葬制使用遗骨陶棺，葬入地上的屋形小墓。

米国与康国关系密切，在6世纪末至7世纪初米国还未建国之时，康国王派其支庶作为城主统治米国。《太平寰宇记》记：米国“惟有城长，属康国。唐武德九年，城长康数姿遣使献玉盘”[①]。642年，西突厥乙毗咄陆可汗攻破米国，夺取了大量人口与财富。到7世纪中叶，米国已经建国，唐高宗于658年以其地为南谧州时，其国君昭武开拙被任命为南谧州刺史。

在康国东北有石国，石国地处今塔什干一带。最早记载塔什干城的中国史书是成书于554年的《魏书》，在《魏书》中，塔什干被记为“者舌”，在历代文献中，石国又名为者舌、赭时、柘支、柘折。到7世纪，《隋书》将“者舌”记为石国，第一次为“石国”作传。石国境内的千泉是西突厥汗庭所在地，因此，西突厥人在石国的统治与其他昭武九姓国不同，不仅有兵驻守，而且还直接派突厥汗室子弟统治。7世纪初期，射匮可汗承袭祖父达头可汗的称号，楚河、塔拉斯河流域成为他的领地。据《隋书》记载，石国人曾反叛

---

① （北宋）乐史：《太平寰宇记》第470册，中华书局2014年版，第686页。

西突厥汗国的统治："其俗尚战，曾贰于突厥，射匮可汗兴兵灭之，令特勤甸职摄其国事。"特勤是突厥官职，甸职一名显然是突厥人名。甸职在609年曾遣使向唐朝贡，其后不复至。641年，西突厥汗国乙毗咄陆可汗与乙毗沙钵罗叶护可汗相互攻击，"咄陆遣石国吐屯攻叶护，擒之，送于咄陆，寻为所杀"。这一记载表明，监统石国的西突厥官员不再是特勤，而是地位低于特勤的吐屯（Tudun)。西突厥射匮可汗在杀其王石涅之后，派特勤统治其国，据《隋书》石国条记载："隋大业初，西突厥杀其王，以特勤匐职统其国。"直至742年，石国王仍保留着突厥官号特勤。

在康国北部是曹国，《大唐西域记》记为劫布呾那国："周千四五百里，东西长南北狭，土宜风俗同飒秣建国。"曹国分东曹、中曹和西曹三国。东曹（苏对沙那）首府是布恩吉卡特，城址在今塔吉克斯坦乌拉秋别，或乌拉秋别西南之沙赫里斯坦。中曹（伽不单、劫布呾那）首府迦底真城，城址在今撒马尔罕西北之凯布德。西曹首府在瑟底痕城，在穆斯林地理文献中，被记为Ithtâkhanj或Ishtîkhan，城址在今撒马尔罕城西北50公里的伊什特汗。西曹与康国关系密切，7世纪初国中无主，康国王令子乌建治之。

在康国西部有何国，据《隋书》记，何国"东去曹国百五十里，西去小安国三百里"。《新唐书》"何国"条记，何国"或曰屈霜你迦，曰贵霜匿，即康居小王附墨城故地。"屈霜你迦，阿拉伯语库沙尼亚（Kusâniyya）的对音，其地在撒马尔罕西北约75公里，居曹国和安国之间；阿拉伯地理学家伊斯塔赫里记，贵霜匿为"粟特的文化最高之城，粟特诸城之心脏"[①]。

隋唐时期，何国皆遣使来贡。[②]何国十分重视与唐朝的关系，在唐朝使者来访时，他们举行热烈的欢迎仪式："若中国使至，散花迎之，王东面拜，又以麝香涂使人额，以此为重。"[③]《新唐书·西域传》

---

① 季羡林等校注：《大唐西域记校注》，第93页。

② （唐）杜佑：《通典》，第1039页。

③ （北宋）乐史：《太平寰宇记》第470册，第686—687页。

记，当唐朝平定西突厥汗国之时，何国曾上书说："闻唐出师西讨，愿输粮于军。"

何国再往西是安国，安国位于泽拉夫善河下游布哈拉绿洲地区，在唐以前的史书中被记为忸密、布豁、捕喝。[①] 最早记载布哈拉地区的是成书于 82 年的《汉书 · 西域传》，在康居国的臣属国中，有一个小国国王，即罽王，其都城在罽城。[②]《新唐书》记载其方位说："安者，……东北至东安，西南至毕，皆百里所。西濒乌浒河，治阿滥谧城，即康居小君长罽王故地。"[③] 到 7 世纪，《隋书》将布哈拉地区政权称为安国，之所以如此称呼是因为古代安息帝国的缘故："安国，汉时安息国也。"[④]安息帝国位于今伊朗东北部，首都尼萨城在今土库曼斯坦的阿什哈巴德西北，强大之时，统治了包括布哈拉城在内的中亚和西亚广大地区。唐代史家认为布哈拉就是汉时的安息国，基于这种错误，《隋书》将以布哈拉城为中心形成的政权称为安国，据《新唐书》记载，659 年，唐在安国设置了安息州，然而，661 年，唐在乌罗浑城设置忸密州，安息州不见于西域羁縻府、州的建置之中。由此看来，唐人已意识到以安息一名称安国是不妥的，继而将安息州改为忸密州。[⑤]在 1060 年成书的《新唐书》中，出现了 Bokhāra 一名的音译名布豁和捕喝，但是，大量文献仍以安国之名称之。

布哈拉城建于公元前 1 世纪，到 6 世纪成为中亚有名的城市之一。7 世纪，据《隋书》记，布哈拉城"城有五重，环以流水。宫殿皆为平头"[⑥]。按中亚城市布局，布哈拉城以城堡为中心，向外扩展共有五层，宫殿皆为平屋顶，因为中亚气候干燥少雨，屋的建设式样与中国不同，不需要排水的人字形屋顶。[⑦]

---

① （北宋）欧阳修、宋祁：《新唐书》，第 6244 页："安者……元魏谓忸密者。"

② （汉）班固：《汉书》，中华书局 1997 年版，第 3894 页。

③ （北宋）欧阳修、宋祁：《新唐书》，第 6244 页。

④ （唐）魏征等：《隋书》，第 1849 页。

⑤ （北宋）欧阳修、宋祁：《新唐书》，第 1135 页。

⑥ （唐）魏征等：《隋书》，第 1849 页。

⑦ 蔡鸿生：《唐代九姓胡与突厥文化》，第 27—28 页。

6—7世纪，布哈拉国臣属于以撒马尔罕城为中心建立的康国。[①]布哈拉国王姓昭武氏，“与康国王同族，字设力登；妻，康国王女也”[②]。据当时的国王诃陵迦说，国王一姓相承了二十二世。[③]国王朝政之时，“坐金驼座，高七八尺。每听政，与妻相对，大臣三人评理国事”[④]。国家议事会中有三人，妇女在城市国家中有一定地位，其妻可以参与政务。安国王布克哈拉时期曾铸造银币。7世纪，西突厥人统治了中亚，安国以属臣身份处于突厥人的统治之下。

安国虽是康国的属国，但安国也有自己的属国，如东安国和毕国。东安国在布哈拉的东北部，在泽拉夫善河之北，西南至布哈拉四百里。[⑤]毕国地处安国西部的泽拉夫善河南岸，是一个自治城邦国家。《隋书》对毕国没有独立立传，仅附于安国条：“国之西百余里有毕国，可千余家。其国无君长，安国统之。”在6—7世纪，毕国是布哈拉绿洲上的一大商埠，在穆斯林著作中被记为沛肯城（Baikand），据阿拉伯史籍记载：“古时毕国号称要塞，因坚不可摧而被誉为铜墙铁壁。”[⑥]20世纪40年代的考古发现，故城面积达20公顷。城内筑墙，隔为二重，有人工水渠环绕，后人称之为毕渠，毕渠与安国连接。毕国虽然受安国统辖，实际上是商民自治的自由城邦或商人共和国。[⑦]它的存在反映了河中地区发达的商贸，“毕国之民，尽为商贩。彼等行商中国及海外，获利甚丰”[⑧]。

在康国西南部有史国，史国又名羯霜那、乞史、佉沙，这些汉译名都是阿拉伯语、波斯语Kass、Kiss的对音。史国位于独莫水（今卡尔施河）南岸，曾是康居小王苏薤城故地，国有城五百，都城在

---

① （唐）魏征等：《隋书》，第1848页。

② 同上书，第1849页。

③ （北宋）欧阳修、宋祁：《新唐书》，第6244页。

④ （唐）魏征等：《隋书》，第1849页。

⑤ （北宋）欧阳修、宋祁：《新唐书》，第6245页。

⑥ Narshakhī, *The History of Bukhara*, translated by R. N. Frye, Cambridge, Mass., 1954, p.44.

⑦ 蔡鸿生：《唐代九姓胡与突厥文化》，第75页。

⑧ Narshakhī, *The History of Bukhara*, p.18.

今撒马尔罕南75公里的沙赫里夏勃兹一带，地处撒马尔罕至缚喝（巴尔赫）国途中的一个较大城市，该城每边长约三分之一法尔沙赫（farsakh）[①]。7世纪初，史国国君狄遮始通中国，号最强盛，筑乞史城，地方数千里。642年，国君沙瑟毕到唐宫廷献方物。

在康国东部的昭武国家有钹汗国，钹汗在康国以西，位于锡尔河中上游地区。7—8世纪的中国文献还记载了怖捍、拔汗那等译名。据《隋书》记载："钹汗国，都葱岭之西五百余里，古渠搜国也。王姓昭武，字阿利柒。都城方四里。胜兵数千人。"7世纪中叶，钹汗国以锡尔河为界分裂为东西两部，东部以锡尔河北的渴塞城（遗址在今乌兹别克斯坦纳曼干市西25公里）[②]为统治中心，西部以河南的呼闷城为中心。据玄奘记载，"怖捍数十年无大君长"。《大唐西域记》记其"宜羊马……人性刚勇"。

在康国北部，即阿姆河下游两岸地区有火炒国，中国文献又记为花剌子模、呼似密、货利习弥、过利等名。花剌子模国虽役属于西突厥汗国，但因地处僻，与河中隔离，经常受到北方草原上的铁勒族可萨人的入侵。

在铁门关以南的中亚地区被称为吐火罗，吐火罗本是一支部落之名，在希腊典籍中写作tokharoi，以后转为地名——吐火罗斯坦。在《大唐西域记》中，吐火罗斯坦被记为覩货逻国故地，其范围是："东扼葱岭，西接波剌斯，南大雪山（即兴都库什山），北据铁门，缚刍大河（即阿姆河）中境西流。"现在吐火罗斯坦指葱岭以西、阿姆河之南、兴都库什山以北的阿富汗北部地区。

在玄奘游覩货逻国故地之时，吐火罗王族已绝嗣数百年，"酋豪为竞，各擅君长，依川据险，分为二十七国。虽画野区分，总役属突厥。"玄奘所记，吐火罗国故地分为27国，但在《大唐西域记》中实际记载了29个国家。

---

① 长度单位，1法尔沙赫等于6.24公里。

② 汉代贵山城。

吐火罗斯坦居丝绸之路南道要冲，西突厥统叶护可汗破吐火罗斯坦之时，派长子呾度设（Tardu Šad）“管铁门以南诸小国”，驻在活国（Warwaliz，今昆都士附近）。此后，吐火罗斯坦王统由突厥人继承。活国在吐火罗斯坦有着与康国在昭武九姓诸国中的地位。《大唐西域记》记：“活国，覩货逻国故地也，周二千余里。国大都城周二十余里。无别君长，役属突厥。”活国土地平坦，以农业为主要经济，“谷稼时播，草木荣茂，花果具繁”。在7世纪上半叶，活国的佛教十分兴盛，其民“多信三宝，少事诸神。伽蓝十余所，僧徒数百人，大小二乘兼功综习”。

与活国相邻的昭武九姓人建立的国家有阿利尼国。阿利尼国“周三百余里，国大都城周十四五里。土宜风俗大同活国”。在阿利尼国东面是曷逻胡国，曷逻胡国地处阿姆河南岸，“周二百余里，国大都城周十四五里。土宜风俗大同活国”。在活国东南面还有阔悉多国，“周减千里。国大都城周十余里，无大君长，役属突厥。山多川狭，风而且寒，谷稼丰，花果盛。人性犷暴，俗无法度。伽蓝鲜少。从此西北，逾山越谷，度诸城邑，行三百余里，至活国”。

此外，地处阿姆河西岸还有乌那曷国（今阿富汗安德胡伊）和穆国（今查尔朱）；在阿姆河上游南岸有挹怛国，先时国乱，突厥遣通设诘强领其国。

中亚最南部的昭武国家是迦毕试国和漕矩吒国。迦毕试国位于兴都库什山南麓的阿富汗东部地区，位置在今喀布尔以北，《大唐西域记》记：“迦毕试国周四千余里，北背雪山，三陲黑岭。国大都城周十余里。宜谷麦，多果木。出善马，郁金香。异方奇货，多聚此国。……文字大同覩货逻国，习俗语言，风教颇异。”玄奘在迦毕试国时曾受到各寺的邀请并为当地僧人讲经说法。

漕矩吒国位置在今喀布尔以南。“周七千余里。国大都城号鹤悉那（今阿富汗加兹尼），周三十余里；或都鹤萨罗城，城周三十余里。并坚峻险固也。……鹤萨罗城中踊泉流派，国人利之，以溉田也。气序寒烈，霜雪繁多。人性轻躁，情多诡诈。好学艺，多技术，聪而不明，日诵数万言。文字言辞，异于诸国。”据《隋书》和《新唐书》记载，漕国（漕矩吒国）盛产黑盐。在玄奘路过之时，该国有伽蓝百所，僧徒万余人，均习大乘；在慧超旅行之时，突厥统治者继续敬信三宝，信仰大乘佛教。

吐火罗斯坦诸小国虽役属于突厥，但是，诸国国王仍是原贵霜王室后裔。在 597 年，萨珊波斯国王库思老二世派大将军沙母贝特（Smbat）讨击阿姆河以南地区之时，该地区的诸小国国王纷纷向西突厥可汗求援。由于史料的缺乏，目前学术圈未能对吐火罗地区的政治和经济做出总结。西突厥汗国灭亡之后，唐朝统治了吐火罗斯坦，波斯以东、阿姆河以南地区归入唐朝版图，唐在吐火罗斯坦置羁縻州府进行统治。

第三章

社会经济与政治统治

游牧政权突厥汗国的政权基础是贵族统治，国家采取大小可汗分国制度，大可汗将国家分封给他的子弟，形成了管理一方的小可汗。突厥汗国官职有 28 等，分别由氏族酋长、部落首领等贵族担任。西突厥汗国对中亚南方的昭武诸国实施监国制度，监察之官名为吐屯，主要职责是监督各属部和属国赋税的缴纳。在西突厥汗国统治之下，突厥人一直以游牧为业，兼营手工业和商业；在昭武九姓诸国中，务农和经商者各占一半，著名的手工业有酿酒业。6 至 7 世纪，中亚经济比前一个时期有长足的进步，中亚地区与东、西方经济和文化的交流达到了前所未有的阶段，商业的一大特点是长途贸易的发展。

第一节　社会经济

突厥人最初居叶尼塞河上游，以后，大部分突厥人从此地迁走，一些人留居原地。据《新唐书》记载，留在原地与契骨为邻的三个突厥部落在 7 至 8 世纪时仍“无牛羊，不知耕稼，土多百合草，取其根以为粮，并捕鱼射猎以为食，而衣貂鼠之皮，贫者缉鸟羽以为服”。由此推之，原始突厥人以采集和狩猎为生。

从叶尼塞河上游迁走的突厥人来到高昌北山，当时，狩猎业在突厥人的生活中虽然仍占有一定的地位，但畜牧游牧业已经成为突厥人经济生活的主要产业，据《周书》记载：“其俗畜牧为事，随逐水草，不恒厥处。”游牧和畜牧业成为突厥社会的经济基础，“突厥兴亡，唯以羊马为准”。

柔然汗国建立以后，突厥人被迁到阿尔泰山西南坡。在建国以前，他们一直生活在天山与阿尔泰山之间的准噶尔盆地中部。准噶尔盆地虽然大部分是沙漠，但是，大多数是固定和半固定的沙丘，年降雨量约为 100 毫米—150 毫米，冬季有积雪，植物生长较好，也是比较理想的冬季牧场。

突厥汗国建立以后，锡尔河以北成为西突厥人生活的主要地区，与东突厥人的生活方式一样，西突厥人在此过着逐水草而居的游牧生活。7 世纪上半叶，西突厥可汗在冬夏两季有不同的营地。统叶护夏季游牧地在千泉，据《大唐西域记》记载：“千泉者，地方二百余里，南面雪山，三陲平陆，水土沃润，林树扶疏。暮春之月，杂花若绮，泉池千所，故以名焉，突厥可汗每来避暑。”不难看出，这一地区是游牧的好场所，西突厥人的冬营地可能在伊塞克湖（唐代称热海）沿岸。突厥人的游牧经济不仅从阿尔泰山以南地区出土的大量马、羊、牛和骆驼的遗骨上反映出来，还从突厥人生活习俗上反映出来。突厥人祭祀鬼神奉羊献马，婚丧吊庆宰羊杀马，酬谢往来也是馈赠羊马，贫富贵贱以羊马多寡为准。

迁到阿尔泰山西南以后，突厥人的冶铁业得到进一步发展。高昌北山盛产铜、铁等矿，突厥人迁到此地后掌握了铁和铜的锻冶技术，他们“工于铁作”，大批生产各种兵器，突厥人善于制造的马具有马镫、马勒，兵器主要是在射猎和战斗中广泛使用的铁箭镞。到 6 世纪中叶突厥人到中原王朝边境寇掠之时，已经有“辎重无数”了。突厥人冶炼的铁器除供本部落使用外，主要供柔然贵族使用，“为茹茹铁工”[①]。1925年，苏联考古学家鲍罗夫卡在蒙古土拉河畔的诺颜乌斯穆发现了一座以马殉葬的古代贵族坟墓，墓的出土物中有铁制的刀、箭镞、马辔、马铠等物。考古学者认为这些遗物是4至5世纪柔然贵族的殉葬品。马长寿先生认为：“若此推测不谬，其中的铁制品，至少有一部分是出自突厥锻工所手造的吧。”[②]

建国以后，突厥人的锻铁业继续发展，在西突厥人中，出现了专门从事手工业和商业者，他们的铁器远销中亚。据6世纪的拜占庭史家弥南德（Menander Protector）记载，东罗马使臣蔡马库斯出使西突厥路过粟特境之时（569），有突厥人携铁前来求售。[③]突厥人能建立庞大的汗国，与他们发达的锻铁业有一定的关系。

突厥人的游牧畜牧经济决定了他们与定居民之间存在着共生关系，早在阿尔泰山西南坡游牧之时，突厥酋长土门就派人到西魏王朝边境互市。尽管突厥统治者与中原诸王朝之间发生过一些战争，但是，双方在经济文化上的交流却从未间断过，突厥人用马、羊等畜牧产品换取中原的丝绸、绢锦等丝织品。

西突厥汗国统治中亚地区以后，控制了丝绸之路的北道和中道，中转贸易频繁起来。突厥人与中原王朝贸易获得的大量丝织品，除一部分被突厥贵族享用外，其余的转卖给西方商人，主要是转卖给波斯商人。因此，贸易地点多设在西突厥与中原王朝和西突厥与萨珊波斯的交界处。河中地区的粟特商人为了与中国的贸易而逐渐东移，在锡尔河沿岸兴起了许多移民城镇，如养吉干（Yangi），这些城镇实际上是贸易据点，归突厥人管理。直接参与中转贸易者有突厥商人，然而，更多的是粟特商人。在西边，莫夫和赫拉特是西突厥人与波斯商人贸易的中心。在迦毕试国也有突厥人与印度人的贸易市场。阿姆河以北的撒马尔罕、沛肯城是东西方商品的集散地。

西突厥人的贸易有以物易物和货币贸易两种形式。朝贡贸易是

① （唐）令狐德棻等：《周书》，第907页。

② 马长寿：《论突厥人和突厥汗国的社会变革》，《历史研究》1958年第3—4期。

③ 〔法〕沙畹：《西突厥史料》，第210页。

物物交换，其比价根据两国国势强弱或两国关系的政治需要而定；边境互市和与西方的贸易是采用货币和以物易物两种形式。在阿姆河畔的市场上，以银币为通货。从出土文物可以了解到，突厥人曾发行过自己的钱币。据考古发现，突厥人使用的货币有以下几种：一是在伊塞克湖以北发现的突—中合璧式的钱币。据埃德·德鲁恩（Ed. Drouin）考证，这种钱币属于西突厥人。二是在七河地区发现的铸币，其外形与中国铜钱相似，中有四方形小孔的钱币。三是西突厥突骑施人的钱币，这是突骑施汗国（Türgäch，690—766）通用的货币，在怛逻斯城和色勒库尔干（Selekur kent）发掘出土。形制为圜边圆孔，一面为蛇形长纹，另一面为粟特字母书写的突厥文。这种钱币曾广泛流行于西亚，在中国库车亦曾有发现。

突厥与东、西方经济文化的交流，有利于突厥社会的发展。在6世纪以前，突厥社会处于母系社会阶段，"所生子皆以母族为姓"，氏族成员过着同姓共帐，没有剥削，没有压迫的原始氏族社会生活。这一点可以从他们实行从妇居的外婚制上反映出来。6世纪初，突厥社会从母系氏族过渡到了父系氏族。在突厥文碑中，氏族开始被称为乌鲁格（Urugh），乌鲁格来源于乌鲁（Uru）一字，意思是男性。随着生产力的发展，特别是锻铁业的产生和交换的频繁，贫富分化的现象在突厥社会中产生。到6世纪中叶，突厥社会中私人占有财产已很普遍，马匹均要烙上各种不同的印记，作为私有财产的标志。私有财产已为社会所承认，为此还制定了严厉的法律予以保护，盗窃他人马匹或财物者，要赔偿盗赃十倍以上的物品。突厥人建国前后，私有制得到进一步的发展，一般牧民都有几匹马和数量稍多于马的牛、羊及杂畜，贵族拥有的马匹则成百上千。

在贫富分化的基础上，突厥社会产生了阶级。由于突厥汗国各地经济发展程度是不一致的，社会发展的水平也不一致，"有封建主义的部族，也有奴隶制的部族；有无阶级的氏族和部落，也有从无阶级向有阶级过渡的部落和部落联盟"[①]。一般来说，在6世纪中叶，

① 马长寿：《论突厥人和突厥汗国的社会变革》，《历史研究》1958年第3—4期。

突厥游牧社会出现了三个阶级，即富裕牧主伯克、牧民和奴隶。

突厥社会中依附于富裕牧主的家奴，其地位比一般牧民还低。然而，尽管存在着牧主、族长占有奴、婢的现象，但是，奴隶在突厥社会生产关系中的地位仍未占据主导。因此，突厥汗国是否是奴隶制社会的问题，学术界尚无定论。

突厥汗国建立以后，封建因素在突厥汗国中得到迅速发展。游牧社会的基本生产资料是牧场，史记突厥各部虽迁徙无常，而各有地分（即份地，游牧地段），总属于可汗。突厥可汗用武力占领了广阔的牧场，随即把它分封给突厥贵族，首先是分给可汗的子弟，他们再把牧场分给亲信和宗人，大小领主在汗国内形成递相从属的等级制度。这种等级制是由领主所控制“地分”决定的。突厥可汗分封牧场的具体情况，在沙钵略可汗统治时期（581—587）有较为详细的记载。在突厥汗国内，社会生产的主要承担者是牧民。牧民包括突厥族和汗国内其他铁勒族各部落的牧民，突厥族的牧民不多，主要是铁勒族各部的牧民。领主通过对牧场的占有控制着广大的牧民，牧民由于使用牧场而依附于领主，向其交纳赋税、当兵服役。这是突厥社会内部存在的封建因素。

突厥汗国封建因素的发展受到了外界的影响，主要是中原诸王朝的影响。突厥汗国在形成过程中经历了一系列征服战争，占据了亚洲三大草原，即蒙古草原、天山草原和哈萨克草原，在草原周边的定居政权都处于文明程度较高的封建社会，突厥社会受到了周边文明的同化，封建因素得以迅速发展。

在西突厥汗国统治时期，昭武九姓胡诸国盛行以男系为主宰的父系小家庭制度，父名至关重要。从穆格山文书中，反映出中亚这一时期重视父系家世，祖父以上就不计了。粟特人在契约落名之处，皆冠以某某之子，如订于707或708年的买地契约（文书B—8号）中，买卖双方和四位证人的署名，均按某某是某某之子的格式。粟特法律文书如此重视当事人的父系血统，说明九姓胡家庭是以父权制为基础的。这与粟特人的经济生活有相当大的关系，粟特男子在成年以后，因独立经商谋生而与其父母、兄弟分居，因此，必须注明父系。

尽管如此，在粟特社会中母权制和奴隶社会的因素仍然残存着。母权制在九姓胡政治生活中的反映如：安国国王笃萨波提遣使上贡表时，妻可敦也一同列名进奉。[①] 再从考古资料来看，在编号为1482和1484的两枚粟特铜币上，正面镌刻着国王、可敦并列的头像。[②] 这些事例都反映出粟特人家庭在8世纪仍然保留着母权制的遗迹。

6世纪，粟特人的社会中存在着被奴役的等级：贱民和奴隶。专业丧事者为贱民，他们别居城外。奴隶在粟特社会中被称为奴（βntk）、婢（δ'yh）。穆格山粟特文书第3、4号反映出奴隶的来源有以下几种：以身抵债的债奴（N'pk），债奴的存在从一个方面反映出奴隶是可以买卖的。除债奴外，奴隶来源还有战俘（Wn'k）、托庇于人的附庸（Ypδ），以及家生奴。[③] 家生奴的存在表明奴隶身份是世袭的。在昭武九姓国中，奴隶在社会结构中所占比例还无材料说明，但是，从粟特经济活动来看，奴隶的劳动逐渐失去了主导地位。

居锡尔河与阿姆河之间的昭武九姓国以农业经济为主，盛产水果，据《后汉书·西域传》记载："粟弋国……出众果，其土水美，故葡萄酒特有名焉。"农产品特产中首推水果，其中最著名的有金桃、银桃、葡萄。647年，康国对唐朝的贡献中，有黄桃，"大如鹅卵，其色如金，亦呼为金桃"。畜牧产品首推马匹。

粟特地区有名的手工业是酿酒业，特别是葡萄酒。晋代人张华在《博物志》中记载："西域有葡萄酒，积年不败。彼俗云：可至十年，饮之醉弥月（日）乃解。"这一时期，中亚已经成为葡萄酒生产基地。7至8世纪的葡萄酒坊遗址在中亚分布广泛，已在片治肯特、

---

① （北宋）王钦若等编：《册府元龟》，中华书局1960年版，第11722页。

② 〔苏联〕斯米尔诺娃：《粟特钱币综览·铜币编》，莫斯科1981年版，第359—361页，转引自蔡鸿生：《唐代九姓胡与突厥文化》，第19页。

③ 〔苏联〕里夫什茨：《穆格山出土法律文书》，莫斯科1962年版，第22页，转引自蔡鸿生：《唐代九姓胡与突厥文化》，第5页。

花剌子模和塔什干等地发现。在片治肯特遗城的郊区遗址中发现了一土堆，是为酒槽，可储葡萄汁 1400 公升—1450 公升。1979 年，在东曹国（苏对沙那）境内发掘出一处酒坊，位于小丘之上，有管道连接酒槽，容器陶钵也同时出土。除了考古遗迹外，文献记载也可证实中亚酿酒业的发达。

昭武九姓国中，有专门从事铁器、陶器、金银器制作的工匠。在今片治肯特附近的米国都城遗址中，可以看到铁器铺和玻璃作坊。武器制作是粟特手工业的一个重要分支。粟特人制造的甲胄直到中世纪末期仍然享有盛名。718 年，他们以锁子甲作为礼物献给唐玄宗。

6 至 7 世纪，粟特地区建筑业也很发达。据记载，此时粟特大小城邦星罗棋布，号称“千城之国”。所谓千城，是把一些小堡也包括在内，如康国有大城三十，小堡三百；安国有大城四十，小堡千余。城市的规模一般是可居住 7 至 8 万人口，据《唐会要》记载，史国“自隋以来，国渐强盛，乃创置乞史城，都邑二万余家”。以每家 5 口计，已达到 10 万人。

城市的布局可从米国都城遗址反映出来。城市一般分为四部分：一是内城。米国都城内城的面积约 14 公顷，四周围筑城墙，内城 35% 为住宅区，以平房为主，也有少数双层楼，城中心立神祠两座，出土陶片上残存一些供养人名字。此外，内城还建有一个大粮仓。二是城堡。城堡与内城的护墙相连，面积大约 1 公顷，其中有居室和碉堡。三是墓地。米国都城的墓地位于城南和西南，占地面积大约 10 公顷，其中，发现了 50 多座墓，每座占地 4 平方米—5 平方米，呈单穴或双穴，存放陶质骨瓮。四是郊区。米国都城的郊区位于内城东面和东南，比内城面积大两倍。[1]

米国都城建筑遗址还反映了粟特地区房屋为土木结构，流行平顶型建筑。杜环的《经行记》记：“从此（拔汗那）至西海，尽居土室。夯土而建的住房，仍有木柱和门楣。”房屋内部多以壁画装饰，

① 蔡鸿生：《唐代九姓胡与突厥文化》，第 4 页。

杜环描述末禄国（穆国）的居室说："墙宇高厚，市廛平正，木既雕刻，土亦绘画。"民居的壁画简朴，宫殿和寺院的壁画则富丽堂皇。从 3、4 号遗址的住宅情况来看，宽敞的住房一般有厅堂，与门相对的厅堂正壁有壁画装饰。在昭武九姓国中，炉灶在居室中地位突出，有三种形制：火塘、地灶和壁炉。

昭武九姓国居民中以经商者居多，据《大唐西域记》记，大约有一半人经商，"力田逐利者杂半矣"。从米国都城遗址反映，街区店铺密集。对外贸易是昭武九姓国贸易中的一大特点，"丈夫年二十，去傍国，利所在无不至"[①]。昭武九姓国人注意向后代传授经商经验："男年五岁，则令学书，少解则遣学贾，以得利多为善。"[②]九姓胡父率子去傍国经商的事也屡见不鲜。吐鲁番出土的年代在垂拱元年（685）的案卷中，记载了 55 岁的康纥槎，带着男射鼻、男浮你了，要求入京兴贩的记录。[③]

康国都城撒马尔罕城是中亚转手贸易的中心，《大唐西域记》记，"异方宝货多聚此国"。粟特人转手贸易的主要商品有中国的丝绸。据《塔巴里纪年》记，706 年，大食兵临城下，中亚毕国人被迫与阿拉伯将军屈底波媾和，献出中国丝绸 5000 匹。此外，中国的铜镜和钱币也是粟特商人中意的商品，它们在粟特地区都有发现。粟特商人卖出的商品主要有马匹，奴隶也是粟特人贩运的商品之一。

除中国的商品外，经粟特人中转的西方商品主要是一些体积小、价值高的珍宝，如瑟瑟、美玉、玛瑙、珍珠等。在粟特向中国诸王朝的朝贡品中，特别指出了东罗马的大氍毹和拂林狗，氍毹当时是东罗马著名商品。据《旧唐书》记载，凡西域诸珍异，多出自拂林。719 年，安国入贡织物，在贡表上特别标明"佛林绣氍毹"，其用意在于强调它产自东罗马。

此外，粟特带到东方的货物还有来自波斯的越诺布和鍮石。越

---

① （北宋）欧阳修、宋祁：《新唐书》，第 6244 页。

② （唐）杜佑：《通典》，第 1039 页。

③ 国家文物局古文献研究室等编：《吐鲁番出土文书》第 7 册，第 94 页。

诺布是波斯产的一种花缎。鍮石是中国古代对黄铜（Tuttystone）的称谓，鍮石一词系伊朗语借词，来自婆罗钵语的 rod（黄铜），该名通过粟特人传入中国。[①]产于波斯的鍮石由粟特商人大量进口到中国，在中国得到广泛使用，据《唐六典》记载，唐代八品、九品官员的服饰“服用青，饰以鍮石”。经粟特商人转手的商品还有产自印度的郁金香和生石蜜。

在粟特商人的贸易中，除了以物易物的朝贡贸易外，还有现钱交易。粟特钱币仿照中国钱币，呈方孔圆环，与开元通宝形制无异，唯钱币上的王名镌以粟特字母。目前，考古发掘出土的粟特钱币上的王名有许多已可与中国文献记载的昭武九姓王名相印证。[②]吐鲁番阿斯塔那 61 号墓出土文书中有一件《唐西州高昌县上安西都护府牒稿》，其内容是汉人李绍谨于弓月城一次借粟特胡曹禄山练 275 匹，拖欠未还而引起的一起经济案，由此也反映了粟特商人很富有。据《新唐书》记载，何国“城左有重楼，北绘中华古帝，东突厥、婆罗门、西波斯、拂菻等诸王，其君旦诣拜则退”[③]。这幅图绘是粟特地区与东西方诸国交往的缩影。

第二节　政治统治

突厥汗国实质上是“阿史那氏的家产国家”，因此，历代可汗皆出自阿史那氏，汗国的一切显爵几乎全部由阿史那氏垄断。西突厥汗国是建立在阿史那氏奴役异姓突厥、铁勒诸族，及中亚地区昭武九姓诸国的基础之上的，其政治结构与东突厥汗国基本相同。

突厥汗国的政治基础是大小可汗采邑分国制度。在突厥汗国

① 林梅村：《古道西风——考古新发现所见中西文化交流》，生活·读书·新知三联书店 2000 年版，第 210—231 页。

② 《中国大百科全书》：“Sogdiana”。

③ （北宋）欧阳修、宋祁：《新唐书》，第 6247 页。

内，权力最高的是可汗（Qaghan）或“大可汗”，由阿史那氏的首领充任。可汗原是鲜卑族对贵人的尊称，柔然酋长社仑首先把它用于最高统治者的称号，以后哌哒、突厥、蒙古等族都沿用可汗称呼最高统治者。可汗既是汗国内牧场、牲畜的最高所有者，也是汗国所属诸民族、诸部落的最高统治者。东突厥大可汗的牙庭建在于都斤山（今鄂尔浑河上游杭爱山之北山），西突厥大可汗的牙帐原建在三弥山（今新疆库车北天山南麓），统叶护可汗将西突厥汗庭移至“石国北之千泉”。突厥大可汗有自己的侍卫军，主要以阿史那氏子弟充任，取名为“附离”，意思是“狼”，他们的地位高于一般军士。

大可汗将国家分封给他的子弟，管理一方的可汗子弟被称为“小可汗”。突厥文《暾欲谷碑》第一碑西面第二行、第三行的Qan，就是汉籍中的“小可汗”。西突厥汗国也设置了小可汗，据《旧唐书》记载：“阿悉吉阙俟斤与统吐屯等召国人，将立欲谷设为大可汗，以咥利失为小可汗。”在统叶护时期，西突厥汗国版图扩大，统叶护在石国、活国二地分别建置了北面小可汗与南面小可汗，首任南面小可汗的是统叶护之子呾度设，其后裔世君活国。

突厥游牧汗国还没有定型的可汗继承制度，大汗位的承继，一是要秉承去世可汗的遗愿，二是经过国人会议的同意。父死不必子继，或传位于弟，或传位于侄。实际上，军事实力雄厚者得以立，因此，突厥王子、亲王结党营私、拥兵自重，兄弟争立、叔侄相攻，外示和同、内怀猜忌。频繁的汗位争夺和内讧加剧了游牧社会固有的分裂趋势，助长了小可汗或强大部落首领的割据倾向。这种局面在统叶护后期十分激烈，汗位之争最终导致西突厥汗国的分裂。

突厥可汗之妻的称号是可敦，汉语另译为可贺敦。依突厥旧制，可敦出自铁勒族阿史德氏，以后由于政治需要，可汗常娶中原王朝公主为可敦。在突厥汗国，母权制残余长期保留下来，因此，可敦在汗国中享有崇高的地位，可参与国家政治、军事、司法、外交等大事的决策。在废立可汗之时，可敦的意见很重要，如处罗卒，义成公主以其子奥射设丑弱，废不立之，遂立处罗之弟咄苾为颉利可汗。在出兵御敌、司法和接待外宾等大事中，可敦也可以拿主意，如“北蕃夷俗，可贺敦知兵马事”，“其（菩萨）母乌罗浑主知争讼之事，平反严明，部内齐肃”，“鸿胪卿袁振往谕帝意。默棘连置酒，与可敦、阙特勤、暾欲谷坐帐中”。可敦可以左右可汗的行为，“可汗怒，欲杀之，为其妻所抑而止”。

最初，突厥汗国官职有10等，以后发展为28等。这些官职由氏族酋长、部落首领等贵族担任。据《周书》记载：“大官有叶护（Yabghu），次设（Shad），次特勤（Tegin），次俟利发（Elteber），次吐屯发，及余小官凡二十八等，皆世为之。”《通典》所举官号，较《周书》、《隋书》详细。有些高级官职实行“父兄死则子弟承袭”的世袭制，据《通典》记载：“其官有叶护，有设，有特勤，常以可汗子弟及宗族为之；又有乙斤屈利啜、阎洪达、颉利发、吐屯、俟斤（Irkin）等官，皆代袭其位。”

叶护职位相当于小可汗，常由可汗之弟充任。在西突厥汗国，叶护是常设的官职，地位很高，似为可汗之副，任此官职者往往成为可汗的继承人。西突厥可汗室点密本人曾任莫贺咄叶护；射匮可汗之弟原也是叶护，继位后为统叶护可汗；统叶护之子原来也位居叶护，继任可汗后被称肆叶护可汗；阿史那贺鲁曾任叶护，称沙钵略叶护；阿史那步真也是叶护出身，名为咄陆叶护。

叶护之下是设，中文转写为“杀”、“察”、“煞”。设是掌握兵权的大官，对此，《周书》中有明白的界定：“别部领兵者谓之设。”设由可汗的直系亲属担任，常以可汗子弟及宗族为之。设必须是纯阿史那氏血统，如阿史那思摩虽出身于阿史那氏，但由于其面貌类似胡人，疑其非阿史那氏族，只能为特勤，而不能授予设一职。史书记载，突厥可汗默啜曾立其弟咄悉匐为左厢察，立可汗骨咄禄（Qutluq）之子默矩为右厢察，各主兵马二万人；又立自己的儿子匐俱（Bögü）为小可汗，位在两察之上。可见，设的地位在小可汗或叶护之下。不少可汗在即位之前曾任设一职，如颉利可汗原为莫贺咄设（Baghatur Shad），处罗可汗原为俟利费设，突利可汗原为泥步设。设领兵，专制一方，有自己的牙帐。据《旧唐书》记载："颉利……初为莫贺咄设，牙直五原之北。设有权在辖区内征税。"

特勤是可汗子弟的封号，当然也由阿史那氏独占，如骨咄禄可汗之子为阙特勤，默啜可汗之子为墨特勤。不少可汗出身于特勤这一爵位，如乙毗沙钵罗叶护可汗原为薄布特勤。起初，特勤的权势并不大，主要职务是内典机要，外理邦交，常奉命出使，商讨国家大事。后来，由于特勤有封地、部曲，在此基础上，他们势力大起来。

啜是西突厥汗国的部落首领，在西突厥的10个部落中，统领咄陆五部的酋长被称为啜。每个啜管辖一个部落。啜的权力随部落大小强弱而定，大部落的酋长可以左右突厥可汗的废立，据《通典》记载："贞观十五年，部下屈利啜等谋欲废咄陆，各遣使诣阙，请立可汗。"

在突厥《阙特勤碑》东面34行中，曾有Ulugh Irkin，即"大俟斤"。俟斤或大俟斤与啜一样，也是部落首领，西突厥五弩失毕部首领称为俟斤，每个俟斤管辖一个部落。据《隋书》记载："独洛河北，有仆骨、同罗（Tonqra）、韦纥、拔也古（Baqirqu）、覆罗，并号俟斤。"可见，此官名原出自铁勒族，史称九姓回纥之一多览葛酋长亦号"俟斤"，此官不限于突厥人，其他臣属部落首领也授予该职。如契丹"君大贺氏，有兵四万，析八部，至于突厥，以为俟斤"。

阎洪达是评议国事之官，据《隋书》记载："官有阎洪达以评议国政"。

颉利发的中文转写为"俟利发"。最初，颉利发是突厥汗国赐予被征服牧区的部落酋长和牧主的官职，这些酋长或牧主在接受突厥汗国的分封、赐号之后，有权继续统治本族牧民，成为汗国统治阶级的一部分。以后，被征服的定居国国王在接受突厥人的统治之后，也被赐予颉利发称号，继续统治其国。

吐屯是突厥汗国派遣到各属部和属国的监察之官，由阿史那氏出任。吐屯负责监督各属部和属国赋税的缴纳。据《太平广记》记载，“突厥谓御史为吐屯”，“吐屯”职掌与唐御史略同。御史亦以监察为职责者也。[①]

突厥政权组织的职官无固定员额，分工也不明确，尤其是文武官员的区分不明确，大小官员，上至可汗，都统领军队，亲临战阵。

突厥汗国内存在着“国人会议制度”，国人会议实际上是贵族会议，由突厥各部族部落的大小伯克（Beg，即贵族）组成。国人会议的权力很大，对国中重大事件，包括汗位继承、对外征战、媾和等享有议决权。有关国人会议操纵汗位继承之事，《新唐书》记载说：“佗钵死，先令戒其子庵罗必立大逻便，国人以其母贱，不肯立，而卒立庵罗。”国人会议是突厥各部落酋长在国家政治中地位的体现，部落首领在国人会议中的作用与部落的大小强弱有着密切的关系。

突厥可汗的统治有简单的法律为依据。据《周书》记载，突厥刑法为：“反叛、杀人及奸人之妇、盗马绊者，皆死；奸人女者，重责财物，即以其女妻之；斗伤人者，随轻重输物；盗马及杂物者，各十余倍征之。”

突厥汗国从未形成统一的中央集权，西突厥汗国对中亚昭武诸国采取的是间接统治的方式，可汗授予昭武诸国国王颉利发的称号，然后派吐屯监摄其王的统治。在这种统治方式下，各国国王享有相当程度的自主权。昭武九姓国家的官制有三级，见于唐史的有国君、城主和大首领。除安国的附属城邦毕国外，各国国君或国王由本国人担任，或由康国国王派自己亲属担任。国家由国君行使统治权，突厥派人监摄。除国君外，各城有自己的城主，如唐代著名粟特商人康艳典、石万年、康拂耽延、何伏帝延等皆拥有城主称号。此外，昭武九姓国中还有一系列与国内商业相适应的官吏，如税吏、马监、主簿、驿站长和河渠官等。[②]

① （北宋）李昉等编著：《太平广记》，第1044册，子部350，《文渊阁四库全书》影印本，上海古籍出版社1990年版，第608—609页。

② 蔡鸿生：《唐代九姓胡与突厥文化》，第5页。

昭武九姓国有自己的法律。国君的统治可能是以法律为依据。据《隋书》记载，康国“重罪者族，次重者死，贼盗截其足”。玄奘途经康国之时，曾亲眼目睹胡律施行的情况。“法师初至，王接犹慢。经宿之后，为说人、天因果，赞佛功德，恭敬福利。王欢喜请受斋戒，遂致殷重。所从二小师往寺礼拜。诸胡还以火烧逐。沙弥还以告王，王闻令捕烧者，得已，集百姓令截其手。法师将欲劝善，不忍毁其支体，救之。王乃重笞之，逐出都外。”[①]康国位置居中，周围国家的风俗礼仪都与之相同，《大唐西域记》记：“凡诸胡国，此为中心，进止威仪，近远取则。”康国的胡律在粟特地区可能具有普遍意义。

昭武九姓国有权独立地与中原王朝发生联系，据《隋书》记载，石国“（国王）甸职以大业五年遣使朝贡，其后不复至”。615年春，毕与安、曹、何、穆国并遣使朝贡。贞观初年，安国遣使来朝。昭武九姓国之首康国是入贡隋唐王朝次数最多的国家。

西突厥汗国的监统其实主要表现在吐屯监督赋税的征收方面。除了授颉利发和派遣吐屯监统之外，突厥汗国还采取联姻方式巩固对昭武九姓国的统治，如把突厥公主嫁到昭武九姓诸国，《旧唐书·康国传》记：“隋炀帝时，其王（康国王）屈术支娶西突厥叶护可汗女，遂臣于西突厥。”康国王世失毕曾娶突厥达度（即达头）可汗之女为妻。

这种统治方式对西突厥汗国的游牧政权是有利的，在此期间，昭武诸国基本上没有爆发反抗西突厥汗国的大起义，相反，各国国王还利用西突厥势力，或加强自己在国内的统治，或获取更大的经济利益，如高昌国麴文泰“与西突厥欲谷设通和，遗其金帛，约有急相为表里”。在焉耆，“西突厥重臣屈利啜为其弟娶焉耆王女，由是相为唇齿”。以后，突厥人的监统方式被吸收到唐朝的羁縻统治之中。

---

① （唐）慧立、彦悰：《大慈恩寺三藏法师传》，第30页。

西突厥汗国对北方诸铁勒族和南方昭武国家的统治是建立在武力征服与武力威慑的基础之上的，强大的军事力量是国家政治统治和经济来源的保证。因此，突厥军队的主要职能是对外掠夺和征服。突厥人的掠夺和征服战争在中国史书上屡见不鲜，从时间上看，掠夺战争从542—744年的200多年中从未间断。这些战争有时候是相当残酷的，据《大唐西域记》记载，西突厥在征服屈支（龟兹）时，“王乃引构突厥，杀此城人，少长俱戮，略无噍类。城今荒芜，人烟断绝”。

突厥军队的体制脱胎于围猎制度，突厥的军事编制以部落组织为基础，把宗法关系与官兵关系结合起来。酋长与部众的关系是长官与士兵的关系，这种组织方式加强了士兵对官长的从属关系，加强了军队组织的强度。军队的构成是以骑兵为主，牧民就是骑兵，平时放牧，战时出征；部落、氏族酋长平时治民，战时领军参战。在突厥汗国内，突厥族的牧民并不多，大多数是臣属于突厥汗国的铁勒族，因此，突厥军队在实行本部兵民合一的同时，对属部实行征兵制。被征士兵也以部落为单位进行编制，各部由自己的部落酋长率领，总统于名为“设”的突厥官员。服兵役是突厥本部和属部牧民必须履行的义务，在突厥可汗征兵时，凡征集兵马和科税杂畜，皆刻木为数，并一金镞箭，用蜡封印，作为信符。各部接到信符，立即应征作战，战马、装备、给养皆由牧民自备。生产与军事相互结合，本部与属部紧密联系，使突厥军队具有较强的战斗力。

西突厥汗国军队的具体人数没有记载下来。在室点密征服西域诸国时期，他率领的兵有10万人。在达头时期，军队人数超过了东突厥大可汗沙钵略，史书记载，达头与东部大可汗相比是“兵强而位下”。达头在支持阿波与沙钵略作战时，一次借给阿波的兵有十多万。估计在达头时期，西突厥军队人数在30万以上，因为在597至598年西突厥与萨珊波斯的战争中，达头率30万军队打败了波斯军队。在统叶护时期，西突厥兵力仍有数十万。

突厥军队主要的装备是战马和兵器。据《唐会要》卷 73“诸蕃马印”记载：“突厥马技艺绝伦，筋骨合度，其能致远、田猎之用无比。”经考古证实，突厥时代阿尔泰马群基本体型与现代哈萨克马相似，属良种马。在阿尔泰山区出土了突厥时代的马镫和马衔，马衔是铁制的，成对，但不完全相称。衔有两环，环端穿孔系带。带扣由铁、铜或骨制成，扣里有活轴，使带可松可紧。据库莱墓葬群出土所见，马镫制作甚巧，环孔及楼板镂刻花纹，有的马镫还镶上草木纹银错。从马镫等马具遗物反映了突厥骑士的驭马能力和骑兵的战斗力。关于突厥军队使用的兵器，据《周书》记载有“弓矢、鸣镝、甲鞘、刀剑”。根据阿尔泰突厥墓葬及蒙古草原和南西伯利亚的突厥石人像的佩饰反映，突厥兵器有马刀、匕首、剑。在阿尔泰山南部出土的兵器还有长矛和马绊，其中铁矛的形制为长形銎管，矛尖成校形，以利戳甲，马绊即套马索，既是游牧人的牧具，又是一种武器，马绊在突厥人中的重要性可以从突厥法中反映出来，据突厥法规定，盗马绊者处以死刑。

与以往波斯帝国对中亚的统治一样，西突厥汗国对中亚的统治是建立在军事力量的基础之上；与波斯帝国不同的是，波斯帝国是以定居农耕为主要经济的帝国，而西突厥汗国是以游牧业为主的游牧汗国。基于这一点，西突厥汗国的统治者更加注重中亚东西方的商业贸易，他们积极支持中亚诸国对外贸易，以获取更多的赋税。不过，西突厥汗国对中亚诸国的赋税额没有像大流士那样被记载下来。

第四章

宗教与文化

突厥人以狼为崇拜的图腾，最初信仰萨满教，崇拜天神；6至7世纪时期，西突厥汗国统治中亚昭武国家以后，吸取了粟特居民的祆教、佛教、摩尼教和景教，开始了多种宗教信仰，尽管如此，萨满教崇拜在突厥人中长期存在。西突厥人吸收了土著居民的文化，创造了本族文字，留下了丰富的具有很高文学价值的碑文。与此同时，粟特居民在保持原有东伊朗文化的基础上，也开始接受突厥文化的影响。西突厥人统治时期，中亚的欧罗巴种印欧人开始与蒙古利亚种铁勒族人融合，到13世纪时，中亚地区居民基本上完成了突厥化的过程。

第一节　宗教

突厥人最初崇拜图腾，他们的图腾是狼。有关突厥族起源的传说都与狼有着联系。有传说认为，突厥本是匈奴的一支，后被邻国所灭，当时有一个10岁的小男孩，士兵见他年小，没忍心杀死他，便将他砍去双脚扔到荒草之中。后来，小孩被一只母狼养大，长大以后与母狼结合，母狼生下十男，十男长大后，各娶妻生子，各自为一姓，阿史那就是其中之一。另一种说法是，突厥原在匈奴之北，其部落首领有兄弟 17 人，其中一个叫伊质泥师都，为狼所生，“故牙门建狼头，示不忘本也”。

建国以前，突厥人主要信仰萨满教。突厥部阿史德氏族崇拜天神，阿史那氏族崇拜日神，两部世代联姻，形成敬天拜日的习俗。天神是主宰一切的神，人类的一切，包括土地、食物、牲畜、权力、寿命、战争、胜败，甚至妻子儿女等都是上天所赐。在突厥鲁尼文（Turk-Runic Script）碑铭中，《暾欲谷碑》记有“上天、女神（乌弥）及神圣地水必无疑助吾人（暗中）打击之”，“蒙天之佑”；《阙特勤碑》记有“承上天之志”，“因天赋以力”，“由天之意”，“然人生疏有不死，一至上天注定时限之时”；《毗伽可汗碑》记有“承上天下地之福”。据史载，突厥人祭天，“以五月中旬集他人水，拜祭天神”。由于崇拜太阳，突厥人崇尚东方，在祭示天神之时，突厥人朝着日出的东方朝拜，画有图腾的旗帜也插在东方，墓葬中也有崇尚东方的标识。

随着统治地区的扩大，突厥人与周边地区的交往频繁起来，此间，突厥人吸取了东、西方宗教信仰，西突厥汗国主要吸收了在河中地区昭武诸国流行的一些宗教。

6 世纪以前，中亚地区的宗教信仰已经呈现出多元色彩，主要有祆教（拜火教）、佛教、景教和摩尼教。在贵霜帝国统治时期，佛教在中亚地区盛行，贵霜帝国衰落以后，随着萨珊波斯王朝政治影响的扩大，祆教复兴。6 世纪以后，以康国为中心的粟特地区以信奉祆教为主，628 年访问河中地区的玄奘看到，佛教信仰已经衰落，只行拜火教。在康国，祆教地位很高，“王及百姓不信佛法，以事火为道，有寺两所，向无僧居，客僧投者，诸胡以火烧逐，不许停住”①。这种情况一直持续到 8 世纪中叶。经百年以后，在 726—727 年，慧超从印度归国途中，在中亚见到安、曹、史、石、米、康等六国并属大

① （唐）慧立、彦悰：《大慈恩寺三藏法师传》，第 30 页。

寔（食）所管，但总事火祆，不识佛法。

祆教的主导地位还从祆祠在国家中的地位反映出来。7 世纪上半叶，阿拉伯人虽然已经开始入侵中亚地区，然而，伊斯兰教的萨里亚法在中亚没有实施。康国有自己的法律，称之为胡律：“（康国）有胡律，置于祆祠，决罚则取而断之。”胡律对居民的世俗生活起了一定的规范作用。蔡鸿生先生认为，胡律置于祆祠，“标志着康国政、教两大势力的结合”①，反映了祆教的正统性及胡律的神圣性，通过律法神授，祆祠本身兼有立法及审判机构的部分功能，是国家司法权的中心。

祆教信仰在河中地区的盛行还可以从粟特人使用祆教历中反映出来。祆教历将全年分为 365 天，12 月，每月取一神名，如 8 月（水神）、9 月（火神）、12 月（土地女神）。每月 30 天，余 5 天置闰。因未能尽合天行，一年差了 6 小时，4 年则差 1 天，因此，每 4 年岁首提前 1 天。故中国史书对粟特岁首记载不一②，杜环的《经行记》记“其俗汉五月为岁首”，韦节的《西蕃记》说“以六月一日为岁首”，《新唐书》则云“以十二月为岁首”。虽有祆教历，但粟特诸国的本国历也在使用，特别是在一些文书中，如穆格山文书有订于“突昏王十年”的婚约，有订于“片治城主俟斤啜毗伽十五年”的买地契约。

西突厥汗国统治昭武九姓诸国之后，原来信仰萨满教的突厥人吸收了祆教，开始拜火。598 年，达头可汗在致东罗马皇帝摩里斯的信中说：“突厥崇拜火，尊敬空气和水，颂扬大地，但仅奉天地唯一造物主为神，用马、牛、羊祭祀它，并有祭司预言未来之事。”据《大慈恩寺三藏法师传》记载：“突厥事火不施床，以木含火，故敬而不居，但地敷重茵而已。”③

在西突厥汗国统治期间，粟特地区的祆教出现了一些与波斯萨

---

① 蔡鸿生：《唐代九姓胡与突厥文化》，第 9 页。

② 薛宗正：《唐代粟特人的东迁及其社会生活》，《新疆大学学报》1997 年第 25 卷第 4 期。

③（唐）慧立、彦悰：《大慈恩寺三藏法师传》，第 28 页。

珊帝国祆教不同的地方，河中地区的祆教吸收了突厥游牧民的一些因素，糅合了自然崇拜，这一点可以从片治肯特遗址的发掘研究中反映出来。在片治肯特宫殿遗址上发现了一幅男、女神像的壁画：男、女神像的宝座置于椭圆形的地毯上，在男神的膝盖上放着一个象征太阳的黄色圆饼，饼上有狮面雕像，女神膝上放着一个象征月亮的蓝色圆物。苏联学者加富罗夫则认为："根据现在发现的某些宗教仪式用具和壁画，可以断定粟特人的拜火教和当时伊朗萨珊（桑）王朝典型的拜火教有很大差别。粟特拜火教的特点是它保留了当地古代祭祀的部分（包括祭祀祖先和天体——太阳与月亮）。"①

此外，在中亚地区的祆教仪式中也糅入了突厥人萨满教的一些做法。如曹国崇拜得悉神，据《隋书》记载，曹国"国中有得悉神，自西海以东诸国并敬事之，其神有金人焉。……每日以驼五头、马十匹、羊一百口祭之，常有千人食之不尽"。以马、羊祭神是游牧民萨满教的祭神方式。据《新唐书》记载，史国"城有神祠，每祭必千羊，用兵类先祷乃行"，这些祭拜也有萨满教的遗迹。随着粟特人东移，他们在中国中原地区的祆教仪式也有突厥人萨满教的成分，如"河南府立德坊及南市西坊皆有胡祆神庙，每岁商胡祈福，烹猪羊，琵琶鼓笛，酣歌醉舞。酹神之后，募一胡为祆主，看者施钱并与之。其祆主取一横刀，利同霜雪，吹毛不过，以刀刺腹，刃出于背，仍乱扰肠肚流血。食顷，喷水咒之，平复如故。此盖西域之幻法也"②。

佛教一度在中亚地区盛行。贵霜王朝时期，佛教兴盛，巴尔赫城一度成为兴都库什山以北地区的佛教中心，有"小王舍城"之称。7世纪中叶，帕米尔高原上还出现了有相当重要影响的佛教文化中心。据《大唐西域记》记载，当时的揭盘陀国国王是位纯厚质朴、仪容安详、笃志好学、敬重三宝的虔诚佛教徒。国人"知淳信，敬崇佛法。伽蓝十余所，僧徒五百余人，习学小乘教说一切有部"。西

---

① 〔苏联〕加富罗夫：《中亚塔吉克史》，第121页。

② （唐）张鷟：《朝野佥载》，中华书局1979年版，第64—65页。

突厥汗国统治时期，佛教信仰在中亚河中地区处于衰落状态，玄奘访问河中地区时曾劝康国国王接受佛教。[①]在布哈拉，佛教信仰可能很早，据说“布哈拉”之名是梵文“寺庙”之意，不过，玄奘到来之时，布哈拉城的佛教可能衰落了，据中国文献记，布哈拉城城主在玄奘的劝说下，放弃袄教改宗佛教，当时布哈拉城有了佛教徒。半个世纪以后，在阿拉伯人征服之时，安国的佛教寺院规模宏大，佛像饰以金宝，阿拉伯人攻入沛肯城之时，毁银质佛像重达 4000 迪尔汗（Dirham）[②]，在佛眼中挖出鸽蛋大小的珍珠两颗。可见，这一时期，粟特地区的佛教香火仍然继续。

佛教在西突厥汗国内经历了曲折的过程。西突厥汗国统治者在吸收佛教之时，采取实用主义的态度。西突厥人统治之初，“彼土不识众僧”，达头可汗对境内佛僧“增人防卫，不给粮食，又不许出拾掇薪菜，但令饿死”。后来听说“此佛弟子也。……所行之处，能令羊马滋多”，达头“欢喜，日给羊四口，以充恒食”。在射匮可汗、统叶护可汗时期，西突厥统治者开始保护和优礼佛教。7 世纪初期，玄奘取经途经碎叶城时，受到统叶护可汗的上宾待遇。“法师去帐三十余步，可汗出帐拜迎，传语慰问讫，入座。……可汗共诸臣使人饮，别索蒲萄浆奉法师。”[③]而在此之后，发生了其子肆叶护可汗企图掠夺缚喝国珍宝之事，“倾其部落，率其戎旅，奄袭伽蓝，欲图珍宝”[④]。在玄奘的游记中，记录了肆叶护率部掠夺之后的情况，书中说，肆叶护“夜梦见毘沙门天曰，汝有何力敢坏伽蓝，因以长戟贯彻胸背，可汗惊悟便苦心痛，遂告群属所梦咎征，驰请众僧方申忏谢，未及返命已从殒殁”。

在阿姆河以南的吐火罗斯坦，佛教信仰仍然兴盛。在玄奘访问之时，在吐火罗斯坦边界的揭职国还有“伽蓝十余所，僧徒三百余

① （唐）慧立、彦悰：《大慈恩寺三藏法师传》，第 30 页。

② 钱币名，参见 Narshakhī, *The History of Bukhara*, p.134。

③ （唐）慧立、彦悰：《大慈恩寺三藏法师传》，第 28 页。

④ 季羡林等校注：《大唐西域记校注》，第 117 页。

人，并学小乘教说一切有部”。来到吐火罗斯坦诸国监国的西突厥人都皈依了佛教，并大力提倡。在《往五天竺国传》一书中，慧超对此有较详尽的记载，如在建驮罗国，“此王虽是突厥，甚敬信三宝，王、王妃、王子、首领等，各各造寺，供养三宝。此王每年两回设无遮大斋，但是缘身所受用之物、妻及象、马等，并皆舍施，唯妻及象，令僧断价，王还自赎，自余驼、马、金、银、衣物、家具，听僧货卖，自分利养，此王不同余已北突厥也。儿女亦然，各各造寺，设斋舍施”①。

6至7世纪，在中亚地区流行的还有摩尼教。摩尼教徒不仅居粟特和花剌子模的诸城市中，还越过锡尔河到达了楚河一带。在西突厥汗国被唐朝灭亡后，摩尼教传教士拂多延持其经典《二宗经》到中国。8世纪末，摩尼教徒受到阿拉伯人的打击，到10世纪初期，撒马尔罕仅存500多摩尼教徒。②

5世纪时传入中亚地区的景教在哌哒汗国统治时期兴盛起来。6世纪末，东罗马帝国协助波斯王镇压叛乱之时，曾俘虏过额上刺有十字的突厥人。由此推之，大致在6世纪中叶，西突厥人中已有信仰基督教者。③不过，景教在河中地区的兴盛应该在西突厥人统治的7世纪上半叶。在今撒马尔罕出土了有十字架和其他基督教符号装饰的盛骨瓮，在片治肯特发现了刻有《圣经·诗篇》的陶片，在塔什干出土了刻有十字架的硬币，而在碎叶城甚至发现了景教教堂遗址。在西突厥汗国统治时期，景教传入中国内地，在景教东传的过程中，西突厥人起到了媒介作用。

西突厥人虽然先后受到了祆教、佛教、摩尼教和景教的影响，但是，大多数西突厥部落可能仍奉行萨满教。

---

① （唐）慧超著，张毅笺释：《往五天竺国传笺释》，中华书局1994年版，第78页。

② 〔德〕弗鲁吉尔：《摩尼及其教义和著作》，转自〔日〕羽田亨：《西域文化史》，新疆人民出版社1981年版，第59页。

③ 〔法〕沙畹：《西突厥史料》，第219页。

第二节 文化

在游牧民族中，突厥人的文化程度是比较高的。按现代语言学的划分，突厥语族、蒙古语族和通古斯满语族是阿尔泰语系的三大语族。阿尔泰语系以今中、俄、哈、蒙交界的阿尔泰山为中心，流行于亚洲腹部的荒漠和草原地区，它与印欧语系、汉藏语系、乌拉尔语系、南亚语系等并列为九大语系。

从今天的考古发现来看，突厥是中国古代北方少数民族中第一个创造了自己文字的民族。从现存碑文看，突厥文是一种音节音素混合型文字，曾被突厥、回纥、黠戛斯等民族使用。这种文字由38—40个字母组成，其中23个是用西方的阿拉米字母拼写，其余来自突厥人使用的氏族或部落标志及一些表意符号。突厥文一般横书左行，也有横书右行的。这种文字因与古日耳曼人使用的鲁尼文相似，又被称为突厥鲁尼文。突厥鲁尼文真正形成并得到使用是7世纪后半叶以后的事，流行于西伯利亚、蒙古草原、叶尼塞河流域、中国西北部和中亚一带，这种文字遗存的文献极少，主要是在古老的突厥碑铭中。

在突厥人统治时期，中亚昭武九姓国居民继续使用粟特语，粟特语属于印欧语系东伊朗语方言。与突厥人相比，中亚粟特地区有着较深的文化传统，粟特语言和文字随粟特商人足迹流传甚广，20世纪80年代初，在印度河上游丝绸古道旁的石崖上发现了数以百计的粟特文题记；在天山北麓的昭苏地区，以及在蒙古草原和南西伯利亚的突厥石人及石碑上不断发现长篇粟特文铭文。西突厥人在文化上受到了粟特居民的熏陶。

西突厥人早期可能曾借用粟特文，据《周书》记载，突厥“其书字类胡”。最早的突厥碑铭《布古特碑》就是用粟特文写成。还有记载说，佗钵可汗派人向北齐要《净名经》、《涅磐经》、《华严经》

和《十诵律》等佛经文献，北齐皇帝让当时精通“四夷”语（少数民族语言）的刘世清把《涅磐经》翻译成突厥文，送给佗钵可汗。据学者们考证，此处的突厥文指粟特文。西突厥汗国统治中亚以后，至少在6世纪末，西突厥人的官方语言和文字正是粟特语、粟特文。西突厥人派往东罗马的使者是粟特人，给东罗马皇帝的信估计也是用粟特文写成。以后，突厥人以粟特文为中介，借用阿拉米字母，创造了自己的文字，即突厥鲁尼文。鄂尔浑碑铭中的一些词汇源自粟特语，如突厥文可敦（Xatun），粟特文的书写形式是 Xwatyn（xwaten）；统治者之妻在粟特语中书写为 xwat'yn；在8世纪的古突厥碑铭中统治者之妻可敦书写是 xatuniγ 和 xatun，如：ögüm Elbige xatuniγ（我母亲 Elbige 可敦），avinču xatun bolzun（让嫔妃变成可敦）。设（šad）是古老的突厥语官名，在8世纪刻写的古突厥碑铭中多次出现šad一词，如：tört yegirmi yašimqa, Tarduš bodun üze šad ertim（当我十四岁时成了 Tarduš 部落的设），它的粟特文拼写形式为 'γšyδ，它的波斯语和塞语形式分别为 šah, šao。又如突厥文中表示魔鬼、恶魔、妖怪之义的 šïmnu，在粟特文中拼写形式为 šmnw，古突厥文碑铭中是 šmnw，如：aniγ qilinčliγ šmnw（邪恶的魔鬼）。①

伊朗语言学家哥提欧（R. Gauthiot）认为，叶尼塞字母和鄂尔浑字母可能是源于粟特字母的更早形态，它比保存在最古老的粟特碑文（1世纪文本）中的字母还要早。但直到现在所发现的突厥碑文还没有早于7世纪的，因此，在未发现按时代更接近粟特文原型的其他突厥碑文以前，不可能科学地确定最早的突厥字母的起源和它的变化过程。

突厥人具有很高的文学修养，这一点从突厥碑文中可以反映出来。7—10世纪，突厥人在漠北竖起多座石碑，这些石碑记录了突厥人建国的历史和突厥历史上重要人物的功绩，其中，著名的有《阙

---

① 阿布里克木•亚森、阿地力•哈斯木：《突厥语大词典等文献中的粟特语借词》，《西域研究》2006年第3期。

特勤碑》、《毗伽可汗碑》、《暾欲谷碑》。1889 年，在今鄂尔浑河畔发现的立于 732 年的突厥文《阙特勤碑》和立于 735 年的《毗伽可汗碑》，两碑俱在今蒙古国后杭爱省的和硕柴达木（Hoshoo Tsaydam），彼此相距约 1 公里，为大理石制成，两碑分别记述后突厥汗国的建立者阿史那骨咄禄的长子毗伽可汗和次子阙特勤的生平事迹和功绩。突厥人用散文书写碑文，文字优美，语句流畅，辞藻华丽，时有对偶句出现，表现了一定的文学修养。如《阙特勤碑》东面 1—3 行的行文："当上方蓝天、下方褐土初创之时，人类亦在二者之间生成。在众人之上，我的祖先土门可汗与室点密可汗成为君主。他们成为君主之后，便组织和治理着突厥人的国家与体制。天下四方之人均对他们怀有敌意。他们率军远征，讨伐了天下四方的所有民族，从而征服之。他们使高傲的敌人俯首，强大的敌人屈膝。他们令突厥人向东移居到卡迪尔汗山林，向西则远至铁门关。他们治理着这两地之间从无部落组织的蓝突厥人。贤明的可汗即是他们，英勇的可汗即是他们。他们的诸梅录确实也是贤明和英勇的。伯克们与普通民众都循规蹈矩。出于这一原因，他们得以将国家置于控制之下，他们建立了国家的统治与法规。"①

除了文学成就外，突厥人留下的雕刻也反映了他们的艺术水平。在中国内蒙古北部草原、新疆地区，以及今蒙古国、俄罗斯西伯利亚都发现了突厥人的石雕。其中，最常见的是石人，有的刻得很简单，用一天然石条刻出眉、眼、鼻、嘴，稍加工以显出头部；有的刻得很精致，还刻着石人握剑端杯的形象。

突厥人的物质文化是典型的游牧文化："穹庐毡帐，食肉饮酪，被发左衽。"西突厥人的服饰、饮食和居住环境都反映了游牧民族的特征。突厥人的衣服朝左开，"被发左衽"。衣服面料用的是毛、皮等畜产品，用它们制成毡、褐、裘等。据《大慈恩寺三藏法师传》记载，统叶护戎马甚盛，"身着绿绫袍，露发，以一丈许帛练，

---

① 芮传明：《古突厥碑铭研究》，上海古籍出版社 1998 年版，第 219—220 页。

裹额后垂。达官二百余人，皆锦袍辫发，围绕左右。自余军众，皆裘毼毳毛，槊纛端弓，驼马之骑，极目不知其表”。西突厥人的饮食主要是牧养的牲畜肉，多为羊肉，统叶护在帐中招待外国使者时“皆烹鲜羔犊之质，盈积于前”。突厥人最好的饮料是牲畜的奶，其中马奶酿的酒为最佳饮料，《隋书》记：“饮马酪为酒取醉。”据《大慈恩寺三藏法师传》记载，西突厥人住的是毡帐。“（统叶护可汗）居一大帐，帐以金花装之，烂眩人目。……虽穹庐之君，亦为尊美矣。”

突厥人的婚俗文化与乌孙牧民一样，实行收继婚制度。妇女在其丈夫死后，必须转嫁给亡夫的兄弟或子、侄、甥等，而亡夫的兄弟或子、侄、甥也有娶其为妻的权利和义务。据《周书·突厥传》记载：“父（兄）伯叔死者，子弟及侄等妻其后母、世叔母及嫂。”突厥人收继婚的例子很多，最典型的是义成公主。她先后嫁给了启民可汗、启民之子始毕可汗、始毕之弟处罗可汗、处罗之弟颉利可汗。这一婚例证明突厥人实行长辈收继婚和平辈收继婚。在西突厥汗国中也有收继婚的例子，如统叶护可汗的长子呾度设死后，“前儿特勤篡立为设，仍妻后母”。

突厥人的葬俗是火葬，死者生前所乘之马和服饰与尸体一同焚化。春、夏死者，待秋时葬；秋、冬死者，待春季葬。突厥人的葬礼十分隆重，各地亲友前来会祭。文献对葬礼中的剺面习俗记载详细：死者集尸于帐内，子孙及亲属们杀羊马祭奠，并走马绕帐七周，其中一人至帐门前用刀割破自己的脸，血泪交流，连续七次。葬毕，在墓前立石树标，依平生杀人之数，杀一人立一石，并以供祭的羊、马头挂于石标上，石上刻有死者相貌及生前所经过的战争场面。

在西突厥人统治时期，中亚河中地区保持原有的粟特文化，这一点从中国史书和《大唐西域记》一书的记载中反映出来。对中亚居民的服饰，玄奘记载说：“吉乃素服，凶则皂衣。”表明粟特人以白色为吉祥，黑色为丧服。对此，8 世纪的慧琳在他的《一切经音义》卷21中也记载说，“西域俗人，皆着白色衣”。据玄奘的记载，中亚服式的特征是紧身窄袖，“裳眼褊急”和“胡衫双袖小”。从片治肯特壁画看，服系腰带，腰带很讲究，往往以各种珠宝装饰，上佩刀剑。头戴尖顶虚帽，一些帽子有檐，曰卷檐虚帽，用以遮阳。脚穿长筒皮靴。

据《魏书》记载，粟特男人采取波斯剪发发式，“康国丈夫剪发”，慧超的《往五天竺国传》亦云“此中胡国并剪发”。《新唐书·康国传》记，女子盘髻，盘髻由辫子盘梳而成。少女梳辫，片治肯特壁画中少女梳五辫，左右各二，脑后一。康国妇女还有以油美发的习俗，杜环的《经行记》记她们“以香油涂发”。

粟特人的饮食习惯是以麦面和羊肉为主食，慧琳的《一切经音义》云：“胡食者，即铧锣、烧饼、胡饼、搭纳等事。”铧锣是一种大米加羊肉、葡萄干混合制成的油焖饭。烧饼、胡饼即今日维吾尔族食用的馕。[1]

从一些文书所反映的九姓胡婚姻规范推知，昭武诸国有简单的婚姻法。在出土的穆格山文书中，N3和N4是订于康国王突昏十年的婚约，正文和附件分别在两个皮张上双面书写，共90行，一式两份，现存文书为女方持有的副本。从文书上看，缔约地点在律堂，有五名证人在场。正文除规定夫妻各应承担的责任外，还另立两项引人注目的条款：N3背面第16—18行规定，非经嫡妻同意，丈夫不得另置偏房或姘居；正面第22行和背面第2—9行谈及离婚细节，明确区分妻弃夫和夫休妻两种法律责任，同时承认赔偿之后，夫另娶和妻再嫁的合法性。附件则规定新郎对新娘监护人（岳父）所应承担的义务。这份婚约的译释者里夫什茨认为：“粟特文的婚约表明，在阿拉伯征服前，粟特存在过多妻制，而且起码有三种结合形式，即正室（嫡配）、偏房和姘居。”[2]

---

① 蔡鸿生：《唐代九姓胡与突厥文化》，第28—31页。

② 同上书，第23页。

粟特历法的重要特点是使用祆历的同时，发明了七曜制，七曜指日、月、火星、水星、木星、金星、土星，合为一个周期，又称星期，至今世界通行。中亚的节日很多，重要的有岁首之节。据汉籍记载，岁首之时，举国欢庆七天，此时，人们穿上新衣，聚会，举行赛马和比箭等竞技活动。据韦节《西蕃记》云："康国人……以六月一日为岁首，至此日，王及人庶并服新衣，翦发须。在国城东林下七日马射，至欲罢日，置一金钱于帖上，射中者则得一日为王。"①

除了岁首之节外，中亚居民还有祭祖节。据《隋书》记载，康国"国立祖庙，以六月祭之，诸国皆来助祭"。诸国的助祭是借祭祖之节，加强交流。据阿里·比鲁尼（Al-Biruni，973—1048）记，六月的第二和第十五日都有节庆，并集市交易，"诸国商人会聚于此，举行庙会，持续七天"②。如果此处所记就是康国的祭祖节的话，那么，助祭也是各国商人们前来贸易的时机。

中国史籍留下了对中亚绘画、音乐、舞蹈等方面的记载。据这些史书记载，在6至8世纪，中亚地区的绘画、音乐、舞蹈都处于世界领先水平。在成书于847年（大中元年）的中国第一部绘画通史著作《历代名画记》中，张彦远高度赞扬了中亚的绘画，特别提到了北齐时期的粟特画家曹仲达的"湿衣贴体"的画风。这种画风在片治肯特的大幅宏伟壁画中也反映出来。片治肯特壁画可以代表这一时期中亚的绘画水平，在贵族宅邸和祆教神庙的遗迹中保存了许多壁画，其年代均属于7至8世纪，大幅壁画长达15米。壁画题材有宗教、神话传说、贵族与武士宴饮、仕女、天魔、神怪等。在箜篌图中，人物形象生动逼真。大壁画6区41室是7世纪的作品，描绘的是英雄鲁斯达姆的形象，6区1室有一些战争场面的壁画也是7世纪中叶至8世纪初的作品。

---

① （唐）杜佑：《通典》，第1039页。

② Al-Biruni, *The Chronology of Ancient Nations*, London, 1879, p.234.

粟特人爱好音乐舞蹈，据韦节的《西蕃记》记载："康国人……其人好音声。"[①]康国乐、安国乐名闻天下。据《文献通考》记载："其乐器有大鼓、小鼓、琵琶、五弦、箜篌、笛。"[②]在这一时期，中亚舞蹈形成了自己的风格，其中胡旋舞、柘枝舞和胡腾舞最为有名。胡旋舞以旋转快速，动作刚劲著称，白居易的长诗《胡旋舞》，使胡旋女的姿态神情跃然纸上："胡旋女，胡旋女，心应弦，手应鼓。弦鼓一声双袖举，回雪飘摇转蓬舞。左旋右转不知疲，千匝万周无已时。人间物类无可比，奔车轮缓旋风迟。"据《新唐书》记载，当时康国、史国、米国等，都向唐朝贡献胡旋女，然而，以康国人最擅长，唐有"胡旋女，出康居（即撒马尔罕）"之说。胡旋舞传到中原，成为唐代盛行的舞蹈之一。柘枝舞最初为女子独舞，身着民族服装，足穿锦靴，以鼓伴奏，舞者在鼓声中出场。舞姿变化丰富，既刚健明快，又婀娜俏丽。后来为双人舞，名《双柘枝》。石国人擅长柘枝舞，是他们将柘枝舞传入中原内地。胡腾舞是男性舞，其特点雄健迅急、刚毅奔放，又柔软潇洒、诙谐有趣。舞者以急促敏捷、腾踏跳跃的步伐，撼头弄目，情感浓烈，伴奏有横笛、琵琶、铜钹等响亮而富有气势的乐器，以高音为主，与舞蹈的气氛风格一致。李端《胡腾儿》的诗曰："扬眉动目踏花毡，红汗交流珠帽偏，醉却东倾又西倒，双靴柔弱满灯前，环行急蹴皆应节，反手叉腰如却月。"胡腾舞流行于北朝至唐代，当时深得中原贵族赏识，风靡一时。

在西突厥人统治时期，粟特文化在保持原有文化的基础上，在某些方面开始接受突厥人的影响，同时，粟特文化也使西突厥社会和文化迅速发生了变化。这种情况清代学者王国维总结说："且西域人民（此处指粟特居民）以国居东西之冲，数被侵略，……希腊来则臣希腊，大夏、月氏来则臣大夏、月氏，哌哒来则臣哌哒，九姓

---

① （唐）杜佑：《通典》，第1039页。

② （元）马端临：《文献通考》卷142，中华书局1991年版。

昭武来则臣九姓昭武，突厥来则臣突厥，大食来则臣大食。虽屡易其主，而人民之营其生活也如故。当时统治者与被治者间，言语风俗，固自不同，而统治一级，人数极少，或武力虽优而文化较劣，狎居既久，往往与被统治者相融合，故此土之言语风俗，非统治者之言语风俗，实被统治者之言语风俗也。"[①]

① 王国维：《西胡考》和《西胡续考》，见《观堂集林》（上），第388页。

第五章

西突厥与周边国家的关系

统治中亚的西突厥人独立地与周边国家发生了交往。在东方，西突厥人与中原的北周、北齐、隋、唐王朝保持了友好交往，并承认了唐朝宗主国的地位；在西方，西突厥人短暂地与萨珊波斯联盟，以后，由于经济利益的冲突，双方基本上处于敌对状况，发生过多次战争；为了寻求反萨珊波斯的军事同盟，西突厥人注意发展与东罗马帝国的关系。在西突厥人与中原诸王朝的关系中，中原诸王朝起着主导作用；在西突厥人与萨珊波斯和东罗马帝国的关系中，西突厥人处于主动地位。

第一节　西突厥人与中原诸王朝的关系

西突厥人与中原诸王朝之间的关系，时而战争，时而和平，时而臣服，时而独立。不过，从发展趋势来看，西突厥人逐步向中原王朝靠拢，最终承认了唐朝的宗主国地位。在这一历史发展过程中，628 年西突厥汗统叶护去世是质变点，本文以此为界，将双方的关系划分为前、后两个阶段。

542年，突厥人寇掠西魏王朝边境之地，拉开了突厥人与中原诸王朝关系的序幕。这次寇掠失败以后，突厥人开始到西魏王朝的边境市缯絮，双方开始了使节互访，甚至发生了联姻。这些交往对突厥汗国的建立有着巨大作用，增强了突厥人反抗柔然奴役的信心。此后，西魏王朝又支持突厥汗国灭吐谷浑政权，不仅让突厥军队从西魏领地通过，而且还派史宁将军协助，最终以史宁之计破了吐谷浑。此役确立了突厥人在西域南道的霸权，为其西进铺平了道路。557年，北周取代西魏，突厥与北周继续保持友好交往，不仅与北周王室联姻，而且两次助周伐齐。

从《隋书》的一些记载中可以了解西突厥人与北周王朝的来往。《隋书·杨素传》记，室点密统治时期，"武帝保定元年（561）五月，戊辰，突厥、龟兹并遣使献方物"。《隋书·西突厥传》记："天和二年（567）五月，壬申，突厥，吐谷浑，安息并遣使献方物。"龟兹、吐谷浑、安息都在北周之西，与之一起进贡的突厥人应该是西突厥人。

达头统治期间（576—603），东、西突厥分裂，西突厥汗国经达头、泥利、处罗、射匮几位可汗的统治，国力逐渐强盛起来，到统叶护时期（618—628），西突厥汗国达到全盛。与此相反，在576年至628年的半个多世纪中，中原王朝更迭、国家动荡，为了巩固统治，中原诸王朝的统治者或借用突厥势力以自强，或分裂突厥力量以削弱之。

达头在继位初期（576—582），参与了东部大可汗佗钵和沙钵略对中原王朝的寇掠。578年，他追随沙钵略大可汗进犯中原[①]，据《隋书》记载："达头前攻酒泉，于阗、波斯、挹坦三国一时既叛。"在581至582年间，达头再次跟随沙钵略可汗进犯隋朝，据《隋书》记载："开皇二年（582）摄图（沙钵略）四十万骑自兰州入，至于周

① 据岑仲勉先生考证，此事发生于578年，参见岑仲勉：《西突厥史料补阙及考证》，第113—114页。

盘。破达奚长儒军，更欲南入。玷厥不从，引兵而去。”达头中道撤军的行为与隋朝分裂突厥汗国的活动有关。在了解到达头在突厥汗国内处于“兵强而位下”的情况下，长孙晟认为只要鼓动其情，必将自战，隋文帝采纳了这一提议。581年，隋文帝遣太仆元晖为使者出伊吾道至达头可汗处，向达头赐予狼头纛，表示钦敬，礼数甚优。在达头的回访之使者到隋朝廷之时，隋文帝故意将其引居沙钵略可汗使者之上。此举达到了目的，达头在582年的入侵战争中退出了战争。

此后三年间（582—585），达头与隋朝保持了友好的交往，《隋书·长孙晟传》记，长孙晟曾对东突厥小可汗阿波的使者说：“今达头与隋连和，而摄图（指沙钵略可汗）不能制。可汗何不依附天子，连结达头，相合为强，此万全之计。”另有一则记载说，在584年，“突厥可汗阿史那玷（指达头）率其属来降”[①]。在80多卷的《隋书》中仅此一处提到达头来降一事，因此，司马光在《资治通鉴》中将《隋书》的记载改为“突厥达头可汗请降于隋”，胡三省在注中解释说：“按时玷厥方强，盖文降耳。”[②]无论此事是否属实，达头在此时期与隋朝有着友好关系是可以肯定的。

585年，达头开始了统一突厥汗国的战争。在这种形势下，隋朝转而支持东突厥沙钵略可汗，以抵抗达头的兼并战争。《隋书·虞庆则传》记，隋文帝对将出使东突厥汗国的虞庆则说：“我欲存立突厥（指东突厥），彼送公马，但取五三匹。”在585—587年中，隋朝一直支持东突厥人抵御达头的兼并战争，达头在无结果的情况下返回西突厥，开始对付入侵中亚南部领土的萨珊波斯军队。中国史书在587—594年间，对达头的活动没有任何记载。[③]

达头的活动重新出现在中国史书上是594年。在594—599年间，达头与东突厥都兰可汗发生数次战争，599年末，都兰被其部

① （唐）魏征等：《隋书》，第21页。

② （北宋）司马光主编：《资治通鉴》，第5473页。

③ 蓝琪：《试述西突厥汗国初期的几个问题》，《中亚研究》1988年第4期。

下杀死[1]，其部落大乱，达头自立为突厥汗国的最高可汗，称步迦可汗（600—603）。与此同时，达头发动了对隋朝的进攻。在598至603年，达头几乎年年入侵中原边境，隋朝曾以丝绢和黄金赐予他。603年，隋军以投毒方式毒死了达头的许多人马，然后乘机追击，大破达头。达头因西突厥内乱不得归，退往吐谷浑，其后不知所终。

处罗继任可汗以后，对西突厥汗国的统治并不巩固，隋朝黄门侍郎裴矩在了解这种情况以后，建议朝廷招抚处罗。608年，隋炀帝派遣司朝谒者崔君肃至西突厥慰谕，处罗受诏，遣使贡汗血马。“处罗受诏”可以视为西突厥可汗奉隋朝为宗主的行为，但是，这种关系没有以任何方式确定下来。就在西突厥内乱危机过去的第二年，处罗的态度就改变了。《隋书·西突厥传》记，609年，隋炀帝西巡，召处罗可汗会于大斗拔谷，处罗托故不至。裴矩上奏说：“处罗不朝，恃强大耳，臣请以计弱之。”此时，正逢西突厥酋长射匮遣使求婚，裴矩认为只要“厚礼其使，拜为大可汗，则突厥势分，两从我矣”。于是，隋炀帝会见射匮可汗的使者，谈了处罗不顺从之事，“称射匮有好心，吾将立为大可汗，令发兵诛处罗，然后当为婚也”。“射匮闻而大喜，兴兵袭处罗，处罗大败”，逃到隋朝廷避难，以后，处罗娶隋朝的信义公主为妻。

《隋书·裴矩传》记，射匮继任西突厥可汗期间（611—617），没有再向隋朝提婚，与隋朝的关系也不甚亲密，据史书记载，他在位时期向隋朝进贡一次，“属射匮可汗遣其犹子，率西蕃诸胡朝贡”。射匮在位时期，正值隋末乱世，史书对与西方诸国的往来可能有记载不全的情况，然而，据《隋书》记载，隋炀帝曾想扶持处罗可汗“复其故地”，由此观之，这位曾经在隋朝鼓励之下得以继位的射匮可汗与隋朝的关系并不融洽。

---

① 《隋书·长孙晟列传》和《北史·长孙晟列传》记，都兰可汗被杀的时间是开皇二十年（600），此处以《隋书·高祖纪》、《北史·高祖纪》及《资治通鉴》卷178中的记载，开皇十九年（599）十二月，突厥都兰可汗被部下所杀。

统叶护可汗是与唐朝关系最为密切的西突厥大汗。统叶护可汗继位之初，致力于国内建设，积极与中原王朝搞好关系。618年（唐武德元年），西突厥可汗遣使内附。此时正是唐朝初兴时期，由于隋末乱离，一些隋臣逃到东突厥汗国避难，东突厥一时强盛起来，势凌中夏。新兴的唐朝在北面和西面分别与强大的东、西突厥汗国为邻，并积极地与西突厥汗国搞好关系。据《旧唐书》、《新唐书》、《资治通鉴·唐纪》、《册府元龟》等史书的粗略统计，记载较详细者多达40余次。①

619年秋，统叶护可汗向唐朝遣使入贡，第二年又贡条支巨卵。《旧唐书·西突厥传》记："时北突厥（东突厥）作患，高祖恩加抚结，与之并力以图北蕃，统叶护许以五年（622）冬，大军将发……"而东突厥可汗颉利"闻之大惧，复与统叶护通和，无相征伐"。因此，唐朝与西突厥联合攻打东突厥之事始终没有成功。两年之后，统叶护向唐朝求婚，唐高祖问众臣说："西突厥去我悬远，急疾不相得力，今请婚，其计安在？"唐臣封德彝认为："当今之务，莫若远交而近攻，正可权许其婚，以威北狄，待数年后，中国盛全，余思其宜。"625年夏，唐高祖派侄高平王李道立至西突厥表示允婚。在唐朝联合西突厥以抗东突厥的外交政策下，西突厥汗国与唐朝一直保持着友好往来，贸易也达到了前所未有的水平，西突厥人在此时期内向唐朝派出的使者达15次之多。②

统叶护可汗在位期间，西突厥除了"遣使内附"，贡献"条支巨卵"、"师子皮"、"名马"之外，还热情地款待过唐朝高僧玄奘。统叶护在伊塞克湖西北的碎叶城接见玄奘时，热情之至，临走，还派懂汉语者与之同行，并让中亚各地官员护送玄奘去印度。

628年，统叶护被杀，内乱再起，西突厥走向衰落；而唐朝正在走向强盛，并于630年灭东突厥，消除了北方一大患。随着双方力

① 李大龙：《唐朝与西突厥互使述论》，《民族研究》1995年第5期。

② 根据《册府元龟》卷970和《旧唐书·西突厥传》的统计。

量的变化，西突厥摄于唐朝的威力，最终承认了唐朝的宗主国地位。西突厥汗国与唐朝的臣属关系可以从以下几方面反映出来。

第一，唐朝与西突厥正式确定了册封关系，西突厥可汗的继位要得到唐朝的认可和册封。在628年以前，隋朝对达头“赐以狼头纛”，“处罗可汗跪受诏书”，以及隋朝答应拜射匮可汗为大可汗，这些行为可以视为西突厥与隋朝之间存在着某种程度的臣属关系，但正式册封西突厥可汗的事是没有的。唐朝与西突厥正式确定册封关系是在633年，受册封者是泥孰。泥孰在武德（618—626）年间，曾到过长安，并与李世民结为盟兄弟。632年，泥孰被推举为西突厥可汗，遣使到唐朝表示内附。第二年，唐太宗派鸿胪少卿刘善因到西突厥，册封泥孰为奚利邲咄陆可汗。此后，西突厥汗国大可汗的继位几乎都得到了唐朝的册封，沙钵罗咥利失可汗因承袭其兄泥孰汗位，唐朝没有派使者册封。乙毗咄陆可汗曾遣使请求唐朝册封，唐朝因他为其部自立的可汗，未给予册封，而对乙毗沙钵罗叶护可汗进行了册封，641年秋，唐太宗命左领军将军张大师往授玺书，册立，并赐给鼓纛。642年，乙毗沙钵罗叶护可汗被杀，弩失毕五部及乙毗咄陆属部屋利啜等部派代表到长安，请另立西突厥可汗。同年，唐太宗遣使册立前莫贺咄侯屈利俟毗可汗之子为乙毗射匮可汗。[①] 在唐灭西突厥汗国前夕，即655年夏，唐朝派丰州都督元礼臣前往西突厥册封颉苾达度设为可汗，元礼臣行至碎叶城受到贺鲁部众阻拦，未能抵达。唐朝对西突厥可汗的册封，标志着西突厥汗国与唐朝的臣属关系正式确立，为以后唐朝统治中亚地区奠定了基础。

第二，西突厥汗国东部属地逐渐成为唐朝的直接领地，唐朝在这些地区设置州府进行统治。就在唐灭东突厥的当年，西突厥属地伊吾（今新疆哈密）城主以所属七城内附唐朝，唐在此地置西伊州，632年又改为伊州。从此，伊吾的突厥部落脱离了西突厥汗国，伊州也成为唐朝经营西域的基地。634年，西突厥汗国分裂，五咄陆部

① （北宋）王溥：《唐会要》，第1694页。

与五弩失毕部各拥立可汗，互相攻战，唐朝利用时机，逐步取得天山南路诸国。640年，高昌国叛唐，并阻挠西域朝贡的使者，唐朝平定高昌国，以其地为西州，并在西州交河城（今新疆吐鲁番西交河古城址）置安西都护府，管理西域地区军政事务。644年，因焉耆国（今新疆焉耆西南）与西突厥汗国勾结，安西都护郭孝恪率兵3000人灭焉耆国，立亲唐的原焉耆王之弟栗婆准摄其国事，唐在此置焉耆都督府。648年，唐取龟兹而执其王，唐军进驻龟兹，将安西都护府从西州移至龟兹国都城（今新疆库车），同时在龟兹、焉耆、于阗、疏勒四城修筑城堡，建置军镇，被称为“安西四镇”，安西四镇由安西都护兼统。安西都护府对唐朝政府抚慰西突厥，保护东西陆路交通，巩固唐朝在西北的边防，起到了十分重要的作用。在唐朝逐步收复西突厥属地的过程中，唐朝在天山南路的统治确立起来。657年，唐军平定贺鲁之乱后，西突厥全部领地及属地归唐朝统治。

第三，唐朝回应西突厥可汗求婚要求的态度强硬起来。在628年以前，向隋唐王朝求婚的西突厥可汗有射匮和统叶护。射匮向隋朝求婚之时还仅仅是部落首领，隋朝答应在他攻破处罗之后许婚。625年夏，统叶护可汗遣使向唐朝公主请婚，唐高祖允婚，此事因东突厥颉利可汗阻挠而未果。两次虽未能成婚，但从其中过程可以看出隋唐王朝对求婚者的态度是温和的，而且答应许婚。统叶护去世以后，唐朝对西突厥可汗的求婚，态度变得十分强硬，多数给予拒绝。《旧唐书·西突厥传》记，628年，在肆叶护和莫贺咄各向唐朝求婚时，唐太宗认为：“汝国扰乱，君臣未定，战争不息，何得言婚。”635年，沙钵罗咥利失可汗上表请婚，献马五百匹。朝廷唯厚加抚慰，未许其婚。646年，乙毗射匮可汗遣使朝贡，并请婚，“太宗许之，且使割龟兹、于阗、疏勒、朱俱波、葱岭五国以为聘礼”。唐朝对西突厥汗国的强硬态度反映出双方力量对比发生了根本的变化。

第四，唐朝改变了分裂西突厥汗国的政策。统叶护去世以后，西突厥走向分裂，不再对唐朝造成威胁，加之，唐灭东突厥以后，消除了北部边境上的压力，于是，唐朝一改以往中原王朝对突厥政权的分裂政策，积极促成西突厥分裂双方停兵休战。在统叶护伯父与统叶护之子对立期间，双方都派使者到唐朝寻求支持。唐太宗劝导说："讽令各保所部，无相征伐。"在乙毗沙钵罗叶护可汗与乙毗咄陆可汗并立之时，乙毗咄陆遣使唐朝，"太宗谕以敦促之道"。可见，唐太宗俨然以宗主身份在处理西突厥的政治分裂，而分裂各方也仰仗唐朝的威力以巩固自己在国内的统治。

651年，西突厥首领阿史那贺鲁叛变唐朝，拥众西走，在双河建牙，自称西突厥沙钵罗可汗。此后，贺鲁率众数十万入寇庭州。在此形势之下，657年，唐高宗发大军分南北两道攻贺鲁，打败贺鲁，灭了西突厥汗国，并接管了西突厥汗国统治的中亚地区，在这些地区置州府统治。

综上所述，西突厥汗国与中原王朝之间的关系基本上是友好的。这种关系的建立和维持是由西突厥汗国政治、经济因素所决定。西突厥与萨珊波斯敌对的局面直到7世纪30年代才得以和解，西突厥与东突厥的敌对关系直到唐灭东突厥汗国才结束。西突厥与中原诸王朝保持友好关系，在与波斯战争时，可避免腹背受敌；在与东突厥的冲突中，可以借助中原王朝力量以牵制之。

与隋唐王朝保持友好关系，有利于西突厥人统治其臣属国家和地区。西突厥汗国疆域虽然广大，然而，境内臣属诸国与汗国的关系十分松散。河中地区从汉代起就与中国发生了联系，其居民知道中国是一大国，幅员广大，物产丰富。中原王朝对西突厥汗国的态度决定了昭武九姓国对西突厥汗国的态度。据《旧唐书》记载，当唐朝拒绝了西突厥莫贺咄侯屈利俟毗可汗和乙毗钵罗肆叶护可汗的求婚之后，西域诸国及铁勒等役属于西突厥者悉叛之，国内虚耗。

西突厥汗国与中原诸王朝保持友好关系是本国经济利益的需要。西突厥是一个游牧汗国，西突厥人在控制了东、西方商路的中段以后，积极参与了东、西方贸易，其中，丝绸是贸易的主要商品，突厥人和中亚粟特商人带往西方的丝绸是通过向中原诸王朝朝贡和互市获得的。西突厥人与中原王朝的贸易方式有两种，一是朝贡，二是边境地区的互市。朝贡形式的交易是一种不等价的官方贸易，数额很大。一般而言，中原王朝为了维系与边境游牧民族的睦邻关系，以超出朝贡物价值很多倍的丝织品回赐。朝贡贸易在西突厥人中可能占有重要地位，西突厥汗国在处罗可汗到贺鲁反叛之前的四十多年中，派到中原王朝朝贡的使者有30多次，朝贡贸易的数额很大，西突厥可汗统叶护一次就献马5000匹，当然，回赐丝绸的数额也是很大的。尽管如此，在当时，这一贸易还是互利的，突厥需要唐朝的丝织品，唐朝也需要突厥的马匹。641年，太宗遣使诣西域封立叶护可汗时，又命使者多赍金帛，历诸国市良马。魏征谏曰："今发使以立可汗为名，可汗未定，即诣诸国市马，彼必以为意在市马，不为专立可汗。可汗得立，则不甚怀恩；不得立，则以为深怨。诸蕃闻之，必不重中国。马市既不可得，纵得马亦还路无从。但使彼国安宁，则诸国之马，不求自至矣。"①不难看出，唐朝对中亚马匹的需要情况。

互市也是西突厥人获得中国内地商品的重要途径。高昌国交河郡就是西突厥人互市的一个中心，西突厥汗庭最初就设在离交河郡不远的龟兹之北部。在交河郡的商行有皮毛行、饲草行、驼马行、鞍辔行。这些行业中出售的商品有皮毛行出售花羊（杂毛）、春白羊毛、皮裘等；饲草行经营饲草和薪柴，有新兴苇、苜蓿春茭、禾草等；驼马行出售突厥马、草马、波斯敦父驼、草驼、敦父驼等；鞍辔行经营乘马用具。这些商品是游牧产品，突厥人以它们换取丝织品或现钱，然后，购买自己的生活必需品或丝绸。

总之，西突厥汗国与中原王朝保持着友好交往，维护着丝路畅通。此外，西突厥汗国还积极鼓励臣属的昭武九姓诸国参与东、西方贸易。

---

① （清）董诰等：《全唐文》卷140《魏征（二）·谏遣使市马疏》。

第二节　昭武九姓国与隋唐王朝的关系

西突厥汗国统治时期，中亚地区与中国隋唐王朝的关系超过了以往，除了昭武九姓国派往隋唐王朝的使臣外，民间商旅的往来也空前频繁。

对于昭武九姓国使者的东来，隋唐史籍有许多记载。石国“(国王)甸职以大业五年(609)遣使朝贡”。615年春，毕国与安、曹、何、穆等国遣使朝贡。618—626年间，安国遣使入朝。626年，安国遣使献方物，太宗厚慰其使曰:“西突厥已降，商旅可行矣。”其中，昭武九姓国之首的康国是遣使隋唐王朝最多的国家。“武德十年(627)，始遣使来献。贞观五年(631)，遂请臣。……俄又遣使献师子兽，帝珍其远，命秘书监虞世南作赋。自是岁入贡，致金桃、银桃，诏令植苑中。”

唐朝对昭武九姓国的朝贡表示欢迎，但对他们内附的请求却不予支持。631年，康国请求“内附”，唐太宗说:“前代帝王，好招来绝域，以求服远之名，无益于用而糜弊百姓。今康国内附，傥有急难，于义不得不救。师行万里，岂不疲劳！劳百姓以取虚名，朕不为也。”[①]因此，昭武九姓国与唐朝之间的关系仍然仅限于不定期的朝贡而已，在7世纪中叶以前，双方未确立君臣关系，直到唐灭西突厥汗国以后，昭武九姓国才成为唐朝的属国。

西突厥汗国统治时期，昭武九姓国家与隋唐王朝在经济上的联系达到了前所未有的程度。粟特人很早就以贸迁有无的经商身份出现在历史舞台上，他们“善商贾，争分铢之利。男子年二十，即远之旁国，来适中夏，利之所在，无所不到”[②]。可知，粟特地区居民多

① (北宋)司马光主编:《资治通鉴》，第6091页(新、旧唐书等唐代史籍中无此条史料)。

② (后晋)沈昫等:《旧唐书》，第5310页。

以经商为业，且善于长途贸易。早在张骞通西域之前，在撒马尔罕和楼兰之间的古代商道上已有粟特商人的足迹，他们向东深入中国内地，向西远涉西亚、欧洲。

经商的粟特人带到中国内地的商品有：中亚出产的狮、马，金桃、银桃果类，以及青黛和葡萄酒等。唐初马匹缺乏，耕畜严重不足，“大唐接周隋乱离之后，承天下征战之弊，鸠括残烬，仅得牝牡三千”[①]。中亚素产良马，据《唐会要》记载：“康国马，……是大宛马种，形容极大。”仅在武德年间，康国就献马4000匹。[②]从中亚引进的优良马种在中国西北地区繁育，“以金帛市马于河东、朔方、陇右牧之。既杂胡种，马乃益壮”[③]。也就是在唐代，中国马种得到改良，“秦汉以来，唐马最盛”[④]。到唐德宗之时，唐朝的官马“犹是其种”。此外，中亚地区向唐朝上贡的还有果类。637年，康国所贡之金桃，银桃，被唐太宗“诏令植苑中”；647年，在康国所贡物品，金桃又被作为珍果载入贡品录，“康国献黄桃，大如鹅卵，其色黄金，亦呼为金桃”。以后，康国金桃成了唐代舶来品的代名词，美国作家谢弗对唐代舶来品的研究就以撒马尔罕的金桃为名。[⑤]除了本地产品外，粟特商人还带来了拂菻的大氍毹和狗，波斯的鍮石和越诺布，印度的郁金香和生石蜜。

粟特商人最中意的中国商品是丝绸，他们将中国丝绸转售到西方。由于西方的需求，中国丝织业开始为西方市场生产，在6世纪的丝织品上出现了具有西方图案的织锦。在同一时期内，中国的金银加工工艺也反映出萨珊波斯艺术的影响。这些都说明在西突厥汗国统治下的中亚，东、西方经济、文化的交流达到了前所未有的新阶段。

---

① （清）董诰等：《全唐文》，第1007页。

② （北宋）王溥：《唐会要》，第1306页。

③ 同上。

④ （北宋）欧阳修、宋祁：《新唐书》，第1338页。

⑤ Edward H. Schafer, *The Golden Peaches of Samarkand: A Study of Tang Exotics*, Berkeley: Los Angeles, University of California Press, 1963.

为了经商的便利和保障商队的安全，粟特商人在交通要冲之地设立了驼队棚舍和一些自我保护的组织，随着时间的推移，初期的匆匆过客变成了留居的侨民，而驼队棚舍的所在地也就相应地成了粟特侨民的聚落。[①]6至7世纪期间，在中国新疆、河西、中原地区出现了众多的粟特聚落，如隋末唐初，塔里木盆地南沿的且末城（唐之播仙镇）城民大多数是随粟特贵族何伏帝延迁居的粟特人，何伏帝延在唐太宗时期归顺唐朝，在唐高宗时被任命为且末城主。何伏帝延死后随葬于唐高宗乾陵，其石像刻有“播仙城主何伏帝延”。随康国大首领艳典东迁的粟特人在原鄯善镇废址上建立了石城镇（或作典合城、典谷城，今新疆若羌），据《沙州伊州地志》残卷记载，康艳典一行于贞观年间来到罗布泊地区，因成聚落，康艳典主持建造九座新城，隶属于沙州（今甘肃敦煌）管辖。石万年统治的伊吾七城也是粟特人的聚居之地，玄奘于628年前后抵达伊吾之时，见到了伊吾城城主“胡王”，630年，石万年率七城归降了唐朝。

定居在天山以南地区的一些粟特商人成为唐朝政府的编民，他们与汉族居民一样分到口分田，承担交租税、服徭役的义务，有的被编入军府，充当卫士，参加战斗，立功者受勋。在《唐神龙三年高昌县崇化乡点籍样》残文书中，记载了户主46人，其中属于粟特姓者24户：计康姓10户、安姓6户、曹姓4户、何姓2户、石姓2户；属于其他胡姓者4户：白姓2户、竹（竺）姓2户；汉姓只有18户。[②]

唐朝在丝绸之路沿线设置了一些行政机构，驻扎军队以维护主权和保障商旅的安全。这些机构的费用主要靠商税。据《新唐书》记载：“开元盛时，税西域商胡以供四镇，出北道者纳赋轮台。”“诏焉耆、龟兹、疏勒、于阗征西域贾，各食其征，由北道者轮台征之。”在吐鲁番出土的《唐开元二十年瓜州都督府给西州百姓游击将

① 张广达：《唐代六胡州等地的昭武九姓》，《北京大学学报》1986年第2期。

② 国家文物局古文献研究室等编：《吐鲁番出土文书》第7册，第468—482页。

军石染典过所》文献中，记载了石染典入沙州贸易的情况，石染典的货物须由市令勘验人畜名数，据此推测，勘验数量，可能是对石染典之货征收市税。在8世纪中叶，从事商业的粟特人已经占了相当的比重。据日本有邻馆藏《唐开元十六年庭州金满县牒》载，是年，金满县共管百姓、行客、兴胡1670人，收税总额为259650文，其中百姓税只有85650文，而行客和兴胡所纳税钱为174000文，是百姓税款的两倍多。[①]

随着经商与移民，粟特文化逐渐东渐，其中祆教和乐舞的影响较大。祆教在中国的传播和确立主要是由在丝绸之路上追逐利益的粟特人完成的。据陈垣先生考证，祆教传入中国是在516—519年间[②]，而祆教在中国盛行时期是隋朝和唐初。从敦煌的文书典籍中，我们得知在每一个粟特聚落中都有祆祠，祠内有萨宝府官主祠祆神。祆教在中国的传播过程中吸收了佛教等其他宗教的一些要义，形成了与中亚有所不同的宗教体系。

在经商过程中，粟特人将中亚或印度的音乐舞蹈带到了中国内地。隋初音乐“并用胡声”；唐朝在此基础上定十部乐，其中龟兹、疏勒、高昌、安国、康国、天竺几部是经商路传入西域或内地的。粟特音乐家在中国音乐史上占有一席之地，何国的何妥曾为隋朝正音律，出任国子监祭酒；康国琵琶高手康昆仑号称“长安第一手”；曹国的曹婆罗门、曹僧奴、曹明达祖孙三代皆擅长琵琶绝技，历仕西魏、北齐、隋三朝，其中曹明达还被北齐主封为郡王。粟特歌手与乐师在盛唐前后崭露头角，压倒了初唐的天宫伎乐，涌现出何满子、何戡等著名歌手。“何满子”一名以后成为曲名：“故国三千里，深宫二十年，一声何满子，双泪落君前。”可见《何满子》曲调悲怆凄凉。米国歌手米嘉荣长期占据歌坛，“三朝供奉米嘉荣，能变新声作旧声”。唐代大曲《霓裳羽衣舞曲》是由《婆罗门曲》改作而成，

---

① 〔日〕池田温：《中国古代籍帐研究》，东京大学东洋文化研究所1979年版，第354页。

② 陈垣：《火祆教入中国考》，见《陈垣学术论文集》第1集，中华书局1980年版，第306页。

白居易称赞它是“千歌万舞不可数，就中最爱霓裳舞”。

九姓胡音乐、舞蹈和戏曲的流行，在中国内地掀起了一股“胡化”风潮，终唐一代，历久不衰。唐玄宗以后，“胡化”更甚，诗人元稹描写道：“自从胡骑起烟尘，毛毳腥膻满咸洛。女为胡妇学胡妆，伎进胡音务胡乐。火凤声沉多咽绝，春莺啭罢长萧索。胡音胡骑与胡妆，五十年来竞纷泊。”

唐朝文化对中亚地区也发生了深刻的影响。在1965—1971年间，苏联学者对康国遗址上的阿弗拉西亚布（Afrasiab）宫廷遗址进行了系统发掘，在1号房屋的遗址中，发现了保存较完整的壁画。西壁主题为诸使献礼图，其中数人为唐装使臣，有一人手托织物三叠，一人手托丝。人物头戴唐初盛行的幞头，身着窄袖长身袍，系腰带，垂鞶囊，佩长刀，是典型的唐初官吏形象。北壁正中绘一河流，将画面分成了东西两部分，西侧为唐装仕女泛舟图，东侧为唐装骑士猎兽图。东壁残损过甚。南壁为支汗那人（即中国人）出行图，其线条勾勒与中国壁画相似。[①] 以上壁画年代被确定在7世纪末至8世纪初期的15年间，壁画反映了中亚与唐朝的文化联系。

此外，唐朝的音乐文化也传入中亚。在泽拉夫善河上游，距撒马尔罕70公里处的片治肯特VI号遗址42居室中发现了属于8世纪的壁画，其中有唐装女乐形象，在同遗址13号室发现了乐人手中所持的排箫，排箫起源于中国内地，它的发现表明在胡乐对唐朝音乐文化发生重大影响的同时，中亚音乐也吸取了中国音乐的成分。

往来于丝绸沿线的粟特商人将中国的一些商业制度传到中亚，这一点从粟特语“tym”一词反映出来。tym在粟特语中指“店铺、商栈”，据研究，该词是汉语“邸”或“店”的音译。在吐鲁番文书中有“取当县群牧、庄坞、底（邸）店及夷胡户”的记载，唐营州

① 《唐代文化史——对外文化交流编（一）》，http://paper.yvv.cn/paper/758/2008-04/272770_23.html，2010—11—04。

都督宋庆礼也曾“招集商胡，为立店肆”，可知“邸”或“店”是唐代的习称，而来源于这一称谓的 tym 在粟特语中一直沿用到 10 世纪以后。[①]

粟特人在经商过程中，将中国文化传入印度，其中，印度国王喜爱的《秦王破阵乐》就是显著的例子。此乐原是作战的军歌，唐太宗根据作战时队伍的进退、回护、突破、包抄等行动编制成舞，乐器以大鼓为主。据《旧唐书》记载，该曲粗犷雄浑，“声震百里，动荡山谷”。玄奘到中印度时，戒日王见到他就说：“摩诃支那国（意即伟大中国）有秦王天子，早怀远略，兴大慈悲，拯济含识，平定海内，风教遐被，德泽远洽，殊方异域，慕化称臣，民庶荷其亭育，咸歌《秦王破阵乐》。”[②]

由于粟特处于突厥政权与中原诸王朝之中，他们除了在东方古代社会的经济生活中扮演贸迁有无的商业民族的角色外，还在中原王朝与突厥政权之间扮演着政治和外交的角色。545 年，安国人安诺磐陀作为中原西魏王朝第一位出使突厥的使者。626 年，唐太宗与颉利可汗使臣密谈之时，只留安元寿（安兴贵之子，安修仁之侄）一人宿卫。据安元寿墓志记载：“突厥颉利可汗拥徒州万众，来寇便桥。太宗亲率精兵出讨，颉利遣使乞降，请屏左右，太宗独留将公一人于帐中自卫。”[③]630年，唐太宗遣鸿胪卿唐俭出使颉利可汗处，派安修仁为副使同行。[④]646 年，右领军中郎将安永寿（安修仁长子）被唐朝派往铁勒诸部。[⑤]突厥王朝和中原王朝甚至把一些重大的政治任务交给粟特人。隋末，颉利可汗派康国康鞘利以市马

---

① 《唐代文化史——对外文化交流编（一）》，http://paper.yvv.cn/paper/758/2008-04/272770_23.html，2010—11—04。

② 季羡林等校注：《大唐西域记校注》，第 436 页。

③ 昭陵博物馆：《唐安元寿夫妇墓发掘简报》，《文物》1988 年第 12 期。

④ （后晋）沈昫等：《旧唐书》，第 2479 页。

⑤ （北宋）司马光主编：《资治通鉴》，第 6239 页（按，安永寿出使铁勒一事，新、旧唐书等唐代史籍中无此条史料）。

为名，去太原与李渊商议借兵之事。[①]突厥人也利用粟特人施行反间计。“突厥恶弘农公刘世让为己患，遣其臣曹般陁来，言世让与可汗通谋，欲为乱。上信之。冬，十月，丙午，杀世让，籍其家。”[②]粟特人在突厥政权中的影响重大，他们也因此遭到过迫害。隋臣裴矩就用计杀了始毕可汗信任的一位粟特人，裴矩认为：“突厥淳陋，易离间，但内多群胡教导之。臣闻史蜀胡悉尤有谋，幸于始毕，请杀之。”[③]最后，史蜀胡悉被裴矩诱至马邑互市，将他杀掉。

昭武九姓国自觉地维护唐朝的统一。由于粟特商人的切身利益与丝路的畅通有着密切的关系，因此，不仅进入汉地之粟特聚落渴望唐朝的统一，甚至在中亚的九姓诸国也渴望得到唐朝的庇护。在唐朝出兵平定贺鲁的战争之时，昭武九姓国人也参与了平叛战争，其中何国遣使向唐朝上表：“闻唐出师西讨，愿输粮于军。”在贺鲁兵败逃到石国时，石国人将他诱捕后送交唐军。这些行为表明了九姓诸国要求保障丝路安全畅通的强烈愿望，客观上也为维护唐朝在西域的统治做出了贡献。

总的来说，在西突厥统治时期，昭武九姓国家与隋唐王朝保持着友好的关系，粟特商人在此关系中发挥了积极的作用。

第三节　西突厥人与萨珊王朝的关系

突厥人在向西发展的过程中，分别与萨珊王朝和东罗马帝国发生了联系。突厥人与萨珊王朝之间的联系从突厥汗国建立之后不久就开始了。萨珊王朝是波斯人于 226 年在伊朗高原上建立的国家，中国史书称“波斯”，西方史书名“Persia”。在突厥汗国兴建之时，萨珊波斯已经是一个具有 300 多年历史的国家。突厥汗国时期，萨

---

① （唐）温大雅：《大唐创业起居注》，上海古籍出版社 1983 年版，第 10—11 页。

② （北宋）司马光主编：《资治通鉴》，第 5972 页（按，新、旧唐书等唐代史籍中无此条史料）。

③ （北宋）欧阳修、宋祁：《新唐书》，第 3933 页。

珊王朝在库思老一世、霍尔穆兹四世（Hurmazd IV，579—590 年在位）和库思老二世（Khosrau II，591—628 年在位）三位强大国王的治理下进入了鼎盛时期。此后，由于国内发生战乱，一度臣属于西突厥人。651—652 年间，萨珊波斯最终被在其南部兴起的阿拉伯人灭亡。在突厥政权兴起到萨珊波斯灭亡的 100 年间（552—651），两国之间的关系经历了友好、敌对、和解的历史演变过程。

在突厥汗国建国之初，突厥人与萨珊波斯人开始了友好交往，两国关系发展很快。突厥人初期的扩张可分为两步：一是征服天山南北诸国，二是征服嚈哒汗国。西突厥与萨珊王朝的关系也相应地分为两个阶段：一是两国建交，二是两国联盟。

突厥人建国之初的首要任务是彻底消灭柔然，使天山南北诸国承认突厥汗国的宗主地位。要完成这一任务，突厥人注意到嚈哒这一政权。嚈哒人原先也臣属于柔然，居阿尔泰山以南，迁到中亚以后，建立起强大政权，称霸中亚。此后，柔然可汗婆罗门曾经把自己的三个姊妹嫁给嚈哒王为妻。突厥人建国前夕，嚈哒虽已疏远柔然，然双方并未断交。突厥人征服天山南北诸国之时，为了牵制嚈哒汗国的力量，积极与西面的萨珊波斯王朝取得联系，以除后顾之忧。

突厥人与萨珊王朝的接触可能在 553 年以前已经开始，据《阙特勤碑》东面第 3 行记，在土门可汗去世之时，波斯国曾派使者参加土门的葬礼。554 年，突厥大可汗木杆与波斯王奴细尔汪（Noshirwan，即库思老一世）建立了联系。[1] 两国之间开始了使者互访，这一情况可以从嚈哒暗杀突厥使者的活动中得到证实，突厥使者“必须通过嚈哒领土才能到达波斯。嚈哒知突厥将与萨山（即萨珊）朝建立直接关系，大为惊震，就将过境的突厥使者及其侍从完全杀死”[2]。到 556 年，突厥人在西边的势力已经达到焉耆、于阗一线

① Sir Percy Sykes, *A History of Persia*, George Routledge and Sons Publishing Co., 1934, p.455.

② 〔美〕麦高文：《中亚古国史》，第 260 页。

西北，直到巴尔喀什湖弧形以外的地区[①]，与中亚𪘏哒汗国毗邻，完成了突厥人向西征服的第一步。

突厥人征服天山南北诸国以后，在怛逻斯（塔拉斯，在今吉尔吉斯斯坦和哈萨克斯坦交界处）与统治中亚的𪘏哒汗国发生冲突。557年之后不久，室点密在一次激战中击败𪘏哒汗国[②]，并截断了𪘏哒通往北周王朝的道路。据史书记载，𪘏哒汗国最后一次向中国朝贡是在明帝二年，即558年。在此以前的一百多年中，𪘏哒对中国的朝贡从未中断。据《周书》记载，𪘏哒不朝贡的原因是"为突厥所破，部落分散，职贡遂绝"。由此可见，在557到558年间，突厥与𪘏哒之间的冲突激烈起来。

然而，新兴的突厥汗国尚不能与𪘏哒汗国对抗。突厥人的权威仅限于北方的铁勒诸族和天山南部诸国，而𪘏哒汗国是"于阗、安息等大小二十余国，皆役属之"的大国，并且得到了中亚近40个小国的朝贡。[③]6世纪上半叶，拜占庭史家科斯马斯见到"𪘏哒国王带着一千头战象和无数骑兵出去作战"[④]。突厥人在无力单独灭亡𪘏哒的情况下，开始寻求盟友，于是，派使者与萨珊波斯商量共灭𪘏哒汗国之事。

波斯王库思老一世对此持犹豫态度。5世纪末，𪘏哒曾与萨珊波斯是死敌，6世纪初，双方打了近十年（503—513）的仗，在这些战争中，谁也胜不了谁，两国军事力量达到均衡，双方签订了25年的和约。在突厥人崛起之初的6世纪中叶，两国还一起派使者到中国朝贡。波斯王愿意保持这种局面，而不希望锐意进取的突厥人成为自己的近邻，但是，西方局势的变化改变了库思老一世的初衷。

6世纪上半叶，萨珊波斯国力强盛起来，陆续征服和掠夺了东

① 〔法〕勒内·格鲁塞：《草原帝国》，蓝琪译，商务印书馆1998年版，第117页。
② Gavin Hambly(ed.), *Central Asia*, London, Weidenfeld & Nicolson, 1969, p.56.
③ （北魏）杨衒之：《洛阳伽蓝记校注》，范祥雍校注，第288页。
④ 〔英〕亨利·裕尔：《东域纪程录丛》，云南人民出版社2002年版，第197页。

罗马帝国领土安条克（Antioch），占领拉齐卡（Lazica）。557年，东罗马皇帝决定改变与波斯人的关系，同意付给波斯赔款，并以纳贡为条件，收复了拉齐卡，双方签订了停战协议。随着萨珊波斯西方外交的成功，库思老一世的态度发生了变化，库思老欲雪其祖父卑路斯败亡哌哒之耻，决定与突厥人结盟共击哌哒。为了强化这一军事同盟，突厥木杆可汗将女儿嫁给库思老。

562年，两国联合出兵攻哌哒汗国，灭之，两国瓜分了哌哒汗国的领土。9世纪至10世纪阿拉伯史学家塔巴里对两国瓜分哌哒领土的情况有详细的记载，据说，库思老取吐火罗、谢风旦（Zaboulistan）、迦布逻（Kaboulistan，喀布尔）、石汗那（Djaghanyan）等地；而室点密则取赭时、拔汗那、康国、安国、史国、小史国等国。[①]由此观之，双方是以阿姆河为界，西突厥占其北，波斯占其南。中国史书对此也有记载，《新唐书》"史国"条下记："有铁门山……石邑如铁，为关以限二国。"《大慈恩寺三藏法师传》记："铁门，……突厥之关塞也。"突厥人对此也有记载，刻于8世纪的突厥文《阙特勤碑》记载说，他们的祖先土门可汗和室点密可汗曾经："克服四方一族……向西方，远至铁门。"可以肯定，灭哌哒汗国之后，阿姆河以北的铁门成了西突厥与萨珊波斯的国界线。

西突厥汗国统治了天山南北诸国、锡尔河北部草原和河中地区，成了中亚大国。随着突厥势力的发展壮大，西突厥室点密可汗与波斯王库思老之间发生了冲突。拜占庭历史学家弥南德在其《希腊史》（残卷）中，对两国关系破裂的经过有详细的记载。

哌哒汗国灭亡以后，原来臣属于哌哒的昭武九姓国转而臣属于西突厥人，粟特商人利用西突厥人的势力，提出要到波斯境内贸易的要求。567年，西突厥可汗室点密派使团前往波斯，使团团长是粟特人马尼亚克（Maniakh）。粟特商人的要求直接损害了波斯人的

① 〔法〕沙畹：《西突厥史料》，第202页。

利益，如果同意的话，将使波斯人失去中介贸易的利益。库思老召集大臣们商议对策，呎哒人喀塔尔福斯（Katulphus）建议由波斯政府按价收购突厥人带来的丝货，然后当着突厥使者的面把丝货烧掉，表示波斯不需要来自突厥之丝。波斯王按此建议做了。室点密再次派使者到波斯，为了阻止突厥使者再来，波斯王私下命令毒死使者，然后，散布谣言说突厥人生长在冰雪之乡，他们不适应波斯干燥气候，离开塞地则不能生存。于是，突厥与波斯之间的关系破裂，以后，双方展开了战争。

588年，突厥人入侵波斯。据塔巴里记："当霍尔穆兹四世在位的十一年时，突厥最高可汗（Schaba）[1]领兵三十万来侵，兵至帆延（Badhaghis）及哈烈两地，同时罗马帝从叙利亚沙漠进兵，而可萨王兵亦至里海南岸之打耳班，大肆焚杀。"[2]这次入侵很快被波斯大将军巴赫兰·楚宾（Bahram Tschoubin）打败，可汗中箭身亡。波斯军一直打到离布哈拉不远的沛肯城，俘虏了可汗之子（Barmoudha），虏获大批战利品返回波斯。塔巴里在谈到这次战争之时说："大可汗的战象和战狮在被箭射中后，掉头往回跑，又遭到大火围烧，最后载着火狂怒地冲入自己的队伍。"[3]这次战争给突厥人的打击是沉重的，河中地区遭到了践踏，沛肯城遭到洗劫。

然而，在大获全胜之后，萨珊波斯国内发生了内战。大将军巴赫兰·楚宾在打败突厥人后不久，发动了反国王的内战，霍尔穆兹四世被杀，其子被扶上王位，史称库思老二世。库思老继位以后，巴赫兰·楚宾在马代因（Madain）自立为王，库思老二世乃出奔东罗马。据塞罗菲拉克·西摩卡塔（Theophylactus Simocattes）记：

---

① 杨建新先生在《中国少数民族史》一书中认定此人是《隋书》所说鞅素特勤，岑仲勉先生在《西突厥史料补阙及考证》一书证明此人是东突厥大可汗处罗侯。在此收入西突厥与波斯关系之战争，是因为 Schaba 与波斯的战争必经西突厥领地，西突厥人被卷入。达头可汗于 585 年后不见汉籍记载，直到 594 年才重现于中国史书，此 9 年间他活动于西方，有可能参与了此次战争。

② 〔法〕沙畹：《西突厥史料》，第 217 页。

③ Sir Percy Sykes, *A History of Persia*, pp.477-478.

“591年，东罗马帝遣亚美利亚人纳塞斯将兵援之（指库思老二世），与库思老会击巴赫兰，破之，叛兵之中，杂有突厥军队。”[①]最后，叛将巴赫兰·楚宾败亡西突厥境内避难。

波斯的这次内乱给西突厥人创造了条件，此后不久，西突厥完成了对阿姆河以南吐火罗斯坦的征服，昆都士和巴尔赫城成为西突厥属地。630年，玄奘经过吐火罗斯坦时，曾住在昆都士一个特勤的封邑里，这个特勤是西突厥可汗之孙。吐火罗斯坦诸国皆臣属于西突厥汗国。

597至598年间，突厥人又发动了与萨珊波斯的第二次战争，战争是因萨珊波斯军队寇边引起。根据亚美利亚史学家塞贝斯（Sébéos）记载，597年，波斯王库思老二世派大将军沙母贝特讨击阿姆河南岸的西突厥汗国的属国，诸国国王向西突厥可汗求援。达头可汗率领30万军队渡阿姆河，打败了沙姆贝特的军队。西突厥可汗达头当时把主要精力放在统一东、西突厥上，不想与波斯军队纠缠，打跑波斯军队之后就迅速撤兵返回东方。当西突厥军队撤走之后，波斯军又寇掠缚罗（巴尔赫）城，掠夺哈烈（赫拉特城）、帆延、吐火罗、塔里堪（Talekan）等地，然后退兵扎营于莫夫城。波斯军队的进攻是骚扰和寇掠性质，这些战争只在阿姆河以南进行。

第三次战争发生在西突厥统叶护统治后期（626—628），这次战争是西突厥属部可萨人与东罗马共同讨伐波斯。西方史书对西突厥可汗统叶护对波斯之战的情况记载甚略，仅有两处提到。一处说统叶护可汗派达渡设到东罗马，以救援其军事上的不利，因此受到欢迎。另一处说：“可萨首领（Ziebel或Dscheboul）与西突厥叶护可汗，固然同时参加波斯之役，而间接致波斯王库思老之死……”[②]对统叶护与波斯的战争，中国史书也有简略记载，据《旧唐书》记载，

---

① 〔法〕沙畹：《西突厥史料》，第219页。

② 同上书，第231页。

“隋大业末（618），西突厥叶护可汗频击破其国”[①]。对突厥可萨人参与东罗马战争一事，西方史书记载较为详细。不过，可萨人虽然进入了波斯国内，然而，由于冬季来临他们还未开战就撤兵了。

尽管如此，这次出击为西突厥人参予波斯宫廷斗争提供了机会。《旧唐书》记：“波斯王库萨和（即库思老二世）为西突厥所杀，其子施利立，叶护因分其部帅监统其国，波斯竟臣于叶护。及叶护可汗死，其所令监统者因自擅于波斯，不复役属于西突厥。施利立一年卒，乃立库萨和之女为王，突厥又杀之。施利之子单羯方奔拂菻，于是国人迎而立之，是为尹恒支，在位二年而卒。兄子伊嗣候立。”[②]632年，伊嗣候登上王位，波斯国内的混乱局面结束。在萨珊王朝内乱期间（628—632），波斯人曾经臣属于西突厥汗国，对此，《隋书》记载：“突厥不能至其国（指萨珊王朝），亦羁縻之。波斯每遣使贡献。”[③]从东、西方史书的记载可以认定，萨珊波斯在内乱时期曾经承认了西突厥汗国的宗主地位，并确定了某种程度的臣属关系。

在伊嗣候统治的20年（632—651）中，西突厥与萨珊王朝之间没有发生冲突与战争，两国关系和解。

西突厥与萨珊王朝关系的和解可以从三个方面反映出来。第一，西突厥准许波斯使者经其境到中国朝贡。在西突厥与波斯关系破裂以前，波斯使臣到中国朝贡很频繁，北魏时期就有10次，但自568年以后的半个多世纪里，中国史书记载的来访波斯使者只有一次，而且是随隋朝使节回访。639年以后，来访的波斯使者又开始出现在中国史书上，据《册府元龟》所记，有5次。

第二，在阿拉伯人入侵波斯之时，波斯王逃到西突厥属地吐火罗斯坦避难。以后，伊嗣候之子逃到吐火罗，得到吐火罗叶护的保

① （后晋）沈昫等：《旧唐书》，第5312页。

② 同上。

③ （唐）魏征等：《隋书》，第1857页。

护而免遭杀戮。①

第三，波斯人在与阿拉伯人的斗争中得到了西突厥境内吐火罗诸国人民的支持。在伊嗣候之子卑路斯投奔吐火罗，遣使向唐高宗求援之时，“高宗以远不可师，谢遣。而会大食解而去，吐火罗以兵纳之”。吐火罗与萨珊波斯毗邻，其命运与萨珊波斯息息相关，所以出兵帮助波斯人。

阿拉伯人的崛起是两国关系得以和解的原因之一。7 世纪初，阿拉伯人崛起，632 年以后，阿拉伯人开始向外扩张。633 年，即伊嗣候即位的第二年．阿拉伯人第一次攻入波斯。636 年，阿拉伯人又与波斯在卡迪西亚进行了一次决战。639 年，波斯人在尼可温一役中遭到致命的打击。在阿拉伯人的强势进攻面前，萨珊波斯与西突厥停止了战争，全力以赴地对付阿拉伯人。

西突厥汗国的分裂也是双方关系和解的重要原因。在统叶护可汗去世以后，西突厥汗国分裂，国内虚耗，自顾不暇，无力再对波斯发动战争，于是，两国关系趋于和解。此外，西突厥汗国在中亚诸国中地位下降也是西突厥无力发动扩张战争的原因。630 年，唐朝灭东突厥以后，开始对西突厥的态度强硬起来，最终确立了对西突厥汗国的宗主权地位。此后，西突厥汗国在中亚诸国中的威信下降，属国纷纷起来反对西突厥的宗主地位，在无力控制属国的情况下，已不可能发动对外战争。

在西突厥与萨珊波斯的关系中，经济利益始终是两国考虑的主要因素。562 年，西突厥与萨珊波斯共灭哌哒汗国以后，西突厥人的疆域扩展到阿姆河北岸。控制了东、西商路中段，西突厥发动战争的目的是企图打破波斯对商路西段的垄断，而波斯对西突厥战争的目的是为了掠夺中亚财物。

粟特人在西突厥与萨珊波斯关系的发展中起到了重要作用。在哌哒汗国统治河中地区时，粟特人已经成为丝绸之路中段的居间者。

---

① （后晋）沈昫等：《旧唐书》，第 5312 页。

据沙畹《西突厥史料》和亨利·玉尔《契丹及通往契丹之路》的记载，在西突厥汗国统治时期，西突厥转输华丝的贸易主要由擅长商业的粟特人代理。《隋书·裴矩传》有一则记载说，615 年，“射匮可汗遣其犹子，使率西蕃诸胡朝贡”。可以推知，在商业活动中，西突厥人以西蕃胡（粟特商人）商队组织者和领导者的面目出现。粟特人企图打破波斯萨珊王朝居间贸易地位的要求，是西突厥和萨珊波斯关系恶化的直接原因。室点密在两次使者受辱之后，并未立刻采取报复手段。而四处行商的粟特人，又建议西突厥与萨珊波斯宿敌东罗马联盟，致使西突厥与萨珊王朝的关系毫无转机地恶化下去。

西突厥与萨珊波斯之间的贸易是以阿姆河以南的莫夫城和赫拉特城为中心进行，昭武九姓诸国、巴克特里亚、花剌子模，以及波斯商人都会聚于此。无论是和平友好时期，或是战争时代，西突厥与萨珊波斯之间的贸易从未中断过。这一点可以从发掘出土的萨珊银币上反映出来。在中国境内发现的 1171 枚萨珊银币中，只有 12 枚是在沿海地区发现的，其余都是在丝绸之路沿线出土的。[①] 主要出土地点在原来的西突厥汗国境内（即乌恰、库车、吐鲁番等地），其中，在乌恰发现了 947 枚，约占全部出土银币的 82%，这反映了萨珊王朝与西突厥汗国经济交流情况。再从时间上来看，在 1171 枚银币中，除去阿拉伯时期仿制的 281 枚外，其中属于库思老二世的就有 600 枚，占萨珊王朝时期银币的 67%。再加上霍尔穆兹四世和库思老一世后期的，可以说. 在现今中国境内发现的萨珊银币中，起码有 70% 以上是处在西突厥和波斯敌对时期，说明即使是在敌对时期，两国之间的贸易也十分频繁。

① 广东省文物管理委员会、华南师范学院历史系：《广东英德、连阳南齐和隋唐古墓的发掘》，《考古》1961 年第 3 期；夏鼐：《综述中国出土的波斯萨珊朝银币》，《考古学报》1974 年第 1 期。

第四节　西突厥与东罗马帝国的关系

在西突厥汗国与萨珊波斯关系破裂以前，突厥人与东罗马人没有直接的联系。此后，西突厥汗国开始寻求与东罗马帝国的联系，揭开了两国外交的序幕。

在汉籍中，东罗马帝国被称为“拂菻”，波斯语将罗马（Rum）读成 Hrom，中亚粟特人将 Hrom 读为 From，汉语“拂菻”可能是由粟特语 From 转写的。476 年，罗马帝国西部为蛮族所灭，东部帝国继续存在了近 1000 年（1453 年灭亡），史称东罗马帝国，因其都城君士坦丁堡是古希腊移民城市拜占庭旧址，故又称拜占庭帝国。东罗马帝国最初是一个地跨三大洲的大帝国，以巴尔干半岛为中心，属地包括小亚细亚、叙利亚、巴勒斯坦、埃及以及美索不达米亚和南高加索的一部分。在 6 世纪初，东罗马帝国东部邻国萨珊波斯国力强盛起来，夺取了东罗马帝国在北美索不达米亚和亚美尼亚的一些领地。527 年，东罗马皇帝查士丁尼一世继位，他在位期间（527—565）力图恢复昔日罗马帝国的辉煌，开始进行收复国土的战争，于是，拉开了百年之久的罗马波斯之战（527—628）。西突厥人就是在这种背景之下，开始与东罗马帝国的交往。

西突厥人与萨珊波斯关系破裂以后，曾以突厥使团团长身份出使波斯的粟特商人马尼亚克劝说室点密与罗马人建立联系。就在突波关系破裂的当年，由马尼亚克率领的西突厥使团携带着价值巨万的丝货前往东罗马帝国，使者们还带着一封室点密给东罗马皇帝的国书，书中表达了向东罗马皇帝的致敬。

东罗马皇帝查士丁二世（Justin II，565—578 年在位）接见马尼亚克使团，接受了礼物和国书，并详细询问突厥国的情况和突厥人的风土人情。从接见的情况来看，东罗马皇帝对与突厥人缔结友好关系很感兴趣。马尼亚克一行于 569 年 8 月动身回国，查士丁二世派西里西亚人蔡马库斯随行回访。在此后的半个世纪中，使者往返不断。其间，除达头可汗继位时双方发生过短暂的冲突外，两国之间基本上保持着友好交往。

西突厥可汗室点密在西突厥汗庭所在地爱克塔山（今新疆和静县裕勒都斯）热情接待了初次到访的东罗马使者蔡马库斯。据弥南德记，蔡马库斯一行抵达可汗汗庭时，室点密可汗即刻接见了他们，详细询问了情况。“迎礼完后，设大宴款待之。在帐中欢乐数日。帐的四周，垂持各色丝物。……宴会后，到专为使者设的寓所安歇。……次日又举宴，痛饮欢谈而散。再次日，又在某帐内设宴……”以后，室点密携带蔡马库斯及随从出征波斯，行至怛逻斯，遇波斯使者前来访问，于是，又在怛逻斯设宴招待蔡马库斯和波斯使者，命波斯使者与东罗马使者同桌而席，并让东罗马使者坐上位。在此，蔡马库斯踏上了回国的旅途。临走，可汗又厚赠予他，送一位黠戛斯（Kherkhis？）族美女，并派遣突厥人塔格马和马尼亚克之子随蔡马库斯回访东罗马。[1]

据弥南德记载，蔡马库斯一行返回东罗马帝国的西行路线是：渡欧克河，复经长途而抵大湖。蔡马库斯休整三日，派佐治先归，报告皇帝，访突厥使者已归。佐治与突厥人十二名，经沙漠无水地区，取捷径向拜占庭而行。蔡马库斯沿湖沙岸行十二日，通过艰险地区，来到亦克河，又到得嶷黑河。然后经沼泽地，到阿得拉河，再往前到达乌荀尔国。土人告之，有四千波斯人埋伏在柯彭河道中，要捕罗马使者。蔡马库斯设法，逃到阿兰国参见酋长，之后达发锡斯城，后又到特拉比松（Trapezus）城，由此乘船至君士坦丁堡。在以上地名中，如今可以确定的是：亦克河为恩巴（Emba）河，得嶷黑河为里海，阿得拉河为伏尔加河。由此推测，蔡马库斯一行经里海北岸而行，过恩巴河、乌拉尔河、伏尔加河以后，从高加索中部

---

① H. Yule, *Cathay and the Way Thither, Being a Collection of Medieval Notices of China*，总发售处，文殿阁书庄，1938 年影印，第 1 册，pp.210-211。

到达黑海岸边，再乘船到君士坦丁堡。也就是说，西突厥与东罗马之交通大致是先走欧亚草原之路，即由天山北路，经里海北岸、南俄草原，然后，南行至巴尔干地区，这是西突厥与东罗马交通的主要通道。蔡马库斯一行于 571 年秋到达君士坦丁堡。

此后，两国之间多次互派使者。据《希腊史》（残卷）记载，以后访问西突厥汗国的东罗马使者有：攸提奇俄斯（Eutychios）、瓦伦丁（Valentin）、赫洛店（Hérodien）、西里西亚人保罗（Paul）。[①] 但是，到东罗马的西突厥使者只有阿拉克斯塔一人被记载下来。

最初，两国使者谈论的内容集中于贸易，丝绸贸易是主题。西突厥统治者极力为中亚商人寻找与西方直接贸易的途径，这一目标在波斯不仅未能实现，而且还导致了两国关系的破裂。熟悉东西方贸易的粟特商人知道，波斯转手丝绸贸易的西方买主主要是罗马人，马尼亚克曾对西突厥统治者说："为了突厥人的利益，可与罗马人联合。罗马人用丝比其他国家都多，可将丝货市场移往罗马。"[②] 可见，西突厥汗国与东罗马帝国联系之初衷就是为了商业利益。

东罗马皇帝对与西突厥人感兴趣的原因最初也是为了丝绸，据 6 世纪末的拜占庭史家塞奥凡尼斯记载，当马尼亚克首次访问东罗马之际，查士丁二世特地向来访者展示了东罗马帝国能够育蚕和生产丝绸，突厥使者对此感到非常吃惊。[③] 在突厥使者首次来访之时，皇帝就谈到东罗马的丝绸生产情况，可见，他对此物甚为关心。丝绸在东罗马帝国的重要不仅是消费者所需，而且关系到君士坦丁堡丝织业的发展。以往东罗马丝织业的原料是将经中亚和波斯转到罗马的丝织品分解成丝，将丝再织成薄丝绸或锦缎。为了获得中国之丝，东罗马人曾以各种方式企图打破萨珊波斯对丝绸的垄断。在突厥使者初次来访之时，东罗马人获得育蚕法才十多年的时间，生丝的生产远远不能满足东罗马丝织业的需求。这种需求甚至在数世纪

---

① 〔法〕沙畹：《西突厥史料》，第 214 页。

② H. Yule, *Cathay and the Way Thither, Being a Collection of Medieval Notices of China*, I, p.207.

③ Theophanes, *Historiae: in Muller, Fragmenta Historicorum Graecorum*, (Vol.II)París, 1868, p.270.

中，仍是东罗马帝国与中亚交往的一个重要因素。[①]

双方往来之初的贸易情况还可以从弥南德的记载中反映出来。在蔡马库斯访问结束返国之时，行至高加索北阿兰人的居地，阿兰人来告，有波斯人已在东罗马使者返回途中设下埋伏，准备截击他们。于是，蔡马库斯遣十名运输工携丝绸经原路而行，以迷惑波斯人。[②]由此可知，随使者而行的还有运输丝绸的商队。从西突厥汗国派往东罗马使团的阵容庞大（576年，随瓦伦丁返回的突厥使者就有106人）以及携带货物之巨，都反映了贸易在两国交往中的突出地位。

两国交往中的贸易意向也可从西突厥汗国的积极态度中反映出来。"突厥诸部及邻国，知东罗马使者来访，在其归国时，有突厥使者伴行。地方酋长请求室点密许其派人前往罗马，可汗答应了。其他部在要求时，只许柯力亚忒（Choliatæ）部派人随去，其余部落一概不准。"[③]

两国发动对波斯的战争，其最终目的也是为了便利两国的直接贸易。在两国使者往返的道路上充满了艰辛，能在波斯境内自由贸易，是粟特商人梦寐以求的。在628年波斯内乱之后，估计西突厥汗国境内的商人已经能够在波斯境内自由贸易。因为，此后不再见到大批使者往返东罗马的记载。

随着两国贸易往来的发展，两国之间逐渐发展了政治关系。西突厥汗国在与波斯断交之后的50多年中，与波斯进行过几次战争，572—590年间，东罗马与萨珊波斯之间重开战事。在这种形势下，来往于两国之间的使者们担负着促成两国缔结反波斯同盟的政治任务。

西突厥怂恿东罗马攻伐波斯，"此为东罗马与波斯战争亘二十年

---

① R. Lopez, China Silk in Europe in the Yuan Period, *Journal of the American Oriental Society*, Vol.72 (1952), pp.72-76.

② H. Yule, *Cathay and the Way Thither, Being a Collection of Medieval Notices of China*, I, p.212.

③ Ibid., p.211.

之要因，罗马人咎波斯人不应攻其与国（Himyarites），不应贿嘱阿兰人毒杀突厥遣赴东罗马经行其地之使臣，波斯王库思老亦责东罗马帝查士丁不应鼓励亚美尼人之背叛，且拒付岁币五百金”[①]。东罗马使者出使西突厥的政治目的也亦然，瓦伦丁第二次出使西突厥，“告可汗以提比留斯二世即位，并建议重订昔日蔡马库斯与室点密所订之条约，且说突厥讨击波斯”[②]。

反波斯联盟最终采取了共击波斯的军事行动。突厥与罗马共击波斯的战争发生了两次。一次是波斯王霍尔穆兹四世在位的第11年，突厥人30万入侵波斯，同时，东罗马帝从叙利亚沙漠进兵，而西突厥属部可萨王的军队也进至里海南岸的打耳班。突厥军队被波斯大将军巴赫拉姆打败，撤出波斯。另一次是西突厥统叶护统治后期的626—628年。622年，东罗马皇帝赫拉克利乌斯（Heraclius）决定与波斯一战，此役一兴，连续至波斯王库思老二世之死，在战争后期（626—628），西突厥属部可萨人参战。627年，赫拉克利乌斯先至黑海东端之拉齐卡，与东方突厥名可萨者结盟，可萨遂破里海诸关而入，在突厥叶护的统率之下，侵入阿哲尔拜疆省（今阿塞拜疆）。赫拉克利乌斯也从拉齐卡进兵梯弗里斯（Tiflis, Tbilisi）城下，可萨首领与东罗马帝相见于此，叶护见赫拉克利乌斯，抱吻致敬，突厥全军皆跪，以首伏地，叶护介其子谒赫拉克利乌斯，以兵四万附之而还。627年9月，东罗马之军合突厥之军进入波斯，然突厥畏冬季之将届，相率逃亡，终于全军遁走。突厥撤走，而东罗马军继续前进，628年初，东罗马军逼近距泰西封三日程的波斯的达斯特吉尔德（Dastagerd），不久，波斯都城发生兵变，库思老二世被害，其子施利被立为王，遂与赫拉克利乌斯议和。[③]

从以上两次战争来看，突厥人与东罗马人之间的联合作战并不

① 〔法〕沙畹：《西突厥史料》，第214页。

② 同上。

③ 同上书，第227—228页。

成功。第一次，突厥人被打败，撤出波斯；第二次，突厥人未战而撤，也未能与东罗马协力共击波斯。因此，双方的政治联盟虽然实现，并无成效。

西突厥与东罗马两国的友好关系在达头可汗统治之初一度中断。576 年，瓦伦丁第二次出使西突厥时，西突厥可汗达头之弟咄陆设（Turxanthus）[①]对他十分粗暴，指责东罗马人收留了被突厥打败的阿瓦尔人。在突厥人看来，东罗马人与阿瓦尔人签约是背叛突厥人的行为。在瓦伦丁出使西突厥期间，适逢室点密可汗去世，咄陆设强迫瓦伦丁按突厥习惯剺面致哀，备受窘辱，始见放还。与此同时，突厥可汗还命令里海西部的突厥人进占东罗马在克里米亚东部的重要据点博斯普鲁斯城。在以后近 20 年中（576—596），两国没有使者往来。直到 597—598 年，达头才派使者到东罗马，并带有国书，恢复了两国之间的友好交往。在两国关系破裂之时，两国之间可能仍然保持着经济上的联系。近几十年在中国发现的拜占庭金币中，有许多是 576 年以后铸造的。[②]这些金币可能由欧亚草原之路经由突厥和粟特人而流入中国。[③]

西突厥与东罗马联合攻波斯（628）以后，两国交往的记载不再出现。西突厥汗国灭亡以后，东罗马与原西突厥汗国臣属部可萨人还继续保持着友好交往。可萨人多次与东罗马王室联姻，695 年，东罗马查士丁尼皇帝曾到可萨人中避难，并与可汗之妹妹结婚。在君士坦丁五世时，东罗马皇帝又娶可萨汗之女为妻，他们的儿子就是东罗马皇帝立奥四世。

---

① 沙畹认为："德经（De Guignes）已认识希腊人之达度（Tardou），即为中国人之达头，今日吾人较广之知识，愈足证明此考订之是，且在语学一方面亦可证实也。"参见〔法〕沙畹：《西突厥史料》，第 216 页。Turxanthus 为达头之弟，克里亚什托尔内在《古代突厥鲁尼文碑铭》一书中，将 Turxanthus 比定为咄陆设。参见〔苏联〕克里亚什托尔内：《古代突厥鲁尼文碑铭》，黑龙江教育出版社 1991 年版，第 76 页。

② 张绪山：《我国境内发现的拜占廷金币及其相关问题》，见彭小瑜、张绪山主编：《西学研究》第 1 辑，商务印书馆 2003 年版，第 56 页。

③ 同上书，第 66 页。

总之，在西突厥与萨珊王朝、东罗马的交往中，西突厥汗国基本上起着主导作用。西突厥与萨珊王朝、东罗马之间的关系，无论是友好或是敌对，都是双方经济与政治发展的结果。双方之间的关系反映了游牧世界与农耕世界的特点，即经济交流是主要内容，就是在战争时期也从未间断过。

附录一：世系表

贵霜帝国国王世系表

丘就却（45—75）

索特·麦加斯（78—104）

阎膏珍（105—140）

迦腻色迦（约 140—162）

婆什色迦（？）

胡韦色迦（？）

迦腻色迦二世（约 180—190）

波调（213—237）

喀内什科（迦腻色迦三世？）

瓦苏（波调二世？）

寄多罗（5 世纪？）

哌哒汗世系表

阿赫雄瓦（5 世纪下半叶）

头罗曼（5 世纪末—6 世纪初）

摩酰逻矩罗（约 502—542）

摩酰逻矩罗之弟（？—562）

法甘尼什或阿弗甘尼什（562—？）

西突厥汗世系表

室点密（？—576）

达头可汗（576—603）

泥利可汗（587—？）

泥撅处罗可汗（？—611）

射匮可汗（611—617）

统叶护可汗（618—628）

莫贺咄侯屈利俟毗可汗（628—630）

乙毗钵罗肆叶护可汗（628—632）

奚利邲咄陆可汗（632—634）

沙钵罗咥利失可汗（634—639）

乙毗沙钵罗叶护可汗（639—641）

乙毗射匮可汗（642—651）

沙钵罗可汗（651—657）

附录二：地图

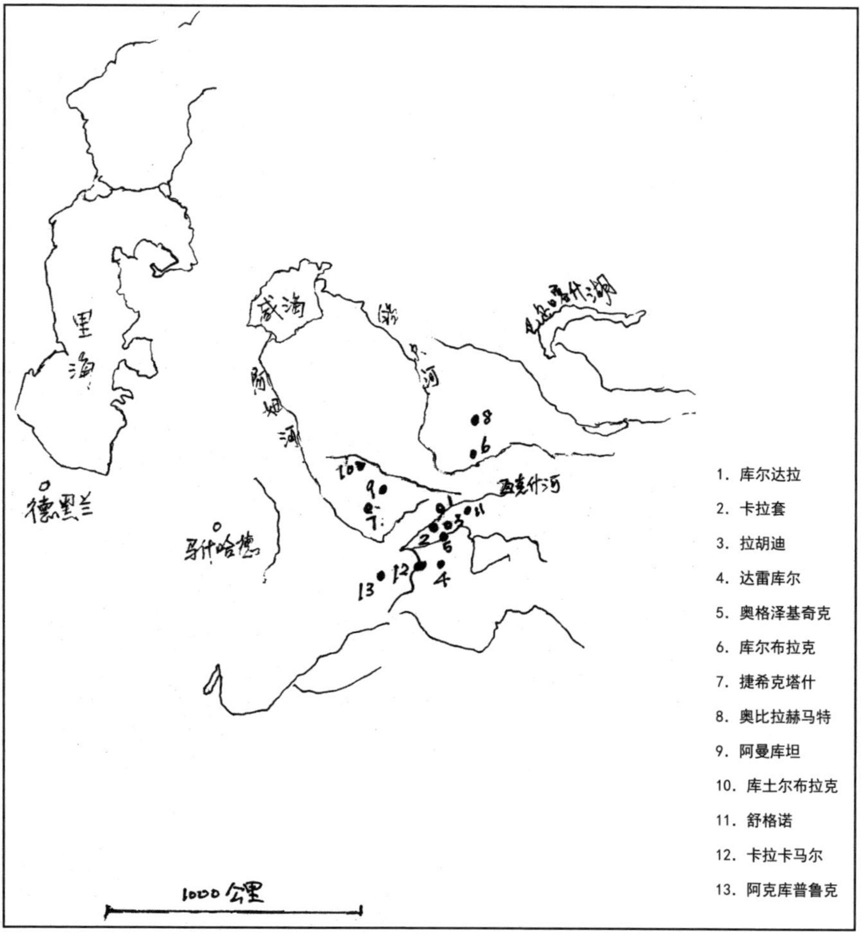

图一：中亚旧石器时代遗址（据《中亚文明史》第1卷第372页地图绘制）

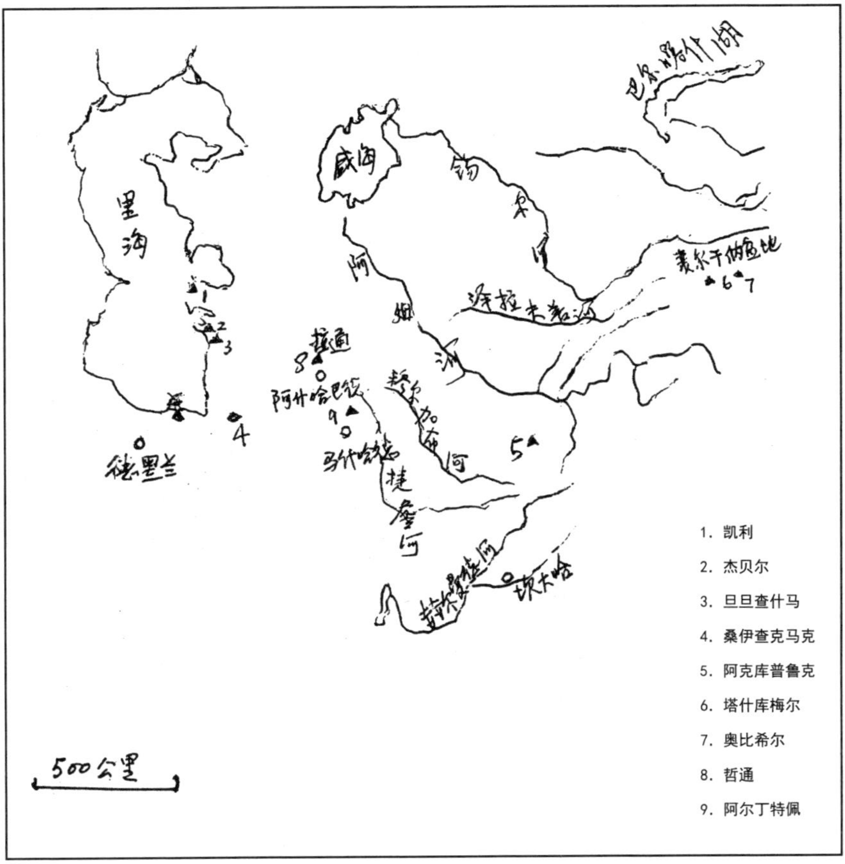

图二：中亚新石器时代遗址（据《中亚文明史》第1卷第374页地图绘制）

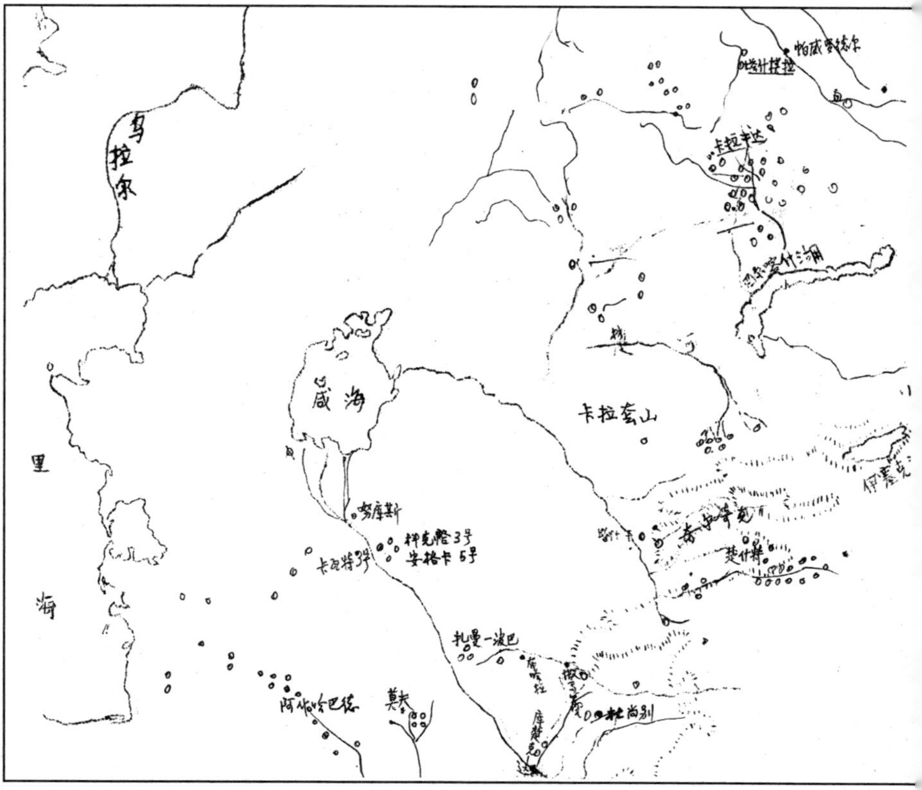

图三：中亚金石并用和青铜时代遗址（前3000—前800）

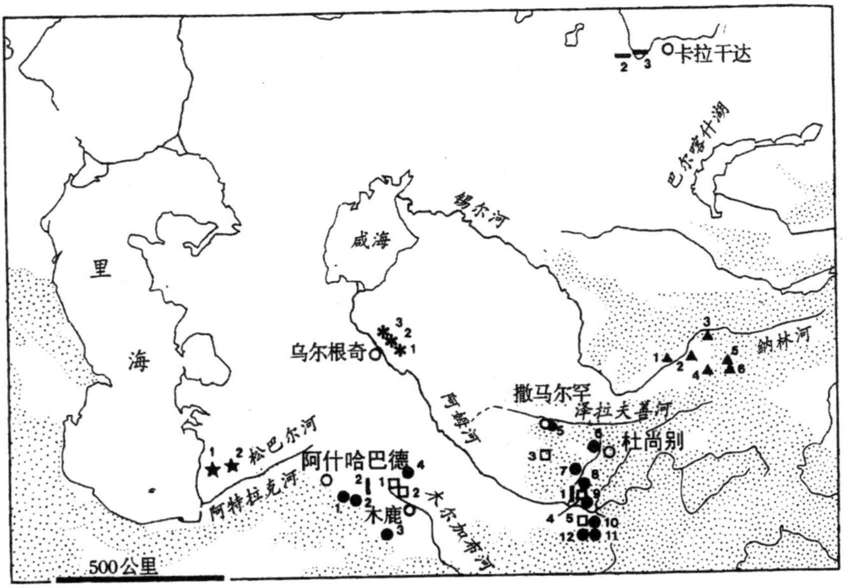

□ 城市中心
1 阿拉瓦利特佩
2 亚兹特佩
3 叶尔库甘
4 克孜特佩
5 阿勒丁迪尔亚

● 农耕遗址
1 安诺
2 厄尔肯特佩
3 乌卢格特佩
4 塔希尔贝
5 阿夫雷西耶勃
6 克齐尔查六期
7 米尔沙迪
8 布伊拉奇十期
9 库楚克特佩
10 阿尔丁一期
11 阿尔丁十期
12 提利亚特佩

* 阿米拉巴德文化遗址
1 雅卡帕尔桑二期
2 卡瓦特二期
3 巴扎尔十期

▌原始城市中心
1 萨帕利特佩
2 纳马兹加

▬ 游牧部落墓地
1 塔吉斯肯
2 丹迪贝
3 比加泽

▲ 楚斯特文化遗址
1 楚斯特
2 达尔弗津特佩
3 阿什卡尔
4 奥什
5 达汗
6 钦贝尔

★ 达希斯坦文化遗址
1 马道特佩
2 伊扎特库利

图四：中亚早期铁器时代遗址（据《中亚文明史》第1卷第374页地图绘制）

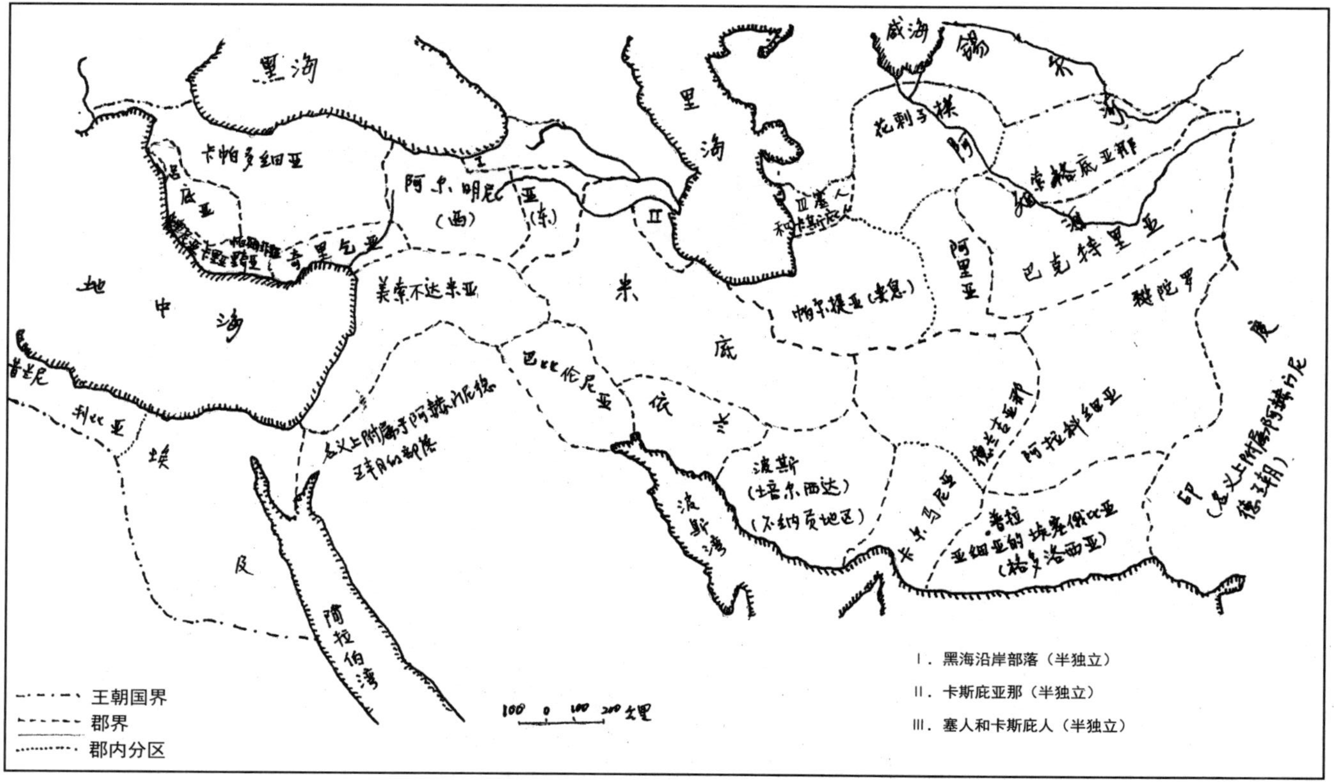

图五：公元前5世纪的中亚早期文明（据苏联科学院主编《世界通史》第2卷上册第16—17页地图绘制）

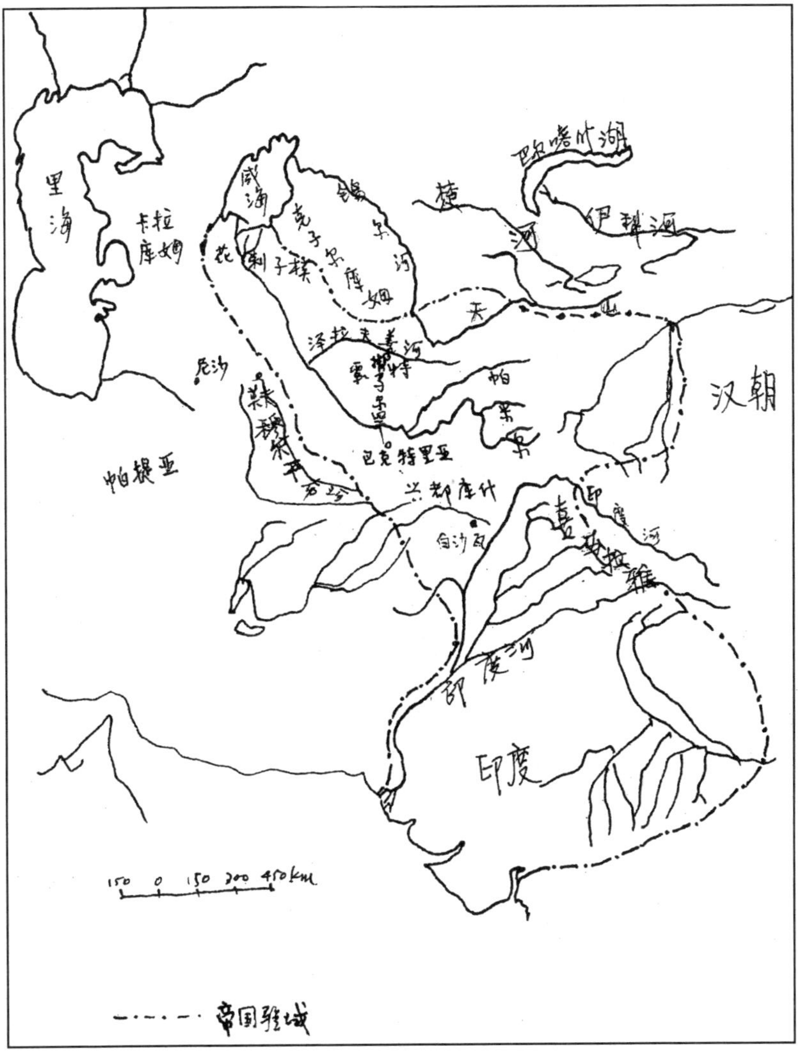

图六：贵霜帝国（据《苏联中亚考古》第119页地图绘制）

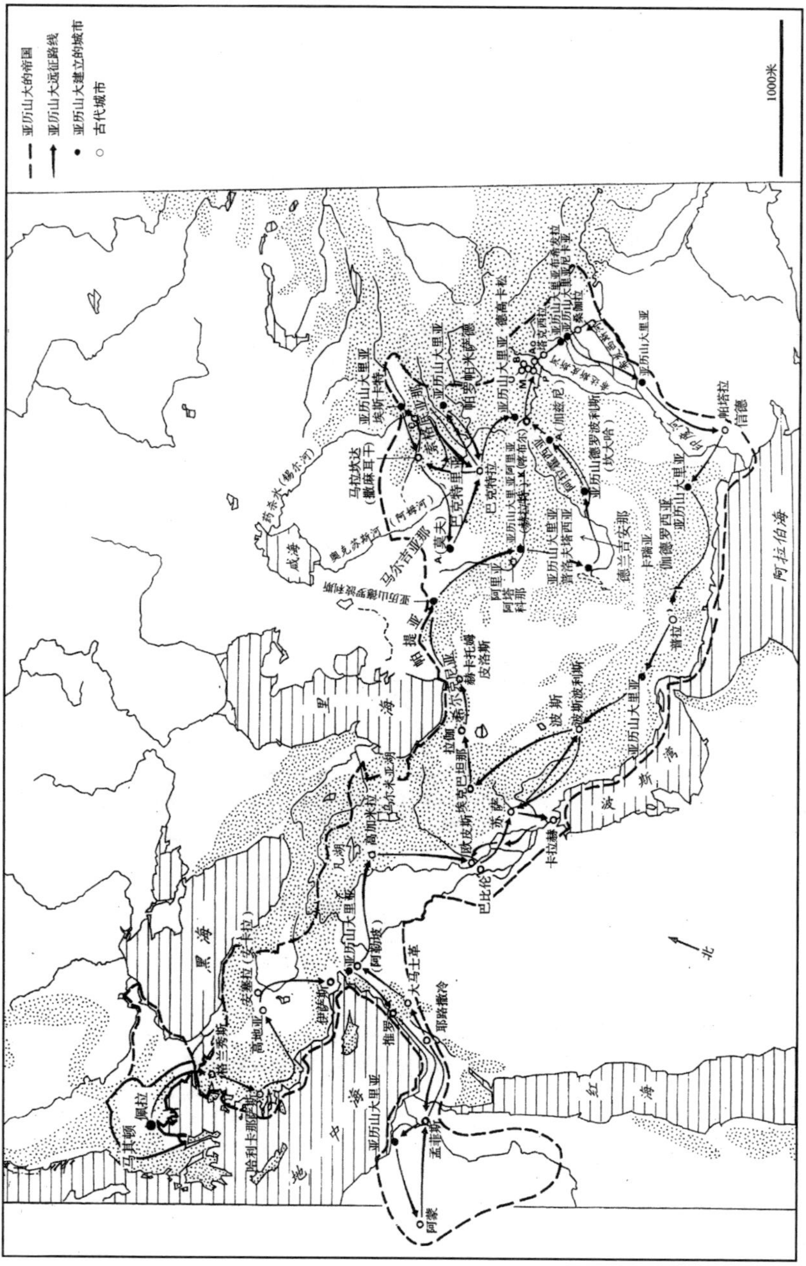

图七：亚历山大在中亚的征战（采自《中亚文明史》第2卷第402—403页）

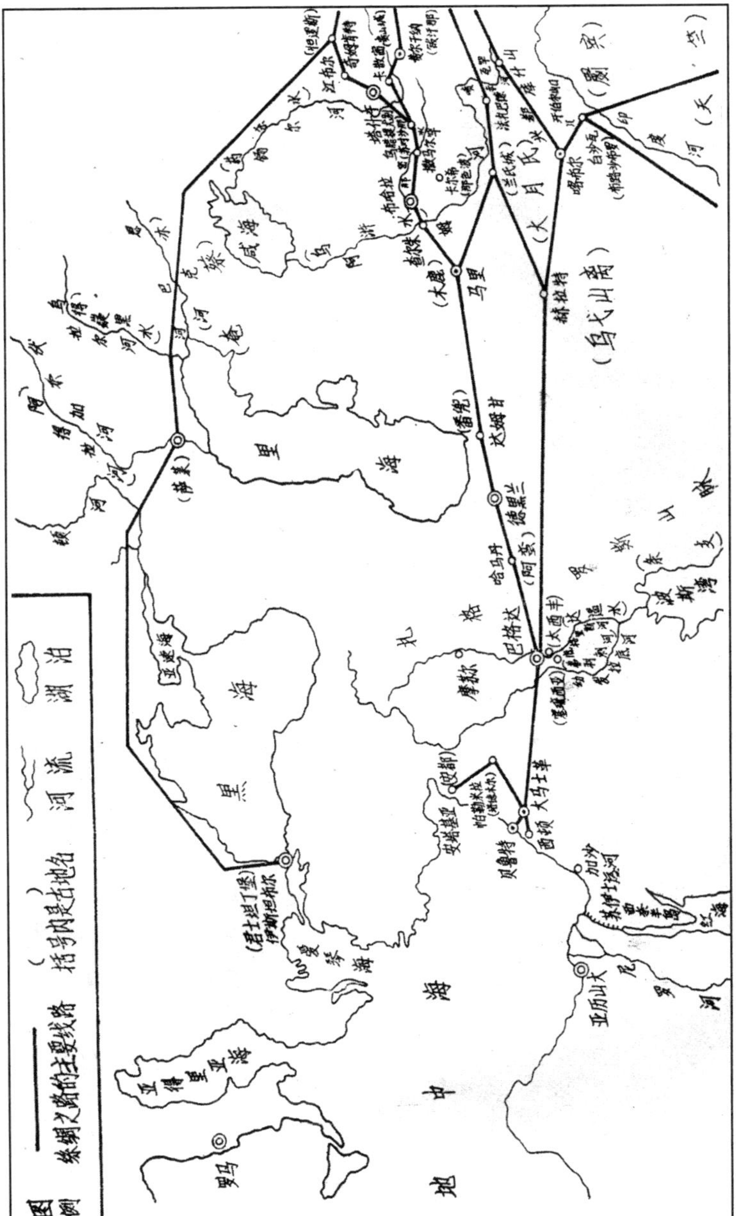

图八：丝绸之路中亚和西亚段（采自杨建新、卢苇编著《丝绸之路》第90页）

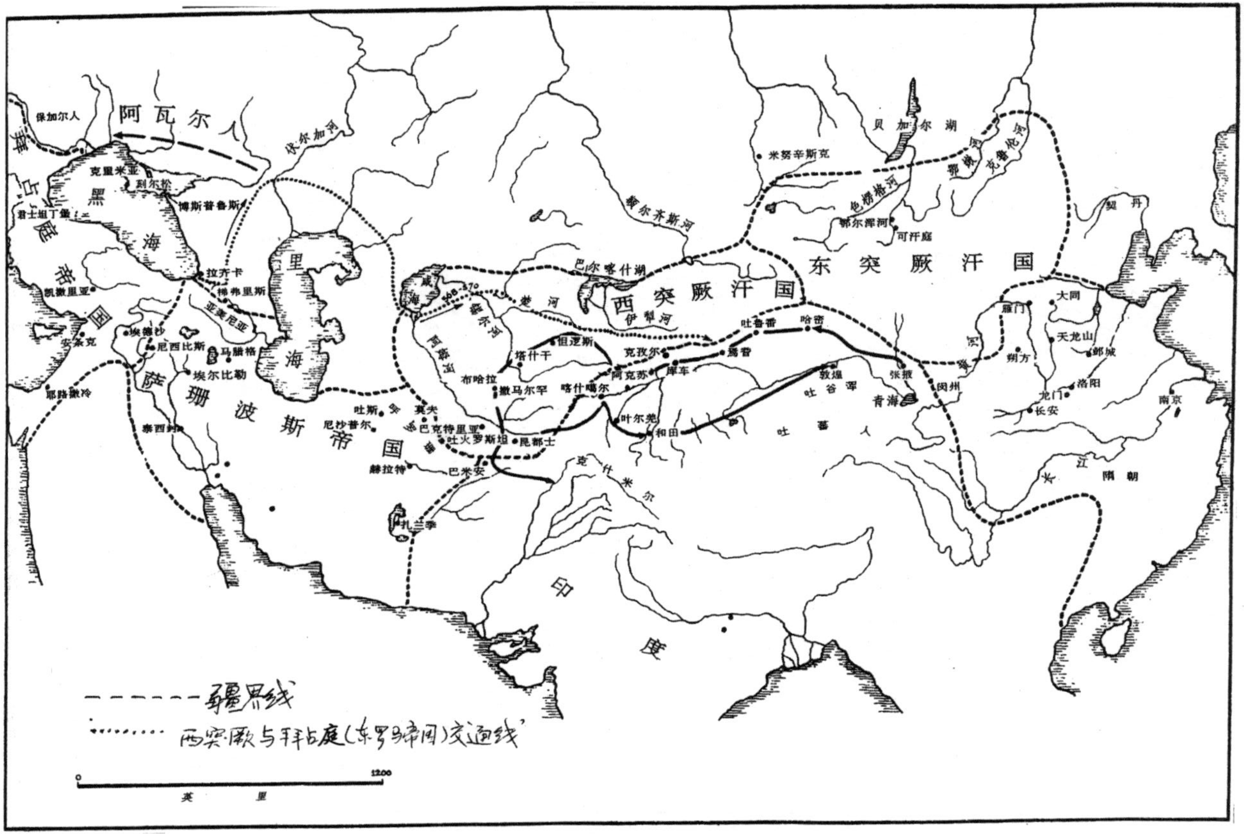

图九：6世纪末—7世纪初期的突厥帝国（采自勒内·格鲁塞《草原帝国》，蓝琪译，第142—143页）

参考书目

中文著作：

（汉）司马迁：《史记》（全十册），中华书局 1998 年版。

（汉）班固：《汉书》（全十二册），中华书局 1997 年版。

（宋）范晔：《后汉书》（全十二册），中华书局 1965 年版。

（陈）真谛译：《婆薮槃豆法师传》，《大正新修大藏经》第 50 卷，台北新文丰出版公司 1975 年版。

（北魏）吉伽夜：《杂宝藏经》，花城出版社 1998 年版。

（北魏）杨衒之：《洛阳伽蓝记校注》，范祥雍校注，上海古籍出版社 1978 年版。

（北齐）魏收：《魏书》，中华书局 1974 年版。

（唐）杜佑：《通典》，中华书局 1984 年版。

（唐）慧超：《往五天竺国传笺释》，张毅笺释，中华书局 1994 年版。

（唐）惠立、彦悰：《大慈恩寺三藏法师传》，孙毓棠、谢方点校，中华书局 1983 年版。

（唐）李延寿：《南史》，中华书局 1975 年版。

（唐）李延寿：《北史》，中华书局 1974 年版。

（唐）令狐德棻等：《周书》，中华书局 1971 年版。

（唐）魏征、令狐德棻：《隋书》，中华书局 1973 年版。
（唐）温大雅：《大唐创业起居注》，上海古籍出版社 1983 年版。
（唐）玄奘：《大唐西域记》，上海人民出版社 1977 年版。
（唐）张鷟：《朝野佥载》，中华书局 1979 年版。
（后晋）沈昫等：《旧唐书》，中华书局 1975 年版。
（北宋）乐史：《太平寰宇记》，中华书局 2007 年版。
（北宋）李昉等编著：《太平广记》，《文渊阁四库全书》影印本，上海古籍出版社 1990 年版。
（北宋）欧阳修、宋祁：《新唐书》，中华书局 1975 年版。
（北宋）司马光主编：《资治通鉴》，中华书局 1956 年版。
（北宋）王钦若等编：《册府元龟》，中华书局 1960 年版。
（北宋）王溥：《唐会要》，中华书局 1998 年版。
（元）马端临：《文献通考》，中华书局 1991 年版。
（清）董诰等：《全唐文》，上海古籍出版社 1990 年版。
（清）洪钧：《元史译文证补》，商务印书馆 1936 年版。
安志敏：《中国新石器时代论集》，文物出版社 1983 年版。
蔡鸿生：《唐代九姓胡与突厥文化》，中华书局 2001 年版。
岑仲勉：《汉书西域传地里校释》，中华书局 1981 年版。
岑仲勉：《突厥集史》，中华书局 1958 年版。
岑仲勉：《西突厥史料补阙及考证》，中华书局 1958 年版。
杜石然编：《中国科学技术史稿》，科学出版社 1982 年版。
古正美：《贵霜佛教政治传统与大乘佛教》，台北允晨文化实业公司 1993 年版。
国家文物局古文献研究室等编：《吐鲁番出土文书》，文物出版社 1986 年版。
季羡林等校注：《大唐西域记校注》，中华书局 1985 年版。
李铁匠：《伊朗古代历史与文化》，江西人民出版社 1993 年版。
林梅村：《古道西风——考古新发现所见中西文化交流》，生活·读书·新知三联书店 2000 年版。

林梅村：《汉唐西域与中国文明》，文物出版社 1998 年版。

刘国楠、王树英：《印度各邦历史文化》，中国社会科学出版社 1982 年版。

裴文中：《中国石器时代》，中国青年出版社 1980 年版。

彭树智：《中东国家通史·阿富汗卷》，商务印书馆 2000 年版。

彭小瑜、张绪山主编：《西学研究》第 1 辑，商务印书馆 2003 年版。

热扎克·买提尼亚孜主编：《西域翻译史》，新疆大学出版社 1994 年版。

芮传明：《古突厥碑铭研究》，上海古籍出版社 1998 年版。

四川联合大学西藏考古与历史文化研究中心等编：《西藏考古》第 1 辑，四川大学出版社 1994 年版。

唐长孺：《魏晋南北朝史论丛》，生活·读书·新知三联书店 1955 年版。

王炳华：《丝绸之路考古研究》，新疆人民出版社 1993 年版。

王国维：《观堂集林》，河北教育出版社 2001 年版。

王明哲、王炳华：《乌孙研究》，新疆人民出版社 1983 年版。

王欣：《吐火罗史研究》，中国社会科学出版社 2002 年版。

王治来：《中亚史纲》，湖南教育出版社 1986 年版。

巫宝三主编：《古代希腊、罗马经济思想资料选辑》，商务印书馆 1990 年版。

新疆社会科学院民族研究所编：《新疆简史》，新疆人民出版社 1980 年版。

杨建新、卢苇编著：《丝绸之路》，甘肃人民出版社 1981 年版。

余太山：《嚈哒史研究》，齐鲁书社 1986 年版。

余太山：《塞种史研究》，中国社会科学出版社 1992 年版。

张广达：《西域史地丛稿初编》，上海古籍出版社 1995 年版。

张志尧主编：《草原丝绸之路与中亚文明》，新疆美术摄影出版社 1994 年版。

《中国大百科全书·考古学》，中国大百科全书出版社 1993 年版。

中国中亚文化研究协会编：《中亚学刊》第 1 辑，中华书局 1983 年版。

中国中亚文化研究协会编：《中亚学刊》第 2 辑，中华书局 1987 年版。

周一良、吴于廑主编：《世界通史》，人民出版社 1973 年版。

译著：

〔澳〕A. L. 巴沙姆主编：《印度文化史》，闵光沛等译，商务印书馆 1997 年版。

〔巴基斯坦〕A. H. 丹尼、〔苏联〕V. M. 马松主编：《中亚文明史》第 1 卷，芮传明译，中国对外翻译出版公司 2002 年版。

〔俄〕巴托尔德：《蒙古入侵时期的突厥斯坦》，张广达译，上海古籍出版社 2007 年版。

〔俄〕李特文斯基主编：《中亚文明史》第 3 卷，马小鹤译，中国对外翻译出版公司 2003 年版。

〔俄〕札巴罗夫等：《中亚宗教概述》，高永久、张宏莉译，兰州大学出版社 2002 年版。

〔法〕勒内·格鲁塞：《草原帝国》，蓝琪译，商务印书馆 1998 年版。

〔法〕沙畹：《西突厥史料》，冯承钧译，中华书局 2004 年版。

〔古希腊〕阿里安：《亚历山大远征记》，〔英〕E·伊利夫·罗布逊英译，李活汉译，商务印书馆 1979 年版。

〔古希腊〕色诺芬：《经济论》，商务印书馆 1981 年版。

〔古希腊〕希罗多德：《历史》，商务印书馆 1985 年版。

〔捷克〕赫罗兹尼：《西亚细亚、印度和克里特上古史》，谢德风等译，生活·读书·新知三联书店 1958 年版。

〔美〕麦高文：《中亚古国史》，章巽译，中华书局 2004 年版。

〔美〕斯塔夫理阿诺斯：《全球通史》，吴象婴、梁赤民译，上海社会科学院出版社 1988 年版。

〔日〕白鸟库吉 :《塞外史地论文译丛》第 1 辑，王克鲁译，商务印书馆 1940 年版。

〔日〕池田温 :《中国古代籍帐研究》，东京大学东洋文化研究所 1979 年版。

〔苏联〕弗鲁姆金 :《苏联中亚考古》，黄振华译，新疆维吾尔自治区博物馆 1981 年版。

〔苏联〕吉谢列夫 :《南西伯利亚古代史》第 1 册，新疆社会科学院民族研究所 1981 年版。

〔苏联〕加富罗夫 :《中亚塔吉克史》，肖之兴译，中国社会科学出版社 1985 年版。

〔苏联〕普加钦科娃、列穆佩 :《中亚古代艺术》，陈继周、李琪译，新疆美术摄影出版社 1994 年版。

苏联科学院主编 :《世界通史》第 1 卷，生活 · 读书 · 新知三联书店 1959 年版。

苏联科学院主编 :《世界通史》第 2 卷，生活 · 读书 · 新知三联书店 1960 年版。

〔匈牙利〕雅诺什 · 哈尔马塔 :《中亚文明史》第 2 卷，徐文堪、芮传明译，中国对外翻译出版公司 2002 年版。

〔伊朗〕贾利尔 · 杜斯特哈赫选编 :《阿维斯塔》，元文琪译，商务印书馆 2005 年版。

〔印度〕A. K. 纳拉因 :《贵霜王朝初探》，见中外关系史学会编 :《中外关系史译丛》第 2 辑，上海译文出版社 1985 年版。

〔英〕阿诺德 · 汤因比 :《人类与大地母亲》，徐波、徐钧尧、龚晓庄译，上海人民出版社 1992 年版。

〔英〕亨利 · 裕尔 :《东域纪程录丛》，云南人民出版社 2002 年版。

〔英〕加文 · 汉布里 :《中亚史纲要》，吴玉贵译，商务印书馆 1994 年版。

〔英〕约翰 · 马歇尔 :《犍陀罗佛教艺术》，王冀青译，甘肃教育出版社 1989 年版。

〔英〕约翰・马歇尔 :《塔克西拉》第 1 卷，秦立彦译，云南人民出版社 2002 年版。

外文原著：

Denis Sinor, *The Cambridge History of Early Inner Asia*, Cambridge University Press, 1990.

E. H. Minns, *Scythians and Greeks*, Cambridge University Press, 1913.

F. Bordes, *The Old Stone Age*, McGraw-Hill Book Company, New York, 1968.

Firdausi, *Shahnama*, translated by A. G. and E. Warner, London, 1915.

G. D. Daniel, *A Hundred and Fifty Years of Archaeology*, Duchworth, London, 1975.

Gavin Hambly ed., *Central Asia*, New York, 1969.

H. Yule, *Cathay and the Way Thither, Being a Collection of Medieval Notices of China*, trans. and ed. by Henry Yule, New edition, Revised Throughout in the Light of Recent Discoveries by Henri Cordier, London, The Hukluyt Society, 1915.

J. G. D. Clark, *World Prehistory: A New Outline*, The Cambridge University Press, London, 1961.

J. M. Coles and E. S. Higgs, *The Archaeology of Early Man*, Faber and Faber, London, 1969.

J. P. Mallory and D. Q. Adams, *Encyclopedia of Indo-European Culture*, Routledge, 1997.

Narshaki, *The History of Bukhara*, trans. and ed. by Richard N. Frye, Cambridge, Mass. U. S., 1954.

Procopius, *History of the Wars*, trans. by H. B. Dewing, Vol.I, New

York, 1905-1913.

Schafer, Edward H., *The Golden Peaches of Samarkand: A Study of Tang Exotics*, Berkeley, Los Angeles, University of California Press, 1963.

Sir Percy Sykes, *A History of Persia*, London, Macmillan, 1921.

主要论文：

广东省文物管理委员会、华南师范学院历史系：《广东英德、连阳南齐和隋唐古墓的发掘》，《考古》1961 年第 3 期。

韩康信：《塔里木盆地及其邻近地区古代居民的体质人类学研究》，见《“中亚东部青铜和早期铁器时代的居民”会议论文集》，2007 年。

李大龙：《唐朝与西突厥互使述论》，《民族研究》1995 年第 5 期。

罗碧云：《“迦腻色迦纪元”和贵霜王系考》，人大复印报刊资料（世界史）1983 年第 1 期。

马长寿：《论突厥人和突厥汗国的社会变革》，《历史研究》1958 年第 3—4 期。

夏鼐：《综述中国出土的波斯萨珊朝银币》，《考古学报》1974 年第 1 期。

昭陵博物馆：《唐安元寿夫妇墓发掘简报》，《文物》1988 年第 12 期。

中外译名对照

δ'yh［专］婢

βntk［专］奴

A. Askarov［人］阿斯卡洛夫

A. N. Bernshtam［人］伯恩斯坦姆

A. A. Marushenko［人］马鲁先科

A. Arali［人］阿·阿拉里

A. H. Dani［人］丹尼

A. P. Okladnikov［人］奥克拉德尼科夫

Abarshahr［地］阿巴沙

Abdagases［人］阿卜达加塞斯

Abeacus［人］阿比喀斯

Ab-i Panja［地］喷赤河

Achaemenes［人］阿赫门涅斯

Achaemenid［王］阿黑门尼德

Acheulian Tradition 阿舍利文化

Achinsk［地］阿钦斯克

Aegli［族］埃格洛伊人

Afanasevo［地］阿凡纳羡沃

Afganish［人］阿弗甘尼什
Afghanistan［地］阿富汗斯坦
Afrasiab［地］阿弗拉西雅甫
Ahangaran［地］阿汗格兰
Akhshunvar［人］阿赫雄瓦
Ak-Kupruk［地］阿克库普鲁克
Alagwa R.［地］阿拉格瓦河
Alan［族］阿兰部
Alani［族］阿兰尼
Alania［族］阿兰聊
Alanorsi［族］阿兰息
Ala-Taui［地］阿拉套山
Al-Biruni［人］阿里・比鲁尼
Alekseevka［地］阿列克谢耶夫卡
Alexandria Eschate［地］艾斯恰特亚历山大
Alexandria-Prophthasia［地］普洛夫达西亚・亚历山大
Alexandria-Prophthasia［王］乌弋山离
Alexandrla-Kapisu［地］亚历山大・迦毕试
Al-Istakhri［人］伊斯塔赫里
Ali-tepe Cave［地］阿里特佩
Allahabad［地］阿拉哈巴德
Almalik［地］阿尔马立克
Altai［地］阿尔泰
Altyn-Dilyar［地］阿勒丁迪尔亚
Altyn-tepe［地］阿尔丁特佩
Altyn-tepe［地］阿勒丁特佩
Amankutan［地］阿曼库坦
Amazons［地］阿马宗
Amintas［人］阿明塔斯

Amirabad Culture［文］阿米拉巴德文化

Amir-Temlr Cave［地］阿米尔特米尔洞穴

Ammianus Marcellinus［人］阿米亚努斯·玛尔塞利努斯

Amu Darya［地］阿姆河

Amyrgion［族］阿米尔吉欧伊

Anahid［宗］阿纳喜特神

Anau Culture［文］安诺文化

Anaxippus［人］阿那克西普斯

Andronovo Culture［文］安德罗诺沃文化

Angor［地］安戈尔

Angra Mainyu［宗］安格拉曼纽

Angren［地］恩格伦

Anloga［地］安罗加

Antimacus［人］安提马库斯

Antioch［地］安条克

Antiochus II［人］安条克二世

Antiochus III［人］安条克三世

Aornos［地］阿尔诺斯

Aorsi［族］阿息部

Apama［人］阿帕马

Apollodotua II［人］阿波罗多特二世

Apollodotus［人］阿波洛多托斯

Ara［文］阿拉铭文

Arabian Sea［地］阿拉伯海

Aramaic alphabet［文］阿拉米字母

Aravalli-tepe［地］阿拉瓦利特佩

Aravan［地］阿拉凡

Araxes R.［地］阿拉克赛斯河

Ardashir I Bābegān［人］阿尔达希尔一世

Ardhanārīśvara［宗］湿婆及雪山神女的组合神
Aredvi Sura Anahita［宗］阿雷德维·苏拉·阿纳希塔
Argippaeans［族］阿尔吉派欧伊人
Arii［地］阿列欧伊
Arikamedu［地］阿里卡迈都
Arimaspea［族］阿里马斯普人
Arimaspea［书］《独目人》
Aristeas［人］阿利斯铁阿斯
Aristotole［人］亚里士多德
Arius［地］阿里亚
Arius R.［地］阿里厄斯河
Armenia［地］亚美尼亚
Arrian［人］阿里安
Arsaces［人］阿尔萨西斯
Artabanus［人］阿尔塔巴努斯
Artabanus［人］亚尔达班
Artabanus II［人］阿塔巴努二世
Artaxerxes I［人］阿塔薛西斯一世
Artbazus［人］阿塔巴扎斯
Aruktau［地］阿鲁克陶
Arva［宗］萨婆
Arzon［地］阿尔宗
Ashgabat［地］阿什哈巴德
Ashkal［地］阿什卡尔
Ashoka［人］阿育王
Asia Minor［地］小亚细亚
Aspavarma［人］阿希帕瓦马
Assyria［族］亚述人
Athravan［专］祭司

Atrak［地］阿特拉克河

Augustus［人］奥古斯都

Ay Khanum［地］艾哈农

Āzāt［专］自由人

Azes［族］阿泽斯

Azilises［人］阿济利塞斯

B. A. Litvinsky［人］李特文斯基

B. Allchin［人］奥尔欣

Babylon［地］巴比伦

Bactra［地］巴克特拉

Bactria Margiana Archaeology Complex［文］巴克特里亚—马尔吉亚那文化

Bactria［地］巴克特里亚

Badakshan［地］巴达克山

Badhaghis［地］帆延

Bagashiny［地］巴加希尼

Bagastana / Bagistana［专］贝希斯敦铭文

Baghatur Shad［专］莫贺咄设

Bahlo［地］薄罗

Bahram II［人］巴拉姆二世

Bahram Tschoubin［人］巴赫兰·楚宾

Bahram V［人］巴赫拉姆五世

Baikand［地］沛肯城

Baisun［地］班森

Baladitya［人］婆罗阿迭多

Balhab R.［地］巴尔哈布河

Baliyan［人］跋利延

Balochistan［地］俾路支斯坦

Bamiyan［地］巴米延

Baqirqu［族］拔也古

Barsaentes［人］巴散提斯

Barygaza［地］巴里伽札

Battle of Plataea［专］普拉塔亚战役

Battle of Thermopylae［专］温泉关战役

Baykal［地］贝加尔湖

Bazar［地］巴扎尔

Bazar-kala［地］巴札尔卡拉

Beg［专］伯克

Begram［地］贝格拉姆

Benares［地］贝拿勒斯

Berthold Aufer［人］劳费尔

Beshkent［地］贝希肯特

Besshatîr［地］贝沙提尔

Bessontau［地］贝松套山

Bessus［人］柏萨斯

Betik［王］戊地

Bezymyannoye-tepe［地］贝津扬诺耶特佩

Bhitari［文］比泰里石柱

Bihar State［地］比哈尔邦

Bishkent［地］比什凯特

Bisitun［地］比索通

Biya R.［地］比亚河

Boatai［地］博泰

Bodhisattva Dharmodgata［宗］昙无竭

Bodhisattva［专］菩萨

Bögü［人］匐俱

Bosporus［地］博斯普鲁斯

Bostan［地］博斯腾

Boukhara [王] 安国
Bronze Age [文] 青铜时代
Budha-gupta [人] 佛陀笈多
Budrach [地] 布德拉奇城
Buirachi [地] 布伊拉奇
Bukantau [地] 布坎套
Bulungur [地] 布隆古尔渠
Burzahom [地] 布尔扎洪
Buva [地] 布瓦
C. S. Coon [人] 库恩
C. Thibault [人] 斯 · 西鲍特
Caesar [专] 恺撒
Cambyses [人] 冈比西斯
Candavira [宗] 旃陀毗罗
Cappadocia [地] 卡帕多细亚
Capra Sibirica [专] 西伯利亚山地羊
Carmania [地]卡尔马尼亚
Carmel [地] 卡尔迈勒
Carpathians [地] 喀尔巴阡山
Caspian [地] 里海
Cavcasoid [文] 高加索人种
Central Asia [地] 中亚
Chach [地] 查奇
Chach [地] 赭时
Chach [王] 石国
Chaganiyan [地] 赤鄂衍那
Chalcolithic [文] 铜石并用
Chandigarh [地] 昌迪加尔
Chandragupta [人] 旃陀罗笈多

Chariot［专］轻快马车
Chatkal［地］恰特喀尔
Chenab R.［地］切纳布河
Chih-chih［地］郅支城
Chilas［地］奇拉
Chilek［地］奇尔克
Chimbai［地］钦贝尔
Chirchik［地］奇尔奇克
Chirk-Rabat［地］吉列克拉巴特
Chitral［地］奇特拉尔
Choliatæ［族］柯力亚忒
Chorasmians［地］科拉西尼亚
Christian Topography［书］《基督教世界地理志》
Chust［地］楚斯特
Cimmerian［族］辛梅里安人
Clactonian［地］克拉克当
Claudius［人］克劳底乌斯
Clearchus［人］克利尔克斯
Colchis［地］科其亚
Colhozabad［地］科尔霍扎巴德
Cosmas Indicopleustes［人］科斯马斯・印狄科帕留斯脱斯
Crimea［地］克里米亚
Ctesiphon［地］泰西封
Cyropolis［地］居鲁士城
Cyrus I［人］居鲁士一世
D. Dorj［人］多尔基
D. N. Lev［人］列夫
D. W. Anthony［人］安东尼
Dadarshi［人］达达尔什

Dahae [族] 达赫人

Dahistan [地] 达希斯坦

Dalverzin-tepe [地] 达尔弗津特佩

Dam Dam Chashma Cave [地] 旦旦查什马洞

Dandanayaka [专] 元帅

Dandybay-Begazy [地] 丹迪贝 · 比加泽

Danube R. [地] 多瑙河

Dara-i Kur [地] 达雷库尔

Dargom [地] 达尔贡渠

Darvaz [地]达尔瓦兹

Dashly [地] 达希列

Dashlyji [地] 达希列基

Dasht-i Nawur [文] 达希迪纳沃铭文

Deh Morasi Ghundai [地] 德莫拉西贡旦

Delhi [地] 德里

Demetrias [地] 德米特里亚城

Demetrius [人] 德米特里

Derbend [地] 打耳班

Devkeskan [地] 德夫克斯坎

Dhanyavisnu [人] 昙尼耶毗湿奴

Dharmarrājika [地] 达马拉吉卡

Dilberjin [地] 第尔伯金

Dingildzhe [地] 丁吉尔泽

Dio Chrysostomus [人] 戴奥 · 克鲁索斯脱莫斯

Diodotus [人] 狄奥多塔斯

Dionysus [宗] 狄俄尼索斯

Dirham [专] 迪尔汗

Diz [专] 迪兹

Dizpat [专] 迪兹帕特

Djaghanyan［地］石汗那

Dnieper R.［地］第聂伯河

Don R.［地］顿河

Dordogne［地］多尔多涅

Drachm［专］德拉克麦（1 德拉克麦 = 4.36 克）

Drangiana［地］德兰吉亚那

Drapsaca［地］德拉普萨卡

Dravidians［族］达罗毗荼人

Drius［人］大流士

Duras R.［地］杜拉斯河

Dyndybayev［地］戴恩德巴耶夫

Dzhanbas-kala［地］詹巴斯卡拉城

Dzhidargamirsay［地］济达伽米尔赛

Dzhingirbent［地］津吉尔奔特

Dzhuibar［地］祖伊巴尔

Dzungar［地］准噶尔

Ecbatana［地］埃克巴坦纳

Ed Drouin［人］埃德·德鲁恩

Elamite Civilization［文］埃兰文明

Elishe Vardaper［人］埃里塞

Elizavetinskaya Stanitsa［地］伊利扎威丁斯卡亚

Elken-tepe［地］厄尔肯特佩

Elteber［专］俟利发

Elymais［地］埃勒梅斯

Emba R.［地］恩巴河

Eparchy［专］郡

Ephesus［地］以弗所

Ephthalites［人］厌带夷栗陀

Epipnleolithe［文］后旧石器时代

Eran [地] 埃兰
Erphoros [人] 厄福洛斯
Eucratides [人] 攸克拉提德斯
Eudamus [人] 攸达模斯
Euroasian Steppe [地] 欧亚大草原
Europeoid [文] 欧罗巴人种
Euthydemus [人] 攸提德谟斯
Eutychios [人] 攸提奇俄斯
Eylatan Cuture [文] 埃拉坦文化
F. T. Hiebert [人] 希伯尔特
Faganish [人]法甘尼什
Farn [宗]法尔恩
Farsakh [专]法尔沙赫
Farukhabad [地] 法鲁哈巴德
Fayas-tepe [地] 法雅斯特佩
Fergana Valley [地] 费尔干纳盆地
Firdausi [人] 费尔多西
Florus [人] 弗洛鲁斯
Frada [地] 费拉达
G. A. Kushaev [人] 库沙耶夫
G. F. Korobkova [人] 科罗勃科娃
G. Gulyamov [人] 古里雅穆夫
Gandhara [地] 犍陀罗
Gardin [人] 戈丁
Gaugamela [地] 高加米拉
Gaukhora [地] 高霍拉
Gaumata [人] 高墨达
Gaziabad-Chermenyab [地] 加齐耶巴德 · 奇尔门亚卜
Gāθās [书]《伽萨》

Gedrosia［地］伽德罗西亚

Gentelle［人］根泰莱

Geoksiur［地］吉奥克修尔

Georgia［地］格鲁吉亚

Ghaligai［地］加利盖

Ghar-i Asp［地］加里阿斯普

Ghar-i Kamarband［地］加里卡马班德

Ghar-i Mar［地］加里马尔

Ghorband R.［地］果尔班德河

Gilgit［地］吉尔吉特

Girnar［文］吉尔那铭文

Godomannus［人］科那斯

Gondophares［人］冈德法内斯

Gondophares II［人］冈德法内斯二世

Gonur［地］郭努尔

Gorgan［地］戈尔甘

Grāmika［专］村长

Granavhryaka［人］格兰纳夫里耶卡

Granicus［地］格拉尼卡斯

Gufkral［地］古夫克拉尔

Guldursun［地］古尔都松

Guler［地］古勒

Gumal R.［地］古马勒河

Gumla［地］贡拉

Gupta［王］笈多王朝

Gwālior［地］瓜廖尔

Gyaur-kala［地］乔尔卡拉

H. P. Francfort［人］法兰克福特

H. C. Rawlinson［人］罗林森

H. J. H. Drummond［人］德鲁蒙德
Hamadan［地］哈马丹
Hamun［地］哈木湖
Hamun Lake［地］哈蒙湖
Haraiva［地］赫拉特
Harappan Culture［文］哈拉帕文化
Harirud R.［地］哈里鲁德河
Harpocrates［宗］哈尔波克剌特斯
Hassu［地］哈苏
Hatra［地］哈特拉
Hazarasp［地］哈札拉斯普
Heart / harat［地］赫拉特
Hecatompylos［地］赫卡托姆皮洛斯
Heliocles［人］赫里奥克里斯
Helmand R.［地］赫尔曼德河
Hephthalites［王］哌哒
Heraclius［人］赫拉克利乌斯
Hermaeus［人］赫尔玛尤斯
Hérodien［人］赫洛店
Herodotus［人］希罗多德
Himāchal Pradesh［地］喜马偕尔邦
Hindu Kush Mountains［地］兴都库什山
Hippostratus［人］赫波斯特拉土斯
Hissar［地］希萨尔
Hissar Culture［文］希萨尔文化
Hissar-tepe［地］希萨尔特佩
Hittite Empire［王］赫梯帝国
Homo erectus［文］直立人
Homo habilis［文］能人

Homo sapiens［文］智人
Hormizd II［人］霍尔米兹德二世
Hotu Cave［地］霍土
Hūna［族］匈奴
Hunza［地］洪扎
Hurmazd［人］霍尔穆兹
Huvishka［人］胡韦色迦
Hypachy［专］县
Hyrcania［地］希尔克尼亚
I. N. Khlopin［人］克洛平
Iazyge［族］伊兹吉斯
Iberian Peninsula［地］伊比利亚半岛
Il qagan［人］伊利可汗
Ilak［地］伊剌克
Ilek［地］伊列克
Ili R.［地］伊犁河
Indo-Europeanfamily［文］印欧语系
Indravarma［人］因特拉瓦马
Indus Civilization［文］印度河文明
Ionic［文］爱奥尼克式
Iran Plateau［地］伊朗高原
Irkin［专］俟斤
Iron Age［文］铁器时代
Irtysh R.［地］额尔齐斯河
Isfara［地］伊斯法拉
Isfara R.［地］伊斯法拉河
Ishkapai［人］伊什卡帕
Ishtîkhan［地］瑟底痕
Ishtikhan［地］伊什迪汗

Issedone / Issedonians［族］伊赛多涅斯人
Issus［地］伊萨斯
Issyk-Kul/Issyk-Kol［地］伊塞克湖
Istakhr［地］伊斯塔赫尔
Istami［人］室点密
Izatkuli［地］伊扎特库利
Izmukshir［地］札马赫沙
J. F. Jarrige［人］贾里奇
J. M. Casal［人］卡萨尔
Jabalpur［地］贾巴耳普尔
Jalalabad［地］贾拉拉巴德
Jalilpur［地］贾利普尔
Jamāl Pur［地］杰玛普尔
Jandiāl［地］詹迪阿尔
Jara-Kul［地］贾拉库尔
Jarkutan［地］贾尔库坦
Jarmo［地］耶莫
Jebel［地］杰贝尔
Jeitun Culture［文］哲通文化
Jericho［地］耶利哥
Jet stone［专］黑玉
Jezkazgan［地］杰兹卡兹甘
Jhelum R.［地］杰卢姆河
Jihonika［人］吉霍尼卡
Jnānaprasthānam［书］《发智论》
Junāgarh［书］朱纳格尔铭文
Junnar［书］朱纳尔铭文
Justin［人］查士丁
Jutsliker［地］居兹利克尔

K. A. Akishev［人］阿基舍夫
K’ang-chü［王］康居
Kaboulistan［地］迦布逻
Kachi［地］格奇平原
Kadphises［人］卡德斐塞斯
Kafirnighan R.［地］卡菲尔尼甘河
Kafry-kala［地］卡菲尔卡拉
Kala Jala R.［地］卡拉贾拉河
Kalalî-gîr［地］卡拉里吉尔
Kalbin［地］卡尔宾
Kalhana［人］迦罗那
Kamenka［地］卡缅卡
Kamenskoe Gorodishche［地］卡缅斯科·戈诺迪什彻
Kandaha［地］坎大哈
Kandum-kala［地］坎东卡拉
Kaneshko［人］喀内什科
Kangra［地］康格拉
Kanimekh［地］卡尼梅赫渠
Kanishka［人］迦腻色迦
Kaniskapru［地］迦腻色迦普罗
Kapisa［王］迦毕试
Kara Kamar Cave［地］卡拉卡马尔洞穴
Kara Su［地］卡拉河
Kara Tegin［地］卡拉捷金
Kara Turgai［地］卡拉土尔盖
Kara-tepe［地］卡拉特佩
Karakoram［地］喀喇昆仑
Kara-Kum［地］卡拉库姆
Karalang［地］卡拉兰格渠

Karamazar［地］卡拉马札尔

Karasuk Culture［文］卡拉苏克文化

Karatau［地］卡拉套

Kara-tepe［地］卡拉特佩

karatumsuk［地］卡拉图姆舒克

Karaungur［地］卡朗古尔

Kardarankhas［地］卡达兰哈斯

Karewas R.［地］卡雷瓦斯河

Karez［专］坎儿井

Karle［书］卡勒铭文

Karoshthi［文］佉卢文

Karttikeya［宗］迦提凯耶

Kashka R.［地］卡什卡河

Kashmir［地］克什米尔

Kāśī［地］迦尸

Kath［地］柯提

Kathiawar［地］卡提阿瓦

Katulphus［人］喀塔尔福斯

Katun R.［地］卡通河

Kausambi［地］俱赏弥

Kavad I［人］居和多

Kavat［地］卡瓦特

Kayly Cave［地］凯利洞

Kayrak Kum［地］凯腊克库姆

Kazakhstan［地］哈萨克斯坦

Kazilkir［地］克济尔基尔

Kelteminar Culture［文］克尔捷米纳尔文化

Kerichetau［地］克里切套

Kerman［地］克尔曼

Kermanshah［地］克尔曼沙阿
Kesh［王］史国
Keshef-rud［地］克谢夫河谷
Khaikhanik［地］海汉尼克
Khalchayan［地］卡尔查延
Kharapallana［人］哈拉帕拉纳
Kharkan Rud［地］哈尔甘鲁德
Khavaling［地］哈瓦陵
Khebud［王］曹国
Khiva［地］希瓦
Khoja-gor［地］霍贾伊果尔
Khoja-mazgil［地］霍贾马兹吉尔
Khojand［地］俱战提
Khojikent［地］霍吉肯特
Khosrau I［人］库思老一世
Khosrau II［人］库思老二世
Khušhnavaz［人］库希那瓦
Khvatak［地］华塔克
Khwaresm［王］火烬（货利习弥）
Khwarezmia［地］花剌子模
Khyber［地］开伯尔
Kidara［人］寄多罗
Kidarites［王］寄多罗王朝
Kili Gul Muhammand［地］乞力古尔穆罕默德
Ki-Pin［王］罽宾
Kîrkkîz［地］基尔克孜
Kiu-shih Culture［文］车师文化
Kizilcha［地］克齐尔查
Kizil-tepe［地］克齐尔特佩

Kochbulak［地］科奇布拉克
Kokcha R.［地］库克查河
Koni Mansur［地］科尼曼苏尔
Kopet Dag［地］科佩特山
Kosha-tepe［地］科沙特佩
Koshana［王］何国
Kosmola［地］科斯莫拉
Koy-Krîlgan-kala［地］科依克雷尔干卡拉城
Koy-Krilgan-Kala［地］廓克里甘卡拉
Krasnovodsk［地］克拉斯诺夫斯克
Ksatrapa［专］总督
Kuban［地］库班
Kuchud-tepe［地］库楚克特佩
Kugitangtau［地］库吉唐套山
Kujula Kadphises［人］丘就却
Kulbulak［地］库尔布拉克
Kuldara［地］库尔达拉
Kule［地］库勒
Kūnānāye［族］匈奴
Kurama［地］库拉马
Kurgan-Tyube［地］库尔干・秋别
Kusâniyya［地］库沙尼亚
Kushan Empire［王］贵霜帝国
Kushanshāh［专］贵霜沙
Kusmehan［地］库斯梅罕
Kuturbulak［地］库土尔布拉克
Kyrgyzstan［地］吉尔吉斯斯坦
Kyuzeli-gir［地］克尤泽利吉尔
Kyzyl R.［地］克齐尔河

Kyzyl-Kum / Qyzyl-Kum［地］克孜尔库姆
L. A. Chalaya［人］查赖雅
L. Dupree［人］杜普雷
Laghman［地］拉格曼
Lakhuti［地］拉胡迪
Lala［人］拉拉
Lazar［地］拉扎尔
Lazica［地］拉齐卡
Le Moustier［地］穆斯捷
Les Eyzies［地］莱塞济
Levalloisian［文］勒瓦娄哇技术
Levalloisian-Mouster［文］勒瓦娄哇—莫斯特
Levallois-Perret［地］勒瓦娄瓦·佩雷
Liaka［人］利耶卡
Loebanr Swat［地］洛伊班斯瓦特
Lucian［人］吕西安
Lydia［族］吕底亚
M. Duncker［人］敦克尔
M. Gimbutas［人］吉布塔
M. M. D’yakonov［人］季亚可诺夫
M. R. Kasymov［人］卡西穆夫
Madau-tepe［地］马道特佩
Madhya Pradesh［地］中央邦
Mahadandanayaka［专］大元帅
Mahaksatrapa［专］大总督
Mahan R.［地］马汉河
Mahesvara［宗］湿婆
Maida-tepe［地］梅达特佩
Maimargh［王］米国

Makan-i Mar［地］马坎伊马尔

Malo-Krasno-yarskaya［地］马洛克拉斯诺雅斯卡亚

Malwa［地］马尔瓦

Mandasor［书］曼达索尔铭文

Mangyshlak［地］曼吉什拉克

Maniakh［人］马尼亚克

Mannai kingdom［王］马纳

Mao［宗］毛乌

Mar Aba［书］《马尔・阿巴传》

Maracanda［地］玛拉干达

Margiana［地］马尔吉亚那

Margus R.［地］玛尔葛斯河

Marsyas［宗］玛耳诸阿斯

Mashhad［地］马什哈德

Mastuj［地］马斯图季

Mathura［地］马土腊

Maues / Moa / Moga［人］毛厄斯

Mazar-i-Sharif［地］马扎里沙里夫

Mazdak［人］马资达克

Media［族］米底

Media-Arturopatna［地］米太・阿特洛巴特那

Mehrgarh［地］梅尔伽赫

Memphis［地］孟斐斯

Menander Protector［人］米南德

Merv［地］莫夫

Mesolithic Age［文］中石器时代

Mesopotamia［地］美索不达米亚

Mianwali［地］米安瓦利

Microlithes［文］细石器

Mieh-tu［人］弥俄突

Mihirakula［人］摩酰逻矩罗

Milon［人］米隆

Minusinsk［地］米努辛斯克

Mirshadi［地］米尔沙迪

Mithra［宗］密特拉神

Mithradates II［人］密特里达提二世

Mithradates［人］米思里代蒂兹

Miyan-kala［地］米安卡拉

Mohmand［地］莫满德

Mongolian Plateau［地］蒙古高原

Mongoloid［文］蒙古利亚人种

Mosul［地］摩苏尔

Mouster Culture［文］莫斯特文化

Moyun Kum［地］莫云库姆

Mukran［地］莫克兰

Mundigak［地］蒙迪加克

Murgab R.［地］穆尔加布河

Murgha［地］穆尔加

N. G. Harlamoff［人］哈拉莫夫

N'pk［专］债奴

Naimabad［地］奈马巴德

Nalagarh［地］那拉迦尔

Namazga［地］纳马兹加

Namda［人］南达

Nana［宗］那纳

Nandi［宗］圣牛难提

Naqš-e Rostam［文］纳克希·鲁斯坦姆铭文

Narbada R.［地］纳巴达河

Narpai［地］纳尔佩
Naryn R.［地］纳伦河
Nasik［书］纳西克铭文
Naukat［地］瑙卡特
Naukinsk［地］瑙金斯克灌溉网
Nautaca［地］脑塔卡
Neander Valley［地］尼安德特河谷
Neanderthals［专］尼安德特人
Nebuchadrezzar［人］尼布甲尼撒
Negroid［文］尼格罗人种
Nestorianism［宗］聂斯脱里教
Nineveh［地］尼尼微
Noshirwan［人］奴细尔汪
Nuratau［地］努拉套
Nurek［地］努雷克
Ob R.［地］鄂毕河
Obi-Rahmat Cave［地］奥比拉赫马特洞穴
Obisil Cave［地］奥比希尔洞穴
Ogzi-Kichik Cave［地］奥格泽基奇克洞穴
Oikul［地］欧库尔
Olbia［地］奥尔比亚
Orodes II［人］俄罗德斯二世
Orsk［地］奥尔斯克
Orthagnes［人］俄塔格勒斯
Osh［地］奥什
Oshhoner［地］奥什霍纳
Ossete［族］奥塞特人
OttoKrato［人］奥托克拉托
P'arp［地］帕普

P’o-lo-men［人］婆罗门
Pacores［人］帕科雷斯
Padrapāla［专］村长
Pakistan［地］巴基斯坦
Palibothri［地］华氏城
Pamir［地］帕米尔
Pamir-Alai［地］帕米尔·阿赖
Panjshir R.［地］潘季希尔河
Panjtar［文］潘季塔尔铭文
Panticapaeum［地］潘蒂卡派
Parkoles［人］帕科勒斯
Parni［族］帕尔尼人
Paropanisades［地］帕罗帕米萨德
Parsua［地］波斯
Parthia［地］帕提亚
Parthian［族］帕提亚人
Parvati［宗］帕婆提
Patbāz［专］税收
Patbāz［地］帕特巴兹
Patigrabana［人］帕提格拉班纳
Patika［地］帕提卡
Paul［人］保罗
Pavlodar［地］巴甫洛达尔州
Payarik［地］帕雅里克渠
Pazyryk［地］巴泽雷克
Pebble Culture［文］砾石文化
Pechenegs［族］佩彻涅格人
Pehlevi［文］巴列维文
Pen’ki［地］彭基

Pendjikent［地］片治肯特
Perdiccas［人］坡狄卡斯
Pērōz［人］卑路斯
Persepolis［文］波斯波利斯铭文
Persia［地］波斯
Persson［人］佩松
Petropavlovsk［地］彼得罗巴甫洛夫斯克
Pharasmanes［人］法拉斯马尼斯
Phidias［人］菲狄亚斯
Philip II［人］腓力二世
Philostratus［人］菲洛斯特图斯
Phraates II［人］弗拉阿特二世
Phrataphernes［人］弗拉塔费涅斯
Phryni［地］弗林尼
Pit Tomb Culture［文］竖穴墓文化
Polybius［人］波里比阿
Polytimetus R.［地］波利提米塔斯河
Pontus［地］彭蒂斯
Potwar Plateau［地］波托瓦尔高原
Procopius［人］普洛科庇乌斯
Protonealithe［文］前新石器时代
Ptolemaeus［人］托勒密
Pul-i-khumri［地］普勒胡姆里
Punjab［地］旁遮普
Purushapur［地］布路沙布逻
Puskalāvatī［地］濮达
Puszta［地］匈牙利草原
Pyatimary［地］帕雅提马里
Qadirkhan［地］兴安岭

Qaghan［专］可汗
Qutluq［专］骨咄禄
R. Gauthiot［人］哥提欧
R. S. Davis［人］戴维斯
R. Pumpelly［人］庞普里
Rājataranginī［书］《诸王流派》
Rajula［人］拉朱拉
Ramitan Rud［地］拉米坦鲁德
Ramithana［地］阿滥谧
Ravi R.［地］拉维河
Riwat［地］里瓦特
Roxane［人］罗克珊娜
Roxolani［族］罗克索兰人
Rudradaman［人］鲁德拉达曼
Rum［王］罗马
S. Masuda［人］马苏达
S. P. Tolstov［人］托尔斯托夫
S. S. Chernikov［人］切尔尼科夫
S. V. Kiselev［人］吉谢列夫
Said Qala［地］赛义德卡拉
Sakā Haumavargā［族］豪玛瓦尔格・塞克人
Sakā Tigraxaudā［族］尖顶帽塞克人
Sakā［族］塞克
Saka-Massagatae［族］塞克—玛撒该塔伊人
Saksaul'skaya［地］撒克绍斯卡亚
Samarqand［王］康国
Samarqand［地］撒马尔罕
Sanabules［人］萨纳巴勒斯
Sānāth［地］萨尔拉特

Sang-i-Chakmak［地］桑伊查克马克
Sanghao［地］桑浩
Sapalli［地］萨帕利
Sarai Kala［地］塞赖克勒
Sarazm［地］撒拉兹姆
Sarik-Caupan［地］萨里克・高盘
Sarikurgan［地］萨里库尔甘
Sarmatans［族］萨尔马特人
Sarvāstivāda［宗］小乘教说一切有部
Sassanids［王］萨珊王朝
Satbarzanes［人］萨提巴赞斯
Satrapy［人］萨特拉佩阿
Satrapy［专］太守领地
Sauromatae［族］撒乌罗玛泰伊人
Sawād［地］沙瓦德
Sayani Mountains［地］萨彦岭
Scyths（Skyshai, Scythian）［族］斯基泰人
Sea of Azov［地］亚速海
Sébéos［人］塞贝斯
Segistan［地］塞吉斯坦
Selekur［地］色勒库尔干
Seleucid Dynasty［王］塞琉古王朝
Seleucus Nikator［人］塞琉古・尼卡托
Semirjetsche［地］七河地区
Senānī［专］司令官
Senapati［专］统帅
Seres［地］赛里斯
Shad［专］设
Shah［地］沙赫

Shah Rud［地］沙赫鲁德
Shahimardan［地］沙马丹
Shahr-i Nau［地］沙赫里瑙
Shahr-i Sokhta［地］沙赫里索克塔
Shalmaneser［人］萨尔马纳萨尔三世
Shamanism［宗］萨满教
Shapur I［人］沙普尔一世
Shatial［地］沙提尔
Shor-tepe［地］肖尔特佩
Shugnou［地］舒格诺
Siabsai［地］西雅布塞
Side Scraper［专］侧缘刮削器
Silwalik belti［地］西瓦利克带
Sintashta-petrovka Culture［文］辛塔什塔—彼德罗夫卡文化
Sippar［地］西帕尔
Siraci［族］西拉锡
Sisicottus［人］西西科塔斯
Sistan［地］锡斯坦
Sivasena［地］希瓦塞那
Siwalik［地］西瓦利克
Skand-gupta［人］塞建陀笈多
Skunxa［人］斯昆卡
Smbat［人］沙母贝特
Soan R.［地］索恩河
Sodasa［人］肖达萨
Sogdian script［文］粟特文或窣利文
Sogdiana［地］粟特
Sokh［地］索赫
Sokh R.［地］索克河

Sōter Mêgas［人］索特・麦加斯
South Ossetia［地］南奥赛提亚
Southern Sibir［地］南西伯利亚
Spadinus［人］斯巴迪努斯
Spalagadames［人］斯帕拉卡达姆斯
Spalyris［人］斯帕立里斯
Spargapises［人］斯帕尔伽披赛斯
Spitamenes［人］斯皮塔米尼斯
Srinagar［地］斯利那加
Ssūšā［书］苏萨铭文
Stathros［专］驿亭
Strabo［人］斯特拉波
Strategos［专］将军
Stupas［专］窣堵波或浮屠
Sultan-Uizdag［地］苏丹韦兹达格
Sumbar R.［地］松巴尔河
Sumerian Civilization［文］苏美尔文明
Sunzha R.［地］桑扎河
Surkh Kotal［书］苏赫科特尔铭文
Surkhan Darya［地］苏尔汉河
Sutrushana / Ushrusana［地］苏对沙那
Swat R.［地］斯瓦特河
Syr Darya［地］锡尔河
Syrian［地］叙利亚
T. N. Khazanchi［人］哈赞奇
T. T. Paterson［人］帕特尔松
Tabar Qaghan［人］佗钵可汗
Tabari［人］塔巴里
Tadono［专］吐屯

Tagino［专］特勤
Tagisken［地］塔吉斯肯
Tahirbay［地］塔希尔贝
Taip［地］泰普
Tajikistan［地］塔吉克斯坦
Takht-i-Bahi［书］塔赫蒂巴希铭文
Takht-i-Sangin［地］塔克蒂桑金
Talas［地］塔拉斯
Talekan［地］塔里堪
Talgar Ravine［地］塔尔加尔山谷
Tamil［书］泰米尔铭文
Tanay［地］塔奈城
Tandyriul［地］汤迪留尔
Tardu Šad［人］咀度设
Tardu［人］达头可汗
Tarduš šad［人］达渡设
Tarim Basin［地］塔里木盆地
Tarrant［专］塔兰特
Tarxano［专］达干
Tash-kumyr［地］塔什库梅尔
Tashkurgan［地］塔什库尔干
Taurus M.［地］托罗斯山
Tautara［地］陶塔拉
Taxila［地］呾叉始罗
Taxila［地］塔克西拉
Ta-Yuan［王］大宛
Tazabagyab［地］塔扎巴格雅布
Tedzhen R.［地］捷詹河
Tegin［专］特勤

Teispes［人］铁伊司佩斯
Tekke-tepe［地］特肯特佩
Terek R.［地］捷列克河
Termez［地］帖尔穆兹
Teshik-Tash Cave［地］捷希克塔什洞穴
Tesiktas［地］特西克塔斯
The Black Sea［地］黑海
The Geography［书］《地理志》
The Great Hand-axe Complex［文］手斧文化圈
The Great Chopper-tool Complex［文］砍斫器文化圈
The Histories［书］《历史》
The Mauryan Dynasty［王］孔雀王朝
The Steppes of Central Asia［地］中亚草原
Theophanes［人］塞奥凡尼斯
Theophanus［人］狄奥法尼斯
Theophylactus Simocattes［人］塞罗菲拉克・西摩卡塔
Thomsen［人］汤姆森
Tian Mountain［地］天山
Tiberrius［人］提比留斯
Tiflis / Tbilisi［地］梯弗里斯
Tigrovaya Balka［地］提格鲁瓦雅巴尔卡
Tillya-tepe［地］提利雅特佩
Timber-chambered Tomb Culture［文］木椁墓文化
Tiravharna［人］提拉夫哈那
Tirnut［地］牒罗
Tobol R.［地］托博尔河
Tocharoi［族］吐火罗人
Toichnek-tepe［地］托奇奈克特佩
Tokharastan［地］吐火罗斯坦

Tomyris［人］托米丽司
Tonqra［族］同罗
Ton-yabghu［人］统叶护
Toprak-kala［地］托普拉克卡拉
Toranas［专］印度式四道门
Torman［人］头罗曼
Trajan［人］图拉真
Transoxiana［地］河中地区
Trapezus［地］特拉比松城
Triparadisus［人］特里帕拉狄索斯
T. T. Paterson［人］帕特尔松
Trushnikovo［地］特鲁什尼科弗
Tulgan［地］图尔根
Tulkhar［地］图尔哈
Tura［地］独洛河
Turang-tepe［地］土朗特佩
Türgäch［王］突骑施汗国
Türk［族］突厥
Turkmenistan［地］土库曼斯坦
Turk-Runic Script［文］突厥鲁尼文
Turxanthus［人］咄陆设
Tuttystone［专］黄铜
Tuva［地］图瓦
Uchkatli［地］乌奇克特利
Ukraine［地］乌克兰
Ulug-tepe［地］乌卢格特佩
Ulugh Irkin［专］大俟斤
Unaghan R.［地］乌拉干河
Urals［地］乌拉尔

Urartu kingdom［王］乌拉尔图
Ura-Tyube［地］乌拉・丘别
Urmia Lake［地］乌尔米亚湖
Urtaboz［地］乌尔塔博兹
Uru［专］乌鲁（男性）
Urugh［族］乌鲁格
Ust'-Narym［地］乌斯特纳林
Űtüken［地］郁督军山
Uvārazmi［地］花刺子模
Uzboy R.［地］乌兹博伊河
V. I. Sarianidi［人］萨里阿里迪
V. M. Masson［人］马松
V. A. Ranov［人］拉诺夫
Vadak［地］瓦达克
Vakhsh R.［地］瓦赫什河
Valentin［人］瓦伦丁
Vanaspara［人］瓦那斯帕拉
Vandidad［书］《文迪达德》
Varakhsha［地］瓦拉赫沙
Varanasi［人］维斯泊西
Vasiska［人］婆什色迦
Vasu［人］瓦苏
Vāsudeva［人］波调
Vima Kadphises［人］阎膏珍
Visigoth［族］西哥特人
Vispered［书］《维斯帕拉德》
Vištāspa［人］维斯塔斯帕
Vogul［族］沃古尔人
Volga R.［地］伏尔加河

Vologases［人］伏洛加塞斯

Vologases［人］沃洛盖斯

Vonones［人］沃诺内斯

W. Fairservis［人］费尔塞维斯

Wakhan［地］瓦罕

Warwaliz［王］活国

Wn'k［专］战俘

Wu-sun［族］乌孙

Xatun［专］可敦

Xenophon［人］色诺芬

Xerses I［人］薛西斯一世

Xwatyn / xwaten［专］可敦

Y. A. Zadneprovsky［人］扎德尼普罗夫斯基

Yabghu［专］叶护

Yabghus［专］翕侯

Yakka-Parsan［地］雅卡帕尔桑

Yangaja［地］扬加贾

Yangi［地］养吉干

Yasht［书］《亚什特》

Yaśodharmān［人］耶输陀曼

Yassy-tepe［地］雅锡特佩

Yašt［书］《耶施特》

Yaz-tepe［地］亚兹特佩

Yazdgird II［人］伊嗣俟二世

Yenisey R.［地］叶尼塞河

Yen-ts'ai［族］奄蔡

Yīfú［人］伊匐

Ypδ［专］附庸

Ysanas［书］《亚思纳》

Yüeh-chih［族］大月氏
Zaboulistan［地］谢风旦
Zaboxo［专］叶护
Zagros M.［地］札格罗斯山
Zaisan Lake［地］斋桑湖
Zamakhshar［地］札马赫沙
Zaman-baba Culture［文］扎曼巴巴文化
Zandana［地］赞达那渠
Zang［地］章渠
Zar-tepe［地］札尔特佩
Zasracarta［地］扎德拉卡塔
Zend-Avesta［书］《阿维斯塔》
Zerafshan R.［地］泽拉夫善河
Zeugma［地］泽格玛
Zhalpak［地］扎尔帕克
Ziebel［专］叶护
Znamenka［地］兹纳缅卡
Zoroaser［人］琐罗亚斯德
Zoroastrianism［宗］拜火教

蓝琪　主编

中亚史

第三卷

蓝琪　刘如梅　著

商务印书馆
创于1897 The Commercial Press

图书在版编目（CIP）数据

中亚史. 第三卷 / 蓝琪主编；蓝琪，刘如梅著. —
北京：商务印书馆，2020（2022.8重印）
ISBN 978-7-100-18499-1

Ⅰ. ①中… Ⅱ. ①蓝… ②刘… Ⅲ. ①中亚－历史
Ⅳ. ①K360.0

中国版本图书馆CIP数据核字（2020）第085642号

中亚史

第三卷

蓝琪　主编

蓝琪　刘如梅　著

商　务　印　书　馆　出　版
（北京王府井大街36号　邮政编码　100710）
商　务　印　书　馆　发　行
三河市尚艺印装有限公司印刷
ISBN 978-7-100-18499-1

2020年10月第1版　　开本 640×960　1/16
2022年8月第2次印刷　　印张 26 1/4

定价（全六卷）：460.00元

第三卷 序

《中亚史》第三卷论述了11—13世纪初期，中亚地区突厥王朝及中亚北部游牧诸政权的兴起、发展和衰落的历史。从内容上看，这一时期的中亚政权处于封建制度形成和封建关系发展的时期，在世界历史分期中属于中世纪史的范畴；从社会发展史的角度来看，这一时期的中亚社会处于封建社会的发展阶段。

《中亚史》第三卷分“中亚突厥王朝的兴起”、“中亚突厥王朝的发展和西辽的建立”、“突厥王朝和西辽的衰落”三编。第一编从喀喇汗王朝统治中亚东部地区的10世纪中叶起，到喀喇汗王朝分裂的11世纪中叶止；第二编从塞尔柱人崛起的1040年起，到卡特万战争爆发的1141年止；第三编从西辽统治河中地区的12世纪中叶起，到蒙古人入侵中亚的13世纪20年代止。

每一编的结构大致由两个部分构成：第一部分分述中亚诸政权的历史发展过程和统治模式；第二部分侧重于对突厥王朝的社会经济、宗教、文化及对外关系做总体研究。

第一编论述了喀喇汗、伽色尼、塞尔柱三个突厥王朝的兴起，以及三股势力在中亚的争夺，结果：喀喇汗王朝统治了阿姆河以北的中亚地区；伽色尼王朝统治了阿姆河以南的阿富汗地区；塞尔柱人夺取了阿姆河以西的呼罗珊。三个突厥王朝的建立结束了东伊朗人统治中亚的历史，突厥人重返他们在7世纪中叶以后退出的中亚历史舞台。此外，本编还论述了这一时期发生在欧亚草原上的、自东而西的民族大迁徙运动，以及这一时期中亚游牧民族的历史。

第二编论述了三个突厥王朝的发展史和中国古代民族契丹在中亚的建国过程，探讨了突厥王朝及西辽在中亚的统治。文中指出了突厥三个王朝在中亚统治的共性：以伊斯兰教为国教，与阿拔斯王朝保持一致，信仰正统的逊尼派；对内发展经济，对外实行扩张；由于王朝统治者的背景及统治区居民构成的不同，三个王朝的统治存在着差异：喀喇汗王朝建立在突厥人占优势的地区，王朝的统治采取了突厥传统的政权方式——双王制和分封制，伽色尼王朝和塞尔柱帝国统治区的居民以东伊朗语族的欧罗巴人为主，因此，它们更多地沿袭了萨曼王朝的中央集权制，继承了波斯的行政制度，具有西方国家统治权与行政权分开的特征。尽管如此，追随塞尔柱素丹的突厥游牧贵族是塞尔柱帝国的统治基础，为了顾及他们的利益，塞尔柱帝国的统治又兼有突厥政权的性质，在一定时期内实施了具有突厥政权典型特征的分封制。

本编对中亚诸政权之间的关系做了梳理，作者指出：在11世纪中叶至12世纪中叶的100年间，塞尔柱帝国左右了中亚诸政权之间的关系，先后确立了对东、西喀喇汗王朝和伽色尼王朝的宗主国地位；1060年，塞尔柱帝国与伽色尼王朝签订了和约，两国以兴都库什山为界将阿富汗斯坦一分为二，东伊斯兰世界的两大王朝平等相待，有利于中亚的经济和文化交流。1141年，塞尔柱帝国在卡特万战争中被新兴的西辽打败，结束了塞尔柱人一统中亚的局面。

本编还论述了伊斯兰教在中亚地区向纵深发展的情况。作者指出：由于办学之风盛行，伊斯兰教各派在教义上进一步完善，形成了自己的理论。在此过程中，伊斯兰哲学体系形成（10—12世纪），中亚出现了法拉比、伊本·西拿和安萨里三位杰出的哲学家。随着伊斯兰教的传播，呼罗珊风格的达里文学开始衰落，苏菲派神秘主义思潮对文学产生了影响，中亚涌现出一批享有世界声誉的诗人和学者。

第三编论述了中亚三个突厥王朝及西辽的衰落过程，以及昙花一现的花剌子模突厥王朝和古尔王朝的历史。其中，比较系统地论述了花剌子模绿洲的历史。作者指出：12 世纪末至 13 世纪初是花剌子模绿洲历史的一个重要时期，花剌子模帝国在 1194 年灭亡伊拉克塞尔柱王朝之后，迅速扩张成为一个大帝国。帝国创建者摩诃末抛弃了阿拔斯哈里发，采取亲伊斯兰什叶派的政策，这种公开与逊尼派哈里发对立、直接支持什叶派的做法，在中亚诸政权中是前所未有的。

作者在论述古尔王朝兴衰史中指出：古尔王朝是继萨曼王朝之后，塔吉克人在中亚地区建立的又一个较强大的政权。古尔政权是在山区家长制基础上建立起来的，随着与外界的接触，逐步具备了国家的性质。古尔王朝的统治呈现出多元化的特征，位于哈里河畔的菲里兹库赫地区实施家长制，部落传统的残余保留下来，国家权力被统治家族的大大小小的埃米尔分享，上下之间形成了主从关系；在具有两个世纪之久的伽色尼王朝都城加兹尼，古尔王朝继续着突厥—伊朗君主统治；在北印度实行分散的封建主统治。

本书论述了突厥王朝在中亚统治的历史地位。作者指出：喀喇汗王朝在中亚绵延三百余年的统治，使回鹘等其他突厥语游牧部落开始并完成了由游牧生活向定居农业生活的过渡，随着这种过渡的完成，封建制度在中亚东部地区普遍确立起来；喀喇汗王朝将中亚东部统一在一个政权之下，保障了陆上丝绸之路的畅通，加强了中亚诸政权与中国诸王朝的联系；喀喇汗王朝的统治促进了中亚东部的伊斯兰化和突厥化。

伽色尼王朝是中亚突厥人在阿富汗建立的一个政权，历时两百余年，伽色尼王朝统治时期是阿富汗文明史的辉煌时期之一，首都加兹尼成了阿富汗的一个重要文化中心。在伽色尼王朝期间，来到阿富汗的突厥人同化了当地一些东伊朗族人，今阿富汗有 160 余万突厥人；伽色尼王朝与塞尔柱帝国争夺呼罗珊失败以后，统治中心东移，以拉合尔为中心的印度河以西地区被纳入伊斯兰世界。

10 世纪中叶，突厥族塞尔柱人从中亚北部南下，在参与喀喇汗王朝与萨曼王朝的斗争中强大起来，从一个原始部落发展到一支左右中亚形势的武装力量，并在呼罗珊北部地区建立了自己的政权。1055 年，塞尔柱人占领巴格达，在保留阿拔斯哈里发宗教地位的前提下，在西亚建立起第一个突厥政权塞尔柱帝国。强盛时期，帝国统治了西亚、中亚和小亚细亚的广大地区。塞尔柱人的统治对西亚，甚至对欧洲的历史产生了深刻的影响。

本书在第三编中专门论述了中亚伊斯兰化和突厥化的问题。作者指出，11—13 世纪是伊斯兰教在中亚向纵深发展的时期。7—8 世纪，伊斯兰教传入中亚西部呼罗珊和中亚腹地河中地区；10—11 世纪，在喀喇汗和伽色尼两个王朝的推动下，伊斯兰教向东、向南传播，今中国新疆西部、阿富汗中部和印度河流域的居民陆续皈依了伊斯兰教；11—13 世纪，伊斯兰教深入到中亚社会的各个方面，成为中亚居民的一种生活方式。作者从物质文化、政治制度和意识形态三个层面剖析了伊斯兰教对中亚社会的影响。作者指出：伊斯兰化对中亚社会的影响是巨大的，宗教的一致性，使中亚多种文化模式趋于一统，形成了共同的价值取向、共同的道德规范、共同的行为准则，加速了古代民族群体共同民族心理的形成，为中亚古代民族发展为现代民族奠定了基础。

作者还论述了中亚伊斯兰化的国家与阿拉伯伊斯兰政权之间的区别。作者指出：首先，阿拉伯人政教合一的内涵之一是国家领袖和宗教领袖身份合一、政权与教权合一；而在中亚突厥王朝中，汗位的继承不是依统治者在宗教界的地位，而是按汗系的身份继承，政权与教权并不一致。其次，阿拉伯人政教合一的内涵包括国家法律制度和宗教法律制度合一、政府机构和宗教机构合一、政府行为和宗教行为合一；突厥王朝实施的法律是按照符合当时部落生活习俗的习惯法，并且司法权也不完全掌握在宗教界首领手中，掌握司法权的大多数是部落首领。第三，在经济制度方面，喀喇汗王朝将伊克塔土地制度与以往的阿尔泰突厥政权的分封制度结合起来，王室成员把国家看成是他们整个氏族的财产，各个成员都有分得一份的权利；大塞尔柱帝国也与喀喇汗王朝一样采取赏赐给王室成员和军事首领的伊克塔制度。第四，在意识形态方面，中亚突厥王朝信奉的伊斯兰教与阿拉伯人奉行严格意义的一神教有所不同。阿拉伯人反对除安拉之外的任何崇拜；而中亚突厥人的信仰具有两重性，一方面，他们接受伊斯兰教的宗教观，承认伊斯兰教的神创说；另一方面，他们保持着原始自然论世界观和万物有灵论的色彩。

11—13 世纪是中亚地区突厥化的重要时期。突厥人在 6 世纪进入中亚地区，来到中亚的突厥人改变了原来的游牧生活，转入定居，开始与当地居民杂居、通婚。经过几百年的融合，到 13 世纪初，中亚大部分东伊朗语族居民在种族和语言上发生了变化，土著居民在人种上不再是纯欧罗巴种的东伊朗人，语言也不再是纯正的东伊朗语。这一同化过程被学界名为“突厥化”。作者指出：中亚居民的突厥化，除了统治民族的优势地位和依靠绝大多数的突厥移民外，突厥语与伊朗语相近也是其中一个有利条件。

在伊斯兰化的过程中，中亚突厥文化与伊斯兰文化相互渗透、整合，经过对多元文化扬弃、纳新、吸收、发展，最终形成的是一种以突厥传统文化为特质、以伊斯兰教为表象的新文化体系。

《中亚史》第三卷的分工：有关塞尔柱人、塞尔柱帝国部分由贵州省社会主义学院副教授刘如梅执笔；其余部分由贵州师范大学教授蓝琪执笔。

蓝 琪

第三卷目录

第一编　中亚突厥王朝的兴起（10世纪下半叶至11世纪上半叶）

第二编 中亚突厥王朝的发展和西辽的建立

（11 世纪下半叶至 12 世纪上半叶）

第一编 中亚突厥王朝的兴起

（10 世纪下半叶至 11 世纪上半叶）

10 世纪末期至 11 世纪初期，欧亚草原上发生了一次游牧民族自东而西的迁徙运动。额尔齐斯河中、下游流域的基马克（Kimäk）部落联盟瓦解，钦察—库曼人（Qipchaq-Cuman）西迁，挤压着中亚北部草原的古思人（Ghuz）、里海至伏尔加河下游的佩切涅格人（Pecheneg）、里海以西至黑海北岸草原的可萨人（Khazar）。经过半个世纪的动荡和争夺，从阿尔泰山至黑海北岸之间的欧亚草原成为钦察—库曼人的牧地，在此后的两百多年中，他们的活动影响了中亚和东欧的历史。与此同时，中亚南部经历了突厥王朝的兴建时期。喀喇汗王朝（Qara Khanids）、伽色尼王朝（Ghaznavid）塞尔柱王朝（Seljuq）三股突厥势力崛起，展开了瓜分萨曼王朝遗产的斗争。结果是，喀喇汗王朝统治了阿姆河以北的中亚地区；伽色尼王朝统治了阿姆河以南地区；塞尔柱王朝夺取了阿姆河以西地区。三个突厥王朝的建立，结束了东伊朗人统治中亚的历史，改变了中亚历史的发展方向。

第一章

欧亚草原的游牧民族

10 世纪末期，在阿尔泰山至黑海北岸之间的欧亚草原上分布着许多游牧部落，它们是在额尔齐斯河中游沿岸放牧的基马克部落联盟，在中亚北部草原游牧的古思人，在伏尔加河流域至黑海北岸游牧的佩切涅格人，以及里海至黑海之间的可萨人。然而，10 世纪末至 11 世纪初，欧亚草原上发生的、由东向西的民族大迁徙运动改变了以上布局，钦察—库曼人最终成为这片草原的主人，他们把自己的名字给了这片草原。古思人、佩切涅格人和可萨人在钦察—库曼人的西迁中失去了自己的牧地，他们向西、向南迁移，逐渐融入到其他民族之中，此后史书不再有关于他们的记载。

第一节　基马克联盟与钦察—库曼人

9—10 世纪，额尔齐斯河中游至托博尔（Tobol）河之间是基马克部落联盟的牧地，10 世纪后期至 11 世纪初期，基马克部落联盟瓦解，从联盟中分裂出来的库曼部向西迁徙，引发了一系列迁徙运动。

7 世纪中期，基马克人是西突厥汗国的组成部分。657 年，西突厥汗国在唐朝的打击下瓦解，基马克人与其他部落逐渐组成了以基马克之名命名的部落联盟。基马克部落联盟最初由七个部落组成，它们是伊穆而（Imur）、伊马克（Imak）、塔塔儿（Ta-tar）、伯颜都儿（Bayandur）、钦察（Kïpchak）、尼儿喀（Nilkar）和阿只剌德（Ajlad）。[①]8 世纪中期，基马克人的驻地在也儿的石河（Irtysh，今额尔齐斯河）草原，南面靠阿尔泰山以南的塔尔巴哈台（Tarbagatay），东面是叶尼塞（Yenisei）河河畔的黠戛斯人（Kyrgyz）。在 8 世纪后期到 9 世纪初，基马克部落联盟中的一些部落已经在七河地区的东北部和准噶尔盆地周缘山脉的丘陵地带放牧。

840 年，漠北回鹘汗国被黠戛斯人打垮，一些部落加入了基马克部落联盟，另有一些并入古思部落联盟。10 世纪，基马克部落联盟发展成为北方诸游牧部落中最大的联盟，占有地区从额尔齐斯河中游流域向西到了咸海以北的乌拉尔山南部地区。

在此期间，基马克部落联盟首领开始称可汗（Kaghan），宫廷建在额尔齐斯河河畔的一座城市中。可汗政权分两部分，一部分是以管理宫廷的总管哈吉布（Hājib）为首的机构，另一部分是以维齐尔（Vizier）为首的行政机构。[②]可汗手下有 11 位君长（Muūk），可汗有权任免各部君长的职位世袭。9 世纪末至 10 世纪初，可汗对广大领地进行分封，基马克领地分为几大部分，分别由封地首领（即世袭部落首领）统治。获得封地的首领名义上臣属于可汗，在需要之时，须派步骑随可汗出征。但强大封地首领的地位几乎与可汗一样，他们住在地势很高的要塞中，拥有自己的武装。

11 世纪初期，半独立的领地制度削弱了基马克汗的权威，基马克部落联盟开始衰落，统一的局面开始瓦解，无法抵御周边游牧部民的压力。联盟中的库曼部在受到东面一支名叫喀伊人（Qāy）的冲击下开始西迁。这一迁徙影响到额尔齐斯河和七河流域北岸的各游牧部

---

① Asimov, C. E. Bosworth, *History of Civilizations of Central Asia*, Vol.4 (1), UNESCO, 1998, p.69.

② Ibid., p.70.

落，推动了钦察部，压迫了古思部，冲击了在里海与黑海之间的可萨部，以及在伏尔加河下游至黑海北岸的佩切涅格部。

推动库曼人西迁的喀伊人目前还不清楚是什么民族，只知道他们生活在中国北部地区，有学者认为他们是在中国建立辽朝的契丹人。据权威学者研究，喀伊人赶跑了浑人（Qūn），引起了浑人的西迁。[①]

有学者认为，中文所记的浑人即是希腊和拉丁语史书中的Cuman，中文音译为“库曼”。库曼人是基马克部落联盟的成员，最初生活在阿尔泰山区。库曼人的西迁影响了邻近的钦察人（Khifjakh）。

钦察人是8世纪以后加入联盟的。钦察一名出现的时间比库曼早，在8世纪的《磨延啜碑》（*Moyun Chur*）北面第4行铭文中，他们以突厥—钦察人（Tür-Kqïcaq）出现[②]，当时他们是突厥汗国的成员。突厥汗国崩溃之后，钦察人加入了基马克部落联盟。钦察人与库曼人毗邻而居，他们的牧地在库曼人的西边。伊本·胡尔达兹比赫（Ibn Khurdādhbih）[③]以早期资料为基础写于9世纪的著作指出，在基马克部落联盟中他们已经拥有自治权。不过，据10世纪末期写成的波斯佚名著作《世界境域志》（*Ḥudūd al-'Ālam*）一书记载，直到10世纪后期，钦察人的国王仍然由基马克人任命，并且为基马克人的利益服务。[④]基马克部落联盟瓦解以后，钦察人彻底摆脱了对基马克人的依附。

11世纪初期，库曼人的西迁挤压着钦察人，除一部分钦察人继续

---

① Denis Sinor, *The Cambridge History of Early Inner Asia*, Cambridge University Press, 1990, p.279. 据阿拉伯史学家伊本·阿西尔记载，在有30多万帐突厥人于希志来历408年（约公元1017或1018年）离开秦，其中，契丹人（Qitay）占领了玛维兰纳赫尔（河中地区）；V. Minorsky, *Sharaf al-Zamān Tāhir Marvazi on China, the Turks and India*：11世纪的这次欧亚草原的游牧民迁徙运动起于契丹地区，最初是Qāy人把Qūn人从其牧场逐出，Qūn人进入了Shāri或Sāri人的领土，Shāri人进入了古思人的地区，受冲击的古思人又迁入佩切涅格人地区。这一迁徙运动的过程为：Qāy—Qūn—Shāri—Ghuzz—Bajanak。

② 林幹编：《突厥与回纥历史论文选集》，中华书局1987年版，第702页。

③〔波斯〕伊本·胡尔达兹比赫：《道里邦国志》（*Kitāb al-Masālik w'al- Mamālik*），中华书局1991年版。此书绘制了穆斯林世界的贸易路线图并附有文字说明，介绍的贸易线路远达中国。

④ V. Minorsky translation and explained, *Ḥudūd al-'Ālam*, p.101.

留在阿尔泰山西坡外，大部分钦察人向西迁徙。留下来的这些钦察人以后与蒙古人融合，成为“西伯利亚鞑靼人”，在今阿尔泰语系突厥语族的族名中仍有西伯利亚鞑靼人的遗迹。西迁的钦察人来到咸海沿岸，据巴托尔德考证：“古思人在锡尔河和里海与咸海北部放弃的土地被钦察突厥人占据，钦察是基马克的一支，早在1030年我们就发现钦察人作为花剌子模的邻居被提到。”[①]此后，一部分钦察人留在咸海北岸，在此参与了对花剌子模国的斗争。

大部分钦察人继续向西迁移。在此过程中，他们与库曼人组成了一个庞大而松散的部落联盟，他们的历史从此联系在一起。西方史书以库曼、钦察、波洛伏齐、库曼—钦察、钦察—库曼等名予以记录。

在西迁过程中，钦察—库曼联盟先后夺取了古思人、可萨人和佩切涅格人的牧地，占据着从塔剌思（Taraz）河流域一直到黑海北岸之间的欧亚草原。据成书于1076年左右的《突厥语大词典》（*Diwanu Luqatit Turk*）记载：“坎切克塞额尔（Kənqək Səлir），塔剌思[②]附近的一个城市，这里是奇普恰克（即钦察）的边境。”[③]钦察—库曼人在这一大片草原上游牧了近200年（11—13世纪），他们将自己的族名留给了这片草原，在波斯史书中，这片草原被称为钦察草原（Dasht-i Qipchaq）或库曼草原（Dasht-i Cuman）。以后，蒙古人来到这片草原，他们在这片广袤草原上建立的政权被称为钦察汗国。

在西迁过程中，西方的钦察人将古思人、佩切涅格人、巴什基尔人、不里阿儿人纳入钦察—库曼联盟；东方的钦察人融入古思人、葛逻禄人、哈喇契丹（西辽）人中。钦察—库曼联盟能够迅速地将以上突厥语部族融入，得益于钦察人与他们在语言上的同源和类似，以及经济和社会结构的相同。此后，一些部族的名字不再现于史书，他们

---

① *Encyclopaedia of Islam*, 1st edition, “Afghānistān”, p.168.

② 在10世纪以前的史书中，该城被译为“怛逻斯”。

③ 麻赫默德·喀什噶里编：《突厥语大词典》第1卷，民族出版社2002年版，第505页。

被统称为“钦察”。[①]

11世纪初期，尽管钦察首领自称汗，但钦察—库曼人并未在钦察草原上建立起统一的行政和政治系统，在钦察草原上实施统治的是被称为“匐”（Beg，贵族）的部落首领。据12世纪游历钦察草原的犹太旅行家帕塔希亚（Petahia）记载，钦察—库曼人无国王，只有诸王公和诸贵族家族。其中，第聂伯河、德涅斯特河、乌拉尔河和伏尔加河下游地区的钦察集团最为强大，史书中常常用古突厥语词“il”称呼这些部落群。然而，在钦察草原的东部，即在咸海和里海北部与锡尔河中下游地区，似乎存在着比西部集中的政权，大小不一的集团首领常常以“汗”（Khan）自称，他们有自己的军队、仆从和奴隶。这些集团的牧地有明确的划分，迁移游牧按既有的习惯，并需得到部落大领袖或长者的许可。[②]

在阿尔屯帕（Altunopa）、吐哥尔汗（Tugorkan）、沙鲁汗（Sharukan）和波尼亚克（Boniak）几位可汗的治理下，西部的钦察—库曼人在1070—1100年间经历了全盛时期。在此期间，钦察草原的一些城镇常以钦察—库曼联盟中的著名可汗之名命名，如沙鲁汗城、苏格诺夫（Sugrov）城和巴林（Balin）城，其中，沙鲁汗是最著名的可汗。西部的钦察—库曼人对东欧平原上的罗斯国[③]造成了严重威胁。他们之间的关系错综复杂，既有战争，又有联合，钦察—库曼的可汗们还常常参与罗斯王公之间的内战。1061年，钦察—库曼人对罗斯国发动进攻，打败了基辅罗斯王公。1068年，罗斯王公们的武装力量联合起来，但联军在阿尔泰河（Altaie-Su）战败。1101年，罗斯人与钦察—库曼人签订和约。两年以后，罗斯人对钦察—库曼人发起大规模远征，罗斯军队在弗拉基米尔·木诺马克的率领下，分别于1111年、1113年、

---

① Asimov, C. E. Bosworth, *History of Civilizations of Central Asia*, Vol.4 (1), p.74.

② Ibid..

③ 罗斯国是9世纪中叶，斯拉夫人以基辅为中心建立的早期国家，又称基辅罗斯或古罗斯。12世纪30年代，在蒙古西征中瓦解，蒙古人将其划分为众多公国，由蒙古汗选派的代理人管理。其中之一的莫斯科公国以后壮大起来，打败了蒙古军队，逐步统一了部分罗斯公国。

1116年入侵钦察草原，大约有20位钦察—库曼的可汗陆续阵亡，奥特罗克（Outlaw）可汗退到高加索避难。当时，钦察草原上的佩切涅格人和托克人（Torks）等游牧部被纳入罗斯国的统治。12世纪60年代末，钦察—库曼人开始反攻，周边地区的居民（如高加索人、巴尔干人和多瑙河的匈牙利人）加入到钦察—库曼人对罗斯国的战争之中，罗斯国被袭击的事每年都在发生，这些战争阻断了罗斯国通往黑海和君士坦丁堡的商路。

反映钦察—库曼人与罗斯国战争的著作很多，其中，罗斯国编年史《奥特罗克传》对钦察—库曼可汗奥特罗克逃到高加索避难之事的记载十分生动。奥特罗克是钦察—库曼强大可汗沙鲁汗之子，在罗斯人的攻击下，奥特罗克被迫退至北高加索草原，并把女儿嫁给了该地区格鲁吉亚国王大卫·亚格马色勒贝利（Davit Aghmashenebeli，1089—1125年在位）。1118年，奥特罗克参与了格鲁吉亚国的统治。后来，奥特罗克的亲戚派人来接他回钦察草原，在闻到伊叶山草（Eyevshan）散发出来的气息之后，他放弃了在格鲁吉亚的安全和荣誉，返回钦察草原。

钦察—库曼人不仅与罗斯国发生频繁的战争，而且不断干预东罗马帝国的内政。1086年，东罗马帝国爆发了鲍格米勒派（Bogomil）异端事件，这一事件得到了钦察—库曼人和佩切涅格人的支持。1087年，东罗马帝国以重金收买了钦察—库曼人和佩切涅格人，最终平息了鲍格米勒派事端。此外，钦察—库曼人还与小亚细亚的罗姆素丹国发生过战事，罗姆素丹国军队渡黑海直取克里米亚，击溃钦察—库曼人，占领了苏达克城。

11世纪中叶，游牧民族的迁徙运动结束了，直到13世纪，中亚草原西部和东部都由钦察—库曼人占据着。在蒙古西征之时，钦察—库曼人曾与罗斯国联合抵抗蒙古人。在抵抗失败以后，1238—1239年，一部分钦察—库曼人逃到了早已有族人定居的匈牙利，而大部分人接受了蒙古人的统治，继续在钦察草原上放牧。在两个多世纪中，钦察草原上的蒙古人亦被他们同化。16世纪，这些突厥化的蒙古人南下，在中亚南方建立了自己的汗国。

第二节　古思人

在钦察—库曼人西迁过程中，首当其冲受到挤压的是古思人。古思人原游牧于天山东部地区，在有关的传说中，谈到了他们的君长或首领的大帐曾经建在伊塞克湖（Issyk Kul）岸边。古思人的首领与其子乌古思发生冲突。经过长期战争，乌古思夺得其父在伊塞克湖的扎营地。据13世纪末至14世纪初的波斯史学家拉施特（Rashīd al-Din）记，乌古思占据了“从塔剌思和扫兰（Sawran）到花剌子模的地区”[①]。该史书没有记载此事发生的时间，根据以后的历史发展推测，此事应该发生在8世纪以前。

8世纪中叶，原居阿尔泰山的突厥族葛逻禄人（Karluk）崛起，夺取了七河流域，与伊塞克湖一带的古思人发生冲突。在争夺牧地的过程中，许多古思人向西迁移。据考古材料证实，古思人越过锡尔河中游和哈拉套（Karatau），逐步向咸海和里海北岸一带渗透。留在锡尔河北岸的古思人，其中一支于10世纪后期南迁到河中地区（Transoxiana），学者们以其首领塞尔柱之名，称之为塞尔柱人。10世纪中叶至11世纪中叶的100年中，塞尔柱人参与了中亚地区诸政权的角逐。11世纪中叶以后，塞尔柱人在阿拉伯帝国的领土上建立了大帝国。留在咸海以北和里海东北草原的古思人，他们的后裔被称为土库曼人，意为“我们的突厥人”。

9世纪上半叶，在锡尔河下游、咸海、里海东岸和北岸的古思部落人数很多，他们的牧地与花剌子模、河中和呼罗珊的定居农业区接壤。其中，里海东北部的古思人对呼罗珊的波斯政权塔希尔王朝造成了极大的麻烦。为了保证统治秩序，塔希尔王朝统治者建筑了防御要塞

---

① 〔波斯〕拉施特主编:《史集》第1卷第1分册，余大钧、周建奇译，商务印书馆1983年版，第135页。

（Ribāt）。阿布德·阿拉德·本·塔希尔（Abd-Allāh b. Tāhir）任呼罗珊总督时（830—844），曾在今土库曼斯坦（Turkmenistan）的底希斯坦和法拉瓦建筑类似的要塞。估计，古思首领们此时在咸海地区取得了政治霸权，据拜占庭史家记载，到 9 世纪末，古思的边界已经扩展到乌拉尔河。

《世界境域志》一书对 10 世纪后期古思人的牧地做出了界定：古思地域之东是古思沙漠和河中诸城，其南是古思沙漠的一部分和可萨海，其西面和北面是阿蒂尔（Atil）河，阿蒂尔河是今伏尔加河上游支流卡马河。古思人南抵里海，西面和北面抵达伏尔加河上游，东北部是基马克联盟的牧地。据马卫集（Marwazī）记载，基马克人是一个既无村庄又无房舍的部落，他们那里非常寒冷，雪非常多，有时甚至能达到一矛枪杆那么深，每当此时，基马克人就把牲畜转移到古思地区。当然，这里谈到的是双方关系友好时的情况。

古思人的迁徙既是欧亚草原东部游牧部落迁徙的结果，又是欧亚草原西部游牧部落迁徙的起因，10 世纪以后，入侵欧洲的大多数亚洲游牧民都与古思人有关。

迁到伏尔加河流域的古思人与突厥可萨人结盟，击败了伏尔加河下游到黑海北岸的佩切涅格人，将他们赶出故居之地。10 世纪末期，古思人完全占据了原佩切涅格人在乌拉尔山与伏尔加河之间的牧地，开始与巴什基尔人（Bashkirs）和不儿塔思人（Burus）杂居。

在钦察—库曼人的挤压下，古思人继续西迁。1054 年出现在黑海北岸草原，是年，俄国编年史第一次提到他们，在罗斯国编年史中，古思人以“托克人”一名出现。在钦察草原上，有许多城镇与古思人有关系，如托切斯克城（Torchesk，意为“托克人之城”），还有以托克人族长秋尔赖（Chiurnai）和库尔都尔（Kuldur）命名的两个城镇。据史书记载，这些托克人取代了佩切涅格人在黑海北岸草原的优势，对罗斯国造成了威胁。在 1060 年，基辅王公集合了不计其数的士兵，对托克人发动了一次突袭，托克人被迫逃走，成千上万的人死于饥饿、寒冷和瘟疫。

被罗斯人打败的古思人大部分逃到匈牙利，小部分逃到东罗马边境上。1065 年，大约 60 万古思人渡过多瑙河，洗劫了巴尔干半岛，1068 年，他们在匈牙利东部被击退。逃到东罗马帝国边境上的古思人与佩切涅格人一样，常常以雇佣军的身份为东罗马帝国服务。1071 年，他们参加了东罗马帝国与塞尔柱人的战争，在战争中，大部分古思人背叛东罗马帝国投奔了塞尔柱人。

留在黑海北岸草原的古思人与其他游牧民一起为罗斯王公服务，作为回报，他们大部分被安置在罗斯国内。1140 年以后，他们与其他游牧民一起，被编入罗斯国雇佣的边防兵系统，这些人在西方史籍中被称为“黑色盗匪”（Chernye Klobuki）。未被编入的托克人，与佩切涅格人组成游牧武装，以雇佣兵的身份参与罗斯国的军事活动。

古思人是一支说突厥语的部落，在中文史书中，他们被称为“铁勒人”（Tölös）；在东罗马史书中，他们被称为“奥佐伊人”（Ouzoi）。关于古思人的起源，11 世纪成书的《突厥语大词典》认为古思是乌古思族的一部分。《史集》一书也将古思人的历史附在《乌古思史》部分中：“突厥蛮人明确地知道，每个君主和异密［出自］这些部落中的哪一支。塞尔柱王朝诸算端及其祖先，这些伟大和受崇敬的君主，在土兰和伊朗地区统治了将近四百年，从遥远的埃及各地区直到中国边境，［各民族］都受其统治，他们［都出自］乞尼黑一支。他们的历史附于《乌古思史》中……”①

除了古籍的记载外，古思与乌古思人同是突厥族部落，他们最初的牧地相邻等因素也反映了两族的共同起源。6 世纪以前，他们都生活在天山东部，到 8 世纪中叶，从阿尔泰山向西一直到楚河流域之间是他们的领地。8 世纪下半叶，西面的一部分乌古思人迁徙到锡尔河下游北岸草原，他们与东面的乌古思人中间隔着一支名为葛逻禄的突厥族部落。据《新唐书》记载，至德（756—757）以后，古思人被葛逻禄人赶走，他们的牧地被葛逻禄人占领：“至德后，葛逻禄

---

①〔波斯〕拉施特主编：《史集》第 1 卷第 1 分册，第 146 页；在本书第 126 页中，乞尼黑译为“合尼黑”。

寖盛，与回纥争强，徙十姓可汗故地，尽有碎叶（Suyab）、怛逻斯诸城。”对此，《世界境域志》第 17 节注记载，古思人的一次重要运动是由葛逻禄人占据了原先属于西突厥人（突骑施）的地区而引起的。伊本·阿西尔（Ibn al-Athir）在他的《全史》（*Global History*）一书中说：“呼罗珊的一些历史学家们拿出了许多有关他们的肯定的材料。他们说，这些古思人在哈里发马赫迪时期（775—785），从沼泽地区（Var，其名来自‘乌古思之地’），来自遥远的突厥地；他们接受了伊斯兰教，帮助以欺骗术为业者穆坎那，直到他最终出现。当军队前往反对他时，古思人遗弃了他……而葛逻禄人惩罚了他们（指古思人），并把他们从其驻地上赶走。”①

葛逻禄人进入楚河流域是古思人离开此地的原因，这次西迁导致了他们与主体九姓乌古思人的分裂。9 世纪初，阿拉伯历史地理学著作开始把古思人与九姓乌古思人分别记为两族，也就是说，古思人在此时脱离九姓乌古思人独立出来，被穆斯林史书称为“古思”。

古思人以游牧为生，据《世界境域志》记载，他们其貌傲慢，十分好斗，是凶狠和恶毒之辈。在冬、夏两季，他们沿牧场和可放牧地区漫游。他们放牧羊、马、牛群。他们的财富是羊、牛、马，武器和少量的猎物。与突厥部稍有差别的是，他们更多以羊为主，而不是马。羊是古思人向穆斯林各省出口的主要产品。②10 世纪阿拉伯旅行家阿赫默德·伊本·法德兰（Ahmad ibn Fadlan）③在经过古思牧地之时，对他们产生了“富裕的游牧民”的印象，他们拥有巨大的羊群，有些富人拥有 10 万只羊。古思人还放养牛，据伊本·法德兰记，在一次葬礼中，用来祭祀的牛是 200 头。古思人也养马，而且是马上弓箭手，他们制作的弓很有名。迁到锡尔河北岸以前，古思人似乎以单

① Ibn al-Athir al-Kamil fi al-Tarikh, XI. *The Annals of the Saljuq Turks*, Selections from al-Kamil fi'l-Ta'rikh of Ibn al-Athir, Published on 2010, by D. S. Richards.

② V. Minorsky translation and explained, *Ḥudūd al-'Ālam*, p.100.

③ 921 年，伊本·法德兰受阿拔斯哈里发穆克塔迪尔派遣去见保加尔国国王，他来到伏尔加河流域，并记录了这一带的情况。

一的游牧经济为生，此后，有一部分牧民开始定居，专营制弓等手工业，出现了以制弓闻名的城市——昔格纳黑（Sïgnak，地址在今苏纳克—库尔干），《突厥语大词典》一书说，它是“法拉伯省的一个小城市，非常富，从那里，有优良的弓箭运往各地”。

11 世纪，迁到咸海和里海以北草原以后，古思人常常袭击花剌子模绿洲、河中地区、呼罗珊，与此同时，古思人与这些地区的定居居民也开始了频繁的贸易，以游牧业为主的古思人对贸易更加迫切，他们带着羊群主动来到耕地边缘地带，而不是等待这些地区的商人到他们的草原。古思游牧民在当地市场上售卖羊毛、各种皮货及其他物品，以换回粮食、手工艺品等产品。他们十分喜爱阿拉伯商人带来的货物，尤其是丰富多样的食品（糖），这些物资是吸引古思人最初接受伊斯兰教的因素。

由于与河中地区贸易的频繁，锡尔河畔的一些城市在古思人的经济生活中开始具有重要地位。其中，锡尔河北岸的草原上的养吉干城（Yengui-kent，突厥语意为“新驻地”）成为古思人政治、经济中心，它坐落在离锡尔河河岸六七公里之远的地方，是古思王的冬驻地，此城离咸海有两天路程，离花剌子模绿洲有 10 天路程。在锡尔河下游还有两个小城，一个是毡的（Jend）①，该城在古思人中有着重要地位，当时咸海也被称为毡的海。另一个小城在 10 世纪以后不再被提起，其名称也难以确定。这些城市大多数是移民所建，城内除了河中地区移民以外，还有古思人。当然，城市对古思人的重要地位并不能说明大多数古思人已经从游牧转向了城市定居，在 11 世纪初期，游牧业仍是古思人的主要经济形态，这一点可以从他们要求划给牧地和争夺牧场的战争中反映出来。波斯史家们指出，与以后（11 世纪中期）的塞尔柱人相比，他们仍然是没有组织的牧人，他们对中亚突厥王朝的入侵具有掠夺和蹂躏性质。

---

① 古思人于 10 世纪末至 11 世纪初在锡尔河下游流域建的城市，今已不存，遗址在锡尔河右岸，今哈萨克斯坦克孜尔奥尔达东南。

与伏尔加河中游的不里阿耳人（Bulghar）、伏尔加河下游的可萨人或者东面的葛逻禄人相比，咸海和里海以东的古思人到10世纪中期仍然处于比他们低得多的文化发展阶段。据伊本·法德兰的叙述判断，在10世纪初期，古思人的原始公社制度已经解体，部落中出现了贫富不均的现象，富有者拥有奴隶，马达万匹，羊达十万只，贫穷者虽然财产不多，但还有人身自由。在古思社会中，社会上层是部落首领伊列克（Ilik），他们在古思社会和政治中起到很大作用，他们有自己的武装——亲兵，亲兵由古拉姆（Ghulām，即突厥奴隶）组成。在叶护和伊列克之下，有匐，他们的权力世袭。处于社会下层的主要是普通牧人，他们被称为“额儿”（Er），其意为“人”、“男”或者“战士”。除额儿外，社会中还存在着奴隶（Kul）和契约奴（Kïrnak）。

西方对古思人的社会组织留下了简略的记载。阿拉伯历史学家雅库比（Y‘aqub）在他写于891年的《诸国志》（*Kitab al-Buldan*）一书中将古思人作为一个突厥政权提出来，“突厥人是好几个部族和好几个政权。其中有葛逻禄、九姓乌古思、突骑施、基马克和古思。突厥中每一部族都有单独的政权。他们互相征战”①。由此可见，至少在9世纪末，古思人有政权组织。伊本·法齐赫（Ibn al-Faqīh）在他的著述中，列举“有君主”之人时也提到古思。当然，这种政权形式可能只是关系松散的、内部经常发生战争的部落联盟组织。

在古思部落联盟中，有“Boy”部族和“Kök”、“Oba”氏族。“Boy”一般指部族，“Kök”和“Oba”指氏族，在此两级之上，古思人最大的组织是Il，它由许多大部族构成，在中古阿拉伯—突厥语词汇中，Il的含义是人或者政治群体。

古思部落联盟中有24个氏族，这些氏族部落的名称及其牲畜印记分别被以下两部著作记录。《突厥语大词典》一书在第一和第三卷中分别列有“古思”和“土库曼”两个专条，在“古思”条中

① 参见 Ed. M. J. de Goeje, *Bibliotheca Geographorum Arabicorum*, parts VI, Lugduni Batavorum, 1889, p.292。

列举了古思22个氏族部落的名称和牲畜印记符号。[①]《史集》对古思部落联盟各部也有记载。[②]

部落联盟中出现了部族大会，据伊本·法德兰记载，古思社会通过部族大会选举首领，决定事务，但大会很少召开。据《世界境域志》记载，每一个古思部落都有一个首领，古思王不称汗，而是采用较谦逊的叶护称号，其服饰也很少与其他战士有区别。原则上，叶护由部族大会选举产生，实际上叶护位置世袭，只是在表面上进行“推选”。根据不成文的习惯法（Töre），古思首领从主要的父系（Urug）中推举，这种做法的基础是氏族中最年长者拥有特权。总的来说，叶护的权力有限，在日常生活中起主导作用的是贵族议事会，它可能由各部落首领构成。叶护之妻尊称“哈敦”（Khātūn），哈敦在古思宫廷生活中起着重要作用。叶护的继承人称亦剌儿（Inal），叶护重视对继承人的教育，为汗位继承者请有家庭教师“阿塔毕”（Atabeg）。根据伊本·法德兰记载，叶护有权向地方派出总督或军官。

9—11世纪，叶护政权中已经有简单的行政组织，其中，掌握大权的是科勒斤（Kölerkin），他们作为最高仲裁参与处理联盟内的争执。在行政组织中，最重要的行政官员可能是负责向游牧人和定居民征收贡献的税收官，税收官有自己的武装，在需要的时候用武力对付抗税者。此外，还有军事首领苏巴什（Sü-bashi / Sü-basy），苏巴什似乎由叶护任命，随着原始公社制度的解体，苏巴什的作用日益重要。他们率领部众袭击邻近游牧部落和农业绿洲，对部落的财富积累起到了不小的作用，由此地位日渐显赫，成为部落贵族。根据以上现象判断，10世纪末期的古思人处于军事民主制阶段。

10世纪后期，古思人与河中地区的联系加强，伊斯兰教在他们中开始取得进展。有关古思人的文化，伊本·法德兰曾有一些记载。

---

① 麻赫默德·喀什噶里编：《突厥语大词典》第1卷，第62页：“乌古思人就是土库曼人。他们有二十二个氏族，各有自己独特的标志和烙在牲畜身上的印记，他们凭这些印记识别各自的牲畜。”

② 〔波斯〕拉施特主编：《史集》第1卷第1分册，第131—147页。

他说，古思人病重时，如果他是富人，就竖起一个帐篷，让他躺在里面，直到他死去，或是复原；如果他是奴隶或是穷人，就把他扔到草原上。在古思人中，实行着与8世纪蒙古草原上突厥人盛行的葬式，在墓前塑有石像，石像的数目与死者生前所杀的人数相同。

古思人在向欧亚草原西部的迁徙途中，冲击了佩切涅格人和可萨人，引起他们的迁徙，改变了欧亚草原西部的格局。

第三节 佩切涅格人和可萨人

钦察—库曼人的西迁挤压着在锡尔河以北游牧的古思人，而古思人的西迁挤压着里海以西至伏尔加河流域的佩切涅格人。10世纪阿拉伯地理学家阿尔·伊斯塔赫里（al-Isakhri）对草原民族的关注构成了今天了解佩切涅格人知识的重要途径。

最早提到佩切涅格一名的可靠资料源自8世纪对北方民族的一篇回鹘文文章的藏译文。这篇文章提到当时佩切涅格（Be-ča-nag）人正在与认定是回鹘（Hor）的人作战。此文把佩切涅格人置于锡尔河地区。对此文的进一步支持，在佩切涅格人与康人（Kang）之地（锡尔河中游及其毗邻地区）的联系中也可以见到。8世纪，佩切涅格人与古思诸部在锡尔河以北地区放牧。康士坦丁·波尔菲罗格图（Constantine Porphyrogenitus）在《帝国行政论》第37章中提到佩切涅格人中有三个族群被称为康居（Kangar）。[①]9世纪，佩切涅格人已经是一个包括了许多部落的部落联盟，其中留下部名的有别赤那、努喀儿答（Nukarda）和巴只吉儿迪（Baj-gird）。佩切涅格部落联盟中大多数是突厥部落，有些部落曾经是西突厥汗国的属部，但其中也有一些芬兰—乌戈尔人（Finno-Ugrian）。巴只吉儿迪部可能是近代史书中

① 《帝国行政论》一书说的也不是北褥有三族，而是比千八族中有三个族属于康居。参见 *De Administrando Imperio*, Mooravcsik Gy (ed.), Budapest, 1949, p.171。

记载的巴什基尔人，他们自9世纪以后，一直居住在乌拉尔山南麓和乌拉尔河流域一带，17世纪至19世纪，他们频繁地参与到了哈萨克人的以及土尔扈特人的斗争当中。

8世纪，佩切涅格人开始卷入到中亚游牧民的大规模斗争之中。到8世纪末或9世纪初，古思诸部的压力迫使佩切涅格人进入伏尔加—乌拉尔两河流域之间的地区。大约899年，佩切涅格人被迫再次迁移，将匈牙利部落联盟从列维底亚驱逐到伊特尔科兹，向西迁至黑海草原西部。佩切涅格人成了顿河、顿列茨河至多瑙河之间草原的主人。他们占据此地直到11世纪中叶。

通过康士坦丁·波尔菲罗格图的著作，我们可以了解佩切涅格人社会和政治组织的大致轮廓。据记载，佩切涅格部落联盟由八个不同的部落单位组成，各部占一省（Thema），分别由一位大公统治。大公们的区别可能由次等部落或氏族反映出来。当时，八个部落平均分布在第聂伯河的两边，充分证实了突厥二元政治组织的原则，尽管未能指出左、右哪一翼掌握最高的政治权力。一则稍后的非同时代的阿拉伯史料，即保存在《阿布尔·菲达传》中的阿布赛义德（Abu Sa'īd）的评介，提到了一座皇城班加拉基亚（Bajanakīya）和父传子的汗位制。[①]10世纪的《世界境域志》称佩切涅格的统治者为"王公，最高统治者"（Mihtar），它是比阿拉伯文献中最高政要合罕（Khāqān）低得多的官衔。此外，《帝国行政论》记载，继承制是与东突厥类似的同辈继承制。一些古突厥首领称号（Chur / Chor, Boyla, Yula / Jula）在他们中明显存在，由此暗示了可能存在一些中央组织。尽管如此，总的印象是松散和不牢固的部落联盟。这样一个联盟通常易于受到大规模内乱的影响，这一点在佩切涅格人的历史中很明显。

---

① 参见 Abulfeda, Geographie d'Aboulfeda, *texte arabe publié d'après les manuscrits de Paris et de Leyde par M. Reinaud et M. Lebon Mac Guckin de Slane*, pp.205, 293。阿布尔·菲达（约1273—1331年），穆斯林地理学家、历史学者，曾在埃及马木路克王朝苏丹纳昔儿手下服务，撰有《世界史》及《地理书》，书中转录了前人的许多著作。

阿拉伯作家马卫集在《动物之自然属性》一书中的记载，使我们大概知道了佩切涅格人的社会：佩切涅格人是一个逐水草而迁徙的民族，他们的领土广大，从中心到四周都要走30天的路程。在他们的北边有钦察人，西南边是可萨人，东边是古思人，西边是斯拉夫人（Slav）。周边的这些民族常常袭击佩切涅格人，而佩切涅格人也以同样的方式回击。佩切涅格人是富有的，拥有牲畜、羊群、家产、金银和武器，还有旗帜和长矛。

关于佩切涅格人的文化，仅拥有残缺的一些细节。他们的语言遗迹显示似乎是说钦察突厥语，或至少是一般突厥语，对此仍存在着争议。[①]一些迹象表明，他们与保加尔人和可萨人一样，采用突厥鲁尼文的一种变异体。源自黑海草原的带有这种铭文的人工制品，被认为属于他们，不过，这些鉴定未得到普遍认同。[②]关于他们的宗教，据阿尔·贝克尔（al-Bakrī）记，直到回历400年（公元1009或1010年），佩切涅格人仍是袄教信徒，在此可能暗示了琐罗亚斯德教或摩尼教的影响，也有可能指一种萨满教崇拜。据仅有的史籍记载，此后，伊斯兰教在他们中开始取得了一些进展。

佩切涅格人与可萨人之间是一片草原和森林，没有固定的通道，他们依靠星辰和地面标志穿过这片地方。[③]据伊斯兰教史籍的记述，在可萨人和古思人的联合攻击下，佩切涅格人完全离开了乌拉尔山以西至伏尔加河以东的牧地，到10世纪时，他们已经到达可萨人以西地区。10世纪，阿拉伯地理学家阿尔·伊斯塔赫里记载说："一个突厥部落被迫离开故地，进入可萨与罗姆之间的地区。他们被称为班加拉人（Bajanak）。以往，此地并非他们的居地，但他们来到并征服了

① 参见 Gyorgy Gyorffy, Monuments du lexique Petchénègue, *Acta Ori-entalia, Academiae Scientiarum Hungaricae*, 1965(18)；Pritsak, The Pechenegs, A Case of Social and Economic Transformation, *Archivum Eurasiae Medii Aevi*, The Peter de Ridder Press, 1975(1), pp.229-230。

② 参见 A. M. Ščerbak, Znaki na keramike i kirpičakh iz Sarkela-Beloj Vexhy, *Materialy i Issledovanija Po Arkheologii SSSR*, 1959(75)；U. Nemeta, The Runiform Inscription from Nagy-Szent-Miklós and the Runiform Scripts of Eastern Europe, *Acta Linguistica Hungarica*, 1971(21)。

③ V. Minorsky, *Sharaf al-Zamān Tāhir Marvazi on China, the Turks and India*, pp.32-33.

它。"[1]此处班加拉人就是佩切涅格人。他们的迁移既是中亚草原其他民族迁移的结果，又是西部草原其他民族迁移的起因。他们的到来赶走了在黑海东北方游牧的匈牙利部落，占据了顿河、顿列茨河流域。在此，他们与罗斯国频繁地发生了联系。

915 年，佩切涅格人第一次被载入罗斯国的史书，至迟在 920 年，基辅罗斯大公伊戈尔（Igor）向他们开战。[2]12 世纪的俄罗斯史诗《伊戈尔远征记》反映了罗斯人与佩切涅格人战争的史实。伊戈尔大公在战争中失败被俘，他的妻子雅罗斯拉夫娜向大自然哭诉，祈求大风、大海、太阳的保佑，她的行为感动天地，终于救回了自己的丈夫。佩切涅格国王库瑞（Kure）曾作为东罗马帝国的同盟。972 年，佩切涅格人杀死了基辅罗斯国大公斯维托斯拉夫。当然，他们与罗斯国的关系并非总是敌对的，佩切涅格人也曾以轻骑兵的身份受雇于罗斯王公。944 年，在罗斯大公伊戈尔对东罗马帝国的战争中，军队中就有佩切涅格"同盟军"。

11 世纪初期，在钦察—库曼人迁徙的压力下，佩切涅格人的西迁给罗斯人造成了很大的威胁，为了防范佩切涅格人，罗斯人开始在其南部边境上建筑一系列防御工事。1036 年，罗斯人主动出击，打败了佩切涅格人，结束了他们在黑海东北方草原的统治。为纪念此战，罗斯大公雅罗斯拉夫（Yaroslav）聘请希腊建筑师在战地上建筑了圣·苏菲亚教堂。

此战之后，留在原地的佩切涅格人以雇佣军身份给罗斯诸王公当差；大多数佩切涅格人向东罗马帝国边界迁移。1048 年，他们蹂躏了东罗马帝国的保加利亚，接着侵扰了巴尔干地区，其中也有一些人以雇佣骑兵的身份为东罗马帝国服务。1071 年，在东罗马帝国与塞尔柱

---

① 〔阿拉伯〕阿尔·伊斯塔赫里：《道里邦国志》，见《阿拉伯舆地丛刊》第 I 卷，莱登 1870 年版，第 10 页。

② 据 12 世纪成书的《伊戈尔远征记》记载，与伊戈尔打仗的是波洛伏齐人（即钦察人），其实，此时在南俄草原上活动的应该是与钦察人同族的佩切涅格人。钦察人是 11 世纪初期才迁移到南俄草原上。

人的曼吉克特战争中，雇佣军佩切涅格人背叛东罗马帝国投向塞尔柱突厥人，致使东罗马人遭到了惨重的失败。

随着与佩切涅格人的矛盾加剧，东罗马人开始寻求与钦察—库曼人结盟，1091 年，东罗马人与钦察—库曼人联军在列瓦尼恩山打败了佩切涅格人，十分之一的佩切涅格人被杀死，势力遭到削弱。1121 年，佩切涅格人再次进攻巴尔干山以北的保加利亚，在企图夺取巴尔干之时，遭到了东罗马人的袭击和屠杀。此后，佩切涅格人逐渐与其他突厥族人融合，从史书的记载中消失了。

佩切涅格人的西迁使在里海至黑海北岸之间游牧的可萨人（另译哈扎尔人）也受到了影响，可萨人的名字最先见于波斯史书，在西方史书上分别记为 Chozars、Ghozars。可萨人在中国史书中分别记为“可萨”、“曷萨”、“曷截”，据《隋书》记载，他们属铁勒族部。大多数史家认为可萨人属突厥语族人，东罗马史家称其为“来自东方的突厥人”（Turks from the East）。巴托尔德认为：“他们是西突厥的一支，或者更准确地说，是西匈奴人。”2 世纪末，他们游牧于里海和高加索山脉之间，里海又名可萨海（Bahral-khazar）。

3 世纪以后，可萨人占有亚美尼亚，当阿提拉率匈人席卷这一地区之时，可萨人向匈人称臣，他们在阿提拉死后又大举南侵，占据亚美尼亚达 50 年之久。4 世纪中叶，波斯萨珊王朝强大起来，将可萨人逐到高加索以北地区。但可萨人在其后的两百多年中一直觊觎着萨珊波斯北部的领土，一有机会就南下。他们的南下给萨珊波斯造成很大威胁，像秦汉王朝抵御匈奴而修起长城一样，波斯人也在其疆域北部修筑了长城和城堡以防御可萨人。6 世纪末期，西突厥灭嚈哒汗国，成为河中诸国的宗主。可能就是此时，可萨人归顺西突厥汗国，成为汗国的属部。不过，它在西突厥的极西部，与西突厥汗国的关系很松散。

7 世纪初，可萨人壮大起来，在 625（或 626）年，东罗马史家已经有了关于他们的记载，说他们的国势强盛，尽有里海、黑海两海岸之地。这一时期，可萨人建立了国家，最早的都城巴伦加尔位于伏尔加河（古称提列克河）南部的支流上，它于722—723年被阿拉伯人摧毁。以后，可萨汗国王室迁往阿拉伯人称之为阿尔·贝达（al-Baida，意为“白城”）的地方，德国史家马迦特认为白城的位置在伏尔加河河口的伊提尔。迁到这里以后，可萨人的经济发生了变化，由于地处东西南北的交通要道，加之与文化程度较高的拜占庭接触，有些人已经开始了定居的农耕生活，尽管如此，当时的伊提尔城可能只是可萨可汗的冬驻地，夏季仍然朝库班方向游牧。在可萨人的经济中，贸易占有一定的比重。可萨人在塔曼半岛上，即法纳戈里亚（Phanagoria）的废墟上建立起商业据点马他尔卡（Matarka）。可以推知，可萨汗国是一个以游牧和商业为主要经济的国家。

7世纪末到8世纪初，可萨汗国对阿拉伯人进行了近80年的抵抗战争，使阿拉伯人未能越过高加索山北进，因此，高加索山成了阿拉伯征服的北部边界。此后，可萨人虽不断南下入侵原萨珊波斯东北地区，但他们的目光转向了西方，他们的活动范围已到达黑海北岸，甚至到达多瑙河河口。

从9世纪中期起，可萨人在政治上开始衰落，他们被佩切涅格人驱逐。佩切涅格人主要是由说突厥语的部落组成的部落联盟，与可萨人相比，他们当是处于野蛮状态的游牧人。在佩切涅格人的挤压下，可萨人只占有顿河下游、伏尔加河下游和高加索之间的地区。

833年，可萨人要求拜占庭皇帝狄奥菲勒斯派人帮助建了一座设防的都城，此举表明了佩涅格人的不断入侵。狄奥菲勒斯皇帝派总工程师帕特罗纳斯（Petronas）帮他们建起了沙尔克尔（Sarkel）。沙尔克尔可能位于顿河河口，或者更有可能是在克里米亚对着的顿河拐弯处，沙尔克尔成为繁荣的贸易中心。

965年，罗斯国王子斯维雅托斯拉对可萨人发起攻击，占领了沙尔克尔。然而，此次进攻未能摧毁可萨国。巴托尔德认为，可萨汗国在这次灾难中幸存下来，或者说，至少它保住了伏尔加河下游地区、库班和达吉斯坦草原地区。

半个世纪之后，1016年，拜占庭皇帝瓦西里二世派舰队在罗斯军队的支持下，开始向可萨汗国出击，这支联军占领了塔曼半岛和可萨人在克里米亚的属地。到1030年，可萨人作为一种政治势力已经消失，以后的史书不再提到可萨人。可萨汗国大约存在了400年，它对欧亚的历史都产生过影响。

第四节　葛逻禄人、样磨人和炽俟人

葛逻禄人在中国史籍中的音译名很多，有歌逻禄、哥逻禄、葛禄、割禄，等等。葛逻禄原是西突厥的一部，东方学家普里察克（Omeljan Pritsak）通过一系列研究认为，葛逻禄统治家族起源于突厥统治家族阿史那氏。据清代编纂的《钦定皇舆西域图志》记载，葛逻禄最初在乌伦古（Urungu）河与额尔齐斯河上游之间游牧。乌伦古河发源于中国境内的阿尔泰山东段，自东向西流，注入乌伦古海。在此游牧之时，葛逻禄人有三个大部落，即谋落（薄落）、炽俟（职乙）和踏实力（达契），号三姓葛逻禄。《世界境域志》在描述中亚、西亚的湖泊之时，说其境内有11个咸水湖，其中提及了葛逻禄居地内的图斯库（Tauzkūk）湖，并说7个葛逻禄部落之食盐皆取之该湖。[①]由此观之，在乌伦古河与额尔齐斯河流域游牧之时，葛逻禄人已经有7个部落。7世纪上半叶，一部分葛逻禄人东迁蒙古草原，其余仍在原地放牧。

东迁葛逻禄人来到乌德鞬山（今鄂尔浑河上游杭爱山之北山）以后，积极地参与了蒙古草原的政治斗争。在这些斗争中，他们与当时在鄂尔浑河流域放牧的回纥部关系密切起来。742年，葛逻禄人与回纥、拔悉蜜三部联合起兵攻击蒙古草原的强大政权后突厥汗国，推翻了后突厥汗国。在新建立的游牧国家中，三部分掌了政权：拔悉蜜酋长被推举为可汗，回纥酋长和葛逻禄酋长分别为左、右叶护，突厥族人以左为大，因此，回纥在葛逻禄之上。葛逻禄酋长原名号为颉利

---

① V. Minorsky translation and explained, *Ḥudūd al-ʿĀlam*, p.54.

发（或俟利发），颉利发是宗主国对臣属部落酋长的封号，现在葛逻禄酋长上升为叶护（叶护在突厥政权中是仅次于可汗的最高官），管理汗国的一翼。可以说，葛逻禄部在新政权中的地位仅次于拔悉蜜和回纥部。

744 年，回纥部联络葛逻禄部攻杀拔悉蜜颉跌伊施可汗，以乌德鞬山为统治中心建立了回纥汗国，部落酋长骨力裴罗自称可汗（骨咄禄阙毗伽可汗）。回纥叶护称汗以后，葛逻禄部酋长上升为左翼叶护。正是在此时，葛逻禄与回纥的关系发生了变化，以往的同盟者逐渐走向敌对。

745 年，葛逻禄人，或者他们中的相当一部分人，在与回纥的斗争失败之后向西迁移。到 751 年，葛逻禄人已经迁到北庭（今新疆吉木萨尔）一带，高仙芝在 751 年与阿拉伯人的战争中曾征用葛逻禄人，不过，葛逻禄人在战争中叛唐，据《资治通鉴》记载，高仙芝率领的这支蕃汉军“深入七百余里，至怛罗斯城，与大食遇。相持五日，葛逻禄部众叛，与大食夹攻唐军，仙芝大败，士卒死亡略尽，所余才数千人”。葛逻禄人叛唐的原因，可能是嫉恨唐朝与回纥的友好关系。叛唐之后，大约在 756 年，叶护（都督）顿毗伽率北庭的葛逻禄人再次西迁，来到七河流域，占领了古思人的牧地，他们在此发展壮大，成为七河流域的一支强大势力。

8—9 世纪，葛逻禄人与被占领地的部落组成了部落联盟，有学者将这一联盟称为葛逻禄汗国，联盟的政治中心在楚河流域，建都碎叶城。766 年，葛逻禄人迫使突骑施诸部臣服，因此，在葛逻禄联盟中包括了突骑施的一些部落，其中，地位重要的有炽俟和独西。据马卫集和穆罕默德·奥菲（Muhammad Aūfī）记，此时，葛逻禄人已有九个较小一级部落。9—12 世纪期间，在葛逻禄人统治地区内，还有河中地区移民，据《突厥语大词典》记载，在他们的活动中心、楚河流域的八拉沙衮城（Balasagun，今吉尔吉斯斯坦托克马克城东 10 公里处），有说粟特语的居民。

为了与回纥争夺以北庭为中心的西域地区，葛逻禄人与南部的吐蕃人结成联盟。吐蕃势力在盛唐时期就已经进入帕米尔高原（葱岭）西部地区，来到七河流域不久的葛逻禄人南越天山，将势力扩张到天山南麓西部。789 年，吐蕃率领葛逻禄人、白服突厥人大举进攻北庭，打败回鹘（787 年回纥改名回鹘）军队，第二年，吐蕃与葛逻禄的联军攻克北庭。是年秋，回鹘举兵数万，企图收复北庭，再次被吐蕃—葛逻禄联军打败，葛逻禄乘胜取回鹘之浮图川。789—808 年间，联军控制了天山东部的局势，这是葛逻禄人势力迅速扩展的时期。阿拉伯和汉文史籍表明，原来驻牧于七河流域的部分葛逻禄人在 8 世纪 90 年代初已经南下进入了天山南麓的西部地区、费尔干纳和纳林河地区，喀什噶尔也被纳入其统辖范围。

然而，十几年之后，回鹘人扭转了吐蕃和葛逻禄主宰东部天山的局势。808 年以后，也就是在保义可汗即位不久，据《九姓回鹘可汗碑》（全称《九姓回鹘爱登里罗汩没蜜施合毗伽可汗圣文神武碑》）[①] 第 18 行记载：回鹘可汗“攻伐葛禄、吐蕃，搴旗斩馘，追奔逐北，西至拔贺那国（费尔干纳），克（俘？）获人民及其畜产”。在此战中，天山西南部的吐蕃、葛逻禄势力遭到了沉重打击，葛逻禄叶护被迫从费尔干纳逃走。从该碑第 19 行碑文来看，回鹘可汗在葛逻禄人中另立了忠于自己的真珠智惠叶护：“九姓毗伽可汗复与归顺葛禄册真珠智惠叶护为主。”于是，葛逻禄部落联盟中出现了两位叶护，葛逻禄部落联盟分裂，此事可能发生在立碑的 814 年前不久。葛逻禄人被迫从天山地区向北撤退，不过，在 9 世纪 30 年代后期，他们又回到了天山中、西部地区，在 840 年漠北回鹘汗国崩溃之前，他们始终控制着这些地区。

葛逻禄人在七河流域的活动引起了西方阿拉伯帝国的注意，在 8 世纪末至 9 世纪初，他们派远征军对付葛逻禄人，葛逻禄人卷入了与阿拉伯人的战争。据波斯史家伽尔迪齐（Gardīzī）记载，阿拉伯帝国的呼罗珊总督吉特里夫·伊本·阿塔（Ghitrif b. Ata，792—793

① 下面碑文皆为程溯洛译文，引自林幹编：《突厥与回纥历史论文选集》（下），第 710 页。

年执政）派军队去费尔干纳地区驱逐葛逻禄叶护的军队。据阿拉伯史书记载，麦蒙在回历198年（公元813或814年）继任哈里发之后，立即派法德勒·伊本·沙赫尔（Fadl b. Sahl）大举东征。法德勒先击败吐蕃属国迦布罗，次于瓦罕地区重创吐蕃，将吐蕃首领及其他战俘解送巴格达。816年，法德勒挥师北上，在锡尔河附近俘获葛逻禄叶护的妻妾、子女，叶护本人向北逃入基马克人地区。这位叶护就是被保义可汗打败后从费尔干纳逃走的那位。在9世纪初，葛逻禄叶护、吐蕃可汗、讹答剌等地部落首领接受了哈里发的统治，向阿拉伯帝国纳贡，贡赋可能以送礼的形式实现。

在9世纪中叶以前，葛逻禄首领的封号是叶护。据《塔巴里编年史》和马苏第（Mas'udi）的《黄金草原》等阿拉伯史书记载，在9世纪末期（892年左右），葛逻禄首领已经开始使用可汗称号。马苏第把葛逻禄可汗作为“汗中之汗”而提到，并说其他突厥统治者臣服于他。由于喀喇汗王朝初期版图主要是原葛逻禄人的活动地区，而且葛逻禄三姓之一的炽俟是喀喇汗王朝军队的主力，于是，西方学者将9世纪后期建立的喀喇汗国归属于他们。普里察克认为，喀喇汗王朝源于葛逻禄统治氏族。巴托尔德在《蒙古入侵前的突厥斯坦》一书中引用阿拉伯史料，说葛逻禄人俗尚黑色，衣服和旗帜都是黑色，喀喇汗王朝又称为黑汗王朝，这也是学者们把喀喇汗王朝归属于葛逻禄人的原因之一。

葛逻禄部落联盟西迁后，在粟特人和阿拉伯文化的影响下，熟悉了基督教和伊斯兰教。据雅库比记载，在马赫迪哈里发时期（775—785），葛逻禄叶护皈依了伊斯兰教。

据普里察克的研究，葛逻禄部落联盟中最重要的两个部落是样磨与炽俟。样磨（Yaghma）在中国史书中又称咽缅，在《突厥语大词典》中被记为“亚格玛部”。样磨部的统治氏族与九姓乌古思（指回纥）汗族在族源上有关系，《世界境域志》注解说：“他们的王出自九姓乌古思王族。”样磨部原属回纥，游牧地可能在蒙古草原上，与回纥部邻近。在回纥建国以后，样磨人西迁到中亚七河流域。关于他们西迁的原因有两种说法，有学者认为他们是逃离回纥，有学者认为是回纥统治者为了向西扩大势力，派该部进驻西域。无论哪种说法，都可以肯定样磨人迁到中亚的时间比葛逻禄人要早一些。

样磨部西迁以后，最初在巴尔喀什湖以南的七河流域活动。8 世纪中叶以后（756 年以后），葛逻禄人迁入该地区，样磨部在实力不敌的情况下，再度迁徙。8 世纪末期，样磨部南迁，占据了锡尔河的上游地区。《世界境域志》在记载葛逻禄国及其城镇时说："其东为吐蕃的某些部分和样磨与九姓古思人的边境；南为样磨的某些部分及河中地区。"可以说，样磨人居于葛逻禄人的东面和南面。在吐蕃势力退出天山南部以后，样磨人占据了以喀什噶尔为中心的帕米尔一带，其疆域是：南至鸭儿看（今新疆莎车），东到今巴楚，西到中亚奥希（在今吉尔吉斯斯坦），北抵今阿克苏。迁到喀什噶尔的样磨人逐步改变了游牧的生活方式，与喀什噶尔的土著居民共同从事农业生产，成为回鹘人中最早定居务农者。样磨人的到来，使喀什噶尔操突厥语的居民逐步占据优势，这一切，为以后从漠北大规模西迁的回鹘人在喀什噶尔以东建立政权奠定了基础。

样磨在 10 世纪中叶前后发展成为一支强大的政治势力，据《世界境域志》记载："其民坚强、好战，武器很多。……这些样磨人有很多部落，人们说，他们中知道的就有 1700 个。"[①] 虽然这一数字不太可信，但这段记载足以说明样磨人已经成为一支人数众多、勇武好战的势力。

在 12 世纪初波斯佚名作家的著作《编年史与故事汇编》（*Mujmal al-Tawarikh*）一书中，列举了中亚各地统治者的称号，其中样磨统治者的称号是"博格拉汗"（Bughra-khan），博格拉意为"公驼"，是样磨人的图腾。样磨统治者上升到汗位一事可能发生在 840 年以后，已知样磨统治氏族与九姓乌古思汗之间的血缘关系反映出这种"统治转换"（Translatio imperii）。在此，对我们来说重要的是博格拉汗称号与

① V. Minorsky translation and explained, *Ḥudūd al-'Ālam*, p.96.

样磨人的联系。[①] 由于博格拉汗称号为喀喇汗王朝统治者独有，加之样磨人的居地喀什噶尔以后又成为喀喇汗王朝都城，因此，有学者认为，喀喇汗王朝统治氏族出自样磨，喀喇汗王朝为样磨人所建。此说得到了米诺尔斯基（Minorsky）、哈密顿（Harmilton）等学者的赞同。

炽俟（Chigil，又译职乙）是葛逻禄人的主要部落，在葛逻禄游牧于乌伦古河与额尔齐斯河上游之时，炽俟部居乌伦古湖西。657 年，唐朝曾在其境置大漠州都督府。8 世纪中叶，炽俟部迁到伊犁河流域和伊塞克湖附近地区。喀喇汗王朝建立以后，炽俟人成为该王朝的主力军。

《世界境域志》一书描述了炽俟部的情况，炽俟人虽属葛逻禄三姓，但他们的国王来自本族人。[②] 米诺尔斯基评论说，看来他们有自己的民族政权，他们的政治地位要高于葛逻禄和突骑施。10 世纪末期，炽俟部从葛逻禄人中独立出来，成为纳希亚特（Nahiyat）地区的主人。

据 10 世纪到此地旅行的米撒儿记，炽俟人信仰基督教："我们来到炽俟部落……在该部落，有一些基督教徒……"也有学者认为，此处所记的基督教应当是摩尼教，回纥称霸蒙古草原之时，曾从中亚僧人处接受了摩尼教信仰，炽俟人信仰摩尼教的可能性很大。炽俟人的图腾是狮子，在突厥语中，狮子的发音为阿尔斯兰。

据马卫集记，葛逻禄从金山（阿尔泰山）迁居并统治七河流域以后，在葛逻禄人的部落联盟中包括了独西部（Tukhshi）。[③] 独西部游牧于伊塞克湖周围，其游牧地与西迁后的炽俟邻近，两部的游牧地一直延伸到楚河和伊犁河。《世界境域志》第 17 节是讲述独西部的，米诺尔斯基在该节的注释中说，独西部很可能是突骑施的余部之一[④]，在葛逻禄人来到西部天山之时，他们臣役于葛逻禄人。10 世纪后期，独西

① Denis Sinor, *The Cambridge History of Early Inner Asia*, Cambridge University Press, 1990, p.356.

② V. Minorsky translation and explained, *Ḥudūd al-'Ālam*, pp.98-99.

③ V. Minorsky, *Sharaf al-Zamān Ṭāhir Marvazi on China, the Turks and India*, p.31.

④ V. Minorsky translation and explained, *Ḥudūd al-'Ālam*, pp.300-301.

部人像炽俟人一样，也脱离葛逻禄独立出来。

9世纪下半叶，在中亚东部活动的葛逻禄人、样磨人、炽俟人、独西人等说突厥语的各部落逐渐纳入喀喇汗王朝的统治之中。他们对喀喇汗王朝政治、经济、语言、文化和风俗习惯等各个方面都产生了影响。

第二章

突厥王朝的建立

10 世纪上半叶，西迁回鹘与葛逻禄、样磨、炽俟、独西等游牧突厥人一起，在锡尔河以东以北的辽阔草原上建立了喀喇汗王朝（10 世纪初至 1212 年），强盛时期，喀喇汗王朝在北部统治了天山至里海以东地区，在南部统治着塔里木盆地南缘至阿姆河以北的河中地区。10 世纪下半叶，萨曼王朝的突厥将领在阿富汗地区建立了伽色尼王朝（962—1186），伽色尼王朝强盛时期统治了东伊朗至北印度之间的广阔地区。与此同时，古思人的一支塞尔柱人南下河中地区，在参与中亚各种势力的角逐中壮大起来，建立了塞尔柱王朝（1055—1194），塞尔柱王朝在强盛时期统治了西亚和中亚的广大地区。

第一节　回鹘与喀喇汗王朝

回纥是中国古籍对维吾尔族先民的称呼，其含义是“联合、结合、同盟”。4 世纪，回纥以“袁纥”一名初现于汉籍文献，当时只是一支弱小部落，在蒙古草原北部的色楞格河流域过着“逐水草随畜”的游牧生活。8 世纪中叶以前，回纥部一直处于蒙古草原强大部落或汗国的统治之下。7 世纪初，回纥部受突厥汗国统治，由于不堪突厥统治者的剥削和压迫，回纥部与仆骨、同罗、拔野古等部联合反抗，摆脱了突厥人的统治。在反抗斗争中，回纥强大起来。647 年，回纥酋长吐迷度率众归附唐朝，唐朝在其地设立了燕然都护府（后改为瀚海都护府），拜吐迷度为都督。742 年，回纥部与拔悉蜜部和葛逻禄部联合打败后突厥汗国；744 年，回纥部又与葛逻禄部联合打败了拔悉蜜部，成为蒙古草原的最高统治者，以乌德鞬山为统治中心建立了回纥汗国（744—840）。汗国建立的第二年，即 745 年，唐玄宗册封回纥可汗骨力裴罗为怀仁可汗。在唐朝发生安史之乱期间（755—762），回纥可汗磨延啜曾率回纥兵奔赴中原参加平息叛乱。后来，唐肃宗应回纥可汗的请求，将宁国公主嫁给了磨延啜为妻。787 年，回纥可汗顿莫贺请求唐朝改其族名“回纥”为“回鹘”，取“捷鸷如鹘”之意，唐德宗允准顿莫贺的要求。从此，回纥人开始使用“回鹘”之名。

回鹘汗国在蒙古草原统治了近一个世纪。840 年左右，蒙古草原遇自然灾害，经济受到了严重损失，回鹘政局混乱。是年，叶尼塞河流域的黠戛斯部众 10 万人入境，回鹘汗国瓦解，回鹘人四处逃散。一部分向南迁入中原，融入汉人之中；一部分踏上了西迁之路。在西迁回鹘中，一些人投奔了葛逻禄人，此事在汉籍两《唐书》的回鹘传中有记载，《旧唐书》记：“有回鹘相职者，拥外甥庞特勤及男鹿并遏粉等兄弟五人、一十五部西奔葛逻禄。”

西迁回鹘经过数十年的休养生息，到 9 世纪后期，逐渐成为原葛逻禄政权的实际支配者，“葛逻禄汗国”这一名称从史籍中消失了，代之而起的是喀喇汗王朝。喀喇汗王朝在其存在时期并不以喀喇汗王朝自称，这一名称是近代俄国学者格里哥里也夫（1816—1881）确定的。据当时人麻赫穆德·喀什噶里的《突厥语大词典》记载，该王朝自称“可汗王朝”（al-Khaghaniyya）或“汗朝”（al-Khaniyya）。当时的阿拉伯史书称之为“汗朝”或“额弗拉西卜王家”。在西方史书中，它被记为“喀喇汗王朝”。“喀喇”系突厥语，意为“黑”，于是，中国史书《宋史》记为“黑汗王朝”，最初写作“黑韩”。由于喀喇汗王朝的统治中心在疏勒（今新疆喀什），所以，在中国史书中，该王朝又被称为“疏勒国”。

学界关于喀喇汗王朝的了解来自较晚的一些文献，这些文献互相矛盾，而且更多的是记录了喀喇汗王朝与伽色尼、塞尔柱、花剌子模等周边地区和王朝的关系，因此，难以构建王朝的政治史。不过，喀喇汗王朝发行的钱币对此可以做出一些补充。法斯默尔（Vasmer）、普里察克、达维多维齐（Davidovich）和库奇涅夫（Kochnev）等钱币学和历史学家对喀喇汗王朝钱币的研究对文献中互相矛盾的记载进行了纠正和比较合理的解释，为构建喀喇汗王朝编年史做出了贡献。其中，俄国学者巴托尔德于20世纪20年代在对有关文献资料进行批判性分析的基础上概述了喀喇汗王朝的历史，目前，他的著述仍然是最可信的。

喀喇汗王朝的统治疆域包括巴尔喀什湖以南地区、河中地区，以及今中国新疆西部地区。10世纪初，在上述地带游牧的葛逻禄、样磨、炽俟、独西、黠戛斯等部落都被纳入喀喇汗王朝的统治。喀喇汗王朝的统治汗族到底属于以上诸部中的哪一部，至今仍未有结论。[①]西方学者倾向于葛逻禄人，或样磨人、炽俟人[②]，而中国大多数学者认为，正是西迁的回鹘人在中亚建立了喀喇汗王朝，本书采用回鹘之说。

喀喇汗王朝建于大约9世纪末期，因为它取代葛逻禄人的统治是一个渐进的过程，因此，它的建立似乎没有一个标志性的准确年代，只知道王朝的创建者阙毗伽·卡迪尔汗（Kül Bilg Qadir Khan）的活动在9世纪末期，他的政权建在八拉沙衮。不过，也有人认为喀喇汗王朝的真正创建者应该是阙毗伽·卡迪尔汗之孙萨图克·博格拉，如果

---

① 关于喀喇汗王朝建立者的问题，史学界存在多种说法。张广达先生认为他是“西北地区操突厥语的民族在今新疆、中亚建立的封建王朝”，参见《中国大百科全书·中国历史》“黑汗王朝”条；德国学者普里察克将喀喇汗王朝的起源归属于葛逻禄人；鲁克·克文敦先生在其所著《游牧帝国》一书中，也将喀喇汗王朝的起源归属于葛逻禄；德国学者加文·汉布里主编的《中亚》一书中也有类似观点，认为喀喇汗王朝的统治者是葛逻禄部落的一个分支。

② Asimov, C. E. Bosworth, *History of Civilizations of Central Asia*, Vol.4(1), p.120.

这样，那么喀喇汗王朝的建立应该在10世纪上半叶。[①] 阙毗伽·卡迪尔汗去世（约893年以前）以后，长子巴兹尔·卡迪尔（Bazïr Qadïr）在八拉沙衮继承汗位，称阿尔斯兰汗；次子奥古尔·恰克（Oghul Chak）以塔拉兹城为中心进行统治，称博格拉汗。由此观之，喀喇汗王朝从一开始就实行家族分而治之的统治。

喀喇汗王朝最初的统治地局限于巴尔喀什湖以南的草原地带，到9世纪末，其势力逐渐扩展到锡尔河流域，与当时统治河中地区的萨曼王朝发生冲突。893年，奥古尔·恰克驻地塔拉兹城遭到了萨曼王朝的攻击。奥古尔·恰克的一万士兵被杀，1.5万人被俘，其中包括奥古尔·恰克的妻子。奥古尔·恰克率部众翻越天山，进入塔里木盆地南缘，以喀什噶尔为首府，历经十年的休养生息，逐渐壮大起来。904年，奥古尔·恰克从喀什噶尔发兵，对萨曼王朝进行了大规模的复仇之战，并取得了胜利。除了进行复仇战争外，奥古尔·恰克充分利用了萨曼王朝的内讧。萨曼王伊斯迈伊尔的兄弟纳赛尔·本·曼苏尔因与兄长斗争失败，投奔喀喇汗王朝，奥古尔·恰克将曼苏尔安置在喀什噶尔以北的阿图什（Artux）城。阿图什位于古丝绸之路上，是该地区的商品集散地，经济十分繁荣。为了表示对曼苏尔信仰的尊重，奥古尔·恰克在阿图什修了一座清真寺供他及其家人、侍从礼拜，这事大约发生在905年左右。

在阿图什期间，曼苏尔遇到了大汗巴兹尔·卡迪尔的次子萨图克（Satuk），两人关系甚密。萨图克从八拉沙衮来到阿图什的原因，说法不一。大汗巴兹尔死后，八拉沙衮的统治权由长子，即萨图克之兄继承，萨图克遂与母亲投奔叔父奥古尔·恰克。以后，奥古尔·恰克续娶了兄嫂。萨图克在曼苏尔的影响下接受了伊斯兰教，并秘密地发展教徒，扩大势力。此事引起了奥古尔·恰克的不满，叔侄之间发生了冲突。在河中地区伊斯兰教徒的支持下，萨图克最终杀死叔父夺取政权，成了喀什噶尔的统治者（942—956）。

---

① “喀喇汗王朝汗世系表”见附录一。

以后，萨图克把目标指向了喀喇汗王朝都城八拉沙衮。回历 330 年（公元 942—943 年），萨图克在“圣战”的旗帜下，对其长兄发动了战争，经过激战，占领八拉沙衮，夺取了统治权，成为喀喇汗王朝大汗。

在萨图克统治期间，喀喇汗王朝军队出征伊犁河流域，深入到准噶尔盆地。萨图克在巴尔喀什湖以南的七河流域和准噶尔盆地大力推行伊斯兰教，鼓励部下毁坏佛寺及其他偶像崇拜的设施，对传播伊斯兰教做出贡献者大加赞扬。956 年萨图克去世，葬在阿图什，至今该地还保留着他的陵墓——素丹萨图克麻扎。①

萨图克去世以后，长子巴依塔什（Baytuz）继位（956—971 年在位），教名为穆萨·本·阿不都克里木，他住在喀什噶尔，自称阿尔斯兰汗。萨图克的次子苏莱曼（Suleiman）住八拉沙衮，称博格拉汗。兄弟俩在巩固了自己的统治之后分别向东、西方扩张。

960 年，阿尔斯兰汗宣布伊斯兰教为国教，在中亚东部建立了第一个突厥族伊斯兰教国家。在位期间，他积极发展经济，在喀什噶尔河流域兴修水利、开发农田。为了传播伊斯兰教，他开辟了由喀什通往东西南北的交通。他还筹建了一所图书馆，创办了一所皇家伊斯兰经学院汗勒克买德力斯（在今新疆喀什市内）。汗勒克买德力斯在维吾尔语中意为“国王（主办）的经文学堂”，该学堂主要培养伊斯兰教职人员，主课是《古兰经》等宗教必修科目，为此，阿拉伯语与波斯语都被列为基础学科。此外，该学堂也传授一些有关天文、地理、医学以及文学和诗歌的知识。汗勒克买德力斯是当时喀喇汗王朝的高等教育机构。

阿尔斯兰汗的这些活动促进了喀什噶尔经济和文化的发展。在对外活动中，阿尔斯兰汗最突出的事件是对于阗发动“圣战”，强迫

---

① 萨图克于 942 或 943 年夺取长兄在八拉沙衮的政权，成为了喀喇汗王朝大汗以后，其驻地在何处一直存在两种说法：一种认为喀喇汗王朝大汗廷仍在八拉沙衮，一种认为在喀什噶尔。从他葬于阿图什来看，他称大汗以后，仍住在喀什噶尔，可以说，喀什噶尔已经取代八拉沙衮成为王朝的统治中心。

该地接受伊斯兰教。然而，在他于 971 年（另有 980 年之说）去世之时，他的这一愿望仍未能取得成功。他死后，长子阿里·本·穆萨（ʿAlī b. Mūsā）在喀什噶尔继位（971—998 年在位），以后，学界将阿里的后裔称为阿里系。[①]阿里继续对于阗发动伊斯兰教“圣战”，但是，他也未取得任何进展就于 998 年在英吉沙尔的一次战斗中死去。

阿里·本·穆萨死后留下四个儿子：阿赫马德、纳赛尔、曼素尔和穆罕默德，他们在喀喇汗王朝境内各有领地。长子阿赫马德继承了汗位（998—1018 年在位），在他发行的钱币上，有纳塞尔·哈格汗（Nāsīr al-Haqq Khan）称号。他可能继承了其父在喀什噶尔的领地。[②]

阿赫马德任大汗期间继续进行与于阗的战争，但由于喀什噶尔爆发了反伊斯兰教的暴动，阿赫马德无功而返，于 1018 年去世。阿赫马德的三弟曼素尔·本·阿里即位为大汗。由于曼素尔平庸无能，阿里系失去了喀喇汗王朝大汗的王位，大汗王位转到幼支苏莱曼家族。

萨图克的次子苏莱曼原本继承副汗之位，统治着八拉沙衮。当大汗穆萨向东发展之时，苏莱曼开始向西发展，与萨曼王朝发生战争，这些战争牵制了萨曼王朝，使它没有对以穆萨为首的喀喇汗王朝构成任何威胁。苏莱曼去世以后，王位传给其子哈桑·本·苏莱曼（Hasūn b. Suleiman），其后裔被称为哈桑系。哈桑利用萨曼王朝西南部呼罗珊反叛活动的有利时机，于回历 380 年（公元 990 年）出兵进攻萨曼王朝属地，即锡尔河以北的白水城（Isfījāb，又译伊斯比贾布城，在今哈萨克斯坦奇姆肯特市郊），当地贵族不仅不保卫该城，还将哈桑人马迎进城。第二年，哈桑占领拔汗那（今乌兹别克斯坦费尔干纳）。回历 382 年（公元 991—992 年），哈桑开始向萨曼王朝的统

---

① 普里察克建议：将萨图克长子的后裔，即穆萨长子阿里的后裔，与萨图克次子的后裔，即苏莱曼之子哈桑的后裔，分别以“阿里系”和“哈桑系”名之，这样方便了研究。

② 前两位大汗继位地点和统治中心都在喀什噶尔，据《中亚文明史》所载，阿赫马德的统治中心在七河流域，参见〔塔吉克〕M. S. 阿西莫夫、〔英〕C. E. 博斯沃思主编：《中亚文明史》第 4 卷（上），第 123 页：“他的领地在七河地区，其中柘析（今塔什干）也包括在他的领地中。王室大汗不住在城里，而是住在附近的营帐中，他的营帐被称为‘喀喇斡耳朵’（Qara Urdu）。此说与以后苏莱曼领地有冲突，哈桑系是在夺取大汗之后才开始入主喀什噶尔。”

治中心河中地区进军。萨曼国王努赫二世企图动员全国力量进行抵抗，但是，他的人民不支持他，将领们纷纷叛变，他只好逃出都城不花剌。哈桑陆续占领了撒麻耳干和不花剌，在萨曼王朝将军法伊克的欢迎下进驻不花剌王宫。是时，他以博格拉汗的名义铸造了钱币。不久，哈桑因病撤军，途中病逝。[1]

哈桑对萨曼王朝的征服未有结果，但喀喇汗王朝并未给予萨曼王朝喘息的机会。喀喇汗王朝驻讹迹邗（Uzgend，又译乌兹根，地处锡尔河上游南岸）的统治者纳赛尔·本·阿里又发动了对萨曼王朝的战争。纳赛尔·本·阿里是大汗阿里之次子，消灭萨曼王朝的任务由他完成。其叔哈桑去世以后，纳赛尔出兵萨曼王朝，河中地区教、俗两界的封建主们都不支持萨曼国王马立克二世（999 年 2—10 月在位），纳赛尔几乎是在没有遇到抵抗的情况下占领了不花剌城，俘获马立克二世，把他与萨曼王室的其他成员一起送往讹迹邗关押。统治中亚一百多年的萨曼王朝灭亡了。纳赛尔在不花剌设置一位总督之后，返回自己的封地讹迹邗。1012 年，纳赛尔·本·阿里在讹迹邗去世。

在纳赛尔灭亡萨曼王朝的战争中，哈桑的继承者，哈桑之子玉素甫·卡迪尔（Yūsuf Kadïr）没有参与西方的这些战争，而是把目标对准了东方，发动了对于阗的“圣战”，并取得决定性的胜利，1006 年，灭掉了于阗国。以后，玉素甫·卡迪尔以讹迹邗与八拉沙衮之间的一些冲突为借口，夺取了长支在河中地区的统治权，派自己的兄弟阿里特勤统治。继之，他谋划夺取喀什噶尔的大汗位，他认为喀什噶尔的大汗曼素尔·本·阿里无力统治喀喇汗王朝，回历 415 年（公元 1024—1025 年），他出兵打败了曼素尔·本·阿里，进驻喀什噶尔，成为喀喇汗王朝的大汗。在任大汗期间，他遭到了他的兄弟阿赫马和阿里特勤的反对，为此，玉素甫·卡迪尔与阿富汗地区的伽色尼王朝联盟，通过联姻的方式向伽色尼王借兵，打败了统治着河中地区

---

[1] Asimov, C. E. Bosworth, *History of Civilizations of Central Asia*, Vol.4 (1), p.121：“哈桑是在前往喀什噶尔的途中去世的。”依上注所述，哈桑返回的是驻地八拉沙衮。

的阿里特勤，兄弟间的相互攻伐削弱了哈桑系的实力。1032年，玉素甫·卡迪尔去世，葬在喀什噶尔。在他强有力的统治结束之后，喀喇汗王朝的统一难以维持下去。在玉素甫·卡迪尔之子苏莱曼·本·玉素甫任大汗期间（1032—1056），喀喇汗王朝分裂。

在玉素甫·卡迪尔去世的当年，其兄弟阿里特勤在河中宣布自己为可汗，这一称谓表明他摆脱大汗统治的独立倾向。1034年，阿里特勤去世，其子尤素甫继承了他在河中地区的统治。然而，纳赛尔在讹迹邗的两个儿子，即长子穆罕默德·本·纳赛尔和次子伊卜拉欣·本·纳赛尔（亦称贝里特勤）认为河中地区本是他们父亲打下的江山，他们必须夺回来。以后，伊卜拉欣·本·纳赛尔用武力夺取了河中地区，自称桃花石·博格拉·喀喇汗，并于1041年正式宣布独立。于是，喀喇汗王朝一分为东、西两个喀喇汗王朝。东喀喇汗王朝统治领域包括七河流域、伊犁河流域、喀什噶尔、于阗和费尔干纳的东部，都城在喀什噶尔；西喀喇汗王朝统治领域包括河中地区、费尔干纳的西部和忽毡（今塔吉克斯坦的苦盏），首府是撒麻耳干。

喀喇汗王朝在第一阶段（截至1040年）的统治中表现出一些突出特征：第一，尽管各种称号反映了喀喇汗王朝政权的分级统治形式，然而，王朝发行的钱币却反映出喀喇汗王朝有国家统一的观念，即承认王朝有一个大汗；第二，喀喇汗王朝采取阿尔泰突厥政权的形式，将王朝领地分为若干封地，分封给王室成员或贵族，理论上，王室成员享有共同的经济权利。[①]

第二节　伽色尼王朝

伽色尼王朝是突厥人于962年以阿富汗东南部为中心建立的政权，因都城在加兹尼城（另译哥疾宁）而得名。鼎盛时期，伽色尼王朝的

---

① Asimov, C. E. Bosworth, *History of Civilizations of Central Asia*, Vol.4 (1), pp.122-123.

版图东起印度东北，西至波斯西北部，北抵花剌子模，南迄锡斯坦。伽色尼王朝的建立标志着突厥人统治阿富汗地区的开始。

伽色尼王朝的创始人阿尔普特勤（Alptigin）早年以古拉姆身份为萨曼王朝服务。古拉姆意为“经过训练的突厥族奴隶”，以后，逐年晋升，官至宫廷大臣，掌握了任命官吏，甚至左右宰相人选的权力，操纵了萨曼王朝朝政，萨曼国王成为傀儡。阿尔普特勤的权力背后具有雄厚的军事和经济力量。利用突厥高级将领可以购置土地的特权，他大量购买地产，据记载，他“在河中地区占有村子达五百多个。每个城镇都有他的别墅、花园、客栈和澡堂。他拥有一百万只羊、十万匹马，以及骡和骆驼”①。在雄厚经济实力的基础上，他培植起一支专属于自己的武装，在揭竿而起之前，他的突厥族扈从已经有 1700 人之多。② 这些人以后成为他建立政权的基础。

阿尔普特勤的权势对萨曼王马立克一世（954—961 年在位）构成了巨大威胁，961 年 2 月，马立克一世任命他为呼罗珊总督，将他调离了都城不花剌。半年之后（961 年 11 月），马立克一世在一次打马球时被杀，阿尔普特勤意欲立马立克一世之弟继承王位，但萨曼宫廷中的一些军事将领和大封建主们扶持马立克一世之子曼苏尔·伊本·努赫（Mansūr b. Nūh）继位（961—976 年在位）。

曼苏尔继位以后，排除异己，撤了阿尔普特勤的职务，并打算逮捕他。在此严峻的形势下，阿尔普特勤从尼沙普尔出走，踏上了去巴里黑的路。阿尔普特勤在巴里黑住了一两个月，在此招集来自河中地区、库塔兰（Khuttalan）和巴里黑附近地区的“圣战者”扩充势力。曼苏尔在得知这一消息之后，派 16000 名骑兵追击。双方在巴里黑与库尔木之间一段长 4 法尔沙赫（大约 25 公里）③的峡谷进行了战争。几次战争之后，阿尔普特勤获胜，并乘胜打败了当时在喀布尔实施统治的印度沙希国王，围攻加兹尼城。962 年，阿尔普特勤从当地统治者

① C. E. Bosworth, *The Ghaznavids: Their Empire in Afghanistan and Eastern Iran 994-1040*, pp. 41-42.

② Nizam al-Mulk, *The Book of Government or Rules for Kings*, p.104.

③ 1 法尔沙赫等于 6.24 公里。

阿布·巴克尔·拉维克（Abu Bakr Lavik）手中夺取加兹尼城[①]，并以此为都建立了政权，即伽色尼王朝。作为王朝创建者，阿尔普特勤采取了较为温和的埃米尔（Amîr，另译异密，意为“地方总督”）称号，这一定位使伽色尼王朝成为臣属于萨曼王朝的地方政权。在建立之初的35年中，伽色尼王朝一直以萨曼王朝阿富汗地区政权的身份存在。

阿尔普特勤还未来得及巩固在加兹尼城建立的政权，就于963年去世了。他死后，他的儿子伊撒克（Ishāq）继位（963—966年在位）。[②]伊撒克是平庸之辈，据史书记载，在统治期间，他曾到不花剌萨曼王宫，为其父的背叛行为乞求萨曼国王的原谅。萨曼国王原谅了他的父亲，认可了他的继位，承认他以萨曼王朝属臣的身份继续在加兹尼实施统治。伊撒克于966年10月到11月（回历355年楚尔喀达月）去世。他死后，加兹尼的突厥士兵推举军中统帅巴尔卡特勤继位（966—975年在位）。巴尔卡特勤曾是阿尔普特勤的奴隶，在军队服役期间，从底层一直提升至军队统帅。另有一说是，他的继位是萨曼王朝任命的。巴尔卡特勤统治时期大约有十年，975年，他在卡迪兹被流箭射中。他死后，伽色尼王朝大臣们扶持另一位军队统帅庇拉依继承王位。庇拉依嗜酒成性，不理国事，在他统治的两年中（975—977），骚乱迭起，发生了印度教徒与穆斯林的第一次冲突，最后，他被赶下王位。在以上四位统治者时期，伽色尼王朝未得到巩固和发展，直到977年赛布克特勤（Sabuktigin）登上王位，形势才发生了根本的变化。

赛布克特勤出生于伊塞克湖附近巴尔斯罕（Barsghān）地方的一个突厥部落，该部落的首领是突厥族葛逻禄人。12岁时，他被一个叫巴赫延（Bakhtiyan）的突厥部落捉住，四年之后在不花剌奴隶市场出售，被阿尔普特勤看中并买下。阿尔普特勤留他在自己的卫队中服

---

① 今阿富汗加兹尼城，在《北史·西域传》译作“伽色尼”；《大唐西域记》第十二卷译作“鹤悉那”；《岭外代答》第三卷“大食诸国”条和《诸番志》卷上译作“吉慈尼”；《元史·地理志·西北地附录》译作“哥疾宁”。

② “伽色尼王朝素丹世系表”见附录一。

务。赛布克特勤机灵英勇，深得阿尔普特勤的喜欢，在当卫兵仅三天之后，就被提升为帐长，以后，更是青云直上。在阿尔普特勤及其子伊撒克统治时期，赛布克特勤在军中已经有很高的威望。

976 年，军队将庇拉依赶下台，推举赛布克特勤为伽色尼王朝埃米尔（977—997 年在位）。萨曼国王努赫二世对他的继任没有干涉。赛布克特勤继位以后，采取措施整顿国内秩序。在国家稳定之后，赛布克特勤迅速率领军队进行扩张战争。继任王位的第二年，他率部进攻锡斯坦。当时，锡斯坦处于波斯萨法尔家族的统治之下，首府在疾陵城。接着，赛布克特勤攻占布斯特城（Bust），以后，又在进攻北印度的战争中取胜，不但掠夺到大量财物，还得到了割地和赔款。这些战争为伽色尼王朝奠定了经济实力。

正当伽色尼王朝积累力量之时，萨曼王朝却在经历艰难时刻。992 年，萨曼王朝遭到在其东部崛起的喀喇汗王朝的入侵。喀喇汗王朝副汗哈桑攻入不花剌城，努赫二世弃都逃亡阿模里（Amul，今查尔朱）。后来，哈桑因病退回八拉沙衮并在途中去世，努赫二世才得以恢复在不花剌的统治。然而，他的统治遭到了萨曼王朝统治阶层内部的反对，于是，努赫二世向赛布克特勤求援。赛布克特勤十分乐意地接受了努赫二世的请求，动身前往河中地区。994 年，赛布克特勤及其子马赫穆德（Mahmud）率领 2 万大军和 200 头大象渡过了阿姆河，进入了渴石（今沙赫里夏勃兹），然后又进军那色波（今卡尔施）。赛布克特勤与努赫二世的联合部队打败了呼罗珊总督阿布·阿里率领的叛军，阿布·阿里战败后逃亡尼沙普尔和古尔甘（Gurgan），努赫二世任命赛布克特勤为呼罗珊总督，并授予他“国家和宗教的保护者”的称号，授予其子马赫穆德“国家之剑”的称号。赛布克特勤统治了巴里黑、赫拉特、尼沙普尔等地，呼罗珊成为伽色尼王朝的属地。

995—996 年期间，萨曼王朝又爆发了地区叛乱，喀喇汗王朝趁机入侵河中地区。努赫二世再次求助于赛布克特勤，伽色尼王朝军队再一次镇压了叛乱者，阻挡了喀喇汗王朝军队的入侵。在支持萨曼王的过程中，伽色尼王朝军队经常越过阿姆河，赛布克特勤从萨曼王朝属臣的身份一跃成为萨曼王的保护者。不过，即是在这种情况下，赛布克特勤也没有宣布独立，伽色尼王朝仍然保持着对萨曼王的忠诚。

997 年，赛布克特勤去世。他生前留下的遗嘱指定其次子伊斯玛伊尔（Ismailis）为他的继承人。对此，长子马赫穆德极为不满，要求与其弟分享权力。在遭到拒绝之后，他于 998 年采用武力监禁了伊斯玛伊尔，自己登上了伽色尼王朝王位。据塞尔柱王朝宰相尼扎姆记载，马赫穆德长着一副马脸，皮肤干燥、长脖子、高鼻梁、稀胡须，由于总是叼着陶制烟斗，所以他的面色蜡黄。① 尽管长相不好，然而，作为一个国王，他正直、畏主、好学、文雅，判断力强，信仰正统教义，勇于为信仰而战。② 在他统治的 32 年（998—1030）中，伽色尼王朝达到了极盛。王朝在他的统治下走上独立发展的道路，成为中亚强国，并得到了伊斯兰世界的承认。

在马赫穆德夺取伽色尼王位之时，喀喇汗王朝于 999 年再次攻占不花剌城，俘获了萨曼王室成员，萨曼王朝灭亡。至此，伽色尼王朝独立，马赫穆德成为独立的统治者。阿拔斯哈里发卡迪尔（Al-Qadir，991—1031 年在位）③ 承认了伽色尼王朝在阿富汗地区的统治，授予马赫穆德“国家的右臂和教团的信赖者”的尊号。这样，伽色尼王朝作为一个独立王朝得到了伊斯兰世界的承认。从此，伽色尼王朝统治者不再取埃米尔称号，而取素丹（Sultan）称号。④

萨曼王朝灭亡以后，马赫穆德与喀喇汗王朝达成协议。双方以阿姆河为界，阿姆河以南归伽色尼王朝所有，阿姆河以北地区归属于喀喇汗王朝。然而，双方都没有遵守这一协定。在征服了西部波斯及东部印度的一些领地之后，伽色尼王朝军队于 1017 年侵入喀喇汗王朝

---

① Nizam al-Mulk, *The Book of Government or Rules for Kings*, p.48.

② Ibid., p.49.

③ “阿拔斯王朝哈里发世系表”见附录一。

④ 从铸币上来看，马赫穆德及其后继者仍然采用埃米尔（总督）或赛义德（首领）称号，而根据记载，在他之前，素丹这一称号还不存在，在伊斯兰世界，第一位称自己为素丹的人是马赫穆德。在他以后，素丹成为一个普遍使用的称号。参见 Nizam al-Mulk, *The Book of Government or Rules for Kings*, p.49。

属地花剌子模。

在萨曼王朝统治时期，花剌子模名义上臣属于萨曼王朝，实际上却由两个独立的政权统治着。其中，阿拉伯总督马蒙家族统治阿姆河以西的地区，统治中心在乌尔根奇；花剌子模的阿夫格里家族建立的阿夫格里王朝（Afrighid）统治着阿姆河以东的花剌子模绿洲，首府在柯提。995 年，马蒙家族成员阿布尔・阿巴斯（Abūl'l-'Abbās）推翻阿夫格里王朝，统一了花剌子模绿洲，自称花剌子模沙。喀喇汗王朝推翻萨曼王朝以后，花剌子模沙臣属于喀喇汗王朝。1015—1016 年，花剌子模沙阿布尔・阿巴斯・马蒙二世（Abūl'l-'Abbās Ma'mūn Ⅱ）娶了伽色尼素丹马赫穆德的妹妹胡塔里（Hurra-yi Khuttali），从此，伽色尼王朝开始涉足花剌子模绿洲事务。有关马赫穆德干预花剌子模的情况，伽色尼王朝官员贝哈基（Abu'l-Fadl Bayhaqī）留下了详细的记载。马赫穆德曾要求花剌子模人在祈祷时以他的名义读胡特巴（Khutba），这一要求在花剌子模人中引起了极大的愤慨，他们杀死了马蒙二世。马赫穆德以讨伐弑君者为名，进军花剌子模，在哈扎拉斯普（Hezarasp）击溃了花剌子模军队的主力，并于 1017 年 7 月初推翻了马蒙家族在花剌子模的统治。从此，花剌子模绿洲成为伽色尼王朝的属地，在随后的 20 多年中，它由赛布克特勤的古拉姆阿尔通塔什（Altuntash）家族统治。马赫穆德对花剌子模的占领结束了印欧种东伊朗语族人在花剌子模的统治，开创了突厥人统治花剌子模的历史。

伽色尼王朝的强盛并不长久。1030 年，马赫穆德去世，根据他的遗嘱，次子穆罕默德（Muhammad）在加兹尼继位，长子马苏德（Masud）在军队的帮助下，从兄弟手中夺取了王位（1030—1040 年在位）。

马苏德登上王位以后，大肆清除父亲和弟弟的同党，培养自己的亲信。他对其父在世时轻视过他的人，以及曾拥护其弟登基者和在其弟统治期间表现突出的人一律不用，把他们囚禁起来或者把他们赶出宫廷。其中，大臣哈桑纳克（Hasanak）曾为素丹穆罕默德处理政务，影响很大，宫廷大臣、秘书和副官们都听从他的指挥。马苏德先撤了他的职务，最后还是把他处决了。马苏德的叔父优素福曾担任呼罗珊军事总督，参与过拥立穆罕默德之事，后来他投靠马苏德，但马苏德对他极不信任，安插人监视他，派他外出进行征服战争，最终也把他拘捕和囚禁起来。花剌子模沙阿尔通塔什也是马苏德打击的主要对象。当时，阿尔通塔什是伽色尼王朝中最强大和最有经验的地区总督，在马赫穆德去世以后，阿尔通塔什行事审慎。他曾受马苏德之命来赫拉特宫廷，马苏德表面上以“优秀的指挥官”的身份欢迎他，暗地里伺机除掉他。阿尔通塔什以花剌子模正遭受古思人和钦察人的威胁，必须立即赶回去为借口，匆匆离开以免遭暗害。

在打击异己的同时，马苏德大肆任用拥护他的年轻人，有记载说：一些在事务管理方面一窍不通的年轻人和一帮邪恶的人升了官、掌了权。马苏德下令将1024年被马赫穆德囚禁在印度的原宰相梅伊曼迪（Meumandi）请到首都，让他官复原职，梅伊曼迪任宰相到1033年去世。马苏德尽管在国内极力打击前任官员，但在对外政策上，继续推行其父的扩张政策。

1031年，马苏德出兵俾路支，将其沿海地带的马克兰（Makran）纳入伽色尼王朝的版图；1032年出兵克尔曼，出师不利，被当地军队打败，士兵们逃回尼沙普尔；1032—1033年出兵平定伊斯法罕的考库耶王朝（Kākūyids）叛乱。11世纪中叶，伽色尼王朝与塞尔柱人发生战争，失去了花剌子模绿洲。花剌子模沙阿尔通塔什去世以后，马苏德没有让阿尔通塔什之子哈伦继任花剌子模沙的职位，导致哈伦与塞尔柱人串通起来反叛马苏德，这次叛乱当时被马苏德镇压下去。但两年以后，1034年，哈伦在塞尔柱人的支持下在花剌子模宣布独立，花剌子模不再是伽色尼王朝的属地。

11世纪30年代至40年代，伽色尼王朝碰到的最严重的威胁来自塞尔柱人。塞尔柱人以支持萨曼王朝的身份来到河中地区，萨曼王朝灭亡以后，塞尔柱人来到呼罗珊北部边缘地区，不断骚扰萨拉赫斯（Sarakhs，另译撒剌哈夕）、阿比瓦尔德（Abiward）和法拉瓦（Farava）等地，给该地区造成了极大的威胁。伽色尼王朝决定消灭这些塞尔柱人，于是，双方进行了长达六年（1035—1040）的战争。

1040 年，伽色尼王朝与塞尔柱人在呼罗珊莫夫附近进行了一场决战。伽色尼王朝军队在莫夫附近的沙漠地带施展不开自己的力量，被塞尔柱人打败，“永远结束了伽色尼王朝在呼罗珊的统治”①。从此，伽色尼王朝在中亚的统治走向衰落。

马苏德在战败之后逃往印度拉合尔，伺机东山再起，但是，翌年被其部下杀害。另一种说法是马苏德在逃往拉合尔的途中就被其军队废黜，被其双目失明的兄弟穆罕默德处死。马苏德死后，其弟穆罕默德重新登位（1040—1041 年在位）。马苏德之子毛杜德（Maudūd）闻讯起兵，在击败叔父穆罕默德之后登上王位（1041—1049 年在位）。为了替父报仇，毛杜德用酷刑处死了穆罕默德及他的儿子们。然而，毛杜德是一个无能的统治者，他生前没有治理好国家，死后，伽色尼王朝陷入了动乱时期。

突厥人在今阿富汗加兹尼建立的伽色尼王朝是中亚西部最早建立的突厥政权，建立之后，开始征服萨曼王朝西部领土，并频繁地向北印度出击，这些活动对阿富汗和东伊朗地区的宗教、文化产生了影响。伽色尼王朝与周边国家的关系大多数是争夺地盘和掠夺战利品的敌对关系，唯一例外是与东方中国的辽朝有着一段友好交往。

辽朝可能是从喀喇汗王朝使者中了解到伽色尼王朝素丹马赫穆德的情况。马卫集在其《动物之自然属性》一书中曾经谈到，1027 年，中国辽朝皇帝曾遣使致书伽色尼王朝素丹马赫穆德说：“世上凡是不闭目塞听之人，都寻求与朕为友，与朕友好交往。来自附近地区的异密中，朕的侄辈无不遣使前往，呈递之信函和贡礼接踵而至。惟您（马赫穆德）至今未遣使者或信使来。朕闻您英武卓越，威震一方，诸异密慑服之。您按其意志威慑诸省，使国内安宁。您既享尊荣，理应奏告当今无人能比之最高天子，并依其国而予以重视。今派使者，因道途遥远和历时长久，只能派轻装使者前往，且不欲派在官位和装备上超过您的人。今有王室公主下嫁喀喇汗王朝王子册割，由于与喀

① W. Barthold, *Turkestan Down to the Mongol Invasion*, p.303.

喇汗人的这一联姻，两朝王室团结起来，我们下令喀喇汗为吾国前往马赫穆德之使者及其回访之来使开道，回访之来使必须在公正、明智和庄重者之中挑选，这样，吾可与之畅谈朕意，晓以世间情况，建立邦交，永敦邻好。”①

第三节　塞尔柱王朝

塞尔柱人原在锡尔河以北草原上游牧，10 世纪中叶，移居锡尔河南岸，以武装集团的身份先后为萨曼王朝和喀喇汗王朝效力。在参与中亚王朝的角逐中，塞尔柱人逐渐壮大，在不到一百年的时间内，他们从一个只拥有弹丸之地的原始部落发展到一支能够左右中亚形势的武装力量，最终打败了伽色尼王朝素丹的正规军队，夺取了呼罗珊北部地区，在此建立了自己的政权。

塞尔柱人是突厥古思部落联盟中一支，据波斯史家拉施特记载，古思部落联盟有 24 个部落，由古思汗的 24 个孙子的后裔形成，塞尔柱人属古思汗第六子的第四子，即合尼黑部（Q[a]nīq）。②古思部落联盟首领叶护的家族也属该部。③塞尔柱人与叶护的游牧地都在锡尔河北岸草原上，在古思部落联盟中，他们是举足轻重的人物。

关于塞尔柱人的情况，伊本·阿西尔的《全史》一书有较为详细的记载。塞尔柱人因其祖先塞尔柱而得名，以后的史书称他们为塞尔柱突厥人或土库曼人。传说，塞尔柱的父亲叫杜卡克（Duquq），诨名为帖木儿雅里赫（Timuryaligh，意为“铁弓”）。杜卡克可能是古思合尼黑部的一位酋长，或者是该部中的贵族。关于他的记载很少，只知道他为叶护服务，在锡尔河下游北岸生活期间，杜卡克已经有改宗伊斯兰教的倾向，为此，曾与叶护发生过冲突，甚至动手斗殴，以后双

---

① V. Minorsky, *Sharaf al-Zamān Tāhir Marvazi on China, the Turks and India*, pp.19-20.

② 〔波斯〕拉施特主编:《史集》第 1 卷第 1 分册，第 126 页。第 146 页中，又译为“乞尼黑部”。

③ J. A. Boyle, *The Cambridge History of Iran*, Vol. 5, p.18.

方和解，杜卡克又归附叶护。杜卡克之子塞尔柱得到叶护的欣赏，叶护授予他军队首领“苏巴什”的称号。

塞尔柱在掌握兵权以后，势力和威望日益增加，引起了叶护的嫉妒和不信任，两人产生了冲突。在此情况下，塞尔柱于950年率部分古思突厥人离开叶护出走，迁到锡尔河南岸毡的城附近扎营。在此，塞尔柱皈依了伊斯兰教，在塞尔柱人崛起过程中这是极其重要的一步。在近半个世纪中（950—992），他们获得了锡尔河下游城市（如毡的和库瓦拉城[①]）伊斯兰教徒的拥护，赶走了叶护派驻这些城市的收税官，又以“圣战”的名义，对尚未信奉伊斯兰教的古思人发起攻击，多次攻入叶护的驻地养吉干。此外，他们还支持萨曼王朝抗击突厥人建立的喀喇汗王朝，这些活动赢得了萨曼王朝伊斯兰教徒的拥护，由此威信提高，势力壮大。992年，塞尔柱去世，葬于毡的城附近。他的三个儿子阿尔斯兰（Arslan，以后改伊斯兰教名伊斯拉伊尔）、米凯尔（Mika’il）和穆萨（Musa）领导着塞尔柱人。[②]不久，米凯尔在反异教徒的战争中被杀，米凯尔的三个儿子托格里尔（Toghrul）、查基尔（Chagri）和穆萨以后成了塞尔柱人的杰出领袖，最终创建了塞尔柱帝国。

塞尔柱去世之后，塞尔柱人最初由阿尔斯兰领导。在他的率领下，塞尔柱人从毡的城迁到不花剌东北郊的努尔（Nur）地区。关于塞尔柱人再次南迁的原因说法不一。有人认为是塞尔柱人与毡的城主发生冲突；有人认为是塞尔柱人在毡的发展很快，人口压力和对牧场的需求迫使他们向南迁徙。塞尔柱人来到努尔之际，正值萨曼王朝局势紧张之时，是时，萨曼王朝已处于崩溃的边缘，东面的喀喇汗王朝和南面的伽色尼王朝已经迫不及待地在准备瓜分萨曼王朝的遗产了。这种形势给塞尔柱人在河中地区的发展提供了绝好的机会。塞尔柱人

---

① 当时库瓦拉城也在锡尔河下游。

② 塞尔柱人的早期首领如下：杜卡克（10世纪上半叶在位）、塞尔柱（？—992年在位）、阿尔斯兰（992—1025年在位）、托格里尔（1025—1063年在位）。

与其他游牧民一样，骁勇善战、灵活机动，成为萨曼王朝、喀喇汗王朝和花剌子模交战各方争先雇佣的武装。塞尔柱人也毫无立场地为能给他们提供牧场的任何一方打仗。

999 年，喀喇汗王朝军队夺取不花剌城，推翻了萨曼王朝，囚禁了萨曼王朝的全体王室成员。萨曼国王马立克的弟弟男扮女装得以逃脱，以后，他以“蒙塔西尔”（意为“胜利者”）一名开始了为期六年（999—1005）的复国运动。在塞尔柱人的帮助下，蒙塔西尔最初取得一些胜利，1003 年，在塞尔柱人的帮助下，在撒麻耳干附近打败了喀喇汗王朝军。但蒙塔西尔未能在撒麻耳干城站住脚，因为胜利之后，塞尔柱人就撤走了。塞尔柱人忙着把战利品送回他们的扎营地，此外，还带走了在战争中俘虏的 18 名喀喇汗王朝军官，这些人以后成为塞尔柱人与喀喇汗王朝讨价还价的砝码。蒙塔西尔尽管对恢复萨曼王朝抱有极大希望，甚至曾经重返不花剌掌权。但在喀喇汗王朝军反攻之时，蒙塔西尔不敌而逃到呼罗珊，在此，他又遭到伽色尼王朝军的痛击，复国之梦最终破灭。塞尔柱人抛弃了这支萨曼王朝的残余势力，转而为萨曼王朝的敌人——喀喇汗王朝服务。

塞尔柱人投靠了喀喇汗王朝在河中地区的统治者阿里特勤，大约在 1025 年，首领阿尔斯兰被阿里特勤尊称为叶护。在阿里特勤与伽色尼王朝的一次战争中，阿里特勤兵败逃走，阿尔斯兰被伽色尼王朝素丹马赫穆德俘虏，监禁在伽色尼王朝北印度属地的羯陵伽（Kalanjar）城堡中，在关押 7 年之后去世。他死以后，他的部众要求马赫穆德允许他们在呼罗珊北部的萨拉赫斯、阿比瓦尔德、法拉瓦附近草原放牧，答应以伽色尼王朝辅助军的身份为其戍边，并保证不再入侵定居地区。马赫穆德答应了他们的要求。1025 年以后，大约有 4000 帐塞尔柱人在上述地区扎营放牧[①]，这是来到呼罗珊的第一批塞尔柱突厥人。

阿尔斯兰被俘以后，河中地区的塞尔柱人在米凯尔之子托格里尔

① Asimov, C. E. Bosworth, *History of Civilizations of Central Asia*, Vol.4(1), p.148.

和查基尔的率领下继续为阿里特勤服务。1034 年，阿里特勤去世，阿里特勤的儿子们与塞尔柱人发生了冲突。在此期间，花剌子模统治者哈伦乘机请塞尔柱人到花剌子模，他许诺把阿姆河以东的苏尔汉（Surkhan）附近地区划给他们游牧，在此，塞尔柱人开始支持哈伦反对伽色尼素丹马赫穆德宗主权的独立运动。在塞尔柱人的帮助下，哈伦于 1035 年宣布独立，并打算出征伽色尼王朝在呼罗珊的领地。兵未出，哈伦就被伽色尼王朝素丹马苏德收买的奴仆杀死。塞尔柱人失去了依靠，伽色尼派驻毡的官员马立克沙赫趁机出击，据说，被杀的塞尔柱人多达七八千人，马立克沙赫掠获的大量战利品运往毡的城。① 此后，塞尔柱人被迫向呼罗珊逃亡，投奔阿尔斯兰的部落。

大约有 7000—10000 的塞尔柱人在托格里尔、查基尔和穆沙叶护的率领下，沿阿姆河西岸南下来到呼罗珊。塞尔柱人的处境非常悲惨，干旱和饥饿侵袭着他们，贝哈基描述了这些逃亡者的悲惨情景：他们失去了妻子、孩子、行李、牲畜和所有东西，随塞尔柱人进入尼沙普尔的 200 骑兵狼狈不堪，衣衫褴褛。来到呼罗珊的塞尔柱人最初的目的是躲避敌人的攻击和为其牧群找到水草肥美的牧场，在对他们有利的情况下，袭击定居居民，掠夺他们的牲畜和财产。为此，他们常常以小团伙的方式袭击伽色尼王朝边境地区，抢夺他们遇到的一切。1035 年冬天，呾密和库巴希延（Qubahiyan）遭到他们的劫掠，牲畜被他们赶走。翌年冬天，锡斯坦北部的法拉赫（Farah）和疾陵（Zirgan）遭到同样的厄运。富裕的牧主卖掉牧场和牲畜，远走他乡。

在此艰难的情况下，塞尔柱人派使者带着一封有托格里尔兄弟三人签名的信，去见马苏德素丹。信上的言辞极其虔诚、谦卑，表达了塞尔柱人对素丹的忠诚和友好，恳求素丹把莫夫、阿比瓦尔德和萨拉赫斯让给他们。他们提议，这些地方的管理权仍属于素丹派驻的官员，但税收让给塞尔柱人，作为回报，他们以外籍援军的身份在素丹需要的地方服役。然而，素丹不愿把这些重要的地方让给塞尔柱人。

---

① Asimov, C. E. Bosworth, *History of Civilizations of Central Asia*, Vol.4(1), p.149.

莫夫是一个重要的商业中心，占有它就可以监控通往花剌子模和河中地区的道路，当时，在以上两地区还有对伽色尼王朝充满敌意的阿里特勤的儿子们。此外，拥有这些地区以后，游牧民进攻呼罗珊中心尼沙普尔、徒思（Tūs）和赫拉特等城市就很便利了。据大多数史家记载，马苏德断然拒绝了他们的要求，给予粗鲁和侮辱性的答复。受到激怒的塞尔柱人决心用武力夺取。

于是，双方进行了长达六年（1035—1040）的战争。在这些战争中，伽色尼统治者对塞尔柱人没有一个明确的政策，时而进攻，时而又想与之联盟。加之伽色尼军队使用的全部辎重武器（包括战象），成了灵活应战的障碍，因此，在战争中屡屡失败。结果，尼沙普尔、莫夫和赫拉特等重要城市的统治者都不愿意依靠毫无指望的伽色尼军队，他们归附了塞尔柱人。在此背景下，原来摇摆于联合和征讨两种选择之中的马苏德素丹下决心与塞尔柱人决战，以图一举消除边患。1040 年，双方在丹丹坎（Dandanqan）进行了决战。

丹丹坎战役是中世纪中亚发生的一次大的战争，这次战争以伽色尼王朝的失败告终。塞尔柱人获得了胜利，据说，打败马苏德的军队以后，托格里尔在战场上安放宝座，登上宝座之后，他宣布自己是呼罗珊的埃米尔。此后，塞尔柱人以莫夫为都建立了自己的王朝，王朝统治者采取素丹称号，1040 年被认为是塞尔柱王朝创建之始。

强大起来的塞尔柱人不再满足于在呼罗珊地区的统治，他们把目光对准了北方的花剌子模和西方的布威希王朝（Buwayhids，另译白益王朝），更大的野心是推翻阿拔斯王朝。

花剌子模沙哈伦去世以后，哈伦兄弟伊斯马仪·罕丹趁伽色尼王朝马苏德与塞尔柱人战争期间，组织军队夺取了花剌子模的统治权。马苏德在获悉这一消息之后，立即命令毡的统治者马立克沙赫进军花剌子模。1040—1041 年间，马立克沙赫攻占了花剌子模首府，伊斯马仪·罕丹出逃。马立克沙赫成了花剌子模的统治者，马苏德封他为花剌子模的沙赫。

伊斯马仪·罕丹失败之后，投奔塞尔柱托格里尔，寻求帮助。后者派其弟查基尔出兵协助。查基尔两次出兵都未攻破马立克沙赫的顽强抵抗。1043 年，托格里尔亲自率军出战，他采取包围战术，以大量的兵力围住花剌子模绿洲都城，逼马立克沙赫投降，托格里尔将花剌子模纳入了塞尔柱人的统治之中，在此派驻官员。此后，花剌子模一直是塞尔柱王朝的属地，直到 12 世纪末期。

之后，托格里尔把目光对准了呼罗珊以西的布威希王朝属地。托格里尔把呼罗珊交给他的兄弟查基尔管理，自己率领骁勇善战的塞尔柱人开始征伐布威希王朝的属地。1055 年，塞尔柱人占领巴格达，取代了阿拉伯帝国在西亚的统治。

第三章

兼并与扩张

11 世纪上半叶，在中亚兴起的三个突厥王朝以伊斯兰教正统派保护者的面目出现，向周边国家和地区发动扩张战争。喀喇汗王朝征服了于阗国；伽色尼王朝征服了萨曼王朝西部属地和北印度；塞尔柱人在河中地区的角逐中失利以后，夺取了伽色尼王朝的呼罗珊领土；伽色尼王朝在丧失呼罗珊领土以后，统治中心逐渐向北印度转移。

第一节　喀喇汗王朝的东扩

10 世纪初期，喀喇汗王朝在天山南部开拓疆域，与东部的于阗国（以今新疆和田为中心的地区），北部的高昌回鹘国，西部的萨曼王朝都有战事。在穆萨统治时期，喀喇汗王朝的实力有很大增长，于是，喀喇汗王朝开始了扩张疆域的战争。10 世纪末期至 11 世纪上半叶，喀喇汗王朝与于阗国之间进行了长期的战争。

战争起于 960 年穆萨统治时期，一直进行到 1006 年于阗国灭亡。穆萨统治时期，喀喇汗王朝的政治、军事力量有所发展，于是，穆萨将其东部的于阗国作为自己扩张的目标。穆萨之所以选择于阗为首攻目标最初原因是宗教冲突。9世纪中叶，随着北方游牧回鹘的西迁浪潮汹涌而来，吐蕃人退出了西域，于阗地区的尉迟王室在驱逐吐蕃势力以后，确立了在于阗的统治地位，建立了于阗国。当时于阗国的统辖范围西抵喀什、东至且末、北接大漠、南达昆仑。912年，尉迟裟跋婆就任于阗王，以唐朝为其宗主国，改族姓尉迟为唐朝皇族之姓，自称“李圣天”。于阗是丝路南道的一个强国，李氏家族世代笃信佛教，对喀喇汗王朝强迫佛教徒改信伊斯兰教的做法非常不满，曾经援助和支持喀什噶尔佛教徒们反抗喀喇汗王朝的传教运动，给逃亡僧侣提供庇护。这些行为使喀喇汗王朝与于阗李氏王朝之间的敌意激化。宗教之间的分歧成为两国扩张势力的借口，也是两个地方王朝之间发动战争的直接起因。

962年，即穆萨正式宣布喀喇汗王朝信奉伊斯兰教之后的第二年，于阗进攻喀喇汗王朝，双方势力不相上下。969年7月，于阗国发大兵进攻喀喇汗王朝，一度攻占喀什城。在敦煌发现的文书《于阗王尉迟苏拉于沙州大王曹元忠书》是于阗王尉迟苏拉在占领喀什噶尔以后，向沙州大王、归义军节度使曹元忠报告攻占喀什噶尔战争经过和今后打算的一封信。从信尾署年推断，喀喇汗王朝与于阗李氏王朝战争的时间最迟不晚于962年。战争初期，于阗由于得到信仰佛教的高昌回鹘和吐蕃的支持，占据了优势。经过8年的战争，于阗军队占领了喀什城，当地居民望风归顺，穆萨战败西逃，其“宝物、妻子、大象、良马及其他，还有他部下的财物”都成了于阗军队的战利品。971年，于阗国王尉迟苏拉（即李圣天）派遣一位名叫吉祥的于阗国使者，将两年前从喀什噶尔掳获的一头舞象辗转运送内地，作为贡品献给了宋太祖。据《宋史》记载，开宝四年（971），“其国（于阗）僧吉祥以其国王书来上，自言破疏勒国得舞象一，欲以为贡，诏许之”①。

971年，穆萨之子阿里·阿尔斯兰汗即位。就在这年，于阗的佛

---

①（元）脱脱：《宋史》，中华书局1985年版，第14107页。

教大军直逼喀什噶尔城下。锐气正盛的阿里成功地抵御了于阗军队，逼迫于阗军退守喀什噶尔以南 70 余公里的英吉沙尔一线。于阗军在此组织力量，反攻获胜。阿里再次出兵将于阗军主力驱赶到今叶城县南部山地，双方血战 7 天 7 夜，胜负难分，各自罢兵。在此战之后的 20 多年里，战争一直处于拉锯状态，战争不断，互有攻守，然皆小规模战争。

998 年初，一支 3 万人的于阗军队开始向喀什噶尔挺进，围困时间较长，造成喀什噶尔城内饥荒，民心浮动。最终，逼阿里・阿尔斯兰汗率军出城，背水一战。于阗军战败，撤退到两国边界的英吉沙尔，双方在边界驻军对峙。在回历 388 年 1 月末（公元 998 年），两军在乌达卡拉展开激战，于阗军队乘喀喇汗王朝军队礼拜之机突然发起进攻，喀喇汗王朝军队大败，大批将士战死，阿里・阿尔斯兰汗也在战争中阵亡。以后，在他阵亡之地建造了陵墓，这座以奥当麻扎著称的陵墓至今尚存。

阿里・阿尔斯兰汗死后，长子阿赫马德・托干汗继位，继续进行对于阗国的战争。在阿赫马德・托干汗统治时期，喀什噶尔爆发反伊斯兰教暴动，于阗国趁机出兵，一举占领喀什噶尔。阿赫马德・托干汗匆忙派其堂兄弟玉素甫・卡迪尔赶往中亚西部地区，征集援军。999 年，一支由从巴格达、加兹尼、花剌子模等地招募的士兵和不花剌穆斯林志愿军组成的军队向东出发。这支号称 14 万人的伊斯兰大军在著名伊玛目（伊斯兰教首领）的率领下，翻越帕米尔高原浩浩荡荡地开向喀什噶尔。由于援军的到来，喀喇汗王朝军队士气大振，于阗国军队与喀什噶尔的佛教首领诺古特热希特被迫放弃进攻，向南撤退。喀喇汗王朝收复喀什噶尔之后乘胜追击，1006 年攻占于阗城，灭亡于阗李氏王朝。

30 多年的扩张，使喀喇汗王朝的东部疆界抵达约昌城（今新疆且末南）以东。于阗国残余势力退至昆仑山，凭借天险坚持了一段时间，以后，一些人被追兵消灭，另一些人退往东部山区，与当地居民一起继续战斗，还有一部分人越过昆仑山逃往西藏。长期的战争给南疆地区的社会经济造成了空前严重的破坏，千百万人或家破人亡，或流离失所，人口锐减，田园荒芜，严重阻滞了南疆社会的发展。

喀喇汗王朝凭借武力在于阗地区传播伊斯兰教，佛教势力在塔里木盆地西部和南部地区的主导地位丧失，这些地区成为伊斯兰教继续向新疆其他地区传播的重要基地，喀喇汗王朝在此修建伊斯兰教寺院，筹建图书馆，创办伊斯兰经学院。

结束对于阗国的战争之后，喀喇汗王朝把目标指向于阗国东北部、塔里木盆地北缘的高昌回鹘王国。高昌回鹘王国是西迁回鹘于866年建立的国家。回鹘西迁之时，回鹘首领仆固俊带领部众夺取高昌、北庭（今新疆吉木萨尔）等地后称汗，建立高昌回鹘王国。在高昌回鹘政权建立以后，龟兹回鹘国东移到高昌，龟兹回鹘国是848年由庞特勤率领的西迁回鹘在龟兹（今新疆库车）等地建立的政权。高昌回鹘的统治延续了四个多世纪，其疆域最盛时东起敦煌、西抵热海（今伊塞克湖）、北逾天山、南隔沙漠而与于阗国相邻。981年，高昌回鹘王遣使进贡宋朝，自称“西州阿斯兰汗”，意为西州狮子王。高昌回鹘国境内民族众多，文化各异，但是，佛教占据主导地位。王延德出使高昌，985年，他根据见闻写了《西州使程记》，又称《使高昌记》。[①]该书记载了高昌国有佛寺50余座，匾额皆唐朝所赐，可见佛教之兴盛。在于阗国反对喀喇汗王朝期间，高昌回鹘国曾给予了支持，这也是喀喇汗王朝要攻打高昌回鹘国的原因之一。喀喇汗王朝对高昌回鹘恨之入骨，麻赫穆德·喀什噶里在他的《突厥语大词典》中，称不信仰伊斯兰教的高昌回鹘人是“最凶恶的敌人”。

对高昌回鹘的宗教战争是喀喇汗王朝大汗阿赫马德·托干汗组织和发动的。灭亡于阗国后不久，喀喇汗王朝在1017—1018年发动了对高昌回鹘国的“圣战”。阿赫马德·托干汗从八拉沙衮出发，渡伊犁河，向东直入高昌回鹘国境，高昌回鹘人进行了顽强的反击，打退

---

① 原书已佚，王国维从《宋史·外国传》高昌国摘录，见《海宁王静安先生遗书》第13册《古行记校录》，台湾商务印书馆1976年版。

了入侵之敌。接着，高昌回鹘人乘胜追击，30万大军一直追到距八拉沙衮仅8天路程的地方，当时正在患病的阿赫马德·托干汗带病反击，打败了回鹘军，乘胜追击，再次进入高昌国境，双方展开了殊死的拼杀。据《突厥语大词典》记载，战斗激烈残酷："乘黑夜偷袭敌营，四下里埋设伏兵，剪掉了敌骑短鬃，杀死了明拉克人。"①这支喀喇汗军队像在于阗国一样，对回鹘佛教寺院进行了大肆破坏："我们势猛如山洪，攻陷他们座座城，佛堂庙宇全毁掉，菩萨身上屙一泡。"②在战争期间，由于阿赫马德·托干汗病情加重，喀喇汗军队罢战撤军，这次"圣战"无果而终。此后，喀喇汗王朝陷入无休止的内部纷争，王朝分裂为东、西两个政权，无力再发动对东部的战争，因此，伊斯兰教的东传也没有进展，喀喇汗王朝和高昌回鹘的国界成为伊斯兰教与佛教的分水岭，在蒙古人统治之前，伊斯兰教始终没能跨过库车、拜城一线。

喀喇汗王朝对于阗国和高昌回鹘国的战争是在伊斯兰教"圣战"的旗帜下进行的，实际上，战争具有喀喇汗统治者扩张领土、掠夺战利品的侵略性质。喀喇汗王朝对于阗国的征战给塔里木南缘地区的社会经济造成了严重破坏，在一段时期内延缓了该地区社会经济的发展。

第二节　河中地区的争夺

10世纪末期，喀喇汗王朝发起了夺取萨曼王朝统治中心河中地区的战争，并取得了决定性胜利。

9世纪中叶，萨曼王朝曾频繁出兵攻打在锡尔河东岸游牧的诸突厥部落，致使这些部落散亡。喀喇汗王朝建立以后，这些地区在喀喇

---

① 麻赫默德·喀什噶里编：《突厥语大词典》第1卷，第458页。

② 同上书，第363页。

汗王朝政权之下聚集成一股强大势力。八拉沙衮和讹迹邗等地的统治者一有机会就入侵萨曼王朝在锡尔河以北的属地，掠夺财物。当时，萨曼王朝在锡尔河北岸和东岸的属地大多数由地区王朝的王公们统治，他们对萨曼王朝心怀不满，因此，对喀喇汗王朝军队的入侵并不积极抵抗。10 世纪末，喀喇汗王朝的入侵掠夺战争演变成征服战争，最早被喀喇汗王朝征服的萨曼王朝属地是白水城。

991 年，喀喇汗军队从东、北两个方向开始向费尔干纳进军，东路军从喀什噶尔出发，越过帕米尔高原，进入费尔干纳盆地；北路军从八拉沙衮出发，取道伊塞克湖向费尔干纳进发。两军迅速夺取了费尔干纳盆地，首战告捷之后，又集中力量攻下了河中地区最繁华的城市撒麻耳干，萨曼王朝固守都城不花剌。992 年，喀喇汗王朝军队围攻不花剌城，萨曼王努赫二世动员全国力量抵抗，但他的军官们抛弃了他。呼罗珊总督阿布·阿里暗中与喀喇汗王朝勾结，没有出兵；前线统帅法伊克临阵叛变，反过来与敌人一起进攻不花剌城，努赫二世弃城而逃，不花剌城被喀喇汗军队占领。

然而，入驻不花剌城的喀喇汗王朝博格拉汗哈桑不久因病退出了不花剌城，努赫二世得以复位。996 年，两国签订协定，萨曼王朝把泽拉夫善河流域以北地区让给了喀喇汗突厥人。此后，萨曼王朝统治集团发生内乱，阿布·阿里和法伊克分别在呼罗珊和巴里黑起兵反叛，在此形势下，萨曼国王向阿姆河南的伽色尼王朝求援，从此，伽色尼王朝开始涉足河中地区事务。

此后，喀喇汗王朝在讹迹邗的统治者伊列克·纳赛尔继续了博格拉汗哈桑对河中地区的征服战争。999 年，他的部队攻入不花剌城，河中地区被纳入喀喇汗王朝版图。萨曼王朝的灭亡结束了欧罗巴种印欧语系东伊朗语族人在河中地区的统治，蒙古利亚种阿尔泰语系突厥语族的突厥人再次以统治者身份登上了中亚的历史舞台，此后，中亚地区一直处于突厥族或突厥化蒙古族的统治之下。

喀喇汗王朝的胜利与伽色尼王朝有很大关系。伽色尼王朝的建立动摇了萨曼王朝的根基，萨曼王朝在对付中亚南部的这一分裂政权之际，转移了对中亚东部的注意力，使喀喇汗王朝获得了发展壮大的机会；而喀喇汗王朝的强大又有利于伽色尼王朝的独立和巩固，众叛亲离的萨曼国王在遭到喀喇汗王朝入侵的形势下，只有依靠伽色尼王朝的援兵以保住自己在河中地区的统治，使伽色尼突厥人有了参与中亚角逐的机会，正是在此过程中，伽色尼王朝得以巩固。

萨曼王朝灭亡以后，喀喇汗和伽色尼两股突厥势力就瓜分萨曼王朝领土达成了协议，阿姆河成为两国的分界线，其南归伽色尼王朝管辖，其北属喀喇汗王朝。以后，喀喇汗王朝的伊列克汗纳赛尔·本·阿里把女儿嫁给伽色尼素丹马赫穆德，以联姻的方式加强了两国之间的关系。

边界协定未能给中亚带来和平，阿姆河边界线没有维持几年。喀喇汗王朝企图把统治扩展到阿姆河以西的呼罗珊，而伽色尼王朝也想在阿姆河北岸建立据点。萨曼王朝灭亡之后5年，双方于1005—1008年间发生了战争。

1005年，伽色尼王朝素丹马赫穆德东征印度，喀喇汗王朝统治者伊列克·纳赛尔兵分两路进攻呼罗珊。一路由不花剌长官贾法尔特勤（Ja'far Tigin）指挥，直取巴里黑；另一路由索保希特勤（Subashitigin）统帅，进攻徒思和尼沙普尔。正在印度木尔坦（Multān）作战的马赫穆德闻讯回师，在巴里黑击溃了贾法尔，在尼沙普尔俘获了喀喇汗军队统帅修巴什特勤。此败之后，伊列克·纳赛尔做了再战的准备，改善了与八拉沙衮副汗玉素甫·卡迪尔的关系，并寻求河中地区德赫干的支持。1008年，伊列克·纳赛尔再次出兵，1月4日，两军在距巴里黑4法尔沙赫（约25公里）的卡塔尔（Qatar）平原决战。在此战中，伽色尼军队使用了象兵，喀喇汗军队在500头大象面前惊恐逃散，途中很多人葬身于阿姆河。伽尔迪齐生动地描述了卡塔尔战役，他说，伽色尼士兵“以于阗的音调唱着突厥的歌曲”，喀喇汗军队士兵们以为于阗派军前来与伽色尼军队合攻他们，在四面楚歌之下，喀喇汗士兵们吓得纷纷投河逃亡，大部分人被淹死。

卡塔尔战役是中亚历史上的一件大事，由于双方都以伊斯兰教为旗号，引起了当时伊斯兰国家的关注，在历史文献中留下了有关这次战役的大量传说。此战结束了喀喇汗王朝入侵呼罗珊的行动[1]，从此，喀喇汗人的活动被限制在阿姆河以北地区。与此相反，伽色尼军队开始入侵喀喇汗王朝的属地——花剌子模绿洲。

花剌子模在喀喇汗王朝的西北部，它对喀喇汗王朝来说地位十分重要，如果被伽色尼王朝占领，那么，伽色尼人将对喀喇汗王朝形成南北夹攻之势。1017 年，马赫穆德出兵花剌子模，没有见到喀喇汗王朝出兵抵抗入侵者的记载，1018 年，伽色尼王朝派出的统治者阿尔通塔什已经在花剌子模绿洲收税了。此后近三十年，花剌子模一直是伽色尼王朝的属地。

喀喇汗王朝对伽色尼王朝入侵花剌子模没有采取行动的主要原因可能是忙于内部斗争。卡塔尔战役之后，喀喇汗王朝统治层内部发生斗争，不仅无力发动与伽色尼王朝争夺地盘的战争，而且斗争各方还极力与之交好，企图借助伽色尼人的势力打击敌方。

1025 年，喀喇汗王朝大汗玉素甫·卡迪尔与其胞弟、河中地区统治者阿里特勤之间产生矛盾，为了对付阿里特勤，玉素甫·卡迪尔汗与伽色尼素丹马赫穆德结成联盟。据史料记载，马赫穆德本人对阿里特勤也不满意，因为阿里特勤不允许他的使者穿过其领地，前往喀什噶尔面见玉素甫·卡迪尔汗。是年，双方在撒麻耳干以南的某地会面，互换昂贵的礼物，并达成了联合出兵河中地区的协议。双方约定，把阿里特勤赶走之后，河中地区交给玉素甫·卡迪尔之子亚干特勤统治。为了巩固同盟，马赫穆德将女儿泽依纳嫁给了亚干特勤，玉素甫将自己的女儿嫁给马赫穆德的次子穆罕默德。

在会战中，双方的联军首先击溃了阿里特勤的支持者塞尔柱人，接着，打败了阿里特勤，迫使他放弃了不花剌和撒麻耳干，马赫穆德获得了许多战利品。在逃亡途中，阿里特勤的行李车被抢，他逃到锡尔河以北的沙漠地区，但不久即重返河中，在不花剌城复位。阿里特

---

① W. Barthold, *Turkestan Down to the Mongol Invasion*, p.273.

勤得以复位与马赫穆德有很大关系。马赫穆德打击阿里特勤的初衷，只是希望削弱阿里特勤，解除伽色尼王朝边境上的一个威胁。他并不希望喀喇汗王朝大汗兼并河中地区。事实证明，阿里特勤的存在分散和牵制了喀喇汗王朝大汗玉素甫·卡迪尔的力量。而遭此失败之后，阿里特勤不再对伽色尼王朝构成威胁，他们的军队在阿姆河两岸相互制约。

1030年，马赫穆德去世，伽色尼王朝发生了兄弟争夺王位的战争。在此战争中，长子马苏德曾请求阿里特勤出兵援助，许诺说，如果成功，就将骨咄之地让给阿里特勤。马苏德即位以后，没有履行诺言，使阿里特勤心怀不满，尽管马苏德极力挽回他与阿里特勤的友谊，但战争仍在所难免。马苏德曾命令花剌子模沙阿尔通塔什进攻不花剌城，但没有取得任何进展，阿里特勤直到去世之时一直稳固地统治着河中地区。

阿里特勤与马苏德之间的战争得到了塞尔柱人的帮助。在萨曼王朝即将灭亡之际，塞尔柱人来到了河中地区，他们站在萨曼王朝一边，反对与他们同族的喀喇汗王朝突厥人。在喀喇汗王朝掌权的最初几年，塞尔柱人仍然支持萨曼王朝的复国运动。在塞尔柱人的帮助下，复国运动最初取得一些胜利，蒙塔西尔甚至重返不花剌掌权。但当塞尔柱人认识到萨曼王朝复国无望之时，他们转而为萨曼王朝的敌人喀喇汗王朝服务，喀喇汗王朝授予塞尔柱首领叶护称号。以后，塞尔柱人支持河中地区喀喇汗王朝统治者阿里特勤，参与了他与伽色尼王朝的战争。在战争中，塞尔柱人遭到失败，叶护阿尔斯兰被捕。阿里特勤去世以后，塞尔柱人又帮助他的儿子们，不过，他们很快与阿里特勤的儿子们发生冲突，开始为伽色尼王朝属地花剌子模统治者服务。在此，他们支持花剌子模摆脱伽色尼王朝统治的斗争，1035年，被伽色尼王朝属臣、毡的总督马立克沙赫打败，逃往呼罗珊。

伽色尼王朝不仅夺取了喀喇汗王朝属地，还获得了阿姆河上游地区国家宗主的地位。在萨曼王朝时期，阿姆河上游右岸的恰甘尼安（Chaghāniyān）和胡塔尔（Khuttal）公国，他们由源自土著东伊朗人（也有可能是阿拉伯人家族）统治，恰甘尼安公国由穆赫塔吉（Al-i Muhtaj）家族、胡塔尔由班尼居尔（Banijurids）家族统治，地区统治者承认自己是萨曼王朝的属臣。伽色尼王朝强盛起来之后，当地家族成为伽色尼王朝的属臣。在 11 世纪 30 年代，两个公国是伽色尼王朝对付中亚突厥人塞尔柱人和喀喇汗人的前哨阵地，具有重要的战略地位。当时，穆赫塔吉家族的法克尔·道剌·阿赫默德（Fakhr al-Daula Ahmad）是恰甘尼安公国的埃米尔，他以后成为马苏德素丹的女婿，双方之间一直保持着友好关系。在 1040 年的丹丹坎战役中，他曾出兵保卫巴里黑。

马苏德时期，伽色尼王朝继续保持了马赫穆德与喀喇汗王朝大汗缔结的友好关系。伽色尼王朝还参与了喀喇汗王朝王位继承斗争：玉素甫·卡迪尔汗在夺取大汗位时曾得到了马赫穆德素丹的帮助。马苏德在位期间一直与他们精心扶持的玉素甫·卡迪尔汗发展友好关系。1031 年春，马苏德派遣一个外交使团前往喀什噶尔，一则通报他继位之事，二则向喀喇汗王朝提亲，商谈他本人与玉素甫·卡迪尔汗之女沙赫·哈敦（Shāh Kātūn）的婚事，以及其子毛杜德的婚事。贝哈基在他的书中记录了关于马苏德为毛杜德婚事的谈判资料，然而，此婚事未果，毛杜德的未婚妻在前往加兹尼城的途中，于 1034 年去世。①

伽色尼王朝争夺河中地区的战争其实是与喀喇汗王朝地区政权之间的战争，伽色尼王朝与喀什噶尔的喀喇汗王朝之间一直是友好的。由于争夺河中地区的战争，伽色尼王朝与塞尔柱人基本上处于敌对，这一关系决定了伽色尼王朝今后的命运。

① C. E. Bosworth, *The Later Ghaznavids Splendour and Decay, the Dynasty in Afghanistan and Northern India 1040-1186*, p.22.

第三节　呼罗珊的争夺

伽色尼王朝在建立之初就开始了在呼罗珊的征服战争，这些战争使萨曼王朝的西部属地逐渐纳入了伽色尼王朝的版图。

992 年，萨曼王朝遭到喀喇汗王朝军队的入侵，努赫二世向伽色尼王朝求援。994 年，赛布克特勤及其子马赫穆德率军援助，使萨曼王渡过了难关。为了打击在战争中背叛的军队首领阿布·阿里，努赫二世任命赛布克特勤为呼罗珊总督。于是，呼罗珊成了伽色尼王朝的属地，赛布克特勤在巴里黑、赫拉特、尼沙普尔等地确立了自己的统治。

马赫穆德成为伽色尼王朝素丹以后，首先发动了征服锡斯坦的战争。锡斯坦是萨曼王朝的属地，由地区王公统治，但因远离萨曼王朝统治中心不花剌，在 10 世纪初期就已经摆脱了萨曼王朝的控制，10 世纪后半叶，统治该地区的是萨法尔王室的哈拉夫·本·阿赫默德（Khalaf Abu Ahmad，963—1002 年在位）。赛布克特勤出任呼罗珊总督之后，哈拉夫表面上与伽色尼王朝修好，实际上，一有机会他就进犯呼罗珊的城镇。双方争夺的焦点是库希斯坦（Quhistan）和赫拉特。当时，这些地区处于赛布克特勤的兄弟勃格劳屈克（Bughrachuq）的统治之下。赛布克特勤去世以后，哈拉夫遣子塔希尔（Tāhir）杀勃格劳屈克，攻占了锡斯坦以北的普尚（Pushang）。

999 年，马赫穆德攻占锡斯坦，但未能在此建立政权，他撤军之后，哈拉夫以非常残酷的手段报复那些曾资助过马赫穆德的人。这一行动导致了锡斯坦内乱，在哈拉夫父子争夺王位的斗争中，哈拉夫杀其子塔希尔。马赫穆德趁机再次出兵锡斯坦，哈拉夫在抵抗四个月之后投降。马赫穆德军队中的印度士兵劫掠了疾陵城的清真寺并屠杀了在清真寺内的穆斯林，在教堂中的基督教徒也遭杀害。

马赫穆德在锡斯坦组建了以阿布尔·穆扎法尔·纳斯尔·本·赛

布克特勤（Abu’l-Muzaffar Nasr b. Sebuktigin）为总督的政府，第一任收税官是穆罕默德·巴哈弗斯（Muhammad-i Ba Hafs）。1010年，曼苏尔·伊·瓦菲（Khwaja Bu Mansur-i Khwafi）成为该地税官。他们对锡斯坦的勒索使当地经济破产，经济剥削造成的痛苦又因1011年的饥荒和瘟疫而加剧。本地士兵痛恨伽色尼王朝的压迫，他们的反抗起义从来没有停止过。在塞尔柱人到呼罗珊之前，即1035年以前，该地区一直是伽色尼王朝属地，向王朝纳税。

征服锡斯坦之后，马赫穆德把目光对准了伽尔吉斯坦（今哈里河与赫尔曼德河上游北部之间的地区）。当时，伽尔吉斯坦处于地区王公们的统治下，统治者取舍尔（Shir）称号。[①] 当时的舍尔是阿布·纳斯尔·穆罕默德（Abū Nasr Muhammad），他于999年就承认了马赫穆德的宗主地位。几年以后，马赫穆德借口伽尔吉斯坦舍尔之子穆罕默德·本·阿比·纳斯尔（Muhammad b. Abī Nasr）暗中与喀喇汗王朝伊列克·纳赛尔汗勾结，于1012（或1013）年出兵伽尔吉斯坦，废黜地区王朝，将它纳入自己的版图。在马苏德统治时期，伽尔吉斯坦统治者一直保持对伽色尼王朝的效忠，1040年丹丹坎战役之后，马苏德逃到伽尔吉斯坦，当地统治者友好地对待他，在此，马苏德曾给喀喇汗王苏莱曼·卡迪尔写了一封信，信中，他把在丹丹坎战役中所遭到的失败降到了最低的程度。

在马赫穆德时期，以古兹干为中心的赫拉特北部地区被伽色尼王朝兼并。古兹干原来是萨曼王朝的属地，由地区法里功王朝统治。地区统治者曾出兵帮助萨曼国王平定叛乱。马赫穆德将它纳入自己的统治之时，当地统治者是阿布·纳斯尔·阿赫穆德（Abū Nasr Ahmad），马赫穆德保留了他的独立统治权，阿布·纳斯尔·阿赫穆德也一直效忠马赫穆德，曾出兵呼罗珊抵抗喀喇汗王朝，也曾追随马赫穆德远征印度。1010—1011年间，阿布·纳斯尔·阿赫穆德去世，法里功王朝未找到适龄的继承人，马赫穆德让自己的儿子穆罕默德迎娶阿布·纳

① 舍尔，是地区统治者的自称，可能来自波斯语。

斯尔·阿赫穆德之女，于是，穆罕默德成了古兹干的总督，通过联姻手段古兹干被纳入伽色尼王朝版图。

1011—1012 年，马赫穆德开始征服呼罗珊西部地区。当时，呼罗珊西部由戴拉姆人建立的几个政权统治着，西北部是在古尔甘和塔巴里斯坦实施统治的席亚里王朝（Ziyarids），该王朝是在布威希王朝的扶持下建立起来的；西南部是以克尔曼为中心的布威希王朝属地。马赫穆德首先将席亚里王朝纳入自己的统治。

席亚里王朝统治者取埃米尔称号，当时埃米尔高布斯·本·伏希姆基尔（Qabus b. Vushmgir）归附于马赫穆德。高布斯去世之后，其子曼努契赫尔（Manūchihr）继任。曼努契赫尔娶了马赫穆德之女为妻，尽管存在着这一联姻关系，席亚里王朝每年仍然要缴纳 5 万迪纳尔，还要出兵协助伽色尼王朝的对外战争。在马赫穆德 1014 年远征印度之时，曼努契赫尔派出一支由戴拉姆人组成的部队随行；在马赫穆德西征剌夷之时，他又提供了 40 万迪纳尔的资金及一些粮草。曼努契赫尔曾试图摆脱伽色尼王朝的控制，为此，他又付出了 50 万迪纳尔的贡金。以后，他的儿子阿奴细尔汪（Anūshirvān）继位，为了得到伽色尼王朝的认可，支付了 50 万迪纳尔。1037 年，马苏德被塞尔柱人打败，席亚里王朝乘机摆脱伽色尼王朝的控制，转而臣属于塞尔柱人。

席亚里王朝西边是布威希王朝的属地剌夷和贾布尔。布威希王朝信仰伊斯兰什叶派，因此，伽色尼王朝对布威希王朝的征服和掠夺更加残酷。1029 年，马赫穆德攻占了剌夷城和贾布尔等地，结束了布威希王朝的统治。剌夷城（今雷伊，伊朗首都德黑兰附近）是波斯最富裕的城市，地处伊拉克与呼罗珊的商业贸易交通上，手工业也很发达。据说，伽色尼王朝军队攻占剌夷城之时，夺走了价值约 50 万迪纳尔的珠宝、26 万铸币、价值 3 万迪纳尔的金银器、5300 件衣服、价值 2 万迪纳尔的数套羊毛帝王服装，还有 50 车书。马赫穆德在剌夷城大肆烧杀，杀戮什叶派穆斯林，将剌夷城一个图书馆付之一炬，焚毁了其认为是异端邪说的那些哲理和天文等书籍，剌夷城的文化遭到了毁灭性破坏。马赫穆德安排长子马苏德管理剌夷和贾布尔等地。马赫穆德去世之时，马苏德留下一支军队驻守该城，自己返回加兹尼与其弟争夺王位。1031 年，马苏德派突厥将领塔希·法劳希（Tash-Farrāsh）率领一支古拉姆军队来到剌夷，此人在剌夷等地实施残酷统治，导致这些地区的社会秩序混乱，剌夷、哈马丹、贾布尔等城相继发生了反叛运动。为了应付剌夷和贾布尔的形势，1033 年，马苏德从加兹尼前往尼沙普尔，正在此时，他在印度的代理人反叛，他不得不中途返回。临行之时，他安排其弟穆罕默德的宰相哈姆达维（Hamdawī）前往剌夷监督塔希·法劳希。哈姆达维采取了适当的措施，平息了塔希·法劳希所造成的破坏。

伽色尼王朝在剌夷城的统治持续了七年（1029—1036），在此期间，戴拉姆人的势力遭到了削弱，为以后塞尔柱人入侵波斯北部地区铺平了道路。①

考库耶王朝是布威希王朝扶持的戴拉姆人的政权。考库耶王朝的领地包括了伊斯法罕、哈马丹、迪纳瓦尔和沙普尔·克瓦斯特等富庶城市。继剌夷城之后，1029—1030 年，马赫穆德攻占了伊斯法罕。在被逐出伊斯法罕以后，王朝统治者考库耶短时期内占领了哈马丹和剌夷城。在此危急时刻，马苏德从呼罗珊出兵援助，收复了剌夷城。考库耶在战斗中受伤，逃往离哈马丹约 90 公里处的一座城堡。以后，在考库耶答应每年支付税款的情况下，伽色尼王朝让他继续统治伊斯法罕。不久，考库耶反叛，哈姆达维出兵占领了伊斯法罕，没收了考库耶的财库，把金银珍宝均送往加兹尼，其中，还有著名哲学家伊本·西那的著作。

征服呼罗珊西北部诸王朝的同时，伽色尼王朝也在进行征服呼罗珊西南部的战争。马赫穆德首先巩固了伽色尼王朝属地马克兰的统治。马克兰位于俾路支斯坦的沿海地带，面临阿拉伯海，处在波斯湾进口处。10 世纪，该地的统治者承认布威希王朝的宗主权，伽色尼

---

① R. N. Frye, *The Cambridge History of Iran*, Vol.4, p.117.

军队来到之时，他们先后向赛布克特勤和马赫穆德表示效忠。1025—1026年，马克兰统治者马丹去世，其子伊萨（‘Isä）和阿布勒·穆阿什卡尔（Abū’l-Mu‘askar）陷入王位继承权的斗争之中，马赫穆德曾从中进行斡旋。1029年，伊萨宣布脱离伽色尼王朝，1031年，马苏德出兵帮助阿布勒·穆阿什卡尔夺取王位，此后，他以伽色尼王朝属臣身份统治着马克兰。

马苏德在马克兰的胜利增强了夺取布威希王朝属地克尔曼的信心。克尔曼与锡斯坦和马克兰毗邻，处于锡斯坦之西和马克兰之北。伽色尼王朝在征服和统治了剌夷等地之后，只要再征服克尔曼，整个伊朗中部就全部纳入了伽色尼王朝的版图。马苏德曾向巴格达哈里发嘎义木（al-Qa’im，1031—1075年在位）的使者宣称，征服克尔曼是他的宏伟计划的一部分，他的计划还包括攻击布威希王朝，进攻异教的拜占庭帝国和信奉什叶派的法蒂玛王朝。

1033年，伽色尼军占领了克尔曼。但由于伽色尼统治者在此课税太重，克尔曼人宁愿接受布威希王朝的统治也不愿接受伽色尼的统治。阿布·卡里贾（‘Imad al-Din Abu Kalijar）遣维齐尔巴赫拉姆·本·马菲纳（Bahram b. Mafinna）从法尔斯率兵前往克尔曼。1034年，伽色尼驻军被驱逐出克尔曼，退回尼沙普尔。不久，塞尔柱人对呼罗珊的入侵使马苏德的这些计划落空了，兼并克尔曼的行动也未成功。

1035年，塞尔柱人来到了呼罗珊北部，寻求呼罗珊总督苏里（Sūrī）的庇护。在此，塞尔柱人与伽色尼王朝展开了争夺领土的战争。是年，塞尔柱人开始夺取席亚里王朝属地古尔甘和塔巴里斯坦。此前，席亚里王朝统治者阿奴细尔汪一直处于其舅舅巴考里乔尔·库希的监护之下，就在塞尔柱人到来前不久，他才刚开始自己的独立统治，对东方来的这支势力没有足够的认识。当塞尔柱人进攻古尔甘城时，阿奴细尔汪弃城逃亡，城民归顺塞尔柱人，许诺每年进献3万迪纳姆金币，塞尔柱首领托格里尔派马尔道维奇（Mardāvij）以埃米尔身份在此统治，席亚里王朝领地成为塞尔柱人的属地。阿奴细尔汪去世以后，其子贾斯汤作为名义上的统治者在古尔甘城实施统治，实际统治者是托格里尔的代理人。

尽管如此，塞尔柱人当时的处境仍是十分艰难的，他们要求伽色尼素丹将尼萨和法拉瓦等地划给他们游牧，表示愿为王朝戍守边疆，这一要求遭到马苏德的断然拒绝。于是，双方之间进行了六年战争，其中有两次大战役，一是尼萨之战，一是丹丹坎战役。

同年，塞尔柱人对呼罗珊发动了第一次大进攻。马苏德派别格图格第（Begtoghdi）将军前往尼萨迎战，他的军队携带着由1000只骆驼运载的武器、100只骆驼运载的金子和随行的许多战象。这支载着如此多辎重的军队难以对付灵活机动的塞尔柱游牧民，结果，别格图格第打了败仗。此后，马苏德亲自指挥的一次战斗也未能取胜。于是，马苏德在尼沙普尔举行会议，决定与塞尔柱人谈和。1035年8月，塞尔柱人派使者与马苏德签订了和约，通过和约，塞尔柱首领托格里尔的部民得到了尼萨；叶护得到法拉瓦；查基尔得到底希斯坦（Dehistān）。

塞尔柱人对此并不满足，随后连续几年发起对呼罗珊、阿富汗斯坦各城的进攻。1039年秋，塞尔柱人占领了尼沙普尔，并对该地进行了劫掠。据贝哈基记，托格里尔向查基尔等部落首领发布特别命令，不允许他们压迫当地老百姓。一些史书甚至还记载说，为了禁止查基尔部众抢劫城市，托格里尔曾以自杀相威胁，因为他已经向哈里发的使者承诺，尼沙普尔及其附属地区的穆斯林将免受苦难。

占领尼沙普尔之后，塞尔柱人领导者在萨拉赫斯举行一次会谈。会上，他们之间意见不统一。以托格里尔为首者主张继续向西波斯进军，因为西波斯没有像马苏德那样的强大政权，只有小的地方政权；而以查基尔为首者认为，尽管马苏德在财富和资源方面占有极大的优势，但塞尔柱人灵活机动，他们能够打败马苏德，立足呼罗珊。

塞尔柱人对呼罗珊诸城的入侵，使原来摇摆于联合和征讨两种选择之中的马苏德素丹下决心与塞尔柱人决战。1039年，马苏德在萨拉赫斯附近打败塞尔柱人，在重新夺回了尼沙普尔和赫拉特之后，希望一举消灭塞尔柱人。

1040年初，马苏德率领一支庞大的军队，带着战象和全部辎重，向莫夫进军。塞尔柱人有16000骑兵投入了战斗，另有2000名缺乏经验的或者是骑射技术不精的人护送行李。当得知伽色尼军队逼近的消息以后，塞尔柱人主动撤退到离莫夫60公里的丹丹坎（今塔什拉巴德）沙漠之地，在撤退途中，将沙漠中的水井全部填塞。5月，马苏德的军队进入萨拉赫斯与莫夫之间的沙漠地带，军队的人马遭到难以忍受的干渴，大批牲畜渴死。当马苏德军到达丹丹坎之时，居民们关闭城门，军队被迫又向前走了10多公里，在此，他们看到塞尔柱人一群一群地站在各个沙丘上，没有表现出要战斗的样子。但塞尔柱人看到伽色尼军队疲惫不堪的样子时，大胆地发起进攻。伽色尼军队溃败，马苏德坐在大象背上逃跑。

在伽色尼王朝的军队中，有许多训练有素、作战经验丰富、装备精良的军官和士兵，但是，他们使用的笨重武器装备无法在沙漠中发挥作用。在战争中，素丹曾经派人返回加兹尼，运来适合草原作战的一种长矛（Alat-i jang-i biyaban），但于事无补。塞尔柱人深知自己的优势在于灵活机动，在战前他们就商议说："与这位君主激战是不明智的，我们继续保持我们的作战方式不要受累于行李和辎重。这样，我们将获得优势。我们不分散，除非出现困难，因此让他（马苏德）后退或前进，正如他所希望的那样。冬天过去，夏天开始。我们是草原牧民，完全能够忍受严寒酷暑，而他和他的军队则不然。在受苦一段时间之后，他们不得不返回。"①塞尔柱人是草原游牧民族，他们不但作战灵活机动，而且几乎不会受食物短缺之苦，在远距离的行军中，跟随塞尔柱人的牧群为他们提供了肉、干奶、乳酪。马苏德的一位侍从说："草原是他们的父母，正如城镇是我们的父母一样。"②

除了以上原因外，马苏德在丹丹坎战役中遭到失败的主要原因是他的统治在呼罗珊不得人心，伽色尼素丹们把呼罗珊视为伽色尼王朝

---

① C. E. Bosworth, *The Ghaznavids: Their Empire in Afghanistan and Eastern Iran 994-1040*, p.248.

② Ibid., p.247.

的奶牛。据乌特比记载："呼罗珊事务的特点除了征税、榨干和增加财政收入的欲望外，没有任何建设性的措施。"① 马赫穆德的维齐尔伊斯法英尼为了满足马赫穆德对金钱的贪婪，曾在呼罗珊大肆搜刮。马苏德步其后尘，也让呼罗珊总督苏里在该地区进行盘剥。苏里于 1033 年送给马苏德的礼物价值达 400 万迪拉姆，包括布匹、金银器皿、男女童奴、麝香、樟脑、条纹毡毯、珍稀水果、珍珠和精美麻布。② 收到礼物之后，马苏德欣喜若狂地惊叫说："这个苏里是多么优秀的仆人啊！要是我多有几个像他这样的仆人，那将是极端有利可图啊！"③ 由于不堪忍受苏里的暴政，在 1006 年喀喇汗王朝入侵期间，尼沙普尔的大量德赫干和贵族曾公开表示过支持喀喇汗王朝。此外，锡斯坦、花剌子模、古尔甘和塔巴里斯坦等伽色尼属地也不断发生反王朝统治的起义，据记载，在马苏德统治时期，在曼苏尔·伊·瓦菲担任锡斯坦收税官期间，一直有近千人左右的叛乱发生。④

丹丹坎战役是伽色尼王朝由盛而衰的转折点，这次战争永远地结束了伽色尼王朝对呼罗珊的统治。丹丹坎战役之后，突厥三股势力在中亚的争夺告一段落，三方各自有了自己的领地：喀喇汗王朝统治了阿姆河以北的中亚腹地和中亚东部；伽色尼王朝统治了阿姆河以南的阿富汗地区；塞尔柱人夺取了阿姆河以西的呼罗珊。

第四节　兼并北印度

伽色尼王朝建立之初曾对印度发起过多次远征。以 1040 年为分界线，伽色尼王朝由于丹丹坎战役由盛转衰，它对印度的战争和统治也就分为两个阶段。在第一阶段，伽色尼王朝的战争是掠夺性质的，

---

① J. A. Boyle, *The Cambridge History of Iran*, Vol.5, p.13.

② C. E. Bosworth, *The Ghaznavids: Their Empire in Afghanistan and Eastern Iran 994-1040*, pp.87-88.

③ Ibid., p.88.

④ Ibid., p.90.

战争的目的是为了财富；在第二阶段，伽色尼王朝企图将印度作为王朝统治中心的企图明显起来，加强了对北印度的政权建设。

1001 年，伽色尼发动了对印度的第一次远征。伽色尼素丹马赫穆德率领 1.5 万骑兵、5000 步兵的军队对印度沙希王朝（Sāhi）发起进攻。[①]沙希王朝统治者贾帕尔（Jaipāl）征集有大象组成的庞大军队进行抵抗。两军在白沙瓦附近展开了激战，贾帕尔战败被俘，答应支付巨额赎金赎身。但回国之后，这位战败的统治者不再受到欢迎，由于不堪忍受臣民的鄙视，他在祭祀时爬上火堆，自焚而死，其子阿南德帕尔（Anand Pearl）继承了沙希王朝王位。他拒绝向伽色尼王朝支付其父答应交付的赎金和贡款。于是，马赫穆德于 1004 年再次出兵攻打杰卢姆河左岸的巴堤亚（Baytuz），并将此地纳入伽色尼王朝的统治。

1005 年，马赫穆德向沙希王朝提出希望经旁遮普前往木尔坦的要求，这一要求遭到阿南德帕尔的拒绝，于是，马赫穆德第三次远征印度。木尔坦统治者达乌德（Daoud）企图阻止马赫穆德的进军，率军来到白沙瓦。双方在白沙瓦开战，达乌德兵败，马赫穆德乘胜攻占木尔坦，达乌德以每年交两万迪拉姆贡金的条件保住了自己的统治。

就在马赫穆德远征木尔坦之时，喀喇汗王朝军队渡过阿姆河，入侵伽色尼王朝西部属地呼罗珊，马赫穆德闻讯返回呼罗珊。临走之时，他任命已经改信伊斯兰教的印度人苏克帕尔（贾帕尔之孙）为韦欣德城总督，目的是用印度人统治印度人。在马赫穆德离开印度以后，苏克帕尔立即反叛伽色尼王朝，并宣布不信伊斯兰教。

马赫穆德在打败喀喇汗军队以后于 1008—1009 年间重返印度，北印度的王公们联合起来，这支北印度联军在旁遮普领主阿南德帕尔的率领下向白沙瓦挺进。1009 年，双方在韦欣德对面的平原上展开了战斗。在敌我力量悬殊的形势下，马赫穆德固守营地，并在营地周围挖掘壕沟。北印度联军在进攻马赫穆德营地之时多半掉进壕沟，损失惨重。但伽色尼军队也遭到重创，马赫穆德准备撤军回国。正在这

① C. E. Bosworth, *The Ghaznavids: Their Empire in Afghanistan and Eastern Iran 994-1040*, p.114.

时，北印度联军首领阿南德帕尔的座象受惊，引起混乱，导致联军溃散。于是，伽色尼军队不失时机地反攻，乘胜穷追，大肆屠杀，攻占坎格拉（Nagarkot，即纳加尔科特要塞），虏获了许多财宝。

1014 年，马赫穆德向沙希王朝领地南达那（Nandana，位于大盐山山脉北部的支脉）进军。王朝统治者阿南德帕尔准备与伽色尼军队决一死战，于是，他把其子特里洛章伯格扶上旁遮普王位，自己到南达那组织抵抗。但他最终未能保住南达那，特里洛章匆忙在克什米尔组织抵抗，但克什米尔的军队也被马赫穆德打败。特里洛章退到旁遮普东部，在那里重建政权。马赫穆德确立了在旁遮普的统治，他任命一位突厥军官为旁遮普总督。军事上的胜利增加了马赫穆德的威信，山区的酋长们纷纷向他投诚。

1018 年底，伽色尼王朝军队再次出现在旁遮普，并向恒河与朱木拿两河之间的地区推进。入侵军首先占领了圣城麦特拉。麦特拉“有成千的大厦，其坚固可与虔诚信徒的信心相比拟；不花费几百万的金币也不可能达到现在的情形，而要建造一个同样的城市至少要两百年”①。然而，守军没有尽力地保卫它。接着，马赫穆德向卡拉吉（曲女城）进军，这是一个有七座堡垒和一万座庙宇的城市，同样，城市的统治者未做任何抵抗就投降了。这次远征结束之后，马赫穆德从印度运回加兹尼城的战利品有 3000 万迪拉姆、5.5 万名奴隶和 350 只大象。② 据记载，马赫穆德带回来的俘虏太多，城里没有房子给他们住，不得不为他们专门建造住所。

在对印度的战争中，征服索姆纳特（Somnath）产生了极大的反响。1025 年底，马赫穆德率领 3 万正规骑兵和许多志愿军离开加兹尼城，经过木尔坦附近的沙漠地区，于 1026 年 1 月到达索姆纳特城下。该地统治者雇用了 1000 名婆罗门以礼拜庙中的偶像，此外，还召集 500 名少女在庙门口载歌载舞。印度人认为，月神（索姆纳特）威力

---

① 〔印度〕贾瓦哈拉尔・尼赫鲁：《印度的发现》，齐文译，世界知识出版社 1956 年版，第 298—299 页。

② Asimov, C. E. Bosworth, *History of Civilizations of Central Asia*, Vol.4 (1), p.104.

无穷，会保佑他们的平安。但马赫穆德胜利地攻占了该城，掠夺了索姆纳特神庙。索姆纳特神庙是木结构庙宇，由56根木柱支撑，庙内供奉着一个巨大的石像“陵伽姆”（Lingam）。马赫穆德摧毁了这座石制神像，把其中的两块巨石运往加兹尼城，作为加兹尼大清真寺入口处的阶石。据说，婆罗门教徒曾提出以巨资保护神像，但遭到马赫穆德的拒绝。结果，在这尊石像的一个秘密洞窟内发现了许多珠宝，其价值远超婆罗门教徒所出价钱。此战之后，巴格达哈里发正式承认了马赫穆德在印度的统治。

马赫穆德对印度的远征使伽色尼王朝东部疆域达到北印度。马赫穆德去世以后，马苏德步其父后尘，也发动了对印度的远征。马苏德继位以后召回了驻旁遮普的突厥官员，但这位突厥人在返回加兹尼之时，带来一支印度军队准备叛乱，事败后被马苏德处死。此后，马苏德另派突厥官员，据说是其父时期的财政官，继任旁遮普总督。然而，这位总督在印度胡作非为，1033年，他出兵贝拿勒斯（Benares），大肆掠夺。1034年，马苏德派印度军官马提克去讨伐，打败并处死了这位突厥官员。1037年，马苏德远征东部的汉希（Hansi），攻破要塞，掠夺财物。

马苏德统治期间，伽色尼王朝的印度属地曾发生过断断续续的反抗运动。1033年，驻印度的军事统帅阿赫默德·伊纳尔特勤因战利品分配问题起而反叛。在镇压了阿赫默德叛乱之后，马苏德于1036年任命其子马吉杜德为印度总督，给他备置一件与总督职位相称的荣誉袍，他手下有三名军事官员和一支装备精良的部队，还有一个掌管档案事务的秘书和一名会计员。在任印度总督之时，马吉杜德暗中为自己罗织力量。1040年，木尔坦叛乱，他受马苏德的派遣率领2000骑兵到木尔坦镇压叛乱。在其父马苏德遭遇兵变被杀之时，马吉杜德仍在木尔坦。马苏德对印度的远征未能超越其父的规模和范围，只是在前者的基础上进行再征服而已。不过，马苏德时期，伽色尼王朝在旁遮普的局面稳定下来。

在早期对北印度的战争中，伽色尼王朝曾建立过一些统治，如在拉合尔按中央政府的模式建立了一种职责分明的行政体制，设置了一个以总督沙希布·巴里德（Sahib-Barid）为代表的地方政府，总督一职下面设置一位精通波斯语的官员卡迪管理民事，另有突厥古拉姆将领掌握军事统帅权，民事和军事长官都在总督的监视之下。然而，从战争之后的形势来看，早期战争主要是为了获取战利品的掠夺战争。这些征服战争不仅为精力充沛的突厥官兵们提供了建功立业的机会和丰富的战利品，还使素丹得到了来自印度的大量贡赋和奴隶。

1040 年丹丹坎战役以后，伽色尼王朝失去了它在西方的一些领地。在 11 世纪中叶，伽色尼王朝曾试图收复失地，重新确立它对波斯境内一些臣属王朝的统治。素丹毛杜德在控制国内局势之后曾制定了收复失地的计划。然而，毛杜德恢复失地的宏伟计划最终没有实现，从此，伽色尼人退出呼罗珊，加紧了在北印度的政权建设。

毛杜德的军队统帅阿赫默德·本·穆罕默德被任命为拉合尔总督。阿赫默德·本·穆罕默德面临的任务是重建伽色尼王朝在北印度的统治。在伽色尼王朝忙于与塞尔柱人战争期间，印度王公们以德里城为中心团结起来，企图把伽色尼突厥人从旁遮普赶出去。马苏德被杀以后，旁遮普的三位拉其普特王公联合进攻拉合尔，在相当长的一段时间内对拉合尔城形成了包围之势。拉合尔总督派人向毛杜德求援，增援部队不仅解了围，还打败了旁遮普联军。战败之后，一名王公到伽色尼王朝重新表示效忠；另一位被困在一个城堡中直到投降；第三位与 5000 士兵坚持斗争，直到战死疆场。此次失败使一些态度犹豫不决的印度王公们重新向伽色尼王朝宣誓效忠。平定拉合尔叛乱之后，阿赫默德·本·穆罕默德收编了伽色尼军和拉合尔卫戍部队，重新确立了伽色尼王朝在北印度的统治。

随着呼罗珊城市（尼沙普尔、莫夫、赫拉特和巴里黑）相继丧失，拉合尔城的地位上升，实际上充当了仅次于加兹尼城的伽色尼王朝的第二个首都，这一点，首先从伽色尼素丹派往印度官员的身份上反映出来。1048 年，为了加强对旁遮普的统治，毛杜德派他的两个儿子马赫穆德和曼苏尔到印度，前者任拉合尔总督，后者任白沙瓦总督；法鲁克扎德统治期间，派自己的儿子希尔扎德任印度总督，希尔扎德在印度战绩辉煌，据说，他统治时期的印度属地达到了马赫穆德时期的范围。

其次，拉合尔与伽色尼王朝的关系不断加强，并最终成为伽色尼王朝的都城。易不拉欣继位以后，以“圣战”的名义对印度多次出兵，不仅巩固了伽色尼王朝在旁遮普的统治，而且扩大了伽色尼王朝的印度属地，包括贝拿勒斯、塔内希瓦尔、卡拉吉的许多城市都囊括在王朝境内。在马立克·阿尔斯兰统治时期，由于在加兹尼的王位受到兄弟巴赫拉姆沙的威胁，马立克·阿尔斯兰从未亲自出征印度，印度军事和民政统治权分别委派给布·哈里姆·赛巴尼（Bu Halim Shaibani）家族，该家族成员对伽色尼素丹也是忠心耿耿。巴赫拉姆沙夺取王位之时，马立克·阿尔斯兰在印度避难，穆罕默德·本·阿里帮助他在印度征集军队，准备重新夺回王位。

巴赫拉姆沙在王位巩固之后，亲自率领大军对印度发动惩罚性远征，目的是使穆罕默德·本·阿里转而效忠于他。穆罕默德·本·阿里进行了顽强抵抗，战败之后于1119年1月11日在拉合尔被捕。巴赫拉姆沙考虑到他在印度的影响，饶恕了他，委任他为拉合尔总督。但在巴赫拉姆沙离开拉合尔以后，穆罕默德·本·阿里及其子穆塔希姆率领他的追随者再次起来反抗中央政府。他们在希瓦里克（Siwālik）山区的纳戈尔（Nagor）修了一个堡垒，在那儿招集一支由阿拉伯人、波斯人、阿富汗人和卡拉吉人组成的军队。1119年，巴赫拉姆沙率一万人前往印度，阿里的军队放水淹没了一个被称为克克玉尔村（Kīkyūr）附近的低凹地区，形成了一片沼泽，素丹军队无法通过。巴赫拉姆沙宣布只要他们放弃与他为敌，他会考虑该家族在伽色尼王朝在印度事业中所做的贡献，赐给他荣誉之袍，重新授予他在印度的统治权和军队统帅权。然而，这一收买政策没有起到任何作用。最后，穆罕默德·本·阿里及他的几个儿子战死，军队发生混乱，士兵们陷入沼泽。据说，他的一个儿子投奔了素丹巴赫拉姆沙，得以幸存。素丹再任命的总督是萨拉尔·侯赛因·本·易不拉欣（Sālār-i

Husain b. Ibrāhīn）。到胡斯塔沙（Khusrau Shāh）及其子胡斯塔·马立克（Khusrau Malik）统治时期，伽色尼王朝迁都北印度的拉合尔，拉合尔取代加兹尼成为伽色尼王朝都城。

在胡斯塔·马立克统治初期，迁都拉合尔的伽色尼王朝不断向北扩张，在此过程中，曾与当地的科卡尔（Khokhar）部族结成联盟，科卡尔部在伽色尼王朝的支持下摆脱了印度伽姆（Jammu）国的宗主权，由此导致伽姆国国王卡拉德瓦的极大不满，他派代表到古尔王朝（Ghurids，1146—1215），怂恿他们进攻旁遮普。1185年，古尔王朝军队蹂躏了拉合尔周围地区，但未能攻克此城。为了对付科卡尔人，古尔军队在卡拉德瓦的建议下修筑了希尔科特（Sialkot）堡，留下将领侯赛因·本·卡尔米尔为其总督。古尔军队撤离以后，胡斯塔·马立克和科卡尔人围攻希尔科特堡垒，未能攻下。1186年，古尔军队再次发动对印度的战争，在卡拉德瓦之子、继任国王威加亚德瓦的帮助下，古尔人占领了拉合尔城。

由于北印度的经济支撑了伽色尼王朝的统治，为王朝提供了军队和物资，使伽色尼王朝统治者有力量对付喀喇汗王朝和塞尔柱人。伽色尼王朝对北印度的征服和统治打破了当地闭塞的状态，将北印度纳入了伊斯兰世界。伽色尼突厥人的远征严重破坏了印度北部的社会生产力，使北印度人民经历了巨大的灾难。尽管如此，伽色尼王朝的远征和统治对北印度产生了重要影响。

首先，伽色尼突厥人的入侵打破了北印度300年来的封闭、落后状况。自7世纪中叶戒日王帝国瓦解以后，北印度各地领主纷纷独立，割据称雄。几百年来，封建小邦兴衰更替，然而各邦之间交往很少，加之印度地理位置孤立，印度诸王公对外面的世界了解很少，导致北印度长期停滞不前。伽色尼突厥人的到来，迫使北印度各邦联合对敌，开始了政治上的联系。

其次，在伽色尼王朝的统治下，北印度与伊朗东部的广大地区以加兹尼为中心统一起来了。在马赫穆德的统治下，帝国享受着和平和安宁，商队可以在呼罗珊和拉合尔之间畅行无阻。

再次，从文化方面来看，主要有两点影响。一是伽色尼突厥人的到来使伊斯兰教在北印度扎根下来。阿拉伯人对阿富汗的征服战争开始于 7 世纪中叶，650—651 年间攻下喀布尔。705—715 年，呼罗珊总督屈底波的军队先后占领了赫拉特、喀布尔、加兹尼等城。阿拉伯人在这些城市摧毁佛寺，迫使一部分市民改信伊斯兰教。在此时期内，阿富汗的一些中心城市皈依了伊斯兰教，但大多数地区仍然是非伊斯兰教地区。10 世纪中叶，突厥将领阿尔普特勤率军南下，以加兹尼城为都建立了以伊斯兰教逊尼派为国教的伽色尼王朝。在该王朝的大力推进下，伊斯兰教方在阿富汗取得了胜利。

伊斯兰教向北印度的传播也是由伽色尼王朝完成的。7 世纪末，阿拉伯军队在征服呼罗珊和河中地区之时，曾逼近北印度边缘。8 世纪初期，阿拉伯人占领了印度河下游的信德和旁遮普北部地区，征服木尔坦，将其纳入伊拉克总督辖区，伊斯兰教开始传入印度西北部。但是，该地区的大多数居民并未改信伊斯兰教。10 世纪下半叶，伽色尼王朝发动“圣战”，征服信德地区，大批信仰伊斯兰教的突厥人、阿富汗人迁入印度定居，与当地居民融合，伊斯兰教在印度有了根基。一个多世纪以后，一些原来信仰印度教的封建主改信了伊斯兰教。12 世纪中叶，阿富汗古尔人夺取印度西北部地区，继续向朱木拿河和恒河流域扩张，伊斯兰教也随之传播到这些地区。

二是伽色尼突厥人在印度西北部的统治，印度河以西地区以拉合尔为中心逐渐发展成为穆斯林文化中心。自 11 世纪起，苏菲教徒开始在印度传教。1039 年，大神学家和苏菲学者赛义德·阿里·胡吉伟利（1010—1079）来到拉合尔传教，苏菲的经典著作《秘密的揭示》就是他在拉合尔期间写成的。11—12 世纪，苏菲教徒们用旁遮普语和其他方言传教、写作，并采用了阿拉伯文书写体，形成了印度穆斯林的语言乌尔都语。乌尔都语是今巴基斯坦和印度穆斯林的通用语言。

阿富汗古尔人占领加兹尼城以后，伽色尼王朝的统治中心移至拉合尔，许多哲学家、作家、历史学家随行同往，他们的到来促进了印度文化的发展。伽色尼突厥人统治时期，特别是在马赫穆德的提倡和支持下，印度历史学得到极大发展。在伊斯兰教传入印度之前，印度的历史文献是很少的，在伽色尼王朝时期，印度的历史著作卷帙浩繁，其中，比鲁尼的《印度之书》最为著名，该书对印度的政治、社会和宗教情况有深刻的分析，是中世纪时少有的优秀历史著作。

伽色尼王朝后期是印度穆斯林文化形成的重要时期。在旁遮普语文学中，诗歌占很大比重。苏菲诗人沙·夏姆斯·萨布兹瓦里（1164—1248）和法利德·甘吉·沙卡尔（1173—1227）最早用旁遮普语写诗，他们的诗作或描绘自然风光和风土人情，或表达苏菲派的神学和哲学思想。应该提到的史书还有朱兹贾尼（al-Jūzjānī，1193—？）的《卫教者年表》（*Tabaqāt-i Nāsirī*）。朱兹贾尼于 1193 年出生于古尔王朝，在蒙古人攻打中亚南部之时，他退到北印度避难，在德里素丹纳昔儿·摩诃末沙的宫中任大法官。《卫教者年表》一书用波斯文写成，一直写到 1260 年，其中记述了西辽统治下中亚的情况。

复次，伽色尼王朝在北印度的统治阻止了塞尔柱人的东进和南下，将塞尔柱突厥人及跟随他们的古思人挡在了阿富汗。在 10—13 世纪，古思人进入中亚、西亚和小亚细亚，但他们未能进入南亚，这与伽色尼王朝的统治是分不开的。伽色尼王朝在旁遮普的统治，为以后古尔王朝和德里素丹王朝在北印度的统治铺平了道路。

最后，伽色尼突厥人的入侵战争对印度古代民族多姆人产生了恶劣影响。据突厥史和印度史记载，10 世纪以后，由于伽色尼军队的烧杀劫掠，给印度居民带来了巨大灾难，其中受劫难最深重的莫过于多姆人（Dames）。多姆人被迫背井离乡，流浪到异国他乡，形成今天浪迹欧洲的吉卜赛人。

第四章

社会经济与宗教、文化

11 世纪上半叶，中亚地区经济的发展是不平衡的。喀喇汗王朝统治的中亚东北部和河中地区经济发展迅速；伽色尼王朝统治的中亚南部和西南部地区，与萨曼王朝时期相比，经济发展速度放慢了。突厥王朝的建立对伊斯兰教的深入发展和广泛传播起到了重要作用。到 11 世纪中叶，早期接受伊斯兰教的呼罗珊和河中地区呈现出伊斯兰化的倾向；在尚未接受伊斯兰教的地区，伊斯兰教向北传播到突厥诸部落中，向东传播到塔里木南缘拜城一线，向东南扩展到印度河上游流域，向南抵达阿富汗斯坦南部。随着伊斯兰教的深入，阿拉伯语和阿拉伯文开始在中亚东部地区流行，出现了用阿拉伯字母拼写本族语言的现象，还出现了用阿拉伯文创作的尝试。伊斯兰文化与突厥文化的融合，形成了突厥伊斯兰文学。在 11 世纪上半叶，突厥伊斯兰文学的发展只限于突厥人占优势的地区。

第一节　社会经济

在喀喇汗王朝的统治下，阿姆河以北地区的经济在原有基础上继续向前发展。喀喇汗王朝灭亡萨曼王朝是一个渐进的过程。992 年，喀喇汗突厥人占领了萨曼王朝在锡尔河东岸的一些城市和地区，如白水城；996年，通过与萨曼王朝签订和约，喀喇汗王朝将泽拉夫善河流域以北地区纳入自己的版图；999年，喀喇汗王朝军队进入河中地区，在撒麻耳干和不花剌城建立了统治。在此渐进过程中，喀喇汗王朝得到了萨曼王朝教、俗封建主及突厥近卫军的支持，没有经历激烈的战争，几乎是和平归并了萨曼王朝的领土。喀喇汗王朝在夺取萨曼王朝领土之后，也没有实施抢劫和破坏，因此，阿姆河以北地区在政权转移的过程中社会经济没有遭到很大的破坏。

农业的发展与喀喇汗王朝的鼓励政策是分不开的。喀喇汗王朝采取了减轻农民负担、激发农民积极性的一些政策措施，喀喇汗王朝的赋税和徭役比以往王朝征收的要轻，这些政策是促使游牧民转向定居农业，发展农业经济的前提条件。与此同时，伊犁河、楚河、塔剌思河流域及锡尔河中游地带捕渔业也得到发展，它们在经济生活中占有一定的地位。

手工业的发展是喀喇汗王朝时期经济的主要特征。第一，手工业部门很多，据《福乐智慧》（*Qudatγu Bilig*）一书的反映，手工业有“铁匠、靴匠，还有皮匠，漆匠、弓矢匠，还有画师，人世全凭他们缀饰妆点，他们能制出惊世之物”①。第二，手工业的分工很细，据《突厥语大词典》，11世纪中叶，在中亚的纺织业分工中，纺线（əgrik）与织布（Yatuk）分离；在皮革业中，生产皮袄的皮子（əmxən）、皮鞋或皮窝子的皮子（Puqoɪaк）、生产靴子的皮子（ətüklük）都有明显分工。②第三，手工产品多样化也反映了手工业的繁荣。以缝纫业为例，有驼毛或羊毛织成的衣服（Kars），皮袄有两种（Iqük和Kürk），有短袖长袍（Kulak ton）和专供奴隶穿的无口袋布长袍（Qəkrək）等。③

---

① 优素甫·哈斯·哈吉甫：《福乐智慧》，郝关中、张宏超、刘宾译，民族出版社1986年版，第580页。

② 麻赫默德·喀什噶里编：《突厥语大词典》第1卷，第113页；第3卷，第12页；第1卷，第117、491、164页。

③ 同上书第1卷，第367、74、371、403、503页。

喀喇汗王朝手工业的发展与鼓励手工业的政策分不开。《福乐智慧》告诫统治者说，对待工人要及时付给报酬，还要以丰盛的饮食款待他们。喀喇汗王朝手工业的发展的另一个原因是西迁回鹘的促进作用。西迁回鹘人“性工巧，善冶金银铜铁为器及攻玉”①。当时，手工业者还未完全脱离市场，他们有时候也直接贩卖自己的产品，如织工和其他手工业者把自己的产品拿到集市上出卖，或在自己作坊前设立店铺出售。

在喀喇汗王朝时期，阿姆河以北地区的过境贸易得到了很大发展。《福乐智慧》一书认为：商业带给国家利益很大，财务官要长于商业，也要经常了解市上的行情，这样才能保证国库免于匮乏。文献资料和考古材料证明，喀喇汗王朝与东方的宋、辽、金，西方的西亚、北非和东南欧，南方的印度都有发达的贸易关系。其中，他们最看重与中原宋朝的贸易，《福乐智慧》说：“要是中国商队砍倒自己的旗子，千万种珍宝从何而来？”“天下的异珍都在他们（指商人）手上，能把人们打扮得漂漂亮亮。”②“世间倘无商人奔走四方，怎能穿到紫貂皮的衣装？倘若契丹商队（指中国商队）的路上绝了尘埃，无数的绫罗绸缎又从何而来？倘无商人在世间东奔西走，怎能看到成串的宝石珍珠？”③

喀喇汗王朝与宋朝的贸易多以朝贡的名义进行，商队首领多数是封建领主，或者与统治集团有密切关系者，他们以“使臣”的身份出现，商队也就变成了“使团”。这一时期，喀喇汗王朝派往宋朝的使团有 50 多次，他们受到宋朝的礼遇。喀喇汗王朝运往宋朝的商品有珠、玉、珊瑚、翡翠、象牙、乳香、木香、琥珀、硇砂、龙盐、花蕊布、西锦、腽肭脐、金星石、安息鸡舌香、玉鞦辔、马匹等，其中，有一些商品是从印度或西亚、北非转手而来，如珠、珊瑚、象牙等。宋朝的回赠物有丝织品、工艺珍品、茶叶等。《突厥语大词典》

---

① （元）脱脱：《宋史》，第 14113 页。

② 优素甫·哈斯·哈吉甫：《福乐智慧》，第 574 页。

③ 同上书，第 575 页。

反映了中国内地运到喀喇汗王朝的丝绸情况，其中有：秦产带黄银元花样的红丝绸（Lohty）、秦产红色锦缎（Qüz）、秦产丝绸（Zünküm, Təhqək）、秦产印花丝绸（əxkürti）、秦产彩色丝绸（Huliing）。[①]

喀喇汗王朝不仅直接从宋朝获得中原物产，还从辽朝获得。宋朝每年向辽朝交纳的巨额岁币，除去辽朝统治阶级消费掉一部分外，其余部分转输西方，辽人常到喀喇汗王朝境内贸易，每当春天，"褐色大地铺上了绿色丝绸，契丹商队又将桃花石锦缎铺陈"[②]。此外，喀喇汗王朝与辽朝也保持着频繁朝贡。

喀喇汗王朝时期的货币也反映了商贸发展的情况。在中亚各地及中国新疆地区发现了喀喇汗王朝的钱币，这一时期货币有如下特征：第一，信誉程度和比率比银、铜高得多的金币投入流通，金币的流通表明了大宗贸易和过境贸易的需要；第二，银、铜币质量不高，由于商品货币经济的发展，在不能给市场提供更多纯银币的情况下，喀喇汗王朝铸造了成色不高的钱币投放市场，以满足迅速发展起来的流通领域的需要。

为了获取商业利益，喀喇汗王朝统治者重视保护商道的畅通，《福乐智慧》的作者就告诫国王说："要保护商道的安全……肃清一切盗贼。"喀喇汗王朝与宋、辽王朝之间商路保持着畅通，"自瓜、沙抵于阗，道路清谧，行旅如流"[③]。

11 世纪上半叶，在阿姆河以南以西中亚地区，经济发展速度赶不上萨曼王朝时期，维持着缓慢增长的势头。农业主要集中在呼罗珊北部绿洲，此地遍布着大大小小的鲁斯塔克（Rustaq）。鲁斯塔克是以一个中、小型市镇为中心，周围有许多村庄一起构成的一个基本单位。鲁斯塔克自成一个独立体系，有自己的方言和度量单位。呼罗珊北部有 12 个鲁斯塔克，其中，包括了 6000 个村庄。这些鲁斯塔克与尼沙

---

① 麻赫默德·喀什噶里编：《突厥语大词典》第 3 卷，第 320 页；第 1 卷，第 426、631、622、197 页；第 3 卷，第 507 页。

② 此处桃花石指南宋或泛指汉地，参见优素甫·哈斯·哈吉甫：《福乐智慧》，第 13 页。

③ （元）脱脱：《宋史》，第 14107 页。

普尔、莫夫等大城市构成了不可分割的经济整体。

然而，就是在呼罗珊北部地区，农业发展水平也是不一致的。尼沙普尔周围的农业区生产的粮食不够当地消费，要从当时著名的产谷区萨拉赫斯进口。赫拉特及其附近地区要依靠巴德赫斯等地提供粮食。这一时期，呼罗珊种植的粮食作物主要有水稻、小麦和大麦等，经济作物有棉花、块菌等。

在此时期，呼罗珊的水利事业得到一定程度的发展，修建了水渠、池塘、堤坝、竖井等，打井成为祖传的技术含量很高的职业。早期伽色尼地方统治者注重灌溉工程的修建，如呼罗珊总督阿布杜拉·塔希尔曾投资 100 万迪拉姆建造尼沙普尔的灌溉渠①；加兹温总督哈姆扎·本·伊尔亚萨（Hamza b. Ilyasa）在此地建造了坎儿井。在呼罗珊出现了管理灌溉系统的官员，他们在尼沙普尔被称为卡万·瓦·哈法扎（Qawwam wa hafaza），在莫夫被称为穆哈希姆·阿玛（Muqassim al-Mā）。② 这些官员负责分配水资源和维护坎儿井的正常运行。

11 世纪，花剌子模的农业依靠灌溉网，到处是河渠、水坝和其他水利工程。水利事业的发展带动了农业技术的提高，这一时期出现了总结农业技术的著作，如拜哈克（Baihaq）地区的学者阿布·杜加纳（Abū Dujāna）写了《农业宝典》（*Dihqānī*）一书，作者在此书中总结了杏树的栽培技术。③ 水利事业的发展使一些农田得到开垦，增加了粮食生产。种植的粮食作物有小麦、大麦、黍、大米，经济作物有棉花、水果和瓜类作物。农产品，主要是干果和谷物，已经成为花剌子模绿洲的重要出口产品。

1035 年，塞尔柱人的到来使呼罗珊北部的农业遭到了破坏。塞尔柱人是游牧民，他们不关心呼罗珊的农业，他们让牲畜践踏、啃吃庄稼，造成粮食产量急剧下降，土地价格暴跌，物价飞涨。1035 年冬天，驻尼沙普尔的伽色尼士兵因挨饿受冻，马苏德将他们西迁到底希

---

① C. E. Bosworth, *The Ghaznavids: Their Empire in Afghanistan and Eastern Iran 994-1040*, p.157.

② Ibid., p.156.

③ Ibid., p.154.

斯坦，据说在那里一个迪拉姆银币就能买到 10 曼（Mans）重的小麦或 15 曼重的大麦，而到了 1039 年底，16 个迪拉姆才能买到一曼重的面包。①

11 世纪上半叶，中亚南部和西南部的畜牧业获得了一定的发展。伽色尼王朝通过武力获得了三大牧场区，它们成为伽色尼王朝的马匹饲养基地。一是阿富汗东部的苏莱曼山区，这里饲养马匹的历史十分悠久，此外，卡拉吉突厥游牧民在此放牧绵羊；二是阿姆河上游牧草丰美的山谷和山间牧场，地区王朝胡塔尔和恰甘尼安公国在经营，此地饲养的马匹大多数出口，胡塔尔马和巴克特里亚骆驼（双峰驼）还作为礼物献给伽色尼素丹；三是花剌子模绿洲以北的钦察草原，草原上的养马业十分兴盛，1017 年，花剌子模沙阿布尔·阿巴斯·马蒙一次就送给伽色尼素丹马赫穆德 3000 匹马。

除了马匹外，呼罗珊北部的许多地方都放牧骆驼，在花剌子模绿洲附近的沙漠也饲养骆驼，他们为河中地区和呼罗珊诸城提供畜种，为伽色尼王朝军队输送驮运军需的牲畜。

11 世纪上半叶，呼罗珊的手工业在原基础上进一步发展。手工行业有纺织、采矿、金属制造，其中，纺织业最为发达。纺织业用的原料有丝、羊毛和棉花。其中，丝来源于里海岸边的桑树林地区；羊毛出自当地或从突厥草原进口；棉花出自当地或从南波斯地区进口。纺织品种类很多，有为普通老百姓生产的毛毡、棉布，也有满足宫廷需要的锦缎、丝绸、地毯和帘子等。伽色尼王朝生产的纺织品质量很高，著名的有布料纱布里（Sābūrī），据塔里比（Tha‘ālibī）记，尼沙普尔生产的锦缎可以与巴格达和伊斯法罕的锦缎相媲美。②

采矿业在原来的基础上继续发展，呼罗珊北部山区、巴达克山山区和喀布尔都是矿产资源丰富的地区，有铜、铅、锑、铁、银、大理石和绿松石等矿。其中，尼沙普尔的绿松石名扬中国。随着采矿业

---

① C. E. Bosworth, *The Ghaznavids: Their Empire in Afghanistan and Eastern Iran 994-1040*, p.250.

② Ibid., p.151.

的发展，中亚南部的金属制造业也随之发展起来。除了制造生产工具以及小刀、针等家庭生活用具外，还生产兵器，如战斧、钉头锤、马刀、甲胄、长矛和长弯剑等。这一点可以从伽色尼王朝骑兵装备的记载中反映出来，还可以从当时的一些壁画中得到证实，在拉希卡尔·巴扎尔（Lashkar-i Bazar）壁画中，伽色尼宫廷卫士们肩上配有钉头锤。不过，这一时期手工业的生产规模不大，仍处于手工作坊阶段。

11 世纪上半叶，中亚西部以呼罗珊为中心形成了东西南北交通网。东西走向的几条商路，西端最大消费中心是阿拔斯王朝的伊拉克和巴格达，东端是中国中原王朝的各大城市。中国商品通过东西走向的各条商路运到巴格达及以西地区，据记载，中国的精美瓷器经过遥远的路途到达巴格达时仍然完好无损。河中地区和呼罗珊诸城从这些过境贸易中获得了很多利益。

在这一时期，应该提到的主要是起于东欧平原，途经花剌子模、呼罗珊、南波斯的克尔曼和法尔斯等城抵达波斯湾的南北商路。10 世纪，中亚与伏尔加河中游的保尔加尔王国（Bulghar）已经开始了频繁的贸易往来。到 11 世纪早期，保尔加尔王国的商人与尼沙普尔商人结成了伙伴，1024 年，保尔加尔国王阿布·伊撒克（Abū Ishāq）曾捐钱修缮了拜哈克绿洲的萨勃扎瓦尔（Sabzawār）清真寺和库斯鲁吉尔德（Khusrūjird）清真寺。[①]

从 10 世纪起，地处南北商道上的花剌子模绿洲城市与伏尔加河沿岸的罗斯国，以及钦察草原的贸易繁荣。花剌子模人还在西伯利亚和伏尔加河中游一带利用草原和森林资源，制造出皮革、蜡、兽脂和蜂蜜等日常生活用品及毛皮等奢侈品，将它们经南北商路运到货物集散地克尔曼或吉鲁夫特（Jīruft）城，再运到波斯湾，通过海路与世界各地发生贸易关系。在南北商路的沿途城镇，居住着希腊、印度等外国商人。

① C. E. Bosworth, *The Ghaznavids: Their Empire in Afghanistan and Eastern Iran 994-1040*, p.149.

塞尔柱宰相尼扎姆·莫尔克于11世纪末期写的《治国策》一书记录了伽色尼王朝素丹马赫穆德维护南北商路安全的故事。据说，马赫穆德在征服伊拉克以后，一位妇女来呈诉，说她的货物在克尔曼附近的达尔·甘岑（Dair Gachin）被抢，于是，马赫穆德设计将盗贼一网打尽，从此，这条路畅通无阻。①

伽色尼王朝的铸币也反映了呼罗珊的贸易情况。伽色尼王朝铸造金、银、铜三种铸币。金币迪纳尔仿照尼沙普尔城的式样铸造，平均重量大概在65格令至66格令（Grains，重量单位,1格令等于0.05克）之间，质量很高。11世纪，尼沙普尔币流通的范围很广，信誉很高。据1051年一位从麦加朝圣回来的人说，他发现在东阿拉伯半岛的许多地方都以尼沙普尔币迪纳尔进行交易。②伽色尼王朝的银币迪拉姆平均重50格令至55格令，比萨曼王朝的银币大约重5格令至10格令，现存马赫穆德、穆罕默德和马苏德的银币分别重60格令、64格令、66格令。1008—1009年，伽色尼王朝在尼沙普尔还铸造了一种重量达76格令的大银币。伽色尼王朝可能发行过铜币，不过，铜币没有广泛的流通，大量使用的是银币。此外，伽色尼王朝在旁遮普仿照印度旧币，铸造了铜银混合币。

伽色尼王朝的铸币政策十分灵活，允许全境各地铸币，因此，伽色尼王朝的铸币又具有明显的地方特征。各地铸币在大小、重量等方面各不相同，如马赫穆德成为素丹之时，在加兹尼城发行的银币与尼沙普尔城的不一样，巴里黑和锡斯坦的铸币与其他地方的铸币也不一样。此外，为了与印度贸易的需要，早期伽色尼王朝铸造了印有阿拉伯文和梵文的双语钱币，保存至今的三枚双语钱币铸于1023—1027年间，其中，印有伊斯兰教的称号和印度教特有的图案，如侧卧公牛等。双语钱币的铸造反映了伽色尼王朝与印度地区经济交流的情况。

---

① Nizam al-Mulk, *The Book of Government or Rules for Kings*, pp.64-71.

② C. E. Bosworth, *The Ghaznavids: Their Empire in Afghanistan and Eastern Iran 994-1040*, p.150.

第二节　宗教

7 世纪中叶，随着阿拉伯人的征服，伊斯兰教传入中亚地区；然而，直到一百年以后，在阿拔斯王朝统治时期，中亚地区居民才真正开始改信伊斯兰教；在萨曼王朝时期（874—999），伊斯兰教在呼罗珊和河中地区获得全面胜利，地区居民普遍放弃了他们原来的宗教，改宗伊斯兰教；11 世纪上半叶，呼罗珊和河中地区呈现出伊斯兰化倾向。伊斯兰教以这些地区为基地，继续向北、向东、向南发展，在此过程中，喀喇汗王朝和伽色尼王朝起到了重要作用。

11 世纪上半叶，在中亚地区形成的三个突厥王朝，无论是对内统治还是对外扩张都打着伊斯兰教的旗号。王朝统治者们也与阿拔斯王朝哈里发保持一致，声称信奉伊斯兰教逊尼派，承认阿拔斯哈里发为最高宗教首领。哈里发对这三股突厥势力建立的政权予以承认。这方面表现突出的是伽色尼王朝和塞尔柱王朝。

伽色尼突厥统治者在阿富汗确立统治之后，承认了巴格达哈里发最高宗教领袖的地位，在自己统治区域内以哈里发的名义做礼拜，在他们的铸币上刻上哈里发的名字。而哈里发对他们进行册封，给予他们“国家之右臂”（Yamīn-al-Dawlah）等荣誉，在精神上支持了伽色尼素丹的统治。

塞尔柱人最迟在 10 世纪末皈依了伊斯兰教，消除了他们和中亚统治者在意识形态上的隔阂。塞尔柱人宣称信奉逊尼派，在以后向西扩张的道路上，属于同一教派的伊朗北部地区的地方王朝把塞尔柱人视为同盟者，希望借助塞尔柱人的力量守卫边疆，被什叶派控制的巴格达哈里发政权也希望借助塞尔柱人的力量赶走什叶派布威希王朝，将阿拔斯帝国重新统一在哈里发的旗帜之下。塞尔柱人利用逊尼派的宗教信仰，扩大和巩固了势力。

在河中地区建立统治的过程中，喀喇汗王朝的伊斯兰教信仰获得了普遍的支持。999 年，喀喇汗王朝军队进攻不花剌，在逼近不花剌城时，该城宗教首领号召其居民说："如果喀喇汗国是为了宗教与萨曼王朝战争，那么，我们必须与他们作战。如果两国是为了财富而战，那么，我们就不允许穆斯林之间自相残杀，让自己遭受屠杀。这些人（即喀喇汗国）的生活方式非常好，并且他们的信仰是无可责难的，（因此）最好是放弃。"① 结果，萨曼王朝被推翻，喀喇汗突厥人成了河中地区的主人。

在以后的统治中，突厥统治者们继续打着伊斯兰教的旗号，在国内采取保护逊尼派、打击和迫害什叶派的宗教政策，尤其打击什叶派的伊斯玛仪派（Ismāʿilism）。② 在对外扩张中，突厥王朝也利用伊斯兰教扩展势力。

伽色尼素丹们利用伊斯兰教维持和巩固自己的统治。在呼罗珊西部，伊斯兰卡拉米耶（Karāmiyya）教派的势力强大，10 世纪末，尼沙普尔的 5000 多名基督教徒和琐罗亚斯德教徒皈依了该派。在阿布·巴克尔·穆罕默德（Abu Bakr Muhammad）任该派首领期间，他的家族在尼沙普尔的势力很大，因此，从赛布克特勤到马苏德的伽色尼素丹们都是卡拉米耶教派的信徒。③ 马赫穆德曾利用该教派力量打击了尼沙普尔的伊斯玛仪派、苏菲派和阿萨里教派（Ash'ari），捣坏了他们的清真寺。为了拉拢教派首领，马赫穆德甚至把当时只有世俗贵族那颜（A'yān）充任的尼沙普尔高级官职尼雅萨（Riyāsa）授予阿布·巴克尔·穆罕默德。在马赫穆德素丹时期，卡拉米耶教派在尼沙普尔的势力达到了顶峰，首领阿布·巴克尔·穆罕默德的势力凌驾于尼沙普尔贵族之上，他曾以搜查异教徒为借口，在尼沙普尔建立了恐怖统治。人们认为"他的唾沫是致命的毒液，他的控诉意味着毁灭"。

---

① W. Barthold, *Turkestan Down to the Mongol Invasion*, pp.267-268.

② 伊斯玛仪派，也称七伊玛目派，是什叶派中的极端派别。该派产生于 8 世纪中叶，9 世纪末形成独立的教义学说和组织形式，并先后在巴林建立卡尔马特国（899—1077），在北非建立法蒂玛王朝（Fātimid Dynasty，909—1171）。

③ C. E. Bosworth, *The Ghaznavids: Their Empire in Afghanistan and Eastern Iran 994-1040*, p.175.

尼沙普尔发生的教派斗争实质上是争夺尼沙普尔统治权的斗争。

与此同时，伽色尼王朝素丹对什叶派采取打击的宗教政策。在王朝统治的西部地区，什叶派具有广泛影响力，伽色尼王朝压制其发展。马赫穆德时期，鼓励其他教派迫害伊斯玛仪派，据说，他处死了5万多名异端分子和异教徒。[①]伽色尼王朝素丹曾采取极端手段对待信奉什叶派的埃及法蒂玛王朝使者。埃及法蒂玛王朝曾试图与伽色尼王朝取得联系，1012—1013年间，法蒂玛王朝哈里发哈基木派和平使者塔哈尔梯前往伽色尼王朝，塔哈尔梯一到赫拉特就被逮捕，接着被送往尼沙普尔受审。以后，马苏德也继承其父的宗教政策，于1031年指控马赫穆德的宰相哈桑纳克与法蒂玛王朝有联系，并将其处以绞刑。这些极端行为反映了利用宗教铲除政敌是伽色尼素丹政治斗争的一种手段。

伽色尼王朝素丹虽然打击什叶派，对其他宗教却实行比较宽容的政策。在伽色尼王朝境内有犹太教徒、基督教徒、琐罗亚斯德教徒，其中，马苏德的一位医生就是犹太教徒。这些教徒被称为“吉米人”（Dhimmīs）。吉米人在阿拉伯语中意为“被保护的人或顺民”。当时，许多吉米人因呼罗珊穆斯林学问的光辉和优越性而放弃原来的信仰改信伊斯兰教。

在突厥王朝的统治下，11世纪上半叶，伊斯兰教传播的范围扩大了。伊斯兰教向北传播到突厥诸部落中，向东传播到塔里木南缘拜城一线，向东南扩展到印度河上游流域，向南抵达阿富汗斯坦南部。

9世纪末10世纪初，伊斯兰教开始在锡尔河以东以北地区传播，喀喇汗王室成员萨图克·博格拉汗在喀什城北的阿图什接受了伊斯兰教，开始了伊斯兰教在塔里木南缘西部的传播。萨图克夺取喀什噶尔政权以后，在喀什噶尔武力传播伊斯兰教，毁坏当地的佛教寺院，强迫佛教徒改变宗教信仰，屠杀反抗的“异教徒”。此后，萨图克又在喀喇汗王朝原大汗驻地八拉沙衮传教。尽管如此，萨图克终极一生，

---

① C. E. Bosworth, *The Ghaznavids: Their Empire in Afghanistan and Eastern Iran 994-1040*, p.54.

未能使伊斯兰教在中亚东部取得胜利。

960 年，呼罗珊地区的伊斯兰教著名传教士阿不勒·哈桑·卡里玛提（Abul Hasan al-Karīmātī）来到喀什噶尔，向当时的喀喇汗穆萨提议改变其父武力传教的政策，采取和平布道的方式传教。结果，当年就有了 20 万帐近 100 万突厥人皈依了伊斯兰教，其中，绝大部分是居住在王朝西边的游牧民，喀什噶尔及塔里木盆地西缘地带的居民只占少数。在此基础之上，穆萨汗宣布伊斯兰教为喀喇汗王朝的国教。据说，在喀什噶尔城内一次宰杀 2 万只羊大举庆贺。从 960 年起，伊斯兰教社会承认了以喀什噶尔为中心的喀喇汗王朝。

在喀喇汗王朝的提倡下，11 世纪，中亚北部改信伊斯兰教的突厥游牧部落有：样磨、葛逻禄、突骑施、部分炽俟人（居住在伊塞克湖周围地区的）及部分古思人。据《世界境域志》记载，康里突厥人在 11 世纪时已经接受伊斯兰教，他们生活地区很广，10 世纪末，分布在乌拉尔山以东到咸海以北一带。从地域上看，伊斯兰教传入了包括天山中、西部地区和七河流域。

喀喇汗王朝的传教改变了新疆地区的宗教格局。伊斯兰教传入新疆以后，形成了伊、佛对峙的局面，双方在 10 世纪末至 11 世纪上半叶进行了几十年之久的战争。这些战争最终击败了于阗佛教政权，在于阗地区获得了胜利。接着，喀喇汗王朝与高昌回鹘王国发生宗教战争，但是，没有取得胜利。喀喇汗王朝在之后的一个多世纪里，伊斯兰教才取得向高昌回鹘王国传播的突破性发展。在世界三大宗教中，伊斯兰教是最后进入新疆地区的，然而，此后它却在这一地区获得了统治地位。12—13 世纪，西辽实行宗教宽容政策，为伊斯兰教向高昌回鹘境内的传播创造了条件。1383 年，别失八里的察合台汗对高昌地区发动“圣战”，使该地区佛教一蹶不振，日渐衰微。到 16 世纪上半叶，伊斯兰宗教势力占据了新疆东部的哈密。18 世纪清朝统一新疆后，伊斯兰教又通过移民屯田、通商贸易等途径传入伊犁、乌鲁木齐等北疆地区。伊斯兰教自 10 世纪传入，经过八个世纪的传播，最终取代佛教成为新疆的主要宗教。

在喀喇汗王朝对中亚东北部和中亚东部传播伊斯兰教的同时，伽色尼王朝也使用武力在中亚南部和东南部传教。据《世界境域志》记载，当时喀布尔河流域的居民不信仰伊斯兰教，其地“有佛寺”，甚至当地的国王也要朝拜那些佛寺后才有权威。兴都库什山以南的瓦罕、什格南等地还是异教徒居住的地区。伽色尼王朝建立起来后，伊斯兰教传播到兴都库什山以南地区和北印度地区。

北印度的木尔坦和信德是阿拉伯人最早涉足的地区。8 世纪时，就有阿拉伯人在木尔坦传播伊斯兰教，10 世纪，移居木尔坦和信德的阿拉伯人发起了什叶派伊斯玛仪运动，他们承认北非法蒂玛王朝哈里发的最高统治权。11 世纪上半叶，伽色尼王朝的穆斯林突厥人从阿富汗加兹尼城不断地向东南方的印度发起进军。991 年，赛布克特勤战胜了印度诸王的联军，在开伯尔山口以东的白沙瓦取得了一个立足点；1000 年，马赫穆德侵占印度西北部的旁遮普邦，在拉合尔设立了穆斯林总督；1001 年，巴格达哈里发封马赫穆德为“国家之右臂”，于是，他发誓要年年入侵印度，进行讨伐异教徒的“圣战”；1006 年，马赫穆德以正统逊尼派支持者的身份，进攻木尔坦的伊斯玛仪派，捣毁城市，屠杀教徒，在此设置了一个以征税为目的的政府机构；1010 年，马赫穆德远征朱木拿河—恒河流域和古吉拉特，使该地区皈依了伊斯兰教；1014 年，马赫穆德向克什米尔进军，伊斯兰教传入克什米尔，新皈依者在此修建了清真寺。

伽色尼王朝在北印度的传教活动遭到了印度人的抵抗。在此过程中，北印度的教徒曾掀起了强烈的宗教抵抗热潮，印度妇女纷纷卖掉金银首饰为士兵购置武器。然而，一大批低种姓的印度农民和商人改信了伊斯兰教，他们想通过新宗教摆脱剥削。总的来说，北印度的大多数人仍然信奉印度教。伽色尼突厥人在印度统治地区也不禁止信仰印度教，他们任用印度教首领以帮助处理政务，除了政府和军队的高级职位外，大部分小官吏仍然由印度教教徒担任。

伽色尼王朝与喀喇汗王朝的突厥人在传教过程中，洗劫城池、焚毁寺庙，破坏了当地文化传统。与伽色尼王朝相比，喀喇汗王朝在向东传播伊斯兰教之时，采取了更加极端的手段。

第三节　文化

在河中地区和呼罗珊，阿拉伯语从8世纪中叶起开始取代中古波斯语成为官方的行政语言，10世纪末至11世纪上半叶，中亚东部和南部地区的居民开始使用阿拉伯语，随着伊斯兰教深入发展，到11世纪中叶，粟特语在中亚几乎消亡。

在中亚东部，尽管东伊朗语各种方言仍然流行，但由于西突厥人的统治，突厥语在锡尔河以北以东地区成为占优势的语言；随着伊斯兰教的传播，10世纪末至11世纪初，阿拉伯语开始在喀喇汗王朝境内使用，阿拉伯语借词出现在喀喇汗王朝的文书中。由于传教、颂读《古兰经》、礼拜、布道等宗教活动的需要，喀喇汗王朝境内出现了教授阿拉伯语的学校，其中，皇家伊斯兰教经学院（汗勒克买德力斯）规定《古兰经》为必修课。不过，由于阿拉伯语属于闪语系，突厥语为阿尔泰语系，学习起来比较困难，因此，在喀喇汗王朝的统治集团中，突厥语仍然很流行。此外，由于喀喇汗王朝仰慕中国中原王朝，其统治者在他们的称号中借用了一些汉语词汇，如在诸汗的称号中经常使用“桃花石·博格拉汗”、“秦之王”、“秦与东方之王”等称号。“桃花石”、“秦”是中亚地区居民对中国的称呼。

在中亚南部，随着伊斯兰教的传播，阿拉伯语逐渐传入兴都库什山以南地区。据记载，马赫穆德的第一任宰相伊斯法英尼宣布马赫穆德宫廷以波斯语为官方语言，一切法令、记录以及来往文书均要以波斯语书写。马赫穆德的第二任宰相梅伊曼迪上任之后，改用阿拉伯语书写宫廷文件，宣布书吏不到万不得已的时候不得以波斯文书写公文。据乌特比记载：“他的前任胸无文墨，在任期间，公文函件由原来的阿拉伯文改用波斯文书写，致使文坛萧条、文风凋敝，文辞失去了昔日的光彩。麦伊麦奈迪（即梅伊曼迪）出任大臣后，使书记官们重显风采，使文坛得以繁荣。麦伊麦奈迪下令书记官非到万不得已时不得使用波斯文书写公文。”① 由此可知，精通阿拉伯语和波斯语是伽色尼政府文牍部全体书吏必须具备的条件之一。文牍部送给巴格达哈里发的信件是用阿拉伯语写的。伽色尼王朝都城加兹尼成为一个比原萨曼王朝都城不花剌还要大的阿拉伯语学术中心。

11 世纪上半叶，随着伽色尼王朝对印度的征服和统治，阿拉伯语和波斯语传入北印度，与印度的印地语融合，形成了乌尔都语。乌尔都语的主要成分是波斯语和印地语，其中夹杂着大量的阿拉伯语。

应该提到的是，尽管中亚地区的诸城居民中大多数人会说阿拉伯语，但在农村或边远地区，能说阿拉伯语的人还是很少，波斯语仍然在河中地区和中亚西部流行，甚至在七河流域也有居民说波斯语。

11 世纪，阿拉伯文字在中亚东部地区开始推广，出现了采用阿拉伯字母拼写本族语言的现象。

喀喇汗王朝境内的回鹘人在西迁之前就有了本族文字，在漠北时期使用古代突厥文（鄂尔浑文）；西迁之后，回鹘人用粟特文字母拼写回鹘语，被称为回鹘文或畏兀儿文。9 世纪至 10 世纪，回鹘文在锡尔河以北流行，广泛地运用于书写诏告敕令、宗教典籍、文学作品、契约文牍和历法医籍。10 世纪后期，阿拉伯文以《古兰经》、《圣训》为依托传入喀喇汗王朝境内，为了满足学习阿拉伯文的需要，出现了教授阿拉伯文的学校，在喀喇汗王朝皇家伊斯兰教经学院（汗勒克买德力斯），阿拉伯文与波斯文都被列为基础学科，地方政府办的萨其叶学校也教授阿拉伯文。为了学习阿拉伯文的需要，阿拉伯文词典出现，如著名突厥族哲学家法拉比（al-Farabi）编写了《道德集与阿拉伯语论述》（*Diwanul-ädab fi bayani luγätul-äräb*），又名《文学词典》（*Diwanul ädib*），七河地区的突厥族学者阿布・纳斯尔・伊斯玛义

① 〔埃及〕艾哈迈德・爱敏：《阿拉伯—伊斯兰文化史》第 5 册，史希同译，商务印书馆 2001 年版，第 272—273 页。

（Abu Nasr Isma'il ibn Hammad al-Jawhari）编了《语言之冠和阿拉伯语之美》（*al-Sihah fi al-Lugha*）一书。

11 世纪上半叶，阿拉伯字母取代了回鹘文，出现了用阿拉伯字母拼写的突厥文。今天在原喀喇汗王朝境内已经出土了这一时期带阿拉伯文字的钱币，钱币上的内容是伊斯兰教宗教信条。[①] 阿拉伯文在中亚东部的使用以及突厥语的阿拉伯化，对于打破民族隔阂起了巨大的作用。

11 世纪上半叶，中亚东部用阿拉伯文字进行创作的尝试已经开始，文学家艾卜·纳斯尔·本·穆罕默德·艾萨阿里本（Ässalibin，961—1038）在他的著作《本世纪人士之独特精华》（*Yätimä täddähir mähasin ählil äsir*）一书中，介绍了用阿拉伯文写作的 124 名突厥语族诗人、作家和传记作家。到 11 世纪下半叶，用阿拉伯文写作的学者越来越多，产生了一批传世佳作。

10 世纪，中亚西部和南部继续用波斯语进行文学创作，达里语已经成为文学用语，11 世纪上半叶，在原来的基础上出现了达里波斯语（地区波斯语）创作的新局面。由于呼罗珊是达里波斯文学的起源地和文学中心，这一时期的创作风格被后人称作“呼罗珊风格”。呼罗珊风格的文学特点是：语言明白晓畅、朴实洗练、不尚雕琢、感情充沛。呼罗珊的巴里黑和莫夫城及河中地区的撒麻耳干和不花剌城是呼罗珊风格的文学中心。

应该提到的这一时期的著名诗人是巴里黑人昂萨里，他是伽色尼王朝的宫廷诗人。他的颂诗和文章细腻流畅、柔和华丽，以暗喻手法和有力措辞而闻名于世。他写了 3 万首诗，传世至今的只有 300 首。在他的颂诗中，大部分是歌颂素丹征战的，马赫穆德宫廷曾授予他“诗人之王”的称号。

这一时期文学的特点是突厥伊斯兰文学。突厥伊斯兰文学最早出现在伽色尼王朝马苏德宫廷，诗人马奴齐赫里在献给突厥贵族的诗中

---

① 蒋其祥：《新疆黑汗朝钱币》，新疆人民出版社 1990 年版，第 44 页。

说："愿您以突厥方式，以您说得最好的语言，吟颂突厥诗歌和乌古思诗歌！"[①]在喀喇汗王朝推行伊斯兰文化的氛围中，回鹘、葛逻禄、样磨等突厥人的突厥文化因素与伊斯兰文化融合，在多种文化的交融中，突厥伊斯兰文化形成，产生了一批突厥伊斯兰文学学者，形成了以喀什噶尔、巴尔楚克、八拉沙衮为代表的文化中心。10世纪，出现了具有很高文化水平的突厥族伊斯兰哲学家法拉比。11世纪下半叶，又产生一批突厥伊斯兰文化的学者，其中最突出者是《突厥语大词典》的编者麻赫穆德·喀什噶里和《福乐智慧》的作者优素甫·哈斯·哈吉甫。

这一时期，中亚史学的发展集中于伽色尼王朝。伽色尼王朝注重史书的撰写，素丹马赫穆德的侍臣乌特比（'Utbī，卒于1040年）用阿拉伯文写了历史著作《雅米尼史》（*at-Ta'rīkh al-Yamīnī*），该书记录了赛布克特勤创建王朝的经过和马赫穆德时代发生的重大战事，书中揭露了伽色尼王朝压迫下的人们无力交纳赋税的悲惨情景。此书是研究伽色尼王朝的重要史料，不过，作者在书中采用了大量比喻，隐晦难懂，利用起来有一定难度。伊本·阿西尔用此书资料构建了975—1021年间的伽色尼王朝史。在乌特比之前，伽色尼王朝的另一个历史学家沙阿里比著有《国王生活及其历史之烟云录》，此书将伽色尼王朝的历史写到马赫穆德素丹时期。

贝哈基是伽色尼王朝杰出的历史学家。贝哈基在伽色尼王朝文牍部担任秘书19年，是该时期内一切重大事件的目击者。他用波斯文写了30卷的编年史《保卫者家族的历史》，书中详细地记录了伽色尼王朝的宫廷生活、对外关系，包括伽色尼王朝与喀喇汗王朝的关系。但这部重要历史著作只有一小部分片断保存下来（即第6卷的后半部、第7卷、第8卷和第10卷的一部分），近人将它们编辑出版，名为《马苏德史》。

波斯人伽尔迪齐也是这一时期重要的史家。伽尔迪齐用波斯文写

---

① 耿世民：《维吾尔古代文献研究》，中央民族大学出版社2003年版，第491页。

了名为《记述的装饰》(*Kitab Zain al-Akhbar*) 一书，记录了1040年伽色尼王朝与塞尔柱人的丹丹坎之战，还有专门章节论述突厥语各民族的历史。伽尔迪齐利用了伊本·阿西尔没有利用的资料，如萨曼王朝宰相贾哈尼的地理著作，因此，《记述的装饰》是研究11世纪上半叶中亚历史的重要史料，巴托尔德认为，对于阿拉伯征服之始到伽色尼王朝毛杜德素丹登基(1041)之前的穆斯林东部世界的历史来说，伽尔迪齐的著作是重要的史料之一。

中亚这一时期最杰出的学者可能要数阿布·热依罕·比鲁尼(Abu Rayhan Biruni，973—1048)。比鲁尼生于花剌子模城郊一个突厥贵族家庭，信奉伊斯兰什叶派教义。在花剌子模期间，他写了《古代遗迹》(*al-Athar al Bāqiyah ʻan al-Qurun al-Khaliyah*，又名《东方民族编年史》) 一书。该书叙述了粟特人、花剌子模人、波斯人、希腊人、犹太人的历史、地理、文化及宗教，着重讨论了古代各族的历法和纪元。在该书的序言中，他指出："智慧只有在完全不受传统、政治影响，以及主观意志不受束缚时才能得到发挥。"1017年，马赫穆德占领花剌子模时把他带回加兹尼城。以后，他随马赫穆德远征印度，收集了关于印度民族和信仰的大量资料，写了《可以被理性接受或拒绝的印度教徒学说的说明书》(*Kitab fi Tahqiq ma li'l-Hind*) 一书。该书对印度社会的政治、宗教做了深刻的分析，是"第一部不带任何偏见考察印度人信仰和习俗的伊斯兰著作"。比鲁尼在伽色尼王朝文化和印度文化之间架起了联系的桥梁，他把印度文化的种子播种在伽色尼王朝的国土上，为伽色尼王朝与印度之间的文化交流做出了重大贡献。

比鲁尼学问渊博，精通天文、数学、医学、物理，除了历史著作外，他还写了几部科学著作，如《占星术初步》(*al-Tafhīm li ʻAvā'il Sinā'a al-Tanjīm*) 等。在天文著作中，比鲁尼研究了地球以地轴为轴心自转的理论，精确地测定了地球的经度和纬度。此外，比鲁尼还写了一本矿物学著作《宝石知识总汇》(*Kitāb al-Jamāhir fī Ma'rifat al-Jawāhir*)。比鲁尼一生著作颇多，仅学术著作就有150余部之多，被称为“知识的海洋”，比鲁尼的著作代表了东部伊斯兰世界天文学方面的最高成就。

11 世纪上半叶，中亚在医学方面最显著的成就是阿维森纳（又名伊本·西那）五卷本的《医典》。萨曼王朝时期，阿维森纳住在都城不花剌，萨曼王朝灭亡以后，他来到花剌子模，在此著书。马赫穆德夺取花剌子模以后，邀请他到伽色尼宫廷，被他婉言谢绝。他的医学名著《医典》是一部医学百科全书，书中论述了医学原理和治疗方法。其中，精辟地论述了脑膜炎、中风和胃溃疡等病理，鉴别了膈障炎和胸膜炎，确认了水流和土壤在传播疾病中的作用，提出了肺结核、鼠疫、天花、麻疹等病是肉眼看不见的病原体造成的“细菌学说”。在药学部分，他分析了 760 种药物的性能，论述了药剂、草药的情况。《医典》是当时世界上最高水平的医学著作之一，12 世纪被译成拉丁文，成为中世纪欧洲许多医学院的主要教科书，对西方医学产生了极大的影响。

这一时期，教育在中亚东部地区的发展迅速。10 世纪后期，喀喇汗王朝为了传教的需要建立了两类学校，一类名为“萨其叶”（意为“光明”）经文学校，学校由阿拉伯伊斯兰教学者主办，培养了不少宗教学者和医务人员，其中，喀喇汗王朝太医伊玛目丁·喀什噶里就毕业于这所学校，他的著作《医典注释》被萨图克·博格拉汗定为医学必修书。另一类是伊斯兰教经学院，最著名的是坐落在今喀什市原亚瓦格区的皇家伊斯兰教经学院（即汗勒克买德力斯）。据说，它是在著名传教士卡里玛提的倡议下兴建的，于穆萨统治初期完成。它是一所高等学府，与中亚最大的撒麻耳干马思忽惕亚学院齐名，在校学生最多时达到了千人。喀喇汗王朝著名学者、《福乐智慧》一书的作者优素甫·哈斯·哈吉甫曾在此执教，《突厥语大词典》的编者麻赫穆德·喀什噶里青年时代也就读于这所学院。

这一时期，喀喇汗王朝境内的建筑开始呈现出伊斯兰教的建筑形式。9—10 世纪，烧砖等建筑材料为建造大跨度圆顶拱提供了可能，11 世纪，中亚的建筑已经具有明显的伊斯兰特征：多立柱式组合建筑，主体建筑的基部为方体，顶部为穹隆式或圆拱式，建筑物正门采用尖拱或圆拱，墙砖上刻有精细的图案和花字题词。伽色尼都城加兹尼、花剌子模首府乌尔根奇、喀喇汗王朝都城喀什和八拉沙衮城的建筑反映了这一时期建筑的成就。

伽色尼王朝素丹从被征服地区引进工匠和艺人，让他们美化加兹尼城，“清真寺、门廊、喷泉、水库和蓄水池，曾经一度装点着这座都城，东方的任何一座城市都不可与之相比”。素丹马苏德建在加兹尼的宫殿是伽色尼王朝最华丽的建筑之一。宫殿采用了多种建筑材料，大部分由未烧制的砖砌成，地基用石料砌成，墙与天花板之间用大理石镶嵌。宫殿由马苏德亲自设计，宫殿规模宏大，耗资 700 万迪拉姆，历时四年完成。另一个代表性建筑是马赫穆德素丹的陵墓，它用白色大理石制成，其形状像一个倒放的摇篮，陵墓上刻着优美的库菲克体（Kufic）阿拉伯铭文。

喀喇汗王朝境内具有代表性的建筑是萨图克陵及陵前的礼拜寺。陵室高达 20 余米，雄伟壮观；陵前的礼拜寺是奥古尔·恰克为萨曼王子纳斯尔修建的，礼拜寺为一平顶式建筑，一排排整齐木柱支撑着白色的密肋木顶棚，木柱上精雕细刻的图案和屋檐的米黄色砖面上镌刻的一排排对称花纹图案反映了伊斯兰建筑的特征。萨图克陵始建于 955 年，现在所见到的陵室和陵园是 1956 年按原样重建的，礼拜寺几经修葺，至今仍保留了当年的特色。

伽色尼王朝统治时期是阿富汗历史上最辉煌的时期之一。伽色尼王朝吸引并资助学者到宫廷研究和讲学。马赫穆德统治时期，伽色尼王朝的宫廷诗人有 600 多人，他们以自己的创作丰富了中亚文学和史学宝库。据贝哈基记：“无论何时，他（马赫穆德）遇到具有专长的人，会把他们迎接到加兹尼。”在攻入花剌子模之时，马赫穆德向花剌子模沙阿布尔·阿巴斯·马蒙发出最后通牒说：“我听说在花剌子模沙的宫廷中有几位文人，他们在各自的领域内是无与伦比的，如某某和某某。你必须送他们到我们宫廷来，以便他们在这里被授予荣誉，我们能从他们的知识和才能中获得威信。我们要求花剌子模沙的这种恩惠。"①在攻打布威希王朝属地的过程中，他把在剌夷和伊斯法罕的图书馆搬往加兹尼。马赫穆德还在加兹尼建了一座科学院，并对它捐赠了大笔基金。

伽色尼王朝素丹们对文化的重视主要是为了美化自己的统治，所以宫廷文化占据了优势地位。在他们的倡导下，阿富汗的文化地位迅速提高，在 11 世纪上半叶，甚至超过了河中地区。

① C. E. Bosworth, *The Ghaznavids: Their Empire in Afghanistan and Eastern Iran 994-1040*, p.132.

第二编 中亚突厥王朝的发展和西辽的建立

（11 世纪下半叶至 12 世纪上半叶）

11 世纪下半叶至 12 世纪上半叶的一百年是中亚突厥王朝的发展时期。在此时期，喀喇汗王朝分裂为东、西两个汗国；塞尔柱人于 1055 年夺取巴格达城，以伊斯法罕为都建立了大塞尔柱帝国；伽色尼王朝于 1040 年丧失了对呼罗珊的统治以后，把目光转向北印度；西迁中亚的中国契丹族人于 1032 年在楚河和伊塞克湖一带建立了西辽政权。由于统治地区历史背景和居民构成的差异，喀喇汗王朝、伽色尼王朝和塞尔柱帝国三个突厥王朝在中亚的统治各具特色。随着突厥人在中亚统治地位的确立，突厥语得到推广，用阿拉伯文字书写突厥语的现象普遍，产生了用阿拉伯文撰写的突厥著作，其中，《福乐智慧》和《突厥语大词典》是流传至今的主要代表作。随着伊斯兰教的深入，苏菲派教义形成，苏菲派神秘主义思潮对文学产生了巨大影响，中亚涌现出一批享有世界声誉的诗人和学者。

第一章

东、西喀喇汗王朝

喀喇汗王朝采取了突厥族传统的统治方式——双王制和分封制，王朝境内形成了若干封地，分裂倾向明显起来，受封者在封地内俨然是独立的君主。1041 年，喀喇汗王朝的河中地区统治者摆脱了以喀什噶尔为中心的中央政府，喀喇汗王朝最终分裂为东、西两个王朝。

第一节　东、西喀喇汗王朝

1032 年，喀喇汗王朝大汗玉素甫·卡迪尔去世。他的两个儿子苏莱曼和穆罕默德都采用了汗号。长子苏莱曼·本·玉素甫（Süleyman b. Qadïr）在喀什噶尔继位为阿尔斯兰汗，成为喀喇汗王朝的大汗；次子穆罕默德·本·玉素甫（Muhammed b. Qadïr）在塔拉兹城和白水城称博格拉汗。

苏莱曼在位期间（1032—1056），喀喇汗王朝发生了最不幸的事件。就在他登基当年，他的叔叔阿里特勤在河中地区称汗，王朝西部显示出独立倾向。1041 年，西部完全独立出去，喀喇汗王朝一分为二，成为东、西两个汗国。[①]在此后的170年中，东喀喇汗国统治着锡尔河以东以北至喀什噶尔之间的地区，经历九位汗的统治（1041—1211）[②]；西喀喇汗王朝统治着河中地区和费尔干纳西部地区，经历了十多位汗的统治（1041—1212）。[③]

苏莱曼是东喀喇汗王朝的第一代大汗，在位期间，他于回历435年（公元1043或1044年）召开了一次家族会议，对他统治的东部领地进行了划分。根据出土钱币判断，划分的情况是：苏莱曼本人统治着八拉沙衮和喀什噶尔；二弟穆罕默德·本·玉素甫的领地在塔拉兹城；三弟马赫默德的领地在王朝东部地区；其余地区分给王族的其他亲戚。

苏莱曼是一位开明的君主，在他统治期间，王朝继续推行伊斯兰教化政策，1043年，曾有1万帐游牧的突厥人皈依了伊斯兰教。[④]苏莱曼执行的宗教政策是宽容的，12世纪的阿拉伯史学家伊本·阿西尔称他为“科学和宗教的朋友”，王朝内存在着不同信仰的突厥人。

苏莱曼统治后期，东喀喇汗王朝经历了混乱。回历448年（公元1056或1057年），苏莱曼之弟、博格拉汗穆罕默德·本·玉素甫发动武装政变，夺取了东喀喇汗王朝的大汗位。苏莱曼在政变中被俘，以后被杀。

夺取东喀喇汗王朝的大汗位以后，穆罕默德·本·玉素甫仅仅统治了15个月（1057—1058），就被他的长子侯赛因·本·穆罕默德（Husain b. Muhammad）逼迫让位。有学者认为，侯赛因就是《突厥语大词典》编者的父亲，从该书作者的自序中，我们了解到，

---

① 东、西喀喇汗王朝分裂的时间仍然在讨论中，巴托尔德曾经提到伊卜拉欣·本·纳赛尔在河中建立了一个独立的政权，但对建立的时间非常谨慎，甚至推测说，伊卜拉欣在回历433年（公元1041或1042年）之时可能仍然是以附庸的身份统治着不花剌。Asimov, C. E. Bosworth, *History of Civilizations of Central Asia*, Vol.4 (1), p.126.

② “东喀喇汗王朝前期汗世系表”见附录一。

③ “西喀喇汗王朝汗世系表”见附录一。

④〔阿拉伯〕伊本·阿西尔：《全史》，转引自刘戈选译：《吉尔吉斯人和吉尔吉斯地区历史资料》（莫斯科1973年版），《中亚研究》1988年第1、2期合刊，第27页。

侯赛因的继位遭到了其父一个妃子的反对，她下药毒死了侯赛因及其家族中许多人，立自己的儿子伊卜拉欣（Ibrahim）为大汗。然而，伊卜拉欣的统治被朝中大臣认为是“非法”的，各地领主不服从他的统治。在内乱期间，西喀喇汗王朝趁机出兵夺取了东喀喇汗王朝的费尔干纳领地，回历 451 年（公元 1059 或 1060 年），伊卜拉欣奉母命去攻打巴尔斯罕城，结果，兵败被杀。

伊卜拉欣去世以后，玉素甫·卡迪尔的第三个儿子，即苏莱曼的三弟马赫默德·本·玉素甫即位为东喀喇汗王朝大汗，自称托黑鲁尔·喀喇汗。

在托黑鲁尔·喀喇汗统治时期（1059 或 1060—1074 或 1075），喀喇汗王朝表现出复兴的势头。他从西喀喇汗王朝手中夺回了帕米尔以西的大片土地，并与后者订立了边界条约。条约规定以忽章河（锡尔河中游一段）为两个王朝的边界线，沿锡尔河直到忽毡之地归西喀喇汗王朝，整个费尔干纳地区归东喀喇汗王朝。托黑鲁尔·喀喇汗还出兵伊犁、巴尔喀什湖和阿尔泰山一带。

托黑鲁尔·喀喇汗于回历 467 年（公元 1074 或 1075 年）去世，其子奥玛尔（Ömer）继位。他在位仅仅两个月就被东喀喇汗王朝第一代大汗苏莱曼之子哈桑·桃花石·博格拉汗取代，东喀喇汗王朝大汗位又回到了苏莱曼家族中。

哈桑是东喀喇汗王朝史上最著名的可汗，享有“正义和宗教的保卫者”、“宗教的荣誉”、“东方之王”等荣誉称号。他在位期间（1075—1102 或 1103），八拉沙衮、喀什、于阗再次统一于其王朝之中，喀什噶尔的文化空前繁荣，优素甫·哈斯·哈吉甫的长诗《福乐智慧》就是献给他的，阿卜都·伽费尔（‘Abd al-Ghāfir）的《喀什噶尔史》也是在此时期完成，这部史书现已失传，只有一些片断被杰马尔·卡尔希的《苏拉赫词典补编》（*Mulhaqat al-Surah*）一书保留下来，我们今天所知道的喀喇汗王朝早期的一些历史，除了钱币资料外，都主要来自该书的记载。

哈桑于回历 496 年（公元 1102 或 1103 年）去世，其子阿黑马·伊本・哈桑继位（Ahmed ibn Hasan，1102 或 1103—1131 年在位）。在阿黑马统治后期，中国北方契丹人在耶律大石的率领下，取道高昌回鹘西迁，阿黑马曾组织军队阻击。1131 年（另有 1128 年之说），东喀喇汗军队在离喀什噶尔以东几天路程的地方打败并阻止了耶律大石的前进。此后不久，阿黑马去世，其子伊卜拉欣（Ibrahim）继位，史称伊卜拉欣二世。

伊卜拉欣是一个懦弱的君主，软弱无能，他统治期间（1131—1134），东喀喇汗王朝境内的葛逻禄人和康里人起来反抗，葛逻禄人时常袭击东喀喇大汗的部众和牲畜，东喀喇汗实际上行使权力的地区只有塔里木盆地南缘。面对这种形势，伊卜拉欣向在其边境地区的契丹人耶律大石求助，并表示愿意把整个王朝置于西辽的统治之下。1134 年初，东喀喇汗邀请耶律大石入境平叛。据呼罗珊学者志费尼（Mirza Muhammad Qazvini，约 1226—1284 年）写的《世界征服者史》记载："他们（指耶律大石及其部众）在这里（指叶密立城）也不能停留，因此他们继续前进，到达蒙古人现在称之为虎思八里（Ghuz-Baligh）的八剌撒浑。该邦的君主是一个把他的先世追溯到阿甫剌西牙卜，但无能无力的人。该地的哈剌鲁（Qarligh，即葛逻禄）和康里突厥人已摆脱了对他的隶属，而且经常欺凌他：袭击他的部属和牲口，进行抄掠。这个当君王的家伙，不能阻止他们或者把他们赶跑，听说菊儿汗及其部下的移居，以及他们人多，他向他们遣出使者，把自己的软弱、康里人和哈剌鲁人的强大和奸诈告诉他，并请求他到他的都城去，以此他可以把他的整个版图置于他的治下，从而使他自己摆脱这尘世的烦恼。菊儿汗进抵八剌撒浑，登上那不费他分文的宝座。他从阿甫剌西牙卜后人那里接受汗的称号，授与后者夷里堇・突厥蛮（Ilig Türkmen，即伊列克・突厥蛮）的头衔。"①

耶律大石在获取七河地区和八拉沙衮两地之后，将葛逻禄人从喀喇汗王朝分出来，以独立政治实体的身份直接隶属于西辽。东喀

① 〔伊朗〕志费尼：《世界征服者史》，〔英〕J. A. 波伊勒英译，何高济汉译，商务印书馆 2004 年版，第 392—393 页。东喀喇汗王朝汗伊卜拉欣于 1134 年取"伊列克・突厥蛮"称号（1134—1158）。

喇汗王朝降为西辽的附庸，辖地只有喀什噶尔、于阗和费尔干纳。东喀喇汗王朝最后一位汗王伊卜拉欣取消了汗的称号，采取了低一级的伊列克·突厥蛮（意为“突厥王”）称号。此后，东喀喇汗王朝以西辽王朝的臣属国继续存在，东喀喇汗依靠宗主西辽的支持维系着他们在喀什噶尔、于阗和费尔干纳的统治，但他们在费尔干纳的领地时常受到西喀喇汗王朝的入侵。

西喀喇汗王朝的创建者是喀喇汗王朝创建者萨图克的长子阿里家族的后代。在苏莱曼·本·玉素甫继任最高汗阿尔斯兰汗的当年，苏莱曼的叔叔阿里特勤在河中地区称汗。1034 年，阿里特勤去世，河中地区由他的长子优素甫·本·阿里统治。在优素甫统治期间（1034—1041），阿里家族的伊卜拉欣·本·纳赛尔（Ibrāhīm b. Nasir）夺取了河中地区统治权。

伊卜拉欣·本·纳赛尔在一些史书中被称为贝里特勤（Böri Tegin），他的政治生涯非常坎坷。他早年曾被河中地区统治者阿里特勤的儿子们关押，逃出来之后，他在其兄领地讹迹邗避难，并在阿姆河以南山区招募军队，开始骚扰伽色尼王朝在该地区的城市，首先寇掠了胡塔尔和镬沙（Wakhsh，今塔吉克斯坦南部），接着控制了石汗那（Chaghaniyan，今乌兹别克斯坦南部），他于回历 430 年（公元 1038 或 1039 年）在石汗那以自己的名义铸造钱币。以后，伊卜拉欣以石汗那为基地，发动了夺取河中领导权的战争。

打败阿里特勤的儿子们以后，伊卜拉欣以撒麻耳干为都，统治着河中地区和费尔干纳西部地区。1041 年，伊卜拉欣正式称桃花石·博格拉·喀喇汗（Böritigin Qarakhanid），此举标志着他不再承认苏莱曼·本·玉素甫的大汗地位，西喀喇汗国形成。博格拉·喀喇汗在不花剌铸造钱币，在 1046 年发行的钱币上铸有“桃花石·汗·伊卜拉欣”的字样。

喀喇汗王朝统一政权的分裂使阿里家族和哈桑家族的分野明显起来，阿里系和哈桑系分别统治西部和东部喀喇汗王朝。此后，两个汗国之间为争夺城市众多、矿产丰富、土地肥沃的费尔干纳进行了多次战争，此外，锡尔河沿岸的若干地区也在他们之间多次易手。[①] 摆脱喀喇汗王朝之后，西喀喇汗王朝对伽色尼王朝表示臣属，因此，西喀喇汗王朝最初是在伽色尼王朝的支持下维持着统治。

在中亚历史上，伊卜拉欣·本·纳赛尔是一位赫赫有名的汗王，他曾获得“国家的支柱”、“教团的桂冠”、“真主的宝剑”等荣誉称号，并拥有“东方与中国之王”的封号。

据阿拉伯史书记，伊卜拉欣·本·纳赛尔是一位贤明的君主。在位期间，对内整顿统治秩序，打击危害社会安定的行为；采取了一些措施促进汗国经济发展和物价稳定，推行了货币改革，统一了币制和银的含量；积极进行城市建设，在首都撒麻耳干修建了富丽堂皇的宫殿。对外，他成功地利用了东喀喇汗王朝内部苏莱曼与穆罕默德兄弟间的斗争，于回历451年（公元1059或1060年）出兵占领了费尔干纳，并在此发行新的货币，打击哄抬物价的商人，稳定市场，促进了该地区经济的发展。此外，他确立在阿姆河上游北部山区的统治，加强了西喀喇汗王朝与伽色尼王朝接壤地区的防御；利用阿姆河上游北部山区的强悍山民，如库米吉人，攻击伽色尼王朝属地胡塔尔和恰甘尼安山谷，迫使伽色尼素丹马苏德把阿姆河上游南岸地区（即包括巴里黑在内的吐火罗斯坦）割让给他。不过，他在名义上仍是伽色尼王朝的属臣。

1068年，伊卜拉欣·本·纳赛尔因中风去世，长子沙姆斯·乌尔·莫尔克·纳赛尔（Shams al-Mulk Nasir）继位。继位之初，沙姆斯遭到了兄弟舒艾斯（Shērs）的反对和进攻，直到后者去世才摆脱了干扰。沙姆斯与其父亲一样，在中亚历史上也享有盛名，获得了“公正的国王”称号，还采用过“东方与中国之素丹”的称号。

沙姆斯在位期间（1068—1080），关心城市建设和商路的安全，他用高大美观的建筑物把城市装饰起来，并沿着交通大道建设了许多城堡，其中，最著名的有伊列克堡和从撒麻耳干通往忽毡道路上

① Asimov, C. E. Bosworth, *History of Civilizations of Central Asia*, Vol.4 (1), p.128.

的阿克·阔台尔堡。在对外关系上，沙姆斯成功地使西喀喇汗王朝摆脱了与伽色尼王朝的臣属关系，向当时势力强大的塞尔柱王朝表示归顺。此后，西喀喇汗王朝在政治上严重依附于塞尔柱王朝，塞尔柱素丹甚至左右了撒麻耳干王位的继承，扶持他们中意的人继承王位。

1072 年，在沙姆斯企图摆脱塞尔柱王朝的臣属之时，塞尔柱素丹阿尔普·阿尔斯兰亲率 20 万大军进犯河中地区，在阿姆河南岸击溃了西喀喇汗军队。此次危机因阿尔普·阿尔斯兰被刺而消除了。此后，沙姆斯趁阿尔普·阿尔斯兰去世之机出兵占领了呾密与巴里黑，赶走了巴里黑城主，阿尔普·阿尔斯兰之子阿雅兹，让自己的兄弟统治了该城。

马立克沙继任塞尔柱素丹以后，于 1073 年率军东进，将沙姆斯的兄弟赶出呾密和巴里黑，然后于 1074 年进军撒麻耳干。西喀喇汗王朝被迫求和，经塞尔柱王朝宰相尼扎姆·莫尔克调解，马立克沙答应与之和解，西喀喇汗王朝成为塞尔柱王朝的属臣。在沙姆斯把注意力放在西边战事之时，西喀喇汗王朝的费尔干纳西部领地被东喀喇汗王朝占领。

1080 年，沙姆斯汗去世，其弟希兹尔（Xizier，1080—1089 年在位）继承汗位。史书对他的记载甚少，只知他以庇护诗人而留名于世。1089 年，希兹尔之子阿黑马德（Ahmad）继任西喀喇王朝汗位。阿黑马德是一位残暴的统治者，他在位期间（1089—1095），河中地区的王权与教权之争加剧，他下令处死了其父希兹尔统治时期的大哈孜（伊斯兰教大法官）阿布·纳斯尔（Abū Nasr），于是，河中地区的伊斯兰教团首领哈孜阿卜·塔希尔（Qaziabu Tahir）以伊斯兰教徒受到迫害为名，向塞尔柱王朝呼吁出兵干预。1089 年，马立克沙在维齐尔尼扎姆·莫尔克的陪同下出兵河中地区，占领不花剌，围攻撒麻耳干。西喀喇汗军队进行了顽强的抵抗，但由于守城不力，撒麻耳干城被攻陷，躲藏在密室中的阿黑马德被俘，被送往伊斯法罕关押。西喀喇汗王朝答应向塞尔柱王朝纳贡，马立克沙派总督艾因努·杜乌拉在撒麻耳干实施统治。

以后，河中地区发生暴动，赶走了塞尔柱总督。鉴于河中地区的不稳定和考虑到西喀喇汗王室在当地居民中的威望，马立克沙释放并恢复了阿黑马德的统治，复位后的阿黑马德服从于塞尔柱王朝素丹。

在伊斯法罕关押期间，阿黑马德皈依了伊斯兰教异端巴颓尼亚派（Batiniyah），因此，他的复位遭到了宗教法学家们的反对，他们声称要处死他。1095 年 1 月，阿黑马德在宗教界的要求下被杀。巴托尔德评价说："此事必然被认为是宗教界人士与军事集团联合对付政府和百姓所取得的最大胜利。"[①]阿黑马德死后，其堂兄弟马斯乌德（Māsud）被立为汗，马斯乌德在统治了两年（1095—1097）之后，也被宗教首领废黜并处死。

此后，西喀喇汗在塞尔柱素丹的操纵下频繁更替，先后继位者有：马斯乌德的堂兄弟苏来曼·本·达乌德（Sulayman b. Dāwūd，1097 年在位）、卡迪尔·汗·伊卜拉欣（Kadīr Khan Ibrahīm，1097 年在位短暂几个月）、马苏德·本·穆罕默德（Māsud b. Muhammad，1097—1099 年在位）、只卜剌尔·本·乌马尔（Jibrā'il b. ᶜUmar，1099—1102 年在位）和哈桑（又译哈桑特勤）。其中，苏来曼·本·达乌德和卡迪尔·汗·伊卜拉欣两人分别娶塞尔柱素丹的女儿为妻。

12 世纪初，塞尔柱王朝陷入了家族分裂和内乱之中。哈桑汗企图摆脱塞尔柱王朝的宗主权。1102 年，他在忒耳迷（Termez，今译帖尔穆兹）被塞尔柱王朝在东方的统治者桑扎尔（Sanjar）打败。桑扎尔扶持西喀喇汗王朝创建者伊卜拉欣的重孙子穆罕默德·本·苏来曼（Muhammad b. Sulayman）为西喀喇汗。

穆罕默德·本·苏来曼的继位扭转了西喀喇汗王朝王位频繁更迭的局面，在他统治期间（1102—1130），河中政局相对比较稳定，穆罕默德·本·苏来曼重修了不花剌的外城和内城城堡，还修建了许多宗教性建筑物，其中包括富丽堂皇的大清真寺。

---

① Asimov, C. E. Bosworth, *History of Civilizations of Central Asia*, Vol.4 (1), p.131.

1109 年，桑扎尔出兵击溃了穆罕默德的政敌。穆罕默德·本·苏来曼在他的支持下维持了二十余年的统治，并把女儿嫁给了他。1113 年，桑扎尔获悉穆罕默德·本·苏来曼怀有反叛意图，准备出兵河中，穆罕默德·本·苏来曼在桑扎尔的要求下来到阿姆河岸边，桑扎尔骑在马上与他隔河相对，穆罕默德·本·苏来曼赶紧下跪，吻地以示臣服。这样，桑扎尔宽恕了他，仍让他统治着河中地区。

在位期间，为了表示对伊斯兰教的虔诚，穆罕默德·本·苏来曼对异教徒发起“圣战”，但他与宗教界的矛盾依然未除。撒麻耳干宗教界在他生病期间谋杀了他的长子纳赛尔。他一面让次子阿赫马德出面处理此事，一面派人向桑扎尔求救。阿赫马德果断地处死了叛乱的宗教首领，平息了内乱。穆罕默德·本·苏来曼赶紧致函桑扎尔说，河中局势已平息，不再需要他的帮助。然而，桑扎尔率领的塞尔柱军队却继续前进，于 1130 年初攻陷了撒麻耳干。穆罕默德·本·苏来曼投降后被送往呼罗珊，于 1132 年在此地去世。

占领撒麻耳干之后，桑扎尔的军队进行了大肆掳掠。桑扎尔先后立穆罕默德·本·苏来曼之弟伊卜拉欣和阿里特勤的后裔哈桑为继承人。两人在位时间都不长久。最后，穆罕默德的三子马赫默德·伊本·穆罕默德被桑扎尔立为汗，他完全效忠于塞尔柱人。

在马赫默德统治时期（1132—1141），河中地区遭到了西辽军队的入侵。1137 年，西辽军队进入费尔干纳谷地，在此没有遭到抵抗，西辽军队继续向西推进，到达忽毡，马赫默德率军在忽毡进行了抵抗。据伊本·阿西尔记，回历 531 年 9 月（公元 1137 年 5—6 月）两军交战，西喀喇汗王朝军队被击溃，马赫默德逃回撒麻耳干。“事件严重地震惊了它的居民，恐慌和沮丧加重，单等着早上或晚上灾难（的降临）。不花剌和河中其他城的居民也是这样。”①

获胜之后，西辽军队并未向撒麻耳干推进，而是在忽毡蓄积力量，等待时机。1141 年，西喀喇汗与境内的葛逻禄人发生冲突。葛

① 《吉尔吉斯人和吉尔吉斯地区历史资料》第 1 辑，莫斯科 1973 年版，第 66 页。

逻禄人是西喀喇汗王朝军队的主力，他们的首领经常与王朝统治者发生冲突。在此次冲突中，马赫默德向塞尔柱素丹桑扎尔求援；葛逻禄人则向西辽皇帝耶律大石求援。桑扎尔率兵 10 万渡阿姆河进军河中，耶律大石也率军进入河中地区。1141 年 9 月 9 日，塞尔柱王朝与西辽王朝在撒麻耳干以北的卡特万（Qatwan）草原进行了历史上著名的会战。西辽以少胜多，塞尔柱王朝惨败，桑扎尔带着西喀喇汗马赫默德返回呼罗珊。耶律大石则占领了撒麻耳干。

此战之后，西喀喇汗王朝在西辽的保护下继续维系着它在河中地区的统治，与以前相比，来自境外的干预和侵略明显地减少了，国内秩序比较安定，社会经济文化也得到了较大的发展。

西喀喇汗王朝境内一直存在着一些独立领地，讹迹邗便是其中之一。讹迹邗是费尔干纳地区的一个边城，10 世纪后期，它是一个面积不大的城市，只有奥希城的三分之一，然而，它是费尔干纳首府所在地。费尔干纳一直是喀喇汗王朝阿里系家族的领地，当时，伊卜拉欣・本・纳赛尔之兄穆罕默德・本・纳赛尔在讹迹邗实施统治，他于回历 434 年（公元 1042 或 1043 年）在此发行了钱币，钱币上铸有阿尔斯兰汗像。西喀喇汗王朝独立之后，讹迹邗时而归属于东喀喇汗王朝，时而归属于西喀喇汗王朝，实际上，在大多数时间内，费尔干纳的统治者是独立的，几乎不受撒麻耳干的统辖，他们在 12 世纪末称自己为“素丹中的素丹”。在此期间，讹迹邗很繁荣，修了许多宏大的建筑物，保留至今的有 63 英尺高的伊斯兰尖塔（Minaret）及其附近麻扎（陵墓）。据传说，第一位伊列克汗的陵墓也在此城，根据陵墓上的铭文判断，它建于 12 世纪末。13 世纪，蒙古人在其址上建成安集延城（现在讹迹邗是安集延城郊的一个村子）。

第二节　喀喇汗王朝的统治

灭萨曼王朝以后，喀喇汗王朝的统治疆域扩大了，除塔里木盆地南缘及伊犁河流域、七河流域外，还包括费尔干纳盆地和河中地区。喀喇汗王朝在这一广大地区内实行中央和地方两级统治。在中央行政机构中，官职明显可见的有三级，最高一级统治者由汗和副汗构成。

喀喇汗王朝最高层统治采取阿尔泰语系各政权的传统方式，即双王制。喀喇汗王朝分为两部分，分别由汗和副汗统治。汗室中最长者任大汗，次长者任副汗。汗号之前往往带有氏族图腾的名称，如大汗称阿尔斯兰汗（意为“狮子汗”）；副汗称博格拉汗（意为“公驼汗”）。据《突厥语大词典》，汗（Han）与可汗（Hakan）一名交替使用。① 例如喀喇汗王朝的大可汗为阿尔斯兰汗（Arllan han）也可称阿尔斯兰可汗（Arllan qara hakan）。副汗称博格拉汗（Buya han），也可称博格拉可汗（Buya qara hakan）。

国君以“君权神授”的观念巩固自己的统治，王位是真主赐予的。“这社稷并非你自己求得，而是真主恩赐你的福份。真主器重你，赐予你王位，贤君啊，你要戴德感恩。”② 喀喇汗王朝的汗位继承实行父子相承制，一般实行长子继承制，在《福乐智慧》一书中说：“父亲是君主，儿子天生是国君。”③ 大汗之位由长子继承，是整个汗国的最高统治者；副汗由次子继承。

第二级统治者是汗和副汗分封的王室成员。最初，大汗和副汗分别统治着以八拉沙衮为中心的伊犁河流域和以喀什噶尔为中心的塔里木盆地南缘。956 年，穆萨汗继位以后，大汗所在地在喀什噶尔，而副汗统治地区为八拉沙衮。在以上两大统治区内，大汗和副汗将自己的领地再行分封，形成了若干的封地。统治一方封地的王室成员是封地上的汗，即封地汗“伊列克”（Ilig）和“特勤”（Təgin）。大汗下面的封地汗取“伊列克”称号；副汗下面的封地汗称“特勤”。特勤是一个古老的突厥语称号。大约出现在 5 世纪末至 6 世纪初。最初指“当政可汗的儿子或孙子”，后来“可汗的子弟及宗

① 麻赫默德·喀什噶里编：《突厥语大词典》第 3 卷，第 152 页。
② 优素甫·哈斯·哈吉甫：《福乐智慧》，第 710 页。
③ 同上书，第 260 页。

族”都可称为特勤，而在喀喇汗王朝时期，特勤只能由“可汗之子”担任。封地汗称号的前面往往也加上了氏族图腾的名称，如阿尔斯兰伊列克（Arslan Ilig）和博格拉·伊列克（Buγa Ilig）；阿尔斯兰特勤（Arslan tə gin）和博格拉特勤（Buγa tə gin）。封地汗都是喀喇汗王室成员，当汗的权威不强大时，他们在各自封地内自行其是，俨然是一位独立君主。从11世纪上半叶起，各封地汗都企图在最大程度上削弱自己对大汗或副汗的臣属关系。

第三级中央官员有：摄政大臣、传令大臣、宫廷大臣、税收大臣等。摄政大臣尤古鲁悉（Yuγrux）[①]最早出现在喀喇汗王朝时期，与突厥官职中的设（Gad）相似，只授予突厥人。在喀喇汗王朝，这一官职主要由平民出身的具备智慧、知识和魄力的虔诚伊斯兰教徒担任。其职责相当于丞相，协助可汗处理对内对外重大事务。

传令大臣塔沿古（Tayaŋu）[②]，该官职最早的文字记载见于11世纪，其职责主要是将可汗的圣旨、号令传达给下级，并把下级的要求、王作等情况如实地传达给可汗。以后这一称号不常用，被宫廷大臣霍吉勃（Hajip）取而代之。

宫廷大臣敖朵耳巴悉（Ordu Baxï）[③]，该名由宫廷（Ordu）和首领（Baxï）两个词组成。最早的文字记载见于11世纪，是汗的侍从，主要职责是处理宫廷日常事务和召集大臣会议等。

秘书官伊里姆噶（Ïlïmγa）[④]，最早的文字记载见于11世纪，其主要职责是用突厥文为汗起草国家文书。

税收大臣伊姆噶（Ïmγa）[⑤]，最早的文字记载见于《突厥语大词典》，在喀喇汗王朝，指收取实物贡赋的官员。

宣旨官比鲁克（Bïruk）[⑥]是早期突厥官职。最早的文字记载见于

① 麻赫默德·喀什噶里编：《突厥语大词典》第3卷，第38页。
② 同上书，第371页。
③ 麻赫默德·喀什噶里编：《突厥语大词典》第1卷，第134页。
④ 同上书，第155页。
⑤ 同上书，第138页。
⑥ 同上书，第396页。

8世纪，职责是可汗派去执行特殊任务的行政或军事官员。在喀喇汗王朝，指在可汗身边依官衔排位者。

叶护（Yawγu）[1]是一个古老的突厥高级官职，一般由可汗之子和宗族子弟担任。在喀喇汗王朝，叶护是低于可汗两级的官职，可以授予平民出身的人。

谋臣于伽（θgə）[2]是一个突厥语高级官职，比特勤低一级。最早的文字记载见于8世纪以后，在喀喇汗王朝时期，于伽授予平民出身的、富有才智的年长者，职责主要是替可汗出谋划策。

在以上官职前面往往也加上一种动物的名称以示区别。一般使用的动物名称有阿尔斯兰（狮子）、贝里（狼）、亚干（象）、托黑鲁尔（鹫）等。以上官职多数由汗族成员担任，形成了汗族成员共治汗国的局面。俄国学者巴托尔德认为，喀喇汗王朝形成的这种政治局面实质上是一种分封制度。他说："喀喇汗国家像所有的游牧帝国一样，氏族制的观念从私法领域移到国家法律领域。国家被认为是整个汗族的财产，因而把它分成许多封地。"[3]

喀喇汗王朝的地方政权建设似乎可以分为游牧区和农业区两类。在喀喇汗王朝统治范围中，从咸海东岸向东延伸到准噶尔盆地的广大地区是以逐水草而居的畜牧或游牧部落，这些部落由于经济发展水平的不同而处于不同的社会发展阶段。在10世纪末期，一些部落刚刚跨入阶级社会的门槛，还保留着氏族制度的残余；而在另一些部落中早期的封建关系已经形成。游牧封建关系的形成基本上沿着以下轨迹，即由氏族游牧公社逐渐过渡到以地缘划分的村镇游牧公社，在村镇游牧公社里，土地（牧场）仍归公社所有，牲畜是私有财产。拥有大批牲畜的游牧贵族逐渐产生，普通牧民在经济上依附于他们。于是，他们掌握了支配牧场的权力，形成了游牧土地封建

---

① 麻赫默德·喀什噶里编：《突厥语大词典》第3卷，第29页。

② 麻赫默德·喀什噶里编：《突厥语大词典》第1卷，第97页。

③ 〔俄〕巴托尔德：《巴托尔德文集》（俄文版）第1卷，莫斯科东方文献出版社1963年版，第330页。

所有制。在喀喇汗王朝境内的各部落中，回鹘人的发展水平较高。

喀喇汗王朝在游牧地区采取了符合游牧民生产和生活特征的传统统治方式，保留了原有的部落制度，让部落酋长继续统治本部落，处理和裁决部落纠纷、犯罪等事务。喀喇汗王朝的统治只表现为部落酋长服从汗的命令，承担一定数目的赋税和必要的兵役，作为回报，喀喇汗王朝保护这些部落或部族的安全。

萨图克执政时期，部落制度发生了一些变化，在伊列克或特勤管理的封地上似乎设置了统治更大区域的大总督。在八拉沙衮置北部总督，在讹迹邗城置西部总督。北部总督管辖范围包括咸海、巴尔喀什湖、七河流域、准噶尔盆地以北以西的草原地带；西部总督的管辖范围是费尔干纳、撒麻耳干、不花剌、巴达克山。大总督由中央派遣。

喀喇汗王朝境内农业区分布在几大绿洲上，塔里木盆地南缘和河中地区是当时的农业发达地区。喀喇汗王朝在农业区采取了与游牧区完全不同的管理方式，王朝向这些地区派出伯克和达干。伯克（Bəg）[①]是汉语的借词，意为"氏族或部落的首领"，最早的文字记载见于8世纪。在喀喇汗王朝，伯克既为贵族称号，又为地方官吏的称号，指"部落的首领"，名目达20多种，如毗伽伯克（Bilge Bəg）、达干（Tarhan）[②]也是一个古官职名，最早的文字记载见于8世纪，在喀喇汗王朝皈依伊斯兰教以前，达干与伯克一样，都是替可汗维护地方统治的地方官。伯克和达干具有管理一方的治安、司法、税收等权力，各级伯克和达干的任免权在可汗。

除了伯克和达干外，地方官员还有阿特里额（Atlïγ）、吐屯（Tożun）和绅班（Qoban）。[③]在喀喇汗王朝，阿特里额是一个氏族（部落）的首领；吐屯是一个古老的突厥官职，在喀喇汗王朝时期，它的职责被限制于一村，相当于村长，主要负责乡里的生产及用

---

① 麻赫默德·喀什噶里编：《突厥语大词典》第3卷，第150页。

② 麻赫默德·喀什噶里编：《突厥语大词典》第1卷，第452、460页。

③ 同上书，第85、422、424页。

水；绅班也是古突厥语官名，在喀喇汗王朝时期，地位相当于乡长助手，职责是协助乡长的工作。

军队是喀喇汗王朝政治统治中的重要组成部分。喀喇汗王朝具有一支组织比较完善、分工较细的军队。《突厥语大词典》记载了许多军官名称，其中有军事检察官恰合悉（Qavux）[①]，此名是一个古突厥语官名，最早出现于8世纪，指可汗的军事指挥官之类重要军官。在喀喇汗王朝，恰合悉的职责主要是管理军队秩序，平时阻止士兵欺压百姓，战时整治阵容。《突厥语大词典》还记载了战时保卫可汗的卫兵（Yortuγ）和守护城堡的哨兵（Yatγak）。[②]目前，利用喀喇汗王朝的钱币铭文，我们还无法确定，在喀喇汗王朝，中、下级军官和普通士兵是如萨曼王朝一样，领取薪水呢，还是如突厥政权的传统，授予小块封地。

喀喇汗王朝形式上是依法治国的。喀喇汗王朝虽以伊斯兰教为国教，但并不完全按伊斯兰教法实施统治。法律由汗王制定，制定法律不仅是他的权力而且是他的职责。《福乐智慧》说："典章制度都出自君主"，因为"国君天生是社稷之主"。[③]"如果国君不为民立法，不保护人民免遭不幸，人民将遭殃，国家将受损，社稷的基石将毁坏殆尽。"[④]社会要求汗王制订"良法"，《福乐智慧》说："制法者啊，要制订良法，制了酷法，作法自毙。明君啊，莫要制订酷法，制订了酷法，当不成君主。谁若在生前制订了酷法，身后定然会臭名昭著。谁若是制订了好的法度，他的名字将留芳千古。"[⑤]"良法"的标准是滋生万物、保护和造福于民："良法似水，使万物滋生"，"须推行良法，保护黎民"。[⑥]社会要求汗王执法公正："哪位国君持法公正，国家将昌

① 麻赫默德·喀什噶里编：《突厥语大词典》第1卷，第386页。
② 卫兵和哨兵，参见麻赫默德·喀什噶里编：《突厥语大词典》第3卷，第40页。
③ 优素甫·哈斯·哈吉甫：《福乐智慧》，第258页。
④ 同上书，第281—282页。
⑤ 同上书，第195—196页。
⑥ 同上书，第270页。

盛，福星照临。清醒和良法是社稷之本，有此二者，社稷永存。”[①]“要人民富足，须法制公正。”[②]“对庶民要公正，令其安居乐业。”[③]

目前，发现了属于喀喇汗王朝时代的14件法律文书，它们反映了当时依法办案的情况。文书中有原告的自诉、被告及其证人的辩护词，以及法官的判决。判决书分正、副本，法官留正本，有法官签字的副本可能由原、被告双方保留。可见，当时喀喇汗王朝的法制已经发展到相当的水平。

喀喇汗王朝的统治特点是中亚伊克塔分封制与部落制的统一。中亚地区的分封制度在10世纪期间已经发展。萨曼王朝虽然实施中央集权制度，中、低级军政人员和普通军人效力的回报是领取固定的薪俸，由国家财政支付。但是，萨曼王朝也存在着分封地和领地，受封者往往是王室中的重要成员，封地以大领地的面貌出现。伊克塔制度符合游牧部落制的观念，按部落制的规定，牧场是全氏族共有的财产，于是，国家也是整个氏族的财产，氏族成员都有分得一份的权利，氏族部落首领成为大大小小的封建主。喀喇汗王朝统治河中地区以后，将分封土地的制度在全国推行。

目前，研究喀喇汗王朝的伊克塔制度可利用的资料之一是钱币铭文。从钱币铭文可知，在喀喇汗王朝实行的分封制有如下特点：第一，汗王拥有分封土地的权利，受封地（尤其是大封地）地界不稳定，也不能世袭；第二，受封者在政治上承认汗王的宗主地位，汗王将部分权利转给受封者，汗王在封地上没有其他权利；第三，受封者可以把封地再行分封[④]，形成了经济权益的多层次分享制度，权益分享人（通常为两三人，有时是四人）有明确的分配比例，获取一个城镇（或地区）的全年收入或年收入中的某些部分。喀喇汗

① 优素甫·哈斯·哈吉甫：《福乐智慧》，第268页。

② 同上书，第273页。

③ 同上书，第713页。

④ 巴托尔德认为喀喇汗国家分为一系列封地，而较大的封地又分为许多较小的封地。参见W. Barthold, *Turkestan Down to the Mongol Invasion*, p.268；〔塔吉克〕M. S. 阿西莫夫，〔英〕C. E. 博斯沃思主编：《中亚文明史》第4卷（上），第138页注31。

王朝初期实施的分封制和权益分享制的特征基本上符合称之为伊克塔的制度。除了分封人数多以外，喀喇汗王朝前期的分封制与萨曼王朝的没有多大区别。[①]

喀喇汗王朝境内的土地大致分为四种形式：国有地、私有地、宗教用地和公有地。国有地主要是依法没收归公的土地，包括在征服战争中被推翻的王族及官员的土地，国有土地被看成是喀喇汗王朝王室所有成员的财产，它被分割成封地，分封给王室成员，由他们独立管理。

私有地（莫尔克）有两种，一种是封建主通过不断兼并形成的私有地，一种是自耕农自己的小块土地。在萨曼王朝之后的短时期内，地区封建主德赫干的权力有所提高，国家承认并保护他们的土地所有权，有的地区德赫干还享有铸币权，这在萨曼王朝时期是没有的。在喀喇汗王朝统治初期，河中地区的德赫干可以拥有自己的军队，这也是萨曼王朝时期没有的。但是，随着喀喇汗王朝的巩固，德赫干在自己领地上的这些权力逐渐消失。

宗教用地（瓦克夫）来源是王朝赏赐、官员和封建主的捐献，它不仅包括耕地，还包括水磨、作坊、铺店以及伊斯兰教寺院和宗教学校的土地等。

公有地是还未被兼并的农村公社土地。在喀喇汗王朝统治时期，总的发展趋势是封建所有制的土地在不断扩大，公有地和自耕农的私有地在不断缩小。

喀喇汗王朝在税收方面实行了伊斯兰教法，向除瓦克夫以外的各类土地所有者征收土地税哈拉吉（Kharāj），土地上的收益以农作物的收成计算，哈拉吉为收获物的三分之一，以实物或货币形式缴纳。此外，国家对果园和葡萄园也征收税。寺院土地瓦克夫和部分贵族领地享有豁免权，不缴纳土地税。

国有地、私有地和宗教用地采用分成制方式租给农民耕种，土地

---

① Asimov, C. E. Bosworth, *History of Civilizations of Central Asia*, Vol.4 (1), p.138.

所有者与农民形成的是租佃关系，农民要向土地所有者交纳三分之二的收获物。尽管承担着较重的赋税，但中亚的农民在人身上相对比较自由，不仅是农村公社的社员、自耕农，而且分成制佃农也是如此。

20世纪初，在莎车发现了喀喇汗王朝时期的文献共19件，在和田也发现了属于喀喇汗王朝时期的契约文书。其中，法国伯希和在莎车发现3件阿拉伯文契约文书，年代分别为1096年、1112年、1114年。[①]其中一份法律文书反映了11世纪中期喀喇汗王朝土地买卖的情况。[②]在这份法律文书上，原告请求归还一块原属于他父亲的土地，他父亲死时把它作为遗产留给了他及其他继承人。原告说，被告用非法手段霸占了他的这块地，现在他要求被告把地还给他，但是遭到了拒绝。原告在文书中对这块土地的方位、大小及收益都做了明确叙述。被告在答辩词中完全否认了原告的指控，他说这块土地是他的合法财产，他是从某人那里按规定的价格用现钱买的。这份文书反映了以下几方面的情况：第一，11世纪的喀喇汗王朝境内存在着土地买卖，而且是现金交易；第二，当时私有土地不仅包括了已耕地，还包括未开垦的荒地，以及与之相邻的水渠，只有道路是公有的；第三，叶尔羌一带的土地主要种植小麦，文书中说，这块土地可以出产30驴驮小麦。

总的来看，在锡尔河以北以东地区，由于喀喇汗王朝统治下的居民大多数属于阿尔泰语系突厥语族人，故喀喇汗王朝继承了前西突厥王朝的统治制度，采取了阿尔泰语系游牧政权的双王制和分封制；在河中地区，喀喇汗王朝将突厥传统与中亚原有的波斯行政体制结合起来，基本上有效地统治了这些农耕地区。

---

① 林梅村：《有关莎车发现的喀喇汗王朝文献的几个问题》，《西域研究》1992年第2期，第97页。

② 牛汝极：《莎车出土的喀喇汗朝阿拉伯语法律文书与〈福乐智慧〉研究》，《西域研究》1999年第3期，第99—104页。

第二章

西辽

1132 年，中国北部的契丹人西迁到中亚东部地区，在楚河和伊塞克湖一带建立了自己的国家——西辽。西辽在中亚立国 86 年（1132—1218），左右中亚形势近百年。1141 年，西辽与塞尔柱帝国在卡特万草原发生战争，打败塞尔柱人以后确立了对中亚大部分地区的统治。强盛时期，西辽的疆域东起高昌回鹘国，西至咸海，北越巴尔喀什湖，南抵阿姆河。在广大区域内，西辽采取了直接与间接两种统治方式。西辽在锡尔河以北的统治中心实施直接统治；在河中地区、塔里木南缘及阿尔泰以南山区的国家和部落实行间接统治。西辽在间接地区的统治以收取赋税的形式实现，赋税的收取有以下几种方式：派官吏常驻；定期派代表征赋税；由当地统治者代征赋税。

第一节　西辽的建立

西辽是中国古代契丹族人在中亚建立的一个国家。契丹人的外貌特征是：圆脸、短发、髡发，常在额前左右各留一绺头发，垂于耳前。目前的研究认为，契丹人是一支具有汉文化色彩的蒙古人[①]，说蒙古语方言，由于与通古斯口语接触，语音颚化。

契丹人原是一支逐水草迁移的游牧民族，他们放牧羊群和马群。契丹一词的本意是“镔铁”，也就是坚固的意思。这一剽悍勇猛的民族在200多年的时间里曾挥斥长城内外，辉煌一时。在历史上，他们曾闯过山海关，攻入河北永平，甚至抵达北京东南平原（696）。唐朝（武则天统治下）召集当时处于极盛时期的东突厥可汗默啜共同对付他们，697年，给予他们沉重的打击。

关于契丹人的起源，据神话传说：有一男子乘着一匹白马自湟河（今西拉木伦河）而来，一女子则骑着青牛自上河（今老哈河）而来。两人相遇后结为夫妻，生了八个儿子，以后，繁衍为八个部落，在辽河西岸过着游牧生活。916年，契丹首领耶律阿保机统一八部称帝，在太平洋西岸至贝加尔湖和天山之间的地区内建立了一个领土辽阔的契丹国。947年，契丹国改国号为大辽，中国史书记为辽国或辽朝。

12世纪初，通古斯族女真人强盛起来，1115年，女真首领完颜阿骨打称帝，国号“大金”。1122年，金兵西进，攻陷辽的中京（今内蒙古宁城），辽天祚帝逃亡夹山（今内蒙古武川），留宰相张琳、李处温与耶律淳驻守南京（今北京）。天祚帝逃亡之后与外界隔绝，于是，李处温与辽兴军节度使耶律大石等人立耶律淳为帝，号天锡皇帝，改元建福，被称为北辽。北辽存在时间不长（1122年3月—1123年9月），耶律淳不久去世，由其妻萧德妃摄政。金兵南下居庸关，耶律大石和萧德妃退出南京，投奔天祚帝。天祚帝杀萧德妃，责问耶律大石：“我在，汝何敢立淳？”耶律大石义正词严地回答：“陛下以全国之势，不能拒一敌，弃国远遁，使黎民涂炭，即立十淳，皆太祖子孙，岂不胜乞命于他人耶？”天祚帝无话可答，赐予

① 学界有两种看法，一种认为契丹人是蒙古族，一种认为（以俄国学者巴托尔德为代表）契丹人属于通古斯族，杂有蒙古族成分。在此暂采用前说。

酒食，赦免参与其事的全部人员，任耶律大石为督统。1123年，耶律大石率军袭击金军，战败被俘。1124年7月，耶律大石逃归，带回一支军队。天祚帝得到耶律大石带来的部队之后，自谓天助，再谋出兵，收复失地。大石认为不可，提出了“养兵待时而动”的战略方针，天祚帝不予采纳，坚持出兵。大石知其不可成就复辽之大业，率领铁骑200人出走。天祚帝兵败，于1125年在应州（今山西应县）新城东60里被金兵俘获，辽朝灭亡。

耶律大石一行从夹山出发西北行至可敦城（即镇州，今蒙古国乌兰巴托西），召集七州的长官及分布在蒙古和东北各省境内的十八部首领开会[①]，会上，耶律大石被立为王，提出了“借力诸蕃，复我疆宇”的计划。以后，耶律大石“置官吏，立排甲，具器仗”，国家初具规模。关于耶律大石在可敦城的情况，金军西南、西北两路都统斡鲁曾向朝廷报告说：“辽详稳挞不野来奔，言耶律大石自称为王，置南北官属，有战马万匹。”[②]由此可见，耶律大石在可敦城时已有一定的实力。

1130年，金国派大将耶律余睹、石家奴率兵讨伐耶律大石，耶律大石在敌强我弱的情况下率众西迁。在西迁前，耶律大石给高昌回鹘国的亦都护（高昌回鹘国国王，意为“幸福之王”）写信，信中先回忆了契丹与回鹘之间往昔之友谊，然后提出借道西行大食国之事：“是与尔国非一日之好也。今我将西至大食，假道尔国，其勿致疑。”耶律大石在信中提到了他西行的目的地是“大食国”。今学界已经确认，此“大食国”不是指以巴格达为都的阿拔斯帝国，而是指高昌回鹘西部的喀喇汗王朝。

回鹘王毕勒哥同意契丹人过境西行，并在他们抵达之时，亲自迎耶律大石至他的宫中，大宴三日，在耶律大石临别之时，又献马

① “七州”分别为威武、崇德、会蕃、新、大林、紫河、驼。“十八部”是大黄室韦、敌剌、王纪剌、茶赤剌、也喜、鼻古德、尼剌、达剌乖、达密里、密儿纪、合主、乌古里、阻卜、普速完、唐古、忽母思、奚的、糺而毕。关于十八部的位置，据梁园东、岑仲勉、唐长孺、周良霄、余大钧等考证，分布在蒙古草原与中国东北部。

② （元）脱脱：《金史》，中华书局1975年版，第51页。

600 匹、骆驼 100 头、羊 3000 只，亲自送到高昌回鹘国边境。

中国史书对耶律大石一行离开高昌回鹘国之后的情况缺乏记载，而在阿拉伯史书中，有一些不连贯的记载。根据这些记载推断，耶律大石一行在离开别失八里城（意为“五城之地”，在今吉木萨尔）之后，1131 年，翻越天山，沿塔里木盆地北缘向西进发。喀喇汗王朝统治者阿黑马集结军队，在喀什噶尔以东几天路程的地方打败了耶律大石。西辽军队伤亡很多，指挥官阿勒·阿瓦尔被俘。

西进喀什噶尔受挫之后，耶律大石转而北上，来到伊犁河流域[①]，在叶密立（在今新疆额敏）修筑城池，招抚当地突厥语各部族。据伊本·阿西尔记载，喀喇汗王朝的北部边界上早有从辽朝迁来的 1.6 万帐契丹人，他们是在 100 年前耶律化哥西征之时被驱逐到此地，当时，喀喇汗王朝阿尔斯兰汗苏莱曼（1032—1056 年在位）赐给他们份地，让他们为汗国守卫边疆。以后，他们与东喀喇汗王朝发生冲突，王朝统治者强迫他们与其妻子隔离，想使他们断绝子孙。[②]这些措施激起了契丹人的起义，他们向八拉沙衮进发，阿尔斯兰汗对他们发动“圣战”。

耶律大石在叶密立建根据地之时，这些不堪忍受东喀喇汗王朝压迫的契丹人纷纷加入了西辽军队，西辽的人口达到 4 万户。在文武百官的拥戴下，耶律大石于 1132 年在新建的叶密立城正式称帝，并按当地突厥人的习惯称菊儿汗（Gür Khan），意为“大汗”。此后，他的子孙们都沿用这一称号。此外，群臣们给他加上了中原王朝的尊号天祐皇帝，建年号延庆。耶律大石对文武百官说：“朕与卿等行三万里，跋涉沙漠，夙夜艰勤，赖祖宗之福，卿等之力，冒登大位。尔祖尔父宜加恤典，共享尊荣。”[③]

---

① 另有一种说法认为契丹人是分两路迁移的，一路经由西域，但败于喀什噶尔的阿尔斯兰汗·阿黑马·伊本·哈桑（Ahmed ibn Hasam）；另一路经过吉尔吉斯地区到叶密尔，在那里建立一座城池。

② 〔阿拉伯〕伊本·阿西尔：《全史》，转引自刘戈选译：《吉尔吉斯人和吉尔吉斯地区历史资料》（莫斯科 1973 年版），《中亚研究》1988 年第 3 期，第 8 页。

③ （元）脱脱：《辽史》，第 357 页。

至此，西辽国建立起来。北方、西方诸族称此政权为“契丹”（“乞塔”）或“大石”，以及“大契丹大石”、“后辽”、“大石林牙”、“大石”、“黑契丹”、“契丹”、“呷辣吸绐”等[①]；蒙古、波斯史籍称之为“合剌乞塔”（即“黑契丹”）[②]；中国史书《辽史》称之为“西辽”。

耶律大石称帝之后开始向外扩张，据《辽史》记载：“所过，敌者胜之，降者安之。兵行万里，归者数国，获驼、马、牛、羊、财物，不可胜计。”[③] 关于耶律大石在中亚活动的情况，在阿拉伯史书中虽有记载，但既缺乏系统性，又多未注明年代或年代有误，只有在参考其他有关资料的情况下才能做出推断。

最早归顺西辽的是高昌回鹘国。耶律大石在喀什噶尔以东的战斗中遭到失败以后，曾率军朝高昌回鹘国撤退，但其国国王毕勒哥不再“迎接”他，并对他的军队掩袭和追杀，俘虏了耶律大石的一些将领。以后，毕勒哥怕遭到耶律大石的报复，向金朝靠拢。据《金史》记载：“和州回鹘执耶律大石之党撒八、迪里、突迭来献。”[④] 耶律大石在叶密立地位巩固之后，1132 年，率军南下再次进入高昌回鹘国。高昌回鹘国归顺了西辽，统治者以西辽属臣的身份继续统治自己的国家。

1132 年，东喀喇汗王朝阿尔斯兰汗阿黑马去世，其子伊卜拉欣继位，他的驻地在八拉沙衮。据《世界征服者史》记载，伊卜拉欣是一个平庸无能的人，他在八拉沙衮的统治遭受了来自伊犁河下游的葛逻禄人和分布于咸海西北的康里突厥人两方面的威胁。由于不堪葛逻禄人和康里人的袭击，他求助于耶律大石，于是，西辽轻易地把东喀喇汗王朝纳入了自己的统治，耶律大石把伊卜拉欣降为“伊列克·突厥蛮”。东喀喇汗王朝以臣属者的身份保留了对喀什噶

---

① “大契丹大石”、“后辽”、“大石林牙”、“大石”，见《西游录》、《湛然居士集》、元好问《大丞相刘氏先茔碑》、《元史》；“黑契丹”、“契丹”见《黑鞑备录》、《元史·巴尔朮阿尔忒的斤传》；“呷辣吸绐”见《黑鞑备录》；“西契丹”见《元史·岳璘帖穆尔传》；等等。

② “合剌乞塔”一名见志费尼《世界征服者史》、拉施特《史集》。

③ （元）脱脱：《辽史》，第 356 页。

④ 同上书，第 63 页。

尔、于阗的统治，据志费尼记载，在西辽统治初期，耶律大石还派军队巡行这些地区。此后，耶律大石迅速平定了葛逻禄人和康里突厥人的骚乱。

1134 年，八拉沙衮城被定为西辽的都城，耶律大石在都城附近建立自己的营地，营地被称为“虎思斡耳朵”（今吉尔吉斯共和国托克马克附近），意为“强大的宫帐”，耶律大石改年号延庆为康国（康国元年，即 1134 年）。八拉沙衮是可耕可牧的善地，据《长春真人西游记》记载：“自金师破辽，大石林牙领众数千走西北，移徙十余年，方至此地，其风土气候，与金山以北不同。平地颇多，以农桑为务，酿葡萄为酒，果实与中国同。惟经夏秋无雨，皆疏河灌溉，百谷用成。东北西南，左山右川，延袤万里。”[①]当耶律大石在八拉沙衮的百姓兴旺、牲口长膘时，生活在伊塞克湖和楚河一带的康里突厥人也服从了西辽的统治。

在西辽政权蒸蒸日上之时，耶律大石仍然不忘复国中兴。于是，在建都改元的当年（1134）三月，耶律大石倾全国之力，发兵东征金国，但此次东征失败，“行万余里，无所得，牛马多死”，耶律大石认为这是天意：“皇天弗顺，数也！”于是，勒兵而还。

西辽在东方的征伐半途而废，在西方的扩展却取得了巨大的胜利。1137 年，耶律大石率西辽军队首攻东喀喇汗王朝属地费尔干纳，在此没有遇上任何抵抗，继续向西推进到达忽毡。1137 年 5 月至 6 月，耶律大石在忽毡打败了西喀喇汗王朝河中地区统治者马赫默德·伊本·穆罕默德率领的军队。此后，西辽军队在忽毡休整，等待时机。1141 年，马赫默德与军队主力葛逻禄人发生冲突，马赫默德向塞尔柱人求援，葛逻禄人则向耶律大石求援。于是，塞尔柱人与西辽人在中亚卡特万草原进行了战争。在战争中，西辽人战胜了塞尔柱人，成了西喀喇汗王朝的宗主。

此后，西辽把目标对准花剌子模。耶律大石派遣大将额儿布思

① （元）李志常述：《长春真人西游记》（丛书集成初编），中华书局 1985 年版，第 12 页。

（Erbüz）出兵花剌子模，额儿布思在那里屠杀人民，洗劫村落，迫使花剌子模沙赫阿特西兹（Atsiz）派使臣向耶律大石表示效忠，双方议和，条件是花剌子模每年缴纳贡赋3万迪纳尔金币给西辽[①]，于是，额儿布思撤军。据《辽史》记载“回回国王来降，贡方物”，可能指此事。以后，花剌子模沙伊尔·阿尔斯兰（1156—1172年在位）曾怀有摆脱西辽的意愿，但这一愿望最终未能实现，终其一生向西辽称臣纳贡。

1143年，耶律大石去世，葬在八拉沙衮城郊。西辽的创建者耶律大石（1087—1143），字重德，辽太祖耶律阿保机第八代孙子，幼年受过很好的传统骑射训练和文化教育，又接受过汉族的文化教育，成为文武全才，史称他“通辽、汉字，善骑射”[②]。1115年，耶律大石考中进士，“擢翰林应奉”，据辽朝的科举制度，殿试第一名方能擢受此职，说明耶律大石的汉族文化修养很高。契丹语把翰林称为林牙，所以，耶律大石又被称为大石林牙或林牙大石。据伊本·阿西尔记，他衣着华丽，身穿中国丝绸，并按本族帝王风俗头戴面纱。

耶律大石是中国历史上一位杰出人物，为挽救辽朝覆亡，转战长城内外，尽心竭力。他在总结契丹人历史之时说：“我祖宗艰难创业，历世九主，历年二百。金以臣属，逼我国家，残我黎庶，屠翦我州邑，使我天祚皇帝蒙尘于外，日夜痛心疾首。我今仗义而西，欲借力诸蕃，翦我仇敌，复我疆宇。惟尔众亦有轸我国家，忧我社稷，思共救君父，济生民於难者乎？”[③]这一篇演说词只有92个字，叙述了辽朝历史、出走可敦城的目的，以及复国的愿望。通篇激烈慷慨，忧国忧民之情洋溢纸上。

耶律大石继承和发扬了中国古代“民为贵，社稷次之，君为轻”的政治思想，把国家和黎庶提到应有的重要地位，他在中亚的统治

---

① 关于花剌子模应缴纳贡赋的数额，依刘迎胜对波斯文的记载，确定为3万迪纳尔金。参见魏良弢：《西辽史研究》，宁夏人民出版社1987年版，第81页注1。

② （元）脱脱：《辽史》，第355页。

③ 同上书，第355—356页。

受到了当地人民的拥护，在臣民中享有很高的威望，以后随蒙古人来到中亚的耶律楚材说，耶律大石“颇尚文教，西域人至今思之”[①]。

第二节　西辽的统治

关于西辽在中亚的统治，史书记载不详，只能根据以往辽朝政治制度，以及阿拉伯文献的记载，做一些归纳和推测。辽朝原官制是“官分南、北，以国制治契丹，以汉制待汉人……北面治宫帐、部族、属国之政，南面治汉人州县、租赋、军马之事”[②]。辽朝的北面官是对契丹游牧民设置的，南面官是为管理汉人的州县而设置的。耶律大石出走之后，曾于1124年在可敦城设立过南、北面官。

西辽在中亚东部地区建国以后，没有设置南、北面官，而是采取以往中亚王朝的模式，实行直接和间接统治相结合的统治形式。尽管如此，管理游牧民的机构仍然存在。在中国辽朝的统治机构中，曾设置北面官以管辖北面宫，宫下有斡鲁朵，再往下是部族、蕃户，如道宗太和宫下有阿斯斡鲁朵，天祚皇帝永昌宫下有阿鲁碗斡鲁朵，斡鲁朵是靠行政手段组建的部族组织。在西辽，耶律大石在八拉沙衮附近建营帐虎思斡耳朵，虎思斡耳朵既是菊儿汗的大营，又是西辽管辖契丹游牧民的机构，它相当于辽道宗的阿斯斡鲁朵和天祚帝的阿鲁盌斡鲁朵，西迁契丹人被组织在虎思斡耳朵中。虎思斡耳朵所占面积很大，骑马绕行一周也得花上大半天。据《金史》记载，在八拉沙衮“契丹所居屯营，乘马行自旦至日中始周匝”[③]。

除八拉沙衮外，西辽契丹人还生活在水草丰美的另一些牧地上。据伊本·阿西尔的《全史》记载：“他们按照自己早在统治（这一地区）之前的习惯，生活在帐篷里，他们居住在讹迹邗、八拉沙衮、

---

① （元）耶律楚材：《湛然居士文集》，谢方点校，中华书局1986年版，第260页。
② （元）脱脱：《辽史》，第685页。
③ （元）脱脱：《金史》，第2637页。

喀什噶尔及它们的郊区。”[1]由此可知，讹迹邗和喀什噶尔郊区也是契丹人生活之地。

西辽在契丹人所在地实行直接统治，直接统治的区域有：锡尔河中、下游右岸，伊塞克湖周围，及七河流域，其中，八拉沙衮是统治中心。在统治区内，西辽实行中央集权。耶律大石一反喀喇汗王朝的分封制（即伊克塔制），不再把这些地区作为封地分封给皇族和功臣，而是采取中央集权制。据伊本·阿西尔记载，他说：“拿到了采邑，就会助长残暴的行为。”[2]

在直辖区内，耶律大石在原契丹部族制的基础上发展了西辽的部族制。西辽部族制借用了契丹部族组织的外壳，实际上内部已经发生了质的变化，它是行政区划、军事组织和部族结合的社会组织。部民不再以部落的形式组织，他们有固定的居住地，国家按地域将契丹民众划分为各级不同的行政区域，部民是国家行政区的编民；编民不再归部落酋长管辖，各级行政区由菊儿汗直接任命的官吏管辖；行政区域内的编民组织不仅是畜牧业、农业的生产单位，也是一种军事组织，战时中央政府派遣军官指挥。西辽在直辖区实行的部族制，废除了契丹贵族、酋长对部民的领有权，遭到契丹贵族的反对。耶律大石一生都在与那些企图保留自身特权的部落贵族进行斗争。

编民以户为单位向国家派遣的官员缴税，征税仿效契丹和汉族的什一税法及户调制。据《辽史》记载，在耶律夷列统治时期，西辽“籍民十八岁以上，得八万四千五百户”[3]。也就是说，西辽男子在18岁以上就独立为一户，每户成为负担赋税和兵役的基本单位，按户征税与以往游牧国家和伊斯兰国家按丁征税的传统不同，这种收

---

① 《吉尔吉斯人和吉尔吉斯地区历史资料》第1辑，新疆油印本（因刘戈选译本不完全，故采用新疆油印本）。

② 〔阿拉伯〕伊本·阿西尔：《全史》，转引自刘戈选译：《吉尔吉斯人和吉尔吉斯地区历史资料》（莫斯科1973年版），《中亚研究》1988年第3期，第10页。

③ （元）脱脱：《辽史》，第357页。

税方式是沿袭了中原王朝的封建租税制度。

西辽征收的税率可能比喀喇汗王朝要小。契丹人在中亚建立政权以前，喀喇汗王朝在当地征收的土地税（哈拉吉）为收获物的三分之一，此外，佃农还要向地主缴纳另外三分之一的收获物。据汉籍记载，在西辽统治时期，八拉沙衮居民以“所获十分之一输官”①。比较而言，西辽在直辖区的赋税是很轻的。

在西辽，管理汉人的州县已经不存在了，因此，没有设立南面官的必要。经过十几年的扩张，西辽成为一个地域广大的国家，臣属之国和部落地面主要有：东喀喇汗王朝领地，即以喀什和于阗为中心的今新疆西南部地区；西喀喇汗王朝领地，即阿姆河与锡尔河之间的河中地区；花刺子模，即阿姆河下游地区；高昌回鹘国，即今新疆吐鲁番盆地及准噶尔盆地东南部；粘拔恩部领地（该部具体位置不详，他们活动的地区与康里突厥人在一起，估计也在咸海北岸）；原喀喇汗属部康里突厥人的领地，即伊塞克湖和楚河一带；葛逻禄人的领地，即以海押立为首府的伊犁河以北地区。在这些地区或国家内，居民的社会经济发展的水平是不一致的，他们分别处于从氏族公社解体到较为发达的封建关系等不同的阶段上。

西辽对以上臣属地区采取间接统治的方式。统治基本上有以下三种类型：一是派官吏常驻，对当地统治者进行监督，如高昌回鹘国、葛逻禄部及撒麻耳干；一是定期派代表去征赋税，如花刺子模；一是由当地统治者代征赋税，如不花剌。②

在政治上，属国国王或属部酋长必须佩带和使用西辽颁发的牌、印。据伊本·阿西尔记：“每一服从菊儿汗的皇帝都在自己的胸前戴一个类似银牌的东西，这就是那个人服属于菊儿汗的标记。”③属国国王或属部酋长在其统治区内享有相当的自主权，拥有自己的军队。

---

① （元）脱脱：《金史》，第2637页。

② 新疆社会科学院民族研究所编著：《新疆简史》，新疆人民出版社1980年版，第171页。

③ 〔阿拉伯〕伊本·阿西尔：《全史》，转引自刘戈选译：《吉尔吉斯人和吉尔吉斯地区历史资料》（莫斯科1973年版），《中亚研究》1988年第3期，第9页。

西辽在这些地区不驻扎军队、不索质子的羁縻。[①]有时候，西辽派兵巡边，或应当地统治者的请求派兵镇压其境内的“反叛”活动。

在经济上，西辽采取中原王朝盛行的户税制度。据伊本·阿西尔记载，西辽对属国或属部的土地没有所有权，这些土地仍归当地居民使用，也就是说没有发生过历史上游牧民族征服者惯用的“毁耕为牧”的圈地。在征服期间，西辽统治者每攻占一城，对每户只收取一个迪纳尔金币作为赋税。以后，契丹人在八拉沙衮建立统治之时，对属国和属地征收的赋税有两种，一是按户征收，每户一迪纳尔；一是按田亩征收，即交纳收获物的十分之一，赋税是每个家庭的主要负担。建国之后，西辽规定了东、西喀喇汗王朝，高昌回鹘王国和花剌子模等属国每年上缴贡赋的数额，如花剌子模每年应缴贡赋 3 万迪纳尔金。

西辽对属国或属部派遣的官员称沙黑纳（Shihna，少监），沙黑纳的职责是传达政令，征收赋税，官职相当于突厥人的八思哈，蒙古人的达鲁花赤。沙黑纳可能是由军人充任的武官，在进驻属国或属部之时，带有少数武装。在军事管制下，可以保证属国和属部的赋税按时按量收缴。

西辽减轻赋税的政策得到了普遍拥护，在客观上对社会的安定、经济和文化的发展起到一定的推动作用。八拉沙衮地区很快出现百姓兴旺、牲畜肥壮的景象。

在统治前期和中期，西辽与属国或属部的关系是良好的，西辽统治者对属国或属部统治者以礼相待。据史书记载：“当喀喇契丹的诸汗控制了河中时，算端（素丹）乌思蛮（乌斯曼）受菊儿汗的统治，服从他的敕旨和禁令。菊儿汗那方面让他继续拥有河中的国土，没有把他从那里撵走，满足于征收一小笔年贡和把一名沙黑纳派驻在他那里。算端乌思蛮过着安逸和快乐的生活，每当朝见菊儿汗时，

---

① 〔美〕魏复古、冯家昇：《中国辽代社会史》，见郑钦仁、李明仁等译：《征服王朝论文集》，台北稻乡出版社 1999 年版，第 661—674 页。

总受到尊崇礼敬的接待。”①

然而，在西辽统治后期，派往属国或属部的沙黑纳在其监管地区内作威作福，巧取豪夺，引起当地人的愤恨，甚至引起当地统治者的不满，导致属国或属部与西辽的关系恶化。这种形势有利于蒙古人的征服。

西辽的统治，无论在直辖区或在属地，都是凭借武力实现的，具有军事统治的性质。因此，西辽统治者对军队建设尤为重视。辽朝在契丹男子中征兵的情况是："凡民年十五以上，五十以下，隶兵籍"，"每正军一名，马三匹，打草谷、守营铺家丁（即部典）各一人"②，装备自行筹备。士兵按部落组织起来，它们既是生产单位，又是军事武装单位，有事则以攻战为务，间暇则畋渔为生。辽朝灭亡之际，耶律大石收纳了原西北地区的数十万大军，"辽御马数十万，牧於碛外，女真以绝远未之取，皆为大实所得"③。由此，西辽的力量壮大起来。

耶律大石目睹辽朝将领拥兵自立在帝国覆亡中的破坏作用，他一反宗族旧章，将兵权牢牢控制在最高统治者菊儿汗手中。西辽军队由菊儿汗直接控制，平时将军所领士兵不超过百人，伊本·阿西尔说："（耶律大石）不委任异密为百骑以上的军官，使其不能叛乱。"如有战争，临时给将军派遣士兵，没有将军率"所部"执行任务的情况。这一措施在一定历史条件下为保证中央集权、巩固王朝统治发挥了作用。西辽军队保留了辽代的军职名称和战术特点，从《辽史·天祚帝本纪》的记载来看，西辽军官有兵马都元帅、兵马都副元帅、都部署、都监、护卫、招讨使等，这些官名都是袭用汉名。

西辽统治者在吸收原中亚政权统治经验的基础上，创建了自己的统治体制。西辽在中亚东部的统治，促进了当地社会经济和文化的发展。

---

①〔伊朗〕志费尼：《世界征服者史》，第 436 页。

②（元）脱脱：《辽史》，第 397 页。

③（宋）叶隆礼：《契丹国志》，贾敬颜、林荣贵点校，上海古籍出版社 1985 年版，第 185 页。

第三章

塞尔柱帝国

在 1040 年的丹丹坎战役中，塞尔柱人打败了伽色尼王朝，夺取了呼罗珊北部地区。此后，塞尔柱人西进，陆续征服了布威希王朝的属地；1055 年，塞尔柱人进入巴格达灭了布威希王朝，以伊斯法罕为都建立了塞尔柱帝国。在马立克沙统治时期（1072—1092），塞尔柱帝国达到极盛，统治地区包括小亚细亚、叙利亚、美索不达米亚、伊朗高原和中亚。塞尔柱帝国是突厥人在西亚建立的第一个突厥政权，塞尔柱帝国在采用波斯的行政制度的同时，为了兼顾突厥游牧贵族的利益，在一定时期内又实施了具有突厥政权特征的双王制和分封制。

第一节　塞尔柱帝国的建立

10 世纪，塞尔柱突厥人从锡尔河北岸南下河中地区，在参与中亚诸政权的斗争中壮大了自己的力量。在1040年的丹丹坎战役之后，塞尔柱人确立了在呼罗珊的统治。此后，塞尔柱人把矛头对准了西方的布威希王朝。

布威希王朝（945—1055），是伊朗北部山区的东伊朗语族戴拉姆人建立的政权。在7世纪中叶之前，该地区的戴拉姆各部臣属于萨珊波斯王朝。阿拉伯人征服初期，戴拉姆人没有受到冲击，在塔希尔王朝统治呼罗珊之时，他们被塔希尔王朝军队打败，接受了阿拔斯王朝的统治。当伊斯兰教在波斯境内传播之时，这些山民信仰伊斯兰教什叶派。9世纪初，戴拉姆部落首领艾卜·舒扎耳势力强大起来，陆续兼并了里海沿岸的各部落，组建了一支强大的武装。在几年的时间内，艾卜·舒扎耳的三个儿子分别占领了伊斯巴罕、设拉子、艾海瓦兹和克尔曼。此后，他们以设拉子城为都建立了自己的政权，并开始向外扩展势力。在东方，他们侵占了萨曼王朝的西部领地；在西方，他们进驻巴格达，取代哈里发行使阿拉伯帝国的世俗权力。

塞尔柱人的西进，陆续夺取了布威希王朝的东部属地。1043年，托格里尔派他的兄弟易卜拉欣进攻里海南岸的重镇刺夷城。易卜拉欣攻下刺夷之后，塞尔柱人以此为基地，准备夺取伊拉克地区。1045年，塞尔柱人在西面已经抵达伊拉克边界地区。1046年，托格里尔率部出征并包围了伊斯法罕城，城主阿布·曼苏尔坚决抵抗，他们未能攻占此城。最后，托格里尔同意该城继续归阿布·曼苏尔统治，但每年向塞尔柱人进贡，并以托格里尔的名义进行礼拜。1050年6月，塞尔柱人再次包围了伊斯法罕城，围城整整一年，1051年6月，伊斯法罕城因饥荒投降。伊斯法罕城是当时阿拉伯帝国中最大、最富有的城市之一。占领此城之后不久，托格里尔将首都从刺夷迁至伊斯法罕。1053年，塞尔柱人攻克了布威希王朝首府设拉子城，剩下的就只有巴格达城了。

塞尔柱人的节节胜利令以哈里发嘎义木为首的阿拔斯帝国统治层欢欣鼓舞，他们把摆脱布威希王朝控制的希望寄托在塞尔柱人身上。1055年12月18日，塞尔柱首领托格里尔率军进入巴格达城，结束了布威希王朝的统治。紧接着，塞尔柱人在伊斯法罕建立了塞尔柱帝国。①

1058年，托格里尔再次进入巴格达，他在巴格达受到了盛大的欢迎，首次与哈里发嘎义木见面，哈里发嘎义木把托格里尔“当作一位救星迎入城内”②。在盛大的仪式中，哈里发授予他“国之栋梁”（Rukn al-Dawula）等一系列尊敬的头衔，替他佩上了两柄剑，以示任命他为东、西方的军事统帅，并赐给他七件光荣袍和七个奴隶，象征哈里发国家的七个地区归他统治，于是，托格里尔获得了“东方和西方的素丹”称号。素丹又译苏丹，意为“掌权者”，塞尔柱帝国以及后来的许多伊斯兰教国家统治者都以此自称。在巴格达大清真寺的胡特巴中，加上了托格里尔之名。

史学界通常把以伊斯法罕为都建立的塞尔柱帝国称为大塞尔柱帝国，以区别以后在小亚细亚建立的塞尔柱帝国。大塞尔柱帝国在11世纪下半叶成为西亚最强大的国家。托格里尔领导塞尔柱人近26年（1038年7月—1063年9月），对塞尔柱帝国的建立和巩固具有不可磨灭的功绩。在他的率领下，突厥人取代了阿拉伯人和东伊朗语的戴拉姆人成为阿拉伯帝国世俗权力的代表；在他的带领下，塞尔柱人走出部落组织，他将波斯行政官僚制度强加于游牧的塞尔柱人政权之上，使塞尔柱帝国沿着波斯国家的轨迹运行。在此前进的道路上，他遭到了王室成员、各地埃米尔的反对，但塞尔柱帝国素丹们始终沿袭着他开创的道路前进。

塞尔柱帝国建立之初，托格里尔以伊斯法罕为都统治着帝国西部；其弟查基尔统治着帝国东部，驻地在莫夫。查基尔于1059年去世，长子阿尔普·阿尔斯兰（Alp Arslān）继承其父在帝国东部的统治。查基尔的妻子带着幼子苏莱曼（Sulaimān）投奔托格里尔，托格里尔娶了弟媳。四年之后，托格里尔在刺夷城去世。

托格里尔死后没有留下男性继承人，在宰相孔杜里（Kundurī）

---

① “塞尔柱帝国素丹世系表”见附录一。

② 〔美〕希提：《阿拉伯通史》（上），马坚译，商务印书馆1979年版，第567页。

的劝说下，他立查基尔的幼子苏莱曼为继承人，在礼拜和祈祷中颂读苏莱曼的名字。苏莱曼的继位开始了查基尔家族对大塞尔柱帝国的统治，该家族成员争夺素丹位置的斗争也随之展开。

当苏莱曼继任大塞尔柱帝国素丹的消息传到呼罗珊之时，苏莱曼之兄阿尔普·阿尔斯兰认为自己的权力受到了侵害，他认为帝国素丹的位置应该由自己继承，于是，他开始了推翻苏莱曼的活动。塞尔柱帝国的王公、大臣们都参与到这一斗争之中，托格里尔的宰相孔杜里支持苏莱曼继位，而跟随阿尔普·阿尔斯兰多年的辅佐大臣尼扎姆·莫尔克（Nizām al-Mulk）和另外一些塞尔柱王公支持阿尔普·阿尔斯兰夺位。最终，势众力强的阿尔普·阿尔斯兰获胜，成了大塞尔柱帝国的素丹（1063—1072 年在位），在剌夷城的祈祷以他的名义进行，而苏莱曼则被立为王储。

阿尔普·阿尔斯兰继位之后开始清除异己。1064 年 11 月，他处死了托格里尔的宰相孔杜里，任用在呼罗珊时期就跟随自己的尼扎姆·莫尔克为宰相。此后，尼扎姆·莫尔克一直掌握帝国的行政管理权达 30 年之久。

阿尔普·阿尔斯兰统治之初，面临着废除氏族内部不守法的习惯，氏族成员们对于把他们组织在一个正规国家之中显然极为不满，担任了塞尔柱帝国各行省的埃米尔们大多数拒绝服从中央的统治，渴望独立。为了把他们重新统一在帝国政权之下，阿尔普·阿尔斯兰继位的第二年，就出兵打败并杀死他的堂兄库吐尔米希（Qutlumish）；接着镇压了其弟卡乌德（Qawurd）在克尔曼（伊朗南部）的叛乱；1064 年杀死霍塔朗地区埃米尔，将该行省纳入帝国的统治；继而，他又使赫拉特城埃米尔、他的亲叔叔耶布古臣服。在平息以上叛乱之后，由于自己的地位还不十分稳固，阿尔普·阿尔斯兰对大多数叛乱分子采取了宽大的政策。

为了保持塞尔柱帝国的统治秩序，阿尔普·阿尔斯兰把那些跟随他进入两河流域城市的塞尔柱人引向有牧场的地方。塞尔柱人在两河流域建立统治之后，两河流域的城市和城郊住满了塞尔柱游牧民，他们成为帝国的不安定因素。在波斯人和定居阿拉伯臣民的共谋下，塞尔柱帝国统治者把这些塞尔柱游牧民引往亚美尼亚（1064）和小亚细亚（1071）。阿尔普·阿尔斯兰在1071年发生的曼吉克特（Manzikert）战争中，俘虏了拜占庭皇帝罗曼努斯·狄根尼斯，确保了突厥人对安纳托利亚（Anatolia）的征服。从此，许多独立的古思部落活跃在小亚细亚的原拜占庭疆域内，它们或者由塞尔柱帝国王室幼支家族的成员统治，或者由其他一些突厥酋长统治，他们与当地居民融合，对以后小亚细亚的突厥化起到了相当大的作用。

阿尔普·阿尔斯兰在西部扩张疆土的同时，在东方，平定了呼罗珊叛乱。他于1065年出兵河中地区，使西喀喇汗王朝和花剌子模国承认了他的宗主权。以后，他将其统治范围扩展到锡尔河河畔。1072年，阿尔普·阿尔斯兰在征伐西喀喇汗王朝之时，遭刺杀身亡。"征服之狮"阿尔普·阿尔斯兰死后葬在莫夫，他的墓志铭上写道："阿尔普·阿尔斯兰之头曾骄傲地向天昂着，仰视过他的人们啊，到莫夫来看看吧，这颗头颅入地是多么的深啊！"

阿尔普·阿尔斯兰去世以后，其子马立克沙（Malikshāh）继位。马立克沙是一位伟大的勇士和卓越的统帅，他的统治（1072—1092年在位）被认为是伊斯兰史上最光辉的时期，塞尔柱帝国达到极盛，帝国疆域覆盖了从阿富汗边境到地中海海岸的广大地区，小亚细亚、叙利亚、美索不达米亚、伊朗高原和中亚都在他的统治之下，东罗马帝国笃信基督教的格鲁吉亚王公们向他朝贡，人们把他与罗马帝国皇帝图拉真（Trajan）和哈德良（Hadrianus）相提并论。

与其父一样，马立克沙终身都在与亲属和一些地区埃米尔的分裂活动做斗争。在东方，马立克沙主要与他的叔叔卡乌德斗争。1072年，卡乌德在克尔曼起兵反对马立克沙继任素丹，他的行动得到大部分塞尔柱军队的支持，马立克沙的王位岌岌可危。尼扎姆·莫尔克早年协助阿尔普·阿尔斯兰组建了一支由突厥人、亚美尼亚人、希腊人、阿拉伯人和斯拉夫人（Slavs）组成的职业禁卫军，依靠这支军队，马立克沙经过几年的斗争，最终在哈马丹（Hamadan）战胜了对手，俘获了卡乌德，保住了王位。在宰相尼扎姆·莫尔克的怂恿下，马立克沙连夜将叔叔绞死（1078）。叛乱被平息之后，马立克沙最初把卡乌德的统治地区分给阿拉伯人和库尔德人的首领，但后来还是让卡乌德的儿子们统治了包括克尔曼在内的部分地区。卡乌德家族在克尔曼的政权被称为克尔曼·塞尔柱王朝，它是臣属于大塞尔柱帝国的一个地区性王朝，王朝在克尔曼及阿曼和沿海地区的统治一直到1187年。

在西方，马立克的堂兄弟（塞尔柱幼支）苏里曼·伊本·库吐米施（Suleiman ibn Qutulmish）企图摆脱马立克沙的统治。1081年，他在小亚细亚划地为王，建立了塞尔柱人的罗姆素丹国。罗姆素丹国先后以尼西亚（Nicaea，1081—1097）和伊康（Iconium，1097—1302）为都，统治小亚细亚几百年，到14世纪初期，开始分裂瓦解。

塞尔柱帝国此起彼伏的反叛活动表明，尽管尼扎姆·莫尔克行使着有效的行政管理，但要使塞尔柱人接受一个以素丹为中心的阿拉伯–波斯国家仍然是十分困难的。马立克沙企图让他的同胞们改变游牧生活，使他们服从命令，但他的想法难以实现。尼扎姆·莫尔克政府希望把塞尔柱帝国置于一个固定的基础之上，把波斯人的定居生活方式强加于以往的游牧民，使塞尔柱帝国成为传统式的波斯帝国。这些努力只得到了以素丹为首的少数统治者的理解和支持。

1091年，马立克沙把都城由伊斯法罕迁往巴格达，将哈里发置于塞尔柱素丹的直接摆布之下。马立克沙取得的这些成就与他任用贤人是分不开的，除了任用伊朗最伟大的政治家尼扎姆·莫尔克外，他还任用了一些才华出众、能力超群的大臣和财政管理人员，其中，杰出者有从1086年起一直任翰林院高职的卡玛鲁·杜乌拉和赛伊德·鲁阿绍。

在马立克沙统治后期，君臣之间出现了冲突，冲突的结果导致了塞尔柱帝国的衰落。马立克沙继位时只有17岁，两朝宰相尼扎姆·莫尔克掌管着大塞尔柱帝国的行政，无疑，尼扎姆·莫尔克在许多年内都自行其是，熟练而有效地处理着政务。作为行政部门的首脑，尼扎姆·莫尔克的专权和傲慢，以及任人唯亲的做法得罪了许多人，内阁诸大臣以及执掌财政者都因尼扎姆·莫尔克及其诸子的势力有碍他们的发展而嫉恨他，这些人经常在马立克沙面前制造矛盾，伺机打击莫尔克家族。

1092年10月，尼扎姆·莫尔克陪同马立克沙从伊斯法罕起程前往巴格达，途中遇刺身亡。他死后，马立克沙继续他的旅行，于1092年11月底抵达巴格达城。随后，他任命尼扎姆·莫尔克的政敌塔居·马立克为宰相。尼扎姆·莫尔克被刺一月之后，马立克沙在巴格达神秘去世，塞尔柱帝国的黄金时代也随他的逝世而结束。不久，塔居·马立克也被人毒死。这些事件显然都与尼扎姆·莫尔克被刺有关，他的支持者们认为，马立克沙参与了刺杀他们主子的阴谋。

马立克沙是塞尔柱帝国的杰出和伟大的素丹。除了政治上的成就外，马立克沙注意发展经济，在他统治期间，王朝修建公路、开凿运河、修缮城墙、建造商队客栈，大力发展农业，这些工程促进了帝国经济的繁荣。在马立克沙时代，伊斯法罕成为世界上著名的城市之一，也是当时最繁荣的都市之一，该城兴建的宏伟建筑物有些保存至今。马立克沙在文化上的贡献也是很大的。他于1074年在伊斯法罕修订了历法，著名的哲学家和诗人阿布法塔赫·欧玛尔·本·易卜拉欣·哈映姆·尼沙普里参与了历法的制订工作。在去世前一年，马立克沙下令尼扎姆·莫尔克及另外几位大臣把治国的经验和谋略写出来，《治国策》一书就是在此旨令之下写成的。

马立克沙死后，他的儿子们为争夺王位爆发了内战。最初，马立克沙年仅四岁的儿子马赫穆德继位，王太后塔尔干（Tarkan）专权。两年以后，马立克沙的长子巴尔基雅鲁克（Barkiyaruk，1093—1105年在位）在尼扎姆·莫尔克后裔和追随者的支持下夺取王位。巴尔基雅鲁克登位时年仅14岁，体弱多病，帝国陷于分裂，大塞尔柱帝国素丹的统治地区只有呼罗珊和中亚的一部分，其他地区由地方小王朝统治。其中较大的割据王朝有：由巴尔基雅鲁克的兄弟们统治的伊拉克素丹国（版图包括伊拉克和西伊朗）；巴尔基雅鲁克的叔叔突吐施（Tutush）后裔统治的叙利亚素丹国；小亚细亚的塞尔柱素丹国；克尔曼的卡乌德政权；花剌子模的阿尔斯兰·阿勒古（Arslān Arnegū）政权。塞尔柱人的小素丹国的命运各不相同：叙利亚的塞尔柱王国迅速地呈现出阿拉伯特征，不久就被他们自己的马木路克（突厥卫队）消灭；小亚细亚的塞尔柱素丹国延续了两个世纪，以后从这一王朝中产生了奥斯曼土耳其国；伊拉克素丹国作为一个定居政权实际上只控制了波斯地区。

1105年，巴尔基雅鲁克之弟穆罕默德·本·马立克沙（Muhammad b. Malikshāh）继位。他在位期间（1105—1118），伊斯法罕的塞尔柱宫廷与巴格达的阿拔斯王朝之间的矛盾尖锐起来。后继的塞尔柱素丹马赫穆德·本·穆罕默德（Mahmūd b. Muhammad）无力在伊斯法罕城统治，1119年，他被赶出伊斯法罕，迁到了哈马丹。

在穆罕默德·本·马立克沙去世之时（1118），马立克沙的另外一个儿子桑扎尔掌握了呼罗珊的政权，他的王朝被称为东塞尔柱帝国，哈马丹的塞尔柱政权被称为西塞尔柱帝国。西塞尔柱帝国统治地区只有伊剌克·阿只迷（Iraq ‘Ajami），阿哲尔拜占、摩苏尔（Mosul）、法尔斯（Fars）等行省已经处于突厥军人和被称为阿塔卑（高级官员）的世袭封建主的统治之下，其中，阿塞拜疆的阿塔卑成了末代塞尔柱素丹的宫廷侍长。

12世纪30年代，巴格达的哈里发穆斯台尔什德（al-Mustarshid，1118—1135年在位）唆使东、西两个塞尔柱国互相战争，东塞尔柱帝国统治者桑扎尔成功地统一了东、西两个帝国，此举增加了桑扎尔在塞尔柱人中的声望。伊斯法罕和剌夷两城在1118年发行的铸币上桑扎尔取“大素丹”称号。塞尔柱帝国统一起来之后共同对付哈里发，这种状况一直维持到1157年桑扎尔去世。桑扎尔去世以后，大塞尔柱帝国彻底分裂。

第二节　东塞尔柱帝国

1040年的丹丹坎战役之后，塞尔柱人在呼罗珊确立了自己的统治地位。以后，塞尔柱人首领托格里尔继续西征，留下其弟查基尔驻守和统治呼罗珊地区。[①]查基尔在呼罗珊一边镇压被征服地的反抗；一边继续蚕食伽色尼王朝的领地，以扩大塞尔柱人的生存空间。

查基尔巩固了在呼罗珊的统治以后，制定了灭亡伽色尼王朝的计划，准备从南、北两路进军伽色尼王朝都城加兹尼。南路的目标是夺取锡斯坦。然后，从锡斯坦攻伽色尼王朝的西南城市布斯特，从西南方攻入首都加兹尼。北路的目标是沿阿姆河上游进军兴都库什山，准备在翻山之后袭击喀布尔，再南下攻加兹尼城。此路军由查基尔亲自率领。1059年，查基尔攻占巴里黑，切断了伽色尼王朝与河中地区的联系。以后，他征服了巴里黑直到巴达克山一带的兴都库什山以北地区，留其子阿尔普·阿尔斯兰统治。但南下征服喀布尔的任务还未完成，查基尔就去世了。

1059年，查基尔去世时留下了四个儿子：阿尔普·阿尔斯兰、卡乌德、姚古梯和苏莱曼。长子阿尔普·阿尔斯兰继承了他的王位，成为呼罗珊的统治者，首府在莫夫；次子卡乌德统治着克尔曼，卡乌德自1041年起一直是克尔曼的埃米尔，他的称号是艾毛杜·杜乌拉·伽劳·阿尔斯兰；三子姚古梯的情况不详；幼子苏莱曼随母投奔了素丹托格里尔，以后，其母嫁给了托格里尔，由此苏莱曼成为塞尔柱帝国素丹王位的继承者。

查基尔在世之时，长子阿尔普·阿尔斯兰随父东征西伐，立下了战功。在丹丹坎战役以后，他的活动主要在西方，即在格鲁吉

① 塞尔柱帝国东部统帅：查基尔（1042—1059年在位）、阿尔普·阿尔斯兰（1059—1063年在位）、马立克沙（1063—1092年在位）、阿尔斯兰·阿勒古（1092—1097年在位）、阿赫默德·桑扎尔（1097—1141年在位）。

亚、亚美尼亚一带。阿尔普·阿尔斯兰及其子马立克沙于1054年来到了纳希契凡（Nakhichevan），与随军出战的大臣尼扎姆·莫尔克一起征服了格鲁吉亚和阿布哈兹亚（Abkhaziya）等地。不久，阿尔普·阿尔斯兰便以国王的身份巡视格鲁吉亚西部的考勒特里行省，在他的请求下，格鲁吉亚国王巴格劳来梯把自己的女儿嫁给了他，双方建立了友好关系。

继承王位以后，阿尔普·阿尔斯兰的主要活动是稳定统治区的秩序。他巡视了二弟卡乌德统治的克尔曼，在此受到卡乌德的热情款待。阿尔普·阿尔斯兰在位第二年，即1060年，促成了素丹托格里尔与伽色尼王朝素丹易卜拉欣的和谈，双方签订了边境条约，条约规定以当时实际统治的领地为界，不再觊觎对方的领土与财富，不使民众的血为此而白流。该条约的签订维持了这一地区的和平，在一段时间双方没有发生大的战争。为了巩固1060年条约，阿尔普·阿尔斯兰与伽色尼王室建立了联姻关系，他的儿子阿尔斯兰沙（Arslānshāh）娶了伽色尼王朝素丹易卜拉欣之女，以后，他的另一个儿子马立克沙把女儿嫁给了易卜拉欣之子马苏德三世（Mus'ūd III）。以上活动巩固了阿尔普·阿尔斯兰在塞尔柱帝国东部的统治，为以后夺取塞尔柱帝国素丹之位打下了基础。

在夺取塞尔柱帝国素丹之位以后，阿尔普·阿尔斯兰在尼扎姆·莫尔克的协助下稳定了阿姆河以南及呼罗珊的局势。1065年，阿尔普·阿尔斯兰出巡河中地区和花剌子模，得到了这些地区王公们正式臣服的表示。1067年，阿尔普·阿尔斯兰的二弟卡乌德在克尔曼闹独立，在礼拜时不再提及阿尔普·阿尔斯兰之名，甚至发动了武装起义。获悉此事之后，阿尔普·阿尔斯兰迅速赶到克尔曼，在吉洛夫特城堡打败了卡乌德的军队。不过，他宽恕了二弟，继续让卡乌德统治着克尔曼。在此期间，宰相尼扎姆·莫尔克出兵征服了伊斯塔赫里（Istakhrī），从此，他在塞尔柱政权中的地位提高。

1072年，西喀喇汗王朝的沙姆斯汗宣布脱离塞尔柱帝国独立，阿尔普·阿尔斯兰率领20万大军渡过阿姆河前去镇压。是年11月，一个名叫优素福·花剌子米（Yūsuf Khwārazmi）的城堡看守被带到阿尔普·阿尔斯兰面前，当阿尔普·阿尔斯兰在指责其罪责之时，优素福抽出随身携带的剑刺杀了他。四天之后，阿尔普·阿尔斯兰去世，他的遗体被运回呼罗珊莫夫城，埋在其父查基尔墓旁。

阿尔普·阿尔斯兰留下了六个儿子：马立克沙、阿雅兹（Ayāz）、塔卡什（Takash）、布里巴勒斯、突吐施和阿尔斯兰·阿勒古。阿尔普·阿尔斯兰生前曾于1065年在莫夫宣布立长子马立克沙为王储，这个决定得到了诸王子、王公和达官贵人的认可。与此同时，阿尔普·阿尔斯兰对帝国东部领土也进行了分封，东部帝国的首府莫夫归长子马立克沙；花剌子模绿洲归幼子阿尔斯兰·阿勒古；巴里黑归幼弟苏莱曼，但在马立克沙统治时期，巴里黑城主是马立克沙之弟阿雅兹。

1072年，马立克沙继承了王位，年仅17岁的他在宰相尼扎姆·莫尔克的辅佐下实施统治。在塞尔柱帝国新、旧统治者更换之时，西喀喇汗沙姆斯出兵占领了呾密与巴里黑城，赶走巴里黑城主阿雅兹。马立克沙继位的第二年，即1073年，塞尔柱军队将沙姆斯在巴里黑和呾密的驻军赶走，乘胜向撒麻耳干进军。但在沙姆斯的请求下，双方停战讲和。此后，马立克沙在呾密重新设防，巴里黑城由其三弟塔卡什统治，自己返回莫夫。然而塔卡什多次反叛，马立克沙曾两次出兵讨伐，1084年，马立克沙派人把他的眼睛挖掉。1077年，马立克沙派五弟突吐施到叙利亚地区，两年以后，突吐施在大马士革建立了独立统治，即叙利亚塞尔柱王朝。

1088—1089年，西喀喇汗王朝发生王权与教权之间的斗争。继沙姆斯为西喀喇汗的阿黑马德与宗教界发生冲突，宗教界的神职人员派人到塞尔柱帝国向素丹马立克沙求援。马立克沙于1089年进攻河中，夺取了不花剌，俘获了阿黑马德，把他带到伊斯法罕监禁。马立克沙的代理人统治了不花剌和撒麻耳干。不久，东喀喇汗王朝的雅库布特勤率军赶走了马立克沙的代理人，统治了西喀喇汗王朝。于是，马立克沙再次出兵河中地区，赶走雅库布特勤。后来，马立克沙将阿黑马德重新扶上了西喀喇汗的王位。

1092年，马立克沙去世，长子巴尔基雅鲁克继位。在他统治初期，他的叔叔阿尔斯兰·阿勒古起兵反叛，不承认巴尔基雅鲁克在东方的统治权。巴尔基雅鲁克派布里巴勒斯率军镇压，1095年，布里巴勒斯被阿尔斯兰·阿勒古打败。1097年，巴尔基雅鲁克派幼弟阿赫默德·桑扎尔出兵攻阿尔斯兰·阿勒古。在此期间，阿尔斯兰·阿勒古被其手下一名仆从刺死，于是，巴尔基雅鲁克轻易地夺取了呼罗珊，留其弟桑扎尔在此实施统治。

桑扎尔最初只是塞尔柱素丹派往呼罗珊的地方官，他的驻地在莫夫城。在统治期间，他励精图治，使塞尔柱帝国东部经历了辉煌时期。桑扎尔统治时期长达六十年（1097—1157），可分为两个时期。第一阶段是自1097年至1119年，作为塞尔柱帝国统治东方的地方官，桑扎尔拥有马立克（王）的称号；第二阶段是自1119年至1157年，桑扎尔称素丹，拥有众王之王等封号，统治着整个塞尔柱帝国。

桑扎尔统治初期，西喀喇汗穆罕默德·本·苏来曼（1102—1130年在位）臣服；花剌子模沙也归顺于他，花剌子模成为塞尔柱帝国的一个省；伽色尼王朝也成为塞尔柱帝国的属国，王朝王位的继承要仰仗他的扶持。

1118年，桑扎尔之兄、塞尔柱王朝素丹穆罕默德·本·马立克沙去世，穆罕默德之子马赫穆德·本·穆罕默德继任为素丹。桑扎尔不承认侄儿的权威，与其发生了战争。桑扎尔率部两万人，还有18头大象前往阻挡马赫穆德东进的部队，随同出征者有花剌子模沙忽都不丁·穆罕默德。1119年8月，两军在萨韦交战，马赫穆德兵败后逃往伊斯法罕，桑扎尔抵达都城哈马丹，成为塞尔柱王朝素丹。尽管如此，桑扎尔实际统治的地区只在剌夷城以东地区，他把西部地区留给了其兄穆罕默德·本·马立克沙的儿子们。不过，在塞尔柱帝国的大部分领土上，从东部一直到叙利亚，包括麦加（Mecca）、麦地那（Media）在内的地区，在礼拜中都以桑扎尔之名进行祈祷。

桑扎尔势力的扩大，与正在向西发展的西辽发生了冲突。西喀喇汗马赫穆德·伊本·穆罕默德在与境内的葛逻禄人发生冲突之时向桑扎尔求援，而葛逻禄人却向西辽菊儿汗耶律大石求援。耶律大石给桑扎尔写了一封为葛逻禄人求情的信。桑扎尔不但不接受说情，反而写信叫耶律大石皈依伊斯兰教，否则就以武力解决。据伊本·阿西尔说，桑扎尔在信中夸口说，自己有大量军队，有各种武器，有能力用各种方法作战，他甚至写道："须知我们能用自己的箭截断须发。"宰相塔伊尔·伊本·法赫尔认为这样写不妥，但桑扎尔不听劝告，坚持把信送走。在使者宣读完此信之后，耶律大石命来使用针刺断自己的一根胡子，使者做不到，耶律大石嘲笑说："你都不能用针刺断胡子的一根毛，别人怎么能用箭射断头发呢？"①

于是，一场战争不可避免地发生了。双方都投入了大量兵力，在耶律大石的军队中，有突厥人、汉人和契丹人；在桑扎尔的军队中，有锡斯坦埃米尔阿布法兹尔、伽色尼王朝素丹巴赫拉姆沙、古尔统治者阿劳乌丁·侯赛因·贾杭苏兹和塔巴里斯坦的将领沙高齐·努斯拉土丁等人率领的呼罗珊和西吉斯坦、加兹尼、古尔和马赞德兰军队，总共有10万多骑兵，仅军事检阅就用了6个月的时间。桑扎尔率领大军于1141年7月渡阿姆河，开进河中地区。中国史书对桑扎尔的军队记载说："西域诸国举兵十万，号忽儿珊，来拒战。两军相望二里许。"②

回历536年2月5日（公元1141年9月9日）两军会战。西辽军队中的葛逻禄人发挥了重要作用，他们最终打败了桑扎尔军队。桑扎尔军队伤亡惨重，仅达尔加姆峡谷就留下了1万名死伤者，中文史书记载说西辽"三军俱进，忽儿珊大败，僵尸数十里"③。阿拉伯史家伊本·阿西尔说："在伊斯兰教中没有比这更大的会战，在呼罗珊

---

① 〔阿拉伯〕伊本·阿西尔：《全史》，转引自刘戈选译：《吉尔吉斯人和吉尔吉斯地区历史资料》（莫斯科1973年版），《中亚研究》1988年第3期，第9页。

② （元）脱脱：《辽史》，第356页。

③ 同上。

也没有比这更多的死亡。”失败以后，桑扎尔逃走，其妻子、右翼统帅库米吉和左翼统帅西吉斯坦国王被俘。桑扎尔带着喀喇汗王朝大汗马赫穆德仓皇逃奔忒耳迷，在此渡河后进入呼罗珊。卡特万战争是继一百年前的丹丹坎战役之后的又一场著名战争，此后，塞尔柱帝国的势力退出河中地区，西辽成了西喀喇汗王朝的宗主。

在素丹桑扎尔统治时期，塞尔柱帝国的统治重心移到了中亚。1036年，塞尔柱人在呼罗珊建立统治之时，呼罗珊首府尼沙普尔是王朝的都城，随着塞尔柱人西征，王朝中心不断西移。1043年，王朝都城迁到剌夷城；1050年，迁到伊斯法罕城，在以后的半个多世纪中，伊斯法罕一直是帝国都城；在马立克沙统治后期，帝国都城移到报达。马立克沙去世以后，大塞尔柱帝国分裂，帝国西部先后以伊斯法罕和哈马丹为都城；东部以莫夫城为都城。东部帝国的重要性是从阿尔普·阿尔斯兰任素丹时期开始的。阿尔普·阿尔斯兰及其后继者马立克沙的发迹地都在帝国东部，他们继任素丹之后，对帝国东部的关注使帝国的统治重心开始向东部转移。1119年的萨韦之战以后，桑扎尔名义上统一了塞尔柱帝国。在此后的近40年时间里，莫夫城实际上成为塞尔柱帝国的都城。

第三节　塞尔柱帝国的统治

塞尔柱人是古思游牧民的一支，他们利用游牧骑兵的军事优势，从马背上夺取天下，征服了中亚、伊朗和两河流域地区。如何统治定居文化悠久、宗教信仰复杂的地区，是塞尔柱统治者面临的迫切任务。

得到哈里发的承认是塞尔柱人统治合法性的关键。于是，塞尔柱帝国首先解决了与哈里发的关系。塞尔柱帝国与阿拔斯哈里发保持一致，信仰并保护伊斯兰教逊尼派。事实上，塞尔柱帝国统治者掌握着阿拔斯王朝的世俗政权，哈里发只是以宗教首领的名誉存在。

有学者认为，塞尔柱帝国开始了伊斯兰世界双领袖的体制，素丹被承认为世俗统治者，而哈里发只是作为伊斯兰世界的道德和精神领袖，这一体制最终成为逊尼派穆斯林认可的政体和法律理论。[①]

塞尔柱人在其统治的西部地区没有巩固的民族基础，这些地区的居民大多数是说东伊朗语的印欧种人，于是，塞尔柱帝国的统治采取了萨曼王朝的模式。早在呼罗珊逗留期间，塞尔柱人已经熟悉了这里的政治观念和国家行政制度，帝国建立以后，塞尔柱帝国基本上采取了统治权与行政权分离的波斯人的行政方式。

帝国的最高统治权掌握在素丹手中。素丹的职能主要有三：第一，率领军队从事对外征伐和平息内乱；第二，行使最高司法权；第三，对最高行政官宰相和最高宗教首领的任命权。

素丹具有军事权。对外扩张和平息帝国境内的反叛是在素丹的计划和部署下进行的，军队由素丹派遣，军队首领由素丹任命。

素丹具有最高司法权。法官由素丹任命，并由国库发给薪水："在任命时，那些有学问的、尽职的和不贪婪的法官应当留任；反之，则应该免职，让胜任者取而代之。根据其职位给每人付工资，这样，他将没有不忠的借口。……如果一位法官出于贪婪或怨恨而任意判决，而另一些法官必须执行这一判决的话，要把此事秉报国王，这位法官会受到免职和惩罚。"[②]素丹维护法官的权威："所有其他官员都必须加强法官的力量和维护法庭的尊严。如果有人借口不出庭，无论他的职务有多高，都必须用武力强迫他出庭。"[③]

素丹具有最终裁决权。"国王每周应该上朝两天，以纠正过失、向压榨者索取赔偿、主持公道、不通过中间人亲耳倾听臣民的汇报，这些是绝对必要的。……国王对每份奏折都应做出裁决。"[④]"如果国王是突厥人或波斯人，或者不懂阿拉伯语、没有学过萨里亚（伊斯

---

① Asimov, C. E. Bosworth, *History of Civilizations of Central Asia*, Vol.4(1), p.155.

② Nizam al-Mulk, *The Book of Government or Rules for Kings*, p.42.

③ Ibid..

④ Ibid., p.13.

兰法）法理的人，那么，他需要一个代理人，通过他行使职权。”[①]“如果有人在未经国王同意或命令的情况下对他人进行惩罚、残肢、宫刑，即使是对他自己的仆人或奴隶，国王也不能同意，必须惩罚此人，以警示其他人，让他们明白自己的地位。”[②]

素丹拥有外交权。派往其他国家的使节由素丹派遣。不过，宰相也可以派自己的使者同行，如阿尔普·阿尔斯兰在决定远征河中地区之前，曾派使者去西喀喇汗国宫廷，尼扎姆·莫尔克也派自己的使者丹尼希曼德·艾斯塔尔（Danishmand Ashtar）随行。来到帝国的各国使者首先面见素丹，但“按惯例，外使们随时可以去拜访该国宰相，以便向宰相提出要求和说出那些不好当面向素丹说的事情，然后由宰相转达给素丹”[③]。

素丹有任命宗教首领和举行宗教会议的权力：“在大清真寺领读祈祷文的布道者（教长）应该由国王依据他们的虔诚和对《古兰经》的掌握而选任。”[④]教士们的薪水由国库支付。

原则上，素丹没有行政权，最高行政权掌握在宰相手中。在长期征战中，军事贵族排挤了氏族贵族，氏族贵族会议逐渐演变成中央机构迪万（Divan，或称行政办公厅），宰相是行政办公厅的最高负责人，国家行政是通过以宰相为首的中央政府进行。素丹有任免宰相的权力和秘密调查宰相的权力。

塞尔柱帝国宰相一职一直由波斯人担任，塞尔柱开国首领托格里尔的宰相孔杜里是尼沙普尔省孔杜尔村人，他从 1057 年起担任托格里尔的宰相，精通波斯语和阿拉伯语。托格里尔时期塞尔柱帝国的繁荣与这位才华出众的宰相有密切关系。由于他在科学、文学和政治策略上的安排和工作，塞尔柱人轻易地征服了伊拉克，并使哈里发嘎义木不战而降。由于他在阿拔斯王朝中的影响，在两个朝廷

---

① Nizam al-Mulk, *The Book of Government or Rules for Kings*, p.44.

② Ibid., p.73.

③ Ibid., pp.54-55.

④ Ibid., pp.44-45.

发生分歧之时，形势总是朝着有利于塞尔柱帝国的方面转化。托格里尔死后，孔杜里按托格里尔的遗愿扶持苏莱曼继位，后来，在阿尔普·阿尔斯兰夺位之时，他又顺应形势立阿尔普·阿尔斯兰为素丹，对国家的稳定起到了一定作用。

两朝为相的尼扎姆·莫尔克也是波斯人。在任职期间，尼扎姆·莫尔克建立了一套职责分明的行政管理体系，中央政府下属五个机构：司库、秘书处、组织处、情报处和调查处。中央政府负责政策的制定，下属各部负责具体执行，尼扎姆·莫尔克本人监督这些部门的活动。为了使行政管理部门忠实高效地执行宰相制定的各项政策，尼扎姆·莫尔克亲自负责政府官员的挑选和培养，并设立学校培养各级行政官员。

国家财政权掌握在宰相手中。中央政府设置了资金库和消费库两个金库。“收上来的税通常是入资金库，除非急需，资金库是不许动用的。当人们从资金库中拿出东西时，要以借债的方式拿走，并且以后要以相同的数目归还。如果不以这种方式认真地对待，国家的全部收入都将会被浪费掉，如果发生需要用钱的意外事件，就会着急，或者不能满足，或不能及时满足已经应允之事。具体实施的方法是：任何钱，如从各省收上来的税款，都将入库，不能被兑换或兑现。这样，在规定的时间内应付的款项，对奖金、工资和礼物的支付就不会拖欠，国库总是在不断地得到补充。”①

地方一级也仿照中央的模式建立起统治权和行政权分离的政治体制，各省总督由宰相选派和由国库发给俸禄。帝国对地方的统治主要表现在税收方面。统治一方的官员“要根据自己的职责派出正直和诚实的副手，让他们到各地或各城去监督征税和财政收入，去了解每一件事情，无论大小。他们的月薪不能成为农民的负担，……他们的需求必须从国库得到满足，这样他们就没有借口去贪污和受贿。如果他们老老实实地干好工作，他们的津贴最终会超过应付给

---

① Nizam al-Mulk, *The Book of Government or Rules for Kings*, p.239.

他们薪水的10倍或100倍”①。“各省税收的账目总要保存好，它可以显示收支情况，其优点是对消费进行有益的监督。”②

统治区内那些没有被分封的地区和城市由总督划分成若干纳税区，地方政府对每一纳税区派一名收税员，如果收税员的行为良好，“那么一个纳税区就可以交给他管理；否则，就不能交给他，而要把他换下来，改派适当的人。该官员应该免职，永远不再录用。而其他人将会引以为鉴，不再敲诈勒索”③。

宰相对各城市派有监察官，其职责是核查秤和检查物价，使买卖以诚实的方式在有序中进行。他必须特别留意从边远地区运到本地集市出售的商品，检查是否有伪劣商品，重量是否足，道义和教义是否得到遵守。国王及其他官员要强化他的权力，因为这是国家的基础之一，其本身也是正义的产物。如果国王忽略了这个问题，穷人就遭到不幸，集市上的商人就会随心所欲地买进卖出，短斤少两者将会占优势，不公平就会形成风气，神圣法律就会受到轻视。监察官一职一般总是授予贵族或太监或突厥老人，这类人对任何人不讲情面，贵族和平民都同样畏惧他们。④

此外，宰相还在每个城市安插巡视员，他们“不断地调查，及时了解税官、法官、警察署诸官和监察官对待人民的行为，事无巨细都要了解”。巡视员由那些对宗教事务感兴趣、敬畏真主，且不谋取私利的人充任。⑤

塞尔柱帝国大量雇佣波斯人充任各级行政官员，其中，首当其冲的是呼罗珊波斯人。塞尔柱帝国的事业发端于呼罗珊，从一开始就得到呼罗珊波斯人的帮助。托格里尔西征之时，随身带着呼罗珊人伊玛目穆瓦法克（Muwaffaq）；塞尔柱帝国建立以后，中央政府和

---

① Nizam al-Mulk, *The Book of Government or Rules for Kings*, p.63.

② Ibid., p.243.

③ Ibid., p.23.

④ Ibid., p.45.

⑤ Ibid., p.47.

地方政府的主要官员都来自呼罗珊，他们多出身于官宦之家，有的家族甚至是几代为官，这些人谙熟统治制度，既有政治抱负，又有行政管理经验，由他们担任各级行政官员，主持政府的工作，既保持了政策措施的连续性，又使政府机构得以有效运转。

塞尔柱帝国保留了一些地区王朝，与这些王朝保持臣属关系。地区王朝统治者维持着原有的统治，治国重任由这些地区王朝的统治者和旧官员实施，在这些具有治国经验和管理才能的专家治理下，这些地区沿着以往的模式持续发展，没有因政权更替而中断。

塞尔柱帝国在处理与臣属政权之间关系之时，采取人质制度。“必须让阿拉伯人、库尔德人、戴拉姆人、鲁米人及最近才表示臣服者的国君们知道，每人都要送一个儿子或兄弟到宫中，如果不上千人的话，也应该不会少于 500 人。每到岁末，他们可以替换，先来的那批人质可以回家。不过只有在替换者到了之后，他们才能动身回家。因为有了人质制度，就无人会反叛国王。戴拉姆人的情况，以及胡吉斯坦人、塔巴里斯坦人、沙邦喀喇人，还有受封者和受赠者，同样都要派 500 名人质住到宫里来。这样，一旦需要，朝廷永远不会缺乏可用之人。”①

军队在塞尔柱帝国内发挥着重要作用。塞尔柱人对伽色尼王朝军队非常钦佩，以其为榜样建立起自己的常备军，取代以前的氏族部落民团。常备军的作用超过了部落军队，在阿尔普·阿尔斯兰夺取素丹王位之时，支持他的除了宫廷侍卫外，还有一支常备军。由于塞尔柱人不断从被征服的领土上招兵买马，故阿尔普·阿尔斯兰的常备军是一支多民族的军队，他们中有伊朗人、阿拉伯人、库尔德人、亚美尼亚人以及其他部落的青壮年，靠卓著的战功他们可以晋升为埃米尔，因此作战十分勇敢。这支军队身着统一的突厥服装。

“在花名册上，应当总是记载着 4000 名来自各种族步兵的名字。专拨 1000 名给国王；余下的 3000 名分配给总督和军队统帅，

---

① Nizam al-Mulk, *The Book of Government or Rules for Kings*, p.101.

作为他们的扈从，以备各种突发事件。”[①]素丹“在宫廷中应有200个被称为特种（卫兵）的人，他们是从相貌和身材都长得好的人，并且应该从具有刚毅勇敢性格的人中挑选。其中100名应该是呼罗珊人，另100名是戴拉姆人，他们的职责是在国内和国外随时跟随国王。……除了固定的薪水外，应该给他们发放相应的高级服装补贴。每50人设一个军士，他的职责是了解部下和整顿纪律。特种卫兵必须都是善骑者，以必要的服饰装备。这样，他们在各种重大场合才能发挥其特殊的作用”[②]。

尽管如此，突厥人在军队中担任着重要角色，素丹和各地总督从不把军权交给外族人，而是交给久经沙场和富有献身精神的突厥人。“尽管突厥人惹起了相当大的麻烦，他们人数众多，不断地对王朝提要求，这是因为他们在王朝崛起之时的杰出服务和经历了艰苦，还因为他们与王朝有着亲属关系。这样看来，把大约1000名突厥人之子征募到朝廷，让他们作为宫中侍卫是合适的。在他们受雇佣期间和在军中服役之时，他们将学会使用武器，成为训练有素的侍卫。”[③]

帝国对军队官兵之间的关系也有严格规定：“士兵的每一项要求都必须由部队长官和上级军官转达，这样，如果是一个满意的答复，由长官和军官们转达给士兵。通过这种方式，他们将获得士兵的尊敬。因为，当士兵陈述自己要求时，不需要一个中间人，以免部队长官失去尊重。如果部队里有人对上司傲慢无礼，或者没有给予上司应有的尊重，越过其权限，他必须受到惩罚，这样，在上下级之间可以保持一定的等级关系。”[④]

在塞尔柱帝国初期，军队实行军饷制，“部队官兵必须按时领取薪饷。那些封主的薪饷当然完全由封地独自支付；对于不适合分配封地的那些侍卫，必须发给他们薪饷。当根据部队人数制定出所需

---

① Nizam al-Mulk, *The Book of Government or Rules for Kings*, p.93.

② Ibid..

③ Ibid., p.102.

④ Ibid., pp.120-121.

薪饷的数目以后，应当把钱作为专款拨出，直到凑足全部军饷。军饷一定要严格定时发放”①。“一个军人由于死亡或其他原因离开了部队，无论什么时候，（部队首领）应该马上通报实情，不能隐瞒真相。应该命令部队首领，他们一旦领取薪金他们将随时整装待命，以应付可能出现的突发事件。如果有人离职，他们要立即上报，这样，空缺可以补上。否则，他们就要受到惩罚，就要被停发薪金。”②

在马立克沙统治时期（11世纪70年代末以后），由于财政拮据，国库空虚，不再给军人发放军饷，而是给他们授地产，他们在自己的领地上享有统治权。此后，拥有经济实力的军人拥兵自立，导致了大塞尔柱帝国的瓦解。

然而，不管以宰相尼扎姆·莫尔克为首的波斯官员如何努力，塞尔柱帝国的中央集权并不强大。对中央政权造成的威胁主要来自塞尔柱人内部。塞尔柱人中频繁发生的叛乱事件反映了中央集权与部落制度之间的矛盾。在此冲突中，塞尔柱帝国素丹们必须照顾到突厥人的利益，于是，塞尔柱帝国的统治又兼有突厥政权的性质。

塞尔柱帝国的统治最初保持着二元统治的突厥政权模式，即帝国的领土在两兄弟之间被分割。兄托格里尔统治着帝国西部，它是帝国的中心，都城在伊斯法罕；弟查基尔统治着以呼罗珊莫夫城为中心的帝国东部。尽管如此，东、西分治的局面在塞尔柱帝国内从来没有像喀喇汗王朝那样形成过定制，它似乎只是塞尔柱人由部落制向封建制转变时期政权建设的一个过渡阶段。在阿尔普·阿尔斯兰继任塞尔柱帝国素丹（1063）以后，二元统治在塞尔柱帝国中结束了。

在塞尔柱帝国中，实施了具有突厥政权特征的分封制。塞尔柱帝国建立以后，如何对待那些追随塞尔柱首领的游牧贵族始终是帝国统治者面临的难题。除了引导他们向小亚细亚和亚美尼亚去夺取

---

① Nizam al-Mulk, *The Book of Government or Rules for Kings*, p.99.

② Ibid., p.10.

新的牧场外，塞尔柱素丹们还把被征服地分封给他们。10 世纪中叶，塞尔柱人从锡尔河北岸草原移往中亚腹地，他们最初的组织形式是分散的游牧群，由部落首领统治。10 世纪后期，他们渡过阿姆河迁到呼罗珊北部游牧，这时候他们的社会组织形式是较大的部落联盟。在呼罗珊建立政权的时候，塞尔柱首领采用了马立克（王）的称号。11 世纪中叶，塞尔柱人取得统治地位以后，以部落组织为基本单位的政治、经济和军事结构基本上保留下来，素丹将一些征服地分封给这些部落首领和贵族。

在塞尔柱帝国内，游牧和定居的塞尔柱贵族都可以得到封地伊克塔，素丹的亲属们大多数成为大伊克塔领主，11 世纪末，伊克塔成了占优势的封建土地所有制形式。一些下级军事首领也分得小块伊塔克，在马立克沙统治时期，获得伊克塔的战士有 46000 名。① 于是，在帝国境内形成了大大小小的有条件领地（伊克塔）。

伊克塔不仅有牧地，还有耕地，甚至包括城市，因此，伊克塔的领主不仅对牧民，而且对定居农民和手工业者进行封建剥削。他们通常居住在草原上（有的游牧贵族在塞尔柱帝国建立至少在一百多年以后才迁往城市），从其领地上征收实物地租。关于这个时期封建依附农民状况仍不清楚，但有一点是毋庸置疑的：定居农民所遭受的剥削比游牧民更为沉重，农民对封建主的依附关系在日益加重，到 13 世纪初，居住在伊克塔领地上的农民几乎已经完全依附于领主。

塞尔柱帝国建立之初，伊克塔是不世袭的，受封者只享受收税权，没有行政权。“拥有封地者必须知道，对于农民，他们除了收税外，没有其他任何权力。必须有礼貌地按指定的税额征收，在农民缴纳税以后，必须保证他们的人身、财产、妻儿的安全，他们的财产和农场也不容侵犯。土地受封者不能对他们提出进一步的要求。如果农民想到朝廷陈述他的事情，不能阻拦他们；否则，受封者必须受到审查，他的封地将被收回，他将受到谴责，以示他人。他们

① 苏联科学院主编：《世界通史》第 3 卷下册，生活·读书·新知三联书店 1961 年版，第 699 页。

必须明白，国土和农民都属于占统治地位的王权，受封者和总督对于（在他们管理地区）的农民，如长官一样。”①

最初，“伊克塔每两三年就调换受封者，以免他们地位牢固，尾大不掉，导致不安。用这种办法他们就会善待农民，他们所管辖的省也会保持繁荣”②。到12世纪，中央政府所赏赐的封地逐渐变成世袭领地。随着军事封建制度的发展，一些大伊克塔领主在其领地内享有极大的独立，独立和半独立王朝形成，他们在名义上都承认大塞尔柱帝国的宗主地位，实际上，各地领主不尊重中央政权。11世纪末期，宰相尼扎姆·莫尔克曾提出限制伊克塔制度的主张，然而，这种独立趋势未能得到遏制，游牧和定居的大伊克塔领主甚至采取素丹称号，马立克沙去世以后，塞尔柱帝国同时采用素丹称号的就有几个人。在巴尔基雅鲁克和穆罕默德统治时期，东方统治者桑扎尔开始采用素丹称号，与此同时，西部地区的其他王子也采用素丹称号。

---

① Nizam al-Mulk, *The Book of Government or Rules for Kings*, p.32.

② Ibid., pp.41-42.

第四章

伽色尼王朝

丹丹坎战役失败之后，伽色尼王朝在阿富汗的统治又幸存了大约 120 年（1041—1160）。[①] 在此期间，伽色尼王朝一直希望夺回被塞尔柱人夺走的领土，但没有成功，最终不得不承认了塞尔柱帝国的宗主权。伽色尼王朝统治地区的居民大部分是说东伊朗语的印欧种人，王朝的统治更多地沿用了萨曼王朝行政管理的方式。12 世纪上半叶，伽色尼王朝统治中心向北印度转移，拉合尔成为仅次于都城加兹尼的政治、经济和文化中心。

第一节　伽色尼王朝

丹丹坎战役之后，伽色尼素丹马苏德渡哈里河经古尔（Ghur）地区返回都城加兹尼。回国以后，马苏德采取了积极措施巩固自己的统治。对内，他调和了家族矛盾，主要调整了与兄弟穆罕默德家族的关系，释放了被他关押的兄弟穆罕默德及其四个儿子：阿赫默

① “伽色尼王朝素丹世系表”见附录一。

德、阿布德·拉欣姆、乌玛尔和乌特曼，把他们迎回宫，并授予穆罕默德“崇高的埃米尔”称号，赐予他的儿子们荣誉之袍，送给他们每人 1 万迪纳尔的礼物，将公主胡拉伊·高哈尔（Hurrayi Gauhar）嫁给穆罕默德的长子阿赫默德。作为回报，穆罕默德及儿子们口头或书面对马苏德宣誓效忠。对外，马苏德争取外援，写信给喀喇汗王朝在河中地区的统治者博格拉·喀喇汗，请求援助，博格拉·喀喇汗答应帮助他。

尽管采取了积极的补救措施，然而，丹丹坎战败对马苏德的打击实在是太大了，它从根本上动摇了马苏德在阿富汗统治的信心。马苏德认为，伽色尼王朝兴在莫夫，败也在莫夫，这是天注定的，收复呼罗珊已经不可能，而远离塞尔柱人的最好方式是把伽色尼王朝统治中心迁往印度。宿命论使绝望的马苏德回国之后已经在做迁都的准备。不过，对外他仍声称说，在印度河山谷城堡中度过即将来临的冬天之后，他将征集军队与塞尔柱人再战。以宰相为首的内阁极力反对迁都，他们认为阿富汗的局势还不至于绝望到放弃的地步，一支军队就能够对付塞尔柱人，以确保巴里黑和吐火罗斯坦的安全。他们指出，把印度视为安全天堂的想法是不明智的，因为在丹丹坎战役之后士兵们的士气低落，在这种情况下，把伽色尼王朝国库和财物运到印度的任务托付给他们是危险的。大臣沙曼德（Ahmad b. ‘Abd as-samad）说：“如果我的主人决定转移到印度只是因为敌人兵临巴里黑的城下，然而敌人没有足够的力量来攻陷该城，因为我们在那里的防御军队在战斗热情上胜过塞尔柱人。如果我的主人下令他的仆人出发，去把我们的敌人从这些地区清除出去，那么，有什么必要迁往印度呢？在加兹尼度冬比较好，因为这儿的局势很安全，谢天谢地！另一方面，如果我的主人前往印度并把其全部家眷和财宝转移到那里，朋友和敌人都知道了这个消息，那么，这个显赫家族的荣耀将会丧失殆尽，那么，家族的敌人会急切地想得到其中的一份，这一点是肯定的。也不应该依靠印度人运送你的家眷和如此多的财宝，因为我们自己对印度人没有做到那样好的程度。而且，在经过没有设防地带的旅途中，这些财富不得不托付给奴隶士兵，我能对他们有多大的信心呢？”① 但是，这些合理建议没有被采纳，精神崩溃的马苏德把印度视为他力挽狂澜之地，印度的财富和众多的人口是他重整统治和抵抗塞尔柱人的唯一指望。

他把阿富汗东部和中部的财产全部集中到加兹尼城，在内阁劝说他的第四天，他带着所有财物和家人，与主力部队浩浩荡荡地开往印度，留下穆罕默德及其儿子们守护加兹尼城。当他与家人在韦欣德（Waihind）处渡印度河时，负责押运财物的部将阿鲁希特勤（Anūshtigin）率领还未渡河的官兵们举起了反叛大旗，他们打出支持马苏德之弟穆罕默德的旗号。马苏德一行躲进了马里卡拉（今马里加拉）城堡，阿鲁希特勤率军将城堡团团围住，马苏德被俘后，被带到吉里堡（Gīrī）监禁起来，该堡是伽色尼王朝在西北印度的重要据点之一。之后，叛军在白沙瓦附近立穆罕默德为素丹。

穆罕默德在白沙瓦的统治未能获得军队的完全支持。据伊本·阿西尔记，军队提出了反对他的各种要求，军队强行搜刮居民财产，居民们纷纷逃亡，田地荒芜，尤其是白沙瓦城，居民被屠杀，财产被掠夺。在那里，一个奴隶只卖一个迪纳尔，而一个迪纳尔只能买一曼酒。1040 年年底，穆罕默德暗中唆使人杀害了马苏德，尸体被扔到一井中。接着，穆罕默德写信给在前线作战的马苏德之子毛杜德，信中说，他的父亲被印度军统帅阿赫默德·伊纳尔特勤（Ahmad Inaltigin）的儿子们杀害，伊纳尔特勤是 1033 年反马苏德起义的将领。

毛杜德是马苏德的长子，马苏德曾指定他的幼子赛德（Sad）为王位继承人，而赛德于 1038 年 12 月去世，于是，毛杜德成为王储。在马苏德统治时期，毛杜德已经表现出卓越的军事才能，据说他擅长射箭，曾多次随父出征，并被委以重任。在与塞尔柱人的战争中，

① C. E. Bosworth, *The Later Ghaznavids Splendour and Decay, the Dynasty in Afghanistan and Northern India 1040-1186*, pp.15-16.

毛杜德曾于1034年9月率军经布斯特、赫拉特和呼罗珊北部抵古尔甘和塔巴里斯坦。在古尔甘的战斗中，他率领一支4000骑兵组成的分队作战。1036年的米赫尔干节（Mihrgān），马苏德获悉塞尔柱人在刺夷城的骚扰活动，于是，派毛杜德和将领阿里·达亚（'Alī Dāya）率军队前往镇压，双方在巴里黑一直战斗到1038年3月底。后来，毛杜德还参加了1040年的丹丹坎战役。

丹丹坎战役失败以后，毛杜德于1040年9月下旬率军向北出发，前往增强巴里黑的防御。马苏德在费鲁兹（Firuzi）花园举行了隆重的告别式，士兵在绿色草坪上接受了检阅。首先出场的是毛杜德率领的200名私人卫队，他们身着铠甲、手执长矛，骑着马和骆驼；随后出场的是手舞旗帜的步兵队和170名全副武装骑兵，他们牵着装饰华丽的马；接着出场的是一支宫廷古拉姆和20名高官（Sarhang）组成的队伍，他们身着制服，牵着战马和骆驼；最后出场的是另一支高官队伍。据伽尔迪齐记载，骑兵的总数达4000名。[①]

毛杜德率领的军队抵达兴都库什山山口，扎营于哈普延（Hupyan）。毛杜德原打算在此将巴里黑的所有兵力，即卫戍部队和阿尔通塔什的幸存者，与自己的军队会合，共同攻打巴里黑，把塞尔柱人从吐火罗斯坦清除出去。然而，这一计划因马苏德被杀而流产，在得知其父被杀的消息之后，毛杜德从哈普延匆匆赶回加兹尼城。

毛杜德在加兹尼城受到了热烈的欢迎，他为其父举行了哀悼仪式，此后，他将马苏德的残余军队召集起来。第二年春天（伊本·巴巴说是1041年3月19日，而胡赛尼和伊本·阿西尔说是1041年4月8日），毛杜德在喀布尔河中游一带的南格拉哈尔（Nangrahar）与其叔穆罕默德发生战争。在此战中，穆罕默德遭到自己部将厄尔特勤（Ertigin）和宫廷卫队的攻击，被毛杜德的军队打

---

① C. E. Bosworth, *The Later Ghaznavids Splendour and Decay, the Dynasty in Afghanistan and Northern India 1040-1186*, p.12.

败，穆罕默德及其诸子全都落入毛杜德手中。毛杜德将穆罕默德家族及其军事首领全部屠杀。为了纪念胜利，毛杜德在此建造了村落和一个据点，命名为法扎巴德（Fathabad），19 世纪早期的旅行家查理士・马松（Charles Masson）到过此地，据他说，此地距贾拉拉巴德有 12 英里。

在这场叔侄相残的战争中，毛杜德的另一位叔叔拉希德（Rāshidī）起着举足轻重的作用。毛杜德希望得到他的支持，即使得不到支持，至少要拉希德保持中立。毛杜德向拉希德许诺，如果他获得王位，将与之分享权力。于是，拉希德保持了中立和观望态度。然而，毛杜德在登上王位之后违背了当初的许诺，不仅不让拉希德参与统治，还派人逮捕了他，把他囚禁在古尔南部曼迪希（Mandīsh）附近的堡垒中。

1041 年 4 月，毛杜德在加兹尼登上王位。从铸币上看，伽色尼王朝承认了阿拔斯王朝哈里发嘎义木的最高统治权。在钱币上，他拥有很多称号（Shihab ad-Din wa- d-Daula, Qutb al-Milla, Jamal ad-Daula, Fakhr al-Umma），以上称号可能是哈里发授予的。

毛杜德继位以后，雄心勃勃地打算恢复伽色尼王朝在呼罗珊的失地。在毛杜德离开巴里黑返回加兹尼城之时，留在巴里黑的伽色尼王朝将领阿尔通塔什未能守住该城，巴里黑被塞尔柱人占领，并遭到了劫掠。1043 年至 1044 年，毛杜德派军队到吐火罗斯坦，企图夺取巴里黑，在随后的战役中，伽色尼王朝军队损失惨重，最终未能收复该地。在毛杜德统治末期，也许是他去世之后不久，阿姆河岸渡口呾密也落入塞尔柱人的手中。

1049 年，毛杜德去世，伽色尼王朝随之陷入了动乱，10 年中有 4 位素丹陆续继位。毛杜德死后留下 3 个儿子，临终前，毛杜德任命年仅 5 岁的儿子马苏德为接班人，史称马苏德二世。马苏德二世统治仅 5 天就被大臣们推翻，他们立毛杜德的兄弟阿布尔・哈桑（Abul Hasan）为素丹，然而，阿布尔・哈桑的统治也十分短暂，在统治 55 天之后，军队就将他囚禁在一城堡中，伽尔迪齐和贝哈基的书都未提到他。在这种形势下，宰相梅伊曼迪挽救了伽色尼王朝。

在毛杜德去世之时，梅伊曼迪正在前往布斯特和锡斯坦的途中，他提议让毛杜德的叔叔拉希德继位。拉希德是伟大素丹马赫穆德当时唯一幸存的儿子，在马苏德统治期间，他曾参与过许多国家事务，也曾参加过丹丹坎战役。因此，他应该是一位可靠的、有潜力的统治者。毛杜德去世之时，他还被关押在曼迪希堡中。

1050 年 1 月 24 日，拉希德开始在加兹尼执政（1050—1052 年在位）。史书对他的评价褒贬不一，有的说他固执己见、刚愎自用、优柔寡断；有的说他性格温和、善于学习。伽尔迪齐在拉希德统治期间编写了有关他的史书，此书名为《记述的装饰》。

在拉希德统治时期，突厥将军阿布·赛德·托格利尔（Abu Said Toghril）率军在兴都库什山的哈普延打败了阿普尔·阿尔斯兰的军队，保证了伽色尼王朝北境的安全。获此胜利，阿布·赛德·托格利尔的力量增强。

托格利尔原是突厥奴隶，在毛杜德手下当宫廷侍卫官，他精力充沛、勇敢善战，深得毛杜德的喜爱，为提高他的身份，毛杜德把自己的妹妹嫁给他。在拉希德统治时期，他晋升为军队统帅。在抵御塞尔柱人的过程中，托格利尔的势力不断壮大起来。于是，他产生了夺取最高统治权的野心。

在一次成功抵御塞尔柱人入侵的凯旋途中，他向素丹谎报说，军队因要求增加薪饷而发生了叛乱，由于害怕骚乱危及自身安全，拉希德把自己禁闭在加兹尼城，不敢外出。利用这一机会，托格利尔把加兹尼卫戍部队的主要部分争取到自己一边，然后，他围攻加兹尼城并俘获拉希德。随后，托格利尔血洗了在加兹尼城的伽色尼王室男性成员，据说，马苏德的 11 个儿子只有 3 个幸存下来，他们是法鲁克扎德（Farrukh-Zād）、易不拉欣（Ibrāhīn）和苏加（Shuja）。托格利尔强行登上王位。现在发现了 3 枚在他统治时期铸造的金、银币，一枚是回历 443 年（公元 1051 或 1052 年）铸的金币迪纳尔，其他两枚银币迪拉姆铸造年代不详，上面印有他的名字。从铸币来看，他继续承认阿拔斯王朝的宗主权。

托格利尔的篡位（1052）不得人心，不到一年就被一名宫廷古拉姆暗杀。之后，伽色尼王位回归马苏德家族。幸存者法鲁克扎德和易不拉欣相继登上了素丹王位。在托格利尔屠杀伽色尼王室成员之时，法鲁克扎德和易不拉欣两人被囚禁在巴尔浑（Barghund）城堡。托格利尔曾派一个分队去处死他们，由于巴尔浑城堡看守长（Kotwal）拖延执行，他们得以幸免。托格利尔被杀以后，加兹尼军队统帅最初想立易不拉欣为王，但他因病未能成行，于是，法鲁克扎德被带回加兹尼城继承王位（1052—1059）。

法鲁克扎德即位以后，对参与托格利尔篡权的人进行了大清洗，调整了政府机构的成员。他把自己即位归功于印度驻军统帅克尔格兹（Kirghiz），因此，克尔格兹在法鲁克扎德宫廷有很大的发言权。法鲁克扎德留用毛杜德和拉希德时期的大臣梅伊曼迪，但他不再任宰相，宰相一职由马苏德时期的国库监督官侯赛因·本·密赫朗（Husain b. Mihran）担任。两年以后（可能在1055年春夏之交），侯赛因·本·密赫朗被撤职和监禁，宰相一职由阿布·萨里赫（Abū Bakr b. Abī Sālih）担任，阿布·萨里赫是一位经验丰富的管理者，曾在印度当了30年总督，并在此留下许多公共和慈善工程。法鲁克扎德时期的军部统帅是马苏德·鲁库迪（Mas'ūd Rukhūdī），通信部部长是阿布·萨赫尔（Abū Sahl）。

法鲁克扎德于1059年4月4日去世，终年34岁。在他统治期间，动荡不安的国家开始趋于平稳。他的正义和仁慈受到了颂扬，贝哈基哀叹，他死得太早了，他行使权力是如此的仁慈；朱兹贾尼赞扬说，他恢复帝国许多地区的繁荣，免除了扎布里斯坦（Zabulistan）地区的税收。

法鲁克扎德去世之后，易不拉欣登上了王位（1059—1099年在位）。法鲁克扎德统治期间，将关押在巴尔浑城的易不拉欣转移到加兹尼以西的纳伊堡。法鲁克扎德死后，1059年，军事领将哈桑（Hasan）率护卫队把易不拉欣迎回加兹尼，加兹尼统治集团拥立他登上王位。

易不拉欣是在军队的支持下继任的，所以，在他统治前期，军队首领握有很大权力。他的第一任宰相阿布·萨里赫就是被突厥军事统帅和宫廷卫队杀害的。尽管如此，在易不拉欣的统治时期，伽色尼王朝经历了繁荣。

1060年，易不拉欣与塞尔柱人签订了边界协议，两大帝国实现了和平。在和平的环境下，新统治者关心伽色尼王朝经济的恢复和发展，这一工作在法鲁克扎德时期已经开始。朱兹贾尼提到，易不拉欣采取了有力措施恢复和发展经济，他整顿了经济秩序，改变了乱发钱币的状况，规定只有加兹尼和拉合尔两个城市有铸币厂。他重建了在长期内战中被毁坏的城镇，建造了新的村落，伽色尼王朝帝国的两个统治中心（即阿富汗的加兹尼和北印度的拉合尔）经历了繁荣。易不拉欣的统治得到了高度评价，史学家说他是至善至美的伊斯兰统治者、宗教的朋友、人民的牧羊人和时代的资助者。易不拉欣死于1099年8月25日，终年68岁。据写于1908年的加兹尼地区墓志铭调查报告，他的坟墓在加兹尼城的东北地区。

易不拉欣死后，他的两个儿子赛夫·道刺·马赫穆德（Saif ad-Daula Mahmud）和马苏德展开了王位之争，前者失败，被关在一座城堡中。1099年，马苏德登上了王位，史称马苏德三世（1099—1114年在位）。

马苏德三世施行仁政，轻徭薄赋，减轻人民负担。据朱兹贾尼记，继位之初，马苏德三世废除了前任素丹确定的一些税收，在全国范围内免除了通行费和过境费，收回了流通于印度的贬值污损的铸币，从王室财库中拿出价值300万迪拉姆的新币取而代之。[①] 在回历505年（公元1111或1112年），当加兹尼地区发生蝗虫灾害和干旱之时，素丹发放王室谷仓的粮食，以正常价的70%卖给人民。这类事件

---

① C. E. Bosworth, *The Later Ghaznavids Splendour and Decay, the Dynasty in Afghanistan and Northern India 1040-1186*, p.87.

被传记体史家穆罕默德·奥菲记在其著作《文苑精英》一书中。

马苏德三世娶塞尔柱素丹马立克沙之女马赫迪·伊拉克·贾哈尔可敦（Mahdi Iraq Jauhar Khatun）为妻，马立克·阿尔斯兰（Malik Arslan）是这一婚姻的结果。马苏德死后，他的三个儿子希尔扎德（Shīrzād）、马立克·阿尔斯兰和巴赫拉姆沙（Bahrām Shāh）相继即位。

根据马苏德三世的遗嘱，次子希尔扎德继承王位。伊本·阿西尔和有关塞尔柱人的史书没有提到他，只是在比较晚的史书中才有关于希尔扎德的记录。在其父马苏德三世统治时期，希尔扎德担任过印度总督，他在印度的战绩辉煌，拥有阿杜德·道剌（Adud ad-Daula）的称号，诗人萨尔芒曾写诗歌颂他。据记载，他在印度的统治疆域与当年马赫穆德时代的疆域大致相同。希尔扎德统治时期很短，据说只有一年多。1116 年，他被其弟马立克·阿尔斯兰推翻，据塔巴里斯坦历史学家伊本·伊斯法迪亚尔（Ibn Isfandiyar）记，希尔扎德失去王位以后，去麦加朝圣。之后，他返回加兹尼试图恢复王位，结果，被马立克·阿尔斯兰杀掉。

马立克·阿尔斯兰是马苏德三世的第三个儿子，生于 1092 年，拥有素丹·道剌（Sultan ad-Daula）称号，在马苏德·萨迪·萨尔曼（Mas'ūd-i Sa'd-i Salmān）的诗中，赞扬了马立克·阿尔斯兰来自伽色尼马赫穆德和塞尔柱查基尔伯格的双重血统。①

马立克·阿尔斯兰于 1116 年 2 月在加兹尼登上素丹王位（1116—1117 年在位），掌权之后，他监禁或弄瞎了他的兄弟们，只有巴赫拉姆沙得以幸免，巴赫拉姆沙当时在扎明达瓦尔（Zamīn-Dāwar）按兵不动，等待时机。以后，兄弟俩之间的战争在提格纳巴

---

① 马苏德·萨迪·萨尔曼为马立克·阿尔斯兰写的两首诗都称赞他的双重血统，一方面来自加兹尼的马赫穆德，另一方面来自查基尔伯格。其诗云："吾有马赫穆德的贵族血统，吾有所罗门（苏莱曼）的权力和全能，因为我是达乌德的后裔。"参见 C. E. Bosworth, *The Later Ghaznavids Splendour and Decay, the Dynasty in Afghanistan and Northern India 1040-1186*, pp.90-91。

德（Tigīnābād）爆发。巴赫拉姆沙战败之后，向塞尔柱素丹桑扎尔求援。在塞尔柱军队的协助下，他打败了马立克·阿尔斯兰。马立克·阿尔斯兰逃到北印度的拉合尔。

巴赫拉姆沙与桑扎尔于1117年2月25日进入加兹尼城，当桑扎尔得意扬扬地骑马行进之时，巴赫拉姆沙在桑扎尔身旁步行而入。桑扎尔将巴赫拉姆沙扶上了王位，后者承认了塞尔柱人的宗主权。是年春，当桑扎尔返回呼罗珊时，马立克·阿尔斯兰在印度集结军队重返加兹尼，并占领加兹尼一个月。桑扎尔再次出兵援助巴赫拉姆沙，马立克·阿尔斯兰退往什格南（Ughnan）山区，在此被桑扎尔的一名军官抓获。据伊本·阿西尔记，当时年仅27岁的马立克·阿尔斯兰于1118年9月至10月间被巴赫拉姆沙派人勒死。

巴赫拉姆沙在加兹尼享有不争的权力，开始了他长达近40年（1117—1153）的统治。从史书和铸币反映，巴赫拉姆沙获有许多称号，常用的有：Yamin ad-Daula、wa-Amin al-Milla。巴赫拉姆沙承认阿拔斯哈里发为最高统治者，这一点可以从他的铸币上反映出来。在现存的巴赫拉姆沙钱币上，素丹的名字铸在背面，而阿拔斯王朝哈里发（1118—1135年的穆斯台尔什德和1136—1160年的穆克塔菲）的名字铸在上面。这些钱币可能是在加兹尼铸造的，流通于阿富汗东部地区。在巴赫拉姆沙后继者统治时期，伽色尼王朝失去了在阿富汗斯坦的统治，王朝迁往拉合尔。

第二节　伽色尼王朝的统治

萨曼王朝灭亡以后，伽色尼王朝统治了阿姆河以西以南的中亚地区。伽色尼王朝在这一地区的统治基本上沿袭了萨曼王朝的统治制度。

在伽色尼王朝中，素丹是政治、军事和宗教的最高首领，集政权、军权和神权于一身。在素丹之下，国家设有议事会，它是一个咨询机构，由内政和军事首领组成。素丹在遇到重大问题之时，召开议事会征询看法和建议，而问题的最终决定权掌握在素丹手中。

素丹的权威至高无上，必须维护。这一点从当时流传的一个故事可以反映出来。有一位农妇从尼沙普尔来到伽色尼王朝，对素丹马赫穆德控诉说："尼沙普尔的收税官夺走了我的农场，把它占为己有。"于是，素丹给这位收税官发去一份文书，要他归还农场。收税官在到文书之后没有归还，他说："农场是我的，我有契约，我要到朝廷去解释此事。"农妇返回，将此话告诉了素丹。素丹派一位侍从把收税官从尼沙普尔带到伽色尼王朝宫廷，在宫门口要受到1000大板的惩罚。收税官向侍卫们说情，并拿出2万尼沙普尔迪纳尔，希望免遭这1000大板。但侍卫们拒绝说："如果农场是你的合法所有，那么为什么你不先遵素丹之命，然后再做解释呢？现在，我们必须按命令做事。"由此可见，素丹的命令无人敢违背或抵制。①

伽色尼王朝的行政权由以宰相为首的官僚机构行使。中央一级设五大部，即国务部（或宰相部，Dīvān-i Vizārat）、文牍部（Dīvān-i Risālat）、军部（Dīvān-i ‘Ard）、监察部（Dīvān-i Ishrāf）和王室资产管理部（Dīvān-i Vikālat）。五部互不相统，每部设一位大臣，各司其职。在五大部中，国务部、监察部和军部是重要部门，特别是国务部。

国务部负责人宰相维齐尔（Vzier）是最高行政长官，由素丹从亲信中选拔，辅佐素丹总理政务。宰相兼管其他各部，权力极大，只对素丹负责。国务部直接管理的下属机构有财务处，它负责接收和支付款项，它下面又有附属机构会计办公室（Dīvān-i Istifa）。

文牍部充当素丹的档案处和秘书处，负责起草、撰写和回复官方文件和外交信件等工作，以及收阅来自全国各地的有关情报，如有关地方官员品行、各地收成、物资供应和物价的情况，还有各地

① Nizam al-Mulk, *The Book of Government or Rules for Kings*, p.72.

盗贼活动、公共秩序、边区外敌入侵等方面的报告。在素丹出征和巡游期间，该部负责人带着官方文件和记录（由牲畜驮着）随行；在素丹停下来时，他们的帐蓬搭建在离素丹帐蓬尽可能近的地方。该部部长或秘书长的职位与宰相一样重要，在马赫穆德统治的大部分时期和马苏德统治的整个时期，贤明温和、有远见卓识的阿布·纳斯尔·米希坎一直担任此职。在该部门任职者，一要掌握书信的书写风格，二要精通波斯语和阿拉伯语，两个条件缺一不可。[①]

军部负责军队的征兵、整编和军队装备。监察部负责国内通信和情报系统。王室资产管理部负责王室财产的管理，监督王室的资金运作，负责宫廷的日常生活，在该部下面设有管理王族私产的官员瓦克尔卡斯（Wākir-i Khass）。中央机构的设置完善了中央集权制度。

伽色尼王朝对地方采取直接与间接统治两种方式。直接统治的地区有呼罗珊（994—1040）、伽尔吉斯坦、赫拉特以北的古兹干（Gūzgān）、扎布里斯坦、锡斯坦（1002—1003）、库斯达尔、古尔地区（1011—1020）、木尔坦（1006—1010）、花剌子模（1017—1035）、旁遮普。间接统治的地区有恰甘尼安、胡塔尔、马克兰（约990）、贾布尔（1029）、塔巴里斯坦和古尔甘（约1012）、伊斯法罕（1030—1037）、克尔曼（1031—1034）等边远地区。

在直接领地上，伽色尼王朝实行军政分离统治，行政长官和军事长官由素丹亲自任命。行政长官负责民政和财政事务，他们在其管辖之地只有收税权，没有所有权和占有权；军事长官管理地区军事，通常由突厥古拉姆将领担任。总的来说，行政长官与军事长官分工明确，地位平等，相互独立。当然，也有个别地区例外，如马苏德在印度任命的行政长官哈桑·设拉兹（Bū'l Hasan Shīrazī），其权力就比军事长官阿赫默德·伊纳尔特勤大。马苏德曾对哈桑·设拉兹说："你的工作是管理那里的财政，你与军事指挥或军队毫无关

---

① C. E. Bosworth, *The Ghaznavids: Their Empire in Afghanistan and Eastern Iran 994-1040*, p.92.

系。（新指挥官）阿赫默德·伊纳尔特勤按你的要求行事。”[①]伽色尼王朝在地方上所实行的军政分离的统治制度，使行政长官和军事长官相互监督、相互牵制，有利于王权的加强。

行政长官一般由王室成员或波斯语书记官担任，官职不世袭。素丹在征服一地之后，委派王室成员或部下担任该地的总督和行政官。如赛布克特勤曾任命长子马赫穆德为呼罗珊总督；任命次子纳赛尔（Nāsir）为布斯特总督；任命其弟格劳屈格（Glautrig）为赫拉特和普尚（Pūshang）的总督；马赫穆德素丹曾任命次子穆罕默德担任古兹干和巴里黑的总督。此外，一些杰出的突厥将领也被任命担任地方总督，如马赫穆德素丹在征服花剌子模后任命古拉姆将领阿尔通塔什担任花剌子模总督；马苏德素丹任命古拉姆将领塔希·法拉希（Tash-Farrāsh）担任剌夷城总督。

伽色尼王朝的属地或属国是中央政府的间接统治区，中央政府委托地区统治者管理。在伽色尼王朝的扩张战争中，一些被征服地区小王朝统治者向伽色尼素丹表示臣属。伽色尼王朝的属国有：贾布尔的穆萨菲里王朝（Musafirids）、伊斯法罕的考库耶王朝、塔巴里斯坦和古尔甘的席亚里王朝、恰甘尼安的穆赫塔吉王朝（Muhtājid）和胡塔尔的班尼居尔王朝（Banījūrids）。这些王朝远离伽色尼统治中心加兹尼，素丹势力鞭长莫及，加之，一些地区的气候不适宜伽色尼突厥人，如古尔甘和塔巴里斯坦的气候潮湿，对于在阿富汗斯坦高原生活的伽色尼士兵来说，不宜长期驻扎，因此，伽色尼王朝在这些地区实行间接统治。间接统治的方式是：在保留地区王朝统治者自治权的同时，向地区王朝派驻伽色尼王朝的收税官参与征税或监督税收，一些地区统治者必须定期给伽色尼王朝纳贡。此外，地区王朝还有义务派遣军队协助伽色尼王朝作战，在伽色尼王朝反喀喇汗王朝的战争和伽色尼王朝远征印度之时，古兹干统治者阿布·纳斯尔·阿赫穆德派军队随行，又如，在马苏德于1013年至1014年间

---

① C. E. Bosworth, *The Ghaznavids: Their Empire in Afghanistan and Eastern Iran 994-1040*, p.76.

出征印度之时，席亚里王朝埃米尔曼努契赫尔也派由戴拉姆人组成的军队出征。

联姻是伽色尼素丹维系和加强与臣属王朝关系的一种手段，地区王朝统治者也希望通过这种方式与伽色尼王族建立联系，以巩固自己的统治。例如，古兹干的法里功王朝（Farighunids）统治者阿布·纳斯尔·阿赫默德将女儿嫁给马赫穆德之子穆罕默德；塔巴里斯坦席亚里王朝统治者曼努契赫尔、阿布·卡里贾尔（Abū Kālījār），恰甘尼安埃米尔法克尔·道剌·阿赫默德分别娶马苏德的女儿为妻。

保留臣属王朝这种方式有利于维护伽色尼王朝边疆地区的稳定，这些王朝构成了伽色尼王朝与周边国家的缓冲地带，如阿姆河上游的胡塔尔和恰甘尼安两地区王朝，成为伽色尼王朝与喀喇汗王朝的缓冲地；它们还是抵御布塔曼（Buttamān）山区的库密吉（Kumījīs）人和突厥人进犯的一道防线。当然，间接统治也有一些弊端，由于它们与中央政权的联系比较松散，一旦中央王权削弱，它们的离心倾向就表现出来，甚至举起独立的旗帜，为此，中央政府不得不再次发动战争，使它们重新臣服。重复征服的战争经常发生。

为了加强中央集权，伽色尼王朝设置了情报机构，情报机构由密探和间谍组成，其官员由素丹亲自任命。素丹在宫廷卫队和高级文官中安插密探，首先监视的是加兹尼宫廷的突厥卫队、高级军官，以及王室成员，马赫穆德素丹甚至派暗探监视自己的亲生儿子们。密探们在被监视者的生活区巡逻，收集流言蜚语，然后向素丹汇报。密探和间谍遍布全国各地，尤其在花剌子模和剌夷这些边远地区，他们收集地方行政长官的情况，向情报机构汇报。此外，伽色尼王朝还派间谍到国外收集情报，如为了解喀喇汗王朝在河中地区的军事行动，马赫穆德曾雇佣间谍到喀喇汗王朝的宫廷和军营中刺探军情。间谍收集到的情报一般用密码书写，由信差送到素丹手中。为了安全起见，信差采取多种方式隐藏信件或情报，如藏在空心拐杖、制鞋工具、长筒靴内层、水瓶状容器内层和马鞍中，甚至是藏在身上或嘴里。

大量使用密探和间谍的办法加强了素丹的中央集权，给边远地区造成极大的恐慌，地区统治者不敢违抗中央指令。然而，使用密探的负面影响也是相当大的，不信任和猜忌之风盛行，人人自危，扰乱了人们的正常生活。据记载，马苏德不信任叔叔优素福·本·赛布克特勤，曾派优素福的一名古拉姆监视他，历史学家贝哈基对此表示不满。①

在伽色尼王朝政府中，不仅保留了原萨曼王朝的行政机构，还留用了许多官员，让他们在原地区担任原职，如马赫穆德在呼罗珊的统治基本上是萨曼王朝的原班人马。在萨曼王朝灭亡之时，萨曼王朝的一批官员来到加兹尼城。随着王朝的扩张和统治范围的扩大，伽色尼王朝急需管理人才，因此非常欢迎这些受过良好教育的官员进入中央政府，其中一些人还担任要职。原是萨曼王朝贵族法伊克的秘书伊斯法英尼（Isfarā'ini）被马赫穆德任命为第一任宰相；原萨曼王朝的地区总督阿布勒·法德尔·席亚德·阿赫默德（Abū'l-Fadl Ziyād Ahmad）被任命为呼罗珊的代理人；萨曼王朝旧臣阿赫默德·本·阿布德·沙曼德·西拉兹（Ahmad b. Abd as-Samad Shīrāzī）曾出任宰相，以后又担任了花剌子模沙阿尔通塔什的副官（Katkhudā）；萨曼王朝不花剌国库的一位秘书阿布尔·哈桑·库拉希（Abū'l Hasan-i Quraish）成为伽色尼王朝杰出的财务官。在马赫穆德时期，在伽色尼王朝为官的原萨曼官员不胜枚举，他们对伽色尼王朝的行政管理做出了重要贡献。

马赫穆德素丹在兼并剌夷和贾布尔之后，原来为布威希王朝服务的一些官员到伽色尼王朝政府机构中供职。如原布威希王朝马吉德·杜乌拉的宰相阿布尔·阿拉·穆罕默德（Abl-'Alā Muhammad，卒于1058年）被马苏德任命负责剌夷秘书处（Dīvān-i Rasā'il）的工作；据贝哈基记载，伽色尼王朝的一位指挥官原来也是布威希王朝军官；法官哈桑·设拉子也是来自布威希王朝，马赫穆德任命他管

---

① C. E. Bosworth, *The Ghaznavids: Their Empire in Afghanistan and Eastern Iran 994-1040*, p.63.

理印度的民事和财政事务。

伽色尼王朝在继承萨曼王朝和布威希王朝行政统治的基础上，把中央集权的专制制度推向了新的高度。在伽色尼王朝内，既不存在像萨曼王朝那样激烈的家族派系之争，也不存在意识到自己特权、渴望维护这种特权的穆斯林贵族，因此，没有出现与之抗衡的地方贵族集团。此外，宗教首领的势力始终没有超过世俗王权，也没有出现对国家施加很大影响和公开反对素丹的乌里玛（Ulema）。①这些因素有利于中央集权制的实行。

第三节　伽色尼王朝的土地与财政制度

伽色尼王朝初期曾实行过分封制，以后，赛布克特勤将分封的土地收回。据记载，赛布克特勤从军队手中收回分封的土地，改革了效力回报制度。“伽色尼王朝中央权力没有强大到足以恢复分封制，因而代之以现金薪俸制度。总的来说，其后两三代继承人都保持了军队的现金薪俸制。”②此后，将征服地区作为封地分给突厥军官和地方官员的做法被取消，伽色尼素丹不再授予伊克塔。据 11 世纪末期成书的《治国策》记载，马赫穆德不授封地给军人，而且采取发薪的方式，根据军人的军阶，每年 4 次从国库领取现金。军人随时可以得到充分的给养，一旦有突发事件，就有 2000 名或 20000 名骑兵立即可以骑马上阵，前往应付。素丹对驻守各地的政府官员也发给薪水，各地收税官将所征税款在扣除自己应得部分之后上交国库，或者先上交国库再由素丹发给薪饷。工资每 3 个月领一次，它们被称为“比斯特嘎尼”（Bīstgānī）。③

当时的人们显然已经意识到伊克塔制对国家统一和经济一体的

---

① 乌里玛，伊斯兰国家有名望的教法学家和神学家。

② Asimov, C. E. Bosworth, *History of Civilizations of Central Asia*, Vol.4(1), p.137.

③ Nizam al-Mulk, *The Book of Government or Rules for Kings*, p.100.

危险。这种意识一方面证明了伊克塔制在中亚社会发展和国家中的重要性，另一方面也反映出，伊克塔制度的实施不仅受客观发展状况的制约，而且还受到政治形势和财政状况等一系列因素的影响。[①]

国有土地是伽色尼国家的经济基础。国有土地以王室地产的面目出现，其来源主要有三：第一，继承原萨曼王朝在各地的王室土地；第二，无人继承的土地；第三，被没收的前朝官员、被解职者及罪犯、奴隶的地产。

除国有土地外，伽色尼王朝境内存在着私有土地，它们主要是教、俗封建主拥有的土地和自耕农的土地。伽色尼王朝实行打击大土地所有者的政策，使用恐怖手段摧残大土地占有者，在此期间，被没收土地和被处死的人不计其数。

在国有土地和私有地上耕种的农民，大多数是分成制佃农，具体分配的比例还不清楚。除了应该上缴的税外，农民还要承受超经济剥削，每逢节日给素丹送礼，如加兹尼的封建主德赫干要向素丹提供腌制食品、开胃食品、干肉和精美服装等，这些贡献都转嫁到农民身上。不过，中亚地区农民在法律上还未沦为农奴，他们对地主的人身依附关系比较松散，可以自由地离开土地，这种关系有利于手工业和城市的发展。

国家对国有土地和私有土地收取土地税哈拉吉、农产品税以及附加税。国务部下属机构财政部（Dīvān-i Wāzir）对各地应缴税款的估计数有严格规定，征收的依据：一是庄稼的长势；二是记录在案的以往几年中所征税款的平均数。在目前掌握的资料中，土地税的税额没有记录下来，但有资料反映伽色尼王朝征收的税是比较重的。伽色尼素丹马赫穆德的侍从乌特比说："在那里（呼罗珊），除了税款外，再没有什么赋予特征的事了。吮着那已经吮干了的税，并且企图开辟新的额外税，没有任何建设性的措施。"[②]伽色尼王朝的经济

---

① Asimov, C. E. Bosworth, *History of Civilizations of Central Asia*, Vol.4 (1), pp.137-138.

② C. E. Bosworth, *The Ghaznavids: Their Empire in Afghanistan and Eastern Iran 994-1040*, p.86.

勒索曾激起了呼罗珊商人、封建主们的不满。除了土地税、农产品税等主要税种外，地方上还收取一些特殊税种，如食物税，在尼沙普尔曾对布匹课税。

收税权掌握在伽色尼王朝素丹派往各地的行政官（或总督）手中，他们在自己的管辖区内征税。通常，他们从税款中扣除自己的薪水，然后，将税款上缴地方或中央国库。享受税款的权利不可世袭，当他们被罢免官职或官员本人去世之后，税款由素丹新任命官员征收。甚至他们的财产都不能世袭，而要由素丹处理，如宰相梅伊曼迪被解除职务之时，他的财产就归素丹所有；又如，文牍部书吏长去世之时，马苏德接管了他留下的遗产。

地方行政长官派出的收税员要受到国务部下属的财政部、邮政部（Barid）监督，人员由宰相派出，宰相通过这些人了解下属官员的品质，以保证他们不会与地方收税官勾结。在梅伊曼迪出任宰相之时，曾要求按以往惯例，继续由他任命邮政部、监察部和情报机构的副官。

伽色尼王朝对税款未收齐之类事件的处理是相当严厉的。马赫穆德的宰相伊斯法英尼因税款未能收齐而失宠，基层收税员的日子就更不好过了。有的收税员在税款未收齐的情况下，自己要掏钱补上，否则，宰相会用武力索取。如徒思收税官阿布尔·哈桑（他的儿子尼扎姆·穆尔克以后成为塞尔柱帝国宰相）在未能收齐5万迪拉姆税额之时，呼罗珊总督苏里没收了他家价值3万迪拉姆的财产，而且还留下了剩余税款的欠单。对于在征税过程中的违法乱纪行为，或从税款中抽取比自己应得薪水更多的收税官，或受到严厉处罚，从打脚心、断手截脚，一直到死刑，常用的死刑是大象踩死。尼沙普尔的收税员阿布·贾法尔·穆罕默德（Abu Ja'far Muhammad b. al-Husain al-Qummi）留下了收税官员艰难处境的诗句：

我知道——
尼沙普尔收税员注定要永远不幸，

他当了一天的收税员而受了两个月的监禁，
即便是最富有的人
也会遭到绳子的捆绑。①

伽色尼王朝约束收税官的另一种方法是人质，收税者的家庭成员被送到加兹尼为人质。在马赫穆德时期，锡斯坦收税官马赫穆德·伊·巴哈弗斯（Muhammad-i Ba Hafs）的四个儿子轮流到加兹尼为人质。

伽色尼王朝的土地税、农产品税等大多数税种以现金或实物的形式缴纳。实物税的品种很多，主要有谷物、棉花、蔬菜、橡胶、石榴壳、鸡蛋和家畜等。这些税常常暂时储藏在地方据点和城堡中。如1038年，尼沙普尔在受到塞尔柱人的威胁之时，税收的现金部分和一些轻的、可运输的物资被转移到尼沙普尔至锡斯坦之间的一个城堡中。实物税有时候在当地就兑换成现金，有时候运到加兹尼，由专业鉴定人将它们折算成现金之后，存入王室仓库，牲畜则送往特建的圈中关起来，或者送到素丹的私人畜圈中。

在一些地区，一部分税款可以留在地方供地方军队使用。如1031年，马苏德派将领塔希·法拉希到剌夷和尼沙普尔之时，地方官为他的军队提供食物和俸禄。马苏德在与塞尔柱人打仗之时，也曾要求呼罗珊军部和地方收税官准备食物和草料。在《治国策》一书中，宰相尼扎姆·莫尔克曾建议：在每个据点或村庄，统治者应该由地方官员以实物征收的税充实仓库，将它们的一部分放置在地方仓库、据点和城堡中以供养军队，或用于如饥荒等自然灾害，此时地方应该向居民发放食物和种子。

在另一些地区，税款必须全部上缴，然后，由中央再拨给地方官员俸禄。按《治国策》的记载，花剌子模的税款估计为6万迪纳尔，而当时驻花剌子模的阿尔通塔什政府的开支是12万迪纳尔。阿尔通

---

① C. E. Bosworth, *The Ghaznavids: Their Empire in Afghanistan and Eastern Iran 994-1040*, p.80.

塔什企图扣下6万迪纳尔之后，再向中央财政申请余下部分。但宰相梅伊曼迪坚持要花剌子模上缴全部税款，然后再从锡斯坦和布斯特的财政收入中拨12万迪纳尔给阿尔通塔什，此事发生在1018年。

伽色尼王朝经济来源的另一个渠道是臣属王朝的贡赋和税款。一些臣属王朝，如锡斯坦、克尔曼等地，地区王朝统治者必须向伽色尼王朝交税，伽色尼素丹对这些地区派遣税收官。马苏德为了索取锡斯坦拖欠的税款，曾派官员到锡斯坦监督萨法尔王朝埃米尔阿布·法德尔·纳斯尔·本·阿赫默德；马苏德在克尔曼城设立过收税机构，伽色尼总督阿布尔·法拉吉·法里斯（Abul Faraj Farisi）在此征收的苛捐杂税十分繁多，城民无法忍受，克尔曼贵族秘密去布威希王朝求援，布威希王朝派军队赶走了伽色尼人。

一些地区的臣属王朝，如席亚里王朝、考库耶王朝、穆萨菲里王朝（或称甘加尔王朝），及阿塞拜疆的拉瓦德王朝，以纳贡方式体现伽色尼王朝的统治。这些臣属王朝每年向中央进献贡赋的数量因地区而异，席亚里王朝每年的贡赋是5万迪纳尔；伊斯法罕每年要缴纳2万迪纳尔和1万匹布；印度王公缴纳50头大象。除了贡赋外，在每年瑙努兹节（Naurūz）和米赫尔干节[①]，这些王朝还要向伽色尼王朝宫廷献礼物，如在1031年的米赫尔干节庆典上，古尔甘埃米尔向素丹贡献；阿姆河上游的恰甘尼安统治者不定期地给马苏德素丹带去地方特产，如马匹、体格强健的突厥奴隶、鹰和猎豹等。如果伽色尼军队经过其境，这些地区要负责向伽色尼军队提供军队军费和物资，在马赫穆德西征剌夷之时，席亚里王朝曾被迫提供40万迪纳尔军费和为伽色尼王朝士兵提供食物。

臣属王朝如果不履行纳贡或纳税的义务是要受到惩罚的。1034年至1035年，古尔甘地区统治者没有向素丹纳贡，马苏德对该地区进行了惩罚性远征，处罚很重，必须交纳100万尼沙普尔迪纳尔、1000套衣服、1000床毛毯和地毯，以及5000匹麻布。素丹还威胁说，

---

① 瑙努兹节是新年，在3月21日；米赫尔干节是收获节，在9月21日。

如果这些东西不迅速送到，那么军队将以武力索取。

伽色尼王朝的税收主要用于以下几个方面：军费开支、政府官员的薪酬、王室费用、修建公共工程和资助学者文人等。军费开支成为国家财政预算的重要组成部分，主要用来购买古拉姆，支付士兵和军官的薪水、给养以及运输装备等方面；伽色尼王朝主要以现金、食物和衣服的形式支付军官和士兵的俸禄。政府官员的薪酬也是一笔很大的开销，随着帝国机构越来越多，冗官冗费的现象很严重。在马赫穆德期间，政府官员的支出一直居高不下，到马苏德统治时期情况更为严重。据记载，在马苏德统治初期，仅文牍部秘书的工资，每个月就要付出 7 万迪拉姆，还不包括新招募来未支付薪水的实习人员。[①] 除军费开支和政府官员的薪水外，奢侈的宫廷生活也是一笔巨大的开支，早期伽色尼王朝的素丹们大兴土木，在国内的每一个重要城镇都建有他们的宫廷和花园。

第四节　伽色尼王朝军队[②]

伽色尼王朝军队分正规军和非正规军，正规军是一支领取薪饷的职业军队，军费从王朝税收中支付，当然，打了胜仗以后，将领和士兵们也可以分取战利品；非正规军，王朝不发给薪饷，他们聚集在素丹的旗帜下，是出于对战利品的渴望。

伽色尼王朝军队由多种族构成，据尼扎姆·莫尔克的《治国策》记载，早期伽色尼王朝军队由突厥人、呼罗珊人、阿拉伯人、印度人、古尔人和戴拉姆人组成。其中，突厥人是军队核心成分，突厥士兵人数多，军队高级将领也大多数是突厥人。

伽色尼王朝军队的突厥士兵最初可能以古思人为主体，他们是

① C. E. Bosworth, *The Ghaznavids: Their Empire in Afghanistan and Eastern Iran 994-1040*, p.67.

② 本节内容参见肖纯荣：《试论早期伽色尼王朝的军队构成》，《贵州师范大学学报》2004 年第 1 期，第 53—56 页。

在欧亚草原西迁运动中南下的。11 世纪，在钦察—库曼人的西迁浪潮中，在锡尔河以北游牧的古思人受到挤压，一部分西迁，一部分南迁。南迁的一些古思人来到了伽色尼王朝北部边境，给王朝造成了压力。1025 年，素丹马赫穆德允许一部分古思人在呼罗珊北部游牧，并为王朝戍边，这部分古思人可能不属于伽色尼王朝的正规军。有一些古思人继续迁徙，他们越过兴都库什山进入阿富汗斯坦。在此，他们被伽色尼王朝招募到军中，这部分古思人成了王朝正规军的一员。

据《伽色尼王朝》一书记载，在伽色尼王朝军队中还有卡拉吉突厥人。卡拉吉突厥人原来也是古思突厥联盟成员，他们很早就从联盟中分裂出去。据米诺尔斯基给《世界境域志》的注释，卡拉吉突厥人以后移居扎布里斯坦，居住于加兹尼地区的大草原中，由于长期生活于炙热的空气里，他们的肤色趋向于黑色；他们的语言也在经历种种变更之后形成不同的方言。可见，卡拉吉突厥人在伽色尼王朝建立之时，已经生活在阿姆河上游的扎布里斯坦地区。因此，伽色尼王朝军队中的卡拉吉突厥人应该是从这些地区招来的。他们大批进入伽色尼王朝军队至少有两次，第一次，赛布克特勤在征服他们以后，招募他们入伍；第二次是在 1006 年马赫穆德攻印度之时，喀喇汗王朝夺取伽色尼王朝领地尼沙普尔和巴里黑，马赫穆德从印度东返途中，招募了卡拉吉突厥人，他们以后成了伽色尼王朝正规军的重要组成部分。伽色尼王朝诗人法鲁克赫（Farrukhi）和玛努齐赫里（Manuchihri）曾提到，在伽色尼王朝的近卫军中还有来自葛逻禄、样磨、炽俟等部的突厥人。

在伽色尼王朝军队中，绝大多数高级将领出自突厥人，他们身居要职，权力很大。宫廷卫队的卫队长基本上由突厥人担任，各支军队的指挥官也由突厥人担任。重用突厥人的原因是突厥士兵勇敢、忠诚。当然，为了激发了其他士兵的战斗热情，调动他们的积极性，偶尔也任命非突厥人担任重职。例如，马赫穆德利用波斯人指挥呼罗珊的阿拉伯士兵和库尔德士兵，利用印度人统帅印度军队。

除突厥人外，印度人也是伽色尼王朝军队的重要组成部分，他们在军队中也有一定地位。一般而言，他们的首领也是印度人，这些军官们在加兹尼城有自己的居住区。有时候，他们比突厥人更可靠，素丹常让他们执行一些特殊任务，如押送突厥族犯人。马苏德将其叔叔优素福·本·赛布克特勤押送堡垒监禁之时，就是派500名印度骑兵执行这一任务的。

来自遥远的里海南岸山民戴拉姆人也是伽色尼王朝军队的成员之一。在10世纪的迁徙浪潮中，戴拉姆人来到伊斯兰世界的许多地区，10世纪末期，萨曼王朝将领阿布·阿里·西木居尔召集和组织戴拉姆人与呼罗珊的马赫穆德作战。一些戴拉姆人在战败之后或者自愿或者被俘转入伽色尼军队，他们是第一批进入伽色尼王朝军队的戴拉姆人。戴拉姆人最初充当步兵，由于他们特有的武器（一种短的，两头尖的标枪）而出名。在素丹举行盛大的典礼之时，他们作为仪仗队，手执黄金或珠宝装饰的标枪和盾牌。

在伽色尼军队中，还有古尔人和阿拉伯人。古尔人生活在哈里（Harirōd）河上游山区，从赫拉特向东延伸，最东抵达加兹尼西部边界。在征服战争中，伽色尼王朝召集大批古尔人入军队，他们构成了伽色尼军队的重要组成部分。阿拉伯人是在阿拉伯征服中亚期间来到呼罗珊的，据《世界境域志》的作者说，在他的家乡古兹干就有多达2万的阿拉伯人，他们依靠绵羊和骆驼维持生活。在1040年的丹丹坎战役中，伽色尼王朝军队的先锋部队大多数是古尔人和阿拉伯人。

伽色尼王朝军队的种族多样化在当时受到高度赞扬。尼扎姆·莫尔克在《论创建多种族部队》一章中说，当部队官兵都是出自一个种族时，危险就会产生。这种部队缺乏激情，军纪容易涣散。因此，部队由不同种族的人组成是必要的。马赫穆德的军队一直是由多民族组成的，每当他远征时，每晚总是选派各种族人值夜守卫，并给各种族人分派宿营地。由于互相畏惧，没有哪一个种族的人敢离开自己的营地。他们互相处于竞争之中，不敢睡觉，保持警惕，直到天亮。白天战斗时，各种族为了维护其名誉而努力，精神饱满地战斗，以免别人说某某族人在沙场上是懦夫。这样，各族官兵争先恐后地想超越别人。因此，他得出结论：单一民族的军队应该避免，因为它只会导致阴谋和暴乱。

伽色尼王朝军队士兵的来源有以下几个途径：购买奴隶、战俘、雇佣、志愿兵等。购买奴隶是突厥士兵的主要来源。马赫穆德在夺取花剌子模绿洲时，在河中市场上买了许多奴隶。据《治国策》记载，素丹付给高级军官的薪水，要求他们购买奴隶。但对地方军官购买奴隶一事可能是禁止的。如伽色尼王朝驻印度的军官阿赫默德·伊斯纳尔派人到河中地区购买奴隶，有 70 多名奴隶从阿姆河上游的旁吉赫尔（Panjhir）秘密运到印度。

经过训练的突厥奴隶被称为古拉姆，古拉姆在伽色尼王朝军队中得到重用，素丹护卫队的士兵都由古拉姆组成，被称为宫廷古拉姆。宫廷古拉姆能左右朝政，操纵统治者的废立。据记载，马赫穆德的一位名为阿亚兹（Ayaz）的私人医生是基马克族奴隶，在马赫穆德死后，他在马赫穆德之子穆罕默德的废立上起到了重要作用。宫廷古拉姆有时候也与正规军一样完成远征作战的任务。他们是一支精锐兵力，作战时，他们往往被安排在关键的位置上。他们还作为仪仗队出席各种典礼。在典礼上，他们身着精美锦缎制成的伊斯法罕、巴格达和苏希塔尔（Shushtar）的各式长袍，配着装饰珠宝，还有金银支架的武器。

在军队中，军官与古拉姆士兵有结成依附关系，主存我在，主亡我散，但军官们手中的古拉姆不能继承。当军官去世或被解职之后，他手下的古拉姆通常转到素丹名下。1031 年，突厥将领厄尔亚鲁克（Eryaruq）和阿西格特勤·加兹（Asightigin Ghāzī）被解除军官职务，他们手下的古拉姆被没收，马苏德带走了杰出者，其余的分给了他的部下。1037 年，莫夫军事长官阿努希特勤（Anushtigin）去世，临时留有遗愿，希望不要解散他手下的古拉姆，马苏德遵照他的遗愿，命莫夫行政长官从政府基金中拨款支付这些古拉姆的薪饷。但以后，这批古拉姆仍被解散，素丹留下了最好的30名，其余的分给了他的儿子们。

战俘也是伽色尼王朝军队士兵的来源之一。伽色尼王朝军队的印度兵大多数来自战俘。在1002—1026年期间，马赫穆德远征印度15次以上，每次远征都带回一些印度战俘，仅1019年远征就从印度带回战俘5.7万人。据记载，带来的俘虏是如此之多，以致安置不下，不得不为他们建造专门的住所。这些俘虏的大部分留在伽色尼王朝军队中。阿拉伯士兵中的一部分也是战俘。1017年，马赫穆德占领花剌子模，俘获了原阿拉伯统治者马蒙家族的许多成员，他将这些人带回加兹尼，其中的有一些人在军队中供职。在突厥士兵中的一些人也是战俘。1008年，马赫穆德打败喀喇汗王朝入侵军，俘虏了喀喇汗王朝统帅修巴什特勤及其士兵900人，这些突厥族战俘以后留在军中服务。

雇佣军也是伽色尼王朝军队士兵的来源之一。阿拉伯人是雇佣军的主体，他们作战勇猛，阿拉伯骑兵被称为“敢斗魔鬼的骑士”。在1035年，古尔甘地区王朝发生反叛运动，反叛者中的4000名阿拉伯骑兵反戈，这些人被招募到伽色尼王朝素丹军队中。阿拉伯雇佣军曾为伽色尼王朝屡立战功。1017年，在伽色尼军队对花剌子模的征服中，阿拉伯人充当了伽色尼王朝的先头部队，他们行动快捷和勇猛的优点特别适合小规模作战和袭击敌人。阿富汗的山区古尔人也是雇佣军的来源之一，他们因力量分散，往往以部落或其他集体方式受雇于伽色尼王朝。

志愿兵也是伽色尼王朝军队士兵的来源之一。与以上几种士兵不同，志愿兵不在国库领取薪饷，他们是为了分得战利品而聚集在素丹的旗帜之下。在军队中，志愿兵的地位不高，统治者也不重视。志愿兵主要是随军一起征伐，1001年，在马赫穆德攻打白沙瓦和韦欣德的军队中，有一万名志愿兵。1018年，伽色尼王朝远征印度之时，军队中有两万名来自呼罗珊的志愿兵。马赫穆德在1025—1026年远征印度之时，军队中也有大批志愿兵，国库曾拿出5000迪纳尔购买武器和设备装备他们。此外，志愿兵还有执行镇守王朝领地的任务，如镇守印度属地的某些据点。

伽色尼王朝军队的兵种主要有：骑兵、步兵、象兵、工兵和勤务兵。骑兵是伽色尼王朝的重要兵种，主力部队都由骑兵组成。一名骑兵配备两匹马，一匹用作坐骑，另一匹作为补充坐骑，行军时驮运装备和食物。骑兵使用的武器是弓、战斧、狼牙棒、长矛、马刀和长弯刀。阿尔普特勤拥有 1.5 万骑兵；1025—1026 年，马赫穆德出征索姆纳特时，率 3 万正规骑兵；据贝哈基记载，马苏德 1034 年征克尔曼、1035 年征古尔甘和塔巴里斯坦的士兵都是骑兵。

伽色尼王朝有一支正规的常备步兵，步兵也是王朝军队中的重要兵种，他们的地位仅次于骑兵。步兵的武器通常有用于远距离作战的弓和近距离作战的狼牙棒、短剑和标枪。他们穿着锁子甲上衣，拿着皮革或金属的盾牌。他们擅长于遭遇战和围攻战，在战场上，可以形成一道“像堡垒一样”的防线。远征之时，步兵骑上骆驼赶往战场。阿尔普特勤拥有 5000 步兵。以后素丹的步兵数没有见到记载，但王朝不断从锡斯坦、赫拉特、巴里黑、古尔甘等地招募了许多步兵。其中，1031 年，锡斯坦臣属王朝提供了 2000 名萨格兹（Sagazi，“本地士兵”之意）步兵；同年，从锡斯坦、赫拉特、巴里黑等地招募了 3000 步兵；1039 年，又从锡斯坦、巴里黑和古尔甘征集了 2000 名步兵。

象兵是伽色尼王朝军队的特殊兵种，伽色尼王朝用象作战是从印度人那里学来的。象的适应能力很强，不仅能在印度、里海等炎热潮湿的地区生活，而且能适应阿富汗斯坦、呼罗珊，甚至中亚草原和高地的干旱气候。象兵在伽色尼王朝军队中曾起到过重要的威慑作用。994 年，赛布克特勤用从印度俘获的 200 头象对付萨曼王朝军队，在赫拉特平原战役中，击溃了萨曼军队。1008 年，马赫穆德带 500 头大象与入侵呼罗珊的喀喇汗王朝军队作战，两军在距巴里黑 4 法尔沙赫的一座桥头决战，喀喇汗王朝军在见到象后不知所措，结果被击败。1025 年，马赫穆德部署 400 头大象攻打河中地区统治者阿里特勤，战前，伽色尼王朝军队击鼓，兴奋起来的象发出刺耳的声音，给予敌方极大的威吓。1035 年，马苏德远征里海海岸也带来了象兵。除了作战外，象兵们还负责运输工作，搬运兵器和围攻器械等较重的军队装备。

伽色尼王朝军队中还有工兵和勤务兵。当伽色尼军队在攻打城堡或据点之时，利用工兵挖掘地下坑道和操作投石器、射石机等。1020 年，马赫穆德在攻略布尔以东的努尔（Nur）和克拉特（Qirat）山谷时，随行士兵中有铁匠、木匠、碎石匠等工兵，他们铺路、砍树和清除路上的障碍。此外，随军出征的还有金库保管员、厨师、医生、占星家等，他们是素丹的勤务兵。

伽色尼王朝军队的骑兵、步兵等承袭了西部伊斯兰王朝的一些传统，而使用象兵则是承袭了印度王朝的传统。

第五章

诸政权之间的关系

在 1040—1141 年的 100 年中，塞尔柱帝国左右了中亚诸王朝之间的关系。东、西喀喇汗王朝承认塞尔柱帝国的宗主权，尽管东喀喇汗王朝的臣属只是名义上的，没有实际意义；1060 年，伽色尼王朝与塞尔柱帝国签订了和约，承认兴都库什山以北地区归属塞尔柱帝国，东伊斯兰世界的两大王朝实现了和平，半个世纪以后，伽色尼王朝向塞尔柱帝国称臣纳贡；1141 年，塞尔柱帝国与新兴的西辽爆发了战争，帝国军队遭到失败，塞尔柱帝国一统中亚的局面结束了。

第一节　塞尔柱帝国与喀喇汗王朝、花剌子模国之间的关系

在 1040—1141 年的一个世纪中，塞尔柱帝国确立了对河中地区的西喀喇汗王朝和塔里木南缘的东喀喇汗王朝的宗主权。

1040 年，伽色尼王朝在丹丹坎战役失败之后，势力衰弱，素丹马苏德写信向西喀喇汗伊卜拉欣·本·纳赛尔求助，并答应把阿姆河以南地区让给他。在伽色尼王朝收复失地的战争中，伊卜拉

欣·本·纳赛尔采取了配合行动，他从不花剌派一支部队袭击和劫掠呾密附近地区，与此同时，他的部将喀什伽（Kakheka）率另一支军队攻打花剌子模绿洲。然而，两次配合行动都被塞尔柱人击退，于是，伊卜拉欣·本·纳赛尔在阿姆河岸边与塞尔柱人的首领查基尔会面，商谈议和之事。

1055年，新兴的塞尔柱帝国开始对河中地区进行征伐。1061年，西喀喇汗派使团向巴格达哈里发控诉塞尔柱帝国对河中地区的入侵和骚扰。塞尔柱帝国素丹阿尔普·阿尔斯兰于1065年出巡花剌子模，顺道来到河中地区，西喀喇汗及河中地区的一些王公们向他表示归顺，西喀喇汗王朝成为塞尔柱帝国的属国。以后，阿尔普·阿尔斯兰与西喀喇汗王室缔结了联姻，改变了双方敌对的态势。

以后，西喀喇汗沙姆斯企图脱离塞尔柱帝国独立，1072年，阿尔普·阿尔斯兰率20万大军渡阿姆河前往镇压，不料，被刺身亡。西喀喇汗王朝立即出兵夺取了塞尔柱帝国的巴里黑城。马立克沙即位以后，出兵收复了巴里黑城，西喀喇汗国再次成为塞尔柱帝国的属国。

1088—1089年，河中地区发生政权与教权之争，塞尔柱素丹马立克沙受宗教界的邀请，在宰相尼扎姆·莫尔克的陪同下出兵河中，占领了不花剌城，接着攻陷了撒麻耳干城。马立克沙派总督艾因努·杜乌拉在撒麻耳干实施统治。西喀喇汗王朝答应向塞尔柱帝国纳贡。

塞尔柱人的入侵得到了西喀喇汗王朝境内炽俟部的支持。据《世界境域志》记载，炽俟部在10世纪末居伊塞克湖周围，人口很多，主要以游牧为生，有一些人也开始了定居，生活在城市和村庄中。与葛逻禄人一样，炽俟部人也是喀喇汗王朝军队的主力，他们的首领经常与西喀喇汗发生矛盾和冲突。1089年，在西喀喇汗军队与塞尔柱人打仗之时，炽俟部人帮助塞尔柱人推翻了阿黑马德汗的统治。在马立克沙离开河中地区之后，炽俟部人因不满总督艾因努·杜乌拉的统治再次起义，他们杀了艾因努·杜乌拉，占领撒麻耳干城，迎东喀喇汗哈桑之弟雅库布特勤到撒麻耳干，立为大汗。

马立克沙获悉总督被杀，再次率军进入河中地区平乱，雅库布汗逃走。马立克沙不得不恢复阿黑马德的王位。在此后的半个多世纪中（1089—1141），西喀喇汗王朝一直臣属于塞尔柱帝国。炽俟部势力于12世纪后半叶开始衰落，史书很少提到他们，大概他们已经与河中地区居民融合。

雅库布特勤被赶走之后，逃到其兄喀什噶尔埃米尔处避难。马立克沙令喀什噶尔埃米尔交出雅库布特勤，扬言说，如果不交出的话，他将讨伐喀什噶尔。喀什噶尔埃米尔派人把兄弟送往马立克沙处，然而，陪送官员在途中把雅库布特勤放了。马立克沙派大臣塔居·马立克前去见雅库布特勤，结果，他表示归顺。

在此期间，马立克沙召东喀喇汗王朝的哈桑汗到讹迹邗城会面。在这次会面中，哈桑汗向马立克沙表示归顺，同意在其境内以马立克沙的名义进行祈祷，并在其境内使用铸有马立克沙之名的钱币。与马立克沙同行的宰相尼扎姆·莫尔克为了炫耀塞尔柱帝国的辽阔和权威，特地把东罗马帝国派的朝贡使从伊斯法罕带到讹迹邗，让他们在此地呈献贡物。

东、西喀喇汗王朝臣服之后，塞尔柱素丹以政治联姻的手段笼络这些王朝统治者。阿尔普·阿尔斯兰娶了喀喇汗王朝孀居的卡迪尔·玉素甫汗的女儿，马立克沙也娶了一位喀喇汗公主。对于中央政权难以控制的一部分游牧部族，塞尔柱素丹的政策是，让部族首领长期居留在素丹王宫中，既加强了双方的联系，又可防止这些部族作乱。这些政策和措施在一定程度上减轻了来自帝国内外部对素丹政权的威胁，有利于社会的安定。1097年，桑扎尔统治了东塞尔柱帝国以后，河中地区的君主仍然向他纳贡。

丹丹坎战役之后，花剌子模绿洲成为塞尔柱帝国的统治地区。之前，花剌子模绿洲一直是伽色尼王朝的属地，先后由伽色尼官员阿尔通塔什和哈伦、伊斯马仪·罕丹父子统治。战争结束以后，1040年冬，伽色尼王朝驻毡的地区的官员马立克沙赫赶走伊斯马仪·罕丹，成为花剌子模沙。1043年，塞尔柱人出兵征服了花剌子模，确立了对花剌子模绿洲的统治。此后，塞尔柱人在该地区派出地方官沙黑纳。

塞尔柱人在花剌子模行使宗主权近一百年。1065 年冬，塞尔柱素丹阿尔普·阿尔斯兰率军从莫夫北上，渡过阿姆河，占领花剌子模边界地区的一系列重镇，随即挺进锡尔河下游，将毡的城置于自己的管辖之下。毡的是塞尔柱家族的圣地，这里有塞尔柱人的祖坟。

在马立克沙统治时期，一位名叫讷失特勤（Nash-Tegin）的突厥奴隶被任命为花剌子模地方官，以后，讷失特勤的长子忽都不丁·穆罕默德（Qutbad Din Muhammad）继之为花剌子模地方官。忽都不丁·穆罕默德统治花剌子模 30 余年（1097—1128），每年他亲自，或者派他的儿子阿特西兹去呼罗珊朝廷晋见桑扎尔。1119 年 8 月，在桑扎尔与侄儿马赫穆德·本·穆罕默德争夺塞尔柱帝国最高统治权的萨韦之战中，忽都不丁·穆罕默德随桑扎尔出征剌夷。忽都不丁·穆罕默德死之后，1128 年，他的儿子阿特西兹继承官位，继续忠实于塞尔柱帝国素丹，参与了桑扎尔与河中地区马斯乌德的战争和桑扎尔讨伐伽色尼王朝素丹巴赫拉姆沙的战争。1134 年，阿特西兹举起反叛桑扎尔的旗帜，与桑扎尔进行了三次战争。

第一次战争发生于 1138 年 11 月。阿特西兹在率军随桑扎尔攻打加兹尼城之后，他的军队占领了桑扎尔的属地毡的和阿姆河上游地区。桑扎尔派使臣前往花剌子模，谴责阿特西兹的反叛行径。阿特西兹扣押了桑扎尔的使臣，并把他投入监狱，然后，封锁了呼罗珊通往花剌子模的道路。1138 年 9 月，桑扎尔率部从巴里黑向花剌子模出兵，阿特西兹在花剌子模首都乌尔根奇附近名为哈扎拉斯普的一座城堡内顽强抵抗，并放水淹了城堡周围地区，以阻挡桑扎尔部队的前进。11 月，桑扎尔在哈扎拉斯普附近与阿特西兹会战，桑扎尔大获全胜，杀阿特西兹军将近 1 万人，阿特西兹出逃，其子被俘，在桑扎尔的命令下被斩首。桑扎尔把花剌子模的统治权交付给自己的侄儿吉亚苏丁·苏莱曼，然后返回呼罗珊。

桑扎尔撤军之后，阿特西兹返回花剌子模。当地民众由于不满塞尔柱军队，吉亚苏丁·苏莱曼被赶走，阿特西兹再次登上了花剌子模沙的王位。复位的第二年，即回历534年（公元1139或1140年），阿特西兹攻占桑扎尔属地不花剌，俘虏并处死该城总督。阿特西兹还占领了那些对游牧民具有重大意义的地方，其中包括锡尔河下游地区及里海东岸的曼格什拉克半岛。以后，阿特西兹又发动两次战争，两次都被桑扎尔打败，投降求和。花剌子模一直承认塞尔柱帝国的宗主地位。

塞尔柱帝国一统中亚的局面在西辽建立之后受到威胁。1132年，西迁契丹人在中亚东部楚河和伊塞克湖一带建立了西辽，此后，西辽统治者将东喀喇汗王朝纳入了自己的统治，接着，向西推进。1137年，西辽军在忽毡打败西喀喇汗王朝马赫穆德的军队，接下来，准备攻取河中地区。西喀喇汗马赫穆德一面组织军队抵抗，一面向塞尔柱素丹桑扎尔求援。以后，在花剌子模沙赫的怂恿下，西辽人出动了30万骑兵去攻取桑扎尔的王朝。[①]桑扎尔率兵抵抗，1141年9月9日，塞尔柱帝国与西辽在撒麻耳干以北的卡特万草原相遇，发生了历史上著名的卡特万战争。

耶律大石率大军疾驰奔向桑扎尔，两军就像两股巨流在叫卡特万的地方相遇。耶律大石巡视了他的战士，因为他们已被紧压在叫作达尔加姆的峡谷。他对将士们说："彼军虽多而无谋，攻之，则首尾不救，我师必胜。"耶律大石派六院司大王萧斡里剌、招讨副使耶律松山等领兵攻打桑扎尔的右翼部队，派枢密副使萧查剌阿不、招讨使耶律术薛等领兵攻其左翼，自己率其余部队攻其中军。桑扎尔的右翼军统帅是埃米尔库米吉（Kumījī），左翼军统帅是西吉斯坦的国王[②]，自己率中军，有经验的老兵殿后。结果，西辽以少胜多，塞尔柱帝国遭到惨败，桑扎尔和他的军队败逃，其中10万人被打死，死者中有1.2万人是伊斯兰教徒，4000人是妇女。桑扎尔的妻子也

---

① 〔阿拉伯〕伊本·阿西尔：《全史》，转引自刘戈选译：《吉尔吉斯人和吉尔吉斯地区历史资料》（莫斯科1973年版），《中亚研究》1988年第3期，第7页。

② 同上书，第9页。

被俘。[①]

卡特万会战是中亚史上的一次大战役，在伊斯兰世界没有比这次规模更大的会战，在呼罗珊的战斗中死伤这么多人也是没有过的。[②]此战结束了 11 世纪下半叶至 12 世纪上半叶塞尔柱人一统中亚的局面。耶律大石乘胜进军西喀喇汗王朝都城撒麻耳干，西喀喇汗王朝承认了西辽的宗主权。接着，西辽征服了花剌子模，花剌子模成为西辽的属地，向西辽纳贡。塞尔柱帝国只保住了阿姆河以南和以西地区。

第二节　塞尔柱帝国与伽色尼王朝

在丹丹坎战役以后，塞尔柱人与伽色尼王朝之间力量对比发生了根本的变化。塞尔柱人占据呼罗珊莫夫地区以后，势力不断壮大，在向西发展的同时，还不断蚕食伽色尼王朝领土。查基尔一边巩固已征服的呼罗珊地区，一边计划灭掉退守阿富汗东部的伽色尼王朝。他的计划分南、北两路进行：南路主要是使伽色尼王朝原来的一些臣属国转而承认塞尔柱帝国的宗主权，然后，从伽色尼王朝南部城市布斯特攻入；北路从阿姆河上游出兵兴都库什山，夺取伽色尼王朝在兴都库什山以北的领地，然后，翻越兴都库什山袭击喀布尔，南下攻占加兹尼城。

1040 年的丹丹坎战役失败以后，伽色尼王朝虽然局势动荡，但仍有一定的实力。兴都库什山以北的主要城市巴里黑和阿姆河畔的呾密渡口还在伽色尼王朝手中，西喀喇汗王朝的伊卜拉欣·本·纳赛尔汗仍然承认伽色尼王朝的宗主地位，而且对伽色尼王朝收复失地的战争答应给予支持。马苏德返回加兹尼城以后，做了许多重大决定。他派长子毛杜德和大臣阿赫默德·本·沙曼德率领王室最优

---

① 〔阿拉伯〕伊本·阿西尔：《全史》，转引自刘戈选译：《吉尔吉斯人和吉尔吉斯地区历史资料》（莫斯科 1973 年版），《中亚研究》1988 年第 3 期，第 7 页。

② 同上书，第 10 页。

秀的古拉姆军队到兴都库什山北部，加强那里的防卫，堵住从北面来的塞尔柱人。1040 年 7 月初，马苏德派遣原宫廷奴隶努希特勤·瑙巴提（Nushtigin Naubati）和官员阿布·萨赫尔去布斯特，抵御塞尔柱人在南面的进攻。此外，他写信给东、西喀喇汗王朝汗，争取外援。

丹丹坎战役以后，塞尔柱人围困了巴里黑城。伽色尼王朝驻巴里黑总督阿尔通塔什被围困在城里，马苏德派其子毛杜德率军前往援救。当援军还在兴都库什山口哈普延集结之时，毛杜德接到其父被杀的消息，撤离哈普延返回加兹尼城。阿尔通塔什在绝望中弃城而逃，巴里黑城被塞尔柱人占领。巴里黑对防御阿姆河上游地区和北阿富汗斯坦具有重要的战略意义，正如巴里黑的情报部部长送往加兹尼的信中说："整个呼罗珊与巴里黑城的关系密切，如果我们的对手占领它的话，所有的政权和荣耀将会立即变成他们的。"①

占领巴里黑城之后，阿姆河渡口咀密不久也被塞尔柱人攻占。1043—1044 年，查基尔及其子阿尔普·阿尔斯兰出现在咀密，咀密城主阿米拉克（Amīrak）在知道伽色尼王朝已经不可能给他提供任何援助的情况下，接受了光荣投降的建议，把他在贝哈克（Behāk）的地产交给查基尔的宰相阿布·阿里·本·沙丹（Abū ‘Alī b. Shāhdan），自己动身前往加兹尼。至此，查基尔已经占据了东北呼罗珊至阿姆河源头之间广大地区，留他的长子阿尔普·阿尔斯兰驻守。

随之，一些地区政权陆续承认了塞尔柱帝国的宗主权，如恰甘尼安和胡塔尔地方政权都曾参与过伽色尼王朝在巴里黑的征战，到 1059 年时，这些小王朝已经处于塞尔柱人的势力范围之内。

南下锡斯坦的塞尔柱人也取得了胜利。查基尔军队兵分两路，一路由他的亲戚比古（Bīghu）攻赫拉特，另一路由部将厄尔塔希（Ertash）攻锡斯坦。当时，统治锡斯坦的萨法尔王朝埃米尔是阿布

① C. E. Bosworth, *The Later Ghaznavids Splendour and Decay, the Dynasty in Afghanistan and Northern India 1040-1186*, p.10.

尔·法达尔（Abūl Fadl），1040 年秋，卡尔库布（Karkūbu）地区爆发了反阿布尔·法达尔的起义，起义首领阿赫默德·塔希尔与塞尔柱人取得联系，阿布尔·法达尔向伽色尼素丹马苏德求援。马苏德派巴纳斯尔（Bānasr）率一支 5000 人的骑兵前往锡斯坦。然而，在伽色尼军到达之前，起义军和塞尔柱军已经包围了疾陵城，阿布尔·法达尔向塞尔柱人投降。1042—1043 年，比古攻下赫拉特城，拿下了该城及巴德赫斯（Bādghīs）周围地区。此后，在疾陵城的祷告中，是以塞尔柱首领比古之名颂读胡特巴。伽色尼将军巴纳斯尔的军队撤回布斯特城。同年 11 月，比古率塞尔柱与阿布尔·法达尔的联军向布斯特城进发，蹂躏了该城郊区。但此时，塞尔柱将领厄尔塔希与比古之间发生分歧，这些分歧使他们撤离了锡斯坦，返回呼罗珊。

在毛杜德执政时期，阿布尔·法达尔统治下的锡斯坦没有外来军队。在此有利的形势下，毛杜德决定派军驻锡斯坦，恢复伽色尼王朝在该地区的宗主权，并把塞尔柱人堵在锡斯坦以外，消除他们对伽色尼王朝南部地区的威胁。1041 年春夏之交，一支由凯马思（Qaimās）率领的军队被派往锡斯坦，但被阿布尔·法达尔军队打败。事前，阿布尔·法达尔已经获悉毛杜德给锡斯坦各方面显要人物的信件。1042 年 2 月，阿布尔·法达尔在国内镇压亲伽色尼王朝的宗教界人士和军队统帅。同年，伽色尼王朝又出兵锡斯坦，这次军队由 2000 名骑兵和 10000 名步兵组成。兵临锡斯坦之时，当地反政府力量踊跃加入伽色尼军队，其中包括起义首领阿赫默德·塔希尔的部队。在势不敌众的情况下，阿布尔·法达尔被围在疾陵城达 4 个月之久，此间，阿布尔·法达尔写信给塞尔柱统帅厄尔塔希，希望他出兵援救。塞尔柱援军立即赶来，打败了伽色尼王朝军队，杀死了许多将领。伽色尼军队退回布斯特，塞尔柱与阿布尔·法达尔的联军一直追到布斯特，大肆劫掠之后，于 1042 年 10 月至 11 月返回锡斯坦。锡斯坦及其周围地区被纳入塞尔柱人的势力范围。只有少数地区仍然保持着与伽色尼王朝的联系，如法拉兹巴吉（Farazbaj）

城民仍然向伽色尼王朝纳税，对此，查基尔曾派部队攻打法拉兹巴吉的地区首领。

伽色尼王朝对锡斯坦的争夺在将领托格利尔时期有一定的进展。1043 年，托格利尔率领 2000 名士兵从布斯特出发，途中，在赫恩丹坎俘获了萨法尔王室成员阿布·恩·纳斯尔。1 月至 2 月，军队占领了卡尔库布城，在此，对穆斯林和琐罗亚斯德教徒进行了大屠杀。阿布尔·法达尔的援军赶来保卫卡尔库亚（Karkūya）城堡，托格利尔决定放弃围攻返回加兹尼，俘虏阿布·恩·纳斯尔随行。以后，阿布尔·法达尔以伽色尼王朝大臣阿赫默德·本·哈桑·梅伊曼迪的一个儿子和其他被俘的伽色尼王朝统帅为筹码赎回了阿布·恩·纳斯尔。据《锡斯坦史》记载，在 1045—1046 年间，塞尔柱将领厄尔塔希与伽色尼王朝之间又发生了一次战事，厄尔塔希兵败后逃回疾陵城，三年之后他在塔巴斯（Tabas）被杀。

1051 年 11 月 10 日，托格利尔再次率军向南进发，主力由 5000 名骑兵、5 头战象、2000 名志愿兵和加兹尼步兵组成，阿布尔·法达尔的军队进行了顽强抵抗，塞尔柱统帅比古也从赫拉特赶来增援。托格利尔派遣一支 1000 名骑兵组成的分队对疾陵城发动袭击，打败了塞尔柱士兵，比古和阿布尔·法达尔狼狈不堪地逃到赫拉特。此后，托格利尔围攻塔克城，在久攻不下的情况下，于 1051 年 12 月 23 日撤军，返回加兹尼城，这次胜利确保了伽色尼王朝南部领土的安全。

伽色尼军队撤走之后，阿布尔·法达尔返回疾陵城，统治锡斯坦直到 1073 年去世。后继的萨法尔王朝埃米尔们继续在两个政权之间周旋，以求得平稳的统治。随着塞尔柱人在呼罗珊和克尔曼政权的巩固，萨法尔王朝最终被纳入塞尔柱人的势力范围，萨法尔埃米尔在塞尔柱宗主权下享有很大的自治权。在随后的一个世纪里，萨法尔王朝的命运与塞尔柱王室的命运紧密联系在一起，他们为塞尔柱王室提供著名的萨格兹（步兵）。锡斯坦成为塞尔柱帝国与伽色尼王朝之间的缓冲地区。

在法鲁克扎德统治时期（1052—1059），伽色尼王朝企图复辟在阿姆河以南地区的统治。法鲁克扎德军部统帅马苏德·鲁库迪对吐火罗斯坦的塞尔柱人发动了一次远征，打败了塞尔柱军队，俘虏了塞尔柱统帅阿塔伯格·库特勃·阿德·丁·库尔·萨里（Atabeg Qutb add-Din Kul-Sarigh）。后来，阿尔普·阿尔斯兰率援军赶到，打败了马苏德·鲁库迪，俘虏了几位军官。随后，法鲁克扎德与查基尔达成协议。法鲁克扎德同意归还塞尔柱战俘，双方承诺维持现有的领土疆界。

在易不拉欣统治时期，伽色尼王朝与塞尔柱人之间实现了和平。易不拉欣一改其祖父辈收复失地的复仇主义活动。他认为："我无力收复拥有广大领土以及庞大军队的君主所征服的我们的领土。"[①]在经过仔细合理的分析之后，双方都认为在领土方面不可能通过战争再获得任何好处，只能浪费钱财，无休止地毁坏土地。于是，易不拉欣和查基尔同意在承认现有领土的基础上和谈。1060 年，两国签订了和约。和约规定：以兴都库什山山脉为两国北部边界，于是，塞尔柱人于 1041—1059 年间夺取的阿姆河以南、兴都库什山以北的伽色尼王朝领地得到了确认；西部以赫拉特和加兹尼之间的古尔地区（指哈里河上游山区）作为两国间的缓冲地带；南部锡斯坦成为塞尔柱人的属地，它构成了双方的缓冲地。这一分界一直保持了一百年，直到伽色尼王朝迁往印度。

易不拉欣在势力巩固之后，决定收复吐火罗斯坦和巴达克山地区领土。1073 年 1 月至 2 月，塞尔柱王公卡乌德发起反叛素丹马立克沙的战争。易不拉欣趁机出兵攻占了位于伽色尼王朝与塞尔柱人的边界上的萨卡尔坎（Sakalkand），当时，在此统治的是马立克沙的叔叔苏莱曼·本·查基尔，他在这次攻击中被俘，连同他的财富和随从被带到加兹尼。但塞尔柱的军队随后追到，他们蹂躏萨卡尔坎，

---

① C. E. Bosworth, *The Later Ghaznavids Splendour and Decay, the Dynasty in Afghanistan and Northern India 1040-1186*, p.51.

易不拉欣采取妥协态度，派使者到马立克沙的营地，带着厚礼，有精美布匹，珍稀动物大象、猴子、鸵鸟、孔雀、鹦鹉和一种不仅能说而且能背诵《可兰经》的鸟。在展示了这些礼物之后，使者表达了易不拉欣和解的愿望："和平的第一个条件是你应该放弃进军加兹尼的计划，因为你的军队没有伽色尼军队所拥有的勇敢和力量；你的军队中只有一个种族，而我们有十个种族的士兵。"[①]此后，使者提出王室联姻的要求，马立克沙同意和解，并把女儿嫁给易不拉欣之子马苏德三世，以后伽色尼素丹马立克·阿尔斯兰便是这次联姻的结晶。

在马立克·阿尔斯兰统治时期，他的兄弟巴赫拉姆沙在争夺王位失败以后，求助于东塞尔柱王朝素丹桑扎尔。巴赫拉姆沙从锡斯坦来到克尔曼，见到了该地区的塞尔柱埃米尔，埃米尔体面地接待他，但因为没有得到桑扎尔的同意，他不敢给巴赫拉姆沙军事援助，他说："因为最高统治者桑扎尔现在王位上，对我来说，给你军队是不合适的，但我在经济上尽我所能帮助你。"随后，他派一名军官护送巴赫拉姆沙到桑扎尔宫廷所在地莫夫。

巴赫拉姆沙在桑扎尔宫廷中受到了热烈的欢迎。据说，巴赫拉姆沙的矛技和弓技令桑扎尔十分欣赏，在目睹了巴赫拉姆沙在猎场上的非凡表现之后，桑扎尔决定为他提供军事援助。桑扎尔说："我发现他特别勇敢和有勇气，他的射箭术是无与伦比的。因此，我担心，如果他使用这样的箭术，只朝我射一箭并夺走我的王国的话，那么将无人能够收复它。因此，我认为，让他在他父辈和祖辈的王国内做他能做的事，而不是在我的王国内。"[②]

桑扎尔先写了一封信给马立克·阿尔斯兰，敦促他们和解。马立克·阿尔斯兰派卡迪·阿布尔·巴拉卡特带着丰厚的礼物来到桑扎尔宫廷，企图说服桑扎尔不要帮助巴赫拉姆沙。据朱兹贾尼记，马立克·阿尔斯兰虐待自己的亲生母亲马赫迪·伊拉克·贾哈尔可

---

① C. E. Bosworth, *The Later Ghaznavids Splendour and Decay, the Dynasty in Afghanistan and Northern India 1040-1186*, p.54.

② Ibid., p.94.

敦，这一行为激怒了桑扎尔，桑扎尔决心扶持巴赫拉姆沙登上伽色尼王位。在获悉此消息之后，马立克·阿尔斯兰又写信给当时塞尔柱帝国的最高领袖穆罕默德·本·马立克沙，控告桑扎尔。穆罕默德不愿干涉伽色尼王朝的内部事务，于是，写信给桑扎尔说："我的兄弟啊，不要这样做，因为伽色尼王族是一个古老的家族，不要进攻它。"①但他同时对使者说，如果桑扎尔已经派出军队，就不要追回他们。事实上，桑扎尔的一支军队在统帅乌纳尔的率领下已经随巴赫拉姆沙离开了莫夫城。在攻布斯特城之前，萨法尔王朝埃米尔塔希尔（卒于 1164 年）率领一支分队加入桑扎尔的军队中。

战争之初，呼罗珊和锡斯坦的联军打败了马立克·阿尔斯兰的军队，马立克·阿尔斯兰提出和解，许诺说，他将缴纳大量贡赋，但桑扎尔没有同意。马立克·阿尔斯兰绝望地求助于母亲，马赫迪·伊拉克·贾哈尔可敦带着 20 万迪纳尔的礼物去见桑扎尔，但她一见到其兄（桑扎尔），就站在桑扎尔一边，支持巴赫拉姆沙夺取自己儿子马立克·阿尔斯兰的王位。为了报复，马立克·阿尔斯兰囚禁了桑扎尔派到加兹尼城的一名使者。

1117 年，在加兹尼城外 1 法尔沙赫的沙赫拉巴德（Shahrābād）平原上，双方进行了决定性战争。伽色尼王朝在战争中使用了战象，这些战象被布置在战场中心，目的是恐吓敌方。起初，这些战象确实起到了恐吓作用，但锡斯坦埃米尔塔希尔亲自演示用短剑剖开象下腹部的方法，使这些战象不再发挥作用。塔希尔在战斗中异常勇敢，他的战绩得到了同时代诗人的赞扬。以后，他得到了桑扎尔的丰厚奖赏。乌纳尔率领的塞尔柱军很快击溃了伽色尼王朝的左翼军，伽色尼王朝军队彻底崩溃了，大象被驱散，骑士和射手们来不及逃跑，全部被杀。

1117 年 2 月 25 日，桑扎尔进入加兹尼城，巴赫拉姆沙以桑扎尔

① C. E. Bosworth, *The Later Ghaznavids Splendour and Decay, the Dynasty in Afghanistan and Northern India 1040-1186*, p.95.

属臣的身份登上了伽色尼王朝的素丹王位（1118—1153）。诗人赛义德·哈桑在巴赫拉姆沙登基之时朗诵了一首颂诗，其中有如下诗句："先驱已经升起，显现在七边的天空，巴赫拉姆沙成为世界之君主。"

塞尔柱人在加兹尼城开始了无节制的抢劫，他们劫掠了显贵们的宫殿，剥离房屋墙上的银板，抢走花园中的银水管。这一抢劫活动直到桑扎尔干预并把一伙抢劫者钉在十字架上示众才被制止住。然而，桑扎尔本人在占领加兹尼城的40天内也夺走了伽色尼王朝素丹们积累的大量财宝，其中包括5顶王冠和17个金制御座。

马立克·阿尔斯兰逃往北印度拉合尔，在此征集军队。当桑扎尔离开加兹尼城以后，他进行了复位战争。巴赫拉姆沙未做任何抵抗，逃到巴米延（Bamiyan）地区，派人到桑扎尔处求援。于是，桑扎尔从巴里黑派遣一支军队随巴赫拉姆沙再次攻打加兹尼城。马立克·阿尔斯兰在占领加兹尼城一个月后又被赶跑，在什格南山区避难，在此被桑扎尔军队的一名军官抓获。巴赫拉姆沙不愿马立克·阿尔斯兰被带到呼罗珊，以免留下后患，他从这位军官手中买下了马立克·阿尔斯兰。据伊本·阿西尔说，巴赫拉姆沙于1118年9—10月派人勒死了马立克·阿尔斯兰，把他葬在其父马苏德三世在加兹尼的陵墓中。

从此，伽色尼王朝向塞尔柱人称臣纳贡，巴赫拉姆沙许诺每年向桑扎尔纳贡25万迪纳尔[①]，为了监督贡金的征收，桑扎尔在加兹尼城派驻一位塞尔柱收税官。这一贡赋加重了伽色尼王朝的财政负担。1135年，巴赫拉姆沙企图摆脱桑扎尔的控制，停止向塞尔柱人纳贡。遭到桑扎尔的入侵。塞尔柱军队在寒冷的冬天东进，经锡斯坦到布斯特和扎明达瓦尔。这支军队严重缺乏食物和草料，以致"稻草比金子贵"。尽管如此，军队仍艰难地向加兹尼推进。当全副甲胄的桑扎尔大军出现在加兹尼城时，巴赫拉姆沙在极度恐慌之中逃往拉合

---

① 胡赛尼说，巴赫拉姆沙每年向桑扎尔纳贡25万迪纳尔；而据波斯史家伊本·拉瓦迪（Ibn al-Rawandi）所言，进贡的数量为每天1000迪纳尔。参见 C. E. Bosworth, *The Later Ghaznavids Splendour and Decay, the Dynasty in Afghanistan and Northern India 1040-1186*, p.97。

尔，桑扎尔攻占并劫掠了加兹尼。以后，桑扎尔与巴赫拉姆沙取得联系，向巴赫拉姆沙说明，他不想吞并他的国家，只要他继续承认塞尔柱人的宗主地位，他就从加兹尼撤军。1136 年，巴赫拉姆沙回到加兹尼城，再次承认了塞尔柱帝国的宗主权。以后，巴赫拉姆沙不再有摆脱塞尔柱人的企图和行动，两国之间一直保持和平。在颂读胡特巴中，巴赫拉姆沙位居第四，前三位分别是阿拔斯王朝哈里发穆斯塔兹尔（al-Mustazhir）[①]、塞尔柱最高素丹穆罕默德·本·马立克沙和桑扎尔。

1153 年，巴赫拉姆沙在加兹尼去世。[②]他儿子胡斯塔沙继位。在胡斯塔沙统治时期（1153—1160），桑扎尔于 1157 年去世。胡斯塔沙统治后期，加兹尼城可能被呼罗珊来的古思人占据，伽色尼王朝已经退到北印度的拉合尔城。

1060 年以后的半个多世纪（1060—1118）中，塞尔柱帝国与伽色尼王朝之间没有发生大的冲突，两国之间的友好有利于中亚的经济和文化交流，如诗人乌斯曼·穆克塔里（Uthman Mukhtari）可以自由地往来于加兹尼的伽色尼宫廷和克尔曼的塞尔柱宫廷。

---

① 穆罕默德·本·马立克沙在位时间是 1105—1118 年，与他同时颂读名字的哈里发可能是穆斯塔兹尔（1094—1118 年在位）。

② 关于巴赫拉姆沙死亡的时间，有 1149 年、1152 年、1157 年等说。伊本·阿西尔在《全史》一书中说他死于统治 36 年之后的 1153 年 9—10 月；朱兹贾尼认为巴赫拉姆沙死于他统治的 41 年之后，即 1157 年；古拉姆·穆斯塔法汗（Gulam Mustafa Khan）在关于巴赫拉姆沙的一篇论文中采用 1157 年。参见 C. E. Bosworth, *The Later Ghaznavids Splendour and Decay, the Dynasty in Afghanistan and Northern India, 1040-1186*, pp.119-120。

第六章

社会经济

11 世纪下半叶至 12 世纪上半叶的 100 年中，在喀喇汗王朝和西辽的统治下，中亚东部和中亚腹地的农业和手工业在以往的基础上继续发展，其中，玻璃制造业发展迅速。在塞尔柱帝国减免税赋、招抚流民的措施下，大批流民回乡生产，兴修水利，保证了中亚西部呼罗珊等地区农业的恢复和发展；旅店和商路的修建、商站的设置，促进了中亚商贸经济的发展。

第一节　河中地区及其以东地区

在喀喇汗王朝统治初期，河中地区经济处于衰落状态。巴托尔德认为："哈拉汗突厥王朝统治时期，对河中说来，无疑是一个文化衰退的时期。尽管个别统治者有善良的愿望，然而，认为国家是汗的氏族所有的观念以及由此观念产生的分封制度和必然随之而来的内讧，一定要引起农业、手工业和商业以及精神文化衰落的后果。"①

① 转引自王治来:《中亚史纲》，湖南教育出版社 1986 年版，第 374 页。

喀喇汗王朝分裂以后，西喀喇汗伊卜拉欣的统治使河中地区经济有所恢复。他注意到分封制带来的不良影响，即兄弟残杀和土地转手的恶果，于是，他在位期间成功地削弱了分封制，减少了分封领地的数量和取消了领主的一些特权，中央集权在此基础上得到加强。这些措施保证了河中地区的稳定和经济的复苏。

为了发展经济，西喀喇汗王朝统治者极力保护国内秩序的稳定。对此，巴托尔德列举了伊卜拉欣关心国内秩序、人民财产安全和贸易货币流通的一些有趣事情。有一个故事说，一些盗贼曾在撒麻耳干的城门上留下一张布告说："我们像洋葱，割得越多，长得越大。"伊卜拉欣让人在布告下面写道："我像一个园丁守在一旁，你长多久，我根除多少。"①还有一则故事说，他在位期间，国家控制着市场价格，一些卖肉的人向他抱怨，法定的肉价太低，恳求他提高一些，并许诺向国库贡献 1000 迪纳尔的税。伊卜拉欣同意涨价，接着，他又下令禁止百姓买肉。结果卖肉的人不得不恢复以往较低的肉价，而且还得向国库交付更多的钱。②

为了贸易的畅通，喀喇汗王朝关注货币制度。在喀喇汗王朝初期，继续使用萨曼王朝的钱币，有学者认为，这种现象似乎表明，喀喇汗人实行的金融和财政政策与萨曼王朝是一样的。③

伊卜拉欣时期，西喀喇汗王朝发行了迪尔罕穆阿牙剔（Mu' ayyadī），穆阿牙剔是银铜合金币，其中，银的含量并不高，银币上铸有伊卜拉欣桃花石汗的名字和称号。统一的货币制度、多样的币值，为稳定的市场创造了条件。费尔干纳地区在伊卜拉欣征服之前使用的是与东喀喇汗王朝一样的铜铅迪尔罕，钱币的形制不同，分量不一，边缘不整，归属西喀喇汗王朝以后，费尔干纳开始使用穆阿牙剔币，原先使用的铜铅迪尔罕被禁止流通，于是，大量铜铅迪尔罕流入东喀喇汗王朝，引起这些地区的通货膨胀，导致货币危机。地区居民抵制

---

① W. Barthold, *Turkestan Down to the Mongol Invasion*, p.312.

② Asimov, C. E. Bosworth, *History of Civilizations of Central Asia*, Vol.4 (1), p.120.

③ Ibid..

贬值的钱币，那些钱币只能堆放在一旁。[①]

有学者认为，西喀喇汗王朝财富流入中央政府金库的数额是巨大的，这是支撑大量建筑活动的因素之一。[②]伊卜拉欣统治时期，河中地区进行了一些大型的建筑项目，撒麻耳干城建造了一所医院，国家为医院提供资金请医务人员，负责医院的照明、厨房薪柴、建筑物的维修，还支付病人的伙食。因此，医院不仅成为病人治病之地，还是救助穷人的场所。此外，撒麻耳干城建筑了一所马德拉沙（Madrasa）宗教学校，学校为教授提供薪俸，为学生提供助学金，为图书馆提供书籍，为建筑物提供照明等。[③]在伊卜拉欣之子沙姆斯统治时期，不花剌和撒麻耳干之间的草原，撒麻耳干到忽毡之间的道路沿线建起了名为“王家客栈”（Ribātī Malik）商队旅店；不花剌城附近建造了一座以后被称为瞻思阿巴德（Shamsabad）的漂亮宫殿，不花剌城的清真寺和宣礼塔也在这一时期得以修复。在此期间，伊卜拉欣的兄弟穆罕默德·本·纳赛尔及其子阿巴斯在费尔干纳修建今天被称为法的剌沙陵（Shāh Fādila）的陵墓，陵墓内部装饰着精美的雪花石膏雕刻，树立着镌刻两位统治者名字的碑。[④]以上大型建筑反映了西喀喇汗王朝经济的发展和中央政府财政的充裕。

喀喇汗王朝统治之前，锡尔河上游流域、塔剌思河流域、讹答剌绿洲已经是比较发达的农业区。到11世纪中叶，以上地区的农业经济已经占主导地位。其中最明显的特征是一些突厥游牧部落完成了从游牧向定居农业的过渡，特别是七河流域的游牧民。11世纪中叶成书的长诗《福乐智慧》反映了这一变化。据该书说，农民的地位已经排到“四民”之首，处在商人、牧人、工匠之前。[⑤]“一切生灵都需要农民，飞禽、走兽也需他们提供食品。”“农民们个个都慷

---

① Asimov, C. E. Bosworth, *History of Civilizations of Central Asia*, Vol.4 (1), p.129.

② Ibid., p.130.

③ Ibid..

④ Ibid..

⑤ 优素甫·哈斯·哈吉甫:《福乐智慧》，第571—581页。贤明论如何对待各种人，其排序依次是农民、商人、牧人、工匠。

慨大方，满足于真主的赐予，心怀宽广。”[①]据《突厥语大词典》记载，当时喀喇汗王朝统治地区已经植种了棉花（Yung）。[②]

西辽统治时期，中亚东部的畜牧业有了极大的发展。原居中国北部的契丹人大多数以游牧和畜牧业经济为主、辅以渔猎和农耕。西迁中亚以后，契丹人在伊塞克湖周围、伊犁河流域的优良牧场上大力发展畜牧业。

契丹人的游牧有一定规律，他们对畜群实行定期放牧、定期收回的办法：每年4—8月，他们将畜群放出，让其自逐水草；8月末，收回饲养，保护畜群度过寒冬。这是一种半游牧半畜牧的形式。《全史》记载说，契丹人“夏天到不里阿耳地区放牧，冬天到八拉沙衮过冬”[③]。契丹人掌握了牧马的一套技术，即“遂其性则滋生益繁”。早在辽朝时期，契丹人就开始实行群牧制度，即选择最好的草原建立国家牧场，由政府设官统一管理，这样能更有效地利用牧场资源。西辽继承了这种制度，专门设置了“某路群牧使司”管理国家牧场。

耶律大石在征服花剌子模国以后，要求花剌子模沙以牲畜和实物形式抵价缴纳贡赋，反映了西辽统治者为发展畜牧业，迫切需要畜种的情况。由于西辽统治者的大力扶持，加上中亚良好的自然条件以及契丹人的畜牧经验，西辽的畜牧业经济在建国不久得以快速发展。据《世界征服者》记载：“不久后他的百姓兴旺，他们的牲口长了膘。”[④]

除了畜牧业外，狩猎和捕鱼是西辽契丹人的重要辅助行业。契丹族最初是一个畜牧渔猎并重的民族，“马逐水草，人仰湩酪，挽强射生，以给日用”。到西辽后期，大部分契丹人转入农业定居之后，还有很多人保持着狩猎尚武的习俗，以补充小农经济。西辽末代君主直鲁古在花剌子模国大军压境，政敌屈出律（Küchlüg）威逼城外

---

① 优素甫·哈斯·哈吉甫：《福乐智慧》，第573页。

② 麻赫默德·喀什噶里编：《突厥语大词典》第3卷，第17页。

③ 《吉尔吉斯人和吉尔吉斯地区历史资料》第1辑，新疆油印本，第60页。

④ 〔伊朗〕志费尼：《世界征服者史》，第393页。

的危急时刻，仍然不听部下劝告，坚持出城打猎，结果被屈出律设兵擒获。西辽契丹人的狩猎遗风，由此可见一斑。

捕鱼业也是西辽契丹人一项重要的生产活动。在西辽直辖领地内，流经其境的河流很多，巴尔喀什湖以南就有七河之称，此外还有伊犁河、塔剌思河、楚河等，在这一地区形成了许多湖泊，大者有伊塞克湖、赛里木湖，小者无数。这些河流湖泊便利了契丹人从事捕渔业。他们在实践中创造了一种独特的凿冰捕鱼（即罩鱼）的方法："蕃（指契丹）俗喜罩鱼，设毡庐於河冰之上，密掩其门，凿冰为窃，举火照之，鱼尽来凑，即垂钓竿，罕有失者。"[①]这种方法至今还为中国北方一些民族所沿用。

尽管西辽统治者仍然过着畜牧渔猎生活，但他们十分重视农业生产的发展。统治中亚东部以后，西辽没有像以往征服者那样，或圈耕地为牧场，或分封功臣为诸侯，而是维持原有生产关系，让农业地区继续发展生产，国家从这些地区收取税赋。从考古资料可以证明，这些地区的社会经济普遍高涨。在西辽统治后期，契丹人逐渐转向经营农业的定居生活。

11世纪上半叶，中亚东部手工业和商业已经十分繁荣。在此后的一个世纪中，中亚地区的手工业继续发展，对此，考古发掘提供了丰富的资料。玻璃业一向是中亚的主要生产部门，在世界上享有盛名，在11—12世纪，中亚的玻璃制造业有了令人瞩目的发展。在喀什噶尔和于阗，以及河中地区，发现了这一时期的玻璃作坊，其中以塔拉兹和讹答剌城的玻璃作坊遗址最为突出，遗址上有玻璃炉渣。此外，还发现了大批玻璃器皿及碎片，器皿种类繁多、装饰丰富，器具以生活用具为主，有碗、盘、高脚杯、瓶、罐、墨水瓶、文具盒和香料小瓶等，尤其是薄壳器皿反映了玻璃的吹制技术。玻璃制造业长足发展的标志是玻璃窗户的普及。从9世纪起，玻璃开始用于建筑，不过，玻璃窗户的普遍应用是在12世纪。窗户所用玻

---

① （清）徐松：《宋会要辑稿》，中华书局1957年版，第7697页。

璃采用吹制方法制作，先吹出大玻璃泡，然后将它切开、铺平，于是，制成了可以安装在窗户上的平板玻璃。

在西辽统治地区，金属冶炼和制造业继续发展。契丹工匠拥有中国中原地区先进的冶金技术，他们制造的镔铁刀以锋锐精良著称，在与西夏国的交往中，他们以镔铁刀作礼物。在金属制造业中，除了生产农具和工具外，兵器的制造占有突出的地位，各地有许多箭镞、矛头、马刀出土。此外，首饰的制作也反映了中亚东部手工业的水平，手镯和串珠等首饰多用青铜和玻璃材料，以金银制作的较少。

农业、畜牧业和手工业的发展促进了商业的发展，城乡贸易在中亚东部繁荣起来，这一点从农业区和农牧交界区出现的一些新城镇反映出来。在此时期形成的城镇有海押力（Qayalïgh）、哈剌楚克、卡尔纳克（Karnak）、伊基斡耳朵、阿什纳斯、巴尔钦里格干等。据统计，在12世纪，仅伊犁河流域就有56个这样的城镇[①]，这些城镇成为手工业产品与农产品、畜产品交换的地方。在这些城镇里，手工业作坊的门前一般都有铺面，出售自己生产的产品。除了自产自销的手工业者外，还有专营零售的摆摊小商贩。这些城镇也举行定期集市巴扎，还有专门的布匹市场。

这一时期，过境贸易的发展可以从中亚东部大城市的发展中反映出来。地处东西贸易商道上的大城市有八拉沙衮、塔拉兹、扫兰、讹答剌、阿力麻里、孛罗等城。花剌子模首府希瓦城成为重要的商业中心，各国商人都来到这里进行贸易。过境贸易贩运的商品主要是高级消费品，即中国的丝绸和工艺品、中亚和西亚的珠宝玉器与香料等。据伊本·阿西尔的《全史》记载，菊儿汗耶律大石“只穿中国丝绸”[②]，反映了西辽统治者对丝绸的喜爱，丝绸成为统治集团必需的消费品。此外，奴隶也是贩运的对象之一，他们主要来自北方

① 余太山主编：《西域通史》，中州古籍出版社1996年版，第283页。

② 〔阿拉伯〕伊本·阿西尔：《全史》，转引自刘戈选译：《吉尔吉斯人和吉尔吉斯地区历史资料》（莫斯科1973年版），《中亚研究》1988年第3期，第10页。

游牧部落，多运往河中和西亚地区。

贸易的繁荣还可以从西辽铸币反映出来。西辽建国之初，统治者发行过自己的铸币，在《古泉汇》卷15著录“康国通宝”一种，在中国历代帝王年号中，只有耶律大石曾以“康国”为年号，因此，史学界认为它属于西辽王朝奠基人耶律大石铸造的钱币。据现有的古钱资料判断，由于贸易的发展，西辽王朝对钱币的需要量增大，喀喇汗王朝的钱币继续流通，以往的铸币厂也继续发行货币。由此观之，西辽没有统一帝国境内的货币，也没有统一直辖领地内的货币。在吉尔吉斯斯坦首都比什凯克曾出土了这一时期的一个钱币库，里面藏有喀喇汗王朝钱币，钱币两面印有领主和铸币厂之名，以及铸币年代。今费尔干纳谷地的库巴、马尔金南，以及讹迹邗都是当时的制币地点。

在东西方贸易中，喀喇汗王朝回鹘人起到了重要作用。据12世纪中叶成书的《松漠纪闻》记载，回鹘人“多为商贾，於燕……尤能别珍宝。蕃族为市者，非其人为侩，则不能售价”[①]。由此观之，回鹘人在贸易中起到了重要的作用，没有他们当经纪人，交易难以做成。

第二节　呼罗珊

1040年，塞尔柱人在呼罗珊北部建立了自己的政权。巴托尔德认为，喀喇拉汗王朝突厥人要比塞尔柱人更文明，他说，甚至12世纪塞尔柱王朝的强大君主桑扎尔，也是既不能读，也不能写。[②]塞尔柱人来到呼罗珊之时，离开草原不到一个世纪，他们接受定居文化的时间不长。在塞尔柱人西征的过程中，为了使伽色尼和布威希王朝的军队得不到饲料、食物和饮水，塞尔柱人在呼罗珊、河中地区毁果园、平草场、烧房屋，破坏水源。在塞尔柱人征服伊朗高原期

---

① （宋）洪皓：《松漠纪闻》卷上，辽沈书社1985年版，第204页。

② 王治来：《中亚史纲》，第375页。

间（1041—1055），给这一地区的经济带来了损害，导致这一地区的经济衰退。例如，塞尔柱人在入侵伊斯法罕的绿洲之时，将绿洲上的村庄夷为平地，农民四处逃亡。伊朗最大城市设拉子也遭到摧毁和洗劫，直到12世纪初还是一片废墟。这些做法使呼罗珊及其以西地区的农业和牧业遭到巨大破坏。

塞尔柱人的首领在伊斯法罕建立政权之后，迅速调整政策，制定了恢复经济的计划。建国之初，帝国的统治中心虽然在西亚，但帝国东部的呼罗珊在整个帝国经济中占有重要地位。塞尔柱素丹托格里尔一开始就认识到了这一点，当他还在呼罗珊的时候，为了恢复当地的经济，就主动缓和了与西喀喇汗王朝和伽色尼王朝之间的关系。他的外交政策有利于经济的恢复和发展，特别是在中亚西南部地区。

塞尔柱帝国境内存在着游牧、半游牧和农耕三种不同的经济类型，三类经济相互补充又相互矛盾。塞尔柱人大多数以游牧为生，但他们对农业和定居生活并不陌生。考古资料证明，至少在10世纪，锡尔河下游的一部分古思人就已经开始了定居农业生活。来到河中和呼罗珊以后，塞尔柱人的主体虽然仍是住在毡房和帐篷里的游牧民，但有一部分人已经过着半游牧半农耕的生活。不过，跟随塞尔柱首领们来到文明大城市的塞尔柱人中，还有相当一部分人是以游牧为生的纯游牧民，他们在这些城市边上扎营，对农业区造成了极大的破坏，有时还通过抢劫农业区和商旅来满足自己的需要。这一切对农业和商业的正常发展都十分不利。

对于这些不利影响，素丹政府在帝国的东西部采取了不同的措施。在帝国统治中心，素丹以发动“圣战”把驻扎在帝国西部的游牧部落引到远离帝国统治中心的更西方；在帝国东方，素丹政府把游牧民限定在一定区域内，不准他们到处迁徙，政府在规定的游牧区内设置了专门负责维持突厥游牧民秩序的官员，由政府分配水源和牧场，以免他们为争夺水源和牧场发生流血冲突，使他们较快地与邻近地区的经济融为一体。

塞尔柱帝国素丹宫廷和政府的开支主要依靠农业税，因此，素丹政府对农业极为重视，宰相的主要职责之一就是负责管理农业生产。帝国建立以后，中央政府有组织地修复了战争期间遭到破坏和因人口流亡而被废弃的灌溉设施，并新建了一些水利设施。11 世纪 70—90 年代，在帝国境内各地修复和兴建的灌溉工程中，最突出的是穆尔加布河的水利工程。发源于阿富汗地区的穆尔加布河是莫夫绿洲农业灌溉的主要水源，在以往时代，居住在各河段的人们用灌木枝和石块垒成拦河水坝提高水位，然后在河边开挖大小水渠，将河水引入农田。塞尔柱帝国初期，穆尔加布河流域的各类水坝因年久失修而不能拦蓄河水，周围约 50 万户居民的农田无水浇灌。素丹马立克沙决定建一座拦河大坝，动员了呼罗珊及附近的 10 万农牧民前来施工，动用了 8 万头骡马搬运材料，兴建了石灰窑和砖窑，费时 6 个月建起了一个坚固的砖砌拦河坝，使穆尔加布河两岸的农田得以灌溉。为了维护莫夫绿洲的灌溉网络，帝国政府组织了 1 万人的专业队伍，常年守护和维修灌溉设施。

在战争期间，居民背井离乡，田地荒芜。为了招抚农民回乡进行农业生产，塞尔柱素丹采取了减免税收政策。1037 年，查基尔在莫夫发布命令，免除居民一年的税收；托格里尔在丹丹坎战役结束的当年，就宣布免除塞尔柱人管辖地区居民一年的赋税；在攻下伊斯法罕城之后，托格里尔下令三年不向居民收取分文；阿尔普·阿尔斯兰执政初期，也曾豁免土地税，还下令每年的斋月赈济穷人，在巴里黑、莫夫、赫拉特、尼沙普尔等城市用于斋月赈济的费用达数千迪纳尔。以上措施和政策使许多流民返回故里，农业生产得以恢复。

为了发展农业，塞尔柱素丹政府规定了税目和税额，确定了征税方式，以免发生乱收税的现象。税目和税额是依照当地的习惯和伊斯兰教的规定确定的，收税人由政府委派，他们持有中央政府颁发的证件，上面写明了应征税额和征税时间，免除了收税人随意加税和不合时宜征税给农民带来的负担。在地方上，各级政府对税收官员（Ra’is）的挑选和任命也十分认真，而且加强了对他们的管理。

税收官员一般由地方上有声望的人担任，并明确了他们的责任：一是公平分配税额和顺利完成政府规定的本地区应缴纳总额；二是作为当地人民的代表对收税者实行监督，防止滥用职权的事情发生。塞尔柱帝国的这些措施虽然不可能彻底制止税收官员和收税者滥用职权、任意加税、聚敛财富等事件的发生，但对他们有一定的约束作用。

塞尔柱帝国的这些政策和措施促进了农业生产的发展，当战争的烟尘散去之后，塞尔柱帝国的经济出现了复兴。在阿尔普·阿尔斯兰和马立克沙统治时期，塞尔柱帝国社会安定，经济繁荣。这一复兴以呼罗珊北部地区较为明显，其次是花剌子模绿洲。花剌子模绿洲建筑了巨大灌溉网，到处是河渠、水坝等水利工程。

为了促进手工业和商业的发展，塞尔柱帝国素丹政府采取了诸如减轻或废除商品市场税等措施。塞尔柱帝国时期，中亚农村还没有形成封建农奴式的人身依附关系，大多数农村人口可以自由地进入城镇谋生。11—12 世纪期间，从农村转入手工业和商业的人数在不断增加，这一点从手工业的繁荣和城市的扩大反映出来。

这一时期，手工业发达的城市有莫夫、尼沙普尔、不花剌、撒麻耳干、伊斯法罕等。有些城市形成了自己的名牌产品，其中，莫夫以丝绸服装，萨拉赫斯以锦缎，赫拉特以珠宝首饰加工，尼沙普尔和伊斯法罕以丝绸和棉织品、麻织品闻名，不花剌和撒麻耳干也成为棉织品的生产中心，撒麻耳干生产的纸张和陶器远销西方各国。

塞尔柱帝国财政的一部分来自商业税收，素丹政府十分重视商业的发展和维护商道的安全。为了商业的发展，政府减免了一些不合理的运输税，保持了货币的成色，在素丹马立克沙时期，帝国境内采取了统一度量单位，促进了各地区之间的贸易。

为了保证商贸的正常进行，素丹们注意保护商道。为了维护东西干线的畅通，阿尔普·阿尔斯兰曾率军队经河中地区进入今哈萨克斯坦南部，然后又在花剌子模、里海一带巡视，目的是剿除盘踞在此打劫途经商队的游牧钦察人。马立克沙时期，政府拨大量经费修建了供商住的客栈，朝觐圣地的穆斯林沿途也有了落脚住处。当时，“这个大帝国所有的大路都是安全的，从河中地区到叙利亚的商队，可以十分安全地往来，即使一二人旅行，也不需要特别的保护”①。

桑扎尔执政时期，为了鼓励商人贸易，东塞尔柱帝国境内的主要商路都重新修整一番，在一些商路上还新增了商站。考古学家评论说，东塞尔柱帝国的商路比萨曼王朝时期的商路要好得多。在此时期，从中亚西南进入波斯湾的商路繁忙起来，从呼罗珊经法尔斯和克尔曼到波斯湾港口西拉夫（Shiraf）的沿途修建了许多供车队留宿的客栈。从11世纪后期起，克尔曼或吉鲁夫特（Jiruft）成为繁华的商品集散地。

商路的畅通保证了商品的运输，手工艺人和商人能够在正常的环境中从事商品的生产和交易，有利于城市的发展和市场的繁荣。在都城伊斯法罕的周围，大不里士、剌夷、哈马丹、阿瓦士、设拉子、尼沙普尔都发展成为大城市，它们是塞尔柱帝国重要的经济和文化中心。

据考古资料反映，当时，呼罗珊地区最大莫夫城在桑扎尔时代有人口15万，占地面积400多公顷，两条垂直交叉的大道将莫夫城分为四部分，街道交叉口处有圆顶建筑的市场，沿街两旁有商铺。城内建有清真寺、宗教学校、观象台等众多的公共建筑，其中，规模很大的图书馆就有十个。房屋鳞次栉比，除了普通民房外，还有规模很大的贵族住宅，它们的墙体是砖砌成，并以各种颜色的灰泥修饰，有的还打有雕刻，或用彩色釉砖装饰。

马立克沙统治时期，统治者注意城市卫生。据说，在马立克沙的倡议下，巴格达城修建了卫生设施，如公共澡堂和污水坑，污水不得流入底格里斯河，而是流入污水坑，还为洗鱼和藏鱼指定了专门的地点，以免污染环境。这些措施反映了塞尔柱帝国素丹们对城市环境的重视。

---

① 〔美〕希提：《阿拉伯通史》（上），第570页。

第七章

宗教与文化

11 世纪下半叶至 12 世纪上半叶的 100 年中，伊斯兰教继续向外发展。喀喇汗王朝将伊斯兰教向东传播到塔里木盆地的于阗；伽色尼王朝将伊斯兰教传播到印度河以北的旁遮普一带；塞尔柱帝国将伊斯兰教扩展到小亚细亚。与此同时，伊斯兰教在呼罗珊和河中地区向纵深发展，随着伊斯兰教各派教义的完善，中亚地区出现了教派林立的局面；随着宗教界势力的强大，呼罗珊地区发生了伊斯玛仪派的恐怖活动，这些活动直到蒙古人的到来才得到遏制；河中地区发生了教权与王权争夺权力的斗争，这一斗争贯穿西喀喇汗王朝的始终。这一时期的中亚文化呈现出突厥化趋势。河中地区居民说三语（阿拉伯语、波斯语和突厥语）的现象普遍；在中亚东部地区的居民中，说突厥语的人居多；文化上的另一特征是突厥语普遍使用阿拉伯文字书写；在文学方面，呼罗珊风格的达里文学开始衰落，苏菲派神秘主义思潮对文学产生了影响，涌现出以欧玛尔・海亚姆和萨纳伊为代表的、享有世界声誉的一批诗人和学者。

第一节　宗教

塞尔柱帝国在长达200余年的统治中，对宗教十分重视。塞尔柱帝国宰相认为：“王权和宗教像俩兄弟。每当国家发生动乱，宗教也会遭泱，异教和异端就会出现；每当宗教事务无序，国家也会处于混乱之中，罪犯就会掌权，致使王权软弱不振，异教盛行，叛乱者出现。”①

帝国创建之初，塞尔柱素丹就承认了哈里发的最高宗教领袖的地位，以接受哈里发的册封为正统，并把哈里发的名字刻印在他们铸币上。塞尔柱人以伊斯兰教正统派的保卫者自居，以“圣战”为口号，扩大了伊斯兰世界的范围。打着捍卫逊尼派信仰的旗帜，塞尔柱人不仅推翻了布威希王朝在巴格达的统治，而且还从北非什叶派法蒂玛王朝手中夺回了麦加、麦地那和也门。与此同时，塞尔柱帝国在外高加索、美索不达米亚、叙利亚等地用兵，收复了拜占庭帝国在10世纪下半叶至11世纪上半叶夺走的穆斯林土地，在此基础上，把伊斯兰教扩展到小亚细亚。1071年，塞尔柱帝国在曼吉克特战争中的胜利，不仅为突厥游牧民赢得了新的立足点，而且将小亚细亚纳入了伊斯兰世界。从此，基督教的势力再也未能在以上地区复兴，亚美尼亚和小亚细亚开始了伊斯兰化的进程。

塞尔柱帝国扩展伊斯兰势力有着明确的功利性目标，通过与北非法蒂玛王朝的战争表明自己是逊尼派的保护者，扩大政治合法性；通过与拜占庭帝国的战争，将未过渡到定居的和不驯服的古思部落引向小亚细亚，保证了帝国统治中心的社会秩序。

11世纪下半叶至12世纪上半叶的100年中，随着伊斯兰教各派教义的确立，中亚地区出现教派林立的局面，但逊尼派取得了决定

① Nizam al-Mulk, *The Book of Government or Rules for Kings*, p.60.

性的胜利。

11 世纪下半叶，伊斯兰教各派在理论上完善了自己的教义，这一点与塞尔柱帝国提倡的办学之风有很大关系。办学之风的兴起最初是为了对付北非的法蒂玛王朝。在 10 世纪初，伊斯兰世界分裂为三大王朝：西班牙的后倭玛亚王朝、北非和地中海东岸的法蒂玛王朝和以巴格达为中心的阿拔斯王朝。三个王朝之间竞争激烈，特别是法蒂玛王朝和阿拔斯王朝，由于领土毗邻，又分属不同教派，竞争尤为激烈。竞争的焦点是争夺伊斯兰世界的最高领导权，争论的内容是对伊斯兰教教义的理解。因此，伊斯兰教各派大兴办学之风，对本教派的教义进行系统整理和宣传，办学之风历时近一个半世纪（11 世纪下半叶至整个 12 世纪）。

率先提倡办学之风的是塞尔柱宰相尼扎姆·莫尔克。尼扎姆·莫尔克兴办了以他的名字命名的尼扎米亚大学（the Nizamiyah madrasah），宣扬他所信仰的逊尼派四大教法学派中的沙斐仪派（Saffārids）。紧接着，逊尼派四大教法学派中其他三派，即哈乃斐派（Hanefites）、马立克派（Maliks）和罕百里派（Qan-baliq）也仿效兴办了自己的学校。他们得到了信奉哈乃斐派的塞尔柱帝国素丹的支持，素丹不希望沙斐仪学派的势力过于膨胀。逊尼派学校的兴起促成了逊尼派内各学派教义的完善。

在此时期，伊斯兰教神秘主义派别苏菲派也完善了自己的教义。苏菲教徒在 7 世纪末至 8 世纪初出现，在 9 世纪中叶，“苏菲”开始用来指那些献身于伊斯兰教精神的苦行者。在 9—10 世纪，这些苦行主义者以《古兰经》的某些经文为依据，吸收古希腊、罗马哲学和各种外来宗教思想逐渐形成了自己的理论，在伊斯兰教中自成一派，即神秘主义派别。在苏菲派形成时期，产生了一批理论家，11 世纪以后，苏菲派理论正式形成，被称为苏菲主义。从 11 世纪起，苏菲在中亚形成了两个教团（见本卷第三编第五章第二节）。

在逊尼派的办学过程中，什叶派也效法逊尼派开始办学。11 世纪中叶，塞尔柱突厥人的西进灭亡了什叶派布威希王朝在伊拉克和伊朗的统治，在政治上处于劣势的什叶派企图通过发展宗教教育以维持自己的宗教地位。规模较大的什叶派宗教学校在什叶派信仰的中心城市库姆、剌夷、卡善、伊拉姆、阿维、塔夫里希兴办起来，有的学校学生达200—400人，这些学校的大多数教师是什叶派的一流学者。

11世纪60年代，塞尔柱帝国素丹阿尔普·阿尔斯兰以神学家艾什尔里（al-Ashari，873—935）的宗教哲学思想为正统派的官方神学，逊尼派四大教派渐趋一致，逊尼派内部近两个世纪的神学之争结束了。

艾什尔里的神学主张成为官方信仰之后，什叶派组织遭到挫败。11世纪下半叶，在外部压力下，什叶派内部分化日趋明显，其中主要有两支：栽德派与伊玛目派。栽德派采取比较温和的教义，希望接近逊尼派；而激进的伊玛目派走向极端，特别是从其中分化出来的伊斯玛仪派（又名七伊玛目派）。伊斯玛仪派以北非法蒂玛王朝为阵地，与巴格达阿拔斯王朝进行斗争。

伊斯玛仪派教义主要有两点：第一，伊斯兰教经典《古兰经》有表、里两个方面，不必完全“尊经”，不必过于注重表面的宗教仪式，由于这个缘故，该派又被称为内学派；第二，人类尚无足够的智慧去认识和了解真主，要揭开真理，必须得到伊玛目的指导，因此，他们希望“期待中的伊玛目”重返世界，铲除暴虐，建立正义的学说。为了实现宗教或政治上的崇高理想，信徒应当竭尽所能地使用任何手段，包括同归于尽式的刺杀活动。

随着伊斯兰教的深入发展，利用宗教进行斗争的恐怖活动在呼罗珊兴起。塞尔柱帝国统治者以正统派统治，对其他教派持歧视态度，甚至打击境内的其他教派。宰相尼扎姆·莫尔克在《治国策》一书中说：“在马赫穆德、马苏德、托格里尔和阿尔普·阿尔斯兰时代，没有琐罗亚斯德教徒、基督教徒和拉斐迪教徒敢在公共场合出现，或在突厥人面前露面；处理突厥事务的这些人全部都是来自呼罗珊的专业民事职员和秘书，他们信奉正统教，或者说沙斐仪派。

他们从未允许伊拉克的异教徒存在，也不允许他们做秘书或税收官。事实上，突厥人根本不雇佣他们；他们说：‘这些人与戴拉姆王朝人信仰同一种宗教，是他们的支持者。如果他们有了坚实的根基他们将伤害突厥人的利益，给穆斯林造成麻烦。最好不要让敌人在我们中间。’”[①]“在呼罗珊地区，突厥人是呼罗珊和河中的军队，在这个地区，突厥人是外来者；我们用剑征服了这个国家。我们是纯穆斯林；但是戴拉姆王朝人和伊拉克人大部分是不信教者和异教徒。在突厥人和戴拉姆王朝人之间的敌意和对立不是最近才有的事；它是从古代就存在的。今天，真主惠顾突厥人给了我们统治权，因为我们是正统的穆斯林，不容忍虚荣和异端。我们突厥人仇恨戴拉姆王朝人的异端和邪教。只要他们虚弱，他们将会一直臣服和服从我们，而如果他们得到权力的话，那么，突厥人就要倒霉，从宗教和政治两种因素来看，他们都不会让一个突厥人活着。”[②]

塞尔柱帝国的宗教政策激起了呼罗珊地区的普遍不满，在伊斯玛仪教派中产生了早期的恐怖主义组织阿萨辛派。11 世纪末至 12 世纪 20 年代，法蒂玛王朝哈里发派传教士秘密前往波斯，山中老人哈桑·萨巴赫（Hassan Sabbah）便是其中的一位。哈桑·萨巴赫生于剌夷城，早年在里海南岸一带传教，在可疾云城（今加兹温）传教之时，信徒日众。1090 年 9 月 6 日，哈桑赶走了塞尔柱素丹马立克沙在阿剌模忒（Alamout，意为“鹰巢”）城堡的驻军将领马哈迪（Mahadi），以此堡为中心，建立了以自己为教主的伊斯玛仪教派国家（1090—1256）。教主哈桑依靠信徒进行暗杀活动，由于这些信徒经常吸食一种名为哈希什的麻醉品，因此，他们又被称为哈什兴，阿拉伯语意为“哈希什的吸食者”，以后，西方人把哈什兴一词念成阿萨辛，法语和意大利语意为“杀人者”。哈桑的信徒分别在呼罗珊的许多难以攀登的山区建立了据点，这些恐怖教派成员给塞尔柱帝

① Nizam al-Mulk, *The Book of Government or Rules for Kings*, p.160.

② Ibid., p.161.

国造成了极大的恐慌。

1124年5月23日，哈桑·萨巴赫去世，他的旧友兰巴撒尔（Lembesser）堡统治者布朱尔克·乌米德（Buzurk Umid）继任教主。在他任教主期间（1124—1138），暗杀之风愈演愈烈。宰相阿布·纳希尔曾率军出征，第二年，他就遭到了暗杀。布朱尔克·乌米德教主去世以后，伊斯玛仪派国家的后继者继续实行暗杀活动。在乌米德之孙哈桑任教主期间（1163—1171），他自称是即将现身的伊玛目的辅佐人，对宗教习俗随意加以改变，他认为信徒不必再守斋月，正统派穆斯林称他们为木剌夷人（Molahidas），阿拉伯语意为“迷途之人”。1171年，埃及法蒂玛王朝被萨拉丁灭亡，埃及的伊斯玛仪教派也遭到毁灭性打击，于是，阿剌模忒堡的统治者哈桑自称是法蒂玛王朝的王室后裔，意欲将呼罗珊和埃及的伊斯玛仪教派统一起来。

阿萨辛派在中亚西部的恐怖活动在塞尔柱帝国内引起了极度恐慌，呼罗珊的一些王公大臣开始与该派教主勾结，有的甚至皈依了伊斯玛仪派，他们借用伊斯玛仪派势力剪除自己的政敌。从马立克沙到桑扎尔的85年中（1072—1157），塞尔柱军队一直在与伊斯玛仪派进行斗争。

马立克沙派遣军队围攻阿剌模忒堡和库希斯坦境内的一些要塞。据说，马立克沙长子巴尔基雅鲁克在位期间（1093—1104），他的将领们甲不离身，寝食难安。有传言说，巴尔基雅鲁克军队中有许多伊斯玛仪教徒，为释其疑，巴尔基雅鲁克在军队中进行严查，并在地方上大肆屠杀伊斯玛仪派教徒。穆罕默德在位期间（1105—1118），连续七年破坏库希斯坦一带的庄稼，企图以此断绝阿剌模忒与兰巴撒尔两城堡之间的粮道。桑扎尔成为东部统治者（1097）之后，曾于1101年和1103年两次出兵攻打伊斯玛仪教派在库希斯坦的堡垒，军队在这些地区进行屠杀和破坏。教主哈桑曾遣使求和，桑扎尔不许，据说，哈桑买通素丹的一名侍者，将一柄匕首插在素丹床前的地上，哈桑写信说：“设吾人对素丹陛下不怀善意，则地下所插之匕首将插于陛下之胸膛。”见信之后，桑扎尔在官员们的劝说下与伊斯玛仪派媾和，条件是该派不再修筑新的城堡，不再购置武器以及不再向民众宣传该派教义。呼罗珊的民众不欢迎这项媾和，为此，发生了反桑扎尔的人民起义。

伊斯玛仪教徒的暗杀活动表面上是正统派和什叶派之间的宗教斗争，实际上是当时阶级斗争的反映。逊尼派哈乃斐派代表着中层市民的利益，而被斥为异端的什叶派（伊斯玛仪派）一般代表着被压迫人民，即城市贫民和广大农民群众的利益，他们的主张在某种程度上反映了被压迫阶级下层群众的要求。伊斯玛仪派中的大部分阿萨辛教徒是手工业者和农民，12 世纪作家把伊斯玛仪派教徒称为“庄稼汉”和“梳羊毛工”。伊斯玛仪派教徒打击的主要目标除塞尔柱帝国上层统治者外，还有其他封建统治者。

伊斯玛仪派政权在中亚存在了近两百年，塞尔柱帝国最终未能消灭这一教权国家，直到蒙古人来到中亚。13 世纪中叶，成吉思汗的蒙古大军对阿剌模忒堡发起攻击，末代教主鲁克赖丁·库沙（Rukn-ad-Dīn Kushāh）于 1256 年 11 月 19 日向成吉思汗的孙子旭烈兀投降，第二年，他在前往蒙古草原朝见蒙哥大汗的途中被杀，伊斯玛仪教权国家结束。

在河中地区，随着伊斯兰教的深入发展，教权开始与王权争夺世俗权力。宗教上层和军队首领为了维护特权，不愿王权过大。教权与王权之间的斗争贯穿西喀喇汗王朝始终，从第一代西喀喇汗伊卜拉欣·本·纳赛尔（1041—1068 年在位）起，到末代西喀喇汗乌思蛮（1202 或 1203—1212 年在位）止，历时一百多年，宗教势力一直威胁着王权。

建国之初，伊卜拉欣·本·纳赛尔为了争取宗教界以稳定自己的统治，对宗教上层表现出尊重，国家大事都先征求他们的意见。为了获得宗教上层（即伊斯兰教正统逊尼派）的支持，他给予逊尼派上层人物一些政治和经济的特权，并以屠杀手段对付什叶派穆斯林。获取特权的宗教上层左右了朝政，据说，有一位宗教人士曾公然指责伊卜拉欣·本·纳赛尔说：“你不配做国王。”在权力受到威胁之时，伊卜拉欣又处死了宗教首领谢赫（伊斯兰教长老）阿布勒·卡西木（Abūl-Qāsim）。此举暂时稳定了他的统治，然而，更加激烈的斗争已经不可避免了。

沙姆斯·乌尔·莫尔克·纳赛尔统治期间（1068—1080），在其父时期受到打击的宗教势力抬头，对他的统治构成了直接威胁，沙姆斯在1069年下令处死了不花剌伊玛目阿卜·伊卜拉欣·伊斯梅尔（Abū Ibrāhīm Ismā'īl），暂时遏制了宗教势力。以后，这一斗争在河中地区愈演愈烈，西喀喇汗阿黑马德处死了大哈孜（伊斯兰教大法官）阿布·纳斯尔，宗教界神职人员到塞尔柱帝国告状，马立克沙于1089年出兵河中，废黜了阿黑马德的汗位。以后，阿黑马德虽然得以复位，然而，宗教法学家以他接受了伊斯玛仪教为借口处死了他（1095）。阿黑马德的继任者也成为教权与王权斗争的牺牲品，被宗教首领废黜并处死。

这一时期，中亚东部的宗教环境比河中地区和呼罗珊都宽松得多。遭到塞尔柱帝国迫害的伊斯兰什叶派教徒纷纷来到喀喇汗王朝境内避难，他们不愿意表明自己的什叶派身份，以苏菲派信徒的面目出现。

西辽继喀喇汗王朝统治中亚东部地区后，实施宗教宽容政策。西辽的契丹贵族仍然保留了原始萨满教信仰，佛教在他们中也有众多的信仰者。西辽在中亚建国之时，东起于阗西至锡尔河以东以北地区实际上仍然是多种宗教相互交错和并存的地区，其中，伊斯兰教和佛教信仰者最多、影响最大，两者的分布情况大致是：伊斯兰教徒主要分布于楚河流域、七河流域和塔里木盆地南部；佛教徒主要分布在高昌回鹘王国和天山北部地区。景教、道教、萨满教的信徒分布于上述伊斯兰教和佛教流行的地区。

面对复杂的宗教局面，西辽统治者没有强制推行佛教，更没有把佛教定为国教，他们采取一视同仁的宗教政策，尊重属国的宗教信仰，特别是伊斯兰教信仰。在此形势下，伊斯兰教在中亚东部地区不具有一教独尊的官方宗教地位。面对这一社会现实，东喀喇汗王朝统治者改变了原来极端的宗教政策，宗教界下令各清真寺在礼拜时，以西辽统治者的名字念胡特巴，以异教徒的名字念胡特巴可能是一个独特的现象。此外，伊斯兰教上层直接参与和协助西辽的统治，他们跻身于西辽统治集团，作为西辽的地方官向穆斯林征收赋税，为西辽统治者监视所在地区的民情、维持地方治安等。

中亚东部的宗教形势有利于佛教、萨满教、摩尼教和景教等的流行，其中，佛教除了在西辽的附庸国高昌回鹘王国盛行外，在西辽统治中心八拉沙衮、伊犁河流域都有自己的信徒；摩尼教也得到发展，据伊本·阿西尔说，耶律大石是一位摩尼教徒。[①]有的学者对这一说法持怀疑态度，不管事实如何，在西辽统治时期，摩尼教徒又开始了公开活动。

第二节 文化

突厥王朝统治时期，粟特文化在中亚的命运遭到了毁灭性打击，到 11 世纪中期，通行于中亚至东亚的粟特语差不多已经消亡，代之而起的是波斯语，蒙古时代波斯语成了中亚及其以东的国际语。[②]由于宗教的需要，阿拉伯语在中亚地区也占有一定的优势。

在花剌子模绿洲，东伊朗语族的波斯语仍在继续使用，但居民已经开始使用突厥语。花剌子模学者阿布·凯希姆·扎马赫沙里·花剌子密（Abu Kasim al-Zamakhshan Khwarizim，1075—1144）在其著作《阿拉伯语手册》中使用了波斯语和突厥语。

12 世纪中叶，在以八拉沙衮为中心的伊塞克湖周围和楚河流域，西辽契丹人使用契丹语；在与东部国家交往之时，西辽使用汉语；在金朝的黄龙府，“凡聚会处，诸国人语言不能相通晓，则各以汉语

① 〔阿拉伯〕伊本·阿西尔：《全史》，转引自刘戈选译：《吉尔吉斯人和吉尔吉斯地区历史资料》（莫斯科 1973 年版），《中亚研究》1988 年第 3 期，第 8 页。
② 〔日〕羽田亨：《西域文化史》，耿世民译，新疆人民出版社 1981 年版，第 92 页。

为证，方能辨之”[①]；在与西部属国交往时，西辽使用波斯语。除西辽的直属领地，在中亚的其他地区，突厥语、阿拉伯语和波斯语多种语言并用。

喀喇汗王朝统治下的塔里木盆地南缘，官方用语是突厥语，至迟到11世纪末，突厥语已经普及到塔里木盆地南缘，基本上成为这一地区的通用语言。塔里木南缘的喀什噶尔人使用的已经是标准的样磨语（突厥语方言），于阗人除了说东伊朗语族的母语外也兼说突厥语，不过，土著居民使用的东伊朗语方言正在消亡。

11世纪下半叶以后，阿拉伯文字在中亚东部进一步推广。10世纪末，阿拉伯文字在喀什噶尔绿洲的有限范围内使用，11世纪上半叶，喀喇汗王朝统治区内借用的阿拉伯词语日益增多，大量的阿拉伯、波斯语词汇被当地操突厥语的居民吸收。西辽时期，在早期的行政机构中，官方行政公文使用汉文：“西辽五主，凡八十八年，皆有汉文年号，可知其在西域曾行使汉文。”[②]据史书记载，西辽发行过以汉文标记朝代时间的钱币，钱币也按中国内地形式铸造，铸有汉字，如“感天元宝”、“康国通宝”、“天禧通宝”。西辽的典章制度沿袭辽朝，采用汉地官名职衔，实行汉地正朔。不过，西辽宫廷可能继续使用仿效汉字创制的契丹文（即契丹大字），13世纪初，随蒙古军西征的契丹人耶律楚材在西域碰到了前西辽郡王李世昌，曾向他学习辽字。契丹人的汉化程度很深，西辽契丹人虽居中亚穆斯林突厥人之中，仍向往中原文化。

12世纪，西辽契丹人开始使用阿拉伯文。1992年，在吉尔吉斯斯坦的克拉斯诺列琴斯基镇北部出土了一批西辽古币，上面铸有阿拉伯字体花纹。在我国新疆莎车出土的15件法律文书（年代在回历473—529年，即公元1080—1135年间），有7件是阿拉伯语的，5

① （宋）确庵、耐庵编，崔文印笺证：《靖康稗史笺证·宣和乙巳奉使金国行程录笺证》，中华书局1988年版，第31页。

② 余太山主编：《西域通史》，第317页。

件是阿拉伯文突厥语的，3 件是回鹘文突厥语的。阿拉伯语文书上的签名都是阿拉伯文，只有一件文书证人的签名是用回鹘文。①

11 世纪下半叶至 12 世纪中叶的 100 年中，伊斯兰文学盛行于中亚地区，开创了用突厥语阿拉伯文撰写著作的先河。其中，《福乐智慧》就是这个势头的开端，为当地突厥文学的兴盛揭开了序幕。

《福乐智慧》一书的作者优素甫·哈斯·哈吉甫大约于 1012 年出生于八拉沙衮的名门世家，年轻时接受了很好的教育，成为一位见多识广、笃信伊斯兰教的学者。为了完成长诗《福乐智慧》的创作，他离开故乡，来到喀喇汗王朝的文化中心喀什噶尔，于 1069 年完成了《福乐智慧》的写作。该书是献给喀喇汗的。据现存维也纳写本，全书由 73 章组成，用当时该地流行的突厥语韵文以阿拉伯字写成。另有用回鹘字的抄本。内容从伊斯兰教道德的立场及处世之道，把正义、幸福、智慧、知足四者人格化，用问答的形式宣传正确之道。著者说此书主要是为王者写的，但也适用于民众。著者又说用阿拉伯语、波斯语写成的这类著作很多，但用突厥语写成的这类著作是第一次，突厥人对此书能用突厥语写成，会感到惊叹。在当时当地的伊斯兰教徒中，所谓书籍一般只知波斯语、阿拉伯语，现在看到了用阿拉伯文字拼写自己语言的大部头著作当然要感到惊异和得意了。②

《突厥语大词典》是用阿拉伯语注释突厥语的一部辞书，它不仅反映了作者精通阿拉伯文，而且还反映了作者能够准确地利用阿拉伯语注释突厥语。作者麻赫默德·喀什噶里于回历 464—466 年（公元 1071—1073 年）在巴格达写成。该书是保存下来的最大最古老的突厥语词典，古代突厥语词汇、诗歌、格言、谚语都用阿拉伯字书写，可以说，阿拉伯文已经深入到中亚东部地区，并且此地的大多数人已经能够用阿拉伯文阅读和写作了。《突厥语大词典》共收词

---

① 牛汝极：《莎车出土的喀喇汗朝阿拉伯语法律文书与〈福乐智慧〉研究》，《西域研究》1999 年第 3 期，第 99—104 页。

② 〔日〕羽田亨：《西域文化史》，第 91—92 页。

7000多条，范围包括了喀喇汗王朝时期的政治、经济、文化、历史、地理、风土人情和自然环境等诸多方面的内容，是研究突厥系各种语言发展的最重要史料。《突厥语大词典》的一些诗句反映了汉文化的影响，如四行诗“一壶细长似鹅颈，一杯美酒亮如睛，驱尽心头忧和恨，但愿长醉不愿醒”[①]，此处有李白诗歌的痕迹。

这一时期，花剌子模成为突厥伊斯兰文化的繁荣之地，乌尔根奇城成为知识和文学中心之一，汇聚众多文人墨客。著名的学者有花剌子模人阿布·凯希姆（Abū Qāsim），他在注释、语法、词汇和文学方面著作丰富，其中，最著名的当推1134年完成的《探索》一书，此书对《古兰经》进行了注释，因此，他又被誉为《古兰经》注释的鼻祖。

这一时期，中亚西部和南部在文学上的成就硕果累累。在塞尔柱人建国之前，伊斯兰文化经历了300多年的发展，已经结出了丰硕的成果，呼罗珊派的达里文学便是其中之一。塞尔柱帝国统治时期，达里文学在发源地呼罗珊逐渐衰落，而苏菲派神秘主义思潮开始影响中亚文学，中亚地区涌现出一批享有世界声誉的诗人和学者。其中，欧玛尔·海亚姆（Omar Khayyam，1048—1122）是先锋，虽然他还称不上是苏菲诗人，但他的作品已经反映了苏菲派的思想。

欧玛尔·海亚姆生于呼罗珊名城尼沙普尔，当地的学术氛围使他从幼年起就孜孜不倦地求学。以后，他在天文、数学、医学方面都有很深造诣，曾在塞尔柱帝国素丹马立克沙宫廷担任太医，主持过天文方面的工作。他晚年生活艰辛，1122年死于故乡尼沙普尔。他的诗作具有强烈的反宗教色彩，一些四行诗表现了对伊斯兰教的怀疑和否定，因此，当政者及宗教界上层人士称他为“吞噬教义的蛇”。然而，他的作品具有浓厚的人本主义倾向，除了流露出压抑和愤懑之情外，诗人提倡追求现世人生的欢乐和幸福生活，这一点从一首广为流传的四行诗反映出来：

---

① 麻赫默德·喀什噶里编：《突厥语大词典》第1卷，第108页。

树荫下放着一卷诗章，
一瓶葡萄美酒，一点干粮，
有你在这荒原中傍我欢歌——
荒原呀，啊，便是天堂！①

在海亚姆眼中，生活中有诗、有歌、有酒、有面包、有爱情与自由，便是天堂。海亚姆最早的诗集抄于1208年（现藏剑桥大学图书馆），现存的四行诗有252首。1859年，英国诗人爱德华·菲茨杰拉德把他的四行诗译成英文出版，风行欧美。1919年，中国学者胡适借助爱德华·菲茨杰拉德的英译本将《七绝二首》译成汉文，1922年，郭沫若的《鲁拜集》（“鲁拜”为中古波斯语的音译，意为“四行诗”）中录诗101首。

安萨里（1058—1111）是这一时期最杰出的学者。安萨里曾求学于塞尔柱宰相尼扎姆·莫尔克在呼罗珊尼沙普尔创办的尼扎米亚学府，在数百名学生中，他是最引人注目的，校长艾布·迈阿里评价说：“安萨里是大海中的波涛。”安萨里用阿拉伯文和波斯文写诗，阿拉伯文诗《迪万》有60000多首，波斯文诗歌则达14000首，诗的内容大多数是抒发对神明的爱。他的散文诗简洁、明快、清晰、高雅，诗集《祈祷》享有盛誉（有关他的哲学思想见下一节）。

萨纳伊（Sana'i，1080—1141）是第一个用叙事诗形式宣扬苏菲思想的人，被誉为中世纪波斯神秘主义诗词的先驱，其代表作是诗集《真理之园》（*Hadiqat al-Haqiqa*）。萨纳伊早年在伽色尼宫廷任职，为素丹马苏德等人写过赞美诗。后来，在游历尼沙普尔、巴里黑、赫拉特等中亚西部城市和结识了一些苏菲长老之后，逐渐由宫廷诗人转而歌颂苏菲神秘主义。晚年，他完成了道德和伦理著作《真理之园》，1131年，他把此书献给伽色尼王朝素丹巴赫拉姆沙。

---

① 〔波斯〕莪默·伽亚谟：《鲁拜集》，郭沫若译，人民文学出版社1958年版，第14页。

他的诗歌形式优美、朗朗上口，便于记诵和流传，诗中所含深刻的思想加深了诗歌的魅力，被奉为经典。

这一时期开始出现了传记体著作，徒思人阿萨迪（Asadī）于1060年左右完成的《波斯辞典》(*Lughat-i Furs*)，既是一本诗人传记，又是一本文集。书中介绍了许多诗人的生平，收录了78首诗，其中，收录了塔希尔、萨法尔和萨曼三朝诗人，以及伽色尼王朝和塞尔柱帝国诗人的作品。12世纪中叶，中亚莫夫城学者萨马阿尼（al-Sam'ani，卒于1166年）的《谱系之书》(*Kitab al-Ansab*)是一部人名词典，收录了中亚宗教界知名人士。作者萨马阿尼于1155—1156年曾游历河中地区和花剌子模，到过撒麻耳干、不花剌和忒耳迷城，以后撰写此书，此外，他还写了一部莫夫城通史。

在11世纪下半叶至12世纪中叶，中亚的医学在原有的基础上继续发展。东喀喇汗王朝医学的进步表现在三个方面：第一，医生已经成为一种专门的职业，在汗国受到重视。《福乐智慧》"如何对待医生"一章写道："其中之一乃是医生，他们为人们医治病痛。这种人对你十分需要，没有他生活断难过好，一生中总有个脑热头痛，医生能为你治好疾病。瞧，疾病乃是死神的帮凶，有生必有死，为人之常规。医生乃是有用之人，要多加亲近，莫亏负他们。"[1]第二，医疗已经分内、外、五官、妇儿科。内科疾病如伤寒、胃炎、赤痢、感冒、失眠、疟疾、头痛、腹积水、狂犬病、哮喘病、性机能衰弱、咯血、尿血等；外科包括肠梗阻、损伤、天花、麻风、骨折、疣、色斑等；五官疾病有白内障、失明、耳鸣、叮咛、耳嗅、耳聋、鼻血、牙疼等；妇产科病如妊娠斑、怀孕、不孕等。第三，治疗手段有物理、药物、食疗等。物理方法治疗有解毒刃、放血、静养、温泉浴、药膏等；药物治疗有荜、木通、檀香树、洋李、土木香、菖蒲等，喀什噶尔医师穆罕默德·伊本·拉西德（Muhammed ibn Lashid，卒于1083年）用茄茴香酒治白癜风，用人参治阳痿，用小

① 优素甫·哈斯·哈吉甫：《福乐智慧》，第562页。

茴香、洋茴香、阿育魏实、卡拉莱籽治疗弱视等；食疗在《福乐智慧》中也有反映，如“若是少壮之年，正值生命之春，多食凉性之物，血脉方能畅通。若是年过四十，面临生命之秋，多进热性食物，体素调理要周。年足六十，年华恰如冬日，仅可食用热物，凉食应该弃置”[①]。《突厥语大词典》记录了 34 种常见病的治疗药方和疗法。

这一时期喀什噶尔最有名望的医师是伊麻地丁·喀什噶里（‘Imād ad-Dīn Kāshgharī），他曾将拉齐和阿维森纳的著作介绍到喀喇汗王朝，他的药物手册《中国土茯苓》向西传播。他在《医疗法规解释》一书中说，危害生命的是饱食胀死，因此“不多食”，劳逸结合是身体健康的保证。此外，《福乐智慧》一书也论述了营养、饮水、水果、四性等，如此看来，一位良知所言极是：“我们应该少吃少喝，方能康健欢愉。”[②]

花剌子模名医马卫集是中亚莫夫人，他在远离塞尔柱帝国与伽色尼王朝战争的花剌子模宫廷任职。他撰写的《动物之自然属性》一书分为两部分、21 章（节）。书中，他引用了前人的著作，也提出了一些新观点。此外，该书详实地记载了 10 世纪末至 11 世纪初突厥诸部落向西迁徙的史实，以及中国与中亚诸民族关系的记述，为研究该时期的突厥历史和西亚、印度的历史提供了有价值的史料。

花剌子模名医津努丁·赛义德·伊斯玛伊尔·本·哈桑·居勒江尼（卒于 1136 年）写成医学名著《花剌子模沙希的宝库》，以后，他以阿劳乌·杜乌拉·阿特西兹（Alāui Duwura Atsiz）一名写成的《精密的密探》便是此书的缩写本。

中亚河中地区对草药有较深的了解，据刘郁《西使记》记载，撒麻耳干地面产药十数种，皆中国所无。药物疗疾甚效。其中，“阿只儿”状若苦参，治马鼠疮、妇人损胎及打扑内损，用豆许咽之自消；“阿息儿”状如地骨皮，治妇人产后胎衣不下，又治金疮脓不

① 优素甫·哈斯·哈吉甫：《福乐智慧》，第 603 页。
② 同上书，第 605 页。

出，嚼碎敷疮上即出。[①]

在塞尔柱帝国统治时期，天文学得到了发展。著名的天文学家欧玛尔·海亚姆曾受命主持筹建天文台，约在 1074—1075 年完工。素丹马立克沙曾在新建成的天文台内召开天文学家讨论会，委托他们修改波斯历法，欧玛尔·海亚姆也参加了修改历法的工作。后来以马立克沙之名命名的哲拉里历[②]，就是这次修改波斯历的结果，哲拉里历比格里历精确，格里历积 3330 年相差一日，而哲拉里历积 5000 年才相差一日。

11 世纪下半叶至 12 世纪中叶，中亚教育处于世界领先水平。塞尔柱帝国统治时期办学之风盛行，高等学府遍布帝国全境。两朝宰相尼扎姆·莫尔克是办学运动的创始人和主持人，高等学府被统称为尼扎米亚。尼扎米亚于 1065—1067 年间首先在巴格达建立，以后素丹政府、地方政权、社团和私人都积极投入到办学事业之中，形成了一股办学热。尼沙普尔、莫夫、巴里黑、赫拉特、阿模里等城市都建了尼扎米亚。巴格达和尼沙普尔的尼扎米亚像两颗灿烂的明珠闪耀在伊斯兰世界，求知者像洪水一般涌向这两所学府。

学校争相聘请名师传授神学和文化知识，每个学校设一名主讲教师，配备两至三名助教。素丹政府对于大学主讲教师的挑选非常严格，除尼扎米亚大学的主讲教师由宰相尼扎姆·莫尔克负责挑选外，其他学校聘任的主讲教师必须得素丹批准，才能任职。尼扎姆·莫尔克亲自规定了学校的课程设置和教学内容，甚至亲自授课，在教学方法上以背诵为主。尼扎米亚由政府发给助学金，使学生们专心学习。可以说，尼扎米亚在传播文化、培养人才和促进文学发展中起到了很大的作用，它们对欧洲中世纪大学的产生起到了促进作用。12 世纪，帝国在莫夫还创办了一所特殊学校传授养蚕

---

① （元）刘郁：《西使记·庚申外史·招捕总录·元朝征缅史》（丛书集成），中华书局 1985 年版，第 2 页。

② 马立克沙全名为哲拉里丁·阿布·法塔赫·哈桑·马立克沙，其中取“哲拉里丁”为历法名，即哲拉里历。

技术。

促使塞尔柱帝国统治者投入大量财力发展教育事业的主要原因有两个：一是统治的需要，塞尔柱人是游牧民族，他们把行政管理交给了波斯人，为了培养一大批忠实能干的政府官员以满足治理国家的需要，必须举办专业学校以训练行政人员和秘书；二是宗教领域的竞争，在塞尔柱帝国统治下，伊斯兰教派别林立，各教派为了发展自己的势力，兴办大学，这种激烈竞争引发的办学浪潮从 11 世纪中叶一直持续到蒙古人的到来。

在 11 世纪下半叶至 12 世纪中叶，中亚地区出现了一些杰出的建筑。其中，包括加兹尼城马苏德三世的宫殿；咀密城主的宫殿；不花剌与撒麻耳干之间商道两旁的设防旅舍拉巴特·伊·马立克（意为“国王的拉巴特”），拉巴特装饰优美，墙上还有浮雕；不花剌瓦布干尖塔（12 世纪）；讹迹邗喀喇汗王陵；东喀喇汗王朝优素甫·哈斯·哈吉甫之墓。

马苏德三世的宫殿富丽堂皇，由一个名叫穆罕默德·本·胡赛因·本·穆巴拉克的人主持修建，于 1112 年竣工。自 1957 年以来，意大利考古队在此进行了考古发掘，宫殿内院的墙壁大量使用从附近采石厂运来的大理石。

优素甫·哈斯·哈吉甫之墓原建在喀什市多来特巴格乡东南吐曼河畔，它是一个坐北朝南、四周有 3.8 米高围墙的长方形陵园，陵园正门左右各有高 8.7 米的砖砌圆柱，圆柱上有小塔楼，主墓的墓穹顶采用大跨度砖拱，穹顶正中有一小塔楼，塔楼的制作精美可观。礼拜殿使用了石砌的大跨度圆拱，前有雕花密肋天棚，墓祠的蓝地白花墙琉璃砖及礼拜殿木柱的雕刻，纹样丰美，制作古朴。16 世纪，此墓迁到今喀什市体育路南侧，重修扩建，但在“文化大革命”期间遭到破坏。1986 年，国家拨专款重建，重建的陵墓在规模形制上保持原状，整个建筑群富于伊斯兰传统建筑艺术特色。

第三节　哲学家及其哲学思想

在人类思想发展的历史长河中，伊斯兰哲学对世界哲学思想的发展做出了重要的贡献。在伊斯兰哲学体系从酝酿到建立时期，即10—12世纪，中亚为伊斯兰哲学贡献了三位杰出的人物，他们是法拉比、伊本·西那和安萨里。

法拉比（870—950），全名艾布·纳赛尔·穆罕默德·法拉比，出生于中亚锡尔河畔的法拉卜镇（Farab，在今哈萨克斯坦共和国境内）。法拉比生活在伊斯兰教取代佛教地位的喀喇汗王朝统治时期。他的父亲是一名波斯籍军官，母亲是突厥人。法拉比的青少年时代是在家乡度过的。据说，有位朋友在他家中寄存了一批希腊哲学书籍，他读了以后，思想上受到很大影响，便立志钻研哲学。大约在40岁时，他离家前往阿拔斯王朝都城巴格达，在此从事编著、注释和教学。[①]晚年迁居阿勒颇，从事写作。950年，法拉比在大马士革去世，葬于城郊。

伊本·西那（980—1039），全名艾布·阿里·侯赛因·伊本·阿布杜拉赫·伊本·西那（Abu Ali el-Hosein ibn Abdallah ibn-Sina），在拉丁语系国家中，一般称他为阿维森纳（Avicenna）。他生于布哈拉城郊赫尔麦森（Ghrmathem）镇附近的艾弗申村（Afshanh，又译阿富山）。伊本·西那的父母都是塔吉克人，虔诚的穆斯林，其父阿杜勒是中亚呼罗珊地区巴尔赫（Balkh）人，在萨曼王朝努哈·伊本·曼苏尔执政期间，他是王朝派往该村的收税官。母亲希塔腊是本村人，与其父结婚后于回历370年2月（公元980年8月）在艾弗申村生下伊本·西那，伊本·西那早年就是在不花剌城郊的这个村子中度过的。当时不花剌城是学者和文学家云集之地，城内有许

① 李振中：《法拉比哲学思想简介》，《回族研究》2002年第1期，第80—86页。

多大图书馆。这一学术气氛对幼年和青年时代的伊本·西那产生了很大影响。父亲为他指定了一些老师，他学习了阿拉伯语和文学，10 岁就能背诵许多阿拉伯文诗歌和伊斯兰教圣典《古兰经》的全部经文。17 岁前后，他掌握了几何学、逻辑学、数学、天文学等知识。据说为了读懂亚里士多德所著《形而上学》一书，他曾通读全书 40 遍，直到读了法拉比《论亚里士多德〈形而上学〉》一文，才彻悟了书中艰深的哲理。[①]18 岁那年，他成为萨曼王朝不花剌郡王曼苏尔（Nuh ibn Mansur）的侍医，有机会进入藏有大批珍本、手稿的王室图书馆。他不分昼夜地在这里勤苦研读，为此后的研究和写作打下了坚实的基础。喀喇汗王朝灭亡萨曼王朝以后，他曾避难于花剌子模。伽色尼苏丹马赫穆德要他到加兹尼城来，他不愿意。后来，他经徒思去了古尔甘，以后又到了伊斯法罕。他于回历 428 年 9 月（公元 1039 年 6 月）去世，终年 58 岁，葬于今伊朗西部哈马丹城附近。他的著作很多，内容包括哲学、医学、物理学、化学、数学、天文学、地质学、文学和音乐等。伊本·西那采取不寻常的创作手段，即以相当详尽的自传形式，由他口授给他的学生艾布·奥贝德·朱兹贾尼。他在关于灵魂、认识论、形而上等哲学问题方面有着独到的见解，对东方和西方都产生了深远的影响。[②]

阿布·哈米德·本·穆罕默德·安萨里（Abū Hāmid ibn Muhammad al-Ghazali），原名艾哈迈德·徒思·沙菲伊，1058 年出生于呼罗珊徒思城一个纺毛工匠家庭，幼年丧父，由父亲的密友、一位苏菲派学者抚育。早年接受了伊斯兰教育，能背诵全部《古兰经》和《圣训》名段；青年时代先到古尔甘投师求学，学习沙斐仪派教法，后迁居赫拉特，被称为皮尔·伊·赫拉特（意为“赫拉特之王”）；以后在尼沙普尔的尼扎米亚经学院，师从艾什尔里派著名学者艾布·迈阿里（1028—1085），学习教义、教法、哲学和逻辑学，成绩优异，成

---

① 谢德秋编著：《医学五千年·外国医学史部分》，原子能出版社 1992 年版，第 59 页。

② 李振中：《伟大的哲学家、科学家、医学家伊本·西那》，《回族研究》2002 年第 2 期，第 54—64 页。

为艾什尔里派学说的继承者。艾布·迈阿里归真以后，安萨里去找塞尔柱帝国宰相尼扎姆·莫尔克，尼扎姆·莫尔克把这位年仅33岁的年轻人安排到巴格达的尼扎米亚大学任主讲教师，讲授艾什尔里派教义学、沙斐仪派教法学和哲学。不久（回历484年），这位来自呼罗珊省的青年担任了巴格达尼扎米亚大学的校长。1095年，他辞去教职，以苦行者的身份游历了大马士革、耶路撒冷、希伯伦、开罗、亚历山大城等地；1096年，他到麦加朝觐，并到麦地那拜谒了穆罕默德陵墓。此后，他在大马士革苏菲扎维叶（道堂）隐修10年，体验苏菲的精神修炼，在此期间，开始著书立说。1106年，应塞尔柱帝国新宰相法赫尔·穆尔克的邀请，他返回尼沙普尔尼扎米亚经学院任教。三年以后，他返回家乡徒思隐修，从事著述，培养弟子，过着清贫的苦修生活。1111年12月19日，他在徒思城去世。①

安萨里关于伊斯兰教教义和哲学的著作达400余部，现存70部。其中主要有《宗教学重光》、《哲学家的宗旨》、《哲学家的矛盾》、《学问的开端》、《信仰的节制》等，其中，一些著作译介到欧洲，对基督教神学家托马斯·阿奎那、巴斯喀和犹太教哲学家迈蒙尼德等人产生过影响，对中世纪欧洲经院哲学的发展起到了重要作用。安萨里的《致孩子》一书被联合国教科文组织定为世界儿童必读之书。

8世纪下半叶，阿拔斯王朝在巴格达定都以后，阿拉伯文化在吸收东部波斯、中亚、印度等地区的先进科学和文化的基础上发展成为当时世界的先进文化之一。9世纪上半叶，特别是在麦蒙哈里发时期（813—833年在位），巴格达成为编译和研究古代著作的中心，大批希腊哲学被介绍到伊斯兰世界，哲学家们希望把希腊哲学引进伊斯兰文化，以求证《古兰经》与它们的一致性，于是，开始了理性检验信仰的活动。10—12世纪上半叶，伊斯兰理论界和宗教界围绕真主、宇宙、人类、造化等问题展开激烈的辩论，在中亚出生，并且在中亚度过了自己青少年时光的这三位哲学家参加到这场大辩论

---

① 丁菊霞：《对安萨里历史定位的几点看法》，《阿拉伯世界》2004年第2期，第58—60页。

中，提出了自己的看法与主张。

在本体论上，法拉比和伊本·西那主张新柏拉图主义的“流溢说”。流溢说是埃及人普罗提诺（Plotinus，204—270）最早提出来的，普罗提诺40岁左右到罗马定居办学，撰写了54篇论文，后来，其学生波斐利将它们编辑成6集，每集9篇，冠名为《九章集》（*Enneades*），此书在西方哲学史上有着重要地位。普罗提诺认为，存在的一切都是产生出来的，产生者“hen”在汉语中被译为“太一”。“太一”由于自身充盈，故而要溢出，但这种流溢却无损于自身的完满，犹如太阳放射光芒而无损自身的光辉一样。

法拉比和伊本·西那发展了流溢说。法拉比提出了著名的十大理念说，其主要内容是：在真主自我存在的理念中，存在着溢出和造化的力量，因而由真主的本质溢出第一存在，即第一理念，这一理念具有双重性，开始有了“多”。由第一理念产生第二理念，即最高天体和灵魂。由第二理念产生第三理念和恒星。由第三理念产生第四理念和土星。由第四理念产生第五理念和木星。由第五理念产生第六理念和火星。由第六理念产生第七理念和太阳。由第七理念产生第八理念和金星。由第八理念产生第九理念和水星。由第九理念产生第十理念和月亮。由最后一个理念产生地球和水、火、风、土四大元素，从而形成地球上的各种物质。[①] 这一理论的实质是：宇宙是由星球组成的，低的星球是由高的星球“溢出”来的。星球的运动和接触产生了水、火、风、土四大物质元素，这些元素以不同的比例和运动，混合成地球上各种物体。显然，流溢说中关于世界和宇宙构成的理论与伊斯兰教安拉创造世界的主张是背离的。保守的宗教学者认为哲学的传播对信仰产生了严重的威胁，他们认为用纯粹的理性方法解释信仰，就会使天启可有可无，这与伊斯兰教法不相协调，并使伊斯兰教信仰陷入困境。

对流溢说进行系统批判的人是安萨里。安萨里在伊本·西那死

---

① 李振中：《法拉比哲学思想简介》，《回族研究》2002年第1期，第80—86页。

后20年才出生，他所处的时代，理性主义思潮已经占据了主导地位，信仰从最初的注重深入个体心灵的阶段进入了以逻辑论证为武器的理性阶段。安萨里关注的是当时最突出的问题，即人们信仰失序的问题，他力图重建伊斯兰信仰（神学）。

安萨里引用《古兰经》中关于一个全能神灵存在的信条，批驳了新柏拉图主义关于宇宙从最崇高的存在物中流溢的观点。他认为流溢说与伊斯兰教教义相抵触，它让造物主符合人类理性的判断，这是对造物主独一性的亵渎。安萨里认为真主是万事万物的第一因，否认了自然界自己能作为的无神论观点。他认为，如果说自然界能够按照永恒的原则和秩序自己作为，那就和真主是全能的说法相抵牾；他认为，如果说因果之间有必然性，那也和伊斯兰教关于存在奇迹的说法相抵牾。①

安萨里反对用理性的方式证明信仰，他认为思辨教义学家和哲学家往往把理性和信仰混淆。安萨里认为理性和信仰的性质完全不同。理性属于“知”的世界，是由逻辑构成的、有着严密证明的没有任何空隙的世界，它所显示的结果是基于必然性的领域，对于任何人都是同样的，如“同一物体不能同时占有两个空间”，再如5+2=7。但“信”的世界只能体验，不是逻辑所能证明的，因此，用理性去把握信仰是不可能的，这正是信仰世界的特点。他认为用理性去解释信仰只能污染具有真正信仰的人。虽然安萨里对伊斯兰形式的新柏拉图主义发起了猛烈的攻击，但新柏拉图主义的影响对以后伊斯兰教哲学思想史和神学史继续发挥着影响。

在认识论上，法拉比肯定物质世界可以通过感觉去认识。他认为在肉体之前不存在灵魂，否定了人的认识是对理念的“回忆”和“摹仿”。他说：“人的认识的取得来自感觉，从对具体事物的感觉达到对整体抽象事物的认识。人的灵魂有潜在认识能力，感觉器官是人的灵魂得到知识的途径……通过感性实践使我们认识到各种具体

① 〔荷兰〕第·博尔：《伊斯兰哲学史》，马坚译，中华书局1958年版，第154页。

事物，然后上升到对整体事物的认识。……知识是通过对本质的实践取得的。”[①] 法拉比把对事物的认识分为两大类：一类是通过感官可以确信的，即感性知识。它是通过人的五个感官对具体事物和形象直接感受后得到的认识，如大小、冷热、颜色、时间、地点、数量、状态和动作等。另一类是通过思考可以接受和确信的，即理性知识，如真、善、美、信仰、概念等。他认为人的认识过程是：由人的感官把被感受的具体事物形象传递给人的灵魂，具体事物形象在经过几次认识和抽象之后，人的灵魂接受了这些抽象的形式，于是，人的灵魂成为“潜在理智”，这些抽象的形式成为“潜在可识事物”。然后“潜在理智”上升为“实在理智”，“潜在可识事物”上升为“真实可识事物”[②]，从而成为人的知识。不难看出，法拉比认识论基本上是唯物主义的。但法拉比在探讨“潜在理智”如何上升为“实在理智”之时，认为这一上升过程是依靠外界力量“能动理智”完成的，因此，人类的理智只有借助宇宙“能动理智”的溢出，才能获得自己所经验的知识。于是，法拉比的认识论又陷入了唯心主义的泥潭。

安萨里对法拉比的认识论提出了批判。他说：“感性认识的可靠性根据是什么？因为诸感官中最强的要数视觉了，当它看到影子是静止之时，就得出影子不动的结论；可是经过一段时间的实验和观察后，你就会发现影子是运动的，不过这种运动不是爆发性的和一次完成的，而是渐进的，一点一点移动的，从不停止。再如映入我们眼帘的星星，差不多像银币一样大小；但是几何学证明，星星的体积要大于整个地球体积的若干倍。由感官所判断的诸如此类的例子，最后都遭到了理性判断的无可辩驳的否定。我得出的结论是：感性认识彻底地破产了，它是不可依赖的；或许只有理性才是可靠的。”[③] 因此，安萨里只承认理性认识，因为理性认识在本质上不是感觉的、经验的和个别的。他把理性与纯粹的感性经验完全区别开来。

---

① 李振中：《法拉比哲学思想简介》，《回族研究》2002 年第 1 期，第 80—86 页。

② 同上。

③ 〔阿拉伯〕安萨里：《迷途指津致孩子箴言录》，康有玺译，宗教文化出版社 2004 年版，第 1 页。

安萨里将人的认识分三个层次：感性、理性和启示（信仰），三个层次不能相互代替和混淆。他认为，安拉为人造化的第一个感官就是触觉，人可以借触觉感知到诸如炎热和寒冷、湿润和干燥、柔软和粗糙，等等。但是，触觉不具备识别各种颜色和声响的功能。视觉、听觉和味觉功能是安拉为人造化的。人到 7 岁可以认识感性世界以外的世界，在这个阶段，安拉给人造化了理性，人借助理性可以知道一切当然之事、允许之事、合法之事。在理性阶段之后，安拉又为人造化了另一种眼睛，人可以借此看到幽冥的世界、未来所发生的和其他一些事件。正如理性分析所达到的是无法用感官去达及一样，这些幽冥的世界、未来所发生的和其他一些事件也是理性无法达及的。为什么有些唯理派的人拒绝“Nubenwo”（启示）和排除“Nubenwo”（启示）呢？道理与此没有什么区别，这纯粹是无知、没有达到如此的境界和没有发现真实所致，他们以为那是不存在的，就像一个瞎子一样，人不给他指点，他自己是无法区分颜色和形状的。安拉就这样为人造化着，直到超越各种感性的世界。

这场涉及宗教、思想和政治等诸多领域的激烈争论使学术界的逻辑学水平不断提高，在此过程中，三位哲学家把古希腊逻辑知识进一步系统化，推动了伊斯兰哲学方法论的发展。

法拉比认为逻辑学是从已知推求未知的科学，逻辑知识是掌握其他一切知识的前提与基础。在《学科统计》一书中，他把逻辑学作为一门独立学科，他认为：知识有表里和内里两相，通过正确阐述使知识的表里和内里相统一，被感知之物是被知之物的表象，只有对表象进行理性思维，才能抽象出其实质；无实质，表象不能成立，无表象，实质也不复存在。他运用逻辑学的方法，创立了完整的新柏拉图主义哲学体系。

伊本·西那把逻辑学叫作关于思维形式的科学，他认为，逻辑范畴和规则是反映事物之间的相互关系。他认为，逻辑学研究的对象是“第二意念”，第二意念就是“属”和“种”。他对“第二意念”的解释被经院逻辑学家们接受。伊本·西那注重范畴、界定和证明，他确定了三大范畴：可能（物质）、必然（真主）和现实（世界），把这三大范畴作为整个形而上学的基础。他擅长于界定，力图通过界定把握事物的本质特征，确定概念的内涵和外延。他认为，证明有三要素：前提、内容、问题。通过一定的前提，从具体的内容中导出结论，解决问题。他强调逻辑思维和具体经验相统一，理论和实践相统一，注意丰富的内容而不追求空洞的形式。

安萨里主张信仰高于理性，但他不排斥理性及逻辑的思维方法。他认为："美德和劣德的区别在于知识，知识的取得要通过逻辑。逻辑学的作用在于掌握知识，掌握了知识才能得到真正的（现世）幸福。"[①]他认为，理性是由逻辑的必然性构成，它所显示的命题对任何人都不会产生歧义。人的理性活动和逻辑推理可以认识现象界的事物，但理性仅在有限定的领域起作用，它对人类精神生活的整体没有权威性。

以上三位哲学家生活的时代是伊斯兰思想界十分活跃和百家争鸣的时代，也是阿拉伯和伊斯兰哲学体系从酝酿到建立的时期。法拉比把希腊亚里士多德的著作收集起来，加以整理编纂和注释，他所做的编目此后大体没有改变。他的编纂和注释使古希腊哲学较为完整地保存下来，它们对后来的欧洲哲学产生了很大的影响。到12—13世纪，欧洲人通过这些著作了解了亚里士多德、柏拉图和普罗提诺等古代希腊哲学家，这些著作对中世纪欧洲自然科学与人文科学的发展起到了巨大的促进作用，黑格尔说"没有阿拉伯人，西方人半点也不了解亚里士多德"。黑格尔此处所说的"阿拉伯人"就是指以法拉比为首的伊斯兰哲学家。

第四节　尼扎姆·莫尔克与《治国策》

塞尔柱帝国的两朝宰相尼扎姆·莫尔克于1018—1019年间出

① 王娟娟：《安萨里伦理学初探》，《工会博览》2011年10月中旬刊，第217页。

生在今伊朗萨布泽瓦尔地区的一个农民家庭，早年的生活鲜为人知，只知道其父是伽色尼王朝派驻徒思城的收税员，尼扎姆·莫尔克在徒思城长大，在那里学习文化、神学和法学。以后，尼扎姆·莫尔克来到巴里黑城，被人举荐给呼罗珊首领阿尔普·阿尔斯兰。1063年，在尼扎姆·莫尔克的帮助下，阿尔普·阿尔斯兰夺取了大塞尔柱帝国素丹王位，他也由此被任命为大塞尔柱帝国宰相。1072年，阿尔普·阿尔斯兰去世，他又以宰相身份辅佐其子马立克沙，在宰相位置上任职长达29年。

尼扎姆·莫尔克生活的时代，正值塞尔柱人掌权和权力上升时期，因此，他的才干得以充分施展。阿尔普·阿尔斯兰在尼扎姆·莫尔克的支持下，成功夺取了其弟苏莱曼的素丹之位。阿尔普·阿尔斯兰继位之初，遭到王室亲戚们的反对，宰相尼扎姆·莫尔克跟随他镇压了分裂国家的叛乱。他们先后与强占剌夷城和赫拉特城的阿尔普·阿尔斯兰的两位叔叔作战，迫使他们臣服。在阿尔普·阿尔斯兰的对外征服战争中，宰相尼扎姆·莫尔克协助素丹在不到10年的时间内将塞尔柱帝国的疆域扩大到东起锡尔河，西至地中海边。在阿尔普·阿尔斯兰的统治和扩张中，尼扎姆·莫尔克功不可没。

阿尔普·阿尔斯兰临死前把自己17岁的儿子马立克沙托付给尼扎姆·莫尔克，尼扎姆·莫尔克扶持马立克沙登上了大塞尔柱帝国素丹之位。马立克沙继位以后，继续任用他为宰相，并尊称尼扎姆·莫尔克为阿塔（突厥语，意为“父亲”）。在继承王位之初，马立克沙也面临着叔叔们的反对和不服从，尼扎姆·莫尔克帮助他打败了反对者，巩固了王位。尼扎姆·莫尔克希望将马立克沙塑造成伊朗—伊斯兰传统意义上的专制君主，他确立了帝国对哈里发的政策，将哈里发置于塞尔柱人的监督之下，但又确保哈里发与塞尔柱帝国之间的矛盾没有激化。在马立克沙统治期间，塞尔柱人的权力达到了顶峰，帝国疆域进一步扩大，西自安纳托利亚高原起，东至喀什噶尔的东喀喇汗王朝，在这一辽阔疆域内的地方政权都对马立克沙表示归顺，以他的名字进行祈祷。

与此同时，尼扎姆·莫尔克的职业生涯也达到了顶点，他的权势遭到了嫉恨。在阿尔普·阿尔斯兰统治时期，已经有许多人中伤他，但阿尔普·阿尔斯兰一直重用他。在马立克沙统治前期，尼扎姆·莫尔克继续受到重用，随着马立克沙统治的稳定和尼扎姆·莫尔克家族权力的膨胀，君臣之间的矛盾激化起来。

尼扎姆·莫尔克有十多个儿子，个个野心勃勃。尼扎姆·莫尔克又任人唯亲，把他们都安插在王朝的重要岗位上，有的在帝国中央担任职务，有的在重要的省份（如莫夫和巴里黑）任总督。尼扎姆·莫尔克大量任用从他开办的宗教学校毕业的学生，为了仕途，父母们都迫不及待地将子女送到尼扎姆·莫尔克宰相家中或学校接受教育。于是，尼扎姆·莫尔克在全国都有他的支持者，在军队中也有很大一批支持者，甚至有一支名为“尼扎姆仆从”的队伍，他们的势力很大。

随着权力的增长，尼扎姆·莫尔克变得十分傲慢。马立克沙产生了削弱他及其诸子和亲信势力的打算，出于国家的安定，他一直不敢贸然行动。1080 年，马立克沙违背尼扎姆·莫尔克的建议，从军队中开除了 7000 名亚美尼亚雇佣军。接着，马立克沙对人事做了一些调整，在行政机构中提拔尼扎姆·莫尔克的反对者塔居·马立克任文牍部最高职务；马其杜·莫尔克兼管税收事务。尼扎姆·莫尔克曾经反对皇后立其幼子马赫穆德为王储，为此，皇后一直建议素丹起用塔居·马立克以取代尼扎姆·莫尔克。

马立克沙在位的最后一年，他与尼扎姆·莫尔克的矛盾达到了白热化。莫夫地区的地方治安头目与尼扎姆·莫尔克之子沙姆斯·莫尔克·乌斯曼发生争执，马立克沙派塔居·马立克和马其杜·莫尔克带信给尼扎姆·莫尔克说：“如若你在处理国务中与我同舟共济则另当别论，如若你是臣服于我，那么为何不检点一下自己的行为。你的儿子们几乎已主宰着全世界，一点也不像是臣服于他人的样子。你怎么也不对他们进行管教，你将被他们控制和摆布。”

尼扎姆·莫尔克读完此信后伤心地说："请转告素丹，难道你不知我是与你同舟共济的？你是经过我的努力才有今天。你难道不记得，在阿尔普·阿尔斯兰先王被杀以后，是我设法集结军队并渡过了阿姆河，是我为你攻占了诸城；是我为你东征西伐广开疆土。你皇冠下的政权是与我的努力连在一起的。一旦你把我的职务免了，人们也将摘掉你的皇冠。"①

尼扎姆·莫尔克这一措辞激烈的答复，再加上传递信息者添油加醋，君臣之间的关系不可逆转地恶化下去，马立克沙最终下决心除掉尼扎姆·莫尔克。1092年，君臣二人一起从伊斯法罕前往巴格克，途中，一位穿着苏菲服装的青年走上前向尼扎姆·莫尔克致礼，并突然行刺，尼扎姆·莫尔克被刺身亡。在他死后的半个世纪中，他的后代在国家事务中仍然起着重要作用，他们中的许多人成为素丹或哈里发的宰相或官员，这种情况一直延续到塞尔柱帝国末期。

尼扎姆·莫尔克除了对塞尔柱帝国的管理做出了突出贡献外，在文化上的贡献也是巨大的。他在各城创建以自己名字命名的神学院是伊朗中世纪的高等学府，这些学府在传播文化、培养人才和促进文学发展中起了很大的作用，著名学者安萨里和诗人萨迪都曾在尼扎米亚大学就读与讲学。

尼扎姆·莫尔克受马立克沙之命，写了《治国策》一书，此书于他去世之前不久写成（1091），在他死后22年才发表。在这本以流畅的达里波斯语写成的书中，尼扎姆·莫尔克总结了自己的从政经验，对当时的政治、经济、司法和宗教提出了中肯的看法和建议。该书是11世纪留下来的著名文学作品和珍贵的史学著作。

从此书反映，他认为应该维护素丹的绝对权威，不许他人跨越。书中论述道："我听说，素丹马赫穆德的管家阿尔通塔什被任命为花剌子模沙，被派往花剌子模。当时花剌子模的税收估计是6万迪纳

① 〔伊朗〕阿宝斯·艾克巴尔·奥希梯扬尼：《伊朗通史》，叶奕良译，经济日报出版社1997年版，第369页。

尔；而阿尔通塔什部队所要发的工资数是它的两倍。阿尔通塔什去花剌子模后一年，宰相派人往花剌子模去收税款。阿尔通塔什派他的密使去向宰相要求，把花剌子模税收所担负的 6 万迪纳尔直接分给他，作为他的部队的工资，以代替从枢密院拨给他的钱。当时的宰相看到这封信，他立即写回信说：'以宽大、仁慈的真主的名义，要意识到，阿尔通塔什在任何方面都不可能是素丹马赫穆德。把你收到的税金来带入素丹的国库，在验过金含量和称过重量、入库之后要一个收据。然后，为你及其部队的工资请款，你将得到一张在巴什特和锡斯坦去提货的汇票；然后，取到钱把它带到花剌子模。这样主仆之间的区别，即马赫穆德和阿尔通塔什之间的区别得到维护，因为国王的作用和军队的责任是有明显区别的。花剌子模沙应该克制自己不要说空话；至于他提出来的要求，要么是他以轻视的眼光来看待素丹，要么是他认为宰相粗心大意、很无能和无知。我们并不期待着来自花剌子模沙的正义的声音和他有健全的理智，然而听到此事的每一个人都会感到吃惊。他必须承认这一错误。当奴隶企图与其主子分享权力时，是一个巨大的危险。'"①

关于司法，尼扎姆·莫尔克认为："国王必须在每一件事情上都公平，他必须遵循古代明君们曾经制定的教导和习俗。他绝不要创建坏的法律，也不要赞同异教。国王有责任调查各种行为，有责任处理收税者、了解收支情况、关心税收，为巩固国家和抵御外敌而设置国库和仓库。"②他赞扬大公无私，秉公办事，尊重法律和不徇私枉法。他赞扬了伽色尼王朝素丹公正无私的故事。"有人来到马赫穆德的原告法庭，报怨马赫穆德的儿子马苏德，并要讨个公道。马赫穆德立即写信送给儿子马苏德说：'我希望你，要么把你所欠的钱付给这个商人，要么同他一起去公正的法院，以便根据伊斯兰教法的规定做出判决。'马苏德对信使说：'告诉素丹，我已经当场给了他

---

① Nizam al-Mulk, *The Book of Government or Rules for Kings*, pp.239-240.

② Ibid., pp.243-244.

两万迪纳尔，三天之后，我将付给他其余的钱。我此时正系着腰带、戴着斗篷直立着，等候素丹的命令。'信使回去后，又带来素丹的一封信说：'去正义法庭，或者把钱付给商人，否则，要到你把钱付清时，你才能再见我的面。'马苏德派人各地收债。到下午祈祷时间，六万迪纳尔送到了商人手中。当此事传到世界各个遥远的地方，来自中国、埃及和阿丹国的商人们出发前往加兹尼，带来了世界各地精选出来的货物。"①

关于统治术，尼扎姆·莫尔克在书中论述说："对待敌人，国王应该进行有和谈余地之类的战争，应该签订对战争留有余地之类的和约。对待敌友，他应该签订那种可以被撕毁的契约；签订那种撕毁后又可以修补好的契约。"②尼扎姆·莫尔克的这些见解，与文艺复兴时期的意大利人马基雅维里如出一辙，马基雅维里在其《君王论》中说："一个聪明的君王，遇到如果守信就要违反自己利益，遇到束缚他守信的理由已不再存在之时，他便应该不守信。假使人都是善的，那么这个箴言便站不住，但因人是恶的，他们不会对你守信，你也就没有对他们守信的责任。君王为了自己的不守信，总不会找不到合理借口的。关于这一点，我们可以举出数不清的例子来，它们表示出有多少个条约与诺言曾经因君王们的背信而成为无效。"③

尼扎姆·莫尔克希望国王们参考学者的意见，他借法官的嘴说："宗教神学家总是随时准备给人以忠告和劝导。你的父亲努赫曾经每天会见宗教导师，在没有参考他们的意见前，他从不采取行动。因此，所有麻烦的事情都被他处理得井井有条。因为你很少与有学问的人在一起，你父亲能够办得井井有条的事，你都办得一团糟。"④

尼扎姆·莫尔克对塞尔柱帝国外交十分重视，对接待外宾和派出使节提出了很好的建议。他认为，塞尔柱帝国在与东西方国家交

---

① Nizam al-Mulk, *The Book of Government or Rules for Kings*, p.242.

② Ibid., p.244.

③ 〔意〕马基雅维里：《君王论》，惠泉译，海南出版社 2001 年版，第 101 页。

④ Nizam al-Mulk, *The Book of Government or Rules for Kings*, pp.223-224.

往之时，对来访使者必须尊重，在“他们到达农耕地区的一站之时，发一份要求各站官员、税官和封主热情接待他们的委托书，使他们满意地离开该站。当他们返回路过时，也应给予同样的款待。给予使节什么样的待遇，无论好或坏的，实际上就是给予使节所代表的国王的待遇。国王之间总是互相表示极大的尊重，总是礼待使节”①。

此外，塞尔柱帝国对派出使节的要求也很严格，充当使节者必须“效忠国王，敢于说话，游历广，对各门学问都有所涉猎；能强记、有远见；应当身材魁梧，相貌端正；如果他是一个年长的智者，那就更好。一个使节的品行和好的判断可以引导国王的行为、智慧、判断和伟大”②。帝国派出使节的目的“不仅仅是让信使传递口信和书信，而是要暗中了解许多问题。事实上，他们想知道该国的道路、山隘、河流的情况；想了解一支军队能否通过，在这些地方能否提供给养；各地的官员是谁；该国国王军队的规模及其武器装备的状况如何；国王及其随行人员的饮食标准；宫廷及觐见厅的组织和礼仪”③。

尼扎姆·莫尔克的《治国策》是站在统治阶级立场，维护封建统治的策略。他鄙视下层人民，把他们视为恶人和卑贱者，对他们的起义持反对态度。“无论任何时候，国家都有可能面临一些意想不到的神秘事件或受到一些恶人的影响。到那时，就会改朝换代，政府由一个家族转到另一个家族手中；或者国家因骚乱和暴动而陷入混乱之中，敌对者（会抽出）剑烧杀掳掠。在这些混乱和不满的日子里，出身高贵者将被打倒，底层人将获得控制权，谁有力量谁就能够为所欲为。正义者将失去权力和影响；干坏事的人将变成富人，他们中的极少数还将成为埃米尔（军队统帅），最底层的人将成为民事长官。贵族和有学问的人的财产将被没收；卑鄙者会毫不犹豫地夺取王或宰相这些特有的称号。”④

---

① Nizam al-Mulk, *The Book of Government or Rules for Kings*, p.95.

② Ibid., p.98.

③ Ibid., pp.94-95.

④ Ibid., p.139.

在经济方面，书中阐述了对国家收入的管理。“各省税收的账目总要保存好的，它可以显示收支情况，其优点是对消费进行有益的监督；需要减少的任何项目当时都可以被砍掉（钱就不会被花掉）。如果有人对收入和增加收入有话要说，那么，有人会听他说；如果他所说的理由正当，那么，他将得到加薪。因此，如果有奢侈和浪费的现象出现，这种事情可以以这种方式受到核查，此后，事物的真实情况将不会被隐瞒。”[①]

尼扎姆·莫尔克一生为游牧民族建立的塞尔柱帝国立下了汗马功劳，他的《治国策》一书为统治者在各方面提供了统治术。在《治国策》一书中，涉及当时西亚、中亚和北非的经济、政治、司法、宗教、文化、思想等多方面情况，是我们研究 11 世纪不可多得的原始资料。尽管他的思想带有落后和片面，甚至反人民的一面，但他在经济和政治方面的管理手段仍有借鉴的作用。

---

① Nizam al-Mulk, *The Book of Government or Rules for Kings*, p.243.

第八章

对外关系

在11世纪下半叶至12世纪上半叶的100年中，中亚诸政权分别与周边国家和地区发生了交往。在东方，东喀喇汗王朝和西辽与中国北方政权发生了联系，西辽与中国北方的关系主要围绕着对金国的斗争展开；在南方，伽色尼王朝继续远征北印度，并在此建立了较为持久的统治；在西方，为争夺高加索和小亚细亚，塞尔柱帝国与拜占庭帝国进行了长期的斗争，结果，塞尔柱人在小亚细亚建立了突厥政权，开启了小亚细亚居民的突厥化和伊斯兰化过程。

第一节　喀喇汗王朝、西辽与辽、宋、金的关系

喀喇汗王朝是中国的一个地方政权，从萨图克汗起，喀喇汗王朝统治者就冠以“桃花石汗”的称号，桃花石是中亚对中国的称谓。西喀喇汗伊卜拉欣·本·纳赛尔自称桃花石汗，他与儿子沙姆斯还采用“东方与中国之素丹”的称号。麻赫穆德·喀什噶里在他的《突厥语大词典》中将喀喇汗王朝归为中国的一部分，在他把中国分为上、中、下三秦之时，称自己生活的地区是下秦，他是秦人，即

中国人。将自己视为中国之一部分的观念在喀喇汗王朝的回鹘人中很普遍。

11 世纪上半叶，喀喇汗王朝与中国中原王朝，尤其是与辽和北宋王朝有着政治、经济和文化的联系。《宋史》和敦煌文书称喀喇汗王朝为“大食”、“大石”、“黑衣大食”、“黑衣大石”、“西大食”、“西大石”，将经陆路到中原的喀喇汗王朝人称为“大食人”。

辽朝立国不久（924），喀喇汗王朝就遣使到辽朝献方物。据《契丹国志》中的《诸小国贡进物件》记载，大食等八个国家和地区到契丹贡献，其贡物主要是今新疆和田的玉、珠，塔里木盆地的丝织品“门得丝”、“褐里丝”、“帕里呵”（帕黑呵），游牧民用硇砂鞣制而成的红色牛皮和马皮，即“斜合里皮”。据此书记载，喀喇汗王朝到辽朝的使者每三年一次，人数多达 400 人，而契丹每次回赐物的价值高达 40 万贯。[①] 据对中国史书记载的统计，截至 1068 年，喀喇汗王朝向辽朝遣使共有 16 次。

除朝贡外，喀喇汗王朝和辽朝还建立了联姻关系。据《辽史》记载，1019 年“大食国遣使进象及方物，为子册割请婚”[②]。1021 年，“大食国王复遣使请婚，封王子班郎君胡思里女可老为公主，嫁之”[③]。册割是喀喇汗王朝王子察格利（Cagri）特勤的汉译名。在大汗的一再请求下，辽圣宗将侄孙女可老封为公主嫁给了大食王子册割，双方建立了联姻关系。

喀喇汗王朝与中原的北宋王朝也有政治和经济联系。北宋曾经正式册封在喀什噶尔的喀喇汗。不过，与北宋王朝发生联系最多的是喀喇汗王朝在于阗的地方政权，在中国史书中，喀喇汗王朝被称为“黑韩王朝”，喀喇汗王朝驻于阗地区的统治者被称为“于阗黑韩王”。据记载，1009 年，于阗黑韩王自于阗遣回鹘罗斯温向北宋进献

---

① （宋）叶隆礼：《契丹国志》，第 205 页：“已（以）上诸国三年一次遣使，约四百余人，至契丹贡献。”

② （元）脱脱：《辽史》，第 188 页。

③ 同上书，第 189 页。

方物，据他报告，从于阗到敦煌的道路畅通无阻，行人很多，要求宋朝亦派使到于阗来。此处的黑韩王很可能就是卡迪尔·玉素甫，在此时和稍后的一段时间内，他还只是于阗、叶尔羌、喀什噶尔一带的统治者。①

1063年，于阗遣使罗撒温到北宋王朝，北宋册封于阗王为“归忠保顺石后鳞黑韩王”，鳞是于阗语，意为“金翅鸟”。1078年，宋朝规定，于阗人到内地贩运茶叶，享受免税优待。②1081年，于阗遣部首阿辛致书自称“于阗国偻儸有福力量知文法黑汗王”，称赵顼是“东方日出处大世界田地主汉家阿舅大官家”。③直至宋徽宗晚期，黑汗王朝与北宋的使臣往来不绝。《宋史》在1009年（大中祥符二年）之后所记的“黑汗”，可能有甘州的可汗王，西州的克韩王（高昌回鹘），新复州的黑韩王。这些记载反映了喀喇汗王朝分裂以后，东喀喇汗王朝与北宋之间的联系。1085年，东喀喇汗王朝与北宋做了一笔大的马匹交易，在此次贸易中，喀喇汗王朝获利120万贯。④据说，1085年，宋神宗赵顼去世，东喀喇汗王（于阗国黑韩王）的使者出钱“饭僧”（请和尚们吃斋念佛），为宋神宗“追福”。

西辽成为东喀喇汗王朝的宗主以后，与中国北方诸王朝之间开始了联系。当时，在中国北方出现了西夏和金国两个民族政权。西辽视金国为仇敌，为剪除仇敌，复辽疆域，西辽与东方诸政权之间的关系是围绕着攻金而展开的。

中国古代党项族建立的国家西夏（1038—1227）是西辽的东邻。党项族原属羌族的一支，1038年，党项族首领元昊称帝，国号大夏，史称西夏。西夏强盛时期的疆域包括了今宁夏、陕西北部、甘肃西北部、青海东北部及内蒙古部分地区，西部边界一度抵达原西突厥

---

① 新疆社会科学院民族研究所编著：《新疆简史》，第162—163页。

② 同上书，第163页。

③ （元）脱脱：《宋史》，第14109页。

④ 杨义：《中国古典文学图志——宋、辽、西夏、金、回鹘、吐蕃、大理国、元代卷》，生活·读书·新知三联书店2006年版，第45页。

汗国领地（今新疆东部地区），首都兴庆府（今宁夏银川）。

金国（1115—1234）是中国女真族建立的国家。女真族原生活在中国黑龙江中下游和长白山地区，在辽朝政权建立之初，它还处于原始氏族形态。随着人口的增加与铁器的大量使用，女真人快速发展起来，到辽朝末年（1114），女真贵族完颜阿骨打起义反辽，次年，阿骨打称帝，国号大金，都会宁府（今黑龙江阿城南白城镇）。金国建立以后，开始了以夺取辽五京为目标的灭辽之战。1120 年，金国与北宋签订“海上之盟”共同对付辽朝，1125 年，辽天祚帝被金俘，辽朝灭亡。以后，金朝持灭辽之威，与北宋为敌。1127 年，金灭北宋，控制了中国北方地区，与中国南方的南宋王朝形成对峙局面。

辽朝被金灭亡，辽朝王室成员耶律大石在中亚东部建立西辽国之后，立志灭金，恢复辽朝在中国北方的统治。因此，西辽与中国北方政权的关系是围绕着灭金的战略目标而展开的。

西辽建立之初，耶律大石贯彻“养兵待时而动”的国策，它的外交政策是：对外弭兵，争取与国，孤立金国。在此外交政策下，西辽与西夏、蒙古族白达达尔人保持了友好关系，并希望与南宋建立反金同盟。

西辽建国前后，耶律大石与西夏之间保持着友好的联系。在辽朝被金灭亡的前夕，西夏曾邀耶律大石共击北宋。据《三朝北盟会编》记载，1122 年，耶律大石对北宋使臣说：“河西家（指西夏）累次上表欲兴兵夹攻南朝，本朝每将表章付与南朝，不肯见利忘义。”[①] 可以看出，西夏欲借助耶律大石的势力共图北宋，而耶律大石并未参与。在辽天祚帝遭到金军追击之时，西夏曾派兵援辽，但援军在昂河下水被金打败。1124 年，西夏迫于金的强大武力，向金称臣。

耶律大石在辽朝被灭之后西迁，此后，西辽多次发动灭金之战。双方战事以 1134 年为界分为两个时期，前期，西辽处于敌强我弱的防御时期；后期，是西辽主动出击时期。

---

① （宋）徐梦莘：《三朝北盟会编》，上海古籍出版社 1987 年版，第 55 页。

耶律大石在可敦城建立政权的5年间（1124—1128），与西夏继续保持着原来的联系，双方的关系曾引起金朝的高度重视。据金朝西南、西北两路都统完颜希尹奏报，1125年夏，“闻夏使人约大石取山西诸郡”[①]。对此，金太宗指令：“大石合谋，不可不察，其严备之。”[②]可见，金朝对耶律大石联合西夏的活动给予密切关注，严加戒备。耶律大石率主力军离开可敦城西迁以后，金朝西北前线得到消息说：“闻耶律大石在和州（今吐鲁番）之域，恐与夏人合。”[③]为了防止西辽与西夏的进一步联合，金朝开始攻西辽在可敦城的留守军。1129年，耶律大石发兵取金朝北部二营。1130年，金朝发兵攻耶律大石驻可敦城军队，未与大石军接战而返。

1131春，金朝再次出兵可敦城。金军元帅粘罕“自云中以燕云汉军、女真军一万人付右都监耶律余睹，北攻耶律大石林牙、耶律佛顶林牙于漠北曷董城（即可敦城）”[④]，“起燕云民兵北攻曷董城，仍起燕云、河东夫运粮随余睹行”[⑤]。这次金军进攻以失败而告终，据《大金国志》记载：“曷董城自云中由猫儿庄、银瓮口北去地约三千余里，尽沙漠无人之境。是行也，三路之夫死不胜计，车牛十无一二得还。”[⑥]

西辽在中亚东部建立政权以后，对金采取了主动出击的政策。耶律大石在建都改元的当年，即康国元年（1134），开始了复国战争。据《辽史》记载，1134年，耶律大石“率七万骑东征。以青牛白马祭天，树旗以誓于众曰：‘我大辽自太祖、太宗艰难而成帝业，其后嗣君耽乐无厌，不恤国政，盗贼蜂起，天下土崩。朕率尔众，远至朔漠，期复大业，以光中兴。’”[⑦]西辽此次东征出师不利，行程万

① （元）脱脱：《金史》，第1685页。
② 同上。
③ 同上书，第2637页。
④ （宋）宇文懋昭：《大金国志》，国家图书馆出版社2006年版，第111—112页。
⑤ 同上书，第112页。
⑥ 同上。
⑦ （元）脱脱：《辽史》，第356页。

里，一无所得，牛马多死，勒兵而还。虽然半途而废，但西辽“气象已咄咄逼人”，对金朝社会有所震动。金朝在给宋朝使臣杨安书信中说，“盖言达实林牙势浸盛，欲张浚以其言白上也”[①]。西辽东征竟然迫得金国欲与南宋联合。

1135 年，耶律大石军队又袭击金国，“御林牙兵忽然猖獗，干冒陛下”[②]，金熙宗立即派粘罕出征，粘罕率军进入沙漠后，与耶律大石潜伏于沙漠中的军队激战三天三夜，未分胜负。但金军孤军深入，粮草匮乏，众多人马冻饿而死。此时，副将外家得是契丹人，得知父兄妻子俱在西辽军中，于是率部下数千骑起事，金军内乱，在西辽军队的夹击下，大败而还。西辽击退金军的征讨，使其疆域进一步扩大，其东北部边境基本与金朝相邻。

耶律大石率部西迁，前往可敦城的途中，于 1124 年曾得到蒙古族汪古部（即汉名为白达达人）的资助。此后，西辽人与白达达人始终保持着友好关系，以孤立金朝。1127 年，白达达人因与耶律大石通好，拒绝卖马给金朝，“塔坦之马不入金国。而又通好於达锡林牙”[③]，使金朝“遣使问罪”，双方关系紧张。西辽建国初期在东部的活动是卓有成效的，西夏、白达达人都倾向于西辽，而与金国不和。

在打击金朝的外交政策下，西辽曾打算与南宋取得联系，据 1129 年南宋川陕宣抚处置使张浚向朝廷报告说：“臣近据曲端申，契丹大石林牙自招州遣人持国书赴朝廷，为夏人截留，有元送文字汉儿走透过泾源，供析到上件事理……”[④]耶律大石派人持国书来南宋，希望与南宋建立联系，由于西夏的截留，西辽与南宋之间的反金同盟最终没有形成。

西辽在西方与塞尔柱人争夺河中地区统治权，于 1141 年在卡特万战争中打败塞尔柱军队。这一胜利不仅震慑了中亚的伊斯兰政权，

---

① （宋）李心传：《建炎以来系年要录》，上海古籍出版社 1987 年版，第 93 页。

② （宋）徐梦莘：《三朝北盟会编》，第 1289 页。

③ （宋）李心传：《建炎以来系年要录》，第 569 页。

④ （明）解缙：《永乐大典》卷 10876，中华书局 1986 年版，第 4466 页。

甚至影响到西亚和欧洲。12 世纪的 40 年代，正是欧洲十字军东征所占领西亚诸领地逐渐丧失，天主教骑士团要想发动第二次十字军东侵的时候。西辽军队战胜塞尔柱素丹桑扎尔的消息，使他们的精神为之一振。

第二节　伽色尼王朝与北印度

1040 年的丹丹坎战役以后，伽色尼王朝失去了它在西方的一些领地。此战之后，伽色尼王朝曾制定了收复失地的计划。素丹毛杜德在控制国内局势之后曾与东伊斯兰诸政权组建了一个反对塞尔柱人的军事同盟，伽色尼王朝出资支持盟军；此外，毛杜德向呼罗珊各地区统治者承诺，如果把塞尔柱人赶走，就让他们在承认伽色尼王朝宗主权下自治。然而，这一计划并不顺利，考库耶王朝的戴拉姆王公阿布·卡里贾尔·加尔萨斯普（Abū Kālījār Garshāsp）在哈马丹的封地于 1045—1046 年被塞尔柱人占领，他与其兄弟流亡伊斯法罕。毛杜德与他取得联系，说服他挥师东进，但这支军队在大沙漠中损失大半，阿布·卡里贾尔·加尔萨斯普也带病返回伊斯法罕。锡斯坦的萨法尔王朝在 12 世纪 60 年代也向塞尔柱人屈服，承认了塞尔柱帝国的宗主权。毛杜德收复失地的宏伟计划最终没能实现，伽色尼人永远地退出了中亚西部地区。此后，伽色尼王朝加紧了北印度的政权建设。

早期伽色尼王朝对北印度的一系列征服战争不仅为精力充沛的突厥官兵们提供了建功立业的机会，还为王朝获取了来自印度的大量贡赋、大批奴隶和丰富的战利品。

马苏德统治期间，伽色尼王朝的印度属地曾发生过断断续续的反抗运动。1033 年，驻印度的军事统帅阿赫默德·伊纳尔特勤因不满战利品的分配起而反叛，被马苏德镇压下去。1036 年，马苏德任命其子马吉杜德为印度总督，给他备置一件与总督职位相称的荣誉袍，配备了三名军事官员和一支装备精良的部队，一个掌管档案事务的秘书和一名会计员。马吉杜德在任印度总督期间为自己组织力量。1040 年，在伽色尼军队忙于丹丹坎战役前后，木尔坦于 1040—1041 年摆脱了伽色尼王朝的统治。马吉杜德率领 2000 骑兵前往镇压木尔坦叛乱。[①]在其父马苏德遭遇兵变被杀之时，马吉杜德仍在木尔坦。

毛杜德打败其叔穆罕默德继承了伽色尼王位，马吉杜德对此十分不满。在顾问阿雅兹·哈斯（Ayaz Khass）的煽动下，他在木尔坦和拉合尔两地举起反叛旗帜，宣布独立。然后，他从木尔坦出兵，占领了印度河流域的一些地区，以及东部的汉希和塔勒萨尔（Thanesar）等地。然而不久，马吉杜德就神秘地死去，他的军队随之瓦解。[②]毛杜德从加兹尼派去镇压马吉杜德叛乱的军队统帅阿赫默德·本·穆罕默德被任命为拉合尔总督。

阿赫默德·本·穆罕默德面临的任务是重建伽色尼王朝在北印度的统治。在伽色尼王朝忙于与塞尔柱人战争期间，印度王公们以德里城为中心团结起来，企图把伽色尼突厥人从旁遮普赶出去。马苏德被杀以后，旁遮普的三位拉其普特王公联合进攻拉合尔，在相当长的一段时间内对拉合尔城形成了包围之势。拉合尔总督派人向毛杜德求援，增援部队不仅解了围，还打败了旁遮普联军。战败之后，一名王公到伽色尼王朝重新表示效忠；另一位被困在一个城堡中直到投降；第三位与 5000 士兵坚持斗争，直到战死疆场。[③]此次失败使一些态度犹豫不决的印度王公们重新向伽色尼王朝宣誓效忠。平定拉合尔叛乱之后，阿赫默德·本·穆罕默德收编了伽色尼军和拉合尔卫戍部队，重新确立了伽色尼王朝在拉合尔的统治。

伽色尼王朝对北印度的远征是征服性质的，王朝统治者希望在

---

① C. E. Bosworth, *The Later Ghaznavids Splendour and Decay, the Dynasty in Afghanistan and Northern India 1040-1186*, p.14.

② Ibid., pp.30-31.

③ Ibid., pp.32-33.

旁遮普建立持久的统治。他们在拉合尔按中央政府的模式建立了一种职责分开的行政体制，设置了一个以总督沙希布·巴里德（Sahib-Barid）为代表的地方政府，总督一职下面设置一位精通波斯语的官员卡迪管理民事，另有突厥古拉姆将领掌握军事统帅权，民事和军事长官都在总督的监视之下。对于拉合尔总督的人选，伽色尼素丹十分小心，总是挑选那些忠诚可靠的官员和统帅。随着呼罗珊城市（尼沙普尔、莫夫、赫拉特和巴里黑）相继丧失，拉合尔城的地位上升，实际上充当了仅次于加兹尼城的伽色尼王朝的第二个首都，总管印度事务的政府机构也设在此地。1048 年，毛杜德派他的两个儿子马赫穆德和曼苏尔到印度，前者任拉合尔总督，后者任白沙瓦总督。

阿赫默德·本·穆罕默德在拉合尔留下代理人之后率军出征木尔坦，木尔坦的伊斯玛仪武装力量无力抵抗，退到信德南部地区，木尔坦城投降。阿赫默德·本·穆罕默德扶持穆罕默德·哈里米（Muhammad-i Halīmī）为木尔坦总督，从此，木尔坦以阿拔斯王朝哈里发和毛杜德的名义颂读胡特巴。

在托格利尔统治时期，印度驻军统帅克尔格兹接到托格利尔的请求，要他与伽色尼王朝军一起出兵征伐塞尔柱人。克尔格兹不仅拒绝前往，还谴责托格利尔杀害了素丹拉希德，他写信给马苏德女儿的卫军首领，谴责他们宽恕和容忍托格利尔的篡权。托格利尔被杀不到 5 天，克尔格兹就从印度赶到加兹尼城，与宫廷大臣和军事统帅们商量确立伽色尼王朝素丹之事，在他的主谋下，王子法鲁克扎德得以继任为素丹。因此，在法鲁克扎德统治初期，克尔格兹对宫中的事务有很大的发言权。

法鲁克扎德派自己的儿子希尔扎德担任印度总督，据说，希尔扎德在印度扩展地盘，战绩辉煌，印度属地达到了马赫穆德时期的范围。

易不拉欣继位以后，以“圣战”的名义对印度多次出兵，攻贝拿勒斯、塔内希瓦尔、卡拉吉等城，巩固了伽色尼王朝在旁遮普的统治。1079年，易不拉欣围攻离拉合尔120法尔沙赫的阿焦丹城（Pakpatta，今巴基斯坦帕克帕坦）。该城很大，能容一万名士兵，防守也很坚固，不易攻破。在易不拉欣的持续围攻下，城堡投降，1079年8月13日，城堡被纳入伽色尼王朝版图。接着，为了获取战象，易不拉欣对名为鲁巴尔（Rubal）的城堡发起进攻，该城堡在一座高耸的山巅上，由几千名武士驻守，城堡附近到处都是象。城下是丛林，城后是条河，有一条狭窄小道与外界相连。素丹连续不断地发起进攻，最终占领该城堡。这是伽色尼王朝对印度的最后一次成功的攻击。

在马立克·阿尔斯兰统治时期，他在加兹尼的王位受到兄弟巴赫拉姆沙的威胁，从未亲自出征印度，而印度的军事和民政分别委派给布·哈里姆·赛巴尼家族的穆罕默德·本·阿里（Muhammad b. Ali）和拉比（Rabi）两兄弟。据记载，在举行盛大节日之时，阿里和拉比给素丹送去丰厚的礼物。在巴赫拉姆沙夺取王位之时，两兄弟不承认巴赫拉姆沙的统治，他们对前素丹仍然忠贞不贰。马立克·阿尔斯兰在印度避难之时，阿里帮助他在印度征集军队，准备重新夺回王位。

巴赫拉姆沙在王位巩固之后，对印度发动惩罚性远征，目的是使阿里效忠。阿里进行了顽强抵抗，战败之后于1119年1月11日在拉合尔被捕。巴赫拉姆沙饶恕了他，委任他为拉合尔总督。但在巴赫拉姆沙离开拉合尔之后，阿里的追随者再次起来反抗中央政府。他们在希瓦里克（Siwālik）山区的纳戈尔（Nagor）修了一个堡垒，召集了一支由阿拉伯人、波斯人、阿富汗人和卡拉吉人组成的军队。1119年，巴赫拉姆沙率一万人前往印度，阿里的军队放水淹没了一个被称为克克玉尔村（Kīkyūr）附近的低凹地区，形成了一片沼泽，素丹军队无法通过。巴赫拉姆沙宣布只要他们不与他作对，他会考虑该家族对伽色尼王朝在印度事业上所做的贡献，赐给他荣誉之袍，重新授予他在印度的统治权和军队统帅权。然而，收买政策没有起到作用。两军在西旁遮普的一些沼泽地区发生战争，阿里及其几个儿子战死，军队发生混乱，士兵们陷入沼泽。此后，素丹任命萨拉尔·侯赛因·本·易不拉欣（Sālār-i Husain b. Ibrāhīn）为印度总督。

12 世纪末，伽色尼突厥人被古思人赶出加兹尼城，迁都拉合尔。1186 年，阿富汗的古尔人攻占拉合尔，伽色尼王朝灭亡。北印度属地支撑了伽色尼王朝的统治，为王朝提供了军队和物资。与此同时，北印度的拉合尔城也发展成为伽色尼王朝的政治、经济和文化中心。伽色尼人在东阿富汗和北印度的统治阻止了塞尔柱人的东进和南下，他们在旁遮普的统治，为以后古尔王朝统治北印度铺平了道路。

第三节　塞尔柱帝国与拜占庭帝国

在 11 世纪下半叶至 12 世纪上半叶的 100 年中，塞尔柱帝国与西方国家有着密切的关系，其中，与拜占庭帝国争夺亚美尼亚、小亚细亚、与埃及法蒂玛王朝争夺叙利亚统治权的斗争是塞尔柱人在西方的主要活动。塞尔柱人与拜占庭帝国在小亚细亚的争夺以曼吉克特战争（1071）为分水岭，此前，塞尔柱人没有实质性的进展，此后，塞尔柱人不仅在亚美尼亚和高加索地区确立了统治，而且在小亚细亚建立了国家。

塞尔柱人对小亚细亚的入侵早在 1018 年就开始了，这些入侵是试探性的，对该地区没有产生任何影响，真正有影响的入侵是在 11 世纪 40 年代以后。在 1040—1070 年的 30 年中，塞尔柱人从阿塞拜疆出发，攻击小亚细亚东、中部，甚至西部的一些城市，陆续占领了埃尔祖鲁姆（1048）、卡尔斯（1054）、马拉提亚（1057）、锡瓦斯（1059）、开塞利（1067）、尼克萨尔（1068）、科尼亚和阿穆里牙（1068），以及霍纳兹（1069）。尽管夺取了这些城市，但小亚细亚远未成为塞尔柱人的安全居地。拜占庭帝国在小亚细亚仍有许多设防城市和要塞，拜占庭军队也在驱赶着入侵者。

1071年，阿尔普·阿尔斯兰率军从南高加索出兵，大举进犯小亚细亚。拜占庭皇帝狄奥根·罗曼努斯率领由希腊人、罗斯人、格鲁吉亚人、高加索部落军、法兰克人、亚美尼亚人和突厥族佩切涅格人组成的20万大军全力抵抗。双方军队在凡湖附近的曼吉克特（又译曼吉克特、曼西喀特，今土耳其共和国东部）遭遇，发生了对世界历史产生深远影响的曼吉克特战争。

在曼吉克特战争爆发之前的半个世纪，拜占庭帝国经历了内外交困的艰难时期。马其顿王朝灭亡（1056）以后，拜占庭帝国进入了历史上动荡而灾难深重的年代。先后继位的五位皇帝软弱无能，政权掌握在得到教会支持的宦官和地方官员手中。加之，10世纪以来帝国军区制的瓦解和雇佣兵制的实行，导致军队力量的削弱。据俄国拜占庭史研究专家华西列夫斯基说："10世纪是一个危机时代，在这个时代中，日渐强大的土地贵族对前几个世纪逐渐增多的自由的小农经济和农民公社进行了最剧烈的攻击和最顽强的包围。"[①]小土地所有制遭到破坏，自由农民减少，军人破产，导致了军区制的瓦解，帝国采取了雇佣军制。与农民军相比，雇佣军是不可靠的，以后，拜占庭帝国用来与塞尔柱人作战的就是这种雇佣军。

从国外形势来看，拜占庭帝国与罗马教皇的关系紧张，君士坦丁堡大主教与教皇为争夺基督教的领导权而不断斗争。1054年，教会最终分裂为东、西两部，东部是拜占庭教会，西部是罗马教会。教会的决裂加深了拜占庭帝国与西欧统治集团的敌对。此外，拜占庭帝国北部边境的游牧民也是帝国不稳定的因素。来自中亚草原的突厥族佩切涅格人在罗斯王公雅罗斯拉夫的打击下，渡过多瑙河，直奔亚德里亚堡。拜占庭帝国以很大的代价向他们赎取和平，允许他们留居巴尔干半岛以北地区，此举为帝国北部边境埋下了隐患。

时至1068年，在塞尔柱人陆续攻下小亚细亚几个城市的紧迫的形势下，军事代表罗曼努斯·迪奥哲尼斯登上皇位才扭转了这种积

① 〔苏联〕列夫臣柯：《拜占廷简史》，葆煦译，生活·读书·新知三联书店1959年版，第205页。

弱不振的状况。罗曼努斯出生于卡帕多西亚一个军人世家。他即位于危难之中。即位之后，罗曼努斯着手收复被塞尔柱人占领的地区，在 1071 年战争之前，陆续收复了安纳托利亚、卡帕多西亚、美索不达米亚和亚美尼亚等地区。

塞尔柱帝国阿尔普·阿尔斯兰汗为了对付埃及的法蒂玛王朝，曾于 1070 年秋与拜占庭皇帝签订了停战协议。然而，阿尔普·阿尔斯兰在把目标转向法蒂玛王朝之时，为了避免后方受敌，先攻占了亚美尼亚境内包括曼吉克特在内的一些要塞。这一行为激起了罗曼努斯的愤怒，1071 年 3 月，罗曼努斯离开君士坦丁堡，出兵收复亚美尼亚的要塞，希望重建与塞尔柱人的缓冲地带。

在罗曼努斯出发之后两个月，阿尔普·阿尔斯兰才得知拜占庭军队正向亚美尼亚地区挺进的消息。他立刻从南征埃及的途中回师，带着大约 4000 名禁卫军渡过幼发拉底河，途中，他在库尔德人中征集到几千人马。8 月中旬，罗曼努斯未经战斗就占领了小亚细亚东部——凡湖附近的曼吉克特城。8 月 16 日或者 8 月 16 日前后，塞尔柱人的先头部队赶到了与曼吉克特只一山之隔的基拉特。两天之后，即 8 月 19 日，两军展开会战。在战争中，罗曼努斯受伤被俘，拜占庭战败。

拜占庭皇帝在塞尔柱素丹面前卑躬屈膝，为了保全性命，他答应了塞尔柱人提出的要求。谈判结果是：第一，为赎回皇帝，拜占庭帝国必须支付 150 万迪纳尔的赎金和与塞尔柱人签订 50 年的停战协定；第二，释放拜占庭帝国关押的所有穆斯林；第三，拜占庭帝国要承担军事义务，在塞尔柱人需要之时，随时为塞尔柱素丹提供一支军队。在承诺了这些条件之后，素丹授予拜占庭皇帝一件荣誉之袍和赠送 1.5 万迪纳尔作返程经费，素丹还派一支舰队护送罗曼努斯及其随从回国，并亲自送了一程。①

拜占庭帝国一直是欧洲强大的国家之一，此次败北之后，帝国

---

① E. G. Brouwne, *A Literary History of Persia*, Vol.II, Chapter III, p.178.

在西方丧失了地位，从此一蹶不振，“君士坦丁堡如今就像一个架在枯瘦的躯体上的大脑袋”①。遭到削弱的拜占庭帝国只好向与他们信奉同一个上帝的罗马教皇和西欧各国君主求助，皇帝迈克尔七世（1067—1078 年在位）和阿历克塞一世（1081—1118 年在位）先后向西欧诸国君主及教皇求援，愿意将东正教与西方天主教联合，请求教皇召集欧洲诸国国王和西欧基督教世界组织军队共同对付已经来到君士坦丁堡对岸的塞尔柱人。在此之前，在这一地区相互争夺的一直是拜占庭人与阿拉伯人，西欧诸国未能染指。此后，西欧十字军开始涉足西亚的角逐。不过，由于内部矛盾，对付塞尔柱人的十字军在 20 年之后才得以组建。1095 年，罗马教皇乌尔班二世在法国南部克莱蒙召开宗教大会，以从异教徒手中夺回“圣地”耶路撒冷为号召，煽动宗教狂热，与会者群起响应，引发了持续近 200 年之久的十字军东征。

曼吉克特之战是中东历史上具有决定意义的一场战争，拜占庭帝国战败，塞尔柱人和大批说突厥语的游牧民族涌入小亚细亚，使小亚细亚与欧洲基督教世界分离，最终被纳入伊斯兰世界。

打败拜占庭帝国以后，塞尔柱人占领整个小亚细亚。阿尔普·阿尔斯兰把驻守该地区的任务交给了他的远房堂弟苏莱曼，苏莱曼进驻小亚细亚，沿途围攻了阿勒颇、安条克等城。后来，苏莱曼从拜占庭帝国手中夺取了安纳托利亚中部的科尼亚城，接着西进，在没有遭到任何抵抗的情况下获取了濒临马尔马拉海峡的尼西亚城。后来，这些留驻小亚细亚的塞尔柱人以尼西亚城为都，建立了罗姆素丹国。罗姆（Rum）一词是当时波斯人和阿拉伯人对拜占庭罗马人的称呼，历史上将罗姆素丹国又称为小塞尔柱帝国。

塞尔柱人在小亚细亚的统治改变了小亚细亚地区种族的成分和居民的宗教信仰。在塞尔柱人定居小亚细亚以前，该地区内的居民

① 〔美〕斯塔夫里阿诺斯:《全球通史——1500 年以前的世界》，吴象婴、梁赤民译，上海社会科学院出版社 1999 年版，第 376 页。

是说印欧语的希腊人、波斯人、亚美尼亚人和斯拉夫人，在人种上属于欧罗巴种的南支；大批属蒙古人种、说阿尔泰语系突厥语的各部落进入，特别是罗姆素丹国的建立，拉开了小亚细亚突厥化的序幕。

曼吉克特会战的结局预示基督教在小亚细亚统治的终结。随着塞尔柱突厥人的涌入，伊斯兰教开始在小亚细亚半岛传播，使该地区的居民逐渐伊斯兰化，为后来奥斯曼帝国的立国奠定了基础。

曼吉克特会战之后，塞尔柱帝国在马立克沙统治时期达到鼎盛，除小亚细亚外，还统治了南高加索诸国和叙利亚。

南高加索诸国在 11 世纪至 12 世纪以不同的方式被纳入了塞尔柱人的统治。塞尔柱军队不止一次地侵入格鲁吉亚并大肆蹂躏。1080 年，他们烧毁了萨姆什维尔迪、库泰依斯和阿尔塔努日等城市，破坏了许多城堡和修道院。国王乔治二世（1072—1089 年在位）被迫在苛刻的条件下与之缔结和约，向塞尔柱帝国称臣纳贡，格鲁吉亚国仅仅保留了在西格鲁吉亚地区的统治权，东格鲁吉亚和梯比里斯直接并入塞尔柱帝国版图。在大卫四世统治时期（1089—1125），格鲁吉亚国把被罗斯国打败之后从黑海草原逃来的钦察人组织起来，建立了由 4 万名钦察人（波洛伏齐人）组成的常备骑兵，利用这支军队夺回了东格鲁吉亚很大一部分土地，1122 年，格鲁吉亚人解放了梯比里斯，将该城定为格鲁吉亚首都。在反对塞尔柱人的战争中，格鲁吉亚人曾对亚美尼亚人和阿塞拜疆人给予了支持。

马立克沙统治时期，塞尔柱帝国完成了对叙利亚的征服。750 年，阿拔斯王朝把统治中心从叙利亚迁到伊拉克，此后，叙利亚地位下降，只是阿拔斯王朝的一个普通省。但叙利亚的战略地位仍然十分重要，其北部是阿拔斯王朝抵御拜占庭人的防线；其南部构成了阿拔斯王朝与埃及法蒂玛王朝之间的缓冲地带。法蒂玛王朝在北非建立国家之后，逐渐兼并叙利亚，尽管它在叙利亚的统治是不稳固的，叙利亚骚乱不断。曼吉克特战争之后，阿尔普·阿尔斯兰曾乘胜挥师南下攻叙利亚，不过，在叙利亚确立统治的是阿尔普·阿尔斯兰之子马立克沙。

马立克沙曾派一位名叫阿特西兹（Atsiz）的花剌子模人率军讨伐叙利亚，当时，这一地区处于法蒂玛王朝的穆斯坦锡尔国王的统治之下。1070 年，阿特西兹进攻耶路撒冷，围困大马士革城，连续对该城发起进攻，但未能攻克。1075 年，阿特西兹攻克和占领了大马士革城。接着，他向埃及进军，1076 年，围困开罗城。由于阿特西兹的残暴及法蒂玛军队的抵抗，最终未能成功，败归叙利亚。

1077 年，马立克沙任命五弟突突施统治叙利亚地区，并允诺突突施征服之地皆归其家族所有。突突施率军来到叙利亚，当时驻守大马士革城的阿特西兹正遭到法蒂玛王朝军队的围攻，突突施赶来解了阿特西兹之围，法蒂玛军队被迫撤军。然而，阿特西兹没让突突施及其军队进入大马士革城，而是在城堡外面与他会面。这一行为惹怒了突突施，突突施杀阿特西兹，于 1079 年进入大马士革，在此建立了叙利亚塞尔柱王朝，任命了耶路撒冷、大马士革、安提珂和阿勒颇的行政长官，突突施之子成了阿勒颇城主。

1096 年，叙利亚遭到了十字军的蹂躏。在十字军东征叙利亚之初，塞尔柱帝国对此并未引起重视。塞尔柱帝国统治者认为，十字军只是一个无关紧要的插曲。1099 年，耶路撒冷陷落，一个穆斯林代表团来到巴格达，请求援助以对抗基督教徒的入侵。不少人挥泪表示同情，但没有人采取任何行动。阿拔斯哈里发穆斯塔兹尔（āl-Mustazhir，1094—1118 年在位）将代表团引去见塞尔柱帝国的巴尔基雅鲁克素丹，但他没有采取任何行动。1108 年，又有人从被十字军围困的的黎波里（Tripoli）来帝国求助，也无功而返。三年之后，法兰克人劫掠了从埃及开往阿勒颇的船只，船上运载着阿勒颇商人的货物，于是，阿勒颇派代表团到巴格达，他们来到素丹做礼拜的清真寺，向他提出恳求，他们情绪激动，捣毁了清真寺的讲台，妨碍了聚礼的进行。哈里发穆斯塔兹尔派一支小部队到叙利亚，然而也无济于事。1157 年，塞尔柱帝国素丹桑扎尔去世，大塞尔柱帝国四分五裂，不再对西方构成威胁，哈里发势力开始抬头。

第三编 西辽和突厥王朝的衰落

（12 世纪中叶至 13 世纪初期）

1141 年的卡特万战争以后，阿姆河中、上游成了塞尔柱帝国与西辽的分界线。西辽一度成为中亚霸主，国势强大。这种形势并不长久，到 12 世纪末，西辽在与属国和属地的频繁冲突中迅速衰落，而在花剌子模绿洲的政权却逐渐强大起来，陆续灭亡西喀喇汗国、塞尔柱帝国，形成了花剌子模帝国。与此同时，阿富汗古尔山区的古尔人崛起，建立了古尔王朝。1186 年，古尔王朝在灭亡伽色尼王朝之后，开始与花剌子模帝国争夺中亚霸权。在此过程中，花剌子模帝国胜出，在北抵锡尔河，东临帕米尔，西至阿塞拜疆、卢里斯坦和胡齐斯坦山区之间的广大地区建立了统治。不过，花剌子模帝国是中亚突厥王朝的一抹夕阳，它在中亚的统治十分短暂。13 世纪 20 年代，花剌子模帝国被蒙古人灭亡，中亚地区开始了蒙古人的统治。

第一章

西辽与突厥王朝的衰亡

12世纪末，中亚地区经历了新、旧王朝的更迭。10世纪上半叶在中亚形成的三个突厥王朝（喀喇汗王朝、伽色尼王朝和塞尔柱帝国）在12世纪后期陆续走向衰亡，西辽在经历了短期的强盛之后也迅速地衰落了。12世纪末至13世纪初的中亚舞台将让给新兴的花剌子模帝国和古尔王朝。

第一节　西辽

卡特万战争（1141）以后，西辽的领土从高昌回鹘国一直延伸到咸海东岸一带，从叶尼塞河上游延伸到阿姆河以北地区也承认了西辽的宗主权，甚至阿姆河以南的巴里黑一度也承认了西辽的宗主权。[①] 随着属地的扩大，西辽在维持广大地区秩序的过程中分散了自己的力量，迅速走向衰亡。

---

① 1165年，西辽军队攻下了阿姆河南岸的巴里黑城，参见 W. Barthold, *Turkestan Down to the Mongol Invasion*, pp.335-336。

1143 年，耶律大石去世。西辽经历了感天皇后和夷列、耶律普速完、耶律直鲁古的统治。耶律大石去世之时，儿子夷列年幼，按辽朝的传统，由皇后萧氏（名塔不烟）监国。在监国期间，萧氏“称制”，改元“咸清”，号称“感天皇后”。在西辽的创建过程中，萧氏一直伴随在耶律大石左右，历练出相当强的统治本领。在她摄政的七年里（1143—1150），臣下驯服，社会安定。1150 年，她还政于她与耶律大石的亲生儿子夷列。

1150 年，耶律夷列亲政（1150—1163），改元绍兴。在统治的第二年，即 1151 年，他在其统治区内进行了人口调查，“籍民十八岁以上，得八万四千五百户”①。这可能只是西辽的直辖地（即八拉沙衮一带）游牧民的户数，很可能是能够提供成年男子服役的户数。在感天皇后和耶律夷列统治时期，西辽继续贯彻耶律大石制定的国策，即对外弭兵、对内生聚，国泰民安。②

1163 年，耶律夷列去世，庙号仁宗。他死时，其子尚年幼，于是，他遗命其妹耶律普速完监国（1163—1178）。普速完公主以母亲感天皇后为榜样，称制，改元崇福，号承天太后。据志费尼说，她监国的大部分时期，实际掌权者是她的丈夫萧朵鲁不。

1178 年，西辽发生宫廷政变。据说，普速完与丈夫萧朵鲁不的弟弟萧朴古只沙里通奸，并罗织罪名处死了丈夫。萧朵鲁不之父萧斡里剌是西辽元老，官拜六院司大王，很有权势。在儿子被处死之后，他发动政变杀死了普速完和萧朴古只沙里，于 1178 年立耶律夷列的次子耶律直鲁古为皇帝，改元天禧。耶律夷列的长子据波斯史书《史集》记载，是被耶律直鲁古杀害的。③

直鲁古统治之初的 20 年中，西辽仍然很强大。在耶律大石去世之时，西辽的兵力估计不到 10 万。在 1141 年发生的卡特万战争会

---

① （元）脱脱：《辽史》，第 357 页。

② “西辽菊儿汗世系表”见附录一。

③ 〔伊朗〕志费尼：《世界征服者史》，第 393 页：“还活着的菊儿汗两兄弟之一被选择来继承他。另一个兄弟企图篡国。因此给除掉。”

战中，据阿拉伯史书记载，西辽参战的军队有“三十万骑兵”[①]，这一数字显然过分夸大了，从中国史书的记载来看，西辽参战的人数要比十万少[②]，而“西域诸国举兵十万”来拒，大石给两翼主将兵各“二千五百”，“自以众攻其中。三军俱进，忽儿珊（呼罗珊）大败，僵尸数十里”。根据两翼配置的兵力数，可以推断，西辽参战的总人数肯定少于忽儿珊（塞尔柱王朝）的十万。[③]在耶律夷列采取分户措施和户籍登记之后，西辽兵力可能增加。按一户一人计，8万多户也有8万多兵，加上汉兵、突厥兵，估计可能超过了10万。可以肯定，12世纪后期，西辽国力强盛，据伊本·阿西尔记，阿姆河以南的巴里黑城一度臣属于西辽。[④]巴里黑统治者“每年向河中地区的契丹人送缴哈拉吉（土地税）”。

作为宗主国，西辽不仅需要武力维持属国或属地的稳定和秩序，而且还要保护属国或属地不受外来入侵。西辽统治后期，随着花剌子模国的崛起和阿富汗斯坦东部古尔王朝的兴起，以八拉沙衮为中心的西辽政府要维持中亚稳定就有些力不从心了。

12世纪末，河中地区的西喀喇汗国内部冲突不断。耶律夷列统治时期，西辽于1158年出兵调解西喀喇汗王朝王权与军队的关系，在此期间，花剌子模沙伊尔·阿尔斯兰曾出兵攻河中地区，直抵撒麻耳干城，西辽出兵协助西喀喇汗打退了这支花剌子模军队。在普速完执政的第二年（1164），为了彻底解决河中地区的动乱，命令不花剌和撒麻耳干两城的葛逻禄人迁往东部喀喇汗王朝领地喀什噶尔，由此引发暴动，普速完调拨东喀喇汗王朝军队前往河中地区镇压。

除了稳定属国的内部秩序外，在属国遭到外来入侵之时，西辽统治者还出兵抵抗外敌。12世纪末，西辽多次出兵协助花剌子模国

---

① 魏良弢:《西辽史研究》，第183页。

② 同上。

③ 同上。

④ 魏复古、冯家昇的《中国辽代社会史》后附西辽疆域图，取西辽之最大版图，将巴里黑城纳入。

抵抗阿富汗古尔王朝对巴里黑的入侵。在这些战争中，西辽的力量遭到了极大削弱。1198 年，巴里黑战败是西辽由盛转衰的转折点。

在此之前，巴里黑被古尔王朝占领，西辽以塔阳古为统帅带领大军出征，1198 年 4—5 月，西辽军渡过阿姆河，进入呼罗珊地区，占领了阿姆河以南的许多地方。西辽军向巴里黑城长官发出最后通牒：或是放弃巴里黑城，或是继续缴纳与从前数额一样的贡赋。巴里黑城长官拒绝通牒的要求，呼罗珊一些城堡军民与古尔军队联合起来共同对抗西辽军。在一次战斗中，西辽军夜袭古尔军的营帐，天亮之后，西辽军才知道偷袭的不是古尔王朝的主力军，于是回头再战，双方伤亡很大。穆斯林志愿军和古尔王朝的预备队都赶来参战，结果西辽战败，被追杀到阿姆河岸，许多士兵在渡河时淹死。西辽的死亡人数达到了 1.2 万人。[①]西辽军队惨败的消息传到八拉沙衮，直鲁古大为震惊。此后，巴里黑摆脱了西辽的统治，不再向西辽缴纳贡赋。巴里黑的行为在中亚引起了连锁反应。

1206 年，花剌子模沙也不再承认西辽的宗主权。1200 年，花剌子模沙摩诃末（Mahammad b. Tekish）继位，虽然在此后的三年中，他继续向西辽称臣纳贡，但随着实力增强，1204 年以后，花剌子模国停止向西辽纳贡。直鲁古派宰相马赫穆德 · 巴依去督促贡赋，马赫穆德 · 巴依在花剌子模受到摩诃末之母秃儿罕可敦的热情接待，秃儿罕可敦不但补缴了所欠的年贡，还派贵族随马赫穆德 · 巴依入朝觐见，为迟缴年贡向菊儿汗表示道歉，并保证今后会恪守藩属义务。然而，花剌子模国此后再也没有向西辽纳贡了。1206 年，花剌子模国摆脱与西辽的臣属关系。

1210 年，西喀喇汗王朝也摆脱了西辽的宗主权。西喀喇汗在河中地区的统治是不稳固的，必须依靠西辽的支持。但花剌子模国强盛起来之后，西喀喇汗时而倒向花剌子模沙，时而求助西辽菊儿汗。在乌思蛮（ᶜUthmān）任西喀喇汗时期（1202 或 1203—1212），他

① 魏良弢：《西辽史研究》，第 102 页。

向直鲁古的女儿求婚遭到拒绝，于是，转向花剌子模的摩诃末求婚，摩诃末以女相配。此后，乌思蛮奉花剌子模国为宗主，不再承认西辽的宗主国地位。

1207—1210 年间，直鲁古为恢复河中地区的宗主权与花剌子模国进行了多次战争。1207 年，西辽出兵，武力威胁规定了河中地区每年应缴的年贡数，并在撒麻耳干留下一个官员执掌河中事务。两年以后，西辽军队再次出兵撒麻耳干。不过，由于乃蛮王子屈出律在西辽东部的活动，西辽最终退出了河中地区。花剌子模国左右了河中地区的局势之后，乘胜进攻锡尔河流域。1210 年，花剌子模国与西辽在锡尔河以北的塔拉兹打了一仗。摩诃末利用伊斯兰教煽动中亚居民的宗教热情，动员广大穆斯林对异教的西辽进行“圣战”，在此次战争中，西辽军被打败，主帅塔阳古被俘。

正当西部属国纷纷脱离西辽宗主权之时，1209 年，西辽东部的高昌回鹘国也掀起了反西辽的斗争。西辽建立之初，高昌回鹘国亦都护向西辽称臣纳贡，西辽向高昌回鹘国派驻了少监沙黑纳。在直鲁古统治时期，西辽派驻高昌回鹘国的沙黑纳傲慢无礼，不把高昌国亦都护巴而朮阿而忒（Barchuk Art Tegin）放在眼中，对该国的官员和贵族也是百般凌辱，因此，高昌国上上下下对西辽的沙黑纳恨之入骨。

1209 年，高昌国亦都护巴而朮举起反叛大旗，把沙黑纳在哈喇火者（高昌）城的住地团团围住，围攻者推倒了房屋，沙黑纳被压死。此后，巴而朮派使者到蒙古草原面见成吉思汗。[①]1211 年，巴而朮亲自前往怯绿连河（今蒙古克鲁伦河）朝见，成吉思汗给予他很大的荣誉，让他娶了蒙古公主，把他收为义子，位在成吉思汗四子之后，成为成吉思汗的“第五子”。以后，在蒙古征服中亚的战争中，巴而朮“将部曲万人以先。纪律严明，所向克捷”[②]。

① 使者的名字参见〔伊朗〕志费尼:《世界征服者史》，第 46 页。

② （明）宋濂:《元史》，中华书局 1976 年版，第 3000 页。

到 1211 年，西辽的属国只剩下东喀喇汗王朝。西辽建国之初，喀什噶尔和于阗两城就向耶律大石投降，西辽保留了东喀喇汗王朝王室的统治。在各地纷纷脱离西辽期间，喀什噶尔和于阗两城的统治者和城民也起兵造反，直鲁古出兵镇压，东喀喇汗穆罕默德被俘，被带到八拉沙衮囚禁，暂时稳住了东喀喇汗王朝的局势。

直鲁古统治后期，西辽的直辖领地上也发生了叛离运动，其中，最不稳定的因素是葛逻禄人。耶律大石得以在八拉沙衮建立政权，其中一个主要原因就是因为葛逻禄人在东喀喇汗王朝造反。东喀喇汗王朝称臣之后，耶律大石将葛逻禄人从东喀喇汗王朝统治下独立出来，让他们作为一个单独的政治实体直接接受西辽的统治。以后，葛逻禄人在伊犁河以北、巴尔喀什湖以南，以海押立、普剌（在今新疆博尔塔拉境）和阿力麻里（今新疆霍城）为中心建了两个政权。

以海押立为首府的葛逻禄政权由阿儿思兰汗（Arslan Khan）统治，在阿儿思兰汗及其子两代人统治时期，西辽一直派遣沙黑纳与其共同治理。1211 年，由成吉思汗将领忽必来那颜率领的一支蒙古军来到七河流域北部，葛逻禄人杀西辽派驻海押立的地方长官，投奔成吉思汗，归顺了蒙古人。以阿力麻里为首府的葛逻禄政权由斡匝儿统治，斡匝儿本是一位盗马、拦路抢劫的绿林英雄，他以武力扩大其统治范围，最终攻占阿力麻里城，在此建立政权，自称托格鲁尔汗。斡匝儿的政权最初向西辽表示臣服，后来脱离西辽，派使者朝见成吉思汗，归顺称臣，并与成吉思汗家族缔结婚姻。

居住在西辽的东北部，即在叶尼塞河、鄂毕河上游等广大地带的契丹及突厥各部，由于与西辽相距遥远、关系松散，在西辽衰落之际也纷纷脱离了西辽的控制。额尔齐斯河上游地区的属部以后归附于金朝，其余大多数部落向蒙古人表示臣服，其中的一部分人加入了蒙古贵族向南、向西的军事行动。

藩属反叛和人民起义使西辽迅速走向衰落。与此同时，蒙古草原上的蒙古人正在崛起。成吉思汗统一蒙古诸部落以后，灭亡了分布于阿尔泰山前地带，游牧于额尔齐斯河以东，杭爱山以西之间地区的乃蛮部（Naiman）。在《辽史》和《金史》中，乃蛮部分别被记为“粘八葛”和“粘拔恩”。西辽建立之后，乃蛮部归顺西辽。西辽频繁地参与西部属国的战争，放松了对东部地区的统治，在耶律普速完监国时期，乃蛮部于1175年投附金朝，投奔者达3万余户，金世宗（1161—1189年在位）封其首领为大王。

乃蛮部被蒙古人灭亡之后，其部酋之子屈出律率众西逃，于1208年冬天入西辽，直鲁古收留了他，让他为自己效力，并把女儿嫁给了他。最初，屈出律对直鲁古很恭顺。但在西辽属国和属部纷纷背叛菊儿汗之时，他的野心膨胀起来，他对直鲁古说：“我的人遍布叶密立地区、海押立、别失八里，我可以把他们召集起来，靠这些人之力就能支援和加强你的统治。”直鲁古接受了他的建议，送他许多礼物，封他为可汗。屈出律离开八拉沙衮，到叶密立和海押立一带收集自己的族人，并同其他部落结成联盟。以后，他率领这支军队进入七河流域，蹂躏和抢劫这一地区。[1]

此后，屈出律派使者到花剌子模国，希望与花剌子模沙联合夹击菊儿汗。双方达成协议：花剌子模沙从西部进攻西辽，屈出律从东部进攻。若花剌子模沙首先征服和获胜，那么，西辽的国土，远至阿力麻里和喀什噶尔都归他所有；相反，若屈出律首先获胜，那西辽的国土，至费纳克忒河将归他所有。[2]1210年，双方对西辽出兵，屈出律率先击败了西辽军队，劫掠了讹迹邗的西辽府库，又从讹迹邗进攻八拉沙衮，但被菊儿汗打败，士兵大半被俘。[3]在此次战争中，摩诃末在塔拉兹城附近打败西辽军队，俘虏主帅塔阳古将军，把他带回花剌子模。

战争结束以后，西辽军返回八拉沙衮城，城民害怕花剌子模军队尾随其后入城，故紧闭城门。西辽军攻城16天之后，破城而入，屠城三天三夜，大肆虏掠，官兵均获得大量战利品。[4]直鲁古打算将

① 魏良弢：《西辽史研究》，第111页。

② 〔伊朗〕志费尼：《世界征服者史》，第388页。

③ 魏良弢：《西辽史研究》，第112页。

④ 同上。

这些战利品收归国家所有，由此引发了军队与汗之间的矛盾。

1211 年秋，直鲁古出猎，遭到屈出律的袭击。据记载："乃蛮王屈出律以伏兵八千擒之，而据其位。"[①]据志费尼记载："（屈出律）像从云中射出的闪电一样袭击菊儿汗，完全出其不意地把他擒获。……他的所有军队四散，并离得老远，因此别无他法，他向屈出律称臣，在他面前屈膝。"[②]此后，屈出律掌握了西辽政权，尊直鲁古为太上皇，将他软禁起来。直鲁古在抑郁之中生活了两年，于 1213 年去世。

夺取西辽政权后，屈出律在国内实行残酷统治，引起人民的普遍不满。这时蒙古军已逼近楚河流域，西辽官兵纷纷起义支持蒙古人，屈出律被迫南走。1218 年，屈出律在撒里黑昆（色勒库尔，今新疆塔什库尔干）被山区猎人活捉，山民们将他交给了前来追捕的蒙古军首领曷思麦里，蒙古人将他杀掉，西辽灭亡。

西辽统治后期对属国的统治基本上沿袭了西辽前期的措施，下面将论述西辽后期统治发生的变化。

西辽统治后期继续对属国和属地首领发放作为臣属标志的银牌，对一些重要的属国或属地同时又颁发印纽，这一点从西辽"大部"乃蛮部与康里部在降金时交纳的牌印中可以了解到。据《金史》记载，1175 年，乃蛮部酋撒里雅寅特斯，率（东部）康里部长孛古及户三万余，要求内附于金朝，曾"乞纳前大石所降牌印，受朝廷牌印"[③]。在今新疆发现了西辽的契丹文篆印，阿克苏和伊犁地区发现了两方铜印，伊犁地区的铜印已经确认为西辽印信。[④]阿克苏发现的沙雅铜印印文左末一字为"爪"，即汉文"印"字。在西辽统治晚期，出现了属国或属地自制印信的现象，乃蛮部归附金朝之时就有自己的印。1204 年，成吉思汗俘获乃蛮王的掌印官塔塔统阿，他当时使用的就是本部自己的印。在高昌回鹘国境内发现的摩尼教文书中，也发现

---

① （元）脱脱：《辽史》，第 385 页。

② 〔伊朗〕志费尼：《世界征服者史》，第 397 页。

③ （元）脱脱：《金史》，第 2637 页。

④ 黄时鉴：《耶律楚材》，上海人民出版社 1986 年版，第 39 页。

使用本国印信的事。这一现象反映了西辽的衰落，颁发印纽可能已经不起作用，对于属部自造印或用本部印的现象已经无法控制了。

西辽在属国或属地的统治是以征收贡赋的形式实现的，在一些地区派有常驻官员督促赋税的缴纳，在一些地区只是定期派官员去收取。西辽统治者在东喀喇汗王朝行使的权力更多一些，不仅收税，而且可以随时调用其国兵力。东喀喇汗王朝军队曾于1158年、1164年两次受西辽调遣，前往河中平息葛逻禄人的叛乱。卡特万战争之后，统治河中地区的西喀喇汗王朝亦成为西辽的属国。西辽在西喀喇汗王朝派有收取贡赋的官吏，甚至在从西喀喇汗王朝独立出来的布尔罕王朝（Burhān）也驻有收税官。西辽将花剌子模国纳入属国之后，派官员定期收取贡赋，在统治后期，原先不派监官的花剌子模国也开始派沙黑纳入驻。此时，西辽派出的常驻监官沙黑纳已经不是行政官员，而是军事将领，他们负责以武力监管当地行政。如在高昌回鹘国、西喀喇汗王朝的撒麻耳干，以及葛逻禄可汗统治的巴尔喀什湖以北地区，西辽派沙黑纳监督年贡，甚至有时候还派军队巡视。由此可见，统治后期，西辽与属国和属地之间的关系十分紧张，统治难以维持。

西辽统治初期，对属国和属部的税收是比较轻的，据伊本·阿西尔记："他们（指西辽军队）占据了整个突厥斯坦国家。当他们占领城市以后，对于它的居民未做任何改变，只从每户——从城市居民，此外，也从农村居民——收一个狄纳尔。至于耕地之类，那它们给居民享用。"[①] 每户只收一个迪纳尔，根据当时中亚的金银比价，也是很轻的税额。[②]

目前没有看到西辽统治后期在属国和属部征税的额度，从史书的记载来看，西辽统治后期税赋有所加重，西辽派往各属国或属地的沙黑纳在当地受到抵制和反对。志费尼说："所有人都讨厌菊儿汗

---

① 魏良弢：《西辽史研究》，第89页。

② 同上。

的长期统治，憎恨他的税吏和地方官。”[①]花剌子模国、高昌回鹘国发生了反抗沙黑纳的事件，高昌回鹘国杀死西辽税官沙黑纳，而投降了蒙古人。

西辽统治后期，派驻属国和属地的使者或收税官员的态度傲慢，引起属国和属地的极大不满。据志费尼说，西辽的收税官与以前时代相反，对人民的压榨是非常残酷的。统治后期，西辽军队的军纪败坏。西辽驻扎在河中地区的军队屡次出击阿姆河以南地区，给这些地区带来了极大的灾难。据伊本·阿西尔记，他们在这些地区进行抢掠和杀戮，并残暴地蹂躏当地人民。

属国和属地纷纷摆脱西辽的宗主权，转而寻求其他政权的保护，是西辽迅速灭亡的主要原因。

第二节　后期东、西喀喇汗王朝

卡特万战争以后，东、西喀喇汗王朝承认了西辽的宗主地位。在西辽宗主权下，东喀喇汗王朝继续统治着喀什噶尔和于阗等塔里木南缘地区，不过，东喀喇汗的汗号被取消，只能称王（伊列克），伊列克·突厥蛮（意为“突厥王”）。[②]伊卜拉欣在位期间，西辽于1158年调遣东喀喇汗军队到河中地区去镇压西喀喇汗王朝的叛乱。

东喀喇汗王朝以后的情况很少被记载下来，根据出土的钱币材料可以推知大概。从铸币上看，东喀喇汗的汗号得以恢复。伊卜拉欣之后先后继承王位者有其子穆罕默德及其孙玉素甫。玉素甫于1205年在喀什噶尔去世之后，玉素甫之子穆罕默德·本·玉素甫继位，他是东喀喇汗王朝的末代君主。

穆罕默德·本·玉素甫统治时期，宗主国西辽开始走向衰亡，

① 〔伊朗〕志费尼：《世界征服者史》，第395页。

② 东喀喇汗王朝伊列克·突厥蛮：伊卜拉欣（1134—1158年在位）、穆罕默德（1158—？年在位）、玉素甫（？—1205年在位）、穆罕默德·本·玉素甫（1205—1211年在位）。

西辽的属国和属地或独立，或投奔成吉思汗。在这种形势下，穆罕默德也举起了反叛的旗帜。大约1210年，穆罕默德在喀什噶尔起兵，与于阗地区的穆斯林联合反抗直鲁古，遭到西辽军队的镇压，穆罕默德被俘，被押往八拉沙衮关押。

1211年，乃蛮王子屈出律取代直鲁古成为西辽的真正统治者。他将关押在八拉沙衮的东喀喇汗穆罕默德护送回喀什噶尔。喀什噶尔的贵族和宗教上层人士在得知穆罕默德已经投靠异教徒屈出律之后，将穆罕默德刺死在城门下。穆罕默德的去世标志着以喀什噶尔为统治中心、历时300多年的东喀喇汗王朝灭亡了。

1212年秋开始，屈出律对喀什噶尔进行骚扰，在连续四年中，每逢秋收，屈出律就派军队前往喀什噶尔，大规模地焚掠粮草、杀掠牛羊，使该地区遭受了严重饥荒。在这种情况下，喀什噶尔地区居民向屈出律投降。1215年秋，屈出律在新兴花剌子模帝国的威胁下将都城从八拉沙衮迁往喀什噶尔。屈出律来到喀什噶尔，借口为穆罕默德·本·玉素甫报仇，大肆搜索并杀戮东喀喇汗王朝的贵族和宗教界首领，把随他迁到喀什噶尔的乃蛮人安置在城中居民家，这些乃蛮人在城里奸淫掳掠，无恶不作。

1216年，屈出律出兵攻下于阗城，把城里的神职人员统统赶到郊外。于阗城伊玛目阿老丁·穆罕默德大胆出来与屈出律理论，结果遭受酷刑，被活活钉死在清真寺的大木门上。东喀喇汗王朝境内的穆斯林诅咒屈出律说："仁爱的主，全知的主，你大发慈悲，把他投入海中直到淹死！……逮住他吧，国家才将得自由！"[1]屈出律的残暴统治使塔里木地区居民把西进的蒙古人当成解放他们的救星。

1218年春，蒙古军队兵分两路进攻塔里木地区，其中，由成吉思汗麾下大将哲别率领的一支南下喀什噶尔，征讨当年的手下败将屈出律。蒙古军高举信仰自由的旗帜，受到了塔里木地区穆斯林的欢迎。在蒙古军来临之前，屈出律弃城逃走，流窜到帕米尔山区。

---

① 〔伊朗〕志费尼：《世界征服者史》，第68—69页。

屈出律在喀什噶尔的统治仅仅八年，此后，成吉思汗的蒙古人统治了这一地区。

卡特万战争以后，西辽取代塞尔柱帝国成为西喀喇汗王朝的宗主。在西辽宗主权下，西喀喇汗继续统治河中地区，都城撒麻耳干被西辽人称之为河中府。与东部喀喇汗王朝不同，西喀喇汗保住了汗号，在马赫默德随桑扎尔一起逃往呼罗珊之后，耶律大石立马赫默德之弟伊卜拉欣为汗（即伊卜拉欣三世）。[①]伊卜拉欣自称桃花石汗·伊卜拉欣，西辽派一名沙黑纳监督他的统治。

伊卜拉欣在位期间（1141—1156），与控制着军队主力的葛逻禄军事集团发生了冲突。1156 年，双方发生战争，伊卜拉欣兵败被杀，暴尸于草原。继之登上汗位的是讹迹邗领主阿里·本·哈桑，史称恰格雷汗（1156—1162 或 1163 年在位）。阿里继位以后，对葛逻禄人实施报复。1158 年，他杀死了葛逻禄人的首领比古汗，比古汗的儿子们逃到花剌子模国避难。花剌子模国出兵支持流亡的葛逻禄人进攻河中地区。恰格雷汗无力抵御，向西辽求援，西辽派东喀喇汗王朝伊列克·突厥蛮率 1 万骑兵支援。双方在泽拉夫善河形成对峙，伊列克·突厥蛮见对方实力强劲，不敢出战，遂请撒麻耳干城宗教界人士出面调停，双方订立了和约。根据和约，西喀喇王朝恰格雷汗恢复了葛逻禄诸首领的军事职务。

恰格雷汗于回历 558 年（公元 1162 或 1163 年）去世，兄弟马苏地（Masud Khan）继位，史称克雷奇·桃花石汗（Kïlïch Tamghach）。马苏地统治时期（1162—1171），葛逻禄人再度发生暴动，于是，西辽菊儿汗下旨命西喀喇汗王朝的葛逻禄人从不花剌和撒麻耳干两城强制迁出，让他们到喀什噶尔去，放下武器拿起工具从事农业和其他事业。[②]对此命令，葛逻禄人反应十分激烈，他们联合起来向不花剌城进军。不花剌地方长官一方面借谈判稳住葛逻禄人，另一方面

---

① “西喀喇汗王朝汗系表”见附录一。

② 〔阿拉伯〕伊本·阿西尔：《全史》，转引自刘戈选译：《吉尔吉斯人和吉尔吉斯地区历史资料》（莫斯科 1973 年版），《中亚研究》1988 年第 3 期，第 10 页。

向西辽求援。西辽再次从东喀喇汗王朝调兵，在援军赶来之后，西喀喇汗向葛逻禄人发起突然攻击，葛逻禄人措手不及，几乎全部毁灭。经此一战，葛逻禄人在河中地区的势力衰落，以后的史书很少提到他们。

马苏地在位期间，于 1165 年重修了被战争破坏的不花剌城墙。南征葛逻禄人，恢复了石汗那、忒耳迷等地的秩序，成功地打击了在呼罗珊进行掠夺战争的古思人。

马苏地于回历 566 年（公元 1170 或 1171 年）去世。他死后，西喀喇汗王朝发生了争夺汗位的斗争。在 12 世纪末期至 13 世纪初期，西喀喇汗王朝汗位更替频繁，中央政权衰弱。首先继位的是马苏地的堂兄弟阿卜都·哈利克，称骨咄禄·毗伽汗，以后马苏地之子穆罕默德取而代之。根据钱币材料，穆罕默德在 1175—1179 年间称阿克达什·桃花石汗。穆罕默德之后继承汗位的是伊卜拉欣·本·侯赛因·本·哈桑（？—1202 或 1203 年在位）。从回历 599 年（公元 1202 或 1203 年）起，在河中地区实施统治的是伊卜拉欣之子乌思蛮，乌思蛮统治 10 年（1202 或 1203—1212）之后，西喀喇汗王朝被花剌子模国灭亡。

从 12 世纪中叶起，西喀喇汗王朝能够控制的地盘逐渐缩小，费尔干纳独立出去，当地统治者以自己的名义发行钱币，钱币上根本不提撒麻耳干的西喀喇汗王朝统治者的名字。此外，西喀喇汗王朝内还形成了国中之国布尔罕王朝，它是宗教世家建立的伊斯兰教政权。

12 世纪上半叶，西喀喇汗与军队的矛盾尖锐，卡特万之战就是由这一矛盾冲突引发的。在此斗争中，王室得到了河中居民的拥护，军事贵族则得到了宗教界的支持。军队与宗教集团的结合使这一斗争愈演愈烈，在此过程中，不花剌的宗教界摆脱了西喀喇汗王朝的统治，建立了自己的政权布尔罕王朝。

布尔罕王朝的奠基人萨德尔阿布杜·阿兹斯·本·奥马尔·马扎，萨德尔（Sadr）是对大封建主的称谓。不花剌的萨德尔拥有雄厚的经济实力，他们不仅广置地产，而且参与商队贸易，从手工业和商业中获得巨额收入。阿布杜·阿兹斯在不花剌被人们称为“萨德尔·贾罕”（Sadr-i Jahān，意为“世界支柱”），因贪婪和卑鄙，他又有“萨德尔·贾罕纳姆”（意为“地狱的支柱”）的称号。据记载，一个名叫穆罕默德·本·阿赫马德的萨德尔在去麦加朝圣之时，有上百头骆驼运送途中的必需品，萨德尔·贾罕本人就拥有大量地产（宗教寺院、学校）。此外，河中地区的萨德尔还拥有政治地位。卡特万战争以后，西辽在不花剌城任命了行政官，但实权掌握在萨德尔手中，萨德尔获得代表西辽向居民收税的权力。布尔罕王朝在名义上奉西喀喇汗王朝为宗主，而实际上在不花剌实施独立统治。萨德尔利用宗教首领实施统治，仅在不花剌，萨德尔私养的法基赫（伊斯兰教神学家）就有6000人。

布尔罕王朝统治者的严重剥削和压迫，引起了不花剌城民的普遍不满和愤怒。1206年，在不花剌绿洲上爆发了以手工业者为主要力量的反布尔罕王朝起义。领导这次运动的是制盾工匠麦里克·桑贾尔，因此，这次起义又被称为桑贾尔起义。起义者攻占了不花剌城，“轻蔑无礼地对待那些应尊崇和敬重者”，没收了萨德尔的庄园和财产，把他们赶出城外。这次起义得到了农民的支持，布尔罕王朝在人民起义的风暴中灭亡。

在起义期间，萨德尔曾向西辽求援，西辽因国内爆发人民起义，无暇顾及，没有出兵。逃出城外的贵族不得不向花剌子模国求援。花剌子模沙摩诃末率军进入不花剌地区。[①] 起义者没有采取保卫城市的应有措施，花剌子模军在没有遭到抵抗的情况下进入了不花剌城。进城之初，花剌子模军队以较为温和的态度对待起义者；站稳脚之后，他们便残酷地屠杀起义者，将起义首领桑贾尔投入

① 据法国史家格鲁塞著的《草原帝国》记载，花剌子模王朝出兵河中地区是有原因的，并且是在与西喀喇汗王朝达成一项协议的前提下进行的。书中指出，强盛起来的花剌子模不愿继续充当西辽的臣属和纳贡者，遂与同病相怜的西喀喇汗王朝暂时结盟。1207年，在西喀喇汗王朝的默许下，花剌子模出兵占领了不花剌和撒麻耳干，取代西辽成为该地区的宗主。

河中淹死。1207 年，人民起义被花剌子模军镇压下去。

花剌子模沙摩诃末把不花剌并入自己的版图。在此形势下，西喀喇汗乌思蛮积极与摩诃末靠近，最后与他结成同盟，花剌子模沙受到欢迎，河中居民隆重地接待他。在他抵达撒麻耳干城之时，西喀喇汗乌思蛮把他迎进撒麻耳干城，向花剌子模沙称臣，同意此后以素丹摩诃末之名进行礼拜，回历 606 年（公元 1209 或 1210 年）铸造的钱币表明了两者的关系，两人的名字都出现在钱币上，摩诃末是宗主，乌思蛮是附庸。①

河中地区的居民对摩诃末抱有期望，希望他赶走信奉异教的西辽人，幻想在信奉伊斯兰教的花剌子模沙的统治下处境会得到改善。然而，他们的期望落空了。留在撒麻耳干城的花剌子模军队的作为使河中居民认为“正统宗教信徒”的花剌子模沙比西辽的统治者更为残酷。

河中地区的局面令西辽统治者不能接受，在国内矛盾缓和以后，西辽组织军队赶走了驻在不花剌的花剌子模军。于是，乌思蛮汗再次承认了西辽的宗主权。然而，乌思蛮向西辽菊儿汗直鲁古的女儿求婚，遭到了拒绝。乌思蛮感到羞辱，再次亲近花剌子模沙。回历 607 年（公元 1210 或 1211 年），在撒麻耳干新铸的钱币上又出现了摩诃末与乌思蛮两人的名字。

1210 年，花剌子模沙摩诃末与西辽在塔拉兹城附近打了一仗，获胜之后，摩诃末向喀喇汗王朝的所有首领派出使者，敦促他们归附。费尔干纳统治者卡迪尔·本·伊不拉欣表示承认摩诃末的宗主权，此时，在讹迹邗铸造的钱币上出现了摩诃末和伊不拉欣两人的名字，伊不拉欣采用了比摩诃末低的称号。讹迹邗城主对臣属花剌子模沙一事采取拖延的态度，最终领地被剥夺，本人被送往尼撒，摩诃末将讹迹邗并入花剌子模国，在此发行的铸币上只有他一人的名字。有学者认为，这是摩诃末改变对喀喇汗

① Asimov, C. E. Bosworth, *History of Civilizations of Central Asia*, Vol.4 (1), p.134.

王朝政策的第一个标志。[①]

塔拉兹战役胜利以后，摩诃末接受了乌思蛮的求婚，把自己的女儿嫁给了乌思蛮。按花剌子模国的习惯，婚后，乌思蛮要在花剌子模沙的皇宫住上一年。为了安定河中地区的局势，乌思蛮未住满一年就返回撒麻耳干，但摩诃末派遣一位大臣陪伴在他身边。对此，乌思蛮心中很不高兴，因此对花剌子模公主百般羞辱。据记载："他的女儿（花剌子模沙的公主）遣使者来说，算端乌思蛮如何背叛了她的父亲，并再度跟菊儿汗结盟，他又怎样嘲弄她：要她在一次节宴上，作为他这时从菊儿汗那里娶来的一个少女的随从出现。算端耐心地忍受这个，不允许把它公开，直到另一个使者带着如下的消息到来：撒麻耳干的百姓奉算端乌思蛮之命，已杀害了护送王后的人，以及那些留在该城的军士。矛盾就这样公开了，算端不能在道义上等闲视之。"[②]

1212 年，撒麻耳干爆发了反花剌子模国的起义，这一行动得到了乌思蛮的支持，摩诃末得到消息后立即出兵，围攻撒麻耳干。乌思蛮没有很好地组织人民进行抵抗，而是寄希望于已经篡夺西辽政权的屈出律。在得不到援助的情况下，乌思蛮打开城门，手捧一把刀和一件寿衣恭候摩诃末。摩诃末下令屠城，对该城民众进行了三日三夜的大屠杀，杀死一万多名穆斯林，最后是在该城的长老们以及宗教首领们的斡旋下才停止了屠城。他将乌思蛮及其亲属和部下一律处杀，西喀喇汗王朝灭亡。

后期西喀喇汗王朝统治下的河中地区发生了一些变化。从钱币铭文来看，12 世纪上半叶，东、西喀喇汗王朝分封土地数量减少，受封者在封地上的政治权力被削弱，中央政权加强，拥有了垄断钱币铸造的权力。12 世纪下半叶，分封制在西喀喇汗王朝得到了巩固，受封者在封地上的权力明显加强。西喀喇汗王朝边境地区的分封地

---

① Asimov, C. E. Bosworth, *History of Civilizations of Central Asia*, Vol.4 (1), p.135.

② 〔伊朗〕志费尼：《世界征服者史》，第 438 页。

已经世袭，政治上出现了独立倾向。统治费尔干纳和其他较小分封地如麻耳亦囊、哈珊（Kasan）、别纳客忒（Binakat）和讹迹邗的西喀喇汗政权定期或不定期发行的钱币，在其钱币中不再有宗主西喀喇汗的名字。以往非常典型的多层次等级依附制度和经济权益的分享制度也不存在了。

西喀喇汗王朝统治后期，河中地区土地买卖频繁。分封地是国家的财产，受封者获取其上的收入，西喀喇汗王室成员意识到分封地是不稳固的，于是他们想方设法购买土地和宅基房产，作为私产（Milk）。私产的购买要在卡迪（Qādī，法官）的办公场所登记，颁发法律契约（Wathīqa），才受到法律的保护。私产的所有者可以自主处理私产，如出售、捐赠、留给继承人或作为瓦克夫（Waqf，宗教捐赠）。①

喀喇汗王朝统治初期，河中地区的封建主德赫干的势力上升，他们获得了在萨曼王朝时期不曾享有过的一些权力，如建立自己的武装。随着喀喇汗王朝统治的巩固，德赫干逐渐丧失了这些权力，甚至失去了在萨曼王朝时代所拥有的地位。12 世纪至 13 世纪的文献不再将德赫干作为一个阶层或一股势力提到，继之而起的是宗教势力。

西喀喇汗王朝出现了不是喀喇汗王室成员统治的独立政权，如不花剌布尔罕王朝，虽然仍以喀喇汗的名义发行钱币，但王朝在经济上是独立的，自行收税，自行向西辽的专使纳税。

1212 年，花剌子模沙灭亡了西喀喇汗王朝，河中地区被纳入花剌子模帝国版图。回历 610 年（公元 1213 或 1214 年）以后，西喀喇汗国各城市定期以摩诃末的名字铸币。撒麻耳干成为花剌子模帝国的新都城②，摩诃末在此城修建了一座礼拜五清真寺，并开始兴建其他华丽的建筑物。③

---

① Asimov, C. E. Bosworth, *History of Civilizations of Central Asia*, Vol.4 (1), pp.139-140.

② Ibid., pp.135-136.

③〔伊朗〕志费尼：《世界征服者史》，第 439 页。

第三节　后期塞尔柱帝国

1040 年的丹丹坎之战是塞尔柱人在中亚崛起的标志，1141 年的卡特万战争是塞尔柱人在中亚衰落的标志。卡特万战败以后，塞尔柱帝国的势力退出了河中地区，帝国在中亚地区的统治只有呼罗珊及东伊朗地区。[①] 塞尔柱帝国素丹桑扎尔为了稳定西部帝国的秩序，多次出兵，故未能集中力量致力于呼罗珊的统治。到 13 世纪初，花剌子模国强盛起来，呼罗珊地区遭其蚕食，塞尔柱帝国最终灭亡。

1092 年，塞尔柱帝国素丹马立克沙去世，其子巴尔基雅鲁克打败其他王位争夺者，继任为素丹。他名义上是大塞尔柱帝国素丹，实际上除了贾布尔、伊斯法罕和伊拉克等地，他对塞尔柱帝国的其他地区都没有直接统治权。马立克沙的第三个儿子、巴尔基雅鲁克之弟穆罕默德・本・马立克沙统治着菲特鲁德以北的吉朗地区，巴尔基雅鲁克的幼弟桑扎尔统治着呼罗珊和河中地区。穆罕默德・本・马立克沙和桑扎尔是同母兄弟，他们不把异母之兄巴尔基雅鲁克放在眼里，独立统治着自己的领地。

穆罕默德・本・马立克沙为了争夺王位与巴尔基雅鲁克发生过五次战争，然而，直到巴尔基雅鲁克去世之后，他才于 1105 年出任塞尔柱帝国素丹。穆罕默德・本・马立克沙于 1118 年去世，在弥留之际，他立 14 岁的儿子马赫穆德・本・穆罕默德为继承人。在他去世后的第二天，塞尔柱帝国境内以马赫穆德之名进行祈祷。阿拔斯哈里发穆斯台尔什德于 1118 年 5 月初下令在巴格达以马赫穆德之名祈祷。

在帝国东部实施统治的桑扎尔对其兄把王位传给其子不满，他不承认侄儿穆吉苏丁・马赫穆德的统治。1119 年 8 月，双方在萨韦发生战争，桑扎尔打败侄儿，成为塞尔柱帝国素丹。出于对胞兄穆

---

① “塞尔柱帝国素丹世系表”见附录一。

罕默德·本·马立克沙的感情，桑扎尔把西部行省交给侄儿马赫穆德统治，从此，开始了伊拉克塞尔柱王朝（1119—1194）对西亚的统治。伊拉克塞尔柱王朝经历 9 位统治者，他们以哈马丹为都城，统治着剌夷城和库尔德斯坦等地。

在马苏地统治时期（1134—1152），伊拉克塞尔柱王朝的大多数时间都处于王室内战或境内埃米尔争战之中，为此，桑扎尔多次出兵维持伊拉克塞尔柱王朝的统治秩序。1149 年，桑扎尔曾到剌夷城，马苏地向他表示臣服和效忠。穆罕默德二世在位时（1153—1160），他的统治受到马苏地胞弟苏莱曼的挑战，在争夺王位失败以后，苏莱曼从哈马丹来到桑扎尔宫廷。桑扎尔本人没有男性继承人，遂将他立为塞尔柱帝国的王储。

桑扎尔维护了伊拉克塞尔柱的统治秩序，而在他统治的东部地区也不安静。卡特万战争以后，呼罗珊地区内有人民的反抗，外有属国的背叛，其中，境内古思人的反抗给予了素丹桑扎尔致命的打击。

12 世纪下半叶，桑扎尔统治的呼罗珊地区经历了境内古思人的叛乱。桑扎尔频繁对外用兵，加重了对人民的剥削。据说，仅 1141 年对西辽的那次战争就花去了 300 万迪纳尔，这还不包括各地统治者的馈赠与冠戴礼服的费用。[①] 为了支付这些费用，赋税负担落到定居民和游牧民的身上。巴里黑将领亦马都丁·哈马只的野蛮收税最终导致了阿姆河上游古思人的反抗起义。

这些古思人分布于阿姆河以南的吐火罗斯坦，他们是在喀喇汗王朝占领河中地区时陆续移居巴里黑郊区的。当时，吐火罗斯坦归塞尔柱帝国巴里黑总督管辖。巴里黑总督伊马达丁胡马什为政暴虐，每年要向古思人征收羊 2.4 万头，而且税吏作风恶劣。1152 年，古思人杀税吏反叛，投靠阿富汗古尔人，并帮助古尔人攻占了巴里黑。此后，古思游牧民不断侵犯定居农业区，桑扎尔打算把古思人迁离巴里黑，古思人请求桑扎尔让他们留在原牧场，并答应以后向他纳

---

① Asimov, C. E. Bosworth, *History of Civilizations of Central Asia*, Vol.4 (1), p.166.

贡。桑扎尔不仅拒绝了他们的要求，而且派军队前往驱之，由此引发战争。

1153 年底，双方在巴里黑附近开战，古思人击败了桑扎尔的军队，涌进巴里黑大肆掠夺和杀人。接着，他们又涌入莫夫、徒思、尼沙普尔等城，洗劫了这些城市。在这次暴乱中，仅尼沙普尔一座城市就有八座珍贵的图书馆被焚毁，只有赫拉特城因其城堡坚固而免遭攻击。许多文人学者和宗教界人士死于古思人的刀下，波斯诗人安瓦里在他的《呼罗珊之泪》一诗中描绘了这次战争。古思部落首领及游牧贵族利用这次机会夺取了大量战利品和带有封建依附农民的土地。在莫夫附近的一次战争中，古思人俘获了素丹桑扎尔。

古思人白天把桑扎尔放在御座上，晚上把他置于铁槛中。[①]1156 年 2 月底，桑扎尔逃出监禁，以忒耳迷统治者为首的一些王公领兵来到莫夫城，再次把桑扎尔扶上王位。然而，桑扎尔精神沮丧，再也没有从这些磨难中振作起来，1157 年，在莫夫去世，享年 71 岁。

桑扎尔是塞尔柱帝国后期最杰出的君主，桑扎尔在位期间努力使帝国各地保持国泰民安。在他的统治下，塞尔柱帝国曾经统一起来，莫夫的首府成了塞尔柱帝国的都城。在从喀什噶尔到地中海东岸，从钦察草原至霍尔木兹海峡的大片地区都以他的名字进行礼拜。

桑扎尔在莫夫的统治继承了早期塞尔柱帝国的行政制度，任命波斯人担任宰相，其中，1117—1122 年间的宰相是阿卡杜・剌扎克（ᶜAbd al-Razzāq）。在他的政府中设置了以下一些官员：负责账目和财务核算的大会计师（Mustawfī）、监审官（Mushrif）、印大臣（Tughrā'ī），在印大臣之下有印玺部（Tughrā）和信函部（Inshā'），设置了管理军事部（Dīwān-i Card）的军事大臣（Carid），其中八位有名有姓，他们通常是波斯人或者阿拉伯人。在阿卡杜・剌扎克之后，桑扎尔开始任命突厥人担任宰相，1122—1124 年间任宰相的

① 〔伊朗〕志费尼：《世界征服者史》，第 314 页。

突厥人是穆罕默德·本·苏来曼·喀什噶里·也罕（Muhammad b. Sulaymān kāshgharī Yïghan），他又被称为托干别（Togharl Beg）。[①]

桑扎尔时期，塞尔柱帝国的地方政权建设呈现出多样化。最高一级是省级行政（Wilāyat），省级官员的名称有：瓦里（Wālī）、纳伊卜（Nā'ib）、监管官沙黑纳，或者地方首领剌亦思（Rā'īs）。这些官员由中央任命，其中，沙黑纳的职权兼有行政和军事权力，负责公共安全，防止犯罪；剌亦思是从城市大贵族家族中推举出来的，除了管理本地事务外，剌亦思还代表城市贵族及乡绅与中央政府打交道，主要是交涉与税收有关的事务。[②]桑扎尔下达给一些省区总督的任命书被保留下来，其中有古尔甘、祃椤答而、剌夷、巴里黑、莫夫、徒思和底希斯坦。素丹的私人领地和王室领地（Amlāk-i Khāss，Amlāk-i Khālisāt）有专门的管理体系和财政机构，管理的长官称监管官（Wakīl）。

各地的宗教和教法法官由素丹任命。与行政官员和军队将领一样，素丹采取分封制伊克塔回报他们的服务。虽然没有见到分封期限的记载，但不能得出结论说伊克塔封地是终生的，更不可能是世袭的。

对游牧地区的管理似乎仍然以部落为单位，在牧民占多数的地方，素丹安排了专门的管理人员。尽管如此，牧民仍然是晚期塞尔柱帝国的麻烦。古思人觉得他们与素丹有一种特别亲近的关系，有权利直接与素丹对话。据塞尔柱历史学家拉旺德（Rāwandī）记，当桑扎尔派往巴里黑的总督亦马都丁·库马奇（ʿImādal-Dīn Kumāch）对他们苛刻勒索之时，古思人抗议说："我们是与素丹关系特别近的臣民（Rdciyyat-i Khāss），不受别人的管辖。"[③]

桑扎尔派往各地的埃米尔经常与古思人发生冲突。桑扎尔统治晚期，呼罗珊古思人的数量好像增加了，他们在塞尔柱帝国的行政

---

① Asimov, C. E. Bosworth, *History of Civilizations of Central Asia*, Vol.4 (1), p.172.

② Ibid., pp.172-173.

③ Ibid., p.173.

和社会结构中的位置构成了尖锐的社会矛盾。桑扎尔未能很好地解决这些矛盾，这是晚期东塞尔柱帝国衰落、灭亡的主要原因。[①]

桑扎尔死后，大塞尔柱帝国分裂成许多小领地。在桑扎尔生前，小亚细亚和克尔曼就已经独立出去；他死以后，哈里发在巴格达恢复了自己的地位；法尔斯和阿塞拜疆由地区政权独立统治；呼罗珊成为他的部下与古思人不断争夺之地。

在桑扎尔被古思人软禁期间，被立为王储的侄儿苏莱曼继承了素丹位，但由于害怕呼罗珊的古思人，他不敢在呼罗珊待下去，1154 年 4 月他返回伊拉克，呼罗珊由各地埃米尔统治。桑扎尔在弥留之际立外甥洛克努丁・马赫穆德继承素丹位。当时，呼罗珊大多数地区被古思游牧贵族占领，古思人在这些地区独断专行、为所欲为；未被古思人占领的地区由桑扎尔的奴仆、塞尔柱将领穆厄亦德・奥伊阿贝控制。马赫穆德在呼罗珊的王位没有基础，于是，他请求花剌子模沙阿即思（1128—1156 年在位）率兵帮助他对付古思人，从此，花剌子模沙开始涉足呼罗珊事务。

1158 年 11 月，马赫穆德与穆厄亦德・奥伊阿贝的联军被古思人打败，两人出逃。不久，穆厄亦德・奥伊阿贝夺取了尼沙普尔和徒思，在此开始独立统治（1159—1160）。正是此时，一些古思人南下到阿富汗夺取了加兹尼城。1160 年初，穆厄亦德・奥伊阿贝与马赫穆德达成协议，马赫穆德承认前者在尼沙普尔和徒思的统治权，穆厄亦德・奥伊阿贝在名义上承认了马赫穆德的统治，并答应每年向他缴纳年贡。

一年以后，穆厄亦德・奥伊阿贝撕毁了与马赫穆德的协议，双方之间发生了战争。1161 年 6 月，马赫穆德在古思人的帮助下围攻尼沙普尔。然而，不知何故，马赫穆德放弃了与古思人的合作，投降穆厄亦德・奥伊阿贝。古思人见无法攻克尼沙普尔，转而对徒思进行了大肆掳掠。马赫穆德留在穆厄亦德・奥伊阿贝的宫中，1162 年，被穆厄

① Asimov, C. E. Bosworth, *History of Civilizations of Central Asia*, Vol.4 (1), p.173.

亦德·奥伊阿贝弄瞎，1162 年 8 月去世。从此，穆厄亦德·奥伊阿贝登上了塞尔柱素丹的王位，在呼罗珊礼拜中，颂读自己的名字。马赫穆德之死，标志着大塞尔柱帝国在中亚统治的结束。

以后，穆厄亦德·奥伊阿贝参与了花剌子模沙算端沙·马赫默德（Sultān Shāh）与其兄贴乞失（Tekish）争夺王位的战争，在战争中被贴乞失俘获和处死。

穆厄亦德·奥伊阿贝死后，他的儿子阿尔·贝克尔·托冈沙被其父的军官和大臣在尼沙普尔拥立为王。在他统治期间（1174—1185），花剌子模沙算端沙在西辽军队的帮助下攻打呼罗珊，夺取了当时被古思人首领马立克·迪瑙尔占领的萨拉赫斯，托冈沙出兵攻萨拉赫斯，于 1185 年 5 月被算端沙的军队打败，退回尼沙普尔。同年在尼沙普尔去世。他的部下立其子桑加沙·本·托冈沙继承王位。

在桑加沙·本·托冈沙统治期间（1185—？），算端沙统治了呼罗珊大部分地区。马立克·迪瑙尔率古思人离开了呼罗珊前往克尔曼。1187 年，马立克·迪瑙尔与在克尔曼的古思人共同结束了统治克尔曼近一个半世纪（1041—1187）的塞尔柱王朝，登上了克尔曼的王位。

桑加沙·本·托冈沙继位以后，将尼沙普尔交给近臣明格里巴克统治，明格里巴克在此实施残酷统治，不得人心。花剌子模沙贴乞失两次出兵围攻尼沙普尔城，最后俘获并杀死明格里巴克。尼沙普尔转归花剌子模沙，贴乞失安排长子瑙锡如丁·马立克沙统治，他把呼罗珊统治者桑加沙带回花剌子模。从此，呼罗珊纳入了花剌子模国版图，大塞尔柱帝国灭亡。

第四节　后期伽色尼王朝

12 世纪下半叶，伽色尼王朝经历了衰落和灭亡。在阿富汗古尔山区崛起的古尔人不仅在阿富汗的西部地区建立了政权，而且不断向东发起征服战争，蚕食伽色尼王朝的地盘，最终灭亡了偏安北印度的伽色尼王朝，在以上地区确立了自己的统治。

在伽色尼帝国与塞尔柱帝国于1060年签订的边界条约中，阿富汗西部的古尔山区作为两国的缓冲地带，保留对伽色尼王朝的臣属关系。半个世纪以后，1117—1118年间，伽色尼王朝成为塞尔柱帝国的属国，它对古尔山区的宗主权也丧失了，古尔山区统治者艾佐丁·侯赛因（Izzad-Dīn Husayn）转而归顺塞尔柱素丹桑扎尔。桑扎尔去世以后，呼罗珊发生内战，古尔人摆脱了塞尔柱人的制约，强盛起来，把扩张矛头对准了阿富汗东部，伽色尼王朝后期的三位素丹是在与古尔人的斗争中度过的。

12世纪初，伽色尼王朝出现了衰落的迹象，巴赫拉姆沙在位期间（1117—1153），伽色尼王朝的形势有所好转，国内基本保持和平，出现复兴局面。巴赫拉姆沙把女儿嫁给了古尔地区统治者忽特卜·丁·穆罕默德（Qutb al-Dīn Muhammad），以联姻方式加强了对古尔山区的统治。在古尔人的势力强大起来之时，巴赫拉姆沙将女婿忽特卜·丁·穆罕默德骗到伽色尼宫廷，在宴会上将他毒死。从此，古尔人与伽色尼王朝结下了深仇大恨。古尔人在忽特卜·丁·穆罕默德兄弟们的率领下多次将巴赫拉姆沙逐出加兹尼。

巴赫拉姆沙每次都逃到北印度避难，并在旁遮普征集军队出征加兹尼，赶走古尔人。这些战争发生在1149—1152年间。在这些战斗中，伽色尼军队曾经使用过象军，但被古尔人突破，甚至巴赫拉姆沙之子贾拉勒·道拉·阿布·法特·道拉特·沙（Jalal ad-Duala Abu l-Fath Daulat Shah）被诱入包围圈，全军覆没。巴赫拉姆沙总不气馁，继续招兵买马，训练士兵，与古尔军队再战。1152年前，巴赫拉姆沙一直待在印度，几乎一年没有采取任何行动，1152年，古尔首领阿劳丁·侯赛因（ᶜAlā al-Dīn Husayn）被塞尔柱素丹桑扎尔囚禁，巴赫拉姆沙才从印度返回加兹尼，赶走了古尔王朝的总督，恢复了在加兹尼的统治。不过，伽色尼王朝南方领地扎明达瓦尔和布斯特城仍然在古尔人手中，这些地区是伽色尼王朝财政来源之地。

1153 年，巴赫拉姆沙在加兹尼去世，其子胡斯塔沙继位。[①] 巴赫拉姆沙有九个儿子，长子贾拉尔・道拉在与古尔人的战争中战死。在幸存的诸子中，继承了王位的胡斯塔沙可能是最年长者。他即位之后，其他兄弟的去向不明。

胡斯塔沙在位期间（1153—1160），他的主要活动也是对付古尔人。胡斯塔沙在统治后期可能失去了在加兹尼的统治，退到印度属地的统治中心拉合尔。因为，在他去世之后，其子胡斯塔・马立克是在拉合尔继承王位的。

伽色尼王朝迁都印度的原因，可能有两方面的因素。一方面是在扎明达瓦尔实施统治的古尔首领阿劳丁・侯赛因，另一方面是从呼罗珊南下的古思人。1153 年，古思人在巴里黑爆发的反叛运动不仅威胁着桑扎尔在呼罗珊的统治，还波及阿富汗。1158 年，桑扎尔部下穆厄亦德・奥伊阿贝夺取了古思人占领的尼沙普尔和徒思，古思人开始南下阿富汗，于 1160 年以前已经占据了加兹尼。古思人在加兹尼的统治大约有 13 至 14 年（1159 或 1160—1173 或 1174），后来他们占领的地区被古尔人夺取。

伊本・阿西尔对胡斯塔沙的评论很高，赞扬他是正义和公平的，尊重学者，能够耐心听取学者们的建议。而朱兹贾尼对他的评论却与此不同，说他意志薄弱，软弱无能，未能控制他所统治的地区。胡斯塔沙死后留下三个儿子，马赫穆德、胡斯塔・马立克和凯・胡斯塔。

1160 年，胡斯塔・马立克在拉合尔继承伽色尼王朝王位。在最初十几年中，阿富汗喀布尔河下游流域仍在伽色尼王朝手中，胡斯塔・马立克在这些地区的统治可能是比较稳固的，因为，古尔人正忙于与古思人争夺加兹尼，双方都无暇顾及这位没落王朝的素丹。

---

① 关于巴赫拉姆沙去世时间，史书记载出入很大。晚期史书，如伊朗语作家哈蒙达尔拉赫・穆斯陶菲（Hamdallah Mustaufi）的著作，把它定在 1149 年，这是不可能的，因为直到 1152 年巴赫拉姆沙才回首都加兹尼。Ibn al-Athir 之书定在 1153 年 9 月至 10 月间，有史书定于 1152—1153 年。朱兹贾尼说，巴赫拉姆沙死于统治 41 年之后，由于巴赫拉姆沙击败其兄弟和前任者阿尔斯兰的日期被很明确地界定在 1117—1118 年间，即他死于 1157 年。本书暂采 1153 年之说。

1173 年（或 1174 年），古尔王朝统治者吉亚丁·穆罕默德（Ghiyāth al-Dīn Muhammad）夺取加兹尼，开始把目光转向北印度。

胡斯塔·马立克加强了军队部署，古尔军在强行通过阿富汗到印度之间的山区之后，直逼印度河流域。胡斯塔·马立克在印度河渡口的军队阻止了古尔人的前进。直到 1179—1180 年间，古尔人才占领了白沙瓦。两年以后，即 1182 年，古尔人首次对拉合尔发起进攻。胡斯塔·马立克派自己的儿子率领使团带着礼物前去求和，古尔人接受和解撤军，胡斯塔·马立克的一个儿子作为人质被带到古尔素丹吉亚丁·穆罕默德之弟穆伊兹·穆罕默德在加兹尼的宫廷。次年，古尔王朝占据信德，信德河下游地区首领苏姆拉承认了古尔王朝的宗主权。

1186 年，在印度王公的帮助下，古尔军队占领了拉合尔。据朱兹贾尼记，穆伊兹·穆罕默德在围攻拉合尔之时，曾向胡斯塔·马立克承诺，只要他投降和归顺古尔人，并以古尔王朝最高素丹吉亚丁·穆罕默德之名祈祷，可以保证他本人及其家族的生命和财产安全，他还准备将女儿嫁给胡斯塔·马立克之子，并授予他们伊克塔。胡斯塔·马立克拒绝了这些要求。随着局势越来越严峻，胡斯塔·马立克害怕人民反叛，最终接受了古尔人的条件。投降之后，胡斯塔·马立克在印度继续当了两个月名义上的素丹。此后，古尔王朝素丹吉亚丁·穆罕默德命令穆伊兹·穆罕默德把胡斯塔·马立克送到古尔宫廷。穆伊兹·穆罕默德任命木尔坦总督阿里·卡尔马克为古尔王朝在拉合尔的代理人，伽色尼王朝灭亡。

胡斯塔·马立克离开印度之后，在途经白沙瓦之时，拜见了白沙瓦城主之子（伽色尼王朝的一位忠实老奴仆），对他吟颂了一首阿拉伯语诗："此时的营地不像过去，枷锁已经套在我们的脖子上。"[①]据朱兹贾尼说，胡斯塔·马立克及子巴赫拉姆沙（可能是在穆伊兹·穆罕

---

① C. E. Bosworth, *The Later Ghaznavids Splendour and Decay, the Dynasty in Afghanistan and Northern India 1040-1186*, p.131.

默德宫中为人质者）从加兹尼被带到吉亚丁·穆罕默德在菲鲁兹库赫的宫廷。当胡斯塔·马立克一行抵达古尔宫廷之时，吉亚丁·穆罕默德没有接见他们，而是把他们分别囚禁起来。胡斯塔·马立克被囚禁在伽尔吉斯坦的巴拉尔湾堡中；巴赫拉姆沙被囚禁在古尔的赛夫路德堡中。五年以后，即 1191 年，他们父子被处死。在此前一年，古尔人曾与花剌子模沙贴乞失的兄弟算端沙发生过战争，他们可能害怕花剌子模沙营救并利用这两名幸存的伽色尼王室成员而将他们杀掉。

伽色尼王朝与古尔王朝之间持续了半个世纪的战争以伽色尼王朝的灭亡告终。加兹尼不再享有一个大帝国都城的地位，古尔人的统治使该城走向衰落，1504—1505 年间，帖木儿帝国后王巴布尔来到该城，他简直想象不出这里曾经的繁荣昌盛。至于伽色尼王朝的继承者古尔王朝，它的统治比伽色尼王朝短得多，在胡斯塔·马立克被处决之后 20 年（1210），花剌子模沙夺取了古尔王朝的领土。

伽色尼王朝是中亚突厥人在阿富汗建立的一个政权，它统治阿富汗的两百余年是阿富汗历史的辉煌时期之一。伽色尼王朝首都加兹尼成为中亚南北和北印度地区的重要文化中心。伽色尼王朝的统治对阿富汗和东伊朗的居民构成产生了影响，大批突厥人的到来同化了这些地区的一部分东伊朗族人，在今阿富汗有 160 余万突厥人。伽色尼王朝的统治中心移至拉合尔，许多哲学家、作家、历史学家都随同前往，使以拉合尔为中心的印度河以西地区发展成为穆斯林文化中心。

第二章

昙花一现的新兴政权

12 世纪中叶以后，阿富汗古尔山区的古尔王朝和阿姆河下游的花剌子模国相继兴起。12 世纪上半叶，阿富汗曼杰什（Mandish）山区的苏里家族势力强大起来，统一古尔地区，12 世纪中叶，苏里家族建立了封建国家——古尔王朝（1146—1215）。古尔王朝是继萨曼王朝之后，塔吉克人在中亚地区建立的又一个较强大的政权。12 世纪中叶，花剌子模国开始强盛，跻身于中亚三强（即西辽、古尔王朝、花剌子模）之列，在历经两代人的扩张之后，花剌子模国终于成为亚洲的大帝国（1200—1231）。

第一节　花剌子模帝国

10 世纪，花剌子模绿洲在名义上是萨曼王朝的臣属领地，而实际上由两个独立政权统治着。一个是阿拉伯帝国驻花剌子模总督马蒙家族建立的王朝；另一个是花剌子模本地人建立的阿夫格里王朝（305—995）。10 世纪末，马蒙家族推翻阿夫格里王朝，统一了花剌子模绿洲。马蒙家族建立的阿拉伯花剌子模王朝被学界称为花剌子模第一王朝（995—1017），王朝统治者取花剌子模沙的称号。

1017 年 7 月，伽色尼王朝素丹马赫穆德推翻了马蒙家族的政权，确立了伽色尼王朝在花剌子模的统治，他派突厥族军官阿尔通塔什在此实施统治。阿尔通塔什家族的统治开始了花剌子模的突厥王朝，史称花剌子模第二王朝（1017—1043）。阿尔通塔什家族一直以伽色尼王朝地方官的名义统治着花剌子模，然而，由于它远离伽色尼王朝统治中心加兹尼，统治者常常以独立身份进行统治，自称花剌子模沙。

阿尔通塔什死后，其子哈伦继承父职（？—1035 年在位）。在他统治时期，花剌子模表现出独立倾向，于是，他被伽色尼王朝素丹马苏德的刺客刺死。哈伦死后，其弟伊斯马仪·罕丹继位（1035—1041 年在位）。1038 年，素丹马苏德唆使锡尔河下游毡的城主马立克沙赫攻花剌子模，1040 年至 1041 年冬，马立克沙赫率军越过沙漠，经过血战，攻入花剌子模首府乌尔根奇，赶走了伊斯马仪·罕丹。马立克沙赫的继任得到了马苏德的承认，在此，他以马苏德的名义进行祈祷。塞尔柱人在丹丹坎之战中获胜以后，于 1043 年出兵征服了花剌子模，马立克沙赫带着钱财和家眷逃走，塞尔柱人派出地方官（沙黑纳）统治，花剌子模第二王朝结束。

阿尔普·阿尔斯兰继任塞尔柱帝国素丹（1063）之后，于 1065 年把花剌子模分封给其子阿尔斯兰·阿勒古。阿尔普·阿尔斯兰去世以后，素丹马立克沙任命自己的将领讷失特勤为花剌子模沙黑纳，此后，花剌子模绿洲一直处于讷失特勤家族的统治之下。

讷失特勤是马立克沙从哈耳齐斯坦（Gharchistan）买来的突厥奴隶，因此，他又被称为讷失特勤·哈耳察（Nash-Tegin Gharcha）。讷失特勤深得马立克沙的信任和喜爱，依靠自己的聪明和伶俐逐渐跻身上层。马立克沙时期，他以塞尔柱帝国要员的身份被派往花剌子模，在此统治了二十多年。他去世以后，其长子忽都不丁·穆罕默德于 1097 年继承他的职务，成为花剌子模埃米尔。忽都不丁·穆罕默德在名义上仍然是塞尔柱王朝的地方官，而实际上，他在被任命的当年就取得了花剌子模沙的称号，史学界把此举视为花剌子模第三王朝（1097—1231）的开始。[①]

忽都不丁·穆罕默德统治花剌子模30余年（1097—1128）。据记载，忽都不丁·穆罕默德平易地、安分守己地统治着花剌子模，一年亲自入侍桑扎尔的宫廷，下一年又送他的儿子阿即思去代替他，如此继续到他死为止。[②]在需要之时，他率花剌子模军参与桑扎尔的战争。1119年8月，在桑扎尔与其侄儿穆吉苏丁·马赫穆德争夺塞尔柱帝国最高统治权的战争中，忽都不丁·穆罕默德作为桑扎尔的军事首领之一，随军出征剌夷。忽都不丁·穆罕默德对文化事业也十分重视，据穆斯林文献记载，他是文学的倡导者。

1128年，忽都不丁·穆罕默德去世，其子阿即思继位，阿即思的继任得到了素丹桑扎尔的认可。像其父一样，阿即思忠于属臣的职责，为桑扎尔驰骋疆场，先后参与了桑扎尔维持伊拉克塞尔柱王朝的统治秩序的战争，参与了桑扎尔讨伐伽色尼王朝素丹巴赫拉姆沙的战争。阿即思的这些活动深得桑扎尔的赏识，但也遭到了其他王公的妒忌谗言，最终，桑扎尔疏远了他。在此形势下，阿即思要求回花剌子模，桑扎尔允许他归家。当他走后，桑扎尔对他的廷臣说："一个我们再见不到他的面的人，背着走了。"廷臣们问桑扎尔说："倘若陛下肯定这点，那为什么他获允回家，得到这种恩许呢？"桑扎尔回答说："他给我们的服劳使我们受到他的大恩，伤害他不合我们的仁义之道。"[③]

回到花剌子模以后，阿即思的叛逆倾向表现出来，双方敌意与日俱增，最后达到了战争的程度。在经过几次较量之后，他被塞尔柱军队打败，重新向桑扎尔表示臣服，并签订了臣属条约。

在卡特万战争爆发前夕，即1141年6月，阿即思曾向桑扎尔送呈效忠书，发誓恪守属臣职责。桑扎尔失败之后，西辽军的一支分

---

① "花剌子模第三王朝和花剌子模帝国沙赫世系表"见附录一。

② 〔伊朗〕志费尼：《世界征服者史》，第308页。

③ 同上书，第309页。

队攻花剌子模，阿即思求和，当场缴纳了 3 万迪纳尔金，并允诺此后每年以牲畜和物品交付同样的年金。[①]

桑扎尔的失败使阿即思重新燃起了夺取呼罗珊的希望。1141 年 10 月，他率军来到呼罗珊西部的萨拉赫兹城，以此为基地出兵攻打桑扎尔的都城莫夫。莫夫城民奋起抵抗，阿即思攻入城后以屠杀报复，杀了许多人才撤离。第二年 5 月底，阿即思宣布独立，下令在礼拜时不再提桑扎尔而以他本人之名进行祈祷。当时，花剌子模宫廷的著名诗人拉希杜丁・穆罕默德・瓦特巴尔写诗赞颂道："阿即思王登上帝国的宝座，塞尔柱家族的运气告终。"[②]桑扎尔对阿即思的一连串背叛行为极为愤怒，但由于在卡特万战争中所遭受重创而无力顾及，这种局面延续了一年多。

1143 年，从卡特万战败中缓过气来的桑扎尔率军攻打花剌子模。素丹的军队把乌尔根奇城围个水泄不通，阿即思只好投降，重新承认了桑扎尔的宗主权地位。桑扎尔宽恕了他，让他继续统治花剌子模。三年之后，阿即思派了两个刺客前往呼罗珊刺杀桑扎尔。此事被素丹派往花剌子模的使臣、著名诗人阿底卜沙必儿（Adib-Sabir）告密，桑扎尔逮捕并处死了刺客，阿底卜沙必儿则被阿即思扔进阿姆河淹死。1147 年 11 月，桑扎尔率军攻打花剌子模，包围了哈扎拉斯普（Hazar-Asf）城堡，两个月后攻克该堡。1148 年 6 月，阿即思被迫投降，再次向桑扎尔称臣。

此后几年，阿即思的活动主要在东北方。1152 年，阿即思与忽毡城主怯马鲁丁（Kamal-as-Din）共同向锡尔河以北地区出兵，攻打昔格纳黑地区的钦察人。在此期间，阿即思夺取了忽毡城，任命其子伊尔・阿尔斯兰（Abul-Fath il-Arslan）统治。此后，忽毡城一直由花剌子模沙的长子管辖，成为储君之地。伊尔・阿尔斯兰成为花剌子模沙之后，长子贴乞失成为忽毡城总督。巴托尔德曾评价说：

---

① 魏良弢：《西辽史研究》，第 81 页注 1。

② 〔伊朗〕志费尼：《世界征服者史》，第 311 页。

“由此可以清楚地看到，兹及其后继者对忽毡城是多么重视。”[1]

1153年7月，桑扎尔在国内动乱中被古思人监禁，阿即思因忙于应付花剌子模国内北部和东部地区的起义和冲突，无力再举独立大旗。加之，西辽的强盛使他改变了对塞尔柱帝国的态度，他曾亲自到呼罗珊为解救桑扎尔而奔走。经历此事，阿即思与桑扎尔之间达成了真正的和解，在桑扎尔获得自由以后，阿即思写信向素丹祝贺，桑扎尔让阿即思选择，或者继续留在花剌子模沙的位置上统治其地，或者留在呼罗珊统率桑扎尔的军队。还未做出决定，阿即思就于1156年6月在古羌省附近病逝。

阿即思是一位有作为的君王，他为花剌子模国的独立奋斗终生，尽管多次遭到失败，他还是坚定不移地去实现自己的目标。他在塞尔柱帝国和西辽两大强国之间摸索着前进，为花剌子模国的独立打下了基础。[2]

阿即思死后，其子伊尔·阿尔斯兰率领部队从呼罗珊返回乌尔根奇。他致函桑扎尔表示臣服，桑扎尔承认了他的继承权。伊尔·阿尔斯兰于1156年8月正式继位为花剌子模沙（1156—1172年在位）。在伊尔·阿尔斯兰登基8个月以后，桑扎尔去世，桑扎尔的侄儿洛克努丁·马赫穆德继位为塞尔柱帝国素丹。伊尔·阿尔斯兰为桑扎尔举哀三天，并写信祝贺新继位素丹马赫穆德，信中表示他继续承认塞尔柱素丹为他的宗主。

在伊尔·阿尔斯兰统治期间，花剌子模国势力强大起来。塞尔柱帝国因统治层发生内战和境内古思人的起义而衰落，河中地区的西喀喇汗国因军事集团葛逻禄人的造反而不断需要外援。在此外部环境下，花剌子模国迅速发展成为中亚强大的国家，与宗主国西辽发生冲突，最终导致战争。

卡特万战争以后，花剌子模国既保持了与塞尔柱人的臣属关系，

---

① W. Barthold, *Turkestan Down to the Mongol Invasion*, p.329.

② J. A. Boyle, *The Cambridge History of Iran*, Vol.5, p.143.

也向西辽称臣纳贡。由于西辽统治初期对臣属地区采取比较宽松的政策，所以，在阿即思统治时期，花剌子模与西辽之间的矛盾并不尖锐。伊尔·阿尔斯兰在位期间，由于势力的加强和西辽收税官员的蛮横态度，他一度停止向西辽缴纳年贡，由此导致 1171 年西辽出兵。伊尔·阿尔斯兰在阿姆河沿岸战败，于 1172 年 3 月去世。

伊尔·阿尔斯兰沙死后，他的两个儿子贴乞失和算端沙（Sultan-Shah）争夺王位。次子算端沙在母亲特尔罕（Terken）的帮助下夺取了王位，继任花剌子模沙（1172—1173 年在位）。其兄、毡的城总督贴乞失答应每年缴纳贡赋。然而，花剌子模沙算端沙·马赫默德在召贴乞失入宫而不至之时，出兵攻之。贴乞失奔西辽，西辽监国耶律普速完出兵帮助，1172 年 12 月，贴乞失赶走了算端沙及其母特尔罕，登上了花剌子模沙的王位（1173—1200 年在位）。诗人和演说家们前来祝贺，他们撰写了祝贺词和诗歌，其中，年逾八十的大臣拉施特丁·瓦特瓦特（Rashīd al-Dīn Muhammad Watwāt）用担架抬着前来，他说："每人都凭他的想象和才华撰写他的祝词。但对你的仆人说，因年迈体衰，力不任此事。我仅限于我为祝福而撰写的一首四行诗：您的祖父把专制从大地面上洗清，您父的正义把所有的损毁完全修复，王袍恰合于您的陛下啊，来吧，让我们看您能做什么？因为这番轮到您统治。"[①]

贴乞失登上王位应该归功于西辽，但由于西辽强征贡赋和西辽税官的蛮横，不久，贴乞失与西辽的关系破裂。据记载："同时候契丹的使者们往来不绝，而他们的征索和需求难以容忍，尤有甚者，他们不守礼节。但人类的傲劲必不容忍压制，不堪接受暴政。"[②]在贴乞失把一个出使的契丹贵族人处死之后，两国关系恶化，西辽统治者转而支持贴乞失之弟算端沙。在西辽军队的护送下，算端沙一行抵达花剌子模边境，贴乞失决堤放水，淹没了道路，西辽军不能前

---

① 〔伊朗〕志费尼：《世界征服者史》，第 318—319 页。

② 同上书，第 319—320 页。

进。在看到城中百姓不再拥戴自己的情况下，“算端沙发现攻击花剌子模无好处可言，又知道无其他逃生之法，他遂请求驸马（西辽监国普速完之夫）派他的一支分队护送他到撒剌哈夕，驸马答应他的请求，接着他们进攻撒剌哈夕，袭击一个古思埃米尔灭里·的那（Malik Dinar）”[①]。以后，算端沙又夺取了徒思，在呼罗珊建立了自己的统治。

此后，贴乞失与算端沙之间为争夺呼罗珊诸城进行了近 20 年的战争。1187 年 6 月，贴乞失夺取尼沙普尔，留其子驻守。1189 年，算端沙围攻尼沙普尔，把贴乞失之子围困在城中，贴乞失救子心切，从花剌子模出兵，算端沙在花剌子模军队来到之前逃走。直到 1189 年 4—5 月间，两兄弟才言和。贴乞失于 1189 年 6 月下旬在徒思正式称素丹，而在此前，花剌子模沙一直不敢用此称号。

和平相处了三年以后，1192 年，算端沙乘其兄在剌夷之际，出兵花剌子模。花剌子模人民不让他进城，在贴乞失赶回乌尔根奇之前，算端沙逃往莫夫。1193 年 9 月底，算端沙在莫夫城去世。贴乞失将整个呼罗珊纳入花剌子模版图，1193 年可以视为花剌子模帝国形成之年。[②]这一年，花剌子模国统治了包括莫夫、萨拉赫斯和徒思在内的整个呼罗珊地区。贴乞失的长子瑙锡如丁·马立克沙被任命为莫夫的统治者；次子忽都不丁·摩诃末受命统治尼沙普尔。

贴乞失统治后期，因伊斯兰教异端伊斯玛仪派在呼罗珊的活动激烈，贴乞失命令其子阿劳丁·摩诃末率军攻打伊斯玛仪派固守的城堡。他本人抱病由花剌子模启程前去呼罗珊，于 1200 年 6 月中旬死于从尼沙普尔返回花剌子模的途中。

贴乞失是花剌子模国有能力和远见的统治者。在他统治时期，花剌子模国版图有了很大的扩展，虽然他与西辽发生了多次冲突，但他一直在向西辽缴纳规定的贡赋，因为，他预见到来自蒙古草原

---

① 〔伊朗〕志费尼：《世界征服者史》，第 320 页。

② 花剌子模帝国素丹：贴乞失（1173—1200 年在位）、阿劳丁·摩诃末（1200—1220 年在位）、札兰丁（1220—1231 年在位）。

的威胁，而西辽的存在是花剌子模国的屏障。在临终之时，贴乞失告诫他的儿子们不要跟菊儿汗打仗，也不要撕毁已经达成的协议，因为“他是一道其后有可怕敌人的长城”[①]。

贴乞失去世以后，由于贴乞失的长子瑙锡如丁·马立克沙先他去世，因此，次子阿劳丁·摩诃末（ᶜAlā'al-Dīn Muhammad，1200—1220年在位）继承父位（1200年7月下旬）。摩诃末的王位受到其兄长子欣都汗的挑战，欣都汗认为，父亲虽死，作为长子他有权继承王位。摩诃末的军队很快击败了这个年轻人，欣都汗失败后逃往赫拉特，以后，他求助于古尔人，古尔人以此为借口向呼罗珊发起进攻。

摩诃末统治期间，花剌子模国摆脱了对西辽的臣属地位。1206年左右，一位名叫图什的西辽收税官来到花剌子模，按照以往沙黑纳的惯例，他坐在摩诃末素丹旁边的宝座上，然而，他对摩诃末极不礼貌，摩诃末下令把他碎尸万段，投进阿姆河中。

1210年，摩诃末出兵攻西辽，在塔拉兹城附近打败西辽军队，俘获西辽主将塔阳古，将他带回花剌子模。抵花剌子模后，摩诃末备了一席盛筵，然后把塔阳古处死，扔进河里。因这次胜利，人心对摩诃末的敬畏增长千倍，四方的诸侯向他的宫廷遣送驿使和贡礼。[②]

终其一生，摩诃末都在与花剌子模王室成员斗争。摩诃末娶妻数人，生有多子，其中最著名的有四位：札兰丁、吉亚苏丁、洛克努丁和兀思剌黑。长子札兰丁常伴随在摩诃末左右，吉亚苏丁统治着克尔曼，洛克努丁和兀思剌黑统治着伊拉克省。摩诃末的母亲秃儿罕与札兰丁不和，在母亲的坚持下，摩诃末选定幼子乌兹劳格沙为王储。

1215年，摩诃末第一次与蒙古军队相遇。当时，他率军从毡的前往钦察人的居地，途中碰到了成吉思汗长子朮赤的军队，朮赤致

① 〔伊朗〕志费尼：《世界征服者史》，第393页。

② 同上书，第384页。

函解释说，蒙古人只是为了镇压反叛者而来到此地，并非有意来此挑衅。摩诃末盛气凌人地回答说，在他看来所有的异教徒都是一样的，于是，向蒙古人发起攻击，朮赤因不敌而连夜逃走。

1220年，蒙古人发动了对花剌子模帝国的战争。摩诃末未与蒙古人交锋就开始西逃，随他逃亡的有他的三个儿子：札兰丁、吉亚苏丁和洛克努丁。1220年，摩诃末在逃亡中病逝。临终，重新指定札兰丁继承他的王位（1220—1231年在位），并说服其他两子接受。

此后，札兰丁率领两个弟弟及其部下从马赞德兰回到花剌子模，当时，花剌子模都城尚未落入蒙古人之手。在宫廷中，支持秃儿罕及乌兹劳格沙的突厥钦察人不仅不服从札兰丁的统治，还企图谋杀他。于是，札兰丁再次逃亡。在此期间，札兰丁与蒙古军队、西伊朗和美索不达米亚君王、巴格达哈里发、格鲁吉亚军发生战争。1230年8月上旬，札兰丁与罗姆塞尔柱人发生战争，战败后逃到阿塞拜疆，他的军队在木干草原休整。正值此时，蒙古军向阿塞拜疆挺进，在未能与部队会合之前，札兰丁遭到了蒙古军的攻击。1231年8月中旬，札兰丁逃到迪亚巴克尔的一个山区，在此被库尔德人杀死，花剌子模帝国灭亡。

第二节　花剌子模帝国的统治

贴乞失统治时期，花剌子模国向西方扩张。1187年，花剌子模人占领呼罗珊尼沙普尔城；1192年，出征波斯；1194年，进入哈马丹。至此，塞尔柱人在中亚和西亚建立的统治崩溃了，只有在小亚细亚的塞尔柱人还掌握着该地区的政权。1196年，花剌子模军队大败巴格达军队，哈里发的地位受到威胁。摩诃末即位之后，继续其父的扩张，在相当短的时间里完成了对呼罗珊、西伊朗和印度的征服，1216年，阿富汗加兹尼并入花剌子模帝国，1217年，西波斯无可争辩地属于花剌子模帝国。在此过程中，花剌子模帝国采取了与阿拔斯哈里发对立的立场。

与塞尔柱帝国和伽色尼王朝、喀喇汗王朝不同，花剌子模帝国不承认阿拔斯哈里发的权威。早期花剌子模国是塞尔柱帝国的一个地方政权，它与哈里发没有直接发生联系。1193 年，花剌子模沙兼并塞尔柱帝国呼罗珊领地及 1194 年灭亡伊拉克塞尔柱王朝之后，花剌子模沙有了入主巴格达的野心。当时，受到威胁的哈里发不得不承认了花剌子模沙贴乞失对伊拉克（波斯的伊拉克，即伊朗西部）、波斯（主要是阿塞拜疆、法尔斯、呼罗珊和起儿漫）和锡尔河以北突厥斯坦的统治。[①] 但是，贴乞失不满足，他希望像塞尔柱人一样，左右巴格达的哈里发。1200 年，摩诃末即位。新花剌子模沙彻底抛弃了阿拔斯哈里发，采取亲伊斯兰什叶派的政策。他从归顺于他的伊斯兰教首领那里搞到了一份宗教教法文书法特瓦（Fatwā），文书宣称：“（Nasir）根本不具有掌权执政的资格，哈里发之位是阿拔斯家族从阿里一系篡夺的”，于是，他宣布拥立什叶派的一位赛义德为哈里发。这种公开与逊尼派哈里发对立，支持什叶派的做法，在中亚地区的突厥王朝中是没有的。

有关花剌子模帝国内部结构和行政体系的资料很少，目前所有的资料主要是在花剌子模沙手下效力的官员写的书信文稿（Inshā’）、官方信函及委任授权状等文献。其中，摩诃末的书记部（Dīwān-i Inshā’）大臣巴哈丁·穆罕默德·巴格达迪（Bahā’al-Dīn Muhammad Baghdādī）给我们留下了一部重要的文集《书信集》（*Kitāb ad-Tawassul ilā’l-tarassul*），此外还有三朝元老拉施特丁·瓦特瓦特（卒于 1182 或 1183？）编撰的《通信集》（*Rasā’il*）。通过这些资料，可以大概构建出花剌子模帝国的统治方式。[②]

在臣属于塞尔柱帝国期间，花剌子模国虽然独立地统治着花剌子模绿洲，但花剌子模沙仍以塞尔柱帝国省区总督的身份出现，所

① Asimov, C. E. Bosworth, *History of Civilizations of Central Asia*, Vol.4 (1), p.170.

② Ibid., p.173.

以花剌子模国的行政管理可能是模仿塞尔柱帝国波斯行政管理模式。以宰相控制的大迪万及其手下的秘书处、大会计师处（Mustswfī）和军事总监处（Cārid-i Lashkar）为行政管理的核心。[①]其中，拉施特丁·瓦特在阿即思、伊尔·阿尔斯兰、贴乞失三朝担任秘书处首席秘书。

与塞尔柱帝国一样，地方政权由花剌子模沙委任瓦里、剌亦思和沙黑纳统治。各类官员的职能基本上可以区分。瓦里的职能之一是组织国家需要的劳役（Shāhkār / Bīgār）；剌亦思由当地贵族首领充当，他们是国家与地区居民沟通的渠道，他们好像不是由花剌子模沙或以后的素丹任命，而是由秘书处首席秘书任命，据史书记载，秘书处任命了锡斯坦、胡吉斯坦（Kuhistan）等地的剌亦思。[②]据史书记载，伊尔·阿尔斯兰统治时期，花剌子模国曾对锡斯坦北部的法拉赫、锡尔河以北的突厥斯坦，甚至河中地区的不花剌派遣过地方官。贴乞失统治时期，对毡的、毡的与昔格纳黑之间的巴耳赤部（Barjanlïgh-kent）属地、朱里章、底希斯坦都派驻了地方官。其中，毡的是花剌子模侵入钦察草原的基地，战略地位十分重要，花剌子模沙常常派其长子（储君）驻守。

贴乞失统治时期，花剌子模国的地方政权得以完善。秘书巴豪乌丁·本·穆罕默德写的《书信集》（又名《学习公务通信的门径》）一书描述了13世纪初期锡尔河省（毡的地区）的情况，记录了花剌子模沙贴乞失给毡的总督下的指示。在指示中，贴乞失要求地区总督注意给其部下（官吏和军人）按时发放薪饷，“以免他们向居民勒索”。并告诫总督，希望其部下不要参与该地区居民“之间的争吵、纠纷、口角和打架”。对于总督治下的法官，要求他们公平行使司法权，“而且，他们不应该有失法官的光辉美德”。对于宗教战士（加齐），总督应竭力支持，委托他们监视居民。对先知穆罕默德的后

---

① Asimov, C. E. Bosworth, *History of Civilizations of Central Asia*, Vol.4 (1), p.174.

② Ibid., pp.174-175.

裔，“他（总督）应根据赛义德们的为人公正及其神圣的等级，把他们安排好。”对伊玛目和学者，“总督应使伊玛目和学者们成为快乐的人，赠送礼物给他们，给他们幸福”，在国家事务中根据他们的法规（法特瓦）办事。对于境内有势力的酋长，必须加以保护。[①]以上指示反映，花剌子模帝国派往地方的总督拥有行政、军事、经济和宗教大权，总督在一方收取赋税，负责全省的行政开支，包括对军政官员发放薪水。

此书还记录了素丹对农民和地主、手工业者和“市场的人们”的指示，居民应该“十足交纳占明年收成三分之一的赋税，放弃似乎他们遭受压迫的毫无根据的诉控，要顺从总督的命令”。劝告总督必须注意他们，因为“他们的劳动为军队提供物质资料”。由此可知，居民要上缴三分之一的赋税，指示还提到保护商人，说他们是“不收费的情报员和国君的颂扬者”。

当花剌子模国扩张发展成为大花剌子模帝国之时，如何统治这一广大地区成了花剌子模帝国素丹力不从心的事情。摩诃末希望在庞大的帝国内建立中央集权统治，但他的想法受到了军事集团的反对。花剌子模帝国的战争和统治都是依靠武力，因此，军事集团在花剌子模帝国中有至高无上的地位。

贴乞失在位期间，针对阿姆河以北和草原的钦察人，花剌子模国制定了一些安抚性的军事和外交政策。如花剌子模国将花剌子模以北和以西草原上的突厥人大批征召入伍，并把部队划分成若干等级，挑选钦察族首领为部队统帅，这一政策的实施在花剌子模国中形成了以钦察突厥人为核心的庞大的军事贵族集团。加之，花剌子模国实行的伊克塔制度使军队首领不仅具有军权，还具有雄厚的经济基础。据记载，贴乞失登上了花剌子模沙的宝座，并赐给埃米尔和士兵们比他们在其父的日子里所得更多的金钱和更大的采邑。[②]为了拉拢该

① 〔苏联〕Б. Г. 加富罗夫：《中亚塔吉克史》，肖之兴译，中国社会科学出版社 1985 年版，第 245 页。

② 〔伊朗〕志费尼：《世界征服者史》，第 316 页。

集团的领导人，贴乞失又采取政治联姻的手段，他的妻子秃儿罕哈敦就是来自突厥康里部（或咽蔑部），她是钦察汗的女儿。军队贵族集团成为秃儿罕手中的工具，她牢牢地控制着这些军官，让他们在花剌子模帝国掌握实权。派往花剌子模帝国各地的统治者几乎都是秃儿罕手下的人。据说，摩诃末本人受其母操纵，他的警卫部队是钦察人，他颁布的命令只要母亲认为不合适就执行不了。这些钦察人有恃无恐，无恶不作，给花剌子模人民带来巨大的灾难，在伊朗北部、西部居民中，花剌子模军队成了残忍和暴虐的代名词。

摩诃末中央集权的实施最初得到了官僚贵族和教会的支持。宗教界最活跃的是伊斯兰教苏菲教团，该教团成员在花剌子模帝国中占据了重要地位，其中，贴乞失的私人秘书巴哈丁·穆罕默德·巴格达迪的兄弟马其杜丁·夏拉夫谢赫是苏菲教团首领，他曾得到摩诃末之母的支持，在花剌子模帝国内拥有很大势力。在权力斗争中，摩诃末将他杀掉，引起宗教界神职人员的不满，他们起来反叛，此后，摩诃末统治集团与宗教界决裂。

王权与军事首领和宗教界之间的斗争反映了花剌子模帝国封建主阶级内部矛盾的尖锐化。除此之外，在花剌子模帝国，封建主与农民之间的矛盾也十分尖锐，军事扩张对金钱的迫切需求必然转移到农民身上，地税的增加激起了农民的暴动。加之，花剌子模军队所到之处，留下了暴虐、敲诈的名声，使得他们非常不受欢迎，并成为公众仇恨的焦点。

尽管如此，在花剌子模国的统治下，花剌子模绿洲的生产力还是得到了一定程度的发展。地理学家雅库特在1219年来到玉龙杰赤，据他说，他从未见过世界上有比花剌子模都城更富庶、更美丽的城市，他还发现花剌子模的乡村特别富饶，遍布的居民点拥有集市和丰富的食品。苏联在花剌子模绿洲的考古发掘也能证明 12 世纪花剌子模灌溉农业的发达。①

① Asimov, C. E. Bosworth, *History of Civilizations of Central Asia*, Vol.4 (1), p.175.

12 世纪末，花剌子模素丹努力将其国家建成伊斯兰东方世界最强大的帝国，加快了国内中央集权的步伐。据纳撒威（Nasawī）记载，掌管花剌子模帝国行政大权的宰相与摩诃末之母不和，1218 年前后，摩诃末下令取消宰相维齐尔一职，设立了一个六人议政会（Sitta Min al-Wakīldāriyya），负责帝国的行政管理。议政会中设立了管理王室领地（Khāss）的监管官和首席秘书（Kātib al-Inshā'）。新的行政机构是否能够有效地运转，以及花剌子模素丹是否能够控制行政机构等问题都还未能显现出来之时，蒙古人已经来到了中亚地区。

不难看出，当成吉思汗开始征服花剌子模帝国之时，帝国的中央和地方政权都还没有健全，花剌子模政权仅仅是一个帝国的胚胎，缺乏国家的骨架。加之，摩诃末建立的花剌子模帝国以其最后形式存在的时间不过几年，这个短时间内拼凑而成的帝国在最初的一击之下就崩溃了。

第三节　古尔王朝的兴衰

朱兹贾尼写于 13 世纪中叶以后的《卫教者年表》是我们了解古尔王朝全部历史的主要史料来源。古尔地区地处赫拉特和加兹尼之间，古尔山区地域辽阔，由库赫保宝和赛菲德库赫两座山脉及周围的一些山谷组成，山区在崇山峻岭中，交通不便。但古尔地区水源丰富，赫尔曼德河、哈里河和穆尔加布河等河流均发源于古尔山区，加之，气候条件好，适宜于农、牧业生产。

9 世纪至 10 世纪，古尔山区成为萨法尔王朝和萨曼王朝争夺之地。979 年左右，萨曼王努赫・本・曼苏尔（即曼苏尔二世）派军队征服古尔山区，除了获得几座要塞外，这次出征并未取得重要的进展。

伽色尼王朝建立之初，古尔人在杰出领袖穆罕默德・本・苏里（Muhammad b. Sarī）的率领下[①]，与伽色尼王朝争夺布斯特的统治权，为此，赛布克特勤多次出征古尔山区，但这些进攻大多数被击退，不过，伽色尼王朝最终获胜，在古尔山区东部确立了宗主权，穆罕默德·本·苏里向他称臣纳贡。赛布克特勤去世以后，穆罕默德·本·苏里不再纳贡，并开始掠夺过境商队，勒索山区周围的伽色尼王朝属地。

对此，素丹马赫穆德于1011年、1015年和1020年三次征讨古尔山区。1011年，马赫穆德派赫拉特总督阿尔通塔什和徒思总督侍从阿儿斯兰（Arslan Hajib）率军出征古尔山区，伽色尼军队向阿罕迦兰（Ahangaran）进军。穆罕默德·本·苏里最初躲在险峻的山间，最后被伽色尼军队打败，他与其子失惕（Shith）被俘。[②]

在马赫穆德攻打古尔山区之时，穆罕默德·本·苏里的另一个儿子阿布·阿里（Abū ᶜAlī）因与父亲不和而向马赫穆德示好，以后，马赫穆德委任他为古尔地区的埃米尔[③]，自己满足于对古尔地区的宗主权，留下一些教士在此传播伊斯兰教。1020年，马赫穆德派其子马苏德征服古尔山区西北的纳卜（Nab），据史家贝哈基记，这是伽色尼军队第一次深入古尔山区的西北地区。

马苏德时期，伽色尼王朝与塞尔柱人之间进行了长期的战争，古尔山区成了双方交战的缓冲地带，古尔人时而归附于伽色尼人，时而投靠塞尔柱人，实际上，他们在古尔山区维持了独立统治。在塞尔柱人占领呼罗珊和阿富汗北部地区之时，古尔地区的统治者们仍然在名义上承认伽色尼王朝的最高统治权。伽色尼王朝对古尔山区的控制程度因素丹个人的威望而不同，有资料说，在拉希德和托

---

① 古尔人早期首领：穆罕默德·本·苏里（？—1011年在位）、阿布·阿里（？）、阿巴斯（？）、穆罕默德·本·阿巴斯（？）、忽特卜·丁·哈桑（？—1100年在位）、艾佐丁·侯赛因（1100—1146年在位）。

② 另有一说是：马赫穆德于1009年率领一支庞大的军队前往古尔山区讨伐，穆罕默德·本·苏里在一个城堡里抵御了一段时期以后向素丹马赫穆德投降，此后不久去世。

③ 另有记载说：马赫穆德在此扶持珊萨巴尼家族（Shansabānī）成员担任该地区埃米尔，珊萨巴尼家族世居哈里河上游阿汗加朗（Ahangaran）地区。

格利尔统治期间，古尔山区和伽尔吉斯坦完全脱离了伽色尼王朝；在易不拉欣时期，古尔人又重新承认了伽色尼素丹的宗主权。

在阿布·阿里统治时期，古尔人统治层发生内乱，阿布·阿里在一次纷争中被侄儿阿巴斯·本·希特·本·穆罕默德·本·苏里推翻，阿巴斯开始在此实施专制统治。他在此征收苛捐杂税，引起了古尔山区普遍的不满，一群地方首领请求伽色尼王朝素丹易不拉欣出面干预。易不拉欣率军前往古尔山区，废黜并囚禁了阿巴斯，扶其子穆罕默德·本·阿巴斯取而代之。穆罕默德·本·阿巴斯因与其父的罪恶统治形成鲜明对比而受到朱兹贾尼的赞扬。据说，阿巴斯向易不拉欣表示效忠，定期向他宣誓效忠，并按时支付规定的贡金。

在穆罕默德·本·阿巴斯之子忽特卜·丁·哈桑（Qutb al-Dīn Hasan）统治时期，古尔山区发生了部落冲突，哈桑之子艾佐丁·侯赛因在内乱中显示出统治才干，不仅恢复了古尔山区的秩序，而且夺取王位，成为古尔山区统治者。

艾佐丁·侯赛因掌权期间（1100—1146），塞尔柱素丹桑扎尔对古尔山区发动了袭击，这次袭击很可能是古尔山区部落民骚扰塞尔柱帝国边境安宁而引发的。在此打击下，艾佐丁·侯赛因承认了桑扎尔的宗主权，古尔山区被纳入塞尔柱帝国的统治。据古尔王朝的历史学家朱兹贾尼记载，艾佐丁·侯赛因每年要给桑扎尔进贡古尔地区的特产，如武器、盔甲以及当地驯养的狼狗，他以桑扎尔纳贡臣身份长期统治着古尔山区。①

在统治末期，艾佐丁·侯赛因趁塞尔柱素丹桑扎尔忙于对付西辽和古思人的反叛运动，迅速发展势力，在哈里河畔的菲里兹库赫（Firuzkuh）建立了国家，即古尔王朝。②

---

① Asimov, C. E. Bosworth, *History of Civilizations of Central Asia*, Vol.4 (1), p.180.

② "古尔王朝素丹世系表"见附录一。关于艾佐丁·侯赛因建立古尔王朝的时间有不同记载，今依《中亚文明史》第 4 卷（上），第 180 页：艾佐丁·侯赛因去世于 1146 年，故将此年定为古尔王朝兴起之年。

1146 年，艾佐丁・侯赛因去世。他死后留下七个儿子，他们统治着古尔山区及古尔人所征服的各地。长子法赫鲁丁・马苏地（Fakhr al-Dīn Mas[c]ūd）在巴米延和吐火罗斯坦建立了统治王朝；巴哈丁・沙木（Bahā'al-Dīn Sam）成了古尔和菲鲁兹库赫的埃米尔；赛夫丁・苏里（Sayf al-Dīn Sūri）在加兹尼建立了统治；素丹阿劳丁・侯赛因成为古尔、加兹尼和巴米延的最高君主；失哈不丁・穆罕默德・哈儿纳（Shihāb al-Dīn Muhammad Kharnak）在麻丁（Macdin）建立了统治；速加・丁・阿里（Shujac al-Dīn [c]Alī）成为札而麻思（Jarmas）的埃米尔。

艾佐丁・侯赛因去世以后，幼子忽特卜・丁・穆罕默德继承了王位（1146—1147），并使用了“山中之王”（Malik al-Jibāl）的称号，这一称号的使用第一次表达了他的野心。① 忽特卜・丁・穆罕默德娶伽色尼素丹巴赫拉姆沙之女为妻，势力逐渐强大。为了抑制苏里家族在古尔山区的势力，巴赫拉姆沙派人把女婿忽特卜・丁・穆罕默德召到加兹尼宫廷，在宴会中把他毒死。然而，据伊本・阿西尔及其之后的作家如费里斯塔（Firishta）记，忽特卜・丁・穆罕默德及其兄赛夫丁・苏里是为了侦探情况才来到加兹尼的，忽特卜・丁・穆罕默德被巴赫拉姆沙擒获后被处死。赛夫丁・苏里只身返回古尔山区，聚集了一支由骑兵和步兵组成的军队向加兹尼进发，赶走了巴赫拉姆沙，占领加兹尼。赛夫丁・苏里在加兹尼掌权（1147—1149），取素丹称号，依靠留在加兹尼的驻军和当地官员实施统治，身边只有一小支私人侍卫。

巴赫拉姆沙被逐出加兹尼城之后，逃到印度拉合尔避难。在此征集兵士。1149 年，趁古尔王公和大多数古尔士兵返回古尔地区过冬之时，巴赫拉姆沙经喀布尔返回加兹尼，出其不意地袭击了赛夫丁・苏里。赛夫丁・苏里及随从人员向古尔方向出逃，但在赫尔曼德河上游被伽色尼王朝军队追上，经过激烈战斗，赛夫丁・苏里

① Asimov, C. E. Bosworth, *History of Civilizations of Central Asia*, Vol.4 (1), p.180.

及随从被俘，被带回加兹尼，由牛或驴车拖着游街示众，沿途遭到羞辱，城民们向他们扔土块和垃圾，最后，巴赫拉姆沙处死了赛夫丁·苏里，并把他的首级送到桑扎尔宫廷。

为了给弟弟报仇，忽特卜·丁·穆罕默德之兄阿劳丁·侯赛因在古尔和伽尔吉斯坦招兵买马，组建军队，从菲里兹库赫出发，再次发动对伽色尼王朝的进攻。巴赫拉姆沙加强了防御，他把从印度运来的大象和军队组织起来应战。后来，双方在提格拉巴德附近打了一仗。古尔人的两位斗士卡米勒·萨姆·胡赛因（Kharmil Sam-i Husayn）和卡米尔·萨姆·班吉（Kharmil Sam-i Banji）率领士兵潜到大象的下面，用战斧剖开没有盔甲保护的大象下腹部，于是，古尔人大获全胜，夺取了加兹尼城。

阿劳丁·侯赛因以胜利者的姿态进城，将该城付之一炬，东伊斯兰世界的文化中心加兹尼城受到了致命的打击。历代伽色尼素丹用印度的战利品装饰的宏伟建筑物，清真寺、伊斯兰教学校和宫殿被捣毁，马赫穆德和马苏德两代人建起来的图书馆遭到烧毁，其中，包括 1034 年马苏德从伊斯法罕搬到加兹尼城的伊本·西那图书馆。史书记载说：“这座伟大的城市，连同它的王宫、图书馆、花园、学校和尖塔式的建筑，整整燃烧了七天七夜。阿劳丁的丑恶行为，使整整一个世纪的成果毁于一旦。”①因此，阿劳丁·侯赛因得到“贾杭苏兹”（Jahan-suz）的称号，意为“世界焚毁者”。

进入加兹尼城以后，阿劳丁·侯赛因把两位兄长的尸体从其坟墓中取出，全体古尔官兵哀悼了七天七夜，然后，用棺架将尸体运回古尔山区，在珊萨巴尼家族祖坟举行了隆重的葬礼。此后，阿劳丁·侯赛因开始了疯狂的报复行动，凡是与兄长之死有关的人都遭残酷的迫害。杀害兄长的官员和大臣木沙瓦被从山顶上推下去；在赛夫丁·苏里被当众羞辱时创作了讽刺诗的歌女们被关在一间澡池

① 〔巴基斯坦〕赛义德·菲亚兹·马茂德：《伊斯兰教简史》，吴云贵等译，中国少年儿童出版社、中国青年出版社 1996 年版，第 267 页。

内室息而死；赛夫丁·苏里殉难的地点被夷为平地，加兹尼城民被放逐到菲鲁兹库赫，在那里作为苦力建造堡垒，他们要从加兹尼背泥土，然后用他们的血拌泥土作为筑塔的灰泥；伽色尼王朝素丹们的坟墓遭到破坏，除马赫穆德、马苏德和易不拉欣之外，其余素丹的尸体被挖出来焚烧。

阿劳丁·侯赛因害怕遭到巴赫拉姆沙的反攻，在加兹尼留驻一位军事总督（可能是古尔王朝机构中的一位突厥指挥官）之后，迅速返回古尔山区。此后，古尔人停止向桑扎尔纳贡。1152 年，阿劳丁·侯赛因出兵赫拉特，攻占了哈里河与穆尔加布河之间的城镇，并向巴里黑城发起攻击。由于得到巴里黑城郊古思人的帮助，阿劳丁·侯赛因成功占领该城。桑扎尔率军赶来，在赫拉特以东的哈里河畔击溃并俘获了阿劳丁·侯赛因，古尔人退出呼罗珊。桑扎尔将阿劳丁·侯赛因囚禁了两年，直到古尔人付清了大笔赎金，他才得以返回古尔山区。

在阿劳丁·侯赛因被关押期间（1152—1154），逃到印度避难的伽色尼素丹巴赫拉姆沙返回加兹尼，赶走了古尔王朝的总督。在胡斯塔沙统治时期（1157—1160），古尔人对加兹尼发动了新的进攻。1157 年，阿劳丁·侯赛因进攻加兹尼，并向胡斯塔沙发出最后通牒，要他把扎明达瓦尔、布斯特和整个居里姆割让给他的侄儿沙姆斯·丁，当胡斯塔沙拒绝这一要求之时，据说，阿劳丁·侯赛因写了一首四行诗，在诗中，他提到了自己与巴赫拉姆沙在提格拉巴德的战事。

1160 年，伽色尼王朝素丹胡斯塔沙去世，他的儿子胡斯塔·马立克是在印度拉合尔继位的。也就是说，伽色尼王朝在 1160 年已经失去了加兹尼，退到了印度的拉合尔，当时占领加兹尼的是从呼罗珊南下的古思人。

1161 年 4 月，阿劳丁·侯赛因去世，其子赛夫丁·穆罕默德继位。他在位一年后被暗杀，堂兄吉亚丁·穆罕默德继承了王位（1163—1202）。吉亚丁·穆罕默德统治时代是古尔王朝的鼎盛时期。

吉亚丁·穆罕默德是阿劳丁·侯赛因兄弟巴哈丁·沙木之子，在阿劳丁·侯赛因统治时期，他与其弟穆伊兹·穆罕默德被关押，阿劳丁·侯赛因死后，赛夫丁·穆罕默德将他们释放。以后，吉亚丁·穆罕默德和穆伊兹·穆罕默德兄弟俩人合作，在古尔王朝的巩固和扩张中，起到了决定性的作用。

吉亚丁·穆罕默德被释放以后，帮助赛夫丁对付南下的古思人，因此，在古尔人中确立了威信。赛夫丁去世以后，他得到古尔和哈齐斯坦王公们的效忠，于1163年在菲鲁兹库赫登上王位。

统治之初，吉亚丁·穆罕默德与其弟穆伊兹·穆罕默德镇压了反对派阿布·阿巴斯（Abu'l-ᶜAbbās），打败了企图夺取菲里兹库赫的家族，即他的伯父法赫鲁丁·马苏地。这些斗争巩固了吉亚丁·穆罕默德在古尔王朝的统治，为了加强本家族的地位，吉亚丁·穆罕默德娶原素丹阿劳丁·侯赛因之女为妻，将两个家族的力量联合起来。

在古尔王朝的地位牢固之后，吉亚丁·穆罕默德开始对外扩张。塞尔柱帝国在赫拉特统治者塔术丁·也儿的兹（Tājal-Dīn Yildiz）去世以后，吉亚丁·穆罕默德在赫拉特首领和贵族们的邀请下，确立了古尔人在赫拉特的统治。随后，吉亚丁·穆罕默德袭击了喀布尔、谢飓（Zabul）。1173年，吉亚丁·穆罕默德与其弟穆伊兹·穆罕默德率领着一支由古尔人、卡拉吉人和呼罗珊人组成的军队进攻加兹尼。最初，他们未能攻下古思人建造的土木工事，但最终冲破工事，屠杀了大批古思人。吉亚丁·穆罕默德任命其弟穆伊兹·穆罕默德为加兹尼的统治者，自己返回菲鲁兹库赫。加兹尼一直是穆伊兹·穆罕默德的宫廷所在地。

夺取加兹尼两年之后，1175年，古尔人进入赫拉特，接着，锡斯坦统治者纳赛尔灭里（Nasīr Malik）、起儿漫的古思王纷纷臣服于古尔人的统治。与加兹尼和喀布尔一样，赫拉特和布斯特成为古尔王朝文化和贸易中心。这些地区在祈祷时以古尔素丹的名字颂读胡特巴，这些地区发行的钱币上铸有古尔素丹的名字。

1200 年，统治呼罗珊的花剌子模沙贴乞失去世，吉亚丁・穆罕默德兄弟俩出兵占领了尼沙普尔，将它交给吉亚丁・穆罕默德的女婿马立克・迪亚丁（Malik Diyal-Dīn）统治；同年，古尔人占领莫夫，安置古尔家族成员纳速鲁丁・穆罕默德・哈儿纳（Nasīr al-Dīn Muhammad Kharmk）统治，占领萨拉赫斯以后，将它交给法赫鲁丁・马苏地之子塔术丁・章吉（Tajal-Dīn Zangi）统治。12 世纪末，古尔王朝将瓦赫什河流域、什克南、巴达克山和巴里黑并入古尔王朝版图。

1202 年，吉亚丁・穆罕默德去世，享年 63 岁，死后埋在赫拉特。穆伊兹・穆罕默德登上素丹王位，他的活动主要在古尔山区的东面。

1175—1206 年间，古尔王朝发动了对北印度的战争。古尔人对印度的入侵始于 1175 年，是年，穆伊兹・穆罕默德向木尔坦进军并推翻了当时在此复兴的盖尔麦兑人（Carmathians）。1178 年，穆伊兹・穆罕默德率领一支军队经木尔坦和乌奇（Uchch），穿过塔尔（Thar）沙漠到达玛尔瓦尔（Marwar）和古吉拉特（Gujarat）。在南阿拉瓦里（Aravalli ）山脉阿布（Abu）山山脚的卡萨拉达（Kasahrada），穆伊兹军队疲惫不堪，饥饿的士兵遭到了古吉拉特的统治者穆拉纳加二世（Mularaja II）的打击。1179 年，穆伊兹・穆罕默德出兵占领旁遮普，围攻拉合尔。1186 年，穆伊兹・穆罕默德率领的古尔人占领了拉合尔，废黜了伽色尼王朝素丹胡斯塔・马立克，并将其带至古尔山区监禁。伽色尼王朝灭亡，古尔王朝吞并了旁遮普省。

穆伊兹・穆罕默德从 1178—1206 年先后六次出征印度，其中，最著名的是塔劳因（Tara'in）的两次战役。1190 年，穆伊兹・穆罕默德率军攻今德里附近的塔劳因，被印度王公的军队打败；为雪耻，穆伊兹・穆罕默德于 1192 年率 12 万大军再次来到塔劳因，这一次，古尔人击败了拉其普特王公的联军，占领德里，征服了恒河与朱木拿河之间的地区。古尔人所到之处，抢劫一空，破坏神庙石柱与建筑，许多具有艺术成就的建筑被夷为平地。1194 年至 1198 年间，古尔军征服贝拿勒斯和曲女城；1200 年至 1206 年，占领比哈尔和孟加拉。至此，德干高原以北地区皆并入古尔王朝。

1206 年 3 月 13 日，穆伊兹·穆罕默德被刺身亡，身后无嗣，古尔王朝四分五裂。是年，花剌子模沙摩诃末打败古尔王朝军，夺取了巴里黑、赫拉特等地，古尔王朝新素丹吉亚丁·马哈茂德（Ghiyāth al-Dīn Mahmūd）承认了花剌子模沙的宗主地位，以摩诃末的名字颂读胡特巴，在铸造钱币之时也将他的名字铸上。

1215 年，花剌子模军队占领了阿富汗加兹尼，古尔王朝在阿富汗的统治结束。此后，古尔人向北印度转移。与此同时，古尔王朝驻德里省总督突厥人库特布·乌丁·艾贝克（Qutb al-Dīn Aybak）宣布建立古尔人的政权，即德里素丹国，德里素丹国被认为是突厥人建立的政权，它统治印度 300 多年（1206—1526）。

第四节　古尔王朝的统治

古尔地区的居民大多数是塔吉克人，9 世纪时，他们生活在大大小小的部落内，这些部落在很长时期保持着军事民主制的残余，彼此间征战不休。10 世纪以前，古尔山区仍然存在着奴隶占有制，但使用奴隶的规模比河中地区小，10 世纪的一些著作也留下了关于从古尔输出奴隶的记载。

古尔王朝是在山区家长制基础上建立起来的政权，随着与外界的接触，以后逐步具有了国家的特征，并在短时间内发展成为中亚地区较大的伊斯兰国家之一。古尔王朝是继萨曼王朝之后在中亚建立的一个塔吉克族政权，在短时期内，它将阿富汗大部分地区的塔吉克人重新统一在一个政权之下。

10 世纪末期，古尔人按地域原则组成了一个个地区政权，它们由小王（马立克）统治，各小王之间互不相统，彼此独立。这些政权在相当大的程度上保留了双王制，一个地区由两个首领统治，他们分享平等的权力，一个管辖行政，一个统率军队。各地统治者拥有自己专门的尊号，在曼杰什区，他们称马立克或麦赫塔尔（以后称沙赫）；在塔姆兰区和塔马赞区称瓦兰达；在瓦尔米尚区称瓦尔米什帕特。古尔社会的封建关系出现较晚，在10—11世纪期间，古尔社会的封建关系还处于半父权半封建制关系。

古尔山区一直保留着古老的信仰，在11世纪初，仍是一个四周被穆斯林包围的异教地区。此后，伊斯兰教传入，不过，直到11世纪中叶，古尔山区还存在着没有接受伊斯兰教的部落。[①]伊斯兰教传入之初，在古尔山区有影响的是卡拉米耶派。随着与加兹尼、赫拉特和其他穆斯林文化中心联系的加强，古尔人改变了宗教面貌，为了获得阿拔斯哈里发的承认，古尔人与阿拔斯王朝保持一致，宣称信仰伊斯兰教逊尼派。在12世纪，珊萨巴尼家族放弃对卡拉米耶派的保护，《卫教者年表》一书记载了古尔人的一些传说，提到了珊萨巴尼家族的一位王公班吉（Banji）在占据古尔地区以后，他的统治得到哈里发哈伦·拉希德（786—809年在位）的承认，哈里发给他颁发了证书和旗帜，并授予他"穆民领袖的战友"（Qasīm Amīr al-Mu'minīn）的称号。从吉亚丁·穆罕默德起，古尔统治者开始信仰逊尼派中的沙斐仪教法学派，其弟穆伊兹·穆罕默德成了逊尼派中的哈乃斐派的信徒。哈里发穆斯塔迪（1170—1180年在位）、纳绥尔（Nasir，1180—1225年在位）分别授予古尔王朝素丹荣誉之袍，并在每日5次帝王式的军乐队礼仪（Nawbat）中提到古尔，哈里发的支持提高了古尔素丹们的声望。

古尔王朝建立之初，王朝统治者通常采用比较谦逊的埃米尔（地区统治者）和马立克（王）称号。夺取加兹尼以后，统治者开始称素丹。在古尔王朝中，素丹是王朝的最高首领，王位由苏里家族世袭。古尔王朝是塔吉克族的政权，王位继承很强调东伊朗语的

---

① V. Minorsky translation and explained, *Ḥudūd al-'Ālam*, p.344："在他那个时代（10世纪末），古尔山区的大多数居民就已经成了穆斯林。" Gavin Hambly ed., *Central Asia*, p.75，认为，这种说法是很值得怀疑的，他认为伊斯兰教是伴随着伽色尼王朝的武力而传入的。

塔吉克族的纯洁性，如在艾佐丁·侯赛因的七个儿子中，法赫鲁丁·马苏地是长子，但因其母突厥人出身，他就被剥夺了继承权。

在统治区域内，古尔王朝的统治呈现出多元化的特征。古尔政权的统治中心在菲里兹库赫和加兹尼两个地区。位于哈里河畔的菲里兹库赫是古尔王朝的大本营，在此古尔王朝实施家长制，部落传统的残余保留下来，古尔王朝的国家权力被统治家族的大大小小的埃米尔分享，上下之间形成了主从关系，仆从定期向主子进贡，并将宗主的名字刻于钱币上，以换取他们在自己的地盘上行使所有的权力。

在加兹尼建立政权之后，虽然吉亚丁·穆罕默德和穆伊兹·穆罕默德兄弟分别在菲里兹库赫和加兹尼同时称素丹，但加兹尼的穆伊兹·穆罕默德承认自己的臣属地位，将其兄称作大素丹，其兄去世以后，穆伊兹·穆罕默德才正式启用大素丹称号。夺取具有两个世纪之久的伽色尼王朝都城加兹尼以后，古尔王朝在此继承了伽色尼王朝的行政制度，实施突厥—伊朗君主统治，但融入了某些塞尔柱帝国行政体系的特征。

在加兹尼宫廷，维齐尔是行政首脑，除行政权外，对军队具有监督权。大法官名为大哈迪（Qādī al-Qudāt），具有最高司法权，在他手下，有各级哈迪，其中，还有派往军队的军中哈迪。掌管内务的最高官员是侍从长（Amīr-i Hājib），主管朝廷礼仪和庆典，贵族或官员面见君主也由他们引导。狩猎官（Amīr-i Shikār）掌管狩猎，侍卫长（Sar-i Jāndār）统领国王的侍卫。军队的最高指挥官是统帅（Sipāh Sālār）。

此外，古尔王朝在北印度由分散的封建主独立统治。穆伊兹·穆罕默德在北印度构建了行政机构，他吸纳当地人参与管理。在行政机构中，似乎包括了三四位本地将领，他们相互独立，都向穆伊兹·穆罕默德表示臣属。[①] 在印度，军队及其军需补给部门是由国家供给部（Carid-i Mamālik）负责。伊克塔制度在印度逐渐发展，

---

① Asimov, C. E. Bosworth, *History of Civilizations of Central Asia*, Vol.4 (1), p.187.

有助于将这些小封建势力整合进一个中央集权的组织。尽管如此，穆伊兹·穆罕默德统治地区仍存在着部落制度的残余，如家奴制，在古尔王朝建立之后，家奴制还具有十分重要的意义，穆伊兹·穆罕默德视家奴如儿子，这些家奴在古尔王朝以后的印度古尔人组织中成了关键人物。

与伽色尼王朝军一样，古尔王朝军队的种族成分多元化。军队中既有突厥人、塔吉克人，也有印度士兵。阿富汗地区的卡拉吉突厥人构成了军队的核心力量，但人数有限，因此，古尔素丹必须通过购买来自内陆亚洲草原的突厥军事奴隶加以补充。奴隶士兵因功可以解除奴隶身份，如突厥奴隶将领忽都不丁·爱别曾要素丹吉亚丁·穆罕默德颁给他一封解除奴隶身份的信函，以示对法律形式和传统的尊重。古尔军队在军事上占有一定的优势，他们拥有丰富的马匹和铁器，伽色尼王朝人很欣赏他们生产的武器装备，印度人则尊称他们为“骏马之主”（A’sva Patis）。

素丹利用这支军队与呼罗珊的花剌子模国军队作战，与花剌子模国相比，古尔王朝军在人数上处于劣势。花剌子模绿洲与钦察草原毗邻，草原上的大批突厥牧民是花剌子模国骑兵的储备力量，兵源雄厚；而古尔王朝的突厥骑兵大多数通过购买获取，兵源困难。在与花剌子模国争夺呼罗珊的同时，古尔人还频繁出击北印度，古尔军队大规模进入印度河—恒河平原，成功地占领这一地区，并在此建立了古尔人的统治。阿拔斯哈里发给占领北印度的古尔将领伊勒秃惕迷失颁发了“授权书”（Manshar），正式承认印度的古尔王朝为独立的政治实体。[①] 古尔人对印度的统治对南亚次大陆的历史产生了深远的影响。

古尔王朝的建立有着重要意义。在对外扩张中，古尔人来到了伊斯兰东部的文化中心加兹尼和赫拉特，接触到了先进的伊斯兰文化。在阿布·阿里统治期间，古尔人建造了包括清真寺和宗教学校的许多

---

① Asimov, C. E. Bosworth, *History of Civilizations of Central Asia*, Vol.4 (1), p.188.

公共建筑；在阿巴斯统治时期，古尔人大兴土木，修建了不少具有堡寨特色的村庄；在忽特卜·丁·穆罕默德时期，古尔人建造了菲鲁兹库赫；在巴哈丁·沙木统治下，古尔山区和赫拉特出现了坚固的堡寨建筑；素丹吉亚丁·穆罕默德在卧答卧只（Wadawajzd）建筑了坚固城堡，此堡在蒙古人的猛烈攻击下也未毁坏。考古学家们在胡齐斯坦发掘了一处属于1165—1176年间的古尔人修建的宗教学校遗址，它“展现了12世纪呼罗珊西部、阿富汗、锡斯坦许多建筑结构的相似之处”。考古学家安德烈·马里奇（Andre Marieq）于1957年在古尔山区的扎木（Jam）发现了可能是菲鲁兹库赫的清真寺宣礼塔和要塞，这些发现反映了古尔人的建筑传统。

在征服过程中，古尔王朝破坏了阿富汗地区的一些文化成就，但一些统治者对文化也发挥了促进和保护作用。如对学术感兴趣的古尔首领阿巴斯关注星象学，他修建了一个有12座塔楼的城堡用于自己的星象学研究；他的儿子穆罕默德·本·阿巴斯也庇护并资助文人学者。

古尔人对印度北部的占领具有了重要的社会和文化意义。穆伊兹·穆罕默德在征服和占领印度之时都没有摧毁当地的文化，文学家穆罕默德·奥菲和法赫鲁·穆达必儿（Fakhr-i Mudabbir）在13世纪早期仍在拉合尔创作。古尔人在印度以建设者的身份出现，中亚的学术通过学者或书籍传到印度，并在古尔人的保护下繁荣起来。

第三章

内外关系

1141 年的卡特万战争使西辽成了中亚的霸主，西辽开始在中亚诸政权的关系中发挥重要作用。12 世纪末，花剌子模国强盛起来，确立了对呼罗珊、西伊朗、阿富汗的统治。13 世纪初期，花剌子模帝国左右了中亚形势。在对外关系中，西辽不忘复兴辽朝，继续与中国北部的金国处于敌对状态；花剌子模帝国将注意力集中在西方，企图像塞尔柱人一样，取代哈里发行使阿拔斯帝国的世俗权力；蒙古高原上蒙古人崛起，在成吉思汗的率领下开始了西征。最终，蒙古人灭亡了花剌子模帝国，结束了突厥人在中亚两百多年的统治。

第一节　内部争夺

1141 年的卡特万战争以后，西辽势力扩展到阿姆河以北地区，阿姆河中、上游成为西辽与塞尔柱帝国的分界线，西辽国势兵威为一时之冠，从叶尼塞河上游一直到阿姆河以北，甚至阿姆河以南的巴里黑一度也承认了西辽的宗主权。[①] 在西辽的宗主权下，东、西喀

① W. Barthold, *Turkestan Down to the Mongol Invasion*, pp.335-336.

喇汗王朝政权软弱，依靠西辽维持着自己的统治；与此同时，花剌子模国却强大起来，不仅摆脱了西辽的宗主权，还与西辽争夺对西喀喇汗国的宗主权。在此后的绝大部分时间里（1141—1210），西辽与花剌子模国之间的关系构成了中亚国家关系的重心，它决定了河中地区，甚至锡尔河以北地区的稳定。

1141 年以后，西辽与花剌子模国之间的宗臣关系是明确的。花剌子模国统治者在很长时间内依赖西辽维持统治，这种情况一直延续到 1206 年。西辽利用这种关系多次干预花剌子模国的王位继承。花剌子模沙伊尔·阿尔斯兰去世以后，长子贴乞失对其弟算端沙的继位不满而投奔西辽，西辽出兵帮助他夺取了王位，而当贴乞失企图不缴纳年贡之时，西辽又出兵协助算端沙的夺位战争。

花剌子模国利用这种臣属关系抵御了外来入侵。花剌子模沙贴乞失的使者曾对西辽直鲁古汗说，西辽应该出兵攻打古尔人，不然，他们将会像夺取巴里黑一样夺取花剌子模，然后进攻西辽，那时西辽将很难阻止他们，更没有力量把他们从河中地区赶出去。西辽多次出兵赶走阿富汗古尔人的入侵，其中，在 1165 年和 1198 年的抗击中，西辽与花剌子模的联军还渡过阿姆河，一直打到巴里黑城。

在这些战争中，西辽花费了大量人力物力，特别是 1198 年之战，西辽将领塔阳古的军队渡过阿姆河，打到了古尔人的统治区，结果遭到惨败，损失严重。西辽直鲁古汗曾派使者向花剌子模沙贴乞失索赔："杀死我的人是你，因此我为每个死者要一万迪纳尔。"贴乞失的答复是："你的军队只是力图夺取巴里黑，并不是来帮助我，我没有加入到他们当中，也没有命令他们渡河。既然是你这样做的，那我将你向我要的钱留给自己。但是你们之所以向我说这种话和表示这种要求，只是因为你们原来对古尔人毫无能力。至于我，我已同古尔人言归于好，并成为他们的臣属，而我再不是你们的臣属。"① 他的回答激怒了直鲁古汗，于是，西辽的一支军队出征包围了

① 魏良弢：《西辽史研究》，第 102 页。

花剌子模绿洲。贴乞失在夜间出兵袭击西辽军，杀伤很多，西辽军撤回河中地区，贴乞失跟踪追击，包围了不花剌。不花剌居民与西辽军一起抵抗花剌子模军，花剌子模军曾经攻下不花剌，不过，他们未能在此立足，不久就撤回花剌子模。

以上事件可以视为两国关系破裂的开始。其实，花剌子模统治者一有机会就蚕食西辽属地。在卡特万战争之后不久，花剌子模国就利用西喀喇汗王朝内部的纠纷与西辽争夺河中地区的宗主权。在西喀喇汗王朝王权与葛逻禄军事集团的斗争中，西辽出兵平息河中地区的动乱。而花剌子模沙伊尔·阿尔斯兰也以保护葛逻禄人为借口，率军进犯河中地区。1158 年 7 月，花剌子模军直逼撒麻耳干城，西喀喇汗逃到西辽避难，西辽出兵打败并赶走了花剌子模军。这是花剌子模国初期扩张企图的反映。

随着力量的强大，花剌子模国与宗主西辽之间的冲突日趋频繁。1200 年，贴乞失之子摩诃末继位为花剌子模沙，即位之初，他仍承认西辽的宗主地位，继续向西辽缴纳贡赋。1203—1204 年，西辽军还出兵协助花剌子模军打败了入侵的古尔军队。此战之后，花剌子模国力增强，摩诃末停止向西辽纳贡，在西辽的逼迫之下，花剌子模国于 1204 年补交了所欠贡赋。不过，随着西辽的削弱和花剌子模国的强盛，臣属关系难以维持下去，1206 年，花剌子模国最终独立。

摆脱西辽的宗主权后，花剌子模国左右了西喀喇汗王朝事务。1206 年，不花剌爆发了手工业者起义，不花剌大封建主在向西辽求援无望的情况下，转而向花剌子模沙摩诃末求援。摩诃末出兵河中地区，于 1207 年把这次起义镇压下去，将不花剌纳入自己的统治。1209 年，西辽军出兵打败了西喀喇汗乌思蛮和花剌子模沙摩诃末，恢复了对西喀喇汗国的宗主权。

1210 年，花剌子模国出兵攻西辽，双方在塔拉兹城附近发生战争，西辽军战败，主帅塔阳古被俘。塔拉兹之战虽不是决定性的战役，但它使摩诃末获得了极大的声誉。有报道将摩诃末之名与历史上的亚历山大并列，称“亚历山大第二”。摩诃末对部下说：“桑扎尔的统治很长。倘若写这些称号是为了吉祥，那么让他们写成素丹桑扎尔吧！”于是，在他的名字前又冠以“素丹桑扎尔”的称号。

塔拉兹战役之后，摩诃末继续在锡尔河以北地区作战，但他的军队对战争并不积极，而是专注于掳掠。在此形势下，为了防止屈出律向河中地区攻击，摩诃末下令将河中以东的一些城市毁掉，将其地居民迁走。

塔拉兹战役之后，西喀喇汗彻底倒向花剌子模沙，但花剌子模军队在河中地区的暴行激起了撒麻耳干城的起义。1212 年，撒麻耳干起义被摩诃末镇压，河中地区被纳入花剌子模国版图。此后，花剌子模沙集中精力于呼罗珊和西波斯的战事。

花剌子模国在承认西辽宗主权的同时，继续向原来的宗主塞尔柱帝国素丹称臣，只是没有纳贡。尽管如此，花剌子模沙也抱有在呼罗珊扩大地盘的企图。在桑扎尔被古思人软禁期间，花剌子模沙开始涉足呼罗珊事务。伊尔·阿尔斯兰借口讨伐呼罗珊境内的古思人而进军呼罗珊，占领了该地区的大部分城镇，统治了古尔甘等行省。但伊尔·阿尔斯兰在这些地区的统治是不巩固的，他为征服地区的统治权不断与桑扎尔的部下穆厄亦德·奥伊阿贝发生战争。最大的一次战争是发生在 1163 年，伊尔·阿尔斯兰率领大军围困尼沙普尔，在久攻不下的情况下，双方媾和。

当摩诃末之前的两代花剌子模沙在发展力量之时，阿富汗西部的古尔人也在向呼罗珊挺进。卡特万战争以后，中亚南部的阿富汗地区由伽色尼王朝统治，随着古尔王朝的建立，伽色尼王朝退出了阿富汗。古尔王朝向外扩张，在呼罗珊遇到了劲敌花剌子模国。

当塞尔柱素丹桑扎尔在卡特万战争兵败之时，古尔首领阿劳丁·侯赛因停止向桑扎尔纳贡，接着，他出兵赫拉特，攻占了哈里河与穆尔加布河之间的城镇，并向巴里黑城发起攻击。由于得到巴里黑城郊古思人的帮助，阿劳丁·侯赛因很快夺取该城。1152 年，桑扎尔在赫拉特以东的哈里河畔击溃并俘获了阿劳丁·侯赛因，古尔人退出呼罗珊。

1198 年，在古思人的帮助下，古尔人再次夺取了花剌子模国占领的巴里黑城，花剌子模和西辽联军出兵，未能收复该城。摩诃末即位之后的第一次行动就是从古尔王朝手中夺取巴里黑城。他与古尔王朝素丹吉亚丁・穆罕默德的军队在阿姆河畔发生战争。在这次战争中，古尔王朝获胜。1200—1201 年间，由吉亚丁・穆罕默德率领的一支古尔王朝军出现在尼沙普尔，围攻该城。尼沙普尔城相当坚固，古尔人使用攻城槌猛攻，结果，城墙上的两座塔倒塌，压在花剌子模守军的身上，古尔人趁机占领了尼沙普尔城。

1203—1204 年间，古尔人攻打花剌子模本土，摩诃末向宗主国西辽求援。据志费尼记载，西辽派塔阳古率领 1 万人的军队支援，西喀喇汗乌思蛮也率兵参战。古尔王朝素丹听到西辽出兵的消息后仓皇撤兵，花剌子模军队紧追不舍，在巴里黑以西的安德克霍沙漠包围了古尔军，双方展开了激战。战争的第二天，西辽军发起总攻，古尔军有 5 万人死于战场，古尔王朝素丹和大约 100 人逃入沙漠，被西辽军队包围。吉亚丁・穆罕默德用计策得以逃掉，躲进了安德克霍堡。西辽军队把城墙打开了一个缺口，正在危急之时，吉亚丁・穆罕默德收到西喀喇汗乌思蛮送来的一封信，信上说："为伊斯兰教的尊荣，我不愿一个穆斯林素丹落入异教徒的罗网，死于他们之手。因此对你来说，最好交出你所有的一切，诸如大象、马匹、动产和不动产，作为你人身的赎金。以这个理由，我将替你斡旋，求得这些人的同意。"[①]吉亚丁・穆罕默德只好照乌思蛮的话做，交出了他拥有的一切，经过乌思蛮的斡旋，西辽军撤围。

此后，摩诃末夺回了尼沙普尔城。1206 年 12 月，摩诃末南下征服了古尔人占领的巴里黑和赫拉特。1215 年，摩诃末夺取加兹尼，将阿富汗并入花剌子模国。

到 13 世纪 20 年代，花剌子模国已经是中亚霸主，它左右了中

① 魏良弢：《西辽史研究》，第 98 页。

亚地区的形势，直到蒙古人的到来。

第二节　对外关系

12世纪中叶至13世纪20年代，即在蒙古西征之前的70年中，西辽和花剌子模国与东西方国家和地区的关系构成了中亚的对外关系。

西辽与金国有着不共戴天的仇恨，因此，两国之间的关系始终处于紧张的戒备状态。在感天皇后监国时期（1142—1150），西辽国力相当强大，南宋、西夏都不可与之相比，西辽成为金国西北边境的最大威胁。尽管如此，西辽的攻金之战在耶律大石去世之后再也没有发生。金国看到西辽强大，在无力灭西辽的形势下，金国曾欲招降西辽，使之成为金国的属国。

1144年，高昌回鹘国使者在向金国进贡之时，告之耶律大石已死。于是，金朝统治者趁西辽主幼、母后临朝之际派使者到西辽。金朝加封粘割韩奴武义将军衔，出使西辽。粘割韩奴于1146年经高昌回鹘国境到达西辽的直辖领地，当时感天皇后塔不烟正在去打猎的路上，她遇到粘割韩奴就问他是什么人，怎敢不下马。粘割韩奴回答说："我上国使也，奉天子之命来招汝降，汝当下马听诏。"感天皇后说："汝单使来，欲事口舌耶！"叫人拉下马来，命他下跪。韩奴骂道："反贼，天子不忍于尔加兵，遣招汝。尔纵不能面缚请罪阙下，亦当尽敬天子之使，乃敢反加辱乎。"感天皇后怒，杀粘割韩奴。[①] 金国使者妄自尊大，没有完成出使任务。金国企图使西辽臣属的想法也是不切实际的，但一直到12世纪80年代，金国始终没有打消过这种想法。1181年，金世宗诏金平章政事完颜襄受北部进贡，"使还，世宗问边事，具图以进，因上羁縻属部、镇服大

① （元）脱脱：《金史》，第2638页。

石之策，诏悉行之”[①]。

在 12 世纪 60—70 年代，西辽的强大吸引了金国臣民，不堪忍受金国统治的契丹人纷纷向往西辽。1161 年，契丹人撒八起义，在金军的围追堵截下，“谋归大石，乃率众沿龙驹河西去。”然而，他们还未到达目的地，在西行途中就被部下所杀。[②]1177 年，金世宗派“监察御史完颜觌古速行边，从行契丹押剌四人，挼剌、招得、雅鲁、斡列阿，自边亡归大石”[③]。得知此事以后，金世宗专门下诏令：“大石在夏国西北。昔窝斡为乱，契丹等响应，朕释其罪，俾复旧业，遣使安辑之，反侧之心犹未已。若大石使人间诱，必生边患。遣使徙之，俾与女直人杂居，男婚女聘，渐化成俗，长久之策也。”[④]由此，不难看出西辽对金朝西北边境居民或部族的吸引力。为了杜绝这种类事件的发生，金国统治者改变了方式，企图用民族融合的办法使契丹人与女直人“男婚女聘，渐化成俗”。西辽在 12 世纪后期曾准备出兵攻打金，由于隔离其中的西夏不肯借道而未果。

西辽与南宋没有产生直接联系，在南宋欲与西夏结盟以对付金国之时，曾怂恿西夏让西辽军过其境。直鲁古统治初期，1185 年夏天，南宋朝廷收到“故辽国大石林牙假道于夏人以伐金”的报告，宋孝宗在得此消息之后密诏都统制吴挺与制置使留正商议，准备配合西辽的伐金行动。枢密使周必大在其《奉诏录》中记载了一条传闻说：“金国以八千劓决契丹。”是年夏天，南宋朝廷不断收到西辽伐金的谍报，君臣多次密议，并命令边将“间探精审”。对于来自西夏的这些情报，当时枢密使周必大采取了比较谨慎的态度，上奏劝说孝宗，西夏不可轻信，“但当严备，随机应之”。[⑤]宋孝宗不死心，次年 4 月，“欲亲书专人付吴挺使人结约夏国，若肯放大石契丹过彼界

---

① （元）脱脱：《金史》，第 2087 页。
② 同上书，第 2850 页。
③ 同上书，第 1964 页。
④ 同上。
⑤ （元）脱脱：《宋史》，第 14007—14033 页。

至陕西，许他时策为夏帝，彼此用敌国礼”[1]。此事最终没有什么结果，它不过反映了西辽灭金的愿望和南宋联合西辽灭金的企图。

这一时期，花剌子模国除了参与呼罗珊塞尔柱帝国的王位斗争外，又频繁地与西波斯诸王朝战争，不仅灭亡了伊拉克塞尔柱王朝，还与阿拔斯哈里发争夺阿拉伯帝国的世俗统治权。

1119 年 8 月，桑扎尔为争夺塞尔柱帝国素丹王位与侄儿穆吉苏丁·马赫穆德在萨韦进行了一次战争，桑扎尔获胜，登上了塞尔柱帝国素丹王位。实际上，桑扎尔以呼罗珊莫夫城为中心，统治着帝国东部，而帝国西部交给了侄儿马赫穆德。马赫穆德家族以哈马丹为都实施统治，这一塞尔柱人的政权被称为伊拉克塞尔柱王朝（1119—1194）。伊拉克塞尔柱王朝统治西塞尔柱帝国 75 年，于 1194 年被花剌子模国灭亡。末代素丹托格里尔三世在位期间（1175—1194）企图独自管理国家行政，只让哈里发管理宗教事务，阿拔斯哈里发纳绥尔不同意。在此斗争中，哈里发向花剌子模沙贴乞失求援，这一请求给予花剌子模向西发展的机会。在哈里发的鼓励下，花剌子模沙贴乞失于 1193 年入侵伊拉克塞尔柱王朝在东波斯的领地。1194 年 3 月 19 日，贴乞失与托格里尔三世在剌夷城附近打了一场战争，贴乞失打败托格里尔，结束了伊拉克塞尔柱王朝在波斯的统治，于是，包括都城哈马丹及大城市剌夷在内的东波斯地区一起并入花剌子模国版图。

灭亡伊拉克塞尔柱王朝以后，花剌子模沙把目标对准了巴格达，企图灭亡阿拔斯王朝。塞尔柱人于 1055 年灭布威希王朝之后，巴格达哈里发并没有得到解放，除了宗教上的权威外，他们势力软弱，依靠塞尔柱人维持着名存实亡的阿拔斯王朝。马立克沙素丹去世以后，塞尔柱帝国分裂，阿拔斯哈里发的势力开始恢复。在哈里发穆斯塔迪统治时期（1170—1180），萨拉丁于 1171 年结束了法蒂玛王朝在北非的统治，作为一个忠诚的逊尼派穆斯林，萨拉丁命令埃及

---

① （宋）周必大：《文忠集》卷 149《结约夏国御笔》，影印《文渊阁四库全书》，台北商务印书馆。

和叙利亚各地以阿拔斯王朝哈里发的名字祈祷，阿拔斯王朝哈里发的权威在这些地区得到了承认。1187 年，萨拉丁对十字军的战争获得了决定性胜利，他派人给哈里发纳绥尔送去几个法兰克人战俘和一部分战利品。萨拉丁给予阿拔斯哈里发的荣誉鼓起了纳绥尔的信心，激起了他复兴阿拔斯王朝的希望。在复兴过程中，纳绥尔打算先借花剌子模国之力消灭塞尔柱帝国，又借用阿富汗古尔王朝之手除掉花剌子模国。

1194 年，花剌子模沙贴乞失打败伊拉克塞尔柱王朝，进驻都城哈马丹，杀素丹托格里尔三世，将他的首级送到巴格达纳绥尔宫廷。纳绥尔希望贴乞失交出他所征服的伊拉克等地，但贴乞失希望沿用塞尔柱人的先例，让哈里发把世俗权力让给花剌子模沙。为此举行了和谈，哈里发纳绥尔派他的宰相到哈马丹给征服者赐荣誉之袍。宰相在离哈马丹 6 公里处驻扎，致函贴乞失说，为了表示对哈里发的尊重，贴乞失应亲自到宰相马前接受赐袍。贴乞失心生疑义，据史书记载，花剌子模沙派一支军队去迎哈里发的使者。“一来当国王和算端者有自尊心，二来知道这类会晤含有阴谋诡计，三来他洪福齐天，这使算端派一支军队去迎他，防止了那个谋害。”[①] 宰相在迎接他的军队到来之时逃走，这一举止让哈里发丢丑。此后，双方矛盾公开。哈里发坚持要贴乞失从波斯西部的几个省撤军，退回花剌子模绿洲。贴乞失的答复是，他从征服地区或国家征得的收入还不够他庞大军队的开销，哈里发应该在这些国家以外，再让他（花剌子模沙）管辖更多的地区。他还提出，在巴格达的祈祷中应该提到他的名字。哈里发不答应他的这些要求，双方之间的冲突无法调和。

在返回花剌子模国之时，贴乞失把哈马丹和伊斯法罕留给部下统治，把剌夷交给他的儿子玉尼思和近臣马延术克。此后，贴乞失对锡尔河以北的钦察突厥人发起过进攻，1195 年，贴乞失率军渡过锡尔河，同年 6 月战败。大部分花剌子模军或者被钦察人杀死，或

① 〔伊朗〕志费尼：《世界征服者史》，第 330—331 页。

因气候炎热干渴而死，贴乞失本人回到花剌子模绿洲。与钦察人的战争由其子摩诃末继续进行，1198 年，摩诃末击败并生擒了钦察部酋长，把他押往花剌子模。

1199 年，贴乞失重新开始了对西方的战争。他留守剌夷的儿子玉尼思因患眼疾从剌夷返回，马延术克在东波斯专权。贴乞失命当时在伊拉克的驻军首领忽都鲁亦难赤到剌夷，与马延术克共同统治，两人相处了几天之后，马延术克突然袭击并杀了忽都鲁亦难赤，把他的首级送到花剌子模，声称他谋逆。贴乞失“为这个卑鄙的借口和明显的背叛所震动，察觉出这些是叛乱的征兆，但他认为以不暴露他的情绪为妙。最后，在回历 592 年（公元 1195 或 1196 年），他第三次出师伊剌克”[①]。贴乞失经马赞德兰来到剌夷，镇压了马延术克之后，从哈马丹进军伊斯法罕，并在此驻留。哈卡尼（Khagani）对当时的情景留下一首诗：“喜讯！花剌子模沙取得了亦思法杭（伊斯法罕）的国土；他还取得了两伊剌克以及呼罗珊的土地。他御伞上的新月征服了天宫的堡垒；他宝刀上的汹涌光辉取得了所罗门的国家。”[②]这次行动给哈里发纳绥尔造成了极大威胁，他害怕贴乞失攻打巴格达，于是，承认了他对伊拉克、呼罗珊和突厥斯坦的统治。

1200 年，贴乞失去世，摩诃末继承父位。摩诃末继续其父对外扩张战争。继位之后，摩诃末首先征服了马赞德兰的萨珊家族政权。马赞德兰自萨珊王朝起一直由萨珊家族统治着，面对摩诃末的征服，马赞德兰王室与地方埃米尔之间的意见不统一，马赞德兰王室坚持抵抗，而地方埃米尔却与摩诃末暗中来往，在摩诃末的支持下，一位埃米尔兼并了这片土地，马赞德兰归入了花剌子模帝国的版图。接着，摩诃末率军攻克尔曼。

当时，克尔曼的塞尔柱王朝已经被古思人推翻。1185 年，古思酋长马立克·迪瑙尔被花剌子模算端沙从萨拉赫斯城赶走，率部来

---

① 〔伊朗〕志费尼：《世界征服者史》，第 333 页。

② 同上书，第 334 页。

到克尔曼，他征集了聚居在克尔曼的古思人，于1187年推翻了克尔曼塞尔柱王朝，并以埃米尔身份开始在克尔曼实施统治（1187—1195）。马立克·迪瑙尔去世之后，他的儿子阿劳乌丁·法鲁赫沙（1195或1196）继位，在他统治期间，克尔曼发生多次动乱，花剌子模沙贴乞失趁机出兵克尔曼，当地的一些埃米尔承认了贴乞失的宗主地位，以他的名义进行祈祷。贴乞失长子瑙锡如丁·马立克沙在被任命为尼沙普尔统治者之时，曾派长子欣都汗统治克尔曼，欣都汗一直留在克尔曼，直到1200年祖父贴乞失去世。在欣都汗与叔叔摩诃末争位期间，克尔曼城民推选马立克·迪瑙尔之子阿贾姆沙为埃米尔，随之，邻近诸城统治者趁机入侵克尔曼。处于动乱之中的克尔曼很快被摩诃末攻克。此后，摩诃末乘胜南下征服了霍尔木兹港口，把当时归属于霍尔木兹的阿曼地区也并入了花剌子模帝国的版图。花剌子模帝国在这一方向的扩张一直延伸到阿曼海南岸。

摩诃末的扩张战争对阿拔斯王朝造成了严重威胁，哈里发纳绥尔不断向哈喇契丹（西辽）诸汗送去秘密使信，要求他们进攻摩诃末，同时他也多次把内容相同的信函送给古尔的素丹们。[①]企图借西辽与阿富汗古尔王朝的力量牵制花剌子模沙。

在摩诃末继承王位以前，花剌子模国已经与古尔王朝进行过多次战争。摩诃末继位后，两国之间最大的战争发生在1203—1204年间，这一次是古尔王朝入侵花剌子模国，最终被西辽和花剌子模联军打败。

1205年，古尔军队渡过阿姆河再次占领了忒耳迷，次年，花剌子模军队从古尔王朝手中夺取巴里黑，接着攻下忒耳迷。摩诃末把忒耳迷归还西辽，伊本·阿西尔认为，他这样做是为了稳住西辽，以“获得占领呼罗珊的可能”[②]。此时，摩诃末开始打算另立哈里发。在河中地区一些文人学者的要求下，他准备立忒耳迷城侯赛因家族

---

① 〔伊朗〕志费尼:《世界征服者史》，第433页。

② 魏良弢:《西辽史研究》，第99页。

的一位长老为哈里发，该家族出自阿里系。他声称纳绥尔由于反叛伊斯兰国王，加上其他一些丑恶行径已不能胜任哈里发一职，而侯赛因家族的这位长老更适合此职。

1215 年，摩诃末从古尔人手中夺取加兹尼，在古尔王朝宫中发现了哈里发写给古尔王朝统治者的信函，信中鼓动他们起来反对花剌子模人。这一文献确凿无疑地证明了哈里发纳绥尔挑动古尔人反对花剌子模沙的事实。

此后，摩诃末启程前往伊拉克，轻而易举地占领了伊斯法罕、剌夷、古姆、卡善、萨韦和哈马丹。1217 年，摩诃末骑着马进行了一次穿越波斯的凯旋旅行。途中，阿塔卑们（即波斯各省独立和世袭的突厥总督）向他表示效忠，特别是法尔斯的萨尔古尔王朝人也来表示效忠，甚至不属他出巡地的东阿塞拜疆（大不里士）的阿塔卑也主动承认自己是花剌子模沙的纳贡臣。他的巡旅一直抵达阿拔斯领地伊拉克阿拉比的边界扎格罗斯山的霍尔湾。

在获得以上地区的归顺以后，摩诃末对巴格达采取了军事行动。1217—1218 年冬，他率军从哈马丹向巴格达进军，在阿萨德奥巴德山谷被大雪阻挡，加之，受到附近地区库尔德人的攻击，军队损失惨重，许多士兵和大量牲畜死亡。在出师不利的情况下，摩诃末于 1218 年 3 月初撤军，返回呼罗珊，4 月初抵达莫夫。据说，古尔王朝被摩诃末打败以后，仓皇失措的纳绥尔于 1216 年开始寻找新的同盟者，在蒙古草原上崛起的成吉思汗蒙古人成为他的希望。

第四章

社会经济

12 世纪中叶以后，大部分契丹人已经从畜牧转入定居农业或半农半牧，中亚东部的农业和手工业得到很大发展。塞尔柱帝国统治时期，呼罗珊地区的经济比伽色尼王朝时期有很大增长，园艺业得到长足的发展，贸易也十分兴盛。突厥王朝统治时期，中亚经济发展的显著特征是城市的发展速度超过了以往时代。从亚历山大到穆斯林征服时代的一千多年中，中亚城市的发展是缓慢的；在突厥王朝统治的 11—13 世纪，中亚城市迅速扩大，旧城市不断向外扩大，新城镇如雨后春笋般兴起。

第一节　西辽契丹人社会经济的变化

写于 13 世纪上半叶的几本游记，即《长春真人西游记》、《西游录》、《北使记》、《西使记》，是了解 12 世纪后期至 13 世纪初期中亚经济的主要中国文献。《长春真人西游记》的作者李志常于 1221 年随长春真人丘处机来到河中地区，由他口述的亲历见闻被编辑成书，《长春真人西游记》是研究这一时期中亚生产技术、风俗民情、民族构成、宗教文化的第一手资料。《西游录》的作者耶律楚材（1190—1244）于1218年应召随蒙古人西征，五年后东归，将随军生活记录整理成书，《西游录》记录了作者在中国新疆和中亚见闻，是研究中亚历史地理的重要著作。《北使记》的作者刘祁于1220年出使蒙古，此书记录了他在西域的见闻。《西使记》的作者刘郁于1259年随使臣常德前往中亚、西亚，此书记录了游历时期的见闻，是研究中亚和伊斯兰教的珍贵资料。根据以上书籍的记载和这一时期中亚的考古资料，我们可以初步了解西辽契丹人的社会经济状况，以及这一时期中亚经济的发展。

建国之初，大部分西辽契丹人以畜牧经济为主，辅之以渔猎和农耕，过着游牧或半游牧生活，他们以毡帐为室，居住在屯营中。契丹人的营帐建在八拉沙衮、讹迹邗等城城郊，他们在此环车结营，铺毡立帐。西辽统治后期，原先居住在帐篷里的大多数契丹牧民放弃了屯营的居住习惯，搬进了土木结构的房屋。这一点从以下几方面反映出来。

首先，在西辽统治的直辖区内，一批新城镇建设起来。在巴尔喀什湖以南地区出现了许多新城镇，据《西游录》记载，在老城周围形成了许多附庸城，少者数个，多者十几个，仅“虎司窝鲁朵，即西辽之都也，附庸城数十”[①]。阿力麻里“附郭皆林檎园囿……附庸城邑八九”[②]。除了建筑新城外，老城在不断扩大。城市从原来的内城（沙赫里斯坦）往外扩到原来市集所在地的外城（拉巴德）。在此过程中，内城与外城的区别不存在了。塔拉兹、讹答刺等城的规模成倍地扩大。据考古资料，西辽王朝直辖领地中最大的城市之一讹答刺在12世纪比9世纪时扩大了几倍，面积达到了200公顷，是该城历史上最大的面积。[③]讹答刺内城和外城都用城墙和城壕围起来，内城房屋比较密集，外城房屋比较稀疏。总的来看，西辽在直辖地

---

① （元）耶律楚材：《西游录》，向达校注，中华书局1981年版，第2页。

② 同上。

③ 魏良弢：《西辽史研究》，第136页。

中的房舍呈现增加趋势。西辽都城八拉沙衮也获得了很大的发展，1210 年，八拉沙衮城被西辽军攻破，西辽军入城屠杀居民三天三夜，据《世界征服者史》记载 ："大名绅中四万七千名被列入遇害者之中。"[①] 这一数字虽有夸大之嫌，但可以说明城市的规模。

其次，手工业产品反映了这一时期建筑的需求。从考古资料来看，制陶业以生产建筑材料为主，如砖、瓦和陶制水管等。此外，建筑材料的汉化式样反映了这些产品是为满足西辽契丹人的需求而生产的。在锡尔河流域的亚历山大古城发现了具有代表性的建筑材料：方砖、灰色的半圆瓦（用织物模子做成）。在这里发现了瓦当。[②] 从 9 世纪起，中亚已开始把玻璃用于建筑，出现了玻璃窗户，但直到 12 世纪，玻璃窗户才普遍使用。[③] 据《北使记》记载，七河地区的民居"梁柱檐楹皆雕木，窗牖、瓶器皆白琉璃"。白琉璃即透明玻璃。据《西使记》记载，孛罗城（今新疆博乐）"城居肆囿间错，土屋窗户皆琉璃"。从讹答剌的民房来看，房屋的墙是用土坯砌成，房基和屋地多用方砖铺砌。富裕人家的住宅有一个内院，作为整个房舍的中心，其四周有各种用途的房屋十多间，窗户上装有玻璃；手工业者的房屋通常都有一个小院，中间一条走廊，把小院分成两部分，前面是作坊，后面住家；城市贫民的住房很小，没有院落。除了建筑材料外，建筑技术和建筑式样也反映出西辽契丹人的住房需求。除八拉沙衮外，在斯莱坚卡镇、列别季诺夫卡镇地区、亚历山大古城也发现了西辽契丹居民点的遗址。它们在建筑装饰方面，总的说来广泛地表现出汉艺术和汉文化的影响。无论是汉族匠人，还是当地建筑工匠，都首先利用了汉人的建筑技术和材料——瓦、泥塑、炕式取暖系统。[④] 这些满足特定需求的建筑和居民区都反映了西辽契丹人居住习惯的改变。

---

① 〔伊朗〕志费尼：《世界征服者史》，第 396 页。

② 余太山主编：《西域通史》，第 317 页。

③ 魏良弢：《西辽史研究》，第 143 页。

④ 余太山主编：《西域通史》，第 317 页。

城市的扩大和民房建筑的增加反映出更多人抛弃了游牧生活，定居在城内或城郊的契丹人开始从事农业、手工业和商业活动。

契丹人初到中亚之时，主要职业是畜牧和当兵。12 世纪中叶以后，尽管畜牧业在契丹人经济活动中仍然具有重要地位，一部分契丹人还以游牧为生，然而，大部分契丹人已经从畜牧转入定居农业或半农半牧。这一点从尹志平的《过大石林牙契丹》一诗中反映出来："辽因金破失家乡，西走番戎万里疆。十载经营无定止，却来此地务农桑。"[①] 此外，西辽契丹人在直辖区内建筑的水利灌溉设施也说明契丹人经济形态的变化。在锡尔河中、下游至八拉沙衮地区，水利灌溉设施相当发达。据李志常记："其风土气候，与金山以北不同。平地颇多以农桑为务，……惟经夏秋无雨，皆疏河灌溉，百谷用成。"[②] 伊犁河流域"农者亦决渠灌田"[③]，讹答剌绿洲有完整的水利灌溉网，现已发掘的该地古城遗址有复杂的水渠网络和有关设施，这些水渠除灌溉城郊的农田以外，还供应城市居民用水。刘郁在《西使记》中记录了今伊犁一带"两山间，土平民多，沟洫映带"[④]。

12 世纪，七河流域普遍使用的铁制农具是铁铧木犁和砍土镘。农业上普遍采用铁铧犁地，收割使用铁制的镰刀。除了犁地外，还用砍土镘挖锄，砍土镘是一种锄地的铁制农具，由木柄和铁头两部分构成，木柄长约 100 厘米—120 厘米，铁头呈舌形，用于挖土。

在西辽的直辖领地上，农作物丰富，除粮食外，还有瓜果，甚至开始种植棉花。《长春真人西游记》讲到这里出产质地很好的棉花（秃鹿麻），"其毛类中国柳花。鲜洁细软，可为线、为绳、为帛、为绵"。耶律楚材的《西游录》记载说，阿力麻里（今新疆霍城西

---

① （元）尹志平：《葆光集》卷上，转引自邓锐龄：《西辽疆域浅析》，《民族研究》1980 年第 2 期，第 32 页注 2。

② （元）李志常述：《长春真人西游记》（丛书集成初编），第 12 页。

③ 同上。

④ （元）刘郁：《西使记·庚申外史·招捕总录·元朝征缅史》（丛书集成），第 1 页。

北旧霍城址）“多蒲桃、梨果；播种五谷，一如中原”[①]。刘郁《西使记》中记载不剌（孛罗）“所种皆稻、麦”。除粮食作物外，种植的瓜果特别有名。据《西游录》记载，阿力麻里生长各种水果，“瓜、葡萄、石榴最佳”。西辽都城虎思斡耳朵西南四百余里有苦盏城（忽毡，即今塔吉克斯坦苦盏）“多石榴，其大如拱，甘而差酸，凡三五枚，绞汁得盂许，渴中之尤物也”[②]。费尔干纳盆地的八普城（又称巴补，在今乌兹别克斯坦纳曼干西南）“西瓜大者五十斤，长耳（指驴）仅负二枚，其味甘凉可爱”[③]。芭榄城边皆芭榄园，故以名焉。芭榄（源自波斯语 badam，一种杏，即巴旦杏）花如杏而微淡，叶如桃而差小。每冬季而华，夏盛而实，状类匾桃，肉不堪食，唯取其核。

西辽契丹人能够迅速从游牧经济转向定居农耕，与他们曾在中国北部的生活分不开。在中国北部生活时期，契丹人对农业及其在经济中的优势有充分的认识。辽朝南部的燕云十六州和原渤海故地都是农业区，辽朝中后期，大批汉民和其他农耕民族迁入北方，半耕半牧的生产方式在北方游牧地区十分普遍，因此，与成吉思汗的早期蒙古人不同，契丹人对农业是熟悉和认同的。

此外，客观环境也有利于西辽契丹人过定居生活。西辽直辖领地处于草原和农业区的交接地带，这些地区土壤肥沃，气候适宜，宜农宜牧。八拉沙衮以西以南的锡尔河下游流域、塔剌思河流域、讹答剌绿洲早在西辽建国以前就已经是肥沃的农业区。11 世纪，生活在楚河流域的突厥游牧民已经开始大规模地向农业定居民转变，西迁统治时期，这一过程仍在继续，楚河流域的定居居民点很多，生产也达到了相当高的水平。这些地区的较高生产力带动了契丹人生产方式的转型。这是西辽直属地区的游牧民逐渐走上农耕道路的客观因素。此外，西辽时期，锡尔河以北以东地区基本上没有发生大规模战争，安居乐业使契丹统治者对武备的需求不再迫切，这种

---

① （元）耶律楚材：《西游录》，第 2 页。

② 同上。

③ 同上。

状况也促进了契丹人的定居。

随着西辽契丹人经济方式的改变，他们的饮食随之发生变化。作为游牧民族，肉类和奶类（包括乳制品）是他们的主食，喜食鱼肉是契丹人饮食的一个特色。转入定居农业以后，肉食的比重减少，尽管肉和乳制品仍是契丹人不可或缺的食物，但小麦、小米、大米、豆类及各种蔬菜成为契丹人的主要食品。这一点从考古资料可以推断，当时夹砂粗陶的生产规模很大，器皿主要有碗、茶碗、托盘、油灯、盘子和用于储藏的各种大型陶罐等，这些器皿的使用反映了居民已经以粮食为主食。在粮食加工业中，12 世纪后期已有利用畜力和水力的记载，有畜力磨和水磨，《西使记》中记载叶密立（今额敏）附近“有碾硙，亦以水激之行”①。

七河流域居民的饮品是用小麦、大麦和葡萄制作的饮料或酒，在《福乐智慧》一书中，列有论述侍酒官的专章，在《突厥语大词典》一书中，也提到酒和酒具，还收有一首描述酒具和饮酒之乐的四行诗：“一壶细长似鹅颈，一杯美酒亮如睛。驱尽心头忧和恨，但愿长醉不愿醒。”②此外，在七河地区出土的玻璃器皿中，大多数是高脚杯和长颈瓶，这些器具不可能用来盛游牧民族喜爱的马奶之类，而是用来盛果汁和酒类饮料，由此说明，契丹人不只饮奶类饮料，果汁和酒类，特别是葡萄酒，已经成为他们喜爱的饮品。金代著名诗人元好问（1190—1257）在其《蒲桃酒赋》的序中，谈到西辽的葡萄酒及其酿造方法时说：“予亦尝见还自西域者云：‘大石人绞蒲桃浆封而埋之，未几成酒，愈久者愈佳。有藏至千斛者。’”③目前，七河地区考古发现了多处这一时期酿造葡萄酒的作坊遗址。

西辽统治后期，随着大批契丹人从游牧业转向定居农业，西辽中央集权的基础扩大了。在西辽统治的前期和中期，军政官员以契丹人、汉人居多，初期统治集团及移民部众组成了一个人口不多、

① （元）刘郁：《西使记・庚申外史・招捕总录・元朝征缅史》（丛书集成），第 1 页。

② 麻赫默德・喀什噶里编：《突厥语大词典》第 1 卷，第 108 页。

③ 姚奠中主编，李正民增订：《元好问全集》第 1 卷，山西古籍出版社 2004 年版。

与被征服地区部民相区别的“内族”。到西辽后期，以契丹人为核心的内族逐渐分化，原来从事畜牧的移民，有相当多的人以务农为生，渐渐融合于当地土著。[①]农业区地位的上升，使土著封建主和富商开始参与西辽的政治，在直鲁古统治时期，宰相马赫穆德·巴依就是富商出身。

第二节　社会经济

目前，留下来的史料使我们对12世纪下半叶至13世纪初期这一时期的中亚经济的状况可以在以下几方面做一些论述：第一，农业方面，园艺业给当时的旅行者留下了深刻的印象；第二，手工业方面，城市手工业区扩大；第三，商业贸易方面，大批货币资料反映了这一时期的繁荣；第四，城市得到迅速发展。

《西游录》一书对河中地区的水利建设有许多记载：“盛夏无雨，引河以激”，“飞渠走泉，方池圆沼”。[②]《长春真人西游记》记载，河中最大城市之一的撒麻耳干“疏二河入城，分绕巷陌，比屋得用”[③]。这些水利设施有利于农业发展，而河中地区的园林更引起了人们的注意，耶律楚材和长春真人丘处机对此赞不绝口，留下了若干诗文：“郭西，园林相接百余里，虽中原莫能过。”[④]撒麻耳干“环郭数十里皆园林也。家必有园，园必成趣，……柏柳相接，桃李连延亦一时之胜概也”[⑤]。这些园林出产的瓜果品种繁多、质量优良。“果菜甚赡”，瓜“味极甘香……间有大如斗者……十枚可重一担”。[⑥]随着园

① 〔美〕魏复古、冯家昇：《中国辽代社会史》，见郑钦仁、李明仁等译：《征服王朝论文集》，第660—663页。

② （元）耶律楚材：《西游录》，第3页。

③ （元）李志常述：《长春真人西游记》（丛书集成初编），第13页。

④ 同上书，第15页。

⑤ （元）耶律楚材：《西游录》，第3页。

⑥ （元）李志常述：《长春真人西游记》（丛书集成初编），第19页。

艺业的发展，葡萄酿酒业有了长足的发展，中亚自古酿酒业就十分发达，这一时期中亚生产的葡萄酒已经享誉世界。《西游录》说撒麻耳干酿造的葡萄酒“味如中山九酝”。《西游录》记载了河中地区的桑树及养蚕的情况，与中原相比，养蚕业不甚发达。“颇有桑，鲜能蚕者，故丝茧绝难，皆服屈眴（布名，缉木绵华心织成，佛教称为大细布）”[①]。13世纪初伊本·伊斯法迪亚尔在《塔巴里斯坦史》一书中记载了与呼罗珊地区紧紧相邻的伊朗北部马赞德兰的农业和园艺业，果园遍布，处处可见绿荫，人烟稠密，村村相连，看不到一片荒地。古尔山区在10—12世纪以农牧业为主要经济，当时的作家们谈到古尔山区围绕着居民点的耕地，富饶的葡萄园，以及放牧在山上和山前的大批畜群。

12世纪以后，河中地区纺织业和马具制造（包括车辆制造）等行业形成了一定规模，纺织业遍布各地，生产量大，品种繁多，质地良好，在一些地区和城市形成了特色产品。撒麻耳干附近维达尔村生产的维达尔棉布质量优良，不仅供应国内，还远销国外；不花剌的红、绿、白三色布成为当地的名产；东喀喇汗王朝的白叠布、花蕊布名著宋朝，在巴楚县托库兹撒莱遗址出土的棉织品，花纹美观，蓝白相间，是用垂直织机织成，技术相当先进。除了棉织品外，各地还生产质量优良的麻、丝、毛等织品。在阿富汗，手工业达到很高水平的行业有织毯业、棉织业、金银刺绣业、釉陶瓷器皿的制作和金属加工（武器、青铜制品）。在古尔山区，金属加工在这一时期达到了相当高的水平，古尔人制造的武器和军用盔甲享有盛名，成为出口商品。[②]在游牧民中，手工业行业主要是制革和金属加工业。

考古资料证明，在塞尔柱帝国境内大量生产供建筑物内外装饰用的彩釉面砖、瓦片，为宗教建筑增色不少。采矿业的发达，在塔剌思河上游靠近舍尔吉（萨德尔库尔干）、台卡孛克特（阿克特佩）

---

① （元）耶律楚材：《西游录》，第3页。

② Asimov, C. E. Bosworth, *History of Civilizations of Central Asia*, Vol.4 (1), p.178.

等城附近的山麓中，有开采过的银矿遗址，在这些城市中发现了冶银的炉渣。12世纪，从舍尔吉城郊开采的银矿，在白银危机时，对当地的经济生活可能起到了重要作用。在阿拉套山区发现了开采过金矿和铜矿的遗址。在帕米尔山区，自古就形成的采矿业继续发展。据阿拉伯作家伊斯塔赫里记载："在喀喇汗王朝开矿相当普遍，甚至在帕米尔的深山中也有矿坑。"①阿富汗矿藏丰富，在潘杰什尔、古兹干和帕尔万区有银矿；在古尔和喀布尔城郊有铁矿和铜矿；在多哈斯坦有铅矿和硫黄矿；在巴达克山有宝石（红宝石、绿宝石、绿松石）矿。阿富汗的采矿业在12世纪也有进一步的发展，大大小小有成千个矿井。②

随着手工业的发展，手工业者人数在增加，手工业街坊区的面积在扩大。忒耳迷城"金属工人街坊区"的面积达到了5公顷；③在古尔出现了按手工业行业划分的城区，如奥汉加隆（铁匠）村和鲁伊恩（铜）区等。

12世纪，在中亚手工业者和商人中出现了行会组织，各职业按行会组织起来，如陶器工人、纺织工人、铜匠、首饰匠、商人等的行会，这些组织在政治和经济生活中都很活跃。手工业者在作坊里工作，在阿富汗，作坊分为国家、封建主和个人三种类型。在作坊中，出现了等级，有工匠、帮工、短工几个级别，他们的收入各不相同，短工工资最低，他们可能来自农村的无地农民。

随着手工业和农业的发展，国内贸易和过境贸易比以前都有进一步发展。在中亚东部，以八拉沙衮为中心，形成了东连中国内地，西接锡尔河上游之间的区域贸易，西夏商人和突厥商人穿梭其间。扫兰城（伊思费贾勃，即突厥斯坦城）在12世纪成为过境贸易的一大中心，除本地的布匹、武器、铁器远销各地外，来往货物也聚集于此。考古发现，12世纪下半叶至13世纪初，在喀喇汗王朝的许

---

① 苏北海：《关于帕米尔的历史问题》，《中国历史地理论丛》1996年第3期，第32页。

② 彭树智主编：《中东国家通史·阿富汗卷》，商务印书馆2000年版，第83页。

③〔苏联〕Б. Г. 加富罗夫：《中亚塔吉克史》，第214页。

多城市，除基本面额的银币迪拉姆外，一些制币厂偶尔也冲制辅币（二分之一、三分之一等迪拉姆）和小铜钱（费尔斯）。[①] 讹答剌地处绿洲与牧地接界，小面额钱币的发行反映了牧民与定居农民之间的频繁交易。

在中亚南部，阿富汗的许多城市，如赫拉特、喀布尔、巴里黑、布斯特等，成为内外贸易中心，它们位于丝绸之路上，与中国、印度、地中海各国有商业联系，成为商队货物的转运点以及批发中心。据《西游录》记载，在巴里黑（斑城）以西的抟城，“城中多漆器，皆长安题识”[②]，反映了中国漆器运售中亚的情况。

商品经济的发展，促进了货币的发行和流通，丰富的钱币资料证明了12世纪下半叶中亚商品经济的发展和贸易的兴盛。据考古资料分析，喀喇汗王朝钱币在今吉尔吉斯斯坦、乌兹别克斯坦和塔吉克斯坦北部，及中国新疆南疆地区流通；西辽钱币在今吉尔吉斯斯坦境内流通；伽色尼王朝和塞尔柱帝国的货币在中亚南部地区，即塔吉克斯坦和土库曼斯坦南部地区流通；花剌子模沙贴乞失的钱币在中亚各处都有发现。

据《长春真人西游记》一书记载，七河地区“市用金钱，无轮孔，两面凿回纥字”[③]。据《西使记》记载：“孛罗城迤西，金银铜为钱，有文而无孔方。”[④] 从形式上可以推知这些是喀喇汗王朝的钱币。喀喇汗王朝钱币的流通量很大，在今中国新疆境内发现的喀喇汗王朝钱币有2.2万多枚，南疆地区的阿图什、和田（古于阗）、喀什都不断有新的发现。其中，阿图什在1980年就出土了钱币130公斤，大约1.8万枚。[⑤]

清代学者梁诗正、于敏中著录的《钱录》一书中附有“感天元

① 《哈萨克共和国史》（俄文版）第1卷，第100页，转引自魏良弢：《西辽史研究》，第147页。
② （元）耶律楚材：《西游录》，第3页。
③ （元）李志常述：《长春真人西游记》（丛书集成初编），第19页。
④ （元）刘郁：《西使记·庚申外史·招捕总录·元朝征缅史》（丛书集成），第1页。
⑤ 吴福环等：《丝绸之路上的中外钱币》，《西域研究》2004年第3期，第17—24页。

宝”图案，耶律大石的皇后塔不烟称号为“感天皇后”，《钱录》作者在图旁题记中记道：“按，天佑帝（指大石）在位二十年，遗命皇后权国称制，号感天皇后，此钱盖其时所铸也。”[①]此种钱币的图案与宋朝钱币式样完全相同（圆形方孔）。1992 年在吉尔吉斯斯坦的克拉斯诺列琴斯基镇北部地区，出土了一罐西辽古币，共有 280 枚。[②]

在西辽统治时期，黄金成为价值尺度，通行的铜币用它来表示市价。 这一时期，金币迪纳尔在中亚成为流通和支付的重要手段。由于国际贸易的发展，大宗的商品需要价值更大的货币作为交易手段，中亚许多城市都开始冲制金币，并投入流通。金币作为流通手段的职能，这是前所未有的。中亚金币迪纳尔不是论个流通，而是论重量流通，所以在支付时往往是按重量计算。

在这一时期，中亚出现了白银危机。由于贸易的迅速发展，开采的白银不足以应付流通，从 11 世纪开始，银币的含银量下降，在某些情况下重量也减轻。市场上很少使用真正的银币（迪拉姆），出现了在铜币上镀一层银，或含银很低的铜银合金币，镀银的铜币或含银量低的合金币的购买力比它的实际价值要高出许多倍，在贸易中代替了真正的银币。12 世纪下半期至 13 世纪初，在喀喇汗王朝的许多城市发行镀银铜币，其中，讹答剌发行了一种大的镀银铜币迪拉姆，直径 42 毫米，重量 6 克—8 克。根据其发现的地点判断，它们不只为本城商业使用，而且在全国流通。[③]

在此期间，河中地区发行的银币迪拉姆也是用铜铸的，即实行某种铜币制。当然，不足值银币的流通范围小，只能在发行国之内流通，不能输往东欧。[④]当地铸造的钱币到 13 世纪初期仍在各地境内使用，据《西游录》记载：“寻思干甚富庶。用金铜钱，无孔郭。百

① （清）梁诗正、于敏中：《钱录》，天津古籍书店 1989 年版，第 224 页。
② 《吉尔吉斯斯坦发现西辽古币》，《光明日报》2003 年 5 月 31 日。
③ 《哈萨克共和国史》（俄文版），第 1 卷，第 100 页，转引自魏良弢：《西辽史研究》，第 147 页。
④ 〔苏联〕Б.Г. 加富罗夫：《中亚塔吉克史》，第 216 页。

物皆以权平之。”[1]

随着工商业的发展，城市发展的速度超过了以往时代。从亚历山大到阿拉伯人征服时代的一千多年中，中亚城市的发展是缓慢的。在突厥王朝统治下，11 世纪至 13 世纪初期，中亚城市迅速扩大，新城镇如雨后春笋般地兴起，旧城市不断向外扩大。除西辽统治的中亚东部地区外，河中地区西喀喇汗国都城撒麻耳干不断扩大，城郊发展成为手工业和商业中心，许多商业和手工业的街坊区集中在那里。城市贵族、僧侣和富商们的房屋出现在原来的城郊。根据考古资料，撒麻耳干的占地面积超过了 630 公顷，城郊的一些村庄，尽管离城有七八公里之远，也是手工业作坊区。不花剌扩大了面积，12 世纪，占地面积达到了 600 多公顷，不花剌重新修建了城墙。河中地区南部忒耳迷发展尤其迅速，比萨曼王朝时期扩大了几倍，仅五金作坊区就有 8 公顷，在几个巴扎（集市）周围是工商业区集中的地方。塔吉克斯坦南部最大的城市胡利布克（今库利亚布）仅市中心占地就达大约 70 公顷，城里进行着各种手工业生产，有陶器和金属制造等，在从前堆放垃圾的场所或者灌溉栽培农作物的地方出现了居民住房。

中亚城市的发展是城市人口迅速增加的需要。在突厥王朝统治时期，中亚大批游牧民转为定居民，在定居民中，以手工业和建筑业为生的人在不断增加，这一点从城市手工业区的扩大反映出来。在河中地区，组织在城市行会中的手工业者增加了，据《长春真人西游记》载，撒麻耳干“城中常十万余户”，在 12 世纪末，撒麻耳干人口差不多达到了 40 万人。[2]阿姆河以南的巴里黑居住了 20 万人，小城潘杰什尔也有 2 万人。[3]一般市民的房屋多为泥土筑成，少数用砖建成，多为一层，五六间构成一幢，带有一个小院，面积为 200 平方米左右。富商和封建主的住宅周围是树木，房屋高大，庭院宽阔。

---

① （元）耶律楚材：《西游录》，第 3 页。

② 彭树智主编：《中东国家通史・阿富汗卷》，第 83 页。

③ 同上。

除了城市的扩建外，城市内的建筑设施也不断完善，这一方面可以从塔拉兹城的水道和澡塘设施上反映出来。塔拉兹城是七河流域的政治、经济和文化中心，西辽将军塔阳古长期带兵驻扎此地。在塔拉兹城发掘出一段11—12世纪建筑的水道，水道内敷设陶管，陶管的直径为20厘米，长25厘米—80厘米不等，陶管一头有喇叭口，与另一陶管相衔接。陶管下面有石头和木料做底垫，陶管上面盖着石板。水通过陶管从塔剌思河引入城，城内有蓄水池，蓄水池建在地势高于全城水道网的地方，以保证自动供水。在塔拉兹城发现的澡堂为正方形，面积有152平方米，用砖建成，澡堂内有脱衣间、澡盆和浴池的洗澡间，还有建在锅炉上的蒸气间，澡堂地下有供暖的坑道系统。

第五章

宗教与文化

12 世纪中叶以后，伊斯兰教激烈的派别斗争在中亚趋于平静，苏菲派形成的两个教团在中亚宗教界确立了统治地位。与此同时，宗教界与王权之间的斗争仍在继续，总的来说，王权衰弱，教权强大。西辽继续执行建国之初的宗教宽容政策，景教、佛教和摩尼教得到发展。到蒙古人西征之前的 13 世纪初，尽管基督教徒和犹太教徒还存在，但中亚伊斯兰化的过程基本完成。在此时期，除花剌子模外的突厥王朝都经历了衰落的过程，尽管如此，王朝统治者们仍然关注文化事业，伽色尼王朝的巴赫拉姆沙尤其突出，加兹尼成为中亚南部的文化中心。

第一节 宗教

与 11 世纪和 12 世纪上半叶相比，12 世纪中叶以后，呼罗珊和河中地区伊斯兰教激烈的派别斗争已经趋于平静。与此同时，各宗教派别在完善自己教义之时所表现出来的自由思想和探索精神在中亚荡然无存，除什叶派极端派别伊斯玛仪教派仍在进行暗杀活动外，其他派别表现出与正统派的靠近，寻求调和。然而，宗教界与王权之间的斗争仍然没有停止。

在撒麻耳干，从 11 世纪中叶开始的教权与王权的斗争仍在继续，在此时期，教权继续占上风。为了获得宗教上层的支持，西喀喇汗穆罕默德·本·苏来曼（1102—1130 年在位）极力表现了对伊斯兰教的虔诚。对外，他对异教徒发起了“圣战”，对内，他建筑了包括大清真寺在内的许多宗教性建筑物；然而，他与宗教界的矛盾仍然未消除，他的长子在撒麻耳干被宗教集团谋杀。

在不花剌，宗教界与王权的斗争获得了彻底胜利，宗教首领建立了独立的、具有宗教性质的国家——布尔罕王朝。布尔罕王朝统治者获得了代表西辽向居民收税的权力，这种状况一直持续到 13 世纪初西喀喇汗王朝灭亡。

在花剌子模，王权在与教权的斗争中谋求与伊斯兰势力融合，统治者吸收有名望的苏菲谢赫进入花剌子模宫廷，花剌子模沙贴乞失在写给毡的总督的批示中一再强调：“应该送东西给苏菲派教徒和归附他们的人，以便使他们能内心安静地为我们所向无敌的国家祈祷！”[①]在摩诃末统治时期（1200—1220），花剌子模国宫廷的苏菲谢赫站在掌握实权的摩诃末之母一边，参与宫廷斗争，被摩诃末杀死。巴托尔德认为，这位谢赫与皇太后的亲密关系反映与王权的斗争中，他们很可能站在以皇太后为首的军事贵族一边。[②]

在呼罗珊，塞尔柱帝国统治者继续实施打击什叶派的政策，特别是极端主义的伊斯玛仪派，然而，在这场斗争中，塞尔柱人始终未能取得胜利。伊斯玛仪派首领仍然统治着他们占据的城堡和土地，在 12 世纪末期，塞尔柱帝国灭亡以后，他们的政权还继续存在。

卡特万战争以后，西辽确立了对河中地区的宗主权地位，西辽统治者继续实施建国初期确立的宗教宽容政策，不强求属国或属

① 〔苏联〕Б.Г. 加富罗夫：《中亚塔吉克史》，第 245 页。

② W. Barthold, *Turkestan Down to the Mongol Invasion*, p.377.

地的穆斯林改宗。据记载，耶律大石占领不花剌以后，任命阿赫马德·本·阿布杜尔·阿齐兹为该城的伊斯兰教教长伊玛目，任命阿尔普特勤为不花剌城的行政长官。“当阿尔普特勤看到这片广阔的开垦土地后，他把手转向压迫，开始向不花剌征收贡赋。于是一些不花剌人向菊儿汗派出一个代表，要求纠正。菊儿汗用波斯文按穆斯林方式给阿尔普特勤写下了如下的一封信：‘以大慈大悲真主的名义，虽然辽阔的地域把我们隔开，但是我们的满意和不满却近在手上。让阿尔普特勤根据阿赫马德的指挥做。’”[①] 菊儿汗耶律大石敦促河中地区的地方官员遵守伊斯兰法，按宗教界伊玛目的意图办事。1163 年，西喀喇汗恰格雷（1156—1162 或 1163 年在位）在镇压国内的葛逻禄人之时，乘机洗劫不花剌城。不花剌首领、法官伊木·马札愤怒地抗议说：“要知道昨天异教徒（指西辽契丹人）踏入这个国家都不去抢别人的财产和害人，我拨给你们的费用已经足够你们用了，但愿你们不要去抢劫和袭击。”[②]这些记载反映了西辽在河中地区的宗教政策。

在宗教宽容政策下，锡尔河以北地区的伊斯兰教信仰发生了以下一些变化：

第一，西辽统治时期，在喀喇汗王朝初期被强迫接受伊斯兰教者的信仰开始发生动摇，甚至改信了其他宗教。12 世纪著名的穆斯林诗人艾哈迈德·尤格拉克（1110—1180）在他的哲理长诗《真理的入门》中，对当时的这种宗教状况做了描述。

第二，伊斯兰教不具有独尊的地位，伊斯兰教宗教界上层改变了以往对境内异教徒的敌视态度。曾经遭到打击的宗教开始复兴，其中，景教有较大的发展。据西方文献记载，耶律大石是基督教徒，西方把他与中世纪欧洲传说中的“圣徒约翰”视为一人。12 世纪，景教在西辽统治中心的八拉沙衮城流行，楚河流域发现的基督教碑

---

① 陈国光：《西辽统治者与西域地方伊斯兰政权》，《新疆社会科学》2003 年第 2 期，第 74—77 页。

② 〔阿拉伯〕伊本·阿西尔：《全史》，转引自刘戈选译：《吉尔吉斯人和吉尔吉斯地区历史资料》（莫斯科 1973 年版），《中亚研究》1988 年第 3 期，第 10 页。

文属于这一时期，在今托克马克和比希别克两处发现了属于西辽统治时代的景教古墓。此外，景教在喀什噶尔也得到发展，在此建立了一个主教区。1180 年，教皇伊里亚三世任命约翰为喀什噶尔的主教，其头衔的全称是“喀什噶尔和捏瓦克特之主教”，也就是说，喀什噶尔主教区管辖的范围很广。据《马可・波罗行纪》记载：叶尔羌、喀什、哈密、吐鲁番、乌鲁木齐、和田、库车、巴里坤等地都信仰景教。天山北部地区也有景教徒，西辽的属部乃蛮部民的大多数信仰景教。

第三，12 世纪下半叶，伊斯兰教在吸收其他宗教的因素之后发生了变化，变得不那么“纯洁”了，特别是在教法和教规上，原来的教规、教法失去了约束力，伊斯兰教的“异端邪说”盛行，虔诚信教者少了。

西辽统治后期，其境内人民起义，藩属反叛，西辽统治者力图利用伊斯兰教来维持秩序，统治中心八拉沙衮开始强调伊斯兰教，伊斯兰教文人在西辽宫廷中受到优待，据说，直鲁古的宰相马合木特拜就是穆斯林。有的穆斯林史料甚至认为，直鲁古本人可能已经改信了伊斯兰教，这些史书称他为马尼，即穆尼。

屈出律篡夺西辽政权以后，改变了西辽一贯的宗教宽容政策。据《史集》记载，屈出律在其妻的影响下放弃了基督教，改信偶像教（佛教）。此后，他对伊斯兰教采取了高压政策，强迫穆斯林放弃伊斯兰教，改信佛教或其他宗教。他在喀什噶尔一带下令封闭清真寺，捣毁经文院校，禁止穆斯林的礼拜和集会。为了达到禁止伊斯兰教的目的，屈出律将士兵分派住到穆斯林家中，实施监视。在于阗，他对居民们宣布：或者改信佛教，或者改穿契丹人服装。于阗居民“既然改奉他教是不可能的，迫于无奈，他们穿上契丹人的服装。全能真主曾说：‘若非出自本意，且非行恶者，是为被胁迫之人——确实，汝主至恕至慈。’”[①]屈出律的残暴行径遭到伊斯兰封建领主和广大

① 〔伊朗〕志费尼：《世界征服者史》，第 68 页。

穆斯林的强烈反抗，他的宗教政策也是加速西辽灭亡的一个因素。

第二节　苏菲派

伊斯兰教苏菲派于7世纪末至8世纪初形成。“苏菲”一词系阿拉伯语sufiy的音译，意为“羊毛”，指穿最粗劣羊毛衣服的人，这种衣服原是穷人和忏悔人的服装，在哈里发阿布杜勒·马立克（685—705年在位）时代，它成为苦行者的装束。9世纪一批苏菲理论家以《古兰经》的某些经文为依据，吸收古希腊、罗马哲学和外来宗教思想，创立了自己的理论体系，使苏菲发展成为伊斯兰教的一个派别。12世纪下半叶，苏菲派在中亚形成了两个教团。

以巴里黑城人易不拉欣·本·艾扎姆（？—777）为首的中亚早期苦行者被称为呼罗珊派。早期呼罗珊派并未形成自己的理论，他们在教法、教义上与传统的逊尼派并无多大差别，甚至还是传统教法的维护者。8世纪后期，苏菲对《古兰经》的理解加入了新的思想，提出神爱论、神智论等主张。爱真主这一教义最早由中亚著名女苏菲拉比尔·阿德维姬（约717—801）提出。她认为，人类灵魂最主要的本质是爱，爱能使人接近安拉。她指出，引导人达到安拉道路的是全神贯注的爱，而不是敬畏，也不是希望。由此，苏菲对真主的感情由敬畏发展到至真至诚的爱，神爱论为苏菲的修行注入了神秘因素。

除了神爱论外，苏菲理论家们又提出了神智论（Ma’rifah）和万有单一论（Wahdat al-Wujud）的观点。这些观点认为，安拉的本体包容万有，而万有归于独一的安拉。人通过不同阶段的修炼，达到“无我”（Fana’）的最高精神境界，被安拉所吸收并与安拉合一。于是，苏菲创立了一套独有的修行方式，通过苦行和修道，滤净自身的心性，修炼成纯洁的“完人”，在“寂灭”中与真主合一，在合一中获得永存。

苏菲派的形成实际上是当时社会阶级斗争的反映，苦行主义和禁欲主义作为一种社会思潮得到迅速而广泛的传播，明显带有鄙视社会风气和礼仪的态度。[①] 由于统治阶层生活腐化、统治者之间争权夺利，社会下层以苏菲神秘主义作为一种武器，以个人的守贫、长祷、内省、隐居、静修等方式，消极抗议奢侈时尚、派别斗争等世俗化倾向，反抗社会。从 11 世纪起，苏菲派思想成为手工业者和城市贫民的意识形态，他们痛斥“不义之财”，攻击统治者和贵族“压迫真主的奴仆”，诗人萨纳伊（1080—1140）说，他是听了一个游方苦行教士的演说而成为苏菲的，这个苦行教士大声疾呼，希望看到素丹（塞尔柱帝国统治者）因为侵略野心和贪得无厌而双目失明。除了下层穆斯林外，一些生活坎坷、致富无门的人也希望以此解脱自身的苦恼，求得内心的纯净和精神上的安慰。

苏菲学说只恭顺于安拉，不屈从任何一个国王或者埃米尔，这自然激怒了统治者。[②] 10世纪时，统治者把苏菲斥为异端，加以迫害。922 年，波斯著名苏菲哈拉智（858—922）被阿拔斯王朝宗教法庭处以磔刑（千刀万剐致死），成为苏菲派的殉道者，此后，一批又一批苏菲派教徒被杀。

为了求得生存与发展，苏菲派理论家们开始寻求与正统派调和的途径。一方面，他们从理论上论证苏菲教义与逊尼派教义和教法的一致性，其代表人物是不花剌的阿布·伯克尔·卡拉巴基和呼罗珊徒思人阿布·纳斯尔·萨拉吉；另一方面，他们改造苏菲神秘主义理论，将之纳入传统信仰的轨道，其代表人物有阿布·哈桑·哈拉卡尼、阿布·卡希姆·库舍里、阿布·哈桑·侯吉维里和安萨里。

不花剌著名苏菲派学者卡拉巴基一生写了许多著作，有两部流传至今，其中一部就是著名的《苏菲教义》（又译《苏菲学说概

---

① 周燮藩：《苏菲主义与明清之际的中国伊斯兰教》，《西北第二民族学院学报（哲学社会科学版）》2002 年第 1 期，第 23—34 页。

② 〔埃及〕艾哈迈德·爱敏：《阿拉伯—伊斯兰文化史》第6册，赵军利译，商务印书馆1999年版，第 57 页。

论》)。在此书中，卡拉巴基认为苏菲教义的基本内容与正统派的六大基本信条（即信安拉、信天使、信经典、信圣人、信复生、信前定）是一致的。真正把苏菲理论与正统教义相结合的人是11世纪的呼罗珊徒思人安萨里。

安萨里自幼由苏菲抚养长大，对苏菲抱有同情。在当局迫害苏菲的形势下，安萨里产生了一种使命感：必须使苏菲派正统化，使之获得一条生路，为此，他奋斗了一生，写了许多著作，其中，《圣学复兴》一书改革和完善了苏菲派理论。

一方面，安萨里排除了苏菲对官方宗教仪式的漠视和泛神论的倾向，认为要使灵魂脱离人体的桎梏，与宇宙灵魂融合，人必须始终把伊斯兰教教义、信条、《古兰经》视为真理，要从属于它们，无条件地履行它们；要服从伊斯兰教上层人士、神职人员、长老、托钵僧们，照他们说的去办，把自己完全奉献给宗教事业。另一方面，他批判了逊尼派学者注重信仰的外在形式，视苏菲派学说和修持为“异端”的观点，他指出，苏菲的宗教生活正是大众虔诚的热忱和内心对安拉信仰的体现，应在履行教法规定的义务和礼仪的基础上，向更高的修持阶段递进，这一过程是由外在信仰向内在信仰的升华，而不是“异端”。在将苏菲派理论纳入正统信仰的过程中，他力图在“那些自称推理和思辨的信徒（指逊尼派教义学家）”与“那些自认为是被选中的、具有直觉（通过宗教性的苦思冥想）认识真理的能力的人（指苏菲）”之间，找出一条中庸之道。“他把神秘主义纳入了正统派教义，摒除了苏菲派的极端因素，采取中庸之道，使苏菲派更趋明哲，使正统信仰更加灵活”①。苏菲派在理论上与逊尼派信仰趋同的结果，使苏菲主义作为正统信仰的一部分得到了权威穆斯林学者首肯，安萨里也因此被誉为信仰的“千年复兴者”。

经过以上理论的改革和完善，苏菲派逐渐取得合法地位。在11世纪末至12世纪上半叶，呼罗珊的塞尔柱人统治上层已经成为苏菲

---

① 陈中耀:《阿拉伯哲学》，上海外语教育出版社1995年版，第131页。

派的保护者，塞尔柱帝国宰相尼扎姆·莫尔克就是苏菲的最大保护者之一。他出钱资助当时处于萌芽状态的苏菲组织，还为他们修建了许多精神修炼场所（道堂）。由于统治者的大力支持，苏菲教徒经历了从个人行为到教团组织发展的过程。

在中亚，苏菲派教团主要有三个：库布拉维（Kubrāwiyya）、亚萨维（Yasawiyya）和纳合什班底（Naqshbandiyya）。库布拉维教团和亚萨维教团以拥护阿里为宗系，像大多数神秘主义教团一样，它们突出阿里的作用；纳合什班底教团把世系追溯到先知的第一任哈里发阿布·伯克尔。

库布拉维教团创始人纳吉姆丁·库布拉（Nāzim Kubrā，1145—1221）生于花剌子模，先后在埃及、波斯学习苏菲教义。以后来到呼罗珊建起了自己的道堂，逐渐形成了中亚最著名的苏菲库布拉维教团。该教团仿效阿拉伯苏菲祝奈德（卒于910年）创立的《八信条》制定了《库布拉十信条》。[①]以后从该教团中产生了很多分支，纳吉姆丁·库布拉曾派门徒舍木薜丁·巴哈儿昔到不花剌传教，以后，巴哈儿昔成为该地库布拉维教团教主，蒙古钦察汗国的别儿哥汗正是在他的主持下皈依了伊斯兰教。

13世纪初，库布拉维教团在花剌子模很活跃，一度成为一股政治势力参与宫廷斗争。花剌子模沙摩诃末的私人医生巴哈丁·穆罕默德是库布拉维教团创始者纳吉姆丁·库布拉的学生，在摩诃末与阿拔斯哈里发争夺伊拉克统治权以及摩诃末企图另立阿里后裔为哈里发之时，花剌子模国内的逊尼派起来反对摩诃末，为了平息逊尼派的情绪，摩诃末处死了苏菲巴哈丁·穆罕默德，此举激起了库布拉维教团的愤怒。以后，摩诃末为了缓和关系，派人送一些金银宝石给该教团以表谢罪，库布拉维教团成员在归还礼物时说："不是金银宝石，而是素丹的生命，我自己的生命，数千真正信仰者的生命将献出作为我们死去的圣徒的血祭。"[②]库布拉维教徒们的话表明了他

① C. Adle, Irfan Habib, *History of Civilizations of Central Asia*, Vol.5, p.775.

② Arminius Vambery, *The History of Bukhara*, p.116.

们与花剌子模沙之间的矛盾不可调和。13 世纪时，库布拉维教团在今土库曼斯坦塔沙乌兹地区扎下根。在蒙古入侵中亚时期，库布拉维教团领袖选择了誓死抵抗的道路，遭到蒙古人的严厉打击，教团的影响从此跌入低谷。

12 世纪末至 13 世纪初，在中亚占第二位的苏菲教团是亚萨维教团。亚萨维教团的创始人是阿合马・亚萨维（Ahmed Yasawi，1103—1166 或 1167）。亚萨维生于中亚北部草原边缘的扫兰城（16 世纪改名为突厥斯坦城），早年在不花剌师从突厥族苏菲主义学者阿尔斯兰・巴巴，在不花剌生活了多年，曾游历呼罗珊、伊拉克、大马士革。亚萨维一直向往返回故乡扫兰城，说道："我想回到兄弟会的地方，到一座花园，那里面竖着我的父亲的洁白的墓碑。"阿合马・亚萨维最终回到故乡，在此度过了一生中的大部分时光，并在此正式建立了教团，数千门徒聚集在他周围，他们致力于草原地区的传教。

亚萨维教团认为，相对于永恒的真主来说，现世是暂时的、即逝的、毫无价值的；人生的主要目标是接近真主，以纯洁的灵魂与真主合一。为此，穆斯林必须履行伊斯兰教教义和教法，在苏菲导师的引导下，通过"教"（Shari'ah）、"道"（Tariqah）、"识"（Ma'rifah）、"理"（Haqiqah）等阶段，舍弃自我，使灵魂得到纯净和升华。

为了适合突厥牧民的需要，亚萨维教团的传教有两个特征：第一，用突厥语传教。在亚萨维之前的苏菲多用波斯语传教，亚萨维的导师哈马丹尼不懂突厥语。亚萨维倡导用突厥语传教，消除了语言隔阂，为伊斯兰教在游牧民中广为传播创造了前提条件。亚萨维写的诗歌通俗易懂，其弟子模仿导师也用突厥语写作，最著名的是哈奇木・阿塔（或名苏来曼・巴奇尔干尼），他用突厥语写了一本散文体的关于苏菲派教义的集子，语言简洁，为一般民众所接受。第二，在宗教活动中，亚萨维教团将伊斯兰教义、教规与突厥人奉行的萨满教习俗和突厥文化结合起来，使当地居民易于接受。在亚萨维学说中，安拉的称谓与游牧人崇拜的诸神可以互相替换。在祈祷时，亚萨维信徒常遵循古代突厥习俗，如男女一起颂读圣诗（齐克尔），亚萨维教团的赞念（齐克尔）形式与萨满教紧密结合，有人把强烈的礼拜仪式（如赞念安拉的声音）比拟成萨满的响鼓，神秘的旋转舞蹈（萨玛）亦是突厥人萨满仪式的重要特征。

亚萨维教团运用突厥族喜闻乐见的文学形式和通俗语言传播宗教，收到了意想不到的效果。阿合马·亚萨维被视为突厥人中的圣僧，他死后葬于扫兰城。1397 年，帖木儿在其陵墓之地建清真寺，成为中亚伊斯兰教的重要圣地。

亚萨维教徒坚持信奉阿里世系，实行赞念齐克尔和谢赫世袭，这些信仰和习惯受到了纳合什班底教派的指责。他们说亚萨维教团迎合民间迷信和表现出对伊斯兰教缺乏尊重。[①] 16 世纪，亚萨维家族的许多成员在不花剌和巴里黑担任最高行政和军事职位纳吉布职务，在哈萨克斯坦南部地区，大批手稿显示，许多亚萨维教徒的家庭起源于阿合马·亚萨维的兄弟萨迪尔·阿塔（Sadr Atā）。到俄国入侵中亚之际，突厥斯坦城内属于亚萨维家族者不下 100 户。[②]

12 世纪至 14 世纪，亚萨维学说在中亚许多地区占主导地位。亚萨维教团的中心在今哈萨克斯坦南部，许多教职人员分布在乌兹别克斯坦北部。在喀什噶尔，亚萨维教团也建立了分支乌瓦伊西耶教团（a1-Tariqah a1-Uwayshlyyah），其教理和道乘修持与亚萨维教团相同。由于得到统治者的支持，乌瓦伊西耶教团发展很快，喀什噶尔王朝可汗、达官贵人及下层穆斯林群众，多为该教团门徒，他们主要分布在叶尔羌、喀什和英吉沙尔。

15 世纪，纳格什班底教团取代了亚萨维教因，成为该地区起主导作用的神秘主义教派。纳合什班底教团创立于 14 世纪初，创始人阿布·玉素夫·艾尔·哈马丹尼（1048—1140），他的教义由其弟子华哲·阿卜杜·赫力格·古杰达瓦尼整理、记录、完善。15 世纪后

---

① C. Adle, Irfan Habib, *History of Civilizations of Central Asia*, Vol.5, p.776.

② Ibid., p.777.

期，纳合什班底教团在中亚的地位日益显赫起来（关于该教团将在第五卷中详细论述）。

在阿富汗，赫拉特、契斯特（Chisht）等城市是苏菲教徒的活动中心，12 世纪下半叶至 13 世纪上半叶，毛杜迪·契斯提（1142—1236）在契斯特创立了契斯提教团（Chishtiya）。毛杜迪·契斯提去世以后，教团在阿富汗的影响渐趋衰落，活动中心移到了印度的阿杰米尔。13 世纪初，印度德里素丹国（1206—1526）大力推行伊斯兰化政策，印度北部的大部分居民改信伊斯兰教。伊斯兰教在北印度取得胜利的过程中，伽色尼王朝、古尔王朝和以后的德里素丹王朝起到了重要作用。在德里素丹王朝时期，苏菲派的苏赫拉瓦迪教团在旁遮普有很大影响，木尔坦和乌奇是苏菲派神秘主义中心。

在长达几个世纪中，契斯提教团一直与阿富汗西部地区有着密切的联系，特别是在赫里鲁德山谷和契斯提沙里夫周围地区有相当大的影响，这里的宗教上层人士多数属于契斯提教团，而大部分城镇居民也是契斯提教团的忠实信徒。契斯提教团在阿富汗有足够的经济能力，20 世纪 80 年代初，该教团在赫里鲁德山谷和契斯提沙里夫一带办了大约 20 所宗教学校（马德拉萨），每所学校都有图书馆。

自 11 世纪起，苏菲教徒开始在印度传教。1039 年，大神学家和苏菲学者赛义德·阿里·胡吉伟利（1010—1079）来到拉合尔传教，苏菲的经典著作《秘密的揭示》就是他在拉合尔期间写成的。11—12 世纪，苏菲教徒们用旁遮普语和其他方言传教和写作，并采用了穆斯林的书写体，形成了印度穆斯林的语言乌尔都语。乌尔都语是今巴基斯坦和印度穆斯林的通用语言。在德里素丹王朝时期，苏菲派的苏赫拉瓦迪教团在旁遮普有很大影响，木尔坦和乌奇是苏菲派神秘主义中心。

苏菲派的宗教哲学思想是以《古兰经》和与《圣训》有关的经文为依据，吸收新柏拉图主义和其他宗教神秘主义的功修理论及礼仪而形成的。其在认识论上，主张直觉认主的神智论，否认理性认识的作用，认为人的智力和知识是安拉赋予的。随着苏菲派理论的完善，苏菲派的宗教功修方式也逐渐固定下来。功修主要分为肉体和精神两种：肉体的修行指节食、苦行、禁欲等；精神的修炼一般分教乘、道乘和真乘三个阶段，具体过程是：在履行法定功课的基础上通过长期的内心沉思冥想，净化灵魂，达到“无我”精神状态，与真主合一。

中亚苏菲教徒在宗教功修上表现出一些特征，他们把修炼的过程比拟为“道路”，称隐修者为“旅行者”，他们除重视上述内心的苦修外，还注重宗教赞念（齐克尔，Dhikr）形式，在赞念“万物非主，惟有真主（Lā ilāha illā llāh）”时，不同的苏菲派别有不同的形式。亚萨维派以高念“齐克尔”出名。此外，中亚苏菲教团创立者及其继承人被奉为圣贤，他们的墓地被尊为圣墓，称麻扎，苏菲教徒每年必来拜谒，在中亚流行着一句古谚：“朝谒圣墓七次等于去麦加朝觐一次。”这些形式反映了中亚突厥人祖先崇拜等习俗的影响。

苏菲思想家们不仅在宗教上获得了成功，在文化方面的影响也很大。11—13 世纪苏菲神秘主义为了把深奥的苏菲神秘主义哲理向广大的苏菲信徒深入浅出的讲解，许多大苏菲以讲故事、打比方的方式对其哲理进行了深入浅出的讲解，如在讲经布道时吟颂波斯民歌，借以阐明神秘主义哲理，用故事形式宣扬苏菲教理。于是，中亚的文学、诗歌、哲学、艺术、建筑等领域都打上了苏菲主义的烙印。其中，苏菲叙事诗在中亚文学界的影响很大，这些诗歌不仅形式优美流畅，朗朗上口，便于记诵，也便于流传，而且其深刻的思想又加深了艺术魅力，成为此时期诗歌的经典之作，著名的有苏菲诗人萨纳伊的《真理之园》。

第三节　文化

11 世纪末，花剌子模绿洲开始使用突厥语；在河中地区和呼罗珊，突厥语、阿拉伯语和波斯语多种语言并用。12 世纪下半叶，在经历突厥王朝两百多年的统治之后，阿尔泰语系的突厥语在中亚地区占据了优势。锡尔河以东到塔里木盆地南缘的于阗之间的广大地区都已经使用突厥语，这种突厥语与高昌回鹘语有差异，它既保留了东部突厥语的基本特点，又吸收了西部突厥语的某些成分，同时，还受到阿拉伯语、波斯语的影响，从它们中借用了大量词语和一些句法格式。这种突厥语被称为哈卡尼亚语，到 12 世纪，哈卡尼亚语成为信奉伊斯兰教的突厥诸民族的书面文学语，它在文学著作中被称为喀什噶尔语。在古思西突厥语和钦察突厥语的影响下，呼罗珊（今土库曼斯坦）于 12—13 世纪初的语言开始突厥化，到 15 世纪，属于阿尔泰语系突厥语族的被称为土库曼语的语言最终形成。

阿富汗地区原来说东伊朗语族方言，伽色尼王朝统治时期，突厥语开始传入，但与河中地区和呼罗珊不同，突厥语在此没有占据主要地位，今阿富汗斯坦的主要语言是属于印欧语系东伊朗语族的普什图语和达里语，阿尔泰语系突厥语族的乌兹别克语和土库曼语居次要地位。

随着阿拉伯语在伊斯兰教中的广泛应用，13 世纪初期，回鹘突厥语用阿拉伯字母书写。“喀喇汗王朝文献真迹的发现与研究告诉我们，王朝的书面语言有三种：阿拉伯语、突厥语和波斯语，这三种语言都用阿拉伯文拼写。”[①]用阿拉伯字母书写的回鹘语，被称为喀喇汗国文或察合台文，它是一种拼音文字。察合台文逐渐取代原来的回鹘文，到 15 世纪，察合台文已经成为中亚东部及中国新疆地区突厥族通用的文字。河中地区和花剌子模人的突厥语，以及呼罗珊原土库曼人的书面语也采用阿拉伯字母书写。突厥文字的阿拉伯化，打破了各族之间的隔阂。

这一时期的文学著作，在中亚东部有艾哈迈德·尤格拉克的《真理的入门》，此书是一部用回鹘语写的劝诫诗，写于 12 世纪末至

---

① 林梅村：《西域文明——考古、民族、语言和宗教新论》，东方出版社 1995 年版，第 478 页。

13世纪初，该书是献给西辽的属臣喀什城埃米尔穆罕默德的。该书作者生平及家世不详，只知道他是一位盲诗人，此书主要阐述了当时人们的伊斯兰教伦理观念，是研究西辽的珍贵资料。

河中地区和呼罗珊的文学受到苏菲派思想的影响，法里德丁·阿塔尔（Faridin Mahammad Attar，1145—1229）是当时杰出的苏菲诗人。法里德丁·阿塔尔生于尼沙普尔附近，少年时代随父经营药材，青年时代受宗教哲学家马吉达丁·巴格达迪的影响，成为苏菲主义学者。他游历了中亚各地，还到过埃及、大马士革、麦加和印度，最后回到故乡从事诗歌创作。著名长诗《百鸟朝凤》（*Mantiquttayr*）是阿塔尔用两个同形词（“凤凰”与“三十只鸟”在波斯文的拼写上同形）巧妙构思的故事。众鸟在去朝觐飞禽之王凤凰的途中历尽艰辛和磨难，最后只有30只鸟抵达目的地，但那里并没有什么凤凰，这时它们才明白凤凰就是它们自己。诗人用精湛的语言，通过众鸟之间的争论，层层递进地阐述了苏菲的哲理：真主存在于每个信徒心中，只要潜心修行，便能“心见”真主，与真主合一。

阿塔尔不仅在突厥语文学史上有崇高的声望，而且在波斯文学史上也占有重要的地位。阿塔尔最后死于蒙古人入侵的乱军之中。

阿塔尔的继承者莫拉维·贾拉鲁丁·儒米（Mowlana Jalaluddin Rumi，1207—1273）是苏菲文学的主要代表。莫拉维生于巴里黑，他擅长于叙事诗和抒情诗，他的诗歌语言精湛，使用大量比喻、隐喻和象征以阐述深奥的哲理。其中，《玛斯纳维》是苏菲思想的集大成之作，被誉为“波斯语的古兰经”。阿拉伯著名地理学家雅库特（Yaqut，1179—1229）是他的兄弟，他在吸收阿拉伯人地理知识的基础上写了多卷本的《地理辞典》，辞典不仅利用了穆斯林作家的资料，还参考了拜占庭基督教作家的记录。

这一时期，应该提到的著名作家还有穆罕默德·奥菲（Muhammad'Aūfī，卒于1221或1222年），作者在1200年左右（回历578—579年）游历了呼罗珊及其附近地区，拜会了很多诗人。13世纪初期，他编辑了《文苑精英》（*Lubāb al-Albāb*）一书。

伽色尼王朝后期是印度穆斯林文化形成的重要时期。在旁遮普语文学中，诗歌占很大比重。苏菲诗人沙·夏姆斯·萨布兹瓦里（1164—1248）和法利德·甘吉·沙卡尔（1173—1227）最早用旁遮普语写诗，他们的诗作或描绘自然风光和风土人情，或表达苏菲派的神学和哲学思想。

古尔人建立政权之后，一些诗人汇集在古尔王朝宫廷，其中，最杰出的是诗人内扎米·阿鲁兹（Nizāmī-i ‘Arūzī，卒于1155或1157年）。内扎米·阿鲁兹是撒麻耳干人，他写了《四类英才》（*Chahār Maqāla*）一书，该书大约完成于他去世之前的1155年。

史学在这一时期也有发展，其中，著名的有：伊本·阿西尔的《全史》。伊本·阿西尔于1160年生于两河流域，《全史》记载了7世纪至1231年之间的历史，有关7—9世纪的史实取材于塔巴里的《先知与国王之史》。有关西辽的历史，作者着重记叙耶律大石打败塞尔柱突厥人的经过，以及西辽统治下，河中地区的社会经济情况。该书中保留了西辽与中亚伊斯兰教国家关系的珍贵史料。

应该提到的史书还有朱兹贾尼的《卫教者年表》。朱兹贾尼于1193年出生于古尔王朝，在蒙古人攻打中亚南部之时，他退到北印度避难，在德里素丹纳昔儿·摩诃末沙的宫中任大法官。《卫教者年表》一书用波斯文写成，一直写到1260年，其中记述了西辽统治下中亚的情况。

这一时期中亚的著名建筑有：目前被列入《世界遗产名录》的阿富汗贾穆宣礼塔、不花剌的马高基·阿塔里（Magoki-Attari）清真寺和莫夫的桑扎尔陵墓。

贾穆宣礼塔由古尔素丹于1194年建造，因矗立在贾穆河畔而得名。贾穆宣礼塔建在湍急的贾穆河入哈里河处，两条河流汇合处是海拔1900米的陡峭峡谷，宣礼塔从狭谷中拔地而起，屹立其间，依山傍水，地理环境优美。

贾穆宣礼塔高65米，是世界第二高宣礼塔，仅次于印度德里的古德卜尖塔。贾穆宣礼塔为砖质结构，塔外由烧制精巧的砖石砌成，采用了10世纪不花剌的建造技术。顶部饰有蓝色釉面的琉璃瓦，上面雕有几何图案、花纹和铭文，贾穆宣礼塔及相关考古遗迹是伊斯兰建筑和装饰的杰出典范，代表了阿富汗建筑和艺术的最高水平，是12—13世纪古尔文明的有力见证。以后的德里古德卜尖塔是仿照贾穆宣礼塔建造的。

在莫夫，这一时期的重要建筑是桑扎尔的陵墓。呼罗珊莫夫城于11—12世纪曾作为塞尔柱帝国的都城，它是当时世界上著名的伊斯兰文化名城，是中亚穆斯林文化中心。该城有古老的伊斯兰教经学院、陵墓和宫殿遗址。坐落在莫夫的桑扎尔陵是塞尔柱帝国时代的重要建筑。陵墓的建筑式样与萨曼王朝陵墓相似，为方型穹顶殿，殿内两壁设有壁龛，顶部穹顶为四圆心外形，殿外有回廊，外墙布满了镀金的浮雕。据13世纪初期的伊斯兰文献记载，当时的穹顶外表曾镶有美丽的蓝色瓷砖。

中亚东部的建筑具有阿拉伯风格，清真寺主要是用三面回廊将院庭围起的内院式清真寺，这是阿拉伯常见的建筑格局。主体建筑物多采用中央圆顶式，建立在四根木柱之上，两侧的通道上盖着独特的圆顶。喀喇汗王朝在建筑上使用砖和釉彩陶等材料，在建筑装饰上，用带着各种几何图案和植物图案的凸凹瓷砖或彩色瓷片装饰。

在突厥王朝统治时期，中亚东部和南部经济文化的发展是显著的。突厥王朝统治者们对文化事业的发展亦非常重视，他们大多数喜欢延揽名人学者到宫廷里为自己歌功颂德。在伽色尼王朝，即使是在统治后期，素丹们也热衷学术，培养学者。其中，巴赫拉姆沙特别突出，有一大批作家和诗人聚集在他的宫廷，当时，伽色尼王朝的文学盛况引人注目，与早期伽色尼王朝时期抒情诗和叙事诗的繁荣不相上下。

在塞尔柱帝国统治后期，莫夫成为帝国的文化中心，13世纪初期，莫夫城还有10个书库，用阿拉伯地理学家雅库特的话来说，这些书库“所藏的著作比任何其他城市的图书馆都要丰富”。

12 世纪末至 13 世纪兴起的花剌子模帝国的统治者们也重视文化的发展。桑扎尔在卡特万战争失败以后，花剌子模沙阿即思出兵呼罗珊，把知识界和文化界人士招揽到花剌子模的乌尔根奇城来。在他统治时期，乌尔根奇是文人墨客们的聚居之地，也是中亚知识和文学中心之一。当时主管文化的拉希杜丁·穆罕默德·瓦特瓦特巴尔西奉阿即思之命著书[①]，他用波斯语和阿拉伯语创作诗歌，写了许多歌颂阿即思的颂诗。后继统治者贴乞失也推崇文化，在他周围聚有众多的文人墨客，其中，最著名的有法赫鲁丁·穆罕默德（1148—1209），他写了几部著作奉献给贴乞失。

---

① 〔伊朗〕阿宝斯·艾克巴尔·奥希梯扬尼：《伊朗通史》，第 427—428 页。

第六章

伊斯兰化和突厥化

7世纪下半叶，伊斯兰教传入中亚，中亚三个突厥王朝将伊斯兰教向东推进到今中国新疆，向南推进到阿富汗中部和印度河流域，向西推进到小亚细亚。经过几个世纪的传播和发展，到13世纪初，伊斯兰教已经深入到中亚社会的各个方面，成为大多数居民的一种生活方式，中亚大部分地区完成了伊斯兰化。6世纪中叶，阿尔泰山南部的突厥人在中亚建立了统治；7世纪中叶，西突厥汗国灭亡，突厥人失去了统治地位，以被统治者身份在中亚居住和生活；300年以后，10世纪中叶始，喀喇汗、伽色尼和塞尔柱王朝陆续建立，突厥人再次登上了中亚的政治舞台。突厥王朝的统治对中亚地区居民产生了深刻的影响，当地居民经历了突厥化过程。

第一节　伊斯兰化

希提在《阿拉伯通史》一书中写道："在正统的哈里发时代，基本上完成了所谓'穆斯林的征服'……他们在军事上和政治上，征服了波斯、肥沃的新月和北非洲。在阿拔斯人统治的第一个世纪，征服运动进入第二个阶段，伊斯兰教胜利的阶段。”[1]

伊斯兰教在中亚取得胜利（使非伊斯兰地区归附于伊斯兰教政权和使非伊斯兰地区居民改信伊斯兰教）是阿拔斯王朝时期，即征服运动的第二阶段。8世纪中叶至9世纪中叶，伊斯兰教在中亚西部呼罗珊地区获得胜利；9世纪中叶以后，即萨曼王朝统治时期，河中地区的大多数居民接受了伊斯兰教。以后，伊斯兰教深入发展和广泛传播的任务落到了中亚地区三个突厥王朝的肩上。

10世纪，萨曼王朝的波斯人将伊斯兰教推进到锡尔河中游东岸的一些城市和萨曼王朝东北边境的一些部落（如葛逻禄人），但直到10世纪初期，楚河流域、七河流域和伊犁河流域的大部分居民和部落仍未接受伊斯兰教。这些地区接受伊斯兰教是在10世纪末期至11世纪，即喀喇汗王朝统治时期。11世纪初，在喀喇汗王朝武力推进下，伊斯兰教东传到于阗，与此同时，伊斯兰教向东北传到了天山南麓的阿克苏、库车等地。12世纪，天山南部，库车以西地区的居民基本上皈依了伊斯兰教。13世纪，伊斯兰教传播到天山东北，以今吉木萨尔县为分水岭，其东为佛教势力，其西为伊斯兰教势力。伊斯兰教在中亚东部的胜利应归功于喀喇汗王朝。

伊斯兰教在阿富汗斯坦获得胜利的时间是10世纪中叶以后，即伽色尼王朝统治时期。阿拉伯人对阿富汗的征服战争开始于7世纪中叶，650—651年间攻下喀布尔。705—715年，呼罗珊总督屈底波的军队先后占领了赫拉特、喀布尔、加兹尼等城。阿拉伯人在这些城市摧毁佛寺，迫使一部分市民改信伊斯兰教。在此时期内，阿富汗的一些中心城市皈依了伊斯兰教，但其余大多数地区仍然是非伊斯兰教地区。10世纪中叶，突厥将领阿尔普特勤率军南下，以加兹尼城为都建立了以伊斯兰教逊尼派为国教的伽色尼王朝。在该王朝的大力推进下，伊斯兰教在阿富汗取得了胜利。

伊斯兰教向北印度的传播也是由伽色尼王朝完成的。7世纪末，

---

① 〔美〕希提:《阿拉伯通史》(上)，第422页。

阿拉伯军队在征服呼罗珊和河中地区之时，曾逼近北印度边缘。8世纪初期，阿拉伯人占领了印度河下游的信德和旁遮普北部地区，征服木尔坦，将其纳入伊拉克总督辖区，伊斯兰教开始传入印度西北部。但是，该地区的大多数居民并未改信伊斯兰教。10世纪下半叶，伽色尼王朝发动“圣战”，征服信德地区，大批信仰伊斯兰教的突厥人、阿富汗人迁入印度定居，与当地居民融合，伊斯兰教在印度开始有了根基。一个多世纪以后，一些原来信仰印度教的封建主改信了伊斯兰教。12世纪中叶，阿富汗古尔人夺取印度西北部地区，继续向朱木拿河和恒河流域扩张，伊斯兰教也随之传播到这些地区。13世纪初，印度德里素丹国大力推行伊斯兰化政策，印度北部的大部分居民改信伊斯兰教。在北印度伊斯兰教取得胜利的过程中，伽色尼王朝、古尔王朝和以后的德里素丹王朝起到了重要作用。

在伊斯兰教向西传到小亚细亚的过程中，塞尔柱人起到了重要作用。11世纪中叶以后，在伊斯法罕建立政权的塞尔柱王朝夺取了小亚细亚的一些城市，但未能在此立足。1071年，塞尔柱王朝与拜占庭帝国为争夺小亚细亚发生战争，在战争中，拜占庭皇帝罗曼努斯受伤被俘，拜占庭战败，塞尔柱人在小亚细亚建立了政权。大批游牧民族涌入小亚细亚，改变了小亚细亚居民的宗教信仰，使小亚细亚最终纳入伊斯兰世界。

10世纪中叶以后，伊斯兰教在向外传播的同时，在中亚地区向纵深发展。到13世纪初，伊斯兰教在中亚已经不仅仅是一种宗教信仰，而是渗透到中亚社会的各个角落，成为中亚大多数居民的生活方式。中亚居民的伊斯兰化在物质文化、制度、意识形态诸方面呈现出来。

喀喇汗王朝统治的河中地区和锡尔河以东地区，伊斯兰文化对当地居民的饮食、服饰、婚嫁习俗中产生了极大影响。在饮食方面，信仰伊斯兰教的居民恪守《古兰经》对饮食的有关规定，禁食猪肉、驴肉、马肉和狗肉等，自死的牲畜一律不吃，牛羊肉均由信仰伊斯兰教的穆斯林宰杀。在服饰方面，男人戴小花帽，妇女围头巾，这是伊斯兰教服式，伊斯兰教认为：在室外，头部不加任何遮盖是对上天的一种亵渎。为保持清真寺的神圣和洁净，穆斯林在鞋外还要穿上套鞋，入殿之时只需脱去套鞋，既方便又干净。穆斯林喜爱棉布，他们衣服的原料主要是棉布，布料和服装的装饰采用植物的枝、叶、蔓、果及几何图形，严格遵守伊斯兰教偶像崇拜的禁忌。

中亚居民遵守伊斯兰教的一些宗教习俗，如定时礼拜、净身、割礼、葬礼。以往中亚居民死后埋葬方式多种多样，其中，以祆教实行的火葬盛行。接受伊斯兰教以后，中亚居民的葬俗按伊斯兰教教规实行土葬，尸体洗净后裹以白布，放入墓坑中，脸朝圣城麦加的方向。接受伊斯兰教以后，中亚居民开始过如封斋、开斋等阿拉伯人的节日。11 世纪，伊斯兰历在中亚东部居民中使用。在我国新疆莎车曾出土过这一时期的法律文书，它们使用了伊斯兰历。①

在政权构建方面，突厥王朝也遵照伊斯兰正统治国家的模式。中亚突厥王朝的统治者承认阿拔斯哈里发的宗教首领地位，尊哈里发为最高宗教统帅。伽色尼王朝和塞尔柱王朝的铸币上出现了哈里发穆斯塔兹希尔的名字（al-Mustazhir）。中亚统治者以获取哈里发授予的称号为荣，据《治国策》记载，伽色尼素丹马赫穆德随着他征服地区的增多，曾要求哈里发授予他更多的头衔，他送了十多次申请都没有结果，最后采取了一些卑鄙的手段。②在莎车发现的文书中，涉及的喀喇汗王朝汗都带有一系列伊斯兰教的封号。

突厥王朝的对外扩张也采取伊斯兰政权惯用的方式，即对异教或异端发起“圣战”。喀喇汗王朝、伽色尼王朝、塞尔柱王朝在扩张领土之时打着“圣战”的旗号。据中亚和西亚的伊斯兰文献反映，喀喇汗王朝穆萨汗在 960 年宣布伊斯兰教为国教以后，从 961—1006 年间，向于阗发动了多次“圣战”，但从宋朝的历史记载和敦煌发现

① 莎车文书中记：474 年 Du'i-Higga 月 1 日（1082 年 5 月 1 日）传唤证人到法庭，转引自牛汝极：《莎车出土的喀喇汗朝阿拉伯语法律文书与〈福乐智慧〉研究》，《西域研究》1999 年第 3 期，第 101 页。

② Nizam al-Mulk, *The Book of Government or Rules for Kings*, pp.149-157.

的于阗文文书来看，双方的战争纯粹是政治和军事上的争夺，与宗教无关。[①] 伽色尼王朝统治者对印度的征服也打着“圣战”的旗号，实际上，他们发动的战争大多数是为了掳掠印度的财富。塞尔柱人在征服西波斯和两河流域之时，也打着伊斯兰教正统派的旗号，打击伊斯兰教什叶派政权布威希王朝，他们拥护逊尼派的口号赢得了哈里发的支持。此后，在阿姆河下游兴起的花剌子模帝国也在“圣战”的名义下扩张，摩诃末声称要把穆斯林从异教徒（即西辽契丹人）的统治下解放出来，1210 年的塔拉兹之战给他带来了声誉。

突厥王朝的统治也采取伊斯兰政权模式，以伊斯兰教法治理国家和社会秩序。据莎车出土的一件处理土地纠纷案的法律文书反映，文书行文按伊斯兰教规定的固定式样书写，文书开头是赞颂安拉：“我赞颂独一无二的安拉（Bismi-alla al-rahman-i al-rahim）”；正文第一行：“以宽厚、仁慈的安拉的名义”；第二行：“哈孜（伊斯兰教法官）和伊玛目阿布·巴克尔·穆罕默德——愿真主保佑并庇护他——（裁定）的文书。”在文书中，凡提到喀喇汗之名，以及在第一次提到证明人之名时，都要乞求安拉保佑他们。在行文及结尾判决部分出现“向至高无上的真主乞求帮助”的话语。[②] 行文用语为阿拉伯语。

在经济制度方面，突厥王朝的伊斯兰化倾向也十分明显。萨曼王朝时期，呼罗珊实行伊斯兰教的分封土地制度，即伊克塔土地制，河中地区的农业区域也有赏赐份地（伊克塔）。到了突厥王朝时期，伊克塔制度得到了广泛推行。在此期间，采邑制成为中亚占优势的封建土地所有制形式，它遵循与阿拔斯王朝统治下伊斯兰世界基本一致的发展道路。最初，伊克塔份地及在其土地上耕种的农民，都由国家支配，土地不是受封者的私人财产，受封者不能干涉农民的

① 钱伯泉：《大石国史研究——喀喇汗王朝前期史探微》，《西域研究》2004 年第 4 期，第 45—46 页。

② 该文书的全部内容参见牛汝极：《莎车出土的喀喇汗朝阿拉伯语法律文书与〈福乐智慧〉研究》，《西域研究》1999 年第 3 期，第 100—102 页。

生活，并且必须向国家缴纳一定的贡赋，此外还要按照王朝统治者的要求，自带装备的武装部队去为王朝统治者效劳。从 11 世纪后期起，特别是在 12 世纪，大部分封建主的领地变成世袭领地，在其上耕作的农民也逐渐处于完全依附于封主的地位。

突厥王朝统治阶级内部的冲突以伊斯兰教教派斗争的形式出现。突厥王朝的统治时期，中亚各地几乎都存在着一支以伊斯兰教事业为生的宗教队伍。其中上层分子拥有包括耕地、房产、商店、作坊、旅店等在内的大量瓦克夫财产，他们依仗雄厚的经济实力，与世俗封建主的代表王权争夺权力。在这一斗争中，突厥王朝统治集团有时候寻求与他们的结合，有时候又以异端为由打击宗教势力。在很长时间内，教权占据上风，宗教界以异端信仰为由处死的西喀喇汗不止一个。

随着伊斯兰教在中亚地区的胜利，突厥王朝统治阶级与被统治阶级的斗争采取了伊斯兰教派别斗争的形式。中亚居民改信伊斯兰教以后，统治者利用伊斯兰教指导和束缚被统治者的思想和行动；宗教界上层利用伊斯兰教剥削普通穆斯林。穆斯林反对统治者的斗争往往采取伊斯兰教异端（如伊斯玛仪派、卡尔马特派）的形式出现。代表被压迫人民，特别是手工业者利益的伊斯玛仪派在呼罗珊的活动频繁。塞尔柱帝国首相尼扎姆·莫尔克在他的《治国策》一书中写了很长的一章（第 46 章）论述伊斯玛仪教派的起源和伊斯玛仪教派早期追随者卡尔马特人的反叛。该派主张财产共有、社会平等。教徒们在伊拉克南部库法附近举行武装起义，得到了广大贫苦农民的响应，起义势力迅速扩张到呼罗珊和河中地区。

中亚伊斯兰化在文化方面的改变首先是阿拉伯语和阿拉伯文的使用。突厥王朝统治期间，尽管突厥语言普遍流行，但由于颂读《古兰经》、礼拜、传教等宗教活动的需要，中亚居民开始接触和学习阿拉伯语和阿拉伯文。著者也开始用阿拉伯文写作，以获得更多的读者。于是，在中亚学习和掌握阿拉伯语和阿拉伯文的人在逐渐增加。10 世纪以后，采用阿拉伯字母书写本族语言的现象出现，使用阿拉伯字母书写的语言有：呼罗珊和塔吉克斯坦使用的波斯语，河中地区和中亚东部使用的突厥语，阿富汗斯坦使用的普什图语，北印度使用的乌尔都语。使用阿拉伯字母书写本民族语言在喀喇汗王朝统治的中亚东部表现最为明显，此前，塔里木盆地南缘地区的文字繁杂，有婆罗米文、粟特文、藏文、汉文，以及当时高昌回鹘人创造的新回鹘文，随着伊斯兰教的传播，阿拉伯文字逐渐占据了优势地位，尽管到 13 世纪，阿拉伯文字还没有能够成为喀喇汗王朝使用的唯一文字，但阿拉伯文已经普遍使用，这种情况从铸币和法律文书中可以反映出来。在 10—13 世纪初的喀喇汗王朝钱币上铸有阿拉伯文铭文，它与西亚、中亚其他地区的各种阿拉伯文钱币同属于伊斯兰文化系统。1992 年在吉尔吉斯斯坦境内出土的西辽古币，也铸有阿拉伯字体样花纹。在莎车出土的法律文书中，大多数采用阿拉伯文签名。

10 世纪以后，中亚文学和艺术从形式到内容都打上了伊斯兰文化的烙印。著作者把模仿阿拉伯伊斯兰诗歌流行的模式视为一种时髦。他们以对真主、先知、四位圣门弟子及王朝统治者的赞颂开篇，然后才进入对故事情节的描绘和对伦理问题的论述。1069 年在喀喇汗王朝文化中心喀什噶尔写成的《福乐智慧》就是按照穆斯林著作程式写成的，它采用了阿拉伯诗歌中的阿鲁孜韵律，这种韵律于 9 世纪初传到了呼罗珊。1072 年，麻赫默德·喀什噶里在巴格达用阿拉伯文写成《突厥语大词典》，也模仿了阿拉伯词典的编纂方法，以阿拉伯字母拼写词条并释义。这两个事例充分反映了中亚文学方面的伊斯兰化倾向。

中亚艺术的伊斯兰化倾向更加明显。由于建筑业的发展，实用艺术随之发展起来。建筑砖瓦、砌面陶板、雪花石膏雕刻等装饰都采用具有伊斯兰特色的图案，即几何图、植物纹、鸟纹、花式题词，在这一时期的中亚建筑和用具上随时可见。从 11 世纪起，不花刺和撒麻耳干等城出现了典型的伊斯兰建筑形式，即复杂的多立柱式组合建筑，这类建筑的主体部分是：底部为方体，顶部为圆穹、圆拱，建筑物有尖拱或圆拱形式的正门，由于呼唤礼拜的需要，在主体建筑或大门的两侧建有邦克楼（又称宣礼塔），建筑物的外墙砖上刻有植物图案和花字题词。此外，陵墓建筑也表现出伊斯兰风格，如桑扎尔素丹陵，陵墓为方形穹顶殿，殿外有回廊，殿内两壁设有壁龛，优素甫·哈斯·哈吉甫陵墓的主墓室穹顶采用大跨度砖拱，穹顶正中有小塔楼，大跨度石砌圆拱的礼拜殿有雕花密肋天棚，墓祠墙壁是蓝底白花琉璃砖，礼拜殿的木柱有雕刻花纹。

中亚的伊斯兰化倾向还可以从以社会意识形态为主要内容的观念体系中反映出来。在思想上，中亚突厥王朝利用伊斯兰教加强思想统治，注重以伊斯兰教教义统一人们的思想。公正、平等是伊斯兰教处理人与人之间关系的基本行为准则，《古兰经》重视人与人之间的社会关系，提倡精诚团结，以缓和社会冲突，真主是团结一致的凝聚力量，“你们当全体坚持真主的绳索，不要自己分裂”（3：103）。[①]喀喇汗王朝统治者利用“团结、友爱，穆斯林皆兄弟”的思想，以平息现实生活中人的不平等现象。一方面，他们宣扬作为真主的奴仆，人人都是平等的，君主与臣子之间、伯克与百姓之间应该建立友好、亲善、和谐的关系。伊斯兰教在集体礼拜时，穆斯林不论老少、贫富、种族和肤色，按到来的先后顺序排队，一齐礼拜，念祷真主，这种祈祷显示了和谐友爱的兄弟般情义。在社会政治生活中，这种兄弟般平等、团结、友爱的精神使广大穆斯林像维护自己的生命一样维护社会的稳定团结。另一方面，根据《古兰经》“行善和作恶的人都各有若干等级”，不同的等级和贵贱是命中注定的，统治者的权利是真主造人时赋予的，“他以你们为大地的代治者，并使你们中的一部分人超越另一部分人若干级”（8：165）。这些思想支持喀喇汗王朝和塞尔柱帝国在经济上实行的等级分封制。

伊斯兰教在中亚的传播过程中，顺应、吸收和兼容了中亚的传统文化，形成了有别于阿拉伯文化的突厥—伊斯兰文化。艾哈迈

---

① 《古兰经》，马坚译，中国社会科学出版社 1981 年版，第 46 页。

德·爱敏在《阿拉伯—伊斯兰文化史》中说："这些人奉伊斯兰教之后，纵然成为虔诚的笃信者，也不可能如阿拉伯人那样去理解伊斯兰教的内容。每一个民族之了解伊斯兰教，必定掺杂着本民族许多古代宗教的传统；每一个民族了解伊斯兰教的术语，必定模拟它，使它近似自己的宗教术语。"[①]突厥王朝统治时期中亚地区的伊斯兰化过程，实际上是伊斯兰文化与突厥文化相互渗透、整合的过程，经过对多元文化扬弃、纳新、吸收、发展，中亚地区最终形成的是一种以突厥传统文化为特质、以伊斯兰教为表象的新文化体系。

与阿拉伯人的伊斯兰文化不同，中亚的突厥—伊斯兰文化有自己的特点。首先，在政治体制上，中亚突厥三个王朝不同于一般伊斯兰国家的政教合一制。阿拉伯人的政教合一的内涵之一是国家领袖和宗教领袖的身份合一、政权与教权合一；而在中亚突厥王朝，汗位的继承不是依统治者在宗教界的地位，是依汗室成员身份得以继承，尽管他们都强调汗王所具备的一切是真主赐予的。突厥族世袭王权观念的体现表现了伊斯兰文化与突厥文化的相互融合。

其次，阿拉伯人的政教合一的内涵还包括国家法律制度和宗教法律制度合一、政府机构和宗教机构合一、政府行为和宗教行为合一，而突厥王朝的司法权并不完全掌握在宗教界首领手中，尽管法官也称哈齐，但是，掌握司法权的大多数是部落首领，实施的法律也是按照符合当时部落生活习俗的习惯法。直到16世纪，哈萨克人的法律仍然以习惯法，而不是以伊斯兰教法治理社会。

再次，在经济制度方面，喀喇汗王朝将伊克塔土地制度与以往的阿尔泰突厥政权的分封制度结合起来，王室成员把国家看成是他们整个氏族的财产，各个成员都有分得一份的权利。喀喇汗王朝对它统治下的土地实行"份地"，这种份地名为"伊克塔"，是赏赐给王室成员和军事首领。[②]大塞尔柱帝国也与喀喇汗王朝一样采取赏赐

---

① 〔埃及〕艾哈迈德·爱敏：《阿拉伯—伊斯兰文化史》，纳忠译，商务印书馆1982年版，第102页。

② 〔苏联〕Б. Г. 加富罗夫：《中亚塔吉克史》，第211页。

给王室成员和军事首领的伊克塔制度。

最后，在信仰方面，伊斯兰教奉行严格的一神教义，反对除安拉之外的任何崇拜；而突厥王朝的突厥各族的信仰具有两重性，一方面，他们接受伊斯兰教的宗教观，承认神创说；另一方面，他们明显持万物有灵论，自然崇拜和图腾崇拜（动物崇拜）的观念长期保留下来，如祈雨、占卜、算卦、看相、念咒、跳神等习俗都是这一观念的反映。突厥人把这些信仰与对真主的信仰糅合在一起，萨满巫师在跳神之时，既赞念真主又呼唤穆斯林圣贤。此外，突厥人还保持了祖先崇拜的习俗。伊斯兰教在应对以上问题时具有包容性和灵活性，万物有灵和祖先崇拜的信仰与伊斯兰教习俗糅合在一起，陵墓（麻扎）崇拜便是这种糅合的体现。在麻扎朝拜的仪式中，朝拜者把三角旗绑在树枝上，插在麻扎周围，或在周围的小树、灌木上拴上各种颜色的布条，在高竿上挂牛尾、马尾及其他饰物，这些都是萨满教的做法。

伊斯兰教自 8 世纪传入中亚，至今已有 1300 多年的历史。中亚五国的穆斯林人口共约 3257.45 万，占总人口的 69.8%。① 在伊斯兰教传入中亚之前，原始宗教、祆教、摩尼教、佛教、景教都在中亚传播过，其中祆教、佛教在不同时期还占据过主导地位，但伊斯兰教最终在中亚地区取得了全面胜利，成为中亚居民的一种生活方式。中亚伊斯兰化的原因是多方面的，学术界从不同角度对此进行了研究，基本上可以归纳为以下几点。

第一，伊斯兰教在形成和传播过程中吸收了其他宗教的教义和仪式。在伊斯兰教教义中，存在着与祆教、犹太教和基督教一致的观念，特别是与在中亚古代占主导地位的祆教。祆教认为，人死时灵魂离开肉体，三日之后由一女神接至“分别之桥”接受审判，即最后审判，审判后分别进入天堂和地狱。天堂和地狱的观念在祆教、犹太教和基督教中都存在着。每日五次祈祷、洁净习惯、赈济义务

① 世界穆斯林人口，参见《光明日报》1991 年 12 月 23、24 日。

等伊斯兰教的礼拜仪式，有的也源于其他宗教，如祆教。教义和宗教行为的相似性使伊斯兰教容易被中亚居民接受。

第二，伊斯兰教具有包容性。伊斯兰文化在中亚传播过程中与突厥文化相协调，在宣扬、评判道德伦理以及明辨是非等方面利用了原来的突厥文化。如《福乐智慧》一书在强调伊斯兰思想观念“幸运无常”时，引用了突厥人的名言：“幸运之主啊，莫为幸运而得意，有声望者啊，切莫对幸运轻信。世间三物：流水、舌头和幸运，总是反复无常，流转不停。”① 关于人性：“有一句突厥格言讲得真好，愿你记取它为座右铭：与娘奶一起注入的善性，直到死之前，不会变更。先天而生的天赋秉性，只有死亡能把它撼动。”②引用突厥格言贯穿全诗，反映了伊斯兰教在传播过程中对传统文化的尊重和继承。

第三，伊斯兰教在中亚传播过程中采取的方式也是它成功的重要原因。最初，阿拉伯人依靠武力传播伊斯兰教，以军事上的胜利为推行伊斯兰教开辟道路。以后，喀喇汗王朝也使用武力强迫塔里木盆地南缘居民改信伊斯兰教。然而，武力绝不是伊斯兰教在中亚获得胜利的主要原因，随之而来的经济手段和文化影响才是伊斯兰教在中亚获得胜利的根本原因。

阿拉伯人在传播伊斯兰教之时，对异教徒课以重税，不堪忍受人头税重负的祆教、摩尼教徒纷纷改信伊斯兰教。屈底波宣布：“无论是谁，只要来参加星期五礼拜，就发给两个迪拉姆。”③此外，阿拉伯统治者将大批阿拉伯籍手工业者迁往不花剌、撒麻耳干等城定居，让他们住在当地人腾出的房间里，鼓励他们与当地妇女通婚。

先进的伊斯兰物质文化也是中亚居民接受伊斯兰教的重要原因，阿拉伯商人在伊斯兰教传播中起到了重要作用。巴托尔德认为：“在物质文化和精神文化的领域中，伊斯兰世界在这个时代的文明民族

① 优素甫·哈斯·哈吉甫：《福乐智慧》，第 92 页。

② 同上书，第 120 页。

③ Narshakhī, *The History of Bukhara*, p.48.

里具有显著的优越地位。游牧民常常急需取得文明国家的产品，特别是衣服……首先是纺织品。”[①]随着商品的交换，游牧民熟悉了穆斯林的商品和他们的生活方式，开始接受伊斯兰文化各个层面的影响。

阿拉伯人以《古兰经》为依托在中亚推行阿拉伯语和阿拉伯文，消除了穆斯林与非穆斯林之间交流的障碍，儿童在还不识字阶段就会用阿拉伯语祈祷、咏唱，甚至有的中亚学者只会讲阿拉伯语，而不会说自己的母语。由于阿拉伯语言文字的推行，中亚文化与阿拉伯文化互相渗透。这些也是伊斯兰教在中亚得以立足的重要原因。

清真寺的修建和经学院的创办对宣传伊斯兰教教义也起了重要作用。从 12 世纪起，伊斯兰教的传教士们开始用突厥文书写简单易懂的宗教诗歌和短文传教，以强化他们的宗教感情。这些措施有力地推进了中亚伊斯兰化的进程。

阿拉伯人入侵中亚的时间只有几十年，然而，中亚伊斯兰化的过程却是漫长的。从 10 世纪中叶开始的伊斯兰化过程到 13 世纪初基本完成。尽管如此，这一过程仍然在继续着，即使是在接受伊斯兰教较早的河中地区，多元宗教信仰的局面还一直维持到 15 世纪初。1403 年出使撒麻耳干城的西班牙使节克拉维约写道：“撒马尔罕（即撒麻耳干）居民中，亦不乏突厥人、阿拉伯人及波斯人等。这些人仍然各尊其教派。至于伊斯兰教以外之亚美尼亚人、希腊教徒，基督教之雅各布派、聂斯托里派，皆有。尚有信奉拜火教，而自称基督徒之印度人，亦所在多有。”[②]

伊斯兰化对中亚地区的影响是巨大的。宗教的一致性，有利于促进各族之间的通婚，有利于多种文化的趋同。中亚地区的伊斯兰化，使中亚居民形成了共同的价值取向、共同的道德规范、共同的行为准则，加速了共同的民族心理的形成；中亚地区的伊斯兰化使

---

① 〔苏联〕威廉·巴托尔德：《中亚突厥史十二讲》，罗致平译，中国社会出版社 1984 年版，第 73 页。

② 〔西班牙〕克拉维约：《克拉维约东使记》，奥玛·李查英译，杨兆钧汉译，商务印书馆 1985 年版，第 157 页。

中亚居民在政治、经济、语言、文化和宗教诸方面逐渐统一，互相认同，凝聚了中亚居民的民族意识，为中亚古代民族发展为现代民族奠定了基础。

第二节　突厥化

现在全球约有 1.3 亿操突厥语言的人，他们分布在土耳其、阿塞拜疆、塞浦路斯、哈萨克斯坦、乌兹别克斯坦、土库曼斯坦、吉尔吉斯斯坦以及中国新疆维吾尔自治区，其中大部分人处于中亚地区，可以说，如今中亚是突厥人生活的主要地区。然而，在 10 世纪中叶以前，中亚的主要居民并不是突厥人，而是说印欧语系东伊朗语族的欧罗巴种人。公元前 10 世纪，东伊朗语部落从欧亚草原迁徙到咸海地区、阿姆河中游、泽拉夫善河流域，以及阿姆河上游，即今阿富汗北部和帕米尔谷地，他们被称为花剌子模人、粟特人和巴克特里亚人，他们是塔吉克人的祖先。6 世纪初，突厥人从蒙古高原或阿尔泰山区来到中亚地区，经几个世纪的迁徙，他们逐渐取代或同化了当地的土著居民，成为中亚地区人口最多的居民。

“突厥”原是一个部落的名称，专指建立过突厥汗国的那些突厥人，突厥部并不是最早进入中亚的突厥语部落。最早进入中亚的突厥语部落是铁勒族（高车）副伏罗部。副伏罗部原居蒙古高原北部，臣服于当时在蒙古草原建立政权的柔然汗国。由于不堪忍受柔然贵族的压迫而向西迁徙，来到中亚。以后，铁勒各部陆续迁到中亚北部草原。到 6 世纪中叶至 7 世纪初期，东起阿尔泰山、西至里海北岸的广大地区已经被铁勒各部占据，他们定牧于阿尔泰山（金山）、天山（白山）、里海（得嶷海）、伏尔加河（阿得水）沿岸及帕米尔山区。当时，中国史书把他们统称为铁勒。

在铁勒各部落中，名叫“突厥”的部落当时在阿尔泰山西南坡放牧。6 世纪中叶，突厥部势力强大起来，兼并了邻近的铁勒高车部，继而灭掉了宗主国柔然汗国，建立了突厥汗国。强盛时期，突厥汗国的疆域东起辽水、西抵里海。6 世纪末，突厥汗国分裂成东、西两个汗国，西突厥汗国统治了中亚，它是突厥人在中亚地区建立的第一个政权。西突厥汗国统治中亚一百多年（552—659），于 659 年被唐王朝灭掉，唐朝在其境内建立了间接的羁縻统治，羁縻州府的官员大多数由突厥贵族担任。7 世纪中叶以后，阿拉伯人开始入侵中亚地区，突厥人与当地土著居民一起抵抗入侵者，在此后的近三百年中，突厥人先后处于阿拉伯人和波斯人的统治之下。

西突厥汗国在中亚实施统治的一百多年对中亚的历史产生了很大的影响。首先，他们将自己的部落名称“突厥”给予了与他们说相同语言的所有人。在西突厥汗国灭亡后的半个世纪，阿拉伯人征服了中亚，他们依据语言特征，把与突厥人说相同语言的人统称为突厥人。因此，阿拉伯人的所谓突厥人其实是说突厥语的铁勒各部。阿拉伯人的这种称呼逐渐为西方接受，并成为习惯沿用下来。18 世纪，东、西方语言学家对亚欧中部的部族、部落和民族的语言研究发现，这些部族、部落或民族所说的语言具有相同的特征，他们把这些部族、部落或民族所说的语言归为阿尔泰语系突厥语族，于是，凡是说突厥语的人就都被称为突厥人。可见，突厥人并不是一个民族的族名，而是一个语言群体的名称。随着欧亚大陆越来越多民族的语言得到研究，那些与突厥语族结构和特点相同的方言都被纳入突厥语族，因此，突厥人所包括的对象也随之扩大，今天被语言学家们纳入阿尔泰语系突厥语族的民族在欧亚大陆腹地有几十个。[①]不难看出，所谓的突厥族，不过是按语言特点对部族、部落和民族进行归类的语言群体，除了语言的相似，这些群体们并不是一个具有民族条件的“突厥族”。

西突厥汗国统治中亚产生的另一个重要影响是他们将自己的部落名称“突厥”给予了他们生活的地区，即至今仍在普遍使用的地理概

① 赵常庆：《中亚五国概论》，经济日报出版社 1999 年版，第 24 页。

念：突厥斯坦（Turkestan, Turkistan）。西突厥统治时期，统治中心在锡尔河以北地区，当时河中地区的土著居民把突厥人集中居住的锡尔河以北以东地区称为突厥斯坦，意为“突厥人的地域”。阿拉伯人来到中亚之时接受了这一地理概念，以后，西方人通过阿拉伯人也沿用了这一地名来称呼锡尔河以北地区。然而，作为地理概念，“突厥斯坦”的地域是不确定的。在10世纪后期成书的《世界境域志》中，“突厥斯坦”只限于锡尔河以北以东的草原地区，书中把费尔干纳、花剌子模的乌尔根奇等地称为“通往突厥斯坦的门户”[①]，说明上述地区当时不是大批突厥人的居地，不属于“突厥斯坦”的范围。

在8—10世纪的三百年间，生活在蒙古草原和阿尔泰山东部的突厥人源源不断地迁到中亚。在中亚北部，从阿尔泰山至黑海之间有突厥族基马克人、钦察—库曼人、古思人、佩奇涅格人；在中亚南部，有塞尔柱突厥人、古思人、卡拉吉突厥人，他们以奴隶（古拉姆）、雇佣军或战俘等身份为中亚南部的政权服务。

9世纪上半叶，为了镇压叛乱，阿拔斯王朝第八位哈里发穆塔西姆（833—842年在位）从河中地区买了4000名突厥奴隶组成自己的禁卫军。9世纪中叶以后，摆脱阿拔斯王朝的波斯小王朝也效法，组建突厥骑兵与敌对势力做斗争。除了在奴隶市场上买突厥奴隶外，这些王朝还招募欧亚草原上的突厥部落组建军队，其中，萨曼王朝招募锡尔河畔的塞尔柱突厥人为雇佣军，以对抗喀喇汗王朝。除了购买和招募的突厥人外，萨曼王朝还将战争中俘虏的突厥士兵组织起来充当自己的武装。突厥人就是以这三种身份进入了中亚南部的定居地区。

9—10世纪，中亚突厥人的地位开始发生转变。突厥骑兵具有高度灵活性，他们表现出优于他人的军事素质，突厥军事首领在军中形成了精英阶层；突厥奴隶凭借对主人的忠诚和在战争中建立功勋，不断得到提升，从马夫一直可以升到宫廷大臣。10世纪初期，

---

① V. Minorsky translation and explained, *Ḥudud al-ʻĀlam*, pp.115, 122.

萨曼王朝开始起用军队首领为地方总督，这些人在地方上购置大地产，成为大地产或伊克塔的所有者。经济实力雄厚之后，这些军官们开始左右朝政，将自己的权力凌驾于萨曼王之上。萨曼王阿合马德·本·伊斯迈伊尔（907—914 年在位）就是被突厥奴隶出身的宫廷卫士谋杀，他的儿子纳斯尔二世（914—943 年在位）也是被宗教界与突厥卫兵联合逼退位的。到阿布杜拉·马立克·本·努赫（卒于 961 年）时期，萨曼王不过是突厥军队统治集团的傀儡。突厥军人地位的上升，最终导致了突厥王朝的建立，其中，伽色尼王朝和塞尔柱帝国的建立与萨曼王朝重用突厥人有关。伽色尼王朝是萨曼王朝的一个突厥奴隶建立的，而塞尔柱突厥人是以雇佣军身份，在帮助萨曼王朝与喀喇汗王朝的斗争中壮大起来的。

与伽色尼王朝和塞尔柱帝国建立的方式不同，喀喇汗王朝是在突厥人居地建立的政权。西突厥汗国灭亡以后，锡尔河以北仍是突厥人居住和生活之地。在此后的近两百年中，在此生活的突厥人建立过一些小政权，其中，主要有突骑施人建立的突骑施汗国、葛逻禄人建立的葛逻禄汗国。 840 年，说突厥语的回鹘部在漠北的政权垮台之后，迁到锡尔河以北地区，与曾经在此建立过政权的葛逻禄人、样磨人等突厥部落一起，建立了喀喇汗王朝，以后，今新疆南部的塔里木盆地南缘的喀什噶尔成为其统治中心。可以说，9 世纪中叶以后形成的喀喇汗王朝是在以上突厥政权的基础上建立起来的。

以上三个突厥王朝统治中亚两百多年。在此期间，突厥人居地不断扩大。锡尔河北岸的喀喇汗王朝突厥人涌入河中地区；塞尔柱人大批进入呼罗珊；伽色尼突厥人进入阿富汗斯坦。这些地区原有的东伊朗语族土著居民不是被突厥语各族同化，就是迁徙到如帕米尔山区等边远地带。随之，“突厥斯坦”的地理概念也在不断扩大。12 世纪，“突厥斯坦”一名所包括的地理范围不局限于锡尔河以北地区，它包括了河中地区的大部分；兴都库什山以北的阿富汗北部；呼罗珊塞尔柱人的居地（土库曼斯坦）。随着突厥人居地的扩大，到 18 世纪，“突厥斯坦”这一地理概念已相当模糊，于是，当时的史书基本上不再使用这一地理概念。“突厥斯坦”作为一个地理概念是不科学的，首先，它没有确定的地域，地域范围随历史发展而变化；其次，在“突厥斯坦”地域内的居民也不仅仅是突厥人。

操突厥语部落在中亚获得政治优势和建立王朝的两百多年间，中亚地区原属欧罗巴种人的土著居民在语言上和种族上逐渐发生了变化。他们与操突厥语的居民接触，从东伊朗语的各种方言改说突厥语；他们与突厥人杂居、通婚，在人种上不再是纯欧罗巴种的东伊朗人。语言和种族的两个变化都打上了突厥人的烙印，因此，学术界将这些变化统称为突厥化。

中亚河中地区土著居民（即粟特人）突厥化的现象发生在喀喇汗王朝统治时期的10—13世纪。河中地区的东伊朗语族居民与突厥人交往从562年西突厥汗国时期已经开始，当时突厥人虽然是统治者，但由于他们的游牧经济，大多数突厥人生活在锡尔河以北草原上，定居于河中地区的突厥人并不多，他们对河中地区的统治是通过征税实现的。7—8世纪，阿拉伯人入侵中亚，河中地区居民需要突厥骑兵力量以共同抵抗入侵者；在阿拉伯人统治中亚期间，突厥人又与河中地区居民一起举行反抗阿拉伯统治的起义。这些斗争促进了突厥人与河中地区土著居民的相互了解和融合。10世纪末，突厥人建立的喀喇汗王朝灭掉臣属于阿拉伯帝国的波斯萨曼王朝，河中地区的统治权转到了突厥游牧贵族手中。从此，游牧的突厥人从七河流域和伊犁河流域陆续迁到河中地区，他们中的许多人是贫穷牧民，饲养的牲畜不多，迁到河中地区以后，他们逐渐向定居农民过渡，与原来在阿姆河流域、泽拉夫善河流域、费尔干纳盆地居住的中亚土著居民杂居。这些土著居民被称为塔吉克人，他们在与突厥人杂居期间，学说突厥语，与突厥人通婚，于是，这些塔吉克人被突厥人同化。这一过程经历了两百余年，到14世纪后期，在中亚建立政权的帖木儿帝国已经是一个突厥化国家。另有一些塔吉克人被迫迁往南部山区，他们保持了自己的语言，最终成为保留印欧语系东伊朗语族的塔吉克民族。

中亚花剌子模绿洲土著居民（即花剌子模人）是说东伊朗语的印欧种人，他们的突厥化始于11世纪。花剌子模人在花剌子模绿洲建立过自己的政权，较早的阿弗里基德王朝就是花剌子模人建立的，这一王朝在此统治到5—6世纪。此后，西突厥人和阿拉伯人先后统治着这一地区。在11世纪初，突厥人建立的伽色尼王朝灭掉了阿拉伯人在花剌子模的政权，在此建立了突厥政权。在此期间，花剌子模人仍然是东伊朗语族。1043年以后，突厥族塞尔柱人在花剌子模绿洲确立了自己的统治，于是，在咸海沿岸及锡尔河下游以北、以东的突厥人大批迁入花剌子模绿洲，他们或在其边缘游牧，或作为军事力量进入花剌子模宫廷。他们与本地伊朗语族居民通婚，到11世纪末，花剌子模人的体型明显地具有了突厥人的特点。到12世纪末13世纪初，无论从哪方面来看，花剌子模都是一个地道的具有突厥文化的国家了。14世纪，花剌子模的乌尔根奇已经是一个突厥化城市。1333年，阿拉伯旅行家伊本·白图泰访问时称赞道："这是突厥人最宽阔、最雄伟、最美丽、最庞大的城市。"[①]原居花剌子模绿洲的塔吉克人迁到了花剌子模绿洲边缘，这一点可以从花剌子模沙贴乞失的秘书巴豪乌丁·本·穆罕默德写的书信集中得到证实。据该书记载，13世纪，花剌子模的边缘地带的塔吉克人占居民的大多数（虽然操突厥语的人在附近地区占据了优势），文件指示地区总督们必须对突厥人和塔吉克人一视同仁。[②]

呼罗珊地区的东伊朗语族居民（巴克特里亚人、莫夫人等）在萨珊王朝时期开始与突厥人发生战争和文化往来。以后，突厥人又以战俘或奴隶身份来到呼罗珊，由于社会地位较低，当时他们对该地区的历史文化没有产生多大的影响。伽色尼王朝建立以后，这一局面发生了变化。伽色尼王朝是突厥人在东伊朗语族人居地建立的第一个突厥政权。从11世纪30年代起，伽色尼王朝突厥人统治了

① 〔摩洛哥〕伊本·白图泰：《伊本·白图泰游记》，马金鹏译，宁夏人民出版社1985年版，第292页。原文中，译者将突厥人译成土耳其人。

② 〔苏联〕Б.Г.加富罗夫：《中亚塔吉克史》，第245—246页。

整个呼罗珊，甚至包括加兹温、伊斯法罕和克尔曼以东、以北的伊朗地区。11 世纪，基马克联盟瓦解，钦察人的大迁徙导致大批突厥族古思人向西和向南迁移，向南迁徙的古思人也来到伽色尼王朝北部边界，他们给伽色尼王朝造成了很大压力。1025 年，伽色尼素丹马赫穆德把一部分古思人安排在呼罗珊北部戍边。以后，大批塞尔柱人南下，在呼罗珊建立了政权，突厥人在政治上的成功使该地区在人种上发生了变化。在突厥族统治者的带动下，突厥语在呼罗珊得到了传播。

阿富汗北部地区的突厥化始于伽色尼王朝时期。伽色尼王朝统治之前，阿富汗斯坦的居民主要是普什图人。普什图人属印欧语系伊朗语族，说普什图语。当代巴基斯坦的普什图学者认为，原始的普什图人起源于雅利安人，他们最初生活在从巴里黑至苏莱曼山区一带。伽色尼王朝建立以后，大量的阿拉伯史料和波斯语史料表明，突厥因素在早期伽色尼王朝中的影响很大，素丹政权依靠突厥士兵，素丹们说突厥语，宫廷诗人精通突厥语诗歌。在此期间，突厥人大量涌入，卡拉吉部是其中最大的部落之一，他们是在伊斯兰教传入中亚早期迁徙到阿姆河上游地区，以后越过兴都库什山进入阿富汗南部地区。10—11 世纪期间，卡拉吉突厥人大批涌入阿富汗有两次，分别在赛布克特勤和马赫穆德时期，以后这些突厥人成了伽色尼王朝军队的核心。伽色尼王朝诗人法鲁克赫和玛努齐赫里（Manuchihri）提到，在伽色尼王朝军队中还有来自葛逻禄、样磨、炽俟等部落的突厥人。12 世纪 70 年代中期，呼罗珊的古思人被塞尔柱人赶走，逃到阿富汗，他们在加兹尼城建立了短暂的统治。以上突厥人的到来为阿富汗民族的构成增加了突厥因素。11—13 世纪，普什图人被加兹尼高原上游牧的许多突厥部落同化，与突厥族人有关的部落有普什图人中的吉尔扎依部落，以及居住在巴德雅乌尔区的德塔尔克拉尼部族。

锡尔河以北、以东的楚河流域、七河流域和伊犁河流域是突厥人最早的居地，在此地区虽然有来自河中的东伊朗族移民，如粟特人，但在西辽建立之前，操突厥语的居民无论在政治上，还是在人数上都占有优势。9世纪前后，七河流域向东一直到今新疆西部的广大地区已经成为操突厥语各部的居地，在此的东伊朗族居民，除本族母语以外也都兼通突厥语。据《突厥语大词典》记载："他们出自不花剌和撒麻耳干之间的那个粟特，只有他们着突厥服。"该书还记载说："八拉沙衮的居民操粟特语和突厥语。塔剌思和白城的居民亦如此。"①看来，迁徙到八拉沙衮的东伊朗语居民在突厥人的影响之下，经历了自己语言消失的最后阶段。当时虽然还有操东伊朗语的人，但已经没有只说东伊朗语的人了。费尔干纳在喀喇汗王朝统治时期开始突厥化，到14世纪下半叶，费尔干纳的安集延城已经变成了一个完全突厥化的城市。帖木儿后王巴布尔说："安集延人通通都是突厥人，无论在城里，还是在巴扎（集市）上，没有一个人不讲突厥语。"②巴布尔就是用察合台突厥文来进行写作的。

到成吉思汗西征时，中亚地区的突厥化可以说已经基本完成。然而，中亚突厥化的最终完成是在13—15世纪，在此时期，主要是蒙古人的突厥化（见第四卷）。

中亚突厥化是通过语言和生活习俗的改变实现的。突厥王朝的建立使突厥语得到推广。6世纪中叶以后，尽管土著居民仍然说东伊朗语方言仍然流行，但西突厥人的统治使突厥语在锡尔河以北、以东地区成为占优势的语言。10世纪末至11世纪初，喀喇汗王朝以伊斯兰教为国家以后，由于传教、颂读《古兰经》、礼拜、布道等宗教活动的需要，阿拉伯语开始使用，阿拉伯语借词在突厥语中出现。11世纪上半叶，阿拉伯文字在中亚东部地区开始推广，出现了采用阿拉伯字母拼写突厥语的现象。12世纪下半叶，经历了突厥王朝两百多年的统治，阿尔泰语系的突厥语在中亚地区占据了优势。突厥语的阿拉伯化有利于中亚土著居民学习突厥语，推动了中亚居民的突

---

① 麻赫默德·喀什噶里编：《突厥语大词典》第1卷，第33页。

② 〔印度〕巴布尔：《巴布尔回忆录》，王治来译，商务印书馆1997年版，第5页。

厥化。

中亚突厥化实现的基本途径是突厥人的定居和与中亚土著居民的通婚。民族融合首先是通婚，而要达到通婚，除了有共同的宗教信仰外，回鹘、葛逻禄、塞尔柱、古思等说突厥语族部落还必须改变原来的游牧生活，转入定居。只有这样，才便于突厥人与土著居民的接触、通婚和融合。

喀喇汗王朝时期，回鹘及说突厥语的其他部族和部落开始并完成了由游牧生活转向定居农业生活的过渡。10 世纪末，在政治上占优势的喀喇汗王朝的突厥语居民，如回鹘、葛逻禄、样磨，在适合农耕的绿洲开始定居下来，在当地原住居民的影响下，突厥人放弃了原来的游牧生活，开始过定居的农业生活。回鹘、葛逻禄、样磨人与当地原住居民经济上的一致性，为他们之间的融合创造了条件。

12 世纪是塞尔柱突厥人大规模定居时期，在由东伊朗语族土著居民（即塔吉克人）居住的城市出现了突厥人的街坊区，此外，在河中地区和中亚东部出现了新的居民点，生活在这些居民点的居民只会说突厥语，这些现象表明定居突厥人越来越多。到蒙古人征服时期，喀喇汗王朝和塞尔柱帝国的突厥人定居的过程还在继续。

附录一：世系表

喀喇汗王朝汗世系表

阙毗伽·卡迪尔汗（？—893以前）

巴兹尔·卡迪尔（893—？）

萨图克之兄（？—942或943）

萨图克（942—956）

巴依塔什（956—971）

阿里·本·穆萨（971—998）

阿赫马德（998—1018）

曼素尔·本·阿里（1018—1024或1025）

玉素甫·卡迪尔（1024或1025—1032）

西喀喇汗王朝汗世系表

伊卜拉欣·本·纳赛尔（1041—1068）

沙姆斯·乌尔·莫尔克·纳赛尔（1068—1080）

希兹尔（1080—1089）

阿黑马德（1089）

阿黑马德（第二次，？—1095）

马斯乌德（1095—1097）

苏来曼・本・达乌德（1097）

卡迪尔・汗・伊卜拉欣（1097）

马苏德・本・穆罕默德（1097—1099）

只卜剌尔・本・乌马尔（1099—1102）

哈桑（1102）

穆罕默德・本・苏来曼（1102—1130）

马赫穆德・伊本・穆罕默德（1132—1141）

伊卜拉欣三世（1141—1156）

恰格雷汗（1156—1162或1163）

克雷奇・桃花石汗（1162—1171）

骨咄禄・毗伽汗（？）

阿克达什・桃花石汗（1175—1179）

伊卜拉欣・本・侯赛因・本・哈桑（？—1202或1203）

乌思蛮（1202或1203—1212）

东喀喇汗王朝汗前期世系表

苏莱曼・本・玉素甫（1032—1056）

穆罕默德・本・玉素甫（1057—1058）

侯赛因・本・穆罕默德（1058）

伊卜拉欣（1058—1060）

托黑鲁尔・喀喇汗（1059或1060—1074或1075）

奥玛尔（1075）

哈桑・桃花石・博格拉汗（1075—1102或1103）

阿黑马・伊本・哈桑（1102或1103—1131）

伊卜拉欣二世（1131—1134）

伽色尼王朝素丹世系表

阿尔普特勤（962—963）

伊撒克（963—966）

巴尔卡特勤（966—975）

庇拉依（975—977）

赛布克特勤（977—997）

伊斯玛伊尔（997—998）

马赫穆德（998—1030）

马苏德（1030—1040）

穆罕默德（1040—1041）

毛杜德（1041—1049）

马苏德二世（1049，在位5天）

阿布尔·哈桑（1049，在位55天）

拉希德（1050—1052）

阿布·赛德·托格利尔（1052—？）

法鲁克扎德（1052或1053—1059）

易不拉欣（1059—1099）

马苏德（1099—1114）

希尔扎德（1114或1115—1116）

马立克·阿尔斯兰（1116—1117）

巴赫拉姆沙（1117—1153）

胡斯塔沙（1153—1160）

胡斯塔·马立克（1160—1186）

塞尔柱帝国素丹世系表

托格里尔（1055—1063）

苏莱曼（1063）

阿尔普·阿尔斯兰（1063—1072）

马立克沙（1072—1092）

马赫穆德（1092—1093）

巴尔基雅鲁克（1093—1105）

穆罕默德·本·马立克沙（1105—1118）

马赫穆德・本・穆罕默德（1118—1119）
桑扎尔（1119—1157）
洛克努丁・马赫穆德（1157—1162）
穆厄亦德・奥伊阿贝（1162—1174）
阿尔・贝克尔・托冈沙（1174—1185）
桑加沙・本・托冈沙（1185—？）

西辽菊儿汗世系表

耶律大石（1132—1143）
感天皇后监国（1143—1150）
耶律夷列（1150—1163）
耶律普速完监国（1163—1178）
耶律直鲁古（1178—1211）
屈出律（1211—1218）

花剌子模第三王朝和花剌子模帝国沙赫世系表

忽都不丁・穆罕默德（1097—1128）
阿即思（1128—1156）
伊尔・阿尔斯兰（1156—1172）
算端沙（1172—1173）
贴乞失（1173—1200）
阿劳丁・摩诃末（1200—1220）
札兰丁（1220—1231）

古尔王朝素丹世系表

艾佐丁・侯赛因（1146）
忽特卜・丁・穆罕默德（1146—1147）
赛夫丁・苏里（1147—1149）
阿劳丁・侯赛因（1149—1161，其中 1152—1154 年被桑扎尔关押）

赛夫丁·穆罕默德（1161—1162）
吉亚丁·穆罕默德（1163—1202）
穆伊兹·穆罕默德（1202—1206）
吉亚丁·马哈茂德（1206—1215）

阿拔斯王朝哈里发世系表

阿布阿拔斯（750—754）
曼苏尔（754—775）
马赫迪（775—785）
哈迪（785—786）
哈伦·拉希德（786—809）
艾敏（809—813）
麦蒙（813—833）
穆塔西姆（833—842）
瓦西格（842—847）
穆塔瓦基（847—861）
蒙塔西尔（861—862）
穆斯塔因（862—866）
穆塔兹（866—869）
穆赫塔迪（869—870）
穆塔米德（870—892）
穆塔迪德（892—902）
穆克塔菲（902—908）
穆克塔迪尔（908—932）
卡希尔（932—934）
拉迪（934—940）
穆塔基（940—944）
穆斯塔克菲（944—946）
穆提（946—974）

塔伊（974—991）
卡迪尔（991—1031）
嘎义木（1031—1075）
穆克塔迪（1075—1094）
穆斯塔兹尔（1094—1118）
穆斯台尔什德（1118—1135）
拉斯德（1135—1136）
穆克塔菲（1136—1160）
穆斯塔希德（1160—1170）
穆斯塔迪（1170—1180）
纳绥尔（1180—1225）
札希尔（1225—1226）
穆斯塔希尔（1226—1242）
穆斯塔希姆（1242—1258）

附录二：地图

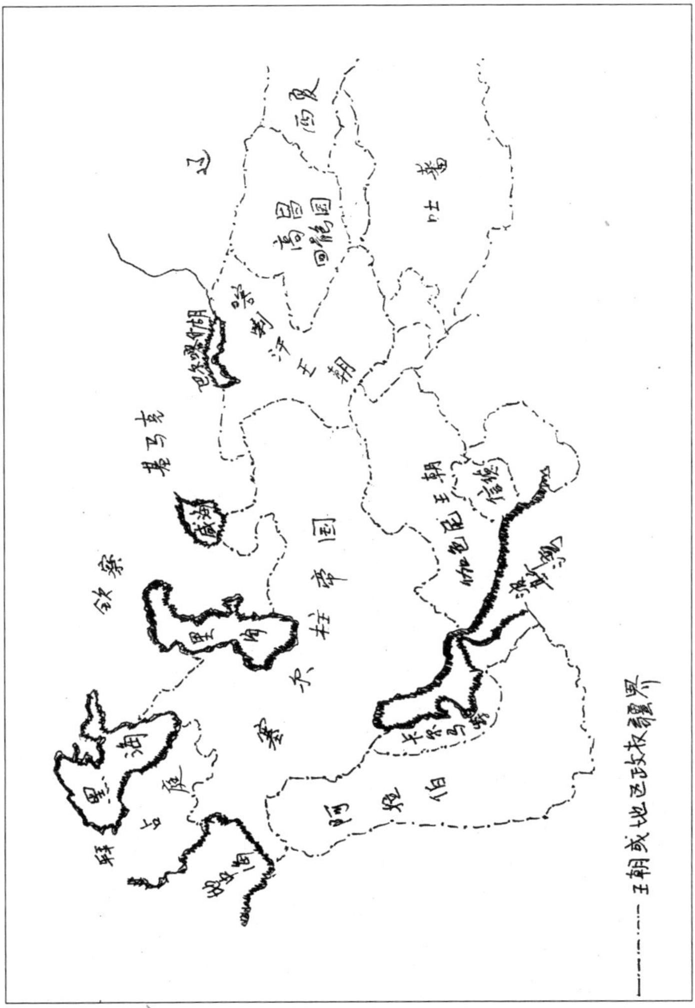

图一：11世纪中叶的中亚（据http://baijiahao.baidu.com/s?id=1564339966657604&wfr=spider&for=pc地图绘制）

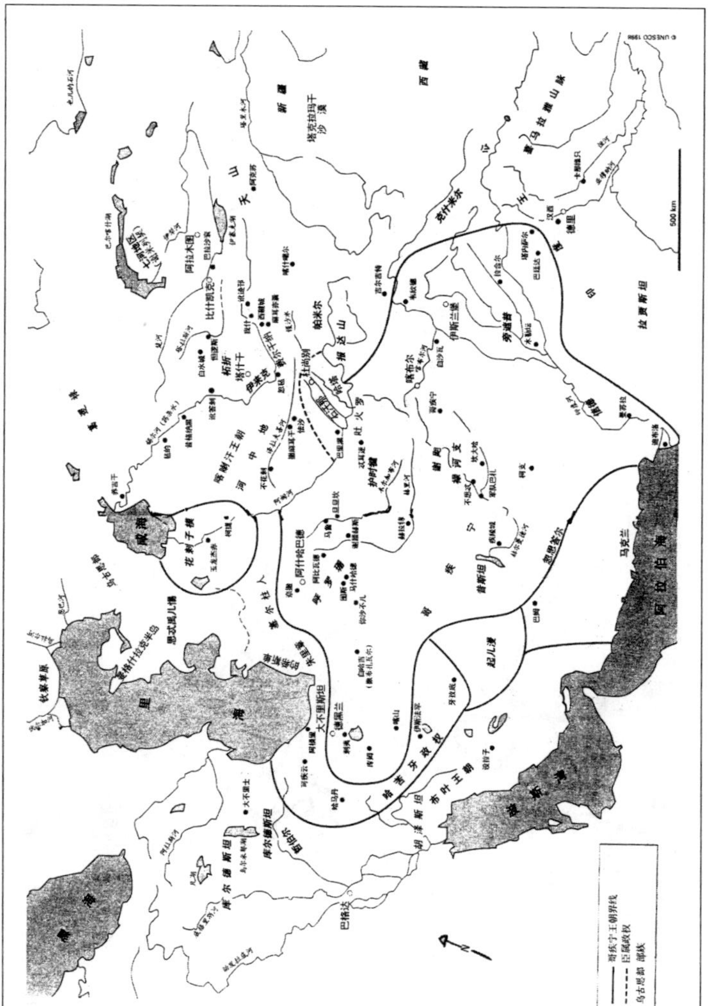

图二：伽色尼王朝（采自《中亚文明史》第4卷［上］第336—337页）

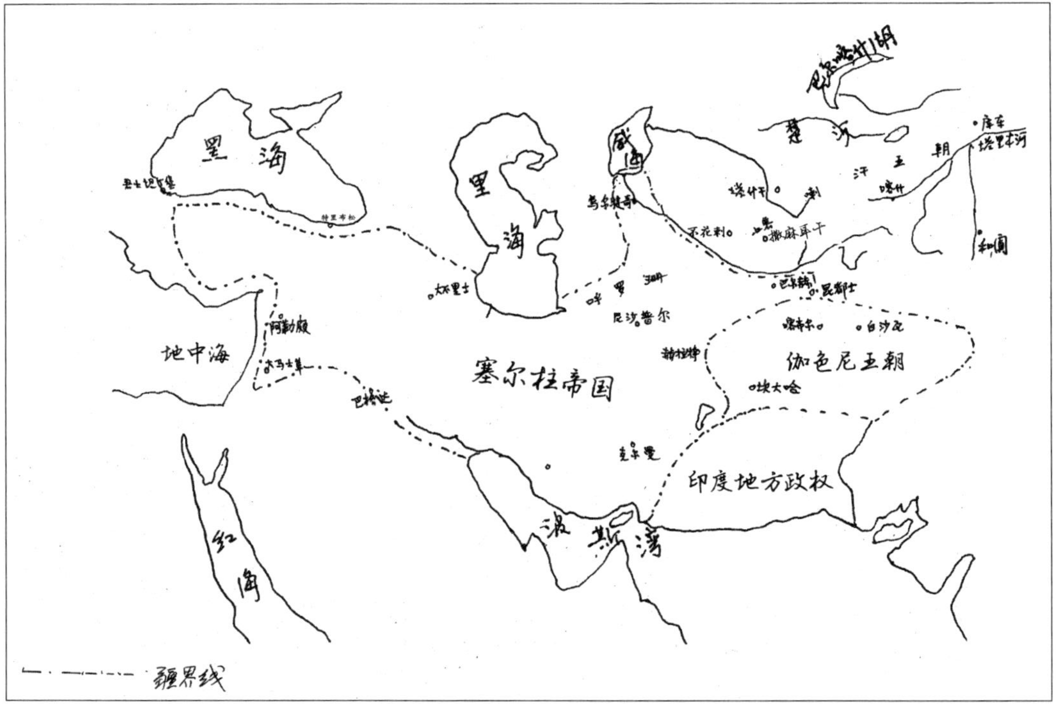

图三：塞尔柱帝国疆域（1055—1194）（据勒内·格鲁塞《草原帝国》，蓝琪译，第204页地图绘制）

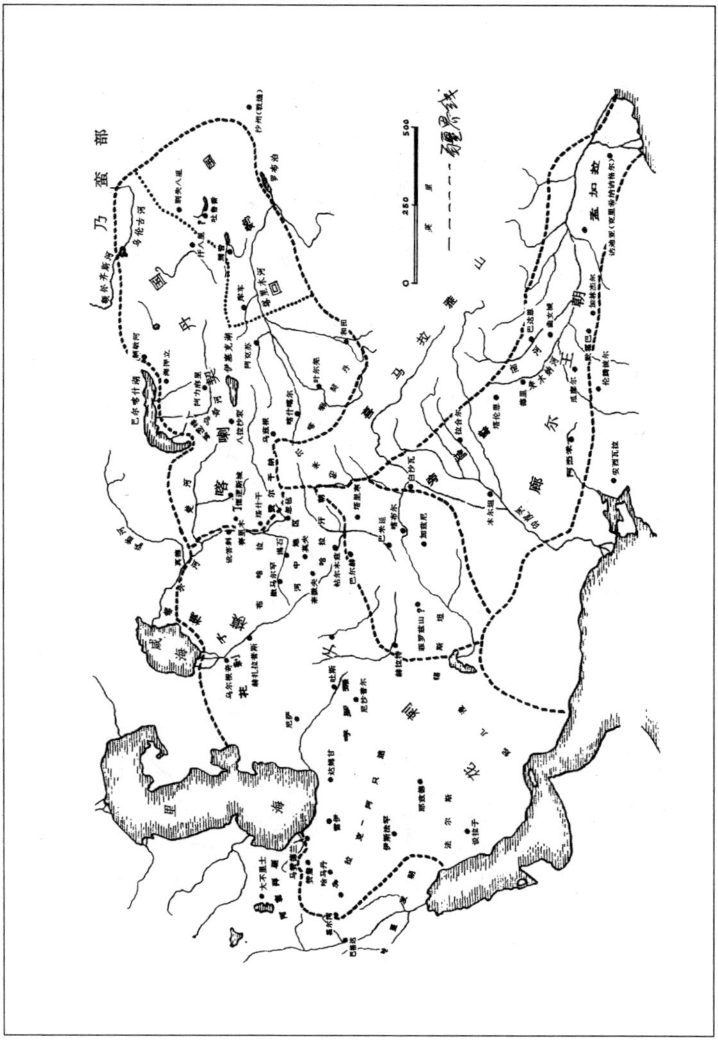

图四：13世纪初期的花剌子模和喀喇契丹（西辽）（采自勒内·格鲁塞《草原帝国》，蓝琪译，第210—211页）

参考书目

中文著作：

（宋）洪皓：《松漠纪闻》（上），辽沈书社 1985 年版。

（宋）李心传：《建炎以来系年要录》，上海古籍出版社 1987 年版。

（宋）确庵、耐庵编，崔文印笺证：《靖康稗史笺证》，中华书局 1988 年版。

（宋）徐梦莘：《三朝北盟会编》，上海古籍出版社 1987 年版。

（宋）叶隆礼：《契丹国志》，贾敬颜、林荣贵点校，上海古籍出版社 1985 年版。

（宋）宇文懋昭：《大金国志》，国家图书馆出版社 2006 年版。

（元）李志常述：《长春真人西游记》（丛书集成初编），中华书局 1985 年版。

（元）刘郁：《西使记·庚申外史·招捕总录·元朝征缅史》（丛书集成），中华书局 1985 年版。

（元）脱脱：《金史》，中华书局 1975 年版。

（元）脱脱：《辽史》，中华书局 1974 年版。

（元）脱脱：《宋史》，中华书局 1985 年版。

（元）耶律楚材：《西游录》，向达校注，中华书局 1981 年版。

（元）耶律楚材：《湛然居士文集》，谢方点校，中华书局 1986

年版。

（明）宋濂：《元史》，中华书局 1976 年版。

（明）解缙：《永乐大典》，中华书局影印本 1986 年版。

（清）梁诗正、于敏中：《钱录》，天津古籍书店 1989 年版。

（清）徐松：《宋会要辑稿》，中华书局 1957 年版。

陈中耀：《阿拉伯哲学》，上海外语教育出版社 1995 年版。

耿世民：《维吾尔古代文献研究》，中央民族大学出版社 2003 年版。

黄时鉴：《耶律楚材》，上海人民出版社 1986 年版。

蒋其祥：《新疆黑汗朝钱币》，新疆人民出版社 1990 年版。

林幹编：《突厥与回纥历史论文选集》（下），中华书局 1987 年版。

林梅村：《西域文明——考古、民族、语言和宗教新论》，东方出版社 1995 年版。

麻赫默德·喀什噶里编著：《突厥语大词典》，何锐等译，民族出版社 2002 年版。

彭树智主编：《中东国家通史·阿富汗卷》，商务印书馆 2000 年版。

屠寄：《蒙兀儿史记》，中国书店 1984 年版。

王治来：《中亚史纲》，湖南教育出版社 1986 年版。

魏良弢：《西辽史研究》，宁夏人民出版社 1987 年版。

新疆社会科学院民族研究所编著：《新疆简史》，新疆人民出版社 1980 年版。

杨义：《中国古典文学图志——宋、辽、西夏、金、回鹘、吐蕃、大理国、元代卷》，生活·读书·新知三联书店 2006 年版。

姚奠中主编、李正民增订：《元好问全集》卷 1，山西古籍出版社 2004 年版。

余太山主编：《西域通史》，中州古籍出版社 1996 年版。

优素甫·哈斯·哈吉甫：《福乐智慧》，郝关中、张宏超、刘宾译，民族出版社 1986 年版。

赵常庆：《中亚五国概论》，经济日报出版社 1999 年版。

译著：

〔阿拉伯〕安萨里：《迷途指津致孩子箴言录》，康有玺译，宗教文化出版社2004年版。

〔埃及〕艾哈迈德·爱敏：《阿拉伯—伊斯兰文化史》，纳忠译，商务印书馆1982年版。

〔埃及〕艾哈迈德·爱敏：《阿拉伯—伊斯兰文化史》第6册，赵军利译，商务印书馆1999年版。

〔埃及〕艾哈迈德·爱敏：《阿拉伯—伊斯兰文化史》第5册，史希同译，商务印书馆2001年版。

〔巴基斯坦〕赛义德·菲亚兹·马茂德：《伊斯兰教简史》，吴云贵等译，中国少年儿童出版社、中国青年出版社1996年版。

〔波斯〕拉施特主编：《史集》第1卷第1分册，余大钧、周建奇译，商务印书馆1983年版。

〔波斯〕伊本·胡尔达兹比赫：《道里邦国志》，宋岘译注，中华书局1991年版。

〔波斯〕莪默·伽亚谟：《鲁拜集》，郭沫若译，人民文学出版社1958年版。

〔法〕勒内·格鲁塞：《草原帝国》，蓝琪译，商务印书馆1998年版。

〔荷兰〕第·博尔：《伊斯兰哲学史》，马坚译，中华书局1958年版。

〔美〕斯塔夫里阿诺斯：《全球通史——1500年以前的世界》，吴象婴、梁赤民译，上海社会科学院出版社1999年版。

〔美〕希提：《阿拉伯通史》(上)，马坚译，商务印书馆1979年版。

〔摩洛哥〕伊本·白图泰：《伊本·白图泰游记》，马金鹏译，宁夏人民出版社1985年版。

〔日〕羽田亨：《西域文化史》，耿世民译，新疆人民出版社1981年版。

〔苏联〕Б. Г. 加富罗夫：《中亚塔吉克史》，肖之兴译，中国社会科学出版社 1985 年版。

〔苏联〕B. Д. 格列科夫，A. Ю. 雅库博夫斯基：《金帐汗国兴衰史》，余大均译，张沪华校，商务印书馆 1985 年版。

〔苏联〕列夫臣柯：《拜占廷简史》，葆煦译，生活·读书·新知三联书店 1959 年版。

〔苏联〕维·维·巴尔托里德：《中亚简史》，耿世民译，新疆人民出版社 1980 年版。

〔苏联〕威廉·巴托尔德：《中亚突厥史十二讲》，罗致平译，中国社会科学出版社 1984 年版。

〔西班牙〕克拉维约：《克拉维约东使记》，奥玛·李查英译，杨兆钧汉译，商务印书馆 1985 年版。

〔伊朗〕阿宝斯·艾克巴尔·奥希梯扬尼：《伊朗通史》，叶奕良译，经济日报出版社 1997 年版。

〔伊朗〕志费尼：《世界征服者史》（上、下），〔英〕J. A. 波伊勒英译，何高济汉译，商务印书馆 2004 年版。

〔印度〕巴布尔：《巴布尔回忆录》，王治来译，商务印书馆 1997 年版。

〔印度〕贾瓦哈拉尔·尼赫鲁：《印度的发现》，齐文译，世界知识出版社 1956 年版。

〔英〕伯纳·路易：《历史上的阿拉伯人》，马肇春、马贤译，中国社会科学出版社 1979 年版。

〔英〕珀西·塞克斯：《阿富汗史》第一卷（上册），张家麟译、潘庆舲校，商务印书馆 1972 年版。

〔意〕马基雅维里：《君王论》，惠泉译，海南出版社 2001 年版。

外文原著：

Arminius Vambery, *The History of Bukhara*, London henry s. King & Co. 65 Cornhill & 12 Paternoster Row, 1873.

C. Adle, Irfan Habib, *History of Civilizations of Central Asia,* Vol.5,

UNESCO, 2003.

C. E. Bosworth, *The Ghaznavids: Their Empire in Afghanistan and Eastern Iran 994-1040*, Edinburgh University Press, 1963.

C. E. Bosworth, *The Later Ghaznavids Splendour and Decay, the Dynasty in Afghanistan and Northern India 1040-1186*, Edinburgh University Press, 1977.

Denis Sinor, *The Cambridge History of Early Inner Asia*, Cambridge University Press, 1999.

E. G. Brouwne, *A Literary History of Persia*, Vol.I, Vol.II, Cambridge University Press, 1929.

Gavin Hambly (ed.), *Central Asia*, New York, 1969.

J. A. Boyle, *The Cambridge History of Iran*, Vol.5, Cambridge University Press, 1968.

Karl A. Wittfogel and Feng Chia-Sheng, *History of Chinese Society: Liao(907-1125)*, Philadelphia: The American Philosophical Society Independence Square, 1949.

Le Strange, *The Lands of the Eastern Caliphate*, Cambridge, reprinted 1930.

M. S. Asimov, C. E. Bosworth, *History of Civilizations of Central Asia*, Vol.4, UNESCO, 1998.

M. J. de Goeje, *Bibliotheca Geographorum Arabicorum*, parts VI, Lugduni Batavorum, 1889.

Nizam al-Mulk, *The Book of Government or Rules for Kings*, Translated from the persian by Hubert Darke, the third edition published in 2002, by Curzon Press Richmond, Surrey, Printed and bound in Great Britain by IBT Global, London.

Narshakhī, *The History of Bukhara*, translated by R. N. Frye, Cambridge, Mass., 1954.

R. N. Frye, *The Cambridge History of Iran*, Vol.4, Cambridge

University Press, 1975.

V. Minorsky, *Sharaf al-Zamān Tāhir Marvazi on China, the Turks and India*, London, 1942.

V. Minorsky translation and explained, *Ḥudūd al-'Ālam*, Second Edition, London, 1970.

W. Barthold, *Turkestan Down to the Mongol Invasion*, Porcupine Press, 1977.

Encyclopaedia of Islam, 1st edition, 4 Vols, Leiden, 1913-1938; 2nd edition, Leiden, 1954-2005 (several indexes to be published until 2007).

主要论文：

陈国光：《西辽统治者与西域地方伊斯兰政权》，《新疆社会科学》2003 年第 2 期。

丁菊霞：《对安萨里历史定位的几点看法》，《阿拉伯世界》2004 年第 2 期。

邓锐龄：《西辽疆域浅析》，《民族研究》1980 年第 2 期。

李振中：《法拉比哲学思想简介》，《回族研究》2002 年第 1 期。

李振中：《伟大的哲学家、科学家、医学家伊本·西那》，《回族研究》2002 年第 2 期。

牛汝极：《莎车出土的喀喇汗朝阿拉伯语法律文书与〈福乐智慧〉研究》，《西域研究》1999 年第 3 期。

苏北海：《关于帕米尔的历史问题》，《中国历史地理论丛》1996 年第 3 期。

吴福环等：《丝绸之路上的中外钱币》，《西域研究》2004 年第 3 期。

周燮藩：《苏菲主义与明清之际的中国伊斯兰教》，《西北第二民族学院学报（哲学社会科学版）》2002 年第 1 期。

中外译名对照

‘Abd al-Ghāfir［人］阿卜都·伽费尔

Abd-Allāh b. Tāhir［人］阿布德·阿拉德·本·塔希尔

‘Alī Dāya［人］阿里·达亚

Abkhaziya［地］阿布哈兹亚

A’yān［专］那颜

Abiward［地］阿比瓦尔德

Abl-‘Alā Muhammad［人］阿布尔·阿拉·穆罕默德

Abū ‘Alī b. Shāhdan［人］阿布·阿里·本·沙丹

Abū Bakr b. Abī Sālih［人］阿布·萨里赫

Abu Bakr Lavik［人］阿布·巴克尔·拉维克

Abu Bakr Muhammad［人］阿布·巴克尔·穆罕默德

Abū ʿAlī［人］阿布·阿里

Abū Dujāna［人］阿布·杜加纳

Abū Hāmid ibn Muhammad al-Ghazali［人］阿布·哈米德·本·穆罕默德·安萨里

Abū Ibrāhīm Ismā’īl［人］阿卜·伊卜拉欣·伊斯梅尔

Abū Ishāq［人］阿布·伊撒克

Abu Ja’far Muhammad b. al-Husain al-Qummi［人］阿布·贾法

尔·穆罕默德

Abū Kālījār Garshāsp［人］阿布·卡里贾尔·加尔萨斯普

Abū Kālījār［人］阿布·卡里贾尔

Abu Kasim al-Zamakhshans Khwarizim［人］阿布·凯希姆·扎马赫沙里·花剌子密

Abūl Fadl［人］阿布尔·法达尔

Abū Nasr Ahmad［人］阿布·纳斯尔·阿赫穆德

Abū Nasr Muhammad［人］阿布·纳斯尔·穆罕默德

Abū Nasr［人］阿布·纳斯尔

Abū Qāsim［人］阿布·凯希姆

Abu Rayhan Biruni［人］阿布·热依罕·比鲁尼

Abu Said Toghril［人］阿布·赛德·托格利尔

Abū Sahl［人］阿布·萨赫尔

Abu M.［地］阿布山

Abul Faraj Farisi［人］阿布尔·法拉吉·法里斯

Abu'l-Muzaffar Nasr b. Sebuktigin［人］阿布尔·穆扎法尔·纳斯尔·本·赛布克特勤

Abū'l-Fadl Ziyād Ahmad［人］阿布勒·法德尔·席亚德·阿赫默德

Abu'l-Fadl Bayhaqī［人］贝哈基

Abū'l-Mu'askar［人］阿布勒·穆阿什卡尔

Abul Hasan al-Karīmātī［人］阿不勒·哈桑·卡里玛提

Abul Hasan［人］阿布尔·哈桑

Abūl'l-'Abbās Ma'mūn Ⅱ［人］阿布尔·阿巴斯·马蒙二世

Abūl'l-'Abbās［人］阿布尔·阿巴斯

Abul-Fath il-Arslan［人］伊尔·阿尔斯兰

Abū'l Hasan-i Quraish［人］阿布尔·哈桑·库拉希

Abūl-Qāsim［人］阿布勒·卡西木

Adud ad-Daula［专］阿杜德·道剌

Afrighid［王］阿夫格里王朝

Afshanh［地］艾弗申村

Ahangaran［地］阿汗加朗

Ahmad b. Abd as-Samad Shīrāzī［人］阿赫默德・本・阿布德・萨默德・西拉兹

Ahmad b. ‘Abd as-samad［人］沙曼德

Ahmad ibn Fadlan［人］阿赫默德・伊本・法德兰

Ahmad Inaltigin［人］阿赫默德・伊纳尔特勤

Ahmed ibn Hasan［人］阿黑马・伊本・哈桑

Ahmed Yasawi［人］阿合马・亚萨维

Ajlad［族］阿只剌德

Al-Sihah fi al-Lugha［书］《语言之冠和阿拉伯语之美》

Alamout［地］阿剌模忒

Al-Ashari［人］艾什尔里

Al-Athar al Bāqiyah ‘an al-Qurun al-Khaliyah［书］《古代遗迹》

Alat-i jang-i biyaban［专］一种长矛

Alāui Duwura Atsiz［人］阿劳乌・杜乌拉・阿特西兹

Al-Bakrī［人］阿尔・贝克尔

Al-Baida［地］阿尔・贝达

Al-Farabi［人］法拉比

Al-i Muhtaj［族］穆赫塔吉家族

Al-Isakhri［人］阿尔・伊斯塔赫里

Al-Jūzjānī［人］朱兹贾尼

Al-Khaghaniyya［王］可汗王朝

Al-Khaniyya［王］汗朝

Al-Mamun［人］麦蒙

Al-Mustarshid［人］穆斯台尔什德

Al-Mustazhir［人］穆斯塔兹尔

Alp Arslān［人］阿尔普・阿尔斯兰

Alptigin［人］阿尔普特勤

Al-Qa'im［人］嘎义木

Al-Qadir［人］卡迪尔

Al-Sam'ani［人］萨马阿尼

Al-Tafhīm li 'Avā'il Sinā'a al-Tanjīm［书］《占星术初步》

Altaie-Su［地］阿尔泰河

Al-Tariqah a1-Uwayshlyyah［宗］乌瓦伊西耶教团

Altunopa［人］阿尔屯帕

Altuntash［人］阿尔通塔什

Amīrak［人］阿米拉克

Amul［地］阿模里

Anand Pearl［人］阿南德帕尔

Anatolia［地］安纳托利亚

Anūshirvān［人］阿奴细尔汪

Anūshtigin［人］阿鲁希特勤

Aravalli［地］阿拉瓦里

Arslān Arnegū［王］阿尔斯兰·阿勒古

Arslan Ilig［专］阿尔斯兰伊列克

Arslan Khan［人］阿儿思兰汗

Arslan tə gin［专］阿尔斯兰特勤

Arslan［人］阿尔斯兰

Arslānshāh［人］阿尔斯兰沙

Artux［地］阿图什

Asadī［人］阿萨迪

Ash'ari［宗］阿萨里教派

Asightigin Ghāzī［人］阿西格特勤·加兹

Atabeg Qutb add-Din Kul-Sarigh［人］阿塔伯格·库特勃·阿德·丁·库尔·萨里

Atil R.［地］阿蒂尔河

Atsiz［人］阿特西兹

At-Ta’rīkh al-Yamīnī［书］《雅米尼史》

Avicenna［人］阿维森纳

Ayaz Khass［人］阿雅兹·哈斯

Ayāz［人］阿雅兹

Bādghīs［地］巴德赫斯

Bahā’al-Dīn Muhammad Baghdādī［人］巴哈丁·穆罕默德·巴格达迪

Bahā’al-Dīn Sam［人］巴哈丁·沙木

Bahram b. Mafinna［人］巴赫拉姆·本·马菲纳

Bahrām Shāh［人］巴赫拉姆沙

Baihaq［地］拜哈克

Bajanak［族］班加拉人

Bakhtiyan［族］巴赫延

Balasagun［地］八拉沙衮

Balin［地］巴林城

Bamiyan［地］巴米延

Bānasr［人］巴纳斯尔

Banijurids［族］班尼居尔家族

Banījūrids［王］班尼居尔王朝

Banji［人］班吉

Barchuk Art Tegin［人］巴而术阿而忒

Barghund［地］巴尔浑

Barid［专］邮政

Barjanlïgh-kent［族］巴耳赤部

Barkiyaruk［人］巴尔基雅鲁克

Barsghān［地］巴尔斯罕

Bashkirs［族］巴什基尔人

Batiniyah［宗］巴颓尼亚派

Baxï［专］首领

Bayandur［族］伯颜都儿

Baytuz［地］巴堤亚

Baytuz［人］巴依塔什

Bazĭr Qadĭr［人］巴兹尔·卡迪尔

Begtoghdi［人］别格图格第

Behāk［地］贝哈克

Benares［地］贝拿勒斯

Bīghu［人］比古

Binakat［地］别纳客忒

Bismi-alla al-rahman-i al-rahim［宗］安拉

Bīstgānī［专］比斯特嘎尼

Bogomil［宗］鲍格米勒派

Boniak［人］波尼亚克

Böri Tegin［人］贝里特勤

Böritigin Qarakhanid［人］桃花石·博格拉·喀喇汗

Bruno［人］布律诺

Bu Halim Shaibani［族］布·哈里姆·赛巴尼家族

Bū'l Hasan Shīrazī［人］哈桑·设拉兹

Bughrachuq［人］勃格劳屈克

Bughra-khan［专］博格拉汗

Bulghar［族］不里阿耳

Burus［族］不儿塔思人

Bust［地］布斯特

Buttamān［地］布塔曼

Buwayhids［王］布威希王朝

Buzurk Umid［人］布朱尔克·乌米德

Buɣa Ilig［专］博格拉·伊列克

Buɣa tə gin［专］博格拉特勤

Cagri［人］察格利

Chaghaniyan［地］石汗那
Chaghāniyān［王］恰甘尼安
Chagri［人］查基尔
Chahār Maqāla［书］《四类英才》
Chakradeva［人］卡拉德瓦
Charles Masson［人］查理士·马松
Chernye Klobuki［专］黑色盗匪
Chisht［地］契斯特
Chishtiya［宗］契斯提教团
Chiurnai［人］秋尔赖
Cikil［族］炽俟人
Constantine Porphyrogenitus［人］康士坦丁·波尔菲罗格图
Dair Gachin［地］达尔·甘岑
Dames［族］多姆人
Danishmand Ashtar［人］丹尼希曼德·艾斯塔尔
Daoud［人］达乌德
Dasht-i Cuman［地］库曼草原
Dasht-i Qipchaq［地］钦察草原
Davidovich［人］达维多维齐
Davit Aghmashenebeli［人］大卫·亚格马色勒贝利
De Administrando Imperio［书］《帝国行政论》
Dehistān［地］底希斯坦
Dhikr［宗］齐克尔
Dhimmīs［宗］吉米人
Dihqānī［书］《农业宝典》
Divan［专］迪万
Dīvān-i ‘Ard［专］军部
Dīvān-i Ishrāf［专］监察部
Dīvān-i Istifa［专］机构会计办公室

Dīvān-i Rasā'il［专］秘书处

Dīvān-i Risālat［专］文牍部

Dīvān-i Vikālat［专］资产管理部

Dīvān-i Vizārat［专］国务部

Dīvān-i Wāzir［专］财政部

Diwanul ädib［书］《文学词典》

Diwanul-ädib fi bayan luγätul-äräb［书］《道德集与阿拉伯语论述》

Diwanu Luqatit Turk［书］《突厥语大词典》

Enneades［书］《九章集》

Eyevshan［专］伊叶山草

Erbüz［人］额儿布思

Ertash［人］厄尔塔希

Ertigin［人］厄尔特勤

Eryaruq［人］厄尔亚鲁克

Fadl b. Sahl［人］法德勒

Fakhr al-Daula Ahmad［人］法克尔・道拉・阿赫默德

Fakhr al-Dīn Masᶜūd［人］法赫鲁丁・马苏地

Fakhr-i Mudabbir［人］法赫鲁・穆达必儿

Fana'［宗］无我

Farab［地］法拉卜镇

Farah［地］法拉赫

Farava［地］法拉瓦

Farazbaj［地］法拉兹巴吉

Faridin Mohammad Attar［人］法里德丁・阿塔尔

Farighunids［王］法里功王朝

Farrukhi［人］法鲁克赫

Farrukh-Zād［人］法鲁克扎德

Fars［地］法尔斯

Fathabad［地］法扎巴德

Fātimid Dynasty［王］法蒂玛王朝
Fatwā［专］法特瓦
Finno-Ugrian［族］芬兰—乌戈尔人
Firuzi［地］费鲁兹
Firuzkuh［地］菲里兹库赫
Gad［专］设
Gardīzī［人］伽尔迪齐
Gharchistan［地］哈耳齐斯坦
Ghaznavid［王］伽色尼王朝
Ghitrif b. Ata［人］吉特里夫·伊本·阿塔
Ghiyāth al-Dīn Mahmūd［人］吉亚丁·马哈茂德
Ghiyāth al-Dīn Muhammad［人］吉亚丁·穆罕默德
Ghrmathem［地］赫尔麦森
Ghulām［专］古拉姆
Ghurids［王］古尔王朝
Ghurs［族］古尔人
Ghuz［族］古思人
Ghuz-Baligh［地］虎思八里
Gīrī［地］吉里堡
Glautrig［人］格劳屈格
Global History［书］《全史》
Grains［专］格令
Gujarat［地］古吉拉特
Gür Khan［专］菊儿汗
Gurgan［地］古尔甘
Gūzgān［地］古兹干
Hadiqat al-Haqiqa［书］《真理之园》
Hadrianus［人］哈德良
Hajip［专］霍吉勃

Hakan［专］可汗

Hamadan［地］哈马丹

Hamdawī［人］哈姆达维

Hamza b. Ilyasa［人］哈姆扎·本·伊尔亚萨

Khan［专］汗

Hājib［专］哈吉布

Hanefites［宗］哈乃斐派

Hansi［地］汉希

Harirōd R.［地］哈里河

Harmilton［人］哈密顿

Hasan［人］哈桑

Hasanak［人］哈桑纳克

Hassan Sabbah［人］哈桑·萨巴赫

Hasūn b. Suleiman［人］哈桑·本·苏莱曼

Hen［专］太一

Hezarasp［地］哈扎拉斯普

Ḥudūd al-‘Ālam［书］《世界境域志》

Hupyan［地］哈普延

Hurrayi Gauhar［人］胡拉伊·高哈尔

Hurra-yi Khuttali［人］胡塔里

Husain b. Mihran［人］侯赛因·本·密赫朗

Husain b. Muhammad［人］侯赛因·本·穆罕默德

Ibn al-Athir［人］伊本·阿西尔

Ibn al-Faqīh［人］伊本·法齐赫

Ibn Isfandiyar［人］伊本·伊斯法迪亚尔

Ibn Khurdādhbih［人］伊本·胡尔达兹比赫

Ibn-Sina［人］伊本·西那

Ibrahim［人］伊卜拉欣

Ibrāhīm b. Nasir［人］伊卜拉欣·本·纳赛尔

Iconium [地] 伊康

Igor [人] 伊戈尔

Ilig [专] 伊列克

Ilig Türkmen [专] 夷里堇・突厥蛮

'Imād ad-Dīn Kāshgharī [人] 伊麻地丁・喀什噶里

'Imad al-Din Abu Kalijar [人] 阿布・卡里贾

'Isä [人] 伊萨

Imak [族] 伊马克

ᶜImādal-Dīn Kumāch [人] 亦马都丁・库马奇

Imur [族] 伊穆而

Insl [专] 亦剌儿

Iraq 'Ajami [地] 伊剌克・阿只迷

Irtysh R. [地] 也儿的石河

Isfarā'ini [人] 伊斯法英尼

Isfījāb [地] 白水城（伊斯比贾布城）

Ishāq [人] 伊撒克

Ismailis [人] 伊斯玛伊尔

Ismāᶜilism [宗] 伊斯玛仪派

Issyk Kul [地] 伊塞克湖

Istakhrī [地] 伊斯塔赫勒

Izzad-Din Husain [人] 艾佐丁・侯赛因

Ja'far Tigin [人] 贾法尔特勤

Jahan-suz [专] 贾杭苏兹

Jaipāl [人] 贾帕尔

Jalal ad-Duala Abu l-Fath Daulat Shah [人] 贾拉勒・道拉・阿布・法特・道拉特・沙

Jam [地] 贾姆

Jammu [王] 伽姆

Jarmas [人] 札而麻思

Jend［地］毡的

Jibrā’il b. ᶜUmar［人］只卜剌尔・本・乌马尔

Jīruft［地］吉鲁夫特

Kadïr Khan Ibrahīm［人］卡迪尔・汗・伊卜拉欣

Kaghan［专］可汗

Kakheka［人］喀什伽

Kākūyids［王］考库耶王朝

Kalanjar［地］羯陵伽城

Kamal-as-Din［人］怯马鲁丁

Karāmiyya［宗］伊斯兰卡拉米耶派

Karatau［地］哈拉套

Karkūbu［地］卡尔库布

Karkūya［地］卡尔库亚

Karluk［族］葛逻禄人

Karnak［地］卡尔纳克

Kasahrada［地］卡萨拉达

Kātib al-inshā’［专］首席秘书

Kənqək Səлir［地］坎切克塞额尔

Khagani［人］哈卡尼

Khaqan［专］合罕

Kharāj［专］哈拉吉

Khalaf Abu Ahmad［人］哈拉夫・本・阿赫默德

Kharmil Sam-i Banji［人］卡米尔・萨姆・班吉

Kharmil Sam-i Husayn［人］卡米勒・萨姆・胡赛因

Khātūn［专］哈敦

Khazar［族］可萨人

Khifjakh［族］钦察人

Khokhar［族］科卡尔

Khusrau Malik［人］胡斯塔・马立克

Khusrau Shāh［人］胡斯塔沙

Khusrūjird［地］库斯鲁吉尔德

Khuttal［王］胡塔尔

Khuttalan［地］库塔兰

Khwaja Bu Mansur-i Khwafi［人］曼苏尔·伊·瓦菲

Kīkyūr［地］克克玉尔村

Kimäk［族］基马克人

Kïpchak［族］钦察

Kirghiz［人］克尔格兹

Kïrnak［专］契约奴

Kitāb al-Masālik w'al-Mamālik［书］《道里邦国志》

Kitab al-Ansab［书］《谱系之书》

Kitab al-Buldan［书］《诸国志》

Kitāb al-Jamāhir fī Ma'rifat al-Jawāhir［书］《宝石知识总汇》

Kitab Zain al-Akhbar［书］《记述的装饰》

Kochnev［人］库奇涅夫

Kül Bilg Qadir Khan［人］阙毗伽·卡迪尔汗

Kubrāwiyya［宗］库布拉维

Küchlüg［人］屈出律

Kufic［专］库菲克体

Kuhistan［地］胡吉斯坦

Kuldur［人］库尔都尔

Kumījī［人］库马吉

Kumījīs［族］库密吉

Kundurī［人］孔杜里

Kure［人］库瑞

Kyrgyz［人］黠戛斯人

Lā ilāha illā llāh［宗］真主

Lashkar-i Bazar［地］拉希卡尔·巴扎尔壁画

Lembesser［地］兰巴撒尔
Lingam［宗］陵伽姆
Lubāb al-Albāb［书］《文苑精英》
Lughat-i Furs［书］《波斯辞典》
Ma'rifah［宗］神智论
Madrasa［专］马德拉沙学校
Magoki-Attari［地］马高基·阿塔里清真寺
Mahadi［人］马哈迪
Mahdi Iraq Jauhar Khatun［人］马赫迪·伊拉克·贾哈尔可敦
Mahmūd b. Muhammad［人］马赫穆德·本·穆罕默德
Makran［地］马克兰
Malik al-Jibāl［专］山中之王
Malik Arslan［人］马立克·阿尔斯兰
Malik Dinar［人］灭里·的那
Malik Diyal-Dīn［人］马立克·迪亚丁
Maliks［宗］马立克派
Malikshāh［人］马立克沙
Man［专］曼
Mandīsh［地］曼迪希
Mansūr b. Nūh［人］曼苏尔·伊本·努赫
Mantiquttayr［书］《百鸟朝凤》
Manūchihr［人］曼努契赫尔
Manuchihri［人］玛努齐赫里
Manzikert［地］曼吉克特
Mardāvij［人］马尔道维奇
Marwar［地］玛尔瓦尔
Marwazī［人］马卫集
Mas'ūd Rukhūdī［人］马苏德·鲁库迪
Mas'ūd-i Sa'd-i Salmān［人］马苏德·萨迪·萨尔曼

Mas‘udi［人］马苏第
Māsud［人］马斯乌德
Masud Khan［人］马苏地
Matarka［地］马他尔卡
Maudūd［人］毛杜德
Mecca［地］麦加
Media［地］麦地那
Meumandi［人］梅伊曼迪
Mihrgān［专］米赫尔干节
Mika'il［人］米凯尔
Minaret［专］伊斯兰尖塔
Minorsky［人］米诺尔斯基
Mirza Muhammad Qazvini［人］志费尼
Molahidas［专］木剌夷人
Mowlana Jalaluddin Rumi［人］莫拉维・贾拉鲁丁・儒米
Mosul［地］摩苏尔
Moyun Chur［专］《磨延啜碑》
Mu‘ayyadī［专］穆阿牙剔
Muhammad Aūfī［人］穆罕默德・奥菲
Muhammad b. Ali［人］穆罕默德・本・阿里
Muhammad b. Malikshāh［人］穆罕默德・本・马立克沙
Muhammad b. Abī Nasr［人］穆罕默德・本・阿比・纳斯尔
Muhammad b. Sarī［人］穆罕默德・本・苏里
Muhammad［人］穆罕默德
Muhammad-i Ba Hafs［人］马赫穆德・伊・巴哈弗斯
Muhammad-i Halīmī［人］穆罕默德・哈里米
Muhammed b. Qadїr［人］穆罕默德・本・玉素甫
Muhammed ibn Lashid［人］穆罕默德・伊本・拉西德
Muhtājid［王］穆赫塔吉朝

Mujmal al-Tawarikh［书］《编年史与故事汇编》

Mularaja II［人］穆拉纳加二世

Mulhaqat al-Surah［书］《苏拉赫词典补编》

Multān［地］木尔坦

Mus‘ūd III［人］马苏德三世

Musa［人］穆萨

Musafirids［王］穆萨菲里王朝

Muūk［专］君长

Muwaffaq［人］穆瓦法克

Nab［地］纳卜

Nagarkot［地］纳加尔科特

Nagor［地］纳戈尔

Nahiyat［地］纳希亚特

Naiman［族］乃蛮部

Nakhichevan［地］纳希契凡

Nandana［地］南达那

Nangrahar［地］南格拉哈尔

Nash-Tegin［人］讷失特勤

Nasīr al-Dīn Muhammad Kharmk［人］纳速鲁丁·穆罕默德·哈儿纳

Nāsīr al-Haqq Khan［人］纳塞尔·哈格汗

Nasīr Malik［人］纳赛尔灭里

Nāsir［人］纳赛尔

Nasir［人］纳绥尔

Naurūz［专］瑙努兹节

Nāzim Kubrā［人］纳吉姆丁·库布拉

Nicaea［地］尼西亚

Nilkar［族］尼儿喀

Nizām al-Mulk［人］尼扎姆·莫尔克

Nizāmī-i ‘Arūzī［人］内扎米·阿鲁兹

Nur［地］努尔

Nushtigin Naubati［人］努希特勤・瑙巴提

Oghul Chak［人］奥古尔・恰克

Omar Khayyam［人］欧玛尔・海亚姆

Ömer［人］奥玛尔

Ordu［专］宫廷

Outlaw［人］奥特罗克

Ouzoi［族］奥佐伊人

Pakpatta［地］阿焦丹城

Panjhir［地］旁吉赫尔

Pecheneg［族］佩切涅格人

Petahia［人］帕塔希亚

Petronas［人］帕特罗纳斯

Phanagoria［地］法纳戈里亚

Plotinus［人］普罗提诺

Omeljan Pritsak［人］奥・普里察克

Pushang［地］普尚

Q(a)nīq［族］合尼黑部

Qabus b. Vushmgir［人］高布斯・本・伏希姆基尔

Qaimās［人］凯马思

Qan-baliq［宗］罕百里派

Qara Khanids［王］喀喇汗王朝

Qatar［地］卡塔尔平原

Qatwan［地］卡特万草原

Qawurd［人］卡乌德

Qāy［族］喀伊人

Qayalïgh［地］海押力

Qaziabu Tahir［人］哈孜阿卜・塔希尔

Qipchaq-Cuman［族］钦察—库曼人

Qirat［地］克拉特

Qitay［族］契丹人

Qubahiyan［地］库巴希延

Qudatγu Bilik［书］《福乐智慧》

Quhistan［地］库希斯坦

Qūn［族］浑人

Qutb al-Dīn Aybak［人］库特布·乌丁·艾贝克

Qutb al-Dīn Hasan［人］忽特卜·丁·哈桑

Qutlumish［人］库吐尔米希

Ra'is［专］税官

Rabi［人］拉比

Rashīd al-Dīn［人］拉施特

Rāshidī［人］拉希德

Rāwandī［人］拉旺德

Ribāt［专］防御要塞

Ribāti Malik［专］王家客栈

Riyāsa［专］尼雅萨

Rubal［地］鲁巴尔

Rukn-ad-Dīn Kushāh［人］鲁克赖丁·库沙

Rum［地］罗姆

Runiform［专］突厥鲁尼文

Rustaq［专］鲁斯塔克

Sad［人］赛德

Sabuktigin［人］赛布克特勤

Sābūrī［专］纱布里

Sabzawār［地］萨勃扎瓦尔

Sadr Atā［人］萨迪尔·阿塔

Sadr-i Jahān［专］萨德尔·贾罕

Saffārids［宗］沙斐仪派

Sagazi［专］萨格兹

Sāhi［王］沙希王朝

Sahib-Barid［人］沙希布·巴里德

Saif ad-Daula Mahmud［人］赛夫·道剌·马赫穆德

Sakalkand［地］萨卡尔坎

Sālār-i Husain b. Ibrāhīn［人］萨拉尔·侯赛因·本·易不拉欣

Sana'i［人］萨纳伊

Sanjar［人］桑扎尔

Sarakhs［地］萨拉赫斯

Sarhang［专］高官

Sawran［地］扫兰

Seljuq［王］塞尔柱王朝

Shāh Fādila［地］法的剌沙陵

Shāh Kātūn［人］沙赫·哈敦

Shāhkār / Bigār［专］劳役

Shahrābād［地］沙赫拉巴德

Shamsabad［地］瞻思阿巴德宫

Shams al-Mulk Nasir［人］沙姆斯·乌尔·莫尔克·纳赛尔

Sharukan［人］沙鲁汗

Shērs［人］舒艾斯

Shihāb al-Dīn Muhammad Kharnak［人］失哈不丁·穆罕默德·哈儿纳

Shihna［专］沙黑纳

Shir［专］舍尔

Shiraf［地］西拉夫

Shīrzād［人］希尔扎德

Shuja［人］苏加

Shujac al-Dīn cAlī［人］速加·丁·阿里

Shushtar［地］苏希塔尔

Sialkot［地］希尔科特

Sïgnak［地］昔格纳黑

Sitta Min al-Wakīldāriyya［专］六人议政会

Siwālik［地］希瓦里克

Slav［族］斯拉夫人

Somnath［地］索姆纳特

Subashitigin［人］索保希特勤

Sü-bashi / Sü-basy［专］苏巴什

Sugrov［地］苏格诺夫城

Sulaimān［人］苏莱曼

Sulayman b. Dāwūd［人］苏来曼·本·达乌德

Suleiman ibn Qutulmish［人］苏里曼·伊本·库吐米施

Süleyman b. Qadïr［人］苏莱曼·本·玉素甫

Sultan ad-Daula［专］素丹·道剌

Sultan-Shah［人］算端沙

Sūrī［人］苏里

Surkhan［地］苏尔汉

Tabaqāt-i Nāsirī［书］《卫教者年表》

Tabas［地］塔巴斯

Kitab fi Tahqiq ma li'l-Hind［书］《可以被理性接受或拒绝的印度教徒学说的说明书》

Tājal-Dīn Yildiz［人］塔术丁·也儿的兹

Tajal-Dīn Zangi［人］塔术丁·章吉

Takash［人］塔卡什

Tara'in［地］塔劳因

Taraz R.［地］塔剌思河

Tarbagatay［地］塔尔巴哈台

Tarkan［人］塔尔干

Tash-Farrāsh［人］塔希·法拉希

Ta-tar [族] 塔塔儿

Tauzkūk [地] 图斯库湖

Tə gin[专]特勤

Tekish [人] 贴乞失

Tha'ālibī [人] 塔里比

Thanesar [地] 塔勒萨尔

Thar [地] 塔尔

The Nizamiyah madrasah [专]尼扎米亚大学

Tigīnābād [地] 提格纳巴德

Tobol R. [地] 托博尔河

Toghrul [人] 托格里尔

Tölös [族] 铁勒人

Torchesk [地] 托切斯克城

Töre [专] 习惯法

Torks [族] 托克人

Trajan [人] 图拉真

Transoxiana [地] 河中地区

Tripoli [地] 的黎波里

Tugorkan [人] 吐哥尔汗

Tukhshi [族] 独西部

Turkestan / Turkistan[地] 突厥斯坦

Turkmenistan [地] 土库曼斯坦

Tür-Kqïcaq [族] 突厥—钦察人

Tūs [地] 徒思

Tutush [人] 突吐施

'Utbī [人] 乌特比

Ughnan [地] 什格南

Ulema [专] 乌里玛

Urug［专］父系

Urungu R.［地］乌伦古河

Uthman Mukhtari［人］乌斯曼·穆克塔里

Uzgend［地］讹迹邗

Vasmer［人］法斯默尔

Vizier［专］维齐尔

Wadawajzd［地］卧答卧只

Wahdat al-Wujud［宗］万有单一论

Waihind［地］韦欣德

Wakhsh［地］镬沙

Wākir-i Khass［专］瓦克尔卡斯

Y'aqub［人］雅库比

Yaghma［族］样磨

Yamīn-al-Dawlah［专］国家之右臂

Yaroslav［人］雅罗斯拉夫

Yasawiyya［宗］亚萨维教团

Yätimä täddähir mähasin ähli1 äsir［书］《本世纪人士之独特精华》

Yengui-kent［地］养吉干城

Yenisei R.［地］叶尼塞河

Yūsuf Kadïr［人］玉素甫·卡迪尔

Yūsuf Khwārazmi［地］优素福·花剌子米

Zabul［地］谢飑

Zabulistan［地］扎布里斯坦

Zamīn-Dāwar［地］扎明达瓦尔

Zirgan［地］疾陵

Ziyarids［王］席亚里王朝

蓝琪　主编

中亚史

第二卷

蓝琪　赵永伦　著

商務印書館
创于1897　The Commercial Press

图书在版编目（CIP）数据

中亚史. 第二卷 / 蓝琪主编；蓝琪，赵永伦著. —
北京：商务印书馆，2020（2022.8重印）
ISBN 978-7-100-18499-1

Ⅰ. ①中… Ⅱ. ①蓝… ②赵… Ⅲ. ①中亚－历史
Ⅳ. ①K360.0

中国版本图书馆CIP数据核字（2020）第085638号

中 亚 史

第二卷

蓝琪　主编

蓝琪　赵永伦　著

商　务　印　书　馆　出　版
（北京王府井大街36号　邮政编码 100710）
商　务　印　书　馆　发　行
三河市尚艺印装有限公司印刷
ISBN 978－7－100－18499－1

2020年10月第1版　　开本 640×960　1/16
2022年8月第2次印刷　　印张 26

定价（全六卷）：460.00元

第二卷　序

《中亚史》第二卷论述了中亚地区7世纪中叶至10世纪末期的历史。在这三百多年中，中亚经历了倭玛亚王朝和阿拔斯王朝的阿拉伯人、唐代中国人、塔希尔王朝、萨法尔王朝和萨曼王朝的波斯人的统治；与此同时，在中亚东部地区建立过统治的还有吐蕃、突骑施和葛逻禄等游牧民。从内容来看，本卷属于世界历史分期中的中世纪史范畴，是中亚封建制度的创建时期；从社会发展史的角度来看，这一时期的中亚社会处于封建社会的兴起阶段。

《中亚史》第二卷分“群雄逐鹿”、“阿拔斯王朝时期的中亚”、“波斯王朝”三编。第一编从阿拉伯人灭亡萨珊波斯帝国、占领中亚呼罗珊地区的651年起，到倭玛亚王朝在中亚统治结束的750年止；第二编从阿拔斯王朝兴起的750年起，到塔希尔从阿拔斯王朝独立出来的821年止；第三编从821年塔希尔王朝的建立起，到萨曼王朝灭亡的999年止。

在第一编“群雄逐鹿”中，作者论述了倭玛亚王朝阿拉伯人以吐火罗斯坦为基地，步步为营，最终夺取中国唐朝在中亚的属地，探讨了唐代中国人和倭玛亚阿拉伯人在中亚的统治特征。作者指出，唐朝在中亚建立的军政合一的都护府制有力地执行了唐朝的政令，完成了管理中亚、维护和平的历史使命；倭玛亚王朝的统治具有以武力为基础，以获取经济利益为目标的掠夺性质，因此真正有效的行政机构没有建立起来。

本编论述了中亚地区封建生产关系的萌芽，以及奴隶占有关系向封建关系过渡的历史。作者指出，7 世纪，中亚土地贵族（德赫干）和自由农民、手工业者构成了社会的两大主要阶级，在此时期，封建生产关系开始形成，依附于德赫干的农民（卡季瓦尔）出现，大德赫干在自己的土地上建立了武装——亲兵。在此过程中，中国人和阿拉伯人的到来促进了封建因素的发展。

本编还论述了这一时期中亚的宗教状况。文中指出，7 世纪中叶，中亚地区多种宗教（祆教、佛教、摩尼教、景教和萨满教）并存，各宗教之间虽然存在着冲突，但大体上能够和平相处；8 世纪初，伊斯兰教传入中亚，然而，直到倭玛亚王朝被推翻之时，伊斯兰教在呼罗珊以外的中亚地区并未获得成功。

在第二编“阿拔斯王朝时期的中亚”中，作者论述了阿拔斯王朝在中亚的统治。指出，阿拔斯王朝继承了倭玛亚王朝的传统，以呼罗珊为基地统治着中亚地区，河中地区和花剌子模绿洲的长官由呼罗珊总督派遣，隶属于呼罗珊总督。由于波斯和中亚地区贵族和人民在阿拔斯革命中起到了重要作用，阿拔斯王朝吸收了中亚地区贵族参与了地方政权的统治。作者指出，中亚说东伊朗语的居民在与突厥人共同抵抗阿拉伯入侵的过程中开始了早期的突厥化过程。

本编论述了阿拔斯王朝统治下，中亚封地的发展和大地产的形成过程，作者指出，中亚大地产的发展达到了惊人的程度，一些大地主竟然占有城市市区 1/4 面积的土地；随着新兴大地主的形成，德赫干阶层的政治地位发生了变化。在 7—8 世纪，德赫干掌握了城市国家的政权，中亚城邦国家实际上是以德赫干为首的贵族统治；倭玛亚王朝时期，呼罗珊总督以扶持中亚贵族维系着统治，因此，德赫干的地位没有发生根本的变化；阿拔斯王朝时期，新兴地主的产生和统治者对德赫干贵族集团的打击，导致德赫干的地位开始下降；直到 9 世纪后期（波斯王朝时期），德赫干势力才逐渐恢复。

本编论述了伊斯兰教在中亚地区取得全面胜利的过程。作者指出，阿拔斯王朝时期，中亚地区开始了以祆教为中心的多元宗教向以伊斯兰教为主的一元宗教的转变。与此同时，中亚在阿拔斯王朝发起的文化运动中取得了丰硕的成就。中亚地区通过阿拔斯哈里发的翻译运动获得了丰富的希腊、罗马和印度的文化、科学成就，促进了中亚自然科学和哲学的极大繁荣。

在第三编“波斯王朝”中，作者论述了塔希尔王朝、萨法尔王朝和萨曼王朝三个波斯王朝兴起、发展和衰亡的历史。指出，塔希尔和萨法尔王朝在中亚的统治是以武力为基础，以征税方式实现的；萨曼王朝在中亚建立起以萨曼王为中心的君主集权制，这一体系既是对古代萨珊波斯王朝的政治体制的继承，又吸收了阿拉伯帝国政权的一些因素。

本编还论述了波斯王朝时期伊斯兰教在呼罗珊和河中地区向纵深发展的状况。作者指出，9世纪中叶以后，中亚大部分地区居民已经信仰伊斯兰教，“穆斯林认同”成为呼罗珊和河中地区居民最主要的认同；与此同时，伊斯兰教在锡尔河流域和阿富汗地区的传播也取得了一定的胜利。然而，直到10世纪，在阿姆河上游和阿富汗巴米延地区等中亚边缘地带，多种宗教并存的局面仍然存在。

在本编中，作者特别强调了波斯王朝对中亚文化发展的积极推动作用。指出，波斯三个王朝统治的最大功绩反映在文化方面。第一，波斯王朝的君主们为了恢复民族自信心而积极推行波斯文化，歌颂古代波斯帝王和英雄们开疆辟土的丰功伟绩，这些文化活动唤起了当地居民的民族情感；第二，为了给王朝增添光彩和荣誉，波斯王朝的君主们兴建图书馆，搜集古代和当代书籍，大量延揽学者、文人及艺术家，资助和扶持文化事业的发展，学者和文人等有志之士纷纷效力于这些王朝；第三，古波斯文化在吸收伊斯兰文化的基础上焕发生机，一种新型的波斯—伊斯兰文化逐渐形成。

波斯—伊斯兰文化是中世纪世界文化的一颗璀璨明珠。作者指出，塔希尔王朝是波斯—伊斯兰文化诞生的起点；萨法尔王朝对波斯—伊斯兰文化的诞生起到了催化作用；萨曼王朝是波斯—伊斯兰文化的集大成者。在波斯—伊斯兰文化的形成过程中，中亚本土文化也融入到波斯—伊斯兰文化之中。

最后，本编对三个波斯王朝在中亚的统治做了评价。作者指出：波斯三个王朝的建立使中亚的政治地位上升。在独立王朝建立以前，中亚地区是阿拉伯帝国东部的边缘地区。尽管阿拔斯王朝统治中心的东移使阿拉伯帝国东部地区的地位有所上升，然而，与阿拔斯王朝统治中心两河流域相比，东部地区无论在政治还是在经济方面的发展仍然落后于西部，更不用说帝国边缘的锡斯坦、河中地区和阿富汗。在波斯王朝统治时期，呼罗珊、锡斯坦和河中地区分别成为王朝的统治中心，有利于这些地区政治、经济、文化的发展。

999 年，萨曼王朝被突厥政权喀喇汗王朝灭亡，突厥人重新登上中亚的历史舞台，波斯人在中亚地区的统治结束了。

《中亚史》第二卷的分工：第一、二编（贵州大学赵永伦教授），第三编（贵州师范大学蓝琪教授）。

蓝　琪

第二卷目录

第一编　群雄逐鹿（651—750）

第一编 群雄逐鹿

（651—750）

7 世纪 30 年代，阿拉伯半岛的阿拉伯人崛起，随即开始了向外扩张。7 世纪 40 年代，阿拉伯人开始东进，陆续灭亡了萨珊波斯帝国，占领了阿富汗和印度西北部，控制了中亚大部分地区，势力直达帕米尔（Pamir）高原。7 世纪中叶，唐朝平定西突厥汗国，在中亚北方草原、河中地区和吐火罗斯坦确立了自己的统治。6 世纪，青藏高原的吐蕃人在部落联盟的基础上建立了自己的国家；7 世纪 20 年代末，松赞干布依靠中小贵族和部分大臣的力量完成了统一青藏高原的大业，也开始向外扩张。三股势力在中亚发生了冲突。阿拉伯人的东进侵犯了唐朝在中亚的利益，双方为争夺吐火罗斯坦、河中地区展开了斗争；吐蕃在锡尔河以北地区与唐朝发生争夺。在外部势力向中亚逼近之时，中亚北方的游牧政权仍处于分裂状态，各派势力在斗争中或依靠唐朝或依靠吐蕃，勉强维系着自己的统治；中亚南方的昭武城邦国家国小民弱，只能依靠唐朝或突厥势力抵抗阿拉伯人。经过近一百年的较量，阿拉伯人取得胜利，到 8 世纪上半叶，阿拉伯人征服了中亚大部分地区，一个东起印度、西临大西洋、南至非洲南部的莫桑比克、北迄高加索山的阿拉伯帝国形成。

第一章

外来势力

阿拉伯人灭亡萨珊波斯王朝（226—651）以后，将自己的统治扩张到中亚西部的呼罗珊地区。661年，叙利亚总督穆阿维亚（Mu'awiya）即位哈里发[1]，以大马士革为都建立了倭玛亚王朝（Umayyad，661—750），随即开始了大规模的对外战争。664年，阿拉伯人占领阿富汗，然后兵分两路，北路军入侵河中地区，征服了不花剌（今布哈拉）、撒麻耳干（Samarkand，今撒马尔罕），直抵帕米尔；南路军攻入印度河流域，征服了印度次大陆西北部的大小邦国。唐朝于657年灭亡了在中亚地区实施统治一百年的西突厥汗国，确立了对中亚北方草原、河中地区、吐火罗斯坦的统治。7世纪，地处今中国西藏的吐蕃王朝开始向中亚地区发展，与唐朝展开了争夺中亚东部的斗争，一度控制了西突厥十姓部落的游牧之地。

第一节　阿拉伯人的东征

阿拉伯人的故乡在阿拉伯半岛。阿拉伯半岛气候干燥，雨量稀

① 哈里发（Khalifah），阿拉伯语，意为“继任者”、“继承者”。

少，除少数地区适于放牧和农耕外，绝大部分地区为沙漠和半沙漠。由于地理条件的限制，阿拉伯半岛的社会发展水平低于北部的地中海沿岸、东部的两河流域和波斯、西部的埃及。上古时期，阿拉伯半岛的几条商路维系着岛内居民与外面世界的联系。7 世纪以前，阿拉伯半岛除了西南部也门地区建立过几个国家外，其余广大地区未进入阶级社会，半岛居民主要分为两大集团：游牧民和居于商路沿线的小城镇居民。

在阿拉伯半岛上从事游牧的牧民被称为贝督因人，在阿拉伯语中，贝督因意为“沙漠之子”。7 世纪以前，贝督因人的主要社会组织形式是氏族和部落，氏族和部落首领由选举产生，一般由德高望重者担任。在很长时期内，氏族和部落之间为了争夺水源和牧场而时常发生战争，因此，从事抢劫和保镖也是贝督因人的一种职业。7 世纪，阿拉伯游牧社会开始向阶级社会迈进，游牧部落中出现了占有大范围牧场、拥有众多牲畜和奴隶的贵族。

在阿拉伯游牧社会的分化瓦解过程中，西亚的萨珊波斯帝国与小亚细亚拜占廷帝国之间的战争促进了阿拉伯半岛阶级社会的形成。6—7 世纪，两大帝国断断续续地进行了长期战争。战争破坏了地中海东岸的商路，由于“红海多阻，西亚不通，两帝相争，麦加独得其利”[①]。于是，处于商路上的麦加城开始兴盛起来。

麦加城是阿拉伯半岛中部希贾兹地区（又称汉志地区）的一个内陆城镇，处于从半岛西南部的也门到地中海东岸叙利亚的商道上。虽群山环绕，然气候炎热，雨水稀少，土地贫瘠，《古兰经》称之为“没有庄稼的山谷”[②]，大多数居民以游牧业为生。6 世纪，麦加人在

---

① 纳忠：《阿拉伯通史》上册，商务印书馆 1997 年版，第 83—84 页。也有的学者认为，波斯占领也门时期（575—628），麦加商道受阻，商路从阿拉伯半岛西部转移到波斯湾和两河流域，麦加贸易衰落，由此导致了半岛深刻的经济危机和政治危机，成为伊斯兰教产生的根本原因。持此观点的参见郭应德：《阿拉伯史纲（610—1945）》，中国社会科学出版社 1991 年版，第 33 页；吴于廑、齐世荣主编：《世界史·古代史编》下卷，高等教育出版社 1994 年版，第 117 页；苏联大多数学者也持此观点。

② 《古兰经》第 14 章第 37 节。

拜占廷和波斯两国的战争中奉行中立政策，与双方都签订了互利性的商贸协议，正是此时，麦加的贸易兴盛起来。6—7 世纪，麦加城的商业重要性加强，成为阿拉伯半岛与外界商贸的中转站和货物的集散地，每到春季，大批贝督因人来参加在麦加城举行的定期集市。贸易的兴盛改变了游牧民的生活方式，麦加城民和贝督因人开始从事商队向导、保镖、脚夫等与商业有关的职业。7 世纪初，经商和商业服务在麦加城已经成为居民的重要生存方式，贩运货物取代了牧养牲畜，几乎提供了麦加全部人口的生计来源。[①]“在经营的贸易中，每个成员都参加了，就连妇女也与贩运的货物利益攸关。”[②]

为了满足过往商旅行人的宗教需求，麦加城建筑了一座名为克尔伯（Ka'ba）的神庙，据传说，此神庙是距今 4000 年前一位名叫易卜拉欣的人最早建立的，此后，克尔伯成为阿拉伯半岛居民崇拜的主要神庙，麦加城也因此成为阿拉伯半岛的宗教中心。

除了商贸和宗教地位外，7 世纪，麦加城贵族的政治地位上升。贸易的发展加速了麦加城乃至整个阿拉伯半岛社会的分化，阿拉伯半岛步入了阶级社会。在社会分化的过程中，麦加城的古莱希（Koreish）氏族贵族凭借管理克尔伯神庙和主持朝拜的机会，把持了过境贸易的税收，并从中获取巨额收益。随着经济力量的加强，他们在政治上的地位也愈来愈重要。

商业和货币经济的发展扩大了贫富之间的差距，氏族或部落成员之间、贵族与平民之间、平民与奴隶之间的分化加剧，相互对立的阶级产生。为了协调社会关系和调节社会成员的情感，一种宗教，即伊斯兰教（Islam）应运而生。

伊斯兰教的创始人穆罕默德（Mohammad）于 570 年出生于麦加古莱希部落的哈希姆家族（Hashim），幼年父母双亡，由伯父抚养长大，12 岁开始经商，先后到过巴勒斯坦和叙利亚等地，在此了

---

① 哈全安：《阿拉伯封建形态研究》，天津人民出版社 2000 年版，第 23 页。

② Delacy O'Leary, *Arabia before Muhammed*, London, 1927, p.183.

解到犹太教和基督教的一神教信仰。为了团结阿拉伯人，他改革了阿拉伯半岛的多神信仰，于610年在麦加城创立了一神教信仰的伊斯兰教。伊斯兰教宣扬安拉是世界唯一之神，信仰者死后进入天堂，漠视者将在火狱中遭受永久惩罚。伊斯兰教的一些教义反映了下层平民和中、小氏族渴望平等和稳定的主观需求，得到了民众的支持，同时，也遭到了麦加贵族的反对。622年，穆罕默德离开麦加迁往麦地那，在此建立武装以保卫和传播他创立的宗教。630年，穆罕默德强大起来，他带领武装力量兵临麦加城。麦加城贵族对穆罕默德妥协，放弃了多神崇拜，改信伊斯兰教。从此，克尔伯神庙成为伊斯兰教徒礼拜的清真寺，麦加城成为伊斯兰教的圣地。伊斯兰教提倡的"安拉独一"的信仰打破了原来狭隘的部落血统关系，把一盘散沙的阿拉伯人统一起来。到632年穆罕默德去世之时，阿拉伯半岛在伊斯兰教的旗帜下基本上实现了统一。

在穆罕默德之后的30年（632—661）中，阿拉伯国家经历了四位哈里发的统治，他们是：艾卜·伯克尔（632—634年在位）、欧麦尔（634—644年在位）、奥斯曼（644—656年在位）、阿里（656—661年在位）。这30年也是阿拉伯人对外扩张时期。阿拉伯人征服了叙利亚、巴勒斯坦、伊拉克、波斯、埃及等地。在第三任哈里发奥斯曼统治时期，阿拉伯人开始东进，目标对准了萨珊波斯帝国。萨珊波斯在与拜占庭帝国的长期战争中耗尽了国力，帝国统治者在境内的统治是不稳定的。628年，库思老二世之子卡瓦德在一部分波斯贵族的支持下杀父篡位，但他在位不到一年就去世了。此后，萨珊波斯发生内乱，五年之中先后有五位国王继位，国家处于内乱之中。在此期间，为了国家的稳定，波斯帝国于631年与拜占庭议和，归还了波斯人侵占的领土，释放了拜占庭战俘，偿还了数年的军费。然而，这些措施未能挽救帝国灭亡的命运，在末代君主伊嗣俟三世（Yazdgird III）统治时（632—651），萨珊波斯被阿拉伯人所灭。

633年春，以"真主的宝剑"著称的阿拉伯名将哈立德·伊本·瓦立德率军攻入伊拉克，击溃了萨珊王朝边防军，打开了进入伊朗高原的通道。此后，阿拉伯军队与萨珊帝国进行了两次著名战役，即卡迪西亚（Kadisiya）战役和尼哈温（Nihavend）战役。卡迪西亚地处伊拉克南部纳贾夫以西，是萨珊帝国的西大门。637年，阿拉伯军队统帅赛阿德·本·艾比·瓦戛斯（Sacd b. waqqas）率6000人向卡迪西亚挺进，5月，两军相遇，双方按兵不动，相持一个月。在此期间，阿拉伯统帅赛阿德曾派使者到波斯军队劝降，遭到拒绝。此后，波斯统帅罗斯图姆（Rustam）率3万军队向阿拉伯人开战。战斗打得非常艰难，战争之初，阿拉伯人伤亡惨重，后来，赛阿德调整战术，避开正面交锋，采取小部队侧翼骚扰。一日，沙漠刮起了狂风，遮天蔽日，阿拉伯军队及时组织了正面进攻，罗斯图姆战死，波斯军队溃散。卡迪西亚之战是阿拉伯人以少胜多的重要战役，它以兵法高明著称。此次胜利为阿拉伯人灭亡萨珊帝国扫清了道路。[①] 此后，阿拉伯人占领了伊拉克，并以此为基地，深入萨珊波斯帝国的统治中心。

为了挽回败局，642年，萨珊军队15万人在哈马丹以南80公里的尼哈温与3万阿拉伯军展开激战。[②] 阿拉伯人再次以少胜多，赢得了这场关键性的战役，萨珊帝国都城泰西封（Ctesiphon，今巴格达城西南）被阿拉伯人占领，国王伊嗣俟三世在阿拉伯人的攻击下向东退却，奔波于帝国东部各省，为复国战争做准备。

伊嗣俟三世带着亲属、朝臣和奴仆几千人及一支小卫队先来到呼罗珊（Khurasan）的尼沙普尔城（Nishapur），后来又前往莫夫（Merv）[③]。萨珊帝国驻莫夫区的总督马贺（Mahoe）在其管辖区内征集军队，企图阻挡阿拉伯人的东进。然而，伊嗣俟与马贺之间很快

---

① 近年来，在离伊拉克首都巴格达30公里的麦达因市，建成了一座规模宏大的卡迪西亚全景画展览馆。展览馆占地面积2500平方米，高28米。卡迪西亚之战的全过程展现在一幅长110米、高15米的圆周画上。画下面，模拟当时的战场，砂石瓦砾，水草丛生，并陈列有残存的兵器和波斯轿子的复制品，同时配有音乐以及人吼马嘶和兵器的铿锵声，一场激烈的战斗生动逼真地展现在人们的面前。参见李成仁：《卡迪西亚之战》，《西亚非洲》1981年第2期。

② Clement Huart, *Ancient Persia and Iranian Civilization*, translated by Dobie, New York, 1923, p.136.

③ 今土库曼斯坦之马雷，唐代著作译为“末禄”。

发生了冲突。一种说法是，马贺已经与河中地区的西突厥政权达成协议，脱离萨珊帝国独立；另一种说法是，伊嗣俟命令马贺将巨额赋税交出导致了双方关系的破裂。在冲突发生之时，伊嗣俟打算撤换马贺，由他人取而代之，这一举措遭到了莫夫人的反对，伊嗣俟在莫夫城难以立足。651 年，伊嗣俟只身出走，躲到穆尔加布河上的一个磨坊主家中，但很快被人发现遭杀害。[①] 伊嗣俟之子卑路斯逃亡中国，得到唐朝的庇护。伊嗣俟之死标志着在西亚和中亚西部统治了 400 多年的萨珊帝国的灭亡。

追随伊嗣俟来到尼沙普尔的阿拉伯人，经过几个月的围攻，占领了该城，接着向呼罗珊的其他城市挺进。中古时期，呼罗珊的范围很大，东西方向包括了从伊朗高原东部一直到阿姆河西岸之间的广大地区，向南包括了今阿富汗的西北部，一直到巴达克山，向北到花剌子模沙漠。649 年，阿拉伯库法城[②] 总督赛依德·本·阿斯的军队从哈马丹（Hamadan）和雷伊（Ray）出发，沿北部道路向呼罗珊进军，与此同时，阿拉伯巴士拉总督阿布杜拉·本·阿米尔（ᶜAbbdallah b. Amir）经法尔斯和克尔曼也向呼罗珊的尼沙普尔和莫夫进军。阿布杜拉·本·阿米尔抢先来到呼罗珊，陆续攻占了徒思（Tus）城、阿比瓦尔德城、尼萨城、萨拉赫斯城、赫拉特城和莫夫城。652 年，阿拉伯人夺取了巴里黑（Balkh）城。至此，整个呼罗珊地区被纳入阿拉伯人的统治，此后，阿拉伯国家以莫夫城为首府建立了呼罗珊总督区。

在第四任哈里发阿里执政期间，阿拉伯人将都城从麦地那迁到了经济、文化发达的库法城，阿里撤换了与奥斯曼家族有血亲关系的一些军政要员，重新任命了一批地方总督，此举遭到了阿拉伯各派政治势力的反对，麦加古莱希部落贵族的反对尤其激烈，他们提

---

① 史书关于伊嗣俟三世遭杀害的具体过程记载不一。参见〔俄〕李特文斯基主编：《中亚文明史》第 3 卷第 19 章第 1 部分“征服呼罗珊”，中国对外翻译出版公司 2003 年版。

② 库法城始建于 638 年，哈里发欧麦尔时期作为防御工事，656 年哈里发阿里以此为都。阿拔斯王朝初期，以库法附近的安巴尔为都。

出了要阿里退位的要求。随后，阿拉伯人内部爆发了三次战争（骆驼之战、隋芬之战和纳赫拉万之战）。内战期间，阿布杜拉·本·阿米尔撤出了呼罗珊，阿拉伯人失去了对呼罗珊的控制。661年，阿里被刺，叙利亚总督穆阿维亚夺取哈里发之位，以大马士革城为都建立了自己的统治，因他出身于古莱希部落倭玛亚家族，他建立的王朝被称为倭玛亚王朝（661—750）。由于倭玛亚王朝的旗帜呈白色，中国史书将它称为"白衣大食"。倭玛亚王朝改变了穆罕默德之后确立的哈里发选举制度，开始实行哈里发世袭制。

倭玛亚王朝建立之后，阿布杜拉·本·阿米尔担任巴士拉总督，呼罗珊由他的部下统治。664年，阿布杜拉·本·阿米尔被免职，继任巴士拉总督的是济雅德·本·阿比·苏菲亚，在他任职期间，呼罗珊地区被划分为以主要城市命名的四个区，即尼沙普尔、巴里黑、莫夫和赫拉特区。济雅德继续向中亚南部的吐火罗斯坦、阿富汗和印度西北部地区进发。667年，阿拉伯将领阿勒·哈卡姆·布·阿姆尔·阿勒·吉法里（al-Hakam b. Amr al-Ghifārī）征服了吐火罗斯坦。吐火罗斯坦指泽拉夫善河流域以南至兴都库什山以北地区，月氏人曾在此实施过统治，西方将月氏人称为吐火罗人，所以这一地区被称为吐火罗斯坦。3世纪以后，吐火罗斯坦被萨珊帝国的波斯人占领，成为萨珊王朝属地。中国唐朝灭西突厥以后，吐火罗斯坦归唐朝统治，唐朝在其地设置月氏都督府。677年，阿拉伯人抵达喀布尔（Kabulistan），喀布尔和白沙瓦承认倭玛亚王朝的宗主地位，开始向阿拉伯人纳贡。此后，阿拉伯人势力直达帕米尔高原。

阿拉伯人对阿姆河以北地区的征服是在巴士拉总督济雅德之子奥贝杜拉·本·济雅德（Ubaidallah b. Ziyad）被任命为呼罗珊统治者时期（673—676）开始的。[①] 据说，在征服伊朗高原之时，阿拉伯人就把征服"马维兰纳赫尔"（Mawaral-nahr）[②] 确定为下一个目标。

---

① "倭玛亚王朝时期呼罗珊总督世系表"见附录一。

② 阿拉伯语 Mawara'l-nahr，意为"河的对面"，汉文著作将此地区称之为河中地区，即指阿姆河与锡尔河之间的地区。

马维兰纳赫尔在阿拉伯语中意为“河那边的地方”，指阿姆河以东以北地区，这一地区因处于阿姆河和锡尔河（古名药杀水，Yaxarte）之间，学界又称之为河中地区。尽管征服河中地区是阿拉伯人早期的愿望，然而，倭玛亚王朝统治初期，阿拉伯人并没有对该地区发动大规模的征服战争，而是进行一些以掠夺战利品为目标的小规模骚扰行动，这些行动唤起了阿拉伯人的极大热情。希提在《阿拉伯通史》中记载说：“使得许许多多贝杜因部族离开荒凉的故乡，到北方肥沃的地方去征战的，不是宗教狂热，而是经济的需要。……他们参加各种侵略的目的，是为了夺取战利品，而不是为了取得永久的立足地。”[①] 据10世纪成书的《不花剌史》记载：“阿拉伯征服者多次渡过阿姆河，袭击河中地区，每次，不花剌王都给阿拉伯人纳贡或送其他礼物，以便缔结和约，从入侵的危机中解救自己的国家。”[②]

当时，河中地区是中国唐王朝的管辖区域，由于远离中央，唐朝将河中地区的统治权委托给承认唐朝宗主权的西突厥贵族实施。于是，西突厥贵族在河中地区形成了许多独立和半独立的王国，它们之间的相互讨伐战争有利于阿拉伯人的入侵。关于这一时期阿拉伯人对中亚的骚扰活动，史料不多。据俄国学者巴托尔德（W. W. Barthold）说：“关于欧麦尔时期阿拉伯征服的进程的报导，仅以半传说故事的形式流传至今，长期以来系口耳相传，仅后代人才将其笔之于书。许多说法互相矛盾，年代也不确，其原因即在此。甚至关于阿拉伯人初次越过阿姆河的时间，流传下来的报导也不一致。”[③]

673年，哈里发穆阿维亚一世任命奥贝杜拉·本·济雅德统治呼罗珊。奥贝杜拉率军渡过阿姆河，进攻不花剌地区的沛肯特城（Paikent）。沛肯特城是不花剌地区的经济中心，人口稠密，商业繁荣，控制着经过阿姆河的商道。经过一个冬天的斗争，奥贝杜拉于回历53年（公元673年）和回历54年（公元674年）攻入沛肯特城，

① 王治来：《中亚通史》古代卷（上），新疆人民出版社2004年版，第253页。

② Narshakhī, *The History of Bukhara*, p.9.

③ 王治来：《中亚史》第1卷，中国社会科学出版社1980年版，第213页。

掠夺了大量的战利品和4000多俘虏[①]，带着战利品和俘虏回到呼罗珊之前，他与不花剌统治者签订了和约。

676年（回历56年），奥贝杜拉·本·济雅德被免去呼罗珊总督职务，赛义德·本·乌特曼（Said b. Uthman）接任呼罗珊总督职务（676—681）。新任总督撕毁了前任与不花剌统治者订立的和约，率军渡过阿姆河来到不花剌。当时，不花剌城主已去世，城主之妻图黑沙达可敦（Tughshada Khatun）执政。[②]可敦派人带着贡金前来求和说："我愿以答应奥贝杜拉·本·济雅德的条件与您讲和。"赛义德把钱退了回去，态度强硬地宣布："我们之间绝无和平。"于是，双方集结军队，摆开阵势。结果，不花剌方面"所有军队不战而逃"，战败之后，可敦给赛义德增加了贡金。接着，赛义德率军攻撒麻耳干，他对不花剌统治者说："我现在要到粟特和撒麻耳干去，你正挡在我往返的路线上。你必须保证不会切割我的退路，制造麻烦。"为此，可敦送去了80名不花剌贵族做人质。[③]赛义德在撒麻耳干城进行了多次战斗，凯旋而归，据说，他从该城带回3万战俘和很多财物。[④]当他返回不花剌地区时，可敦派人索求人质，他答应在渡过阿姆河之后释放人质，后来又推说到了莫夫城之后再放回，最终这些人质被赛义德带到麦地那，他们在此被剥夺了剑、锦缎袍服、金银饰品等随身物品，为阿拉伯人耕种土地。由于不堪忍受，他们冲进赛义德的卧室杀了他，然后全部自杀。

继赛义德成为呼罗珊总督的是奥贝杜拉·本·济雅德的一个儿子萨里姆·本·济雅德（Salm b. Ziyad，681—684年执政）。他在任期间也多次率军来到不花剌城。据说，可敦在看到这支军队的阵容以后，派人到康国国王塔尔汗（Tarkhun）处求援说："如果您能前来，把阿拉伯人赶出这个王国，我将做您的妻子，不花剌城将属于

① 王治来：《中亚史》第1卷，第214页。

② 在突厥语中，"可敦"指可汗之妻。

③ Narshakhī, *The History of Bukhara*, p.39.

④ Ibid., p.40.

您。”塔尔汗立即率领 11 万军队赶到。阿拉伯将领萨里姆派人去侦查援军的情况，这一消息在阿拉伯军中传开，士兵认为萨里姆已经派人抢先去夺战利品了。在情况还未清楚之时，阿拉伯军队与河中地区由突厥人率领的军队打了起来。阿拉伯人战败逃走，突厥军从后面追杀了 400 个穆斯林，其余的穆斯林逃回自己的营地。第二天上午，突厥军队杀过阿姆河，战斗十分激烈，突厥人最终战败。阿拉伯人掳获了很多战利品，当天就瓜分了，每个穆斯林战士分得 2400 个迪尔汗。[①] 可敦派人求和，萨里姆在得到一大笔钱之后同意讲和。此后，呼罗珊总督频繁侵入河中地区掳取战利品。

683—692 年间，阿拉伯人在呼罗珊的统治受到了倭玛亚王朝内部斗争的影响。在这次斗争中，萨里姆失掉在呼罗珊的统治权，呼罗珊总督一职由新哈里发的亲信阿布杜拉·本·喀西姆（Abudullah b. Khāzim）接任。喀西姆在呼罗珊建立了自己的独立统治，直到 691 年被杀。在喀西姆任呼罗珊总督期间（684—691），他的儿子穆萨·本·阿布杜拉（Mūsā b. Abudullah）控制了阿姆河北岸的帖尔穆兹（Tirmidh，即呾密）城，在此建立了割据政权，该政权一直存在到 704 年。穆萨的统治遭到了倭玛亚王朝的反对，同时，受到河中地区昭武国家和突厥人的攻击。

喀西姆被杀以后，伊拉克大区总督哈加吉（Hajjāj）派穆哈拉布·本·阿比·苏弗拉（Muhallab b. Abi Sufra）继为呼罗珊总督（697—701）。穆哈拉布重新发动了对阿姆河以北的战争，入侵史国、那色波等昭武国家，最终在入侵战争的归途中去世。他的儿子耶济德·本·穆哈拉布（Yazīd b. Muhallab）继任为呼罗珊总督。执政期间（701—704），他出兵锡斯坦，镇压反对伊拉克大区总督的叛乱。据钱币资料反映，他在护时犍地区征收过人头税（jizya）。704 年，哈加吉撤了他的职，任命他的兄弟穆法德勒·本·穆哈拉布（Mufaddal b. Muhallab）为呼罗珊总督。几个月以后，705 年，屈底

① Narshakhī, *The History of Bukhara*, pp.42-43.

波·本·穆斯林（Qutaiba b. Muslim）被任命为呼罗珊总督（705—715）。此后，阿拉伯人以征服者的姿态出现在河中地区，开始与中国唐朝展开争夺中亚统治权的斗争。

第二节　唐朝的西进

7 世纪初期，唐朝在中原地区建立起统一政权，结束了魏晋南北朝 300 余年的分裂局面。630 年，唐太宗乘东突厥汗国发生内乱，派李靖等将领分兵出征，大破东突厥，生擒颉利可汗，灭掉了东突厥汗国。是年，唐朝在伊吾（今新疆哈密）设立了伊州。

灭东突厥汗国之后，唐朝于 632 年开始介入西突厥汗国的内部斗争。西突厥统叶护可汗去世（628）之后，西突厥汗国分裂成了泥孰系与乙毗咄陆系两派，唐太宗支持泥孰系，希望通过该系首领控制西突厥汗国。然而，与泥孰系对立的乙毗咄陆可汗势力强大，在与泥孰系的战争中占据优势。泥孰系的失势使唐朝西部边疆承受了巨大压力，于是，唐朝进兵西域，直接介入了西突厥汗国内部的政治斗争。

640 年初，唐朝以侯君集为交河道行军大总管，率领大军讨击伊州西邻高昌国（今新疆吐鲁番）。同年 9 月，唐朝军队控制了高昌国，唐朝中央政府在此设立西州，在突厥可汗浮图城设庭州（今新疆吉木萨尔县北，治金满县）。与此同时，唐朝政府在西州设置了安西都护府，每年调发1000多名士兵守卫，乔师望是第一任安西都护。伊、西、庭三州的建立和安西都护府的设置加强了唐朝对西部边陲的统治。

641 年，乙毗咄陆可汗攻杀了唐朝政府册封的泥孰系沙钵罗叶护可汗，几乎统一了西突厥汗国。军事上的胜利使得乙毗咄陆可汗“自恃其强，专擅西域”，多次攻打安西都护府所辖州县，唐朝为之震动。沙钵罗叶护可汗被杀以后，唐朝又册封泥孰系的乙毗射匮为西突厥可汗，支持他与乙毗咄陆部对抗。在内外夹击下，乙毗咄陆可汗遭到失败，乙毗射匮可汗控制了西突厥各部和塔里木盆地。

随着乙毗射匮可汗统一西突厥各部，唐朝希望与西突厥汗国重新分割在西域的势力范围。乙毗射匮可汗在击败乙毗咄陆可汗的当年（646 年 7 月 24 日）向唐朝求婚，“射匮（可汗）悉以礼资送归长安，复遣使贡方物，请赐婚”，趁此机会，唐太宗提出割龟兹五国为聘礼的要求。[①]龟兹五国指塔里木盆地南缘的龟兹（今新疆库车）、于阗（今新疆和田）、疏勒（今新疆喀什）、朱俱波（今新疆叶城）和葱岭（今新疆塔什库尔干）。龟兹五国与已经归附于唐朝的焉耆接壤，唐朝在焉耆派军驻守，屯田移民。唐太宗的聘礼要求遭到乙毗射匮可汗的拒绝，乙毗射匮可汗继而在西域各国展开政治攻势，将突厥公主嫁给西域各国国王，并在焉耆扶持自己的势力。

乙毗射匮可汗的这些行为引起了唐朝政府的不满。在乙毗射匮可汗请婚未果一年以后，即 648 年 1 月 26 日，唐朝在西域发动了一次旨在夺取龟兹五国的大规模战役——昆丘道行军。647 年，唐太宗任命原东突厥首领左骁卫大将军阿史那社尔为昆丘道行军大总管，以铁勒契苾部首领契苾何力、郭孝恪、杨弘礼、李海崖等将军一起率军出征。参战军队有“铁勒兵牧十有三部，突厥王侯十余万骑”，以及“吐蕃君长”和“步摇（吐谷浑）酋渠”。

昆丘道行军第一阶段的主要目标是夺取龟兹五国。行军大总管阿史那社尔于 648 年 9 月 24 日击败了处月、处密两部，直逼焉耆。乙毗射匮可汗在焉耆扶持的焉耆王薛婆阿那支不战而逃，西奔龟兹。10 月，唐军攻入龟兹北境，薛婆阿那支被俘。为了在战略上策应昆丘道行军，649 年，唐朝又发动了旨在讨伐阿尔泰地区车鼻部的金山道行军，以高侃为行军大总管，打击了可能对乙毗射匮可汗提供帮助的车鼻部，保护了唐军的侧翼。此后，唐军一路攻下龟兹，俘虏了龟兹王。战役结束以后，安西都护府由西州迁移到龟兹，设置了

① （后晋）刘昫等：《旧唐书》，中华书局 1975 年版，第 5185 页。

龟兹、于阗、碎叶、疏勒四个军镇，史称“安西四镇”。安西四镇中的碎叶城在碎叶河南岸，碎叶城故址在今吉尔吉斯斯坦托克马克城西南8公里处的阿克·贝希姆（Ak-Beshim）。7世纪30年代，玄奘法师曾到过此城，据他记述，碎叶城在大清池（伊塞克湖）西500里处，城周六七里。在中国史书中，碎叶城又作素叶城、素叶水城①，679年，唐朝在此确立了统治，碎叶城归条支都督府管辖，唐朝曾经多次修筑城墙。据说，碎叶城仿长安城而建。

唐朝与乙毗射匮可汗争夺西域国家的战争引起了西突厥汗国形势的变化，原来被乙毗射匮可汗打败的乙毗咄陆可汗属部纷纷投奔唐朝。648年，乙毗咄陆可汗派驻西域东部的两个重要首领，即负责统领五咄陆部的叶护阿史那贺鲁和负责监领焉耆国的国相屈利啜投降了唐朝。唐朝赐予官职，唐太宗甚至将自己穿过的衣服赏赐给阿史那贺鲁，以示抚慰。从此，唐朝转而扶持西突厥咄陆部以对付泥孰系。

昆丘道行军第一个阶段任务完成以后，唐朝计划乘胜打击西突厥，彻底解决西部边疆领土的安全。649年1月20日，唐朝开始了昆丘道行军第二阶段的任务，即攻打泥孰系的核心力量，即弩失毕部。唐太宗拜阿史那贺鲁为左骁卫将军，任命他为昆丘道行军总管，《资治通鉴》记载说：“戊寅，以昆丘道行军总管、左骁卫将军阿史那贺鲁为泥伏沙钵罗叶护，赐以鼓纛，使招讨西突厥之未服者。”②乙毗射匮可汗刚刚统一起来的西突厥各部矛盾重重，处于内忧外患之中的西突厥各部接受了唐朝的招抚，昆丘道行军结束。

昆丘道行军是唐朝对西突厥汗国一次具有战略意义的决战。在此过程中，唐朝军队杀死焉耆王，俘虏龟兹王，挟持于阗王入侍，招抚西突厥各部，在碎叶河以东的天山南北取得了重大胜利。

---

① 碎叶河是位于今吉尔吉斯斯坦境内的楚河，史书记载为碎叶川、素叶川。河流呈东西走向，河谷长200公里，最宽处为80公里。

② （北宋）司马光主编：《资治通鉴》，中华书局1956年版，第6265页（按，新旧《唐书》等唐代史籍中无此条史料）。

649 年，唐朝设置了瑶池都督府，任命阿史那贺鲁为都督，驻庭州莫贺城（今新疆阜康东），统领西突厥十姓，受安西都护府管辖。唐朝控制了（至少是从名义上）中亚北方草原。瑶池都督府设置之后，唐朝对该地区没有进一步的政权建设，由于军事力量薄弱，唐太宗通过阿史那贺鲁在此实施统治，唐朝在碎叶城（甚至在龟兹、于阗、疏勒三镇）更多的是实施监督作用。[①]

唐太宗时期，对天山南北实施不同的统治。在塔里木盆地南缘的绿洲地区，唐朝采用汉制，将归附唐朝的各国王族移到长安，防止他们利用在当地的影响作乱；在天山北麓的游牧区，唐朝实施羁縻统治，通过归附的西突厥贵族阿史那贺鲁进行统治。唐太宗去世（649）以后，唐高宗改变了对西部地区的政策。高宗“不欲广地劳人”，下令撤销四镇，将安西都护府移回西州；并在天山以南地区也实施羁縻政策，将各国王室礼送回乡，恢复王位，让他们继续统治，并且赐予高官厚禄，甚至任命高昌王族担任安西都护，掌管西域军政大权。

阿史那贺鲁对高宗的政策不满，起兵反唐。651 年，贺鲁拥众西走，在双河（今新疆伊宁）建牙，部众发展到数十万人，并开始入寇庭州，安西四镇陷落，唐朝势力退回西州。阿史那贺鲁乘胜击破弩失毕部乙毗射匮可汗，自号沙钵罗可汗，建牙帐于千泉（今吉尔吉斯山北麓，库腊加特河上游一带），统领西突厥十姓。阿史那贺鲁的反叛引发了西突厥与唐朝之间长达 7 年的战争。

为了讨伐叛将阿史那贺鲁，唐朝先后发动了三次大规模的战役：弓月道行军、葱山道行军和伊丽道行军。651 年，唐高宗令梁建方为弓月道行军总管，征发秦、成、岐、雍府兵 3 万，连同回纥 5 万骑征讨贺鲁。这次行军只是击溃了贺鲁属部处月、处密部，俘虏渠帅六十，俘斩万余，获牛马杂畜七万，杀了处月首领朱邪孤注，

---

① 碎叶城遗址在今吉尔吉斯共和国托克马克附近，即《汉书·陈汤传》中的郅支城。在《大唐西域记》卷 1 中，记为素叶水城；在《新唐书·地理志》记为碎叶城，679 年，安西都护王方翼筑的碎叶城有四面十二门。

俘虏了处密部时健俟斤、合支贺等人。[①] 按照战前计划，此次行军的目标是集中兵力，“专诛贺鲁”。然而，由于与处月等部发生战争，延误战机，粮饷不继，加之天气严寒，唐军还未与贺鲁正面接触就撤回了长安。

653年，乙毗咄陆可汗去世，其子真珠叶护及五弩失毕部落首领与唐朝联络，请讨贺鲁。于是，唐朝组织了以程知节为总管的葱山道行军，为配合葱山道行军，丰州都督元礼臣率军前往碎叶以西，册拜西突厥真珠叶护为可汗，以其部势力夹击阿史那贺鲁。然而，程知节在这一年迟迟没有出兵，很可能在等待元礼臣与真珠叶护联络的结果，但是，元礼臣在碎叶城西遭到阿史那贺鲁的阻拦，无法继续西进，这时他了解到真珠叶护的部落大多已经被贺鲁吞并，“人众寡弱，不为群夷所附”，于是，元礼臣对真珠叶护的册封使命未果而还，于当年11月返回长安。次年年初，程知节率大军出发，贺鲁逃亡，程知节无功而还。程知节因追贼不及被免官。

657年，唐朝第三次出兵，以苏定方为伊丽道行军大总管，与已经内附唐朝的西突厥首领阿史那步真、阿史那弥射分南北两道进军。这次战役总结了以往的教训，改单纯的武力征讨为征抚并用，在征讨过程中，利用阿史那弥射和阿史那步真招降西突厥属部，“所至，蕃人皆相率归降，曰‘我旧主也’”。唐军进军顺利，贺鲁仓皇逃亡石国，被石国人擒获送给唐军副将萧嗣业，西突厥汗国灭亡。658年，安西都护府迁回龟兹，安西都护府升格为安西大都护府。

平定阿史那贺鲁叛乱，西突厥十姓部落的游牧之地全部纳入唐朝版图。658年，唐朝在西突厥故地设置隶属于安西都护府的昆陵和濛池两个都护府。[②] 在左厢五咄陆部落设置昆陵都护府，以阿史那弥射为兴昔亡可汗兼昆陵都护，治庭州，辖境在今巴尔喀什湖以东至新疆准噶尔盆地及伊犁河一带；在右厢五弩失毕部落设置濛池都护

① （北宋）欧阳修、宋祁：《新唐书》，中华书局1975年版，第4119页。

② 长安三年（702），濛池都护府改属北庭都护府。

府，以归唐的西突厥首领阿史那步真为继往绝可汗兼濛池都护，治碎叶城，辖境相当今中亚楚河以西至咸海（一说里海）一带地区。

与此同时，唐朝开始在西突厥汗国故地置羁縻都督府州。从658—661年的四年间，唐朝在锡尔河以北的石国设置大宛都督府，在锡尔河中游的拔汗那置休循州，在河中地区的康国置康居都督府、安国设置安息州、东安国设置木鹿州等共8个羁縻都督府州。在吐火罗地区，阿姆河流域强国吐火罗叶护阿史那乌湿波于652年率先归附唐朝，在吐火罗国的影响下，吐火罗斯坦其他诸国也纷纷归唐。在唐朝平定西突厥汗国之时，西突厥乙毗咄陆可汗之子真珠叶护据吐火罗之地自立为主。两年以后，真珠叶护出兵阿史那弥射统治的唐朝领地，阿史那弥射无力驱逐这支势力，在昆陵都护阿史那弥射的援助下，在双河打败真珠叶护，真珠叶护兵败后被斩。唐高宗于661年派遣王名远为吐火罗道置州县使，专程赴吐火罗建置羁縻都督府州。从此，“自于阗以西，波斯以东，凡十六国，以其王都为都督府，属部为州县。凡州八十八，县百一十，军、府百二十六”①。唐朝统治了原西突厥汗国统治的全部地区。

阿拉伯人在651年以后陆续占领了阿姆河以南地区，并以此为基地，不断骚扰唐朝统治的吐火罗斯坦和河中地区，唐朝与阿拉伯王朝开始了在中亚的争夺。

第三节　吐蕃的北上

吐蕃是古代藏族人的自称，此名始见于唐朝汉文史书。根据通常的说法，蕃是古代藏族自称bod的汉语音译。有学者认为，bod是由古代藏族信奉的原始宗教——“本”（bon）之发音转写；也有人认为，bod意为农业，与bro（牧业）相对。吐蕃向唐朝自称大蕃，

① （南宋）王应麟：《玉海》卷130《都督·唐西域十六国都督府》，江苏古籍出版社、上海书店1987年版，第2464页。

大多数人认为吐是大的汉语音译。

藏族属蒙古利亚种，语言属汉藏语系藏缅语族。自西藏有历史记载以来，藏族人就生活在青藏高原，其中，大多数藏民集中在青藏高原的南部地区，从事定居农业；西藏东北部，即青海湖周围的柴达木和安都地区，藏民从事游牧业。由于西藏地区高山阻隔，交通不便，藏民与外界的联系很少，6世纪以前，藏民社会组织仍处于部落联盟。6世纪，在今西藏山南地区一带的藏民社会从部落联盟发展成为奴隶制国家，逐渐扩张势力。

7世纪20年代末，藏族历史上的著名英雄松赞干布继承父位，成为西藏第33代赞普（629—650）。[①]赞普（Btsan po）在藏语中意为“国君”，据《新唐书》记载：“其俗谓强雄曰赞，丈夫曰普，故号君长曰赞普。”阿拉伯、波斯、突厥人称赞普为可汗。松赞干布为实现其父统一西藏的遗愿，依靠中小贵族和忠于赞普的部分大臣支持，迅速平息各方的叛乱，完成了统一青藏高原的大业。此后，松赞干布征服了当时藏北的羌族大部落苏毗和藏西高原的羊同诸部，建立了吐蕃王朝（7—9世纪）。松赞干布将其统治中心由偏于南部一隅的琼结迁往逻些（又译逻娑，今西藏拉萨），从此，逻些成为西藏政治、经济和文化的中心。吐蕃王朝是古代藏族人在青藏高原建立的第一个统一政权，从松赞干布到弃朗达磨延续了200多年。[②]

为了巩固统一的政权，松赞干布采取了一系列重大措施。据《贤者喜宴》[③]记载，松赞干布学习邻族建政经验，设官及民政，“是时

---

① 按照藏族历史的传统，松赞干布是第33任吐蕃国王，但是由于在他之前藏文尚未创制，所以很难肯定在他之前的吐蕃王世系。

② 汉文、藏文和阿拉伯文三种史料记载了吐蕃王朝的历史。汉文和藏文史料被日本学者佐藤长《古代西藏史研究》和法国学者沙畹《西突厥史料》所收集；阿拉伯史料于1934年被俄国学者巴托尔德写进《伊斯兰教百科全书》（*Encyclopedia of Islam*）第14卷第741—743页“吐蕃”条中。

③《贤者喜宴》，此书全名《转圣法轮者之历史·贤者喜宴》，作者巴卧·祖拉陈瓦（1504—1566），16世纪的藏族历史文学名著，全书共5编17章，内容包括世间形成、古印度简史、佛教产生及发展简况、印度王统、吐蕃王统、各教派之兴起等。全书散文与诗歌相间，文字朴素无华。由于叙述史实翔实客观，受到国内外学者的重视。

自东方汉地及木雅获得工艺与历算之书。自南方天竺翻译了诸种佛经。自西方之胡部、泥婆罗，打开了享用食物财宝的库藏。自北方霍尔、回纥取得了法律及事业之楷模。如是，松赞干布遂统治四方，将边地之全部受用财富悉聚于（松赞干布）权势之下”①。此处，“木雅”指党项，“胡部”即指粟特，“霍尔”应指回纥，“回纥”应指突厥。可见，邻族的经济、文化制度对吐蕃王朝的政治产生了极大影响。

在政治上，吐蕃参照唐朝官制，从中央到地方建立起政治军事制度，健全了职官制度。为了强化赞普权力，松赞干布制定了残酷的法律，据《新唐书》记载：“其刑，虽小罪必抉目，或刖、劓，以皮为鞭抶之，从喜怒，无常算。其狱，窟地深数丈，内囚于中，二三岁乃出。”②在经济上，吐蕃王朝实行减轻赋税的经济政策，发展生产，与民生息。在文化上，松赞干布开始采用历法，统一度量衡，并依据于阗、天竺等文字创造了吐蕃文（后来发展成今天的藏文），佛教也于此时正式传入吐蕃。到634年时，吐蕃王朝已经是中国西部的一个强国，其疆域北至吐谷浑，南至泥婆罗（今尼泊尔）、天竺（今印度），东与唐朝相邻。

650年，松赞干布去世，赞普之位由其孙子芒松芒赞继承（650—676年在位）。芒松芒赞年幼，由国相禄东赞辅政。禄东赞辅政时期，吐蕃王朝进一步完善了政治组织，并划定田界，实行改革，国力继续增强。史记，禄东赞“性明达严重，行兵有法，吐蕃所以强大，威服氐、羌，皆其谋也”③。667年，禄东赞病逝，禄东赞的五个儿子（赞悉若、钦陵、赞婆、悉多于、勃论）共同治理吐蕃王朝。《旧唐书》记：“吐蕃自论钦陵兄弟专统兵马，钦陵每居中用事，诸弟分据方面，赞婆则专在东境，与中国为邻，三十余

---

① 巴卧·祖拉陈瓦：《贤者喜宴——吐蕃史译注》，黄颢、周润年译注，中央民族大学出版社2010年版，第30页。

② （北宋）欧阳修、宋祁：《新唐书》，第6072页。

③ （北宋）司马光主编：《资治通鉴》，第6271页。

年，常为边患。”[①]

在禄东赞父子总揽军政大权期间，吐蕃王朝开始向外扩张。当时，在吐蕃东北面，即今青海一带，有强大的吐谷浑部落；东面的横断山脉地区是党项、白兰等羌族诸部的领地；在东南面，即今滇西北一带，是西洱诸蛮的势力范围。

吐蕃征服的第一个较大民族是吐谷浑。当时，吐谷浑虽已立国，但国势衰弱，实际上是唐朝的藩属国。在638—663年的20余年间，吐蕃不断进攻吐谷浑，据《旧唐书》记载：“弄赞遂与羊同连，发兵以击吐谷浑。吐谷浑不能支，遁于青海之上，以避其锋，其国人畜并为吐蕃所掠。于是进兵攻破党项及白兰诸羌，率其众二十余万，顿于松州西境。”[②]663年，吐蕃与吐谷浑的战争又起。双方各遣使上表唐朝，希望得到唐朝的支持，唐朝没有给予任何一方援助。不久，吐蕃发兵击破吐谷浑。吐谷浑可汗诺曷钵与弘化公主率数千帐弃国而逃，请求徙居唐朝内地。

兼并吐谷浑之地以后，吐蕃王朝在吐谷浑扶持原王室余裔为可汗，掌握吐蕃政权的钦陵兄弟多次前往吐谷浑，清理户口及征集军丁、粮草。689年，吐蕃嫁墀邦公主给吐谷浑可汗，在王室之间建立起政治联姻。此外，吐蕃还任命吐谷浑王为大论（大相），利用这些手段笼络吐谷浑贵族，维系着对吐谷浑人的统治。

灭吐谷浑国以后，唐朝与吐蕃失去了缓冲地带，双方面临直接冲突。665年，吐蕃与疏勒王联合进攻唐朝属地于阗，切断了通过塔里木盆地的南部通道。670年，在于阗王的援助下，吐蕃向北进攻，占据了唐朝安西都护府所在地龟兹。唐朝被迫从吐鲁番以西地区撤退，放弃了安西都护府和控制着塔里木诸小国的安西四镇。

在与吐谷浑战争期间，吐蕃已经开始干预西突厥事务。吐蕃统治者与西突厥首领取得了联系，积极策划西突厥人叛唐。7世纪60

① （后晋）刘昫等：《旧唐书》，第5225页。

② 同上书，第5221页。

年代，西突厥人归附唐朝，但降唐的西突厥贵族阿史那弥射无辜被唐朝将领杀害，西突厥五咄陆部众对唐朝官吏不满，吐蕃利用五咄陆部中一些部落的反唐情绪，与伊犁河畔的西突厥弓月部结盟，大举侵犯唐朝在中亚的属地。吐蕃人最早出现在中亚是芒松芒赞时代，具体是 662 年。是年，苏海政奉诏讨龟兹："弓月文引吐蕃之众来拒官军，海政以师老不敢战，遂以军资赂吐蕃，约和而还。"[①]此次联合行动标志着吐蕃势力进入了中亚地区，此后，吐蕃或者与阿拉伯人联合，或者与突厥人联合，与唐朝展开了争夺中亚东部地区的战争。

667 年，阿史那步真去世，西突厥"十姓无主，附于吐蕃"，吐蕃势力从准噶尔盆地西一直延伸到锡尔河流域。670 年，唐朝任命西突厥人阿史那都支为匐延都督，负责"安抚"在今巴尔喀什湖以南到楚河以东一带游牧的五咄陆及咽面部。阿史那都支到任以后，反利用五咄陆部众对唐朝的不满，收余众附于吐蕃。吐蕃与西突厥联军先后进攻疏勒、于阗，于 670 年攻陷龟兹拨换城，迫使唐朝罢安西四镇。678 年，唐朝中书令李敬玄和工部尚书刘审礼率兵 8 万与吐蕃战于青海大非川，为吐蕃国相钦陵所败，副总管王孝杰被俘。吐蕃赞普墀都松赞见王孝杰的相貌与其父相像而厚加敬礼，王孝杰得以免死归唐。此战以后，吐蕃"尽据羊同、党项及诸羌之地，东接凉、松、茂、嶲等州，南邻天竺，西陷龟兹、疏勒等四镇，北抵突厥，地方万余里，诸胡之盛，莫与为比"[②]。

679 年，吐蕃联合西突厥人再次侵逼安西，唐朝欲发兵讨之，吏部侍郎裴行俭主张采用奇袭手段智取，唐朝军队轻骑急进，打败了西突厥，俘虏了西突厥可汗并进军碎叶，在碎叶筑城设防，吐蕃人被赶出塔里木盆地。同年，唐朝"以碎叶、龟兹、于阗、疏勒为四镇"。从此，碎叶取代焉耆，成为安西四镇之一。唐朝置碎叶城目的是加强对西突厥十姓可汗故地的控制，于阗、疏勒、碎叶一字排开，

---

① （北宋）王钦若等编：《册府元龟》，中华书局 1960 年版，第 5324 页。

② 同上书，第 29 页。

形成屏障，阻挡吐蕃北上与西突厥诸部的联系。

然而，此举并未阻断吐蕃与西突厥的联系。从藏文史料来看，686—689 年中，吐蕃与西突厥地区往来密切。据藏文《大事纪年》第 37 条：及至狗年（686）……论钦陵原声称领兵赴突厥，后延缓；第 38 条：及至猪年（687）论钦陵引兵至突厥苦先（今新疆库车）之地；第 40 条：及至牛年（689）……大论钦陵自突厥境返。[①]《敦煌本吐蕃纪年之分析》对以上三条的解释为："686（年）论钦陵（于中途）在突厥的称为章的地方之外停留，召开夏季会议于雄纳。687（年）论钦陵前往突厥的固城地方。689（年）论钦陵由突厥归来。"由此观之，吐蕃大论钦陵等人在 686 年并未入突厥之境，吐蕃在 687 年到了突厥"苦先"（Guzan）城。美国学者托马斯认为"苦先"或许是汉文"古城"或"五城"的译音，即突厥语称"别失八里"；中国学者张广达先生认为，Guzan 即是波斯文献《世界境域志》中的 K. San，在《新唐书》中是位于于阗西 200 里的"固城镇"。从《旧唐书》、《范德达告身》等文献的记载来看，唐朝在吐蕃的攻击下再次放弃了安西四镇。

武则天在平定了唐宗室诸王的叛乱之后，决定以武力收复安西四镇。689 年，武则天任命文昌右相韦待价（？—约 689）为安息道行军大总管，率军出击吐蕃。7 月，韦待价率军与吐蕃激战，败于弓月城（今新疆霍城西北）西的寅识迦河。安西都护府副都护唐休璟（627—712）收其余众，被任命为西州都督，积极筹划收复安西失地。691 年，武则天"以岑长倩为武威道行军大总管击吐蕃，中道召还，军竟不出"，这次出兵中途而废。在此时期，吐蕃国内发生内乱。692 年 2 月，吐蕃王朝的党项部落万余人内附，武则天下令将其地分置 10 州；5 月，吐蕃酋长曷苏率贵川部落与党项 30 万降，请内附，武则天以右玉钤卫将军张玄遇为安抚使，率精兵两万迎接。[②]

---

① 黄布凡、马德编著：《敦煌藏文吐蕃史文献译注》，甘肃教育出版社 2000 年版，第 43 页。

② （北宋）欧阳修、宋祁：《新唐书》，第 6078 页。

在此大好形势下，武则天令王孝杰为武威军总管，与武卫大将军阿史那忠节率兵击吐蕃，唐军很快克复了龟兹、于阗、疏勒、碎叶四镇。据藏文史书记载，碎叶的吐蕃城堡也入唐军之手。此后，安西都护府迁回龟兹，由唐兵三万人镇守。[①]694 年，吐蕃联合西突厥首领阿史那俀子进攻唐朝在西域的驻军据点，无果而归。

696 年，吐蕃遣使请和亲，太后武则天遣右武卫胄曹参军郭元振往察其地。钦陵提出“罢安西四镇戍兵，并求分十姓突厥之地”的要求，郭元振当面回绝说：“四镇、十姓与吐蕃种类本殊，今请罢唐兵，岂非有兼并之志乎？”郭元振返唐之时，吐蕃派使者随往长安，并向唐朝正式提出分治四镇、十姓的要求。对此，郭元振上疏道：“钦陵求罢兵割地，此乃利害之机，诚不可轻举措也。今若直拒其善意，则为边患必深。四镇之利远，甘、凉之害近，不可不深图也。宜以计缓之，使其和望未绝则善矣。彼四镇、十姓，吐蕃之所甚欲也，而青海、吐谷浑，亦国家之要地也。”他指出：“且四镇、十姓款附日久，今未察其情之向背，事之利害，遥割而弃之，恐伤诸国之心，非所以御四夷也。”[②] 于是，武则天拒绝了吐蕃的要求。

然而，从藏文史书来看，在 697 年，唐朝已将西突厥游牧地区的西部，即位于托克玛克的弩失毕辖境让于吐蕃。藏文史书还提到西突厥阿史那俀子（在藏文中被称为东叶护可汗）向吐蕃臣服和被吐蕃送回突厥等事件。据《大事纪年》第 51 条（700 年）：赞普……遣敦叶护可汗往突厥。[③] 第 80 条（729 年）、87 条（736 年）都记载了吐蕃大臣“领兵至突厥”[④]。以上记载表明，吐蕃于 8 世纪初与西突厥部落首领有着密切的关系。

突骑施部强盛起来之后，统治了西突厥十部故地。此后，吐蕃与突骑施人联合。据《大事纪年》第 83 条（732 年）：夏，赞普驻于

---

① （后晋）刘昫等：《旧唐书》，第 5304 页。

② （北宋）司马光主编：《资治通鉴》，第 6509 页。

③ 黄布凡、马德编著：《敦煌藏文吐蕃史文献译注》，第 45 页。

④ 同上书，第 51—52 页。

巴决之顶顶塘，唐廷使者李卿（李祺）与大食、突骑施之使者来到赞普王土致礼。[1] 第 85 条（734 年）：唐使者王内侍前来致礼。以公主准玛禄嫁突骑施可汗。[2] 第 95 条（744 年）：唐廷使者张员义与突骑施使者前来致礼。[3]

当吐蕃与唐朝在锡尔河以北地区争夺之时，阿拉伯帝国东征的军队已开进中亚吐火罗斯坦和河中地区。8 世纪初，阿拉伯军队在呼罗珊总督屈底波的率领下，攻占了当时尚属唐朝属地的突厥斯坦和帕米尔以西的广大地区。704 年，年仅 7 岁的赤德祖赞继任吐蕃赞普。是年，吐蕃军队与阿拉伯人共同镇压了发生在吐火罗斯坦铁木德地区的反倭玛亚王朝起义。715 年，吐蕃联合阿拉伯人共攻拔汗那；717 年，吐蕃与突骑施、阿拉伯人谋取四镇，围攻拨换城和大石城。

① 黄布凡、马德编著：《敦煌藏文吐蕃史文献译注》，第 52 页。

② 同上。

③ 同上书，第 54 页。

第二章

本地政权

7世纪中叶，当东、西方两大势力（唐朝和倭玛亚王朝）正向中亚逼近之时，中亚北方的游牧政权（西突厥两厢汗国和突骑施汗国）正在进行着传统的争夺地盘和牧民的斗争，处于分裂状态的各部或者依靠唐朝或者依靠吐蕃维系着自己的统治；中亚南方的昭武城邦国家在西突厥汗国灭亡以后，名义上接受了唐朝的统治，实际上权力掌握在本地统治者或西突厥人手中，由于国小民弱，昭武国家或者依靠唐朝或者依靠锡尔河以北的突骑施人维系着统治。

第一节　西突厥两厢汗国

657年，唐朝平定西突厥汗国，西突厥十姓部落的游牧之地成为唐朝的领土。碎叶川以东是西突厥左厢五咄陆部的牧地，该河以西是西突厥右厢五弩失毕部的牧地。658年，唐高宗在西突厥故地设置羁縻都护府，在五弩失毕部的牧地设置濛池都护府，任命西突厥贵族阿史那步真为濛池都护，赐爵名继往绝可汗，统辖五弩失毕部。

在五咄陆部的牧地设置昆陵都护府，任命降唐西突厥贵族阿史那弥射为昆陵都护，赐爵名兴昔亡可汗，统辖五咄陆部。以上的双重任命表明，西突厥对外是唐的命官，对内是独立统治的可汗。不过，两厢可汗在大多数时期只能依靠唐朝维系着自己辖区的统治。[①]

昆陵都护阿史那弥射受封之后很快稳住了对五咄陆部的统治；而濛池都护阿史那步真由于才智远逊，威信不孚，在相当长的时间内未能取得所辖五弩失毕部的拥护。659 年，弩失毕部中较强大的阿悉结部首领阿悉结·都曼叛乱，步真无力抗击，唐朝出兵平定。据《旧唐书》记载，唐朝“诏（苏）定方为安抚大使，率兵讨之。至叶叶水，而贼（指阿悉结·都曼）保马头川，于是选精卒一万人、马三千匹驰掩袭之，一日一夜行三百里，诘朝至城西十里。都曼大惊，率兵拒战于城门之外，贼师败绩，退保马保城，王师进屯其门。入夜，诸军渐至，四面围之，伐木为攻具，布列城下。都曼自知不免，面缚开门出降”[②]。都曼叛乱被平息以后，昆陵都护府的管辖区又发生了弓月部叛唐事件。

弓月部的牧地在伊犁河流域一带，统治中心在西突厥牙帐之一的弓月城，后来迁往天山以南的疏勒，最终定居于此。为了商业利益，弓月部首领多次胁迫疏勒王叛唐，这些活动得到了南邻吐蕃王朝的支持。662 年，弓月部在吐蕃人的支持下反叛，疏勒、龟兹人被卷入叛乱。在此严峻形势下，唐朝起用伊州刺史、检校右武卫将军苏海政，并下令西突厥两厢可汗阿史那弥射和阿史那步真发兵前往协助。西突厥两位可汗之间素有积怨，当唐军进入阿史那弥射统治辖区之时，阿史那步真对苏海政说：“阿史那弥射要谋反，请杀掉他。”苏海政召集部下商议说：“阿史那弥射如果反叛，我们谁也活不成，不如先把他杀掉。”于是，苏海政假称皇帝让大总管带来了数万段帛赏赐给可汗及西突厥诸酋长，阿史那弥射率领部下前来受赏

---

① “西突厥两厢汗国汗世系表”见附录一。

② （后晋）刘昫等：《旧唐书》，第 2779 页。

被俘，苏海政将其斩首，并追杀逃走的鼠尼施、拔塞干两部民众。在返回途中，唐军在疏勒南与弓月部和吐蕃的联军相遇，苏海政军队疲劳，不敢应战，以军用物资贿赂吐蕃军，讲和返回伊州。670年，弓月部又与吐蕃勾结，裹挟疏勒攻唐朝属地于阗镇。在此次战役中，吐蕃一举攻陷安西四镇。直到三年以后（673），唐朝才组织力量反攻，吐蕃大败，弓月部投降，疏勒镇归唐，675年，唐朝在此设置疏勒都督府。

阿史那弥射被杀以后，五咄陆部组建了反唐政权，在西突厥故地上出现了以阿史那都支为首的阿史那氏吐屯政权。阿史那都支可能是阿史那氏派往处木昆部的监国吐屯，在吐蕃的支持下，他自立为西突厥十姓可汗（662—679年在位）。662年，阿史那都支攻庭州，杀刺史来济。此后，西突厥人的叛乱进一步扩大，671年，唐朝承认都支政权，阿史那都支被授予左骁卫大将军职，兼匐延都督府都督，统领西突厥五咄陆部。

阿史那步真去世以后，部将李遮匐收集西突厥弩失毕部众，拥兵自立，也建立了独立的吐屯政权。李遮匐原是阿史那氏派驻车鼻施部吐屯，李遮匐出自突厥汗族阿史那氏，“李”是唐朝赐姓，而“遮匐”乃是车鼻施的简译。

阿史那都支和李遮匐建立的两个吐屯政权在中国史书上合称“二蕃”。二蕃政权一度主宰了西突厥十姓部落，对唐朝在西突厥的统治造成了威胁。679年6月初，二蕃政权与吐蕃联合，侵逼安西。唐朝准备出兵抗击，吏部侍郎裴行俭献计：“吐蕃为寇，审礼覆没，干戈未息，岂可复出师西方！今波斯王卒，其子泥涅师为质在京师，宜遣使者送归国，道过二虏，以便宜取之，可不血刃而擒也。”[①]唐高宗采纳了裴行俭之计，派裴行俭护送波斯王子归国，并任命肃州刺史王方翼为副，充任检校安西都护。裴行俭行军至阿史那都支统辖之边境时，称该地天热，不宜远行，待天气凉爽后再西进。见裴行

① （北宋）司马光主编：《资治通鉴》，第6390页。

俭一行不入自己管辖之境，阿史那都支放松了警惕。而裴行俭却暗中召集龟兹、毗沙（于阗）、焉耆、疏勒四镇酋长前来，佯称："从前我在西州时，打猎很愉快，现在想寻求往日的欢乐，谁愿意同我一起去打猎？"诸酋子弟争相要求随行，近万人被召集到军中。裴行俭以打猎为由，将他们整编成队伍，数日后便日夜兼程，迅速西进。在距阿史那都支部落十多里处，先派人向他请安，表现出安闲无事的样子，接着又派使者召他前来相见。阿史那都支匆忙出迎，被擒。接着，裴行俭又用阿史那都支的令箭召集其属下诸部酋长，把他们一起押送碎叶城。阿史那都支被俘之后，裴行俭挑选精锐骑兵，轻装前进，突袭李遮匐。在进军途中，俘获李遮匐派往阿史那都支的使者，裴行俭放他返回通报阿史那都支被擒的信息。结果，李遮匐不战而降。裴行俭将阿史那都支和李遮匐押送长安，留王方翼于安西，让他修筑碎叶城，波斯王子则由他人送往吐火罗斯坦。

二蕃政权消灭之后，不久又发生了李遮匐余部阿史那车薄的叛乱。682 年，阿史那车薄率兵攻弓月城，西突厥十姓之地的形势再次紧张起来。检校安西都护王方翼出兵增援弓月城，在伊犁河与阿史那车薄的军队相遇，双方进行了激烈战斗。结果，阿史那车薄战败撤退，弓月城转危为安。在此次战役中，西突厥军阵亡千余人。

685 年和 686 年，武则天分别恢复了昆陵和濛池两都护府。685 年，唐朝册封阿史那弥射之子阿史那元庆为第二任兴昔亡可汗（685—686 年在位）："冬十一月……初，西突厥兴昔亡、继往绝可汗既死，十姓无主，部落多散亡，太后乃擢兴昔亡之子左豹韬卫翊中郎将元庆为左玉钤卫将军，兼昆陵都护，袭兴昔亡可汗，押五咄陆部落。"[①] 然而，阿史那元庆在五咄陆部中没有号召力，且久居汉地，早疏边情，反而将本来有利于唐朝的大好形势几乎断送殆尽，四镇尽沦，阿史那元庆被召回长安。

---

① 薛宗正：《噶尔家族与附蕃西突厥诸政权——兼论唐与吐蕃的西域角逐》，《中国边疆史地研究》2002 年第 4 期。

686 年，唐朝恢复了濛池都护府的建置，册封阿史那步真之子阿史那斛瑟罗为第二任继往绝可汗（686—690 年在位）兼濛池都护，统五弩失毕部落，领金牙道行军大总管名号，担负起平定西突厥贵族叛乱的重任。阿史那斛瑟罗在其任职初期成绩不错，重收碎叶，再置十镇。689 年，唐朝在中亚的统治面临后突厥汗国的威胁[①]，后突厥汗国颉跌利施可汗西进，西突厥十姓部落无法抵御，690 年，阿史那斛瑟罗率部内附唐朝，碎叶城遂为后突厥汗国占领。后来，突骑施部从颉跌利施可汗手中夺回碎叶城，阻止了后突厥汗国的西进。

692 年，内附之后住在长安城的阿史那元庆被酷吏来俊臣所诬致死，长子阿史那俀子逃亡吐蕃。693 年，吐蕃拜他为西突厥可汗（693—694），扶持他在碎叶河流域重建西突厥汗国。此后，阿史那俀子与吐蕃联兵，大举犯周（武则天在中国建立的政权），为周军所败。694 年，阿史那俀子再度联合吐蕃攻周，王孝杰与阿史那忠节、碎叶镇守使韩思忠出兵抵抗，结果，“破吐蕃勃论赞刃、突厥可汗（阿史那）俀子等于冷泉及大岭，各三万余人，碎叶镇守使韩思忠破泥熟俟斤等万余人”[②]。此后，阿史那俀子的叔父阿史那仆罗与阿悉结薄露（又称阿史那拔布）先后接受了吐蕃的册封，成为附蕃西突厥可汗。

为了平定附蕃的西突厥首领，大周皇帝武则天开始了军事反攻。700 年 9 月，以阿史那步真之子阿史那斛瑟罗为平西道行军大总管，率军西进。阿史那斛瑟罗的军队与吐蕃扶持的阿悉结薄露部众在碎叶城下发生激战。“军至碎叶城，薄露夜伏兵于城傍，掠官驼马而去”，阿史那斛瑟罗手下将领封思业率轻骑追击之，反为所败，不久，左金吾将军田扬名与阿史那斛瑟罗、阿史那忠节率众大至，阿悉结薄露据城拒守，田扬名拔之，积十余日，阿悉结薄露诈降，思业诱而斩之，遂虏其部落。[③]

---

① 630 年，东突厥汗国灭亡，东突厥各部臣服于唐朝。682 年，突厥贵族骨咄禄叛唐，重建突厥政权，占据了东突厥故地，史称后突厥汗国或东突厥汗国（682—745）。

② （北宋）司马光主编：《资治通鉴》，第 6493 页（按，新旧《唐书》等唐代史籍中无此条史料）。

③ （北宋）王钦若等编：《册府元龟》，第 11582 页。

阿悉结薄露之乱是西突厥残余势力的最后一搏，700年以后，附蕃西突厥政权基本上被消灭。704年，武则天以阿史那斛瑟罗之子阿史那怀道为濛池都护、十姓可汗（704—708年在位），统辖西突厥十姓。708年，十姓可汗之位转到阿史那弥射家族，唐朝以阿史那元庆之子阿史那献（又名史献）继任十姓可汗（711—719年在位）。阿史那献于690年与其父阿史那元庆一起逃到唐朝长安，692年，其父被来俊臣所害，阿史那献以父罪被流放到瀼州（一说振州）。702年，唐置北庭大都护府，召还阿史那献拜为大都护，自此长驻庭州。711年"十二月，癸卯，以兴昔亡可汗阿史那献为招慰十姓使"。阿史那献有才干，威信远胜步真之裔斛瑟罗、怀道父子。

阿史那献乘机招降葛逻禄（Qarluq）、鼠尼施数千帐归唐。712年，阿史那献兼领伊西节度使，瀚海军使，开始独揽天山北麓军政大权。714年，唐朝擢升阿史那献为碛西节度使、四镇经略大使，全权指挥天山南北军事，阿史那献统兵西征，收复碎叶川以西三万余帐内附。是年，北庭将领郭虔瓘破东突厥来犯之军，斩默啜子同俄特勤，胡禄屋部举数千帐降北庭。至此，阿史那献收复了昆陵都护府的全部领土，接着，深入碎叶川以西，原濛池都护府故地归属于他的管辖范围。

717年，突骑施部苏禄联兵吐蕃寇大石、拨换城，阿史那献发三姓葛逻禄兵击之，并上表唐朝请求增援。玄宗得表欲令王惠持节发兵，而反对出兵者郭虔瓘奏"突骑施围石城，则缘史献致寇"，宋璟、苏颋奏"突骑施等迹已叛换，葛逻禄等志欲讨除，自是夷狄相攻，元非朝廷所遣，若大伤小灭，皆利在国家……王惠充使，本为绥怀，事意既殊，未可令去"。阿史那献在得不到增援的情况下，"不久返唐，迁左金吾大将军，终老长安"。

735年，突骑施部苏禄可汗攻击北庭及安西拨换城，唐玄宗册封阿史那献之子阿史那震（又名史震）为兴昔亡可汗（735—740年在位），令彼招辑"四镇蕃汉健儿"出讨突骑施苏禄，736年初，阿史那震随北庭都护盖嘉运大破突骑施。阿史那震之后，兴昔亡可汗汗统断绝，西突厥阿史那氏在五咄陆部的统治结束。

末代西突厥继往绝可汗是阿史那怀道之子阿史那昕（又名史昕）。740 年，唐朝册封阿史那昕为十姓可汗（740—742 年在位），其妻李氏被封为金河公主。742 年，唐朝护送阿史那昕赴碎叶川以西的五弩失毕部牧地，至俱兰城遭到突骑施莫贺达干攻击，阿史那昕被杀。阿史那氏建立的西突厥政权彻底灭亡了。

纵观西突厥两厢汗国在中亚统治的 85 年（657—742），由于势力分散，始终未能建立起强大的统治，两厢汗国境内不断发生突厥部酋争夺权力或突厥部民反叛的斗争。在此期间，两厢汗国突厥政权主要依靠唐朝维系着统治，在与唐朝敌对之时，依靠吐蕃势力。但是，西突厥人在与吐蕃共同对唐的斗争中耗尽了力量，在原西突厥十姓部落之地不再具有政治影响。此后，在中亚东部历史中发挥主导作用的是突骑施汗国。

第二节　突骑施汗国[①]

8 世纪初，一个以“突骑施”命名的强大汗国在原西突厥汗国领土上崛起，接管了唐朝濛池都护府的全部领地。突骑施部，指以突骑施、车鼻施、处木昆三姓为核心的突厥人，因此又被称为“三姓突骑施”。三姓突骑施不属于西突厥十姓部落，史书称他们为“西突厥之别种”或“异姓突厥”。

突骑施部民原居蒙古草原北部，6 世纪突厥人建国之时，臣属于突厥汗国。562 年，突厥汗国大可汗木杆率军西征哌哒，突骑施、处木昆二部参与西征，从此留居中亚东北草原。突厥汗国分裂以后，突骑施、处木昆二部效忠于西突厥汗国，归属于五咄陆部，生活在碎叶川至伊犁河流域之间的草原上，二部酋长名字中加上了突厥地

① 本节参见薛宗正:《突骑施汗国的兴亡》,《历史研究》1984 年第 3 期。

方官尊号“啜”。在突骑施、车鼻施、处木昆三部中，车鼻施部可能是最早从漠北西迁中亚的一支，后来该部分裂为数支，其中一支曾追随阿史那贺鲁东寇庭州，在贺鲁徙牙帐于千泉之时，车鼻施部随之西迁到伊犁河畔，成为贺鲁的基本力量。

唐朝平定西突厥汗国以后，在三姓突骑施的地面设置了三个州：在伊塞克湖以东的库纳萨尔一带置嗢鹿州；在伊犁河以西的阿利施啜部居地置洁山州；在楚河以东的处木昆部居地置匐延州。

唐朝册封的第一任兴昔亡、继往绝可汗阿史那弥射和阿史那步真去世以后，异姓突厥处木昆和车鼻施部酋一度统治了西突厥十姓，阿史那氏的汗统一度中断。处木昆部首阿史那都支建立的吐屯政权统治了五咄陆部，该政权在 671 年得到了唐朝的承认，唐授予阿史那都支“左骁卫大将军兼匐延都督”，匐延都督是唐朝对处木昆部酋的羁縻官号，由此推断，阿史那都支原来是处木昆部的监国吐屯，这一政权始终对唐朝心怀二心。667 年，阿史那步真去世以后，车鼻施部吐屯李遮匐统治了五弩失毕部。679 年，唐将裴行俭用计灭了以上两个吐屯政权。

682 年，车鼻施部阿史那车薄叛乱，围弓月城，唐将王方翼率安西都护府驻军以及西域诸国部队在热海（伊塞克湖）与阿史那车薄发生战争。热海之战极为艰苦，第一次交战双方势均力敌，战况非常惨烈，在战斗中，王方翼被敌方流矢刺穿手臂，毅然拔刀砍断箭杆，继续指挥作战，稳定了军心。唐朝在热海之战中大破车鼻部与咽面部的联军，“擒其酋长三百人，西突厥遂平”①。7 世纪后期，由处木昆与车鼻施部建立的这些吐屯政权是突骑施汗国建立的前奏。后来，两部与突骑施部一起创建了突骑施汗国。

7 世纪末至 8 世纪初，突骑施人在伊塞克湖和巴尔喀什湖之间发展势力，西突厥右厢弩失毕的一些部落依附于他们。690 年，统领弩失毕部的西突厥汗阿史那斛瑟罗遭到新兴后突厥汗国侵掠，散亡

---

①（北宋）王钦若等编：《册府元龟》，第 4356 页。

略尽，率部众六七万人入居内地。这一形势有利于突骑施部的崛起。突骑施部迅速取代西突厥十姓可汗阿史那氏，在原西突厥弩失毕部境内建立了汗国，史称突骑施汗国（690—779）。[①]

突骑施汗国建立者是突骑施部酋乌质勒（690—706年在位）。乌质勒出身于突骑施莫贺索葛啜部（黄姓突骑施），原是西突厥可汗阿史那斛瑟罗的下属，官职是莫贺达干。在任莫贺达干期间，乌质勒“能抚下，有威信，诸胡顺附，帐落寖盛”[②]。乌质勒牙帐设在弓月城，阿史那车薄之乱先围弓月城，王方翼救之，乌质勒可能在此时附唐。阿史那斛瑟罗奔内地之后，碎叶城被后突厥汗国占据。691年，乌质勒从后突厥汗国颉跌利施汗手中夺回碎叶城，此后，乌质勒移牙碎叶城。“即徙其牙居之，谓碎叶川为大牙，弓月城、伊丽水为小牙。”[③]势力壮大以后，乌质勒将其众分为20部落，每部落设都督一员分领将士7000人。乌质勒控制了原属西突厥十姓地区之后，遣使唐朝，唐中宗封乌质勒为怀德郡王，与安西大都护共守西部边境，不久，又封之为金河怀德郡王。

后突厥汗国建立者骨咄禄之弟默啜可汗在位前期，侵入中亚，东西拓地万余里，控弦之士40万。以后，于699年册封处木昆部匐俱为泥涅可汗，“主处木昆等十姓，兵四万余人，又号拓西可汗”。这一任命反映了后突厥汗企图拉拢处木昆，孤立突骑施的意图。于是，突骑施部与处木昆部发生武装冲突，乌质勒击败泥涅可汗，受唐册封为瑶池都督。[④]同年8月，乌质勒遣子遮弩朝贡，唐朝派侍御史解琬持节“安抚”。这些往来表明突骑施政权初创时期与唐朝保持着友好的臣属关系。

然而，700年，唐朝任命原西突厥汗后裔阿史那斛瑟罗为平西道行军大总管入主十姓，还镇碎叶，强迫乌质勒交回碎叶城，导致

① “突骑施汗世系表”见附录一。

② （北宋）欧阳修、宋祁：《新唐书》，第6066页。

③ 同上。

④ （北宋）王钦若等编：《册府元龟》，第11372页。

了乌质勒的反抗。703年，乌质勒与阿史那斛瑟罗开战，“突骑施酋长乌质勒与西突厥诸部相攻，安西道绝”。结果，斛瑟罗大败，再度奔唐，不敢回西突厥故地。乌质勒虽未称汗，但其所建政权已经发展为汗国规模，“东邻北突厥，西诸胡，东直西、庭州，尽并斛瑟罗地”①。

704年，唐朝又册立阿史那斛瑟罗之子阿史那怀道为继往绝可汗兼濛池都护，在唐将碎叶镇守使周以悌的武装护送下重返旧地。阿史那怀道在封地内干预突骑施汗国内政，支持反乌质勒势力的分裂活动。随着乌质勒势力的发展，唐朝于706年册封乌质勒为王。唐派两位使者到乌质勒牙帐：一是册封使者解琬，另一个则是谈判代表安西大都护郭元振，谈判气氛十分紧张。时大风雪，郭元振立于帐前，与乌质勒语，久之，雪深，郭元振不移足，乌质勒老，不胜寒，会罢而卒。

乌质勒长子娑葛将其父之死归咎于郭元振，准备出兵攻之。副御史中丞解琬知道了，劝郭元振夜逃。郭元振曰：“吾以诚心待人，何所疑惧，且深在寇庭，逃将安适！”安卧不动。明旦，入哭甚哀，娑葛感其义，待郭元振如初。②706年，娑葛继位（706—711年在位），由西突厥继往绝可汗、濛池都护阿史那怀道持节册立娑葛袭其父为嗢鹿州都督、金河怀德郡王，拜左骁卫大将军兼卫尉卿。

娑葛即位之后的第一件大事是灭阿史那忠节，中国史书记为阙啜忠节，“啜”是五咄陆的爵称，由此推断，阿史那忠节是咄陆某部监国吐屯之后裔，忠节一名则是唐朝所赐。在阿史那斛瑟罗内附唐朝之后，阿史那忠节承认了乌质勒的统治，因此，他又是“乌质勒部将”。尽管如此，他念念不忘故主斛瑟罗，据郭元振上奏的疏反映，斛瑟罗第二次西返及怀道之立，皆其首谋，不仅出谋划策，而且还助斛瑟罗与乌质勒相攻，以后又与怀道相倚，割地自雄。因此，

---

① （北宋）欧阳修、宋祁：《新唐书》，第6066页。

② （北宋）司马光主编：《资治通鉴》，第6608页（按，新旧《唐书》等唐代史籍中无此条史料）。

乌质勒父子对阿史那忠节心怀仇恨。

娑葛继位之后，多次上表请唐朝“除忠节”，然诏不许，708 年，娑葛出兵。阿史那忠节在唐军的援助下暂时取胜，碎叶镇唐使周以悌“率镇兵数百人大破之，夺其所夺忠节及于阗部众数万口”。在此形势下，娑葛求助于后突厥可汗默啜，与后突厥共击之。阿史那忠节失利，奔内地，周以悌也被赶出碎叶镇。史载：“数相攻击，（阙啜）忠节众弱不能支，金山道行军总管郭元振奏追忠节入朝宿卫。”[①]打败阿史那忠节之后，娑葛不仅占有了西突厥十姓之地，而且还兼并了咽面、葛逻禄、车鼻施、弓月四部，称贺腊毗伽十四姓可汗。有学者认为，突骑施汗国的正式建立应该是娑葛称汗之年的 708 年。

突骑施汗国采取分疆而治的突厥族政权组织传统，汗国由娑葛与其弟遮弩分治，此外，汗国还承袭了西突厥的大小可汗制度与吐屯监国制度，突骑施莫贺索葛啜及阿利施啜出身的吐屯分派到臣属诸部监统。

阿史那忠节兵败以后，周以悌劝他不要入朝，并建议他通过厚赂宰相宗楚客和纪处讷“请留不行。仍发安西兵并引吐蕃以击娑葛，求阿史那献为可汗以招十姓，使郭虔瓘发拔汗那征甲马以助军用。既得报仇，又得存其部落”[②]。阿史那忠节的建议反映了北庭都护府诸将领的外交政策，即对内，册立阿史那弥射系为十姓可汗以取代阿史那步真系；对外，联合吐蕃对付突骑施。这一政策遭到了以郭元振为代表的安西都护府多位将领的反对，他们认为唐朝之大患是吐蕃而非娑葛，主张承认突骑施政权。最初，唐朝采纳了北庭都护的意见，以牛师奖出任安西副都护，发甘、凉以西兵联合吐蕃讨伐娑葛。娑葛在获悉这一消息的当天就“发兵五千骑出安西，五千骑出拨换，五千骑出焉耆，五千骑出疏勒”[③]。708 年，突骑施杀牛师奖于火烧城，进陷安西，断四镇路，上表求宗楚客头，并致书郭元振

① （北宋）司马光主编：《资治通鉴》，第 6625 页（按，新旧《唐书》等唐代史籍中无此条史料）。

② （后晋）刘昫等：《旧唐书》，第 3045 页。

③ 同上书，第 3047 页。

道："与汉本来无恶，只仇于阙啜。而宗尚书取阙啜金，枉拟破奴部落，冯中丞、牛都护相次而来，奴等岂坐受死！又闻史献欲来，徒扰乱军州，恐未有宁日，乞大使商量处置。"[①]此后（不到一年），唐朝改变方案，以郭元振为安西大都护，709 年秋，正式承认了突骑施汗国，册封娑葛为贺腊毗伽钦化可汗，赐娑葛名守忠，遮弩名守节。于是，娑葛与后突厥汗国断绝关系，忠心耿耿地为唐朝守卫西疆。

711 年，娑葛在抵抗后突厥军队的战斗中阵亡。据突厥鲁尼文《暾欲谷碑》记载："离黠戛斯而归。由突骑施可汗处来一侦谍，此乃其报告……彼如此说：'突骑施可汗今已出发，十箭之众已倾朝来犯，唐人亦有一军待发。'"暾欲谷说："予下令军队出发，余攀过金山山林，其地无道路；吾人渡过曳咥河，其地无津筏。吾人继续（前进），在夜里，安抵（Bolcŭ）。吾人进攻，掠（其营）……奋勇前冲，有如原火……击溃乏，俘其可汗，其叶护及设，彼等就地杀之。"[②]被杀的突骑施可汗应当是娑葛。此战在鲁尼文《阙特勤碑》及《毗伽可汗碑》中也有记载。据《阙特勤碑》记载，阙特勤 21 岁败沙吒将军，26 岁灭黠戛斯、突骑施。[③]

娑葛去世以后，汗国统治的十四姓故地出现了混乱局面。716年，车鼻施部人苏禄于危难之时担当了稳定突骑施汗国的重任。苏禄原是官职名，指军队统领。娑葛既殁，十四姓部落有的降服后突厥默啜，有的归顺西突厥阿史那献，苏禄"裒拾余众，自为可汗"，"善抚循其下，部种稍合"。[④]苏禄"性尤清俭，每战伐，有所克获，尽分与将士及诸部落。其下爱之，甚为其用"，"众至二十万"，于是"复雄西域"。[⑤]苏禄称汗标志着突骑施汗国的政权从突骑施部转到车鼻施

① （后晋）刘昫等：《旧唐书》，第 3048 页。

② 突厥鲁尼文《暾欲谷碑》，岑仲勉译文，参见岑仲勉：《突厥集史》下册，中华书局 2004 年版，第 860—862 页。

③ 另一种说法是：娑葛在与其分配领土之时，其弟遮弩所得少于其兄，由此怀恨，叛逃至后突厥汗国，请求可汗默啜出兵西征突骑施，自己愿做向导。默啜出兵两万，横扫突骑施擒杀娑葛。

④ （北宋）欧阳修、宋祁：《新唐书》，第 6067 页。

⑤ （后晋）刘昫等：《旧唐书》，第 5191—5192 页。

部，所以，史学界又称之为车鼻施汗朝。

阿拉伯人征服河中地区以后，突骑施汗国成为唐朝西部边陲的屏障，唐朝改变了扶立阿史那氏汗裔的传统政策，加强了与突骑施首领的关系。715 年，唐朝使王惠持节册拜苏禄为左羽林大将军、金方道经略大使。716 年，苏禄自立为毗伽可汗。718 年 5 月，苏禄被唐朝封为顺国公，719 年，唐使解忠前往突骑施册封苏禄为毗伽忠顺可汗，令其守卫西部边疆，防御阿拉伯人东侵。722 年，册封西突厥汗室阿史那怀道之女为金河公主，嫁给苏禄。

在抵御阿拉伯人和防卫唐朝西部边疆的战争中，苏禄做出了重要贡献。723 年和 724 年，苏禄领兵两次击退阿拉伯人对唐朝属地拔汗那的入侵。三年之后，苏禄又领兵攻入河中地区，为唐朝收复了捕喝城（不花刺），甚至挥军西进，攻至呼罗珊。730 年，苏禄为唐朝收复了撒麻耳干城，在此次战役中，阿拉伯人增援部队也全军覆没。

势力强大之后，苏禄不再珍惜与唐朝的友好关系，发动了历时 3 年（734—736）的对唐战争。734 年，突骑施遣使者阙·伊难如赍银瓶、香子、赤麖等厚礼，越唐界，逾葱岭，往结吐蕃，为边军所获。[①]唐将刘涣据降人何羯达所告，断定突骑施"图陷庭州"，乃兴兵攻杀阙俟斤，夺其羊马。[②]唐朝在处理这一事件之时保持了克制态度，明知"踪迹已露，然后行诛，边头事宜，未是全失"，仍以"朕以擅杀彼使，兼为罪责，北庭破刘涣之家，仍传首于彼。可汗纵有怨望，亦合且有奏论；朕若不依，举兵未晚"。[③]唐朝答应赔偿阙·伊难如损失的羊马，至于阙·伊难如的越界，明知"如此不捉，更捉何人"，仍将所获物品尽皆"送还赞普，其中一物不留"[④]。但苏禄蓄意扩大事态，以马价不足、礼品被扣为辞，兴兵犯边。

---

① （清）董诰等编：《全唐文》卷 165《达奚思敬碑》。

② 薛宗正：《突骑施汗国的兴亡》，《历史研究》1984 年第 3 期。

③ （清）董诰等编：《全唐文》卷 286《敕突骑施毗伽可汗书》。

④ 同上。

735年春，突骑施进寇拨换城，守将朱仁惠中箭身亡。唐朝指示北庭都护盖嘉运“简练骁武，扬声大入”，以分突骑施之势；从内地调兵遣将，限期河西节度副使牛仙客“拣练骁雄五千人，即赴安西，受王斛斯处分”；致书突厥可汗，约其会攻突骑施，许以事捷之日，“羊马土地，总以与儿，子女金帛，别有优赏”。与此同时，唐朝采取了一些政治措施：重新扶立阿史那氏汗裔，以阿史那献之子“史震袭父可汗”；传谕中亚诸国王、叶护，令其反抗苏禄，“能伺其隙，各有诛夷”，“富贵之举，彼贼是资”。[①]唐朝甚至打算引大食兵攻苏禄，唐廷指示河西牛仙客、安西王斛斯，令其“星夜倍道，与大食计会”，请其发兵助击。

735年夏，安西使臣张舒耀返，带来“大食东面将军呼逻散诃密”（指呼罗珊总督阿萨德）复书，答应“四月出兵”[②]。是时，阿拉伯应约出兵，苏禄为免腹背受敌，一方面遣哥德都耽、安胡处半泥奉使前往与唐朝谈判停战；另一方面，亲自率精骑渡阿姆河，入吐火罗境，抵御呼罗珊总督阿萨德，败归。是年秋，进犯庭州，冬始围解。736年，突骑施势力减弱，不再构成威胁。

苏禄自西败于阿拉伯人和东败于唐之后，国势日衰，众叛亲离。晚年，苏禄“愁窭不聊，故卤获稍留不分，下始贰矣。又病风，一支挛，不事事”。于是，苏禄麾下重臣大首领莫贺达干和都摩支（又作都摩度、都磨度）所统二部强盛起来。二部首领共同策划了推翻苏禄的政变，于737年底至738年初之间，夜攻苏禄，杀之。[③]此后，突骑施汗国分裂成对立的黄、黑两部，两部围绕汗位继承展开内战，汗国走向衰亡。

突骑施汗国的两派的斗争史称黑、黄二姓之争。黄姓、黑姓指突骑施汗国下属诸部体质外貌的差别，突骑施部和处木昆部民属于

---

① （清）董诰等编：《全唐文》卷287《敕诸国王叶护城使等书》。

② （清）董诰等编：《全唐文》卷285《敕安西节度王斛斯书》。

③ （北宋）欧阳修、宋祁：《新唐书》，第6066页；《旧唐书》记苏禄死于开元二十六年（738）；阿拉伯史料记苏禄死于回历119年，即公元737年。关于苏禄卒年的考证见薛宗正文。

黄姓，具有黄发、多须鬓的体质特征；车鼻施部属于黑姓，具有黑发、黑眼睛的特征，属于纯蒙古利亚人种。开国元勋乌质勒系属于黄姓；苏禄属于黑姓。

苏禄死后，部将莫贺达干和都摩支之间的矛盾公开化，两部之间随之发生火并。在斗争中，莫贺达干拥立黄姓为可汗；都摩支拥立"苏禄之子吐火仙为可汗，以辑其余众，与莫贺达干自相攻击"[①]。苏禄可敦及其拥护者在塔拉兹（Talas）城立黑姓可汗尔微特勤。突骑施汗国出现了三位可汗并立的局面。

738年，吐火仙可汗攻打莫贺达干，莫贺达干因势孤，向唐朝碛西节度使、北庭都护盖嘉运求援，吐火仙与黑姓可汗尔微特勤联兵拒唐。"莫贺达干与盖嘉运率石国王莫贺咄吐屯、史王斯谨提共击苏禄子，破之碎叶城，吐火仙弃旗走，擒之，并其弟叶护顿阿波。疏勒镇守使夫蒙灵詧挟锐兵与拔汗那王掩怛逻斯城（即塔拉兹），斩黑姓可汗与其弟拨斯，入曳建城，收交河公主（应为金河公主）及苏禄可敦、尔微可敦而还。"[②]740年，盖嘉运带吐火仙到长安，唐玄宗赦免吐火仙，封他为左金吾大将军，以西突厥首领阿史那昕为十姓可汗。

莫贺达干对唐朝的册封不满，怒称："首诛苏禄，我之谋也，今立史昕，何以赏我？"唐朝又补加册命"立莫贺达干为可汗，使统突骑施之众"。明确了莫贺达干仅为统突骑施一部之小可汗，而对黄姓可汗却未加任何册封。742年，唐朝遣兵护送阿史那昕赴任，行至碎叶西之俱兰城，被莫贺达干杀，西突厥阿史那氏汗统绝。

在此形势下，唐朝由支持黄姓急剧转变为支持黑姓，莫贺达干与唐朝决裂。同年，唐朝放苏禄之子吐火仙返国为汗，又立都摩支为三姓叶护，令都摩支辅佐吐火仙。744年，唐安西四镇节度使夫蒙灵詧击杀莫贺达干，请立黑姓伊里底蜜施骨咄禄毗伽。[③]是年6月12日，唐朝拜骨咄禄毗伽为十姓可汗，从此，唐朝改变了依靠西突厥

---

① （后晋）刘昫等：《旧唐书》，第5192页。

② （北宋）欧阳修、宋祁：《新唐书》，第6068页。

③ （北宋）王钦若等编：《册府元龟》，第11348页。

汗室的政策，开始以突骑施汗统领西突厥十部。

由于突骑施黑姓可汗守土有功，唐朝廷于753年特颁《赐突骑施黑姓可汗铁券》，文中称："咨尔骨咄禄毗伽突驰（驰应为骑施之误。——引者）黑姓可汗登里伊罗密施，惟皇建极，声教及于遐荒。惟帝念功，礼命加于恭顺，卿虽拥在沙漠，常捍烟尘，识进退存亡之端，知古今成败之数，久率藩邦，归化朝廷，兼拒凶威，挫其侵轶，精贯白日，义光青史，绩用累著，嘉尚良深。今授卿特进，册为突骑施可汗，重爵贵号，以崇其宠，丹书铁卷，以表其忠，宜保始终，永固诚节，山河带砺，福禄长存，可不盛欤！"①

766—767年以后，黄姓、黑姓皆立可汗，互相攻击。②与此同时，突厥族葛逻禄部强盛起来，移居碎叶河流域，突骑施三部衰微，臣属于葛逻禄政权。至此，突骑施黄姓和黑姓先后隐没于史册，突骑施三部民也融合于其他民族之中。

第三节　昭武城邦国家

6世纪，在葱岭（帕米尔）以西，波斯以东，大雪山（兴都库什山）以北，楚河以南的地区形成了诸多以城邦为中心的国家，中国史书称这些国家为昭武九姓国，或胡国。③据《隋书》记载，昭武九姓本是月氏人，说东伊朗语族方言，他们的旧居在祁连山北昭武城（今甘肃临泽），因被匈奴所破，西逾葱岭，支庶各分王，均以昭武为姓，"枝庶皆以昭武为姓氏，不忘本也"④。昭武姓诸国居民以务农为主，兼营畜牧业，迁到中亚地区之后，控制了东西方交通要道，

---

① （清）董诰等编：《全唐文》卷39《赐突骑施黑姓可汗铁券》。

② （北宋）欧阳修、宋祁：《新唐书》，第6069页。

③ "胡"是一个经历长期演变的种族文化概念，1919年，王国维撰《西胡考》和《西胡续考》，对此做了分析，参见王国维：《观堂集林》第2册，中华书局1959年版，第606—620页。

④ （后晋）刘昫等：《旧唐书》，第5310页。

有一部分居民以商业为生。

6世纪中叶，昭武诸国相继臣属西突厥。直到乙毗沙钵罗叶护可汗时期，西突厥人对昭武国家仍有统治权，据《旧唐书》记载，639年，西突厥“乙毗沙钵罗叶护可汗既立，建庭于睢合水北，谓之南庭。东以伊列河为界，自龟兹、鄯善、且末、吐火罗、焉耆、石国、史国、何国、穆国、康国，皆受其节度”①。不过，西突厥人对昭武国家的统治权是有限的，其统治是以收取贡赋的方式实现，在有的国家，驻有西突厥派出的吐屯一类官员督促贡赋的征收，在政治上，各城邦国家的统治者对西突厥可汗表示臣服，接受颉利授予的突厥官职。

唐朝灭西突厥汗国以后，基本上沿袭了西突厥人在昭武国家的统治方式，或保留各国统治者原来的地位，或任命突厥贵族为唐朝官员，作为唐朝的代理人实施统治。不过，唐朝在中亚建立了若干都督府，这些都督府归属于唐在西域设置的安西都护府管辖。

史书以河中地区的铁门为界将昭武国家分别记录。铁门关以北的昭武国家以康国为中心；铁门关以南的昭武国家以吐火罗国为主。据《新唐书》记载，在今锡尔河与阿姆河之间的粟特地区有：康、安、曹、石、米、何、火寻、戊地、史国昭武九姓国。实际上，粟特地区的昭武国家不止9个，还有依附于昭武九姓国的东安国、毕国、捍、那色波等小国；在吐火罗地区的昭武国家有27个。

《隋书》把以撒麻耳干城为中心的地区称为“康国”，其原因是该地区在公元前2世纪曾是康居行国的属地：“康国者，康居之后也。迁徙无常，不恒故地，然自汉以来相承不绝。”显然，康居与康国不是一回事，此误在11世纪写成的《新唐书》中得以纠正，此后的史书不再将康国记为康居之后。

据《隋书》记载，康国“其王本姓温，月氏人也。旧居祁连山

① （后晋）刘昫等：《旧唐书》，第5184页：“（贞观）十三年，咥利失为其吐屯俟利发与欲谷设通谋作难，咥利失穷蹙，奔拔汗那而死。弩失毕部落酋帅迎咥利失弟伽那之子薄布特勤而立之，是为乙毗沙钵罗叶护可汗。”

北昭武城，因被匈奴所破，西逾葱岭，遂有其国”①。《旧唐书》也有一段与此相同的记载，只是“被匈奴所破”改为“为突厥所破”。②其实，与月氏人一起活跃在中国西部地区的应该是匈奴人。西迁到河中地区以后，昭武姓居民臣属于游牧大国康居。康居灭亡以后，以撒麻耳干为中心的绿洲城邦国家——康国开始兴起。

西突厥人统治河中地区以后，康国臣属于西突厥汗国。据《隋书》记载，605—617年间，“其王屈术支娶西突厥叶护可汗女，遂臣于西突厥”③。同书还记载说，康国：“王字代失毕，为人宽厚，甚得众心。其妻突厥达度可汗女也。都于萨宝水上阿禄迪城。城多众居。大臣三人共掌国事。”康国国王的统治甚得人心，统治上层有三人辅佐国王。

据《隋书》记载说：“王索发，冠七宝金花，衣绫罗锦绣白叠。其妻有髻，幪以皂巾。丈夫翦发锦袍。”索发和剪发、身着绣花的白色绫罗衣服等，都不是游牧民族的习惯，游牧者大多披发，不戴冠。以上记载反映了康国是一个农耕定居国家。在臣属于西突厥汗国期间，康国独立地与唐朝中国发生了使节交往。627年，康国国王屈术支始遣使来献；631年，康国请求臣属于唐，唐太宗不受其臣，他认为：“朕恶取虚名，害百姓，且康臣我，缓急当同其忧。师行万里，宁朕志邪？”因此，直到657年西突厥汗国被灭之时，康国仍是西突厥汗国的属国。

唐朝灭西突厥汗国以后，康国臣属于唐朝。658年，唐朝派遣果毅都尉董寄生到中亚，在河中地区置都督府，在康国设置康居都督府，以康国王拂呼曼为都督。在此后的几乎一个世纪中，康国统治者的继任都要得到唐朝的册封才有统治一方的权利。696—697年，武则天封康国大首领笃娑钵提为康国王，拜左骁卫大将军，笃娑钵

① （唐）魏征：《隋书》，中华书局1973年版，第1848页。

② （后晋）刘昫等：《旧唐书》，第5310页：“康国，即汉康居之国也。其王姓温，月氏人。先居张掖祁连山北昭武城，为突厥所破，南依葱岭，遂有其地。”

③ 同上：“隋炀帝时，其王屈术支娶西突厥叶护可汗女，遂臣于西突厥。”

提死后，又册其子泥涅师师（Narses）为康国王。泥涅师师死后，国人又立突昏为王。[①]731 年，康国王乌勒伽（Ghurak，710—739 年在位）上表，请封其子咄曷为曹国王，默啜为米国王，玄宗同意。[②]739 年，乌勒伽卒，唐遣使册咄曷袭父位，744 年，唐又封之为钦化王，其母可敦封为郡夫人。直到 8 世纪 40 年代初，康国还是唐朝的属地。

在昭武诸国中，康国的地位最高。据《新唐书》记载：康国“土沃宜禾，出善马，兵强诸国”。当时归附于康国的国家有：米国、史国、曹国、何国、安国、小安国、那色波国、乌那曷国、穆国。[③]其中，安国，王姓昭武氏，与康国王同族；米国，无王，其城主姓昭武，康国王之支庶；史国王姓昭武，字逖遮，亦康国王之支庶；曹国，国无主，康国王令子乌建领之；何国，其王姓昭武，亦康国王之族类；乌那曷国，王姓昭武，亦康国种类；穆国王姓昭武，亦康国王之种类；漕国王姓昭武，康国王之宗族。[④]由此可见，康国在当时是粟特地区的霸主。

《魏书》以康国为中心记载了周边城市或城邦国家的位置，康国之西是安国（今布哈拉地区）。《隋书》将在今布哈拉地区形成的国家称为安国，之所以如此，是因为作者认为安国是古代安息帝国（前 170—公元 226）的继承者：“安国，汉时安息国也。”[⑤]安国国王“与康国国王同族，字设力；妻，康国王女也”。取康国女为妻的安国王实际上归附于康国。尽管如此，安国在昭武诸国中也是一个大国。安国最早的居民是说印欧语系东伊朗语的人，其风俗与康国基

① （北宋）欧阳修、宋祁：《新唐书》，第 6244 页：“高宗永徽时，以其地为康居都督府，即授其王拂呼缦为都督。万岁通天中，以大首领笃娑钵提为王。死，子泥涅师师立。死，国人立突昏为王。”

② （后晋）刘昫等：《旧唐书》，第 5311 页：“十九年，其王乌勒上表，请封其子咄曷为曹国王，默啜为米国王，许之。”

③ （唐）魏征：《隋书》，第 1848 页：“（康国）名为强国，而西域诸国多归之。米国、史国、曹国、何国、安国、小安国、那色波国、乌那曷国、穆国皆归附之。”

④ 同上书，第 1849—1855 页。

⑤ 同上书，第 1849 页。

本相同，不同者是安国采取祆教近亲结婚的习俗，“妻其姊妹，及母子递相禽兽”①。

7世纪，西突厥人统治了中亚，安国以属臣身份处于突厥人的统治之下。唐灭西突厥汗国以后于659年在不花剌置的羁縻州称安息州，“以阿滥为安息州，即以其王昭武杀为刺史”②。安息帝国在强盛之际，确实统治了包括不花剌城在内的中亚地区，但不花剌并不等于安息，因此，唐朝在661年将安息州改为忸密州。

在今塔什干一带的昭武国家是石国。《新唐书》追述了此前史书和游记对“石国”之名的各种记载：“石，或曰柘支，曰柘折，曰赭时，汉大宛北鄙也。”者舌、柘支、柘折、赭时、赭支等名都是波斯语Chaj一名的汉语异译名。Chaj在粟特语中转译为Cac，在突厥语中转译为Tash，这些字表达的都是“石”之意。

据《隋书》记载：“石国，居于药杀水，都城方十余里。其王姓石，名涅。”③石国“东北距西突厥，西北波腊，南二百里所抵俱战提，西南五百里康也”④。西突厥汗国统治中亚以后，石国臣属于突厥人。石国北面与西突厥人相邻，其地理位置决定了石国在西突厥汗国中的重要性。西突厥汗国往往以石国为基地，实施和监视对河中昭武诸国的统治。阿波系处罗可汗（603或604—611年在位）立的两个小可汗中，有一个就住在石国北面，“以制诸胡国”。统叶护可汗在位期间（618—628）曾将汗庭南移到石国北之千泉。650—655年间，阿史那贺鲁也曾在千泉和双河建牙，当时石国统治者是盐莫念，以后，石国国王是瞰土屯摄舍提于屈昭穆。

在唐朝灭西突厥汗国过程中，阿史那贺鲁败逃石国都城苏咄城（Shoturkath）⑤，被城主伊涅达干拘送石国王鼠耨设（突厥人），由他

① （唐）魏征：《隋书》，第1849页。

② （北宋）欧阳修、宋祁：《新唐书》，第6245页。

③ （唐）魏征：《隋书》，第1580页。

④ （北宋）欧阳修、宋祁：《新唐书》，第2646页。

⑤ 605—750年石国宫廷所在地，位于今塔什干市中心东南15公里处，即阿克特佩（Ak-tepe）遗址。

转交唐将萧嗣业。唐朝统治石国以后，安西都护府以石国为控制河中地的桥头堡。658年，唐朝在石国设大宛都督府，以其王于屈昭穆为都督。唐朝在河中地区共设置康居、大宛和休循州三个都督府，其中，大宛都督府设置在石国，反映了石国在唐朝所属中亚地区的重要地位。

8世纪初，唐朝封石国国君莫贺咄吐屯为石国王。721年，莫贺咄吐屯之子伊捺吐屯屈勒嗣立。屈勒嗣立之后，其父莫贺咄吐屯仍以石国王身份进行外交活动，而伊捺吐屯屈勒以“石国副王”掌握着国家权力。740年，莫贺咄吐屯助唐擒突骑施可汗吐火仙，唐朝“以石国蕃王莫贺咄吐屯有功，封为石国王，加特进，仍赐旌节。翌日，又册为顺义王”。742年，石王上表，乞授其长子官职。唐朝下诏，拜石王长男那俱车鼻施大将军，可知，石国王子那俱车鼻施是石王长男，石国副王伊捺吐屯屈勒不是石王的长子。746年，石国副王伊捺吐屯屈勒与石王分别遣使唐朝朝贡，是年，唐朝封石国王子那俱车鼻施为怀化王。

重要的昭武国家还有阿姆河以南的吐火罗国（Tokharoi），吐火罗人是中国史书所记的塞种人的一支。塞种人最早生活在北至天山，南至昆仑山，东至塔克拉玛干沙漠，西至帕米尔高原的地区内。匈奴势力开始扩张，塞种人受到挤压西迁到中亚南部。公元前2世纪中叶，塞种人灭掉了以巴里黑城为中心的希腊政权，在今阿富汗北部建立了贵霜帝国。

正是在此时期，塞种人中名为吐火罗的一支崛起。公元前1世纪，古罗马地理学家斯特拉波提到了吐火罗人，并将他们占据的巴克特里亚称为吐火罗斯坦。吐火罗斯坦的范围是：河中地区的铁门关以南，兴都库什山以北，葱岭以西的地区。据中国史书记载，吐火罗人是大胡子、深眼窝和高鼻梁，这一外貌特征应该属于印欧种人。

3世纪中叶，贵霜王朝为萨珊波斯帝国和印度笈多王朝灭亡。5世纪30年代，来自阿尔泰山的哌哒人（Ephthal）占据吐火罗斯坦。

6 世纪中叶，突厥人崛起，与西方的萨珊波斯帝国联合灭掉哌哒，以阿姆河为界分其国土，吐火罗斯坦成为萨珊帝国的属地。在此时期，吐火罗不仅是地名，而且还是国名。西突厥可汗统叶护时期，出征阿姆河以南的萨珊帝国属地，破吐火罗国，占领了整个吐火罗斯坦，留其子大度设镇守此地，此后，吐火罗斯坦王统由突厥人继承。

中国高僧玄奘游历吐火罗斯坦之时（7 世纪 30 年代），在昭武国家中吐火罗国是强大国家之一。据玄奘记，吐火罗斯坦东起帕米尔，西接波斯，北据铁门，南至大雪山，南北千余里，东西三千余里，相当于今阿富汗北部地区。[①] 不过，当时吐火罗斯坦没有建立起统一的政权，此地存在着 27 国。[②]

西突厥汗国被中国唐朝灭亡以后，第二年（658），吐火罗斯坦被纳入唐朝版图，吐火罗斯坦诸国降唐。同年，唐朝在吐火罗斯坦设置月氏都督府，治所遏换城（今阿富汗昆都士市），“以吐火罗突厥叶护阿史那乌湿波为都督，领大夏，蓝氏，佛敌，汉楼，盘越，沙律，伽倍，粟特，双泉，迟散等二十四州”。此外，唐朝在吐火罗斯坦的臣属国中置都督护，如护蜜、护时犍（唐置沙州都督、大汗都督府），下辖 15 个州。

除吐火罗国外，重要的国家还有缚喝，中国史书又记为活国、薄佉罗国。[③] 缚喝国北临缚刍河（阿姆河），东西八百余里，南北四百余里。[④] 大都城是今阿富汗北部的巴里黑。公元前 4 世纪末，马其顿帝国皇帝亚历山大东征至此，以巴里黑城为都建立了希腊政权，此后，该城逐渐成为阿姆河以南地区政治和经济中心。7 世纪中叶以

① 《大唐西域记》：“出铁门，至覩货逻国（旧曰吐火罗国，讹也）。其地南北千余里，东西三千余里。东厄葱岭，西接波剌斯，南大雪山，北据铁门，缚刍大河中境西流。”

② 《大唐西域记》：“自数百年，王族绝嗣，酋豪力竞，各擅君长，依川据险，分为二十七国。虽画野区分，总役属突厥。”该书记载了二十九国。

③ 在《续高僧传》中，该城被记为薄怯罗，有学者认为，薄怯罗、薄佉罗、捕喝、缚喝等名都是 Balh 或 Balkh 的对音。

④ 故址在今阿富汗境内马扎里歇里夫（Mazar-Sharif）城以西 23 公里处，主要废墟名 Bala-Hissar，面积约 150 公顷。

后，巴里黑城“国大都城周二十余里，人皆谓之小王舍城也。其城虽固居人甚少，土地所产，物类尤多，水陆诸花，难以备举”①。

吐火罗斯坦最边远的国家是揭职国，该国位于今阿富汗加兹尼一带。据玄奘记载：“国东西五百余里，南北三百余里。国大都城周四五里。土地硗确，陵阜连属，少花果，多菽麦，气序寒烈，风俗刚猛。”②从揭职国再行六百余里，就不再属于吐火罗斯坦。

当阿拉伯人来到中亚之时，星罗棋布的昭武国家无力单独阻止阿拉伯人入侵的步伐，它们寄希望于宗主国唐朝，而唐朝除了采取一些政治措施外，并未出兵阻止。于是，从南向北入侵的阿拉伯人最终将昭武国家一个一个纳入了阿拉伯帝国的统治。

① 季羡林等校注：《大唐西域记校注》上册，中华书局2000年版，第115页。

② 同上书，第127页。

第三章

逐鹿中亚

倭玛亚王朝时期，阿拉伯人与唐代中国人、突骑施人和吐蕃人开始了逐鹿中亚的战争。阿拉伯人以入侵吐火罗斯坦开始了征服中亚的战争，成功以后，以此为基地向北推进，逐步占据了河中地区、花剌子模绿洲，并向费尔干纳盆地和突厥斯坦逼近。在此过程中，唐朝在中亚的代理人突厥统治者和昭武国家对阿拉伯人的入侵进行了抵抗。在经历了怛逻斯战败和安史之乱以后，唐朝无力西顾，8世纪下半叶，唐朝退出了在中亚的角逐。阿拉伯人确立了在中亚的统治。

第一节　吐火罗斯坦

从7世纪中叶起，阿拉伯王朝、唐朝和吐蕃王朝三股势力开始了在中亚的角逐。这场争夺以阿拉伯王朝的全面胜利告终。

657年，唐朝灭亡西突厥汗国；659年，唐朝在阿姆河以北的河中地区置都督府；661年，唐朝使者王名远在于阗以西、波斯以东的16国设置了16个都督府。[1]其中，在吐火罗斯坦设置重要的都督府有月氏都督府、修鲜都督府、写凤都督府，它们分别在今阿富汗的昆都士、喀布尔、巴米延，条支都督府在今阿富汗南部，奇沙州都督府在今阿富汗西北部，鸟飞州都督府在今阿富汗东部瓦罕（Wakhan）走廊，旅獒州都督府在今阿富汗北部的安德胡伊一带，昆墟州都督府在今土库曼斯坦东南的穆尔加布河流域，至拔州都督府在今塔吉克斯坦的达尔瓦兹地区，王庭州都督府在今塔吉克斯坦的西南角。以上都督府中的大多数都督“以其王领之”，如护蜜国（玄奘记为“商弥国”）国王沙钵罗颉利发为鸟飞州都督府刺史，他们归属于安西都护府管辖。唐朝在吐火罗斯坦设置行政机构以后，吐火罗斯坦成为唐朝抵御阿拉伯人东进的前沿阵地。

吐火罗斯坦是阿拉伯王朝与唐朝争夺的首要地区。阿拉伯人灭亡萨珊帝国以后，帝国的末代君主伊嗣俟之子卑路斯（Peroz）逃到吐火罗斯坦，在此进行复国战争。卑路斯曾向唐朝“遣使告难”，唐高宗“以远不可师，谢遣”。在这种情况下，波斯王在吐火罗斯坦地区政权的支持下，在波斯东部边境建立了流亡政权。[2]663年，“大食击波斯、拂菻，破之，吞灭诸胡，胜兵四十万”，此时的“波斯”应该指这一流亡政权。在667年以前，阿拉伯人曾对吐火罗斯坦发动了攻击，据史书记载，667年，阿拉伯将军耶济德·本·穆哈拉布再破吐火罗。在此次围攻中，卑路斯兵败，携子泥涅师师投奔唐朝，于670—673年间抵达长安。

与此同时，吐蕃人参与到阿拉伯人与唐朝的争夺之中。早在7世纪40年代，玄奘从印度回国途经地处今阿富汗瓦罕走廊的护蜜国之时，护蜜国已经有吐蕃人，护蜜国左面一座城堡已为吐蕃人占

① 16个都督府是：月氏、大汗、条支、天马、高附、修鲜、写凤、悦般州、奇沙州、姑墨州、旅獒州、昆墟州、至拔州、鸟飞州、王庭州、波斯都督府。

② （北宋）王钦若等编：《册府元龟》卷995《外臣部》记：“寻而大食兵退，吐火罗遣兵援立之而还。”卑路斯在吐火罗的帮助下在其边境地区立国。

据。[1]显庆年间（656—661），护蜜国臣属于吐蕃。据《新唐书》记载："护蜜者，或曰达摩悉铁帝，曰镬侃，元魏所谓钵和者，亦吐火罗故地……地当四镇入吐火罗道，故役属吐蕃。"

7世纪末，吐火罗斯坦成了三股势力争夺的战场。667年，阿拉伯人攻吐火罗斯坦，此后，阿拉伯人因倭玛亚王朝发生争夺哈里发位置之争而没有继续攻打吐火罗斯坦。677年，在唐避难的波斯末代君主卑路斯去世，唐朝册立其子泥涅师师为波斯王。679年，泥涅师师返回吐火罗斯坦，据新疆阿斯塔那出土的191号墓出土文书《永隆元年波斯军团申报样人授勋芊符名籍》记载，泥涅师师于680年到达吐火罗斯坦。[2]在680—705年间，泥涅师师一直在吐火罗斯坦进行复国活动，唐朝在吐火罗斯坦的政治影响仍然存在。

691年，呼罗珊总督阿布杜拉·本·喀西姆（684—691年执政）被杀，其子穆萨（Musa）逃到河中地区展开了反倭玛亚王朝的斗争。据塔巴里记，穆萨在呾蜜（今帖尔穆兹）的斗争得到吐火罗斯坦地方统治者的支持。694年，哈里发阿布杜勒·麦立克·本·麦尔旺（Abdal-Malik b. Marwan，685—705年在位）任命哈加吉为伊拉克大总督，管理两河流域、波斯及呼罗珊等地事务。701年，哈加吉大总督任命耶济德·本·穆哈拉布将军为呼罗珊总督。在任期间，他重新开始了对吐火罗斯坦的攻击。唐朝因远离吐火罗斯坦，没有出兵抵抗阿拉伯人，这一任务由当地的突厥人和中亚东北草原上的突骑施人承担起来。

8世纪初，穆萨与其同盟者（吐火罗斯坦的一些王公）之间发生了分裂。"他们的事业衰落了，正在这时，挹怛人、吐蕃人、突厥人突然向他们进攻，这些人约有7万，他们头上戴着球顶尖盔，此外还有数不清的不穿甲胄者，有盔无冠者。"[3]704年，穆萨在战斗中被杀。从此次战争的记载来看，吐蕃人已经来到吐火罗斯坦。当时，

---

① 季羡林等校注：《大唐西域记校注》，第976页。

② 姜伯勤：《敦煌吐鲁番文书与丝绸之路》，文物出版社1994年版，第49页。

③ See Tabari, *Annales*, Vol.II, p.1153.

他们可能是站在阿拉伯人一边与吐火罗斯坦地区统治者作战。阿拉伯人称吐蕃为 Tibet，以后，西方人以 Tibet 之名称呼吐蕃王朝所在地——今中国西藏。

705 年，倭玛亚王朝哈里发阿布杜勒・麦立克・本・麦尔旺死，新哈里发瓦利德（a1-Walid，705—715 年在位）继位，史称瓦利德一世。同年，伊拉克大总督哈加吉任命部下屈底波[①]为呼罗珊总督，即位之后，他立即开始了征服吐火罗斯坦的战争。

就任的当年，屈底波利用昭武城邦国家之间的矛盾，征服了吐火罗斯坦的大国缚喝，迫使吐火罗国的叶护阿史那都泥投降。[②]吐火罗国是波斯复国活动的主要支持者，它的投降挫败了波斯王泥涅师师的复国信心。在屈底波的打击下，泥涅师师再次逃到唐朝都城长安。据《新唐书》记载："泥涅师因客吐火罗二十年，部落益离散。景龙初，复来朝，授左威卫将军。"

征服吐火罗斯坦之后，屈底波北上征服阿姆河流域北岸的一些小国。为了使阿拉伯人离开本地，吐火罗斯坦诸国统治者引阿拉伯人渡过阿姆河，进入唐朝悦般州都督府所辖的石汗那国（Saghaniyan）。石汗那国在阿姆河支流苏尔汉河（Surkhan Darya）上游之迭脑附近。当时，石汗那国王与周边小城邦愉漫（Shuman，又译为数瞒，唐朝天马都督府所在地）和阿哈仑（Akharun，又译为忽论）的统治者对立，希望借助阿拉伯人的力量对付这两个小邦。当屈底波渡过阿姆河以后，石汗那国王就把本国都城城门的金钥匙送来，邀请屈底波进入他的都城咀蜜。屈底波接受他的投降，并立即进攻愉漫和阿哈仑，但遭到了两国人民的顽强抵抗，无果而归。

708 年初，吐火罗斯坦发生了反阿起义，起义首领是吐火罗国宰相达干尼札克。吐火罗国归附阿拉伯人以后，尼札克一直跟随屈底波征战阿姆河以北诸小国。在此期间，他获得了返回吐火罗国的

---

① 英文名为 Qutayba，汉译名为库泰拔，屈底波是中国史书记载名。

② 薛宗正：《中亚内陆大唐帝国》，新疆人民出版社 2005 年版，第 238 页。

机会，将吐火罗国王监禁起来，并且与巴里黑城、梅尔维鲁德、塔里寒、法拉卜（Fārāb，在今哈萨克斯坦境内）、古兹干（Gurgan，即中国史书中的胡实健）等国国王联系，发动了一场反阿拉伯人的起义，这次起义得到了普遍响应。当时，屈底波已攻下安国，正在向康国挺进。在获悉起义之后，屈底波迅速与康国签订和约，匆匆赶到吐火罗斯坦。此时正是冬季，屈底波的军队已经分散到各地驻冬，于是，他先派其弟阿布都拉赫曼率领 1.2 万人去巴里黑，控制了该城的局势。

710 年春，屈底波集合各地的军队开始了进攻，第一仗是打梅尔维鲁德，城主逃走，接着，阿拉伯军队向塔里寒进军，在此击溃突厥援军，随之，法拉卜与胡实健城投降，屈底波留部下戍守，自己率军前往巴里黑。来到距巴里黑二日行程的胡耳姆山隘，起义军首领尼札克在此驻守一支突厥军队，大军在巴格兰扎营。阿拉伯军队在胡耳姆山隘进退两难，就在此危急时刻，地方统治者为了自保，把一条秘密通路告知了阿拉伯人，使屈底波得以通过峡谷，击溃了突厥军队。接着，屈底波向巴格兰挺进。在阿拉伯人逼近之时，尼札克退守克尔兹（Kerz），屈底波围攻两月未果，便派部将苏来曼前往劝降。在屈底波答应宽恕并免死的保证下，尼札克投降，随同苏来曼来到屈底波军营，被屈底波拘禁。屈底波在伊拉克大总督哈加吉的允许下，处死了尼札克，700 多追随者被杀。同年，屈底波征服了愉漫、渴石和那色波。

在此，屈底波释放了被尼札克监禁的吐火罗国王，接受了胡实健国王的投降，屈底波把胡实健国王带到呼罗珊莫夫城，并要求他送一些家族成员到阿拉伯军中作为人质。在莫夫，屈底波与胡实健王签订了和约。当胡实健国王提出回国要求之时，屈底波将其毒死。这一事件引起了胡实健国民的愤怒，他们杀死了屈底波派驻胡实健的代表哈比布，为了报复，胡实健的人质全部被杀。715 年，屈底波被部下杀死，不过，武力征服吐火罗斯坦的战争仍在继续。

在无法抵御阿拉伯人的情况下，吐火罗斯坦诸国向唐朝救援。

当时，唐朝由于受到吐蕃和后突厥汗国的牵制，无力经营吐火罗斯坦。尽管唐玄宗抱有扩张领土的希望，但唐朝对吐火罗斯坦诸国的出兵请求没有采取措施。至少在751年以前，中国没有派出远征军到吐火罗斯坦，哈里发宫廷和长安宫廷之间的大冲突没有发生。昆都士以及河中地区的撒麻耳干、不花剌的统治者都盼望这种冲突发生，并视之为把阿拉伯人赶回去的唯一途径。[①]在此形势下，吐火罗斯坦诸国转而求助于后突厥汗国。据沙畹记载："当705至715年间屈底波侵略之时代，中亚诸国之王，势不能不求救于外国，第首先受其援助之请者乃东突厥而非中国。"[②]

唐朝虽然没有出兵，但采取了一些积极有效的外交手段。唐玄宗通过授予粟特人和吐火罗人极高的特权，以加强他们对阿拉伯人的抵抗。[③]唐朝首先册封了在吐火罗斯坦最具影响力的吐火罗国国王。718年，唐朝遣使吐火罗国，授其王子以国王封号。[④]720年，玄宗皇帝授予护密国国王封号，还"赐紫袍金带七件，并丝绸五十匹"[⑤]。同年4月，唐朝授乌苌（Udyana）、骨咄（Khuttal）、俱位（Yassine）等国统治者以国王的封号。[⑥]骨咄国在《大唐西域记》中被记为珂咄罗（Khuttalan），它位于今塔吉克斯坦西南部，在喷赤河以西和瓦赫什河（Wakhsh，即护沙河）以东之间，地处河中昭武九姓国与吐火罗斯坦的通道上。据慧超记，骨咄国国王原是突厥种族，此国以北是突厥所居之界。同年唐玄宗遣使授予谢飓国国王葛达克颉利发誓屈尔、罽宾王葛达罗支特勒国王封号并册封诏书。[⑦]通过这些册封，唐朝加强与吐火罗斯坦各国统治者之间的联系，让他们继续为唐朝守卫西大门。

---

① 〔法〕勒内·格鲁塞：《草原帝国》，商务印书馆1998年版，第157页。
② 〔法〕沙畹：《西突厥史料》，中华书局2004年版，第264页。
③ 〔法〕勒内·格鲁塞：《草原帝国》，第158页。
④ （唐）魏征：《隋书》，第1853页：吐火罗国有"胜兵者十万人，皆习战"。
⑤ （北宋）王钦若等编：《册府元龟》，第11446页。
⑥ 〔法〕张日铭：《唐代中国与大食穆斯林》，第18页。
⑦ （北宋）王钦若等编：《册府元龟》，第11344页。

唐朝的这些措施起到了一定作用。720 年，以上国家中的大多数在突厥人的支持下进行了反抗倭玛亚王朝的斗争。赛义德・伊本・阿布杜・阿吉兹（Said ibn 'Abdul Aziz）在出任呼罗珊总督（720—721 年执政）的当年，出兵河中地区。此时，护蜜、骨咄、俱位、勃律、箇失密、南天竺和罽宾等国纷纷起兵抵抗阿拉伯人。罽宾国曾经招募谢飓国青年入伍，参加抵抗阿拉伯人的战争。[①]阿拉伯人与吐蕃的联军共同对付吐火罗斯坦诸国的反抗活动。

为了对付阿拉伯人，唐朝改善了与突骑施汗国的关系。717 年，唐朝授派武卫中郎将王惠持节授突骑施苏禄为顺国公，但苏禄仍"诡猾，不纯臣于唐"，于是"天子羁系之"授苏禄忠顺可汗。[②]玄宗皇帝命突骑施可汗云："西头事委你，即须发兵除却大食。"[③]727 年，吐火罗王遣使向唐玄宗上表说："奴身罪逆不孝，慈父身被大食统押，应彻天聪。颂奉天可汗进旨云：'大食欺侵我，即与你气力。'奴身今被大食重税欺苦实深。若不得天可汗救活，奴身自活不得，国土必遭破散，求防守天可汗西门不得。伏望天可汗慈悯，与奴身多少气力，使得活路。又承天可汗处分突骑施可汗云'西头事委你，即须发兵除却大食'，其事若实，望天可汗却垂处分奴身。"[④]表文中提到唐朝对突骑施可汗苏禄有"发兵除却大食"的"处分"，这一"处分"可以视为唐朝在改善与突骑施汗国的关系之后，开始采取以突骑施人抵御阿拉伯人的战略措施。此后，突骑施汗苏禄在打击阿拉伯人中屡建功业，于 729 年和 730 年派遣两个重要使节来到唐朝。[⑤]

---

① （北宋）欧阳修、宋祁：《新唐书》，第 6253 页。

② 同上书，第 6067 页。

③ 〔法〕张日铭：《唐代中国与大食穆斯林》，第 11 页。

④ 此处天可汗指唐朝皇帝，630 年，唐太宗灭亡东突厥汗国，漠北、西域诸国共尊其为"天可汗"。参见〔法〕张日铭：《唐代中国与大食穆斯林》，第 11 页。

⑤ （北宋）王钦若等编：《册府元龟》，第 11452 页载：部落显贵叶支阿布思于开元十七年（729）六月来朝。另一显贵于 730 年来京。玄宗皇帝亲临丹凤楼赐宴。宴会前苏禄可汗的佳节与突厥佳节争上座。最后皇帝将他们分别安排在东西两旁的座位。宴毕，玄宗赠予苏禄可汗使节重礼。另见（唐）杜佑：《通典》卷 199，中华书局 1984 年版，第 12 页；（北宋）司马光主编：《资治通鉴》卷 213，第 6792 页。

731 年，阿拉伯人征服吐火罗斯坦诸国起义之时，突骑施军攻河中地区，受其牵制，阿拉伯人只能撤兵。

在阿西姆·本·阿布杜拉希拉利（Asim b. Abdullah al-Hilali，734—735 年执政）和阿萨德·伊本·阿布达拉赫（Asad ibn Abdallah，735—738 年执政）任呼罗珊总督时期，呼罗珊爆发了起义。734 年，呼罗珊发生饥荒，阿拉伯人哈里斯·本·素赖智举起反倭玛亚王朝的黑旗，反抗征税。起义军队很快控制了包括吐火罗斯坦在内的呼罗珊东部地区，首府莫夫受到了来自东方和南方的巨大威胁。新任总督阿萨德派特使到大马士革，建议哈里发希沙姆（Hisham，724—743 年在位）与起义军和谈，哈里发不仅拒绝了他的建议，而且免了他的职。后来，阿萨德复职，对以哈里斯为首的起义军发起攻势，战争在呾蜜附近和骨咄国境内进行。卷入这场战争的有吐火罗、骨咄、那色波、康国和石国。除石汗那王支持阿萨德外，其余各国都站在哈里斯一边。

阿萨德的将领阿布都拉·赫曼在梅尔维鲁德与哈里斯的主力军队作战，哈里斯在阿布都拉赫曼军到来之前退往巴里黑，当阿萨德攻巴里黑之时，哈里斯又从巴里黑渡过了阿姆河，围攻呾蜜。于是，阿萨德控制了吐火罗斯坦。736 年，阿萨德将呼罗珊总督府从莫夫迁到吐火罗国的巴里黑城，以便对吐火罗斯坦的控制和对河中地区的征服。

呼罗珊人的反阿起义得到了突骑施人的支持。737 年，阿萨德向骨咄国进军。当阿萨德逼近之时，骨咄国人伊本·赛吉通知突骑施可汗苏禄，苏禄答允说："我将把大食人逐出你的国土。"在得知这一消息以后，阿萨德向马勒赫（Al-malh）山撤走[①]，苏禄军队击败了来不及过河的一部分阿拉伯人士兵。在苏禄援军的支援下，突厥人甚至打到了阿姆河以南，阿萨德不得不退回巴里黑。阿萨德逃回巴里黑之时，其行李丢失殆尽，故此役又被称为"行李日之战"（la

① 参见〔法〕张日铭：《唐代中国与大食穆斯林》，第 28 页。

journee des bagages)[①]。据塔巴里记载，与突骑施苏禄可汗一起作战的还有一个哈里斯的信徒，可汗让他大声喊话："喂，阿萨德！难道河中地还不够你征服吗？你也太贪心了！骨咄不关你的事，这是我父祖辈（传给我）的国家。"[②]阿萨德回应说："要像你说的那样，真主会报应你的！"此后，阿拉伯人经过极为艰苦的斗争打退了突厥军队，哈里斯也因与骨咄国国王的分裂而退往巴达克山。

749年，吐火罗国叶护失里伽罗（Sri Man-gala）上表唐朝说，朅师国（Kog / Gog，在阿富汗西南部）依附吐蕃，切断了小勃律与克什米尔之间的交通，吐火罗国欲发兵击破朅师国，请求唐朝调兵助战。750年，安西四镇节度使高仙芝奉命出军，击破朅师国，俘虏国王勃特没和一些吐蕃人。高仙芝的胜利使唐朝控制了帕米尔以西地区，成了吐火罗斯坦、喀布尔和克什米尔的保护者。

然而，胜利是短暂的。第二年，高仙芝军队在怛逻斯战役中被阿拉伯人和葛逻禄联军打败，唐朝军队退出了吐火罗斯坦。不过，吐火罗斯坦诸国与唐朝之间的交往并没有因此而中断，吐火罗斯坦诸国多次遣使到唐朝朝贡。唐肃宗乾元初年，吐火罗斯坦发兵东进中原，帮助唐朝平定安史之乱，吐火罗斯坦的援军被编入朔方军。

第二节　河中地区和花剌子模

吐火罗斯坦是阿拉伯人进攻河中地区的基地，一旦在此站住了脚，阿拉伯人就开始对河中地区发起攻击。

673年，呼罗珊总督奥贝杜拉·本·济雅德（673—676年执政）率军越过阿姆河，直抵不花剌城下。不花剌国王年幼，其母图黑沙

---

① 〔法〕张日铭：《唐代中国与大食穆斯林》，第28页。

② Tabari, *Annales*, Vol.II, pp.1601-1602.

达可敦在初战小胜之后，与奥贝杜拉缔结和约。阿拉伯军队获得赎金之后，返回莫夫，随行带走了当地2000名熟练的弓箭手，将他们编入总督的私人卫队。[①]

674年，阿拉伯军队开始攻打离阿姆河最近的沛肯特城。沛肯特城是闻名遐迩的“商人之城”，也是东西方交通的咽喉，城里的商人因经营中国的丝绸贸易积累了巨大的财富。阿拉伯人在此洗劫财物之后很快退回吐火罗地区。

676年，新任呼罗珊总督赛义德·本·乌特曼再犯河中，图黑沙达可敦再次与阿拉伯军队缔约，缴纳了赎金30万迪尔汗（dirham）[②]，赛义德带走一批贵族作为人质。[③]赛义德率军继续向撒麻耳干进军，粟特人英勇抵抗，战争进行了一个多月，最后，双方签订了和约。

据阿拉伯史料记载，泥涅师师抵达吐火罗之年（680），阿姆河流域爆发了反阿拉伯人的大规模起义。681年，阿拉伯军队在新任呼罗珊总督萨里姆·本·济雅德指挥下入侵不花剌、撒麻耳干，一直打到忽毡（Khojand，今塔吉克斯坦之列宁纳巴德）才被击退。此次战败，撒麻耳干和不花剌向阿拉伯军队交付赎金。683年，萨里姆开始在不花剌驻军，此后，倭玛亚王朝因哈里发职位之争无力东顾，暂时停止对河中地区的掠夺战争。巴托尔德在《蒙古入侵时期的突厥斯坦》一书中说：“河中地区在683年哈里发叶齐德一世死后，不再隶属于‘合法的阿拉伯政府’长达二十年之久。”[④]

701年，耶济德·本·穆哈拉布出任呼罗珊总督，再次发起对河中地区的掠夺战争。703年，阿拉伯军出兵河中地区，在撒麻耳干以南的渴石受阻。[⑤]705年，屈底波出任呼罗珊总督，开始了对河中地

① 魏良弢：《阿拉伯进入中亚与中亚伊斯兰化开始》，《新疆大学学报（哲学·人文社会科学版）》2005年第3期。

② 钱币名称。

③ 魏良弢：《阿拉伯进入中亚与中亚伊斯兰化开始》，《新疆大学学报（哲学·人文社会科学版）》2005年第3期。

④ W. Barthold, *Turkestan Down to the Mongol Invasion*, London, 1968, p.184.

⑤ Tabari, *Annales*, Vol.II, pp.1040-1042, 1078.

区的大规模战争。可以说，屈底波是“牢固树立起阿拉伯人在河中权威的第一人”[1]。706年，屈底波在吐火罗斯坦取得了决定性的胜利。此后，在不到10年的任期内，他7次渡过阿姆河，706年至709年占领安国的不花剌城，711年占领花剌子模绿洲，712年攻占撒麻耳干城，713年掠夺石国，713至715年攻占拔汗那。

706年，屈底波率军渡阿姆河，兵锋直指沛肯特城。在获悉这一消息以后，沛肯特城民一边加强城防设施，一边派人到邻近各地求援。当屈底波的军队进入河中地区之时，从四面八方赶来的昭武诸国军队包围了阿拉伯人，时间长达两个月之久。在此形势下，阿拉伯军心不稳，有人提出了撤军的要求。屈底波将此人斩首示众，阿拉伯士兵背水一战，最终击退了昭武国家的联军。阿拉伯人乘胜追击，斩俘大半，包围了沛肯特城。据《不花剌史》记载，“该城很坚固，实力雄厚。在古代曾有‘壁垒’和‘铜堡’之称”。沛肯特城被围50天，阿拉伯人死伤甚多，屈底波以悬赏鼓励士气，他宣布：“无论是谁攻入缺口，我都将给他奖赏，如果战死，就把奖赏给他的孩子们。”[2]此后，阿拉伯人攻占该城，沛肯特城民求和，屈底波规定了贡赋数额，留下其副将瓦尔卡·伊本·巴希里（Varka ibn Nasr el-Bahili）为该城长官。之后，他率军去攻安国的其他城市。

屈底波走后，瓦尔卡在城内胡作非为，强占了一位富商的两个漂亮的女儿，商人找到瓦尔卡论理说：“沛肯特城是一个大城，全城上下，你为什么偏偏霸占我的两个女儿？”瓦尔卡毫不理会，无奈之下，商人跳起来朝他扑去，向他腹部捅了一刀，于是，沛肯特城民反阿拉伯驻军的起义爆发，瓦尔卡及其士兵在起义中被杀。屈底波获悉，回师镇压，沛肯特城再次遭到围攻。一个月之后，城破，沛肯特城民再次求和。这一次，屈底波毫不留情地处死了所有进行过抵抗的人，妇女儿童被俘为奴隶，不允许赎身。有一个故事说，

---

① W. Barthold, *Turkestan Down to the Mongol Invasion*, pp.187-188.

② Narshakhī, *The History of Bukhara*, p.44.

屈底波破城以后，在一座寺庙中发现了一个4000迪尔汗重的银制佛像及高脚酒杯等银器，总重量达到了15万密塞珂（mithqāls）。[1]屈底波将这些战利品送给了他的顶头上司哈加吉，将缴获的大量兵器分给了士兵。沛肯特城与阿拉伯人签订了条约，每年向他们缴纳贡赋，以此换取和平。若干年以后，外出经商的一些商人回到沛肯特城，用金钱赎回了被阿拉伯人占有的妻室儿女和亲戚眷属，并重建了遭到战争破坏的城市。

沛肯特城的悲惨遭遇使昭武诸国统治者认识到阿拉伯人势力的强大，在康国国王塔尔汗的号召下，昭武诸国团结起来，与此同时，他们还积极寻求与突厥人[2]联合，共同抵抗阿拉伯人。然而，昭武国家与突厥人的联盟是不稳固的，它很快被敌人瓦解了。在一次战斗中，联军在塔兰、洪奔和拉米坦之间的一个村子里包围了屈底波，反对屈底波的军队大约有4万人。[3]屈底波用计离间了昭武国家与突厥人的联盟。屈底波手下部将海雅恩·阿尔·纳巴迪前来拜见康国国王塔尔汗，他说："我们仅在气候暖和的季节才待在这儿，为时不长。现在天气冷了，我们不得不离开。我们在这里时，突厥人就打我们；我们不在这里时，他们的矛头自然就会集中指向您。粟特是个迷人的好地方，世界上再也没有任何地方能与之相比。您认为他们会任你占有粟特，就这样返回突厥斯坦吗？您摆脱不了困境，因为他们将夺走您的王国。"他劝塔尔汗道："与屈底波讲和，给他些东西。告知突厥人，就说我们已从哈加吉处获得增援，一支强大的援军正由基什和纳赫沙白的路上开来。就说你将远撤。这样，他们也将撤走。此时，您就与我们媾和，订一个和约，因为我们并不希望您遭受灾难或受到损失。这样的话，您就能摆脱困境了。"[4]于是，塔尔汗私下派使者与屈底波讲和，并送去价值2000迪尔汗的礼物，

---

① Narshakhī, *The History of Bukhara*, p.45；密塞珂是重量单位，略重于三又二分之一克。

② 此时在突厥斯坦地区的突厥人是突骑施人。

③ Narshakhī, *The History of Bukhara*, p.45.

④ Ibid., p.46.

此后，他吹响号角撤离战地。他对联军说："当心，哈加吉已派出一支军队，正从基什和纳赫沙白方向开来，从后面攻击我们。那样一来，我们就腹背受敌了。我正撤出阵地，准备向远处退却。"[①]突厥王马甘农派人去探听，在得到报告之后，也吹响号角下令撤退。

摆脱困境之后，阿拉伯人迅速越过铁门关，准备渡阿姆河返回呼罗珊，途中接到哈加吉令他攻安国的命令，于是，屈底波掉头取道那色波、渴石，兵临安国，与安国军队交战，然而，最终未能占领安国。屈底波向哈加吉报告了战况，哈加吉坚持要他完成征服安国的任务："镇压渴石，毁掉那色波，赶走（安国统治者）瓦尔丹！"[②]

708年初，屈底波再次攻安国，安国国王瓦尔丹在突厥人的援助下与阿拉伯军队相持很久，阿拉伯军队未能攻下不花剌古城。最后，阿拉伯塔明部酋长瓦基（Waki）率领步兵和骑兵猛攻，突厥兵被击退。在此形势下，不花剌城主哈吐恩与屈底波签订了和约，被迫称臣纳贡，条件是不花剌每年向哈里发进贡20万迪尔汗，向呼罗珊总督进贡1万迪尔汗。此外，不花剌城民把自己一半的土地和房屋腾出来给阿拉伯人居住，还要为阿拉伯人的战马提供饮料，供给他们柴火。史书记载说，阿拉伯人抽税项目繁多。由此观之，屈底波时期，阿拉伯人在河中地区不仅仅是进行掠夺，而且确立了统治。

709年，屈底波率领一支庞大的军队又来到不花剌郊区。屈底波宣布，谁交一个敌人的头颅来就赏给100迪尔汗，安国再次臣服，屈底波在阿拉伯军队的大本营里矗立着一座用河中地区战士的人头垒成的"金字塔"。[③]河中地区为之震惊，是年，康国国王塔尔汗被迫与阿拉伯人求和，签订条约，称臣纳贡。正在此时，吐火罗国和愉

---

① Narshakhī, *The History of Bukhar*, p.47.

② 护达是波斯语称号，意为"首领"，参见王治来：《中亚史》第1卷，第221页。

③ 魏良弢：《阿拉伯进入中亚与中亚伊斯兰化开始》，《新疆大学学报（哲学·人文社会科学版）》2005年第3期。

漫等小邦发生了反阿拉伯人的起义，由于后方不稳，屈底波同意不掠夺撒麻耳干城，班师回国。屈底波走后，康国城民对塔尔汗的行为不满，将其废黜，另立乌勒伽为康国王。乌勒伽在位期间（710—739）与阿拉伯人进行了长期的斗争，表面上他臣服于阿拉伯人，信奉伊斯兰教，暗地里却向唐朝请求援助，以驱逐阿拉伯入侵者。乌勒伽对阿拉伯人进行过有效的抵抗。

在此期间，花剌子模也遭到了阿拉伯人的攻击。阿拉伯人首次出击花剌子模是在7世纪末，当时，呼罗珊总督乌玛亚·伊本·阿布杜拉（693—697年执政）攻占了花剌子模国首都柯提，迫使花剌子模沙[①]签订了一个条约，承认哈里发的统治。在阿拉伯人撤走之后，花剌子模人不承认这一条约。702—705年，呼罗珊总督耶济德·伊本·穆哈拉布企图重新攻占花剌子模，但没有成功。在屈底波任总督期间，征服花剌子模的机会来了。

711年，花剌子模地区发生了内乱，712年，花剌子模沙契甘（Chighan）之弟霍尔札德（Khorzad）在马兹达克教派的支持下篡夺了契甘的权力，操纵了国家的立法权。此外，花剌子模国还存在一个分裂政权——喀姆吉尔德国，喀姆吉尔德国国王站在霍尔札德一边反对花剌子模沙契甘。为了除掉这两个敌人，契甘暗中派人向屈底波求援，答应承认哈里发的权力，向呼罗珊总督称臣纳贡，并将花剌子模的三个城市的金钥匙作为信物交给屈底波，屈底波同意了他的请求。

屈底波一方面出兵佯攻康国，一方面向花剌子模绿洲进发。当阿拉伯人出现在花剌子模国的哈扎拉斯普（Hazarasp）城之时，花剌子模沙以阿拉伯军队势力强大为借口建议部下放弃抵抗，花剌子模沙与屈底波缔结了条约，答应给屈底波钱和其他财富，还有一万头牲畜。接着，屈底波及其弟阿布都拉赫曼分别向喀姆吉尔德国和霍尔札德进军。阿布都拉赫曼攻下喀姆吉尔德国，杀其王，俘获并

① 花剌子模沙，是波斯称号，即花剌子模国国王。

处决了4000名战俘；屈底波俘获霍尔扎德及其亲信，把他们交给花剌子模沙，花剌子模沙下令将他们全部处决。屈底波留部将易勒雅斯·伊本·阿卜杜拉·伊本·阿慕尔驻守花剌子模国。

屈底波离开之后，花剌子模人民起义，杀了背叛国家的花剌子模沙。屈底波获悉后率军返回花剌子模镇压起义，免去了伊本·阿慕尔的职务，由其弟阿布都拉赫曼取而代之。在一段时间内，阿布都拉赫曼维持了在花剌子模的统治，但不久花剌子模人民反叛再起，屈底波部将基尔·伊本·阿卜杜拉率兵前往镇压。据史学家比鲁尼记，叛乱被镇压下去以后，阿拉伯人对花剌子模进行了野蛮的掠夺，许多有价值的文物和花剌子模文手稿被摧毁。

在镇压了花剌子模起义之后，屈底波再次出兵撒麻耳干，花剌子模和不花剌国王的军队也加入到阿拉伯人的军队中。712年，屈底波攻康国，阿拉伯人的破城机日夜攻凿城墙，粟特人英勇防守了一个月，城市才被攻陷。当时，康国国王乌勒伽的地位尚未巩固，拥护原国王塔尔汗的贵族集团暗通阿拉伯人，他们中的领导者是米国都城钵息德（地在今片治肯特城，离撒麻耳干城东大约60公里）城贵族德瓦什提奇（Dewashtich）。德瓦什提奇以扶持塔尔汗之子为借口，自取“粟特国王、撒麻耳干之主”称号，他站在阿拉伯人一边。[①]撒麻耳干城民与阿拉伯人的斗争十分惨烈，阿拉伯人砍下被杀死者的头颅，在耳朵上写上他们的名字，带在腰上，返回自己的营盘领赏。一个参加战役的阿拉伯人说：“我们没有一个人在腰上不挂着有名望的敌人的头……我也拿着最好的武器、贵重的织品、黄金腰带和华美的马匹，于是屈底波把这一切都奖给了我们。粟特人因此而气馁，屈底波把石弩对准他们开始射击，他经常不断地同他们战斗。”[②]

国王乌勒伽最终投降并被迫签订了极其苛刻的条约，条约规

① 魏良弢：《阿拉伯进入中亚与中亚伊斯兰化开始》，《新疆大学学报（哲学·人文社会科学版）》2005年第3期。

② 同上。

定：康国一次交付 200 万迪尔汗和 3000 个成年奴隶，交出拜火庙的宝藏，以后每年交纳 20 万迪尔汗。此外，撒麻耳干人必须在自己的城内为阿拉伯人修建清真寺，并且不准驻有粟特人军队。[①] 阿拉伯人对撒麻耳干城的掠夺采取了近乎杀鸡取卵的做法，对撒麻耳干城造成了极大的破坏。因此，以德瓦什提奇为首的势力改变了立场，投入到反阿拉伯人的阵营中。

715 年，唐朝封突骑施汗苏禄为金方道经略大使。在接受唐朝的封号之后，突骑施汗苏禄与阿拉伯人进行了多次战争。在这些战斗中，苏禄名声大振，成为中亚各族人民尊崇的英雄和唐朝守卫西部边疆的有力屏障。然而，苏禄在势力强大起来之后，野心膨胀起来，把矛头对准了唐朝的地盘。717 年，苏禄与阿拉伯人和吐蕃联合攻打唐朝的安西四镇，联军被击败。正是此时，阿拉伯人对河中地区发动了大规模攻势。718 年，阿拉伯将军加拉赫在河中地区的北部取胜，并筹划入侵唐朝的领土。

718 年，康、安、俱蜜等国告急文书纷纷送到唐朝。719 年，俱蜜国王子遣使上表向唐玄宗乞援。[②] 俱蜜国在今卡拉特金地区，位于东方通往巴里黑的路上，是一个战略要塞。国王那罗延在上表中说："今大食来侵，……臣国内库藏珍宝及部落百姓物，并被大食征税将去。伏望天恩处分大食，令免臣国征税。臣等即得久长守把大国西门。"[③] 719 年，康国国王乌勒伽向唐朝奏表求援说："从三十五年来，每共大食贼斗战。每年大发兵马，不蒙天恩送兵救助，经今六年，被大食元率将异密（即呼罗珊总督）屈底波领众军兵来此共臣等斗战。臣等大破贼徒。臣等兵士亦大死损。为大食兵马极多，臣等力不敌也。臣入城自固，乃被大食围城，以三百抛车傍城，三穿大坑，欲破臣等城国。伏乞天恩知委，送多少汉兵来此，救助臣苦

① 魏良弢：《阿拉伯进入中亚与中亚伊斯兰化开始》，《新疆大学学报（哲学·人文社会科学版）》2005 年第 3 期。

② （北宋）王钦若等编：《册府元龟》，第 11722—11723 页。

③ 张星烺编注，朱杰勤校订：《中西交通史料汇编》第 2 册，第 734—735 页。

难。”[1]他还说：“其大食只合一百年强盛，今年合满。如有汉兵来此，臣等必是破得大食。”[2]是年，安国王上表唐玄宗：“年来被大食贼每年侵扰，国土不宁，付乞天恩兹泽，救臣苦难，仍请敕下突厥（骑）施，令救臣等。”

720 年末，在突骑施人的支持下，中亚人民举行了反阿拉伯人的起义。据阿拉伯史书记载，此时率突骑施兵进入河中地区的人名叫库尔苏勒（Kursul），与汉文史料对照来看，此人应该是突骑施的莫贺达干。在河中诸国的支持下，突骑施军队与河中居民一起反抗阿拉伯人，并且向撒麻耳干城进军。

721 年，新任呼罗珊总督萨亦德·哈拉什（Said b. Amiral-Harashi，721—722 年执政）派军队到河中地区。当时，以撒麻耳干为首的中亚居民固守沛肯特城东约 120 公里、泽拉夫善河左岸的阿巴尔加尔城堡（Abargar，即今穆格山城堡）。[3]随着阿拉伯军队的逼近，粟特人从城堡中出击，在离城堡六七公里的库姆村附近的峡谷中与敌人交战。阿拉伯人获胜，进而围攻城堡。结果，以德瓦什提奇为首的反抗者放弃抵抗，向阿拉伯人投降。起义者接受了阿拉伯人的条件：返回粟特地区、交纳土地税和释放阿拉伯战俘。然而，在粟特人解除武器以后，阿拉伯军队开始了屠杀。722 年夏，阿拉伯军队再次占据了粟特地区，粟特居民进行了英勇的抵抗，斗争最终被阿拉伯军队镇压下去了。在此次镇压中，德瓦什提奇被钉在十字架上，他的头颅被送往倭玛亚王朝哈里发处。阿拉伯人在粟特地区进行大肆掠夺，在每个农民的脖子上都打上烙印，以便征收人丁税。

唐朝由于吐蕃的牵制无暇西顾，河中地区的昭武国家纷纷倒向了阿拉伯人一边。尽管如此，河中地区仍寄希望于唐朝。726 年，安

---

① （北宋）王钦若等编：《册府元龟》，第 11722—11723 页。719 年 7 月，亦即希吉勒（回历）第 100 年。

② 同上书，第 11723 页。

③ 阿拉伯人征服以后穆格山城堡被废弃，穆格山城堡在撒麻耳干以东约 140 公里的穆格（Mug）山，1933 年，在城堡废墟中发现了一批 8 世纪粟特文书，被通称为《穆格山文书》，史料价值很高。1947 年，开始对遗址进行发掘。

国国王笃萨波提派其弟阿尔斯兰（突厥语“狮子”之意）到唐玄宗皇帝的宫廷求援。[①] 他在其表文中说：“从此年来，被大食贼每年侵扰，国土不宁。伏乞天恩慈泽，救臣苦难。仍请敕下突骑施，令救臣等。臣即统领本国兵马，计会翻破大食。”[②]

727 年，新任呼罗珊总督阿什拉·伊本·阿布达拉（Ashras ibn ‘Abdullah，727—730 年执政）实行残酷的宗教压迫和税收，再次引起粟特地区的反叛起义。这次起义也得到了突骑施人的支持。“苏禄都支持造反的德赫干，反对阿拉伯人，使后者遭到如此大的损害，以致他们给他取了个阿布·穆扎希（狂奔的公牛）的绰号。”[③] 苏禄率领的突骑施军队大获全胜，收复了不花剌城。在斗争中，康国、安国、石国及拔汗那的百姓与苏禄可汗一起围攻阿什拉·伊本·阿布达拉。阿什拉越过阿姆河逃离，苏禄乘胜追击，兵锋一度抵达呼罗珊，阿拉伯人被驱逐到阿姆河以南地区，他们在河中地区的据点仅存撒麻耳干及其附近的两个小据点卡马尔加（Kamarja）和达布西亚（Dabusia）。他们得到了康国王乌勒伽的支持，所在能够守住撒麻耳干。

730 年，阿拉伯人易帅，朱奈德（Junayd b. Abdur-Rahmanal-Murri，730—734 年执政）出任呼罗珊总督。731 年春，撒麻耳干的阿拉伯长官萨乌拉（Sawra）遣使向朱奈德求援。朱奈德率领一支人数不多的军队渡阿姆河到达渴石，在此征集了一些地方武装。为了避开起义军，朱奈德取道绍达尔山（Shawdar）前往，但是，在距撒麻耳干约 60 里之处的一个山隘中遭到突骑施军队的袭击和包围，朱奈德一方面掘壕自卫，一方面命令萨乌拉前来救援。萨乌拉抄山间近路赶来，在距朱奈德 12 里之处受到突骑施军队的攻击。突骑施汗苏禄断其水源，兼施火攻，复大破之，1.2 万阿拉伯士兵仅余千人。[④] 包括萨乌拉在内的多数人丧命，残留余众也遭到突骑施骑兵的

---

① 〔法〕勒内·格鲁塞：《草原帝国》，第 157 页。

② （北宋）王钦若等编：《册府元龟》，第 11722 页。

③ W. Barthold, *Turkestan Down to the Mongol Invasion*, p.187.

④ 王治来：《中亚史》第 1 卷，第 233—234 页。

追杀。与此同时，朱奈德军队侥幸从被围困的山隘中突围，逃到了阿拉伯军驻地撒麻耳干。他们派人向哈里发希沙姆报告，哈里发立即派了两万人马携带大批武器辎重从巴士拉与库法向东进发。

在此期间，朱奈德提高了士兵的饷银，在克尔米纳（Karminia）附近的一次战斗中，阿拉伯人打败了突骑施军队。突骑施汗苏禄准备在不花剌绿洲的塔瓦维斯（Tawawis，意为“孔雀”）袭击阿拉伯人的后卫部队，但此事泄密致使突骑施人遭到失败。时已冬季，突骑施人返回锡尔河以北草原，阿拉伯人重新攻占安国。俄国学者巴托尔德评价说：“（朱奈德）经过重大的困难才保住了自己的军队和击退突厥人。”朱奈德以保住不花剌与撒麻耳干为满足，在任职期内，再也没有进行攻城略地的战争。

苏禄在这些战争中表现突出，唐朝为他庆功，“上宴之于丹凤楼”。此后，苏禄再次叛唐。734 年，突骑施围攻疏勒、北庭和拨换，引发了突骑施与唐朝的大规模军事冲突。苏禄可汗欲占安西四镇的企图失败了，此后他遣使向唐朝求和。

737 年，阿拉伯军队在朱尔占（Jurjan）战役中打败突骑施军队，苏禄可汗被围后死里逃生。[1] 此战之后，突骑施汗国发生了内乱，突骑施人退出了河中地区，突骑施汗国由盛转衰。突骑施汗国的衰亡使唐朝丧失了与阿拉伯人正面对抗的力量，唐朝与阿拉伯人的直接冲突不可避免。

第三节　锡尔河以北、以东地区[2]

712 年以前，争夺突厥斯坦和费尔干纳的战争主要发生在唐朝

① 〔法〕张日铭：《唐代中国与大食穆斯林》，第 28 页。

② 阿拉伯人入侵时期，“河外地”与“突厥斯坦”是两个完全不同的地理概念。前者指阿姆河与锡尔河之间地区，后者指锡尔河以北、以东的草原。《世界境域志》将河中、呼罗珊、费尔干纳、花剌子模的柯提等地称为通往突厥斯坦的门户，也证明了突厥斯坦限指中亚东北部草原。

与吐蕃之间。

657 年，唐灭西突厥汗国，确立了对中亚北方草原的统治。建国之初，吐蕃王朝势力仅限于今青藏高原的范围，663 年，吐蕃灭吐谷浑之后迅速强大起来，与西突厥人联合将势力伸入中亚东部地区，开始与唐朝争夺安西四镇。

665 年，西突厥弓月部人“共引吐蕃之兵，以侵于阗”，唐朝令西州都督崔知辩、左武卫将军曹继叔将兵救援。670 年，吐蕃“入残羁縻十八州，率于阗取龟兹拨换城，于是安西四镇并废”。此后，安西四镇数度易手，直到 692 年，唐朝武威军总管王孝杰与武卫大将军阿史那忠节联兵破吐蕃，安西四镇的争夺战才告一个段落。唐朝收复安西四镇以后，“以汉兵三万镇守”，加强了西域的戍卫。

安西四镇归唐之后，吐蕃开始操纵西突厥两厢汗国，企图控制西突厥部落的游牧之地。

667 年，阿史那步真去世，西突厥十姓无主，由阿史那都支与李遮匐统帅的两大部落归附吐蕃，吐蕃开始干预唐朝属部西突厥十姓的事务。692 年，阿史那元庆在长安被害，长子阿史那俀子逃亡吐蕃。693 年，他在吐蕃人的扶持下在碎叶河流域恢复了西突厥汗国。此后，吐蕃与阿史那俀子联合出兵扩大地盘。697 年，吐蕃控制了西突厥两厢汗国的西部，即弩失毕部辖境。接着，阿史那俀子的叔父阿史那仆罗与阿悉吉薄露先后接受了吐蕃的册封，成为附蕃西突厥可汗。

8 世纪初，吐蕃开始插手拔汗那（今费尔干纳盆地）事务。在唐高宗时，拔汗那国曾遣使朝贡，658 年，拔汗那国成为唐朝的属地，唐朝在此设置了休循州都督府，都督府治所设在拔汗那国东部的渴塞城，以突厥族人为都督。为了平衡拔汗那国东、西部之间的关系，唐朝在拔汗那国西部设州刺史一职，由拔汗那国王担任。710 年以后，拔汗那国的地理位置对唐朝、阿拉伯和吐蕃三方来说都十分重要了。

阿拉伯人占领河中地区之后，拔汗那国是继续东进的基地；对唐朝来说，拔汗那国取代了吐火罗斯坦成了唐朝的“西大门”；对吐蕃来说，在唐朝加强了于阗的防御之后，拔汗那国是吐蕃进入中亚的交通孔道。

712年以后阿拉伯人开始涉足费尔干纳，并与吐蕃一起对付唐朝。712年，屈底波攻占撒麻耳干城，开始东进锡尔河中上游的拔汗那国。当屈底波逼近拔汗那国境之时，拔汗那地区统治者瓦尔丹·护达采取顽强抵抗的态度，最终战死疆场。此战之后，屈底波夺取了拔汗那的西部地区，吐蕃与阿拉伯人在此操纵拔汗那王的废立。715年11月，阿拉伯人与吐蕃人废除了旧拔汗那王，另立一位名叫阿了达（Aliaota）的人为新王。

吐蕃和阿拉伯人对拔汗那国的入侵和操纵不仅侵犯了唐朝在拔汗那国的宗主权，而且对唐朝的安西四镇及帕米尔地区政权也构成了威胁。唐朝不能容忍阿拉伯人和吐蕃在此地的活动。“715年至750年间，中国之外交与军事活动，常以葱岭为重，盖欲西御大食，南抗谋取中亚诸国之吐蕃，计不能不出此也。”①拔汗那国王被逐之后，逃往安西都护府治所龟兹求援，当时在此巡视的监察御史张孝嵩对安西节度使吕休璟说：“不救则无以号令西域。”②

715年，唐朝对阿拉伯和吐蕃联军发起反攻，组织了定远道行军。这次行动兵分两路：一路由北庭大都护阿史那献统率北庭翰海军汉、蕃精锐出北道，渡碎叶川，西数千里，越葱岭，进入拔汗那国；另一路由监察御史张孝嵩领安西兵，出龟兹下数百城，攻入西拔汗那。③此战之后，吐蕃势力被逐出拔汗那。阿拉伯人也因主帅屈底波被杀而退兵。④在张孝嵩的扶持下，旧王复位。张孝嵩胜利的消息传到了中亚各地，“于是拂林、大食诸胡七十二国皆震恐，咸归附”⑤。

---

① 〔法〕沙畹：《西突厥史料》，第266页。

② （北宋）司马光主编：《资治通鉴》，第6713页（按，此原文不见于新旧《唐书》等唐代史籍）。

③ 李方：《怛罗斯之战与唐朝西域政策》，《中国边疆史地研究》2006年第1期。

④ 大食军撤出拔汗那的时间是回历96年都尔黑哲月，即公元715年8月7日至9月4日之间。

⑤ （北宋）欧阳修、宋祁：《新唐书》，第6252页。

此后，呼罗珊总督哈拉什率军取道不花剌和撒麻耳干再次围攻拔汗那，拔汗那国王被迫答应缴纳10万迪尔汗和许多奴隶以求和平。然而，一天夜里，“当大多数阿拉伯人还在熟睡之时，拔汗那王率士兵万人对阿拉伯人发起袭击，杀死许多阿拉伯人。阿拉伯主力迅速赶来击退了拔汗那军队，斩其王及随从二千人”[①]。

事隔两年，新任呼罗珊总督穆斯里姆（Muslim b. Said al-Kilabi，722—727年执政）出兵攻打东拔汗那国，引发了著名的渴水日之战。724年，穆斯里姆率军渡过锡尔河，包围了东拔汗那国首府渴塞城，阿拉伯军队砍伐果树，大肆蹂躏。突骑施军队“奉（唐朝）诏出征”，阿拉伯人闻讯撤退，沿路受到攻击，他们不得不焚烧辎重，轻装撤退。在抵锡尔河岸之时，道路又被石国和拔汗那人所阻，饥渴的阿拉伯军队夺路而逃，断后部队的指挥官丧命，残兵败将最终从忽毡撤回撒麻耳干。[②]河中地区各国获得这一消息以后，康、石诸国复归于唐，暂时遏制了阿拉伯东扩的势头。

有学者评价说：“这次灾难在阿拉伯的征服史上是一个划时代的事件。这实际上是阿拉伯人十五年中对河中的最后一次入侵，但更重要的是打击了阿拉伯人的威望。现在作用倒转过来了。从此以后，阿拉伯人发现自己成了防守的一方，并且逐渐地被从阿姆河外的所有地区驱逐出去。”[③]直到751年怛逻斯战役以前，唐朝一直牢固地控制着拔汗那国，吐蕃和阿拉伯人不得染指，这一点从以下事件反映出来。

739年，拔汗那王阿悉烂达干曾与石国莫贺咄吐屯协助碛西节度使盖嘉运平定了突骑施汗吐火仙，拔汗那王阿悉烂达干因“助平吐火仙”有功，740年被唐拜为奉化王。此战之后，拔汗那国获得数万“散发之民”，由此政治势力加强。741年，唐朝将其国改为宁远。宁远国地当葱岭北道的要冲，唐朝特加优礼，两国间保持友好关系。

---

① 王治来：《中亚史》第1卷，第230页。

② A. R. Gibb, *Arab Conquests in Central Asia,* p.66.

③ Ibid..

744年，唐玄宗赐拔汗那王“窦”姓，又封宗室女为和义公主，下嫁宁远王。

唐朝与吐蕃和突骑施争夺锡尔河以北地区发生在715年至744年之间。

715年吐蕃被唐定远道行军逐出拔汗那国之后，转而进攻安西四镇，这一战争进行了近20年（715—733）。在吐蕃人的积极拉拢下，突骑施人多次参与了吐蕃攻打安西四镇的战争，吐蕃公主嫁给苏禄可汗为可敦，军事合作因双方的和亲得到加强。与此同时，吐蕃继续与阿拉伯人联合，吐蕃与阿拉伯人联军于717年包围了离安西都护府龟兹不远的拨换城。为了保卫安西四镇，唐朝军队与阿拉伯人发生了第一次面对面的战争，此战以阿拉伯、吐蕃、突骑施联军的失败告终。725年，在吐蕃的唆使下，于阗国叛唐。“于阗王尉迟眺阴结突厥及诸胡谋叛，安西副大都护杜暹发兵捕斩之，更为立王。”[①]727年，吐蕃攻陷唐朝瓜州，移军西上，与突骑施连兵攻安西。此役，吐蕃人在瓜州掠夺到很多财物，据《赞普传记》一书的记载：“是故，赞普得以获大量财物，民庶、黔首普遍均能穿着唐人上好绢帛矣。”[②]729年，“瓜州刺史张守珪率伊、沙等州兵破虏大同军，又信安王祎出陇西，拔石堡城，即之置振武军”[③]。此后，“吐蕃兵数败而惧，乃求和亲”[④]。730至733年，唐蕃双方之间使者往来不绝。733年，唐蕃双方在赤岭（今青海日月山）立碑分界。

解决了吐蕃之后，唐朝开始对付突骑施汗国。734年，唐朝曾有意与阿拉伯人联合共击突骑施，玄宗皇帝在对安西四镇节度使王斛斯的敕令中说：“得卿表，并大食东面将军呼罗散诃密表，具知卿使张舒耀计会兵马回。此虽远蕃，亦是强国。观其意理，似存信义。若四月出兵是实，卿彼已合知之。还须量意，与其相应，使知此者

① 王小甫：《唐、吐蕃、大食政治关系史》，北京大学出版社1992年版，第169页。

② 同上。

③（北宋）欧阳修、宋祁：《新唐书》，第6084页。

④（北宋）司马光主编：《资治通鉴》，第6790页。

计会，不是空言。且突骑施负恩，为天所弃。诃密若能助国破此寇仇，录其远劳，即合优赏。”[①]王斛斯曾遣使呼罗珊总督处，以促使计划的实施，然而，夹击突骑施的计划最终未能付诸实现。于是，唐朝单方面发动了对突骑施的战争。

736年春，北庭都护盖嘉运“击突骑施，大破之”[②]。突骑施人自此不敢侵犯安西和北庭。是年冬，突骑施重返粟特地区，苏禄可汗与呼罗珊总督阿萨德·伊本·阿布达拉赫在此进行了决战。为了避免两面受敌，苏禄派遣大首领胡禄达干到唐朝求和，玄宗皇帝准其所请，并授以苏禄右金吾将军号，赐锦衣一副，帛及彩一百匹。[③]但唐朝并未放松警惕，玄宗皇帝在给盖嘉运的信中说：“今贼虽请和，恃我张势，以防大食之下，以镇杂虏之心，岂是真情，此其奸数”，要他“伺其动静，因利乘便”，“取乱侮亡，不以此时，知待何日”。[④]739年，盖嘉运在石国、拔汗那国和史国的帮助下擒获突骑施可汗吐火仙，立突骑施莫贺达干为小可汗，统领突骑施人。不久，莫贺达干叛唐。744年，唐朝河西节度使发兵讨突骑施，斩莫贺达干。此后，突骑施汗国不再成为唐朝在中亚东部统治的障碍。

突骑施人衰落以后，唐朝毫无遮掩地暴露在阿拉伯人的威胁之下，随着阿拉伯人的东进，双方的边界从锡尔河推移到楚河流域一带。

当唐朝在对付突骑施之时，阿拉伯人正在从河中地区东进锡尔河以东地区。712年，阿拉伯人在入侵拔汗那的同时，进军石国。713年，屈底波的军队在不花剌会师以后，兵分两路，由火寻、佉沙、那色波等国组成的蕃兵北攻石国，由屈底波亲率的阿拉伯军攻拔汗那国。屈底波召集蕃兵组成的军队向石国进发，占领石国之后，烧毁大部分居民点。阿拉伯人虽然取得了此次征服的胜利，但石国的抵抗力量并没有被摧毁。阿拉伯南路军占领了忽毡以后，两路军

① 张星烺编注、朱杰勤校订：《中西交通史料汇编》第3册，第1548页。

② 同上书，第1529页。

③ （北宋）王钦若等编：《册府元龟》，第11455页。

④ 《张曲江文集》卷8，转引自郭平梁：《突骑施苏禄传补阙》，《新疆社会科学》1988年第4期。

队在渴塞汇合。第二年，屈底波再次发动对石国的猛攻，并以此为大本营，向具有重要战略意义的白水城（Isfijab，伊斯比贾布城，今哈萨克斯坦奇姆肯特市郊的赛拉姆村）进军。占领白水城之后，屈底波切断了西突厥军队南下的通道。

在康国国王乌勒伽投降并得到阿拉伯承认为粟特国王以后，曾经拥护阿拉伯人的片治肯特贵族德瓦什提奇改变了立场，他组建了反阿拉伯人的联盟。当时，德瓦什提奇向石国（柘支国）派出使者法图法伦。法图法伦出使石国之后呈给德瓦什提奇的一份报告在穆格山文书中保存下来，报告写道："君主，我从这里到达柘支国主那里。君主，我于是向吐屯递上书信，我并且完整地、一点也没有遗漏和歪曲地向吐屯和'辅臣'讲了必须要口头表达的话。君主，给可汗的书信和给费尔干国王的书信我已通过费尔干'图图克'转交费尔干国王。君主，我之所以不能前往，君主，是因为听说，完全不能见到可汗。君主，我从吐屯和'辅臣'那里得到书信和答复……而苏对沙那地区全部放弃了。君主，我单独一人，没有伴侣，君主，我因此不敢前去。君主，因此我又回到柘支。君主，因此我诚惶诚恐。君主，吐屯按照同阿拉伯人的停战协定后退了。君主，按照停战协定，扎姆拉瓦兹和波斯统帅退走了——据传闻，为得到赎金和使军队避开阿拉伯人……君主，吐屯同塔尔班德签订协议，君主，他得到了全部土地。君主，据传闻，'停战'使'辅臣'很忧愁，同时他也害怕你，因为他从未到过你这里。"[①]文中谈到的吐屯是石国国王莫贺咄吐屯。从报告来看，当时，石国国王已经与阿拉伯人签订了和约。

715 年，阿拉伯新哈里发苏莱曼继位（715—717 年在位），屈底波失宠，企图叛变，举家迁到拔汗那。但他的部下不愿再替他送命，便杀死了他及其家人。此后，石国一直承认唐朝的宗主地位。739 年，莫贺咄吐屯与拔汗那王一起协助唐朝平定突骑施吐火仙，事后，唐

① 魏良弢：《阿拉伯进入中亚与中亚伊斯兰化开始》，《新疆大学学报（哲学·人文社会科学版）》2005 年第 3 期。

朝“以石国蕃王莫贺咄吐屯有功，封为石国王，加特进，仍赐旌节。翌日，又册为顺义王”。

至于石国以北的西突厥十姓之地，阿拉伯人在屈底波的率领下曾攻掠过楚河以南的西突厥人居地，他们将此地称为突厥斯坦。但直到751年以前，阿拉伯人未能占领此地。

8世纪上半叶，唐朝与阿拉伯人、突骑施、吐蕃争夺锡尔河以北、以东地区的战争交替出现，其间还有唐朝与吐蕃争夺帕米尔地区的战争。

吐蕃在与唐朝争夺西突厥汗国故地之时，还出兵占领了帕米尔以西以南地区。8世纪初，唐朝加强了在于阗的防御。当时，吐蕃进入中亚的路线是越昆仑山，从于阗进入喀什噶尔，向西可达费尔干纳，向南可到印度西北地区。这条道在吐蕃兼并羊同甚至更早以前已经形成，它是青藏高原与中亚交通的重要孔道。710年，唐置河西诸军州节度使和加强了于阗的设防，截断了吐蕃从于阗进入中亚的通道。在此情况下，吐蕃西经勃律（今巴基斯坦北部的巴勒提斯坦）绕道帕米尔进入中亚，于是，帕米尔西部的勃律国（Bruzha，克什米尔北部）成为唐蕃争夺的焦点。

8世纪初，吐蕃赞普赤德祖赞（704—754年在位）亲政，赤德祖赞重新厘定户籍和赋税制度，改进政治，使吐蕃王朝国势达到极盛。在此时期，吐蕃曾对帕米尔以西的大、小勃律国发起攻势。唐朝驻北庭节度使张孝嵩向皇帝报告时说：“勃律，唐西门。失之，则西方诸国皆堕吐蕃。”[①]714年左右，吐蕃强行从小勃律“借道”北上，欲攻安西四镇。如果说此前吐蕃可以从其他道路到达帕米尔以西的话，那么现在吐蕃必须经小勃律才能北上到中亚北部草原，此时，突骑施可汗娑葛被后突厥军队擒杀，突骑施汗国无主，吐蕃急于北上西突厥十姓故地。

中文和藏文史书对吐蕃征服小勃律国的记载较为详细。722年，

---

① （北宋）欧阳修、宋祁：《新唐书》，第6083页。

吐蕃进攻小勃律，夺其九城，小勃律王没谨忙向北庭求救，节度使张孝嵩率兵前往，在小勃律兵的配合下，“大破吐蕃，杀其众数万，复九城”，此战之后，吐蕃不敢西向。

几年之后，以大勃律国为首的帕米尔西南部国家臣属于吐蕃。据《往五天竺国传》记载：“又迦叶弥罗国东北。隔山十五日程。即是大勃律国、杨同国、娑播慈国。此三国并属吐蕃所管。衣着言音人风并别。”[①]慧超途经勃律，大约在727年，由此可见，8世纪20年代末，帕米尔西南一些国家已为吐蕃控制。734年，吐蕃破大勃律，《新唐书》云：“大勃律，或曰布露，直吐蕃西，与小勃律接，西邻北天竺、乌长。地宜郁金，役属吐蕃。”

737年，吐蕃又破小勃律。吐蕃《大事纪年》第88条记载：及至牛年（737），“论·结桑龙（东）则布引兵至小勃律国。冬，赞普牙帐居于扎玛，小勃律王降，前来致礼”；及至龙年（740）夏，“赞普牙帐驻于册布那之昂林。嫁王姐器玛屡与小勃律君（Bru xha rje）为妻”。吐蕃攻下小勃律国以后，以联姻方式拉拢小勃律国王，使“故西北二十余国皆臣吐蕃，贡献不入”。吐蕃重兵驻扎于小勃律，由于从小勃律北上可控制帕米尔南部的东西通道，吐蕃控制其地后不仅威胁着唐朝在中亚的统治，而且阻断了唐朝与中亚及南亚各国的交通，因此，唐朝安西四镇节度使田仁琬等人于742—746年间三次讨伐小勃律，未能获胜。

在打败突骑施汗国以后，唐朝决心收复在帕米尔的失地。747年，唐玄宗诏安西副都护高仙芝讨小勃律。高仙芝本是高丽人，出身将门之家。二十余岁即拜为将军，到开元末，升任安西副都护、四镇都知兵马使。高仙芝军至吐蕃连云堡（今阿富汗东北的萨尔哈德），吐蕃上万兵在此防守。在攻城战斗中，唐军斩五千人，活捉千人，获得战马千余匹，“军资器械不可胜数”[②]。高仙芝留给监军边令诚率

---

① （唐）慧超著，张毅笺释：《往五天竺国传笺释》，中华书局2000年版，第64页。

② （后晋）刘昫等：《旧唐书》，第3204页。

三千兵守城，自己率千余人深入小勃律。高仙芝分兵三路攻占小勃律全境，俘虏小勃律国王及吐蕃公主。唐改其国号为归仁，设军镇守。唐朝在争夺大小勃律的斗争中取得了胜利，加强了唐朝对帕米尔及其附近地区的影响。唐朝在由帕米尔通往疏勒的主要通道喝盘陀（今新疆塔什库尔干）设置了帕米尔守捉，扼制了吐蕃的攻势。

在解决了吐蕃势力之后，高仙芝开始对付阿拉伯人。741 年之后，石国与阿拉伯人签订了城下之盟。750 年，拔汗那国请求唐军帮助攻打敌国——石国。当时，安西四镇节度使高仙芝应拔汗那之请，伪与石国国王约和，实则出兵袭击之，虏其王车鼻施及部众而归。[①] 于是，“石国王子逃诣诸胡，具告仙芝欺诱贪暴之状，诸胡皆怒，潜引大食，欲共攻四镇”。

为了对抗唐朝收复中亚的活动，阿拉伯人联合河中地区的所有属国进行反击，751 年，高仙芝兵临阿拉伯人控制下的怛逻斯城（今哈萨克斯坦江布尔城）[②]。在获悉这一消息以后，阿拉伯人迅速组织了十余万的大军赶往怛逻斯城，双方在怛逻斯河两岸部置军队。唐军初战获胜，但随着战斗的进行，高仙芝雇佣的葛逻禄部叛变，从背后包围了唐朝步兵，断绝了他们与骑兵的联系。于是，战争发生了逆转，阿拉伯联军乘唐朝军队混乱之机，出动重骑兵突击唐军，唐军溃败。

怛逻斯之战以后，唐朝暂时退出了中亚争夺，阿拉伯人的统治扩大到中亚东部锡尔河流域。755 年，唐朝国内发生安禄山叛乱，之

---

① 阿拉伯史料此说，参见〔苏联〕巴托尔德：《巴托尔德文集》第 1 卷，莫斯科东方文献出版社 1965 年版，第 254 页。据中国史书记载，高仙芝责“石国王无藩臣礼”为由，发动了对石国的战争。

② 怛逻斯城位于今哈萨克斯坦塔剌思河畔。在《大唐西域记》卷 1 中被译为“呾逻私”；两《唐书·突厥传》作“怛逻斯”；耶律楚材《西游录》作“塔剌思”；常德《西使记》作“塔剌寺”；《嘉庆重修大清一统志》卷 517 作“塔拉斯”；明代陈诚《西域番国志》称之为养夷；后来被称为奥李阿塔（意为“神圣的父亲”）；1936 年改名江布尔，以纪念哈萨克民间诗人江布尔。

后又有史思明叛乱。756—758 年，为平定安史之乱，安西、北庭及河西、陇右驻军大部内调，安西行营奉诏平叛，帮助收复两京。由于中亚驻军的内调，吐蕃陆续占领陇右、河西，安西都护府与唐朝的通道中断，安西四镇留守军队虽孤军坚守，但唐朝因安史之乱而衰，最终放弃了与阿拉伯人的争夺。此后，与阿拉伯人争夺中亚东部的是吐蕃和新兴的葛逻禄汗国。

第四章

政治统治

7 世纪中叶至 8 世纪中叶的 100 年间，唐朝在中亚大部分地区建立的军政合一的都护府制有力地执行了唐朝的政令，完成了有效管理中亚的历史使命；倭玛亚王朝时期（661—750），阿拉伯帝国形成了以伊斯兰教为核心的政教合一的君主专制政体和以总督统治的地方政权，倭玛亚王朝在河中地区的统治具有以武力为基础，以获取经济利益为目标的掠夺性质，真正有效的行政机构实际上没有建立起来；7 世纪，吐蕃王朝在中亚东北部的西突厥人、中亚东部的拔汗那国和中亚东南部的小勃律国中确立过宗主权，但吐蕃的统治是松散和短暂的，史书没有留下多少记载。

第一节　唐朝的都护府统治[①]

7 世纪中叶，唐朝通过都护府制度在中亚实施了有效的政治和军事统治。640 年，唐朝破高昌国，同年，在高昌交河城设置安西

---

① 本节参见钱伯泉：《唐朝在西域的军事建置研究》，《新疆历史研究》1985 年第 1 期。

都护府，管理伊州（今新疆哈密）、西州（今新疆吐鲁番东部高昌古城）、庭州（今新疆吉木萨尔北破城子）三州事务。648年，郭孝恪破龟兹城，安西都护府西移至龟兹。657年，唐灭西突厥汗国，此后，唐朝在中亚地区整顿秩序，派驻军队，屯田戍守，命各部“归其所居，间通道路，列置驿馆，埋瘗骸骨，所在问疾苦，分其疆界，复其产业”，于是，“西域诸国安堵如故”[①]。这些活动有利于中亚经济的发展。

657年，唐在西突厥十姓部落之地置昆陵、濛池二都护府，二都护府隶属于安西都护府。658年，安西都护府升格为大都护府。659年，唐朝设置金山都护府（659—702），治所设在庭州，管辖天山以北、巴尔喀什湖以南、阿尔泰山以西的广大地区，昆陵、濛池二都护府隶属于金山都护府，金山都护府隶属于安西大都护府。661年，唐朝在于阗以西、波斯以东16国，设置16个都督府，隶属于安西大都护府。670年，吐蕃夺取了龟兹城，安西都护府治所迁到碎叶城，692年，唐从吐蕃手中夺回龟兹，693年，安西大都护府治所迁回龟兹，并在此固定下来。

安西都护府从640年开始设置，到808年终止，存在了近170年。[②]安西都护府是唐朝中央政府与中亚羁縻府州之间的纽带，它代表唐朝对中亚地区管理边防、行政和各族事务，都护由汉官充任。唐朝派重兵驻守龟兹、于阗、碎叶、疏勒四镇，它们成为唐朝统治中亚的重要基地。

702年，唐朝在庭州置北庭都护府，取代金山都护府，昆陵、濛池二都护府归北庭都护府管辖。711年，北庭都护府升为大都护府，与安西大都护府分治天山南北。天山以北包括阿尔泰山和巴尔喀什湖以西的广大地区归北庭大都护府统辖；天山以南直至帕米尔以西、

---

① （北宋）王钦若等编：《册府元龟》，第4723页。

② 安西都护和安西大都护府三易其名，其中640—658年、667—685年、689—692年为都护府，共约39年；658—667年、685—689年、693—752年为大都护府，共约71年。安史之乱后，765—778年为都护府，781年后又名为大都护府。

阿姆河流域的辽阔地区属安西大都护府管辖。北庭都护府自 702 年设置，791 年被吐蕃攻陷，存在了约 90 年。

安西和北庭都护府（包括其前身金山都护府）是唐朝在中亚设置的最高行政和军事机构，唐朝依靠这两个机构在中亚实施政治和军事统治。在都护府中，设置了大都护和副大都护。大都护官从二品，仅次于三公，与尚书仆射同列。大都护的职能范围是管理都护府所辖地区的政治和军事事务，包括任命各级官吏，统率边防守军，以及“掌所统诸蕃慰抚、征讨、斥堠，安辑蕃人及诸赏罚，叙录勋功，总制府事”。副大都护二人，官从三品；副都护二人，官正四品。都护府下直属官员有长史、司马、录事参军各一人，录事二人，功、仓、户、兵、法等各曹参军各一人，主管日常事务及民政、赋税、军事、司法、人事、文秘等工作。①

大致而言，都护府的机构分行政和军事两大系统。就行政系统来看，安西、北庭都护府管辖地区依其与内地地理位置的不同，采取两种不同的统治方式。在吐鲁番盆地和北疆东部等与内地毗邻之地，置州县，当时设置了伊州、庭州、西州。州县的官吏由唐朝政府直接任免，州县的各项制度，如均田制、府兵制等，与内地州县相同。②在阿尔泰山以西的突厥人居地、塔里木盆地、锡尔河和阿姆河之间的河中地区，阿姆河以南的吐火罗斯坦，唐朝中央政府实行羁縻府、州制度。“羁”就是从军事和政治上加以控制，“縻”就是以经济和物质利益给以抚慰。

唐朝在西突厥十姓地区设置两个都护府（昆陵和濛池）和若干都督府。《新唐书》记：“唐兴，初未暇于四夷，自太宗平突厥，西北诸蕃及蛮夷稍稍内属，即其部落列置州县。其大者为都督府。”唐在这一地区“分置十六都督府，州八十，县一百一十，军府

---

① 新疆高校历史教材编写组：《新疆地方史》，新疆大学出版社 1992 年版，第 78 页。

② 吴玉贵：《唐代西域羁縻府州建置年代及其与唐朝的关系》，《新疆大学学报（哲学社会科学版）》1986 年第 1 期。

一百二十六，皆隶安西都护府”[①]。在都督府、州内，唐朝保留了该地区原有的社会组织形式，都督、刺史一般委任给降唐或亲唐的本部贵族，他们在其统治区内独立行使职权。

唐朝在塔剌思及帕米尔高原以西至波斯国之间设置16个都督府，册封了都督、刺史。然而，由于远离中央，唐朝对上述两地采取了“臣而不内”、“行虚惠，收实福”的态度。[②]唐朝在以上两地的统治是通过本地统治者实现，唐朝中央政府给城邦国家的统治者授予旗、鼓和号角作为委托统治权的象征。

安西和北庭都护府又是最高军事机构。都护府内的军事系统保证了羁縻制度的实施。在安西和北庭两都护的军事系统中，最高长官大都护和副大都护兼任治府所在地的都督或刺史，握有兵权，北庭大都护府共管辖五个军，四个镇，十四个守捉，一个堡。[③]710年，唐朝中央政府在各都护府又设节度使和都知兵马使各一人，专管当地的军事。节度使一职往往由大都护兼任，都知兵马使一职往往由副大都护兼任。安西都护府大都护除兼任安西节度使外，还兼任过四镇节度使或碛西节度使，北庭都护府大都护除任北庭节度使外，一度也兼任伊西节度使，兼管伊州的伊吾军和西州的天山军。

在都护府之下，唐朝设置了军，军的首脑是经略使，多由刺史兼任；军下是守捉，守捉有守捉使；守捉之下是城，城下为镇，设镇将、副镇将、录事各一人，以及仓曹、兵曹参军二人，镇是唐朝驻屯边防军队的基层单位；镇下有烽，烽下有戍堡，烽、戍有帅。各级军事机构都驻有一定的兵员，配备一定的军马。大军的兵额达万人，守捉城的兵员多则3000—4000人，少则500人。

各级军事机构负有一定的使命，如守捉、戍堡，主要负责保卫本地区安全，镇兵既要经常在自己的管地巡逻，又要扼守城防，遏

① （后晋）刘昫等：《旧唐书》，第1649页。

② 吴玉贵：《唐代西域羁縻府州建置年代及其与唐朝的关系》，《新疆大学学报（哲学社会科学版）》1986年第1期。

③ 钱伯泉：《唐朝在西域的军事建置研究》，《新疆历史研究》1985年第1期。

止来犯之敌。守捉和戍堡均设有关防，检查过往的官吏、行人和客商的过所（通行证），捕捉逃犯或罪人。绝大部分守捉和戍堡都处在交通线上，往往设有驿馆，所以又承担了接待和护送过往使者、官吏，传递国家文书的任务。

安西都护府初设之时，在伊州有伊吾军，在西州设立了天山军。658年以后，安西都护府属下的军、镇、守捉和戍堡等机构逐步建立起来。安西大都护下设立的龟兹、于阗、疏勒、碎叶四镇，兵员和军马遂有定额。“安西都护府，镇兵二万四千人，马二千七百匹。都护兼镇西节度使。”[①] 安西都护府所统率的骑兵称安西兵。

在西突厥十姓地区，安西都护府和北庭都护府也派遣戍兵驻守。安西大都护府在濛池都护府所在地的碎叶城设立一个军，派兵镇守，其余各地未设军。后来，这一地区归北庭都护府管辖，“北庭节度使管镇兵二万人，马五千匹；所统摄突骑施、坚昆、斩啜；又管瀚海、天山、伊吾三军镇兵万余人，马五千匹。”[②] 昆陵和濛池两都护府管辖的游牧民在和平时期，部民放牧牲畜，从事生产，战争时期，一部落即为一都督府，每都督府征发一定的人员参军作战，所以，没有定额的兵员和军马。

安西都护府在塔里木盆地设置的军、镇、守捉和戍堡可分南北两道，北道以龟兹为中心，南道以于阗为中心，两道总汇于疏勒。龟兹道自焉耆东界吕光馆至怛逻斯城，自龟兹镇至疏勒镇，共有焉耆军、龟兹军、碎叶保三个大军，有张三城、于术、榆林、龙泉、东夷僻、西夷僻，赤岸七守捉城，有栗楼烽、碎卜戍两戍堡。于阗道东起且末镇西至葱岭守捉城止，共有于阗、疏勒两大军，有胡弩、且末、固城、吉良、皮山五小军镇，有兰城、坎城、葱岭三守捉城，还有移杜、彭怀两戍堡。在以上地区，安西、北庭两大都护府所属的小军镇、守捉、戍堡由当地的卫士驻守。

---

① （后晋）刘昫等:《旧唐书》，第1648页。

② 同上书，第1645页。

唐朝在安西和北庭都护府管辖的东部地区直接驻军。镇兵大部分来自内地。据史书记载，安西都护府建立天山军之时，太宗欲以高昌为州县，征陇右丁壮镇守，魏征谏曰："今若利其土壤，以为州县，常须千余人镇守，数年一易，每及交番，死者十有三四。遣办衣资，离别亲戚，十年之后，陇右空虚，陛下终不得高昌撮谷尺布以助中国，所谓散有用而事无用，臣未见其可。"然而，唐太宗并没有听从魏征的劝告。"太宗既灭高昌，每岁调发千余人防遏其地。"①从内地派兵镇守中亚给中国内地造成了极大不利，褚遂良上疏曰："陛下岁遣千余人远事屯戍，终年离别，万里思归。去者资装，自须营办，既卖菽粟，倾其机杼。经途死亡，复在其外。"②除了征发内地丁壮外，有部分镇兵是内地重罪流配的犯人。唐臣封常清幼失父母，"外祖犯罪流安西效力，守胡城南门"③。对于将内地犯人流放中亚镇守边关之举，在唐朝引起不同意见，褚遂良在上疏中说："兼遣罪人，增其防遏。彼罪人者，生于贩肆，终朝惰业，犯禁违公，止能扰于边城，实无益于行阵。所遣之内，复有逃亡，官司捕捉，为国生事。"④但是，以关内重罪犯人流配西域，充当镇军的政策，唐朝一直执行不止。

镇兵的军粮一部分依靠国家供应，另一部分靠镇兵屯田生产自给。镇兵有战事则打仗，无战事则守戍边防，并进行屯田。屯田土地，大约每屯 50 顷。"安西（龟兹军）二十屯，疏勒七屯，焉耆七屯，北庭（瀚海军）二十屯，伊吾一屯，天山一屯。"⑤安西、北庭各在千顷以上。为了管理屯田，唐朝设有专门的支度营田使。在屯田的同时，驻军还开展畜牧业生产，放养牛羊。从吐鲁番出土的唐代文书来看，伊吾军和天山军都有自己的军仓，囤积屯田所得、当地

---

① （后晋）刘昫等：《旧唐书》，第 2736 页。

② 同上。

③ 同上书，第 3207 页。

④ 同上书，第 2736 页。

⑤ （唐）李林甫等：《唐六典》，中华书局 1992 年版，第 223 页。

百姓交纳及军府“和籴”（用国家缯帛购买民间粮食）所得的粮食，以备镇兵食用。为了管理屯田，唐朝设置了营田使一职。安西和北庭大都护往往兼任营田使，如北庭大都护郭虔瓘的官职是“右骁卫将军，兼北庭都护、瀚海军经略使、金山道副大总管、招慰营田等使”①。

镇兵的衣装，除上路时需要自备之外，到了镇守地点之后由国家按时供应。据《元和郡县图志》记载：北庭都护府“管兵二万人，马五千匹。衣赐四十八万匹段”②。所谓“衣赐”，就是专用于镇兵衣装和赏赐的布帛。“自开元中及于天宝，开拓边境，多立功勋，每岁军用日增。其费籴米粟则三百六十万匹段，给衣则五百二十万”，其中“伊西、北庭四十万，安西五十万。”③

北庭和安西的军用开支是浩大的，靠国家提供、地方支付和屯田收入仍然难以支撑，还须以丝绸之路的税收贴补。“开元七年……诏：焉耆、龟兹、疏勒、于阗征西域贾，各食其征，由北道者轮台征之。”④

各羁縻都督府、州也有自己的武装，如怛逻斯及帕米尔高原以西至波斯国之间设置的16个都督府总共设了126个军府，军府镇兵以当地各族丁壮为卫士，轮番上役，既有充当镇兵，在各军大营服役的，也有驻守各小军镇、守捉、戍堡，轮番守卫的。此外，还有从内地征调来的汉族或当地轮番上役的汉族人，他们被称为汉兵。

各羁縻都督府、州拥有的兵额不限，兵士的主要任务是平时镇守封疆，维持本地区社会秩序，战时由安西、北庭两都护府凭“天子信宝”（兵符）调遣，参与战事。各都督府、州的军队也是唐朝军队的组成部分，必须服从中央政府的调遣。唐朝在中亚的用兵，首

① （后晋）刘昫等：《旧唐书》，第3188页。

② （唐）李吉甫：《元和郡县图志》卷40《庭州》，中华书局1983年版，第1033页。

③ （唐）杜佑：《通典》，第111页。

④ （北宋）欧阳修、宋祁：《新唐书》，第6230页。

先征发安西都护府及其下都督府、州的军队。唐朝甚至还可以调动都督府、州的军队到内地作战。如安史之乱，唐朝就曾调发于阗、拔汗那以及吐火罗等九国的军队东进勤王。

为了便利军队的通行，唐朝在交通要道上设置驿站。按规定，凡在交通要道上，三十里设一个驿站；在一些偏僻的道路上，三十里置一个驿馆。唐朝中央政府在中亚地区设置了许多驿站和驿馆。据史书记载，“于阗西五十里有苇关……又西北经苦井、黄渠，三百二十里至双渠，故羯饭馆也。……又北八十里至疏勒镇”[①]。驿站、驿馆给过往商旅和物资流通带来了极大的方便，丝绸之路比以往各个时代更加繁荣。

总的来说，唐朝的都护府统治有如下一些特点：第一，在承认唐朝中央政府的宗主权的前提下，实行地区或部族自治。唐朝按原部民活动地区或原城邦国划分羁縻府、州的行政区域，羁縻府、州、县的都护、都督、州刺史大多数由本地或本族首领担任，他们作为唐朝命官接受唐朝的册封，管理本族内部事务和处理民间的纠纷，并代表唐朝中央政府执行唐朝的民政、司法等法令。731 年，康国王乌勒伽请唐封其子默啜为米国王，同年，唐封康国王乌勒伽之子咄曷为曹国王。唐于开元（713—741）初封其君莫贺咄吐屯为石国王。742 年，“石国王遣使上表，乞授长男那居车鼻施官，诏拜大将军，赐一年俸料”[②]。753 年唐封石国王子那俱车鼻施为怀化王。这些被封之王肩负着保卫唐朝边疆安全的使命。这些官职实行终身制和世袭制，并享受中央政府的俸禄。据记载，苏禄被唐朝册封为顺国公，“食邑三千户”[③]，识匿王跌失伽延“从讨勃律战死，授其子都督、左武卫将军，给禄居藩”。此外，唐朝任命粟特人为官，如曹令忠官拜北庭大都护、康感官拜凉州刺史、康进德为安西大都护府果毅。唐

---

① （北宋）欧阳修、宋祁：《新唐书》，第 1150 页。

② （北宋）王钦若等编：《册府元龟》，第 11457 页。

③ （北宋）王钦若等编：《册府元龟》，第 11343 页（按，在新旧《唐书》等唐代相关史籍中均无苏禄被封为顺国公时有食邑之事）；（北宋）司马光主编：《资治通鉴》，第 6733 页。

朝皇帝甚至还有任命粟特国君的权利。

第二，受封的羁縻府、州官员必须定期向唐朝政府朝贡，贡赋体现他们与唐朝的臣服关系，双方对此都很重视，都督府、州的叛唐，往往以停止朝贡开始，而唐朝对都督府、州的征讨，也常常因朝贡中断而起。659 年，“西蕃部落所置府州，各给印契，以为征发符信”[①]。由此，确立了各都督府、州对唐朝的义务。史书记载，郭虔瓘与阿史那忠节曾入拔汗那税甲税马，以充安西军用，拔汗那国不胜侵扰。[②] 箇失蜜国入朝上言：“有国以来，并臣天可汗，受调发。”[③]唐朝对各都督府、州的贡赋没有规定数额，并且“贡赋版籍多不上户部”。除了朝贡外，有的地区还要送子入朝，作为人质留在唐朝中央政府所在地长安。唐朝在中亚国家的征发多用来补充安西都护府戍兵的军需给养。

唐朝在中亚的都护府制度实现了唐朝在中亚的统治，巩固了唐朝西北边防，促进了中亚和中原地区经济、文化交流，具有重大积极的意义。唐朝的统治对中亚地区产生了深远的影响，在唐朝灭亡之后的很长时期内，中亚地区居民心目中仍然只知有唐，把自己称为唐家子，以后的突厥王朝统治者均以“唐家子汗”为荣。

第二节　倭玛亚王朝的总督统治

在四大哈里发时期（632—661），阿拉伯国家的哈里发是由统治集团选举产生的，希腊编年史家狄奥凡把伊斯兰教国家的元首称作“议事会主席”。这一称呼准确地描述了最初四位哈里发的地位。在第二任哈里发欧麦尔（634—644 年在位）时期，国家开始建立了行政管理体制，设置了政府官员、税收官员、宗教官员，分掌行政、

① （北宋）王溥：《唐会要》，上海古籍出版社 2006 年版，第 1568 页。
② （后晋）刘昫等：《旧唐书》，第 3047 页。
③ （北宋）欧阳修、宋祁：《新唐书》，第 6256 页。

财政和宗教方面的事务。到四大哈里发时代晚期，国家官僚机构中出现了下列行政职务：负责起草文书的书记官、哈里发的特别侍从、国库长官、地方（城镇）总督、协助总督维持社会治安的法官。

随着国家掌握的财富增加，统一管理国家的财政事务的机构出现。637 年，欧麦尔在波斯帝国财政制度的基础上建立了称为迪万（Dīwān）的机构，迪万的一项重要任务是建立年俸花名册，凡是登记在册的穆斯林根据与先知穆罕默德的亲缘关系及宗教资历，领取不同等级的年俸。年俸制度的设立使穆斯林之间的财产分配和占有出现了明显的分化。

661 年，叙利亚总督穆阿维亚即位哈里发（661—680 年在位），利用自己的地位，立自己的儿子为继承人，开始了阿拉伯国家哈里发世袭制，历史上将穆阿维亚建立的世袭统治称之为倭玛亚王朝。

倭玛亚王朝时期，政教合一的君主专制政体开始形成，国家的最高统治者哈里发集政治、宗教大权于一身。不过，倭玛亚王朝的集权主义是相对的，哈里发的权力在很大程度上受阿拉伯部落长老会议制约，远远未达到东方专制君主那样的绝对独裁。首先，氏族制度的遗迹部落长老会议“沃夫德”（Wafd）和贵族会议“麦吉里斯”（Majlis）在穆阿维亚当政期间还保留着。其次，倭玛亚王朝的君主专制政体是以阿拉伯军事贵族为统治基础、由部落集团组合起来的比较松散的政治联合体，哈里发不过是这些集团的共同首领而已。到阿布杜勒·麦立克·本·麦尔旺哈里发时期（685—705 年在位），由于官僚体制的完善、常备军的设置和对地方总督控制的加强，阿拉伯帝国的封建君主集权制度初步确立。

倭玛亚王朝时期，阿拉伯国家的行政机构和官僚体系得到进一步发展。在阿布杜勒·麦立克·本·麦尔旺哈里发时期，国家机构进一步细化：司法机构增设了上诉院，审理一切有争议的案子，到倭玛亚王朝后期，法官的职位正式化和普及化，大法官通常在宗教学者中选拔，除办理案件外，还负责管理宗教基金及孤寡的财产等工作；在哈里发的身边增添了侍从长（Hajib），负责联系、审查及臣民晋见的事务，由于哈里发日益隔绝与外界的联系，侍从长的职权变得越来越大。在原来只管理财政的迪万中，增设了驿政部和书信部。驿政部最初负责沟通哈里发与各地的联系，后来发展为兼任监察地方事务的部门；书信部负责处理各类公文函件，并设专室掌管印玺，书记官（Katib）的职位有了更大的发展空间，由原先仅在迪万中供职转向供职于各个专门机构，职权也不再局限于单纯的起草文书。

在军队建设方面，阿拉伯国家在四大哈里发时期没有常备的军事力量，严格说来，阿拉伯国家没有全职的专业军，因此，军人或士兵这些名称还未存在。在倭玛亚王朝时期，对士兵进行训练，实行练兵保土相结合的训练办法，出现了第一支正规军。据杜环记：“其苫国有五节度，有兵马一万以上。”[①]在欧麦尔哈里发时期，规定只有阿拉伯人才能服兵役，形成了一个有别于非阿拉伯人的封建军事贵族集团。阿拉伯士兵以部落为单位，居住在兵营城镇里。

倭玛亚王朝时期，军事从迪万中独立出来，军事部负责阿拉伯将士的名册登记和年俸分配。军队仍然主要以阿拉伯部落民为主，但也开始吸收本地人充实军队。屈底波任呼罗珊总督时期，曾规定了河中地区应该提供的兵员人数；740—741 年，在呼罗珊总督纳斯尔攻打塔什干的军队中就有从河中地区征集的军队。四大哈里发时期，欧麦尔在军饷方面做出了重大改革，年俸制度的设立使每个出征的阿拉伯将士都拥有固定的收入。倭玛亚王朝时期，由于越来越多的阿拉伯人在被征服地区转向定居，因此，在阿布杜勒·麦立克·本·麦尔旺哈里发时期，王朝军队分成了两大类，即志愿军（Mutawwi’ah）和雇佣军，志愿军只在服役期间领取粮饷，雇佣军才是国家的常备军，由国家按月供给粮饷。国家在大马士革成立了禁卫军，主要由叙利亚籍的阿拉伯战士组成。倭玛亚王朝兵员主要是

---

① 苫国，《通典》、《通志》、《通考》均作“苫”，《新唐书》作“苫”，应为“苫”，即 Shem 的汉语音译名，倭玛亚王朝都城，今大马士革。

阿拉伯人，士兵的年俸比以往得到了大幅度提高，加之军队的编制庞大，使倭玛亚王朝的军费开支长期居高不下。

倭玛亚王朝时期，阿拉伯帝国的行政区在原有的基础上逐渐合并为五大行政区：阿拉伯半岛地区、伊拉克地区、贾吉莱地区、埃及地区、北非地区。中亚归属于伊拉克行政区。王朝向各区派总督统治。在四大哈里发时期，总督是地区最高长官，掌管军政，并负有民政的完全责任。总督往往由征服该地的军事将领埃米尔（Amîr）担任，埃米尔由哈里发任命。在欧麦尔哈里发时期，国家在少数地区设置法官（Qadi）一职，负责维持地方治安和调解纠纷，法官的设置使总督手中的一部分权力分离出来。尽管如此，总督的权力仍然很大，如掌握分配战利品的经济大权，除了五分之一的战利品作为岁入上缴外，其余皆可自行处置；总督手中握有行省之下官员的任命权，行省以下设县，县长由总督任命，报中央备案；部分司法权也掌握在行省总督手中，一些地区的宗教首领由总督兼任。

倭玛亚王朝时期，总督失去了经济权，掌管各大区经济的是由哈里发任命的税务官（Amil），他们直接向哈里发负责。各类税项在支付了地区行政、年金、军饷等地方开支之后，余额全部上缴国库。法官主管司法，法官往往从宗教学者中选拔产生，原则上由哈里发或地方总督任命，但往往还是由总督任命。

倭玛亚王朝对中亚地区的管理是通过伊拉克大区所属的呼罗珊总督实现的。在古波斯语中，呼罗珊意为“东方的土地”。7 世纪中叶，阿拉伯人征服呼罗珊以后，在此建了管理东方事务的呼罗珊行省。倭玛亚王朝时期，吐火罗地区、河中地区和花剌子模绿洲，甚至突厥斯坦和拔汗那都属伊拉克区管辖，直接归属于呼罗珊行省总督。

中央政府与地方政府之间的关系仍然是阿拉伯帝国需要认真对待的问题。中央政府通过原波斯帝国建立起来的驿站体系与呼罗珊行省保持着密切的联系。在驿站系统中，呼罗珊大道最为重要。呼罗珊大道从莫夫出发，向西经尼沙普尔和雷伊与中央政府相连，能够迅速了解国家的动向；向南抵达阿姆河以南的吐火罗斯坦，向东抵达阿姆河河岸，渡河可到不花剌和撒麻耳干，在撒麻耳干东面不远的扎明，这条道路向北到达石国，抵达中亚东北草原，向南可达拔汗那和锡尔河上游。驿站使中央政府在最短的时间内了解边远省份的情况，因此，驿站实际上是哈里发的间谍机构，中央政府通过驿站监视各省的总督。[①]

呼罗珊总督驻地最初在莫夫城，736年，首府迁到巴里黑城，时任呼罗珊总督的阿萨德·伊本·阿布达拉赫将巴里黑城建设得非常漂亮，并在此设立了军民两用的国库。在纳斯尔任呼罗珊总督期间，首府重新移回莫夫城。

倭玛亚王朝时期，呼罗珊总督更换频繁，有的总督任期只有几个月。在屈底波以前，呼罗珊总督出征中亚其他地区的活动都是为了掠夺战利品，即令是屈底波，在任职初期的征服也是为了获取战利品，他曾以此为口号动员定居莫夫的阿拉伯人参战。每征服一地，他就与当地统治者签订条约，规定每年给阿拉伯人支付的贡金数目，以及当地必须提供的兵员人数。然而，屈底波与以往的呼罗珊总督又不一样，随着战争的进行，他开始考虑在河中地区建立长久的统治。709年，屈底波在攻占不花剌城以后，不仅在此地派驻收税官，而且还把一部分军队留下，对该国实施军事管制，委派阿拉伯将领为军事监督官。在屈底波武力强迫下，不花剌城民将自己的房屋腾出来给迁居的阿拉伯人居住。据《不花剌史》记载，不花剌城的卡什卡瓦部民将他们的房屋全部让给阿拉伯人，部民们在城外建筑了700座堡坞，每家在自己的住堡附近修建了房屋，以及奴仆和随从的住所，并在堡门前开辟了园地，种上花果、树木。

呼罗珊总督在河中地区扶持自己的傀儡政权。屈底波任总督期间，留用当地统治者管理地区民政，收税官和军事监督官由阿拉伯人充任，他们掌握着实权。不花剌女王哈吐恩的统治就是阿拉

① 〔英〕威廉·穆尔：《阿拉伯帝国》，周术清、吴彦等译，青海人民出版社2006年版，第331页。

伯人武力扶持的傀儡政权。女王去世以后，不花剌政权被一个名叫瓦尔丹·护达的突厥人夺取，他不服从阿拉伯人的统治，屈底波曾多次出兵，数次将他驱逐出不花剌城。直到瓦尔丹·护达去世，阿拉伯人才在不花剌建立起牢固的统治。屈底波把不花剌统治权交给了女王哈吐恩之子吐格什哈达，并为他镇压了国内叛乱分子。后来，吐格什哈达信仰了伊斯兰教，出于感恩，他将自己儿子取名库泰拔（屈底波的阿拉伯语名）。吐格什哈达在不花剌统治了32年（709—741？）之后，其子库泰拔继位（741—？年在位），放弃了伊斯兰教，被呼罗珊总督艾卜·穆斯里姆（Abū Muslim）杀掉。[①] 以武力为后盾、依靠本地人实施统治以后成为阿拉伯人在河中地区的主要统治形式。

从屈底波起，阿拉伯人在中亚利用伊斯兰教和阿拉伯文化进行统治。屈底波在征服河中地区时，"焚毁许多佛像、袄教及其他宗教的庙宇和神像，销毁大量的宗教文献，并处死反抗者"[②]。在传播伊斯兰教之时，屈底波一方面强迫当地人民放弃原来的袄教或佛教，在拜火教神庙和佛教寺院的废墟上建立了清真寺；另一方面，屈底波给予改宗者某些特权以吸引人们改宗伊斯兰教，如接受伊斯兰教的人免交人头税，一些居民为了逃税加入了伊斯兰教。率先皈依伊斯兰教的应该是中亚商人和地区统治者，他们以此保住了自己的财富和权力。河中地区的本地统治者几乎都得以留任，在承认哈里发的最高权威下管理着本地事务。虽然强迫改宗的政策收效不大，但这些措施为以后伊斯兰教在河中地区的传播奠定了基础。

屈底波去世以后，阿拉伯人在河中地区的势力衰退。在此后20多年中，呼罗珊总督对中亚的统治都是不成功的。也即德·伊本·穆哈拉布总督（715—717年执政）在河中地区实施暴政，不到两年就被撤换。加拉赫总督时期（717—719），中亚穆斯林免交人头

---

① Narshakhī, *The History of Bukhara*, p.30.

② 任继愈等主编：《伊斯兰教史》，中国社会科学出版社1990年版，第342页。

税的优惠政策被取消，按他的规定，只有接受割礼和熟悉《古兰经》的改宗者才能免交人头税。这些政策激起了中亚人民的反抗，参加起义的不仅有农民和德赫干（地主贵族），甚至还有不满该政策的阿拉伯人。

这些起义的影响深远，花剌子模绿洲起来响应，锡尔河北岸的突骑施游牧政权加入到起义队伍中，他们与河中地区居民一起推翻了屈底波在河中地区的统治。赛义德任呼罗珊总督期间（720—721），河中地区居民在突骑施军队的援助下把阿拉伯人赶出了撒麻耳干。赛义德被突骑施人打败以后，龟缩在撒麻耳干城内等待援军。721 年，新任呼罗珊总督萨亦德·哈拉什（721—722 年执政）率大量军队赶往河中地区，中亚人民的起义从进攻转为防守，最终因寡不敌众而失败。有能力的人纷纷离开家乡，向东迁移。一些反叛者在派城（今卡塔·库尔干）城主卡尔赞吉的领导下迁到拔汗那。据说，"随同外迁的人越来越多，以至超过万人"①。以后，拔汗那国王背信弃义地出卖了前来避难的起义者，据说，哈拉什在俱战提杀了 3000 农民②，因为他们曾与起义者站在一边。

哈拉什在消灭了在拔汗那避难的起义者之后，进攻泽拉夫善河左岸的阿巴尔加尔城堡（今穆格山城堡），722 年夏，阿拉伯人占领并掠夺了城堡。"哈拉什把贵族和商人们同他们的士兵分置二地。然后背信弃义地进行大屠杀。据说杀了三千人，另一说杀了七千人。留下了商人，目的是要榨取他们的财产。"③镇压起义以后，呼罗珊总督在河中地区实施残暴统治，他们在每个农民的脖子上打上烙印，以便向其征收人头税。

阿什拉·本·阿布达拉任呼罗珊总督期间（727—730）曾采取了免税政策吸引基督教、犹太教和袄教徒改宗伊斯兰教。据说，康国国王乌勒伽写信给他，谈到这一政策的实施将使国家无税可征。

---

① 王治来：《中亚史》第 1 卷，第 229 页。
② 〔俄〕李特文斯基主编：《中亚文明史》第 3 卷，第 394 页。
③ 王治来：《中亚史》第 1 卷，第 230 页。

于是，阿什拉改变了政策，规定新入教者，只有行过割礼、执行伊斯兰的法令并能诵读《古兰经》章句的人才能免除人头税，而奉命执行征税任务的阿拉伯官员穆巴什尔在征税过程中采取了残酷的强制手段。于是，大起义再次爆发。730 年，阿什拉的军队被起义者围困，哈里发任命以贪婪残暴著称的朱奈德为呼罗珊总督（730—734 年执政）。朱奈德立即率军前去支援阿什拉。在出师不利的情况下，哈里发授予朱奈德自行招兵之权。然而，起义的浪潮越来越高涨，733 年，呼罗珊发生严重旱灾，莫夫城发生饥荒，朱奈德采取严厉手段在中亚各地征集粮食。据他说，饥荒是异教徒控制泽拉夫善河水而引起的。在起义还未扑灭之时，朱奈德于 734 年去世了。阿西姆继任呼罗珊总督期间（734—735），阿拉伯军官哈里斯·本·苏瑞（a1-Harith b. Surayj）提出了平息起义的建议："遵守同受到保护的宗教的信仰者所达成的协议，不向穆斯林征收贡赋，也不压迫任何人。"[①]他的建议不仅得到了胡实健、法拉卜、塔里寒等城主和人民的支持，而且还得到了总督阿西姆的赞同。哈里发希沙姆因此撤了阿西姆的职。此后，阿西姆站在哈里斯一边共同反对倭玛亚王朝，反叛势力在阿拉伯人牢固控制的呼罗珊和吐火罗斯坦蓬勃发展起来。

735 年，阿萨德·伊本·阿布达拉赫接替阿西姆继任为呼罗珊总督（735—738 年执政），首府莫夫城受到来自呼罗珊东面和南面的威胁。在镇压了吐火罗斯坦的反叛势力以后，736 年，阿萨德将呼罗珊首府迁到吐火罗斯坦的巴里黑城。然而，河中地区的反叛运动仍然如火如荼。737 年，阿萨德进攻河中的撒麻耳干，康国国王乌勒伽在突厥人的支持下，利用阿拉伯人内部的不和，成功地驱逐了阿拉伯人。直到 738 年，阿拉伯人才重新建立起对河中地区的统治。

738 年，纳斯尔·伊本·萨雅尔出任呼罗珊总督。他改变了历代呼罗珊总督对河中地区的掠夺政策。上任初期，纳斯尔与以往总督一样，开始了征服河中地区的战争。739 年，河中地区的德赫干们

---

① 王治来：《中亚史》第 1 卷，第 235 页。

似乎没有抵抗就向纳斯尔表示归附，纳斯尔派驻军戍守撒麻耳干城。740—741 年，纳斯尔率领阿拉伯军及一部分在河中征集到的军队进攻塔什干，途中经过苏对沙那（Ustrushana）。以阿·尤·亚库鲍夫斯基为首的苏联学者于 1947 至 1948 年间在今塔吉克斯坦境内发现了苏对沙那国的一些城堡，这些城堡建筑在险峻的陡岸上，位于山溪流入大河的入口附近，多数建在河流的弯曲处，这样的地理位置使人们难于从其他三个方面接近城堡。[①] 在阿拉伯人来到之时，苏对沙那国国王归附了阿拉伯人。此后，纳斯尔向石国进军，遭到石国军队的抵抗，纳斯尔没有与之交锋，双方进行谈判，结果签订了条约，石国国王同意接受一个阿拉伯长官进驻石国。

纳斯尔曾是屈底波的部属，在随屈底波征战时期，熟悉了中亚地区的情况，并与当地的一些德赫干建立起友好关系，这些背景使他在河中地区的统治有一定基础。纳斯尔改变了以往呼罗珊总督对河中地区的统治方式，他的统治维护了本地地主贵族的特权，得到他们的拥护。纳斯尔本人娶布哈尔·护达之女为妻，表现了依靠与联合中亚贵族、德赫干的政策导向。

在阿拉伯人征服初期，作为征服者的阿拉伯人依靠国家从战利品和贡赋中划拨的年金享受战争成果，从一般平民、士兵，到贵族、首领分等级在国库领取年金。因此，阿拉伯人在中亚横征暴敛，实施竭泽而渔的经济政策。呼罗珊总督奥贝杜拉一次要求不花剌城缴纳的赔款数就是 10 万迪尔汗，相当于不花剌全城 5 年的税入。[②] 纳斯尔实行了比较宽松的经济政策。在人头税的问题上，纳斯尔把税赋从穆斯林转到非穆斯林的头上，皈依伊斯兰教的人日渐增多。对异教徒征收人头税，其中，犹太教徒的税收由大拉比征收，基督教徒的税收由主教征收，祆教徒的税收由马祖班征收。经济措施的顺利实施，使那些为逃避阿拉伯人出走突厥斯坦的居民纷纷返回故乡。

---

① 〔苏联〕加富罗夫：《中亚塔吉克史》，中国社会科学出版社 1985 年版，第 139 页。

② 许序雅：《唐代丝绸之路与中亚历史地理研究》，第 200 页。

741年，他们与纳斯尔进行谈判，纳斯尔接受了他们提出的所有条件，答应不追究、不迫害那些曾经背弃伊斯兰教复信原宗教的穆斯林，并且对返回的居民免去他们以前所欠的私债及国库的税款。纳斯尔的这些政策在一定程度上满足了人民的要求。他在任期间，河中地区的经济得到一定的恢复，按塔巴里的说法，达到了从未有过的繁荣。

纳斯尔是倭玛亚王朝最后一位呼罗珊总督。在他任职后期，阿拉伯国家内部出现了派系斗争，艾卜·穆斯里姆革命推翻了倭玛亚王朝的统治。在这次革命中，纳斯尔将他的军队从河中地区撤走。750年，一个新的阿拉伯封建王朝——阿拔斯王朝建立，阿拉伯帝国随之进入了一个新的发展时代。通过一系列强化中央集权制的措施，阿拉伯帝国的封建制度日渐成熟。

第五章

社会经济

7世纪前后，中亚地区的封建生产关系开始形成，唐代中国人和倭玛亚王朝阿拉伯人的到来粉碎了中亚的奴隶制政权，为封建生产关系的确立创造了条件。

第一节　早期封建关系

在西突厥汗国统治下，中亚地区的奴隶制生产关系仍是社会的主导方面，然而，正是在此期间，中亚地区的封建生产关系萌芽，奴隶占有关系开始向封建关系过渡。中国人和阿拉伯人的到来加速了封建因素的发展，到9世纪，封建制生产关系在中亚确立起来。

从6世纪起，中亚社会呈现出封建社会的特征，土地贵族（德赫干）与自由农民、手工业者成为社会的两个主要阶级，依附于德赫干的农民（卡季瓦尔）出现。德赫干（Dihkan）中“Dih”的含义是村庄，德赫干即占有土地的人。作为早期封建主的德赫干除了占有大量土地，还享有经济、政治的特权。通过考古勘察在花剌子模发现的大量古迹，是这一进程的无声的见证。从考古资料来看，6世纪，花剌子模绿洲和河中地区的封建关系正处于迅速发展之中。在8世纪上半叶的花剌子模，德赫干们在绿洲上形成了大大小小的寨堡，寨堡由庄园（科赫）、庄园围墙和围墙内的塔楼（基奥什克）组成，塔楼建筑在坚实的拱形基座上。大寨堡一般坐落在控制水源的灌溉渠渠首，以控制水源维系村社农民对他们的依附关系，因此，依附于德赫干的农民在增加。[①] 苏对沙那古城的德赫干住在城堡中，山溪边的村落，大河流域的村庄都属于德赫干所有；在撒麻耳干，村社内部的财产分化加速，越来越多的村社农民成为德赫干的半依附农民；在不花剌，最大的土地贵族是不花剌城统治家族布哈尔·护达，该家族与其他土地贵族一起占有着大地产和水源。

大德赫干在自己土地上建立了武装——亲兵。不花剌城统治者布哈尔·护达（Bukhār Kh'udāh）建立了一支依附于他的亲兵队伍，亲兵被称为恰基尔（Chakir，意为"仆从"），在中国史书中，称之为柘羯。亲兵由年轻的贵族代表组成，他们轮流在宫廷宿卫，如同欧洲封建时代的骑士一样。据《不花剌史》记载，不花剌女王哈吐恩曾从王室成员和各村镇的德赫干中挑选200名亲兵轮流宿卫，他们在宫廷所在地的里吉斯坦门前侍候，听候命令。[②] 亲兵是不花剌政权的支持力量，不花剌国中设置了管理武装力量的总指挥官（S'ykn）。

商业历来是中亚经济领域的重要部门，商人（W'kry）是中亚城市国家中的特权阶层，他们的影响力仅次于德赫干，在大多数情况下，德赫干与大商人合而为一，德赫干往往参与经商贸易，商人也可以取得贵族身份。据《不花剌史》记载，不花剌的商人占有大量的不动产，住在堡坞中，其地位与德赫干很少区别。康国有三个阶层：贵族、商人和工作者（农民和工匠），对穆格山文书的研究表明，康国商人自成一个阶层，他们控制着中亚地区的内外贸易，富比王侯。

---

① 〔苏联〕加富罗夫：《中亚塔吉克史》，第118页。

② Narshakhī, *The History of Bukhara*, p.9.

德赫干、商人、亲兵首领以及寺院占有大量土地，他们把土地交给小地主或直接交给农民耕种，向他们征收贡赋。租种土地的农民向地主缴纳地租，为地主服劳役。这些农民和手工业者是河中地区居民的绝大部分，在不花剌，大部分居民是布哈尔·护达的“农民和仆从”[①]。阿拉伯人来到之后，被统治阶级除了贫苦农民、手工业者外，还有迁入的下层阿拉伯人和也门人。

7 世纪之前，中亚的社会组织是哈蒙都达干（Hamdudagan），意为“同一炊烟之人”。7 世纪以后，以地缘划分的村社成为中亚农村的主要组织，父系氏族的首领演变成村社的村长，被称为卡达格·赫瓦戴（Kadag-khaday），他与其他一些管理人员共同担负了村社的行政职能。在村社的公有地上出现了私有地。在萨珊法典《判决千条书》中，出现了“私有”土地与“公有”土地这两个概念。如果一个人在公有地上开了一条地下渠道坎儿井（Kahriz），那么，这条渠道及其附近地区就属于此人所有，村社成员要用渠道的水就得付钱给他，由此导致了村社组织的瓦解。封建主除了将村社的公有地纳为己有外，还采取筑拦水坝的方式，控制水源，使自由农民也不得不依附他们。

尽管如此，村社制度在封建初期仍然保留下来，农民和手工业者还享有某种程度的自由，这一点从苏对沙那古城的考古资料中反映出来。据史书记载，苏对沙那国王（称阿夫申）依靠小德赫干的支持，特别是依靠爱好自由的村社农民的同情与积极斗争，直到 8 世纪末，没有让阿拉伯人进入自己的领土。[②]

6 世纪后期，封建地主与自由农民之间的矛盾逐渐显现出来，据《不花剌史》记载，在不花剌爆发了一次人民起义，起义者选举阿勃鲁伊为他们的统治者，德赫干和富商被迫“逃往突厥斯坦和塔拉兹”，在此建筑了命名为哈穆克卡特（在不花剌语中，哈穆克意为

---

① 〔俄〕李特文斯基主编：《中亚文明史》第 3 卷，第 407—408 页。
② 〔苏联〕加富罗夫：《中亚塔吉克史》，第 140 页。

"珍珠"；卡特意为"城市"）的城市。据说，德赫干向被称为"比亚古"的突厥可汗求救，比亚古大约在 586 年时派其子希里·基什瓦尔前往不花剌，镇压了起义，阿勃鲁伊被俘后被红蜂活活蛰死。德赫干们返回不花剌，统治者布哈尔·护达成为大德赫干，土地大部分归他所有，人民大多成为他的依附者和仆役。

7 世纪以后，封建地主与自由农民之间的矛盾上升为中亚社会的主要矛盾。以德赫干为首的统治阶级过着骄奢淫逸的生活，而社会上出现了大量衣食无着的乞丐和穷人。当时中亚地区的阶级斗争因德赫干企图奴役自由的村社农民而扩大。7 世纪中叶，唐代中国人和倭玛亚王朝的阿拉伯人的到来，彻底粉碎了中亚原有的奴隶主政权，为中亚内部已经开始萌芽的封建生产关系的确立创造了条件。

阿拉伯帝国统治的波斯地区在 5—6 世纪时已经出现了封建性质的生产关系，阿拉伯人统治这些地区以后，接受了当地先进的生产力和生产关系，并使之与阿拉伯传统制度结合，形成了具有特色的阿拉伯封建制度。

阿拉伯人征服萨珊波斯帝国以后，原王室领地、庙宇和祭司的土地、战死者或逃亡者的土地、无主的荒地被称为"萨瓦斐"（Sawafi）。按《古兰经》教义，一切土地属于安拉，不准许阿拉伯人在阿拉伯半岛以外占有土地和耕种土地。因此，阿拉伯人在武力征服地区不采取分封土地的政策，而实行了土地国有制。在欧麦尔哈里发时期，萨瓦斐不分配给穆斯林，而是由原耕种者继续耕种，或者由雇佣佃农耕种，国家向耕种者征收赋税斐依（Fay），缴纳斐依者拥有世袭租佃国有地的权利。随着征服地区的扩大，国有地增加。在第三任哈里发奥斯曼时期（644—656），废止了欧麦尔制定的阿拉伯族穆斯林不得在半岛以外区域占有土地的原则，将伊拉克周围的大量萨瓦斐赐予古莱希氏部和其他部落首领，形成了分封地产的伊克塔（Iqta）制。

iqta 在阿拉伯语中原意为"分割"，后来指阿拉伯帝国赐给行政和军事官员的土地。从形式上看，伊克塔是哈里发对军政官员的土地分配，而实质上分配的不是土地，而是土地上的田赋。获得伊克塔的封建主没有土地所有权，只有向农民征收地租的权利，伊克塔不能世袭。受封者将土地租佃给农民耕种，收取高额地租，他们一般不住在封地上，而是委托代理人管理土地。通过分封形式，阿拉伯帝国的封建生产关系迅速发展起来。

倭玛亚王朝时期，分封土地的世袭得到承认，随之，分封地的私有权得到了默认，伊克塔制盛行起来，从哈里发到地方总督，纷纷利用手中的权力夺取土地。穆阿维亚曾下令将原属萨珊王朝的旧地划归自己名下，成为第一个将萨瓦斐据为己有的哈里发。到8世纪初，埃及和伊拉克的最肥沃的土地统统成为萨瓦斐，为哈里发所占有。倭玛亚王朝的土地分封制度的变化，推动了中亚地区地主封建制的进程。

在征服过程中，阿拉伯人将被征服城市作为统治据点，并以部落为单位将阿拉伯人安置在各个城区。阿拉伯人在积极准备对河中地区进行军事行动之时，从巴士拉和库法迁5万户阿拉伯人到呼罗珊，作为驻防军分居于5个据点。[①] 屈底波征服河中地区以后，命令河中地区居民让出一半房屋给迁入中亚的阿拉伯人定居，鼓励阿拉伯人移居河中地区。

倭玛亚王朝在河中地区也实行土地分封制，如巴里黑城的伯尔麦克家族在伊拉克、波斯、呼罗珊获得了大量封地。8世纪初，分封土地也不再是哈里发的专权，王公和地方总督都有权将土地分封给属下，甚至不经哈里发批准。呼罗珊总督屈底波将不花剌城划分为阿拉伯区和不花剌居民区，据《不花剌史》记载，不花剌城有7座城门，第一道门称为香料主之门，屈底波将香料主之门到鲁恩之间的地方划归阿拉伯拉比亚部落和木达尔部落居住；将香料主之门右面的城堡区分封给其手下名将瓦兹尔·伊本·艾无布·哈桑。据

① 魏良弢：《阿拉伯进入中亚与中亚伊斯兰化开始》，《新疆大学学报（哲学·人文社会科学版）》2005年第3期。

巴托尔德说："屈底波在不花剌、撒麻耳干和其他一些地方建筑清真寺，并强迫不花剌的居民们将内城房屋的一半让给阿拉伯人，在此前几任呼罗珊总督时期，也曾在莫夫采取这个办法。据说，撒麻耳干的人民被迫从他们的城镇中完全撤出，当时该城已被阿拉伯人占领。"早期迁入中亚地区的阿拉伯人和也门人与当地土著居民混居、通婚，以后，逐渐融入当地土著民族当中。

随着疆土的进一步扩大，土地税开始成为国家岁入的最重要来源。土地税大体有两种：一种为低额什一税，名欧什勒（Ushr），"欧什勒"是赐予阿拉伯人的伊斯兰教徒和早期皈依伊斯兰教的少数非阿拉伯人的特惠土地，这类土地除了征收十分之一的天课外，其他捐税一律免除；另一种为全额土地税，名哈拉吉（Kharaj），哈拉吉的征收对象是被征服地区的异族土著耕种者，若这些人皈依了伊斯兰教，则可改缴什一税。然而，随着改宗伊斯兰教者的增多，对已经改宗伊斯兰教的非阿拉伯人（麦瓦利人）[①] 也开始征收包括土地税在内的各种赋税，只免去人头税。这一政策曾导致中亚人民的多次起义。纳斯尔·伊本·萨雅尔在任呼罗珊总督期间将人头税和土地税加以区别，据规定，穆斯林也要负担土地税，而异教徒除土地税外还要缴纳人头税。

土地税的征收方法是不统一的，大体实行密萨哈（Misahah）制，即无论土地耕种与否，均根据已知的面积征收固定的地税，如原波斯帝国属地是以地区为单位每年缴纳固定的税额。密萨哈制的执行方式在各地是不一致的，有的地区完全根据土地面积，有的地区还要考虑土壤优劣、灌溉条件及种植等因素。

土地税成为中亚居民的沉重负担，有的地区要上交收成的一半。此外，农民还要负担其他杂税和实物贡赋，如不花剌的居民要为阿拉伯军队提供柴火，为他们的战马提供饲料。如果不能按时缴税，土地将被没收或收回，还要在他们的脖子上悬挂特制的号牌，直到

---

① 阿拉伯人称改宗伊斯兰教的非阿拉伯血统的穆斯林为麦瓦利。

他们纳完税才能取下。除了租税外，劳役也是农民的沉重负担，农民要为建筑房屋、桥梁和城墙，以及开挖渠道等提供无偿劳动。

8 世纪初，中亚地区还存在着自由农民，他们在缴纳赋税的条件下，继续保有原来的土地，或租种德赫干的土地或国有地，他们要承担占收获量的 1/3 乃至 1/2 的地租，此外，还要上缴其他赋税。倭玛亚王朝统治后期，河中地区的农民失去了迁移的自由，逐渐沦为农奴，尤其是没有改宗伊斯兰教的异教徒，他们被称为迪米人。阿拉伯统治者对迪米人采取了苛刻的政策，迪米人的颈下挂着一块牌子，上面写着自己的姓名和住址，以免他们弃耕逃亡。他们需要缴纳比穆斯林多的人头税，在生活方面他们也受到了种种限制，如不准骑马，不准握有武器，甚至衣着和发型都有特殊规定，其实际地位等同于农奴。

7 世纪，河中地区和锡尔河以北的游牧地区仍然存在着大量使用奴隶的现象，奴隶的来源不同，从市场购买的奴隶、战俘、人质，还有失去生产资料以后主动寻求庇护的奴隶，等等。在阿拉伯史家关于征服中亚的记载中，提到了相当数量的奴隶，阿拉伯人在征服之初也将成千上万的俘虏贬为奴隶，一个阿拉伯贵族家庭一般都占有几个、几十个乃至成千的奴隶。奴隶劳动在国家和大贵族的土地上从事兴修水利及采矿等繁重劳动，或从事手工业生产，然而，在 7 世纪的中亚，奴隶直接从事生产劳动的是少数，大多数供家庭役使，奴隶劳动在生产中已经不占主导地位。

阿拉伯人对中亚的征服是由军事封建贵族领导的，他们在征服和统治中把阿拉伯人形成的封建生产关系带到了中亚地区，加快了中亚地区的封建化。根据考古资料进行推断，中亚地区于 7—8 世纪正在形成以德赫干为特点的封建土地贵族制度，中亚地区的封建生产关系处于形成阶段，封建制度还没有完全建立起来。

第二节 经济

7世纪上半叶，中亚经济呈现出繁荣景象。这一时期，各式铁铧、铁铲、铁锄、铁镰在中亚地区普遍使用，农业、园艺业几乎已经接近今天的水平。这一时期的中亚农业利用人工灌溉，绿洲地区更是如此，中亚地区的灌溉工程已经很发达，撒麻耳干城灌溉农田的水渠纵横交错，据中国旅行者玄奘记载，撒麻耳干“土地沃壤，稼穑备植，林树蓊郁，花果滋茂。多出善马”[①]。农业仍以自然经济为基础，进入市场的农产品可能一部分是农民交给封建领主的实物地租。

阿拉伯人的入侵摧毁了中亚农业，到712年，阿拉伯人占领撒麻耳干城之时，撒麻耳干农业人口大量减少，农业衰退。阿拉伯人移居中亚以后，采取了一些措施恢复农业，如修筑堤坝和水渠。简单而有效的取水装置将河水引入灌溉主渠，这种渠道长达数十公里，甚至数百公里。花剌子模绿洲引阿姆河水、河中地区引泽拉夫善河水、吐火罗斯坦引昆都士（Kunduz）河、瓦克什河、卡菲尔尼干（Kafirnigan）河和苏尔汉河水灌溉。除大灌溉渠外，还有沟渠、水坝等水利设施，水从大渠道流入灌溉网。不花剌地区修筑了许多灌溉渠，当时的一些乡区是以水渠之名命名的；呼罗珊地区根据地形建筑了坎儿井。

阿拉伯人垄断了渠水，征收水税，如阿萨德在任呼罗珊总督期间，于736年在瓦拉格萨尔（Waraghsar）修了一条水坝，垄断撒麻耳干的水源。阿拉伯人以渠水两岸土地的收入作为维修水渠的费用，强迫水渠周边的非穆斯林承担维修水渠的劳役以顶人头税。以后，阿拉伯人减少了改宗伊斯兰教徒的赋税。这些措施对农业的恢复起到了促进作用。

---

① （唐）玄奘:《大唐西域记》，第8页。

花剌子模绿洲的伯库特卡拉遗址反映了当时农村公社的布局。该遗址是沿一条渠道展开，狭长居住区大约长为40公里，宽为4公里—5公里。这个绿洲遗址上划分为几个大村社，大部分农庄很小，拥有的耕地面积与它们的大小成正比，在设防的农村内有一些带院子的大房子，它们之间相隔200米—300米。若干农庄以一个城堡为中心聚集在一起，形成一个巢，共有8—13个巢，遗址上的总人口大约有七八千人。绿洲最大的城堡是伯库特卡拉，城堡脚下的小镇是手工业生产中心。①

7世纪，中亚的手工业经历了繁荣时期。农产品的加工采取了比较先进的工具和设备，如加工葡萄，除了手工压榨外，还有用牲口拉的大压榨盘，有利用水力推动的磨盘，其直径大到一米或一米以上。葡萄制酒业成为主要手工行业，据《隋书》记载，康国“多蒲陶酒，富家或至千石，连年不败”②。1933年，塔吉克斯坦穆格山遗址发现了一批8世纪粟特文书，其中，第69号是一份给酒账，木简，共8行，上记11名胡人从窖藏中取酒的数量，每人三、四、五卡皮赤（粟特文Kpč，容量约10升）。③

纺织成为重要的手工业行业，大规模生产的纺织品是棉织品和毛织品。这一时期，纺织产品远近闻名。撒麻耳干的穆马尔加尔（Mumarjal）红色织物，撒麻耳干附近维达尔村出产的维达尔布质量优良，远销国外。丝绸生产也发展起来，5世纪，喀什噶尔、焉耆、于阗已经能生产丝绸织品，此后，丝织业传到了河中地区，主要中心之一是不花剌附近的赞达那（Zandana），赞达那丝织品的图案华丽，图式受到了拜占庭和伊朗纺织品的影响，描绘了山羊、马、鹿和其他动物。1967年，在北高加索山区库班河上游支流巴勒卡的莫谢瓦亚及其东部的墓葬区，出土了200余件丝织品残片，据研究，它们属于8至9世纪的产品，其中60%产于中亚（不花剌），中国

① 〔俄〕李特文斯基主编：《中亚文明史》第3卷，第409页。

② （唐）魏征：《隋书》，第1849页。

③ 蔡鸿生：《唐代九姓胡与突厥文化》，中华书局1998年版，第68页。

和拜占庭的产品各占 20%。[①]皮革和裁缝业的发展水平提高，有些商品就在其产地城镇的市场（片治肯特的市场已经被发掘）和集市上出售，有些销往外省或出口。

中亚的每一个城镇几乎都有陶器制作，陶器生产采用陶轮，质量很高。在莫夫的盖乌卡拉城发现了 14 个陶窑，陶窑遗址反映当时非常先进的造窑技术。片治肯特的发掘反映，该城手工业生产有陶器、织布、制革、铸造和金属加工。[②]1933 年，穆格山季瓦什季恰堡的考古资料反映了中亚手工业的状况。穆格山位于今塔吉克斯坦境内扎赫马塔巴德区，季瓦什季恰堡坐落在悬崖上，堡分两层，里面有拱顶覆盖的狭长房间，房间由很窄的走廊连接。根据堡内遗存物推知，当时手工业有制陶、织布和制革。在发掘物中，骑士所用盾牌特别出色，它是以皮革蒙面，上面绘有色彩鲜艳的图画。[③]此外，中亚还生产玻璃器皿，有些产品具有很高的艺术性。7 世纪初，从吐火罗斯坦运往中国的玻璃器皿受到了赞美。

铁器和铜器制作在中亚地区得到迅速发展，铁匠铺、铜器铺和首饰铺的数量大增，产品种类多样：有犁、铁铧、镰刀等农具；有斧头、锤子、手斧、凿子等手工工具；有钥匙、剪刀、镜子和扣子等日常用品；有珠宝首饰等装饰品。其中，武器制作是手工业的一个重要部门，“匕首、剑、刀的把柄是真正的艺术品，由贵重的金属制成，镶嵌的很美观，以龙头的样式而定形”[④]。撒麻耳干生产的甲胄享有盛名，718 年，粟特人把本地制造的锁子甲作为礼品进献给唐玄宗，“由于中国军械工匠吸取了它的样式，从而在中国军队中也出现了锁子甲”[⑤]。

中亚采矿业发展起来。在不花剌有盐矿，特产“五色盐”名扬

---

① 张广达：《西域史地丛稿初编》，上海古籍出版社 1995 年版，第 285—286 页。

② 这一城市位于从泽拉夫善河流域中游前往法利加尔山区的道路的十字路口，离现在的片治肯特城 15 公里。这个考察队是在苏联考古学家阿·尤·亚库、鲍夫斯基领导下进行的。

③〔苏联〕加富罗夫：《中亚塔吉克史》，第 120 页。

④ 王尚达：《唐代粟特人与中原商业贸易产生的社会作用和影响》，《西北民族研究》1995 年第 1 期。

⑤ 同上文。

中国，隋炀帝曾派司隶从事杜行满出使西域，到达不花剌得到五色盐返回。[①] 流传至今的印度长篇史诗《马哈勃哈拉塔》称吐火罗人为“制造并运来铁”的人。[②] 位于瓦赫什河和阿姆河之间的胡塔梁（al-Khuttal，另译珂咄罗）出产黄金，9 世纪的阿拉伯作家伊本·胡尔达兹比赫（Ibn Khurdadhbih，825—912）援引了胡塔梁采金业的记载说：“它（瓦哈德村）的居民们……来到贾伊洪河边，他们在岸上把山羊皮毛朝外铺开，牢固地系在周围的木桩上，他们中一人下到岸边的水中，不停地朝那些羊皮上浇水。其他人则搅和水与泼出水。水是那么浑浊和沉重。当他们看到羊毛（原文为皮上毛的根部）中充满沙和金之时，就取下羊皮，放在地上晒干，然后他们拿起羊皮抖动，把羊毛中的沙和金抖到铺在一边的皮垫子上，再从垫子上挑选出金子。巴耳赫城民说这些是纯净足赤的好金子。”[③]

7—8 世纪，中亚城市得到迅速发展，康国“城多众居”，巴里黑被称为“众城之母”，莫夫、巴里黑和撒麻耳干等大城镇占地面积上百公顷。莫夫城占地面积达 300 公顷，按今天的居住情况估计，莫夫城的人口大约有 6 万。[④] 撒麻耳干和不花剌城的规模也在扩大，据考古发掘，7 世纪的撒麻耳干城面积达 219 公顷，7 世纪后期，撒麻耳干城的房屋宽敞，空间也高，各方面都优于以前的住宅。中等城镇的发展尤其迅速，大多数城镇的面积达到 10 公顷—20 公顷。7 世纪的不花剌城面积（不包括要塞）只有 34 公顷。[⑤] 城镇被划分为片区，各片区也有自己的统治者，他们的职责主要在经济和治安方面。

7—8 世纪的中亚城市布局可以从片治肯特遗址的研究中了解到。片治肯特始建于 5 世纪，以后经过重建，一直存在到 8 世纪。遗址由沙赫里斯坦（城堡）、内城、外城三部分组成。城堡面积为 19 公

---

① （唐）魏征：《隋书》，第 1849 页。

② 〔苏联〕加富罗夫：《中亚塔吉克史》，第 117 页。

③ 同上。

④ 〔俄〕李特文斯基主编：《中亚文明史》第 3 卷，第 412 页。

⑤ 同上书，第 201 页。

顷，周长 1750 米，城内的街道纵横交错，主要街道的宽度是 3 米—5 米。街道两旁是住宅区、商店和作坊。每个街区有十来幢房子（均为两层楼）。地面层的房间是拱形的，照明较差，二层楼的主要建筑特点是一个正方形的大厅，屋顶由柱子支撑，柱子以雕刻装饰，墙壁上有色彩鲜艳的壁画。在城市贵族之家，主人及家人的房间与仆人的分开。①遗址北面，宽阔的广场上耸立着两组寺庙建筑群，四周有围墙。每个建筑群由建立在柱基上的寺庙本身以及一组配房组成，这些房屋四周用壁画装饰得富丽堂皇。统治者住在城堡内，城堡往往建筑在河边上，控制着大灌溉渠的上游。在城堡的东面和南面是郊区。

吐火罗斯坦的两个城堡遗址也反映了这一时期城堡的规模。巴拉利克达坂的城堡高 10 米，外加 6 米的柱基，上层是一个面积为 24×24.5 平方米的建筑；底部中央是一个正方形的大庭院，庭院有一些狭窄的走廊通向外面。赞特佩达坂（Zang-tepe）城堡建筑在 150×150 平方米的正方形地基上，城堡建在东北角，上层平台面积 40×40 平方米，高 15 米。②

农业和手工业的发展促使中亚内部经济联系加强起来，河中地区与花剌子模、呼罗珊、吐火罗斯坦的经济联系密切。盛产布匹的伊斯克吉卡村每逢星期二都有集会，在伊斯克吉卡村对面的沙尔克村的特产有黄铜和棉布，该村每星期五都举办一次集市贸易，商品琳琅满目，各种买卖应有尽有，交易者来自城市及附近的村庄。

中亚出现了专门从事贸易的商业城市，其中，沛肯特城市民全部以经商为主，经营着从中国到里海沿岸诸城市的贸易，据《世界境域志》一书记载，沛肯特城有上千个拉巴特（商队客栈）③，拔汗那国和石国的商人也到此赶集。不花剌的塔瓦维斯区是商贸盛地，居民很少从事农耕，以经商为生，每年秋天在此举行为期 10 天的集

---

① 〔俄〕李特文斯基主编：《中亚文明史》第 3 卷，第 411 页。

② 同上书，第 409 页。

③ V. Minorsky translation and explained, *Ḥudūd al -'Ālam*, p.113.

市，专卖质劣价廉的次品，品种有床毯、门帘、窗帘等。瓦拉赫沙镇每年举办一次集市交易会，为期 15 天，如果集市适逢年底，则延期至 20 天，第 21 天被农民视为元旦（按粟特年历记）。中亚的奴隶贸易在此时期继续兴旺，奴隶来源是以战争和袭击之后的俘虏，或者是以大饥荒之年父母卖出的子女补充。

8 世纪中叶，中亚地区的物价是：一个奴隶平均价值为 200 迪尔汗；一匹马也是 200 迪尔汗；大匹织锦价值为 100 迪尔汗；小匹织锦值 60 迪尔汗；一卷丝值 28 迪尔汗；一对公牛值 12 迪尔汗；一头母牛值 11 迪尔汗；一双鞋（Kafshi）值 1—2 迪尔汗；大陶罐值 2 迪尔汗。①

商品贸易的发展使中亚地区从以物易物的低层次交换发展成为货币交换。在片治肯特及塔吉克斯坦南部的考古发掘中，出土了大量铜钱。据研究，当地发行的钱币主要是在本地流通。在片治肯特，除本地发行的钱币外，还有撒麻耳干、不花剌和石国的钱币。大量青铜钱币与谷物或其他农产品混在一起，有学者推断，可能是作为租金征收的剩余价值。穆格山粟特文书提到了银币，它们是在不花剌和撒麻耳干制作的原萨珊时期迪尔汗货币的仿制品。632—634 年间，一个叫康纳·布哈尔·护达的统治者在不花剌发行了被称为迪尔汗的银币，迪尔汗银币上铸有护达带王冠的头像。在此之前，不花剌的贸易以棉布和小麦为等价交换物。②这种银币使用到801年（回历 185 年），此后，在不花剌通用的是花剌子模的硬币，不花剌钱币逐渐退出流通领域。

7 世纪，丝绸之路的畅通使中亚国家对外贸易得到发展。丝绸之路“发自敦煌，至于西海，凡为三道，各有襟带”。丝绸之路北道穿过哈密和别失八里，经伊塞克湖和塔剌思河（怛逻斯河）通向阿姆河和伏尔加河下游，再西进高加索北部，然后抵达特拉布松

---

①〔俄〕李特文斯基主编：《中亚文明史》第 3 卷，第 415 页。

② Narshakhī, *The History of Bukhara*, p.35.

（Trebizond）。南道经喀什噶尔西行，从拔汗那可抵达撒麻耳干和不花剌；北行可抵达塔什干绿洲，然后经咸海沿岸，穿越花剌子模、伏尔加河下游、高加索北部，可达黑海北岸；南行经帕米尔的山口，抵达瓦罕，然后经巴里黑向西到达莫夫，从莫夫穿过伊朗高原，抵达美索不达米亚，最终通向大马士革。还有一条道路从喀什噶尔出发，穿过捷列克达范（Terekdavan）山口、阿赖（Alai）谷地和卡拉捷金（Karateghin）达巴里黑。

7世纪以后，中亚商人除了进行传统的外贸，棉纺织物、丝绸、瓷器成为这一时期的大宗商品，其中，瓷器成为贸易的主要商品。在穆格山遗址中发现了300余件遗物，其中大约150件织物残片，内有丝织物、毛织物和棉织物。苏联学者认为，这些遗物中的一部分可能来自中国。[①]

---

① 王尚达：《唐代粟特人与中原商业贸易产生的社会作用和影响》，《西北民族研究》1995年第1期。

第六章

宗教与文化

7 世纪中叶，中亚地区多种宗教并存：祆教、佛教、摩尼教、景教和萨满教，各宗教之间尽管存在着冲突，但大体上能够和平相处；8 世纪初，伊斯兰教传入中亚，一部分居民改宗伊斯兰教，但是终倭玛亚王朝一代，伊斯兰教并未在中亚取得胜利。阿拉伯人的征服将阿拉伯文化带到中亚，直到倭玛亚王朝统治末期，阿拉伯文化并未在中亚产生重要影响。在共同抵抗阿拉伯人入侵的过程中，突厥文化开始与中亚本地文化融合，开启了中亚早期的突厥化。

第一节　宗教

伊斯兰教是阿拉伯人穆罕默德（约 570—632）创立的宗教。“伊斯兰”（al-Islam）在阿拉伯语中的意思是“顺从”，指顺从真主安拉（Allah），信奉伊斯兰教的人统称为“穆斯林”（Muslim），意为“顺从者”。从哲学范畴来看，伊斯兰教强调客观存在神，属于客观唯心主义范畴；而有学者认为，伊斯兰教认为宇宙间的万物都是在真主的旨意下运行，即万物之所以存在（存在的原因）归于一切意志的掌握者——真主安拉，因此，伊斯兰教又有绝对唯心主义的成分。

伊斯兰教随历史进程而不断变化，经历了1300多年的发展。目前，伊斯兰教与佛教、基督教并称为世界三大宗教，主要传播于亚洲、非洲，以西亚、北非、中亚、南亚次大陆和东南亚最为盛行。

伊斯兰教在四大哈里发时期得到完善。在艾卜·伯克尔哈里发时期，伊斯兰教的经典《古兰经》（*Quran*）开始收集、整理、汇编，到奥斯曼哈里发时期，《古兰经》成为定本，今天通用的《古兰经》就是奥斯曼哈里发时期编写的，被称为奥斯曼本，为伊斯兰教和阿拉伯语向世界的传播提供了经典依据。《古兰经》共30卷，114章，6200余节。伊斯兰教在创建过程中曾受到其他宗教的影响，“关于天启和先知的概念、宇宙一神和个人获救的教义以及《圣经》中的许多传说，显然是受过犹太教和基督教影响的证据”①。伊斯兰教的另一经典《圣训》（*al-Hadith*）是对《古兰经》的阐释，它记录了穆罕默德及其弟子们的言行。在穆罕默德去世80多年之后才整理成书，现有不同的版本。

欧麦尔哈里发时期，伊斯兰教发展成为世界多民族信仰的宗教。欧麦尔哈里发采取伊斯兰教信仰者免交人头税的政策，吸引被征服地区居民改宗伊斯兰教。此外，他还制定了伊斯兰教历，该历以穆罕默德由麦加迁徙麦地那的重要历史时间（公元622年7月16日）为元年的第一天。

随着阿拉伯人东进巴里黑、喀布尔和加兹尼，伊斯兰教开始在中亚地区传播，但是，直到8世纪中叶以前，伊斯兰教在中亚的传播都没有取得决定性的胜利。

7世纪中叶，中亚地区多种宗教并存：祆教、佛教、摩尼教、景教和萨满教。各宗教之间存在着冲突，然大体上能够和平共处。

祆教是公元前6世纪在伊朗高原上兴起的古代宗教，7世纪中叶在中亚地区兴盛。对此，中外史籍和考古资料都有反映。7世纪中叶

① 金宜久主编：《伊斯兰教》，宗教文化出版社1997年版，第19页。

到过中亚地区的玄奘提到，康国国王及百姓，不信佛法，以事火为道。当时，康国有祆教寺庙两所，“迥无信屠，客僧投者，诸胡以火烧逐，不许停住”[①]。7 世纪，不花剌和花剌子模的货币上也铸有戴冠的像和燃着圣火的祭坛。[②]在玄奘游历巴里黑城之后大约 100 年，慧超在《往五天竺国传》一书中记载：“此六国（即安、曹、史、石、米、康）总事火祆，不识佛法。”[③]

结合汉籍和中亚考古资料来看，到阿拉伯人统治的 8 世纪中叶，祆教仍然是河中地区的主要宗教。据杜环《经行记》记载，康国有祆祠，撒麻耳干附近诸国都信祆教。对穆格山文书研究也可反映祆教的主导地位。在穆格山文书中，记有两个负责祆教事务的官名，即 mwγpt-（Chief magus，穆护长）和 βγnpt-（Lord of the temple，祠主）。姜伯勤先生研究证明，上述两个称呼分别是《通典》所记管理祆教的萨宝府视流内官祆正和视流外官祆祝。[④]距不花剌 45 公里的塔瓦维斯村，既有佛寺，也有祆教寺院。不花剌的西雅武什墓是祆教徒崇拜的古迹，每年的纳乌鲁兹节，祆教徒在太阳出来以前就来到那里，宰一只公鸡作为牺牲贡献。

尽管祆教在中亚地区占据主导地位，然而，祆教没有构建起自己的组织，祆教祭司们还没有形成教士阶层，甚至没有出现具有最高权威的大祭司。教士们具有不同的社会身份，从属于世俗权力，不花剌城主布哈尔·护达是祆教的最高领袖。

据《新唐书》记载：康国“尚浮图法，祠祆神，出机巧技”。可以推知，除祆教外，康国居民还信仰佛教和婆罗门教。《旧唐书》记，康国：“有婆罗门为之占星候气，以定吉凶。颇有佛法。至十一月，鼓舞乞寒，以水相泼，盛为戏乐。”尽管如此，7 世纪时，佛教在中亚的影响力微弱，到 7 世纪中叶，佛教在中亚的大多数地区处

---

① （唐）慧立等：《大慈恩寺三藏法师传》，中华书局 2000 年版，第 30 页。

② W. Barthold, *Turkestan Down to the Mongol Invasion*, pp.204, 206.

③ （唐）慧超著，张毅笺释：《往五天竺国传笺释》，第 118 页。

④ 姜伯勤：《敦煌吐鲁番文书与丝绸之路》，第 232 页。

于衰落状况。在玄奘游历巴里黑城之时，该城尚有100座伽兰，居住着3000名僧人。①到阿拉伯人征服中亚期间，中亚居民中仍然有佛教徒。据伊斯兰作者伊本·阿勒·法基赫记载，巴里黑的瑙巴哈尔寺僧徒与中国皇帝及喀布尔信奉同一宗教，各地的朝拜者纷纷来此向该寺的大佛顶礼膜拜。②突厥上层统治者中也有信仰佛教者，但佛教教义与突厥人勇武好战的精神不相容，未能得到普遍流传。这一时期的突厥人的萨满教与河中地区盛行的祆教糅合，反映在突厥人的习俗和葬俗中。

在此时期，中亚的摩尼教崇拜并不兴盛。摩尼教创立于3世纪，在中国史书上，被译为牟尼教、明尊教、明教。摩尼教是在祆教基础上，吸收基督教、佛教等宗教教义创立的。3世纪后期，摩尼教徒从巴克特里亚来到河中地区传教，在阿拉伯人征服时期，萨珊波斯的大批摩尼教徒来到中亚。7世纪，摩尼教在中亚成为一支较为强大的势力，撒麻耳干是当时中亚摩尼教的中心。伊斯兰教在中亚地区传播之后，摩尼教在中亚作为异教基本上已经被消灭或转入地下活动。正是在此时期，摩尼教开始东传。

694年以后，摩尼教从楚河流域东渐，传入天山南路。从事摩尼教传播的主要是粟特人和吐火罗人，据敦煌出土文书，当时罗布泊的石城镇首领是撒麻耳干城出身的摩尼教僧侣。摩尼教传入唐朝之后，与唐朝关系密切的回鹘人接受了摩尼教。以后，摩尼教在回鹘汗国统治中心盛行起来。来到回鹘人中的摩尼教徒多为粟特人，他们用粟特语书写了现在被认为是摩尼教经典之一的《宇宙创始神话》。

景教是基督教的一支，由5世纪下半叶的东罗马人聂斯托里创建。③聂斯托里遭到迫害之时，该派教徒逐渐向东传教。6世纪中叶，景教传到撒麻耳干。据沙畹《西突厥史料》一书考证，景教“最晚

① 〔英〕珀西·塞克斯：《阿富汗史》第1卷上册，商务印书馆1972年版，第253页。
② 王治来：《中亚史纲》，湖南教育出版社1986年版，第301页。
③ 《辞海·宗教分册》（上海人民出版社1977年版，第44页）说其生于451年；另有454年之说。

至公元561年时已传播到了粟特的突厥人当中”[1]。635年（贞观九年），景教由大秦人阿罗本传入中国内地，在今陕西西安立有《大秦景教流行中国碑》。在天山南路，尤其在高昌故地，发现了用叙利亚语、粟特语、波斯语书写的基督教福音书和教论。8世纪初，景教的二十代总主教撒里巴萨察（Salibazacha，714—728年在位）曾在撒麻耳干建立景教大主教区。

阿拉伯人征服时期，上述多种宗教在中亚并存，祆教虽然占据优势地位，但教义相对简单，缺乏文化底蕴，没有形成完善的宗教体系，加之，祆教“不排斥异教，而且可以与外道信仰共同居住，和睦相处”[2]。以上形势有利于伊斯兰教的传播，伊斯兰教在中亚的传播并没有遇到强有力的对手。

从本质上看，阿拉伯人的扩张是阿拉伯国家的扩张而不是伊斯兰教的扩张。在征服初期，阿拉伯人以掠夺财富和收取赋税为目的，并不十分鼓励中亚居民改宗伊斯兰教。8世纪初期，屈底波占领不花剌城之后，采取和平和武力两种方式在河中地区传播伊斯兰教。一方面，屈底波焚毁大量庙宇和神像，销毁大量宗教文献，强制实行伊斯兰法律，对违反伊斯兰法令者，轻者施以惩罚，重者处以死刑，用残暴的手段屠杀了大批非伊斯兰的教徒。按屈底波的命令：撒麻耳干城，“任何一个多神教徒在进入撒麻耳干的某一城门时，要先交到他手中一颗泥印，否则不许进城，如果在他出城之前泥巴已干了——杀死他；如果在他身上发现有铁刀——杀死他；如果关城门后夜间在城里发现有什么人——杀死他”[3]。另一方面，屈底波采取奖励政策促使居民改宗，让接受伊斯兰教的居民享受很多优惠，甚至付钱给履行新宗教规定的人。屈底波规定“无论是谁，只要来参加星期五礼拜，就发给两个迪尔汗”[4]。为迅速消除当地宗教的影响，他

---

① 〔法〕沙畹：《西突厥史料》，第219页。

② 周菁葆、邱陵：《丝绸之路宗教文化》，新疆人民出版社1998年版，第19页。

③ 魏良弢：《阿拉伯进入中亚与中亚伊斯兰化开始》，《新疆大学学报》2005年第3期。

④ Narshakhī, *The History of Bukhara*, p.48.

焚毁了祆教、佛教和其他宗教的庙宇和神像，并在其废墟上建造清真寺。然而，终其一生努力，没有达到理想的效果，中亚居民改宗伊斯兰教的人并不多。据《不花剌史》记载："不花剌的居民每当穆斯林的军队来时，就改宗伊斯兰教，可是他们一走，又背叛了信仰。屈底波三次使他们皈依伊斯兰教，而当他离开之后，他们又三次都成了异教徒。"[①]

8世纪20年代，伊斯兰教在中亚的传播有了一些改观。哈里发欧麦尔二世规定，信奉伊斯兰教的人可以免交人头税，于是，大批祆教和佛教徒改宗伊斯兰教。"欧麦尔二世曾写信给河中地区的王公们，请他们加入伊斯兰教，其中一些人因此改宗了。"[②]727—730年，时任呼罗珊总督的阿什拉·伊本·阿布达拉派了两个传教士（一个是阿拉伯人，一个是波斯人）到撒麻耳干和中亚其他地方宣传上述政策，获得了一定成效，大多数粟特居民表面上接受了伊斯兰教，不再交纳人头税（吉齐亚）。据9世纪阿拉伯史学家雅库比（Y'aqub）记，在哈里发欧麦尔二世统治时期，吐蕃曾派一个使团到呼罗珊总督加拉赫处，恳请他派一人到吐蕃去宣讲伊斯兰教义。波斯文地理书《世界境域志》也记载说，拉萨"有许多偶像寺（佛寺？）和一个清真寺，其中住着一些穆斯林"[③]。可见，在吐蕃时期伊斯兰教已经传入青藏高原。

尽管如此，到8世纪30年代，不花剌城居民中的大部分人仍是要缴纳人头税的异教徒。由于免缴人头税国库收入减少，到哈里发希沙姆时期，又出台了所有信仰伊斯兰教的人缴纳附加税的规定，于是，那些为了免交人头税而接受伊斯兰教的粟特人断然放弃伊斯兰教，重新恢复自己的宗教信仰。[④]直到8世纪中叶，伊斯兰教在中亚的传播并没有获得成功。

---

① Narshakhī, *The History of Bukhara*, p.48.

② M. A. Shaban, *The Abbasid Revolution,* London: Oxford University Press, 1980, p.56.

③ V. Minorsky, translation and explained, *Ḥudūd al -'Ālam*, p.93.

④ 许序雅：《中亚萨曼王朝史研究》，贵州教育出版社2000年版，第153页。

第二节　文化

与伊斯兰教在中亚的传播命运一样，8 世纪中叶以前，伊斯兰文化在中亚也没有取代中亚本土文化。

7 世纪，在锡尔河以北草原上建立政权的西突厥人尽管成为河中地区的统治者，但突厥人并没有大批定居于河中地区，突厥文化也没有影响到中亚土著居民的印欧文化，河中地区及吐火罗地区仍然继续使用属于印欧语系东伊朗语族的粟特语。7 世纪中叶以后，为了抵御阿拉伯人的入侵，中亚东北草原上的突厥人频繁来到河中地区，他们以河中地区居民同盟者的身份加入到反阿拉伯人的斗争中。7 世纪中叶以后，河中地区居民逐渐接受了突厥文化，河中地区的波斯文化发生了变化，突厥文化开始与之融合。可以说，7 世纪中叶至 8 世纪中叶的 100 年，是中亚居民突厥化的开端。

这一点首先从语言上反映出来。这一时期中亚的一些居民除了说粟特语外，还能够说突厥语。据敦煌吐鲁番文书反映，昭武国家居民的名字中含有突厥语成分，如安加沙，加沙一名是突厥语“铁”，何莫贺咄，莫贺咄一名是突厥语“勇健”的音译，安达汉、罗特勤、贺吐屯、康逸斤等名字中的达汉、特勤、吐屯、逸斤都是突厥官号。中亚的一些地名也含有突厥语的成分，如突厥王子所建之寺名特勤寺，可敦所建者名可敦寺等。

阿拉伯人来到中亚以后，按哈里发的规定，阿拉伯语为法定的官方语言，凡官方文件、官场交谈、教育和伊斯兰教用语，一律使用阿拉伯语言。随着伊斯兰教的传播，阿拉伯语也传入中亚地区，最初传入呼罗珊。但倭玛亚王朝时期，阿拉伯语在中亚居民中并不流行。

7—8 世纪，中亚地区使用多种文字。阿拉伯人来到中亚以前，中亚居民书写的文字被称为粟特文，考古资料的研究证明，许多宗教文书是用粟特文书写的。在片治肯特发现了一个练习本，里面有一张粟特文字母表，每个字母都附有范本。此外，中亚地区还流行叙利亚文、摩尼文。8世纪，游牧突厥人有了自己的文字，最早的突厥文被称为突厥鲁尼文。阿拉伯人征服中亚的最初100年（7世纪中叶至8世纪中叶），官方发布的政府公文、收税等文件用阿拉伯文，但从保存下来的穆格山文书来看，直到8世纪中叶，阿拉伯文并未在中亚流行。

8世纪中叶以前，中亚地区大致可以分成以下三个语言和文化区域。一是锡尔河下游和咸海附近的花剌子模地区，这一地区使用的官方语言和文字是花剌子模语和花剌子模文，这是一种当地的土著语言；二是包括撒麻耳干、不花剌的河中地区和拔汗那，这些地区居民使用粟特语和粟特文；三是包括石汗那在内的阿姆河上游及其以南地区，即今塔吉克斯坦的大部和阿富汗北部，这些地区居民使用一种贵霜—巴克特里亚语（Kushan-Bactrian），该语言用希腊字母书写。

8世纪，中亚的雕塑艺术受到了突厥人的影响。在继承传统雕塑的前提下，粟特地区形成了新的雕塑形象，留下了明显反映各个民族的形象，从脸型、帽子、头饰等展现出不同的外形，其中有粟特人，也有突厥人，这些人物表情丰富鲜明，从不可侵犯的高傲到无法抑制的激动，从天真无邪的愉悦到极度痛苦的悲哀。撒麻耳干是成就辉煌的雕像艺术中心，不过，在此时期，雕像艺术创作的地区明显缩小，只在河中地区的一些城市和锡尔河以北的突厥斯坦等城市还能见到一些雕像。

这一时期的中亚艺术反映了封建时代的某些特征。与萨珊王朝时期为中央集权化国家的政治宣传不同，这一时期，粟特文化“以表达在其英雄时代最高阶段的一种封建社会的价值”①，给予粟特艺术创作支持和赞助的地主贵族德赫干成为壁画的主角，壁画中大量出

---

① G. Azarpay, Sassanian and Sogian Artistic Patterns: A Comparative Study, in: *Le Plateau Iranien Et L'asie Centrale Des Origines A La Conquête Islamique*, Paris, 1977, p.328.

现与他们有关的宴飨与狩猎图景。通过这些场面表达了当时的文化价值，即“重视在宴飨和各种形式的享乐上放纵其欲望的能力……对其朋友无尽的慷慨；对敌人则残忍地报复，能够坦然接受命运的支配”①。

河中地区土著居民的一些习俗受到了突厥文化的影响，如葬俗。玄奘在《大唐西域记》一书中，对粟特人的葬礼留下了这样的描写：“死则焚骸，丧期无数。剺面截耳，断发裂裳，屠杀群畜，祀祭幽魂。”②片治肯特附近被命名为2号遗址的南壁有一幅“哀悼图”，它描绘一个王子的葬礼，灵柩旁有一些男人，一部分头发呈褐色，皮肤白皙，另一部分肤色较黑，鹰钩鼻，有的学者认为这分别代表了粟特人和突厥人两个种族。从画面上来看，除了三个突厥人在以刀剺面外，还有一个粟特人在用刀割耳。在葬礼上以剺面、截耳、断发表示对死者的哀悼，这些都是突厥人的习俗。有学者认为，粟特人的截耳风俗可能在突厥以前就曾受到了统治中亚的嚈哒的影响，嚈哒也有“父母死，其子截一耳，葬讫即吉”③的习俗。

7—8世纪，粟特人的葬式流行盛骨瓮，据《通典》记载，康国葬俗“国城外别有二百余户，专知丧事，别筑一院，其院内养狗。每有人死，即往取尸，置此院内，令狗食之，肉尽收骸骨，埋殡无棺椁”④，收骸骨的葬具是瓮，贵族用金瓮，平民用陶瓮。据《隋书·石国传》记载：“正月六日、七月十五日，以王父母烧余之骨，金瓮盛之，置于床上，巡绕而行，散以花香杂果，王率臣下设祭焉。”一般百姓用陶骨瓮，这类陶骨瓮在花剌子模常见，在托库卡拉出土的盛骨瓮的瓮面也刻有粟特男女剺面截耳的悼亡仪式的画面。⑤

---

① G. Azarpay, Sassanian and Sogian Artistic Patterns: A Comparative Study, in: *Le Plateau Iranien Et L'asie Centrale Des Origines A La Conquête Islamique*, p.325.

② 季羡林等校注：《大唐西域记校注》上，第45页。

③ （唐）李延寿：《南史》，中华书局1975年版，第1984页。

④ （唐）杜佑：《通典》，第1039页。

⑤ 〔苏联〕舒库罗夫：《中亚造型艺术的肖像画理探析》，见《古代和中世纪的中亚》，莫斯科1977年版，第104—109页及图版第22幅，转引自蔡鸿生：《唐代九姓胡与突厥文化》，第26页。

第二编 阿拔斯王朝时期的中亚

（751—820）

阿拔斯王朝（750—1258）的建立是阿拉伯帝国的历史转折。阿拔斯王朝政权中吸收了大批波斯人，形成了阿拉伯贵族与波斯贵族联合政府，随之，帝国制度也从贵族政治逐渐发展为中央集权的官僚政治；8世纪中叶以后，中亚地区的大地产迅速发展起来，封建关系在7—8世纪发展的基础上进一步发展，中亚经济一度繁荣；阿拔斯王朝时期，伊斯兰教在中亚取得胜利，以祆教为中心的多元宗教向以伊斯兰教为主的一元宗教的转变过程开始；阿拔斯王朝的文化运动促进了中亚地区文化的发展。8世纪中叶以后，在中亚东部强大的政权有吐蕃和葛逻禄，吐蕃人在中亚基本上沿用唐朝羁縻统治的方式，而葛逻禄汗国的统治者仅仅满足于征服地区的效忠和纳贡。

第一章

阿拔斯王朝、葛逻禄、吐蕃和回鹘

阿拔斯王朝取代倭玛亚王朝以后，统治了中亚呼罗珊、吐火罗斯坦和河中地区。阿拔斯王朝沿袭倭玛亚王朝的惯例，以呼罗珊为基地统治着吐火罗斯坦和河中地区。与此同时，锡尔河以北以东的中国唐朝属地被吐蕃王朝占领，吐蕃还与在蒙古草原建立了政权的回鹘人争夺阿尔泰山以西地区。阿尔泰山西部的游牧葛逻禄人崛起，在原突骑施汗国领地上建立了政权。中亚东部地区形成了葛逻禄、吐蕃、回鹘三方角逐的格局。

第一节　阿拔斯王朝

8 世纪中叶，倭玛亚王朝的世袭统治激起了伊斯兰教创始者穆罕默德家族的反对。穆罕默德的叔叔阿拔斯举起了反叛旗帜，最终推翻了倭玛亚王朝。

阿拔斯家族属麦加古莱希部落的哈希姆氏族，原居希贾兹，后迁居大马士革，势力逐渐强大起来。8 世纪初，阿拔斯家族以死海南岸的侯麦玛村为基地展开了反倭玛亚王朝的斗争，阿拔斯家族声称，从伊斯兰教出现之日的100年来，穆斯林所遭受的灾难都是由倭玛亚王朝哈里发造成的，阿拔斯家族提出不分肤色，不分种族，不分地区，穆斯林一律平等的口号。他们允诺说，如果推翻倭玛亚王朝，他们将减少土地税和其他捐税，停止强迫农民参加建筑工程，给地方居民以政治权利和允许他们在哈里发国家参政。

族长穆罕默德·本·阿里派遣手下人分赴伊拉克和呼罗珊展开活动，这些人打扮成传教师、商人、朝圣者，在各地秘密活动。阿拔斯家族的活动得到了呼罗珊和河中地区波斯人、突厥人的拥护与支持，他们积极参与到阿拔斯家族的斗争之中。呼罗珊以及河中地区的地方贵族对革命有极大的热情，他们希望革命成功以后能够参与对本地区的统治。

742年，族长穆罕默德·本·阿里去世，遗嘱指定其子艾卜·伊卡拉欣为阿拔斯家族的首领。在艾卜·伊卡拉欣时期，阿拔斯家族反倭玛亚王朝的斗争从秘密转为公开的武装斗争，他们以办学活动为掩护，实行军事训练。

艾卜·伊卡拉欣继任领袖以后，注意在帝国东部发展势力。在哈里发希沙姆统治时期，阿拔斯家族的特使出现于呼罗珊，呼罗珊总督阿萨德·伊本·阿布达拉赫曾将几个阿拔斯家族的特使砍去了手脚。746年，艾卜·伊卡拉欣派兄弟艾卜·阿拔斯·萨法赫（Abū a-'Abbas as-Saffah）到呼罗珊去组织力量。艾卜·阿拔斯利用波斯籍释奴艾卜·穆斯里姆在呼罗珊的力量[①]，联合什叶派组织武装起义。在此期间，族长艾卜·伊卡拉欣被哈里发麦尔旺二世诱到巴格达监禁起来。伊卡拉欣在狱中留下遗嘱，由其弟艾卜·阿拔斯继承阿拔斯家族族长，继续领导斗争。斗争一度处于低潮。在此期间，749年9月，艾卜·阿拔斯率众逃到库法城避难，他在一次演说中号召说："库法人啊！你们爱戴我，我将给你们每人增加100个迪尔汗的奖赏，我是赛发哈（al-Saffah）。""赛发哈"在阿拉伯语中意为仁慈者、慷慨者。[②]

① 有史家记载说艾卜·穆斯里姆是艾卜·伊卡拉欣之弟，艾卜·阿拔斯之兄。

② 纳忠：《阿拉伯通史》上册，第427页。

749 年 10 月，艾卜·阿拔斯召集亲信 14 人在库法召开会议。在呼罗珊进行武装斗争的艾卜·穆斯里姆也率 12 位首领赶到库法参加会议。会上，艾卜·阿拔斯被拥立为哈里发。此后，阿拔斯家族走出低谷，他们的武装力量迅速抵达并围攻了被视为固若金汤的大马士革城。这座历史名城的守军于 750 年 4 月 26 日投降，倭玛亚王朝末代哈里发麦尔旺二世逃到埃及的布绥尔城，最终在此阵亡。艾卜·阿拔斯以库法城附近的安巴尔为都建立了阿拔斯王朝（Abbsid Dynasty，750—1258）。①

阿拔斯王朝旗帜尚黑，中国史书称此政权为“黑衣大食”。阿拔斯王朝存在了 500 多年，然而，帝国在大部分时期内并不是统一的。从 9 世纪 20 年代起，阿拉伯帝国内就出现了独立于中央政权的地区王朝。此外，在阿拔斯王朝中，除初期的哈里发外，大多数哈里发只是名义上的统治者，特别是在哈里发穆塔瓦基（Al-Mutawakil，847—861 年在位）被近卫军杀害之后，哈里发的废立多由近卫军首领决定。

艾卜·阿拔斯上台以后，为威慑政治上的反对派，迫使各省长官及部落首领向他表示效忠。政权巩固以后，艾卜·阿拔斯着手政治和经济改革。在政治方面，他效法于萨珊波斯王朝的行政体制，建立了以哈里发为中心的集权统治，设立了中央和地方的行政管理机构，启用波斯显贵及麦瓦利（非阿拉伯族穆斯林）的文人担任各级要职；在经济方面，采取新的税收政策，促进了农业发展；在宗教方面，聘用大批著名教法学家为宗教顾问。在阿拔斯革命中立下汗马功劳的呼罗珊波斯人得以参与阿拉伯帝国政权，此后，波斯人在阿拔斯哈里发国家中发挥了重要作用，于是，一个纯粹的阿拉伯帝国消失了。②

---

① 阿拔斯王朝初期的哈里发：艾卜·阿拔斯（750—754 年在位）、曼苏尔（754—775 年在位）、麦赫迪（775—785 年在位）、哈迪（785—786 年在位）、哈伦·拉希德（786—809 年在位）、艾敏（809—813 年在位）、麦蒙（813—833 年在位）。

② 纳忠：《阿拉伯通史》上册，第 420 页。

754年，艾卜·阿拔斯因患天花在安巴尔去世。[①]根据他的遗嘱，其兄艾卜·哲耳法尔继任为哈里发。艾卜·哲耳法尔自称曼苏尔（Mansūr，意为“常胜者”），有史家认为，曼苏尔才是阿拔斯王朝的真正奠基人。

曼苏尔哈里发刚继位时期，政敌众多，他采取各个击破的手段保住了自己的统治，为阿拔斯王朝初期政权的相对稳定奠定了基础。为了维护国家的安定，曼苏尔花费600万迪尔汗创建正规军，镇压了阿拔斯革命的同盟者什叶派教徒，杀害了阿拔斯王朝的建国功臣艾卜·穆斯里姆。曼苏尔耗资473.3万迪尔汗在底格里斯河下游两岸建造了名垂千古的巴格达城[②]，在阿拉伯语中，巴格达意为“真主的花园”。762年，曼苏尔将都城迁往巴格达城。

在经济上，曼苏尔整顿国家财政，首先健全了税收制度，革除了倭玛亚王朝时期土地税收的种种弊端；其次，建立了国家机关田赋局管理税收，设置了登记税额的专册；其三，严格税收纪律，选派廉洁奉公的穆斯林担任田赋局长，撤职或重办违法扰民的税吏。为了便于监督，田赋局设在皇宫附近。到哈伦·拉希德（Hâlûn al-Rashîd）任哈里发之时（786—809），田赋部的组织已经十分细密。曼苏尔在位22年，他去世之时，国库存的巨额财富有6亿迪尔汗，1400万迪纳尔（金币,Dinar）。[③]美国学者希提对曼苏尔的评价是：“他是阿拔斯王朝最伟大的哈里发，也是最不讲道义的哈里发。”[④]

阿拔斯王朝建立之初的70年（750—821），特别是在第五任哈里发哈伦·拉希德和第七任哈里发麦蒙时期（Al-Ma’mun，813—833年在位），阿拉伯帝国达到极盛。哈伦·拉希德依据萨珊波斯王朝的统治经验，健全行政体制，加强了中央集权，扩大了法官权力，完

① 〔伊朗〕阿宝斯·艾克巴尔·奥西梯杨尼：《伊朗通史》上册，商务印书馆1979年版，第113—114页列表：赛法哈（即艾卜·阿拔斯萨法赫）在位截至曼苏尔在位开始年代为753年，相差一年的原因与伊斯兰纪年换算公元年代有关。

② 纳忠：《阿拉伯通史》上册，第505页。

③ 同上书，第504页。

④ 〔美〕希提：《阿拉伯通史》上册，第337—338页。

善了司法制度，建立了中央情报机构以加强对地方的控制和监督；在经济方面，实行新税制，发展农业、手工业、商业和对外贸易，国库充盈，经济繁荣；在文化方面，奖掖学术，重用各族不同信仰的学者。哈伦·拉希德在位期间，国家的财富有了惊人的增长，他去世之时，国库中遗存了9亿迪尔汗财富。①

然而，阿拔斯王朝存在的不稳定因素逐渐显现出来，其中，最大的隐患是波斯显赫家族伯尔麦克氏的专权，该家族在阿拔斯王朝掌权达半个世纪之久，它的权势对哈里发权力构成了严重威胁。哈伦·拉希德在国家稳定和繁荣之后，开始对该家族进行打击。此后，哈伦·拉希德承袭了萨珊波斯王朝以王子担任地区总督的传统，派次子麦蒙担任呼罗珊总督（约808—813），驻在莫夫。哈伦·拉希德死后，长子艾敏（Al-Amin）继任哈里发（809—813年在位），麦蒙在呼罗珊势力的支持下开始不服从其兄的统治。811年，麦蒙开始了反艾敏的斗争。在礼拜五祈祷之时，麦蒙不颂读艾敏之名，在他发行的钱币上也不铸艾敏之名，甚至中断了呼罗珊和伊拉克之间的通信往来。②斗争日趋激化，最终爆发了历时三年多（811—813）的内战。813年，麦蒙战胜其兄艾敏成为阿拔斯王朝第七任哈里发。

麦蒙对艾敏的胜利实际上是帝国内部波斯势力对阿拉伯势力的胜利。麦蒙因其母是波斯人而具有波斯血统，这一点使他得到了呼罗珊波斯人的支持和拥护，在争夺哈里发的战争中，麦蒙获得了以波斯人为主的呼罗珊军队的支持。正是在呼罗珊物力和军队的支持下，麦蒙在东部的势力日益强大，诸小国无不慑服，或托庇于他，或请求援助，以对付邻国的威胁。麦蒙在任哈里发初期的七年时间里，统治中心仍然建在莫夫，他以莫夫为中心统治着帝国东部地区，而帝国西部，即伊拉克和阿拉伯半岛由他的重臣波斯人法德尔·布萨赫尔的弟弟管理。

---

① 纳忠:《阿拉伯通史》上册，第505页。

② R. N. Frye, *The Cambridge History of Iran*,Vol. 4, p.92.

麦蒙是维持帝国统一的最后一位哈里发，在他去世以后，阿拔斯王朝进入了分裂时期，握有军权的将领们任意废立或杀害哈里发，各地总督号称素丹，独占一方，脱离中央，仅仅在名义上承认哈里发的最高地位。836年，哈里发迁都萨马腊（Samarra，836—892）。在此期间，呼罗珊和河中地区也不例外地建立了独立政权，以下先谈在呼罗珊建立的独立政权。

呼罗珊是阿拔斯王朝起家的地方，呼罗珊省区在阿拔斯王朝的地位十分重要，呼罗珊总督一职在王朝众多总督中具首位。阿拔斯王朝建立以后，推翻倭玛亚王朝的功臣艾卜·穆斯里姆被正式任命为阿拔斯王朝第一任呼罗珊总督（749—754）。[①]

艾卜·穆斯里姆是呼罗珊人，早年沦为奴隶，流落库法城，阿拔斯家族以400迪尔汗的价钱将他赎出。艾卜·穆斯里姆聪明能干，深得阿拔斯家族的器重。746年，阿拔斯家族授予他一面黑旗，派他回故乡呼罗珊进行革命活动。艾卜·穆斯里姆的活动得到了波斯人的支持，不到一年的时间，一支什叶派武装就纳入了阿拔斯革命的轨道。[②]时机成熟之后，艾卜·穆斯里姆于747年6月揭起了阿拔斯的黑旗，反对以白旗为标识的倭玛亚王朝，黑旗乃先知穆罕默德的军旗，后来成为阿拔斯王朝的标志。对倭玛亚王朝不满的各种势力迅速聚集在艾卜·穆斯里姆的旗帜下，武装起义的火焰在呼罗珊各地熊熊燃烧，起义的声势震撼了整个帝国东部。起义军步兵达20万人，骑兵5000人。[③]他们以各地的清真寺为基地，进攻各大城市。748年，艾卜·穆斯里姆率领的呼罗珊军队打败了当时呼罗珊总督纳斯尔的军队，占领莫夫城，纳斯尔率大队人马撤到尼沙普尔城。749年，艾卜·穆斯里姆成为阿拔斯党人在呼罗珊的第一任总督。坐镇莫夫以后，艾卜·穆斯里姆派副将盖哈台白追击纳斯尔，748年8月，阿拔斯军队攻占尼沙普尔城，纳斯尔在溃逃中被杀。艾卜·穆

① “阿拔斯王朝时期呼罗珊总督世系表”见附录一。

② 纳忠：《阿拉伯通史》上册，第417页。

③ 同上。

斯里姆成为波斯、呼罗珊和河中地区无可争辩的统帅。

艾卜·穆斯里姆夺取呼罗珊东部和赫拉特城以后，进军河中地区。在河中地区确立统治以后，艾卜·穆斯里姆下令各地在星期五礼拜中，以阿拔斯之名颂读胡特巴。他手下的两员大将战胜了倭玛亚王朝的军队和镇压了各种反抗势力，他们是阿布·达乌德和济雅德·伊本·萨里（Ziyad ibn Salih）。

751年，在怛逻斯战役中，由艾卜·穆斯里姆部下率领的军队击败了中国唐朝安西节度使高仙芝的军队，控制了河中大部分地区。为了维护在此地区的统治，艾卜·穆斯里姆加强了撒麻耳干城的防御功能，修建了撒麻耳干的外城，752—753年，艾卜·穆斯里姆修建了城门、垛口和望楼，城墙全长7.5法尔萨赫[①]，撒麻耳干城的防御功能得到完善。

754年，曼苏尔继任哈里发。艾卜·穆斯里姆在呼罗珊的强大势力和坚实的根基令他感到不安，于是，他调整了艾卜·穆斯里姆的职务，把他调离呼罗珊，到叙利亚担任叙利亚与埃及总督。艾卜·穆斯里姆对此极为不满，在几经较量之后，遭到了暗杀。艾卜·穆斯里姆调离以后，新一任呼罗珊总督是阿布·达乌德（754—757年执政），他下令说，艾卜·穆斯里姆已叛变王朝，罪当处以极刑。

艾卜·穆斯里姆死后，他的拥护者和部下对阿拔斯王朝心怀仇恨，呼罗珊的波斯人爆发了起义。据塔巴里记载，起义发生在艾卜·穆斯里姆被杀当年，起义的首领辛巴德（Sinbad）是尼沙普尔附近阿罕村人，信仰袄教。起义的口号是：为艾卜·穆斯里姆报仇。起义者很快形成了浩荡大军，他们占据了尼沙普尔、库密斯（地处今伊朗的达姆甘附近）、雷伊（遗址在今伊朗德黑兰以南7公里处）等地，起义者夺取了艾卜·穆斯里姆在雷伊的财宝库。曼苏尔派加赫瓦尔（Jahwar ibn Marrarel-Jili）率一万人的军队前往镇压。双方在

① 法尔萨赫是波斯语的里程单位，1法尔萨赫约合6.24公里。然而，冯承钧将法尔萨赫译为“程”，据他换算，1程约合15华里。

哈马丹与德黑兰之间进行了决战，结果，起义军被击败，辛巴德在逃亡途中被杀。在此次战斗中，被杀的起义者达 6000 人。起义延续 70 天后被扼杀了。[①]

当呼罗珊爆发起义之时，河中地区也爆发了反对曼苏尔的起义，这次起义也很快被镇压下去。不过，呼罗珊新总督阿布·达乌德被起义者暗杀。此后继任的呼罗珊总督是阿布德·阿勒·加巴尔（Abd al'Jabbar，757—？年执政）。据说，这位总督因对阿拔斯王朝不满，参加了反叛运动，处死了不花剌的阿拉伯长官。此后，他被阿拔斯王朝军击败，在逃亡中在梅尔维鲁德被部下杀害。

782 年，阿布尔·阿拔斯·阿德尔·伊本·苏莱曼·吐什（Abul Abbas Adel ibn Suleiman Tush）成为呼罗珊的统治者。上任以后，不花剌的长官、大小封建主及贵族到莫夫城拜见他，河中地区贵族也前往莫夫为新任总督祝贺。

787 年，哈里发哈伦·拉希德任命加法尔·阿勒·阿什阿斯（Jafar al-Ashath）为呼罗珊总督（787—？）。任职初年，唐朝大臣李泌曾主张联合阿拉伯人以抗吐蕃，从他的谈话中可以推知阿拉伯人在中亚的势力："大食在西域为最强，自葱岭尽西海，地几半天下。"[②]在加法尔之后任呼罗珊总督的有加法尔之子阿勒·阿巴斯·阿勒·阿什阿斯（al-Abbas al-Ashath），其叔父吉特里夫·伊本·阿塔（Ghitrif b. Ata），以及哈姆扎·阿勒·胡扎伊（Hamzah al-Khuzae，792 年执政）、法兹勒·伊本·雅希亚（El-Fadhl ibn Yahya，794 年执政）、满速儿·阿勒·希米阿里（Mansur el-Himyari，795 年执政）、加法尔·伊本·雅希亚（Jafar ibn Yahya，796 年执政）。在以上总督中，大多数（如加法尔、法兹勒、雅希亚）是波斯显贵的伯尔麦克家族成员。在哈伦·拉希德打击该家族的行动中，加法尔于 803 年被斩首，雅希亚与法兹勒被囚禁，财产被没收。在呼罗珊

---

① 王治来：《中亚史纲》，第 284 页。

② （北宋）司马光主编：《资治通鉴》，第 7505 页（按，此句原文不见于新旧《唐书》等唐代史籍）。

握有重权的伯尔麦克家族从此衰落。

803 年，哈伦·拉希德任命阿里·伊本·伊萨（Ali ibn Isa）为呼罗珊总督（803—807）。阿里·伊本·伊萨为政暴虐，鱼肉人民。据说，他在中亚各地大肆搜括，得来的不义之财数量巨大，足够 1500 匹骆驼运载。[①]806 年，中亚地区发生暴动。808 年，哈伦·拉希德任命儿子麦蒙为呼罗珊总督。麦蒙在呼罗珊得到广泛的支持，组建了自己的军队，由著名的波斯将军塔希尔伊本·侯赛因（Tahir ibn Hussein）指挥。

813 年，麦蒙继任哈里发，任命伽桑·本·阿巴德（Ghassan b. Abbad）担任呼罗珊总督（819—821）。821 年，麦蒙把呼罗珊总督职位和伊拉克以东的全部土地赐给了塔希尔·伊本·侯赛因。塔希尔在尼沙普尔建立了独立于哈里发的割据政权——塔希尔王朝（821—873）。822 年，塔希尔在礼拜中不再以麦蒙的名字念胡特巴。此后，东方各省纷纷效仿塔希尔，脱离阿拔斯王朝独立，其中，波斯人在中亚西南的锡斯坦和河中地区分别建立了萨法尔王朝（The Saffārids）和萨曼王朝（The Samanid）。可以说，塔希尔王朝的建立标志着阿拉伯人在中亚统治的结束。

第二节　葛逻禄人及葛逻禄汗国

在阿拔斯王朝统治呼罗珊和河中地区之时，葛逻禄人和吐蕃活跃在锡尔河以北以东的草原上。葛逻禄人是铁勒族部落，6 世纪中叶，当突厥部崛起之时，大部分铁勒部落改用突厥族名，成为异姓突厥的重要组成部分，而葛逻禄人却一直保持着本部落名。在突厥鲁尼文《鄂尔浑突厥碑文》中，葛逻禄人被记为 Qarluq，拉丁文拼写成 Karlik。在中国史书中，葛逻禄一名的译名有歌逻禄、哥逻禄、割

---

① 〔英〕威廉·穆尔:《阿拉伯帝国》，第 367 页。

鹿、割禄、柯耳鲁、哈剌鲁等。葛逻禄人中主要有薄落（Bulāq，唐书写作谋落）、炽俟（Čigil）、踏实力（Tuxsi）三个部落，号称三姓葛逻禄。据《隋书》记载："伊吾以西，焉耆之北，傍白山，则有契弊、薄落职、乙咥、苏婆、那曷、乌讙、纥骨、也咥、于尼讙等，胜兵可二万。"[①]由此可知，中国人在隋代已经知道了构成葛逻禄三姓中的薄落和职乙（新旧《唐书》译为炽俟），两部在哈密以西、焉者以北的天山北麓游牧。

7世纪，葛逻禄人开始在中亚东北部活动。据《新唐书》记载："葛逻禄本突厥诸族，在北庭西北、金山之西，跨仆固振水，包多怛岭，与车鼻部接。"[②]在此时期，葛逻禄人臣属于西突厥汗国。627年，西突厥汗国的统叶护可汗，"自负强盛，无恩于国，部落咸怨，葛逻禄种多叛之"[③]。这是中国史书对葛逻禄人的最早记载。反叛西突厥汗国之后，葛逻禄人的一支东迁漠北，成为东突厥汗国的属部。学界将这支葛逻禄人称为东支葛逻禄。

630年，东突厥汗国亡，铁勒族车鼻部人阿史那斛勃在金山建牙，号称乙注车鼻可汗，葛逻禄臣属于车鼻政权。据史书记载："车鼻亦阿史那族，而突利部人也，名斛勃，世为小可汗，……西歌逻禄，北结骨，皆并统之。"[④]648年，唐朝云麾将军安调遮、右屯卫郎将韩华出使车鼻部，招抚乙注车鼻可汗阿史那斛勃。韩华一行先招抚了葛逻禄部："（韩）华谋与葛逻禄共劫之。"[⑤]649年，唐朝出兵北伐，直指车鼻。650年，车鼻部统治下的葛逻禄酋长歌逻禄泥孰俟利发等首领背叛车鼻，率部降唐。650年10月，根据唐朝的需要，一部分葛逻禄人迁移至乌德鞬山（即于都斤山，今鄂尔浑河上游杭爱山的北山），据《新唐书》记载："浑河州：永徽元年，以车鼻可汗余

① （唐）魏征：《隋书》，第1879页。
② （北宋）欧阳修、宋祁：《新唐书》，第6143页。
③ （唐）杜佑：《通典·边防十五》，第5455页。
④ （北宋）欧阳修、宋祁：《新唐书》，第6041页。
⑤ 同上。

众歌逻禄之乌德鞬山左厢部落置。”同年，唐在葛逻禄右厢部落置狼山（阴山的西北，乌拉后山）都督府，隶属云中都护，658年，唐改名狼山州[①]，以葛逻禄族出身的酋长为刺史、都督。

666年，高宗封禅泰山，“都督葛逻禄吐利等皆从至泰山下。已封，诏勒名于封禅碑”[②]。679年，唐朝属部东突厥人在漠南暴动，681年，东突厥首领阿史那骨咄禄统一漠南，再建东突厥汗国，史称后突厥汗国。随着后突厥汗国势力的发展，漠北的葛逻禄及其他铁勒诸部臣属于后突厥汗国。在此期间，东支葛逻禄人参加了后突厥汗国默啜可汗的叛唐活动。然而，由于默啜的暴虐统治，715年，东支葛逻禄人率先发起了反后突厥汗国的大规模起义。据《默棘连碑》（即《毗伽可汗碑》）记载：“当我三十一岁时，葛逻禄人民当其无忧无虑自主时，与我们为敌。我战于塔马赫（Tamagh）圣泉（Iduq Bash），杀葛逻禄人民，并在那里获取其国家。”[③]这次暴动失败以后，第二年，葛逻禄部再度起兵，复遭挫败。前碑又记：“当我三十二岁时，葛逻禄人民集合起来（反对我们）。我消灭了他们。”[④]后来，一部分葛逻禄人南下附唐，留在漠北的葛逻禄人重新臣属于后突厥汗国。

南下附唐的葛逻禄人被安置在横野军一带，唐在此设葛州，拜首领裴罗达干为葛州刺史。数年以后，内附葛逻禄部重返漠北，臣于后突厥汗国。在后突厥汗国内乱期间，葛逻禄酋长大毗伽都督与漠北的回纥部[⑤]酋长骨力裴罗联合，拥立阿史那施为后突厥汗国可汗。744年，葛逻禄又与回纥部联合推翻了他们拥立的阿史那施汗，以回纥首领为可汗的回纥汗国建立起来。此后，葛逻禄与回纥部的同盟关系破裂，双方发生战争，葛逻禄人在战争中失败。一部分葛逻禄

---

① （后晋）刘昫等：《旧唐书》，第1121页。

② 狼山都督葛逻禄社利在《旧唐书》中为“社利”；《新唐书》作“叱利”；《通典》作“吐利”。

③ 耿世民：《古代突厥文碑铭研究》，中央民族大学出版社2005年版，第160页。

④ 同上。

⑤ 《新唐书》载，贞元四年（788）改回纥名为回鹘。《唐会要》卷98载，贞元五年（789）“七月，公主至衙帐，回纥使李义进请因咸安公主下降，改‘纥’字为‘鹘’字，盖欲夸其国俗，俊健如鹘也。德宗允其奏，自是改为回鹘”。《旧唐书》载，元和四年（809）改名回鹘。

人西徙，据《突厥文回纥英武威远毗伽可汗碑》记载："存了恶意的三姓葛逻禄，他们逃到了西方十箭（On oq）部落。于猪年我击伐他们。"[①]西迁者回到葛逻禄人的故地，与留在阿尔泰山以西未迁走的葛逻禄人会合；在漠北的葛逻禄人并入回纥，成为回纥汗国的属部。

627 年，当一部分葛逻禄人东迁漠北之时，大部分葛逻禄人仍留在阿尔泰山以西地区，学界将这些葛逻禄人称为西支葛逻禄，他们接受了西突厥汗国的宗主权。西突厥汗阿史那弥射在位之时，汗国牙帐从千泉迁到多逻斯川[②]，当时西支葛逻禄在这一带游牧，与之毗邻的还有处月、处密、姑苏、畀失四部，连同葛逻禄人一起被称为五部，五部皆忠于阿史那弥射。634 年，沙钵罗咥利失可汗立，阿史那弥射凭借五部之众割据一方。639 年，西突厥乙毗咄陆可汗统一西突厥，阿史那弥射被迫降唐，五部重归西突厥汗国的统治，臣属于统领碎叶河以东西突厥五部的叶护阿史那贺鲁。从此，西支葛逻禄的命运与贺鲁联系在一起。据史书记载："贺鲁，……居于多逻斯川，在西州直北一千五百里，统处密、处月、姑苏、歌罗禄、弩失毕五姓之众。"[③]但是，贺鲁的统治并不长久。642—643 年，西突厥汗国内乱，乙毗咄陆可汗败亡吐火罗，乙毗射匮可汗代立，贺鲁失势，凭借五部割地自雄。647 年，在乙毗射匮可汗的挤压下，贺鲁率众投奔于唐之庭州（今新疆吉木萨尔，702 年改为北庭），葛逻禄的一部分人随贺鲁一起移往庭州。649 年，唐朝设置瑶池都督府，册阿史那贺鲁为瑶池都督，允许其居住庭州莫贺城，其所统部落悉归瑶池都督府管辖，其中，也包括了葛逻禄部。据《唐会要》记载："二十三年十月三日诸突厥归化……贺鲁部置贺鲁州，葛逻禄、悒怛二部置葛逻州，并隶云中都督府。"[④]

---

① 王静如：《突厥文回纥英武威远毗伽可汗碑译释》，转引自林幹编：《突厥与回纥历史论文选集》，中华书局 1987 年版，第 680—681 页。

② 多逻斯川，即额尔齐斯河，又名也儿的石河、额尔的失水、阿被河、额勒济思河。

③（后晋）刘昫等：《旧唐书》，第 5186 页。

④（北宋）王溥：《唐会要》，第 1558 页。

唐太宗去世以后，贺鲁叛唐。651 年，贺鲁之子咥运统“处月、处密、姑苏、歌逻禄、畀失五姓叛”。叛唐之后，贺鲁将其牙帐西徙千泉，包括葛逻禄在内的属部也随之西移。唐朝平定贺鲁叛乱之后，于 658 年在贺鲁属部所居之地设置羁縻州府，以其部落首领为都督、刺史。据《新唐书》记载，葛逻禄人被一分为三，以谋落部置阴山都督府，地在今塔城北部；以炽俟部置大漠都督府，地在今福海以北的戈壁草原；以踏实力部置玄池都督府，地在今斋桑泊以南地区：三都督府均隶属于濛池都护府。667 年，车鼻施部吐屯李遮匐叛唐，阴山、大漠、玄池三羁縻都督府一度废置，直至 679 年，裴行俭平定李遮匐之后，686 年，唐朝再置濛池都护府，葛逻禄与邻近的其他部落一起归属于濛池都护阿史那斛瑟罗治下，这种局面一直持续到突骑施汗国的创立。

突骑施汗国创立之后，709 年，唐朝承认了娑葛的汗位，娑葛号称贺腊毗伽十四姓可汗，葛逻禄部是所属十四姓之一。711 年，娑葛迎战后突厥军队阵亡，突骑施汗国一度瓦解，十四姓部落有的归降于后突厥默啜，有的归顺于西突厥阿史那献。716 年，车鼻施部苏禄将突骑施汗国统一起来，葛逻禄三部重新成为突骑施属部。722 年，葛逻禄首领葛逻昆池曾以突骑施汗国使节的身份来到长安。

738 年苏禄去世，突骑施汗国黑、黄二姓相争，国中大乱，葛逻禄人的势力开始强大起来。741 年，葛逻禄三部还居金山以西，是年，唐朝在给三姓葛逻禄及拔悉密的诏令中说：“且金山故地，水草丰美，安置部落，还于此处，庶事之间，倍令优恤。”[①]唐玄宗给当时参加突厥默啜之乱的“三姓葛逻禄大漠都督、阴山都督、玄池都督”的诏令说：“然金山安置，总是旧居。”

741 年以后，一部分葛逻禄人从额尔齐斯河上游流域陆续向西迁移到七河流域[②]，占据了突骑施汗国的地盘。西支葛逻禄人的活

① （清）董诰等编：《全唐文》卷 40《赐三姓葛逻禄书》。

② 据《唐会要》记载，西迁发生在至德（756—757）之后；据《旧唐书》记载，此事发生在大历（766—779）之后。这一差异反映了葛逻禄人西迁是一个逐步的过程。

动地区扩大了，大约分布在东起金山，西逾碎叶水之间地区。744年，当东葛逻禄人臣属于回纥汗国之时，留在金山的西支葛逻禄首领自称叶护："葛禄之处乌德犍山者臣回纥，在金山、北庭者自立叶护。"①

在此形势下，唐朝抛弃了突骑施汗国，转而与葛逻禄人结盟。748年，北庭都护王正见出兵突骑施，750年，安西节度使高仙芝又兴兵破突骑施、石国，俘突骑施黑姓可汗和石国国王。751年，唐朝与阿拉伯人在怛逻斯战争之时，高仙芝所率劲旅正是葛逻禄军队。然而，葛逻禄人在关键时刻背叛了唐朝，"相持五日，葛逻禄部众叛，与大食夹攻唐军"，葛逻禄人的背叛使唐朝在此战中遭到惨败。

753年，葛逻禄人的统治者是顿毗伽叶护，学界认为，他是745年在漠北与回纥战败后西迁的东支葛逻禄首领大毗伽都督（Tay bilga tutuk）。大毗伽都督在与回纥骨力裴罗争夺汗位失败之后，率部分东支葛逻禄部返回故地，即金山以西的额尔齐斯河上游流域，牙于金山，牧帐南至北庭。是年，恰逢同罗部酋长阿史那布思叛唐，北庭都护程千里出兵击之，阿史那布思兵败，逃到金山。葛逻禄酋长顿毗伽叶护出兵助唐，缚阿史那布思及其妻，部曲数千，解赴军门。对此，唐朝特颁诏制嘉奖："宠以殊荣，开府仪同三司，封金山王，依旧充叶护，禄俸于北庭给，其叶护妻及母并封为国夫人。"②后来，葛逻禄叶护（Bguyal-yabghu）叛唐，封常清统兵讨之，未接战而复降。

从741年起陆续迁到七河流域的葛逻禄人势力发展迅速，取代突骑施汗国成为中亚东北部突厥或异姓突厥的共主，"自号三姓叶护，兵强，甘于斗，廷州以西诸突厥皆畏之"③。据俄国学者巴托尔德研究，8世纪中叶，七河流域的统治权已经转移到葛逻禄人手中，当

---

①（北宋）欧阳修、宋祁：《新唐书》，第6143页。
②（北宋）王钦若等编：《册府元龟》，第11350页。
③（北宋）欧阳修、宋祁：《新唐书》，第6143页。

时，该族的主力已经离开了阿尔泰山区，在8世纪初，其前锋部队已经抵达阿姆河岸。[①]据中国史书记载，河中地区一些昭武国家的领导者已经是葛逻禄人，如地处今塔吉克斯坦北部的曹国，其国王已经不再是康国国王乌勒伽之后裔，742年，“曹国王哥逻仆罗，石国王特勤并遣使献马及方物”[②]。哥逻仆罗显然是葛逻禄人。

与此同时，漠北的回鹘强大起来，作为唐朝的盟友驻守北庭，在北庭西北的葛逻禄人受到挤压，在8世纪50年代也向七河流域迁移。据史书记载：“至德后，部众渐盛，与回鹘为敌国，仍移居十姓可汗之故地。”[③]766年，葛逻禄占领碎叶城，并在此建都[④]，葛逻禄汗国（766—940）形成。766年被认为是葛逻禄汗国兴起之年。

葛逻禄汗国的东北部是回鹘汗国，东南部是吐蕃，西南部是入居中亚河中地区的阿拉伯人。波斯佚名著作《世界境域志》第15章对“葛逻禄国及其城镇”有专门的记载：“其东为吐蕃的某些部分和样磨与九姓古思人的边境；南为样磨的某些部分及河中地区；西为古思人之边境；北为突骑施人、炽俟人和九姓古思人之边境。”[⑤]原来游牧于中亚北部草原的九姓古思部被驱散，其中，塞尔柱部落西迁到里海至咸海一带，另有不少突厥部落西迁到欧洲。到8世纪后期，葛逻禄人的牧地已遍布伊犁河、楚河、塔剌思河地区，突骑施成为葛逻禄的属部，并逐渐融合于葛逻禄人之中。

789年，葛逻禄人与吐蕃联军打败了助唐守卫北庭的回鹘军队，夺取回鹘部的浮图川[⑥]，致使“回纥震恐”。[⑦]此后，葛逻禄的势力范围迅速扩展，进入了西部天山南麓地区，至迟于9世纪初，拔汗那

① W. Barthold, *Four Studies on the History of Central Asia*, Vol.I, p.87.

② （北宋）王钦若等编：《册府元龟》，第11411页。

③ （北宋）王溥：《唐会要》，第2124页。

④ W. Barthold, *Four Studies on the History of Central Asia*, Vol.I, p.87;〔苏联〕苏联科学院编：《苏联哈萨克史》，列有葛逻禄汗国：“葛逻禄汗国存在于七河流域近二百年（766—940）。”

⑤ V. Minorsky, translation and explained, *Ḥudūd al -ʿĀlam*, p.97.

⑥ 据胡三省注，浮图川在乌德鞬山西北，参见（北宋）司马光主编：《资治通鉴》，第7522页；王国维认为浮图川在今古城和济木萨中间之小水，参见王国维：《观堂集林补遗·西域杂记》。

⑦ （后晋）刘昫等：《旧唐书》，第5210页。

也并入葛逻禄汗国版图。据波斯史家伽尔迪齐（Gardīzī）记，阿拔斯王朝呼罗珊总督吉特里夫·伊本·阿塔曾派遣军队去拔汗那驱逐葛逻禄叶护的军队。

阿拔斯王朝呼罗珊总督麦蒙在与其兄争夺哈里发之位时，曾把葛逻禄人看成是来自中亚草原的主要威胁之一。麦蒙曾谈到“葛逻禄叶护改变了臣服的立场”[①]，此话表明葛逻禄人一度向阿拉伯人表示臣服，起码在名义上曾经表示过。麦蒙即位之后不久，派法德勒率兵攻打葛逻禄人，816年，阿拉伯军队攻占锡尔河畔的葛逻禄城市讹答剌，俘虏了葛逻禄叶护的妻子和子女，叶护本人向北逃入基马克人（Kimak）地区，葛逻禄汗国分裂，国力中衰。

与此同时，在漠北建立政权的回鹘趁机西征葛逻禄汗国。据《九姓回鹘毗伽可汗碑》汉文部分记载，保义可汗在位时（808—821），因葛逻禄“百姓与狂寇合纵，有亏职贡”，亦率军亲征，直抵珍珠河[②]流域，对葛逻禄部给予了重创，且俘获其王，迫使其不得不俯首称臣，“王自朝觐，进贡方物”[③]。据米诺尔斯基的《塔米姆·伊本·巴赫尔的回鹘旅行记》一书记载，大食使者塔米姆·伊本·巴赫尔于820年前往回鹘汗国国都，途经伊塞克湖附近，然后乘骑九姓古思可汗为他准备的驿马，向回鹘汗国的国都进发。[④]

尽管葛逻禄叶护归顺了回鹘，然而，葛逻禄人仍然不断起兵反抗回鹘，回鹘可汗多次出兵镇压。崇德可汗在位期间（821—825），再度率军讨伐，并一直进军至拔贺那（即费尔干纳）国，并将其西部疆域推进至拔贺那国。[⑤]获此胜利之后，崇德可汗放逐了“不

---

① 余太山主编：《西域通史》，第196页。

② 程溯洛：《释汉文〈九姓回鹘毗伽可汗碑〉中有关回鹘和唐朝的关系》，见林幹编：《突厥与回纥历史论文选集》，第710页。珍珠河又名真珠河，有人认为指今锡尔河，另有人认为指今纳伦河。

③ 同上书，第710页。

④ 李树辉：《喀喇汗王朝的建立者及建立时间》，《西域研究》2004年第4期。

⑤ 程溯洛：《释汉文〈九姓回鹘毗伽可汗碑〉中有关回鹘和唐朝的关系》，见林幹编：《突厥与回纥历史论文选集》，第710页。

受教令”的原葛逻禄叶护，册命真珠智惠为“归顺葛禄”的新叶护。[①]至于被放逐的原葛逻禄叶护去往何处，史书没有记载。《世界境域志》第23章“关于呼罗珊及其诸城镇”第69节记载：“吐火罗斯坦是一个美好的省份，绝大部分都是山地。该省草原上住有葛逻禄突厥人。”据此，有学者认为，这些“葛逻禄突厥人”即是因“不受教令”而被崇德可汗“离其土壤”的原叶护所领辖的一支。[②]

不过，回鹘对葛逻禄人的胜利没有保持多久。从昭礼可汗（825—832年在位）起，回鹘集团君弱臣强，国内矛盾尖锐。在9世纪30年代后期，葛逻禄人重返西部天山地区，并且在漠北回鹘人来到（840）之前一直控制着这一地区。

840年，回鹘汗国灭亡，回鹘十五部西奔葛逻禄人牧地，葛逻禄与回鹘展开了争夺锡尔河以北草原的斗争。此后，葛逻禄首领加入了回鹘人创建的喀喇汗王朝政权。1164年，在中亚东北草原建立起来的西辽王朝统治者命令喀喇汗王朝把不花剌与撒麻耳干的葛逻禄人迁往喀什噶尔地区从事农业或其他劳动，这一命令激起了葛逻禄人的暴动，但暴动遭到毁灭性打击。暴动被镇压以后，葛逻禄人衰落，逐渐融合到中亚土著居民之中，葛逻禄一名不再出现于史册。

第三节　吐蕃

怛逻斯战争（751）之前，唐将高仙芝曾出兵帕米尔以西地区，打击了吐蕃势力，收复了唐朝在帕米尔以西的属国。怛逻斯战败之后不久，唐朝于755年爆发了安史之乱。为了平乱，唐朝将驻扎在

---

① 《九姓回鹘毗伽可汗碑》：“攻伐葛禄、吐蕃，搴旗斩馘，追奔逐北，西至拔贺那国，克（俘？）获人民及其畜产。叶护为不受教令，离其土壤。”下阙，第19行：“□□□□□□□九姓毗伽可汗复与归顺葛禄册真珠智惠叶护为主。”参见程溯洛：《释汉文〈九姓回鹘毗伽可汗碑〉中有关回鹘和唐朝的关系》，见林幹编：《突厥与回纥历史论文选集》，第710页。

② 李树辉：《回鹘西迁及其相关问题考辨（上）——乌古斯和回鹘研究系列之五》，《喀什师范学院学报（社会科学版）》，2001年第2期。

安西等地的军队调回内地，从756年起，安西、北庭的守军前后共有15000余人被调往中原地区。[①]此外，唐朝还征调了拔汗那兵、中亚其他各地的柘羯军和阿拉伯兵。[②]唐朝在西部边陲的防卫力量空虚，吐蕃趁机发展势力。

763年，吐蕃占领了河西和陇右，切断了唐朝与塔里木盆地的联系，安西、北庭两都护府辖地成为西陲孤地，两府将士虽继续坚守，终因兵力单薄，安西、北庭两都护府先后失去了作用。与此同时，漠北回纥建立了自己的政权——回纥汗国，回纥汗国与唐朝结盟，协助唐朝抗击吐蕃。在此期间，回纥坚守北庭数十年。

在与唐朝争夺安西和北庭属地之时，吐蕃陆续恢复了对帕米尔以西国家的宗主地位。日本学者森安孝夫认为，747年高仙芝远征以后纳入唐朝势力范围的中亚诸小国，又都臣服于吐蕃。[③]《世界境域志》第11章第9节说："TWSMT，此地过去属汉族人，而今则为吐蕃人所据。那里有吐蕃可汗的军队。"[④]TWSMT位在于阗之南，处于桑株达坂到喀喇昆仑山之间。在TWSMT往北从于阗西至喀什噶尔一带的"一些小镇，过去都属中国，但现在为吐蕃人所据有"[⑤]。怛逻斯战争之后不久，吐蕃占据唐朝属地的事实还可以从吐蕃文献《大事纪年》中了解到。《大事纪年》记："及至猴年（756），仆迦那（护密）、郭（俱位）、识匿等兑巧（上方）之使前来致礼，命巴果尔南堆与杰囊赞二人出使报聘。"[⑥]鼠年（760），又有"兑巧（上方）之使前来致礼"[⑦]。

---

① 余太山主编：《西域通史》，第187页。

② （后晋）刘昫等：《旧唐书》卷128《段秀实传》；卷195《回纥传》；卷198《西戎·大食传》；卷104《封常清传》。

③ "由于唐朝西域驻军和本国的联系被中断，未能阻止这种情况，它的力量只能做到依据以安西四镇为首的主要城市，巩固其周围地区。"这次葱岭及其以南地区各国向吐蕃表示臣服，并不是武力征服的结果，而是唐朝撤兵后强权政治倾斜的必然结果。

④ V. Minorsky translation and explained, *Ḥudūd al -'Ālam*, p.93.

⑤ Ibid..

⑥ 黄布凡、马德编著：《敦煌藏文吐蕃史文献译注》，第56页。

⑦ 同上。

8世纪中叶以后，吐蕃王朝达到了它的鼎盛时期。《世界境域志》第11章“关于吐蕃及其诸城镇”中说：“吐蕃之东是中国的某些部分；南为印度，西是河中的某些边境地区和葛逻禄境的某些地区；北为葛逻禄与九姓古思的某些部分。”①

在扩张中，吐蕃与葛逻禄结成了同盟。据《旧唐书》记载：“其先葛禄部落及白服突厥素与回纥通和，亦憾其侵掠。因吐蕃厚赂见诱，遂附之。”②据《新唐书》“黠戛斯”条记载，黠戛斯“常与大食、吐蕃、葛禄相依杖，吐蕃之往来者畏回鹘剽钞，必住葛禄，以待黠戛斯护送”③。可见，吐蕃、葛逻禄、黠戛斯结成了反对回鹘的联盟。

789年，吐蕃率葛逻禄、白服突厥之众寇北庭，引发了与唐朝盟友回纥的北庭之战。据《旧唐书》记载：“贞元六年，吐蕃陷我北庭都护府。初，北庭、安西，既假道于回纥朝奏，因附庸焉。……又有沙陀部六千余帐，与北庭相依，亦属于回纥。回纥肆其抄夺，尤所厌苦。其葛禄部及白服突厥素与回纥通和，亦憾其夺掠，因吐蕃厚赂见诱，遂附之。”④《旧唐书》也记载说：“于是，吐蕃率葛禄、白服之众，去岁各来寇北庭，回纥大相颉干迦斯率众援之，频战败绩。吐蕃攻围颇急。北庭之人既苦回纥，是岁乃举城降于吐蕃，沙陀部落亦降焉。”⑤“北庭节度使杨袭古与麾下二千余人出奔西州，颉干迦斯不利而还。七年秋，又悉其丁壮五六万人，将复北庭，俄为吐蕃、葛禄所击，死者大半。”⑥以上记载说明，回纥在北庭一带“肆行抄夺、征求无厌”，导致臣属各部怨声载道，在吐蕃的笼络下，沙陀、葛禄、白服突厥与吐蕃联盟，共攻北庭的回纥军。吐蕃在此战中获胜，控制了北庭。北庭之战以后，唐朝势力退出了中亚，吐蕃、葛逻禄

① V. Minorsky translation and explained, *Ḥudūd al -ʻĀlam*, p.92.

② （后晋）刘昫等：《旧唐书》，第5209页。

③ （北宋）欧阳修、宋祁：《新唐书》，第6149页。

④ （后晋）刘昫等：《旧唐书》，第5257页。

⑤ 同上。

⑥ 同上书，第5209页。

接管了原来唐朝所辖的天山南北地区。[①]

北庭之战是吐蕃史上一次大战役。据《资治通鉴》记载，吐蕃寇北庭之众号称三十万[②]，回纥大相颉干迦斯第一次援北庭之众数量不明，只有北庭节度使杨袭古战败之后余众2000余人的记载，第二次回纥领兵五六万人“将复北庭”[③]。可见，在北庭争夺战中，双方投入军队各有数万人，战争规模是相当大的。[④]

据《旧唐书》记载：“贞元七年八月，回纥遣使献败吐蕃、葛禄于北庭所捷及其俘畜。”[⑤]由此可知，吐蕃在一年以后就退出了北庭。对此，学界存疑，理由是，贞元六年（790）吐蕃陷北庭，到贞元七年或八年间吐蕃又攻占西州。此时吐蕃力量强大，士气正旺，而回纥在贞元六年惨败，第二年元气未复即克强敌，令人难以置信。[⑥]

北庭虽属唐朝，实际由回纥驻守。驻守北庭对回纥来说是十分有利的，“凡生事之资，必强取之”。这也是以后继任回纥可汗多出兵攻打吐蕃和葛逻禄的主要原因。

怀信可汗在位期间（795—805），回鹘与吐蕃进行了五次战役，此间，吐蕃被逐出北庭。据《九姓回鹘毗伽可汗碑》记载：“复葛禄与吐蕃连入寇，跌跌偏师，于匀曷户对敌，智谋弘远。□□□□□□□□□□□□□□□□□/□北庭半收半围之次，天可汗（指怀信可汗）亲统大军，讨灭元凶，却复城邑。”[⑦]有学者认为，吐蕃在占据北庭十年（790—800）之后，退出了北庭。[⑧]到滕里野合俱录毗伽可汗之时（805—808），吐蕃大军围攻龟兹，回鹘领兵救援，“吐

---

① 据和田出土的唐代汉文文书最晚的纪年是贞元六年（790）十月四日，于阗陷于吐蕃或在此后不久。贞元八年（792），西州陷蕃。参见贾丛江：《回鹘西迁诸事考》，《西域研究》2001年第4期。

② （北宋）司马光主编：《资治通鉴》，第7651页。“沙陀劲勇冠诸胡”条之“考异”部分。

③ （后晋）刘昫等：《旧唐书》，第5257页。

④ 孟凡人：《唐代回鹘控制北庭的过程》，《新疆社会科学》1983年第3期，第84页。

⑤ （后晋）刘昫等：《旧唐书》，第5210页。

⑥ 孟凡人：《唐代回鹘控制北庭的过程》，《新疆社会科学》1983年第3期，第84页。

⑦ 程溯洛：《释汉文〈九姓回鹘毗伽可汗碑〉中有关回鹘和唐朝的关系》，见林幹编：《突厥与回纥历史论文选集》，第709页。

⑧ 孟凡人：《唐代回鹘控制北庭的过程》，《新疆社会科学》1983年第3期，第85页。

蕃落荒，奔入于术。四面合围，一时扑灭，尸骸臭秽，非人所堪，遂筑京观，败没余烬”[①]。

此后，吐蕃并未一蹶不振，他们同葛逻禄人继续与回鹘作战。816 年，吐蕃与葛逻禄的联军大败回鹘，深入其境，逼近大牙。事后吐蕃大相尚绮心儿曾对唐使刘元鼎说："回鹘，小国也，我以丙申年，逾碛讨逐，去其城郭，二日程计到，即破灭矣。会我国有丧而还。"[②]丙申年即元和十一年（816），正是吐蕃明君弃猎松赞（804—815 年在位）和可黎可足（816—836 年在位）两位赞普在位之世。此后，吐蕃与葛逻禄分别统治着中亚东北和东南地区。

822 年五月三十，唐使刘元鼎至逻些（拉萨），与吐蕃将相筑坛会盟，正式承认了这一政治接管。盟文立为二碑，一碑立逻些，一碑立长安。内容是："蕃汉两邦，各守见管本界；彼此不得征讨，不得相为寇仇，不得侵谋境土；若有所侵，或有捉生问事，优给衣粮放还；今并依从，更无添改。"盟约标志着唐朝西陲领土对吐蕃的移交，唐朝正式承认了安西、北庭等归"蕃军见守"。吐蕃在此也实施羁縻统治。

吐蕃在北庭之战中与葛逻禄人结成的联盟关系一直保持到 9 世纪初。据《九姓回鹘毗伽可汗碑》记载，回鹘保义可汗再次对吐葛联军发起攻击："狂寇合纵……天可汗躬总师旅，大败贼兵，奔逐至真珠河，俘掠人民，百万有余，驼马畜产，不可胜计……遂谕其王，令百姓复业，自兹已降，王自朝觐，进贡方物，与左右沓实力□□□□。"[③]所谓"狂寇合纵"应指葛逻禄与吐蕃的联盟，"沓实力"即踏实力，属三姓葛逻禄之一，说明葛逻禄一直与吐蕃保持了"合纵"的盟友关系。这一联盟不仅有利于吐蕃对回纥人的争夺，而且

① 程溯洛：《释汉文〈九姓回鹘毗伽可汗碑〉中有关回鹘和唐朝的关系》，见林幹编：《突厥与回纥历史论文选集》，第 710 页。

② （北宋）王钦若等编：《册府元龟》，第 7900 页。

③ 程溯洛：《释汉文〈九姓回鹘毗伽可汗碑〉中有关回鹘和唐朝的关系》，见林幹编：《突厥与回纥历史论文选集》，第 710 页。

还有利于吐蕃抗击河中地区的阿拉伯人。

阿拔斯王朝建立以后，在河中地区派驻大军，防止反叛运动。据一则阿拉伯文史料来看，吐蕃在哈里发麦赫迪（al-Mahdî，775—785 年在位）统治时期曾经表示要臣服于大食，这一记载表明在阿拔斯王朝建立之初，吐蕃与阿拉伯人一度保持和平。786 年，哈伦·拉希德继任哈里发之时，吐蕃与阿拔斯王朝发生了激烈的冲突。

哈伦·拉希德继任哈里发之后，第二年出兵东征吐蕃，吐蕃被迫征调河陇地区大半兵力往西抵御阿拉伯的势力。据《旧唐书》记载："贞元中，（大食）与吐蕃为勍敌。蕃军太半西御大食，故鲜为边患，其力不足也。"[①]在乞黎苏笼猎赞[②]时期，吐蕃声威远播中亚，与阿拉伯人形成尖锐对立。791 年，乞黎苏笼猎赞去世，此后两年，吐蕃没有发动战争。793 年，唐德宗采纳宰相李泌"北和回纥，南通云南，西结大食、天竺"的建议[③]，吐蕃势孤，被迫改善与阿拉伯人的关系。801 年春，唐朝与南诏联兵，在泸水大破吐蕃和阿拉伯人的军队。"康、黑衣大食等兵及吐蕃大酋皆降，获甲二万首。"[④]康国和阿拉伯军队肯定是被吐蕃政权从帕米尔以西地区征调到东方来参战的。[⑤]

在弃猎松赞时期，吐蕃国力强盛起来。808—809 年，撒麻耳干发生了反阿拔斯王朝的拉飞起义，起义军杀死阿拉伯官吏，控制了粟特地区。当时，葛逻禄和吐蕃都出兵支持起义者，在起义军中除了有"吐蕃军"外，还有吐蕃属国迦布罗（地处今阿富汗喀布尔）的军队。据 812 年或 813 年的一则阿拉伯文史资料记载，迦布罗国王被称作 Malik min mulûk al-Tubbat，意为"吐蕃王中王"。哈伦·拉希德之子麦蒙镇压了起义，在此过程中，吐蕃和葛逻禄人遭到了阿

① （后晋）刘昫等：《旧唐书》，第 5316 页。

② 《旧唐书》作"乞黎苏笼猎赞"；《新唐书·吐蕃传》作"乞黎苏笼腊赞"。

③ （北宋）司马光主编：《资治通鉴》，第 7502 页（按，此句原文不见于新旧《唐书》等唐代史籍）。

④ （北宋）欧阳修、宋祁：《新唐书》，第 6277 页。

⑤ 黑衣大食援吐蕃之兵从何道而来，不见于文献记载。据当时形势看，吐蕃据有西域及河陇地区，大食军沿丝绸之路，甘、青藏区而入西川，似乎不会受到太大阻力。

拉伯军队的打击。

镇压起义之后，麦蒙与其兄艾敏发生了争夺哈里发之位的内战。其间，麦蒙曾产生过逃到吐蕃人中避难的念头。他说："我想，除了放弃我现在的职位，与吐蕃君主可汗联合并向他和他的国家寻求庇护之外，我已别无选择。因为对那些企图背叛我，打败我的人，我还是应该先保证自己的人身安全，并使自己处于稳固的地位。"①大臣法德勒向麦蒙献计，让麦蒙写信给葛逻禄和吐蕃可汗："册命他们为自己国家的统治者。并答应，在他们与（其他的）统治者发生战争之时支持他们。"②法德勒说："如果联合了可汗（吐蕃君主），您就一定能够实现自己的目标。"麦蒙采纳了法德勒的建议，与吐蕃、葛逻禄、迦布罗等东方敌对势力讲和。最终，麦蒙打败艾敏取得了最后的胜利。此后，阿拉伯人与吐蕃重启战端，麦蒙的部将法德勒率领军队"越过东方，从哈马丹山向识匿山挺进"③。法德勒东征的对象主要有四个：迦布罗、讹答剌、葛逻禄叶护领地以及吐蕃汗国。这些政权在拉飞起义之时都曾出兵与阿拉伯军队打过仗。

在阿拉伯军队逼近之时，吐蕃属臣迦布罗国王率先投降，并表示愿意皈依伊斯兰教。为了表示忠诚，他将一个银制御座上的金像奉送给了麦蒙。巴里黑的赛义德·本·叶哈雅曾谈起此事，他说："吐蕃诸王中的一位国王成了穆斯林。他有一尊金偶像，这尊人形的偶像是他崇拜的对象。偶像的头上戴着一顶金王冠，王冠上装饰着一圈圈珠宝、红宝石、绿色的金刚石和贵橄榄石。金像安置在一个方正的御座上面。御座下面有腿支撑，使御座高出地面。御座是银制的。御座上放着一块锦缎的软垫，软垫边缘垂挂着金、银流苏，……御座的表面覆盖着绸布。"④麦蒙将这尊偶像作为战利品送到了麦加，珍藏在天房的宝库中。当这件珍贵的战利品在欧麦尔

---

① 余太山主编：《西域通史》，第196页。

② 同上。

③ 同上书，第196—197页。

④ 同上书，第197页。

广场上展出之时，在一块银制的牌匾上，迦布罗国王被称为“吐蕃王”。

迦布罗国王投降以后，法德勒率军继续向东推进，出征“葱岭和吐蕃的领土”。法德勒在护蜜国和勃律国打了胜仗，将战争中俘获的吐蕃将领和“吐蕃骑兵”押送到巴格达。吐蕃在帕米尔地区的势力受到重大挫折。

据立于823年《唐蕃会盟碑》东侧的碑文记载，吐蕃在挥祖德赞统治之时（815—836），“威严煊赫，是故，南若门巴天竺，西若大食，北若突厥拔悉密等虽均可争胜于疆场，然对圣神赞普之强盛威势及公正法令，莫不畏服俯首，彼此欢忭而听命差遣也”[①]。由此可见，直到9世纪上半叶，吐蕃的向西扩张还未停止。在今拉达克德兰茨村发现的粟特石刻铭文记："二百一十年，来自撒麻耳干的诺斯凡作为大使，致礼吐蕃可汗。"据研究，铭文的年代当在825年4月24日至826年4月12日之间，它反映了9世纪上半叶，吐蕃与粟特地区康国的联系，同时也说明，在9世纪上半叶，吐蕃在中亚的势力仍然很强大。据早期阿拉伯和波斯地理著作记，吐蕃一度恢复了对帕米尔部分地区的控制，吐蕃对帕米尔南部甚至巴达克山和费尔干纳的东南部地区的控制，一直持续到10世纪。[②]

9世纪中叶，吐蕃在中亚的势力开始衰退。达磨赞普在位之时（836—841），统治上层发生混战，统一的吐蕃政权分崩离析，在吐蕃政权下形成了众多的割据势力。841年，吐蕃本土发生天灾："石哈积山，传为西藏权统之山倒塌，龙河倒流三日。"[③]灾害导致了吐蕃境内大乱，达磨赞普在出巡途中被耶巴地方一位密咒修士伯季多杰（吉祥金刚）刺杀。此后，乞离胡（永丹）、光护（南末峨松）二赞

① 李元光：《试论汉地禅宗在藏区的传播和影响》，《西南民族大学学报（人文社科版）》2008年第2期。

② 〔美〕白桂思：《吐蕃王朝的西渐》，杨富学、安阳译，见丹曲主编：《安多研究》第4辑，民族出版社2007年版，第461—469页。

③ 廓诺·迅鲁伯：《青史》，西藏人民出版社1985年版，第34页。

普并立，将相、豪宗各拥一派，相互混战，势力大衰，吐蕃在中亚和河西的统治发生动摇。新兴的黠戛斯人于842—843年间乘机向安西、北庭进军。吐蕃自顾不暇，只能依靠属部、降部抵抗黠戛斯人。据《新唐书》记载："会昌三年二月，黠戛斯遣使来，且言攻取安西、北庭。"[①] 856年，吐蕃势力全面退出中亚地区，退缩到帕米尔高原以东及青海湖一带。

第四节　回鹘

黠戛斯人的崛起不仅侵占了吐蕃的领土，而且对漠北回鹘汗国造成了极大的威胁。840年，黠戛斯人灭回鹘汗国，大批回鹘人涌入中亚东北地区。

回纥源自铁勒，《隋书·铁勒传》记："独洛河北，有仆骨、同罗、韦纥、拔也古、覆罗。"韦纥即袁纥，隋唐时期称为回纥。回纥部游牧于独洛河北，独洛河即今漠北土拉河，回纥部的游牧地在今蒙古国色楞格河与鄂尔浑河流域。

6世纪中期，当突厥部崛起之时，包括回纥在内的铁勒诸部成为突厥人的属部。7世纪中叶，回纥发展成漠北强大部落。7世纪30年代，回纥部酋菩萨与薛延陀部酋夷男助唐灭了东突厥汗国；7世纪40年代末，回纥部酋吐迷度又协助唐灭薛延陀汗国。唐朝在漠北设置羁縻州府之时，以回纥部居地置瀚海都督府，回纥部酋世袭都督称号。651年，西突厥人阿史那贺鲁叛唐，陷庭州，"回纥婆闰等诸部属请讨之"。《旧唐书》较为详细地记载了回纥助唐灭西突厥汗国的事件："永徽二年，贺鲁破北庭，诏将军梁建方、契苾何力领兵二万，取回纥五万骑，大破贺鲁，收复北庭。显庆元年，贺鲁又犯边，诏程知节、苏定方、任雅相、萧嗣业领兵并回纥大破贺鲁于阴

① （北宋）欧阳修、宋祁：《新唐书》，第5337页。

山，再破于金牙山，尽收所据之地，西逐至耶罗川。贺鲁西奔石国，婆闰随苏定方逐贺鲁至石国西北苏咄城，……加婆闰右卫大将军兼瀚海都督。”[①]安史之乱爆发以后，回纥磨延啜、牟羽可汗两代国君派兵入唐，助战平叛，收复长安。679 年，东突厥人在漠南反叛，回纥配合唐朝军队南北合击。东突厥人建立后突厥汗国之后，为了报复，频繁攻打回纥。于是，回纥人分裂为南、北二支，北支留漠北故地，臣于后突厥汗国，南支内迁，被安置在凉州，为赤水军四部之一。

742 年，漠北回纥、东支葛逻禄、拔悉密三部联合起兵杀后突厥汗国骨咄禄叶护可汗，推举拔悉密酋长为颉跌伊施可汗。回纥酋长骨力裴罗和葛逻禄酋长分别为左右叶护。744 年 8 月，回纥又与葛逻禄人联合击败拔悉密，杀颉跌伊施可汗，回纥首领骨力裴罗自立为骨咄禄阙毗伽可汗，在漠北创建了一个“东极室韦，西金山，南控大漠，尽得古匈奴地”[②]的游牧政权——回纥汗国，汗廷建于乌德鞬山，回纥汗国传 15 主，存在了近 100 年。

骨力裴罗称汗以后，唐朝册封他为怀仁可汗。回纥汗国继续以武力支持唐朝的西陲防务。回纥与吐蕃之间冲突开始。回纥与吐蕃两国领地本不相邻，吐蕃攻占河陇，屯兵平凉之后，两国间开始频繁接触。安史之乱以后，吐蕃在唐朝西部扩张势力，767 年，安西、北庭二府已成两支碛外孤军，回纥助唐防卫安西、北庭二都护府，北庭虽然在名义上仍属唐朝，实际上已为回纥所控制。在此期间，回纥将势力扩展到金山一带，控制了“与北庭相依”的沙陀部以及在北庭西北游牧的葛禄部（即葛逻禄）和白服突厥，以上诸部逐渐沦为回纥的“附庸”。回纥在此地区“肆行抄夺、征求无厌”，“凡服用食物所资、必强取之”，由此导致了上述诸部的反叛，790 年，吐蕃趁机夺取北庭。此后，回纥与吐蕃为了争夺天山南北，进行了长

① （后晋）刘昫等：《旧唐书》，第 5197 页。

② （北宋）欧阳修、宋祁：《新唐书》，第 6115 页。

达20多年的战争。

保义可汗在位期间（808—821）扭转了由蕃葛联盟主宰东部天山的格局，控制了东部天山北麓和塔里木北缘。809年，保义可汗遣使唐朝，请改“回纥”一名为“回鹘”。此后，回鹘汗国一度强盛，据《九姓回鹘毗伽可汗碑》记载,820年，回鹘南破吐蕃，北服葛禄，兵力直至葱岭以西。[①]

9世纪30年代，蒙古草原连遭天灾，“方岁饥，遂疫，又大雪，羊、马多死”[②]，“国邑为墟，尸僵道路”[③]。840年，“有将军句录末贺恨掘罗勿（杀萨特勤立质驭），走引黠戛斯领十万骑破回鹘城，杀㕎馺，斩掘罗勿，烧荡殆尽”[④]，回鹘在蒙古草原建立的汗国被黠戛斯人推翻。国破后，诸部逃散，在首领馺职、庞特勤率领下，开始了历史性的大迁徙。回鹘及其所属诸部大体分为两部分迁徙：以乌介可汗为首的13部逃往漠南，以后融合于其他民族之中[⑤]；一部分向西奔葛逻禄。

关于回鹘的西迁,《旧唐书》记：“有回鹘相馺职者，拥外甥庞特勤及男鹿并遏粉等兄弟五人、一十五部西奔葛逻禄，一支投吐蕃，一支投安西。又有近可汗牙十三部，以特勤乌介为可汗，南来附汉。”[⑥]《新唐书》记：“其相馺职与庞特勤十五部奔葛逻禄，残众入吐蕃，安西。”[⑦]

对以上记载，学者们有不同的解释。一部分学者认为回鹘分三支西迁：一支来到甘州，处于当时吐蕃统治区，因此，可以认定为

① 程溯洛:《释汉文〈九姓回鹘毗伽可汗碑〉中有关回鹘和唐朝的关系》，见林幹编:《突厥与回纥历史论文选集》，第710页。

② （北宋）欧阳修、宋祁:《新唐书》，第6131页。

③ （清）董诰等编:《全唐文》卷699《赐回鹘可汗书》。

④ （后晋）刘昫等:《旧唐书》，第5213页。

⑤ 关于南迁的回鹘，参见〔日〕羽田亨:《唐代回鹘史研究》，见《羽田博士史学论文集》上卷，同朋舍1957年版，第238—264页。

⑥ （后晋）刘昫等:《旧唐书》，第5213页。

⑦ （北宋）欧阳修、宋祁:《新唐书》，第6131页。特勒应是特勤之误，特勤是突厥语“tigin”的汉语音译，凡是回纥可汗的子弟，都可尊称为特勤。

投吐蕃的一支；另一支到焉耆，即投安西的一支；还有一支奔葛逻禄。另一些学者认为回鹘总体西迁到北庭及西北葛逻禄故地以后分裂为三支，一支南下焉耆，在此建立了安西回鹘国；一支投奔甘州的吐蕃政权；一支继续西迁楚河流域葛逻禄人中。①

综合各家的论述，本书认为“庞特勤率领的回鹘部落西迁到北庭及西北葛逻禄一带再分裂为几支”的说法比较合理。首先从历史上考虑，北庭西北是葛逻禄人世居之地。744 年，与回纥人发生冲突的东支葛逻禄人当时西迁就是迁到阿尔泰山及北庭一带的葛逻禄故地。744 年事件中未迁走者成为回纥汗国的属部继续在漠北游牧。回鹘汗国灭亡以后，这部分葛逻禄人首先想到的可能也是他们祖居故地阿尔泰山以西及北庭一带，即额尔齐斯河上游流域。

其次，汉籍所记的“西奔葛逻禄”，应该是指回鹘出走的方向，而不是具体落脚点。葛逻禄人的世居之地在北庭西北，因此，史书将回鹘人西迁的方向记为葛逻禄，实际上，回鹘西迁时刻的预定目的地可能是北庭。因为，当时北庭可能仍在回鹘人手中。据《资治通鉴》记载：“吐蕃闻唐与回鹘婚，六月，辛未，寇青塞堡；盐州刺史李文悦击却之。戊寅，回鹘奏：‘以万骑出北庭，万骑出安西，拒吐蕃以迎公主。’”②此事发生在回鹘国破前的821年，在此后的十多年中，未见吐蕃或葛逻禄人夺取北庭的记载，所以，北庭应该还在回鹘将领手中（该将领可能是以后灭掉庞特勤安西政权的仆固俊），回

① 魏良弢先生认为萨曼王朝的努赫·伊本·阿萨德（Nūh ibn Asad）840 年攻占了葛逻禄汗国的伊斯费贾勃（白水城），是因为回鹘的西迁侵扰了葛逻禄的缘故。参见魏良弢：《喀喇汗王朝史稿》，新疆人民出版社 1986 年版，第 35 页。华涛先生认为，即使萨曼朝于 840 年攻占了葛逻禄的白水城，也不能说是由于回鹘西迁的缘故，根据《资治通鉴》和《新唐书·武宗记》的记载，回鹘是开成五年九月迁徙的，从时间上看，回鹘无论如何不能到达楚河一带的葛逻禄地区。参见华涛：《回鹘西迁前后西部天山地区的突厥语诸部》，《民族研究》1991 年第 5 期。日本学者桑田六郎、藤枝晃、羽田亨、安部健夫、山田信夫一致认为《新唐书》上的特庞勤就是庞特勤，在金山葛逻禄地区称汗者是庞特勤。而刘义棠先生认为：“就部落社会之名谱以及史实论之，回鹘历史上同名者，大有其人，当非绝无仅有，其西奔葛逻禄之庞特勤与《新唐书》卷 217 下……之居甘州有碛西诸城，后且自称可汗之庞特勤似非同为一人。”参见刘义棠：《维吾尔研究》，台北正中书局 1975 年版，第 164 页。

② （北宋）司马光主编：《资治通鉴》，第 7791—7792 页。

鹘总体迁往北庭应在情理之中，可能性也最大。

最后，对于漠北的游牧民来说，当时从漠北西迁最便利的道路应该是所谓的“回纥路”。由于吐蕃占据河西，760 年以后唐朝内地和西域的联系被隔断。781 年，北庭节度使李元忠、四镇节度留后郭昕回朝廷之时假道回纥之路，《册府元龟》引李德裕的话说：“自艰难（指安史之乱）已后，河陇尽陷吐蕃，若通安西、北庭，须取回纥路去。”[①] 回纥路一名由此产生。回纥路路线大致可分成两段，即回纥牙帐至北庭和由回纥牙帐至长安。其中，回纥牙帐至北庭是欧亚草原之路的一段，自古以来就是游牧民来往于蒙古草原和欧亚草原的通道。789 年，旅行者悟空自西天（印度）回国，是经于阗到安西，再到北庭，取回纥路归返中原的。[②] 回鹘汗国灭亡之后，回鹘及其下属游牧部落沿此路通往北庭是最方便的。因此，回鹘诸部迁往北庭一带的可能性最大。

蜂拥而至的大批游牧民给北庭及周围地区造成了极大的压力，加之，黠戛斯军尾追而至。在内外压力之下，回鹘人与黠戛斯人对峙一段时间之后，一部分回鹘人在庞特勤的率领之下离开北庭，继续迁徙。庞特勤离开北庭以后的迁徙路线不见史书记载。但 843 年，庞特勤在焉耆创建了安西回鹘政权。据《新唐书》记载：“及其（回鹘）破灭，有庞特勤居焉耆城，称叶护。”经过一段时间的休养生息，庞特勤在焉耆取得了很大的成功。据《旧唐书》记载：“（回鹘）在外犹数帐，散藏诸山深林，盗劫诸蕃，皆西向倾心望安西庞特勤之到。庞特勤已自称可汗，有碛西诸城。”“碛西诸城”指唐安西都护府管辖的焉耆、龟兹、于阗、疏勒四镇。因此，安西回鹘政权亦称北庭回鹘、和州回鹘、阿萨兰（意为“狮子”）回鹘。

在 843—857 年间，庞特勤在名义上成为整个天山回鹘的可汗，并在北庭和高昌驻有代官（牧首、总督）以统治各该地区。856 年 2

---

① （北宋）王钦若等编：《册府元龟》，第 11672 页。

② （唐）圆照：《大唐贞元新译十地经》后附《悟空行记》，见〔日〕长泽和俊：《丝绸之路史研究》，钟美珠译，天津古籍出版社 1990 年版，第 560—570 页。

月，唐朝发布《议立回鹘可汗诏》。[①]颁诏之后，唐朝派出使臣前往安西册立，使臣行至灵武，巧遇回鹘可汗派遣入唐的贡使，便同返京师。在得知庞特勤回鹘人的情况之后，是年11月，宣宗颁发《遣使册回鹘可汗诏》。[②]857年，唐朝派遣使臣册拜庞特勤为九姓回鹘温禄登里罗汩没密施合俱录怀建可汗。[③]但是，册封使一行在中途被背乱回鹘阻挠，未能到达目的地而返回朝中。《资治通鉴》记载说："王端章册立回鹘可汗，道为黑车子所塞，不至而还。"[④]

857年以后，庞特勤这位未受正式册封的九姓回鹘可汗从安西回鹘国中消失了，据汉文史料的记载，庞特勤的后继者迁到了甘州。《旧唐书》记："其（指庞特勤）后嗣君弱臣强，居甘州，无复昔时之盛。"[⑤]可见，甘州回鹘是从安西回鹘政权中分裂出来的一个政权。在武则天之时，甘州就已经有回鹘居住。据史书记载，突厥强盛，"回鹘、契苾、思结、浑部徙于甘凉二州之地"。从甘州新迁来的回鹘增强了甘肃河西一带回鹘的势力，他们于890年左右，在河西建立起回鹘西迁的又一个政权——甘州回鹘或河西回鹘，甘州成为回鹘牙帐所在地。

未随庞特勤迁移的"余部保金莎岭，众至二十万"[⑥]。有学者认为，这部分回鹘的首领是仆固俊。当庞特勤在焉耆建立政权之时，这支回鹘在名义上承认了庞特勤的政权，并与之保持着松散的从属关系。与此同时，仆固俊与唐朝归义军首领张议潮保持着联系。851年，张议潮赶走吐蕃守将，收复河西走廊，唐朝在沙州置归义军，任命张议潮为节度使。张议潮的管辖区在焉耆回鹘国境以东，双方领土犬牙交错。《新唐书》记，北庭回鹘大酋仆固俊听命于张议

---

① （宋）宋敏求编：《唐大诏令集》，学林出版社1992年版，第636页。
② 同上书，第693页。
③ （清）董诰等编：《全唐文》卷40《册回鹘可汗文》。
④ （北宋）司马光主编：《资治通鉴》，第8066页。
⑤ （后晋）刘昫等：《旧唐书》，第5215页。
⑥ （北宋）欧阳修、宋祁：《新唐书》，第6069页。据法国学者沙畹研究，金莎岭是天山东部的一段，在新疆吉木萨尔县南，今名博格达山。参见〔法〕沙畹：《西突厥史料》，第338页。

潮，张议潮于 866 年曾差回鹘首领仆固俊与吐蕃大将尚恐热交战，“北庭回鹘仆固俊击取西州，收诸部”①。仆固俊攻取西州以后，向唐朝派出使者，请求册命。据《全唐文》记载，唐朝赞其“怀西戎之复心，作中夏之保障”，因授予左晓卫大将军的官衔。②此后，仆固俊的行踪不见于史册。

庞特勤离开北庭之后，一部分回鹘人投奔了吐蕃。吐蕃简牍记载说：“已归化回纥部落之江玛支。”③另一藏文木简记：“回纥内乌雄报告。”④除了归附吐蕃之后，一些回鹘人已经在吐蕃政权中担任官职：“武乡坝子，此侧潜伏有回纥人斥候一名。”⑤856年，吐蕃势力衰退以后，奔吐蕃的这部分回鹘人与从安西回鹘国中分裂出来的甘州回鹘一起建立了甘州回鹘国。

晚唐五代时期，中原内乱，中国无暇西顾，对回鹘西迁的记载比较简略、含混甚或有漏记、错记之处，至于回鹘以后迁到七河流域的情况，以及他们与葛逻禄的关系未留下详细记载。然而，来到北庭一带之后，回鹘分裂和继续迁徙是可以肯定的。在继续迁徙的过程中，有部分回鹘来到葛逻禄人统治的楚河流域，后来分别在天山南北、河西走廊、中亚楚河流域形成了三大集团，他们在迁徙地上建立了安西回鹘、甘州回鹘和喀喇汗王朝三个政权。

---

① （北宋）欧阳修、宋祁：《新唐书》，第 6108 页。

② （清）董诰等编：《全唐文》卷 750《西州回鹘授骁卫大将军制》。

③ 王尧、陈践编著：《吐蕃简牍综录》，文物出版社 1986 年版，第 58 页。

④ 同上书，第 46 页。

⑤ 同上书，第 49 页。

第二章

政治与经济

在最初的100年中，阿拔斯王朝建立了以哈里发为首的官僚体制；与此同时，中央政权与地方势力之间的斗争激烈起来，这一斗争贯穿于王朝的始终；8世纪中叶以后，中亚地区的大地产所有者数量迅速增多，随着新兴地主的产生，德赫干阶层在中亚的地位开始衰落。在中亚东部地区，吐蕃建立了以军事管理为主的羁縻统治方式；葛逻禄的统治更多地体现在经济方面，即统治者满足于被征服地区统治者的效忠和纳贡。

第一节　阿拔斯王朝的统治

阿拔斯王朝的建立不单单是阿拉伯人改朝换代的事件，更是阿拉伯帝国的历史转折。762年，阿拔斯王朝将倭玛亚王朝时期的阿拉伯帝国首都从地中海岸的大马士革迁到了位于底格里斯河西岸的新都巴格达。两河流域是原波斯帝国的政治统治中心，巴格达距古代萨珊波斯王朝及安息王朝的都城泰西封很近。波斯君主专制政体、波斯人的社会风尚对统治重心东移的阿拉伯帝国产生了巨大影响。

阿拔斯家族的政权是在波斯和中亚地区人民的支持下取得胜利的，阿拔斯王朝建立以后，一大批波斯和中亚地区贵族被吸收到新政权之中。在中央政权中，最高统治层已不再是阿拉伯贵族专权的政府，而是由阿拉伯贵族与波斯贵族共同掌权的联合政府，其成分相当广泛，包括了商人、金融家、地主、知识分子（教法学家、神学家、教师、宗教首领），除穆斯林外，还有其他宗教信仰者。在阿拉伯人和波斯人的共同统治下，阿拔斯王朝从松散的君主政体逐渐完善，最终发展成为一个中央集权的君主专制政体的国家。

第一，阿拔斯王朝的中央集权政治从哈里发的地位反映出来。哈里发确立了自己在政权和宗教两方面的权威。一方面，哈里发是王朝的最高政治权威，是独揽政治、军事和宗教大权的专制君主，其权力是神圣不可侵犯的，俨然如东方封建国家的君主；另一方面，哈里发的权力直接来自安拉，他不是先知的代理人，而直接是安拉的代理人，是“安拉在大地上的影子”，在穆斯林举行的聚礼上，祈祷、祝福的是统治者哈里发。

第二，阿拔斯王朝建立了一套较为完整的中央集权机构。从754年起（在曼苏尔时代），帝国在哈里发之下就完善了官僚机构。中央最高行政长官是宰相（维齐尔），宰相秉承哈里发的意志处理中央政府的一切行政事务，有权向哈里发提出各省总督人选。鉴于波斯贵族在阿拔斯革命中的作用，阿拔斯王朝初期（从曼苏尔到哈伦·拉希德时期），出身于古老文化中心巴里黑城的波斯贵族伯尔麦克家族成员出任宰相，执掌阿拔斯王朝实权超过了半个世纪。第一任宰相是哈立德·伊本·伯尔麦克（781年卒），哈立德是最早改宗伊斯兰教的波斯贵族，其父是巴里黑的一个佛教寺院的大和尚。到哈伦·拉希德时期，他认为“哈里发帝国的天空是不允许有两轮太阳的”[1]，于是，伯尔麦克家族受到打击，开始走向衰落。

---

① 〔美〕希提：《阿拉伯通史》上册，第344页。

在宰相之下，阿拔斯王朝中央政府进一步完善了部（迪万）的建置。其中，分管行政、财政和宗教事务的工商、农业、财政、驿站、司法、军事等部获得了重视，各部大臣及秘书由哈里发任命。为了考核政绩，中央政府设置了主管文书的枢密院及监督和考核的督察院，设置了御前总监和各部总监，各部总监负责收集各部的考核报告，将报告转呈御前总监。

第三，军队是阿拉伯帝国的统治基础，阿拔斯王朝军队是从各地征募组建，军队依靠的主要是波斯人的武装，阿拉伯人失去了军事上的重要性。[①] 在阿拔斯王朝的军队中，呼罗珊军队是帝国军队的重要组成部分。自倭玛亚王朝以来，呼罗珊一直是阿拉伯帝国的军事重镇，呼罗珊骑兵的素质在阿拉伯帝国中算得上是精锐之师。在阿拔斯革命中，呼罗珊军队发挥了重要作用。在怛逻斯战争时期，艾卜·穆斯里姆手下大将齐雅德·伊本·萨里率领的呼罗珊宗教战士（Ghazi）就有 4 万人。[②] 从王朝的建立一直到麦蒙去世的 80 多年中，呼罗珊军队成了阿拔斯王朝军队的骨干和王朝的支柱，获得了“王朝之子”的荣誉称号。[③]

阿拔斯王朝的中央政府保持着一定数量的兵力，在城市和大居民点驻扎军队。正规军分常备军和志愿军两部分，常备军是由政府按月发放粮饷的雇佣军，志愿军大多数从农民和城市居民中征集。麦蒙时期，曾在伊拉克地区驻扎部队 12.5 万人。[④] 这支部队很可能是常备军。据《不花剌史》的记载，阿拔斯王朝在沛肯特城有一千多个兵站，与不花剌地区村镇的数目相等，各村的人们都在那儿修起兵站，并有一支队伍常驻在那儿，生活费用由各村自备，冬季如遇异教徒（某些游牧部落）来侵犯，各村的人就聚

① 〔美〕希提:《阿拉伯通史》上册，第 382 页。
② 同上书，第 84 页。
③ R. N. Frye, *The Cambridge History of Iran*, Vol. 4, p.91.
④ 〔美〕希提:《阿拉伯通史》上册，第 381—382 页。

集起来向异教徒发起进攻，事后又各回驻地。[①]这支部队可以肯定是志愿军。

阿拔斯王朝常备军的核心是哈里发的禁卫军。禁卫军的待遇相当优厚，除口粮和津贴外，步兵的军饷平均每人每年为 960 迪尔汗，骑兵的饷银比步兵多一倍。[②]阿拔斯王朝初期，禁卫军主要由呼罗珊人组成，穆塔西姆时期（Al-Mu'tasim），开始招募中亚的突厥奴隶（马木路克）充任。此后，哈里发的贴身侍卫都是来自河中地区的突厥人，禁卫军首领的地位不断提高，最终取代了阿拉伯和波斯贵族。

阿拔斯王朝沿用了倭玛亚王朝训练军队的方法，将边防军分为冬季防队和夏季防队，按季节换防。不过，阿拔斯王朝更加注重士气的培养，伊斯兰教“圣战”成为激励军队将士精神的源泉。此外，哈里发还以夺取战利品鼓舞士气，丰厚的战利品是士兵们积极奋战的最大刺激。

第四，除了军队外，阿拔斯王朝组建了严密而庞大的警察队伍，警察的薪俸优厚。各大城市都有警察维持社会秩序，警察还担负着刺探情报和镇压人民起义的任务。782 年，不花剌统治者布恩雅特·伊本·吐格什哈达在反阿拉伯统治的穆坎纳（Muqanna）起义中曾同情和支持造反者，这一情报被警察总监送交哈里发马赫迪，马赫迪派骑兵征讨，砍了他的头。突厥奴隶充任禁卫军以后，禁卫军取代了警察的职能，警察组织逐渐解体。

在司法方面，伊斯兰教法（萨里亚法，Shari'a）是国家执法的基础，它规定了民事和刑事等各个方面的内容。但阿拔斯王朝的司法受到政治的影响，“萨里亚法庭从未取得不受政治控制的至上司法权威的地位”[③]，巴格达的法官是全国的大法官，大法官通常从宗教学者中选拔，他们不仅管理全国宗教事务，还担负着管理宗教基金及孤寡的财产等工作。

---

① Narshakhī, *The History of Bukhara*, p.18.

② 〔美〕希提：《阿拉伯通史》上册，第 381 页。

③ 〔英〕诺·库尔森：《伊斯兰教法律史》，吴云贵译，中国社会科学出版社 1986 年版，第 99 页。

第五，在地方政权中，与倭玛亚王朝一样，阿拔斯哈里发也将帝国划分成行省。麦蒙时期，阿拔斯帝国领土被划分为27个省区，其中，呼罗珊、阿姆河之南、兴都库什山之北一直延伸到赫拉特之间的地区是第25区；阿姆河与锡尔河之间的河中地区是第26区；阿姆河下游、咸海之东北的花剌子模是第27区。①

阿拔斯王朝派总督到各行省统治。行省总督由宰相推荐，哈里发任命。在倭玛亚王朝时期，哈里发派往各省总督（埃米尔）都是阿拉伯人，甚至多半是古莱希部人，仅有少数例外；而阿拔斯哈里发派往各省的总督，甚至是一些重要省区的长官都是波斯人。②行省总督掌握了全省的军政大权，具有相当大的独立性。为了监督地方政府，哈里发向各省派驻了钦差大臣，这些官员有权参与地方政治问题的处理；各省总督也派代表常驻巴格达，以便及时了解哈里发的指示。

阿拔斯王朝继承了倭玛亚王朝的传统，以呼罗珊为基地统治着中亚地区。由于波斯和中亚地区贵族与人民在阿拔斯革命中起到重要作用，所以，阿拔斯王朝吸收了中亚地区贵族参与地方政权，呼罗珊总督大多数是波斯人。在中亚地区的行政制度中保留着原突厥因素，如河中地区的文官之首是吐屯（突厥官名），负责财政和经济事务的官员称法尔曼达尔（Farmandar）。

行省总督上任以后，在地方上修建总督府宫和政府办公大楼，如呼罗珊总督在尼沙普尔城的广场附近建筑了总督宫殿③，在莫夫城广场建筑了政府办公大楼。④河中地区和花剌子模绿洲的长官由呼罗珊总督派遣，隶属于呼罗珊总督。819年，呼罗珊总督伽桑·本·阿巴德曾任命巴里黑的萨曼家族成员担任撒麻耳干、不花剌等地的长

① 纳忠：《阿拉伯通史》上册，第475—476页。

② 同上书，第477页。

③ Le Strange, *The Lands of the Eastern Caliphate*, p.383.

④ Ibid., p.399.

官，以他们为首的地方势力迅速增长。① 以上这些省区的总督大多数世袭，为地区割据政权的建立奠定了基础。

财政收入是帝国的命脉，各省的税务官（阿米勒）由哈里发亲自任命，他们直接对中央负责。税务官的任务是测量土地和调查、统计人口，以此为据征收各种赋税。各省的岁入，除自用的一部分外，全部上交国库。为了保证贡税的运输，以首都巴格达为中心，开辟通往各省的大道，沿途设置的驿站多达900余处，形成遍布全国的交通网络。②

各省区的大城市和居民点驻有军队，其中，重要地区的军队是中央派驻的，但大多数普通地区的驻军是行省总督在本地召集的。呼罗珊总督穆阿兹·本·穆思里姆在镇压穆坎纳起义之时，曾在不花剌人中召集了一支57万人的军队，制造了作战器械和石弩、石炮之类的石头发射器，组织了配备了长、短柄斧铲子、提桶等工具的3000工人。③ 他以这支部队前往撒麻耳干，镇压穆坎纳起义。④

中央在各行省建立了司法机构，各省的法官团以萨里亚法为根本进行司法审判工作。法官由虔诚的穆斯林，精通教义和教律的宗教学者充任，哈里发控制着法官人选。史书记载了不花剌城的几位法官。法学家希巴韦在任不花剌城法官之时，从不枉法，不愿任何人枉受一点损失。828年，不花剌城法官赛义德·伊本·哈拉甫·巴希尔制定了公正无私而又行之有效的法令，使豪强不能横行，懦弱者不受欺凌。他是严格执法、公正无私的典范。法官穆罕默德·伊本·玉素福在任不花剌法官之时，不为收买和贿赂所动摇，一直保持廉洁。⑤

阿拔斯王朝在中亚地区设置了监狱。呼罗珊地区的大城市尼沙

① 任继愈等编:《伊斯兰教史》，第466页。
② 纳忠:《阿拉伯通史》上册，第477页。
③ Narshakhī, *The History of Bukhara*, p.71.
④ Ibid..
⑤ Ibid., p.5.

普尔监狱是三幢大楼，修在四分之一个里格的范围内，一幢接着一幢。[①]

第六，阿拔斯王朝继承了倭玛亚王朝的情报系统，情报工作由驿道、驿站及驿站大臣和行省的驿站长官组成，驿站大臣和行省的驿站长官由哈里发任命，直接向哈里发报告工作。他们将搜集到的情况向中央汇报，当时的邮政局担负的任务比今日的邮局业务多，它起着当今情报局的作用。据说，第一个脱离阿拔斯王朝，并建立了塔希尔王国的呼罗珊埃米尔塔希尔，在聚礼日的讲演中没有为哈里发麦蒙讲赞词，邮政局长向他指出了这一点，他连忙道歉，表示是自己的疏忽，并再三请局长不要向哈里发禀报此事。局长对他说，商人们的信函不断送往巴格达，如果这消息不是通过我而传到哈里发耳朵里，我的生计可就保不住了。[②]可见，驿站系统是哈里发的间谍系统，被利用来加强中央对地方的控制。阿拉伯帝国在四通八达的公路上设置了许多驿站，其中最著名的是呼罗珊大道。在阿拔斯王朝，间谍无孔不入，到处布满了化装成商人、旅行家和医生的间谍。

尽管阿拔斯王朝采取了维护中央集权的措施，然而，以哈里发为首的中央政权与以地方贵族为首的地方势力之间的斗争始终贯穿于阿拔斯王朝的历史。随着世袭封地制的发展和封建割据格局的形成，哈里发在与地方封建割据的斗争中遭到削弱，中央的统治崩溃。800年，哈伦·拉希德以每年交纳4万迪纳尔贡金为条件，把北非突尼斯的易弗里基叶行省授予易卜拉欣·伊本·艾格莱卜作为世袭封地，在阿拔斯王朝形成了艾格莱卜王朝（800—909）。[③]821年以后，波斯人在阿拔斯帝国东部先后建立了独立于阿拔斯王朝的三个波斯王朝。

---

① Le Strange, *The Lands of the Eastern Caliphate*, p.383，1里格约合3英里或5公里。

② 〔埃及〕艾哈迈德·爱敏:《阿拉伯—伊斯兰文化史》第6册，商务印书馆1999年版，第227—228页。

③ 〔美〕希提:《阿拉伯通史》上册，第537页。

第二节　吐蕃和葛逻禄的统治

在中亚东部的两个游牧政权（吐蕃和葛逻禄）中，由于吐蕃离中国中原王朝最近，中国史书对它的记载比葛逻禄详细一些。

吐蕃王朝从7世纪持续向外扩张，到8世纪中叶以后，逐渐夺取了唐朝在中亚东部的属地，统有东抵陇西、西至葱岭以西（包括大小勃律、拔汗那），东南达南诏，北至安西、北庭的辽阔疆域。如何统治如此广袤的疆域，对以游牧为主要经济形态的吐蕃来说是一个困难的事。吐蕃不可能在每一个地区都直接实施统治和屯扎军队，于是，吐蕃也采取了唐朝羁縻统治的方式，通过册封附蕃各地首领，使他们在政治上承认吐蕃的宗主权，在经济上向吐蕃纳贡或扶助吐蕃在当地的收税官。

吐蕃在噶尔家族专国时期（649—698）开始以羁縻方式对待归顺政权或征服政权，如西突厥首领归附吐蕃之后，吐蕃先后扶立附蕃西突厥首领阿悉吉·都曼，扶持附蕃阿史那都支为西突厥十姓可汗（662—679年在位），693年，阿史那俀子逃亡吐蕃，吐蕃拜他为西突厥可汗，此后又扶立了阿史那仆罗、阿悉结薄露（阿史那拔布）等人，依靠他们统治着西突厥十姓部落。790年，吐蕃攻唐朝北庭，突厥沙陀部因助吐蕃有功，其首领被封为军大论（Blon ched po），大论在吐蕃王朝中原来只封给王族高官。有学者认为，安史之乱以后，天山北麓的真正主宰葛逻禄始终称叶护而不称可汗，就是为了保持对吐蕃名义上的臣属关系。

在扶持当地贵族统治之时，吐蕃在占领区置军事行政区或军镇（Khrom），由中央派遣具有“尚”、“论”等头衔的高级军事大员担任军事行政区或军镇的长官德论（Bde blon，意为“福相”），统管该区的军事、民政等事务。按唐朝建制的概念，吐蕃的军镇相当于唐朝设置于边区的节度，因此，史家将吐蕃在军事行政区设置的长官德论记为节度使。吐蕃在占领区共设置了五位德论。安史之乱以前，吐蕃在青海地区设置了一位德论负责管理该地区的军政事务；以后又在剑南道至南诏境设置了一位德论；762 年，吐蕃攻下陇右，在陇右道设置了一位德论，唐朝名为吐蕃东道节度使[①]；此后，吐蕃在河西道和新疆至帕米尔地区分别设置了德论，唐朝名为吐蕃北道节度使和西道节度使。在五道中，东道节度使最重要，吐蕃常以大尚论兼任东道节度使，称东军宰相大论。吐蕃节度使除了军事政治方面的职责外，还对买卖人口、马牛等牲畜进行登记，由官府颁发证明文件，加强对奴婢及马牛等牲畜的管理。

在节度使之下，吐蕃设置了负责公文起草和收发的官员，据 P. T. 1089《吐蕃官吏申请状》记载：姑臧（凉州）节度使衙署内有机密大书记（Gsang gi yi ge ched po）、机密使者（Gsang gi pho nya）、机密小书记（Gsang gi yi ge pa chung）、机密中书记（Gsang gi yi ge pa vbring p）、机密（情报）收集官与传递官（Gsang gi rub ma pa dang vgyed ma pav）、机密书记小官（Gsang gi yi ge pa phra mo）等官员。[②]

吐蕃在占领区筑城堡驻军队。据《世界境域志》第 26 章“关于河中诸边境地区及其城镇”记载：“哈姆达德（Khamdadh），此地有瓦罕人的偶像寺。其中发现了少数吐蕃人。寺左边有一个城堡，为吐蕃人所占据。”[③] 哈姆达德是今阿富汗瓦汗地区有名的村庄昏驮多（Kandud），本节中所述的城堡故址在该村对面。吐蕃在占领区驻军的情况还可以从吐火罗国叶护上表唐朝的奏章中了解到。吐蕃在朅师国驻军，对邻国吐火罗国造成了威胁，749 年，吐火罗国叶护失里忙伽罗遣使来朝，献表说：“臣邻境有一胡，号曰朅师，居在深山，

① 白居易：《白氏长庆集》卷 57《翰林制诏四・代忠亮答吐蕃东道节度使论结都离等书》，台北艺文印书馆 1981 年版。

② 杨铭：《吐蕃统治敦煌研究》，转引自王尧、陈践：《吐蕃职官考信录》，《中国藏学》1989 年第 1 期。

③ V. Minorsky translation and explained, *Hudūd al -'Ālam*, p.121.

恃其险阻，违背圣化，亲辅吐蕃，知勃律地狭人稠，无多田种，镇军在彼，粮食不充，于箇失密市易盐米，然得支济，商旅来往，皆著揭师国过，其王遂受吐蕃货求，于国内置吐蕃城堡，捉勃律要路……”①

以武力为后盾，吐蕃在占领区征收人头税。据《世界境域志》记载：“其王称为吐蕃可汗，拥有大量军队和武器。……（兰朗）居民住在帐篷中，其财产为绵羊。吐蕃可汗向他们征收人头税以代地税。……N. ZVĀN 是吐蕃一个富足的地方，物产很多。该地有一部落，名叫玛域（Mayūl），吐蕃诸王皆出自此部。”②关于“征收人头税以代地税”之说，有藏、中文史料可作辅证，《敦煌本吐蕃历史文书》中《大事纪年》称之为“大料集”，如“虎年（702）……征孙波茹‘大料集’”；“鸡年（709）……征调腰茹牧户‘大料集’”。③

为了传递军情和加强统治，吐蕃在向外扩张的过程中逐渐建立了蛛网式的驿传系统。在赤岭会盟之时（730），“吐蕃又请交马于赤岭”④，交马即换马，即使臣入对方国境，马匹由对方供应。可见，吐蕃在较早时期已有驿传存在。8 世纪下半叶（安史之乱以后），吐蕃的驿传制度开始完备。

从中央到地方的驿传系统最初设置了两道，即从都城逻些经柴达木盆地，翻越祁连山至沙州，以及从逻些到于阗。从于阗到中亚东北部的驿站情况未见记载，但吐蕃人记载了从于阗到鄯善的驿站情况。据新疆出土的《吐蕃简牍综录》第 144 号记载，从和阗（于阗）往鄯善驿站传：“增加斥侯之木牍急速递送，不得延误，若耽误或不送，将从严处罚。”第 266 号：“从和阗驿站发给鄯善安本书信，一天一夜要行五个驿站，此木牍速送往高齐巴，若有误，依法

---

① （清）董诰等编：《全唐文》卷 999《请赐个失蜜王敕书表》。

② V. Minorsky translation and explained, *Ḥudūd al -'Ālam*, p.93.

③ 《敦煌本吐蕃历史文书》，参见洛加才让：《寻根溯源的“文化土壤分析”（二）——关于藏族畜牧历史文化的根基初探》，《青海民族师专学报》2000 年第 2 期。

④ 王忠：《新唐书吐蕃传笺证》，科学出版社 1958 年版，第 74 页。

惩办。”[①] 由此可见，驿站制度是比较严密的。

此外，吐蕃在占领区设有笼区，笼区内有笼馆，笼馆的职责是保证驿传和军需供应，在笼馆内有农田和打禾场地以供养笼馆。笼区的最高长官为笼官，据敦煌博物馆藏吐蕃驿传文书记载，笼官是吐蕃封给被征服地区因驿传、军需供应而设置的笼区的武官官衔。[②] 笼官之下有驿丞（Tshugs pon）、书吏（Yi ge pa）、信使护送者（Skyal ma）等人员，负责派专人护送信使和加盖印章，对未如期到达者给予惩处。[③]信使，或者说驿骑在汉文史籍中称“飞鸟使”，《新唐书》记：“（徐舍人）语方已，会飞鸟使至，召其军还，遂引去。飞鸟，犹传骑也。”[④] 飞鸟使得名于信使传递的德论会议文告印有飞鸟图案。据新疆出土文书兰 xxviii, 0036 号记载：吐蕃信使除传递信件外还要押解犯人和运送物品，笼馆有责任进行协助。[⑤] 此外，驿站中还设置了马官（Chibsd pon）。据《贤者喜宴》记载，松赞干布在统一吐蕃本部以后，设置马官戚本，马官司派遣马差、为王出行做先导。[⑥]

除了驿丞、书吏、寮属、伙夫等驿站执事人员外，驿站还有伙夫之仆役、信使护送者、牧马人、信使田耕种者等执役人员，他们组成了汉籍中记载的驿户。驿户的身份较低，一般由罚配充军者或无依无靠者组成。在 S. 1438 号《沙州某都督状稿》中谈到了驿户起义首领被“罚配酒泉”之事。[⑦] 另据 P. 2583 号《申年沙州诸人施

---

① 王尧、陈践编著：《吐蕃简牍综录》，第 266 号。

② 陈践：《笼官与笼馆初探》，见中央民族学院藏学研究所编：《藏学研究》第 7 辑，中央民族学院出版社 1993 年版，第 172—182 页。

③ 张广达：《吐蕃飞鸟使与吐蕃驿传制度》，见《敦煌吐蕃文献研究论集》，中华书局 1982 年版，第 175 页。

④ （北宋）欧阳修、宋祁：《新唐书》，第 6099 页。

⑤ 〔英〕F. W. 托马斯：《敦煌西域古藏文社会历史文献》，刘忠、杨铭译注，民族出版社 2003 年版，第 40—41 页。

⑥ 巴卧·祖拉陈瓦：《贤者喜宴——吐蕃史译注》，黄颢、周润年译注，第 35 页和第 48 页注 44。

⑦ 史苇湘：《吐蕃王朝管辖沙州前后——敦煌遗书 S1438 背〈书仪〉残卷的研究》，《敦煌研究》1983 年创刊号。

舍疏》记载，女弟子张什二“离此本乡，小失翁母，处于大蕃，配充驿户”[①]。驿户耕种笼区农田和信使田以供应馆驿人员和信使，并承担放养马匹及护送信使的任务。驿传制度的建立对吐蕃王朝有效地控制征服地区和对外扩张具有重要意义。

吐蕃是奴隶制社会，王室和贵族属奴隶主阶级，其余的人都是属民，属民包括平民和奴隶。在攻占唐朝的河、陇等地之时，吐蕃接受了当地封建因素，统治机构和统治政策受到唐朝封建政治、经济的影响，逐渐向封建关系过渡。敦煌文书 P. T. 1083 号是吐蕃大论于陇州军帐会议（Vduntsalongcu）发出的告谍，其中有禁止吐蕃、孙波部落及个别尚论以婚配为名掳掠沙州汉人部落女子为奴的内容。[②]尽管如此，吐蕃役使奴隶的现象仍长期存在。

吐蕃经济以农、牧业为主。吐蕃农作物主要有青稞、小麦、荞麦；牲畜主要是牦牛、马、驼、羊。吐蕃以产良马著称，据《新唐书·吐蕃传上》记载：“其兽，犛牛、名马、犬、羊、彘。”[③]据《贤者喜宴》记载，赤松德赞赞普时期，“聂·达赞东斯又令每户属民饲养马一匹、犏牛一头、母黄牛一头、公黄牛一头等”[④]。吐蕃实行兵民合一的制度，平时各部落民众畜牧耕种，战时则编队出征，马匹武器等装备自备。吐蕃手工业有烧炭、冶铁、制胶、毛织，其中，冶铁有较高水平，能在江面上架设铁索桥。

葛逻禄汗国是游牧民建立的政权，《世界境域志》第 15 章对葛逻禄人有专门的叙述。其中，记载其地理位置：“其东为吐蕃的某些部分和样磨与九姓古思人的边境，南与样磨的某些部分及河中地区，西为古思人的边境，北为突骑施人、炽俟和九姓古思人之边

① 唐耕耦、陆宏基编：《敦煌社会经济文献真迹释录》第 3 辑，全国图书馆缩微文献复制中心 1990 年版，第 68 页。

② 王尧、陈践编著：《吐蕃敦煌文书论文集》，四川民族出版社 1988 年版，汉文第 44—45 页，藏文第 68—69 页。

③ （北宋）欧阳修、宋祁：《新唐书》，第 6072 页。

④ 巴卧·祖拉陈瓦：《贤者喜宴——吐蕃史译注》，黄颢、周润年译注，第 200 页。

境。[①]可见，葛逻禄人势力非常强大，跨碎叶、伊犁二水，建立了国家，其国君拥有叶护称号。

葛逻禄汗国国君最初不取可汗称号，而是取较谦逊的叶护（Yabghu）称号，有文献记载，葛逻禄常称为三姓葛逻禄，“首领号叶护，故又号三姓叶护”。据汉籍记载，746年（唐天宝五年），唐封回纥首领为怀仁可汗，在乌德鞬山的葛逻禄部归于回纥。在北庭及阿尔泰山一带的葛逻禄人自立叶护，归属于唐。766年，葛逻禄强盛起来，逐渐取代突骑施，占有楚河流域西突厥故地，此时，葛逻禄开始称汗。据马苏弟（Masudi）《黄金草原》（写于943年）一书记载：“葛逻禄居住在费尔干那，sas和附近的土地上。葛逻禄占有了‘Mulk’（即对草原的统治权），从他们可汗中间产生了‘众汗之汗’（Hqanai-Hawaqin）。这位‘众汗之汗’统一了所有的突厥部落，所有的突厥统治者都臣服于他。”[②]

葛逻禄本是游牧民族，西迁以后，在周边定居民族的影响下，学会了农业、经商以及其他技艺，并且拥有繁荣的城镇。“有的葛逻禄人是猎人，有的是农夫，有的是牧畜者，他们的财富是羊只、马匹和各种各样的毛皮，他们是好战的民族，习于劫掠。”[③]据《世界境域志》一书记载：“这是一个繁荣的国家，在突厥诸地中是最美丽的地方。该国有奔腾不息的河流和宜人的气候，出产各种各样的毛皮。葛逻禄人是近于（文明）的民族，殷勤好客，喜欢交际。”[④]“Gh. nksir是一个大村子，有许多葛逻禄部落，这是一个繁荣的地方。”[⑤]可见，葛逻禄人已开始向定居生活过渡。《世界境域志》记载说，葛逻禄国境内有15城，其中美尔克（Mitki）城和伊洪克斯（Yhonksi）城主要居民是葛逻禄人。“美尔克是葛逻禄人居住的城

---

① V. Minorsky translation and explained, *Ḥudūd al -ʻĀlam*, p.97.

②〔古代阿拉伯〕马苏第：《黄金草原》，青海人民出版社1998年版，第174页。

③ V. Minorsky translation and explained, *Ḥudūd al -ʻĀlam*, p.97.

④ Ibid..

⑤ Ibid..

镇，商人们也到这里来。”巴尔浑（又名巴尔思汗）等城镇的居民不尽是葛逻禄人，而是葛逻禄的属民。

在唐朝与阿拉伯人的怛逻斯战争（751）中被俘的中国人杜环流落到河中地区和呼罗珊，762年，乘贾商船回国，著《经行记》一书。[①]据《经行记》记载，8世纪下半叶的楚河流域仍处于战乱之中：“川里有异姓部落，有异姓突厥，各有兵马数万。城堡间杂，日寻干戈。凡是农人，皆擐甲胄，专相虏掠，以为奴婢。”[②]尽管如此，奴隶制已经不起主导作用，在此期间，七河流域和南哈萨克斯坦发展起了封建生产关系。

葛逻禄的建国对中亚历史产生了影响。据《世界境域志》记载，葛逻禄在他们的同胞中（即其他突厥人中）具有伟大的尊严，并在他们的敌人面前，表现了极大的骄傲。[③]葛逻禄人尚武的精神在突厥人中非常突出，成为后来西喀喇汗王朝内乱的因素。葛逻禄人尚黑，衣服和旗帜都是黑色。这是铁勒人的古风，按照铁勒族突厥人的观念，“黑”（Kara）本为北方之色，葛逻禄汗国建立后，kara具有“伟大”的含义。

第三节 社会经济

在倭玛亚王朝时期，阿拉伯国家已经开始分封土地，并承认了分封地的世袭权。在阿拔斯王朝建立之初，封地制进一步发展，大土地所有者数量增多。哈里发没收了前哈里发家族及各省总督的领地，成为帝国最大的土地所有者。此后，通过开发新土地和接受捐献等方式，哈里发的领地不断增加，遍布全国各地。这些土地名义

---

① 《经行记》一书已散佚，在《通典·边防九》中有记载。

② （唐）杜佑：《通典》卷193；（唐）杜环著，张一纯笺注：《经行记笺注》，擐，音惯，或音患，贯也，意为“穿甲戴胄”。

③ V. Minorsky translation and explained, *Ḥudūd al -ʻĀlam*, p.98.

上是哈里发所有，实际上，哈里发将土地封赐给王公显宦和高级军官，在帝国境内出现许多大地产所有者。

此外，土地兼并也是大地产形成的一个原因。一般中小地主，特别是那些保有少量份地的弱小农民，为了逃税，把自己的份地捐献给有势力的官僚地主和军官，本人以租佃者身份保有对土地的耕作权。

与全国一样，中亚的大地产在阿拔斯王朝时期发展到了惊人的程度。上文提到的不花剌德赫干希纳的地产几乎包括了整个“城堡区”①。据《不花剌史》记载，希纳的后代卡德拉·伊·希纳于 767 年（回历 150 年）向哈里发曼苏尔提出城堡的所有权，并出示了地契证件。据证件，占全市区 1/4 的面积包括在地契内，此外，还有不花剌城的 1000 个店铺，以及不花剌河畔和上法拉瓦日河畔的 75 个私人村镇。② 巴里黑城的伯尔麦克家族历任珞巴哈尔佛寺的住持，积攒了大量财富，该家族拥有的地产长 8 法尔萨赫（Farsakh）、宽 4 法尔萨赫。

随着大地产数量的增长，中亚的德赫干阶层在阿拔斯王朝时期的政治地位发生了变化。在 7—8 世纪，中亚城邦国家形成了以德赫干为首的贵族统治，贵族集团掌握了城市国家的政权，在不花剌方言中，德赫干被称为“珍宝”。倭玛亚王朝时期，呼罗珊总督在中亚扶持自己的傀儡政权，德赫干的地位保持不变。倭玛亚王朝统治后期，呼罗珊总督纳斯尔实施联合德赫干的政策，把德赫干吸纳入自己的政权之中。

阿拔斯王朝建立以后，随着官僚和军队贵族大量掠夺和购买土地，形成了一批新兴的大地主，封建初期形成的土地贵族德赫干经济处于衰落之中，政治地位也开始下降。一部分德赫干转移到城市，成为城市贫穷阶层的一部分，他们与农民、手工业者一样是王朝的

---

① Narshakhī, *The History of Bukhara*, p.54.

② Ibid..

被统治阶级。这一点可以从大批德赫干投身于反阿拔斯王朝起义的现象反映出来。在穆坎纳起义中，大多数德赫干站在起义者一边，据说，当时在撒麻耳干、渴石等地有上百位德赫干将自己的女儿献给穆坎纳。在反抗斗争的同时，德赫干还采取积极措施保住产业，一些德赫干努力适应新形势，皈依了伊斯兰教。其中，上文谈到的德赫干希纳较早接受了伊斯兰教，把自己的名字改为艾哈迈德，由此保住了本家族的产业，后来，希纳的后代与哈里发立约，确定了家族财产的合法地位。德赫干虽然沦落，却并未消亡。9 世纪后期，在中亚建立政权的萨曼家族就属于德赫干阶层。苏联学者加富罗夫认为，当地贵族地主（德赫干）的作用，“从公元 821 年起，即从当地的王朝在呼罗珊和河中地区开始执政的时候起，（德赫干）特别增长起来”①。

大地产所有者大都居住在城市里，除征收地租外，还领取丰厚的俸禄。中亚农业区主要在绿洲地带，这些绿洲往往以城镇为中心。中亚大多数贵族、地主、商人就住在城镇中，派他们的代理人管理地产，垄断水利，役使在大地产上耕作的农民。他们将土地分成小块，依据分成制地租办法交给小农使用。自由农民的大多数丧失了土地，成为分成制的农员；此外还有分成制的奴隶，即被解放的奴隶或者从事农业的奴隶。

在阿拔斯王朝时期，农民承受的税收加重了。倭玛亚王朝时期，根据领有土地者的不同，税收也不同。阿拉伯穆斯林和早期皈依伊斯兰教的少数非阿拉伯族穆斯林的土地只缴纳什一税（征 1/10 的天课外，免除一切捐税），非穆斯林按土地面积征收全额租税。阿拔斯王朝把这种“按人定税”的制度改为“按地定税”，即把全国土地分为什一税地和贡税地，耕作什一税地和贡税地的农民，须向地主交纳一半收获的地租，其中谷物和货币各半。由于农民必须把部分产品出售，换取货币缴纳地租，于是，农民的负担加重了。

---

① 〔苏联〕加富罗夫：《中亚塔吉克史》，第 155 页。

阿拔斯王朝时期，阿拉伯人继续兴修水利，开垦荒地，中亚的一些荒芜和不毛之地变成了良田。简单而有效的取水装置是将河水引入灌溉主渠，主渠再流入分支，形成灌溉网。渠道长达数十公里，有的竟长达数百公里。这些水渠需要保护，于是，在中亚形成了一支人数众多的维护灌溉网的队伍。[①]

在呼罗珊和突厥斯坦的部分地区，以开凿坎儿井为主要灌溉方式。呼罗珊等地是农业最发达的地区，据杜环记述，莫夫"村栅连接，树木交映，四面合匝，总是流沙。南有大河流（指穆尔加布河）入其境，分渠数百，溉灌一州"[②]。

关于中亚农作物种植情况，据《经行记》一书记载："从怛逻斯一直到西海（里海）的中亚广大地区，自三月至九月，天无云雨，皆以雪水种田，宜大麦、小麦、稻禾、豌豆、毕豆（即青斑豆）。"石国土地平敞，多果实，出好犬良马。拔汗那地区，"土宜葡萄、馣罗果、香枣、桃、李"。对于中亚畜牧业，《经行记》记载有"黄牛、野马、水鸭、石鸡"，莫夫地区"有羔羊皮裘，估其上者，值银钱数百"。

阿拔斯王朝时期，中亚手工业继续发展。《世界境域志》一书记载了这一时期中亚的手工业。手工业可以分为如下几类：纺织业：生产棉布的地区有河中地区的不花剌、撒麻耳干、花剌子模绿洲，呼罗珊地区的尼沙普尔、赫拉特、莫夫；丝织业：尼沙普尔、莫夫；毛织业：不花剌（优质毛毯）、石汗那。其中，丝绸手工业集中在波斯东部的朱尔詹和锡斯坦两省；地毯手工业几乎遍布中亚各地。此外，酿酒、制毡、制革等手工业在中亚各城城镇得到普遍发展，其中，塔里寒、苏对沙那的酿酒业，花剌子模、白水胡城、塔里寒、胡实健的制毡业，胡实健的鞍囊、肚带的制革业最为有名，胡实健皮革大量输往外地。

① 〔俄〕李特文斯基主编：《中亚文明史》第 3 卷，第 410 页。

② （清）董诰等编：《全唐文》卷 956《大食国经行记》。

据阿拉伯史料说，阿拉伯人在怛逻斯之战中俘虏的中国人超过两万，此数字虽然不能肯定是准确的，但可以推断被俘的人是很多的，其中有许多能工巧匠。这些俘虏成为呼罗珊总督的奴隶，在服役中，他们将唐朝的先进技术传给了当地居民，对中亚手工业的发展起到了积极作用。这一点突出反映在造纸业上。

据阿拉伯文地理著作记载，纸是由怛逻斯之战的中国战俘传入撒麻耳干的，他们教会了撒麻耳干城居民用碎布、亚麻或大麻屑造纸。俄国史家巴托尔德说："毫无疑问，（粟特）工业是在中国的影响下发展起来的。"[①] 8世纪，撒麻耳干生产的纸在西方享有崇高的声誉，撒麻耳干人在阿拔斯王朝的许多城市建立了撒麻耳干式的造纸厂，到8世纪末，巴格达有了自己的造纸厂，一个半世纪以后（10世纪），撒麻耳干城的造纸业已经闻名遐迩，据《世界境域志》记载："撒麻耳干生产的纸输出到世界各地。"[②]

除造纸业外，瓷器业在中亚西部发展起来。唐朝的瓷器也促进了中亚西部地区瓷器制造业的发展。"波斯在八至九世纪左右，从中国输入了唐三彩、邢州白瓷之后，立刻就出现了华丽的所谓波斯三彩（多彩彩纹陶器和多彩线刻花纹陶器）和白釉蓝彩陶器。"[③]

流落中亚各地的被俘兵士、工匠将中国的许多工艺技术传播到中亚，对中亚地区产生了很大影响。据杜环记述，当时在库法被俘的中国工匠中尚有"绫绢机杼，金银匠，画匠；汉匠起作画者，京兆人樊淑、刘泚；织络者，河东人乐隈、吕礼"。他们把中国丝织技术、金银工艺和冶铁技术在中亚地区发扬光大。

商业的发展首先从城市内部集市贸易的繁荣上表现出来。随着生产和国内外贸易的发展，原来阿拉伯人在中亚诸城建置的军事城堡变成了市场和贸易中心。迁入城镇的阿拉伯人不再是经营畜牧业

---

① 转引自王尚达：《唐代粟特人与中原商业贸易产生的社会作用和影响》，《西北民族研究》1995年第1期。

② V. Minorsky translation and explained, *Ḥudūd al -'Ālam*, p.113.

③ 〔日〕三上次男：《陶瓷之路》，李锡经、高喜美译，文物出版社1984年版，第151页。

的部落民，他们吸取了粟特人经商的经验，经商成为他们的共性。城镇中的集市称为巴扎，农民、手工业者和商贩带着自己的商品到巴扎上来交易。据《不花剌史》记载，不花剌城门分市场门、集市门，在内城城墙一带有“食料杂货店”、“丝织服装商场”等商铺。

此外，地区之间的贸易发展起来。突厥与河中地区边境上的主要城镇鄂什、讹迹邗等城成为突厥人与河中居民贸易的中心。为了便于河中地区与突厥斯坦的贸易，9世纪以来，河中地区的阿拉伯人在锡尔河下游修建了三座伊斯兰城市，即毡的（在锡尔河右岸，今哈萨克斯坦克孜尔奥尔达东南）、库瓦拉和养吉干（即詹干特遗址）。锡尔河流域的移民聚落甚至有道路通往额尔齐斯河。河中地区东来道路汇于碎叶川，向东可至龟兹和庭州，再经西州、沙州，沿河西走廊东达中原。河中地区商人用粮食、布匹等物交换游牧地区的牲畜、皮毛，然后，将它们运往西亚以及欧洲各地。巴达赫城也是商人的汇集之地，除了从那里贩运丝绸之外，也从那里输入吐蕃的毛驴。

地区市场除了满足定居民与游牧民之间的交换外，还经营奴隶贸易。按伊斯兰法律，把异教徒作为奴隶贩卖是合理合法的。据杜环记述，楚河、塔剌思河流域“凡是农人，皆擐甲胄，专相虏掠，以为奴婢”[①]。河中地区与突厥斯坦边界的城镇，如鄂什，成为繁荣的奴隶交易市场，商人们将买来的奴隶向西贩运到波斯与北非各地。输出奴隶的地方有古尔山区，该地经常有大量的古尔族奴隶输送到呼罗珊。

过境贸易的繁荣成为这一时期的贸易特征。阿拔斯王朝幅员辽阔，拥有世界上最富庶的地区和世界贸易中枢等有利条件，加之，阿拉伯人鼓励商业贸易，有利于东西方之间的过境贸易的发展。亚洲的主要商队贸易路线几乎都通过呼罗珊和河中地区，当时最繁忙的商路是从利凡特各国前往中国的所谓“伟大的丝绸之路”。关于丝

① （唐）杜佑：《通典》卷193《石国》。

绸之路的驿站的大致路线已经给出，它经由巴格达、哈马丹、尼沙普尔、莫夫、阿模尔（Amul）、不花剌、撒麻耳干、苏对沙那、柘析（石国都城，地在塔什干）、塔拉兹（江布尔）、八拉沙衮、伊塞克湖南岸，前往中国内地。①

中亚与中国的贸易继续发展。呼罗珊总督艾卜·穆斯里姆手下大将阿布·达乌德于752年在渴石（今沙赫里夏勃兹）城掳获了大量战利品，其中有中国制造的器皿和马鞍，皆镂金镶银，而中国生产的各类丝织品，五光十色，令阿拉伯人惊叹不已。

需要指出的是，这一时期，河中地区与呼罗珊的联系密切起来，从不花剌和撒麻耳干到呼罗珊的道路畅通无阻。撒麻耳干向南走两天路程就到达渴石②，然后，分成两路，一路向西南经那色波③，渡阿姆河，过湛木（Zamm），来到距巴里黑36法尔萨赫的法儿亚卜（al-Farayab），到距巴里黑18法尔萨赫的舒布尔甘（Ushburkan），然后到巴里黑；也可从法儿亚卜过塔里寒，经木鹿察叶可（Maruchak）④，至赫拉特，再转至呼罗珊首府尼沙普尔。从渴石分道的另一路，向南过铁门关⑤，渡阿姆河，西经法儿亚卜、舒布尔甘到巴里黑，也可以往西南经安巴耳（Anbar）到塔里寒，然后西行至木鹿察叶可、赫拉特及尼沙普尔。

大规模的商业贸易促进了银行业的发展。阿拉伯人统治初期，阿布杜勒·麦立克任哈里发时代，发行了阿拉伯人的第一种金币迪纳尔，并在全国流通。在7世纪上半叶，不花剌本地王公布哈尔·护达发行了不花剌最早的银币迪尔汗，银币上印铸有他本人戴王冠的

---

① 〔塔吉克〕M. S. 阿西莫夫，〔英〕C. E. 博斯沃思主编：《中亚文明史》第4卷（上），中国对外翻译出版公司2010年版，第85页。

② 《大唐西域记》作“羯霜那”，《新唐书》作“史或怯沙”。

③ 又称小史，今布哈拉东南之卡尔施、阿黑夕哥（Akhsikak）。

④ 此城在莫夫以南，《道里邦国志》作Marurudh，距莫夫42法尔萨赫；《税册及其编写》记，该地距莫夫46法尔萨赫。

⑤ 《大唐西域记》卷1记载，从羯霜那至铁门有三百余里，再至呾密（帖尔穆兹，今铁尔梅兹，与阿富汗隔阿姆河相邻）。

头像。据纳尔沙喜说，在此银币铸造以前，不花剌的贸易以棉布和小麦为等价交换物。这种货币一直使用到8世纪末被花剌子模硬币排挤；花剌子模币的正面铸国王像（无须），反面为点着圣火的祭坛。除以上两种类型的本地铸币外，还有阿拉伯统治者铸造的钱币，用以纳税。

8世纪末，河中地区开始发行在当地打制的两面都题有阿拉伯文的金、银、铜币，这些钱币上的铭文使用库法体阿拉伯文，因此，被称为“库法币”（Kufic）。阿拔斯王朝初期的库法币大多数是在河中以外的城市打制，9世纪，撒麻耳干、柘析和不花剌等城开始打制库法银币迪尔汗，库法银币迪尔汗由高纯度的银打制而成，官方的重量标准为2.97克。库法银币迪尔汗打制相当有规律而且充足。[①] 库法金币迪纳尔在河中地区不定期地打制，打制量也不大。

8世纪后期至9世纪初，阿拉伯统治者开始在中亚发行的钱币有三种，即穆赛雅布迪尔汗（Musayyab）、穆罕默德迪尔汗和吉特里夫迪尔汗（Ghitrifiyyah）。穆赛雅布迪尔汗是穆赛雅布·布·祖赫尔任呼罗珊总督时期（780—782）发行的；然而，在呼罗珊总督中并没有名叫“穆罕默德”的人，因此，此人可能是呼罗珊总督派驻河中地区的长官；吉特里夫迪尔汗是在呼罗珊总督吉特里夫·伊本·阿塔时期（792—793）发行的。

三种钱币既铸有像，又有文字。其中，纯度最高的是穆赛雅布迪尔汗，它可能是以往含银量超过70%的原不花剌银币迪尔汗的替代品。8世纪的最后25年间，穆赛雅布迪尔汗经历两次改革，钱币的含银量、重量标准和钱币尺寸发生了变动。第一次改革后的穆罕默德迪尔汗为铜胎银衣，外镀两层银衣，含银量不超过40%。对于第二次改革后的穆罕默德迪尔汗，伊斯塔赫里有详细的记载，它们是“由铁、铜、银及其他不同种类金属”打制的，换言之，穆罕默德迪尔汗是低纯度的银币，这与检验分析相符（含银量超过40%）。

---

① 〔塔吉克〕M. S. 阿西莫夫，〔英〕C. E. 博斯沃思主编：《中亚文明史》第4卷（上），第397页。

穆罕默德迪尔汗主要在苏对沙那、费尔干纳、渴石、那色波等地流通。8 世纪末，穆罕默德迪尔汗再次发生变动。据说，不花剌城民请求发行一种只在本城流通的钱币，801 年以后不久发行了完全不含银的铜币，其式样与原布哈尔·护达迪尔汗相同，它以呼罗珊总督之名被称之为吉特里夫迪尔汗。这种钱币在 9 和 10 世纪时仅仅在不花剌城打制，主要在不花剌流通。关于吉特里夫迪尔汗①，雅古特记载说：“（不花剌）人们有一种叫唉吐（吉特）里夫的迪尔汗，是由铁、铜、铅及其它的不同物质混制而成的。这种迪尔汗只在不花剌及其四郊一带的境内通用；它是一种有图案的伊斯兰货币。”② 吉特里夫迪尔汗因其非银金属品质，其流通功能有限，无法与外界贸易。换言之，吉特里夫迪尔汗不具通货的功能，只能作为交换媒介满足本地区贸易的需要。

在发行之初，吉特里夫迪尔汗由于成色低，不花剌人拒绝接受，于是，政府规定吉特里夫迪尔汗与布哈尔·护达迪尔汗兑换比值为 6∶1。后来，由于当地政府强行规定税款以吉特里夫迪尔汗征收，导致吉特里夫迪尔汗不断升值，几乎与银币等值，而在交税之时，吉特里夫迪尔汗与布哈尔·护达迪尔汗的换算率保持不变，这样，不花剌人实际上缴税额等于以前的 6 倍。③ 不花剌人民受到的剥削加重了。

阿拔斯王朝的经济繁荣建立在对各族人民残酷剥削的基础之上，随着阶级斗争和政治动乱的深化，9 世纪中叶以后，帝国经济急剧衰落，强大一时的阿拔斯王朝走向衰亡。

---

① 吉特里夫迪尔汗是一种混合金属钱币，其中有银、铜、铁、锡等六种金属。在 9 世纪初，6 个吉特里夫迪尔汗兑换 1 个纯迪尔汗银币。

② 许序雅：《中亚萨曼王朝史研究》，第 123 页。

③ 王治来：《中亚史纲》，第 301 页。

第三章

宗教与文化

阿拔斯帝国采取积极措施传播伊斯兰教，以祆教为中心的多元宗教向以伊斯兰教为主的一元宗教的转变过程开始，伊斯兰教最终在中亚地区扎根；阿拔斯帝国兴起的文化运动使希腊、罗马和印度文化、科学成就传入中亚地区，促进了中亚自然科学和哲学的发展。

第一节　宗教

伊斯兰教传入中亚以前，祆教虽然在中亚地区拥有众多的信仰者，但它并没有占据统治地位，到7世纪，中亚地区仍然显示出多种宗教并存的局面。尽管如此，除佛教外，包括祆教在内的其他任何一种宗教都没有较为完善的体系，这种局面有利于伊斯兰教的传播。伊斯兰教在传入中亚地区之时，没有遇到顽强的抵抗。阿拔斯王朝在传播伊斯兰教之时采取了暴力与和平两种方式。在此形势下，以祆教为中心的多元宗教局面逐渐向以伊斯兰教为主的一元宗教转变。

阿拔斯王朝统治初期开始在中亚迫害异教徒。阿拔斯革命是借助什叶派的影响和势力从倭玛亚人手中夺取政权的，推翻倭玛亚王朝以后，为了证明其政权的合法性、正统性，阿拔斯王朝割断了与什叶派的联系，杀害了为阿拔斯人立下汗马功劳的什叶派教徒艾卜·萨马拉和艾卜·穆斯里姆。与此同时，阿拔斯王朝对其他宗教也采取压制和迫害。

哈里发麦赫迪（775—785 年在位）仇视马兹达克教和摩尼教，对其教徒加以迫害，其子哈里发哈迪（785—786 年在位）继续实施其父的宗教迫害政策。哈迪在呼罗珊时将伊斯兰教以外的其他宗教视为异端，往往不经审判即可定罪，据《群书荟萃》一书记载，呼罗珊统治者下令处死撒麻耳干城的 500 摩尼教徒，当时秦地的国王反对屠杀行为，他威胁说，如果对方屠杀摩尼教徒，则其境内将有更多的阿拉伯商人被杀，以此拯救了撒麻耳干的摩尼教徒。[①]有学者认为，秦地指的是于阗国王的统治地区。[②]

除了武力传教外，阿拔斯王朝通过大量移民促进伊斯兰教在中亚的传播；还以通婚、纳妾和招募士兵等方式鼓励非伊斯兰教徒改奉伊斯兰教。应该指出，阿拉伯人在传教中注意将伊斯兰教与当地传统宗教协调起来。《经行记》在讲到大食时说，阿拉伯人“断饮酒，禁音乐”，然而，伊斯兰教传入中亚以后，为了适合当地居民的需要，没有禁止歌舞，音乐和舞蹈也没有因为信仰伊斯兰教而丧失。据说，首任呼罗珊总督艾卜·穆斯里姆在传播伊斯兰教之时，注意了中亚居民的传统习俗，争取到了德赫干和乡村居民的支持，“一天之内就有六十个村子的居民加入了他的行列”[③]。

8 世纪后半期到 9 世纪初，中亚地区原有的各种宗教处于衰落状态，伊斯兰教在呼罗珊获得了成功。由于呼罗珊已经信仰伊斯兰教，

---

① 〔美〕奈迪姆：《群书荟萃》（*The Fihrist of al-Nadīm*），哥伦比亚大学出版社 1970 年版，第 802—803 页。

② 殷晴：《关于大宝于阗国的若干问题》，见新疆人民出版社编：《新疆历史论文续集》，新疆人民出版社 1982 年版，第 249—250 页。

③ 〔苏联〕巴托尔德：《巴托尔德文集》第 1 卷，第 252 页；王治来：《中亚史》，第 247 页。

故其居民风俗习惯亦受宗教的影响。在中亚，最早表现出对伊斯兰教认同的是商人集团，他们是城邦政权的主要支持者，具有较强的适应新形势的能力。

伊斯兰教在中亚宗教地位的确立可以从以下几方面反映出来：清真寺建筑的发展；伊斯兰教教士集团的形成；各宗教首领之间开始了斗争；伊斯兰教派别之间的斗争开始。

第一，阿拔斯王朝初期，中亚地区的清真寺建筑增加。中亚各地新建了一批清真寺，其中，最著名的有巴里黑和撒麻耳干内城的大清真寺。据说，巴里黑内城中央的大清真寺建于8世纪中叶，清真寺周围是集市，繁华富庶。除新建清真寺外，中亚地区还将祆祠、佛寺和基督教堂改建成清真寺。不花剌城的宗教祠庙被大量改建，《不花剌史》一书引述了伊本·加法尔的记载，在不花剌大清真寺的门上有人物半身画像，有的人物面部已被划破，其余的仍保持着原来的样子。[①] 估计大清真寺可能是原来偶像崇拜的祆祠或佛寺，因伊斯兰教禁止偶像崇拜，故人物面部被抹去。纳尔沙喜在介绍城市的集市时，还提到了马赫（Mākh）集市附近的一个祆祠，“在交易日，人们聚集起来，前往祆祠祝祷，然后离开，带着（购买的）偶像回到家中”，后来，它被改建为受人尊敬的清真寺。基督教堂也被改建成清真寺，如后来被称为巴尼罕匝拉（Banī Hanzala）的清真寺最初是不花剌基督教徒的朝拜中心。

第二，伊斯兰教教士作为一个阶层登上了历史舞台。直到8世纪中叶，在中亚城市国家中，教士集团从未成为一股势力。尽管祆祠有祆主、基督教堂有教士、佛寺有僧侣，但是，这些人在城市国家中并未形成特有的阶层。在国家政权中，国王与祭司身份是统一的，如布哈尔·护达既是不花剌的最高统治者，又兼有祭司的职能。阿拔斯王朝时期，这种局面被打破了，教士集团在中亚逐步形成，并成为一股新兴势力参与到国家政权之中。

---

① Narshakhī, *The History of Bukhara*, p.49.

在9世纪以前，教士集团主要由外来的阿拉伯人构成，随着伊斯兰教的传播及经学校的建立，在9世纪的100年间，中亚本地人逐渐成为教士集团的重要组成部分。教士集团拥有大量地产（瓦克夫），以经济力量为背景，他们开始登上中亚的政治舞台。教士集团的上层有立法权，他们以《古兰经》和《圣训》为依据立法，并且拥有对伊斯兰教法的解释权；他们有司法权，教士上层人物有权向各地派出教法官和传教士，主持司法和宗教活动，进行宗教审判。此外，他们还通过向不信伊斯兰教的政治精英传教扩大自己的影响，利用“公正的忠告”、“劝导”等方式获得了控制王权的机会，巩固他们在中亚政坛上的地位。

第三，随着伊斯兰教教士集团的形成，宗教上层教职人员与其他宗教首领的关系紧张起来，进而引发了中亚土著居民与阿拉伯人之间的对立。这一紧张状态虽然是由宗教问题所引发的，争夺的核心却是宗教产业、奴隶、钱财等现实利益。

第四，逊尼派和什叶派由早期的政治派别发展为宗教派别，宗教派别之间的斗争进而出现。为了稳定局势，哈里发麦蒙曾向什叶派教徒做出让步，在中亚，阿拔斯王朝吸收了波斯籍的什叶派人士参政，其中，伯尔麦克家族就是一例，在伯尔麦克时代，该家族皈依了伊斯兰教，成为什叶派的拥护者。该家族在阿拔斯王朝掌权半个多世纪，在此期间，他们维护什叶派的利益，对王朝的国内政策有很大影响。然而，让步并没有缓和矛盾，哈里发国家的宗教纠纷仍然十分尖锐，中亚的几次大起义都是在宗教旗帜下进行的。

随着伊斯兰教在中亚地区居民中占据主要地位，中亚出现了研究伊斯兰教的大学者。其中，最著名的是伊斯兰教圣训学奠基人布哈里（al-Bukhari，810—870）。布哈里全名是穆罕默德·本·伊斯玛仪·本·伊布拉欣·本·穆厄伊尔·本·白尔迪兹拜·嘉尔菲（Muhammad ibn Isma’il ibn Ibrahim ibn al-mughair ibn Bardizbah al-ja’fi），别名艾卜·阿布杜拉（Abu ‘Abdullah），因他出生于不花剌城，人们称他为“布哈里”，意为“不花剌人”。据《不花剌史》记载，布哈里“10岁时开始背记《圣训》，16岁开始背记《圣训集》，收集圣训学家的资料”[①]，后来，他与母亲、兄弟同往麦加朝觐，并独自留在麦加和麦地那，跟圣训学家学习，数年之后又在巴格达师从著名的伊玛目马赫木德·侯赛因·撒巴尼。布哈里终生未娶，他把毕生的精力奉献给了伊斯兰研究，撰写了几十种著作，其中，最有影响的是历时16年撰写的《圣训实录》。此外，还有《圣门弟子及再传弟子的教法判例》（*Gadzaya As-sahabah Wo At-tabi'n*）、《人的行为的受造问题》（*Bir Al-walidain*）、《历史大集》（*Al-tārikh Al-kabir*）、《历史中集》（*At-tārikh Al-aust*）、《历史小集》（*At-tārikh As-saghir*）等。

《圣训实录》是布哈里留下的一份珍贵文化遗产，被推崇为仅次于《古兰经》的经典，成为宗教学者演绎教法和教义的重要依据。全书总计99篇，3450节，始之于“天启”章，终之于“一神教”章，与其他圣训学家不同的是：布哈里根据自己的法学观，把圣训分成诸如买卖、婚姻、契约、作证、战争等不同章节，分门别类加以论述，采用“完整的传述纪系”的编纂方法，这一方法被后世学人称为“布哈里的条件”，即传述者必须具备忠实可靠、品德公正、谨慎认真、思维正常、观点正确等条件。

9世纪，中亚地区居民对伊斯兰教的热情可以从布哈里在呼罗珊地区尼沙普尔城的讲学场面中反映出来。布哈里来到尼沙普尔之时，“城民们热烈地迎接了他，我不曾见过任何一位总督或学者受到过如此隆重的接待”。布哈里设帐讲学，人们纷纷前来听讲，讲堂的庭院常被挤满，有时甚至连房顶上都是人。[②]布哈里回到不花剌之时，故乡人以同样的热情欢迎他，他在清真寺内继续讲学。

到9世纪中叶，伊斯兰教在中亚主要城市中已经确立了主导地位。然而，这并不意味着其他宗教全部绝迹。大部分接受了伊斯兰教的人仍长期秘密信奉自己原先的宗教，祆教、佛教、犹太教等宗

---

① 〔埃及〕艾哈迈德·爱敏：《阿拉伯—伊斯兰文化史》第5册，商务印书馆2001年版，第250页。

② 转引自丁俊：《伊斯兰文化散论》，甘肃人民出版社2006年版，第46页。

教在中亚一些地区仍然有信仰者，在阿姆河上游的瓦罕、什格南等地区，甚至到10世纪伊斯兰教还未取得全面胜利。

阿拉伯人在征服中亚期间焚毁了祆教、佛教和基督教的庙宇，毁掉了大批宗教文化书籍，对中亚文化造成了无法估量的损失。作为一种宗教信仰、意识形态和文化体系，伊斯兰教的确立对以后中亚的政治结构、经济形态、文化风尚、伦理道德、生活方式都产生了不同程度的影响。

在阿拔斯王朝建立100多年之后（即9世纪中叶），伊斯兰教在河中地区取得了实质性的进展，穆斯林成为河中地区城市居民的主要信仰者。然而，在锡尔河以北，各地区的游牧民仍然信仰着本族的原始宗教，或者接受了佛教。葛逻禄汗国继承了游牧民族的传统，信奉原始的萨满教。葛逻禄人保持着西突厥以来的圣山崇拜。据伽尔迪齐记载，他们到碎叶附近的大山中祈祷，祷词是：“这里是主宰一切的神居住的地方——愿神保佑我们不说这样的话。”然而，据阿拉伯史家记载，在8世纪后期，即哈里发麦赫迪时期，在接受伊斯兰教的东部邦君中就有葛逻禄叶护。尽管如此，葛逻禄叶护的信仰未必是真正的，这条记载仅仅说明葛逻禄人的宗教信仰可能正在发生改变。

吐蕃人信仰本教。本教是以象雄文化为基础，吸收当时周边地区的文化精华而形成的一种宗教。本教有170余函的经部《甘珠尔》和近300函的论部《丹珠尔》，内容涉及逻辑哲学、天文地理、医术药理、工艺美术、语言文字、文学历史等领域，是古代藏民在人类文明史上留下的辉煌篇章。在松赞干布时期，佛教从印度和中国内地传入西藏。尽管如此，直到8世纪中叶，佛教仍未占据统治地位。随着吐蕃势力向中亚地区扩张和占据佛教信仰地区，吐蕃统治者开始大力提倡佛教，此后，佛教成为吐蕃的民族宗教。佛教在西藏传播的过程中，吸收了本教的许多元素。因此，吐蕃佛教实际上是糅合了中亚东南部流行的小乘佛教、印度的密宗佛教、当地的本教而形成的具有鲜明特点的宗教，其中密宗思想占主导地位。

古代回鹘以日月等自然物为崇拜对象，据《乌古斯传》记载，乌古斯汗的号令中有“让太阳做旗帜，蓝天做庐帐”之语①。摩尼教于 3 世纪传入中亚地区，6—7 世纪传入今新疆地区，进而传入漠北回鹘人中。762 年以后，新兴的回鹘汗国将摩尼教奉为国教。840 年，回鹘西迁中亚地区，在其迁徙和停留之地大兴摩尼教寺院，以回鹘文译写摩尼教经典。尽管如此，由于回鹘迁徙地，即龟兹、疏勒、于阗、高昌等地是佛教活动的中心，因此，摩尼教在回鹘人中逐渐失去了统治地位。高昌佛教隆盛，汉人聚集，回鹘先是信摩尼教也信佛教，后来几乎全部改奉佛教，并且还把佛教作为回鹘高昌王国的国教。从发掘的文物和现存古代维吾尔文佛教经卷来分析，大乘派教徒与回鹘可汗共议国政，活跃在回鹘汗国的政治舞台上。此后，佛教逐渐深入到回鹘族人政治、经济、文化等各个领域，成为他们的主要宗教信仰。在此期间，皈依佛教的回鹘人用回鹘文书写了丰富的佛教典籍文献，并与内地佛教文化发生密切的联系。

第二节　文化

8 世纪中叶以后，中亚地区发生的重要变化是地区居民改宗伊斯兰教，随之，中亚地区原有的波斯文化逐渐与伊斯兰文化结合，促进了中亚文化的繁荣，中亚地区也逐渐融入了伊斯兰文化圈。

首先，阿拉伯语在中亚流行起来。阿拉伯国家规定阿拉伯语为官方和各地通用的语言，阿拉伯国家的统治是促进中亚地区阿拉伯语取代粟特语的重要因素。

在中国史籍中，以安、康为姓的昭武九姓人名于 8 世纪中叶以后很少见到了，中亚城市国家向唐朝派出的朝贡者大多数以“蒲”为姓。有学者认为，这一现象反映了河中地区居民开始使用阿拉伯

① 耿世民：《乌古斯可汗的传说》，新疆人民出版社 1980 年版，第 8 页。

人的姓氏。也就是说，中亚居民中出现了阿拉伯语的姓氏和名字。① 在《叶儿羌文书》的 G. I. 2 号文书中，缔约人为“不花剌人伊斯伊尔”、“撒麻耳干人奥马尔”。“伊斯伊尔”、“奥马尔”等名是表示穆斯林身份的阿拉伯语姓名。除了人名外，以阿拉伯语命名的地名也出现了，如不花剌城内的五个城中，有一个名“塔瓦维斯”，“塔瓦维斯”是阿拉伯语，意为“孔雀”。在今塔什干一带也有以阿拉伯语命名的村子“阿尔·沙赫”。

随着阿拉伯语的流行，中亚居民开始使用阿拉伯文。阿拔斯王朝时期，地方政权在吸收本地贵族参政之时规定，如果不懂阿文不能在阿拔斯政权中谋职，更不要说参与阿拉伯政权了。阿拉伯文是阿拉伯世界的通用文字，中亚学者为了使自己的作品广泛传播，开始用阿拉伯文写作。在这种形势下，学习和掌握阿拉伯文的人越来越多，阿拉伯文在中亚流传，以往在中亚使用的各种文字逐渐被阿拉伯文代替，无论是波斯语或突厥语都开始用阿拉伯字母拼写。此后，即使在波斯王朝时期，也未能排除使用阿拉伯字母拼写各种语言的做法。

阿拉伯语和阿拉伯文在中亚地区的推广并不是一帆风顺的，被征服地区居民对此进行过反抗。然而，总的来看，阿拉伯语和阿拉伯文的普及仅限于中亚城市、知识界和上层民众，农村和边远地区仍然继续使用原来的语言和文字。因此，将阿拉伯文翻译成波斯文的现象很普遍，如《不花剌史》和《塔巴里史》，就由于“大多数人不期望阅读阿拉伯文的书籍”而被译成波斯语。

阿拔斯王朝在帝国境内创办宗教学校、图书馆、天文台和医院，促进了包括中亚在内的阿拉伯国家的学术文化的繁荣。特别应该提到的是哈里发麦蒙开创的翻译运动，它对中亚文化的发展起到了巨大的促进作用。

830 年，哈里发麦蒙建立翻译机构智慧宫，宫内汇集了许多学

---

① 〔日〕桑原隲藏：《蒲寿庚考》，陈裕菁译，中华书局 1954 年版，第 124 页注 11。

者，他们对古代的一些名著进行翻译，这些活动被称为“翻译运动”。翻译运动初期（750—850），一些波斯文和印度文古籍被译成阿拉伯文。在伊本·奈丁的《目录》中列出了15位波斯翻译家。[①]其中，成就最突出者是波斯人阿卜杜拉·本·穆加发，他将《波斯诸王史》译成阿拉伯文，该书是以后塔巴里编写《先知与国王之史》的主要依据之一；他还翻译了印度作品《印度寓言》、马兹达克教宗教著作《王冠》等。波斯民间故事《希扎尔·埃夫萨乃》（意为一千个神话故事）被翻译成阿拉伯文，成为以后《一千零一夜》的原型。翻译运动拉开了孕育西方人称之为“知识爆炸时代”的序幕，作为阿拉伯世界组成部分的中亚在翻译运动中受益匪浅。

正是在翻译运动的影响下，花剌子模人穆罕默德·伊本·穆萨·花剌子密（780—约850）成为了一位杰出的数学家和天文学家。在花剌子密的青壮年时代，哈里发麦蒙在巴格达修建天文台，天文学家们进行了子午线长度的实地测量，地球的圆周和直径的推算达到了很高的准确度。在此学术背景下，花剌子密在天文学和地理学方面做出了新的成就。他写了一部关于印度运算法的著作，首次介绍了印度数字并指出它的优点，即10个数码可组成任何数字，尤其是数字“0”，可以用来填补多位数中个位、十位或百位等数字的空白，而用其他方法则需在空位填写许多符号，不仅书写不便，运算更是困难。此书于12世纪由巴斯人阿德拉译成拉丁文，这个译本保存至今，阿拉伯文的原书却佚失了。花剌子密的代表作《积分和方程计算法》一书有例题800多个。12世纪，《积分和方程计算法》被译成拉丁文，作为欧洲各大学的数学教科书一直使用到16世纪。花剌子密被后人冠以“代数学之父”的称号。

在天文学方面，花剌子密根据托勒密《地理学》的阿拉伯文译本，编写了历史上最早的天文表。在他编写的《地形》一书中，附有一张他与69位学者共同制成的地图，它是伊斯兰世界的第一张地

① 〔埃及〕艾哈迈德·爱敏:《阿拉伯—伊斯兰文化史》第2册，商务印书馆1990年版，第163页。

图。该书于1126年被英国人阿德拉德译成拉丁文，遂成为东西方各种历表的蓝本之一。有学者称花剌子密是“伊斯兰教最伟大的科学家之一，对于数学思想影响之大，是中世纪时代任何著作家所不能及的”[①]。

除花剌子密外，中亚地区涌现出一批学者，产生了一部部有影响的著作。据10世纪末的目录学著作《诸学科目录》（*Fitwistal-Ulum*）提到了以下一些作者：伊本·伊斯哈克（死于767年）、阿布·乌拜达（死于822年）、阿勒·马代尼（死于830年）、呼罗珊总督阿里·伊本·伊萨的花剌子模名医哈夫斯·布·满速儿·马卫集（Warwazī，约1046—1120），他们的作品是阿拉伯文的重要著作，可惜它们中的大多失传，其内容散见于后继作者的引述中。

在文化繁荣的氛围中，中亚地区的教育出现了新气象。中亚城市国家历来重视孩子的教育，孩子从小要学习读、写、算。玄奘和慧超都注意到了河中地区和吐火罗斯坦识字率很高这一现象。尽管如此，在阿拉伯人来到之前，中亚的教育相对来说仍是封闭的。据玄奘所见，河中地区“粗有书记，竖读其文，递相传授，师资无替”[②]。书写是师徒相传的学徒制形式，绝大多数人接受的教育是通过父子承袭的家学。

除了家学外，寺院也是传授教育的主要场所，可以说，在中亚，寺院自古以来就是学习的中心，人们在寺院的缮写室里抄写、校对、翻译。从宗教教育来看，祭司职位也是父子相承的。中亚的封闭式教育在阿拔斯王朝统治时期有了本质的改变。

第一，仿效阿拉伯和波斯实施开放性教育，以宗教教育为主的经学院在中亚建立起来。布哈里在不花剌附近的一个村庄办学，弟子有数千之众。外出求学成为一种时尚，学者们走出中亚，到阿拉伯帝国中心巴格达等地求学。外出讲学更是扬名的机会，布哈里曾

---

① 〔美〕希提：《阿拉伯通史》上册，第446页。

② 季羡林等校注：《大唐西域记校注》，第72页。

在尼沙普尔、巴士拉、雷伊、巴格达等地讲学。与外界的交流使中亚学者吸收到各地的文化，开阔了视野。

第二，教育普及性。任何希望获取知识的城市居民基本上都有受教育的机会，甚至连释奴也不例外。据《不花剌史》记载："正是因为他（布哈里），不花剌成为了伊斯兰世界的穹顶，其原因则在于，不花剌城的民众都受到了良好的教育，知识在该城得以普及。"①

随着伊斯兰教的传入，中亚地区的文学、艺术和建筑发生了变化。在浓厚的学术氛围中，达里语（Dari）文学在呼罗珊形成。达里语是一种地区波斯语，八九世纪之交，以吐火罗斯坦和呼罗珊毗邻之处某地的方言为基础，吸收东伊朗诸方言形成，它是一种简式的波斯语，没有受到阿拉伯语词汇的影响，在书写方面，摒弃了中古波斯巴列维文（Pahlavi）书写困难的缺点。呼罗珊是达里语文学作品的故乡，从 9 世纪起，达里语在中亚、印度北部以及地中海东岸得到推广，产生了一大批著作，它们在东方文学史上占有重要地位。

从 8 世纪中叶起，中亚地区内容丰富的雕刻进入了以花纹装饰雕刻为主的时期。由于伊斯兰教禁止生灵崇拜，中亚在装饰艺术中采用几何纹、植物纹和文字纹。在几何纹中，使用多角式、格子式、锯齿式和回环式构图。

中亚地区的建筑也发生了变化。中亚的伊斯兰教建筑强调建筑空间的宽敞、通透。在清真寺的闭合空间中，一进入院落便可以见礼拜大殿，礼拜殿的外殿全部为廊柱式，布列层层廊柱，廊柱营造出典型的模糊空间，使人们对于空间的感受真实而自然。在装饰中，采用拼砖手法，将精心加工的各种型砖拼合成一些图案，应用在建筑的墙面、台基等处，这些图案大多数是单元纹样，互相穿插，连续且多变。此外，在建筑物的内外装饰中，采用对比强烈和明快的绚烂色彩，型砖多采用伊斯兰世界喜爱的、在光谱色中亮

---

① Narshakhī, *The History of Bukhara.*

度较高的黄色，如土黄、棕黄。以上建筑特点表现了伊斯兰建筑风格。

应该提到，在艺术和建筑的发展中，早先的传统并没有中断。描绘生物形象的艺术没有像一般所假设的那样完全消失，而是与装饰艺术并存。塔吉克斯坦的胡尔布克（Khulbuk）和阿富汗的拉什卡尔·伊·巴扎（Lashkar-i Bazar）壁画被确定是伽色尼王朝时期的壁画，它们与前伊斯兰的绘画传统有着直接联系。伊斯兰的经学院、清真寺和旅舍仍然保留着佛教建筑的典型模式，即四个大厅结构。此外，民居、宫殿，甚至伊斯兰陵墓的模式和设计也保留了中亚以往的某些传统。

随着伊斯兰教的传播和扎根，中亚地区居民的习俗开始发生变化。第一，中亚居民开始使用伊斯兰历纪年。据 751 年以后游历呼罗珊的杜环在《经行记》"末禄"条的记载，在 755—757 年间，呼罗珊"其俗以五月为岁"。中国史书也有记载说"西域以五月为岁"[①]。中国农历五月即是公历 6 月，回历正是以公历 6 月为岁首，由此可以推断，8 世纪中叶以后，中亚地区使用的是回历。

第二，以祆教仪式为中心的节日发生了变化，如成年礼（navjote）在阿拔斯王朝时期被割礼取代；诺鲁孜节（新年）演变成纯粹的民间节日，不再具有宗教性。典型的祆教节日"求天儿骸骨"节也发生了变化。"求天儿骸骨"节是为纪念祆教中的塔莫兹神的死亡创设的："俗事天神，崇敬甚重。云神儿七月死，失骸骨，事神之人每至其月，俱着黑叠衣，徒跣抚胸号哭，涕泪交流。丈夫妇女三五百人散在草野，求天儿骸骨，七日便止。"[②]有学者认为，"求天儿骸骨"节的仪式反映了人们祈求作物枯后复荣的愿望。[③]8 世纪中叶以后，"求天儿骸骨"的仪式已不再举行，演变成一种类似麻扎崇拜的祭祀活动。

---

① （唐）段成式：《酉阳杂俎》卷 10"物异"条。
② （唐）杜佑：《通典》，第 5256 页。
③ 蔡鸿生：《唐代九姓胡与突厥文化》，第 34 页。

第三，阿拉伯人统治中亚以前，出于财产不外流的考虑，中亚居民有近亲结婚的习俗。据《隋书》记载，不花剌地区“妻其姊妹，及母子递相禽兽”[①]。据慧超记载，安、曹诸国人“极恶风俗。婚姻交杂。纳母及姊妹为妻”[②]。阿拉伯人不仅严厉禁止“近亲、尊亲属和卑亲属、兄弟姊妹、父母的兄弟姊妹及这些人的配偶”通婚，而且禁止“吃同一个人的奶的人，在同一屋檐下生活的人，因而被视为兄弟或姊妹，儿子或女儿的人”[③]通婚。阿拉伯人统治中亚以后，中亚地区原来的婚配习俗被摈弃，近亲之间不再通婚。

阿拉伯人在征服中亚时期，对中亚经济和古代文化造成了相当大的破坏。阿拔斯王朝时期，帝国开始的文化运动和学术活动有力地促进了中亚的文化发展，对中亚文化的影响是深远的。中亚学者通过阿拉伯语这一媒介获得了丰富的希腊、罗马、印度的文化、科学成就，无论在自然科学领域还是在哲学领域都产生了世界级的学者。

① （唐）魏征：《隋书》，第1849页。
② （唐）慧超著，张毅笺释：《往五天竺国传笺释》，第118页。
③ 〔法〕安德烈·比尔基埃等主编：《家庭史》卷2，生活·读书·新知三联书店1998年版，第883页。

第四章

对外关系

阿拉伯国家形成以后，与唐朝开始了使者访问的正式交往，尽管双方在政治关系上时而友好，时而敌对，然而，经济和文化交往从未中断过。中国的艺术，特别是绘画艺术，对阿拉伯人的影响很大，在阿拉伯历代图书的插图中，模仿中国绘画风格的痕迹清楚可见。阿拉伯人统治时期，中亚大多数昭武国家与唐朝保持了相对稳定的关系，它们以朝贡形式继续与唐朝进行着政治和经济交往。

第一节　阿拉伯国家与唐朝的关系

早在 4 世纪，就有阿拉伯人居住于广州。[①] 据中国史书记载，唐代通往边疆和国外的主要通道计有 7 条：其中，第 7 条为广州通海夷道，即通往东南亚、南亚、阿拉伯诸国。[②] 622 年以前，阿拉伯人主要从事一些经济活动，并在广州设立了货栈。[③]

---

① 有关前伊斯兰时期中国与阿拉伯世界的更多内容详见《史记》卷 123“条支”条。

② （北宋）欧阳修、宋祁：《新唐书》，第 1146 页。

③ Marshall Broomhall, *Islam in China: A Neglected Problem,* London, 1919, pp.8-13.

随着国家的兴起，阿拉伯帝国与唐朝开始了经由中亚地区的陆路交往。中国唐代史书称阿拉伯帝国为大食（或大寔、多氏）。阿拉伯国家与唐朝的关系最早发生在阿拉伯人入侵萨珊波斯帝国时期。638年，萨珊波斯国王伊嗣俟派特使到唐朝宫廷，寻求抵抗阿拉伯人的军事援助和支持。[①]642年，伊嗣俟反抗阿拉伯人失败。从阿拉伯人的资料来看，阿里·塔巴里（838—923）认为中国皇帝未提供任何军事援助，还提到中国皇帝曾向这个特使询问关于打败波斯帝国的阿拉伯人的情况。[②]穆塔哈尔·穆克达西（945—990）在《起源与历史》一书中提到逃亡中的伊嗣俟曾穿过中亚到达中国。[③]据中国史书来看，伊嗣俟并未来到中国，他被杀之后，他的儿子波斯王子卑路斯于650年来到了唐朝宫廷，请求援助，“高宗以远不可师，谢遣”[④]。

651年，阿拉伯国家使者第一次到达了唐朝宫廷。[⑤]《旧唐书》记：“永徽二年，始遣使朝贡。其王姓大食氏，名噉密莫末腻，自云有国已三十四年，历三主矣。”[⑥]这位大食王就是阿拉伯第三任哈里发奥斯曼，他的到来标志着阿拉伯国家与唐朝政治交往的开始。

此后，随着大食势力向东、向北推进，阿拉伯国家与唐朝的接触日渐频繁。倭玛亚王朝时期，呼罗珊总督为了加强与中国的联系，派出商人和外交使团前往中国。[⑦]“长安中，遣使献良马。景云二年，又献方物。”[⑧]据中国史书记，在651至800年的150年间，除了哈里发阿里和穆阿维叶时期因内乱中断了与中国的联系外，在其余的大

---

① Marshall Broomhall, *Islam in China: A Neglected Problem,* London, 1919, pp.8-13.

② 〔苏丹〕加法尔·卡拉尔·阿赫默德：《唐代中国与阿拉伯世界的关系（上）》，《新疆师范大学学报》2004年第2期。

③ 同上。

④（北宋）欧阳修、宋祁：《新唐书》，第6259页。

⑤（后晋）刘昫等：《旧唐书》，第5315页；（北宋）欧阳修、宋祁：《新唐书》，第6263页。

⑥（后晋）刘昫等：《旧唐书》，第5315页。

⑦ 张广达：《海舶来天方，丝路通大食——中国与阿拉伯世界的历史联系的回顾》，见周一良主编：《中外文化交流史》，河南人民出版社1987年版，第748页。

⑧（后晋）刘昫等：《旧唐书》，第5316页。

多数时期中，阿拉伯人与唐朝一直保持着友好交往。来自大食的特使有34位，据《旧唐书》和《册府元龟》统计，在哈里发奥斯曼时期有两位；倭玛亚王朝时期有17位；阿拔斯王朝有15位。[①]

倭玛亚王朝时期，屈底波征服河中地区获得成功，扩张野心膨胀起来，产生了入侵唐朝领土的意图。据雅库比说："伊拉克总督哈加吉·本·优素福向穆罕默德·本·喀西姆和屈底波发出一个指示，约定他们之中的任何一人都可首先入侵中国。"[②]此后，征服中亚的阿拉伯将领屈底波开始敌视唐朝。713年，他向中国朝廷派出一个使团，据《旧唐书》记载："开元初，遣使来朝，进马及宝钿带等方物。其使谒见，唯平立不拜，宪司欲纠之，中书令张说奏曰：'大食殊俗，慕义远来，不可置罪。'上特许之。"[③]

有关此次阿拉伯人出使唐朝之事，阿拉伯文史书给予了详细描述，据《塔巴里史》记载，中国皇帝要求屈底波派特使告之关于伊斯兰教的情况，屈底波随即派出他12个最得意的助手前往中国，并嘱咐他们告诉中国皇帝，如果他的铁蹄不能踏上中国的土地并获得进贡，他将誓不班师。[④]

当阿拉伯特使第一次出现在唐朝宫廷之时，他们身着半透明纱衣，纱衣上有香水。但皇帝并不与他们说话，于是特使们退下。皇帝问大臣们对特使的印象如何，大臣们说他们看起来更像一群女子而不是男人。第二次，特使们头戴纱巾，身着绣花衣裳来到廷前，

---

① 他们到达唐朝宫廷的时间分别是：651年，655年，681年，682年，703年，711年，713年，716年，718年，719年，724年，725年，728年，729年，733年，741年，744年，745年，746年，747年，750年，752年，753年，754年，755年，756年，757年，758年，760年，762年，769年，770年，772年，774年，781年，791年，798年，800年。参见《旧唐书》卷198和《册府元龟》卷970—976。〔苏丹〕加法尔·卡拉尔·阿赫默德：《唐代中国与阿拉伯世界的关系（上）》，金波、俞燕译，《新疆师范大学学报（哲学社会科学版）》2004年第2期。

② 〔苏丹〕加法尔·卡拉尔·阿赫默德：《唐代中国与阿拉伯世界的关系（上）》，金波、俞燕译，《新疆师范大学学报（哲学社会科学版）》2004年第2期，第43页。

③ （后晋）刘昫等：《旧唐书》，第5316页。

④ 〔苏丹〕加法尔·卡拉尔·阿赫默德：《唐代中国与阿拉伯世界的关系（上）》，金波、俞燕译，《新疆师范大学学报（哲学社会科学版）》2004年第2期，第43页。

皇帝又让他们退下，再度询问大臣们的印象。这次的印象则是比起像女人来更像男人。第三次特使们身着戎装现身，皇帝仍旧让他们退下，询问大臣们的意见，大臣们说以前从未见过如此现象。到了夜晚，皇帝会见了特使总长胡柏拉。这次皇帝打破了沉默，询问他为何会有如此奇怪的举止。回答说，第一次的着装是阿拉伯人与家人在一起的便装，第二次的着装则是在君主面前、朝廷之上，第三次着装是面对敌人。①

皇帝回答说："你已看到我伟大的帝国，回去告诉你们的指挥官，最好在我对自己的军队下令打败你们之前撤退。"胡柏拉答复道："我们并不憎恨和惧怕死亡，如果真是如此就不会来到此地。"皇帝问及他们的指挥官有什么要求之时，使者回答说："除非他们的军队踏上中国的领土并获得进贡，否则他们不会善罢甘休。"唐朝皇帝回答说，他会让屈底波收回成命的。于是，他送给屈底波一把泥土让其践踏，一袋中国钱币作为进贡，还有四个在身上拓上印章的年轻的皇室成员。②

随着大马士革宫廷政变，屈底波被解职，不久，屈底波被杀。③阿拉伯人入侵唐朝的企图破灭，倭玛亚王朝与唐朝的紧张关系结束。

此后，中国和阿拉伯国家恢复了正常关系。716 年，哈里发苏莱曼从大马士革向中国派驻一支特使团，这支特使团携带许多贡品献给中国皇帝。这些贡品包括香水和金线织成的阿拉伯服装。中国史书记载了这次出使，留下了当时阿拉伯伊斯兰教主苏莱曼的名字"黑密牟尼苏和漫"④，唐朝皇帝欢迎来访，给特使赐予左金吾卫的名号。⑤

伊拉克历史学家费索·萨米尔认为此次来访受到欢迎有两个原

---

① ［苏丹］加法尔·卡拉尔·阿赫默德：《唐代中国与阿拉伯世界的关系（上）》，金波、俞燕译，《新疆师范大学学报（哲学社会科学版）》2004 年第 2 期，第 43 页。

② 同上。

③ 同上文，第 44 页。

④ 同上。

⑤ 同上。

因：一是苏莱曼716年派出特使的目的是想和中国联手打败他在中亚的阿拉伯敌手；二是阿拉伯停止了他们曾直接威胁到大唐帝国统治的领土扩张运动。因为新兴的阿拉伯统治者（苏莱曼）既不够强大，也无足够的兴趣在靠近中国边境的中亚地区进行领土扩张。①

在哈里发希沙姆时期（724—743），有六个使团前往中国。费索·萨米尔说，因为希沙姆喜欢中国丝绸，所以才派这么多使团前往中国。②724—733年间，阿拉伯国家与突骑施争夺中亚，在突骑施的威胁下，频频遣使来朝。据史料记载，724年11月，玄宗皇帝亲临麟德殿接见各级官员：大食、谢飓、五天竺、十姓部落的亲王，他们像卫士一样按其官阶矗立在玄宗身旁。③

在阿拔斯王朝建立的第二年，即751年，阿拔斯王朝与唐朝为了争夺中亚东部地区爆发了怛逻斯之战。阿拉伯方面以济雅德·布·萨利赫为首；中国军队方面则由安西四镇节度使高仙芝率领。这场战争以中国军队的失败告终，一些士兵成了阿拉伯人的俘虏。④济雅德·布·萨利赫带着中国俘虏前往撒麻耳干，俘虏中有些是懂造纸术的，于是，这项技术很快在撒麻耳干传播，并成为当地的主要商业来源。⑤史学家比鲁尼也提到，造纸技术起源于中国，在撒麻耳干由中国俘虏传播。⑥

此后，阿拔斯王朝与唐朝一直维持着正常的外交关系。哈里发艾卜·阿拔斯、曼苏尔、哈迪、哈伦·拉希德都向唐朝派出使者。据中国史书记载，怛逻斯之战后一年（752），阿拔斯王朝哈里发就派出一个使团前往中国，同时把30匹阿拉伯马作为贡品献

---

① 〔苏丹〕加法尔·卡拉尔·阿赫默德：《唐代中国与阿拉伯世界的关系（上）》，金波、俞燕译，《新疆师范大学学报（哲学社会科学版）》2004年第2期，第44页。

② 同上。

③ （后晋）刘昫等：《旧唐书》23卷，第12页。

④ 张广达：《海舶来天方，丝路通大食——中国与阿拉伯世界的历史联系的回顾》，见周一良主编：《中外文化交流史》，第749页。

⑤ 〔苏丹〕加法尔·卡拉尔·阿赫默德：《唐代中国与阿拉伯世界的关系（上）》，金波、俞燕译，《新疆师范大学学报（哲学社会科学版）》2004年第2期，第44页。

⑥ 同上。

给中国皇帝。[①]

753 年，四个大食使团先后来到长安。[②]756 年，哈里发曼苏尔派来由 25 人组成的使团。[③]758 年，唐朝派出一名特使到阿拔斯宫廷，这位特使可能还提及中国战俘的处置问题。758 年 6 月，阿拔斯使者到唐朝宫廷，于内门与由 60 人组成的回纥使团争先后，唐宫廷礼官将其分别左右，并让他们从东西两门同时进入。[④]

在 758 至 879 年的 100 多年间，唐朝和阿拉伯国家都出现了政治不稳定的因素。《旧唐书》提到："乾元元年，波斯与大食同寇广州，劫仓库，焚庐舍，浮海而去。"但新旧《唐书》和阿拉伯资料中都没有提及关于这次野蛮行径的更多细节。[⑤]

阿拉伯国家与唐朝在政治交往上（无论是友好还是敌对）都未影响到双方之间的经济和文化交流。经济和文化交往主要通过海路，从考古发掘中可以知道存在着经中亚地区的交往。

据考古发现，阿拉伯人的器物传入了中国，其中，伊斯兰玻璃器是典型器物。阿拉伯人在 7 世纪占领地中海东岸地区之后，继承了罗马精湛的玻璃制造工艺，并使之发扬光大，开创了玻璃器制造史上的伊斯兰时代。在西安法门寺唐代地宫中出土约 20 件完整的玻璃器皿，据研究，这批玻璃器除了一件茶托属于中国器型，数件素面盘无法确定产地外，其他大多数都属于伊斯兰早期的阿拉伯人。它们成为阿拉伯人与唐朝文化交流的见证。

在西安土门村唐墓发现阿拉伯人仿拜占庭希拉克略（Heracliue，610—641 年）的金币，铸造时间在 7 世纪。[⑥]1959 年在新疆乌恰县

---

① 〔苏丹〕加法尔·卡拉尔·阿赫默德：《唐代中国与阿拉伯世界的关系（上）》，金波、俞燕译，《新疆师范大学学报（哲学社会科学版）》2004 年第 2 期，第 44 页。

② （北宋）王钦若等编：《册府元龟》，第 11413 页。

③ 同上书，第 11414 页。

④ 同上。

⑤ 〔苏丹〕加法尔·卡拉尔·阿赫默德：《唐代中国与阿拉伯世界的关系（上）》，金波、俞燕译，《新疆师范大学学报（哲学社会科学版）》2004 年第 2 期，第 44 页。

⑥ 夏鼐：《西安土门村唐墓出土的拜占廷式金币》，《考古》1961 年第 8 期。

以西深山的石缝中发现了萨珊波斯朝银币 947 枚，金条 13 根。银币中有 97 枚已锈蚀残损，其余 850 枚中，有库思老一世银币 2 枚，库思老二世银币 567 枚，阿拉伯倭玛亚王朝仿制库思老二世银币，即所谓阿拉伯—萨珊式银币 281 枚。[①] 在宁夏固原唐代史铁棒墓（约 670 年）中，发现了 1 枚非常罕见的萨珊波斯阿尔达希尔三世（Ardashir III，628—630 年在位）金币的仿制品。据研究认为，这枚金币应该是 7 世纪 20 年代至 40 年代之间，阿拉伯人部分占领萨珊波斯之后的仿制品。[②] 中国西安西窑头村唐墓出土 3 枚阿拉伯金币，一枚标回历 83 年（公元 702 年），一枚标回历 100 年（公元 718—719 年），一枚标回历 129 年（公元 746—747 年）[③]。以上在中国西部城市出土的钱币，可以推测是阿拉伯人通过陆路贸易传入中国的。

随着政治、经济的交往，阿拉伯国家与唐朝也开始了科学与文化的交流。留传至今最早的阿拉伯游记是阿拉伯商人苏莱曼（Sulamān al-Tājir）于回历 237 年（公元 851—852 年）写成的《中国印度见闻录》（*Akhbār al-Sīn wa'l-Hind*）。此书根据当时旅居中国的阿拉伯商人的亲身经历和见闻记录而成，是阿拉伯作家关于中国的最早著作之一。法国学者索瓦热认为，此书观察丰富、精确、真实，在阿拉伯人论述印度及远东的作品中，只有比鲁尼的《印度志》才能超过它。

这一时期，阿拉伯人的医学传入中国，唐朝从阿拉伯进口的香料中许多就是药材，如乳香、没药、安息香等，丰富了中医药物学宝藏。唐代药典《新修本草》和《本草拾遗》就收录了许多异域药物。唐代介绍阿拉伯医药的书籍较为有名的有郑虔《胡本草》和李珣的《海药本草》。李珣在撰著《海药本草》之前曾亲自研习阿拉伯

---

① 李遇春：《新疆乌恰县发现金条和大批波斯银币》，《考古》1959 年第 9 期。

② 罗丰编著：《固原南郊隋唐墓地》，文物出版社 1996 年版，第 156—158 页。

③ 夏鼐：《西安唐墓出土阿拉伯金币》，《考古》1965 年第 8 期。

药典。[①]阿拉伯国家也从唐朝知道了中国的医学，阿维森纳的《医典》所列出的48种脉象，其中，有35种与晋代王叔和的《脉经》相同。

随着唐朝与阿拉伯人交往的开展，伊斯兰教在唐代传入了中国。由于缺乏确切的资料，学界对伊斯兰教传入的具体时间存在不少的争论，一般而言，有隋开皇（581—600）说、唐武德（618—626）说、唐贞观（627—649）初说、永徽二年（651）说和8世纪初年说等五种观点。[②]虽然各种观点分歧较大，但大多数学者认为伊斯兰教在唐代传入中国。

在《经行记》中，已经涉及伊斯兰教教义的内容，杜环专门记载了所谓的"大食法"，称："大食法者，以弟子亲戚而作判典，纵有微过，不至相累。不食猪、狗、驴、马等肉，不拜国王、父母之尊，不信鬼神，祀天而已。其俗每七日一假，不买卖，不出纳，唯饮酒谑浪终日。"[③]

友好交往对中国和阿拉伯文化均产生了广泛的影响，唐朝时中国人似乎已广泛掌握了阿拉伯的历史、文化、地理知识，阿拉伯史料也显示出阿拉伯人对中国有相当广泛的认识，造纸术、丝绸纺织和指南针的传播，即是明证。

第二节　昭武国家与唐朝的关系

西突厥汗国灭亡以后，唐朝以册命本地王公为官的方式，实现了对昭武国家的羁縻统治，中亚本地政权得以保留和尊重。直到8世纪初，唐朝对昭武国家仍然实施着有效的羁縻统治。阿拉伯人征

---

① 〔苏丹〕加法尔·卡拉尔·阿赫默德：《唐代中国与阿拉伯世界的关系》，金波、俞燕译，《新疆师范大学学报（哲学社会科学版）》2004年第3期，第59页。

② 金宜久主编：《伊斯兰教》"伊斯兰教传入中国诸说"，第437—442页；冯今源：《中国的伊斯兰教》，宁夏人民出版社1991年版，第4页，列举出12种观点。

③ （唐）杜佑：《通典》，第5266页。

服中亚以后，昭武国家继续与唐朝保持着政治经济的交往，它们以本国之名向唐朝贡献，虽然定期的朝贡并没有形成定制，但大多数国家与唐朝保持了相对稳定的朝贡关系。

705年，屈底波为呼罗珊总督，开始了征服中亚地区的战争。随着阿拉伯人征服的成功，昭武国家加紧了与唐朝的联系，双方的关系以712年为界发生了一些变化，前后有着不同的内容和实质。

第一，在656—712年间，昭武国家虽然以羁縻府州的形式被纳入唐朝统治范围，但这些国家入唐朝贡的次数不多，尤其是取消了贺正性质（即在每年正月到唐朝宫廷朝贺）的朝贡。从713年起，贺正性质的朝贡重新开始。在713—772年间，一些国家在12月或正月前来朝贡，其中，石国6次（719、720、742、743、753、762），康国3次（750、752、772），米国2次（729、772），安国1次（750），史国使者入朝的时间是741年3月，估计使者耽误了行程。在此期间，拔汗那朝贡的次数最多，在741—749年间，贺正性质的朝贡多达4次（以拔汗那、宁远之名各2次）。

第二，712年以后，昭武国家国王正式遣使的数量增加。从拔汗那国遣使的情况来看，713年以前仅有一次，此后，拔汗那国王遣使多达13次。713年以前，其他昭武国家遣使共121次，其中国王遣使有45次，约占遣使总数的37.2%；713年以后，国王遣使38次，约占遣使总数（45次）的以84.4%。[①]据中国史书记载，有27次记下了昭武诸国国王（或城主）的名号，涉及康、安、史、曹、石、火寻诸国国君。[②]国王遣使朝贡，其政治意图显然大于经济意图。

第三，713年以后，昭武国家派出的朝贡使地位很高。其中，级别最高的是王弟（726年安国）、驸马（743年石国）和王子（749年石国、宁远，759年宁远），其次，还有长史（758年康国）、大首领或首领（719年石国，730年米国，733年拔汗那，741年史国、拔汗

① 许序雅：《唐代丝绸之路与中亚历史地理研究》，第212页。
② 同上。

那，744 年安国、拔汗那，750 年康国）。

第四，713 年以后，昭武国家朝贡使向唐朝提出了政治诉求。阿拉伯人统治初期，昭武诸国的入朝往往只是朝贡而已，没有提出政治上或军事上的要求，仅康国在 631 年有请臣的要求。而在 713—772 年，昭武诸国朝贡 82 次，其中附带政治或军事要求的有 7 次，其中，康国 1 次（719），石国 2 次（741、742），安国 2 次（719、752），东曹 1 次（752），曹国 1 次（745）。以上贡使出使的年代集中在 719 至 756 年间，即在屈底波征服之后，他们大概是代表流亡政府或复国势力出使唐朝的，他们的朝贡有着强烈的政治色彩，主要目的是寻求唐朝支持和援助。例如，719 年，康、安两国在大量朝献的同时，“上表请击大食”。

第五，唐朝开始对朝贡国家国王进行封赐。在阿拉伯统治初期，唐朝对朝贡国统治者没有政治性的封赏，在 713 以后，开始封赏。其中，718 年，唐朝封吐火罗王子以国王封号；720 年，唐朝授护密国国王封号，唐朝授乌苌、骨咄、俱位等国统治者以国王的封号；731 年，唐朝册封康国王子为曹国王、米国王；744 年，康、西曹、米国诸王接受赐封；745 年，安王受赐封。这一变化反映了双方有加强政治联系的趋势，也从一个侧面反映阿拉伯人征服之后，昭武国家依赖唐朝以摆脱阿拉伯人控制的迫切要求。

第六，713 年以后，昭武国家联合向唐朝贡。在唐代文献中，不时提到中亚诸国“并遣使”朝贡。“并遣使”的情况发生在 744 年，康国、史国、西曹国、米国、石国并遣使献马及宝；751 年，火寻、康、安并遣使朝贡；752 年，东曹、安并遣使请击大食；754 年，东曹、安等国并遣使上表，“请同心击黑衣（大食），辞甚切至”[①]。由于史料记载不详，这种“并遣使”究竟是几个贡国共遣一使，还是同时遣使，抑或诸贡使同时入朝，往往很难判定。中亚诸国的“并遣使”，可能与它们联合抗击阿拉伯人的行动有关。据阿拉伯史家塔

① （北宋）王钦若等编：《册府元龟》，第 11434 页。

巴里记载，自阿拉伯人入侵河中地区以来，中亚本地王公每年在花剌子模的一个村镇里集会，相互保证放弃争端，联合抗击阿拉伯人。在屈底波征服期间，这种集会仍然每年举行。[①] 中亚诸国“并遣使”入唐，很可能是在这种集会上约定的。因此，无论是几国共遣一使，还是同时遣使，可以确定都是一种联合行动。

在此时期，昭武国家与唐朝之间关系的亲疏是不一样的。以拔汗那、石国与唐朝的关系最为密切；东曹、东安、火寻对唐朝的依附关系最弱；贞观以后到开元十四年（726）前后，史、曹两国与唐朝的朝贡联系几乎中断；658 年以后，何国不再入朝。

总的来说，拔汗那与唐朝的政治关系最为紧密。拔汗那在 655 年以前未进一贡，656—679 年间，拔汗那来朝 6 次，其来朝次数与同期昭武国家来朝总数（6 次）相等；732—762 年，拔汗那朝贡 21 次，其来朝次数、密度超过昭武国家中的任何一国。双方关系的亲密最终导致了和亲关系的建立，唐朝于 744 年封宗女为和义公主，降宁远国奉化王。[②] 在昭武国家中，这是唯一得到与唐朝联姻的国家。

与唐朝关系亲密的还有石国。在 713—772 年间，向唐朝朝贡的国家有石、康、安、米、史、火寻、曹、东曹、何国，它们向唐朝朝贡的次数分别为 20、19、17、10、6、4、4、2、1。[③] 在昭武国家贺正性质的朝贡中，一半以上是石国所为，可见，石国与唐朝的政治关系十分密切。

在昭武国家中，曹国势力最弱，在面临阿拉伯人入侵的攻势中，曹国国王歌逻仆于 745 年上表请求内附，它是阿拉伯人入侵中亚以后唯一向唐朝请求内附的国家。

综上所述，反映了阿拉伯人入侵是影响昭武国家与唐朝关系的主要因素，安史之乱以后，唐朝走向衰败，中亚诸国与唐朝的政治关系中断。

---

① W. Barthold, *Turkestan Down to the Mongol Invasion*, p.183.

② （北宋）王钦若等编：《册府元龟》，第 11504 页。

③ 许序雅：《唐代丝绸之路与中亚历史地理研究》，第 210 页。

尽管如此，昭武诸国与唐朝之间的经济关系却从未中断。朝贡也是经济交流的方式之一。这一时期，昭武国家朝贡的物品主要是河中地区的土特产，有马匹、金桃、银桃、葡萄酒等。中亚马“形容极大”，“精力异常”[①]，这些良马进入中原，使唐朝马种得到改良，“既杂胡种，马乃益壮”[②]。中亚马的输入提高了唐军的战斗力，“秦、汉以来，唐马最盛，天子又锐志武事，遂弱西北蕃”[③]。中亚良马的输入有利于唐朝民间马种的改善，刘禹锡《伤我马词》载：“初，玄宗羁大宛而尽有名马，命典牧以时起居。洎西幸蜀，往往民间得其种而蕃焉，故良毛，色者率非中土类也。”[④]中亚马输入中原对唐朝军队操练和农业生产都有很大好处。

此外，昭武国家的朝贡品中还有异邦奇珍，如，拂菻绣氍毹和拂菻狗，产于大秦（拜占庭）；大鸟卵、鍮石、琉璃、玛瑙和越诺布，来自波斯；氍毹、郁金香和生石蜜，则极可能来自印度。

河中地区造纸术的兴起也是阿拉伯人与唐朝经济交流的见证。751 年，在怛逻斯之战后不久，阿拉伯人利用有手艺的中国俘虏在撒麻耳干建立了第一个造纸作坊。哈里发哈伦·拉希德于 793 年在巴格达建立了第二个造纸作坊。在中国造纸工匠的指导下，第三个即最大的造纸工场在大马士革建成。

除了造纸术外，在中亚的手工业中，还可以看到许多中国工艺的影响。粟特的武器是很著名的。“匕首、剑、刀的把柄是真正的艺术品，由贵重的金属制成，镶嵌得很美观，以龙头的样式而定形。”[⑤]龙是古老中国文化的象征，龙头样式的物品肯定与中国文化有关。20 世纪 30 年代，苏联人在穆格山粟特城堡遗址中发现了 300 余件唐代粟特人遗物，其中有大约 150 件织物残片，内有丝织物、毛织物

① 王尚达：《唐代粟特人与中原商业贸易产生的社会作用和影响》，《西北民族研究》1995 年第 1 期。
② 同上。
③ （北宋）欧阳修、宋祁：《新唐书》，第 1338 页。
④ （唐）刘禹锡：《刘禹锡集》，中华书局 1990 年版，第 242 页。
⑤ 《四部丛刊初编缩本·刘梦得文集》。

和棉织物。苏联学者认为，这些丝织物中的一部分可能来自中国。[①]

在中亚出土的这一时期的竹器和漆器断片中，“后者且显然绘有中国风格之绘画。又所得方孔钱，当亦系受中国影响”[②]。方孔钱是粟特人仿中国铜钱而制造的。在阿拉伯入侵期间，“阿拉伯占领者在马维闲纳尔找到了大量的中国产品……使穆斯林产生深刻印象的中国手工业者的技艺从这些被阿拉伯后来称为中国人精工制做的器皿中显然可见”[③]。河中地区有大量的中国产品，这些产品显示出的高超技艺对粟特人产生了影响，他们模仿制造，在他们的产品中显示出中国文化的风采。粟特地区生产的丝绸和棉布，特别是撒麻耳干所造的纸在中世纪的伊斯兰世界享有崇高的声誉，所以，俄国学者巴托尔德说：“毫无疑问（粟特）工业是在中国的影响下发展起来的。”[④]

---

① 王尚达：《唐代粟特人与中原商业贸易产生的社会作用和影响》，《西北民族研究》1995年第1期。

② 〔日〕岩佐精一郎：《唐代粟特城堡之发掘及其出土文书》，见万斯年辑译：《唐代文献丛考》，商务印书馆1957年版，第144页。

③ 王尚达：《唐代粟特人与中原商业贸易产生的社会作用和影响》，《西北民族研究》1995年第1期。

④ 转引自王尚达：《唐代粟特人与中原商业贸易产生的社会作用和影响》，《西北民族研究》1995年第1期。

第五章

阿拔斯王朝在中亚统治的终结

阿拔斯王朝统治初期，以呼罗珊总督为首的统治者与中亚人民之间的矛盾十分尖锐，中亚地区爆发了反阿拔斯王朝的起义，这些起义动摇了阿拔斯王朝的统治，到9世纪20年代，阿拉伯人退出了中亚的政治舞台。阿拉伯人的征服战争对中亚地区的经济和文化造成了极大的破坏，使中亚人民饱受战乱之苦，这无疑是一场灾难。然而，从历史发展的角度来看，阿拔斯王朝的统治使封建的生产关系在中亚地区最终确立起来，伊斯兰教对后来中亚地区的统一起到了积极作用。随着伊斯兰教地位的确立，中亚文化受到伊斯兰文化的影响，中亚地区最终被纳入伊斯兰文化圈。

第一节　反抗阿拔斯王朝的起义

阿拔斯王朝时期，中亚居民与阿拉伯统治者之间仍然存在着尖锐的矛盾，发生过几次大规模起义。这些起义虽然以伊斯兰教教派斗争的形式出现，但它反映了中亚人民反阿拔斯王朝统治的政治要求。在阿拔斯王朝统治的最初一个世纪中，中亚地区先后爆发了沙里克·本·谢赫（Sharik b. Shaykh）起义、辛巴德（Sinbad）起义、穆坎纳起义和拉飞起义。其中，沙里克起义和穆坎纳起义是在什叶派的旗帜下进行的。这些起义虽然先后遭到了镇压，但是，在起义的沉重打击下，阿拔斯王朝逐渐走向衰弱，放松了对边疆各省的控制。

阿拔斯王朝建立之初，751 年，不花剌发生了由沙里克领导的什叶派起义。[①] 沙里克是驻不花剌城的阿拉伯戍卒，曾参加过反倭玛亚王朝的革命。革命胜利以后，他对阿拔斯家族夺取阿拉伯帝国哈里发之位不满而举行了起义。起义的口号是："我们为反对倭玛亚王朝进行了斗争，流血牺牲，并不是要臣服于阿拔斯王朝！"由此观之，起义最初只是阿拉伯人之间争权夺利的斗争，但之后，起义得到广大群众的响应，据说有 3 万人参加了他的队伍。[②] 在起义者中，除了不花剌的农民和手工业者等下层群众外，不花剌贵族、地主、商人也积极投入到起义队伍之中，甚至连不花剌城埃米尔阿布都勒·加巴尔和花剌子模埃米尔阿布都勒·马里克也支持起义。于是，沙里克起义最终发展成为中亚各阶级反对阿拔斯王朝统治的民族斗争。

艾卜·穆斯里姆对起义进行了镇压。他的部下济雅德率领一万军队前往不花剌城，战斗十分激烈，其中，起义者多次打败了阿拉伯军队。随着斗争的深入，不花剌国王库泰拔开始支持阿拉伯人，他手下的德赫干武装开始在不花剌城郊村庄活动，阻断了起义者的粮食和饲料等军需物资的供应。在此形势下，起义者放弃了一些据点，转移到努肯村（Nukende）。此后，起义队伍逐渐被削弱，沙里克在战斗中牺牲，群龙无首的起义队伍最终瓦解。济雅德率领的阿拉伯军队攻入不花剌城，放火烧城，烟火连天，三日不息，不花剌城民誓死不屈，大部分居民被屠杀，未死于刀下者被阿拉伯人吊在

① 巴托尔德说起义发生在怛逻斯战争之前；印度学者罗侯罗在其所著《中亚史》中将此次起义定在 755 年；根据纳尔沙喜的《不花剌史》，应该在怛逻斯战争之后。据纳尔沙喜记载，沙里克是一个什叶派分子，曾参加过反对倭玛亚朝的运动，但并不同意阿拔斯族任哈里发。

② 王治来：《中亚史》第 1 卷，第 255 页。

城门之上。不花剌国王库泰拔参加了镇压起义者的军事行动，然而，艾卜·穆斯里姆在镇压起义之后以背离伊斯兰教罪名处死了他。此后，济雅德转战花剌子模，当地的反阿拔斯王朝运动也遭到了镇压。

在镇压沙里克起义之后，艾卜·穆斯里姆势力达到极盛。曼苏尔即位之初，为了削弱呼罗珊地方势力，调整了呼罗珊总督。在这次较量中，曼苏尔获得了胜利，但也播下了地区动乱的种子。此后，呼罗珊爆发了反哈里发的辛巴德起义。据塔巴里记，辛巴德是尼沙普尔附近的阿罕村人，信仰祆教，曾受到呼罗珊总督艾卜·穆斯里姆的保护，对之有感恩之情。在艾卜·穆斯里姆被杀的当年，辛巴德愤起为恩人报仇，组织了反哈里发的大起义。起义者占据了尼沙普尔、库密斯、雷伊，夺取了艾卜·穆斯里姆在雷伊的财宝库。起义队伍迅速扩大，很快形成了浩荡大军。哈里发曼苏尔出军一万前往镇压，双方在哈马丹与德黑兰之间地区进行了战斗，起义军被击败，辛巴德被杀，6000 起义者死于此役。

辛巴德起义的中心虽然在呼罗珊地区，但在河中地区也引起了连锁反应。艾卜·穆斯里姆部下伊斯哈克（Ishak）在河中地区响应。伊斯哈克曾受艾卜·穆斯里姆的派遣到过突厥人的地区，因此，有书记载说他是突厥人。他在河中地区的起义虽然也遭到了镇压，但是，他的部下于 757 年刺杀了接替艾卜·穆斯里姆成为呼罗珊总督的阿布·达乌德。波斯与中亚地区的什叶派把艾卜·穆斯里姆视为殉教者，他们穿白衣、打白旗，与阿拔斯王朝的黑旗相对立，这一斗争一直延续到 12 世纪。

中亚地区爆发的反阿拔斯王朝的最大的武装起义是穆坎纳起义。穆坎纳原名哈希姆·伊本·哈金（Hashin ibn Hakim），莫夫附近开扎村人。据《不花剌史》记载：“哈希姆最初以漂布为业，后来，勤于研究学问，获得了各种知识。”穆坎纳是一位很有教养的人，年轻时代，曾受了马兹达克教的影响。有记载说，哈希姆曾是艾卜·穆斯里姆手下的一名军官，参加过反对倭玛亚王朝的革命，后又在总督阿布德·阿勒·加巴尔（757—？）手下做事，因宣传马兹达克教被阿布德·阿勒·加巴尔逮捕，从莫夫押送巴格达监禁。几年以后，他从巴格达监狱中逃出来，历尽艰险回到莫夫，开始在家乡传教。776年初，他以白旗和白衣为旗号发动起义。据穆坎纳本人宣称，由于凡人经受不住他脸上发射的光芒，所以他不得不用一块绿布遮住脸，在阿拉伯语中，“穆坎纳”（Muqana）是“蒙面者”之意。纳尔沙喜则说这是“因为他生得秃头，只有一只眼，不让追随者见到先知形象之丑陋”[①]而蒙面。

穆坎纳的追随者们从莫夫到各地宣传鼓动，号召人们起来反抗外来压迫，呼罗珊地方政府在阿姆河岸边布置了大批骑兵部队，日夜巡逻放哨，不让穆坎纳从莫夫进入河中地区。但是，穆坎纳的宣传者们不仅来到河中地区，而且在此获得了极大成功，许多乡村接受了穆坎纳的宣传。穆坎纳运动很快发展成为公开起义，在短时间内席卷了整个河中地区。

穆坎纳在呼罗珊总督的追捕下来到阿姆河北岸的渴石城。渴石城民给予他有力的支持，他在色姆山修筑了坚固的防御堡塞，以此为据点，继续与阿拔斯政权的斗争。在渴石城郊的苏巴赫村，村民们在乌玛尔·苏巴希的领导下举行起义，杀死了当地的阿拉伯长官。

不花剌城附近的纳尔沙赫村是起义的大本营。起义者攻占了不花剌城附近阿拉伯人聚居的努木奇克特村，杀阿拉伯人。起义者得到了不花剌城主布恩雅特的支持，一些地区首领也支持起义者。穆坎纳起义还得到中亚突厥人的支援，声势日益壮大。许多阿拉伯人被驱逐出河中地区，有的逃往呼罗珊，有的逃回阿拔斯王朝都城巴格达。哈里发麦赫迪急忙从巴格达赶到尼沙普尔，加强镇压穆坎纳起义。阿拔斯王朝从巴里黑调了7000人的军队，但军事长官慑于起义军的威力，不想同他们交战。最后呼罗珊长官派出预备队，使哈

① Narshakhī, *The History of Bukhara*, p.66.

里发派到河中地区的部队人数几乎扩大一倍。[①]这支武器精良的大军被派到河中地区，斗争在不花剌地区进行得十分激烈。776 年 4 月，阿拉伯的军队兵临纳尔沙赫村围墙下，在劝降不成的情况下，开始攻城。经过残酷的战斗，起义者防守失败，700 人被杀，大多数人逃亡。[②]最后，起义首领同意与阿拉伯人签订和约，答应不再对阿拉伯人发起攻击。和约签订之后，阿拉伯军事长官背信弃义地杀害了起义军领导人，粉碎了纳尔沙赫的起义。

于是，第二阶段的起义爆发，大批农民加入到起义者中，他们夺取了不花剌周围村镇。“白衣人”（穆坎纳的拥护者）成为河中地区的主人，被称为“正统信徒统治者的果园”的呼罗珊与河中地区独立于哈里发的统治。穆坎纳起义在第一阶段曾得到了某些粟特贵族的支持，但在第二阶段起义中，大多数贵族转向阿拔斯王朝方面。其中，撒麻耳干长官吉卡拉伊尔受哈里发麦赫迪之命，率军队来到不花剌城。吉卡拉伊尔的军队在不花剌城撒马儿罕门外扎营。在此后的 4 个月中，吉卡拉伊尔开始镇压不花剌城周围村镇的起义，但几乎每次都打了败仗，陷入束手无策的境地。于是，他设计了攻城的新方案。据《不花剌史》记载：“（他）下令在宿营地挖一条地道直通堡寨的墙，并命令所有挖通的地道都用木头、芦苇和黏土使之坚固，在上面加以掩蔽。（命令）把五十腕尺面积的地方挖开，并用柱子支起来。当五十腕尺的一块地方挖完的时候，他们用木柴塞满，并往上面倒油，他们点起火要使柱子燃烧，并使堡寨的墙倒塌。然而，因为风不够大，火燃不起来。他们对着下面被挖（地道）的碉堡架起石弩。他们射出石头并打开一个缺口，风有了通口，火开始燃起来。柱子被焚烧了，五十腕尺面积的（墙倒塌了）。”[③]阿拉伯人涌入城内，进行巷战，白衣人抵抗不了武器优越的阿拉伯军队而被

---

① 魏良弢：《阿拉伯进入中亚与中亚伊斯兰化开始》，《新疆大学学报（哲学·人文社会科学版）》2005 年第 3 期。

② 王治来：《中亚史》第 1 卷，第 260 页。

③ 同上书，第 260—261 页。

击败。起义者与阿拉伯人议和，和约规定：白衣人交出武器。然而，有的人把武器藏了起来，后又突然把武器拿出来进攻阿拉伯人。于是，吉卡拉伊尔的军队再次与起义者展开斗争，斗争比以前更加激烈。起义者虽然勇敢拼搏，但再次遭到失败。他们中的大多数人被杀，其余的人逃走了。

在吉卡拉伊尔离开撒麻耳干之时，起义者占领了撒麻耳干城，穆坎纳派粟底延驻守，他的统治得到了城民的拥护。吉卡拉伊尔完成对不花剌地区的战斗之后，开始反攻撒麻耳干城。吉卡拉伊尔带着他在不花剌地区屠杀的白衣人的头颅来到撒麻耳干城，以之恐吓城民。在恐吓未达目的之后，吉卡拉伊尔与城中的白衣人和突厥人多次作战。新任呼罗珊总督穆阿兹·伊本·穆思里姆（Muaz b. Muslim，？—780）于777年在不花剌和莫夫之间的地区募集了一支庞大的军队，为支援久攻撒麻耳干城不下的阿拉伯部队，他做了精心安排，“准备了三千名有刀、锹、桶和斧子的工人以及在军队中有用的各种匠人，制造了石弩和弩炮”。穆阿兹·伊本·穆思里姆前往撒麻耳干，多次与突厥人以及白衣人作战，在两年的时间里，双方互有胜负。哈里发麦赫迪对战争的旷日持久甚为不满，撤换了呼罗珊总督。780年，穆赛雅布继之为呼罗珊总督（780—？），他率军先打不花剌城。在不花剌城，他与穆坎纳的一个军事首领库拉尔·特勤的骑兵队交战，这是一支装备得很好的骑兵队，阿拉伯方面的军队统帅则是指挥官赛伊德·阿勒·哈拉什。赛伊德·阿勒·哈拉什打败不花剌骑兵后，围攻撒麻耳干，留守楼城的粟底延被一个不花剌人杀死，撒麻耳干城民被击溃。

镇压撒麻耳干起义之后，赛伊德发起了对穆坎纳大本营渴石的围攻。782年，赛伊德向穆坎纳所在萨那山中堡塞进军。堡寨建筑分为里外两层，外层驻扎了精兵良将，不易攻下。赛伊德率领大队兵士在穆坎纳的堡寨门前扎营，面对阿拉伯军队的威势，堡寨里一个军事首领打开门出来投降，阿拉伯人冲了进去。据《不花剌史》记载：“穆坎纳知道他在堡内无法支持……就走近火炉，脱下衣服，纵身跳入火炉内，然后冒出了烟。”[①]同情和支持起义的不花剌城主被阿拉伯骑兵杀害。

穆坎纳的起义虽然被镇压下去了，但是，中亚人民在20多年间前仆后继的斗争，表现出为自由而战和英勇顽强的精神。倭玛亚王朝时期，中亚的起义基本上是反对外来入侵和统治的民族斗争，通常由地区贵族领导；阿拔斯王朝时期的起义不仅具有反对外来统治的民族斗争性质，而且具有反对压迫的阶级斗争性质，起义者中大多数是劳动人民，主要是农民。

在穆坎纳起义之后，最大的一次起义是拉飞起义。803年，哈里发哈伦·拉希德任命阿里·伊本·伊萨（‘Ali ibn Isa）为呼罗珊总督，此人为政暴虐，鱼肉人民。806年，河中地区爆发了由拉飞·伊本·来斯（Raft‘ibn Layth）领导的暴动（806—810）。拉飞出身于上层社会，祖父纳斯尔是倭玛亚王朝末代呼罗珊总督，父亲曾参加镇压穆坎纳起义的战争，拉飞本人在阿拔斯王朝服兵役，据塔巴里记载，他因与妇女通奸受到哈里发的惩罚而心怀不满，利用中亚人民对阿拉伯暴虐统治的愤恨而起兵反叛，因此起义具有广泛的群众基础。拔汗那、忽毡、苏对沙那、石汗那、不花剌、花剌子模及骨咄等地的居民支持拉飞起义，甚至突厥族古思人、葛逻禄人，以及吐蕃人都派了援军。在突厥人的支持下，起义者杀死了撒麻耳干的阿拉伯长官，占据了不花剌城，控制了整个河中地区。

呼罗珊总督阿里·伊本·伊萨奉哈里发哈伦·拉希德之命镇压起义，被拉飞打败。随后，哈伦·拉希德又派大将哈尔萨马（Harthama）前往，哈尔萨马也未能阻止起义的发展。809年，哈伦·拉希德亲自率军向呼罗珊进发，但在徒思（Tus）城因病去世。哈伦·拉希德之子麦蒙继续了镇压拉飞起义的战争。麦蒙在810年

---

① 据塔巴里说，穆坎纳服毒自杀。还有一种说法，说他是被杀的。关于穆坎纳死亡的年代，也说法不一。纳尔沙喜提到782年和783年两个年代；比鲁尼则说是在785年。

的一次谈话中提到了这次起义的广泛性，他说："呼罗珊的疏远及其人口稠密和人烟稀少（地区的）不甘羁束；（葛逻禄）叶护改变了臣服的立场；吐蕃君主可汗的抵触；迦布罗（即喀布尔）王动员兵力，想要袭击与他相邻的呼罗珊的领土；讹答剌君主拒绝进奉每年的例贡。所有这些我都知道，但却又无可奈何。"①

在中亚人民起义中，拉飞起义持续时间长，影响深远。麦蒙继位之后，对起义者采取了收买政策，拉飞投降得到宽恕，拉飞起义最终被平息。尽管如此，中亚人民的起义仍未停止，如锡斯坦与八的吉思等地喀里吉特派的叛乱仍在继续，直到麦蒙去世之时。

第二节　阿拔斯王朝在中亚统治的终结

中亚人民反抗阿拉伯人统治的起义虽然失败了，但起义动摇了阿拔斯王朝在中亚地区的统治，9 世纪 20 年代，中亚地区开始形成脱离阿拔斯王朝的独立王朝，阿拉伯人逐渐退出了中亚的历史舞台。

750 年的革命标志着阿拉伯帝国扩张时期的终结，同时也是帝国分裂时期的开端。在哈里发麦蒙时期，阿拔斯王朝出现分裂的倾向；到哈里发瓦西格时期，阿拔斯王朝结束了全盛时代；到哈里发穆塔瓦基时期，阿拔斯王朝开始步入衰弱；945 年，布威希家族获取阿拉伯帝国世俗权力，阿拔斯王朝哈里发变得有名无实。

在阿拔斯王朝由盛转衰的历史发展过程中，突厥禁卫军势力的增长是主要原因之一。王朝建立之初，哈里发的禁卫军主要由呼罗珊人构成，在第 8 任哈里发穆塔西姆时期，为了抑制呼罗珊人，阿拔斯王朝从中亚地区购买突厥奴隶充当禁卫军，人数多达

---

① 余太山主编：《西域通史》，第 196 页。

1.8 万。[①]在此期间，哈里发军队中波斯人的数量开始少于这支新式军队的人数，在这支新式军队中，来自中亚和南俄草原的突厥人处于支配性地位。[②]这支军队对内增强了哈里发的统治，对外在镇压各地起义中起到了重要作用。

随着势力的增长，突厥禁卫军部队在帝国的政治和军事中逐渐占据优势，他们在巴格达城为非作歹，几乎惹起民变，836 年，哈里发穆塔西姆不得不将都城迁往位于巴格达西北 124 公里的萨马腊。在萨马腊时期（836—892），突厥禁卫军将领左右了哈里发的废立，先后继位的八位哈里发形同囚徒，任凭禁卫军将领摆布。穆塔瓦基于 861 年被暗杀。他死之后，突厥禁卫军将领内部开始了争权夺利的斗争。当时的情况是："国家大权掌握在突厥人手中，突厥人成了动乱的根源。他们不喜欢波斯人和阿拉伯人，但突厥人自己并不团结，他们之间派别林立，各霸一方，阴谋诡计，层出不穷，他们对钱财更是贪得无厌。"[③]892 年，第 16 代哈里发穆塔迪德把首都重新迁回巴格达，此举仍未改变突厥禁卫军将领专权的局面。在突厥禁卫军专权的后期，哈里发的命运十分悲惨。其中，第 19 和 21 任哈里发遭到他们的废黜，被挖掉双眼，靠公众施舍度日；第 20 任哈里发被杀害。突厥禁卫军势力直到 945 年才被布威希家族遏制。

在阿拔斯王朝哈里发权力衰弱和宫廷政变不断发生之时，统一的阿拉伯帝国不复存在，在历史上出现了三个阿拉伯王朝并存的局面。在哈里发穆克塔迪尔期间，欧贝杜拉于 909 年在北非建立法蒂玛王朝（909—1171），中国史书记为绿衣大食；756 年，在西班牙科尔多瓦建立的后倭玛亚王朝埃米尔阿卜杜勒·赖哈曼三世（891—961 年在位）于 929 年自称哈里发，下令在聚礼日的祈祷和公文中以

---

① 魏良弢的观点。另一说为 8000 人，参见〔埃及〕艾哈迈德·爱敏：《阿拉伯—伊斯兰文化史》第 5 册，第 3 页。

② R. N. Frye, *The Cambridge History of Iran*, Vol. 4, pp.91-92.

③〔埃及〕艾哈迈德·爱敏：《阿拉伯—伊斯兰文化史》第 5 册，第 10 页。

"保卫安拉宗教的哈里发"称呼他，形成了与阿拔斯哈里发并立的科尔多瓦哈里发帝国（929—1031）。在继任者哈凯姆二世（961—976年在位）以及侍从长曼苏尔统治时期（977—1002），与阿拔斯王朝和法蒂玛王朝相抗衡，成为西方强大的伊斯兰国家。

随着哈里发权势的衰微，地区封建势力抬头，边远省区将领拥兵自重，形成了封建割据的政治格局。820年，哈里发麦蒙把呼罗珊总督职位和伊拉克以东的全部土地赐给了波斯籍将领塔希尔·伊本·侯赛因，于是，在帝国东部出现了中亚第一个割据势力塔希尔王朝（821—873）。当时，阿拔斯王朝西部并没有完全服从麦蒙的统治，纳斯尔·布·沙巴斯的叛乱还没有被镇压下去，埃及也动荡不安；在王朝东部，锡斯坦仍然在为喀里吉特派教徒哈马扎·布·阿扎拉克或阿布德·阿拉赫的旷日持久的叛乱而伤透脑筋，所有这些革命运动中最严重的当数马兹达克教的革命运动，运动的领导人巴巴克已经控制了阿兰和阿哲尔拜占。

在此形势下，在中亚地区，独立王朝（萨法尔王朝、萨曼王朝）先后建立起来；在叙利亚，建立了哈姆丹王朝和赞吉王朝；在北非，建立了伊德里斯王朝、艾格莱卜王朝；在埃及，建立了图伦王朝和阿尤布王朝。到10世纪中叶，阿拔斯王朝直接统辖的地域只剩巴格达及其周围的一小块地区。

与此同时，阿拔斯王朝境内的阶级矛盾和民族矛盾日益激化。869—883年，爆发了巴士拉黑奴大起义，成千上万的黑奴、波斯地区农民以及贝督因人奋起向阿拉伯帝国发动猛烈的攻击，直逼帝国都城巴格达，分崩离析的阿拉伯帝国遭到了沉重打击，一蹶不振；在伊拉克、呼罗珊、也门、叙利亚地区又掀起了卡尔马特运动，899年，卡尔马特派在波斯湾西岸以艾赫萨（今胡富夫）为中心建立政权，该政权存在了一个半世纪。人民运动给予阿拔斯王朝的统治致命的打击。

外族的军事入侵加速了哈里发政权的衰亡。阿拔斯王朝的衰落给外族入侵造成可乘之机。里海南岸的戴拉姆（Dailam / Daylamān）

部落联盟领袖艾卜·舒扎耳强悍好战，趁阿拔斯王朝动乱之机兼并了里海沿岸高地各部落，组建了一支强大的军事力量。在几年的时间内，艾卜·舒扎耳的三个儿子就占领了伊斯巴罕、设拉子、艾海瓦兹和克尔曼。945 年，艾卜·舒扎耳之子艾哈迈德·伊本·布威希（Ahmad ibn Buwayh）从克尔曼向巴格达进军，12 月，进入巴格达。阿拔斯王朝第 22 任哈里发穆斯塔克菲（Al-Mustakfi，944—946 年）把艾哈迈德当作救星欢迎入城，授予其"最高统帅"，赐以"穆仪兹·道剌"（王朝支持者）的称号。穆斯塔克菲利用这支军事力量消灭了突厥禁卫军势力，但此后，艾哈迈德剥夺了哈里发的政治权力，他对哈里发更为严厉，不仅挖掉双眼，予以废黜，另立哈里发，而且还以设拉子为都建立了以家族命名的布威希王朝（Buwayhids）。在此后的一个多世纪中（945—1055），阿拔斯王朝哈里发在布威希王朝的专制之下，仅保留宗教领袖的名义，在阿拉伯帝国的政务中不再起作用。

1055 年，塞尔柱突厥人攻入巴格达，结束了布威希王朝的统治。哈里发封塞尔柱突厥人首领托格里尔贝格为摄政王，赐以"苏丹"（权威的意思）称号，哈里发由其完全控制，阿拔斯王朝名存实亡。哈里发的统治一直苟延残喘到 1258 年。是年，成吉思汗之孙旭烈兀率领蒙古军队攻陷巴格达，杀死哈里发，长达五个世纪之久的阿拔斯王朝灭亡了。

阿拉伯人在中亚的征服使中亚经历了连绵不断的战乱，对中亚经济造成了极大的破坏，对中亚人民来说这无疑是一场灾难。然而，正如苏联学者加富罗夫在总结中亚归并于阿拉伯哈里发国家的后果时所说："从历史发展的眼光看问题，中亚并入哈里发国家归根结底是促进了封建制的加速发展、中亚各民族的团结、割据势力的削弱和中央集权国家的建立。在它的基础上并根据它的类型后来形成了一些中亚地方国家。此外，它一方面最初带给地方经济和文化颇大的损失；一方面又有利于今后不同民族之间往来最广泛的发展，在这种基础上产生了 9—11 世纪的中亚和整个近东的辉煌的文化综合体。”①

阿拔斯王朝统治中亚的积极意义从政治、经济和文化方面反映出来。

在政治方面，第一，阿拔斯王朝结束了阿拉伯人在阿拉伯帝国中的支配地位，使波斯人得以参与阿拉伯帝国的政治。从 633 到 750 年，阿拉伯帝国一直由享有特权的阿拉伯族穆斯林占支配地位，他们统治了大量的非穆斯林臣民和为数不多但不断增加的改宗伊斯兰教的非阿拉伯人。阿拔斯革命打破了伊斯兰教与阿拉伯民族的同一性，阿拉伯穆斯林的支配地位被各族穆斯林精英取代，帝国统治层是一个包括各个民族穆斯林的集团。阿拔斯王朝的这一革命给予波斯族穆斯林参与帝国政权的机会，他们成为地方长官之后，发展自己的势力，在 9 世纪逐渐建立了自己的独立王朝。

第二，波斯人的参政使波斯行政管理体制在阿拔斯王朝建立起来。阿拔斯王朝建立以后，开始启用波斯显贵担任要职，一大批波斯人在巴格达担任各种职务，充斥宫廷，他们以古代波斯政治体制为样本加强中央集权，建立了波斯式的行政管理机构。阿拔斯王朝的地方政权划分为行省，设总督管理，总督在其辖区内拥有绝对权力。阿拔斯王朝的行政管理为其后独立王朝的统治者承袭下来，萨曼王朝迪万（诸部）的设置实际上就是效法于阿拔斯王朝的制度。

第三，王朝健全了司法制度，法官由笃信伊斯兰教、精通教义和教法、品学兼优的法学家担任。教法官只审理穆斯林的诉讼。这套司法制度也被中亚独立王朝沿用。

在社会经济方面，第一，阿拔斯王朝的统治使中亚地区的封建关系最终确立起来。阿拔斯王朝实行土地分封制，各地总督和封建主拥有大量伊克塔土地，后演变为世袭的私人领地。

第二，阿拔斯王朝在极盛时期经济相当繁荣。因为哈里发大力

---

① 〔苏联〕加富罗夫：《塔吉克史》俄文版，莫斯科 1972 年版，第 324 页，转引自魏良弢：《阿拉伯进入中亚与中亚伊斯兰化开始》，《新疆大学学报（哲学・人文社会科学版）》2005 年第 3 期。

发展生产，故农业、工业、商业和运输业都很发达。首都巴格达成为帝国最大的商业贸易中心，东西商旅云集，店铺林立，商品丰富，设有专营中国丝绸、瓷器等商品的市场。对外，阿拔斯王朝垄断了海上交通贸易和国际市场，巴格达、巴士拉、西拉夫（已毁）、开罗、亚历山大城、阿曼等为水陆贸易口岸，阿拉伯商人的足迹遍及亚、非、欧各地，从而促进了东西方经济和文化的交流。

在文化方面，虽然阿拉伯人在征服中亚期间焚毁了袄教、佛教和基督教的庙宇，销毁了宗教文献，破坏了中亚各地居民原有的文化，这些行为对中亚文化的发展造成了无法估量的损失，但是，伊斯兰教作为一种宗教信仰、意识形态和文化体系，它的确立对以后中亚的政治结构、经济形态、文化风尚、伦理道德、生活方式都产生了不同程度的影响。

阿拔斯王朝时期的文化繁荣促进了中亚地区文化的发展。阿拔斯哈里发意识到文化的重要性，组织了许多重要的学术活动，这对中亚文化的影响是巨大的。中亚地区通过阿拉伯语这一媒介获得了丰富的希腊、罗马和印度的文化、科学成就，促进了中亚地区自然科学和哲学的极大繁荣。在此过程中，中亚产生了一批如花刺子密的世界性学者，创作了一批对世界文化有极大贡献的著作。

第三编　波斯王朝

（821—999）

阿拔斯王朝时期，波斯人因参加推翻倭玛亚王朝有功，而进入了阿拉伯帝国中央政府和地区政权，随着势力的巩固和强大，担任地方总督的波斯人逐渐摆脱了阿拔斯王朝的统治，建立了自己的独立政权。821 年，塔希尔在呼罗珊建立了塔希尔王朝；861 年，雅库布在锡斯坦建立了萨法尔王朝；872 年，萨曼家族在河中地区建立了萨曼王朝。塔希尔王朝、萨法尔王朝和萨曼王朝三个王朝的统治者都是说东伊朗语的波斯人，它们被称为波斯王朝。波斯王朝在中亚统治了近 180 年（821—999），它们的统治对中亚政治、经济和文化产生了深远的影响。999 年，萨曼王朝被突厥喀喇汗王朝灭亡，结束了东伊朗语族波斯人统治中亚的历史。

第一章

波斯王朝

821 年，塔希尔王朝在呼罗珊建立了统治，在半个多世纪里（821—873），塔希尔王朝先后经历了六位君主的统治。[①] 在阿布德·阿拉赫统治时期，王朝势力达到极盛；在塔希尔二世统治时期，王朝步入衰落。

861 年，萨法尔王朝在锡斯坦建立了统治，在半个世纪中（861—911），萨法尔王朝经历了四位君主的统治。

872 年，萨曼王朝在河中地区建立了统治，在近 130 年中（872—999），萨曼王朝经历了十位君主的统治。

第一节 塔希尔王朝

塔希尔王朝是塔希尔·伊本·侯赛因在呼罗珊地区建立的一个伊斯兰政权，创建者塔希尔是说东伊朗语的波斯人，故塔希尔王朝被认为是波斯王朝，塔希尔政权的建立标志着波斯人重新登上了中

① “塔希尔王朝埃米尔世系表”见附录一。

亚的政治舞台。塔希尔王朝立国半个多世纪，经历了塔希尔、塔勒哈、阿里、阿布德·阿拉赫、塔希尔·布·阿布德·阿拉赫、穆罕默德·布·塔希尔的统治。

在阿拉伯人征服期间，塔希尔家族以充当阿拉伯人胡扎亚部（al-khuzā‘i）顾问的身份发迹，成为赫拉特地区布申格（Pūshang）城的大土地贵族。倭玛亚王朝时期，塔希尔先祖鲁宰克（Ruzaiq）是锡斯坦长官手下的一个小官吏，鲁宰克之子穆萨布（Mu‘sab）曾参加过阿拔斯家族推翻倭玛亚王朝的革命，担任宣传家苏来曼的顾问。阿拔斯王朝建立以后，穆萨布被任命为赫拉特总督，兼任布申格城的统治者。

穆萨布之后，其子侯赛因·伊本·穆萨布继承了布申格城统治者的位置。819 年，侯赛因·伊本·穆萨布出任呼罗珊总督。从此，呼罗珊总督一职由塔希尔家族世袭担任。侯赛因之后，呼罗珊总督一职由他的儿子塔希尔·伊本·侯赛因继承。

塔希尔·伊本·侯赛因在任职期间，积极参与阿拔斯王朝的政治和军事活动。809—810 年，塔希尔追随阿拔斯王朝将军哈尔萨马镇压河中地区的拉飞起义，在军事上崭露头角。此后，塔希尔站在麦蒙一边参与了推翻哈里发艾敏的战争。810—811 年间，塔希尔在雷伊集结军队，并在哈马丹（Hamadān）与艾敏的军队作战。在战斗中，塔希尔击溃了艾敏的军队，杀死了将军阿里·布·伊萨·布·马汉（Ali b. ‘Īsā b. Māhān），攻占了首都巴格达城，俘虏了哈里发艾敏。艾敏在企图逃走之时被塔希尔部下杀害。[①]813 年，艾敏的兄弟麦蒙登上了哈里发的宝座。[②]

塔希尔在这些军事行动中得到锻炼，迅速成长起来。据说，他

---

① R. N. Frye, *The Cambridge History of Iran*, Vol. 4, p.94.

② 阿拔斯王朝的哈里发（821—1031）：穆塔西姆（833—842）、瓦西格（842—847）、穆塔瓦基（847—861）、蒙塔西尔（861—862）、穆斯塔因（862—866）、穆塔兹（866—869）、穆赫塔迪（869—870）、穆塔米德（870—892）、穆塔迪德（892—902）、穆克塔菲（902—908）、穆克塔迪尔（908—932）、卡希尔（932—934）、拉迪（934—940）、穆塔基（940—944）、穆斯塔克菲（944—946）、阿里·穆提（946—974）、塔伊（974—991）、卡迪尔（991—1031）。

在一次战斗中仅用左手就把一个敌人劈成两半，由此获得了“德布勒·雅明来恩”（Dhu’l-Riyāsatain，意为“有两只右手之人”）的绰号。除了作战勇猛外，塔希尔还具有杰出的政治和军事才能。塔希尔在部署和指挥军队方面十分老练，使用了包括间谍活动等多种方式克敌制胜。[①] 在夺取雷伊的战斗中，他首先向军队宣扬，艾敏的军队是一伙山区强盗，掠夺成性，由此表明，他所进行的战争将是一场正义的战争。由于出师有名，军队士气得到鼓舞。

塔希尔的势力在上述军事活动中强大起来，塔希尔也一步步走上了政治舞台。麦蒙继任哈里发是塔希尔的一大功劳，于是，麦蒙任命他为叙利亚总督，负责继续消灭艾敏在叙利亚的残余势力纳斯尔·布·沙巴斯（Nasr b. Shabath）。然而，塔希尔对沙巴斯的作战进展并不顺利，多年以后，沙巴斯在阿勒颇城北的统治中心凯苏姆才被攻陷。[②]

麦蒙继任哈里发之后并未马上入驻巴格达，而是继续住在呼罗珊地区，塔希尔在巴格达掌权，担任了许多重要职务。他曾担任萨希布·阿勒·苏尔塔（Sāhib al-shurta）一职，负责管理巴格达的警察部队，并征集伊拉克萨瓦德区即伊拉克中部肥沃而繁荣的农业区的岁入。八年以后，麦蒙迁到巴格达，塔希尔在巴格达的地位和威望很高，他担心功高震主，产生了离开巴格达的想法。为此，他买通了麦蒙的大臣阿赫默德·布·阿比·哈利德（Ahmad b. Abi Khālid），由他出面劝说麦蒙让自己到帝国东部地区去。821 年，麦蒙任命塔希尔为呼罗珊总督。

来到呼罗珊以后，塔希尔在莫夫以独立统治者身份治理呼罗珊和河中地区。学界普遍将塔希尔担任呼罗珊总督的 821 年定为塔希尔王朝正式创建的开端。822 年，塔希尔在穆斯林聚礼中不念哈里发麦蒙的名字，在他发行的钱币上也未铸哈里发之名。[③] 这些行动表明

---

① R. N. Frye, *The Cambridge History of Iran*, Vol. 4, p.92.

② Ibid., p.93.

③ Ibid., pp.96-97.

了塔希尔要在帝国东部建立独立政权的决心。

塔希尔王朝是阿拔斯王朝在亚洲分裂出来的第一个独立王朝，有史学家评价说："在理论上，塔希尔王朝没有任何实质性的东西发生变化，而实际上，第一个独立的穆斯林王朝已经在伊朗的土地上建立起来了。波斯人的政治复兴开始了。"[①]对此，哈里发麦蒙感到不安，822 年，塔希尔在莫夫猝死，有学者推测是麦蒙所为，不过，塔希尔的死因至今不明。

塔希尔的死讯传到巴格达，麦蒙立即派宠臣哈利德率军进入中亚，加强在东方的力量。哈利德越过阿姆河，进入锡尔河中游南岸的苏对沙那，当时，该城统治者阿弗欣·卡乌斯（Afshin Kāwūs）已经停止向阿拔斯王朝缴税。

然而，麦蒙的统治是不稳定的，更无法顾及边疆各省，他意识到，塔希尔在呼罗珊的统治可以保证阿拔斯王朝控制东部地区的延续性和稳定性。[②]所以，他对塔希尔家族表现出的独立倾向决定视而不见，未采取进一步行动。

塔希尔死后，他的儿子塔勒哈（Talha）获得了呼罗珊军队的指挥权。在塔希尔家族的后继者中，无人有能力仿效塔希尔保持独立，于是，他们承认了哈里发的最高权威，并对哈里发表示尊重。827 年，克尔曼地区发生了塔希尔家族成员反塔勒哈的叛乱，麦蒙的宠臣哈利德率军镇压了这次叛乱，稳住了塔勒哈的统治。为了感恩，塔勒哈给哈利德送去了 300 万迪尔汗钱币和价值 200 万迪尔汗的礼物[③]，于是，这位大臣向麦蒙建议，由塔勒哈继任呼罗珊总督职务。

塔勒哈统治期间（827—828），锡斯坦爆发了喀里吉特运动。喀里吉特运动虽然是一场宗教运动，但由于领导者哈姆扎·布·阿扎拉克（Hamza b. Ādharak）充分利用了当地人民对阿拔斯王朝税官的不满，因此，它又是一次影响深远的社会运动。喀里吉特运动迅速

---

① R. N. Frye, *The Cambridge History of Iran*, Vol. 4, p.90.

② Ibid., p.96.

③ Ibid., p.97.

发展，很快遍及呼罗珊的尼沙普尔、拜哈克、赫拉特等城。塔勒哈的大部分时间和精力都投入到镇压喀里吉特运动之中，直到828年去世，所以他对塔希尔王朝的其他方面没有任何建树。[①]

塔勒哈去世以后，其弟阿里担任了塔希尔王朝统治者，哈里发麦蒙承认他代理呼罗珊总督职务。830年，麦蒙正式任命塔勒哈的另一个兄弟阿布德·阿拉赫·本·塔希尔（Abd-Allāh b. Tahir）为呼罗珊总督（830—844年执政）。据史书记载，阿布德·阿拉赫自幼跟随麦蒙，麦蒙像对待亲生儿子一样对待他。长大以后，阿布德·阿拉赫曾随父亲塔希尔参与了麦蒙夺取哈里发之位的战争，后又随其父参加了反对纳斯尔·布·沙巴斯复辟艾敏政权的战争。825年，他成功劝降了沙巴斯；826年，他率军队镇压了埃及的起义；829年，他在呼罗珊镇压了喀里吉特运动；830年，麦蒙正式任命他为呼罗珊总督。阿布德·阿拉赫的统治实际上已经独立于阿拔斯王朝中央政府，但是，他对阿拔斯王朝哈里发没有表现出不尊重的行为。

833年，哈里发麦蒙去世，其弟穆塔西姆继任为哈里发。穆塔西姆对阿布德·阿拉赫抱有很深的成见。据伽尔迪齐记载，阿布德·阿拉赫在麦蒙宫廷之时，曾对麦蒙之弟、现任哈里发穆塔西姆不恭，或表示出怠慢。为此，穆塔西姆曾向其兄麦蒙献计毒死阿布德·阿拉赫。继任哈里发之后，穆塔西姆也曾对大臣海达尔表示，希望塔希尔王朝让出呼罗珊总督职位，此举导致了海达尔与阿布德·阿拉赫争夺呼罗珊统治权的斗争。

尽管如此，哈里发穆塔西姆在帝国东部的统治仍然依靠阿布德·阿拉赫。穆塔西姆在继位之后，很快承认了阿布德·阿拉赫的呼罗珊总督职位。阿布德·阿拉赫在坚守自己阵地的同时，小心谨慎地维系着与哈里发的关系。终其一生，阿布德·阿拉赫没有离开他的领地，有一次，阿布德·阿拉赫准备前往麦加朝圣，秘书伊斯迈伊尔反对说："啊，埃米尔，您十分明智，是不会做这样一件毫无

---

① R. N. Frye, *The Cambridge History of Iran*, Vol. 4, p.97.

意义的事情的。”[①]

阿布德·阿拉赫是塔希尔王朝中有作为的君主，在他统治期间，塔希尔王朝达到极盛。他在国内建立起强大的统治，他将塔希尔王朝的都城从莫夫移到尼沙普尔。[②]在与宰相的斗争中，他最终获取胜利。对外，阿布德·阿拉赫确立了对里海南岸的塔巴里斯坦（Tabaristā）省的统治。阿拔斯王朝初期，阿拉伯军队未能进入里海沿岸地区，这些地区由当地王朝统治。834 年，阿布德·阿拉赫确立了对塔巴里斯坦的统治，塔巴里斯坦省通过阿布德·阿拉赫开始向阿拔斯王朝上缴贡赋。地区统治者伊斯帕巴德·马兹雅尔曾提出不通过塔希尔王朝直接向哈里发交纳贡税的要求，还提出要直接觐见哈里发。据塔巴里记载，马兹雅尔对塔希尔王朝怀有嫉妒之心，对呼罗珊总督一职垂涎已久，马兹雅尔反塔希尔王朝的行动得到阿拔斯王朝大臣海达尔的支持。[③]

阿布德·阿拉赫在获悉马兹雅尔的动机之后，立即派其叔父哈桑·布·胡赛因到古尔甘（Gurgān），另派军队穿过阿勒布尔兹山脉从南部入侵塔巴里斯坦。阿布德·阿拉赫利用了塔巴里斯坦山区人民对马兹雅尔的统治不满，以及马兹雅尔统治集团的内部矛盾，打败并俘虏了马兹雅尔，把他押送到哈里发驻地萨马腊城。哈里发穆塔西姆默许了阿布德·阿拉赫的战争行动，审讯了马兹雅尔。马兹雅尔承认了与海达尔共谋推翻阿布德·阿拉赫的事实。840 年，马兹雅尔被处死刑，他的尸体被游街示众。[④]此后，塔希尔王朝统治了雷伊、塔巴里斯坦和克尔曼等省，王朝对以上地区派出收税官员。

后来，海达尔因一个亲戚在阿塞拜疆叛乱受到牵连，遭到哈里发穆塔西姆的疏远，阿布德·阿拉赫受命对海达尔进行审判，他以同情河中地区的传统宗教、企图恢复波斯人的荣耀、背叛伊斯兰教等罪名监禁了海达尔。841 年，海达尔于狱中去世。除掉政敌以后，

---

① R. N. Frye, *The Cambridge History of Iran*, Vol. 4, pp.99-100.

② Ibid..

③ Ibid., p.100.

④ Ibid..

塔希尔王朝势力达到极盛。为加强帝国东部的统治，阿布德·阿拉赫发动了对河中地区的军事行动，甚至进军锡尔河以北草原，以消除来自突厥游牧民的进攻。阿布德·阿拉赫的这些军事行动似乎都是为了阿拔斯王朝哈里发的利益，因为，在塔希尔王朝时期，哈里发在河中地区仍然拥有重大且直接的利益。[①]

在阿布德·阿拉赫统治后期，呼罗珊地区反抗塔希尔王朝的起义不断发生。其中，塔巴里斯坦省的地方政权对塔希尔王朝构成了严重威胁。最激烈的反抗运动是由哈桑·布·宰德领导的什叶派运动。此后，哈桑·布·宰德一直统治着里海沿岸地区。有史学家赞扬说，哈桑·布·宰德在塔巴里斯坦的统治是公正的。844 年底，阿布德·阿拉赫在都城尼沙普尔去世。地理学家雅库比在他的墓志铭中写道："他在呼罗珊的统治是前人无法比拟的，因此所有的土地都隶属于他，他的命令被人们普遍地遵守。"[②]

阿布德·阿拉赫去世之时，塔希尔家族除了拥有呼罗珊地区外，还统治了雷伊、塔巴里斯坦、克尔曼等地，该家族成员继续担任伊拉克萨瓦德地区的行政长官和巴格达的军事指挥官。

阿布德·阿拉赫死后，哈里发任命其子塔希尔·布·阿布德·阿拉赫（Tāhir b.Abd-Allāh）为呼罗珊总督，史称塔希尔二世（844—862 年在位）。据史书记载，新继位的哈里发瓦西格（Al-Wathiq，842—847 年在位）最初曾任命塔希尔家族的一个旁系亲属伊沙克·布·易卜拉欣·布·穆萨布（Ishāq b. Ibrāhim b. Mus'ab）为呼罗珊总督，不过，他很快就取消了对伊沙克的任命，仍以阿布德·阿拉赫之子继任。这一变动反映了塔希尔家族在帝国东部的地位不可动摇。阿拔斯王朝哈里发穆塔瓦基、蒙塔西尔（Al-Muntasir，861—862 年在位）和穆斯塔因（Al-Musta'in，862—866 年在位）都承认了塔希尔家族在呼罗珊的统治地位。

历史学家们用华丽的词藻颂扬塔希尔二世，称赞他的统治是公

---

① R. N. Frye, *The Cambridge History of Iran*, Vol. 4, p.99.

② Ibid., pp. 100-101.

正的，雅库比说，“他用正直的方式统治呼罗珊”①。然而，正是在他统治时期，塔希尔王朝步入衰落。

在塔希尔二世统治时期，地区人民起义频繁发生，特别是在呼罗珊的边远地区。845—846年，哈里发瓦西格的将军瓦西夫率军进入法尔斯，镇压当地库尔德人的骚乱。847年，塔希尔家族的穆罕默德·布·易卜拉欣·布·阿勒·侯赛因·布·穆萨布（Muhammad b. Ibrāhim b. al-Husain b. Mu'sab）被任命为法尔斯总督。854年，布斯特城（Bust，位于今阿富汗坎大哈以西）统治者萨利赫·布·阿勒·纳德尔（Sālih b. al-Nadr）在锡斯坦首府疾陵城以打击宗教派别运动为借口，驱逐了塔希尔王朝的总督，塔希尔王朝失去了属地锡斯坦。

850—851年，塔希尔王朝家族内部发生纠纷，法尔斯总督穆罕默德·布·易卜拉欣与其侄穆罕默德·布·伊沙克（Muhammad b. Ishaq）发生战争，原因是哈里发穆塔瓦基任命后者为巴格达总督。穆罕默德·布·易卜拉欣认为这一任命将使其侄有权控制法尔斯。穆罕默德·布·伊沙克出任巴格达总督之后，罢免了其叔法尔斯总督的职务。对于塔希尔王朝的内讧，阿拔斯王朝进行了调和。851年，哈里发穆塔瓦基将塔希尔家族的另一位成员穆罕默德·布·阿布德从呼罗珊调来担任巴格达总督的职务，并任命他兼任萨瓦德和法尔斯两地总督。864年，在伊拉克的库法地区出现了雅赫亚·布·乌马尔叛乱，穆罕默德·布·阿布德镇压了这一叛乱。在9世纪中期，塔希尔王朝的纳贡臣阿布·达乌迪攻入阿富汗东部和扎布里斯坦（Zābulistān）。据记载，穆罕默德·布·阿布德将此次战争中在喀布尔俘获的两头大象、一些宠物和香料送给哈里发。865年，他为哈里发穆斯塔因组织过巴格达的防务。②

867年，穆罕默德·布·阿布德去世。在他去世之前，哈里发穆斯塔因曾想把他从巴格达调到呼罗珊，遭到他的拒绝。因此，哈里发穆斯塔因遵照他本人的意愿，任命他的小儿子穆罕默德·本·塔

---

① R. N. Frye, *The Cambridge History of Iran*, Vol. 4, p.101.

② Ibid., p.102.

希尔为呼罗珊总督（862—873 年执政）。与其前辈们相比，穆罕默德·布·塔希尔是一个无足轻重的人物，一个软弱无能、玩忽职守的酒色之徒。在他统治时期，塔希尔王朝结束了在呼罗珊的统治。

在穆罕默德·本·塔希尔统治时期，塔希尔王朝的西部地区受到了来自塔巴里斯坦的威胁。穆罕默德·布·阿布德曾任命其弟苏莱曼作为他在塔巴里斯坦和古尔甘的代理人，苏莱曼没收了当地居民作公共牧场的一些未开垦地，此举遭到当地居民的强烈反对，加之，他手下官员穆罕默德·布·奥斯·阿勒·巴勒克希在此实行暴虐统治，最终导致起义。起义得到了西部山区戴拉姆王朝的援助。一位名叫哈桑·布·宰德的人从雷伊来到塔巴里斯坦，将苏莱曼和塔希尔王朝的收税官驱逐。865 年，在卡兹文和詹兼又出现了反对塔希尔王朝的阿利德起义，领导人名叫考巴比，这些起义也得到戴拉姆王朝的援助。两年以后，考巴比被驱逐，而哈桑·布·宰德一直在里海地区活动，873 年，他带领拥护者越过阿勒布尔兹山脉占领了库米斯省，哈桑·布·宰德统治塔巴里斯坦直到他于 884 年去世。

以上起义并未对塔希尔王朝构成致命威胁，结束塔希尔政权的是锡斯坦的骚乱。锡斯坦宗教教派斗争激烈，特别是喀里吉特派，9 世纪中叶，一个名叫萨利赫的人组织武装，以“圣战”之名在锡斯坦镇压喀里吉特派运动。塔希尔二世统治期间，萨利赫与喀里吉特派之间的战争不断，塔希尔二世常常充当双方的仲裁人。在萨利赫队伍中，有一位名叫雅库布·布·莱斯（Ya‘qūb b. Laith）的军官，他的对手阿布德·阿拉赫·阿勒·锡齐（Abd-Allāh al-Sijzi）逃到塔希尔王朝，872 年，雅库布以此为借口出兵塔希尔王朝都城尼沙普尔。是年 8 月 1 日，他攻陷其城，俘获了塔希尔王朝埃米尔穆罕默德·本·塔希尔。穆罕默德·本·塔希尔的被俘标志着塔希尔王朝灭亡。此后，哈里发穆塔米德（al-Mutamid，870—892 年在位）任命雅库布为呼罗珊、塔巴里斯坦、雷伊和法尔斯等地的总督，建立了雅库布政权——萨法尔王朝。

关于塔希尔王朝以后的命运，史学界说法不一。据伽尔迪齐说，穆罕默德·本·塔希尔蔑视逃亡，他与家族一些成员及随从共70人被雅库布体面地监禁起来。据塔巴里书、伽尔迪齐书和《锡斯坦》一书的后半部分记载，雅库布远征法尔斯和阿瓦士期间（约回历261年）还将穆罕默德·本·塔希尔带在身边，雅库布战败以后，穆罕默德·本·塔希尔才逃到巴格达。哈里发穆塔米德重新任命他为呼罗珊总督，但穆罕默德·本·塔希尔不敢前去任职，派其弟胡赛因·布·塔希尔（Husayn b. Tāhir）代理统治（875—880年执政）。此后，穆罕默德·本·塔希尔被任命为巴格达总督（875—910年执政），他去世以后，他的叔父乌拜德·阿拉赫长期占据巴格达总督职位和苏尔塔职位。

塔希尔王朝灭亡以后，塔希尔家族成员阿布·塔勒哈（883—?年执政）成为一个地方政权的首领。尼沙普尔被萨法尔王朝夺取之后，阿布·塔勒哈最初逃到莫夫。879年，萨法尔王朝第二代君主阿木尔·布·莱斯（Amr b. Laith，879—900年在位）确立了对呼罗珊地区的控制权，883年，阿布·塔勒哈承认了阿木尔的宗主权，继续统治着尼沙普尔，并对呼罗珊一些地区派出自己的官员。但阿布·塔勒哈的统治是短暂的。

10世纪，塔希尔家族彻底没落了。10世纪波斯文学家萨阿利比（Tha'ālibi）曾提到10世纪后半期的塔希尔家族成员阿布·塔伊布·塔希尔，据说，此人主要靠从前塔希尔王朝的财产以及萨曼王朝的恩赐维持生活。

第二节　萨法尔王朝

萨法尔王朝是在呼罗珊南部锡斯坦建立的独立王朝。[①]锡斯坦地处阿拔斯王朝的边缘地区，哈里发派总督进行统治，在锡斯坦的一

① “萨法尔王朝埃米尔世系表”见附录一。

些大城市，如首府疾陵城（Zarang），哈里发还派军队驻防。但是，由于哈里发的收税官员残酷勒索，锡斯坦反收税官的农民起义和喀里吉特运动一直困扰着当地总督。后来，在疾陵城，虽然仍以阿拔斯王朝哈里发之名颂读胡特巴，但实际上该地区已不向哈里发上缴贡赋。

塔希尔王朝建立以后，也在锡斯坦地区派驻统治者和军队，如萨曼家族的伊利亚斯·伊本·阿萨德（Iyās ibn Asad）就是驻锡斯坦军队的雇佣将领。然而，驻锡斯坦的塔希尔王朝官员们未能在此实施有效的统治，他们长期没有能力征集税收，总督的法令也只在疾陵城发生作用。当时，锡斯坦的喀里吉特派运动十分激烈，最终汇集成哈姆扎·布·阿扎拉克领导的大规模暴动。塔希尔王朝埃米尔曾与哈姆扎进行过长期艰苦的斗争，然而，哈姆扎成功地反抗了塔希尔王朝的锡斯坦总督，为自己赢得了"信徒的司令"称号。

9世纪中叶以后，在疾陵城和布斯特城出现了一批反对喀里吉特派的警备部队，这支部队被称为"信仰的自愿者战士"（穆塔维亚，Muttawwi'a），但大多数史书以具有辱骂性的"阿亚尔党人"（暴徒或强盗）一名称之。9世纪中叶，阿亚尔党人对锡斯坦的喀里吉特派发起"圣战"。852年，布斯特城的阿亚尔党人领袖萨利赫·布·阿勒·纳德尔（Sālih b. al-Nadr）武力占领并统治了锡斯坦。第二年，他赶走了塔希尔王朝驻疾陵城的锡斯坦总督易卜拉欣·布·阿勒·胡达因（Ibrāhim b. al-Hudain），在此形势下，塔希尔王朝承认了萨利赫对锡斯坦的统治。

萨利赫在锡斯坦确立统治的当年，即853年，另一个阿亚尔党人领袖迪尔汗·布·纳斯尔（Dirham b. Nasr）对他的权威提出挑战，最终取而代之。萨利赫在失败之后退往阿富汗东南的坎大哈地区，在当地统治者尊比勒（Zunbil）的支持下向锡斯坦发起反攻。军官雅库布·布·莱斯在内讧中崭露头角。

雅库布出生于锡斯坦的一个小村庄，早年从事铜匠行业，在阿拉伯语中，铜匠为"Saffār"，因此，人们以"萨法尔"称呼雅库布，后来，他建立的政权被称为“萨法尔王朝”。雅库布加入了萨利赫领导的阿亚尔党人，与之并肩战斗。迪尔汗・布・纳斯尔夺取锡斯坦总督一职以后，雅库布又站在迪尔汗・布・纳斯尔一边反对萨利赫。由于作战勇敢和善于指挥军队，迪尔汗十分赏识这位年轻人，让他掌握了兵权。但 861 年，雅库布推翻了迪尔汗，自己成为锡斯坦的统治者。有学者将雅库布夺取锡斯坦统治权的 861 年视为萨法尔王朝之始。①

862 年，雅库布收编了锡斯坦喀里吉特派的 1000 名成员，其中重要的领导人被授予象征荣誉的官服。雅库布向这些人许诺：“你们当中是军官的，我将提升他为埃米尔；是普通骑兵的，我将提升他为军官；是步兵的，我将把他变成骑兵。今后我一旦发现谁有特殊才能，我将会给他特别的提升和荣誉。”②这些措施使他赢得了一部分喀里吉特派人的支持。

865 年，雅库布击败了萨利赫的武力复辟，萨利赫在此役中被杀。此后，一部分喀里吉特派人逃到了疾陵城与赫拉特之间的伊斯菲扎尔（今萨布扎瓦尔）山区和兴坎纳恩（Hindqānān）低地，赫拉特东北部的卡鲁赫城（Karūkh）成为喀里吉特派的根据地之一。在此后的 30 年间，该城一直是喀里吉特运动的大本营，一位名叫阿布德・拉赫曼的人继续领导喀里吉特运动，他自称是“喀里吉特派的哈里发”。

在统治锡斯坦的最初几年中，雅库布致力于巩固在锡斯坦的地位。从 867 年起，雅库布开始了与塔希尔王朝争夺呼罗珊南部城市的战争。塔希尔王朝埃米尔穆罕默德・本・塔希尔认为向雅库布妥协是明智的，他把锡斯坦、喀布尔、克尔曼和法尔斯四省授予雅库布。于是，雅库布在这些地区的统治具有了合法性，雅库布驻地在锡斯坦的疾陵城，他要求该城居民以他的名字颂读胡特巴。871 年，

① R. N. Frye, *The Cambridge History of Iran,* Vol. 4, p.108.

② Ibid., p.110.

哈里发穆塔米德之弟穆瓦法克（al-Muwaffaq）委任雅库布管理巴里黑和吐火罗斯坦。据伽尔迪齐记载，委任书是 870 年颁布的。[①]

871 年，雅库布向喀里吉特派的根据地赫拉特进军，希望一举消灭之。喀里吉特派领袖阿布德・拉赫曼召集一万人的部队进行抵抗，在遭到失败以后向雅库布投降。据塔巴里记，雅库布杀死了阿布德・拉赫曼。但据《锡斯坦》一书记载，雅库布任命阿布德・拉赫曼为整个伊斯菲扎尔和附近游牧区的总督，但在此期间，他被一群怀有不满情绪的喀里吉特派战士杀害，他们推举易卜拉欣・布・阿赫达尔为领袖，继续进行反雅库布的斗争。但最终，雅库布收编了喀里吉特派战士，易卜拉欣・布・阿赫达尔的部队并入雅库布的军队，他们从雅库布的政府中领取薪饷，被整编为特别排，名称是贾伊斯布・苏拉特。[②]

雅库布在赫拉特、法尔斯和阿富汗地区获得成功之后，目标对准了塔希尔王朝都城尼沙普尔。他借口塔希尔王朝庇护他手下的逃亡者，率军进攻尼沙普尔。在获悉雅库布进军的消息之后，掌握兵权的塔希尔王朝将军逃到达姆甘和里海地区，让埃米尔穆罕默德・本・塔希尔听天由命。874 年，雅库布不战而取塔希尔王朝都城尼沙普尔，结束了塔希尔王朝的统治。[③]学界普遍认为这一年是萨法尔王朝的创建之年。塔希尔王朝在呼罗珊的统治退守莫夫城。

雅库布在尼沙普尔金库中获取了塔希尔王朝的大量金钱、武器，他将这些资源用来武装军队，据说金库中的盾牌、利剑、镶金和银的铁锤武装了 2000 个突厥奴隶卫兵。[④]874 年，雅库布在追击塔希尔王朝残存势力之时来到塔巴里斯坦的萨里和阿模尔两城，向当地居民征收沉重的苛捐杂税。由于里海沿岸森林密布，气候炎热，雅库布停止西进，于 875 年返回尼沙普尔。在此，雅库布留部将乌宰

---

① R. N. Frye, *The Cambridge History of Iran,* Vol. 4, p.114.

② Ibid., p.110.

③ Ibid., p.114.

④ Ibid., p.115.

尔·布·阿勒·萨里（Uzair b. al-Sari）为呼罗珊总督[①]，自己返回锡斯坦。

雅库布的一系列行动引起了阿拔斯王朝的震惊。874 年，哈里发穆塔米德把从呼罗珊来的朝圣者召集起来，当面宣布雅库布的行为是非法的。876 年，雅库布向西进军直逼阿拔斯王朝中心，来到阿瓦士。在此危急时刻，哈里发穆塔米德改变了态度，迅速做出了安抚雅库布的决定。他对雅库布占据锡斯坦、克尔曼、莫克兰和信德等地予以承认，并答应将呼罗珊、塔巴里斯坦、古尔甘、雷伊和法尔斯赐予雅库布。此外，哈里发穆塔米德还许诺将巴格达萨希布·阿勒·苏尔塔一职也从塔希尔家族转由雅库布家族担任，他甚至答应在麦加和麦地那的祈祷中，在颂读胡特巴之时可以提到雅库布的名字。这些决定是哈里发穆塔米德公开向巴格达商人和从呼罗珊来的朝圣者宣布的。

然而，雅库布不为所动，他的目标是武力推翻阿拔斯王朝。于是，哈里发穆塔米德只有迎战了。经过艰苦战斗，876 年，哈里发穆塔米德的军队在离巴格达城 50 英里的底格里斯河畔阻止并击败了雅库布的军队。[②]接着，哈里发穆塔米德的军队乘胜追击，于 877—878 年间收复了阿瓦士，以后又收复了法尔斯。哈里发穆塔米德任命穆罕默德·布·瓦西尔（Muhammad b. Wāsil）为法尔斯总督，但是，穆罕默德·布·瓦西尔于 879 年去世，在此情况下，哈里发穆塔米德只好重新任命雅库布为法尔斯总督。

在进攻阿拔斯王朝中心地区之时，雅库布原来打下的江山很多又被塔希尔王朝收复。一位来自胡吉斯坦（Khūzistān）的塔希尔王朝士兵胡吉斯坦尼（Khujistāni）投奔雅库布，胡吉斯坦尼是一个有政治抱负的人，之后，他组织力量反叛，驱逐了雅库布派驻尼沙普

---

① 萨法尔王朝时期呼罗珊总督：乌宰尔·布·阿勒·萨里（875—878 或 879 年执政）、胡吉斯坦尼（878 或 879—882 年执政）、拉菲·布·哈尔萨马（882—883 年执政）、阿布·塔勒哈（883—? 年执政）。

② R. N. Frye, *The Cambridge History of Iran*, Vol. 4, p.113.

尔的总督乌宰尔·布·萨里，以塔希尔王朝的名义在尼沙普尔实施统治，875 年，他在礼拜中以原塔希尔王朝埃米尔穆罕默德·本·塔希尔之名颂读胡特巴。878—879 年，胡吉斯坦尼收复了呼罗珊大部分地区。赫拉特也落入塔希尔王朝的末代君主阿布·塔勒哈的兄弟雅马尔之手。

萨法尔王朝重新确立对呼罗珊的统治是在雅库布之弟阿木尔·布·莱斯统治时期。879 年，雅库布在尼沙普尔城去世。按他的遗愿，埃米尔之位应该由他的幼弟阿里·布·莱斯（Ali b. al-Laith）继承，然而，雅库布的大弟阿木尔·布·莱斯在斗争中获胜，顺利地登上了萨法尔王朝埃米尔的宝座。幼弟阿里不承认这一结果，兄弟俩开始争夺埃米尔之位，结果，阿里战败被囚。后来，他出逃并先后投奔了阿木尔的敌人胡吉斯坦尼和拉菲·布·哈尔萨马（Rāfi b. Harthma）。

阿木尔曾经从事过租骡、石匠等职业，在萨法尔王朝的创建过程中，他立下了汗马功劳，因此，他的夺位得到了锡斯坦军民的拥戴，他宽宏大量、慷慨大方，具有政治家风度。他的仁慈和宽宏到如此程度，以至于搬动他的厨房要用 400 头骆驼，其他事就可想而知了。[①]875 年，他曾给哈里发穆塔米德送去了 100 万迪尔汗的贡赋，因此被任命为赫拉特总督，并获赐荣誉长袍。然而，阿木尔在赫拉特的统治并不长久。878 年，胡吉斯坦尼在尼沙普尔复辟，率军攻打赫拉特城，阿木尔被迫逃走。此后，阿木尔的活动主要是对付塔希尔王朝在呼罗珊地区的复辟势力。

880 年，胡吉斯坦尼乘胜入侵萨法尔王朝统治中心锡斯坦，围攻疾陵城，但无功而退。880—881 年间，胡吉斯坦尼抛弃了塔希尔王朝的外衣，建立了独立王朝，在尼沙普尔以哈里发和他本人的名字颂读胡特巴，在尼沙普尔和赫拉特发行了自己的钱币迪尔汗。除了尼沙普尔和赫拉特外，胡吉斯坦尼还统治了吐火罗斯坦。882 年末，

---

① Nizam al-Mulk, *The Book of Government or Rules for Kings*, p.18.

他被自己的一个突厥奴隶卫兵杀死。

在胡吉斯坦尼建立独立政权期间，阿木尔成功地与偏安于莫夫城的塔希尔王朝末代埃米尔阿布·塔勒哈言和。胡吉斯坦尼去世以后，阿木尔于 883 年夺取尼沙普尔，把它交给阿布·塔勒哈管理。是年，阿木尔和阿布·塔勒哈的名字共同出现在尼沙普尔铸造的一枚钱币上。此后不久，阿木尔与阿布·塔勒哈之间发生了争夺呼罗珊的战争。阿布·塔勒哈在这场斗争中失败，逃往河中地区的萨曼家族领地避难。885 年，在萨曼家族成员伊斯迈伊尔·布·阿赫默德（Ismā'il b. Ahmad）的支持下，阿布·塔勒哈重新夺取莫夫城。于是，阿木尔再次与阿布·塔勒哈言和，他们达成协议，阿布·塔勒哈在名义上承认阿木尔的宗主权，阿木尔则任命阿布·塔勒哈驻扎莫夫城，以阿木尔之子穆罕默德·布·阿木尔的名义任职呼罗珊总督。

胡吉斯坦尼去世之后，他手下的部将拉菲·布·哈尔萨马继承了他的事业。拉菲曾是塔希尔王朝军队将领，后来担任胡吉斯坦尼的军队总司令。胡吉斯坦尼死后，拉菲在赫拉特和尼沙普尔两城的礼拜中，重新以塔希尔王朝埃米尔之名颂读胡特巴。拉菲政权得到了河中地区萨曼王朝的支持，力量迅速增长。在萨曼王朝军队和司令官胡赛因·本·阿里·马瓦兹（Husayn b. Ali Marwazi）的帮助下，拉菲将偏安在莫夫的塔希尔王朝埃米尔阿布·塔勒哈驱逐，886 年，又赶走了阿布·塔勒哈在赫拉特的代理人。接着，拉菲向锡斯坦进军，一直打到法尔斯。889 年，拉菲进攻古尔甘和塔巴里斯坦，在查卢斯击败了起义首领穆罕默德·布·宰德。890 年，拉菲攻占了卡兹文和雷伊，在雷伊建立国家。此时，阿木尔之弟阿里·布·莱斯从监禁中逃出，参加了拉菲反阿木尔的战争，后来，阿里·布·莱斯的三个儿子莱斯·布·阿里、穆阿达勒·布·阿里和穆罕默德·布·阿里在萨法尔王朝权力斗争中将发挥重要作用。

9 世纪末，哈里发穆塔迪德（Al-Mutadid，892—902 年在位）企图借用阿木尔的力量铲除拉菲在雷伊的政权，哈里发穆塔迪德赐予阿木尔象征政权的王室旗标，它在尼沙普尔被展示了三天。896 年，哈里发穆塔迪德向拉菲发出最后通牒，然后出兵雷伊。拉菲在雷伊之战失败，便率军占领了尼沙普尔城。呼罗珊的宗教界首领站在阿木尔一边，打败拉菲，并将他赶出尼沙普尔。接着，拉菲在拜哈克和徒思的战争中也遭到失败，896年，在花剌子模被杀，其首级被送到巴格达。接着，阿木尔在呼罗珊清洗反对派，阿里之子穆阿达勒·布·阿里被囚禁在疾陵城。

897年，哈里发穆塔迪德把雷伊及阿木尔已占领地区全部授予他，萨法尔王朝成为一个西起阿瓦士和伊斯法罕（Isfahan），东到巴米延和喀布尔的军事大帝国。阿木尔任命乌拜德·阿拉赫·布·阿布德·阿拉赫为他在巴格达的代理人，任命穆罕默德·布·阿比勒·萨杰为他在圣地麦加的代表。阿木尔不仅在尼沙普尔树立了自己的威望，而且在麦加也有一定威信。881年，在麦加朝圣典礼期间，阿木尔的代表与埃及总督阿赫默德·布·土伦的代表就优先权问题进行了激烈的争论，最后，阿木尔的代表获胜，萨法尔王朝的影响力在麦加日益扩大，阿木尔的旗帜被挂在先知的讲坛（明巴尔）右面。在阿木尔统治后期，萨法尔王朝的权威可能延伸到了波斯湾海岸。

阿木尔在呼罗珊的统治稳固以后，企图将势力扩展到阿姆河以东地区。阿木尔率军护送一个叫穆罕默德·布·阿木尔·阿勒·花剌子密（Muhammad b. Amr al-Khwārazmi）的人返回花剌子模掌权。此举激怒了在花剌子模行使宗主权的萨曼家族。于是，萨法尔王朝与萨曼家族之间发生了矛盾。900年，双方在阿姆河南岸打了一仗。阿木尔战败被俘，被送到巴格达监禁，902年，被哈里发穆克塔菲处死，哈里发穆克塔菲将萨法尔王朝东部领地转赐给萨曼家族。

阿木尔去世以后，统治东部伊斯兰世界近半个世纪的萨法尔王朝衰落了，它的领土不断缩小，王朝的有效统治区域仅限于锡斯坦。雅库布后裔们在锡斯坦的统治虽然一直持续到1002年，但是，阿木尔被杀的902年标志着萨法尔王朝的灭亡。

阿木尔被俘以后，萨法尔王朝将军们将阿木尔之孙塔希尔

（Tahir）扶上埃米尔的宝座（900—908年在位），塔希尔曾担任莫夫总督。据《锡斯坦》记载，萨曼家族最初希望获得一笔赎金就释放阿木尔，但塔希尔不愿这样做。与前两任相比，塔希尔是一个懦弱而喜欢享受的人，醉心于打猎。继位之时，他从阿木尔在疾陵城的金库中接管了3600万迪尔汗，其中大部分用来修建宫殿和花园。

塔希尔统治时期，萨法尔王朝统治权实际上掌握在三人手中，即塔希尔的叔父莱斯·布·阿里、塔希尔军队司令官赛布克里（Sebük-eri）及赛布克里的部下阿布德·阿拉赫·布·穆罕默德（Abd-Allāh b. Muhammad）。其中，莱斯任莫克兰总督；突厥奴隶出身的赛布克里是萨法尔王朝袭击扎布里斯坦时抓获的俘虏，但后来他成为法尔斯和克尔曼的统治者；阿布德则出自尼沙普尔城米卡利斯家族，他统治着尼沙普尔。

905年以后，赛布克里表现出独立倾向，不再将法尔斯和克尔曼的岁入上缴。塔希尔的财政收入只有依靠叔叔莱斯的支持。此后，萨法尔王朝税收废弛，收入减少，到906年国库空虚。908年，莱斯把他在莫克兰的岁收送给了塔希尔，塔希尔从中拿出一部分作为贡赋送到巴格达，换取新任哈里发穆克塔迪尔（Al-Muqtadir，908—932年在位）承认他的统治权。[①]在保留至今的一枚908年铸造的钱币上刻有塔希尔的名字。

但此后，财力强大的莱斯反叛，率军围攻疾陵城，城内大多数军官都背弃了塔希尔，疾陵城很快被攻下，塔希尔与家人西逃法尔斯，求助于赛布克里。然而，赛布克里把他们囚送巴格达，此举赢得了哈里发穆克塔迪尔的信任，于是，哈里发穆克塔迪尔将法尔斯省总督的职位正式授予赛布克里。

赶走塔希尔以后，莱斯继任萨法尔王朝的埃米尔（909—910年在位），法尔斯总督赛布克里率先起来反对。910年，莱斯率7000骑兵向法尔斯进军，惩罚赛布克里的反叛行为。军队在克尔曼城击败

① R. N. Frye, *The Cambridge History of Iran*, Vol. 4, p.112.

赛布克里，然后向西推进到伊斯塔赫里和设拉子。赛布克里向哈里发穆克塔迪尔求援，哈里发穆克塔迪尔派奴隶出身的将军穆尼斯率兵援助。结果，莱斯的军队被击败，莱斯被俘后囚禁在巴格达，于929 年死于拉卡。

不久，赛布克里与哈里发穆克塔迪尔的关系破裂。赛布克里曾许诺缴纳 1600 万迪尔汗的贡赋，然而，他在法尔斯只征收到 160 万迪尔汗。对此，哈里发穆克塔迪尔很不满意，于是，发动了惩罚性的远征。910 年，赛布克里在设拉子被击败，越过沙漠地带逃到赫拉特和莫夫，最终被萨曼家族的伊斯迈伊尔俘虏，被送到巴格达，918 年，他在巴格达去世。

莱斯・布・阿里被俘以后，其弟穆罕默德・布・阿里在锡斯坦继位，成为萨法尔王朝埃米尔（910—911 年在位），他的统治区域仅局限于锡斯坦、扎明达瓦尔和喀布尔。穆罕默德・布・阿里继位以后，释放了被阿木尔囚禁的兄弟穆阿达勒・布・阿里。不久，穆阿达勒夺取了疾陵城的统治权，穆罕默德只好偏安于布斯特城，他在此大肆勒索，不得人心，名声很坏。

萨曼王朝埃米尔伊斯迈伊尔几乎没有遇到任何抵抗就进入了布斯特城，穆罕默德被杀。伊斯迈伊尔将穆罕默德夺取的全部财产退还布斯特城民。此后，萨曼王朝将军西木居尔・达瓦提（Simjūr al-Dawati）俘获并杀死在疾陵城的穆阿达勒。911 年，萨曼家族在锡斯坦确立了自己的统治，萨法尔王朝在锡斯坦的统治结束，王室的大多数成员被囚禁在巴格达。但此后，萨法尔王朝残余势力为恢复萨法尔王朝仍进行了长期斗争。

第三节　萨曼家族

波斯萨曼家族的崛起几乎与塔希尔王朝的创建同时。7 世纪初，萨曼氏是巴里黑城有名的大家族，为了彰显家族的光荣历史，该家族将其祖先追溯到588年萨珊波斯帝国名将巴赫兰·楚宾（Bahrām Chōbīn）。先祖萨曼在巴里黑地区建萨曼村，并担任村长，像不花剌城主被称为布哈尔·护达一样，他被称为萨曼·护达（Sāmān Khudā），萨曼村成为萨曼家族的祖居之地。[1]

8世纪中叶，当倭玛亚王朝在吐火罗斯坦进行掠夺和征服活动之时，萨曼家族在当地的政治斗争中失败。据10世纪史家纳尔沙喜记，在呼罗珊总督穆斯里姆和阿萨德时期，萨曼·护达先祖从巴里黑到莫夫求助，总督阿萨德出兵帮助萨曼打败了敌人。重返故土之后，萨曼放弃了原来的祆教信仰，改宗伊斯兰教，并给长子取名阿萨德，以表达他对呼罗珊总督的感激之情。此后，阿萨德的后裔统治了河中地区。

阿萨德有四个儿子：努赫·伊本·阿萨德（Nūh ibn Asad）、阿赫麦德·伊本·阿萨德（Ahmad ibn Asad）、雅赫亚·伊本·阿萨德（Yahyā ibn Asad）和伊利亚斯·伊本·阿萨德。9世纪初期，兄弟四人曾参加了镇压撒麻耳干拉飞起义，为阿拔斯王朝立下汗马功劳。麦蒙继任哈里发之后，重用萨曼家族。819年，呼罗珊总督伽桑·本·阿巴德秉承哈里发麦蒙之意，任命阿萨德的四个儿子在中亚担任地方长官：努赫任撒麻耳干长官（819—842），阿赫麦德任拔汗那长官（819—865），雅赫亚任石国长官（819—855），伊利亚斯任赫拉特长官（819—856或857）。据史书记载，塔希尔王朝时期，锡斯坦的一位军队司令正是萨曼家族成员伊利亚斯·伊本·阿萨德。除伊利亚斯留在呼罗珊地区的赫拉特城外，萨曼家族迁到河中地区。萨曼家族成员虽然独立掌管着各自的领地，但他们在河中地区的统治最初是隶属于塔希尔王朝的，尽管他们以自己的名义铸造铜币，并可以在自己的领地上征兵。

821年，塔希尔成为呼罗珊总督以后，开始表现出独立于哈里

---

① 据俄国学者巴托尔德考察，萨曼村位于巴里黑省区，此说得到了美国学者J. 桑德尔斯（J. Saunders）的赞同，苏联学者A. 谢苗诺夫（A. Semenov）认为，萨曼家族来自帖尔穆兹，即东经67度、北纬37度附近的一个村子，参见许序雅：《中亚萨曼王朝史研究》，第19页。

发的倾向。在此期间，阿拔斯王朝加强了河中地区的统治，极力将河中地区与塔希尔王朝统治的呼罗珊地区分开来，从各方面强调河中地区与阿拔斯王朝的直属关系。

822 年，当萨曼之孙阿赫麦德·伊本·阿萨德在拔汗那的统治受到异教徒攻击之时，哈里发麦蒙派大臣阿赫默德率阿拔斯王朝军队赶到拔汗那，驱逐了“信仰的敌人”，恢复了阿赫麦德·伊本·阿萨德在此地的统治。此后，哈里发穆台西姆曾出资 200 万迪尔汗在雅赫亚·伊本·阿萨德统治的石国开掘灌溉水渠。据阿拉伯学者伊本·胡尔达兹比赫的记载，826—827 年，阿拔斯王朝在为塔希尔王朝规定缴纳年税的数额之时，把河中地区与塔希尔统辖地区并列，把努赫三兄弟统辖的撒麻耳干、拔汗那、石国视为一体；此外，还把不花剌城专门列举出来。按当时的规定，不花剌的年税额是 118.92 万吉特里夫币，折合银币是 19.82 万迪尔汗。[①]以上记载说明，在塔希尔王朝独立于阿拔斯王朝期间，阿拔斯王朝已经把河中地区作为直属的独立单位，以免呼罗珊插手河中地区事务，更不许呼罗珊总督侵吞河中地区的年税。

在此时期，萨曼家族开始在河中地区发展势力，努赫所在的撒麻耳干城成为萨曼家族统治的大本营。842 年，努赫去世，统治拔汗那的阿赫麦德承袭了家族族长的地位。他派自己的长子纳斯尔·伊本·阿赫麦德（Nasr ibn Ahmad，865—892 年执政）去撒麻耳干接管努赫的统治。855 年，统治石国的雅赫亚去世，作为族长的阿赫麦德又将石国纳入自己家族的统治。至此，除了不花剌、卡什卡河谷及苏尔汉河谷以外，阿赫麦德家族将河中地区统一起来。

874 年，在锡斯坦创建的萨法尔王朝打败了塔希尔王朝，塔希尔王室残余势力胡赛因·布·塔希尔撤退并占领了花剌子模，成为该地区统治者。在占领花剌子模的当年，胡赛因率军侵入不花剌，抢

---

① 王治来：《中亚史》第 1 卷，第 96 页。王治来：《中亚史纲》，第 301 页说，阿拔斯王朝在 826—827 年将不花剌城年税额定为 19.4761 万迪尔汗，折合成吉特里夫币为 116. 8567 万。现以后者为准。

劫杀戮，烧毁城市的三分之一，抢劫了不花剌城的全部税款。胡赛因的暴行激起了不花剌城民的反抗，胡赛因被赶走。然而，当时的不花剌统治者侯赛因·伊本·穆罕默德·阿尔·哈瓦里吉（Husain ibn Muhammad al-Khawānridj）无力进行有效的统治，以著名的不花剌伊玛目花伽·阿布·哈胡斯一世之子、法学家阿布·阿卜杜勒为首的不花剌显贵们写信给撒麻耳干统治者阿赫麦德长子纳斯尔·伊本·阿赫麦德，请求派人到不花剌维持当地秩序。

接到信之后，纳斯尔立即派他的兄弟伊斯迈伊尔·布·阿赫麦德前往不花剌，由于走得匆忙，伊斯迈伊尔只带了少数扈从。在离不花剌城不远的卡尔明纳（Karmina）之地，伊斯迈伊尔停了下来，他分析靠他所带的几个人难以完成接管不花剌城的任务，于是，他派信使到不花剌与城主哈瓦里吉谈判，哈瓦里吉在得到伊斯迈伊尔允诺保留继承权之后，表示可以投降，向伊斯迈伊尔表示效忠，并同意交出军队。伊斯迈伊尔给哈瓦里吉颁发了继承权证书，授予了象征荣誉的旌旗和礼袍。874 年 6 月 25 日，以法学家阿布·阿卜杜勒为首的不花剌贵族到卡尔明纳迎伊斯迈伊尔入城。7 月 4 日，伊斯迈伊尔以不花剌民众的解放救星、法律和秩序保护者的身份进入不花剌城。在欢迎仪式中，不花剌人仿效突厥人习俗，向伊斯迈伊尔身上撒金银粉。[①]

进城以后，伊斯迈伊尔背信弃义地把哈瓦里吉投入监狱，把时任布哈尔·护达的阿布·穆罕默德（Abū Muhammad）和大富豪阿布·哈丁·雅沙里（Abū Hātim Yasāri）为首的一批贵族送到撒麻耳干软禁起来，直到他在不花剌的统治巩固之后，这些人才得以返回。为了增强自己的经济实力，伊斯迈伊尔没收了布哈尔·护达家族年收入高达 2 万迪尔汗银币的地产。[②] 伊斯迈伊尔的暴虐统治引起了不花剌民众的反抗，伊斯迈伊尔派警卫队长侯赛因·本·阿尔·阿拉

① 许序雅：《中亚萨曼王朝史研究》，第 26 页。

② Narshakhī, *The History of Bukhara*, p.12.

（Husain b. Al-ara）镇压，并将被俘的起义者押送撒麻耳干城囚禁。在对付当地贵族的斗争中，伊斯迈伊尔开始重用突厥人。

至此，萨曼家族以撒麻耳干为中心基本上统一了河中地区。865年，阿赫麦德去世。长子纳斯尔的地位上升。872年，哈里发穆塔米德给纳斯尔颁发委任令，任命他为河中地区总督，管治“从阿姆河到最远的东方”之地。哈里发的证书颁布之年可以视为萨曼王朝的创建之年。此后，河中地区在星期五正午祈祷时以纳斯尔的名字颂读胡特巴，在不花剌城，以伊斯迈伊尔和纳斯尔两人的名字颂读胡特巴。886年，纳斯尔在撒麻耳干铸造以往只有塔希尔王朝才有资格铸造的银币迪尔汗，他发行的迪尔汗币保留下来，今存乌兹别克斯坦塔什干历史博物馆。

最初，伊斯迈伊尔在不花剌的统治并不稳固，北面的花剌子模有塔希尔王朝残余势力，南面的萨法尔王朝正在向外扩张。885年，花剌子模统治者胡赛因·布·塔希尔率领2000名士兵渡过阿姆河，进犯不花剌城。实力单薄的伊斯迈伊尔征召各族士兵，其中有不少善战的突厥人。在士兵们奋勇抵御下，胡赛因撤军，不花剌城转危为安。然而，正当伊斯迈伊尔在不花剌城的统治逐渐巩固之时，伊斯迈伊尔与其兄纳斯尔之间却发生了冲突。

伊斯迈伊尔统治不花剌城不到两年，纳斯尔就派总管（伊斯马特）和私人秘书阿尔·马尔瓦日来到不花剌协助统治，其实是监督伊斯迈伊尔的行动。按纳斯尔的规定，不花剌城每年应向纳斯尔缴纳50万迪尔汗的年税，这一数字比过去需要上缴额增加了1.5倍。[①] 在伊斯迈伊尔与花剌子模军队作战期间，由于战争花费巨大，885年的税收额未达到50万迪尔汗，由此引起纳斯尔的不满，兄弟之间反目成仇。

是年底，纳斯尔率军从撒麻耳干出发前往不花剌城。出发前，他分别写信给他的两个兄弟，即拔汗那统治者阿布尔·阿沙特

① 许序雅：《中亚萨曼王朝史研究》，第28页。

（Abul Ashath）和石国统治者法德尔·本·阿布·尤素夫（Fadl b. Abū Yūsūf），要他们率兵前来助战。面对来势汹汹的纳斯尔军队，伊斯迈伊尔撤离不花剌，退守费莱布尔（Feilaibr）。纳斯尔军队进入不花剌城，但他未能在此建立统治。伊斯迈伊尔与原塔希尔王朝部将、呼罗珊总督拉菲·布·哈尔萨马是朋友，他去信请求后者的援助。拉菲率军过了冰冻的阿姆河，前来助战。拉菲建议不攻不花剌，直接向撒麻耳干进军。纳斯尔闻讯赶回撒麻耳干，部队在塔剌思处（疑是伊本·胡尔达兹比赫书中的泰瓦维苏，Tawāwisu）封锁道路，对沿路各村镇实行坚壁清野。伊斯迈伊尔率领的联军只得沿沙漠行进，许多士兵饿死在沙漠中。在此困境之下，拉菲动摇，劝伊斯迈伊尔与纳斯尔言和，由他出面调停。兄弟之间的战争终于暂时平息，双方言和的条件是：伊斯迈伊尔放弃以他的名字颂读胡特巴；不花剌的行政长官由纳斯尔任命的伊斯哈克·伊本·阿赫麦德担任；每年向纳斯尔上缴 50 万迪尔汗的税收。887 年，纳斯尔退回撒麻耳干。①

一年之后，纳斯尔派人到不花剌取税款，被伊斯迈伊尔拒绝。于是，战事重开。纳斯尔集结了包括其弟阿布尔·阿沙特的拔汗那军在内的所有兵力，对不花剌发起进攻。伊斯迈伊尔在不花剌招募到 2000 自愿兵，又从花剌子模征召了一部分士兵。在他的胁迫下，不花剌行政长官伊斯哈克与他一起抵御纳斯尔的军队，经历几次失败之后，伊斯迈伊尔于 888 年 12 月 26 日终于打败了纳斯尔联军，阿布尔·阿沙特败逃，纳斯尔被俘。为了争取纳斯尔部下及民众的支持，伊斯迈伊尔礼待纳斯尔，派将领护送他返回撒麻耳干。此战之后，伊斯迈伊尔的势力超过了纳斯尔，成为河中地区实际上的统治者。

在萨曼家族的内战中，河中地区实际上已经分裂为纳斯尔和伊斯迈伊尔两派，在斗争中，两派都倚重突厥人以加强自己的军事实力。伊斯迈伊尔建立了一支以突厥人为主体的军队。888 年，当他与

---

① 许序雅：《中亚萨曼王朝史研究》，第 28—29 页。

兄长纳斯尔作战之时，他仅有2000多名士兵，其中除了奴隶侍卫外，绝大部分是志愿兵；到900年与萨法尔王朝军队作战之时，他的军队已经有2万人以上，此外，还有曼苏尔·本·喀喇特勤（Mansūr b. Karategin）率领的3万突厥人。[①]

892年8月21日，纳斯尔去世，留下遗嘱，让其弟伊斯迈伊尔继承河中地区总督的位置。第二年，哈里发穆塔迪德颁诏认可了伊斯迈伊尔的继任。伊斯迈伊尔将撒麻耳干交给纳斯尔之子阿赫麦德·伊本·纳斯尔统治，自己以不花剌城为都，建立了属于自己的王朝，因此，有史家认为伊斯迈伊尔才是萨曼王朝的真正创建者。[②]

第四节　萨曼王朝

伊斯迈伊尔巩固了自己的统治之后，于9世纪末期10世纪初期进行了一系列扩张战争，在西起里海沿岸东至锡尔河畔的地区内确立了萨曼王朝的统治。10世纪初，阿拔斯王朝哈里发承认了萨曼王朝在呼罗珊、塔巴里斯坦和古尔甘，河中地区和突厥斯坦，以及在印度河流域信德地区的统治。伊斯迈伊尔任命萨曼家族成员统治上述地区。

907年11月26日，伊斯迈伊尔病死，享年58岁。他的儿子阿合马德·本·伊斯迈伊尔（Ahmad b. Ismail）继位为萨曼王朝埃米尔（907—914年在位），兼任呼罗珊总督。阿合马德在撒麻耳干城登基，他的继位得到了军队领袖、政府显贵的支持，他们向他宣誓效忠。继位之后，阿合马德立即派使者到巴格达向哈里发报告，哈里发穆克塔菲送来一张授权诏令和一幅旗标，以示承认。

---

① 许序雅：《中亚萨曼王朝史研究》，第200页。

② “萨曼王朝埃米尔世系表”见附录一。

继位之初，阿合马德因与其叔、塔巴里斯坦总督阿布尔·阿巴斯（Abul Abbās）有宿怨，他不顾大臣们的反对，于909年底免去阿布尔之职，由一个叫沙拉姆（Salam）的突厥人接任，开辟了突厥军队首领担任外省总督的先例。

阿合马德在位期间，萨法尔王朝的复国运动在呼罗珊展开，萨曼王朝在阿姆河以西的统治一度动摇。910年，阿合马德从不花剌赶到呼罗珊平定了叛乱，突厥将领西木居尔·达瓦提参加了平定萨法尔王朝的复国战争。战争结束以后，913年，阿合马德任命西木居尔·达瓦提为锡斯坦总督。任命突厥军事贵族担任外省总督的做法使突厥军官的权力迅速增长，为他们建立割据政权创造了条件。

军人地位的上升对萨曼家族的统治造成了威胁。为了遏制突厥势力，阿合马德转而加强了波斯人在国家政权中的作用。此举激化了他与突厥侍卫之间的矛盾，矛盾激化到阿合马德必须拴一只小狮子在卧室门口才能安睡的程度。914年初的一天，他忘记了拴狮子，结果，一群突厥侍卫冲进营帐，砍下他的头。他的尸体被运回不花剌，葬在诺坎达（Norqāndā）。

阿合马德死后，不花剌的军界和宗教界拥立阿合马德之子纳斯尔·本·阿合马德（Nasr b. Ahmad）继任萨曼王朝埃米尔，史称纳斯尔二世（914—943年在位）。纳斯尔继位之时年仅8岁，王朝的真正统治者是宰相（维齐尔，Wazir）阿布·阿里·贾哈尼（Abū Ali Jayhāni）和军队统帅哈穆亚·本·阿里（Hamuya b. Ali）。贾哈尼宰相（第一任期：914—922年；第二任期：938—941或942年）不仅是一位有才能的政治家，还是著名学者和地理学家。上任之初，他清算了谋杀阿合马德的一批官兵，官员阿布尔·哈桑（Abul Hasan）被处绞刑，卫队的其他成员被处死，幸存的参与者逃往突厥斯坦。

在纳斯尔二世统治之初，萨曼王室发生了反埃米尔的叛乱，其中，影响最大的是纳斯尔的叔叔伊斯哈克·伊本·阿赫麦德（Ishāq

b. Ahmad）叛乱。[①]伊斯哈克在撒麻耳干城的叛乱得到了撒麻耳干居民的拥护。萨曼王朝军队统帅哈穆亚·本·阿里出兵打败了伊斯哈克，夺取了撒麻耳干城。据伊本·阿西尔记载，此事发生在回历301年拉曼丹月（公元914年4月）。[②]伊斯哈克失败以后重整旗鼓再次与萨曼王朝军作战。最后，伊斯哈克战败被俘，纳斯尔二世宽恕了他，把他留在不花剌城。纳斯尔的堂兄弟阿木尔·穆罕默德·本·阿萨德（Amr Muhammad b. Asad）被任命为撒麻耳干总督，他在此铸造并发行了铜币。

伊斯哈克在撒麻耳干起兵叛乱之时，其子曼苏尔·本·伊斯哈克（Mānsūr b. Ishāq）和伊尔亚斯·本·伊斯哈克（Ilyās b. Ishāq）在呼罗珊起兵响应。曼苏尔是雷伊总督，在反叛战争中，他攻占呼罗珊的几座城镇，但最终被萨曼王朝军队打败，在尼沙普尔战死。此后，叛军由曼苏尔的盟友胡赛因·本·阿里·马瓦兹率领。胡赛因是萨曼王朝将领，在阿合马德统治时期因功被任命为赫拉特总督。但他对自己的这一任命并不满意，于是，参加了伊斯哈克父子的反叛。胡赛因以什叶派旗帜为号召，争取到一部分宗教人士的支持。镇压胡赛因的任务主要由地区大德赫干阿赫迈德·本·沙尔（Ahmad b. Sahl）承担。918年夏，胡赛因被俘，他披上裹尸布到不花剌向纳斯尔请罪，得到宽恕。然而，镇压胡赛因的大德赫干阿赫迈德因功割据，建立了自己的政权。919年底，萨曼王朝军队统帅哈穆亚率军平定了阿赫迈德之乱。此后，萨曼王朝在呼罗珊的统治稳定下来。法尔斯、克尔曼、塔巴里斯坦、古尔甘以及伊拉克等地在星期五祈祷中，以纳斯尔之名颂读胡特巴，说明这些地区承认了萨曼王朝的统治。

在萨曼王朝西部地区平静之时，东部地区仍然动乱不已。922年，伊斯哈克之子伊尔亚斯在拔汗那煽动叛乱，叛军人数达3万人。撒

---

① 许序雅：《中亚萨曼王朝史研究》，第46页。

② 同上书，第46—47页。

麻耳干总督阿木尔·穆罕默德·本·阿萨德率2500人的军队以少胜多，平定了叛乱。伊尔亚斯在石国统治者法德尔·本·阿布尔·尤素夫的帮助下企图重整旗鼓，但没有成功，后来逃到喀什噶尔，与当地德赫干吐汗特勤（Tughān tagin）结成联盟，继续进行反萨曼王朝的斗争。但纳斯尔原谅了他，将他从喀什噶尔召回不花剌。

929—930年间，纳斯尔离开不花剌城前往尼沙普尔。在此期间，被他囚在不花剌城堡的三个兄弟在面包师阿布·巴克尔（Abu Bakr）和军队的帮助下逃出，夺取了不花剌城的统治权，其中，阿布·扎卡里亚·雅赫亚（Yahyā）僭立为埃米尔。锡尔河北岸白水城突厥统治家族成员喀喇特勤·伊斯菲加比（Qarā-Tegin Isfijabi）参与了这次政变。萨曼王朝宰相阿布尔·法德尔·巴尔阿米（Abul-Fadl Balami）设法与宗教首领取得联系，将政变首要人物面包师阿布·巴克尔抓获并鞭死。纳斯尔率军返回不花剌之时，政变已被平息，雅赫亚先后逃亡撒麻耳干、巴里黑、尼沙普尔，最后逃到巴格达，在那里去世。参与叛乱的另外两兄弟伊卜拉希姆（Ibrahim）和曼苏尔得到纳斯尔的宽恕，留在不花剌城。[①]

内部斗争削弱了萨曼王朝统治者的力量，军事将领们拥兵自重，开始颠覆萨曼政权，在统治中心不花剌城发生了突厥军队首领密谋反埃米尔的兵变。941—942年间，不花剌城发生地震，宰相阿布·阿里·贾哈尼死于地震中。次年，在呼罗珊纳沙（Nasā）城一带又发生地震。这些灾害无疑给萨曼王朝雪上加霜，导致财政困难。942年，军队统帅向纳斯尔提议进攻被突厥人占据的锡尔河以北地区的八拉沙衮（Balāsāghūn）城，为此，他们集合了王朝全部军事首领赴宴议事，准备在宴会上密谋废黜埃米尔。这一阴谋被纳斯尔之子努赫识破，父子俩设计诱斩了军队统帅。事后，在努赫的压力下，纳斯尔于942年5月31日宣布退位，把统治权力交给了努赫。退位以后，纳斯尔闭门思过，次年4月6日病死。努赫为父亲举哀3天，

① 许序雅：《中亚萨曼王朝史研究》，第47—48页。

于 4 月 10 日正式继承埃米尔王位[①]，史称努赫一世。

努赫一世统治时期（943—954），萨曼王朝国内矛盾尖锐。统治者与宗教界发生冲突，努赫在全国范围内展开了镇压伊斯兰教异端分子的运动，什叶派被斥为异端，努赫宣布要把呼罗珊和河中地区异教徒的财产转到正统派手中。什叶派首领纳赫沙比和信奉该教派的显贵们首先遭难，大批什叶派教徒被杀，他们的活动转入地下。宰相阿布尔·法德尔信守伊斯兰教戒条，禁止突厥军事贵族和其他官兵专横跋扈、敲诈勒索，这些措施损害了军人的利益，于是，军队也加入到这场斗争之中。以伊卜拉希姆·本·西木居尔（Ibrahim b. Simjūr）为首的军队与政府的反对派勾结，指责阿布尔·法德尔犯有延误军饷，与呼罗珊总督阿布·阿里串通等罪名，迫使努赫于 946 年处死了宰相阿布尔·法德尔。至此，军队和贵族控制了萨曼王朝的政务，开始在萨曼王朝的政治中发挥主导作用。

954 年 8 月，努赫去世，长子马立克（Malik，954—961 年在位）继承了王位。在马立克时期，突厥军事集团控制了政府，以阿尔普特勤（Alptigin）为首的军队势力控制着国家权力。马立克在任期内一直在与军队势力做斗争。在马立克继任的当年，阿尔普特勤就提出让他的朋友阿布·阿里·巴尔阿米出任宰相，马立克未采纳他的提议，于是，954—959 年间，宰相之位频繁更换了四次。960 年，马立克与宰相玉素甫·本·伊沙克（Yusuf b. Ishaq）处死了军队的一员高级将领，开始了削弱突厥军队首领势力的行动。然而，这一举措不仅未能奏效，反而引起了全国局势的混乱。后来，马立克把势力强大的突厥大臣阿尔普特勤调离统治中心，任命他为呼罗珊总督。

961 年 11 月，埃米尔马立克坠马身亡，他的猝死引起了形势的动荡，不花剌宫殿遭到奴仆的抢劫和焚烧。宰相巴尔阿米写信给阿尔普特勤，商讨王位继承问题。然而，他并没有按照阿尔普特勤的提议立马立克之弟为埃米尔，而把马立克之子曼苏尔·伊本·努赫

① 事件过程参见 Nizam al-Mulk, *The Book of Government or Rules for Kings*, pp.190-206。

（Mansūr b. Nūh，961—976 年在位）扶上了王位。[①]

在曼苏尔时期，突厥军事贵族集团开始分裂，不同派系之间争权夺利斗争在萨曼王朝政治生活中突出起来。宰相巴尔阿米站在曼苏尔一边，保住了自己的宰相职位。然而，以宰相为首的波斯政府与突厥军事贵族集团之间的矛盾不断加深，宰相的职权日趋减弱。

在地方政权中，阿姆河以南的阿富汗分裂出去。呼罗珊总督阿尔普特勤因主张立马立克之弟为继承人而遭到曼苏尔政权的打击。在打败埃米尔曼苏尔的部队以后，阿尔普特勤于 962 年夺取了阿富汗加兹尼城（Ghazna，今加兹尼），推翻了当地拉维克王朝（The Lawiks），创建自己半独立的王朝，即伽色尼王朝。977 年，阿尔普特勤的奴隶将领赛布克特勤被军队拥立为埃米尔。赛布克特勤在位时期，伽色尼王朝虽然是一个独立王朝，但是，它承认了萨曼王朝的宗主地位。因此，赛布克特勤多次出兵帮助萨曼王朝对付中亚东部的突厥政权。

976 年 6 月曼苏尔去世，其子阿布尔·卡西姆·努赫（Abul Qasim Nūh）继承萨曼王朝埃米尔之位，史称努赫二世（976—997）。努赫二世继位时年仅 13 岁，由母亲及宰相阿合马德·本·乌特比（Ahmad b. Utbi）摄政。在乌特比任宰相初期（977—982），中央政府采取安抚措施，特别安抚了军队统帅伊卜拉希姆·本·西木居尔。西木居尔是突厥奴隶出身的军事贵族，其家族在徒思和赫拉特南部的库希斯坦（Kuhistan）拥有世袭统治权。由于担任军队统帅，西木居尔在中央政府中的势力非常强大，实际上是萨曼王朝的真正统治者。

982 年初，宰相乌特比开始改变安抚政策，罢免了西木居尔的职务，让亲信阿拔斯·伊·塔斯（Abbas-i-Tash）接管呼罗珊部队司令之职。可以说，呼罗珊军队当时是萨曼王朝唯一的正规军。此后，西木居尔勾结宫廷大臣哈吉布法伊克（Faiq）雇刺客暗杀了乌特比。

---

① Nizam al-Mulk, *The Book of Government or Rules for Kings*, pp.106-107.

乌特比的被害标志着以突厥人为主体的军事势力最终战胜了以波斯人为主体的中央政府迪万系统，此后，中央集权的迪万系统瓦解，宰相形同虚设。历史学家乌特比说，在987年以后，宰相们再也无力恢复秩序了。“大部分省份由叛乱者当权，政府的总收入减少，军队肆无忌惮地压迫居民，统治权落到突厥人手中，宰相们的法令失去了效力。”[①]此后，突厥各军事派别之间的斗争取代了中央政府与突厥军事贵族之间的冲突，成为萨曼王朝政治生活的主要内容。

宰相乌特比被害消息一传出，不花剌城就发生了起义。呼罗珊总督塔斯被召回以恢复不花剌秩序。然而，为了保住部队司令（sipah-salar）这一职位，塔斯私下与以西木居尔和法伊克为首的突厥军事贵族达成协议，反过来规劝努赫二世重新进行权力分配。努赫二世不得不让西木居尔继续统治库希斯坦，让其子阿布·阿里（Abū Ali）担任赫拉特总督；法伊克被任命为巴里黑总督。妥协并未使萨曼王朝保持平静，塔斯一离开不花剌，冲突再度爆发。983—984年，西木居尔和法伊克集团扶持乌特比家族成员穆罕默德·本·乌札尔（Muhammad b. Uzayr）担任宰相，西木居尔本人再次出任萨曼王朝军队统帅，企图免去塔斯的呼罗珊总督一职。手握兵权的塔斯在尼沙普尔发动了叛乱，他的行动得到了布威希王朝的支持。布威希王族成员、法尔斯国王阿布尔·法瓦林斯（Abul Fawaris）出动两千骑兵援助塔斯。[②] 987年，塔斯在尼沙普尔被西木居尔及其子阿布·阿里和法伊克率领的军队打败，逃往古尔甘，次年患瘟疫去世。

989年春，西木居尔去世，其子阿布·阿里继任萨曼王朝军队统帅一职，并兼任呼罗珊总督（990—994年执政）。阿布·阿里势力的增长引起了法伊克的不满。法伊克一直与西木居尔父子站在一边，而当西木居尔家族获得最大利益之时，法伊克感到很不平衡。

---

① 许序雅：《中亚萨曼王朝史研究》，第215页。

② 同上书，第216—217页。

为了平息法伊克的不满，努赫二世以法伊克取代阿布·阿里成为军队统帅。于是，昔日的盟友反目为仇，开始了战争。990 年，法伊克前往原阿布·阿里任总督的赫拉特城，双方在此发起战争，法伊克被打败。失败以后，法伊克举起反叛萨曼王朝的旗帜，回军攻不花剌城。但是，他又被萨曼王朝的突厥将领贝克吐祖（Bektuzun）打败。此后，他在巴里黑建立根据地，继续反萨曼王朝的战斗。

阿布·阿里胜利以后，势力壮大起来，努赫二世任命他为阿姆河以南地区各省的总督。阿布·阿里还获得了“诸埃米尔中诸神保佑的埃米尔”（Divinely-Aided Amir of Amirs）这一称号。不久，他便以阿姆河以南诸省统治者自居，借口应其军队之请而调拨萨曼王朝的国库收入，甚至调拨王室财产。于是，不仅是阿姆河以南地区的军事、政治归其管理，而且王朝的经济大权也落到了阿布·阿里手中。

突厥军事首领割据政权的建立削弱了萨曼王朝，有利于外部势力的侵入。东部突厥族游牧政权开始向西发展。其中，在突厥斯坦建立政权的喀喇汗王朝于 980 年占领了白水城。991 年底，喀喇汗王朝君主博格拉汗哈桑（Bughra Khan Hasn）率部入侵萨曼王朝。努赫二世派宫廷侍长艾亚奇（Ayach）率军迎击，萨曼军队遭到彻底失败。为了保卫王朝，努赫二世赦免了反叛者法伊克，任命他为撒麻耳干总督，期待他抵挡博格拉汗的西进。然而，在打了败仗之后，法伊克竟然投敌。努赫二世不得不弃都西逃到马赞德兰境内的阿穆尔城。992 年 5 月，博格拉汗进入萨曼王朝都不花剌城。法伊克出城向博格拉汗表示臣服。博格拉汗扶持的艾卜·阿尔·阿齐兹（Abd-al-Aziz）为不花剌的傀儡统治者，任命法伊克为巴里黑和呾密两地总督。

据俄国学者巴托尔德的研究，时任呼罗珊总督的阿布·阿里与博格拉汗就瓜分萨曼王朝领土达成了密约：博格拉汗占据河中地区，而阿姆河以南诸省归阿布·阿里统治。但博格拉汗在不花剌稳住脚之后，背信弃义地要求阿布·阿里称臣。于是，阿布·阿里转而支持努赫二世驱逐入侵者，条件是要求授予他“忠实的省区总督”（Wali of the Commander of the Faithful）称号。

萨曼王朝的复国战争得到了呼罗珊地区土库曼人的援助。由于土库曼人的勇敢作战，博格拉汗被赶出不花剌，退到撒麻耳干。992年8月17日，努赫二世回到不花剌，弄瞎了傀儡埃米尔艾卜·阿尔·阿齐兹，恢复了自己的统治。

与此同时，法伊克从巴里黑出发企图夺取不花剌，在遭到失败以后，退到呼罗珊莫夫城与阿布·阿里谈和，993年，双方再次结成了反萨曼王朝联盟。在此危难时刻，萨曼王朝求助于阿富汗政权伽色尼王朝。于是，伽色尼统治者赛布克特勤率军来到河中地区，随行的还有200头战象。此外，古兹干埃米尔和伽尔吉斯坦（Gharjistân）埃米尔也带援军赶来。萨曼王朝的联军于994年11月在赫拉特与阿布·阿里和法伊克交战，打败了阿布·阿里和法伊克。努赫二世把呼罗珊总督之职授给了赛布克特勤，赛布克特勤安置其子马合木驻扎在尼沙普尔。[①]

此后，阿布·阿里和法伊克在古尔甘集结力量反扑。995年春，他们赶走了马合木，夺回尼沙普尔等城。但是，他们很快就被强大的赛布克特勤父子联军打败。失败之后，阿布·阿里得到努赫二世的宽恕，法伊克向东投奔了喀喇汗王朝。从此，赛布克特勤父子控制了阿姆河以南的萨曼王朝领地，而萨曼王朝在河中地区的统治也依赖伽色尼王朝军队维系。

---

① 关于这段史实，史书的记述各不相同。居兹加尼（Juzjani）的 *Tabakat-i-Nasiri* 记载说，在博格拉汗退出不花剌城以后，努赫二世派人与赛布克特勤联络，双方在基什（Kish / Kash，即渴石，Kesh）达成协议，于是，赛布克特勤进军呼罗珊，打败了阿布·阿里，此后，努赫二世和赛布克特勤的联军又于994年11月在赫拉特打败阿布·阿里。巴托尔德依据 ‘Utbl Martini 的记载说，在喀喇汗朝布格拉撤出不花剌后一个时期，赛布克特勤应努赫二世邀请而在河中地区出现，赛布克特勤宣誓效忠于努赫二世。于是双方联合起来，共攻阿布·阿里。994年，联军打败了阿布·阿里。马合木在尼沙普尔取代了阿布·阿里。R. N. Frye, *The Cambridge History of Iran*, Vol. 4 说：在994年8月，努赫二世与赛布克特勤在呼罗珊打败阿布·阿里和法伊克联盟。阿布·阿里和法伊克都逃到古尔甘，重新集结力量。努赫二世授给赛布克特勤及其儿子马合木荣誉称号，以示酬谢；并把呼罗珊总督之职授给了马合木以取代阿布·阿里。

996 年，喀喇汗王朝再次向萨曼王朝发起攻击。赛布克特勤率军进入河中地区，提出由他本人指挥萨曼王朝军的要求，这一要求遭到了宰相艾卜达莱·本·乌札尔（Abdallah b. ‘Uzyar）的坚决反对。于是，赛布克特勤率两万军队兵临不花剌城，努赫二世免去了乌札尔的宰相之职，任命赛布克特勤部下穆罕默德·本·阿布·札德（Mahammad b. Abu Zayd）为宰相，此后，赛布克特勤与喀喇汗王朝缔结了和约。根据这个和约，撒麻耳干以北的卡特万草原（Qatwan）成为萨曼王朝和喀喇汗王朝的边界。在喀喇汗王朝的要求下，努赫二世任命叛国投奔喀喇汗王朝的法伊克为撒麻耳干总督。

10 世纪末期，中亚形成了三国共存的局面：萨曼王朝局限于河中地区泽拉夫善河流域；伽色尼王朝统治着阿姆河以南各省；喀喇汗王朝控制了整个锡尔河流域。除了版图的划分外，萨曼王朝的国事操纵在赛布克特勤手中，萨曼王朝实际上成为伽色尼王朝的傀儡政权。宰相阿布·札德在任 5 个月就被萨曼王朝的突厥奴隶卫兵杀死。努赫二世害怕赛布克特勤指责，于是，判处谋杀者极刑，并派使者到赛布克特勤处，请求他指定宰相继承人。赛布克特勤让努赫二世自己决定新的人选，于是，努赫二世选择了巴尔嘎西（Barghashi）担任宰相。

997 年，努赫二世与赛布克特勤先后去世。努赫二世之子曼苏尔继任萨曼王朝埃米尔王位，是为曼苏尔二世（Mansūr，997—999 年在位）。据记载，曼苏尔二世思维和秉性超群，继位之后，一度采取严厉手段恢复国内秩序。但是，王朝权力主要掌握在投靠喀喇汗王朝的撒麻耳干总督法伊克手中。997 年底，法伊克受喀喇汗王朝伊剌克·纳斯尔汗（Ilak Nasr）的派遣，率两千骑兵从撒麻耳干向不花剌进军。曼苏尔二世连抵抗两千骑兵的力量也没有，狼狈逃往阿穆尔。法伊克把曼苏尔二世请回来，挟天子以令诸侯。曼苏尔二世回来以后，为了牵制法伊克的势力，任命突厥将领贝克吐祖（Bektuzun）

为呼罗珊总督，派他到尼沙普尔指挥萨曼军队。

法伊克很快识破埃米尔的意图，于是，说服库希斯坦的新统治者阿布尔·卡西木·西木居尔（Abul Qasim Simjūr）向贝克吐祖发起攻击。998 年 3 月，贝克吐祖战胜对手，并与对手缔结和约。继赛布克特勤登上伽色尼王位的马合木不愿放弃呼罗珊总督之职。对此，曼苏尔二世极力协调和安抚，不仅确认了马合木在加兹尼城的统治权，而且还任命他为巴里黑、呾密、赫拉特、布斯特和其他城市的总督。然而，马合木坚持要得到呼罗珊总督之职，并用武力迫使贝克吐祖撤离尼沙普尔。贝克吐祖不得不撤到尼沙普尔南面的撒剌哈夕（Sarakhs，今萨拉赫斯）。曼苏尔二世赶来与马合木和谈，在此期间，贝克吐祖和法伊克担心曼苏尔二世会出卖他们以讨好马合木，999 年 2 月，他们在撒剌哈夕宣布废黜曼苏尔二世，把他弄瞎。接着，他们返回莫夫，拥立曼苏尔之弟艾卜达尔·马立克（Abdal-Malik）为萨曼王朝埃米尔，史称马立克二世（999 年 2—10 月在位）。

马合木在得知曼苏尔二世被废的消息之后，借口为曼苏尔报仇而兵临莫夫城下。法伊克和贝克吐祖派了一个代表与马合木谈判。双方议定：赫拉特和巴里黑由马合木控制，莫夫和尼沙普尔归法伊克和贝克吐祖。此后，马立克二世和法伊克返回不花剌，贝克吐祖接管尼沙普尔，阿布尔·卡西木·西木居尔退到库希斯坦。

马立克二世和法伊克回到不花剌以后，积极组织力量，准备与马合木较量，然而，法伊克不久去世。据说，法伊克临终时为自己的行为感到后悔。999 年 10 月 23 日，喀喇汗王朝纳斯尔·本·阿里（Nasr ibn Ali）向不花剌城发起进攻，不花剌人民和贵族把纳斯尔汗视为救星，没有人愿意保卫萨曼王朝。纳斯尔汗兵不血刃就占领了不花剌城，包括马立克二世在内的萨曼王室成员被纳斯尔汗押送到乌兹根（Uzgand，另译讹迹邗），历时 136 年的萨曼王朝灭亡了。伽色尼王朝的马合木与喀喇汗王朝纳斯尔汗就瓜分萨曼王朝的领土达成协议：阿姆河成为两国的界河，河南之地为伽色尼王朝所有，河北之地成为喀喇汗王朝领土。

999—1005 年，萨曼王室成员蒙台绥尔（Muntasir）在塞尔柱突厥人的帮助下进行了历时 6 年的复国战争，但没有成功。萨曼王朝的灭亡结束了东伊朗语波斯人在中亚的统治。11 世纪，在中亚政治舞台上活动的将是突厥人。

第二章

兼并战争

塔希尔王朝以阿拔斯王朝呼罗珊总督的名义统治着中亚地区，王朝的一切战争自然也以哈里发的名义进行；萨法尔王朝的对外战争主要是兼并塔希尔王朝的属地和夺取阿拔斯王朝的直接领土；萨曼王朝统一河中地区之后，开始向东、西方扩张，在东方，萨曼王朝主动向突厥斯坦和拔汗那出击，在西方，萨曼王朝与萨法尔王朝的复国运动斗争，兼并了锡斯坦，粉碎了呼罗珊各地的分裂势力。通过这些战争，萨曼王朝在短时期内将呼罗珊、吐火罗、锡斯坦纳入了版图。但在这些战争中，萨曼王朝耗尽了国力，10 世纪末，遭到锡尔河以北的游牧政权喀喇汗王朝的攻击，最终被灭亡。

第一节　萨法尔王朝的兼并战争

雅库布在锡斯坦确立统治之后，经过几年的经营，巩固了自己的地位。867 年，雅库布开始发动兼并塔希尔王朝属地和夺取阿拔斯王朝直接领土的战争。萨法尔王朝向东征服了塔希尔王朝领地赫拉特、克尔曼和阿姆河以南地区；向西与阿拔斯王朝哈里发争夺法尔斯，继而发动了对阿拔斯王朝中心地阿瓦士的战争。

867年，雅库布出兵攻赫拉特，驱逐了塔希尔王朝驻赫拉特总督侯赛因·布·阿布德·阿拉赫（Husain b. Abd-Allāh），接着又在布申格城打败了塔希尔王朝呼罗珊军队总司令易卜拉欣·布·伊利亚斯·萨曼尼（Ibrāhim b. Ilyās Sāmān）。869年，雅库布乘胜南下攻克尔曼。克尔曼位于库赫鲁德山东南，克尔曼城始建于3世纪，是呼罗珊地区的南北交通枢纽，自古以来是波斯湾、呼罗珊、马克兰之间的贸易中心。据塔巴里记，克尔曼虽是塔希尔王朝属地，但哈里发驻法尔斯总督阿里·布·胡赛因（Ali b. al-Husain）一直将它纳入法尔斯领地。雅库布在攻克尔曼之时，阿里·布·胡赛因在法尔斯首府设拉子组织抵抗，并号召当地的库尔德人和克尔曼吉巴勒·巴里兹地区的山民援助。雅库布击败了由托克·布·阿勒穆哈里斯（Tauq b. al-Mughallis）将军率领的法尔斯总督军队，夺取了克尔曼。此战之后，他给哈里发送去了战利品。[①]

是年（869），雅库布从克尔曼一路东进，占领了兴都库什山以南的阿富汗斯坦的一些城市。早在865年初，雅库布为追击在党争中失败的阿亚尔党首领萨利赫就到过阿富汗东部地区，当时，他俘虏了萨利赫的盟友、地区统治家族尊比勒氏的一些成员，将尊比勒之子菲鲁兹囚禁在布斯特城。869年，在雅库布逼近阿富汗之时，菲鲁兹逃出监禁，从布斯特逃到喀布尔避难。870年，雅库布攻占喀布尔，在此获取了大量财富，他把从喀布尔得到的40个金质和银质偶像送给哈里发穆塔米德，穆塔米德下令把这些东西运送到麦加。[②]接着，雅库布穿过扎明达瓦尔的潘杰威和提勤纳巴德，南下进攻阿富汗南部城市加兹尼，在此摧毁了加兹尼的城堡，并向城主阿布·曼苏尔·阿弗拉赫（Abū Mansūr Aflah）征收每年1万迪尔汗的贡税。[③]

---

① R. N. Frye, *The Cambridge History of Iran*, Vol. 4, p.113.

② Ibid., pp.111-112.

③ Ibid., p.111.

此后，雅库布向北转入巴米延（Bamiyan）[①]，由此攻塔希尔王朝属地巴里黑。当时，塔希尔王朝驻巴里黑的长官是达乌德·布·阿勒·阿巴斯（Dāud b. al-Abbās）。870 年，雅库布攻入巴里黑，毁掉了达乌德的宫殿。至此，雅库布控制了兴都库什地区的潘杰希尔河流域，还控制了巴达克山的安达拉巴地区的银矿。871 年，哈里发穆塔米德委任雅库布管理以巴里黑为中心的吐火罗斯坦，据伽尔迪齐记，委任状是 870 年在喀布尔战役期间颁发的。不过，萨法尔王朝在以上地区的统治是短暂的，872 年，达乌德的继任者穆罕默德在安达拉巴铸造钱币，说明塔希尔王朝在 872 年又恢复了对吐火罗斯坦的统治。

在阿木尔任萨法尔王朝埃米尔期间，塔希尔王朝在阿姆河以南地区的统治结束。阿木尔领导了一次远征，远至加兹尼和喀布尔之间的逻伽尔流域的萨卡万德，并在此建立了统治。898 年，哈里发穆塔迪德给阿木尔颁发了授权文书，将河中地区和巴里黑赐给阿木尔。不过，阿木尔在阿富汗的统治是短暂的，899 年或 900 年初，两个印度王公进攻加兹尼，驱逐了萨法尔王朝驻此城的总督。

萨法尔王朝长期与阿拔斯哈里发争夺法尔斯。法尔斯古称“帕尔斯”或“波息斯”，古波斯人最初定居于此，波斯一名即源于它。在古代，法尔斯是波斯帝国、萨珊王朝（226—651）的统治中心。在中世纪，法尔斯泛指伊朗（古波斯）南部的广阔地区，比今法尔斯省大得多，涵盖了今法尔斯省及附近其他省份，首府设拉子。法尔斯是进入阿拔斯王朝统治中心伊拉克的必经之道，如果控制了法尔斯，萨法尔人就可以长驱直入伊拉克，直接威胁阿拔斯王朝首都巴格达。对于哈里发来说，法尔斯不仅是战略要地，而且十分富庶，阿拔斯王朝的大部分岁入来源于此地。因此，法尔斯成为阿拔斯王朝和萨法尔王朝反复争夺的重点。

867 年，雅库布占领赫拉特和克尔曼之时，塔希尔王朝埃米尔

① 今阿富汗喀布尔西北之巴米安，在《大唐西域记》中记为“梵衍那”，《新唐书》记为“帆延”。

穆罕默德·本·塔希尔把锡斯坦、喀布尔、克尔曼和法尔斯四省授予雅库布，萨法尔王朝在此确立了自己的统治。不过阿拔斯王朝哈里发仍在此地派有总督和收税官乌马勒（Ummālor）。当雅库布返回锡斯坦之时，哈里发收税官重新出现在法尔斯。869 年之后，一位名叫穆罕默德·布·瓦西尔的冒险家从总督手中夺取了法尔斯的统治权。两年以后，哈里发穆塔米德将法尔斯和阿瓦士作为封地赐给其弟穆瓦法克，这些记载说明阿拔斯哈里发仍然掌控着法尔斯。不过，穆罕默德·布·瓦西尔在法尔斯的权威一直持续到 875 年。

875 年，雅库布以镇压反哈里发的穆罕默德·布·瓦西尔势力为名出兵法尔斯，在阿勒·拜达击败穆罕默德·布·瓦西尔，夺取了他在伊斯塔赫里的金库。此后，雅库布乘胜西进，来到拉姆胡尔木兹和阿瓦士的边界，伊拉克受到严重威胁。在此危急的情况下，哈里发穆塔米德只好起用穆罕默德·布·瓦西尔，任命他为法尔斯总督。穆罕默德·布·瓦西尔于 879 年去世，此后，哈里发穆塔米德只好将法尔斯总督一职授予雅库布，以获得名义上的统治权。

879 年，雅库布去世，阿拔斯王朝收回了法尔斯的统治权。是年，阿木尔继任萨法尔王朝埃米尔，哈里发穆塔米德给阿木尔颁发了证书，将阿木尔占领的伊斯法罕城赐予他，但法尔斯没有赐予阿木尔。作为回报，阿木尔于第二年（880）把 400 万迪尔汗的贡赋送到巴格达。[①]

880 年和 881 年间，当哈里发穆塔米德在下伊拉克镇压赞兼（Zanjan）起义之时，阿木尔出兵占领法尔斯。作为这次胜利的威慑，伊斯法罕城主阿赫默德·布·阿布德·阿齐兹同意上缴 30 万迪尔汗的贡赋，阿木尔把这笔钱和丰厚的礼物一起送给了哈里发穆塔米德。[②] 哈里发穆塔米德又给阿木尔颁发了一张新的证书，承认了阿木尔对包括法尔斯在内的占领地的统治权。赞兼起义被镇压之后，

① R. N. Frye, *The Cambridge History of Iran*, Vol. 4, p.119.

② Ibid..

884 年，哈里发穆塔米德反悔，不承认阿木尔对法尔斯的统治，出兵夺取法尔斯。885 年，哈里发穆塔米德的军队从瓦西特向法尔斯进发，886 年，阿木尔退守克尔曼，法尔斯重新归属于哈里发穆塔米德，哈里发穆塔米德将它委任给自己亲生儿子穆塔迪德。887 年，阿木尔出兵法尔斯，哈里发穆塔米德率军迎战，阿木尔再次被赶回克尔曼。

此后，阿木尔缓和了与哈里发穆塔米德的关系，他送去了 1000 万迪尔汗的贡赋。当时，哈里发穆塔米德正在叙利亚和阿勒·杰济拉两地镇压内乱，因此，889 年，阿木尔再次被任命为呼罗珊、法尔斯和克尔曼等省的总督。890 年，哈里发穆塔米德在稳住叙利亚和阿勒·杰济拉的统治权之后，取消了他给阿木尔的法尔斯总督的授权，并两次命令阿赫默德·布·阿布德·阿齐兹入侵法尔斯。[①] 阿木尔为了报复，在做祈祷时，不以穆塔米德之名颂读胡特巴。

阿木尔击败了哈里发的军队，进入阿瓦士。哈里发穆塔米德派宰相伊思迈伊尔·布·布勒布勒与阿木尔谈判，和谈顺利地实现了和平。阿木尔成为法尔斯的统治者，阿木尔在此铸造的一系列钱币表明，他牢固地统治着法尔斯，直至 892 年哈里发穆塔迪德继位，阿拔斯王朝才重新确立了在法尔斯的统治。

901 年，萨法尔王朝埃米尔塔希尔出兵法尔斯，赶走了阿拔斯王朝在此的官员，确立了自己的统治。后来，哈里发穆塔迪德借用萨曼王朝的力量又将萨法尔王朝逐出法尔斯，萨曼家族接管了此地。萨曼家族围攻锡斯坦，迫使塔希尔撤离法尔斯，留下莱斯·布·阿里坚守此地。不久，塔希尔重返法尔斯。903 年，哈里发穆克塔菲（Al-Muktafi，902—908 年在位）被迫颁布委任状，任命塔希尔为法尔斯总督，塔希尔在疾陵城和布斯特举行了庆祝活动。此后，法尔斯的统治权一直掌握在萨法尔王朝军队首领赛布克里手中，直到穆罕默德·布·阿里任萨法尔王朝埃米尔之时（910—911）。据考古研究，穆罕默德·布·阿里在此铸造了钱币，法尔斯省发行的钱币比锡

---

① R. N. Frye, *The Cambridge History of Iran*, Vol. 4, p.119.

斯坦或呼罗珊铸造厂的多得多。[①] 穆罕默德·布·阿里之后，911 年，阿拔斯王朝在法尔斯确立了自己的权威。[②]

萨法尔王朝埃米尔的野心从来都不仅是统治锡斯坦和法尔斯，他们的主要目标是推翻阿拔斯王朝。早在 875 年，雅库布夺取法尔斯省以后，就召集了呼罗珊和伊拉克的军队准备进军巴格达杀哈里发穆塔米德，推翻阿拔斯王朝。在得知这一消息之后，哈里发穆塔米德派信使去对雅库布说："巴格达没有你的事，你最好去照料伊拉克的库希斯坦和呼罗珊，管理好这些地方，使这些地方不要发生混乱和不安。回去吧。"雅库布没有遵从命令，他说："胜利到达宫廷，尽效忠之礼和重新履行义务是我的心愿；直到我完成这一心愿以后，我才回去。"哈里发穆塔米德派了很多次信使，他都给予同样的回答，并且继续进军巴格达。

在无法阻止雅库布的情况下，哈里发穆塔米德开始做战争准备。国内贵族制定了如下计划：哈里发出城在露天安营，巴格达的朝臣和贵族，以及全部随从都随哈里发出城。……如果雅库布公然举旗反叛，那么这些总督和贵族就会尽力与雅库布的部队做斗争；如果他们失败了，在战斗中无力与他对抗，那么在他们面前道路四通八达，他们不会像囚徒似地关在四堵墙内，他们会跑到他们所能去的任何地方。哈里发穆塔米德接受了这个计划。

雅库布到达之后，面对哈里发穆塔米德的营地安营扎帐，双方的军队混杂在一起。在他到达的当天，他派一个信使对哈里发穆塔米德说："放弃巴格达，去你愿意去的地方。"哈里发穆塔米德请求宽限两个月，雅库布拒绝了。当夜幕降临，哈里发穆塔米德秘密地派人到雅库布军中，对他的军官们说："雅库布已经公开反叛，他来的目的是要推翻我们家族，扶持我们的对手以取代我们。在这一点上，你们是同情他呢还是不同情他？"一部分军官说："我们已经从

① R. N. Frye, *The Cambridge History of Iran*, Vol. 4, p.114.

② Ibid..

他那儿领得给养，通过为他效力，我们才能享受已有的地位和荣华富贵。无论他做什么，我们都得服从。”而大多数人说：“我们没有认识到世界之主所说的情况，我们认为他不会反对信仰之统帅，此后如果他公然反叛，我们决不赞同。在冲突发生的那天，我们将不会与他而是与你们站在一起，在战斗中，我们将支持你们。”这部分人由呼罗珊部队的军官构成。

在掌握了雅库布军队首领的态度以后，哈里发穆塔米德心中有数了。次日，他大胆地派信使对雅库布说：“既然现在你已经公开地忘恩负义，并与我的对手达成协议，那么你我之间只有兵戎相见；我并不担忧我的兵力少而你的兵力多。因为主（光荣和万能属于主）帮助正义者，他站在我一边。你所拥有的那些部队真正属于我。”他发布命令，部队拿起武器，敲响战鼓，吹起军号，他们从营地出发，在平原上列队。

雅库布的部队骑马列队向平原进军，与哈里发穆塔米德军对峙排列。哈里发穆塔米德和雅库布各自从队列中走出，站在中间位置，接着，哈里发穆塔米德命令一位嗓音洪亮的人走到两阵之间，大声宣布：“喂，诸位穆斯林听着，雅库布是一个叛徒，他怀着推翻阿拔斯家族的目的来到此，想推翻哈里发，以其对手取代他。他的愿望是要废除逊尼派（正统派）和传播异端学说。无论是谁，他反对真主先知的哈里发，就是反对先知本人。如果他死心塌地不效忠先知（愿他安息），看来他们就放弃了对主的服从，离开了伊斯兰教社会。因为真主（至高无上的）在他的不容置疑的书《古兰经》中说：‘你们当服从真主，应当服从使者和你们中的主事人。’（《古兰经》4：62）现在，你们之中有谁愿意选择天堂而不是地狱，有谁愿意帮助真理，从虚荣中转过脸来？那么，请跟我走，而不是跟随我的敌人。”[①]当雅库布的军队听到上述话时，呼罗珊部队的统帅全部转向哈里发穆塔米德，并说：“我们原以为他来到此是要服从你的命

---

① Nizam al-Mulk, *The Book of Government or Rules for Kings*, pp.15-16.

令；既然他已宣布反对和反叛，我们拥护你，终身为你去战斗。”

哈里发穆塔米德在获得支持力量以后，下令全军开始进攻。雅库布在第一次冲锋中就被打败，朝胡吉斯坦方向逃去。[①] 接着，哈里发军队乘胜追击，877—878 年间收复了阿瓦士。

890 年，萨法尔王朝再次向阿拔斯王朝发起攻击。此次，哈里发穆塔米德派宰相伊思迈伊尔·布·布勒布勒去与阿木尔谈判，最终和平处理了这一事件。萨法尔王朝在统治呼罗珊近半个世纪的时间内，一直在进行征服与再征服、兼并阿拔斯王朝领土的战争，这些战争耗尽了王朝的力量，所以他们在呼罗珊的统治一直是不稳固的。

第二节　萨曼王朝兼并锡尔河以北草原的战争

9 世纪初，锡尔河以北的楚河流域、伊塞克湖以南、纳伦河流域及拔汗那以东地区是葛逻禄人的游牧地。在萨曼家族移居河中地区之初，葛逻禄人频繁南下，骚扰河中地区。为了抵挡葛逻禄人的南下攻击和掠夺，大多河中地区的城市修筑城墙，有的城市不仅有内城还有外城，随着城市向外不断地扩展和延伸，城墙也一道道修起来。城墙一般都有城门（木门或铁门），有的城门上还架有石弩，城门外面大多有水渠或护城河，有的城市还有要塞或城堡做护卫，有的要塞驻有武装。因此，直到 9 世纪，城墙、城门、护城河、要塞或城堡形成一个相对严密的防御体系，有效地防止了锡尔河以北游

① Nizam al-Mulk, *The Book of Government or Rules for Kings*, p.17：胡吉斯坦又称阿拉伯斯坦，位于伊朗西南部，西与伊拉克接壤，南临波斯湾。从伊斯兰第二任哈里发欧麦尔时期起，阿拉伯人从阿拉伯半岛和伊拉克等地陆续迁入，如今阿拉伯人占该地人口总数的 80%，阿拉伯斯坦被称为伊朗的“油库和气罐”。据统计，这一地区的石油储量占伊朗全国石油储藏量的 90%，产量的 91%；天然气产量的 93%。伊朗每年国民总收入约 200 亿美元，其中石油和天然气占 170 亿美元。由此可见，这一地区在伊朗国民经济中占有极其重要的地位（摘自《西亚非洲》1981 年第 3 期，第 74 页）。

牧民对河中绿洲的攻击。不花剌居民每年都要为修缮城墙而服劳役和承担经济负担。

在征服时期，阿拉伯人曾到过锡尔河以北的中亚草原，但直到阿拔斯王朝时期，阿拉伯人并没有对锡尔河流域进行过有效的统治。在760—800年间，阿拉伯人塔米姆·本·巴赫尔·穆陶维伊（Tamim b. Bahr al-Muttaowwii）作为阿拔斯王朝的戍边士兵到过锡尔河以北的突厥人居地，当时，他可能因负有某种使命来到了突厥族九姓古思人的汗廷。此后，他留下了一部行纪《塔米姆游记》，在此书中，他记载了突厥部落的一些细节，如突厥诸部的地理分布、九姓古思的都城、九姓古思人信仰异教，等等。遗憾的是，此书未能留传下来，今天所知的内容是伊本·法齐赫《诸国志》和雅库特的《地理辞典》的转录。

呼罗珊统治者阿布尔·阿拔斯上任之后，782年，河中地区贵族到莫夫来参拜。当时，不花剌人向阿布尔·阿拔斯诉说："我们常受到突厥人的骚扰，他们经常突然到来抢劫村庄。前不久，他们又抢劫了沙姆敦村，并虏走穆斯林。"阿布尔·阿拔斯问："你们有什么建议，要我怎么办？"粟特国王雅兹德·伊本·古拉克说："古时候和蒙昧时代，突厥人常常掠夺粟特地区，当时粟特的一位女王在粟特周围建筑了城墙，暂时解除了突厥人的威胁。"于是，阿布尔·阿拔斯命令不花剌长官穆赫塔迪在不花剌地区建造城墙，使不花剌像撒麻耳干一样，把所有的村子都围在城墙之内，这样，突厥人就不能进入不花剌地区了。穆赫塔迪修建的城墙在每3英里（1帕拉闪）的地方建造一道城门，在大约半英里（1/6帕拉闪）的地方建一个坚固的堡垒。由不花剌城法官沙德·伊本·哈拉·法尔·布哈里负责监管这项工程。这项工程直到830年才完成。此后，每一位不花剌的新任长官都要下令增修加固城墙。①

塔希尔王朝时期，塔希尔王朝埃米尔阿布德·阿拉赫曾派其子

① Narshakhī, *The History of Bukhara*, p.34.

塔希尔深入锡尔河以北草原，这次军事行动一直深入到穆斯林军队从未到达的地方。[①] 尽管如此，塔希尔王朝和萨法尔王朝的统治仍仅局限在呼罗珊地区，未能涉足于锡尔河以北的突厥斯坦和拔汗那，在这些地区，塔希尔王朝利用萨曼家族抵御来自锡尔河以北草原的突厥人。

当时，锡尔河流域城市直接归属于萨曼家族统治。据阿拉伯地理学家伊本·胡尔达兹比赫记载，在回历 211—212 年（公元 826—827 年），阿拔斯王朝哈里发麦蒙规定，萨曼家族努赫·伊本·阿萨德所辖粟特及其主要地区的年收入为 32.64 万迪尔汗，其中，拔汗那的年收入就占了 28 万“穆罕默德”迪尔汗，突厥诸城镇年收入 4.64 万；此外，在努赫收取的总值为 217.25 万“穆罕默德”迪尔汗的贡品中，包括了石国银矿等其他收入。[②] 不难看出，锡尔河流域国家或地方政权不仅承认了萨曼家族的宗主权，而且它们的贡献对萨曼家族的经济有着重要意义。

尽管如此，游牧政权仍然对萨曼家族构成了严重威胁，河中地区是锡尔河以北突厥游牧民经常出击的地方。萨曼王朝最初只能采取修筑城墙的方式防御游牧民，他们在锡尔河沿岸建筑城围。据《不花剌史》记载，伊斯迈伊尔在面对游牧人入侵之时曾发誓说：“只要我还活着，我就是不花剌地区的城墙。”[③]

9 世纪 30 年代末，萨曼家族开始采取主动出击的积极政策。839 年，萨曼·护达的长孙、撒麻耳干长官努赫出兵锡尔河北岸，占领了突厥人的白水城。据伊本·阿西尔的《全史》记载，这一事件发生在回历 224 年（公元 839 年）[④]。“这一年，努哈·本·阿萨德征服了河外地区（拔汗那）的 Kasan（渴塞？）和 Urasht（乌拉什特？），

---

① R. N. Frye, *The Cambridge History of Iran*, Vol. 4, p.98.

② 许序雅：《中亚萨曼王朝史研究》，第 119 页。

③ Narshakhī, *The History of Bukhara*, p.34.

④ 据阿拉伯史家萨姆阿尼（Sam‘ani，卒于 1167 年）的《世系书》，萨曼家族的努赫·伊本·阿萨德攻占葛逻禄汗国的伊斯费贾勃（白水城）是 840 年，原因是回鹘西迁侵扰了葛逻禄。

那两地破坏了和约。他还征服了白水城，在它周围建起围墙，保护居民的葡萄园和农田。”[①] 努赫在白水城安排本地人代萨曼家族管理，并在“葡萄园和农耕地之周围”建筑防御游牧突厥人进犯的垒墙。尽管如此，白水城仍然掌握在当地一个突厥家族手中，它对萨曼王朝的义务仅仅限于三个方面：参与萨曼王朝的军事行动，表示归顺的象征性奉献，以及在钱币上铸上宗主萨曼王朝埃米尔的名字。[②] 该地发行的钱币和一些文献史料记载了10世纪统治白水城的这一突厥家族若干成员的名字。

此后，白水城不仅成为萨曼王朝的军事前哨，而且成为河中地区与锡尔河以北游牧民的贸易中心，城里建筑了不少巴扎、商队旅店，不花剌、撒麻耳干及中亚其他大城市的商人均在此地建造自己的旅店。

纳斯尔在位时期，萨曼王朝统一了锡尔河北岸的拔汗那和石国。此后，纳斯尔出兵攻入突厥人的游牧地区，来到西沙雅尔（Shawghar）。不过，此时萨曼家族出击锡尔河以北地区的目标并不是征服这一地区，而是为了获得突厥奴隶。当时，拔汗那是“通往突厥斯坦的门户，大量的突厥族奴隶被运到这里来”。

尽管如此，在893年以前，萨曼王朝对锡尔河以北的游牧政权还是以防御为主。892年，纳斯尔去世，其弟伊斯迈伊尔继承萨曼王朝埃米尔王位。伊斯迈伊尔在防御的基础上，开始主动出击。伊斯迈伊尔免除了不花剌地区居民修缮长达约2万公里的城墙之苦役，把兼并突厥人的领土作为萨曼王朝的扩展方向。[③]

伊斯迈伊尔继位的第二年（893）向在中亚东北草原的突厥人开战。是年春，伊斯迈伊尔在讨伐异教徒“圣战”的名义下，从撒麻耳干出兵，经白水城来到葛逻禄人的大本营塔拉兹城。萨曼军队攻

---

① 参见华涛：《回鹘西迁前后西部天山地区的突厥语诸》，《民族研究》1991年第5期。

② 〔塔吉克〕M. S. 阿西莫夫，〔英〕C. E. 博斯沃思主编：《中亚文明史》第4卷（上），第120—121页。

③ 〔苏联〕威廉·巴托尔德：《中亚突厥史十二讲》，罗致平译，中国社会科学出版社1984年版，第61页。

占塔拉兹城以后，俘虏了包括葛逻禄王及可敦（王后）在内的15000名葛逻禄人，杀死1万人。[①]据说，塔拉兹城陷落之后，萨曼王朝军队中的每一个参战骑兵都分得1000迪尔汗。[②]萨曼王朝在白水城至塔拉兹城之间的地区建堡设寨，并把该地区的一座基督教堂改建为清真寺。此后，塔拉兹城成为河中地区与突厥游牧部民贸易的又一个主要地点。

此战之后，伊斯迈伊尔带着大批战利品返回不花剌。是年，伊斯迈伊尔废黜了在苏对沙那的地区统治王朝阿弗欣（Afsins），将苏对沙那纳入萨曼王朝的统治，同年，伊斯迈伊尔在苏对沙那铸造钱币。

不过，在白水城以外地区仍归突厥人建立的小王朝统治，统治家族的著名人物是曼苏尔·本·喀喇特勤。900年春，伊斯迈伊尔对呼罗珊发起攻势。在他的军队中，有由突厥将领曼苏尔·本·喀喇特勤和帕尔斯·白甘迪（Pars Baigand）率领的花剌子模军，还有从拔汗那征集的3万人。[③]948年春，曼苏尔·本·喀喇特勤被任命为呼罗珊总督（948—951）。[④]这些记载表明，萨曼王朝在名义上已经成为河中部分地区及拔汗那和一些“突厥人城镇”的统治者。[⑤]萨曼王朝的宗主权是通过白水城统治者实现的，白水城地方政权享有免贡特权，突厥统治者每年只要送给萨曼王廷4枚达尼克币（Daniq）和一束金雀花，以表示其忠诚就行了。[⑥]从现有的资料来看，萨曼王朝也从未把国库收入的一部分拨给白水城。曼苏尔·本·喀喇特勤家族在承认萨曼家族宗主权的前提下统治着突厥斯坦。据阿拉伯地理学家穆卡达西（Muqaddasi）记，居住在斡儿朵（Ordu）的“突厥国

---

① W. Barthold, *Turkestan Down to the Mongol Invasion*, p.224, note 1.

② A.Vambery, *History of Bokhara*, p.62.

③ Narshikhī, *The History of Bukhara*, trans. by R. N. Frye, Cambridge, Mass. U.S.A, 1954, pp.84, 89-90.

④ 许序雅:《中亚萨曼王朝史研究》，第76页。

⑤ 同上书，第22页。

⑥ 同上书，第78页。

王”从未停止给白水城的统治者送礼，与白水城王公相比，萨曼王朝对边远地区突厥人的控制更加松弛。

903 年，伊斯迈伊尔镇压了萨法尔王朝复国运动之后，再次发动了对中亚东北地区突厥人的战争。萨曼王朝军队一直伸入到今天的哈兹拉提·突厥斯坦附近，满载战利品返回不花剌。次年，河中地区遭到大批突厥游牧部队的侵袭，这次侵袭对萨曼王朝在河中地区的统治造成了极大威胁，远在西方的哈里发穆克塔菲组织志愿兵（“圣战”者）奔赴河中地区，把入侵的突厥人赶走，稳住了萨曼王朝的统治。此后，萨曼王朝没有再对锡尔河以北游牧部民发动大规模的出击。

10 世纪中叶，萨曼王朝可能确立了对锡尔河以北诸城市的宗主地位。据阿拉伯作家祖拜尔（Qādi Abū l-Husain Ahmad b. az-Zubair）于回历 463 年（公元 1070 或 1071 年）写的《珍宝录》（*Kitab adh-dhakhā'ir wat-tuhaf*）一书记载，939 年 9 月至 940 年 8 月间，萨曼王纳斯尔二世接待了据说来自“中国”的使团。有学者认为，所谓“中国使团”是当时在锡尔河以东突厥政权喀喇汗王朝萨图克汗（Satoq Bughra）派出的使者。[①]9 世纪末至 10 世纪初，从漠北西迁阿尔泰山以西的回鹘逐渐来到葛逻禄人的统治区，后来他们在此建立了自己的政权，葛逻禄汗国从史书中消失了，代之而起的是自称的“可汗王朝”（al-Khaghaniyya）或“汗朝”（al-Khaniyya），即中文史书中的喀喇汗王朝。喀喇汗王朝的创建者毗伽阙·卡迪尔汗在八拉沙衮（今吉尔吉斯斯坦托克马克东 10 公里处）建立了政权。毗伽阙·卡迪尔汗去世（约在 893 年以前）以后，长子巴兹尔在八拉沙衮继承他的统治，称阿尔斯兰汗；次子奥古尔恰克（Oghulchak）称博格拉汗，以塔剌思河流域为中心统治着西部喀喇汗王朝。《珍宝录》一书所记的中国皇帝可能是喀喇汗王朝在于阗的统治者。

---

① 英国学者博斯沃斯认为他是喀喇汗朝萨图克汗的使团，参见许序雅：《中亚萨曼王朝史研究》，第 109 页。

当“中国使团”来到拔汗那之时，萨曼王纳斯尔二世曾命令拔汗那统治者热情接待使者，要他把驻扎在拔汗那的正规军和志愿兵集合起来，让他们都骑马随行。与此同时，纳斯尔二世还写信给苏对沙那、柘析，以及白水城、法拉卜等锡尔河北岸的统治者们，要求他们派出突厥奴隶士兵（Ghulām），骑马到不花剌集中。这些前来助阵的突厥军队有自己的将领和统帅，受萨曼王的节制，他们当不属志愿兵之列。[①] 这些行为表明，锡尔河以北诸城已经与萨曼王朝建立起羁縻关系，萨曼王朝确立了对他们的宗主权地位。

10 世纪末，中亚东北部形势发生了变化。中亚北部草原的游牧民不再听从萨曼王朝的调动，还频繁入侵河中地区。980 年，喀喇汗王朝利用萨曼王朝在呼罗珊统治的不稳定，出兵进攻锡尔河流域的萨曼王朝属地。990 年，喀喇汗王朝将领哈桑攻入锡尔河以北的白水城，当地贵族将哈桑迎进城。992 年，哈桑开始向河中地区进军，努赫二世企图动员全国力量进行抵抗，但他的号召得不到人民的支持，他的将领们也纷纷叛变，于是，他逃出都城不花剌。哈桑在萨曼王朝将军法伊克的欢迎下进驻不花剌王宫。不久，土库曼人对喀喇汗王朝军发起进攻，喀喇汗王朝军队撤回八拉沙衮。996 年，喀喇汗王朝驻乌兹根的统治者纳斯尔·本·阿里再次发动了对萨曼王朝的战争。

当纳斯尔向萨曼王朝发动攻击时，河中地区教俗两界的封建主不支持萨曼国王马立克二世，纳斯尔几乎是在没有遇到抵抗的情况下占领了不花剌城。纳斯尔俘获马立克二世以后，把他与萨曼王室的其他成员一起送往乌兹根关押。统治中亚 100 多年的萨曼王朝灭亡了。

无论战争与和平时期，萨曼王朝与锡尔河流域及其以北的游牧地区经济联系始终没有中断。河中绿洲地区的定居居民与游牧民之间的贸易发展起来，这一贸易继续以物物交易为特点。游牧民将羊、马、骡从突厥斯坦和胡塔梁等地赶到撒麻耳干、拔汗那，用它们交

---

① 许序雅：《中亚萨曼王朝史研究》，第 201—202 页。

换所需的衣服和谷物；河中地区居民从游牧民那儿买到大批菜牛、羊和其他牲畜，还购进皮革、裘皮和奴隶。河中居民与游牧民的贸易在地区经济中占有极为重要的地位，其中，获利最大的是花剌子模人。据阿拉伯地理学家伊斯塔克里（al-Istakhri）说，花剌子模人的富裕全都建立在他们与突厥人的贸易上。花剌子模人成为呼罗珊商人阶层的主要代表，在呼罗珊的每一座城市，都有数量不少的花剌子模人，他们衣裘皮戴高帽而与当地人区别开来。

随着与游牧民贸易的频繁，河中地区手工业发展起来。草原附近的一些城镇，例如乌兹根和赭时有了满足游牧民需求的专门生产粗制皮革、棉布和日用品的行业，河中地区的撒麻耳干、那色波、渴石等城市也大量生产游牧民所需的粗糙织物和马具。

萨曼王朝与锡尔河以北游牧政权的交往对中亚北部地区产生了深远的影响。第一，伊斯兰教和伊斯兰文化传播到了游牧突厥人中，对以后游牧民纳入伊斯兰文化圈起到了积极作用；第二，突厥人改宗伊斯兰教之后，积极投身到河中地区势力的角逐之中，成为萨曼王朝的掘墓人；第三，大批突厥游牧民来到河中地区，对中亚的政治格局和民族构成产生了深远的影响。

第三节 萨曼王朝统一呼罗珊和塔巴里斯坦的战争

塔希尔王朝的统治范围主要在以尼沙普尔城为中心的呼罗珊地区。821 年，哈里发麦蒙任命塔希尔为呼罗珊总督，塔希尔在此建立了独立统治。塔希尔去世以后，塔希尔王朝的历代埃米尔都兼任呼罗珊总督一职，从未间断。在此时期，塔希尔王朝有效地统治了呼罗珊地区。873 年，在锡斯坦崛起的萨法尔王朝夺取尼沙普尔城，呼罗珊地区遂成为萨法尔王朝的属地，从 875 年起，萨法尔王朝埃米尔派总督统治呼罗珊地区。

与塔希尔王朝相比，萨法尔王朝在呼罗珊及塔巴里斯坦的统治是不巩固的，终其一朝，萨法尔王朝都在与塔希尔王朝的复辟势力争夺呼罗珊，呼罗珊地区几经易手。在呼罗珊实施统治的既有塔希尔王朝的残余势力，如胡吉尼斯坦和拉菲，也有萨法尔王朝埃米尔任命的塔希尔王室后裔，如阿布·塔勒哈。因此，在萨曼王朝征服时期，呼罗珊和塔巴里斯坦正处于混乱无序的状况。

9世纪末，萨曼王朝埃米尔伊斯迈伊尔在河中地区建立了统一政权。此后，萨曼王朝开始武力夺取以尼沙普尔为中心的呼罗珊地区，这一战争得到了哈里发的支持。

于是，萨曼家族首领伊斯迈伊尔·布·阿赫麦德与萨法尔王朝发生了战争，阿木尔率领的萨法尔军队失败。盛怒之下，阿木尔致信哈里发穆塔迪德，希望哈里发将河中地区赏赐给他，他承诺帮助哈里发征服里海地区的阿利德人。898年，哈里发穆塔迪德颁发了授权文书，将河中地区和巴里黑授予阿木尔，并在巴格达向呼罗珊的官员们宣读了免除伊斯迈伊尔职位的法令。接到授权文书以后，阿木尔率军占领了吐火罗斯坦，并开始向河中地区进军。

在攻打河中地区之前，阿木尔致信伊斯迈伊尔，希望他归顺萨法尔王朝。对此，伊斯迈伊尔的回答是“剑”。899年秋，阿木尔军队主帅穆罕默德·伊本·莱特率大约一万人屯兵阿姆河南岸；伊斯迈伊尔率军两万从不花剌出发，乘夜渡河，向阿木尔军发起突然袭击，斩敌无数，俘虏了阿木尔军队副帅阿里·伊本·苏鲁什及一批尼沙普尔城显贵。据伽尔迪齐记，是役，伊斯迈伊尔军斩杀了阿木尔军主帅巴什尔（即伊本·莱特）及7000官兵。[①]此后，伊斯迈伊尔带大批战利品返回不花剌。

第二年（900），萨曼王朝开始向巴里黑城进军，伊斯迈伊尔召集了他的所有部队，渡河来到阿姆河南岸，用鞭梢清点了部队的人数。他的部队共计一万骑兵，其中大多数人只有木制的马镫。10人

① 许序雅：《中亚萨曼王朝史研究》，第43页。

之中有一人没有盾牌，20人之中有一人没有铠甲，50人之中有一人没有长矛。由于缺少乘马，有的人不得不自己搬运铠甲。然后，他率军离开前往巴里黑。阿木尔得知伊斯迈伊尔已经渡过阿姆河正在向巴里黑进军，还知道莫夫和萨拉赫斯的官员们已经逃走。阿木尔在尼沙普尔检阅了7万骑兵，所有骑兵都身着盔甲、手持武器、全副武装。①他向巴里黑进军，两军在巴里黑相遇，并展开了战斗。结果，阿木尔在巴里黑城门下被打败，他的7万骑兵全部逃走，无一人受伤或被俘，只有阿木尔一人被俘。在哈里发穆塔迪德的要求下，阿木尔被押送到巴格达。

此次战争之后，呼罗珊、锡斯坦、吐火罗、喀布尔等地被纳入萨曼王朝版图，902年，萨曼王朝在呼罗珊建立了统治。萨曼王朝在一个世纪的时间内统治着这些地区，直至伽色尼王朝的建立。

伊斯迈伊尔在尼沙普尔设呼罗珊总督府，任命当时萨曼王朝最高军职（即军队总司令），兼任呼罗珊总督，此后，这一任命成为惯例，这一兼职反映了萨曼王朝对呼罗珊省的重视，在埃米尔阿合马德时期，呼罗珊总督一职甚至由埃米尔本人兼任。最初，呼罗珊长官的人选都是萨曼家族成员或东伊朗语族的波斯人；10世纪30年代以后，突厥军人在萨曼王朝中的地位上升，呼罗珊总督大多数是由突厥军队将领担任。930年，一位出自东伊朗语族家族的阿布·阿里·查干尼（Abu ‘Ali Chaghani）出任呼罗珊总督一职，945年春，呼罗珊人向埃米尔努赫控告查干尼，努赫以突厥军事集团领袖伊卜拉希姆·本·西木居尔取而代之，开始了突厥军队首领担任呼罗珊总督的先例。此后，呼罗珊总督大多数由突厥军队将领担任，他们是白水城统治家族成员曼苏尔·本·喀喇特勤、阿尔·法干尼（al-Farghani）家族的阿布·沙耶德·巴克尔（Abu Sa‘id-i-Bakir）。

随着突厥军人担任呼罗珊总督，呼罗珊地区出现了摆脱萨曼王朝控制的独立倾向。巴里黑率先独立出去，接着是赫拉特城。赫拉

① Nizam al-Mulk, *The Book of Government or Rules for Kings*, p.19.

特是塔希尔家族祖居之地，在塔希尔建立独立王朝之前，哈里发曾任命在阿拔斯革命中建立功勋的塔希尔家族成员穆萨布为赫拉特总督。后来，在哈里发的授意下，821 年，呼罗珊总督任命萨曼家族成员伊利亚斯为赫拉特总督。伊利亚斯去世，因死后无嗣，萨曼家族退出了赫拉特，赫拉特被纳入塔希尔家族的统治。

萨法尔王朝于 867 年和 870—871 年两次进军赫拉特，驱逐了塔希尔王朝在赫拉特的总督侯赛因・布・阿布德・阿拉赫，夺回赫拉特。875 年，哈里发穆塔米德任命萨法尔王室成员阿木尔为赫拉特总督。此后，萨法尔王朝与塔希尔王朝残余势力展开争夺赫拉特的战争。塔希尔王朝末代君主阿布・塔勒哈之弟，以及复辟势力胡吉斯坦尼先后统治了赫拉特，882 年末，胡吉斯坦尼被杀之后，赫拉特承认胡吉斯坦尼部下拉菲・布・哈尔萨马的统治。拉菲在赫拉特和尼沙普尔两城的祈祷中，以塔希尔王朝君主之名颂读胡特巴。886 年，阿布・塔勒哈的代理人被萨法尔王朝人逐出赫拉特。902 年，伊斯迈伊尔在呼罗珊建立统治之时，任命萨曼王室成员为赫拉特城长官。

929 年，赫拉特总督、萨曼将领胡赛因・本・阿里・马瓦兹叛乱。叛乱失败以后，努赫让突厥军队将领伊卜拉希姆・西木居尔统治了赫拉特、尼沙普尔、徒思。994 年 11 月，伊卜拉希姆・西木居尔反叛萨曼王朝，努赫二世在伽色尼王朝的协助下打败了伊卜拉希姆之子阿布・阿里。但此时，萨曼王朝已无法在赫拉特实施有效的统治，于是，努赫二世将巴里黑、赫拉特、尼沙普尔等地让给伽色尼王朝赛布克特勤父子，呼罗珊遂成为伽色尼王朝的属地。接着，呼罗珊西部的萨曼王朝属地塔巴里斯坦也独立出去。

萨曼王朝在征服呼罗珊之时还征服了里海南岸塔巴里斯坦和古尔甘。哈里发穆塔米德在任命萨曼王朝埃米尔伊斯迈伊尔的诏书中，曾特别指示，要他把塔巴里斯坦和古尔甘从地区首领穆罕默德・本・扎德・阿拉维（Muhammad b. Zaid-Alawi）手中解放出来。900 年，伊斯迈伊尔出兵讨伐，扎德・阿拉维在兵败之后被杀。萨曼远征军将领穆罕默德・本・哈鲁（Muhammad b. Hārūn）占领了塔巴里斯坦，并在此建立了独立于萨曼王朝的统治。于是，伊斯迈伊尔于第二年率大军远征塔巴里斯坦，哈鲁逃往戴拉姆人的领地，由此萨曼王朝在塔巴里斯坦和古尔甘确立了统治。哈里发穆克塔菲对萨曼王朝在塔巴里斯塔省和古尔甘省的统治予以认可，颁发了授权诏令和旗标。伊斯迈伊尔安排其子阿合马德·本·伊斯迈伊尔担任古尔甘省总督；任命其堂兄弟阿布尔·阿巴斯为塔巴里斯坦总督；其侄儿阿布·沙里赫（Abu Sālih）担任雷伊总督。不过，萨曼王朝在塔巴里斯坦的统治是不稳固的。

阿合马德在位期间（907—914），萨曼王朝于909年派一个叫沙拉姆的突厥人接任塔巴里斯坦总督。[①]914年，阿合马德去世之后，这些地区一度摆脱了萨曼王朝的控制。雷伊和古尔甘于939年11月被重新征服，塔巴里斯坦的大部分地区被一个称为马坎·本·卡齐（Mākā b. Kāki）的当地首领占据，马坎以此为基地不断袭击呼罗珊。940年，他在呼罗珊被萨曼军队将领打败。[②]后来，该地区由地区政权宰德王朝（Zayds）统治。962年，呼罗珊总督伊卜拉希姆·西木居尔对宰德王朝发起战争，宰德王朝归附萨曼王朝，成为萨曼王朝抵抗布威希王朝的盟友。10世纪70年代初，宰德王朝君主卡布斯·本·弗什吉尔（Qabus b. Vushmgir）在此实施统治到975年。

961年，萨曼王朝宫廷大臣阿尔普特勤出任呼罗珊总督，势力强大，与新任萨曼王朝埃米尔之间的矛盾激化，被迫出走。徒思总督阿卜达尔·拉札克（Abdar-Razzaq）在反阿尔普特勤的斗争中立功，获得了呼罗珊总督一职。然而，拉札克在呼罗珊地区放任部下掠夺，甚至与布威希王朝勾结，企图借助它的力量与萨曼王朝分庭抗礼。982年，萨曼王朝任命塔斯为呼罗珊总督。982年3月，布威希王朝打败了塔斯率领的萨曼王朝军队，确立了对塔巴里斯坦的统治，萨曼王朝退出这一地区。

---

① Ibn Isfandiyar, *History of Tabristan*, transl. E. G. Browne, Gibb Memorial Series II, London 1905, p.198.

② 许序雅:《中亚萨曼王朝史研究》，第51页。

第四节　萨曼王朝在吐火罗斯坦和锡斯坦的战争

巴里黑城是萨曼家族的祖居之地，在萨曼家族迁往河中地区以后，该城被萨法尔王朝占据。900 年，萨曼王朝与萨法尔王朝展开了争夺吐火罗斯坦的斗争。萨曼王朝军队在渡过阿姆河以后，围攻阿木尔的大本营巴里黑城。萨曼军队切断了该城供水，摧毁了城墙，攻陷该城，阿木尔的主帅穆罕默德・伊本・莱特被杀，阿木尔被俘。从此，包括吐火罗斯坦在内的萨法尔王朝东部领地归萨曼王朝。据有关资料记载，在与阿木尔的斗争中，伊斯迈伊尔得到了中亚富人和德赫干的支持。[①]

此后，锡斯坦、吐火罗、喀布尔等地先后被纳入萨曼王朝版图。在萨曼王朝强盛时期，王朝的南部边界一直伸展到苏来曼（Sulayman）山脉，统治了加兹尼、坎大哈和波斯湾地区。哈里发任命伊斯迈伊尔管理包括呼罗珊、河中地区、塔巴里斯坦和古尔甘、突厥斯坦、印度河流域的信德等地区。

911 年，萨曼王朝在锡斯坦确立了统治，锡斯坦原是萨法尔王朝的统治中心，萨曼王朝埃米尔阿合马德灭萨法尔王朝以后，在此安置了其堂兄曼苏尔・本・伊斯哈克为锡斯坦总督。曼苏尔的统治不得人心，他把该省的上百万迪尔汗税收纳为己有。一位名叫穆罕默德・布・胡尔木兹（Muhammad b. Hurmuz）的人起义反对萨曼王朝的统治。10 世纪初，萨法尔王朝以锡斯坦为中心开始了复国运动。

据伽尔迪齐记载，穆罕默德・布・胡尔木兹是萨曼王朝的一位退役士兵。他利用锡斯坦人民对萨曼王朝的不满发动了推翻曼苏尔・布・伊沙克总督的起义。在消灭萨曼王朝的疾陵城驻军和俘虏

---

① 许序雅：《中亚萨曼王朝史研究》，第 42 页。

了曼苏尔·布·伊沙克以后，他在锡斯坦拥立一位年仅十岁的萨法尔王室后裔阿布·哈夫斯为锡斯坦总督。912年，穆罕默德·布·胡尔木兹在锡斯坦以自己的名义颂读胡特巴，这一举措遭到萨法尔王朝复国势力的反对，他们集结起来打败了穆罕默德·布·胡尔木兹，拥立萨法尔王室后裔阿木尔·布·雅库布（Amr b. Ya'qūb）为萨法尔王朝埃米尔。

萨曼王朝立即出兵镇压萨法尔王室的复国运动。萨曼王朝将军胡赛因·本·阿里·马瓦兹率领军队来到锡斯坦，显然，这支军队很快打败了萨法尔王朝的残余势力，结束了萨法尔复辟王朝在锡斯坦的短暂统治，锡斯坦的阿亚尔党人首领被杀，阿木尔·布·雅库布被带到撒麻耳干长期监禁。阿合马德任命曼苏尔·本·伊斯哈克之子沙里赫·伊本·曼苏尔（Sālih-i-Mansur）为锡斯坦总督。然而，在萨曼王朝大军撤走之后不久，锡斯坦再次起义，沙里赫被监禁。913年，萨曼军队再次进攻锡斯坦，夺取该地区以后，阿合马德任命突厥奴隶将军西木居尔·达瓦提为锡斯坦的总督。[①]

西木居尔的统治并不长久。914年，萨曼王朝发生突厥军人叛乱，阿合马德在叛乱中被杀。年幼的纳斯尔继承王位，萨曼王朝无力对付萨法尔王朝的复国运动。阿拔斯王朝利用这一时机在锡斯坦重建自己的权威。阿拔斯王朝法尔斯总督巴德尔·布·阿布德·阿拉赫任命自己的亲信法德尔·布·哈马迷（Fadl b. Hamamid）作为他在锡斯坦的代理人，并派军队进攻锡斯坦，打败了萨曼王朝驻锡斯坦的总督西木居尔。西木居尔被迫逃离锡斯坦，法德尔与阿拔斯王朝克尔曼总督哈利德·布·穆罕默德共同接管了锡斯坦。他们还派一支远征军攻占了布斯特、阿勒·鲁赫吉和扎布里斯坦，驱逐了这些地区的萨曼王朝官员，阿拔斯王朝哈里发的统治达到了加兹尼。930年，哈里发穆克塔迪尔任命他的儿子哈伦为法尔斯、克尔曼、马克兰和锡斯坦总督。在远至加兹尼的地区建立了阿拔斯王朝哈里发

① R. N. Frye, *The Cambridge History of Iran*, Vol. 4, p.130.

的统治权力。

然而，锡斯坦人发动了反对阿拔斯王朝的起义，他们拥立萨法尔王朝王室成员阿布·贾法尔·阿赫默德（Abū Ja'far Ahmad）为埃米尔。阿布·贾法尔·阿赫默德向克尔曼挺进，在此征集到100万迪尔汗的税收。932年，阿布·贾法尔·阿赫默德夺取了布斯特，萨曼王朝将领塔希尔·本·穆罕默德（Tahir b. Muhammad）投靠萨法尔王朝，阿布·贾法尔·阿赫默德任命他为布斯特总督。塔希尔虽是萨曼王朝将军，但他的母亲出身萨法尔王室。据说，在任布斯特总督时期，他是一位受人欢迎的长官。

这一时期，萨法尔王朝埃米尔"阿布·贾法尔的统治被人们普遍认可。军队，其中有奴隶、阿亚尔领导人和自由的萨格兹军人，全部团结起来，所有的混乱状态结束了"①。《锡斯坦》一书作者列出了萨曼王朝埃米尔纳斯尔·伊本·阿赫麦德送给阿布·贾法尔·阿赫默德的礼物，还转载了萨曼王朝宫廷诗人鲁达基对他的赞扬，称他为"贵族中的最杰出者和波斯人的骄傲，公正的国王和时代的宠儿……萨珊王族中闪闪发光的星星"②。

963年，阿布·贾法尔·阿赫默德被自己的突厥奴隶卫兵杀害，其子阿布·阿赫默德·哈拉夫（Abu Ahmad Khalaf）继承了萨法尔王朝埃米尔王位。哈拉夫是萨法尔王朝最后一位埃米尔（963—1003）。哈拉夫继位以后，塔希尔·本·穆罕默德以武力协助哈拉夫统治。在锡斯坦祈祷中，以哈拉夫和塔希尔两人之名颂读胡特巴。

964年，哈拉夫去圣地朝圣，塔希尔以其代理人的身份统治锡斯坦。在此时期，萨法尔王朝的权威得到加强，连喀里吉特派人也向锡斯坦缴税，据说，征税数额是根据国家的财政预算而不是按照通常过多的需要而定。③968年，塔希尔远征布斯特城，镇压在布斯特城统治的突厥人。

---

① R. N. Frye, *The Cambridge History of Iran*, Vol. 4, p.132.

② Ibid..

③ Ibid..

969 年，哈拉夫朝圣归来，塔希尔不愿交出权力。对此，哈拉夫来到萨曼王朝宫廷，埃米尔努赫二世以军队援助，他开始向锡斯坦发起攻势。塔希尔在锡斯坦加强了防御，战争坚持了一段时期。970 年，塔希尔去世，哈拉夫攻占锡斯坦首府疾陵城。塔希尔之子侯赛因在抵抗不力的情况下撤退，锡斯坦落入哈拉夫手中。后来，侯赛因在萨曼王朝的支持下，率萨曼王朝军返回锡斯坦，围攻疾陵城，双方陷入僵持状态。此后，萨曼王朝又出面调解，未能成功。983 年，侯赛因投降。萨法尔王室后裔哈拉夫成为锡斯坦主人，对此，阿拔斯王朝哈里发颁发了授权文书，萨曼王朝在锡斯坦的统治结束。灭亡萨法尔复国势力的是后来在阿富汗建立的伽色尼王朝。

哈拉夫巩固了在锡斯坦的统治以后，986 年，派军队占领了布斯特和扎布里斯坦，但他未能在此建立统治，在伽色尼军队的逼迫下退出布斯特。此后，他与伽色尼王朝素丹赛布克特勤缓和了关系，曾派遣军队帮助赛布克特勤攻打萨曼王朝反叛将军阿布·阿里·西木居尔。991 年和 994 年，他两次远征布威希王朝属地克尔曼省，但都没有成功。

哈拉夫晚年在锡斯坦的统治不得人心。锡斯坦的军队首领秘密与在阿富汗建立统治的伽色尼王朝统治者马合木联合，伽色尼军队于 1002 年围攻锡斯坦的塔克城堡，哈拉夫投降并退位。后来，锡斯坦成了伽色尼王朝的一个省。

除了萨法尔王朝的复国运动外，萨曼王朝还要对付吐火罗斯坦和锡斯坦的分裂运动。巴里黑总督喀喇特勤·伊斯菲加比率先独立出去。喀喇特勤·伊斯菲加比原是布斯特城的突厥将领，在担任巴里黑总督时期，于 929 年表现出独立倾向，在今阿富汗东南部的布斯特和路卡吉（a1-Rukhkhaj）建立独立政权。932 年，喀喇特勤被萨法尔朝埃米尔哈拉夫打败。969 年，以贝吐兹（Baituz）为首的突厥军事集团在布斯特建立了独立的政权，970 年，贝吐兹在此发行了自己的铜币，从保留至今的一枚铜币来看，他的铸币上没有萨曼王朝埃米尔的名字。[①]982 年，萨曼王朝宰相乌特比被害，埃米尔迫于压力，任命法伊克为巴里黑总督。992 年 5 月，喀喇汗王朝博格拉汗任命法伊克为巴里黑和呾密两地总督。从此，巴里黑成为法伊克与萨曼王朝战斗的基地。曼苏尔二世在位时期（997—999），任命伽色尼王朝马合木为巴里黑、呾密、赫拉特、布斯特和其他城市的总督，此后，这些地区分裂出去，成为伽色尼王朝属地。

① 许序雅：《中亚萨曼王朝史研究》，第 50 页。

第三章

政治统治

波斯人建立的三个王朝采取了不同的统治方式。塔希尔王朝和萨法尔王朝以武力为基础，在被征服地区以征税的方式实现自己的统治；萨曼王朝在中亚地区建立了中央集权制，它的政治体制既保持了古代萨珊波斯王朝的传统，又吸收了阿拉伯帝国政权的一些特征。

第一节　塔希尔王朝和萨法尔王朝

塔希尔王朝是从阿拔斯王朝中分裂出来的独立王朝，阿拔斯王朝呼罗珊总督的职位由塔希尔家族世袭（819—873）担任，可以说，在呼罗珊实施统治的塔希尔王朝实际上是阿拔斯王朝统治下的一个地方自治王朝，它在政治和经济上与阿拔斯王朝有着千丝万缕的联系。

从政治上来看，塔希尔王朝与阿拔斯王朝长期保持着从属关系。第一，塔希尔王朝强调与阿拔斯王朝的关系以证明自己的合法性。塔希尔王朝在种族上是波斯人，然而，由于先祖给阿拉伯胡扎亚部族充当顾问，胡扎亚部族在前伊斯兰时代曾经控制过麦加，在阿拉伯人中具有较高地位，由此，塔希尔家族又获得了阿勒·胡扎伊的高贵地位。[①]塔希尔王朝虽然有过脱离阿拔斯王朝的政治倾向，但实际上并没有取得完全独立。塔希尔王朝的历代君主都接受阿拔斯王朝哈里发的任命，它的内部纷争靠阿拔斯王朝调和，它在哈里发的支持下维持统治，多次依靠阿拔斯王朝镇压人民起义才稳住了统治。

第二，塔希尔家族与阿拔斯王朝政权中心有联系密切，家族成员在阿拔斯王朝的首都担任要职，并世袭占有巴格达总督一职，在巴格达地位显著。[②]有学者认为，塔希尔王朝埃米尔驻地虽然在尼沙普尔或莫夫，但其统治中心实际上在巴格达。

第三，塔希尔统治者以维护哈里发权威的面目出现，在其统治区内尊崇阿拔斯王朝的宪法。[③]塔希尔王朝每年向哈里发宫廷送去的奴隶达 2000 人。[④]847 年，在穆塔瓦基继承哈里发之位时，塔希尔王朝给他送去 200 个男女奴隶作为贺礼。[⑤]

从经济上来看，第一，塔希尔王朝要向哈里发上缴税收。在阿布德·阿拉赫·本·塔希尔时期（830—844），呼罗珊省的应缴税额为 4484. 6 万迪尔汗，外加供骑乘的牲口 13 头，羊 2000 只，战俘 2000 名（价值 60 万迪尔汗），以及坎代吉娅粗布 1187 匹，铁锹和铁皮各 650 件。[⑥]

第二，巴格达总督一职使塔希尔家族聚敛了大笔财富，对维持其政权具有十分重要的作用。塔希尔·伊本·侯赛因在巴格达的官邸是富丽的大楼之一，后来成为历代哈里发的官邸。据雅库比记，在塔希尔王朝时期，呼罗珊的土地税总数达 4000 万迪尔汗。此外，他们在伊拉克的收益，以及其他用实物折成的现金，共给他们带来

---

① R. N. Frye, *The Cambridge History of Iran*, Vol. 4, pp.91-92.

② Ibid., pp.96-97.

③ Ibid., p.104.

④ Ibid., p.93.

⑤ Ibid..

⑥ 许序雅：《中亚萨曼王朝史研究》，第 119 页。

了1300万迪尔汗的额外收入。[1]此外，哈里发还将一些地区的税收转让给塔希尔统治者。如哈里发穆斯塔因曾把河中地区的伊什提克罕和伊斯基卡斯两地岁收转让给塔希尔王朝埃米尔穆罕默德·布·塔希尔。

史家评论说，塔希尔王朝在呼罗珊的统治是开明的专制主义。[2]塔希尔王朝希望建立一个比较稳固的政权，在一定的程度上关心下层阶级的利益。但是，王朝统治下的农民仍然受到很重的剥削，他们不仅向地主缴纳重税，而且还要向哈里发及塔希尔王朝交纳赋税。

塔希尔王朝的军队有正规军和“志愿军”。所谓“志愿军”，就是受地方统治者雇佣，专门对异教徒进行“圣战”的武装，这些人多出身于下层，常被派遣到同草原接界的地方去设防戍守。在那里对游牧人进行“圣战”，可望得到战利品。志愿者有自己的组织，其首领甚至得到官方的尊重和承认，但志愿者也常常与反王朝势力结合，成为地区动乱之源。

塔希尔王朝对属地的统治是通过税收实现的。在阿布德·阿拉赫时期，喀布尔地区统治者一次送给他的贡税是2000个古思奴隶，价值达60万迪尔汗。当然，征税是以武力为基础的。两个世纪之后的塞尔柱王朝宰相莫尔克说，阿布德·阿拉赫精心地挑选诚实而虔诚的人担当他的征税人，844年，塔希尔王朝向农民征收的赋税总额达4800万迪尔汗。反抗塔希尔王朝的人民起义从未停止过，特别是在锡斯坦。

萨法尔王朝的统治时间不长，但对中亚地区有着重要意义。萨法尔王朝强盛时期，疆域东起阿富汗巴米延和喀布尔，西至阿瓦士和伊斯法罕。据《不花剌史》记载，在874年6月25日（回历260年莱麦丹月的第一个星期五）以前，不花剌人在祈祷中以萨法尔王朝埃米尔雅库布之名念胡特巴。由此来看，在塔希尔王朝退出不花

---

① R. N. Frye, *The Cambridge History of Iran*, Vol. 4, p.94.

② 参见《中国大百科全书》（简明版），中国大百科全书出版社1996年版，“塔希尔王朝”条，第4671页。

剌的短时期内，不花剌一度承认了萨法尔王朝的宗主地位。尽管如此，萨法尔王朝的有效统治地区仍仅限于呼罗珊和锡斯坦。

与塔希尔家族不同，雅库布在阿拔斯政权中没有可以利用的出身或职务。萨法尔王朝统治者出身低微，因此，萨法尔埃米尔“并不去寻找什么法律上的根据来证明自己的行为是正当的，而是仅仅依靠刀剑建立自己的权力”[1]。一次，在回答哈里发穆塔米德的劝降中，雅库布命令侍从用一个木盘把韭菜、洋葱和鱼端上来放在哈里发使者的面前，对使者说：“回去告诉哈里发，我出生在一个铜匠之家，我从父亲那里学到了铜匠手艺，我的食物通常是大麦面包、鱼、洋葱和韭菜。我拥有的统治权、财宝和财富都是我以自己的流血事业[2]和勇敢取得的，我既不是从我父亲那里继承的，也不是你（哈里发）赐予的。我将不会停止行动，直到我把你的头颅送到马地亚（Mahdiyya）[3]，直到消灭你的家族。要么我将做我以上所说的事，要么我就回家去吃我的大麦面包、鱼和韭菜。”[4]898 年，阿木尔从哈里发穆塔迪德的使臣手中接过对河中地区的授权书之时，直言不讳地说：“我要这张证书干什么？这些地区只有靠一万把出鞘之剑才能从伊斯迈伊尔的手中夺得。”[5]

雅库布对阿拔斯王朝是不信任的，他认为：“阿拔斯王朝把它的统治建立在错误的做法和诡计的基础上，艾卜·穆斯里姆、伯尔麦克家族和法德勒·本·萨赫勒，为了阿拔斯王朝的利益尽了一切努力，然而，阿拔斯王朝却残酷地对待他们，难道你没有看到吗？任何人都不会相信它们！”[6]萨法尔王朝公开不承认阿拔斯王朝哈里发的权威。从 867 年起，雅库布在星期五祈祷之时，就不以哈里发之名

---

① 王治来：《中亚通史》古代卷（下），新疆人民出版社 2004 年版，第 6 页。

② 波斯语 ʻayyārī，骑士精神或狭义匪徒。

③ 北非法提玛王朝的哈里发们，该王朝建于回历 308 年，即公元 921 年，而雅库布在巴格达开始他的冒险事业是回历 261 年，即公元 875 年。

④ Nizam al-Mulk, *The Book of Government or Rules for Kings*, p.18.

⑤ R. N. Frye, *The Cambridge History of Iran*, Vol.4, p.124.

⑥ Ibid., p.125.

颂读胡特巴，而是念自己的名字[1]，以示自己是一个独立的君主。此后，阿木尔也以自己的名字颂读胡特巴。因此，有史家认为，萨法尔王朝才是第一个摆脱了阿拔斯王朝的波斯王朝，它在阿拉伯帝国完整的领土内打开了一个巨大的缺口。[2]

由于萨法尔王朝埃米尔出身卑微，所以哈里发对萨法尔王朝持否定态度，哈里发将该王朝的统治者视为强盗。[3]后世有关东伊斯兰世界的史书、阿拉伯史书以及11世纪以来的波斯史书，对萨法尔王朝也普遍采取敌视态度。哈里发否定萨法尔王朝的原因还有宗教方面的因素。锡斯坦的喀里吉特派是从伊斯兰教中分出来的一个派别，该派不承认阿拔斯王朝的权威，阿拔斯王朝对喀里吉特派也采取剿灭的政策。早期萨法尔王朝其实并没有强烈的宗教感情，在征服过程中，雅库布吸收了许多喀里吉特派教徒，吸收他们加入萨法尔军队，此举并非说明萨法尔人有喀里吉特派信仰的倾向，只说明他们利用了这些教徒的战斗品质而已。[4]然而，萨法尔王朝埃米尔却被指控为喀里吉特派的同情者，史学家们也经常把他们视为异端。[5]

当然，萨法尔统治者和哈里发也有妥协和互相利用的时候。萨法尔王朝埃米尔有时候在形式上向阿拔斯王朝表示归顺，从掠夺品中拿出些礼物送给阿拔斯王朝[6]，以换得哈里发的认可。如871年，雅库布派人朝见哈里发穆塔米德，表示忠顺臣服之意，哈里发穆塔米德下诏任命雅库布为巴里黑、吐火罗直到印度边境的所有地区的长官。阿木尔在继位之前也曾向哈里发穆塔米德表示忠顺，送给哈里发100万迪尔汗的贡赋，875年，哈里发穆塔米德任命他为赫拉特总督。有时候哈里发也对萨法尔王朝埃米尔的征服活动予以承认。如876年，当雅库布兵临阿瓦士边界之时，哈里发穆塔米德曾答应

---

① R. N. Frye, *The Cambridge History of Iran*, Vol. 4, p.124.

② Ibid., p.107.

③ Ibid..

④ Ibid., p.109.

⑤ Ibid., p.107.

⑥ Ibid., p.111.

由雅库布取代塔希尔王朝在巴格达担任苏尔塔职务，还答应在麦加和麦地那的胡特巴中念雅库布的名字。然而，一旦出现可以利用的机会，哈里发随即取消对萨法尔王朝的承认，并试图除掉它。此后，正是阿拔斯王朝哈里发的离间、鼓励和支持，萨曼王朝灭亡了萨法尔王朝，结束了它在锡斯坦的统治。

萨法尔王朝的行政管理体制基本上承袭了阿拔斯王朝的行政管理制度，实行君主独裁统治。“个人决定一切，不与任何人分享政权。”[①]861 年，雅库布着手建立自己的中央政府各部系统，任命自己的官员。他的内阁首席大臣可能就是诗人兼文学家穆罕默德·布·瓦西夫（Muhammad b. Wasif）。中央政府将地区划分为省，然而，萨法尔王朝在呼罗珊、法尔斯等地的统治是不稳固的，经常遭到敌对势力的反对，比如塔希尔王朝的残余势力。

萨法尔王朝对征服地区的统治通过派遣收税官的方式实现。在征服战争中，萨法尔王朝每征服一地就对该地区统治者征收重税。870 年，雅库布攻入阿富汗的加兹尼城，向该城统治者阿布·曼苏尔·阿弗拉赫征收每年 1 万迪尔汗的贡税。[②]874 年，雅库布的官员对塔巴里斯坦省的阿模尔和萨里居民一次性征收了一年的税。[③]阿木尔曾向伊斯法罕总督阿赫默德·布·阿布德·阿勒·阿齐兹征收了 30 万迪尔汗的贡赋。[④]掠夺使萨法尔王朝积累了大批财富，雅库布去世时留下了 5000 万迪尔汗和 400 万迪纳尔的财富，阿木尔留下 3600 万迪尔汗和大量的迪纳尔、珠宝、衣物及武器等。[⑤]

维持地区统治秩序需要庞大的军队，可以说，萨法尔王朝的统治是建立在武力基础之上的。萨法尔王朝征兵不论种族，军队中有呼罗珊人、突厥人、阿拉伯人、印度人和来自印度—阿富汗边界的

---

① 王治来：《中亚通史》古代卷（下），第 7 页。

② R. N. Frye, *The Cambridge History of Ira*, Vol. 4, p.111.

③ Ibid., p.127.

④ Ibid., p.119.

⑤ Ibid., p.128.

各族人，不过，军队核心由呼罗珊的萨格兹军人和阿亚尔人构成；萨法尔王朝埃米尔的卫队主要是突厥人，他们最初不参与战争，只用于庄严的场合。军队士兵职业化，有骑兵和步兵，锡斯坦的步兵从萨珊时代起就很有名。王朝注意吸收优秀人才加入军队，如雅库布在锡斯坦吸收喀里吉特派和巴德希斯人入伍。在急需之时，王朝征集农民参战，农民军被称为“巴斯巴尔巴·依·鲁斯塔伊”，他们的战斗力不强，在穆罕默德·布·阿里·莱斯于911年抵抗萨曼王朝的战争中，农民军在首次交锋时就被击败。

雅库布和阿木尔兄弟俩都是老练的军事指挥官，他们十分注意军纪。雅库布的部队在非经明确允许下，不得掠夺，雅库布早年在萨利赫军中担任指挥官时，曾制止了布斯特军队抢劫疾陵城。在新兵入伍之时，雅库布将新兵随身所带的财物和装备换成现金登记入册，记在士兵的名下。如果该兵士不合格并被开除军籍，这笔钱就归还给他；如果他有资格留在军中，军队将给他配置衣物、武器和坐骑。据阿拉伯地理学家马苏第记载，雅库布亲自测试新兵的武艺，对军事生活以外的事他毫无兴趣，观察年轻奴隶的教育和进步是他唯一的消遣。①

萨法尔王朝使用间谍加强统治。阿木尔亲自训练奴隶，并把他们作为间谍安插在他的军队中：“为了控制下属的官员，阿木尔给他们赏赐奴隶。这些奴隶实际上是他的密探，通过他们了解辖境内发生的一切。”②

军队和间谍的开支主要依靠土地税和其他收入。萨法尔王朝根据军队的数量、装备和坐骑，发放军饷。按常规，军饷每三个月发放一次，在取得重大胜利之后增发额外薪饷。雅库布和阿木尔还对军队是否能够按时、全额地领到军饷进行检查。在阿木尔时期，王朝有四个国库，其中一个用以保管埃米尔家族财富和宫廷的开支，

---

① R. N. Frye, *The Cambridge History of Iran*, Vol. 4, p.126.

② Ibid., p.128.

其他三个国库都是为军队准备的。一个是军需库，存贮大量武器；一个用以保管土地税和其他方面的岁入，用于支付军队的薪饷；一个保管临时性和额外征集物的岁入，其中，包括没收叛国投敌者的财产，给勇敢士兵、间谍和列兵的特殊奖赏也出自该库。[①]阿木尔之后，国家税收废弛，收入减少，到 906 年时，国库完全空虚。[②]

总体来说，萨法尔王朝在锡斯坦的统治是严酷的，不过，据史书记载，萨法尔王朝在锡斯坦的统治还是受到人们的欢迎，因为它以某些方式关注了锡斯坦的利益[③]，对该地区的发展起到了重要作用。

第二节　萨曼王朝

萨曼家族是在阿拔斯王朝哈里发的扶持之下得以在河中地区建立统治的。最初，萨曼家族只是臣属于呼罗珊总督的一个地区统治者，后来一跃成为受阿拔斯王朝直接管理的河中地区总督。[④]

在 100 多年的时间里，萨曼王朝在中亚实施了独立统治。然而，根据当时伊斯兰世界的理念，阿拉伯帝国的宗教首领哈里发是一切权利的授予者，所以，萨曼王朝埃米尔只是阿拔斯王朝的代理统治者（mawālî）。

在政治上，双方首先确立了君臣关系。萨曼王朝埃米尔的即位要得到阿拔斯王朝哈里发的认可，并向哈里发表示效忠。945 年，布威希王朝操纵了哈里发，萨曼王朝对此政权扶持的哈里发阿里·穆提（Ali Muti，946—974 年在位）不予承认，在他们发行的银币中仍用前任哈里发穆斯塔克菲的名字。其次，萨曼王朝在其领地内以哈里发和萨曼王朝埃米尔之名颂读胡特巴。

---

① R. N. Frye, *The Cambridge History of Iran*, Vol. 4, p.128.

② Ibid., p.122.

③ Ibid., p.129.

④ 许序雅：《中亚萨曼王朝史研究》，第 87—88 页。

萨曼家族在河中地区的统治直接受呼罗珊总督的管辖，河中地区的税款也是缴给呼罗珊总督。塔希尔王朝建立以后，萨曼家族直接向哈里发上缴税收，9 世纪中叶，萨曼家族上缴的税额只有塔希尔王朝的1/6左右。[①]但实物税，如坎代吉娅粗布、铁锹和铁皮的数量与塔希尔王朝一样多。

尽管如此，随着萨曼家族势力的发展，萨曼王朝的独立性显现出来。在政治上，萨曼王朝埃米尔之位的继承由萨曼王族自己决定，哈里发不予干涉，只是事后发布授权文书予以承认。此外，萨曼王朝埃米尔可以自由任免下属官员。在宗教上，萨曼王朝埃米尔常常与哈里发一样，采取“信徒的领袖”之称号，有的埃米尔还有王号，如努赫·本·纳斯尔的王号为“艾米尔·哈米德”（Amîr-i hamîd），有些埃米尔死后有谥号，如阿合马德·本·伊斯迈伊尔被尊为“殉道的异密”（Amîr-ishahîd），纳斯尔二世被尊为“威严的异密”（Amîr-isa'îd）。在经济上，首先，萨曼王朝东部诸省的贡赋完全排除在哈里发的预算之外，不上缴给哈里发（哈里发所辖多数省总督要向巴格达政府交纳贡赋，如法尔斯总督），萨曼王朝统治者只是按惯例送些礼物给哈里发；其次，萨曼王朝可以自由支配王朝的国库收入；最后，萨曼王朝有铸币权，858—859 年，获得铜币铸造权，886 年，获得银币铸造权。

萨曼王朝在中亚地区建立了一套独立管理国家的官僚系统。萨曼王朝的政治体系是以萨曼王为中心的君主集权制，萨曼王称埃米尔。埃米尔在理论上具有至高无上的权力，国家的军政和经济大权名义上都掌握在埃米尔手中。在埃米尔之下，统治体系分为两大系统，即名为达尔甘（Dargah）的宫廷和名为迪万的中央政府部门。宫廷主要处理王家内务，中央政府各部主要处理民政事务。

萨曼王朝的宫廷系统在 914 至 922 年间（即贾哈尼第一宰相任期）初步形成。宫廷的最高长官是宫廷大臣“哈吉布”（Hājib），哈

① 许序雅：《中亚萨曼王朝史研究》，第 119 页。

吉布对埃米尔负责。哈吉布最初的职责只是保卫王室安全，其手下有宫廷侍卫队，侍卫队由在宫廷学校接受过专门训练的突厥奴隶（古拉姆，Ghulam）组成。除哈吉布外，宫廷还设有宫廷总监“瓦开尔”（Vakil / Uakil）。瓦开尔一职常常由王室长者担任。在萨曼王朝建立之初，瓦开尔的势力比哈吉布大，其地位相当于萨曼王朝宰相。随着突厥卫队势力的增长，哈吉布的权力越来越大，瓦开尔的权力逐渐遭到削弱。到10世纪50年代，在阿尔普特勤任大哈吉布期间，瓦开尔在宫廷中的势力几乎完全丧失。

萨曼王朝继承了原萨珊波斯王朝的行政管理制度。在伊斯迈伊尔时期，萨曼王朝建立起较为完善的国家行政管理制度，确立了中央集权的政权体制。在纳斯尔二世统治时期，中央集权得到加强，中央政府形成了10大部门，在不花剌城广场上建筑了中央政府大楼，10大部门在政府大楼内都有办公和议事的地点。[①]

中央政府的最高长官是宰相维齐尔，“维齐尔”是阿拉伯语的音译，意为“元老”，维齐尔对萨曼王朝埃米尔负责。

第一，宰相部（维齐尔部，Dīwān of wazir）掌管国家政务，为10部之首，其职权标志是一个墨水台（直至塞尔柱王朝也是如此）。宰相一般都出自伊朗语族人，其中，大多数时间由巴尔阿米和乌特比家族成员世袭担任。萨曼王朝统治初期，宰相权力极大，可以任命各部官员，甚至呼罗珊总督。10世纪中叶以后，随着军队统帅权力的增长，宰相的地位下降，宰相的任命甚至要得到军队统帅的认可。

第二，财政部（Dīwān of the Mustawfi）掌管国库，总理国家财政事务。在阿拔斯王朝称卡拉吉迪万（Dīwān al-Kharaj）。

第三，秘书处和外交部（‘Amid al-Mulk）主管王朝重要文书与王朝的对外关系。该部也许与“国家文献部”（Dīwān ar-rasa il / Dīwān-iinsha）是同一机构，后者经常被当时的史学家们提到。

第四，卫戍司令部（Sahib-Bared）管理国王的卫队及发放军队

---

① Narshakhī, *The History of Bukhara*, pp.25-26.

的薪饷。该职的重要性长时期高于宫廷系统的沙希布·哈拉斯（近卫队长，Sahib-Hams），伊斯迈伊尔在兄长纳斯尔宫中时就担任此职。

第五，邮驿和情报部（Sahib-Harid）管理政府公文的传递，负责向宫廷报告地方官吏的情况。该部派往地方的工作人员不归地方官员管辖，直接听命于中央，实际上是国家的情报人员。该部并不办理民间的邮驿业务。

第六，都察部（Diwan of Mushrif）负责控制国家的收入与开支，监督地方金库的收入和支出。

第七，王室地产管理部（Dīwān al-Dīyā）负责王室地产的管理，该部部长可能由宫廷系统的瓦开尔充任。该部的设置反映了萨曼王室拥有的土地是相当多的。

第八，监察部（Mushrifs）监督市场、度量衡，检查工农业产品质量，规定市场最高限价，甚至监督居民的道德行为，惩处在公开场合违反宗教法的人，维持公共秩序。然而，该部长官也有知识分子充任的。

第九，宗教地产部（Dīwān of the Awqāf）掌管清真寺和宗教界地产。此部是按照阿拔斯王朝体制设置的，但是，作为教士领袖的哈里发有决定宗教地产的权力，而萨曼埃米尔只是世俗政权的代表，本质上并不具有管理宗教产业的理由，因此，该部未能真正行使管理宗教界财产的职能。

第十，司法部（Qadi）的部长称“卡地中的卡地”，掌管审判，统领法官。该部并不经常受理案件，尤其不常受理控告政府官员的案件。个人案件由沙里夫（Sharif）法庭审理。[①]

以上十大部门分管中央政府的三大权力，即立法权（法令的起草和发布）、财政权、司法权。其中，前两项权力归宰相，司法权属于军事官员，因此，宰相缺乏执法的手段。

10 世纪上半叶，在著名宰相贾哈尼和巴尔阿米的治理下，中央

① 许序雅：《中亚萨曼王朝史研究》，第 71 页。

政府各部分工明确，政府的工作效率很高。

总的来看，宫廷系统和中央政府两个系统的划分并不明确，有学者认为："从理论上说，宰相是第凡（迪万）系统官僚体制的首脑，因而相应地也是宫廷官僚体制的首脑，即宫廷大臣哈吉布。"[①]然而，实际情况是，随着宫廷大臣权势的上升，他们左右了君主，从而干预了本该由中央政府各部管辖的事务。于是，宫廷系统与中央政府部门争夺权力，冲突不断。阿合马德时期（907—914），宫廷大臣与支持中央政府的埃米尔产生矛盾，最终导致了埃米尔阿合马德被杀。946 年，宫廷与政府之间的权力之争再次达到高潮。是年秋，宫廷势力与王朝的军队首领伊卜拉希姆·本·西木居尔勾结，控告宰相阿布尔·法德尔与叛臣呼罗珊总督阿布·阿里·查干尼有串通，迫使埃米尔努赫一世处死了宰相。

阿尔普特勤担任宫廷大臣期间，不仅把持了宫廷的一切权力，还参与朝政，左右政治，甚至宰相的废立也必须按他的意志行事。961 年 2 月，阿尔普特勤出任呼罗珊总督，此后，宫廷侍卫与中央外派官员结合起来。萨曼王朝的政治和军事权力落入了宫廷系统的突厥侍卫队首领哈吉布手中。此后，外省总督一职，特别是呼罗珊总督一职，大多数控制在突厥军人手中，中央政府对各省的统治削弱。到 982 年，原呼罗珊总督伊卜拉希姆·本·西木居尔与哈吉布法伊克勾结暗杀了宰相阿合马德·乌特比（Ahmad b. 'utbi）。至此，中央政府的权力尽失，统治权落入以突厥军队为主的军队首领之手，萨曼王成为军队首领任意摆布的傀儡。

在萨曼王朝的统治中，除了宫廷和政府两大系统外，伊斯兰教的宗教首领也是一股强大的势力，他们对萨曼王朝政治具有影响。宗教首领们往往与政府作对，他们拒绝为政府服务，甚至不愿接受在宗教领域内的法官之职。[②]

---

① 许序雅：《中亚萨曼王朝史研究》，第 72 页。

② 同上书，第 73 页。

在伊斯迈伊尔时期，萨曼王朝的地方政权组织开始形成。萨曼王朝仿效阿拔斯王朝设立了行省行政区划，各省区由其埃米尔任命的总督掌管，如巴里黑、呼罗珊、塔巴里斯坦。这些地区的行政与中央 10 部制官僚体制大体相同，只是规模小一些。

省级最高官员是总督哈希姆（Hakim）或卡德护达（Katkhuda）。总督由埃米尔任命，宰相和王朝中有权势者可以推荐人选。总督以下的各部官员的任免最初也必须由埃米尔决定和批准。随着埃米尔权力的衰弱，省级各部官员的任免逐渐转移到中央 10 部首脑手中。除邮驿和情报部外，各级各部处于双重领导，既隶属于地方最高行政长官，又直属于中央的相应各部。省级官员每年领取四次现钱作为薪俸，各级官职的俸禄有常例。[①] 从上到下的官僚体制使萨曼王廷相对严密地控制着这些省份。

在各省区中，呼罗珊省的地位最高，该省总督基本上由指挥萨曼王朝正规部队的军队统帅兼任。10 世纪中叶以后，呼罗珊总督职务之争成为萨曼王朝动乱的因素。在边远省份，地方长官的职责是维持被征服地的统治秩序和戍守边境，在战争爆发时提供部队，武装勤王和平叛。

除了直接统治的行省外，萨曼王朝境内还存在着大小不等的半独立地方王朝。其中重要的有：巴里黑的阿布·达乌德王朝（Abu Dawudids）、锡斯坦的萨法尔王朝残余的小王朝、胡实健的法里功王朝（Farighunids）、加兹尼的拉维克王朝（Lavikid，？—962）、突厥人在克尔曼与布斯特建立的城邦政权、花剌子模南部的阿夫林吉朝（Afrighid）、穆尔加布河上游山区的伽尔吉斯坦、锡尔河北岸的白水城以及不花剌东部山区的石汗那、胡塔梁和拉斯特（Rasht，此地与拔汗那相邻）的地区政权。

半独立王朝的形成有以下几种情况：第一，萨曼王朝在征服战争之后保留下来的地区王朝，如花剌子模、白水城、加兹尼、胡实

---

① 许序雅：《中亚萨曼王朝史研究》，第 71—72 页。

健、石汗那，这些王朝承认萨曼王朝的宗主地位，并与萨曼王朝保持比较松散的臣属关系；第二，萨曼王朝埃米尔对军队首领的分封地，受封者在获得世袭权利以后形成的半独立领地；第三，一些为萨曼王朝驻守边疆的军队首领反叛中央政府，形成的割据政权，如克尔曼和布斯特政权。在上述王朝中，花剌子模、白水城、石汗那等地的统治者统治权相对独立，权力较大；而巴里黑的阿布·达乌德王朝权力最小，萨曼王朝在此派驻总督；932 年，萨曼军队司令穆罕默德·本·伊利亚斯（Muhammad b. Iliyas）在克尔曼建立了独立王朝（932—968），936 年以后，克尔曼完全脱离萨曼王朝。

在 10 世纪中叶以前，萨曼王朝对边疆省区和半独立王朝进行过有效的统治，以上王朝都承认萨曼王朝的宗主地位，为了与中央政府保持友好，其统治家族还与萨曼王族联姻以加强自己的地位。尽管如此，臣属的地方小王朝除了向萨曼王朝埃米尔献礼外，在经济上是独立的。据穆卡达西说，他们对萨曼王朝“只送礼物，不纳贡赋”[①]。据阿拉伯地理学家伊本·胡尔达兹比赫记，撒麻耳干总督努赫每年有总值为 217.25 万穆罕默德迪尔汗的贡品，其中，有渴石（Kiss）盐矿的盐，石国银矿的银等。

10 世纪 40 年代以前，萨曼王朝对离心倾向和行为采用武力镇压。如 839 年对白水城的征服；893 年对塔拉兹城的征服；910 和 912 年镇压锡斯坦的萨法尔王朝的复辟；939 年对雷伊和胡实健及 940 年对塔巴里斯坦的战争。10 世纪 40 年代，随着中央政府的衰弱，摆脱萨曼王朝的离心倾向明显，与此同时，入主巴格达的布威希王朝开始蚕食萨曼王朝西部领土。在此形势下，臣属的诸小王公不再承认萨曼王朝的宗主地位，实现了完全独立。这一点从拔汗那第二大城市库巴（Qubba）于 952—953 年、960—961 年、966—967 年铸造的三枚铜币反映出来。在 952 年前后，库巴仍然承认萨曼王朝埃米尔的权威，而在 960 年以后，库巴城统治者阿什阿斯·穆罕默德

① 王治来：《中亚史纲》，第 318 页。

和曼苏尔·拜卡尔已经具有铸币权和独立统治权。[①]

王室争夺权力的叛乱及内讧削弱了萨曼王朝对地方政权的控制。伊斯迈伊尔系一直把持着萨曼王朝的埃米尔位置，而纳斯尔系并不服从中央的号令，常常发动反中央的叛乱，其中，影响较大的叛乱有：914年拔汗那伊沙克叛乱；945—947年努赫一世的叔父伊斯哈克在呼罗珊的叛乱，此次叛乱的领导者曾自立君主，一度危及不花剌政权。在反叛王权之时，萨曼王族成员往往借助地方王朝或地区总督的势力，伊斯哈克在叛乱之时，与呼罗珊总督阿布·阿里·查干尼联盟，双方联合攻入不花剌，一度把努赫一世赶到撒麻耳干城。后来，查干尼与巴里黑、胡实健、胡塔梁、昆米吉斯及拉斯特地区统治者联盟，共同反叛萨曼王朝中央政府。

与以往政权比较，萨曼王朝的中央集权制度是比较完善的，集权程度也前所未有。萨曼王朝中央政府的直接统治地区有：不花剌、撒麻耳干、拔汗那、渴石、莫夫、呼罗珊，以首府古尔甘吉（Gurganj）为中心的花剌子模北部和锡尔河流域城市苏对沙那。然而，根据现存的考古资料分析，萨曼王朝的中央集权并不巩固，分裂倾向长期存在。现存的铜币表明，即使是在最强大的君主伊斯迈伊尔统治时期，萨曼家族直接统治区拔汗那的统治者伊沙克也不承认不花剌政府的权威。10世纪下半叶，由于半独立王朝的独立，萨曼王朝的领土不断缩小。

第三节　萨曼王朝的军队和司法

萨曼王朝的军队有正规军和志愿兵。最初，萨曼王朝正规军的主体主要是东伊朗人，当时突厥人还处于依附地位，他们必须依靠自己的忠诚和战功才能得到提升。后来，随着大批的突厥奴隶和一

---

① 许序雅：《中亚萨曼王朝史研究》，第79页。

般突厥人的来到，萨曼王朝军队的成分发生了变化，突厥人逐渐构成为萨曼王朝军队的核心[①]，据《珍宝录》记载，在939年，埃米尔纳斯尔二世在不花剌迎接中国使团时，突厥士兵与由伊朗语族人组成的志愿兵之比是1∶1。[②]随之，管理军队的突厥首领的势力强大起来，建立军功的突厥将领还被任命为征服地区的总督。突厥军队首领在后来的萨曼王朝政治中将起到重要作用。

宫廷侍卫队也属正规军，他们由经过训练的突厥奴隶组成。萨曼王朝埃米尔给那些准备用于服役或将来要在行政部门供职的突厥奴隶设立了专门学校，让他们得到各种专门训练。经过训练的突厥奴隶被称为“古拉姆”，古拉姆在萨曼王朝的统治和扩张中起到了重要作用，他们也通过军功不断提高自己的地位。阿尔普特勤原来就是一个买回来的突厥奴隶，他从宫廷卫兵开始了自己的政治生涯，后升至宫廷大臣哈吉布。

正规军由政府发给军饷，税官征收到的税款送到国王的国库，这些钱每三个月一次发给侍卫和部队，它们被称为“比斯特嘎尼”（Bīstgānī）[③]。据写于11世纪的史书《治国策》记载，以往的国王（指萨曼王朝）有这样的制度，他们不授封地给军人，军队官兵和行政官员均按官阶高低领取固定的薪俸。每年四次从国库领取现金，并随时补充足够的给养。一旦有突发事件，立即就有2000或20000名骑兵骑马上阵，前往应对。据伊本·豪卡尔（Ibn Hawkal）的《诸地形胜》一书，在萨曼王朝4500万迪尔汗的年预算额中，每年要拿出2000万迪尔汗付军队和官吏的薪俸。[④]战争爆发之时，萨曼王朝还会临时增发军饷。如900年，萨曼王朝灭萨法尔王朝之战，临时增发军饷。官员们的津贴在各省都是固定的；每一个在同一地区担任

---

① R. N. Frye, *The Cambridge History of Iran*, Vol.4, p.163.

② C. E. Bosworth, *The Medieval History of Iran, Afghanistan and Central Asia*, Chap.XXIII, pp.5-6.

③ 该词（阿拉伯文是 al-’ashrīniyya；见 *Mafātīh al-’ulūm*）目前还没有令人满意的解释，波斯文形式是“以20支付”。W. Barthold, *Turkestan Down to the Mongol Invasion*, p.230, n.11：在萨曼王朝时期，付给呼罗珊部队的工资总数是20个百万迪尔汗。

④ 巴托尔德根据伊本·豪卡尔的《诸地形胜》，见 BGAII, pp.341-342。

相同官阶职务的人，得到相同数目的津贴。

军饷是定时发放，要么国王每年两次把军人召集到御前，要么下旨给他们发薪金，而不是采取委托国库发放，更好的是，国王应当亲自将钱发到军人手中，这会增强他们的效忠和依附之情，这样，他们在战时与和平时都会更加热情、更为坚定地履行职责。[①]

在军人死亡或其他原因离开部队之时，部队首领会马上通报实情，不能隐瞒真相。部队首领一旦领取了薪金，他们就会随时整装待命，以应付可能出现的突发事件。如果有人离职，他们要立即上报，这样，空缺可以补上。否则，他们就要受到惩罚，就要被停发薪金。[②]

萨曼王朝存在着志愿兵制度（Muttawwi‘a）。“志愿兵”在史书中被记为“加齐”（Ghazi），加齐是受地方统治者雇佣，专门以“圣战”为名进行掠夺战争的武装，加齐中的大多数人出身下层，他们为获取战利品而进行“圣战”，因此，他们总是自愿来效力的。志愿兵的首领得到官方的尊重和承认。

志愿兵的组织者是各地的大小封建主、授地的拥有者（Ashāb al-iqta‘āt），他们大多数是东伊朗语族人。据巴托尔德研究，萨曼王朝的一部分突厥人也获得了牧场，其代价是保护萨曼王朝辖地的边界。因此，志愿兵中也有一部分突厥人。[③]考虑到萨曼王朝辖地主要是农耕定居地区，牧场不多，因此，突厥志愿兵的人数一定不会很多。

志愿兵平时驻扎在各个具有战略意义的城镇和萨曼王朝领土的北部边区，战争时，埃米尔临时召集他们。一般而言，志愿兵的武器装备等费用由自己解决，封主的费用由封地税入支付，对于不适合分配封地的那些侍卫，政府也发给薪饷，并向他们中的一部分人提供武器和坐骑。据《珍宝录》记载，939—940 年，纳斯尔二世在得知中国使团将到不花剌之时，曾集合驻扎在拔汗那的正规军和志

---

① Nizam al-Mulk, *The Book of Government or Rules for Kings*, p.99.

② Ibid., p.100.

③ 许序雅：《中亚萨曼王朝史研究》，第 202 页。

愿兵，让他们骑马随中国使者前行，这些志愿兵可以到朝廷军械库领取武器并配置坐骑。使团在到达距不花剌 7 法尔萨赫[①] 的塔瓦维斯时，他们发现从此地到不花剌的道路两旁一直排列着骑兵和步兵，这些骑兵和步兵都佩戴着镀金的胸甲和头盔，高级军官（Quwwād）带有镀金的马鞍、西藏产的胸甲和五彩缤纷的铠甲外套。当中国使团到不花剌之时，受到总数达 4 万人的志愿兵骑兵的欢迎。中国使团发现平原上到处都是胸甲、头盔、剑矛，它们在阳光下闪耀，还有数不清的旗帜和旗标。这支志愿兵的指挥官阿赫麦德·本·阿卜杜拉·瓦希德（Ahmad b. ‘Abd al-Wāhid）告诉中国使者，这些志愿兵是授地（伊克塔）的拥有者，授地收入既供养了他们一家人，又为他们置备坐骑和武器提供了资金，不花剌君王（纳斯尔）有许多支这样的志愿兵部队。

军队在萨曼王朝中的地位和作用因时而异，然而，总的发展趋势是地位不断提升，对政局的干预不断加强。10 世纪中叶以前，突厥军人还处于依附地位。后来，他们因军功而提高了地位，控制了宫廷和近卫队，军事贵族集团形成。少数军队首领甚至被任命为地方总督，掌握地方政权。10 世纪后半叶，突厥军事贵族与以宰相为首的中央政权展开了争夺国家统治权的斗争。在斗争中，突厥军事贵族与地方军事贵族集团勾结，操纵了王廷。突厥军事集团摆脱萨曼王朝的离心倾向明朗化，最终分裂国家的半独立和独立王朝形成。

除了军队外，萨曼王朝的强力机关还有法庭。在萨曼王朝，《古兰经》具有最高的法律效力，伊斯兰教法是司法的依据。法律文书，如契约文书取代了本土文书，行文按照伊斯兰教宗旨规定的固定式样。如果国王不懂阿拉伯语、没有学过萨里亚法，那么，有一个代理人，通过代理人行使职权。

据《治国策》记载，法官的名誉和地位不可挑剔，因为他们是哈里发的代理官员，戴着哈里发的标志。同时，他们由埃米尔任命，

---

① 约 44 公里。

是埃米尔的代理人。[①] 同样，在大清真寺领读祈祷文的布道者也由埃米尔依据他们的虔诚和对《古兰经》的掌握而选任。因为，就穆斯林祈祷者而言依赖于“伊玛目”（教长）是关键的，当教长的祈祷不灵验时，一切人的祈祷也无结果。[②]

《治国策》一书记载了宗教界在司法方面的重要性。首席法官阿布·阿赫默德曾对萨曼说：“宗教神学家总是随时准备给人以忠告和劝导。你的父亲努赫（赞美埃米尔，愿安拉赐福予他）曾经每天会见宗教导师，在没有参考他们的意见之前，他从不采取行动。结果，所有麻烦的事情都由他处理得井井有条。因为你很少与有学问的人在一起，你父亲能够办得井井有条的事你都办得一团糟。”[③]

据《治国策》记载，在米赫尔干节（Mihrjan）[④] 和瑙鲁兹节（Nauruz）[⑤]，民众举行特殊的觐见是波斯国王（应该指萨曼王朝埃米尔）的一个传统，没有人会遭到拒绝。公告在几天前就预先贴出，告诉人们提前做好准备，百姓准备好他们的案子，写好他们的诉状，并把证据收集好，对方也是如此。当接见日来临，国王的传令官站在宫门外大声说：“今天如果有人阻止他人呈交诉状，国王将会让他流血。”接着，国王收下民众的诉状，把它们放在自己面前，一份一份地批阅。参加觐见和审理的还有大法官（Mūbad-mūbadān），他坐在国王的右边。[⑥]

除了法庭和法官外，萨曼王朝还设有监狱。河中地区的不花剌城也设有监狱。[⑦] 锡尔河流域的拔汗那省的首府阿克西卡斯城有一个城堡，城堡上有监狱。[⑧]10 世纪，库巴城是一个重要的地方，它的外

---

① Nizam al-Mulk, *The Book of Government or Rules for Kings*, p.44.

② Ibid., p.45.

③ Ibid., pp.223-224.

④ 即秋分。

⑤ 即春分，波斯新年的开始。

⑥ Nizam al-Mulk, *The Book of Government or Rules for Kings*, p.43.

⑦ Le Strange, *The Lands of the Eastern Caliphate*, p.461.

⑧ Ibid., p.475.

面郊区有监狱。[①]库巴以东是乌什城，乌什的城堡中通常有监狱[②]；库赞达赫是拔汗那最西部的城市，它有监狱[③]。通卡斯有一个坚固的城堡，城堡城门处有监狱。[④]萨曼王朝通过这些强力机构维系着对中亚各地区的统治。

---

① Le Strange, *The Lands of the Eastern Caliphate*, p.478.

② Ibid..

③ Ibid., p.479.

④ Ibid., p.483.

第四章

社会经济

波斯王朝时期，大地产数量在中亚地区增多，中、小土地所有者在土地兼并的过程中失去了土地；随着大地产所有者数量的增长，丧失土地的农民开始依附于大地主，于是，以土地为纽带的依附关系形成，以剥削地租为核心的封建生产关系成熟。中亚农业主要依靠兴修水利，9—10 世纪，随着灌溉系统的修建，耕地面积扩大，农业绿洲获得了发展；在农牧业发展的基础上，手工业有了长足的进步，特别是矿产的开发与加工；萨曼王朝时期，河中地区与呼罗珊贸易继续发展的同时，加强了与锡尔河流域的经贸交往，在国际贸易中，中亚地区在继续发展东、西方贸易的前提下，加强了与南、北方，即印度和伏尔加河流域的贸易。

第一节　土地与税收

萨曼王朝统治时期，中亚地区土地所有的情况大致可以区分为国有土地、私有地、宗教用地。国有土地被分割出租给地主或农民，根据耕地的质量和收成的多少收取土地税。土地税是萨曼王朝财政的主要来源，国有土地的收入归国家所有，用于支付军队和行政官员的薪水等开支。

私有地分大地产和农民自耕地两类。9 世纪后期，中亚封建关系确立起来，土地兼并的现象普遍。在土地兼并的过程中，小土地所有者逐渐失去土地，大地产形成。萨曼王族成员、军事和行政官员、宗教首领、大商人是大土地占有者。

王室地产是最大的私有地。王室地产的形成依靠武力掠夺、分封和买卖等方式。据《不花剌史》记载，萨曼王朝埃米尔伊斯迈伊尔在夺取不花剌统治权之时，获得了布哈尔·护达的地产。土地买卖也是王室地产形成的方式之一，王朝统治初期，伊斯迈伊尔通过贱买的方式从哈里发穆塔西姆部将哈桑·伊本·穆罕默德·伊本·塔路特（Hasan ibn Muhammad ibn Talut）手中买下了不花剌居依·穆里延（Juy-i Muliyan），后来，他又购买了与不花剌城堡相连的达斯塔克平原。

埃米尔的赏赐和分封也是王室地产形成的主要形式之一。长期以来，史学家们认为萨曼王朝是中央集权的政治，分封土地的伊克塔制在萨曼王朝没有得到发展。但据萨曼王朝的钱币铭文反映，埃米尔对王室成员和军队首领实行过分封地产的事。不花剌、西革建、库巴、纳速鲁城（Nasrabad）和其他一些城镇的管理都具有封地性质，这些城镇作为伊克塔为王室成员和军政高级官员所拥有，如不花剌城归萨曼王纳斯尔之弟伊斯迈伊尔所有，这些土地既非终身拥有也不世袭，其上的收入是拥有者效力的回报。除了王室成员外，萨曼王朝埃米尔还给军事将领、亲兵和扈从分封土地，如军队将领西木居尔家族在徒思和赫拉特南部的胡吉斯坦以武力占有大片土地。后来，努赫一世以赏赐的方式确认了该家族对这些地区的拥有权。由此观之，伊克塔制在萨曼王朝时期已经有了相当的发展，只不过授予的往往是高官，封地以领地的形式出现，作为对城市和地区总督效力的回报。

但是，分封土地的伊克塔制在萨曼王朝境内并不普遍。萨曼王朝的军队和行政官员大多数都是按官阶高低领取固定的薪俸。于是，官员们在薪俸之外另辟财源，如军事和行政官员擅自增加费用，本来应该收取200迪尔汗的，他们就收取500迪尔汗，从中侵吞额外部分。战争也是军队首领大发横财之机。官员们聚敛的钱财大多用于购买土地和牧群。如呼罗珊总督阿尔普特勤在呼罗珊和河中地区拥有约500个村子，在每一个城市，几乎都有他的宫殿、花园和澡堂。

大商人也是大地产私有者，他们通过操纵贸易获取了大量财富，购置商栈、客栈、果园等地产。此外，萨曼王朝边缘地区的王公们也是大地产私有者，如苏对沙那、伊剌克（指塔什干与费尔干纳之间安格连河谷及奇尔奇克河西岸的部分地区）及阿姆河上游地区的土地主要掌握在地区王公手中。于是，新兴官僚、突厥亲卫军首领、大商人都成为大封建土地占有者，他们控制着水源或浇灌系统。

除了大地产私有者外，萨曼王朝境内还存在着小土地私有者和自耕农民，他们拥有的土地被称为哈剌吉。

萨曼王朝对私有地有两种收税方式。享有特权的一部分私有地只缴纳什一税；大部分私有地除了什一税外，还必须交纳土地税。萨曼家族掌握国家权力，但国家土地并不等于王室地产，国有土地的收入属国家支配，王室地产上的收入归王室使用。当地产一旦被认定为萨曼王室所有，其上的收入就从国家税收清册中注销。[①] 王室地产由中央政府十大行政部门中的王室地产管理部管理。王室地产中大部分是耕地，与国有土地一样也采取分割方式由小地主和农民租种，租种者向王室交纳贡赋，贡赋额度视土地质量和作物收成情况而定。大地产私有者将土地分成小块出租给农民，以取得收获的一部分（地租），地租是地主剥削农民的主要方式，也是农民的主要负担。地租的多少，视农民是否使用地主的种子、农具和耕畜等情况而定。

伊斯兰教会拥有的地产被称为瓦克夫。瓦克夫通过赏赐和捐赠

---

① 许序雅：《中亚萨曼王朝史研究》，第121—122页。

形成。据《不花剌史》记载，萨曼王朝埃米尔伊斯迈伊尔曾把富庶的村庄阿夫申赐给不花剌的宗教学校，伊斯迈伊尔买下的达斯塔克平原也捐给宗教界，在其上修建了一个大清真寺。

瓦克夫地是无偿使用的，宗教上层人士从瓦克夫地收取的地租由宗教界支配，不上缴国家。不花剌的瓦克夫地很多，政府设立了专门管理瓦克夫的机构，即瓦克夫迪万（宗教地产部）。这个部门的存在反映了萨曼王朝企图控制教士集团经济收入的努力，然而，随着中央集权体制的瓦解，中央政府已经无法控制宗教界的财产。

随着土地集中程度的加剧，普通农民和手工业者日益趋于破产，丧失土地的农民开始依附于萨曼王室和大地主。于是，地主与农民之间以土地为纽带形成了依附关系，以剥削地租为核心的封建生产关系在中亚地区成熟。在此过程中，农民发动了暴动。据《不花剌史》记载，就在伊斯迈伊尔入主不花剌（874 年 7 月）之后不久，不花剌城附近村镇爆发了大规模的农民起义，参加起义的民众达 4000 人。[①] 在晚年，伊斯迈伊尔曾没收了一些地主的土地，以满足百姓的要求。[②]

伴随土地集中的进程，中亚本土的土地贵族德赫干开始复兴。在阿拉伯征服中，德赫干是最早皈依伊斯兰教的阶层，他们企图通过获得穆斯林认同，与征服者享有同等地位，获取现实利益。阿拔斯王朝初期，德赫干势力受到打击。“从公元 821 年起，即从当地的王朝在呼罗珊和河中地区开始执政的时候起，（德赫干）特别增长起来。”[③] 据《不花剌史》记载，皈依伊斯兰教并被委以重任的德赫干在城市中往往拥有大量不动产。然而，德赫干势力的抬头为时不长，在此后的 200 年中，他们逐渐消亡，到蒙古入侵的 13 世纪前期，已经不再见到提及德赫干这个阶层了。[④]

萨曼王朝赐给宗教界的土地是豁免税收的；而王室地产也从税

---

① 许序雅：《中亚萨曼王朝史研究》，第 27 页。
② 同上书，第 44 页。
③〔苏联〕加富罗夫：《中亚塔吉克史》，第 155 页。
④ 王治来：《中亚通史》古代卷（下），第 58 页。

收册中注销。[①] 随着王室地产和宗教界大地产的发展，各地应缴的税收数下降，政府的收入减少。地区军队首领和地方官员购置大地产，经济实力加强，萨曼王朝中央集权受到了严重威胁。王朝经济上的削弱和财政上的困难加剧了它的衰落，到 10 世纪末，萨曼王朝已经无力应付喀喇汗王朝的入侵。

萨曼王朝时期，一些城市的税收比过去增加了，如不花剌城。在哈里发麦蒙时期，不花剌城及其附近地区的税收不到 20 万迪尔汗；874 年，萨曼王朝埃米尔纳斯尔规定，不花剌一年税收额为 50 万迪尔汗；此后，不花剌地区（包括卡尔明纳）每年税收为 100 多万迪尔汗。[②] 比哈里发麦蒙时期增加了近 5 倍。[③]

萨曼王朝的税收还受到自然灾害的影响。穆卡达西（Maqdisi）谈到，941—942 年，不花剌城和呼罗珊纳沙（Nasā）城发生地震，国家财政困难。在此期间，政府曾有一次以贷款的形式预先征收年税，但从未归还过这种贷款。为了填补财政亏空，942 年，萨曼政府向臣民征收两次捐税（一般是一年征收一次）。[④] 尽管如此，财政困难仍未能克服。由于财政严重困难，军队得不到军饷，宰相的统治政策又束缚了军队的手脚，引起军队官兵的严重不满，因而使军队与宰相的矛盾尖锐化。

沉重的封建剥削，压得百姓喘不过气来，激化了社会矛盾和阶级矛盾。961 年，马立克去世以后，萨曼王宫发生骚乱，奴仆和民众冲入宫中抢劫，导致宫殿起火，整座宫殿毁于一夕。[⑤]

总的来看，萨曼王朝的土地税额比塔希尔王朝时期有所下降。塔希尔王朝的全部税收（主要是土地税）最高才为4484. 6万迪尔汗，尚不包括粟特地区的税收 249. 89 万迪尔汗（其中实物税有 217. 25

---

① Narshakhī, *The History of Bukhara*, p.33.

② 实际数字是 1168566 迪尔汗零 5 个半丹（6 个丹为 1 个迪尔汗），参见许序雅：《中亚萨曼王朝史研究》，第 121 页。

③ 同上书，第 121 页。

④ 同上书，第 51 页。

⑤ 同上书，第 118 页。

万迪尔汗）；而统治地域比塔希尔王朝（加粟特地区）还要大得多的萨曼王朝，将数目相当大的商业税及过境贸易税收入加在一起，其年税额才大体与塔希尔王朝持平。[①]

第二节 灌溉与农业

农业是国家财政收入的主要来源，中亚地区统治者十分注意发展农业生产。在一些潮湿的山地和丘陵地区，农业靠下雨，产量不高。[②]河中地区和呼罗珊是中亚的主要农业区，农业依靠人工修筑的灌溉渠或地下水渠（坎儿井）。在河中地区，以往修建的灌溉系统仍在运行，如泽拉夫善中游河谷的瓦剌格沙（Varagsar）灌溉系统。

中亚有阿姆河和锡尔河两条大河。阿姆河是中亚流量最大的河流，全长 1451 公里。阿姆河源于帕米尔高原南部海拔 4900 米的高山冰川，自东向西流，与帕米尔河汇合之后被称为瓦汉河，瓦汉河是阿富汗与塔吉克斯坦的界河；瓦汉河北折南回之后继续西流，被称为喷赤河（Pyandzh）；喷赤河从北岸接纳了来自塔吉克斯坦的瓦赫什河（Vakhsh）之后，始称阿姆河。阿姆河沿阿富汗和塔吉克斯坦两国边境继续西流，然后转向西北入图兰低地，经克孜勒库姆沙漠和卡拉库姆沙漠，在今乌兹别克斯坦的木伊纳克附近入咸海。在阿姆河下游形成了一些灌溉农业区，古代阿姆河的灌溉功能在阿姆河上游支流和阿姆河下游河段得以实现。

阿姆河上游的支流很多，主要有瓦赫什河、卡菲尔尼干河（Kafirnigan）、苏尔汉河和舍拉巴德河。瓦赫什河在大支流鄂毕兴高河注入之前，称苏尔哈勃河（Surkhob，即孔杜兹河），水源主要来

---

① 许序雅：《中亚萨曼王朝史研究》，第 129 页。

② 〔俄〕李特文斯基主编：《中亚文明史》第 3 卷，第 410 页。

自融雪和冰川，5—9 月的径流量占全年径流量的 77%。瓦赫什河上游穿流在深山峡谷中，仅在最后 150 公里流入宽阔的河谷，在此河段可以引水灌溉。据记载，阿姆河的一条支流浇灌了吐火罗斯坦的塔里寒，这条支流叫作库塔拉布河；另一条支流是瓦特拉布河，它在昆都士以北注入库塔拉布河。①

在阿姆河下游河段，引水灌溉的水渠很多，一些水渠既可以浇灌土地，也可以通航。②阿姆河下游的第一条大水渠是阿姆河东岸的贾胡瓦拉渠，意为“牲畜支流”。这条水渠深度和宽度可让木船通行。水渠向北流，浇灌了直到卡斯平原的所有土地。在离贾胡瓦拉渠源头 5 里格（约 24 公里）外，有一条名叫卡里赫的分渠，它浇灌了许多地区。③

引自阿姆河东岸的第二条水渠是贾尔杜尔渠，它位于卡斯城南不远处，灌溉了离岸较远的卡斯城。10 世纪，卡斯城是花剌子模绿洲的主要首府，贾尔杜尔渠穿城而过，约有一英里长的卡斯城市场与水渠毗邻。④

在卡斯城北 4 里格约 19.3 公里处有库尔达尔水渠，据说，库尔达尔渠最初是阿姆河的一条支流，向东北方向流入咸海。阿姆河干流和库尔达尔水渠之间的是马兹达克干三角洲，马兹达克干三角洲由阿姆河东岸的很多水渠浇灌，据说该地区有 1.2 万个村庄，库尔达尔是它的主要城镇。⑤

从阿姆河西岸引水的灌溉渠很多。第一条是引入哈扎拉斯普的水渠，它只有东岸贾胡瓦拉水渠一半宽，木船可以通航。此渠在哈扎拉斯普转了一个弯，再往前流，可能流到阿模尔城。

在哈扎拉斯普以北 2 里格处有卡尔达兰·瓦什水渠，它流经哈

① Le Strange, *The Lands of the Eastern Caliphate*, p.428.

② Ibid., p.444.

③ Ibid., p.452.

④ Ibid., p.446.

⑤ Ibid., p.455.

扎拉斯普和希瓦之间的卡尔达兰·瓦什城。这条水渠比流经哈扎拉斯普的那条水渠要长①，它在卡尔达兰·瓦什城四周环绕一圈。

再往北是纳赫尔·希瓦渠，它是一条比较宽的水渠，乘木船可从阿姆河由此航行到达纳赫尔·希瓦城。第四条是纳赫尔·马德拉水渠，据说它有东岸的贾胡瓦拉水渠的两倍长，马德拉城及其附近地区均由它浇灌。②

在马德拉水渠的发源地以北大约一英里，还有大水渠瓦扎克（又名瓦丹），再往北走是名为纳赫尔·布瓦（又名布赫或布耶）的水渠，瓦扎克水渠比纳赫尔·布瓦大，这两条水渠在朱尔詹尼耶以南一天行程的地方汇合，两条水渠都可以航行到朱尔詹尼耶，那里有一个水闸阻止木船继续向北前行。③朱尔詹尼耶是花剌子模的第二大城市，有巨大的堰渠做保护使之免受洪水的危害，堰渠用木柱加固堤防。④

阿姆河水用于灌溉是很早就开始的，而引锡尔河主干流水灌溉的情况直到10世纪末还未能实现。锡尔河是中亚最长的河流，起源于纳伦河和卡拉达里亚河。纳伦河发源于中天山切尔斯凯伊阿拉套与阿克什俩克山区，河流由东向西流；卡拉达里亚河由发源于费尔干纳山脉和阿赖山脉坡地的卡拉库利贾河和塔尔河汇合形成，由融化的冰雪补水。纳伦河和卡拉达里亚河在纳曼干城东大约20公里处汇合之后始称锡尔河。锡尔河流域地势由东南向西北倾斜，东南为山地，西北为平原。在接收了支流纳伦河和卡拉达里亚河之后，锡尔河有300多公里流过费尔干纳盆地，有150公里流经戈洛德草原。

古代和中世纪时期，锡尔河流域的灌溉主要是靠锡尔河支流。纳伦河由大、小纳伦河汇流而成，在小纳伦河注入之前，它被称为

---

① Le Strange, *The Lands of the Eastern Caliphate*, p.455.
② Ibid., p.453.
③ Ibid..
④ Ibid., p.448.

大纳伦河。大纳伦河主要源流库姆托尔河发源于彼得洛夫冰川；小纳伦河的主要源流布尔河发源于哲腾别尔山脉北坡冰川的许多小溪。纳伦河在局部地区流淌在峡谷之间，雪水为河流的主要补充。引纳伦河的水渠有350公里长的费尔干纳大灌溉渠（由卡拉达里亚河补充水）和166公里的北费尔干纳灌溉渠。

卡拉达里亚河的主要支流有西岸的库尔莎勃河，东岸的雅瑟河、库加尔特河和卡拉翁丘尔河。卡拉达里亚河的水被广泛用于费尔干纳盆地的灌溉，安集延水渠、沙阿里汉塞水渠和萨瓦伊水渠均从卡拉达里亚河引水灌溉。

泽拉夫善河（即粟特河，唐代文献作“那密水”）位于阿姆河与锡尔河之间，该河流经地区是河中地区农牧业的发展区。泽拉夫善河全长约650公里，发源于一个名叫赞（或杰）地方的湖泊，河流之水来自山脉河谷溪流。泽拉夫善河在流经班吉卡斯之后流向瓦拉格萨尔。瓦拉格萨尔在方言中意为“水坝头”，在此，水流分叉，水渠分道而出，浇灌了撒麻耳干周围的土地和河北岸的地区。泽拉夫善河最终注入西北方的沙漠沼泽地和浅湖中。①

泽拉夫善河沿岸有许多绿洲和灌溉渠道。撒麻耳干位于泽拉夫善河以南，四周是果园，由无数的水渠浇灌。②据史书记载，浇灌撒麻耳干周围土地的大多数水渠都发源于泽拉夫善河。③撒麻耳干的郊区沿泽拉夫善河岸在较低的平原上延伸，河如一根弓弦，与半圆形的城墙构成该城的防线。在流向撒麻耳干城的水渠中，有两条大渠，该地灌溉及村庄用水，皆由这两条水渠供水。④

在下游，泽拉夫善河流到不花剌附近地区。在此，泽拉夫善河干流被称为不花剌河。在不花剌地区的城墙外面，水渠分叉出去，浇灌了城墙内的城市土地，也浇灌了更远的地区。10世纪阿拉伯地

---

① Le Strange, *The Lands of the Eastern Caliphate*, p.460.

② Ibid., p.463.

③ Ibid., p.465.

④ Ibid., p.467.

理学家伊本·豪卡尔列举出以村庄名命名的水渠。一些水渠形成了网状系统，回流到干流中，一些水渠则消失在西南的灌溉渠中。通向不花剌城的主要水渠很宽，可以通行木船。[①]

在不花剌和撒麻耳干之间，泽拉夫善河流经当时的三个重要城市：卡尔明尼亚、达布西亚和拉宾赞（Rabinjan）。卡尔明尼亚的四周是村庄和肥沃的土地，这些土地由从泽拉夫善河分出的水渠浇灌；达布西亚坐落在引泽拉夫善河水的一条水渠边。[②]

在泽拉夫善河之南，还有与之平行的库什卡赫河，10 世纪被称为纳赫尔·阿勒·卡萨林，意为“满河”。库什卡赫河的发源地在杰巴勒·塞亚姆，它浇灌了沿岸的沙赫尔·伊·萨布兹城和卡尔施城。[③]然后，像泽拉夫善河一样消失于沼泽地和浅湖中。

除泽拉夫善河和库什卡赫河外，河中地区较大的河流还有库扎尔·鲁德河，它浇灌了基什及其附近各地，然后与其他一些支流汇合成一条河流，流经那色夫城。[④]库扎尔·鲁德河最终注入西北方的沙漠和浅湖中。

灌溉呼罗珊地区的河流主要有：达哈斯河、哈里河（又名赫拉特河）、穆尔加布河（又名莫夫河）、赫尔曼德河、马什哈德河。

据伊本·豪卡尔说，达哈斯河浇灌巴里黑地区，在波斯语中，达哈斯意为“十个磨坊”。该河流经瑙·巴哈尔城门时，转动了磨坊的磨，然后继续向前流，浇灌了塔尔米德（Tirmid）道路上的西亚赫吉尔德（Siyâhjird）的土地和农场。[⑤]

赫拉特主要由哈里河浇灌，哈里河发源于古尔山脉，东西流向，全长 900 公里，在阿富汗境内有 650 公里。[⑥]引哈里河的水渠很多，

---

① Le Strange, *The Lands of the Eastern Caliphate*, p.468.

② Ibid..

③ Ibid., p.469.

④ Ibid..

⑤ Ibid., p.420.

⑥ 刘温国：《强弩之末——前苏联入侵阿富汗秘闻》，社会科学文献出版社 2001 年版，第 21 页。

其中，有7条水渠浇灌了赫拉特周围的富饶地区。[①] 哈里河还灌溉了其南岸的富山吉城，然后，转向北流入萨拉赫斯。此后，水流在萨拉赫斯城北消失在卡拉库姆沙漠之中。[②]

呼罗珊莫夫地区的灌溉主要依靠穆尔加布河。该河发源于赫拉特东北的古尔山脉，地理学家勒·斯特朗吉记载，伽尔吉斯坦的边界是穆尔加布河的发源地。[③] 穆尔加布河流经小莫夫（上莫夫）向北流到大莫夫（下莫夫），在大莫夫南一天行程处，穆尔加布河的河床修有人工堤。10世纪，人工堤由一个专门的埃米尔监管，他充当了水政法警的角色，有1万工人处于他及其骑兵卫士的指挥之下[④]，其任务是护养沟渠，保持供水。河堤上有一个记录洪水高度的测量器，当雨水充足的时候，测量器高于60颗大麦粒的高度，人们欢欣鼓舞；在干旱岁月里，测量器只有6颗大麦粒的高度。[⑤] 人工堤对面筑有防止河床改变的木头工事。

在大莫夫南1里格处，穆尔加布河水被水坝拦住，回流入一个圆形的大水池中，水池的高度由水闸控制，涨洪水的时候，水闸打开，洪水有规则地分流出去。[⑥] 从水池引水的水渠有4条，它们是向西流的胡尔姆兹法拉赫水渠、向东流的马赞水渠、纳赫尔·扎尔克水渠（或阿尔·拉济克水渠）及纳赫尔·阿萨迪水渠。其中，马赞水渠引水最多，它流经莫夫城的各郊区，然后，流向沙漠平原，最终消失在沼泽地中。[⑦] 马赞水渠流到大莫夫城以西，浇灌了马赞的大郊区。[⑧] 离莫夫一个行程处的库什梅罕，位于通往不花刺的道路上，东北耕地的尽头。这些耕地也由一条大水渠浇灌，那里还有许多客

① Le Strange, *The Lands of the Eastern Caliphate*, p.407.
② Ibid..
③ Ibid., p.416.
④ Ibid., p.397.
⑤ Ibid., p.398.
⑥ Ibid..
⑦ Ibid., p.399.
⑧ Ibid..

栈和澡堂。①

锡斯坦地区由赫尔曼德河灌溉。赫尔曼德河全长900英里②，是一条“具有上千条支流的河流”③。它发源于今阿富汗加兹尼和巴米延之间的山脉，经扎明·达瓦尔宽阔的河谷朝西南方向流到布斯特，布斯特是该河流经的第一个城市。在布斯特，坎大哈河水从右岸注入赫尔曼德河，此后，赫尔曼德河从这里开始了半圆形的大转弯，之后向北流到疾陵城，最后，河水注入扎兰季湖。④萨法尔王都疾陵城附近有一条名叫萨纳鲁兹的大水渠，该水渠引赫尔曼德河之水灌溉。⑤此外，疾陵城还有一条引赫尔曼德河支流之水灌溉的黑水渠（西亚赫·鲁德）。⑥

在离疾陵城一天行程或约30英里的地方，一系列大水坝控制了赫尔曼德河，这些大水坝的建筑是为了蓄水灌溉的需要，其中，赫尔曼德河的大部分水注入流向疾陵城方向的5大水渠中。⑦这5条水渠中的第一条（或最南端的一条）是纳赫尔·阿特·塔阿姆（意为“食物水渠”），它浇灌了该城巴布·阿特·塔阿姆城门之外的土地和农场；第二条水渠是纳赫尔·巴什特·鲁兹；第三条水渠是萨纳鲁兹，它建筑在离疾陵城一里格的地方，在洪水季节，可以乘木船从布斯特一直到达疾陵城；第四条水渠是纳赫尔·沙巴赫，浇灌了大约30个村庄；第五条水渠是纳赫尔·米拉。

马什哈德河发源于库甘（Kûchân）附近的沼泽地中，起初流向东南，流过马什哈德。在流出该城100英里处，从南面吸收了赫拉特河的水流，从那里转向北流到萨拉赫斯。在往北不远处，在阿比瓦尔德的纬度位置上，它的水流流向四周，最后消失在沙漠地中。

① Le Strange, *The Lands of the Eastern Caliphate*, p.400.

② 《大英百科全书》第1卷，上海交通大学出版社1999年版，第164—165页。

③ Le Strange, *The Lands of the Eastern Caliphate*, p.338.

④ Ibid., p.339.

⑤ Ibid., p.335.

⑥ Ibid., p.338.

⑦ Ibid., p.339.

据伊斯塔赫里和伊本·豪卡尔说，赫拉特河的一条支流塔赞德河流到萨拉赫斯城。塔赞德河上有许多水渠从这条河取水浇灌萨拉赫斯地区，尤其是一条被称为库什克·鲁赫的水渠，它的上面架着一座大石拱桥，但是一年中的大部分时间里萨拉赫斯的主河道都没有水。①

呼罗珊尼沙普尔城位于一个半圆形平原的东面，平原靠发源于东面和北面丘陵的水渠浇灌。尼沙普尔地区的主要河流之一是“盐河”，它与迪兹巴德流来的水流汇合，浇灌了许多地区，最后消失在沙漠中。在尼沙普尔城，每一幢房屋都有地下水渠，引瓦迪·萨格哈瓦尔河水，瓦迪·萨格哈瓦尔河从布什坦罕的附近村庄再往前，流经尼沙普尔城，故被称为尼沙普尔河。在此，建筑了无数的地下水渠引尼沙普尔河水，这些水渠有专门的官员监督管理。在城外，水渠露出地面，用于灌溉花园的土地。②

总的来说，中亚地区纵横交错的水渠浇灌了耕地和果园，农业得以发展。在有水灌溉的地方，泽拉夫善河流域、费尔干纳盆地、呼罗珊、伽尔吉斯坦和锡斯坦等地的农作物有小麦、大麦、水稻、粟、豆、油菜等，泽拉夫善河流域、费尔干纳盆地、花剌子模和莫夫绿洲除了粮食外，棉花是特别重要的农作物。莫夫绿洲的庄稼是一个生产的奇迹，据波斯史家穆斯托菲描述说，那里种植的庄稼第一年的产出是种子数量的 100 倍，未收的庄稼在第二年还能收获种子数量的 30 倍，第三年甚至还可收获最初所播种子数量的 10 倍。③赫拉特的马拉巴兹以其稻米出名，它的稻米大量出口。④

中亚地区的园艺种植高度发展，在蔬菜中，甜瓜最有名，尤其是不花剌和莫夫的甜瓜，当时被认为是世界上最好的甜瓜。在水果中，盛产葡萄、杏、桃、苹果、梨、榅桲、樱桃、李子、石榴、无

① Le Strange, *The Lands of the Eastern Caliphate*, p.396.

② Ibid., p.384.

③ Ibid., p.402.

④ Ibid., p.411.

花果、胡桃、巴旦杏等。其中，赫拉特的葡萄，锡斯坦的海枣，巴里黑的甘蔗，费尔干纳的葡萄、苹果和坚果，以及用玫瑰和紫罗兰制成的香水都享有盛誉。如下的一些记载，反映了中亚各个地区果蔬的生产和销售情况。

阿姆河下游东岸的菲拉布尔葡萄很出名。[①]阿姆河上游的瓦赫什河的无数支流边有许多大城镇，那里的玉米地和果园盛产玉米和水果。[②]尼沙普尔里凡德镇的葡萄园很有名，它的榅桲树需求量很大。[③]上莫夫或小莫夫的周围地区非常肥沃，葡萄和甜瓜大量种植，生活很便宜。[④]莫夫周围地区的花园一直以它们的甜瓜而著名，它们出口到呼罗珊的各个地区。[⑤]巴里黑附近地区出产芝麻、稻米、杏仁、坚果和葡萄干，巴里黑的香料很出名，还有它的润滑油和蜜饯也很出名，10 世纪末阿拉伯地理学家穆卡达西（Maqdisi）给出了水果细目表，例如坚果、杏仁、阿浑月果和梨。[⑥]

据 10 世纪中期的阿拉伯地理学家伊斯塔赫里记载，锡斯坦种植大量的海枣、葡萄和所有种类的粮食，当地的人民喜欢在就餐时把这些食物混合食用。[⑦]布斯特附近的土地相当肥沃，种着海枣和葡萄。[⑧]在布斯特和达尔塔勒之间，在达尔塔勒南面一天行程处，是沙尔万城，大量的水果，尤其是海枣和葡萄从这个地区出口；菲鲁兹·坎德地区也出口大量的水果。

塔巴里斯坦第二大城市阿模尔（早期的首府）有许多葡萄园。[⑨]阿模尔附近种植海枣、葡萄、坚果、橙子和柚子，该城生产的芬芳的香水闻名遐迩。阿模尔以东的萨里亚赫城（今名萨里）是一个人

① Le Strange, *The Lands of the Eastern Caliphate*, p.443.

② Ibid., p.437.

③ Ibid., p.387.

④ Ibid., p.405.

⑤ Ibid., p.400.

⑥ Ibid., p.430.

⑦ Ibid., p.334.

⑧ Ibid..

⑨ Ibid., p.403.

口稠密的地方，那里种着优质的橙子树，还有大片的无花果树。[①]据穆卡达西记载，塔巴里斯坦的大蒜、稻米和亚麻，还有水禽和鱼，都是主要产品。

在河中地区和呼罗珊的山地和草原，很多人从事畜牧业，特别是羊和马的牧养。[②]花剌子模，大量的牲畜牧养于咸海附近的沼泽地上。据伊斯塔赫里说，瓦赫什河和阿姆河之间的库塔尔山区因良马和驮马著称。萨拉赫斯在10世纪是一个大城，有莫夫一半的规模，它的牧场上有无数的骆驼和绵羊。赫拉特的马匹和骡子大量出口。[③]

9—10世纪，中亚地区大力发展水利建设，有效地扩大了耕地面积，促进了中亚农业的发展，这一时期的地理学家们热情洋溢地描述说，中亚绿洲“绿地如茵，一望无边”。

第三节　手工业和城市

在农牧业发展的基础上，手工业有了长足的进步。这一点首先从中亚各城具有专门的手工业和本地特产中反映出来。

阿拔斯王朝统治初期，中亚大多数城镇已经形成了专业性很强的手工业，其中，以纺织业最为发达。据穆卡达西提供的一份中亚城市和地区对外出口货物的清单反映，9—10世纪，除了以往有名的纺织业中心，即不花剌、撒麻耳干、花剌子模、尼沙普尔、赫拉特、莫夫、锡斯坦外，中亚一些较小的城市也发展为新兴的纺织中心。在河中地区，撒麻耳干城西北的克尔米涅输出小桌布（或餐巾），达布西亚和维达尔（Wadhar）输出维达尔布，这种布被巴格达一位素

① Le Strange, *The Lands of the Eastern Caliphate*, p.370.

② 〔塔吉克〕M. S. 阿西莫夫，〔英〕C. E. 博斯沃思主编：《中亚文明史》第4卷（上），第82页。

③ Le Strange, *The Lands of the Eastern Caliphate*, p.429.

丹称为呼罗珊缎子，从拉宾赞输出祈祷时跪用的小地毯。[①]在锡尔河流域，费尔干纳和白水城输出白布，吉扎克（Dizak）输出上好羊毛和毛料，白纳肯特（Banakath）输出突厥斯坦布，赭时（石国）输出祈祷用的小毯、亚麻子。在呼罗珊，尼萨城和阿比瓦尔德城以它们的丝织品和该地妇女纺织的布料出名。在塔巴里斯坦，工匠们制作纺织长袍和面纱用的布料和织品，还大量出口粗线布料。可以肯定，9—10世纪，中亚各个地区都有其纺织业中心。

纺织业普遍发展的同时，纺织品的质量也有极大提高，这一点从中亚出口的纺织品在西亚和北非市场上畅销的情况反映出来。据《不花剌史》记载，9—10世纪，在不花剌大清真寺附近有一个纺织工场，编织地毯、门帘、窗帘布（雅兹迪布）、垫子，其产品销往叙利亚、埃及和罗姆（小亚细亚一带）等地。不花剌附近的赞丹纳村生产的赞丹纳布几乎与锦缎等价，这种布料销往克尔曼、法尔斯、伊拉克等地，特别受到统治上层的青睐，成为哈里发、各地总督和王公贵族袍服的材料。花剌子模绿洲生产的毛毯、床单、锦缎和丝绸十分有名，其中，棉织和丝织的斗篷与面纱大量出口。撒麻耳干生产的银白色织品（即Simgun）享有盛誉。在呼罗珊，驰名的商品是尼沙普尔和莫夫的丝绸、棉纺织品，据穆卡达西记，尼沙普尔纺织各种各样的白布，还有制作包头巾的纺织品、羊毛织品和生丝。萨拉赫斯制作的头巾主要用于出口，面纱上绣着美丽的金线。

除了纺织业外，8世纪兴起的造纸业在此时期得到进一步发展。最早开始造纸业的撒麻耳干的产品已经闻名于世；在更多的城市和地区也兴起了造纸业，如位于不花剌和撒麻耳干之间的卡尔明尼亚，生产纸巾。

农牧林产品的加工形成了地区特色产品。在锡尔河流域，石国

① 关于穆卡达西的中亚对外出口货物的清单，参见〔苏联〕加富罗夫:《中亚塔吉克史》，第167—168页。

生产制皮（从突厥人那儿进口并硝制）、马皮披肩、马鞍、箭袋、帐篷、斗篷；在河中地区，花剌子模生产腊制品、白杨树皮、鱼胶和鱼骨，琥珀、蜂蜜和榛果，以及独木舟；据伊本·豪卡尔说，阿姆河上游的瓦罕地区产麝香；巴里黑的葡萄、无花果、石榴被制成蜜饯和果汁，巴里黑西部朱兹赞的许多产品主要是出口，尤其是毛皮，毛皮在此鞣制，销往整个呼罗珊地区。[①]莫夫地区生产芝麻油、调味品、芳香剂和吗啡，以及各种各样优质的蛋糕。[②]在吐火罗斯坦，9世纪的塔里寒是重要的城市，据说这里制作的塔里寒毡很有名。[③]在锡吉斯，生产海枣，并出口棕榈纤维绳子和芦苇席。[④]在里海东南角的阿斯胡拉达赫海湾的卡布德·贾马赫地区，生产大量生丝，在鲁阿德城出口卡兰吉木料，卡兰吉木是一种能产生甜味的木材，它是塔巴里斯坦山区特有的最好木料[⑤]，雷伊的手工艺人用它制成碗和其他用具。

9—10世纪，中亚地区手工业发展最显著的标志是矿产的开发。在锡尔河流域：费尔干纳一些山区成为矿业中心，拔汗那开采铁、锡、银、水银、铜、铅，以及焦油、绿松石等，还有沥青；俱战提的卡拉马扎尔（今塔吉克斯坦忽毡北偏东50多公里处）开采白银，阿拉伯地理学家伊本·胡尔达兹比赫谈到，在距石国7法尔萨赫（43.7公里）的伊剌克和比兰坎克（Bilankank）有银矿。在826—827年，石国与银矿两处的收入共计607100穆赛雅布银币。[⑥]现已发现了伊剌克采矿场遗址，据研究，此矿的开采技术很高，建有竖井、斜井、水平坑道、通风装置、排水系统和向地面输送矿石的设备，一些坑洞还安有木制坑架。由于伊剌克产银，故萨曼王朝在当地建

---

① Le Strange, *The Lands of the Eastern Caliphate*, p.423.

② Ibid., p.430.

③ Ibid., p.424.

④ Ibid., p.351.

⑤ Ibid., p.376.

⑥ 许序雅：《中亚萨曼王朝史研究》，第130页。

立了一个铸币厂。[①]据伊本·豪卡尔记，伊斯塔拉夫尚（指乌拉秋别）近郊的马尔斯曼达和明克出产铁，产量很大，铁矿不仅满足费尔干纳的需要，还输往呼罗珊和伊拉克等地。《世界境域志》一书也提到，马尔斯曼达每年举行集市，向周边地区推销当地产的铁制品。

在河中地区，不花剌开采硝石，苏对沙那出铁，渴石产盐，位于泽拉夫善河上游北岸的奥布尔顿村（今塔吉克斯坦西北部）出产铁、金、银和矾。在泽拉夫善河上游南岸地区，在卡什卡河流域形成采盐中心，达尔瓦兹、鲁善、什克南和巴达克山等地开采金、银矿和红宝石、天青石露天矿。[②]巴达克山除了金、银矿外，还以宝石著名，其中，红宝石矿产于亚姆坎城附近，拉兹瓦尔矿产青金石、纯岩石水晶，直到13世纪，阿拉伯地理学家卡兹文尼还谈到许多细节，他提到石榴石，“一种像宝石一样的石头”。巴达克山出产石棉，阿拉伯人称之为“吸油绳石”，因为它可以用作油灯的捻绳。捻绳沾上油污后，只要放到火上烤，就会变成新的一样。穆卡达西说，巴达克山人用石棉纤维编织成餐桌上使用的席子，一旦沾上油脂，就放到火炉上烤，然后就会变得非常清洁。穆卡达西还谈到一种发光的石头，它在漆黑之夜可以照亮周围，这种石头可能是某种发磷光的萤石。[③]巴达克山东面的瓦罕在10世纪以银矿著名，在瓦罕的河床里还发现了金矿。

在呼罗珊，据伊斯塔克里记，尼沙普尔铸造铁制器皿、针和小刀，里凡德地区还出产著名的尼沙普尔绿松石。[④]阿斯巴拉（伊斯法拉）有大煤矿，那里的山“由黑石构成，这种黑石燃烧时像烧炭一样”。赫拉特锻造钢材，并发现了金子。徒思有铜、铅，周边地区还发现了绿松石、孔雀石和被称为“萨塔卢姆的宝石”，这些宝石卖到

---

① 许序雅：《中亚萨曼王朝史研究》，第130—131页。

② 同上。

③ Le Strange, *The Lands of the Eastern Caliphate*, p.437.

④ Ibid., p.429.

努坎（Nûkân）市场。[①]9世纪，努坎城以蛇纹岩制成的石缸（巴拉姆）著名，石缸大量出口，还有金、银、铜、铁矿井，附近地区制作金、银、铜、铁，利润可观。[②]巴里黑附近有铅矿、矾矿和砷矿，该城的肥皂制造很有名。[③]

在阿富汗地区，喀布尔河河源东岸有著名的银矿，阿拉伯人称之为班杰希尔，从这里可以获得大量的稀有金属，据伊本·豪卡尔记，班杰希尔城位于一个山上，住着1万名矿工。[④]萨法尔王朝统治时期，班杰希尔成为一个铸币城市，钱币迪尔汗刻有阿拔斯王朝哈里发的名字。[⑤]班杰希尔的银矿直到13世纪初期仍在开采，阿拉伯地理学家雅库特对这些银矿及矿工有详细的记载。据他说，整个山都被掏空变成大洞穴，矿工们在此靠火炬照明，在一碗碗的泥土中作业，他们完全过着一种赌博的生活，一朝富裕翌日返贫的故事比比皆是；挖一个新的竖井就要轻易地投入30万迪尔汗（合12000英镑）。[⑥]14世纪游历此地的地理学家伊本·白图泰说，此地再没有发现银矿了，仅仅有一些废弃不用的从前作业的坑道。[⑦]

由于大量采矿，矿产加工业也相应得到了发展。在穆卡达西列举的出口货物清单中，金属及金属制品是中亚出口的主要产品之一。石国的剪刀，费尔干纳和白水城的武器、铜、铁，沙尔吉（Shalji）的白银，“这些物产是无以伦比的”[⑧]。伊剌克成为银、铅矿的加工中心，撒麻耳干的铜器有大铜壶、工艺酒杯，花剌子模的剑、护胸甲、弓和各种锁，石汗那的颜料，呾密的肥皂，都很有名。据伊斯塔克里记，中世纪初期，中亚手工业者住在内城的墙下从事生产，随着

① Le Strange, *The Lands of the Eastern Caliphate*, p.389.

② Ibid..

③ Ibid., p.429.

④ Ibid., p.351.

⑤ Ibid..

⑥ Ibid..

⑦ Ibid..

⑧ 许序雅：《中亚萨曼王朝史研究》，第131—132页。

工商业的发展，城市也发展起来。

波斯王朝时期，中亚城市呈现出迅速发展的趋势，城市不断增加和扩大。在锡尔河流域，费尔干纳的早期首府阿克西卡斯城被伊本·豪卡尔描述为一个大城，建有城堡，内城有五道城门。[①] 石国都城柘析在 10 世纪是一个筑有城墙的城市，有一个内城和城堡，内城与城堡分开，相互毗邻，它们都有围墙。内城外面是内郊区，有城墙围住，从内城再往外走是外郊区[②]，里面有许多花园和果园，又有围墙围住。最后，就像不花剌城一样，整个地区由一道城墙围住。乌什城在 10 世纪也是一个相当重要的地方，内城有三道城门，内城四周有以城墙围住的郊区。[③] 内城附近的山顶上有士兵（志愿者）警戒的哨所，警惕游牧部族的进犯。乌什附近的乌兹根城有一个城堡，城堡在防御巩固的内城内，该城的郊区也有围墙围住，城墙开有 4 个城门，其中，一道城门有一条水渠流入城内。[④] 处于今奥里·阿塔城附近的塔拉兹城在 10 世纪也是一个重要的地方[⑤]，据穆卡达西记，该城防御坚固，有一条很深的水渠。白水城位于阿里斯河或巴达姆河岸上的奇姆肯特以东，据记载，白水城位于一个大平原上，周长大约有 1 里格，由内城和城堡组成，内城由城墙围住，城墙有 4 道门，每道门前都修有一个巩固的鲁巴特或哨卡。[⑥] 法拉卜既是地区名也是一个城镇名，它曾经是白水城地区的首府，据穆卡达西记，法拉卜巴拉布是一个有 7 万居民的城镇，它有坚固的防御，有一个城堡。[⑦]

在河中地区，不花剌城的变化最大。10 世纪以前，塔希尔王室成员阿布·塔依布在一首诗中嘲讽道："如果把不花剌（Bukhārā）

---

① Le Strange, *The Lands of the Eastern Caliphate*, p.475.

② Ibid., p.480.

③ Ibid., p.478.

④ Ibid., p.479.

⑤ Ibid., p.486.

⑥ Ibid., p.484.

⑦ Ibid., p.485.

的B和第一个元音u去掉的话，它就是一堆粪便（Khārā），不花剌居民好像笼中永不获释的囚鸟。”[①] 伊斯迈伊尔初到不花剌城之时这样说：“不花剌内城（Inner city）混乱污秽，郊区健康且令人愉悦，致使我将它与一个内心腐烂却外表光鲜的人相提并论。”[②] 萨曼王朝以此为都以后，历任萨曼埃米尔在此大兴土木，建造宏伟、富丽的宫殿。10世纪的不花剌城有半径为一里格面积的规模，城周围有许多宫殿和花园，以及小城镇，四周由周长超过100英里的一道城墙围住。[③]

在城墙内，有五个繁荣的内城：距不花剌城3里格的库贾达赫城处于不花剌到沛肯特城的公路西1里格处；距不花剌5里格的马格罕镇在城墙的附近，有坚固的防御[④]；图姆吉卡斯是不花剌城西的一个小城镇，距不花剌城4里格，离不花剌到沛肯特城公路半里格；五城之中最大的是阿勒·塔瓦维斯城，它有坚固的防御，有一个城堡；赞丹纳赫城在不花剌北面，离不花剌城4里格，它的防御很坚固。[⑤]

不花剌城居民区密集，这一点可以从不花剌城发生的两次火灾反映出来。926年，不花剌城内加登·卡桑（Gardūn Kashaān）居民区发生火灾，大火把该区全部烧毁。937年5月，不花剌城撒麻耳干门旁边的一家粥店失火，大火烧了两天两夜，烧毁了撒麻耳干门附近的居民区和集市，以及城西的巴卡尔（Bakr）居住区、法加克门（Fārjak）附近的宗教学校、货币兑换点、布匹市场，大火还借助风势烧到河对岸的马赫清真寺。不花剌人遭受了10多万迪尔汗的损失。不花剌城的手工业和畜牧业产品商品化程度很高，货币关系发展较充分。[⑥]

---

① 萨阿利比：《稀世珍宝》（Latā'if al-ma'ārif），博斯沃斯译注，爱丁堡大学出版社1968年版，第140页。

② 同上，第139—140页。

③ Le Strange, *The Lands of the Eastern Caliphate*, p.461.

④ Ibid..

⑤ Ibid., p.462.

⑥ 许序雅：《中亚萨曼王朝史研究》，第132—133页。

在不花剌城外 2 里格处（离不花剌 2 里格）有沛肯特城，它处于不花剌城通往阿姆河岸菲拉布尔城的道路上。10 世纪，沛肯特城有一道防御坚固的城门，四周没有村庄，仅有哨所或兵站，据报道总数达到 1000 个。[①]

撒麻耳干城的范围则有 2500 个贾里布（约合 750 亩）那么大，10 世纪末期，撒麻耳干建有政府大楼。[②]撒麻耳干城内有许多市场和澡堂，这些市场和澡堂带有私人的房屋。一条深深的护城河将城墙围住，城内有一个城堡，城堡有双层铁门。城外巴布·基什水渠顺着一支大铅管从地下流入城内，有许多小铅管分支将水输送到各地，在市场中，小铅管用石头支架来支撑。[③]

10 世纪，花剌子模绿洲早期有两个首府，一个是位于阿姆河西岸的朱尔詹尼耶（另译乌尔根奇），另一个是阿姆河东岸的卡斯。朱尔詹尼耶城有一城门叫朝圣者之门，哈里发麦蒙在此建有精美的宫殿，麦蒙之子阿里在此宫殿对面也建筑了一座宫殿，两座宫殿俯瞰着多沙的广场。[④]据穆卡达西记，阿姆河东岸有4个重要城镇，这些城镇地处卡斯以南的肥沃地区，各城之间相距一天的行程。其中，离卡斯最近的阿尔扎希瓦实际上是一个要塞；加尔达曼城离卡斯一天行程，是一个防御森严的地方，有两个城门，被一条大水渠包围[⑤]；瓦伊克罕也是一个要塞，有一条水渠环绕，城门上架有石弩；离卡斯最远的是努克法格城。

在呼罗珊地区，首府尼沙普尔城有 4 道城门。它们是：巴布·阿勒·坎塔拉赫（桥门）、马基尔的街道之门、巴布·阿勒·库罕迪兹（要塞门）和塔金桥城门。[⑥]尼沙普尔城人口稠密，城周围有许多城堡或要塞（也可能是城镇），它们与尼沙普尔城的距

---

① Le Strange, *The Lands of the Eastern Caliphate*, p.463.

② Ibid., p.464.

③ Ibid..

④ Ibid., p.448.

⑤ Ibid., p.452.

⑥ Ibid., p.384.

离从半里格到1里格不等，它们与郊区相连。莫夫城由城市和一个建筑很高的内城城堡组成①，内城墙有四道城门。它们是西南方的城市之门（巴布・阿勒・马迪纳赫），从该城门出去可以通往萨拉赫斯；东南方的巴布・桑赞，通往班尼・马罕郊区；东北方的巴布・达尔・马什坎门，在通往阿姆河的道路上；西北方的巴布・巴林门。②

赫拉特是呼罗珊的大城市，有一个城堡，城墙有4道城门。它们是北门宫殿之门（巴布・萨拉伊），通往巴里黑的道路；西门巴布・济亚德，通往尼沙普尔；南门菲鲁扎巴德门（穆卡达西称之为巴布・菲鲁兹），通往锡斯坦的道路；东门古尔山脉的巴布・库什克门。据伊本・豪卡尔记，除了北门宫殿之门是铁门外，其余三道门都是木门；赫拉特城内的城堡也有四道同样名字的城门，分别与赫拉特城门的名字相对应。③

从赫拉特西行一天路程的地方是防御非常坚固的大城市富山吉，城外有城墙和防城河围绕。该城有三道大门，巴布・阿里门朝着尼沙普尔，赫拉特门朝东，库希斯坦门朝西南。④

巴里黑城是一个大城市，有七道城门。其中，印度门（巴布・兴都万门）和犹太人门（巴布・阿勒・雅胡德门）反映了巴里黑城当时算得上一个国际性城市。⑤

在锡斯坦，据雅库比记载，疾陵城的周长4里格，伊本・豪卡尔记，当时城的防御相当坚固，由一个内城构成，内城被一道具有五道城门的城墙围住，五道都是铁门。其中，巴布・阿勒・贾迪德和巴布・阿勒・阿提克（意为“新门”和“旧门”）相互毗邻，在东南方有法尔斯门，朝着呼罗珊的城门是以附近的卡尔胡亚地区命名

---

① Le Strange, *The Lands of the Eastern Caliphate*, p.398.

② Ibid., p.399.

③ Ibid., p.408.

④ Ibid., p.411.

⑤ Ibid., p.421.

的巴布·卡尔胡亚门，巴布·尼沙克门在东面，朝着布斯特。①

疾陵城内城再往前是外城的郊区②，外城四周被城墙围往，外城墙有 13 道城门，城门下有宽大的护城河。

在阿富汗地区，喀布尔城是最著名的，只有一条道路可以到达，防御非常坚固。③此外，还有布斯特城。布斯特以东是鲁克哈吉地区，在中世纪，该地区首府是班杰威，班杰威城也有很好的防御设施，城西 1 里格处有库哈克城堡。④

第四节　贸易

阿拔斯王朝统治之初，中亚地区与东、西方的贸易十分繁荣，道路也很畅通。萨曼王朝时期，中亚地区的贸易发展有两个显著的特点。第一，在中亚地区内部经贸关系中，河中地区在继续与呼罗珊进行繁荣贸易的同时，加强了与锡尔河流域的经贸交往；第二，在国际贸易中，中亚地区在继续发展东、西方贸易的前提下，加强了与南、北方，即印度和伏尔加河流域的贸易，于是，中亚西南部和阿富汗地区的经济繁荣起来。

在伊斯迈伊尔时期，萨曼王朝放弃了修筑长城以防御锡尔河流域游牧民的做法，采取了主动进攻的政策。在锡尔河以北城市承认萨曼王朝宗主权地位之后，河中地区与锡尔河流域的经济交往密切起来，这一点首先从锡尔河沿岸市场繁荣的情况反映出来。

在锡尔河流域，塔拉兹、白纳肯特、柘析城、费尔干纳和白水城成为河中地区定居民与游牧民的贸易中心。据伊本·豪卡尔记，塔拉兹城是一个致力与突厥人贸易的穆斯林商业城市；据穆卡达西

---

① Le Strange, *The Lands of the Eastern Caliphate*, p.336.

② Ibid., p.335.

③ Ibid., p.349.

④ Ibid., p.347.

记，白水城及其郊区都有市场，其中，棉花市场特别有名，市场上的商店租金每月达到了7000迪尔汗，租金主要用于救济事业。[①]在伊斯塔拉夫尚近郊的马尔斯曼达，每年举行集市，推销当地生产的铁制品。

在河中地区，不花剌附近的许多村镇在阿拔斯王朝统治初期已经形成了定期集贸市场，如距不花剌7法尔萨赫（约合43.7公里）的塔瓦维斯城的市场十分繁荣，来自呼罗珊各地的商人经常光顾这里，它的棉织品出口到伊拉克。[②]塔瓦维斯城每年夏季都要举办为期10天的集市交易会，每年来此集会做买卖的人达1万人以上。[③]不花剌城近郊的伊斯克吉卡村，全村居民都以工商为业，该村盛产布匹，每逢星期二都有集市，村民非常富有，村里建起一个大城堡和大清真寺。游牧民（各部突厥人）赶着牲畜到这些地区，以牛、羊、马和生皮革、羊毛、鞣革物品及奴隶等，换取粮食、布匹、锦缎、棉花、衣物、剪刀、马具及武器。

在国际贸易中，9世纪以后，中亚与南、北方的贸易发展起来。萨法尔王朝和萨曼王朝统治时期，阿富汗成为两个王朝的属地，所以河中地区和呼罗珊与阿富汗的联系加强，并通过它与印度进行贸易。中亚地区与印度的贸易主要通过阿富汗的布斯特、加兹尼和喀布尔城进行。

10世纪，布斯特是锡斯坦的第二大城市，当地的人民穿着伊剌克人的服装，大部分是与印度做生意的商人。[④]布斯特的市场上的货物非常丰富。[⑤]加兹尼位于今阿富汗东部，当时是一个穆斯林与异教徒交界的边境城镇，据伊斯塔赫里记，加兹尼地区商人多和商品多，是一个商业城市。[⑥]加兹尼居民在与印度人的贸易中发财致富。

① Le Strange, *The Lands of the Eastern Caliphate*, p.484.

② Ibid., p.462.

③ 许序雅：《中亚萨曼王朝史研究》，第136页。

④ Le Strange, *The Lands of the Eastern Caliphate*, p.344.

⑤ Ibid., p.345.

⑥ Ibid., p.348.

早在 9 世纪，雅库比就说喀布尔经常有商人光顾。它是与印度进行贸易的一个大商业中心，靛蓝被带到这里出口，价值每年达到 100 万金迪纳尔（大约 50 万英镑）；此外，印度和中国的大部分稀有的纺织品在这里的货栈里都有。10 世纪，穆斯林、犹太人和佛教徒、萨满教徒在喀布尔都有各自的地区，在那里，郊区、市场和商人的货栈同样著名。[①] 巴米延城是大巴米延地区的首府，穆卡达西称赞说它是呼罗珊的一个贸易港口，同时还是印度的珠宝房。该城广阔的郊区上有繁荣的市场。[②]

河中地区和呼罗珊与阿富汗的交往主要是通过巴里黑、赫拉特等城，由此这些城市的市场也繁荣起来。巴里黑城周边地区全是生产橘子和甘蔗的花园[③]，葡萄园的产品也大量出口。此外，它的市场经常有商人光顾。[④] 巴里黑地区的西部地区朱兹赞（阿勒·朱扎赞或朱扎赞兰）的产品大量出口，尤其是毛皮，在这里鞣革，销往整个呼罗珊地区。[⑤]

呼罗珊地区与阿富汗贸易的另一个商品集散地是赫拉特，赫拉特城的商业十分繁荣，据伊本·豪卡尔和穆卡达西记载，10 世纪，赫拉特有 4 个城门，每一个城门口都有一个市场。[⑥] 赫拉特的繁荣一直持续到 12 世纪，据说，当时它的市场上有 1.2 万个商店，有 6000 个热水澡堂，还有 659 个学院，人口达到 44.4 万人。[⑦] 据伊本·豪卡尔记，赫拉特东北一天行程处的卡鲁赫是仅次于赫拉特的大城市，在此加工的杏和葡萄干大量出口到周边地区和城市。[⑧]

随着中亚南部经济的发展，锡斯坦地区的市场也繁荣起来。在

---

① Le Strange, *The Lands of the Eastern Caliphate*, p.349.

② Ibid., p.418.

③ Ibid., p.420.

④ Ibid., p.421.

⑤ Ibid., p.423.

⑥ Ibid., p.408.

⑦ Ibid., p.409.

⑧ Ibid., p.410.

疾陵城，内城和外城都有许多客栈，内城的市场就在大清真寺的附近。外城的市场延伸了将近半里格的长度，商店从内城的法尔斯门到外城郊区城墙的城门，连成了一条绵延不断的店铺线。[①]外城的客栈稠密，最著名的是萨法尔王朝埃米尔阿木尔修建的苏克·阿木尔客栈。这些客栈的租金每日超过了1000个迪尔汗（40英镑），它们由大清真寺、城市的医院和麦加圣堂三家分享。[②]

在北方，中亚地区与伏尔加河流域的联系加强，922年游历过此地的伊本·法德兰留下了有关中亚向北到伏尔加河的道路的记述。此路经花剌子模、赞兼、恩巴河、乌拉尔，抵达伏尔加河中游的不里阿耳城（Bulghar），然后，沿此路可达伏尔加河下游的亦的勒城（Itil）。[③]沿途建筑了商队旅店、仓库、住房、水井等设施。有的商队很大，如哈里发穆格台迪尔的商队一次有3000头牲畜和5000人，有专门的人员随商队而行，如车夫、护卫、工匠，也有学者和外交使者随商队旅行。

在伏尔加河中游，中亚商人与布加尔人贸易。布加尔人卖的大多数是畜牧产品和狩猎物，而花剌子模商人输出的主要是食品和布料，以及游牧民急需的强弓。商品结构反映了中亚手工业和农业的发展水平远远高于布加尔人。[④]中亚商人与布加尔人贸易规模很大，伊本·法德兰使团的驮队就有5000人，另有3000驮畜的货物。钱币资料对此可以佐证，萨曼王朝大量钱币在今俄罗斯的许多地方，远至波罗的海沿岸都有出土。在东欧，尤其是在伏尔加河流域，萨曼王朝银币既作为钱币使用，又作为银制品出售。此外，萨曼王朝的银币样式对布加尔人的铸币样式也产生了影响。[⑤]

9世纪后期，中亚商人与伏尔加河下游的可萨人建立了商业贸

---

① Le Strange, *The Lands of the Eastern Caliphate*, p.336.

② Ibid..

③ 〔塔吉克〕M. S. 阿西莫夫，〔英〕C. E. 博斯沃思主编：《中亚文明史》第4卷（上），第85页。

④ 许序雅：《中亚萨曼王朝史研究》，第135页。

⑤ 同上书，第139页。

易上的联系，并通过可萨人与波罗的海沿岸的斯堪的纳维亚人发展了商业往来。斯堪的纳维亚人用毛皮及琥珀交换波斯的纺织品和金属器。在此中介贸易中，获利最大的是花剌子模人。花剌子模绿洲三面邻近草原，在前伊斯兰时代就与游牧民族有很活跃的贸易关系。9世纪后半叶以来，花剌子模商队有的向西到可萨人处，有的则沿咸海西岸而行，从那儿穿越草原到佩彻涅格人地区（10世纪时主要在南俄罗斯）。斯拉夫奴隶、绵羊、母牛、皮毛、兽皮及琥珀等商品都由花剌子模商人经营，河中地区和呼罗珊的商人也到花剌子模做买卖。显然，花剌子模是中亚与东南欧及北欧贸易的中心及货物集散地。①

在南、北商贸中，花剌子模绿洲成为这一贸易的中心。花剌子模的一些城市成为商品集散地。据穆卡达西说，卡斯的新城，波斯人称之为沙赫里斯坦（意为“省府”），但这里的街道污脏，比阿哲尔拜占的阿尔达比勒还要脏，因为当地人占用街道销售他们的商品，做祷告时甚至将脚下的脏东西带入清真寺。然而，市场非常繁华，摆满了各种各样的商品。②

花剌子模第二大城市朱尔詹尼耶的市场以各种昂贵的毛皮而闻名，这些毛皮来自伏尔加的布尔加尔地区，穆卡达西和其他的地理学家都列出了很长的毛皮细目表。细目表包括如下皮制品：貂皮、黑貂皮、狐狸皮和两种海狸皮，有松鼠皮、白貂皮、银鼠皮和黄鼠狼皮，这些毛皮被制成毛皮女大衣和短夹克，还有经过人工着色的兔皮和山羊皮，以及野驴皮。③朱尔詹尼耶也出口棉织和丝织的斗笠与面纱，还有各种鲜艳的服饰。

此外，作为塔希尔和萨法尔两朝都城的尼沙普尔城自古商业发达，古波斯王朝时期称阿布拉沙赫尔（波斯语意为“云城”）。10世

---

① 许序雅：《中亚萨曼王朝史研究》，第139—140页。

② Le Strange, *The Lands of the Eastern Caliphate*, p.447.

③ Ibid., p.458.

纪，尼沙普尔是一个人口非常稠密的地方[①]，城内建筑了许多旅店供往来商人歇脚，还居住着纺织工匠、皮匠、裁缝和靴匠等大批手工业者，他们制作各种各样的商品。尼沙普尔城的市场闻名四方，大、小四边形市场（即阿勒·穆拉巴·阿勒·卡比拉赫和阿勒·穆拉巴·阿赫·阿斯·萨格希拉赫）特别有名。其中，大四边形在礼拜五清真寺附近，小四边形在西部郊区，在总督宫殿附近。大、小四边形相距很远，一条长长的街道将两个市场连起来，长街两侧是不间断的、并列而立的商店。[②]尼沙普尔市场每天都有商队光顾，他们在这些商铺中可以买到各种各样的商品。其中，棉花和丝绸是主要的对外商品。[③]

9至10世纪期间，中亚地区出口的商品结构发生了变化。在8—9世纪，中亚地区与倭玛亚王朝和阿拔斯王朝的贸易物主要是奢侈品，如优等纺织品、青铜器皿、银器、玻璃器皿、装饰品、宝石、贵重的武器等。9—10世纪，中亚输出的商品种类更多的是普通百姓所需的日常用品或消费品，诸如食物、衣物、各种日用品和马具。商品结构的变化说明参与商品贸易的社会阶层扩大了。

9—10世纪，中亚贸易中的另一个显著特点是奴隶贸易兴盛起来。在萨曼王朝的经济中，商队过境税和奴隶贸易的收入是仅次于土地税的两个主要来源。突厥奴隶贸易始于8世纪，在9世纪时开始兴盛。突厥奴隶大多数来自中亚地区，在柘析、费尔干纳、白水城和古尔山区则形成了奴隶贸易市场。锡尔河流域的奴隶贸易是当地商人的主要产业。[④]费尔干纳和白水城是突厥奴隶贸易中心。邻近锡尔河流域的花剌子模绿洲也是奴隶贸易的中心，通常是从中亚草原游牧部落那里买来或偷来突厥奴隶，经过教育成为优秀的穆斯林，

---

① Le Strange, *The Lands of the Eastern Caliphate*, p.383.

② Ibid., p.384.

③ Ibid..

④ Ibid., p.487.

以后，卖到伊斯兰世界的各个国家。[①]阿姆河上游和巴达克山东面地区、沿阿姆河上游的瓦罕地区都是奴隶贸易市场，来自中亚的商队穿过这个地区，将捕获的奴隶带往呼罗珊，卖到西方的奴隶市场。

9 世纪以后，对突厥奴隶的需求迅速增长，中亚奴隶贸易有了相当的规模。9 世纪中叶，塔希尔王朝控制了这种奴隶贸易，因为这有利于塔希尔王朝积累巨额的个人财富，突厥奴隶构成了塔希尔王朝进献给阿拔斯王朝哈里发贡赋的一部分。9 世纪后半叶，萨曼王朝使这项贸易成为有组织的活动[②]，由于政府直接参与或组织突厥奴隶贸易，致使突厥奴隶贸易达到鼎盛。据穆卡达西记，塔希尔王朝时期，一个突厥奴隶的平均价格是 300 迪尔汗；到 985 年（回历 375 年），河中地区的奴隶价格是每人 20 或 30 迪尔汗。由此推断，到 10 世纪后半期，萨曼王朝领地内的突厥奴隶人数增加到一个相当大的数目。[③]仅呼罗珊一地，每年的奴隶贸易额就高达 1.2 万名。[④]

萨曼王朝政府控制了奴隶的输出和过境贸易，政府在阿姆河各渡口设卡，向每一个输往巴格达等地的突厥奴隶征收 70—100 迪尔汗的通行税，转运奴童必须额外有一张政府颁发的特许证，这种特许证每张值 70—100 迪尔汗。萨曼王朝经手的大部分奴隶首先被运到柘析和白水城，这些位于穆斯林和异教徒边界线上的边境城镇的奴隶市场常年开放，奴隶贩子可以随时光顾、贸易。白水城充斥着来自世界各地的商人，他们将买到或捕捉的奴隶带往呼罗珊，卖到西方的穆斯林市场。[⑤]

波斯王朝时期，商贸繁荣促进了中亚货币关系的发展，为了适应商业贸易的发展，相对统一的货币逐步发展起来。

---

① Le Strange, *The Lands of the Eastern Caliphate*, p.459.
② 许序雅：《中亚萨曼王朝史研究》，第 135—136 页。
③ 同上书，第 197 页。
④ 同上。
⑤ Le Strange, *The Lands of the Eastern Caliphate*, p.437.

第五节　货币

波斯王朝时期，中亚的铸币厂增加。塔希尔王朝有7个铸币厂[①]，萨法尔王朝有17个铸币厂[②]，萨曼王朝的铸币厂最多，据不完全统计就有47个之多。

塔希尔王朝的货币与阿拔斯王朝的其他总督的货币几乎没有多大区别。在塔希尔王朝铸币中，除塔希尔·伊本·侯赛因时期不铸哈里发之名外，在由塔希尔王朝控制的其他地方的铸造币上均铸有哈里发之名，而不提塔希尔。

现存最早的萨法尔王朝钱币是雅库布于回历259至261年（公元873—875年）间铸造的。据塔巴里书和其他史书记载，875—876年，萨法尔王朝确立了在雷伊的统治，目前发现了一枚铸造于雷伊的萨法尔王朝钱币，可以追溯到875—876年。

萨曼王朝铸币厂分布广泛，在东起中国边界之地的乌兹根，西至里海西南的哈马丹之间地区都有，甚至在萨曼王朝统治区以外也设置了铸币厂，如杰贝勒、库米斯地区的比亚尔、法尔斯省的设拉子，其中，在杰贝勒省竟设立了7个铸币厂。[③]萨曼王朝对货币的需求，可能是在与伏尔加等东欧地区的贸易中，萨曼王朝银币既作为一般等价物流通，又作为普通银制品使用。20世纪六七十年代，在苏联、波兰和斯堪的那维亚等地出土了大量10—11世纪的窖藏银币，大部分是萨曼王朝的。其中，在波兰发现的钱币窖藏中，有68%以上是萨曼王朝钱币，它们估计是912年前后铸造的。

尽管如此，萨曼王朝铸币厂大多数设立在呼罗珊与锡尔河流域之间，从东到西的分布情况如下。

---

① 许序雅：《中亚萨曼王朝史研究》，第127页。

② 同上。

③ 同上书，第125页。

第一，包括拔汗那在内的锡尔河以东地区有 8 个铸币厂：阿克西卡特（Akhsikat）、乌兹根、吐卡斯·伊剌克（T-unkath Ilaq）、柘析、拔汗那、库巴、麻耳亦囊（Marghinan）、纳斯拉巴德。[①]

第二，粟特地区有 4 个铸币厂：不花剌、粟特、撒麻耳干和塔嘎码（Taghama）。

第三，粟特以外的河中地区有 9 个铸币厂：苏对沙那、安地加拉赫（Andijaragh）、巴达克山、宾卡特（Binkath）[②]、呾密、胡塔梁、拉斯特、扎敏（Zamin）和石汗那。

第四，呼罗珊有 10 个：安怛罗缚（Andaraba，今阿富汗东北境之安达拉伯）、巴米延、巴里黑、半制城（Panjshir，今阿富汗喀布尔东北）、怛剌健（Taliqan）[③]、伽尔吉斯坦、莫夫、马丹（al-Ma'dan）、尼沙普尔和赫拉特。

第五，里海南岸的塔巴里斯坦有阿穆勒（Amul）[④]和菲林木（Firim）两个铸币厂；里海东南沿岸有阿斯特拉巴德（Astarabad）和古尔甘两个铸币厂。

第六，锡斯坦有两个：法尔瓦（Farvan）和法拉赫（Farah）。

波斯王朝时期，中亚的铸币大致有三种类型：金币迪纳尔、银币迪尔汗和铜币。金币迪纳尔的铸造是不定期的。据考古研究，塔希尔王朝时期在撒麻耳干和柘析城不定期打制迪纳尔，即使在萨曼王朝时期也是如此，在都城不花剌及主要大城市撒麻耳干，金币的打制和发行都是不定期的。在尼沙普尔和雷伊，萨曼王朝打制的迪纳尔明显比其他地方的大，目前，在河中地区发现的窑藏金币多是在河中以外地区打制的，其中，主要来自尼沙普尔。[⑤]

金币迪纳尔的官方标准是重 4.26 克，出土的迪纳尔平均重 4.2

---

① 许序雅：《中亚萨曼王朝史研究》，第 124 页。

② 石国城市，在今锡尔河支流乞尔乞克河附近。

③《新唐书》作“多勒建”，在阿富汗穆尔加布河流域。

④ 今伊朗北境之阿莫尔，《新唐书·大食传》作“阿没”。

⑤〔塔吉克〕M. S. 阿西莫夫，〔英〕C. E. 博斯沃思主编：《中亚文明史》第 4 卷（上），第 391 页。

克。不过，也有数量可观的金币超过了规定重量。[①]迪纳尔纯度的法定标准依地区而异，萨曼王朝在尼沙普尔发行的迪纳尔纯度最高，含金量达 93%—98%，一般含金为 96%[②]；而在雷伊发行的迪纳尔含金量差别很大，既有尼沙普尔那样高纯度的，也有纯度较低的。

金币迪纳尔在阿拔斯帝国东、西部有着不同的职能。在帝国西部（如大不里士），迪纳尔具有一般等价物的职能，而在东部（如法尔斯和河中地区）主要是作为普通商品。直到 10 世纪，金币在河中地区只是用于赏赐或送礼，被当作财宝和与外界交换货币，却不作为地区贸易的交换媒介。伊斯塔克里在描述不花剌货币之时说："他们的钱币是迪尔汗，他们自己不用迪纳尔进行交易，而是把它当作商品。"雅库特也记载说："在萨曼王朝时代，不花剌居民进行交易时使用迪尔汗，不用迪纳尔交易。黄金仅仅是又一种商品。"[③]这一情况的例证是金币处于窑藏形式，得到了完好的保存，未被磨损，仍然保持着实际重量。

886 年，萨曼王朝在撒麻耳干城开始铸造银币迪尔汗，它以萨曼王朝埃米尔伊斯迈伊尔之名命名为伊斯迈伊尔币。此种银币现存塔什干历史博物馆，它是按哈里发银币的样式铸造的。此后，王朝境内大多数城市有规律地打制和发行银币，据考古资料证实，吐火罗北部银币（甚至铜币）的打制是时断时续的，从一般贸易和货币关系来看，吐火罗北部经济发展落后于河中地区。[④]

伊斯迈伊尔币最初的重量标准是 2.97 克，纯度很高，史书又称此类银币为纯银迪尔汗。利用现代原子吸收分光技术（6 个样本）和化学定量分析（104 个样本）研究表明，早期的纯度比后期的要高，早期在撒麻耳干和柘析城打制的银币，含银量在 89% 到 96% 之间，尽管有一些样本纯度更低或纯度更高，而后期银币的纯度普遍降低，

① 〔塔吉克〕M. S. 阿西莫夫，〔英〕C. E. 博斯沃思主编：《中亚文明史》第 4 卷（上），第 306 页。
② 同上。
③ 同上。
④ 同上书，第 399 页。

波动幅度很大，随意偏离标准的现象普遍。[①]

除了伊斯迈伊尔币外，在文献资料中还提到过碎币，在窖藏中也发现了尺寸、形状和重量完全不同的碎币，其中，有许多是极小的碎块。显然，这是把伊斯迈伊尔银币分为碎币以适应市场找零的需要，或者是为了补足银币的实际重量与官方标准之间差额的需要。因此，有学者提出，伊斯迈伊尔币在流通过程中是按货币单位进行计算，还是按重量进行计算值得思考。有学者推测可能因时而异，在萨曼王朝最初的几十年，银币是以完整的货币形式流通，当然这也并不排除按重量计算；后来由于重量的变化较大，按重量计算的形式变得流行起来，于是碎币在窖藏中的积累就远远超过了完整的钱币。[②]

阿拉伯人统治时期在中亚打制的三种银币，即穆赛雅布迪尔汗、穆罕默德迪尔汗和吉特里夫币仍在继续使用，它们与伊斯迈伊尔币（纯银迪尔汗）一道在很广的范围内流通，不过，有学者认为，前三种货币主要用于区域性经济活动（商业贸易、税收等），后一种主要用于国际贸易。从萨曼王朝埃米尔伊斯迈伊尔、努赫一世买卖地产使用纯银迪尔汗来看，大宗交易计价单位应是伊斯迈伊尔币。

根据伊本·胡尔达兹比赫留下的826—827年中亚各地纳税货币数额清单，穆罕默德迪尔汗、穆赛雅布迪尔汗和吉特里夫币三种货币的主要流通是：使用穆罕默德迪尔汗的地区有拔汗那、苏对沙那、粟特、渴石和那色波（今不花剌东南之卡尔施）；使用穆赛雅布迪尔汗的地区有锡尔河以东地区，即柘析、伊剌克和俱战提；突厥人诸城镇（如白水城）多使用穆赛雅布迪尔汗和花剌子模迪尔汗，在花剌子模和库尔代尔（Kurdar）用花剌子模迪尔汗；在不花剌使用吉特里夫币。在不花剌外城设立了货币兑换处，为区域间贸易和货币交换提供了方便。货币流通区的形成，表明在中亚已经形成区域性贸易市场。[③]萨曼王朝后期，穆罕默德迪尔汗和穆赛雅布迪尔汗的含银

---

① 〔塔吉克〕M. S. 阿西莫夫，〔英〕C. E. 博斯沃思主编：《中亚文明史》第4卷（上），第397页。
② 同上。
③ 许序雅：《中亚萨曼王朝史研究》，第127—128页。

成色不断降低，这也表明了萨曼王朝经济衰退的过程。[①]

萨曼王朝时期，在河中以外的一些地区打制了一种银铜合金币。合金币在外观（厚度和大小）、重量和纯度上都与伊斯迈伊尔币不同，其含银量约为70%；重量变化大，差距通常在10克到13克之间；型制很大，铭文只占其表的一部分，边缘留下一圈空白。这种合金币在河中地区的窖藏中发现，说明它们进入了河中地区的货币流通。[②]

考古资料的研究表明，在萨曼王朝与东方的贸易，特别是与中国的贸易中没人愿意用银交易，仍然采取物物交易的形式，在中国境内至今未见到萨曼王朝钱币出土。

萨曼王朝时期，大量发行铜币辅鲁（Fals）。在塔希尔王朝时期，萨曼家族的地位低于塔希尔家族，当时，塔希尔王朝可以铸造银币，而萨曼家族直到858—859年才获得了铸造铜币的权利，阿赫麦德在撒麻耳干开始铸造铜币。此后，历任萨曼王都在不花剌铸造铜币，874年以后，萨曼王族成员和一些地方王公也具有了铸造铜币的权力。据苏联钱币学家研究，中亚地区用于国际贸易的银币是按哈里发钱币的模式铸造的，而当地的铜币、合金币在较长时期中都以前伊斯兰时代的样式铸造，具有鲜明的区域特色。

据伊本·豪卡尔记，铜币辅鲁在零售贸易中占主导地位，用于城市和地区内的贸易，各地出土的窖藏钱币说明辅鲁并不局限于本地区。各地发行的铜币价值是不一样的，如921年，24个不花剌辅鲁可换一个银币迪尔汗，而36个撒麻耳干辅鲁才能换一个银币。也就是说，撒麻耳干打制的辅鲁只值不花剌辅鲁的三分之二。[③]

---

① 许序雅:《中亚萨曼王朝史研究》，第136—137页。

② 〔塔吉克〕M. S. 阿西莫夫，〔英〕C. E. 博斯沃思主编:《中亚文明史》第4卷（上），第398页。

③ 同上书，第399页。

第五章

宗教与文化

波斯王朝时期，伊斯兰教在呼罗珊和河中地区向纵深发展，中亚大部分地区居民已经信仰伊斯兰教，穆斯林成为呼罗珊和河中地区居民的主要认同；10 世纪，伊斯兰教开始向锡尔河流域和阿富汗地区传播，取得了一定的胜利；在中亚边缘地带，如阿姆河上游地区和阿富汗巴米延地区，多种宗教并存的局面仍然存在。波斯王朝时期，波斯文化在中亚地区复兴，在发掘和大力提倡波斯文化的过程中，阿拉伯文化的成就被大量吸收，于是，古老的波斯文化在伊斯兰文化的基础上焕发生机，形成了一种新型文化，即伊斯兰—波斯文化。在此过程中，中亚本土文化也融入到伊斯兰—波斯文化之中。

第一节　宗教

阿拔斯王朝时期，伊斯兰教吸收了中亚地区的各种宗教文化，并与中亚原有的宗教相互渗透、吸收、整合，最终在呼罗珊和河中地区赢得了大批信徒，中亚地区以袄教为中心的多元宗教并存的局面向以伊斯兰教为主的一元宗教的形势转变。然而，伊斯兰教在中亚的传播和发展是不平衡的。8世纪中叶至9世纪中叶，伊斯兰教在呼罗珊获得胜利；河中地区要晚一些，大约在9世纪中叶以后；在锡尔河以北以东的突厥人居地扎根的时间大约在10世纪中叶。

波斯王朝时期，中亚城市居民无论是表面还是诚信伊斯兰教者逐渐增加，呼罗珊和河中地区居民对伊斯兰教有了认同感，"穆斯林认同"成为呼罗珊和河中地区居民的价值观。

第一，"穆斯林认同"从国家政权的各个方面反映出来。在中亚建立的三个王朝，尽管实施独立统治和提倡波斯文化，然而，王朝统治者们均标榜其政权为穆斯林政权，尊阿拔斯哈里发为最高权威，承认自己是阿拔斯哈里发权力的代理者，并以得到哈里发的认可为其政权的合法性。在这一点上，塔希尔王朝和萨曼王朝都顺利地得到了哈里发的认可；萨法尔王朝因喀里吉特教派人员在军队中的作用而不被哈里发承认，为此，萨法尔王朝埃米尔采取了贿赂或武力威胁的方式，在一定时期内也获得了哈里发的认可。

第二，随着伊斯兰教的确立，教士集团开始在呼罗珊和河中地区的宗教和政治生活中发挥重要作用。阿拔斯王朝统治初期，教士集团在中亚形成。9世纪以前，中亚的教士集团的主要成员还是阿拉伯人，此后，本地教士开始成为教士集团的重要组成部分。随着教士集团宗教地位的上升，他们作为一支独立的政治势力登上了中亚政治舞台。教士集团中的精英以宗教虔诚者的身份出现，通过"劝导"方式，获得了控制王权的机会，甚至操纵了君主的废立。

于是，教权与王权展开了权力之争。教俗权力之争一直是波斯王朝政局动荡的重要因素。为了削弱萨曼王朝的教会势力，有的埃米尔支持异端以对付教士阶层。纳斯尔二世曾向呼罗珊什叶派首领穆罕默德·本·雅赫亚表示尊重，赠给他一件礼袍，从国库中拨出一笔钱给他做养老金。后来，雅赫亚的继承者穆罕默德·本·纳赫沙比（Mahammad b. Nakhshabi）把自己的传教活动中心移到河中地区，萨曼王朝的一些显贵改信什叶派。通过这些人，纳赫沙比得以进入不花剌宫廷，并使萨曼王纳斯尔二世信奉了什叶派的盖尔麦兑派（Qarmat，即伊斯迈尔教派）。纳斯尔二世甚至给法蒂玛王朝哈里发卡伊木（Qā'im，934—946 年在位）送去 11.9 万迪纳尔，作为胡赛因·本·阿里的安葬、抚恤费。后来，教士阶层与宫廷突厥侍卫首领共谋，纳斯尔二世被迫下台，其子努赫继位。努赫在位时期以处死什叶派首领纳赫沙比及一些伊斯玛仪派首领讨好教会，但仍然未能缓和双方的矛盾。萨曼王朝后期，为了弥合与教会的斗争，埃米尔试图将教士阶层的精英吸收到国家政权之中，据《治国策》一书记载，曼苏尔一世曾打算任命宗教法官阿布·阿赫默德为宰相，被他谢绝，他说："如果我任宰相一职，那么还有谁会给国王提出公正的忠告和劝导呢？"[①] 这一事例反映了教士阶层所拥有的特权。据说，萨曼王朝埃米尔阿合马德为了缓和教权与王权的矛盾，经常拜访宗教学者和教法学家，由此导致了军队的不满，被突厥侍卫暗杀。

第三，在伊斯兰教理论形成时期，呼罗珊学者和伊斯玛仪教派做出了贡献。由于萨曼王朝君主的热情保护，伊斯兰教宗教学和教法学在中亚地区得到发展。9 世纪，伊斯兰教各派开始创建自己的教义和学说。9 世纪下半叶，逊尼派编写了分别以收集、汇编者冠名的《圣训》;《圣训》六真本的六位汇编者中有五位来自呼罗珊地区。逊尼派在确立和完善了教义学说以后成为占主导地位的宗教派别，自称正统派，将以什叶派为主的其他派别视为"异端邪说"，进行打压，甚至迫害信徒。与此同时，什叶派编写了"四大圣训集"，形成了与逊尼派哈里发学说不同的伊玛目教义。其中，伊斯玛仪派完善了该派神秘主义的宗教哲学理论体系，其教义不仅包含有伊斯兰教哲学理论的精华，还吸收了袄教、基督教、佛教的部分哲学思想以及古希腊哲学和以伊本·西那为代表的中世纪塔吉克—波斯哲学理念。从 877 年起，伊斯玛仪派以传教士在波斯各地活动，呼罗珊的尼沙普尔和莫夫成了该教派的传教中心，伊斯玛仪派对中亚地区的

---

① Nizam al-Mulk, *The Book of Government or Rules for Kings*, p.224.

伊斯兰化做出了贡献。

第四，随着各教派理论的完善，穆斯林的信仰的纯洁，他们造福大众所做的努力程度和贡献大小[①]成为衡量人价值的标准。波斯王朝争先表白自己的信仰与阿拔斯哈里发倡导的逊尼派的一致性。阿拔斯革命时期，阿拔斯家族曾利用什叶派势力推翻了倭玛亚王朝，建立了自己的王朝，但此后，阿拔斯王朝确立了伊斯兰教逊尼派的正统派地位，将其他教派斥为异端，实施压制和打击的政策。波斯王朝的统治者们为了得到哈里发的认可，声称自己信仰的是伊斯兰教逊尼派，给予逊尼派宗教首领优势地位，将呼罗珊的什叶派、锡斯坦的喀里吉特派、河中地区的伊斯玛仪派斥为异端，予以打击。

第五，对伊斯兰教正统性的认同使中亚地区的民族和阶级矛盾披上了教派斗争的外衣，反抗统治阶层的运动采取了伊斯兰教异端的形式。呼罗珊是什叶派活动的大本营，该派在呼罗珊和河中地区的势力很大，他们经常煽动反对不花剌朝廷的叛乱。[②]8—9世纪间，呼罗珊农村社会和宗教界对地方性传染病存在不满情绪，这种不满情绪被宗教界充分利用，发动起义。尼沙普尔居民甚至向什叶派首领雅赫亚宣誓效忠，把他尊为他们的哈里发。

在河中地区，10世纪上半叶，伊斯玛仪教派在此有了立足之地，萨曼将领胡赛因·本·阿里·马瓦兹接受该教，领导了一次起义，结果失败被俘。930年，什叶派领袖马瓦兹在不花剌发起叛乱。961年，不花剌市民起义。在这些反抗中，可以察觉到宗教异端的作用。10世纪下半叶，伊斯玛仪教派在河中地区的活动转入地下。

在锡斯坦，喀里吉特派运动与当地居民反抗哈里发收税官敲诈勒索的斗争联系在一起。其中，哈姆扎·布·阿扎拉克的宗教运动充分利用了当地人民对阿拔斯王朝官员和税官的不满，呈现出社会性。该运动坚持了40年之久，波及了尼沙普尔、拜哈克、赫拉特等

① 马强：《伊斯兰“乌玛精神”与都市穆斯林社区》，《世界宗教研究》2006年第1期。

② 许序雅：《中亚萨曼王朝史研究》，第55—56页。

呼罗珊各个城镇，成功地打击了塔希尔王朝总督在这些地区的统治。据伽尔迪齐记载，塔希尔王朝埃米尔塔勒哈集中全力对付哈姆扎，一直到他去世的828年。[①]907年，在阿富汗古尔山区约有一万农民和工匠在首领阿布·比拉尔（Abu Bilal）的领导下起义。

伊拉克的库法地区，864年爆发了雅赫亚·布·乌马尔领导的什叶派起义，塔希尔王朝埃米尔阿布德·阿拉赫出动军队镇压；865年，在卡兹文和詹兼又出现了由胡赛因·布·阿赫默德·考巴比领导的反对塔希尔王朝官员的阿利德起义，这一起义得到了什叶派活动激烈的塔巴里斯坦地区王朝的援助。塔希尔王朝埃米尔穆罕默德·本·塔希尔在位期间，里海各省普遍爆发了起义，其中，宰迪·谢伊的革命运动影响深远，并由此引发了戴拉姆人的起义。

波斯王朝境内发生的这些起义都以伊斯兰教异端的面目出现，而波斯王朝维持地区秩序的行动在很大程度上也采取镇压异端的宗教运动出现。

10世纪以前，古代波斯的袄教、摩尼教、景教和古印度的佛教通过丝绸之路向东陆续传播到锡尔河以北以东地区。这些宗教犹如草原上细小的溪流各自寻找着自己能够赖以生存的环境，它们既不能汇合成奔腾的洪流，也不能压倒对方取而代之。[②]伊斯兰教是最晚进入这一地区的外来宗教。在萨曼王朝马立克时期，一个名叫苏亚·卡拉马梯的人（Sufyān al-Kalamātī）于951—952年从尼沙普尔来到不花剌，在不花剌城居住了几年，然后来到突厥人居地，在此传教。据伊本·阿西尔记载，960年有20万帐户的突厥人信奉了伊斯兰教。961年，他在突厥王朝宫中去世。随着伊斯兰教向游牧草原的渗透与传播，游牧部落逐步开始了农耕的定居生活。

在9世纪上半叶，即塔希尔王朝埃米尔塔勒哈时期，伊斯兰教深入到保持袄教时间最久的地区苏对沙那。埃米尔阿布德·阿拉赫

---

① R. N. Frye, *The Cambridge History of Iran*, Vol. 4, pp.96-97.

② 刘志宵：《维吾尔族历史》，民族出版社1985年版，第178页。

时期，苏对沙那统治者阿弗申·海达尔（Afshen Haider）接受伊斯兰教，成为哈里发穆塔西姆手下最有名的军事长官之一。840 年，在阿布德·阿拉赫的支持和组织下，海达尔遭到了审讯，此事轰动一时。对海达尔提出的公诉是：他接受伊斯兰教是为了掩盖自己的阴谋，实际上他在苏对沙那为恢复独立的古老宗教进行准备。[①]

960 年，当时占据费尔干纳北部草原的葛逻禄突厥人改宗伊斯兰教逊尼派。后来葛逻禄人扩张到了塔里木盆地，随之给这一地区带来了伊斯兰教。因此，伊斯兰教在其伊斯兰世界的疆域之外赢得了皈依者。

萨法尔王朝的建立有利于伊斯兰教的南传。阿拉伯人征服初期，喀布尔河流域成为保卫印度宗教和文化的前沿阵地。[②]9 世纪后半叶，萨法尔王朝进行了反阿富汗异教徒的战争。865 年初，雅库布向阿富汗东部出击，当时，佛教在此处于优势地位，而雅库布的入侵及以后萨法尔王朝在此的统治彻底改变了这里的宗教形势，伊斯兰教开始在当地传播。此后，萨曼王朝的统治使伊斯兰教在阿富汗取得了一定的胜利。在此基础上，伽色尼王朝（962—1186）的统治将完成阿富汗地区伊斯兰化的过程。因此，萨法尔王朝和萨曼王朝的统治，对伊斯兰教在阿富汗和印度边界的传播有一定的贡献。

在波斯王朝时期，虽然伊斯兰教已经传播到了中亚的最东部和最南部，然而，伊斯兰化的过程远远没有完成。10 世纪，阿姆河上游地区民众并未全部皈依伊斯兰教，巴达克山、瓦罕、识匿（Shughnan）等地居民继续他们的古代宗教信仰；1200 年时，草原上的大多数突厥部落和阿姆河上游地区居民仍然没有改变信仰。

伊斯兰教虽然已经向中亚各个角落传播，但以往在中亚流行的宗教并未绝迹。9—10 世纪，在远离城市的地区，佛教、祆教、摩尼教和基督教群体仍然存在。在阿富汗巴米延地区，佛教仍然盛行，

---

① 〔苏联〕加富罗夫：《中亚塔吉克史》，第 156 页。

② R. N. Frye, *The Cambridge History of Iran*, Vol. 4, p.111.

在此时期，巴米延雕刻了两尊大佛像。[①]

到10世纪，中亚仍有摩尼教的寺庙和摩尼教徒，据《世界境域志》记载："撒麻耳干是一个巨大、繁荣、美丽的城镇。……在撒麻耳干有摩尼教徒的寺院，摩尼教徒们被称为'尼古沙克'（nighūshāk，即听众）。"[②]羽田亨指出："到10世纪初期萨马尔罕还有500多摩尼教徒居住。"[③]在10世纪，穆斯林、犹太人和佛教徒在喀布尔都有各自的地区。[④]

尽管如此，随着伊斯兰教主导地位的确立，伊斯兰教的影响渗透到中亚的政治、经济、文化等各个领域，变成穆斯林的社会生活方式。在中亚，伊斯兰教经历了本土化的过程。这一过程持续了上百年的时间，经历了数不清的部落纷争和王朝更替。

第二节　文化

波斯王朝时期，波斯文化在中亚复兴，复兴的迹象首先从语言和文字上反映出来。

在摆脱哈里发国家走向独立之时，波斯王朝统治者认为以往学习和使用阿拉伯语只不过是巩固自己地位的一种手段，既然要独立行使权力，就必须依靠本地居民。于是，他们不再忽视广大群众的语言，开始采用境内居民使用的当地语言以取代阿拉伯语，这仿佛是一种政治示威。[⑤]

从塔希尔王朝起，波斯语在宫廷和统治阶层中使用。呼罗珊地区形成的达里语于9世纪初逐渐成为河中地区的流行语，在与宗

---

① Le Strange, *The Lands of the Eastern Caliphate*, p.418.

② V. Minorsky translation and explained, *Ḥudūd al -'Ālam*, p.108.

③〔日〕羽田亨：《西域文化史》，新疆人民出版社1981年版，第59页。

④ Le Strange, *The Lands of the Eastern Caliphate*, p.349.

⑤〔苏联〕加富罗夫：《中亚塔吉克史》，第181—182页。

教无关的官方公文中开始使用达里语，在宫廷中也流行达里语。最初，达里语和达里文的流行受到萨曼王朝官方的阻止，埃米尔阿合马德时期，王朝发布命令，政府公告和法令必须使用阿拉伯文，阿合马德还重用通晓阿拉伯语的官员。但此令通行不久即被废除，阿合马德也在尖锐的社会冲突中被杀。此后，萨曼王朝开始提倡达里语，用达里语写作的人越来越多，早期阿拉伯文的诗歌和散文大批被译成波斯文。950年，萨曼王朝埃米尔努赫一世下令，将辛巴德的一部著作从巴列维文译成达里文。962年，萨曼王朝宰相巴尔阿米受埃米尔曼苏尔一世之命，将波斯史学家塔巴里（839—923）编写的《古兰经注》译成波斯文，将该作者《历代先知与帝王》一书中有关波斯和中亚的部分也译成波斯文。许多文人、学者从四面八方汇集到不花剌，他们用波斯达里文写作。

萨曼王朝对达里语和达里文的鼓励，使中亚地区原来的一些方言弃而不用，逐渐成为一种死文字，如粟特语只在边远的农村使用。应该指出，在波斯语言和文字的复兴过程中，阿拉伯语和阿拉伯文并未被排挤出中亚。宗教和某些官方文书，如祈祷和布道，撰写法律、哲学和科学著作，以及记录和档案中继续使用阿拉伯语和阿拉伯文。

在达里语产生的同时，中亚地区还产生了一种名为法尔西语（Farsi）的新波斯语，法尔西语采用阿拉伯字母书写，融入了大量阿拉伯语词汇。法尔西语工于修饰，比达里语华丽，后来成为文学的语言，产生了一大批名著。法尔西语是在波斯文化与阿拉伯文化融合的背景下产生的。

达里语和法尔西语的推广和流行是波斯文化复兴的标志，同时也为波斯文化的复兴创造了条件。在波斯文化的复兴中，波斯王朝倾向于将其出身与波斯史诗中与历史上的萨珊帝国联系起来[1]；德赫干

---

① 〔英〕C. E. 博斯沃斯：《伊斯兰时代早期伊朗的政治遗产》，第55页，见《伊朗、阿富汗和中亚的中世史》，伦敦1977年版。

阶层出身的萨曼王室自称是巴赫兰·楚宾的后裔。然而，波斯王朝在中亚兴起的古波斯文化复兴实际上并非单纯复兴古波斯文化，而是在古波斯文化的基础上，融合了中亚本土文化和伊斯兰文化。

中亚地区对古波斯文化并不陌生。波斯文化与中亚土著居民的印欧文化同源，都属于印欧语系东伊朗语族文化。在 7—8 世纪突厥文化传入之前，中亚本土文化才开始接受突厥文化，可以说，中亚地区的突厥化过程才刚刚开始。萨曼王朝提倡的古波斯文化复兴在中亚没有阻力，学者们大量吸收中亚本土的粟特文化传统，久之，中亚本土文化与波斯文化等同起来，如中亚佛教的形象和思想渗入到塔吉克—波斯文学之中。伊斯兰文化的传入最初受到了中亚居民的抵制，而到了 10 世纪，中亚土生土长的文化人已经没有了早期的抵触情绪，他们在赞美本土历史和文化的同时，大量吸收阿拉伯文化的成就。于是，古波斯文化在伊斯兰文化的基础上得到新的发展，焕发出新的生机，形成了一种古波斯文化与阿拉伯文化融合起来的新型文化，即伊斯兰—波斯文化。

9—10 世纪，新波斯语伊斯兰文学开始在呼罗珊和河中地区兴起。产生了一批如鲁达基（Rudakī）、达吉基（Daqīqi）和费尔多西（Firdawsi）的世界著名作家。

被誉为波斯文学之父的鲁达基是塔吉克—波斯古典诗歌的奠基人。鲁达基出生在今塔吉克斯坦片治肯特附近的彭杰鲁达克村（Panjrudak），幼年已具有诗歌天赋，擅长弹奏竖琴（Chang）；年轻时代，来到萨曼王朝宫廷，在此度过了自己的一生。鲁达基的诗歌成就首先是完善了波斯叙事诗（Mathmzuf）、颂诗（Qasida）、抒情诗（Ghazal）和四行诗（Ruba'i）的四种诗体，留下的诗歌虽不到 2000 行，却是其诗歌的代表作。在抒情诗中，鲁达基吟出了豪迈的诗句："应去奋勇杀敌，以使敌人心惊胆战；应当慷慨济友，以使朋友解脱饥寒。"[①]在《暮年颂》一诗中，鲁达基似在悲叹暮年，实际上

---

① 何乃英编著：《伊朗古今名诗选评》，北京师范大学出版社 1992 年版，第 48 页。

充满了对青春年少豪爽快乐的赞美。

鲁达基的学生沙希德·巴里黑（Shahīd Balkhi）也是著名诗人，他出生在巴里黑附近的扎胡达纳村（Jahudana）。沙希德·巴里黑担任过萨曼王朝埃米尔纳斯尔二世的宫廷诗人。阿布尔法拉吉·阿恩·纳季姆在其《目录之书》一书中，说沙希德·巴里黑"是阿尔·罗齐时代（864—925）的人……在科学方面明显地追随阿尔·罗齐的哲学……这个人编了些书。在他和阿尔·罗齐之间曾发生过论战"[①]。沙希德·巴里黑死后，鲁达基为自己的学生撰写了催人泪下的哀诗。

诗人达吉基的出生地有两种说法，有人认为他出生于呼罗珊徒思城，另有人认为他出生于撒麻耳干或不花剌，不过，他的一生几乎都是在河中地区度过的。达吉基早年在石汗那王公宫廷服务，并在此开始了自己的文学生涯。当时石汗那是萨曼王朝境内最繁华的地方之一，达吉基由于名声远播，被招入不花剌的萨曼王朝宫廷。在此，萨曼王朝埃米尔努赫二世命达吉基将曼苏尔·巴里希的散文《王书》（*Shah-Nāma*）转写为诗歌。在转写工作尚未结束之时，达吉基于977年被其奴仆杀死。达吉基描写的古代史诗，如卡什塔斯帕（Gāstasp）和阿尔贾斯帕（Arjasp）之间的斗争，后来被费尔多西收入史诗《列王纪》中。除了《王书》的片断，达吉基留传下来的作品还有颂诗、抒情诗、短诗句和两行诗。

10世纪中亚最伟大的诗人是费尔多西。费尔多西大约出生在934至941年间呼罗珊徒思城郊巴治村的一个封建主家庭。他从呼罗珊和河中地区的历史文化中汲取了灵感，成功地改写了中亚的一些古代文献，如萨珊王朝编年史《帝王纪》，曼苏尔·巴里希的《王书》，并历时25年，于994年完成了波斯语12万行叙事诗《列王纪》这一伟大著作。

史诗《列王纪》的第一部分以神话为主；第二部分描写了塔吉

---

① 〔苏联〕加富罗夫：《中亚塔吉克史》，第187页。

克人的祖先、英雄鲁斯塔姆；第三部分描述了公元前50年至公元651年间波斯28位帝王的史事。在诗史中，费尔多西再现了古代波斯英雄，唤起了人们热爱故土的情感。《列王纪》用波斯古典俳句（bayts）写成，在继承和发扬古波斯文学传统方面有重要的贡献，代表了中亚这一时期的最高文学水平，被翻译成各种文字，对后世波斯文学的发展产生了很大影响。

费尔多西晚年颠沛流离，死后被认为是异教徒而不能入穆斯林墓地，被葬在自己家园。但是，费尔多西的诗歌是不朽的，正如他本人的诗所云：

命运赋予我的伟大言论和高尚事业永垂不朽。
一切好似尘土和灰烬。时间一天天过去，
只有劳动和言论永远存在。
主宰者！我用灼热的双唇歌颂你，不知其名的领袖。
你的宫殿，将会年复一年地被狂风、骄阳、冰雹和暴雨所毁坏……
然而我，却用诗篇建立起大厦，
它像自然之物一样，将成为宇宙的一部分。
我描述王国业绩的史籍将流传万世。①

波斯王朝时期，除了文学作品外的其他著作也开始用波斯文写作或将阿拉伯文译成波斯文。982年，呼罗珊佚名作者的波斯文著作《世界境域志》问世。此书对呼罗珊、河中地区的记载反映了萨曼王朝的政治、经济、宗教等情况，还涉及萨曼王朝与中亚东部突厥人领地、中国新疆地区的关系。《世界境域志》是在吸收、综合以往阿拉伯地理学家，即伊本・胡尔达兹比赫、巴里希、伊本・鲁斯塔、

① 《塔吉克诗选》，斯大林纳巴德1949年版，第54页。转引自〔苏联〕加富罗夫：《中亚塔吉克史》，第191页。

伊斯塔赫里、贾哈尼等人成果的基础上写成的，与其他地理学著作不同的是，该书更为详细地谈到了突厥人的居地，以及突厥各部族的情况。

萨曼王朝宰相阿布·阿里·巴尔阿米用波斯语摘译了塔巴里的著作，并加入了不少新内容；沙希德·巴里黑除了文学著作《王书》外，还用波斯文写了地理著作《各地奇观》（*ᶜAjā'ib al-buldān*）。在这些历史地理著作中，应该提到阿布巴克尔·纳尔沙喜（Abū Bakr Narshakhī）的阿拉伯文地理书《不花剌史》，该书是一本史料集，它记录河中地区不花剌等地的生活和城市状况，此书于1128年由阿布纳斯尔·库巴维译成塔吉克文。

中亚学术随着文化的繁荣得到了发展，出现了一批数学、天文、医药，甚至哲学著作。中亚数学在阿拉伯帝国的翻译运动中吸收了古代希腊、印度数学的成就，取得了具有世界意义的发展。除了上一编介绍的花剌子密外，著名数学家还有阿赫马德·本·阿卡杜拉·马尔瓦兹（Ahmad b. ᶜAbd Allah al-Marwazi），他已经使用正切和余切，还使用了切分运算表。数学家阿布勒·瓦发尔·布兹贾尼（Abu'l-Wafā al-Būzjāni）解决了测量学和几何学中的许多问题，系统阐述了三角学，并与白塔尼（al-Battāni）一起创建了三角学。其后，萨曼王朝的数学家还有阿布勒·哈桑·纳赛威（Abu'l-Hasan'al Nasawī）。

中亚的天文学也有长足的发展。出生于巴里黑的天文学家阿布·马沙尔·巴里希（Abū Macshar Balkhī）早年从事宗教事业，对圣训进行收集，中年以后开始在巴格达研究数学，最后走上天文学研究的道路。巴里希撰写了大约40种天文学方面的著作。出生于费尔干纳盆地的天文学家阿布·阿拔斯·阿赫马德·费尔干尼（Abū ᶜAbbās Ahmad ah-Feighāni）写了《天文学原理》（*Usūl cilm al-nujūm*）一书，书中系统记录了当时使用的各种天文仪器和日晷，他的主要著作有《天文学入门》（*al-Mudkhil ilā'ilm Ha'yat al-Aflāk*），该书于1135年被译成拉丁文，后来又被译成希伯来文。10世纪后半期应该提到的天文学家和数学家是出生于忽毡的阿布·马哈穆德·忽毡迪（Abū Mahmūd khujandi），他发明了六分仪，可以精确确定行星和行星附近恒星的位置，这种仪器在15世纪被帖木儿后王兀鲁伯沿用。

波斯王朝时期，中亚医学取得了重要成就。其中，著名医学家有：宰克里雅·拉齐（Zakariyā Rāzi）、艾赫瓦尼·布哈里（Akhawayni Bukhāri）、哈基木·迈萨里（Hakim Maysari）、穆瓦法格（Muwaffaq）、伊本·西拿。

布哈里是第一位用波斯语撰写医学论文者，他在著作中论述了人体解剖和人体生理、疾病和治疗、用药剂量等问题，他发明的药方多达10种。哈基木·迈萨里的著述很多，其中，波斯文诗体医学著作《智慧之书》（*Dānish-nāma*）最为有名；穆瓦法格是著名的药学家，他用波斯文写了一部药典。

萨曼王朝时期，中亚最伟大的医学家是伊本·西拿，实际上，伊本·西拿是一个百科全书式的学者。伊本·西拿出生于不花剌附近的阿夫申村，早年开始行医，据说，他为萨曼王朝埃米尔努赫二世治好了病，从而获得在萨曼王朝皇家图书馆看书的权利。他在该图书馆里博览群书，潜心研究近3年，一共写了99部书，内容涉及哲学、医学、几何学、天文学、教义学、语言学和艺术。伊本·西拿的大部分时间生活在乌尔根奇和伊斯法罕，1037年6月18日，他在哈马丹去世并埋葬在此。

伊本·西拿继承了古希腊医学家希波克拉特和盖隆的成就。他的医学论著中最重要的有两部书，即《治疗论》（*Kitāb al-shifā'*）和《医典）（*al-Qānūn fi'l-tibb*）。《治疗论）是一部用阿拉伯文写的哲学百科全书，共分18部分，涉及了逻辑、自然科学、玄学、数学等，基本内容有亚里士多德哲学的传统、新柏拉图派的思想和伊斯兰教的教义学。《医典》是一部希腊和阿拉伯医学集大成之作，全书共分5卷，约100万字。第1、2卷论述医学原理；第3、4卷介绍方法；第5卷讨论药物。这部巨著第一次确认了结核病的传染性，第一次发现并鉴别了脑膜炎，鉴别了肺炎和胸膜炎、脑外伤和脑内部疾患造成的麻痹症，并提出了诸多疾病的治疗方法。在此书中，他详细介绍了 760 种药物的性能。这部代表当时医学最高成就的巨著，一经问世就被伊斯兰世界、欧洲医学界推崇备至。在 12 世纪至 17 世纪中叶的近 600 年中，《医典》一直是全欧医生们的教科书和行医指导，《医典》曾经数世纪在东西方的教学和治疗中使用，被翻译成拉丁文（早在 12 世纪）、古代希伯来文、波斯文、乌尔都文等，其中拉丁文译本发行了 30 个版本。

9—10 世纪，中亚对阿拉伯哲学做出了杰出的贡献，产生了大哲学家法拉比（al-Farabi）。法拉比出生于锡尔河流域的法拉卜镇，全名艾布·纳赛尔·穆罕默德·法拉比，父亲是一名波斯籍军官，母亲是突厥人。法拉比青少年时代是在家乡度过的。据说，有位朋友在他家中寄存了一批希腊哲学书籍，他读了之后很受启发，立志钻研哲学。大约在 40 岁时，他离开家乡来到阿拔斯王朝都城巴格达，在此从事编著、注释和教学。[①] 他一生的大部分时间在呼罗珊、巴格达度过，晚年迁居阿勒颇，在布威希王朝赛义夫·道莱的宫廷从事写作。950 年，法拉比在大马士革逝世，享年约 80 岁。

法拉比专心研究古希腊哲学家柏拉图和亚里士多德的著作，力图将希腊哲学与伊斯兰教调和起来。他编写过关于政治学和形而上学的各种论文和著作，其中，最著名的有《哲理的宝石》（*Risālat Fusūs al-Hikam*）、《优越城居民意见书》（*Risālah fi Ārā'ahī al-Madinah al-Fādilah*）和《政治经济学》（*al-Siyāsat al-Madaniyah*）。法拉比在欧洲享有盛誉，他的许多著述被译成拉丁文。

在浓厚的学术氛围中，中亚艺术也得到发展。诗与歌密切交织，一些诗人同时又是著名的音乐家、歌唱家及音乐理论家，上文提到的诗人鲁达基和哲学家法拉比在音乐方面都有很高造诣。鲁达基创作了两种古曲调塔鲁纳和舞法丽，他还会演奏琵琶、竖琴、弦琴和鲁特弦琴等多种乐器，据说，他改进了鲁特弦琴的设计和特性。哲

---

① 李振中：《法拉比哲学思想简介》，《回族研究》2002 年第 1 期。

学家法拉比是一位音乐理论家，他写过三本乐理方面的著作，其中最重要的是《音乐大全》（*Kitāb al-Mūsiqi al-Kabir*）。此外，法拉比还是琵琶演奏家。

中亚的乐器种类繁多，弦乐器有：吹奏乐器有笛子（Nāy）、双簧管（Shāhāy / Surnāy）、大鲁特琴（Shāhrūd）、小号（Shaypūr）、喇叭（Kaynāy）等；打击乐器有手鼓（Daff / Dā'ira）、小冬不拉（Tanbūrak）和半圆鼓（Tabl / Shandaf），还应该提到的有达卢手鼓（Duruya）、塔尔弦（Zir）、小铃（Chagana）、扬琴（Santūr）、卡镲（Kāpun）、风琴（Urghunūn）和长脖琴（Ankā）。

这一时期各个流派的音乐艺术形式发展起来，音乐深入社会生活的各个领域，成为婚礼、喜宴、节庆、典礼、宗教礼拜和丧葬仪式中不可缺少的内容。纳尔沙喜的《不花剌史》、费尔多西的《列王纪》、鲁达基与达吉基的诗歌都反映了音乐在中亚社会生活中无处不在的情况。

波斯王朝时期，中亚艺术具有综合特征。虽然中亚民间传统艺术仍然保持下来，例如在撒麻耳干城发现了用涂了灰泥的木头做成的动物马、牛、羊、骆驼互相攻击、竞技的形象，不过，植物图案和几何形图案的装饰大量出现。撒麻耳干城出土了一块 10 世纪时的雪花石膏板，反映了这一时期建筑装饰艺术的最高水平，纹饰由三叶草和茂密的树枝构成，四边布满了小方块与六角星，既反映了古代中亚的艺术传统，又具时代感。9—10 世纪的一些陶器，如盘、碗等容器反映了中亚装饰艺术的复杂程度，它们表现了中亚陶器制作和装饰艺术的最高成就。陶器先以白色或红色打底，然后用白色、红色、黑色或其他颜色绘制图案，图案一般是几何图形、柳叶、鸟兽图形，以及一些祝福的语句，绘画完成以后，在陶器外表上一层透明的釉，使之散发出光辉。

中亚建筑呈现伊斯兰风格，除了清真寺和一些纪念性建筑外，民居装饰也表现出伊斯兰教风格，民居住宅的立柱上有伊斯兰风格的雕刻。9—10 世纪的中亚建筑基本上仍然是用未烧制砖块垒的土坯建筑，甚至都城不花剌城的大部分建筑都是土坯建筑。10世纪，中亚建筑呈现出传统与现实的融合，这一点主要反映在陵墓建筑中。不花剌城内的萨曼王陵既受到了中亚传统建筑的影响，又显示出新的内涵。萨曼王陵呈立方体，穹隆顶，它们由烧制砖块砌成；外角为四分之三外露的立柱，四个立面中央都有呈尖拱形状的内凹门道；陵内形制简约、宽阔，墙面以花砖装饰，装饰严肃简洁。

在卡塔·库尔干（Katta Kurgan）附近提姆村（Tim），“阿拉伯之父陵”是建筑上杰出的代表作。陵墓为单室结构，平面呈方形，入口处装饰华丽。蒙台绥尔是萨曼王朝的复国英雄，死后葬在克尔基城（Kerki）附近，蒙台绥尔陵建于1005年前后，形制为方形平面，砖砌，穹隆顶的圆形以六角形为基础，布满壁龛与突角拱。“阿拉伯之父陵”和蒙台绥尔陵显示了从向心式平面结构到门式结构的发展，表现出建筑史上的进步。

第六章

对外关系

中亚三个波斯王朝与阿拔斯王朝之间关系的亲疏是不同的。塔希尔王朝实际上与阿拔斯王朝保持着很强的依附关系，可以说，它是阿拔斯王朝的一个半独立的地区政权；萨法尔王朝基本上不承认阿拔斯王朝哈里发的权威，尽管有时候它也向阿拔斯王朝表示俯首听命，也希望获得阿拔斯哈里发的认可；萨曼家族是依靠哈里发政权的扶持而发迹的，因此，萨曼王朝与阿拔斯哈里发一直保持友好关系，但与塔希尔王朝相比，萨曼王朝在经济上更加独立，不依靠阿拔斯王朝。在三个波斯王朝中，只有萨曼王朝与中国西北部领土相邻，从文献资料来看，萨曼王朝没有直接与中国中原王朝发生交往，与中国的关系只是与中国西北部地区政权（于阗国或喀喇汗王朝）发生了联系。

第一节　波斯王朝与周边政权的关系

波斯塔希尔王朝和萨曼王朝与阿拔斯王朝基本上保持了友好的关系，没有发生过战争；而萨法尔王朝与阿拔斯王朝则处于敌对关系，尽管有时候也接受了哈里发的册封，但双方的军事冲突时有发生。

在半个世纪中，塔希尔王朝实际上与阿拔斯王朝保持着很强的依附关系。王朝创建者塔希尔希望建立独立于阿拔斯哈里发的统治，并在行动上也表现出独立倾向，然而，他去世之后，“历代君主再也无人敢效仿他，他们对哈里发小心谨慎且举止完全得当”[①]，因此，摆脱阿拔斯王朝的政治愿望其实始终没有实现。其中的主要原因是塔希尔王朝在呼罗珊的统治不稳定，时常有起义发生，统治者只有依靠阿拔斯王朝的支持才能维持统治。有学者认为，塔希尔王朝只是阿拔斯王朝的一个半独立的地区政权。

在半个世纪中，萨法尔王朝有时候也向阿拔斯王朝表示俯首听命，也希望获得阿拔斯哈里发的认可，并获得了出任阿拔斯王朝的呼罗珊和伊朗东方省份的总督，但终其一朝，萨法尔王朝基本上不承认阿拔斯王朝哈里发的统治。萨法尔王朝的统治是独立的，并且对阿拔斯哈里发的态度自始至终都是不尊重的，甚至还是敌对的。萨法尔王朝统治者雅库布和阿木尔在做祈祷之时都只念自己之名，不念哈里发之名。[②]因此，有学者认为萨法尔王朝的创建才是波斯人独立统治之始。双方敌对的主要原因是萨法尔王朝是建立在军事力量基础之上的产物。[③]它的极端军事扩张政策对阿拔斯王朝造成了极大的威胁，阿拔斯王朝以各种借口打击甚至企图消灭它。

萨曼家族是依靠哈里发政权的扶持而发迹的。自纳斯尔起，每一位萨曼王朝君主都从哈里发那儿得到一张授权文书以及象征权力的一幅旗标，在名义上都是哈里发的总督和将领，因此，萨曼王朝与阿拔斯哈里发一直保持友好关系。萨曼王朝统治者一直尊哈里发为最高权威，在每天的祈祷中，以哈里发和萨曼王朝君主的名字进行。

---

① R. N. Frye, *The Cambridge History of Iran*, Vol. 4, p.95.

② Ibid., p.124.

③ Ibid..

萨曼王朝在伊斯迈伊尔时期表现出独立倾向，对此，哈里发从未干涉。不过，哈里发不甘心放弃中亚地区，而采取了一些非战争手段。哈里发挑动萨曼王朝内乱，或支持反政府武装。每当萨曼王朝发生争夺王位的冲突或发生军事贵族叛乱之时，争夺王位者及叛乱者时常向哈里发请求授权文书，以图增加自己的声势，哈里发往往支持他们反对萨曼王廷，以此来达到削弱或控制萨曼王朝的目的。不过，至今为止，我们没有发现任何材料证实哈里发所颁发的授权文书有助于王位觊觎者实现梦想，能在这种叛乱和内讧中起多大作用。[①]

此外，哈里发采取煽动周边政权与萨曼王朝的战争手段，企图获取渔翁之利。如 893 年，哈里发穆塔迪德下诏确认伊斯迈伊尔继任萨曼王朝埃米尔，5 年之后，即 898 年，他又在宫中向来自呼罗珊的朝觐者宣布废黜伊斯迈伊尔，并宣读了任命萨法尔王朝埃米尔阿木尔为河中地区总督的诏书，还派人将此诏书和大批礼物送到阿木尔在尼沙普尔的住所，唆使他去夺取河中地区。与此同时，哈里发又怂恿伊斯迈伊尔出兵攻打阿木尔。通过以上这些手段，哈里发维持着自己在呼罗珊和河中地区的权威。

10 世纪中叶，阿拔斯哈里发的世俗权力被布威希王朝剥夺。在布威希王朝执政巴格达时期，萨曼王朝不承认布威希王朝的统治，拒不承认布威希王朝扶持的哈里发阿里・穆提，在萨曼王朝铸造的银币上仍用前任哈里发穆斯塔克菲的名字。因此，萨曼王朝与布威希王朝的关系一直是敌对的，双方还发生过战争。

布威希王朝控制哈里发政权之后，随即与萨曼王朝发生了冲突。布威希王朝的兴起和对巴格达的征服，严重威胁着萨曼王朝西部领地的安全，从努赫・本・纳斯尔起，萨曼王朝统治者的大部分精力都放在西部边境。952—953 年，萨曼王朝军队在呼罗珊总督阿布・阿里・查干尼率领下，与布威希王朝军队在雷伊发生战斗。布

① 许序雅：《中亚萨曼王朝史研究》，第 90 页。

威希王朝在此战中失败，与阿布·阿里·查干尼和解。此后，萨曼王朝与布威希王朝进行了长达30多年的战争。长期的战争可以分为两个阶段：第一阶段（952—975），双方进行的是拉锯战，萨曼王朝大致占优势，能守住西部土地；第二阶段（975—987），布威希王朝占优势，萨曼王朝逐渐退缩，最终失去了西部的一些领地。987年以后，两个王朝之间的政治关系未见有记载。

在第一阶段中，由于布威希王朝统治者内部发生争夺继承权的斗争，在此斗争中，布威希王朝统治地区实际上是分裂的，各自为政削弱了王朝的力量。这一阶段的主要战事是962年由萨曼王朝发动的战争。萨曼王朝驻呼罗珊的将军伊卜拉希姆·西木居尔为了解决军饷问题，对布威希王朝和宰德王朝统治地区发动战争。次年，萨曼军队获胜。布威希王朝君主阿杜德·阿尔·道莱与萨曼王朝达成和议，为了保住对伊拉克、雷伊、古尔甘和塔巴里斯坦的统治权，他同意每天向后者纳贡1000迪纳尔金币。[①]由于史料缺乏，我们不能确定他纳贡持续的时间有多长，从各种迹象来看，布威希王朝的纳贡没有持续多久。

在第二阶段中，布威希王朝由于哈桑之子阿杜德·阿尔·道莱的统一战争，布威希家族势力强盛起来，西伊朗和伊拉克的大部分土地都归王朝统治，王朝还发动了东扩的战争，不断蚕食萨曼王朝的西部属地。萨曼王朝虽发动了对布威希王朝的反击，终因朝中突厥军事贵族叛乱、国力衰落，无力与之抗衡。在此时期，双方的主要战事是：975—976年间，布威希王朝从萨曼王朝手中夺取克尔曼的战争，以及布威希王朝在塔巴里斯坦和古兹干（胡实健）确立统治的战争；982年，呼罗珊总督阿拔斯·伊·塔斯与卫兵领袖法伊克发兵攻打布威希王朝的战争，此次战争为了收复西部失地，然而，结果萨曼军队在古尔甘城下被打败。这次战败后果严重，如果不是布威希统治者阿杜德·阿尔·道莱的去世，呼罗珊将会遭到布威希

① 许序雅：《中亚萨曼王朝史研究》，第94页。

军队的入侵。

除了战争外，布威希王朝与萨曼王朝的敌对关系还从政治干预中表现出来。布威希王朝经常帮助萨曼王朝的叛乱者，其中，呼罗珊总督在叛乱之时总是求助于布威希王朝。例如，954年，呼罗珊总督阿布·阿里·查干尼叛乱，他与布威希王朝联合，并通过后者从哈里发那儿得到呼罗珊的授权文书；962年，原呼罗珊总督阿卜达尔·拉札克与布威希王朝取得联系，企图借助后者力量拥兵自立；986—987年间，布威希王朝法赫尔·艾德·道莱（Fa-khr ad-Daula）以及布威希王朝王族成员、法尔斯君主阿布尔·法瓦林斯（Abu'l Fawārîs）应呼罗珊总督塔斯之请，出兵援助叛军，叛军和援军于987年12月在尼沙普尔被打败。

尽管布威希王朝信奉伊斯兰什叶派，而萨曼王朝信奉伊斯兰逊尼派，但双方之间的敌对关系受宗教的影响不大。布威希王朝统治者在制定外交政策之时几乎不考虑宗教因素，布威希王朝从未打算以什叶派来迫害逊尼派。至于萨曼王朝与布威希王朝作战的原因主要是保护王朝的属地（如塔巴里斯坦的宰德）和掠夺，但在他们发动的战争中，往往采取镇压宗教异端的形式。943年以后，萨曼王朝对境内什叶派展开了一场大屠杀，所以，萨曼王朝与布威希王朝的敌对关系又带有宗教的色彩。

萨曼王朝与布威希王朝长期的战争，削弱了本国国力，加剧了国内矛盾，特别是，战争使萨曼王朝更为倚重突厥军事贵族，加深了萨曼王朝中央政府（伊朗族人控制）与军队之间的矛盾。所以，当萨曼军队在982年3月被布威希王朝打败后，突厥军事贵族伊卜拉希姆·西木居尔就勾结哈吉布法伊克，雇佣刺客暗杀了准备亲率大军远征布威希王朝军队的萨曼王朝宰相乌特比。此后，萨曼中央政府也基本上被突厥军事贵族集团所操纵。

萨曼王朝与布威希王朝之间的战争有利于王朝东部崛起的喀喇汗王朝的发展。喀喇汗王朝建立不久，就蚕食萨曼王朝西部的属地，于是，两个王朝之间基本上处于敌对关系。萨曼王朝与喀喇汗王朝第一次正式交锋是 893 年的塔剌思河流域之战，此后，喀喇汗王朝不断入侵河中地区。除了战争外，萨曼王朝还干预喀喇汗王朝的政权关系，支持反对派夺权。如 909—910 年间，喀喇汗王室成员萨图克起来与当权者奥古尔恰克夺权，942—943 年，在萨曼王朝穆斯林志愿兵的支持下，喀喇汗王朝再次发生夺权斗争，引起喀喇汗朝内乱。尽管如此，最终萨曼王朝还是在喀喇汗王朝的武力打击下被推翻。此外，萨曼王朝与喀喇汗王朝之间的关系对中亚东部地区的宗教产生了重要影响。

在萨曼王朝后期的对外关系中，应该提到它与阿富汗政权伽色尼王朝的关系。伽色尼王朝是萨曼王朝总督建立的一个分裂王朝。962 年，呼罗珊总督阿尔普特勤在萨曼王曼苏尔的不信任下率部出走，在阿富汗建立起独立统治。阿尔普特勤死后的几位统治者重新承认萨曼王朝的宗主国地位，因此，在萨曼王朝灭亡之前，伽色尼王朝与它之间一直保持着臣属关系。阿布·伊沙克（Abu Isāq，963—966 年在位）及后继者拜克特勤（Bilgetigin，966—975 年在位）曾亲自到不花剌承认萨曼王朝的宗主地位，请求萨曼君主的加封。在 965—999 年间，伽色尼王朝在加兹尼城的铸币上仍然铸有萨曼王之名。在赛布克特勤时期，伽色尼王朝虽然强大，但他仍然自称是萨曼王朝的总督，在其铸币上，总是把萨曼王的名字排列在自己名字的前面。有研究者说："伽色尼王朝建立之后，萨曼王朝的军事力量依然由伽色尼王朝的军队来担任。"此论与史实不尽符合。因为，直到 994 年以前，萨曼王朝都有自己任命的呼罗珊总督和军队（呼罗珊总督照例领有萨曼王朝军队指挥权）。伽色尼朝军队充任萨曼王朝军事力量是在 994 年以后。萨曼王朝后期，努赫将呼罗珊总督一职任命给赛布克特勤，按萨曼王朝的规定，呼罗珊总督是王朝军队的总司令。赛布克特勤的墓碑上写着："最显贵的司令"（al-hā-jib al Ajall）。

萨曼王朝虽是伽色尼王朝的宗主，然而，由于内外交困，萨曼王朝埃米尔努赫在平息内乱和抵御喀喇汗王朝突厥人的进攻之时只能依靠赛布克特勤。因此，萨曼王朝对伽色尼朝的宗主权仅仅是名义上的。

第二节　萨曼王朝与中国的关系

9—10 世纪在中亚实施统治的三个波斯王朝中，仅萨曼王朝与中国西北部领土相邻，从目前发现的史料来看，只有萨曼王朝与中国发生过联系。

萨曼王朝统治中亚期间，正值中国唐末五代时期，中国史书对萨曼王朝没有记载，因此萨曼王朝与中国之间的关系只有通过阿拉伯文和波斯文文献中的极少数记载了解。根据目前的研究来看，萨曼王朝没有直接与中国中原王朝发生交往，萨曼王朝与中国的关系只是与中国西北部地区政权，即于阗国或喀喇汗王朝发生关系。

阿拉伯史书中有两书记载了萨曼王朝与中国的关系。一本是 11 世纪成书的《珍宝录》；另一本是 10 世纪上半叶的阿拉伯旅行家米撒儿留下的《米撒儿行纪》（*Abstract of the Travels of Ibn Muhalhil*）。

据《珍宝录》第 4 章记载，尼沙普尔一位异教徒逃脱监禁，来到中国。他向中国皇帝报告说，西方的伊斯兰国甚为虚弱，只需派一小支部队就可以前去夺取其土地和权力。于是，这位中国皇帝在回历 327 年（公元 939 年 9 月至 940 年 8 月）派了一个使团前往，使团由 4 位资深学者组成，另有 40 名骑兵为其护卫。使者们携带着中国皇帝给纳斯尔二世的信来到不花剌，信中，中国皇帝要求纳斯尔二世公开承认中国皇帝的宗主权，并交以前27年的贡赋。[①]信中说，如果纳斯尔二世不遵命，那么，中国皇帝将派出军队，这支军队非常庞大，其前卫挺进到河中地区时，后卫仍在中国境内。此外，中国皇帝还将进攻伊拉克，推翻哈里发政权。[②]

---

① 王治来：《中亚史纲》，第 327 页。

② 许序雅：《中亚萨曼王朝史研究》，第 107 页。

中国使团被带到不花剌的纳赫·阿尔·马瓦里区（Nahr al-Mawāli）。据纳尔沙喜的《不花剌史》记载，该区是萨曼国家中风景宜人的别墅区。在此，中国使团受到40名将领（Hujjāb）的迎接。每一位将领都带有1000名突厥奴隶和10名奴隶卫兵，这些卫兵腰束金带，身佩金剑，手持金权杖。中国使团从200名全副武装的勇士和50头驯兽组成的仪仗队面前经过，被带到坐在镀金御座上的纳斯尔二世面前。纳斯尔二世头戴王冠，座前蹲着两头猛兽。中国使团被威严的勇士和怒吼的驯兽震慑，心惊胆战，没有向埃米尔呈上国书。退场之后，他们被安置在专门接待外交使节的驿馆中。40天后，他们才鼓起勇气去拜会埃米尔，估计此次，使者们呈递了中国皇帝给埃米尔的信，"纳斯尔二世接见之后，以同样恫吓的语气写了回信，答复中国皇帝，拒绝其要求"。但对使团人员则照顾周到，安全护送他们回国。作者最后说："由于这一切现象，使得中国皇帝成了一位穆斯林。"①

关于《珍宝录》上述记载，中外学者都做了认真研究和考证，认为《珍宝录》的记载基本上是历史事实。英国学者博斯沃思认为《珍宝录》对萨曼王朝军事力量的记载是可信的。博斯沃思认为，根据历史背景来看，这时正当中国五代时期，中原王朝绝无可能派遣使者要求萨曼王朝称臣纳贡，而据该书作者最后所说，中国皇帝从此成为穆斯林，似指萨曼王朝在中国西北的突厥语系民族中传播伊斯兰教而言。因此，这位中国皇帝或许是建立喀喇汗王朝的葛逻禄部的君主。

中国学者马雍对《珍宝录》做了研究，他认为《珍宝录》所述萨曼王朝与中国的交往故事应当是可靠的历史。②

马雍排除了《珍宝录》所记中国皇帝是喀喇汗王朝的君主（奥古尔恰克或萨图克）的可能性，他说："如果我们假定《珍宝录》中

---

① 马雍：《萨曼王朝与中国的交往》，《学习与思考》1983年第5期。

② 同上。

的中国皇帝是喀喇汗王朝的君主，则有两种可能性，一是奥古尔恰克，一是萨图克。奥古尔恰克与萨曼王朝一直处于敌对状态，双方发生过多次战争。纳斯尔二世的祖父伊斯迈伊尔曾于893年大败奥古尔恰克，攻克其塔剌思城，俘获其妻。因此，奥古尔恰克似不可能遣使团去向萨曼王朝进行虚声恫吓。萨图克是依靠萨曼王朝支持的人，更不会要求纳斯尔二世称臣纳贡。所以，要假定《珍宝录》中的中国皇帝为喀喇汗王朝的君主是有一定困难的。"①

马雍认定中国皇帝是于阗大宝王国国王李圣天。理由是：第一，939年相当于于阗王李圣天同庆二十八年，中国皇帝要求补交"二十七年的贡品"，应当与李圣天同庆年号、在位年代有联系；第二，在当时中国西北地区政权中，只有李圣天正式拥有"皇帝"的称号，这一点由敦煌61、98窟供养人题名可以得到证实。敦煌第61窟东壁北侧第7身供养人题名："大朝大于阗国天册皇帝弟（第）三女天公主李氏为新授太傅曹延禄姬供养。"此处的"天册皇帝"即李圣天；第98窟东壁南侧第1身供养人题名："大朝大宝于阗国大圣大明天子"，此外，天子义同皇帝。②这些题记可以证明李圣天俨然以至高无上的统治者自居。

《珍宝录》的记述，还可与另一部阿拉伯地理著作《米撒儿行纪》参照着进行研究。在萨曼王朝埃米尔纳斯尔二世时期，阿拉伯诗人米撒儿以纳斯尔二世使者的身份从不花剌前往中国，求聘中国国王哈里姆·本·沙乞儿（Qālin b. Shakhir）之公主为王妃。此行之后，米撒儿写下了《行纪》，《行纪》原文已失，后世学者贾兹温尼（Kazwini，卒于1269年）和雅库特在自己书中均有所辑录。《行纪》对中亚不花剌至中国西北的旅程路线，沿途部族、宗教、风土等情况做了记述。其中，记载了萨曼王朝埃米尔与"中国公主"联姻之事。

---

① 马雍：《萨曼王朝与中国的交往》，《学习与思考》1983年第5期。

② 同上。

据《行纪》记载，大约在943年以前不久（普遍认为在942年），米撒儿在不花剌萨曼王朝宫廷为纳斯尔二世服务，当时，有一位中国国王哈里姆·本·沙乞儿派了一个使者到不花剌宫廷，谋求两国联姻。纳斯尔二世拒绝把女儿嫁给（中国的）异教徒，但同意自己的儿子与中国公主结婚。于是，米撒儿陪同萨曼王朝使者随中国使节回访，来到中国都城Sandābil，在此待了一个时期，然后迎娶中国公主经印度返回不花剌。在他们抵达不花剌之时，纳斯尔二世已死，其子努赫继位，这位中国公主就与努赫一世结了婚。

中国学者张星烺曾据亨利·玉耳的法文节译本《行纪》将有关中国的部分转译成汉文，载入《中西交通史料汇编》，名为《依宾麦哈黑尔之〈游记〉》。[①] 冯承钧也曾撰《大食人米撒儿行纪中之西域部落》一文，摘述其部分内容，并略加考释。[②]

英国学者博斯沃思在其《传说中国皇帝遣赴异密纳斯尔·伊本·阿合迈德王庭的使团》一文中认为：《珍宝录》中提到中国遣使的年代是939年，而米撒儿随中国使者返回中国的年代在943年以前不久，这两个年代相距很近，可能反映的是同一件事。[③] 也就是说，《珍宝录》中所提到的中国使团可能就是被称为哈里姆·本·沙乞儿的中国国王派遣来萨曼王朝请求通婚的使团。

然而，中国学者马雍不认为是一件事。他首先肯定这事的可能性，他认为米撒儿所记中国某位君主与萨曼王朝联姻之事，可能是真实的。因为米撒儿本人确曾在不花剌居住过；纳斯尔二世之子努赫一世是否娶过一位中国公主，这在萨曼王朝境内当属众所周知之事，不容虚构。[④] 但是，他认为名为哈里姆·本·沙乞儿的中国国王是喀喇汗王朝的萨图克汗。果真如此的话，这次的联姻是萨曼王朝与喀喇汗王朝之间进行的。

---

① 张星烺编注，朱杰勤校订：《中西交通史料汇编》第2册，第780—791页。

② 冯承钧：《西域南海史地考证论著汇辑》，中华书局1957年版，第184—187页。

③ 马雍：《萨曼王朝与中国的交往》，《学习与思考》1983年第5期。

④ 同上。

此外，对于中国都城 Sandābil，德国学者马夸特（J. Marquart）考证是甘州之山丹，因此，他认为这位中国国王是甘州回鹘的可汗；亨利·玉耳将 Sandābil 考证为阿拉伯讹传之印度城名，如 Kandabil、Sandabur 之类，他认为中国并无这种地名。中国学者张星烺认为，该城“或指盛唐时长安，而非五代时长安也”。而冯承钧则认为：“从长城西行八日便到都城，不特谈不上汴洛，而且说不上甘凉，恐怕指的是沙州。《新五代史·吐蕃传》，梁开平中有节度使张奉自号金山白衣天子，又沙州留后曹义金卒于晋天福五年，行纪中所谓的中国国王，大概就是指这些人。”①

对于中国国王和中国都城虽然有不同的看法，但是，大多数中外学者认定，萨曼王朝与中国西北地区有着通使、传教和联姻的交往。中国西北部接受伊斯兰教与萨曼王朝有很大关系，其中，喀喇汗王朝统治者就是在萨曼王朝王室成员的影响下皈依伊斯兰教的。

10 世纪上半期的萨曼王朝因国势强盛，声名已远播中国西北地区，这一点从中国西北地方王朝主动通使不花剌可以反映出来。至于中国使节带去了中国国王要求萨曼王朝纳贡、又要求与萨曼王朝异密联姻的愿望，看来是置于本朝优势心理之上的，也许这些地方王朝还在追忆昔日唐朝统辖中亚的光辉业绩，试图步唐朝后尘，用和亲手段来控制萨曼王朝。②

① 冯承钧：《西域南海史地考证论著汇辑》，第 185 页。

② 许序雅：《中亚萨曼王朝史研究》，第 111 页。

第七章

波斯王朝在中亚的历史地位

塔希尔、萨法尔和萨曼三个波斯王朝在中亚的统治，使中亚呼罗珊、锡斯坦和河中地区分别在阿拉伯帝国中的地位上升，提高了中亚的政治地位；波斯王朝统治者关心中亚地区的长治久安，政治上的统一和相对稳定的社会环境为呼罗珊与河中地区的农业、手工业及商业的发展提供了可靠的保障；波斯王朝重视波斯文化的发展，使中亚文化达到了前所未有的繁荣。萨曼王朝时期，由于地区之间经济和文化联系的加强，中亚出现了部族（主要是定居部族）联合并混合成一个民族的趋势①，其中，塔吉克民族在此时期开始形成。

第一节　波斯王朝在中亚的历史地位

9—10 世纪末，塔希尔、萨法尔和萨曼三个波斯王朝在中亚实施了近两百年（821—999）的统治，它们的统治对中亚政治、经济和文化都产生了深远的影响。

---

① 〔苏联〕加富罗夫：《中亚塔吉克史》，第 176 页。

波斯三个王朝的建立提升了中亚的政治地位。阿拉伯人征服以后，中亚地区被纳入阿拉伯帝国的版图，属阿拉伯帝国东部的边远省份。阿拔斯王朝时期，阿拉伯帝国统治中心的东移使帝国东部省份的地位有所上升，然而，与两河流域相比，东部省份无论在政治还是在经济上的发展仍然落后于西部，更不用说帝国边远的锡斯坦、河中地区和阿富汗地区了。9 世纪 20 年代之后相继建立起来的波斯王朝分别以呼罗珊、锡斯坦和河中地区为统治中心，使这些地区的政治、经济、文化得到了迅速的发展，它们在阿拉伯帝国中的地位也上升了。

塔希尔王朝建立以后，波斯统治者为了稳定政权，在呼罗珊施行了严厉而公正的统治，推动了呼罗珊地区政治、经济的发展。阿拔斯哈里发帝国早期，塔巴里斯坦省在政治上没有多大的重要性，山区仍然处于封闭状态，直到 8 世纪中期，他们的铸币仍然还有帕拉维的传统，琐罗亚斯德教的信仰在山区要塞和沼泽地区还占支配地位。[①] 塔希尔王朝建立以后，塔巴里斯坦被纳入呼罗珊总督的统治范围，将该地区分散的部落社会纳入了伊斯兰世界。

萨法尔王朝建立以前，处于阿拔斯王朝边缘的锡斯坦不受阿拉伯帝国的重视，阿拉伯帝国在此维持着松散的统治。由于倭玛亚王朝打击喀里吉特教派的极端势力之时，许多教徒逃到锡斯坦、克尔曼及其邻近地区避难，长期的教派斗争影响了锡斯坦及附近地区的发展。萨法尔王朝建立之后，统治者采取措施解决了喀里吉特教派问题，锡斯坦遂成为王朝的统治中心，锡斯坦及附近地区由此彻底被纳入了伊斯兰世界。

萨法尔王朝建立之前，阿拔斯哈里发驻锡斯坦的总督偶尔也深入到阿富汗的加兹尼和喀布尔等地区，但这些行动不外乎是掠夺奴隶和抢劫财物，因此，遭到当地统治者的顽强抵抗。萨法尔王朝建立以后，随着埃米尔对阿富汗地区的扩张和统治，伊斯兰教传入了阿富

① Le Strange, *The Lands of the Eastern Caliphate*, p.369.

汗。[1]阿富汗地区社会发展也从部落社会逐渐被纳入伊斯兰文化圈。

萨曼王朝建立之前，河中地区虽然纳入了阿拔斯哈里发帝国的疆域，但它未成为一个总督区，河中地区的统治者隶属于呼罗珊总督。塔希尔王朝建立以后，萨曼家族在河中地区的统治直接向哈里发负责。萨曼王朝建立之后，统治者在河中地区的统治已具有相当的独立性，于是，统治者开始关注本地区的发展，推动了河中地区的社会进步。王朝首都不花剌呈现出新的特征，在布哈拉大广场的要塞外面建起了中央政府大楼。[2]从712—713年屈底波在不花剌城堡内建立大清真寺开始，到纳斯尔二世在列吉斯坦（Rîgistân）修建华丽的宫廷，这些变化反映了以商业和手工业城市著称的古城不花剌正在向河中地区政治和文化中心的地位转换。

三个波斯王朝在中亚的统治，对中亚地区政治、经济和文化的发展起到了积极的推动作用。从政治方面来看，它们关心中亚地区的长治久安。塔希尔王朝建立之前，中亚地区的总督或长官是哈里发委派的，这些总督的任期一般都不长，无论是主观上还是客观上他们都很少关注这些地区的持久稳定与进步。塔希尔王朝建立以后，“从理论方面来看，没有任何实质性的东西发生变化，但在实践中，第一个独立的穆斯林王朝已经在伊朗的土地上建立起来了。波斯民族的政治复兴开始了”[3]。

有资料表明，萨法尔王朝在锡斯坦表达了某种地方性的特别精神之类的东西，它以某些方式关注锡斯坦的利益，因此，它在锡斯坦内是真正受人民欢迎的。[4]此外，萨法尔王朝的统治者采取各种措施使被宗教派别弄得四分五裂的锡斯坦统一在一个政权之下，在一定时期内维护了地区和平。为了减少教派冲突，萨法尔王朝家族成员穆罕默德·布·哈拉夫曾经号召说：“不要再有冲突了，因为我们

---

① R. N. Frye, *The Cambridge History of Iran*, Vol. 4, p.111.

② Le Strange, *The Lands of the Eastern Caliphate*, p.461.

③ R. N. Frye, *The Cambridge History of Iran*, Vol. 4, p.90.

④ Ibid., p.129.

已经处于危机之中。我们大家都目睹了目前的事态，还目睹了雅库布和阿木尔死后国家出现的分裂；我们是一定不会再让分裂性的宗派冲突出现。恰恰相反，我们之间要和谐相处，即使萨法尔帝国的边远各省全部都丢失，但至少锡斯坦省仍然还处于我们的掌握之中，我们不会让它受到外人和毫无价值的人们的控制。"①

中亚和平的愿望在萨曼王朝时期一度得以实现。萨曼王朝的建立，结束了中亚地区近两百年的分裂，呼罗珊与河中地区统一起来，中亚在一个多世纪中免遭外来入侵。萨曼王朝建立起比较强大的中央集权，在几乎整整一个世纪的鼎盛时期坚守了河中地区和呼罗珊，使之未受到来自草原方面的大规模入侵和攻击。此外，萨曼王朝主动发起对锡尔河流域、锡尔河以北草原游牧民的战争，将突厥斯坦地区的一些城市纳入了自己的统治，在短时期内统一了锡尔河流域。

从经济方面看，塔希尔王朝建立以前，中亚地区处于阿拔斯哈里发总督的统治之下，总督们很少关心中亚地区持久的繁荣，一有机会就盘剥税收、中饱私囊，特别是更换频繁的呼罗珊总督。而波斯王朝的统治者们注意发展本地区经济。据说，塔希尔王朝埃米尔塔希尔不愿意滥用民力修建新宫殿，他曾拒绝征集岁收，理由是他不想背上压迫和暴政的恶名。②塔希尔王朝埃米尔阿布德·阿拉赫十分关心农业，为了调解农村因争灌溉用水而常常发生的纠纷，他曾召集来自呼罗珊和两河流域的学者编写了一部关于实施浇灌权的法律著作《河渠书》，书中对水资源的使用做了规定。据阿拉伯作者伽尔迪齐说，在此后的两个世纪中，《河渠书》仍然是审理这类案件的指南。

据史书记载，萨法尔王朝尽可能地减少对农民征收其他各种杂税。《锡斯坦》一书强调雅库布具有同情心和正义感，拒绝向非常贫穷的人征税，他常常听取人们对官员不当行为的抱怨，强调掌管分

① R. N. Frye, *The Cambridge History of Iran*, Vol. 4, p.129.

② Ibid., p.127.

配农业灌溉用水的官员要重视农业灌溉，书中判断：这是东部各省农业繁荣的一个重要因素。同样，埃米尔阿木尔在修建新的清真寺、宫殿、桥梁、通往沙漠的石路等慈善工作中，也没有滥用民力。[①]

萨曼王朝埃米尔伊斯迈伊尔曾采取了与民生息的统治政策。有一次，他发现雷伊城用于称实物税的砝码太重，下令校正砝码重量，并把多征的税扣除，砝码上刻有伊斯迈伊尔的名字。

政治上的统一和社会环境的相对稳定为河中地区与呼罗珊的农业、手工业及商业的发展提供了可靠的保障，使经济得到了进一步的发展。10 世纪，河中地区的农业、手工业和商业都有长足的发展。这一点从中亚地区灌溉系统的建设、城市的发展都可以反映出来。其中，河中地区与近东国家和东南欧的贸易特别繁荣。从不花剌出发，渡过阿姆河到阿穆尔，然后经莫夫、尼沙普尔、哈马丹到巴格达的商路畅通，如今在不花剌至巴格达的道路上及其附近地区，发现了萨曼王朝的许多铸币厂，如杰贝勒省的喀兹维、库姆、巴士拉、哈马丹铸币厂等。铸币厂的广泛存在反映了萨曼王朝的国际贸易兴旺繁荣。

波斯三个王朝的统治有力地促进了中亚地区文化的发展。一方面，波斯王朝的君主们为了恢复民族自信心而积极推行波斯文化，歌颂古代波斯帝王和英雄们开疆辟土的丰功伟绩，这些历史文化的活动唤起了当地居民的民族情感；另一方面，为了给王朝增添光彩和荣誉，波斯王朝的君主们兴建图书馆，搜集古代和当代书籍，大量延揽学者、文人及艺术家，资助和扶持文化事业的发展，学者和文人，以及有志之士纷纷效力于这些王朝。于是，古波斯文化在吸收伊斯兰文化的基础上焕发出生机，形成了波斯—伊斯兰文化。波斯—伊斯兰文化是中古世界文化的一颗璀璨的明珠。

塔希尔王朝是波斯—伊斯兰文化诞生的起点。从塔希尔·伊本·侯赛因起，塔希尔家族的几乎所有重要人物都获得了学者或诗

---

① R. N. Frye, *The Cambridge History of Iran*, Vol. 4, p.127.

人的名声，伊本·阿勒·纳迪姆的著作中对作为学者和文学家的塔希尔王朝君主做了专门记载。王朝创建者塔希尔在夺取巴格达之时给哈里发麦蒙的书信，以及他在接管拉卡总督职位之时写给儿子阿布德·阿拉赫的训令尤为著名，麦蒙下令将此训令抄写多份送给其他总督。据基塔布·阿格巴尼记，阿布德·阿拉赫曾在宫廷中举行歌唱比赛，他与其子乌拜德·阿拉赫给许多诗歌谱曲，但他们不喜欢把他们的名字与不受政治家喜爱的作曲事业联系在一起，因此，他们把这些乐曲归功于他们的女奴。[①] 乌拜德·阿拉赫在文学、诗歌的传播和记述、语法、认知古代的哲学家和音乐、几何学等方面是出类拔萃的人物，他的著作有一定的深度。乌拜德·阿拉赫还写了一部诗人史和有关政体的论文，他写给伊本·阿勒·穆塔兹的书信和他的诗歌被人们收集在一起。阿布德·阿拉赫的侄儿曼苏尔以"塔希尔王朝的智慧"著称于世，他写了许多有关哲学、音乐、天文学和数学方面的著作。

塔希尔王朝统治者保护学者和文人，阿拉伯文学和音乐方面的许多伟大的人物，如阿里·布·贾赫姆、伊沙克·阿勒·毛西里和伊本·阿勒·鲁米，都得到了埃米尔的保护。诗人兼作家阿布勒·阿迈沙勒·阿勒·阿拉比先为塔希尔·布·阿勒·哈桑服务，后来又为阿布德·阿拉赫服务，在其家中做过家庭教师。

塔希尔王朝鼓励教育，据说，当时最穷苦人的孩子也有能上学的。如泽拉夫善河地区的哈尔公村，有一个人就在回历 283 年（公元 848 年）把他的两个儿子送到撒麻耳干去上学，这两个孩子的母亲在家里从事毛纺织，以其收入来支持他们上学。结果他们在三年中掌握了相当的文化科学知识。[②]

萨法尔王朝对波斯—伊斯兰文化的诞生起到了催化剂作用。萨法尔王朝重用学者，诗人伊卜拉希姆·阿勒·穆盖西担任宫廷秘书，

---

① R. N. Frye, *The Cambridge History of Iran*, Vol. 4, p.105.

② 王治来：《中亚史纲》，第 308 页。

诗人兼文学家穆罕默德·布·瓦西夫成为雅库布的首席内阁大臣。阿木尔曾赏给法学家和传统主义者穆罕默德·阿勒·布桑吉两万迪纳尔。[①]雅库布鼓励锡斯坦的喀里吉特派诗人从事新波斯文学的创作，据《锡斯坦》一书记载，雅库布在从塔希尔王朝手中夺取赫拉特和布申格城之时，积极拉拢诗人，这些诗人用阿拉伯诗文颂扬他。雅库布不懂阿拉伯文，就问他的宫廷秘书穆罕默德·布·瓦西夫："为什么要念一些我不懂的东西给我听？"于是，穆罕默德·布·瓦西夫用波斯文创作了一些诗文。

被萨曼王朝灭亡之后，萨法尔王朝复国领袖哈拉夫也是学者们的伟大的保护人。他的赞美者之一是伟大的诗人和作家巴迪·阿勒·扎曼·阿勒·哈曼丹尼，据说他写了一部《古兰经评注》，该书包含了从前所有的评注，阐明了所有不同的读本，探讨了所有的语法问题，阐述了所有近似合理的传统。

萨曼王朝君王在文化方面的贡献尤为突出，萨曼王朝统治者对知识和知识人的尊重，使得他们成为宽容理性的统治者。萨曼王朝的统治者及其大臣很多都是诗人和学者，萨曼王朝埃米尔伊斯迈伊尔就是一个诗人，其他还有萨曼王朝大臣贾哈尼，他写的地理著作及穆罕默德·巴尔阿米写的历史著作都很著名。

从萨曼王朝开创者伊斯迈伊尔起，首都不花剌开始建造豪华宫殿、清真寺及宗教学校，成为"伊斯兰的圆屋顶，那些地方的和平城"，其"四方有博士和律师的灿烂光辉作装饰，它的周围有高深学识的珍宝作点缀"[②]。据当时人萨阿利比在其《稀世珍宝》一书中记载："萨曼时代的布哈拉是光荣的象征，权力的中心，时代骄子荟萃之地，是世上文学明星升起的地方，是贤德之士聚集的殿堂。"[③]

不花剌城有一个以"智慧宝库"（Siwdnal-hihma）闻名的图书

---

① R. N. Frye, *The Cambridge History of Iran*, Vol. 4, pp.128-129.

② 〔伊朗〕志费尼：《世界征服者史》上册，〔英〕J. A. 波伊勒英译，何高济汉译，商务印书馆2004年版，第109页。

③ W. Barthold, *Turkestan Down to the Mongol Invasion*, p.9.

馆，图书馆规模宏大，藏书丰富，拥有囊括各学科的学术著作。各地学者、诗人、艺术家和文化人聚集在此研究和探讨学术问题，创造性的思想在此沃土中发芽，各学术领域都取得了巨大进步。著名学者和医学家伊本·西那在自传中描述了这座图书馆的藏书，以及利用这些藏书进行学术研究的情况，据他说："我进入一栋有许多房间的建筑物；每一个房间里都垒着一箱一箱的书籍；一个房间里放的是阿拉伯文书籍和诗集，另一个房间里则放着法律方面的书籍，等等。每一个房间里的书籍属于一个学科。我看了一个古代（作家）的书目单，便索要了我所需要的书籍。我见到了那样一些书，其书名对许多人来说都是闻所未闻的。在此以前或以后，我都从未见过这样的藏书。"①

9—10世纪，大批文人、学者从伊斯兰世界各地汇集到文化发达的中亚地区，在此学术背景下，中亚地区产生了一大批著名学者。不花剌人被伊本·豪卡尔称为"生性殷勤，举止大方，较少错误，决心坚定，意识纯洁，在呼罗珊居民中出类拔萃"②。

在文学方面，很多波斯学者兼通波斯文和阿拉伯文，用两种语言写诗著文。9—10世纪，产生了一批如鲁达基和费尔多西这样的世界著名作家。这一时期的文学作品散发着一种慷慨激昂的阳刚美，最具有代表性的是费尔多西的《王书》，这部史诗般的作品追述了萨珊王朝灭亡以前伊朗历代帝王的文治武功和勇士们的英雄业绩，全书充满了激昂的爱国主义思想。哲学方面，中亚学者亦对伊斯兰哲学做出了杰出贡献，其中最著名的有法拉比、伊本·西拿和安萨里。

随着精神生活的丰富，中亚许多城市，如不花剌、撒麻耳干、巴里黑、莫夫、尼沙普尔、忽毡、胡勒布克（Hulbuk）等成为当时的文化中心。萨曼王朝时期，不花剌城是当时伊斯兰东部世界的经济和文化中心。

---

① 许序雅：《中亚萨曼王朝史研究》，第159页。

② Narshakhī, *The History of Bukhara*, p.122, 注109。

第二节 塔吉克民族的形成

萨曼王朝时期，中亚各个地区之间经济和文化的联系加强，封建关系的发展促进城市生活的丰富，中亚地区出现了部族（主要是定居部族）联合并混合成一个民族的趋势。[①] 其中，塔吉克民族就是在萨曼王朝统治时期形成的。

塔吉克人是中亚地区的土著民族，属欧罗巴种印度地中海类型。在中国史书中，塔吉克一名被记为“大益”、“大食”、“塔特”。最早记载塔吉克人的中国史书是《史记》,《史记》将塔吉克音译为“大益”，据记载，“大益”是塔吉克人建立的国家，是“宛西小国”，宛是大宛国；又有学者认为，塔吉克是 Tajik（即大食）的音译，唐代典籍把阿拉伯称作“大食”，从中世纪后期开始，汉籍将 Tajik 一词译为“塔吉克”，专指塔吉克族。“塔特”是 11 世纪中亚突厥人对使用波斯语的诸民族的称呼。

生活在帕米尔和兴都库什山麓的塔吉克人对“塔吉克”一名有自己的解释。他们认为“塔吉克”一名出自“塔吉”一词，意为“王冠”。相传英雄鲁斯塔姆以其雄狮般的气概战胜了所有残暴、黑暗和卑劣的势力，使人民获得了幸福。以后的几任国王头戴王冠，统治着从西方到东方的大片土地，他们的臣民也仿照王冠，制出种种色彩绚丽的“塔吉”（冠）戴在头上，表示自己是公正的国王统治下的幸福臣民。从此，远近各国都将他们称作“塔吉克拉”（塔吉克人）。

塔吉克族的起源可以追溯到公元前 20 世纪生活在欧亚草原上的欧罗巴种雅利安人。公元前 10 世纪，欧亚草原的东伊朗语部落迁徙到咸海地区、阿姆河中游、泽拉夫善流域、阿姆河上游，即今阿富

① 〔苏联〕加富罗夫:《中亚塔吉克史》，第 176 页。

汗北部和帕米尔谷地，他们被称为花剌子模人、粟特人和巴克特里亚人，他们是塔吉克人的祖先。

塔吉克先民在中亚地区建立过许多政权。较早的阿弗里基德王朝是花剌子模人建立的，这一王朝一直统治到5—6世纪。5—6世纪，粟特人在河中地区建立了许多国家，这些国家的特征是国小民弱，6世纪中叶，在锡尔河以北草原建立政权的西突厥人成为河中地区诸小国的最高统治者，他们在保留粟特国家的前提下，向这些小国收取赋税。7世纪上半叶，巴克特里亚人在吐火罗斯坦建立了20多个小国。据玄奘记载，吐火罗人之地被分成24个小规模的半独立领地。这些小国城民在山区开采黄金，如位于瓦赫什河和阿姆河之间的胡塔梁和数瞒国。胡塔梁“多良马、赤豹。有四大盐山，山出乌盐”。

在塔吉克先民居住的最东边，2—3世纪，塔吉克人在塔什库尔干一带建立了竭盘陀国，竭盘陀国有12座城堡和10多所寺院，以小乘佛教为国教。唐朝时，竭盘陀国属安西都护府管辖。开元中，唐朝在此设“葱岭守捉”戍所。

7世纪以后，塔吉克人的社会开始发展出封建的生产关系。在花剌子模绿洲各居民点形成了大大小小的庄园（科赫）寨堡，在庄园的围墙里面，建筑了有厚实拱形基座的塔楼（基奥什克）。早期的封建地主德赫干的大寨堡坐落在灌溉渠的渠首，这种状况使从属于土地贵族的村社农民更加依附于他们。当时花剌子模人以农业为主，他们栽培小麦、大麦、黍、棉花、豆类、葡萄、桃、杏、甜瓜、南瓜和黄瓜；以牧业为辅，繁殖绵羊、山羊、驴、猪、牛、马和骆驼。[①]

与花剌子模居民点相似，粟特居民在7世纪初也发展起封建的生产方式，地主贵族德赫干使普通的农村公社农民依附于他们，越来越多的村社农民成为附属农民或半附属农民。7世纪中叶，唐朝灭亡了西突厥汗国，将河中地区的国家全部纳入自己的版图。有些粟特统治者投靠了中国皇帝，但大多数统治者仍然与突厥人保持着联

---

① 〔苏联〕加富罗夫:《中亚塔吉克史》，第118页。

系。这一状况一直持续到阿拉伯人的入侵。

塔吉克民族的形成是在9—10世纪之间。7世纪，塔吉克先民诸部会合的情况已经开始，在地域、语言和文化方面的共同性大为增加，并具备了形成统一民族的一切前提。[①]阿拉伯人的入侵和他们实行的强迫同化政策，曾经阻挠这一过程，但结果并没有能消除形成塔吉克民族的历史趋势，人民群众的积极斗争和反对外国压迫的不断起义，赋予塔吉克民族的集聚过程以特殊的力量。[②]9世纪初叶，阿拔斯王朝统治结束以后，在塔吉克先民聚居区先后出现了塔希尔、萨法尔、萨曼三个波斯王朝，特别是中央集权相对强大的萨曼王朝促进了塔吉克民族的形成，使塔吉克各部在地域和文化上的聚合加速。

第一，塔吉克人在居住的地域上相对稳定下来，塔吉克的先民各部在中亚各地区已经形成了相对稳定的共同经济区。9—10世纪，根据塔吉克人聚居区域的经济和文化特点，塔吉克人又被分为“平原塔吉克人”和“高山塔吉克人”。“平原塔吉克人”生活在中亚地区的撒麻耳干、不花剌、赫拉特、巴里黑等主要城市及其他平原地带，他们很早就从事定居农业，城市文化也相对发达；生活在帕米尔高原和兴都库什山脉一带的塔吉克人被称为“高山塔吉克人”，他们又各自以自己所居住的地方命名，如“色勒库尔塔吉克”、“瓦罕塔吉克”、“什克南塔吉克”等。高山塔吉克人由于山高路险，地方偏僻，不容易受到外界的影响，故始终保持东伊朗语言及东伊朗人的各种传统特征。

第二，塔吉克先民在稳定的居住区内形成了共同语言文化区。塔吉克人说印欧语系伊朗语族，是多音节语。在粟特、吐火罗和呼罗珊三地交界处的一种地区方言的基础上，形成了名为达里语的塔吉克人的全民语言。[③]达里语（即当时的塔吉克语）吸收各种同源方

---

① 〔苏联〕加富罗夫:《中亚塔吉克史》，第177页。

② 同上。

③ 同上书，第176页。

言的某些成分，这种现象在它的词汇中以及它内部存在表现同一文法范畴的不同形式上显示出来，例如，前置词同时又是后置词，对于表示所有格的两种不同方式，等等。[①]在萨曼王朝时期，达里语作为国语，成为塔吉克人的全民语言，它的形成是塔吉克民族形成的标志之一。

达里语的流行为民间口头创作和新的塔吉克语书面文学的发展准备了有利的条件。萨曼王朝在较长时期内保持了河中和呼罗珊地区的和平，为学术、文学、艺术的发展创造了重要的先决条件。

9世纪以前，塔吉克人口头流传着各种文艺作品，阿拉伯人统治时期，塔吉克人继续保持着自己的口头文学。萨曼王朝时期，随着达里语的流行，达里语在中亚地区发展成为文学、科学的书面语言。所以，人们认为萨曼王朝时代是塔吉克文学兴起的时期，塔吉克文学是在萨曼王朝时期产生和定型的。[②]塔吉克民族用达里语创作出一大批丰富的文学作品，这些著作被称为波斯文学。

诗歌和散文领域也取得了很大的成就，其中，散文《列王纪》一书的前言是保存至今的用达里语写的早期散文文献之一，如果不把人名计算在内，文中能见到的阿拉伯字不超过2%。[③]这篇散文是在徒思城和尼沙普尔城长官阿布曼苏尔·穆罕默德·伊本·阿布杜拉佐克的命令和监督之下写成的。此人在960—962年间曾担任呼罗珊的主要军事长官，此后，这部散文成为费尔多西的史诗《列王纪》的资料来源。

在10世纪，塔吉克最伟大的学者伊本·西拿不仅仅是一位医学家，也是用达里语写诗的著名诗人，他用达里语写下了豪放的四行诗。在一则关于伪君子神学者的诗中，他写道：

愿你成为驴，和驴在一起，但是不要暴露

---

① 〔苏联〕加富罗夫：《中亚塔吉克史》，第176页。

② 同上书，第184页。

③ 同上书，第183页。

自己的真面貌！
你若问蠢驴是怎样的人物，他却说“我
伟大！”
然而，他如果连驴耳朵也没有的话，
那么，就驴性来说，他就是不折不扣
的异教徒！[①]

在用达里语写的历史著作中，塔巴里的《历史》保留下来。此书原文是阿拉伯文，萨曼王朝宰相阿布·阿里·穆罕默德·巴尔阿米于962年将它翻译成达里语。巴尔阿米给译本增加了许多伊朗人民生活事件的叙述文，例如，传说诗《巴赫罗米·丘比纳》就是宰相在翻译过程中增补进去的。萨曼王朝时期的著名学者阿布尔穆艾亚德·巴里黑用达里语写了《城市的奇迹》一书，据《锡斯坦》的作者说，阿布尔穆艾亚德还写了《沙赫纳迈》和《加尔沙斯普纳迈》两书，可惜，只残留下少量片断。[②]

第三，塔吉克人对伊斯兰教的认同也是促进该民族形成的因素之一。在漫长的历史发展过程中，塔吉克族曾信仰过多种宗教。塔吉克族的先民最初信仰鹰、奶、盐等自然崇拜；大约在公元前6—前5世纪，他们开始信仰祆教；2—3世纪，他们信仰了佛教；9—10世纪，他们接受了伊斯兰教，伊斯兰教对塔吉克民族的形成起到关键作用。塔吉克人以伊斯兰教的教义、教规为最高准则，伊斯兰教影响了塔吉克民族的思想道德、社会经济等方面。塔吉克族（平原塔吉克）多属逊尼派（哈乃斐教法派）；而高山地区的居民（高山塔吉克人）信奉什叶派（伊斯玛仪教派）。

9—10世纪，塔吉克民族的形成过程基本完成。与中亚其他民族相比，塔吉克族的形成是比较早的。然而，由于历史上战乱不止和塔

---

① 〔苏联〕加富罗夫：《中亚塔吉克史》，第194—195页。

② 同上书，第183—184页。

吉克斯坦多山自然环境的影响，致使塔吉克民族的发展过程相当迟缓。

11世纪，河中地区被喀喇汗王朝统治，大批操突厥语族语言的部族涌入，塔吉克人渐渐失去在撒麻耳干、不花剌、费尔干纳等地的优势地位。13世纪，蒙古人征服中亚，塔吉克人再次处于异族的统治之下。16世纪初，乌兹别克人南下河中地区，建立了布哈拉汗国和希瓦汗国。在乌兹别克人的统治下，塔吉克人在中亚进一步边缘化。原在费尔干纳地区从事农业生产的部分塔吉克人迁入南部山区，与高山塔吉克人会合。而不愿放弃已有的定居生活方式的许多塔吉克人放弃了伊朗语族语言，改操突厥语族语言，并渐渐融入乌兹别克族之中。16世纪至18世纪，乌兹别克等游牧民族在塔吉克领土上争斗不休，战乱阻碍了处于依附地位的中亚塔吉克民族的聚合过程。[①]

18世纪下半叶，塔吉克人分成了两个人数大致相等的阿富汗部分和中亚部分。从此，他们走上了不同的历史道路。阿富汗的塔吉克人臣服于阿富汗普什图埃米尔，成为阿富汗国家民族的组成部分；中亚塔吉克人则在几个大的国家中分割，分属于布哈拉汗国和浩罕汗国。19世纪下半叶，沙俄军队征服中亚之时，塔吉克人的分化迹象明显，大致分成较发达的北部平原和欠发达的南部山地两大民族集团。北部塔吉克人主要生活在布哈拉、撒麻耳干、忽毡（列宁纳巴德的旧称）三个城市及附近地区，乌兹别克人对他们产生了很深的影响；南部塔吉克人主要居住在所谓的东布哈拉地区，现代塔吉克斯坦主要是以该地区为基础建立起来的。[②]

塔吉克民族的形成是各种条件促成的，这些条件包括共同反抗外来入侵和阿拉伯人的统治；塔吉克人国家组织的创建和国家的行政管理集中化；在中央集权下经济的繁荣；塔吉克语言的产生和定型；等等。

---

① 许涛：《塔吉克斯坦民族宗教概况》，《国际资料信息》2002年第9期。

② 吴家多：《塔吉克人与塔吉斯坦内战》，《民族论坛》1998年第5期。

附录一：世系表

倭玛亚王朝时期呼罗珊总督世系表

阿勒·哈卡姆（？—670）

伊本·济雅德（670—673）

奥贝杜拉·本·济雅德（673—676）

赛义德·本·乌特曼（676—681）

萨里姆·本·济雅德（681—684）

阿布杜拉·本·喀西姆（684—691）

布开尔（692—693）

乌玛亚·伊本·阿布杜拉（693—697）

穆哈拉布·本·阿比·苏弗拉（697—701）

耶济德·伊本·穆哈拉布（701—704）

法德勒·本·穆哈拉布（704）

屈底波（705—715）

也即德·伊本·穆哈拉布（715—717）

加拉赫（717—719）

赛义德·伊本·阿布杜·阿吉兹（720—721）

萨亦德·哈拉什（721—722）

穆斯里姆（722—727）

阿什拉·伊本·阿布达拉（727—730）

朱奈德（730—734）

阿西姆（734—735）

阿萨德·本·阿布达拉赫（735—738）

纳斯尔·伊本·萨雅尔（738—748）

阿拔斯王朝时期呼罗珊总督世系表

艾卜·穆斯里姆（749—754）

阿布·达乌德（754—757）

阿布德·阿勒·加巴尔（757—？）

艾卜·奥恩（775—776）

胡迈达·布·卡赫塔（ 776）

穆阿兹·本·穆思里姆（？—780）

穆赛雅布·布·祖赫尔（780 —782）

阿布尔·阿拔斯·阿德尔·伊本·苏莱曼·吐什（782—？）

加法尔·阿勒·阿什阿斯（787—？）

吉特里夫·伊本·阿塔（792—793）

阿勒·法兹勒·伊本·雅希亚（794）

满速尔·阿勒·希米阿里（795）

加法尔·伊本·雅希亚（796—803）

阿里·伊本·伊萨（803—807）

麦蒙（约 808—813）

伽桑·布·阿巴德（819—821）

塔希尔（821—822）

西突厥两厢汗国汗世系表

兴昔亡可汗世系

阿史那弥射（657—662）

阿史那都支（自立）（662—679）

阿史那元庆（685—686）

阿史那献（史献）（703—719）（公元711—719年为十姓可汗）

阿史那震（史震）（735—740）

继往绝可汗世系

阿史那步真（657—667）

李遮匐（吐屯政权）（667—679）

阿史那斛瑟罗（686—690）

十姓可汗世系

阿史那怀道（704—708）

阿史那献（711—719）

阿史那昕（740—742）

突骑施汗世系表

乌质勒（690—706）

娑葛（706—711）

苏禄（716—738）

三可汗时期（738—739）

吐火仙（739—740）

莫贺达干（？—744）

塔希尔王朝埃米尔世系表

塔希尔（821—822）

塔勒哈（827—828）

阿里（828—830）

阿布德·阿拉赫（830—844）

塔希尔二世（844—862）

穆罕默德·布·塔希尔（862—873）

萨法尔王朝埃米尔世系表

雅库布（861—879）

阿木尔（879—902）

塔希尔（900—908）

莱斯·布·阿里（909—910）

穆罕默德·布·阿里（910—911）

萨曼王朝埃米尔世系表

纳斯尔（872—892）

伊斯迈伊尔（892—907）

阿合马德（907—914）

纳斯尔二世（914—943）

努赫（943—954）

马立克（954—961）

曼苏尔（961— 976）

努赫二世（976—997）

曼苏尔二世（997—999）

马立克二世（999 年 2—10 月）

附录二：地图

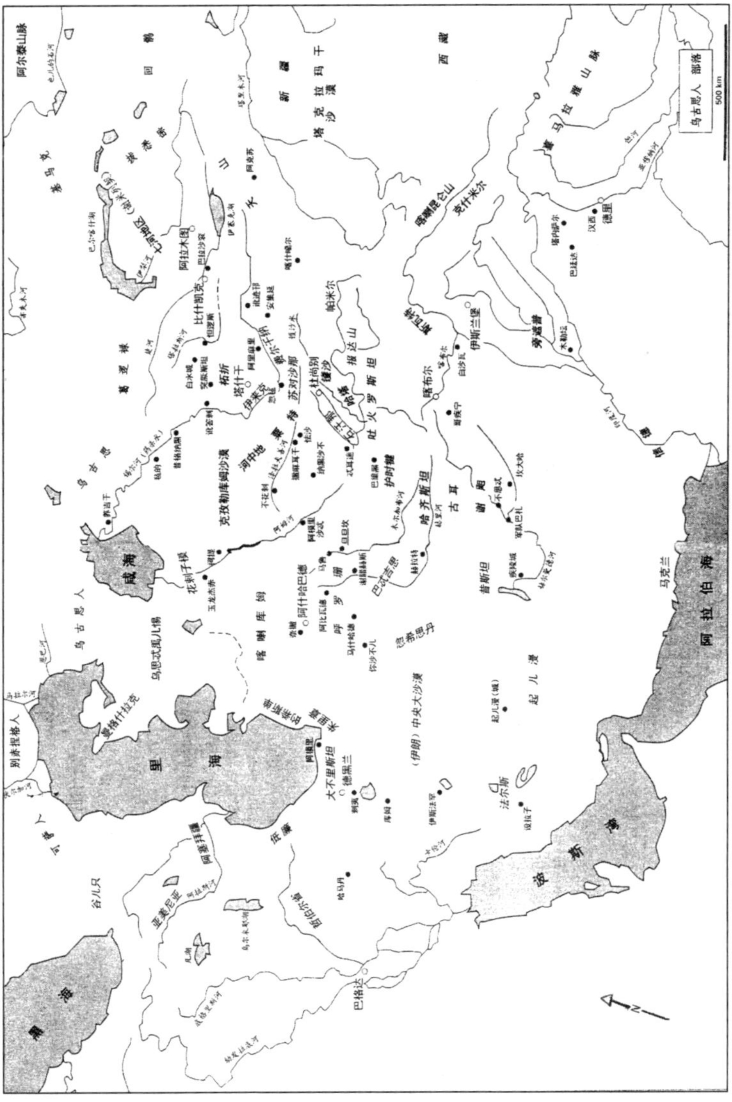

图一：伊斯兰化初期的中亚（采自《中亚文明史》第4卷［上］第332—333页）

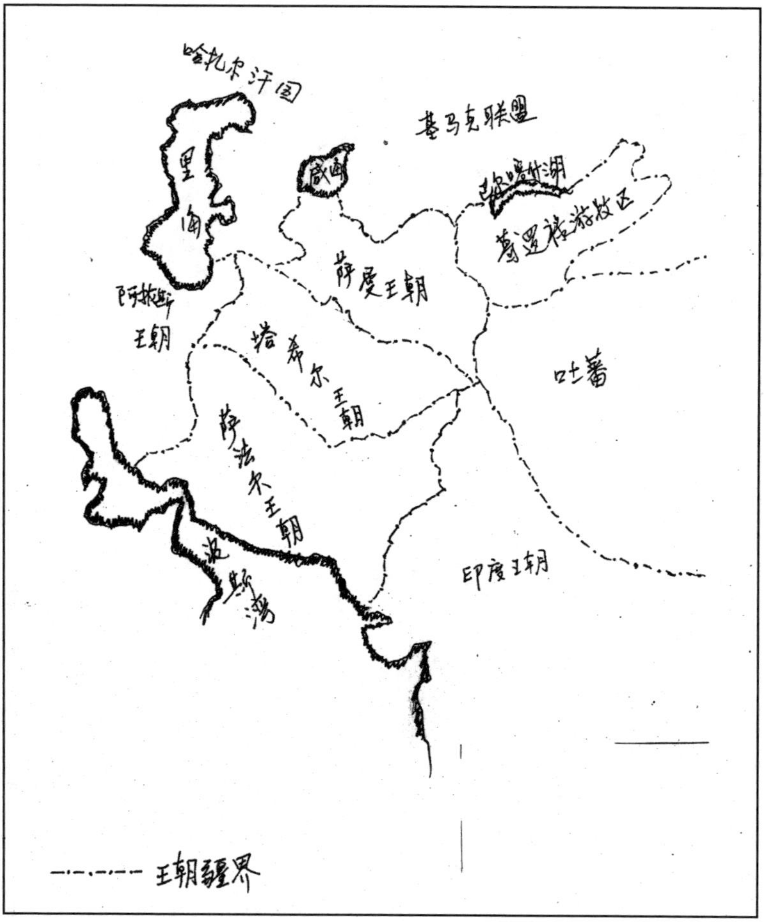

图二：9世纪下半叶的中亚王朝（据http://baijiahao.baidu.com/s?id=1564339966657604&wfr=spider&for=pc地图绘制）

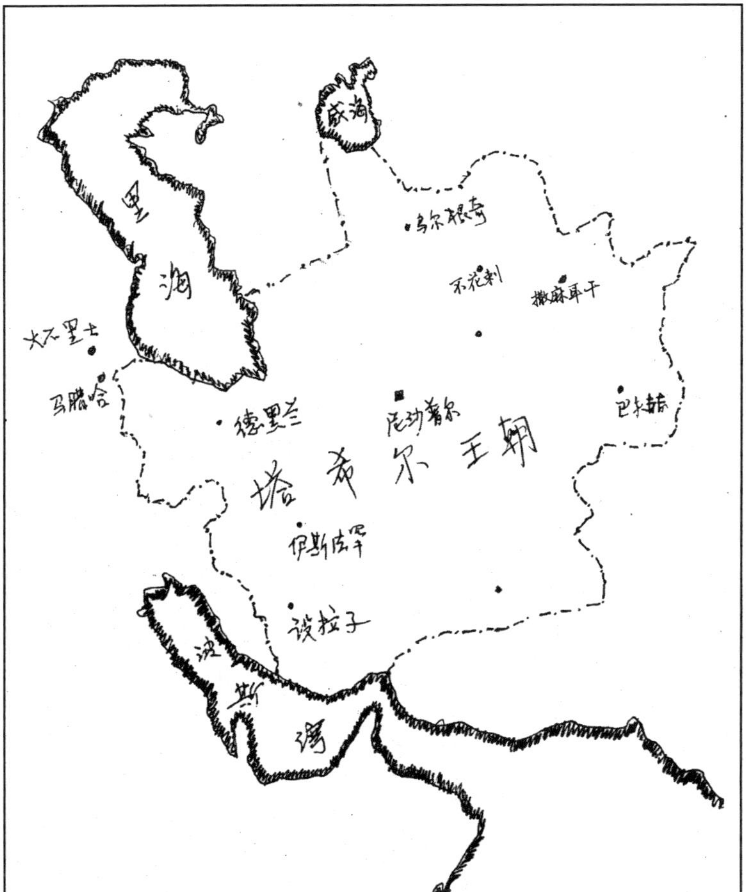

图三：塔希尔王朝（据http://www.chezaiyi.cn/lifeculture/85479.html 地图绘制）

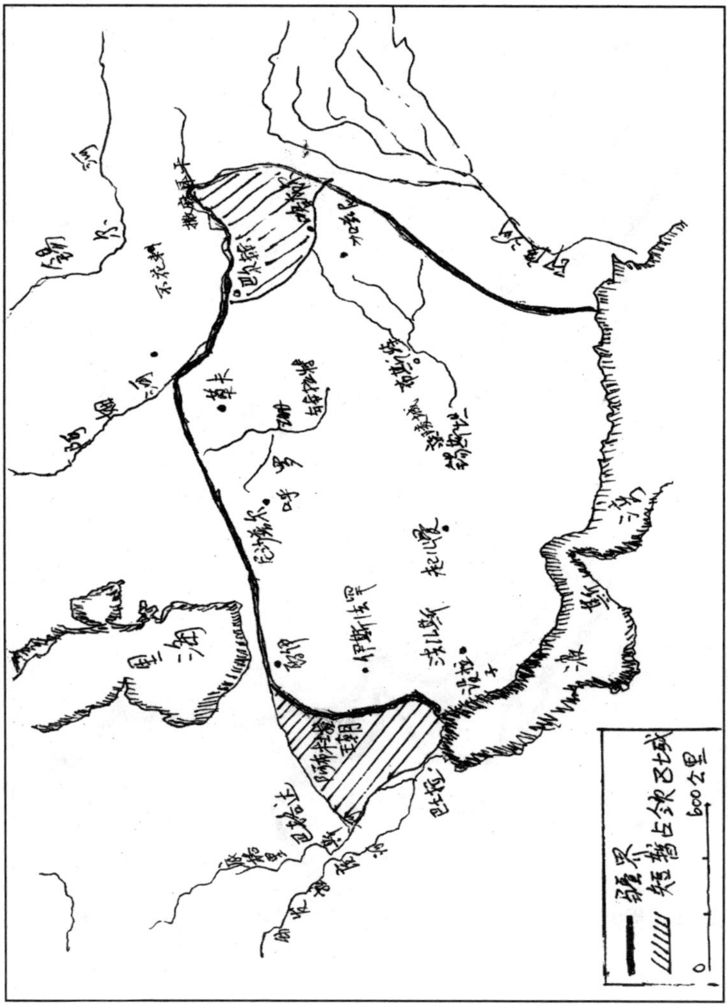

图四：萨法尔王朝（据R. N. Frye, *The Cambridge History of Iran*, Vol.4, p.93 地图绘制）

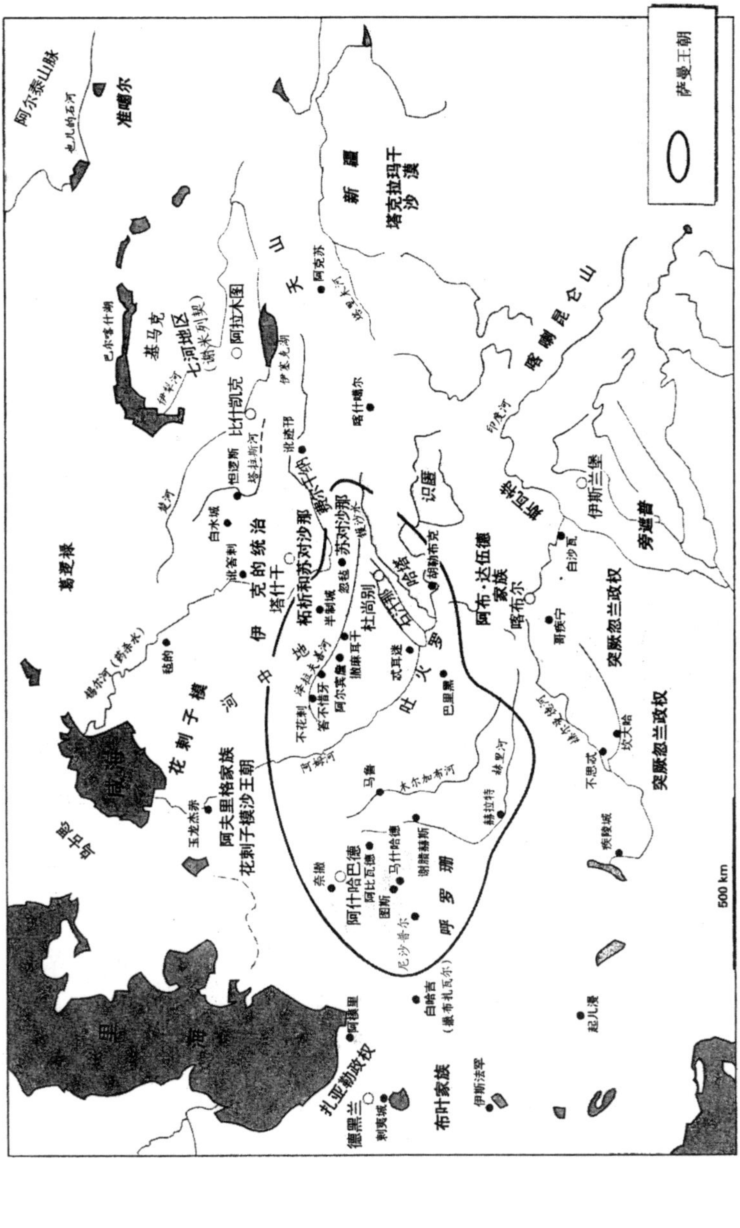

图五：萨曼王朝（采自《中亚文明史》第 4 卷［上］第 335 页）

参考书目

中文著作：

（北齐）魏收：《魏书》，中华书局 1974 年版。

（唐）杜佑：《通典》，中华书局 1984 年版。

（唐）杜环著，张一纯笺注：《经行记笺注》，中华书局 1963 年版。

（唐）慧立等：《大慈恩寺三藏法师传》，中华书局 1983 年版。

（唐）慧超著，张毅笺释：《往五天竺国传笺释》，中华书局 1994 年版。

（唐）李延寿：《南史》，中华书局 1975 年版。

（唐）李吉甫：《元和郡县图志》，中华书局 1983 年版。

（唐）李林甫等：《唐六典》，中华书局 1992 年版。

（唐）魏征：《隋书》，中华书局 1973 年版。

（唐）玄奘：《大唐西域记》，广西师范大学出版社 2000 年版。

（后晋）刘昫等：《旧唐书》，中华书局 1975 年版。

（北宋）欧阳修、宋祁：《新唐书》，中华书局 1975 年版。

（北宋）司马光主编：《资治通鉴》，中华书局 1956 年版。

（北宋）王溥：《唐会要》，上海古籍出版社 2006 年版。

（北宋）王钦若等编：《册府元龟》，中华书局 1960 年版。

（南宋）王应麟：《玉海》，江苏古籍出版社、上海书店 1987 年版。

（清）董诰等编：《全唐文》，上海古籍出版社 1990 年版。

巴卧·祖拉陈瓦：《贤者喜宴——吐蕃史译注》，黄颢、周润年译注，中央民族大学出版社 2010 年版。

蔡鸿生：《唐代九姓胡与突厥文化》，中华书局 1998 年版。

岑仲勉：《突厥集史》，中华书局 2004 年版。

冯承钧：《西域南海史地考证论著汇辑》，中华书局 1957 年版。

耿世民：《古代突厥文碑铭研究》，中央民族大学出版社 2005 年版。

耿世民：《乌古斯可汗的传说》，新疆人民出版社 1980 年版。

哈全安：《阿拉伯封建形态研究》，天津人民出版社 2000 年版。

何乃英编著：《伊朗古今名诗选评》，北京师范大学出版社 1992 年版。

黄布凡、马德编著：《敦煌藏文吐蕃史文献译注》，甘肃教育出版社 2000 年版。

季羡林等校注：《大唐西域记校注》，中华书局 2000 年版。

金宜久主编：《伊斯兰教》，宗教文化出版社 1997 年版。

姜伯勤：《敦煌吐鲁番文书与丝绸之路》，文物出版社 1994 年版。

廓诺·迅鲁伯：《青史》，西藏人民出版社 1985 年版。

刘志霄：《维吾尔族历史》，民族出版社 1985 年版。

刘温国、郭辉：《强弩之末——前苏联入侵阿富汗秘闻》，社会科学文献出版社 2001 年版。

林幹编：《突厥与回纥历史论文选集》，中华书局 1987 年版。

罗丰：《固原南郊隋唐墓地》，文物出版社 1996 年版。

纳忠：《阿拉伯通史》，商务印书馆 1997 年版。

任继愈等主编：《伊斯兰教史》，中国社会科学出版社 1990 年版。

唐耕耦、陆宏基编：《敦煌社会经济文献真迹释录》（第 3 辑），全国图书馆缩微文献复制中心 1990 年版。

万斯年辑译：《唐代文献丛考》，商务印书馆 1957 年版。

王治来：《中亚史》第 1 卷，中国社会科学出版社 1980 年版。

王治来：《中亚通史》（古代卷），新疆人民出版社 2004 年版。

王治来：《中亚史纲》，湖南教育出版社 1986 年版。

王小甫：《唐、吐蕃、大食政治关系史》，北京大学出版社 1992 年版。

王尧、陈践编著：《吐蕃简牍综录》，文物出版社 1986 年版。

王尧、陈践编著：《吐蕃敦煌文书论文集》，四川民族出版社 1988 年版。

魏良弢：《喀喇汗王朝史稿》，新疆人民出版社 1986 年版。

新疆高校历史教材编写组：《新疆地方史》，新疆大学出版社 1992 年版。

新疆社会科学院民族研究所：《新疆简史》，新疆人民出版社 1980 年版。

新疆人民出版社编：《新疆历史论文续集》，新疆人民出版社 1982 年版。

许序雅：《唐代丝绸之路与中亚历史地理研究》，西北大学出版社 2000 年版。

许序雅：《中亚萨曼王朝史研究》，贵州教育出版社 2000 年版。

薛宗正：《中亚内陆大唐帝国》，新疆人民出版社 2005 年版。

余太山主编：《西域通史》，中州古籍出版社 1996 年版。

张星烺编注，朱杰勤校订：《中西交通史料汇编》，中华书局 2003 年版。

张广达：《西域史地丛稿初编》，上海古籍出版社 1995 年版。

周一良主编：《中外文化交流史》，河南人民出版社 1987 年版。

周普葆、邱陵：《丝绸之路宗教文化》，新疆人民出版社 1998 年版。

中央民族学院藏学研究所编：《藏学研究》第 7 辑，中央民族学院出版社 1993 年版。

译著：

〔古代阿拉伯〕马苏第：《黄金草原》，耿昇译，青海人民出版社 1998 年版。

〔埃及〕艾哈迈德·爱敏：《阿拉伯—伊斯兰文化史》第2册，朱凯、史希同译，纳忠审校，商务印书馆1990年版。

〔埃及〕艾哈迈德·爱敏：《阿拉伯—伊斯兰文化史》第6册，赵军利译，商务印书馆1999年版。

〔埃及〕艾哈迈德·爱敏：《阿拉伯—伊斯兰文化史》第5册，史希同译，商务印书馆2001年版。

〔俄〕李特文斯基主编：《中亚文明史》第3卷，马小鹤译，中国对外翻译出版公司2003年版。

〔法〕安德烈·比尔基埃等主编：《家庭史》卷2，袁树仁等译，生活·读书·新知三联书店1998年版。

〔法〕勒内·格鲁塞：《草原帝国》，蓝琪译，商务印书馆1998年版。

〔法〕沙畹：《西突厥史料》，冯承钧译，中华书局2004年版。

〔法〕张日铭：《唐代中国与大食穆斯林》，姚继德、沙德珍译，宁夏人民出版社2002年版。

〔美〕希提：《阿拉伯通史》，马坚译，商务印书馆1979年版。

〔日〕三上次男：《陶瓷之路》，李锡经、高喜美译，文物出版社1984年版。

〔日〕桑原隲藏：《蒲寿庚考》，陈裕菁译，中华书局1954年版。

〔日〕羽田亨：《西域文化史》，耿世民译，新疆人民出版社1981年版。

〔苏联〕加富罗夫：《中亚塔吉克史》，肖之兴译，中国社会科学出版社1985年版。

〔塔吉克〕M. S. 阿西莫夫，〔英〕C. E. 博斯沃思主编：《中亚文明史》第4卷（上），中国对外翻译出版公司2010年版。

〔伊朗〕阿宝斯·艾克巴尔·奥西梯杨尼：《伊朗通史》，叶奕良译，经济日报出版社1997年版。

〔伊朗〕志费尼：《世界征服者史》，〔英〕J. A. 波伊勒英译，何高济汉译，商务印书馆2004年版。

〔英〕珀西·塞克斯：《阿富汗史》第1卷（上），张家麟译，商务印书馆1972年版。

〔英〕F. W. 托马斯：《敦煌西域古藏文社会历史文献》，刘忠、杨铭译注，民族出版社2003年版。

〔英〕诺·库尔森：《伊斯兰教法律史》，吴玉贵译，中国社会科学出版社1986年版。

〔英〕威廉·穆尔：《阿拉伯帝国》，周术清、吴彦等译，青海人民出版社2006年版。

外文原著：

A. R. Gibb, *Arab Conquests in Central Asia*, London, 1923.

A.Vambery, *History of Bokhara*, New York, 1973.

Clement Huart, *Ancient Persia and Iranian Civilization*, translated by Dobie, New York, 1923.

Delacy O'Leary, *Arabia before Muhammed*, London, 1927.

E. G. Browne, *A Literary History of Persia*, Vol.I, Cambrige University, 1929.

Le Strange, *The Lands of the Eastern Caliphate*, Cambridge, reprinted 1930.

M. A. Shaban, *The Abbasid Revolution*, London, Oxford University Press, 1980.

M. S. Asimov, C. E. Bosworth, *History of Civilizations of Central Asia*, Vol.4, UNESCO, 1998.

Narshakhī, *The History of Bukhara*, translated by R. N. Frye, Cambridge, Mass., 1954.

R. N. Frye, *The Cambridge History of Iran: The Period from the Arab Invasion to the Saljuqs*, Vol. 4, Cambridge University Press, 1975.

The Encyclopaedia of Islam, Leiden, 1934.

V. Minorsky Translation and Explained, *Ḥudūd al-'Ālam*, Second

Edition, London, 1970.

W. Barthold, *Encyclopedia of Islam*.

W. Barthold, *Turkestan Down to the Mongol Invasion*, London, 1968.

W. Barthold, *Four Studies on the History of Central Asia*, Vol.I, Oxford University Press, 1978.

〔日〕羽田亨 :《唐代回鹘史研究》, 见《羽田博士史学论文集》(上卷), 同朋舍 1957 年版。

主要论文 :

郭平梁 :《突骑施苏禄传补阙》,《新疆社会科学》1988 年第 4 期。

华涛 :《回鹘西迁前后西部天山地区的突厥语诸部》,《民族研究》1991 年第 5 期。

贾丛江 :《回鹘西迁诸事考》,《西域研究》2001 年第 4 期。

李方 :《怛罗斯之战与唐朝西域政策》,《中国边疆史地研究》2006 年第 1 期。

李树辉 :《喀喇汗王朝的建立者及建立时间》,《西域研究》2004 年第 4 期。

李树辉 :《回鹘西迁及其相关问题考辨(上)——乌古斯和回鹘研究系列之五》,《喀什师范学院学报(社会科学版)》2001 年第 2 期。

李元光 :《试论汉地禅宗在藏区的传播和影响》,《西南民族大学学报(人文社科版)》2008 年第 2 期。

李遇春 :《新疆乌恰县发现金条和大批波斯银币》,《考古》1959 年第 9 期。

李振中 :《法拉比哲学思想简介》,《回族研究》2002 年第 1 期。

洛加才让 :《寻根溯源的"文化土壤分析"(二)——关于藏族畜牧历史文化的根基初探》,《青海民族师专学报》2000 年第 2 期。

马强 :《伊斯兰"乌玛精神"与都市穆斯林社区》,《世界宗教研究》2006 年第 1 期。

钱伯泉 :《唐朝在西域的军事建置研究》,《新疆历史研究》1985

年第 1 期。

史苇湘：《吐蕃王朝管辖沙州前后——敦煌遗书 S1438 背〈书仪〉残卷的研究》，《敦煌研究》1983 年创刊号。

王尚达：《唐代粟特人与中原商业贸易产生的社会作用和影响》，《西北民族研究》1995 年第 1 期。

王尧、陈践：《吐蕃职官考信录》，《中国藏学》1989 年第 1 期。

魏良弢：《阿拉伯进入中亚与中亚伊斯兰化开始》，《新疆大学学报（哲学·社会科学版）》，2005 年第 3 期。

吴家多：《塔吉克人与塔吉斯坦内战》，《民族论坛》1998 年第 5 期。

夏鼐：《西安土门村唐墓出土的拜占廷式金币》，《考古》1961 年第 8 期。

夏鼐：《西安唐墓出土阿拉伯金币》，《考古》1965 年第 8 期。

许涛：《塔吉克斯坦民族宗教概况》，《国际资料信息》2002 年第 9 期。

中外译名对照

Abargar［地］阿巴尔加尔

Abbas-i-Tash［人］阿拔斯·伊·塔斯

Abbsid Dynasty［王］阿拔斯王朝

Abd-al-Aziz［人］艾卜·阿尔·阿齐兹

Abd-Allāh al-Sijzi［人］阿布德·阿拉赫·阿勒·锡齐

ᶜAbbdallah b. Amir［人］阿布杜拉·本·阿米尔

Abdallah b. ‘Uzyar［人］艾卜达莱·本·乌札尔

Abd-Allāh b. Muhammad［人］阿布德·阿拉赫·布·穆罕默德

Abd-Allāh b. Tahir［人］阿布德·阿拉赫·本·塔希尔

Abdal-Malik［人］艾卜达尔·马立克

Abdal-Malik b. Marwan［人］阿布杜勒·麦立克·本·麦尔旺

Abdar-Razzaq［人］阿卜达尔·拉札克

Abd al‘Jabbar［人］阿布德·阿勒·加巴尔

Abū Ali Jayhāni［人］阿布·阿里·贾哈尼

Abū Ali［人］阿布·阿里

Abū a-‘Abbas as-Saffah［人］艾卜·阿拔斯·萨法赫

Abu Ahmad Khalaf［人］阿布·阿赫默德·哈拉夫

Abū Bakr Narshakhī［人］阿布巴克尔·纳尔沙喜

Abu Bakr［人］阿布·巴克尔

Abu Bilal［人］阿布·比拉尔

Abū ᶜAbbās Ahmad ah-Feighāni［人］阿布·阿拔斯·阿赫马德·费尔干尼

Abu Dawudids［王］阿布·达乌德王朝

Abū HātimYasāri［人］阿布·哈丁·雅沙里

Abū Ja'far Ahmad［人］阿布·贾法尔·阿赫默德

Abū Macshar Balkhī［人］阿布·马沙尔·巴里希

Abū Mahmūd khujandi［人］阿布·马哈穆德·忽毡迪

Abū Mansūr Aflah［人］阿布·曼苏尔·阿弗拉赫

Abū Muslim［人］艾卜·穆斯里姆

Abu Sa'id-i-Bakir［人］阿布·沙耶德·巴克尔

Abu Sālih［人］阿布·沙里赫

Abu 'Abdullah［人］艾卜·阿布杜拉

Abu 'Ali Chaghani［人］阿布·阿里·查干尼

Abu1 Fawaris［人］阿布尔·法瓦林斯

Abu1 Abbās［人］阿布尔·阿巴斯

Abu1 Ashath［人］阿布尔·阿沙特

Abu1 Qasim Nūh［人］阿布尔·卡西姆·努赫

Abu1 Qasim Simjuri［人］阿布尔·卡西木·西木居尔

Abu1-Fadl Balami［人］阿布·法德尔·巴尔阿米

Abu1-Hasan［人］阿布尔·哈桑

Abu'l-Hasan'al Nasawī［人］阿布勒·哈桑·纳赛威

Abu'l-Wafā al-Būzjāni［人］阿布勒·瓦发尔·布兹贾尼

Abudullah b. Khāzim［人］阿布杜拉·本·喀西姆

Afrighid［王］阿夫林吉朝

Afshen Haider［人］阿弗申·海达尔

Afshin Kāwūs［人］阿弗欣·卡乌斯

Ahmad b.'Utbi［人］阿合马德·乌特比

Ahmad b. ‘Abd al-Wāhid［人］阿赫麦德·本·阿卜杜拉·瓦希德

Ahmad b. Abi Khālid［人］阿赫默德·布·阿比·哈利德

Ahmad b. ᶜAbd Allah al-Marwazi［人］阿赫马德·本·阿卡杜拉·马尔瓦兹

Ahmad b. Ismail［人］阿合马德·本·伊斯迈伊尔

Ahmad b. Sahl［人］阿赫迈德·本·沙尔

Ahmad ibn Asad［人］阿赫麦德·伊本·阿萨德

Ahmad ibn Buwayh［人］艾哈迈德·伊本·布威希

ᶜAjā’ib al-buldān［书］《各地奇观》

Ak-Beshim［地］阿克·贝希姆

Akharun［地］阿哈仑

Akhawayni Bukhāri［人］艾赫瓦尼·布哈里

Akhbār al-Sīn wa’l-Hind［书］《中国印度见闻录》

Akhsikat［地］阿克西卡特

Al-tārikh Al-kabir［书］《历史大集》

Alai［地］阿赖

Al-Amin［人］艾敏

Al-Battāni［人］白塔尼

Al-Bukhari［人］布哈里

Al-Farabi［人］法拉比

Al-Farghani［族］阿尔·法干尼

Al-Hadith［书］《圣训》

Al-Harith b. Surayj［人］哈里斯·本·苏瑞

Al-Hakam b. Amr al-Ghifārī［人］阿勒·哈卡姆·布·阿姆尔·阿勒·吉法里

Ali b. ‘Īsā b. Māhān［人］阿里·布·伊萨·布·马汉

Ali b. al-Husain［人］阿里·布·胡赛因

Ali b. al-Laith［人］阿里·布·莱斯

Ali ibn Isa［人］阿里·伊本·伊萨

Aliaota［人］阿了达

Al-Khaghaniyya［王］可汗王朝

Al-Khuttal［地］胡塔梁

Al-Khuzā'i［族］胡扎亚部

Al-Istakhri［人］伊斯塔克里

Al-Ma'dan［地］马丹

Al-Mahdî［人］麦赫迪

Al-Malh［地］马勒赫

Al-Ma'mun［人］麦蒙

Al-Mutamid［人］穆塔米德

Al-Mudkhil ilā'ilm Ha'yat al-Aflāk［书］《天文学入门》

Al-Muktafi［人］穆克塔菲

Al-Muntasir［人］蒙塔西尔

Al-Muqtadir［人］穆克塔迪尔

Al-Musta'in［人］穆斯塔因

Al-Mustakfi［人］穆斯塔克菲

Al-Mutadid［人］穆塔迪德

Al-Mu'tasim［人］穆塔西姆

Al-Mutawakil［人］穆塔瓦基

Al-Muwaffaq［人］穆瓦法克

Alptigin［人］阿尔普特勤

Al-Qānūn Fi'l-tibb［书］《医典》

Al-Saffah［人］赛发哈

Al-Rukhkhaj［地］路卡吉

Al-Siyāsat al-Madaniyah［书］《政治经济学》

Al-Walid［人］哈里发瓦利德

Al-Wathiq［人］瓦西格

'Amid al-Mulk［专］秘书处和外交部

Amil［专］税务官

Amîr-ishahîd［专］殉道的异密
Amir［专］埃米尔
Amîr-i hamîd［专］艾米尔·哈米德
Amîr-isa'îd［专］威严的异密
Amr b. Laith［人］阿木尔·布·莱斯
Amr b. Ya'qūb［人］阿木尔·布·雅库布
Amr Muhammad b. Asad［人］阿木尔·穆罕默德·本·阿萨德
Amul［地］阿模尔
Anbar［地］安巴耳
Andaraba［地］安怛罗缚
Andijaragh［地］安地加拉赫
Ankā［专］长脖琴
Arjasp［专］阿尔贾斯帕
Asad ibn Abdallah［人］阿萨德·伊本·阿布达拉赫
Ashras ibn 'Abdullah［人］阿什拉·伊本·阿布达拉
Asim b. Abdullah al-Hilali［人］阿西姆·本·阿布杜拉希拉利
Astarabad［地］阿斯特拉巴德
At-tārikh Al-aust［书］《历史中集》
At-tārikh As-saghir［书］《历史小集》
Ayach［人］艾亚奇
Bahrām Chōbīn［人］巴赫兰·楚宾
Baituz［人］贝吐兹
Bakr［地］巴卡尔
Balāsāghūn［地］八拉沙衮
Balkh［地］巴里黑
Bamiyan［地］巴米延
Banakath［地］白纳肯特
Banī Hanzala［专］巴尼罕匝拉
Barghashi［人］巴尔嘎西

Bektuzun ［人］贝克吐祖

Bguyal-yabghu ［人］葛逻禄叶护

Bilankank ［地］比兰坎克

Bilgetigin ［人］拜克特勤

Binkath ［地］宾卡特

Bir Al-walidain ［书］《人的行为的受造问题》

Bīstgānī ［专］比斯特嘎尼

Blon ched po ［专］军大论

Bruzha ［地］勃律国

Btsan po ［专］赞普

Bughra Khan Hasn ［人］博格拉汗哈桑

Bukhār Kh'udāh ［人］布哈尔·护达

Bukhārā ［地］不花剌

Bulāq ［族］薄落

Bulghar ［地］阿耳城

Buwayhids ［王］布威希王朝

Chagana［专］小铃

Chakir ［专］恰基尔（仆从）

Chang ［专］竖琴

Chibsd pon ［专］马官

Chief magus ［专］穆护长

Chighan ［人］契甘

Čigil ［族］炽俟

Ctesiphon ［地］泰西封

Dabusia ［地］达布西亚

Daff / Dā'ira ［专］手鼓

Dailam / Daylamān ［王］戴拉姆

Daniq ［专］达尼克币

Dānish-nāma ［书］《智慧之书》

Daqīqi［人］达吉基

Dargah［专］达尔甘

Dāud b. al-Abbās［人］达乌德·布·阿勒·阿巴斯

Dewashtich［人］德瓦什提奇

Dihkan［专］德赫干（封建主）

Dinar［专］迪纳尔

Dirham b. Nasr［人］迪尔汗·布·纳斯尔

Dirham［专］迪尔汗（迪拉姆）

Divinely-Aided Amir of Amirs［专］诸埃米尔中诸神保佑的埃米尔

Dīwān al-Dīyā［专］王室地产管理部

Dīwān al-Kharaj［专］卡拉吉迪万

Dīwān ar-rasa il / Dīwān-iinsha［专］国家文献部

Diwan of Mushrif［专］都察部

Dīwān of the Awqāf［专］瓦克夫迪万（宗教地产部）

Dīwān of the Mustawfi［专］财政部

Diwan［专］迪万

Dizak［地］吉扎克

Duruya［专］达卢手鼓

El-Fadhl ibn Yahya［人］法兹勒·伊本·雅希亚

Ephthal［族］哌哒人

Fadl b. Hamamid［人］法德尔·布·哈马迷

Faiq［人］法伊克

Fa-khr ad-Daula［人］法赫尔·艾德·道莱

Fals［专］辅鲁（铜币）

Fārāb［地］法拉卜

Farah［地］法拉赫

Farighunids［王］法里功王朝

Fārjak［地］法加克门

Farmandar［专］法尔曼达尔

Farsakh［专］法尔萨赫

Farsi［专］法尔西语

Farvan［地］法尔瓦

Feilaibr［地］费莱布尔

Firdawsi［人］费尔多西

Firim［地］菲林木

Fitwistal-Ulum［书］《诸学科目录》

Gadzaya As-sahabah Wo At-tabi'n［书］《圣门弟子及再传弟子的教法判例》

Gardīzī［人］伽尔迪齐

Gardūn Kashaān［地］加登·卡桑

Gāstasp［专］卡什塔斯帕

Gharjistân［地］伽尔吉斯坦

Ghassan b. Abbad［人］伽桑·本·阿巴德

Ghazal［专］抒情诗

Ghazi［专］加齐

Ghazna［地］加兹尼

Ghitrif b. Ata［人］吉特里夫·伊本·阿塔

Ghulām［专］古拉姆（突厥奴隶士兵）

Ghurak［人］乌勒伽

Gsang gi pho nya［专］机密使者

Gsang gi yi ge ched po［专］机密大书记

Gsang gi yi ge pa phra mo［专］机密书记小官

Gsang gi yi ge pa vbring p［专］机密中书记

Gurgan［地］古兹干（胡实健）

Gurganj［地］古尔甘吉

Guzan［地］苦先（固城）

Hājib［专］哈吉布

Hajib［专］侍从长

Hajj［专］哈吉

Hajjāj［人］哈加吉

Hakim Maysari［人］哈基木·迈萨里

Hakim［专］哈希姆

Hâlûn al-Rashîd［人］哈伦·拉希德

Hamadan［地］哈马丹

Hamdudagan［专］哈蒙都达干（社会组织）

Hamuya b. Ali［人］哈穆亚·本·阿里

Hamza b. Ādharak［人］哈姆扎·布·阿扎拉克

Harthama［人］哈尔萨马

Hasan ibn Muhammad ibn Talut［人］哈桑·伊本·穆罕默德·伊本·塔路特

Hashim［族］哈希姆

Hashim Ibn Hakim［人］哈希姆·伊本·哈金

Hazarasp［地］哈扎拉斯普

Hindqānān［地］兴坎纳恩

Hisham［人］希沙姆

Hqanai-Hawaqin［专］众汗之汗

Hulbuk［地］胡勒布克

Husain b. Abd-Allāh［人］侯赛因·布·阿布德·阿拉赫

Husain b. al-Ara［人］侯赛因·本·阿尔·阿拉

Husayn b. Ali Marwazi［人］胡赛因·本·阿里·马瓦兹

Husayn b. Tāhir［人］胡赛因·布·塔希尔

Ibn Hawkal［人］伊本·豪卡尔

Ibn Khurdadhbih［人］伊本·胡尔达兹比赫

Ibrahim［人］伊卜拉希姆

Ibrahim b. Simjūr［人］伊卜拉希姆·本·西木居尔

Ibrāhim b. al-Hudain［人］易卜拉欣·布·阿勒·胡达因

Ibrāhim b. Ilyās Sāmān［人］易卜拉欣·布·伊利亚斯·萨曼尼

Iduq Bash ［地］圣泉

Ihyās Ibn Asad ［人］伊利亚斯·伊布·阿萨德

Ilak Nasr ［人］伊剌克·纳斯尔汗

Inner city ［专］内城

Ishāq b. Ibrāhim b. Mus'ab ［人］伊沙克·布·易卜拉欣·布·穆萨布

Isfahan ［地］伊斯法罕

Isfijab ［地］伊斯比贾布城（白水城）

Ishak ［人］伊斯哈克

Ishāq b. Ahmad ［人］伊斯哈克·伊本·阿赫麦德

Islam ［宗］伊斯兰教

Ismā'il b. Ahmad ［人］伊斯迈伊尔·布·阿赫默德

Ilyās b. Ishāq ［人］伊尔亚斯·本·伊斯哈克

Iyās ibn Asad ［人］伊利亚斯·伊本·阿萨德

Jafar al-Ashath ［人］加法尔·阿勒·阿什阿斯

Jafar ibn Yahya ［人］加法尔·伊本·雅希亚

Jahudana ［地］扎胡达纳村

Jahwar ibn Marrarel-Jili ［人］加赫瓦尔

Junayd b. Abdur-Rahmanal-Murri ［人］朱奈德

Jurjan ［地］朱尔占

Juy-i Muliyan ［地］居依·穆里延

Ka'ba［地］克尔伯

Kadag-khaday ［专］卡达格·赫瓦戴（村社的村长）

Kadisiya ［地］卡迪西亚

Kafirnigan ［地］卡菲尔尼干

Kamarja ［地］卡马尔加

Kandud ［地］昏驮多

Kāpun ［专］卡锛

Karateghin ［地］卡拉捷金

Karmina [地] 卡尔明纳

Karminia [地] 克尔米纳

Karūkh [地] 卡鲁赫城

Kasan [地] 渴塞?

Katib [专] 书记官

Katkhuda [专] 卡德护达

Katta Kurgan [地] 卡塔 · 库尔干

Kaynāy [专] 喇叭

Kazwini [人] 贾兹温尼

Kerki [地] 克尔基

Kerz [地] 克尔兹

Khalifah [专] 哈里发

Khamdadh [地] 哈姆达德

Khojand [地] 忽毡

Khorzad [人] 霍尔札德

Khrom [专] 军镇

Khujistāni [人] 胡吉斯坦尼

Khulbuk [地] 胡尔布克

Khurasan [地] 呼罗珊

Khuttal [地] 骨咄

Khuttalan [地] 珂咄罗

Kimak [族] 基马克人

Kitab adh-dhakhā'ir wat-tuhaf [书]《珍宝录》

Kitāb al-Mūsiqi al-Kabir [书]《音乐大全》

Kitāb al-shifā' [书]《治疗论》

Kog / Gog [地] 羯师

Koreish [族] 古莱希

Kûchân [地] 库甘

Kufic [专] 库法币

Kuhistan［地］库希斯坦
Kunduz［地］昆都士
Kurdar［地］库尔代尔
Kursul［人］库尔苏勒
Lashkar-i Bazar［地］拉什卡尔・伊・巴扎
The Lawiks［王］拉维克王朝
Lord of the temple［专］祠主
Mahammad b. Abu Zayd［人］穆罕默德・本・阿布・札德
Mahammad b. Nakhshabi［人］穆罕默德・本・纳赫沙比
Mahdiyya［地］马地亚
Mahoe［人］马贺
Majlis［专］麦吉里斯
Mākā b. Kāki［人］马坎・本・卡齐
Mānsūr b. Ishāq［人］曼苏尔・本・伊斯哈克
Mansūr b. Nūh［人］曼苏尔・伊本・努赫
Mansur el-Himyari［人］满速儿・阿勒・希米阿里
Mansūr［人］曼苏尔
Maqdisi［人］穆卡达西
Marghinan［地］麻耳亦囊
Maruchak［地］木鹿察叶可
Masudi［人］马苏弟
Mathmzuf［专］叙事诗
Mawālî［专］代理统治者
Mawara'l-nahr［地］马维兰纳赫尔
Mayūl［地］玛域
Merv［地］莫夫
Mihrjan［专］米赫尔干节
Misahah［专］密萨哈制（一种税收制度）
Mithqāls［专］密塞珂（重量单位）

Mitki［地］美尔克

Mohammad［人］穆罕默德

Mu‘awiya［人］穆阿维亚

Mu‘sab［人］穆萨布

Muaz b. Muslim［人］穆阿兹·本·穆思里姆

Mūbad-mūbadān［专］大法官

Mufaddal b. Muhallab［人］穆法德勒·本·穆哈拉布

Muhallab b. Abi Sufra［人］穆哈拉布·本·阿比·苏弗拉

Muhammad b. Uzayr［人］穆罕默德·本·乌札尔

Muhammad b. Zaid-Alawi［人］穆罕默德·本·扎德·阿拉维

Muhammad b. Amr al-Khwārazmi［人］穆罕默德·布·阿木尔·阿勒·花剌子密

Muhammad b. Bishr［人］穆罕默德·布·比什尔

Muhammad b. Hārūn［人］穆罕默德·本·哈鲁

Muhammad b. Hurmuz［人］穆罕默德·布·胡尔木兹

Muhammad b. Ibrāhim b. al-Husain b. Mu‘sab［人］穆罕默德·布·易卜拉欣·布·阿勒·侯赛因·布·穆萨布

Muhammad b. Iliyas［人］穆罕默德·本·伊利亚斯

Muhammad b. Ishaq［人］穆罕默德·布·伊沙克

Muhammad b. Wasif［人］穆罕默德·布·瓦西夫

Muhammad b. Wāsil［人］穆罕默德·布·瓦西尔

Mumarjal［地］穆马尔加尔

Muntasir［人］蒙台绥尔

Muqaddasi［人］穆卡达西

Muqana / Muqanna［人］穆坎纳

Mūsā b. Abudullah［人］穆萨·本·阿布杜拉

Musa［人］穆萨

Musayyab［专］穆赛雅布迪尔汗

Mushrifs［专］监察部

Muslim b. Said al-Kilabi［人］穆斯里姆
Muslim［专］穆斯林
Muttawwi‘a［专］志愿兵制度
Muwaffaq［人］穆瓦法格
Nahr al-Mawāli［地］纳赫·阿尔·马瓦里区
Narses［人］泥涅师师
Nasā［地］纳沙
Nasr b. Ahmad［人］纳斯尔·本·阿合马德
Nasr Ibn Ahmad［人］纳斯尔·伊本·阿赫麦德
Nasr b. Shabath［人］纳斯尔·本·沙巴斯
Nasr ibn Sayar［人］纳斯尔·伊本·萨雅尔
Nasrabad［地］纳速鲁城
Nauruz［专］瑙鲁兹节
Navjote［专］成年礼
Nāy［专］笛子
Nestoriansm［宗］景教
Nighūshāk［专］尼古沙克
Nihavend［地］尼哈温
Nishapur［地］尼沙普尔
Norqāndā［地］诺坎达
Nūh ibn Asad［人］努赫·伊本·阿萨德
Nûkân［地］努坎
Nukende［地］努肯村
Oghulchak［人］奥古尔恰克
On oq［专］十箭
Ordu［专］斡儿朵
Pahlavi［文］巴列维文
Paikent［地］沛肯特城
Pamirs［地］帕米尔

Panjrudak［地］彭杰鲁达克

Panjshir［地］半制城

Peroz［人］卑路斯

Pūshang［地］布申格城

Pyandzh［地］喷赤河

Qabus b. Vushmgir［人］卡布斯·本·弗什吉尔

Qādi Abū l-Husain Ahmad b. az-Zubair［人］祖拜尔

Qadi［专］法官

Qā'im［人］卡伊木

Qālin b. Shakhir［人］哈里姆·本·沙乞儿

Qarā-Tegin Isfijabi［人］喀喇特勤·伊斯菲加比

Qarluq［族］葛逻禄

Qarmat［专］盖尔麦兑派

Qasida［专］颂诗

Qatwan［地］卡特万草原

Qubba［地］库巴

Quran［书］《古兰经》

Qutaiba b. Muslim［人］屈底波·本·穆斯林

Quwwād［专］高级军官

Rabinjan［地］拉宾赞

Rāfi b. Harthma［人］拉菲·布·哈尔萨马

Raft'ibn Layth［人］拉飞·伊本·来斯

Rasht［地］拉斯特

Ray［地］雷伊

Rîgistân［地］列吉斯坦

Risālah fi Ārā'ahī al-Madinah al-Fādilah［书］《优越城居民意见书》

Risālat Fusūs al-Hikam［书］《哲理的宝石》

Ruba'i［专］四行诗

Rudakī［人］鲁达基

Rustam［人］罗斯图姆

Ruzaiq［人］鲁宰克

Sacd b. Waqqas［人］赛阿德·本·艾比·瓦戛斯

Saghaniyan［地］石汗那

Sāhib al-shurta［专］萨希布·阿勒·苏尔塔

Sahib-bared［专］卫戍司令部

Sahib-hams［专］近卫队长

Sahib-harid［专］邮驿和情报部

Said b. Amiral-Harashi［人］萨亦德·哈拉什

Said b. Uthman［人］赛义德·本·乌特曼

Said ibn 'Abdul Aziz［人］赛义德·伊本·阿布杜·阿吉兹

Salam［人］沙拉姆

Salibazacha［人］撒里巴萨察

Sālih b. al-Nadr［人］萨利赫·布·阿勒·纳德尔

Sālih-i-Mansur［人］沙里赫·伊本·曼苏尔

Salm b. Ziyad［人］萨里姆·本·济雅德

Samarkand［地］撒麻耳干（撒马尔罕）

Samarra［地］萨马腊

Sāmān Khudā［专］萨曼·护达

Santūr［专］扬琴

Sarakhs［地］撒剌哈夕（萨拉赫斯）

Satoq Bughra［人］萨图克汗

Sawafi［专］萨瓦斐（荒地）

Sawra［人］萨乌拉

Sebük-eri［人］赛布克里

Shāhāy/Surnāy［专］双簧管

Shahīd Balkhi［人］沙希德·巴里黑

Shah-nāma［书］《王书》

Shāhrūd［专］大鲁特琴

Shalji［地］沙尔吉

Shari‘a［专］萨里亚法

Sharif［专］沙里夫

Sharik b. Shaykh［人］沙里克·本·谢赫

Shawdar［地］绍达尔山

Shawghar［地］西沙雅尔

Shaypūr［专］小号

Shoturkath［地］苏咄城

Shughnan［地］识匿

Shuman［地］愉漫

Simjūr al-Dawati［人］西木居尔·达瓦提

Sinbad［人］辛巴德

Sipah-salar［专］部队司令

Siwdnal-hihma［专］智慧宝库

Siyâhjird［地］西亚赫吉尔德

Sri Man-gala［人］失里伽罗

Sufyān al-Kalamātī［人］苏亚·卡拉马梯

Sulamān al-Tājir［人］苏莱曼

Sulayman［人］苏来曼

Surkhan Darya［地］苏尔汉河

Surkhob［地］苏尔哈勃

Tabaristā［地］塔巴里斯坦

Tabl / Shandaf［专］半圆鼓

Taghama［地］塔嘎码

Tāhir b. al-Husain［人］塔希尔·伊本·侯赛因

Tāhir b. Abd-Allāh［人］塔希尔·布·阿布德·阿拉赫

Tahir b. Muhammad［人］塔希尔·本·穆罕默德

Tahirid［王］塔希尔王朝

Tajik［族］塔吉克

Talas［地］塔剌思、塔拉兹、恒逻斯

Talha［人］塔勒哈

Taliqan［地］怛剌健

Tamim b. Bahr al-Muttaowwii［人］塔米姆·本·巴赫尔·穆陶维伊

Tanbūrak［专］小冬不拉

Tarkhun［人］塔尔汗

Tauq b. al-Mughallis［人］托克·布·阿勒穆哈里斯

Tawawis［地］塔瓦维斯

Tawāwisu［地］泰瓦维苏

Tay bilga tutuk［人］大毗伽都督

Terekdavan［地］捷列克达范

Tha'ālibi［人］萨阿利比

The Saffārids［王］萨法尔王朝

The Samanid［王］萨曼王朝

Tibet［地］吐蕃

Tim［地］提姆村

Tirmid［地］塔尔米德

Tirmidh［地］帖尔穆兹（呾密）

Tokharoi［地］吐火罗

Trebizond［地］特拉布松

Tshugs pon［专］驿丞

Tudu［专］吐屯

Tughān tagin［人］吐汗特勤

Tughshada Khatun［人］图黑沙达可敦

T-unkath Ilaq［地］吐卡斯·伊剌克

Tus［地］徒思

Tuxsi［族］踏实力

Ubaidallah b. Ziyad［人］奥贝杜拉·本·济亚德

Uc Qarluq［族］三姓葛逻禄

Udyana［地］乌苌

Umayyad［王］倭玛亚王朝

Ummālor［专］乌马勒

Urasht［地］乌拉什特?

Urgench［地］乌尔根奇

Urghunūn［专］风琴

Ushburkan［地］舒布尔甘

Ustrushana［地］苏对沙那

Usūl cilm al-nujūm［书］《天文学原理》

Uzair b. al-Sari［人］乌宰尔·布·萨里

Uzgand［地］乌兹根

Vakhsh［地］瓦赫什河

Vakil / Uakil［专］瓦开尔

Varagsar［地］瓦剌格沙

Varka bin Nasr el-Bahili［人］瓦尔卡·伊本·巴希里

Vduntsalongcu［专］军帐会议

W. W. Barthold［人］巴托尔德

Wadhar［地］维达尔

Wafd［专］沃夫德

Wakhan［地］瓦罕

Wakhsh［地］瓦赫什河

Waki［人］瓦基

Wali of the Commander of the Faithful［专］忠实的省区总督

Waraghsar［地］瓦拉格萨尔

Warwazī［人］马卫集

Wazir［专］维齐尔

Y'aqub［人］雅库比

Ya'qūb b. Laith［人］雅库布·布·莱斯

Yabghu［专］叶护
Yahyā ibn Asad［人］雅赫亚·伊本·阿萨德
Yahyā［人］阿布·扎卡里亚·雅赫亚
Yassine［地］俱位
Yaxarte［地］锡尔河
Yazdgird III［人］伊嗣俟三世
Yazīd b. Muhallab［人］耶济德·本·穆哈拉布
Yhonksi［地］伊洪克斯
Yi ge pa［专］书吏
Yusuf b. Ishaq［人］玉素甫·本·伊沙克
Zābulistān［地］扎布里斯坦
Zakariyā Rāzi［人］宰克里雅·拉齐
Zamin［地］扎敏
Zandana［地］赞达那
Zang-tepe［地］赞特佩
Zanjan［地］赞兼城
Zarang［地］疾陵城
Zayds［王］宰德王朝
Zir［专］塔尔弦
Ziyad ibn Salih［人］济雅德·伊本·萨里
Zoroastrianism［宗］祆教
Zunbil［人］尊比勒

蓝琪 主编

中亚史

第五卷

蓝琪 著

商务印书馆
创于1897 The Commercial Press

图书在版编目（CIP）数据

中亚史．第五卷 / 蓝琪主编；蓝琪著．— 北京：商务印书馆，2020（2022.8重印）
ISBN 978-7-100-18499-1

Ⅰ.①中… Ⅱ.①蓝… Ⅲ.①中亚—历史 Ⅳ.①K360.0

中国版本图书馆CIP数据核字（2020）第085646号

中 亚 史

第五卷

蓝琪 主编

蓝琪 著

商 务 印 书 馆 出 版
（北京王府井大街36号 邮政编码 100710）
商 务 印 书 馆 发 行
三河市尚艺印装有限公司印刷
ISBN 978-7-100-18499-1

2020年10月第1版　　开本 640×960 1/16
2022年8月第2次印刷　　印张 26

定价（全六卷）：460.00元

第五卷　序

《中亚史》第五卷论述了16—19世纪上半叶三百多年的历史。在此三百多年里，中亚地区早期的民族国家经历了兴起、发展和衰落。从内容来看，本卷在世界历史分期中属于中世纪后期的范畴；从政治和经济制度的角度考察，这一时期处于封建制度的晚期；从社会发展史的角度考察，这一时期的中亚社会处于封建社会的衰亡阶段。

17世纪以后，以英国革命、美国独立战争、法国大革命为标志，西方社会发生了本质变化，开始了从农业文明走向工业文明的关键时期；而远离工业文明发源地的中亚没有出现由封建生产方式向资本主义生产方式过渡的本质变化。在三个半世纪中，中亚国家的技术、组织和社会结构仍然是封建性质的，经济制度仍以封建地主阶级占有土地、剥削农民剩余劳动为基础，国家的经济来源主要依靠封建地租，社会主要矛盾是农民阶级与封建地主阶级之间的矛盾。因此，16—19世纪上半叶的中亚社会仍然处于前近代时期的封建时代，这一时期的中亚历史应该属于中世纪的范畴。

《中亚史》第五卷分“中亚早期民族国家的兴起”、“中亚早期民族国家的发展”、“中亚早期民族国家的衰落”三编。16世纪是中亚早期民族国家兴起时期；17世纪至18世纪中叶是中亚早期民族国家发展时期；18世纪下半叶至19世纪中叶是中亚早期民族国家衰落时期。

第五卷每一编的结构大致由两个部分构成：第一部分是分述中亚国家和地区发展的历史轨迹；第二部分是总论这些国家和地区的政治、经济、宗教、文化及对外关系，希望通过总论了解中亚政治、经济、宗教和文化的发展趋势，探索这一时期中亚历史发展的规律。

在“中亚早期民族国家的兴起”编中，作者论述了 15 世纪末至 16 世纪初中亚北部兴起的乌兹别克汗国、喀山汗国、阿斯特拉罕汗国、诺盖汗国、哈萨克汗国、西伯利亚汗国诸小政权的历史和中亚南部布哈拉汗国和希瓦汗国的历史，同时对于未能建立政权的突厥游牧民吉尔吉思人和土库曼人的历史也进行了系统的梳理和分析。

作者指出：16 世纪初期在中亚创建的三个汗国（哈萨克汗国、布哈拉汗国、希瓦汗国）仍然带有严重的部落残余，特别是贵族代表大会和长者继承制、分封制对其有重要影响。从社会组织形式来看，哈萨克汗国实行了封建领主制与部落家长制结合的宗法封建制度；布哈拉汗国和希瓦汗国是定居农业国，贵族代表大会在汗国内外的政治生活中都有重要的发言权，两个汗国实行以采邑为基础、行政权和财政权通过采邑的方式转让给贵族的统治。

本编论述了 15 世纪末至 16 世纪初的战争给中亚经济造成的严重破坏，以及新兴汗国致力于经济恢复的历史过程。作者指出：到 16 世纪后期，中亚地区的农业已经有所改善，手工业和商业也有一定程度的发展。文中提到了布哈拉汗国的灌溉工程，即 1502 年修建的横跨泽拉夫善河大坝桥；16 世纪 30 年代，布哈拉郊区修建的灌溉渠、露天蓄水池和水库；16 世纪后期，阿姆河和锡尔河沿岸修建的水利灌溉工程。这些水利灌溉工程使费尔干纳盆地成为一个由一片片大绿洲组成的农业王国。

本编论述了乌兹别克人在继承帖木儿王朝高度发达的文化遗产的基础上促进了中亚文化的繁荣情况。作者指出：布哈拉、撒马尔罕、塔什干等城市成为文化中心，察合台语文学的兴盛是 16 世纪文学的突出成就；中亚艺术形成了三个流派；史学成果卓著，除了翻译一批波斯史学著作外，出现了用突厥语撰写的史书。

在“中亚早期民族国家的发展”编中，作者论述了中亚北部哈萨克汗国、吉尔吉思人和土库曼人的历史及中亚南部布哈拉汗国札尼王朝、希瓦汗国阿拉布沙希王朝和浩罕汗国的历史。作者指出：随着封建关系的发展，土地兼并加速了大地产的形成，导致了中亚国家的分裂。哈萨克汗国分裂为三个玉兹。18 世纪，在布哈拉汗国中，独立和半独立领地普遍存在，费尔干纳从布哈拉汗国分裂出去，形成了浩罕汗国，包括莫夫在内的今土库曼斯坦东部地区，包括巴尔赫在内的阿姆河以南至兴都库什山的地区，今塔吉克斯坦境内的希萨尔、忽毡（列宁纳巴德）、乌拉秋别、品治肯特和乌尔古特地区，以及泽拉夫善河上游的一些山区，与布哈拉汗国的联系都很微弱，实际上独立于中央政权。与以上两个汗国不同，希瓦汗国在 17 世纪经历了一个政治兴盛时期，特别是在阿布哈齐汗及其子阿奴什统治时期。16 世纪以来，阿姆河下游的达里亚利克河三角洲和萨里卡米什湖逐渐干涸，导致乌尔根奇（今乌尔根奇老城）、维泽尔等城缺乏灌溉用水，生态环境恶化，17 世纪初，希瓦汗国的统治中心从乌尔根奇移到希瓦城。

本编论述了中亚封建关系向纵深发展的情况。作者指出：封建关系的波及面在不断扩大，深入到了游牧社会，部落公社转变为地域公社。从 17 世纪起，乌兹别克各部落之间开始走向联合；18 世纪，在中亚形成了以地域原则组成的大部落联盟，它们是：居住在卡什卡河流域的曼格特部；沙赫里夏勃兹地区的克涅格斯部；撒马尔罕西南方、泽拉夫善河左岸的乃蛮部；撒马尔罕与卡塔库尔干之间的契丹—基普察克部；契丹—基普察克部北面的米坦人；吉扎克和乌拉秋别地区的尤兹部；阿姆河以南兴都库什山以北的卡塔甘纳部。

随着封建化的发展，中亚地区的阶级矛盾尖锐起来，17—18 世纪，人民起义爆发。在 1645—1681 年间，撒马尔罕附近的达赫贝德村举行了大起义；1681 年，泽拉夫善河中游居民发动大规模起义，反对封建政权；1702—1711 年间，布哈拉爆发了反对劣质货币的起义，据目击者记，布哈拉人民不驯，怀叛乱造反之心。这些事实说明广大劳动人民与统治者之间的矛盾十分尖锐。

本编专门论述了土库曼人历时两百多年的大迁徙运动，到 19 世纪初期，土库曼各部居地基本上固定下来，南迁的土库曼人与当地的土库曼和非土库曼部民融合，形成了现代土库曼民族。从 18 世纪初期起，俄国开始涉足土库曼人居地，几十支俄国军事科学探险队来到里海沿岸的土库曼人居住区。

本编专门论述了吉尔吉思人的历史变迁。17 世纪初，叶尼塞河畔的吉尔吉思人面临着俄国扩张的威胁，在经历近一个世纪的抗争以后，17 世纪末至 18 世纪初，大部分吉尔吉思人离开故地，进入天山及帕米尔地区，与原来在此生活的吉尔吉思人会合。西迁到伊塞克湖地区的吉尔吉思人对中亚吉尔吉斯民族的形成起到了举足轻重的作用。18 世纪，吉尔吉思人的活动地域终于稳定下来，固定的生活使吉尔吉思人逐渐成为一个稳定的实体，现代意义上的吉尔吉斯民族开始形成，他们生活的地区以后被称为吉尔吉斯斯坦。

在本编中，作者论述了苏菲主义在此时期经历的变革。印度学者伊玛目・冉巴尼在教理上确立了逊尼派的主导地位，弥合了苏菲神秘主义与伊斯兰教法之间的鸿沟。17 世纪末期，伊玛目・冉巴尼的学说在中亚产生了较大影响，形成了“复兴的纳合什班底派”；18 世纪，该派在中亚获得了相当多的追随者；18 世纪下半叶，复兴的纳合什班底派的主导地位已经在河中地区牢固地确立起来。

在本编中，作者论述了中亚文学、史学和哲学在此时期的发展情况。作者指出：17 世纪，与城市手工业者生活有密切联系的民间文学得到了极大的发展，与此同时，察合台语文学发展起来，几乎所有的诗人都能够用察合台突厥语和波斯语两种文字写作。在阿富汗文学中，普什图语著作取得了丰硕成果，在哈萨克人和吉尔吉思人文学中，产生了英雄史诗《玛纳斯》，它表现了哈萨克人和吉尔吉思人反抗准噶尔封建主的斗争。作者指出，这一时期，史学在中亚取得了较大的成就，其中，希瓦汗阿布哈齐写的《突厥世系》和《土库曼世系》两部史书特别珍贵。作者指出，从16世纪起，哲学在中亚开始进入倒退时期，在以后的几百年中，中亚缺乏新的哲学思想、哲学理论和哲学体系。

在“中亚早期民族国家的衰落”编中，作者论述了中亚北部哈萨克三个玉兹和吉尔吉思人、土库曼人的历史。作者指出，这一时期，哈萨克三个玉兹经历了不同的历史发展。在阿布赉汗的治理下，中玉兹哈萨克成为最强者；小玉兹阿布勒海尔汗去世以后，俄国开始操纵小玉兹汗位继承权；大玉兹哈萨克人内部分裂，外部受到浩罕汗国的入侵，最终瓦解。18世纪下半叶，吉尔吉思人仍然以部落集团的形式继续存在，他们的历史主要与浩罕汗国联系在一起；浩罕汗国征服吉尔吉思人以后，依靠和利用吉尔吉思贵族进行统治。土库曼人在经过了两个世纪（17—18世纪）的大迁徙以后，到19世纪初，各部居地基本上固定下来；然而，直到19世纪后期，土库曼人也没有建立起自己的国家，氏族部落组织和公社自治残余一直保留下来。土库曼人分属于希瓦汗国、布哈拉汗国和波斯卡扎尔王朝（1779—1925）的统治。

本编还论述了中亚南部的布哈拉汗国曼格特王朝、希瓦汗国弘吉剌惕王朝、浩罕汗国的历史。作者指出，中亚分裂的势头在18世纪下半叶得到了遏制，曼格特王朝和弘吉剌惕王朝的建立使布哈拉汗国和希瓦汗国在兼并地方割据政权的基础上，逐渐形成了较为强大的中央集权。中国清朝灭亡准噶尔汗国以后，浩罕汗国强大起来，经历了国家的鼎盛时期。18世纪中叶，阿富汗人在坎大哈建立了自己的第一个独立国家杜兰尼王朝（1747—1826），经过一系列战争，杜兰尼王朝统一了阿富汗的大部分地区。在统一政权之下，阿富汗境内的各部族逐渐融合形成了现代的阿富汗民族。这一时期，中亚南部国家正在经历着政治上趋向联合的发展阶段，然而，政治统一的过程在19世纪中叶被沙皇俄国的入侵打断。

在本编中，作者还论述了19世纪中叶，俄、英两大帝国向中亚发展势力的情况，以及清王朝对新疆地区的收复。作者指出：俄国在克里米亚战争失败以后，战略重心转移到东方，加速了自16世纪中叶已经开始的东扩步伐；与此同时，远在天边的英国也开始从南亚向北发展，涉足中亚。哈萨克汗国、布哈拉汗国、希瓦汗国、浩罕汗国和阿富汗等中亚政权在俄、英的争夺中或者被兼并，或者丧失了独立，分别成为俄、英两国的殖民地或半殖民地。而中国清朝在灭亡准噶尔汗国以后，也开始收复原属于中国的西部天山南北地区。

本卷论述了乌兹别克族、哈萨克族、吉尔吉斯族、土库曼族的形成过程。作者认为，16世纪是现代意义上的乌兹别克、哈萨克、吉尔吉斯民族开始形成的时期。布哈拉、希瓦、哈萨克三个汗国的建立使乌兹别克和哈萨克民族有了固定的地域，在固定的区域内，大多数乌兹别克人和哈萨克人逐渐转向定居生活，他们与中亚土著居民杂居通婚。经历几百年的融合，在20世纪初期最终形成了现代乌兹别克民族和哈萨克民族。

在民族形成过程中，哈萨克人融合了公元前3世纪以来生活在伊犁河流域和七河流域的乌孙人、康居人和阿兰人，以及6—13世纪生活在这一地区的西突厥人、突骑施人、葛逻禄人。随着哈萨克人的不断增加，哈萨克一名逐渐从一个政治集合名演变成一个稳定共同体的民族名称。经过近四百年（16—19世纪）的融合，一个有统一语言（哈萨克语）和统一文字（哈萨克文），有共同文化传统、共同生产和生活方式的稳定共同体——哈萨克民族逐渐形成。

在布哈拉汗国和希瓦汗国政权之下，乌兹别克人与各个历史时期来到中亚的突厥人、早已突厥化的印欧语系东伊朗语族的粟特人、花剌子模人、塔吉克人融合。在乌兹别克人的族源中，乌兹别克部落只是其中的一分子，由于他们是统治者，历史学家以其“乌兹别克”一名称呼以后形成的民族。经历了几百年的融合，一个具有共同语言、共同信仰、共同种族特征的稳定共同体最终形成。

吉尔吉斯族是在不同时期从叶尼塞河上游迁居到今吉尔吉斯斯坦的突厥人，与当地的突厥人和蒙古人融合形成的。15世纪至16世纪，在吉尔吉斯斯坦境内逐渐出现了有别于其他民族的吉尔吉斯族；18世纪从叶尼塞河流域迁入的吉尔吉思人壮大了吉尔吉斯族的力量。吉尔吉思人长期在固定的牧地生活，最终形成了一个具有共同文化和心理的现代民族。

土库曼族最初形成时间在16世纪，当时的土库曼人与现代意义上的土库曼民族还有相当大的差别。17世纪至18世纪，土库曼人经历了两百多年的迁徙运动，19世纪下半叶迁徙运动结束，大批土库曼人由游牧转为定居，现代土库曼民族的形成过程才基本完成。

蓝 琪

第五卷目录

第一编　中亚早期民族国家的兴起（16世纪）

第一编 中亚早期民族国家的兴起（16 世纪）

15 世纪上半叶，钦察汗国衰落了，蒙古部落纷纷脱离钦察汗国，在欧亚草原上创建自己的小汗国，它们是：乌兹别克汗国、喀山汗国、阿斯特拉罕汗国、诺盖汗国、哈萨克汗国、西伯利亚汗国。16 世纪上半叶，这些小汗国或者在互相兼并中消失，或者被新兴的沙俄帝国灭亡，只有哈萨克汗国幸存下来。15 世纪后期，中亚南部的帖木儿帝国衰落了，中亚北部的蒙古或突厥化蒙古部落跃跃欲试，企图瓜分帖木儿帝国的遗产，他们是乌兹别克人、哈萨克人、吉尔吉思人和东察合台人；到 16 世纪初，帖木儿家族最终失去了在河中地区和呼罗珊地区的统治；东察合台人在斗争中失败，退出了河中地区；乌兹别克人和哈萨克人获得了决定性的胜利，乌兹别克人建立了布哈拉汗国和希瓦汗国。此后，乌兹别克人与当地居民融合，形成了乌兹别克民族；哈萨克人在中亚东北草原上与当地牧民融合，形成了哈萨克民族。

第一章

北方游牧政权与游牧民

15 世纪上半叶，成吉思汗系宗王瓜分了钦察汗国的领地，先后建立了乌兹别克汗国、诺盖汗国、西伯利亚汗国、哈萨克汗国。这些汗国互相兼并，乌兹别克汗国被东察合台汗国灭亡，诺盖汗国被哈萨克汗国兼并，西伯利亚汗国被俄国灭亡，只有哈萨克汗国幸存下来。16 世纪上半叶，哈萨克汗国疆域范围南至锡尔河流域，东南至楚河、塔剌思河流域，东北至巴尔喀什湖东南岸，西至伏尔加河东岸地区。在乌兹别克人和哈萨克人建立国家之时，生活在中亚北部东、西两端的突厥游牧民吉尔吉思人和土库曼人没有建立自己的国家，他们分别依附于中亚的其他政权。

第一节　乌兹别克汗国、诺盖汗国、西伯利亚汗国

15 世纪上半叶，在西起伏尔加河，东至额尔齐斯河，南起里海、咸海北岸，北至乌拉尔山之间的欧亚草原上出现了三个大的政治集团，它们是乌兹别克汗国（The Uzbek Khanate，1428—1468）、诺盖

汗国（The Nogai Khanate，？—1569）和西伯利亚汗国（The Siberian Khanate，1460—1598）。

乌兹别克汗国是成吉思汗长支朮赤后裔阿布海尔（Abū'l Khayr）建立的政权。乌兹别克一名源自钦察汗穆罕默德·乌兹别克（在汉籍中另译为穆罕默德·月即别）[①]，他在位期间（1312—1345）钦察汗国十分强盛，于是，钦察汗国部落民便以乌兹别克人（月即别人）自称。以后，乌兹别克人阿布海尔建立的政权被称为乌兹别克汗国或阿布海尔汗国。

成吉思汗1225年分封领地之时，额尔齐斯河以西（包括额尔齐斯河流域和阿尔泰山区）、花剌子模绿洲以北地区为长子朮赤的兀鲁思（Ulūs，封地），朮赤的斡儿朵（行宫）设在额尔齐斯河畔。朮赤先于其父六个月（约1227年2月）去世，封地由他的次子拔都继承。1236—1240年间，拔都领导了由窝阔台大汗发起的长子西征。征服结束以后，伏尔加河和奥卡（Oka）河流域、高加索、钦察草原这一广大地区被纳入朮赤兀鲁思。1243年，拔都将统治中心从额尔齐斯河流域移到伏尔加河下游钦察草原，以伏尔加河流域的拔都萨莱城（遗址在今阿斯特拉罕附近）为中心建立了钦察汗国（The Kipchak Khanate，1243—1480，又名金帐汗国）。统治中心西移之后，拔都把钦察汗国的东部领土，即东起额尔齐斯河，西至乌拉尔河，北至乌拉尔山的中亚草原分给了长兄斡儿答（Orda）和五弟昔班（Shaybān）。

斡儿答占有这片草原的卡拉套山（Karatau）以北至萨雷河流域之间的地区，以及锡尔河三角洲向西延伸到阿姆河三角洲的狭长地带。在斡儿答的封地上逐渐形成了独立政权，史称白帐汗国（1225—1456）。斡儿答的汗帐建在阿尔泰—额尔齐斯河畔，即其父朮赤的牙帐旧址。[②] 以后汗国统治中心向西南移到昔格纳黑

---

① 在诸如《元史》等中国史籍中，乌兹别克汗被译为“月即别”或“月祖伯”汗，他统治下的牧民被称为“月即别人”。

② 《哈萨克族简史》修订本编写组：《哈萨克族简史》，民族出版社2008年版，第124页。

（Sighnaq）城。除了昔格纳黑和锡尔河下游的一些小商业城市外，当时这片地区的大居民区不多，小居民区星罗棋布。

白帐汗国在名义上从属于钦察汗国，然而，因为远离伏尔加河的钦察汗国统治中心，白帐汗国的政治、军事大权完全由白帐汗掌握，钦察汗国无权过问。14 世纪的波斯史家拉施特在《史集》一书中谈道，斡儿答“在父亲生前和死后，他都极受尊重。虽然术赤的继位者为第二个儿子拔都，但蒙哥合罕在他作决定和决议时写上名字的诏书中，把斡儿答的名字放在前面”①。可见，作为术赤家族长支的斡儿答从未服从过钦察汗。

五弟昔班的封地被称为蓝帐汗国（1243—1468），地处白帐汗国的西北部。夏季，昔班诸部落在乌拉尔山区、伊列克河（奥伦堡以南的乌拉尔河的一条支流）和伊尔吉兹（Irgiz）河之间扎营；冬季，他们的营帐南移到斡儿答封地边界上。15 世纪，中亚居民把昔班家族封地上的部落民，以及乌拉尔山以西诺盖汗国的曼格特部（Manghīt）人，通称为乌兹别克人。②

14 世纪后期，白帐汗脱脱迷失（1380—1395 年在位）夺取了钦察汗国汗位，白帐统治者几乎全部西迁南俄草原，他们的领地逐渐被昔班家族占据。1391 年，当帖木儿来到卡拉套草原时，这里已经完全被昔班系部落占领了。15 世纪上半叶，在昔日白帐汗和蓝帐汗的领地上出现了两个政治联盟，即乌兹别克汗国和诺盖汗国。昔班后裔兼并白帐汗国领地之后，势力壮大起来，于 1428 年在今托博尔（Tobol）河以西的图拉城拥立昔班的六世孙阿布海尔为汗（1428—1468），此后不久，阿布海尔成功地把西起乌拉尔河、东至托博尔河之间的游牧部落联合起来，形成了一个游牧汗国，即乌兹别克汗国。

乌兹别克汗国建立以后，不断攻掠帖木儿王朝的城市。当时，

---

① 〔波斯〕拉施特：《史集》第 2 卷，余大钧、周建奇译，商务印书馆 1987 年版，第 115 页。

② 〔苏联〕Б. Г. 加富罗夫：《中亚塔吉克史》，肖之兴译，中国社会科学出版社 1985 年版，第 323 页。

帖木儿帝国（1370—1507）已经分裂为若干封建的埃米尔国，各埃米尔国为了扩大势力正在相互交战。1430 年，阿布海尔攻占花剌子模的部分地区，掠夺了乌尔根奇城（Kuhna-Urgench，玉龙杰赤）；1447 年，掠夺锡尔河流域沿岸地区，锡尔河畔的昔格纳黑成了阿布海尔的统治中心。

除了攻掠中亚南部的城市外，阿布海尔还积极参与了帖木儿帝国宗王之间的斗争。阿布海尔率领的游牧力量是一支战斗力强、机动性高的骑兵，帖木儿系宗王曾不只一次地向阿布海尔的军队求援，他们中有些人希望借助游牧势力兼并别人的领地，有些人则希望夺取撒马尔罕政权。其中，帖木儿曾孙卜赛因（Abū Sa‘īd，1451—1469 在位）就是在阿布海尔的帮助下登上撒马尔罕王位的。以后（1468 年），流亡中的帖木儿王子速檀·忽辛·拜哈拉（Sultān Husayn Bāyqarā，1469—1506）为了夺取呼罗珊王位，也到阿布海尔的营地寻求援助。帖木儿争权夺利的斗争给予阿布海尔发展势力的机会，阿布海尔强大之时，昔格纳黑、苏扎克（Suzaq）、阿尔库克（Arquq）、乌兹根和雅西（即突厥斯坦城）等锡尔河沿岸城市都处于他的控制之下，他派代理人统治。

随着势力的强大，阿布海尔开始集中权力，企图在乌兹别克人中建立起以他为中心的中央集权统治，集权措施触及蒙古王公和贵族的利益，引起他们的不满，有的部落首领率部众离开了阿布海尔。1456 年，白帐汗国末代可汗巴拉克之子克烈（Qarāy / Gerāy）和札尼别（Jānī Beg）率领相当多的部民出走。他们来到了东察合台汗国也先不花汗（Esān Buqā Khan，1432—1461 或 1462）的领地，寻求保护。据米儿咱·马黑麻·海答儿（Mirza Muhammad Haidar，1499—1551）写于 1545 的《中亚蒙兀儿史——拉失德史》（*Tārīkh-i Rashīdī*）记载："这时，阿不海儿在钦察草原已经成了无敌于四方之主。他原先率兵征讨朮赤族系速檀，使札你别汗和克烈汗在他的追击下逃到蒙兀儿斯坦。也先不花汗极为优待地接待了他们，并把库奇八失给了他们，该地在蒙兀儿斯坦西境靠近垂河的地方，于是他们就太平安乐地住在那里。”[①] 迁徙到楚河流域的这些乌兹别克人自称“哈萨克人”，意为“冒险者或叛逆者”，他们在此建立的政权被称为“哈萨克汗国”（The Kazakh Khanate，1470—1847）。[②] 汗国统治的楚河和塔剌思（Talas）河流域被称为“哈萨克斯坦”或“哈萨克草原”。

阿布海尔曾经阻止过部落的出走，但没有成功。在遭遇内部分裂的同时，乌兹别克汗国在东部又受到西蒙古人卫拉特（Oirat）的威胁。中国史书对卫拉特人的记载很多，在17世纪的中国史书中，卫拉特被译为“瓦剌”。据中国史书记载，15世纪中叶，瓦剌在首领脱欢（Toghon，？—1439）的率领下夺取了蒙古草原的统治权，建立了瓦剌帝国。在脱欢之子也先台吉（Isan Taishi）统治时期（1439—1455），瓦剌帝国达到鼎盛，疆域西起巴尔喀什湖，东至贝加尔湖，从贝加尔湖向南一直延伸到长城附近。1456年，也先台吉之子阿马桑赤入侵东察合台汗国，在伊犁河附近打败了东察合台汗羽奴思（Yūnus）。瓦剌的这次胜利预示着乌兹别克汗国即将面临的危险。在1456—1468年间，瓦剌向乌兹别克汗国发起攻击，阿布海尔逃到昔格纳黑，任凭锡尔河中游以北地区被瓦剌洗劫。

在内困外扰的打击下，乌兹别克汗国被削弱，无力与东察合台汗国支持下的哈萨克人较量。克烈和札尼别充分地利用瓦剌对乌兹别克汗国的袭击，在瓦剌离开之后，他们占领了乌兹别克汗国的牧地。1468年，阿布海尔与东察合台汗羽奴思发生了大规模战争，在塔什干和突厥斯坦城之间的一次战斗中，阿布海尔及其子沙布达克（Sabudak）被杀，乌兹别克汗国顷刻瓦解。阿布海尔家族的大多数成员被杀，他的孙子昔班尼（Muhammad Shaybani Khan，1451—

---

① 米儿咱·马黑麻·海答儿：《中亚蒙兀儿史——拉失德史》第1编，新疆人民出版社1983年版，第273—274页。现代地图上找不到这一地方。

② 关于哈萨克汗国建立的时间有几种说法，米儿咱·马黑麻·海答儿《中亚蒙兀儿史——拉失德史》第1编第274页，把哈萨克速檀开始统治的年代定在1465—1466年；《中亚文明史》第5卷，第91页：“札尼别和克烈为实现哈萨克人居住区内的完全统一进行了一次成功的斗争。从记录这些年事件的一份书面材料分析，哈萨克汗国的形成可以确定在1470年左右。”另有一种说法认为，1523年，哈萨克哈斯木汗完全统一了哈萨克各部。

1510）王子幸免，逃到阿斯特拉罕汗国（The Astrakhan Khanate，约1459—1556年）避难。后来，他率乌兹别克人南下，在河中地区（Transoxiana）确立了自己的统治。

15世纪上半叶，在乌兹别克汗国的西部，以蒙古人曼格特（即诺盖）部为主体形成了又一个蒙古游牧部落联盟，即诺盖汗国。在阿布海尔被拥立为汗的过程中，曼格特部首领瓦卡斯比起到了重要作用，他参与了阿布海尔的全部政治活动。在此过程中，曼格特部民团结在他周围，形成了被称为诺盖汗国的政治联盟。诺盖汗国的疆域在乌拉尔河至伏尔加河下游之间，包括了南高加索草原地带，统治中心最初在乌拉尔河河口的小萨莱城。1468年，乌兹别克汗国灭亡，诺盖人东移到乌拉尔河与伊希姆（Ishim）河之间地区，与哈萨克汗国为邻。以后，诺盖汗国的扩张引起了哈萨克汗国局势动荡。16世纪上半叶，受到挤压的大约二十万哈萨克人东迁到蒙兀儿斯坦。以后，哈萨克人在塔赫尔汗（Tāhir，1523—1533年在位）的率领下对诺盖人发起反攻，反攻遭到了失败。诺盖人乘胜进入哈萨克草原中西部，哈萨克人被迫向东南迁移。据1558年来到中亚的英国商人安东尼·詹金森（Anthony Jenkinson）说，伏尔加河以东，沿里海一直到土库曼人（Turkmens）的地区都是诺盖人的牧地。这种形势直到哈萨克汗哈克·纳咱尔（Haqq Nazar Khan）统治时期才得到根本扭转。哈克·纳咱尔利用诺盖人内部的纷争，把诺盖部的许多米尔咱（Mīrzā，在波斯语中指埃米尔和统治者们的后裔）争取到他这一边，诺盖汗国中的一部分卡拉卡尔帕克人（Qaraqalpaqlar）也因内战迁往花剌子模绿洲或河中地区，诺盖汗国的力量遭到削弱。1568年，诺盖汗国被哈萨克人征服。据说："哈克·纳扎尔国王（汗）、希加伊王子（素丹）以及切雷姆王子（素丹）的哈萨克诸公国（即各相对独立的部落联盟）同他们的二十位王子（素丹）开进诺盖汗国，并发生了战争。"① 在这次战争中，诺盖人被彻底打败。第二年，诺盖汗国瓦

① 厉声：《哈萨克斯坦及其与中国新疆的关系（15世纪—20世纪中期）》，黑龙江教育出版社2004年版，第39页。

解，部落及领地（包括首府小萨莱城）都被哈萨克人兼并。1569 年，沙皇伊凡四世派往诺盖的使者赛明·马尔佐夫在他的报告中提到了哈萨克首领对诺盖汗国的这次攻击。诺盖汗国灭亡了，但曼格特部民以后将在中亚南部的布哈拉汗国（The Bukhara Khanate）和希瓦汗国（The Khiva Khanate）的政治生活中继续发挥作用。

15 世纪 20 年代初，在乌拉尔山以东，托博尔河流域一带形成的游牧政权被称为西伯利亚汗国，汗国的主要居民是从事牧业、农业和狩猎的蒙古人和突厥人。

西伯利亚汗国从建立初期起就遭到了在乌拉尔山以南和托博尔河河源附近游牧的昔班系蓝帐汗国的挤压，逐渐失去了对托博尔河以东地区的统治。昔班家族首领阿布海尔正是于 1428 年在托博河支流的图拉河地区被拥立为汗的。1480 年，昔班家族的另一位王公伊巴克（他曾在 1481 年袭杀钦察汗）从西伯利亚汗国夺取了图拉河与托博尔河交汇处的秋明城（Tyumen City）。16 世纪初，伊巴克之孙库程汗（Küchüm Khan）曾追随昔班尼到河中地区，在此皈依了伊斯兰教。1563 年，库程汗在与西伯利亚汗雅迪格尔争夺汗位的战争中获胜，登上了西伯利亚汗位（1563—1600）。战争期间，雅迪格尔汗曾向俄国沙皇伊凡四世求援，并于 1557 年向俄国表示臣服。雅迪格尔汗在失败之后进行了长期的复辟战争，终未成功，于 1569 年被库程汗杀死。

1579 年，俄国沙皇伊凡四世派哥萨克首领叶尔马克（Yermak）进攻西伯利亚汗国，库程汗对俄国入侵者进行了顽强抵抗。然而，1581 年，库程汗被俄国人打败，退出了汗国统治中心，进入森林与俄国人进行游击战。1584 年，库程汗在额尔齐斯河的一个岛上袭击并杀死了叶尔马克，夺回了西伯利亚汗国。以后，俄国人采取步步为营的战略，在汗国境内的秋明（于 1586 年）、托博尔斯克（Tobol’sk，于 1587 年）和托木斯克（Tomsk）建立了要塞，进行军事殖民。托博尔斯克要塞的建立标志着俄国对西伯利亚汗国的征服。库程汗在鄂毕河畔进行了长期的反俄战争，失败之后，他逃到诺盖草原，于

1598年8月20日在此遭到暗杀，复辟西伯利亚汗国的希望彻底破灭。

在15世纪上半叶形成的三个汗国中，领导汗国的大汗都出身于成吉思汗系，他们通常从那些得到大部落贵族首领信任的速檀中选出。他们的权力是有限的，局限于自愿承认他们的那些部落，而各部落的实权仍然继续掌握在维护自己利益的部落贵族手中。在军事上，大汗除了依靠部落所辖的武装力量外，还组建了自己的私人卫队，即那可儿（Nokor），那可儿通常是在破产的牧民中招募。

在乌兹别克人和诺盖人的社会制度中，各部落内部的阶级分化已经加剧，按14世纪旅行家伊本·白图泰的报道，部落上层统治者拥有的牲畜数量有时多达几万头。在游牧社会，阶级对抗的表现不像定居社会那样尖锐和公开，氏族宗法制的残余仍然起着十分重要的作用，对直接生产者牧民的剥削和奴役采取了氏族相互帮助和庇护的形式。剥削往往采取以盘剥性的条件把牲畜分给贫穷牧民的形式，穷人得到牲畜之后，终身为"向他施恩的"富亲戚提供几乎是无偿的劳动。于是，赤贫牧民在经济上完全依赖本部落的这些富裕者，他们没有从事独立经济的可能性，难以保证自己的人身独立。此外，牧民还必须为大汗担负各种徭役，当然，这些徭役是否实现决定于大汗的力量，以及他对各部落的实际统治能力。

15世纪上半叶形成的三个汗国，或者说三个政治联盟，是以地缘为基础形成的。联盟内的大多数部落在加入阿布海尔或诺盖的政治联盟之前虽然是相互独立的，但邻近部落之间已经发生了形式多样的联系。在乌兹别克汗国中，推举阿布海尔为大汗的部落有乃蛮、柯什奇、克雅特、畏兀儿、杜尔曼、卡尔努克、乌孙、克涅格斯等。现在还不能确定这些部落到底是什么时候被分解的，不过，毫无疑问，分解过程发生在乌兹别克与诺盖汗国形成之前很久。新形成的部落联盟是以地域关系和相互之间的经济、政治关系为基础建立起来的。其中，起到主要作用的部落，其部落名成了新政治联盟的名称。

在新的政治联盟中，每一个部落继续过着它们从前的生活，联盟（或汗国）的活动只有在符合各部落最有势力的集团利益之时，该部落才会参与。因此，任何政治联盟或汗国都不可能达到形成一个统一社会整体的程度，在其内部，部落统治集团之间争夺政权的斗争经常发生。如果某部落首领认为这一政治联盟妨碍了他的正常经济生活或危及他本人或本部安全之时，他们往往采取出走的方式，离开原来的联盟，加入另一游牧联盟之中。14—16 世纪的资料表明，部落大规模地从这个或那个不合他们心意的上层统治者所管辖的领土上迁走是常见的现象，也是抗议政权机关最普遍的一种形式。阿布海尔建立集中政权的企图，遭到了克烈汗和札尼别汗的反对，他们的出走导致了汗国的分裂。

第二节　东察合台汗国和叶儿羌汗国

乌兹别克汗国的东部是蒙古人建立的东察合台汗国。与钦察汗国一样，察合台汗国也是成吉思汗分封诸子的产物，它是在成吉思汗次子察合台封地的基础上形成的政权。察合台汗国鼎盛时期的疆域东起吐鲁番，西至阿姆河，北到塔尔巴哈台，南越兴都库什山。14 世纪中叶，察合台汗国因内乱分裂为东、西两个汗国。1428 年，当阿布海尔在咸海以北草原建立乌兹别克汗国之时，东察合台汗国发生内乱，在歪思汗（Uvays Khān，1417—1432 年在位）去世之后，他的两个儿子羽奴思和也先不花开始了争权夺利的战争，东察合台汗国分裂为东、西两部分。

次子也先不花夺取王位，统治着巴尔喀什湖以南、伊塞克湖以北和楚河流域。乌兹别克汗国的分裂势力克烈和札尼别率部出走之时，来到了也先不花的统治地区，也先不花无力阻止这些游牧民，便把他们安置在楚河流域的库齐巴什地方，以对付阿布海尔汗和争位失败后流亡西方的兄长羽奴思，确保东察合台汗国西部的安全。

也先不花统治时期（1432—1461 或 1462），帖木儿帝国河中地区统治者卜赛因·米尔咱（Abū Sa‘īd Mīrzā）将羽奴思从泄剌只

（Shiraz，今伊朗法尔思省设拉子市）招来，帮助他与其弟争夺东察合台汗王位。羽奴思攻占并统治了东察合台汗国西部地区。1462 年，也先不花去世，儿子笃思忒·马黑麻即位（1461 或 1462—1468 或 1469）。1469 年，马黑麻之子怯别继位，三年后被暗杀。羽奴思汗东进，攻占了阿克苏，统一了东察合台汗国。1487 年，羽奴思去世，长子速檀·马哈木汗（Sultān Mahmūd Khān）继位。当时，河中地区统治者速檀·阿合马（Sultān Ahmad）与其弟乌马儿·沙黑（Umal Shāh）为争夺塔什干而发生战争，马哈木出面调停，趁机夺取了塔什干。15 世纪末，东察合台汗国在马哈木统治时期一度呈现出强盛局面，在阿斯特拉罕避难的阿布海尔的孙子昔班尼也前来为马哈木效力。在马哈木的帮助下，昔班尼推翻了帖木儿王朝，在河中地区确立起自己的统治。

昔班尼在河中地区立足之后，很快与他的支持者马哈木反目，1503 年，昔班尼围攻马哈木驻地塔什干城，马哈木之弟、吐鲁番统治者速檀·阿黑麻匆忙从塔里木盆地赶来支援。但是，兄弟俩在阿赫昔（Akhsi）战役中战败被俘。昔班尼对他们很客气，不久就将他们释放。阿黑麻回国后不久病逝，长子满速儿（Mansūr）接替了他在东察合台汗国东部的统治。马哈木不甘心自己的失败，于 1508—1509 年再次发动对昔班尼的战争，这一次，他被俘后被杀。

马哈木被杀之后，满速儿成为东察合台汗国大汗。为了巩固统治，满速儿对其兄弟们发起残酷镇压，他的三弟萨亦德（Sa'īd）成功逃走。1514 年，萨亦德在后来印度莫卧儿帝国（Mughal Empire，1526—1857）建立者巴布尔的支持下，返回来夺取了英吉沙、叶儿羌（今新疆莎车）、和田，建立了独立于东察合台汗国的蒙古—畏兀儿人政权——喀什噶尔汗国，汗国因其统治中心在叶儿羌而被称为“叶儿羌汗国”（Yarkand Khanate，1514—1696）。[①] 1516 年，萨亦德与其兄满速儿和解，承认了满速儿的大汗地位，向他称臣，东

① “叶儿羌汗国汗世系表”见附录一。

察合台汗国在名义上维持着统一。

叶儿羌汗国的开国君主萨亦德以个人的才华和雄心壮志，在他执政的十多年中，实行了开明统治，为汗国的后期繁荣奠定了基础。1533年，萨亦德汗去世，其子阿不都·拉失德（'Abdu'l Rashīd，1533—1565年在位）继位。在拉失德统治时期，叶儿羌汗国统治着蒙兀儿斯坦，以后，叶儿羌汗被称为蒙兀儿汗，东察合台汗国仅仅控制着焉耆、吐鲁番、哈密三个地区。1543年，东察合台汗满速儿去世，其子各据一方，互相争斗，在斗争中，他们纷纷依附于叶儿羌汗，东察合台汗国名存实亡。

16世纪30年代，叶儿羌汗国在西面遭到了哈萨克人和吉尔吉思人（Qïrqïz）的威胁，拉失德汗曾与布哈拉汗国结成联盟。1537年，两国联合出兵，在伊塞克湖附近沉重地打击了哈萨克人，叶儿羌汗国势力进入哈萨克人的领地。然而，在此后的战争中，拉失德汗的长子阿不都·拉迪甫（'Abdu'l Latīf Khān）负伤去世，哈萨克人又夺回了蒙兀儿斯坦的大部分地区（即伊犁和昆格山地区）。

拉失德汗统治时期，在东察合台汗国和叶儿羌汗国掌握实权近两百年的蒙古杜格拉特部（Dughlat，朵豁剌惕）遭到了削弱，拉失德汗处死了该部首领赛义德·马黑麻·米儿咱（历史学家海答儿的叔叔）。由于害怕遭到与叔叔同样的命运，海答儿到印度避难，1541年，成为克什米尔地区的统治者。

1565年，拉失德汗在和田去世，汗位先后由其子阿不都·哈林（1565—1591年在位）和马黑麻（1591—1609年在位）继承。1580年，阿不都·哈林灭亡东察合台汗国，统一了天山南路。阿不都·哈林去世以后，五弟马黑麻继任叶儿羌汗，他在位期间，叶儿羌汗国达到鼎盛，疆域向东远至嘉峪关，与明朝疆域相邻；北部延伸到天山山脉，与哈萨克、吉尔吉思和西蒙古人领地接壤；西部囊括了帕米尔全境；西南部抵达喀喇昆仑山；南部与昆仑山和阿尔金山相接。这一时期，途经叶儿羌汗国的旅行者鄂本笃（Ebendu）看到喀什噶尔城“商贾如鲫，百货交汇”的繁荣景象。[①]

马黑麻死后，其子阿黑麻继承汗位（1609或1610—1618或1619），他的继位违背了蒙古游牧民以“家族中长者继承汗位”的原则，于是，争夺汗位的战争再起。战争期间，汗室成员阿都剌因速檀在汗国东部称汗，建立了独立统治。阿黑麻的长子、喀什噶尔总督帖木儿速檀两次出兵讨伐阿都剌因，但没有成功。阿黑麻采取镇压手段对待争夺汗位的宗室成员，将参与者大批流放，汗室力量遭到削弱，地方异密强大起来。1618—1619年，阿黑麻出猎之时被异密杀害，喀什噶尔异密拥立阿黑麻次子阿不都·拉提甫（‘Abdu’l Latīf Khān, 1618或1619—1630或1631）为汗。阿不都·拉提甫的统治是在内乱中度过的，异密们利用汗权软弱扩大自己的势力。

阿不都·拉提甫去世以后，异密们立他的侄儿阿克苏城总督阿黑麻为汗（1630或1631—1631或1632）。他的继位遭到了喀什噶尔总督的反对，阿黑麻逃亡阿克苏，速檀马合木登上汗位（1632—1635）。1635年，阿黑麻以武力夺回汗位，又统治了三年。在此时期，在东部实施独立统治的阿都剌因汗去世，他的长子阿卜杜拉继位（1638或1639—1667）。1638年，阿卜杜拉趁汗国西部混乱之机夺取了叶儿羌城，统一了叶儿羌汗国。

1667年，阿卜杜拉汗去世。阿卜杜拉汗的长子尤勒巴尔斯（Yolbārs）夺取了叶儿羌汗位（1667—1670）。三年以后，阿卜杜拉汗的弟弟伊斯玛仪（Ismā’īl）从阿克苏进攻喀什噶尔，杀尤勒巴尔斯汗夺取汗位。在伊斯玛仪统治时期（1670—1680），叶儿羌汗国分裂成叶儿羌、喀什、阿克苏、于阗、吐鲁番诸小汗国。

在伊斯玛仪统治后期的1678年，蒙古族准噶尔部贵族开始卷入到南疆地区的政治斗争之中。1682年，准噶尔部首领噶尔丹（Galdan）出兵经阿克苏、乌什，夺取喀什噶尔，并攻下叶儿羌城，俘虏了伊斯玛仪汗族成员，将他们押往伊犁关押。在噶尔丹的

---

①　张星烺编注:《中西交通史料汇编》第1册，朱杰勤校订，中华书局2003年版，第523页。

支持下，宗教首领阿帕克和卓（Āfāq Khwāja Hidāyatullāh，1625—1694 或 1695，意为“宇宙之主”）在南疆四城（阿克苏、喀什、叶儿羌、和田）建立了政教合一的国家——“伊斯兰神圣国家”。他以《古兰经》施政，大力传布苏菲派神秘主义。在他执政的十年中（1680—1690），他的信徒达到三十万人。[①]1692 年，阿帕克和卓在穆斯林的抗议下被迫把汗位让给原叶儿羌汗室成员穆罕默德·艾敏（Muhammad Mu’min，1692—？），自己则逃亡哈密。后来在准噶尔贵族的支持下阿帕克和卓曾再次掌权。1694 年（也有说 1695 年），他在萨迪克和卓（Sādiq Khoja）领导的暴动中被杀身亡。1696 年，叶儿羌汗国灭亡。

第三节　哈萨克汗国

15 世纪下半叶，白帐汗巴拉克之子克烈和札尼别因不满乌兹别克汗国统治者阿布海尔的集权，率乃蛮、克烈、篾儿乞等部迁徙到东察合台汗国境内，东察合台汗也先不花将他们安置在楚河流域。以后，他们在楚河流域建立了独立的哈萨克汗国，哈萨克汗国历经了十三位汗的统治。[②]

克烈和札尼别的出走在阿布海尔的游牧汗国引起了连锁反应，在此后的十多年（从 15 世纪 50 年代后期到 70 年代初）中，乌兹别克汗国的部民陆续迁到哈萨克人居住的楚河流域。除了乌兹别克人迁入外，七河流域和伊犁河流域等地的乌孙、札剌亦儿（Jalāyersf）、杜格拉特等部也脱离东察合台汗国西迁到哈萨克人之中。这些部落的迁入巩固和壮大了哈萨克汗国，哈萨克汗国强盛起来，他们的人数达到二十万人。[③]

---

① 《中国伊斯兰百科全书》，“阿帕克和卓”条。

② “哈萨克汗国汗世系表”见附录一。

③ 米儿咱·马黑麻·海答儿：《中亚蒙兀儿史——拉失德史》第 1 编，第 274 页。

1468年，阿布海尔被东察合台汗羽奴思打败，乌兹别克汗国随之瓦解。于是，克烈和札尼别率领的哈萨克人迅速向西扩张，占据并统治了原乌兹别克汗国的领土。原白帐汗国和乌兹别克汗国的首府昔格纳黑城成为哈萨克汗国的统治中心，哈萨克人以此为基地开始对锡尔河以北的城市发起攻击。1470年，克烈率军攻打突厥斯坦城，札尼别之子夺取了苏扎克和扫兰（Sauran）城。随着军事的胜利，哈萨克汗国南部领地延伸到了塔什干、安集延（Andijan）边界。

克烈和札尼别两位首领去世之后，汗国由克烈之子布鲁杜克汗（Burunduq Khan，1488—1509年在位）统治。在位时期，布鲁杜克汗与河中地区的统治者为夺取锡尔河北岸城市进行了激烈的战争。最终，哈萨克汗国保住了对这些城市的领导权。布鲁杜克汗去世以后，札尼别之子哈斯木继位（Qāsim，1509—1523年在位）。[①] 在布鲁杜克汗和哈斯木汗统治时期，咸海和里海北岸的乌兹别克人在昔班尼的率领之下，在河中地区建立了布哈拉汗国。乌兹别克人南下之后，哈萨克人趁机占领了咸海和里海以北草原，在16—17世纪的两百年中，哈萨克人生活在东起额尔齐斯河、西至里海的广阔草原上。

哈斯木是哈萨克汗国初期的一位强大的汗，他在位期间，哈萨克汗国领土向南一直延伸到锡尔河中游，锡尔河北岸的许多城市都处于汗国统治之下；东北部领地一直伸入兀鲁套山区和巴尔喀什湖地区，抵达卡尔卡拉林斯克山（Karkaralinsk）支脉；西北部抵达乌拉尔河流域。哈斯木把汗国治理得很好，同时代人巴布尔（Babur，1483—1530）称赞哈斯木说，他拥有“如此井井有条的部落”，他统治下的哈萨克汗国军队达三十万。[②] 据海答儿·杜格拉特估计，哈斯木统治下的人民有一百万之多。[③] 莫斯科大公瓦西里三世（1503—1533年在位）曾派使者到哈萨克汗国，表示承认他对哈萨克人的统治。

---

① 米儿咱·马黑麻·海答儿：《中亚蒙兀儿史——拉失德史》第1编，第274页。

② 〔印度〕巴布尔：《巴布尔回忆录》，王治来译，商务印书馆1997年版，第21页。

③ 米儿咱·马黑麻·海答儿：《中亚蒙兀儿史——拉失德史》第1编，第274页；V. V. Barthold, *Four Studies on the History of Central Asia*, Vol.I, p.153。

哈斯木是杰出的政治家，他在位期间主持召开了著名的比伊（部落头目）会议，会上制定并通过了哈萨克汗国的第一部法典，即《哈斯木汗国名鉴》，世称《哈斯木汗法典》。《法典》包括了解决牧畜、牧场、土地诉讼规定的财产法；关于杀人、抢掠人和牲畜，以及盗窃等刑事犯罪的刑事法；关于组建军队的兵役法；关于挑选使臣的使臣法；关于婚丧嫁娶等礼俗和节日、庆典的民法。这部法典深受汗国居民的欢迎，实行了一百年，直到额什木汗（Esim Khan，1598—1628 年在位）统治时期才对它做了补充。[①]

新兴的哈萨克汗国正是在哈斯木汗统治期间得以巩固。不过，哈萨克汗国的中央政权是极其脆弱和不稳定的。哈斯木汗于 1523 年去世之后，其子谟麻什（Mamash，Muhammad Husayn）继位才几个月就被杀，哈斯木弟弟之子塔赫尔（Tāhir）继承了汗位。

塔赫尔实施残暴统治，在他统治时期迁出哈萨克汗国的部落很多，在他即位之初，汗国有一百万人口，后来，只剩下了四十五万。[②] 塔赫尔尚武好战，不分敌友，四处出击。在统治期间，塔赫尔北与诺盖部、南与塔什干领主、东与叶儿羌汗萨亦德发生战争。结果，与诺盖人的战争失败，被迫向东南迁移；与塔什干城主的战争也遭到了失败，锡尔河流域的一部分领地被塔什干领主占领；在与叶儿羌汗的战争中，他与伊塞克湖地区的吉尔吉思人联盟，把叶儿羌汗从七河地区和吉尔吉思人的居地驱逐出去。然而，这一胜利挽救不了塔赫尔在国内的统治失败，他于 1533 年逃亡到吉尔吉思人中。[③]

塔赫尔之弟不答什（Buydash）继承了汗位，他的统治只有一年左右（1533—1534），就是这么短的时间也是在内乱和战争中度过的。整个汗国处于分裂状态：在哈萨克草原西部，实施统治的人是阿赫默德汗；在哈萨克草原东部的七河流域，实施统治的是托格木

---

① 贾合甫·米尔扎汗：《哈萨克族》，何星亮译，民族出版社 2004 年版，第 52 页。

② 《哈萨克族简史》修订本编写组：《哈萨克族简史》，第 146 页。

③ 米儿咱·马黑麻·海答儿：《中亚蒙兀儿史——拉失德史》第 2 编，第 173 页。

汗；而不答什汗统治的哈萨克人只有两万。[①]

在不答什汗之后继位的是塔赫尔汗的另一个弟弟吐格呼木（Tughum）。在他统治期间（1534—1538），叶儿羌汗阿不都·拉失德对哈萨克人发动了一次进攻，在这次战争中，吐格呼木遭到重大失败，他本人连同三十七位哈萨克速檀一起被杀。一则传播很远的谣言说："最近四年这些（哈萨克）人已无踪无影了。回历930年（公元1523年）哈萨克人共有一百万人；回历944年（公元1537年）世界上已没有这一大帮人的踪迹了。"[②]

重振哈萨克汗国的人是哈斯木汗之子哈克·纳咱尔汗，他的长期统治（1538—1580）使哈萨克人重新团结起来，国家逐渐强盛。在西方，诺盖贵族陆续前来投奔，哈克·纳咱尔汗趁机兼并了诺盖汗国的部分领地，其中，诺盖汗国的首府小萨莱城也归属于哈萨克汗国；在东方，哈克·纳咱尔对叶儿羌汗国发起攻击，阿不都·拉失德汗的长子阿不都·拉迪甫被哈萨克人杀死，这事可能发生在1558年或1559年，当时英国旅行家安东尼·詹金森在布哈拉听说吉尔吉思人（指哈萨克人）在攻击喀什噶尔；在南方，哈克·纳咱尔勾结河中地区的分裂势力发动对撒马尔罕和布哈拉城的攻击，并于1579年攻占了塔什干城。

哈克·纳咱尔的扩张战争虽然获得了极大的成功，但他与河中分裂势力的联盟很快破裂，并招来了杀身之祸。1580年，他的汗位由札尼别的孙子、年迈的昔格海汗（Shighay Khan）继承（1580—1582）。

继位第二年（1581），昔格海汗与昔班尼王朝统治者建立了友好关系。他的儿子特夫克勒（Tevekkel）在昔班尼王朝做人质。1582年，昔格海汗去世，特夫克勒回国继位，由于他在哈萨克人中没有稳定的基础，直到1586年才被正式推举为汗（1586—1598）。

---

① 米儿咱·马黑麻·海答儿：《中亚蒙兀儿史——拉失德史》第1编，第274页。
② 米儿咱·马黑麻·海答儿：《中亚蒙兀儿史——拉失德史》第2编，第173页。

政权巩固之后，特夫克勒汗开始向外扩张。在北方，不断向东扩张的俄国人阻止了哈萨克人的发展；在东方，卫拉特联盟中的准噶尔部强大起来，不断威胁着哈萨克人；在南方，昔班尼王朝的阿布杜拉汗正在呼罗珊作战。于是，特夫克勒汗把扩张矛头指向南方。1586 年，他与兄弟额什木率领哈萨克人南下，留守撒马尔罕的昔班尼王朝军队打退了哈萨克人的进攻，特夫克勒退回草原。

哈萨克人对河中地区的攻击深得俄国人的赞赏，这一时期俄国与哈萨克汗国有过多次的使节往返。1588 年，俄国督军丘尔科夫（Chulkov）俘获了特夫克勒的侄儿乌拉兹・穆罕默德，将其送往莫斯科关押。为了救侄儿，特夫克勒表示愿意臣服于俄国，要求俄国给自己提供武器。1595 年，俄国派使者带着沙皇给特夫克勒的亲笔信来到哈萨克汗国，信中，沙皇同意释放乌拉兹・穆罕默德，但要求特夫克勒送儿子到俄国为人质；沙皇同意给哈萨克汗国供应武器，但要求哈萨克汗国接受臣属，配合俄国方面迫使布哈拉汗国讲和，并使曾经在昔班尼王朝生活过的、与布哈拉汗国关系亲密的西伯利亚汗国库程汗臣服于俄国。据推测，特夫克勒没有答应俄国的条件，俄国信使“没有给俄国带回任何政治上的利益”。直到 18 世纪，哈萨克人都没有成为俄国臣民。[①]

1598 年，特夫克勒趁昔班尼王朝阿布杜拉汗去世，又发起了对河中地区的进攻。然而，特夫克勒不久病故。除了塔什干和突厥斯坦两城仍留在哈萨克人手中，其余地区很快被乌兹别克人收复。

16 世纪末期，哈萨克汗与蒙古王公的斗争激烈，王公们各据一方，自立可汗，哈萨克汗国分裂为大、中、小三个玉兹（Zhuz，复数 Zhuzler）。在汗国东部的七河流域形成了大玉兹（大帐），在汗国中部形成中玉兹（中帐），在乌拉尔河东岸形成了小玉兹（小帐）。三个独立政权都由成吉思汗后裔统治，他们自称“汗”。在面临强大外敌之时三个玉兹曾经统一，但总的来说，17 世纪的哈萨克汗国是一个四分五

① 厉声：《哈萨克斯坦及其与中国新疆的关系（15 世纪—20 世纪中期）》，第 43 页。

裂的国家，17 世纪哈萨克人的历史实际上是三个玉兹的独立发展史。

第四节　吉尔吉思人

吉尔吉思人（Qïrqïz）的原始居地在叶尼塞河流域，最早记载吉尔吉思人的中国史书是《史记》。在《史记》中，吉尔吉思人被记为“鬲昆”[①]，以后《汉书》除保留鬲（隔）昆一名外，普遍称“坚昆”，6—9 世纪的史书记为“黠戛斯”。中亚吉尔吉斯民族是叶尼塞河流域的吉尔吉思人在不同时期西迁中亚的过程中形成的。[②]吉尔吉思人西迁浪潮一波又一波，大致可以分为三个阶段：早期、蒙古时期和俄国东扩时期。

早期迁徙指公元前 1 世纪中叶至蒙古人入侵之前的迁徙。这一时期，吉尔吉思人的西迁与西匈奴有关。在匈奴扩张下，叶尼塞河流域的坚昆部西迁到天山北部，3 世纪初，今塔城、七河流域、塔剌思河流域已经有坚昆部民。6—9 世纪，叶尼塞河流域的黠戛斯部作为突厥汗国和回鹘汗国的臣民参与了宗主国的对外战争，在战争中，一部分黠戛斯人来到天山地区。[③]840 年，回鹘汗国灭亡以后，

---

① （汉）司马迁：《史记》，中华书局 1982 年版，第 2893 页。

② 关于吉尔吉思人的起源和迁徙，吉尔吉斯斯坦著名作家钦吉斯·艾特玛托夫在其中篇小说《白轮船》中曾叙述过吉尔吉思人中流传的一则神话：“很久很久以前，柯尔克孜人住在叶尼塞河畔。有一天，全部落的人都忙着为头人送葬。敌人趁机洗劫了他们。在这场灾难中，没有一个大人活着逃脱出来。只有两个到森林玩耍的男孩和女孩得以幸免。他们失去了亲人成为孤儿，但最终还是落入了敌人的魔掌。敌酋可汗命令麻脸瘸婆婆把他们带到山里杀掉。她把两个孩子领到悬崖旁，正欲朝下推时，一头白色的母鹿跑了过来，对二人言，哀求瘸婆婆把孩子交给它来抚养。后来，母鹿用自己的奶汁喂养他们，驮着他们避开凶禽猛兽的伤害来到热湖（伊塞克湖）旁边。这样，柯尔克孜族最后的两个人便完成了从叶尼塞河到热湖的长途迁徙。他们结为夫妻，生儿育女。”参见〔苏联〕钦吉斯·艾特玛托夫：《白轮船》，雷延中译，上海人民出版社 1973 年版，第 44 页。

③ 零星的史料表明，至迟在六七世纪，已经有叶尼塞吉尔吉思人向西迁徙，留居天山一带或我国西北其他一些地区，不过数量较少，因而留下的有关史料和遗迹也较少，但是从已发现的资料中仍可见他们这一时期西迁的蛛丝马迹。参见马曼丽：《叶尼塞吉尔吉斯的西迁与中亚吉尔吉斯民族的形成》，《西北史地》1984 年第 4 期，第 28 页。

又有部分黠戛斯人随回鹘人西迁到天山南部，占据了今乌什，以及喀什以北的阿图什至乌恰等地。以后，这些黠戛斯人与回鹘、葛逻禄、样磨、处月等部民共建了喀喇汗王朝。天山南部的黠戛斯是一支势力较大的部落，他们在喀喇汗王朝的军队中很有实力，参与了汗国的政治活动。在此期间，喀什噶尔北部完全处于黠戛斯的控制之下，从《中国历史地图集》来看，今阿图什一带是黠戛斯人的活动中心。

早期迁徙到天山南北的黠戛斯人与匈奴、鲜卑、柔然、突厥、回鹘、葛逻禄、样磨、处月等部杂居和融合，他们在以后中亚吉尔吉斯民族主体中没有明显占优势的地位，然而，早期迁徙运动对叶尼塞河畔的吉尔吉思人有着很大的吸引力，他们生活的地区成为以后吉尔吉思人迁徙的目标，从这个意义上说，吉尔吉思人的早期西迁对后来中亚吉尔吉斯民族的形成仍有一定的意义。

13世纪初，蒙古人强盛起来。蒙古人的征服和统治拉开了吉尔吉思人西迁的高潮。在13世纪以后的中国史书中，吉尔吉思人被记为“乞尔吉思”或“吉利吉思”（Jilijisi），以及“柯尔克孜”、“布鲁特”等。按民间传说，吉尔吉思一词来源于神圣数字“40”（Kirk / Qïrq），这一数字等同于联盟、权力等概念。在词源学上的说法是：“kyrk”是40。中外史书对此都有内容大同小异的解释，如《元史》把吉尔吉思人的起源与40名古代汉族少女联系起来；16世纪的波斯著作《历史概要》（*Majmū*ᶜ *al-tawārīkh*）的作者赛福鼎·阿克希甘第（Sayfu’ddīn Akhsikandī）认为，在他那个时代，“吉尔吉思人起源于40位乌古思人（Oghuz），他们是在塞尔柱速檀桑扎尔时代从乌兹根逃亡到忽毡（Khujand）山区避难的”[①]。

蒙古征服和统治期间，吉尔吉思人陆续西迁到天山北部，其中大的迁徙有两次。一次发生在阿里不哥（Ariq Böke）反忽必烈时期（1260—1263），追随阿里不哥的吉尔吉思人转战伊犁河流域，1264

① C. Adle, Irfan Habib, *History of Civilizations of Central Asia*, Vol.5, p.109.

年，阿里不哥战败，只身逃亡，他从叶尼塞河带来的部队溃散在天山北部。另一次是海都带来的部民，窝阔台系宗王海都曾把东天山到叶尼塞河之间的突厥—蒙古部落联合起来，其中包括了当时已经成为窝阔台汗国“直属部落”的吉尔吉思人。他们在跟随海都作战的过程中来到天山北部。

14 世纪后期，帖木儿军进入天山地区，消灭了或驱逐了此地的许多突厥—蒙古部落，天山北部的吉尔吉思人获得了很大的发展空间。15 世纪初期，吉尔吉思人在天山有了固定的地盘，人数也在不断增加，以后，吉尔吉思人从天山南北逐渐发展到帕米尔高原及其以西的兴都库什山一带。

16 世纪，天山—帕米尔的吉尔吉思人隶属于东察合台汗国，他们参与了各派之间的冲突与战争。东察合台系宗王萨亦德征服安集延，于是，伊犁河上游、伊塞克湖周围、楚河上游、塔剌思河流域、纳林（Naryn）河流域的吉尔吉思人都归属在他的统治之下。1514 年，萨亦德率吉尔吉思人、绰罗斯部（Chuoluosibu）蒙古人大约四千人占领了喀什、叶儿羌、和田等地，建立了叶儿羌汗国。因此，在叶儿羌汗国建立过程中，吉尔吉思人起了十分重要的作用；以后在叶儿羌汗国政权中，吉尔吉思人成为汗国的支持力量，叶儿羌汗任命吉尔吉思人为地方长官，如 1638 年，阿卜杜拉汗任命吉尔吉思首领为喀什、乌什、库车、轮台、和田等地的最高行政长官（阿奇木伯克）。

然而，吉尔吉思人遭到叶儿羌汗国的剥削是很重的，有史书记载，叶儿羌汗萨亦德曾从吉尔吉思人手中一次就夺取了十万只绵羊。[①] 每遭战乱，吉尔吉思牧民只有进入深山躲避。15 世纪末至 16 世纪初期，伊塞克湖地区的吉尔吉思人与叶儿羌汗国统治者经常发生摩擦和战争，吉尔吉思人不断起义反对叶儿羌汗国的统治，海答儿本人就参加过镇压吉尔吉思人的战争。据海答儿记载，吉尔吉思

① C. Adle, Irfan Habib, *History of Civilizations of Central Asia*, Vol. 5, p.111.

是蒙兀儿斯坦诸部落之一，但是，在经历了几次反蒙兀儿汗的叛乱以后，他们从蒙兀儿人中“分离出去”了。[①]

在反抗叶儿羌汗国的起义中，天山北部的吉尔吉思人与哈萨克人结成同盟，他们互相支持。16 世纪的吉尔吉思—哈萨克联盟是吉尔吉斯民族史中的重要组成部分，在吉尔吉思人的史诗中，哈萨克统治者一直以同盟者身份支持吉尔吉思人；而吉尔吉思人也参与了哈萨克汗国在 1598 年、1603 年、1606 年和 1610 年对叶儿羌汗国和昔班尼王朝的军事行动。

费尔干纳的吉尔吉思人在 16 世纪初期臣属于河中地区新兴的昔班尼王朝，不过，据布哈拉史家哈菲兹（Hāfiz b. Muhammad Bukhārī，1549—1588）记，16 世纪定居在卡拉捷金（Qarategin）的吉尔吉思人既没有臣属于河中地区的统治者，也没有臣属于任何一位速檀。哈菲兹提到了 1575 年迁入希萨尔（Hissar）和迪赫依瑙（Dih-i Nau）的那些吉尔吉思部落。

16 世纪，当乌兹别克人和哈萨克人在建立自己国家的时候，中亚吉尔吉思人没有形成自己的政权。奥斯曼史家赛菲·切勒比（Sayfī Chelebī）写于 1528 年的书中说：“采用吉尔吉思一名的一个部落住在喀什的这一边。他们是与蒙兀儿人同族的游牧民族……他们没有汗，只有伯克。”[②] 吉尔吉思社会组织仍然是氏族部落，有的一个部落由几个氏族组成，有的一个氏族分为几个部落。部落头人称为“比”，比的位置世袭。《西域闻见录》一书记载说：“如其比死，即立其比之子，若弟、他人不得与也。”[③]

天山南北、帕米尔高原的吉尔吉思人逐渐形成了“天山—帕米尔”吉尔吉思人。史家们把叶尼塞河畔的吉尔吉思人称为北吉尔吉思人，把天山—帕米尔的吉尔吉思人称为南吉尔吉思或西吉尔吉思

---

① 米儿咱·马黑麻·海答儿：《中亚蒙兀儿史——拉失德史》第 1 编，第 376 页。

② C. Adle, Irfan Habib, *History of Civilizations of Central Asia*, Vol. 5, p.113.

③ （清）椿园七十一：《西域闻见录》，转引自王志：《〈西域闻见录〉之版本著者考述及史料价值论略》，《伊犁师范学院学报》2008 年第 1 期，第 35 页。

人。南、北吉尔吉思人居住在彼此相距较远的地区，他们之间的联系日渐疏远，到 17 世纪时，他们之间不仅在文化和宗教方面存在着差异，而且已经发展成使用同一族名的两个完全不同的民族实体。

13 世纪仍居叶尼塞河流域的吉尔吉思人的经济情况在《长春真人西游记》一书中有记载。该书说："俭俭州（即歉歉州）出良铁，多青鼠，亦收糜麦，汉匠千百人居之，织绫罗锦绮。"[①] 可见，在 13 世纪初期，叶尼塞河的吉尔吉思人虽然以畜牧业为主，但已经有了种植糜麦的农业生产，而且由于受中国中原地区的影响，手工业中冶铁的技术较高，可以生产良铁，纺织业已具有较高的发展水平，可以织绫罗锦绮。拉施特在《史集》中也提到了叶尼塞河流域吉尔吉思人地区"有很多城市和村落"[②]。

西迁天山—帕米尔的吉尔吉思人，仍以游牧业为主要经济来源。与哈萨克牧民相比，他们中的绝大多数是高山游牧者，大部分人是在冬季住地与夏季高山牧场之间垂直迁徙。一般早春开始从冬住地出发，到深秋季节才返回，冬住地一般建在河流和湖边。而哈萨克部落的冬住地大多数建在山下的丘陵地带。在饲养牲畜方面，吉尔吉思人除了多养一些牦牛外，与哈萨克人没有什么区别，牦牛是用作驮运的牲口，在山间旅行很有用。吉尔吉思人与哈萨克人都是游牧民族，他们的领地相邻，因此，西方将哈萨克人也称为吉尔吉思人，以后为了便于区分，俄国人称吉尔吉思人为卡拉（黑色的）吉尔吉思人。

天山—帕米尔吉尔吉思人也经营农业，大多数耕地必须浇灌耕种，有相当数量的人过着半定居生活。耕地距离他们的冬、夏住地都有一定的距离，吉尔吉思牧民在播下种子之后，就赶着牲畜向牧地迁移，把浇灌和田间管理留给了没有牲口的贫穷牧民。到了七八月份，牧民从高山牧场上下来帮助收割农作物。他们把粮食贮藏到靠近他们冬住地的一些沟谷中，只要留足终年食用和第二年播种的，

---

① （元）李志常述：《长春真人西游记》（丛书集成初编），中华书局 1985 年版，第 24 页。

② 〔波斯〕拉施特：《史集》第 1 卷第 1 分册，余大钧、周建奇译，商务印书馆 1983 年版，第 246 页。

多余的粮食一般就在打谷场上很便宜地卖掉。他们不能在冬住地保存大量的粮食，因为冬住地的房子一年中有三分之二的时间是无人看管的。[①]

西迁中亚的吉尔吉思人在意识形态上发生了重大变化，他们由最初信仰萨满教改信佛教或袄教，大约在10世纪以后，开始接受伊斯兰教，到15世纪皈依伊斯兰教。从史家和旅行者的记载来看，并不是全部吉尔吉思人都皈依了伊斯兰教；或者说，也许吉尔吉思人仅仅是在名义上皈依了伊斯兰教。海答儿认为：“所有蒙兀儿人都皈依了伊斯兰教，而吉尔吉思人却依然是异教徒，所以他们才会与蒙兀儿人为敌。”[②]

据安东尼·詹金森报道，“两个蛮族阻断了到中国去的路，蛮族之一的穆斯林哈萨克人正威逼着塔什干；另一支蛮族正在进攻蒙兀儿汗的首府喀什（Caskar），他们被称为吉尔吉思（Kirgis），是异教徒和偶像崇拜者”[③]。可见，在16世纪中叶，吉尔吉思人还被外界视为异教徒。在普通牧民中可能继续信仰萨满教或自然崇拜，不过，在他们的原始信仰中已经融入了伊斯兰教因素，或者说，两者已经融合，并且成了吉尔吉思人的信仰。例如，吉尔吉思人将安拉与传统诸神结合起来；萨满与伊斯兰苏菲人物交织在一起。

在突厥语族人中，吉尔吉思人最早使用十二生肖历法，这种历法将一年分为十二个月，三个月为一季，并用十二种动物的名称命名年代，如岁在寅，则为虎年。

第五节 土库曼人

“土库曼”一名在西方文献中有“Turkmen”与“Turkmān”两

---

① H. Landsdell, *Russian Central Asia*, Vol.1, pp.314-320.

② 米儿咱·马黑麻·海答儿：《中亚蒙兀儿史——拉失德史》第1编，第376页。

③ C. Adle, Irfan Habib, *History of Civilizations of Central Asia*, Vol.5, p.113.

种写法，两种称谓分别有着不同的词源。Turkmen 是突厥词，源自 Turk-men；Turkmān 一名从 11 世纪起频繁地出现在波斯文著作中，它源自 Turk-mānind（“像突厥的”）一词。

土库曼人原属于古思部落联盟，活动范围西起里海北岸，东至锡尔河中下游流域，北起曼吉什拉克（Mangyshlak），南至今伊朗北部的戈尔甘（Gorgan）河。10 世纪中叶，古思—塞尔柱突厥人大规模迁移到河中地区，其中，被称为土库曼人的这些古思人南下到今伊朗高原。14 世纪后期，土库曼人遍布伊朗高原、花剌子模绿洲、呼罗珊、阿富汗，在西北方，土库曼人抵达了俄国的阿斯特拉罕和斯塔夫罗波尔（Stavropol），在西南方，土库曼人到达美索不达米亚、叙利亚、罗姆（小亚细亚）等地。西方的土库曼人构成了奥斯曼土耳其人和安纳托利亚高原（Anatolia Plateau）突厥人的核心，对小亚细亚的历史，以及中东的政治史产生了重要影响。

14 世纪后期，西土库曼人建立了黑羊王朝（Qara Qoyūnlū，1375—1468）和白羊王朝（Āq Qoyūnlū，1378—1501）两个王朝。黑羊王朝统治了亚美尼亚和阿塞拜疆（Azerbeidjan）的一部分；白羊王朝统治了迪亚巴克尔和阿塞拜疆的另一部分。以后，白羊王朝灭掉黑羊王朝，而白羊王朝在 1501 年又被萨法维王朝（al-Safawiyyah，1501—1736，又译萨非王朝）的波斯人灭掉。

东土库曼人就是中亚土库曼人，他们的领土范围是东起阿姆河西岸，西临里海（占据着漫长的海岸线），北到曼吉什拉克，南达厄尔布尔士山（Alborz）东段（即科佩特山）。13—15 世纪，东土库曼人先后处于蒙古帝国和帖木儿帝国的统治之下。16 世纪初，在伊朗高原上新兴的萨法维王朝阻断了东土库曼人与西土库曼人的联系。

当哈萨克人和乌兹别克人分别在七河流域和河中地区建立国家之时，东土库曼人未能创建自己的国家，他们的社会组织仍然是部落联盟（Il / Boy / Qabila）。16 世纪，土库曼人中大的部落联盟有三个，即撒洛尔（Sālors）、乔都尔（Chaudurs）和乌奇利（Üchilis）。

撒洛尔部落联盟由曼吉什拉克的内撒洛尔部（Itschki-Sālor）和来自呼罗珊的外撒洛尔部（Tāschki-Sālor）组成，他们的牧地大致在曼吉什拉克和巴尔罕（Balkhan）山区的荒漠草原上。内撒洛尔部内部的部落组成还不清楚；外撒洛尔部中主要部落有萨利克（Saryk）、爱尔撒里（Ersari）、帖克（Teke）和约穆德（Yomut）。乔都尔部落联盟地处里海东岸和北岸，该联盟中的部落也未见详细记载，只知道在该部附近还有伊格迪儿人（Igdirs）、阿拉巴奇人（Arabachis / Arrābechis）。乌奇利部落联盟中有迪威吉（Devyājis）、厄斯基（Eskis）和阿利利（Alilis / ‘Alī-ilīs）部落。

除了以上大部落联盟外，土库曼人中还有雅兹尔（Yazirs）、基兹尔・厄利（Ādāqli-Khizir-Elis）、也先尼利（Esenilis）、索云汉（Soyunkhāns / Sāyen Khāns）、雅卡・土库曼（Yaka / Yaqa Turkmens）等小部落联盟。①

16 世纪，土库曼人分别处于波斯萨法维王朝、希瓦汗国和布哈拉汗国的统治之下。16 世纪上半叶，希瓦汗国统治了阿姆河与里海东岸之间的土库曼部落，希瓦汗派总督统治这些地区，希瓦总督在经济上对土库曼人进行残酷的剥削。尽管土库曼人参与希瓦汗反抗布哈拉汗国的战争，还支持过乌兹别克族的希瓦诸汗，但汗国仍然向他们摊派很重的税，重税的征收常常逼迫土库曼人起来反抗。在希瓦汗索菲昂汗（Sufyā Khān）统治期间，地处巴尔罕山区的外撒洛尔部的爱尔撒里人与收税员发生冲突，杀死了希瓦汗派来的四十名收税员。当希瓦军队赶来镇压之时，抗税者躲进了巴尔罕北部山区一个难以进入的天然屏障之中，然而由于该地区缺水，他们不得不投降。他们派长者与索菲昂汗谈判，索菲昂汗提出的条件是，土库曼人要为每一位被害的收税员赔偿一千只公羊。这些赔偿物由土库曼外撒洛尔部承担，“决定一万六千只羊由爱尔撒里部人支付，一万六千只由呼罗珊人（来自呼罗珊的外撒洛尔部人）支

① C. Adle, Irfan Habib, *History of Civilizations of Central Asia*, Vol.5, p.130.

付，八千只由忒该人（即帖克人）、萨利克人及尤穆人（即约穆德人）支付”[①]。

第二年，索菲昂汗派遣征税官到土库曼人中，土库曼人缴付了四万只羊，一只不少，并派了十名地位显要的伯克，携带着另外献给汗的厚礼，与这些征税官一起返回。第三年，按照汗对他们的勒令，他们又缴纳了四万只羊。此后，每年他们都要缴纳同样数目的羊，这种情况持续了几代之久。[②]希瓦汗每年征收的四万只公羊被称为巴拉特（Barāt，经审定的特权）。

此事之后，希瓦汗对内撒洛尔土库曼人开始征税："人们开列出其他每个突厥蛮（土库曼）部落所拥有的牲畜和财产的准确数目，根据所开列的数目，确定了这些部落所应缴纳贡物的数量和种类。"[③]"内撒洛尔部应缴纳一万六千只羊，此外再加一千六百只供给汗的膳羊。人们称这种膳羊为哈赞—忽依（小锅汤羊）；称那一万六千只羊为贝剌特—忽依（进贡羊）。征税官们在征收了进贡羊之后，总还要十中取一，他们对土库曼人说：'难道你们就一点儿不为汗的餐桌提供羊吗？'"[④]以牲畜形式纳税的土库曼人还有乔都尔人、伊格迪儿人、阿拉巴奇人、基兹尔·厄利人、迪威吉人。其中，税收负担最重的是爱尔撒里人，受到剥削相对轻一些的有帖克、萨利克、约穆德等部落。基兹尔·厄利人还必须为汗国服兵役（Naukar），他们在汗的骑兵卫队中充当侍卫，并由此而获得了大量份地。他们以这种方式在希瓦汗国中逐渐掌握了军事权力，在希瓦诸汗的内部冲突和外部战争中发挥着重要作用。

萨法维王朝于1510年统治了呼罗珊，莫夫附近的土库曼部落处于该王朝的统治之下。波斯统治者把土库曼人当成土匪，让他

---

① 阿布尔·哈齐·把阿秃儿汗（本书译名为阿布哈齐）：《突厥世系》，罗贤佑译，中华书局2005年版，第201页。

② 阿布尔·哈齐·把阿秃儿汗：《突厥世系》，第201页。

③ 同上。

④ 具体进贡羊数，参见上书，第202页。

们到处去抢劫。据沙皇的将军格罗第科夫（Grodekov）记载，波斯邻省古昌（Quchan）、博济努尔德（Bojnurd）和阿斯特拉巴德（Asterabad）的统治者们总是为土库曼人提供辖区内可以成功进行抢劫和袭击的时间和地点，派他们出去抢劫，并从他们的抢劫中分到自己的一份。[①]

有些地区的土库曼人还受到萨法维王朝和希瓦汗国的双重统治。16世纪中叶，阿特列克—戈尔甘的雅卡土库曼人和索云汉土库曼人不仅受到萨法维王朝驻阿斯特拉巴德总督的管理，还受到希瓦汗国驻达鲁恩（Darun）总督的统治。1550年，萨法维王朝总督沙赫·别尔迪·兹克（Shāh Berdi Zik）速檀到达阿斯特拉巴德，由于他的残酷统治，奥克鲁—戈克兰两部联盟土库曼人在阿巴·萨尔达尔（Abā-Sardār）的率领下爆发了起义，他们杀死总督并占领了阿斯特拉巴德。起义得到了达鲁恩的希瓦总督阿里·速檀（'Alī Sultān）的支持，一直坚持到1558年。起义首领阿巴·萨尔达尔成了阿斯特拉巴德土库曼人的领导者，他击退了波斯沙赫·塔赫马斯普（Shāh Tahmāsp，1524—1576）从加兹温派来的几支军队。阿巴·萨尔达尔在一次胜利之后娶了当地一位有影响力的宗教首领之女，但他年轻的妻子在1558年的反叛中杀害了他。以后，萨法维王朝任命土库曼人阿拉赫·雅尔（Allāh-Yār Khān）为汗，他以萨法维王朝属臣的身份统治着土库曼人。

16世纪末期和17世纪初期，奥克鲁部土库曼人在卡里汗（Karry / Qārī Khān）的率领下拒绝接受波斯人的统治，结果，阿斯特拉巴德总督法里敦·米尔咱（Faridūn Mīrzā）对他们采取了多达十七次的军事行动。[②]

16世纪，大部分土库曼人仍以游牧经济为生，据英国商人安东尼·詹金森说："土库曼人没有城郭和住所，在大批牲畜陪伴下从一

---

① C. Adle, Irfan Habib, *History of Civilizations of Central Asia*, Vol. 5, p.139.

② 〔俄〕巴托尔德：《七河史》第2卷第1部分，第600—604页，转引自C. Adle, Irfan Habib, *History of Civilizations of Central Asia*, Vol. 5, p.131。

个地方向另一个地方迁徙，他们牲畜的储量很大，有骆驼、马和绵羊。马是如此之多以至于都是粗放，这些马又变成了野马。"[①] 经过数世纪的挑选，他们培育出闻名的本地阿克哈尔·帖克（Akhal-Teke）马、单峰驼以及毛色白个子大的撒拉逊（Sarajin）羊。尽管容易受到大自然无常变化的影响，但土库曼人牧群的规模仍然十分巨大。[②]

除了游牧外，也有一些土库曼人以农耕为生，定居村落。在卡拉库姆（Kara Kum）沙漠中的一些绿洲，在花剌子模西北部的达里亚利克（Daryārliq）河和乌兹博伊（Uzboy）河流域，在阿姆河中游的拉布·依·阿布（Lab-i Āb）流域，在穆尔加布（Murgab）河流域的一些地区和帖振（Tejen）绿洲，以及在阿特列克河和戈尔甘河等流域的绿洲，都有从事灌溉农业和定居畜牧业的散居土库曼小部落。土库曼人占有的农耕地区大多数要实施人工灌溉，土库曼人擅长建造水利工程，如提水装置（坝、水车、水渠）、挖运河和灌溉渠。

土库曼人能够合理和巧妙地利用他们所处的环境。安纳勒普斯夫（M. Annanepesov）曾记载说："无论土库曼人住在哪里，他们都会考虑当地的自然和气候条件，尽量把他们的农业方式与之结合起来：在草原区，他们把家畜饲养与作物的耕种相结合；在农耕绿洲，作物的耕种与饲养家畜、家庭工艺和家庭手工业产品相结合；在沿海，与渔业及炼油、石蜡（化石石蜡）、盐等结合。一个人既可以是农民，也可以是牧人，可以从定居生活方式（Chomri）变为游牧生活方式（Charva）。"[③]

16世纪，在土库曼人中，土地分公有地、私有地（Milk / Moluk）、份地（Iqtā）、国有地（Amlāk / Khāss）和慈善地（Waqf）。在公有地上实行三地制（Three-field），耕种和收割使用的是家庭作坊生产的最简单的工具。土库曼人种植的作物丰富多样，主要作物有谷类、蔬菜、水果、棉花和芝麻之类的经济作物。

---

① C. Adle, Irfan Habib, *History of Civilizations of Central Asia*, Vol. 5, p.132.

② Ibid., p.129.

③ Ibid..

土库曼人以自然经济为主，但在希瓦、布哈拉、撒马尔罕、马什哈德（Mashhad）、阿斯特拉巴德、伊斯法罕（Isfahan）、大不里士（Tauris）和赫拉特等中亚大市场上都有他们活跃的身影，他们与波斯人、希瓦人和布哈拉人贸易，以家畜换取谷物和各种手工业品。他们带来的商品有羊毛织品、鞍囊和马甲，以及他们所特有的阿克哈尔·帖克马种。居住在泽拉夫善和费尔干纳谷地的居民对土库曼人的毛毯需求量很大，尤其是那些由帖克土库曼人制造的毛毯，富贵之家把它铺在地上，作为室内修饰。土库曼人还到遥远的国家，如中国、印度、波斯和奥斯曼帝国进行长途贸易。这些商队由经验丰富的商队首领（Kāravānbāshīs）率领，并雇有武装队伍沿路保护。

像古代阿拉伯人一样，一些土库曼人以商队保镖为生。1552年，俄国占领喀山汗国（The Kazan Khanate，1438—1552），1556年，灭亡阿斯特拉罕汗国。以后，生活在曼吉什拉克的土库曼人以此职业为生者增加。俄国商人和使节，以及朝圣者和普通游人，为了安全，在旅行时总是雇用阿什纳（Āshnā）同行，阿什纳的字面意思是“熟人”，即土库曼人的朋友和熟人。阿什纳是土库曼人的古老职业，阿什纳服务的对象是遇到麻烦的人、战俘、人质，职责是陪伴他们旅行。

11 世纪，土库曼人的社会基本单位是家长式大家族，它构成了社会的基础。土库曼人遵守不成文的习惯法（‘Ādat），而伊斯兰教的萨里亚法仅仅在较小范围内实施。在和平时期，大家族族长、村社长老、氏族族长和部落首领要确保其统治下的土库曼人服从于习惯法。在战争期间，或需要建筑某些大型公共设施（如修大坝、挖运河和建筑堡垒）之时，土库曼人会聚集在他们选举出来的首领，即萨尔达尔（Sardār）周围。一旦战争危险解除或大型工程竣工，萨尔达尔的职位和作用就不存在了。

在土库曼人中，管理机构无疑是非常脆弱的，首领们的权威有时候只能依赖于其个人的影响而不依靠建立起来的任何权力制度。

在土库曼人中，没有贵族阶层也没有固定的行政机构，谚语“土库曼人既不需要树荫，也不需要权力机构”讲的就是这种状况。匈牙利学者阿米尼努斯·万贝里（Arminius Vambéry）发现在土库曼人中似乎“没有人想要统帅权，或者没有人想成为下属”[①]。土库曼人这样谈到他们自己：“我们是一个没有首脑的民族，我们不想要任何首领。我们都是平等的，在我们当中，每个人都是他自己的沙皇。”[②]

16 世纪中叶，从阿姆河流入达里亚利克和乌兹博伊水渠的水中断了，改变了土库曼斯坦西北地区的自然和经济条件。詹金森于 1558 年旅行时看到，达里亚利克已经干涸。[③] 从 17 世纪初起，土库曼人开始了历时近两个世纪的民族大迁徙。

---

① C. Adle, Irfan Habib, *History of Civilizations of Central Asia*, Vol. 5, p.138.

② Ibid..

③ Ibid., p.132. 詹金森认为达里亚利克水渠的干涸是由于阿姆河下游移位所致，阿姆河原注入里海，后转而流入咸海。

第二章

南方汗国

16世纪初，在中亚北部草原游牧的乌兹别克人推翻了帖木儿王朝在河中地区的统治，建立了昔班尼王朝（Shaybanid）和阿拉布沙希王朝（‘Arabshāhids）。昔班尼王朝首都最初在撒马尔罕，16世纪30年代迁到布哈拉城，此后，布哈拉城成为统治河中地区三个乌兹别克人王朝——昔班尼王朝、札尼王朝（The Jānī Dynasty）和曼格特王朝（The Manghīt Dynasty）的都城，学界把有亲缘关系的这三个王朝统称为布哈拉汗国（The Bukhara Khanate）。阿拉布沙希王朝统治花剌子模绿洲两个半世纪，最初以乌尔根奇为都，17世纪初，都城从乌尔根奇迁往花剌子模绿洲的希瓦，学界把阿拉布沙希王朝称为希瓦汗国。

第一节 布哈拉汗国昔班尼王朝

布哈拉汗国是成吉思汗长子朮赤的第五子昔班的后裔穆罕默德·昔班尼于16世纪初在中亚河中地区创建的。15世纪上半叶，昔班尼的祖父阿布海尔在西伯利亚和锡尔河之间建立了游牧政权乌兹别克汗国（1428—1468），汗国利用中亚南部的纷争获取和统治了锡尔河沿岸的一些城市。阿布海尔对这些城市的统治有利于游牧民与河中地区定居民的了解和交流，为昔班尼在河中地区创建汗国奠定了基础。1468 年，阿布海尔汗被东察合台汗国的羽奴思杀死，昔班家族内部开始了争夺权力的斗争，乌兹别克汗国随之分裂为一些由埃米尔或部落首领统治的各不相统的领地。阿布海尔的孙子穆罕默德·昔班尼在这些纷争中脱颖而出，带领乌兹别克人在中亚建立了布哈拉汗国。

昔班尼又名沙·巴克特[①]，生于 1451 年，在祖父阿布海尔被杀之时，他才十七岁。在各部落和部落联盟首领的混战中，他逃到伏尔加河畔的阿斯特拉罕汗国避难。15 世纪后期，钦察汗国攻打阿斯特拉罕，昔班尼重返故地。在锡尔河以北草原上，他召集草原部民组建了自己的部队，利用这支武装参与到中亚地区的角逐之中。

当时，河中地区是帖木儿帝国王公们的内战战场。昔班尼像其祖父阿布海尔一样，率领着他的小股武装部队参与了王公们的争斗。在力量单薄之时，他求助于河中地区的帖木儿系统治者速檀·阿合马（1469—1494），在其麾下供职。1487 年，他投靠了当时驻在塔什干的成吉思汗系东察合台汗马哈木，以士兵的身份为他效劳。马哈木赞赏他的才干，把突厥斯坦作为封地赐给了他。在昔班尼统治突厥斯坦期间（1487—1493），其势力强大起来。1494 年，速檀·阿合马去世，帖木儿帝国内讧加剧，昔班尼抓住机会从突厥斯坦出兵，于 1500 年攻陷布哈拉。

昔班尼在布哈拉召集兵员，据毛拉·萨迪（Mullā Shādī）记载："布哈拉在陷落之后，从七岁到七十岁的所有布哈拉城民都受命参加昔班尼的战争。"[②]1501 年春，昔班尼在泽拉夫善河畔的萨尔普尔（Sar-i Pul）打败帖木儿系王子巴布尔，这一战转变了昔班尼的命运。

---

① 沙·巴克特是穆罕默德·昔班尼的绰号。阿布尔·哈齐·把阿秃儿汗《突厥世系》（中华书局 2005 年版，第 175—176 页）记载沙·巴克特是一位诗人，由于他是术赤第五子昔班后裔，便为自己取了一个富有诗意的名字——昔班尼。

② C. Adle, Irfan Habib, *History of Civilizations of Central Asia*, Vol. 5, p. 35.

此后，昔班尼围攻撒马尔罕[①]，撒马尔罕统治者阿里仓皇出城与之议和，昔班尼命人处死了这位无知的年轻人，宣告帖木儿帝国的灭亡，建立了昔班尼王朝（1500—1598）。[②]昔班尼王朝最初以撒马尔罕为都，16世纪30年代布哈拉被定为王朝都城，此后，布哈拉一直是在河中地区实施统治的三个乌兹别克人王朝（昔班尼王朝、札尼王朝和曼格特王朝）的都城，史学界把这三个有亲缘关系的王朝统称为布哈拉汗国。

昔班尼成为河中地区的统治者之后，不再甘心臣属于曾经帮助和保护过他的东察合台汗马哈木。1503年，昔班尼进攻马哈木的领地塔什干，俘虏马哈木，将塔什干和赛拉姆（Sayram）纳入了自己的统治。[③]昔班尼嘲弄了马哈木的天真，但最终还是放马哈木回国，并促成了自己儿子与马哈木之女的婚事。这一联姻使他的子孙成了成吉思汗两个家族（朮赤系和察合台系）的继承者。回国之后，马哈木不甘心自己的失败，于1508—1509年再次对昔班尼发起进攻，然而，他又战败被俘，这一次昔班尼将他处死。察合台系永远地失去了在河中地区的统治。

在与东察合台汗国争夺锡尔河畔诸城的同时，昔班尼南下夺取帖木儿帝国的其他领地。1503—1504年，昔班尼军队攻入希萨尔，夺取了包括昆都士在内的阿姆河南岸的大片土地。接着，昔班尼挥师北上，在历经十个月的包围之后，于1505年攻陷了花剌子模首府乌尔根奇，将花剌子模绿洲纳入昔班尼王朝。

当时，呼罗珊仍被帖木儿的四世孙忽辛·拜哈拉（1469—1506）

---

① 关于夺取撒马尔罕一事，有两种不同的说法。一种认为此城不攻自破。“帖木儿的古都不战而降于昔班尼汗”，参见《乌兹别克共和国史》；“1500年，攻陷布哈拉等城，撒马尔罕不战而降”，参见《中国大百科全书》“昔班尼”条。另一种认为经过攻战而取之。“16世纪初的历史学家做了相当详细的记述。经过长期的围攻，……昔班尼的军队攻占了撒马尔罕”，参见〔苏联〕帕·彼·伊凡诺夫：《中亚史纲》，吴筑星、董兴森译，《中亚史丛刊》1983年第1期，第39页；“围攻撒马尔罕，战斗十日”后入城，参见王治来：《中亚史纲》，第630页。

② 昔班尼于1488年在锡尔河下游一带活动之时就开始取汗号，因此，有学者认为昔班尼王朝始于1488年，参见《中外历史大系手册》，社会科学文献出版社1988年版，第393页。

③ 赛拉姆城遗址在今突厥斯坦城东南。

统治着。1506 年，忽辛·拜哈拉去世，他的两个儿子巴迪·匝曼（Bādī Zamān）和穆扎法·忽辛·米尔咱（Muzaffar Husayn Mīrzā）联合继承了王位。在昔班尼强劲势头的威逼下，两位统治者开始在穆尔加布河沿岸集结军队，被赶出撒马尔罕城的帖木儿王子巴布尔也派遣军队前来支援。是年，帖木儿联军向昔班尼军队宣战，当昔班尼正在犹豫是否与帖木儿联军交战之时，联军却自行溃散了。

1506 年，昔班尼夺取了巴尔赫城。巴尔赫是阿姆河南岸城市，城市北部是阿姆河及其支流冲积而成的平原，在这一平原上，河流沿岸是农业耕地；城市南部是兴都库什山支脉的一系列山脉，地形极其险要。昔班尼王朝时期，巴尔赫城的政治地位开始重要起来，成为历代储君的封地。除了政治上的重要性外，巴尔赫城还是手工业和国内外贸易的中心，它的一个城门被称为布哈拉门。布哈拉汗国时期，巴尔赫在短时期内曾被波斯萨法维王朝占领过，但是，在大部分时期仍属于布哈拉汗国的领土。

1507 年，昔班尼几乎是不战而取赫拉特。随着对包括莫夫和阿斯特拉巴德城在内的今土库曼斯坦的征服，昔班尼王朝几乎完全夺取了原帖木儿帝国的属地。锡尔河以北的突厥斯坦城、阿尔库克、赛拉姆等城，整个花剌子模绿洲，费尔干纳河谷地带，以及包括马什哈德和赫拉特在内的呼罗珊都被囊括在昔班尼王朝的领地内。

在昔班尼夺取呼罗珊之时（1506—1507），波斯萨法维王朝统治者沙赫伊斯迈尔（Shāh Ismā'īl）正在西方与奥斯曼人作战。在处理了与奥斯曼帝国的边境纠纷之后，伊斯迈尔把注意力转向昔班尼率领的乌兹别克人，他的第一个目标是夺回呼罗珊。1510 年，伊斯迈尔与布哈拉汗国军队在呼罗珊莫夫城开战，昔班尼兵败被杀。昔班尼之子马黑麻·帖木儿·埃米尔继位为汗。[①] 马黑麻登基数天之后被杀，国内形势紧张。夺回呼罗珊的波斯萨法维王朝军队与帖木儿

① 16 世纪统治河中地区的昔班尼王朝，除了昔班尼及其子外，以后的汗王并不是昔班尼的直系后裔，而是昔班尼的叔叔、堂兄弟、侄儿和侄孙，他们都是阿布海尔的儿子或孙子，因此，昔班尼王朝又被称为“阿布海尔王朝”。“昔班尼王朝汗世系”见附录一。

宗王巴布尔的联军向河中地区进军；花剌子模绿洲宣布独立。新兴的昔班尼王朝四分五裂，面临着生死存亡的危机。

1512年，昔班尼的侄儿奥贝都剌（‘Ubaydullāh）率三千人左右的军队[①]在布哈拉城北的忽吉都万（Ghujduvan）打败了波斯联军，同时，汗国贵族代表大会选举昔班尼家族最长者、昔班尼的叔叔忽春赤（Kuchkunchī Khān）为汗（1512—1530），暂时稳定了布哈拉汗国局势，保住了乌兹别克人在河中地区的政权。

忽春赤的封地在锡尔河以北的突厥斯坦城，即位之后，他搬到撒马尔罕城。忽春赤去世以后，王位由他的儿子阿布·赛德（Abū Sā‘īd）继承，阿布·赛德在位时间（1530—1533）不长，于1533年突然去世。接着，奥贝都剌自己称汗（1533—1539），他将都城从撒马尔罕迁到自己的封地布哈拉，在此进行了大规模的建设。布哈拉的都城地位一直保持到近代。

在奥贝都剌汗的努力下，昔班尼王朝基本上恢复了创建初期的疆域。为了争夺呼罗珊地区，奥贝都剌汗与波斯萨法维王朝进行了四次战争，其中赫拉特之战被史家哈桑别克·鲁姆卢（Rūmlū）的《史记精选》记载下来：“938年9月29日/1532年5月3日，昔班尼王朝的兀拜杜拉汗率领大批人马来到赫拉特城下，把该城围了个水泄不通。到939年3月14日/1532年10月14日为止，该城被围达六个月之久。最遭殃的是城里那些贫困无援的老百姓，按该城萨非（即萨法维）王朝长官哈兹汗的命令，在乌兹别克军队来到该城以前他们被统统赶出城里，家产也被抢劫一空。……‘凶狠残暴的突厥人〔甚至〕把居民的破被子和枕头撕开，想从里面找到钱和珠宝。’”[②]然而，乌兹别克人占领赫拉特城四个月之后，被波斯人赶出。

帖木儿系王子巴布尔被赶出河中地区以后，在喀布尔（Kabul）

---

① 米儿咱·马黑麻·海答儿：《中亚蒙兀儿史——拉失德史》第2编，第154页。

② 〔乌兹〕艾哈迈多夫：《16—18世纪中亚历史地理文献》，陈远光译，云南人民出版社2002年版，第47页。

建立了一个小王国。当他得知乌兹别克人失败的消息时，恢复河中地区祖业的希望重新燃起。他与波斯军队联合进攻河中，一度攻入撒马尔罕城，乌兹别克人退往塔什干。此后，撒马尔罕城因宗教分歧引起骚乱，信奉逊尼派的撒马尔罕居民反对与什叶派波斯人联合的巴布尔，这一混乱局面使乌兹别克人得以重返撒马尔罕城。巴布尔放弃了撒马尔罕，退回喀布尔，他的儿子胡马雍（Humāyūn）与波斯沙赫塔赫马斯普联盟，占领了阿姆河北岸的希萨尔。在塔赫马斯普离开河中地区以后，胡马雍无力坚守，也撤离了希萨尔。奥贝都剌汗收复了汗国南部的全部失地，此后，又着手收复花剌子模绿洲，尽管战争获得了胜利，但奥贝都剌汗没有在花剌子模建立稳固的统治。

1539 年，奥贝都剌汗去世，昔班尼王朝分裂为两个政权。一个是以布哈拉为都城的奥贝都剌之子阿布·阿吉兹汗（‘Abdu’l ‘Azīz Khān，1539—1550 年在位）政权；另一个是以撒马尔罕为都城的忽春赤汗之子阿布杜·拉提甫汗（‘Abdu’l Latīf Khān，1540—1551 年在位）政权。[①] 布哈拉汗国陷入封建割据、埃米尔混战的局面。

昔班尼的叔叔速云赤·和卓（Suyunj Khwāja）是锡尔河北岸经济和行政中心塔什干城的领主；伊斯坎达尔（Iskandar Khān）是渴石、达布西、米安卡拉（Miyān-Qalʿa）等地的领主；伊斯坎达尔之子阿布杜拉（‘Abdullāh Khān）统治着卡尔希（Karshi）；巴尔赫已成为自治公国，由伊斯坎达尔之兄皮尔·穆罕默德（Pir Muhammad）统治（1556—1560）。

1551 年，在撒马尔罕城实施统治的阿布杜·拉提甫去世，忽春赤汗之孙速檀·赛德继承汗位。同年，塔什干领主速云赤之子瑙鲁兹·阿赫麦德（Nauruz Ahmad）在塔什干继承父位（1551—1556）。瑙鲁兹·阿赫麦德雄心勃勃地开始了统一战争。1552 年，他从塔什

① 阿布杜·拉提甫汗是在兄弟阿布杜拉（ʿAbdullāh Khān I）统治之后继位的，阿布杜拉的统治仅六个月。

干、突厥斯坦和忽毡征集军队首攻卡尔希，领主阿布杜拉联合巴尔赫领主皮尔·穆罕默德打退了瑙鲁兹·阿赫麦德，保住了在卡尔希的统治。第二年，瑙鲁兹·阿赫麦德对撒马尔罕城发起进攻，打败速檀·赛德，夺取了撒马尔罕城。他乘胜进攻米安卡拉，迫使伊斯坎达尔逃亡巴尔赫。

夺取米安卡拉等地之后，瑙鲁兹·阿赫麦德将克尔米涅（Kermine）分给其子多斯特·穆罕默德速檀（Dost Muhammad Sultān）；将达布西分给阿布杜·拉提甫之子阿布杜勒·速檀；把渴石分给希萨尔贝伦杜克之子伽希姆速檀。然后，瑙鲁兹·阿赫麦德命其子巴巴·速檀率军再次向卡尔希进攻，这一次，阿布杜拉未能抵抗住，像其父一样，他也投奔了巴尔赫领主。1554年，瑙鲁兹·阿赫麦德向布哈拉发起进攻，当时布哈拉汗布尔甘·速檀向阿布杜拉求援，阿布杜拉率军三千人在阿姆河河岸的法拉布打败了瑙鲁兹·阿赫麦德之子多斯特·穆罕默德和原撒马尔罕统治者速檀·赛德率领的2.2万大军。1555年，布哈拉汗布尔甘·速檀遭到卡拉库勒地方埃米尔的攻击，向瑙鲁兹·阿赫麦德求援，瑙鲁兹·阿赫麦德出兵援助。此仗之后，1556年，瑙鲁兹·阿赫麦德在撒马尔罕病逝。

瑙鲁兹·阿赫麦德死后，长者巴尔赫领主皮尔·穆罕默德被推举为汗。尽管如此，他一直住在自己的领地巴尔赫，布哈拉城被其侄阿布杜拉占领。阿布杜拉在瑙鲁兹·阿赫麦德统治时期一直在扩张自己的势力。瑙鲁兹·阿赫麦德死后，1557年，阿布杜拉攻占了布哈拉城。此后，他得到宗教领袖的赏识和支持，先后夺取了克尔米涅、渴石等地。1560年，阿布杜拉以远征呼罗珊为由，与其伯父皮尔·穆罕默德达成了一项协议，即以他的布哈拉城交换巴尔赫城。于是，皮尔·穆罕默德率领自己的部落渡阿姆河北上布哈拉。但是，以和卓·伊斯兰（Khwāja Islām）为首的布哈拉宗教界不欢迎皮尔·穆罕默德，在毫无根基的情况下，皮尔·穆罕默德无法在布哈拉立足，于是，阿布杜拉把自己的父亲伊斯坎达尔从米安卡拉接到布哈拉，拥立为汗（1561—1583）。从此，阿布杜拉成为昔班尼王朝的真正掌权者。在1583年以前，他一直以其父之名进行统治，并负责指挥军队。伊斯坎达尔于1583年去世，阿布杜拉正式称汗，史称阿布杜拉二世。在他统治时期（1583—1598），乌兹别克人结束了分裂割据的局面，统一于一个强大君主的政权之下。

在继承汗位之前，阿布杜拉就已经开始了消灭乌兹别克割据势力的战争。1572年，阿布杜拉出兵攻巴尔赫城，1582年春攻塔什干。在塔什干实施统治的瑙鲁兹·阿赫麦德之子巴巴·速檀逃到钦察草原，阿布杜拉占领了苏扎克、突厥斯坦城。“随着巴巴·速檀的覆灭，突厥斯坦和塔什干承认了阿布杜拉的君权。这样，原速云赤汗的领地并入了河中，长期在锡尔河以北进行统治的一个乌兹别克王族消灭了。”①1583年，阿布杜拉攻下费尔干纳谷地，占领安集延。接着，阿布杜拉开始夺取由忽春赤系统治的撒马尔罕。

瑙鲁兹·阿赫麦德在夺取撒马尔罕之时，并未加害忽春赤之孙速檀·赛德，以后，速檀·赛德还参与了瑙鲁兹·阿赫麦德的兼并战争。在攻布哈拉之战失败以后，瑙鲁兹·阿赫麦德立速檀·赛德的兄弟朱万梅尔迪为撒马尔罕统治者，速檀·赛德被送往喀什噶尔叶儿羌汗拉失德处。朱万梅尔迪有两个儿子，阿布海尔·速檀和穆扎法尔·速檀，兄弟二人互为仇敌，前者与瑙鲁兹·阿赫麦德之子巴巴·速檀结盟，后者得到了阿布杜拉的保护。阿布杜拉在攻下撒马尔罕城之后，将他们父子三人处死，撒马尔罕城的独立政权结束。

与此同时，阿布杜拉开始了统一汗国的战争。在北方，阿布杜拉发动了对哈萨克人的战争，并把他的统治扩展到锡尔河以北的草原地区。他曾经领导过一次深入草原的著名远征，并在吉兰·乌利（Jilan-Uli）峡谷刻石纪念。在1593年和1594—1595年间，阿布杜拉两次入侵希瓦汗国，第一次在签订了条约之后撤军回布哈拉，

① Sir Henry Howorth, *History of Mongol: From the 9th to the 19th Century*, Part II, p. 733.

第二次攻入乌尔根奇，把花剌子模绿洲并入布哈拉汗国。在南方，1584 年，他把帖木儿王朝的沙赫鲁克（Shāhrukh）赶出巴达克山，1589 年，阿布杜拉夺取赫拉特城。

正当他的统一战争取得节节胜利之时，阿布杜拉之子阿布・穆明（‘Abdu’l Mu’min）在巴尔赫谋反。阿布・穆明是阿布杜拉的独生子，1582 年，攻下巴尔赫城之后，阿布・穆明被立为王位继承人，封地在巴尔赫。阿布・穆明精力充沛，到巴尔赫后仅用了六个月的时间就使一片瓦砾的城市恢复了原样，他采取的手段是，“要是哪个民工偷懒，就按汗的旨意把他当成泥巴和砖块砌到墙里。现在那里还可以见到（墙里）留下的人骨”①。但是，阿布・穆明对巴尔赫的领地不满足，阿布杜拉在夺取赫拉特城之后，没有把它交给他，而是给了一位名叫库勒巴巴的人。此事引起阿布・穆明的不满，父子之间产生矛盾，并日益尖锐，最后发展到父子仇杀。据《阿拔斯盛世史》一书记载，阿布杜拉曾指示呼罗珊统治者库勒巴巴找机会把阿布・穆明除掉，甚至指示库勒巴巴与波斯人结盟对付阿布・穆明，为此，布哈拉汗国曾派使节带着书信和贵重礼品到伊斯法罕。②

1597 年秋，阿布・穆明率领巴尔赫和巴达克山的军队在阿姆河南岸扎营。阿布杜拉把主力部队布置在阿姆河北岸城市卡尔希，一些领主率领自己的军队参加了阿布杜拉的行动，如阿赫昔和安集延的领主被安排驻扎在撒马尔罕的阿里阿巴德土绵。虽经调解，父子之间的冲突缓和下来，但敌对双方的军队仍在原地驻扎，这种形势一直持续到阿布杜拉去世。

父子相斗，外敌入侵，东部哈萨克人掠夺塔什干，波斯沙赫阿拔斯一世（‘Abbās I，1588—1629 年在位）联合花剌子模的乌兹别克人收复了马什哈德、莫夫和赫拉特。1598 年年初，布哈拉汗国

---

① 〔乌兹〕艾哈迈多夫：《16—18 世纪中亚历史地理文献》，第 104 页。

② 同上书，第 76 页。

北方驻军遭到哈萨克人的攻击，当阿布杜拉正准备出兵抗击哈萨克人之时，阿布·穆明进军撒马尔罕。他在撒马尔罕宣布继位，处死了阿布杜拉的许多大臣和贵族。经此打击，阿布杜拉在内忧外患中去世，阿布·穆明登上了布哈拉汗国汗位。阿布·穆明即位当年（1598）出兵抵御入侵巴尔赫城的波斯人，途中遭到暗杀，昔班尼王朝在中亚的统治结束。

昔班尼王朝统治中亚一百余年（1500—1602），历经了十四位汗的统治。其中，忽春赤汗对布哈拉汗国经济的发展做出了重大贡献；奥贝都剌汗对巩固汗国起到了重要作用；而最杰出的是阿布杜拉汗。阿布杜拉汗是布哈拉汗国历史上最伟大的君主，他结束了乌兹别克封建贵族之间的长期混战，抑制了封建割据，在河中地区建立起了中央集权，保证了国内秩序的安定。在他统治期间，布哈拉都城的地位固定下来，并且在以后的近四百年间一直没有改变。因此，学界常常把阿布杜拉汗视为布哈拉汗国的真正建立者。

昔班尼王朝在初建的三十年中，撒马尔罕是王朝的都城，奥贝都剌继位之后，将都城迁到自己的领地布哈拉城。然而，在奥贝都剌汗去世之后，忽春赤汗的两个儿子又以撒马尔罕为都建立了统治，这一事实说明，布哈拉作为都城的地位在16世纪30年代并没有得到公认，把撒马尔罕作为都城的习惯根深蒂固。直到阿布杜拉汗时期，布哈拉都城的地位才固定下来。

第二节　希瓦汗国阿拉布沙希王朝

15世纪末期，花剌子模绿洲是帖木儿帝国呼罗珊统治者忽辛·拜哈拉的属地。1500年，成吉思汗后裔昔班尼以撒马尔罕为都建立了布哈拉汗国。1505年，昔班尼汗率领乌兹别克人攻占了花剌子模绿洲的重要城市乌尔根奇，在此派驻官员。1510年，昔班尼汗在与波斯萨法维王朝的战争中阵亡，布哈拉汗国驻乌尔根奇的长官弃城而逃，其地被波斯萨法维王朝占领。波斯沙赫伊斯迈尔派三位官员到花剌子模绿洲，管理乌尔根奇和维泽尔（Vesir / Vazir，位于乌尔根奇城西约九十里处的一个高地上）。波斯人信仰伊斯兰教什叶派，而花剌子模绿洲居民信仰的是逊尼派，由于宗教信仰上的冲突，花剌子模地区的宗教界人士图谋推翻波斯人的统治。1511或1512年，他们派人到钦察草原，将成吉思汗的后裔伊勒巴尔斯（Ilbārs）和巴勒巴尔斯两兄弟的人马引到花剌子模来。结果，维泽尔的波斯驻军被赶走，花剌子模人在此拥立伊勒巴尔斯为汗（1512—？），伊勒巴尔斯的统治被看成是乌兹别克人在花剌子模立国的开始。[①]

乌兹别克人的统治先后经历了阿拉布沙希王朝（1512—1804）和弘吉剌惕王朝（1804—1920）两个王朝。阿拉布沙希王朝最初以维泽尔和乌尔根奇为都，17世纪20年代[②]，都城从乌尔根奇迁往花剌子模绿洲的希瓦城，历史上把这两个王朝统称为希瓦汗国。

希瓦汗国统治花剌子模绿洲四百多年（1512—1920），统治范围北至咸海，南达呼罗珊北部，东以克孜勒库姆沙漠与河中地区的布哈拉汗国相邻，西至里海东岸。干旱草原和沙漠将花剌子模绿洲与河中地区和波斯隔开，因此，希瓦汗国处于相对孤立的状态。卡拉库姆沙漠将希瓦汗国的领土分为两个部分：阿姆河下游沿岸的河畔区（Su-Boyu）和科佩特山脚（Kupet-Dāgh）；包括巴

① 关于汗国形成时间说法不一。阿布尔·哈齐·把阿秃儿汗《突厥世系》认为此事发生在回历911年（公元1505年）；霍渥斯认为应该发生在1510年以后，定于1515年；〔日〕羽田明《西域史》（《中亚史丛刊》1988年第5期，第107页）却认为发生在1512年；《中国大百科全书·外国历史》第2册“希瓦汗国”条（中国大百科全书出版社1990年版，第994页）采用1512年说；〔苏联〕帕·彼·伊凡诺夫《中亚史纲》（《中亚史丛刊》1983年第1期，第41页）推测是1511年。在此，笔者暂时定于1512年，理由是1510年昔班尼被杀，波斯以总督统治其地后，与当地宗教界发生冲突，以及宗教界到草原请乌兹别克人伊勒巴尔斯入主花剌子模有一个过程。

② 首都由乌尔根奇城（今乌尔根奇老城）迁往希瓦一事发生在阿拉不·穆罕默德汗（1602—1622）统治中期，具体时间未能确定，因此，大致定于17世纪20年代。

尔罕山在内的山脉区（Dagh-Boyu）。16 世纪，希瓦汗国历经十几位汗的统治。[①]

伊勒巴尔斯与昔班尼家族都是成吉思汗长支术赤第五子昔班家族的后裔。在伊勒巴尔斯祖父雅迪葛尔时期，该家族强盛起来。雅迪葛尔有三个儿子（长子博勒克、次子阿卜剌克、三子阿米奈克），长子博勒克被布哈拉汗国建立者昔班尼汗处死[②]，被请到花剌子模来的伊勒巴尔斯和巴勒巴尔斯是博勒克的儿子。

最初，随同伊勒巴尔斯兄弟来到花剌子模的乌兹别克人并不多，他们仅仅占据着维泽尔之地，而乌尔根奇、希瓦、哈扎拉斯普、柯提（Kath）等城市都还在波斯人手中。为了扩大乌兹别克人在花剌子模的势力，伊勒巴尔斯把他的亲属们从咸海北岸草原招到花剌子模来。于是，伊勒巴尔斯二叔阿卜剌克的独生子哈森·库里（Hasan Qulī）[③]和三叔阿米奈克的六个儿子（索菲昂、不出合、阿瓦涅夫、哈尔、阿合台和阿合乃）都率部来到了花剌子模绿洲，伊勒巴尔斯让他们统治乌尔根奇，自己仍在维泽尔实施统治。

他的堂兄弟们以乌尔根奇为基地，开始攻打希瓦和哈扎拉斯普。驻守两城的波斯人弃城而逃，乌兹别克人先后占领了希瓦、哈扎拉斯普和柯提。此后，钦察草原的乌兹别克人陆续移居花剌子模绿洲，乌兹别克人占领的地区也随之扩大，曼吉什拉克、乌兹博伊河流域、巴尔罕山区和呼罗珊北部都被乌兹别克人占领，其中，包括了土库曼人的居地。[④]

在巴勒巴尔斯和伊勒巴尔斯相继去世以后，乌兹别克贵族推举巴勒巴尔斯之子速檀·哈只为汗，但实权掌握在伊勒巴尔斯汗之子速檀·哈齐（Sultān Ghāzī）手中。速檀·哈齐智勇兼备，虽未继承汗位，他在汗国的威信却是无人可比的。当时，希瓦汗国流传一句

---

① 希瓦汗国“阿拉布沙希王朝汗世系”见附录一。

② 阿布尔·哈齐·把阿秃儿汗：《突厥世系》，第 186 页。

③ 同上书，第 196 页。

④〔苏联〕帕·彼·伊凡诺夫：《中亚史纲》，《中亚史丛刊》1983 年第 1 期，第 41 页。

家喻户晓的话："不论速檀·哈齐的命令正确与否，都没什么可说的，必须要执行，因为这是速檀·哈齐的命令。"[①] 据《突厥世系》一书记载，新汗速檀·哈只仅得到了两样东西：一是汗的头衔，二是餐桌上的第一份菜肴。[②]

速檀·哈只在位一年后去世，汗位传给阿卜剌克的独生子哈森·库里，哈森·库里在乌尔根奇城实施统治。哈森·库里的即位引起了长支伊勒巴尔斯系与第三支阿米奈克系王子们的不满，雅迪葛尔家族分裂为以长支速檀·哈齐为首的一支和以哈森·库里为首的另一支，两派为争夺权力展开了战争。速檀·哈齐率领的联军围攻乌尔根奇，双方在城下进行了殊死战斗。在这次战斗中，联军攻城四个月，未克，阿米奈克的幼子阿合乃战死。哈森·库里也因城内缺粮而投降。哈森·库里及其长子倍拉勒·速檀被俘，送到布哈拉汗国。此后，希瓦汗国的统治权一直掌握在雅迪葛尔第三个儿子阿米奈克家族手中。

哈森·库里被俘后，阿米奈克的长子索菲昂继承了汗位（1525—1535），他以乌尔根奇为都城。索菲昂的四位兄弟（幼子阿合乃在攻乌尔根奇城时阵亡）分别统治着希瓦、哈扎拉斯普、吉尔特、布勒冬萨格和尼克奇克等地。伊勒巴尔斯家族成员统治着维泽尔、英吉沙尔、特尔赛克和德隆，曼吉什拉克的土库曼人也归他们管辖。

1535 年，索菲昂之弟不出合即位，希瓦成为索菲昂的五个儿子（尤素夫、尤努思、阿里、阿希失、拜剌旺·库利）的封地。以后，不出合之弟阿瓦涅夫继任为汗，柯提成为不出合之子道斯特·穆罕默德的封地。阿瓦涅夫在位期间（1535—1538），与长支博勒克家族的盟友关系破裂，阿米奈克系消灭了统治着维泽尔的博勒克系后裔（即伊勒巴尔斯和巴勒巴尔斯的子孙们），速檀·哈齐之子奥马尔·哈齐兵败逃往布哈拉汗国。

---

① 阿布尔·哈齐·把阿秃儿汗：《突厥世系》，第 195 页。

② 同上。

当花剌子模绿洲正在进行上述争夺权力的战争之时，昔班尼王朝正忙着与波斯萨法维王朝的战争，两者都无暇顾及花剌子模绿洲。当速檀·哈齐之子奥马尔·哈齐投奔布哈拉之后，奥贝都剌开始关注花剌子模。1538年，奥贝都剌出兵花剌子模，杀花剌子模汗阿瓦涅夫，将自己的儿子阿布·阿吉兹留在花剌子模统治，把花剌子模的一些乌兹别克人带到河中地区，阿瓦涅夫幸存下来的亲属们纷纷逃往阿瓦涅夫之子丁·马哈默德（Dīn Muhammad）的领地——呼罗珊达鲁恩公国。以后，丁·马哈默德在土库曼人的帮助下赶走了布哈拉汗国在花剌子模的统治者。1539—1540年，阿瓦涅夫之弟哈尔登上了希瓦汗国的王位。在哈尔汗（Hāll Khān）统治下，花剌子模绿洲享受了一段和平安定的时期，生产得到一定的恢复和发展，人民生活得到改善。居民这样说："哈尔汗登上汗位，面包降落到地上。"[①]

哈尔汗去世以后，其弟阿合台继承了汗位。阿合台汗把统治中心移到维泽尔。几年之后，阿合台汗被索菲昂之子尤努思击败，尤努思处死阿合台，在乌尔根奇称汗。但阿合台汗的儿子们联合起来进攻乌尔根奇，尤努思失败后逃往布哈拉。以后，不出合汗之子道斯特·穆罕默德被推举为汗（？—1557）。

在道斯特统治时期，希瓦汗国得到了和平安定的环境。然而，与河中地区相比，16世纪的花剌子模经济和都市生活似乎并无多大的发展。1558年访问过首府乌尔根奇城的英国人安东尼·詹金森对该城没有留下好印象。他说，此城由大约四英里（大约6.5千米）的土墙环绕，"城内的建筑也是土建的，陈旧而杂乱，一条很长的街道穿城而过，市场也就在这条街上"[②]。乌兹别克人在花剌子模的贵族统治仅仅依靠从呼罗珊和阿斯特拉巴德等地的掠夺，以及在征服区内征收重税来维系。

---

① 阿布尔·哈齐·把阿秃儿汗：《突厥世系》，第219页。

② C. Adle, Irfan Habib, *History of Civilizations of Central Asia*, Vol. 5, p.65.

1557年（回历965年），道斯特汗被阿合台汗之子哈吉姆（Hājam）杀害，不出合系绝嗣。哈吉姆继位，史称哈吉·穆罕默德汗（Hājī Muhammad Khān），其驻地在维泽尔。他在位时期（1557—1602），布哈拉汗国阿布杜拉二世发动了对希瓦汗国的战争，于1595年在乌尔根奇建立了短暂的统治。在此期间，阿布杜拉二世规定："下层民众每人必须缴纳三十个腾格（银币，每一腾格合银一两）。"①在当时，一个阿布杜拉汗的腾格比一个阿失亥菲（Aschrèfi）的价值要高。许多可怜的人被迫卖儿鬻女来缴付这项贡赋。那些担保人则有义务为那些不能纳赋或逃亡在外者担保。即使是十或十五个人合户而居，只组成一个家庭，每个人也必须分别纳赋。年满十岁的男孩就被视为应另立账户缴纳同样的贡赋。

1598年，阿布杜拉二世去世，哈吉姆从呼罗珊返回花剌子模，重建了自己的统治。他的统治中心在乌尔根奇和维泽尔，希瓦和柯提两城是其幼子阿拉不·穆罕默德（'Arab Muhammad）的封地。两年之后，哈吉姆的长子苏玉尼赤结束了在奥斯曼帝国的避难而归国。哈吉姆把乌尔根奇和维泽尔让给他，自己到希瓦城与幼子阿拉不·穆罕默德同住。

1602年，哈吉姆去世，阿拉不·穆罕默德被立为汗（1602—1622），希瓦汗国的统治中心从乌尔根奇移到希瓦城。统治中心的转移与当时的自然地理因素有关。自16世纪以来，由于阿姆河下游最重要的达里亚利克（Darykamysh）河三角洲和萨里卡米什（Sarikamish）湖逐渐干涸，乌尔根奇、维泽尔和阿达克（Adaq）缺乏灌溉用水，生态环境的恶化迫使希瓦汗国迁都。阿拉不·穆罕默德汗将都城迁往希瓦，从此，花剌子模一名逐渐被新都城希瓦之名取代。

希瓦城始建于10世纪，当时它只是商道上的一个小堡，供穿越

① 阿布尔·哈齐·把阿秃儿汗：《突厥世系》，第252页。

荒漠的旅行者或经商者落脚，或作为躲避战乱者的庇护场所。17 世纪初，它成为阿拉不·穆罕默德的封地，经扩建得到很大发展。希瓦成为都城以后，历代汗在此大兴土木，逐渐形成了具有独特建筑风格的城市，成为穆斯林世界的一个政治、经济和宗教中心。

第三章

政治统治与社会经济

16世纪初期，三个汗国（哈萨克汗国、布哈拉汗国、希瓦汗国）在中亚的统治仍带有很强的部落制残余色彩，可以说，哈萨克和希瓦两个汗国实际上只是势力较大的部落联盟。从社会组织形式来看，哈萨克人的社会实行封建领主制与部落家长制结合的宗法封建制度；以定居农业为主要经济形态的布哈拉和希瓦汗国实行了以采邑为基础的统治，汗国的部分行政权和财政权通过采邑的方式转让给部落贵族。布哈拉和希瓦汗国的土地所有权呈现多样化，大致分为国有土地、采邑、私有土地（穆尔克）、宗教用地（瓦克夫）、公有土地，其中，占据首位的是国有土地。在各类土地上耕作者的身份有三种：分成制农民、既无土地又无牲畜的雇农和奴隶。土地税是国家收取的主要税种。15世纪末至16世纪初的征服战争导致了中亚经济的衰退，新兴汗国致力于经济的恢复，到16世纪后期，中亚地区的农业已经有所改善，手工业和商业也有一定程度的发展。

第一节　政治统治

乌兹别克人建立的政权在中亚统治了四百多年。统治初期，三个汗国的政权都带有很强的部落制残余色彩，部落贵族代表大会在其中起着重要作用。实际上，希瓦汗国和哈萨克汗国只能算势力较大的部落联盟政权。

部落制残余首先从贵族代表大会的作用反映出来。16世纪，贵族代表大会在三个汗国的政治生活中有重要的发言权。其中，最高统治者汗的继承就掌握在贵族代表大会成员手中，汗是由贵族代表大会推举产生的。

其次，长者继承制是典型的部落制度。贵族代表大会推举汗的首要标准是汗室成员的年纪，而不是能力。昔班尼去世以后，布哈拉汗国内有人企图按照定居封建王朝的惯例实施父子继承制，然而，这一原则遭到了很大的阻力，几天之后，昔班尼之子就被杀掉。贵族代表大会推举年长者、昔班尼叔叔忽春赤继承汗位。当时，势力最强大的布哈拉城领主奥贝都剌也表示支持。与奥贝都剌同时代的历史学家海答儿在《中亚蒙兀儿史——拉失德史》一书中说："从（回历）911年起直至阿不·赛德汗统治告终止，实际大权操纵在奥贝都剌汗手中；如果他想僭号称汗，没有人能据理反对他。可是，（月即别部）依从古俗，总是将汗位传给最年长的人。在阿不·赛德以后，没有人比〈奥贝都剌〉本人更年长了，所以他就登上了汗位……直到946年他才告别这个昙花一现的尘世，他那高洁的灵魂归于吉祥的天堂中去了。"[①] 此段记载一方面反映出贵族代表大会的意见具有决定性；另一方面也反映了长者继承制在乌兹别克人观念中根深蒂固。乌兹别克人在统治中亚的近百年中都未能放弃长者继

① 米儿咱·马黑麻·海答儿：《中亚蒙兀儿史——拉失德史》第2编，第187页。

承制。16 世纪 80 年代掌权的阿布杜拉遵循这一习俗，在完成了统一布哈拉汗国的战争以后，立自己的父亲为汗。

希瓦汗国的乌兹别克人在很长时期内也实行长者继承制。据《突厥世系》记载，希瓦汗国创建者伊勒巴尔斯去世以后，尽管他的儿子速檀·哈齐很有能力，而且经济实力也十分雄厚，但大臣们还是把雅迪葛尔家族中最年长者、巴勒巴尔斯之子速檀·哈只从英吉沙请到维泽尔，拥立他即位。速檀·哈只去世以后，汗位由汗室年长者、雅迪葛尔次子阿卜剌克之子哈森·库里继承。[①]

在哈萨克汗国，汗族中长者继承的情况不太明显，但除了最初两代汗实施父子相继外，以后多为兄弟相继，兄弟相继实际上是汗族中有势力的长者自己夺取汗位的结果。以后，哈萨克汗国分裂成为三大帐时，在各帐中，年老的速檀常常被选为汗。[②]

由于汗的年龄偏大，在位的时间不会很长，导致了汗位频繁更替，因此，长者继承制是汗国不稳定的重要因素。

在汗国政治生活中起到重要作用的还有游牧政权常见的分封制。追随昔班尼南下的乌兹别克人是游牧民，获取战利品是他们追随昔班尼转战南北的目的；对游牧贵族来说，利用组织起来的牧民进行掠夺性袭击，既可以发财，也可以建立功勋。作为游牧民首领的汗在征服之中和征服之后都必须满足游牧贵族的要求，因此，在夺取地盘和确立统治之后，游牧政权普遍采取分封土地的方式达到分权统治。

征服地区由最高统治者——汗进行分封。汗将征服土地分给被称为速檀的家族成员（部落贵族），以及拥有强大武装的军事贵族。在《布哈拉宾客纪事》一书的引言中，作者记录了昔班尼分封国土的情况。昔班尼把撒马尔罕及其周围地区分给其子马黑麻·帖木儿·埃米尔；把突厥斯坦城分给其叔叔忽春赤速檀；把塔什干及其

---

① 阿布尔·哈齐·把阿秃儿汗：《突厥世系》，第 195 页。

② 〔苏联〕帕·彼·伊凡诺夫：《中亚史纲》，《中亚史丛刊》1983 年第 1 期，第 61 页。

周围地区分给其叔叔速云赤。[①] 昔班尼的堂兄弟和侄儿们也得到了分封，其中，哈姆扎和马赫迪的封地是喜萨尔沙德曼；贾尼别克的封地是费尔干纳；布哈拉及其附近地区是昔班尼侄子奥贝都剌的封地；花剌子模分给了普拉德；[②] 皮尔·穆罕默德统治了巴尔赫；伊斯坎达尔统治着渴石、达布西、米安卡拉等地，其子阿布杜拉统治着卡尔希。

希瓦汗国的情况也是这样，当伊勒巴尔斯夺取乌尔根奇城之后，不是考虑建立一个能够统治被征服地区的政府，而是希望把他的亲属从草原召到花剌子模绿洲来，分而治之。他对部落贵族们说："我们带来这里的只有不多的人马，我们的大部分部众都在我的亲属那里。如果你们认为合适的话，我将邀请他们来此处同我们会合。"[③] 他的建议得到贵族们的一致赞同。只有一位畏兀儿老人跳出来说："富有人生经验的乌兹别克人说：预示一位君主伟大未来的确凿标志，是他对其仆从的爱抚施恩；而其不幸的先兆，则是对自己亲属的亲近偏爱。"[④] 他的这种思想遭到了乌兹别克贵族的斥责，他们对伊勒巴尔斯说："看，这就是微贱者如何在亲属之间播撒不和的种子！等您的亲属来到之后，必须毫不留情地处死一两个这样的恶人，他们的言论只会煽动不和与仇恨。"[⑤] 伊勒巴尔斯死后，雅迪葛尔家族发生了争夺权力的战争，在索菲昂夺取汗位之后，希瓦汗国"在这些亲王中间按照其地位序列被瓜分了，他们都和平宁静地拥有了自己那份采邑"[⑥]。

16 世纪，分封地是有条件的封地（采邑），受封者对封地并无所有权，只有向耕种者征收田赋的权力，这一权力还受到法律的限制，法律规定他们不许向直接耕种土地的农民征收额外的产品。在布哈拉汗国，这类采邑称为"坦霍"（Tanho）；在希瓦汗国称之为

---

① 〔乌兹〕艾哈迈多夫：《16—18 世纪中亚历史地理文献》，第 24 页。

② 同上。

③ 阿布尔·哈齐·把阿秃儿汗：《突厥世系》，第 192 页。

④ 同上。

⑤ 同上。

⑥ 同上书，第 198 页。

“阿塔勒克”（Atlek）。

通过分封土地，统治家族成员与部落贵族的代表们（比、伯克）共同统治着汗国。恩格斯曾总结说：“选择这一手段，是为了统一帝国，将豪绅显贵跟王室永久联系起来，从而加强王室，而结果却导致王室的彻底削弱、豪绅显贵的独立和帝国的瓦解。”① 布哈拉和希瓦汗分封地产的目的是想巩固家族对汗国的统治，然而结果却事与愿违，最终使汗国分割成许多各自独立的领地，与加强统治的本意背道而驰。

分封制给汗国带来的后果是严重的。随着中央权威的减弱，受封者获得了封地上的财产权和一部分行政权。汗的势力一旦衰落，失去了对封地经济的管理，不仅调动不了受封领主的武装力量，而且无权过问。受封领主们只关心自己领地，对中央政权，甚至对外来入侵都无动于衷。1507 年，昔班尼汗在呼罗珊与帖木儿系后王们打仗之时，汗国东北部受到了哈萨克人的侵犯，各领主却对哈萨克人在都城撒马尔罕附近的抢劫行为袖手旁观。

在希瓦汗国，乌尔根奇城是大汗哈森·库里的封地，其上的赋税由他家族享有，亲王们对此十分妒忌，“在他们看来，这么丰厚的收益由他一人独享太过分了。于是他们联合起来对付他，发兵向玉龙杰赤（即乌尔根奇）进攻。他们军容盛大，人马众多，而哈桑·忽里只有为数不多的军队，自知无力前去迎敌（在原野上交战），不得不在玉龙杰赤坚守”②。

在哈萨克汗国，氏族和部落组织长期保留下来，汗国内普遍存在的社会组织形式是领主制与氏族部落家长制结合的宗法封建制度。部落的首领被称为“比”，他们在哈萨克人中很有影响力，势力强大的比常常不听从汗或汗室王公们的指挥。

昔班尼汗曾企图废除分封制。1509 年，他从叔叔忽春赤的封地

---

① 《法兰克时代》，见《马克思恩格斯全集》第 19 卷，人民出版社 1963 年版，第 543—544 页。

② 阿布尔·哈齐·把阿秃儿汗：《突厥世系》，第 196 页。

收回了突厥斯坦城，从速云赤的封地收回了塔什干城，从贾尼别克速檀的封地收回了费尔干纳。然而，这些措施遭到了封地领主的报复。第二年，昔班尼汗在莫夫遭到波斯军队的围困之时，派人到各领地求援，要求速云赤及其子瑙鲁兹·阿赫麦德和克利迪·穆罕默德从塔什干、阿赫昔、安集延出兵，要求忽春赤携几位速檀从突厥斯坦城出兵，要求贾尼别克率米扬卡拉军队支援，然而，除了奥贝都剌从布哈拉赶到莫夫外，其他人都没有出兵支援，致使昔班尼兵败被杀。

分封制还导致了封建领主间的混战。受封者以武力夺取领地的事件经常发生，这些战争破坏了汗国的统一。在昔班尼汗去世（1510）之后，布哈拉汗国分裂为许多公国；希瓦汗国的分裂局面超过了布哈拉汗国，直到 17 世纪中叶，即在阿布哈齐（Abū'l Ghāzī）统治之前一直处于家族成员争夺权力的战乱之中；在哈萨克汗国，夺取和瓜分牧场的战争经常发生，致使 16 世纪末期汗国分裂为互不相统的三个玉兹（帐），每个玉兹都有自己的汗。

分封制还导致了汗的势力衰弱。分封之后，有些受封领主的经济力量超过了汗，于是，强大的领主常常抱有称汗的企图，争夺汗位的斗争一直是三个汗国分裂的持续动力。在哈萨克汗国，部落首领之间争夺牧场的战争常常是一些部落首领夺取大汗权力的机会。希瓦汗国情况也如此，《史记精选》记载，1537—1538 年，希瓦汗国"每一个头儿都有登上王位的欲望，每一个角落都伸着压迫的手，所有穷光蛋都想成为维齐尔，卑鄙小人要做热依斯（Rèyīsī）[①]，情况严重恶化了"[②]。

16 世纪，为了巩固自己的权威和对周围的人的统治，昔班尼的继承者们竭力把乌兹别克游牧社会最好战的分子收罗在自己的周围，

---

① 热依斯是宗教法庭官员，监督伊斯兰教宗教法庭裁决执行情况，职责是维护道德和伊斯兰教义的纯洁性。

② 〔乌兹〕艾哈迈多夫：《16—18 世纪中亚历史地理文献》，第 48 页。

开始对邻国进行强盗式的侵袭。[1]哈萨克、布哈拉和希瓦汗国都是采取发动战争，掠夺邻国财富的形式加强自己的统治。

在三个汗国中，希瓦汗国的中央集权统治在16世纪没有建立起来；哈萨克汗国在哈斯木统治时期建立过不稳定的中央集权；布哈拉汗国在阿布杜拉二世统治时期建立了程度较高的、稳定的中央集权。史家评价阿布杜拉的统治说："大力加强汗的权力，它不仅是成功的远征的结果，也是汗战胜所有与他为敌的亲属的结果。这些亲属几乎全部被消灭。在阿布杜拉二世统治时期，中央集权达到最高程度。乌兹别克部落的贵族代表人物不得不充任臣僚。他们虽然为汗服务起了一定的作用，但已失去了在政治上的独立作用。"[2]

16世纪在中亚建立起来的三个汗国尽管存在着许多部落制的残余，然而，哈萨克汗国制定了法律，在一定程度上依法统治；布哈拉汗国的政权逐渐朝着波斯—伊斯兰国家的方向发展。

15世纪后期，哈萨克汗、速檀和比都有自己的法庭。案子先由比判定，如果当事人不服，可申诉至上一级法院，直到汗的法庭。16世纪，哈斯木汗（1509—1523）根据传统的习惯法，结合当时的社会情况制定了《哈斯木汗法典》，它是哈萨克人的第一部法典。尽管制定这部法典时哈萨克人已经皈依了伊斯兰教，但它更多地体现了古老的萨满教观念。

建国之初，布哈拉汗国开始任用波斯人为他们的政权服务，这种需求最初只是为了证明布哈拉汗国的合法性，布哈拉汗国大臣、波斯人法兹鲁拉·本·鲁兹比罕写了《布哈拉志》（成书于1509年）一书，书中，他从《圣训》中为乌兹别克在呼罗珊的统治寻找合法依据。在1514年写成的《国家的和睦》一书中，法兹鲁拉以伊斯兰教法给布哈拉汗提供了治国方针的依据。16世纪中叶以后，乌兹别克人开始吸纳波斯—伊斯兰国家政权组织形式，此后，布哈拉和希

---

① 〔苏联〕帕·彼·伊凡诺夫：《中亚史纲》，《中亚史丛刊》1983年第1期，第41—42页。

② 同上书，第46页。

瓦汗国在社会、经济和文化方面朝着波斯—伊斯兰国家的方向发展。

到奥贝都剌执政时期，乌兹别克人的游牧政体开始向波斯—伊斯兰化政权转变，与奥贝都剌同时代的人奉他为理想的伊斯兰统治者。海答儿评价道："几百年来，我从来没有看到或听到过他这样一位贤明的君主。第一，他是一位真正的穆斯林，虔信宗教，持身谨严，清心寡欲；其次，他治理政教大事、军务与庶民之事时，始终一丝不苟地按照圣法教律行事。"① 到16世纪中叶，伊斯兰教法在布哈拉汗国确立了统治地位。

16世纪，伊斯兰教成为思想武器参与汗国的统治；伊斯兰教神职人员成为汗国的贵族。到16世纪后期，布哈拉汗国汗权与教权互相支持。汗国的统治者已经充分认识到伊斯兰教稳定国家的重要性。在西伯利亚汗国发生危机之时，阿布杜拉二世于1572年曾派一个宗教使团去见西伯利亚汗国库程汗，在写给库程汗的信中，他强调说："在反击俄国人的自卫战争中，西伯利亚汗要认识到宗教的重要性，目前，我们的敌人是异教徒，……你必须（与当地的首领）议和，考虑从异教徒手中重新夺回你的土地。如果你继续现在的习惯做法而不达成一种谅解，……在异教徒来之前你会削弱自己的力量。"②

在国内，阿布杜拉二世借助宗教界有威望者（和卓、谢赫、德尔维希）的力量巩固和加强了自己的统治。在布哈拉宗教界上层的支持下，阿布杜拉二世在"圣战"（Jihād）的名义下对呼罗珊进行了一系列远征；宗教界人士也从阿布杜拉政权中分享到极大的利益，其中，在布哈拉城最有影响的赘巴依（Juybārī）谢赫家族得到了布哈拉汗的赐赠和免税，成为布哈拉汗国最大的土地所有者。此外，该家族成员还经常参与国家事务，和卓·伊斯兰（Khwāja Islām，卒于1561年）及其子和卓·赛德（Khwāja Saᶜd，卒于1589年）参与

---

① 米儿咱·马黑麻·海答儿：《中亚蒙兀儿史——拉失德史》第2编，第187页。

② Edward Allworth, edit, *Central Asia: 130 Years of Russian Dominance, A Historical Overview*, p. 3.

了汗国的对外事务，曾派使者到过俄国。

尽管如此，乌兹别克人始终未能以伊斯兰教为纽带把汗国统一起来。非但如此，为了维护小集团的私利，有时候宗教界还支持乌兹别克贵族与汗对抗，加剧了汗国的分裂。这类斗争在希瓦汗国产生了更为严重的后果。

三个汗国都是在武力征服的基础上建立起来的，军队是汗国维持统治的主要力量。布哈拉汗国建立了自己的常备军，军队的军饷从汗的战利品和贡品中支付。布哈拉汗国军队由步兵和骑兵组成，主要武器有弓箭、长矛、马刀、圆锤、石弩、喷火器和云梯。16 世纪下半叶起，布哈拉汗国军队开始使用火器，即火绳枪和铣铁炮（从土耳其和俄国传来的），作战的队形采用了新战术“土尔加马”，即从一侧绕到敌军后方，突袭其中心或者侧翼。

哈萨克汗国没有常备军，战时临时征兵出战。军队的总统帅是汗，在战斗中，他站在军队的前头指挥战斗。军队由一个个部落组成，每一部落为一个分队，分队统帅由部落首领充任，每一分队都有自己的战旗和战争口令（Urān）。几个分队组成一个兀鲁思，兀鲁思首领成为军队的统帅，各兀鲁思也有自己的主旗和战争口令。据巴布尔说，16 世纪初，哈萨克汗哈斯木能够召集三十万人的军队。[①] 这支随时可以集结起来的军队具有极大的灵活机动性，其中，哈萨克骑兵的装备是：“胸部穿着一件像天空一样蓝的锁子甲，头上有一顶闪闪发光的、带有衬里的头盔，腰上有腰带，腰带上佩着剑。”[②] 16 世纪后期，哈萨克人从俄国人那里获得了火枪之类的武器。

总的来看，在汗国创立的一百年间，乌兹别克人和哈萨克人政治制度的改变是非常缓慢的，但汗国社会经济生活的变化却是巨大的。

---

① V. V. Barthold, *Four Studies on the History of Central Asia*, Vol.I, p.153.

② C. Adle, Irfan Habib, *History of Civilizations of Central Asia*, Vol.5, pp. 102-103.

第二节　土地制度与社会经济

布哈拉和希瓦汗国的土地所有权呈现多样化，大致可分为国有土地、采邑、私有土地（穆尔克）、宗教用地（瓦克夫）、公有地。16世纪，在各类土地中，在两个汗国中占据首位的是国有土地。

国有土地在布哈拉汗国名为麦蒙列克·伊·巴吉沙希（或蒙列克·伊·速檀）；在希瓦汗国名为帕德沙希（Pādshāh）。国有地不仅包括耕地，还包括城市市场或市政建设的地段，原则上不许出售，也不许馈赠、遗赠，而是以出租的形式经营，承租者被看成租户。据苏联科学院东方研究所出版的《十六世纪朱巴尔谢赫档案》反映，租户不仅是直接生产者农民，还有地区教俗封建主，他们以自己的名义租下国有土地，然后把这些土地分成小块转租给农民。承租者可以暂时租用，也可以终身租用。耕种国有土地的农民或封建主都是向国家缴纳赋税，最高统治者汗被视为国有土地的最高所有者，然而，国有土地的赋税纳入国库。耕种由封建主转租国有土地的农民除了完成国家的赋税外，还要向承租的封建主缴纳额外的租税。[①]

采邑在布哈拉汗国长期存在。采邑上的收益由领主享有，但领主对土地没有所有权，不可继承、出售和转让。在采邑地上耕种的农民与领主建立了以土地为纽带的人身依附关系，虽然这种关系还未达到农奴的程度，然而，封建依附关系在逐渐加强。

私有地“穆尔克”的形成有以下四种途径。一是布哈拉汗对立下卓著功勋的人的赏赐，受赏赐者对土地具有继承、出售、捐赠和转让全部权利。这类穆尔克的规模很大，据说，赘巴依家族的穆尔

① 〔苏联〕帕·彼·伊凡诺夫:《中亚史纲》,《中亚史丛刊》1983年第1期，第43页。

克达数万塔纳布（Tanāb）。[①] 汗也是大穆尔克的所有者，汗的穆尔克收益归汗室成员所有。二是帖木儿王朝上层贵族保留下来的私有地和宗教界上层代表人物拥有之地。三是公有地瓦解之后形成的自耕地，在有关文献中，提到的穆尔克地主不仅有普通农民，还有被解放的农奴。[②] 四是通过购买或者通过恢复灌溉渠和开荒等方式形成的小穆尔克地，小穆尔克的拥有者是各个阶层的居民。

从 16 世纪的文献反映，穆尔克可以继承和买卖。以继承方式获得穆尔克者必须向国家纳税，继承者也可以申请办理免除税收的文书，这种穆尔克被称为“已清偿地”。在这一时期的文献中，很少提到“已清偿地”这一名称，据此判断，“已清偿地”的数目是有限的，只有在统治集团内很有权势的人物才能获得免税。买卖土地有正式文件，即使是汗也要在法官那里去办理交易手续。现存的一份文件记载了伊斯坎达尔汗出售了一处由一个村子包租的穆尔克。

穆尔克以两种方式经营。一种是把土地交给农业村社使用。16—17 世纪的文件表明，大穆尔克的所有者并不经营自己的土地，甚至不住在自己的领地内，他们把土地交给农村公社使用，村社首领把规定的全部赋税收齐后交给地主，或者地主在规定的时间派人来收取应缴纳的租税。另一种是把穆尔克划成小块，租给无地或少地的农民，农民以分成的方式缴纳收成的一定份额。

宗教地“瓦克夫”主要是教俗封建主或封建贵族捐赠给伊斯兰学院、清真寺或圣陵的地产。据 16 世纪的文献反映，瓦克夫在布哈拉汗国很普遍。瓦克夫的经营和管理通常由捐赠人指定的监管人（穆达维尔里）负责，监管人一般是瓦克夫捐赠者的后裔或亲属，因此，瓦克夫在法律上归清真寺、伊斯兰学校、圣陵等宗教机构所有，而管

---

① 〔苏联〕帕·彼·伊凡诺夫:《中亚史纲》,《中亚史丛刊》1983 年第 1 期，第 44 页。1 塔纳布相当于大约 40 米，参见 C. Adle, Irfan Habib, *History of Civilizations of Central Asia*, Vol.5, p.79。

② 同上书，第 45 页。

理权仍然归捐赠者家族所有，他们根据瓦克夫证书上遗嘱人的意愿收取规定的地租，受捐的宗教机构只能得到收入的一部分。

瓦克夫的经营方式是管理者将其地划成小块按某种条件出租，承租者有集体或个人。16世纪，承担瓦克夫的租户，除了农民外，还有社会上层人士，他们将承租的瓦克夫转租给农民，成为土地所有者与直接生产者之间的中间人，转包制盛行。

16世纪，中亚地区还保留着村社和部落的公有地，不过，公有地的支配权不再属于氏族或部落成员，而是属于以亲兵、伯克、长老为代表的少数人。在乌兹别克军事封建贵族及教俗封建主的兼并下，公有地的数量越来越少。

在各类土地上，耕作者的身份有三种：即分成制农民、既无土地又无牲畜的雇农，以及奴隶。分成制农民无论租种哪一类土地，都是自备农具和种子，将收成的一部分上缴给国家或地主。在泽拉夫善河流域，分成制农民获得收获物的一半。使用奴隶耕作的现象仍大量存在，据19世纪后期的俄国旅行家瓦姆别里记，布哈拉就有两万多奴隶。[①] 但奴隶劳动在布哈拉汗国的经济中不起主导作用。奴隶主要是波斯人，以及少数的卡尔梅克人（Kalmuks / Qalmāqs）、阿富汗人、帕米尔人，还有从哈萨克草原上或里海渔场上抓来的俄国人。

在希瓦汗国，居于统治地位的乌兹别克人拥有大地产，被称为“白族”；在白族大地产上耕作的农民被称为“黑族”。除了依附农民黑族外，希瓦汗国使用奴隶的现象比布哈拉汗国多，除了波斯奴隶外，还有被诺盖人、卡尔梅克人和哈萨克人俘虏的俄国奴隶。这些奴隶在满足主人所开出的价格以后可以解除奴役成为自由人（Azād Kerde）。

土地税是国家收取的主要税种，国有土地、穆尔克和瓦克夫都必须缴税。以往土地税被称为“哈拉吉”，在布哈拉汗国16—17世纪的文献中使用了“马尔瓦朱哈特”一名，其含义与哈拉吉相同。

---

① 〔苏联〕帕·彼·伊凡诺夫：《中亚史纲》，《中亚史丛刊》1983年第1期，第95页。

马尔瓦朱哈特是波斯萨法维王朝农民向国家履行的主要义务，常常以实物形式缴纳，正式规定的数额为收成的十分之一，实际上却达到30%。[①] 目前，还未发现布哈拉汗国收取马尔瓦朱哈特的具体份额。除了土地税，国家还向园林、葡萄园、草场、菜园收取的达纳本税。

在希瓦汗国，土地税名为“萨尔古特”，在领主土地上劳动的农民，取得收成的一半。在这些人中，耕种转租形式土地的农民受到的剥削最沉重，转租者不仅向农民征税，还强迫他们担任多种义务。耕种瓦克夫的农民与耕作国有地的农民相比，处境也艰难得多，除了承担国家的税收外，还要承担清真寺、宗教学校，及包租人的各种义务，因此，只要有可能，这些农民就脱离瓦克夫。[②] 赋税分实物、劳役和货币三种形式缴纳。在希瓦汗国，税可以实物和货币支付，也可以清理水渠和灌溉渠等劳役方式支付。

除了土地税，农民还要缴纳伊赫拉扎特、达鲁加吉和扎克特等税。达鲁加吉与马尔瓦朱哈特一样，由国家收取，税收用于供养税吏和地方统治者。扎克特是东方穆斯林按畜群、财产、商品而缴纳的税，税额按规定只收取财产价值的四十分之一，而实际征收的数额要比规定数额多得多。[③] 战争税“麦捷德·伊·列施卡尔”的征收主要用于过境军队和公务者的给养。上述各种赋税是中亚农民和城市手工业者的沉重负担。

追随昔班尼南下的乌兹别克人是以游牧为生的牧民，他们的武力征服给中亚经济造成了极大破坏。16世纪初，中亚主要的农业中心衰落，居民破产，播种面积急剧缩小，其中一部分变成了牧场，部分居民不得不离开农业绿洲，前往山区或城市。[④] 撒马尔罕的“大多数乡村和城市……变成了草原和荒野”[⑤]。巴布尔记载：“攻下撒

---

① 〔苏联〕帕·彼·伊凡诺夫：《中亚史纲》，《中业史丛刊》1983年第1期，第43页。

② 同上书，第46页。

③ 同上书，第43页。

④ 〔苏联〕Б. Г. 加富罗夫：《中亚塔吉克史》，第332页。

⑤ 同上书，第325页。

马尔罕城时，其破坏程度竟达到［居民］缺少种籽粮需要贷款的地步。这种地方还有什么可抢呢？”[①] 希瓦汗国的乌尔根奇城发生饥荒，“玉龙杰赤（即乌尔根奇城）这个规模庞大、人口繁庶的城市不久就受到饥饿的袭击。一头驴的价值已上涨到四十甚至五十腾格（即银币），就这样也难以买到”[②]。

衰败的经济危及到乌兹别克人在中亚的统治，昔班尼王朝采取积极措施扭转经济衰退的现象。昔班尼首先解决了因战争导致的土地所有权归属问题，他把耕地归还原主，暂时未能归还的土地先转入汗的名下，由国库拨一批款项用于耕种，在其地上耕种者将收获物的一部分以赋税的形式纳入国库。与此同时，国家颁布措施鼓励开荒。

16 世纪，中亚农业得到一定发展。在昔班尼汗时期，建筑了一些新灌溉渠和蓄水池，1502 年，横跨泽拉夫善河的大坝桥落成。奥贝都剌时期，布哈拉郊区建筑了新的灌溉渠（Ariqs）、露天蓄水池和水库（Hauzs）。阿布杜拉二世时期，在阿姆河和锡尔河流经地区建筑了水利灌溉工程，当时费尔干纳盆地已经由一块块绿洲组成一个农业王国，中亚农业生产得到了恢复和发展。

在此期间，一小部分乌兹别克贵族成了土地所有者，大批牧民成为依附农民。

中亚手工业在 16 世纪有了显著的发展。大批乌兹别克人的到来，扩大了对手工产品的需求，促进了手工业的发展。中亚一些城市产生了代表性产业。如撒马尔罕、塔什干、赫拉特和浩罕等城的造纸业，撒马尔罕的优质纸闻名西方；布哈拉城的珠宝镶嵌、武器制造、纺织业及酿酒业，在布里亚特（Buriat）民族史诗中，对布哈拉弓的称赞声一直远扬到西伯利亚；布哈拉的酿酒业“在河中地区是无与伦比的”[③]。手工业产品出现了地区差异，具有城市特色，如种

---

① 〔印度〕巴布尔：《巴布尔回忆录》，第 84 页。

② 阿布尔·哈齐·把阿秃儿汗：《突厥世系》，第 197 页。

③ C. Adle, Irfan Habib, *History of Civilizations of Central Asia*, Vol. 5, p. 41.

类繁多的纺织品，与撒马尔罕城的印花布相比，布哈拉城的印花布图案大，色彩丰富明快。[①] 手工产品的生产不仅只是满足中亚地区居民的需求，还出现了专为出口生产的产品，如撒马尔罕和布哈拉生产的一种名为巴克赫马尔（Bakhmal）或马克赫马尔（Makhmal）的深红色天鹅绒出口到俄国和其他国家。阿布杜拉二世在胡勒姆附近建的缫丝厂，生产的白、黄色丝主要向喀布尔和白沙瓦出口。[②]

16 世纪，在中亚形成了手工业组织行会。以纺织业为例，男织工参加了名为卡沙巴斯（Kāsabas，即职业）的行会，行会中有名为皮尔（Pīr）的赞助人，他们是行会的建立者，或对该行业的发展有促进作用的人；有名为乌斯塔德（Ustāds）的师傅，他们把技艺传授给自己的儿子或雇佣学徒。行会定期举行会议，会议以工匠们敬奉赞助人和祭奠死去工匠的灵魂开始，然后，宣读行会章程（Risāla）。

同一行会的工匠一般聚居于同一街区，有时候街区之名以其行业名命名。如制针工苏扎加尔（Sūzangars）聚居区被称为苏扎加尔区（Suzangar）；布哈拉金线刺绣师傅聚居地米尔多斯土姆区（Mīr Dostum）被称为金线刺绣道（Guzar-i Zardūzī）。中亚市场上出现了手工产品的专卖店，如帽行（Tāq-i Tilpāq-furūshān）、金行（Tāq-i Zargarān）、制箭行（Tāq-i Tīrgarān）、布庄，等等。甚至形成了手工产品的专卖市场，如卖铁器的十字路口称为铁匠路口（Chahār-suq-i Āhanīn）。[③]

父子相传的技艺和相互隔绝的独立街区可以保证手艺在本族中传承。在布哈拉，冷染工人常常是犹太人，被称为查拉斯（Chalas）；热染工一般是塔吉克人；来自莫夫的波斯人大多进行丝绸生产。[④]

16 世纪，中亚城市有很大的发展，特别是布哈拉城。布哈拉

---

① C. Adle, Irfan Habib, *History of Civilizations of Central Asia*, Vol. 5, p. 665.

② Ibid., p.406.

③ Ibid., p.42.

④ Ibid., p.668.

成为汗国都城以后，历代汗对布哈拉城进行了扩建。布哈拉市区扩大，离城六七公里的赘巴依村被纳入市区，从赘巴依村到市中心修了一条宽阔美丽的林荫道，在该村的赘巴依谢赫家族祖坟附近修建了宗教学校和清真寺。16 世纪下半叶，布哈拉增建了许多宗教性建筑，其中有阿布杜拉汗宗教学院、库克达什宗教学院（Kukeldāsh Madrasas）、马达尔伊汗（Mādar-i Khān）宗教学院和查尔·巴克尔（Chār-Bakr）综合建筑。在这一百年间，布哈拉城的建筑超过了近千年来一直成为河中首府的撒马尔罕城。

16 世纪，突厥斯坦城成为哈萨克汗国最重要的政治、文化中心。在哈萨克汗额什木统治时期（1598—1628），突厥斯坦城成为都城。[①] 在这一时期的文献资料中，提到了突厥斯坦城周围的许多居住区，它们共同形成了一个大农业绿洲，典型的居民区有伊干（Iqan）、卡尔纳克（Qarnaq）、卡拉楚克（Qarachuq）和苏里（Suri）。塔什干城的地位也在这一时期重要起来，城内的建筑，如库克达什（Kukeldāsh）宗教学院、浴室和许多壮丽的陵墓都建于 16 世纪。在 16 世纪初期，扫兰城十分富裕，居住区条件舒适，以扫兰城为中心也形成了一个自给自足的农业中心，粮食还出口其他地区。

16 世纪，中亚的商业从 15 世纪后期的衰落中恢复过来。为了促进商业贸易，昔班尼实行达罕（Tarkhān）证书的制度，获得汗国颁发达罕证书的商人，在无条件为君主服务的前提下拥有一些特权，如在自己的领地上有免税权、可以免受惩罚九次、可以自由晋谒君主等。[②] 为了方便商人，汗国统治者在布哈拉、撒马尔罕、塔什干、巴尔赫等城修建了客栈，在商路沿线修建了旅馆（Kārvānsarāys）、商行（Tīms）、圆屋顶市场（Tāqs），在沙漠中修建了带盖的蓄水池，等等。

16 世纪，金融活动在中亚非常活跃，布哈拉出现了活跃的货币

① C. Adle, Irfan Habib, *History of Civilizations of Central Asia*, Vol. 5, p.101.

② Ibid., p. 37.

兑换市场（Sarrāf-khāna），货币兑换商（Sarrāf）的地位很高，以其名字命名的街道、聚会中心、旅馆、清真寺、桥梁、浴室（至今仍保留）在布哈拉出现。[①]

为了便于交换，昔班尼王朝进行了三次货币改革。为了规范货币，昔班尼发行了比旧币重0.4克的新银币腾格（Tanga），规定新银币以同样的汇率在布哈拉汗国内流通。[②]新银币给市场提供了在重量、外表与行市方面都十分稳定的货币，稳定了市场的正常秩序。史学家认为，昔班尼的货币改革“特别是比昔班尼汗的前辈和继承者所采取的财政措施进步”[③]。继任者忽春赤汗也进行了货币改革。1512年，中亚遭遇大雪，食品和日用品价格猛涨。忽春赤汗铸造高质量的新铜币，并在全国范围内组织流通，使经济危机有所缓解。[④]

16世纪，地区经济交流繁荣起来。花剌子模、赫拉特、巴尔赫及其周边地区与撒马尔罕和布哈拉的商贸来往频繁。巴尔赫城的一个城门被命名为布哈拉门（Bukhara Darwāza）；塔什干通向撒马尔罕之路的城门名为撒马尔罕门（Samarqand Darwāza）。在哈萨克草原，无论是定居地还是草原，手工业产品都依赖于锡尔河沿岸和七河流域的居民，哈萨克人与他们进行着频繁的贸易。哈萨克人或者是亲自把畜产品带到周边国家，如布哈拉、希瓦、俄国、西伯利亚或中国，或者是把这些货物发给邻近地区的中间商，以换取原料、成衣、面粉、蒸煮罐、缝纫用品和装饰品，还有武器等。这些交换补充了哈萨克人所需的生活用品。

16世纪，中亚对外贸易在原来的基础上也有发展。俄国征服西伯利亚汗国之后，中亚与欧亚草原及西西伯利亚的贸易加强了，双方之间的贸易量很大，卡拉卡尔帕克和哈萨克商人充当这一贸易的

---

① C. Adle, Irfan Habib, *History of Civilizations of Central Asia*, Vol. 5, p. 42.

② Ibid., p. 430.

③〔苏联〕Б. Г. 加富罗夫：《中亚塔吉克史》，第334页。

④ C. Adle, Irfan Habib, *History of Civilizations of Central Asia*, Vol. 5, pp. 432-435.

中介。据克利乌切夫斯基（Kliuchevsky）记："在遥远的莫斯科，受到了来自东方和西方两方面的影响，专项贸易总是集中在同一商行内，正如在布哈拉和其他东方诸城一样，各类货物被指定到专门的市场和商店（销售）。"[①]

中亚对外贸易的商品主要是本地生产的棉制品、丝织品、纸张和艺术品；他们从俄国购回的商品有"鱼牙"（海象的长牙）、皮毛、鞣制的皮革、蜂蜜和蜡、木制器皿、金属制品等。双方统治上层以馈赠形式进行着交换，馈赠形式的贸易不缴纳关税。布哈拉汗国馈赠的物品主要有宝石、丝织品、贵重武器，沙皇馈赠的物品有金、银、铁与锡、海象牙、发火武器。这一时期，由于东欧生产力发展水平与中亚不相上下，提供给中亚的商品也以农牧产品居多，因此，与俄国的贸易给中亚经济生活的影响是有限的。

布哈拉汗国与来自白沙瓦、德干和古吉拉特的印度商人进行着频繁的贸易。16 世纪的文献提到了来自印度的商品有布匹、羊毛织品、紫靛、糖、香料和草药。在布哈拉和塔什干建有专为印度商人投宿的大旅店，布哈拉城还划出一个印度区，由印度商人和借贷者居住。

16 世纪，由于布哈拉汗国与波斯的战争，中亚商人西出的道路受阻，因此，布哈拉汗国的商人更多的是与阿姆河以西的土库曼商人交易。土库曼人从布哈拉商人那里购买的商品主要是棉织物；土库曼人为河中市场提供特殊马种。[②] 尽管到西方的道路受阻，但是，在伊斯法罕、阿斯特拉罕、巴库等萨法维王朝统治的城市中，仍然有布哈拉和撒马尔罕商人的旅馆。萨法维王朝与印度莫卧儿王朝的战争，使伊朗通往印度洋的商路被阻断，阻碍了阿富汗地区的贸易发展。

俄国对伏尔加河下游地区的征服，使中亚不能直接与俄国以外

---

① C. Adle, Irfan Habib, *History of Civilizations of Central Asia*, Vol. 5, p.53.

② Ibid., p.44.

的东欧商人进行贸易，只能与俄国进行边界贸易。加之连接欧洲与印度海上航道的发现，以及俄国经西伯利亚到太平洋路线的开通便利了与中国的交通，中亚作为东西方贸易桥梁的作用在逐渐减弱。中亚将逐渐断绝与东西方经济富庶地区的联系，这种趋势在 16 世纪还不是很明显，在 17 世纪以后变得突出。

第四章

内外关系

16 世纪的中亚汗国处于不利的国际环境之中。在中亚东部，西蒙古卫拉特人强盛起来，并开始向西扩张；在中亚西部，中亚汗国面临着在伊朗高原上兴起的波斯萨法维王朝和强大的奥斯曼帝国的压力；在中亚南部，被昔班尼赶出撒马尔罕城的帖木儿王子巴布尔在阿富汗和印度建立了政权——莫卧儿帝国，一直在为复国做准备；在中亚北部，灭亡了西伯利亚汗国和阿斯特拉罕汗国的沙皇俄国已经来到了哈萨克和希瓦汗国的家门口。然而，处于恶劣外部环境之下的中亚政权并未团结起来，三个汗国内部经常处于战争状态。

第一节　汗国之间的关系

16 世纪，布哈拉汗国、哈萨克汗国和希瓦汗国之间的战争不断，这些战争又因各国内部争权夺利的斗争而复杂化。布哈拉汗国和哈萨克汗国之间进行过几次大的战争，争夺的焦点是锡尔河北岸城市，特别是塔什干。

15世纪末期，锡尔河北岸的塔什干、讹答剌、突厥斯坦、阿尔库克和乌兹根城归属于昔班尼乌兹别克人；而昔格纳黑城、扫兰城和苏扎克城则处于哈萨克人的控制之下。在昔班尼渡锡尔河南下征服河中之时，刚登上汗位的哈萨克汗哈斯木便着手加强对锡尔河沿岸诸城的统治。1509年，他出兵掠夺了属于昔班尼统治的一些城市，甚至率大约五万哈萨克人越过锡尔河，洗劫了撒马尔罕和布哈拉周围的居民点。

哈萨克人的入侵给刚刚在河中地区建立的布哈拉汗国造成了极大的威胁，昔班尼率军渡锡尔河出击，他率主力部队在库克·卡沙那地区休整，其前锋部队向哈萨克草原进军，在得到哈斯木率大军迎战的传闻以后，前锋部队撤回库克·卡沙那与主力军会合。在此期间，波斯人入侵呼罗珊地区，昔班尼不得不撤军。

第二年，昔班尼在与波斯萨法维王朝的战争中阵亡。于是，锡尔河北岸原来归属于昔班尼王朝的一些城市转而求助于哈萨克汗哈斯木的保护。此后十多年，哈斯木在锡尔河以北加强了自己的统治。同时代的人记载说："这时，哈斯木汗君临钦察草原，号令一切，权力非常大；以前的诸汗中，除了朮赤汗以外，任何人都不能和他相比。"①尽管如此，塔什干城仍然在昔班尼王朝的统治之下。

1523年，哈斯木去世。此后，两国之间没有再发生大的战争。60年代，当哈萨克汗国北方领土受到西伯利亚汗国库程汗的威胁时，哈萨克汗哈克·纳咱尔主动提出与布哈拉汗国建立友好同盟，双方在盟约上宣誓："成为朋友，并忠实地为盟约效力。"②盟约签订之后，哈克·纳咱尔汗集中力量抵御西伯利亚汗国的南下。

但两国的盟约因哈萨克汗保护布哈拉汗国分裂势力而破裂。布哈拉汗国的塔什干领主巴巴·速檀是昔班尼王朝大汗瑙鲁兹·阿赫麦德汗之子，阿布杜拉用武力扶持自己的父亲登上汗位之后，巴

---

① 米儿咱·马黑麻·海答儿：《中亚蒙兀儿史——拉失德史》第1编，第274页。

② 厉声：《哈萨克斯坦及其与中国新疆的关系（15世纪—20世纪中期）》，第39页。

巴·速檀退回领地塔什干。在阿布杜拉忙于呼罗珊战事之时，巴巴·速檀趁机攻打河中地区。1567年，巴巴·速檀攻入撒马尔罕城。阿布杜拉从呼罗珊返回之后对塔什干发起多次进攻，最终打败巴巴·速檀。

阿布杜拉攻塔什干的战争被石刻记录了下来。阿布杜拉追击巴巴·速檀之时，曾经吉兰·乌利峡谷深入草原，在峡谷刻石以纪念。1873年，美国旅行家舒勒（E. Schuyler）途经此地，见到了这一石刻铭文。据他说，吉兰·乌利山隘是一条狭窄的河谷，宽不过一百英尺，两旁为低山，中间有小溪流过，蜿蜒曲折，直流到吉扎克（Jizak / Jizāq）。吉兰·乌利石刻是两块波斯文铭文石刻，分别记录了两次战争，其中一块铭文记载的是阿布杜拉攻巴巴·速檀的战争。铭文说："让荒漠中的过路者和水陆旅行者知道，在回历979年（公元1571年），哈里发手下的副将、全能真主的侍从、伊斯坎达尔汗之子、伟大的阿布杜拉汗带领一支三万人的军队，与德尔维希汗（德尔维希速檀）、巴巴汗（巴巴·速檀）以及瑙鲁兹·阿赫麦德汗的其他儿子们所领的军队在这里进行了一场战斗。在他们的军队中，有速檀的五十位亲戚，还有来自突厥斯坦、塔什干、费尔干纳和钦察草原的四十万战士，由于星宿的幸会，君主的军队获胜，打败了上述诸速檀。杀死他们的人是如此之多，以至于在整整一个月中，注入吉扎克河的那条河面上一直流着被杀者和后来被俘者的鲜血。让这个事实为人所知。"①

巴巴·速檀失败之后逃到哈萨克汗哈克·纳咱尔处避难。阿布杜拉派人带着礼品到哈萨克汗国索要巴巴·速檀，并答应将突厥斯坦城作为赠礼划给哈萨克汗国。但哈克·纳咱尔汗不仅没有遣返巴巴·速檀，而且还出兵助之。1579年，巴巴·速檀在哈萨克人的帮助下夺回塔什干。双方的军队从塔什干频繁出击河中地区。沙尔

---

① Eugene Schuyler, *Turkistan: Notes of a Journey in Russian Turkistan Khokand, Bokhara and Kuldja*, pp. 231-232.

班·速檀率领的哈萨克人渡锡尔河攻掠布哈拉城，巴巴·速檀攻撒马尔罕城。他们在两城掠夺战利品之后返回塔什干。然而，哈克·纳咱尔汗与巴巴·速檀之间很快发生了矛盾。1580年，哈克·纳咱尔汗的两个儿子出击攻打巴巴·速檀；而巴巴·速檀之弟布扎胡尔对哈克·纳咱尔汗发起袭击，哈克·纳咱尔汗在袭击中被杀。

哈克·纳咱尔汗去世以后，新任哈萨克汗昔格海汗改善了与布哈拉汗国的敌对关系，主动与布哈拉汗国建立了友好交往。1581年，阿布杜拉对巴巴·速檀发起攻击，当他抵达锡尔河附近的卡拉套山时，昔格海汗带着他的儿子特夫克勒前来朝见，阿布杜拉把忽毡城赐给了他，将昔格海汗之子特夫克勒作为人质带回布哈拉城。两国之间达成和平，友好和平关系保持了两年（1580—1582）。特夫克勒在布哈拉汗国为人质期间，还参加过阿布杜拉对安集延的战争。

1582年，昔格海汗去世。特夫克勒离开布哈拉返回草原继承汗位。特夫克勒发起对巴巴·速檀的战争，杀巴巴·速檀之后，将其首级和所获俘虏献给了阿布杜拉。阿布杜拉把锡尔河流域的突厥斯坦、扫兰、讹答剌、赛拉姆等城归还给哈萨克汗国。然而，在特夫克勒的统治巩固之后，又对锡尔河沿岸城市发起攻击，两国的友好关系结束，战争重起。哈萨克人对昔班尼王朝的攻击得到了俄国人的赞赏，这一时期俄国与哈萨克汗特夫克勒之间有过多次的使节往返，特夫克勒希望从俄国人那里获得火器。

1586年，当阿布杜拉在呼罗珊作战之时，特夫克勒与兄弟额什木率部攻打河中地区。留守撒马尔罕的阿布杜拉兄弟奥贝都勒不仅抵抗了哈萨克人的进攻，还追逐敌军一直到塔什干，特夫克勒只得撤回草原。1588年，塔什干城爆发了反阿布杜拉的起义，许多哈萨克王子参加了叛乱。在叛乱中，一位哈萨克王子在塔什干和忽毡被城民拥立为汗。特夫克勒乘机出兵塔什干，并在塔什干和撒马尔罕之间的某地打败了阿布杜拉派来的军队。

1597年秋，阿布杜拉之子阿布·穆明反叛其父，特夫克勒率哈萨克人入侵河中。阿布杜拉在忙于召集军队与哈萨克人再战之时，于1598年病故。阿布杜拉死后，特夫克勒从草原牧民中征集军队夺取了阿赫昔、安集延、塔什干和撒马尔罕。一些吉尔吉思部落也参与了特夫克勒对布哈拉汗国的军事行动。特夫克勒留其弟额什木驻守撒马尔罕城，自己率七八万人的部队攻布哈拉城。然而，哈萨克军在布哈拉受挫，退往塔什干。同年，特夫克勒在塔什干病故。此后，额什木与布哈拉汗签订了和约。和约规定，塔什干城及其周围地区归哈萨克汗国管辖。除塔什干和突厥斯坦两城外，特夫克勒征服之地全部被布哈拉汗国收复。

在与哈萨克汗国发生战争之时，布哈拉汗国亦多次出兵攻打希瓦汗国。昔班尼在夺取布哈拉和撒马尔罕城之后，于1505年夺取花剌子模绿洲，并在此安排官员统治。此后，布哈拉汗国统治者视花剌子模绿洲为自己的领土，只要一有机会就插手其内部事务。

1510年，昔班尼在莫夫被杀，驻乌尔根奇的布哈拉汗国官员弃城而逃，波斯萨法维王朝趁机占领了花剌子模。在16世纪的最初三十年内，布哈拉汗国因与萨法维王朝之间的斗争而无暇顾及花剌子模。奥贝都剌汗统治时期，由于希瓦汗国创建者伊勒巴尔斯之孙奥马尔·哈齐战败逃亡布哈拉，奥贝都剌以此为由于1538年发动对花剌子模的战争。塔什干领主速云赤之子瑙鲁兹·阿赫麦德和撒马尔罕领主阿布·赛德之子恰范·马德都随军出战。奥贝都剌汗在此次战争中取胜，希瓦汗阿瓦涅夫被杀，奥贝都剌汗任命自己的儿子阿布·阿吉兹为花剌子模统治者。第二年（1539），阿瓦涅夫汗室成员在土库曼人的支持下夺回希瓦城，阿布·阿吉兹从乌尔根奇逃回布哈拉。此后，两国之间保持了和平。

在昔班尼创建的疆域内建立一个统一的乌兹别克政权是阿布杜拉二世毕生为之奋斗的目标。在希瓦汗哈吉姆时期（1575—1598），阿布杜拉三次入侵花剌子模（1593、1594、1595）。1593年，在哈吉姆远征呼罗珊之时，阿布杜拉率军攻乌尔根奇城，乌尔根奇城民闭城固守，城外居民构筑工事抵抗。哈吉姆获悉后从呼罗珊赶回救援。阿布杜拉无功而返。

两国敌对期间，希瓦人不断抢劫布哈拉商人、使节和朝觐者。此外，希瓦汗国还攻掠布哈拉汗国的呼罗珊莫夫城。当时莫夫城的统治者是阿布杜拉的养子努尔·穆罕默德（Nur Muhammad），1594年，阿布杜拉另派官员接管了努尔·穆罕默德对莫夫城的统治，并将该地的乌兹别克人迁往布哈拉。在被剥夺了莫夫的统治权之后，努尔·穆罕默德逃往乌尔根奇投奔哈吉姆汗。是年，阿布杜拉出兵围攻乌尔根奇和维泽尔城。一个月以后，希瓦汗国诸王子出降，阿布杜拉在此派遣了总督和驻军，哈吉姆乔装改扮后逃往达鲁恩。达鲁恩统治者丁·马哈默德发兵打败阿布杜拉，使哈吉姆得以复国。取胜之后，丁·马哈默德阻止希瓦人处死被俘的阿布杜拉手下的伯克，建议两国交换俘虏，希瓦汗国赎回了一批汗室成员。

1595年，阿布杜拉第三次出击希瓦汗国，占领了哈扎拉斯普。哈吉姆又逃往呼罗珊。阿布杜拉在乌尔根奇的乌兹别克人首领和富人那里设置了征税官负责征收赋税。布哈拉人在希瓦的统治延续到阿布杜拉于1598年去世。此后，哈吉姆返回花剌子模。[①]

在这一百年中，希瓦汗族兄弟互相残杀，国内埃米尔公国并立，这种局面有利于布哈拉汗国干预花剌子模事务，甚至在此地建立统治。布哈拉汗国与希瓦汗国的敌对，使希瓦汗国在短时期内与波斯萨法维王朝建立了友好关系。因此，每当布哈拉汗来攻，希瓦汗都逃往波斯境内，求助于波斯沙赫或者是地区王公的庇护。布哈拉和希瓦两个汗国之间的敌对一直持续到17世纪，花剌子模对布哈拉汗国的依附关系一直持续到希瓦汗阿布哈齐即位的1643年。

---

① 关于哈吉姆的详细情况，参见 Sir Henry Howorth, *History of Mongol: From the 9th to the 19th Century*, Part II, pp.886-894。

第二节　汗国与周边国家的关系

16 世纪，布哈拉和希瓦两个汗国的对外关系主要是与西邻萨法维王朝和西方俄国的关系。在一百年中，布哈拉汗国与萨法维王朝一直处于敌对状态，两国进行了多次战争，这些战争主要是争夺两国相邻的呼罗珊地区。希瓦汗国与萨法维王朝关系复杂，总的来看，两国关系比较友好。16 世纪，哈萨克汗国先后与东察合台和叶儿羌汗国发生联系。

呼罗珊对布哈拉汗国和萨法维王朝来说都具有极大的吸引力，中亚与西方和西北方的交通、波斯与印度的交通都要经过呼罗珊，况且，呼罗珊境内的赫拉特城与撒马尔罕和布哈拉都有着密切的经济和文化联系。因此，控制这一地区是两国的核心利益所在，布哈拉汗国于 1506 年夺取呼罗珊首府赫拉特以后，一直关注这一地区的安全。

萨法维王朝（1501—1736）几乎是与昔班尼王朝同时兴起的国家，它的建立者是伊斯迈尔。伊斯迈尔于 1499 年率领他的追随者从里海南部的吉兰（Jilan）开始了他的征服活动，1501 年年初，打败土库曼人的白羊王朝首领阿万德·米尔咱（Alvand Mīrzā），攻入白羊王朝都城大不里士，建立了萨法维王朝。萨法维王朝是一个以中央集权为基础的、以什叶派为国教的国家。萨法维王朝的统治是伊朗历史的重要发展时期，一百多年中，萨法维王朝在东、西方分别与布哈拉汗国和奥斯曼帝国交战，它与布哈拉汗国之间的关系常常受到奥斯曼帝国的牵制。

布哈拉汗国与萨法维王朝的战争集中在昔班尼、奥贝都剌和阿布杜拉三位汗统治时期。当昔班尼在河中建立政权和征服呼罗珊之时，萨法维王朝正忙于与奥斯曼帝国作战。1508 年，伊斯迈尔征服了小亚细亚东部迪亚巴克尔（Diyar Bakr），接着夺取了巴格达和伊拉克的其他地区。1510 年，伊斯迈尔开始向呼罗珊发起进攻，为了出师有名，他声称自己代表帖木儿帝国向乌兹别克人讨回公道。1510 年 12 月 10 日，双方在莫夫附近开战，昔班尼兵败被杀，乌兹别克人退出了呼罗珊。

萨法维王朝军队乘胜追击，一支由 12000 人组成的部落军（被称为红头军，Qizilbāsh）在将军纳杰姆·依·萨尼（Najm-i Sānī）的率领下攻入河中地区，在喀布尔建立政权的帖木儿王子巴布尔也出兵相助，布哈拉汗国开始了保卫国土的战争。波斯联军围攻布哈拉汗国的卡尔希城，城民们进行了顽强抵抗，但最终失败。接着，波斯联军北上攻布哈拉城，布哈拉城领主奥贝都剌组织抵抗并守住了布哈拉城。1512 年，奥贝都剌开始反击，在布哈拉城以北的忽吉都万打败了波斯联军，纳杰姆将军被杀，巴布尔逃跑。这次胜利确保了布哈拉汗国的生存。

就在波斯联军进攻河中地区之时，奥斯曼帝国的逊尼派牧师（乌拉玛）发布了向伊斯迈尔宣战的法特瓦（Fatwā，宗教教法文书），奥斯曼素丹塞里姆一世（Selim I，1512—1520 年在位）率领一支由火器装备的军队向萨法维都城大不里士进军。1514 年 8 月 23 日，双方在胡依（Khuy）附近的迦勒底兰（Chaldiran）开战。趁此机会，布哈拉汗国军在奥贝都剌的率领下渡阿姆河，收复了呼罗珊失地。但他还来不及在此建立统治，伊斯迈尔就返回呼罗珊，奥贝都剌只好撤兵，呼罗珊又被波斯人占领。在此后的十年中，除了一些小规模的袭击外，乌兹别克人无力夺取呼罗珊。

1524 年 11 月 10 日，伊斯迈尔去世，新继位的沙赫塔赫马斯普还不到十岁，布哈拉汗国对呼罗珊的征服再次开始，在短时期内双方进行了四次战役。在第一次战役（1524—1526）中，乌兹别克人打到了呼罗珊西部边境达姆甘（Damghan），然而，赫拉特仍然在波斯人手中。

1526—1528 年间发生了第二次战役，战役初期，奥贝都剌的军队占领了从阿斯特拉巴德到马什哈德的地区。据巴布尔说，萨法维王朝沙赫塔赫马斯普率四万波斯军队出征，带有火枪和大炮，而奥贝都剌的军队没有找到足够的装备以坚守赫拉特城。[①] 1528 年，布哈拉军队在莫夫汇集，准备出击赫拉特，波斯军队在通往赫拉特路上的土尔巴特·杰姆（Tufbat-i Jam）附近挖战壕，布哈拉军队仗着人多势众，轻敌思想严重。9 月 26 日，波斯军在土尔巴特·杰姆附近打败了布哈拉军，据说有五万人阵亡。波斯方面也死了两万人。[②] 奥贝都剌向河中地区撤退，波斯人因巴格达叛乱而未继续追击。

1529—1531 年，奥贝都剌发动了第三次攻呼罗珊的战役，虽然很快夺取马什哈德和赫拉特，但布哈拉军队未能站住脚，很快退出了他们的占领地。1531—1533 年，奥贝都剌组织了第四次征服呼罗珊的战役，当时的布哈拉汗阿布·赛德汗不赞成奥贝都剌的波斯政策，于是，奥贝都剌的这次进攻也未能取得成功。在此后的几乎半个世纪中，布哈拉汗国无力对呼罗珊进行大的战争，呼罗珊仍是波斯萨法维王朝的领地。

1583 年，阿布杜拉二世登上汗位，征服呼罗珊的战争再起。1584 年，阿布杜拉在占领阿姆河以南的巴达克山以后，频繁地对呼罗珊发起攻击。1588 年，波斯沙赫阿拔斯继位，阿布杜拉利用他继位之初波斯政局不稳的时机，经过十一个月的围攻从波斯人手中夺取了赫拉特。第二年（1589），阿布杜拉之子阿布·穆明夺取马什哈德，在该城进行了骇人听闻的大屠杀和大掠夺。沙赫塔赫马斯普的尸体被从陵墓中挖出来焚烧后随风抛撒。布哈拉汗国在包括马什哈德在内的呼罗珊大部分地区和以莫夫为中心的土库曼斯坦西南部建立了统治。

阿拔斯是萨法维王朝具有雄才大略的统治者。即位不久，他着手军队改革，把部落军（红头军）的数量从六至八万削减到三万，让这些军队驻守各地；与此同时，他从格鲁吉亚（Gêorgie）人、契卡斯人和亚美尼亚人中招募青年组成正规的常备军，薪饷由国库支

---

① 〔印度〕巴布尔：《巴布尔回忆录》，第 593 页。

② 据埃尔斯金（Erskine）说，两个数字可能都夸大了。

付。常备军总数为 3.7 万人，配有五百门大炮，用火炮（Tūp）和步枪（Tufangs）装备军队，设置了步枪手（Tufangchī）、火炮手（Tūpchī）。除了军事改革外，阿拔斯调整了对外政策，与奥斯曼人签订了《伊斯坦布尔条约》（1590），条约将奥斯曼人所占地区割让给奥斯曼帝国。此后，阿拔斯专注于与布哈拉汗国的战争。1597 年，他在赫拉特大败布哈拉军，收复了被占领了十年之久的赫拉特和呼罗珊全境。1598 年，萨法维王朝迁都伊斯法罕，都城的东移既远离了奥斯曼帝国，又加强了波斯人对呼罗珊的统治，遏止了布哈拉汗国在此地区的骚扰。是年，阿布杜拉二世去世，其子阿布·穆明被杀，布哈拉汗国彻底退出了呼罗珊。当布哈拉汗国不再构成威胁之后，萨法维王朝又掉头向西，并于 17 世纪初（1602—1607）收复了割让给奥斯曼帝国的所有失地。①

在布哈拉汗国和萨法维王朝交战时期，两国君主有一些书信往来。据史书记载，16 世纪上半叶在两国君主的书信中充满了相互责难和侮辱之词。这些信件是：昔班尼汗于 1510 年写给沙赫伊斯迈尔的信；忽春赤汗于 1524 年写给赫拉特长官杜尔米什汗的信及后者的回信；奥贝都剌汗于 1529—1530 年写给沙赫塔赫马斯普一世的信以及后者的回信。②

16 世纪，布哈拉汗国与萨法维王朝之间连绵不断的战争造成了呼罗珊持续的饥荒（1512、1514、1531—1532）。据《史记精选》记载：当时人们吃猫狗肉，甚至发生“人吃人”的现象。③

由于与萨法维王朝的战争，布哈拉汗国一直希望与西方的奥斯曼帝国建立友好关系。奥贝都剌汗曾打算与奥斯曼帝国结成反波斯同盟，瑙鲁兹·阿赫麦德汗也曾希望土耳其素丹能够给予他帮助，他在写给土耳其素丹的信中请求他派兵帮助自己镇压叛乱，但由于奥斯曼人已经与波斯议和（阿拔斯统治早期），素丹委婉地拒绝了他

---

① C. Adle, Irfan Habib, *History of Civilizations of Central Asia*, Vol. 5, p. 256.

② 〔乌兹〕艾哈迈多夫：《16—18 世纪中亚历史地理文献》，第 48 页。

③ 同上书，第 50 页。

的请求。素丹在给瑙鲁兹·阿赫麦德汗的一封信中回忆了他与奥贝都剌汗的亲密友好关系。布哈拉汗国与奥斯曼帝国之间的友好关系一直继续到16世纪末。尽管两国都想结盟对付波斯人，而且两国的信仰一致（都是伊斯兰教逊尼派），然而，由于相距遥远，特别是俄国沙皇伊凡四世吞并喀山和阿斯特拉罕两个汗国以后，两国之间的交通受阻，奥斯曼土耳其人和布哈拉汗国的乌兹别克人希望建立反波斯联盟的想法最终没有成为现实，友好关系的建立也未给任何一方带来实际的利益。

希瓦汗国与萨法维王朝的关系是复杂的。处于东、西方战事的波斯人希望与希瓦汗国保持友好关系，以牵制布哈拉汗国，两国一度结成了反布哈拉汗国的联盟。然而，两国之间为领土又存在着矛盾冲突，主要是争夺土库曼斯坦的一些绿洲。

16世纪上半叶，萨法维王朝曾深受希瓦军队入侵之苦，呼罗珊的波斯官员在希瓦人的攻击下纷纷弃职而逃。据《突厥世系》记载，塔赫马斯普在无法忍受希瓦军侵扰的情况下，派一名使者去见希瓦不出合汗（1535年继位），表达了两国联姻的想法，使者传达说："曾是成吉思汗某一后人女婿的帖木儿比，至今仍以帖木儿·古列坚之名著称；我也希望成为成吉思汗后裔的女婿，为的是让昆卡尔（即君士坦丁堡素丹）——我最大的敌人，知道我已同乌兹别克人的君主结成联盟，并娶了他的一个女儿为妻。"[①] 不出合本人没有女儿，他将其兄索菲昂汗的女儿艾莎·必该嫁给了塔赫马斯普。塔赫马斯普以最隆重的方式接待了希瓦汗的使者，并送去了"九个金锭、九九八十一个银锭、九顶帐幕（这些帐幕上部饰以金锦，下部饰以一种名为'楚达尔'的丝织物，连同必要的坐垫及全套金银餐具）、九匹鞍辔齐备的马及一千匹锦缎"[②]。萨法维王室与希瓦汗室联姻以后，两国开始了和平友好交往，其间，双方缔结过短暂的军事

① 阿布尔·哈齐·把阿秃儿汗：《突厥世系》，第203页。

② 同上书，第204页。

同盟。每当布哈拉汗干预花剌子模事务之时，希瓦汗国统治者就逃到波斯人统治下的呼罗珊避难，波斯沙赫及呼罗珊地区王公们对他们提供帮助。在奥贝都剌汗占领花剌子模期间，丁·马哈默德逃到波斯，接受塔赫马斯普的保护，以附庸的身份从他那里获得了尼萨（Nisa）和阿比瓦尔德（Abivard）两地。在阿布杜拉汗占领花剌子模之时，哈吉姆逃到波斯，得到了沙赫阿拔斯的保护。据《突厥世系》记载，哈吉姆汗携带其子侄们来到可疾云阿拔斯沙赫宫廷。沙赫亲自出迎，扶他下了马，携手入内，请他坐在尊贵的座位上，数次将双臂交叉在胸前，对他说："欢迎你，欢迎你，尊敬的汗！"[①] 除了哈吉姆的长子苏玉尼赤带着他的两个儿子去了奥斯曼土耳其外（据说他不愿待在信仰伊斯兰教什叶派的萨法维王朝），其他亲王全都随哈吉姆留在沙赫的宫中，在这里过了三年。

除了波斯沙赫与希瓦统治者有密切的联系外，呼罗珊历任统治者也积极参与布哈拉汗国和希瓦汗国之间的斗争。阿布杜拉二世的养子努尔·穆罕默德曾是莫夫的统治者，当他遭到希瓦汗的掠夺时，他求助于养父阿布杜拉出兵协助他镇守莫夫。在阿布杜拉将莫夫交给其他官员统治以后，努尔·穆罕默德转而求助于希瓦汗哈吉姆。这些事件反映了呼罗珊与希瓦汗国之间的密切关系，在政治危机时，对方都成为首选的避难地。

萨法维王朝及呼罗珊统治者与希瓦汗国之间的友好关系成为河中地区权力均衡的一个重要因素，沙赫阿拔斯对花剌子模和莫夫的影响和支持牵制着布哈拉汗国对希瓦的行动。

在中亚与印度的关系史中，昔班尼王朝与莫卧儿帝国之间的关系最引人注目。"莫卧儿"一词系"蒙古"一词的转写。莫卧儿帝国经历了十七任皇帝，16—19 世纪统治印度。第三任皇帝阿克巴（Akbar）在位时期（1556—1605），莫卧儿帝国达到鼎盛，控制了约占全印度三分之二的版图；到奥朗则布（Aurangzeb）统治时期

---

① 阿布尔·哈齐·把阿秃儿汗：《突厥世系》，第 252 页。

（1658—1707），除德干的东南部分外，次大陆几乎全为莫卧儿帝国囊括，成为南亚大国。

16世纪，布哈拉汗国与波斯人争夺呼罗珊的同时，与印度莫卧儿帝国也处于敌对关系。莫卧儿帝国创建者巴布尔是帖木儿帝国创建者帖木儿的后裔，撒马尔罕原来是他的领地，他至死都没有放弃恢复河中领地的愿望。为此，他曾以允诺提倡什叶派学说为条件与沙赫伊斯迈尔联盟。1510年，昔班尼在莫夫战役中被伊斯迈尔打败以后，巴布尔与波斯军队一起攻入河中地区，短时期内（1511—1512）在撒马尔罕复辟。1512年，巴布尔被奥贝都剌打败以后退回喀布尔。奥贝都剌与波斯人在1528年的土尔巴特·杰姆之战之时，巴布尔正在病中。当他得知布哈拉军队在此战中遭到惨败的消息以后，收复河中故地的愿望强烈起来。他让儿子、当时统治着巴达克山的胡马雍率军前往河中地区，胡马雍征集到五万军队北上，攻占了希萨尔。然而，由于波斯军队因奥斯曼帝国的侵扰而中途撤军，胡马雍也只好放弃希萨尔返回印度。1530年12月，巴布尔去世，帖木儿王子们恢复河中地区的愿望破灭了。

布哈拉汗国与莫卧儿帝国虽然处于敌对关系，但双方之间从未发生过大的战争。布哈拉汗国或者利用莫卧儿帝国的内部斗争，与其中的一些派别建立同盟以对付另一些派别，或者趁其内乱蚕食与河中毗邻的地区。

1547年，胡马雍的统治受到兄弟卡姆兰的挑战，卡姆兰得到了昔班尼王朝在巴尔赫的统治者皮尔·穆罕默德的支持，企图夺取古尔和巴格兰（Baghlan）。这一行为激怒了胡马雍。1549年，胡马雍率兵进攻巴尔赫，在听到布哈拉汗阿布·阿吉斯前来支援巴尔赫的消息后，胡马雍撤军。

1584年，布哈拉汗国夺取巴达克山，莫卧儿皇帝阿克巴接受了以兴都库什山作为两国边界线这一事实，实际上承认了巴达克山归属于乌兹别克人。此后，莫卧儿帝国与波斯萨法维王朝为瓜分阿富汗而发生战争，布哈拉汗国与莫卧儿帝国的关系朝着好的方面转化，如双方于1585年派使者互访。阿布杜拉注意发展与印度的商业和文化联系，与莫卧儿帝国结成同盟。但是，莫卧儿帝国一直警惕着河中的乌兹别克人，阿克巴一直待在邻近河中政权的西北部，直到阿布杜拉于1598年去世，阿克巴才放心地移居拉合尔（Lahore）。

16世纪，哈萨克汗国与东察合台汗国的关系从友好转向敌对。15世纪上半叶，从阿布海尔统治下分裂出来的哈萨克人迁徙到蒙兀儿斯坦境内，东察合台汗也先不花把他们安置在楚河流域。以此为根基，哈萨克人建立了自己的汗国。建国初期，双方的关系十分友好。以后，东察合台汗国由于兄弟相争，国家分裂而衰落，七河流域和伊犁河流域的游牧民纷纷投靠哈萨克汗国。

哈萨克汗哈斯木统治时期（1509—1523），东察合台人参与了哈萨克人攻击河中地区乌兹别克人的战争。1512年初春，东察合台汗国在受到乌兹别克人的侵扰时向哈萨克人求援，希望与哈萨克人联军共击塔什干，并许诺将邻近哈萨克人的扫兰城让给哈斯木汗。哈斯木立即率军前往塔什干，由于东察合台军队途中受阻未能及时赶到，因此，双方共同攻城的计划落空，哈萨克人在塔什干城外示威后班师回国。第二年，东察合台王子萨亦德前往哈斯木驻地楚河河畔的朱得城，拜访了哈斯木。哈斯木汗隆重地迎接了这位年轻人。据同时代人记：他先是命令手下的数十名哈萨克速檀（其中一些已五六十岁）跪在帐前迎接，待萨亦德落座以后，哈萨克速檀们一一上前行礼问候，最后由哈斯木汗亲自上前行礼。仪式之后，哈斯木汗把他最喜爱的一匹马作为礼物送给了萨亦德，并以丰盛的宴会招待他。这些友好的表示令萨亦德十分感动，终生难忘。[①] 在欢聚的二十多天中，双方缔结了反乌兹别克人的联盟。萨亦德以后“无论什么时候谈到哈斯木汗，总说哈斯木是一位正直可敬的人，然后就说他们二人怎么友好”[②]。

哈斯木死后，哈萨克人与东察合台人为争夺蒙兀儿斯坦的统治

① 厉声：《哈萨克斯坦及其与中国新疆的关系（15世纪—20世纪中期）》，第30页。
② 米儿咱·马黑麻·海答儿：《中亚蒙兀儿史——拉失德史》第2编，第177页。

权而发生冲突，两国之间进行了几次战争。为了与东察合台人的战争，哈斯木的侄儿塔赫尔与伊塞克湖地区的吉尔吉思人联盟。1514年，接受过哈斯木热情款待的东察合台王子萨亦德在天山以南地区建立了叶儿羌汗国。1522年，叶儿羌汗国向外扩张，与在西部蒙兀儿斯坦游牧的吉尔吉思人发生冲突，导致战争。吉尔吉思人向哈萨克人救援，哈吉联军迫使叶儿羌军队退出了蒙兀儿斯坦，返回喀什噶尔，哈萨克人占领了蒙兀儿斯坦。1533年，叶儿羌汗国脱离东察合台汗国，东察合台汗国实际上仅仅控制着焉耆、吐鲁番、哈密三个地区，远离了哈萨克人，双方之间的联系中断。从此，与哈萨克汗国争夺蒙兀儿斯坦的是叶儿羌汗国。

叶儿羌汗阿不都·拉失德在夺取东察合台汗国领地的过程中，主动与布哈拉汗国修好，并结成联盟。1537年，阿不都·拉失德与布哈拉汗国联合出兵，在伊塞克湖附近打败了哈萨克人，使哈萨克人遭到重创，哈萨克汗被杀。叶儿羌人收复了蒙兀儿斯坦，掳掠了大批马匹、骆驼等牲畜和大量财宝。

哈克·纳咱尔汗统治时期（1538—1580），哈萨克人对叶儿羌汗国的战争转败为胜。阿不都·拉失德汗在晚年深受哈萨克人和吉尔吉思人大规模入侵的困扰，长子阿不都·拉提夫被哈萨克人杀死。为了报仇，拉失德汗装备了一支强大的军队，在布哈拉汗国军队的支援下，在蒙兀儿斯坦与哈萨克人和吉尔吉思人的联军打了三个月的仗，最终获得了胜利。这一战争大约发生在1556年。叶儿羌汗国在马黑麻汗统治时期强盛起来，在阿克苏和喀什噶尔驻扎重兵。马黑麻汗死后，汗位更替频繁，叶儿羌汗国走向衰落，不再对哈萨克汗国造成威胁。

第三节　汗国与俄国的关系

16世纪中叶以前，中亚三个汗国与俄国的领土并没有接壤。伏尔加河下游的阿斯特拉罕汗国将希瓦汗国与俄国隔开；乌拉尔山和乌拉尔河以西的喀山汗国和诺盖汗国将哈萨克汗国与俄国隔开；在哈萨克汗国北部和东北部当时还是西伯利亚汗国的领地。在此时期，除了哥萨克人（Cossacks）对中亚北部哈萨克草原和希瓦西北地区侵扰外，中亚汗国与俄国之间没有直接发生联系。

16 世纪中叶，俄国攻灭了喀山汗国和阿斯特拉罕汗国，将它们的领土纳入沙皇俄国的版图，于是，希瓦汗国的西北部与俄国领土接壤。随着俄国的东进，1558 年，沙皇伊凡四世把乌拉尔山脉地带，及其以东的所有能够征服的地方作为封地赐给统治着卡马河流域的斯特罗戈诺夫家族，让他们守卫俄国东部边疆。1587 年，俄国征服西伯利亚汗国，哈萨克汗国的北部和东北部与俄国接壤。在此时期，俄国与中亚汗国发生了冲突，俄国与希瓦汗国发生的武装冲突主要由哥萨克人引起。

16 世纪，中亚北部地区尽管与俄国在军事上有一些小冲突，但是，双方之间的经济往来仍然不断。在 16 世纪中期以前，伏尔加河中游、卡马河岸的保加尔（Bulgar）城和伏尔加河河口附近的伊蒂尔城是中亚地区与俄国贸易的中心。保加尔的地理位置很重要，它不仅是中亚与俄国的贸易商站，而且还是东欧北部贸易的主要基地。数以千计的保加尔人、哈扎尔人、布哈拉人、花剌子模人、斯堪的纳维亚人、俄国人以及其他东欧商人在这里交换货物。在此期间，双方的贸易基本上沿着以往的路线进行。布哈拉商人经咸海西北部的沙漠来到该城；希瓦商人从乌尔根奇出发，渡里海到达伏尔加河河口，再经陆路到达伊蒂尔和保加尔城。中亚商人经营的本地产品从原料、金条到药材和奴隶，种类繁多，其中，产自布哈拉的软山羊皮在俄国很受欢迎。此外，中亚商人还转手印度、波斯和中国的产品。中亚商人从保加尔市场上购买的商品有斯拉夫奴隶、皮毛、皮革、树皮（鞣皮革用的）、猎鹰、蜂蜜、海象的长牙、坚果、蜡烛等。在这些商品中，有一定需求量的是时钟和优质羊毛织锦（Saqirlāt），以及在中亚被视为珍贵商品的法兰克天鹅绒。中亚商人用现金购买这些东西，他们付银币（迪纳尔）给俄国人。

16世纪中叶，喀山汗国和阿斯特拉罕汗国被纳入俄国领土之后，中亚与俄国的贸易中心转移到喀山城和伏尔加河入海口处的阿斯特拉罕城，阿斯特拉罕城取代了原保加尔城的商业地位。贸易中心的南移使希瓦汗国的地位重要起来，花剌子模绿洲成为联系南部中亚地区与北部三海（咸海、里海和黑海）北岸贸易的便捷之地。来自布哈拉、撒马尔罕、巴尔赫的商人经花剌子模绿洲，渡里海到阿斯特拉罕城与西方贸易。到达阿斯特拉罕城的中亚商人，有的继续北上，最终目的地是莫斯科，有的成为沿途城市的坐商。有时候，希瓦商人把到阿斯特拉罕城来的西方商人，特别是下诺夫哥罗德、萨拉托夫和莫斯科的商人，接到曼格什拉克来。1558年，从莫斯科出发前往中亚访问的英国人安东尼·詹金森所走的路线就是从伏尔加河经里海到土库曼斯坦，最后抵达希瓦汗国都城乌尔根奇。

中亚经此路线交易的商品主要有棉和棉织品、靛蓝和一些手工金属器皿，其中，布哈拉生产的各种布匹：印花布、赞丹尼奇布、卡尔巴丝，以及长袍成衣最受欢迎。在俄国灭亡喀山和阿斯特拉罕两个汗国以后不久，莫斯科在1580年从布哈拉进口了大约五千匹棉布。[①] 此外，从希瓦汗国运往俄国的产品主要有苹果和未处理的牛皮。希瓦商人在阿斯特拉罕城的集市上十分活跃，他们购买的商品品种繁多，不仅有满足本国需求的高档长袍、喀什噶尔绿茶（可见喀什噶尔与俄国有贸易联系）和次等貂皮，而且还有在布哈拉市场上出售的铁、铁铸物品、俄国皮革、生丝、芝麻籽和芝麻油，以及在布哈拉市场上转卖给土库曼人和卡拉卡尔帕克人的烟草，在马什哈德市场上转卖给波斯商人的布匹和芝麻等。

然而，从有关记载来看，中亚汗国的城市没有因俄国贸易中心的南移而繁荣起来，与阿斯特拉罕城的商贸相比，中亚诸城的商业非常落后。据安东尼·詹金森报道，中亚的贸易中心布哈拉城只能

---

① C. Adle, Irfan Habib, *History of Civilizations of Central Asia*, Vol. 5, p. 53.

提供极少的货物给前来的商人们，而希瓦汗国就更加落后了，乌尔根奇城“由于内战，该城在七年之中四次被攻陷又被夺了回来，因此，城内几乎没有多少商人，而且商人们非常贫穷，我在各城镇中总共卖出的布不超过四匹。他们所卖的商品主要来自布哈拉和波斯，但是，其数量之少不值一提”[①]。内战把商人们赶往其他市场。

16 世纪中叶，中亚汗国与俄国开始了正式的使节访问。1555 年 2 月 6 日，英国女王玛丽签署特许状，在伦敦成立了莫斯科贸易公司。1558 年，伦敦莫斯科贸易公司驻莫斯科代表詹金森受俄国沙皇伊凡四世的派遣，手持沙皇颁予的特别证书来到希瓦和布哈拉汗国。詹金森是沙皇俄国派往中亚国家的第一个官方代表。在他返回莫斯科之时，希瓦和布哈拉汗国第一次派使团随行来到莫斯科，使团的主要任务是与沙俄政府建立联系，促进两国的贸易更进一步发展。此事标志着中亚各国与俄国建立正式关系的开始。

16 世纪，中亚国家与俄国使节的互访，兴趣集中在两国之间的贸易、释放俄国奴隶等问题上。阿布杜拉汗曾多次向莫斯科派出使团，谈论中亚商人在俄国城市获取贸易权的问题。当时，携带商品的中亚商队与使团一起来到莫斯科；在俄国派往布哈拉的使团中也有商业代理商，随詹金森前往中亚的商队由一千峰骆驼组成。[②]

在俄国与中亚汗国的使者互访中，双方谈论较多的是俄国奴隶问题，就此问题的交涉长达近两个世纪。奴隶是值钱的商品，奴隶贸易在俄国有着悠久的历史。在基辅罗斯时代，奴隶贸易就是罗斯大公们致富的主要来源之一，至少在 9 世纪，罗斯大公们就开始把奴隶卖给拜占庭及其他东、西方买主。贸易中心保加尔城和伊蒂尔城有出售奴隶的市场，以后，喀山和阿斯特拉罕城的奴隶市场也很繁荣。随着俄国向东扩张，俄国商人把俘获的亚洲人作为奴隶在俄国市场上出售，奴隶是哈萨克商人和布哈拉商人到俄国市场购买的

---

① C. Adle, Irfan Habib, *History of Civilizations of Central Asia*, Vol. 5, p. 21.

② Edward Allworth, edit, *Central Asia: 130 Years of Russian Dominance, A Historical Overview*, p. 23.

商品之一。沙俄政府垄断了奴隶输出，沙皇常常把奴隶输出作为特权授予中亚商人，给他们颁发特许证，允许他们在俄国购买奴隶。

中亚国家与俄国关于奴隶问题的纠纷缘起于詹金森在中亚的首次访问。1558 年，詹金森在访问结束返回俄国之时，赎回了在中亚做奴隶的二十五个俄国人，从此，沙皇政府开始关注中亚的俄国奴隶这一问题，并提出释放俄国奴隶的问题。俄国统治者关注俄国奴隶的最初用心可能仅仅是想在欧洲人眼中树立一个反奴隶制的形象，但是，随着中亚汗国与俄国关系的发展，以后，俄国统治者便以此为由干预中亚汗国的事务。

在中亚国家与俄国的交往中，哈萨克汗国与俄国来往的目的还有获取武器的希望。16 世纪末，特夫克勒汗率领的哈萨克人只有弓、箭之类的武器，而乌兹别克人已经开始使用火器。1594 年，特夫克勒汗派使者到俄国，表示哈萨克人愿意臣服于俄国，请求俄国为他们提供武器，以反对乌兹别克汗国的阿布杜拉汗和西伯利亚汗国的库程汗。1595 年，俄国沙皇给特夫克勒复信，同时给特夫克勒送来了一些火枪。俄国人鼓励哈萨克人对布哈拉汗国和西伯利亚汗国的战争，这些战争将为俄国的东进扫清道路。

俄国对伏尔加地区的征服，萨法维王朝与莫卧儿帝国的争夺，影响了中亚与外界的交流，中亚国家与俄国关系日益加强，这一外交上的变化在以后两个世纪将对中亚产生特别重大的政治和经济后果。

第五章

宗教与文化

15 世纪中叶以前，伊斯兰教苏菲派的库布拉维（Kubrāwiyya）、亚萨维（Yasawiyya）和纳合什班底（Naqshband）三个教团成为中亚宗教和政治生活中的重要力量；从 15 世纪中叶起，纳合什班底教团利用王权的支持，逐渐取代了亚萨维教团的地位，获得了独尊的地位。在布哈拉汗国，宗教与王权互相支持；苏菲派在吉尔吉思人和哈萨克人中的传教活动取得了进展；16 世纪末，纳合什班底教团的白帽派和黑帽派进入中国新疆，两派在此进行了长达三百年之久的斗争，对中国南疆的政治、经济、文化产生了深远的影响。16 世纪中叶，中亚文化出现了繁荣景象，布哈拉、撒马尔罕、塔什干等城市成为文化中心；察合台语文学的兴盛是这一时期中亚文学上的突出成就；在绘画艺术方面，这一时期中亚先后形成了三个流派；这一时期中亚的史学成果卓著，除了翻译一批波斯史学著作外，出现了用突厥语撰写的史书，如《胜利之书精选史》，以及用波斯文撰写的突厥史《中亚蒙兀儿史——拉失德史》。

第一节 宗教

追随昔班尼的乌兹别克人不全都信仰伊斯兰教，存在着多神教教徒。有资料记载，昔班尼在驻军之处曾为军中多神教徒用芦苇和草席修建临时神庙，让他们祭拜。夺取河中政权以后，昔班尼认识到伊斯兰教对统治的重要性，试图把世俗和宗教两种权力集中在自己的手中，他自称伊玛目阿勒札曼·瓦·哈里弗·阿勒拉赫曼（Imām al-Zamān wa-Khalif al-Rahmān），意思是"最仁慈的哈里发时代的伊玛目和真主的使者"。汗国的最高统治者——汗在宗教领域内也有至高无上的权力，汗国以大汗之名念胡特巴。

昔班尼王朝与伊斯兰宗教界的关系决定了苏菲库布拉维、亚萨维和纳合什班底三个教团的命运。帖木儿帝国时期，苏菲教团的地位上升，帖木儿帝国素丹、异密都以苏菲和卓为精神导师；和卓也通过与世俗封建主的结盟攫取了世俗和经济权益。昔班尼王朝统治者们继续着这一传统。在昔班尼王朝，库布拉维、亚萨维和纳合什班底三个教团的谢赫先后充当了汗的顾问或精神导师。作为回报，他们中的许多人被委以诸如首席神学家（Shaykh al-Islām）这类有权势的职位；但不服从汗的谢赫或者不予任用，或者被流放。

开始的时候，昔班尼汗以亚萨维教团首领贾拉鲁丁·阿兹赞（Jalālu'ddīn 'Azīzān，卒于 1507 年）为自己的精神导师，不知什么原因，以后昔班尼将他流放。[①] 贾拉鲁丁·阿兹赞被流放到赫拉特之后，亚萨维教团衰落。1626 年，亚萨维教团的阿利姆·谢赫·阿兹赞（'Ālim Shaykh 'Azīzān，卒于 1632 年）写了一部有关亚萨维教团的波斯文著作《来自圣灵的乐章》（*Lamahāt min nafahāt al-quds*）[②]，书

---

① C. Adle, Irfan Habib, *History of Civilizations of Central Asia*, Vol. 5, p. 772.

② Ibid., p. 776.

中叙述了亚萨维派最后几位代表人物的详细生平资料。到 17 世纪，亚萨维教团逐渐并入了纳合什班底教团。尽管如此，昔班尼王朝为亚萨维教团缔造者阿合马·亚萨维建造了陵墓，使之成为“突厥人的卡巴（Ka’ba）”，把它比作耶路撒冷的艾尔·阿克萨（al-Aqsa）清真寺，专供昔班尼王朝人朝觐。

16 世纪，库布拉维教团的主要代表人物胡赛因·花剌子密（Husayn Khwārazmī，卒于 1551 年）生活在花剌子模和撒马尔罕，受到了昔班尼汗的尊敬，该教团有坚实的经济基础（瓦克夫和济贫院）。尽管如此，库布拉维教团在与纳合什班底教团的竞争中失利，纳合什班底教团谴责他们是隐匿的什叶派。[①] 在塔什干，胡赛因·花剌子密的信徒与纳合什班底教团成员鲁提夫拉赫·楚斯提发生了激烈冲突，昔班尼王朝统治者对这次斗争做出了有利于纳合什班底教团的裁决。此后，库布拉维教团开始衰落。到 17 世纪，库布拉维教团逐渐被纳合什班底兼并。不过，库布拉维教团以弱势地位一直维持到 19 世纪，教职人员分布于乌兹别克斯坦花剌子模区、卡拉卡尔帕克区，以及土库曼斯坦的塔沙乌兹区，中心仍在花剌子模绿洲。在此期间，主持教团工作的有布哈拉大毛拉谢赫帕延达·萨克达里（Shaykh Pāyanda Sāktarī），另外一些谢赫在撒马尔罕、塔什干、希萨尔、巴达克山和喀布尔活动。

昔班尼汗在以亚萨维教团首领贾拉鲁丁·阿兹赞为精神导师之时，在占领赫拉特城之后处死了纳合什班底教团教主和卓雅希亚（Khwāja Yahyā），纳合什班底教团受到打击。在贾拉鲁丁·阿兹赞被流放以后，昔班尼又选择纳合什班底教团谢赫为自己的精神导师。此后，纳合什班底教团的势力开始强大起来。

纳合什班底教团战胜亚萨维教团和库布拉维教团成为中亚占据统治地位的宗教教团，有以下几个因素：

第一，教派的一致性。在库布拉维教团、亚萨维教团和纳合什

---

① C. Adle, Irfan Habib, *History of Civilizations of Central Asia*, Vol. 5, p. 775.

班底教团三个教团中，库布拉维和亚萨维是以拥护阿里为宗系的教团，像大多数神秘主义教团一样，它们突出阿里的作用，而纳合什班底教团则把世系追溯到先知的第一任哈里发艾布·伯克尔。这一点与宣称信仰逊尼派的昔班尼王朝是一致的，因此，该教团得到了河中政权的保护，并对亚萨维教团的阿里派系和实行赞念齐克尔等信仰习惯发起攻击（攻击了几个世纪），并谴责库布拉维教团是隐匿的什叶派。

第二，纳合什班底教团的教义符合昔班尼王朝的内外政策。14世纪后期，纳合什班底教团创始人巴哈丁·纳合什班底提出了四条修行原则：修道于众；巡游于世；谨慎于行；享乐于世。这种修行生活一反以往隐居修行，提倡出世思想。15世纪末期，纳合什班底教团第三任教长乌拜杜拉·阿赫拉尔和卓（1404—1490）提出苏菲教徒应该干预政治，他认为政治和社会活动是纳合什班底教团精神追求的一个基本组成部分，阿赫拉尔的理论为纳合什班底教团与统治政权建立联系奠定了理论基础。后来，他的学生马黑麻·哈孜（Muhammad Qāzī，卒于1516或1517年）得到了塔什干统治者的保护，并依据萨里法撰写了《论统治艺术》一文，发展了他的理论。此后，纳合什班底教团第五代教主玛哈图木·阿杂木（Makhdūm-i A'zam，1461—1542）将它完善，在《论对素丹的劝诫》（*Risāla-i Tanbīh al-salātīn*）一文中，玛哈图木·阿杂木按《古兰经》原则构建了理想的伊斯兰国家观念，在伊斯兰国家的构架中，最高统治者被置于核心地位，这些思想符合昔班尼王朝统治者的要求。

在随后的几个世纪中，这一理论鼓舞了中亚和印度的苏菲教团，阿赫拉尔的后代以此理论为依据，以撒马尔罕为基地形成了对布哈拉汗国政权有着极大影响的集团。在积极干预政治的理论指导下，纳合什班底教团教徒以各种方式参与到布哈拉汗国政权之中。布哈拉的纳合什班底教团和卓赘巴依家族与统治王室联姻，家族成员中的大多数人或者被公认为首席神学家，或大法官（Qāzī al-Quzāt），成为布哈拉汗国的一股重要的势力，这种地位一直持续到 19 世纪中叶。

纳合什班底教团教徒对布哈拉汗国的对外政策产生了重要影响，他们怂恿昔班尼王朝发动对波斯的“圣战”，宣称消灭什叶派“红头军”是乌兹别克人义不容辞的宗教义务。阿赫拉尔的朋友法兹鲁拉赫·伊本·鲁兹比汗（Fazlullāh b. Ruzbihān Khunjī，卒于 1521 年）成了昔班尼汗的顾问，他是发动“圣战”的积极推动者，对波斯发动“圣战”的思想符合新兴的布哈拉汗国的扩张政策。

第三，纳合什班底教团吸取其他教团的教义，因此，具有极大的灵活性和适应性。从教义上看，纳合什班底教团的第一代大师们编写的、以约束苏菲注意力和规范他们默祷的《十一句圣言》（*Kalimāt-i Qudsīya*）可能来自库布拉维教团的《库布拉维十信条》。[①] 玛哈图木·阿杂木研究了各类苏菲教团的学说，创立了具有极大灵活性的宗教学说，强调在衰落时期强化团结苏菲友爱意识（Ikhwān），以及苏菲道乘思想的普遍性，即应该传播到各地（Makān）。玛哈图木·阿杂木的宗教学说得到了河中地区纳合什班底教团的承认，他制定的教义和准则具有了权威性。[②]

第四，纳合什班底教团拥有雄厚的经济力量，这是他们操纵政治权力、提高社会地位的物质基础。16 世纪 30 年代，为了改善与在帖木儿王朝后期享有显赫地位的和卓阿赫拉尔家族的关系，布哈拉汗奥贝都剌归还了昔班尼汗没收的该家族的大部分土地。伊斯坎达尔和阿布杜拉汗在位期间，树立了布哈拉城的纳合什班底教团和卓赘巴依家族的地位，使该家族聚敛了大笔财富。据说，伊斯拉木和卓拥有“庞大马群、羊群、骆驼群和大量可耕地”；“在他庭院中服役的奴仆多达三百人，为了管理账目，专门成立了特殊的办事处”。[③] 教团还经营贸易，他们的商务代理远至莫斯科。

由于以上优势，纳合什班底教团战胜了其他两个教团，确立

---

① C. Adle, Irfan Habib, *History of Civilizations of Central Asia*, Vol. 5, p. 775.

② Ibid., p. 773.

③ 〔苏联〕Б. Г. 加富罗夫：《中亚塔吉克史》，第 331 页。

了自己在中亚独尊的地位。此后，宗教与王权互相支持。昔班尼王朝历代统治者极力拉拢纳合什班底教团的大苏菲，保护和扩建大苏菲的陵墓，如在布哈拉的巴哈丁·纳合什班底（Bahā'u'ddīn Naqshband，1317—1389）陵附近增建了清真寺、宗教学校、救济院等建筑，一直到 17—19 世纪，乌兹别克统治者们都以能够葬于圣陵之墓地而感到光荣。反过来，纳合什班底教团支持王权，据《汗王的礼品》记载，当阿布杜拉汗于 1559 年进攻布哈拉城之时，得到了当时纳合什班底教团中最有影响力的人物伊斯拉木·赘巴依的帮助。①

这一时期，纳合什班底教团不仅在河中地区获得了独尊地位，在苏菲派的大力推动下，伊斯兰教沿着 15 世纪的轨迹继续发展，在中亚北部和东部得到极大的发展。哈萨克人和吉尔吉思人皈依了伊斯兰教。

1507 年，纳合什班底教团教主在赫拉特城被杀之后，阿赫拉尔家族成员马黑麻·玉素甫逃到了叶儿羌汗国。据《中亚蒙兀儿史——拉失德史》记载，在他的影响下，叶儿羌汗国创建者萨亦德汗接受了苏菲派思想，曾经打算出家为托钵僧。马黑麻·玉素甫劝导说："安居宝座上，持身如禁欲的德尔维希。"② 又说："其实，统治权是接近（真主）的最佳捷径，但是王者滥用了自己的权力。王者一句话所能降的恩赏，比德尔维希终身所给予的恩赏还要高。在这方面，统治权就是实际有效的权力。"③ 在他的劝导下，萨亦德汗放弃了出家的思想。

在萨亦德之子阿不都·拉失德统治期间（1533—1559 或 1560），为调解喀什噶尔人与乌兹别克人之间的冲突，纳合什班底教主玛哈图木·阿杂木曾以圣徒身份来到叶儿羌汗国，受到隆重欢迎，被拉失德汗聘为宫廷顾问。他访问了南疆的绿洲城市，在这些城市布教。

① 〔苏联〕Б. Г. 加富罗夫：《中亚塔吉克史》，第 327 页。
② 米儿咱·马黑麻·海答儿：《中亚蒙兀儿史——拉失德史》第 2 编，第 321 页。
③ 同上。

在布教中，他主张苏菲教徒要适应各民族的风俗习惯，融洽地执行宗教法律，搏得了喀什噶尔与叶儿羌等地封建主们的尊崇，得到大片馈赠的土地，发展了许多门徒。玛哈图木·阿杂木此行为其后裔进入中国新疆地区奠定了基础。

1542 年，纳合什班底第五代教主玛哈图木·阿杂木去世，其子嗣为争夺宗教继承权发生斗争，长子玛木特·额敏获得教主继承权，称"依阐卡朗"，与他同父异母的兄弟伊斯哈克·瓦里（Ishāq Walī）对此不满，另立门户。于是，在河中地区形成了对立的两派，两派从旗帜、标志和帽子颜色等外部特征上采取了明显区分的标识。以依阐卡朗为教祖的一派称为"白柳派"、"白帽派"，以伊斯哈克·瓦里为教祖的一派称为"黑柳派"、"黑帽派"。

白帽派和黑帽派积极向东发展势力，吉尔吉思人和哈萨克人成为他们的追随者，他们分别以"白山派"和"黑山派"闻名。在天山北部游牧的吉尔吉思部追随长支后裔的白山派，在天山以南帕米尔一带游牧的吉尔吉思人追随幼支的黑山派。

1580 年，伊斯哈克·瓦里来到天山以南地区，他在吉尔吉思和西蒙古人之地摧毁了十八座偶像圣殿（But Khānas），使 1.8 万名偶像崇拜的异教徒（Kāfirān-i but-Parast）皈依了伊斯兰教。据说，他的门徒和卓胡赛因治愈了一位萨满都未能治好的吉尔吉思首领，因此，有四百户吉尔吉思人皈依了伊斯兰教。[①] 穆罕默德·伊瓦德（Muhammad 'Iwad）写于 1603 年的波斯文著作《心灵之光》（*Ziyā' al-qulūb*）是一部有关他生活轶事的文集。在叶儿羌汗马黑麻的支持下，黑山派逐渐取代亚萨维教团与乌瓦伊西耶兄弟会（al-Uwayshlyyah）[②] 的优势地位。

---

① C. Adle, Irfan Habib, *History of Civilizations of Central Asia*, Vol. 5, p. 804.

② 乌瓦伊西耶兄弟会是苏菲和卓穆罕默德·舍里夫（Muhammad Sharīf，卒于 1555 或 1556 年）在叶儿羌创建的，在阿不都·拉失德和阿不都·哈林汗时期，该派谢赫的地位显赫，到 1609 或 1610 年，乌瓦伊西耶兄弟会开始衰落，这种形势有利于玛哈图木·阿杂木后裔的纳合什班底教团发展。

吉尔吉思人表面上信仰了伊斯兰教，然而，直到16世纪中叶，萨满在部落社团中还起着重要作用。为了适应新的形势，萨满的活动与伊斯兰教苏菲派的活动结合。他们利用苏菲的套语齐克尔（Zikr），在跳神和表现特异功能的行为之时，嘴里念着苏菲的惯用语“Allāh hū!”或穆斯林的“Shahada”[①]。中亚草原地区的游牧民将对天（腾格里）、地、水等自然的崇拜与安拉等同起来，普遍使用了腾格里—安拉（Tengri-Allāh）、帖—安拉（Tin-Allāh）和马吐—赛腾（Martu-Shaytan）等双重观念。[②]

16世纪，伊斯兰教信仰在哈萨克草原已经占据了统治地位。哈萨克汗国以伊斯兰教为官方宗教，塔什干、突厥斯坦等城市成为重要的宗教中心。伊斯兰教在哈萨克汗国的传播过程中，商人起到了重要作用。伊本·鲁兹比汗在描述1508—1509年发生的事件时，写道：“哈萨克商人学习伊斯兰教教义，现在他们的汗和速檀都是穆斯林。他们读古兰经，念祈祷文，送他们的孩子到学校念书。”[③]

尽管如此，伊斯兰教在普通老百姓中并没有扎根，绝大多数哈萨克牧民还没有受到伊斯兰教教义的影响，他们继续崇拜祖先，崇拜绵羊守护神（Sholpan-ata）、母牛守护神（Zengi-ata）、马守护神（Kambar-ana）和骆驼守护神（Oysil-qara）。他们保留万物有灵和多神信仰，崇拜天神（腾格里）、地神（Zher-ana）和水神（Su-ana），给月亮和太阳献马奶，祈求获得生命之源的水和甘露。他们把形状稀奇的山和峭壁、洞穴、丛林、孤树和泉水都奉为神灵，火被看作是家和灶的保护神，拜火（Ot-ana）在哈萨克人的生活中也有重要的地位。这些信仰遭到伊斯兰教神职人员的谴责，布哈拉谢赫和法官在昔班尼汗的唆使下，起草了法律评判，在评判中坚持汗应该宣布对哈萨克人发动“圣战”，因他们是偶像崇拜者。[④]

---

① C. Adle, Irfan Habib, *History of Civilizations of Central Asia*, Vol. 5, p. 810.

② Ibid., p. 108.

③ Ibid., p. 107.

④ Ibid., p. 108.

第二节　文化

16世纪，除了塔吉克人说属于印欧语系伊朗语族的塔吉克语外，正在形成中的哈萨克人、乌兹别克人，以及土库曼、吉尔吉思人都说突厥语。由于受当地突厥语居民的影响，哈萨克人说的哈萨克语属阿尔泰语系突厥语族西匈语支克普恰克语组；乌兹别克人的乌兹别克语属阿尔泰语系突厥语族西匈语支葛逻禄语组，乌兹别克语分三大方言：克普恰克方言、乌古斯方言、葛逻禄或察合台（东南部）方言；土库曼人的土库曼语属阿尔泰语系突厥语族西匈语支乌古斯语组乌古斯·土库曼次语组；吉尔吉思人的吉尔吉斯语属阿尔泰语系突厥语族东匈语支吉尔吉斯—克普恰克语组。中亚南部的阿富汗是一个多种语言和方言的地区，16世纪，阿富汗的哈扎拉人和塔吉克人说波斯语，17世纪以后，普什图语成为阿富汗的主要书面语，普什图语属于印欧语亚系的印伊语。由于伊斯兰宗教教育的需要，中亚地区还使用阿拉伯语和波斯语。

在16—18世纪下半叶，哈萨克语、乌兹别克语、土库曼语、吉尔吉斯语和塔吉克语都采用阿拉伯字母书写。其中，哈萨克文、乌兹别克文、塔吉克文是较为成熟的文字，吉尔吉斯文正在定型之中，这种状况持续到19世纪中叶俄国征服时期。17世纪以后，阿富汗普什图语用变体阿拉伯字母书写；达里语用波斯文书写。

16世纪以后，卫拉特人中的准噶尔部在天山以北地区确立了自己的统治。卫拉特人说一种西蒙古语方言，17世纪中叶以前，他们用维吾尔字书写蒙古语。17世纪中叶，著名的卫拉特高僧咱雅班第达根据卫拉特方言的一些特征对维吾尔—蒙古字进行了一些变动，于是创制了蒙古托忒字。该字体能够更准确地反映出卫拉特口头方言的细微差异。因此卫拉特人把这种更容易理解的字称为“Todo”字，蒙古语意为“明白”。17世纪初期，卫拉特蒙古人用托忒字书写了大量宗教、天文、历史和语言等著作。

在帖木儿帝国时期，中亚文化取得了惊人的成就，对世界科学文化做出了卓越的贡献。但到了15世纪后半叶，由于统治王朝政治衰微、经济凋敝和北方游牧民的侵入，中亚文化逐渐走向衰落。16世纪初，布哈拉汗国的统治者们采取主动态度，继承帖木儿时代的文化遗产。有关昔班尼本人的文化水平，历史学家的记载不同。被昔班尼赶出撒马尔罕城的巴布尔说："昔班尼是一位毫无教养的粗人。"[①] 萨法维王朝伊斯迈尔之子萨姆·米儿咱在其著作中批评说："他土里土气，却自以为精通所有艺术。"而现代作家西蒙诺夫认为，从文化的角度来看，昔班尼可与帖木儿时代最杰出的代表人物齐肩。无论如何，昔班尼本人及其后继者崇尚文化这一点是无可争议的。

为了赶上帖木儿后王的文化水平，昔班尼曾师从回鹘学者，用乌兹别克文练习写诗，并在布哈拉学习《古兰经》，还经常与宗教界学者讨论伊斯兰教教义。忽春赤汗在位期间，令人将一些波斯文、阿拉伯文著作翻译成突厥文（察合台文），在他的授意下，波斯人拉施特写的《史集》和叶兹德的《帖木儿史》被译成突厥文。奥贝都剌汗兴趣广泛，能用阿拉伯文、波斯文和突厥文写诗。海答儿在《中亚蒙兀儿史——拉失德史》中曾评价说："他能写七种不同的书法，但写得最好的是纳斯乞体（Naskhi）。他抄写了好几部《古兰经》，把它们送到默伽和默德那（即麦加和麦地那）两圣城。……他藏有突厥、阿拉伯和波斯各国诗人的诗集。他精通音律，他的若干歌谱至今仍被乐师歌唱。"[②] 到奥贝都剌统治时期（16世纪30年代），乌兹别克人吸收帖木儿王朝文化传统的过程基本完成。"布哈拉成了

① A. A. Semnov, *Kulturnii uroven pervuikh Sheibanidov, Sovetskoe Vostokovedenie*, 1956, III, pp.51-59; A. Schimmel, "Some Notes on the Curtural Activity of the First Uzbek Rules", in *Journal of the Pakistan Historical Society*, July 1960, pp.149-166.

② 米儿咱·马黑麻·海答儿：《中亚蒙兀儿史——拉失德史》第2编，第188页。

文艺和学术的中心，可以和速檀忽辛时代的赫拉特相媲美。”①

16世纪，中亚文化中心从赫拉特城转移到布哈拉和撒马尔罕城。1507年，昔班尼灭亡了在呼罗珊实施统治的帖木儿王朝，赫拉特城丧失了作为中亚文化中心的地位，科学、文学和艺术界的代表人物纷纷来到河中地区。到16世纪下半叶，布哈拉、撒马尔罕、塔什干等城市已经成为文化中心，不仅封建主和大臣的官邸成了文化基地，商人和手工业者的居住区也是文化活跃的地方。在布哈拉、撒马尔罕、塔什干等城，经常举行文化聚会。塔什干和沙赫鲁克希雅（Shahrukhiya）两城频繁地举行文艺集会，与会期间，各地诗人、学者和智者展开竞赛，诗人兼历史学家哲鲁丁·瓦撒夫（Zaynu'ddīn Wāsifī）就是一位积极参与者。

布哈拉汗国发扬了帖木儿帝国设立藏书院的传统，设立了许多图书馆，特别是宫廷图书馆，这些图书馆得到奥贝都剌汗及其子、酷爱书籍收藏的阿布·阿吉斯汗的赞助。图书馆不仅收藏书籍，而且招揽著名书法家在馆内制作手抄书。布哈拉宫廷图书馆馆长速檀·米拉克（Sultān Mīrak）把来自赫拉特的艺术精英们招到馆内，他们与当地艺术家一起把从赫拉特收藏中带来的著名书稿重新排印出来，其中有萨迪写于1500年的《蔷薇园》（*Golestān / Gulistān*），贾米写于1509年的《给贵族的礼物》（*Tuhfat al-ahrār*），纳瓦伊写于1491—1492年的《五卷书》。

16世纪，中亚文学具有三个特征：第一，用乌兹别克语和塔吉克语创作的宫廷文学和宗教文学在河中地区占据了主导地位，苏菲派主题和颂辞赞语流行。第二，察合台语文学的兴盛。第三，形式主义占据上风，16世纪上半叶的作品中，内容空洞的语言堆砌和大肆渲染占据上风，这种现象到了16世纪末才有所转变。

布哈拉汗国初创之时，统治者招揽文人到宫中，这些宫廷诗人的主要作品是歌颂布哈拉汗的。如负有盛名的诗人卡马鲁丁·比纳

---

① 米儿咱·马黑麻·海答儿:《中亚蒙兀儿史——拉失德史》第2编，第188页。

依（Kamālu’ddīn Binā’ī）在撒马尔罕为昔班尼汗效劳。[①] 比纳依的诗歌集囊括了波斯古典诗（两行诗、颂词、颂诗、四行诗和短诗）的所有风格。他写了两部韵文诗集、两部昔班尼汗的战争史《昔班尼传》和《汗战功记》，两篇有关音乐的论文和诗歌《比赫鲁兹与巴赫兰》（*Bihrūz o Bahrām*）。《昔班尼传》和《汗战功记》内容相同，后者的篇幅较长，主要是多了一些诗句和《古兰经》中的一些章节，辞藻华丽。据乌兹别克学者的分析，《汗战功记》是《昔班尼传》早先的一种抄本。“看来，《汗战功记》雕琢华丽的辞藻使游牧的乌兹别克人的首领和他的亲信不满意，因此，他叫比纳伊简化叙述方式，使它通俗一些。”[②]

赛菲・布哈里（Sayfī Bukhārī，卒于 1503 或 1504 年）是一位擅长古典诗格律阿鲁兹（‘Arūz）的理论家。他是在布哈拉或赫拉特的文化氛围中长大，深受贾米和纳瓦依著作的影响，他在 1487 年之后一直居住在布哈拉，直到去世。赛菲写了两部歌颂艺人和市民阶层代表人物（如雕塑家、铁匠、鞋匠、面包师等）的诗集；他还写了《论音乐》、《论诗歌谜语》（Risāla-i mu‘ammā）和《论古典格律》（Risāla-i ‘arūz）三篇论文。赛菲被认为是都市（艺人）诗歌运动的奠基人[③]，他的著作对后代文人的文学素养产生了影响。

阿布杜尔・拉赫曼・穆斯菲奇・布哈里（‘Abdu’l Rahmān Mushfiqī Bukhārī，1522—1588）以讽刺诗闻名。他在布哈拉接受教育，1564 年，成为撒马尔罕素丹・赛义德图书馆管理员。1577 年，他在印度游历，一年以后回国，担任了布哈拉汗阿布杜拉的宫廷首席诗人（Malik al-Shu‘arā）。他留给后人的诗歌有颂诗、四行诗、颂词、短诗、诗歌谜语和长诗，其中，编辑于 1565 / 1566 年和 1577 / 1578 年的两部诗集是由四千一百行两行诗组成，诗集中包含有散文和诗歌：《司酒

---

① C. Adle, Irfan Habib, *History of Civilizations of Central Asia*, Vol. 5, p. 708. 关于比纳依的音乐论文选集，以往认为没有保存下来，但如今已经以摹本形式发表了，*Risāla dar mūsīqī*, 1367/1988。

② 〔乌兹〕艾哈迈多夫：《16—18 世纪中亚历史地理文献》，第 14 页。

③ C. Adle, Irfan Habib, *History of Civilizations of Central Asia*, Vol. 5, p. 708.

者之书》、《天国花园》（*Gulzār-i Iram*）和《世界书》（*Jahān-nāma*）。穆斯菲奇的诗歌把古典文风与通俗表达结合在一起，他的韵文常常记录布哈拉城发生的特殊事件和新建筑物建造的日期。[①]

16 世纪，中亚文学的突出成就是察合台语文学兴盛。察合台语文学于 15 世纪兴起，16 世纪 30 年代，在奥贝都剌汗的赞助下，察合台语诗歌得到发展。奥贝都剌本人曾用笔名乌伯地（'Ubaydī）写诗，这些诗保存下来并已出版。最有影响的察合台突厥语文学诗人是原帖木儿王朝宫廷大臣穆罕默德·萨利赫（Muhammad Sālih，1455—1535），昔班尼曾任命他监管赫拉特的文化生活。他仿效费尔多西《列王纪》的模式，以察合台突厥语韵文的形式编写了《昔班尼纪》（*Shaybānī-nāma*），该书叙述了 1485—1506 年间昔班尼的生活和游历。

在察合台语文学中，帖木儿系王子巴布尔的诗集是杰出的典范。他的诗歌揭示了人类的真实情感——相见的喜悦，对爱人的渴望和对信仰的无限忠诚和热爱，其中，故乡也是巴布尔诗歌的主题：

> 失去了幸福，我愈加痛苦，
> 一切努力都在失败中结束。
> 远赴印度，我背离了故土，
> 唉，厄运如斯，与我为伍！[②]

巴布尔的儿子卡姆朗（Kāmrān，卒于 1557 年），以及阿克巴的摄政者培拉姆汗（Bayram Khān，卒于 1561 年）用突厥语创作的诗歌得以留传下来。

在这一时期，用塔吉克语写作的作家有穆什菲克（卒于 1588 年），他的诗歌一部分是歌颂阿布杜拉汗的，另一部分是抨击社会现象的讽刺诗，下面的一首是关于遗产分配的讽刺诗，诗中揭露了妇

---

① C. Adle, Irfan Habib, *History of Civilizations of Central Asia*, Vol. 5, p. 709.

② Ibid., p. 731.

女在遗产继承中的地位：

姊姊，我们的父亲逝世了，
——是分财产的时候了；
我请毛拉来服务，
姊姊请你给他钱。
按照公平分配的原则：
我要谷仓和粮食；
可是你只能取稻草，
姊姊快把草运走。
男子应当舒舒服服地睡觉，
你把褥垫拿给我，
而你，晚上应该嗟叹——痛苦地呻吟、流泪，姊姊。
在分配中，我有责任把弹布尔（乐器）和戒指归自己，
——你听，弹布尔在怎样玎玲作响，
——姊姊，你自我消愁吧。从地板直到天花板，一切都属于我，
——你给自己取云彩，你更需要月亮，姊姊。
我们应当敬重已故的人，
我在坟上坐一会；
你去买点哈勒瓦（酥糖），烤点薄饼，
给我们客人吃，姊姊。①

穆什菲克的作品在普通民众中广为流传。

16世纪，普什图语文学在阿富汗文学史上崭露头角，巴雅济德·安萨里（1525—1573）领导的罗沙尼运动对阿富汗文学的发展起了重要的作用。巴雅济德·安萨里写了许多通俗著作，主要有《善行录》，以文学形式阐明作者的近乎泛神论的宗教观和社会观，

① 〔苏联〕Б. Г. 加富罗夫：《中亚塔吉克史》，第337—338页。

含有反对压迫、号召人民斗争的积极内容。他的同时代人毛拉·阿扎尼也写了不少格律诗，宣传巴雅济德的思想和主张，被誉为罗沙尼运动的“文学旗手”。巴雅济德·安萨里的普什图语著作标志着普什图文学的开始。

16世纪史学得以发展的一个重要因素是，布哈拉汗都希望将自己的征服活动载入史册。这一时期历史著作的内容大多数是围绕《成吉思汗史》和《乌古思史》的故事编写。有的编年史把《乌古思史》和《成吉思汗史》两种传说糅合在一起，早期的典范是《胜利之书精选史》（*Tawārīkh-i Guzīda-i Nusrat-nāma*），该书把昔班尼汗的事迹与民族传说和历史联系起来。另一部著作是16世纪中叶乌特米什·哈吉（Ötemish Hājī）用突厥语写的《多斯特·速檀史》（*Tārīkh-i Dust Sultan*），或者简称为《成吉思汗史》（*Chinggis-nāma*）。该书以成吉思汗的历史为开端，叙述了朮赤的兀鲁思金帐汗国，书中把花剌子模、阿斯特拉罕和图瓦看成一个国家。[①] 该书是研究钦察草原上的诺盖人和克里米亚地区的重要资料。因此，它被编入了克里米亚人阿布杜尔·加法尔（‘Abdu’l Ghaffār）的著作之中。1992年阿布塞多瓦（Abuseidova）等人以《成吉思汗史》一名出版了一个残缺的版本，1994年完整的伊斯坦布尔手抄本正在准备出版。[②] 但目前还未见到出版。

应该提到的史书还有喀什人米儿咱·马黑麻·海答儿撰写的《中亚蒙兀儿史——拉失德史》。《中亚蒙兀儿史——拉失德史》利用早期的历史著作，叙述了作者本人目击的情况，一个世纪以后，阿布尔·哈齐在写作《突厥世系》之时，以此书为典范。

除了通史和某些民族史（地区编年史）外，这一时期也出现了一些个人传记，其中，巴布尔用察合台文撰写的回忆录是自传体史的范例；他的女儿古尔巴丹公主（Gulbadan Begum）用波斯文写作

① C. Adle, Irfan Habib, *History of Civilizations of Central Asia*, Vol. 5, p. 741.

② Ibid..

回忆录；还有《奥贝都剌史》（*'Ubaydullāh-nāma*）和《阿布杜拉史》（*'Abdullāh-nāma*）都属于传记类著作。这一时期，用波斯文写的史书有沙迪的《征服记》、法兹鲁拉的《布哈拉志》。

这一时期，翻译波斯文史书的活动也在继续。有价值的史学译著有萨拉夫·阿里·雅兹德（Sharaf 'Alī Yazdi）的《武功记》（*Zafar-Nameh*），塔巴里的波斯韵文《塔巴里史》（*Tārīkh-i Tabarī*）。

随着突厥语采用阿拉伯字母书写，阿拉伯文书法艺术在 16 世纪兴起。叶儿羌汗国的创建者萨亦德汗就精通书法，他写波斯体阿拉伯文非常漂亮。[①] 蒙兀儿汗拉失德（1533—1560 年在位）的妻子写了《心灵表白》（*Shurūb al-qulūb*）一书，该书集诗歌、音乐和书法为一体。[②] 16 世纪，抄写书稿的阿拉伯字体多采用纳斯塔里克体，又被称为波斯体（Khat-i Fārsī），此外，还有纳斯赫体（Naskhi）和斯尔希体（Suls）。

由于为手抄书插图作画，中亚绘画在 16 世纪得到极大发展，并形成了三个流派，即赫拉特风格的变体、过渡性的赫拉特—布哈拉风格和布哈拉学派。16 世纪初，来自赫拉特的一批艺术精英在布哈拉吸收了当地绘画艺术，到 16 世纪 30 年代，赫拉特的绘画艺术发生了变化，出现了毕赫札德赫拉特风格的画派，其代表人物是奥贝都剌汗于 1529 年左右带到布哈拉城的沙赫·匝达（Shaykhzāda）[③]，他为《诗选》（*Anthology*）画了两幅插图，其中，《鲜花盛开的果园中的情侣》被认为是该风格画派的代表作。

16 世纪 30—50 年代，赫拉特—布哈拉流派开始形成，著名画家有马赫穆德·穆匝黑伯（Mahmūd Muzahhib）、阿布杜拉（初期名字）和沙雅汗·本·毛拉·优素福·赫拉维（Shayhān b. Mullā Yūsuf al-Herawī），他们可能都在沙赫·匝达手下工作过，在 16 世纪 50 年代初期形成了自己的画风。其中，马赫穆德·穆匝黑伯为手抄本

① 米儿咱·马黑麻·海答儿：《中亚蒙兀儿史——拉失德史》第 1 编，第 362 页。

② C. Adle, Irfan Habib, *History of Civilizations of Central Asia*, Vol. 5, p. 613.

③ Ibid., p. 582.

《秘密的藏室》制作的《素丹桑伽与老妇人》是该画派的代表作。[①]过渡性风格在 16 世纪末期逐渐衰落。

16 世纪中叶，布哈拉画派开始形成，50—70 年代是该画派的兴盛时期。从 16 世纪 80 年代起，布哈拉画派形成概略构图、装饰性强和二维空间的典型特征。该画派的代表人物是阿布杜拉，代表作是给萨迪《蔷薇园》手抄书的插图《情侣》。布哈拉风格在 17 世纪 30 年代将被撒马尔罕学派取代。[②]

在中亚东部，天山南路的绘画经历了一次改革。该派抛弃了对人物形象的描绘，更倾向于几何和花卉图案，于是，维吾尔族和其他少数民族的传统装饰图形得到发扬。绘画不仅用于书籍的装饰和插图，还用来装饰清真寺、陵墓和其他建筑。据海答儿记载，叶儿羌城的许多精美华丽的建筑，每一幢都拥有以“琉璃墙裙和壁画”[③]装饰的 100 多个房间，即使社会地位相对较低者的住宅也粉饰墙壁或有壁饰，大部分建筑的拱顶天花板有涂饰，房柱雕梁画栋，只是色调比宗教建筑中的单调。

在哈萨克人中，装饰艺术特别突出，其中，雕刻艺术和民间刺绣技术精湛。哈萨克族金银匠常常将金、银、铜和宝石、玛瑙装嵌在马鞍、马衔、马镫带上，设计出各种赏心悦目的图案。哈萨克装饰图形多种多样，日常所用物品，如陶器、武器和衣服被褥等都有装饰，图案主要有大波斯菊纹、兽纹和几何纹。背景采用的色彩是有规律的，一般不在黑色背景上加用白色，而是喜欢把黑色和紫色相配；把蓝色与浅色相配。一些颜色有传统的象征意义，例如，蓝色象征天空，红色是火和太阳的象征，白色是真理、高兴和幸福的象征，黄色是悲伤的象征，黑色是土地的象征，绿色是青年和春天的象征。[④]

这一时期，中亚东部出现了大型音乐作品，即《十二木卡姆》。

---

① C. Adle, Irfan Habib, *History of Civilizations of Central Asia*, Vol. 5, p. 582，图 11。

② Ibid., p. 584.

③ Ibid., p. 613.

④ Ibid., p. 107.

“木卡姆”意为大曲、套曲、“十二木卡姆”意为十二套大曲。叶儿羌汗国创建者萨亦德汗提倡文化，阿布都热西提汗在位时期，继续发展文化艺术事业，在他主持下，宫廷乐师在回鹘音乐文化的基础上，从民间的“木卡姆”及民歌中编辑和整理出十二套完整、规范的音乐套曲，即《十二木卡姆》。

促使16世纪中亚文化生活繁荣的重要因素之一是统治者的重视，昔班尼王朝统治中亚以后，乌兹别克统治集团不仅不仇视过去的文化，而且积极继承和发展它，所以文化传统得以保留。此外，萨法维王朝什叶派宗教意识的确立和随之产生的不利于当地文化和学术发展的气氛反而促成了中亚文化生活的繁荣。萨法维王朝以什叶派为国教，大批逊尼派学者、诗人和艺术家从呼罗珊迁到乌兹别克人统治下的中亚和印度。这些移民把赫拉特文化传统带到了河中地区和中亚东部，利用在帖木儿宫廷继承的知识，他们在布哈拉汗国宫中创造出新的文化原素。

第三节　现代民族的形成

现代哈萨克和乌兹别克民族是哈萨克人和乌兹别克人在中亚确立统治以后，在较为固定的区域内与在当地生活了上千年之久的欧罗巴种和蒙古利亚种诸部民融合形成的，因此，哈萨克汗国和布哈拉汗国在中亚实施统治的16世纪是现代哈萨克民族和乌兹别克民族开始形成时期，这一过程经历了几百年，到20世纪初最终完成。

据考古资料研究，中亚上古文明的创造者是欧罗巴人种中说印欧语系的一支[①]，被史学家们称为“印欧种人”。印欧语种人最初生活在西起黑海北岸，向东一直延伸到乌拉尔河的里海北岸草原。从

---

① 根据语言学家的研究，欧罗巴人种按语言区别可分为印欧、高加索、闪米特—含米特、乌拉尔四个语系。

公元前 4 千纪中叶起，他们陆续向外迁徙，在中亚创造了阿凡纳谢沃文化（约前 3500—前 2500）、安德罗诺沃文化（约前 2000—前 900）及卡拉苏克文化。[①] 在公元前 3 世纪至公元 6 世纪期间的 1000 年中，说印欧语系东伊朗语族人（即东伊朗人）在中亚北部建立了游牧政权奄蔡、康居、乌孙、阿兰（或阿兰聊）。以后，奄蔡、乌孙、康居（康里）部民成为 16 世纪开始形成的哈萨克民族的组成部分，其中，起到重要作用的乌孙（或乌申）部民从公元前 7 世纪至前 6 世纪起就已经居住在巴尔喀什湖以南的七河流域。至于阿兰，有作者认为，10 世纪著作《世界境域志》中阿兰国内的 Qasaq 就是哈萨克民族之名称。[②] 他们认为，哈萨克一名在 10 世纪已经出现。[③] 在今哈萨克诸部落中，阿兰阿里钦部落是组成哈萨克族的三大部落之一。[④]

6 世纪至 13 世纪，中亚北部经历了由欧罗巴种人到蒙古利亚种人的变迁。6 世纪初，蒙古利亚人种中说阿尔泰语系的铁勒族从东迁移到中亚，分布在东起贝加尔湖，西至巴尔喀什湖之间的地区内。《隋书·铁勒传》记载，铁勒人“种类最多，自西海之东依山据谷，往往不绝”。来到中亚的铁勒部落有：天山北部的契苾、乌护、纥骨、拔悉蜜；阿尔泰山西坡的葛逻禄和西南坡的突骑施、薛延陀；咸海、里海一带的诃咥等部。其中，诃咥、咄陆、突骑施部以后成为哈萨克民族的组成部分。此后，铁勒部落沿咸海北岸继续向西迁移，散布在里海以北的草原上，他们分化组成了许多新的部落集团，如马扎尔人、可萨、佩彻涅格、钦察等部。11 世纪初期，欧亚草原上发生了民族迁徙运动，蒙古利亚人种阿尔泰语系突厥语族的钦

---

① 对卡拉苏克文化的起源有不同的说法，但是，不可否认的是该文化含有欧罗巴印欧种人的成分。

② 《哈萨克族简史》修订本编写组：《哈萨克族简史》，第 7 页。

③ 对此有不同看法，本书认为 15 世纪 60 年代哈萨克汗国的建立是哈萨克民族开始形成时期。在此时期，哈萨克人有了较为固定的牧场，在其统领的地域内，与历史上留在该地段的各部落通过几百年间的融合才最终形成。

④ 《哈萨克族简史》修订本编写组：《哈萨克族简史》，第 9 页。

察一库蛮部人成为东起乌拉尔河西至顿河流域的草原（南俄罗斯草原）的主人，他们把自己的名字给了这片草原——钦察草原，而可萨部以后不见于史载，有学者认为，他们就是以后的哈萨克。[①]

13 世纪初期，蒙古利亚种人的蒙古人通过三次西征在中亚和钦察草原建立了统治。不过，当时移居钦察草原的蒙古人并不多，据拉施特记，分给拔都的真正蒙古人只有四千人[②]，拔都军队的其余成员多是突厥人，即钦察人、保加尔人、古思人。也就是说，在额尔齐斯河至黑海北岸的欧亚草原上放牧的大多数是突厥族牧民，钦察草原上的蒙古人经历了两百年的突厥化过程。14 世纪，钦察草原的突厥化蒙古人以大汗穆罕默德·乌兹别克（1312—1345）的名字自称“乌兹别克人”。15 世纪，在中亚北部草原形成的游牧政权被称为乌兹别克汗国，于是，乌兹别克人一名包括了乌拉尔山区的居民。[③]

15 世纪中叶，乌兹别克汗国的一部分人向东移到巴尔喀什湖以南的楚河流域，他们称自己为哈萨克人，他们建立的汗国被称为哈萨克汗国。哈萨克汗国的建立对哈萨克民族的形成起到了决定性的作用，在哈萨克汗国的统治下，东起额尔齐斯河，西至里海东岸之间的广大地域的诸部落加快了融合的步伐，逐渐形成了今天的哈萨克民族。

15 世纪后期，一部分突厥化蒙古人融入哈萨克人中。其中，克烈部、篾儿乞惕部、札剌亦儿部、钦察部、康里部是构成哈萨克族的主要部落，与哈萨克人最靠近和人数最多的邻居蒙古杜格拉特部落也成为哈萨克汗国中的一员。1560 年，以上诸部落统一在哈萨克汗国的政权之下，在其领土上居住的突厥、蒙古部落后来都与哈萨克人同化了。16 世纪下半叶以及 17 世纪大部分时间里，乌拉尔山以

---

① 《哈萨克族简史》修订本编写组：《哈萨克族简史》，第 9 页。

② 〔波斯〕拉施特：《史集》第 1 卷第 2 分册，余大钧、周建奇译，商务印书馆 1985 年版，第 375—376 页。

③ 〔苏联〕Б. Г. 加富罗夫：《中亚塔吉克史》，第 323 页：“昔班尼封地中的部落和曼基特人，在帖木儿及其后裔统治的时代，在中亚通称为乌兹别克人。”

西的诺盖汗国瓦解，弘吉剌惕（曼格特）部的一些人也加入到哈萨克人中。

随着哈萨克人的不断扩大，哈萨克一名逐渐从一个政治集合名转化为一个稳定共同体的民族名称。经过近四百年（16—19世纪）的融合，一个有统一语言（哈萨克语）和统一文字（哈萨克文），有共同文化传统、共同生产生活方式的稳定共同体——哈萨克民族逐渐形成。

乌兹别克民族的形成也与他们在中亚的统治有关。15世纪末，游牧政权乌兹别克汗国瓦解，一些乌兹别克人在成吉思汗后裔昔班尼的率领下从咸海北岸草原来到了河中地区，在此先后以撒马尔罕和布哈拉城为都建立了昔班尼王朝。在昔班尼王朝统治的一百余年（1500—1602）中，固定在阿姆河和锡尔河之间地区的乌兹别克人开始与当地居民融合，形成了现代乌兹别克民族。

在公元前3世纪至6世纪的近1000年中，欧罗巴种人中说印欧语系的部落在中亚南部建立了农耕小国大宛、罽宾、乌弋山离，以后大月氏人在中亚建立了贵霜帝国，哌哒人建立了哌哒汗国。6世纪，蒙古利亚种人中说阿尔泰语系突厥语族的部落推翻了哌哒汗国，在中亚建立了统治。在10—13世纪初的三百多年中，中亚经历了几个突厥王朝（喀喇汗王朝、伽色尼王朝、塞尔柱王朝和花剌子模王朝）的统治，在此期间，中亚大多数印欧种居民完成了突厥化的过程，没有突厥化的塔吉克人逐渐退往山区。

13世纪，蒙古利亚种的蒙古人征服中亚，在中亚南部实施统治的蒙古人居住在锡尔河以北草原，他们的人数远远少于河中地区居民。1260年以后，蒙古人的一支逐渐移居河中地区，在此与当地突厥人杂居。经过两百年的融合，这里的蒙古人最终突厥化。

16世纪初期，以征服者姿态进入河中地区的乌兹别克人仍以游牧经济为主业。他们占据了锡尔河、卡什卡河、苏尔汉河、泽拉夫善河流域，还有一部分人进入了阿富汗北部地区。由于地理环境的改变和当地居民的影响，乌兹别克人逐步放弃游牧，转向定居农业。到16世纪末，乌兹别克人由游牧转向定居的进程明显地加快了。

乌兹别克人定居以后，与早已突厥化的印欧语系东伊朗语族的粟特人、花剌子模人和塔吉克人，以及当地的突厥人和突厥化蒙古人融合，形成了现代乌兹别克民族。在乌兹别克人的族源中，乌兹别克部落只是其中的一分子，由于他们是统治者，历史学家以他们的名称“乌兹别克”称呼以后形成的民族。

融合的进程是缓慢的，到18世纪，河中地区可以明显区分的乌兹别克部落还有九十二个。到20世纪20年代，乌兹别克部落的融合最终完成。经历了几百年的融合，一个具有共同语言、共同信仰、共同种族特征的稳定共同体最终形成，也就是说乌兹别克族于20世纪初最终形成。1924年10月27日，以其族名命名的国家乌兹别克苏维埃社会主义共和国形成。

15世纪60年代以前，乌兹别克人和哈萨克人都是乌兹别克人。在13—14世纪，哈萨克一词在许多突厥方言的词语中是一个普通名词，即指那些从自己的国家、部落或民族分离出来的自由人。15世纪，哈萨克人与乌兹别克人共处于以阿布海尔为汗的政权之下。15世纪60年代，哈萨克人从阿布海尔汗国中分离出来，分离者自称哈萨克。16世纪的作家穆罕默德·萨里赫（Muhammad Sālih）常常把乌兹别克人称为哈萨克人。这一情况说明：第一，16世纪初期，哈萨克人和乌兹别克人之间不存在实质上的差别；第二，“哈萨克”一词在16世纪初期还作为普通词汇（自由的人）在使用。在这个意义上，“哈萨克”一词可以代表任何民族。在17世纪写成的《突厥世系》一书中，“哈萨克”一名还在两种意义上使用，既称呼当时已经开始形成的哈萨克民族，也称呼那些属于任何民族的各种“自由民”。苏联学者伊万诺夫根据一些资料断定，15世纪，哈萨克人与乌兹别克人的民族成分没有特别大的区别，无论是哈萨克人还是乌兹别克人，其中的绝大部分都是讲突厥语的部落，两者的区别只是在组成两个民族的各个部落的比重有所不同。

从16世纪起，哈萨克人和乌兹别克人的历史命运和发展条件变得完全不同了。在昔班尼王朝统治下的乌兹别克人逐渐过渡到定居和耕作生活，哈萨克汗国统治下的哈萨克人继续过着像以往一样的畜牧游牧生活。经济生活的差别导致乌兹别克人和哈萨克人之间原先存在的种族和文化习俗逐渐发生差异。哈萨克人继续保持着旧的氏族宗法制度和伊斯兰教以前的原宗教观念的残余；乌兹别克人随着定居生活方式和农业的发展，逐渐吸收了城市文化的传统以及与之联系的伊斯兰教思想。于是，哈萨克人和乌兹别克人逐渐分隔，最终形成了有明显差异的两个民族。

哈萨克人和乌兹别克人能够很快与当地居民融合，语言一致和宗教趋同起到了关键作用。早在哈萨克汗国和布哈拉汗国建立之前，乌兹别克人和哈萨克人与中亚居民在语言和宗教方面就已经不存在任何障碍。蒙古人征服了中亚和钦察草原，然而，蒙古人没有使这些地区的居民蒙古化，相反，生活在钦察草原上的蒙古人（即乌兹别克人）长期与突厥游牧民通婚融合，已经突厥化，他们说的是钦察突厥语。

此外，乌兹别克人与河中地区居民和锡尔河北岸定居居民在宗教信仰上的一致性是他们与当地居民融合的基础。14世纪，伊斯兰教在乌兹别克牧民中迅速传播，乌兹别克汗曾把成吉思汗家族的公主嫁给信仰伊斯兰教的埃及马木路克王朝素丹。尽管钦察汗国还有数量众多的非穆斯林，但它已经是一个完全成熟的伊斯兰教国家。到乌兹别克汗之子札尼别时期（1342—1357），伊斯兰教的影响已经在政治和社会生活的各个方面反映出来。乌兹别克人和河中居民都是坚定的逊尼派教徒，昔班尼以逊尼派拥护者的面目出现，反对波斯萨法维王朝的什叶派“邪说”的宗教政策，得到了中亚居民的拥护。昔班尼本人年轻时属于纳合什班底托钵僧团，他“早已把大部分宗教界和托钵僧团吸引到了自己方面来”[①]。

---

① 〔苏联〕Б. Г. 加富罗夫：《中亚塔吉克史》，第325页。

乌兹别克人和哈萨克人在建立政权之前已经与中亚居民有着经济和政治的联系。乌兹别克汗国的蒙古人以畜牧游牧业为生，而河中地区和锡尔河北岸的部分居民是以农业为主的定居民族，经济的互补性使双方保持着频繁的贸易关系。此外，钦察草原上的游牧统治者利用骑兵的力量积极参与河中地区的政治斗争。河中地区的帖木儿后王们曾不止一次地向昔班尼祖父阿布海尔求援，昔班尼本人也曾多次率部参与河中政权的斗争。在昔班尼的军队中，有来自河中城市和农村的居民，在同一兵营的生活，有利于双方的互相了解。

统治上层的联姻也加强了乌兹别克人与河中居民之间的联系。在帖木儿后王时期，咸海北部草原的成吉思汗家族的部落首领与中亚南部王室通婚，阿布海尔汗的一个妻子就是帖木儿后王米尔咱·兀鲁伯的女儿，而撒马尔罕领主速檀·阿里的母亲也是草原牧民的女儿。在河中地区建立政权之后，作为统治者的乌兹别克人继续以联姻方式维持统治。

乌兹别克人与河中地区居民在种族、经济、政治、宗教和文化上的这些联系，促进了乌兹别克人和哈萨克人与中亚土著居民的融合。

中亚吉尔吉斯民族是叶尼塞河流域的吉尔吉思人在不同时期西迁中亚之后形成的，其中，18 世纪吉尔吉思人的迁徙起到了主要作用。6—9 世纪迁徙到天山南北的黠戛斯人与之前来到该地区的柔然、突厥、回鹘、葛逻禄、样磨、处月等部杂居和融合，这一部分黠戛斯人在以后形成的中亚吉尔吉斯民族的主体中没有明显的地位。13 世纪，在蒙古征服期间来到天山北部的吉尔吉思人壮大了中亚吉尔吉思人的力量，到 16 世纪，天山北部的吉尔吉思人已经形成稳定的共同体，苏联学者认为近代吉尔吉斯民族形成的时间应该是在 15—16 世纪。在这一时期，天山地区的古代吉尔吉思人与中亚的突厥和蒙古人融合，不论是语言、地域、还是风俗习惯、心理等方面都形成了一个新的民族共同体——近代吉尔吉斯民族。

然而，也有学者认为，虽然 15—16 世纪中亚天山地区已有不少吉尔吉思部落，但构成现代吉尔吉斯民族主体的吉尔吉思人还居住在叶尼塞河流域。17世纪初，叶尼塞河畔的吉尔吉思人面临俄国扩张的威胁，在经历了近一个世纪的抗争以后，17世纪末至18世纪初，大部分吉尔吉思人迁离故地，进入天山及帕米尔地区，与原来在此生活的吉尔吉思人会合。18世纪初，吉尔吉思人的共同活动地域稳定下来，在七河流域有了固定的地域。从此，吉尔吉思人开始成为一个稳定的实体，吉尔吉思人的共同语言形成，在吉尔吉斯语中，保留了一些叶尼塞吉尔吉思人的语言特征。于是，现代意义上的吉尔吉斯民族开始形成，他们生活的地区以后被称为吉尔吉斯斯坦。

中亚的吉尔吉思人与哈萨克人的牧地相邻，加之两者都是游牧民族，因此，西方对哈萨克人和吉尔吉思人一直不能正确区分，俄罗斯人把哈萨克人称为吉尔吉思人，把真正的吉尔吉思人称作卡拉（黑色的）吉尔吉思人，以示区别。直到20世纪初，俄国人才纠正了他们对哈萨克人的称谓。苏联在中亚国家划界之时，以哈萨克民族为名建立了现代国家——哈萨克苏维埃社会主义共和国。

中亚塔吉克民族是10世纪形成的（参见《中亚史》第二卷）。苏联学者古米廖夫认为，塔吉克一名来源于波斯语“塔吉”，意思是“王位”、“君主国的国家”，国家军队被称为“塔吉克”。这个民族的最初成分是操东伊朗语的粟特人和吐火罗人。6世纪以后，突厥人到来并同化了早期的这些部民。16世纪，乌兹别克人统治河中地区以后，塔吉克人加快了与乌兹别克人融合的步伐，特别是在费尔干纳地区。不愿同化的塔吉克人退往山区和个别城市，这些人至今仍保留着自己的语言、民族外貌和行为特点。

16世纪，土库曼人以其人类学特征、半游牧经济以及文化传统与临近的乌兹别克人、哈萨克人、游牧的塔吉克人有着明显的区别。

土库曼人属古思人的一支。10世纪，蒙古利亚种人中说阿尔泰语系突厥语族的铁勒部古思人的放牧地大约在巴尔喀什湖以北与乌拉尔山以东之间地区。在11世纪欧亚草原上发生的游牧民大迁徙运动中，古思人首当其冲地受到钦察—乃蛮联合部落的挤压，开始从故乡向外迁移。向西迁徙的古思人挤压着在乌拉尔山与伏尔加河之间的佩彻涅格人；向南迁移的古思部落，在塞尔柱的率领下进入河中地区，他们被称为塞尔柱人。11 世纪中叶，一部分塞尔柱人在波斯建立了突厥穆斯林政权塞尔柱帝国，而留在里海东北部和咸海以北草原的古思人以后被称为土库曼人，意为“我们的突厥人”。

13—15 世纪的两百多年中，土库曼人先后处于蒙古汗国和帖木儿帝国的统治之下。14 世纪后期，西土库曼人建立了自己的国家，而生活在东起阿姆河西岸，西临里海东岸（占据着漫长的海岸线），北到曼吉什拉克，南达科佩特山之间的中亚土库曼人始终未能建立自己的国家，他们的组织形式仍然是部落联盟。16 世纪，土库曼人最大的部落联盟有：撒洛尔、乔都尔、乌奇利。①

16 世纪，中亚土库曼人出现了可以识别的、具有明显特征的民族成分。然而，17 世纪初，土库曼人从里海北岸和东岸开始向南迁徙。在迁徙地逐渐固定下来以后，土库曼部落开始从事灌溉农业和家庭畜牧业生产。到 19 世纪下半叶，即俄国征服以前，土库曼人中农业人口已开始超过了牧业人口。② 生产方式和生活方式的改变使土库曼逐渐与当地的土库曼人或非土库曼人融合，在此基础上逐渐形成了现代土库曼民族，尽管在近代土库曼部落还保留中世纪土库曼氏族和部落的名称。③20 世纪苏联划界之时，以土库曼民族之名命名国家。

从 16 世纪起，中亚的居民已经存在着民族差别，也就是说，各民族集团处于开始形成阶段，但是，他们离现代意义上的、具有严格区分的民族还有相当大的距离。直到 20 世纪初，中亚诸民族的分解和融合还在进行着。1921 年，斯大林在一个报告中把中亚民族与

---

① C. Adle, Irfan Habib, *History of Civilizations of Central Asia*, Vol. 5, p. 130.

② 许涛：《关于土库曼人的历史性大迁徙》，《新疆大学学报（哲学社会科学版）》1995 年第 2 期，第 57—59 页。

③ 进行的比较研究表明，在 24 个乌古思民族中有 18 个部名以某种形式还保留在今天土库曼人的族名之中，参见〔波斯〕拉施特：《史集》第 1 卷第 1 分册，第 142—145 页。

汗国国民一同列举：吉尔吉斯人（实指哈萨克人和吉尔吉斯人）、乌兹别克人、土尔克明尼亚人（土库曼人）、塔吉克人、布哈拉人、希瓦人。[①] 布哈拉人、希瓦人不是民族之名，而是汗国国民的称谓。这些混乱表明，直到20世纪初，现代意义上的中亚民族还未最终确定下来。1926年，苏联民族学学者在论述乌兹别克历史进程时说，在苏维埃最初“出现的是氏族部落联盟，还没有确定的族名。用‘库拉姆’称那些接受乌兹别克的经济成分仍操哈萨克语的人，用‘萨尔特’称城市中的乌兹别克人和塔吉克人”[②]。

① 《俄国共产党的当前任务》，见《斯大林全集》第5卷，人民出版社1957年版，第20页。

② 〔苏联〕B. И. 科兹洛夫：《民族自我意识问题及其在民族理论中的地位》，《苏联民族学杂志》1974年第2期，转引自《世界民族》1980年第6期，第19页。

第二编 中亚早期民族国家的发展

（17 世纪至 18 世纪中叶）

17 世纪至 18 世纪中叶的一百五十年是中亚汗国的发展时期。随着封建关系的发展，土地兼并加速了大地产的形成，导致了汗国的分裂和瓦解。1709 年，费尔干纳从布哈拉汗国分裂出去，形成了以伯克为首的明格王朝；1723 年，哈萨克汗国在准噶尔人的入侵下瓦解，分裂为互不相统的三个玉兹；希瓦汗国的分裂导致了王权旁落；土库曼人开始了历时两百多年之久的迁徙运动；18 世纪上半叶，中亚出现了经济和文化衰退的现象，这种状况在 18 世纪下半叶得到了某种程度的扭转。

第一章

北方游牧政权与游牧民

17世纪上半叶，卫拉特准噶尔部强盛起来，开始向外扩张，中亚北方国家和地区受到了冲击。卫拉特土尔扈特（Torguts）部在准噶尔人的扩张中丧失了家园，向西迁到了伏尔加河流域，接受了俄国的保护，18世纪后期，由于不堪沙俄的压迫和奴役又东返故里；准噶尔与东察合台汗国两大游牧势力在中亚东部进行了长期的较量，准噶尔人获胜；在占领了东察合台汗国的部分领土之后，准噶尔人的矛头对准了哈萨克汗国，哈萨克人在抵御准噶尔人的战争中失败，汗国瓦解。在17世纪至18世纪上半叶的一百多年中，中亚吉尔吉思人分散在天山南北，天山北部的吉尔吉思人也受到了准噶尔人的冲击。生活在中亚西北方的土库曼人于17世纪初开始向中亚南部迁移，迁徙持续了两百多年，迁到绿洲的土库曼人与当地居民融合，开始从事灌溉农业和家庭畜牧业。

第一节　准噶尔汗国和土尔扈特人

元朝灭亡以后，蒙古人退回到蒙古草原，蒙古草原上形成了许多割据政权。割据政权互相兼并，在蒙古草原上最终形成了三大势力：漠南的察哈尔蒙古、漠北的喀尔喀蒙古、漠西的卫拉特蒙古。

卫拉特是西蒙古人的部落联盟，“卫拉特”一名（中国史书中译为“瓦剌”）在蒙古语中是“同盟者”之意。卫拉特名下有准噶尔、和硕特、土尔扈特、杜尔伯特四部，其中，“准噶尔”在蒙古语中意为“左翼”。这支蒙古人原定居在贝加尔湖西岸，被称为“林中百姓”，在成吉思汗统一蒙古之时，他们没有扮演重要角色。15 世纪，卫拉特联盟的绰罗斯家族夺取了蒙古大汗之位（1434—1438）。然而，15 世纪 80 年代以后，卫拉特四部被东蒙古人逐出西蒙古草原，他们迁到了额尔齐斯河至伊犁河流域之间地区。

17 世纪初，卫拉特四部的分布是：准噶尔部在伊犁河流域；和硕特部在额敏河两岸；杜尔伯特部在额尔齐斯河两岸；土尔扈特部在塔尔巴哈台及其以北地区，后来因卫拉特各部之间的斗争向西迁移到伏尔加河下游一带，他们的牧地被其他卫拉特部落占领。

1634 年，准噶尔部首领巴图尔（Ba’atur，1634—1653 年在位）统一卫拉特四部，成为卫拉特盟主，取“洪台吉”（Khongtaiji）称号。1640 年，在他的倡导下，卫拉特、喀尔喀等部统治者和宗教上层代表召开了一次集会，会上起草并通过了《卫拉特法典》。巴图尔洪台吉在巩固地位之后，开始向西南方向扩张势力，准噶尔人逐渐抵达哈萨克人领土的北部边界，与哈萨克人、吉尔吉思人和诺盖人发生了冲突，结果，哈萨克人承认了巴图尔洪台吉的宗主地位，并向他缴纳贡赋。

巴图尔洪台吉去世（1653）以后，其子僧格（Gengge）继承父位（1653—1671）。他的继位遭到了同父异母的兄长们的反对。1657 年，准噶尔人内部爆发了争夺继承权的战争，僧格于 1671 年被暗杀。当时，僧格的同胞兄弟噶尔丹正在西藏，当他获悉其兄被杀的消息之后，从西藏返回准噶尔牧地为其兄报仇。经过艰苦的斗争，他确立了自己在卫拉特联盟中的统治地位，1678 年称汗，在卫拉特人中组建了准噶尔汗国（1678—1757）。

噶尔丹采取一系列措施发展生产，改进军队的装备。经过几年的准备，噶尔丹在1681年至1684年期间远征哈萨克人和乌拉尔山区的诺盖人。

1682年，噶尔丹攻入哈萨克人的领地，一直打到锡尔河北岸，哈萨克头克汗以诈降诱使噶尔丹入城，待到半夜哈萨克援军来到之后，内外夹攻，“嘎尔旦（噶尔丹）部落皆溃走，是时积雪平坑堑，人马陷不可脱，城中尾击之，死者无数，惟嘎尔旦跃马持枪脱身去”[①]。噶尔丹失败之后，重新聚集力量，准备再战。

1697年4月4日，噶尔丹去世，僧格的长子策妄阿拉布坦（Tshe-dbang-rab-brtan）继承了准噶尔汗位（1697—1727）。策妄阿拉布坦实施轻徭薄赋等一系列鼓励生产的措施，经济在一定程度上有所发展。策妄阿拉布坦继续向西扩张领土。1699年，准噶尔人将额尔齐斯河以西的哈萨克牧地据为己有。1718年春，准噶尔人与哈萨克人在巴尔喀什湖东北阿亚古斯河畔的哈萨克牧地上相遇，双方进行了战争，哈萨克人遭到彻底失败。1723年，准噶尔人突袭哈萨克人，哈萨克人向西北和西南溃逃，他们在锡尔河中下游的牧地被准噶尔人占有。

1727年，策妄阿拉布坦去世，汗位由其子噶尔丹策零（Galdan Cering）继承（1727—1745）。噶尔丹策零的统治基本上延续了父亲的内外政策。1745年，噶尔丹策零去世，次子策旺多尔济那木扎尔继承汗位，长兄喇嘛达尔扎于1750年杀弟夺位。1752年，噶尔丹策零的远房堂弟之子达瓦齐推翻了达尔扎的统治。

在准噶尔人发生继承权斗争之时，清朝乾隆皇帝趁机开始了灭亡准噶尔汗国的战争。1755年，清政府的五万满蒙联军分西、北两路进攻准噶尔汗国，军队在前往伊犁的途中几乎没有遇到任何抵抗，1757年，清军击败准噶尔人，准噶尔汗国灭亡。

卫拉特四部之一的土尔扈特部原名客列亦惕部，13—14世纪牧于额尔齐斯河流域，以后牧地延伸到伊希姆河上游。1437年，客列亦惕部加入卫拉特联盟，改名土尔扈特。17世纪上半叶，在准噶尔

① （清）梁份：《秦边纪略》，青海人民出版社1987年版，第422页。

部的统一战争中，土尔扈特部首领和鄂尔勒克（Kho Örlöq）于1628年率部离开塔尔巴哈台和额尔齐斯河中游西岸的游牧地，向西迁徙，与他们一起迁徙的还有和硕特和杜尔伯特部的一部分人，总共大约有五万帐约十九万人。经过长途跋涉，他们于1630年到达伏尔加河中下游草原，在这片雨水充沛和气候宜人的大草原上，土尔扈特人的经济得到了一定的发展，并在此建立了独立的政治实体——土尔扈特汗国（1630—1771），又称卡尔梅克汗国。“卡尔梅克”一词源自突厥语动词“kalmak”，意思是“停留、逗留”，当时在南俄草原上放牧的鞑靼人已经是伊斯兰教徒，他们把新来者称为卡尔梅克人，意指这些人是还未接受伊斯兰教的“停留者”，以后，土尔扈特人也以卡尔梅克人自称。

卡尔梅克汗国的领域大致是：东起乌拉尔河，西至顿河，北抵萨拉托夫，南至伏尔加河入海口。卡尔梅克汗和鄂尔勒克（1630—1645年在位）的牙帐设在伏尔加河支流阿赫图巴河畔。这片大草原曾是诺盖人的故乡，诺盖人被土尔扈特人赶走之后，一部分人西迁北高加索平原（今车臣共和国境内）；一部分人进入从钦察汗国分裂出来的克里米亚汗国（The Crimean Khanate，1430—1783）；还有一些人在俄国人统治的阿斯特拉罕城寻求保护；留在故地的诺盖人臣属于卡尔梅克汗。在近一个半世纪中，土尔扈特人经历了八位首领的统治。

1643年，和鄂尔勒克将汗帐迁到阿斯特拉罕城附近，1645年，和鄂尔勒克与俄国军队在阿斯特拉罕城发生冲突，土尔扈特部伤亡惨重，和鄂尔勒克在此次战争中阵亡，其子书库尔岱青继位。书库尔岱青在位期间（1645或1646—1661）维护了汗国的独立，加强了中央集权，组建了常备军及兀鲁思行政长官。然而，正是在他统治时期，俄国的影响开始加强。1645年，有一部分土尔扈特贵族宣誓归顺俄国，以换取在伏尔加河流域草原的居留权及与俄国的通商权，十年以后，书库尔岱青本人于1655年也签订了效忠沙皇的誓约。

1661年，书库尔岱青因病把汗国交给其四子朋楚克统治（1661—1670），朋楚克在1664年曾率领土尔扈特人参与俄国政府镇压斯杰潘·拉辛农民起义。朋楚克死后其子阿玉齐（Ayuka）继位。阿玉齐统治时期（1670—1724），汗国强盛。1690年，西藏达赖喇嘛赐给阿玉齐汗号和大印，阿玉齐正式称汗。1700年，俄国在致阿玉齐的文书中也以“汗”相称。

土尔扈特人西迁初期仍与卫拉特联盟保持着联系。和鄂尔勒克曾率领儿子书库尔岱青返回塔尔巴哈台参加喀尔喀、卫拉特各部首领的会盟。此次会盟在调整各部关系、巩固统治秩序和抵御外侮等问题上取得了一致，制定了著名的《卫拉特法典》。和鄂尔勒克携法典回到伏尔加河下游，把它供奉于牙帐中，作为统治本部的法律依据。和鄂尔勒克曾把女儿嫁给准噶尔部的巴图尔洪台吉。1644年，和鄂尔勒克派人参加了准噶尔部对哈萨克人的战争。和鄂尔勒克去世以后，出身于和硕特部的藏传佛教僧人札雅班第达前往伏尔加河为他做法事。

在准噶尔汗国因继承问题发生内乱之时，阿玉齐的妹夫鄂齐尔图汗被噶尔丹杀害，阿玉齐的妹妹多尔济拉布坦奔伏尔加河流域投靠其兄。1688年，策妄阿拉布坦起兵反抗噶尔丹，阿玉齐将女儿嫁给策妄阿拉布坦，又命儿子三济扎布率1.5万户以送嫁为名进入准噶尔，给策妄阿拉布坦极大支持。然而，策妄阿拉布坦继位之后却与土尔扈特人反目，袭击了访问清政府回国的阿玉齐使团，赶走阿玉齐之子三济扎布，兼并了他的1.5万户。土尔扈特与准噶尔两大汗国关系破裂导致草原之路的阻断。不久以后，托博尔河和伊希姆河之间地区成了哈萨克人的夏季牧地。从此以后，土尔扈特汗国在地理上与卫拉特各部的牧地也隔绝了。

1724年2月19日，阿玉齐汗病逝，土尔扈特汗国发生内乱，俄国趁机干预汗国内政。9月20日，俄国在萨拉托夫宣布策凌敦多克为汗国督办，策凌敦多克是一个软弱的人，对内无安邦定国之才，对外向俄国卑躬屈膝，致使许多领主起来反对他。1729年6月，清朝政府派满泰率使团出使土尔扈特汗国，目的是联合土尔扈特人共击准噶尔人。满泰使团到达萨拉托夫之后，土尔扈特汗策凌敦多克派人将使团接进草原，由于土尔扈特受俄国控制，满泰使团未能完成使命。

1735 年，策凌敦多克去世，俄国开始实行对土尔扈特汗的任命权。1741 年 7 月 31 日，俄国政府宣布敦啰布喇什为土尔扈特汗国督办。在敦啰布喇什统治期间（1741—1761），他制定了法律，即《敦啰布喇什补充法规》，并于 1750 年摧毁了一些受过东正教洗礼的土尔扈特人村镇。1756 年，他派遣吹札布使团到承德行宫向乾隆皇帝朝贡。1761 年 1 月 21 日，敦啰布喇什去世，幼子渥巴锡（Ubashi Khan）继承汗位。第二年，俄国政府颁布改组土尔扈特汗国札尔固的条例。札尔固是土尔扈特人的最高议事、决策和权力机构，有商定部落大事、制定法律、执行部落习惯法、解决部落争端等权力。

俄国政府对土尔扈特汗国的政治干预，以及每年的征兵（最多一年高达八万人）激起了以渥巴锡为首的汗国统治集团的反对，他们决心东返，以求民族生存。1771 年 1 月 5 日，土尔扈特人在寒风凛冽的冬季离开了他们居住了将近一个半世纪的南俄草原，渥巴锡点燃了自己的木制宫殿，刹那间，无数村落燃起了熊熊烈火。

土尔扈特人东返的消息很快传到了圣彼得堡，沙皇叶卡捷琳娜二世派哥萨克骑兵追赶。一支土尔扈特队伍被哥萨克骑兵追上，9000 人壮烈牺牲；另一些土尔扈特人与哥萨克骑兵发生激战，最后，歼灭了这支追兵。在东归途中，土尔扈特人遭到哈萨克人的阻挡。俄国奥伦堡当局散布谣言说，土尔扈特人将进攻哈萨克人，奥伦堡总督授权小玉兹努拉里汗和中玉兹阿布赉（Ablai）汗阻止土尔扈特人东归，夺取战利品。当土尔扈特人艰难地冲过小玉兹，进入中玉兹领地时，阿布赉的哈萨克人与土尔扈特人的战斗异常惨烈，最终土尔扈特人冲出了哈萨克人的围攻。

1771 年 7 月 20 日，土尔扈特人的前锋抵达伊犁河流域，与前来迎接的清军在察林河畔相遇；8 月 5 日，渥巴锡前往承德觐见乾隆皇帝。在东归途中，大批土尔扈特人因战争、疾病和饥饿死亡，只有少数回归故土。土尔扈特东归不仅是中国民族史上一桩可歌可泣的重大事件，而且也是世界史上罕见的悲壮之举。

第二节　哈萨克汗国

17 世纪上半叶，哈萨克汗国中央政权软弱，分裂割据势力强大，这种形势有利于准噶尔人的入侵。

1598 年，哈萨克特夫克勒汗在塔什干病故，其弟额什木继承了汗位（1598—1628）。额什木曾随兄进行过对布哈拉汗国的战争，因在战争中表现英勇，以“魁梧的额什木好汉”闻名于世。[①]

为了维护汗国的社会秩序，额什木汗对《哈斯木汗法典》进行了补充，形成了《额什木汗习惯法》，又称《古用法律》。补充的内容主要有：可汗有权制定适合自己汗国的法律；比应当有专门的办事机构；巴图尔（勇士）应师出有名并战无不胜；尊敬有学问的人；等等。

随着封建关系的发展，封建主之间的斗争加剧，一些强大的速檀摆脱了哈萨克汗的统治，有的封建主甚至自己称汗，其中，最突出的是汗国创建者札尼别的后裔土尔逊·穆罕默德（Tursūn Muhammad）。当额什木汗在突厥斯坦城实施统治之时，土尔逊·穆罕默德于 1614 年在塔什干称汗（1614—1627），开始征收当地的赋税，并在此发行自己的钱币。[②] 额什木汗曾出兵讨伐土尔逊·穆罕默德，并于 1627 年打败土尔逊·穆罕默德，重新统一汗国。

然而，汗国的统一是不稳定的，在额什木汗统治期间，哈萨克汗国分裂为三个政治联盟，即大玉兹、中玉兹和小玉兹。玉兹[③]是有血缘关系的部落联盟，统治上层是汗、速檀等封建牧主，以及管理牧场分配、调解和处理牧民诉讼的比。玉兹之下有若干被称为

① 《哈萨克族简史》修订本编写组：《哈萨克族简史》，第 149 页。

② 同上。

③ 对“玉兹”有两种解释，一种认为玉兹一名来自阿拉伯语 juzc，意思是“一部分”或“一个分支”；另一种认为它源于突厥语 yuz，意为 100。有文献将三个玉兹分别称为大帐、中帐和小帐，在清代文献中，分别以右部、左部和西部称之。

“耶利”的氏族部落，它们以先祖如乃蛮、克烈等名命名。氏族部落内又有许多名为阿乌尔（Aul）的父系家族和外来的依附牧民，一个阿乌尔一般由三四户至十多户组成，族长被称为阿乌尔巴斯。17世纪，阿乌尔内的贫富分化已经十分明显，牧场在名义上由氏族部落公有，牲畜是各户的私有财产。

三个玉兹的形成过程现在仍不是十分清楚，有关其起源的传说是互相矛盾的。① 据16世纪的玉兹在较早的时期就已经存在，在17世纪制作的地图手稿中，已经清楚地标出了哈萨克人的三个玉兹。

大玉兹在哈萨克汗国东部，即在巴尔喀什湖以南、以西的七河流域、楚河流域和塔剌思河流域。哈萨克汗国的核心部落基本上都归属于大玉兹，它们是：乌孙、康里（康居）、杜拉特、札剌亦儿、阿勒班、苏万、恰普拉什特、乌沙克特、千希克勒、色尔格勒、伊色特、哈塔干等部，其中乌孙是大玉兹的主体部落。②

中玉兹在哈萨克汗国中部，冬季牧场在锡尔河中下游北岸，夏季牧场在托博尔河、伊希姆河、努拉河、萨雷河流域。在三个玉兹中，中玉兹人数最多，力量最强。中玉兹联盟包括了原阿尔泰地区

---

① 关于哈萨克三个玉兹形成时间的问题，史学界有多种看法。德国学者加文·汉布里认为在哈斯木汗死后（哈斯木死有两种说法，一说在1518年，一说在1523年），“统一的哈萨克国家瓦解，……分成三个独立的汗国或帐”，参见 Gavin Hambly, *Central Asia*, p.143。日本学者羽田明认为：“哈萨克17世纪分为大、中、小三部。”参见〔日〕羽田明：《西域史》，《中亚史丛刊》1988年第5期，第106页。苏联学者魏勒尔认为：“18世纪早期，哈萨克形成三个所谓的帐。”该书记载，“16—17世纪中亚地图”上已标识小帐、中帐和大帐，参见 Geoffrey Wheeler, *The Modern History of Soviet Central Asia*, London: Weidenfeld and Nicolson, 1964, pp.31,249。我国学者张广达先生认为：“早在16世纪末叶，哈萨克人内部逐渐形成三大支，即大、中、小三玉兹。”参见北京大学历史系编：《沙皇俄国侵略扩张史》下册，人民出版社1980年版，第97页。王治来先生认为：“17世纪后期和18世纪前期，哈萨克人得到相当的发展，并开始分成为三个玉兹。”参见王治来：《中亚近代史》，兰州大学出版社1989年版，第109页。罗致平先生认为：“1589年，哈萨克人及其分布地区已区分为三个玉兹。”参见《中国大百科全书·民族卷》“哈萨克族”条，中国大百科全书出版社1986年版，第150页。又有一说：“大约从16世纪末叶以后，哈萨克族……已经分为三个玉兹。”参见国家民委与中央民族学院民族研究所编：《中国少数民族常识》，中国青年出版社1985年版，第236页。综合以上各种说法，考虑到17世纪20年代土尔扈特人迁徙途中曾在恩巴河附近与哈萨克小玉兹作战等情况，笔者认为16世纪末期比较合适。

② 贾合甫·米尔扎汗：《哈萨克族》，第42—43页。

的突厥族葛逻禄部和斋桑湖附近的乌古思部，以及11—13世纪来到中亚的一些部落，如阿尔根部（Arghins）、钦察部、乃蛮部和克烈部。有的部落由更小的几个部落组成，如克烈部由阿恰玛依勒克烈和阿巴科克烈两个小部落组成，阿巴科克烈部由十二个更小的部落组成①，乃蛮部也由九个小部落组成②。

小玉兹在哈萨克汗国西部，位于咸海北岸和里海低地的北部。冬季牧场在伊列克河（奥伦堡南部的乌拉尔河支流）与乌拉尔河一带；夏季则迁往阿克提尤别草原。小玉兹联盟最早有拜乌勒（Bayuls）和艾里木乌勒（Alimuls）两个部落，节特乌勒部（Yetiru / Yediru）是以后加入的。③拜乌勒部是小玉兹的主体部落。像中玉兹一样，小玉兹的三大部落下包括了若干小部落。地处哈萨克斯坦西部的小玉兹的历史更多地与伏尔加河流域诸汗国及俄国的历史联系在一起。

1628年，额什木汗去世，1630年，其子杨吉尔继位。杨吉尔汗统治时期（1630—1652），西蒙古卫拉特人夺取了巴尔喀什湖以南的七河流域部分地区，在此游牧的哈萨克人有的已经臣服于他们。1635年，哈萨克人与卫拉特人发生了第一次大规模的冲突。卫拉特人四部之一的准噶尔部首领巴图尔洪台吉率军攻入哈萨克人的牧地，哈萨克人战败，杨吉尔在抵抗战争中被俘。后来，杨吉尔逃回故地，继续领导哈萨克人抵抗准噶尔人的战斗。

1643年，巴图尔洪台吉率军五万进攻哈萨克人在东南方的牧

---

① 阿巴科克烈部再分的12支为：坚铁克依、贾迪克、契鲁乌什、喀喇卡斯、莫勒柯、昆沙达克、依铁勒、契巴拉依厄尔、沙尔巴斯、贾斯塔班、蔑尔乞惕、契依莫因。参见贾合甫·米尔扎汗：《哈萨克族》，第43页。

② 乃蛮部再分的9个小部落为：喀喇克烈、杜尔吐吾勒、萨多尔、马塔依、艾尔克尼克特、巴晏那勒、巴勒塔勒、铁热斯唐巴勒、契尔契提。参见贾合甫·米尔扎汗：《哈萨克族》，第43页。

③ 拜乌勒部内包括阿达依、别热什阿里钦、贾普巴斯、艾山铁木尔、马勒卡尔、塔孜、拜巴克提、塔那、契尔克什、伊色克、克孜勒库尔等。艾里木乌勒部中有阿里木、铁莫克依、克特、喀喇萨卡尔、铁尔特喀喇、契克特等。节特乌勒部内有克尔德依、加晏勒拜勒、克烈依提、铁烈吾、塔本、拉马丹等。参见贾合甫·米尔扎汗：《哈萨克族》，第43页。

地，杨吉尔率600多人进行抵抗，双方发生了激烈的冲突。杨吉尔很好地利用了山区地形，他在山谷隘口挖深壕、筑高墙，将配备火器的一半人马布置在一堵高墙下坚守隘口，他本人亲自率领另一半部队埋伏于山后。当准噶尔人在进入山谷向高墙发起进攻之时，遭到了火枪的猛烈射击，准噶尔人在狭窄的山地进退两难，埋伏于山后的哈萨克人突然出现在巴图尔部队的背后猛击，准噶尔人大乱。正值此时，哈萨克雅兰杜什王子率军两万人前来支援，巴图尔部队战败撤走。这场以少胜多的战役使杨吉尔名声大振，被哈萨克人称为"巨人"。[①] 但在1652年抗击准噶尔人的战争中，杨吉尔汗阵亡。

杨吉尔死后，哈萨克汗国统治集团发生争夺权力的斗争，有势力的速檀企图自立为汗，在二十多年中，汗国处于四分五裂。在此期间，准噶尔部首领噶尔丹于1678年统一西蒙古各部，建立了准噶尔汗国。到1680年，杨吉尔之子头克（Tauke Khan）才得以继位（1680—1718），哈萨克汗国内乱结束。

头克汗统治初期，领导哈萨克人进行了抗击准噶尔人入侵的斗争。在头克汗继位的第二年，噶尔丹率准噶尔人向哈萨克人发起了进攻，一路攻城略地，直打到锡尔河岸边，头克汗用计打败了准噶尔人。战争期间，头克汗曾与吉尔吉思人、卡拉卡尔帕克人建立了反准噶尔人的联盟。尽管如此，头克汗还是先采取了外交方式，希望与准噶尔人改善关系，他派使臣哈孜别克比到噶尔丹牙帐说和，然而，噶尔丹没有接受和解的建议。

1683年，准噶尔人攻陷塔什干城，俘头克汗之子，押往西藏。1684年，准噶尔人攻陷赛拉姆城。至此，七河流域的大部分地区及锡尔河中上游的一些地区被准噶尔人占据。1688年，噶尔丹将注意力集中于东部的战争，减少了对哈萨克汗国的入侵，头克汗利用这段时间开始整顿哈萨克汗国的内务。

---

① 〔俄〕A. D. 列夫申：《吉尔吉斯—哈萨克各帐及各草原的述叙》，新疆社会科学院民族研究所汉摘译本1975年版，第33页。

头克汗着手加强汗和中央的权威。他以法律限制了速檀等旧贵族的权力，扶持掌握部落实权的比和军事首领。在中央，他将比纳入贵族代表大会，让他们在其中担任重要职务；在地方，他安排比到各省掌握实权。他规定：只有汗和比才有资格掌管司法大权，涉及大封建主切身利益的一些纠纷必须在比的直接参与下解决。由此，比和军事首领形成了一个新的势力阶层，这一阶层在与旧封建贵族的斗争中寻求汗的同情和支持，渴望汗政权的巩固和集中，汗的权力得到加强。与 16 世纪哈斯木、哈克·纳咱尔和特夫克勒汗不同，头克汗统治下的哈萨克汗国的统一是在新的社会基础上实现的。

到 18 世纪初期，哈萨克汗国内部基本实现了统一。史书说："只是在头克汗朝代的后期，他才统一了三个玉兹。外部威胁促使哈萨克国家政治统一的恢复，外部威胁迫使素丹们拥护汗。"[①] 头克汗任命行政官员图列比（Tuliebi）、卡兹别克（Kazbek）和艾佳克（Aitiak）分别管理大玉兹、中玉兹和小玉兹。头克汗本人驻突厥斯坦城，他经常召集大、中、小玉兹的汗和比在塔什干开会，商讨国事，哈萨克汗国出现了安定统一的局面。

哈萨克汗国东部的大片土地被准噶尔蒙古贵族侵占，致使哈萨克牧民的牧地大大缩小，争夺牧场的纠纷不断发生，人命案件日益增多。为了加强对牧场的管理和分配，维护社会秩序，头克汗对哈萨克人原有的《哈斯木汗法典》和《额什木汗习惯法》做了较大的修改和补充，把《哈斯木汗法典》的五项条款修改增补为七项条款，称为《七项法典》，后来又称为《头克法典》。《头克法典》从原来的财产法中分出土地法，从原来的刑事法中分出偿命法，列为两项单独的法律，以适应当时的新形势。[②]

头克汗在哈萨克人中有着很高的威望，史书评价说："这位君主被誉为整个吉尔吉思（即哈萨克）民族的心脏。他以才智使自己在

---

① 厉声：《哈萨克斯坦及其与中国新疆的关系（15 世纪—20 世纪中期）》，第 58 页。

② 贾合甫·米尔扎汗：《哈萨克族》，第 52—53 页。

他骚动的同胞中出类拔萃，他的名字赢得了声誉和尊敬。这是哈萨克各帐的伟大演说家和严峻的法学家；他在血腥的纷争之后，重建了和平；他制止了多少年来一些部落之间，由于争执而引起的流血；他以智慧和公正促使所有的人听从他的号令；他联合弱小的部落抗击剽悍的部落。迫使剽悍的部落安分守己；他为各部落制定了依以裁判的法律，这些法律直至今日仍为吉尔吉思（哈萨克）的智者所眷恋。”①

头克汗于1718年去世，头克汗之子博拉特继位（1718—1730），他徒有其名，各玉兹汗独据一方，不服从他的管辖。在札尼别汗家族中再也没有人能够维持哈萨克各玉兹的统一，大、中、小玉兹的统治者分别是卓勒巴尔斯（Jolbarys）汗、赛买克（Semeke）汗、阿布勒海尔（Abū'l Khayr）汗。就是在三个玉兹内部，汗的权威也是有限的。当时，小玉兹阿布勒海尔汗的势力最强大，勉强能够控制小玉兹的大部分地区，而大、中两个玉兹内的部落或部族首领有的拥兵自重，脱离汗的统治，实行割据。②

正当哈萨克人分裂之时，准噶尔人的大举入侵又开始了，哈萨克人遭遇了“阿克塔班·苏比里大灾难”（Aqtaban-shubirindi / Alqaqol-sulama，1723—1728）。1723年，准噶尔汗策妄阿拉布坦在额尔齐斯河征集到大量兵力，开始向塔剌思河一带的哈萨克牧地进军。哈萨克人在全然不知的情况下遭到袭击，在准噶尔人的强烈攻势下，哈萨克人不得不放弃牛群、大篷车等财产西逃。许多人在过塔剌思河、博罗尔德（Borolday）河、阿雷西（Arys）河、奇尔奇克（Chirchik）河和锡尔河时丧生。③未能逃走的哈萨克人整村整部落地被屠杀。在赶走了哈萨克人之后，准噶尔人占领了他们的牧场，掠夺了他们的牛群和财产。俄国史家瓦里汉诺夫（Valikhanov）对大灾

---

① 〔俄〕A. D. 列夫申：《吉尔吉斯—哈萨克各帐及各草原的述叙》，第35页。

② 厉声：《哈萨克斯坦及其与中国新疆的关系（15世纪—20世纪中期）》，第63页。

③ 有关大灾难时期的情况，参见 Sir Henry Howorth, *History of Mongol: From the 9th to the 19th Century*, Part II, pp. 642-643。

难时期的哈萨克人做了描述:“他们的领土受到四面八方的威胁,他们的牛群被赶走,整家整家地被准噶尔人、伏尔加河畔的卡尔梅克人、牙昔河畔的哥萨克人和巴什基尔人俘虏。”① 俄国人伊凡·翁科夫斯基上尉在 1722—1723 年间曾在准噶尔汗策妄阿拉布坦的营地逗留,据他报道,哈萨克人、乌梁海人、特利乌特人、明噶特人、卡玉特人(Kayuts)和色乌特人(Kosheuts)、叶儿羌的布哈拉人、布鲁特人(吉尔吉思人)和巴拉宾人(Barabins / Baraba-Tatars)都成了准噶尔汗的臣民。②

英国历史学家霍渥斯(Howorth)评价说,这是哈萨克人历史上经历的最危急时期,准噶尔人的势力已经控制了中亚,他们粉碎了哈萨克汗国,并把哈萨克人赶出了故地,哈萨克汗国瓦解了。准噶尔人于 1723 年夺取了哈萨克汗国首府突厥斯坦城,还占领了塔什干城和赛拉姆城,迫使大玉兹和中玉兹的部分部落臣属于他们。③

严峻的局势迫使三个玉兹团结起来,小玉兹汗阿布勒海尔被推选为军队统帅。1726 年,哈萨克军队在图尔盖(Turgai)草原东南进行了有组织的反抗。1729 年,哈萨克人在以后被命名为安拉凯(Anrakay,即呻吟之地)的地方取得了反准噶尔人的重大胜利,准噶尔人败退回到伊犁河以东地区。小玉兹和中玉兹的大部分领地被夺回,只有大玉兹的领地还处于准噶尔封建主的统治之下。

哈萨克三个玉兹的团结未能持久,尽管三个玉兹的汗为此做过努力。1730 年,博拉特汗去世。是年,三个玉兹派出以玉兹汗为首的代表团在奥里塔阿召开会议,会议的主题是确定哈萨克汗国大汗的人选。会上,小玉兹汗阿布勒海尔想继续担任三个玉兹的首领,阿布勒海尔是哈萨克汗国创建者札尼别的七世孙,18 世纪 20 年代成为小玉兹汗。在大灾难时期,他统率了三个玉兹的军队,在哈萨克人中有一定威望。但阿布勒海尔的能力不足以获得这一位置,加之

---

① C. Adle, Irfan Habib, *History of Civilizations of Central Asia*, Vol. 5, p. 97.

② Ibid., p. 149.

③ Sir Henry Howorth, *History of Mongol: From the 9th to the 19th Century*, Part II, p. 642.

他生性“狡猾、虚伪、利欲心强，性格暴躁”①。而中玉兹博拉特汗之子阿布勒班毕特性情温和，赢得了与会速檀的支持。② 从三个玉兹以后的发展来看，阿布勒班毕特的权威仅局限于中玉兹的部分地区。

奥里塔阿会议之后，统一的哈萨克汗国不复存在了。此后，三个玉兹的独立发展构成了哈萨克人的历史。在这种分裂的形势下，中、小玉兹的统治者投靠了俄国；大玉兹先后在准噶尔汗国和清王朝的保护下维持着统治。

第三节　吉尔吉思人

17 世纪至 18 世纪上半叶的一个半世纪中，中亚的吉尔吉思人仍然未能建立自己的国家，他们分别在天山南北放牧，他们的命运与叶儿羌汗国、费尔干纳乌兹别克人，以及准噶尔人、大玉兹哈萨克人的命运联系在一起。

17 世纪，天山南部的吉尔吉思人参与了叶儿羌汗国的内部斗争，并以武力为汗国服务。叶儿羌汗室成员在获得汗位之后都会考虑吉尔吉思人的力量，给予上层吉尔吉思人一定的权力和利益，即使是强大的阿卜杜拉汗也不得不在吉尔吉思伯克中寻求支持。③ 吉尔吉思伯克往往充当地区总督，如窝尔爵泰·比（Oljotay Bī）成为阿克苏城的阿奇木（最高行政官），阿尔提·库尔特卡·比（Alty Kurtka Bī）被任命为乌什—吐鲁番的统治者。伊斯玛仪汗在争夺王位之时，得到了吉尔吉思伯克科伊萨里·比的支持，以后，伊斯玛仪汗继承汗位（1670—1680）之后任命科伊萨里·比为喀什城的阿奇木。1696 年，吉尔吉思人阿尔柱·穆罕默德·伯克（Arzu Muhammad Bek）扶持叶儿羌汗室穆罕默德·艾敏登上叶儿羌汗位，他本人掌握了汗国

① 《哈萨克族简史》修订本编写组：《哈萨克族简史》，第 157 页。
② 同上。
③ C. Adle, Irfan Habib, *History of Civilizations of Central Asia*, Vol. 5, p. 116.

的实权。以后，阿尔柱又杀穆罕默德·艾敏另立新君。

在叶儿羌汗国的政治斗争中，吉尔吉思伯克们的目光局限在汗国统治中求得一官半职，没有把精力放在统一吉尔吉思人和建立本民族国家的目标上。

与此同时，天山北部的吉尔吉思人受到了日益强大的准噶尔人的威胁。为了保卫自己的牧地，吉尔吉思人与准噶尔人在伊塞克湖等天山以北地区进行了战争。由于没有形成统一的政权，伊塞克湖一带的吉尔吉思各部未能抵抗准噶尔人的入侵，一部分人留在原地接受了准噶尔汗国的统治；大多数吉尔吉思人离开天山北麓的游牧区，向南迁移到费尔干纳、卡拉捷金以及与它们相邻的帕米尔山前地带。俄国温科夫斯基上尉在1722—1724年间访问准噶尔汗国，他在伊塞克湖没有看到一个吉尔吉思山村。[①] 根据费尔干纳流传下来的民间传说，吉尔吉思人先占领了费尔干纳与喀什噶尔之间的阿赖山谷，以后从那里迁移到费尔干纳的东北坡。1733年，瑞典军官列纳特获得了一张卡尔梅克地图，地图在费尔干纳盆地上标出了吉尔吉思人。[②] 18世纪40年代，在准噶尔人军事实力遭到削弱之后，费尔干纳、帕米尔、中国新疆一带的许多吉尔吉思人重返天山北部地区，参加了驱逐准噶尔人的斗争，也有一些人继续留在费尔干纳，一直生活至今。

17世纪至18世纪中叶，准噶尔统治者对天山北部吉尔吉思人牧地的入侵，以及吉尔吉思人的抵抗运动，被吉尔吉思人以史诗的形式记录下来，如《玛纳斯》(*Manas*)、《库尔满别克》(*Qurmanbek*)、《江尼什与巴依什》(*Janish and Bayish*)、《江额勒木尔扎》(*Jangil Mīrzā*)和《艾尔托什吐克》(*Er-Qoshoy*)。这些史诗不仅记录了双方的战争，还记录了吉尔吉思人与准噶尔普通牧民之间的和睦相处，甚至记录了吉尔吉思人与准噶尔牧民共同反对准噶尔统治者的斗争。在史诗《玛纳斯》中，与吉尔吉思军队统帅玛纳斯并肩作战的阿勒

① 〔苏联〕帕·彼·伊凡诺夫：《中亚史纲》，《中亚史丛刊》1983年第1期，第63页。

② 同上。

曼别特（Almambet）就是准噶尔人，他以忠实、勇敢、智慧闻名。

为了对付准噶尔人，吉尔吉思人与大玉兹哈萨克人联盟。吉尔吉思人还参与了哈萨克人对付河中地区的札尼王朝的战争。战争在不同程度上取得了胜利，正如17世纪史家马合木·本·瓦利（Mahmūd b. Walī）在《神秘之海》（*Bahr al-asrār*，1641）一书中描述的那样，札尼王朝的统治者伊玛姆·库利汗（Imām Qulī Khān）被迫与已经夺取了塔什干绿洲的哈萨克速檀和吉尔吉思伯克的部落代表们谈判。只是因吉尔吉思人内部发生纷争（1626—1627），伊玛姆·库利汗才得以在塔什干和安集延重建统治。

17世纪末，叶尼塞河畔的吉尔吉思人开始向伊犁河流域迁徙。叶尼塞吉尔吉思人于13世纪被蒙古人征服，此后的400年间臣属于蒙古统治。15世纪期间，吉尔吉思社会逐渐形成了伊萨尔（Yssar）、阿尔提萨尔（Altyssar）、阿尔提尔（Altyr）和土巴（Tuba）四个联盟。16世纪末，沙俄征服了西伯利亚汗国，此后，俄国人继续东进，侵入叶尼塞河畔的吉尔吉思人领地。1618年，俄国哥萨克人在叶尼塞河上游与鄂毕河上游之间的吉尔吉思人牧地上建库兹涅茨克（Kuzņetsk）据点，逐渐向北强占了从库兹涅茨克到克拉斯诺雅尔斯克（Krasnoyarsk）的吉尔吉思领地。在1627—1635年间，吉尔吉思人不断袭击在克拉斯诺雅尔斯克、库兹涅茨克的沙俄殖民者，为此，他们遭到了沙俄的大屠杀。残酷的镇压激起了吉尔吉思人的反抗，在1639—1641年期间，他们曾包围克拉斯诺雅尔斯克一年多，直到沙俄的援军赶来，他们才撤退。此后，俄国人又在吉尔吉思人的领地楚雷姆河上游建阿钦斯克（Achinsk）据点。1701年，俄国军队对吉尔吉思人发动袭击，吉尔吉思人伤亡巨大。在经历了近一个世纪的抗争以后，17世纪末至18世纪初，大部分吉尔吉思人迁离了故地，揭开了吉尔吉思人第三次大迁徙运动的序幕，导致叶尼塞河畔的吉尔吉思人一分为三。

大多数吉尔吉思人朝西南方向越萨彦岭（Sayani），再越阿尔泰山，进入天山及帕米尔地区，与早先迁到此地的吉尔吉思人会合。

举部西迁是吉尔吉思人的痛苦选择，吉尔吉思人民对此段历史有痛苦的记忆，留下了不少诗歌，其中一首唱道：

有没有比你更宽阔的河流，爱耐塞？
有没有比你更亲切的土地，爱耐塞？
有没有比你更深重的苦难，爱耐塞？
有没有比你更自由的意志，爱耐塞？
没有比你更宽阔的河流，爱耐塞。
没有比你更亲切的土地，爱耐塞。
没有比你更深重的苦难，爱耐塞。
没有比你更自由的意志，爱耐塞。[①]

西迁到天山南北的吉尔吉思人与早期迁来的吉尔吉思人融合，逐渐形成现代中亚吉尔吉斯民族，他们对中亚吉尔吉斯民族的形成起到了举足轻重的作用。

留在故地的一部分吉尔吉思人于1733年从叶尼塞流域经蒙古大草原向东迁徙，来到嫩江草原乌裕尔河畔（今黑龙江富裕），形成了今天黑龙江省内的吉尔吉斯族；继续留在叶尼塞河畔的吉尔吉思人成为今哈卡斯族（Khakass）。

17世纪以前，由于叶儿羌汗国、准噶尔汗国、哈萨克人在天山南北的频繁战争，杂处其间的吉尔吉思人没有明确而固定的活动地域。18世纪初，在大迁徙完成以后，吉尔吉思人的活动地域终于固定下来，“塔剌思河与楚河流域、伊塞克湖沿岸、科契科尔和珠穆翰、阿特巴希山和纳林河，以及克列缅丘别（Kremenchuk）和天山其他地区”[②]成为他们的固定牧地，以后这些地区被称为吉尔吉斯斯

① “爱耐塞”是吉尔吉斯语“母亲河”的音译，此歌出自〔苏联〕艾特玛托夫的中篇小说《白轮船》（上海译文出版社1986年版，第44页）。

② 马曼丽：《叶尼塞吉尔吉斯的西迁与中亚吉尔吉斯民族的形成》，《西北史地》1984年第4期，第32页。

坦。疆域固定以后，吉尔吉思人在语言和文化上趋于一致，稳定的吉尔吉斯民族才开始形成。

第四节　土库曼人

16 世纪中叶，土库曼人仍然控制着从里海东岸一直延伸到阿姆河下游西岸的地区。据 1558—1559 年来到中亚的英国人安东尼·詹金森说：“从里海到乌尔根奇城之间的所有土地都被称为土库曼之地。”[①] 土库曼人在这一地区对过境商人收税，当詹金森一行在抵达里海海岸一个不知名的地方时，“土库曼国王的海关人员”向他们收税，“每五税一，九分之七的税是给土库曼国王和他的兄弟们”。[②]

16 世纪末，生活在上述地区的土库曼部落陆续向南迁徙，这次迁徙一直持续到 19 世纪中叶。历时两百多年的大迁徙使土库曼人散居在东起阿姆河西岸，西至里海东岸一直到科佩特山前地带，南抵穆尔加布河中游流域的地区，以后，这一地区成为土库曼人的居地，被称为土库曼斯坦。

土库曼斯坦 90% 的土地被沙漠覆盖，其中，世界著名的卡拉库姆沙漠地处土库曼斯坦中部，向南北的延伸很长。在沙漠边缘有几块大的绿洲，沙漠的西缘有科佩特山溪水形成的阿克哈尔绿洲，以及戈尔甘河和阿特列克河流域；南缘有穆尔加布河下游形成的莫夫绿洲，再往南是穆尔加布河上游的彭狄绿洲；东缘有以查尔朱为中心的阿姆河中游流域，以及阿姆河下游的花剌子模绿洲。土库曼人的迁入和定居对这些绿洲的开发起到了促进作用。

---

① C. Adle, Irfan Habib, *History of Civilizations of Central Asia*, Vol. 5, p. 131.

② Ibid., pp. 131-132.

最早离开故乡的是阿利利部。阿利利人原在萨里卡米什湖畔的绿洲从事灌溉农业，因为不堪土尔扈特人的侵扰南迁，最终迁徙到达鲁恩、尼萨、巴加巴德（Bāghābād）、阿比瓦尔德和莫夫附近地区。基兹尔·厄利部向花剌子模绿洲迁移，最后来到了布哈拉和撒马尔罕。外撒洛尔部的约穆德人迁往花剌子模绿洲、阿特列克和戈尔甘流域；帖克人迁往阿克哈尔绿洲，继而到了莫夫绿洲；爱尔萨里人迁往以查尔朱（Chārjū）为中心的阿姆河中游绿洲区，未迁徙的外撒洛尔部民留在巴尔罕山中。① 内撒洛尔部迁到穆尔加布河和帖振河流域。乔都尔部落联盟中的伊格迪儿部和索云纳吉（Soyunaji）从曼吉什拉克、乌兹博伊和巴尔罕山出发，迁往阿斯特拉巴德，后来又继续迁到北高加索的斯塔夫罗波尔。

大部落的迁徙引起了土库曼小部落的一连串迁移，伊木里利人（Emrelis）、卡拉塔什利人（Qara-dāshlis）、戈克梭人等迁到花剌子模绿洲、帖振、萨拉赫斯（Sarakhs，另译撒剌哈夕）、彭狄（Pende）和阿特列克等地区。

土库曼人迁徙的因素很多，其中，以下几点最为重要：

第一，外来入侵。这一时期，土库曼各部居地受到来自土尔扈特人、哈萨克人和诺盖人的入侵。17 世纪 30 年代，土尔扈特人占领了里海北部沿岸和伏尔加河下游地区，他们时常绕过里海北岸，沿东岸南下，掠夺和袭击居住在曼吉什拉克半岛和乌斯特乌尔特高原（Ust-Urt Plat）的土库曼人。土库曼人的社会经济遭到破坏，正常的游牧生活难以维持，只能离开故地迁徙。最早迁徙的阿利利人就是为避土尔扈特人而南迁的。阿布哈齐在 1640 年左右来到曼吉什拉克之时，该地的土库曼人部众离散，陷于混乱之中，在此地只剩下七百户，还在卡尔梅克人（即土尔扈特人）的统治之下。② 在土尔扈特汗明楚克统治期间（1661—1670），把乔

① C. Adle, Irfan Habib, *History of Civilizations of Central Asia*, Vol. 5, p.132.

② 阿布尔·哈齐·把阿秃儿汗：《突厥世系》，第 300 页。

都尔、伊格迪儿和索云纳吉三个土库曼部落从曼吉什拉克、乌兹博伊和巴尔罕山赶走。

哈萨克人在准噶尔人入侵时期向西逃亡，来到里海东岸的北岸，把帖克土库曼人从曼吉什拉克半岛赶走，帖克人又把约穆德人从克孜勒阿尔瓦特赶走，把库尔德人和阿勒里斯人从科佩特山麓的肥沃地区逐出。原来生活在曼吉什拉克的伊孙汉（Esenkhān）土库曼人因为遭到诺盖人，以及后来从伏尔加河和乌拉尔河两岸来的土尔扈特人和哈萨克人的袭击，也向花剌子模迁移。

第二，希瓦汗国的民族压迫政策。希瓦汗阿拉不·穆罕默德去世（1622）以后，他的儿子们为夺取汗位展开了一场难以弥合的斗争，土库曼人卷入到这场斗争之中。伊斯法德雅尔（Isfandiyār）在土库曼人的支持下回国继承了希瓦汗位，在位期间（1623—1642），他借用土库曼贵族力量压制和打击乌兹别克汗室内部的政敌，一部分土库曼人得到重任，他们的社会地位提高，土库曼上层还掌握了国家赋税的征收大权，有些人甚至进入汗室的军事决策核心。伊斯法德雅尔的做法引起了乌兹别克贵族的不满。阿布哈齐登上汗位（1643—1663）以后，一改伊斯法德雅尔的民族政策，在汗国中央政权中清洗和屠杀土库曼人。阿布哈齐对土库曼人的行为极端残忍，除了屠杀外，还逼迫土库曼妇女和儿童为奴[①]；甚至限制土库曼人的行动，不经汗的允许土库曼人不得进入汗国首都希瓦。在经济上，土库曼人在花剌子模的农田被剥夺，阿布哈齐把国内灌溉最便利的土地分给了392名乌兹别克显贵[②]，一度企图把土库曼人赶出呼罗珊（穆尔加布河绿洲）。在民族压迫政策下，土库曼人被迫远离希瓦汗国的统治中心，迁往乌兹别克人统治薄弱的地区。

第三，地方乌兹别克贵族的横行霸道给土库曼人的生活带来困难。乌兹别克贵族们强行关闭了沟通阿姆河与萨里卡米什湖的达里

---

① 阿布尔·哈齐·把阿秃儿汗：《突厥世系》，第305页。哈扎拉斯普庆祝期间，在阿布哈齐的鼓动下，2000名土库曼人被杀，幸存者逃亡。

② C. Adle, Irfan Habib, *History of Civilizations of Central Asia*, Vol. 5, p. 133.

亚利克干渠[①]，流入乌兹博伊河的水中断，湖水下降，原以阿姆河、萨里卡米什湖、乌兹博伊河为基本水源的灌溉系统荒废，多年以后，靠这些水源灌溉的绿洲农业区开始被卡拉库姆大沙漠吞噬，在其上生活的土库曼人只好向其他地区迁徙。

第四，有学者认为，地理大发现以后，海路取代古老的陆路欧亚交通导致里海周边商路上的一些重要城市衰落，这是土库曼人南迁的因素之一。以里海沿岸的商业和手工业城市为依托的土库曼游牧经济受到影响，游牧生活难以维持下去。于是，土库曼人只有迁徙到别的地区。

土库曼人的南迁促进了卡拉库姆沙漠边缘绿洲区的开发，此后，在今土库曼斯坦逐渐形成了以阿克哈尔为中心的绿洲区；以帖振、莫夫为中心的帖振河、穆尔加布河流域绿洲区和以查尔朱为中心的阿姆河中游绿洲区。土库曼人在绿洲定居下来，大迁徙运动对现代土库曼民族的形成有着深远的影响。不过，直到 19 世纪中叶，土库曼人都没有建立起巩固的政治秩序。

18 世纪中叶在呼罗珊建立的阿夫沙尔王朝是土库曼阿夫沙尔部（Afshār）人纳迪尔（Nādir）创建的，该王朝以波斯王朝继承者的身份出现，维持了六十年（1736—1796）。纳迪尔在青年时代曾与母亲一道被邻近的土库曼人俘虏，在希瓦被卖为奴隶。1708 年，他逃到了阿比瓦尔德城，在此组建了一支骑兵与附近的土库曼部落作战，逐渐获取了呼罗珊一部分地盘。1726 年，他的部队开始为波斯沙赫塔赫马斯普二世效力，是年，收复了被阿富汗人占领的马什哈德和呼罗珊等地；1729 年，把阿富汗人赶出波斯；次年，把奥斯曼人赶出西波斯。立下战功之后，1732 年，纳迪尔立塔赫马斯普之子为波斯沙赫，称阿拔斯三世，他本人以摄政者的身份辅佐新主。在 1736 年瑙乌鲁兹节（Nawruz，波斯新年）来临之际，纳

---

① 关于达里亚利克渠水断流导致萨里卡米什湖水下降的原因还有待研究，但是，乌兹别克贵族的横行霸道肯定促进了这一过程。

迪尔在木干草原上召开了一次大会，会上，他被选为沙赫。阿拔斯三世被废。纳迪尔以马什哈德为中心建立阿夫沙尔王朝，他本人取沙赫称号。

土库曼人占据的莫夫成为纳迪尔的战略基地，纳迪尔企图把花剌子模的约穆德土库曼人迁到该地区，结果没有成功。1740 年 10 月，纳迪尔向土库曼人居住地进军，土库曼人在查尔朱、哈扎拉斯普、皮特内克（Pitnek）、汗卡（Khanqah）等地顽强抵抗波斯军队的入侵，但都失败了。纳迪尔对被俘的土库曼人表现了仁慈，他释放了一些土库曼人，让他们返回自己的游牧地，一些土库曼人被召进宫为他服务，他宣布“如果土库曼人希望定居在伊朗和图兰（突厥人之地）的无论哪一片土地上，他都将给予他们这样的机会”[①]。

阿夫沙尔王朝曾经统治了布哈拉和希瓦汗国，强盛时期，其疆域一度东达阿富汗和印度北部，西及巴格达，北接里海，南濒波斯湾。1747 年 6 月，纳迪尔被阿夫沙尔土库曼人谋杀，他的王朝随之崩溃，波斯分裂为几个互相争霸的小王朝。1749 年定都设拉子的赞德王朝（Zangid，1749—1794）夺取了阿夫沙尔王朝的大片土地，阿夫沙尔王朝仅仅保住了呼罗珊及其以东地区。1795 年，在赞德王朝当人质的突厥族卡扎尔部首领阿迦・穆罕默德（Āghā Muhammad Khān）以德黑兰为都建立了卡扎尔王朝（Qājār，另译凯加王朝，1795—1925）。卡扎尔人是跟随萨法维王朝创立者伊斯迈尔来到波斯的七个突厥部落之一，原居里海东岸的阿斯特拉巴德附近地区。1794 年，阿迦・穆罕默德攻占克尔曼，消灭赞德王朝，统治了伊朗高原。两年以后（1796），阿迦・穆罕默德灭阿夫沙尔王朝，自称波斯沙赫。

此后，中亚的土库曼人没有建立自己的王朝，他们在卡扎尔王朝和希瓦汗国中发挥作用。阿斯特拉巴德的土库曼人与卡扎尔王朝穆罕默德・哈桑汗（Muhammad Hasan Khān）有亲属关系，阿特列克和戈尔甘的土库曼人在卡扎尔王朝王位继承权中扮演着重要角色。花剌子

---

① C. Adle, Irfan Habib, *History of Civilizations of Central Asia*, Vol. 5, p.135.

模的土库曼人在希瓦汗国的争权夺利战争中也发挥了作用。

这一时期，为了军事扩张，俄国持续对里海东岸进行勘查。18 世纪上半叶来到里海海岸的俄国探险队有：1714 年至 1717 年，别科维奇・切尔卡斯基（Bekovich-Cherkasski）率领的探险队；1741 年，特别勒夫（Tebelev）的探险队；1745 年，科彼托威斯基（Kopytovsky）的探险队；1746 年，纳底兹汉斯基（Ladyzhensky）和托克马切夫（Tokmachev）的探险队。这些探险队研究当地的环境和地理，他们收集的情报一方面是为沙俄侵略殖民而服务，另一方面也加深了人们对里海的了解。

第五节　卡拉卡尔帕克人

现在称为卡拉卡尔帕克的民族是一支说突厥语的突厥—蒙古混血民族，他们最早出现在中亚境内的时间是 16 世纪，在此之前，他们与曼格特蒙古人一起生活在乌拉尔山区的诺盖汗国内。

卡拉卡尔帕克人的祖先可以追溯到 6 世纪至 8 世纪生活在咸海草原的佩彻涅格人和古思人。10 世纪初，一部分佩彻涅格人西迁到第聂伯河与伏尔加河之间的南俄草原，俄国文献称之为高筒黑帽，“卡拉卡尔帕克”一词是突厥语，意为“黑帽子”。留居在伏尔加河与乌拉尔河之间的佩彻涅格人东支与聚居于乌拉尔河流域及其以东、以南的蒙古族诺盖人生活在一起，逐渐与诺盖人融合，他们被称为“卡拉卡尔帕克诺盖人”。

16 世纪后期，卡拉卡尔帕克人南迁来到了锡尔河下游地区，归属于哈萨克汗国。尽管他们处于哈萨克人的包围之中，但是，卡拉卡尔帕克人继续保持语言和政治的独立性，过着具有特色的半定居生活，社会基本单位是由本族酋长管理的部落。直到 20 世纪初，他们还保留着一些氏族部落的残余。

17 世纪，由于准噶尔人与哈萨克人的战争，锡尔河下游地区的卡拉卡尔帕克人南迁，来到锡尔河中游地区。一些人迁移到了泽拉夫善河谷，居住在撒马尔罕以西地区，与乌兹别克族的契丹—基普察克部接壤。这些卡拉卡尔帕克人在封建化发展的过程中丧失了大批牲畜，加速向定居农业过渡。以后，他们参加了 1681 年在泽拉夫善河中游发生的反封建起义。1825 年，他们参加了布哈拉汗镇压契丹—基普察克部起义的战争。另一些人数不多的卡拉卡尔帕克人住在汗国北部的克尼梅赫地区的草原地带，仍以游牧的畜牧业为生。

18 世纪 20 年代，准噶尔人的入侵使留在锡尔河中游的卡拉卡尔帕克人继续迁移，大部分人迁到了希瓦汗国境内，一些人继续北上，迁到了恩巴（Emba）河流域，在那里他们参加了哈萨克人与伏尔加河下游的卡尔梅克人争夺牧场的斗争。

1743 年，小玉兹哈萨克人进攻卡拉卡尔帕克人在锡尔河下游的居住区，卡拉卡尔帕克人被击溃，开始向各处逃散，一部分卡拉卡尔帕克人去了塔什干和费尔干纳，大部分迁移到了咸海南岸，由东往西占据了克孜勒库姆沙漠、阿姆河下游三角洲、乌斯秋尔特高原。在 19 世纪初的十年中，他们最终定居下来，成为希瓦汗国臣民。

咸海南岸的卡拉卡尔帕克人以畜牧业为生，过着半定居的生活，他们饲养的牲畜主要有羊、牛、马、骆驼，同时，兼顾灌溉农业和捕鱼业、养蚕业。卡拉卡尔帕克人的传统居所是毡房，毡房先由木棍搭成框架，再用芦苇草将框架空隙填塞，墙壁及顶部则用黏土抹光。毡房内以地毯、挂毯等装饰。

在锡尔河下游务农的卡拉卡尔帕克人以村落的形式组织起来，一个村庄往往由一个家族或几个有亲戚关系的家族组成。村庄一般沿灌溉地域分布。

卡拉卡尔帕克村庄中有专门的手工业，主要部门有棉花、畜产品和渔产品加工，其中，轧棉及棉花加工行业最多，以织物、刺绣著称，此外，皮饰、木雕等镶嵌工艺也很著名。卡拉卡尔帕克人的传统民族装饰工艺在很大程度上保留至今。

务农的卡拉卡尔帕克人要向希瓦汗国缴纳名为萨尔古特克西梅

的税，税额一经确定，不再变更。由于经常闹水灾，大部分原来预定的耕地年复一年地不能耕种，因此，实际耕地所承担的赋税常常是很重的。此外，卡拉卡尔帕克人的耕地远离汗国中心，税吏在获得卡拉卡尔帕克地区统治者的支持之后，在征税之时不受监督，随便提高税额，造成了卡拉卡尔帕克人的重负。卡拉卡尔帕克人还为希瓦汗国服兵役，许多人背井离乡，常年不能归家。不过，卡拉卡尔帕克贵族在希瓦汗国具有一定的势力，在亦剌克掌权时代，一位卡拉卡尔帕克人曾被扶持为希瓦汗。

在各个历史时期，卡拉卡尔帕克人中产生了许多诗人，他们创作了大量的诗篇，以文学形式传颂着本民族的历史，如著名的勇士歌谣《阿尔巴梅斯》、《克尔科克兹》、《科布兰》。卡拉卡尔帕克人信仰伊斯兰教，属逊尼派教徒。

在准噶尔人入侵之时，卡拉卡尔帕克贵族与俄国沙皇彼得一世政府谈判，希望加入俄国国籍，但这些谈判并没有什么实质性的结果。大约在1732年，小玉兹哈萨克汗阿布勒海尔将其牙帐移到锡尔河附近地区，卡拉卡尔帕克人通过阿布勒海尔汗，向俄国代理人特夫克涅夫宣誓臣属于俄国，这种臣属关系以后成为俄国提出对锡尔河下游地区主权要求的根据。

1740—1741年，俄国格拉蒂舍夫中尉访问了卡拉卡尔帕克地区。卡拉卡尔帕克的统治者重新提出加强与俄国之间联系的问题。这次谈判之后，卡拉卡尔帕克使团于1742年前往奥伦堡，在商定好有关条件之后，1743年，使团去了圣彼得堡。然而，谈判最终没有任何结果。1811年，希瓦可汗把锡尔河下游的卡拉卡尔帕克人迁移到阿姆河下游两岸，他们是今卡拉卡尔帕克民族的主体，并在苏维埃时期建立了自己的国家。

第二章

南方国家

昔班尼王朝结束以后，河中地区经历了札尼王朝（1598—1785）的统治，在巴基·穆罕默德、伊玛姆·库利和纳迪尔·穆罕默德三位汗的治理下，札尼王朝经历了短暂的繁荣。18 世纪初，札尼王朝封建割据加剧，费尔干纳分裂出去形成了独立的浩罕汗国（The Khoqand Khanate）。17 世纪中叶以后，希瓦汗国统治的花剌子模绿洲也经历了短暂的鼎盛时期。1740 年，波斯地区兴起的阿夫沙尔王朝在布哈拉和希瓦汗国确立了统治，札尼王朝名存实亡，希瓦汗国中央政权崩溃，亦剌克（Ināq，宰相）掌握了希瓦汗国的实权。18 世纪中叶，阿富汗民族国家杜兰尼王朝（Durrānī，1747—1826）兴起。

第一节　布哈拉汗国札尼王朝

17—18 世纪，布哈拉汗国在中亚的统治巩固了，乌兹别克人经历了封建化过程。随着封建化的深入发展，布哈拉汗国分裂成许多独立的领地，中亚地区的阶级矛盾尖锐起来，发生了较大规模的人民起义。在原来封建关系比较发达的地区，经济的发展迟缓下来，布哈拉汗国一度出现了农业衰退的迹象。

阿布杜拉及其子相继去世之后，昔班尼王朝男系绝嗣，布哈拉贵族代表会议选举阿布杜拉的女婿札尼伯（Jānī Beg）继承汗位。于是，布哈拉汗位从昔班尼家族转到了札尼伯家族，学界把札尼伯家族的政权称为札尼王朝。札尼王朝统治时期从1598年到1785年，共一百八十七年，经历十四位汗。①

然而，札尼伯在中亚地区的统治没有根基。札尼伯的父亲雅尔·穆罕默德（Yār Muhammad）是阿斯特拉罕汗国（1459—1556）末代汗。阿斯特拉罕汗国是钦察汗库楚克·马哈麻的孙子卡西姆在伏尔加河下游与顿河下游之间建立的政权，汗国在历史上并无突出的地位，克里米亚汗国和诺盖汗国统治者经常插手其内部事务，任意扶持他们中意的可汗。俄国兼并喀山汗国之后开始征服阿斯特拉罕汗国。1556年春，阿斯特拉罕汗国的领土被俄国兼并，亡国之君雅尔·穆罕默德携带儿子札尼伯逃到布哈拉汗国。1567年，阿布杜拉汗将女儿嫁给了札尼伯。②

札尼伯继承汗位一事令布哈拉汗国乌兹别克贵族不满。在1598至1602年的五年中，昔班尼王朝的乌兹别克贵族们各拥其主，布哈拉城的乌兹别克贵族们从昔班尼家族少数幸存的成员中挑选出沉溺于鸦片的皮尔·马黑麻（Pīr Muhammad Khān），扶他登上汗位（1598—1602）；同年，巴尔赫城乌兹别克显贵们扶持觊觎王位的阿布·阿明（'Abdu'l 'Amīn）登位。此时，札尼伯的两个儿子丁·穆罕默德（Dīn Muhammad）和巴基·穆罕默德（Bāqī Muhammad）正在呼罗珊首府赫拉特城与入侵的波斯军队作战。在战争中，丁·穆罕默德在赫拉特城附近被杀（1598年8月），巴基·穆罕默德带着兄长的两个儿子来到河中地区。由于其父软弱，巴基·穆罕默德不得不依附于布哈拉城统治者皮尔·马黑麻，为他效力，全力以赴地

① 布哈拉汗国“札尼王朝汗世系”见附录一。

② C. Adle, Irfan Habib, *History of Civilizations of Central Asia*, Vol.5, p.319；另有一说认为此女是阿布杜拉的姐妹。

投入到抵抗哈萨克人入侵的战争之中。

1598年，哈萨克汗特夫克勒趁阿布杜拉去世之机攻击阿赫昔、安集延、塔什干和撒马尔罕，甚至威胁着布哈拉。巴基·穆罕默德打退了入侵的哈萨克人，保卫了布哈拉汗国。但他没有返回布哈拉城，而是以撒马尔罕城为基地建立了独立统治。1602年，皮尔·马黑麻汗率兵攻撒马尔罕，兵败被杀。巴基·穆罕默德乘胜攻入布哈拉城，布哈拉汗国开始了札尼王朝掌权时期。[①] 由于札尼伯家族曾是阿斯特拉罕王朝的王族，札尼王朝又被称为阿斯特拉罕王朝。[②]

对内，巴基·穆罕默德制定了统治制度、军队的纪律和臣民的规则。据说，后来的统治者们把这些纪律和规则奉为楷模。对外，巴基·穆罕默德展开了统一布哈拉汗国的战争。16世纪末，布哈拉汗国丧失了对呼罗珊、花剌子模等领地的统治。17世纪初，巴基·穆罕默德汗夺取了巴尔赫，1603年，巴达克山臣服于札尼王朝。巴基·穆罕默德收复失地的战争是残酷的，"在包围阿富汗昆都士城之时，他安排一批匠人（在夜里）在一座塔楼底下挖一个坑道，再往（坑道里）填炸药，要把要塞炸掉。……第二天，要塞城墙的石头、泥块和炸碎的血淋淋的尸体腾空而起。军队冲进要塞，（在里面大肆）屠杀，男女老少无一幸免"[③]。与他同时代的人把他描述为一位有超人智慧和勇气的人。

巴基·穆罕默德的统治是短暂的，他于1605年就去世了。此后，札尼王朝在四五位强大君主的统治下经历了一百多年（1605—1711）的强大和繁荣。

札尼王朝时期，巴尔赫仍是储君的领地，巴基·穆罕默德之

---

① 〔乌兹〕艾哈迈多夫：《16—18世纪中亚历史地理文献》，第71—72页。

② 札尼王朝的建立者是原伏尔加河下游阿斯特拉罕汗国统治家族的后裔，因此，有学者把该王朝也称为阿斯特拉罕王朝。笔者以为用阿斯特拉罕命名札尼家族在中亚建立的王朝不太合适：理由之一，从时空和政权诸多方面考虑，札尼王朝与16世纪上半叶伏尔加河下游的阿斯特拉罕汗国都没有连续性；理由之二，札尼王朝是昔班尼王朝在中亚统治的继续，而非阿斯特拉罕汗国的继续。

③ 〔乌兹〕艾哈迈多夫：《16—18世纪中亚历史地理文献》，第105页。

弟瓦力·穆罕默德汗（Walī Muhammad Khān）统治着巴尔赫及其毗邻地区。巴基·穆罕默德去世之后，瓦力·穆罕默德继任为汗（1605—1611），入主布哈拉城，撒马尔罕和巴尔赫两个重地成为长兄丁·穆罕默德之子伊玛姆·库利和纳迪尔·穆罕默德（Nādir Muhammad）的封地。伊玛姆·库利和纳迪尔·穆罕默德在巩固和加强势力以后，开始反叛叔叔瓦力·穆罕默德。1611 年，他们分兵向布哈拉城进军，经过残酷的战争，打败了瓦力·穆罕默德。瓦力·穆罕默德逃亡波斯，在阿拔斯一世的宫中寻求避难。他在伊斯法罕住了一些时候，后来波斯沙赫阿拔斯一世给他提供了一支人数为 1.7 万人的军队，助他返回河中地区夺权。他在撒马尔罕附近的一次战役中被伊玛姆·库利所杀，军队中的大部分人被俘，沦为奴隶。接着，伊玛姆·库利在布哈拉城称汗。

伊玛姆·库利在河中的统治长达三十一年（1611—1642）。对内，他实施了比较温和的政策，维持了相当稳定的统治，给河中地区带来了和平；他重视发展经济，特别注意发展农业，拓宽和修建了灌溉水渠。

对外，伊玛姆·库利致力于平定外患。继位的第二年，他前往突厥斯坦城进攻哈萨克人和准噶尔人，于 1613 年将塔什干重新纳入布哈拉汗国，任命其子伊斯坎达尔统治。但伊斯坎达尔在一次叛乱中被杀，致使伊玛姆·库利再次远征塔什干，破城后，他在塔什干进行了大屠杀。1621 年，他与哈萨克速檀土尔逊谈判，将塔什干及其附近地区让给了土尔逊。晚年，伊玛姆·库利因眼疾致瞎让位于其弟纳迪尔·穆罕默德，自己前往麦加朝圣。在途经波斯之时，他找人给自己画了一张像，这张画像现存莫斯科国家东方民族艺术博物馆。

1642 年，纳迪尔·穆罕默德在布哈拉城即汗位（1642—1645）。纳迪尔·穆罕默德在布哈拉汗国的统治是短暂的，但他聚敛了许多财富。“在昔班尼王朝和阿斯特拉罕王朝的所有汗中，没有哪一个比他更富有的。他家的东西有六百卡塔尔骆驼驮子；在他的马厩里有八千匹上等马，放牧在外的马还不包括在内；不算其他牲畜，单是灰色的卡拉库尔羊就有八九千只。还知道在他宫中仓库里，有 400 只装满橙黄色法兰克天鹅绒的箱子。”[①]

为了加强权威，纳迪尔·穆罕默德对前任宫廷官员进行了全面的调换，甚至试图收回宗教界贵族的大地产（Suyūrghāls）。纳迪尔·穆罕默德在布哈拉汗国实施暴政，有轻微罪行的人也要下油锅。他的一位摄政者（阿塔雷克，Atālīq）修了一堵石头墙，墙上开了一个洞，旁边有两头执刑用的牛，用牛把被处死的人的头拉下来。此外，他还发明一种刑具，把人从头到脚整个放在上面，像轧棉花一样轧。[②]

布哈拉汗国在短时期内呈现出大乌兹别克帝国的繁荣景象，花剌子模绿洲表示归附，由札尼王朝派遣总督进行统治。然而，正是在纳迪尔·穆罕默德时期，布哈拉汗国分裂割据的隐患开始显现出来。他致力中央集权的措施引起了乌兹别克贵族们的反对，1645 年，他的儿子阿布·阿吉斯（‘Abdu’l ‘Azīz Khān）取而代之，宣布继承汗位（1645—1681）。纳迪尔·穆罕默德不得不退守巴尔赫。他在巴尔赫又遭到了印度莫卧儿人的攻击。莫卧儿皇帝沙贾汉（Shāh Jahān，1628—1658 年在位）趁布哈拉汗国内乱之机扩张领土，莫卧儿人几乎没有遇到抵抗就进入了巴尔赫，纳迪尔·穆罕默德先后逃亡马什哈德和伊斯法罕。面对内外双重打击，纳迪尔·穆罕默德决定退出政治舞台去麦加朝圣。1657 年，他在朝圣途中去世。

阿布·阿吉斯在位期间，撒马尔罕城是大臣雅蓝格吐斯（Yalangtūsh）的半独立封地。阿布·阿吉斯希望将布哈拉汗国各个割据政权统一在自己的统治之下，因此发动了对巴尔赫的战争。当时，巴尔赫城是其弟苏布罕·库里（Subhān Qulī）的独立领地。1651 年，阿布·阿吉斯派哈斯木·穆罕默德速檀率军攻巴尔赫，哈斯木·穆罕默德围城四十天，烧杀抢劫，城郊和不少地区变成了废墟，再也找不到有人居住的踪迹，暂时征服了该城。

---

① 〔乌兹〕艾哈迈多夫：《16—18 世纪中亚历史地理文献》，第 105 页。

② 同上。

阿布·阿吉斯在位期间，布哈拉汗国遭到了来自希瓦汗阿布哈齐（1643—1663年在位）及其子阿奴什·穆罕默德（Anūsha Muhammad，1664—1687年在位）的入侵，希瓦军的入侵使原来布哈拉汗国分裂割据的局势更加恶化，最终导致了汗国的危机。从17世纪70年代起，布哈拉汗国中央权力开始衰落，在无力统治的情况下，阿布·阿吉斯让位给其弟苏布罕·库里，自己前往麦加朝圣。

苏布罕·库里在位时期（1681—1702）基本上保住了他继承下来的领土。继位之初，苏布罕·库里遵循布哈拉汗国惯例，任命其子伊斯坎达尔统治巴尔赫。但伊斯坎达尔统治还不到两年，就被他的兄弟阿布勒·满速尔毒死，满速尔夺取巴尔赫的统治权。苏布罕·库里不承认满速尔的篡夺行为，又任命另一个儿子伊伯杜拉为巴尔赫的统治者。但伊伯杜拉也被满速尔杀害。满速尔在巴尔赫的统治不得人心，最终被人杀掉。此后，苏布罕·库里的第四个儿子萨迪克成为巴尔赫城主。萨迪克为人残暴，为了替满速尔报仇，他以剥皮或肢解等残酷的手段惩罚杀死他兄弟的人。在他任巴尔赫城主时期，他不服从父亲苏布罕·库里的调遣，在希瓦军进攻河中之时，他不出兵援助。为此，苏布罕·库里出兵围攻巴尔赫城，萨迪克被迫投降，于1686年死去。苏布罕·库里改变了以往委任亲子管理巴尔赫的习惯，改派自己的忠实部下喀迪姆比统治该城，喀迪姆比统治一年后去世（1687）。苏布罕·库里又派部下卡塔加人（Qattaghan / Kattaghan）马哈穆德比（Mahmūd Bī）统治该城，马哈穆德比的管理（1687—1692）是巴尔赫城的繁荣时期。马哈穆德比是一位能干的统治者，《土地等级奇迹》一书以赞叹的口吻描述了他治下的巴尔赫城郊文化活动："每逢星期三，在晌礼结束后，麻扎附近就会聚集一群前来朝拜的贤士、苏菲、学者和诗人。苏菲们垂首（相互）低声交谈，学者们在争论，诗人们吵吵嚷嚷地赛诗，就这样一直持续到黄昏。"[①]

---

① 〔乌兹〕艾哈迈多夫：《16—18世纪中亚历史地理文献》，第188—189页。

处理了巴尔赫的事务之后，苏布罕·库里还处理了汗国各部落之间的纷争和叛乱，尤其是乌兹别克族的明格部和克普恰克部之间的斗争。此外，巴雅特部首领巴雅特在希萨尔山区发动了历时达七年之久的叛乱，巴尔赫统治者马哈穆德比八次出兵镇压，最终将叛乱平息下去。

苏布罕·库里于1684年成功地抵御了希瓦汗阿奴什对布哈拉的大规模入侵，抵抗了哈萨克人从北面的入侵。然而，据史家们的评价，苏布罕·库里并无军政才能，他虔信伊斯兰教，喜欢与苏菲讨论神学问题；他钻研医学，并根据阿维森纳的医学著作，用突厥文编写了一部医书。

苏布罕·库里于1702年去世，此后，布哈拉汗国陷入了分裂动乱的局面。苏布罕·库里的儿子奥贝都拉（'Ubaydullāh）在布哈拉称汗（1702—1711）；苏布罕·库里的孙子穆奇姆（Muqīm Khān）在巴尔赫宣布自己是统治者，表面上承认布哈拉的权威，实际上俨然是一位独立的统治者。

奥贝都拉在位期间，布哈拉汗国统治层发生了根本变化。奥贝都拉在用人方面不再局限于上层贵族，而是大胆起用一些手工业者和商人进入他的行政机构。与他同时代的历史学家密尔·穆罕默德·阿明·布哈里（Mīr Muhammad Amīn Bukhārī）在《奥贝都拉史》（*Ubaydullāh-nāma*）一书中说，他提拔出身卑微的人。这位历史学家愤愤不平地抱怨道："奴隶之子被任命为法官；给小人物提供大人物的位置，使他们成为国家的统治者或大埃米尔，并授予他们军阶的勋章，因此，他的行为与原统治者们的行为相违背，并且越出了其祖辈们的习惯和决定的正轨。"①

奥贝都拉汗还实行了其他改革，他的货币改革引起了国内动乱。据《奥贝都拉史》记载，布哈拉汗的浪费和开销不断增加，而王国库里的钱越来越少，币制改革就是在这种情况下进行的。札尼

① C. Adle, Irfan Habib, *History of Civilizations of Central Asia*, Vol. 5, p. 49.

王朝时期铸造的银币已经赶不上昔班尼王朝银币的纯度，为了提高银币的纯度，奥贝都拉把银含量增加到35%，当国库积聚了大量的纯银币之后，他又秘密地把它们融化，把一枚银币改铸成四枚，于是，每一枚新银币的银含量大约只有9%。王朝宣布，两类银币都以同样的汇率流通。“没有人愿意要新钱，而且所有的手艺人和商人都关门停业。把装货物和食品的大箱子从市场上运走。普通老百姓和穷人买不到日常用品，处境十分困难，人死后甚至连裹尸白布也买不到。……城里开始骚乱，……一些人甚至到宫门前，往大门里扔石头。但他们被卫兵赶跑，而领头的四个人被吊死。总之，币制改革并没有取消，过了一些日子之后，城里和草原上的生意又开始了，而劳动群众变得更贫困了。”①

随着国内动荡不安，布哈拉汗国无暇外顾，逐渐丧失了在巴尔赫、帖尔穆兹（Termez）、希萨尔沙德曼和沙赫里夏勃兹（Shahr-i Sabz）的统治权。为了维护国家的统一，奥贝都拉汗对这些地区进行了讨伐，然而，军事行动不但没有取得成果，反而给老百姓带来了更大的痛苦。据《奥贝都拉史》记载，布哈拉军队于1704年4月（回历1116年春）征讨乌特坎，“这些异教徒破坏了麻扎上的建筑物，烧了当地居民的房屋。还把流经那里的水引走，使居民的庄稼旱死”②。在围攻巴尔赫时（回历1119年2月9日，公元1707年5月12日），奥贝都拉汗派遣四千人向昆都士方向突袭，他们“像一头头受伤的野猪向四面八方冲去，把残忍和邪恶之火投向穆斯林平静的打谷场，踏坏穆斯林的庄稼，还把马和骆驼放进去祸害。他们不断地杀害、捆绑和打伤居民……这些粗暴愚蠢的人一路上见什么就抢什么……他们在被他们占据的地区制造动乱和滥施淫威。在几天里把房屋和庄稼都烧了”③。“对巴尔赫的居民来说，在布哈拉军队1707年5月夺取该城以后，那一天是他们受到可怕惩罚，充满惊

① 〔乌兹〕艾哈迈多夫:《16—18世纪中亚历史地理文献》，第111页。

② 同上书，第110页。

③ 同上。

慌和不可能再有的一天。因为他们亲眼看到了这片土地失去安宁的可怕情景……男人们的惨叫，女人们的哀号，孩子们的哭泣响彻云端。看到这些，七重天上的天使们从心底里叹息，苍天仁慈的心都碎了……从九重天上传来可怕的喊声，如闪电一样迅速熊熊燃烧的大火，把大部分房屋和巴札都烧了。（兵士们）从富人和印度人深宅大院里拉来的各种东西把大地压得喘不过气。有几位穆斯林母亲和女儿像俘虏一样被赶走……”[①]

《奥贝都拉史》的作者认为，奥贝都拉在执政后期走偏了路，他把精力用在扶植和亲近那些低微孱弱、卑鄙无用和不称职的人身上；喜欢与恶棍、后宫太监和女人在一起。作者还指出了汗的母亲经常干涉国家政事，事事都要打听仔细。[②]

1711 年，奥贝都拉卒于统治上层策划的阴谋，阿布尔·费兹（Abū'l Fayz）继承了汗位。根据阿布尔·费兹在位时期（1711—1747）的铸币来看，他是奥贝都拉汗的兄弟。阿布尔·费兹汗统治下的布哈拉汗国衰弱无力，中央权力掌握在大臣手中，地方政权纷纷独立，封建割据达到了顶点，几个重要行省脱离了汗国。费尔干纳分裂出去，形成了独立的浩罕汗国；塔什干时而由哈萨克汗治理，时而由准噶尔封建主治理，塔什干省的很大一部分也转到浩罕汗国的管辖之下；巴尔赫和阿姆河左岸的肥沃地区落到了乌兹别克封建主手中；17 世纪下半叶以后，巴达克山国由米尔·牙尔（Mīr Yār）家族统治，该家族统治期间（1687—1737 或 1738），巴达克山国的独立地位巩固了。

在国内，曼格特与克涅格斯、昆格勒与乃蛮、克普恰克与明格等乌兹别克部落之间发生了武装冲突，抢劫百姓的事件越来越频繁。“在国王当政的时候……各地都出现了骚乱，乌兹别克人相互敌视，农耕居民完全生活在动乱之中”[③]，曼格特部和克涅格斯部之间的斗

① 〔乌兹〕艾哈迈多夫：《16—18 世纪中亚历史地理文献》，第 110 页。

② 同上书，第 111 页。

③ 同上书，第 115 页。

争给汗国造成了极大危害，为了挟天子以令诸侯，两部首领都竭力对汗施加影响。克涅格斯部在斗争中失败以后，首领易卜拉欣率部去了撒马尔罕。在此，他与卡塔甘人和克普恰克人立拉贾布为汗，建立了独立于札尼王朝的撒马尔罕汗国，汗国存在八年（1722—1730 或 1731）。据《阿布尔·费兹汗史》记载，在拉贾布汗执政时期，“克涅格斯人对黎民百姓使用各种残暴手段和武力。尽管几次向朝廷禀报过这种情况，但是这些奏章没有送达要送的地方。百姓被迫发动大规模起义，把速檀赶出了撒马尔罕”[①]。撒马尔罕城的大部分居民逃亡费尔干纳，一部分逃到未被骚乱波及的希萨尔。到 1733 年，撒马尔罕几乎完全没有居民居住了，据当时在布哈拉的俄国公使弗洛伊·别涅维尼（Florio Beneveni）记载：“原帖木儿大帝国首府撒马尔罕是个大城市，但是，如今已是一片废墟。”[②]

1723—1725 年期间，撒马尔罕汗国多次骚扰布哈拉城郊，据别涅维尼记载：“城市被叛乱者围攻有时达五个月之久，围攻给当地的居民造成了无穷的灾难，汗缺少用来供养军队的资金。”[③] 这一时期出现的蝗虫灾害使布哈拉汗国雪上加霜，蝗灾导致的饥荒使该地区发生了人吃人的现象，人们纷纷逃离，布哈拉城几乎变成了废墟，只有两个古扎尔（街区）还有居民居住。据布哈拉历史学家记载，布哈拉汗能够控制的地区只有宫殿前面的一小块。在此形势下，费尔干纳脱离布哈拉汗国，米安卡拉、卡尔希、沙赫里夏勃兹、帖尔穆兹等地领主发生暴乱。

1740 年，土库曼人纳迪尔在呼罗珊建立的阿夫沙尔王朝把目标对准了布哈拉汗国。纳迪尔从赫拉特出发向河中地区进军。在纳迪尔渡阿姆河之后，阿布尔·费兹汗派当时的摄政者穆罕默德·哈辛姆（Muhammad Hakīm）携带礼物去见纳迪尔。哈辛姆投降了纳迪尔，并作为他的代理人返回布哈拉劝说阿布尔·费兹归顺纳迪尔，

① 〔乌兹〕艾哈迈多夫：《16—18 世纪中亚历史地理文献》，第 116 页。

② C. Adle, Irfan Habib, *History of Civilizations of Central Asia*, Vol. 5, p. 49.

③ 〔苏联〕帕·彼·伊凡诺夫：《中亚史纲》，《中亚史丛刊》1983 年第 1 期，第 61 页。

阿布尔·费兹来到纳迪尔的战地指挥部，双方签订了和平协议，阿布尔·费兹将女儿嫁给了纳迪尔，以联姻巩固了他们的协议。根据协议，阿姆河以南地区归纳迪尔。1746年，布哈拉与撒马尔罕之间地区爆发了反对阿布尔·费兹的伊巴杜拉·吉台（'Ibādullāh Khitāy）起义，纳迪尔出兵镇压起义，起义者在失败以后逃往费尔干纳。

1747年7月9日，纳迪尔的代理人在布哈拉召开会议，会上通过罢免阿布尔·费兹汗和立阿布穆明为新汗的决议。会后，阿布尔·费兹被关押，他十二岁的儿子阿布穆明第二天登上布哈拉汗位。是年，纳迪尔被部下杀害，阿夫沙尔王朝退出了河中地区。然而，布哈拉汗并没因此建立起国内秩序。汗国瓦解成为若干割据政权。布哈拉、撒马尔罕、塔什干、巴尔赫、巴达克山等地的埃米尔各自统治着自己的领地，其中，呼罗珊查尔朱城埃米尔穆罕默德·拉希姆（Muhammad Rahīm）势力最强大。

1750年，穆罕默德·拉希姆返回河中地区，1756年，穆罕默德·拉希姆称汗。穆罕默德·拉希姆出自曼格特部，他建立的王朝被称为曼格特王朝。

第二节　希瓦汗国阿拉布沙希王朝

17世纪至18世纪上半叶的一个半世纪中，与布哈拉汗国一样，希瓦汗国汗室也在进行着争权夺利的战争。① 这些战争又因土库曼人和乌兹别克人的冲突而更加剧烈。

昔班尼王朝的阿布杜拉汗去世之后，1598年，在呼罗珊避难的希瓦汗哈吉姆返回花剌子模，重建了自己的统治。1602年，哈吉姆汗去世，阿拉不·穆罕默德被立为汗。阿拉不·穆罕默德有许多

---

① “希瓦汗国汗世系表”见附录一。

儿子，在他统治后期，他的两个儿子与他争夺汗位。1622 年，阿拉不·穆罕默德之子伊勒巴尔（Ilbārs）和哈巴失·速檀举兵反叛。阿拉不·穆罕默德汗以长子伊斯法德雅尔为左翼，以另一个儿子阿布哈齐为右翼，自己任中军指挥，共同镇压叛乱。双方在塔什雅尔米什水渠畔遭遇，阿拉不·穆罕默德兵败被俘，伊斯法德雅尔和阿布哈齐逃离希瓦汗国。哈巴失·速檀把其父弄瞎后软禁在希瓦宫廷，第二年，伊勒巴尔处死父亲，与哈巴失·速檀瓜分了希瓦汗国。伊勒巴尔统治着乌尔根奇和维泽尔；希瓦城和哈扎拉斯普归哈巴失·速檀。希瓦汗国开始了长达二十年的王族内讧，土库曼人卷入到这一斗争之中。

长子伊斯法德雅尔在兵败之后逃到波斯宫廷，受到萨法维王朝沙赫阿拔斯的接待。以后，阿拔斯借给他一支小军队，让他返回花剌子模夺权。伊斯法德雅尔先来到了呼罗珊的土库曼人居地，帖克、萨利克和约穆德部土库曼人加入到他的队伍中。他率领这支部队开始攻哈巴失·速檀在阿姆河河畔的图克要塞。伊勒巴尔闻讯赶来支持哈巴失·速檀，伊斯法德雅尔兵败后退往曼格什拉克半岛。在此，他重新征集到三千土库曼人，再向乌尔根奇城进发，奋战二十二天后打败伊勒巴尔，活捉并处死了他，哈巴失·速檀逃到曼格特部，被该部首领谢尼克·米尔咱俘获并交给伊斯法德雅尔，被处死。

1623 年，伊斯法德雅尔登上希瓦汗国的汗位，统治希瓦汗国近二十年（1623—1642）。在夺取汗位的过程中，伊斯法德雅尔得到了土库曼人的大力支持，因此，土库曼贵族在希瓦汗国的政治生活中起到了举足轻重的作用，支持伊勒巴尔的乌兹别克人、畏兀儿人和乃蛮人遭到迫害，他们纷纷逃往河中地区。在伊斯法德雅尔统治时期，汗室内部的仇杀仍在继续，直到伊斯法德雅尔的弟弟阿布哈齐回国掌权之时。[1]

---

① 有关伊斯法德雅尔的情况，参见 Sir Henry Howorth, *History of Mongol: From the 9th to the 19th Century*, Part II, pp. 896-900。

在兄长伊勒巴尔发动叛乱之时，阿布哈齐站在父亲一边，主张镇压叛乱者；当叛军与其父发生战争之时，阿布哈齐随父一起与叛乱者作战。战争失败之后，阿布哈齐逃到布哈拉汗国撒马尔罕城避难。在此，他受到伊玛姆·库利汗的热情接待。阿布哈齐是希瓦汗国最著名的汗，在他写的《突厥世系》一书中，简单地叙述了他的生平："我年仅六岁时就失去了母亲。直到十六岁之前（约1611年），我一直是在玉龙杰赤（乌尔根奇城）我父亲身边。当我年满十六岁时，父亲为我完婚，并将玉龙杰赤城的一半授予我，另一半授予了我的兄长哈巴失汗。一年之后，由于我同两个哥哥哈巴失与伊勒巴尔发生争吵，无法在玉龙杰赤再住下去，就到希瓦父亲那里去，他将柯提城授予了我，我于初春时候到了柯提。仅过了六个月，我就离开柯提，同父亲一道去进攻哈巴失与伊勒巴尔。"[①]

在长兄伊斯法德雅尔推翻了伊勒巴尔的统治之时，阿布哈齐给予了支持。伊斯法德雅尔即位以后，阿布哈齐征得布哈拉汗伊玛姆·库利的同意，返回花剌子模。伊斯法德雅尔将乌尔根奇城赐给阿布哈齐。然而，阿布哈齐对伊斯法德雅尔打击乌兹别克人的政策不满，与长兄发生矛盾。在冲突中，1627年，以他为首的乌兹别克人被土库曼人打败，大部分乌兹别克人逃到了曼格特人和哈萨克人那里，阿布哈齐失去支持之后，再次逃离花剌子模，来到哈萨克汗驻地突厥斯坦城。一年以后，他又去了塔什干，在那里一直住到1631年。1631年，他再次回国，然而，这一次他被伊斯法德雅尔俘获并送往波斯萨法维王朝，萨法维王朝沙赫把他软禁在伊斯法罕的塔巴列克堡，他被软禁了十年（1630—1639）。1640年，阿布哈齐化装逃出，辗转来到了曼格什拉克半岛。半岛以北地区的卡尔梅克首领在得知这一消息之后，派人把他接到卡尔梅克人宫中（1639—1642）。

1642年，伊斯法德雅尔去世，他的儿子们怕阿布哈齐叔叔归来

---

① 阿布尔·哈齐·把阿秃儿汗：《突厥世系》，第280页。

掌权，于是，宣布效忠于布哈拉汗国的纳迪尔·穆罕默德。纳迪尔汗派遣布哈拉军队进驻花剌子模绿洲。不久，这支驻军因布哈拉汗国内乱回国。与此同时，阿布哈齐在咸海地区起兵，经过激烈的战争，1643年阿布哈齐胜利地登上了希瓦汗国的汗位（1643—1663）。

在乌兹别克诸部落的帮助下，阿布哈齐汗逐渐巩固了自己的地位。他一反伊斯法德雅尔亲土库曼人的政策，开始实施重用乌兹别克人、打击土库曼人的政策。在政治上，他统一了互相敌对的乌兹别克封建集团，任命乌兹别克族官员三百六十人，其中有三十二位官员成了汗的顾问。[①] 在经济上，他把汗国中灌溉最便利的土地分给了三百九十二名乌兹别克显贵，剥夺了土库曼人的土地和水源，俘虏他们的妻儿，毁灭他们的村庄。在一段时期内，他甚至打算把土库曼人赶出呼罗珊（穆尔加布河绿洲）。英国学者霍渥斯认为阿布哈齐的统治是“动乱不安，胡作非为的”。但从希瓦汗国的整个局势来看，他扭转了持续将近一个世纪的混乱和积弱不振的局面，希瓦汗国在他的统治下走向强盛。

阿布哈齐统治期间，汗国在对外战争中取得了一些胜利。阿布哈齐多次（1649、1653、1656）击退了卡尔梅克人对哈扎拉斯普附近地区的掠夺性攻击。除了防御性战争外，阿布哈齐还进行了扩张战争。他于1655年、1656年、1662年出击布哈拉汗国，一度攻入和洗劫了卡拉库尔、查尔朱、瓦尔丹兹（Vardanzi）等地。

除了政治上和军事上的成功外，阿布哈齐在文化上也有突出的贡献。在近二十年的流放生涯中，他熟悉了突厥人和蒙古人的口头传说，对波斯文学和文化也有深入的了解。他用察合台语写了一部关于蒙古人和突厥人早期传说的历史书《土库曼世系》（*Shajara-i Terākime*，1659），该书对研究成吉思汗史、蒙古汗国史，特别是研究作者本人所属的朮赤家族史有很大价值。以后阿布哈齐又写了一本记载昔班家族和希瓦汗国历史的书《突厥世系》（*Shajaratu'l*

① C. Adle, Irfan Habib, *History of Civilizations of Central Asia*, Vol. 5, p. 66.

Atrāk），书中记录了中亚的地理气候情况，例如阿姆河改道的情况："那时从乌尔根奇到艾布汉，如从一个阿吾勒到另一个阿吾勒一样，因为当时阿姆河流经乌尔根奇城下后，便向艾布汗山东面流去，在山脚折向西流，流到奥古尔恰后，从那里流入马赞达兰海（今里海）……在回历 986 年（公元 1578 年）哈吉姆汗当政时，阿姆河在哈斯米纳拉城的上游卡拉艾格尔的灌木丛中冲出一条新河道，绕过土克城堡，改变了原有河道。"[①] 这是阿姆河从流入里海改道流入咸海的历史记录。

1663—1664 年，阿布哈齐把王位让给其子阿奴什·穆罕默德，想一个人安安静静地"忏悔和礼拜"，"要是生命允许的话，还继续与克孜尔巴什军和卡尔梅克人斗"[②]，然而不久，他于 1664 年 4 月去世。

阿奴什在位期间（1664—1687），开始使用沙赫称号。在他统治期间，阿奴什在政治上调解了乌兹别克人中各个封建集团的矛盾，在某种程度上解决了他们之间的矛盾，使他们把精力投入到对邻近地区的掠夺性远征中；在经济上，阿奴什将城市的新鲜活力开始注入花剌子模绿洲，重建了位于阿姆河左岸的花剌子模古都柯提城；在文化上，阿奴什把其父所写的书《土库曼世系》续写到 1663 年。

1687 年，阿奴什之子伊伦格（Ereng / Awrang）与布哈拉汗勾结企图夺取希瓦汗位，阿奴什被弄瞎后软禁起来。次年，伊伦格登上了汗位（1688—1694）。伊伦格的母亲托格塔哈敦（Takhta Khānum）是达尔加纳塔部（Dargana）土库曼人，她在宫中有相当大的影响。在位期间，伊伦格对布哈拉汗国发动了两次（1689、1694）进攻，但都以失败告终。最后，1694 年，国内亲布哈拉派杀死了伊伦格，从 1695 年起，汗国公开承认了布哈拉汗苏布罕·库里的宗主地位，

---

① 〔乌兹〕艾哈迈多夫：《16—18 世纪中亚历史地理文献》，第 91 页。

② 同上书，第 88 页。

1697 年继位的沙赫·尼雅兹（Shāh Niyāz）和 1700 或 1701 年继位的穆西（Musī）都是苏布罕·库里任命的，他们都不出自创建阿拉布沙希王朝的雅迪葛尔家族，因此，统治希瓦汗国近两百年的汗统中断。1702 年，布哈拉汗苏布罕·库里去世以后，希瓦汗国汗室成员伊伦格之子阿拉卜·马赫木德才得以登上汗位，1703 年，沙皇彼得一世在写给希瓦汗国的信中承认了他的即位。

按希瓦历史学家的说法，阿奴什汗以后的四十多年（1687—1728）被称为“汗的游戏”时期。[①] 在“汗的游戏”时期，先后继位的八位汗大多数是地区乌兹别克贵族（阿塔雷克和亦剌克）们任意废立的。[②] 在此期间，希瓦汗国居民背井离乡，在饥荒年代，城市和乡村空无人烟，汗国首都希瓦城只留下不超过四十户，甚至只有十五户人家。没有一个人感到自己是安全的。

在此时期，只有希尔·加齐汗（Shīr Ghāzī Khān）当政时间比较长（1716—1728），他在位期间一直与乌兹别克封建贵族的分裂势力进行着顽强的斗争，其中，最强大的是阿拉尔汗国。

阿拉尔汗国是乌兹别克贵族为对抗希瓦汗而创建的政权。乌兹别克贵族的代表人物、出身于曼格特部的希尔达里比，把原希瓦汗室后裔沙赫·帖木儿从布哈拉带到花剌子模拥立为汗，于是，在希瓦汗国北部形成了独立的阿拉尔汗国（？—1736）。希尔达里比以阿拉尔汗国为基地，不断对希尔·加齐汗发起攻击，但他被希尔·加齐汗打败，逃到参与这些战争的卡拉卡尔帕克人中。希尔·加齐汗直到去世都未能消灭阿拉尔汗国。希尔·加齐汗去世之后，哈萨克汗室成员伊尔巴斯（Ilbārs）被拥立为希瓦汗。伊尔巴斯统治期间（1728—1740）继续与曼格特部落的乌兹别克贵族和阿拉尔汗国傀

---

① 阿布杜勒克里木使用此语，指 18 世纪 60—90 年代弘吉剌惕部权臣操纵汗的废立。巴托尔德认为，“汗的游戏”指阿奴什死后的整个阶段，参见〔苏联〕威廉·巴托尔德：《中亚突厥史十二讲》，罗致平译，中国社会科学出版社 1984 年版，第 247 页。伊凡诺夫认为，“汗的游戏”在 18 世纪 60 年代结束，参见〔苏联〕帕·彼·伊凡诺夫：《中亚史纲》，《中亚史丛刊》1983 年第 1 期，第 65 页。

② 〔苏联〕帕·彼·伊凡诺夫：《中亚史纲》，《中亚史丛刊》1983 年第 1 期，第 65 页。

儡汗沙赫・帖木儿做斗争。1736 年，他打败并杀死希尔达里比和沙赫・帖木儿，灭亡了这一强大的割据政权。

伊尔巴斯继位以后，开始巩固希瓦汗国在呼罗珊部分地区的统治，他的行为激怒了阿夫沙尔王朝沙赫纳迪尔，1740 年 10 月，纳迪尔向花剌子模进军。与布哈拉汗国不同，希瓦汗国的乌兹别克人与土库曼人对纳迪尔的入侵进行了顽强抵抗。希瓦军队在查尔朱、哈扎拉斯普、皮特内克、汗卡等城进行抵抗，最后，纳迪尔以一支由一千一百艘船组成的船队向希瓦汗国运去了大批火炮和给养，成功击溃了希瓦军。伊尔巴斯逃到汗卡要塞避难，结果被俘。纳迪尔不顾自己曾经许下的诺言，杀害了伊尔巴斯和二十位大地主。

征服希瓦汗国以后，纳迪尔解放了希瓦汗国的所有奴隶，其中大部分是波斯人，人数达到了三万。在归国之前，纳迪尔扶持归顺于他的塔希尔・伯克（Tāhir Beg）为汗，向他征收名叫马尔・依・阿曼（Mal-i Amān）的保护税。纳迪尔撤走之后，1741 年，希瓦汗国爆发了起义，傀儡汗塔希尔・伯克被杀。乌兹别克贵族们扶持哈萨克小玉兹汗阿布勒海尔之子努拉里登上希瓦汗位。此后不久，乌兹别克贵族们听说纳迪尔要返回来，又将努拉里送回草原。在纳迪尔的认可下，伊尔巴斯之子阿布尔・哈齐登上了希瓦汗位。在他统治时期（1741—1746），汗国的实权掌握在亦剌克（宰相）阿尔吐克及其兄弟胡拉兹别克手中，他们都是乌兹别克曼格特部落的首领。1746 年，在纳迪尔的支持下，哈萨克小玉兹汗阿布勒海尔的弟弟盖布（Gaibu）被立为希瓦汗（1746—1757），他以纳迪尔属臣的身份统治着希瓦汗国，他的统治也得到了曼格特部乌兹别克人的支持。

1747 年，纳迪尔被杀，阿夫沙尔王朝在希瓦汗国的统治结束。1751 年，盖布汗杀死曼格特部的六十个贵族，向居民课以重税，1757 年，他在希瓦汗国人民的反对下逃回哈萨克草原。此后，希瓦汗国的内争又起，汗位更替频繁，汗徒有虚名，实权掌握在亦剌克手中。握有实权者把听命于他们的成吉思汗后裔立为汗，继位希瓦汗的有哈萨克人、卡拉卡尔帕克人以及布哈拉汗国的乌兹别克人。

到 19 世纪初，亦剌克艾利吐热尔废希瓦汗建立了以自己部落命名的弘吉剌惕王朝（1804—1920）。

第三节　浩罕汗国

浩罕汗国是乌兹别克人于 18 世纪初在费尔干纳盆地建立的政权。费尔干纳盆地位于锡尔河上游山麓下，这片绿洲自古以来就是定居农耕地区，有许多远古时代建立起来的城市，6 世纪中叶以后，突厥人、波斯人、蒙古人先后在此建立了自己的统治。

15 世纪中叶，帖木儿王朝统治者卜赛因·米尔咱（Abū Sa'īd Mīrzā）是费尔干纳统治者，当时，费尔干纳并不是他的统治中心，他的统治中心在呼罗珊，宫廷设在赫拉特。1469 年，卜赛因·米尔咱去世，其子乌马尔·谢赫·米尔咱（'Umar Shaykh Mīrzā）成为费尔干纳的统治者，统治中心在费尔干纳第二大城市阿赫昔。1494 年，乌马尔·谢赫去世，他年仅十一岁的儿子咱喜鲁丁·穆罕默德·巴布尔（1483 年 2 月 14 日出生于费尔干纳）继承了费尔干纳王位。以后，巴布尔利用地区政权之间的斗争，从堂兄拜孙哈尔（Bāysunqur）手中夺取了撒马尔罕城。1500—1502 年，巴布尔被昔班尼赶出了撒马尔罕，而他在费尔干纳的领地又被速檀·阿黑麻·檀巴勒（Sultān Ahmad Tambal）占领。于是，巴布尔于 1503 年逃离费尔干纳，投靠了赫拉特统治者忽辛·拜哈拉。速檀·阿黑麻·檀巴勒在费尔干纳的统治也不长久，1504 年，昔班尼把他赶下台，费尔干纳接受了布哈拉汗国的统治。

布哈拉汗国在费尔干纳的统治是不稳定的，这片领土不断受到东察合台人的威胁。为了确保对费尔干纳的统治，昔班尼于 1509 年杀害到费尔干纳寻求避难的察合台马哈木汗及其儿子们。1510 年，昔班尼战死莫夫，东察合台汗室王子萨亦德夺取了费尔干纳。然而，萨亦德在费尔干纳的地位也不稳固，在阿布杜拉统一布哈拉汗国的战争中，费尔干纳重新纳入汗国版图。之后，乌兹别克人在此地的统治持续了两百年，在此期间，费尔干纳地区几乎没有自己独立发展的政治史。

17 世纪，札尼王朝继承了费尔干纳盆地的统治权。在最初一个世纪中，札尼王朝确保了在费尔干纳的统治，然而，在王朝统治后期，由于中央集权的衰落，费尔干纳地区统治者名义上效忠布哈拉汗国，实际上统治权被宗教界的大和卓家族瓜分，这些家族利用宗教势力占据地产、积累财富，势力很大。

1709 年，乌兹别克族明格部首领、昔班家族后裔沙鲁赫比（Shāhrukh Bī）在察拉克城（Chadak / Chalak）推翻了宗教上层的统治，建立了自己的政权，他所创建的王朝被称为明格王朝（Ming）。① 明格王朝存在了一百六十七年（1709—1876），第三位统治者阿卜都尔噶里木（‘Abdu’l Karīm）在位期间都城迁往新建的浩罕城，于是，学界将明格王朝称之为浩罕汗国。② 最初，浩罕汗国的统治区主要在费尔干纳盆地，其中，包括了浩罕城、纳曼干、马尔格朗（Marghilan）、坎德·巴达姆、伊斯法拉（Isfara）等城。

明格王朝最初承认布哈拉汗国的宗主权，创建者沙鲁赫比只取伯克称号，到 1805 年，明格王朝统治者爱里木开始采取汗号。

1721 年，沙鲁赫比在费尔干纳统治十多年后去世（享年四十岁），长子阿卜都尔热依姆（‘Abdu’l Rahīm）继承王位（1721—1733）之后，开始向外扩张，先后征服了忽毡、吉扎克、卡塔库尔干（Katta-kurgan）、安集延。以后，他把忽毡城作为封地分给他的弟弟阿卜都尔噶里木，在身患重病之时，他来到忽毡养病，在此被自己的亲信杀害。

阿卜都尔热依姆去世之时，他的儿子额尔德尼（Irdāna）未能继

① “浩罕汗国统治者世系表”见附录一。

② 汉译名为霍罕国。在沙鲁赫比及其子阿卜都尔热依姆统治时期，王朝首府是马尔格朗城（今马尔吉兰），史料记载明格王朝的第三位统治者阿卜都尔噶里木曾筑新城浩罕，并将统治中心从他的封地忽毡迁到浩罕城。

承父位，他的兄弟阿卜都尔噶里木夺取了王位（1733—1750）。阿卜都尔噶里木是一位有作为的统治者。他在位期间建筑了浩罕城，并将统治中心从忽毡迁往新城。根据《速檀王统与可汗世袭》（*Ansāb al-Salāṭīn wa Tawārīkh al-Khawāqīn*）一书的作者阿利姆·拉希姆·塔什干迪（'Alīm Rahīm Tāshkandī）记载，阿卜都尔噶里木开始重建和规范骑兵。1740 年，布哈拉汗国被阿夫沙尔王朝统治者纳迪尔占领，浩罕汗国趁机摆脱与布哈拉汗国的臣属关系。

18 世纪上半叶，与北部的哈萨克人和吉尔吉思人一样，浩罕汗国也经历了准噶尔人的入侵，1745 年，阿卜都尔噶里木与准噶尔人的斗争已经十分尖锐。在此之前，阿卜都尔噶里木曾无故杀害了准噶尔汗国前往"看视行兵之路"的回人，准噶尔汗噶尔丹策零怒而派遣色布腾和曼济领兵三万人前往问罪，此事在《清高宗实录》中有详细的记录："噶尔丹策零、在阿卜都尔噶里木，看视行兵之路。遣回子巴克达呼雅逊都喇呼沙、巴勒宾等四十人前往。彼处人猜疑，杀死三十三人，惟七人遁归。噶尔丹策零愈怒，派厄鲁特兵二万四千、哈萨克兵四千、吉尔吉尔兵二千，令伊族台吉策卜登图拉尔、满积图拉尔、衮都尔图拉尔，于今年正月内起程前往。"[①] 此后，准噶尔人频繁地向费尔干纳发起进攻，曾经夺取了鄂什、马尔格朗、安集延，一度逼近浩罕城。浩罕城民组织起来保卫城市。乌拉—特佩统治者比·法兹尔匆忙赶来援助，最终击退了入侵者。

1750 年，阿卜都尔噶里木去世[②]，其子继承汗位，六个月以后被赶下台，降为马尔格朗城统治者，王位由阿卜都尔热依姆之子额尔德尼继承，但额尔德尼不久也失去了王位，准噶尔人扶持曾在

---

① 《清实录》，中华书局 2008 年版，第 12 册，卷 252，第 11439 页。

② 《中亚文明史》第 5 卷，第 73 页：阿卜都尔噶里木卒于 1746 年；据《清高宗实录》乾隆十二年（1747）"二月己丑"条记载："正月初九日，所郡主颇罗鼐告称，访得策卜登台吉已获罪被杀……新立台吉年幼，同事之人，彼此不合，惟恐阿卜都尔噶里木、哈萨克、土尔扈特、喀尔喀等处发兵袭之，所以防范卡座甚严。"由此观之，阿卜都尔噶里木在 1747 年仍在世。据《东方全史》和《沙鲁赫史》记载，他卒于回历 1164 年（公元 1750 或 1751 年）。

准噶尔人中为人质的阿卜都尔噶里木之子巴巴伯克（Bābā Beg）继位。[①]巴巴伯克的统治大约持续了一年，后来，他被诱往别什·阿里克（Besh-Ariq）杀害。1751 年，额尔德尼重新登上浩罕汗国王位（1751—1769）。

额尔德尼统治时期，浩罕汗国摆脱了布哈拉汗国的控制。1758 年，布哈拉汗在接见希瓦使节的同时接见了浩罕使者，此举表明布哈拉汗已经承认了浩罕汗国的独立地位。尽管如此，布哈拉汗仍希望将费尔干纳盆地重新纳入自己的统治，因此，双方在边界地区经常发生战争。

据巴布尔描述，16 世纪初的费尔干纳有七座城市，安集延是首府，阿赫昔是第二大城市，重要的城市还有鄂什、马尔格朗和忽毡。在城市和乡村中，种族不同、语言各异的人们居住在一起。巴布尔在谈到 15 世纪末费尔干纳的居民时，只提到两个集团，即居住在安集延及其附近的突厥人和居住在马尔格朗的塔吉克人。16 世纪初，乌兹别克人进入了费尔干纳；16 世纪末，吉尔吉思人也来到此地，随着吉尔吉思人的到来，费尔干纳东部和东北部边境的高山牧场被垦殖。18 世纪上半叶，河中地区政治冲突激烈，特别是在布哈拉汗国内乱和准噶尔人入侵中亚东北部时期，大批移民进入费尔干纳盆地，他们中有塔吉克人、乌兹别克人、卡拉卡尔帕克人和准噶尔人，以及从突厥斯坦、塔什干、奇姆肯特和东北其他边区来的讲突厥语的部落，还有来自喀什噶尔的移民和来自阿塞拜疆的突厥人。18 世纪下半叶，费尔干纳成为一个民族成分复杂的地区。尽管如此，几乎所有人都会说突厥语，大部分地区以突厥语为通用语，当然，突

① 《中亚文明史》第 5 卷，第 73 页：阿卜都尔热依姆只有一个儿子额尔德尼伯克。潘志平主编：《中亚的地缘政治文化》，新疆人民出版社 2003 年版，第 290 页，“浩罕国世系”表记，阿卜都尔热依姆有两个儿子巴巴伯克和额尔德尼伯克。《沙鲁赫史》记载，巴巴伯克是阿卜都尔热依姆的长子，在准噶尔汗国为人质。《吉尔吉斯与吉尔吉斯人地区历史资料》，莫斯科 1973 年版，第 233 页记：1745—1746 年，准噶尔军队包围了浩罕城。阿卜都尔噶里木只得交出儿子为人质。从逻辑上分析，阿卜都尔噶里木交出的人质应该是他自己的儿子，在他去世以后，其侄儿额尔德尼夺取王位，准噶尔人将其儿子巴巴伯克送回国后扶上王位。

厥语并非费尔干纳使用的唯一语言，巴布尔指出，马尔格朗和伊斯法拉城民说波斯语。

浩罕汗国的建立是布哈拉汗国动乱的结果，阿夫沙尔王朝的纳迪尔始终未能攻入费尔干纳，这也是乌兹别克族人得以在费尔干纳建立独立政权的一个因素。

第四节　巴达克山、达尔瓦兹和什克南

15 世纪上半叶，巴达克山区处于帖木儿帝国的统治之下，地区统治者巴哈鲁丁（Bahā'uddīn）曾有过摆脱帖木儿帝国的企图，结果不但没有成功，反而遭到帖木儿帝国军队的镇压，1467 年，巴达克山区的统治者速檀·穆罕默德（Sultān Muhammad）被处决，帖木儿帝国在此建立了直接统治。卜赛因在位时期，他的兄弟希萨尔统治者速檀·马哈穆德在巴达克山和库拉伯建立独立统治。[①]16 世纪初，速檀·马哈穆德之子米尔咱汗（Mīrzā Khān）继承了在巴达克山的统治，在国内，地区首领祖拜尔·阿格希（Zubayr Arghī）支持他的统治；在国外，他投靠了喀布尔统治者巴布尔，向他表示效忠。

16 世纪初，帖木儿帝国失去了在河中地区和呼罗珊的统治权，然而，巴达克山和达尔瓦兹（Darwaz）地区仍然处于帖木儿宗王的统治之下。但在丧失了呼罗珊的统治权之后，就只有巴达克山区还在帖木儿宗王的统治之下。此后，巴达克山成为布哈拉汗国、莫卧儿王朝和叶儿羌汗国争夺之地。

1506 年，布哈拉汗国军队进入巴达克山，遭到穆扎法里部（Muzaffari）首领穆巴拉克·沙赫（Mubārak Shāh）的顽强抵抗，未能在此立足。1519 年，叶儿羌汗萨亦德入侵巴达克山，开始与帖木

① *Encyclopaedia of Islam*, 1st edition, "Badakh Shān", pp. 552-554.

儿宗王米尔咱争夺瓦罕（Wakhan）走廊。1520 年，米尔咱去世，巴布尔之子胡马雍和兴达尔（Hindal）夺取巴达克山，在此建立了统治（1520—1529）。1529—1530 年间，叶儿羌汗萨亦德再次发动了对巴达克山的进攻，但他始终未能成功。以后，巴达克山的统治权又回到米尔咱之子素莱曼（Sulaymān）手中。

素莱曼统治期间（1529—1575），布哈拉汗国因分裂而削弱，没有对巴达克山发动进一步的军事行动，帖木儿宗王在该地区的统治得以巩固。1545 年，喀布尔统治者巴布尔之子米尔咱・卡姆朗（Mīrzā Kāmrān）征服巴达克山，第二年，俘虏了素莱曼。然而，巴达克山爆发了支持素莱曼的起义，素莱曼得以复位。1575 年，素莱曼的孙子沙赫鲁克（Shāhrukh）驱逐祖父，夺取了巴达克山的统治权。在他统治时期，布哈拉汗阿布杜拉二世征服了巴达克山区。

1584 年，布哈拉军把沙赫鲁克赶出巴达克山，将巴达克山纳入布哈拉汗国。巴尔赫城主、阿布杜拉二世之子阿布・穆明出兵占领了巴达克山的大部分地区。印度莫卧儿皇帝阿克巴接受了以兴都库什山作为印度和布哈拉汗国边界的事实，实际上承认了巴达克山归属于布哈拉汗国。

札尼王朝统治时期，巴达克山仍然是布哈拉汗国的领地。1646 年，莫卧儿皇帝沙贾汉率军越过兴都库什山占领了巴尔赫和巴达克山，但始终未能在此立足，第二年，沙贾汉放弃了巴尔赫和巴达克山。在札尼王朝苏布罕・库里汗的统治（1681—1702）之初，巴达克山由布哈拉地方官员马哈穆德比统治，1687 年，马哈穆德比在巴尔赫任职，他派撒马尔罕赛义德家族成员米尔・牙尔・伯克到巴达克山去统治。米尔・牙尔在此表现出独立倾向，在巴达克山建筑了法扎巴德城（Faizabad），还截取了来自巴达克山宝石矿的税款。1691—1692 年，马哈穆德比出兵讨伐，米尔・牙尔被迫补缴了两年税款，马哈穆德比让他继续统治巴达克山。

米尔・牙尔去世（1706 或 1707）之后，巴达克山先后由素莱曼沙赫（Sulaymān Shāh，1706 或 1707—1713）及其兄弟兹雅鲁丁（Ziyā’uddīn，1713—1737）统治，后来，两人都被雅弗塔利人（Yaftalis）暗杀。据白哈鲁丁·库什哈基（Burhānu’ddīn Kuskhakī）提供的资料，此后巴达克山仍归属于米尔·牙尔家族，统治者依次是：素莱曼·伯克（Sulaymān Beg）、米尔咱·卡兰一世（Mīrzā Kalān I）、米尔·伯哈努丁（Mīr Burhānu’ddīn）、米尔咱·卡兰二世、米尔·阿赫马德（Mīr Ahmad）、米尔咱·卡兰三世和沙赫·匝曼（Shāh Zamān）。[①]

沙赫·匝曼统治末期，卡塔加人一度推翻了米尔·牙尔家族的统治。一年以后，卡塔加人遭遇巴达克山地区居民的强烈反抗，与米尔·牙尔家族讲和，米尔·牙尔家族重新掌握了巴达克山的政权，不过，由三兄弟分而治之：米尔沙（Mīr Shāh）继承王位；优素福·阿里（Yūsuf ‘Alī）统治着鲁斯塔克（Rustaq）；纳斯鲁拉（Nasrullāh Khāh）统治着基希姆。

1737 年，当波斯沙赫纳迪尔围攻坎大哈城之时，纳迪尔之子礼札·库里（Rizā Qulī）征服了昆都士和巴达克山。1737—1738 年间，礼札·库里打败并处决了巴达克山统治者，纳迪尔把巴达克山置于自己的统治之下。纳迪尔于 1747 年被暗杀之后，部下艾哈迈德·沙赫·杜兰尼（Ahmad Shah Durani，1747—1772 年在位）建立了阿富汗王国，1768 年，杜兰尼的大臣沙瓦里汗（Shāh Walī Khān）征服巴达克山，布哈拉汗国被迫承认阿姆河是布哈拉汗国与阿富汗王国的分界线。

18 世纪末期，巴达克山摆脱阿富汗王国，再次成为卡塔加人统治的独立公国。当英国商业代办威廉姆·莫尔克诺夫特（William Moorcroft）和乔治·特里伯克（George Trebeck）于 1825 年访问巴达克山时，卡塔加人首领穆拉德·伯克（Murād Beg）统治着巴达克山，都城设在昆都士。

1832 年，亚历山大·伯恩斯（Alexander Burnes）访问了穆拉

---

① C. Adle, Irfan Habib, *History of Civilizations of Central Asia*, Vol. 5, p. 232.

德·伯克，说他是“库德昆（Kudghun）部落的乌兹别克人，……最近掌握了政权，在此之前，他已经把巴尔赫置于自己的控制之下，因此，他统治着兴都库什山北部的所有地区。这一地区已不再繁荣，昆都士也降为其居民不超过1500人的城镇”。1837年，来到昆都士的D. 洛德（D. Lord）给我们留下了有关穆拉德·伯克的更加详细的报道，他说：“穆拉德政权是残酷的，他曾经强迫两万户巴达克山的塔吉克人去开垦阿姆河附近的沼泽地。”[①]

穆拉德·伯克死后，无人能够维持他所建立的政权。1859年，喀布尔埃米尔多斯特·穆罕默德（Dost Muhammad）兼并了巴达克山，巴达克山成为阿富汗的一个省。

巴达克山经济呈现出多样性。由于低降雨量，巴达克山区只能实施灌溉农业，农作物依靠由融雪补充水源的河流灌溉。17世纪，为了给塔里寒（Taloqān）镇供水，巴达克山区建筑了一条大坝引塘一依·法尔哈尔（Tang-i Farkhar）河水到该城。基希姆因出产樱桃而著名。除了农业以外，巴达克山的畜牧业也很重要，马、骆驼和羊是重要的牧种。莫尔克诺夫特发现，巴达克山还有养蚕业。在手工业方面，巴达克山的法扎巴德城铁匠具有很高的铸铁技术，该地生产的铁器出口到河中地区。莫尔克诺夫特在描述该地区出土的一盏铁灯时说：“它是在当地铸成的，并且是完全融化之后再铸成的金属铸件。”[②]巴达克山本地蕴藏着丰富的天青石矿，天青石是主要的出口物。此外，什克南（Shughnan）山区出产的红宝石也经巴达克山出口到其他国家，此项贸易为巴达克山带来利润。

巴达克山区深受波斯文化的影响。据哈比波夫（Habibov）记，在素莱曼时期，巴达克山诗歌流派形成，其中素莱曼及其子易卜拉欣·瓦发里（Mīrzā Ibrāhīm Wafā'ī）都是该派诗人，著名诗人还

---

① C. Adle, Irfan Habib, *History of Civilizations of Central Asia*, Vol. 5, p. 233.

② W. Moorcroft, G. Trebeck, *Travels in the Himalayan Provinces of Hindustan and the Panjab: In Ladakh and Kashmir; in Peshawar, Kabul, Kunduz and Bokhara from 1819-1825*, Vol. 2, p. 482.

有瓦西里（Wāsilī）、阿马尼（Amānī）、撒布希（Sabuhī）、毛拉纳（Maulānā Matla^cī）、马德希（Madhī）、赛义德·巴达克山尼（Sa'īdī Badakhshānī）。一直生活在巴达克山的诗人有哈兹拉特（Hazrat）、阿布杜拉（'Abdullāh）和匝西尔（Zāhir）。在塔吉克诗歌史上占有一席之地的巴达克山和西帕米尔诗人有吉雅斯（Ghiyāsī）、米尔咱·尚·穆罕默德（Mīrzā Sang-Muhammad）、米尔咱·安达勒布（Mirza Andaleb）、堪加里（Khanjarī）、阿什克（'Āshiq）、萨比特（Sābit）、胡赛因（Husayn）、阿里弗（'Ārif）等人。

巴达克山诗人对印度诗歌的发展有促进作用。为了寻求赞助，曾有17位诗人来到印度，以后，他们成为印度波斯诗歌的代表人物。据哈比波夫记，18世纪，巴达克山省有三十位著名诗人，其中二十位与印度诗歌界有着密切的联系。对中亚及伊朗诗歌产生重要影响的诗人有在布哈拉和撒马尔罕的拉比（Rabī^c）和胡赛尼（Husaynī）；在巴尔赫的纳兹米（Nazmī）和兹牙依（Ziyā'ī）；在伊朗的米尔·巴卡里（Mīr Baqā'ī Badakhshī）。

达尔瓦兹指达尔瓦兹山脉与阿姆河之间的地区，这一山区交通困难，几乎与世隔绝，因而一直保持着独立。《什克南史》一书的作者赛义德·海达尔·沙赫（Sayyid Haydar Shāh）叙述了1581年达尔瓦兹建立地区王朝的经过。

1584年，布哈拉汗阿布杜拉二世南征巴达克山之时，达尔瓦兹归顺了布哈拉汗国。对此，俄国学者巴托尔德提出了相反的意见，他认为难以抵达的达尔瓦兹和卡拉捷金地区仍然独立于布哈拉汗国的统治。[①] 巴托尔德认为，达尔瓦兹主要城镇——卡莱·忽姆布（Qal^ca-i Khumb）的忽塔兰（Khuttalan）堡在回历1047年（公元1637或1638年）才臣服于乌兹别克人。是年，达尔瓦兹统治者沙赫·加里布（Shāh Gharīb）被杀，其首级被送往布哈拉。他的弟弟沙赫·奇尔吉

① 〔俄〕巴托尔德：《七河史》第2卷第1部分，第464页，转引自 C. Adle, Irfan Habib, *History of Civilizations of Cental Asia*, Vol. 5, p. 228。

兹（Shāh Qirghiz）取代其兄统治着达尔瓦兹。

沙赫·奇尔吉兹自幼生活在巴尔赫的乌兹别克人宫廷中，显然，他的统治是乌兹别克人任命的。沙赫·奇尔吉兹是达尔瓦兹最杰出的统治者，正是在他统治时期（1637—？），达尔瓦兹的重要性显现出来。在他统治之初，卡拉捷金、瓦赫什（Wakhsh）和瓦罕的统治者都臣属于他，什克南和鲁善（Rushan）的塔吉克政权也臣属于他。有人认为达尔瓦兹新都卡莱·忽姆布是他修建的。

沙赫·奇尔吉兹之后，他的侄儿马哈穆德·沙赫（Mahmūd Shāh）统治着达尔瓦兹。马哈穆德·沙赫依靠浩罕汗国的支持维系着统治，每年给浩罕汗进贡。正是在他统治期间，巴达克山、瓦罕和什克南从达尔瓦兹分离出去，分别由自称沙赫的地区统治者统治，在此期间，瓦罕和什克南或者向巴达克山，或者向达尔瓦兹进贡。

19世纪初期，达尔瓦兹仍然被认为是一个相对强大的国家。19世纪20—30年代，达尔瓦兹统治者统一了卡拉捷金。据利特威诺夫（Litvinov）记，巴达克山统治者穆拉德·伯克在19世纪30年代征服达尔瓦兹的企图没有实现，反而引起了达尔瓦兹的多次攻击。[①]与邻国的弱小军队相比，可以说，达尔瓦兹维持着一支相当规模的军队。[②]1839年，浩罕汗国军进入达尔瓦兹，速檀·马哈穆德（Sultān Mahmūd）战败并承认浩罕汗国的宗主地位。

然而，其后不久达尔瓦兹就恢复了独立。据记载，在伊斯玛仪沙（Ismā'īl Shāh）统治期间（1845—1863），达尔瓦兹将卡拉捷金和什克南纳为自己的保护国，库拉伯（Kulab）和希萨尔两地区统治者在短时间内也向达尔瓦兹进贡。[③]在达尔瓦兹最后一位统治者沙赫·斯拉居丁（Shāh Sirāju'ddīn）统治时期，这些

① C. Adle, Irfan Habib, *History of Civilizations of Central Asia*, Vol. 5, p. 229.

② 〔俄〕巴托尔德：《七河史》第2卷第1部分，第465页，转引自 C. Adle, Irfan Habib, *History of Civilizations of Central Asia*, Vol. 5, p. 229。

③ C. Adle, Irfan Habib, *History of Civilizations of Central Asia*, Vol. 5, p. 229.

地区的大部分被布哈拉汗国占领，他只统治着卡莱·忽姆布、万什（Wanch）、雅兹忽兰（Yazghulam）和喷赤河左岸一直至哈汉（Khwahan）等地。

尽管布哈拉汗国统治过达尔瓦兹，然而，与中亚其他地区不同，这一地区实际统治者一直是说伊朗语族的塔吉克人，其文化也保持着伊朗文化的很多成分。

中亚东南部的帕米尔地区历经阿赫门尼德王朝、马其顿的希腊王朝、贵霜王朝、萨珊王朝、突厥王朝、阿拉伯王朝、帖木儿王朝和花剌子模王朝等许多外来王朝的征服和统治。在 13 世纪初期的蒙古西征前夕，瓦罕、伊什卡什姆和什克南都臣服于花剌子模王朝。没有直接的证据表明该地区曾被蒙古人征服过，不过，有充分的证据证明帖木儿王朝征服过这些地区。

什克南和鲁善原是阿富汗的巴达克山东面的两个小山国，其领土从喷赤河向东伸展到帕米尔。鲁善和什克南本地的统治者自称是亚历山大大帝的后裔。在《新唐书》中，什克南被记为识匿、尸弃尼或瑟匿。据该书记载，什克南“东南直京师九千里，东五百里距葱岭守捉所，南三百里属护蜜（瓦罕），西北五百里抵俱蜜（卡拉捷金）。初治苦汗城，后散居山谷。有大谷五，酋长自为治，谓之五识匿。地二千里，无五谷。人喜攻剽，劫商贾”。《新唐书》还记载了 646 年，什克南遣使入朝之事，及 724 年以禁卫军军官官衔赐封该地国君之事。

除了上述记载外，玄奘到印度取经途经瓦罕之时，也叙述了什克南的地理气候、物产及风俗等情况，所记与《新唐书》基本吻合。“尸弃尼国周二千余里。国大都城周五六里。山川连属，沙石遍野。多宿麦，少谷稼。林树稀疏，花果寡少。气序寒烈，风俗犷勇，忍于杀戮，务于盗窃，不知礼义，不识善恶，迷未来祸福，惧现世灾殃。形貌鄙陋，皮褐为服。文字同睹货罗国，语言有异。”[1]

---

① 季羡林等校注：《大唐西域记校注》，中华书局 2000 年版，第 978—979 页。

根据有关帕米尔的传说，1581年，托钵僧打扮的四兄弟从伊斯法罕经巴达克山来到了什克南，其中一位名叫赛义德·沙赫·哈姆希（Sayyid Shāh Khāmush）的人在什克南传播伊斯玛仪派教义，并在此结婚生子。据传说，他用十年的时间劝说当地居民放弃了对火的崇拜，接受了伊斯兰教。

以后，他的儿子沙赫·库达（Shāh Khudā-dād）建立了地区王朝。据说，库达建立的王朝持续了三百多年（1581—1883），都城在喷赤河左岸的潘加堡（Qalʿa-i Panja）。① 在这三百多年中，除了短时期的中断外，什克南、鲁善、瓦罕和伊什卡什姆的版图连成了一片。② 这四地的统治者是血缘亲属，尽管如此，他们之间仍然经常发生领土纠纷和战争。什克南统治者沙赫·瓦齐汗（Shāh Wanch Khān）一度成功地把瓦罕、伊什卡什姆、泽巴克（Zebak）、蒙加恩（Munjan）③ 的领土并入什克南和鲁善，然而，这种强制性的统一仅仅维持了很短的时间，不久又分崩离析了。

17世纪末，瓦罕和什克南或者向巴达克山，或者向达尔瓦兹进贡。1759年，清朝军队占领喀什，越帕米尔，进军到什克南。什克南及鲁善“从他们（中国人）那里接受一笔同付给锡里科尔、坎巨提和瓦罕的等量的年金，作为保卫国境和保护贸易通道的酬劳”④。

---

① 潘加堡位于喷赤河（阿姆河上游）左岸，在锡格楠和瓦罕之间，大约在东经72°35'，北纬37°。

② 鲁善位于塔吉克斯坦与阿富汗的边界上，在巴尔唐（Bartang）河与阿姆河汇合处。瓦罕河谷位于阿富汗的东北端，它是中国与阿富汗的边界地段，兴都库什山与帕米尔山在其北部相接。伊什卡什姆位于阿姆河朝北拐之处，在阿姆河右岸，在塔吉克斯坦与阿富汗的边界上。1968年，阿富汗官方出版的地图标明它在阿姆河左岸，在阿富汗境内。

③ 泽巴克位于伊什卡什姆城西南，在科克恰河的一条支流上。蒙加恩（Shahr-i Munjan or Karan-i Munjan）在科克恰河上游，离泽巴克西南更远的地方，在北纬36°以上。两个地方都在今阿富汗的巴达克山省内。

④ Gordon Sir T. E., *The Roof of the World: Being the Narrative of a Journey over the High Plateau of Tibet to the Russian Frontier and the Oxus Sources on Pamir*, pp.139-140.

第五节　阿富汗

阿富汗是古代文明的发祥地，在18世纪中叶以前的漫长岁月里，阿富汗地区一直遭受外族入侵或统治，波斯人、希腊人、月氏人、哌哒人、阿拉伯人、突厥人、蒙古人曾先后在阿富汗实施过统治或建立过国家。直到18世纪中叶，阿富汗人才建立了自己的国家。“阿富汗人”这一称谓泛指今阿富汗国家的各族人民，而在16—18世纪期间，阿富汗人主要指阿富汗地区土著居民普什图人（Pashtuns），他们中的最大部族是吉尔查依部（Ghilzāis）和阿布达利部（Abdālis）。

阿富汗被兴都库什山脉从东北向西南一分为二，15世纪后半叶，兴都库什山以北的阿富汗地区属于呼罗珊的帖木儿埃米尔国，当时最大的城市赫拉特是其首府，以后它成为布哈拉汗国与波斯萨法维王朝争夺的对象；兴都库什山以南的阿富汗地区属于莫卧儿帝国，坎大哈是波斯萨法维王朝和莫卧儿帝国争夺的焦点。

16世纪初，帖木儿王子巴布尔被乌兹别克人打败以后，渡阿姆河南下，准备投靠帖木儿埃米尔忽辛·拜哈拉。他在阿贾尔（Ajar）收到了忽辛·拜哈拉的来信，信中表示不会给他所期望的那种欢迎。在极度失望中，1504年10月，巴布尔来到了喀布尔。在此，他招兵买马组建军队，并开始向阿富汗南部地区发展。1517年，他夺取坎大哈，1525年，巴布尔向印度进军，10月18日，兵临德里，1526年4月20日，他在帕尼帕特（Panipat）之战中灭亡印度洛提王朝（Lodis，1451—1526），建立了莫卧儿王朝。

莫卧儿王朝建立以后，阿富汗分属波斯萨法维王朝和莫卧儿王朝统治。莫卧儿王朝统治着阿富汗南部地区，萨法维王朝统治着阿富汗北部。16世纪中叶，坎大哈、加兹尼（Ghazni）和喀布尔属于莫卧儿王朝，锡斯坦和赫拉特城属于波斯萨法维王朝。但莫卧儿王朝在喀布尔和坎大哈的统治是不稳定的，喀布尔城不断起义反对莫卧儿人的统治，坎大哈长期处于两个王朝的争夺之下，最终归属萨法维王朝。喀布尔和坎大哈的主要居民是阿富汗人，在喀布尔，人数仅次于阿富汗人的有哈扎拉人。在坎大哈，除了阿富汗人外，人数较多的是俾路支人（Baluch）。17 世纪，喀布尔城反抗莫卧儿王朝的斗争和坎大哈城反抗波斯人的斗争构成了阿富汗的历史。

喀布尔对于莫卧儿王朝有着重要意义，莫卧儿人从喀布尔城的过境贸易中赢利。莫卧儿王朝在喀布尔驻有军队，军队统帅享受着特权；喀布尔总督一职常常由非阿富汗人担任，从印度或突厥贵族中挑选。第一任总督是印度拉其普特人曼·辛格（Mān Singh，1586—1588 年执政），以后，奥朗则布之子穆扎姆（Mu‘azzam）担任过喀布尔总督。历代皇帝，如阿克巴、查罕杰（Jahāngīr）、沙贾汉、奥朗则布，多次视察喀布尔，莫卧儿皇帝在德里与喀布尔之间的道路上建筑桥梁和旅店，保持着交通的畅通，有些建筑至今犹存。威廉·芬奇（William Finch）在 1608—1611 年之间到过喀布尔，他描述该城是“一个美好的大城市……有两个城堡和许多商队旅馆”①。

喀布尔城民反对莫卧儿王朝的斗争是阿富汗史的一个重要组成部分。在这些斗争中，最突出的有罗沙尼运动、优素甫查人（Yūsufzāis）、阿弗里提人（Afridis）和哈塔克人（Khataks）的武装起义。罗沙尼运动意思为照明派运动（Raushani），运动发起者巴雅济德·安萨里（Bāyazīd Ansārī，1525—1573）曾随商队旅行到过中亚和印度，对印度教、伊斯兰教都很熟悉。他自称是预示神意的人，即人世长老（比尔·伊·罗沙尼），其教徒被称为罗沙尼特。16 世纪中叶，巴雅济德·安萨里开始用诗歌和散文传播自己的思想，即争取人世平等是一切阿富汗人（奴隶、自由民）和非阿富汗人超升的共同途径，神惠及整个世界和所有的人，人不分民族、宗教、财

① C. Adle, Irfan Habib, *History of Civilizations of Central Asia*, Vol. 5, p. 278.

产状况及继承权，在神面前一律平等，代表作有《最仁慈的信息》。他把人分为接受和不接受其教义的两种人，不接受教义的人，财产将被没收，并在教徒中分配，并以地域原则代替了氏族部落划分原则。[①]

16 世纪 60 年代，巴雅济德·安萨里从传教转向有组织的起义，打击对象主要是封建贵族，但是，由于起义带有明显的反对莫卧儿统治的性质，因此，不满莫卧儿王朝的一些贵族也参加到起义队伍之中。巴雅济德·安萨里死后，他的儿子贾拉鲁丁（Jalalu’ddīn）继承他的事业继续进行战斗，1585 年，喀布尔并入莫卧儿帝国之后，这场运动仍在继续。参加起义的除了喀布尔市民外，还有横跨开伯尔关隘两侧的阿弗里提和奥拉克查依两部。起义被镇压之后，贾拉鲁丁被流放，1601 年，他在加兹尼附近被杀。贾拉鲁丁的侄子伊赫达德（Ihdād）继承了贾拉鲁丁的事业，坚持斗争到查罕杰统治时期（1605—1627），最终被莫卧儿指挥官扎法尔汗围困，可能被带到名为拉瓦加尔堡（Lawāghar）关押，1626 年，在此地被射死。伊赫达德之子阿布·卡迪尔（‘Abdu’l Qādir，1626—1637）于 1633 年至 1634 年接受沙贾汉皇帝的招安，被授予曼沙布（Mansab，官职），领取一千柴特（Zāt）的薪水。[②]

罗沙尼运动兴起于 16 世纪中叶，延续到 17 世纪 30 年代，历时近一百年。运动席卷喀布尔、加兹尼、吉拉特等阿富汗东部大片地区。罗沙尼运动不仅削弱了莫卧儿帝国的力量，更重要的是打破了部落间的界限，部落的联合和团结促使阿富汗民族意识的觉醒。在贾拉鲁丁起义期间，斯瓦特（Swat）和贝乔尔（Bajaur）的优素甫查人也举行了武装起义，1667 年，他们拥立了自己的国王。班努和科哈特两地的哈塔克人也爆发了起义，胡什哈尔·哈塔克（Khushhāl Khatak，1613—1689）参加了巴尔赫和巴达克山的反莫卧儿王朝战

① 彭树智、黄杨文：《中东国家通史》（阿富汗卷），商务印书馆 2000 年版，第 105 页。

② 曼沙布是莫卧儿帝国的一种官职：根据官阶所规定的人数按比例发给薪水，参见 C. Adle, Irfan Habib, *History of Civilizations of Central Asia*, Vol. 5, p. 277。

争，1644 年，他被捕入狱，在狱中写了很多诗歌。胡什哈尔号召阿富汗各部落结束内讧，维护阿富汗人的荣誉、勇敢，共同与莫卧儿帝国的压迫做斗争。“弟兄们啊！在战斗中不能分离……弟兄们啊！战斗中要紧密团结在一起。”[1] 反莫卧儿王朝统治的起义从 16 世纪 20 年代开始一直持续到 17 世纪中叶，在这些起义中，阿富汗人的民族意识逐渐形成。

坎大哈（Koudahar）地处印度、喀布尔和波斯领土之间，是阿富汗的西大门，通过这扇门，波斯人可以进入喀布尔和印度。正是由于商业和战略的意义，莫卧儿王朝和萨法维王朝在坎大哈进行了长期的拉锯战。1649 年，波斯人占领了坎大哈，萨法维沙赫阿拔斯二世对坎大哈实施宽容和开明的政策，在坎大哈减免税收。因此，在此实施统治的普什图人吉尔查依部哈塔克家族在很大程度上是自治的。

到波斯沙赫速檀・胡赛因统治时期（1694—1722），他抛弃了阿拔斯二世的宽容政策，对坎大哈及其周围地区实行军事统治，导致吉尔查依部的反抗。1696 年（或者是 1699 年），速檀・胡赛因任命格鲁吉亚人古尔金为坎大哈总督，引起阿富汗人的公愤。坎大哈的吉尔查依部和阿布达利部普什图人先后起来反对古尔金。吉尔查依部霍塔克家族族长米尔・歪斯汗（Mīr Uways Khān）表面上服从坎大哈总督的统治，暗地里把各地区首领组织起来，成立了秘密委员会。古尔金逮捕了米尔・歪斯汗，把他押往伊斯法罕。在伊斯法罕，米尔・歪斯汗看到萨法维宫廷的衰败。以后，他逃回坎大哈，在城郊的曼加（Manja）村召开了首领会议，会议一致同意举行反萨法维王朝的起义。1709 年，在米尔・歪斯汗的领导之下，吉尔查依人爆发起义，这次起义得到了其他部落的支持，他们杀死了古尔金及格鲁吉亚籍士兵，阿富汗人的独立战争最终取得了胜利。

在独立战争时期，米尔・歪斯汗为了求得莫卧儿人的帮助，曾

---

① 杜苕、宋兆霖编：《阿富汗诗歌选》，人民文学出版社 1957 年版，第 6 页。

以莫卧儿皇帝巴哈都尔沙（Bahādur Shāh，1707—1712年在位）之名进行祈祷，作为回报，巴哈都尔沙赐给他领取6000柴特的曼沙布，并授予阿里·马丹汗（'Alī Mardān Khān）称号。独立战争获胜以后，米尔·歪斯汗在坎大哈以瓦齐尔（Wakīl，即代理人或摄政者）的身份实施统治，其统治范围西至法拉赫（Farah），包括赫尔曼德和洛拉（Lora）流域。1715年年底，米尔·歪斯汗去世，被葬在坎大哈郊区的科卡朗（Kokaran），他的陵墓被尊为圣陵。

米尔·歪斯汗去世时，他的儿子米尔·马哈穆德（Mīr Mahmūd）和胡赛因年幼，部落长老们认为他们不能胜任统治，便推举米尔·歪斯汗的兄弟阿布杜·阿齐兹（'Abdu'l 'Azīz）为首领。新统治者谨慎而胆怯，继位之后，派使者到伊斯法罕宫廷与萨法维王朝谈和。他的条件是：第一，以往所付年贡不应该再征收；第二，不应该派遣外来军队进驻本省；第三，该省的统治权应该由阿布杜·阿齐兹家族世袭。在这些条件还未来得及实施以前，米尔·歪斯汗的长子米尔·马哈穆德于1716年3月将他杀掉。

米尔·马哈穆德是一个尚武和极富野心的人，他的目标是彻底推翻波斯人在坎大哈的统治。1717年，阿布达利部首领阿布杜拉汗率领部民占领赫拉特城，宣布独立。两年以后，阿布杜拉汗在今伊朗和阿富汗边界附近的卡菲尔堡（Kafir Qalᶜa，今伊斯兰卡拉）击败萨法维军队。1720年，吉尔查依部霍塔克（Hotaks）家族米尔·马哈穆德毫不费力地把他的统治地盘扩展到了克尔曼。与克尔曼总督卢特弗·阿里（Luft 'Alī）谈和之后，米尔·马哈穆德返回坎大哈。两年之后，他在反萨法维王朝的战斗中大获全胜，夺取了一个又一个城市，并于1722年夺取了萨法维王朝都城伊斯法罕，阿富汗人统治了东伊朗高原。米尔·马哈穆德任命他的弟弟胡赛因为坎大哈统治者，他在坎大哈的统治向北延伸到法拉赫和伊斯菲扎尔（Isfizar），向东北与加兹尼相接。

米尔·马哈穆德于1725年4月去世（可能是被杀），堂兄阿失拉夫（Ashraf，阿布杜·阿齐兹的长子）于1725年4月26日继承了他的位置。阿富汗人统治伊朗高原期间（1720—1730），阿失拉夫曾在卡尚城（Kashan）铸金币。但正是在他统治时期，阿夫沙尔王朝纳迪尔把阿富汗人赶出了波斯。1729 年，阿失拉夫带着三四个贴身随员逃离波斯，前往坎大哈。途中，他于 1730 年在锡斯坦被杀。纳迪尔攻陷阿布达利人坚守的赫拉特城后，许多阿布达利人加入了纳迪尔的军队。

接着，纳迪尔进攻坎大哈。他发现该城难以攻克，于是，在该城周围建造了一圈堡垒，每隔九十米建一岗楼，还建造了一座带城墙的营地，命名为纳迪尔拉巴德。他的军队夺取了东南部的布斯特（Bust）和北部的卡拉特・依・吉尔查依（Kalat-i Ghilzāi）。坎大哈被围一年之后，统治者胡赛因于 1739 年 3 月投降。纳迪尔征募了许多吉尔查依人入伍，胡赛因及其家人和同党被押往马赞德兰囚禁。纳迪尔在坎大哈扶持阿布达利首领朱尔菲卡尔（Zu'lfiqār）及其弟艾哈迈德・沙赫・杜兰尼统治，后来，艾哈迈德以护卫队军官的身份进入纳迪尔军队。

纳迪尔之子礼札・库里在 1737 年夺取了布哈拉汗国的巴尔赫和巴达克山属地，至此，纳迪尔把阿富汗全境括入他的帝国，然而，1747 年他被暗杀，他的帝国迅速瓦解。纳迪尔死后，军队中的普什图族军官艾哈迈德・沙赫・杜兰尼率四千名骑兵起义，在坎大哈的部落会议上，他被推举为阿富汗国王。他以坎大哈为都，建立了阿富汗民族国家，这是历史上阿富汗人建立的第一个独立国家，史称杜兰尼王朝（Durrani，1747—1818）。杜兰尼王朝的建立标志着阿富汗近代民族国家的形成。强盛时期，杜兰尼王朝与奥斯曼帝国、莫卧儿帝国并列为三大穆斯林国家。

第三章

政治统治与社会经济

17 世纪以后，乌兹别克人继续朝着波斯—伊斯兰国家政权的组织形式发展，在札尼王朝时期，统治权与行政权分离的波斯式行政制度基本形成。17 世纪，中亚地区经历了封建化过程。在封建关系向纵深发展的过程中，哈萨克、布哈拉、希瓦三个汗国都不同程度地分裂形成了一些独立的领地；封建关系深入到游牧社会，部落公社转变为地域公社。随着封建化的发展，中亚不仅存在着封建领主之间的争夺，而且封建主与人民之间的矛盾尖锐起来，发生了规模较大的人民起义。在封建关系发展的地区，经济的发展迟缓下来，布哈拉汗国一度出现了农业衰退的迹象；在希瓦汗国，牧民向定居生活转化的倾向明显；在浩罕汗国，农业，特别是植棉、蔬菜瓜果类，得到长足的发展。17—18 世纪，手工业发展迅速，布哈拉城有两百多种行业，纺织业和造纸业继续成为中亚的强势产业。海路的开辟，以及中亚国家与波斯萨法维王朝的战争，使中亚地区的对外贸易和过境贸易处于不利的地位。由于萨法维王朝与莫卧儿帝国的战争，从伊朗到印度的内陆交通受阻，阿富汗经济衰落。

第一节　政治统治

17—18 世纪中叶，札尼王朝的政治制度基本上沿袭了 16 世纪的昔班尼王朝。与昔班尼王朝一样，札尼王朝的最高统治者是汗，汗仍然由王室成员中最年长者担任。在名义上，汗有无限的权力，实际上，称汗的人往往是得到实权派贵族和军队支持的人。

17 世纪以后，乌兹别克人继续朝着波斯—伊斯兰国家政权的组织形式发展。札尼王朝统治时期，统治权与行政权分离的波斯式行政制度基本形成。国家最高统治权在汗手中，国家行政大权由大阿塔雷克掌握，他代表汗施政，向汗负责。大阿塔雷克往往由势力强大的埃米尔充任，封地的收入是他们的经济来源，也是他们势力的基础。以后，大阿塔雷克的权力甚至发展到左右汗的废立，创建曼格特王朝的穆罕默德·哈辛姆就是札尼王朝的大阿塔雷克。

在中央行政机构有如下一些官员，地万·伯吉（Dīwān-begī）、库克达什（Kukeldāsh）、穆什里夫（Mushrif）、穆赫塔希布（Muhtasib）。地万·伯吉是王朝大臣和财政部部长。在其下的库克达什，其字面意思是“同奶兄弟”，负责收集汗国各地的情报和管理诸如猎鹰和猎犬等打猎工具。穆什里夫是监督者，负责管理国王用项和保管土地税哈拉齐（Kharāj）的登记簿（Daftars）。穆赫塔希布是管理市场秩序、检测市场度量衡的准确度、保证商品质量和规格的监督官员，除了管理市场外，穆赫塔希布还有监督市民遵守穆斯林法律的任务。负责收集居民意见的官员是达克赫瓦赫（Dādkhwāh）。

中央设置了管理宫廷的官员，其中，达什塔尔克赫万奇（Dastārkhwānchī）是宫廷侍长，字面意思是“礼服发放者”，负责管理马房的官员是米尔·阿克胡尔（Mīr-ākhur）。

在中亚，汗国中央设置的行政机构和官吏的职权没有严格的界限，官员权力的大小取决于个人对宫廷的影响程度。当欧洲在反对封建等级观念的时候，在札尼王朝宫廷中仍然以制度的形式维护着封建等级观念。在汗召见和举行会议之时，官员必须按官职各就其位，有些人坐着而有些人必须站着；散会以后，有些人可以骑马离宫，而有些人必须步行离宫。

在布哈拉和希瓦汗国的司法系统中，最高法官称大法官（Qāzī al-Quzāt），由汗亲自挑选和任命，常常由首席神学家（Shaykh al-Islām）充任。19世纪以前，首席神学家的权力很大，不仅管辖军事法官（Qāzī-‘āskar），还有权向埃米尔推荐文职官员。19世纪，首席神学家一职丧失了原有的权力，仅仅成为一种荣誉称号。此外，在司法系统中，还设置了管理宗教和法律事务的穆夫提（Muftī）和高等法院的秘书穆希（Munshī）。19世纪，穆夫提在司法中起到了重要作用，最高法官又称大穆夫提。穆夫提由司法专家和精通伊斯兰律令（Figh）、先知格言和传统（Hadīs）的人充任。司法系统是垂直领导，在大穆夫提之下，各省设置了本省法官（Ishān-rā’ īs），他们负责监督市民的行为，对违规行为给予处罚。此外，各省的市场长，或者说监督员（Rā’ īs / Muhtasib）也行使法律卫士的职责，他们归本省法官管辖。

在司法系统中，宗教上层乌拉玛（‘Ulamā’）被认为是先知穆罕默德的后裔，享有赛义德称号，他们相应地得到了一些高级职位。另一个特权阶层是穆罕默德的四位直接继承人的后裔，他们自称和卓（Khwāja）。从16世纪初期起，和卓中最有权势的赘巴依·谢赫家族开始对中亚的统治阶层产生影响。

警察系统以省为单位组建，布哈拉省的警察由负责值夜班官员米尔·沙布（Mīr-shab）管辖，他与省法官一样，不仅管理本省的警察部队，还有权管理其他省的米尔·沙布。

在地方政权构建上，布哈拉汗国分为两级，最高一级是以省（Wilāyats）为单位，由汗亲自选派的总督哈辛姆（Hākim）统治；另一级是省下面划分的土曼（Tumān），土曼的大小由灌溉地面积确定，如果挖渠引水灌溉的面积达到十万塔纳布（Tanābs，一塔纳布相当于大约四十平方米）的话，那么，这片土地就被称为一个土曼，管理土曼的地区官员必须服从所在省的总督。17 世纪中叶以后，汗派遣的地方官员不受管辖，成为独立统治者。他们在管辖地区内不仅有行政权，还拥有大块的领地，经济力量雄厚。

布哈拉和希瓦汗国的政权基础是乌兹别克族贵族。16 世纪，地区长官大多数由乌兹别克族比或比伊（部落或地区的统治者）充任，到 17 世纪，这些人不但掌管着一定地域范围的行政权，还拥有领地，他们的独立倾向明显起来。部落首领、地区统治者，甚至宗教界上层，以自己封地或领地中的城市、城堡为中心实施独立统治，开始左右汗国中央政权和社会经济生活。

16 世纪，获得采邑的受封者只有收取赋税的权力，17 世纪，汗国的部分行政权开始转移给获得采邑的封主。伊玛姆·库利统治时期（1611—1642），札尼王朝中央政府不再过问封地事务，让乌兹别克部首领或贵族自己管理封地事务，于是，受封者在其封地上拥有了一些行政权，有的人甚至在封地内组建军队，如阿布·阿吉斯汗的阿塔雷克雅蓝格吐斯在其封地上豢养了一支可以远征莫卧儿帝国和波斯萨法维王朝的军队。雅蓝格吐斯将战俘作为奴隶使用，据说，他拥有的奴隶数目就达到三千人。

到 18 世纪中叶，中亚的独立和半独立领地很普遍。除布哈拉汗国中心地带，即泽拉夫善河和卡什卡河流域以外，包括莫夫在内今土库曼斯坦东部地区，包括巴尔赫在内的阿姆河以南至兴都库什山的地区，今塔吉克斯坦境内的希萨尔、忽毡、乌拉秋别、品治肯特和乌尔古特等地区，以及泽拉夫善上游的一些山区，与布哈拉汗国的联系松散，实际上独立于中央政权。它们有的与中央政权保持着附庸关系，有的与中央政权处于敌对状态。[①] 布哈拉汗的统治权实际上没有超出首都的范围。

布哈拉汗国的独立或半独立领地影响了汗国经济的发展。封建

---

① 〔苏联〕帕·彼·伊凡诺夫：《中亚史纲》，《中亚史丛刊》1983 年第 1 期，第 50 页。

主们在自己领地的道路、桥梁和渡口设置收税站，农民不能把他们自己的产品带到城市市场上出售，设法弄到通行证的商人成了农民或牧民们的中间商，他们的货物全部或部分免税，这些成为贸易发展的不利因素。

就是在首都，汗的权力也受到主要大臣——从乌兹别克封建主中任命的阿塔雷克的控制和经常干预。中央汗廷发生的连续不断的斗争其实是乌兹别克封建主之间斗争的反映，在此过程中，封建主常常把汗变成可凭自己意志操纵的工具，这一斗争也削弱了汗的权力。布哈拉汗国在 17 世纪迅速发展的封建化过程，在 18 世纪的最初几十年以政权的完全分散和集中在封建贵族手中的大领地形成而告完成。直到 18 世纪下半叶，曼格特王朝埃米尔才有力量开始加强中央集权。

与布哈拉不同，希瓦汗国在 17 世纪经历了一个政治上兴盛的时期，特别是在著名的汗阿布哈尔和其子阿奴什统治时期。17 世纪初，哈吉姆汗的幼子阿拉不·穆罕默德被立为汗，长者继承制原则在希瓦汗国不再实行，兄弟之间争夺汗位的斗争十分激烈。1663 年至 1664 年间，希瓦汗阿奴什取沙赫称号，他在位期间，调和了互相敌对的乌兹别克封建主集团，使他们和土库曼部落首领的军队一起投入对邻近居民的掠夺性远征。阿奴什去世以后，希瓦也经历了汗政权衰落的现象，在短短几十年中有十几位汗相继登上汗位，这些汗多数是被当地乌兹别克贵族——阿塔雷克和亦剌克的代表人物所推翻甚至杀掉。

在哈萨克汗国，从咸海和里海起，沿东北方向直到额尔齐斯河和托博尔河流域的整个草原地带的哈萨克人分裂为大的三个集团，即玉兹。通常一个玉兹有玉兹汗，但也有几个汗同时存在的情况，如中玉兹长期由两位汗统治，部落贵族经常挑战汗的权威。各玉兹之间，以及速檀和部落首领之间争夺政权的斗争也十分频繁，这些战争破坏了哈萨克民族的统一。

除了封建主之间的战争外，封建关系的发展致使中亚地区的阶级矛盾也尖锐起来，人民反封建主的起义频繁发生。17—18世纪，中亚多次爆发人民起义。据塔吉克族诗人赛义多纳萨菲记，在阿布·阿吉斯统治期间（1645—1681），撒马尔罕附近的达赫贝德村举行了大起义，阿吉斯镇压了起义，并焚烧了附近的村庄。1681年，泽拉夫善河中游居民发动大规模反对封建政权的起义。在奥贝都拉统治时期（1702—1711），布哈拉爆发了反对劣质币的起义，据目击者记："布哈拉人民不驯，怀叛乱造反之心。"这些事实说明，广大劳动人民与统治者之间的矛盾十分尖锐。

第二节　社会经济

17世纪，布哈拉和希瓦汗国经历了封建化过程，封建化的发展主要从三个方面表现出来。一是大地产（Suyūrghāls）的发展；二是采邑的发展；三是土地所有者与直接生产者之间依附关系的加强。

17世纪，希瓦汗国和布哈拉土地集中的过程加快，土地兼并的现象严重。16—17世纪，布哈拉汗国的普通农民的穆尔克（私有地）面积一般在1—30塔纳布之间。[①]随着封建化的深入，小穆尔克的比重越来越小，它们中的大部分被收购或以其他手段被集中到大封建主的手中。17世纪初，国有土地占据首位，瓦克夫占第二位；随着分封的频繁，采邑、穆尔克和瓦克夫不断增加，17世纪末至18世纪初期，国有地和公有地呈减少的趋势。

在土地兼并过程中，采邑的发展是国有土地减少的主要原因。到曼格特王朝时期（19世纪初），享有采邑的总人数是1.2万人，另一些资料反映已经达到3.6万人。[②]采邑的变化不仅是数量的增加，

---

① 〔苏联〕帕·彼·伊凡诺夫：《中亚史纲》，《中亚史丛刊》1983年第1期，第45页。

② 同上书，第79页。

而且有条件赏赐的采邑在布哈拉和希瓦汗国还发生了质的变化[①]，受封领主不仅享有其上的赋税，而且享有一定的政治权力。

17 世纪以后，农民（雇农和分成制农）与地主或承包者之间以土地为纽带建立起来的人身依附关系开始强化，逃跑的农民在被捕之后被强行押回原住地。

随着大地产的增加，汗的中央政权逐渐丧失了经济地位。布哈拉汗纳迪尔·穆罕默德时期（1642—1645），曾试图收回宗教界封建主的大地产，他的措施在短时期内取得了成功，这些大地产由纳迪尔派遣的总督管理。

浩罕汗国的土地制与布哈拉汗国制度没有多大的差异。16 世纪，费尔干纳存在着多种形式的土地所有权，其中有国有地（阿姆利亚克）、公有地、私有地。绝大部分土地归汗和伯克家族所有，土地收入的大部分以土地税，即谷物税哈拉吉（Kharāj）和田亩税的形式交给汗或伯克。国有土地在原则上是不许出售的。随着浩罕汗国的建立，封建化在费尔干纳地区迅速发展。出售国有土地的现象开始出现，出售的方式是买卖建筑物、园子、灌溉渠而不是土地本身，购买的建筑物、园子、灌溉渠等可以作为遗产代代相传。

18 世纪初，浩罕汗国还存在着氏族领地形式的公有地，土地被视为全氏族的财产，归氏族公社全体成员所有，但掌握着土地分配权的氏族首领利用自己的权力占有全氏族土地的最好部分，变成库尔干奇庄园。在浩罕汗国的吉尔吉思人中，特别是在他们大批地向半定居或定居状态过渡之前，土地主要是以集体占有的方式出现，在钦察牧民中，也开始了封建氏族贵族侵占公共土地的过程。

随着封建化向纵深发展，封建关系的波及面在不断扩大，深入到了游牧社会，部落公社转变为地域公社。从 17 世纪起，乌兹别克部落之间开始走向联合；18 世纪，在中亚形成了按地域原则组成的大的部落联盟。乌兹别克部落联盟的分布状况情况大致如下：曼格

① 〔苏联〕帕·彼·伊凡诺夫：《中亚史纲》，《中亚史丛刊》1983 年第 1 期，第 50 页。

特部居住在卡什卡河流域；克涅格斯部生活在沙赫里夏勃兹地区；撒马尔罕西南方、泽拉夫善左岸有乃蛮部；撒马尔罕与卡塔库尔干之间是契丹—基普察克部；契丹—基普察克部北面是米坦人；尤兹部居住在吉扎克和乌拉秋别地区；阿姆河以南兴都库什山以北是卡塔甘纳部人。

与16世纪比较，布哈拉汗国经济的发展速度在17世纪至18世纪初放慢了步伐，农业出现了衰退的迹象，由于17世纪末18世纪上半叶的内战，布哈拉汗国的一部分农业用地变成了牧场①，农业播种面积缩小，问题突出的地区有土壤肥沃的米扬加尔盆地，布哈拉汗国开始感到粮食缺乏，在荒年甚至发生过人吃人的现象。据《乌兹别克诸王录》一书记载："饥荒到了这种程度，以至于人肉成了人们（唯一的）食物。死了的人不埋，都被吃了……只要能逃的都舍弃自己的家园，逃到其他地方去了。在布哈拉只剩下两个坊区还有人，而在撒马尔罕，除沙卡兰达尔这一坊区外，都十室九空了。"②1689年，巴尔赫一带发生大旱灾，"泉眼都干了，似凶残贪婪的人的眼睛。（仅有的）几滴雨水，像是从母亲乳房里挤出的一点奶汁，落到干裂的地上。大河里的水如同无依无靠的人的一只手，有气无力，再不能伸向远方……由于酷热，地里的庄稼成了干柴杆，被觉察不到的风带走了"③。

布哈拉汗国农业衰退有以下一些原因：第一，赋税过重。札尼王朝的战争需要巨大的军费开支，统治者对农业课以重税。"一批批军队的到来和接二连三的别拉特（汗的圣旨），造成了严重后果，是农业衰落的重要原因，也是居民背井离乡的缘由。"④苏布罕·库里汗在位时（1681—1702），向居民提前征收七年的税，据当时人

① 苏联科学院主编：《世界通史》第5卷，生活·读书·新知三联书店1963年版，第334页："还有新的游牧民涌到。"然而，17—18世纪上半叶大批游牧民涌入中亚的现象没有见到其他文献有记载。

② 〔乌兹〕艾哈迈多夫：《16—18世纪中亚历史地理文献》，第176页。

③ 同上书，第98页。

④ 同上书，第98—99页。

记载，对穆尔克地（私有地）征收的穆尔康税奇重，以致穆尔克占有者把自己土地无代价出让也无人接受。[①]在奥贝都拉统治时期（1702—1711），增加赋税的种类，名目达四十来种。[②]第二，除国家税收外，地区封建主、乌兹别克贵族、军事贵族肆意聚敛财富，有些地区贵族经济实力强大到能够兴建城市，如布哈拉汗国南部的希拉巴德城就是地区统治者兴建的。第三，政治分裂，人为破坏。乌兹别克封建主们由于争夺权力而互相仇视，破坏对方城市或农村水利设施，使对方的经济破产。这样做的后果是整个的国家经济遭到削弱。第四，在封建主领地上从事生产的一部分人是奴隶，奴隶地位的情况还不清楚，但可以肯定比农民低，其生产积极性也不会高。

中亚农业的发展尽管速度放慢，但17世纪，在阿姆河、锡尔河、泽拉夫善河流域的农业区内还是出现了集约性的灌溉农业。

希瓦汗国的农业比布哈拉汗国要好得多。这一时期，瓜果类和桑树的培植有明显的发展，18世纪，希瓦汗国出现了烟草种植业。希瓦汗国修复和新建了一些灌溉渠，由于以部落为单位参与水利建设，因此，新建水渠常常按部落的名称命名，如乃蛮渠、克涅格斯渠、克雅特渠等。随着灌溉渠的建筑，希瓦汗国内有一些乌兹别克人因牧场不足转向定居生活，这一倾向日益明显。[③]然而，尽管建筑了许多灌溉渠，可耕土地还是不能满足需求，因此，直到18世纪中叶以前，大批牧民向定居生活的转化还不可能实现。

在浩罕汗国，费尔干纳有优良的牧场，吉尔吉思人、钦察人按自己的生活方式过着单一的游牧生活。乌兹别克人和塔吉克人过着

---

① 苏联科学院主编：《世界通史》第5卷，第345页。

② 〔乌兹〕艾哈迈多夫：《16—18世纪中亚历史地理文献》，第111页。

③ 〔苏联〕Б. Г. 加富罗夫《中亚塔吉克史》第328页记载：16世纪初，河中地区的居民，按职业被分为两类，即农民和基什拉克的居民（基什拉克尼申），基什拉克指游牧部落的过冬处所，16世纪末，基什拉克尼申一词开始作为与沙赫尔尼申（城市居民）一词相对立的名称，用来称呼任何乡村地区的居民。根据基什拉克尼申一词含义的变化，可以得出结论，即乌兹别克游牧民向定居生活过渡的过程，在16世纪末特别加快起来。

农耕定居生活，他们被称为萨尔特人。18 世纪以前，农民只能利用小河的水灌溉土地，没有一条从锡尔河引出的大渠；18 世纪起，引卡拉达里亚河（Kara Darya）和纳林河之水灌溉的大水利工程出现，这在费尔干纳是从未有过之事。[1] 灌溉系统的开发，耕地面积的增加，游牧转向定居农业的过程加速，牧民的比重逐渐降低，半游牧半定居人口在费尔干纳占据了重要位置。无论是定居地区或是游牧地区，由于人口的急剧增加，争夺土地和水资源的斗争在 18 世纪的费尔干纳尖锐起来，因此，这一时期，农、牧民之间争夺土地的斗争频繁。

灌溉水渠的利用增加了费尔干纳农民的收成，他们每年从 2 月起一直耕作到秋天。农作物有小麦、大麦、燕麦、高粱（Joughara）、玉米、水稻、马希（Māsh，一种豌豆）、芝麻、亚麻、大麻、棉花、苜蓿等，小麦是主要的谷类作物，种棉业在农业中也占重要地位。蔬菜类、瓜果类，特别是葡萄和香瓜享誉四方，忽毡城郊一个名叫坎德·巴达姆（Kand-i Badam）的村庄生产的杏仁出口到波斯湾的霍尔木兹和印度。

在这一时期，畜牧经济仍是哈萨克人、吉尔吉思人和土库曼人的支柱产业。在中亚绿洲的草原和山脉中，哈萨克人、吉尔吉思人、土库曼人，以及部分乌兹别克人和卡拉卡尔帕克人仍以游牧业为主。随着封建化的深入，封建主利用自己对牧地的支配权占据了最好的牧场和最便于过冬的地带。在哈萨克草原，俄国的侵占加速了哈萨克牧民的破产，在 1756 年，沙俄政府明文规定禁止哈萨克人把牲畜赶到乌拉尔河与伏尔加河之间的冬季牧场去。

在这一时期，中亚手工业的情况比农业要好一些。在 17 世纪下半叶和 18 世纪初，中亚手工业最发达的国家是布哈拉汗国，它的纺织业和造纸业继续成为中亚的强势产业。到 17 世纪下半叶，撒马尔罕和布哈拉制造的书写用纸被认为是世界上最好的，远销欧洲和

① V. V. Barthold, *Four Studies on the History of Central Asia*, Vol.I, p. 67.

中国西部地区。在布哈拉汗国，武器制造、皮革业、地毯织业、陶器业也很发达，布哈拉城市手工业以高度专业化著称。18 世纪初期的诗人赛义多纳萨菲在他的作品中，提到了布哈拉城有 200 多种行业。[①] 在一个相当大的地区范围内，布哈拉仍是手工业和商贸的中心。但由于封建战争，布哈拉城在 18 世纪 30 年代衰落，在布哈拉，只有两个街区还住有居民，按历史学家的记载，城市变成了一片废墟。撒马尔罕也遭到同样的命运，到 1735 年，几乎已经完全没有居民了。[②]

17 世纪，中亚对外贸易和过境贸易处于不利的地位，海路的开辟削弱了中亚国家的过境贸易。16 世纪海路的开辟，古代商路普遍改变了路线，特别是贯穿欧亚的干线，这种情况导致在欧亚通道上起桥梁作用的中亚城市衰落，导致生产和消费普遍下降，仿佛有点回到自然经济的状态上。[③] 这一情况的消极后果在 17 世纪反映出来。17 世纪以后，中亚国家更多的是与中国、伊朗、印度、俄国等周边国家发生贸易关系。

17 世纪，布哈拉与希瓦汗国的贸易可沿陆路和水路进行，尤其是利用阿姆河。例如，满载着玉米的船只从南方帖尔穆兹的克利夫（Kelif）码头出发驶向花剌子模。布哈拉商人一直充当着哈萨克人、卡尔梅克人和叶儿羌汗国诸族的中间商，他们主要与哈萨克人、土库曼人和吉尔吉思人等附近的游牧民进行贸易，游牧民把他们的畜群赶到定居绿洲的边境上，中间商收购后在布哈拉的市场上转卖。

随着费尔干纳独立政权的建立，费尔干纳盆地与中亚其他地区的交往频繁起来。费尔干纳盆地在西面有一个豁口，即忽毡的出口，它是浩罕汗国与布哈拉和希瓦汗国联系的重要出口。在费尔干纳的东南方，沿山间峡谷有一条只能驮载而行的商路，这条商路一直通

---

① 苏联科学院主编：《世界通史》第 5 卷，第 335 页。

② 〔苏联〕帕·彼·伊凡诺夫：《中亚史纲》，《中亚史丛刊》1983 年第 1 期，第 61 页。

③ 同上书，第 52 页。

向喀什噶尔，它联系着浩罕汗国与东方的贸易。

在对外贸易中，中亚与中国的贸易还在继续。1619 年，波斯沙赫阿拔斯一世邀请布哈拉和撒马尔罕商人到他的宫廷，了解他们每年去中国（Cathay）的商队所走的路线和花费的时间。[①] 长期居住在吐鲁番的布哈拉人充当准噶尔人的贸易代理人，1675—1676 年间，准噶尔首领鄂齐尔图把毛皮、奴隶和马匹让布哈拉人带到北京销售。[②]

在布哈拉和撒马尔罕商人经营的转手贸易中，中国货是他们转卖给俄国商人的主要商品，有些商品还被中亚商人垄断。从 17 世纪上半叶起，中国的大黄（被认为是万能药品，作为染料也很有价值）成为布哈拉商人对波斯和俄国出口的垄断商品[③]，布哈拉商人对中国大黄的垄断长达近两百年的时间。1653 年，仅一个商人就带了 671 公斤大黄去俄国城市托木斯克。[④]1738 年，布哈拉商人答应每年给驻恰克图的俄国官员提供 32.7 吨来自中国的优质大黄，以交换西伯利亚毛皮[⑤]；有两个布哈拉家族在 1772 年以后大约四十五年间每年向俄国政府运送 16.38 吨大黄。[⑥] 当准噶尔人阻隔了布哈拉商人前往中国的交通以后，布哈拉商人以高价从准噶尔人那里购进中国商品，特别是麝香和海狸香。在此期间，和田、喀什噶尔和克什米尔的商人们纷纷来到布哈拉的市场交易。

布哈拉与中国边疆喀什噶尔和叶儿羌的经济往来除了贸易外，还有着生产上的联系。1685 年，喀什噶尔开始为布哈拉中间商生产销往西伯利亚的赞丹尼奇布、卡尔巴丝和印花布。

在与西方的贸易中，布哈拉汗国与俄国、波斯继续着以往的贸易，从中亚的情况来看，西欧商业还未渗入中亚，欧洲各国开办的

---

① C. Adle, Irfan Habib, *History of Civilizations of Central Asia*, Vol. 5, p. 411.

② Ibid., p. 413.

③ Ibid., p. 411.

④ Ibid..

⑤ Ibid., p. 415.

⑥ Ibid., p. 411.

公司在中亚没有代理人，即使在河中地区的中亚腹地也很少见到西欧商人。不过，中亚国家与俄国的贸易逐渐占据主要地位。俄国对伏尔加河流域的征服，阻隔了中亚商人与东欧国家的贸易，因此，中亚与俄国的贸易量扩大。1619年，一位布哈拉商人一次托运到喀山的货物就有赞丹尼奇布1294匹、其他各类棉布223匹、饰带300条、印花布70米、丝4.5公斤等。[①] 根据粗约的统计，17世纪，双方贸易总额每年将近十万卢布，在俄国经阿尔汉格尔斯克港的出口贸易中，它占了将近五分之一。[②]

17世纪以后，沿里海与俄国进行的贸易发展起来了，最重要的一条商路通过土库曼—萨洛尔人游牧的曼格什拉克，沿这条道路由俄国输入中亚的商品有皮毛、皮革、呢绒、器皿、金属制品；从中亚输出俄国的是棉织品、丝织品、刀剑和香料。到18世纪，奴隶贸易仍然存在，这项贸易的最大承办商是花剌子模人、哈萨克人、土尔扈特人和土库曼人。奴隶来源除了战俘外，还有饥荒年头父母卖出的子女。1740年，波斯沙赫纳迪尔在希瓦汗国发现并释放了大约12000（又有一说是20000）名波斯奴隶。18世纪，甚至在19世纪早期，还有大批波斯战俘被带到布哈拉和希瓦的奴隶市场上出售。19世纪70年代，畜奴最多的布哈拉奴隶市场仍然在进行着奴隶买卖。

从18世纪起，除了以往的阿斯特拉罕、喀山等城市外，奥伦堡、特罗伊茨等要塞成了俄国与中亚交往的政治和商业中心，这些要塞的建立加强了中亚与俄国的经济联系。奥伦堡在1735年兴建后不久就成为布哈拉商人与俄国贸易的重要中心。布哈拉商人除了继续前往阿斯特拉罕城贸易外，更多的是到奥伦堡贸易。他们从塔什干出发，顺锡尔河而下，再北上到奥伦堡，或者继续向西越乌拉尔山前往莫斯科。塔什干之路口益成为布哈拉商人前往奥伦堡的要道，

① C. Adle, Irfan Habib, *History of Civilizations of Central Asia*, Vol. 5, p. 411.

② 〔苏联〕帕·彼·伊凡诺夫：《中亚史纲》，《中亚史丛刊》1983年第1期，第53页。

在这条路线上，布哈拉商人与塔什干商人展开了竞争。

17 世纪末至 18 世纪初，中亚商人从沿途贩卖的行商转为坐商。沿阿斯特拉罕、喀山到莫斯科一线的商人中，有些商人的最终目的地是莫斯科，而有些商人为了获得他们的要价，在沿途的城市逗留几年。布哈拉人可以在阿斯特拉罕的商埠旅店住上十年、十五年，或者定居在那儿。阿斯特拉罕城 1747 年的人口统计表明，在阿斯特拉罕男性居民中有 469 个布哈拉人。① 在托波尔斯克（Tobol'sk）和西西伯利亚，有布哈拉侨民区，在喀什和吐鲁番也有长期居住的布哈拉人。

在中亚与俄国的贸易中，商队常常与官方使节一起旅行。16 世纪，中亚汗国与俄国开始了使团互访，17 世纪，商队随使团而行的情况普遍起来。随使者到俄国的中亚商人可以免交进口税和销售税，而且还可以买到在公开市场（Zapovednye tovary）上买不到的货物，有时甚至可以到当时不向外国人开放的都城莫斯科或彼得堡。

这一时期，中亚商人加强了与印度的贸易，在布哈拉城的印度区内，住着来自旁遮普和拉其普的商人和高利贷者。此外，印度富商还雇佣住在阿斯特拉罕的布哈拉人为代理商，或是借钱给他们，或是直接为他们提供周转资金。② 由于萨法维王朝与莫卧儿帝国争夺阿富汗的持久战争，从伊朗到印度的内陆贸易受阻，导致阿富汗经济衰落。原来靠商队维持繁荣的城镇全面走向衰落，经济与政治的重心逐步向农村转移，向控制土地财富转移。这种状况一直持续到 1747 年阿富汗建国。

---

① C. Adle, Irfan Habib, *History of Civilizations of Central Asia*, Vol. 5, p. 409.

② Ibid., p. 414.

第四章

内外关系

17 世纪至 18 世纪上半叶的 150 年中，中亚国家在大部分时间内处于紧张的敌对关系。希瓦汗国与布哈拉汗国从 16 世纪 30 年代开始的战争又持续了半个世纪（1643—1694），到 17 世纪末期，希瓦汗国承认了布哈拉汗国的宗主国地位；18 世纪中叶，两国曾经结盟抵抗波斯阿夫沙尔王朝的入侵，然而，联盟是短暂的。在此时期，两个汗国与哈萨克人保持了友好关系，在哈萨克人的大灾难时期，布哈拉汗国与哈萨克人共同抵抗过准噶尔人入侵，哈萨克王族成员曾充任希瓦汗国的傀儡汗。18 世纪初，费尔干纳从布哈拉汗国分裂出来，形成了浩罕汗国，布哈拉汗国一有机会就企图恢复对费尔干纳的统治。这一时期，中亚面临俄国的威胁。俄国军队于 16 世纪末越过乌拉尔山吞并了西伯利亚汗国，南下蚕食哈萨克人的牧地。18 世纪初叶，俄国加快了侵占哈萨克草原的步伐，到 18 世纪 30 年代，中、小玉兹的哈萨克人成了俄国的臣民。然而，俄国对希瓦汗国的军事行动没有取胜，到 18 世纪中叶以前，希瓦和布哈拉汗国仍然以独立国家身份与俄国发生交往。

第一节　汗国之间的关系

17 世纪至 18 世纪中叶，哈萨克汗国和准噶尔汗国之间的关系成为中亚北部诸政权之间关系的主线。从 15 世纪起，卫拉特人从漠西蒙古逐渐向中亚东北部扩张，17 世纪初来到了哈萨克汗国领土的北部边界，17 世纪中叶以后，卫拉特人对哈萨克汗国造成了严重威胁，中亚北部草原上的两大游牧汗国进行了一百多年的较量。

1682 年，准噶尔人对哈萨克汗国发起了第一次大规模的入侵。噶尔丹率领的准噶尔人一直打到锡尔河北岸，哈萨克人在头克汗的指挥下，以诈降诱使噶尔丹入城，待到半夜哈萨克援军赶到之后，内外夹攻。1683 年，噶尔丹的侄儿策旺阿拉布坦（Tshe-dbang-rab-brtan）率军进攻锡尔河中上游的哈萨克牧地，攻陷了塔什干城，将头克汗之子俘获并押往西藏"以畀达赖喇嘛"。此战之后，锡尔河北岸诸多城市相继投降，只有赛拉姆城的哈萨克人坚守达两年之久。

赛拉姆城是准噶尔人与哈萨克人争夺的焦点。赛拉姆城地处塔剌思河流域（今哈萨克斯坦奇姆肯特市东），东接塔剌思河流域和楚河流域的草原地带，西南与商贸名城塔什干相连，西北通往头克汗廷突厥斯坦城。[①] 据明朝使臣陈诚记，此城"四周俱平原，略无险要。人烟稠密，树木长茂，流水环绕，五谷蕃殖"。赛拉姆城修筑了坚固的城防，易守难攻。准噶尔人于 1684 年攻破赛拉姆城。至此，准噶尔人控制了巴尔喀什湖以东以南的牧场，伊犁河流域成为准噶尔汗国的统治中心。[②]

1684 年以后，噶尔丹把注意力转向反清战争，减少了对哈萨克人的进攻。头克汗陆续收复了包括赛拉姆城在内的失地，并派人前

---

① Yuri Bregel, *An Historical Atlans of Central Asia*, Leiden-Boston, 2003, p. 68 and map 34, The Trade Routes of Central Asia in the 17- 18th Century.

② V. V. Barthold, *Four Studies on the History of Central Asia*, Vol.I, p.161.

往准噶尔汗国求还其子。直到1697年噶尔丹去世，策旺阿拉布坦才派官兵五百人护送其子返回突厥斯坦城。然而，头克汗将使团成员杀害。此后，头克汗又出兵掠夺准噶尔人；掠夺准噶尔属部乌梁海的边民；截击土尔扈部护送阿玉齐之女色德尔扎布（Sedershap）与策旺阿拉布坦成亲的送亲队伍；劫掠准噶尔人赴俄贸易的商队。这些行为导致了准噶尔人与哈萨克人的战争再次发生。

1698年，策旺阿拉布坦在给清政府的一封文书中，报告了这次战争的起因。信中说："臣之与哈萨克搆（构）兵，非得已也。昔噶尔丹擒哈萨克头克汗之子，以畀达赖喇嘛。故头克使人乞臣关说，求还其子，与彼完聚。臣乃使人于达赖喇嘛索得头克之子，拨五百人，护送归之。头克反尽杀臣五百人，后又杀臣属下吴尔赫德巴图尔台吉，掠取其人民。继又掠我吴（乌）梁海百余户人，臣妻父阿毓（玉）奇，以其女归臣使妻兄三济札布，送臣之妻，彼又要战于路。去岁秋，臣商人自鄂罗斯归，彼又掠之。哈萨克屡来犯臣，有如许过恶，臣是以兴兵而往。"①

策妄阿拉布坦于1711—1712年、1714年、1717年、1723年和1725年对哈萨克人发动了一个接一个战争。来自准噶尔的威胁开始变成封建的哈萨克斯坦独立生存的主要危险。②在此危难时刻，头克汗于1711年召集三个玉兹的代表及各部落的首领在卡拉库木开了一次会。会后，哈萨克三玉兹组建了联军。在联军的共同行动下，哈萨克人取得了胜利。第二年，哈萨克人攻入准噶尔汗国境内，俘获了一些妇女和儿童。1713年，哈萨克人打败了前来进攻的3000准噶尔人。然而，取得这些胜利以后，哈萨克汗国的分裂势力抬头，各玉兹首领各自为政，哈萨克人抵抗准噶尔人的力量遭到削弱。1716年，准噶尔人聚集军力，从伊犁河流域出发向七河流域草原推进，继而兵锋直向西南方向的锡尔河北岸城市。

---

① 《清实录》第5册，卷188，第4863页。

② 〔苏联〕伊·亚·兹拉特金：《准噶尔汗国史》，马曼丽译，商务印书馆1980年版，第309页。

1718 年春，在巴尔喀什湖东北阿亚古斯河畔的哈萨克人与进入哈萨克草原的准噶尔人遭遇，哈萨克人迅速聚集 3 万人进行抵抗。战斗进行了三天，“前两天哈萨克军队打得很出色，但第三天被准噶尔军队击败。这次战争的失败是……哈萨克汗国内部不团结造成的。（小玉兹的）阿布勒海尔汗和哈伊甫素丹互相敌视，没有联合作战。他们一个汗率军上阵厮杀，另一个汗就撤军不打。这样，哈萨克伤亡惨重，遭到彻底失败”①。这次战争打开了准噶尔人进入锡尔河北岸城市的道路。

1723 年，准噶尔人在哈萨克人全然不知的情况下发起袭击。“哈萨克人刚刚度过严冬，人和牲畜都瘦弱不堪，突然遭受残酷打击，完全失去反抗能力，陷入了被动挨打的境地。短短的两三个月间，所有哈萨克人都遭受了悲惨的厄运。”② 许多人被准噶尔军屠杀，哈萨克汗国首府突厥斯坦城也被准噶尔人夺取，大玉兹和中玉兹的一些部落被迫向准噶尔人称臣。③

哈萨克人再次团结起来。1726 年，三个玉兹再次组建了联军，联军在小玉兹汗阿布勒海尔的统帅下在图尔盖草原东南地区的布兰提（Bulanti）和贝留提（Beleutti）两河岸有组织地进行了抵抗，1730 年，双方在卡拉·锡尔（Qara-syr）展开了一场大战，哈萨克人取得胜利，准噶尔军队被迫向东退回到准噶尔汗国本土。

在噶尔丹策零时期（1727—1745），准噶尔人继续攻入哈萨克草原。④1741 年，噶尔丹策零率军 1.5 万人打算进攻小玉兹，在途经中玉兹之时，对中玉兹进行了突然袭击和洗劫。据中国第一历史档案馆档案材料记载，中玉兹汗阿布赉率领部众“三百多人在巴彦乌喇打围”，遭到色布腾率领的准噶尔主力部队的围困被俘，被押往伊

① 厉声：《哈萨克斯坦及其与中国新疆的关系（15 世纪—20 世纪中期）》，第 60 页。

② 〔哈萨克〕努·纳扎尔巴耶夫：《前进中的哈萨克斯坦》，哈依霞译，民族出版社 2000 年版，第 160 页。

③ Sir Henry Howorth, *History of Mongol: From the 9th to the 19th Century*, Part II, p. 642.

④ V. V. Barthold, *Four Studies on the History of Central Asia*, Vol.I, p.164.

犁。此后，中玉兹哈萨克人向准噶尔汗国表示臣服。

准噶尔人在塔什干城内，依策妄阿拉布坦时相沿旧制，“向日驻劄回人阿奇木一员。厄鲁特哈尔罕一员。不必驻劄”[①]。尽管准噶尔人在塔什干派有一名答尔罕，但事实上，作为哈萨克大玉兹和中玉兹宗主的准噶尔汗国并未在哈萨克人中建立过正式的统治，只是依靠人质制度以保证哈萨克人的臣属。据俄国档案记载，1748年，“准噶尔从哈萨克取得了人质，其中有阿布赉、巴喇克素丹等二十名长老”[②]。人质的生活费用由哈萨克人负责，1741年噶尔丹策零在通告哈萨克各部首领的信中说：“为了让你们能够平安、无战事地生活，请在来年夏季中月（即6月）将阿布尔马麦特汗、巴拉克素丹和张贝克及其他吉尔吉思—哈萨克各帐上层头人的儿子及其妻子与马车，尽可能一起送到这里来，视你们需要送来必要的车马和粮食，就像你们已一致同意决定的那样……”[③]

在经济上，准噶尔汗国在哈萨克人中收取一定的贡赋，有记载：“厄鲁特（准噶尔）强盛时，哈萨克皆为所属，岁纳马。”[④]在一些重要的城市和地区，准噶尔汗派遣官员协助和监管贡赋的征收。1758年，清政府平定准噶尔汗国，哈萨克人摆脱了对准噶尔人的臣属关系。

由于中亚北部草原两大游牧汗国的斗争，中亚国家均调整了对外关系。首先，哈萨克人调整了与叶儿羌汗国和吉尔吉思人的关系，杨吉尔汗在位时期，哈萨克汗国曾两次遣使前往叶儿羌汗国商谈共同抵抗准噶尔人之事，以后，哈萨克人又与吉尔吉思人建立了友好联盟。

17世纪初期，布哈拉汗国与哈萨克汗国之间继续着16世纪对锡尔河北岸城市的争夺战争。哈萨克汗利用布哈拉政权交替时出现

---

① 《清实录》第15册，卷496，第14829页。

② 〔日〕佐口透：《新疆民族史研究》，章莹译，新疆人民出版社1993年版，第233页。

③ 〔哈萨克〕克拉拉哈菲佐娃：《14—19世纪中国在中央亚细亚的外交》，杨恕、王尚达译，兰州大学出版社2002年版，第152页。

④ （清）王之春：《清朝柔远记》，中华书局1989年版，第100页。

的混乱，从塔什干出发侵袭包括撒马尔罕城在内的河中地区。札尼王朝对哈萨克人进行了回击，伊玛姆·库利汗在即位的第二年，前往突厥斯坦城攻打哈萨克人和准噶尔人，并于 1613 年将塔什干重新纳入布哈拉汗国版图，任命其子伊斯坎达尔统治。在伊斯坎达尔被杀之后，1621 年，伊玛姆·库利再次远征塔什干，城破后他在塔什干进行了大屠杀。据当时人记载："伊玛姆·库利汗镇压塔什干起义那一天，一直到中午礼拜时刑场上仍热闹非凡，一个百岁老汉像一岁小孩那样蹒跚着也走来了。被杀的人不计其数……历史上从未有过这样无法无天的事。"[①] 此后，伊玛姆·库利支持哈萨克分裂政权速檀土尔逊，把塔什干及其所属地区让给他。但后来，哈萨克汗消灭了这一分裂政权，塔什干归入哈萨克汗国版图。针对这些地区的归属问题，布哈拉汗苏布罕·库里曾于 1688 年派官员到塔什干与头克汗谈判。此后，双方关系有所缓和。

17 世纪末，在哈萨克草原遭到准噶尔人入侵时期，哈萨克汗国与布哈拉汗国之间改善了关系，双方联合起来共同抵抗准噶尔人。哈萨克汗杨吉尔甚至说服布哈拉汗借给他两万兵抵抗准噶尔人。喀什噶尔的最后一位叶儿羌汗穆罕默德·艾敏（1692—？）也于 1691 年派使节去见苏布罕·库里，希望获得布哈拉汗的支持以反对"异教徒吉尔吉思人"（即准噶尔人）。

无论是战还是和，哈萨克汗国与布哈拉汗国经济联系都是密切的。哈萨克游牧民把他们的畜群赶到定居绿洲的边境上交易，半游牧民生产的特色手工业品也被带到布哈拉商贸市场出售，在布哈拉有专卖马的市场。

在准噶尔人的逼迫之下，小玉兹哈萨克人中的大多数人从下游越过锡尔河迁到希瓦汗国境内，有些人长期留居此地。希瓦汗国在亦剌克掌权时期，甚至把小玉兹哈萨克王室成员扶上希瓦汗位，成为他们实施统治的傀儡。哈萨克小玉兹汗阿布勒海尔的兄弟和儿子

---

① 〔乌兹〕艾哈迈多夫：《16—18 世纪中亚历史地理文献》，第 105 页。

都曾被立为希瓦汗。17 世纪后期至 18 世纪上半叶，希瓦汗国与哈萨克汗国保持着友好关系。

这一时期，中亚南部政权之间在大部分时间内也充满着战争。17 世纪，希瓦汗国和布哈拉汗国之间的战争断断续续打了半个世纪（1643—1694）。双方之间的战争起于 16 世纪 30 年代，在昔班尼王朝统治时期，布哈拉汗国多次入侵希瓦汗国，17 世纪的情况却正好相反，希瓦汗国频繁发动对布哈拉汗国的战争，这种状况一直到 17 世纪末期才结束。

阿布哈齐汗继任希瓦汗以后，励精图治，国家稳定而富强起来。在他统治期间，希瓦军队频繁出兵劫掠布哈拉汗国的查尔朱、卡拉库尔和瓦尔丹兹等地区，甚至两次（1656、1662）攻入布哈拉腹地，对布哈拉汗国构成了严重的威胁。到阿奴什汗时期，他三次出兵攻布哈拉汗国。1681 年，阿奴什汗攻占布哈拉；1684 年，阿奴什汗攻占撒马尔罕城；1685 年，希瓦人夺取了布哈拉城附近的忽吉杜万、哈扎拉等地；一年之后，阿奴什汗又攻下撒马尔罕，以及距撒马尔罕大约 140 公里的沙赫里夏勃兹。

希瓦汗对布哈拉汗国的入侵往往得到了布哈拉汗国封建领主的支持。卡尔希城官员穆罕默德·巴卡在他写的《王诫》一书中记录了 1681 年阿奴什攻布哈拉时的情况："布哈拉的重要人物和主要的异密，以及被卷入到这个国家混乱中的［一些人］，现在跑到了阿努沙汗那里，他收留了他们。"①1685 年阿奴什的进攻更是布哈拉汗国内部冲突的结果。汗国封建领主霍贾姆库里比发动暴乱，占领了布哈拉城和卡尔希城之间的地区，他劝乌尔根奇人从花剌子模发兵。②霍贾姆库里比把将阿奴什汗的军队领到撒马尔罕城下，守城的乃蛮部沙赫别克霍加投靠了阿奴什，为他效力。沙赫里夏勃兹的领主和显贵也都这样。作者还记录了因变节而声名狼藉的涅谢夫·卡迪巴

① 〔乌兹〕艾哈迈多夫：《16—18 世纪中亚历史地理文献》，第 97 页。
② 同上。

迪暗中写给阿奴什的信："当阿奴什汗权力的孔雀使撒马尔罕人的华宴生辉的时候，我天性的鹦鹉却没有使自己心灵的嘴在别人的甘蔗园中尝到甘甜。如果至圣的花剌子模沙像幸福的凤凰，在我头顶上投下一点阴凉，我的心将不会受惑于别人的恩赐，将履行宣布的臣服条件。"①

希瓦汗国的入侵在四十多年内一直威胁着布哈拉汗国的安全，这种形势直到布哈拉汗苏布罕·库里时期（1681—1702）才有了转变。苏布罕·库里也曾经与希瓦汗阿布哈齐和阿奴什勾结，支持他们攻打布哈拉和撒马尔罕："由于当时苏布罕·库里与其兄不和，他就怂恿阿奴什汗进行这种侵袭。"② 即位以后，他求助于巴达克山统治者马哈穆德比，在他的支援下，曾赶走阿奴什的军队。17 世纪末，在希瓦汗国内形成了亲布哈拉派和反布哈拉派。1687 年，阿奴什之子伊伦格登上希瓦汗位，他是在布哈拉汗的支持下夺取王位的，因此，即位之初支持亲布哈拉派，但两年以后，他开始扩张，于 1689 年和 1694 年两次攻布哈拉汗国，但均遭失败，最终被本国的亲布哈拉派杀死。

伊伦格死后，忍受希瓦入侵近半个世纪的布哈拉人开始反攻。布哈拉人在呼罗珊占领了希瓦汗国领地穆尔加布堡（Bālā-Murghāb）。1695 年，一位自称是布哈拉汗苏布罕·库里家臣的人库尔·穆罕默德（Qul Muhammad）出兵希瓦汗国，迫使希瓦汗承认了布哈拉汗国的宗主地位，1697 年、1700—1701 年的两位希瓦汗实际上是布哈拉汗任命的。

希瓦汗国与布哈拉汗国之间的战争使两国人民饱受灾难。《王诫》一书记录了希瓦军在占领布哈拉时的抢劫行为："落到他们手里的钱财和牲畜使善于计算的人也难以统计，其数量之多让精明的人也感到头痛。"③ 在战争中，许多地区遭到劫掠，成千上万的百姓成了

① ［乌兹］艾哈迈多夫：《16—18 世纪中亚历史地理文献》，第 97—98 页。
② 同上书，第 103 页。
③ 同上书，第 98 页。

俘虏，他们被迫在汗和贵族的建筑工地上卖力，受尽种种折磨，有的被打得遍体鳞伤，有的甚至被活活打死。[①]

18 世纪 40 年代，在纳迪尔沙赫的威胁下，希瓦与布哈拉两个汗国曾经结盟共同抵抗。但当纳迪尔沙赫向布哈拉汗稍稍表示友善，布哈拉汗就背叛盟约，结果，两国都被纳迪尔军队征服。

这一时期，布哈拉汗国与浩罕汗国的关系紧张。费尔干纳地理位置孤立，较少受到骚乱的影响，18 世纪上半叶，布哈拉汗国居民或躲避饥荒，或起义失败，都逃到费尔干纳避难。18 世纪中叶，布哈拉汗国实际上已经承认了浩罕政权，然而，布哈拉汗一有机会就企图恢复对费尔干纳的统治，因此，在双方边境地区不断有战争发生。

17—18 世纪中叶的一百五十年，中亚国家之间大多数时间都处于战争之中，特别是希瓦汗国和布哈拉汗国，这些战争便利了来自西方阿夫沙尔王朝和北方俄国的进攻，削弱了中亚抵抗外来入侵的力量。

第二节　汗国与俄国的关系

在这一百五十年中，中亚地区与俄国的关系成为中亚国家对外关系的主要方面。16 世纪后期，俄国人越过了乌拉尔山，成为与哈萨克汗国领土毗邻的国家。哈萨克人在遭受准噶尔人入侵之时，分散到伏尔加河与额尔齐斯河之间的草原，经济上处于困境的这些哈萨克人经常抢劫过往商人，他们把西伯利亚的鞑靼人抓起来运往俄国奴隶市场，或将俘获的俄国商人运往中亚作为奴隶出卖。

1680—1682 年，哈萨克人进攻额尔齐斯河中游左岸亚梅什湖附近的俄国人，袭击了俄国在托博尔斯克附近的塔尔汗要塞及乌捷斯克村、亚卢托罗村。此后，俄国派出了以费多尔斯基宾为首的使团

---

① 〔乌兹〕艾哈迈多夫：《16—18 世纪中亚历史地理文献》，第 104 页。

前往突厥斯坦城与头克汗谈判。“但是这个外交使团没有得到彼得所期望的结果。在汗主持下所召开的酋长联席会议上主张同俄国进行战争的人占了上风，俄国外交官被当作战俘而拘留，后来很艰难地去了布哈拉，从那儿返回俄国。”[①]

头克汗去世以后，哈萨克三个玉兹分裂，哈萨克人丧失了抵抗准噶尔人的力量，哈萨克统治集团开始寻求俄国的帮助。1717 年，头克汗与包括小玉兹阿布勒海尔汗在内的部分速檀致书俄国政府，希望俄国出面帮助哈萨克人抵抗准噶尔汗国的进攻。[②]1718 年，头克汗遣使俄国，给沙皇彼得一世捎去了一份文书，表示愿意与俄国方面“保持持久的和平与结盟”[③]。沙俄政府指示西伯利亚总督加加林（Gagarin）亲王出面与哈萨克人联系，在可能的情况下可以帮助哈萨克人抗击准噶尔军队的进攻。

在哈萨克人艰难时期，俄国趁机逼迫他们加入俄国国籍。1722 年，俄国外交委员会派使团前往哈萨克汗国，使团首领穆尔扎捷夫凯列夫接到命令：“如果该汗国不愿作名副其实的臣民”，“那么也应竭尽全力，慷慨解囊，只要能换取一纸，置该汗国于俄罗斯帝国庇护之下，即使耗尽百万也在所不惜”。[④]在经历 1723—1728 年大灾难之后，一部分哈萨克汗和速檀开始考虑加入俄国籍的问题。在 18 世纪 30 年代，小玉兹和西部中玉兹的哈萨克人先后对俄国做出了臣属的表示。

哈萨克小玉兹的牧地在乌拉尔山和乌拉尔河以东，与俄国领土相邻，他们最早与俄国发生联系。1726 年，俄国使者马克斯优塔·优努索夫（Maksyuta Yunusov）与小玉兹汗阿布勒海尔在卡拉卡尔帕克草原举行了一次会晤。会晤之后，阿布勒海尔派出以科巴加尔·科别科夫（Koybagar Kobekov）为首的使团到圣彼得堡，希

---

① 厉声：《哈萨克斯坦及其与中国新疆的关系（15 世纪—20 世纪中期）》，第 71 页。
② 同上。
③ 〔俄〕A. D. 列夫申：《吉尔吉斯—哈萨克各帐及各草原的述叙》第 3 章。
④ 〔俄〕捷连季耶夫：《征服中亚史》第 1 卷，武汉大学外文系译，商务印书馆 1980 年版。

望得到俄国的“保护”。1730 年，阿布勒海尔伙同少数速檀向沙皇提出加入俄国国籍的请求，并开始与俄国政府商谈小玉兹哈萨克归并俄国的问题。同年 9 月 8 日，阿布勒海尔派遣以色特库尔·科达古罗夫（Seyed-Qul Koydagulov）和库特鲁姆伯特·科什塔埃夫（Kutlumbet Koshtaev）为首的使团到乌法城，请求女皇安娜·伊凡诺夫娃（1730—1740）同意小玉兹归并入俄国。1731 年 2 月 19 日，女皇签署了致阿布勒海尔汗和“全体哈萨克人”证书。同年 4 月 30 日，以捷夫凯列夫（A. I. Tevkelev）为首的俄国使团带着证书来到哈萨克草原。在宣读证书之后，捷夫凯列夫要求哈萨克人向俄国宣誓效忠。10 月 10 日，捷夫凯列夫召集小玉兹哈萨克统治上层开了一次会，会上，阿布勒海尔签署了关于小玉兹归并俄国的合法法案，接着，布肯贝（Bukenbay）、伊萨特（Iset）及其兄弟库岱·纳扎尔（Khudāy Nazar）和另外二十七位哈萨克首领在法案上签了字。[①]

1732 年 10 月，小玉兹哈萨克人爆发了反俄暴动，11 月，愤怒的小玉兹哈萨克人联合在西伯利亚流亡的、阿布勒海尔的敌对势力提出了推翻阿布勒海尔统治的口号，邻近的中玉兹哈萨克人纷纷响应。阿布勒海尔无力控制局面，与俄国使团一起退往锡尔河中下游地区，这次暴动最终被贵族布肯贝等首领平息下去。[②]

小玉兹归并于俄国以后，小玉兹汗阿布勒海尔于 1731 年 12 月 15 日派使者随俄国使节捷夫凯列夫一起前往西部中玉兹汗赛买克处，建议中玉兹臣属于俄国。赛买克汗表示中玉兹愿意加入俄国，使者敦促赛买克汗向他宣誓效忠，并“盖了印”。[③] 随即，西部中玉兹哈萨克人爆发了反俄起义。大多数首领和广大哈萨克牧民自发地团结起来，武力围攻和袭击了俄国使团，“起初，这个斗争只是反对捷夫凯列夫的外交使团，贫民和比不让捷夫凯列夫出哈萨克斯坦国境，

---

① C. Adle, Irfan Habib, *History of Civilizations of Central Asia*, Vol. 5, p. 99.

② 厉声：《哈萨克斯坦及其与中国新疆的关系（15 世纪—20 世纪中期）》，第 77—78 页。

③ C. Adle, Irfan Habib, *History of Civilizations of Central Asia*, Vol. 5, p. 99.

并好几次企图打死他。外交使团大部分的马被哈萨克人赶走了”[①]。随着斗争的激化，赛买克汗本人也加入并领导了反俄斗争。

就在中玉兹哈萨克人举行反俄起义之时，准噶尔人又发起对中玉兹的入侵，中玉兹的经济遭到极大的破坏。在这种形势下，哈萨克人的反俄情绪平息下来，接受俄国保护的倾向变得明显。于是，赛买克汗派代表至乌法表示要重新臣服于俄国。俄国远征军首领基洛夫（Kirov）代表俄国表示，宽恕赛买克汗以往的反俄行为，并出示了女皇的信函。信中说：“朕，崇高的君主，女皇陛下，本着朕的君主的权力，特别是本着对吉尔吉斯—哈萨克人的怜悯，十分仁慈地宽恕你，切米亚克（赛买克），宽恕那些长老们和中帐的吉尔吉斯（即哈萨克）全军，违背了你们第一次的宣誓，只要你们本着你们自己的志愿，置身于并保留在朕的统治之下。”[②]

当西部中玉兹哈萨克人归顺于俄国之时，中玉兹东部坚持独立，并不时对俄国人发起袭击。以巴拉克汗为首的中玉兹东部统治者一直拒绝臣属于俄国，“他们不愿放弃他们的独立。他们在这种臣服中看到的只不过是奴役和压迫，而不是应有的结果：平静和安宁，他们竭力反对那些支持俄国的吉尔吉斯（即哈萨克）人”[③]。

大玉兹哈萨克人的领土与俄国不相邻，所以，大玉兹哈萨克人与俄国之间的关系比较松散。在小玉兹1732年派往俄国的使团中，大玉兹长老阿拉尔拜（Alarbai）和阿拉斯赫尔·迪巴图尔（Arrasl Dibatur）以私人身份随团去了圣彼得堡。1734年7月10日，俄国女皇曾给大玉兹领主及长老们捎去了一封信，信中说：“我们的臣民阿布勒海尔向我们报告说，作为一个忠实的臣民，他已经把你们纳入我们的臣民之列，并且为此把你们的代表阿拉尔拜和阿拉斯赫尔·迪巴图尔派到我们的宫廷来。”大玉兹的一些速檀和伯克也曾经向女皇提出过加入俄国国籍的要求，然而，大玉兹汗卓勒巴尔斯却

① 厉声：《哈萨克斯坦及其与中国新疆的关系（15世纪—20世纪中期）》，第77页。

② 〔俄〕A. D. 列夫申：《吉尔吉斯—哈萨克各帐及各草原的述叙》，第68页。

③ 同上书，第57页。

从未表示过臣属于俄国的要求，因此，俄国奥伦堡远征军当局未把此信转给卓勒巴尔斯汗。

奥伦堡要塞的建筑加强了俄国对小玉兹和中玉兹的渗透与扩张，由此直接影响到大玉兹。后来，卓勒巴尔斯汗调整了与俄国的关系，他在给俄方的信中表示可以臣服，条件是保障大玉兹哈萨克人与奥伦堡之间的商业关系。卓勒巴尔斯汗没有打算宣誓臣服于俄国，所以 1739 年 7 月 17 日，安娜女皇给大玉兹的卓勒巴尔斯汗颁发的批准大玉兹并入俄国的各种文书和证书，至今仍作为档案保存在奥伦堡地方当局。①

大玉兹哈萨克人不仅不臣服，而且还对俄国人抱有敌视。1739 年，奥伦堡总督塔吉谢夫（Targisev）派遣以著名历史学家米勒中尉为首的商队前往塔什干，商队还未到达目的地，就遭到大玉兹哈萨克人的抢劫。在中、小玉兹被俄国兼并大约一百多年以后，即 1846 年，大玉兹哈萨克人接受了俄国的宗主权。

哈萨克中、小玉兹对俄国的臣属仅仅是名义上的，直到 19 世纪初期，哈萨克人实际上仍处于汗的统治之下，他们在政治、经济和文化上都未受到俄国的影响。在臣属期间，俄国从未在哈萨克人中实行过有效的制度管理，也没有征收赋税。

在 16 世纪中叶，俄国征服喀山汗国和阿斯特拉罕汗国，东南边界延伸到了伏尔加河和乌拉尔河，希瓦汗国与俄国领土毗邻，两国之间发生了武装冲突。俄国人对希瓦的军事行动最初是由哥萨克人进行的。

《突厥世系》一书记载了 17 世纪初期的一次武装入侵："在（希瓦汗）阿拉不·穆罕默德即位（1602）六个月后，乌拉尔流域的一千名俄国哥萨克于 6 月初突然前来袭击乌尔根奇，当时城中只有下层民众的居民，因为汗的斡耳朵和所有的军队都在阿姆河河畔。俄罗斯人在城中屠杀了一千多人，掳走一千多名少男少女。将最珍

① 〔俄〕A. D. 列夫申：《吉尔吉斯—哈萨克各帐及各草原的述叙》，第 44 页。

贵的东西装载了一千多车，其他的全部付之一炬。”[①]哥萨克人对希瓦汗国的袭击都被希瓦汗国打退了。

两国使臣的互访在17世纪初期仍然继续。不过，希瓦汗国的兴趣集中在与俄国的贸易方面。希瓦汗伊斯法德雅尔（1623—1642年在位）在一封用察合台文写的致沙皇的信中反映：俄国商人在希瓦自由地经商，而希瓦的商人去俄国，都要遭到控制里海航行的船长的刁难，不让他们过路，迫使他们只能将商品以很低的价格卖给这些俄国人。即便到达阿斯特拉罕城，而该城的官员们又向他们征收沉重的、非法的赋税。在伊斯法德雅尔汗的抗议下，沙皇下令停止以这种方式对待希瓦商人。[②]在哈萨克人臣属于俄国以后，俄国与希瓦汗国交往的兴趣转向政治臣属方面。17世纪末，俄国提出了使希瓦汗国成为属国的要求。18世纪初，俄国将希瓦汗国纳为属国的要求强烈起来。1700年1月21日，希瓦汗尼雅兹·伊斯哈克派使者多斯特·伯克·巴哈杜尔（Dost Bak Bahadur）带着给彼得一世的亲信波里斯·亚力山大·罗维奇哥里津亲王的亲笔信去莫斯科，信中要求俄国取消对希瓦汗国铁和铅的出口禁令，此外，信中还提议与莫斯科签订一个条约，以及双方缔结防卫联盟等问题。俄国在1700年6月30日给希瓦汗的回复中，却绝口不提贸易一事，而是强调“我们伟大的君主，我们的沙皇陛下，命令你臣服于我们”[③]。

与此同时，俄国开始探测里海东岸以及通往希瓦和布哈拉的道路。勘察队由六千名士兵组成[④]，并以大炮武装，军备耗资二十五万卢布。显然，这次勘察活动是一次军事远征。勘察队的活动历时三年（1715—1717），最终被希瓦汗国消灭，俄国人在中亚的第一次直接军事行动以失败告终。这次勘察唯一的成果是对里海进行了广泛

① 阿布尔·哈齐·把阿秃儿汗：《突厥世系》，第261页。

② Edward Allworth, edit, *Central Asia: 130 Years of Russian Dominance, A Historical Overview*, p. 24.

③ Ibid., p. 44.

④ Dunmore, the Earl of, *The Pamirs*, London: John Murray, 1894, 2Vols, p. 312.

的科学考察，绘制了第一次正确提供这个水域情况的地图。[①]

这次行动失败以后，沙皇禁止俄国与希瓦汗国的贸易，两国断交几乎半个世纪。俄国的经济制裁政策实际上没有给希瓦人造成危害，反而对俄国不利，因为南俄草原上的诺盖人和鞑靼人趁机进行走私活动，他们把俄国商品从萨拉托夫和阿斯特拉罕走私到希瓦，秘密商队甚至大批走私俄国禁止出口的商品，如白镴和来复枪管等。[②] 以后，俄国开始寻求与布哈拉汗国建立关系。

16 世纪中期，俄国征服喀山和阿斯特拉罕汗国以后，与中亚希瓦汗国和哈萨克汗国成为邻邦，因此，它与布哈拉汗国的联系也频繁起来。17 世纪，布哈拉汗国派往俄国的使节增加了，平均每两年多就有一个使团访问俄国。双方使节互访除了继续谈论俄国奴隶问题外，还商谈中亚穆斯林经俄国前往麦加朝圣的问题，以及经中亚通往印度的道路问题。

赎回俄国奴隶的问题始于 16 世纪中叶，虽然为此有多次使者往返，但是，双方没有就此问题达成实质性协议。中亚诸汗国统治者想以此向俄国索取大笔赎金，而这些使团每次所带资金有限，不能满足中亚诸汗国提出的要求，因此，每次使节赎回的奴隶都不多。1615 年，布哈拉汗伊玛姆·库利派使节阿达姆·比带了一封信给沙皇，信中主动谈及了克里米亚人和诺盖人把他们抓到的大量俄罗斯俘虏运到布哈拉出售一事。伊玛姆·库利汗提出，如果沙皇派使者来接这些俘虏的话，他将在布哈拉把这些俘虏交还给俄国。俄国政府对此做出了迅速的反应，派了使节随阿达姆·比一起来到布哈拉。1619 年，俄国派使者伊凡·霍赫洛夫（I. Khokhlov）来到布哈拉城。从此，解救俄国奴隶的问题成为俄国与中亚国家外交上主要的、持久的主题之一。霍赫洛夫对布哈拉汗进行了艰难的说服，在缴纳了

---

① F. H. Skrine and E. D. Ross, *The Heart of Asia: A History of Russian Turkestan and the Central Asian Khanates from the Earliest Times*, pp. 240-242.

② Edward Allworth, edit, *Central Asia: 130 Years of Russian Dominance, A Historical Overview*, p. 25.

现金以后，赎回了三十一名俄国奴隶。[①]不难看出，奴隶问题没有得到根本解决。霍赫洛夫此次访问布哈拉还有一个任务，就是探测通往印度的商路。这时候俄国已经表现出对印度的兴趣。

中亚穆斯林假道俄国去麦加朝圣的问题也是布哈拉汗国与俄国交涉的事情，俄国政府对此持谨慎态度。俄方坚持要个别申请、慎重审理。俄国外交部在1842年给浩罕汗希尔·阿里（1842—1845年在位）的答复中说："有必要向你声明，朝圣者的道路可能不但与浩罕臣民们有关，而且还与中亚其他地区的居民有关。所以，就这个问题达成总的谅解首先是必要的。当满足这个请求而又不打破俄国现存政策的条文规定的两全齐美的办法被找到时，浩罕政府会得到通知。"[②]不难看出，中亚诸国与俄国在这一问题上直到19世纪上半叶也没有完全达成协议。

17世纪以后，中亚诸国与俄国之间交涉的问题还有与俄国人通婚的中亚诸民族商人的居地问题。在俄国经商的中亚商人由于长期旅居俄国，其中大多数人已经与当地的鞑靼妇女和巴什基尔妇女结婚。沙皇不愿意让这些中亚商人把他们的妻子和儿女带回中亚。为此，中亚商人曾举行过请愿活动，他们要求沙俄政府批准这类家庭永久移居境外，但是他们的请求常常遭到拒绝。与此同时，在布哈拉和希瓦两个汗国为奴的俄国人通常也与当地女子结婚，并且改宗信仰伊斯兰教。俄国人迫切地想把他们的同胞从这种"危险的束缚"中解放出来。双方在这一问题上不断进行磋商，但最终也未取得任何突破性进展。在中亚改信伊斯兰教的俄国人常具有双重身份：他们的一重身份是受雇于俄国外交官，替他们收集中亚情报；另一重身份是为所在国效力，给汗国提供俄国的情报。

在这一时期，俄国与中亚国家交往中最成功的事情是探测通往印度的道路。1669年沙皇派帕祖欣（Pazukhin）前往调查通往印度

---

① Edward Allworth, edit, *Central Asia: 130 Years of Russian Dominance, A Historical Overview*, p.41.

② Ibid., p.4.

的道路。1674 年，帕祖欣兄弟在执行任务过程中访问了布哈拉汗国和希瓦汗国。他们像霍赫洛夫一样赎买了一批俄国俘虏，收集了有关从中亚到印度商路的材料。1675 年，俄国派鞑靼人乌佐夫·卡西莫夫（Wuzuofu Kasimov）前往印度，乌佐夫·卡西莫夫于 1676 年到达喀布尔后因受到阿富汗人的阻止而未能继续前往。1695 年，俄国派往印度的使团终于到达印度，在德里受到了莫卧儿皇帝奥朗则布的接见，在此次使团中有商人随行。俄国探测从中亚南下印度的目的终于达到，实现了俄国近一百年来的愿望。

在这一时期内，中亚南部地区与俄国之间的贸易是沿袭 16 世纪中叶开辟的路线进行，即经阿斯特拉罕、喀山到莫斯科。1735 年，奥伦堡的修建使经塔什干到奥伦堡之间的道路日益成为布哈拉商人前往俄国的交通要道。从塔什干出发，顺锡尔河而下，再北上奥伦堡，或者继续前往莫斯科，甚至远至圣彼得堡。奥伦堡成为重要的贸易中心，布哈拉商人在继续到阿斯特拉罕贸易的同时，频繁地来到奥伦堡。18 世纪上半叶，奥伦堡基本上只经营批发业，到 1752 年才批准经营一般的零售业，然而，这一特权往往被当地商人占有。

布哈拉和希瓦商人在奥伦堡常进行非法贸易，他们利用哈萨克人是俄国臣民这一身份逃税。在前来中亚贸易的哈萨克商人抵达官方交易大厅之前，布哈拉和希瓦商人就以棉花等商品将哈萨克人的牲畜买下，然后，他们雇一位哈萨克人，以他的名义免税把这些牲畜赶过海关，他们自己带着数量适中、税率较低的棉制品与这位哈萨克人一起过关，进入俄国。来到奥伦堡后，在他们销售棉制品的时候，他们会密切注意这位代理的哈萨克人以牲畜换取黄金的情况，以后他们把黄金带出俄国。另一种逃避手段是：布哈拉商人来到哈萨克人的营地，把价值昂贵的丝制品和长袍处理掉，然后以廉价的棉花填满大包，这样在边境上核对的数字与海关申报的数字是一致的。[①]

① C. Adle, Irfan Habib, *History of Civilizations of Central Asia*, Vol. 5, p. 422.

第三节　汗国与周边政权的关系

希瓦汗国在西北方向除了与俄国的交往外，还与邻部卡尔梅克人（即土尔扈特人）发生了联系。17 世纪初期，在土尔扈特人横渡乌拉尔河、向伏尔加河流域迁徙途中，他们曾南下攻掠花剌子模绿洲。阿布哈齐在他的著作中说，一千名卡尔梅克人经过豁札一忽里（豁札胡）与赤克黑一哲依勒山之间的地带到了这里，劫掠了驻扎在河两岸的兀鲁思，一直挺进到图克堡附近，从那里他们经由布里赤踏上归途，阿拉不·穆罕默德汗率兵追击他们，截获了不少被他们抢掠的虏获物和俘虏，但未能抓到一个卡尔梅克人。[①] 十年以后，又有一千名卡尔梅克人取道巴基尔干入侵希瓦汗国，抢走了大批财物和俘虏，希瓦人未追击他们。17 世纪中叶，卡尔梅克人为了抵制俄国的威胁，与希瓦汗国改善了关系。1646 年，希瓦汗国的使臣在阿斯特拉罕城向俄国当局透露，卡尔梅克台吉经常派使臣到希瓦汗廷，希望与他们和睦相处，卡尔梅克商人到希瓦汗国做买卖，希瓦商人也到卡尔梅克人中经商。

札尼王朝时期，布哈拉汗国在东方面临着准噶尔人和哈萨克人的侵扰，在西北方希瓦汗国又不断入侵，加上汗国内部乌兹别克部落之间的纷争，所以，直到 17 世纪末期以前，札尼王朝都无力向外发动战争。在此形势下，札尼王朝与波斯萨法维王朝改善了关系。

当年昔班尼王朝阿布杜拉二世去世以后，呼罗珊境内的城市纷纷被波斯人占领，为夺回这些城市，两国之间进行了战争，札尼伯之子丁·穆罕默德在赫拉特战死，除了巴尔赫城外，布哈拉汗国退出了呼罗珊的大部分地区。1611 年，瓦力·穆罕默德在被伊玛姆·库利赶下台之后，来到波斯宫廷避难。波斯沙赫阿拔斯一世出

① 阿布尔·哈齐·把阿秃儿汗:《突厥世系》，第 262 页。

资支持他招兵买马，进行复国战争。然而，他的复国战争以失败告终，以后，布哈拉汗伊玛姆·库利与阿拔斯一世建立了良好的关系，这种和平关系一直持续到 1629 年阿拔斯去世。

在波斯沙赫萨菲一世时期（1629—1642），巴尔赫领主纳迪尔·穆罕默德发动了对呼罗珊的战争，攻巴德吉斯（Badghis）、赫拉特、莫夫等地，但这些征战毫无结果。到波斯沙赫阿拔斯二世时期（1642—1666），札尼王朝因希瓦汗的入侵已经无力西顾。1647 年，呼罗珊彻底摆脱了布哈拉汗国的威胁，波斯的统治稳固起来。这种局面一直持续到 17 世纪末。

1722 年，萨法维王朝走向衰亡，波斯内乱。土库曼阿夫沙尔部人纳迪尔于 1736 年夺取政权以后，开始向外扩张。他的儿子礼札·库里征服了巴尔赫、昆都士和巴达克山。1740 年夏天，纳迪尔渡过阿姆河，9 月 22 日，用大炮打败布哈拉汗国军队。布哈拉汗阿布尔·费兹承认纳迪尔的宗主地位，以臣属汗身份继续统治着布哈拉汗国。7 年以后，纳迪尔被杀，布哈拉汗国摆脱了阿夫沙尔王朝的统治。

这一时期，布哈拉汗国继续与奥斯曼帝国保持着友好交往，由于两国相距甚远，两国之间的交往只限于外交换文和互派使节。苏布罕·库里汗与奥斯曼土耳其素丹阿赫默德二世互派使者和书信往来的情况被史书记载下来。[①] 为了与布哈拉汗国结成反波斯联盟，奥斯曼帝国的使团带着阿拉伯马、珍珠和各种服饰等礼物到布哈拉汗国，在素丹阿赫默德二世写给布哈拉汗的信中，叙述了奥斯曼土耳其人打败异教的法兰克人的战绩，并敦促布哈拉汗国消灭波斯政权："现在是消灭什叶派红头军（指波斯人）的时候了，所以，我们要立即派遣我们的胜利之师去投入这一种神圣的斗争。您是河中的君主，您应当也有义务拔剑以维护伊斯兰。您应征集河中的乌兹别克人，与我的军队联合，去消灭伊斯兰教的异端。"[②] 然而，苏布罕·库

① 〔乌兹〕艾哈迈多夫：《16—18 世纪中亚历史地理文献》，第 136—138 页。

② 王治来：《中亚通史》（近代卷），新疆人民出版社 2007 年版，第 79 页。

里因国内发生叛乱，无力顾及西方的战事。尽管政治联盟没有实现，但两国商人之间的往来没有中断，来到中亚的土耳其商人得到了札尼王朝诸汗的保护，汗国还给土耳其商人颁发达罕证书，免收他们的商业税。

17 世纪以后，布哈拉汗国与印度的关系趋于和平。尽管在巴尔赫和巴达克山的布哈拉汗国军队还不时地侵入莫卧儿帝国的属地，但莫卧儿宫廷把这些侵扰视为小麻烦，喀布尔总督轻而易举地就解决了。布哈拉汗国曾想与莫卧儿帝国共建反波斯联盟，但莫卧儿人对此表现冷淡，莫卧儿帝国更希望利用布哈拉汗国的分裂局面获得好处。沙贾汉皇帝于 1646—1647 年发动了夺取巴尔赫和巴达克山的战役，沙贾汉之子穆拉德·巴克赫希（Murād Bakhsh）王子在 1646 年相当轻松地占领了巴尔赫。尽管如此，布哈拉汗国与莫卧儿帝国基本上仍保持着友好关系，特别是在 17 世纪后期，布哈拉汗苏布罕·库里于 1685 年接待过奥朗则布派来的一位使节。

两国间的友好关系促进了双方经济和文化的交流。除了沙贾汉于 1646 年占领巴尔赫和巴达克山时两国之间的贸易活动受到阻碍，双方贸易兴盛、往来频繁。17 世纪，许多印度商人住在布哈拉，在布哈拉有一个印度区。印度和中国的货物通过布哈拉运到莫斯科及其以西地区，直达西欧。布哈拉与莫卧儿贸易的商品种类有布匹、颜料、宝石、香料等。

第五章

宗教与文化

在 17—18 世纪上半叶，中亚苏菲主义（Sufism）在教义上经历了一场变革，印度学者伊玛目·冉巴尼在教理上确立了逊尼派的主导地位，弥合了苏菲神秘主义与伊斯兰教教法之间的鸿沟。17 世纪末期，伊玛目·冉巴尼的学说在中亚产生了较大影响，形成了复兴的纳合什班底派；18 世纪，该派在中亚获得了相当多的追随者；18 世纪下半叶，复兴的纳合什班底派的地位已经在河中地区牢固地确立起来。在 17—18 世纪上半叶，中亚文化呈现以下一些特征：察合台文学继续发展，在 17 世纪，几乎所有的诗人都能够用察合台突厥语和波斯语两种文字写作；在阿富汗，普什图语著作取得了丰硕成果；民间文学在中亚得到了极大发展，产生了表现哈萨克人和吉尔吉思人反抗准噶尔封建主斗争的英雄史诗《玛纳斯》；史学取得了较大的成就，希瓦汗阿布哈齐写的《突厥世系》和《土库曼世系》两部史书尤其珍贵；与以往相比，哲学开始了倒退时期，缺乏新的哲学思想，更不用说构建新的哲学理论和体系。

第一节　宗教

在17世纪后期至18世纪上半叶，苏菲主义在教义上经历了一场变革，它对中亚纳合什班底教团产生了深刻的影响。这场变革是由印度纳合什班底教团的阿赫默德·希尔信迪（Ahmad al-Sirhindi，1563—1624）倡导的。

阿赫默德·希尔信迪自称圣裔，以“伊玛目·冉巴尼”一名著称。伊玛目·冉巴尼于回历981年（公元1563年）出生在印度拉合尔与德里之间的希尔信迪，青年时代在锡亚尔科特师从苏菲名师学习契斯提、苏哈拉瓦迪和卡迪里教团的教理，以后到德里深造，在导师穆罕默德·巴给·比拉（1563—1603）的指导下，学习纳合什班底教团教义。从德里返回家乡以后，他创办学校，广收门徒，著书立说，创立了希尔信迪学派。

伊玛目·冉巴尼生活在莫卧儿帝国皇帝阿克巴与查罕杰两朝（1556—1627）交替时期。阿克巴皇帝对伊斯兰教和印度教兼容并蓄，制定了一种混合折中的泛神教，新宗教教义融合了伊斯兰教、印度教、耆那教、琐罗亚斯德教、基督教的成分。1581年，阿克巴颁布《不谬敕令》，剥夺伊斯兰教和教法学家的权力，他的“神条信条”宣称，理性是探索宗教信仰问题的基础。新宗教所敬之神是天上的太阳和地上的火光，每日四次拜太阳，每日要赞美太阳一千次。这些信条违背了《古兰经》和《圣训》，导致伊斯兰教学者的不满，他们认为，伊斯兰教有被印度教同化的危险。

伊玛目·冉巴尼将阿克巴的宗教视为异端，阿克巴去世以后，他呼吁“用利剑弘扬伊斯兰教”，他的学说使伊斯兰教在印度恢复了“光明”。伊玛目·冉巴尼严格遵守伊斯兰教法，毫不宽容印度教和什叶派。当时，学者伊本·艾布·阿拉比（Ibn al-‘Arabī，1165—1240）提出的“万有一体论”（Wahdat al-wujūd）理论有很多追随者。按“万有一体论”学说，宇宙万物中唯有安拉是独一的实在，其余的一切只是“安拉之光”的“闪现”和“表象”，即“安拉即一切，一切即安拉”。伊玛目·冉巴尼认为“万有一体论”有可能导致泛神论。他认为神的统一性（Tauhīd）并非“万有一体”，安拉的本体、德性和创造行为是唯一的绝对实在，宇宙万物作为“造化物”是安拉意志的“反映”，而不是安拉本体的一部分。

伊玛目·冉巴尼提出了“见证唯一论”（Wahdat al-shuhūd）。他认为，正确的解释不是“安拉即一切”，而是“一切皆源自安拉”。“见证唯一论”明确了苏菲信仰者与安拉之间的关系是受造物与创造者、被引导者与引导者的敬畏和屈从关系，摆正了苏菲导师的位置。

此外，伊玛目·冉巴尼创立的学说还弥合了苏菲神秘主义与伊斯兰教教法之间的鸿沟。当时，在伊斯兰教中形成了两个极端派别，即内学派与外学派。内学派认为每句经文都有其内涵，穆斯林不能只遵循经文的外在意义；外学派则认为经文是明确的，并无内在奥义。内学派强调内在才是认识外表的标准，从事实上否定了伊斯兰律法，他们任意制定和废黜法律，以自己的意愿确定穆斯林的功课，大部分苏菲导师和履行苏菲功课之人或多或少地受到了内学派的影响。对此，伊玛目·冉巴尼做出新的解释，他认为，伊斯兰教教法包括“表义”和“隐义”两个方面：其外在的“表义”以经、训为据，属于一般宗教学者的知识领域；其内在的“隐义”需内心体验方可领悟，属于学识高深的宗教学者的知识领域。他认为，既然伊斯兰教先知高于苏菲导师，那么，受先知引导的伊斯兰学者也高于受苏菲导师引导的苏菲神秘主义者，所以，苏菲导师应该向伊斯兰学者靠拢。这一学说在教理上确立了逊尼派学者的主导地位，为印度苏菲教团与逊尼派的和解奠定了基础。

伊玛目·冉巴尼的思想反映在波斯文著作《麦克图巴特·书信集》中。此书信集是他写给弟子、友人的信件总汇，全书收录了536封信，每封信单独成篇，论述一两个问题。《麦克图巴特·书信集》被奉为伊斯兰教苏菲派的纲领性文献，被译成突厥文、阿拉伯文、英文等文字。

伊玛目·冉巴尼的思想和学说在伊斯兰世界产生了广泛的影响。将其思想和学说传入布哈拉汗国的是其子穆罕默德·马苏穆（Muhammad Ma'sūm）的门徒哈比布拉·布克哈里（Habībullāh Bukhārī，卒于1700年）。希尔信迪学说传入中亚以后，纳合什班底教团分裂为两派，即赞念齐克尔的支系被称为哲合林耶（Jahriyya，公开者），默祷齐克尔的支系被称为虎非耶（Khafiyya，隐藏者）。

虎非耶在阿拉伯语中的意思是“隐藏的”、“低的”，该派在希尔信迪学说的影响下，经历了使自身向伊斯兰教法拥护者演变的过程。该派强调苏菲教团的职责是忠于《古兰经》的戒律、忠于反什叶派的角色、忠于默祷齐克尔的至高地位。因此，该派又被称为穆加迪德教派（Mujaddidiyya），意为复兴的（或改革的）纳合什班底派。17世纪末期，这场变革对中亚社会产生了较大的影响。

18世纪，复兴的纳合什班底派获得了相当多的追随者，他们的聚集地遍及阿富汗和河中地区，引起了纳合什班底传统的复兴（Jadīd），该传统提倡恢复以直接解释《古兰经》和伊斯兰教传统（Hadīs）为基础的穆斯林法律（Sharī'a）。18世纪下半叶，由于印度谢赫移居中亚布哈拉和浩罕等大城市，复兴的纳合什班底派在河中地区牢固地确立起来，他们的主要代表人物是玛哈图木·阿杂木后裔、和卓穆萨汗·达赫比迪（Khwāja Mūsā Khān Dahbid，卒于1776年）。

在此时期，在中亚地区活跃的苏菲派别还有恺兰达尔（Qalandars）和尼察米·契斯提（Nizāmi Chishtis）两个小教团，它们在政治上几乎没有什么影响。恺兰达尔教团的托钵僧很早就浪迹中亚，17世纪，他们反对希尔信迪学说，无视伊斯兰教法。恺兰达尔教团又分为两个支派，其中一支与纳合什班底教团关系密切，他们在纳合什班底与恺兰达尔教团之间提倡中间路线。17世纪末期，玛哈图木·阿杂木思想的继承者库尔·马兹德（Qul Mazīd）促成了这种和解，他的信徒们在河中地区产生了影响。18世纪，在撒马尔罕出现了恺兰达尔教团兄弟会，创建者巴巴·哈吉·萨法（Bābā Hājī Safā，卒于1740或1741年）

是玛哈图木·阿杂木的宗教继承者，在中亚的其他城市，如塔什干、布哈拉和希瓦等城都有它的支派，这一派在19世纪后期依然存在。[①]在中亚东部，恺兰达尔教团的主要代表人物是通晓波斯语和阿拉伯语的穆罕默德·萨迪格·扎里里（Muhammad Sādiq Zalīlī，生于1676或1680年）。他曾拜谒过喀什的阿帕克和卓、布哈拉的巴哈丁·纳合什班底圣陵，生前留下了一部诗歌和散文集。

尼察米·契斯提教团是在印度兴起的，由尼亚兹·艾哈迈德·希尔信迪（Niyāz Ahmad Sirhindī，卒于1834年）及其门徒传到费尔干纳、浩罕和中亚东部，该派接近甚至认同哲合林耶派的观点，传播卡迪里（Qādirī）准则。[②]

17世纪，布哈拉汗国为了加强伊斯兰教的影响，建筑了许多宗教学校和清真寺，特别是在布哈拉、塔什干、撒马尔罕和巴尔赫等大城市，一些16—17世纪的宗教建筑保存至今。其中，布哈拉的阿布·阿吉斯宗教学院、撒马尔罕的舍尔·多尔（Shir-Dor / Shir-Dar）宗教学院和提拉·卡里（Tilla-Kari）宗教学院、塔什干的库克达什（Kukeldāsh）宗教学院和布拉克汗（Barāq Khān）宗教学院最为著名。16—17世纪，在布哈拉建筑了许多专供苏菲教徒集会和举行仪式的收容院。这些收容院大多建造在纳合什班底教团首脑巴哈丁墓地附近，以及势力强大的谢赫赘巴依家族墓地附近。于是，在圣徒墓地上逐渐出现了宗教建筑物（清真寺、收容院、宗教学院）组成的建筑群。

在17世纪神学家中，最有声望的是穆罕默德·谢里弗阿訇，用17世纪历史学家的话说，"他是所有布哈拉学者的老师和指导者"，他于1697年去世。神秘主义学者哈比布拉（卒于1698年）也有很高的声誉，他的布教吸引了很多学生，布哈拉历史学家说，"他的信徒多达一万人"[③]。

---

① C. Adle, Irfan Habib, *History of Civilizations of Central Asia*, Vol. 5, p. 779.

② Ibid..

③〔苏联〕帕·彼·伊凡诺夫：《中亚史纲》，《中亚史丛刊》1983年第1期，第58页。

第二节 文化

17 世纪至 18 世纪上半叶的一百五十年中，中亚文化呈现出以下一些特征。文学方面，随着社会经济的发展和市民生活的丰富，民间文学发展起来，排挤了宫廷文化，到 18 世纪上半叶，宫廷文学急剧衰落；与此同时，为了满足各种文化层次读者的需要，对文学作品进行通俗性改编的现象普遍；此外，中亚文学的特点是双语制盛行。史学在 16 世纪的基础上取得了较大成就，产生了传世之作《突厥世系》（*Shajara-i Turk*）和《土库曼世系》（*Shajara-i Tarākima*）两部珍贵史书。与以往相比，中亚哲学从 16 世纪起进入衰退期，到 17 世纪，中亚哲学的主要活动是对以往的哲学著作的评注，缺乏新的哲学观、哲学理论和哲学体系。绘画方面，撒马尔罕学派取代了 16 世纪 50—70 年代发展起来的布哈拉学派。

17 世纪，中亚文学的内容出现多样化，与城市手工业者生活有着密切联系的民间文学得到了极大的发展。赫拉特诗人尼扎姆·赫拉威（Nāzim Herawī，1601—1671）的颂诗、四行诗反映了工匠阶层的生活。奉赫拉特统治者阿拔斯·库里汗之命，尼扎姆于 1662 年完成了名为《优素甫与祖莱哈》（*Yūsuf o Zulaykhā*）的两行诗，这首两行诗被认为是伊朗和河中地区有关这一主题的最优秀的诗歌之一。

塔吉克族诗人赛伊多·米尔·阿比德·纳萨菲（Saida Mīr ‘Ābid Nasafī）是 17 世纪中亚最杰出的诗人。他出生于纳萨夫城（Nasaf，今乌兹别克斯坦卡什卡达里亚州首府卡尔希），以后在布哈拉城生活，于 1707 或 1711 年卒于该城。他的诗歌与布哈拉宫廷诗人针锋相对，不是歌颂帝王和达官贵人，而是歌颂普通劳动者和穷人。赛伊多在诗中写道：“不论我在何处遇到穷人，我都使他们欣悦，从这片草原流出的泉水，将变成我篮子里的第一朵鲜花。”赛伊多熟练运用以往诗歌的所有风格，他还引进了新风格，在《春天的旋律》（*Bahārīyāt*）一诗中，运用了寓言故事，借动物之口描绘了封建社会各阶层人物的形象，他指出，像蚂蚁一样乱爬的劳动者实际上高于一切，他们如果团结起来，就能战胜狮子。[①] 他的韵文广泛吸收手工业者的术语和表达方式。[②] 有权威人士评价说："他的优美颂诗是文学界人士的范文，他优雅的五行韵文（Mukhammas）是花篮中的玫瑰，他写的关于年轻男手工艺人的短篇爱情诗《倾国倾城者》（*Shahr-āshubs*）在国内引起了哄动。"[③]

乌兹别克人吐尔迪·法鲁克希（Turdī Farrukhī，卒于1700年左右）出身于部落贵族，但他一生中的大部分时间过着贫困生活，他的创作题材与赛伊多接近，以诗歌的形式谴责伯克的横暴，号召乌兹别克部落团结起来推翻不称职的汗，号召停止造成人民破产的封建内讧。在写给氏族和部落联盟长者的一封信中，他写道："从同一个衣领中扬起你们的头颅，给你们自己穿上同一件衣服，使你们只有一个衣领和一个袖子。"[④] 此外，反映民生的诗人还有巴巴·拉希姆·马什拉布（Bābā Rahīm Mashrab），他的诗歌对压迫与不公正提出了抗议，得到广泛流行，1711年，他在巴尔赫被处决。

17世纪，中亚杰出诗人费特拉特·扎尔杜兹·撒马尔干迪（Fitrat Zardūz Samarqandī，1657—18世纪初期）出生于撒马尔罕的一个工匠家庭，在布哈拉城接受教育，并在此度过了他的余生。费特拉特以各种波斯诗歌风格创作，其中，最受欢迎的作品是《年轻的洗衣男工》（*Gāzur pisar*），在此诗中，他描述了一个洗衣男工和一位美女（统治者的女儿）的爱情悲剧。

在哈萨克人和吉尔吉思人的文学中，各种体裁和内容的诗歌占有重要地位，其中最杰出的是反映哈萨克人和吉尔吉思人抗击准噶

---

① 〔苏联〕Б. Г. 加富罗夫：《中亚塔吉克史》，第352页。

② C. Adle, Irfan Habib, *History of Civilizations of Central Asia*, Vol. 5, p. 713.

③ Ibid..

④ Ibid., p. 732.

尔封建主斗争的英雄史诗《玛纳斯》。《玛纳斯》规模宏大，跨越的历史长达几个世纪，涉及的地域包括中亚和蒙古草原，囊括了古代吉尔吉思人的政治、法律、哲学、地理、宗教、道德、文化以及生活习俗、风土人情，是一部全面反映吉尔吉思人生活的百科全书。《玛纳斯》不仅保留着吉尔吉思民间文学的特征，而且在其形成过程中吸收了多种文化，包括伊斯兰文化。

17 世纪至 18 世纪上半叶，在土库曼人中广泛盛行的是四行诗，它是一种把诗和散文形式结合在一起的叙事诗，最受欢迎的是安达利布·穆罕默德·加里布（Andalibu Muhammad Gliarīb，1710—1770）的四行诗，他的诗作除了具有苏菲思想外，也有反映民生的主题。

17 世纪，中亚文学的另一个特点是双语制盛行。16 世纪，察合台文学兴盛，到 17 世纪，几乎所有的诗人都能够用察合台突厥语和波斯语两种语言创作，他们中的许多人还精通阿拉伯语。如今保存下来的 17—18 世纪的察合台突厥语的佳作有穆罕默德·阿明·赫尔克提（Muhammad Amīn Khiraqatī' Gumnām'，约1634—1724 年）的《爱苦相依》（*Muhabbat-nāma o mahnat-kāma*）的两行诗；18 世纪，佳作有喀什噶尔人穆罕默德·阿布·萨拉希（Muhammad Abū Salāhī）的两行诗《花儿与夜莺》（*Gul o bulbul*）；叶儿羌统治者加罕和卓（Jahān Arshī，1736—1756 年在位）资助将一批波斯语著作翻译成突厥语著作，其中有费尔多西的《列王纪》，还有穆罕默德·萨迪克·喀什噶里（Muhammad Sādiq Kashgharī）把米儿咱·马黑麻·海答儿的《中亚蒙兀儿史——拉失德史》译成突厥文。

17—18 世纪上半叶，普什图语著作取得了丰硕成果。17 世纪，世俗诗歌的主要代表人物是哈塔克部族的酋长胡什哈尔（1613—1689），他用普什图文和波斯文写了很多诗，经后人整理为《胡什哈尔哈塔克诗集》。他的诗表现了普什图民族生活的各个方面，如爱情、狩猎、驯鸟、战功等。他以诗歌为武器，表达了阿富汗人对莫卧儿统治者的刻骨仇恨。胡什哈尔借鉴了波斯诗歌的形式，但他没有把古典韵律生硬地照搬到普什图诗歌之中，而是采用流行的普什图诗歌韵律，普什图语的韵律是按音节的，诗歌形式由在每行第四个音节上反复出现的重音构成。胡什哈尔的抒情诗和叙事诗内容流露了他的爱国情感和道德准则：

我的宝剑扎在腿上，
去捍卫阿富汗的荣耀与名誉，
我是这个时代的一名战士，
哈塔克汗胡什哈尔是我的名字。①

由于胡什哈尔在普什图诗歌上的贡献，他被称为“普什图文学之父”。在创作诗歌的同时，胡什哈尔还用普什图语编写了其他一些著作，如《猎鹰的训练》、《民间药方手册》和《笔与剑之间的对话》，关于他在监禁和流亡中的报道，以及一本斯瓦特地理学书。胡什哈尔之子塞干达尔（Sikandar）、阿失拉夫（笔名 Hijrī），女儿哈利马（Halīma）、孙子阿富查里·哈塔克（Afzal Khatak，卒于 1735 年）都用普什图语作诗。阿富查里·哈塔克还用普什图语写了一部普什图人的历史《宝史纲》（*Tārīkh-i murassa'*）。哈塔克部还出了另外两位作家，即阿布杜勒·卡台尔·哈塔克（'Abdu'l Qādir Khatak）和卡姆加尔·哈塔克（Kāmgār Khatak，卒于 1693 年）。

17—18 世纪用普什图语写作的著名诗人有：马苏科尔（Mashu-Khel）家族的阿布杜尔·哈米德·马赫曼德（'Abdu'l Hamīd Mahmand，卒于 1688 年），他用普什图语写了两行诗《爱情的魅力》（*Nayrang-i 'ishq*），编辑了一本普什图语诗歌选集；阿布杜尔·拉赫曼（'Abdu'l Rahmān，大约 1633—1706 年）以拉赫曼·巴巴（Rahmān Bābā）一名为人所知，他的颂诗继承了波斯著名诗人萨迪（Sa'dī）和哈菲兹（Hāfiz）的传统，也受到了德里诗人埃米尔·库斯劳的影响，他编辑

---

① C. Adle, Irfan Habib, *History of Civilizations of Central Asia*, Vol. 5, p. 171.

了大型普什图诗歌选集；皮尔·穆罕默德·卡卡尔（Pīr Muhammad Kakar，卒于1782年）于1722年写了一本普什图语语法手册《阿富汗语言（即普什图语）知识》（*Ma'rifatu'l afghānī*），他的诗歌选集也很有名。

这一时期，中亚知识分子与伊朗、印度的知识界发生了广泛的联系。撒马尔罕人穆罕默德·巴迪（Muhammad Badīᶜ）曾到萨法维王朝的波斯游历三年（1679—1682），在此，他参加诗歌比赛（Mushāᶜ Aras）和有关什叶派与逊尼派的宗教辩论。他在伊斯法罕碰到了名著《诗选》（*Tazkira*）的作者穆罕默德·塔希尔·纳斯拉巴迪（Muhammad Tāhir Nasrābādī），回到撒马尔罕之后，他以纳斯拉巴迪为原型编写了《故友纪念》（*Muzakkir al-ashāb*）一书。

在与印度的文化交流中，起重要作用的诗人有穆特里比·撒马尔干迪（Mutribī Samarqandī）和别季利（Mīrzā 'Abdu'l Qādir Bedil, 1644—1721）。前者与莫卧儿皇帝查罕杰进行过讨论，查罕杰给他详细讲述了有关自己祖辈对中亚、波斯文化和苏菲主义的感情，尤其是对纳合什班底赘巴依家族的依恋。别季利是中世纪塔吉克文学后期的杰出代表，他的父母亲是中亚突厥人，幼年时其父去世，他通过旅游和拜访苏菲神秘主义者而获得了广博的知识。他是一名有独到见解的思想家，写作题材大多数是讨论人类起源、终极目标和世界等大问题，他的著作在塔吉克人和乌兹别克人中有众多读者，直到现代还影响着塔吉克和乌兹别克文学。

中亚史学在这一时期取得了较大成就。其中，希瓦汗阿布哈齐用察合台语写的突厥—蒙古族通史《突厥世系》特别珍贵。阿布哈齐在写此书时查阅了《史集》、各种版本的《乌古思史》和《成吉思汗史》，他曾谈到了十七种不同版本的《成吉思汗史》，他的《突厥世系》正是在《成吉思汗史》的基础上，将以诺亚之子雅弗为开端的伊斯兰教体系与《乌古思史》和蒙古传说联系起来。阿布哈齐从古代写到1644年，以后，他的儿子阿奴什把蒙古人的历史补充到1665年。《土库曼世系》写的是一支也属乌古思人的土库曼人历史，此书巧妙地把书面材料与口头传说结合起来。

在中亚东部，新疆维吾尔族历史学家马合木·楚剌思（Mahmūd Churās）用波斯文写的《编年史》（即《喀什噶尔诸汗史》）是这一时期的重要史书。17 世纪 20 年代，马合木·楚剌思生于叶儿羌楚剌思部伊斯兰教贵族家庭，青少年时代受过良好的教育，通晓察合台语、波斯语、阿拉伯语，具有广博的历史、宗教、文学知识，长期在叶儿羌伊斯兰经学院教学。在他生活的时代，叶儿羌汗国的社会矛盾和宗教派别斗争尖锐，他目睹了九位汗的更迭，参与了黑山派与白山派的教派之争，经历了汗国因和卓势力的肢解、最终被准噶尔军队灭亡等历史事件。他将这些事件和传说加以整理，编成两部著作，一部是《编年史》（又称《拉失德史续编》），该书大约写于 1670 年，18 世纪后期被译成突厥文，名为《六城汗王的历史》（*Alti shahar khanlarinin tarikhi*）。在此书中，楚剌思以史实为基础，排除了口头传说，因此，被认为是历史学家以事实而不是以传说和神话写史的新史学流派的先驱。除《编年史》外，他还写了圣徒传记《探索者之友》（*Anīs al-Tālibīn*），此书大约写于 1696 年，介绍了黑山派首领伊斯哈克·瓦里及其后裔事迹，披露了黑山派与白山派斗争的内幕。

17 世纪中亚著名的历史学家还有巴尔赫城大学者马合木·本·瓦利。瓦利的叔叔曾在札尼王朝巴基·穆罕默德汗的宫廷供职，他的成长与姐夫米拉克沙·胡赛尼关系密切。姐夫的藏书成了马合木吸取知识的宝库，据马合木说，姐夫家收藏了历史、地理、文学、圣训、法律等各类书籍，马合木提到了伊本·法基赫、穆卡达西、伊斯塔里、卡兹维尼、贝纳克吉、瓦撒夫、拉施特、志费尼、洪德米尔等人的著作。1631 年，马合木来到巴尔赫，成为纳迪尔·穆罕默德图书馆的管理员。在此期间，他潜心于学术研究，并奉纳迪尔之命，写了《贤者高风奥秘》一书。该书有七卷，从伊斯兰教以前的先知、古代阿拉伯和波斯王朝诸王一直写到 17 世纪 40 年代。此书的第六卷保留下来，其中记述了蒙古人、成吉思汗、术赤兀鲁思和察合台兀鲁思的历史。

此外，马合木还写了伦理教育、神学和诗歌方面的著作，如《迷人的芳香》、《爱情集》、《明亮的星》、《春天集》、《胡赛因伦理》，还有一本收录了五万对两行诗的诗集。

史书《奥贝都拉史》和《阿布尔·费兹汗史》也是这一时期的重要历史著作。《奥贝都拉史》由布哈拉历史学家米尔穆罕默德·阿明布哈里撰写，记载了18世纪头十年布哈拉汗国的政治事件，描述了当时中亚的割据状况，宫廷的相互倾轧和恣意妄为，以及贵族们的倒行逆施对国家经济和政治生活的灾难性影响和军事征伐给人民群众带来的沉重负担。《阿布尔·费兹汗史》一书记载了奥贝都拉被杀和阿布尔·费兹继位之初的情况，书中记载了汗执政时期经济困窘的情况，以及独立撒马尔罕汗国（1722—1731）的建立。

这一时期的历史著作还有《列王世系》和《克普恰克汗史》。《列王世系》的作者哈吉米尔·穆罕默德·萨利姆在苏布罕·库里和奥贝都拉统治时期一直生活在中亚，奥贝都拉被杀以后，他先去了伊斯法罕，以后又去了印度，为莫卧儿帝国纳绥尔·丁·穆罕默德沙效力，遵其命写下此书。该书第三、四章记述了昔班尼王朝和札尼王朝的历史，及布哈拉汗国与伊朗、北印度、喀什噶尔政治的关系。《克普恰克汗史》的作者是苏布罕·库里汗宫中著名人物伊玛姆库什别克之子霍贾姆库里别克·巴里黑，作者本人曾为巴尔赫的统治者效力，以后，随父去了印度，住在拉合尔。《克普恰克汗史》是一部从创世一直写到1722年的通史性著作。书中第五编的最后两章（昔班尼王朝和札尼王朝）有关于16—18世纪上半叶的河中、哈萨克草原和阿富汗的大量资料，以及1651—1720年间，巴尔赫与阿富汗北部的政治史资料。它们反映了昔班尼王朝最初几位汗统治时期的河中、巴尔赫的政治形势，谈到了阿布杜拉二世与其子相互仇恨的原因，以及阿布杜拉二世执政最后几年的中亚政治形势。

16世纪，中亚哲学进入衰退时期。17世纪，中亚哲学的主要活动是对以往的哲学著作给予评注，写于该时期的大多数哲学、逻辑学、伦理学、自然哲学和政治学原著实际上是对前几个世纪的著作的评论。与以往几个世纪相比，这一时期的逻辑学和宇宙学更多地转向了伊斯兰教神学。这种倾向的外在反映是：频繁地提到《古兰经》、先知的传说与格言（Hadīs）以及宗教名人的言论；内在的核心是，通过以上方式强化了人们应该在伊斯兰教的启迪下去寻求哲学思想、理论和学说。

在此后的几百年中，中亚缺乏新的哲学观、哲学理论和哲学体系，对以往已经界定清楚的思潮又出现了模糊的趋势，这一点从哲学的许多方面表现出来。前一个时代已经表现出来的折中倾向继续发展，长期确立起来的各种哲学流派和宗教思想开始融合。诸如逍遥学派（Mashā'iyya）、辩证神学（Kalām）、伊斯玛仪教派（Lsmācilism）、照明哲学（Ishrāq）或苏菲主义等前几个世纪的哲学和宗教运动在新时代中没有一种能够以原貌和纯正的形式原封不动地保留下来。折中和融合成为消除差异、构建单一思想体系的整合哲学和宗教教义运动的一部分。

绘画方面，与 16 世纪一样，17—18 世纪上半叶，图书馆继续制作手抄书，布哈拉宫廷图书馆仍在为手抄本制作插图。17 世纪是中亚手抄书的繁荣时期，到 18 世纪 20—30 年代，布哈拉和撒马尔罕附有袖珍画插图的书籍进入了衰落状态，再往后，汗国境内的书市完全被克什米尔进口的插图手抄书占领。①

16 世纪末期的赫拉特绘画题材的影响一直延续到 17 世纪 30 年代，这一点从布哈拉和撒马尔罕的绘画中可以感觉到；赫拉特绘画题材的影响突出地反映在阿里·雅兹迪（'Alī Yazdī）为 1628—1629 年手抄本《武功记》（现存塔什干东方研究所，MS. N. 4472）所绘的二十八幅袖珍画插图中。17 世纪上半叶，撒马尔罕绘画有了新的发展。以天才画家穆罕默德·穆拉德·撒马尔干迪（Muhammad Murād

① C. Adle, Irfan Habib, *History of Civilizations of Central Asia*, Vol. 5, p. 585.

Samarqandī）和穆罕默德·萨里夫（Muhammad Sharīf）为代表的撒马尔罕新画派形成。前者是具有讽刺笔触的现实主义风格画家，其代表作是1556—1557年手抄本《列王纪》的插图（现存塔什干东方研究所，MS. N.1811）和1578年手抄本萨迪《果园》（*Bustān*）的插图（现存都柏林彻斯特贝蒂图书馆，MS. 297）。①

17世纪，为手抄书绘制的插图除了在人物面部、服饰的描绘，以及线条简洁明快、色调丰富等方面仍保留着布哈拉绘画的传统外，在某种程度上已经展现出印度（莫卧儿王朝）画的影响，尤其在风景和象征画法上可以很容易地感受到。

在中亚东部，天山北路的绘画与准噶尔人接受喇嘛教有着密切的关系。在准噶尔人把藏传佛教作为官方宗教之后，在该地区内建造了许多佛教寺院，最著名的佛寺是18世纪上半叶建筑的、位于伊犁河北、南两岸的固尔扎庙（又称金顶庙）和海努克庙（又称银顶庙）。根据当时的文献记载："高刹摩霄，金幡耀日，栋甍宏敞，象设庄严。"②寺院的壁画题材除了鸟、兽、花、树外，多是佛教主题，包括佛陀、菩萨及其侍僧的画像，还刻有佛经和佛学知识。

---

① C. Adle, Irfan Habib, *History of Civilizations of Central Asia*, Vol. 5, p. 584.

② （清）傅恒：《钦定皇舆西域图志》，影印《文渊阁四库全书》史部258第500册，上海古籍出版社1989年版，第755页。

第三编　中亚早期民族国家的衰落

（18 世纪下半叶至 19 世纪中叶）

18 世纪下半叶至 19 世纪中叶，在中亚北方，哈萨克汗国实际上已经瓦解了，哈萨克人的历史是三个玉兹的独立发展史；吉尔吉思人和土库曼人也未能建立本民族的国家，它们最终被俄国兼并；在中亚南方，曼格特王朝、弘吉剌惕王朝的建立使布哈拉汗国、希瓦汗国在政治上走向联合，两个汗国在兼并地方割据政权的基础上逐渐形成了较为强大的中央集权；两个汗国经济和文化衰退的势头在 18 世纪下半叶得到遏制；浩罕汗国强大起来，达到鼎盛；18 世纪中叶，阿富汗人在坎大哈建立了自己的第一个独立国家杜兰尼王朝（1747—1826），杜兰尼王朝经过一系列战争，统一了阿富汗的大部分地区，在此过程中，阿富汗境内的各部逐渐融合形成了现代的阿富汗民族。19 世纪中叶以后，俄国在克里米亚战争失败以后，战略重心转移到东方，加速了自 16 世纪中叶开始的东扩步伐；清朝于 18 世纪中叶灭亡准噶尔汗国以后，开始收复西部天山的中国属地；俄国和中国两大强国从东、西、北三面逼向中亚，而遥远的英国也开始从印度向中亚发展势力。在列强的争夺中，哈萨克三个玉兹、布哈拉汗国、希瓦汗国、浩罕汗国和阿富汗等中亚政权或被兼并，或成为俄、英两国的殖民地或半殖民地。

第一章

北方游牧政权与游牧民

18 世纪中叶以后，哈萨克汗国仍然以三个玉兹的形式存在。在阿布勒海尔汗去世以后，小玉兹哈萨克人丧失了独立，俄国人操纵了统治权；中玉兹哈萨克人在阿布赉汗的治理下成为最强者；大玉兹哈萨克人内部分裂，外部受到浩罕汗国的入侵，最终瓦解。18 世纪下半叶，占据费尔干纳的浩罕汗国将吉尔吉思人的领地拦腰隔断，分为南、北两个政治区域，南、北吉尔吉思人都接受了浩罕汗国的统治，浩罕统治者依靠吉尔吉思贵族实施统治。土库曼人在经过了两个世纪（17—18 世纪）的大迁徙以后，到 19 世纪初，各部居地基本上固定下来，分属希瓦汗国、布哈拉汗国和波斯卡扎尔王朝（1779—1925）统治。

第一节　哈萨克三个玉兹

1730 年奥里塔阿会议之后，哈萨克三个玉兹的汗无一人能够把哈萨克人重新统一起来，18 世纪中叶以后，哈萨克汗国的历史就是三个玉兹的独立发展史。

小玉兹哈萨克人的领地与俄国领土毗邻，他们的历史更多地与俄国的扩张史联系在一起。在乌拉尔河与伏尔加河之间放牧的小玉兹哈萨克人与当地牧民哥萨克人、巴什基尔人和17世纪30年代迁来的卡尔梅克人（土尔扈特人）为争夺牧场频繁地发生冲突。在这些冲突中，小玉兹汗阿布勒海尔求助于俄国，1731年，阿布勒海尔宣誓臣属于俄国。1741年，准噶尔汗噶尔丹策零出兵攻哈萨克中玉兹和小玉兹，阿布勒海尔向俄国求援，俄国没有给予实质性的帮助，只“下令在危急时刻，准许他（阿布勒海尔）带领家属和仆从进入奥伦堡要塞”[①]。

1748年，小玉兹汗阿布勒海尔去世，其子努拉里继位（1748—1790）。[②]在批准努拉里汗继位的文件中，俄国在努拉里汗前面未加“小玉兹”限定，这一批文反映了俄国混淆概念，以期达到利用小玉兹汗控制全体哈萨克人的企图。然而，努拉里汗是一位无能的统治者，他不仅无力统一哈萨克，甚至未能将小玉兹哈萨克人统一在自己的政权之下，反对努拉里亲俄政策的哈萨克人另立速檀巴图尔为汗。努拉里汗继位不久，准噶尔汗遣使前来，要求努拉里遵循父愿，把他的妹妹嫁给准噶尔汗，并许诺以突厥斯坦城为聘礼。此事被俄国知道，俄国认为“准噶尔人和哈萨克人结成姻亲对俄国不利”，于是，“下令采取一切相应的办法阻止这个联姻”。[③]此事因阿布勒海尔之女于1751年去世而不了了之。

1751年，准噶尔汗国爆发内讧，清朝利用这一时机开始了平定准噶尔汗国的战争。1757年，清朝统一伊犁河流域，努拉里决定与清朝建立关系。1762年，努拉里向清朝派出使团，1763年年初，乾隆皇帝接见了小玉兹使团成员。努拉里的行为被俄国知道，俄国开始加强对小玉兹的控制，对哈萨克民众的反俄斗争采取军事高压政策。1763年5月，奥伦堡当局接到命令，可向越界的小玉兹哈萨克

---

① 〔俄〕A. D. 列夫申：《吉尔吉斯—哈萨克各帐及各草原的述叙》，第84页。

② “小玉兹汗世系表”见附录一。

③ 〔俄〕A. D. 列夫申：《吉尔吉斯—哈萨克各帐及各草原的述叙》，第107页。

人直接开火。与此同时，俄国鼓动卡尔梅克人和巴什基尔人对哈萨克人进行武装挑衅。小玉兹哈萨克人被俄国人赶回小玉兹的中部地区。[①]1773—1785 年间，双方在边界地区经常发生冲突，互相抢掠人畜。

1790 年，努拉里汗去世，俄国扶持他的兄弟艾拉里为汗（1790—1794）。1794 年，艾拉里去世，俄国又扶持努拉里汗的长子伊施姆速檀为汗（1794—1797）。1797 年 11 月，伊施姆汗在俄国的一个要塞中被哈萨克起义军击毙，努拉里汗的兄弟艾楚瓦克继承汗位（1797—1805）。正是在他统治期间，俄国人成立了一个由俄国人控制的六人参议会辅佐汗管理小玉兹事务。

1805 年，俄国免去艾楚瓦克的汗位，宣布艾楚瓦克之子丘列速檀继承汗位（1805—1814）。1811 年，俄国开始在哈萨克草原北部沿伊列克河[②]的小玉兹领地上修筑要塞。1814 年，俄国扶持丘列速檀之弟希哈孜登上汗位（1814—1824）。1822 年，沙俄利用伊列克河沿线要塞侵占了小玉兹哈萨克人在伊列克河与乌拉尔河之间的牧地，激起小玉兹哈萨克人的反抗。1824 年，俄国镇压了哈萨克人的反抗，同年，颁布《奥伦堡哈萨克人条例》，小玉兹哈萨克人由俄国奥伦堡督军直接管理。

奥里塔阿会议以后，中玉兹分裂为东、西两部，分别由巴拉克汗和赛买克汗统治。[③]西部汗赛买克与小玉兹哈萨克人的关系密切，在 1731 年阿布勒海尔宣誓臣属于俄国之时，他也带领一批中玉兹速檀和比向俄国宣誓效忠。1736 年，赛买克汗去世，汗位由头克汗的次子阿布勒班毕特汗继承（1736—1769），他与小玉兹哈萨克汗阿布勒海尔不和，“为了躲避阿布勒海尔的种种阴谋，退避到突厥斯坦

---

① 《哈萨克族简史》修订本编写组：《哈萨克族简史》，第 161 页。

② 伊列克河发源于穆戈德扎尔斯基山，在奥伦堡下游 200 公里处汇入乌拉尔河，河流全长 623 公里。

③ “中玉兹汗世系表”见附录一。

城”[①]，西部中玉兹的统治中心东移。阿布勒班毕特继承汗位时年事已高，实权掌握在他的助手速檀阿布赉手中，以后，阿布赉领导了中玉兹哈萨克人抵抗准噶尔人的入侵战争，在战争中树立起自己的权威。

阿布赉是著名哈萨克汗杨吉尔的五世孙，原名阿布勒曼素尔。在1723年的大灾难中，其父被杀，他随家人逃出突厥斯坦城，流落到希瓦汗国。在流亡期间，他丰富了阅历，积累了社会经验。18世纪30年代初，中玉兹汗阿布勒班毕特组建军队，阿布赉应征入伍，并在与准噶尔人的斗争中崭露头角。据说，在一次战斗中，准噶尔巴图尔（勇士）夏尔什勇不可当，许多哈萨克勇士都被刺下了马，阿布赉驱马猛进，口中高喊“阿布赉！阿布赉！”，一瞬间便砍下了夏尔什的头，失去首领的准噶尔军队四散溃逃，阿布赉率哈萨克人紧追。此战俘获甚多，极大地鼓舞了哈萨克人的斗志。战后，阿布勒班毕特问阿布赉为什么呼喊“阿布赉”，他回答说这是他爷爷的名字。[②]此后，人们以阿布赉一名称呼他。

1741年，阿布赉在抗击准噶尔人的战争中被俘，以哈萨克贵族为首的九十人代表团前往准噶尔汗国谈判，1743年，阿布赉获释返回中玉兹，速檀和亲属纷纷聚集在他的周围，他的声望日增，到50年代，阿布赉已经独立地统治了中玉兹的大部分地区。阿布赉对年迈的阿布勒班毕特汗十分尊敬，一直以速檀自称，不称汗。阿布赉对内实施温和的政策，任命自己的兄弟和儿子为氏族的比，逐渐将贵族会议判处封建主死刑的权力掌握在自己手中。对外，他调整了与准噶尔人的关系，娶了准噶尔汗噶尔丹策零的女儿，噶尔丹策零将塔什干城赐予阿布赉，以后，塔什干城成为阿布赉家族的世袭领地。与此同时，阿布赉主动与俄国联系，双方达成协议，从1750年起，俄国的特罗伊茨克要塞成为双方的交易场所。巩固了西部中玉

---

① 〔俄〕A. D. 列夫申:《吉尔吉斯—哈萨克各帐及各草原的述叙》，第84页。

② 《哈萨克族简史》修订本编写组:《哈萨克族简史》，第163页。

兹之后，阿布赉开始统一中玉兹东部。

奥里塔阿会议以后，中玉兹东部汗是速檀巴拉克，巴拉克是哈萨克汗国创建者札尼别的五世孙，他所统的中玉兹哈萨克人一直独立于赛买克汗。巴拉克的领地最初可能与小玉兹哈萨克人相邻，在赛买克汗臣属于俄国之时，巴拉克汗统治的哈萨克人拒绝臣属于俄国，他们不时地对俄国人发起袭击。1748 年，巴拉克汗击毙小玉兹汗阿布勒海尔，由此引发了两个玉兹之间的冲突。为了避开小玉兹，巴拉克汗求助于准噶尔人，迁入锡尔河北岸准噶尔人控制下的伊卡奈、奥特拉尔、昔格纳黑三城之间的空隙地带，与大玉兹哈萨克人的牧地毗邻。在史书中，他被称为中玉兹东部汗。

1750 年，巴拉克汗与他的两个儿子在出访一位和卓之时被毒死，巴拉克汗在中玉兹哈萨克人中具有很大影响，他的去世引起了中玉兹东部局势的混乱。争夺汗位的斗争此起彼伏，原巴拉克汗一派推举库恰克速檀为汗，然而，库恰克汗控制不了局势，他依靠准噶尔人维持统治。与此同时，小玉兹汗努拉里借助俄国势力企图替父报仇，东部中玉兹面临着严峻的形势。在此期间，阿布赉担负起统一中玉兹的任务，最终将东部中玉兹纳入自己的统治。

在清朝平定准噶尔汗国的当年（1757），阿布赉写信给清朝说："我等哈萨克有三部落，我系鄂尔图玉斯（即中玉兹）头目，奇齐玉斯、乌拉玉斯皆我族兄为长。"[①] 此后，阿布赉侵占了大玉兹西部领地，突厥斯坦城和塔什干城在内的西南牧地成为中玉兹汗阿布勒班毕特次子阿比里斯的领地。

1769 年，中玉兹汗阿布勒班毕特去世，1771 年，阿布赉称汗。以阿布勒班毕特汗之子博拉特和阿比里斯为首的一部分速檀和比不服，他们求助于俄国。1775 年，有一些声称："不属于阿布赉管辖的长老和苏丹派代表到西伯利亚边防指挥官那里，请求接受其为俄国臣民。他们中间即有曾要求俄国政府发给年俸的阿布勒班毕特汗的

① 《清实录》第 15 册，卷 543，第 15503 页。

儿子阿布尔芬斯（即阿比里斯）。”[①] 俄国当局认为，整个中玉兹已经宣誓臣服于俄国，不能再接受其中一些首领个人的臣服，因而对他们的要求予以拒绝，但俄国赐给他们礼品，以示安抚。

接着，俄国当局派遣官员劝说阿布赉向俄国政府呈文申请批准他的可汗头衔，阿布赉乘机要求俄国承认他为哈萨克三个玉兹的大汗。1778 年 2 月，阿布赉向俄国女皇递交了呈文：“阿布勒海尔汗和阿布勒班毕特已去世，他们是我同族的祖先。他们死时把汗的权威传给了我。他们死后，整个吉尔吉斯·哈萨克帐，即大、中、小帐的汗和苏丹们，和塔什干的大小城镇、土尔克斯坦地方一道，于 1771 年指定我为吉尔吉斯·哈萨克三个帐的汗。”[②] 同年 10 月，俄国发出一份册封阿布赉为可汗的证书，并附有一件皮大衣、一把军刀和一顶软帽，俄国要求阿布赉到奥伦堡领取，并要求他在奥伦堡、特洛伊斯克或西伯利亚边界地区宣誓就职。这些要求遭到了阿布赉的拒绝。后来，沙皇又提出让阿布赉在自己牙帐内当着俄国使臣的面宣誓，但仍被拒绝。[③]

1780 年 11 月，阿布赉汗在突厥斯坦城病故，长子瓦里继位（1780—1818）。[④] 瓦里汗没有统一哈萨克人的威望，大玉兹哈萨克人开始侵占中玉兹南部的游牧地。瓦里汗最初依靠俄国势力维护自己的统治，在他的请求下，俄国当局于 1782 年在靠近中玉兹的彼得洛巴甫洛夫要塞对他的汗位进行了正式册封。瓦里汗在位的最后几年，中玉兹分裂的趋势加剧，一些首领公开与他对抗，以汗自称。在此形势下，1816 年，俄国政府扶持前巴拉克汗之子布克依为第二可汗，企图接替瓦里汗，然而，布克依与瓦里汗同年去世，中玉兹四分五裂。1822 年，俄国在中玉兹实施新的统治制度，汗被废除，中玉兹归属于俄国西伯利亚当局统治。

---

① 历声：《哈萨克斯坦及其与中国新疆的关系（15 世纪—20 世纪中期）》，第 171 页。

② 〔日〕佐口透：《新疆民族史研究》，第 316 页。

③ 〔俄〕A. D. 列夫申：《吉尔吉斯—哈萨克各帐及各草原的述叙》，第 151 页。

④ 中国史书又称斡里素勒坦。

大玉兹人的牧地在哈萨克草原东部，在大灾难时期，他们的领地被准噶尔人占领。1729 年战争以后，大玉兹的一些牧民返回锡尔河以北草原。18 世纪 30 年代，大玉兹汗卓勒巴尔斯（1730？—1740）的驻地在塔什干。这一时期，大玉兹哈萨克人实际上臣属于准噶尔汗国，他们向准噶尔人缴纳皮毛税，同时还要将部族首领之子送到准噶尔汗国为人质，这种状况一直持续到 40 年代初。据奥伦堡总督派往塔什干的商队成员说，在卓勒巴尔斯统治时期，大玉兹实行的是双重统治。除了卓勒巴尔斯外，还有一个名叫梯乌勒的长老，他与卓勒巴尔斯共同执掌政权。1740 年，塔什干市民起义，杀卓勒巴尔斯汗，梯乌勒成了大玉兹统治者。然而，他掌权不久就被库西雅克比赶走，库西雅克可能是准噶尔汗噶尔丹策零任命的总督。在他的统治下，塔什干向准噶尔人交纳贡赋，当时，在大玉兹实施统治的是头克汗派到大玉兹的管理者图列比。1749 年，俄国奥伦堡当局在写给大玉兹的信件中，称图列比为“哈萨克大帐贵族，尊敬的图列比”。

以后，大玉兹一些领地被中玉兹侵占，大玉兹哈萨克人的牧地实际上只限于七河流域。准噶尔汗国被清朝平定以后，大玉兹并未获得统一。18 世纪后半叶，大玉兹面临日益强大的浩罕汗国的入侵。在浩罕汗额尔德尼时期（1751—1769），塔什干城被浩罕军攻占，中玉兹汗阿布赉加入争夺塔什干城的斗争。1757 年，阿布赉击败浩罕军，夺取塔什干城，将原中玉兹汗阿布勒班毕特之子阿比里斯留在塔什干统领大玉兹哈萨克人。阿比里斯在塔什干无所事事，实际统治者是他手下的三个巴图尔，“曰吐里拜，曰辉格尔德，曰萨萨克拜，而吐里拜实专国政”[①]。

1783 年，阿比里斯汗去世，他的两个儿子博普、杭和卓争夺大玉兹统治权，最终，杭和卓被推举为汗。18 世纪末，浩罕汗爱里木向北扩张，于 1808 年攻占塔什干城。爱里木宣布大玉兹及其

---

① 赵尔巽等撰：《清史稿》卷 529，中华书局 1998 年版，第 14720 页。

所属哈萨克人为浩罕臣民。浩罕国派驻塔什干的统治者在此进行残酷统治，他们的横征暴敛很快激起了哈萨克人的起义。在起义遭到镇压以后，大玉兹哈萨克人向外迁徙。一部分人进入新疆，归属了清朝；有数千帐归属俄国，被安置在乌斯季卡缅诺哥尔斯克（Ust'-Kamenogotsk）要塞附近；还有几千帐迁入中玉兹领地，接受了中玉兹汗的统治，这一部分大玉兹哈萨克人在 1819 年也归属于俄国；留在塔什干附近的哈萨克人继续接受浩罕汗国的统治。

俄国于 1822 和 1824 年确立对哈萨克中、小玉兹的统治之后，继续南下。1854 年 5 月，俄国颁布了《谢米巴拉金斯克省管理条例》，开始对大玉兹领地实施直接统治。

第二节　吉尔吉思人

18 世纪后半叶，吉尔吉思人生活的地区超过了今吉尔吉斯斯坦，北部到达了楚河中游，南部抵达帕米尔山前地带，东部抵达喀什噶尔流域。在这片广阔区域内，吉尔吉思人却没有建立起统一的政权，他们分裂成许多部落（鄂拓克）。准噶尔人称吉尔吉思为布鲁特，清朝沿用此名，并将他们分为东、西布鲁特人。东布鲁特人有五个部落，被统称为布鲁特右部，牧地在以伊塞克湖为中心的天山北部；西布鲁特人有十五个部落，被统称为布鲁特左部或外部，其居地在喀什噶尔以北和以西地区。由于吉尔吉思部落联盟以及部落之间还处于不断的分裂之中，左、右两部所属的部落数也在变化之中，因此，无法确定吉尔吉思人左、右两部，以及属下各部的分界及具体位置。在吉尔吉思部落及其牧地未弄清楚之前，本书暂以地区划分叙述吉尔吉思人的历史。

19 世纪初，吉尔吉思人的居地可以划分为南、北两个政治区划。南吉尔吉思包括今天的奥什、贾拉拉巴德和巴特肯地区；北吉尔吉思包括塔剌思河、楚河、纳林河、伊塞克湖地区和克特曼·土波（Ketmen-Töbö）流域。浩罕汗国的中心地费尔干纳处于南北吉尔吉思之间，因此，南、北吉尔吉思人的历史与浩罕汗国的历史联系在一起。

浩罕汗额尔德尼于1762年出兵，企图占领南吉尔吉思地区，但没有成功。在此后的大约六十年中，这一征服企图都没有实现。南吉尔吉思人首领马特库尔比（Mamatkul Bī）、阿尔兹马特比（Arzymat Bī）、哈吉比（Hājī Bī）、纳尔布塔比（Nārbūta Bī）和萨提科（Satyke）在不同时期内抵抗过浩罕军队的入侵。然而，一些南吉尔吉思人投靠浩罕统治者，协助浩罕军队征服南吉尔吉思。大约在1821年，吉尔吉思库特鲁格·赛义德部（Qutlugh Sayyid）统治者伯克·纳扎尔比（Bek Nazar Bī）接受爱玛尔汗的命令，率部经难行的山隘到纳曼干以北地区，夺取了吉尔吉思人的设防工事，抢劫了该地的吉尔吉思居民。这次征伐的结果是纳林河上游地区及居住在这里的吉尔吉思部落归属于浩罕政权管辖。

浩罕汗国大举征服南北吉尔吉思是在玛达里汗统治期间（1822—1841）。据说，玛达里汗获悉，在费尔干纳盆地东南部山隘地区，游牧的吉尔吉思部落经常袭击浩罕商人，破坏了费尔干纳与喀什噶尔之间的贸易往来。于是，玛达里汗派出人数不多的浩罕军，在纳曼干北部的库特鲁格·赛义德部吉尔吉思民兵的帮助下，洗劫这一地区并抢走了大量的战利品，主要是牲口。据说，抢劫和杀戮非常残酷，连妇女和小孩也不放过，还抓了许多俘虏到浩罕国。这样，费尔干纳东南部的吉尔吉思地区被征服了。数年之后，玛达里汗的统治扩展到北吉尔吉思人的阿赖谷地、喀什噶尔边境，以及伊塞克湖流域。结果，整个吉尔吉思在名义上都成了浩罕汗国的一部分，不过，真正附属于浩罕汗统治的只是那些在费尔干纳盆地内有自己过冬地的吉尔吉思部落。

玛达里汗在新占领地区建筑防御要塞，其中有比什凯克、托克玛克、朱木哈尔（Jumghal）、查尔迪巴尔（Chaldybar）、托格胡兹·托罗（Toghuz-Toro）、库尔特卡（Qurtqa）、卡拉库尔、巴尔斯库恩（Barskoon）、洪古尔·乌伦（Qongur-Ölön）、科什科尔（Qochqor）和阿特·巴什（At-Bashy）。玛达里汗在一些要塞安置了人数不多的驻防军。以后，这些要塞成为该地区的行政中心，有的甚至发展成永久性城市，它们在吉尔吉思人的经济和文化中起到了积极的作用。

浩罕汗在吉尔吉思地区没有足够的兵力，因此，在大部分地区是依靠当地的吉尔吉思贵族统治。费尔干纳和阿赖山区的一些吉尔吉思首领，如哈吉·塔特卡（Hājī Datka）、优素甫·明格巴什（Yūsuf Mingbāshī）、赛义德·比（Sayyid Bī）、穆苏曼·库尔·阿塔利克（Musulman Kul Atāliq）和阿利姆·伯克·塔特卡（Alim Bek Datka）等人在浩罕宫廷内任职，其中一些人还担任了重要职务，他们甚至可以操纵浩罕汗，使之成为傀儡。

玛达里汗让吉尔吉思贵族比伊和玛纳普（Manaps，19 世纪北吉尔吉思大君主的称号）统治各自的领地，但对这些地区派出官员征税，驻守要塞的军队首领成了收取赋税的总税务官。浩罕汗国的主要税项是牲畜税，数额为牲畜总数的 2.5%—4%，在秋季，每帐要加征两头公羊以供给汗的宫廷，骆驼税的征收另有特别的规定。吉尔吉思富人通过给税吏送礼等方式获得免税，因此，税收负担主要落到了吉尔吉思平民的头上。在收税过程中，税吏除了征收国家规定的税额外，还私自每帐加收一头公羊；吉尔吉思比伊和玛纳普等统治者也趁协助浩罕税吏之机，贪污一部分税金。这些情况加重了吉尔吉思人民的负担，据 19 世纪中叶的俄国史书记载："穷人逐渐丧失了财产，有时他们甚至将孩子卖给富人当仆役，或者给汗的官吏作抵押。"①

北吉尔吉思被征服以后，北吉尔吉思人在较长时期内没有屈服于浩罕汗的统治，他们组织起义反抗浩罕汗国征税，如 19 世纪 30 年代，在纳林河畔发生了阿坦泰（Atantai）和泰拉克（Tailaq）起义。19 世纪 40 年代，在北吉尔吉思人中产生过建立国家的要求，萨

① 〔苏联〕帕·彼·伊凡诺夫：《中亚史纲》，《中亚史丛刊》1983 年第 1 期，第 113 页。

里巴吉什部（Sarybaghysh）玛纳普乌尔蒙恩·尼雅兹伯克·乌鲁（Ormon Niyāzbek Uulu）宣布自己是北吉尔吉思汗（1791 或 1792—1854），任命江泰（Jantai）为他的顾问，托罗吉尔迪（Törögeldi）为他的统帅。他强迫伊塞克湖地区的布格胡部（Bughu）、萨雅克部（Sayaq）和纳林河部分地区的首领承认他的统治，但他没有成功，最终遭到布格胡部人的杀害。因此，北吉尔吉思人建立自己国家的愿望落空了。

19 世纪中叶以后，北吉尔吉思人中没有任何形式的政治组织，即使一些较小的部落也常常分裂成独立的集团，并发生械斗。这样，他们的精力要么浪费在自相残杀的斗争中，要么消耗在与哈萨克人的冲突中。“到了 1842 年……他们一个跟一个地要求俄国人保护。”[①] 像哈萨克人一样，北吉尔吉思人除了一部分留在中国接受清朝管辖外，其他的人都成了俄国臣民。

19 世纪初，吉尔吉思人的主体仍然是游牧民，吉尔吉思人的高山畜牧业发展很快，有相当规模。据《新疆图志》称，新疆农民和城市居民所需的牲畜，除个别地方自己出产外，很大一部分是依靠吉尔吉思人（布鲁特人）供应，他们在新疆出售的牲畜，每年常数十万计。清政府驻新疆的军队、地方官员所需之马匹，所食之牛羊，主要由吉尔吉思牧民供应。游牧或半定居的吉尔吉思人继续住在容易拆装的圆顶帐篷（玉兹）里。帐篷的大小随社会等级而不同，地位越高，帐篷越大。穷人也能为自己制造漂亮的圆顶帐篷，但是其框架必须小。

除了畜牧业外，从 18 世纪到 19 世纪中叶，农业在吉尔吉思人中占有明显地位。在北吉尔吉思，特别是在楚河流域和伊塞克湖附近，经营农业的情况更加明显。据祁韵士说：“至特穆尔图淖尔（伊塞克湖）两岸间，有布鲁特所种田地。”到过布鲁特人居地的俄国人吉伯尔什达思说：“在卡拉苏河和朱尔加兰河之间的广大伊塞克湖沿岸，有农业区，在我旅行的路上还没有看见过有像这里一样长着那

① 〔英〕柯宗等:《穿越帕米尔高原》，吴泽霖译，民族出版社 2004 年版，第 52 页。

么丰盛的谷物的地方，小麦、青稞、燕麦、豌豆等都长得很茂盛。”[①]在北吉尔吉思，一些人开始建造泥墙房屋为冬居所，还建造了一些永久性的建筑，如清真寺和伊斯兰宗教学校；在南吉尔吉思，南吉尔吉思部落与费尔干纳的定居农业文化发生了亲密的接触，许多人开始定居在城镇和乡村，在费尔干纳发现了几个以吉尔吉思部名命名的村庄，如吉尔吉思—克什拉克村（Kyrgyz-Kishlak）。

吉尔吉思人的手工业多以家庭手工业为主，常见的是纺棉、制毯和织布业。一些家庭用具是皮革做的，除了制皮鞋和皮马鞍外，酿造乳酒（Qumis / Qumiz，发酵马奶）的大容器（Sabaa）、运输乳酒的容器（Chanach）和盛饮料的小水壶都用皮革制作。铁器制作也很发达，除了制造兵器外还制造农牧具。

吉尔吉思人与外界进行着频繁的贸易。南吉尔吉思人与包括费尔干纳在内的周边定居地区保持着密切的经济联系，他们到周边定居居民中出售自己的畜牧产品，购买他们所必需的手工产品。他们出售到费尔干纳、塔什干、喀什噶尔和吐鲁番的货物主要有马匹和其他家禽。吉尔吉思毛皮、皮革、羊毛、毡子和各种农牧产品在周边各地市场都有销售，特别是安集延和喀什噶尔的大市场。在这些市场上，吉尔吉思人购买的商品有大米、干杏、糖果、传统装饰品等，当地珠宝商们在市场上经营着金、银、铜、铁和进口的宝石。北吉尔吉思人通过西伯利亚与俄国贸易，他们用自己的牲口和毛皮换回纺织品、生铁锅和鞣制皮革等。

19世纪后半叶，原本是同源、同祖、同宗的吉尔吉斯民族成为跨国民族。其中，喀什噶尔境内的吉尔吉思人具有中国国籍，他们因长期与中国人融合，会说汉语；在哈萨克草原上的吉尔吉思部落与巴什基尔人、诺盖人、哈萨克人、乌兹别克人、畏兀儿人和萨彦—阿尔泰人融合，甚至被他们同化了；在阿富汗的吉尔吉思人则臣属于阿富汗政权。

---

① 《柯尔克孜族简史》修订本编写组：《柯尔克孜族简史》，民族出版社2008年版，第86页。

第三节　土库曼人

土库曼人在经过了两个世纪（17—18 世纪）的大迁徙以后，到 19 世纪初，各部的居地基本固定下来。大约有 15 万约穆德部人来到希瓦汗国南部，他们占据着从花剌子模绿洲向西一直延伸到里海岸边。30 万帖克部民在约穆德部之南的地区居住下来，他们占据着两大绿洲，即阿哈尔—帖克和莫夫绿洲。再往南是一些小部族的领地，3.1 万戈克兰部民在戈尔甘河一带放牧；6.5 万萨利克部民在莫夫以南放牧；15 万艾尔萨利部民在莫夫以东的阿姆河流域放牧；8.6 万乔都尔部民在查尔朱以南的阿姆河一带放牧，还有一部分在希瓦汗国境内；此外，有 25 万阿利利部民居住在阿富汗。[①] 由于游牧经济的分散性，就是在同一地区，土库曼各部落之间的联系也是松散的。

在 18 世纪下半叶至 19 世纪中叶的一百年中，土库曼人一直未能建立自己的国家，土库曼部落分属于希瓦汗国、布哈拉汗国和波斯卡扎尔王朝。大多数土库曼人处于希瓦汗国的统治之下；布哈拉汗国统治着阿哈尔东部莫夫绿洲上的土库曼人；波斯卡扎尔王朝统治着里海东南地区的土库曼人。

在希瓦汗国内，人数最多的土库曼部落是约穆德部。希瓦汗国的约穆德部有四个独立氏族，各有牧地，极其分散。与希瓦汗国的其他土库曼部落一样，约穆德部人是按牲畜或其他产物缴纳赋税的。

随着阿夫沙尔王朝在中亚统治的结束，约穆德部的大多数人在 18 世纪 60 年代迁往汗国统治中心的希瓦城边区，他们在汗国的政治生活中起到了重要作用。土库曼贵族向希瓦汗国的统治集团靠拢，

---

① 〔俄〕捷连季耶夫：《征服中亚史》第 3 卷，西北师范学院外语系译，商务印书馆 1986 年版，第 1 页。

在希瓦汗国统治者的内部斗争中，1764年和1770年，他们曾两次短暂地夺取过权力。①

19世纪初，希瓦汗艾利吐热尔（Iltuzer，1804—1806年在位）曾以武力把汗国边境地区的约穆德部、伊木别里部、卓乌多尔部纳入自己的统治之中，使它们一个一个地失去了自己的独立。在斗争失败之后，大批约穆德部人迁到呼罗珊。然而，他们在呼罗珊非但没有找到土地和牧场，还遭到波斯统治者的迫害和邻近土库曼部落的骚扰，1806年，他们重返花剌子模绿洲。在征得希瓦汗的同意之后，他们在希瓦城以西的沙漠边缘上定居下来，成了希瓦汗国的臣民，从此，他们的命运一直与希瓦汗国连在一起。

帖克部土库曼人分为两支，即托赫塔梅什和乌捷梅什，每支又各分成两个支系，因而，帖克部人实际分为别克、维基利、瑟奇马尔和巴赫沙达沙亚克四个支系。② 帖克部分属于希瓦汗国和布哈拉汗国，其中，呼罗珊北部的帖克部属于希瓦汗国，他们的居地与约穆德人毗邻。

希瓦汗国对帖克部人的统治是不巩固的，为了保证帖克部的臣服，希瓦汗麦哈穆·拉希姆从1813年起多次出兵呼罗珊北部地区，土库曼人为维护独立与希瓦汗进行过残酷的斗争，结果破产的土库曼部落被迫承认了与希瓦汗国的臣属关系。希瓦汗强迫帖克人定期缴纳赋税，每村交一只骆驼。此外，希瓦汗还以禁止土库曼人到汗国统治中心地区做买卖和停止对灌溉渠放水等措施制裁那些不驯服的土库曼人。希瓦汗国的专制和暴力激起了土库曼人的反抗，1855—1867年的起义动摇了希瓦汗国的统治，在起义的最初两年（1855—1856）土库曼人就杀死了两位希瓦汗。③

19世纪20年代，土库曼人还没有大规模转向定居生活，虽然农业在这里起着显著作用。住在希瓦城附近的土库曼人是半游牧民，

---

① C. Adle, Irfan Habib, *History of Civilizations of Central Asia*, Vol. 5, p. 136.

② 〔俄〕捷连季耶夫：《征服中亚史》第3卷，第2页。

③ C. Adle, Irfan Habib, *History of Civilizations of Central Asia*, Vol. 5, p. 87.

他们把农业看成第二位的和暂时的职业，只要一有哪怕最小的可能，他们就会放弃农业。大概在 19 世纪 40 年代，希瓦汗国土库曼人的定居化倾向明显起来。根据 1842 年访问希瓦的达尼列夫斯基的记录，住在老乌尔根奇、塔沙乌兹（Tash-Hauz）地区和汗国西北地区的土库曼人在他们开垦的土地上从事农业。他又补充说，上述土库曼人的畜牧业少得可怜，他们编织地毯和制作帐篷出售。土库曼人转向定居的过程是十分缓慢的，主要原因是缺乏灌溉土地，希瓦汗国提供给土库曼人的土地位于渠道下游，经常缺水，因此，农业在土库曼人中的发展也是缓慢的。

希瓦汗国的土库曼牧民在破产之后，大多数加入了希瓦军队，组成了军队中的骑兵。布哈拉史家阿布杜克里木提到，在希瓦汗艾利吐热尔当政的第二年（1805），希瓦汗国已经有一支由土库曼人组成的骑兵，这支骑兵曾侵袭布哈拉城。在骑兵队伍中起到重要作用的除约穆德部外，还有伊木别里、卓乌多尔等部的土库曼人。希瓦汗常常派遣他们去征服和抢掠包括土库曼人在内的邻近民族。

希瓦汗国对土库曼人的统治还在文化方面体现出来，他们对土库曼人居地派伊斯兰教士、宗教法官，吸收土库曼人到汗国的宗教学校里学习，毕业后回到故乡草原上，成为希瓦文化的传播者。

呼罗珊南部莫夫绿洲的帖克部土库曼人归属于布哈拉汗国。据穆罕默德·雅库比记载，18 世纪 90 年代，莫夫绿洲的土库曼人在听到布哈拉统治者沙赫·穆拉德被杀的消息以后，举行了起义，他们推举土库曼撒洛尔部的人为首领，把城市四郊毁坏。布哈拉汗国驻莫夫的统治者迪恩纳希尔别克镇压了土库曼人的起义，双方进行了激烈斗争。据希瓦历史学家说，在镇压起义者时，迪恩纳希尔别克曾求助于希瓦汗。

19 世纪 20 年代，希瓦汗国与布哈拉汗国为争夺莫夫绿洲多次发起战争，莱巴普（Lebap）和莫夫两城成了双方争夺的焦点，以诗人赛义德（Sa‘īdī）为首的莱巴普土库曼人反抗布哈拉埃米尔海达尔的军事统治，莫夫的土库曼人反抗希瓦汗穆罕默德·拉希姆的入侵。

两城在双方之间多次易手，然而，两地的反叛最终都遭到镇压。

呼罗珊西部的土库曼人先后臣属于在波斯建立统治的阿夫沙尔王朝和卡扎尔王朝。1747 年，阿夫沙尔王朝建立者纳迪尔被杀，波斯分裂为几个互相争霸的小王朝。其中，卡扎尔王朝于 1796 年灭阿夫沙尔王朝，夺取西部呼罗珊，确立了对该地区土库曼人的统治。

卡扎尔王朝统治初期，分布在里海东南沿岸的约穆德人承认了卡扎尔王朝的宗主地位，阿特利克和古尔甘的土库曼人参与了卡扎尔人灭亡赞德王朝和阿夫沙尔王朝的战争，尽管如此，卡扎尔王朝统治者还是不断对土库曼人的居地发动掠夺性远征，屠杀居民、抢走牲畜。

土库曼人以袭击方式反击卡扎尔军的掠夺。对土库曼人了解颇深的俄国外交官博德说："土库曼人反抗波斯人的战争不是打公开战，而是由像闪电般的袭击组成。"[①] 1813 年，约穆德人和戈克兰人不堪忍受马赞德兰地区统治者米尔咱·礼札（Mīrzā Rāzī）的虐待，起来反抗。起义者在戈尔甘河岸两次击退了前来镇压他们的波斯军队。俄国将军格罗杰科夫（Grodekov）说："勇敢的土库曼人在抗击他们半开化邻居波斯人和乌兹别克人的战争中，抢劫是一部胜利与失败的流血史，波斯人和乌兹别克人正是他们所谓的狡猾和不择手段者，甚至比土库曼人更加残忍。"[②] 波斯卡扎尔王朝对被俘的土库曼人十分残忍，据考尼博夫·布罗克威勒（Couliboeuf de Blocqueville）和万贝里记载，他们在德黑兰看到土库曼俘虏被当作真靶子使用，而在希瓦他们全都被挖掉了眼睛。[③] 与之相反，土库曼人一般不杀俘虏，他们对男俘虏勒索一笔赎金，将女俘虏纳为妻妾，在拒绝支付赎金的情况下，他们把男战俘带到希瓦、布哈拉、撒马尔罕的奴隶市场上出卖。

直到 19 世纪，土库曼社会仍然保持着封建家长制的性质。与此

① C. Adle, Irfan Habib, *History of Civilizations of Central Asia*, Vol. 5, p. 38.

② Ibid., p. 139.

③ Ibid..

同时，土库曼人中存在着使用奴隶的现象，富有者有很多奴隶。奴隶用于农业和畜牧业，以及家庭经济。尽管奴隶劳动在家庭经济和农业中也起到一定的作用，但奴隶制并没有成为生产的主导方式，奴隶劳动具有家长制的性质，不是一种获取剩余价值的手段。摆脱奴隶身份的办法有两种：一是赎身，缴纳主人所规定的一笔钱即可；二是以劳役赎身，为主人劳动一段时期后获得自由。

从18世纪初期起，俄国开始涉足土库曼人的居地。在一个半世纪中，俄国派出几十支探险队到里海海岸的土库曼人居住区。18世纪后期的探险队有：古麦林（Gmelin，1773）、沃诺威奇（Voynovich，1781）、穆拉维耶夫（Muravyev，1819—1821）、卡瑞林（Karelin，1832—1836）、普特雅廷（Putyatin，1841）、丹迪威尔（Dandevil，1859）。探险队研究了里海及其周边的地理和气候，这些研究对19世纪下半叶俄国征服土库曼斯坦起到了帮助作用。

1874年4月，俄国政府制定了《外里海军区军事管制暂行条例》，在高加索总督管辖区内建立外里海军区。1882年7月10日，沙俄正式建立外里海州，外里海州管辖范围：东起卡拉库姆沙漠，向西延伸到阿姆河，北界包括乌斯特·尤尔特高地，南界是阿特列克河与波斯、阿富汗的边界，包括科佩特山的北坡，其居民绝大部分是帖克部和阿利利部土库曼人。[①] 外里海州以外，一部分土库曼人继续接受布哈拉埃米尔国的统治，他们主要集中在卡拉库姆大沙漠的东缘；一部分接受希瓦汗国的统治，他们主要集中在阿姆河下游三角洲南端的平原绿洲地区。

① 王治来：《中亚通史》（近代卷），第374页。

第二章

南方国家

18 世纪下半叶，布哈拉汗国札尼王朝在河中地区的统治结束，沙赫·穆拉德建立了曼格特王朝（1785—1920）；希瓦汗国亦剌克（宰相）掌握了汗国的实权，19 世纪初，亦剌克艾利吐热尔废希瓦汗建立了弘吉剌惕王朝（1804—1920）；18 世纪上半叶，浩罕汗国承受了布哈拉汗国和准噶尔汗国的压力，巩固和强大起来，兼并了大玉兹哈萨克人的牧地和中国在巴尔喀什湖以南以东的一些领地；18 世纪中叶，阿富汗人艾哈迈德在坎大哈建立了第一个独立的阿富汗国家，经过统一战争，阿富汗国发展成为东方一大强国。在后期王朝的统治下，中亚国家开始了兼并和统一的过程，然而，这一过程被俄国的征服打断，政治统一最终未能实现。俄国在克里米亚战败之后，战略重心转移到东方，加速了自 16 世纪中叶开始的东扩步伐；与此同时，英国也开始从南面向北发展，涉足中亚。中亚诸国在列强的争夺中或者被兼并，或者丧失了独立，分别成为俄、英两国的殖民地或半殖民地。

第一节　布哈拉汗国曼格特王朝

18世纪下半叶，布哈拉汗国开始了曼格特王朝的统治。曼格特王朝在兼并地方割据政权的基础上逐渐形成了较为强大的中央集权；布哈拉汗国经济衰退的势头在18世纪下半叶也得到了遏制。然而，曼格特王朝的短暂强盛只是布哈拉汗国的最后一抹霞光。

1747年，波斯王朝沙赫纳迪尔被杀，他在中亚的统治结束。在纳迪尔军中服务的将领穆罕默德·拉希姆从莫夫返回布哈拉，杀傀儡汗阿布穆明及其父阿布尔·费兹，立阿布尔·费兹的另一个儿子奥贝杜拉（‘Ubaydullāh）为汗（1751—1754）。1756年，穆罕默德·拉希姆自己称汗，确立了曼格特人在中亚的统治。

曼格特人将他们的起源追溯到蒙古族曼格特部，中国史书记为“蒙古特”部。13世纪初，曼格特部随成吉思汗西征从蒙古高原来到了钦察草原，14世纪，他们分布于乌拉尔河与伏尔加河之间，在此，他们开始与钦察突厥人融合。15世纪，曼格特部在乌拉尔山一带建立了一个游牧政权，即诺盖汗国。16世纪初，一部分曼格特部人追随昔班尼家族迁入河中地区，一些人开始了定居生活，从事畜牧养殖、农业和手工业。曼格特部上层人物参与了昔班尼王朝的统治，如和卓·哈齐在1503年任乌拉特佩城的统治者，经历两个多世纪的发展，到18世纪下半叶，曼格特部首要人物在布哈拉汗国获得了宫廷侍长的位置，沙赫·穆拉德（Shāh Murād）正是在这一位置取代了札尼家族的统治（1785）。

波斯阿夫沙尔王朝统治河中地区期间（1740—1747），布哈拉汗国的最高统治权实际上已经不掌握在札尼家族手中，而是掌握在曼格特部摄政者穆罕默德·哈辛姆手中。哈辛姆家族充当了纳迪尔在河中地区的统治工具。哈辛姆本人被任命为大埃米尔（Amīr-i Kabīr），负责为阿夫沙尔王朝军征集给养；其弟丹尼雅尔（Dāniyāl）

成了克尔米涅的统治者；其幼子穆罕默德·拉希姆（Muhanmmad Rahīm）担任军队司令，统率布哈拉汗国的一万骑兵到呼罗珊为纳迪尔服务。

1743年，哈辛姆去世。以伊巴杜拉赫·汗·基塔依（'Ibādullāh Khān Khitā'ī）为首的埃米尔起义反对哈辛姆家族在布哈拉汗国的专权，他们在红玫瑰节（Gul-i Surkh）这一天涌入布哈拉城。当时，哈辛姆的幼子穆罕默德·拉希姆正统率军队在马什哈德，得知这一消息以后，他率军返回布哈拉，围攻布哈拉城的埃米尔们退守塔什干。拉希姆进驻布哈拉城，纳迪尔授予他埃米尔中的埃米尔（Amīr al-Umarā）称号。1747年，穆罕默德·拉希姆扶持阿布尔·费兹年仅十二岁的儿子阿布穆明继承汗位。一年之后，他又除掉了这位幼主，“把他扔进遗忘之井”，立阿布尔·费兹的另一个儿子奥贝杜拉为傀儡汗。

纳迪尔被杀以后，在布哈拉宗教界牧师、世俗贵族和曼格特部首领们的支持下，拉希姆于1756年在布哈拉城举行登基典礼，以埃米尔称号实施统治，有学者将此事视为布哈拉汗国札尼王朝的终结和曼格特王朝开始的标志。[①]

穆罕默德·拉希姆登基典礼的情况被《汗的礼品》一书记录下来，回历1170年3月23日（公元1756年12月16日）星期一，“仆人们在典礼大厅铺上地毯，摆上宝座，星相家确定登基的时辰，然后邀请异密、达官和穆斯林神职人员的头面人物（四姓代表：马哈杜姆·阿扎姆·卡萨尼、赛义德·阿塔、霍加穆罕默德·伊斯拉姆·朱伊巴里和霍加阿赫拉尔的后裔）入场。在星相家确定的时辰，

---

① 关于曼格特王朝起始时间，学者们说法不一。有1753年说、1785年说和1800年说。俄国和苏联的大部分史书把1753年穆罕默德·拉希姆称汗之年作为曼格特王朝的开端。参见《乌兹别克共和国史》第1卷第1册，第420、466页；瓦姆别里：《布哈拉或外乌浒河地区的历史》第2卷，圣彼得堡1873年版，第116页。德国学者加文·汉布里认为，沙赫·穆拉德是曼格特朝的“第一个正式的统治者”，参见Gavin Hambly, *Central Asia*, p.180。我国学者王治来认为：“新王朝的头一个代表是海答儿（1800—1826）。”参见王治来：《中亚近代史》，第138页。笔者以1785年为其开端，是以沙赫·穆拉德废黜札尼家族傀儡汗阿布尔·费兹这一事件作为新、旧王朝更替的标识。

由宫廷霍加、贴身仆人、侍卫将蒙着双眼的穆罕默德·拉希姆领进大厅，让他坐在一块白毡子上，两头由四个主要部族的代表，即曼格特部（穆罕默德·达尼亚尔比）、乌塔奇部（霍贾姆亚尔比）、巴赫林部（盖布拉比）和萨赖部（贾汉吉尔比）的代表拉着，而毡子两边由上述四姓代表伊斯哈克霍加、阿明霍加、艾尤布霍加、沙哈布·丁霍加和从显赫的达德哈、土克萨布、萨德尔、热伊斯及武官中推举的几个人拉着。随后才把新汗放到宝座上，于是宴会和赠礼开始。凡是参加庆典的人，汗都要赏赐一件贵重的长袍。异密、达官和穆斯林神职人员的代表在星期一和星期三都要去朝拜新汗，只有到星期五发表呼图白时才提穆罕默德·拉希姆的名字。汗国所有主要城市和村镇都要铸造有他名字的钱币。三十二个大部族的代表人物都要按其民团总人数和功劳封官”[①]。

穆罕默德·拉希姆的篡位激起了各地埃米尔的反对，他们敌视曼格特人的统治，纷纷起义，对此，拉希姆采取武力镇压。他成功地镇压了努尔阿塔统治者图盖·穆拉德（Tuqāy Murād）在米安卡勒的起义，然而，对乌拉特佩城城主法兹尔（Bī Fāzil）的镇压以失败告终。1754 年，拉希姆与浩罕汗额尔德尼，以及钦察部首领结成联盟对付法兹尔，然而，在乌拉特佩城灵活机动的守军面前，拉希姆最终未能攻陷此城，乌拉特佩城在 18 世纪下半叶一直保持着独立。[②] 在乌拉特佩城被围期间，喜萨尔统治者穆罕默德·阿明曾率领一支由 8000 人组成的部队前来支援。拉希姆在围攻乌拉特佩失败以后，转而攻陷喜萨尔城，处死了城主阿明，兼并了该城领土。拉希姆在镇压各地起义之时，为了凑足战争所需军费，在布哈拉汗国增加税种。

1758 年 3 月 24 日，穆罕默德·拉希姆去世，曼格特人推选他的叔叔丹尼雅尔为他的继承人。[③] 为了平息反曼格特人的情绪，丹尼雅尔在形式上保留了札尼家族的汗位，先后继任的札尼王朝汗有费兹

---

① 〔乌兹〕艾哈迈多夫：《16—18 世纪中亚历史地理文献》，第 149—150 页。

② C. Adle, Irfan Habib, *History of Civilizations of Central Asia*, Vol. 5, p. 56.

③ 布哈拉汗国“曼格特王朝埃米尔世系”见附录一。

尔·土拉汗（Fāzil Tura）和阿布尔·哈齐汗（Abū'l Ghāzī，1758—1785），丹尼雅尔本人以阿塔雷克身份实施统治。

丹尼雅尔统治时期（1758—1784），中央政权仍不稳固，所有重要国家事务他都要与宗教界商量。1781 年，他在回答沙俄政府建议缔结贸易条约之时说，要征询全部九十二个氏族的伯克的意见，他说："在乌兹别克民族中有这种惯例，一切事务和决议都要互相商量同意以后才能决定。"[①]

丹尼雅尔统治期间，各地反对曼格特人专权的战争仍在继续，反叛的部落有肯纳加斯（Kenigaziyas）、巴克赫里恩（Bāyrins）、布尔夸特（Burquts）、萨雷（Sarāys）。乌拉特佩城主法兹尔夺取了吉扎克、哈提尔奇（Khatirchi）、卡塔库尔干和撒马尔罕，还想夺取布哈拉城。

这些反抗斗争使拉希姆建立的集权政治瓦解了。撒马尔罕、沙赫里夏勃兹等地重新分裂出去，成为独立王国和半独立领地，布哈拉城也呈现出衰落的迹象。据塔吉克历史学家阿赫麦德·丹尼希（Ahmad Dānish，1826—1897）记，清真寺和宗教学院弃而不用，已成废墟。居民们承受着繁重的苛捐杂税，生活十分悲惨。[②]1784 年，布哈拉城爆发起义，在起义中有一千多人被杀。在此形势下，丹尼雅尔难以统治下去，把权力交给了他的儿子沙赫·穆拉德（1785—1799 年在位）。

沙赫·穆拉德是一位很有作为的统治者。他一反其父的政策，废除了札尼王朝汗，自己以埃米尔称号统治布哈拉汗国。接着，沙赫·穆拉德处死了汗国职位最高的两位官员，即首相道剌（Daulat）和大法官尼札穆丁（Nizāmu'ddin），平息了居民的不满情绪，此举也向世人表明了他改革的决心。他改革了法律，赋予市场监督官（Muhtasib）较大的权力，他们有权检查度量衡的精确度，有权视察市民们遵守萨里亚法律令的情况，这一改革激发了宗教界人士对平

① 〔苏联〕帕·彼·伊凡诺夫：《中亚史纲》，《中亚史丛刊》1983 年第 1 期，第 67 页。

② C. Adle, Irfan Habib, *History of Civilizations of Central Asia*, Vol. 5, p. 57.

民生活的关注。

在经济上，沙赫·穆拉德鼓励兴修水利，扩大耕地面积，促使一部分游牧民转向定居；改革税制，取消了与伊斯兰教法相违背的许多税种，废除了对手工业者强行征收的劳动税，为了弥补因这些措施而减少的国家收入，他引入了一种新的货币税（Jul）；实行货币改革，发行了足值的金银币。这些改革使曼格特王朝的政局逐步稳定下来。

沙赫·穆拉德进行了统一战争，收复了巴尔赫及阿姆河以南一些地区，使这些地区以条约的形式承认了布哈拉埃米尔的宗主权。1785年，沙赫·穆拉德掠夺莫夫绿洲，摧毁了素丹大坝（Sultān Band），依靠大坝拦水浇灌的耕地因得不到灌溉用水而荒芜。在这些战争中，他俘虏了不少波斯人，把他们作为奴隶在布哈拉城市场上出售。据说，布哈拉城市场上当时奴隶很多，一个强壮的奴隶才值几个银币。

沙赫·穆拉德于1799年被杀，其子海达尔·图拉（Haydar Tura）继承了王位（1800—1826）。海达尔以荒淫享乐著称，在他的后宫中，大约拥有一百名妇女。关于海达尔在经济上的用度，他的同胞兄弟穆罕默德·雅库比说，海达尔之所以出名是因为以下事实，即他的收入是其父收入的两倍，而他的支出却是他自己收入的两倍。[①] 海达尔的岁入仅能够满足他年开销的一半，于是，海达尔采取了一些紧急的财政措施，由此导致了汗国居民的贫困。1810—1811年，布哈拉经历了暖冬和春季干旱，严重的饥荒导致了卖儿童、虐待甚至杀死老人的事情。

海达尔热衷神学，自认是神学界的专家。他在布哈拉雅克城堡的王室清真寺内附设了一所宗教学院，亲自授课。在海达尔死后六年，英国旅行家亚历山大·伯恩斯访问了布哈拉，他说，海达尔时期的布哈拉“是一个充满着宗教狂热和偏见的时代。他取信仰之统帅的称号；行使的是一位教士而非国王之职责。他为死者诵祷文，

---

① C. Adle, Irfan Habib, *History of Civilizations of Central Asia*, Vol. 5, p. 58.

参加清真寺的辩论，管理服务机构，到学院讲课”[1]。

海达尔在位期间，国内发生了一系列的大起义和内乱。1821—1825 年间，地处布哈拉和撒马尔罕之间的米安卡勒爆发了契丹—钦察部（Khitay-Kipchak）大起义。

1826 年 10 月 6 日，海达尔病逝，长子胡赛因（Husayn）即位。胡赛因统治不满三个月就被首相哈希姆毒死，临死之前他把其弟倭玛尔从克尔米涅招回，让他继承了王位。但倭玛尔在位三个月之后也被首相逐出了布哈拉，有的记载说他去麦加朝觐了，有的说他先逃到马什哈德，后又逃到巴尔赫，最后逃到浩罕，在此病故，其遗体归葬布哈拉城。

经历了短暂的动荡之后，海达尔的次子、卡尔希城主纳斯鲁拉赫登上了曼格特王朝的王位（1827—1860），他以一系列流血事件拉开了其长期统治的序幕。即位之初，纳斯鲁拉赫处死了擅自废弑君主的首相哈希姆，更换了宫廷的全部侍从。为消除隐患，他又处死了他的三个弟弟，这些行为使他获得了“屠夫埃米尔”（Amīr-i Qassāb）的绰号。

纳斯鲁拉赫任用阿不杜拉·萨穆特建立了一支常备军和一个炮兵团，萨穆特具有西方军队科学的知识，曾在阿富汗埃米尔多斯特·穆罕默德手下效力。1832 年，他来到布哈拉，纳斯鲁拉赫在他的帮助下，改造了旧军队的装备，配备了一些火枪和炮，组建了炮兵团。以后，纳斯鲁拉赫利用这支军队进行了一系列战争。

纳斯鲁拉赫一生都在为布哈拉汗国的统一而战，在统治初年，他将沙赫·穆拉德时期割让给阿富汗的巴尔赫地区从阿富汗人手中夺了回来。[2] 喜萨尔表面上是布哈拉的一个省，而实际上也是半独立

① C. Adle, Irfan Habib, *History of Civilizations of Central Asia*, Vol. 5, p. 58.

② 不过，从阿姆河以南至兴都库什山的今阿富汗地区在 19 世纪上半叶实际上是独立的。这一地区存在的是由当地统治者管辖的独立小领地，如巴尔赫、迈马纳、安德胡伊等。小领地统治者们有时在形式上承认归属于布哈拉埃米尔政权，实际上实施独立统治。比如，巴尔赫收取的贡赋并不送到布哈拉，而是交给当地的统治者伊善和卓。布哈拉在遇到战争之时也得不到巴尔赫的军事援助。巴尔赫于 1851 年又落入阿富汗埃米尔多斯特·穆罕默德手中。

的领地，1820 年，俄国使团成员梅耶朵夫就把喜萨尔看成独立的领地，据 1832 年访问布哈拉汗国的英国人伯恩斯记载，喜萨尔“大概不久前才被布哈拉汗国征服”[①]。

纳斯鲁拉赫无情地打击乌兹别克贵族封建割据势力，1858 年，处死了乌拉特佩总督拉斯特姆贝（Rustambeg）和其他地区的几位总督。沙赫里夏勃兹一直被克涅格斯部人统治，该部与曼格特部处于敌对状态，部民经常攻击汗国的边陲要塞。纳斯鲁拉赫在久攻不下的情况下，将该地区的庄稼毁坏，据长期在纳斯鲁拉赫军中服役的俄罗斯战俘说，这类远征进行了大约十四五次，直到纳斯鲁拉赫死去的 1860 年，布哈拉军才攻占了沙赫里夏勃兹城。纳斯鲁拉赫去世以后，沙赫里夏勃兹的伯克们又宣布独立，新继位的布哈拉埃米尔穆札法尔（Muzaffar）出兵占领了沙赫里夏勃兹的一个边境城市，把该城的居民全部杀死。

西方旅行家对纳斯鲁拉赫统治下的布哈拉汗国有不同的印象。1832 年访问布哈拉的伯恩斯认为布哈拉城“因其统治者的公正而保持着不断扩大的势头，与古代相比，近代布哈拉可能还是要较大些”。据他估计，当时布哈拉城大约有十五万居民，有三百六十六所大小学院，还有一个庞大的市场，会集着各国商人。[②]

纳斯鲁拉赫的独生子穆札法尔在其父去世之后继承了王位（1860—1885）。他像其父一样也因残暴而臭名昭著，不过，他废除了战争税“朱利”。他在位期间，俄国军队开始向中亚腹地推进，双方在伊尔坚（Irjan）进行了第一次会战，穆札法尔战败。在短短的时间内，俄国军队占领了忽毡、乌拉特佩、吉扎克，逼近撒马尔罕城。1868 年，撒马尔罕城陷落。接着，穆札法尔在泽拉布拉克（Zirabulaq）的战争中遭到重创，与俄国签订了不平等条约，布哈拉汗国失去独立地位，成为沙皇俄国的保护国。

---

① 〔苏联〕帕·彼·伊凡诺夫：《中亚史纲》，《中亚史丛刊》1983 年第 1 期，第 73 页。

② C. Adle, Irfan Habib, *History of Civilizations of Central Asia*, Vol. 5, p. 59.

穆札法尔之后，布哈拉汗国先后由穆札法尔之子阿布·阿哈德（‘Abdu’l Ahad，1885—1910 年在位）和阿利姆汗（‘Ālim Khān，1910—1920 年在位）统治，他们在沙皇俄国的保护下实施统治，没有多大作为。1920 年，苏维埃军队在刚取得国内战争胜利之后，就进军布哈拉城。经过四天的炮轰，苏维埃军队于 9 月 2 日进入该城，历时四百多年的布哈拉汗国被推翻。阿利姆汗逃亡喜萨尔，于 1921 年 2 月越过阿富汗边境，以流亡者的身份住在喀布尔城。此后，他一直为重建布哈拉汗国而努力，直到 1944 年在喀布尔城去世，被葬在喀布尔郊外的公墓中。

第二节　希瓦汗国弘吉剌惕王朝

纳迪尔被杀以后，阿夫沙尔王朝在希瓦汗国的统治结束。此后，希瓦汗国的内争又起，汗位更替频繁，汗徒有虚名，实权掌握在宰相手中。握有实权者把听命于他们的成吉思汗后裔立为汗，继位希瓦汗的有哈萨克人、卡拉卡尔帕克人，以及布哈拉汗国的乌兹别克人。

阿拉布沙希王朝的统治在希瓦汗国结束之时（1747），在位的希瓦汗是哈萨克小玉兹汗阿布勒海尔的弟弟盖布，他在位期间（1746—1757）向居民课以重税，遭到了希瓦人民的反对，1757 年，他被迫返回哈萨克人中。此后，互相敌视的希瓦大臣们请求当时布哈拉汗国的摄政者穆罕默德·拉希姆派人到希瓦继承汗位。1757 年，与希瓦各派势力都没有利害冲突的人帖木儿·加吉被派到希瓦汗国。然而，帖木儿·加吉汗并没有给希瓦带来和平，动乱如以往一样继续蔓延，帖木儿·加吉本人也于 1763—1764 年间被杀。此后，哈萨克速檀塔乌克被扶上希瓦汗位。塔乌克是因商务从哈萨克草原来到希瓦的，在帖木儿·加吉被杀那天，他与一支俄国商队住在客店里。希瓦人在客店里找到了他，强行把他扶上汗位。同年，他又被希瓦大臣们废掉。

18 世纪后期，弘吉剌惕部（Qonqrāt）贵族比伊掌握了希瓦汗国的实权。弘吉剌惕部人属乌兹别克族，他们的居地在花剌子模绿洲北部，该地区实际上一直是以弘吉剌惕城为中心的一块独立领地，17 世纪希瓦汗国的分裂政权阿拉尔汗国就是建立在弘吉剌惕部的领地上。希瓦汗为消灭这股割据势力进行过多次战争，直到 1736 年才将这一国中之国纳入自己的统治。阿拉尔汗国虽然消灭了，但弘吉剌惕部的势力并没有因此而衰落。弘吉剌惕部比伊不仅是独立领地上的领主，而且对希瓦汗国的政治生活有着决定性的影响。18 世纪中叶，他们把持了希瓦汗国的重要位置，先后担任宰相的有穆罕默德·阿明（1770—1790）、艾维兹（1790—1804）和艾利吐热尔（1804—1806）。

1755 年，穆罕默德·阿明开始掌权，他的统治得到了教、俗两大势力的支持。1770 年，他自称亦剌克，汗只在名义上保持着最高权威，星期五礼拜时以汗的名义进行。在出任亦剌克期间，穆罕默德·阿明更换了好几位汗。穆罕默德·阿明一生致力于希瓦汗国的振兴，在他掌权期间，希瓦汗国的政治秩序有所改善，经济生活逐渐繁荣起来。不过，他没有发行自己的钱币，波斯钱币和布哈拉钱币在国内流通。

1790 年，穆罕默德·阿明之子艾维兹继任希瓦汗国的亦剌克。艾维兹也保留了傀儡汗，在汗的名下实施统治。掌权期间，他进行了大量水利工程建设，如在干旱地区建筑灌溉渠道。其中，最有效的工程是排干被水淹没的阿姆河三角洲。但他的统治遭到了希瓦汗国境内约穆德土库曼人的反对，他们拒绝服从他。此外，弘吉剌惕部人对他的统治也不满意。

艾维兹去世以后，他的儿子艾利吐热尔继任亦剌克，艾利吐热尔是一位有作为的宰相。即位之初，他把哈萨克族希瓦汗送回草原，声称要另立一位成吉思汗后裔为希瓦汗，实际上他根本无立汗的打算。他为加强自己的势力做了很多准备，其中，最重要的事情是建立起一支由乌兹别克人组成的效忠自己的军队。在力量雄厚之后，他把希瓦汗国的宗教首领和世俗显贵们召集拢来，宣布废除希瓦汗，声称自己是原大花剌子模王朝沙赫的继承人，自称沙赫，建立了自己的王朝。因其出自弘吉剌惕部，学界称他的王朝为弘吉剌惕王朝（1804—1920）。[①] 然而，史书并不以沙赫称之，而继续以汗称呼王朝统治者。[②] 弘吉剌惕王朝的统治得到了乌兹别克人、卡拉卡尔帕克人和土库曼人的拥护。艾利吐热尔在位时间不长，1806 年，他在与布哈拉汗国的一场冲突中去世。

在弘吉剌惕王朝前三位亦剌克统治时期，弘吉剌惕、乃蛮、克雅特、畏兀儿、努库兹、坎格累、契丹和钦察等部成为汗国内有势力的大部落联盟，它们有自己的领地。弘吉剌惕王朝建立之初，汗国可以控制的地区只有以希瓦城为中心的希瓦绿洲南部，绿洲北部是以弘吉剌惕城为中心的独立领地。此外，土库曼人的居地实际上也是部落首领统治的独立领地，首领是领地的独立统治者。在以后的岁月中，随着汗势力的强大，国内的独立势力将遭到削弱，汗国最终统一起来。

艾利吐热尔去世之后，布哈拉埃米尔海达尔把被布哈拉人俘虏的艾利吐热尔之弟库特鲁格·穆拉德送回希瓦。但他还在归途之中时，希瓦汗国贵族已经拥立他的堂弟麦哈穆·拉希姆（Muhammad Rahīm Khān）为汗（1806—1825），回国后，他成了希瓦汗国的宰相。

麦哈穆·拉希姆是一位很有作为的统治者，他在行政、财政和

---

① 昆格拉特部又译为弘吉剌惕部，因此，昆格拉特王朝又称为弘吉剌惕王朝。关于它兴起的时间有 1763 年说、1770 年说和 1804 年说。1763 年说以乌兹别克弘吉剌惕部首领掌握实权为标志，参见〔苏联〕帕·彼·伊凡诺夫：《中亚史纲》，《中亚史丛刊》1983 年第 1 期，第 65 页；《乌兹别克共和国史》第 1 卷第 2 册，第 47 页；《大英百科全书》“希瓦汗国”条。1770 年说以穆罕默德·阿明的统治为标志，参见〔苏联〕威廉·巴托尔德：《中亚突厥史十二讲》，第 247—248 页；1804 年说以艾利吐热尔废汗自称沙赫为标志，参见王治来：《中亚近代史》，第 129 页。

② 希瓦汗国“弘吉剌惕王朝汗世系”见附录一。

军事等方面都有建树。在位期间，他致力于中央集权。为了扩大统治基础，他把土库曼人、卡拉卡尔帕克人和哈萨克人中的上层人物吸收到统治上层，让他们参与统治。在他的统治机构中，宗教界人士、宗教法官参加国家的管理并享受很多特权，在汗国中有着举足轻重的作用。与此同时，麦哈穆·拉希姆实行打击封建旧贵族的政策，把他们的大批土地置于自己的支配之下，除了自己留下一些份地外，他把其余的土地赏赐给自己的亲信，这些亲信中有土库曼人，甚至还有被释放的波斯奴隶。希瓦历史学家讲了不少关于他在征服某个土库曼或卡拉卡尔帕克部落以后，赏赐土地给其首领，并且给他们各种财产的情况。他还吸收土库曼人和其他部族人组成亲兵，这支亲兵成了汗国武装力量的基础。这些政策加强了王权，使希瓦汗国最终完成了统一的任务。

麦哈穆·拉希姆继位不久即开始了汗国统一的战争。据希瓦历史学家记载，1811 年，他结束了咸海南岸卡拉卡尔帕克人的独立地位，这些卡拉卡尔帕克人企图在布哈拉埃米尔海达尔处寻求支持，但是没有得到任何实际援助，只好臣服于他。接着，麦哈穆·拉希姆将弘吉剌惕人的独立领地纳入自己的统治，派总督管理，库特鲁格·穆拉德是派往当地的第一任希瓦总督。维谢洛夫斯基在他的《希瓦汗国史纲》一书中说，弘吉剌惕居民由于他在征收赋税时的残酷而仇视他。从 1813 年起，麦哈穆·拉希姆着手征服汗国西南部的土库曼人。经过多次战争，他征服了帖克、约穆德、萨利克等土库曼部落。到 19 世纪初期，伊木里利人、阿尔·埃利（Āl-Eli）和卡拉塔什利（Qaradāchli）诸部重新被纳入希瓦汗国的统治。乔都儿和伊格迪儿部中的一些人被迁到里海东岸的曼吉什拉克。这些土库曼部落都承认了与汗国的臣属关系，向汗国缴纳规定的赋税，派人到汗国军队中服役。

在经济方面，麦哈穆·拉希姆关注灌溉工程的建设。1815 年，在他的指挥下开始修建克里奇尼亚孜拜大运河，该运河起于古尔连（Gurlen），向南一直抵达汗国南部的农业区。此项大规模水利工程在以后的三十年中继续进行，使汗国的农业得到发展。他在位时期建立了海关所，铸造了金币（Tillias / Tallās）。

麦哈穆·拉希姆发动了反布哈拉汗国的战争，主要争夺地是呼罗珊的莫夫绿洲。1822 年，希瓦汗国夺取莫夫城，1824 年，希瓦人在此建成了名为新莫夫的城市（今土库曼斯坦的马雷市）。同年，麦哈穆·拉希姆的兄弟库特鲁格·穆拉德亦剌克打算修复原穆尔加布河上的素丹大坝，但没有成功。

麦哈穆·拉希姆去世以后，他的儿子阿拉·库里（Allāh Qulī Khān）继承汗位。据英国旅行者艾博特（Abbot）报道，阿拉·库里中等身材，有波斯人血统，胡须比一般乌兹别克人多。阿拉·库里汗统治期间（1825—1842），致力于发展农业，当时修筑的灌溉设施可以引阿姆河之水灌溉两岸农田，包括乌尔根奇老城的耕地。他在锡尔河南岸支流库完河上建筑了几个要塞，在要塞设置关卡，向哈萨克人和过往商队收扎卡特（Zakat）税。①

在发展经济的同时，阿拉·库里进行了一系列扩张战争。1832 年，希瓦汗国出兵莫夫绿洲，向帖克土库曼人索取贡赋，还在撒洛尔土库曼人的居地设置了征税机构，向过往的商队征税。19 世纪 40 年代，希瓦汗国出兵莫夫绿洲的查尔朱，抢劫财物和掳掠人口，被俘者被迁往希瓦汗国，由于人数众多，希瓦汗下令新建几个村子安置这些人。1842 年 9 月，锡尔河畔的哈萨克人袭击了希瓦汗国的江和卓堡，夺取了一些要塞，杀死了驻扎在要塞的希瓦税吏。为此，希瓦汗国派军队前往镇压，对这些哈萨克人进行屠杀和抢劫。

1842 年 11 月 23 日，阿拉·库里汗去世，他的儿子拉希姆·库里（Rahim Qulī）继承汗位。他在位时期（1842—1845），俄国人加紧了征服中亚的步伐，他曾派人到哈萨克人中，试图与哈萨克起义

① 天课，阿拉伯语称为“扎卡特”，它是伊斯兰教以真主的名义向穆斯林征收的一种宗教课税。“扎卡特”字面意思是“洁净”，意为通过交纳天课而使自己的财产洁净。

者肯尼萨尔联合抗击俄国，但他不久去世（1845）。他的兄弟穆罕默德·艾明（Muhammad Amīn）继承了汗位。

穆罕默德·艾明统治时期（1846—1855），土库曼人起义反对希瓦汗国的统治。穆罕默德·艾明汗经三次战争才部分地镇压了帖克土库曼人的起义，此后，他派乌兹别克军队和约穆德土库曼部队监治帖克部土库曼人。可是，乌兹别克人与约穆德人之间发生争执，穆罕默德·艾明把后者的一位首领从高塔上抛下去摔死，激起了约穆德人的反抗。在呼罗珊，他与莫夫的土库曼人进行了六次战争，萨利克土库曼人杀死了希瓦官员和戍军，占领莫夫城。1855 年，穆罕默德·艾明在谢拉赫斯之战中被杀。

此后，希瓦汗国经历了民族大起义时期。1855 年，土库曼人举行了长达十二年之久的起义（1855—1867）；1856 年，卡拉卡尔帕克人爆发起义。这些起义使汗国陷入混乱，在 1855—1856 年间有三位希瓦汗去世。[①] 汗国军队费了很大的力气才将起义镇压下去。

1856 年 2 月 12 日，赛义德·穆罕默德（Sa'īd Muhammad）继承汗位（1856—1865）。在位期间，他继续对付土库曼人和卡拉卡尔帕克人的起义。约穆德土库曼人不止一次地来到首都近郊，试图攻占都城。在收买政策下，汗国军队中的乔都儿和帖克部土库曼人为汗国政府效力。宗教界也给政府很大支持，其代表人物出面劝说起义部落向汗政府妥协。有传闻说，土库曼宗教首领曾以不给这些部落提供宗教服务迫使土库曼人向汗妥协。不过，无论是宗教界的努力，还是军事镇压，都未能摧毁土库曼人的顽强意志，他们中的一部分人继续与希瓦军队作战。

据希瓦历史学家记载，1858 年，土库曼人、乌兹别克人、卡拉卡尔帕克人、哈萨克人以及其他民族都与汗政府签订了和平协定。然而，尖锐的阶级对抗和部落之间的残酷斗争并没有因为这些和平协定而停止下来。约穆德土库曼人中的骚乱和弘吉剌惕人 1858 年起

---

① C. Adle, Irfan Habib, *History of Civilizations of Central Asia*, Vol. 5, p. 70.

义都证实了这一点。据《希瓦汗国史纲》一书记载，1858 年下半年，在弘吉剌惕人中发生了穆罕默德·费纳领导的起义，起义者一度控制了弘吉剌惕城。起义历时一年多，于 1859 年 8 月 3 日失败。此后，弘吉剌惕城重新归属于汗国中央政权的统治。

1865 年，赛义德·穆罕默德去世，其子穆罕默德·拉希姆·巴哈杜尔汗（Muhammad Rahim Bahadur Khan）继位。在他统治时期（1865—1910），约穆德土库曼人在阿塔·穆拉德的领导下继续反希瓦汗的斗争，他们的斗争得到了俄国的支持。阿塔·穆拉德于 19 世纪 50 年代末开始与俄国奥伦堡总督有来往，为获得俄国人的支持，他许诺将率领所有服从于他的居民接受俄国国籍。1866 年，巴哈杜尔汗下令关闭扎瓦特渠，不给下游的约穆德人供水。然而，惩罚并未使约穆德土库曼人屈服，他们于第二年侵袭了汗国都城的近郊。汗国军队在另一些土库曼部落的支持下驱散了约穆德人，大部分起义者同意停战，约穆德部首领向汗国派去人质，以表归顺之意。

正是在巴哈杜尔汗统治期间，希瓦汗国面临俄国日益严重的威胁。俄国军队在征服塔什干城和布哈拉汗国以后，把目标对准了希瓦汗国。巴哈杜尔汗在内外危机的情况下逃到约穆德土库曼人中避难，他的叔叔赛义德·异密·乌勒·奥马尔被拥立为汗。1873 年，俄国征服希瓦汗国，重新将巴哈杜尔扶上汗位。他与俄国签订了一系列条约，这些条约使希瓦汗国沦为俄国的保护国。1920 年，苏维埃政权废黜末代希瓦汗阿布德·阿拉汗（Abd Allah Khan），历时四百多年的希瓦汗国灭亡。

第三节　浩罕汗国

在阿卜都尔噶里木统治时期（1733—1750），浩罕汗国摆脱了对布哈拉汗国的依附关系。然而，汗国在东方仍面临着准噶尔汗国的威胁，准噶尔人于18世纪40年代频繁地对浩罕汗国领地发起进攻，一度夺取了奥什、马尔格兰、安集延，甚至逼近浩罕城。阿卜都尔噶里木去世以后，准噶尔人操纵了浩罕汗国汗位的继承，1750年，在准噶尔人中做人质的巴巴伯克被扶上汗位。巴巴伯克在位大约一年之后被谋杀，1751年，阿卜都尔热依姆之子额尔德尼再次登上浩罕汗位。

额尔德尼复位后在位近二十年（1751—1769）。在他统治期间，费尔干纳分裂成四个伯克领地，它们分别是浩罕、安集延、纳曼干和马尔格兰。1757年，清王朝平定准噶尔汗国，1758年，额尔德尼承认了清朝的宗主国地位（1758—1822）。

额尔德尼死后，额尔德尼的叔叔萨迪伯克（Shādī Beg）之子绥拉满伯克（Sulaymān Beg）被扶上浩罕王位，他统治了三个月就在一次阴谋中被杀害了。[①] 汗国贵族们在1769年邀请阿卜都尔噶里木之孙那尔巴图（Nārbūta，汉籍又译为“纳禄博图”）出山，拥立他为汗（1769—1799）。

那尔巴图统治时期，浩罕汗国实现了统一。那尔巴图在1770—1798年间进行了统一汗国的战争，征服了安集延、纳曼干和奥什，攻占了忽毡和乌拉秋别。他统治期间，汗国物资丰富，价格低廉，为满足市场需求，他发行了在流通中面值最小的铜币（Fals / Fulūs）。他继续承认清朝的宗主地位，遣使朝贡，清朝政府对他的继任也给予承认。

1799年，那尔巴图去世，王位由其子爱里木伯克（‘Ālim Beg）

---

① 额尔德尼与那尔巴图之间的绥拉满政权存在时间很短，而且各书所记时间出入较大。《沙鲁赫史》和《东方全史》记载，在回历1176年（公元1762或1763年）。别伊谢姆比耶夫据此认为额尔德尼卒于1762或1763年，那尔巴图在回历1177年（公元1763年）即位，而绥拉满在回历1176—1177年（公元1762—1763年）是伯克。罗莫金认为额尔德尼统治一直延续到1770年，只是在1763或1764年中有三个月或六个月的中断，其时政权归绥拉满。巴托尔德依据一位俄国军士的报告断定那尔巴图是在1774年即位的。潘志平认为，额尔德尼和那尔巴图交替在1769—1770年间，在这个交替中有个叫绥拉满的短命政权，参见潘志平主编：《中亚的地缘政治文化》，第282—283页。

继承（1799—1810）。在位期间，爱里木于1805年正式称汗，因此，有学者把他称汗之年视为浩罕汗国兴起的标志。爱里木汗发行了自己的钱币，在现存钱币中，他的称号是伯克。

爱里木在继位之初，地方割据势力强大。伊斯法拉、楚斯特等较大城镇的统治者都蔑视汗的权威，甚至以武力相对抗。爱里木以强硬手段镇压割据势力，反对者或者杀掉，或者驱逐，在较短的时间内统一了费尔干纳。当时，汗国的宗教势力很强大，其代表人物担任了国家要职，忽毡城就是由和卓统治的半独立领地。爱里木汗与之进行了斗争。他把一位拥有很多信徒的谢赫召到宫中，要他从一个水池上空拉紧的粗绳上走过去。汗对谢赫说："你教自己的信徒走那从地狱到天堂的桥，现在就请你从这条绳子上走过去吧，好让我相信你的虔诚。"当谢赫掉到水里时，汗命令用棍子把他打死。爱里木汗还下令收容流浪的苦行僧，强迫他们放牧国家的骆驼。[①] 尽管如此，为了赢得宗教界的支持，爱里木汗在浩罕修建了大清真寺马德拉沙·依·贾米（Madrasa-i Jāmi'）。

爱里木的对外战争主要是与布哈拉汗国争夺乌拉秋别城和吉扎克城，为争夺乌拉秋别城，爱里木发动了大小十五次战争。乌拉秋别城城主采取灵活手段，时而投靠布哈拉汗国，时而投靠浩罕汗国，以此维持着自己的统治。此外，爱里木发动了征服汗国北部及阿姆河上游达尔瓦兹地区的战争，在这些战争中，独立的安集延谷地、奇姆肯特、赛拉姆都被纳入他的统治，1808—1809年间，他成功夺取塔什干。

通过这些战争，浩罕汗国的领土扩大了一倍，到他统治后期，浩罕汗国的领地范围：西北方抵达锡尔河下游；东北方到了伊塞克湖；南部抵达帕米尔高原。其中，东北方的巴尔喀什湖及伊塞克湖的部分地区属中国清朝的统治范围。

以上征战虽然取得了成就，但爱里木在被征服地区的统治是

---

① 〔苏联〕帕·彼·伊凡诺夫：《中亚史纲》，《中亚史丛刊》1983年第1期，第104页。

不稳定的，塔什干在被攻占一年之后，哈萨克人起义反对浩罕的统治。爱里木汗两次派其弟爱玛尔伯克（'Umar Beg）及其母舅率军前去镇压，他命令军队消灭他们遇到的所有哈萨克人，哈萨克人被迫投降。

1809 年，当爱里木汗不在都城之时，有谣言说爱里木汗已被杀死，其弟爱玛尔伯克在浩罕城被扶上汗位。在得知这一消息以后，爱里木汗匆匆赶往浩罕城，途中被杀。[①]汉籍对此有详细的记录，据喀什噶尔参赞大臣铁保报告："探得爱里木暴虐贪残，原已众心不附。昨于上年十二月十八日自带夷兵至塔什谦地方驻扎，差头人海特黑带人至披斯堪萨木拉等处掳掠。于正月十七日抢得人畜物件，回到塔什谦地方，并未歇息，云将该头人痛加责打，以致激变众心。海特黑及爱里木之母舅雅满库里、依底斯库里、巴杂巴图尔、色得黑等倡率群夷，在塔什谦将爱里木及其长子沙鲁克并其妻妾亲丁共计七口，全行害，即拥立爱里木之弟爱玛尔为该处阿奇木。"[②]

爱玛尔于 1811 年 2 月 11 日继位（1811—1822）。在浩罕汗国的历史上，爱玛尔是一位很有作为的统治者，汗国在他及其子玛达里的统治下达到了极盛，成为中亚的一个大国。爱玛尔的统治得到了浩罕汗国大封建主的支持，"爱玛尔即将掳到人畜送还各本处，委任伊父旧日亲信头人，通好诸夷部落，尽反爱里木所为，该处人心颇为悦服"[③]。爱玛尔的统治基础是乌兹别克族明格部贵族和以和卓家族为首的宗教上层人物。在他们的支持下，爱玛尔从中央到地方构建了一套较完备的统治机构，无论是世俗的或是宗教的国家职位都已确立。

爱玛尔统治时期，王权强于教权，汗已经兼有世俗和宗教两职，

---

① 有关细节见 Sir Henry Howorth, *History of Mongol: From the 9th to the 19th Century*, Part II, pp. 819-821。

② 中国第一历史档案馆档案，军机处录件，民族类，《嘉庆十六年三月初五日铁保为差人探查霍罕酋长情形片》。

③ 同上。

他的称号是“有正统信仰的人的君主”。浩罕历史学家穆罕默德·哈基姆在叙述爱玛尔汗的政府时说，汗的国库供养着四万人，这些人大多是官员和军人，大封建主和宗教上层人物在国家政权中担任着重要职务。[①]

爱玛尔汗继续前任统治者的对外政策，他与布哈拉汗争夺对乌拉秋别和吉扎克城的统治权。1814年，他重新夺取了突厥斯坦城和塔什干北部的一些小城镇。当时汗国的疆域范围是：西北濒临咸海，包括锡尔河下游附近的哈萨克草原；东北与巴尔喀什湖以南的清朝属地相邻；南达卡拉捷金山区。尽管如此，爱玛尔在位时期继续承认清朝的宗主国地位，清朝承认其统治者为伯克，但他们却以汗自称。

爱玛尔汗注意发展经济，汗国兴建了一系列大型灌溉渠。爱玛尔在安集延西部建筑了沙赫里汗（Shahrikhan）城，开凿纳赫尔·依·汗（Nahr-i Khan Say）大运河，引卡拉河（Kara Darya）河水到沙赫里汗城。他耗时三年建成了杨吉水渠，该渠的建筑实现了引锡尔河水灌溉的目的。在他统治时期，汗国的农业、畜牧业、手工业、商业都得到了发展，文化也有显著的进步。

1822年秋，爱玛尔病逝[②]，其子玛达里（Muhammad ‘Āli，又译为迈买底里）继承汗位（1822—1841）。玛达里在位时期，浩罕的手工业有大的发展，生产的纸和丝绸远销国外。1829—1830年到过费尔干纳的俄国军官波塔宁少尉谈到这里有火药厂，但没有说明它是属于政府的还是私人的。[③]玛达里在浩罕汗国修建了一些著名工程，其中，塔什干的伯格拉尔格吉（Beglarbegi）宗教学院和汗哈里克（Khan Harik）运河最为著名。爱玛尔时期，浩罕城是一个周长大约二十五俄里（1俄里约等于1.0668公里）的城市，城内有六个市场，

---

① 〔苏联〕帕·彼·伊凡诺夫：《中亚史纲》，《中亚史丛刊》1983年第1期，第102页。

② 有关爱玛尔的详情见 Sir Henry Howorth, *History of Mongol: From the 9th to the 19th Century*, Part II, pp. 821-823。

③ 〔苏联〕帕·彼·伊凡诺夫：《中亚史纲》，《中亚史丛刊》1983年第1期，第104页。

有大约一百座美丽的建筑，其中包括许多清真寺。[①]

玛达里统治期间，浩罕汗国脱离与清朝的藩属关系，在1822—1876年的半个多世纪中，以独立国家的身份成为中国西北部邻国。但浩罕统治者干涉喀什噶尔的内政，他们支持喀什噶尔的和卓后裔进行反清叛乱活动。1826—1831年，玛达里汗在伊斯兰教“圣战”的名义下发动对喀什噶尔的远征。在统治后期，玛达里还唆使张格尔窜扰喀什噶尔。

玛达里继续其父的对外扩张。19世纪30年代，在巴尔喀什湖南岸游牧的大玉兹哈萨克人承认了浩罕汗国的宗主权，哈萨克人占据的突厥斯坦城臣属于浩罕汗国。1834年，塔什干统治者写信给俄国说：“迈买底里汗……已经夺取了乌拉秋别、卡拉捷金、库拉伯（Kulab）和达尔瓦兹诸城，并使诸城各族臣服，任命了他亲自为各城挑选的统帅，又进一步征服了许多城镇和居民。”[②]

然而，被征服地区的反抗使浩罕汗不得不对它们进行再征服，如穆罕默德·沙里夫（Muhammad Sharīf）率领的浩罕军于1839年再次进攻达尔瓦兹。19世纪40年代，浩罕汗国的势力曾使帕米尔西部的什克南、鲁善和达尔瓦兹臣属，“浩罕汗早就通过向山地的半独立政权的进攻来扩大自己的领土。但是，这些进攻并不是顺利的，通常是暂时性的；山地军民在浩罕军队进犯的整个过程中积极地进行抵抗。正是这个原因，使得浩罕军队在其暂时占领地区的地位不稳固”[③]。浩罕汗国的鼎盛没有维持多久，到19世纪60年代初期，布哈拉汗国重新夺回了塔什干。

玛达里汗的统治在国内也遭到了人民的反对，1841年，他让位给其弟速檀·马木特（Sultān Mahmūd，1841—1842年在位）。在速檀·马木特即位之初，布哈拉埃米尔纳斯鲁拉赫于1842年4月攻入

① 〔苏联〕帕·彼·伊凡诺夫：《中亚史纲》，《中亚史丛刊》1983年第1期，第104页。

② C. Adle, Irfan Habib, *History of Civilizations of Central Asia*, Vol. 5, p. 75.

③ 伊斯坎达罗夫：《19世纪下半叶的东布哈拉和帕米尔》，杜尚别1962年版，第39—40页；转引自杨建新：《评所谓“继承浩罕遗产”论》，《西北史地》1984年第3期，第98页。

浩罕城，处死了玛达里和新汗马木特等人，任命布哈拉总督伊布拉依木（Ibrāhīm Dād-Khwāh）统治浩罕汗国，布哈拉汗国将此事禀报了清朝。据《清实录》记载："布噶尔（即布哈拉）伯克夺占霍罕地方，差人进卡递禀。"布哈拉埃米尔的禀文如下："我们托上天的福，遵经典上的礼，信兵的气力，今年三月卅日是我们虎年好日子，我们将浩罕地方得了，我就在浩罕居住，因此事，我差我的心腹人密拉尔伯克伊布拉依木、帕尔察霍卓二人来与参赞大人禀知道。"①

然而，浩罕人不服从布哈拉总督的统治，他们把布哈拉总督伊布拉依木赶走，立原爱里木和爱玛尔汗的堂兄弟希尔·阿里（Shīr 'Alī，1842—1845）为汗。伊布拉依木逃往忽毡，布哈拉埃米尔纳斯鲁拉赫对浩罕汗国再次发动远征，但没有成功。

在希尔·阿里汗统治时期，浩罕国内几派势力斗争激烈，加之统治者征收的捐税过重，汗国各地都发生了骚乱和起义。1845年，基普恰克部千夫长（Ming-bāshī）木素满库里（Musulmān Qul）受命率军前往奥什镇压起义。趁浩罕军外出的机会，爱里木汗之子木拉特汗（Murād）发动政变，处死了希尔·阿里汗，自己称汗（1845）。木素满库里在镇压起义之后，在纳曼干将自己的女儿嫁给希尔·阿里之子胡达雅尔（Khudāyar），然后，以岳父的身份，与胡达雅尔一起返回浩罕城，抓获并处死了木拉特汗，扶持当时还很年轻的胡达雅尔登上汗位，木素满库里本人成了汗国的摄政王。

1845—1858年是胡达雅尔统治的第一个时期，在此时期，国家政权最初掌握在岳父木素满库里手中。1852年，胡达雅尔与岳父产生分歧，他免去了岳父摄政王的职务。与此同时，俄国军队于1853年夺取了浩罕国的阿克麦切特要塞（Ak-Mechet，即白清真寺），俄国官员威尔雅米诺夫·哲尔诺夫（Velyaminov Zernov）秘密会见了

① 中国第一历史档案馆档案，军机处录件，民族类，图明额道光廿日奏折，附件二。

木素满库里。在得知此事之后，胡达雅尔怀疑基普恰克部人在进行推翻他的阴谋，于是，他实施大屠杀，包括木素满库里在内的2万多基普恰克人惨遭杀害。[①]

此后，胡达雅尔开始了他的独立统治时期（1853—1858）。1858年，胡达雅尔汗的兄弟迈里伯克（Mallā Beg）借助吉尔吉思人和钦察人的力量夺取浩罕城，推翻了胡达雅尔的统治，成为浩罕汗（1858—1862），胡达雅尔逃往布哈拉汗国。然而，迈里汗的统治并不长久，1862年2月25日，千夫长努尔·穆罕默德（Nūr Muhammad）和沙德曼和卓（Shādmān Khwāja）等阴谋家冲进宫中，将他杀死。第二天（2月26日）清晨，迈里汗之子沙木拉特（Shah Murad）被宣布为浩罕汗。

1863年5月，在布哈拉避难的胡达雅尔率军返回，夺回了汗位。但仅仅两个月后的1863年7月9日，木素满库里之子阿林沽另立沙木拉特（1863—1864）为汗，胡达雅尔再次逃亡布哈拉汗国。1864年，阿林沽本人成为浩罕汗（1864—1865）。1865年，阿林沽率军在塔什干城与俄国军队作战，胡达雅尔趁机返回浩罕城，重新登上了汗位，开始了他第二个时期的统治（1865—1875），这一次，他的统治一直持续到俄国征服浩罕汗国前夕的1875年。

胡达雅尔汗在国内实行暴虐统治，他与阿林沽之间发生战争，他在位的十年“一有机会就发生谋杀”[②]。在1873—1874年间，国内爆发了人民起义，汗的军队对起义军进行了残酷镇压，但镇压并没有结束混乱局面。1874年，逃亡到突厥斯坦的浩罕人向俄国提出政治避难请求；乌兹根城民也向驻塔什干的俄国军队寻求帮助。1875年，起义军立胡达雅尔之子纳斯鲁丁（Nasru'ddīn）为汗（1875—1876）。国内的混乱形势给俄国提供了兼并浩罕汗国的机会，1876年，俄国出兵征服浩罕汗国。

---

① C. Adle, Irfan Habib, *History of Civilizations of Central Asia*, Vol. 5, p. 76.

② Sir Henry Howorth, *History of Mongol: From the 9th to the 19th Century*, Part II, p.836.

浩罕汗国大约有三百万人口，在俄国征服部分领土之后，人口减少到大约一百万，主要集中在费尔干纳谷地。[①]

第四节　阿富汗

18 世纪上半叶，阿富汗地区被并入波斯阿夫沙尔王朝的版图。1747 年，阿夫沙尔王朝沙赫纳迪尔被杀，阿夫沙尔王朝在阿富汗的统治结束。纳迪尔手下的普什图族军官艾哈迈德率四千名骑兵起义，在坎大哈召开的部落会议上，艾哈迈德被推举为阿富汗国王，他以坎大哈为都建立了第一个阿富汗国家，艾哈迈德出自普什图族杜兰尼部，他建立的国家被称为杜兰尼王朝（1747—1818）。[②] 杜兰尼王朝的建立开启了阿富汗统一国家的历史，近代阿富汗国家的领土被确定下来。

阿富汗的主体民族是普什图人，占全国总人口的 50% 以上。普什图人分为两个分支，即杜兰尼普什图人和吉尔查依普什图人，主要分布在阿富汗的东部、南部和西部，构成一巨大的向南凸起的弧形分布带，首都喀布尔及贾拉拉巴德、坎大哈、查兰奇等重要城市都在普什图人的居住区内。中北部地区也有普什图人，他们与其他民族形成大杂居、小聚居的格局。

杜兰尼王朝由普什图族阿卜达利部建立。16 世纪时，阿卜达利部首领萨多（Saddo）在萨法维王朝的宗主权下统治该部，在波斯沙赫阿拔斯一世时，他获得了一些统治特许权。阿卜达利人在萨法维王朝衰落之时夺取赫拉特，并以此为中心建立过独立政权。1729 年，纳迪尔征服赫拉特，把他们中的大多数人收编入自己的军队，艾哈迈德就是此时加入波斯军队的。

---

① C. Adle, Irfan Habib, *History of Civilizations of Central Asia*, Vol. 5, p. 78.

② 阿富汗“杜兰尼王朝国王世系”见附录一。

艾哈迈德是阿卜达利部酋长穆罕默德·扎曼之子，1722 年他出生后不久，父亲去世。1729 年，在纳迪尔征服赫拉特时，艾哈迈德逃到坎大哈的吉尔查依部酋长胡赛因处避难。当纳迪尔于 1738 年占领坎大哈之时，艾哈迈德参加了他的部队，以后声名大振，擢升为指挥三四千名骑兵的军官，并成为纳迪尔贴身侍卫。

1747 年，纳迪尔在哈布山（Khabushan，呼罗珊境内的库昌）被暗杀，在其军中服役的阿富汗人纷纷返回故地。阿富汗各部酋长在坎大哈推举艾哈迈德为领袖，1747 年 7 月，艾哈迈德在坎大哈称王，取号杜尔·依·杜兰（意为“珍珠中的珍珠”），此后，阿卜达利部被称为杜兰尼部。杜兰尼王朝是阿富汗人建立的第一个独立国家。建国初期，艾哈迈德曾拦截一支来自印度旁遮普的商队，抢劫到许多财宝，其中有举世闻名的钻石科赫依·努尔（Koh-i Nur），这些财宝为新兴的阿富汗王国奠定了物质基础。①

艾哈迈德按波斯的政治模式构建了国家政权。在他的政权中，杜兰尼部酋长担任了重要职位，成立了商讨重大事件的酋长委员会。杜兰尼王朝的首要任务是统一阿富汗，艾哈迈德在坎大哈称王的当年，开始攻加兹尼和喀布尔城。这两座城市当时由一位名叫纳赛尔的人统治，纳赛尔宣布效忠印度莫卧儿皇帝。为了抵御艾哈迈德的进攻，纳赛尔招募新兵，他们中有哈扎拉人、爱马克人和乌兹别克人，这些新兵被艾哈迈德打败。纳赛尔退到白沙瓦，然后去了德里。艾哈迈德占领喀布尔以后，任命当地的一位阿富汗酋长为总督。

艾哈迈德乘胜攻克了白沙瓦、印度河南岸的阿托克（Attock），以及莫卧儿总督沙·纳瓦兹汗（Shāh Nawāz Khān）统治的旁遮普，兵临莫卧儿帝国都城德里。1748 年 11 月，杜兰尼王朝与莫卧儿帝国签订了条约，根据这一条约，印度河以西的全部领土正式归阿富汗王国，旁遮普价值一百四十万卢比的扎吉尔（土地税）归艾哈迈德

---

① C. Adle, Irfan Habib, *History of Civilizations of Central Asia*, Vol. 5, p. 286.

收取。以后，艾哈迈德于1756年和1757年再次攻占拉合尔和德里，阿富汗军队蹂躏了德里周围范围相当广的地方，在他返回阿富汗时，他安置其子帖木儿·沙赫（Tīmūr Shāh）统治拉合尔。

在阿富汗王国的西面，纳迪尔死后发生的自相残杀对艾哈迈德十分有利。在与莫卧儿帝国签订条约之后，艾哈迈德开始向西攻掠并夺取了呼罗珊。1749年春，赫拉特城在历经十四个月的围攻之后落入阿富汗人之手。艾哈迈德任命哈扎拉部酋长达威什·阿里汗（Darwish 'Alī Khān）为总督。接着，阿富汗军队占领了马什哈德，在此，艾哈迈德扶持纳迪尔之孙沙哈鲁·米尔咱为总督，然后，继续向尼沙普尔进军。艾哈迈德铸造了一门点火发射炮弹的大炮，每个炮弹重约214公斤。[①] 尼沙普尔城在炮击下投降。艾哈迈德与沙哈鲁·米尔咱签订了条约，双方以波斯东南部的巴姆（Bam）为界，阿富汗王国从波斯人手中得到了与赫拉特省接壤的剑河（Jam）、巴克哈尔兹（Bakharz）、土尔巴特（Turbat）、哈夫（Khaf）和舍希兹（Thurshiz）地区，锡斯坦也成了阿富汗王国的一部分。[②]

完成了对西方的征服以后，艾哈迈德转向北部，将兴都库什山以北和阿姆河以南的地区纳入阿富汗王国。对这一地区的征服保证了阿富汗在巴尔赫、哈纳巴德（Khanabad）、迈马纳（Maimana）和巴达克山的统治。1752年，克什米尔也并入了杜兰尼王朝的版图。

对外征服战争结束以后，艾哈迈德决定在坎大哈建新都阿失拉夫·乌尔·巴拉德（Ashraf-ul-Balad，意为“富贵城”）。艾哈迈德选定了一块有十二个耕地面积（约365公顷）的地方，雇用印度和波斯的工程师设计城市建筑和防御工事，并亲自监督铺设地基的工作。阿富汗国内的各部落应邀在划定的区域内建造本部居住区，城市周围的土地被分成1.2万块份地。艾哈迈德为建城而强制执行的财政摊派一直执行到19世纪。艾哈迈德的统治遭到了阿富汗人的反对，

---

① C. Adle, Irfan Habib, *History of Civilizations of Central Asia*, Vol. 5, p. 288.

② Ibid..

在坎大哈破获了一起暗杀他的事件，他的部落中也有人参与这一事件，此后，他处死了参与该事件的每一个家族中的十位成员。

1766—1767 年，艾哈迈德在征服锡克人复兴势力的战争中失败，随之阿富汗王国丧失了对旁遮普的统治。此后，他迁到距坎大哈东部约一百四十五公里的新宫殿所在地苏莱曼山区的托巴马鲁夫（Toba Maruf）。晚年，他可能患上了面部肿瘤，临死之前，他宣布帖木儿·沙赫为继承人。1772 年 10 月 23 日，艾哈迈德去世，被葬在坎大哈城内的一个花园里，其子帖木儿·沙赫于 1777 年在他的坟地上修建了一座陵园。

艾哈迈德一生的活动促进了阿富汗国家的形成。在他之前，阿富汗地区或者是被境外政权瓜分，或者是被境内各部落分而治之，是他把阿富汗各部和境内的其他民族统一为一个国家。在统一政权之下，阿富汗境内的各民族逐渐融合形成了现代阿富汗民族。他的对外征服战争使阿富汗成为东方强国。在他去世之时，阿富汗王国的领土西起伊朗的马什哈德，东至克什米尔，北达阿姆河，南抵阿拉伯湾。阿富汗王国成为仅次于奥斯曼帝国的伊斯兰国家。

艾哈迈德有八个儿子，他去世之后，次子帖木儿·沙赫在赫拉特继承了王位（1773—1793）。在位期间，帖木儿·沙赫重组政府，他的儿子查曼（Zamān）、胡马云（Humāyūn）、马茂德、阿拔斯、科罕一世（Kohandī I）分别担任各省总督。他招募了一支由 1.2 万名骑兵组成的卫队，由名叫穆罕默德·汗拜亚特（Muhammad Khān Bayāt）的人指挥。

在 1774—1781 年间，阿富汗王国经历了危机。在帖木儿·沙赫继承王位之时，艾哈迈德的另一个儿子苏莱曼（Sulaymān）在坎大哈被立为王。帖木儿·沙赫对企图独立出去的坎大哈进行了征讨，苏莱曼逃到印度。与此同时，帖木儿·沙赫还镇压了两次叛乱：一次是杜兰尼部酋长阿布杜尔·哈利奇（‘Abdu’l Khāliq）叛乱；另一次是白沙瓦附近的哈里勒（Khalīl）部酋长费祖拉赫（Fayzullāh）叛乱，费祖拉赫阴谋暗杀帖木儿·沙赫，事败之后于 1778 年被处死。以后，帖木儿·沙赫为了削弱杜兰尼部酋长的势力把都城迁到喀布尔。[①]

帖木儿·沙赫的统治不仅面临内部分裂的危机，还面临外部威胁。布哈拉埃米尔沙赫·穆拉德在巴尔赫煽动起义，但帖木儿·沙赫成功地与沙赫·穆拉德签署了条约，根据这一条约，沙赫·穆拉德最终承认帖木儿·沙赫对巴尔赫和阿姆河以南地区的权力。[②] 在北方，阿富汗军三次加强阿富汗在呼罗珊的统治。在东方，旁遮普、信德（Sindhi）等属国相继独立，帖木儿·沙赫出征信德，在信德实施统治的塔尔普尔人投降，被迫上缴年贡，在名义上对阿富汗王室表示效忠。帖木儿·沙赫在克什米尔的统治也很不稳定。

1793 年春，帖木儿·沙赫因中毒引发的炎症在喀布尔去世。帖木儿·沙赫死后大约五十年，英国陆军中尉威格勒访问了阿富汗，据他报道，喀布尔城民回忆帖木儿·沙赫的统治，视之为喀布尔享有的最繁荣时期。

帖木儿·沙赫有二十四个儿子和许多女儿，他去世之后，他的儿子们开始了争夺权力的斗争。其中，有实力者是：坎大哈总督、长子胡马云，赫拉特总督、次子马茂德，喀布尔总督、五子查曼·沙赫。喀布尔总督一职使查曼·沙赫在争夺王位中占据了优势。喀布尔军队和地方官员们于 1793 年 5 月 23 日宣布他继承王位（1793—1800）。在争夺王位的斗争中，查曼·沙赫还得到了杜兰尼部族中巴拉克查依（Barakzai）部酋长派扬达汗的支持。在此过程中，巴拉克查依人开始涉足阿富汗国家政权。

查曼即位以后，出兵攻坎大哈，长兄胡马云被俘，并被弄瞎。此后，查曼进军赫拉特，二哥马茂德与他达成协议，得以继续担任

① C. Adle, Irfan Habib, *History of Civilizations of Central Asia*, Vol. 5, pp. 290-291.

② Ibid., p. 291.

该省总督。在确保了统治地位之后，查曼把注意力转向国外事务。他梦想再现祖父艾哈迈德的业绩，为恢复对旁遮普和信德的统治而大举兴兵，但未能如愿。

查曼·沙赫政权巩固以后，他计划削弱支持过他的巴拉克查依部势力，免去了巴拉克查依人担任的一些重要职务，以其他部酋长取而代之。这些措施激起了巴拉克查依首领们的反抗，他们准备扶持查曼的兄弟苏查·穆尔克（Shujā' Mulk）取而代之。但事情泄露，包括巴拉克查依酋长派扬达汗在内的头目都被处死。

派扬达汗有二十一个儿子。在查曼迫害期间，长子法特汗（Fateh Khān）逃到呼罗珊，他劝赫拉特总督马茂德返回阿富汗夺权。在巴拉克查依人和其他部落的支持下，马茂德夺取坎大哈，查曼·沙赫派去收复坎大哈的士兵们反戈加入了马茂德的军队。于是，马茂德乘胜夺取了喀布尔，将查曼俘获之后弄瞎，关押在喀布尔的巴拉·希萨尔（Bala Hisar）堡。

查曼·沙赫是杜兰尼王朝中最后一位实际掌权的国王，杜兰尼王朝的光辉岁月随着他的离去而消失了。此后，阿富汗王国陷入了骚动与混乱之中，这种局面持续了二十五年（1800—1825）。

马茂德把查曼·沙赫总计两千万卢比的财富分给了他的追随者[①]，1801年7月25日，马茂德在喀布尔被拥立为王（1800—1803年在位），取号沙赫·马茂德。巴拉克查依酋长法特汗和阿利查依（Alīzāis）部酋长阿克朗（Akram）成了宰相（维齐尔）。确立统治之后，马茂德从其兄弟苏查·穆尔克手中夺取了白沙瓦。

马茂德的统治是短暂的，在军界与宗教界的斗争中，马茂德最终被喀布尔市民推翻，也被关入巴拉·希萨尔堡。1803年7月，巴米查依（Bamizāi）部的舍尔·阿赫默德（Sher Ahmad）在喀布尔扶持苏查·穆尔克继承王位（1803—1809），他采用沙赫·苏查称号。马茂德的宰相、巴拉克查依人法特汗逃往坎大哈，沙赫·苏查把他

---

① C. Adle, Irfan Habib, *History of Civilizations of Central Asia*, Vol. 5, p. 293.

的王位归功于舍尔・阿赫默德，舍尔・阿赫默德被任命为宰相。

然而，沙赫・苏查与宰相舍尔・阿赫默德之间很快产生了矛盾。1808 年，在苏查去信德打仗之时，舍尔・阿赫默德想发动政变把查曼之子凯萨尔扶上王位，不过，这一阴谋没有得逞。在随之发生的白沙瓦战役中，舍尔・阿赫默德被杀，他的头颅被悬挂在杆子上在喀布尔集市上游街。在巴拉克查依人多斯特・穆罕默德的帮助下，马茂德从巴拉・希萨尔堡逃出，来到了巴拉克查依人聚居的吉里什克城堡（坎大哈西部）。法特汗以宰相身份伴随马茂德来到喀布尔城，并在此复位（1809—1818）。沙赫・苏查逃到白沙瓦，处于英国人的保护之下。

随着马茂德在喀布尔重登王位，国家经历了翻天覆地的变化。巴拉克查依人的势力在阿富汗各地抬头，沙赫・马茂德只是一个傀儡。法特汗重建了法律和秩序，信德和俾路支的埃米尔在名义上表示对阿富汗王国的效忠。1811 年，法特汗收复克什米尔，任命他的兄弟阿曼汗（Amān Khān）为总督。

法特汗的成功和声望引起了沙赫・马茂德的疑心和马茂德之子卡姆朗的妒忌。1818 年，马茂德以一个小小的借口监禁了法特汗，卡姆朗将他的眼睛挖掉。包括法特汗兄弟和儿子们在内的巴拉克查依各部酋长反叛，是年，他们将马茂德赶出喀布尔，马茂德及其子卡姆朗退守赫拉特。于是，阿富汗分裂为赫拉特、坎大哈、喀布尔、白沙瓦和克什米尔等五个独立的君主国，内战开始。

分裂时期，巴达克山独立出去；巴尔赫成为布哈拉汗国领地；信德的塔尔普尔部埃米尔和俾路支酋长们独立；克什米尔和白沙瓦分别由巴拉克查依人纳瓦布加巴尔（Nawāb Jabbār）汗和速檀穆罕默德统治，两地在 1799 年被在拉合尔建立政权的锡克族兰吉特・辛格的军队占领。

在内战中，法特汗之子多斯特・穆罕默德于 1819 年以喀布尔为基地统一了四分五裂的阿富汗，成为阿富汗的新国王。多斯特・穆罕默德属于巴拉克查依部，所以，他建立的王朝被称为巴拉克查依王朝（1826—1901）[1]，或穆罕默德查依王朝，杜兰尼王朝的统治结束了。多斯特·穆罕默德在位时期（1826—1863），于1834年帮助坎大哈的巴拉克查依酋长科汉狄尔打退了在白沙瓦避难的前国王沙赫·苏查唆使的英国入侵。1836年，多斯特·穆罕默德采用埃米尔乌尔·穆尼宁（Amīr al-Mi'nīn，意为"信仰的统帅"）称号，因此，有学者将巴拉克查依王朝建立的时间定在1836年。

1835年，英国开始干涉阿富汗内政，他们把原阿富汗国王沙赫·苏查扶上王位，然后，英军带着沙赫·苏查前往喀布尔登基。在此压力下，多斯特·穆罕默德逃往布哈拉汗国的布哈拉城。多斯特·穆罕默德在河中地区组织了一支六千人的军队，于1840年9月向喀布尔进发。与此同时，阿富汗各地掀起了大规模的抗英斗争。1841年11月，阿富汗起义部队攻占喀布尔，同年12月23日，英军在撤军协议上签字。1842年11月，英国入侵军全部撤出阿富汗，1840年多斯特进军时，抗英战争已开始，阿富汗人民取得了第一次抗英战争的胜利。1843年，多斯特·穆罕默德重新登上了喀布尔王位。

多斯特·穆罕默德是一个能干的统治者。对内，他统一了阿富汗领土的大部分。1851年，他从布哈拉汗国手中夺回巴尔赫，1855年和1859年，分别夺取了巴达克山和坎大哈。为夺取赫拉特，他与波斯人进行了长期的斗争。在多斯特·穆罕默德去世之前，赫拉特于1863年成为阿富汗国的领土。

1863年，多斯特·穆罕默德去世，其子希尔阿里继位（1863—1865）。1865年春，希尔阿里汗的亲兄弟穆罕默德·阿明和穆罕默德·萨里夫叛乱。在与叛军作战之时，希尔阿里之子、储君穆罕默德·阿里被杀死。受此打击，希尔阿里汗精神恍惚，对周围人事漠然，更谈不上有效的统治。

此时，希尔阿里的侄儿阿布杜尔·拉赫曼从布哈拉汗国返回

① 阿富汗"巴拉克查依王朝世系"见附录一。

阿富汗。阿布杜尔·拉赫曼的父亲阿夫扎尔是希尔阿里的亲兄弟，在与希尔阿里斗争失败之后被关押在加兹尼城，他的儿子阿布杜尔·拉赫曼是在其父与希尔阿里的斗争中逃到布哈拉汗国境内避难的。阿布杜尔·拉赫曼渡过阿姆河来到阿富汗北部地区之时，曾经在他手下服役的人都赶来投靠他，喀布尔的一些酋长也欢迎他归国。因此，阿布杜尔·拉赫曼没有遇到多大的抵抗就夺取了喀布尔城，加兹尼总督立即释放了他的父亲阿夫扎尔，阿夫扎尔在喀布尔被立为王（1865—？），取埃米尔称号。

阿夫扎尔去世以后，他的兄弟阿吉姆汗继位。阿夫扎尔之子阿布杜尔·拉赫曼与叔父阿吉姆不和，再次出走。以后，希尔阿里汗夺回了喀布尔王位，再次成为阿富汗国家的统治者（？—1879）。阿布杜尔·拉赫曼在布哈拉城和俄国统治下的塔什干城过着流亡生活。

1878年11月，英国军队第二次侵入阿富汗，希尔阿里汗无力抵抗，再次出逃，在出逃中于1879年病逝，其子雅各布汗继承了王位（1879—1880）。雅各布由于缺乏来自同胞的一致支持，被迫与英国签署了不平等条约《甘达马克条约》（*Gandamak Treaty*），英国在喀布尔派驻使节路易·卡瓦纳格里。路易·卡瓦纳格里控制了阿富汗的一切外交活动，全面干涉阿富汗内部事务，阿富汗沦为英国的半殖民地。

1879年9月3日，路易·卡瓦纳格里与他的护卫队被阿富汗士兵和喀布尔城民杀死。作为报复，英军于10月12日进入喀布尔城，雅各布出逃。1880年，雅各布汗被迫宣布退位，阿布杜尔·拉赫曼从塔什干返回阿富汗继位。

阿布杜尔·拉赫曼生于1844年，在早期权力斗争失败之后，俄国给了他一笔丰厚的资金，他在塔什干过着流亡生活。1880年，阿布杜尔·拉赫曼再次回到阿富汗，7月20日，在喀布尔北部的恰里卡尔登上阿富汗王位，他宣布自己是阿富汗国家的埃米尔。

阿布杜尔·拉赫曼统治时期（1880—1901），阿富汗国的政治制度有了较大进步，阿富汗从一个具有浓厚民族制残余的军事封建国家向中央集权国家过渡。以往中央权力，尤其是国王的权力相对弱小，地方总督和部落势力很大，几乎处于相对独立或半独立的状态。阿布杜尔·拉赫曼统一阿富汗国之后，组建了军队，加强了王权，实行君主专制。中央各级官员及地方省级总督由国王派遣，向国王负责。国王依靠军队、王室和中央行政管理体系，以法治国。

第三章

政治统治与社会经济

19 世纪，在中亚北部，哈萨克汗国再也没有将三个玉兹重新统一起来；吉尔吉思人仍然以部落联盟的形式继续存在；土库曼人直到 19 世纪后期也没有建立起自己的国家，氏族部落组织和公社自治的残余一直保留下来。18 世纪下半叶，布哈拉、希瓦和浩罕三汗国在兼并封建小领地的基础上逐渐加强中央集权统治，政治统一的过程正在进行之中，但远远没有完成。在此期间，西方社会正在从农业文明走向工业文明，新的生产力像泉水一样喷涌而出；中亚地区尽管也出现了家庭手工工场等资本主义生产关系的因素，然而，无论在生产力或生产关系方面，资本主义生产方式的本质变化在中亚没有出现。

第一节　政治统治

18 世纪中叶以后，中亚南部汗国从中央到地方都设置了基本的行政机构。布哈拉汗国前两个王朝（昔班尼王朝和札尼王朝）的最高统治者称汗，而第三个王朝（曼格特王朝）的最高统治者不称汗，称埃米尔，因此，历史上又把该王朝称为布哈拉埃米尔国。以往，埃米尔称号是汗授予贵族的，曼格特王朝统治者称埃米尔之后，埃米尔称号不再授予他人。

曼格特王朝时期，布哈拉汗国的行政机构复杂，官僚队伍庞大。这些官员依其职能大致可以分为世俗官员（'Amaldārīs）、军事长官和宗教官员（'Ālim，复数 'Ulamā'）。世俗行政官员分为15级，最高级是大首相库什别吉（Qush-begī），最低级是部落酋长（Bahādur）。以往在布哈拉汗国起着重要作用的阿塔雷克在政府事务中逐渐丧失实权，最高行政权由大首相库什别吉掌握，大首相的住地在布哈拉城堡内，又称为“高首相”。高首相兼领布哈拉省（由布哈拉城及其周边地区构成）军队统帅一职，管理各省军队首领。在埃米尔外出之时，库什别吉可以代理埃米尔行使权力。除了库什别吉外，高级官员中还有财政大臣，因其居地和办公室在布哈拉城堡脚下被称为“低首相”（Qush-begī Pā' īn）。低首相负责管理国家赋税的征收，特别是监督扎卡特税（Zakāt）的征收，因此，低首相又被称为扎卡特奇（Zakātchī）或大扎卡特奇。高首相库什别吉对国家的收入和支出有最高监督权。

布哈拉汗国地区行政分为省、土曼、哈扎拉（Hazāra，村）、耕地（Mazraca）四级。省级最高行政者总督哈辛姆由埃米尔亲自选派，各省总督在其管辖地区内有行政权，其职责主要体现在财政方面。总督在自己管辖区内拥有自己的领地，经济力量雄厚。总督手下有人数众多的税吏，税官按职位大小有权从某一地区或某一村镇收取一定数量的赋税作为自己的报酬。17世纪中叶以后，势力强大的总督不受中央节制，成为独立统治者。

省以下按灌溉面积、耕地面积和部落三类形式组建。灌溉面积达到十万塔纳布的土地组成一个土曼，派一位官员统治，管理土曼的地区官员服从所在省的总督；灌溉面积达五万塔纳布的土地被称为哈扎拉；灌溉面积只有哈扎拉一半的地区称为尼姆·哈扎拉（Nīm-hazāra）；灌溉面积在1万—1.5万塔纳布之间的被称为某某河的布克胡尔（Bkhur）。居住面积和耕地面积划分的原则是：居住规模达到四百塔纳布的称为村子（Qariya），耕地规模达到三百塔纳布（或小于它）的土地，不管是否有人居住都称为耕地。[①]

按部落划分的地区一般是乌兹别克部落领地，这些领地成为独立的行政单位，税收也按部落征集。部落领地包括牧场和耕地，还有设防的部落首领驻地。部民在部落领地上过着相对封闭的生活，赋税的分摊、土地和水源的划分、军队的募集等都是按部落进行的。17世纪至18世纪期间，部落领地的设防据点星罗棋布，成为部落首领与中央抗衡的堡垒。18世纪中叶，穆罕默德·拉希姆曾拆除了一部分设防据点，有一部分据点还派军队驻扎。在他之后，曼格特王朝统治者将一些部落贵族吸收到汗国政权中，让他们担任高级行政职位，或者发给授权贵族治理本部的证书，以消除封建割据。

曼格特王朝时期，乌兹别克人中的曼格特部贵族把持着军界和政界的重要位置。据19世纪初期的史料反映，曼格特部贵族在中央政府机构中起到了很大作用，其他部落的乌兹别克人在政府中的作用不大。拉希姆在位时期将国家最重要的所有官职都分派给他的乌兹别克"三十二个氏族"的贵族代表人物和布哈拉宗教上层人物，汗的同部落（曼格特）人和同族人（契丹—基普恰克人和其他乌兹别克部落）的代表人物都获得了不同等级的官职，重要的军事长官甚至获得某个城市、村镇或地区作为赏赐的采邑，采邑的收入供他们享用。[②] 如拉希姆叔叔丹雅尔比伊获得巴尔凡那恰称号，被任命为克尔米涅的统治者；海达尔在位期间，安排曼格特人在多个地区担任统治者。

18世纪后半叶，希瓦汗国最高统治者名义上仍是汗，然而，汗徒有虚名，真正掌握实权的是亦剌克。在1804年艾利吐热尔任亦剌克时，他废除了汗，改称沙赫，但史书仍然以汗称希瓦汗国最高统

---

① C. Adle, Irfan Habib, *History of Civilizations of Central Asia*, Vol. 5, p. 60.

② 〔苏联〕帕·彼·伊凡诺夫：《中亚史纲》，《中亚史丛刊》1983年第1期，第67页。

治者。如今还未发现论述希瓦汗国行政机构的资料，因此，对汗国的统治状况一无所知。

浩罕汗国的统治制度是比较完善的。浩罕汗国的政权基础是乌兹别克族明格部贵族和以和卓家族为首的宗教上层，作为最高统治者的汗在名义上是兼有世俗和宗教权力的君主。在汗之下，政府职能有粗略的分工。在爱玛尔统治时期，从中央到地方建立了一套管理机构。

浩罕汗国的最高统治者称汗。在汗之下，设置了分管世俗和军事的官员。世俗官员有明哥巴希（Ming-bāshī），明哥巴希的职务介于国家首相与内务大臣之间；此外，高级官员还有阿塔吉克（总司库官）、库什·伯吉（Qush-begī）、阿塔雷克（监护人，摄政王）。库什·伯吉作为顾问常常在汗的左右，或者被派去管理像塔什干这样的大城市；阿塔雷克一职赐给比汗年长的宰相，他们的印章与汗的印章拥有同样的权利。[①] 第三级官员是国家财政部长帕尔瓦纳奇（Parvānachī）。在上述官职之下，设库什·伯吉，该职作为汗的顾问常常在汗的左右，或者被派去管理一个大城市，如塔什干城。

此外，还有一些官职是汗授予为国家服务的人，如纳吉布（Naqib）、米尔阿萨德（Mīr-asad）、萨迪尔（Sadr，复数 Sudur）、乌拉克（Uraq）等，这些官职一律由先知穆罕默德和四大哈里发的后裔独享。

军事长官有国防大臣，或者说军队总司令，千夫长明巴什（Ming-bāshī）。军队有自己的法官，被称为加齐·依·阿斯卡尔（Qāzī-i ‘Askar）。

尽管设置了世俗和军事长官，但这些职位与其他中亚国家一样没有明确的分工，官员权力的大小取决于他个人在汗廷中的影响。

浩罕汗国的地方行政以伯利克为单位。全国划分为若干个伯利克（Beylik），一个伯利克由一位伯克统治。1871 年，浩罕汗国有如

---

① C. Adle, Irfan Habib, *History of Civilizations of Central Asia*, Vol. 5, p. 78.

下伯利克：浩罕、马尔格兰、沙赫里汗、安集延、纳曼干、索克赫（Sokh）、马赫拉姆（Mahrām）、布拉克巴什（Bulāq-Bāshī）、阿拉班斯克（Arabansk）、贝利克奇（Bāliqchi）、查哈尔·塔克（Chāhār-Tāq）、瑙卡特（Naukat）、卡善（Kasan）、丘斯特和巴巴·达尔克汗（Bābā-Darkhān）。

在18世纪下半叶至19世纪上半叶，中亚三个汗国的政治特征是中央集权逐渐得到了加强。穆罕默德·拉希姆在位时期（1756—1758），布哈拉汗国实施打击独立的乌兹别克部落贵族的政策，他后继者也任命部落贵族担任汗国中、高级行政职位，把他们吸收到中央政权中，以消除封建割据。

希瓦汗国开始中央集权的过程比布哈拉汗国晚，18世纪下半叶，中央集权仍然没有建立起来，直到弘吉剌惕王朝建立起来，希瓦汗国才开始摧毁乌兹别克封建主的割据势力。麦哈穆·拉希姆汗改组了统治上层，没收旧贵族的土地，打击对象主要是弘吉剌惕部。1811年，在多次远征之后，弘吉剌惕部的阿拉尔领地被征服。19世纪初，麦哈穆·拉希姆开始统一阿姆河三角洲东部和呼罗珊北部地区，迫使卡拉卡尔帕克人和土库曼各部承认了汗的统治。

与布哈拉汗一样，麦哈穆·拉希姆也以拉拢手段吸引各领地统治上层人物站到自己一边。从汗手中获得土地、金钱、谷物等各种赏赐和奖励的那些人形成了支持汗政权的阶层，他们中有比伊、宗教界人士，以及汗的亲兵。希瓦汗赏赐免税地的比例高于布哈拉和浩罕汗国，据苏联学者统计，农耕地的一半属于汗和他的受封者，灌溉地的45%属于宗教地（瓦克夫）。[①] 然而，希瓦汗国的中央集权始终没有得到巩固，原因主要是汗政权可以依靠的社会基础薄弱，城市居民的比例太小，农民是分散的。

额尔德尼在位时期（1751—1769），浩罕汗国分裂成浩罕、

---

① Geoffrey Wheeler, *The Modern History of Soviet Central Asia*, p. 46.

安集延、纳曼干和马尔格兰四个独立领地。那尔巴图在位时期（1769—1799），进行了统一汗国的战争，安集延、纳曼干和奥什都被纳入以浩罕城为中心的中央政权之下，浩罕汗国实现了统一。爱玛尔在位时期（1811—1822）极力维持着中央政权与地方大土地所有者的联盟，常常把某些乡镇乃至小省份赐给他们作为终身领地，还修建灌溉渠满足他们的需求，这些措施在很大程度上促进了浩罕汗国的中央统治。

在中央集权的过程中，中亚三个汗国的军队发挥了一些作用。布哈拉汗国以大量资金维持着一支常备军。在埃米尔海达尔时期，布哈拉城的军队就达一万两千人。为了避免军官与当地贵族勾结，布哈拉埃米尔不再任命乌兹别克贵族担任正规军长官，而是雇佣外族军官统率军队。纳斯鲁拉赫在位期间，创建了一支名为萨尔巴兹的民军，据这一时期访问过布哈拉的伯恩斯推测，这支民军的人数有三千九百人，而同时代另一些人认为人数可能还要多一些。[①] 这支军队主要由波斯人、阿富汗人、塔吉克人以及部分俄罗斯战俘组成。除了步兵外，布哈拉汗国还有骑兵，纳斯鲁拉赫在位时还着手创建炮兵，铸造大炮用的金属来自俄国，不过，铸造大炮的工作进展异常缓慢。

19 世纪上半叶，希瓦汗国已经有一支由土库曼骑兵组成的军队，其中主要成员是约穆德部土库曼人。约穆德人多因频繁的战争而破产，他们中的一部分人到汗的军队中服役。布哈拉史家阿布杜克里木写到艾利吐热尔当政第二年希瓦侵袭布哈拉时，提到了约穆德、伊木里利、卓乌多尔和其他土库曼人在汗的骑兵队伍中起到的作用。由于军事力量的增强，希瓦汗国通过 19 世纪最初二十五年中的兼并战争扩大了领土。

16 世纪，据当时人巴布尔记："费尔干纳地区的赋税收入可

---

① 〔苏联〕帕·彼·伊凡诺夫:《中亚史纲》,《中亚史丛刊》1983 年第 1 期，第 83 页。

以供养三四千人。”[①]到18世纪末，浩罕军队已经增加至万人。爱里木在位期间（1799—1810）创建了一支主要由塔吉克高地人组成的雇佣军，这支雇佣军使汗建立起自己的权威，大多数大土地所有者向汗政权靠拢，形成了汗政权与封建主之间的联盟。浩罕汗国在19世纪初期建立了一支以骑兵为主的常备军，据当时访问过浩罕的学者伊则图拉（Izzetulla）记载，汗拥有一万匹马的常备军，但由于给养不足，常备军作战不能超过两个月。此外，各部落有三万民兵，这些民兵每年为汗服务一个月，他们的主要武器是戈和矛。[②]

在强化中央集权之时，汗国统治者们也十分重视宗教的作用。布哈拉城当时是中亚地区最大的伊斯兰教神学中心，在中亚宗教界有很大的影响。布哈拉埃米尔在政治上拉拢宗教上层，据穆罕默德·雅库比记载，海达尔登上汗位以后，在他任命的四千名官员中，大概有五百人是有威望的教士。[③]布哈拉埃米尔提高宗教界的经济地位，宗教界收入的最重要来源是瓦克夫，在沙赫·穆拉德和海达尔时期，瓦克夫增加幅度很大，占汗国全部土地总额的将近一半。[④]海达尔还以施舍的方式笼络宗教下层，每月从国库中发放能供养1.2万名穷人的费用，这些穷人中间有很多是云游四方的苦行僧。在沙赫·穆拉德和海达尔的鼓励下，汗国修建了大批宗教建筑，特别是宗教学院。

在浩罕汗国，汗本人就充当宗教界首领，他们常常被授予伊斯兰世界的最高称号“有正统信仰的人的君主”，大封建主和宗教上层人物在国家政权中担任着重要职务。

从发展的趋势来看，中亚南部的三个汗国正在联合、统一的道路上前进，但俄国的征服战争打断了这一进程。

---

① 〔印度〕巴布尔：《巴布尔回忆录》，第9页。

② 王治来：《中亚通史》（近代卷），第190页。

③ 〔苏联〕帕·彼·伊凡诺夫：《中亚史纲》，《中亚史丛刊》1983年第1期，第78页。

④ 同上。

第二节 社会经济

19世纪，随着大封建领地的发展，中亚南部汗国的国有土地在不断缩减。1842年到过希瓦汗国的达尼列夫斯基在谈到希瓦汗国的土地占有制时说，在这里几乎全部耕地的一半属于汗、汗室亲属、主要大臣、官员、宗教界人士、宗教学校和商人阶层，个别封建主所有地达到了两三千个塔纳布。[①] 据达尼列夫斯基推测，属于所有平民的耕地只占全部耕地的一半强一点。[②] 希瓦汗国的一份属于19世纪的档案文件表明，农民从国有土地租种的土地数额不会超过十塔纳布，领有五六个塔纳布的人在这里就算富裕者了，大多数人只能租到一两个塔纳布，一部分希瓦农民甚至只租到一塔纳布。因此，他们不得不再从邻近富有的土地占有者那里租佃土地。[③]

采邑的发展是国有土地减少的主要原因。在19世纪的最初二十五年中，布哈拉汗国享有坦霍（采邑）的总人数是1.2万人，另一些资料反映已经到达了3.6万人。[④] 根据一份写有希瓦汗国大臣和上层人物名单的档案文件记载，受赐土地的人数很多，他们每人都有自己的亲兵，亲兵也获得土地。每个骑兵可以分到一份阿塔勒克，一份阿塔勒克的面积从五公顷至五十公顷不等。[⑤] 以后，阿塔勒克逐渐演变成私有地。

农民（雇农和分成制农）与领主之间以土地为纽带建立起来的人身依附关系从17世纪以后开始强化，逃跑的农民在被捕之后被强行押回原住地。国家收取的赋税主要落在租种国有土地、穆尔克和

① 〔苏联〕帕·彼·伊凡诺夫：《中亚史纲》，《中亚史丛刊》1983年第1期，第94页。

② 同上。

③ 同上。

④ 同上书，第79页。

⑤ C. Adle, Irfan Habib, *History of Civilizations of Central Asia*, Vol. 5, p. 69.

瓦克夫的农民身上。在希瓦汗国，享有豁免土地税、劳役税的官吏、宗教界人士和亲兵几乎达到了全体成年男性公民的一半，因此，主要赋税的重担落到了中等或者贫穷农民身上。[①] 在这些人中，耕种转租形式土地的农民受到的剥削最沉重。承租国有土地的封建主以分成制形式剥削在其地上耕种的小农，除了分成外，他们还向农民征收各种赋税和强迫他们承担多种义务。

在农业劳动中，中亚突出的特点是使用奴隶的现象仍然存在。据俄国旅行家瓦姆别里记，布哈拉就有两万多奴隶；在希瓦汗国，一般的土地私有者使用十个及以上奴隶，在某些大封建主地产上劳动的奴隶数量达一百五十人，在拉希姆汗的私人土地上有五百个奴隶劳动。[②] 据瓦姆别里记，在布哈拉，特别是在希瓦，从事农业的几乎只有奴隶，仅仅希瓦汗国就有八万奴隶。[③]1858 年访问希瓦汗国的伊格纳季耶夫也说，这个国家的土地所有者，特别是有权有势的大臣，其收入和财富都是以波斯奴隶的劳动为基础的。在这个国家里，奴隶几乎是唯一的庄稼人。[④] 这种说法当然比较夸张，因为国家的税收主要由农民承担。

中亚南部汗国由于政治分散性的逐步消除，经济得以复兴。18 世纪下半叶，中亚经济有了很大的进步。曾到过西西伯利亚的俄国人伊·费·巴布科夫看到“18 世纪下半叶中亚的特点是朝经济生活普遍高涨的方向发生某种变化”[⑤]。据巴托尔德研究，“在俄国征服时，土耳其斯坦大部分的经济状况比起一个世纪前，已有很大发展”[⑥]。哈萨克人在准噶尔汗国灭亡以后返回自己的草原，开始正常

---

① 〔苏联〕帕·彼·伊凡诺夫:《中亚史纲》,《中亚史丛刊》1983 年第 1 期，第 94 页。

② 同上书，第 95 页。

③ 同上。

④ 同上。

⑤ 〔俄〕伊·费·巴布科夫:《我在西西伯利亚服务的回忆》(下册)，王之相译，陈汉章校，商务印书馆 1973 年版，第 125 页。

⑥ 〔苏联〕维·维·巴尔托里德:《中亚简史》，耿世民译，新疆人民出版社 1980 年版，第 74 页。

的经济活动，与各地区之间的经济联系加强。[①] 曾任西西伯利亚军区参谋长的巴布科夫说："18 世纪下半叶和上一世纪（指 19 世纪）上半叶，是吉尔吉思人（指哈萨克人）经济生活发展最广泛的时期。"

中亚经济的复苏首先从农业反映出来。18 世纪下半叶至 19 世纪中叶，中亚农业上发生了两大变化：随着灌溉工程的建筑，大批牧民转向定居或半定居农业；农村出现了资本主义生产关系的萌芽。

18 世纪上半叶，中亚地区的水利设施因战乱遭到破坏，18 世纪下半叶，随着灌溉工程的建筑，耕地面积扩大了，这一点在希瓦和浩罕两个汗国表现最为突出。18 世纪 60 年代，希瓦汗国兴建了从阿姆河到克涅格斯村的灌溉渠；70 年代，在流向达乌卡拉湖的各支流上建起了拦河坝，提高了这些支流的水位，并且抽干湖水而获得大片农田[②]；90 年代，希瓦人以排水的形式开始改造阿姆河三角洲的沼泽地。19 世纪上半叶，希瓦汗国重要的水利工程有：1815 年，开通克里奇尼亚孜拜大渠，大渠从古尔连流入汗国的西南边区；1831 年，开垦旧乌尔根奇附近土地，这些土地由于阿姆河改道而完全荒废了将近两个世纪；同一时期，在阿姆河右岸建筑灌溉水利工程；19 世纪中叶，在今图尔特库尔城建筑大渠。这一时期，除中央政府主持修建的水利设施外，希瓦汗国的一些村社也修建了大批中小型灌溉渠。在扩建和改建灌溉系统的基础上，希瓦汗国的农业，特别是棉花等作物的生产得到发展。

浩罕汗国在这一时期内建筑了大灌溉渠。费尔干纳居民在中世纪仅仅或几乎只能利用小河，没有一条从主要干流（如锡尔河）引出的大水渠。19 世纪，浩罕汗国启动了利用卡拉河和纳伦河水的庞大计划，这是费尔干纳地区从未有过的事。[③]1819 年，汗国开始兴建引锡尔河水灌溉的大型灌溉渠，历时三年在纳曼干建成了扬吉水

---

① 〔苏联〕帕・彼・伊凡诺夫：《中亚史纲》，《中亚史丛刊》1983 年第 1 期，第 71 页。

② 《乌兹别克共和国史》第 1 卷第 2 册，第 10—11 页，转引自吴筑星：《沙俄征服中亚史考叙》，贵州教育出版社 1996 年版，第 91 页。

③ 〔苏联〕维・维・巴尔托里德：《中亚简史》，第 74—75 页。

渠。扬吉水渠的建筑大规模地扩大了定居农耕范围，在水渠北部，安集延城扩大了。玛达里统治期间，在塔什干地区建筑了汗渠。19世纪中叶，塔什干统治者米尔咱·阿赫默德（Mīrzā Ahmad）把灌溉渠从塔什干延长到楚河流域；1868—1871年间，在费尔干纳建筑了最大的水利工程，即乌鲁格纳尔。这些水利设施使农业，特别是植棉业、养蚕业和园艺业，得到了极大的发展。

从18世纪中叶起，布哈拉汗国开始修复泽拉夫善河流域的灌溉系统，在最大的灌溉渠达尔戈姆上重建了大坝。在品治肯特、沙拉兹、乌尔古特，以及卡拉河和阿克河上清理并新建了一些渠道。

中亚灌溉工程的修建有国家出资、地方政权出资和私人出资三种形式。国家主持修建的灌溉工程由工程所在地的农村居民承担。在布哈拉汗国，为修建灌溉工程曾设立了一种名为“科什普利”的税，每一科什（相当于四十八至五十塔纳布）土地缴纳大约四十戈比的钱，科什普利所征税款全部用于灌溉工程。在灌溉工程投入使用之后，新开辟的灌溉耕地在参加建设的居民中进行分配，或者在需要土地的居民中进行分配。这些土地在一段时期内是免税的，免税期满以后，土地所有者开始向国家缴纳相应的税。在浩罕汗国，政府在组织灌溉工程中得到不少利益，既能够增加税收，又可从出售新灌溉地得到一笔不小的钱。在杨吉渠完工以后，爱玛尔以交纳一定的钱为条件把纳曼干省（钦察人移民区）的灌溉地卖给私人或集体，纳曼干的小部落联盟纷纷向汗国认购土地，在法律上成为土地所有者。然后，部落联盟将土地按部落成员所交纳的数额进行分配。

地方政权出资修建的灌溉工程由工程所在地的地方省级官员负责，建筑者主要是当地农民，修筑水坝所必需的圆木、树枝等材料也由当地居民无偿提供，受益者是当地农民。

私人出资修建的灌溉工程，可能由依附于出资者的居民无偿修建。灌溉工程完成以后，新灌溉地就变成了出资者的私有地。因此，出资修建灌溉工程是将公有地转为私有的最普遍方式之一。俄国旅行者纳利夫金在谈到灌溉浩罕汗国大片土地的杨吉渠时说："确定谁是这件事的发起人相当困难，不过，大多数人认为，大土地所有者的土地当时由于缺水而需要休闲抛荒五年或更多时间，因此，他们通过纳曼干总督米尔扎特，他的广大土地分布在纳曼干西南部。米尔扎特利用自己的职权和在宫廷中的影响，以实物徭役的方式强迫本省农民把杨吉渠工程路线延长，这样，他没有花个人任何资金就将水引到了自己的土地上。"①

随着灌溉工程的修建和灌溉地的扩大，一部分牧民转向定居生活。"从 18 世纪末到 19 世纪初，中亚处在逐步定居化与转向农业的过程。大量乌兹别克部落主要居住在卡什卡河谷、苏尔汉河谷和泽拉夫善河谷以及费尔干纳盆地和花剌子模，19 世纪中期，他们大部分已经是定居农业居民或半游牧居民。"②

在希瓦汗国，乌兹别克人转向定居生活的过程缓慢，其完成的时间大概不早于 19 世纪上半叶。19 世纪初，一部分乌兹别克人还没有固定的村镇，他们在自己耕作的地区搭起类似窝棚的临时住所，固定村镇的确立相当晚。定居化过程中形成的居民点往往以大的部落名命名，如弘吉剌惕、曼格特、钦察、努库兹、契丹等。到 19 世纪中叶，乌兹别克族牧民转向定居的步伐加快了。

希瓦汗国的土库曼人，特别是阿姆河中游的牧民，在 18 世纪上半叶就开始从游牧转向定居，由于土库曼人的耕地大多数在渠道下游，如果上游用水过多，下游就经常缺水，所以这一转化过程十分缓慢。大概在 19 世纪 40 年代，农业在土库曼人那里才有更大的发展，这一点可以从 1842 年访问希瓦的俄国人达尼列夫斯基的报道中判断。他指出，住在老乌尔根奇、塔沙乌兹地区和汗国西北部其他地区的土库曼人在他们开垦出的土地上，从事农业。从 18 世纪下半

---

① 〔苏联〕帕·彼·伊凡诺夫：《中亚史纲》，《中亚史丛刊》1983 年第 1 期，第 108 页。

② 《乌兹别克共和国史》第 1 卷第 2 册，第 12 页，转引自吴筑星：《沙俄征服中亚史考叙》，第 90 页。

叶开始，土库曼人主要从事农业。[①]

浩罕汗国统治者十分注意农业水利建设。19世纪，浩罕汗国的灌溉网扩大，加速了游牧人转向定居农业的过程，牧民的比重逐渐降低，半游牧半定居的人数占据了重要位置。分布在费尔干纳北部山前中央地带的钦察人所饲畜群随人口的增长而增加，由于牧场不能满足增长需求，一部分牧民开始从事农业。在这些人中，除了缺少牲畜的贫穷牧民，还有较为殷实的畜牧者，后者在畜牧业与农业结合的过程中获得了利益。19世纪上半叶到过费尔干纳的旅行者指出，这里遍布着人口众多的村镇，居民从事农业、植棉业、养蚕业和园艺业。

在布哈拉汗国，由于缺乏维持畜牧业发展的足够数量的牧场，牧民没有足够数量的牲畜，游牧生活方式难以继续。据19世纪上半叶旅行家们的记载，泽拉夫善河流域的绝大部分乌兹别克人过着半游牧半定居的生活。巴托尔德认为："布哈拉汗国与希瓦汗国不同，游牧民定居化只是在氏族的个别一小部分人当中发生，而不是整个氏族同时定居化，这大概是因为灌溉的条件不同。"[②] 布哈拉人阿布杜尔克里木指出，在撒马尔罕到布哈拉之间的地区，一半居民从事农业，其他居民从事畜牧业。1820年俄国使团成员梅耶朵夫访问布哈拉汗国，据他报道："在总数不到二百五十万人的居民中，约有一百万左右的人过着游牧方式的生活。""定居和游牧民的这种分配比例的情况一直保持到19世纪40—60年代。"[③]

然而，灌溉土地也未能充足到使大批牧民转向农业，因此，存在着一大批半游牧半农耕的居民。苏联学者格列边金指出，在泽拉夫善河流域，一些居民住在用芦苇和麦秸修筑的、外面涂上黏土的帐篷内，春天和夏天赶着为数不多的牲畜在耕作的田地附近放牧。

---

① 梅特格利德耶夫：《十九世纪阿姆河中游土库曼人的社会经济制度》，阿什哈巴德1980年版，第16页，转引自吴筑星：《沙俄征服中亚史考叙》，第90页。

② 〔苏联〕帕·彼·伊凡诺夫：《中亚史纲》，《中亚史丛刊》1983年第1期，第78页。

③ 同上书，第74页。

到 19 世纪 60 年代俄国征服之时，中亚地区从游牧转向定居的过程还未完成。

18 世纪下半叶，中亚农村出现了资本主义生产关系的萌芽，这一点主要从赋税的变化上反映出来。以往在农村收取的地亩税，一部分以货币缴纳，一部分以实物的形式缴纳，以什么方式收取由各省行政长官决定。19 世纪初期，在中亚诸汗国，货币地租取代实物地租的趋势日益明显，有史料指出，地亩税常常“折合成货币”。实物税向货币税的过渡是封建制度解体阶段具有代表性的标志之一。在农村，大地主常常借贷给迁入自己土地的无地农民，这种贷款名为布纳克，无力偿还布纳克者长期留在主人身边，如果欠贷者去世了，贷款将由其后代偿还。布纳克的出现反映了地主与农民之间以土地为纽带形成的依附关系已经松散。

18 世纪下半叶至 19 世纪上半叶的一百年中，中亚手工业在生产力方面没有明显的突破。埃米尔、汗和伯克的专横暴虐，以及各地封建主的剥削和高利贷，阻碍了手工业的发展和改进。在俄国人来到中亚以前，在布哈拉汗国，城市对工人的需求是有限的，无地农民进入城市的机会不多。像布哈拉和撒马尔罕这样的大城市，居民人数在整个 19 世纪几乎没有什么变化，这一点足以说明中亚手工业的发展状态。

尽管如此，中亚的一些城市，如新老乌尔根奇城、赫扎拉斯普、弘吉剌惕、哈吉利（Khwajili）、塔沙乌兹、古尔连和汗喀赫等，纺织、制陶、冶铁、珠宝、面包坊、糖果等行业已经有手工业者和商人的组织。有些旅行家在写到中亚的手工业组织和谈到当地手工业者状况时说，资本家分配给一些熟悉的家庭以清理棉花的工作，给另一些人分配纺纱、织布、染色的工作，由此可见，资本主义初期阶段的生产组织——家庭手工工场——在中亚开始出现。然而，手工工场没有达到 15—16 世纪欧洲工场手工业的那种水平，直到 19 世纪中叶，中亚城市接纳破产农民的能力还十分有限。这一点可以从中亚城市人口中反映出来。

19 世纪上半叶，布哈拉汗国最大的城市布哈拉有七万人（伯恩斯说有十五万人），第二大城市撒马尔罕约有三万居民，塔什干只有六万至八万人，浩罕城有三四万人。[①] 达尼列夫斯基在 1842 年访问希瓦时，指出希瓦都城居民数为四千人，绝大多数是政府官员、宗教界人士和商人。[②] 根据 1858 年前后进行的一次教区居民普查，居住在希瓦城及其周围的居民总计少于 1.8 万人（4493 户）。[③] 汗国的另一大城市是阿姆河左岸、离希瓦城东三十公里处的新乌尔根奇，据俄国旅行家穆拉维耶夫估计，该城市人口超过了五千人，而达尼列夫斯基则认为不超过两千人。[④] 俄国军官波塔宁少尉说，浩罕城居民有三千户，男性 1.5 万人。[⑤] 浩罕城到 19 世纪中叶达到八千户。[⑥] 以上数字反映，城市居民在中亚所占比例很小，绝大多数居民居住在农业地区。

从 18 世纪下半叶起，中亚地区的对外贸易发生了两大变化，一是贸易中心东移，布哈拉汗国与东部国家和地区的贸易繁荣起来，在中亚东部形成了区域性市场；二是中亚诸汗国对俄贸易被纳入了资本主义经济体系。

18 世纪中叶，随着清朝对准噶尔汗国的平定和浩罕汗国的强大，中亚商贸重心东移，在中亚东部形成了许多商业繁荣区“热斯太”（乌兹别克语，意为“集市”，即常年商业区）。布哈拉和希瓦汗国的商人纷纷来到浩罕汗国诸城和中国新疆各绿洲城市贸易。据巴托尔德（又译巴尔托里德）说：“在俄国征服时……费尔干地区首次在土耳其斯坦取得了经济上的重要地位，并在俄国统治下一直保有这种地位，乌兹别克汗国时代的另一遗产是塔什干城的兴起。塔什

① 〔苏联〕哈尔芬：《中亚归并于俄国》，吴筑星、董兴森译，《中亚史丛刊》1988 年第 4 期，第 25 页。

② 〔苏联〕帕·彼·伊凡诺夫：《中亚史纲》，《中亚史丛刊》1983 年第 1 期，第 91 页。

③ Edward Allworth, edit, *Central Asia: 130 Years of Russian Dominance, A Historical Overview,* pp.15-16.

④ 〔苏联〕帕·彼·伊凡诺夫：《中亚史纲》，《中亚史丛刊》1983 年第 1 期，第 91 页。

⑤ 同上书，第 104 页。

⑥ 同上。

干现在是土耳其斯坦的首要城市。”[①] 18世纪末，以塔什干城为首的锡尔河北岸城市取代了河中撒马尔罕和布哈拉城的地位。

随着商贸中心的东移，中亚与中国清朝统治的天山南北地区，俄国统治的西伯利亚地区的联系加强了。中亚商人纷纷来到喀什、叶儿羌、阿克苏、英吉沙以及北疆的乌鲁木齐、伊犁、塔城、奇台、木垒等地，布哈拉商队曾绕道卡拉捷金（在今吉尔吉斯斯坦境内）、达尔瓦兹、巴达克山来喀什噶尔贸易，并在这里开办“洋行”。

哈萨克汗阿布赉向清朝政府请求于乌陇古（今新疆福海县南）地方，以马匹易货。清政府以其地道远，商贩不便，约定于1758年在额林哈毕尔噶（今新疆乌苏县、玛纳斯县以南）和乌鲁木齐等处贸易。1758年9月，第一支哈萨克商队赶着三百匹马来到乌鲁木齐。1760年，清政府在伊犁开放了第二个西向贸易市场，1763年又开放了塔尔巴哈台。哈萨克与新疆的贸易集中在伊犁和塔尔巴哈台。从清朝与哈萨克的贸易价格表来看，伊犁地区的牲畜价格最高，说明清政府鼓励哈萨克人赴伊犁贸易。以后，清朝允许哈萨克人到科布多和乌里雅苏台交易，因为中玉兹哈萨克人到科布多和乌里雅苏台的路程更近。

18世纪下半叶，俄国在哈萨克草原和西伯利亚地区建立的军事要塞逐渐成为贸易中心。其中，奥伦堡取代了阿斯特拉罕的贸易地位，俄国与哈萨克草原之间的贸易集中在奥伦堡进行；1760年和1765年，俄国在谢米巴拉金斯克和乌斯季卡缅诺戈尔斯克分别开设了交易场所。与此同时，西伯利亚当局修建了商队货栈和市场以吸引哈萨克牧人和来自塔什干、布哈拉的商人。俄国政府鼓励浩罕、布哈拉、塔什干的商人迁居到以上城市和居民点。

19世纪，区域性市场在中亚东部形成。17世纪，在布哈拉和撒马尔罕已经形成了区域性大市场，其中，布哈拉城会集了邻国商人，波斯商人带来了波斯丝、羊毛布、地毯和绿松石。土库曼人与布哈

① 〔苏联〕维·维·巴尔托里德：《中亚简史》，第75页。

拉市场也有着密切的联系，土库曼人袭击呼罗珊北部边区，获取俘虏，然后在中亚市场上出售，布哈拉就是他们出售奴隶的大市场之一。喀什噶尔商人带来中国的大黄、茶、瓷器和草药。印度商人带来了药品、黄金和珠宝。19 世纪，塔什干、浩罕、安集延、纳曼干等城市也迅速发展成为跨地区的贸易重镇。来自阿拉伯、俄罗斯、西伯利亚、印度的客商汇集在这些市场。浩罕汗国的安集延城是主要贸易城市，浩罕人因此以安集延人闻名于世。浩罕汗国与俄国的联系促使塔什干城的发展。

18 世纪后期，中亚国家与俄国的贸易发生了质的变化。17 世纪以后，中亚作为东西方交流的大陆桥地位随着海路的开辟而丧失了重要性，中亚商人与西方的贸易几乎局限于与俄国商人的贸易。随着俄国手工工场的发展，以往的自然贸易被纳入了资本主义经济的轨迹，中亚市场逐渐成为俄国的原料市场和工业品销售市场。1754 年，俄国设立贵族银行和商人银行，开始组建国际贸易公司；1762 年，俄国官方批准在阿斯特拉罕城成立一个专门承办俄国与波斯、布哈拉、希瓦商务的公司；19 世纪，俄国萨克·莫洛佐夫家族、伊凡·赫鲁道夫家族、巴拉诺夫家族在中亚设立了贸易公司；1866 年，这几家公司合并为塔什干和中亚贸易协会。集团贸易加强了俄国商人抵御风险的能力，垄断了中亚的对俄贸易，包揽了货物进出口及原料产品的收购、转运等各项业务。然而，这一时期，中亚商人没有建立这种组织。

19 世纪中期以后，中亚成为了俄国纺织业的棉花供应市场，棉花的出口量逐年增加。18 世纪 40 年代，在布哈拉汗国与俄国的贸易中，布料是布哈拉汗国出口的主要商品。产自布哈拉附近的赞丹纳村的赞丹尼奇布（Zandānīchī）结实而色彩多样；优质棉布卡尔巴丝（Karbās）可以做衣服或绘画；产自撒马尔罕的印花布（Chīt）、抛光布（Chavdar / Chaldar）都是重要的出口商品。在 18 世纪 80 年代，例如 1783 年，从布哈拉发往阿斯特拉罕城的货物中，占据首位的是白棉纱（价值达 195082 卢布），占据第二位的是布哈拉的印花布

（价值 44270 卢布）和卡尔巴丝布（价值 18123 卢布），然后是产自布哈拉的羔羊皮（价值 6067 卢布）和软山羊皮等。[①] 这种商品结构一直持续到 19 世纪中叶。可以说，直到 19 世纪中期，中亚纺织产业还处于先进水平。然而，19 世纪 50 年代以后，情况发生了变化。在俄国纺织业中，开始生产专供俄国和中亚穆斯林使用的廉价棉布。1862 年，俄国政府的财政大臣加格麦斯特尔在《俄罗斯通报》上发表文章说，现在俄国无限地“需要布哈拉的棉花”，随着美国南北战争的爆发，1865 年，中亚与俄国的棉花贸易占俄国官方贸易的 74%。是年年底前，中亚的棉花出口总额已占整个贸易总额的 74.1%，而加工过的棉制品出口总额却由 1840 年的 55.1% 降到了 8.7%。[②] 素以纺织业著称的中亚开始从俄国进口棉布；一直向中亚进口棉布的俄国却只进口中亚的棉花。俄国纺织工业的发展最终导致中亚纺织品完全退出了俄国市场。

19 世纪，中亚成为俄国工业品销售市场。布哈拉商人在俄国购买的商品中，贸易额最大的是硬币和棉制品，其次是金属和金属制品，还有皮革等。[③] 19 世纪 40 年代，布哈拉商人从俄国买回的金属和金属制品占布哈拉购买总额的 16%，机制棉布占布哈拉购买总额的 20%，占希瓦购买总额的 34%。[④] 19 世纪中叶，俄国输出的金属有将近 60% 是流向亚洲，而且主要是流向中亚。[⑤] 可见，布哈拉成了俄国工业产品的销售地。

不过，直到 19 世纪中叶，中亚商人与俄国的贸易继续对中亚商人有利。[⑥] 俄国与中亚的贸易采取的是不同的关税，中亚汗国向俄国商人征收比穆斯林商人高出四倍的税，但来自中亚的金、银、宝石

---

① C. Adle, Irfan Habib, *History of Civilizations of Central Asia*, Vol. 5, p. 415.

② Edward Allworth, edit, *Central Asia: 130 Years of Russian Dominance, A Historical Overview*, p. 29.

③ C. Adle, Irfan Habib, *History of Civilizations of Central Asia*, Vol. 5, p. 424.

④ Ibid., pp. 424-425.

⑤ 〔俄〕涅鲍尔辛:《俄国对外贸易统计评论》第 2 集，第 438—439 页，《中亚史丛刊》1988 年第 4 期，第 32 页。

⑥ Edward Allworth, edit, *Central Asia: 130 Years of Russian Dominance, A Historical Overview*, p. 28.

等商品在俄国免收进口税。俄国西伯利亚边务当局鼓励中亚商人进入俄国要塞进行贸易，中亚商人在对俄贸易中获得了重要的商业利益。在1784年前后，他们每年出售大约两百万卢布的商品给俄国，而购进的俄国商品价值只是出售额的一半。这一比例的贸易一直持续到19世纪头十年。一些俄国早年修建的军事要塞，如雅依克、奥伦堡、特罗伊茨克逐渐发展成新兴城市，为了加强它们与中亚的贸易联系，俄国政府给予来到这些城市的布哈拉和希瓦商人很大优惠。

这一时期，中亚人口持续增加。19世纪初期，中亚只有四百万居民，到19世纪中叶时已增加到五百万人。其中，布哈拉汗国约有三百万人，希瓦汗国约有五十万人，浩罕汗国约有一百五十万人。[①]

① 〔苏联〕哈尔芬:《中亚归并于俄国》,《中亚史丛刊》1988年第4期，第25页。

第四章

宗教和文化

18 世纪下半叶至 19 世纪中叶，伊斯兰教苏菲派纳合什班底教团在中亚的宗教生活中继续占据统治地位。18 世纪末期，中亚犹太教出现了复兴的征兆。河中地区经历了宗教狂热思潮。呼罗珊经历了什叶派改革。锡尔河以东、以北地区，哈萨克人信仰的伊斯兰教与他们的部落制度结合。吉尔吉思人尽管名义上信仰伊斯兰教，但他们的信仰中保留着浓厚的萨满教色彩。18 世纪下半叶至 19 世纪上半叶的一百年中，中亚文学成就突出，在河中地区，宫廷文学衰落，民间文学获得发展，出现了文学史上称为别季利派的流派；在呼罗珊，18 世纪下半叶是土库曼人文学的黄金时代，民族诗人马黑秃木·库里用通俗语言写诗，创作了热情洋溢的爱国诗篇和抒情诗；在吉尔吉思人和卡拉卡尔帕克人中，19 世纪出现了书面文学；在阿富汗，抗英题材成为 19 世纪诗歌的主要内容，这些作品反映了阿富汗人民的爱国主义精神。

第一节　宗教

18 世纪下半叶至 19 世纪上半叶的一百年中，宗教界在中亚的政治生活中十分活跃。河中地区经历了宗教狂热思潮。18 世纪上半叶，印度苏菲学者阿赫默德·希尔信迪的学说传入中亚，河中地区的苏菲派纳合什班底教团分裂成为两派，主张赞念齐克尔的一派被称为哲合林耶，主张默祷齐克尔的一派被称为虎非耶。18 世纪下半叶，虎非耶派在布哈拉汗国成为一股重要的政治势力，19 世纪初期，布哈拉汗国出现了宗教狂热，这股风气对曼格特王朝的历史产生了重要影响。

沙赫·穆拉德在夺取汗位之前就投靠了虎非耶派势力，他拜有威望的萨法尔谢赫（Shaykh Safar，卒于 1785 年）为师，成为纳合什班底教团虎非耶派信徒。登上汗位以后，沙赫·穆拉德继续履行苏菲派托钵僧的义务，在自己身边聚集了一大群信徒和学生。海达尔在位期间（1800—1826），布哈拉汗国宗教界掀起了宗教狂热。有人记载说："埃米尔海达尔热衷于学院神学知识，他本人认为自己是该知识领域内的专家，他开办了一个宗教学院，附属于他在布哈拉雅克城堡的王室清真寺。他在该学院中充当教师的角色。"[①]

在宗教狂热思潮之下，宗教上层人物的社会地位提升到了无以复加的程度。著名谢赫米延·费兹尔·阿赫麦德（Miyān Fazl Ahāmad）成为沙赫·穆拉德和海达尔的精神导师。[②] 宗教世家赘巴依家族的大多数人或者是首席神学家（Shaykh al-Islām），或者是大法官（Qāzī al-Quzāt），成为布哈拉汗国一股重要的政治势力，赘巴依家族的政治地位一直保持到 19 世纪。法国旅行家彼尔·德斯麦松（Pierre Desmaisons）在访问布哈拉之时，该家族成员依阐·速檀·哈纳姆和卓（Īshān Sultān Khānam Khwāja，卒于 1835 年）[③] 担任着布哈拉城首席神学家一职。

宗教界煽起的宗教狂热之风促进了瓦克夫的增加[④]，宗教上层积

---

① C. Adle, Irfan Habib, *History of Civilizations of Central Asia*, Vol. 5, p. 58.

② Ibid., p. 778.

③ Ibid., p. 773.

④ 〔苏联〕Б. Г. 加富罗夫：《中亚塔吉克史》，第 362 页。

累了经济力量，其中，经济雄厚者也当数赘巴依家族。该家族在昔班尼王朝伊斯坎达尔汗及其子阿布杜拉二世时期崛起，通过统治者的赏赐获得了大量地产，以后，该家族通过土地买卖积累了大笔财富，他们以和卓或谢赫称号著称于世，该家族在查尔·巴克尔（距布哈拉不远）的显赫墓地是其权力的象征。

迎合宗教狂热之风，以及弘扬虎非耶派教义的需要，中亚地区新建了许多宗教学院。其中，布哈拉汗国建筑了尼亚兹·库里（Niyāz Qulī）宗教学院，尼亚兹·库里（卒于 1820 年）是一位致力于神秘主义理论与伊斯兰教法协调的学者。希瓦汗国建筑了库特鲁·穆拉德·亦剌克（Qutlugh Murād Ināq）、和卓穆罕默德·威尔迪·伯克（Khwāja Mohammad-Verdi Beg）、和卓穆哈兰（Khoja Moharram）、穆萨·土拉（Musā Tura）、阿拉赫·库里汗（Allāh-Qulī Khān）等宗教学院。在浩罕汗国，浩罕汗在所有大大小小的居民点里均修建清真寺和伊斯兰经学院，其中，著名的有那尔巴图比（Nārbūta Bī）宗教学院。

宗教学院汇集了一批有名望的谢赫，吸引着周边地区的学生，18 世纪最后十年，布哈拉高等学校的学生人数曾达到三万。[①] 19 世纪 60 年代访问中亚的俄国人瓦姆别里指出，在布哈拉城的高等学校里，不仅可以看到来自中亚各地区的学生，还有来自印度西北部、克什米尔、阿富汗、俄国和中国的学生。叶卡捷琳娜二世在位期间（1762—1796），俄国实行将伊斯兰教纳入行政统治的政策，随着 1782 年乌法“法律鉴定所（Muftīyat）”的设置和 1788 年奥伦堡宗教大会的成立，俄国的穆斯林逐渐与奥斯曼土耳其人失去了联系，18 世纪末到 19 世纪初期，乌拉尔—伏尔加河一带的鞑靼学生和宗教界人士纷纷来到布哈拉宗教学院。其中，有著名的鞑靼改革家阿布杜尔·纳斯尔·艾尔·库尔萨威（‘Abdu’l Nasīr al-Qūrsāwī，1776—1812）教士，他的思想受到了伊斯兰大学者阿赫默德·希尔

---

① 〔苏联〕帕·彼·伊凡诺夫:《中亚史纲》,《中亚史丛刊》1983 年第 1 期，第 120 页。

信迪的影响。学成之后，他返回喀山附近的家乡，在当地宗教学校当了一名教师。此外，喀山学者希哈卜丁·马尔贾尼（Shihābu'ddīn Marjānī，1818—1889）于1838年和1849年之间也在布哈拉和撒马尔罕学习，后来，他获得了伊玛目和喀山大清真寺讲演者（Mudarris）这一重要职位。

虎非耶派势力强大之后，开始对中亚的其他苏菲教派发起攻击，打击对象主要是与之针锋相对的哲合林耶派首领哈里发·胡德达德·花剌子米（Khalīfa Khudāy-dād Khwārazmī，卒于1800或1801年），在此打击下，其他苏菲教团也开始退往中亚的边缘地区。其中，亚萨维教团成员在哈萨克斯坦南部活动，据说，许多教徒把他们的起源追溯到阿合马·亚萨维的兄弟萨迪尔·阿塔（Sadr Atā）这一支。到俄国征服时期，雅西城内可以发现的亚萨维家庭不下于100户。[①]

在浩罕汗国，纳合什班底教团的活动遍布汗国大城市，浩罕、纳曼干、丘斯特、马尔吉兰、奥什，甚至传播到费尔干纳、塔什干。哈萨克族穆斯林属于伊斯兰教的逊尼派，在波斯萨法维王朝迫害逊尼派教徒之时，有许多教徒来到哈萨克牧民中，他们带来了圣训学、教法学知识，使哈萨克斯坦的伊斯兰教烙下了逊尼派的印记。在向哈萨克斯坦的纵深发展之时，伊斯兰教苏菲教团与哈萨克人的部落制度结合为一体。

19世纪，吉尔吉思人尽管名义上信仰伊斯兰教，但他们的信仰中保留着浓厚的萨满教色彩。19世纪60—90年代在西伯利亚任职的沙俄军官巴布科夫在回忆录中引用了东方学家格里果里耶夫教授的话说："从俄国方面以这种或那种形式向吉尔吉斯草原进行了伊斯兰教宣传的，是下述情况，即伊斯兰教化了的特别是邻接我国各防线居住的吉尔吉斯人（指哈萨克人），而接近希瓦、布哈拉和浩罕领域，即现时伊斯兰教各国游牧的吉尔吉斯人中主要地直到现时还保

① C. Adle, Irfan Habib, *History of Civilizations of Central Asia*, Vol. 5, p. 777.

持着古代的旧有的巫师教（萨满教）。”[①]

与中亚其他地区不同，在中亚西部的呼罗珊伊斯兰教什叶派占据了优势地位。在波斯萨法维王朝（1501—1736）、纳迪尔阿夫沙尔王朝（1736—1796）和卡扎尔王朝（1779—1925）统治时期，什叶派在呼罗珊一直占据着优势地位。波斯萨法维王朝时期，以什叶派为国教，对逊尼派实施打击和迫害。1722年，信奉伊斯兰教逊尼派的吉尔查依族阿富汗人推翻了什叶派萨法维王朝的统治，在短时期内（1722—1736）对呼罗珊的什叶派实施打击。1736年，土库曼军人纳迪尔将阿富汗人驱出呼罗珊，他创建的阿夫沙尔王朝庇护什叶派，纳迪尔提倡什叶派可以作为一种礼拜仪式或一个宗派（Jacfari mazhab），成为与哈纳菲派等并列的四大教派之一。1743年，他在纳杰夫召开的一次有什叶派和逊尼派神学家参加的宗教会议上认可了这一原则。[②]1747年，纳迪尔的被杀结束了折中主义的宗教政策，其孙沙哈鲁统治时期（1748—1796）继续提倡什叶派信仰。以后，以设拉子为首都建立的赞德王朝（1749—1794）继续信仰什叶派，但没有给什叶派教士任何特别的鼓励。1796年，阿迦·穆罕默德对呼罗珊发起攻击，结束了阿夫沙尔王朝在呼罗珊的统治。[③]阿迦·穆罕默德宣布他所建立的卡扎尔王朝忠于萨法维王朝信仰什叶派的宗教传统，直到穆罕默德沙统治时期（Muhammad Shāh，1834—1848）才开始宽容伊斯兰逊尼派教徒。在萨法维和卡扎尔王朝统治期间，著名的什叶派神学家有穆罕默德·巴奇尔·比赫比哈尼（Muhammad Bāqir Bihbihānī，1705—1803），他的信徒写了一些维护伊智提哈德（Ishtihad）原则的著作[④]，完善了什叶派的理论。

---

① 〔俄〕伊·费·巴布科夫：《我在西西伯利亚服务的回忆》（下册），第340页。

② C. Adle, Irfan Habib, *History of Civilizations of Central Asia*, Vol. 5, p. 783.

③ Ibid., p. 266.

④ 伊斯兰教法学用语，意为“尽力而为”，指利用《古兰经》、《圣训》、伊智玛（众议）和理智去理解伊斯兰教，并对《古兰经》、《圣训》和众议都没有提到的问题做出独创性解释。

19 世纪中叶，什叶派改革运动在呼罗珊兴起，接着，设拉子城爆发了巴布教起义。巴布教创始人赛义德·阿里·穆罕默德（Sayyid ‘Alī Muhammad，1819—1850）于 1819 年出生在设拉子一个棉布商人家庭，以经商为生。以后，穆罕默德参加了信仰什叶派教义的谢赫学派（The Shaykhi School），并且成为该派的首领。19 世纪初，赛义德·阿里·穆罕默德企图通过宗教改革改造社会。1844 年，穆罕默德自称“巴布”，“巴布”的意思是门，表示真主的意志要通过此门传达给人民。1845 年，他自称“马赫迪”（救世主），创立巴布教派。他以《默示录》取代《古兰经》进行宗教和社会制度的改革，他主张以法律保障人身自由和人民财产，保障贸易和商业利益，反对封建压迫。1847 年，卡扎尔王朝开始对该教信徒加以迫害，巴布被捕，三年之后被处死。巴布教徒开始向下层人民进行宣传，逐渐赢得了广大人民的支持，影响日益扩大。从 1848 年 9 月起，各地巴布教派信徒纷纷起义，起义队伍一度发展到十余万人。起义的主力为农民、手工业者和商人，领导者为巴布教派的宗教教士、学者和商人。1852 年，反巴布教徒的新一轮恐怖行动开始，巴布教派在此行动中几乎完全被摧毁。

18 世纪末期，犹太教在中亚出现了复兴的征兆。16 世纪，在波斯萨法维王朝迫害犹太教之时，犹太教徒纷纷来到河中地区避难，布哈拉城成为犹太教徒的活动中心。17 世纪，在布哈拉城形成了犹太教区（Mahalla-yi Kuhna，或称旧区）。18 世纪下半叶，由于布哈拉犹太教徒与其发源地失去了联系，不再有能力运作他们的社区，中亚的犹太教徒逐渐皈依了伊斯兰教，犹太教社团也不复存在了。1793 年，摩洛哥的一位拉比约瑟夫·马姆·马合里比（Yosef Mamām Maghribī，1752—1823）来到布哈拉城，在此建立了拉比培训中心，对犹太教进行改革，以西班牙礼拜式取代了呼罗珊礼拜式。19 世纪初期，新的犹太教教区（Mahalla-yi Nau）在布哈拉城建立。19 世纪 30—40 年代，皈依安立甘教的一位拉比的儿子约瑟夫·维尔夫（Joseph Wolff，1795—1862）来到布哈拉城的犹太教社区，在犹太教徒、基督教徒和穆斯林中间布道，阿米拉巴德（Amirābād）教区建立起来。19 世纪 60 年代，这一犹太教社区已经建立了行政和宗教双重系统，直接由市长（Kalāntar）和大毛拉（Mullā-yi Kalān）领导。19 世纪下半叶，在浩罕汗国的大城市浩罕、安集延、马尔格兰，有六所犹太教学校，有学生二百二十名。[①]

俄国征服中亚之初，河中地区的穆斯林曾求助纳合什班底教团之祖、守护神巴哈丁·纳合什班底，乞求他显灵拯救布哈拉埃米尔国，然而，布哈拉埃米尔国最终还是被俄国征服了。俄国的统治触犯了苏菲派的宗教利益，苏菲教团，特别是纳合什班底教团，失去了以往享有的许多政治特权，宗教上层人物组织了声势浩大的反俄起义。1872 年，库尔卡拉的胡加依阐领导切尔切克谷地起义；1879 —1881 年间，纳合什班底教团谢赫库尔班·穆拉特领导帖克部土库曼人在戈克特佩的保卫战；1885 年，费尔干纳盆地德尔维希汗·托勒起义；1891 年，纳曼干起义；1892 年，塔什干"霍乱"暴动；1898 年，依阐马达利领导安集延起义。其中，塔什干"霍乱"暴动和安集延起义影响深远。

第二节　文化

在 18 世纪下半叶至 19 世纪上半叶的一百年间，中亚文学获得了很大发展，用双语（波斯文和察合台文）写作的倾向继续发展。在叙事诗中，两行诗占据了优势地位；在抒情诗中，有颂诗、四行诗和五音步诗（Mukhammas）；在文学散文中，韵文（Saj'）大量出现。

到 19 世纪中叶，宫廷颂赞文学几乎不存在了，在文学史上

---

① C. Adle, Irfan Habib, *History of Civilizations of Central Asia*, Vol. 5, p. 81.

出现了称为别季利学派（Sakb-i Bedil）的流派。[①]米尔咱·阿布尔·卡迪尔·别季利（Mīrzā ‘Abdu’l Qādir Bedil，1644—1720）在其出生地印度巴特那（Patna）镇接受教育，四十岁时移居德里，在此创立了以其名命名的文学流派。别季利的作品形式多样，内容以苏菲哲学抒情诗为主，阐述了有关生命和国家的伦理观念，内容涉及普通老百姓生活的各个方面。他的诗歌对中亚文学产生了深远的影响。

18 世纪，随着别季利作品渐渐传入，别季利风格在中亚文学界产生影响。18 世纪后期至 19 世纪初期，河中地区的诗歌具有明显的别季利风格，但中亚的别季利派追随者主要模仿他的艺术形式，对其文学中的哲学、政治和社会内容没有更多的促进。中亚有名的别季利学派诗人有米尔咱·萨迪克·穆希（Mīrzā Sādiq munshī，？—1819）和菊纳杜拉赫·哈兹克（Junaydullāh Hāziq，？—1843）。

米尔咱·萨迪克·穆希的诗歌批判了社会的不公平，其中，《统治者的坟墓》（*Dakhma-i Shāhān*）一诗在内容和风格两方面都展现了新的文学形式。[②]菊纳杜拉赫·哈兹克出生在赫拉特城附近地区，在布哈拉城接受教育，1805 年，开始担任布哈拉阿里宗教学院的伊玛目（领祈祷者），1843 年，在沙赫里夏勃兹被杀。菊纳杜拉赫·哈兹克曾游历花剌子模、浩罕、沙赫里夏勃兹等城，写下八百多首诗和一部历史传记《伊斯兰片断》（*Wāqicāt-i islāmī*）。在《优素甫与祖莱哈》（*Yūsuf o Zulaykhā*）一诗中，他讽刺了宫廷的颂赞诗，他的作品反映了对下层人民的同情和支持，为了激励布哈拉埃米尔，他代表下层阶级的利益呼唤公正。[③]

这一时期，希瓦汗国的一些大城市发展成文学中心。20 世纪，诗人拉法思（Laffasī）编写的《花剌子模诗人选集》一书保留了

---

① 〔苏联〕Б. Г. 加富罗夫：《中亚塔吉克史》，第 364—365 页。

② C. Adle, Irfan Habib, *History of Civilizations of Central Asia*, Vol. 5, p. 713.

③ Ibid., p. 714.

五十二位希瓦诗人的资料。其中，提到了尼萨提（Nishātī）、拉齐姆（Rāqim）、穆尼思（Mu'nis）、费鲁兹（Firūz）、阿加希（Āgāhī）。尼萨提的叙事诗《美丽与心灵》（*Husn o dil*，写于1778年）歌颂主人公为爱情、善良和高尚理想的献身精神。阿加希编辑了诗歌汇编《爱人的护身符》（*Tacwīzu'l āshiqīn*），诗中为穷苦大众及其所受到的不公正待遇提出了抗议。

19世纪上半叶，浩罕城成为重要的文学中心。法兹里（Fazlī）在1821年编写的《浩罕诗人选集》（*Tazkira Majmūca-i shācirān*）中收集了七十多位诗人的代表作。其中，著名诗人有爱玛尔汗（笔名，'Umar Khān）、阿达（Adā）、马克赫穆尔（Makhmur，卒于1844年）、古尔加尼（Gulkhānī）、哈兹克（Hāziq）、纳迪尔（Nādir）、阿克马尔（Akmal）和加兹（Ghāzī），以及爱玛尔汗之妻纳迪拉（Nadira，1793—1842）等人。

在哈萨克族文学中，18世纪后期的代表人物是阿布赉汗的顾问布加尔·杰瑙（Bukhār Jirau，约1693—1787）。布加尔·杰瑙是一位反内战者，他在诗歌中呼吁人民维护和平、和睦相处。诗人塔吉克拉（Tājiqāra）、萨拉琴（Shālāqin）和贾恩克思（Jānkisī）的诗歌也反映了同样的愿望，他们的诗在18世纪广为流传。在19世纪上半叶，马哈木伯特·乌提米苏夫（Mahambet Utimisuf，1804—1846）在文学舞台上占有显赫地位，他的诗歌既朗朗上口，又能以书面形式表达出来，在口头诗歌和书面诗歌之间架起了一座桥梁。

吉尔吉思人和卡拉卡尔帕克人直到19世纪才出现书面文学。在此之前，吉尔吉斯文学主要是民间口头传说，这些传说以故事（Dāstāns）的形式表达了吉尔吉思人的思想和抱负。18世纪后期著名的民间诗人卡利古尔·贝·乌鲁（Kalygul Bay Uulu，1785—1855）编写了《审判日》（*Akyr zamān*）一书，其中的许多格言是伊斯兰教苏菲主义与吉尔吉斯民族智慧的结晶。书面文学的代表人物是穆拉尼·雅兹（Moldo Mullā Niyāz，1820—1896）和阿里斯坦伯克（Arystanbek，1824—1878），前者主要用吉尔吉斯语写韵文和史诗，后者写了《苦难时代》（*Tār zamān*）一书。他们的作品描述了同胞的艰辛生活，深受人民的欢迎。

19世纪中叶，卡拉卡尔帕克人开始了书面文学的撰写。著名作家吉安吉瑙（Jian Jirau，1824—1878）用卡拉卡尔帕克语和哈萨克语写作，他的抒情诗把市民题材和爱情主题糅合在一起，具有很高的艺术水平。伯尔达克赫（Birdāq，1827—1900）是卡拉卡尔帕克文学史上重要的代表人物，他的诗歌表达了对故乡的思恋之情。

18世纪是土库曼文学的黄金时代，民族诗人马黑秃木·库里（Makhdum-Qulī，1733—1783）用土库曼人民都能看懂的通俗语言写诗，创作了热情洋溢的爱国诗篇和抒情诗，被认为是土库曼文学的奠基人。在赞美祖国的诗歌中，马黑秃木·库里告诫人们亡国是最大的不幸：

喔！良心呀，我规劝你，
不要把你的祖国抛弃，
不要甘心为外邦效力，
这样的人不值得你交际。[①]

马黑秃木·库里的抒情诗主要反映人类博爱、幸福：

无论是谁因其善良而为人知详，
都将得到感激并且被拥戴敬仰。
作恶的人忘掉了何为善良，
不配尊重，被鄙弃如狗模样。[②]

---

① C. Adle, Irfan Habib, *History of Civilizations of Central Asia*, Vol. 5, p. 735.

② Ibid..

这一时期著名的土库曼诗人还有安达利布、赛达伊（Shaydā'ī）、萨本达（Shāhbanda）、克米纳（Muhammad Walī Kamina，1770—1840）、赛义德（Sa'īdī，1775—1836）、哲利利（Zalīlī，1785—1846）、蒙兰帕斯（Mullā-Nafas，1810—1862）等人。他们继承和发扬了马黑秃木·库里的传统。

18 世纪，阿富汗人使用普什图语写作。来自坎大哈的拉赫马特·达威（Rahmat Dāwī）以古代阿拉伯民歌为蓝本，用普什图语写成《莱伊丽和马季龙》（*Laylā o Majnūn*，1795）一诗。艾哈迈德（卒于 1772 年）编辑了普什图语诗集《抒情诗选编》（*Dīwān*）。19 世纪，白沙瓦的穆依鲁丁（Mu'īn'uddīn）把瓦马克（Wāmiq）和阿兹拉（'Azrā）的阿拉伯传说（波斯文编辑本）译成普什图语韵文（1841 年）。诗人卡兹姆汗·赛达（Kāzim Khān Shaydā，卒于 1777 年）的诗歌用印度风格写成，非常抒情。19 世纪上半叶，阿富汗人民进行了抗击英国入侵者的斗争，以反抗侵略为主要内容的短诗（每首两句）和民歌大量出现，它们体现了阿富汗人民的爱国主义精神。这些民歌常以少女的口吻，用第一人称的语气来表达，亲切动人。

18 世纪下半叶至 19 世纪中叶时期，史学在中亚得到很大发展。上面提到的希瓦文学家穆尼斯撰写了历史著作《幸运之乐园》，此书按时间顺序记述了乌兹别克人被花剌子模统治的历史（1511—1842），内容涉及城市兴衰、渠道开凿、税赋征收、居民迁移等社会政治经济的各个方面，保留了希瓦汗国的土库曼人、乌兹别克人、卡拉卡尔帕克人和哈萨克人的资料，以及希瓦汗国与布哈拉汗国、波斯、阿富汗和俄罗斯之间关系的资料。[①] 在叙述 16—17 世纪的历史时，作者利用了阿布哈齐的《突厥世系》的资料，但穆尼斯对一些事件的叙述更加详细和准确。遗憾的是，作者未能完成此书的撰写，是他的侄儿阿加希最后完成的。阿加希本人也写了五卷本的花

① 〔乌兹〕艾哈迈多夫：《16—18 世纪中亚历史地理文献》，第 154 页。

剌子模史，还将许多历史著作译成突厥语。

在浩罕汗国，出现了一批用波斯文写的史书。著名作品有哈基姆汗（Hakīm Khān）的《穆塔哈比》（*Muntakhab al-tawārīkh*），尼雅兹·穆罕默德（Niyāz Muhammad）的《沙哈鲁编年史》（或《沙哈鲁史》）（*Tawārīkh-i Shāhrukhīya*）和阿利姆·拉希姆·塔什干迪（'Alīm Rahīm Tāshkandī）的《速檀王统与可汗世袭》（*Ansāb al-salātīn wa tawārīkh al-khawāqīn*）。尼雅兹·穆罕默德曾在浩罕军队供职，任书记或断事官。他写的《沙哈鲁编年史》从浩罕汗国奠基人沙哈鲁（1709 年开始）一直写到 1871 年，书中论述了宗教封建主与世俗封建主争夺费尔干纳统治权的斗争，国家机构和浩罕军队的编制，封建土地制度，国家对人民征收的苛捐杂税，以及浩罕与布哈拉、中国新疆和准噶尔之间的政治关系，还有民族方面的资料。[①] 书中的资料来自作者的亲身经历或事件见证人的讲述，是研究 19 世纪费尔干纳、塔什干、南哈萨克斯坦和吉尔吉思历史的第一手资料。

19 世纪中叶以前，中亚教育虽然在形式上是多样的，但教学内容基本上还是以伊斯兰教为核心设置。19 世纪 40 年代访问布哈拉的俄国人哈内科夫认为，这里的高等宗教学校数目大约在一百八至二百所之间，据达尼列夫斯基说法，19 世纪 40 年代在希瓦城，学校的数目就达到了二十二个。[②] 在浩罕汗国内，一些初等教育（Maktab-khāna）机构设在私人家中，具有私塾性质。需要指出的是，宗教狂热期间（即沙赫·穆拉德及其子海达尔统治的 1785—1826 年间）是中亚科学、文化的黑暗时期，只有神学获得发展，特别是在注释"圣书"和中世纪宗教教科书中运用决疑法方面。

吉尔吉思人的文化教育在这一时期也得到了发展，开始出现流动的学校。流动学校雇用教师与该部落一起进行季节性迁徙，他们

① 〔乌兹〕艾哈迈多夫：《16—18 世纪中亚历史地理文献》，第 164 页。

② 〔苏联〕帕·彼·伊凡诺夫：《中亚史纲》，《中亚史丛刊》1983 年第 1 期，第 120 页。

的报酬可能不是用钱而是以马和绵羊的形式支付。一些吉尔吉思富人不只送自己的孩子，而且把聪明的穷家子弟也送到巡回学校上学，使他们能够为本部落服务，除了满足宗教需要外，这些人还被安排参与外交、教育、算账、征收和记录税额等工作。

这一时期的中亚艺术更多地反映在建筑方面。大约从18世纪末期起，中亚建筑活动复兴。布哈拉汗国对政府中心的布哈拉雅克堡进行了重建，在雅克堡城墙内建筑了一座新宫殿，在宫殿大门的上方建有鼓屋（Naqqāra-khāna），鼓屋内的鼓用来宣布埃米尔的到来。

希瓦汗国都城希瓦建造了一些大建筑，如塔什·哈乌斯宫（Tash-Khawus，1832）、帕赫拉文·沙赫土达陵（Pahlavān Shāhtuda，1835）和阿拉·库里汗宗教学院（1835）等。其中，最具特征的建筑是1835年建造的尼亚兹·沙里卡清真寺和阿拉·巴尔坎·伊山清真寺。在这些建筑群中，新建筑与以往的建筑搭配协调。尖塔建筑是希瓦城的一个剪影，著名的尖塔建筑有18世纪建的礼拜五清真寺、赛义德·舍利克尔·伯克（Sayyid Sheliker Beg）和19世纪前期建的帕尔维塔（Palvān-kari）。希瓦城建筑物装饰华丽，独具风格，在装饰性花瓷砖的制造上，技工们几乎达到了完美的地步，这种花瓷砖是深蓝色、白色和浅蓝色的，有稍稍凸起的花纹，阿拉·库里汗宗教学院就是以其装饰华丽著称。

18—19世纪初期，浩罕汗国新建和扩建了以陵墓为主的一些建筑。18世纪末期，在纳曼干兴建和卓·卡布里（Khāwjam-Qabrī / Khwāja Amīr Qabrī）陵，由熟练技工穆罕默德·易不拉欣（Muhammad Ibrāhīm）设计，采用正门穹顶式，以古雕花赤陶，以及几何、植物和碑铭图案装饰。19世纪20—30年代，汗国建造了皇家达克赫马·依·萨汗兹（Dakhma-i Shāhān）和马达尔伊汗（Mādar-i Khān）陵墓，陵墓采用穹顶式结构，建筑表面都贴着釉砖。

19世纪，中亚最伟大的思想家是阿赫马德·马杜姆·卡拉达尼什（1827—1897）。阿赫马德·马杜姆曾到俄国旅行，熟悉如空想社会主义等各种自由主义思想，对伊斯兰教提出了超越宗教的现实、社会和政治的看法，指出了中亚政权的弊病。他认为，传统势力的腐朽及早期伊斯兰秩序破坏的根本原因是统治者积累了过多的财富。他被后人称为“布哈拉黑暗天空中最耀眼的星星”[①]。

① Edward Allworth, edit, *Central Asia: 130 Years of Russian Dominance, A Historical Overview*, p. 173.

第五章

内外关系

18 世纪下半叶，俄国入侵的脚步正在逼近中亚，然而，中亚国家之间还在进行着争夺城池的战争。为争夺莫夫绿洲，布哈拉与希瓦两个汗国之间多次发生战争；为争夺以塔什干为中心的锡尔河北岸地区和以巴尔赫为中心的阿姆河以南地区，布哈拉汗国分别与浩罕汗国和阿富汗王国进行战争；为争夺对锡尔河下游哈萨克人的统治权，希瓦汗国与浩罕汗国也在进行战争。19 世纪上半叶，中亚所处的国际环境十分严峻。中国清朝、俄国、英国三大势力从东、西、北、南四个方向向中亚逼近，三股势力角逐的结果，俄国获得了全面胜利。在这一时期的对外关系中，哈萨克人、吉尔吉思人和浩罕汗国主要对付来自东、西两方的清朝和俄国；布哈拉汗国和阿富汗王国主要对付来自南、北方的英国和俄国。

第一节　汗国之间的关系

19 世纪初，在远离布哈拉、希瓦和浩罕三大汗国统治中心的地带，中亚地区仍然存在着许多实际上独立的小封建领地，其中主要有布哈拉汗国的沙赫里夏勃兹、莫夫绿洲，希瓦汗国北面的弘吉剌惕部属地，浩罕汗国北部的塔什干，以及中亚南部的卡拉捷金、达尔瓦兹、什克南等。为了兼并和统一这些地区，三个汗国进行了长期战争。

布哈拉与希瓦两个汗国争夺的地区主要是莫夫绿洲。莫夫绿洲在 18 世纪末归属于布哈拉汗国，它是汗国与波斯贸易交通的中转地区，对布哈拉汗国有着重要的意义。然而，由于大沙漠把它与布哈拉汗国的统治中心隔开，布哈拉汗国对莫夫绿洲的统治是薄弱的。

1785 年，布哈拉汗国攻入莫夫，摧毁素丹大坝，强行把莫夫居民迁往布哈拉。19 世纪初叶，希瓦汗国频繁出征莫夫绿洲。希瓦人入侵的原因除了争夺莫夫绿洲以外，另一个原因就是希瓦商队频繁受到莫夫绿洲土库曼人的袭击，希瓦汗认为袭击商队的土库曼人是受布哈拉人唆使的。1804 年，布哈拉埃米尔海达尔派出三万人的队伍打败了希瓦军；1806 年，布哈拉军再次打败希瓦军，希瓦汗艾利吐热尔战败，在逃跑时溺水而死。

艾利吐热尔的去世并没有终止两国对莫夫的争夺。据穆罕默德·雅库比记，1821 年秋天，有四百名希瓦骑兵袭击了莫夫，并在查尔朱与布哈拉驻军发生冲突，打败了布哈拉驻军，包括地方长官在内的六百名布哈拉人战死。希瓦历史学家穆尼斯对此有详细的记载，他把造成流血事件的责任完全归于布哈拉人。此后，莫夫绿洲转归希瓦汗国统治。1824 年，希瓦人在此建筑了名为新莫夫的城市。

希瓦汗国强盛以后，希瓦人不断侵袭布哈拉边境地区，有时候甚至打到布哈拉城郊。希瓦军每到一处，就放火烧毁房屋，把牲畜、财产统统带走，杀死或带走被俘的居民。在布哈拉城近郊游牧的部落纷纷逃入布哈拉城内避难，城内居民也经常处于恐慌之中，不得不把城门细心地上好锁，严加防卫。

布哈拉埃米尔不甘心莫夫绿洲被希瓦人夺走，1842 年，他在国内征集了一支近十万人的军队，布哈拉城的全体成年居民，连商人都应征入伍。然而，这次战争仍以布哈拉汗国的失败告终，被希瓦人掳走的俘虏是如此之多，以至于在希瓦汗国内新建了一些居民村镇来安置俘虏。[①] 此战之后，1843 年 4 月，布哈拉汗国的媾和使团到达希瓦城，两国之间实现了和平。

为了获取莫夫绿洲的统治权，布哈拉和希瓦两国都采取过贿赂呼罗珊土库曼人的策略，他们给土库曼长老们送礼物。阿姆河西岸的土库曼部落也因此分成了两派，武装冲突经常发生。这种状况一直持续到 19 世纪中叶，这些冲突给土库曼人的政治和经济造成了损害。

在与希瓦汗国争夺莫夫绿洲期间，布哈拉汗国还与浩罕汗国争夺塔什干城和突厥斯坦城的统治权。1808—1809 年，浩罕汗国从布哈拉汗国手中夺取了塔什干城，1814 年春，浩罕驻塔什干总督拉扎普吉万又占领突厥斯坦城。根据穆罕默德·哈基姆记，当时突厥斯坦城在布哈拉埃米尔海达尔的统治之下，浩罕军在夜间来到城防工事面前，悄悄地打开城门，呐喊着冲进突厥斯坦城。

1839 年，布哈拉汗国军向浩罕边界地区发起攻势，在获取巨额赎金后撤军。1841 年冬，布哈拉埃米尔纳斯鲁拉赫出兵浩罕汗国，次年 5 月，攻入都城浩罕，处死了浩罕汗，在浩罕汗国的重要地区安置了自己的地方长官，塔什干和突厥斯坦城重新纳入布哈拉汗国的统治。希瓦汗阿拉·库里在得知纳斯鲁拉赫在东方活动之时，立即出兵包围布哈拉在呼罗珊的要塞查尔朱，纳斯鲁拉赫不得不赶回布哈拉。布哈拉军一撤走，留在浩罕国内的布哈拉长官们都被驱逐出境，浩罕汗国恢复了独立，并夺回塔什干城。

除了塔什干城和突厥斯坦城外，布哈拉汗国与浩罕汗国争夺激烈的地区还有夹在两国之间的忽毡、吉扎克和乌拉秋别。费尔干纳盆地在西面有一个豁口，该出口名为忽毡大门，从此可以通往撒马尔罕和中亚其他地方，通往塔什干的道路也必须经过它，因此，对忽毡、吉扎克和乌拉秋别的争夺激烈而持久。每当浩罕汗国发生骚乱，或者是浩罕汗在布哈拉边境建筑新要塞之时，两国关系就紧张起来。

---

① 〔苏联〕帕·彼·伊凡诺夫：《中亚史纲》，《中亚史丛刊》1983 年第 1 期，第 85 页。

1858 年，访问布哈拉城的俄国使者伊格纳季耶夫上校说，纳斯鲁拉赫再次发动了对浩罕汗国的战争，但忽毡围攻战没有成功。实际上，两国之间的争夺是毫无结果的，忽毡、吉扎克和乌拉秋别城在两国之间多次易手，它们的归属是不稳定的，这些城市和地区仍然保持着独立，克尔卡和尤兹部乌兹别克贵族在这些城市起着主导作用。沙赫里夏勃兹城主也参与了这些地区的角逐，他站在浩罕汗国一边反对布哈拉埃米尔。两国在这一地区的争夺一直持续到 1866 年，忽毡、吉扎克和乌拉秋别被俄军征服。

18 世纪末至 19 世纪初叶，布哈拉汗国与阿富汗杜兰尼王朝争夺兴都库什山以北的阿富汗突厥斯坦地区的统治权。阿姆河以南至兴都库什山以北的很大一部分地区一度是布哈拉汗国属地，为在这些地区建立巩固的统治，布哈拉埃米尔沙赫·穆拉德进行了多次战争。在沙赫·穆拉德攻占莫夫绿洲之时，杜兰尼王朝统治者帖木儿·沙赫曾写信给他，控诉乌兹别克人对呼罗珊的侵略，甚至决定进攻布哈拉城。1786 年，沙赫·穆拉德出兵阿富汗突厥斯坦地区，企图镇压那些忠于阿富汗杜兰尼王朝的乌兹别克族首领。1788 年，杜兰尼王朝出兵进攻布哈拉汗国属地阿克奇，在得到消息以后，沙赫·穆拉德派使团向帖木儿·沙赫议和。帖木儿·沙赫去世（1793）以后，杜兰尼王朝新统治者查曼·沙赫发动了对呼罗珊的战争，布哈拉军队趁机攻打巴尔赫。对此，波斯卡扎尔王朝建立者阿迦·穆罕默德曾于 1796 年写信给沙赫·穆拉德，信中说："没有必要重述纳迪尔沙以前萨法维王朝以及昔班尼汗的同时代人的历史。我很了解，你也熟知：巴尔赫、莫夫、匝明达瓦尔、锡斯坦、坎大哈及喀布尔，从很古老的时代起，就是波斯帝国统一的组成部分，那么，你怎么竟去侵占巴尔赫和莫夫，并在莫夫杀死了拜兰阿里汗呢？你是否想要重新开始波斯和土兰之间的老的战争呢？要进行这种战争，你还不够格。"[①] 由于波斯人的干预，沙赫·穆拉德打消了收复以巴尔赫

① 王治来：《中亚通史》（近代卷），第 147—148 页。

为中心的阿姆河以南地区的企图，再次派使团到喀布尔，表示愿意放弃巴尔赫城及其附近地区的主权要求，恪守在帖木儿·沙赫时期订立的条约。

到了 19 世纪，新任布哈拉埃米尔纳斯鲁拉赫企图把沙赫·穆拉德割让给阿富汗的巴尔赫城从阿富汗人手中夺回来。[①] 1837 年，纳斯鲁拉赫率军队越过阿姆河，召巴尔赫等地的统治者来见，随后把他们押往布哈拉城，布哈拉军进驻巴尔赫。然而，布哈拉汗国最终没有在巴尔赫确立统治。1849 年，阿富汗军队在巴尔赫附近打败了乌兹别克人，巴尔赫、安德胡伊、萨里普尔、卡达甘等地的统治者带着礼物前来见阿富汗国王，承认了阿富汗的宗主权地位。1859 年，阿富汗人兼并了巴达克山。

1860 年，纳斯鲁拉赫发动远征阿富汗的战争。据阿瓦兹·穆罕默德记："纳斯鲁拉赫出发到阿富汗边境，甚至带领自己的军队在克尔基附近渡过了阿姆河。但是，随后他突然撤离返回布哈拉。阿富汗人利用了这一机会，攻打萨里普尔，在这里杀死了约 900 名当地居民，用被杀者的人头造了一座人头塔。"[②] 据阿富汗历史学家的记载，布哈拉军到达阿姆河岸的克尔基，在此被阿富汗的先遣部队打败，张皇失措地逃跑了。阿富汗人进入萨里普尔，在此夺取了丰富的战利品，其中有埃米尔大本营的豪华帐篷。布哈拉汗国与阿富汗王国争夺兴都库什山以北地区的战争最终以阿富汗人的胜利告终。

在与布哈拉汗国争夺莫夫绿洲之时，希瓦汗国在锡尔河下游与浩罕汗国发生了对哈萨克人统治权的斗争。穆罕默德·拉希姆汗统治时期，希瓦人对哈萨克人进行了远征。1812 年，希瓦军第一次远征抢走了十万只绵羊、四万头骆驼和五百个少女，还有其他财物。[③] 1819 年，拉希姆再次征服锡尔河西岸已经接受俄国臣民身份

---

① A. Burnes, *Travels into Bokhara: Containing the Narrative of a Voyage on the Indus from the Sea to Lahore, with Presents from the King of Great Britain*, Vol.I, p.238.

② 〔苏联〕帕·彼·伊凡诺夫：《中亚史纲》，《中亚史丛刊》1983 年第 1 期，第 85 页。

③ 同上书，第 93 页。

的哈萨克人。历次远征的结果使希瓦汗国吞并了锡尔河下游的哈萨克地区，希瓦汗国的领土扩大了。19 世纪 30 年代初，希瓦汗阿拉库里在锡尔河南岸支流建筑了几个要塞，在此设卡向哈萨克人征税，还向过往商队征税。与此同时，浩罕汗国也在锡尔河沿岸建筑要塞，设卡征税，其中，阿克麦切特堡最为重要。希瓦汗要求浩罕汗国撤除所建的要塞，于是，两国之间发生了冲突。1842 年 9 月，锡尔河地区的哈萨克人爆发起义，武力攻占了锡尔河河畔的一个希瓦要塞，杀死了希瓦汗国的总税务官及其助手。接着，哈萨克人企图攻占并捣毁第二个希瓦要塞，但没有成功。希瓦汗国军队对造反的哈萨克部落大肆屠杀和抢掠，在武力逼迫之下，哈萨克人重新承认了希瓦汗的统治。与此同时，希瓦汗国西部，在乌斯秋尔特和里海东北沿岸游牧的哈萨克人在某种程度上也承认了与希瓦汗国的附属关系。

此时，俄国军队正在哈萨克草原从北向南推进，形势变得对希瓦汗国不利。锡尔河下游的哈萨克人被俄国人迁往俄国军队占领区。为了阻挠哈萨克人的迁移，1869 年，希瓦汗穆罕默德·拉希姆·巴哈杜尔派军队到锡尔河下游，把俄国要塞卡扎林斯克附近的哈萨克人迁到离希瓦汗国统治中心较近的乌卡拉地区。是年，哈萨克贵族的代表人物来到希瓦汗国，请求汗帮助他们反对异教徒（即俄国人），汗派一支部队到咸海沿岸，保卫迁居到希瓦汗国的哈萨克人。

这一时期，浩罕汗国向南部扩张，兼并达尔瓦兹和卡拉捷金等地。19 世纪初期，达尔瓦兹还是一个比较强大的国家，在 19 世纪 20—30 年代，达尔瓦兹统治者速檀·马哈穆德将卡拉捷金统一于达尔瓦兹，在此地派总督统治。浩罕汗借口达尔瓦兹统治者对觊觎王位者、已故爱里木汗之子提供庇护而出兵。1834 年，浩罕军出现在卡拉捷金，打败了速檀·马哈穆德的军队，1839 年，浩罕军进攻达尔瓦兹，速檀·马哈穆德战败，承认浩罕汗国的宗主国地位。同年，一些不满浩罕统治的达尔瓦兹人派代表到布哈拉汗国，请求纳斯鲁拉赫出兵帮助他们驱逐入侵者。其后不久，达尔瓦兹的大部分领土被布哈拉军队占领，19 世纪末，达尔瓦兹统治者仅拥有卡莱·忽姆布、万什（Wanch）、雅兹忽兰（Yazghulam）等小部分领地。

在俄国入侵脚步逼近之时，中亚汗国还在进行着争夺战争，完全意识不到形势的严峻，因此，中亚诸国很容易就被俄国一个一个地征服了。

第二节　哈萨克人与俄中两国的关系

18 世纪 20 年代，哈萨克人被准噶尔人从巴尔喀什湖和锡尔河赶走之后，溃散于哈萨克草原北部，控制了俄国与中亚之间的交通。在此，他们为横穿大草原的商队带路，同时也抢劫过境的商人。俄国参政院秘书官五等文官基洛夫于 1724 年建议在哈萨克草原上建筑要塞，以加强对哈萨克人的控制。18 世纪 30—50 年代，俄国人开始在哈萨克人牧地上沿乌拉尔河、伊希姆河和额尔齐斯河三条大河建筑要塞。

俄国在哈萨克人牧地上修筑要塞的行为引起了哈萨克人的强烈反对。俄国外交事务委员会于 1734 年给远征队官员基洛夫的指示中说："要是谁起来骚乱，就利用这一民族去对付另一民族，以便保存俄国实力。"[①] 通过这种手段，俄国人达到了两个目的，借巴什基尔人之手削弱哈萨克人，驱使他们离防线更远；借哈萨克人之手制服了巴什基尔人，使他们从此以后寂然无声，默默无闻。[②] 不管俄国人如何耍手段，哈萨克人与俄国人的冲突尖锐起来，1743 年，哈萨克人大肆抢劫了俄国边境村庄；抢劫商队的情况频繁起来，尤其是对那些明知是俄国的商队。1744 年，哈萨克人抢劫了从阿斯特拉罕去希瓦的俄国商队，拘押了从奥伦堡前往卡拉卡尔帕克人之地的格拉迪舍夫中尉。这些活动使俄国商人或彻底放弃了长途贸易，或把货

---

① 〔俄〕捷连季耶夫:《征服中亚史》第 1 卷，第 62 页。

② 同上书，第 77 页。

物托付给鞑靼代理商。这一时期，哈萨克人对俄国的贸易额却在增长，据哈吉格麦斯特记载，在 1837 年，哈萨克人销往俄国的牛、马的数量是销往希瓦、布哈拉、浩罕和中国数量的总和。① 哈萨克对俄国的马匹销售额就达三四百万卢布，而哈萨克人的购买额却只有 150 万—200 万卢布。有学者认为，这种不平衡显然是存在着来自草原的威胁。②

俄国在哈萨克牧地建筑的要塞沿河呈南北纵向排列、各自独立，它们既不能阻止哈萨克人到俄国占领区放牧，也不能阻拦哈萨克人劫掠到俄国占领区经商的俄国商队。于是，俄国把沿乌拉尔河建筑的古里耶夫（Guliyefu）、乌拉尔斯克（Ural'sk）、奥伦堡、奥尔斯克（Orsk）等要塞横向连接，形成了奥伦堡要塞线。然后，俄国又把此线向东沿彼得罗巴甫洛夫斯克、鄂木斯克、乌斯季卡缅诺戈尔斯克延伸，与纵向的西伯利亚要塞线联结起来。这样，一条西起里海北岸古里耶夫，经乌拉尔斯克、奥伦堡、奥尔斯克、彼得罗巴甫洛夫斯克、鄂木斯克、乌斯季卡缅诺戈尔斯克的 n 形要塞线形成。它从西、北、东三面把哈萨克草原罩住。要塞线建立起来以后，哈萨克人的袭击几乎停止了，“他们像碰上避雷针一样被这些草原新工事弹了回去。携带抢劫的财物很难通过这些工事，因为工事恰好都坐落在活水旁的要道上。而要想从旁绕过去，那驻防军也是不会放过机会夺回牲畜及其他掳获物的”③。这条 n 形要塞线成了俄国与哈萨克人新的边界。

18 世纪中叶，小玉兹和中玉兹西部的哈萨克统治上层接受了俄国国籍，希望在受到准噶尔等外来势力侵犯的时候，能够得到俄国的保护。然而，在哈萨克人臣属于清朝以前，俄国并没有为他们提供所期望的保护。1751 年，准噶尔汗国爆发争夺洪台吉位置的内讧，战败者达瓦齐和阿睦尔撒纳逃到中玉兹哈萨克人中避难，他们得到了阿布赉的支持，阿布赉将女儿嫁给了阿睦尔撒纳。此后，中玉兹

---

① C. Adle, Irfan Habib, *History of Civilizations of Central Asia*, Vol. 5, p. 421.

② Ibid., p. 417.

③〔俄〕捷连季耶夫：《征服中亚史》第 1 卷，第 112 页。

哈萨克人遭到了三万准噶尔军的攻击，一部分哈萨克人西迁到俄国边界，来到奥里河和穆古扎尔山一带，提出到俄国境内避难的要求，但遭到俄国当局的拒绝。

1754 年，中玉兹哈萨克人再次遭到准噶尔人的猛烈攻击，一部分哈萨克人提出："如不能允许他们本人，至少允许他们的妻子儿女进入俄国边界线［内］；有些人甚至恳求在边界划给他们土地，许诺只在那里从事农业生产和建设村庄。"[①] 这一请求也遭到俄国的拒绝，俄国当局只同意部分哈萨克人在乌拉尔河以东游牧，在受到攻击时可退到俄国边界内，条件是哈萨克人必须把人质送到俄国。1757 年，清朝平定准噶尔汗国，夹在俄、中两大势力之间的哈萨克人采取了灵活的政策，他们在向俄国宣誓效忠的同时，又依附于清朝。此后，俄国对哈萨克人的这种强硬态度有了一百八十度的转变。

18 世纪中叶，清朝通过准噶尔人了解了哈萨克人。康熙皇帝时期，1698 年，准噶尔汗策旺阿拉布坦上表，陈述准噶尔人与哈萨克人之间的战争情况。雍正皇帝时期，哈萨克人鄂罗斯拜前来投奔清军，成为有记载加入清军的第一位哈萨克人，"派往军前效力……但伊虽哈萨克种类，来投之后，即作为护军，给以产业"[②]。乾隆皇帝时期，清朝与哈萨克中玉兹汗阿布赉建立了直接的联系。

1755 年（乾隆二十年），清朝向哈萨克中玉兹派出使臣，清朝定北将军班第把颁给哈萨克中玉兹的谕旨翻译成蒙古文，遣侍卫顺德纳前往宣读。当时，中玉兹统治者阿布赉派使者阿穆尔巴图鲁到伊犁班第处。是年秋，清定边左副将军哈达哈与阿布赉首次会谈，双方谈论了与准噶尔汗阿睦尔撒纳有关的问题。清朝政府希望阿布赉引渡在中玉兹避难的阿睦尔撒纳。此事在哈萨克统治集团中存在着两种意见，一部分人认为应该支持阿睦尔撒纳与清军对抗；另一部分速檀和比伊认为，这样做将危及中玉兹哈萨克本身的独立，提

---

① 〔俄〕A. D. 列夫申：《吉尔吉斯—哈萨克各帐及各草原的述叙》，第 117—118 页。

② 《清实录》第 15 册，卷 553，第 15667 页。

议把他引渡给清朝。阿布赉采取了调和政策，既不为阿睦尔撒纳提供庇护和支持，也没有把他引渡给清朝，而是让他出走去了博罗塔拉。

1757 年（乾隆二十二年），清军追击准噶尔残部来到中玉兹境内，阿布赉亲临古思河畔迎接清军，表示归顺清朝，并遣使携带良马到北京朝觐。他在上表中说："哈萨克小汗臣阿布赉谨奏中国大皇帝御前：自臣祖额什木汗，扬吉尔汗以来，从未得通中国声教。今祗奉大皇帝谕旨，加恩边末部落，臣暨臣属，靡不欢忭，感慕皇仁。臣阿布赉愿率哈萨克全部，归于鸿化，永为中国臣仆。伏惟中国大皇帝睿鉴，谨遣头目七人，及随役共十一人，齐捧表文，恭请万安，并敬备马匹进献。谨奏。"[①] 乾隆皇帝接受了阿布赉臣服的请求，颁发了册封阿布赉的诏谕，并给予优厚赏赐。

中玉兹哈萨克人归附清朝是哈萨克人历史发展的重要事件。此后，阿布赉不仅积极协助清朝擒拿阿睦尔撒纳，还遣人将归附清朝的决定晓谕各游牧部落，劝他们归附清朝。在他的努力下，大玉兹和小玉兹分别于 1758 年和 1762 年归附清朝。1781 年，阿布赉去世，清朝派官员前往祭祀这位著名的哈萨克汗，表彰他为促进哈萨克人归附清朝所做的贡献。与此同时，清政府正式册封阿布赉长子瓦里为汗，谕称："尔父阿布赉病故，朕闻之不胜轸惜。尔前来京瞻觐，已受朕恩。且系尔父长子，素能约束属下，朕所深知。除遣大臣赏奠尔父外，著加恩承袭尔父汗爵。朕君临天下，一日万几，尔前入觐时。亦已亲见。当感念朕恩，将所属哈萨克。加意约束，友爱兄弟，辑睦邻境，勿兹事衅，勿隐逃人。尚谨遵此旨，笃诚奋勉，以期永受朕恩，随赏大缎四端。"[②]

大玉兹哈萨克人在归附清朝之前就与清军发生过接触。清军在平定阿睦尔撒纳叛乱之时，曾兵临大玉兹领地，当时图列比正率领着大玉兹哈萨克人与乌兹别克人作战。清军统帅富德派侍卫蒙固勒

---

① 《清实录》第 15 册，卷 543，第 15496 页。

② 《清实录》第 23 册，卷 1134，第 23676 页。

岱前往调停，蒙固勒岱单骑来到两军阵前，“指挥宣檄，（双方）即解甲听命”[①]。图列比“诣军门纳款，奉马进表以降”[②]。1758 年，大玉兹哈萨克汗阿比里斯向清朝廷进表说：“伏念臣者，久思内附，远处边末，与左部阿布赉各长一方，为准噶尔阻绝，末由自通。近闻左部输服，被恩优渥。恭惟天使惠来，祗领宸训，得均隶臣仆，诚劝诚忭，谨遣臣子弟入觐，瞻仰天颜，如天覆育之。圣人在上。臣愿竭衰驽，奋勉自效，永无二心，倍于左部。”[③]

是年 11 月，图列比遣子卓兰并首领多人来京朝贡，觐见乾隆皇帝。在使者返回之时，沿途为其提供食宿马匹，护送出境。使者还携带着乾隆给大玉兹汗阿比里斯的敕书：“皇帝敕谕右部哈萨克汗阿比里斯、汗巴巴等。尔等遣使卓兰、博索尔瑞等，于行宫朝觐。朕加恩筵宴，复随驾入都，重申宴赉。念尔阿比里斯等。远在外藩，若照内地扎萨克。授以爵秩，恐尔等有拘职守，仍依尔旧俗，各安游牧，庶无扰累。尔等如遣使入觐，朕自加以恩赉。一切事体，已面谕来使卓兰等。回抵游牧时，想宜领悉。”[④]从此，大玉兹为清朝藩属，在清史籍中大玉兹哈萨克被称为“右部哈萨克”。

中玉兹归顺清朝之后不久，小玉兹努拉里汗也于 1762 年（乾隆二十七年）向清表示臣服，同年，遣使与中玉兹使者一起到清廷朝觐。

清政府将哈萨克三个玉兹列为西北藩属之邦，对哈萨克人的隶属关系和贸易政策有一个调整的过程。1755 年 3 月，清朝首次出台了处理哈萨克人关系的政策：“于大功告成后，若哈萨克人等投诚前来，将伊大头目酌量赴京入觐，赏给官爵；其所属之人，仍于原游牧安插，不必迁移。倘竟不归诚，亦不必用兵攻取。”[⑤]清朝执行的

① （清）傅恒：《钦定皇舆西域图志》，见《四库全书》史部 258 第 500 册，第 846 页。

② （清）何秋涛：《朔方备乘》卷 6，《哈萨克内属述略》。

③ （清）傅恒：《钦定皇舆西域图志》，见《四库全书》史部 258 第 500 册，第 845 页。

④ 《清实录》第 16 册，卷 575，第 16005 页。

⑤ 《清实录》第 15 册，卷 483，第 14657 页。

属国政策反映了清朝与周邻友好相处的愿望，在此政策之下，清朝与哈萨克各部形成了相对松散的藩属关系。

1757 年以后，清朝制定了对哈萨克各部的羁縻政策，基本内容是：第一，核定双边界址，共同属守边界。分界原则是“准噶尔荡平，凡有旧游牧，皆我版图”[①]。参赞大臣富德等人主持绘制了沿边界图，标明界址，并依此严加约束哈萨克人不得越界。朝廷大臣刘统勋等收集各类档册、史籍，结合实地调查勘测，着手编纂《皇舆西域图志》，拟向中外昭示清朝的西北疆域。第二，清朝将归顺的哈萨克人划分为左、右、西三部，载入正典。对中玉兹进行册封，分封王爵及颁赐顶戴花翎。1758 年，清朝“授予哈萨克汗阿布勒班毕特汗爵，授予阿布赉速檀以王爵，以下分别授予公爵、台吉等称号”[②]。第三，朝觐贡献。按清制，凡藩属外邦各国定期遣使觐见并具表文向皇帝进贡方物。哈萨克人归附之初，清朝允许其汗定期派人前往热河行宫朝觐。按《回疆则例》的规定：“伊犁所属哈萨克游牧在伊犁之西北，自归顺以来，间一二年、二三年不等，遣使瞻仰天颜，呈贡伯勒克马匹。遇有朝觐者，俱由该将军大臣具奏，出派官员，护送来京。”从 1757 年（乾隆二十二年）至 1830 年（道光十年），哈萨克使者进京朝觐三十四次。[③]

在哈萨克人臣属清朝以后，清朝政府以优惠政策发展与哈萨克人的贸易。哈萨克人喜爱中国的瓷器、茶叶、杂色梭布及片金倭缎等，得之宝贵，绸缎绫绢更是爱不释手。为此，清政府每年从内地调运绸缎等物，从天山南路各地调运回布等物。伊犁“每年约需绸缎二千匹上下不等。约需回布七八万至十四万不等。约需棉花一万三四千斤不等。约需茶叶十一万三四千斤不等”[④]。清政府曾规

---

① 《清实录》第 16 册，卷 617，第 16636 页。

② 〔日〕佐口透：《18—19 世纪新疆社会史研究》，凌颂纯译，新疆人民出版社 1983 年版，第 347 页。

③ 同上书，根据第 355—359 页的表统计。

④ （清）永保：《总统伊犁事宜·粮饷处应办事宜》，见《清代新疆稀见史料汇辑》（新疆卷），全国图书馆文献缩微复制中心 1990 年版，第 258—259 页。

定，中国与哈萨克部的贸易主要限于交换马匹，以后为了双方友好，又做出如下规定："若哈萨克带有驼牛羊，亦系军营需用，请一体收买。""至疲瘦牲只，一切杂货，虽不应交易，但念携带远来，或减价收留，示以节制。"[①]

哈萨克人与中国商人的交换是物物交换，以白银、布匹、绸缎等物为计价媒介。有记载："伊犁、塔尔巴哈台与哈萨克互市牲畜，每马十给回布三十至五十匹，牛七（《塔尔巴哈台事宜》作'十'）给回布二十至四十匹，羊百给回布七十至八十匹；每回布十匹合银四两。如哈萨克愿得绸缎者计值给予，皆官为经理。"[②]清朝官方与哈萨克人之贸易，经常以白银作为交易过程中的结算方式，兑给白银在交易额中只占小部分。以乾隆三十年（1765）哈萨克人在伊犁贸易为例，一次的贸易额值银1340两，兑给白银588两3钱；一次的贸易额值银2514两多，兑给白银1094两；另一次的贸易额值银8461两多，全数给绸缎布匹。[③]清朝与哈萨克人的贸易满足了他们对中国丝绸等物资的需求。

清朝对哈萨克人实行免税交易的原则，不同于浩罕等其他藩属国。清朝希望通过贸易，达到双方互利互补的目的，以期进一步密切哈萨克与清朝及天山南北诸民族的关系。乾隆说："但贸易之事，不过因输诚内向，俾得懋迁有无，稍资生计。而彼处为产马之区，亦可以补内地调拨缺额，并非借此以示羁縻，亦非利其所有，而欲贱值以取之也。将来交易之际，不可过于繁苛，更不必过于迁就，但以两得其平为是。"[④]

清朝互通有无、两得其平的贸易原则，增进了哈萨克与中国经济文化的交流，促进了哈萨克社会的生产，丰富了哈萨克人民的生活；与此同时，也解决了清朝在新疆驻军马匹、屯田役畜及肉食等

---

① 《清实录》第15册，卷550，第15621页。
② 《大清会典》卷67，中华书局，第620页。
③ 《西域研究》1993年第4期，第101页。
④ 《清实录》第15册，卷550，第15621—15622页。

问题，巩固了中国西北边防，开发和经营了中国西北边疆。

哈萨克各部归顺清朝对中亚东部的形势产生了积极的影响。在此后的半个多世纪中，中亚东部保持了稳定的局面，哈萨克人享受了和平与安宁，大玉兹和中玉兹哈萨克人安居乐业，与中国西北边疆各族有着密切的经济和文化交流，贡使、商队往来不绝，与中国内地保持了近百年的往来。

在哈萨克人具有双重的臣属身份以后，俄国对哈萨克人的态度发生了本质的转变，开始采取积极拉拢的政策。1760 年年初，阿布赉所属哈萨克五百多人劫掠了中国科布多所属的乌梁海蒙古人，清军抽调兵力加强防范，并对阿布赉提出质问。俄国趁机拉拢阿布赉，奥伦堡当局得到指示："千方百计地讨好所有的哈萨克人，慷慨地赐予他们礼品和奖赏。"[①] 1762 年，俄国女皇叶卡捷琳娜二世即位，阿布赉与努拉里汗再次进行了忠于俄国的宣誓。此后，他们中的一些部落得到俄国的允许，在靠近俄国边境地带的优良牧场上放牧，与此同时，俄国人帮助哈萨克人开展农业生产，还同意哈萨克人到俄国的边境要塞贸易。奥伦堡当局给阿布赉设计和建筑了一幢带围墙的房子，围墙内设施齐全，甚至还有一个贸易商店。[②]18 世纪 70 年代，俄政府给投靠俄国的个别哈萨克速檀发放津贴，邀请他们到奥伦堡来居住，收买这些人以强化俄国在哈萨克草原上的影响。

1780 年 11 月，阿布赉汗病故，阿布赉的长子瓦里继承汗位。1782 年，俄国在靠近中玉兹的彼得洛巴甫洛夫要塞对瓦里的汗位进行了正式册封。但除了瓦里之外，阿布赉的其他儿子和近亲都很少与俄国人来往，其中有几个甚至明确自认是中国的臣民。[③] 中玉兹统治集团的不团结，以及邻邦吉尔吉思人的侵扰，导致一部分中玉兹哈萨克牧民向外迁徙。俄国把这些哈萨克人迁入俄国境内定居，并向他们分发土地，赠送白银。但在此情况下，瓦里汗与俄国的关系

---

① 厉声：《哈萨克斯坦及其与中国新疆的关系（15 世纪—20 世纪中期）》，第 168—169 页。

② 同上书，第 170 页。

③ （清）傅恒：《钦定皇舆西域图志》，见《四库全书》史部 258 第 500 册，第 845 页。

发生了变化，他制裁了一些亲俄的长老。为了增强与俄国的抗衡的力量，瓦里汗转而与清朝加强了联系。1787 年、1790 年、1791 年，瓦里汗派其弟哈咱木、多索里及其子阿弥载前往清廷朝觐。俄方不能容忍这种做法。1792 年，俄国以解救战俘为名派一个军团占领了中玉兹。瓦里汗对俄国的侵略提出了抗议，俄方建议瓦里汗亲自到圣彼得堡陈述他的要求，并诱惑说可以赔偿他的损失。瓦里汗怕被俄国扣留始终未去。1795 年，两名哈萨克速檀和 19 名长老代表他们的 43360 名下属和 79000 多名邻近的哈萨克人，向俄国当局递交了一份要求脱离瓦里汗、臣属于俄国的申请书。[①] 俄国方面认为，此事既无利可图又会加深与瓦里汗的隔阂，于是没有同意。此事之后，瓦里汗恢复了与俄国的关系。1798 年，俄国在彼得洛巴甫洛夫要塞建立了一个民事法庭，处理俄属边境居民与哈萨克人之间的诉讼和纠纷。

18 世纪中叶以后，哈萨克人采取了武装斗争的形式抵抗俄国的统治。1773—1774 年，哈萨克人参加了俄国人普加乔夫领导的起义，占领了古尔雪夫、彼得洛巴甫洛夫和特罗伊茨克要塞，围攻了奥伦堡，起义在短时期内给沙皇军队以沉重打击。1778 年，小玉兹哈萨克人爆发了由斯里姆·达托夫（Srym Datov）领导的抵抗运动，该运动持续了二十多年，直到 1797 年，俄国才彻底将它镇压下去，此后，俄国加强了对小玉兹哈萨克人的统治。

1820 年，俄国政府成立了亚洲委员会，委员会成员由外交大臣、内政大臣、陆军总参谋长及西伯利亚总督等人构成。为了加强对哈萨克斯坦的管理，委员会以要塞和要塞线为依托，强行在哈萨克人中推行“民政建制”，在哈萨克草原上设置类似当时俄国国内的行政机构，把哈萨克牧民纳入俄国的国家制度之中。

与俄国积极拉拢的态度相比，清政府对具有臣属身份的哈萨克

---

① 厉声：《哈萨克斯坦及其与中国新疆的关系（15 世纪—20 世纪中期）》，第 174 页。

人采取“卡外之事，与天朝无涉”的消极态度。[1]清朝的态度是，哈萨克等中亚部落的政务属于界外事务，所发生的领地纷争及归属问题，由他们自己处理和选择。乾隆皇帝认为：“哈萨克原有二心，伊虽已臣服于我，而俄罗斯亦系大部落，与伊接壤，哈萨克不免疑虑两顾。今观哈萨克阿附于彼，其意显然，此事虽不甚紧要，仅可作为不知，置之不议。”清朝的原则是：“哈萨克、布鲁特自乾隆年间臣服以来，至今历有年所，嗣因该夷部落散居边外，族类繁多，首鼠两端，向背靡定。往往有朝属中国，暮附俄罗斯者。中国明知其情，向不过问，以昭宽大而示羁縻。”[2]这种态度纵容了俄国肆无忌惮地侵占哈萨克人和吉尔吉思人的牧地，哈萨克草原最终成了俄国的领土。

哈萨克人既臣属于俄国又臣属于中国，从某种程度上说，哈萨克人利用双重的臣属身份获得了较为宽松的生存环境，特别是在俄国实施拉拢政策时期。然而，双重身份也给哈萨克人带来了灾难，如他们卷入了俄国对土尔扈特人的战争，在土尔扈特人举部东归之时，阿布赉汗接到奥伦堡当局的指令，要他率哈萨克人阻击土尔扈特人。此次战争十分激烈，使小玉兹和中玉兹饱受战争之苦。

第三节　希瓦汗国与俄英两国的关系

18 世纪中叶以后，希瓦汗国与俄国之间重新开始了使团互访，贸易往来也比较频繁，但两者之间的关系一直处于紧张状态。主要有两方面的原因，一是前两个世纪之前就开始磋商的俄国奴隶

① 成崇德：《论清朝的藩属国——以清廷与中亚“藩属”关系为例》，《云南师范大学学报》2014 年第 4 期，第 29 页。

② （清）文庆等纂辑：《筹办夷务始末》（同治朝）卷 8 第 5 册，上海古籍出版社 2008 年版，第 699 页。

问题仍然未得到妥善解决；二是在两国边界游牧的哈萨克人的归属问题。

俄国奴隶问题直到19世纪上半叶仍未得到妥善解决，俄国政府在此问题上采取了极端手段。1754年，俄国逮捕了在奥伦堡的希瓦商人，逼希瓦汗释放俄国使节伊古里耶夫和丹尼拉路卡夫钦。[①]1836年，俄国政府逮捕了在俄国的所有希瓦商人，五百七十名以上的希瓦商人被拘留，价值一百四十万卢布的货物被没收。[②]此后，奴隶问题一直成为希瓦汗国与俄国交涉的重要问题之一。

除了奴隶问题外，希瓦汗国与俄国对里海东岸领土及部民的争夺也十分激烈。19世纪30年代，锡尔河下游与咸海北岸之间的地区，甚至恩巴河与里海东北岸之间的广阔草原，实际上既不属于俄国，又不属于希瓦汗国。在上述地区放牧的哈萨克人与俄国哥萨克人经常发生冲突，在冲突中，哥萨克人常常南下到希瓦汗国，甚至向境内的牧民强行收取赋税，这些行为引起了希瓦政府的不满。但在这些地区游牧的哈萨克人也经常袭击俄国商队，有时候甚至深入俄国的奥伦堡省。对俄商被袭击之事，俄国想过很多办法。1824年，俄国以军队保护商旅，而小小的卫队其作用是有限的，第一支武装护送商队的卫队就在穿越沙漠时遭遇袭击，货物被劫，商人被卖为奴。为扭转这种局势，奥伦堡总督彼罗夫斯基甚至计划在这一地区设立一些据点。而哈萨克人抢劫俄商的行为得到了希瓦汗国的支持，哈萨克人把俘虏和劫持物带到希瓦市场上出售，汗国为反对沙俄的哈萨克贵族代表人物提供庇护，甚至推举他们出任哈萨克人的首领。

以上两个问题虽然是双方关系紧张的原因，但它们并非俄国迫不及待占领希瓦汗国的主要因素，俄国尽快占领希瓦汗国与英国的扩张分不开。

---

① Edward Allworth, edit, *Central Asia: 130 Years of Russian Dominance, A Historical Overview*, p.25.

② Ibid..

19 世纪，当俄国从哈萨克草原向南朝中亚腹地推进之时，英国从印度殖民地向北逼近中亚。当时，两大强国之间在西北方隔着阿富汗和波斯，在正北方隔着中亚诸汗国。两国争先恐后地向这些地区和国家扩张，抢夺领土和市场。

1801 年，格鲁吉亚成为俄国的一个省，英俄两国在波斯边境上出现了冲突。1810 年，俄国在格鲁吉亚的驻军司令官托尔马索夫向圣彼得堡报告说，英国驻德黑兰公使向波斯拉赫提出到阿斯特拉巴德和里海南岸的其他据点旅行的要求，目的是为建造军舰选择地点。[①] 19 世纪 30 年代，英国提出在伊朗的里海港口开设领事馆的要求。这些活动引起了沙皇俄国的忧虑。早在俄国沙皇保罗一世在位时期（1796—1801），他向法国首席执政官拿破仑建议，组织俄法联军，经由里海、阿斯特拉巴德、赫拉特和坎大哈，进攻印度，遭到法国人的拒绝。于是，俄国决定独自行动，但保罗的去世使这一计划流产。[②]

1837—1838 年，俄国怂恿波斯沙赫围攻阿富汗的赫拉特城，波斯军队围攻九个月未能攻陷该城，而俄国的种种许诺也没有兑现。在士气低落的情况下，波斯沙赫不再理会俄国的规劝和恫吓，撤军返回德黑兰。[③] 当俄国对赫拉特施加影响的第一次尝试遭到失败之时，英国在阿富汗的侵略却获得了胜利，1838 年，英军占领了喀布尔。获悉这一消息，俄国人坐不住了。1839 年，有二十五名英国人从喀布尔来到希瓦，建议给希瓦汗提供军队和金钱的援助以反对俄国。“英国人的这些阴谋诡计迫使我们加速进行远征。”[④] 于是，沙皇尼古拉一世决心南下。1839 年，俄国借口希瓦人支持哈萨克人的反俄斗争，开始了对希瓦的远征。俄国开始在曼格什拉克半岛丘普卡

---

① 中央国家军事历史档案馆《军事科学档案》总参谋部，1810 年，卷宗号 422，第 92—93 页；《中亚史丛刊》1988 年第 4 期，第 50 页。

② Dunmore, the Earl of, *The Pamirs*, pp. 313-314.

③ W. K. Fraser-Tytler, *Afghanistan*, pp. 99-104.

④ 〔俄〕捷连季耶夫：《征服中亚史》第 1 卷，第 145 页。

拉甘新建彼罗夫斯克要塞（19 世纪 50 年代，更名为亚历山德罗夫斯克炮台，1939 年又改名为舍甫琴柯炮台）。

1839 年，奥伦堡总督彼罗夫斯基得到远征的命令，1839 年秋，彼罗夫斯基率领五千带着大炮的军队，冒着严寒，踏着深深的积雪进入了乌斯秋尔特沙漠。[①]希瓦人以游击战方式对付俄军，他们烧毁了从阿斯特拉罕来的供给船只，烧毁了从里海的亚历山德罗夫斯克要塞起锚的渔船，赶走了俄国军队的给养——羊群，俘虏了沙皇派来负责补充马匹的官员，怂恿哈萨克牧民不给俄国先遣队运送给养。这些活动，再加上气候恶劣，使许多俄国士兵死于饥饿和冻伤，大批骆驼病倒，而俄国远征军还未到达目的地的一半，在将近一半的人丧失战斗力以后，彼罗夫斯基发出了撤退的命令。[②]

此次远征虽然以失败告终，但是，俄国得益还是相当大的。远征之后，俄国中断了与希瓦汗国的贸易，希瓦人只能通过布哈拉和浩罕商人转手，这就严重损害了希瓦贸易的利益，俄国的一切货物通过布哈拉到达希瓦人手中，价钱几乎贵了一倍。于是，希瓦汗阿拉库里开始考虑与俄国求和的途径。俄国对希瓦的军事行动刺激了英国，英国开始了拉拢希瓦汗的活动。1839 年，英国在赫拉特的代表托德写信给希瓦汗，建议他与英国结盟，共同抵抗俄国的入侵，这一建议得到了希瓦汗的赞同。1840 年春，托德的使节艾博特来到希瓦城，英国人希望希瓦与俄国和谈。英国人并不是希望俄国人得势，他们的目的是让俄国人失去继续进攻希瓦的借口。[③]

在俄国外交诱导、经济制裁和军事威胁等多方的作用下，1840 年夏，希瓦汗阿拉库里发布敕令，敕令说："自发布之日（回历 1256 年夏季主麻底勒万月）起，任何人均不得侵袭俄国领地并购买俄国俘虏。如有违抗本崇高敕令，侵犯俄国领土或购买一名俄国俘虏者，

① 〔苏联〕帕·彼·伊凡诺夫：《中亚史纲》，《中亚史丛刊》1983 年第 1 期，第 97 页。

② 同上。

③ 〔俄〕捷连季耶夫：《征服中亚史》第 1 卷，第 208—209 页。

定触朕怒，致受应得之罪。”[①]1842 年，希瓦汗国派使团带着四百余名俄国奴隶前往奥伦堡求和。[②]彼罗夫斯基接受了和解要求，与希瓦汗国签订了和平联盟的条约。俄国也释放了 1836 年拘留在俄国的希瓦商人，他们带了货物，其中有许多人还带了公家发的补助金回去。俄国正式向希瓦汗国派遣了临时代办。[③]

沙俄与希瓦汗国的关系开始缓和。尽管如此，彼罗夫斯基在经历了 1839 年远征之后深切地感到，奥伦堡作为一个继续推进军事行动的基地，已不再合适。如果商务要得到足够的保护，有必要把基地推进到咸海。[④]俄国的继续南进，加剧了它与英国的竞争。19 世纪 40 年代，双方在中亚展开了经济战。

英国企业家在中亚采取降价等手段促销英国产品，破坏了俄国在中亚的贸易。涅鲍尔辛的《俄国同中亚贸易概论》一书中，提到了英国为争夺贸易市场而采取的措施，他说：“英国人为了破坏俄国商品的销售，在 1841 年，尤其是 1842 年，将自己大量的制成品运到布哈拉，并按照低价出售（正如人们所说甚至显然是赔本的），结果，所有的人都去买这些新东西，不去注意我们的印花布、细棉布和呢绒了。英国人用这样的方法把我们的商人赶走之后，过了一年或者两年，一下子就把自己的商品提价两倍多。”[⑤]英国在中亚的经济活动引起了俄国工商界的恐慌。

1843 年，俄国商界人士在详细研究了俄国与中亚“相互的商业要求”、“交货方式”、“中亚贸易物品的运输道路”之后，认为，俄国在希瓦的贸易是有优势的。希瓦汗国产品，如布、棉制品、各种水果等，无论在伊朗还是在布哈拉，或是在阿富汗都销不出去，

---

① 〔俄〕捷连季耶夫：《征服中亚史》第 1 卷，第 210 页。

② F. H. Skrine and E. D. Ross, *The Heart of Asia: A History of Russian Turkestan and the Central Asian Khanates from the Earliest Times*, pp. 243-245.

③ 〔俄〕捷连季耶夫：《征服中亚史》第 1 卷，第 211—212 页。

④ W. K. Fraser-Tytler, *Afghanistan*, p. 121.

⑤ 〔俄〕涅鲍尔辛：《俄国同中亚贸易概论》，第 216—217 页，《中亚史丛刊》1988 年第 4 期，第 34 页。

只能卖给俄国人。而希瓦对俄国的金属、黑色软革和其他商品的依赖性“随着居民的增加，对这些物资的需求将逐年扩大，因而希瓦和整个中亚定居人民对俄国的依赖性也将增加，至少是生铁和熟铁，中亚只能从俄国得到”[①]。因此，俄国决定采取行动尽快控制中亚市场。

于是，俄国加紧了与希瓦汗国的对话，希望签订对俄国有利的条约。1841 年，俄国尼基福罗夫大尉访问希瓦，1842 年，达尼列夫斯基上校在希瓦成功地签订了两国建立睦邻关系的条约，尽管这一条约是一纸空文。1844 年，俄国对咸海做了全面的军事测量；1847 年，俄国在咸海东北岸的锡尔河口修建了雷姆要塞（后改名阿拉尔斯克），该要塞以后成为沙俄入侵中亚南部的主要基地；没过几个月，俄国又建成或从浩罕汗国夺取了许多要塞，完全控制了这条大河的下游流域[②]，开始了从咸海通往锡尔河的航运。在此背景下，希瓦汗不得不加强了与俄国的联系，希瓦使者频繁出使俄国，其中分别有瓦伊兹尼亚兹、伊什巴伊巴巴耶夫和穆哈默德艾明率领的使团，但他们的出访没有与俄国签订任何条约或协定。

与此同时，俄国还积极与希瓦汗国的反对派接触，企图利用他们将希瓦汗国居民纳入俄国人的统治。在希瓦汗国内，约穆德土库曼人在反希瓦政权的过程中拥立了自己的汗阿塔·穆拉德，在他的领导下，约穆德土库曼人反汗政权的斗争一直持续到汗国被俄国征服前夕。在这些斗争中，阿塔·穆拉德于 19 世纪 50 年代末开始与奥伦堡总督接触，帮助总督反对希瓦政府，并答应带领服从他的希瓦居民接受俄国国籍。这些承诺符合俄国的政治企图。

19 世纪 50 年代，英国在中亚的活动有增无减。1848 年，一本《北方的蜜蜂》的刊物刊登了俄国著名商人比丘金的一篇短评，短评

---

① 工商界机关报《工场手工业与商业杂志》1843 年第 4 期，第 162 页，《中亚史丛刊》1988 年第 4 期，第 31 页。

② F. H. Skrine and E. D. Ross, *The Heart of Asia: A History of Russian Turkestan and the Central Asian Khanates from the Earliest Times*, p.245.

说："英国人不惜工本……接近中亚，在这个市场上我们经常遇到英国货。"① 据俄国工商界报道："现在，1852 年，俄国商品在整个中亚，无论是在浩罕或是塔什干、布哈拉，价格已降到了这样的极限，以致与过去的价格相比，最好的商品每个卢布只卖得八十戈比，而且多半是赊销，完全没有现金买卖，很多人认为一个较大的原因是今年英国的纺织品异常多地输出到中亚各个省份；更何况他们的经纪人——波斯人、希尔凡人和阿富汗人——赊购时间长达十二至十八个月，来得及在这里卖出自己的商品，尽管他们的印花纺织品和细竹布质量非常差，染料更掉色，但是印花布的图案却合乎亚洲的口味。""因此，我们跟这个地区的贸易变得对我们是无利可图了。除了在这里总是能卖价钱和经常需要的金属商品，如铜、熟铁、钢、生铁、锡之外，任何一种棉制品都不是特别需要的，在这里都无利可图……"②

英国利用宗教关系，促使土耳其支持希瓦汗国反俄。1852 年，希瓦使团在奥伦堡威胁说，要将锡尔河下游地区割让给土耳其素丹或英国人，以便在那里建立英国—土耳其据点。苏联学者波将金在《外交史》一书中说，希瓦曾遣使赴奥伦堡谈判，希瓦使节向奥伦堡总督彼罗夫斯基暗示，希瓦的统治者可能给英国提供一些土地，在希瓦和锡尔河之间修建防御工事，以告诫俄国不要轻举妄动，不然的话，希瓦会投入英国的怀抱。1853 年，希瓦派使团访问了伊斯坦布尔，有许多火炮工匠随后也来到汗国，为希瓦军队铸造了几门大炮。③

此外，英国军事人员常常装扮成阿富汗商人出入希瓦和浩罕，收集情报，煽动反俄情绪。奥伦堡总督彼罗夫斯基给俄政府的一份报告中这样写道："1856 年 8 月间，希瓦汗国来了九个赫拉特人和一个英国人，自称是英国派他们前往该地区调解各汗国同土库曼人、

① 〔俄〕罗日科夫：《沙皇政府在中东的经济政策》，《中亚史丛刊》1988 年第 4 期，第 35 页。
② 〔俄〕克留恰列夫：《浩罕记述》，《中亚史丛刊》1988 年第 4 期，第 35 页。
③ 〔苏联〕哈尔芬：《中亚归并于俄国》，《中亚史丛刊》1988 年第 4 期，第 36 页。

卡拉卡尔帕克人和吉尔吉斯人之间的事情。”[①]

英国的活动令俄国迫不及待地希望尽快控制希瓦汗国。然而，俄国南下希瓦汗国的行动因克里米亚战争而拖延。1856年，克里米亚战争结束。是年，高加索军队总司令巴里亚京斯基向亚历山大二世提出在里海东岸与咸海西岸之间修建铁路的方案。巴里亚京斯基认为，这条铁路的修建，不仅可以巩固俄国在东方国家中的政治影响；还可以汇集邻国的全部贸易，使俄国商品得以向更远地区销售。由于便捷的运输，俄国商人将会受益致富。几个月之后，英国军队占领了伊朗的布什尔港，如果英国在里海上升起不列颠旗帜，那么，英国将威胁到俄国在达吉斯坦、外高加索、外里海草原的统治。为此，巴里亚京斯基呼吁应该尽快在里海东岸占领一个据点，以便建筑通向咸海的铁路。亚历山大二世认为这是“极其重要和有益的”，为此应该“发给一切必要的津贴”。

1858年，俄国使者伊格纳季耶夫出访希瓦，伊格纳季耶夫曾是俄国驻伦敦使馆武官，因在英国军备展览会上偷窃新式步枪子弹而被英方驱逐出境。他出使中亚的任务有两项，一是进一步了解中亚的情况，搜集有关资料；二是通过外交途径加强俄国对中亚的影响。他率领着由八十三人组成的大使团于1858年5月从奥伦堡出发，于7月抵达希瓦汗国。他的出访取得了希瓦汗“不再煽动土库曼人和哈萨克人反对俄国”的承诺，这次出访是俄国外交使团最后一次访问中亚。此次访问之后不久，1859年1月初，俄国在圣彼得堡召开了谘议会，会议认为，在里海东岸建立商站是必要的，会上决定增加新舰以加强咸海区舰队，加强咸海区舰队的决议比建造各种炮台更能“使希瓦、浩罕受到我们的影响和扩大我们在中亚的贸易来往”[②]。

十年以后，即1869年，俄国越过里海，占领了里海东岸的克

① 〔苏联〕波将金：《外交史》第一卷（下册），生活·读书·新知三联书店1979年版，第1034页。

② 〔苏联〕哈尔芬：《中亚归并于俄国》，《中亚史丛刊》1988年第4期，第55页。

拉什诺沃茨克湾，在俄国征服希瓦的行动中，此地成为俄国入侵希瓦汗国的基地之一。1873 年春，俄国对希瓦汗国发动大规模进攻；1873 年 8 月 12 日，俄国征服希瓦汗国，希瓦汗无条件地与俄国签订了条约。

经过 18 世纪和 19 世纪上半叶的一百五十多年的较量，在俄国的武力征服下，希瓦汗国丧失了独立的领土主权、外交权、司法权、经济自主权，从一个独立自主的国家沦为俄国的半殖民地。根据双方签订的条约，希瓦汗国丧失了阿姆河东岸的全部领土，俄国在此组建俄属阿姆河区。

第四节　布哈拉汗国与俄英两国的关系

18 世纪下半叶，布哈拉汗国在对外关系中与俄国的关系最为密切，两国在政治上基本上保持着和平交往。在双方使节往来中，两国继续商谈前两个世纪已经开始的俄国奴隶问题和经俄国前往麦加朝圣的问题。

释放俄国奴隶的问题在 18 世纪未见成效，与对待希瓦汗国一样，俄国对此也曾采取过强硬措施。1767 年 1 月 28 日，沙皇发布命令，特准抓获来自布哈拉汗国的旅行者，以他们为人质解救被扣留在中亚的俄国俘虏和囚犯。[①] 在 1750—1850 年的一百年中，俄国官方经常逮捕在俄国经商的中亚商人，没收他们的货物，以此逼迫布哈拉汗国就范。然而，这些措施没有达到预期的目的，反而引起了中亚人民的敌对情绪，捕捉俄国人的活动和奴隶贸易更加猖獗。到 19 世纪，奴隶问题在很大程度上已经解决，1865 年，塔什干把它的所有俄国奴隶处理完了，当沙皇军队最终占领这座城市时，他们在

① Edward Allworth, edit, *Central Asia: 130 Years of Russian Dominance, A Historical Overview*, p. 33.

那儿没有发现一个俄国奴隶。[①]

从 18 世纪起，英俄两国与布哈拉汗国的关系不再是一些封建国家之间的交涉，而是更多地注重经济问题，具有近代国家经济贸易的性质。这一时期来到布哈拉的俄国使者开始关心布哈拉汗国经济、社会、文化等国情。

18 世纪下半叶，俄国派往布哈拉的使者大多数是具有各种专门知识的学者，其中一些人担负着搜集布哈拉军事政治情报的任务。他们写了大量的日记、外交文件和报告，记载他们在布哈拉观察到的所有情况。这一时期来到中亚的俄国使者中，留下了记录的有尼古拉·格里戈利耶夫、菲利普·也夫列莫夫、提摩色伯尔纳硕夫等人。尼古拉·格里戈利耶夫于 1752 年来到中亚，在布哈拉经商十多年，回国后写了有关中亚的报道，他的报道直到 1853 年才公开发表。俄国军官菲利普·也夫列莫夫于 1774 年在西伯利亚被哈萨克人俘虏，他在布哈拉军中服役数年，参加过多次战斗，最终逃离，取道喀什噶尔、叶儿羌、拉达克、克什米尔，经印度回国。1786 年，他在圣彼得堡出版了回忆录。提摩色伯尔纳硕夫是俄国的一名矿业官员，他与伯尔诺西可夫于 1794 年来到布哈拉，次年，返回俄国，他们的回忆录发表在 1818 年的《西伯利亚通讯》上。

19 世纪，俄国派到布哈拉汗国的使团有五等文官涅格里（M. Negri）使团、布捷涅夫代表团和伊格纳季耶夫使团。涅格里使团于 1820 年来到布哈拉城，目的是与布哈拉汗国签订贸易条约。使团从奥伦堡出发，经哈萨克草原来到布哈拉城，有五百三十名哥萨克人组成的护卫队，带着几百峰骆驼的货物。[②] 以后，随行成员梅耶朵夫和艾维尔斯曼医生将留居布哈拉城的情况写成著作，记录了布哈拉汗国的一些情况。

俄国矿业工程师布捷涅夫于 1841—1842 年间率俄国代表团到

① Edward Allworth, edit, *Central Asia: 130 Years of Russian Dominance, A Historical Overview*, p. 33.

② 朱新光：《英俄角逐中亚与 1873 年英俄协定》，《西北民族研究》2001 年第 2 期，第 127 页。

达布哈拉汗国。布哈拉埃米尔纳斯鲁拉赫听说俄国人能够用新法勘查金矿，于是，向俄国政府请求派遣一个采矿专家来布哈拉帮助开采金矿。布捷涅夫勘查结果令埃米尔大为失望，他没有找到大金矿。然而，布捷涅夫之行却令俄国政府非常满意，因为他们广泛收集到有关布哈拉汗国的各种资料，对布哈拉汗国的生产状况、居民的日常生活等做了较为深入的研究。除布捷涅夫本人所写的文章和著作外，值得注意的还有哈内科夫的《布哈拉汗国纪事》和其他人收集的布哈拉汗国的动植物资料。

在俄国使团频繁访问布哈拉汗国之际，英国也在勘查经印度到布哈拉的路线，企图从阿富汗北上到中亚南部。1825 年，英国派莫尔克诺夫特和特里伯克前往布哈拉城，他们在抵达阿富汗北部时突然去世。19 世纪 30 年代，英国开始干预阿富汗内政，企图利用阿富汗为跳板扩大英国在中亚的影响。据俄国外交档案披露，随着英国在阿富汗势力的扩张，英国军事教官已经进入布哈拉汗国军队，帮助他们掌握现代军事技术。英阿军事代表团成员建议潜入中亚国家按欧洲模式制造炮弹。此外，英国人还唆使阿富汗人拉拢布哈拉、浩罕等中亚汗国投靠英国，“成立反俄同盟”，断绝与俄国的关系。1830 年，英属印度当局在呈送英国政府的一份报告中，详细列举了布哈拉汗国所需货物表，表上列有宽幅优质布、印花布和其他棉制品、铸铁壶、玻璃瓶、玻璃镜子、茶叶、靛蓝、糖和纸，以及剪刀、剃刀和削笔刀等。[①] 英国人认为，包括铁、钢、铜和锡在内的所有商品，英国和英属印度都能够以有竞争力的价格提供。从英国运一吨铁到中亚的运费远远低于俄国人“雇一匹骆驼从奥伦堡到布哈拉的花费”[②]。乌兹别克人需求量最大的商品——茶叶也可以从英属印度的孟买发出，并且可以与布哈拉市场上的喀什噶尔茶叶竞争。

① 这份报告是由 P. B. 洛德和 A. 伯恩斯呈送的。

② C. Adle, Irfan Habib, *History of Civilizations of Central Asia*, Vol. 5, p. 420.

1831—1833 年，英国人亚历山大·伯恩斯从信德逆印度河而上至拉合尔城，经喀布尔来到布哈拉城。他具体地描述了布哈拉汗国的商业情况：许多英国货物经俄国运抵布哈拉，很受欢迎，印花布的销售利润高达 50%。中亚对印度货物的需求量很大，它们包括达卡（Dacca）的平纹细布、贝拿勒斯的织锦（每年进口五百匹）、专门用来做穆斯林头巾的旁遮普白布、印度的粗沙糖，特别是印度的靛蓝，需要量是“年平均五百骆驼驮”（约 4.7 万公斤）。[①]

英国向河中地区的扩张还利用了阿富汗与中亚汗国的争端。阿姆河西岸领地历来是阿富汗与布哈拉汗国争夺的焦点，1856 年，英国给阿富汗提供了枪支、炮弹和金钱[②]，在英国的帮助下，阿富汗发动了对阿姆河西岸的行动，这些战争扩大了英国的势力范围，却恶化了阿富汗与布哈拉的关系。1859 年，阿富汗派使团到布哈拉汗国，商量两国之间重建和平的事宜，英国人在此“和平使团”中起着重要作用。在谈判中，英国人坚持把边境城市卡拉库尔和查尔朱割让给阿富汗，如果这两个城市归阿富汗，那么阿富汗的军队能够推进到阿姆河沿岸，英国可以在阿姆河上组织航运。奥伦堡总督卡捷宁在写给圣彼得堡的报告中说：“可以预见，英国人决心在中亚建立一个强大的汗国。”[③]

除了自南向北向中亚发展外，英国还从西方向中亚渗透。英国利用了与中亚地区毗邻的伊朗，19 世纪 50 年代末，英国驻伊朗列什特和恩泽利港的领事麦克肯齐主张占领列什特和恩泽利港，他说：“拥有它们，我们就轻而易举地控制了整个中亚的贸易。”[④] 此外，英国还利用奥斯曼帝国与中亚地区宗教上的联系搞关系。在英国当局的支持下，土耳其使团来到中亚，加强了土耳其哈里发与中亚汗

---

① C. Adle, Irfan Habib, *History of Civilizations of Central Asia*, Vol. 5, p. 420.

② 乌兹别克中央国家历史档案馆，馆藏号 715，卷宗号 17，文件号 77，转引自《中亚史丛刊》1988 年第 4 期，第 38 页。

③ 同上书，第 51 页。

④ 同上。

国的联系。克里米亚战争期间，由于俄国无力东顾，暂缓了对中亚的军事进攻，英国乘机向中亚派遣大批受雇于英国的土耳其密使。1853年年底，中亚各地都有土耳其密使，他们带来了土耳其素丹的呼吁书，号召布哈拉、希瓦、浩罕进攻俄罗斯帝国。正是在这时候，1.2万人的浩罕军队开始进攻彼罗夫斯基要塞。[①]浩罕军队被打败之后，沙皇当局认为这不仅是浩罕的失败，也是英国和奥斯曼帝国的失败。俄国人认为："只要土耳其人在布哈拉也像在希瓦那样卖力地进行活动，俄国与布哈拉的友好关系的巩固性就是靠不住的。"[②]

克里米亚战争期间，1854年年底，英国公使来到布哈拉汗国，他要求允许英国军队从阿富汗经过布哈拉开到北方俄国边界去，布哈拉埃米尔起初似乎拒绝了这个要求，但当英国使者把土耳其素丹的敕令交给他时，他就同意了。[③]英国和土耳其人的活动加速了俄国对中亚地区的行动，俄国当局害怕英土两国与中亚汗国采取共同行动。

克里米亚战争结束之后，1858年，俄国派伊格纳季耶夫出访希瓦和布哈拉汗国，目的是加强俄国在希瓦和布哈拉的影响，促进俄国与两个汗国的贸易。他访问希瓦汗国之后，来到布哈拉汗国。布哈拉埃米尔当时正关注着布哈拉汗国与希瓦汗国和浩罕汗国的战争，因此，仅仅与伊格纳季耶夫签订了一项关于阿姆河航运的协定。据说，伊格纳季耶夫使团的访问只是带回了有关呼罗珊和伊朗东部、中亚汗国和中国西部各民族的生活，以及英国对这些国家渗透的珍贵而重要的情报，没有能够通过外交途径来加强俄国对上述地区的影响。[④]

访问结束以后，伊格纳季耶夫提出："巩固同中亚最可靠和最强

---

① 乌兹别克中央国家历史档案馆，馆藏号715，卷宗号17，文件号77，转引自《中亚史丛刊》1988年第4期，第36页。

② 同上。

③ 同上书，第37页。

④ 同上书，第50页。

大的统治者——布哈拉埃米尔的友好关系，以便用一切办法预防英国对中亚事务的干涉政策；利用希瓦的内部纠纷以及希瓦汗国与布哈拉汗国之间的敌对；接纳希瓦国的哈萨克人和卡拉卡尔帕克人加入俄国国籍；占领弘吉剌惕城并在那里建立俄国的行政机构；推翻浩罕在突厥斯坦城和塔什干的统治。”[①]最后，伊格纳季耶夫还提出，发展俄国与中亚和阿富汗的贸易，确立俄罗斯帝国对中亚市场的统治权，并且如有可能完全把英国人从中亚市场排除出去。伊格纳季耶夫认为，必须不迟于1860年春季占领阿姆河下游和组织俄国的航运直到巴尔赫和巴达克山；派出商务代表到布哈拉，以便以后在这个汗国建立常设领事馆。”[②]

1861年，在伊格纳季耶夫担任外交部亚洲司司长之时，俄国征服中亚的大部分计划已经确定。在伊格纳季耶夫访问中亚之后不到十年的时间，俄国发动了征服中亚的战争。19世纪60—70年代，俄国相继征服了布哈拉、希瓦、浩罕等汗国，英国被排挤出阿姆河以北的中亚地区。

第五节　阿富汗与英俄两国的关系

阿富汗的第一个独立国家杜兰尼王朝在19世纪初遭到英国的入侵。1809年，英国东印度公司的使团在蒙特·斯图亚特·埃尔芬斯顿（Mountstuart Elphinstone）的率领下来到阿富汗国王沙赫·苏查在白沙瓦的宫廷。同年6月，沙赫·苏查与英国公使签订了一个条约，主要内容是：法国和其他外来的欧洲国家不得进驻阿富汗。条约签订之后不久，沙赫·苏查被赶下王位，英国人将他接到印度庇护起来。

---

① 乌兹别克中央国家历史档案馆，馆藏号715，卷宗号17，文件号77，转引自《中亚史丛刊》1988年第4期，第55—56页。

② 同上书，第56页。

1818 年，阿富汗杜兰尼王朝萨多王室垮台，国家陷入混乱。1826 年，多斯特·穆罕默德击败他的所有兄弟，掌握了国家的统治权。

在阿富汗王国内乱期间，锡克人首领兰吉特·辛格于 1818 年占领了印度河与苏特里杰河之间的整个北旁遮普地区，并觊觎白沙瓦和克什米尔。一两年之后，锡克人占据了整个白沙瓦河谷，并继续前进。1836 年春，多斯特·穆罕默德写信给新到任的印度总督奥克兰勋爵，祝贺他就任总督，并征求他的意见如何对付锡克人。这封信为英国干涉中亚事务敞开了大门。①

19 世纪 30 年代中叶，英国自由党政府为统治印度殖民地的需要，结合当时中亚的形势制定了“精明无为”的外交政策。政策的宗旨是巩固英国在印度的统治，不主张大举向中亚推进，政策的主要内容是：向中亚派遣外交官、考察团、传教士，收集情报，并交好俄国，理顺英、俄在中亚的关系，减少摩擦，消除隔阂。

30 年代后期，英国利用沙赫·苏查开始干预阿富汗内政。1836 年，东印度公司董事长给印度总督奥克兰勋爵的公文指示印度总督努力去和阿富汗建立商业或政治关系，公文说，“或者为了阻止波斯将其领域扩充到那个地区，或者为了对付逼近的俄国势力的侵凌而树立起一个及时的障碍”②，要采取干预阿富汗事务的政策。1838 年 4 月，英国人伯恩斯来到喀布尔宫廷，劝说阿富汗国王多斯特·穆罕默德接受英国的保护。在遭到拒绝之后，英国把三十年前被推下王位的沙赫·苏查招来，7 月，苏查代表阿富汗王国与英国签订了条约。10 月 1 日，英国发表了《西姆拉宣言》，宣布对阿富汗的战争，第一次英阿战争爆发。

英印军队和沙赫·苏查拼凑的部落武装共三万多人，经信德进入阿富汗南部，先后攻占了坎大哈、加兹尼等城。1839 年 8 月，入侵军队占领都城喀布尔，阿富汗国王多斯特·穆罕默德逃往布哈拉，

① W. K. Fraser-Tytler, *Afghanistan*, p. 74.

② 〔英〕珀西·塞克斯：《阿富汗史》第 2 卷，张家麟译，潘庆舲校，商务印书馆 1972 年版，第 843 页。

沙赫·苏查再次登上了阿富汗王位。

英军的入侵遭到阿富汗人民的强烈反对，抗英斗争在阿富汗各地爆发。与此同时，在布哈拉避难的多斯特·穆罕默德率一支六千人的部队归国。1841 年 11 月，阿富汗抗英队伍攻占喀布尔，12 月 23 日，英军在撤军协议上签字，1842 年 11 月，英军全部撤离阿富汗，沙赫·苏查被杀，阿富汗人民第一次抗英战争胜利结束。

1843 年，多斯特·穆罕默德在喀布尔城重新登上了阿富汗王位（1843—1863）。多斯特·穆罕默德复位之初执行反对英国的外交政策，1848—1849 年，他派军队支持锡克人反对英国的战争。但情况在后来发生了转变，1855 年，他与英国签订了《白沙瓦条约》，获得“英国人不干涉阿富汗”的承诺。1857 年双方又签订了补充条约，在补充条约中，多斯特·穆罕默德获得了十万卢比（一万英镑）的年津贴。[①] 多斯特·穆罕默德在白沙瓦发表誓言说：“我现在已与英国政府结成联盟，无论出现什么情况，我决定遵守，至死不渝！”[②] 两国关系开始改善，英国与中亚各国的商业也日趋活跃，贸易额大幅度上升，截至 1863 年，“英国每年经阿富汗输往中亚各国的商品额已增至 62.1918 万英镑”[③]。

1863 年，多斯特·穆罕默德去世，其子希尔阿里继位（1863—1879 年在位），他的继位得到了英国驻印度总督劳伦斯的承认。希尔阿里对劳伦斯提出两点要求：一是立其子穆罕默德·阿里为储君；二是要求给阿富汗六千支步枪作为赠礼。劳伦斯答应了前者，但没有给阿富汗提供步枪。希尔阿里认识到英国不会给予阿富汗实质性援助，外交政策开始向俄国倾斜。

俄国总督考夫曼给希尔阿里写过几封信，其中一封信的内容是告之与他争夺王位的阿布杜尔·拉赫曼到了塔什干，后受到沙皇的

---

① W. K. Fraser-Tytler, *Afghanistan*, p. 123.

② Ibid., pp. 123-124.

③ 〔印度〕扎依纳：《克什米尔的政治和英帝国策略：1846—1980 年》，新德里 1988 年版，第 18 页。

热烈接待，但俄国不会干预阿富汗内政。两年以后，考夫曼又写了一封信谈论阿富汗与布哈拉汗国的边界问题，俄国表示，希望与喀布尔政府“建立一种正常的和经常的通信联系”。这封信在喀布尔引起了轰动，希尔阿里将此信转给英国驻印度总督，希望英国出面维护阿富汗边界的安全。

俄国征服希瓦汗国以后，考夫曼在1873年冬写给希尔阿里的信中叙述了希瓦城陷落的事。希尔阿里关注的问题是，对于俄国人的不断南进，英国人持什么态度，他还想知道英国人是否会用军队、武器和金钱支持他抵御俄国的入侵。1873年6月27日，英国驻印度总督致电印度事务大臣阿尔古尔公爵：“虽然我们一直避免与阿富汗订立在该国受到外来攻击时，由英国军队来支持埃米尔的任何条约，但阿富汗的完全独立，对英属印度的利益来说是极为重要的，因此阿富汗受到攻击，印度政府不能漠然视之。只要埃米尔一直保持截至目前所做的那样，在其同邻国的关系上，按照我们的建议行事，他自然指望我们给予物质上的援助；并在可能发生这样的情况下，我们认为我们将责无旁贷地向女王陛下政府建议给他提供这样的援助。”① 但阿尔古尔公爵认为，在保证给予埃米尔物质援助这一点上，必须十分慎重，以免引起不适当的和无根据的期待。希尔阿里在没有得到英国肯定答复以后，被迫继续与俄国保持联系。

1876年，李顿勋爵继任英国驻印度总督，他想派一个使团到阿富汗通报就任总督之事，这一要求引起了希尔阿里的极大恐慌，他害怕接受一个英国使团，将导致一个俄国使团进入阿富汗，于是，他拒绝了李顿的要求。李顿在回信中威胁说：“假若殿下匆匆地拒绝了现在坦率地向你伸出的友谊之手，将总督阁下的友好意愿当作毫无价值，迫使他把阿富汗看成是已经自动脱离同英国政府的联盟和支持的一个国家，那将使总督感到实在的遗憾。”② 李顿还提到，接

---

① 〔英〕珀西·塞克斯：《阿富汗史》第2卷，第843页。

② 同上书，第849页。

待一个英国使团会导致一个俄国使团的这种担心是没有根据的，因为沙皇政府已向英国政府保证，它不会干预阿富汗事务。尽管如此，希尔阿里仍坚持阿富汗派使者前往印度，1876 年 10 月，希尔阿里的使者阿塔穆罕默德来到白沙瓦。由于李顿坚持在阿富汗边界设置一名英国代理人作为谈判的基础，结果，直到 1877 年 3 月，双方的交涉仍无结果。

1878 年，俄国考夫曼的使者斯托莱伊托夫从塔什干来到喀布尔宫廷，为了让使节顺利抵达喀布尔，考夫曼派了 3 支俄国军队开赴阿富汗边境各地。俄国使团在喀布尔的出现，引起了英国的强烈反响。英国政府坚持也要派英国使团到喀布尔，当信到达喀布尔之时，希尔阿里正处于丧子的悲痛之中，没有立即给予回答。于是，李顿决定派张伯伦率领一千名士兵的军队向喀布尔进发。9 月 20 日，英军在阿富汗军队的阻止之下，退到白沙瓦。11 月，英国向希尔阿里发出最后通牒，限他于 11 月 20 日前给出答复。希尔阿里将通牒传给俄国考夫曼，考夫曼没有给予他任何支持，反而建议他与英方妥协。英方在没有收到对最后通牒的答复的情况下，英印军队向喀布尔和坎大哈出兵，第二次英阿战争爆发。

1878 年 11 月，英军逼近喀布尔，希尔阿里带领他的军队逃出喀布尔北上。1879 年，希尔阿里病死，其子雅各布汗继位。5 月 26 日，雅各布汗与英方签订了丧权辱国的《甘达马克条约》。条约规定：阿富汗不得与除英国以外的其他国家直接交往；阿富汗的库腊姆、比辛和西北等地区交给英国管理；英国保留对开伯尔山口和米契尼山口的控制权；英国支付阿富汗国王及其继承人补助金，并以金钱、武器和军队援助阿富汗。为了监督条约的实施，英国任命路易·卡瓦纳格里为使节，进驻喀布尔。1879 年 9 月，喀布尔爆发了抗击英国侵略者的大起义，数千名士兵和民众焚烧了英国使节路易·卡瓦纳格里的官邸。1880 年，雅各布汗被迫宣布退位，阿布杜尔·拉赫曼从塔什干返回阿富汗继位。

喀布尔的起义点燃了阿富汗人民抗英斗争的烈火，全国各地的抵抗运动蓬勃发展。1880 年 7 月，由雅各布汗之弟阿尤布汗率领的部队向驻守在坎大哈的英军发起进攻，全歼英军 1 个团，此次胜利动摇了英国入侵者的根基。在阿富汗人民的英勇抵抗下，英国侵略者于 1881 年 4 月全部撤出阿富汗，阿富汗取得了第二次英阿战争的胜利。

在第二次英阿战争爆发期间，俄国加紧对呼罗珊地区的侵略，俄国的南下引起了英国的恐慌。俄国占领莫夫绿洲以后，形势朝着有利于俄国的方向变化。1885 年，阿富汗人在英国的支持下出兵占领了彭狄绿洲，俄国借口驱逐阿富汗军队，占领了该地。英国不敢诉诸武力，于是，英、俄两国就划界问题举行了磋商，商谈过程于 1886 年年底结束。次年 4 月，英、俄两国代表在圣彼得堡举行会谈，会谈的结果是：英国承认俄占领赫里河右岸，直到佐勒菲卡尔、彭狄绿洲和它以南的巴德吉斯河的诸河谷地带包括在其中。至此，阿富汗北部边界在没有阿富汗国家代表参加的情况下由英俄两国划定。

第六节　吉尔吉思人与俄中两国的关系

18 世纪中叶，清朝平定准噶尔汗国之时，吉尔吉思人与清朝政府建立了臣属关系。1758 年，定边将军兆惠率领清军追捕准噶尔残部进入吉尔吉思人的牧地，吉尔吉思各部积极配合，并表示愿意归附清朝。1759 年（乾隆二十四年），清军攻克喀什噶尔、叶儿羌，南疆的大小和卓兵败逃亡。吉尔吉思各部参与了搜捕残匪的行动，吉尔吉思比伊们“率领所部奈曼人户，阻拦霍集占，悉力与战”[①]；在大小和卓逃入巴达克山区以后，吉尔吉思人主动为清军做向导，乘胜追击，很快就肃清了这股残匪。

清朝平定准噶尔汗国之后，北吉尔吉思人（东布鲁特部）于

① （清）椿园七十一：《西域闻见录》卷 3《外藩列传》，日本京都大学藏本。

1758年要求归附清朝政府。按史书记载，在乾隆二十三年（1758），天山一带的东布鲁特五部落归附清朝。他们上表文说："我部久思投诚大皇帝，为准噶尔间阻，不能自通，今得为天朝臣仆，实望外之幸。"[①]1759年（乾隆二十四年），西布鲁特十五部归附清朝，西布鲁特额德格纳部落头人阿济比向清军主帅兆惠表示："今将军自喀什噶尔传谕我部，颁给印文。谨已奉到，不胜踊跃，适慰心想，当率诸部，自布哈尔迤东二十万人众，皆作臣仆。"[②]东、西布鲁特人的归附使伊犁西南、喀什噶尔西北、伊塞克湖周围、帕米尔和喀喇昆仑山一带的吉尔吉思人居地全部纳入清朝政府的管辖范围。在准噶尔统治时期不堪忍受残酷统治而逃往安集延等地的一些布鲁特人也纷纷返回故地。

布鲁特人为清政府驻守西北边疆，当时，伊犁、乌什、喀什噶尔等地的主要边卡均由布鲁特人防守巡逻。清政府对布鲁特各部实施宽松的统治政策。政治上，清朝重新确定了与布鲁特部的隶属关系，布鲁特头人"比"及其下的大小头人的职位不变，但必须得到清政府的任命和封赐。清廷驻守伊犁的领队大臣和驻守喀什噶尔的参赞大臣定期对布鲁特地区进行"稽查约束"，不定期地从布鲁特头人中挑选一些人去朝见皇帝。经济上，清政府允许布鲁特人在原地自由牧放，不征收土地税；布鲁特人在新疆进行贸易，税率比内地商人减少三分之一，以示优待；布鲁特各部每年向清政府进献一定数量的马匹，清政府回赐一定数量的羊只、绸缎、茶叶等。文化上，清朝不强迫布鲁特人改变原有的风俗习惯。清朝的睦邻优惠政策给中亚东部带来长达半个世纪的安定与繁荣："回部安静，其布鲁特、霍罕、安集延、玛尔噶朗等贸易之人络绎不绝。"

18世纪后期至19世纪初，吉尔吉思人对新疆，特别是南疆地区的统一做出过重大贡献。1765年（乾隆三十年），乌什维族事变，

① （清）傅恒：《钦定皇舆西域图志》，见《四库全书》史部258第500册，第851页。

② 同上书，第855页。

部分起事首领妄图引浩罕军队以抵抗清军，布鲁特额尔格纳、萨里巴吉什等人制止了他们的行为，布鲁特比伊齐里克齐抓获了前往浩罕求援的起义军使者巴布敦等人，将他们送往喀什噶尔，阻止了内外勾结的分裂活动。

1807年，在平息张格尔的叛乱中，因作战有功而受奖的布鲁特官员就有六十三人，据中国第一档案馆所藏的《永芹奏折》记载："奈曼部落四品顶花翎布鲁特比伊满目去岁至本年六月，奉差查探张格尔约降，被缚不屈，往返报信十余次，不受逆夷勾结，始终勤奋效顺，此后可靠有用，应请赏二品顶戴，缎二匹；五品顶花翎布鲁特阿不都拉依木，诚实可靠，得信自往木集效力，不受逆夷勾结，被格得尔沙伤其头颅，应请赏四品顶戴，缎一匹；六品顶戴布鲁特比曼勃特，人有为能，在木集不受逆夷勾结，并与张格尔抗驳，率其所属挡护伯克等不致被害，此后可期得力。吐勒额依格尔部落六品顶戴布鲁特比伊把哈提，凡事内奉差人往返经过其地，皆能实力照应，差探勤苦认真。奈曼部闲散布鲁特多列特、住玛喀二人，跟随伊满目往返报信，出探贼情，均能实力。张逆纠约贼目汰劣克等兹事，曾屡勾奇里克部落六品蓝翎布鲁特比爱散克勒弟一同抢卡，爱散克勒弟非但不从，遍嘱其所属不可从逆。"

1815年（嘉庆二十年），南疆爆发了反清和分裂中国的孜牙敦事件，最初，部分布鲁特人卷入其中，当他们了解真相之后，纷纷脱离叛军。布鲁特十二名首领率部配合清军平息了叛乱，有功者受到清政府的封赏。以上事件充分说明，布鲁特人为维护中国边疆的稳定做出了贡献。

然而，清朝派往西北边疆的官员在实施民族政策中犯了一些错误，这些失误在布鲁特人中造成了一些不良影响。1825年夏，清军在搜索张格尔时，误将布鲁特牧民视为匪徒而乱砍滥杀，被杀者是布鲁特头人汰劣克及其属下的家口，由此激起了布鲁特牧民的愤恨和反抗。张格尔被灭之后，清钦差大臣那彦成抵达喀什噶尔，卡外布鲁特部来人迎谒请安，那彦成明白宣谕："自前任大臣办案错误，妄杀吐尔底迈玛特，嗣又误杀汰劣克家口，以致尔部落心存离衅。大皇帝如天之仁，如日之明，深知尔部落之受屈，已将前任各予惩处。此时张格尔业已生擒，皇恩浩荡，即阿坦台、汰劣克似亦可恳恩宽宥。”[①]

平定张格尔叛乱以后，为了惩罚浩罕汗国，清政府断绝了与浩罕国的贸易，对布鲁特人在中国境内的贸易也加以限制，规定布鲁特人购茶不许超过一斤，以防他们搞转手贸易。清朝官员的这些措施打击了布鲁特人，使布鲁特人成为南疆一个不稳定的因素。

吉尔吉思人的牧地与哈萨克人的牧地相连，18 世纪后期，沙俄军队在侵占哈萨克人的领地之际，企图将吉尔吉思人的领地也纳入俄国的统治，然而，由于外交原因，俄国真正发动对吉尔吉思地区的征服是在 1855—1868 年之间。

18 世纪末期，俄国使节来到吉尔吉思人中，以俄国公民权诱惑吉尔吉思人的上层分子，让他们写下自愿归并俄国的“保证书”。一些吉尔吉思人首领或出于对浩罕汗国的不满，或出于本部的压力，曾向俄国政府提出过加入俄国国籍的要求。加之，哈萨克人与俄国的贸易也吸引着吉尔吉思人。俄国的一些产品，特别是皮革制品，很早就流入吉尔吉思人的居地，19 世纪初，俄国产品深入到吉尔吉思人居住的各个村庄，俄国商人带来的工业品价格低廉，成为吉尔吉思人喜爱的必需品。然而，俄国当时正在哈萨克大玉兹境内进行着卓有成效的殖民运动，故其军事力量不足以为这些吉尔吉思首领提供保障和支持。

在与俄国的交往中，在北吉尔吉思人中威望很高的萨里巴吉什部首领阿塔科比（Atake Bī）起到了重要作用。1785 年，阿塔科比派使者阿布杜拉赫曼·库恰克·乌鲁（‘Abdu’l Rahmān Quchaq Uulu）出使俄国，商谈接受俄国保护的事宜。使团成员先到西伯利亚总督区，在此获得批准之后，前往圣彼得堡。使者在俄国宫廷向

---

① （清）那彦成：《那文毅公奏议》卷 80，上海古籍出版社 1996 年版，第 1—2 页。

女皇叶卡捷琳娜二世呈递了阿塔科比馈赠的礼物：三张雪豹皮和五张猞猁皮。他们在圣彼得堡逗留一年之后返回，女皇回赠给阿塔科比的礼物是价值八百卢布的白银。然而，这次出使似乎没有产生好的结果，反而导致了双方的敌对情绪。出使结束之后，使者阿布杜拉赫曼没有回国，他被扣留在鄂木斯克，原因是俄国西伯利亚当局怀疑吉尔吉思人曾经抢劫他们的商队。阿布杜拉赫曼在被扣留期间于 1789 年 6 月 20 日去世，阿布杜拉赫曼的死激起了吉尔吉思人的反俄情绪。

尽管如此，北吉尔吉思各部首领在 19 世纪初期继续派使者到俄国。1825 年 6 月，俄国人纽哈洛夫率领一支由五十人组成的俄国小分队护送吉尔吉思使者回国，据随行人员兹别尔什金的日记所载，他们到达伊塞克湖时，恰逢浩罕汗玛达里的三名使者在北吉尔吉思布格胡部，他们是玛达里汗派来商议有关归属和贸易问题的。玛达里汗向伊塞克湖附近游牧的布格胡部人提出臣属浩罕汗国的建议，他的建议得到了一些部落首领的赞同。纽哈洛夫担心这些吉尔吉思人倒向浩罕，于是，他承诺说，吉尔吉思人将会得到俄国的庇护。在他的劝说下，布格胡部的乌里日拜和耶帕烈克比伊放弃了加入浩罕国籍的念头。

当时，沙皇还启用伏尔加河地区穆斯林为代理人出使北吉尔吉思，其中，一位名叫费祖拉赫·诺格哈耶威（Faizullāh Noghayev）的使者来到伊塞克湖的布格胡部人中，他说服了布格胡部首领，让他们以部落之名写信给俄国在西西伯利亚的地方官员，要求加入俄国国籍，布格胡部首领企图借俄国之力反对浩罕汗国和当时想统一北吉尔吉思人的乌尔蒙恩汗，因此倒向俄国。诺格哈耶威因劝说有功获得了俄国当局的奖赏和颁发的勋章。此后，布格胡部的比伊们把自己的子女送到俄国，甚至有些长期住在俄国。[①] 这些人可能是布格胡部送往俄国的人质。

① 《历史档案》第 1 号，莫斯科 1936 年版，第 249 页。

在北吉尔吉思部落首领归附俄国之时，在一些部落中也形成了反俄派，他们的活动很激烈，俄国当局对此采取镇压手段，如反俄派首领巴尔拜·巴亚提尔（Balbai Ba'atir）、乌莫塔利（Umötaali）和乌斯蒙恩·泰拉克（Usmān Dailāq）的活动受到了俄国的惩罚，巴尔拜·巴亚提尔被流放。后来，他在特克斯山谷被一支俄国小分队逮捕，19 世纪 60 年代初，在威尔尼·阿尔马提（Verny-Almaty）监狱去世。1855—1868 年间，俄国人通过诱骗和武力两种手段实现了对北吉尔吉思人的征服。

在南吉尔吉思，抗俄运动采取了反浩罕汗胡达雅尔的形式。1873 年，起义首领伊斯哈克·哈桑·乌鲁（Is'haq Hasan Oghlu）以浩罕王室成员普拉特（Pulat）之名起义，南吉尔吉思诸部积极地参与到普拉特汗的反俄活动中，伊斯哈克·哈桑·乌鲁成为中亚著名的反俄英雄。1876 年，起义被镇压下去。

19 世纪上半叶，沙皇俄国开始向吉尔吉思人的领地推进，首先侵占了东吉尔吉思人（布鲁特人）的牧地。1860 年（咸丰十年），在俄国的武力逼迫下，清朝与俄国驻华公使伊格纳季耶夫在北京签订了中俄《北京条约》。条约第二条规定：中俄两国未经划定之西部疆界，今后应顺山岭、大河之流及中国常驻卡伦等处而行，即从沙宾达巴哈界牌起，经斋桑湖、特穆尔图淖尔至浩罕一线为界。中俄《北京条约》的签订破坏了中国领土的完整，将 1758 年归附中国的东布鲁特人的部分牧地割让给沙俄，清朝在边境上设置的卡伦和巡查路线也随之向后退缩。1862 年（同治元年），据逃入中国境内的吉尔吉思人说："我们世居边外，太平度日，今俄人说我们游牧地方是他们的，被他们勒索，因此进卡留下发辫，情愿给大皇帝出力当差。"①

1864 年 9 月，俄国使者扎哈罗夫等人到达塔城与清朝商谈划界问题。清朝官员坚持在中俄《北京条约》的基础上继续划界，即按

① （清）文庆等纂辑：《筹办夷务始末》（同治朝）卷 8 第 5 册，第 698 页。

照自沙宾达巴哈界牌末处往西至斋桑湖的规定划界，但扎哈罗夫提出要按俄方“画定分界限道绘图作记，换约定案”，否则“立即回国，派兵看守分准地界”。在沙俄武力威胁的情况下，清廷只得按俄方的要求，与扎哈罗夫签订了中俄《勘分西北界约记》。按此条约的规定，中俄《北京条约》所规定的界湖——伊塞克湖和斋桑湖——成了沙俄的内湖，俄国在这片土地上组建了七河省。

1871 年以后，清政府在与俄国签订的一系列条约中有“地区分在何国，其人丁即随地归为何国管辖”的规定，于是，伊塞克湖、楚河、塔剌思河和纳林河流域的一部分吉尔吉思人和哈萨克人随着土地而离开了中国，成为俄国臣民。以后，中国帕米尔高原上的大部分布鲁特人居住区也被俄国占领，留在中国领土上的布鲁特人只有三分之一。中国所属布鲁特人被迫划入俄国，结束了他们与清朝长达百余年的臣属关系，这在中国民族关系史上是一个悲剧。

第七节　浩罕汗国与俄中两国的关系

18 世纪 40—50 年代，俄国兼并了哈萨克大玉兹人的牧地，把哈萨克人视为俄国臣民。19 世纪初，浩罕汗国的政治力量得到巩固，逐渐向北侵占哈萨克大玉兹的领地。俄国认为浩罕向北发展侵害了俄国的利益，于是，两国为争夺锡尔河以北中下游地区进行了小规模战争。这些战争以 19 世纪 40 年代为界可分为前后两个阶段，前一阶段是浩罕向北挺进时期；后一阶段是俄国占领浩罕汗国北部领土时期。

1800—1809 年，浩罕军队征服了锡尔河中游东岸的一些城市，主要夺取目标是塔什干城。19 世纪初，塔什干城是由地区和卓统治的独立领地，除塔什干城外，和卓政权还统治着大玉兹哈萨克人放牧的广阔草原。为了夺取塔什干城，浩罕汗爱里木曾在塔吉克人中征兵，浩罕军队控制了地处忽毡和塔什干之间、给塔什干供水的尼亚孜伯克要塞。1808 年，浩罕军队围攻塔什干城，在双方伤亡都很大的情况下攻陷了该城。城破后，爱里木把哈萨克部落的比和其他一些地区统治者召集起来，宣布大玉兹及其部属为浩罕臣民，然后班师返回浩罕。一年以后，塔什干城民起义，爱里木派其弟平定了起义。浩罕统治者对在塔什干附近放牧的哈萨克人进行残酷剥削，向他们收取苛捐杂税，“每个帐户一年要交六头羊、二十四袋炭、四牛车盐木、一千捆芦苇，而伊金恰（贫苦农民）要交出收成的三分之一”[①]。此外，还要负担许多徭役。

浩罕汗国在夺取对哈萨克大玉兹人的统治权之际，与俄国仍然有使者往来。爱玛尔汗曾派使者到俄国商谈双方贸易安全之事，并达成了协议：俄国商队在浩罕境内遭到抢劫，浩罕方负责赔偿，反之亦然。1812 年，浩罕使者在俄国边境的基里加尔（Kiriljar）城被俄国人杀害，俄方为此赔偿了一千提拉（Tilla，一提拉相当于四卢布），并于 1813—1814 年派纳扎罗夫上校到浩罕汗国进行解释。

从 1817 年起，浩罕汗国在锡尔河下游沿岸建筑了一系列要塞。是年，浩罕在距锡尔河河口约四百八十公里的地方建阿克麦切特堡[②]，以它为关卡，对来往的商队和附近的游牧人征税。在向北发展的过程中，浩罕汗国还侵占了中国清朝的一些属地，在其上建筑要塞，如 19 世纪 20 年代建筑的奥利阿塔（今哈萨克斯坦江布尔）、比什凯克、托克马克、麦尔克等，在这些要塞驻扎军队，向当地居民征税。

经过 19 世纪初期的发展，到 19 世纪 40 年代，浩罕汗国已经成为一个中亚大汗国，其疆域：北面以一条延伸的贫瘠草原地带与外西伯利亚为界，西面与希瓦和布哈拉两个汗国接壤，南面抵达卡拉捷金、达尔瓦兹和库拉伯，东面与中国属地喀什噶尔相邻。

浩罕汗国向北的发展和对哈萨克人的统治及收税行为被俄国

---

① 〔俄〕捷连季耶夫：《征服中亚史》第 1 卷，第 252 页。

② 阿克麦切特堡最初建在锡尔河下游左岸，一年以后又迁到右岸。

政府视为对俄国的侵犯，俄国不能容忍。加之，浩罕汗国还是横在俄国南下印度的障碍。在俄国的战略决策中，控制帕米尔是实现俄国通向印度的一条重要途径，而浩罕汗国统治的帕米尔北部地区首当其冲。在沙皇彼得一世时期，他曾派远征队从里海和额尔齐斯河两个方向南下，由布赫戈列茨中校率领的远征军溯额尔齐斯河而上，但是，这支远征队在准噶尔人的打击下没有实现南下的目标。从里海经希瓦汗国打开进入印度通道的另一支远征军也遭到了失败。尽管如此，俄国人经中亚南下印度的决心一直没有改变，因此，攻打横在南下途中的浩罕汗国只是一个时间问题，即使浩罕汗国不向北发展，俄国也会进攻它，而浩罕汗国的北进给了俄国借口。

19 世纪 40 年代以后，俄国与浩罕汗国的直接冲突开始了。1844 年，俄国人布塔科夫对锡尔河下游进行了详细勘察。1847 年，俄国在这里建雷姆要塞，该要塞后来改名为阿拉尔斯克，它成为俄国入侵中亚南部的主要基地。1847—1850 年间，俄国沿锡尔河下游建筑了一系列要塞，并把它们连起来形成一条防线，称锡尔河线。

俄国的这些活动引起了希瓦汗国和浩罕汗国的反对。在 1847—1848 年间，希瓦汗国的土库曼骑兵在雷姆要塞下示威。从 1850 年起，浩罕军队不断骚扰俄国的要塞。他们抢劫在雷姆要塞附近放牧的哈萨克人的牲畜，1851 年，一次就抢走了 7.5 万头。[①] 雷姆要塞司令官恩格曼少校主动出击制止浩罕人的抢劫，他出兵占领了浩罕汗国的科什库尔干要塞，并且摧毁了这个只有十人守卫的小堡。[②] 但这一行为对阻止浩罕人的抢劫活动无济于事。

1851 年，俄国将军安连科夫向沙皇尼古拉一世呈上自己的著作《吉尔吉斯草原概论》，书中提到俄国曾在阿亚古斯到阿克摩林之间设立一些步哨，这道防线在 1836 年哈萨克肯尼萨尔领导的反俄起义

① 〔俄〕捷连季耶夫：《征服中亚史》第 1 卷，第 252 页。

② 同上。

中被废除。他建议恢复这道防线，并将它向伊犁河、楚河和锡尔河推进。沙皇赞同这个想法，把此事交给奥伦堡总督彼罗夫斯基和西伯利亚总督加斯福尔特负责。[①]然而，彼罗夫斯基并不同意这样做，他认为只有攻占浩罕的阿克麦切特要塞，才能制止浩罕人的北上。

1852年，阿克麦切特要塞司令官阿古柏将周围地区的守军集合起来，组成了一支一千七百人的队伍北上，在离俄国雷姆要塞二十五俄里的地方，抢劫了该地区近一百个村子（阿乌尔），这些村子居住着哈萨克牧民。3月3日，俄国组织队伍出发，两军交火，5日，浩罕军败退。4月16日，阿古柏拦截了俄国在锡尔河上游侦察的测绘队。此间，奥伦堡总督彼罗夫斯基向沙皇汇报说："如容忍浩罕人和希瓦人定居于锡尔河此岸或彼岸，则我方船只均将无法通航，陛下为连接阿拉尔斯克工事和西伯利亚防线边缘哨所而修筑一系列中间哨所的意旨，亦将无法实现。"[②]

1852年6月初，彼罗夫斯基令勃拉拉姆贝格上校围攻阿克麦切特要塞，指令是：不得与浩罕人进行任何书信联系，一举攻克并夷平该要塞。攻打阿克麦切特要塞是俄国与浩罕汗国的第一次较量。7月19日，俄方发出通告：浩罕军队不得驻扎在锡尔河俄方沿岸，所有工事均须拆毁。阿克麦切特要塞驻军长官巴蒂尔巴瑟要求宽限4天，被俄方拒绝。7月20日，俄军开始攻阿克麦切特要塞，遭到失败而撤围。第二年，彼罗夫斯基亲自率军前来，兵临要塞，他给要塞驻军写了一封劝降信，信中说："尽管你们还盘踞在要塞里，但阿克麦切季已在攻克中。你们可以看到，我能把你们杀得一个不留，而不损我们一兵一卒……俄国人到这里来，不是住一两天，也不是住一两年，而是长久之计，决不后退。你们如果想活命，就从速求饶，如果想死在阿克麦切特，那随你们便。"[③]这一次，阿克麦切特要塞被俄国攻占，浩罕人被迫求和。锡尔河下游两岸都被俄国控制，

① 〔俄〕捷连季耶夫：《征服中亚史》第1卷，第253页。

② 同上书，第255页。

③ 同上书，第263—264页。

不久，俄国轮船开始在中亚第二条交通大道锡尔河上航行。

浩罕汗国与清朝的接触发生在清朝平定大小和卓的过程中。1755年，清军在平定准噶尔部的过程中，把被准噶尔人羁押在伊犁的白山派和卓阿合玛特长子、大和卓波罗尼都派回南疆，以期利用该家族在南疆的影响召集回部（畏兀儿人），实现清朝对南疆的和平统一。在清军的支持下，大和卓波罗尼都迅速占领南疆，灭亡了黑山派和卓政权，清朝统一了南疆地区。

不久，小和卓霍集占在参加准噶尔部阿睦尔撒纳的叛乱失败之后投奔其兄，煽动波罗尼都背叛清朝，宣布回部独立。1757年，他们发动武装叛乱，在喀什噶尔建立了名为“巴图尔汗国”的政权，史称“大小和卓之乱”。1759年5月，清军在阿克苏集结了三万重兵，兵分两路向南疆出发。一路由富德率领，横穿塔克拉玛干大沙漠先抵和田，再转北攻在叶儿羌的霍集占部；一部由兆惠率领，由乌什直驱喀什噶尔围剿波罗尼都。大小和卓弃城而逃。天山南北统一于清朝的行政管辖之下，1759年，清政府在喀什噶尔设参赞大臣，总理南疆八大城军政事务。

清朝在追剿大小和卓的过程中与浩罕汗国发生了直接交往。1759年夏，清军抢占了通往浩罕、巴达克山、巴勒提等地沿途的关隘，浩罕汗额尔德尼奉表请求内附，表文上说：“额尔德尼伯克等请大皇帝钦差统兵，至威至勇将军等安，仰赖上天之德、大皇帝洪福，我等群生亦获安业。闻将军至叶儿羌、喀什噶尔后，布鲁特、哈萨克等众部落俱传檄安定，而我部檄书未至，日夜以冀。幸侍卫赍将军书来，我等得为大皇帝臣仆，永受康宁，不胜感悦。”① 接着，额尔德尼派使团进京朝觐，乾隆二十五年二月，乾隆帝颁布敕书，正式确定了清朝与浩罕之间的藩属关系。敕书曰：“尔远处边陲，闻大兵平定回部，巴达克山呈献逆贼尸首。即慕化归诚，遣使入觐，深可嘉尚。……今既为朕臣仆，自必加恩抚恤。尔其约束所部，永享无疆

① （清）傅恒：《钦定皇舆西域图志》，见《四库全书》史部258第500册，第857—858页。

之福。"[①]

清朝对浩罕汗国采取羁縻政策，"则尔土地，即与朕疆界毗连，尔等若如哈萨克慕化来归，朕将令照旧安居，不易服色、不授官爵、不责贡赋"，要求各藩部"能约束所部，永守边界，不生事端"。[②]1763年（乾隆二十八年），清朝政府向额尔德尼颁发敕书曰："汝受朕恩深重，应谨守法度，约束属人，和睦邻封。一切事务俱遵驻喀什噶尔、叶儿羌大臣等节制。"[③]

自1759—1820年，浩罕汗国与清朝一直保持着臣属关系，成书于1772年的《回疆志》卷4"蒿汉"节记载说："回目额尔德尼遣头目拜默德等，为使觐内附贡纳方物以来，嗣立之酋长绥拉满、那尔巴图亦俱节年差使入觐贡物，至今不绝。"自乾隆二十七年（1762）通中国以来，遣使来喀什噶尔共计四十八次（道光元年，其间有六十年）。[④]

18世纪末至19世纪初，清朝政治腐败，财政亏损，国防开支困难，在清朝势力衰落时期，清朝藩属国浩罕却发展壮大起来。浩罕汗国强盛之后，向外扩张，迅速占有了几乎整个锡尔河流域，成为中亚强国。19世纪20年代（玛达里统治时期），浩罕汗国脱离了与清朝的藩属关系，在1820—1876年的半个多世纪中，浩罕统治者干涉喀什噶尔事务，唆使和支持张格尔、玉素甫、倭里罕等人在喀什噶尔（今新疆喀什）、叶儿羌（今新疆莎车）等地搞分裂和叛乱活动，危害了塔里木盆地的安定局面。

张格尔是大和卓波罗尼都之孙，在玛达里汗的支持下，张格尔四次入侵南疆。清朝对浩罕的力量估计不足，认为："该国伯克慑乎大国，故亟以得通天朝为护符。是该伯克所赖天朝甚重，且贪赏，自不敢不恭顺。"[⑤]1826年夏，张格尔大举入侵南疆，随后，玛达里

---

① 《清实录》第16册，卷606，第16494页。

② 《清实录》第16册，卷555，第15724页。

③ 《清实录》第17册，卷678，第17339页。

④ （清）曹振镛等撰：《钦定平定回疆剿擒逆裔方略》，见《清代方略全书》（一），国家图书馆出版社2006年版，第402页。

⑤ 《平定回疆剿擒逆裔方略》卷4，第5页。

汗领兵五千人助战，喀什噶尔、叶儿羌、英吉沙尔、和田四城相继沦陷，驻守大臣庆祥殉难。接着，张格尔的先头部队逼近阿克苏、乌什城下，南疆处于危急之中。清朝调集3.6万名士兵，开赴南疆。

1827年春，西征军统帅长龄率满汉精锐官兵两万余人，分前后两军由阿克苏出发平叛，与张格尔和浩罕联军战于洋阿巴特庄、沙布都尔庄、阿瓦巴特庄，张格尔与浩罕联军被瓦解，清军收复南疆。张格尔逃亡，清军前往帕米尔、阿赖山区搜捕张格尔，是年底将其擒获。

1828年，钦差大臣那彦成抵达喀什噶尔，采取强制措施威逼浩罕汗国归顺。那彦成发布命令：第一，将浩罕商人驱逐出境。在汉籍中，浩罕商人被称为安集延人，他们自18世纪中叶起大批流入新疆各地，其中相当一部分已安家置产。那彦成认为，正是这些安集延人的内外串通才使张格尔如此猖狂，所以必须将他们全部驱逐出境，否则无以善其后。第二，在喀什噶尔城西九十里明约洛地方建贸易亭子，把对外贸易置于军事监督之下，不许与浩罕商人贸易，为了防止浩罕商人通过布鲁特人搞转手贸易，对布鲁特人的贸易严格监督。第三，开放对布噶尔（布哈拉）的贸易，那彦成派人到布哈拉汗国传谕："此时严禁茶黄，专不准浩罕贸易，与尔部落无干，尔部落愿来者在所不禁。"[①] 浩罕汗在经济制裁下两次遣使乞求允许通商，均遭到那彦成的拒见。浩罕国求市不成，于1830年纠集张格尔之兄玉素甫再次入侵喀什噶尔、叶儿羌，南疆动乱再起。

1831年，浩罕使者密孜依斯等三人到喀什噶尔乞求通商。长龄传谕浩罕使者，要将滋事的贼目献出然后尚可议及通商之事。浩罕汗愿意与清朝议和，同年，浩罕使者再"呈递亲供，追叙七十余年通商纳贡之悃诚，申诉五年以来断绝贸易之苦累，哓哓置辩，总以抄没驱逐为词，吁求奏恳天恩，照旧通商"[②]。以后又提出四点请求：通商免税，派设商头，讨还田产、茶叶，释回从前喀什噶尔等城发

---

① 《清代外交史料·道光朝二》。

② 中国第一历史档案馆档案，外交类，军机录副，卷656，第13号。

遣回犯。[1] 浩罕使者表示："以上四件事情若是准，我们伯克情愿同众头人各具团结进表求恩，永远恭顺。这是我们伯克一片诚心，再不改悔。"[2] 1832 年 4 月 13 日，清廷颁谕："浩罕伯克遣夷目递禀所求四事，尚属可行，第四条亦照议允。"[3] 于是，玛达里向清廷上表臣属，表文说："浩罕伯克迈买底里呈高福高寿万民大皇帝上。前者阿奇木伯克作霍尔敦使依山阿吉前来送字儿，内言浩罕各处地方有贸易回子，准其出入贸易，并求免抽税，因此使人给信等语。正是大皇帝上赐天高之恩，难以形容。至有恳求四件事俱奏大皇上允准，浩罕所属小回子都沾上大皇帝如天之仁，如日之明，俱各欢喜，从此就过平安好日子。迈买底里身子虽是外国人，心里与中原人一般，以后，此心万不能改变。浩罕在天朝从无背叛之事，如今一切坏心俱已去过，惟有恭顺。以后，迈买底里如再改悔前言，至令回子受害，即是迈买底里重罪。为此秉心抱经发誓，惟有永远恭顺，常念天朝恩典，为此用图书表文叩请圣安。"[4]

1840 年的鸦片战争暴露了清朝的腐败，1864 年（同治三年），新疆各族人民爆发大规模的反清运动，反清运动的领导权都掌握在以阿訇、和卓、伯克等为代表的上层分子手中。他们为了争夺领导权，互相攻杀。在此战乱中，喀什城统治者司迪克伯克求助于浩罕汗国，迎请张格尔之子布素鲁克和卓返回新疆。

同年 12 月，喀什噶尔使者抵达浩罕城。在浩罕汗的支持下，浩罕汗国军官阿古柏（约 1829—1877 年）与布素鲁克和卓于 1865 年 1 月率军进入喀什噶尔。阿古柏出生在塔什干城所属的一个名叫匹斯坎特的小镇，初为浩罕汗胡达雅尔的侍卫，后升至阿克麦切特要塞指挥官。1853 年，俄国攻克阿克麦切特，阿古柏防御失败，反过来参与了推翻浩罕汗胡达雅尔的活动。

---

① 中国第一历史档案馆档案，外交类，军机录副，卷 656，第 4 号。

② 同上。

③ 潘志平主编：《中亚的地缘政治文化》，第 304 页。

④ 同上书，第 304—305 页。

来到喀什噶尔后，布素鲁克控制不了局势，阿古柏却利用他的影响扩展自己的势力，迅速组织起一支数千人的军队，兵分两路攻南疆。一支南下英吉沙，于 4 月 11 日攻陷该城；另一路进兵维依塔克山区，喀什城统治者司迪克伯克战败后逃亡塔什干，后来不知所终。

1865 年秋，浩罕汗国本土遭到俄军的进攻，大约有七千多名浩罕散兵在阿林沽侍卫长玉努斯江的率领下来喀什噶尔投奔阿古柏。他们的到来使阿古柏吞并整个新疆的野心膨胀起来。1866 年年初，阿古柏攻陷巴楚，叶儿羌统治者伊斯哈克投降，阿古柏乘胜占领了阿克苏。至此，浩罕侵略者阿古柏已将塔里木盆地西南缘之地置于自己的控制之下。

1867 年，阿古柏在喀什噶尔建立了“哲德沙尔汗国”（“哲德沙尔”意为“七城”，指天山以南的喀什、英吉沙、叶儿羌、和田、阿克苏、库车和乌什城）。张格尔之子布素鲁克成为“哲德沙尔汗国”汗，阿古柏担任军队总司令，掌握汗国实权。这一分裂政权统治南疆达十三年之久。

为了维持叛乱政权，阿古柏与当时正在争夺中国新疆的英、俄两国势力勾结。英国企图利用阿古柏政权对抗俄国。1868 年，英国派印度康格拉茶园主、英国人罗伯特·沙敖到喀什噶尔与阿古柏会晤。第二年，阿古柏派亲信伊赫拉尔汗（又名米尔扎·沙迪）赴印度，希望得到英国的帮助。英国驻印度总督亲自接见他，赠送他大批枪支弹药和制造军械的设备，还允许他把工匠带往喀什噶尔，建立军火工厂。

与此同时，俄国也积极与阿古柏靠拢。1868 年，俄国派人到喀什噶尔，同年，阿古柏派人去塔什干和圣彼得堡。1871 年，俄国出兵侵占伊犁，第二年 5 月，俄国派以考尔巴斯为首的使团到喀什噶尔，阿古柏与俄国签订了所谓“俄阿条约”，条约共五款，其中规定俄国承认“洪福汗国”，“洪福汗国”给予俄国控制区内贸易权，关税按 2.5% 收取。1873 年，一个由三百人组成的英国使团在弗赛斯的率领下来到喀什噶尔，弗赛斯向阿古柏转交了英国女王维多利亚的信和印度总督赠送的大批步枪。1874 年，英国与阿古柏签订了

“英国与喀什噶尔条约”，除了和“俄阿条约”类似的条款外，英国通过这一条约取得了商品自由流通、英派驻领事和享有治外法权等权利，还规定了双方互派大使。[①]

1875 年 3 月 10 日，清朝任命内阁大学士、陕甘总督左宗棠筹划西征阿古柏事宜，担任西征大军总指挥官。湘军、豫军、川军及吉林、黑龙江的马队，在新疆各族人民的支持和配合下，仅用一年多的时间，平定了阿古柏之乱，基本上收复了所有失地。浩罕支持阿古柏的分裂活动也遭到了大多数新疆居民的反对，“见到安集延人（浩罕人）就杀”的口号响彻天山南北。

阿古柏在喀什噶尔建立的“哲德沙尔汗国”对保护中国领土的完整产生了极其恶劣的影响，西方就是利用与它签订的条约，第一次自由地进出新疆地区。阿古柏政权灭亡以后，英、俄两国先后在喀什开设了总领事馆，加强了对中国西部的渗透和争夺。阿古柏在南疆发动战争之时，大批乌兹别克人跟随阿古柏从浩罕迁入新疆，在阿古柏之乱被平定后，第二年，即 1876 年，浩罕汗国被俄国兼并，此时也有大批乌兹别克人进入新疆，使乌兹别克族成为新疆的一个主要民族。

1855 年 3 月，阿富汗国王多斯特・穆罕默德与英国在旁遮普的高级密使让・劳伦斯在白沙瓦签订了条约，阿富汗国王承认以“尊敬的东印度公司的朋友为友，敌人为敌”[②]。

---

① 新疆社会科学院民族研究所编：《新疆简史》第 2 册，第 159 页。

② W. K. Fraser-Tytler, *Afghanistan*, pp. 122-123.

附录一：世系表

哈萨克汗国汗世系表

克烈和札尼别（1456—1488）

布鲁杜克汗（1488—1509）

哈斯木（1509—1523）

谟麻什（几个月）

塔赫尔（？—1533）

不答什（1533—1534）

吐格呼木（1534—1538）

哈克·纳咱尔（1538—1580）

昔格海汗（1580—1582）

特夫克勒（1586—1598）

额什木汗（1598—1628）

杨吉尔汗（1630—1652）

头克汗（1680—1718）

大玉兹汗世系表

卓勒巴尔斯（1730？—1740）

梯乌勒（1740—1740）

库西雅克（准噶尔总督，1740—1749）

阿比里斯（？—1783）

杭和卓（1783—1808）

中玉兹汗世系表

赛买克汗（1718—1736）

西部汗阿布勒班毕特汗（1736—1769）

阿布赉（1771—1781）

瓦里（1780—1818）

东部汗巴拉克汗（1731—1750）

库恰克汗（1750—？）

小玉兹汗世系表

阿布勒海尔（1730—1748）

努拉里汗（1748—1790）

艾拉里（1790—1794）

伊施姆（1794—1797）

艾楚瓦克（1797—1805）

丘列（1805—1814）

希哈孜（1814—1824）

叶儿羌汗国汗世系表

萨亦德（1514—1533）

阿不都·拉失德（1533—1565）

阿不都·哈林（1565—1591）

马黑麻（1591 或 1592—1609 或 1610）

阿黑麻（1609 或 1610—1618 或 1619）

阿不都·拉提甫（1618 或 1619—1630 或 1631）

阿黑麻第一次统治（1630 或 1631—1631 或 1632）

马合木（1632—1635）
阿黑麻第二次统治（1635—1638）
阿卜杜拉（1638 或 1639—1667）
尤勒巴尔斯（1667—1670）
伊斯玛仪（1670—1680）
阿帕克和卓第一次执政（1680—1690）
穆罕默德·艾敏（1692—？）
阿帕克和卓第二次执政（？—1696）

准噶尔汗国汗世系表

哈喇忽剌（？—1634）
巴图尔（1634—1653）
僧格（1653—1671）
噶尔丹（1671—1697）
策妄阿拉布坦（1697—1727）
噶尔丹策零（1727—1745）
策旺多尔济那木扎尔（1745—1750）
喇嘛达尔扎（1750—1752）
达瓦齐（1752—1755）

土尔扈特汗国汗世系表

和鄂尔勒克（1630—1645）
书库尔岱青汗（1645 或 1646—1661）
朋楚克汗（1661—1670）
阿玉齐汗（1670—1724）
策凌敦多克汗（1724—1735）
敦啰布妄布（1735—1741，俄国任命）
敦啰布喇什（1741—1761）
渥巴锡（1761—1771）

布哈拉汗国汗世系表

昔班尼王朝汗世系

昔班尼（1500—1510）
马黑麻·帖木儿·埃米尔（1510）
忽春赤（1512—1530）
阿布·赛德（1530—1533）
奥贝都剌（1533—1539）
阿布·阿吉兹（1539—1550）
布尔甘·速檀（？—1555）
皮尔·穆罕默德（？）
伊斯坎达尔（1561—1583）
阿布杜拉二世（1583—1598）
阿布·穆明（1598）
皮尔·马黑麻（1598—1602）
同时在撒马尔罕称汗的有：阿布杜·拉提甫汗（1540—1551）
速檀·赛德（1551—1551）
瑙鲁兹·阿赫麦德（1551—1556）

札尼王朝汗世系

札尼伯（1598—1602）
巴基·穆罕默德（1602—1605）
瓦力·穆罕默德（1605—1611）
伊玛姆·库利（1611—1642）
纳迪尔·穆罕默德（1642—1645）
阿布·阿吉斯（1645—1681）
苏布罕·库里（1681—1702）
奥贝都拉（1702—1711）
阿布尔·费兹（1711—1747）
阿布穆明（1747—1751）

奥贝杜拉（1751—1754）
穆罕默·拉希姆（1756—1758）
费兹尔·土拉（1758？）
阿布尔·哈齐（1758—1785）

曼格特王朝埃米尔世系

穆罕默德·拉希姆（1756—1758）
丹尼雅尔（1758—1784）
沙赫·穆拉德（1785—1799）
海达尔·图拉（1800—1826）
胡赛因（3个月）
倭玛尔（3个月）
纳斯鲁拉赫（1827—1860）
穆札法尔（1860—1885）
阿布·阿哈德（1885—1910）
阿利姆汗（1910—1920）

希瓦汗国汗世系表

阿拉布沙希王朝汗世系

伊勒巴尔斯（1512—？）
速檀·哈只（？）
哈森·库里（？—1525）
索菲昂（1525—1535）
不出合（1535—1535）
阿瓦涅夫（1535—1538）
阿布·阿吉兹（1539—1540）
哈尔汗
阿合台
尤努思
道斯特（？—1557）

哈吉·穆罕默德（1557—1602）
阿拉不·穆罕默德（1602—1622）
伊勒巴尔（1622—1642）
伊斯法德雅尔（1623—1642）
阿布哈齐（1643—1663）
阿奴什（1663 或 1664—1687）
伊伦格（1688—1694）
沙赫·尼雅兹（1697—？）
穆西（1700 或 1701—？）
阿拉卜·马赫木德（1702—？）
希尔·加齐（1716—1728）
伊尔巴斯（1728—1740）
塔希尔·伯克（1740—1741）
努拉里（1741—1741）
阿布尔·哈齐（1741—1746）
盖布（1746—1757）

弘吉剌惕王朝汗世系

艾利吐热尔（1804—1806）
麦哈穆·拉希姆（1806—1825）
阿拉·库里（1825—1842）
拉希姆·库里（1842—1845）
穆罕默德·艾明（1846—1855）
赛义德·穆罕默德（1856—1865）
穆罕默德·拉希姆·巴哈杜尔（1865—1910）
赛义德·异密·乌勒·奥马尔
穆罕默德·拉希姆·巴哈杜尔第二次继位（1873—？）
阿布德·阿拉（？—1920）

浩罕汗国统治者世系表

沙鲁赫比（1709—1721）

阿卜都尔热依姆（1721—1733）

阿卜都尔噶里木（1733—1750）

巴巴伯克（1750—1751）

额尔德尼（1751—1769）

绥拉满伯克（3个月）

那尔巴图（1769—1799）

爱里木（1799—1810）

爱玛尔（1811—1822）

玛达里（1822—1841）

速檀·马木特（1841—1842）

希尔·阿里（1842—1845）

木拉特（1845）

胡达雅尔（第一时期：1845—1858）

迈里（1858—1862）

沙木拉特（1862—1864）

阿林沾（1864—1865）

胡达雅尔（第二时期：1865—1875）

纳斯鲁丁（1875—1876）

阿富汗王国国王世系表

杜兰尼王朝国王世系

艾哈迈德（1747—1772）

帖木儿·沙赫（1773—1793）

查曼·沙赫（1793—1800）

马茂德（第一时期：1800—1803）

苏查·穆尔克（1803—1809）

马茂德（第二时期：1809—1818）

巴拉克查依王朝世系

多斯特·穆罕默德（1826—1863）

希尔阿里（第一时期：1863—1865）

阿夫扎尔（1865—？）

阿吉姆汗（？）

希尔阿里（第二时期：？—1879）

雅各布（1879—1880）

阿布杜尔·拉赫曼(1880—1901)

巴达克山统治者世系表

沙哈鲁（1409—1447）

卜赛因（1458—1469）

穆巴拉克·沙赫（？）

米尔咱（1506 或 1507—1520）

胡马雍（1520—1529）

兴达尔（？）

素莱曼（1529—1575）

沙赫鲁克（1575—1584）

乌兹别克人统治

沙贾汉（1646—1647）

米尔·牙尔·伯克（1688—1706 或 1707）

素莱曼沙赫（1706 或 1707—1713）

兹雅鲁丁（1713—1737）

素莱曼·伯克（？）

米尔咱·卡兰一世（？）

米尔·伯哈努丁（？）

米尔咱·卡兰二世（？）

米尔·阿赫马德（？）

米尔咱·卡兰三世（？）

沙赫·匝曼（？）

优素福·阿里（？）

纳迪尔·沙赫（1737—1738）

沙瓦里（1768）

穆拉德·伯克（？）

附录二：地图

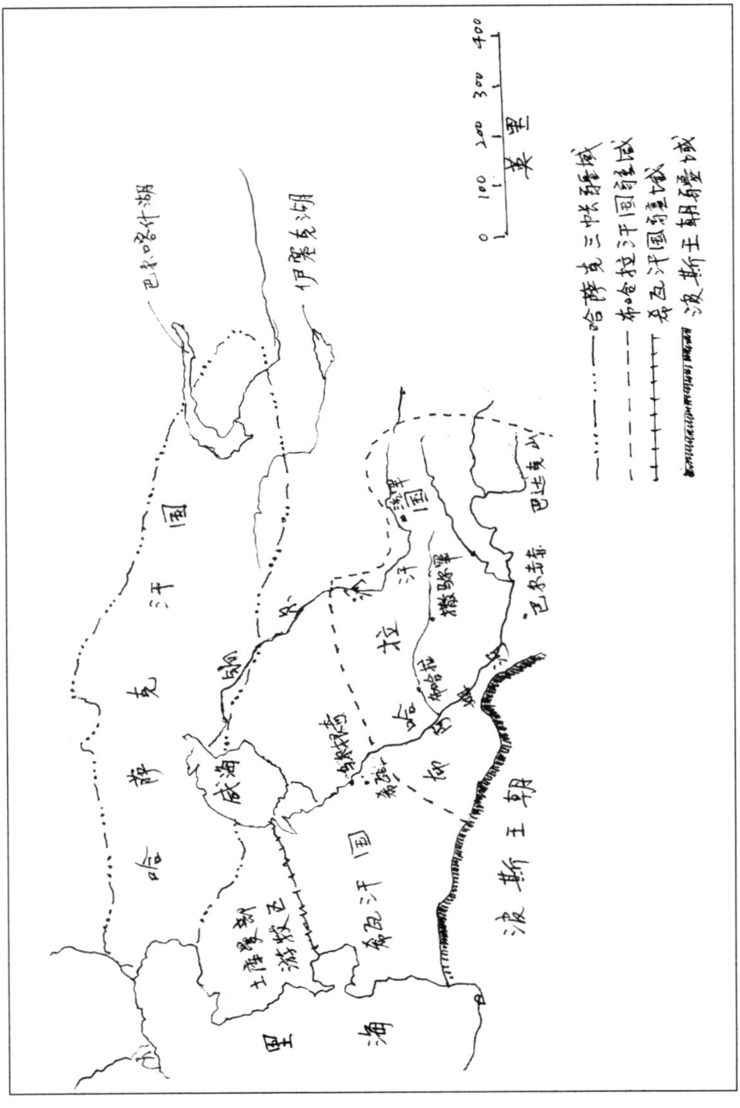

图一：16—17 世纪的中亚（据 Geoffyey Wheeler, *The Modern History of Soviet Central Asia*, p.249 地图绘制）

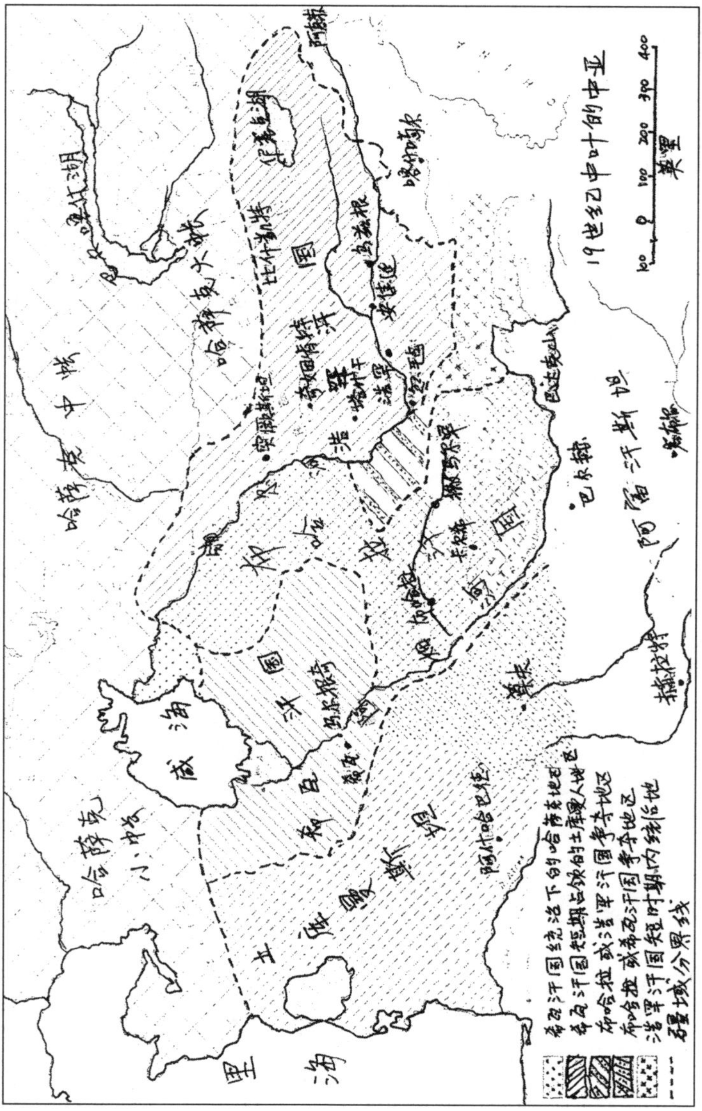

图二：19 世纪中叶的中亚（据 Geoffyey Wheeler, *The Modern History of Soviet Central Asia*, p.251 地图绘制）

参考书目

中文著作:

(元)李志常述:《长春真人西游记》,中华书局 1985 年版。

(清)傅恒:《钦定皇舆西域图志》,见影印《文渊阁四库全书》,上海古籍出版社 1989 年版。

(清)椿园七十一:《西域闻见录·外藩列传》,日本京都大学藏本。

(清)梁份:《秦边纪略》,赵盛世等校注,青海人民出版社 1987 年版。

(清)那彦成:《那文毅公奏议》,上海古籍出版社 1996 年版。

(清)王之春:《清朝柔远记》,中华书局 1989 年版。

(清)文庆等纂辑:《筹办夷务始末》,上海古籍出版社 2007 年版。

《清代方略全书》,国家图书馆出版社 2006 年版。

《清实录》,中华书局 2008 年版。

《哈萨克族简史》修订本编写组:《哈萨克族简史》,民族出版社 2008 年版。

季羡林等校注:《大唐西域记校注》,中华书局 2000 年版。

《柯尔克孜族简史》修订本编写组:《柯尔克孜族简史》,民族出版社 2008 年版。

厉声:《哈萨克斯坦及其与中国新疆的关系（15 世纪—20 世纪中期）》，黑龙江教育出版社 2004 年版。

马大正、冯锡时:《中亚五国史纲》，新疆人民出版社 2000 年版。

潘志平主编:《中亚的地缘政治文化》，新疆人民出版社 2003 年版。

彭树智、黄杨文:《中东国家通史》(阿富汗卷)，商务印书馆 2009 年版。

王治来:《中亚近代史》，兰州大学出版社 1989 年版。

王治来:《中亚史纲》，湖南教育出版社 1986 年版。

王治来:《中亚通史》(近代卷)，新疆人民出版社 2004 年版。

吴筑星:《沙俄征服中亚史考叙》，贵州教育出版社 1996 年版。

新疆社会科学院民族研究所编:《新疆简史》第 2 册，新疆人民出版社 1980 年版。

张星烺编注:《中西交通史料汇编》，朱杰勤校订，中华书局 2003 年版。

赵尔巽等撰:《清史稿》，中华书局 1998 年版。

译著:

〔阿富汗〕胡什哈尔汗等:《阿富汗诗歌选》，杜苕、宋兆霖译，人民文学出版社 1957 年版。

〔波斯〕拉施特:《史集》，余大钧、周建奇译，商务印书馆 1997 年版。

〔俄〕涅鲍尔辛:《俄国对外贸易统计评论》第 2 集，《中亚史丛刊》1988 年第 4 期。

〔俄〕罗日科夫:《沙皇政府在中东的经济政策》，《中亚史丛刊》1988 年第 4 期。

〔俄〕克留恰列夫:《浩罕记述》，《中亚史丛刊》1988 年第 4 期。

〔俄〕伊・费・巴布科夫:《我在西西伯利亚服务的回忆》(下册)，王之相译，陈汉章校，商务印书馆 1973 年版。

〔俄〕A. D. 列夫申:《吉尔吉斯—哈萨克各帐及各草原的述叙》，新疆社会科学院民族研究所汉摘译本 1975 年油印稿本。

〔俄〕捷连季耶夫:《征服中亚史》第 1 卷，武汉大学外文系译，商务印书馆 1980 年版。

〔俄〕捷连季耶夫:《征服中亚史》第 2 卷，新疆大学外语系译，商务印书馆 1983 年版。

〔俄〕捷连季耶夫:《征服中亚史》第 3 卷，西北师范学院外语系译，商务印书馆 1986 年版。

〔苏联〕维・维・巴尔托里德:《中亚简史》，耿世民译，新疆人民出版社 1980 年版。

〔苏联〕威廉・巴托尔德:《中亚突厥史十二讲》，罗致平译，中国社会科学出版社 1984 年版。

〔哈萨克〕努・纳扎尔巴耶夫:《前进中的哈萨克斯坦》，哈依霞译，民族出版社 2000 年版。

〔哈萨克〕克拉拉哈菲佐娃:《14—19 世纪中国在中央亚细亚的外交》，杨恕、王尚达译，兰州大学出版社 2002 年版。

〔美〕斯塔夫里阿诺斯:《全球通史——1500 年以后的世界》，吴象婴、梁赤民译，上海社会科学院出版社 1992 年版。

〔日〕羽田明:《西域史》，《中亚史丛刊》1988 年第 5 期。

〔日〕佐口透:《新疆民族史研究》，章莹译，新疆人民出版社 1993 年版。

苏联科学院主编:《世界通史》第 5 卷，生活・读书・新知三联书店 1963 年版。

〔苏联〕Б. Г. 加富罗夫:《中亚塔吉克史》，肖之兴译，中国社会科学出版社 1985 年版。

〔苏联〕H. 帕里莫夫:《卡尔梅克族在俄国境内时期的历史概况》，许淑明译，徐浜校，新疆人民出版社 1986 年版。

〔苏联〕帕・彼・伊凡诺夫:《中亚史纲》，吴筑星、董兴森译，《中亚史丛刊》1983 年第 1 期。

〔苏联〕哈尔芬：《中亚归并于俄国》，吴筑星、董兴森译，《中亚史丛刊》1988 年第 4 期。

〔苏联〕伊·亚·兹拉特金：《准噶尔汗国史》，马曼丽译，商务印书馆 1980 年版。

〔乌兹〕艾哈迈多夫：《16—18 世纪历史地理文献》，陈远光译，云南人民出版社 2002 年版。

〔匈牙利〕加文·汉布里主编：《中亚史纲要》，吴玉贵译，商务印书馆 1994 年版。

〔印度〕巴布尔：《巴布尔回忆录》，王治来译，商务印书馆 1997 年版。

〔英〕珀西·塞克斯：《阿富汗史》第 2 卷，张家麟译，潘庆舲校，商务印书馆 1972 年版。

〔英〕柯宗等：《穿越帕米尔高原》，吴泽霖译，民族出版社 2004 年版。

阿布尔·哈齐·把阿秃儿汗：《突厥世系》，罗贤佑译，中华书局 2005 年版。

贾合甫·米尔扎汗：《哈萨克族》，何星亮译，民族出版社 2004 年版。

米儿咱·马黑麻·海答儿：《中亚蒙兀儿史——拉失德史》，新疆社会科学院历史研究所译，王治来校注，新疆人民出版社 1983 年版。

《中亚文明史》第 5 卷，蓝琪译，中国对外翻译出版公司 2006 年版。

外文原著：

A. Vámbéry, *History of Bokhara: From the Earlist Period Down to the Present, Composed for the First Time after Oriental Known and Unknown Historical Manuscrips*, London, 1873.

Alexis Krausse, *Russia in Asia: A Record and a Study, 1558-1899*, New York, Henry Holt and Co, English translation, 1899, New York,

Repr., 1973.

Burnes A., *Travels into Bokhara: Containing the Narrative of a Voyage on the Indus from the Sea to Lahore, with Presents from the King of Great Britain*, Repr., 1973, London, 3Vols.

C. Adle, Irfan Habib, *History of Civilizations of Central Asia, V: Development in Contrast from to the Sixteenth to the Mid-nineteenth Century*, UNESCO, 2003.

Edward Allworth, edit, *Central Asia: 130 Years of Russian Dominance, A Historical Overview*, third Edition, Dubham and London: Duke University Press, 1994.

Encyclopaedia of Islam, 1st edition, Leiden, 1913-1938; 2nd exdition, Leiden, 1954-2005 (several indexes to be published until 2007) .

Eugene Schuyler, *Turkistan: Notes of a Journey in Russian Turkistan Khokand, Bokhara and Kuldja*, London, 1876.

F. H. Skrine and E. D. Ross, *The Heart of Asia: A History of Russian Turkestan and the Central Asian Khanates from the Earliest Times*, London, 1899.

W. K. Fraser-Tytler, *Afghanistan: A Study of Political Developments in Central Asia*, London: Oxford University Press, London, 1953, 1967.

Gavin Hambly, *Central Asia*, Dell publishing Co, Inc, New York, 1969.

Geoffrey Wheeler, *The Modern History of Soviet Central Asia*, London: Weidenfeld and Nicolson, 1964.

Gordon Sir T. E., *The Roof of the World: Being the Narrative of a Journey over the High Plateau of Tibet to the Russian Frontier and the Oxus Sources on Pamir*, London: Edinburgh, 1876.

H. Landsdell, *Russian Central Asia*, 2 Vols, London, 1885.

B. N. Litvinov, Cherez, *Bukharu na Pamir, Istoricheskiy vestnik*, St. Petersburg, 1904.

Owen Lattimore, *Pivot of Asia: Sinkiang and the Inner Asian Frontiers of China and Russia*, Boston: Little, Brown and Company, 1950.

Sir Henry Howorth, *History of Mongol: From the 9th to the 19th Century*, London: Longmans, Green, 1927.

The Encyclopaedia Britannica, *11th*, Cambridge University Press, 1911.

V. V. Barthold, *Four Studies on the History of Central Asia*, tr. by V. and T. Minorsky, Leiden, 1956.

W. Moorcroft, G. Trebeck, *Travels in the Himalayan Provinces of Hindustan and the Panjab: In Ladakh and Kashmir; in Peshawar, Kabul, Kunduz and Bokhara from 1819-1825*, London, 2Vols, 1837.

主要论文：

马曼丽：《叶尼塞吉尔吉斯的西迁与中亚吉尔吉斯民族的形成》，《西北史地》1984 年第 4 期。

许涛：《关于土库曼人的历史性大迁徙》，《新疆大学学报（哲学社会科学版）》1995 年第 2 期。

中外译名对照

A. I. Tevkelev［人］捷夫凯列夫
Abdālis［族］阿布达利部
Abivard［地］阿比瓦尔德
Ablai［人］阿布赉
Abū Sa'īd［人］卜赛因
Abū Sa'īd［人］阿布·赛义德
Abū Sa'īd Mīrzā［人］卜赛因·米尔咱
Abū'l Fayz［人］阿布尔·费兹汗
Abū'l Ghāzī［人］阿布哈齐
Abū'l Khayr［人］阿布海尔
'Abbās［人］阿拔斯一世
'Abdu'l 'Ahad［人］阿布·阿哈德
'Abdu'l 'Amīn［人］阿布·阿明
'Abdu'l 'Azīz［人］阿布杜·阿齐兹
'Abdu'l 'Azīz Khān［人］阿布·阿吉兹汗
'Abdu'l Ghaffār［人］阿布杜尔·加法尔
'Abdu'l Hamīd Mahmand［人］阿布杜尔·哈米德·马赫曼德
'Abdu'l Karīm［人］阿卜都尔噶里木

‘Abdu’l Latīf Khān［人］阿不都・拉迪甫

‘Abdu’l Latīf Khān［人］阿不都・拉提甫

‘Abdu’l Latīf Khān［人］阿布杜・拉提甫汗

‘Abdu’l Mu’min［人］阿布・穆明

‘Abdu’l Qādir［人］阿布・卡迪尔

‘Abdu’l Qādir Khatak［人］阿布杜勒・卡台尔・哈塔克

‘Abdu’l Rahīm［人］阿卜都尔热依姆

‘Abdu’l Rahmān［人］阿布杜尔・拉赫曼

‘Abdu’l Rahmān Mushfiqī Bukhārī［人］阿布杜尔・拉赫曼・穆斯菲奇・布哈里

‘Abdu’l Rahmān Quchaq Uulu［人］阿布杜拉赫曼・库恰克・乌鲁

‘Abdu’l Rashīd［人］阿不都・拉失德

‘Abdullāh［人］阿布杜拉

‘Abdullāh Khān［人］阿布杜拉汗

‘Abdullāh-nāma［书］《阿布杜拉史》

Ādāqli-Khizir-elis［族］基兹尔・厄利

‘Ādat［专］习惯法

Adaq［人］阿达克

Afāq Khwādja Hidāyatullāh［人］阿帕克和卓

Afridis［族］阿弗里提人

Afshār［族］阿夫沙尔部

Afzal Khatak［人］阿富查里・哈塔克

Āghā Muhammad Khān［人］阿迦・穆罕默德汗

Achinsk［地］阿钦斯克

Ahmad al-Sirhindi［人］阿赫默德・希尔信迪

Ahmad Shah Durani［人］艾哈迈德・沙赫・杜兰尼

Ajar［地］阿贾尔

Akbar［人］阿克巴

Akhal-Teke［专］阿克哈尔・帖克马

Akhsi［地］阿赫昔

Al-Aqsa［地］艾尔·阿克萨清真寺

Alarbai［人］阿拉尔拜

Alborz［地］厄尔布尔士山

Alexander Burnes［人］亚历山大·伯恩斯

Alilis / ‘Alī-ilīs［族］阿利利

Alimuls［族］艾里木乌勒部

‘Alī Mardān Khān［专］阿里·马丹汗

‘Alī Sultān［人］阿里·速檀

‘Alī Yazdī［人］阿里·雅兹迪

‘Alim Khān［人］阿利姆汗

‘Alīm Rahīm Tāshkandī［人］阿利姆·拉希姆·塔什干迪

‘Ālim Shaykh ‘Azīzān［人］阿利姆·谢赫·阿兹赞

Allāh-Yār Khān［人］阿拉赫·雅尔汗

Almambet［人］阿勒曼别特

Al-Safawiyyah［王］萨法维王朝

Alti shahar khanlarinin tarikhi［书］《六城汗王的历史》

Alty Kurtka Bī［人］阿尔提·库尔特卡·比

Altyr［族］阿尔提尔

Altyssar［族］阿尔提萨尔

Alvand Mīrzā［人］阿万德·米尔咱

Amānī［人］阿马尼

Amlāk / Khāss［专］国有地

Anatolia Plateau［地］安纳托利亚高原

Andalibu Muhammad Gharib［人］安达利布·穆罕默德·加里布

Andijan［地］安集延

Anīs al-Tālibīn［书］《探索者之友》

Anrakay［地］安拉凯

Ansāb al-salātīn wa tawārīkh al-khawāqīn［书］《速檀王统与可汗

世袭》
Anthology［书］《诗选》
Anthony Jenkinson［人］安东尼·詹金森
Anūsha Muhammad［人］阿奴什·穆罕默德
Āq Qoyūnlū［王］白羊王朝
Arabachis / Arrābechis［族］阿拉巴奇人
'Arab Muhammad［人］阿拉不·穆罕默德
'Arabshāhids［王］阿拉布沙希王朝
'Ārif［人］阿里弗
Arghins［族］阿尔根部
Ariq Böke［人］阿里不哥
Ariqs［专］灌溉渠
Arminius Vambéry［人］阿米尼努斯·万贝里
Arquq［地］阿尔库克
Arrasl Dibatur［人］阿拉斯赫尔·迪巴图尔
Arys R.［地］阿雷西河
Arzu Muhammad Bek［人］阿尔柱·穆罕默德·伯克
'Āshiq［人］阿什克
Āshnā［专］熟人 / 朋友
Ashraf［人］阿失拉夫
Asterabad［地］阿斯特拉巴德
Atālīq［专］阿塔雷克
Aul［专］阿乌尔
Aurangzeb［人］奥朗则布
Ayuka［人］阿玉齐
Azerbeidjan［地］阿塞拜疆
Bābā Beg［人］巴巴伯克
Bābā Hājī Safā［人］巴巴·哈吉·萨法
Bābā Rahīm Mashrab［人］巴巴·拉希姆·马什拉布

Babur［人］巴布尔

Badghis［地］巴德吉斯

Bādī Zamān［人］巴迪·匝曼

Bāghābād［地］巴加巴德

Baghlan［地］巴格兰

Bahā'u'ddīn Naqshband［人］巴哈丁·纳合什班底

Bahā'uddīn［人］巴哈鲁丁

Bahādur Shāh［人］巴哈都尔沙

Bahr al-asrār［书］《神秘之海》

Bajaur［地］贝乔尔

Bakhmal［专］巴克赫马尔

Bālā-Murghāb［地］穆尔加布堡

Balkhan［族］巴尔罕

Baluch［族］俾路支人

Bāqī Muhammad［人］巴基·穆罕默德

Barabins / Baraba-Tatars［族］巴拉宾人

Barāt［专］特权

Bartang［地］巴尔唐

Bāyazīd Ansārī［人］巴雅济德·安萨里

Bayram Khān［人］培拉姆汗

Bāysunqur［人］拜孙哈尔

Bayuls［族］拜乌勒部

Bekovich-Cherkasski［人］别科维奇·切尔卡斯基

Beleutti［地］贝留提

Besh-Ariq［地］别什·阿里克

Bojnurd［地］博济努尔德

Borolday R.［地］博罗尔德河

Bukenbay［人］布肯贝

Bukhara Darwāza［地］布哈拉门

Bulanti［地］布兰提

Bulgar［地］保加尔

Burhānu'ddīn Kuskhakī［人］白哈鲁丁·库什哈基

Buriat［族］布里亚特

Burunduq Khan［人］布鲁杜克汗

Bust［地］布斯特

Bustān［书］《果园》

But Khānas［宗］偶像圣殿

Buydash［人］不答什

Caskar［地］喀什

Chadak / Chalak［地］察拉克城

Chahār-suq-i Āhanīn［专］铁匠路口

Chalas［专］冷染工

Chaldiran［地］迦勒底兰

Chārjū［地］查尔朱

Charva［专］游牧生活方式

Chaudurs［族］乔都尔人

Chavdar / Chaldar［专］抛光布

Chinggis-nāma［书］《成吉思汗史》

Chirchik R.［地］奇尔奇克河

Chīt［专］印花布

Chomri［专］定居生活方式

Chuoluosibu［族］绰罗斯部

Cossacks［族］哥萨克人

D. Lord［人］D. 洛德

Dādkhwāh［专］达克赫瓦赫

Daftars［专］登记簿

Dagh-Boyu［地］山脉区

Dargana［族］达尔加纳塔部

Darun［地］达鲁恩

Darwaz［地］达尔瓦兹

Daryārliq R.［地］达里亚利克河

Dastārkhwānchī［专］达什塔尔克赫万奇

Dih-i Nau［地］迪赫依瑙

Dīn Muhammad［人］丁・穆罕默德

Dīwān-begī［专］财政部长

Diyar Bakr［地］迪亚巴克尔

Dost Bak Bahadur［人］多斯特・伯克・巴哈杜尔

Dost Muhammad［人］多斯特・穆罕默德

Dulats / Dughlats［族］杜格拉特部

Durrānī Dynasty［王］杜兰尼王朝

E. Schuyler［人］E. 舒勒

Ebendu［人］鄂本笃

Emba R.［地］恩巴河

Emrelis［族］伊木里利人

Ereng / Awrang［人］伊伦格

Er-Qoshoy［书］《艾尔托什吐克》

Ersaris［族］爱尔撒里人

Esān Buqā Khan［人］也先不花汗

Esenilis［族］也先尼利

Esenkhān［族］伊孙汉

Esim Kham［人］额什木汗

Faizabad［地］法扎巴德

Farah［地］法拉赫

Faridūn Mīrzā［人］法里敦・米尔咱

Fatwā［专］法特瓦

Fāzil Tura［人］费兹尔・土拉

Fazlullāh b. Ruzbihān Khunjī［人］法兹鲁拉赫・伊本・鲁兹比汗

Florio Beneveni［人］弗洛伊·别涅维尼
Gagarin［人］加加林
Gaibu［人］盖布
Galdan［人］噶尔丹
Galdan Cering［人］噶尔丹策零
Gengge［人］僧格
George Trebeck［人］乔治·特里伯克
Gêorgie［地］格鲁吉亚
Ghazni［地］加兹尼
Ghilzāis［族］吉尔查依部
Ghiyāsī［人］吉雅斯
Ghujduvan［地］忽吉都万
Golestān / Gulistān［书］《蔷薇园》
Gorgan R.［地］戈尔甘河
Grodekov［人］格罗第科夫
Gul o bulbul［书］《花儿与夜莺》
Gulbadan Begum［人］古尔巴丹公主
Guliyefu［地］古里耶夫
Gulzār［书］《花园》
Guzar-i Zardūzī［专］金线刺绣道
Habibov［人］哈比波夫
Habībullāh Bukhārī［人］哈比布拉·布克哈里
Hadīs［专］格言，传统
Hāfiz［人］哈菲兹
Hāfiz b. Muhammad Bukhārī［人］哈菲兹
Hājam［人］哈吉姆
Hājī Muhammad Khān［人］哈吉·穆罕默德汗
Hākim［专］省总督
Halīma［人］哈利马

Hāll Khān［人］哈尔汗

Haqq Nazar Khan［人］哈克·纳咱尔汗

Hasan Qulī［人］哈森·库里

Hauzs［专］水库

Hazrat［人］哈兹拉特

Hindal［人］兴达尔

Hissar［地］希萨尔

Hotaks［族］霍塔克

Howorth［人］霍渥斯

Humāyūn［人］胡马雍

Husayn［人］胡赛因

Husaynī［人］胡赛尼

‘Ibādullāh Khitāy［人］伊巴杜拉·吉台

I. Khokhlov［人］伊凡·霍赫洛夫

Ibn al-‘Arabī［人］伊本·艾布·阿拉比

Igdirs［族］伊格迪儿人

Ihdād［人］伊赫达德

Ikhwān［专］友爱意识

Il / Boy / Qabila［专］部落联盟

Ilbārs［人］伊尔巴斯

Ilbārs［人］伊勒巴尔

Ilbārs［人］伊勒巴尔斯

Imām Qulī Khān［人］伊玛姆·库利汗

Ināq［专］亦剌克

Iqan［地］伊干

Iqtā［专］份地

Irdāna / Erdeni［人］额尔德尼

Isan Taishi［人］也先台吉

Iset［人］伊萨特

Isfahan［地］伊斯法罕

Isfandiyār［人］伊斯法德雅尔

Isfara［地］伊斯法拉

Isfizar［地］伊斯菲扎尔

Iskandar Khān［人］伊斯坎达尔

Ismā'īl［人］伊斯玛仪

Ismā'īl Shāh［人］伊斯玛仪沙

Itschki-Sālor［族］内撒洛尔部

Jadīd［专］复兴

Jahān 'Arshī［人］加罕和卓

Jahāngīr［人］查罕杰

Jalālu'ddīn 'Azīzān［人］贾拉鲁丁·阿兹赞

Jalāyersf［族］札剌亦儿

Jangil Mīrzā［书］《江额勒木尔扎》

Jānī Beg［人］札尼伯

Janish and Bayish［书］《江尼什与巴依什》

Jihād［专］"圣战"

Jilan［地］吉兰

Jilan-uli［人］吉兰·乌利

Jizak / Jizāq［地］吉扎克

Jolbarys［人］卓勒巴尔斯汗

Joughara［专］高粱

Kabul［地］喀布尔

Kafir Qal'a［地］卡菲尔堡

Kāfirān-i but-Parast［专］异教徒

Kalām［宗］辩证神学

Kalimāt-i qudsīya［书］《十一句圣言》

Kalmak［王］卡尔梅克汗国

Kalmuks / Qalmāqs［族］卡尔梅克人

Kambar-ana［宗］马守护神

Kāmgār Khatak［人］卡姆加尔·哈塔克

Kand-i Badam［地］坎德·巴达姆

Kara Darya［地］卡拉河

Kara Kum［地］卡拉库姆

Karagaghlik［宗］黑山派

Karatau［地］卡拉套山

Kāravānbāshīs［专］商队首领

Karbās［专］优质棉布

Karkaralinsk［地］卡尔卡拉林斯克山

Karshi［地］卡尔希

Kārvānsarāys［专］旅馆

Kāsabas［专］职业行会

Kath［地］柯提

Katta-Kurgan［地］卡塔库尔干

Kayuts［族］卡玉特人

Kelif［地］克利夫

Kermine［地］克尔米涅

Khafiyya［宗］虎非耶

Khakass［族］哈卡斯族

Khalīfa Khudāy-dād Khwārazmī［人］哈里发·胡德达德·花剌子米

Khanjarī［人］堪加里

Khanqah［地］汗卡

Kharāj［专］土地税

Khataks［族］哈塔克人

Khat-i Fārsī［专］波斯体

Kho Örlöq［人］和鄂尔勒克

Khujand［地］忽毡

Khushhāl Khatak［人］胡什哈尔・哈塔克

Khuttalan［地］忽塔兰

Khuy［地］胡依

Khwahan［地］哈汉

Khwāja［专］和卓

Khwāja Islām［人］和卓・伊斯兰

Khwāja Mūsā Khān Dahbid［人］和卓穆萨汗・达赫比迪

Khwāja Sa’d［人］和卓・赛德

Khwāja Yahyā［人］和卓雅希亚

Kirov［人］基洛夫

Kliuchevsky［人］克利乌切夫斯基

Kopytovsky［人］科彼托威斯基

Kosheuts［族］和色乌特人

Koybagar Kobekov［人］科巴加尔・科别科夫

Krasnoyarsk［地］克拉斯诺雅尔斯克

Kremenchuk［地］克列缅丘别

Kuchkunchī Khān［人］忽春赤汗

Küchüm Khan［人］库程汗

Kudghun［族］库德昆部

Kuhna-Urgench［地］乌尔根奇城

Kukeldāsh Madrasas［地］库克达什宗教学院

Kukeldāsh / Kukuldāsh［专］收集情报官员

Kulab［地］库拉伯

Kupet-Dāgh［地］科佩特山

Kutlumbet Koshtaev［人］库特鲁姆伯特・科什塔埃夫

Kuzi Bashi［地］库齐巴什

Kuzņetsk［地］库兹涅茨克

Lab-i Āb［地］拉布・依・阿布

Ladyzhensky［人］纳底兹汉斯基

Lahore［地］拉合尔

Lamahāt min nafahāt al-quds［书］《来自圣灵的乐章》

Lawāghar［地］拉瓦加尔堡

Litvinov［人］利特威诺夫

Lodis［王］洛提王朝

Lora［地］洛拉

Luft ‘Alī［人］卢特弗·阿里

M. Annanepesov［人］安纳勒普斯夫

Macrifatu'l Afghānī［书］《阿富汗语言（即普什图语）知识》

Mādar-i Khān［地］马达尔伊汗

Madhī［人］马德希

Mahalla-yi Kuhna［专］犹太教区

Mahmūd b.Walī［人］马合木·本·瓦利

Mahmūd Bī［人］马哈穆德比

Mahmūd Churās［人］马合木·楚剌思

Mahmūd Muzahhib［人］马赫穆德·穆匝黑伯

Mahmūd Shāh［人］马哈穆德·沙赫

Majmū^c al-tawārīkh［书］《历史概要》

Makhdūm-i A^{c}zam［人］玛哈图木·阿杂木

Makhmal［专］马克赫马尔

Malik al-shu‘arā［专］首席诗人

Mamash［人］谟麻什

Manas［书］《玛纳斯》

Mān Singh［人］曼·辛格

Manghīts［族］曼格特人

Mangyshlak［地］曼吉什拉克

Manja［地］曼加

Mansab［专］曼沙布

Mansūr［人］满速儿

Marghilan ［地］马尔格朗

Ma’rifatu’l afghāni ［书］《阿富汗语言知识》

Martu-Shaytan ［专］马吐—赛腾

Māsh ［专］豌豆

Mashā’iyya ［宗］逍遥学派

Mashhad ［地］马什哈德

Mashu-Khel ［人］马苏科尔

Maulānā Matla‘ī ［人］毛拉纳

Milk / Moluk ［专］私有地

Ming Dynasty ［王］明格王朝

Ming-bāshī ［专］千夫长

Mīr Ahmad ［人］米尔·阿赫马德

Mīr Baqā’ī Badakhshī ［人］米尔·巴卡里

Mīr Burhānu’ddīn ［人］米尔·伯哈努丁

Mīr Dostum ［地］米尔多斯土姆区

Mīr Mahmūd ［人］米尔·马哈穆德

Mīr Muhammad Amīn Bukhārī ［人］密尔·穆罕默德·阿明·布哈里

Mīr Shāh ［人］米尔沙

Mīr Uways Khān ［人］米尔·歪斯汗

Mīr Yār ［族］米尔·牙尔

Mīr-ākhur ［专］米尔·阿克胡尔

Mīr-asad ［专］米尔阿萨德

Mīr-shab ［专］米尔·沙布

Mirza Andaleb ［人］米尔咱·安达勒布

Mīrzā ‘Abdu’l Qādir Bedil ［人］别季利

Mīrzā Ibrāhīm Wafā’ī ［人］易卜拉欣·瓦发里

Mīrzā Kalān I ［人］米尔咱·卡兰一世

Mīrzā Kāmrān ［人］米尔咱·卡姆朗

Mīrzā Khān［人］米尔咱汗

Khudāy Nazar［人］库岱・纳扎尔

Mīrzā Sang-Muhammad［人］米尔咱・尚・穆罕默德

Mīrzā［专］米尔咱

Miyān-Qalʿa［地］米安卡拉

Moghlistan［地］蒙兀儿斯坦

Mu'azzam［人］穆扎姆

Muftī［专］管理宗教和法律事务

Mughal Empire［王］莫卧儿帝国

Muhammad Abū Salāhī［人］穆罕默德・阿布・萨拉希

Muhammad Amīn Khiraqatī' Gumnām'［人］穆罕默德・阿明・赫尔克提

Muhabbat-nāma o mahnat-kāma［书］《爱苦相依》

Muhammad Badīʿ［人］穆罕默德・巴迪

Muhammad 'Iwad［人］穆罕默德・伊瓦德

Muhammad Hakīm［人］穆罕默德・哈辛姆

Muhammad Ma'sūm［人］穆罕默德・马苏穆

Muhammad Mu'min［人］穆罕默德・艾敏

Muhammad Murād Samarqandī［人］穆罕默德・穆拉德・撒马尔干迪

Muhammad Qāzī［人］马黑麻・哈孜

Muhammad Rahīm Manghīt［人］穆罕默德・拉希姆・曼格特

Muhammad Sādiq Kashgharī［人］穆罕默德・萨迪克・喀什噶里

Muhammad Sādiq Zalīlī［人］穆罕默德・萨迪格・扎里里

Muhammad Sālih［人］穆罕默德・萨里赫

Muhammad Sharīf［人］穆罕默德・舍里夫

Muhammad Sharīf［人］穆罕默德・沙里夫

Muhammad Shaybani Khan［人］穆罕默德・昔班尼汗

Muhammad Tāhir Nasrābādī［人］穆罕默德・塔希尔・纳斯拉巴迪

Muhammad Hasan Khān［人］穆罕默德·哈桑汗
Muhtasib［专］监督官员
Mujaddidiyya［宗］复兴的纳合什班底派
Maksyuta Yunusov［人］马克斯优塔·优努索夫
Mullā Shādī［人］毛拉·萨迪
Munjan［地］蒙加恩
Munshī［专］高等法院秘书
Muqīm Khān［人］穆奇姆汗
Murād Bakhsh［人］穆拉德·巴克赫希
Murād Beg［人］穆拉德·伯克
Murgab R.［地］穆尔加布河
Mushāᶜ Aras［专］诗歌比赛
Mushrif［专］管理土地税的登记簿
Musī［人］穆西
Mutribī Samarqandī［人］穆特里比·撒马尔干迪
Muzaffar Husayn Mīrzā［人］穆扎法·忽辛·米尔咱
Muzaffari［族］穆扎法里部
Muzakkir al-ashāb［书］《故友纪念》
Nādir Muhammad［人］纳迪尔·穆罕默德
Nādir ［人］纳迪尔
Najm-i Sānī［人］纳杰姆·依·萨尼
Naqib［专］纳吉布
Naqshband［宗］纳格什班底
Naryn R.［地］纳林河
Naskhi［专］纳斯赫体
Nasrullāh Khāh［人］纳斯鲁拉汗
Naukar［专］兵役
Nauruz Ahmad［人］瑙鲁兹·阿赫麦德
Nawruz［专］瑙乌鲁兹节

Nayrang-i ‘ishq［书］《爱情的魅力》

Nazar Bī［人］纳札尔比

Nazmī［人］纳兹米

Nisa［地］尼萨

Nizāmi Chishtis［宗］尼察米・契斯提教团

Nokor［专］那可儿

Nur Muhammad［人］努尔・穆罕默德

Oirat［族］瓦剌人

Oka R.［地］奥卡河

Oljotay Bī［人］窝尔爵泰・比

Omsk［地］鄂木斯克

Orda［人］斡儿答

Orenburg［地］奥伦堡

Orsk［地］奥尔斯克

Ötemish Hājī［人］乌特米什・哈吉

Oysil-qara［宗］骆驼守护神

Panipat［地］帕尼帕特

Parvānachī［专］财政部长

Pashtuns［族］普什图人

Pazukhin［人］帕祖欣

Pende［地］彭狄

Petropavlovsk［地］彼得罗巴甫洛夫斯克

Pīr［专］赞助人

Pir Muhammad［人］皮尔・穆罕默德

Pīr Muhammad Kakar［人］皮尔・穆罕默德・卡卡尔

Pīr Muhammad Khān［人］皮尔・马黑麻

Pitnek［地］皮特内克

Qājār Dynasty［王］卡扎尔王朝

Qalandars［宗］恺兰达尔教团

Qal^{c}a-i Khumb / Kalai Khumb［地］卡莱·忽姆布

Qal^{c}a-i Panja［地］潘加堡

Qara Qoyūnlū［王］黑羊王朝

Qarachuq［地］卡拉楚克

Qara-dāshlis［族］卡拉塔什利人

Qaraqalpaqlar［族］卡拉卡尔帕克人

Qara-syr［地］卡拉·锡尔

Qarategin［地］卡拉捷金

Qarāy / Gerāy［人］克烈

Qārī Khān［人］卡里汗

Qarnaq［地］卡尔纳克

Qāsim［人］哈斯木

Qattaghan / Kattaghan［族］卡塔加人

Qāzī al-quzāt［专］大法官

Qāzi-i ‘askar［专］加齐·依·阿斯卡尔（军队法官）

Qïrqïz［族］吉尔吉思，吉尔吉斯

Qizilbāsh［专］红头军

Quchan［地］古昌

Qul Mazīd［人］库尔·马兹德

Qul Muhammad［人］库尔·穆罕默德

Qurmanbek［书］《库尔满别克》

Qush-begī Pā’in［专］低首相

Rabī^{c}［人］拉比

Rahim Qulī［人］拉希姆·库里

Rahmān Bābā［人］拉赫曼·巴巴

Raushani［专］照明派运动

Rèyīsī［专］宗教法庭官员

Risāla-i ‘arūz［书］《论古典格律》

Risāla-i mu‘ammā［书］《论诗歌谜语》

Risāla-i Tanbīh al-salātīn［书］《论对苏丹的劝诫》
Rizā Qulī［人］礼札·库里
Rūmlū［人］哈桑别克·鲁姆卢
Rushan［地］鲁善
Rustaq［地］鲁斯塔克
Sābit［人］萨比特
Sabuhī［人］撒布希
Sa’dī［人］萨迪
Sa‘īd［人］萨亦德
Sa‘īd Muhammad［人］赛义德·穆罕默德
Sa‘īdī Badakhshānī［人］赛义德·巴达克山尼
Sādiq Khoja［人］萨迪克和卓
Sadr［专］萨迪尔
Saj’［专］韵文
Sālors［族］撒洛尔人
Samarqand Darwāza［地］撒马尔罕门
Saqirlāt［专］羊毛织锦
Sarajin［专］撒拉逊羊
Sarakhs［地］萨拉赫斯（撒剌哈夕）
Sar-i Pul［地］萨尔普尔
Sarikamish［地］萨里卡米什
Sarrāf-khāna［专］货币兑换市场
Sarrāf［专］货币兑换商
Saryks［族］萨利克人
Sauran［地］扫兰
Sayani M.［地］萨彦岭
Sayfī Chelebī［人］赛菲·切勒比
Sayfu’ddīn Akhsikandī［人］赛福鼎·阿克希甘第
Sayram［地］赛拉姆城

Sayyid Haydar Shāh［人］赛义德·海达尔·沙赫

Sayyid Shāh Khāmush［人］赛义德·沙赫·哈姆希

Seyed-Qul Koydagulov［人］色特库尔·科达古罗夫

Selim I［人］塞里姆一世

Shāh Berdi Zik［人］沙赫·别尔迪·兹克

Shāh Gharīb［人］沙赫·加里布

Shāh Ismā'īl［人］沙赫伊斯迈尔

Shāh Khudā-dād［人］沙赫·库达

Shāh Niyāz［人］沙赫·尼雅兹

Shāh Qirghiz［人］沙赫·奇尔吉兹

Shāh Sirāju'ddīn［人］沙赫·斯拉居丁

Shāh Tahmāsp［人］沙赫·塔赫马斯普

Shāh Walī Khān［人］沙瓦里汗

Shāh Wanch Khān［人］沙赫·瓦齐汗

Shāh Zamān［人］沙赫·匝曼

Shahr-i Sabz［地］沙赫里夏勃兹

Shāhrukh［人］沙赫鲁克

Shāhrukh Bī［人］沙鲁赫比

Shahrukhiya［地］沙赫鲁克希雅

Shajara-i Terākime［书］《土库曼世系》

Shajaratu'l Atrāk［书］《突厥世系》

Sharaf 'Alī Yazdi［人］萨拉夫·阿里·雅兹德

Sharī'a［专］穆斯林法律

Shaybān［人］昔班

Shaybānī-nāma［书］《昔班尼纪》

Shayhān b. Mullā Yūsuf al-Herawī［人］沙雅汗·本·毛拉·优素福·赫拉维

Shaykh al-islām［专］首席祭师

Shaykhzāda［人］沙赫·匝达

Sher Ahwad［人］舍尔·阿赫默德
Shighay Khan［人］昔格海汗
Shīr Ghāzī Khān［人］希尔·加齐汗
Shiraz［地］泄剌只
Sholpan-ata［宗］绵羊守护神
Shughnan［地］什克南
Shuja' Mulk［人］苏查·穆尔克
Shurūb al-qulūb［书］《心灵表白》
Sikandar［人］塞干达尔
Soyunaji［族］索云纳吉
Soyunkhāns［族］索云汉
Stavropol［地］斯塔夫罗波尔
Su-ana［宗］水神
Subhān Qulī［人］苏布罕·库里
Su-Boyu［地］河畔区
Sufism［宗］苏菲主义
Sufyā Khān［人］索菲昂汗
Sulaymān［人］素莱曼
Sulaymān Beg［人］素莱曼·伯克
Sulaymān Shāh［人］素莱曼沙赫
Suls［专］斯尔希体
Sultān Ahmad Tambal［人］速檀·阿黑麻·檀巴勒
Sultān Ghāzī［人］速檀·哈齐
Sultān Husayn Bāyqarā［人］速檀·忽辛·拜哈拉
Sultān Mahmūd［人］速檀·马哈穆德
Sultān Mahmūd Khān［人］速檀·马哈木汗
Sultān Mīrak［人］速檀·米拉克
Sultān Muhammad［人］速檀·穆罕默德
Suri［地］苏里

Suyunj Khwāja［人］速云赤・和卓
Suyūrghāls［专］大地产
Suzangar［专］制针区（苏扎加尔区）
Sūzangars［专］制针工（苏扎加尔）
Suzaq［地］苏扎克
Swat［地］斯瓦特
Tāhir［人］塔赫尔
Tailaq［人］泰拉克
Takhta Khānum［人］托格塔哈敦
Talas R.［地］塔拉斯河
Taloqān［地］塔里寒
Tanābs［专］塔纳布（1 塔纳布约 40 米）
Tanga［专］腾格
Tang-i Farkhar［地］塘・依・法尔哈尔
Tanho［专］坦霍
Tāq-i Tilpāq-furūshān［专］帽行
Tāq-i Tīrgarān［专］制箭行
Tāq-i Zargarān［专］金行
Tāqs［专］圆屋顶市场
Targisev［人］塔吉谢夫
Tārīkh-i Dust Sultan［书］《多斯特・速檀史》
Tārīkh-i murassa'［书］《宝史纲》
Tārīkh-i Rashīdī［书］《中亚蒙兀儿史——拉失德史》
Tārīkh-i Tabarī［书］《塔巴里史》
Tarkhān［专］达罕
Tāschki-Sālor［族］外撒洛尔部
Tauhīd［宗］统一性
Tauke Khan［人］头克汗
Tauris［地］大不里士

Tawārīkh-i Guzīda-i Nusrat-nāma［书］《胜利之书精选史》

Tazkira［书］《诗选》

Tebelev［人］特别勒夫

Tejen［地］帖振

Tekes［族］帖克人

Tengri-Allāh［宗］腾格里—安拉

Tevekkel［人］特夫克勒

The Bukhara Khanate［王］布哈拉汗国

The Crimean Khanate［王］克里米亚汗国

The Durrani Dynasty［王］杜兰尼王朝

The Kazakh Khanate［王］哈萨克汗国

The Kazan Khanate［王］喀山汗国

The Khiva Khanate［王］希瓦汗国

The Khoqand Khanate［王］浩罕汗国

The Nogai Khanate［王］诺盖汗国

The Siberian Khanate［王］西伯利亚汗国

The Uzbek Khanate［王］乌兹别克汗国

Three-field［专］三地制

Tīms［专］商行

Tin-Allāh［宗］帖—安拉

Tobol R.［地］托博尔河

Tobol'sk［地］托博尔斯克

Toghon［人］脱欢

Tokmachev［人］托克马切夫

Tomsk［地］托木斯克

Torguts［族］土尔扈特人

Tshe-dbang-rab-brtan［人］策妄阿拉布坦

Tuba［族］土巴

Tufangchī［专］步枪手

Tufangs［专］步枪

Tufbat-i Jam［地］土尔巴特·杰姆

Tughum［人］吐格呼木

Tuhfat al-ahrār［书］《给贵族的礼物》

Tuliebi［人］图列比

Tumān［专］土曼

Tūpchī［专］火炮手

Turdī Farrukhī［人］吐尔迪·法鲁克希

Turgai［地］图尔盖

Turkmān［族］土库曼人

Tursūn Muhammad［人］土尔逊·穆罕默德

Ubashi Khan［人］渥巴锡

Ubaydullāh-nāma［书］《奥贝都拉史》

'Ubaydullāh-nāma［书］《奥贝都剌史》

'Ubaydī［人］乌伯地

'Ubaydullāh［人］奥贝都拉

'Ubaydullāh［人］奥贝杜拉

'Ubaydullāh［人］奥贝都剌

Üchilis［族］乌奇利

'Ulama'［专］乌拉玛

Ulūs［专］兀鲁思

'Umar Shaykh Mīrzā［人］乌玛尔·谢赫·米尔咱

Ūp［专］火炮

Ural'sk［地］乌拉尔斯克

Urān［专］战争口令

Uraq［专］乌拉克

Ust-Urt Plat［地］乌斯特乌尔特高原

Ustāds［专］行会师傅

Ust'-Kamenogotsk［地］乌斯季卡缅诺戈尔斯克

Uvays Khān［人］歪思汗

Uzboy R.［地］乌兹博伊河

Valikhanov［人］瓦里汉诺夫

Vardanzi［地］瓦尔丹兹

Vesir［地］维泽尔城

Wahdat al-shuhūd［宗］见证唯一论

Wahdat al-wujūd［宗］万有一体论

Wakhan［地］瓦罕

Wakhsh［地］瓦赫什

Wakīl［专］代理人或摄政者

Walī Muhammad Khān［人］瓦力・穆罕默德汗

Wanch［地］万什

Waqf［专］瓦克夫地

Wāsilī［人］瓦西里

Wilāyats［专］省

William Finch［人］威廉・芬奇

William Moorcroft［人］威廉姆・莫尔克诺夫特

Wuzuofu Kasimov［人］乌佐夫・卡西莫夫

Yaftalis［族］雅弗塔利人

Yaka Turkmens［族］雅卡・土库曼

Yalangtūsh［人］雅蓝格吐斯

Yār Muhammad［人］雅尔・穆罕默德

Yarkand Khanate［王］叶儿羌汗国

Yasawiyya［宗］亚萨维教团

Yazghulam［地］雅兹忽兰

Yazirs［族］雅兹尔

Yermak［人］叶尔马克

Yolbārs［人］尤勒巴尔斯

Yomuts［族］约穆德

Yūnus［人］羽奴思

Yūsuf ‘Alī［人］优素福・阿里

Yūsufzāis［族］优素甫查人

Zafar-Nameh［书］《武功记》

Zāhir［人］匝西尔

Zandānīchī［专］赞丹尼奇布

Zangid［王］赞德王朝

Zapovednye tovary［专］公开市场

Zāt［专］薪水

Zaynu’ddīn Wāsifī［人］哲鲁丁・瓦撒夫

Zebak［地］泽巴克

Zengi-ata［宗］母牛守护神

Zher-ana［宗］地神

Zhuz［专］玉兹

Zikr［专］齐克尔

Ziyā’ī［人］兹牙依

Ziyā’uddīn［人］兹雅鲁丁

Ziyā’ al-qulūb［书］《心灵之光》

Zu’lfiqār［人］朱尔菲卡尔

Zubayr Arghī［人］祖拜尔・阿格希

蓝琪　主编

中亚史

第四卷

蓝琪　刘刚　著

商务印书馆
创于1897　The Commercial Press

图书在版编目（CIP）数据

中亚史. 第四卷 / 蓝琪主编；蓝琪，刘刚著. —
北京：商务印书馆，2020（2022.8重印）
ISBN 978-7-100-18499-1

Ⅰ. ①中… Ⅱ. ①蓝… ②刘… Ⅲ. ①中亚－历史
Ⅳ. ①K360.0

中国版本图书馆CIP数据核字（2020）第085644号

中 亚 史

第四卷

蓝琪　主编

蓝琪　刘刚　著

商　务　印　书　馆　出　版
（北京王府井大街36号　邮政编码 100710）
商　务　印　书　馆　发　行
三河市尚艺印装有限公司印刷
ISBN 978-7-100-18499-1

2020年10月第1版　　开本 640×960　1/16
2022年8月第2次印刷　　印张 24

定价（全六卷）：460.00元

第四卷　序

《中亚史》第四卷论述了 13 世纪初至 15 世纪末期近三百年间，蒙古人和突厥化蒙古人政权在中亚兴起、发展和衰亡的历史。从内容上看，本书继续论述封建制度和封建关系的发展，在世界历史的分期中仍然属于中世纪史范畴；从社会发展史的角度来看，与突厥王朝时期一样，这一时期的中亚处于封建社会的发展阶段。

《中亚史》第四卷分“蒙古帝国时代”、“蒙古汗国时代”和“帖木儿帝国时代”三编。第一编从蒙古人崛起的 13 世纪初起，止于塔剌思会议召开的 1269 年；第二编起于蒙古帝国分裂的 1270 年，终于突厥化蒙古人帖木儿在河中地区确立统治的 1370 年；第三编起于帖木儿帝国建立的 1370 年，终于帖木儿帝国灭亡的 1507 年。

每一编的结构大致由两个部分构成：第一部分叙述蒙古或突厥化蒙古诸政权的建立过程和统治；第二部分侧重于总体归纳，综述蒙古人或突厥化蒙古人统治时期中亚的社会经济、宗教、文化及对外关系，对蒙古或突厥化蒙古政权做出总结和评价。

在第一编中，作者论述了 13 世纪上半叶蒙古人的崛起及其在中亚的征服和统治。作者指出，蒙古帝国的建立与欧亚大陆当时的形势是分不开的。蒙古人扩张时期，在欧亚大陆东部，中国的领土四分五裂：隔淮河相峙的南宋王朝与金朝分别统治着中国南、北方，西夏、吐蕃占据着中国西北部，大理国拥有中国西南部。这些政权或孤立自守，或彼此征战；在欧亚大陆中部，12 世纪末期靠武功建立起来的花剌子模帝国只是一个帝国的雏形，还未来得及完善与巩固，再往西是刚摆脱塞尔柱人控制却又受到花剌子模帝国威胁的阿拉伯帝国；在欧亚大陆的西部，东欧平原被星罗棋布的斡罗思公国分割，地中海沿岸狂热的信徒们举着“十字”与“新月”的旗帜正在进行着旷日持久的厮杀，千年帝国拜占庭面临着十字军的征服。因此，欧亚大陆成了蒙古人驰骋的大舞台。大蒙古国陆续征服了中国的西夏、金国和南宋政权，中亚的花剌子模帝国、伊斯玛仪教派的木剌夷国和西亚的阿拉伯帝国，在短时期内发展成为一个地域空前广大的帝国。

在本编中，作者探讨了蒙古帝国的统治制度。作者指出，13 世纪初期的蒙古帝国是一个奴隶制游牧汗国，成吉思汗创建的千夫长、怯薛等一系列统治制度，为蒙古帝国政治和经济体系的建立奠定了基础。13 世纪中叶，蒙古社会在被征服地生产力的影响下开始从奴隶制向封建制过渡，在此过程中，汉化契丹人耶律楚材的改革促使蒙古摆脱了奴隶制的影响，最终发展成为一个封建帝国。

在本编中，作者重点探讨了蒙古帝国在中亚地区的统治。作者指出，13 世纪上半叶，蒙古帝国在中亚的统治基本上有分封、监管和直接统治三种方式。成吉思汗征服中亚以后，将中亚草原地区分封给他的儿子们，形成了蒙古宗王们直接统治的兀鲁思，他们与兀鲁思境内的牧民结成了隶属关系，并以武力维持着对被征服地区的统治；蒙古人在中亚的监管地区主要是蒙古西征之前归顺大蒙古国的地区，如高昌回鹘国及海押立（今卡帕尔城附近）和阿力麻里游牧政权统治下的巴尔喀什湖以南以东地区，蒙古帝国保留了以上地区的国家和统治者的王位，派蒙古官员达鲁花赤监管之；中亚被征服的农耕和城市是蒙古帝国的直接统治区，直接隶属于蒙古帝国，帝国派总督、达鲁花赤等官员管理。

在本编中，作者论述了蒙古帝国统治时期中亚经济、宗教和文化的情况。作者指出，蒙古帝国的建立消除了东西方陆路交通的人为障碍，打通了欧亚大陆自古形成的商路，促进了东西方贸易往来和文化交流；与以往相比，在蒙古帝国时期，中亚社会经济和文化更多地与东方联系在一起，中亚商人垄断了蒙古草原与东、西方的贸易。

蒙古人采取分封分治原则是希望通过“分封”和“封地联合”的形式，以兄弟之间的和谐保证蒙古帝国对广大地区的统治，在蒙古帝国建立之初，这种方式确实起到了团结统治集团，巩固和加强对被征服地区的统治的作用；然而，分封制是一种实力政治，受封宗王在其封地内组建军队，发展势力，不再听从中央政权的命令，最终导致了蒙古帝国的分裂。

在第二编中，作者论述了蒙古帝国的分裂。作者指出，蒙古帝国初期，蒙古中央靠着帝国大汗个人的能力控制了各兀鲁思的财政和军政，维系着蒙古帝国的统一。窝阔台大汗去世以后，蒙古帝国出现了分裂的迹象；蒙哥大汗时期，钦察汗国实际上已经独立出去；蒙哥去世以后，拖雷家族的汗位争夺战争导致了蒙古帝国的彻底分裂。13 世纪 70 年代，察合台系蒙古人在察合台兀鲁思的基础上形成了察合台汗国。

本编论述了在中亚实施统治的察合台汗国的历史，以及汗国统治下中亚地区的政治、经济、宗教、文化及其与周边政权的关系。作者指出，蒙古帝国时期，中亚的大多数农耕地区及城市被认为是国家和最高统治者——汗的财产，帝国中央派代表管理和收取赋税，赋税在黄金家族成员中分配；察合台汗国时期，这些地区已经成为察合台家族的财产，察合台汗把这些地区分封给自己的贵族和异密，这些封地被称为苏尤尔加尔。苏尤尔加尔实际上是伊克塔制度的延续，只不过在数量上比伊克塔的范围广得多，不仅对农业绿洲，而且对游牧草原，甚至对封地上的城市也有管理权。察合台汗国统治时期，中亚本地的突厥族和塔吉克族大封建主为了保住自己的地位，积极参与到蒙古政权之中，他们在汗国担任民政官员，或以宗教首领、苏菲教长的身份影响着统治者。

在本编中，作者论述了察合台蒙古人从游牧到农业定居的改变。作者指出，从1265年察合台汗木八剌沙（Mubarak Shah）发布命令禁止军队掠夺农民和破坏农业起，到怯别在中亚实施改革之时，察合台蒙古人的游牧观念发生了改变。怯别将察合台兀鲁思划分成小的行政和纳税区，统一设置万户，确定税率和征税方法，由汗委派的代表进行管理。经过几代察合台宗王的努力，特别是财政大臣马思忽惕伯召集农民（剌亦牙惕）的具体措施，使流亡的农民返回家园，恢复农耕，河中地区经济开始恢复和发展，一度呈现出繁荣景象。

在本编中，作者对蒙古人接受伊斯兰教和突厥文化的过程做了论述。13世纪下半叶，中亚蒙古人接受并改宗伊斯兰教，思想意识与突厥族居民趋于一致。经过一百多年的融合，到14世纪后期，中亚蒙古人，特别是河中地区的蒙古人，基本上已经伊斯兰化。蒙古人的伊斯兰化促进了伊斯兰教向东部挺进，改变了伊斯兰教在中亚东部徘徊的局面。

在本编中，作者还论述了察合台蒙古人的文化状况。中亚蒙古人逐渐放弃了蒙古语，开始使用突厥语。14世纪后期，在河中地区，以阿拉伯字母书写察合台文的现象普遍；在中亚东部，察合台文与古回鹘文两种文字通用。在察合台语和察合台文的形成过程中，文学的主要内容是将阿拉伯语和波斯语著作翻译成察合台语。

在第三编中，作者论述了帖木儿帝国形成、发展和衰亡的历史，以及帖木儿帝国时代中亚政治、经济、宗教和文化状况。作者指出，帖木儿经过10年（1360—1370）的战争，击败了东察合台汗及河中地区的其他异密，建立了自己的政权。此后，帖木儿经过30多年的战争，打败了东察合台汗国，收复了被钦察汗国占有的花剌子模绿洲，征服了呼罗珊，洗劫了顿河和伏尔加河流域、北印度等地，建立了一个西起幼发拉底河，东至锡尔河和印度德里，北抵高加索，南临波斯湾的军事大帝国。

在本编中，作者论述了帖木儿帝国在中亚的统治。作者指出，帖木儿帝国是非成吉思汗系的蒙古贵族在中亚建立的政权，建立者帖木儿为了维护成吉思汗系的正统性原则，一直保留着察合台系汗王，本人只取伊斯兰教突厥君主“素丹”的称号。淡化察合台系的倾向直到兀鲁伯之后才在帖木儿宗王中明显出现。帖木儿帝国的统治具有以下特征：其政府是突厥—波斯式的，既有波斯行政的形式，又有突厥政权统治权与行政权合一的内涵；其法律也具有两重性，兼有蒙古成吉思汗的札撒和伊斯兰教的萨里亚法；帖木儿帝国素丹既是最高政策的制定者，又是最高行政者。素丹之下设置了一个由七人组成大臣会议，大臣会议的基本分工是：一人管理军事，一人管理包括商业贸易、财政、治安在内行政，一人管理客旅和无主的产业，一人管理素丹王室的宫廷事务，其余三人管理边境和内地事务；地区行政划分为大州、小州，不论大、小州都设置长官三人，一人掌民事，一人掌军事，一人掌无主产业。作者指出，帖木儿帝国的行政机构是松散的，各部之间的分工不明确，职权范围也难以确定。此外，帝国政府是受君主意志操纵的机构，帝国统治者随意干涉政府事务，部下必须忠实于君主，而不是忠实于自己的职责。

本编对蒙古人最终伊斯兰化的情况进行了论述。14 世纪后期，河中地区蒙古人伊斯兰化的过程基本完成。15 世纪，中亚宗教界的情况是：第一，蒙古统治者不再被动接受而是主动利用伊斯兰教为其扩张和统治服务；第二，在统治者的庇护下，宗教界势力增加，宗教组织加强，王权与教权既互相斗争又互相利用，维持着在中亚的统治；第三，从 15 世纪中叶起，以布哈拉为中心的苏菲派纳格什班底教团在王权的支持取代了亚萨维教团的地位。

作者在本编中论述了帖木儿时期中亚的文化状况。作者指出，帖木儿帝国的建立结束了察合台系蒙古人后期统治的混乱局面，中亚文化得到极大发展，并取得了重要的成就：在文学方面，一批波斯名著被译成察合台语，察合台语步入了文学语言的成熟阶段，产生了察合台语著作；在史学方面，出现了《历史精华》、《帖木儿武功记》、《两幸福之会合》等名著；在科学方面，出现了当时精确度最高的天文表，即兀鲁伯新天文表；在绘画艺术方面，独立的帖木儿画派形成，它对中亚绘画的影响持续到16世纪20年代；在建筑方面，这一时期的中亚建筑呈现出综合特征，既保持了突厥建筑特色，又融合了波斯、阿拉伯的建筑风格和吸收了中国瓷砖装饰技术。

蒙古政权和突厥化蒙古政权在中亚统治的近三百年（1220—1507）是中亚民族融合时期。6世纪，从蒙古草原西迁的突厥族人来到中亚，经过六百多年的融合，中亚印欧种的东伊朗语居民中的大多数走上了突厥化的道路，这是中亚地区第一次民族大融合时期。13世纪初，蒙古人来到中亚，察合台系蒙古人在中亚的统治改变了他们的游牧观念，他们放弃了纯游牧生活方式，开始过定居生活。蒙古人与突厥族居民杂居、通婚，他们中的大多数人陆续被中亚居民同化，成为突厥化蒙古人，随着人种和文化的变化，蒙古人的特征开始丧失。蒙古政权时期是中亚第二次民族大融合时期。经过这一时期的融合，到16世纪，中亚现代民族乌兹别克人、哈萨克人、吉尔吉斯人开始形成。

《中亚史》第四卷的分工：察合台、窝阔台、钦察汗国由贵州师范大学刘刚副教授执笔；其余部分由贵州师范大学蓝琪教授执笔。

蓝 琪

第四卷目录

第一编 蒙古帝国时代
（13 世纪上半叶）

回鹘汗国崩溃后，蒙古高原处于权力的真空状态，突厥族诸部跃跃欲试，企图建立自己的帝国，但没有一个能够如愿。在 300 多年中，蒙古高原经历了动乱。13 世纪初，蒙古人在成吉思汗的旗帜下统一起来，以崭新的姿态登上了历史舞台。蒙古人陆续征服了中国的西夏、金国和南宋，中亚的花剌子模帝国、木剌夷伊斯兰国和西亚的阿拉伯帝国，迅速建立起一个地域空前广大的蒙古帝国。蒙古帝国统一时期的疆域西起东欧平原，东到中国海岸，北起西伯利亚北极圈，南到波斯湾；不仅控制了欧亚大陆的游牧地区，同时还统治了欧亚大陆的定居农耕地区和城市。蒙古帝国的建立促进了蒙古共同体的形成和发展，从此，蒙古族以独立实体自立于世界民族之林。

第一章

大蒙古国的建立和扩张（1206—1225）

蒙古人原居黑龙江上游支流额尔古纳（Arqun）河南岸的森林地带，7 世纪，西迁到蒙古草原，先后处于突厥、回鹘、黠戛斯人的统治之下。来到蒙古草原以后，蒙古人开始了游牧生活，经几个世纪的发展，蒙古人壮大起来；到 12 世纪，蒙古人已经遍布于中国长城以北、贝加尔湖以南、大兴安岭以西、阿尔泰山以东的广大地区；13 世纪初，蒙古孛儿只斤氏族酋长铁木真统一了蒙古各部，建立了大蒙古国。此后，大蒙古国开始对外扩张，平定了西夏、金国和南宋，征服了中亚的花剌子模（Khwarezmia）帝国，形成了地域广阔的蒙古帝国。

第一节　大蒙古国的建立

阿尔泰山脉以东、萨彦岭以南、大兴安岭以西、戈壁沙漠南缘以北的地域是蒙古利亚，蒙古利亚三分之二地区是平均海拔为 1580 米的高原，故蒙古利亚又称蒙古高原。蒙古高原的北坡是茂密的森林，南部是戈壁沙漠，其他地区是辽阔的草原，因此，蒙古高原又称蒙古大草原。自古以来，这片大草原孕育了许多游牧文明，在此建立统治的游牧政权有匈奴帝国、突厥帝国、回鹘帝国。840年，回鹘帝国崩溃，蒙古草原处于权力的真空状态，突厥族各部跃跃欲试，希望在此一展身手，然而，在300多年的时间里，蒙古草原上没有出现强大的政权。12世纪后期，蒙古人崛起；13世纪初，蒙古人在此建立了大蒙古国，四分五裂的蒙古草原在蒙古政权之下重新统一起来。

“蒙古”之名与“突厥”一样，原来只是一个小部落的名称。上古时期，蒙古高原的游牧民分属于东胡和突厥两大族类。公元前5至前3世纪，属于东胡的大大小小部落过着“俗随水草，居无常处”的生活，各部所在的准确位置至今难以确定。公元前3世纪末，东胡各部走向联合，形成了部落联盟。公元前209年，匈奴人冒顿单于向外扩张，受到挤压的东胡人开始东迁，一部分人迁入辽河流域的乌桓山，一部分迁居于潢水流域的鲜卑山，这些东胡人以后被中国史书记为乌桓人和鲜卑人。4世纪中叶，大兴安岭以西（今呼伦贝尔地区）的一支鲜卑人以“室韦”之名被中国史书记录下来。最早记录“室韦”者是汉文史籍《魏书》，书中记为“失韦”；在突厥文文献中，“室韦”被记为“达怛”（鞑靼），突厥族人以“达怛”之名称呼室韦。 6世纪以后，室韦壮大，出现了南室韦、北室韦、钵室韦、深末怛室韦、大室韦五部。随着部落的发展，室韦五部内又形成了若干小部落，蒙兀部是其中之一。“蒙兀”一名在蒙古语中意为“永恒的火焰”，此名最早见于《旧唐书》，记为“蒙兀室韦”，“蒙古”是“蒙兀”的同名异译。

蒙古部最早有捏古斯和乞颜两个氏族（斡孛黑），居额尔古纳河以南的山林地区。7世纪，蒙兀室韦部首领孛儿帖赤那率众西迁，来到蒙古高原的怯绿连河（Kerulen，今克鲁伦河）和斡难河（Onon，今鄂嫩河）之间的草原。在此，蒙古人开始以畜牧为生，先后处于突厥、回鹘、黠戛斯人的统治之下。

10世纪上半叶，蒙古人处于母系氏族社会。中国南宋时期的史书《契丹国志》将蒙古人记为“蒙果勒国”，此书所记蒙古社会形态是："蒙古里国，无君长所管，亦无耕种，以弋猎为业。不常其居，每四季出行，惟逐水草，所食惟肉酪而已，不与契丹争战，惟以牛、羊、驼、马、皮、毳之物与契丹为交易。"①10世纪下半叶，蒙古人的原始社会开始解体，在蒙古部中出现了经济地位不同的阶级。

在金国废弛铁禁之后，铁器在蒙古高原得到广泛使用，蒙古人的生产力得到很大提高，蒙古各部落迅速发展。11世纪上半叶，蒙古人的始祖海都被拥戴为王，在他的统治下，蒙古人"形势浸大。列营帐于八剌合黑河上，跨河为梁，以便往来。由是四傍部族归之者渐众"②。这一时期的历史可以视为蒙古人的早期建国时期。到了海都的第五代孙也速该时，国"势愈盛大"③。12世纪初期，蒙古部已经拥有18个小部落，70个氏族，它们分布在怯绿连河、斡难河、土拉（Toul）河三河发源地，今肯特山脉（Khentei）附近的不儿罕山（Bourqan，蒙古语意为圣山）一带。随着蒙古部落的发展，部落之间的兼并战争频繁。战争的结果，到12世纪后期，蒙古部、塔塔儿部（Tatar）、克烈部（Kerait）、蔑儿乞惕部（Merkit）和乃蛮部（Naiman）等几大部落集团基本上控制了蒙古高原。为争夺草原、牧场、牲畜，这些大部落集团之间展开残杀。"有星的天空旋转，诸部落混战，没有人进入自己的卧室，都去互相抢劫。有草皮的大地翻转，诸部落纷战，没有人睡进自己的被窝，都去互相攻杀。"④12世纪末至13世纪初，统一各部是蒙古人亟须解决的迫切问题，这一历史使命落到了铁木真的肩上。

铁木真出生于蒙古乞颜部的孛儿只斤氏族，该氏族形成于铁木真十世祖孛端察儿时期，据《元史·宗室世系表》记载，孛端察儿是成吉思汗系的"始祖"，不过，孛儿只斤一名在铁木真之父也速该（Yesügey）之时才被记载下来。历代乞颜部酋长都出自孛儿只斤氏族。

① （宋）叶隆礼：《契丹国志》，上海古籍出版社1985年版，第214页。

② （明）宋濂：《元史》，中华书局1976年版，第3页。

③ 同上。

④ （元）佚名：《蒙古秘史》，余大钧译注，河北人民出版社2007年版，第432—433页。

12 世纪初，在铁木真曾祖父合不勒汗（Qabul Khan）任酋长时期，蒙古部发展壮大起来，屡次打败金国的进攻。金国深感不安，派兵击之，未能取胜，被迫与蒙古部订立协议，每年供应蒙古贵族以相当数额的牛、羊、米、绢。为解除蒙古部的威胁，金国蓄意挑起塔塔儿部与蒙古部之间的不和，加深了蒙古高原的分裂。蒙古人之间的征伐和仇杀使社会生产遭到了严重破坏，人民生活动荡不安，期盼着结束分裂，实现统一。

1162 年，孛儿只斤氏酋长也速该擒获了塔塔儿部酋长铁木真·兀格，当他凯旋之时，妻子诃额伦生下一个男孩，也速该将新生儿取名"铁木真"（Temüjin），以纪念此次胜利。在蒙古语中，铁木真是精钢之意。

铁木真的少年时代是在艰难的处境中度过的。铁木真九岁那年，父亲也速该为他的婚事外出，因饥渴误入塔塔儿人的宴会，喝了仇人暗中放毒的酒，不久身亡。乞颜部因失去首领而发生动乱，原来奉孛儿只斤氏为部首的部落纷纷离去，在氏族内部，也有大批奴隶和仆人逃亡，铁木真一家陷入孤儿寡母、流离失所的生活之中。

最早脱离孛儿只斤氏的是泰赤乌氏，该氏族不仅不再承认孛儿只斤氏的首领地位，还袭击了孛儿只斤氏，俘虏了铁木真，企图将他处死。铁木真成功逃跑，在博尔朮的帮助下，夺回了被盗的马匹。以后，铁木真家族又遭到蔑儿乞惕人的袭击，篾儿乞惕部部酋脱黑脱阿为其弟报也速该的夺妻之仇，袭击了铁木真的营帐，铁木真逃进了不儿罕山，在逃亡途中，新婚妻子孛儿帖（Bourté）被蔑儿乞惕人虏走。

不幸与挫折练就了铁木真钢铁般的意志，少年时代的苦难和抗争磨砺了他忍辱负重、不屈不挠的品质。长大之后，铁木真具备了重振家业的力量。在复兴家族势力的过程中，他首先投靠了当时蒙古高原上最强大的部落首领，即克烈部酋长脱斡里勒汗（即王罕），尊其为父，并把妻子嫁妆中最珍贵的黑貂皮献给了他。利用王罕的势力，铁木真开始收集旧部。以后，他又与幼时朋友、札答兰部（Jadaran，又称札只剌、札答剌惕）酋长札木合（Jamuka）结为安答

（Anda，意为“结义兄弟”）。在他们的帮助下，他对蔑儿乞惕部开始了报复夺妻之仇的战争。在这次战争中，王罕和札木合分别出兵2万和1万，铁木真带着自己的1万部民，在蔑儿乞惕人驻牧地会战，一举击败了蔑儿乞惕人，夺回妻子，掳掠了大量战俘和牲畜。

这次胜利确立了铁木真在蒙古部中的威望，一些蒙古部落把蒙古的统一和强大寄托在铁木真身上。离散的乞颜部贵族及其他蒙古部众纷纷回来投靠铁木真，1186年春，已经有20多个部落投奔在铁木真麾下，到1189年之时，在铁木真身边已经汇集了一批能冲锋陷阵的忠勇之士和能出谋划策的谋士。乞颜部贵族们推举铁木真为汗，向他宣誓：“立你做皇帝。你若做皇帝呵，多敌行俺做前哨，但掳的美女、妇人并好马，都将来与你。野兽行打围呵，俺首先出去围将野兽来与你。如厮杀时违了你号令，并无事时坏了你事呵，将我离了妻子、家财，废撇在无人烟地面里者。”[①]12世纪末，蒙古高原已经形成了乞颜部酋长铁木真、克烈部酋长王罕和札答兰部酋长札木合三足鼎立的局面，三方为争夺蒙古高原的统治权进行了残酷的战争。

最早发难的是铁木真的安答札木合，乞颜部的迅速壮大引起了他的不满。1190年，札木合以部民被铁木真属下射杀为由，联合泰赤乌氏等13部共3万人进攻铁木真。铁木真得到札木合部下亦乞列思人的通报，集结3万部众，组成13翼（古列延，Küriyen）迎敌，铁木真和母亲诃额伦各统一翼，其余各翼由乞颜部贵族统领。双方大战于答兰坂朱思（今蒙古国温都尔汗西北），铁木真失利，退至斡难河上游之地避难。札木合获胜，将大批俘虏残杀，此举引起部下不满，不少曾经依附于札木合的人反过来投奔铁木真。铁木真虽败却赢得了民心，使他的力量得以迅速恢复。

1196年，从属于金国的塔塔儿部叛金，金丞相完颜襄率军征讨，铁木真在替父报仇的名义下率军在斡里匝河（今蒙古国乌勒吉河）上游击溃了塔塔儿部，塔塔儿部从此一蹶不振。战后，金国授铁木真紏

---

① （元）佚名：《蒙古秘史》，第544页。

军统领之职。从此，铁木真以金朝属官的名义号令蒙古各部。

13世纪初，札木合发动了两次对铁木真的战争。1201年，札木合联合塔塔儿、弘吉剌、合答斤等11部，组成联军向铁木真发起攻击，双方在海剌尔河支流帖尼河畔交战，史称帖尼河之战。在帖尼河之战中，铁木真击败札木合，取得胜利。

1202年秋，蒙古高原上发生了被称为阔亦田之战的大决战。此战原是乃蛮部酋长不亦鲁黑汗（亦作盃禄汗、不欲鲁汗）联合蔑儿乞惕部酋长脱黑脱阿对克烈部的战争，以后，札木合与泰赤乌、朵儿边、合答斤、撒勒只兀惕、塔塔儿的残余势力也加入其中，形成了以克烈部王罕和铁木真联合对抗以上诸部落的战争。战争之初，王罕与铁木真的联军失利，从兀鲁回·失连真河（今内蒙古东乌珠穆泌旗乌拉根果勒、舍野月机果勒）退兵入金长城（边墙），以长城阿兰塞为壁坚守。乃蛮部联军追踪而至，铁木真派阿勒坛、忽察儿、答里台三人为先锋，王罕派桑昆、札合·敢不、必勒格·别乞三人为先锋与乃蛮联军作战，双方在阔亦田（今贝尔湖哈拉河上源处）发生决战，乃蛮部联军战败。札木合见大军战败，不战而走，向额尔古纳河下游撤退，沿途大肆蹂躏，王罕之军紧追不舍，在额尔古纳河畔击败札木合，札木合投降。乃蛮联军失败之后，铁木真追泰赤乌氏军队，并在斡难河大败之，泰赤乌氏军或杀或降。后来成为蒙古著名将领的哲别（Jebe）就是在此次战争中投降铁木真的。

经过两次战争，札木合势力衰落，蒙古高原形成了东、西两强局面：斡难河以东、大兴安岭以西的蒙古高原东部归铁木真统治；斡难河以西至阿尔泰山以东的蒙古高原西部由克烈部酋长王罕统治。

自铁木真被推举为乞颜部首领以来，一直与克烈部酋长王罕保持着友好结盟。在历次战争中，铁木真依靠王罕壮大了自己的力量。阔亦田之战之后，铁木真势力进一步壮大，王罕开始害怕铁木真的势力危及自己在蒙古高原的地位。1203年春，王罕对铁木真发起突然袭击，其子桑昆率军包围了铁木真的驻地。铁木真仓促应战，双方在合兰真沙陀（今内蒙古东乌珠穆沁旗北境）交战，铁木真以

3000 余人迎击数倍于他的王罕军，苦战一日，击退了王罕军的进攻。在以后的战役中，铁木真三子窝阔台（Ögedey）中箭负伤，铁木真本人也在突围中失掉马匹，铁木真收集部众约 2000 余人，乘夜沿哈拉哈河撤退，向贝尔湖附近弘吉剌部驻地进发，弘吉剌部酋长向铁木真投降。后来，铁木真来到班朱尼湖（克鲁伦河下游），在此，他与 18 位将领以猎物为食、饮浑水解渴，过着极端艰苦的生活。

合兰真沙陀之战获胜以后，王罕与追随他的蒙古贵族之间产生了矛盾，原来投奔王罕的部众先后离去。抓住这一有利时机，铁木真向克烈部发起攻势。1203 年秋，在王罕宴会之时，铁木真突然包围了王罕的金帐（Altan terme，在土拉河畔），经过三天三夜的激战，打败了强大的克烈部。王罕逃入乃蛮部，被哨兵杀死；王罕之子桑昆逃到西夏，被当地人驱走，又逃到今新疆库车，被当地酋长杀死，克烈部灭亡。

克烈部灭亡以后，乃蛮部成为铁木真最后一个有力的对手。克烈部的覆灭使乃蛮部酋长塔阳罕感到恐慌。他纠集札木合、泰赤乌、蔑儿乞惕等部的残余势力，组成联军攻击铁木真。1204 年春，铁木真率大军西进，塔阳罕亦领兵东来，两军决战于阿尔泰山东南支脉库齐老台山的纳忽山，乃蛮联军大败，塔阳罕受伤被擒，不久死去。塔阳罕之子屈出律与札木合、蔑儿乞惕余部西逃。

1206 年春，铁木真乘胜追击屈出律、札木合，在阿尔泰山的兀鲁黑塔黑地区（今蒙古国科布多、巴彦乌列益等地），乃蛮余众全部归降铁木真，札木合被擒杀。塔阳罕之子屈出律与泰赤乌氏酋长脱黑脱阿逃入也儿的石河（Irtysh R.，今额尔齐斯河）。

经过与札木合的三次战争，与王罕的合兰真沙陀之战和与乃蛮部塔阳罕的纳忽山之战，铁木真最终平定了蒙古高原各部，完成了统一蒙古的大业。1206 年，蒙古人在斡难河畔召开忽里勒台（Kurultay，部落代表大会），会上，铁木真被立为汗，尊称为成吉思汗，意为“强盛伟大的君主”，他的家族被赋予“黄金家族”或“黄金世系”的称号。在中国史书中，成吉思汗被尊称为元太祖。

在此次部落大会上，蒙古人建立了自己的国家，新建的国家被称为“也客·蒙古·兀鲁思”（Yeke Mongghol Ulus），在蒙古语中，意为“大蒙古国”。大蒙古国以“九脚白旄纛”为国旗，统治着东至兴安岭、南邻金朝、西括阿尔泰山、北至贝加尔湖的广大草原地区。当时，大蒙古国没有固定的都城，成吉思汗的斡耳朵（行宫）分居四处：第一斡耳朵设在怯绿连河之库迭额·阿剌勒，亦称大斡耳朵，是大蒙古国的政治中心；第二斡耳朵设在撒阿里客额儿；第三斡耳朵设在土拉河畔；第四斡耳朵设在色楞格河支流伊德尔河。1220 年，成吉思汗拟定在哈剌和林（在今鄂尔浑河上游处）建都，但因持续的战争，都城未能建起来。

大蒙古国的建立结束了蒙古高原及其毗邻地区群雄林立、互相争伐的局面，近百个大小不一、各有名号的部落统一在大蒙古国的旗帜之下。蒙古族作为统一的民族共同体登上了世界历史舞台，开始了向外征服。

第二节　大蒙古国灭西辽

纳忽山战败之后，以乃蛮部为首的反铁木真集团崩溃，残余势力向也儿的石河奔逃。大蒙古国建立以后，成吉思汗发动了追击乃蛮部残部的战争。1208 年，成吉思汗派将领忽必来率领蒙古军进入也儿的石河上游地区，在此杀蔑儿乞酋长脱黑脱阿，脱黑脱阿之子忽都（火都）向东南逃往高昌回鹘国；乃蛮部酋长塔阳罕之子屈出律率部众西奔别失八里（Bechbaliq，今吉木萨尔），又越天山到达库车。屈出律带领部下在库车山里“东游西荡，既无粮食又乏给养，而跟随他的那些人已作鸟兽散”[①]。最后，屈出律投奔了西辽。

---

① 〔伊朗〕志费尼：《世界征服者史》（上），〔英〕J. A. 波伊勒英译，何高济汉译，商务印书馆 2004 年版，第 66 页。

西辽（1132—1211）又称喀喇契丹，是中国北方辽朝契丹人在哈萨克草原上建立的政权。辽朝灭亡以后，辽朝大将耶律大石率部西迁，经过十余年的征战，于1132年以八拉沙衮（又称虎思斡耳朵）为中心建立西辽。西方史籍称西辽为“喀喇契丹”或“黑契丹”。在强盛之时，西辽统治范围东起高昌回鹘国，西至咸海（Aral Sea），北越巴尔喀什湖，南抵阿姆河。

西辽统治地区分为直辖领地和附庸国、部族两大部分。直辖领地包括伊塞克湖周围、伊犁河流域的优良牧场和锡尔河上、中游至八拉沙衮地区以及讹答剌（Utrar）绿洲。附庸国有高昌回鹘国，喀喇汗王朝以及乃蛮、康里和葛逻禄等部族的领地。13世纪初，西辽地处大蒙古国和花剌子模国中间，是蒙古人西进的交通要道和战略要地。在屈出律投奔西辽之时，西辽末主直鲁古的统治已处于内外交困之中。

13世纪初，西辽东边的属国和属地纷纷脱离西辽投靠成吉思汗。最东面的回鹘国国王（亦都护）巴而朮于1209年杀西辽派驻该国的少监。[①] 正是此时，脱黑脱阿之子忽都来到了回鹘国，忽都的使者提出在回鹘国避难的请求，巴而朮处死来使，并以武力将忽都一伙驱逐出境，忽都一伙只得继续逃窜。随后，巴而朮派使者阿思兰斡乞等人去蒙古草原觐见成吉思汗，向成吉思汗通报了忽都等人的情况，并表示回鹘国愿意臣服于成吉思汗。高昌回鹘国的这一举措对中亚东部地区产生了重要影响。近代史学家屠寄评论说：“直鲁古失之，遂断左臂，竟以亡国。成吉思汗得之，长驱西域，还灭唐兀，无反顾忧。”[②] 巴而朮的主动归顺赢得了成吉思汗的信任，1211年，巴而朮亲自到蒙古草原觐见，成吉思汗认巴而朮为他的第五子，并将

① 少监是中原王朝的官号，它与监国一样都是相当于沙黑纳、八思哈等西辽称号以及蒙古语达鲁花赤的称号，指征服者委派在被征服地区特别负责征收贡赋的代表，监国的职位显然比少监的职位更高。〔伊朗〕志费尼：《世界征服者史》（上），第48页。

② （清）屠寄：《蒙兀儿史记》，中国书店1984年版，第316页。

女儿也立安敦公主嫁给了他。[①] 以后，在成吉思汗讨伐屈出律之时，巴而朮率300人参战；成吉思汗西征花剌子模国之时，他又率“部曲万人”出征，在海押立与大军会师，并随察合台（Chaghatay）和窝阔台围攻讹答剌城。后来，巴而朮还随朵儿伯（Dörbei）、牙撒兀儿（Yasa'ur）和葛答黑（Ghadaq）出征阿姆河上游地区。[②]

继高昌回鹘国之后，西辽东部属地巴尔喀什湖以南地区归顺大蒙古国。当时，统治巴尔喀什湖南部的葛逻禄人在此建了两个政权：斡匝儿政权以阿力麻里为中心，阿儿思兰汗的政权以海押立和不剌为中心。在直鲁古统治时期，这两个政权还处于西辽的监管之下。

1208年，屈出律投奔直鲁古，直鲁古派屈出律到阿力麻里地区镇压反西辽统治的人民起义。在屈出律的压力下，斡匝儿派使者去见成吉思汗，表示愿意臣服于蒙古人。后来，斡匝儿本人又亲自去蒙古朝见成吉思汗。由于他酷嗜狩猎，成吉思汗规劝他注意戒备，以防敌人的突然袭击。可是，他返回阿力麻里之后，依然热衷于狩猎，毫不戒备，后来，他在猎场上被屈出律的士兵俘获，被挟持去攻阿力麻里，途中，得知蒙古军已逼近阿力麻里，屈出律杀斡匝儿。以后，斡匝儿之子昔格纳黑的斤（Signaq Tegin）得到成吉思汗的恩宠，继承其位，继续治理阿力麻里，并奉诏与朮赤（Jöchi）的一个女儿成婚。[③] 在成吉思汗西征海押立之时，昔格纳黑的斤也率军从阿力麻里前来与蒙古军会师。

1211年，成吉思汗大将忽必来追逐乃蛮部残余势力到巴尔喀什湖，海押立统治者阿儿思兰汗杀西辽派来的沙黑纳，归顺蒙古人。此后，阿儿思兰汗跟随忽必来一起前往蒙古草原觐见成吉思汗，得

---

① 《元史》中记为“也立安敦”，没有明确两人结婚的时间及情况；《新元史》记为阿勒可敦公主，该书记由于巴而朮原配妻子的阻挠，未能成婚。

② 〔伊朗〕志费尼：《世界征服者史》（上），第47页。原文：“讹答剌陷落后，朵儿伯、牙撒兀儿和葛答黑率师征镬沙（Vakhsh）及那带地方；他又随师前往。”镬沙即今阿姆河右岸支流，在今塔吉克斯坦境内，参见〔伊朗〕志费尼：《世界征服者史》（上），第49页注15。

③ 〔伊朗〕志费尼：《世界征服者史》（上），第83页。

到了成吉思汗的恩宠，成吉思汗让他继续统治海押立。后来，在成吉思汗西征花剌子模国到达海押立的时候，新继任的阿儿思兰汗也率军前来会师，给予成吉思汗很大帮助。[①] 在西辽东部属地全部归顺以后，蒙古军开始了征服西辽的战争。

1208 年，屈出律投奔西辽，西辽菊儿汗直鲁古善待他，把女儿浑忽嫁给他为妻。然而，屈出律对他的地位不满意，他积极网罗力量，希望成为西辽最高统治者。当屈出律来到八拉沙衮之时，西辽正面临困难形势，东西属国、属地正在起义反抗西辽的统治。屈出律对直鲁古说："我听说，我的许多部落和军队流落、分散在叶密立、海押立和别失八里境内。……如果古儿汗（即直鲁古）准许我去，我就去将他们召集起来。我要在（古儿汗）患难之时帮助他，只要他活在世上，我将对他竭诚效忠，听他吩咐，决不违言！"[②] 直鲁古轻信了他的话，准许他去召集旧部。

屈出律到叶密立和海押立一带收集自己的族人，又与其他部落结成联盟。他率领这支军队进入西辽的一些领地，大肆杀戮和抢劫。他向花剌子模沙派出使臣，约定夹攻西辽。双方约定在推翻直鲁古的统治以后瓜分西辽领土，具体协定是：如果摩诃末先消灭直鲁古，那么从阿力麻里、忽炭（于阗，今新疆和田）和喀什噶尔（Kashghar）以西的地区归摩诃末所有；如果屈出律先消灭直鲁古，那么锡尔河以东的领土全部归屈出律所有。[③]

1210 年，直鲁古出兵撒麻耳干（Samarkand）城，屈出律趁机率军西进，劫掠了西辽库藏之地、锡尔河下游的讹迹邗城（Uzkand，另译乌兹根），得手之后东进碎叶川，袭击西辽都城八拉沙衮，但此次攻城失败。与此同时，摩诃末率领花剌子模与撒麻耳干统治者乌思蛮的军队从西面出兵，东渡锡尔河，双方在塔拉兹（Talas）交

① 〔伊朗〕志费尼：《世界征服者史》（上），第 83 页。

② 〔波斯〕拉施特：《史集》第 1 卷第 2 分册，余大钧、周建奇译，商务印书馆 1983 年版，第 250 页。

③ 同上。

战，西辽军队战败，统帅塔阳古被俘。当西辽残部返回八拉沙衮之时，城中居民（主要是穆斯林）紧闭城门不让他们进城，于是，西辽军攻城，激战16天攻下该城。入城后，西辽军在城内大肆抢劫，西辽库藏被抢劫一空。直鲁古的统治遭到了财政危机。宰相马赫穆德·巴依建议把军队官兵抢劫的财物收归国库，在得知这一消息之后，军官们带自己的部队纷纷离开，他们在各地煽动叛乱。摩诃末趁机夺取了西辽的一部分领土，夺得讹迹邗城，并在该城设一员大将驻守。

1211年秋，直鲁古出猎，遭到屈出律的袭击。《辽史》对此记载说："乃蛮王屈出律以伏兵八千擒之，而据其位。遂袭辽衣冠。"[①]乃蛮部首领屈出律名正言顺地登上了西辽王位。夺取政权以后，屈出律表面上"尊直鲁古为太上皇，皇后为皇太后，朝夕问起居，以侍终焉"[②]。末帝直鲁古在众叛亲离中，抑郁地生活了两年，于1213年去世。

登上了西辽汗位后，屈出律开始准备收复西辽的失地。1211—1214年间，他在秋收季节三次入侵喀什噶尔，放火焚烧谷物，迫使当地居民屈服于他的统治。屈出律的军队进驻喀什噶尔城以后，分驻在每户居民中，这些士兵奸淫烧杀，无恶不作，致使民怨沸腾。他在攻占忽炭以后，强迫当地穆斯林居民改信基督教或佛教，改穿契丹服。据波斯史家志费尼的《世界征服者史》一书记载，他将伊斯兰教教士赶到忽炭城外，伊斯兰教教长伊玛目阿老丁·穆罕默德与屈出律辩论，结果教长获胜，恼羞成怒的屈出律先将教长严刑拷打，最后将教长钉死在清真寺大门前。这一行为激起了伊斯兰教徒的极大愤慨，这些地区居民对屈出律的仇恨有利于蒙古军灭掉西辽。

1218年，成吉思汗派往追击屈出律的蒙古军逼近阿力麻里。在蒙古军的追击下，屈出律从八拉沙衮向南逃往喀什噶尔，西辽都城

---

① （元）脱脱：《辽史》，中华书局1974年版，第358页。

② 同上书，第358页。

八拉沙衮和七河流域（The Semirechyé）不战而降。蒙古军追击屈出律到达喀什噶尔，屈出律又往西南方向逃窜，在当地猎人的帮助下，蒙古军在瓦罕走廊东部的达拉兹山谷俘杀了屈出律。屈出律被杀以后，首级在喀什噶尔、鸭儿看（莎车）、忽炭等地示众。此后，西辽及其东部属地归降蒙古人，西辽灭亡。

在屈出律统治西辽期间，西辽西部属地已经归属于花剌子模帝国。在蒙古人灭亡西辽政权之时，花剌子模帝国趁机占领了西辽的一些城市，如讹答剌城。西辽灭亡以后，大蒙古国与花剌子模帝国成为领土相邻的国家，蒙古人西征的下一个目标是花剌子模帝国。

第三节　大蒙古国灭花剌子模帝国

花剌子模国是突厥人在花剌子模绿洲上建立的国家，创建之时，国家很小，只占有阿姆河下游三角洲地区，先后臣属于中亚伽色尼王朝、塞尔柱帝国和西辽的统治。在花剌子模沙贴乞失和摩诃末统治时期（12 世纪末至 13 世纪初），花剌子模国逐渐兼并了塞尔柱帝国领地呼罗珊（Khurasan），夺取了以撒麻耳干为中心的西喀喇汗国领土，征服了中亚北部草原的康里人，打败了阿富汗新兴国家古尔王朝。13 世纪初，当蒙古人在向西扩张之时，花剌子模国发展成为一个地域广阔的大帝国，统治着河中地区（Transoxiana）、阿富汗大部和伊朗高原的一部分。

在蒙古人灭西辽以前，花剌子模帝国就与蒙古人有过几次交往。为了解蒙古人的真正实力，1215 年，摩诃末派以巴哈·阿丁·吉剌为首的使团出使大蒙古国，1216 年，使团到达蒙古草原。当时，成吉思汗希望与花剌子模帝国建立友好的商贸关系，在接见使团成员之时，成吉思汗表示，大蒙古国和花剌子模帝国相隔甚远，两国之间应该和平共处，共同促进彼此之间的贸易往来。后来，成吉思汗从居住在蒙古草原的中亚人中挑选了三位使者回访花剌子模帝国，他们是：花剌子模人马哈木·花剌子模（Mahmud Khorazm）、不花剌人阿里火者和讹答剌人玉速夫。他们带着金条、玉石、象牙以及若干贵重的白驼毛织品，作为成吉思汗送给摩诃末的礼物。

1218年春，蒙古使团来到花剌子模帝国，并转达成吉思汗的话说："我知君势之强，君国之大。我知君统治大地之一广土，我深愿与君修好。我之视君，犹爱子也。君当知我已征服中国，服属此国北方之诸突厥民族。君应知我国战士如蚁之众，财富如银矿之丰，实无须觊觎他人领土。所冀彼此臣民之间，得以互市，则为利想正同也。"[①] 成吉思汗的这番话语引起了摩诃末的不快和不安。他认为成吉思汗称他为儿子，是把他当附庸看待。

此后，摩诃末单独召见了使者马哈木，想进一步了解大蒙古国的情况。他将自己佩带的宝石赏给马哈木，希望他讲实话，并充当花剌子模的间细（蒙赫）。他问马哈木道："成吉思汗征服桃花石（即中国北部）。信否？……兵力几何？"[②] 马哈木为了照顾摩诃末的情绪，回答说，与花剌子模沙的军队相比，成吉思汗的军队只是九牛一毛而已。这样，摩诃末稍微平静下来，同意与蒙古人签订和约。马哈木不辱使命。后来，他以"牙剌洼赤"（Yalavach）一名为蒙古帝国管理财政。在蒙古语中，"牙剌洼赤"是使者之意。

1216年，花剌子模军与蒙古军发生了一次小冲突。蒙古将领速不台、脱忽察儿率军越过也儿的石河向西追杀蔑儿乞惕酋长脱黑脱阿之子忽都残部，忽都逃到垂河（楚河）流域，蒙古军前锋尾随而至。在速不台的一路追杀下，忽都一伙再逃到康里人居地。摩诃末在获悉这一消息以后，纠集军队准备趁火打劫忽都残部，不料，他未能在锡尔河下游的毡的城截住忽都，反而与追击忽都的蒙古军相遇。速不台向摩诃末解释来意，希望不要因误解引起双方的冲突，但摩诃末不听解释，他率军袭击了蒙古军。在此冲突中，

---

① 〔瑞典〕多桑：《多桑蒙古史》（上），冯承钧译，上海书店出版社2001年版，第92页。

② 同上书，第92页。

摩诃末本人险些被俘，幸亏其子札兰丁的救援才得以脱险。1218年，在蒙古军灭亡西辽之时，花剌子模帝国又抢先占领了讹答剌城[1]等西辽属地上的一些据点。初期的这些冲突为两国之间的战争埋下了隐患。

战争的导火线是蒙古商队被劫事件。1218年，成吉思汗派出由450人组成、携带着500峰驼货的庞大商队前往花剌子模帝国，商队同时带着成吉思汗写给花剌子模帝国素丹的信。货物是金、银、丝绸、驼毛织品、海狸皮、貂皮等贵重商品，商队队长是从居住在蒙古草原的穆斯林中挑选出来的，随行人员中除成吉思汗使者蒙古人兀忽纳外，还有诸王和将领等蒙古贵族的亲信，他们的目的是到中亚为主人购货。

这个庞大的商队来到了花剌子模帝国边界城市讹答剌。讹答剌城城主哈只儿汗[2]将商队扣留，并派人禀报摩诃末说，商队中有大蒙古国密探。摩诃末在没有弄清事情真相的情况下，便下令处决商队成员，没收全部货物。哈只儿汗遵照摩诃末的命令，尽杀蒙古商队成员，只有一人从牢里逃回，向成吉思汗报告了商队被害的情况。

据传说，成吉思汗闻报，"惊怒而泣，登一山巅，免冠，解带置项后，跪地求天，助其复仇，断食祈祷三日夜始下山"[3]。尽管如此，成吉思汗还是抱着以和平方式解决问题的态度，再次派遣穆斯林伊本・巴合剌为主使，另派两名蒙古人为副使出使花剌子模帝国。使臣向摩诃末转达成吉思汗的话说："君前与我约，保不虐待此国任何商人。今遽违约，枉为一国之主。若讹答剌虐杀商人之事，果非君命，则请以守将付我，听我惩罚；否则请即备战。"[4]

花剌子模帝国地方部将的权力很大，摩诃末虽欲惩罚，势所不能，再说，杀商队成员和没收货物的命令也是他本人下达的。于是，

① 讹答剌城位于今锡尔河右岸，离阿雷斯河出口处不远。

② 此人名叫亦纳勒术，哈只儿汗是封号。

③〔瑞典〕多桑：《多桑蒙古史》（上），第93页。

④ 同上。

摩诃末杀巴合剌，剃蒙古副使二人须而遣之归。“这些不足取的作法产生事端，引起恶感并且是仇报和猛袭的原因。”[①] 战争已经不可避免了。

在主力部队出征花剌子模帝国之前，成吉思汗派一支部队在拔汗那（Ferghana，今费尔干纳）一带进行佯攻，以转移摩诃末的注意力。1218 年冬季，这支 3 万骑兵组成的部队由成吉思汗长子朮赤和大将哲别率领，从喀什噶尔出发，从克基尔阿尔多和铁列古达坂两条山路翻越海拔 4000 米—7000 米的冰山雪岭，进入阿赖岭北麓。1219 年夏，抵达拔汗那。摩诃末在得知朮赤和哲别部队的动向以后，将锡尔河沿岸防线的主力部队调往拔汗那方向，造成了主力分散的战略失误，成吉思汗声东击西的战略部署获得成功。

1219 年 6 月，成吉思汗带着次子察合台、三子窝阔台、四子拖雷（Toluy），以及大将速不台、失吉忽秃忽（Sigi Qutuau）等人率主力出征。他们从蒙古高原的克鲁伦河畔出发，经阿尔泰山，然后南下到巴尔喀什湖的七河流域，再往西抵达锡尔河右岸。随行者中，应该提到的还有汉化契丹人耶律楚材。据他记，成吉思汗的蒙古大军越过阿尔泰山，到达也儿的石河畔，在这里休养兵马，直到秋高马肥之时，大军才继续西行。

1219 年秋，大军经别失八里、不剌（今新疆博乐），通过铁木儿忏察（亦称松关，今新疆赛里木湖以南果子沟）至阿力麻里，然后，渡伊犁河，经海押立向花剌子模帝国挺进。途中，原来归顺蒙古人的高昌回鹘国王巴而朮、海押立统治者阿儿思兰汗和阿力麻里统治者昔格纳黑的斤也率部加入了蒙古军。蒙古大军总人数到达 10—15 万，号称 60 万。蒙古军在巴尔喀什湖以南的林库儿地区进行了休整，然后向锡尔河畔进发，1219 年秋末，在讹答剌城下屯兵。

此时，摩诃末在撒麻耳干城加固城墙、修筑堡垒，他曾指着城外壕沟说道：“鞑靼（蒙古人）兵众，投鞭足以填之。”[②] 尽管如此，摩

① 〔伊朗〕志费尼：《世界征服者史》（下），第 406 页。

② 〔瑞典〕多桑：《多桑蒙古史》（上），第 103 页。

诃末对打退蒙古人缺乏信心和勇气，还未交战，已经在考虑退守对策：一是退守呼罗珊；二是退守加兹尼，如果加兹尼城守不住，还可以退往印度。摩诃末采纳了后一种对策，将军队分散驻守各大城市之后，自己率部分军队从撒麻耳干城南下抵达巴里黑（今巴尔赫）。

与此同时，在拔汗那佯攻的蒙古军兵分两路，一路由术赤率领赶往讹答剌城与成吉思汗大军会合；一路由大将哲别率领5000骑兵，从锡尔河上游南下袭扰阿姆河上游地区。摩诃末认为，蒙古军如果占领了阿姆河流域诸城，将切断河中地区与阿富汗和呼罗珊的联系，于是，他派出主力部队前往阿姆河流域诸城增援。

蒙古军在讹答剌城下会合之时，成吉思汗兵分四路攻打中亚的一些主要城市：由察合台、窝阔台率领的第一路军留在讹答剌城下攻城；由术赤率领的第二路军北上攻锡尔河下游的毡的和养吉干①；由阿剌黑、速格秃、脱海三将领率领第三路军5000人南下攻锡尔河上游的费纳客忒（又称别纳客忒）和忽毡城（Khujand）；成吉思汗与幼子拖雷率主力军渡锡尔河，直逼不花剌城（Bukhara，今布哈拉）。成吉思汗不直接进攻离锡尔河较近的撒麻耳干城，而是进攻在撒麻耳干城以西的不花剌，其原因有两点：第一，避重就轻，当成吉思汗抵达讹答剌城之时，撒麻耳干城已经加固，并有重兵守卫；第二，在撒麻耳干城守军固守城池、不敢出城迎战的情况下，蒙古军可以乘机长驱直入，攻入腹地，然后，发挥蒙古人擅长迂回包抄、聚而歼之的战术优势。

第一路蒙古军于1219年9月开始攻打讹答剌城，他们奉命要活捉讹答剌血案的肇事者哈只儿汗。摩诃末曾给守城长官哈只儿汗5万人，后又派哈剌察领兵一万增援。哈只儿汗认为该城坚固，守军粮食充足，所以拼死守城。讹答剌城被围5个月，军民士气受挫，城内发生矛盾，增援部队首领哈剌察认为投降为上策，而哈只儿汗

---

① 该城在毡的和昔格纳黑两城之间。此处有争议：《史集》记载是向毡的和养吉干进军，《多桑蒙古史》只记载进军毡的。

坚持抵抗。于是，哈剌察率部出城逃亡，蒙古军顺势入城，占领了讹答剌外城，俘获并杀了哈剌察及其部下。蒙古军将讹答剌外城居民驱赶出城，纵兵劫掠。哈只儿汗率两万士兵退保子城（内城），又坚持抵抗了一个月，战到只剩下他和两个那可儿（Nüker），最终被俘。讹答剌子城和城池被夷为平地，蒙古军掳掠居民和工匠充当“哈沙儿”[①]，驱赶他们到撒麻耳干去作战。成吉思汗在夺取撒麻耳干以后，哈只儿汗被带到撒麻耳干城。为了给蒙古商人和使者报仇，成吉思汗命令将熔化的银液灌入他的耳朵和眼睛，哈只儿汗痛苦地死去。

由术赤率领的第二路军首先来到锡尔河畔的昔格纳黑（Sïgnak）城。[②]术赤派穆斯林哈散哈只为使者，前去劝降。哈散哈只还没来得及劝降，就被一伙高呼着“阿拉阿克巴儿（真主伟大）！”的人杀死了。于是，术赤下令昼夜不停地攻城，连续攻了七天，最终攻陷该城。为了给哈散哈只报仇，术赤在城内进行了大屠杀。之后，术赤留下哈散哈只之子统治该城，大军继续沿河攻取锡尔河下游沿岸城市，直逼毡的。毡的守将忽都鲁汗渡锡尔河逃到花剌子模绿洲。术赤派使者成帖木儿到毡的城去劝降。由于毡的城内群龙无首，一片混乱，当成帖木儿进城后，居民们决定杀掉成帖木儿。成帖木儿以昔格纳黑城杀害使者和反抗被屠城为例，劝居民们冷静考虑。他向居民们保证，如果毡的城投降，他将“引蒙古军他去，不入毡的城”，居民们让他返回。1220 年 4 月，术赤领兵至毡的城，毡的居民们没有做任何战斗准备，但是对蒙古军“树梯环登”的攻城方式感到震惊。蒙古军爬入城内，打开城门，由于没有遭到抵抗，只是杀死了几个辱骂成帖木儿的人，赦免了该城居民。他们把居民赶到野外，然后掠城九天。术赤将原来出使过花剌子模帝国的不花剌人

---

① 哈沙儿是阿拉伯语，又称签军。蒙古人将被征服地区的俘虏或居民组织成军队，作为先头部队掩护蒙古军。

② 〔波斯〕拉施特：《史集》第 1 卷第 2 分册，记为“速黑纳黑”，即今苏纳克·库尔干，遗址在今哈萨克斯坦图门阿鲁克邮站以北。

阿里火者留在毡的城统治。然后，术赤攻取了养吉干[1]，在此也派驻了蒙古官员。

此后，术赤准许一万多从军西征的高昌回鹘人返回故地，另外招募了一万突厥游牧民补充兵源。这些突厥人在攻打花剌子模的途中兵变，一些人遭到镇压，一些人逃往阿姆河以西的莫夫和阿母牙两城，在此集结以对抗蒙古军。术赤在占领锡尔河下游之后进军钦察草原（Kipchak Steppe），以后，他参加了蒙古军夺取花剌子模绿洲的战争。

由阿剌黑、速格秃、脱海三人率领的第三路军按指示夺取锡尔河上游的费纳客忒城。费纳客忒城主亦列惕古灭里带着他手下的突厥族康里人与蒙古军大战三日，第四天乞降，蒙古军将该城军民驱赶出城，士兵全部被屠杀，居民被分配给蒙古人做奴隶，工匠随军征战，壮丁被编入哈沙儿，参与攻打中亚的其他城市。此后，这支蒙古军向忽毡进发。忽毡守将帖木儿灭里（《元史》记为“灭里可汗”）是花剌子模帝国大将，骁勇善战。他率领精兵数千退守锡尔河中一孤岛，岛远离河岸，弓弩和投石器的射程达不到。于是，蒙古军将忽毡等城俘虏的哈沙儿集中，共有五万人和两万蒙古军，蒙古将官监督这些人从山上运石头填河。帖木儿灭里在岛上建造了 12 艘船，以湿毯蒙船，用醋糅合的黏土厚厚地涂在上面，这样，蒙古人的火攻和箭攻都不能奏效。帖木儿灭里每天派出 6 艘船，驶近并射杀蒙古军。

一天夜里，帖木儿灭里突围。70 艘船带着将士及其辎重在夜里点上火把沿河疾驶而下，蒙古军顺河两岸追逐。帖木儿灭里顺流下行到费纳客忒，有铁链横亘于河上，阻挡前行。帖木儿灭里砍断铁链继续前进，在巴耳赤邗弃船登陆。在连续几天的厮杀以后，帖木儿灭里损兵折将，仅单骑逃走，手中只剩下三支箭，其中一支既破又钝。这时，他被三个蒙古人追上，他用钝箭射瞎了一个蒙古人的

---

① 养吉干，突厥语，意为新城，《世界征服者史》记作“干城”，即今锡尔河南岸，哈萨克斯坦卡扎林斯克南部。

眼睛，然后，对另外两个蒙古人说："我还剩两支箭，舍不得用，却刚够你们二位消受。你们最好退回去，保全你们的性命。"[①] 两位蒙古人退走，他抵达了花剌子模，组织军队突袭养吉干，杀死了一位蒙古长官。后来，他成为一位苏菲教徒。

成吉思汗及幼子拖雷率领的第四路军从讹答剌城向不花剌进军，来到匝儿讷黑（又称咱儿讷黑）城时，城民躲进城堡中。成吉思汗派使者答石蛮哈只不（又称答失蛮哈只卜）前去劝降。一些居民想杀死他，他高声喊："我奉成吉思汗令出必行的诏命，出使见你们，把你们从毁灭的深渊和血河中拯救出来。……若你们有丝毫反抗，一个时刻内，你们的城池将被夷为平地，原野将成血海。可是，若你们用明智、持重之耳，听从忠言和劝告，而且恭顺地服从他的指令，那么，你们的生命财产将固若金汤。"[②] 于是，城民派代表带着礼物来到成吉思汗营地，由于该城官吏未来，成吉思汗大怒，命令官吏前来。官吏立即赶到，成吉思汗赦免并善待了他们。蒙古人进城以后，命令居民出城，将壮丁编为哈沙儿，与蒙古人一道前往攻打不花剌城，其他居民被遣回。蒙古人将匝儿讷黑城命名为忽都鲁八里，意为"幸福之城"。

在进军不花剌城的途中，当地一位突厥人建议走捷径，即穿越克孜尔沙漠，经讷儿镇到不花剌，这条捷径以后被称为"汗路"。先到讷儿镇的前锋传达了成吉思汗大军到来的消息，讷儿镇居民派代表向成吉思汗表示降服并献上礼物。速不台进入讷儿镇以后，下令居民出城，然后纵兵劫掠了该城。讷儿镇居民派出 60 名壮士随该城长官之子亦勒火者前往答不思[③] 协助蒙古军攻不花剌城。

1220 年 2 月，成吉思汗大军抵达不花剌，在城下扎营。不花剌城内有守军两万人，守城将领阔克汗在一天拂晓之时带着守军和大多数城民弃城而逃，蒙古军在阿姆河畔追上并将他们全部杀掉。第

① 〔伊朗〕志费尼：《世界征服者史》（上），第 103 页。

② 同上书，第 110 页。

③ 即答不昔牙，《史集》记为"答不思"，在不花剌和撒麻耳干两城之间的大道上。

二天早上，不花剌城教长、士绅出城请降。成吉思汗骑马进入不花剌外城。他在经过礼拜五清真寺时，骑马进入清真寺。成吉思汗问道："这里是算端（素丹）的宫院吗？"有人回答说："这是主的庙宇！"成吉思汗在祭坛前下马，登上祭坛，大声说："原野上没有草了，将我们的马喂饱吧！"①

蒙古军打开城内的所有粮仓，搬出谷物，把装《古兰经》的箱子作马槽喂马，《古兰经》散落地上任马践踏。蒙古军在清真寺里饮酒，强迫城中的歌姬给他们唱歌跳舞。城中的教长、贵族、法师和学者像奴隶一样为蒙古军照看马匹。成吉思汗把全城居民叫到城外公共祈祷的广场上，对他们做了演讲，这就是历史上有名的"上帝之鞭"的讲话。他讲到了摩诃末背信弃义的行为，他说："人们啊，须知你们犯了大罪，而且你们当中的大人物犯下这些罪行。如果你们问我，我说这话有何证明，那我说，这因我是上帝之鞭的缘故。你们如不曾犯下大罪，上帝就不会把我作为惩罚施降给你们。"②讲话结束以后，他命令该城的富人交出他们的藏金。然后，成吉思汗下令焚烧城内的大部分房屋，只剩下礼拜五清真寺和几座宫殿。

在外城被攻破时，有一部分花剌子模兵退守内城，蒙古军逼不花剌人攻打内城。蒙古军使用投石器和弓箭，内城守军用弩炮和火油桶，厮杀几天之后，蒙古军攻破内城，杀了三万多人。《全史》作者伊本·阿西尔描绘说："是日也，极不幸。仅闻男女老少悲啼永诀之声，蛮人在此种不幸人之前辱其妇女，男子力不能抗，惟有相对饮泣。中有数人，宁死不愿睹此惨象。"③壮丁被征为哈沙儿，随蒙古人出征撒麻耳干和答不思。在攻陷撒麻耳干城以后，成吉思汗派塔兀沙担任不花剌的镇守官（八思哈）。

攻克不花剌之后，成吉思汗率军向花剌子模帝国都城撒麻耳干出发。沿途村落，只要不抵抗的都没有遭到洗劫；对像萨里普勒和

① 〔波斯〕拉施特：《史集》第1卷第2分册，第282页。

② 〔伊朗〕志费尼：《世界征服者史》（上），第114页。

③ 〔瑞典〕多桑：《多桑蒙古史》（上），第101页。

答不思这类抵抗的城市，留下一些部队围攻，蒙古大军在成吉思汗的率领下直趋撒麻耳干。撒麻耳干城大约有守军 11 万人，其中突厥人 6 万，波斯人 5 万，还有 20 头大象，守城大将为摩诃末母亲秃儿罕哈敦之兄弟秃海汗。早在成吉思汗到达讹答剌之时，撒麻耳干就已经整顿防务，加固城墙。

1220 年 5 月，成吉思汗兵临撒麻耳干城，一连两天蒙古军没有攻城，成吉思汗亲自在城周围察看地形。在得知摩诃末已经南逃后，成吉思汗派哲别率军 3 万南下追击，同时还派遣阿剌黑那颜和牙撒兀儿进向瓦黑失（镬沙）和塔里寒（Talikhan）。[①] 此时，攻打讹答剌的察合台、窝阔台也率军赶来与主力会合，随军还带来了许多哈沙儿。成吉思汗大军屯于城周围。蒙古军将哈沙儿每 10 人组成一队，各执一旗，城中守军误以为蒙古军队人数众多。

第三天，成吉思汗开始攻城，战斗一直进行到天黑，双方互有伤亡。第四天，成吉思汗亲自上阵，撒麻耳干城守军驱使大象出城作战，蒙古军打乱了他们的步兵阵容，负伤的大象在掉头返回之时踩死了自己的一些士兵，守军败回城中，士气大减，三万突厥—康里将士出城投降。第五天，当成吉思汗正准备与守军进行决战之时，撒麻耳干城法官、教长等人前来乞降，他们打开城门，蒙古军进城后毁掉城墙和堡垒，并把城内居民驱赶到城外。蒙古军在城内进行了抢掠，城中藏匿之人尽被杀戮。成吉思汗下令放掉大象，让它们自己去找食，结果大象全被饿死。次日早晨，蒙古军攻入内堡，双方均使用火油桶激战，礼拜五清真寺被大火烧成灰烬，撒麻耳干城受到很大破坏，据《长春真人西游记》记载："城中常十万余户，国破而来，存者四之一。"[②] 成吉思汗把该城的 3 万工匠分给他的儿子和族人，将壮丁编入哈沙儿，其他居民在缴纳了 20 万迪纳尔的赎金以后被释放。契丹人耶律阿海和其他几个人被委任为该城的监国（沙

① 〔波斯〕拉施特：《史集》第 1 卷第 2 分册，第 285 页。
② （元）李志常述：《长春真人西游记》，中华书局 1985 年版，第 14 页。

黑纳）。

撒麻耳干被攻陷之后，1220 年夏天，成吉思汗与拖雷移师至撒麻耳干西南的那黑沙不（今乌兹别克斯坦的卡尔施）附近草原休整。1220 年秋，过铁门关以后，成吉思汗派拖雷率精锐部队进军呼罗珊；派察合台、窝阔台率大军向花剌子模绿洲进军，攻打玉龙杰赤（Gurganj，今乌尔根奇）；命令在钦察草原上的长子朮赤率本部南下，协攻玉龙杰赤。

玉龙杰赤是花剌子模国旧都，城内居民甚多。摩诃末退守南部以后，该城由其母秃儿罕哈敦管辖。在获悉蒙古军攻陷不花剌等城之后，她带着摩诃末的嫔妃和年幼的儿子们弃城向西逃到祃椤答而（今伊朗马赞达兰省）。于是，玉龙杰赤城民推举忽马儿的斤暂时为该城主。

1220 年 7 月，朮赤、察合台和窝阔台屯兵于玉龙杰赤城周围。他们先派小股蒙古骑兵逼近玉龙杰赤城门，驱掠牲畜。玉龙杰赤守军轻率地出城追击蒙古骑兵，蒙古骑兵将守军诱入埋伏圈，在离城不远名叫巴黑亦忽剌木的地方，蒙古伏兵将守军围住，厮杀至黄昏，杀死花剌子模军 1000 多人。[①] 第二天，蒙古大军将城团团围住，由于城外没有石头，蒙古人的投石机只能向城内投掷桑木。蒙古军强攻入城，用火油桶焚烧房屋。在城内，双方短兵相接，在夺取阿姆河河上的一座桥梁时，3000 名蒙古军被围歼，城内守军士气大振。由于朮赤、察合台性格各异，素来不和，再加上成吉思汗已经将花剌子模封给了朮赤，朮赤不愿意破坏这座城市。在这种情况下，蒙古军号令不一、各执己见，造成军队纪律松散，伤亡巨大，攻城受阻，历时七个月还没能夺取该城。

成吉思汗在得知此事后非常生气，改命窝阔台统领攻城之事。窝阔台使两位兄长和解，并严整军纪，恢复了军队的战斗力。蒙古

---

① 拉施特《史集》第 1 卷第 2 分册第 296 页与志费尼《世界征服者史》（上）第 136 页，均记载为十万人。

军与守城军民展开巷战，七日之后终于夺取该城。蒙古军将居民驱赶出城，将10万多名工匠送往蒙古，掠其妇女和幼童当作奴婢，其他人分配给蒙古军屠杀，5万多名蒙古兵每人分配到24人。[①] 屠城之后，蒙古军又掘开阿姆河堤坝，引水灌城，玉龙杰赤城淹没在一片汪洋之中，城中藏匿的人全部被淹死。[②] 玉龙杰赤城的陷落标志着中亚河中地区被蒙古人征服，称霸一时的花剌子模帝国经过两年的较量，最终被蒙古人灭亡。

第四节　大蒙古国征服呼罗珊和阿富汗地区

当蒙古人灭西辽和花剌子模帝国之时，中亚西部的呼罗珊和中亚南部的阿富汗部分地区还是花剌子模帝国的属地，由帝国的地方官员统治着，其中，呼罗珊莫夫城的都督阿明灭里是摩诃末之母秃儿罕哈敦的侄儿。在花剌子模帝国统治中心河中地区还未陷落之时，摩诃末已经放弃了抵抗，带着几个儿子向中亚西部逃亡。于是，两批蒙古军在大将哲别和王子拖雷的率领下，先后追到呼罗珊，征服了莫夫、你沙不儿（今尼沙普尔）和也里（Herat，另译哈烈，今赫拉特）。

摩诃末一行来到莫夫城，在对该城军民下达的命令中，他说，在蒙古人来到之时，官员们可以退守马儿哈堡，城民们为了保全性命和财产可以投降。莫夫城长官巴哈木勒克在蒙古人来到之前，就领着莫夫城贵族退守马儿哈堡，以后又退到塔黑亦牙即儿堡。当时，莫夫城内除了本地居民外，还有被蒙古人打败之后逃难至此的毡的城民，以及因兵变从蒙古军叛逃的突厥人。他们由莫夫前任长官抹智儿木勒克率领，在莫夫城组织抵抗。1220年5月，追击摩诃末的

---

① 〔波斯〕拉施特：《史集》第1卷第2分册，第298页。

② 〔瑞典〕多桑：《多桑蒙古史》（上），第112页。

第一批蒙古军在哲别和脱忽察儿的率领下来到呼罗珊，莫夫长官巴哈木勒克从塔黑亦牙即儿堡又逃到祃椤答而，他向蒙古人表示，愿作为蒙古军的使者前往莫夫城劝降，7 名蒙古人随他来到莫夫城，抹智儿木勒克将他们全部杀死。

1220 年秋，成吉思汗又派拖雷率精锐部队协助哲别。拖雷之军在逼近莫夫城之时，先派 400 名骑兵为先锋于夜晚抵达城外的河岸，袭击了驻守河岸的 1.2 万名突厥骑兵，缴获了 6 万头牲畜和其他财物。1221 年 2 月 5 日，拖雷率军抵达莫夫城下，在六天中，观察了莫夫所处的地形，研究了对策。第七天，蒙古军把莫夫城团团围住。第八天，抹智儿木勒克派使者到拖雷军营乞降。拖雷率军入城，将城内富豪大户的钱财全部没收，留下 400 名工匠和一些童男童女为奴，其余的人全部杀掉。藏匿在城内的人出来以后，也被殿后的蒙古军以送谷物到郊外为名集中杀死。

与哲别一起来到呼罗珊的蒙古将领脱忽察儿因违令侵扰已经向蒙古人表示归顺的莫夫城都督阿明灭里，被成吉思汗调到拖雷军中，他是拖雷的妹夫。拖雷在攻莫夫城期间，派脱忽察儿为前锋绕过莫夫城向西北去攻打奈撒（尼萨）。脱忽察儿到奈撒城下架炮攻城，半个月以后攻下奈撒城，在该城进行了大屠杀。脱忽察儿把城民赶到城外，把他们的双手绑住，然后射死。1220 年 11 月，脱忽察儿围攻你沙不儿城，被守军的流矢射死。得知这一消息之后，拖雷从莫夫城赶往你沙不儿，于 1221 年春兵临城下。当时，摩诃末之子札兰丁也在你沙不儿城，在获悉蒙古军逼近之后，他向也里城逃去。你沙不儿城民派使者到拖雷营中乞降，但遭到拒绝。经过四天的激战，1221 年 4 月 10 日，你沙不儿城陷，脱忽察儿的妻子主持了屠城，城市被夷为平地，全城居民被杀死，首级割下来按男、女、小孩分别堆成金字塔形。

此后，拖雷追逐札兰丁来到了也里城，札兰丁逃向哥疾宁（阿富汗加兹尼城），把也里城留给部下镇守。镇守官兵们坚守拒降，拖雷一连攻打了八天，直到守城长官战死，城民才开城乞降。拖雷杀了1.2万名花剌子模士兵，其余的全部赦免。此时，拖雷接到成吉思汗的命令，要他率军返回，协助攻打塔里寒堡。[①] 于是，他离开了也里城前往塔里寒堡。

在拖雷率军攻打莫夫期间，成吉思汗本人于1220年秋开始围攻阿姆河北岸的忒耳迷城（今乌兹别克斯坦帖尔穆兹）。忒耳迷城居民拒不投降，成吉思汗围攻11天攻克该城。城陷之后，蒙古军把居民赶到城外，全部杀死。接着，成吉思汗从忒耳迷朝东北方向进军，在康格儿忒（今塔吉克斯坦库良布省康古尔特村）和薛蛮（今塔吉克斯坦杜尚别）两地过冬。在此，一支蒙古军在巴达哈伤（巴达克山）劫掠。1221年初，成吉思汗率军南渡阿姆河，来到呼罗珊的重要城市巴里黑。巴里黑城民派使者带着贡品和礼物乞降，蒙古军以清点人口为借口，将居民驱逐到城郊后全部杀死，蒙古军入城纵掠，然后放火烧毁了这座城市。此后，成吉思汗东进塔里寒堡，城堡坚固，守军勇猛，一时间难以攻下。蒙古军派使者前去诱降，未果。蒙古军攻城七个月，未能破城。在这种情况下，成吉思汗把派往呼罗珊的拖雷军调回。

在拖雷还未赶到塔里寒之时，蒙古军在城外建木架、运土石，建造了一个与塔里寒堡一样高的土丘。蒙古军在土丘上架设大炮向城堡内炮轰，守城军士在炮轰下突围，一小部分得以逃生。在拖雷到达之时，塔里寒堡已被攻下。与此同时，攻下玉龙杰赤城的察合台、窝阔台也赶来，全军在塔里寒山间度过了1221年的夏天。长子朮赤在攻克玉龙杰赤城以后，率军到毡的城外的草原休整，没有南下与大军会合。

此后，蒙古军与花剌子模军的战争主要发生在中亚南部的阿富汗。在塔里寒休整期间，成吉思汗获悉摩诃末之子札兰丁已经逃到哥疾宁城的消息，于是，派失吉忽秃忽、帖客扯克、木勒合儿（又

---

① 〔伊朗〕志费尼:《世界征服者史》（上），第133页，注9：成吉思汗摧毁的塔里寒在巴里黑和马鲁鲁德之间。

译蒙勒火儿）等人为先锋，率兵三万火速前往哥疾宁。

札兰丁是摩诃末的长子，也是摩诃末诸子中最英勇者。1215年，摩诃末攻下哥疾宁城以后，曾任命札兰丁驻守，可以说，哥疾宁城是札兰丁的封地。蒙古军兵临撒麻耳干城时，札兰丁与父亲退到巴里黑城，在此，他建议召集军队，抵抗蒙古入侵。但他的意见没有被父亲采纳，摩诃末决定向西逃。最后，他与其父一起西逃到里海（Caspian）的一个岛上。1220年末，摩诃末病逝。临死之前，摩诃末指定札兰丁为花剌子模帝国的王位继承人。札兰丁及兄弟兀思剌黑和阿黑在岛上安葬了父亲，然后，取道曼吉什拉克返回玉龙杰赤城。该城的统治者们不希望札兰丁回来，他们阴谋杀害他，于是，札兰丁于1221年2月10日逃离玉龙杰赤城，来到你沙不儿城，以后又逃到也里，在拖雷攻也里之时，他辗转来到哥疾宁，在此开始招集散亡的旧部。突厥蛮首领赛甫丁·阿格剌黑率四万军队前来投奔，乌古思首领也率部来投，一时间，札兰丁在哥疾宁城集结了数万军队。

当札兰丁在哥疾宁城集结军队之时，莫夫城都督阿明灭里与之联系，两人约定在八鲁湾集结。1221年春，札兰丁的军队前往八鲁湾，途中，札兰丁袭击了围攻瓦里延堡的蒙古军，杀死1000多人。袭击成功之后，札兰丁的军队继续前往八鲁湾与阿明灭里的军队会合。蒙古军在失吉忽秃忽等人的率领下也朝八鲁湾进发，双方在此进行了一场大战。

战争当天，双方一直厮杀到黄昏还难分胜负，暂时停战。第二天黎明，蒙古军在自己备用的马匹上设置假人，札兰丁的士兵们以为蒙古援军已到，军中一片恐慌，有人建议逃走，札兰丁却坚持战斗，最终击溃了蒙古军。由于原野上有许多坑洞，蒙古马跑不快，在札兰丁骑兵的追杀下，蒙古军伤亡惨重。这就是历史上有名的八鲁湾之战。

八鲁湾之战是蒙古西征以来，花剌子模军队取得的一次最大胜利。受这一胜利的鼓舞，那些曾被蒙古军征服地区的居民开始起义反蒙，城市统治者起来杀死蒙古长官，恢复自己的统治。其中，也里、莫夫等城的反抗最为激烈，宴只吉带（又译野里知给歹、额勒只带）率领的蒙古军在围攻也里城数月之后，于1222年6月攻破该城，全城居民遭到屠杀，城市被焚毁。莫夫城也遭到了同样的命运。

成吉思汗得知八鲁湾战败的消息以后，“怒而不形于色，仅语忽秃忽，谓其狃于常胜，未受挫折，今遭此败，当以为戒”[①]。此后，他亲自率军前往哥疾宁。途中，由于古儿疾汪（今阿富汗古尔吉万县）城民的抵抗，蒙古军花了一个月时间攻下该城。然后，蒙古军越过大雪山（兴都库什山）抵达范延（今阿富汗巴米延），在此，蒙古人也遭到了当地居民的抵抗，双方都使用弓矢弩炮，成吉思汗宠爱的孙子（察合台之子）木阿秃干（Mötöghan）中箭身亡。成吉思汗在攻下范延城后下令：“不赦一人，不取一物，概夷灭之。”[②] 成吉思汗将范延城改名为“卯危八里”，波斯语意为“歹城”。

两个月之后，成吉思汗率军赶到八鲁湾，札兰丁的军队已经返回哥疾宁。八鲁湾胜利之后，札兰丁部队内部发生了冲突。阿明灭里和赛甫丁·阿格剌黑为一匹马发生争执，阿明灭里用鞭子打了阿格剌黑的头，札兰丁没有惩治阿明灭里，阿格剌黑一气之下率领自己的部队离开了札兰丁，前往富楼沙（今巴基斯坦白沙瓦）。

成吉思汗在八鲁湾向部将们分析了失吉忽秃忽失败的原因，他认为没有选择有利地形是遭到失败的主要原因，他希望部将们引以为戒。然后，成吉思汗率大军向哥疾宁进发，于1221年8—9月赶到。札兰丁在获悉成吉思汗大军来临的消息以后，与阿明灭里的部队一起向申河（印度河）方向逃走。成吉思汗进入哥疾宁城，委任禡禡·牙剌洼赤统治该城。接着，蒙古军追赶札兰丁来到申河河畔，阿明灭里被杀，札兰丁被包围。在蒙古军步步紧逼，逐渐缩小包围圈之时，札兰丁跃马跳入申河，泅水而逃。成吉思汗没有射杀他，

① 〔瑞典〕多桑：《多桑蒙古史》（上），第123页。

② 同上书，第120页。

也没有继续追击，札兰丁英勇无畏的精神感动了成吉思汗，他赞叹道："生子当为札兰丁！"[①]

此后，成吉思汗率军沿申河北上，派窝阔台顺河南下，继续征服未归顺的地区。窝阔台率军来到哥疾宁城下，命令将居民赶出城外，除工匠外一律杀死，并摧毁了这个城市。窝阔台撤离哥疾宁城之时，留失吉忽秃忽在此城监管俘虏和工匠。据《史集》记载，窝阔台请求成吉思汗允许他去攻打阿富汗西面的昔思田（今伊朗东部锡斯坦省），后因天气炎热，成吉思汗命他回师，于是，窝阔台经阿富汗南部的该儿母西儿[②]返回。

当成吉思汗到达迦儿漫和桑忽兰之时，有消息说札兰丁重渡申河返回。1222年春，成吉思汗派八剌（Bala）、朵儿拜二将搜索札兰丁。1222年夏，成吉思汗沿河而上避暑于八鲁湾草原，并在此等候八剌军的消息。八剌军在申河未见札兰丁的踪迹，他们就攻必牙堡（今巴基斯坦旁遮普省杰卢姆县），在此抢掠之后向木勒坛（木尔坦）进军，兵临木勒坛城下，由于天气炎热，士兵们中暑，蒙古人撤军。沿途对剌火儿（今拉合尔）、富楼沙、灭里蒲儿等地进行了掠夺，然后渡过申河，经哥疾宁到八鲁湾草原与大军会师。沿申河征战的窝阔台也率军前来与大军会合。

由于出征四年多，加之西夏叛乱，1223年春，成吉思汗决定经印度、吐蕃（西藏）回蒙古，后因山麓起伏，道路艰险，大军只得返回富楼沙，经原路返回。

1223年夏，大军越过范延山，驻扎在巴格兰（今阿富汗北部巴格兰省）。1223年秋，蒙古军经巴里黑（在此又进行了大屠杀）渡阿姆河，北上不花剌城，东行至撒麻耳干。成吉思汗认为是上帝帮助他战胜了摩诃末，所以命令撒麻耳干穆斯林用他的名字祈祷，并豁免该城法官、教长的赋税。蒙古军在撒麻耳干度过了1223年的冬

---

① 〔伊朗〕志费尼：《世界征服者史》（下），第453页，原文："为父者应有这样的儿子！"

② 又译为葛儿木昔儿，在阿富汗南部希里明德河中游地区名为葛儿木昔儿，参见〔波斯〕拉施特：《史集》第1卷第2分册，第309页注3。

天。在此，成吉思汗命术赤从钦察草原带着猎物（多是野驴）前来会面，术赤没有来[①]，而是派人将猎物赶到豁兰八失（位于阿雷斯河和塔剌思河之间，从奇姆肯特到江布尔的中途），以供射猎之娱，并献马两万匹。1224 年春天，成吉思汗召集诸子在锡尔河畔召开了忽里勒台。1224 年夏，成吉思汗在豁兰八失度过。1225 年 2 月，成吉思汗回到了蒙古草原。

成吉思汗的一生是在戎马征战中度过的，在短短十几年中，蒙古人征服了中亚大部分地区，大蒙古国发展成为地域广大的大帝国。1225 年，成吉思汗返回蒙古草原，对蒙古帝国统治的广大地区进行了分封。

① 《世界征服者史》认为术赤前来与成吉思汗会师；《多桑蒙古史》认为术赤未前往；《史集》认为在锡尔河畔开会时，术赤就没有参加。

第二章

蒙古帝国（1225—1269）

成吉思汗的一生是在戎马征战中度过的，他率领的蒙古军像狂飙一样南击夏、金，西征中亚，建立了一个领土辽阔的蒙古帝国。在此过程中，成吉思汗为蒙古帝国制定了法律，创建了千户、怯薛（Kesigten）、印牌等一系列制度，确立了蒙古帝国政治和经济统治模式。1227 年，成吉思汗去世，蒙古帝国先后经历了窝阔台、贵由（Güyük）、蒙哥（Möngke）三位大汗的统治。13 世纪上半叶，蒙古帝国在中亚地区采取分封、监管和直接统治三种不同的统治方式。

第一节　成吉思汗的分封

1206 年，铁木真建国称汗，大蒙古国建立起来。大蒙古国的疆域西越阿尔泰山，西南与西辽接壤，南与西夏接壤，东南与金接壤。在大蒙古国中，“虽然形式上权力和帝国归于一人，即归于被推举为汗的人，然而实际上所有儿子、孙子、叔伯，都分享权力和财富”①。

---

①〔伊朗〕志费尼：《世界征服者史》（上），第 42 页。

按成吉思汗兄弟们的商定，“取天下了呵，各分地土，共享富贵”①。蒙古人游牧的生活方式也决定了大汗只能以分封的形式实现对地域广大的游牧帝国的统治。

在统一蒙古的过程中，成吉思汗将蒙古人民以百户、千户和万户（Myriad）的形式组织起来，派蒙古贵族那颜（Noyon）统治。大蒙古国建立后不久，成吉思汗将蒙古国统治地区以忽必（Qubi）的方式分给他的亲属和有功大臣。忽必在蒙古语中意为“份子”，指被分的百姓（伊儿坚）及他们的牧地（Nuntuq，嫩秃黑）。成吉思汗最初的分封是以千户为单位分封的，据《元朝秘史》记载，太祖说：“共立国的是母亲，儿子中最长是拙赤，诸弟中最小是斡惕赤斤。母亲并斡惕赤斤处，共与了一万百姓，母亲嫌少，不曾作声。儿子拙赤处与了九千，察阿歹处与了八千，斡哥歹处与了五千，拖雷处与了五千。弟合撒儿处与了四千，阿勒赤歹处与了二千，别勒古台处与了一千五百。”②

14 世纪的波斯史家拉施特（Rashid al-Din，1247—1318）在他撰写的《史集》一书中，对成吉思汗的分封有如下记载：“成吉思汗将上述两异密及其他姓名不详的异密们③，连同四千军队全部分给了察合台。……分给第三子窝阔台合罕的军队，有四千人。”④《史集》所记户数与《元朝秘史》有较大的差异，尽管如此，东、西方史书对分封的记载可以说明成吉思汗以忽必方式分封的史实是可以认定的。

在这次分封中，受封宗王所领百姓的居地位置，东西方史书都没有记载。成吉思汗南征金国前夕，史书对诸弟封地的位置有了明

① 《元典章》卷 9《吏部》3“改正投下达鲁花赤”，陈高华、张帆、刘晓、党宝海点校，中华书局、天津古籍出版社 2011 年版，第 296 页。

② （元）佚名：《元朝秘史》，第 242 节，见《蒙古秘史》附录，余大钧译注，第 600 页；斡惕赤斤在一些文献中记为铁木哥斡赤斤。

③ “异密”即阿拉伯语：أمير，英语转写为 Emir 或 Amir，汉文有多种转写，即异密、埃米尔、艾弥尔等。异密原是伊斯兰教国家对上层统治者、王公、军事长官的称号，在蒙古人统治时期用来称呼部落首领。

④ 〔波斯〕拉施特：《史集》第 1 卷第 2 分册，第 377 页。

确的记载。从怯绿连河至按台山（今阿尔泰山）之间的地区直属成吉思汗本人统治，怯绿连河以东的蒙古领土属于他的兄弟们。二弟拙赤合撒儿分封地在也里古纳河（今额尔古纳河）、阔连海子（今呼伦湖）和海剌儿河（今海拉尔河）以北地区；三弟合赤温子阿勒赤歹分封到金边墙附近，合兰真沙陀与兀鲁灰河（今东乌珠穆沁旗乌里勒吉河）地区；幼弟铁木哥斡赤斤分封到蒙古高原东北角，捕鱼儿海（贝尔湖）哈拉哈河流域至海拉尔河之地；异母弟别里古台的领地在怯绿连河中游向东北至斡难河一带。以上四家的封地位于蒙古高原东部，因此，这些封王被称为"东道诸王"，幼弟铁木哥斡赤斤为东道诸王之长。

对于成吉思汗诸子受封百姓的居地，从 1218 年以后逐渐明朗，到 1225 年成吉思汗西征中亚以后最终确定下来。下面对成吉思汗诸子的情况及他们的封地做大概描述。

追随父亲征战沙场的四个儿子，即术赤、察合台、窝阔台和拖雷是成吉思汗与长妻所生，他们是蒙古帝国的四根栋梁，被称为"四曲律"，曲律是蒙古人对卓越人物、骏马等的称呼。

术赤（1184—1227）是成吉思汗的长子，术赤一名的蒙古语含义为"不速之客"，该名暗示了他的出身。成吉思汗之妻孛儿帖婚后不久被蔑儿乞惕部人劫持，许配给赤列都的弟弟赤勒格儿为妻。孛儿帖在蔑儿乞惕部中生活了一段时间，后来，成吉思汗在克烈部酋长王罕的帮助下接回妻子，在返回途中，孛儿帖生下术赤。因此，术赤的出身是有疑点的。

1206 年，成吉思汗统一的仅仅是蒙古高原上的毡帐百姓，北方的"林木中百姓"尚未被征服。1207 年，成吉思汗派长子术赤率军去征服生活在贝加尔湖以西，也儿的石河以东地区的"林木中百姓"。1211 年，术赤完成了对该地区各部落的征服。成吉思汗将这一地区分封给术赤，具体位置大约在东起贝加尔湖西北、西至也儿的石河流域，其中包括了叶尼塞河上游地区和阿尔泰山北部地区。

以后，术赤随成吉思汗西征，参加了征服花剌子模帝国的战役，立下了汗马功劳。此后，术赤一直生活在自己的封地上。据《世界征服者史》记载，成吉思汗西征结束以后，国土变得十分广阔，他就赐给每人一驻地，“从海押立和花剌子模地区，伸延到撒哈辛及不里阿耳人（Bulgharia）的边境，向那个方向尽鞑靼马蹄所及之地，他赐与长子术赤”①。根据《史集》记载，成吉思汗把“也儿的石河和阿勒台（即阿尔泰）山一带的一切地区和兀鲁思（Urus，领地）以及四周的冬、夏游牧地都赐给了术赤汗管理，并颁降了一道务必遵命奉行的诏敕，命令（术赤汗）将钦察草原诸地区以及那边的各国征服并入他的领地。他的禹儿惕在也儿的石河地区，那里为其京都所在地。”② 从两书的记载来看，术赤的封地在也儿的石河以西，这样，贝加尔湖西北到也儿的石河之间的地盘已经不属于术赤。

成吉思汗在西征返回蒙古草原以后，数次召见术赤，他都没有前往。成吉思汗在蒙古召开的忽里勒台，术赤也因病未能参加。当时有人趁机挑拨父子关系，成吉思汗也认为术赤有谋反的倾向。然而，术赤不久病逝。他的去世使父子之间的冲突始终没有公开化。以后，术赤之子拔都（Batu）率领的西征军使术赤的封地向西扩大了许多，在此基础上形成了钦察汗国（The Khanate of Kipchak，1243—1480）。

察合台（1185？—1242）是成吉思汗次子。在大蒙古国建立之后不久的第一次分封中，他得到了八个千户，对于他所领百姓的居地没有见到明确的记载。乃蛮部被成吉思汗打败以后，乃蛮部酋之子屈出律逃到西辽。在西辽统治的巴尔喀什湖以南地区，有哈剌鲁（葛逻禄）人建立的两个游牧政权，其中之一是斡匝儿在阿力麻里建立的政权，1211 年秋，蒙古军逼近阿力麻里城。据推测，逼近阿力麻里城的这支蒙古军是由察合台率领。据《永乐大典》的《雍古公神道碑》记载，汪古部人按竺迩征“阿里麻里等国，以功为千户”，

① 〔伊朗〕志费尼：《世界征服者史》（上），第 42 页。

② 〔波斯〕拉施特：《史集》第 2 卷，余大钧、周建奇译，商务印书馆 1985 年版，第 139—140 页。

当即指此，碑中所记“年十五隶皇子察合台部”是有关察合台与阴山、阿力麻里一带发生关系的最早记载，时间为1214年。[①]

此后，察合台跟随成吉思汗西征，屡立战功。西辽灭亡以后，1220年以前，察合台的活动一直在伊犁河流域一带。据《长春真人西游记》记载，丘处机在去中亚的途中，在今新疆赛里木湖一带，看到了察合台修建的桥，“二太子（察合台）扈从西征，始凿石理道，刊木为四十八桥，桥可并车”[②]。由此观之，察合台最初的封地是在巴尔喀什湖东部、伊犁河流域一带。

对成吉思汗西征之后的分封，史书有许多记载。《世界征服者史》多处记载了察合台的封地。在“成吉思汗诸子”一节中记载道：“从畏吾儿地起，至撒麻耳干和不花剌止，他的居住地在阿力麻境内的忽牙思。”[③]此书的“察合台”一节记：“河中和突厥斯坦诸地被征服后，他的驻地，以及他的子女和军队的驻地，从别失八里扩展到撒麻耳干，适合帝王居住的美丽富饶的地方。春夏两季，他在阿力麻里和忽牙思驻跸。……秋冬两季他在亦剌（即伊犁）河岸的（？ 篾鲁疾克）度过。”[④]具体说，察合台受封的领土是：东起畏兀儿地，西至撒麻耳干和不花剌。[⑤]以后，在察合台封地的基础上形成了察合台汗国（Chagatai Khanate，1270—1370）。

窝阔台（1186—1241）是成吉思汗的三子，大蒙古国建立之初，成吉思汗分给窝阔台5000户，其地域位置史书没有明确的记载。1220年，丘处机在去中亚的途中，经过金山（阿尔泰山）时，曾见到窝阔台西征时所辟之路：“西南约行三日，复东南过大山，经大峡。中秋日，抵金山东北。少驻复南行，其山高大，深谷长坂，车不可行。三太子出军，始辟其路。”[⑥]可见，窝阔台最初的封地在今

---

① 刘迎胜：《察合台汗国史研究》，上海古籍出版社2006年版，第64页。

② （元）李志常述：《长春真人西游记》，第11页。

③ 〔伊朗〕志费尼：《世界征服者史》（上），第42页。

④ 同上书，第301页。

⑤ *Encyclopaedia of Islam*, 1st edition, “Caghatai”, pp. 811-815.

⑥ （元）李志常述：《长春真人西游记》，第9页。

阿尔泰山地区。在成吉思汗西征中亚之后的分封中，对朮赤和察合台分封情况记载详细的《世界征服者史》一书没有记载窝阔台受封的情况，只说："皇太子窝阔台的都城，当其父统治时期，是他在叶密立和霍博地区的禹儿惕；但是，他登基后，把都城迁回他们在契丹和畏吾儿地之间的本土，并把自己的其他封地赐给他的儿子贵由。"① 从窝阔台即大汗位后，窝阔台家族成员的封地来看，窝阔台兀鲁思不仅继续占有阿尔泰山地区，而且从也儿的石河上游至巴尔喀什湖以东地区也属于窝阔台兀鲁思，其中，包括了黑也儿的石河（额尔齐斯河上游）、乌伦古河流域，塔尔巴哈台（Tarbaghatai）、叶密立河流域，以后在窝阔台的封地上形成了窝阔台汗国。在窝阔台未任大汗时期，他的禹儿惕（营盘）在叶密立（今新疆额敏）和霍博（今新疆和布克赛尔）地区；即大汗位以后，他迁到蒙古高原中心居住。

窝阔台的封地在诸子中是最小的。学界认为，成吉思汗在西征之后的分封之时，对大汗的人选已经考虑成熟，他这样做是为了防止窝阔台势力过大。如果窝阔台的封地大了，继承汗位以后，他的势力将没有任何人可以与之抗衡。其他宗王的兀鲁思大一些，这样可以牵制窝阔台的力量，窝阔台继位以后对其他兄弟有所顾忌，诸子之间的关系可以协调，互相制约。

以上三位宗王的封地因在蒙古高原西部，史称"西道诸王"，他们的封地被称为"西道兀鲁思"，以区别蒙古高原东部草原的封地（东道兀鲁思）。在蒙古帝国初期，除成吉思汗直辖的中央兀鲁思外，由其黄金家族分别统治的东道诸王和西道诸王兀鲁思诞生了。"兀鲁思"在蒙古语中，最初意为"人民"，后来，逐渐发展成人民一份地、人民一国家的意义。据文献记载，蒙古诸部在统一以前，即12世纪，统治一定地域的蒙古、克烈、乃蛮、塔塔儿等部，也自称兀鲁思，例如：铁木真于1189年被贵族会议推举为汗时，成为乞颜部

① 〔伊朗〕志费尼：《世界征服者史》（上），第42—43页。

兀鲁思的统治者。

拖雷是成吉思汗的幼子，遵循“幼子守产”的蒙古习俗，拖雷继承了成吉思汗从怯绿连河到按台山之间的直属领地，以其地域组成中央兀鲁思，统领成吉思汗所属的95个千户。

成吉思汗除了对诸弟和诸子进行分封外，对功臣贵戚也给予分封，这些人的封地被称为“莎余儿合勒”（Soyurqal），在蒙古语中意为“恩赐”。这种赐地也给予主动归顺的部落首领和驸马。一些姻亲部族，如弘吉剌、汪古等部，虽被分封为几个千户，但是，它们基本上保持原部形式，是蒙古帝国中的独立领地。

成吉思汗的分封奠定了蒙古帝国分封制度的基础。以后，窝阔台在灭金之后，对中原地区实行了分土分民，史称“丙申年分土分民”；蒙哥在1257年也进行过分封；忽必烈在夺取大汗的过程中，将阿姆河以西一直到地中海东岸的土地分封给他的弟弟旭烈兀。忽必烈建立元朝以后，又以法令的形式重申了成吉思汗及其继承者的分封。

蒙古帝国的分封制度有以下一些特点：第一，按蒙古分配原则，成吉思汗兄弟及其与长妻的儿子才能够得到封地。分封地只限于草原游牧和狩猎地区，封地内的农耕地区和城市被视为成吉思汗黄金家族的公产，直接由大蒙古国中央政府统辖，由蒙古大汗亲自委派官吏管理。中亚东部的和田、喀什噶尔、海押立，以及河中地区的撒麻耳干和不花剌城，都由蒙古大汗派遣的官员治理。

第二，分民与分地的统一。13世纪上半叶，蒙古人的经济仍然是畜牧业为主、狩猎为辅，对牧民的分封，也是对牲畜、牧场等生产资料的分配，因此，分民与分地相随。通过分封，蒙古贵族那颜不仅拥有大批牧民，还占有了牧民放牧的草场。在封地内，牧民与封主之间形成了很强的依附关系。13世纪中叶出使蒙古的柏朗嘉宾这样写道：“任何人都不敢在由皇帝为他指定的地点之外的任何地方居住。皇帝本人为那些［大］首领们指定驻扎地，大首领又为千户长们指定驻扎地，千户长又为百户长，百户长为十户长依此指定驻地。”[①]各千户拥有按地域划分地段，千户管辖的百姓必须在指定的牧场范围内放牧，因此，牧民百姓只有听从和执行封主的安排，才能获得他所需要的基本生产资料——牧地。俄国学者 B. Я. 符拉基米尔佐夫说：“蒙古平民既然必须依照领主的安排进行游牧，领主命令他留在哪里就得唯命是从，而转移新的牧地也要以其领主的意志为转移，那就可以说，与其说他经营独立经济，倒不如说他更像是放牧他人的畜群。”[②]

第三，在蒙古帝国内，受封的蒙古宗王对其封地没有所有权，蒙古大汗对土地具有分封和收回的绝对权力，在蒙古军经过其封地之时，受封宗王要负责为军队开道以及补充给养。但是，受封者对他们的兀鲁思有世袭占有的权利，宗王就是兀鲁思的首领，各兀鲁思宗王的继承权也属于大汗，起码要得到大汗的认可，大汗委任兀鲁思宗王的做法一直延续到蒙哥去世。此外，不经大汗同意，受封者无权将其领地分封给他人。

蒙古人采取分封实施统治是希望以分封和封地联合的形式，以兄弟之间的和谐保证蒙古帝国对广大地区的统治，在大蒙古国建立之初，它确实起到了团结统治集团、巩固和加强对被征服地区的统治的作用。然而，分封制的实行使蒙古帝国的政治统治具有实力政治的特点。在蒙古帝国后期，受封宗王们在自己的兀鲁思内组建军队，发展势力，强大的宗王不再听从中央政权的命令，甚至夺取大汗位置的事也多次发生，分封制成为蒙古帝国分裂的一个重要因素。

---

① 《柏朗嘉宾蒙古行纪·鲁布鲁克东行纪》，耿昇、何高济译，中华书局 1985 年版，第 56 页。

② 〔苏联〕B. Я. 符拉基米尔佐夫：《蒙古社会制度史》，刘荣焌译，中国社会科学出版社 1980 年版，第 180 页。

第二节　王位继承

1227 年，成吉思汗在征服西夏的战争中去世，他的灵柩被运回怯绿连大斡耳朵地区埋葬。受封宗王们在葬礼之后陆续返回自己的兀鲁思。

早在 1219 年，成吉思汗就指定窝阔台为汗位继承人，对此，成吉思汗有清醒的认识和明确的表示。成吉思汗认为窝阔台“敦厚”，心意坚定卓绝，识见颖敏优越，比其他儿子高出一筹。他通过提示和比喻，把他的想法传达给其他儿子，“犹如刻图于石，逐步把这个意见根植在他们的思想深处”[①]。成吉思汗临死之前再次对儿子们说：“若你们想过安乐和幸福的生活，享受权力和富贵的果实，那么，如我近来让你们知道的那样，我的意见是：窝阔台继我登位，因为他雄才大略，足智多谋，在你们当中尤为出众；我意欲让他出谋划策，统帅军队和百姓，保卫帝国的疆域。因此，我立他当我的继承人，把帝国的权柄交给他的勇略和才智。”[②] 为防止诸子争位，成吉思汗要儿子们立下誓言，他说：“既然这样，若你们的愿望和你们的话是一致的，若你们的口比着你们的心，你们必须立下文书：我死后你们要承认窝阔台为汗，把他的话当作肉体内的灵魂，不许更改今天当着我的面决定的事，更不许违反我的法令。”[③] 窝阔台的弟兄们，包括非嫡系兄弟都遵照成吉思汗的圣训，立下了文书。

按照蒙古祖制，大汗即位必须召开蒙古诸王、诸将及所属各部首领出席的部落代表大会（忽里勒台），得到会议大多数人的承认，大汗之位才有效力。成吉思汗去世以后，忽里勒台迟迟未召开。在此期间，蒙古帝国由幼子拖雷监管。直到 1229 年，各兀鲁思的宗

① 〔伊朗〕志费尼：《世界征服者史》（上），第 200 页。

② 同上书，第 201 页。

③ 同上书，第 201—202 页。

王和异密们才在怯绿连河的大斡耳朵召开了忽里勒台。长支朮赤早于成吉思汗去世，因此，朮赤之子斡儿答（Orda）、拔都、昔班（Shaybān）、别儿哥、别儿哥彻儿、不花・帖木儿从钦察草原赶来；察合台携其诸子从海押立赶来；窝阔台及其子从叶密立赶来；东道诸王斡赤斤、别里古台等人也赶来开会。继承成吉思汗封户和中央兀鲁思的幼子拖雷在大斡耳朵迎接他们的到来，大家聚在一起宴乐三天，然后，开始讨论国事和立大汗的问题。

尽管窝阔台是成吉思汗选定的继承人，但窝阔台的实力比不过拖雷。根据蒙古族少子守家业的传统，拖雷继承了成吉思汗统治的中心区域和主要军队（成吉思汗有军队 12.9 万人，拖雷就得到 10.1 万人），因此，拖雷在经济和军事上的力量是其他任何一位宗王都不可能与之相比的。在这种形势下，前来参加忽里勒台的大多数宗王和异密倾向于推举拖雷为大汗，拖雷本人也有这种野心。

窝阔台有自知之明，他也举荐拖雷继大汗位。他说："尽管成吉思汗的命令，实际上是这个意思，但是有长兄和叔父们，特别是大弟拖雷汗，比我更配授予大权和担当这件事，因为按照蒙古人的规矩和习俗，幼子乃是家中之长，幼子代替父亲并掌管他的营地（禹儿惕）和家室，而兀鲁黑那颜（拖雷）乃是大斡耳朵中的幼子。他在规定和非规定的时刻日夜都在父亲左右，闻知规矩和札撒。我怎能在他活着时，并当着他的面登上合罕之位呢？"[①]

由于意见不统一，大会开了 40 多天仍无任何结果。以耶律楚材为首的大臣们认为此事再拖可能影响帝国的稳定，便进言拖雷："此宗社大计，宜早定。"拖雷却说："事犹未集，别择日可乎？"耶律楚材说："过是无吉日矣。"[②] 拖雷听从了耶律楚材的劝告，遵照父亲的安排，奉窝阔台为大汗。

1229 年 9 月 13 日，窝阔台登基。在登基大典上，耶律楚材依照

① 〔波斯〕拉施特：《史集》第 2 卷，第 29—30 页。
② （明）宋濂：《元史》，第 3457 页。

中原帝王的传统，创立了皇族诸宗王向大汗行跪拜的礼仪。耶律楚材对宗王察合台说："王虽兄，位则臣也，礼当拜。王拜，则莫敢不拜。"[①] 察合台同意带头行叩拜之礼，于是大家聚集，由察合台拉着窝阔台的右手，拖雷拉着其左手，他们的叔父铁木哥斡赤斤抱着窝阔台的腰，把他扶上了合罕的大位。大帐内外的蒙古人全部九次跪拜，称他为合罕。[②]

作为大汗，窝阔台对蒙古帝国的巩固有着重要意义。为了加强蒙古帝国的统治，窝阔台在成吉思汗选定的鄂尔浑河上游建筑了都城哈剌和林。鄂尔浑河上游是古代大多数游牧帝国统治中心的所在地，从匈奴到突厥汗国都以此地为统治中心。1235 年，窝阔台在此筑城，哈剌和林成为蒙古帝国的都城。

窝阔台重用契丹人耶律楚材，对帝国的政治和经济制度做出了大幅度的改革，为了限制蒙古贵族的权力，改革了蒙古帝国的政治体制，实施军政分立。在对外政策上，窝阔台追随成吉思汗，组织了两次西征，亲自领导了灭亡金朝的战争。通过这些军事活动，蒙古人完成对中国北部、波斯和南斡罗思的征服。

《元史》称赞窝阔台大汗"有宽弘之量，忠恕之心，量时度力，举无过事，华夏富庶，养马成群，旅不赍粮，时称治平"[③]。然而，窝阔台纵情声色、豪饮美酒，终因饮酒过量于 1241 年 12 月 11 日醉死，享年 56 岁。窝阔台自我评价说："自坐我父亲大位之后，添了四件勾当：一件平了金国，一件立了站赤，一件无水处教穿了井，一件各城池内立探马赤镇守了。差了四件：一件既嗣大位，沉湎于酒；一件听信妇人言语，取斡赤斤叔叔百姓的女子；一件将有忠义的朵豁勒忽因私恨阴害了；一件将天生的野兽，恐走入兄弟之国，筑墙寨围拦住，致有怨言。"[④]

---

① （明）宋濂：《元史》，第 3457 页。

② 〔波斯〕拉施特：《史集》第 2 卷，第 30 页。

③ （明）宋濂：《元史》，第 37 页。

④ （元）佚名：《元朝秘史》，第 281 节，见《蒙古秘史》附录，第 620 页。

窝阔台在去世之前曾派急使召回正在征服东欧平原的长子贵由，贵由还未赶到，他就去世了。窝阔台在世之时，曾选定他与脱列哥那哈敦所生的三子阔出为继承者，但阔出于1236年11月在攻打南宋的湖广之地时阵亡。此后，窝阔台将阔出长子失列门留在身边，把他作为汗位继承者加以培养。

按照蒙古祖制，在新大汗未选举出来之时，由原大汗的长妻摄政监国。窝阔台大汗的长妻木客哈敦没有子嗣，在家族中没有什么地位，摄政监国的任务落到脱列哥那哈敦肩上。脱列哥那哈敦与窝阔台生有五个儿子，在家族中地位很高，在窝阔台大汗去世之前，她就已经开始干预朝政。《史集》对她的描绘是："这个皇后不很漂亮，但生来好用权势。"① 脱列哥那哈敦得以摄政是窝阔台之兄察合台支持的结果，察合台曾遣使表示，脱列哥那哈敦是窝阔台几位年长皇子之母，应该由她取代木客哈敦摄政，此议竟得实行。② 摄政期间（1242—1246），她在帝国的高级官员中排除异己，报复那些对她不恭的大臣，尤其是大丞相镇海和理财大臣耶律楚材。镇海与脱列哥那哈敦宿怨甚深，在得知要抓他的消息之后，逃到窝阔台之子阔端封地内避难。耶律楚材被免去一切职务，主管汉地的财政大臣牙剌洼赤也被免职，牙剌洼赤被撤职之后也逃到阔端处避难。

脱列哥那哈敦的统治基础是不稳固的，在她摄政初期，成吉思汗幼弟铁木哥斡赤斤企图谋反，率军向帝国斡耳朵挺进，蒙古帝国为之震动。斡赤斤在获悉贵由已经抵达叶密立之时，后悔自己的鲁莽行为，借口说是率部前来参加窝阔台葬礼的，史称这次谋反为斡赤斤夺位事件。

1246年春，在哈剌和林附近的莫邻亦勒（答兰答八思）召开了忽里勒台，除长支家族的宗王拔都没有到会外，其他宗王都出席了会议。窝阔台遗命的继承人失列门因未成年，在脱列哥那哈敦的努

① 〔波斯〕拉施特：《史集》第2卷，第7页。
② 刘迎胜：《察合台汗国史研究》，第73页。

力下，贵由被拥立为汗（1246—1248）。贵由以体弱有病为由，谦让汗位。在大家的恳请下，他提出了即位条件，即以后大汗之位必须属于他的家族，宗王和异密们被迫立下誓言："只要你的家族中还留下哪怕是裹在油脂和草中，牛狗都不会吃的一块肉，我们都不会把汗位传给别人。"[①]1246年8月24日，全体宗王脱帽，解开宽腰带，把贵由扶上王位，称之为合罕。与会者对新君九拜，在帐外的藩王及外国使臣也跪拜称贺。

贵由在蒙古帝国中的业绩不是非常显著，威信也不是很高。1233年，贵由曾跟随宗王阿勒只歹讨伐辽东；1236年，他又跟随拔都西征。其父窝阔台曾经将他派到察合台的身边供职，担任怯薛之职，名为帮手，其实是窝阔台安排在察合台身边的一个耳目。贵由继位以后，认为在宽厚的父亲统治和母亲摄政期间，国家的肌腱已经松弛，蒙古帝国朝纲紊乱，他决定把大汗与宗王之间的关系恢复到成吉思汗时期的状况。执政以后，他做的第一件事就是追查斡赤斤夺位事件。由于斡赤斤是成吉思汗的同母幼弟，对他的审讯由成吉思汗长孙，即术赤的长子斡儿答和拖雷长子蒙哥主持，在确凿罪证下，斡赤斤被处死。

接着，贵由着手整治朝政，审判和处死了一批脱列哥那哈敦的宠臣，在汉地担任财政官员的回回人奥都剌合蛮被处死，重新任命牙剌洼赤负责管理汉地事务，任命马思忽惕伯（Mascūd Beg）负责中亚事务，同时让镇海官复宰相之职。[②]

贵由汗继续实施对外扩张的政策，发动了对高加索（Caucasus，另译太和岭）的战争。他于1247年8月派宴只吉带率军西征波斯，西征军队由诸王所领各部每十人抽两人组成，并且下令从驻在伊朗地区的军队中，每十个大食人中间抽出两人参加远征，还把鲁木、谷儿只、毛夕里、阿勒波（合列卜）和迪牙别克儿的事务交给宴只

① 〔波斯〕拉施特:《史集》第2卷，第217页。

② 同上书，第219页。

吉带，上述属国的贡赋全部由宴只吉带征收和使用。贵由对高加索南部地区的战争，以及收回各宗王自主统治权的措施引起了朮赤系宗王拔都的不满，1248年初，贵由与拔都之间的关系紧张，战争一触即发。

1248年春，贵由借口“叶密立的空气合乎我的天性，那里的水对我的病有利”，把处理政务的事情交给合答和镇海二人，自己率部众离开哈剌和林西进。拖雷之妻唆鲁禾帖尼（又译为唆儿忽黑塔尼别吉）派使者给拔都通风报信说：“请作好准备，贵由汗已率领大军向你们那边推进。”于是，拔都赶紧集结军队东进，来到离海押立不到七天路程的阿剌脱忽剌兀，准备迎战贵由，双方之间的战争似乎是不可避免了。然而，就在贵由军队抵达离别失八里一星期路程的横相乞儿（在今乌伦古河上游河曲处）之时，贵由突然去世。①

按中国史书记载，贵由死于1248年3月27日至4月24日之间，当时他43岁。贵由去世的原因有三种说法：一说是被拔都派来的奸细毒死；一说是在与拔都之弟昔班酒后斗殴中被打死；一说贵由生病期间酒色过度而死。拔都在得知贵由去世的消息以后，仍驻军原地。按照贵由的哈敦斡兀立·海迷失（Oghul Qaymish）的懿旨，贵由的灵柩被运到了他的斡耳朵所在地叶密立。

贵由在位时间不长，他未能纠正中央机构紊乱和宗王自行其是的风气，史书对脱列哥那哈敦摄政及贵由统治时期的评价是：“然自壬寅以来，法度不一，内外离心，而太宗之政衰矣。”② 但拉施特《史集》对贵由的评价是“庄重”、“能干”。西方使者对贵由的印象是：“中等身材，非常聪明，极为精明，举止极为严肃庄重。……从来没有看见他因细故而放声大笑，或放纵于任何轻浮的举动。”③

贵由去世以后，国家发生了混乱，想夺取汗位的人很多。“定宗崩，朝廷久未立君，中外恟恟，咸属意于帝（即蒙哥大汗），而觊觎

①〔波斯〕拉施特：《史集》第2卷，第221页。

②（明）宋濂：《元史》，第40页。

③〔英〕道森：《出使蒙古记》，吕浦译，周良霄注，中国社会科学出版社1983年版，第66页。

者众，议未决。”[①] 在大汗位空缺期间，蒙古宗王们开始巧取豪夺，或“遣使于燕京迤南诸郡，征求货财、弓矢、鞍辔之物，或于西域回鹘索取珠玑，或于海东楼取鹰鹘，驿骑络绎，昼夜不绝，民力益困”[②]。

当时，在成吉思汗孙子辈中，拔都是最年长的一位，他派使者到窝阔台皇后处说：“请斡兀立·海迷失按照镇海和（其他）大臣们的意见在原来的基础上治理国事，务请不要忽视国事，我由于年老、体弱、脚有病不能走动，你们这些幼辈宗亲全都在那里，就把必须办的事办起来吧。”[③]

斡兀立·海迷失是一位贪婪而又没有政治魄力的人，并且热衷于萨满巫术，对朝政不理不问。她只知道追求财富，甚至预先提取税收以供其挥霍。在她摄政期间，贵由的长子忽察（Qucha）和次子脑忽各自建立政权与摄政母亲对抗，于是，在同一个地方出现了三个统治中心。此外，各地宗王擅自发放文书、颁降令旨，使政出多门、朝纲混乱。

在王位继承问题上，斡兀立·海迷失有两个人选，一是她与贵由所生之子忽察，二是阔端之子失列门。然而，当时两人都未成年，又无功绩，无法服众。在这种形势下，窝阔台家族各支开始了争夺汗位的斗争，这些斗争最终使窝阔台家族永远地失去了汗位继承权。术赤系拔都在汗位继承上起了主导作用，在他的操纵下，汗位继承权从窝阔台家族转到了拖雷家族手中。

拖雷遗孀唆鲁禾帖尼是一位明智的人，在她的治理下，她的儿子们没有做过损害国家、滥用权力的事，她认为现在拖雷家族的机会到了。在贵由出兵攻拔都之时，她曾给拔都通风报信，实际上与拔都建立了同盟关系。在窝阔台家族争夺大汗位的斗争中，拔都支持拖雷的长子蒙哥为大汗。为此，拔都在阿剌脱忽剌兀召开了一次忽里勒台，参加此次大会的窝阔台系成员只有窝阔台第六子合丹，

---

① （明）宋濂：《元史》，第 44 页。

② 同上书，第 39—40 页。

③ 〔波斯〕拉施特：《史集》第 2 卷，第 222 页。

贵由家族派代表帖木儿从哈剌和林赶来参加；摄政者斡兀立·海迷失派代表八剌出席；察合台系宗王也速蒙哥没有参加这次会议。会上，拔都提名蒙哥继任大汗，遭到斡兀立·海迷失使者八剌等人的反对，他们认为应该按照窝阔台的遗愿让失列门继位，而拖雷家族反对说，当初贵由的即位就已经违反了窝阔台的遗愿。

由于参加此次忽里勒台的宗王人员不齐，加之，开会的地点不是怯绿连河营地，因此，它的合法性和权威性受到了质疑。于是，与会者决定第二年在怯绿连河的大斡耳朵重新召开忽里勒台。在大会重新召开之前，蒙古帝国仍然由斡兀立·海迷失监国。

在大会重新召开之前，蒙古宗王之间活动频繁。拔都和拖雷之妻唆鲁禾帖尼派使者到窝阔台和察合台两系宗王处，希望他们能派代表出席会议，但遭到了拒绝，致使忽里勒台一再延期。拔都之弟别儿哥（Berke）在成吉思汗的大帐驻军一年，他担心拖延下去形势有变。于是，朮赤和拖雷两系诸王及东道诸王向窝阔台和察合台两系发出了最后的邀请，但他们仍未到会。1251 年 6 月，忽里勒台在怯绿连河畔重新召开，拔都“命其（别儿哥）立奉蒙哥即位，违者诛之”①。1251 年 7 月 1 日，与会诸王和异密在大斡耳朵正式拥立蒙哥登基。大汗继承权从窝阔台家族移到了拖雷家族。

这次政变轻而易举地获得了成功，其原因主要是：第一，蒙哥在成吉思汗诸王子中有威望。他在参与长子西征中，活捉了钦察首领八赤蛮，在进攻斡罗思的战争中，屡立战功，与他相比，贵由汗的儿子们尚年幼，既无战功，又无政绩，不受尊重。第二，长支拔都的态度起到了关键作用。在成吉思汗孙子辈中，拔都不仅年长，而且威望很高，在王位空缺期间，拔都居于一种行使独裁权力的地位。在长子西征中，拔都与贵由产生过矛盾，而与蒙哥建立了友好关系。

大汗位继承权由窝阔台家族转到拖雷家族是对正统性的侵犯，

---

① 〔瑞典〕多桑：《多桑蒙古史》（上），第 248 页。

被罢黜的窝阔台宗王们不会善罢甘休，特别是失列门。于是，在忽里勒台快要结束的时候，窝阔台系宗王们赶到，表面上是来对新汗表示效忠，实际上企图袭击并推翻新汗。学界将这次行动称为“三王之乱”。三王之乱的计划败露以后，他们的军队被缴械，顾问被处死，其中包括合答和镇海。

平息三王之乱以后，蒙哥严厉惩罚了窝阔台家族成员。摄政哈敦斡兀立·海迷失被剥去衣服受审，然后被缝入一口袋，投入水中淹死（1252）；失列门被发配到军中效力，最后被杀；贵由之子忽察被放逐到哈剌和林以西地区；宗王合丹和海都主动投降，得到赦免。

蒙哥是一位有作为的统治者，在位期间（1251—1259），“凡有诏旨，帝必亲起草，更易数四，然后行之”。蒙哥继续执行对外扩张和征服政策，征服的目标是中原南宋政权、里海南岸的木剌夷国和两河流域的阿拉伯帝国。1252 年，蒙哥命其弟忽必烈经甘肃、四川至云南，从背后攻打南宋。次年，忽必烈灭大理，招降吐蕃，占领了云南和西藏。与此同时，蒙哥令三弟旭烈兀西征木剌夷国和阿拉伯帝国。1259 年 7 月，蒙哥在合州（今重庆合川）钓鱼城的战斗中，中流矢致死，享年 52 岁。《元史·宪宗本纪》对蒙哥的评价是：“帝刚明雄毅，沉断而寡言，不乐燕饮，不好侈靡。”

蒙哥汗亲征南宋之时，幼弟阿里不哥（Ariq Böke）留守哈剌和林，总理国事；二弟忽必烈负责管理漠南地区，忽必烈于 1256 年在滦河上游建开平府。蒙哥去世第二年（1260），阿里不哥在哈剌和林被拥立为蒙古帝国大汗，与此同时，忽必烈在开平府自立为蒙古帝国大汗。蒙古帝国内部再次展开了争夺大汗位的斗争。经过四年的战争，1264 年，阿里不哥向忽必烈投降。忽必烈成为蒙古大汗。在这场斗争中，蒙古帝国统治下的东、西道兀鲁思纷纷独立出去，蒙古帝国分裂。

第三节　统治制度的建立

13 世纪初建立的大蒙古国控制着东起兴安岭、西迄阿尔泰山、南达阴山、北抵贝加尔湖这一辽阔的地区，蒙古人原有的氏族组织在统一战争中遭到了破坏，氏族贵族的统治也不再能够满足大蒙古国的统治需求。为了既能保护奴隶主贵族的利益，又能有效地实施对广大牧民的统治，作为蒙古奴隶主贵族首领的成吉思汗在原氏族组织的基础上建立了一套较为完善的统治制度。

大约从 10 世纪下半叶起，铁器在蒙古高原得到广泛使用，生产力的发展促使蒙古社会氏族组织瓦解。到 11 世纪上半叶，蒙古部强大起来，在成吉思汗六世祖海都的率领下向外扩张，“由是四傍部族归之者渐众”[①]。到成吉思汗父亲的时候，蒙古人“势愈盛大”。大批兀良哈人、札剌亦儿人（Jalāyersf）被蒙古人掠来，与蒙古人杂居，原有的氏族或部落组织被打乱了，个体家庭成为一种力量，并且以威胁的姿态与氏族对抗，蒙古氏族制度逐渐退出了历史舞台。随之，以血缘为纽带的部落联盟解体，蒙古牧民按地域组织起来，出现了按地域组织起来的兀鲁思。

11 世纪下半叶，奴隶制阶级关系在蒙古社会中确立，战俘、购买或世袭奴隶的数量增加。奴隶以家用的形式出现，他们参与了剪羊毛、打马奶子、挤牛羊乳、制革、制毡等生产活动。随着奴隶制阶级关系的发展，早期的奴隶制国家形成，出现了掌握至高权力的汗，以及世袭的汗权，到 12 世纪初（合不勒汗时期），蒙古社会一度组织了统一程度比较高的奴隶制国家。

12 世纪末至 13 世纪初，在统一蒙古高原的战争中，成吉思汗吸收大批奴隶加入他的军队，致使奴隶阶级关系在蒙古社会中逐步解

① （明）宋濂：《元史》，第 3 页。

体，成批的世袭奴隶、从事生产的家奴脱离了奴隶地位。在邻国或邻族封建因素的影响下，大蒙古国采取了有利于生产力发展的措施，特别是千户制的创立，使蒙古社会的封建关系得到发展。

成吉思汗在军政制度方面进行了改革，创建了千户制。随着征服地的扩大，成吉思汗将蒙古草原划分为95个千户，以忽必（份子）的形式分封给亲人、功臣或主动归降的部落首领，又以莎余儿合勒的形式分给开国功臣。忽必和莎余儿合勒都以千户为单位，它们不仅包括人户，还包括了这些人户所在的地面。原来的归部落管理的大批人口被分编在不同的千户中，千户之下是百户、十户。

千户制的实施清除了氏族贵族赖以生存的土壤，改变了以往氏族、部落联盟自由结合的分散状态；千户制将贵族和广大百姓固定于特定的地域内，部落界限被打破了，有利于以大汗为首的黄金家族的统治，也有利于蒙古民族共同体的形成。

大蒙古国建立以后，成吉思汗制定了法律，理论上大蒙古国是依法治国的。在长期的历史过程中，蒙古人形成了自己的行为规范，这些规范逐渐演变成反映蒙古贵族意志的蒙古习惯法——约孙（Yosun）。习惯法规范了蒙古人的社会习惯和行为。然而，随着蒙古社会的发展，约孙逐渐不能适应发展的需要，于是，成吉思汗制定了较为完善的法律，即大札撒。据《史集》记载，成吉思汗在1203年战胜王罕以后，“举行了大聚会……订立完善和严峻的法令”[①]。在1206年召开的忽里勒台上，成吉思汗将蒙古人的古训、札撒和习惯加以汇总，并用文字记载下来冠以“札撒”一名[②]。

成吉思汗制定的大札撒体现了蒙古奴隶主贵族的利益，确认了奴隶主的一些权力，如规定对以下行为处以极刑：奴隶反抗主人，私藏俘虏和逃奴，私自给囚犯衣食，临阵退缩。然而，从大札撒的

---

① 〔波斯〕拉施特:《史集》第1卷第2分册，第185页。

② 蒙古国建立后，成吉思汗将历来的训令、札撒和习惯都加以汇总，而且用文字进行了记载。1225年，他下令颁布了札撒和训令，史称札撒大全或大札撒。然而，据翁独建先生考证，大札撒颁布的时间是1229年，也就是说，大札撒是窝阔台时期颁布的。

更多条款来看，它是一部维护封建等级制，保证封建税赋缴纳，建立封建国家秩序的法律。如大札撒规定："人们只能留在指定的百户、千户或十户内，不得转移到另一单位去，也不得到别的地方寻求庇护。违反此令，迁移者要当着军士被处死，收容者也要受惩罚。"① 又如："蒙古的全体国民每年必须以他们的牛羊、财宝、马匹、乳类，甚至毛织物等贡给诸王。"② 大札撒还规定了民众的基本权利和义务，如宗教信仰自由的权利、平等劳动的权利、继承财产的权利、受教育的义务、服兵役的义务等。

成吉思汗将蒙古人的习惯法上升为蒙古全社会遵守的法律，为实现蒙古族的整合提供了法律保障。虽然大札撒的条款主要是维护蒙古贵族的统治，然而，这些制度客观上巩固了蒙古各部的统一，促进蒙古社会经济的发展，同时也为成吉思汗的军事征服奠定了基础。

大札撒以后成为蒙古帝国的根本大法，具有最高权威。今天的研究者依据波斯人拉施特主编的《史集》、蒙文著作《蒙古秘史》、汉文著作《元史》等文献钩沉、辑录和整理了大札撒的有关记录，将它分为总则（基本法、国家制度、社会管理制度、役税制度、驿站制度）、分则（军事法、行为法、诉讼法）、附则（即黄金家族法）三大部分。研究者认为，大札撒在国家的政权结构上实现了分权，忽里勒台成为国家的最高权力机关，并对大蒙古国的最高统治者——大汗之权做出了明确的限制。

在大蒙古国及其后形成的蒙古帝国，最高权力机构是忽里勒台。忽里勒台是蒙古语，意为"大会"、"大朝会"。忽里勒台最初是部落和部落联盟的议事会，会议有推举和确定大汗的权力。在1206年召开的忽里勒台上，铁木真当选为大蒙古国的大汗。以后，历朝大汗的推选和即位都必须召开忽里勒台，得到与会宗王的认可。蒙古人没有固定的继承制，汗位继承权或由前朝大汗指定，或由势力强大

---

① 〔伊朗〕志费尼：《世界征服者史》（上），第31页。

② 马曼丽：《论成吉思汗时代蒙古社会的性质和特点》，《内蒙古社会科学》2002年第23卷第1期，第69—72页。

者夺取，无论哪一种方式都要经过忽里勒台的推举和认可。

重大军事行动、新制度也必须在忽里勒台上决定和宣布。成吉思汗制定的大札撒，是在忽里勒台上通过的；成吉思汗西征、长子西征等军事行动都是在忽里勒台上讨论和决定的；对汗室成员的审讯和定罪等重大司法事件也必须在忽里勒台上讨论和决定。在脱列哥那哈敦摄政期间，受她迫害的牙剌洼赤等人逃到她的儿子阔端处避难，她派使臣去要人，阔端要使臣转告母亲说："当麻雀到荆丛中躲避鹰爪的时候，它在那里就能免于敌人的残害，他们也是这样。既然他们来请求我们的庇护，那么把他们交出去就远非忠恕之道，不久就要举行忽里勒台了，我将把他们带到那里，他们的罪过将当着（我们的）宗亲和异密们审问，他们将获得应得的惩罚。"[①]

直到蒙古帝国形成时期，蒙古人的政权组织形式都是简单的。除了最高权力机构忽里勒台外，在中央政权机构中设置了分管民政和军事的长官。分管民政的长官称达鲁花赤（Daruqai，又译札鲁忽赤）[②]，分管军事的称太师。当时各官员的分工不甚明确，如达鲁花赤也有签发兵丁的权力。

达鲁花赤在大蒙古国建立之前开始设置。1202 年，铁木真灭塔塔儿部，任命其异母弟别里古台为达鲁花赤之长。1206 年，大蒙古国建立之时，成吉思汗任命养兄弟失吉忽秃忽为也可达鲁花赤，即大断事官。成吉思汗宣布："蒙长生天佑护，平定了全国百姓，你可充当朕的耳目。依照从全国百姓中分封朕的母亲、诸弟、诸子以分民之例，可将有毡帐的百姓（游牧民）、有门板的百姓（定居民）分一些给你。无论何人，不许违背你说的话。……在全国百姓中，你可惩治盗贼和欺诈者，按道理应该处死的处死，应该惩罚的惩罚！……把全国领民的分配情况和所断的案件都写在青册上面。凡是失吉忽秃忽与朕议定而写在青册白纸上的规定，直到子子孙孙，

① 〔波斯〕拉施特：《史集》第 2 卷，第 211 页。

② 监治长官，蒙古语 daruqai，相当于突厥语的八思哈（basqaq），意为镇守者。《蒙古秘史》称之为答鲁合赤，又译为札鲁忽赤，也有人认为，达鲁花赤与札鲁忽赤是不同的官名。

永远不得更改，更改的人要治罪。”[①] 从成吉思汗以上的话语来看，大断事官的职责除管司法外，还具有掌管民户分配的一部分民政权力，相当于丞相。窝阔台派到中原的断事官失吉忽秃忽主持清查汉地户口，被汉文文献称为“胡丞相”。忽必烈建立元朝以后，大断事官从总揽各种政务的官员变为司法长官。除了大断事官外，在诸王、功臣的封地内，也安置了管理本部百姓的断事官。

在分封地上，千户长是封地的行政长官，他们不仅享有世袭封地权利，还拥有分配牧场、征收赋税、差派徭役的权利。建有特殊功勋、被授予“答剌罕”称号的那颜，有自由放牧、独享战利品、免除赋税、不受法律约束和制裁、九次犯罪不受罚等权利。原则上，蒙古大汗无权支配分封地面的私产，窝阔台任大汗期间，曾利用自己手中的权力，把成吉思汗留给幼子拖雷的一部分军队划归自己的儿子阔端，引起了拖雷家族的不满。贵由在任大汗期间，决定取消各封国中开始享有的并不断扩大的自主权，由此，引发了他与朮赤家族的冲突。

千户制度具有军事性质，千户长在封地内又是军事长官。千户长受封地的规模大小不一，其境内的封户不一定是一千户，而是以战时提供一千名战士为条件确定的。封地上，15—70 岁男子都要服兵役，他们由千户长、百户长带领出征，自备马匹、兵仗、粮草。大汗对各封地的军队有征调的权力，成吉思汗曾下达命令说：“万夫长、千夫长和百夫长们，每一个都应将自己的军队保持得秩序井然，随时作好准备，一旦诏令和指令不分昼夜地下达时，就能在任何时刻出征。”[②] 凭借着千户制的高效，蒙古军队始终处于高度备战状态，随时可以出奇制胜。但是，大汗对各封地上的军队没有统领权，军队由受封宗王或千夫长统领。

千户长及其封户之间有着严格的人身依附关系，封户被强制在

---

① （元）佚名：《蒙古秘史》，余大钧译注，第 346 页。

② 〔波斯〕拉施特：《史集》第 1 卷第 2 分册，第 360 页。

固定的封区之内，户口登记入册，不得任意移动。封户拥有自己的牲畜和生产工具，平时定期向领主服役、纳贡，以及向帝国缴纳赋税忽卜绰儿（Qubcur），税额大体上百者取一或三十取一（羊马抽分）。封户要承担兵役、站役等“差发身役”，战时封户自备鞍马、兵器和粮食随从领主出征，履行兵役义务，这就是通常所说的：“上马则备战斗，下马则屯聚牧养。”①

千户之上，统以万户。万户仅仅是军事统帅，不是行政长官。蒙古帝国置左、右翼万户，中军万户，以及镇守“林木中百姓”万户。左翼万户由木华黎统领，管辖东抵兴安岭地区各千户；右翼万户由博尔朮统领，管领西至阿尔泰山方面各千户；中军万户由纳牙阿统领；镇守“林木中百姓”万户由豁儿赤统领；朮赤所属万户由忽难统领。

成吉思汗创建了印章和牌子制度。1204 年，成吉思汗打败乃蛮部，俘获了乃蛮部掌印官塔塔统阿，从他那里，成吉思汗学会了使用印章、牌子的制度。大汗把他的旨意（札儿里黑）刻在牌子上，作为调发兵马、传达命令的凭据。在窝阔台统治及其妻摄政期间，受封宗王们各自为政，随意写敕令、散发牌印。“百姓深受苦难，额勒赤（使者）像雨点一样撒向各地，税吏像脱弦之矢去征收非法赋税，老百姓被摆布得时而这样，时而那样，束手无策，因为他们既不堪忍受下去，又走投无路。”贵由继任以后，企图制止各封地宗王乱发牌印的行为，他认为这种做法不符合札撒和法令，对有损于国家的滥用权力的行为进行严肃调查，下令把这些敕令、牌印收回，摆在颁发者面前，附上“览汝所写”的字样，对他们提出警告。在这次调查中，只有拖雷家族没有做出私发牌印之事，为此，贵由汗赞扬了他们，并将他们作为各宗王学习的榜样。

成吉思汗制定了怯薛制度。怯薛意为轮班警卫，该制度是蒙古贵族与其伴当（家臣）关系的遗存，除一小部分是平民子弟外，怯薛军兵士主要由各级那颜和贵族子弟充任，这些人留在大汗身边，

① （明）宋濂：《元史》，第 2508 页。

既可作为亲信保卫大汗，又起到了大汗制约那颜的人质。怯薛军首领的地位很高，成吉思汗规定："我的护卫地位高于在外的千户长之上，我的护卫的伴当高于在外的百户长、十户长之上。在外的千户长和我的护卫相互斗殴，罪罚千户长！"怯薛军是成吉思汗专制统治的强大支柱，控制各个千户长、百户长。

怯薛军是蒙古大汗宫廷的护卫亲军，军队首领的权力很大。在大蒙古国时代，怯薛作为大汗的内臣，参与军政事务的管理，他们可以直接奏准大汗，颁发圣旨、玺书。在大汗亲征时，他们作为主力参战。随着大蒙古国的扩张，成吉思汗加强了护卫亲军的力量，组建了由一支上万人组成的怯薛军。除了捍卫以成吉思汗为首的蒙古贵族外，还有镇压反叛运动的任务，以后还具有了帝国中枢行政的一些职责，如管理冠服、弓矢、饮食、文史、车马、庐帐、府库、医药、卜祝等事宜。怯薛军分为四班，每三天轮流入值，每班有怯薛长统领，怯薛长还有协助大汗处理国家事务的权力。博尔忽、博尔术、木华黎、赤老温四位怯薛长被称为"四杰"。怯薛军是蒙古帝国军事力量的核心，对维护汗权、巩固新兴帝国起到了重要作用。

窝阔台大汗时期是蒙古帝国巩固和发展时期，在此期间，汉化契丹人耶律楚材对蒙古帝国统治制度的健全和发展起到了很大作用。耶律楚材（1190—1244），字晋卿，号玉泉，法号湛然居士。他出身于契丹贵族家庭，世居金国中都（今北京），自幼学习汉文，精通汉语文献。1215 年，蒙古人攻占燕京，成吉思汗派人询问治国大计。1218 年春，应成吉思汗之召，耶律楚材从北京出发，来到成吉思汗在怯绿连河畔的行宫。成吉思汗临终前曾对窝阔台说："此人，天赐我家。尔后军国庶政，当悉委之。"①

在窝阔台统治时期，耶律楚材最初掌管赋税的征收，他提出解放奴隶，将他们编户，收取赋税。在蒙古帝国初期的扩张战争中，被征服地区居民被虏为奴的现象普遍。奴隶在蒙古帝国中被称为驱口。

---

① （明）宋濂：《元史》，第 3456 页。

“诸王大臣及诸将所得驱口，往往寄留诸郡，几居天下之半。”① 为了改变这种状况，耶律楚材提出：“奏括户口，皆籍为编民。”② 在此过程中，耶律楚材起用大批汉族知识分子，在十路征收课税所中任正副长官的都是天下著名儒生，其参佐也全部任用熟悉封建制度的“省部”③。正是在他们的努力下，耶律楚材的工作取得突出成绩。以后，蒙古帝国在中央正式设立中书省，耶律楚材被任命为中书令，“事无钜细，皆先白之”④。

耶律楚材极力主张改变蒙古贵族上马管军、下马管民的状况，使军政与民政分离，削弱了蒙古贵族的势力。在窝阔台即位的第二年，耶律楚材提出了 18 条建议，其中第一条就是“郡宜置长吏牧民，设万户总军，使势均力敌，以遏骄横”⑤。然而，这一建议在窝阔台统治初期未能实施。在耶律楚材任中书令期间，他提出了在蒙古帝国置州郡的建议：“凡州郡宜令长吏专理民事，万户总军政，凡所掌课税，权贵不得侵之。”⑥ 从此，以蒙古宗王、将领掌军权，大断事官掌司法权，中书省掌行政、财政大权的三权分立局面逐渐形成。他推举熟悉汉族封建制度的畏兀儿人田镇海、女真人粘合重山“与之同事”，“同握鞑柄”⑦，加强了汉化官员在地方和中央的实权。这些措施限制了蒙古军事贵族的势力，推动蒙古帝国进一步向封建制转化。

在任中书令期间，耶律楚材还实行了削弱地方，加强中央集权的措施，主张将地方的某些经济权力和司法大权收归中央。他认为赋税的征收应由中央统一规定，反对地方政府违反“上命，擅行科

① （元）耶律楚材：《湛然居士文集》，谢方点校，中华书局 1986 年版，第 328—329 页。
② 同上书，第 329 页。
③ （明）宋濂：《元史》，第 3461 页。
④ 同上书，第 3458 页。
⑤ 同上书，第 3457 页。
⑥ 同上书，第 3458 页。
⑦ 同上。

差"[①]，同时，他又提出："应犯死罪者，具由申奏待报，然后行刑。"[②]即禁止各地长官自专生杀、草菅人命。后来，窝阔台打算实行分民裂土的分封政策，即"裂州县赐亲王功臣"，耶律楚材认为："裂土分民，易生嫌隙。不如多以金帛与之。"[③]

耶律楚材在成吉思汗、窝阔台两朝为官近30年，脱列哥那哈敦摄政期间罢免了耶律楚材的一切职务。1244年6月，耶律楚材在哈剌和林郁郁而死。耶律楚材对蒙古帝国的发展做出了杰出贡献，在他的改革下，蒙古帝国在游牧奴隶制向封建制转化的道路上前进了一大步。

蒙哥统治时期，蒙哥大汗在中亚和西亚地区设置两大行尚书省：一是别失八里等处行尚书省和阿姆河等处行尚书省，分别由马思忽惕伯和阿儿浑负责。两大行尚书省的设置加强了蒙古帝国对宗藩的管理，尤其是别失八里等处行尚书省，它管辖的范围包括了察合台兀鲁思、回鹘国、窝阔台诸后王封地的一部分以及蒙古本部的一部分，将这些宗王和属国共划入同一个行尚书省内，把宗王们向农耕城郭地区渗入的权力排挤出去，反映了蒙古帝国对农耕城郭地区管理的规范化、制度化。

为了根除诸王、官吏的特权，蒙哥颁布诏书：凡朝廷及诸王滥发牌印、诏旨、宣令尽收之；诸王驰驿，只许乘三匹马，远行者不得超过四匹。针对政府的官吏和诸王以权谋私的情况，蒙哥规定了严格的纪律，诸王不得以朝觐为名聚敛民财，贪污受贿，伙同商人放高利贷等。为了加强法治，禁止官吏私设公堂，这是继窝阔台之后将司法权收归中央政府和大汗的措施。

蒙古政权由奴隶制向封建制转化从成吉思汗时期开始，到元世祖忽必烈时期基本完成。发生这种转化的根本原因是当时蒙古帝国的经济条件发生了变化，不过，窝阔台至蒙哥时期各方面的改革措

---

① （明）宋濂：《元史》，第3457页。

② 同上。

③ 同上书，第3460页。

施也是促进蒙古社会发展的积极因素，其中，提拔重用儒臣、禁止掠民为驱、实行编户、实行封建赋税制度等政策是使蒙古帝国摆脱奴隶制影响，向封建制国家迈进的重要举措。

第四节　蒙古帝国在中亚的统治

蒙古帝国初期，依据中亚各地经济的特征及其与蒙古帝国亲疏关系，蒙古人在中亚采取了不同的统治方式。它们大致可以分为以下三类：对早期与大蒙古国建立了藩属关系的国家和地区实行监管；对被征服城市及其附近农耕地区实施直接统治；将中亚北部草原作为封地分封给蒙古宗王。蒙哥统治时期，将监管的属国和属地纳入蒙古人的直接统治之下，因此，除了成吉思汗分封的地区外，中亚的其余地区基本上被纳入蒙古帝国中央政权的统治范围。

在成吉思汗西征中亚之前，中亚东部的一些地区就与大蒙古国确立了藩属关系，如原西辽属国高昌回鹘国，以及哈剌鲁（葛逻禄）人在巴尔喀什湖以南的海押立和阿力麻里建立的两个游牧政权，它们是在成吉思汗西征之前与大蒙古国确立臣属关系的。在成吉思汗西征之时，这些地区统治者派部众参与了蒙古人的西征。1219年，当蒙古西征军行至也儿的石河河畔之时，高昌回鹘国国王巴而术率领回鹘“部曲万人”加入了西征队伍，后来这支军队还参加了攻打昔格纳黑、讹迹邗、额失纳斯、忽毡等城的战役，回鹘军“纪律严明，所向克捷”。1220年，回鹘军跟随蒙古部队渡过阿姆河，参加了进攻你沙不儿等中亚西部城市的战役。1225年，成吉思汗西征返回蒙古草原，巴而术率部曲回到自己的国家。

早期归属于大蒙古国的上述国家和地区以蒙古帝国属国或属地的形式保留下来，蒙古帝国对它们采取优待政策。在政治上，这些国家或地区的统治者保留了对原统治区居民的统治，有自己的军队，蒙古帝国仅派官员达鲁花赤监督之。达鲁花赤驻在这些国家或地区的统治中心，如高昌回鹘国的达鲁花赤驻在都城火州（今吐鲁番），巴尔喀什湖以南地区的达鲁花赤驻在阿力麻里城。据《长春真人西游记》记载，丘处机于1221年9月27日来到阿力麻里城，当时葛逻禄游牧政权国王昔格纳黑的斤（Signaq Tegin）与蒙古官员塔剌忽只（即达鲁花赤）率部众来迎。此城的达鲁花赤应该是成吉思汗1219年西征途经阿力麻里城之时安置的。达鲁花赤的地位在地区统治者之上，掌握最后裁定的权力，他们不仅监督属国或属地赋税的征收和徭役的摊派，更主要的是监督地区武装势力，以防谋反。在经济上，蒙古帝国在这类属国或属地实行轻徭薄赋。在军事上，这类地区的军队被视为帝国直属部队的组成部分，大汗可以调遣。

后继的几位蒙古大汗基本上沿袭了成吉思汗初期的统治政策，直到蒙哥大汗时期才有所改变。蒙哥大汗在回鹘国内设置了直属中央的机构行尚书省。据《新元史》记载："别失八里……为畏兀儿地，宪宗置行尚书省。"[①] 别失八里行尚书省管辖的范围很大，包括了天山南北、中亚腹地和伊朗高原东部。

蒙古帝国在中亚的直接统治区主要是城市及城市附近的农耕地区。在成吉思汗西征过程中，每攻下一城，攻城将领就留下蒙古人驻守和统治该城，这样，中亚许多城市从一开始就处于大蒙古国的直接统治之下，其中，昔格纳黑、寻思干（撒麻耳干）、不花剌（布哈拉）、马鲁（莫夫）、也里、玉龙杰赤（乌尔根奇）、哥疾宁（加兹尼）等城就属此类。

需要指出的是，蒙古人实施监管的藩属地区的一些重要城市也被纳入蒙古帝国的直属领地，如回鹘国内的独山城。据《元史》记载，畏兀儿人哈剌亦哈赤北鲁与其子月朵失野讷跟随成吉思汗西征，到达别失八里以东的独山城之时，成吉思汗见城内空无一人，便问："此何城也？"对曰："独山城。往岁大饥，民皆流移之它所。然此地当北来要冲，宜耕种以为备。臣昔在唆里迷国时，有户六十，

---

① 柯劭忞：《新元史》卷51，中国书店1988年版，第264页。

愿移居此。”于是，成吉思汗“遣月朵失野讷佩金符往取之，父子皆留居焉”。在成吉思汗西征返回蒙古草原之时，途经独山城，见到“田野垦辟，民物繁庶”，成吉思汗大悦，“问哈剌亦哈赤北鲁，则已死矣。乃赐月朵失野讷都督印章，兼独山城达鲁花赤”①。

在成吉思汗西征期间，留守被征服城市的蒙古官员有太守、太师、八思哈（Basqaq）。太守是最高行政长官（总督），太师是掌管军事大权的将军，八思哈和达鲁花赤是镇守官（前者为蒙古语，后者为突厥语），其职责主要是监督赋税的征收、实施武力威慑和镇压居民反抗。蒙古帝国初期，在中亚实施统治的蒙古官员虽有军政和民政之分，但职责的区分实际上是不明确的，有时候达鲁花赤就兼管军事和行政。由于蒙古帝国在中亚的驻军不多，实际上，八思哈和达鲁花赤是城市的主要统治者，只有少数城市加派武将镇守，其中，撒麻耳干和不花剌派有驻军和太师，蒙古驻军大多数在城市附近的草原地带游牧驻守。

在蒙古征服期间，中亚各城的蒙古官员不一定都是成吉思汗委任的，攻城将领也有权任命官员，不过，他们的任命可能在以后都得到了成吉思汗的认可，据史书记载，1223 年夏，成吉思汗避暑八鲁湾，“皇子朮赤、察合台、窝阔台及八剌之兵来会，遂定西域诸城，置达鲁花赤监治之”②。西方史书也记载说，在从中亚返回蒙古草原之时，“在沿途所经过的被征服省份与城市都委任了总督和达鲁花”③。

直接由成吉思汗任命官员的城市有寻思干、不花剌、哥疾宁。成吉思汗攻下寻思干城后，任命随他西征的契丹人耶律阿海“监寻斯干，专任抚绥之责。未几，以疾薨于位，年七十三……（次子）绵思哥袭太师，监寻斯干城”④。攻克不花剌城以后，成吉思汗派塔兀

① （明）宋濂：《元史》，第 3047 页。

② 同上书，第 22 页；但据西方史书记载，朮赤未到八鲁湾。

③ 阿布尔·哈齐·把阿秃儿汗：《突厥世系》，罗贤佑译，中华书局 2005 年版，第 127 页。

④ （明）宋濂：《元史》，第 3549—3550 页。

沙八思哈（Tausha Basqaq）管治不花剌。[1] 在追击札兰丁来到哥疾宁城以后，“汗（成吉思汗）在哥疾宁委任了一名总督”[2]。

由攻城将领任命官员的城市有昔格纳黑、养吉干、也里等城。昔格纳黑是朮赤军队攻占的，破城以后，为了替入城劝降遭杀害的将领哈散哈只报仇，朮赤在该城进行了大屠杀，然后，“任命哈散哈只的儿子担任昔格纳黑的总督”[3]。朮赤在攻克养吉干城之时也安置长官守城。拖雷在攻下也里城之时，“委任一个名叫篾力克·阿布·贝客儿的人为（也里）总督；又任命其随从中一个名叫明歹的军官担任达鲁花”[4]。

在征服玉龙杰赤城以后，花剌子模人牙剌洼赤（Mahmād Yalavach）父子向成吉思汗介绍了中亚地区的风俗习惯和风土人情，以及管理中亚事务的方法和手段。以后，蒙古人在中亚的一些重要城市，除了派遣蒙古官员外，还委任当地人，或原花剌子模帝国的旧官吏作为达鲁花赤的副手，协助统治。有的城市甚至直接委任当地人代管，如毡的、马鲁、玉龙杰赤等城。朮赤在攻下毡的城之时，城民没有抵抗，进城以后，朮赤赦免了该城居民，任命曾作为成吉思汗使者的不花剌人“阿里·火者·哈术瓦尼为该地（毡的）的总督”[5]。拖雷夺取马鲁城以后，任命波斯显贵人物艾米耳·兹哈乌丁为该城总督，“要他招集那些逃走或躲藏起来的居民，并在城址上播种小麦。同时，拖雷又任命一个名叫巴耳麻的部下担任马鲁的镇将（达鲁花赤）”[6]。

蒙古帝国在中亚还设置了总管蒙古官员的行政长官，当时，精通中亚风俗习惯和风土人情的花剌子模商人牙剌洼赤担任此职，负责总管东起新疆中部，西到阿姆河北岸之间各城的达鲁花赤。他的

---

① 〔伊朗〕志费尼：《世界征服者史》（上），第 116 页。

② 阿布尔·哈齐·把阿秃儿汗：《突厥世系》，第 115 页。

③ 同上书，第 105 页。

④ 同上书，第 125 页。

⑤ 同上书，第 106 页。

⑥ 同上书，第 123—124 页。

职责主要负责中亚丁赋，但也有权支配在中亚的蒙古驻军。

在窝阔台统治时期，蒙古帝国加强了对中亚的统治。窝阔台把蒙古帝国统治下的中亚分为两大行省，即河中行省和阿姆河西行省（又称波斯行省），分派官员管理。对此东、西方史书都留下了记载。据《元史》记载，窝阔台“命河北汉民以户计，出赋调，耶律楚材主之；西域人以丁计，出赋调，麻合没的滑剌西迷主之”[①]。滑剌西迷即是牙剌洼赤[②]。此后，他被调往汉地，他的儿子马思忽惕伯成为中亚地区的总管理者。1234年，窝阔台“把从畏兀儿斯坦领地别失八里和哈剌火者，（从）忽炭、合失合儿、阿力麻里、海押立、撒麻耳干和不花剌（一直）到质浑河（阿姆河）岸（的地区），授予了牙剌洼赤的儿子马思忽惕伯；而从呼罗珊到鲁木和迪牙别克儿边境的（地区），则授予了异密阔儿古思。凡从所有这些地区征收的全部赋税，他们每年都送到国库来”[③]。马思忽惕伯一直是蒙古大汗派往中亚的重要官员，他长期驻在喀什噶尔。

脱列哥那哈敦摄政监国之后，将窝阔台时期被调任燕京行省担任达鲁花赤（断事官）的牙剌洼赤罢官，马思忽惕伯可能因此受到牵连，据说，他曾企图逃到拔都宫廷避难。呼罗珊长官阔儿吉思也在此次人事调整中被撤职，押往哈剌和林，由阿儿浑取代了他在呼罗珊的统治。

在窝阔台之子贵由统治时期，贵由重新明确了各地长官的职权范围，把河中地区、突厥斯坦等地交给了马思忽惕伯[④]，官复原职之后，马思忽惕伯一直是蒙古帝国在中亚地区的总负责人。

在蒙哥统治时期，为了加强帝国中央的统治，1251年，蒙哥在中亚设置了别失八里等处行尚书省（又称突厥斯坦河中行省），任

---

① （明）宋濂：《元史》，第29—30页。

② 何高济、陆峻岭：《元代回教人物牙老瓦赤和赛典赤》，见元史研究会编：《元史论丛》第2辑，中华书局1983年版，第226页。

③ 〔波斯〕拉施特：《史集》第2卷，第111页。

④ 〔伊朗〕志费尼：《世界征服者史》（上），第281页。

命马思忽惕伯为别失八里和阿姆河等处行尚书省的尚书，统辖东起杭爱山、西至阿姆河之间的地区。马思忽惕伯深得蒙哥的信任，他一直负责着河中等地的税收。蒙哥“为了征发赋税，登录户名，他任命了一批长官、沙黑纳、书记。……把河中、突厥斯坦、讹答剌、畏吾儿地、忽炭、可失哈耳、毡的、花剌子模、拔汗那交给麻速忽毕”①。麻速忽毕即是马思忽惕伯。1255 年，马思忽惕伯的官邸从喀什噶尔迁到撒麻耳干城，他的三子留在喀什噶尔担任行政长官，一直到 1289 年。此外，蒙哥在阿姆河以西设置了阿姆河等处行尚书省（又称阿姆河西行省），统辖范围东起阿姆河、西至小亚细亚东部边境（即迪牙别克儿），继续由阿儿浑负责。

按照蒙古人的传统习惯，蒙古帝国在直接统治地区或城市的税收和其他收益由黄金家族成员共同分享。最初，蒙古人把这些地方的民户按一定比例分配给各宗王。《元朝秘史》第 260 节记载说朮赤、察合台和窝阔台三人在攻克玉龙杰赤城之后，“将百姓分了”②。最初，在被征服地区或城市瓜分百姓的做法很普遍，据《瓦撒夫史》记载：“在不花剌（城）中，编籍的一万六千人中，有五千人属于拔都（之后裔），三千人属于旭烈兀汗之母忽惕别吉（Quti Beki）太后，余下者称为‘大中军’，即‘大海’。”③ 玉龙杰赤和不花剌的分户反映了蒙古帝国初期黄金家族对直接统治区的分配情况。

在中亚直接统治区内，除了分户外，更多的是分配赋税，即中央官员在直属城市收取的赋税，扣除留给该地区受封诸王应得的部分外，其余部分作为帝国的收入上缴国库，然后，由大汗再分配下去。这种情况可以从蒙古大汗将中原民户的税入分一部分给察合台的事例中反映出来。据《元史》记载：“太祖次子茶合䚟大王位：岁赐，银一百锭，段三百匹，绵六百二十五斤，常课金六锭六两。五户丝，丙申年，分拨太原四万七千三百三十户。戊戌年，真定深州

---

① 〔伊朗〕志费尼：《世界征服者史》（下），第 655 页。

② （元）佚名：《元朝秘史》，第 260 节，见《蒙古秘史》附录，第 611 页。

③ 刘迎胜：《察合台汗国史研究》，第 49 页。

一万户……”①

除了上述两类地区外，中亚的绝大部分地区是成吉思汗儿子们的兀鲁思（封地）。术赤的兀鲁思东起额尔齐斯河西岸，向西延伸到里海以北草原；窝阔台的兀鲁思在中亚东北部，从额尔齐斯河上游往西南，一直到巴尔喀什湖以东地区，统治中心在叶密立和霍博；察合台的封地广大，占据了中亚大部分地区，即从巴尔喀什湖以南一直到阿姆河右岸之间的地区。以上三个兀鲁思名义上直属于蒙古帝国管辖，号称蒙古帝国的宗藩，实际上各兀鲁思是由宗系世袭占有的独立领地，宗王称兀鲁思汗，有行政自主权和统领军队权。此外，中亚的一些城市也被分封给了战功显赫的蒙古将领，如忽必烈大将伯颜之祖父阿剌在忽毡城享有封地，“平忽禅有功，得食其地”。

在各封地内，兀鲁思汗对其亲属进行再分封，通过分封分治的形式确立了对中亚地区的统治。在中亚各兀鲁思内，蒙古人的组织形式和行政方式可能与蒙古帝国中心所在地蒙古草原一样，实行千户制。牧民按千户、百户、十户的形式组织起来，千户既是行政组织，也是军事组织，全民皆兵，兵民一体。千户与其统治下的牧民之间有着很强的人身依附关系，牧民不能擅离所属的千户。在西道兀鲁思中，千户长以上的统治者由蒙古人担任，千户长以下的统治者可以由被征服民族的上层人士充任，他们在承认蒙古宗王为最高统治者的情况下，继续统治当地居民。

蒙古帝国在中亚直接统治的城市或农耕地区如果处于西道兀鲁思境内，兀鲁思汗就没有擅自处理这些地区事务的权力，否则，他们会受到大汗的追究。在窝阔台统治时期，察合台自作主张，把按照大汗命令归于中亚官员牙剌洼赤统治的一部分河中地区分给了其他人，牙剌洼赤把此事向窝阔台大汗反映了，大汗发来一道圣旨质问察合台，并且命令他做出答复。察合台向大汗自责说：“我考虑不

① （明）宋濂：《元史》，第 2414 页。

周，轻举妄动”。此后，察合台怀恨牙剌洼赤，牙剌洼赤私下找到察合台的心腹大臣维即儿说：“我是合罕（即窝阔台）的辅弼，察合台未同他商量不会杀我。然而，如果我去控告了你，合罕（就会下令杀你）。最好是你能为我（把事情）劝解一下，否则我就去向合罕告发你，让他（处死）你，如果你把我的这些话告诉察合台，无论他怎样问我，我都不承认，你也找不出一个证人来。”[①] 此事反映了帝国中央派出的官员在很大程度上独立于兀鲁思宗王，他们直接向大汗负责。

在窝阔台及其妻脱列哥那哈敦摄政期间，封地宗王的自主权不断扩大，贵由曾企图限制或剥夺兀鲁思宗王的一些权力，但他的这一企图遭到了普遍反对，最终没有实现。在贵由哈敦斡兀立·海迷失摄政期间，兀鲁思宗王们擅自发放文书、颁降旨令，使政出多门、朝纲紊乱。

蒙古帝国在中亚建立了驿站制度，从帝国统治中心哈剌和林通往中亚的道路沿线设置了驿站，规定每隔 5 程设一站赤，每一站赤由所在千户派专人负责管理，站赤所需人和马由千户自备。道路畅通便利了中央政令的下达和信息的传递，加强了西道兀鲁思与蒙古帝国的联系。

蒙古征服战争给中亚人民带来了深重的灾难，蒙古人在中亚的统治激化了中亚的民族矛盾，中亚人民以各种方式反抗蒙古人。蒙古征服初期，为了阻止蒙古军的前进，中亚人民破坏桥梁，阻塞交通。1220 年冬，丘处机到达撒麻耳干城外之时，有人告诉丘处机说，阿姆河上的浮桥遭到破坏，不能通行，“顷知千里外，有大河，以舟梁流，土寇坏之”。1223 年初，察合台镇压了破坏者，修复桥梁，“发军复整舟梁，土寇已灭”。在征服期间，由于成吉思汗的蒙古军队在寇掠之后迅速转战他地，留下守城的蒙古人并不多，蒙古大军一走，逃亡的居民就返回故乡，杀掉蒙古人设置的官吏，所以，在

① 〔波斯〕拉施特：《史集》第 2 卷，第 187 页。

一些城市，蒙古军队不得不进行再征服。

蒙古人在中亚统治初期，其统治是不稳固的。在撒麻耳干，“回纥城东新叛者二千户，夜夜火光照城，人心不安”[①]。留守该城的太师耶律阿海最初住在撒麻耳干城，后来，“以回纥艰食，盗贼多有，恐其变，出居于水北”。连镇守官也不敢在城内居住，可见当时城内秩序的混乱程度。不花剌城甚至爆发了大规模的武装起义。1238 年，不花剌制筛匠塔剌必领导农民起义，汉文史籍记载说：“不花剌地面里，答剌必、八八、剌答鲁、沙一呵的，这的每起歹心上，自被诛戮，更多累害了人来。”[②] 不花剌的蒙古人在起义中遭到沉重打击，总督和八思哈调集军队对起义进行镇压，屡战屡败，费了很大周折，才将不花剌起义镇压下去。当时，管理中亚赋税的牙剌洼赤曾出面阻止了蒙古军对不花剌起义者的残酷迫害。[③] 以后，蒙古统治者采取军事镇压和拉拢上层人士两手策略对付中亚人民的反抗斗争。

---

① （元）李志常述：《长春真人西游记》，第 20 页。

② 《元典章》卷 57《刑部》19“禁宰杀”，第 1893 页。

③ 〔伊朗〕志费尼：《世界征服者史》（上），第 125 页。

第三章

蒙古帝国的对外征服

继成吉思汗之后，蒙古帝国对波斯进行了两次大规模征服，彻底消除了花剌子模帝国的残余势力；剿灭了盘踞在阿剌模忒堡的伊斯玛仪政权；1258 年攻入巴格达，处死哈里发，推翻了立国近 600 年的阿拔斯王朝，伊利汗国的建立确立了蒙古人在西亚的统治。在窝阔台大汗期间，蒙古人扫荡了欧亚草原，征服了不里阿耳人、钦察人、斡罗思诸公国，洗劫了波兰和匈牙利，确立了对东欧平原的统治，1243 年，蒙古人以伏尔加（Volga）河下游为统治中心建立了自己的政权。从成吉思汗时代起，蒙古人已经开始征服中国北方地区政权，先后进行了蒙夏战争、蒙金战争，在窝阔台、蒙哥和忽必烈大汗时期，蒙古人进行了灭亡南宋的战争，确立了在中国的统治，1271 年蒙古人在大都（今北京）建立了元朝。在 1217—1270 年的半个多世纪中，蒙古旋风横扫欧亚大陆，战争规模之大、行军路途之遥、征服地区之广都是前所未有的。蒙古征服战争具有扩张性，是非正义战争，战争给东亚、中亚、西亚和东欧地区的人民带来了灾难，应当受到谴责。但是，蒙古征服冲破了亚欧各国的疆界，使东西方交通畅通，有利于东、西方经济和文化的交流，客观上对人类历史的发展起到了积极作用。元朝（1271—1368）是中国历史上第一个由少数民族建立的统一国家，它的建立结束了中国自晚唐以来长达四五百年的分裂割据局面，有利于中国社会经济的发展和民族融合。

第一节　西征与伊利汗国的建立

从1220年哲别与速不台西征起，到1258年旭烈兀西征止，蒙古人对波斯进行了多次扫荡和征服，其中，大的征服活动有三次。

1220年，蒙古人在围攻撒麻耳干城之时得知摩诃末西逃，于是，成吉思汗派蒙古名将哲别和速不台率三万蒙古军追击。接受追击任务之后，蒙古军乘坐以皮革包裹的小木舟，渡阿姆河来到巴里黑（今阿富汗巴尔赫），城内居民献上供奉得以赦免，蒙古军留一员将领镇守该城之后，继续追逐。在逼近你沙不儿城之时，哲别派使者进城劝降，城民投降并愿意供给粮草，哲别用畏兀儿文发布诏书："降者保其身家，抗者并其妻女家属杀之。"① 此后，哲别和速不台兵分两路，速不台直接向剌夷城（又译雷伊城，地在今伊朗境内德黑兰城东南）进发，哲别则绕道祃桚答而，沿途抵抗者，一律戮杀。以后，两军在剌夷城会合，这座以生产彩陶闻名的城市遭到"杀男子，虏妇孺"之后，再也没有从此劫难中恢复。此时，摩诃末在可疾云召集部将，然后向西南逃往哈仑②，在此停留一天，又逃往八吉打（报达，今伊拉克巴格达城）。蒙古军追到八吉打，摩诃末调转方向逃往东北方的沙儿察罕堡（今伊朗加兹温西北部，赞詹和吉兰省之间），前往基兰（今伊朗吉兰省），在基兰停留一周，然后向东南方逃到阿模里（今伊朗马赞达兰省阿莫勒）的答不夷县。1220年末，摩诃末逃到宽田吉思海（里海）中的一个小岛上，在此病逝。

---

① 〔瑞典〕多桑:《多桑蒙古史》(上)，第105页。

② 〔伊朗〕志费尼:《世界征服者史》(下)，第430页，第64注:"哈仑必定在中波斯某地，可能在哈马丹地区中。"

摩诃末死后，哲别和速不台率领的蒙古军继续在西波斯、高加索等地转战两年。1221—1222 年间，蒙古军扫荡了高加索南北地区。当时，高加索有阿哲儿拜占（Azerbeidjan，阿塞拜疆）和谷儿只（格鲁吉亚）两个基督教国家。

阿哲儿拜占的统治者是突厥阿塔卑月即别（自 1136 年起该家族一直统治该地），为了免遭蒙古军的践踏，他给蒙古人送去许多马匹和钱财，蒙古军没有扫荡阿哲儿拜占。此后，蒙古军三次到阿哲儿拜占都城桃里寺（Tauris，今伊朗大不里士城）索要贡物。

1221 年 2 月，蒙古军对谷儿只发起攻击。当时，谷儿只的一支优秀骑兵在梯弗里斯（今格鲁吉亚第比利斯）城附近被蒙古军打败。在蒙古军第二次入侵谷儿只时，歼灭了谷儿只的骑兵主力。1222 年春，蒙古军与谷儿只军遭遇，哲别带着 5000 人埋伏在一个隐秘的地方，速不台带着军队冲上去。战斗中，蒙古军佯装败退，谷儿只人尾追不舍，遂中埋伏，3 万谷儿只军被歼灭。以后，蒙古人越高加索山，进入钦察草原，对钦察草原上的阿兰人、钦察人，以及南斡罗思人发起攻击。1224 年，蒙古军沿里海、咸海北岸返回蒙古草原，途中打败了不里阿耳人。

哲别和速不台对波斯、高加索和南斡罗思的扫荡是窝阔台汗、贵由汗、蒙哥汗大规模征服西亚和欧洲的前奏。

在经历了哲别和速不台的扫荡之后，波斯中部和西部局势混乱，这一形势有利于花剌子模帝国的复辟。在成吉思汗返回蒙古草原之后，花剌子模帝国的残余势力割地自立。1224 年，摩诃末之子嘉泰丁夺取西波斯，以伊斯法罕为统治中心，建立了公国。逃往印度的摩诃末长子札兰丁召集旧部，于 1224 年返回波斯，作为花剌子模帝国的合法继承者，他很快得到了克尔曼、法尔思等地统治者的承认。此后，札兰丁从泄剌只城（Shiraz，今伊朗法尔思省设拉子市）出发，夺取了嘉泰丁统治的伊斯法罕城和西波斯地区。波斯地区王朝相继归附札兰丁，花剌子模帝国的复兴势头强盛。

在大好形势下，札兰丁于 1225—1228 年间开始征服阿哲儿拜占和谷儿只。随着札兰丁的到来，阿哲儿拜占都城桃里寺投降，札兰丁在此建立了统治。然后，他从桃里寺出发前往征讨谷儿只。1228年，札兰丁在罗耳附近的闵多尔打败了谷儿只军统帅伊万涅的军队，成为整个西波斯（克尔曼、法尔思、伊剌克·阿只迷和阿哲儿拜占）的主人，他以伊斯法罕和桃里寺为都城，复辟了花剌子模帝国。

为了剿灭花剌子模帝国的复辟势力，窝阔台即位之初，于1229年派绰儿马罕率3万蒙古军远征波斯。蒙古人以闪电般的速度经呼罗珊抵达西波斯，直奔札兰丁驻地阿哲儿拜占。1230年冬，蒙古军开始进攻阿哲儿拜占，札兰丁向东北逃往木干草原。他在木干草原停驻五天以后，又匆忙向西南逃往合班（今亚美尼亚卡凡），以后，札兰丁逃到了迪牙别克儿（今土耳其迪亚巴克尔）。当蒙古将领泰马思逼近他的营地之时，札兰丁又逃到阿迷德（即底格里斯河上游地区）山中，在此，他于1231年8月15日被库尔德人（Kurds）杀死。复辟的花剌子模帝国灭亡。

接着，绰儿马罕对迪牙别克儿、美索不达米亚、额儿比勒（今伊拉克北部埃尔比勒）、起剌特等地发起进攻，这些小国没有进行抵抗，蒙古军在这些地区大肆屠杀和抢劫。1229—1241年间，绰儿马罕留在西波斯，蒙古军驻扎在木干草原上，他们陆续吞并了周边政权。1233年，蒙古军抵达桃里寺城下，城中显贵出城奉上物品投降。1236年，绰儿马罕率军侵入谷儿只，谷儿只女王鲁速丹从桃里寺向西北逃到库塔伊西（今格鲁吉亚库塔伊西）。1239年，绰儿马罕在大亚美尼亚洗劫了都城阿尼，并放火焚毁之；卡尔斯（哈儿司）城得知阿尼城被攻毁以后，主动献城。这两座城市都属于谷儿只大将军伊万涅家族。1240年，大亚美尼亚阿瓦克王前往蒙古草原见窝阔台大汗，窝阔台大汗命绰儿马罕退还领地，且不许对他强征额外的赋税。

在此期间，绰儿马罕还镇压了一些反叛城市，克尔曼和法尔思的阿塔卑相继向蒙古人表示臣服，成为蒙古帝国藩属。成吉思汗西征之时，术赤曾任命喀喇契丹人真帖木儿为花剌子模绿洲的八思哈。

在绰儿马罕西征之时，真帖木儿奉命率军支持，来到呼罗珊。以后，真帖木儿被任命为呼罗珊与马赞德兰长官（1229—1235 或 1236）。回历 633 年（公元 1235 或 1236 年），真帖木儿去世，畏兀儿人阔儿吉思（Korgus）成为呼罗珊长官，蒙古人诺萨儿（Nosal）成了呼罗珊的军事长官。四年之后，诺萨儿于回历 637 年（公元 1239 或 1240 年）去世，阔儿吉思在呼罗珊的统治一直持续到 1242 年以后。在脱列哥那哈敦摄政期间，阔儿吉思被免官，阿儿浑成为呼罗珊长官。

1241 年，绰儿马罕病死，他手下的将领拜住继任蒙古军统帅，镇守波斯。1242 年，拜住率蒙古军入侵塞尔柱突厥人在小亚细亚建立的鲁木（罗姆）国。蒙古军首先进攻额尔哲鲁木城（今土耳其埃尔祖鲁姆），1243 年 6 月，拜住率军侵入额儿赞章、西瓦思（今土耳其锡瓦斯）等城，鲁木国王遣使向蒙古人称臣求和，答应岁贡 40 万迪纳尔。至此，蒙古帝国的领土与东罗马帝国毗邻。绰儿马罕和拜住在西亚的征伐，为旭烈兀西征和伊利汗国的建立奠定了基础。

贵由大汗即位之后，于 1247 年 8 月任命宴只吉带为镇守波斯的蒙古军统领。谷儿只、毛夕里、阿勒波和迪牙别克儿等地事务由宴只吉带管理，上述地区的贡赋也全部由宴只吉带征收和使用。这一任命侵犯了朮赤系在高加索地区的利益，引起朮赤系拔都的不满，为以后别儿哥汗的征伐埋下隐患。

到 13 世纪中叶，除了里海南岸的木剌夷国和两河流域的阿拔斯哈里发王朝两个独立政权外，波斯及其以西的大多数地区向蒙古帝国称臣纳贡。蒙古人在波斯或者采取纯军事统治，或者仅仅是采取财政管理，真正意义上的统治并没有建立起来。蒙古人在阿兰和木干草原上实行纯军事统治，在呼罗珊和伊剌克・阿只迷等农耕地区，只满足于赋税的征收。

1251 年，蒙哥大汗在他登基的忽里勒台上决定出征木剌夷国和阿拔斯哈里发王朝，他把这些任务交给了兄弟旭烈兀，旭烈兀西征开始了。

蒙哥大汗命令，从成吉思汗诸子、诸弟和诸侄的军队中，“每十个人抽出两个人，作为额外人员，交给旭烈兀汗作为媵哲（分民），随同他出征”[①]。旭烈兀西征的总兵力达 10 万人，其中，包括汉地征调的炮手、火焰放射手、弩手组成的上千汉军，他们由著名攻城能手郭侃率领。按蒙哥大汗的命令，旭烈兀西征大军所经之地的草地和牧场为禁牧区，以便为过境的军队马匹提供饲料；各兀鲁思统治者要负责为过境大军提供军粮和物资，逢山开道、遇水架桥，使军队顺利通行。此外，驻波斯北部木干草原上的拜住蒙古军、驻克什米尔的塔亦儿军和驻呼罗珊的塔亦儿把阿秃儿军要配合旭烈兀的行动。

1252 年 7 月，旭烈兀西征军先遣队 1.2 万人在乃蛮人怯的不花（乞忒不花）那颜的统率下出发，1253 年到达呼罗珊，开始对木剌夷国发起进攻。

木剌夷国在今里海南岸的伊朗北部，是伊斯兰什叶派伊斯玛仪教派建立的宗教国家。伊斯玛仪教徒以库希斯坦（今伊朗呼罗珊省塔巴斯一带）、鲁德八儿（今伊朗吉兰省鲁德巴尔）等 360 余座城堡为阵地，通过实施暗杀活动反对当地的突厥政权，其中，麦门底司堡、阿剌模忒堡（今伊朗吉兰省内）[②]和吉儿都怯堡（今伊朗呼罗珊省加恩山区）是他们的统治中心。

在哲别追杀摩诃末之时，木剌夷国曾向蒙古军称臣，哲别因急于追逐摩诃末而没有对它采取行动。在真帖木儿治理呼罗珊期间（1229—1235 或 1236），伊斯玛仪教徒的暗杀活动十分猖獗，他们曾派 400 名刺客到蒙古，寻机刺杀蒙哥大汗。1253 年 3 月，怯的不花的先遣军在郭侃率领的汉军协助下，开始围攻吉儿都怯堡，但未能攻克（直到二十多年以后，在旭烈兀之子阿八哈汗统治时期，吉儿都怯堡才向蒙古人投降）。

1253 年 10 月 19 日，旭烈兀主力军出发，所到之处受到各地宗王的热情款待，1256 年 1 月 2 日，西征军渡过阿姆河，在沙不儿罕

---

① 〔波斯〕拉施特：《史集》第 3 卷，余大钧译，商务印书馆 1986 年版，第 29 页。

② 阿剌模忒堡建于大约 860 年，地势险峻，北靠里海，周围有水为池。

草地（今阿富汗巴尔赫西部）过冬。1256 年春，旭烈兀在匝维城驻军，怯的不花与郭侃率先头部队前来与旭烈兀会合。旭烈兀大军先后来到徒思、你沙不儿的哈不伤城（今伊朗内沙布尔东部），哈不伤城曾被蒙古军摧毁，旭烈兀下令拨款重建该城。接着，蒙古大军逼近木剌夷国的麦门底司堡。

蒙古军兵分三路，对麦门底司堡形成围攻之势。在蒙古军的威逼之下，麦门底司堡堡主忽儿沙于 1256 年 11 月 20 日出城投降，他将 100 多个堡寨交给了蒙古军。接着，蒙古军向阿剌模忒堡进军。阿剌模忒堡地势险峻，凿岩为壕，引水为池，易守难攻，然而，在蒙古人的强攻之下，守城将领投降。1256 年 12 月 20 日，蒙古军入阿剌模忒堡抢掠，焚烧房屋。立国 172 年（1084—1256）的木剌夷国灭亡了，它的恐怖活动曾对呼罗珊境内的文明和秩序造成极大的破坏。

1257 年 9 月，旭烈兀向阿拔斯哈里发王朝发起进攻。阿拔斯哈里发是伊斯兰教逊尼派的精神领袖和伊剌克阿拉比境内一小块世俗领地的君主。哈里发穆斯台耳绥姆（1242—1258 年在位）在旭烈兀使者前来劝降之时，拒绝投降，他的回信激起旭烈兀的愤怒。旭烈兀对哈里发的使者说："汝主既不降附，往告其备战可也。"

1257 年 11 月，拜住的军队经毛夕里之路，从底格里斯河西岸逼近报达；旭烈兀率领中央军，自哈马丹出发；怯的不花的军队占领了罗耳的大部分地区。1258 年初，三军合围，向报达发动总攻。蒙古军用炮石攻打报达城，城门被炮火击毁，报达城陷落，哈里发穆斯台耳绥姆投降，被旭烈兀处死，阿拔斯王朝灭亡。蒙古人在城内大掠七天。8 月，旭烈兀北上篾剌合（今伊朗马拉盖），以桃里寺和篾剌合为都城建立了自己的政权。

蒙古军攻占报达城的消息使叙利亚举国震惊。1259 年 9 月，旭烈兀兵分三路，进军叙利亚，先后攻占美索不达米亚北部诸城，渡过幼发拉底河，进军阿勒颇。1260 年 1 月，旭烈兀攻克阿勒颇城，哈马特城（今叙利亚哈马）守将弃城而逃。3 月 1 日，怯的不花率一支蒙古军进驻大马士革外城，3 月 21 日夜开始炮攻内城，4 月 6 日攻克内城，大马士革沦陷。正值此时，在阿勒颇城的旭烈兀获悉蒙哥大汗去世的消息，他让大将怯的不花率领两万蒙古军继续征服叙利亚城市，自己率军东归。

为了阻止蒙古军，埃及马木路克王朝素丹出兵叙利亚，在艾因贾卢特（'Ain Jalud）的一个山谷中与蒙古军交战，蒙古军大败，怯的不花战死。马木路克军乘胜夺取了叙利亚诸城，杀死了各城的蒙古官员，占领了幼发拉底河以西地区，蒙古势力被驱逐出叙利亚。马木路克军的胜利遏制了蒙古人向埃及和非洲的扩张。

蒙哥死后，蒙古国内爆发了忽必烈与阿里不哥的争位之战，统一的蒙古帝国分裂，旭烈兀在蒙古帝国内乱期间保持了中立。为了获得旭烈兀的支持，忽必烈降旨将阿姆河以西直至密昔儿（埃及）边境的土地和大食军民划归旭烈兀统治。1264 年，阿里不哥投降，忽必烈正式册封旭烈兀为统治阿姆河直至叙利亚和密昔儿之间疆土之王，确立了蒙古人对西亚的统治。旭烈兀在其统治区内自称“伊利汗”（Il-qan），il 在突厥语中意为臣属或服从，此称号表明了他承认自己是蒙古大汗的属臣，因此，他建立的政权被称为伊利汗国（1264—1335）。[①] 伊利汗国的疆域，东起阿姆河和印度河，西至小亚细亚半岛，北达高加索山，南至波斯湾。阿富汗斯坦西部的赫拉特王国和小亚细亚的罗姆素丹国在名义上都是伊利汗的属国。伊利汗国初期以篾剌合为都，阿八哈统治时期（1265—1282），迁都桃里寺。

蒙古人西征波斯，给当地的经济和文化造成了巨大破坏，但是，蒙古人将波斯之地纳入疆域辽阔的蒙古帝国，促进了东、西方经济和文化的交流。一些精通中国医学和天文历数的学者随旭烈兀来到波斯，他们将中国医艺传入波斯，不少中国医生在伊利汗宫廷服务。在波斯著名天文学家纳速剌丁·徒思编纂《伊利汗天文表》之时，曾向中国天文学家屠密迟请教中国的天文推步之术。

---

① 伊利汗世系：旭烈兀（1264—1265）、阿八哈（1265—1282）、阿合马（1282—1284）、阿鲁浑（1284—1291）、乞合都（1291—1295）、伯都（1295）、合赞（1295—1304）、完者都（1304—1316）、不赛因（1317—1335）。

第二节　西征与钦察汗国的建立

1220年5月，成吉思汗派速不台和哲别率三万蒙古军追击花剌子模沙摩诃末，成吉思汗下令说："朕命你们去追赶花剌子模沙算端，直到将他们追上为止。如果他带领军队来攻打你们，你们无力抵抗，可马上（向我）报告；如果他力量不大，可（与他）对敌！因为我们不断接到消息说，他怯弱、害怕、心惊胆战，他一定敌不过（你们）。……归顺者可予奖励，发给（保护）文书，（为他们指派）长官；流露出不屈服和反抗情绪者一律消灭掉！按照（我的）命令，你们可在三年内结束战事，通过钦察草原回到我们的老家蒙古斯坦来。"①

接受任务之后，哲别、速不台之蒙古军一路穷追至报达城。摩诃末死后，哲别和速不台率领的蒙古军对波斯西北、高加索和斡罗思南部及里海周围地区进行了大规模的扫荡。

1221年，蒙古军在向导的带引下，越过高加索山，与阿兰、钦察、斡罗思、不里阿耳等部民发生冲突。高加索山以北居住着阿兰人（Alans / Ases，或阿速人），他们是一支伊朗语族部落，信奉基督教。阿兰人与黑海、里海北岸草原的钦察人联合起来抵抗蒙古人。蒙古军在对付不了这些人的情况下，遣使去钦察人中进行离间活动。钦察人属突厥语族，穆斯林作家称他们为钦察人，匈牙利和拜占庭人称他们为库蛮人，俄国人称他们为波洛伏齐人。钦察人主要信奉伊斯兰教，也有一部分信奉基督教。他们分布在今黑海、高加索、里海之北，占据范围很广，从札牙黑河（乌拉尔河）向西，一直到顿河流域的草原都属于他们，这片草原因此也被称为钦察草原。

蒙古使者对钦察人说："你我系同族，而阿兰人为异类，我们双

① 〔波斯〕拉施特:《史集》第1卷第2分册，第287—288页。

方应缔约媾和，不相侵害。你等所需金帛我可予之，然你等应弃彼（阿兰人）从我也。”[1]他们给钦察人送去了大量的财物，于是，钦察人率兵退出战斗。蒙古军打败了阿兰人以后，袭击并大肆屠杀了毫无戒备的钦察人，夺回他们以前所送的财物。一部分钦察人逃往拜占庭帝国避难，而大多数人逃到斡罗思境内。蒙古军在钦察草原度过了 1222 年冬天。

逃到斡罗思的钦察汗忽滩把女儿嫁给了加利奇的斡罗思王公密赤思腊，忽滩怂恿女婿与其他斡罗思王公联合，共同组建反蒙古人的联军。密赤思腊与乞瓦（基铺）、切尔尼戈夫、斯摩棱斯克、弗拉基米尔等地王公集结了 8 万军队，向涅培儿河（第聂伯河）进军，准备与蒙古军决战。蒙古军派使者议和，联军拒绝，杀了使者。哲别与速不台佯作退兵，一连 12 天，斡罗思与钦察联军进行追击，疲惫倦怠。联军兵力虽多，却不统一，各自为政。1223 年 5 月 31 日，联军在迦勒迦河被蒙古军打败。[2]经此失败，联军溃逃，有 6 个王公被杀，这就是历史上有名的迦勒迦河战役。

此役之后，蒙古军在斡罗思南部烧杀抢掠，夺取了黑海港口苏达克。苏达克港由热那亚国所建，热那亚国在此与西欧诸国进行贸易，苏达克港的失陷引起了欧洲的震惊。此后，蒙古军北上，经南斡罗思草原，到达基辅公国旧都诺夫哥罗德，居民高举十字架，出城投降。蒙古军没有在斡罗思久留，1223 年底，他们向伏尔加河（亦的勒河）东进，闯入在卡马河流域的不里阿耳人（保加尔人）的牧地。在东归途中，神箭手哲别于 1224 年病逝。蒙古军渡过伏尔加河和乌拉尔河，征服了在乌拉尔河以东、咸海以北游牧的突厥康里人。1225 年初，速不台军在阿尔泰山原乃蛮境内与西征回国的成吉思汗大军会合。

在这次扫荡中，蒙古人了解到钦察草原和南斡罗思居民的很多

---

① 韩儒林主编：《元朝史》（上），人民出版社 1986 年版，第 154 页。

② 迦勒迦河位于今乌克兰日丹诺夫市北部，是一条近海的小河，在马里乌波尔附近流入亚速海。

情况，为后来的长子西征提供了宝贵的经验。

1235 年，窝阔台大汗在哈剌和林召开忽里勒台，讨论征服钦察草原、斡罗思等国事宜。会上决定西征，西征军由各系宗王的长子为主组建，因此，这次军事行动被称为“长子西征”。西征军统帅是朮赤次子拔都，副帅是曾经远征过这些地区的老将速不台。参加西征的宗王有：朮赤长子斡儿答、三子别儿哥、五子昔班和六子唐兀惕；察合台六子拜答儿和察合台孙不里（察合台子木阿秃干长子）；窝阔台长子贵由、六子合丹；拖雷长子蒙哥。来自各兀鲁思的兵士共有 15 万人。

1236 年，西征大军在不里阿耳人牧地附近集结，决定先攻打不里阿耳人的居地，扫清前往斡罗思诸公国的道路。同年秋，速不台攻下不里阿耳城，毁城之后，蒙古军顺伏尔加河南下攻钦察草原。

当时，乌拉尔河与伏尔加河之间牧地分属于钦察两个部落。以忽鲁速蛮为首的部落主要在玉里伯里山（今俄罗斯与哈萨克斯坦交界的奥布希高地西南端）附近放牧，在得知蒙古人来攻的消息之后，他们派使者前来投降，以后，忽鲁速蛮之子班都察率众前来归附。在伏尔加河下游右岸的部落首领名叫八赤蛮，他们对蒙古军的入侵进行了顽强抵抗。在遭到失败之后，一部分钦察人向西逃到伏尔加河西岸的森林之中；而追随八赤蛮的钦察人，居无定所，在 1237 年春不时地袭击蒙古军队。最终，蒙哥率领的蒙古军在里海的一个岛上抓住并腰斩了八赤蛮。钦察草原被征服以后，高加索山以北的契尔克斯人等部民归顺了蒙古人。

蒙古军的下一个目标是斡罗思诸公国，为此，西征诸王召开了一次会议。斡罗思诸公国所处的东欧平原虽然地势平坦，但河流纵横交错，如果冬季河水结冰，道路可以畅通无阻。于是，蒙古人在 1237 年秋才开始向东北斡罗思诸公国进军。1237 年 12 月，蒙古军抵达梁赞城，围攻七天之后城陷，蒙古人放火烧城。接着，蒙古军向西北攻占了科洛姆纳城，再北上攻弗拉基米尔大公国的莫斯科城。

1238 年初，蒙古军抵达莫斯科城。当时莫斯科城所占领的地盘仅数百平方公里，由于它位于森林深处，可以躲避蒙古人的侵扰，所以很多斡罗思人聚集于此，躲避战乱。据志费尼记载，蒙古军打到莫斯科时，它的居民多如蚂蚁和蝗虫，而它的四周，茂林密布，以致连一条蛇都不能穿过。蒙古军到达后，首先从四面八方修筑了足够三四辆大车并排而行的道路，然后架起射石机，仅用五天时间就攻陷了莫斯科城，并杀死了该城的王公弗拉基米尔。①

1238 年 2 月，蒙古军从莫斯科向东北方向进军，围攻弗拉基米尔大公国的都城弗拉基米尔。大公尤里二世令他的两个儿子坚守都城，他自己去雅斡罗思拉夫尔城调集兵马增援。蒙古军围攻六天后破城，尤里二世的两个儿子战死。接着，蒙古军主力由万夫长孛栾台率领攻陷了苏兹达尔、斡罗思托夫、雅斡罗思拉夫尔、乌格利奇等城。尤里二世退到昔迪河畔布阵迎敌，1238 年 3 月 4 日，孛栾台率军与斡罗思军在昔迪河地区激战，尤里二世被射死，斡罗思全军覆没。

1238 年 4 月，蒙古军向西北的诺夫哥罗德进发，由于该公国周围是沼泽地，泥泞难行，蒙古军放弃北上，诺夫哥罗德公国得以幸免。蒙古军转向东南返回顿河流域休整。在南下时，他们沿途又占领了斯摩棱斯克和契尔尼戈夫公国。1238 年夏，蒙古军在顿河下游的草原上休养兵马。

蒙古军的下一个目标是夺取乞瓦城。为此，蒙古军首先扫清南斡罗思外围。1238 年秋至 1240 年冬，蒙古军先后扫荡了高加索北部、西北部以及黑海北部地区各部族，在此过程中，征服了薛儿克思人、阿兰人和钦察人一部。1238 年 11 月，拔都率军南下攻打高加索山西北部的阿兰人都城蔑怯思，三个月后（1239 年 1 月），蔑怯思被攻破，阿兰人首领杭忽思率部归降蒙古。昔班、不里、不者克率军掠夺了克里米亚半岛。别儿哥率军攻打在黑海北部地区钦察人，该地区的钦察部首领忽滩汗率 4 万人逃入匈牙利，1239 年春，南斡

① 〔伊朗〕志费尼:《世界征服者史》（上），第 297 页。

罗思周围地区被征服。

在节节胜利之时，蒙古各宗王之间发生了矛盾，1239 年秋，贵由、蒙哥等人接到窝阔台大汗召回的命令。1240 年春，蒙古军继续扫清攻乞瓦城的障碍，攻入南斡罗思佩累雅斯拉夫尔公国，占领了别列阿思拉瓦、格鲁霍夫两城。在攻契尔尼果瓦城时，蒙古军遭到了顽强的抵抗，损失惨重。至此，乞瓦城周边地区和城市都已经被蒙古人占领，蒙古军东撤到顿河流域休整和避暑。

1240 年秋，蒙古军从顿河流域直趋乞瓦。攻城之前，蒙古军派人诱降，乞瓦守城长官狄米脱里杀使者，拒绝投降。1240 年冬，第聂伯河结冰之后，蒙古军从冰上过河，进攻河西岸的乞瓦城。乞瓦军民死守，蒙古军于 12 月 6 日破城，经过激烈的巷战，城市陷落，兵民被屠杀。

在蒙古人攻南斡罗思的时候，钦察首领忽滩及南斡罗思诸国的许多显贵逃到匈牙利避难。攻陷乞瓦城以后，蒙古军在追捕逃亡者的借口之下，入侵匈牙利。1241 年 2 月，蒙古军进至克拉科夫附近，大肆掠夺。1241 年 4 月 9 日，两军在里格尼志城附近决战，波兰军大败，亨利二世被杀。据记载，蒙古军杀死一名波兰士兵，便割掉一只耳朵，割下来的耳朵竟能装满九个大口袋。这就是有名的里格尼志战役。

1241 年下半年，蒙古军在佩斯城附近休养兵马。1241 年 12 月 11 日，窝阔台大汗去世，拔都率军东归，长子西征结束了。“这无疑拯救了欧洲，使它摆脱了自阿提拉以来所面临的最大危险。”① 1242 年春，拔都从匈牙利东返，于 1243 年初来到伏尔加河下游，准备前往蒙古帝国统治中心哈剌和林。但由于西征期间他与窝阔台之子贵由发生过矛盾，在贵由控制了哈剌和林的情况下，拔都在伏尔加河畔停了下来，不再东进。

长子西征最远抵达多瑙河，逼近维也纳。蒙古西征斡罗思是继

---

① 〔法〕勒内·格鲁塞：《草原帝国》，蓝琪译，商务印书馆 1998 年版，第 341 页。

匈奴入侵欧洲800年以后，东方游牧民的铁骑再次踏入西方，欧洲人把长子西征看成是一场“黄祸”。在西征过程中，伏尔加河至多瑙河之间地区遭到蒙古军的践踏，被征服各国的人民遭到杀戮，广大地区的经济、文化遭到了巨大破坏，这是应当受到谴责的。然而，西征结束以后，斡罗思和钦察草原被统一在钦察汗国的蒙古政权之下，在此范围内的诸民族有了频繁的接触和了解；蒙古人建立起从东亚到东欧的陆上交通，东、西方之间的交往变得比以前更加方便，可以骑马从布达佩斯直接前往元大都。交通的畅通有利于欧亚经济、文化、宗教的交流。

长子西征以后，朮赤系兀鲁思的地盘扩大了，其疆域东起也儿的石河，西至亚得里亚海沿岸，南到高加索和花剌子模，北到北极圈。1243年，拔都在伏尔加河下游东岸修建拔都萨莱城（Saray-Batu，今阿斯特拉罕），朮赤兀鲁思的统治中心从额尔齐斯河向西移到了伏尔加河下游流域，朮赤系蒙古人以拔都萨莱为都建立了钦察汗国。

长子西征的胜利奠定了拔都在蒙古帝国中的地位，为他日后干预大汗位的继承，扩大朮赤兀鲁思奠定了基础。朮赤兀鲁思的统治中心西移以后，拔都将中亚北部草原分封给他的长兄和五弟，形成了白帐和蓝帐汗国，这两个汗国与钦察汗国保持着臣属关系。

第三节　南征与元朝的建立

蒙古人在统一之前长期受到金国女真统治者的残暴统治，迫切希望摆脱金国的统治。统一以后，成吉思汗攻占了金国的部分土地，然而，由于称雄一方的金国物产丰富、文化发达、军力雄厚，筑有3000里界壕，与金之战在相当长的时间内处于相峙状态。于是，成吉思汗决定先攻西夏，除掉后顾之忧。蒙古人在1205—1227年的22年间发动了五次攻打西夏的战争。

西夏是中国古代民族唐古特人在甘肃、阿拉善和鄂尔多斯建立的政权，国号“大夏”，《宋史》称之为“夏国”；因地处辽金之西，又称“西夏”。西夏国土“东距黄河，西至玉门，南临萧关，北抵大漠”，方二万余里，都城兴庆城（今宁夏银川）。成吉思汗击败乃蛮部的第二年，即 1205 年，蒙古骑兵就浩浩荡荡地向南袭来，像洪水一样相继吞并了西夏力吉里寨、在落思城和乞邻古撒城（今地不详），掳掠了大量人口、牲畜。成吉思汗对西夏边境发动的这次掠夺性进攻拉开了大蒙古国进攻西夏的序幕。

建国后的第二年（1207），蒙古军第二次攻西夏。西夏军势尚盛，蒙古军不敢骤进，屯兵五月，因粮饷匮乏，于次年 2 月撤军。1209 年 3 月，成吉思汗打算攻金，担心西夏袭其后，为免遭腹背受敌，率军先出黑水城（今内蒙古狼山山脉西北喀喇木伦之滨），对西夏发动了第三次进攻。蒙古军袭击了西夏边防关口斡罗孩城（今内蒙古乌拉特中后旗西境）。西夏襄宗安全以太子承祯为主帅、大都督府令公高逸为副帅，率五万军队抵抗，蒙古军集中兵力猛攻，西夏军大败，高逸被俘，不屈而死。斡罗孩城守将投降，蒙古军长驱直入，进围西夏都城，西夏襄宗被迫求和，答应缴纳年贡，把女儿嫁给成吉思汗。①

此后，成吉思汗转而攻金。不过，在成吉思汗和木华黎时期，攻金之战的重点是歼灭金军的有生力量，灭金的实质性战争是在窝阔台时期才开始的。

金国是今满族先民女真人于 1115 年在中国北方建立的政权，因此，金国又称女真国。金国疆域包括满洲及汉水、淮水以北地区。成吉思汗与金的战争发生在 1211—1217 年间，主要进行了野狐岭之战、怀来之战和中都之战三次战役。

西夏臣服之后，1210 年，成吉思汗断绝了对金的年贡，正式脱离金朝。1211 年 2 月，成吉思汗在怯绿连河誓师，亲率大军南下，

---

① 〔法〕雷纳·格鲁塞:《蒙古帝国史》，龚钺译，翁独健校，商务印书馆 1989 年版，第 177 页。

发动了大规模的攻金之战。以哲别为先锋的蒙古军袭击了金军要隘，蒙古主力军由金国西北路边墙突入，破乌沙堡、乌月营。金大将完颜承裕主持抵抗，由于畏敌，战争一起，他的军队就从抚州（今河北张北）退到宣平（今张家口西南），尽失昌州（今内蒙古太仆寺旗九连城）、桓州（今内蒙古正蓝旗北）、抚州。30 万金军退守野狐岭（今河北万全膳房堡北），双方在此进行了激战，在成吉思汗军队的猛攻下，金军大败，“死者蔽野塞川”，“金人精锐尽没于此”，这就是著名的野狐岭之战。此战是蒙金战争的重大转折点，在战争中，蒙古主帅临危不乱、指挥若定，将士视死如归、敢拼敢杀，以少击众，消灭了金军主力，金国受到重创。

1213 年秋，成吉思汗率蒙古军从阴山南下，一直打到怀来，与金朝尚书左丞完颜纲率领的 10 万军队展开激战，金军大败。怀来之战，金兵精锐溃散，损失严重。接着，成吉思汗兵分三路攻掠中原腹地。1214 年，成吉思汗集兵中都（今北京）城下，在一时难以克城的情况下，遣使逼和。金朝奉献金帛和马匹，成吉思汗退兵居庸关。中都之围一解，金宣宗立即（于 1214 年 5 月）迁都南京（今河南开封）。成吉思汗闻讯之后，回师攻占了中都。与此同时，蒙古将领木华黎率部攻打辽西和辽东地区，攻占了金东京（今辽宁辽阳）和北京（今内蒙古宁城县西），金朝实力遭到进一步削弱。

1217 年 8 月，成吉思汗封木华黎为太师、国王，指挥攻金战争，自己率主力返回蒙古草原，准备西征。木华黎在攻金期间（1217—1223），遵照成吉思汗“招集豪杰，勘定未下城邑”的旨意，广泛招纳各地官僚、土豪，利用他们去扩大占领区；与此同时，金朝也采取笼络土豪的政策，凡能拒守或收复失地者即授为当地长官，其中，有九人被封为“公”。因此，这一时期黄河以北的蒙金战争表现为双方土豪武装之间的争城夺地，形成拉锯的局面。争夺的地区主要是山西太原和平阳、陕西凤翔和京兆（今西安）等地。1223 年春，木华黎带兵 10 万准备先攻凤翔府，再取京兆。金朝左监军赤盏合喜坚守府城，完颜仲元出城力战，给蒙古军以沉重打击。木华黎攻势受挫，于1223年2月撤兵；3月，木华黎在山西闻喜县病死。直到成吉思汗去世之时，攻金之战一直没有实质性的进展。

蒙古军于1219年西征花剌子模帝国之时，曾向属国西夏征兵，西夏拒绝出兵。1223年，西夏神宗遵顼传位于次子德旺。德旺继位以后，一改其父附蒙攻金的国策，决心联金抗蒙。于是，蒙夏之战再起。成吉思汗在西征中亚回师途中，于1224年5月第四次攻西夏，首先攻沙州（今甘肃敦煌）。在久攻不克的情况下，蒙古军乘夜挖掘地道，想通过地道攻入沙州城。此举被西夏守将发现，西夏军向地道放火，许多蒙古兵在地道中窒息而死，于是，成吉思汗罢兵，返回蒙古草原。1227年，成吉思汗对西夏发起了第五次攻击，这次攻击使内忧外患的西夏王朝遭到致命打击，西夏灭亡。同年7月，成吉思汗在军中病死。两年之后，窝阔台继任蒙古帝国汗位。

窝阔台把灭金作为自己的首要目标，在即位当年，就开始了灭亡金国的战争。成吉思汗去世之前，蒙古已占领了黄河以北大部分地区，金朝固守黄河一线。成吉思汗临终前，定下了灭金的包抄战略：利用宋金世仇，借道宋境，联宋灭金。窝阔台和拖雷遵此遗策，先攻陕西凤翔。1231年春，蒙古军攻下凤翔，直指汴京（今河南开封）；1232年正月，蒙古军围攻汴京，金朝军民进行了汴京保卫战，打退蒙古军的进攻。然而，面对蒙古军的威胁，金哀宗统治集团不是坚持抵抗，而是逃往蔡州，汴京、中京（今河南洛阳）相继陷落。1233年，蒙古与南宋达成联兵灭金的协定，孟珙率领宋军两万人，运粮饷30万石至蔡州，协助蒙古军攻蔡州。蔡州被困三月，弹尽粮绝，于1234年春被宋蒙联军攻陷，金哀宗自杀，金国灭亡。

金国灭亡以后，蒙古人的下一步目标是南宋。早在成吉思汗进兵金国之时，蒙古帝国与南宋就有了交往。1220年，蒙古使臣来宋，次年，南宋遣使报聘。窝阔台灭金之时，其弟拖雷曾于1231年率军强行假道宋汉中地，又抄掠四川北部诸州县。其后，蒙宋双方使节往返，达成联合灭金的协议。灭金以后，蒙宋双方相约以陈州、蔡州划界分治。1234年6月，南宋朝廷趁蒙古大军北归之机，企图收复河南地，草率出兵占领了汴京、洛阳等城，结果遭到蒙古军的反击，大败而归，蒙宋从盟友走向敌对。

1235 年，即蒙古人灭金之后的第二年，窝阔台以皇子阔出、阔端统蒙古军队攻入宋境。阔出汉将万户张柔、史天泽率领东路军，取唐、邓、均三州（三州守臣皆金降将，蒙古军至，即叛宋降蒙），攻破枣阳、光化，掠襄樊、郢州等地。1236 年，又攻掠光、随、郢、复、德安、荆门等州军，镇守襄阳的宋军内部发生内讧，一部分人投降，襄阳失陷。蒙古军进攻江陵，被宋军击退。1237 年，张柔率军入淮西，破光、蕲等州，攻黄州、安丰均不克，损兵折将而归。于是，蒙古人遣使入宋，索要岁币银绢。1238 年秋，察罕率蒙、汉诸军猛攻庐州（合肥），遭到宋军的英勇抗击，损失将卒、兵械无数，退兵。南宋收复京西、湖北诸州。在东线，探马赤军元帅阿朮鲁攻取金亡后南宋收复的归德府及淮河以北诸州县。这样，宋、蒙东部边界基本上回复到原来的宋金旧界——淮河一线，蒙古军与南宋对峙 40 余年。

1260 年，成吉思汗之孙忽必烈在开平府（即后来的元上都，遗址位于锡林浩特市南面的正蓝旗）自立为汗。1267 年，忽必烈开始建筑元大都（今北京）。1271 年，忽必烈将都城从上都迁到大都，以大都为首都建立了元朝（1271—1368）。1276 年，蒙古军攻占南宋都城临安（今杭州），俘 5 岁的南宋皇帝恭宗，南宋残余势力陆秀夫、文天祥等人先后拥立了两位小皇帝（端宗、幼主），成立南宋小朝廷。元军对南宋这股残余势力穷追不舍，陆秀夫在崖山海战中失败，走投无路，于 1279 年 3 月 19 日背负 8 岁的小皇帝跳海，南宋灭亡。

统一全国以后，忽必烈在中央设中书省，作为全国最高的行政机构，管理全国的行政事务；在地方设行中书省，由中央派官吏管理。行省制度是继秦朝郡县制之后，我国政治制度上的又一次重大变革。行省制度的实施巩固了国家的统一，对后世也产生了巨大影响，从此，行省成为我国的地方行政机构，一直沿用至今。

元朝是我国历史上第一个由少数民族建立的统一的封建王朝，它的建立结束了中国自晚唐以来长达四五百年的分裂割据局面。元朝的统一和行省制度的施行，使各族人民统一在一个中央政府的管辖之下，便于民族之间的友好相处和交流，有利于民族融合和经济发展。元朝的经济以农业经济为主，在生产技术、垦田面积、粮食产量、水利兴修等方面都超过了前代。元朝时期，中国成为当时世界上最为繁荣昌盛的国家，元朝与世界其他地区的交流也达到了前所未有的程度。

第四章

西道兀鲁思

成吉思汗征服中亚以后，将中亚草原地区分封给他的儿子们。成吉思汗的分封在蒙古帝国西部形成了三大封地（兀鲁思），即察合台兀鲁思、窝阔台兀鲁思和朮赤兀鲁思，史称西道兀鲁思。西道兀鲁思由蒙古宗王直接统治，宗王家族依靠武力维持着自己的统治。13 世纪 60 年代中期以前，西道兀鲁思与蒙古帝国保持着严格的藩属关系，此后，钦察汗国、察合台和窝阔台兀鲁思均从蒙古帝国中分裂出去，形成了独立的汗国；西道兀鲁思之间的关系错综复杂，围绕着争夺蒙古帝国大汗位的斗争，西道兀鲁思宗王之间成为对立的集团。

第一节　察合台兀鲁思

成吉思汗在第一次分封之时，分给察合台八个千户，其中，包括了巴鲁剌思部（Baroulés）贵族哈剌察儿（Qarachar）的千户和弘吉剌部木哥（Muge）那颜的千户。征服中亚地区以后，成吉思汗将中亚的大部分地区分封给次子察合台。察合台兀鲁思东起高昌回鹘国，西达阿姆河岸，南越兴都库什山与北印度相邻，北到巴尔喀什湖以南地区。其中，伊犁河、楚河和塔剌思河流域成为察合台兀鲁思的统治中心，而河中地区的重要城市直接归属蒙古帝国中央。直到塔剌思会议之前，察合台兀鲁思与蒙古帝国保持着严格的藩属关系。在此期间（1225—1269），察合台兀鲁思经历了六位宗王（察合台、哈剌旭烈兀、也速蒙哥、阿鲁忽、木八剌沙、八剌）的统治和两位哈敦（也速伦哈敦、兀鲁忽乃）的监国。[①]

察合台是成吉思汗次子，性格刚强，作战勇猛，史书赞誉道："勇猛和强大的汗，严厉而凛烈。"[②] 在大蒙古国时期，察合台"掌札撒和法律，既管它的实施，又管对那些犯法者的惩处"[③]。他执法严格，不徇私情，忠实地维护了札撒的权威性。在蒙古征服中亚的过程中，察合台参加了攻讹答剌和玉龙杰赤城的战役。在成吉思汗最后一次出征西夏国期间，察合台留在怯绿连河畔驻守蒙古帝国大帐，管辖大帐后方的军队。

成吉思汗生前立窝阔台为大汗继承人，他担心察合台篡位，在临终之前曾对窝阔台和拖雷说："从今以后，你们不可更改我的命令。察合台不在这里，如果他在我死后，违背我的话，在国内引起纷争，那可真不得了。"[④] 然而，成吉思汗的担心没有成为现实，非但如此，而且正是察合台的支持，窝阔台才得以顺利继位。1227年，成吉思汗的灵柩回到大帐，举行完葬礼之后，察合台回到了自己的封地。

1229年，窝阔台继位。由于长兄朮赤先其父而亡，所以，作为宗王之长的察合台在王位继承和蒙古帝国的统一与稳定中起到了关键作用。他在耶律楚材的劝说下，率先向窝阔台行叩拜之礼，承认了窝阔台的大汗地位。从此，叩拜之礼成为兀鲁思宗王承认蒙古大

---

① "察合台兀鲁思统治者世系表"见附录一。

② 〔伊朗〕志费尼：《世界征服者史》（上），第301页。

③ 同上书，第41页。

④ 〔波斯〕拉施特：《史集》第1卷第2分册，第319页。

汗至高地位的标志。由于拥立有功，窝阔台尊察合台为皇兄，赐予正式封号并铸有印信。此印保存在帝国中央政府内，一百年以后，1329年，元政府“送太宗皇帝旧铸皇兄之宝于其后嗣燕只哥台”[①]。1241年，窝阔台去世，帝位空缺，长子贵由西征未归，察合台以成吉思汗唯一在世之子的身份，提出让窝阔台妻脱列哥那摄政，再次稳定了蒙古帝国的局势。窝阔台在位期间，察合台一直待在自己的兀鲁思内，直到1242年去世。

在察合台兀鲁思内，既有富庶的农业区，又有水草丰美的牧场。初到中亚地区的大多数察合台人仍然以游牧畜牧经济为生，对城市生活不感兴趣。“与其余几个兀鲁思的亲属们相比，他们在更长时期内完全不懂都市生活，对它的需求和用途缺乏任何了解。因此，八剌汗（Baraq Khan）单纯是为了得到维持一支军队的基金，就毫不犹豫地下令掠夺不花剌和撒麻耳干城——这些已是他自己的城市！”[②]近代史家认为“察合台人代表了蒙古文化的落后方面”[③]。

察合台的斡耳朵设在阿力麻里城附近，阿力麻里在突厥语中意为“苹果”。在13世纪，阿力麻里城十分繁荣，城池周长约25公里，城内“市井皆流水交贯，多林檎园（苹果园）”。阿力麻里城南濒伊犁河，察合台统治者们的冬、夏营地都在伊犁河流域，冬营地在马拉什克亦拉，夏营地在阿力麻里附近的虎牙思。

察合台宗王们的统治可能与蒙古帝国一样，将兀鲁思进行再分封，行政组织也是以千户为单位。据志费尼记载：“自从各国、各族由他们统治以来，他们依照自己习惯的方式，建立户口制度，把每人都编入十户、百户和千户；并要求兵役和驿站设备，以及由此而来的费用及刍秣供应——这还不包括普通的赋税；除此之外，他们还征索忽卜绰儿税。”[④]千户制是13世纪初成吉思汗首创的编组游牧

---

① （明）宋濂：《元史》，第3352页。

② 〔法〕勒内·格鲁塞：《草原帝国》，第415页。

③ 同上。

④ 〔伊朗〕志费尼：《世界征服者史》（上），第32页。

民的一种统治制度，志费尼在上文中所述的编户应是牧民。在蒙古帝国统治初期，察合台兀鲁思的经济主要依靠牧民上缴的税——忽卜绰儿，其中包括了中亚的突厥族牧民。忽卜绰儿税的数额在窝阔台时期和蒙哥时期大致相同，即每100头马、牛、羊应各纳牝马、㹀牛、羖羊一头。[①]

在察合台兀鲁思内，最高统治者是兀鲁思汗。第一任兀鲁思汗察合台（1225—1242年在位）是一位因循守旧的宗王，他始终忠实地履行其父委任他执掌札撒的职责，凡事以札撒为准，当蒙古札撒与伊斯兰教教规相违背之时，如札撒禁止用断喉之法屠宰食用牲畜等，察合台仍然执行札撒的规定。他的严刑峻法导致中亚穆斯林的普遍不满，他们认为察合台是"一个专横的人，残忍且凶暴无礼，又是一个干坏事的人"[②]。在他统治时期，中亚多次爆发反蒙起义，其中，规模最大的是在不花剌爆发的1238年起义。在此期间，除了管理兀鲁思内务外，他曾经向钦察草原和北印度扩张，但察合台蒙古人的扩张没有多大进展。

除了兀鲁思汗外，兀鲁思中还有处理政务的辅弼。察合台时期，辅佐察合台的有维即儿和哈巴失阿米忒。维即儿是汉人，原是察合台身边一个汉人医生的侍者，因背诵必里克和明哲的格言深得察合台的欣赏，成为察合台的近臣，地位在大部分异密之上，对察合台有很大的影响。他个子很矮，其貌不扬，舌锋锐利，随机应变，对答对流，并敢于发表自己的意见。有一次，察合台的妻子对某事插话，他当即制止说："你是哈敦，你不宜对这件事讲话。"[③]维即儿对自己的处境有清醒的认识，他不止一次地对察合台说："为了你，我没有让任何人作我的朋友。在你之后，没有人会宽恕我。"察合台死后，他果然遭到杀身之祸。

哈巴失阿米忒出生于讹答剌，从成吉思汗时代就跟随察合台，

① （明）宋濂：《元史》，第29页。
② 刘迎胜：《察合台汗国史研究》，第74页。
③ 〔波斯〕拉施特：《史集》第2卷，第186页。

受到重用，虽历经沉浮，但总的来说，对管理察合台兀鲁思做出了贡献。哈巴失阿米忒是察合台的必阇赤（掌管文书的官员），一直掌握着兀鲁思的财政大权，他的势力在察合台兀鲁思中无人可比，他安排其子到察合台诸子中做侍卫。察合台死后，他辅佐也速伦哈敦，并支持哈剌旭烈兀（Qara Hülegü）继位。在也速蒙哥任兀鲁思汗期间，哈巴失阿米忒被免职。在他被免职期间，察合台兀鲁思的财政每况愈下，因此，在兀鲁忽乃（Aurgneh）摄政时期，他又官复原职。

察合台兀鲁思汗还有为蒙古帝国镇守西部边关的任务。在战争时期，大汗有权征召察合台兀鲁思的军队出征。察合台兀鲁思的军队由巴鲁剌思部贵族哈剌察儿统帅，他曾出兵镇压不花剌起义。14世纪的帖木儿帝国创始人帖木儿就是哈剌察儿的后代。

1242年，察合台病故。根据他的遗愿，察合台之孙哈剌旭烈兀继承了汗位（1242—1246）。哈剌旭烈兀是察合台长子木阿秃干的第四子。木阿秃干曾深得成吉思汗的喜爱，1221年，他在围攻范延城（巴米延）时阵亡，以后，成吉思汗和察合台都希望他的儿子哈剌旭烈兀成为察合台兀鲁思汗。据蒙古帝国的定制，各兀鲁思汗位的继承必须由大汗决定，而且必须得到蒙古大汗的正式册封。哈剌旭烈兀即位之时，大汗窝阔台已经去世，摄政者脱列哥那哈敦是否对他进行了册封，史书未见记载。但由于成吉思汗生前已经表达过立哈剌旭烈兀为察合台兀鲁思汗的意思，因此，哈剌旭烈兀的继位是顺利的。他的统治是在也速伦哈敦的监护下进行的，辅佐他的有原察合台旧臣哈巴失阿米忒。

察合台汗在去世之前，将喀什噶尔、叶尔羌、于阗、阿克苏等塔里木盆地南缘赐给了蒙古杜格拉特家族，此后，杜格拉特家族一直统治着以上地区。在哈剌旭烈兀统治期间，察合台兀鲁思汗管辖的地区只局限于锡尔河以北草原和阿姆河以东的河中地区。

贵由即位蒙古大汗（1246）以后，开始操纵察合台兀鲁思内政。贵由汗与察合台的第五子也速蒙哥私交甚笃，于是，他在“舍子传孙为非”的借口下，废哈剌旭烈兀，立也速蒙哥为察合台兀鲁思汗（1246—1252）。然而，也速蒙哥是一位酒徒，几乎每天都处于醉酒状态，头脑清醒的时候很少。他的统治权由其皇后乃失掌握，据史书记载：“乃失威信很高，握有大权。她的丈夫经常喝酒，她就代行他的职权。”[①] 辅佐乃失的是大臣巴哈丁·马儿吉纳尼（Bahā'al-Dīn Marghīnānī）。

巴哈丁·马儿吉纳尼（俗称火者·巴海乌丁）是伊斯兰宗教首领，其父是拔汗那伊斯兰教教长，其母的出身与曾在喀什噶尔实施统治的喀喇汗王朝统治家族有关系。由于出身高贵，才识卓越，被察合台辅臣哈巴失阿米忒认为干儿子，巴哈丁由此进入察合台兀鲁思的统治圈。以后，父子二人反目为仇，成为政敌。为了缓和矛盾，察合台把巴哈丁调到也速蒙哥门下。也速蒙哥成为察合台兀鲁思汗以后，巴哈丁成为也速蒙哥的辅臣。在此期间，巴哈丁对哈巴失阿米忒保持尊敬的态度，屡次阻止也速蒙哥迫害哈巴失阿米忒的图谋。巴哈丁在位期间，支持文人学者，对此，志费尼称赞说：“他的面前是世界上所有学者的中心，天下赛德尔的枢纽。凡是有一笔学术货物（它是非卖品）作资本者，始终在巴哈丁那里找得到他货物的市场，受到他慈悯和矜恤的救济。”[②]

也速蒙哥在位两年之时，蒙古大汗贵由去世。拖雷家族与窝阔台家族开始了争夺大汗继承权的斗争。在此斗争中，也速蒙哥站在窝阔台系一边，反对蒙哥继位；他的前任哈剌旭烈兀却积极支持蒙哥，先后出席了拔都在阿剌脱忽剌兀及 1251 年在怯绿连河畔召开的忽里勒台，参加了蒙哥的即位大典。为了支持蒙哥大汗，哈剌旭烈兀还怂恿当时掌握着察合台兀鲁思军权的兄长不里（木阿秃干次子）去觐见蒙哥大汗。这些行为获得蒙哥大汗的回报，1252 年 8 月，蒙哥大汗下令废黜也速蒙哥，让哈剌旭烈兀恢复宗王地位，并且要他

① 〔波斯〕拉施特：《史集》第 2 卷，第 170 页。
② 〔伊朗〕志费尼：《世界征服者史》（上），第 305 页。

回去之后处死也速蒙哥。蒙哥大汗“以充分的尊敬遣送走了哈剌旭烈兀，并把他的叔父也速蒙哥所夺走的他的祖父的营地赠给了他，让他带着他心中想要的（东西）回去了”[1]。然而，在返回途中，哈剌旭烈兀于1253年在阿尔泰山区去世，他的妻子兀鲁忽乃回到察合台兀鲁思，处死了也速蒙哥。

哈剌旭烈兀去世以后，蒙哥大汗下诏立他与兀鲁忽乃所生之子木八剌沙为察合台兀鲁思宗王，由于木八剌沙年幼，其母兀鲁忽乃摄政监国（1253—1260）。据史书记载，兀鲁忽乃“美丽、聪明和目光敏锐”。兀鲁忽乃启用哈剌旭烈兀旧臣哈巴失阿米忒。为了报复他在也速蒙哥统治时期遭到的不公正待遇，哈巴失阿米忒处死了巴哈丁全家。

蒙哥大汗时期，在中亚和西亚地区设置了别失八里等处行中书省，加强了蒙古帝国对察合台兀鲁思的控制。在兀鲁忽乃摄政期间，一部分察合台封地被划给了朮赤系。蒙哥大汗即位之初，在平定三王叛乱之时，曾派大将不怜吉歹率10万大军开赴阿尔泰山，占据了哈剌和林至别失八里的交通线，当时拔都的军队占据了从海押立到讹答剌地区；同时派军进驻吉利吉思谦谦州地区。这样，拖雷系与朮赤系的领地连成一片，在窝阔台和察合台兀鲁思的北面形成了合围之势。以后，蒙哥大汗把拔都侵占的讹答剌城，以及垂河（今楚河）、伊犁河流域水草丰美的地区划给朮赤系，它们成为拔都的封地。面对蒙哥大汗的干预和控制，察合台系宗王们极度小心，积极与大汗配合，以求得生存。1253年，由蒙哥大汗派出的旭烈兀西征军途经察合台兀鲁思之时，整个封地都在为西征军的通行而忙碌。兀鲁忽乃在阿力麻里附近的斡耳朵大帐内设宴款待了旭烈兀，并献上礼物。

1259年，蒙哥大汗去世，阿里不哥和忽必烈之间爆发了争夺汗位的战争。察合台系再次分成两派，支持忽必烈的有不里之子阿必

① 〔波斯〕拉施特：《史集》第2卷，第257页。

失哈（Abishqa），他当时在忽必烈处；支持阿里不哥的有摄政皇后兀鲁忽乃和察合台之孙阿鲁忽，阿鲁忽当时在阿里不哥处。

为了控制察合台兀鲁思，忽必烈派阿必失哈前往阿力麻里夺权。阿必失哈随行带了200多人，途经河西走廊被阿里不哥军剿灭。阿里不哥向察合台兀鲁思征集粮草等物资，兀鲁忽乃在短时间内无法完成，于是，阿里不哥派阿鲁忽去夺兀鲁忽乃的权。阿鲁忽沿途召集兵马，在喀什噶尔，察合台系兵民前来汇集在他身边，一时间，他拥有骑兵15万。带着这些人马，阿鲁忽赶走了兀鲁忽乃和蒙古帝国驻中亚的官员马思忽惕伯，他们两人投奔了阿里不哥。

阿里不哥授权阿鲁忽为察合台兀鲁思宗王（1260—1265），掌管着从阿力麻里到阿姆河之间的地区。与以往不同，阿里不哥授权阿鲁忽统治的不只是原察合台兀鲁思管辖的草原，而是阿姆河以东的整个中亚地区，包括农耕和城郭之地。这是蒙古大汗第一次承认察合台宗王对东起阿尔泰山，西至阿姆河之间广大地区的实际控制权。阿里不哥要阿鲁忽镇守阿姆河沿岸，阻止阿姆河以西的旭烈兀和在斡罗思的别儿哥与忽必烈联系。从此，察合台兀鲁思势力强大起来，逐渐发展成为一个独立于蒙古帝国的汗国。

阿鲁忽于回历658年底（公元1260年）登上察合台兀鲁思最高统治之位，“在短短的时间里得到了巨大的（成功）和庄严的独立”[①]。1260年可视为察合台兀鲁思走向独立之年，此后，阿鲁忽利用时局动荡的机会，不断壮大自己的势力，为察合台兀鲁思争取到了更多的利益和发展空间。

即位之后，阿鲁忽派察合台宗王捏古伯（Negübei Oghul）率骑兵3000人，并从异密中抽调兀札察儿（Uchachar），从诸必阇赤中选出哈巴失阿米忒之子速来蛮别乞（Sulaiman Beg），从诸达鲁花赤中挑出负有盛名的阿必失哈与之同行，前往撒麻耳干、不花剌等地实施对这些城市的管理。捏古伯一行进入这些城市之后，大掠财物，

① 刘迎胜：《察合台汗国史研究》，第149页。

杀死了别儿哥所有属臣和那可儿，以及亲别儿哥的伊斯兰教士。阿鲁忽又派兀札察儿和沙代·伊里奇分别到花剌子模和阿富汗去建立阿鲁忽的政权。

阿里不哥因粮草不济，派必阇赤不里台等人到阿鲁忽处征集牲畜、马匹和武器。使者在短时期内征集到了大批物资，阿鲁忽因垂涎这批物资而将其扣留下来，遭到使者的质问："这批财物是我们奉阿里不哥诏命征收的，与阿鲁忽有什么相干？"阿鲁忽怒而关押了使者，手下将领怂恿阿鲁忽说："你既已干出了这样的罪行，（你）就失去了阿里不哥这样的靠山，尤其是兀鲁忽乃哈敦早已去（向他）告了状。我们经受不住他的责备和愤怒。因为我们已起来反对他，那我们就只好去归顺（忽必烈）合罕了。"[1] 于是，阿鲁忽杀使者，分掉财物，1262 年，阿鲁忽宣布归顺忽必烈。忽必烈下令："从阿勒台（即阿尔泰山）的彼方直到质浑河（即阿姆河），可让阿鲁忽防守并掌管兀鲁思和各部落。"[2]

在得知阿鲁忽归顺忽必烈之后，阿里不哥从哈剌和林发兵讨伐阿鲁忽，前锋哈剌不花在叶密立附近与阿鲁忽开战，后者战败后逃到孛劣撒里（在今楚河、塔剌思河流域）。在此，阿鲁忽重新征集军队反攻，在赛里木湖和艾比湖之间的普拉德与哈剌不花再战。这一次，哈剌不花战败被杀，其首级被阿鲁忽献给了忽必烈。阿鲁忽得胜返回伊犁河畔，此时，阿里不哥大将阿速台（蒙哥之子）率军攻阿力麻里城，阿鲁忽猝不及防，携家眷和军队向忽炭和可失哈耳逃去，阿里不哥在阿力麻里度过了 1263 年冬。

1263 年 4 月，阿里不哥率军向南追击阿鲁忽，阿鲁忽从可失哈耳北上迎击。双方在浑八升（今阿克苏附近）大战，阿鲁忽战败后退回忽炭，在阿里不哥军的追击下，阿鲁忽退往撒麻耳干。阿里不哥回到阿力麻里以后，在城内大肆掠夺，滥杀无辜。1264 年春，阿

---

① 〔波斯〕拉施特：《史集》第 2 卷，第 302—303 页。

② 同上书，第 299 页。

力麻里发生了饥荒，逃亡者众，最后只有大将阿速台及少数军队伴随着他。在阿里不哥众叛亲离之际，阿鲁忽发兵讨伐。阿里不哥将兀鲁忽乃和马思忽惕伯送到撒麻耳干，企图让他们取代阿鲁忽统治河中地区。兀鲁忽乃来到撒麻耳干城，阿鲁忽娶她为妻，任命马思忽惕伯为他的财政大臣，派他管理撒麻耳干和不花剌。马思忽惕伯征收到大量的赋税，为阿鲁忽积累了物资。1264 年秋，阿里不哥在忽必烈和阿鲁忽的夹攻下，向忽必烈投降。

1265 年，阿鲁忽病逝。兀鲁忽乃之子木八剌沙继位为察合台宗王。木八剌沙是哈剌旭烈兀与兀鲁忽乃所生，他继位之后的一段时间内，由兀鲁忽乃监国。在木八剌沙统治时期（1265—1266），察合台兀鲁思统治中心向西迁移，从原来的伊犁河流域迁到锡尔河中游支流安格连河流域。

木八剌沙实施的恢复生产、禁止扰民等措施缓和了民族之间的矛盾，他反对军队袭扰河中穆斯林聚居的城市，使中亚穆斯林的生活相对稳定。据说，木八剌沙是一个善良的国王，他性情温和，但又刚烈果断。

由于木八剌沙的继位没有得到忽必烈大汗的册封，忽必烈认为这是对大汗权力的挑战。于是，他决定派察合台宗王、也孙都哇之子八剌去夺取木八剌沙之位。八剌一直在忽必烈身边效力，深得忽必烈的信任，对于木八剌沙的即位，他曾向忽必烈表示过不满："木八剌沙凭什么继承我的叔父阿鲁忽之位？如果合罕降旨让我继承我的叔父之位，今后我将效劳奉命（于合罕）。"[①]

八剌的到来引起木八剌沙的戒心，他曾问八剌："你来此目的是什么？" 八剌看到木八剌沙的统治已经稳固，便不提忽必烈的命令，只说："我长期不在兀鲁思和家中；我的人已四处流散了。现在，请允许我来收集徒众并与你们一起游牧。"[②] 这些话投合了木八剌沙的心

① 〔波斯〕拉施特：《史集》第 2 卷，第 311 页。

② 同上书，第 180 页。

意。八剌不露声色、很有心计地和他相处，并逐渐把战士们从各个角落收集到自己周围。木八剌沙放松了对他的警惕。1266 年 9 月的一天，当木八剌沙沐浴之时，八剌率 2000 名骑兵将他抓获，侵吞了他所有的财产，将他贬为猎夫长。

八剌在讹迹邗登上了察合台宗王的位置，他的即位得到了忽必烈大汗的认可，他是蒙古大汗任命的最后一位察合台宗王。在八剌统治期间（1266—1271），察合台兀鲁思的势力进一步扩大，开始争夺属于窝阔台兀鲁思和大汗忽必烈的领地，为此八剌与两者进行了一系列战争。在此形势下，窝阔台兀鲁思宗王海都组织召开了塔剌思会议，此后，八剌追随海都，彻底摆脱了蒙古帝国的统治，开始了察合台汗国的历史。

第二节　窝阔台兀鲁思

在成吉思汗的分封中，窝阔台的封地在阿尔泰山以西及叶密立、霍博等地，统治中心在叶密立城，窝阔台兀鲁思的大斡耳朵在叶密立和霍博两处。在成吉思汗分封的诸兀鲁思中，窝阔台兀鲁思面积最小，窝阔台在继任大汗期间，兼并了拖雷家族的一些封户，扩大了家族的力量。蒙哥汗即位以后，1252 年，将窝阔台兀鲁思分割，窝阔台系势力被削弱。1260 年，宗王海都以其封地海押立为基地，逐渐统一了窝阔台兀鲁思，在此基础上，形成了一个与元朝抗衡的独立汗国。窝阔台兀鲁思经历了 6 位宗王（窝阔台、贵由、忽察和脑忽、禾忽、海都、察八儿）的统治。①

窝阔台是成吉思汗第三子，“窝阔台”一名在蒙古语中的含义是“上进”。成吉思汗十分喜爱窝阔台，“从他的举止和言谈中，时时看出他是皇位的适当人选，宜于统帅诸王和军队，而且在他的起承转

① “窝阔台兀鲁思统治者及窝阔台汗国汗世系表”见附录一。

合中，日益发现治理朝政和卫国御敌的英豪气魄”[①]。因此，在西征之前或西征的过程中，将他定为大汗的继承人。

1229年，窝阔台即位蒙古大汗，他的大帐从叶密立和霍博迁往蒙古草原，他“凯旋抵达他父亲的大斡耳朵，然后他把他自己的在叶密立地区的驻地，赐给他的儿子贵由，为他的（新）驻地和国都选中一个在斡耳寒河和哈剌和林诸山间的地方”[②]。1235年，窝阔台在蒙古草原建哈剌和林城，以后，他迁到哈剌和林，“拖雷的领地与之邻近，这个地方确实是他们帝国的中心，犹如圆中心一样”[③]。

长子贵由成为窝阔台兀鲁思汗以后，迁到统治中心叶密立一带。窝阔台次子阔端的封地在河西之地，即原西夏的领土，位置靠近蒙古帝国的统治中心。在任大汗期间，窝阔台曾利用手中的权力，把成吉思汗留给幼子拖雷的一部分军队划归阔端，据《史集》记载，拖雷诸子曾报怨说：“速勒都思（Suldus）和雪你惕部军队是我们的，如今窝阔台合罕却将它给了自己的儿子阔端。成吉思汗既将这部分（军队）分给我们斡耳朵，我们为什么要违背他的命令将它交给（别人）呢？我们想对窝阔台合罕面奏此事，听他说些什么！”[④]他们的行为遭到母亲的阻拦。速勒都思部的游牧地在今克鲁伦河上游一带，有记载说，铁木真曾受到速勒都思人锁儿罕失剌的帮助，偕母、弟迁居桑沽儿河（今克鲁伦河上游布尔肯小河旁）居住。由此可知，速勒都思人的牧地在克鲁伦河上游，与阔端家族的封地相邻，窝阔台将它划给阔端，这样，窝阔台家族的封地与蒙古统治中心连在一起了。在脱列哥那哈敦摄政期间，大宰相镇海和管理汉地的牙剌洼赤都到阔端封地避难。

窝阔台去世以后，贵由继承大汗位，叶密立的封地由他的子孙

---

① 〔伊朗〕志费尼：《世界征服者史》（上），第200页。

② 同上书，第260页。

③ 同上书，第43页。

④ 〔波斯〕拉施特：《史集》第1卷第2分册，第381页。

继承。贵由汗死后，在新汗选出之前，贵由之妻斡兀立·海迷失监国。斡兀立·海迷失不问朝政，贵由的长子忽察和次子脑忽分别建立自己的府邸，与母亲形成对抗，出现了三个政权并立的局面。关于斡兀立·海迷失在何处监国，还未见到记载，可以推断的是，忽察和脑忽建立的政权肯定在窝阔台家族的封地上。以后，忽察、脑忽及窝阔台另一支的孙子失列门都想成为大汗位的继承人。窝阔台系争夺汗位，各自为政，窝阔台兀鲁思内没有统一的政权。

在蒙哥任大汗期间，窝阔台兀鲁思宗王之位由贵由幼子禾忽继承，禾忽进驻窝阔台兀鲁思的大斡耳朵，因其年幼，其母乃马真后少娣掌握了窝阔台兀鲁思的实权，她是窝阔台之后脱列哥那哈敦的妹妹。蒙哥继位以后，镇压了反抗他继位的窝阔台宗王，对窝阔台兀鲁思采取化整为零，以去其势的措施。1252 年，蒙哥主持对窝阔台系宗王进行了分封：在争夺大汗继承权的斗争中，蒙哥曾得到阔端的支持，于是，他让阔端保留了原有的河西封地，不过，窝阔台时期占有的拖雷家族的地面和部民可能被蒙哥收归拖雷家族了。窝阔台第六子合丹得到了别失八里；窝阔台第七子灭里受封于也儿的石河流域；蒙哥都（窝阔台次子阔端之子）及窝阔台汗的三皇后忽帖尼迁到永昌；窝阔台之孙海都年仅 16 岁，他没有参加窝阔台系的谋反活动，蒙哥把阿尔泰山以南、天山以北地区，即巴尔喀什湖以南、伊犁河流域分给了海都，海都封地的统治中心在海押立。

海都（1235—1301）是窝阔台第五子合失的长子，在受封海押立之后，他开始经营自己的封地。他认为大汗位置离开他的家族违背了成吉思汗的意愿。“成吉思汗在他的法律书札撒中……明确而毫不隐晦地命令道：只要窝阔台还有一个吃奶的后代存在，他在继承祖先的皇位、国家的旗帜和军队的统帅权方面，就要优先于其他（各枝）的儿孙。”① 在海都看来，窝阔台大汗之立，乃是遵照成吉思

① 《瓦撒夫史》，转引自刘迎胜：《元朝与察合台汗国的关系》，见元史研究会编：《元史论丛》第 3 辑，中华书局 1986 年版，第 59 页。

汗遗命，而蒙古大汗之位永属窝阔台后人又得到了以后召开的忽里勒台的认可，因此，汗位转移破坏了以前的盟约。海都为夺回汗位而终生奋斗，他的努力得到了“许多宗王和为数众多的军队”[①]的支持。

最初，海都的军队和臣民不多。因为当窝阔台家族成员谋叛蒙哥大汗时，他们的军队都被夺走了，除阔端诸子的军队以外，其余的都被分配掉了。几年之中，海都在海押立聚集的兵力达到了两三千人，他“通过（施展）奸谋、夺取政权和征战，将窝阔台合罕的一部分兀鲁思抓到了（自己的）手中”[②]。忽必烈与阿里不哥争位之战给予海都绝好的机会。在争位之战中，海都附阿里不哥而抗忽必烈。在阿里不哥 1262 年讨伐察合台宗王阿鲁忽之时，窝阔台兀鲁思宗王禾忽站在阿鲁忽一边，他们组成联军抗击阿里不哥的军队，但遭到惨败，阿里不哥夺取了窝阔台兀鲁思的大斡耳朵，禾忽退出叶密立和霍博。随着禾忽的战败，海都取代了禾忽在窝阔台家族的地位，成为窝阔台系宗王，势力进一步扩大。以后，海都在术赤诸后王的帮助下，夺取了封地叶密立，将自己的领地从海押立向东北一直延伸到乌伦古湖。以此为基础，他还不断向外扩张，到 1264 年阿里不哥投降之时，窝阔台系的领地大部分为海都占领，窝阔台兀鲁思逐渐向独立汗国发展，形成了窝阔台汗国（1264—1310）。汗国在强盛时期，控制了西起喀什噶尔和塔剌思河流域，东抵哈剌火州（今新疆吐鲁番），南起天山南坡，北至也儿的石河上游之间的地区，统治中心在伊犁河与答剌速河（今塔剌思河）流域。

阿里不哥战败投降之后，忽必烈出于团结宗亲的考虑，对海都等人并没有追责问罪，在分南京属邑时，把蔡州赐给了海都，并且赏赐给他很多金银财宝。海都回到叶密立河畔的封地中，在此积聚

① 转引自刘迎胜：《元朝与察合台汗国的关系》，见元史研究会编：《元史论丛》第 3 辑，第 59 页。
② 〔波斯〕拉施特：《史集》第 2 卷，第 21 页。

力量。阿里不哥归顺以后，忽必烈向海都等人派去了急使，想召集忽里勒台。忽必烈告之说：“其他宗王们全都在这里，你们为何迟迟不来？我衷心希望当面会晤，我们一起把一切事情都商议好后，你们将获得各种恩典返回去。”[①] 海都遣使回复说：“我们的牲畜瘦了，等养肥之后，我就遵命（前来）。”[②] 以此为借口拒绝出席会议，一推就是三年。

与此同时，海都积极网罗力量，最大限度地争取外援。首先与术赤系宗王保持友好联系。阿里不哥失败以后，海都在钦察汗别儿哥的支持下，与察合台宗王在中亚角逐。在察合台宗王阿鲁忽去世和木八剌沙新立之际，海都控制了察合台兀鲁思的大斡耳朵所在地阿力麻里，接着，占据了整个锡尔河以东草原；在钦察汗忙哥帖木儿的支持下，海都在锡尔河流域击败察合台宗王八剌，把势力伸到阿姆河以北的河中地区。势力强大之后，海都于1269年召集窝阔台、察合台、术赤三系宗王，在塔剌思河畔召开了由他主持的忽里勒台，确立了自己在西道兀鲁思中的首领地位。一场与蒙古大汗忽必烈争夺最高统治权的斗争即将开始。

第三节　术赤兀鲁思（钦察汗国）

在成吉思汗的分封中，额尔齐斯河以西、咸海、里海以北的中亚草原是术赤的封地。术赤去世以后，术赤兀鲁思由术赤的次子拔都继承（1235—1255），他的兄弟们受他节制并服从他。1236年，拔都领导了长子西征。西征结束以后，术赤兀鲁思扩大了，包括了东欧的大片地区。1243年，拔都将术赤兀鲁思的统治中心迁往伏尔加河畔，以伏尔加河下游的拔都萨莱城（今阿斯特拉罕附近）为都

① 〔波斯〕拉施特：《史集》第2卷，第312页。
② 同上。

建立了汗国。他所建立的政权被称为钦察汗国（1243—1480），因大汗斡耳朵的帐顶为金色，又被称为金帐汗国。

钦察汗国的辖地东起鄂毕河下游，西迄多瑙河下游，南临黑海、里海和咸海，北到诺夫哥罗德地区。原斡罗思诸公国以及钦察、康里等突厥部民均在其统辖之下。拔都家族在伏尔加河流域放牧，春季溯河而上，在卡马河畔原不里阿耳人之地扎营，蒙古钱币就是在不里阿耳城铸造的；秋季顺流而下，在伏尔加河河口扎营。

在成吉思汗的孙子中，拔都是一位杰出的军事家、政治家，作为长子西征的统帅，他“征服和削平了与其本土接壤的所有领域”，取得了辉煌的胜利；作为钦察汗国的创立者，拔都正确处理了内外矛盾，建立了适应当时情况的政治经济制度，他不盲目地皈依任何一派宗教；作为成吉思汗第三代最年长的宗王，他在蒙古帝国的汗位继承中具有举足轻重的地位，他主持了在贵由之后召开的忽里勒台，成功地将蒙古帝国的大汗之位从窝阔台系转移到拖雷系宗王手中，为忽必烈在中国建立元朝开辟了道路。但也正是这次汗位转移进一步加深了蒙古帝国黄金家族的内部矛盾，导致了几大兀鲁思之间的派别斗争，最终使蒙古帝国分裂。

1255年，拔都在伏尔加河下游营帐中去世（终年48岁），当时，长子撒里答正在蒙古朝觐蒙哥大汗。蒙哥任命撒里答为钦察汗。[①] 然而，撒里答在返家途中（或者在抵伏尔加河畔之后不久）去世。蒙哥派急使去劝说拔都的妻子、儿子和兄弟们归心于自己，并将拔都的汗位赐予了拔都的另一个儿子兀剌黑赤，蒙哥大汗对所有的人都进行了恩典嘉奖。然而，兀剌黑赤不久也去世了，拔都的妻子孛剌黑真被推举为监国。1257年，当时威望很高的拔都之弟别儿哥登上了钦察汗位（1257—1265）。

---

① 钦察汗世系：拔都（1243—1255）、撒里答（1255—？）、兀剌黑赤（？）、孛剌黑真（？—1257）、别儿哥（1257—1265）、忙哥帖木儿（1266—1281）、脱脱蒙哥（1281—1287）、秃剌不花（1287—1290）、脱脱（1290—1312）、月即别（1313—1340）、札尼别（1340—1357）、别儿迪别（1357—1359）、忽里纳（1359—？）。

别儿哥是朮赤的第三子，据西方人的描述，别儿哥肤黄、稀须，耳后垂着辫子，头戴无檐高帽，在一个耳朵上垂着镶有宝石的金耳环，在腰际勒着镶有金钿的绿色皮带，穿着红皮的靴子。这是一个典型的蒙古将军和汗王的形象。

别儿哥即位以后，在伏尔加河入里海的海口附近新建都城萨莱（名为新萨莱，或别儿哥萨莱）。钦察蒙古人最初的居住地只是一片有大的毡帐和棚车的营地，他们随着季节沿伏尔加河迁徙，虽有拔都萨莱城，但据鲁布鲁克的印象，它是一座流动的城市。别儿哥继位之后，命令或者完成了一个固定都城别儿哥萨莱（Saray-Berke）的建设。别儿哥萨莱城在1395年被帖木儿摧毁，其间的一百多年中，它一直是商业中心，从该城出发，经斡罗思、阿力麻里、别失八里、唐兀惕和汪古部境可至当时的大都北京，该城还吸引了伊斯兰教士学者到钦察汗国来，他们的到来促进了钦察汗国的伊斯兰化。[①]

别儿哥统治期间，钦察汗国的政治、经济制度与社会组织仍沿袭蒙古汗廷的制度，汗国允许被征服的斡罗思公国继续保持自己的政权，但必须承认钦察汗国的宗主国权力，即在政治上接受钦察汗国的统治，在经济上向钦察汗国缴纳赋税。继位当年（1257），别儿哥下令对斡罗思各公、侯国的人口进行登记，借以查明和统计应缴赋税的人口数。除教士外，所有民产都要列入青册，这一工作经两年才完成。此后，别儿哥又另派官员进行复查，最后，确定征收额度。按规定：斡罗思户口计丁出赋，凡千户以上者设官一人；田赋十取一，牛羊马税百取一，凡教士皆免之。这实际上是蒙古草原赋税制度的翻版。[②]

在别儿哥时期的对外关系中，钦察汗国照旧与拖雷家族保持着真诚的友谊，遵循着忠诚、善意和团结之道。这一点反映了钦察汗国与蒙哥掌权的中央帝国保持着臣属关系。在忽必烈和阿里不哥争

---

① 朱廷耀：《蒙元帝国》，人民出版社2010年版，第277页。

② 同上。

位之战中，别儿哥自称“中立”，实际上支持阿里不哥，在钦察汗国发行的钱币中，大汗之名是阿里不哥。阿里不哥失势以后，别儿哥转而支持忽必烈。忽必烈在通知召集忽里勒台之时，别儿哥回答说：“合罕、旭烈兀和全体宗亲们所做出的决定是正确的。我们也一定在牛年（1265）出发，在虎年（1266）走完全部路程，在兔年（1267）和旭烈兀一同出席忽里勒台。”[①] 后来，由于钦察汗国与伊利汗国的战争，以及别儿哥的去世，钦察汗始终未能出席忽必烈召集的忽里勒台。别儿哥在位后期名义上仍对蒙古大汗称藩，实际上，钦察汗国内外措施都以他的意志为转移，不再听从大汗的调遣。

别儿哥时期制定的宗教和对外政策规定了钦察汗国以后宗教和外交的发展方向：别儿哥在位期间一直遵循成吉思汗时期蒙古人对宗教信仰的宽容政策，没有取缔境内的任何宗教信仰，但由于他本人倾向于伊斯兰教，因此他的宗教信仰不仅在国内产生了重要影响，而且还决定了国家对外关系的方向。最终，钦察汗国与信仰伊斯兰教的埃及马木路克王朝建立了友好关系，后继的钦察汗也一直维持着双方的友好关系。

钦察汗的宗教政策和外交政策交织在一起。钦察汗国与伊利汗国的冲突最早起于旭烈兀西征。据《史集》记载，蒙哥大汗在组织西征波斯之时，曾规定每个宗王要从自己的军队每十个人中抽出两人协助旭烈兀出征。别儿哥派朮赤孙子忽里（斡儿答次子）、巴剌罕（昔班之子）等率军穿过钦察的打耳班（Darband），前往援助旭烈兀。1256年至1257年之间，据说巴剌罕图谋背叛旭烈兀，并使用了巫术。这件事不久便暴露了出来。在审讯中，他招认了。为了避免引起怨恨，旭烈兀将他送回别儿哥处置。他们到达那里时，他的罪行已经定夺，别儿哥把他送回给旭烈兀汗说：“他是有罪的，这件事由你处理吧。”旭烈兀便处死了他。秃塔儿和忽里也死去了。人们猜

---

① 〔波斯〕拉施特：《史集》第2卷，第310页。

疑，他们是被人密谋投毒致死的。① 双方之间产生了纠葛，导致以后两国关系恶化。

以后，钦察汗国与伊利汗国之间为争夺高加索地区而发生战争。在拖雷家族与窝阔台家族争夺汗位期间，别儿哥曾率军队护送蒙哥回哈剌和林，为了报答别儿哥，蒙哥把高加索南部的谷儿只作为封地赐给别儿哥，以后，钦察汗国与南面的伊利汗国为争夺这一地区进行了长期战争。为了对付伊利汗国，别儿哥与伊利汗国的敌人埃及马木路克王朝发展关系。马木路克王朝是一个伊斯兰教王朝，因此，别儿哥对境内的伊斯兰教徒表现友好，本人也表现出伊斯兰教的倾向。据波斯史家记述，别儿哥曾指责旭烈兀屠杀报达（今巴格达）居民，以及未与成吉思汗系宗王们商量就处置了哈里发。

1265 年，钦察军队在部将那海的率领下进攻伊利汗国，对阿塞拜疆造成威胁。伊利汗阿八哈击败了钦察军队，那海受了重伤。于是，别儿哥亲率援军前往增援，途中去世。

别儿哥去世之后，忙哥帖木儿继位（1266—1281）。忙哥帖木儿是拔都次子秃罕的儿子。他在位时期基本上继承了别儿哥时期的内外政策，对斡罗思诸公国进行了第二次人口登记。忙哥帖木儿的宗教倾向似乎与别儿哥不同。他曾颁布谕旨承认希腊正教教会牧师们在汗国领土上的特权，并数次委派萨莱城的希腊正教教会的主教充任汗国驻君士坦丁堡的大使。

在与元朝大汗的关系上，忙哥帖木儿表现出两面派。在窝阔台宗王海都的叛乱时期，忽必烈派铁连前往钦察汗国进行沟通，临行之时，忽必烈嘱咐说："此事非汝不可，但必须先到忙哥帖木儿大王那里，与他商议之后再行动。"忙哥帖木儿在得知事情之后说："祖宗有训，叛者人得诛之。如通好不从，举师以行天罚，我即外应掩袭，剿绝不难矣。"② 这说明忙哥帖木儿在理论上还承认忽必烈的宗主

---

① 〔波斯〕拉施特：《史集》第 2 卷，第 146 页。

② （明）宋濂：《元史》，第 3248 页。

地位，承认“祖宗之训”。然而，他同时又与海都联系密切，并长期与亲忽必烈的政权旭烈兀系作对。他在不里阿耳城发行的钱币上没有铸大汗的名字，只铸忙哥帖木儿。这些事件说明，忙哥帖木儿实际上已经走上了独立发展的道路。在对外政策方面，忙哥帖木儿继续与埃及马木路克王朝和拜占庭帝国保持友好关系。

钦察汗国境内各地的经济发展不尽相同，钦察草原处于封建生产关系的初级阶段，大部分人过着游牧生活，只有极少数人迁到顿河和伏尔加河下游转入定居；不里阿耳人的地区是汗国的主要粮食产地，花剌子模绿洲也是农业高度发展的地区；在伏尔加河先后修建的拔都萨莱城和别儿哥萨莱城，以及后来修建的乌维克城和在札牙黑河（乌拉尔河）河口修建的萨莱契克城都成为贸易中心，13 世纪至 14 世纪，欧洲同中国的贸易主要是通过钦察汗国进行的；此外，克里米亚及其沿海城市是对外贸易发达的地区，可通往小亚细亚和君士坦丁堡。

钦察汗国是一个由多民族组成的联合体，其中作为征服者的蒙古族在汗国内是少数。据拉施特记述，成吉思汗分封给拔都的蒙古百姓只有 4000 户人，而境内土著居民大多数是操突厥语的突厥族人，其中有钦察人、不里阿耳人、古思人。从 13 世纪中叶起，钦察草原上的蒙古人开始表现出突厥化的倾向，14 世纪上半叶，突厥化过程基本完成，突厥语和突厥文成为汗国的通用语言和文字。

1243 年，朮赤兀鲁思统治中心西移以后，拔都将咸海东北地区分给其兄斡儿答，将咸海西北地区分给其弟昔班。斡儿答是朮赤的长子，因为能力不及拔都，他在家族事务中的作用不大，在拔都继承朮赤兀鲁思汗之时，他没有反对。1236 年，斡儿答参加了拔都领导的长子西征。1243 年以后，他的家族获得了封地，他的封地被称为察罕斡耳朵，意为“白帐”，因此，他的兀鲁思被称为白帐汗国（1243—1428）。在南部，白帐汗国领地包括锡尔河右岸，大约从卡拉套山附近的昔格纳黑城到锡尔河三角洲，似乎还包括锡尔河三角洲左岸一直延伸到阿姆河三角洲的这一狭长地带；在北部，他控制着萨雷河流域和把萨雷河流域与图尔盖平原分开的兀鲁塔山地。[①]斡儿答家族在自己的封地上生活了两百多年。1376年，斡儿答后裔脱脱迷失获得昔格纳黑和讹答剌城，白帐汗国统治中心移到昔格纳黑城一带。

白帐汗国境内的大部分地区是草原，居民主要从事畜牧业。在锡尔河以北有几个重要的城市，其中，讹答剌、塔拉兹是人口较多的城市。白帐汗国境内居民大多数是突厥族人，即钦察人、康里人、葛逻禄人，还有克烈人、乃蛮人[②]，白帐汗国境内的蒙古族部落有札剌儿、弘吉剌、蔑儿乞等部，这些蒙古部落的部民很快被突厥人同化。

白帐汗自斡儿答起，传11代，他们最初承认钦察汗的宗主地位。在脱脱迷失任白帐汗之时，白帐汗夺取了钦察汗位，白帐汗室的大多数成员向西迁移到东欧平原，白帐汗的领地逐渐被术赤第五子昔班家族占领。在末代白帐汗八剌死后，白帐汗国境内各部接受了昔班家族首领阿布海儿的统治。由于不堪忍受阿布海儿的统治，斡儿答后裔克烈（Qarāy / Gerāy）和札尼别（Jānī Beg）率部出走，重建白帐汗国，他们建立的政权被称为哈萨克汗国。

拔都之弟昔班在长子西征中是一员主将，他参加了1241年的匈牙利战役。由于西征有功，拔都将南乌拉尔山以东的大片封地赐给他。他对昔班汗说："你将拥有我们的兄长亦赤那的领地与我本人领地之间的所有地区作为你的禹儿惕。你可以将也儿吉兹—萨乌、奥尔、依烈克及乌拉尔河以东直到乌拉尔山的地方作为夏地；将位于锡尔河畔及楚河、萨里苏河两河河口的哈剌—衮木—阿哈衮木等地作为驻冬地。"[③]由此可见，昔班的封地在斡儿答封地之西北，在南乌拉尔以东，咸海北岸的中亚草原，即今阿克纠宾斯克和图尔盖地区的大部分。他的斡耳朵似乎是建在乌拉尔山区、伊列克河（奥伦堡以南的乌拉尔河的一条支流）和伊尔吉兹河之间。在一些史书中，

---

① 〔法〕勒内・格鲁塞：《草原帝国》，第495页。

② 克烈人和乃蛮人是突厥族还是蒙古族人，仍在争论之中。

③ 阿布尔・哈齐・把阿秃儿汗：《突厥世系》，第174页。

昔班兀鲁思被称为蓝帐汗国（1243—1468）。

15世纪初，昔班家族的一支将他们的领地扩张到西西伯利亚，成了西伯利亚汗国的主人；另一支在咸海北岸建立了阿布海儿汗国（乌兹别克汗国）。16世纪初，昔班家族在河中地区建立了布哈拉汗国和希瓦汗国。

第四节　西道兀鲁思与蒙古帝国的关系

蒙古帝国时期，西道兀鲁思和蒙古帝国之间的关系与诸兀鲁思之间的关系交织在一起，错综复杂。其间，为了争夺大汗继承权，蒙古宗王之间发生过三次力量组合，分别发生在1248—1251年拖雷家族与窝阔台家族争夺时期；1259—1264年拖雷家族内部阿里不哥与忽必烈争夺时期和1269—1270年窝阔台家族与拖雷家族争夺时期。正是在阿里不哥与忽必烈争夺期间，蒙古帝国开始瓦解，窝阔台、察合台、伊利兀鲁思摆脱蒙古帝国，形成了独立政权，即窝阔台汗国、察合台汗国和伊利汗国。

西道兀鲁思与蒙古帝国中央政权之间的关系在成吉思汗之后表现为诸兀鲁思与窝阔台家族之间的关系。最初，朮赤、察合台和拖雷三家族与窝阔台家族保持着严格的臣属关系，听从窝阔台的号令和调遣，参与窝阔台发动的各次战争。

成吉思汗去世之后，在1229年召开的忽里勒台上，由于拖雷家族的势力强大，窝阔台不敢贸然继位，只好假意推让。这时候，察合台的意见起了举足轻重的作用，他的立场和态度影响着其他宗王。察合台忠实地履行了成吉思汗的遗愿，坚持了窝阔台的继位。

察合台虽为兄，但在处理与窝阔台的关系上，十分谨慎，“极其遵守臣礼所应遵守的一切细节”[①]。及时向窝阔台报告察合台兀鲁思

---

① 〔波斯〕拉施特：《史集》第2卷，第175页。

发生的一切情况，遇有重大问题请示窝阔台，处处注意维护窝阔台的威望。有一次，察合台在酒后与窝阔台大汗赛马获胜。此后，他认为这是对大汗的不敬。于是，第二天早上他就去向窝阔台大汗请罪说："我们全体宗亲在忽里勒台上约定并且宣过誓，让窝阔台当合罕，我们遵循顺从之道而行，不得以任何借口反抗他，与他（相争）。昨天我与他打赌，并且在竞赛中让马疾驰。难道我们应当与合罕打赌吗？因此，我有罪，我来承认自己的罪，以便受到处分。或杀或杖，由他判决。"[①] 察合台向全体宗王大臣们讲述了此事，以此来警醒他人。察合台与窝阔台家族的和睦保证了蒙古帝国的统一和窝阔台家族的至高地位。

蒙古帝国初期，拖雷家族也严格地遵循着属臣的身份，即使是在家族利益遭到损害的情况下。窝阔台曾利用大汗权力占有了拖雷家族封户和封地，拖雷的儿子们要当面询问窝阔台，他们的母亲唆鲁禾帖尼阻拦道："你们的话很对！但我们所积累的各种财富还缺少什么呢？我们为什么要（给主上）添这样的麻烦呢？（要晓得）我们也隶属于合罕，他是一国之主，他所下的命令都没错儿！"[②] 她对蒙古大汗威信的维护保证了拖雷家族与中央政权的臣属关系。

术赤系也维护了帝国的统一。在窝阔台组织的长子西征中，拔都成为西征首领。西征之后，拔都将统治中心迁到伏尔加河下游流域，远离了帝国中心。就是在蒙哥大汗时期，拔都也以属臣身份奉蒙哥为宗主。这一点可以从下面一事反映出来。1253 年，法国国王路易九世派方济各会教士、法国佛兰德斯人威廉·鲁布鲁克（Guillaume de Rubrouck）出使钦察草原，希望在钦察汗国内传教。拔都在其驻地萨莱城接待了他们，对他们居留钦察汗国传教一事不敢擅作主张，于是，拔都派一个千户送他去哈剌和林觐见蒙哥大汗，要蒙哥大汗做决定。

---

① 〔波斯〕拉施特：《史集》第 2 卷，第 175 页

② 〔波斯〕拉施特：《史集》第 1 卷第 2 分册，第 381 页。

1241年，“合罕（窝阔台）死后，察合台的宫阙成为全人类的核心，人们从远近跋涉去朝拜他”[①]。在他的拥护下，蒙古帝国政权仍然留在了窝阔台家族，窝阔台之妻脱列哥那哈敦得以摄政。在窝阔台去世一年之后，察合台于1242年也去世了。此后，察合台系和拖雷系宗王仍然承认了窝阔台之子贵由的大汗权威，而朮赤系拔都从贵由登基起已经表现出离心倾向，他托词未出席贵由的登基大典。在长子西征中，拔都与贵由发生过矛盾，以后，这一矛盾发展成公开冲突。在贵由统治期间，蒙古帝国的统一已经出现了裂痕。

贵由死后，围绕着汗位继承，四个家族第一次分裂成两大阵营：朮赤系和拖雷系结成反窝阔台系同盟，支持蒙哥即位；察合台系的大多数宗王站在窝阔台系一边，结成了反拔都同盟。

蒙哥胜利即位以后，对敌对势力进行了打击，削弱了窝阔台和察合台两系的势力。窝阔台兀鲁思被分割，察合台兀鲁思的一些地区被划给了拔都，此举为以后朮赤系与察合台系之间的战争埋下隐患。成吉思汗分封之初，朮赤与察合台两兀鲁思在东边的分界线是巴尔喀什湖以北的塔尔巴合台和萨雷河，在西边的分界线是阿姆河，阿姆河下游以东属于察合台兀鲁思，阿姆河以西的花剌子模绿洲是朮赤领地。1248年，拔都在获悉贵由从哈剌和林向西进军的消息之后，也率军东进到离海押立不到7天路程的阿剌脱忽剌兀。据史家考证，“阿剌脱忽剌兀在伊犁河汇入巴尔喀什湖的汇合处东岸”[②]。该地区在察合台兀鲁思境内。贵由去世以后，拔都没有从此地撤走。此后，蒙哥大汗确认了拔都对察合台兀鲁思的占领。“如今朮赤兀鲁思的边界已不像从前那样在阿姆河，而是在七河流域，在离垂河（楚河）不远的地方了。”[③] 拔都在花剌子模以南的阿姆河两岸实力也得

---

① 〔伊朗〕志费尼：《世界征服者史》（上），第301页。

② 刘迎胜：《察合台汗国史研究》，第96—97页。

③ 〔苏联〕Б.Д.格列科夫、А.Ю.雅库博夫斯基：《金帐汗国兴衰史》，余大钧译，张沪华校，商务印书馆1985年版，第57页。

到增强，“在大汗蒙哥的同意下，实际上成了河中的统治者”①。蒙哥还将西方的谷儿只赐给了拔都兄弟别儿哥。以后伊利与钦察两个汗国为争夺谷儿只也进行了多次战争。

拔都操纵汗位的选举及其领地的扩大，使他的威望增加，其地位与蒙哥齐平，蒙哥统治着帝国的东部，拔都统治着帝国的西部。对钦察汗国与蒙古帝国之间的关系，蒙哥在不同场合多次进行解释，他曾说：“一个头有两只眼睛，然而，虽然它们是两只眼睛，它们看到的东西仍然只有一个。而且，一只眼睛的眼光向着哪里，另一只眼睛的眼光也是向着那里。”② 在接见法国国王路易九世的使臣鲁布鲁克之时，他又说：“如同太阳的光辉普照四方一样，我的权力和拔都的权力也传播到各处。”③ 巴托尔德评价说，总的来说，在1251—1255年期间，蒙古世界实际上是在大汗蒙哥与“老大哥”拔都之间被瓜分了，他们之间的边界线穿过楚河和怛逻斯河之间的草原。在蒙哥去世的时候，“东西方诸城市及波斯、河中、呼罗珊诸地的虎土白（胡特巴）呼叫的不是别人而是别儿哥”④。

窝阔台和察合台两系在遭到削弱的情况下，双方统治者之间保持着以往的友好关系，不过，由于大汗继承权的失落，察合台系与窝阔台系之间的宗属关系已经不存在了，两系宗王之间在平等的地位上交往，有利于察合台兀鲁思的发展。

1259年8月，蒙哥大汗驾崩，二弟忽必烈与幼弟阿里不哥为争夺大汗位发生战争，蒙古帝国出现两位大汗，随之，西道兀鲁思宗王们也分为两派，蒙古宗王经历了第二次分裂和组合。西道兀鲁思宗王中的大多数反对主张汉化的忽必烈，支持坚持蒙古传统的阿里不哥。在阿里不哥一边的有窝阔台系宗王海都，察合台系摄政者兀鲁忽乃和宗王阿鲁忽，以及钦察汗国的别儿哥。

---

① 〔苏联〕Б.Д. 格列科夫、А.Ю. 雅库博夫斯基：《金帐汗国兴衰史》，第57页。

② 〔英〕道森：《出使蒙古记》，第215—216页。

③ 同上书，第173页。

④ 〔阿拉伯〕朮札尼：《亚洲包括印度穆斯林王朝通史》（英译本），伦敦1881年版，第1292页。

察合台宗王阿鲁忽最初站在阿里不哥一边，在阿里不哥的扶持下夺取了察合台兀鲁思最高统治权。后来，他因扣留阿里不哥的物资而投靠了忽必烈。此后，他夺取了属于钦察系的花剌子模绿洲，摧毁讹答剌要塞。当时，钦察系宗王别儿哥正在与伊利汗国争夺高加索地区，无力东顾，于是，他在人力和财力上支持海都，以海都之力抑制和打击察合台系阿鲁忽在中亚的扩张。

13 世纪 60 年代，蒙古宗王第三次分裂和组合是围绕着忽必烈与窝阔台系宗王海都的斗争。两大阵营的一方是以察合台系宗王为首，背后支持者是忽必烈；另一方是窝阔台系宗王海都，背后支持者是钦察汗别儿哥和忙哥帖木儿。其间，在两大阵营内部也出现过冲突，如察合台宗王八剌攻打忽必烈驻忽炭守军，以及忙哥帖木儿出兵攻海都部众，然而，从总的形势来看，在塔剌思会议之前，中亚基本上保持着这种格局。

在此形势下，忽必烈对海都采取了怀柔政策。1264 年底，忽必烈派铁连出使海都，以召其入朝为名，打探海都的军事实力。铁连返回对忽必烈说："海都兵繁而锐，不宜速战，来则坚垒待之，去则勿追。自守既固，则无虞矣！"[①] 此后，忽必烈全力攻宋，无暇西顾，于是，按年赏赐海都银两币帛，并把蔡州作为封地赐给他。1265 年初，忽必烈遣使窝阔台宗王海都处，召窝阔台宗王赴忽里勒台，但海都以"马瘦"为由，始终没有出席忽必烈召开的忽里勒台。

1269 年，钦察汗忙哥帖木儿派别儿哥察儿率 5 万军队协助海都打败了察合台军队。在钦察军队的援助下，海都不仅提升了自己在本系宗王中的地位，而且还不断蚕食察合台兀鲁思，他首先夺取了锡尔河以北、以东地区，据波斯史籍记载，海都夺取之地"从塔剌思、肯切克、讹答剌、可失哈儿和阿姆河那边地区的整个地带"[②]。由此观之，阿鲁忽从钦察汗国夺取的地区，以后被海都据为己有。这

---

① （明）宋濂：《元史》，第 3248 页。

② 《瓦撒夫史》，转引自刘迎胜：《察合台汗国史研究》，第 250 页。

样，窝阔台兀鲁思的疆域从阿尔泰山西北麓一直延伸到了阿姆河以东地区。

阿里不哥投降忽必烈之后，海都成为反对忽必烈的主要势力。为了对付忽必烈，1269 年，海都组织西道兀鲁思宗王召开了塔剌思会议。会上，海都与察合台宗王八剌和解，三方结成了反忽必烈联盟，海都“成为中亚细亚的事实上的合罕和真正的主人”[①]。会后，八剌追随海都进行了长期的反忽必烈战争。因此，塔剌思会议成为蒙古帝国分裂的标志，蒙古大汗忽必烈对西部的窝阔台系、察合台系、术赤系不再有控制权，只有伊利汗国保持着与大汗忽必烈的臣属关系。

伊利汗国是拖雷第三个儿子旭烈兀在西亚建立的政权。在忽必烈与阿里不哥争夺大汗继承权的战争中，忽必烈派使者册封旭烈兀“从质浑河岸到密昔儿的大门，蒙古军队和大食人地区，应由你，旭烈兀掌管，你要好好防守，以博取我们祖先的美名”[②]。因此，在建国之初，伊利汗国保持着对以忽必烈为大汗的蒙古帝国的效忠。1265 年，旭烈兀之子阿八哈继位，忽必烈赐他“辅国安民之宝”方印，阿八哈仍然尊忽必烈大汗为最高首领。当察合台兀鲁思汗的财政官员马思忽惕伯于 1267 年到伊利汗处了解阿姆河以西地区岁赋盈亏情况之时，阿八哈以为他仍然是帝国驻中亚的官员，令会计于一周之内将该地青册（丁口簿录）的情况向他呈报。此事说明，伊利汗严格恪守属臣的本分。

13 世纪 70 年代以前，西道兀鲁思之间的关系实际上是围绕着蒙古帝国中央政权展开的。在斗争中，察合台与窝阔台兀鲁思基本上站在一起，甚至结成联盟关系。只是在窝阔台宗王海都势力不断蚕食察合台兀鲁思领地之时，两系之间的关系才开始从盟友走向敌对，并发展为战争。不过，两系之间的战争时期不长，在 1269 年召开的

---

① 〔法〕雷纳·格鲁塞：《蒙古帝国史》，第 261 页。

② 〔波斯〕拉施特：《史集》第 2 卷，第 299 页。

塔剌思会议中，两系之间达成和解，此后，察合台宗王实际上成了海都的附庸，追随海都与忽必烈军队作战。

察合台系与朮赤系之间最初关系是和平的，在蒙哥争夺大汗位时期，由于察合台的部分宗王不支持拔都反窝阔台家族的政策，双方关系表现出不和。蒙哥大汗即位之后，察合台兀鲁思的一些领地被划给拔都，察合台系虽有不服，但也未见任何行动。蒙哥大汗死后，两系之间的敌对关系公开化。13 世纪 60 年代，察合台宗王阿鲁忽开始掠夺钦察汗在河中地区的属民，“杀掉了别儿哥的全部那可儿和臣属于他的人……他们夺取了那些人的全部动产和不动产”①。尽管如此，双方之间也没有发生正面交战，察合台系与拔都系的敌对关系在 1269 年的塔剌思会议中也得到了化解。

察合台宗王阿鲁忽与西部伊利汗旭烈兀一直保持着友好交往。1262 年，阿鲁忽反叛阿里不哥支持忽必烈，在此基础上，双方建立了友好关系。1265 年，阿鲁忽和旭烈兀相继去世，新察合台统治者木八剌沙、八剌与伊利汗阿八哈（1265—1282 年在位）继续保持着以往建立起来的友好交往。在塔剌思会议之后，察合台汗国向西发展，与伊利汗国进入了战争时期。察合台汗在战争中失败，没有夺到呼罗珊的统治权。

伊利汗国从建国之初就与钦察系宗王们处于敌对状态，主要原因是争夺阿哲儿拜占和高加索南部地区。从 1262 年起，钦察宗王与伊利汗国进行了多次战争。其中，1262 年，那海率领的钦察军进攻高加索，旭烈兀与阿八台那颜在设里汪附近迎战，那海战败，旭烈兀军追击渡过了帖列克河，得到了那海军队的大批辎重。在获悉战败消息之后，别儿哥派大军在帖列克河畔袭击了旭烈兀军，旭烈兀军退回桃里寺。出于报复，旭烈兀在桃里寺城将别儿哥的商人和属民统统杀死，没收他们的财产；别儿哥在钦察汗国内也处死了旭烈兀的商人和属民。

---

① 〔波斯〕拉施特:《史集》第 2 卷，第 302 页。

1265年，伊利汗阿八哈将在桃里寺和篾剌合地区收取的部分税送给钦察汗国，两者之间的敌对关系得到暂时缓和。第二年，那海率钦察军由打耳班进攻伊利汗国，与伊利汗国军在阿克苏河附近开战，那海眼睛受伤，退回设里汪。接着，别儿哥亲征伊利汗国，阿八哈退守库尔河畔，两军对峙。别儿哥率军逆河而上，但在梯弗里斯附近病逝，钦察撤军，双方休战。

第五章

社会经济、宗教、文化

蒙古帝国统治疆域广大，境内民族众多，各民族社会发展的水平不尽相同。蒙古族主要从事游牧业，蒙古统治者将被征服地的大批手工业者移居蒙古草原，促进了蒙古地区生产力的发展。蒙古帝国的建立消除了东西方陆路交通的人为障碍，畅通了欧亚大陆自古形成的商路，促进了东西方贸易往来和文化交流。与以往相比，在蒙古人统治时期，中亚社会经济更多地与东方联系在一起，中亚商人垄断了蒙古草原与东、西方的贸易。蒙古帝国是一个多民族的政治联合体，国内各民族有着自己的宗教信仰和文化。蒙古人原信仰萨满教，随着征服地区的扩大，他们接触到各种不同的宗教。在蒙古人统治之前，伊斯兰教在中亚大多数地区已经占据了主导地位，蒙古统治者在中亚采取兼容并蓄的宗教政策，除伊斯兰教外，其他宗教（景教和佛教）得到一定程度的发展。其中，佛教在中亚东部十分兴盛。蒙古人的原始文化深受突厥文化的影响，蒙古文字是用畏兀儿文（回鹘文）书写的。蒙古人统治初期，中亚文学和史学取得了较大的成就，产生了《果园》、《世界征服者史》等一批文学和史学名著，此外，途经中亚的东、西方使者也留下了他们的游记。蒙古统治时期，天文学在中亚，特别是在呼罗珊，处于世界前沿；

这一时期，宗教学校仍然是中亚地区推行教育的主要场所。

第一节　社会经济

西征之前，蒙古人的畜牧业已经相当发达了，饲养的畜类有羊、马、牛、猪等，他们过着逐水草迁移，以毡帐为室的游牧生活。西征之初，蒙古人认识不到农耕地区及城市对他们的意义，他们摧毁城市，将农田改为牧场。这些行为严重破坏了中亚经济。1221 年，丘处机应诏到中亚，见到了遭战争破坏的撒麻耳干城："方算端氏（指花剌子模摩诃末）之未败也，城中常十万余户。国破而来，存者四之一。"[①] 蒙古征服初期，花剌子模绿洲"这斗士的中心，游女的汇集地，福运曾降临其门，鸾凤曾以它为巢，现在则变成豺狼的邸宅，枭鸢出没之地；屋宇内的欢乐消失殆尽，城堡一片凄凉，园林如此之凋落"[②]。呼罗珊的情况也一样，"一个遍地富庶的世界变得荒芜，土地成为一片不毛之地，活人多已死亡，他们的皮骨化为黄土；俊杰被贱视，身罹毁灭之灾"[③]。"每城每村都屡次遭到洗劫和屠杀，受扰达数年之久，因此，那怕生殖繁息至复活日，其人口仍不及从前的十分之一。"[④] "有 10 万人的赫拉特城（希拉特），只剩下 4 万人口了。"[⑤] 蒙古征服期间，中亚经济处于停滞或倒退，甚至到了崩溃的边缘。

战争结束以后，来到中亚的蒙古人在相当长的时期内仍以畜牧和游牧经济为生，他们并未与突厥人一起过城郭生活，而是在城邑附近过着传统的帐幕生活，并以轻蔑的目光对城邑之民进行监视。

---

① （元）李志常述：《长春真人西游记》，第 14 页。
② 〔伊朗〕志费尼：《世界征服者史》（上），第 138 页。
③ 同上书，第 169 页。
④ 同上书，第 107 页。
⑤ 〔美〕希提：《阿拉伯通史》（下册），马坚译，商务印书馆 1995 年版，第 578 页。

他们认为："我们一直管的是蒙兀儿斯坦的事，蒙兀儿兀鲁思天性爱沙漠，那里根本没有庄稼事，旷野里的猫头鹰在我们听来比丛林中的夜莺歌声还要美。我们从来没有以农业地区为家过，饿狼野兽是我们的朋友，沙漠里的野猪是我们的同伴。……没有羊，我们就活不下去，离开牛，我们便只有死路一条。"[①] 在察合台兀鲁思东部，天山北麓的伊犁河谷与裕勒都斯河谷连成一片，自古以来是游牧民族的活动场所，是察合台部民理想的驻牧地。察合台家族在相当长的一段时期，沿袭传统的游牧狩猎生产生活方式，察合台兀鲁思首府和政治中心置于牧草丰美、适合畜牧业发展的天山北部草原地带。

作为最高统治者的蒙古大汗对他们统治的农耕之地最初也没有足够的认识，他们认为："汉人无补于国，可悉空其人以为牧地。"[②] 在这种观念的支配下，蒙古统治者裂土分封，毁农田为牧场。1253 年，法国人鲁布鲁克在穿越巴尔喀什湖东南草原之时，他看到"在这片平原之上，过去原来有许多大的市镇，但是它们绝大部分都已被鞑靼人所破坏，以便他们可以在那里放牧羊群，因为这片平原是很好的牧场"[③]。蒙古统治者重牧业、轻农业的游牧偏见在汉化契丹人耶律楚材的影响下，及时得到了纠正。

在窝阔台执政期间，耶律楚材向窝阔台指出"农业地区对国家无补"的观念是错误的，他说："陛下将南伐，军需宜有所资，诚均定中原地税、商税、盐、酒、铁冶、山泽之利，岁可得银五十万两，帛八万匹，粟四十余万石，足以供给，何谓无补哉！"[④] 窝阔台对此将信将疑，他责成耶律楚材试行之。耶律楚材设立了十路征收课税所，第二年秋天就征收了如数的税额。窝阔台十分惊奇地问耶律楚材："你没有离开我的左右，怎么却能使国用充足？"在事实面前，蒙古

---

① 米儿咱·马黑麻·海答儿：《中亚蒙兀儿史·拉失德史》第 2 编，新疆社会科学院民族研究所译，王治来校注，新疆人民出版社 1983 年版，第 422 页。

② （明）宋濂：《元史》，第 3458 页。

③ 〔英〕道森：《出使蒙古记》，第 154 页。

④ （明）宋濂：《元史》，第 3458 页。

统治者开始制定保护农业、征收赋税的制度。

蒙古帝国制定了税法，对牧民“有马百者输牝马一，牛百者输牸牛一，羊百者输羒羊一，为永制”[①]；对农耕地区制定了赋税制度，责令耶律楚材掌管汉人赋调，花剌子模人牙剌洼赤掌管中亚赋税，实行“中原以户计，西域以丁计”[②]征收。统治中亚的察合台系宗王也从蒙古帝国的税收中获得他们应得的一份。

牙剌洼赤在中亚实行休养生息的政策，“废除了扯里克（Cherig，兵士）和签军（Hashar）的强制兵役（Mu’an），及种种临时赋税（’Avārizāt）的负担、摊派”[③]。“那些流散到穷乡僻壤的人，为他的公正、仁慈所吸引，返回故里，人们从世上各地到那里去；因他的诚挚，该城（即不花剌）日趋繁荣，甚至达到它的顶峰，其领域成为名门望族的家园，贵人黎庶的聚集地。”[④]到回历658年（公元1259或1260年），中亚地区因战争受到的破坏已经基本得到恢复，“中亚一些州县在某些方面已达到原来繁荣昌盛的水平，而在另一些方面很接近原来的水平”[⑤]。

1234年，牙剌洼赤调往汉地，其子马思忽惕伯接替父职掌管中亚赋税。他在河中地区的税制是：一个富人每年应被征收10个迪纳尔，如此按比例降至一个穷人被征收1个迪纳尔，这样得到的全部收入用于支付强征的签军、驿站和使臣的生活开销，除此之外，不得另外非法征税和接受贿赂，该办法的推行在一定程度上限制了各地方当局的专横不法。[⑥]

蒙古人对征服地区统治方式的不同，经济恢复的速度和效果也不相同。在中亚东部，即阿力麻里和海押立等地区，蒙古统治者采取了较为宽松的统治，对这些地区的经济剥削也不重，因此，这些

---

① （明）宋濂：《元史》，第29页。

② 〔瑞典〕多桑：《多桑蒙古史》（上），第183页。

③ 〔伊朗〕志费尼：《世界征服者史》（上），第107页。

④ 同上书，第116页。

⑤ 同上书，第107页。

⑥ 同上书，第577页。

地区经济恢复较快，很快就呈现出繁荣景象。1259 年，常德西访伊利汗国时，“出关至阿里麻里城，市井皆流水交贯，有诸果，惟瓜、蒲萄、石榴最佳。……又南有赤木儿城。居民多并、汾人”[①]。阿力麻里城一带是察合台兀鲁思的政治、经济、文化中心，在蒙古人统治之初，这些地区社会安定。在河中地区，蒙古统治者施加了较重的经济剥削，致使河中地区的经济恢复滞后，在 13 世纪上半叶，没有达到中亚东部的繁荣程度。特别是直接导致蒙古西征的讹答剌城，在长时期内没有得到恢复。

不花剌城经济恢复的情况比撒麻耳干城好一些。最初，成吉思汗派塔兀沙八思哈管理不花剌，他使该城恢复些繁荣。[②]不花剌城面貌的改观，从耶律楚材的诗作《赠蒲察元帅七首》反映出来，诗中提到镇守不花剌城的将领蒲察：“元老规模妙天下，锦城风景压河中。”后来，在牙剌洼赤的治理下，“要说人口的拥塞、动产和不动产的众多，学者的云集，科学及其他研究者的兴盛，宗教捐赠的建立，伊斯兰国家中没有城市可与不花剌相匹敌”[③]。

在蒙古人统治之初，中亚阶级关系的一个特征是：奴隶劳动在蒙古人统治之下重新加强起来。许多手工业者被分派给蒙古贵族，此外，还有数以万计的人由于缴不起税而变成奴隶。奴隶劳动不仅如以往一样用于家务，在相当大的范围内，还进行农业生产。无论在城市还是在农村，奴隶属于社会等级中的最底层。

尽管如此，中亚社会主要矛盾仍然是封建上层（包括高级僧侣、商人和高利贷者）与农民和城市下层群众之间的矛盾。蒙古征税官员别拉特（在乡村征收实物税者）和中央政权派往各地的使臣伊利奇对农民进行收税，逃避捐税的人要遭到皮鞭毒打等非人的惩罚。持有牌子的使臣有权向居民索取本人及随从人员所需要的一切物品，如食品、饲料、房屋及运输工具。许多乡村的农民在路上设置观察

① （元）刘郁：《西使记》，中华书局 1985 年版，第 1 页。

② 〔伊朗〕志费尼：《世界征服者史》（上），第 116 页。

③ 同上。

哨，观察伊利奇的动静，随时准备逃散。蒙古统治者对农民逃亡采取血腥镇压，以武力将农民强制固着在土地上。有一则保存至今的记载说：呼罗珊总督多尼什曼要求赫拉特行政长官归还他的领地莫夫、阿比维尔德、萨拉赫斯（Sarakhs，另译撒剌哈夕）和贾姆的逃亡者。

蒙古统治期间，中亚社会经济发展的显著特点是与东方的联系超过了以往任何时期，这一点由以下三个方面反映出来。第一，中亚与东方的交通；第二，中亚与东方的商贸活动；第三，中亚与东方生产技术的交流。

13 世纪上半叶，中亚通往东方的道路四通八达，其中，主要有三条路线：漠北道、丝绸中道和丝绸南道。

漠北道是中亚与蒙古帝国统治中心哈剌和林联系的交通主线。从察合台统治中心阿力麻里出发，有两条路通往哈剌和林。一条沿今天山北麓向东北到叶密立，再向东至霍博、经乌伦古湖到乌伦古河畔的横相乞儿（在今新疆乌伦古河上游河曲处），然后翻越阿尔泰山，从科布多河上游的索果克河进入蒙古帝国都城哈剌和林。蒙古西征之前，这条道路的有些地段并不畅通，蒙古人在险峻地段进行了开凿与修建。1219 年，察合台在这条路段的急流和瀑布上搭建桥梁，“二太子（察合台）扈从西征，始凿石理道刊木为四十八桥，桥可并车”①。穿过阿尔泰山的车道是窝阔台开辟的，“其山高大，深谷长坂，车不可行，三太子（窝阔台）出军，始辟其路”②。

从阿力麻里出发的另一条道是古代丝绸之路的北道，它沿天山北麓东行，经过昌八里（昌吉）、轮台（米泉）抵达别失八里，然后向北穿越准噶尔盆地中的古尔班通古特沙漠，抵达乌伦古河流域，经乌兰达坂隘口穿越阿尔泰山向东北进入哈剌和林。从阿力麻里向西北，经漠北道可达欧洲，向西南可抵达波斯。以后，窝阔台

---

① （元）李志常述：《长春真人西游记》，第 11 页。

② 同上书，第 9 页。

下令在全国各地设驿站，并规定了察合台、拔都、拖雷出人员操办此事。[①] 漠北道的畅通不仅保证了蒙古帝国政令的通行，而且还吸引了西方旅行者和传教士，有利于东西方经济文化的交流。

蒙古人统治时期，古代丝绸之路的中道十分畅通。察合台蒙古人从撒麻耳干城出发，北上至察赤，渡锡尔河东行至可失哈耳（今新疆喀什），由此向东北行，经龟兹（今新疆库车）、乌垒（今新疆轮台）、焉耆至回鹘国（即高昌，今新疆吐鲁番），从回鹘国向东至哈密力（今新疆哈密），再北上至哈剌和林。蒙古统治者注意维护这条道路的畅通，1281 年，蒙古帝国沿太和岭（高加索）至别失八里一线，设置了 30 个驿站，这 30 个驿站的设置，把畏兀儿之地和中亚联系起来了。从回鹘国直达中原的道路也重新开通，当时负责这条交通干线恢复工作的是按竺迩。1228 年，按竺迩受命镇守删丹州（今甘肃清山丹）时，"置驿张掖、酒泉，至玉关，通道西域"[②]。畏兀儿人岳璘帖穆尔为恢复河西走廊与畏兀儿地区之间交通做出了贡献。他从中原到畏兀儿地探亲时，"道出河西，所过榛莽，或时乏水"，岳璘帖穆尔"为凿井置堠，居民使客相庆称便"[③]。

中亚与东方交通的第三条是古代丝绸南路，从撒麻耳干城出发南行到巴里黑，然后向东经塔里寒、巴达克山，穿越帕米尔高原至可失哈耳，由此向东南方行，经鸭儿看（今新疆莎车）、忽炭（今新疆和田）、且末（今新疆且末）、鄯善（今新疆若羌）至罗布淖尔（罗布泊）南部，再向东北至敦煌，在哈密力与中路会合，然后，北上哈剌和林。

漠北道不是蒙古人统治时期才开辟的，自古以来，它就是东方游牧民通往中亚的通道；然而，在蒙古统治时期，由于蒙古统治者高度重视，它得到了前所未有的维护。丝绸之路的中道和南道在 10—12 世纪就受到喀喇汗国统治者的维护，因此，如果不是人为阻

---

① 〔波斯〕拉施特：《史集》第 2 卷，第 60—61 页。

② （元）明善：《雍古公神道碑铭》，见《永乐大典》卷 10889，第 11 页。

③ （明）宋濂：《元史》，第 3050 页。

止的话，两条道路在此之前就已经十分畅通了。

为了道路的畅通，蒙古人建立了驿站制度。在战争时期，蒙古军攻占到哪里便把驿站设置到哪里。《世界征服者史》记载：“他们（蒙古人）在国土上遍设驿站，给每所驿站的费用和供应作好安排，配给驿站一定数量的人和兽，以及食物、饮料等必需品。这一切，他们都交给土绵（万户）分摊，每两块土绵供应一所驿站。如此一来，他们按户籍分摊、征索，使臣用不着为获得新骑乘而长途迂回，另一方面，农夫、军人免遭不时的干扰。……驿站每年要经过检查，有所缺损，必须由农民补偿。”① 窝阔台任大汗期间，蒙古帝国正式确立了驿站制度，使驿站规范和完善。据《元朝秘史》记载，窝阔台曾与其兄察合台商议：“使臣往来，沿百姓处经过，事也迟了，百姓也生受。如今可教各千户每出人马，立定站赤，不是紧急事务，须要乘坐站马，不许沿百姓处经过。”察合台听了赞成此事，他说：“站赤一节，我自这里立起，迎着你立的站，教巴秃（拔都）自那里立起，迎着我立的站。”② 窝阔台“差人于各处起取上项羊马，并守仓库、站赤等户。所摆站赤，命阿刺浅、脱忽察儿两个整治，每一站设马夫二十人，内铺马并使臣的廪给羊马及车辆、牛只，定将则例去。如有短少者，家财一半没官”③。站户是被列为站赤的民户，驿站的一切费用由本人负担，负担之沉重，有“民之受役，莫重于站赤”之说。④

据柏朗嘉宾和鲁布鲁克的游记，驿站的设置距离是不等的，一般来说，在主干道上，大约每隔 25 公里—30 公里设置一站；七河流域以西地段驿站的设置较为密集，在一天路程的地段上设置几个驿站。从海押立到阿尔泰山之间人烟稀少的地段，基本上是一天路程只有一个驿站。

① 〔伊朗〕志费尼：《世界征服者史》（上），第 32 页。

② （元）佚名：《元朝秘史》第 279 节，见《蒙古秘史》附录，第 619 页。

③ 同上。

④ 陕西省地方志编纂委员会：《陕西省志・公路志》第 9 章“驿运”，陕西人民出版社 2000 年版。

驿站的主要职责是为来往使臣、商人、僧侣提供食宿、换乘的马匹，以及相应的安全保卫。中亚与蒙古草原的交通是陆路，所以驿站基本上是陆站（旱站），从里海北岸到蒙古的克鲁伦河流域的交通，“脉络顺通，朝令夕至”。

驿站的设置，保证了中央政府的政令顺利下达，巩固了对各兀鲁思的统治，客观上起到了保护商旅，有利于东、西方，尤其是中亚与东方政治、经济和文化的交流。在一些人口较为稠密的驿站附近自然形成了贸易集市，驿站周围既是商品集散地，也是商品交换中心，最后发展成为一个个经济中心。

在蒙古人统治中亚期间，中亚与东方联系加强的另一个表现是中亚与东方商业贸易活跃。蒙古人单一的畜牧经济与其多样性需求的矛盾历来是通过产品交换解决的，因此，蒙古人特别重视商业贸易，从贵族到平民都从事经商，蒙古最高统治者也参与经商，或者贷款给穆斯林商人，令其经商纳利。据《世界征服者史》记载：“成吉思汗命他的儿子、那颜、将官，各从自己的部属中抽调两三个人，给他们一个金巴里失或银巴里失作本钱，让他们随那队商人去算端的国土，在那儿作生意，收购奇珍异宝。”[①] 算端的国土指花剌子模帝国统治下的中亚。

在与蒙古人贸易的商人中，中亚穆斯林人首当其冲，“凡有利可图之地，哪怕远在西极和东鄙，商人都向那里进发”[②]。通过与中亚商人的交往，蒙古人了解到中亚的政治、经济、军事、文化等多方面的情况，这些对蒙古人西征和统治中亚起到了重要作用，蒙古人西征之时，给他们带路的就是熟悉东西交通路线的中亚商人。成吉思汗还以法律形式保护商旅，札撒规定：“凡进入他的国土内的商人，应一律发给凭照，而值得汗受纳的货物，应连同物主一起遣送给汗。”[③]

---

① 〔伊朗〕志费尼：《世界征服者史》（上），第 86 页。

② 同上书，第 85 页。

③ 同上。

蒙古统治者给商人一些特权，驿站为商人提供服务得到了官方认可，行程所需粮食车马，皆由驿站所在地供应，不须付价，他们有“持玺书、佩虎符、乘驿马”[①]的权利。专为蒙古统治者经营商业和高利贷的中亚商人被称为斡脱，他们得到统治者的保护，倚势横行，放钱债获取高利息，息转为本，又复生息，成为“羊羔息”。一些商人还得到重用，如早年在蒙古草原经商的畏兀儿人镇海，后来因战功佩虎符，成为蒙古帝国的阇里必（宰相）。

商贸的发展，促进了中亚货币关系的发展。在蒙古征服以前，中亚东北地区因白银危机，很少使用纯银铸币，市面上流行的是镀有一层薄银的铜币。[②]官方铸币虽有官定币值，但是，政府无力维持币值的稳定，商人和百姓深受货币紊乱之苦。在成吉思汗西征之后的最初25年中，由于蒙古西征军的屠杀和掠夺，中亚广大地区生产力遭到了破坏，贸易已经退回到以物易物的阶段。在昔日十分繁华的阿姆河以北地区，只有大城市存在着规模不大的货币经济。在蒙古统治初期，中亚铸造钱币的城市很少，目前发现的这一时期的钱币只有撒麻耳干和不花剌两城铸造的铜币。从币面铭文来看，这些钱币仅限于在本地区流通。“市用金钱，无轮孔，两面凿回纥字。”[③]耶律楚材曾见到过这种钱币，他说：“寻思干（撒麻耳干）甚富，用金铜钱，无孔郭。”[④]

蒙古统治初期，中亚钱币往往是面值高于实际价值的贱金属货币，居民不愿使用成色低的货币，认为实物交换比用货币交换更好，于是，蒙古人以武力推行货币的流通。在撒麻耳干发行的钱币上出现塔吉克语和突厥语的“威胁性”的铭文，如回历630年（公元1232或1233年）在撒麻耳干城发行的钱币上，铸有塔吉克语铭文：

---

① （明）宋濂：《元史》，第505页。

② 〔苏联〕达维多维奇：《中亚11—13世纪的铸币流通》，见《古钱币学与古碑铭学》卷2，1960年，第92—117页，转引自余太山主编：《西域通史》，中州古籍出版社1996年版，第351页。

③ （元）李志常述：《长春真人西游记》，第19页。

④ （元）耶律楚材：《西游录》，第3页。

"在撒麻耳干及此城之诸郡区，不接受者是罪犯。"[①]

1251—1275年间，掌管中亚事务的官员马思忽惕伯在此推行货币改革，禁止一切旧币的流通，规定了与过去不同的银币、铜币的铸型和重量，银币重新成为货币流通的基础。撒麻耳干、不花剌、忽毡、塔拉兹、帖尔穆兹等城都有造币厂，大量铸造银币。[②]1977年，在新疆昌吉古城出土的银币中，经鉴定，在1370枚银币中，察合台汗国的银币占了绝大多数，共计有1364枚。[③]除一枚外，其他都是13世纪40年代至14世纪初期铸造的，地点都是当时中亚的一些主要城市。银币一般都是在此次货币改革时期及改革后不久制造的。这些钱币采用了穆斯林地区钱币的传统，在钱币铭文中印有伊斯兰教教义和《古兰经》经文。考古研究认为，这些铸币与当时马思忽惕伯负责管理中亚政务有关。[④]

蒙古人统治期间，中亚与东方经济交流的情况还从以下两个方面反映出来，即汉人对中亚经济的贡献和中亚手工业者对蒙古经济的影响。

蒙古人征服中亚之时，大批中原人随之西迁，其中，有工匠、医生、科学研究者，他们将中原文化带到中亚，促进了中亚生产力的发展。中亚居民从中原移民那里学到先进的技术。如在巴尔喀什湖一带，阿力麻里人学到了汲水技术，该地居民原来只知以瓶取水，载而归，效率很低。当他们看到中原移民的汲水器后，感叹说中原人"诸事皆巧"。据刘郁《西使记》记载："回纥与汉民杂居，其俗渐染，颇似中国。"[⑤]

中亚有着悠久的传统手工技艺，在中世纪初，手工业部门日益

---

① 〔苏联〕达维多维奇：《13世纪蒙古入侵后中亚货币经济和商业的局部恢复（依据古钱币资料）》，《亚非人民》1970年第6期，转引自余太山主编：《西域通史》，第351页。

② 〔苏联〕Б. Г. 加富罗夫：《中亚塔吉克史》，肖之兴译，中国社会科学出版社1985年版，第285页。

③ 陈戈：《昌吉古城出土的蒙古汗国银币研究》，《新疆社会科学》1981年创刊号，第55页。

④ 同上文，第70—71页。

⑤ （元）刘郁：《西使记》，第1页。

完善。蒙古西征中亚，每攻克一地，按例搜取手工匠人，签发至中土，以供其役使。1220年，蒙古军攻破撒麻耳干城，“这时，蒙古人清点刀下余生者；三万有手艺的人被挑选出来，成吉思汗把他们分给他的诸子和族人”①。蒙古军攻克花剌子模之后，“虏掠驱奴，进行抢劫、屠杀，血腥镇压，再把居民中的工匠瓜分，送往东方诸国。现在，那些国土内，很多地方还有花剌子模人在耕垦和居住”②。1223春天，窝阔台对哥疾宁进行了屠杀洗劫，将工匠、手艺人遣送到东方城市里，其余的人全部杀死，城被彻底摧毁。③在长子西征中，有大量的斡罗思、亚美尼亚、马扎尔工匠被签发东来。

大批工匠的到来满足了蒙古早期社会经济生活的需求，“从契丹往这里送来的工匠，从伊斯兰各地也同样送来匠人……他们在一个短时期内使它（指哈剌和林）成为一座城市”④。大批工匠的东来，改变了当时蒙古手工业生产落后的状况。这些工匠最初被安置于蒙古诸王帐下和军营中，为其效力，以后分属于蒙古帝国设置的各局。

蒙古征服战争具有很大的破坏性，蒙古铁骑所到之处，屠城掠地，给中亚各地人民带来了深重的灾难，严重地阻碍了中亚社会生产力的发展。这是应当受到谴责的。但是，蒙古征服及蒙古帝国对中亚的统治在客观上促进了中亚与东方的联系，具有一定的进步意义。

首先，在蒙古人的严刑峻法之下，中亚地区的社会秩序良好。察合台统治时期，“旅客只要接近他的军队，在任何一段道路上都无需保镖和卫士；而且，有那么个夸大的说法：一个头顶黄金器皿的妇女可以不用担心害怕地单独行走”⑤。

其次，蒙古帝国统治初期，东西方交通畅通无阻，元朝人在谈

① 〔伊朗〕志费尼：《世界征服者史》（上），第132页。
② 同上书，第139页。
③ 〔波斯〕拉施特：《史集》第1卷第2分册，第309页。
④ 〔伊朗〕志费尼：《世界征服者史》（上），第260页。
⑤ 同上书，第301页。

到东西方交往之时说："适千里者，如在户庭，之万里者，如出邻家。"[1] 东西方交通的畅通密切了欧亚非几大文明的联系。随着蒙古帝国疆域的扩大，远东和近东的文明国家被纳入一个民族、一个王朝的统治之下，亚欧各国的封闭状态被打破，一时间，所有道路都畅通了，整个亚洲和欧洲享受了一种公开的交往，各国的代表出现在哈剌和林的宫廷上。[2] 交通的畅通促进了东、西方经济文化的交流，中国的四大发明中的三项是在蒙古人统治期间通过中亚传入欧洲的，对欧洲经济的发展起到了巨大推动作用；阿拉伯的历法、回回炮、阿拉伯数字也经中亚传入中国，促进了中国经济文化的繁荣。

第二节　宗教

蒙古人的原始信仰是萨满教，他们认为，"长生天"（腾格里）是主宰一切的最高神，人们的一切都由"长生天的意志"安排；成吉思汗是长生天在人世间的代表，他所做的一切都符合"长生天的意志"。正是利用萨满教，在通天巫阔阔出（Kököchü Teb-Tenggeri）等人的支持下，"得天地之赞力"的成吉思汗登上了汗位。以后，成吉思汗的扩张战争也被认为是至高无上的"长生天的意志"，得到了长生天的佑助。

随着征服地区的扩大，蒙古人接触到各种宗教，蒙古统治者对它们采取了兼容并蓄的政策。成吉思汗采取"一视同仁，皆为我用"，"不舍一种而取另一种，也不尊此而抑彼"的宗教政策。[3] 成吉思汗在不花剌召见了精通伊斯兰教的人士，询问伊斯兰教义和戒规。

---

① 〔元〕王礼：《麟原文集》卷 6《义冢记》，引自《四库全书》，上海古籍出版社 1987 年版，第 1220 册，第 416 页。

② 〔英〕韦尔斯：《世界史纲——生物和人类的简明史》，吴文藻译，人民出版社 1982 年版，第 763 页。

③ 〔伊朗〕志费尼：《世界征服者史》（上），第 27 页。

除了到麦加朝圣一事外，成吉思汗对伊斯兰教的所有教义都表示赞同，他认为上帝是无所不在的，在任何地方都可祈祷，没有必要拘泥于一地。当蒙古大军进入撒麻耳干城之时，成吉思汗没有干预居民的宗教活动，允许他们公共祈祷，只不过要以他的名字祈祷。撒麻耳干城伊斯兰教士请求豁免赋役，成吉思汗允许之。[①] 在征服西辽属地喀什噶尔时，哲别宣布："每个人都可以有自己的信仰，保持自己祖先的（宗教）规矩。"[②] 他不准兵士骚扰当地居民，由于执行了正确的宗教政策，蒙古军不但没有受到抵抗，还得到当地居民的帮助，迅速消灭了住在民户家中的屈出律武装。

成吉思汗的后继者继续执行宽容的宗教政策，"大汗们尽管缺乏文化，却充分注意到宗教因素的重要性，并遵循一种普遍宽容的宽大政策。成吉思汗亲自规定，一切宗教都应受到尊重，不得偏爱，对于各种教士都应恭敬对待，把它作为法令的一部分。这项原则，所有他在东方和西方的后裔历代都忠实地予以遵守"[③]。在蒙古帝国都城哈剌和林，佛教、伊斯兰教、基督教、道教、萨满教等各种宗教并存。鲁布鲁克在蒙哥大汗宫廷之时，见蒙哥大汗出席基督教、伊斯兰教、佛教的典礼，各种宗教的教徒也争相拉拢蒙古人入教。鲁布鲁克还参加过在哈剌和林举行的一场宗教辩论会。

13 世纪上半叶，中亚绝大多数地区已经伊斯兰化，居民的主要信仰是伊斯兰教，当时蒙古的官方文书称中亚穆斯林为"回回人"。蒙古统治初期，由于伊斯兰教与蒙古的法律（包括习惯法）在许多方面有抵触，中亚穆斯林的生活曾遭受制约。如蒙古人的札撒和法律规定："春夏两季人们不可以白昼入水，或者在河流中洗手，或者用金银器皿汲水，也不得在原野上晒洗过的衣服；他们相信这些动作增加雷鸣和闪电。"[④] 这项规定违反了穆斯林沐浴的习惯。又如蒙古

① 〔瑞典〕多桑：《多桑蒙古史》（上），第 128 页。

② 〔波斯〕拉施特：《史集》第 1 卷第 2 分册，第 253 页。

③ 〔英〕道森：《出使蒙古记》，第 18 页。

④ 〔伊朗〕志费尼：《世界征服者史》（上），第 227 页。

人杀宰牲畜的方法是“其杀所食之动物，必须缚其四肢，破胸入手紧握其心脏；如仿回教徒杀牲畜者，则应如法杀其人”①。于是，中亚穆斯林屠杀牲畜的断喉之法遭到禁止，“甚至曾经不许可按伊斯兰的训令去杀一只羊，这样所有的羊都搞得不洁”②。此外，蒙古人还“禁止回回人做速纳”，“做速纳”即是穆斯林通常所称的“做逊奈提”或“做赫特乃”，就是对穆斯林儿童施行的割礼，伊斯兰教法规定穆斯林从出生第七日起应履行这项圣行。这些禁令是穆斯林难以接受的。以后，蒙古统治者逐渐取消了与中亚伊斯兰教教义相违背的一些禁令，札撒也开始与中亚穆斯林的风俗习惯趋于一致，实现了札撒的伊斯兰化。

一般而言，中亚穆斯林在蒙古人统治期间并未受到迫害，居民享有信教和传教的自由，到蒙古草原经商的中亚商人受到蒙古统治者的尊敬，“蒙古人尊敬地看待穆斯林，为照顾他们的尊严和安适，替他们设立干净的白毡帐”③。宗教场所的赋税得到豁免，宗教上层得到蒙古统治者的尊重和重用。蒙古朝廷重用的伊斯兰教徒是很多的，花剌子模穆斯林牙剌洼赤父子得到了几代蒙古大汗的重用，分别管理着蒙古帝国在汉地和中亚的财政。不过，在察合台兀鲁思内，中亚伊斯兰上层人物参与兀鲁思政权的机会并不多，不花剌城最负盛名的苏菲长老赛甫丁曾致信给察合台的大异密哈巴失阿米忒，抱怨入仕困难。13 世纪 50 年代以后，他投靠了朮赤系别儿哥。

在蒙古人统治期间，伊斯兰教神秘主义教派苏菲派在中亚产生了较大的影响。11 世纪，波斯著名哲学家安萨里（1058—1111）将苏菲神秘主义纳入正统信仰，苏菲派思想开始系统化、理论化。在此基础上，苏菲教徒们开始向组织化方向发展，形成了苏菲教团。12 世纪以后，中亚逐渐形成了两个有影响的教团：花剌子模的库布拉维（Kubrāwiyya）教团、亚萨维（Yasawiyya）教团。创建于 13 世

① 〔瑞典〕多桑：《多桑蒙古史》（上），第 155 页。

② 刘迎胜：《察合台汗国史研究》，第 74—75 页。

③ 〔伊朗〕志费尼：《世界征服者史》（上），第 86 页。

纪早期的苏菲库布拉维教团在花剌子模帝国十分活跃，一度成为一股政治势力参与宫廷斗争。

蒙古人西征期间，库布拉维教团对蒙古人的征服进行了顽强的抵抗，在遭到失败以后，教团中的一部分成员逃往印度、小亚细亚等地，一部分成员仍留在中亚继续活动。库布拉维和亚萨维教团受挫之后，苏菲教徒们转入秘密传教，吸收中亚原始宗教中的自然崇拜、圣人崇拜、圣墓麻扎崇拜和祖先崇拜等成分，构成了具有浓厚神秘色彩的"中亚式"伊斯兰教。其中，最突出的特征是和卓崇拜，和卓即自称穆罕默德后裔的人，他们成了信徒心中的神。

旭烈兀灭阿拔斯王朝以后，逊尼派伊斯兰教的统治地位随之崩溃，在蒙古人统治下的呼罗珊地区，伊斯兰教什叶派迅速接近蒙古统治者，取代逊尼派，一跃成为占主导地位的伊斯兰教派，旭烈兀采取笼络伊斯兰教上层分子的态度，在围攻巴格达时就接受什叶派大法官的归顺，任命伊斯兰著名学者参与政治。

在蒙古帝国统治初期，少数蒙古上层人士表现出伊斯兰教倾向，其中，别儿哥是比较早的一位。蒙哥即位以后，大约在 1252 年左右，别儿哥从蒙古草原返回他在谷儿只的封地，途经中亚地区之时，苏菲长老赛甫丁利用这一机会接近别儿哥，在他的启发下，别儿哥皈依了伊斯兰教。几年之后，1265 年，察合台汗木八剌沙也在河中地区皈依了伊斯兰教。不过，总的来看，与同时期的中国、波斯、钦察草原上的蒙古人相比，中亚察合台系蒙古人显然较少接触定居民族的先进文化，较少受到先进文化的影响①，因此，他们的萨满教信仰保持了较长时间。

除了伊斯兰教外，在蒙古人统治期间，佛教和景教（聂思托里教）继续在中亚东部发展。成吉思汗"一面优礼相待穆斯林，一面极为敬重基督教徒和偶像教徒。在他的子孙中，好些已各按所好，

---

① 《巴托尔德文集》第 2 卷第 2 册，转引自《西域史论丛》第 1 辑，新疆人民出版社 1985 年版，第 271 页。

选择一种宗教：有皈依伊斯兰教的，有归奉基督教的，有崇拜偶像教的，也有仍然恪守父辈、祖先的旧法，不信仰任何宗教的；但最后一类现在只是少数”[①]。

13 世纪上半叶，蒙古人对佛教已经有所了解。窝阔台之子阔端的身边就有许多回鹘僧人，据藏文古籍《萨迦世系谱》记载，西藏佛教萨迦派教主萨迦班智达贡噶坚赞在 1247 年与阔端见面时，“贡噶坚赞在原先回鹘诸善知识大德给阔端讲解佛法的基础上，使阔端圆满地领悟了佛教教义”。由此推知，窝阔台和察合台家族有的成员在 13 世纪上半叶已经信仰佛教。

法国传教士鲁布鲁克从欧洲来到中亚之时，记录了察合台和窝阔台兀鲁思境内佛教和景教的传播情况。据他记载，海押立是佛教盛行之地，在这个一度是阿尔思兰汗哈剌鲁首府的伊斯兰城中有三所寺院，在此，他第一次见到佛教徒，并且听到人们念叨“唵嘛呢叭咪吽”六字真言。回鹘国统治者亦都护家族信奉佛教，别失八里是佛教中心，城内也有穆斯林，窝阔台系宗王失烈门曾派八剌必阇赤到回鹘国，提出：“畏兀儿人应把别失八里及其邻近的回回人杀光，抢劫他们的财产，掳掠他们的子女，而且应装备一支五万人的军队，以备不时之需。”[②]

景教在蒙古草原有着较远的历史。1000 年之后不久，克烈部人就皈依了景教，据说，克烈汗在草原上迷途，得到圣·薛儿吉思的引导方才脱险。当时留在克烈人境内的基督教商人们鼓动克烈汗信仰聂思托里教，于是，他要求呼罗珊的莫夫主教伊伯杰苏前来，或者是派一位牧师来给他和他的部民们施洗礼。伊伯杰苏于 1009 年写信给报达总主教约翰六世（死于 1011 年），信中说有 20 万克烈部突厥人与其汗一起受洗礼。到 12 世纪，克烈王室成员中仍有人采用基督教名。13 世纪初期，在乃蛮部中也有许多人信仰景教，据《世界

① 〔伊朗〕志费尼：《世界征服者史》（上），第 27 页。

② 刘迎胜：《察合台汗国史研究》，第 135 页。

征服者史》记载，聂思托里教徒占大多数，乃蛮王的继承人屈出律就是在聂思托里教的熏陶下成长起来的。

贵由统治时期，景教在蒙古帝国的倾向十分明显。贵由的太傅合答是景教徒，合答对贵由的影响很大，可以说，贵由受到很深的景教熏陶，其印象绘于他的心胸，“犹如刻在石头上的图画”。此外，贵由的宰相镇海也是基督教徒。在他们的影响，贵由极力礼遇基督教徒及其教士，“当这事到处盛传时，传教士就从大马士革、鲁木、八吉打、阿速，和斡罗思奔赴他的宫廷；为他服务的也大部分是基督教医师。……结果基督教的教义在他统治期间兴盛起来，没有穆斯林敢于跟他们顶嘴”[①]。13世纪上半叶，海押立是重要的景教中心，据鲁布鲁克记载，在距海押立城不远的地方有一村庄，那里的居民全为景教徒。“景教徒就获得了不服兵役、不纳赋税的特权。”[②]据马可·波罗（Marco Polo，1254—1324）记载，当时景教在喀什噶尔有较大发展。

蒙哥统治时期，景教继续发展。蒙哥的母亲克烈部公主唆鲁禾帖尼信仰景教，以后，蒙哥任命克烈部人、景教徒孛鲁合为丞相。与此同时，蒙哥并不排挤佛教和道教，1251—1252年间，道教首领李志常和“来自西土的”佛教国师那摩喇嘛成为他的贴身随从。1255年，蒙哥在哈剌和林举行了一次佛教与道教的辩论会，会上道士们被指控传布伪经，歪曲佛教起源。1256年，蒙哥又在他的宫中举行了一次佛教会议，此后，蒙哥似乎倾向佛教徒，他认为：“佛门如掌，余皆如指。”

蒙古人统治初期，景教在中亚东部继续发展的情况被出使蒙古大汗廷的鲁布鲁克记载下来，鲁布鲁克途经中亚时，参观了海押立的几座寺庙，其中，有两座可以认定是景教寺庙。他在一座寺庙中

① 〔伊朗〕志费尼：《世界征服者史》（上），第282—283页。
② 〔韩〕李宽淑：《中国基督教史略》，社会科学文献出版社1998年版，第26页。

看到教徒手上有墨染的小十字架，于是，他问："为什么在这里，十字架上没有耶稣基督像？"教徒回答："那不是我们的习惯。"鲁布鲁克由此肯定他们是基督徒，但因教义的错误而去掉了基督像。[①] 鲁布鲁克在离海押立 3 英里远的地方，发现了一个完全是景教徒居住的村子。[②]

蒙古征服时期，成吉思汗在中亚召见了全真教教主长春真人丘处机。丘处机（1148—1227）登州栖霞（今山东省内）人，字通密，号长春子，世称长春真人。1220 年春，丘处机受成吉思汗之召，以 72 岁的高龄从山东出发西行，1222 年 4 月，在阿富汗境内的八鲁湾行宫见到成吉思汗。成吉思汗召见的初衷是"或告以忧民当世之务，或示以恤朕保身之术"[③]。见到丘处机之时，成吉思汗便问："真人远来，有何长生之药以资朕乎？"丘处机回答说："有卫生之道，而无长生之药。"[④] 丘处机的一席话，虽然使成吉思汗感到失望，但他对其坦诚表示赞赏。丘处机以道家的理论劝诫成吉思汗说："陛下修行之法无他，当外修阴德，内固精神耳，恤民保众，使天下怀安。"[⑤] 丘处机与成吉思汗论道三次，借谈"道"为民请命，为天下苍生祈福，劝告成吉思汗"节欲止杀"，他在一首诗中写道："我之帝所临河上，欲罢干戈致太平。"[⑥] 1223 年 3 月，丘处机东归，成吉思汗颁发诏书，免除各地道院和道士的一切赋税徭役，此后，道教势力飙升，达到鼎盛。

---

① 《柏朗嘉宾蒙古行纪 · 鲁布鲁克东行纪》，第 249 页。

② 同上书，第 256 页。

③ （元）陶宗仪：《南村辍耕录》，转引自（元）耶律楚材：《西游录》，第 24 页。

④ （元）李志常述：《长春真人西游记》，第 16 页。

⑤ （元）耶律楚材：《玄风庆会录》，转引自郭武：《丘处机道教思想述评》，《宗教学研究》1994 年 Z1 期，第 15 页。

⑥ （元）李志常述：《长春真人西游记》，第 21 页。

第三节　文化

迁到蒙古高原以后，蒙古人开始与突厥族部落杂居，他们的原始文化深受突厥文化的影响。在突厥传说中，狼是突厥族的祖先；在蒙古传说中，蒙古人的始祖是苍狼和白鹿。以后，在蒙古人崛起的过程中，突厥族部落被纳入蒙古人的范围，如克烈部和乃蛮部。在蒙古起源的传说中，没有任何一处提到克烈部，该部的一些称号也是突厥语的，如脱斡邻勒（Togrul）。乃蛮部可能是蒙古化的突厥部落，他们的官方语言是回鹘突厥语，官号名称也是突厥语的。

蒙古语与突厥语一样属于阿尔泰语系。蒙古语中含有大量的突厥语词汇，如："兀鲁思"原来是突厥语，"成吉思"也来自突厥语"腾吉思"（大海）。13世纪，蒙古人来到中亚以后，将他们从回鹘人那里学到的回鹘语带到中亚，于是，作为蒙古人官方语言的回鹘语与当时中亚普遍使用的喀什噶尔语[①]发生融合，到14世纪中叶，两种突厥语融合、演变成被称为察合台语的突厥语，察合台语成为阿姆河以东地区蒙古族和突厥族人的通用语。

蒙古文化受突厥族回鹘文化的影响最多，蒙古文字是用畏兀儿文（回鹘文）书写的。蒙古人原来没有文字，结草或刻木记事。乃蛮部与回鹘国接壤，最早接受并使用了畏兀儿文。13世纪初，乃蛮王任用回鹘族学者塔塔统阿作为他的掌印官兼文书，1204年，成吉思汗打败乃蛮部，俘虏了塔塔统阿。塔塔统阿借用畏兀儿文字母拼写蒙古语，创造了回鹘体蒙文，又称畏兀儿体蒙文。1206年，畏兀儿体蒙文成为大蒙古国官方通用的文字，蒙古法令大札撒就是用畏兀儿体蒙文记录

---

① 由于伊斯兰教的传播，在喀喇汗王朝境内的突厥语发生变化，形成了哈卡尼亚语。哈卡尼亚语借用了许多波斯语和阿拉伯语的词汇，是一种受外来语影响极大的突厥语。到12世纪，哈卡尼亚语已经成为信奉伊斯兰教的突厥诸民族的书面文学语，它在文学著作中被称为喀什噶尔语。

下来的，蒙哥汗给路易九世写的回信也是用畏兀儿体蒙文写的，鲁布鲁克在他的游记中提到，鞑靼人（蒙古人）采用畏兀儿字母。

蒙古帝国在与西方国家和教会的交流中还使用波斯文。基督教会使者柏朗嘉宾从蒙古带给教皇的信现存于梵蒂冈档案馆，据法国学者伯希和的研究，这封信是用波斯文写成，以“大兀鲁思和全世界的汗”的名义写于回历644年（公元1246年11月）。由于信中的波斯文存在着许多错误，伯希和认为，写信者不是波斯人。这封信的头衔采用了突厥语，正文中也夹有突厥语单词和用语，据他推测，此信出自既懂突厥文，又略通波斯文的中亚突厥商人之手。

蒙古人统治初期，中亚文学继续发展，享有盛誉的文学家有：生活在阿力麻里的玉素夫·赛喀克（Yusuf Saikak，1160—1228）。玉素夫·赛喀克一生主要从事创作，察合台汗把他请入宫中，他写作了《科学的源泉》（*Mätliululum*，又译《科学的钥匙》）一书，为察合台兀鲁思文化事业做出了贡献。此外，依木丁·本·阿斯木·艾勒·巴尔秦力克（Äl Barqhinliki）能熟练运用突厥语、阿拉伯语和波斯语写作。

12世纪开始勃兴的苏菲文学在13世纪繁荣起来，诗歌散文改变了以往以宣扬波斯帝王将相为主要内容的倾向，代之而起的是富于宗教色彩，包含人生哲理的伦理道德作品，涌现出一大批卓有成就的苏菲诗人和作家，其中，最突出的代表是诗人萨迪（Sa’di，1208—1292）。

萨迪生于呼罗珊泄剌只城一个下层宗教教士家庭，父亲是一位清贫的传教士，早年在家乡求学，14岁时父亲去世，家境贫寒。蒙古西征时期，他从泄剌只来到报达，在好心人的帮助下，进入尼扎米亚神学院攻读文学和经学。在此期间，他用波斯文、阿拉伯文创作了许多抒情诗。以后，萨迪经历了长达30多年的托钵僧生活，足迹遍及北非、西亚和南亚，曾到过阿富汗。1256年，他回到故乡泄剌只，著书立说，直到去世。

在返回故乡的第二年（1257），萨迪完成了《果园》的写作。《果园》涉及内容广泛，大到治国安邦、道德修养，小到生活起居、待人接物，书中涉及天文、哲学、历史、伦理、医学、兵法等领域。以后，他又写了《蔷薇园》。萨迪的作品有着鲜明的思想性，通过对帝王、教士、商人、市民各阶层人物的描写，揭露了统治者的残暴和宗教教士的伪善，表达了对劳动人民的同情，歌颂了他们的善与美。萨迪作品被译成几十种文字，对后世产生了很大的影响。今天，他的诗文作为座右铭被悬挂在联合国总部："亚当子孙皆兄弟，兄弟犹如手足亲。造物之初本一体，一肢罹病染全身。为人不恤他人苦，不配世上枉为人。"[①]

蒙古人统治时期，中亚科学的最大成就是天文学，呼罗珊的天文学处于世界前列。天文历法是蒙古族极感兴趣的学科。在长期的游牧生活中，蒙古人形成了依靠天相行事的观念，事无巨细，先观星象、占卜星术，然后行事，久而久之，积累了丰富的天文学知识。据《蒙古秘史》和《世界征服者史》记载，蒙古人掌握了天象变化的规律和准确记录年、月、日、时刻的方法，在他们当中还出现了绘制了天宫图，用它观察和预测天象变化的星占家（占卜者）。

在攻克阿剌模忒堡之后，旭烈兀听从波斯史家志费尼的建议，保护了阿剌模忒图书馆和天文仪器。1272 年，旭烈兀下令在桃里寺城南的蔑剌合建筑规模宏大的天文台，天文学家纳速剌丁·徒思（1201—1274）被任命主持天文台工作，在他周围汇集了一大批杰出的天文学家，花 12 年时间完成了《伊利汗天文表》。《伊利汗天文表》测定岁差常数为每年 51 秒，在当时是相当先进的，欧洲到 16 世纪才设计出可以如此精确的仪器。《伊利汗天文表》以及在不花剌进行的一些天象观察，促进了以后天文学理论的进展。

蒙古人统治初期，中亚的教育仍依靠宗教学校完成。管理中亚的官员马思忽惕伯热心于伊斯兰教育事业。他在喀什噶尔期间，于原萨其叶经文学校旧址上修建了一所高等经文学院，聘用著名学者贾玛勒·卡尔西（1230 年出生于阿力麻里）在此任教，周边地区的

① 张鸿年：《波斯文学史》，北京大学出版社 1993 年版，第 145 页。

穆斯林都将自己的儿子送到这所经学院求学，其中，不少人学成之后在察合台汗国或忽必烈的元朝政府中担任要职。贾玛勒·卡尔西在该学院的图书馆中发现了他寻求已久的《苏拉赫词典》，他对辞书进行了研究和修订，于 1301 年完成《苏拉赫词典补订》一书。

13 世纪 50 年代，马思忽惕伯移居河中地区，在不花剌内城广场上修建了一所规模空前、设备完善的高等经文学校，命名为马思忽惕亚。该校聘请了当时著名的大学者任教，每年有一千多名学生在此学习和研究。这所学校在 1273 年伊利汗国军入侵不花剌时被焚毁，建筑物及珍贵的书籍被烧掉，以后，海都重修了这所学校。

蒙古统治者对本民族的历史非常重视，13 世纪的蒙古人开始用畏兀儿体蒙文修史，留下了历史名著《蒙古秘史》（又名《元朝秘史》）。此书从成吉思汗远祖一直写到蒙古帝国的建立，书中记载了蒙古氏族和部落的起源，成吉思汗早年的艰难经历和崛起的过程。此书涉及十二三世纪蒙古社会的生产力、生产关系、社会组织、政治军事制度、部落战争、社会意识等各个方面。《蒙古秘史》既是一部史学名著，也是一部文学名著，书中描写人物形象的大量韵文具有蒙古文化的独特艺术风格。此书被明朝翰林院译员译成汉语，目前，1936 年出版的《四部丛刊三编》本是最好的汉译版本。

这一时期应该提到的著名史学著作还有波斯学者志费尼（Mirza Muhammad Qazvini，1226？—1284）的《世界征服者史》和阿富汗古尔人朱兹贾尼（al-Jūzjānī，1193—？）的《卫教者年表》。志费尼出身于名门贵族，先祖在花剌子模帝国为官，蒙古人统治之后，其父归降蒙古人，成为呼罗珊财政官。志费尼本人长期担任蒙古帝国阿姆河行省长官阿儿浑的书记，数次随阿儿浑赴蒙古哈剌和林朝见大汗。《世界征服者史》一书所记事件的时间起于成吉思汗，迄于旭烈兀攻破阿剌模忒堡，书中有专门记述阿力麻里城的市容及察合台汗国风土人情的章节。《世界征服者史》一书所用资料，或是作者亲眼目睹，或来自目击者的叙述，因此，该书是研究 13 世纪蒙古史的权威著作之一，对研究畏兀儿史、中亚史、西辽史也有重要价值。

《卫教者年表》记录了成吉思汗及其继承者的征服战争。朱兹贾尼早年生活于阿富汗古尔地区，在蒙古人征服之时，他去了北印度，在德里素丹纳昔儿（Nāsirīal-Din）宫中任大法官。《卫教者年表》一书写于1259—1260年，是呈献给素丹纳昔儿的，因此，书名为《纳昔儿史》（*Tabaqāt-i Nāsirī*）。本书第23章详细记载了蒙古军于1221—1223年在呼罗珊的活动。

这一时期途经中亚地区到蒙古汗廷的东、西方使者很多，其中，有些人留下了游记。主要有：《柏朗嘉宾蒙古行纪》、《鲁布鲁克东行纪》、《海屯行纪》、《长春真人西游记》和《西使记》，它们是东、西方使者与蒙古政权接触的第一手记载，有助于我们了解13世纪中亚的情况。

柏朗嘉宾（Jean de Plan Carpin，1182—1252）是意大利人，方济各教派创始人之一，曾任西班牙、萨克森大主教。1245年，他受教皇英诺森四世派遣出使蒙古帝国，于1245年4月16日从法国里昂启程，1246年7月抵达蒙古帝国都城哈剌和林，参加了贵由大汗的登基大典，受到贵由大汗两次召见。1247年秋，柏朗嘉宾带着蒙古人给教皇的信返回里昂。以后，柏朗嘉宾用拉丁文写了一本出使报告——《蒙古史》，此书的汉译名为《柏朗嘉宾蒙古行纪》。

《柏朗嘉宾蒙古行纪》一书记载了西欧经中亚到蒙古草原的路线，以及道路情况和沿途情景。柏朗嘉宾从里昂出发，经波希米亚、西里西亚（今波兰西南部希隆斯克地区）、沃里尼亚（今乌克兰西部地区）、乞瓦（今基辅），来到伏尔加河拔都驻地萨莱城。此后，沿蒙古帝国在漠北线设置的驿站向哈剌和林进发，穿越里海和咸海北部的康里人居住区，他们在锡尔河流域“看到无数残破了的城市、毁坏了的堡垒和许多荒废了的市镇”[①]。经锡尔河下游的养吉干，向南至讹答剌城，再向东北沿巴尔喀什湖到达叶密立，最后经额尔齐斯

① 〔英〕道森：《出使蒙古记》，第58页。

河上游越阿尔泰山抵达哈剌和林。“我们以极快的速度骑马前进，每天要换五次或七次马。在穿越沙漠时，则供给我们以能够支持长期奔跑的较好和较强壮的马。”①

《柏朗嘉宾蒙古行纪》一书记录了蒙古人的服饰、住宅、产业、婚姻状况，以及蒙古人的宗教观念，殡葬仪式等，还记录了蒙古帝国统治下的中亚各地及其形势，是研究蒙古统治初期中亚历史的可贵资料。

威廉·鲁布鲁克是法国佛兰德斯人，方济各会教士。1253年春，他受法国国王路易九世的派遣出使钦察草原，目的是请求蒙古人同意他们在其境内传教，1255年8月，鲁布鲁克回到北非的黎波里，写了一部《东方行记》，汉译名为《鲁布鲁克东行纪》。

鲁布鲁克在书中记录了旅行路线及在中亚的见闻。鲁布鲁克一行携带路易九世写给拔都之子撒里答的信从地中海东岸的阿卡（Acre）城出发，抵达君士坦丁堡（今伊斯坦布尔），从君士坦丁堡向东北穿越黑海，抵达克里米亚半岛上的速答黑城（今乌克兰苏达克）。他在游记中写道：“在离开索勒达牙（即速答黑）以后的第三天，我们遇见了鞑靼人。当我来到他们中间的时候，确实的，我好像正在进入另一个世界。”②

此后，鲁布鲁克来到拔都萨莱城，沿漠北路设置的驿站向哈剌和林进发。在里海和咸海北部，鲁布鲁克估计：“每天走的路程，几乎相当于从巴黎到奥尔良之间的距离（75英里以上）。……有的时候我们一天换二三次马。……在二三十匹马中，我们总是骑最坏的马，因为他们（拔都使者）总是在我们之前把较好的马挑选去。”③过咸海以北草原以后，他们沿锡尔河向东南行至金察（位于塔剌思河流域），金察守城长官出城来迎，这是他们的风俗。“所有降服于他

---

①〔英〕道森：《出使蒙古记》，第57页。

② 同上书，第111页。

③ 同上书，第150页。

们的城市，都须以食物和饮料来迎接拔都和蒙哥汗的使者。”① 在锡尔河流域，鲁布鲁克写道：“我们进入了一片灌溉得像一个花园的平原，我们看到了耕种的土地。”② 当他们抵达塔剌思河的时候，他们看到“他们（当地人）引水灌溉了整个地区。这条河（塔剌思河）不流入任何海，而是被土地所吸收，并形成若干沼泽”③。此后，他们渡过伊犁河，穿越巴尔喀什湖东南的平原，“在这片平原之上，过去原来有许多大的市镇，但是它们绝大部分都已被鞑靼人所破坏，以便他们可以在那里放牧羊群，因为这片平原是很好的牧场”④。鲁布鲁克一行在海押立休整了 12 天，“这个地区向来被称为兀鲁忽隆（指兀鲁忽乃统治之地），并且向来有它自己的语言和文字”⑤。1253 年 11 月 30 日，他们从海押立出发继续向东北进发，途经阿拉湖，穿越海铁山谷地，再向东北的塔尔巴哈台进发。“我们在路上除了驿站上的人员外，再也遇不到一个人。这些驿站是设置在沿途每隔一天行程的地点，以接待使者的。”⑥ 穿越塔尔巴哈台后，鲁布鲁克一行进入了贵由大汗以前的封地叶密立和霍博地区，然后，越过阿尔泰山，于 1253 年 12 月 26 日抵达哈剌和林南汪吉河（今翁金河）的蒙哥大汗冬营地。由萨莱至蒙哥大汗的冬营地途中，鲁布鲁克的旅行都是依靠蒙古帝国驿站，食宿和换乘车马都由驿站提供，不需付价。拔都使者所到之处都受到礼遇，人们都出城迎接，献上美食。

1254 年 1 月 4 日，蒙哥大汗召见了鲁布鲁克一行。“拔都的斡耳朵和蒙哥的斡耳朵接待使者的办法是不同的。因为，在拔都的斡耳朵，在西边设一个驿站，用以接待从西方来的所有的使者；在其他方向，也各设有驿站，以接待从各方向来的使者。但是，在蒙哥的斡耳朵，所有的使者都一起住在一个驿站里，并且可以互相访问

① 〔英〕道森：《出使蒙古记》，第 152 页。
② 同上。
③ 同上。
④ 同上书，第 154 页。
⑤ 同上。
⑥ 同上。

和探望。”[①]鲁布鲁克的出使未能达到传教的目的，却给后人留下了有关蒙古帝国的许多信息。

海屯是小亚美尼亚（西里西亚）国王，在长子西征结束以后，他于1244年遣使向蒙古驻波斯统帅拜住贡献，小亚美尼亚成为蒙古帝国的属国。1254年，海屯动身前往蒙古觐见蒙哥大汗。他先抵达卡尔斯（今土耳其卡尔斯），拜见了拜住将军，然后，北上经过打耳班去觐见拔都及其子撒里答。5月13日，海屯一行从萨莱城出发，渡过乌拉尔河，经楚河流域，渡额尔齐斯河，越阿尔泰山，于9月13日抵达哈剌和林，受到蒙哥大汗欢迎。蒙哥大汗正式册封海屯为小亚美尼亚王，减轻该国的贡赋，豁免了教会的赋税。蒙哥大汗给海屯下了一道“不许人欺凌他及他的国家”的诏书，又颁发敕令，允许小亚美尼亚的各地教堂拥有自治权。[②]海屯一行于10月1日启程回国，于1255年回到小亚美尼亚。后来，随员乞剌可斯（Kirakos）执笔，将经中亚到蒙古草原的旅行记录下来，就是《海屯王中亚纪行》，收入《亚美尼亚历史》中。我国学者何高济根据博伊尔1964年的英译本将此书译成汉文，名为《海屯行纪》。

丘处机受成吉思汗之邀，携弟子18人前往中亚，于1222年在阿富汗境内兴都库什山西北坡的八鲁湾行宫谒见了成吉思汗。1224年春，丘处机与弟子们回到燕京，居太极宫（今北京白云观）。1227年去世，享年80岁。随行弟子李志常口述了这次旅行的情况，经整理编辑成《长春真人西游记》一书，书中对旅程、沿途居民生活习俗，以及撒麻耳干城的情况做了记载。

丘处机西行的路线大致是：从山东登州（今山东蓬莱）出发至燕京（今北京），出居庸关，北上克鲁伦河畔，向西行至镇海城（今蒙古国哈腊乌斯及哈腊湖南岸），向西南经准噶尔盆地至赛里木湖，南下经河中地区到兴都库什山西北坡之八鲁湾。返程是：从八鲁湾

---

① 〔英〕道森：《出使蒙古记》，第176页。

② 《海屯行纪·鄂多立克东游录·沙哈鲁遣使中国记》，何高济译，中华书局1981年版，第14页。

出发，渡阿姆河，到撒麻耳干城，然后，向东至阿力麻里，再往东至昌八剌（今新疆昌吉），经别失八里（今新疆吉木萨尔附近）北上，过乌伦古河重归镇海城。此后，向东南直奔丰州（今内蒙古呼和浩特附近），过云中（今山西大同），至宣德（今河北宣化），最后至燕京。

刘郁的《西使记》是中国人访问伊利汗国的一部游记。1259年，彰德府（今河南安阳）课税使常德奉蒙哥大汗之命西行，前往伊利汗旭烈兀处，于1264年归国。随行者刘郁记录了途中见闻，名为《西使记》。常德一行从哈剌和林出发，至阿力麻里城西行，经塔拉兹（今哈萨克斯坦江布尔城）、思干城（即撒麻耳干）等地，历时14个月到达旭烈兀统治的波斯地区。常德至中亚的路线除了从哈剌和林至阿力麻里一段和丘处机有些不同外，其余皆同，走的都是丝绸之路北道。他到河中地区后再经呼罗珊莫夫城到波斯北部，后至报达。

第二编 蒙古汗国时代
（1270—1370）

蒙古帝国的汗位继承没有固定的制度，争夺大汗继承权的斗争在蒙古帝国内多次发生，这些斗争最终导致了蒙古帝国的分裂。西道兀鲁思发展成为独立的四大汗国。

四大汗国走上了不同的发展道路，钦察汗国的蒙古人在政治上以武力维持了他们对斡罗思诸公国的宗主地位，在经济上向斡罗思诸公国索取按人口征收的贡赋和商税。中亚的察合台蒙古人注意力也集中于处理他们与突厥异密之间的关系，致使察合台汗国分裂成东、西两个汗国，西察合台汗国的政权被突厥化蒙古人巴鲁剌思部异密家族掌握，东察合台汗国政权被蒙古杜格拉特部操纵。窝阔台汗国专注于与忽必烈争夺大汗位，忽视了国内的建设，海都去世之后，领土被察合台汗国兼并。伊利汗国是一个封建军事国家，蒙古军事贵族对居民实行竭泽而渔的重税政策，反蒙古统治的起义时有发生。蒙古汗国时代，中亚的蒙古人逐渐放弃了纯游牧生活方式，接受了伊斯兰教，思想意识与突厥族居民趋于一致。到14世纪后期，中亚的蒙古人，特别是河中地区的蒙古人，基本上已经伊斯兰化和突厥化。

第一章

三大汗国

窝阔台去世以后，西道兀鲁思对蒙古帝国的离心倾向开始显现出来。统治着中亚北部草原和花剌子模绿洲北部地区的钦察汗国（1243—1480）实际上是一个独立政权；察合台和窝阔台两个兀鲁思在忽必烈与阿里不哥争夺汗位的过程中也分裂出去。塔剌思会议以后，窝阔台、察合台、伊利走上了独立发展的道路，形成了三大汗国。其中，窝阔台汗国统治着中亚东部，伊利汗国统治着中亚西部的呼罗珊地区，察合台汗国统治着包括河中地区在内的中亚大部分地区。14 世纪中叶，察合台汗国分裂为东、西两部，东部以阿力麻里为中心，统治着蒙兀儿斯坦（Moghlistan）、喀什噶尔、吐鲁番；西部以撒麻耳干为中心，统治着河中地区、呼罗珊东部和阿富汗北部。

第一节　塔剌思会议

西部兀鲁思对蒙古帝国的离心倾向在窝阔台去世以后显现出来。蒙古帝国初期，蒙古中央靠着帝国大汗个人的能力，控制了各兀鲁思的财政和军政，维系着蒙古帝国的统一。但是，由于各兀鲁思统治的地区，特别是西道兀鲁思统治的钦察草原、波斯和中亚，与蒙古帝国的经济和文化存在着极大差异，统一难以维持，分裂的倾向一直存在着。这种倾向在窝阔台去世以后出现了迹象。在窝阔台之妻脱列哥那哈敦摄政期间，宗王们各自为政，削弱了蒙古帝国中央权力。贵由继位以后，曾经企图纠正这种倾向，但由于他在位时间短暂，加之，缺乏号令各兀鲁思宗王的权威，特别是他与拔都的矛盾削弱了他的影响力，所以，分裂的迹象不但没有得到遏制，反而公开化，出现了反蒙古帝国大汗的结盟。到蒙哥大汗时期，拔都统治的钦察汗国实际上已经独立出去，蒙哥大汗统治着帝国东部，拔都汗统治着帝国西部。蒙哥去世以后，忽必烈与其弟阿里不哥发生了争夺大汗继承权的战争，这一战争导致了蒙古帝国的彻底分裂。

在忽必烈与阿里不哥争夺汗位期间，为了获得支持，双方以分封领地的形式拉拢西道兀鲁思宗王。阿里不哥将阿姆河以东地区划给察合台宗王阿鲁忽；忽必烈将阿姆河以西地区封给其弟旭烈兀。按蒙古帝国的规定，这些地区内的城市及其附近农耕地区属于蒙古帝国中央，中央政府在这些地区征收的赋税由黄金家族成员共享。阿里不哥和忽必烈在斗争时期的分封，使兀鲁思宗王有了管辖城市及农耕地区的权力，他们在各自领地内，派驻军队、收取贡税，从此，察合台宗王和伊利汗走上独立发展的道路。窝阔台宗王海都在此次争夺中，似乎看到了夺回汗位的希望，海都最初承认阿里不哥的权威，在势力强大起来之后，提出了汗位回归窝阔台家族的要求。阿里不哥投降以后，忽必烈成为蒙古帝国大汗，然而，他的权威当时只得到了其弟伊利汗旭烈兀的承认。钦察、察合台和窝阔台三个兀鲁思对大汗忽必烈没有任何尊敬的表示，也不出席忽必烈召开的忽里勒台。

在此时期，海都抓紧时机侵占察合台兀鲁思的领地，扩大势力。到 1268 年，海都的势力已经从阿尔泰山西北延伸到了锡尔河东岸。

势力强大以后，他开始筹划准备将西道兀鲁思统一起来。1269年，他在自己的领地上召开了由他主持的塔剌思会议。

为了牵制窝阔台系，忽必烈将当时在他身边效力的察合台系宗王八剌派遣回中亚，“合罕为此派遣了八剌来，让他反击海都”。1266年，八剌成了察合台兀鲁思宗王，他按照忽必烈的旨意，“一经聚集起力量之后，就率领了军队去攻打海都”[①]。他与海都多次交战，其中，锡尔河畔的战役最为激烈。据《史集》记载，八剌在锡尔河畔设伏兵击败了海都，海都求助于钦察汗忙哥帖木儿，钦察汗“派遣自己的叔父别儿哥彻儿率领5万骑兵去援助海都。海都重新召集起四散的部队，他们与八剌作战，击溃了他，使他带着军队逃走”[②]。这场战争使察合台兀鲁思蒙受惨重损失，八剌从锡尔河畔溃退到河中地区。

退到河中之后，八剌准备洗劫撒麻耳干、不花剌等城以补充军备，他对异密们说：“我们保不住王国了。如今我们不如掠夺这些繁华地区使之毁灭，先从撒麻耳干掠夺起。”[③]撒麻耳干和不花剌两城的显贵和伊斯兰教长老们都前来劝阻，他们立下字据，将八剌需要的军费平摊到各家各户，昼夜为八剌打造武器。八剌在得到了所需军备物资的情况下，暂时放弃洗劫城市的计划。

打败八剌以后，海都考虑建立反忽必烈的联盟，派素以能言善辩著称的钦察（窝阔台之孙）到撒麻耳干城去劝说八剌。八剌列队欢迎钦察，钦察提出了和解、团结、亲属等问题，对此，八剌持怀疑态度，“真不知道在这种和平之后隐藏着什么战争”[④]。然而，战败之后的八剌也希望与海都达成和解，他说：“你说得非常好。……我们荣耀的父辈用剑征服了世界，并移交给了我们。为什么我们如今不享受

---

① 〔波斯〕拉施特：《史集》第2卷，第180页。
② 〔波斯〕拉施特：《史集》第3卷，第109页。
③ 同上。
④ 同上。

世间的幸福？为什么我们之间要互相争吵、发生内讧？”[①] 八剌在钦察面前抱怨自己的处境，诉说自己没有像其他宗王那样，拥有城市和牧场。钦察趁机建议说：“如果我们忘掉过去的事，共同召开忽里勒台，消除过去的仇恨，抛掉执拗脾气，相互订立和约，在任何情况下同心协力、互相帮助，那才会更好。”[②] 经过钦察的劝说，八剌同意出席海都召开的忽里勒台，以和平方式解决他们之间的矛盾。

1269 年春，窝阔台汗海都、察合台汗八剌和钦察汗忙哥帖木儿的代表别儿哥彻儿在锡尔河北岸的塔剌思河流域草原上召开了忽里勒台，史称“塔剌思会议”。会上，海都号召成吉思汗的子孙们团结起来，他说：“我们的荣耀的祖先成吉思汗以其明智审慎，用剑和箭征服了世界，筹划好后交给了自己的家族。按照我们的父辈，我们相互都是亲属。其他宗王们都是我们的兄弟，我们之间根本不该不和、纷争。我们之间为什么要有不和、纷争呢？”[③] 察合台汗八剌赞同道：“是啊，事情就是如此，但是须知我也是那棵树上结出的果实，也该为我指定营地和生活资料。察合台和窝阔台是成吉思汗的儿子。窝阔台合罕的后人是海都，察合台的后人是我，他们的兄长术赤的后人是别儿哥彻儿和忙哥帖木儿，而幼弟拖雷的后人为忽必烈合罕。如今他夺得了东方汉地和摩至那国（指南宋），其境土之广大只有伟大的上帝知道。阿八哈汗（即伊利汗）及其兄弟们占有了西方从阿姆河直到叙利亚和密昔儿的他的父亲的分地，在这两个兀鲁思之间则是你的辖境突厥斯坦和钦察巴失地区。终究是你们一起反对我。我想了又想，不管想了多少次，我也不认为我犯了什么罪。”[④] 为了消除矛盾，三方决定“我们不再想过去的事，将夏营地和冬营地加以公平的划分，迁居到山地和草原上去”[⑤]。

---

① 〔波斯〕拉施特：《史集》第 3 卷，第 110 页。
② 同上。
③ 同上。
④ 同上书，第 110—111 页。
⑤ 同上书，第 111 页。

据《史集》记载，大会达成了三项决议：第一项决议是重新分割领土。决议规定：河中地区三分之二归八剌所有，三分之一则归海都和忙哥帖木儿管辖。[①]对于具体的划分《史集》没有记载，目前也未见到其他史书提及。无论如何，这一划分对海都是有利的，海都得到了河中地区的一部分，从此，窝阔台系势力涉足河中地区，为海都称雄中亚打下了基础。

第二项决议是保护中亚地区的城市和农耕地区。决议规定：各游牧部落以后将迁到山地和草原上，不再在城市周围游荡，不再将牲畜赶到庄稼地里，也不再对耕种土地的剌亦牙惕（Raiyyat，农民）提出不合理的征索。[②]会后，察合台汗八剌按照盟约，撤离了撒麻耳干、不花剌等城市。据《瓦撒夫史》记载："八剌的军队被分驻于冬营地和夏营地，而海都则使自己的军队面对着不花剌，这样，就在不花剌城和八剌的军队之间形成了一道分割线。八剌的军队就这样受到限制，而八剌之军亦以此和平的基础来约束自己。"[③]在一定的时期内，八剌遵守誓约，按照宗王们的指示派遣马思忽惕伯到各地去召集逃亡的农民，安抚他们，奖励农耕，取得了各地农民的好感，他们重新开始了农耕。屠寄在《蒙兀儿史记》中评价说："马思忽惕总西域财赋前后五十余年，所至府库裕而民不扰，以功受察阿歹汗国侯封，西域谓侯为卑，故时人称马思忽惕卑云。"[④]塔剌思会议的这项决议对中亚农耕和河中诸城经济的恢复发展产生了积极意义，消除了蒙古人践踏农耕地区和破坏城市的现象。

第三项决议是结成反忽必烈联盟。决议规定：八剌于明年春天渡过阿姆河，进攻伊利汗国，夺取伊利汗阿八哈的某些领土，以扩大八剌军队的牧场、土地和畜群。[⑤]八剌认为这一决议对他扩张领地

---

① 〔波斯〕拉施特：《史集》第3卷，第111页。

② 同上。

③ 刘迎胜：《论塔剌思会议》，见元史研究会编：《元史论丛》第4辑，中华书局1992年版，第264页。

④ （清）屠寄：《蒙兀儿史记》，第353页。

⑤ 〔波斯〕拉施特：《史集》第3卷，第111页。

有利，他提出要求说："如果你们真心赞同所议的话，咱们立下誓约吧！"于是，他们按照自己的习惯和仪式嚼金起誓。这项决议表面上对八剌是有利的，然而，实际上，察合台汗国与伊利汗国的战争一旦打起来，无论八剌是胜是负，这场战争都牵制了察合台系的力量，有利于窝阔台汗国在河中地区发展势力。从钦察汗国的角度出发，八剌与伊利汗国的战争将把伊利汗军队引向中亚地区，有利于钦察汗国收复和统治高加索。以后的形势表明，八剌输掉这场战争以后，海都成了河中地区的霸主；伊利汗阿八哈获胜以后，在一段时期内，把注意力转向对不花剌的战争。

1269年的塔剌思会议是在未经忽必烈大汗许可的情况下召开的，会议的主题表面上是协调西道兀鲁思之间的关系，而实质是在排斥伊利汗国的基础上，西道兀鲁思结成了对抗大汗忽必烈的同盟，海都成为这一同盟的领袖。因此，塔剌思会议是一次分裂蒙古帝国的大会，这次大会的召开标志着察合台、窝阔台和钦察三个兀鲁思正式脱离蒙古帝国，走上了独立发展的道路。

蒙古帝国分裂的原因是多方面的，征服战争的失败是其中一个重要因素。蒙古帝国实际上只是在武力征服基础上建立起来的一个松散同盟，帝国缺乏支撑它实施统一政治的经济基础和文化背景。在军事力量强大之时，蒙古帝国能够维系着统一，一旦停止对外征服和军事力量减弱，蒙古帝国便分崩离析了。

在1217—1258年的近半个世纪中，蒙古旋风从东向西横扫了欧亚大陆，维持着蒙古帝国的统一和强大。随着战线的拉长和地理环境的变化，蒙古骑兵的快捷优势逐渐丧失。当蒙古将领怯的不花于1260年在巴勒斯坦的阿因扎鲁特被埃及军队打败之时，蒙古人退出了叙利亚，席卷欧亚大陆的蒙古旋风第一次被遏制住。此后，1285—1303年，蒙古人对印度的进攻被德里王朝的突厥人击退；缅甸和越南的战争由于无法发挥蒙古骑兵快速袭击的优势，也未能达到目的；1274年和1281年，蒙古人远征日本，遭到台风的摧毁，日本人感激地称它为“神风”；1291年，攻打琉球群岛的蒙古舰队连岛屿都没有找到；远征爪哇的部队两年之后也损失惨重地撤了回来。

征服战争的失败对于一个从战争中崛起、依靠战争维系的大帝国来说，打击是沉重的。然而，帝国面临的更加严峻的问题是：蒙古人将如何统治他们打下的江山。蒙古帝国建立以后，蒙古社会内部并未产生出推进经济发展的力量，游牧经济无法支撑一个庞大的帝国。因此，蒙古统治者采取了与游牧经济相适应的分封分治的统治方式。分封分治原则是希望通过“分封”和“封地联合”的形式，以兄弟之间的和谐保证蒙古帝国对广大地区的统治，在蒙古帝国建立之初，这种方式确实起到了团结统治集团、巩固和加强对被征服地区统治的作用。然而，分封制是一种实力政治，受封宗王在其封地内组建军队，发展势力，不再听从中央政权的命令，最终导致蒙古帝国的分裂。

在分封制基础上，蒙古帝国形成了大大小小的兀鲁思政权，各兀鲁思统治者的注意力转向自己的封地。在西道兀鲁思统治的斡罗思、波斯和中亚地区早已形成了自己的经济和文化中心，为了维系本地区的统治，各兀鲁思统治者逐渐向地区经济和文化中心转移，远离了蒙古帝国的统治中心。

蒙古帝国初期，朮赤封地的统治中心在额尔齐斯河畔；察合台封地的统治中心在伊犁流域的阿力麻里；窝阔台早期的都城在额敏河流域的叶密立和霍博。它们都处于欧亚草原地带，骑马往返十分便利，因此，各兀鲁思之间，以及各兀鲁思与大汗行宫之间的联系是紧密的。随着帝国的扩张，各兀鲁思的统治中心发生了变化。西征结束以后，拔都将其统治中心西移到伏尔加河畔的萨莱城，汗国行宫到蒙哥大汗的行宫，行程需要四个月，于是，拔都与蒙古大汗的联系疏远了。以后，拔都后继者别儿哥为了与伊利汗旭烈兀争夺高加索地区，与埃及和拜占庭等西方国家建立联盟，这一外交政策促使钦察汗国在经济和文化上与黑海沿岸和地中海东岸居民加强了联系，逐步脱离了蒙古帝国。忽必烈征服中原以后，将帝国都城从原来的哈剌和林迁至大都，帝国统治中心南移，元朝蒙古人与中原汉地诸民族的联系加强，疏远了以骑马交通的游牧民，与察合台和窝阔台统治中心的联系不像以往那样便利了。察合台兀鲁思的统治中心最初在伊犁河流域，以后都城从阿力麻里西迁到河中地区不花剌城西南的那黑沙不，于是，撒麻耳干和不花剌成了兀鲁思的经济中心，统治中心的西移也不利于察合台兀鲁思与元朝的联系。伊利汗国的都城从最初的蔑剌合北移到大马士革，更多地与西部国家发生经济往来。随着各兀鲁思政治、经济中心朝着利于本地区经济和文化中心转移，它们与蒙古帝国之间的联系减弱，而在蒙古帝国原来的统治中心——蒙古草原上，维系全国的经济文化中心始终没有形成。

在分封分治的基础上，蒙古帝国形成了大大小小的割据政权。这些割据政权专注于本地区的统治。在庞大的蒙古帝国内，蒙古人是少数，在成吉思汗时代，蒙古人口只有百余万，以少临众，蒙古人的统治只能依靠当地统治者，于是，各兀鲁思统治者与境内地区统治者的联系加强。征服斡罗思公国以后，钦察汗国的蒙古人保留了斡罗思诸王公的统治权。在政治上，钦察汗以武力压迫斡罗思诸公国大公对他们的承认和尊重，对这些大公的继位要颁布恩准令，派遣八思哈监督大公的统治；在经济上，钦察汗每年向斡罗思诸公国索取按人口征收的贡赋和商税。这种状况使钦察汗更加关注他们与斡罗思诸大公之间的关系。在中亚，蒙古人利用突厥人统治河中地区，因此，察合台汗的注意力也集中于处理他们与突厥贵族的关系，以后，突厥贵族操纵了察合台汗。在西亚建立的伊利汗国是一个封建军事国家，蒙古军事贵族对居民实行竭泽而渔的重税政策，沉重的剥削和压迫使国内阶级矛盾尖锐，反抗蒙古统治者的起义时有发生，伊利汗国统治者不仅要对付农民起义，还要与地区统治者建立的小王朝进行斗争。由于各兀鲁思统治者更多地关注他们与被统治地区的关系，蒙古帝国的命运对他们来说无关紧要了，特别是当蒙古帝国的武力不可能为他们提供保护时兀鲁思统治者也就不再维护蒙古帝国的统一，甚至还企图削弱它。

蒙古帝国的分封制度和忽里勒台选汗制度造成的后果是：每个黄金家族的王子，只要有一定能力，都以为自己可以被推举为蒙古帝国的大汗，都敢于起来与朝廷分庭抗礼。分封制又使之得到了部分土地、人民、财富和军队，从而为其兴兵叛乱提供了条件与可能。

塔剌思会议以后，在蒙古帝国内逐渐形成了四个汗国和若干小兀鲁思。1304 年以后，察合台汗国、窝阔台汗国、伊利汗国、钦察汗国正式承认了元朝的宗主地位，蒙古帝国表面上恢复了往昔的统一，然而，四大汗国与元朝之间的关系与初期西道兀鲁思与蒙古帝国的关系已经不同了。

蒙古帝国时期，包括成吉思汗在内的大汗选举都是经由各蒙古部落或各兀鲁思代表参加的忽里勒台共同推举产生的；而元朝皇帝是由元朝的贵族、大臣选择决定的，四大汗国对此没有发言权。蒙古帝国时期，各兀鲁思汗位的继承，必须得到帝国大汗的认可；而元朝皇帝除了对伊利汗有一定的约束力外，其他汗国的汗位继承不由元朝决定。蒙古帝国时期，帝国境内的城郭农耕之地原则上是属于以大汗为首的黄金家族共有，由帝国大汗派官员管理，其上的收入由大汗按期分赐给诸兀鲁思宗王；而元朝时期，各兀鲁思境内的城郭和农耕之地已经被侵占，颁赐制度名存实亡。蒙古帝国时期，兀鲁思汗和宗王根据大汗的要求，必须分遣子弟入侍，参加护卫大汗的怯薛军；而元朝时期，这一制度基本上只对其直接统治区具有约束力，对于四大汗国基本上无人执行了。[①] 元朝大汗在得到四大汗国的认可之时，也不得不承认它们所拥有的独立权利。

---

① 朱廷耀：《蒙元帝国》，第 273 页。

第二节　察合台汗国

塔剌思会议以后，察合台兀鲁思走上独立发展的道路，察合台汗国形成（1270—1370）。在鼎盛时期，察合台汗国的疆域东起吐鲁番，西至阿姆河，北到塔尔巴哈台，南越兴都库什山。察合台汗国历经 17 位汗的统治。[①]

塔剌思会议以后，察合台汗八剌与海都名义上结成安答，实际上，八剌成为海都的附庸，以后的三位察合台汗（聂古伯、不花帖木儿和都哇）都是海都扶持的亲海都政权。

1270 年，八剌在与伊利汗国的战争中从马背上摔下，由此患病。1271 年，一些察合台宗王和异密弃他而走，察合台之孙聂古伯率自己的部众朝别失八里方向走；阿合马率部众向忽毡方向出走。八剌闻讯后悲伤地说："我对这些人做了什么不好的事？他们长期依靠我的势力过着很快乐的生活，积攒了巨大的财富。……作战时他们却违背自己的话逃跑，抛下我徒步行走于敌人中间，今天，当我遭遇到灾难时，（他们）却不再理睬我。如果我的这个病痊愈了，他们能躲到哪里去呢？"[②]

八剌派塔里忽·斡忽勒追赶聂古伯，派纳兀勒答儿追赶阿合马，自己坐着轿子随大军赶往别失八里。塔里忽派人追上聂古伯，谎称要与他一起出走，拖延至大军赶到，后来塔里忽俘虏了聂古伯，把他及其部众带回；纳兀勒答儿追上阿合马，劝他返回，在遭到拒绝的情况下，纳兀勒答儿射死阿合马，将他的部众带回。

在赶往别失八里的途中，八剌曾派使者牙撒儿去海都处求援。海都当着来使的面列举八剌的一系列罪状，指责八剌扣留了本该由

---

① "察合台汗国汗世系表"见附录一。

② 〔波斯〕拉施特：《史集》第 3 卷，第 129 页。

窝阔台汗国收取的河中地区的赋税，在海都使者前去催缴时，八剌不但不给还殴打使者；指责八剌对支持他攻打伊利汗国的钦察和察八忒不公正，以武力对待他们。他认为察合台军战败“乃是你们心口不一的恶（果）”①。尽管如此，海都还是出兵帮助八剌。他认为应该“寻找用较好的消灭他的办法，扶植别的人到他的位置上去，使他的部属屈服于我们，这样做就能使纷争和内讧平息”②。海都派人率两万军前往援助。当叛逆部众全部被追回之时，八剌派人通知海都说：“结束了对尼克拜和阿合马的事，我要回去了，因为我有病。海都安答也请回去吧，等我恢复健康后，（咱们）互相再相会。”③但海都没有停止前进，一直进军，最后包围了八剌的营地，八剌惊恐而死（1271）。第二天，海都派人到八剌之妃那客哈敦处吊唁，下令将八剌埋葬在高山上。史家评论说，八剌“理事富有经验，狡黠多计，是如此有势力的君主，以致蒙古编年史将他的法律和成吉思汗的札撒相提并论”④。

八剌死后，海都立察合台之孙聂古伯（撒儿班之子）为察合台汗（1271—1273），这一决定引起了察合台系许多宗王的不满。八剌之子伯帖木儿、都哇（Duwa）、脱黑塔、兀剌带认为他们的继承权受到侵害。1272年，原察合台兀鲁思汗阿鲁忽的儿子们与八剌的儿子们结成了反海都同盟。他们“大肆破坏从忽毡之边直至不花剌方向的一切”，河中地区陷入战乱之中。然而，察合台系宗王的联军被海都打败，纷纷投奔大汗忽必烈和伊利汗阿八哈。八剌长子伯帖木儿，以及阿鲁忽之子合班和出拜两兄弟投靠忽必烈，合班和出拜受命防守哈密力；另一位宗王木八剌沙投靠了阿八哈，他受到阿八哈汗的礼遇，成为哥疾宁军队的统帅。

聂古伯的汗位是海都扶持的，起初，他心怀感激，然而，随着

① 〔波斯〕拉施特：《史集》第2卷，第165页。

② 〔波斯〕拉施特：《史集》第3卷，第133页。

③ 同上书，第135页。

④ 《木阴历史选》，转引自刘迎胜：《察合台汗国史研究》，第238页。

时间的推移，他不堪忍受海都的控制，不愿意当海都的傀儡，志在振兴察合台家族。这一想法被海都觉察，1273 年，他被海都处死。1274 年，海都立察合台之孙不花帖木儿（合答乞薛禅之子）为察合台汗（1274），不花帖木儿在即位的当年也因不驯服而被海都处死。1274 年，海都立八剌之子都哇为察合台汗，都哇吸取了前两位察合台汗的教训，一心追随海都，成为海都的忠实臣属。

都哇在位 32 年（1274—1306），其中，追随海都征战 27 年，参与了海都与元朝的多次战役，包括争夺天山南北和进攻哈剌和林的战争。都哇有勇有谋，作战灵活，深得海都赏识，成为海都的左膀右臂，在窝阔台系和察合台系宗王中声望颇高。

1302 年，海都去世。长期追随海都的都哇成为中亚地区势力强大的霸主。他操纵了窝阔台汗位的继承，1302 年，扶持海都长子察八儿即位。接着，他改变了海都的对外政策，主动与元朝改善关系。

在元朝的支持下，都哇开始收复海都侵占的察合台汗国领地。都哇对窝阔台汗察八儿说："呼罗珊和突厥斯坦之地及草原，属于察合歹及其氏族。是这样：（他们）作为遗产传给我。汝父海都凭借权势夺取了这些地方。出于按答忽达（Anda Qudai）、友爱的团结，（我的）要求是：把它们归还于我，权力归其所。若你有力量的话，去夺取汝祖窝阔台合罕的老家，其夏营地和冬营地（Yailaq va Qashlaq）哈剌和林。"[①] 察八儿的汗位是都哇扶持的，他在窝阔台宗王中十分孤立，窝阔台宗王们认为他是都哇的人。在都哇的威逼下，察八儿不得已同意归还领土。

接着，都哇收复了阿姆河上游地区。这一地区原来归察合台兀鲁思，但海都派他的儿子撒班率五万大军驻扎在阿姆河上游，借口是防御伊利汗国的攻击。1305—1306 年，都哇派自己的儿子也先不花（Esān Buqā）到哥疾宁取代撒班。经过一番争夺，撒班失败，都哇收复了阿姆河上游地区。以后，都哇采用各个击破的策略将窝阔

① 刘迎胜：《察合台汗国史研究》，第 323 页。

台系宗王逐个打败，恢复了察合台汗国昔日的疆域，将察合台汗国的统治扩大到阿姆河以南地区。都哇派长子忽都鲁·火者统治哥疾宁（今阿富汗加兹尼城），他的夏营地在古尔和合儿赤斯坦，冬营地在哥疾宁。忽都鲁·火者在中亚南部与印度德里的速檀们作战，以抄掠的方式不断骚扰北印度地区。他死后，哥疾宁由其弟也先不花驻守。

1306年底，都哇去世，葬在讹迹邗附近的平原上。都哇之子宽阇（又译款彻）继位。他在位期间（1306—1308），窝阔台系宗王怯剌思伯发动叛乱，企图夺取撒麻耳干和不花剌，被察合台军队击败。在统治期间，宽阇与元朝保持着友好交往，元武宗对他采取安抚政策。

1308年，宽阇死。当时，都哇年长的儿子也先不花在哥疾宁，其他儿子都年幼。于是，察合台另一支系的后裔塔里忽夺取汗位（1308—1309）。由于都哇家族在察合台系宗王中有着崇高的地位，塔里忽汗位的合法性受到了质疑。察合台系宗王月鲁（Orug）与窝阔台系宗王、海都之子沙斡兀立结成反塔里忽联盟。月鲁说："怎么能撇开都哇诸子，其他人取而代之做兀鲁思之王呢？在水清（时），怎能许可用坑灰代净呢？"[①]"我们承认都哇为阿合，而不是承认你。今都哇死去，其子（在即位上）有优先权。不承认都哇诸子的权威，而代之以他人为兀鲁思为主，这难道合适吗？"[②]他们起兵攻塔里忽，驻牧于拔汗那的察合台系宗王忻都斡兀立随之响应。塔里忽率军迎击月鲁，月鲁战败被杀，沙斡兀立被俘。塔里忽乘胜向拔汗那进攻，忻都斡兀立兵败退走。

获胜之后，塔里忽决心除掉都哇家族。他召集同伙商议道："我们国家和兀鲁思之事（按：指利益）在于，我们从根本上铲除都哇家族，斩断其子孙世传。"[③]此事被都哇年幼的儿子怯别得知，怯别将

① 刘迎胜：《察合台汗国史研究》，第352—353页。

② 同上书，第353页注1。

③ 同上。

此消息告诉了塔里忽的异密兀赞，兀赞决心保护都哇的儿子们。不久，兀赞与察合台系宗王合谋，在一次宴会上刺杀了塔里忽，焚烧了他的斡耳朵。

塔里忽死后，都哇之子怯别暂时执掌察合台政权。1309 年，窝阔台汗察八儿趁此机会联合其他窝阔台系宗王进攻怯别，妄图恢复海都时期窝阔台汗国恢复起来的势力。但怯别打败了窝阔台系宗王的联军，彻底粉碎了窝阔台系的复辟。

1309 年夏，怯别在察合台汗国统治中心虎牙思召开忽里勒台。怯别遣使给在哥疾宁的也先不花说："余已使国之宝座王冠摆脱疑问和灰暗，变得清洁，并推翻了所有敌人。为了你，我控制了宫廷。你应日夜兼程前往王宫所在地，领导军队和兀鲁思，因为宝座和王冠没有那可儿和主人已为时很久。"[①] 也先不花接到邀请，从哥疾宁北上，渡阿姆河，抵达大斡耳朵驻地虎牙思。会上，按照成吉思汗制定的旧例，举行了登基大典，也先不花继任为察合台汗（1309—1318）。也先不花的冬营地在热海（伊塞克湖）附近，夏营地在塔剌思河附近。

即位之后，也先不花对让位于他的弟弟怯别大加褒奖，把拔汗那和河中地区作为封地赐给怯别，委任他"为拔汗那和阿姆河以北地区、渴石以及那黑沙不的统治者"[②]。1314 年，怯别从阿力麻里移居新封地，居撒麻耳干。怯别在河中地区的统治具有很大的独立性，可以"自择属民属部"[③]，怯别在那黑沙不附近建造了宫殿哈儿昔，怯别的实力得到增强。

没有西迁的那些察合台蒙古人仍然处于也先不花的统治之下。1318 年，也先不花去世，怯别继任察合台汗（1318—1327）。怯别在其兄也先不花即位之前，为汗位保持在都哇家族中立下了汗马功劳，让位于兄之后，他在察合台汗国的地位仅次于其兄。怯别在中亚实行改革。对外，他与元朝恢复了友好往来。对内，在政治上，

① 刘迎胜：《察合台汗国史研究》，第 356 页。

② 同上书，第 407 页。

③ 同上。

他整顿吏治，取缔了双重行政机构，统一设置了万户，由汗委派的代表进行管理，为了便于管理和征税，他将境内的领地划分成若干行政单位。在经济上，他保护农耕，促进经济的发展；实行采邑制，以使部落首领分享到统治的利益；仿照伊利汗国和钦察汗国制造全国通用的银币。在宗教上，他善待穆斯林，不实行宗教压迫政策。伊本·白图泰在其游记中描述河中地区的素丹（指怯别）时写道："这位凯白克也是一位异教徒，但他执法公正，为受害人伸冤，优待和敬重穆斯林。"[①] 通过这些措施和政策，察合台汗国迎来了和平环境，保障了河中地区政治、经济上的统一。他的统治得到称颂，一直到帖木儿时代，史家们还说："他（怯别）的伟大智慧迄今在蒙古地区（按：指东察合台汗国）还常为人们称道。"[②]

1327年，怯别去世，其弟燕只吉台即位为察合台汗（1327—1330）。燕只吉台继续执行了其兄的内外政策。1330年，燕只吉台去世，汗位由其弟笃来帖木儿继任。笃来帖木儿统治时期（1330—1331），"时察阿歹汗国疆土广大。突厥斯坦俱罗速可萨尼外，兼有畏兀儿地合儿鲁兀地及阿富汗之可不里哥疾宁二城"。据《元史》记载，东起畏兀儿地，东南包括可失哈耳、忽炭一带，南至阿富汗之可不里、哥疾宁诸城，西和西南达柯提、不花剌、忒耳迷一线，北抵柯耳鲁地。[③] 这是对察合台汗国分裂前夕的记载。

笃来帖木儿在位约一年去世，汗位由其弟答儿麻失里（Dharmacri）继承。在答儿麻失里统治时期（1331—1334），察合台系宗王们仍旧遵守着成吉思汗的札撒，乌马里写道："察合台汗国的统治者们——成吉思汗的儿子们的后裔——和他的臣民们一起维护祖先的札撒，维护所有这个家庭成员都重视的礼仪，他们崇敬太阳，并且尊崇佛教僧侣，他们按祖先的方式行事，如同大汗和大汗国的

---

① 〔摩洛哥〕伊本·白图泰：《伊本·白图泰游记》，马金鹏译，宁夏人民出版社1985年版，第301页。

② 刘迎胜：《察合台汗国史研究》，第422页。

③ （明）宋濂：《元史》，第1567—1570页。

人民一样，顽强地坚持（古老的传统），而另外两个国家，金帐汗国和伊利汗国则与此相反，虽然这四支宗王的家系都出自成吉思汗的诸子，都是同一祖先的苗裔，但是在察合台汗国和中国，人们更固守他（成吉思汗）的札撒，遵循他的训导。在整个成吉思汗家族中，这两支宗王在其国土上和人民中施行最公正的统治。”[①]

据伊本·白图泰记载，答儿麻失里重视民情民意，在他做完礼拜后回宫的途中，有一些臣民向他申述冤屈，答儿麻失里在每一个申述人面前停下来，倾听他们的陈述。答儿麻失里十分重视商贸的发展，他下令善待商旅，给商旅提供种种方便和优惠。答儿麻失里是察合台汗国中第一个公开宣布信奉伊斯兰教的汗，皈依伊斯兰教使中亚与信奉伊斯兰教的西亚国家及北非埃及的联系加强了，这些地区的伊斯兰商人们纷至沓来。在他统治时期，察合台汗国出现了商旅云集、物资充足的繁荣景象。

答儿麻失里皈依伊斯兰教以后，废止了以札撒监督汗权的做法。这一行为导致了一些蒙古贵族的不满，特别是东部那些保守的蒙古贵族。他们举兵反对答儿麻失里，推举笃来帖木儿之子不赞斡兀立为首领。不赞斡兀立在实力强大之后，率军进攻答儿麻失里。答儿麻失里兵败，带 50 骑逃往哥疾宁，途中被俘，不赞斡兀立在撒麻耳干城附近将他处死。

1334 年，不赞斡兀立继承了察合台汗位（1334—1335）。不赞把汗的住地从河中地区迁回汗国东部的阿力麻里。为了巩固统治，不赞把对他有威胁的诸王和异密杀掉，由于杀戮太多，激起了宗王们的不满，他们起来反对不赞。一年以后，都哇之孙敞失取代不赞成为察合台汗（1335—1338）。

敞失在位之时与其弟也孙帖木儿发生矛盾，后者准备暗杀他，计划泄露以后，兄弟之间发生了战争。也孙帖木儿在战争中获胜，处死其兄敞失，将敞失的家眷全部屠杀。也孙帖木儿即位（1338—

---

① 刘迎胜：《察合台汗国史研究》，第 425 页。

1340）之后，为了报复他母亲泄露他暗杀其兄的计划，残忍地将其母亲的双乳割下，这一残暴的行为受到了世人的唾骂。

1340 年，也孙帖木儿在一次打猎中，遭到窝阔台系宗王阿里算端袭击，他与其子均遭杀戮，阿里算端夺取了察合台汗国的汗位。[①] 在阿里算端执政期间（1340—1341），察合台汗国统治中心又从东部移到河中地区。在此期间，蒙古巴鲁剌思部势力发展起来，阿里算端曾下令废除该部的一些特权，引起地方首领的不满，他们起来谋杀了阿里算端。在阿里算端之后的察合台汗是都哇家族宗王麻哈没，麻哈没在位时间不长（1341—1343），1343 年，河中突厥贵族拥立察合台系宗王牙撒兀儿之子合赞（Qazan）为察合台可汗（1343—1346），称合赞算端汗，都城在哈儿昔（卡尔施）。

在穆斯林书中，合赞算端汗被描写成暴虐的统治者，在他手下，人人自危，大臣、异密只要犯下一点小过错就会被处死。大臣、异密在出门前都要向自己家人道别，唯恐再也回不来，如果能够安全回家就被视为是一件幸运的事情，就要感谢安拉的保佑。

在合赞算端汗统治期间，非成吉思汗系的地区统治者的势力得到发展，对汗权构成了威胁。其中，强大的地区势力有：渴石的巴鲁剌思部哈吉（Haji）、忽毡的巴颜及巴鲁剌思部异密合札罕；巴里黑的速勒都思部不花；可失哈耳的杜格拉特家族。这些家族首领手握兵权，拥兵自重，合赞算端汗驾驭不了他们，于是，采取严酷手段对付他们。

1346 年，巴鲁剌思部异密合札罕起兵反对合赞算端汗的统治，其他地区纷纷响应。合札罕令撒里·赛来统帅军队，出兵攻打合赞算端汗。合赞算端汗在得知合札罕叛乱的消息后，出兵迎战。双方在哈儿伯平原的德列曾吉相遇。在战斗中，合札罕眼睛被射中，军队溃败。合赞算端汗胜利以后，在哈儿昔驻军过冬，在此遭到大雪

---

① 有学者认为阿里算端与也孙帖木儿是一人，阿里算端是也孙帖木儿的伊斯兰教名。参见王治来：《中亚通史》古代卷（下），新疆人民出版社 2004 年版，第 240 页。

袭击，马匹大批死亡。合札罕突袭成功，合赞算端汗兵败被杀。

在此之前，没有任何异密敢杀成吉思汗家族成员，合赞算端汗的被杀标志着非蒙古族异密势力开始登上中亚的政治舞台。杀合赞算端汗以后，合札罕立窝阔台系海都之子答失蛮（Danishmend）为察合台汗（1347—1348）。此后，察合台汗成为有势力的异密任意更换和操纵的傀儡。“由异密们所拥立即位的那些察合台后裔只徒有虚名毫无实权。”[①] “因为再也没有一个堪登汗位的察合台系君主存在了。各个部落便纷纷拥立自己的汗，于是重新出现了一个‘部落王’时代。”[②] 与此同时，汗国东部的异密们也纷纷自立察合台汗，察合台汗国分裂为东、西两个汗国。

第三节　东、西察合台汗国

西察合台汗国经历了3位汗和20年之久的地方异密称王时期。[③]14世纪中叶以后，西察合台汗国朝政掌握在异密合札罕手中。合札罕所立的窝阔台系宗王答失蛮遭到了察合台系的反对，他的表现也令合札罕不满，两年之后，答失蛮被处死。合札罕又立都哇之孙拜延忽里（Bayan Qoli）为察合台汗。从此，察合台汗国汗位又重新回到了都哇家族。据史家评价说，在拜延忽里统治期间（1348—1358），“合札罕表现出正义和慷慨，由于他的善行，他赢得了各阶层人们的心”。合札罕的所作所为，实际上是巴鲁剌思部贵族取代成吉思汗后裔在阿姆河以北地区统治的前奏。[④] 合札罕操纵朝政、任意废立汗的做法引起了中亚其他贵族的不满和嫉恨。1357年，在合札罕打猎之时，一位名叫火都鲁帖木儿（Qutluq-Timür）的人袭击并杀

① 阿布尔·哈齐·把阿秃儿汗：《突厥世系》，第146页。

② 同上书，第150页。

③ “西察合台汗国汗世系表”见附录一。

④ 刘迎胜：《察合台汗国史研究》，第445页。

死了他。从火都鲁帖木儿采取偷袭的办法，杀死合札罕后立刻出逃，很快又被合札罕部下杀死的情节看来，以合札罕为首的巴鲁剌思部贵族占有明显的优势，控制了朝政，实力大于割据各地的诸侯。[①]

合札罕死后，其子米儿咱·乌巴都剌（Mīrzā Abd al-Allāh）继承其父的权力，他住在撒麻耳干城，控制了察合台汗拜延忽里。后来，乌巴都剌看中了拜延忽里的王妃，于1358年在撒麻耳干杀死拜延忽里，改立察合台系宗王帖木儿沙（Timür Shah）为汗（1358—1359）。[②]

乌巴都剌的专权引起了河中地区另一些贵族的不满，石汗那速勒都思部贵族迷里·巴颜和哈剌察儿那颜的后代哈只·巴鲁剌思联合起兵反合札罕家族。他们征集了一支大军，向撒麻耳干进发。1359年，他们杀死乌巴都剌和帖木儿沙汗。接着，迷里·巴颜征服了整个河中地区，自立为王。西察合台汗国陷入了没有汗统治的异密割据时代（1360—1370），各地异密霸占一方，割地称王。渴石领主哈吉·巴鲁剌思、忽毡领主巴颜、巴里黑领主速勒都思部贵族不花、乞儿不罕领主麻哈没的·火者·阿伯儿地都是统治一方的诸侯。

在突厥异密控制汗权二十多年以后，1370年，巴鲁剌思部贵族塔剌海之子帖木儿借助东察合台汗的力量，夺取了河中地区统治权，建立了帖木儿帝国，西察合台汗国灭亡。

14世纪中叶，察合台汗国东部也开始了异密操纵朝政、随意废立汗王的时期。在怯别统治察合台汗国西部期间，也先不花以阿力麻里为中心统治着汗国东部。也先不花去世以后，察合台汗国东部经历了动乱，天山以南的杜格拉特部（Dughlat，即朵豁剌惕部）势力发展壮大起来。

在成吉思汗分封诸子的时候，蒙古杜格拉特部归属于察合台。

---

① 刘迎胜：《察合台汗国史研究》，第445页。

② 阿布尔·哈齐·把阿秃儿汗：《突厥世系》第147页："异密合札罕死后，他的儿子阿卜都拉成了巴颜合里汗妻子的情人，阿卜都拉杀害了这位无辜的君主，然后，改立帖木儿汗。"

最初，杜格拉特部只是一个实力弱小的部落。在答儿麻失里时期，杜格拉特部趁察合台系宗王争夺汗位之机发展起来，14 世纪中叶以后，杜格拉特部成为察合台系蒙古人在东部势力最强大的部落。在河中地区异密任意废立西察合台汗之时，杜格拉特部异密同样也在进行类似活动。据《拉失德史》（*Tārīkh-i Rashīdī*，写于 1545 年）一书记载，回历 748 年（公元 1347 或 1348 年），杜格拉特部异密播鲁只在阿克苏拥立察合台宗王也先不花之子脱忽鲁帖木儿为汗[①]，历史上把脱忽鲁帖木儿统治的地区称为东察合台汗国，阿克苏成为东部汗国的都城。东察合台汗国从 1347 年建立，到 1514 年被叶尔羌汗国取代，立国 167 年，历经了 16 位汗的统治。[②] 以后，脱忽鲁帖木儿的驻地似乎是在阿力麻里一带，他的儿子继位可能也是在阿力麻里。

成吉思汗统治时期，曾授予播鲁只家族七种特权，脱忽鲁帖木儿将自己的王位归功于播鲁只，他即位之后给予播鲁只家族世袭九项政治特权：（1）可以用鼓；（2）可以用土绵纛（万户旗）；（3）他的两个侍从可以用和硕纛（千户旗）；（4）他在汗的会议上可以佩带箭壶；（5）同汗狩猎有关的某些特权；（6）他是统辖所有蒙古人的异密，戴有“蒙古兀鲁思萨尔达（sirdar，意为首领）”称号；（7）在汗面前，其他异密的座位比他的离汗远一弓的距离；（8）他有权不奏请汗而任免和硕的异密（千户长）；（9）准许播鲁只及其后代犯九罪不鞠讯。[③]

统治前期，尽管朝政由播鲁只操纵，但脱忽鲁帖木儿是一位有作为的统治者。他在位期间（1347—1363）致力于恢复察合台汗国的统一，1360—1361 年间两次发兵西征，并在短时期内统一了察合台汗国，但终归未能在河中地区立足，只能退守锡尔河以东，维持

---

① 米儿咱·马黑麻·海答儿：《中亚蒙兀儿史·拉失德史》，第 6 页：“我（作者）从可信的蒙古史料（我父亲和叔叔也常谈起）中得知，‘脱忽鲁帖木儿汗之父是也先不花汗’。”对此，刘迎胜认为杜撰的，参见刘迎胜：《察合台汗国史研究》，第 451—452 页。

② “东察合台汗国汗世系表”见附录一。

③ 米儿咱·马黑麻·海答儿：《中亚蒙兀儿史·拉失德史》第 1 编，第 228—229 页。

东部的统治。

他是今新疆地区第一个信仰伊斯兰教的蒙古汗。①1353 年，脱忽鲁帖木儿在额什丁大毛拉的引导下，宣布信奉伊斯兰教。此后，脱忽鲁帖木儿开始在东察合台汗国诸蒙古部落中推行伊斯兰教，这一行为得到了杜格拉特部异密家族的支持，据说，在他的带动下，一共有 16 万人成了穆斯林。②

播鲁只死后，脱忽鲁帖木儿汗采取了削弱异密家族势力的有力措施。他不顾播鲁只之弟的请求，把汗国最高官职兀鲁思别吉授予播鲁只年幼的儿子忽歹达（Khudai-Dad）。据说，播鲁只的弟弟哈马鲁丁（Qamar al-Dīn）曾跪在汗的面前说："我兄长的职位首先应当给我，因为他的儿子年方七岁，不能胜任。"③脱忽鲁帖木儿很巧妙地利用立幼排除了杜格拉特部族对汗权的干预。④

脱忽鲁帖木儿于回历 764 年（公元 1362 或 1363 年）病逝，镇守河中地区的儿子也里牙思火者赶回东部地区继承汗位（1362 或 1363—1365）。1365 年 5 月 22 日，也里牙思火者在塔什干附近与河中地区军队进行了著名的"泥沼之战"⑤，他在打败了河中地区军队之后，乘胜围攻撒麻耳干城。由于久攻不下，同时东察合台军中发生马瘟，四分之三的马匹死亡⑥，于是，也里牙思火者撤军。据《拉失德史》记载，不久，也里牙思火者逝世了。他死之后，哈马鲁丁公开叛乱，在一天之内杀了脱忽鲁帖木儿的 18 个儿子，自取"汗"号，夺取了察合台汗位。此举引起"众异密和他对立，国内沦于纷争不已，混乱一团"。河中地区异密帖木儿趁机率兵入侵，一直打到吐鲁番地区，整个东察合台汗国遭到了严重的破坏。

在脱忽鲁帖木儿儿子们惨遭杀害之时，还在襁褓之中的小儿子

---

① 新疆社会科学院民族研究所编:《新疆简史》第 1 册，新疆人民出版社 1980 年版，第 199 页。
② 米儿咱·马黑麻·海答儿:《中亚蒙兀儿史·拉失德史》第 1 编，第 165 页。
③ 魏良弢:《东察合台汗国》，转引自余太山主编:《西域通史》，第 375 页。
④ 刘迎胜:《察合台汗国史研究》，第 456 页。
⑤ 参见米儿咱·马黑麻·海答儿:《中亚蒙兀儿史·拉失德史》第 1 编，第 191—197 页。
⑥ 同上书，第 198 页。

黑的儿火者（1361—1399）得到了播鲁只之子忽歹达及其母的保护，他们将黑的儿火者辗转藏匿在喀什噶尔、帕米尔山区等地，成功地保护了这个年幼的孩子。

回历791年（公元1389年）左右，哈马鲁丁在一次躲避帖木儿军队攻击之时，进入森林，以后不知所踪，结束了他在东察合台汗国长达四分之一世纪的专权。是年，忽歹达扶持黑的儿火者登上了察合台汗位（1389—1399），恢复了察合台系的统治。据《拉失德史》记载，黑的儿火者汗为了报答忽歹达，在其家族原来享有的九种特权中又加赐三种：即在宴会上，当汗的扈从值勤时，异密忽歹达派两个扈从参加值勤，一个站在右边为汗进盏，另一个站在左边为异密忽歹达进盏，这两个盏是汗和异密忽歹达专用的；所有敕令均由异密忽歹达盖印，不过汗的印玺应列于忽歹达印章之前。中世纪游牧部族汗庭的宴会往往是汗杀权臣，或权臣弑汗的场合，所以这项特权实在是对忽歹达的极大信任。第十种，忽歹达有一名扈从站在汗身右，随时可以弑汗，又威慑汗不敢轻举妄动，保护了忽歹达的安全。第十一种特权，很明显是实际政权控制在忽歹达手中，没有他的"副署"，汗的敕令无效；但是只要有了他的"副署"，汗也一定要加玺。[①] 这样，忽歹达以"合法"的形式掌握了汗国的大权。

忽歹达是一位雄才大略的政治家，在他执政的40余年中，黑的儿火者及其后的五位东察合台汗是他拥立的。在此时期，东察合台汗国的疆域基本确定下来，它包括三个部分：一是穆斯林著作中称之为蒙兀儿斯坦的地区，其范围大致是：西起塔剌思河东岸，东至吐鲁番盆地，北起巴尔喀什湖和准噶尔盆地，南至锡尔河上游沿岸；二是天山以南塔里木盆地，因其地向阳得名"向阳之地"（Mangalāi Suyah），其范围东起今新疆轮台和库车，西逾费尔干纳盆地，北到天山，南至昆仑山，统治中心在喀什噶尔；三是畏兀儿地，

---

① 米儿咱·马黑麻·海答儿：《中亚蒙兀儿史·拉失德史》第1编，第230页。作者在第177页上说："我本人见过这些特权的条文，它们是用蒙古语写的。"

即吐鲁番盆地，这一地区是在黑的儿火者时期兼并的。东察合台汗国归并回鹘人生活的吐鲁番地区以后，在此推行伊斯兰教。于是，长期以来由于政治地理和宗教信仰不同而分裂为两大部分的回鹘人统一起来，开始了近代维吾尔民族的形成过程。

忽歹达执政时期，东察合台汗国都城从阿克苏迁到别失八里，别失八里与蒙古部落的主要游牧地天山山脉靠近，以此地为东察合台汗国统治中心，统治中心的北移有利于加强对蒙古游牧部落的控制。直到15世纪末期，东察合台汗国仍然保住了对这些地区的统治。

忽歹达执政时期，东察合台汗国改善了与东、西两大邻国——明代中国和帖木儿帝国的关系。黑的儿火者登上汗位不久，1391年，向明朝派出使臣，使臣在南京受到盛情款待和馈赠。忽歹达把汗室的一位公主嫁给帖木儿，改善了东察合台汗国与帖木儿帝国之间的关系。

1399年，黑的儿火者去世，长子沙迷查干继位；1408年，沙迷查干死，其弟马哈麻继位。马哈麻是一个狂热的穆斯林，在汗国内强制推行伊斯兰教，手段残酷，蒙古人如不缠头巾，就把马蹄铁钉钉入其头中。这样，大多数蒙古部落皈依了伊斯兰教，加快了汗国中蒙古人的伊斯兰化。

1415年，马哈麻去世，其子失儿马黑麻继位，不久被废，忽歹达另立沙迷查干之子纳黑失只罕为汗。失儿马黑麻被废之后，割据一方，以“汗”自称，以后被歪思汗（Uvays Khān）消灭。纳黑失只罕在位3年，于1417年被黑的儿火者之孙歪思杀害。歪思得到忽歹达的拥戴，登上汗位。

歪思汗在位时期（1417—1428），蒙古瓦剌部势力向西发展，进入蒙兀儿斯坦的东部。东察合台汗国的统治中心西移，首都迁到亦力把里（今新疆伊宁市）。与此同时，歪思加强汗权，削弱了军事贵族的权力，特别是杜格拉特部异密家族的权力。在歪思汗晚期，忽歹达被迫离开东察合台汗国去朝圣，死于麦地那。

1428年，歪思汗去世，长子羽奴思（Yūnus）与次子也先不花

（Esān Buqā Khan）争夺汗位。羽奴思在夺位斗争中失败，流亡河中地区，他的手下部将全部被杀，部民被俘虏。也先不花登上了东察合台汗位（1429—1461 或 1462）。在位期间，也先不花重用畏兀儿族人帖木儿，引起蒙古军事贵族的不满，国内爆发骚乱。杜格拉特部异密赛亦德·阿里闻讯从喀什噶尔赶来，将也先不花带到阿克苏，从此，阿克苏成为东察合台汗国的首都。

15 世纪 50 年代前期，也先不花多次出兵攻掠帖木儿王朝的东部边境城镇，帖木儿帝国统治者卜赛因决定扶持流亡呼罗珊的羽奴思以对付也先不花："让他们兄弟交兵，从而使自己的国家稍获安宁。" 1455 年，卜赛因封羽奴思为汗，让他带领当地的蒙古人回国，羽奴思汗攻入蒙兀儿斯坦，一些蒙古部落军事首领投到他旗下。羽奴思娶了洪吉部异密密儿·皮儿·晗吉的女儿为妻，与这位万户结上了姻亲关系。

1462 年，也先不花去世，儿子笃思忒·马黑麻（Dust Muhammad）继位（1461 或 1462—1468 或 1469）。据《拉失德史》说，笃思忒·马黑麻是一个好战的君主，他征伐杜格拉特异密家族的世袭领地，大肆抢掠。笃思忒·马黑麻在位 7 年，于回历 873 年（公元 1468 或 1469 年）去世。他的部下扶持他年幼的儿子怯别为汗，把他带到吐鲁番。羽奴思趁机占领了阿克苏。

1487 年羽奴思去世，长子马哈木在塔什干继位（1487—1508 或 1509），成为东察合台汗国大汗。羽奴思的次子阿黑麻（Ahmed）统治着蒙兀儿斯坦东部。阿黑麻出兵占领吐鲁番地区，自称汗，定都于吐鲁番，以后他与明朝展开了争夺哈密的斗争。

与此同时，阿黑麻参与了其兄马哈木对河中新兴政权昔班尼王朝的斗争。俩人在斗争中被俘，昔班尼（Muhammad Shaybani Khan，1451—1510）释放了他们。马哈木继续统治西部领地，阿黑麻释放之后不久于 1503 年病逝，长子满速儿（Mansūr）统治了东察合台汗国的东部。马哈木不甘心自己的失败，于 1508—1509 年对河中地区又发起进攻，然而，他再次被俘，被昔班尼处死。此后，满速儿成为东察合台大汗。为了巩固统治，满速儿镇压了他的兄弟们，他的三弟萨亦德（Sa'īd）成功逃走。1514 年，萨亦德在印度莫卧儿帝国（Mughal Empire，1526—1707）的支持下回国，夺取了英吉沙、叶尔羌（Yarkand，今新疆莎车）、和田等地，建立了独立于东察合台汗国的蒙古—畏兀儿人政权——喀什噶尔汗国，汗国以叶尔羌为都，因此又名叶尔羌汗国（Yarkand Khanate，1514—1696）。创建汗国以后，有人怂恿萨亦德进攻满速儿，一举灭掉东察合台汗国，萨亦德说："他是我们的兄长，过去我对他有失尊敬，所以他才兴师问罪。现在我不能对他怀敌意，而极应向他请罪，设法补赎以往的过错。"①于是，兄弟两人和好，东察合台汗国与叶尔羌汗国并存，它的统治地区局限于东部。

第四节　窝阔台汗国

成吉思汗在选定窝阔台为继承人之后，为了避免蒙古宗王争夺汗位，还以札撒的形式将大汗位继承权固定下来。成吉思汗在他的法律札撒中毫不隐晦地命令道："只要窝阔台还有一个吃奶的后代存在，他在继承祖先的皇位、国家的旗帜和军队的统帅权方面，就要优先于其他（各枝）的儿子。"②在拖雷家族争夺大汗继承权的斗争中，海都利用蒙古人对成吉思汗的崇拜，开始提出窝阔台家族继承权的要求。"许多宗王和为数众多的军队聚集在他的保护的旗下。"③

海都是窝阔台之子合失的儿子，大约出生于 1235 年。据史书记载，其父年轻时就去世了，他是在"成吉思汗的帐殿中抚养大的"。

① 米儿咱·马黑麻·海答儿：《中亚蒙兀儿史·拉失德史》第 1 编，第 356 页。

② 《瓦撒夫史》，转引自刘迎胜：《元朝与察合台汗国的关系》，见元史研究会编：《元史论丛》第 3 辑，第 59 页。

③ 同上。

在蒙哥争夺大汗之时，海都年幼，保持中立，没有参与窝阔台系宗王的政变活动。蒙哥即位以后，将位于阿尔泰山之南、天山之北的海押立一带地区划给海都。海都意志坚定、理想远大："有九绺白须，身材中等而健壮，不食酒、马湩和盐。"[①] 此后，海都在海押立建立了政权，苦心经营了十多年，积累了力量。1264 年，海都夺取了窝阔台兀鲁思统治中心叶密立和霍博，成为窝阔台兀鲁思汗。此事可以视为窝阔台汗国（1264—1310）形成的标志，窝阔台汗国又称海都汗国。海都认为自己是窝阔台嫡孙，大汗位当属自己。因此，窝阔台汗国与元朝的战争构成了它半个世纪历史的主要内容。

海都为大汗位的回归进行了不懈的斗争，他的斗争可以分为两个阶段，塔剌思会议以前，海都积极在中亚扩张，与察合台汗八剌争夺河中地区的统治权，在此过程中，窝阔台汗国积累并扩大了力量。塔剌思会议以后，海都与八剌结为安答，派军队参与了八剌对伊利汗国的战争。在八剌遭到失败和家破人亡之际，海都趁机主宰了察合台事务，操纵了察合台汗的废立，取代了蒙古帝国大汗成为察合台汗国的宗主，成了中亚霸主。此后，海都以大汗位当归窝阔台系为由，发动了对元朝的战争，海都扶持登上察合台汗位的都哇几乎参与了海都对元朝的所有战争。这些战争最初是争夺畏兀儿国的领地，以后是争夺蒙古帝国统治中心哈剌和林。海都对元朝的战争一直进行到他去世时，给元朝西北边境造成了严重威胁。

海都在中亚的扩张利用了阿里不哥与察合台汗阿鲁忽之间的矛盾。1262 年，阿里不哥向阿鲁忽发起攻击，阿鲁忽逃到今喀什、和田一带。海都趁此机会占有了海押立以西、察合台汗国东部的一些领地。以后，海都陆续从察合台汗国夺取的地区有伊犁河谷至锡尔河东岸之间的地区。据《木阴历史选》记载，察合台汗阿鲁忽死后

---

① 〔波斯〕拉施特：《史集》第 2 卷，第 20 页。

葬于阿力麻里[①]，这表明，伊犁河流域在1265年年初还属于察合台系宗王统治；而据瓦撒夫书，八剌在1266年继任察合台汗的地点不在阿力麻里附近的虎牙思，而是在讹迹邗，可以推知，在1265—1266年，伊犁河流域已经被海都夺取。据《元史》记载："诸王海都行营于阿力麻里等处，盖其分地也。"[②]以后，他在锡尔河流域击败察合台汗八剌，把势力伸到阿姆河以北的河中地区，他的统治中心在伊犁河与塔剌思河流域。

在这种情况下，海都意识到团结西道各兀鲁思对恢复自己家族地位的重要性，为了协调并统一西部诸蒙古政权，集中力量与蒙古大汗忽必烈争夺，于是，他组织召开了塔剌思会议。塔剌思会议以后，窝阔台家族开始了争夺蒙古大汗统治的地区，其中畏兀儿之地成为海都与蒙古大汗争夺的首要地区。

塔剌思会议以后不久，海都与忽必烈之子、北平王那木罕的军队在别失八里发生战争，海都战败，退守阿力麻里。那木罕乘胜追击，海都从阿力麻里退到锡尔河流域，阿力麻里被那木罕占据。1271年，那木罕在阿力麻里设置幕廷，阔阔出（忽必烈九子）、脱黑帖木儿（忽必烈弟岁哥台之子）、昔里吉（蒙哥之子）、玉不忽儿（阿里不哥长子）、灭里·帖木儿（阿里不哥次子）等协同镇守阿力麻里。

为了巩固在阿力麻里的统治，忽必烈派右丞相安童辅佐那木罕，并为他们提供给养和装备。在此期间，那木罕一度夺取了可失哈耳、斡端等地。1274年，忽必烈在高昌畏兀儿国设置畏兀儿断事官，在斡端、鸭儿看（今新疆莎车）增设驿站，加强对这一地区的控制，海都的势力受到遏制。1275年初，忽必烈下诏追缴颁发给窝阔台汗海都、察合台汗八剌的金、银符多达34道。在军事打击的同时，忽必烈也企图与海都达成和解，曾派使者到海都处，劝其停止战争。

---

① 《吉尔吉斯人及吉尔吉斯地区历史资料》第1辑，莫斯科1973年版，第114页。

② （明）宋濂：《元史》，第1569页。

1275 年，在阿力麻里协助那木罕统治的右丞相安童擅自出兵袭击了窝阔台系宗王禾忽的营地，抢夺了他的辎重。禾忽出兵沿塔里木盆地南缘东进至今罗布泊一带，占领了天山以南地区，其中，可失哈耳、斡端落入禾忽手中，同年 7 月，禾忽被安童打败。在禾忽东进之时，海都率军攻别失八里，当时统治别失八里的畏兀儿亦都护是火赤哈儿的斤。别失八里城因战乱破烂不堪，难以坚守，火赤哈儿的斤率部从别失八里南撤至哈剌火州（即高昌，今新疆吐鲁番）。海都军队并未留守该城，在大掠之后撤军，畏兀儿国仍是属于元朝属地，火赤哈儿的斤继续统治，1278 年，忽必烈在此设提刑按察司管理。

1276 年，忽必烈在阿力麻里的守军、蒙哥之子昔里吉起兵反叛，史称“昔里吉之乱”（1276—1282）。昔里吉是蒙哥大汗之子，在阿力麻里协助那木罕统治。他举起反叛大旗，抓获了那木罕和安童，将安童送到海都处，将那木罕送到钦察汗忙哥帖木儿的大营。

在此期间，海都趁机出兵夺回了阿力麻里。1280 年，贵由之孙秃苦灭偷袭哈剌火州，大掠而还，造成该地饥荒，元朝赈济畏兀儿人，免除他们三年的差役。1281 年，元朝撤销提刑按察司，将畏兀儿断事官改为北庭都护，加强元朝中央政府对畏兀儿国的控制。5 月，元朝廷命万户綦公直李进为都元帅，进驻别失八里。1282 年，海都派军进攻斡端，被驻守该地的元军击退。1282 年以后，元朝统辖西域的将领主要有察合台重孙阿只吉（木阿秃干子不里之子），元朝在别失八里、哈剌火州设置宣慰司，派都元帅忽必来、别速台等重兵戍守，他们归阿只吉节制。元朝加强了对西北边疆的控制。

1283 年，海都出兵三万攻斡端，守城官员刘恩寡不敌众，突围后弃城逃走。此后，海都派使者到忽必烈的汗庭表示愿意和解，并释放了安童和扣押了 28 年的石天麟。与此同时，钦察汗脱脱蒙哥也将那木罕送回。1284 年 3 月，那木罕、安童相继回到元朝。两年之内，海都与忽必烈之间没有发生战争，但海都为了逼忽必烈承认他在天山地区的统治，拒绝出席忽必烈召开的忽里勒台。

1285年，海都命令察合台汗都哇率军12万人攻打元朝西部边塞要地畏兀儿。早期与海都战败逃到元朝的出拜（阿鲁忽之子）率军1.2万人迎战，都哇准备夜袭出拜，但消息走漏，都哇的先锋军4000人被出拜打败。第二天黎明，都哇率大军与出拜军战，由于元军统帅阿只吉疏于防范，被都哇军打败。都哇乘胜围攻哈剌火州，半年未能攻克，都哇提出和谈。畏兀儿亦都护火赤哈儿的斤因哈剌火州城内战争物资缺乏，同意和谈。火赤哈儿的斤之女也立黑迷失别吉嫁给了都哇。于是，都哇撤军。忽必烈令右丞相伯颜取代阿只吉统领西域军事，为避战祸，火赤哈儿的斤率部由哈剌火州东迁哈密力（今新疆哈密）。

1286年，海都和都哇从阿力麻里出兵东进，逼向别失八里附近的洪水山，在此与伯颜的元军遭遇，两军大战，最初元军获胜，但李进率军乘胜追击，不料陷入包围之中，元军败退。海都军乘胜追至哈密力，火赤哈儿的斤率部死守，因兵力悬殊，火赤哈儿的斤战死。海都抄掠而还。火赤哈儿的斤之子纽林的斤逃到大都，忽必烈令他率部至甘肃永昌配合主力作战，此后，畏兀儿亦都护的驻地就设在永昌。

1286年10月，元朝重设别失八里元帅府，发兵屯田戍守畏兀儿之地。由于斡端处于海都的不断骚扰之下，元朝在此地的屯田难以维持驻军，加之，海都此时对漠北的威胁越来越大，为了保住漠北，元朝决定缩小在天山南北地区的防线。1289年，元朝撤除了在斡端的宣慰司都元帅府，到1294—1295年，元朝在天山以北的统治已经向东退至别失八里，在天山以南的统治向东退至曲先（今新疆库车）、哈剌火州，元朝退出的地区先后被窝阔台汗国和察合台汗国占领和统治。

1288年以后，海都发动了与元朝争夺漠北的战争。漠北是忽必烈和海都争夺激烈地区，双方对此地区都十分看重。海都认为，夺取漠北就意味着窝阔台家族夺回了大汗位置，而作为大汗的忽必烈，蒙古帝国建立之地的漠北草原理当归属大汗统治。

海都对哈剌和林的战争始于乃颜之乱。乃颜之乱指东道兀鲁思宗王反对忽必烈的叛乱。在蒙古贵族中，东道兀鲁思宗王代表着保守势力，他们在封地内骄横跋扈，蔑视忽必烈的法令。1286 年 2 月，忽必烈在东道兀鲁思设立东京等处行中书省，遭到了东道宗王们的强烈反对，半年之后，东京等处行中书省被迫撤除。1287 年 4 月，东道宗王的后裔乃颜、势都儿和哈丹起兵反叛忽必烈，乃颜是成吉思汗幼弟铁木哥斡赤斤的后裔。乃颜希望与西部的海都结成同盟，共击元朝。"我今聚全力往攻大汗，请亦举兵夹攻，而夺其国。"[①] 学界将此事件称为"乃颜之乱"。

当时，海都允诺出兵 10 万相助，但实际上海都并未出兵，而是静观时局的变化。一个多月以后，忽必烈击溃了叛乱军主力。在元军消灭乃颜残部期间，1289 年，海都、都哇出兵，在杭爱山边境击败了忽必烈之孙甘麻剌的军队，甘麻剌被围困在色楞格河附近，以后逃脱。哈剌和林宣慰使怯别等叛降海都，海都占据了哈剌和林。

1289 年 7 月，年已 74 岁的忽必烈亲自率军出征哈剌和林，海都得知以后，向西逃遁。哈剌和林又回到了元军手中。此后数年，海都屡次侵入元朝阿尔泰山地区，元军将海都的势力逐出阿尔泰山东部地区，双方以阿尔泰山为界对峙。

1294 年，忽必烈去世，铁穆耳即位。铁穆耳改变了长期以来对海都的消极防御的策略，采用"攻守并举、积极剿灭"的策略，在东、西两线上积极防守：东线以甘麻剌驻守的哈剌和林为中心；西线以别失八里和哈剌火州为中心，防守畏兀儿之地。哈剌和林至别失八里之间的驻守部队由土土哈、床兀儿、月赤察儿、玉哇失、阿失等人负责，由宗王阔阔出和驸马阔里吉思（铁穆耳的女婿）统帅。经过这些部署，元军在西北边境上势力增强。

1298 年，都哇受海都之命率军袭击火儿哈秃地区（今蒙古国前杭爱省哈尔和林西南戈壁中），占据高山为营，元朝大将床兀儿率军

---

① 周良霄、顾菊英：《元史》，上海人民出版社 2004 年版，第 313 页。

攻打都哇，都哇军大败而还。1299 年，都哇又率军发动突然袭击。元军统帅阔阔出疏于防范，驸马阔里吉思率 6000 人出击都哇，但由于孤军奋战，救援不及，兵败被俘。都哇手下的玉木忽儿、兀鲁思不花、朵儿朵哈等因连年征战，渴望和平，于是，率部 1.2 万骑投奔元朝。三人为向元朝表示忠心，引兵攻击正在撤军回师的都哇，都哇猝不及防，兵士大半被杀，玉不忽儿等虽然没能救出阔里吉思，但俘获了都哇的女婿。元朝派出几个官员携带食品物资以及都哇的女婿前往都哇之处，希望交换，但是，都哇在他们到达之前已将阔里吉思处死。

1301 年，海都、都哇率窝阔台、察合台两系宗王 40 多人统领大军与元朝军队在帖坚古山（今蒙古国巴彦乌列盖省德龙以西图格雷格）相遇，双方展开了历史上有名的“帖坚古山会战”。元朝大将床兀儿率部诱使海都军下山至平地，在元军的猛攻下，海都军败回帖坚古山。8 月，海都、都哇各率一路大军与元军交战，都哇被射中膝盖，“号哭而遁”[①]。海都军也战败，海都本人身负重伤，在撤军途中于也儿的石河上游的泰寒泊去世。随着海都的去世，窝阔台汗国恢复家族地位的梦想破灭了。

海都死后被葬在伊犁河和楚河之间的一处名叫升豁儿里黑的山岭中。史家这样评价海都：“在整个亚洲，他是唯一能够左右忽必烈命运的人，忽必烈甚至在其权力的鼎盛时期也没有战胜他。”[②]海都一生始终不渝地在为恢复窝阔台家族的大汗继承权而奋斗，这一目标最终没有实现。与逐渐汉化的蒙古大汗忽必烈相比，他是蒙古贵族中保守派的代表，这一点注定了他的失败。

海都在临死之前曾将诸子托付给都哇，他对儿子斡鲁思说：“命运之手已向我发出了启程的信号，逝去的时刻就要临近了。在与我志向相同的诸王内，都哇为最年长者，他诚实且贤明，他在目前比

---

① （明）宋濂：《元史》，第 2923 页。

② 〔法〕勒内·格鲁塞：《草原帝国》，第 426 页。

谁都忍受了更多的苦难，能处理危机。在自己的一生统治中，曾给以许多帮助。他一定不会拒绝报答我的家族。”①

海都生前曾表示过要立斡鲁思为继承人，斡鲁思贤明、勇敢，很有才干。然而，都哇却立海都长子察八儿为窝阔台汗（1302—1310），察八儿为庶出，性格软弱、没有才能。这一选择显然是经过深思熟虑的，这样，察八儿的继任有利于都哇对窝阔台汗的控制。1302 年，在都哇的支持下，察八儿在叶密立继任汗位。对此，海都最宠爱的女儿忽秃仑·察合提出反对，都哇呵斥她说："你应当去与剪刀和针线打交道，你懂得什么国家和兀鲁思之事？"② 后来，忽秃仑·察合站在斡鲁思一边，进行了夺取汗位的斗争。

多年来，都哇一直跟随海都征战，在窝阔台和察合台两系中享有很高的威望。海都去世以后，察合台和窝阔台两汗国之间的力量发生了变化，察八儿汗一切皆服从都哇的安排，沦为察合台汗的附庸。1303 年 8 月，都哇和察八儿派使臣明里帖木儿（又译灭里帖木儿）出使元廷，元朝厚赐以金币。后来，两人又联合遣使钦察汗国、伊利汗国，进行友好访问。

1306 年，都哇与元朝联系，双方约定夹攻察八儿。在战争中，明里帖木儿和秃满等窝阔台系宗王投降元朝，与月赤察儿率领的元军一起袭击了察八儿斡耳朵，察八儿的妃子及其部众 10 万人投降元朝。在众叛亲离的形势下，察八儿率余众 300 人投奔察合台汗都哇。

都哇礼待察八儿，然尽收其地，而以突厥斯坦并入河中，前此为海都所分裂之察合台故国，几尽完全恢复。③ 对于未被察合台汗国兼并的地区，都哇分封给窝阔台系的一些宗王，其中，阿力麻里附近察八儿的禹儿惕分给了仰吉察儿，窝阔台统治中心叶密立分给了秃苦灭，塔剌思河流域分给了沙斡兀立。此外，元朝也获得了窝阔台汗国的一部分。窝阔台汗国名存实亡。

---

① 刘迎胜：《察合台汗国史研究》，第 315 页。

② 〔波斯〕拉施特：《史集》第 2 卷，第 20 页。

③ 〔瑞典〕多桑：《多桑蒙古史》（上），第 336 页。

1309 年，察八儿乘察合台汗位更替之时联合仰吉察儿、秃苦灭、斡儿剌和斡鲁思等窝阔台系宗王进攻察合台系宗王怯别。怯别率军从阿力麻里附近的虎牙思草原出发，迎战察八儿联军。窝阔台联军初战告捷，打败了怯别军。此时，居讹迹邗的阿里斡兀立（塔里忽之侄）、夏帖木儿（木八剌沙之子）以及沙斡兀立赶来援助怯别，双方在虎牙思草原再次激战，察八儿被打败，秃苦灭被杀。1310 年，察八儿投奔元朝，被武宗海山封为汝宁王，窝阔台汗国灭亡。汗国领地被元朝与察合台汗国瓜分，元朝所得窝阔台汗国的部分领土被并入岭北行省之中。

窝阔台汗国末代汗察八儿归降元朝之后，窝阔台系的一些宗王留在察合台汗国境内，成为察合台汗国的贵族，参与了察合台汗国的政治斗争。以后，他们中的两位成为察合台汗。阿里算端是第一位获取察合台汗位的窝阔台系宗王。1347 年，巴鲁剌思部异密合札罕操纵了察合台汗国政权，立海都之子答失蛮为察合台汗，但答失蛮的汗位遭到了察合台系宗王的反对，继位不到两年就被废黜。尽管如此，窝阔台系宗王在察合台汗国仍保存着一定的势力，直到帖木儿灭亡西察合台汗国为止。

第五节　伊利汗国

13 世纪中叶至 14 世纪中叶的一百年中，阿姆河以西的呼罗珊地区一直由旭烈兀建立的伊利汗国统治着。1264 年，阿里不哥投降，忽必烈正式册封旭烈兀为阿姆河至叙利亚和密昔儿之间地区的统治者，旭烈兀以蔑剌合为都建立了伊利汗国（1264—1353）。旭烈兀把他的统治区域分封给自己的儿子统治：除留守在山西西南和陕西中部封地上的次子外，长子阿八哈统治着汗国东部，从伊剌克、呼罗珊、祃楞答而一直到阿姆河西岸地区；三子玉疏木忒统治着汗国西北部，即阿儿兰、阿塞拜疆等地区。苫思丁·马合谋·志费尼成为汗国的宰相兼财政大臣（撒希卜底万），他全权决定、主宰、安排和掌管国事。[①]

1265 年 2 月 8 日，旭烈兀于蔑剌合附近去世。根据旭烈兀的遗嘱，长子阿八哈继承汗位（1265—1282）。阿八哈携大臣阿儿浑阿合从呼罗珊起程到篾剌合，阿八哈在汗国东部的封地由其兄弟秃卜申继承，“委派另一个兄弟秃卜申带着充足的军队到呼罗珊、祃椤答而以迄阿母河畔去”[②]。1270 年 11 月 26 日，大汗忽必烈对阿八哈的即位进行了正式册封。在位期间，阿八哈汗将都城从篾剌合迁至桃里寺，“主管各地包税的大臣阿儿浑阿合仍任原职，宰相的官职照旧委任给幸福的撒希卜底万苫思丁·马合谋·志费尼”[③]。

阿八哈的对外政策是：与基督教的拜占庭帝国联合对付统治埃及和叙利亚的马木路克王朝。即位当年，阿八哈就娶了拜占庭皇帝迈克尔·佩利奥洛格斯的女儿马丽公主。1273 年，阿八哈写信给教皇格列高利十世和英王爱德华一世，希望双方联合起来，共同打击马木路克王朝；1274 年，阿八哈遣使教皇。但蒙古人与欧洲基督教徒的反马木路克联盟始终没有形成。1281 年 10 月 30 日，伊利汗国军队在叙利亚霍姆斯附近被马木路克军打败。

1282 年 4 月 1 日，阿八哈在哈马丹去世，他的七弟阿合马（蒙古名为帖古迭儿）即位（1282—1284）。阿合马信奉伊斯兰教，被人们称为算端阿合马。[④] 由于信仰的一致性，阿合马与马木路克王朝的关系有所改善，忽必烈大汗对此很不高兴，威胁要出兵伊利汗国。阿合马的继位和对外政策受到了以阿八哈长子阿鲁浑为首的蒙古保守派势力的反对，他们向阿合马发起攻击。1284 年 5 月 4 日，双方在可疾云附近的阿克霍札（又译阿黑火者）激战，阿鲁浑战败被俘，然而，阿合马的部将不花发动宫廷政变，释放了阿鲁浑。在叛军的

---

① 〔波斯〕拉施特：《史集》第 3 卷，第 95—96 页。

② 同上书，第 104 页。

③ 同上。

④ 同上书，第 163 页。

打击下，阿合马于逃亡途中被捕，8 月 10 日被处死。阿合马之死表明蒙古保守势力在伊利汗国中很强大，同时也反映了伊斯兰教势力在伊利汗国内仍受抵制。

阿合马被处死之后，阿鲁浑即位为伊利汗（1284—1291）。据记载，阿鲁浑汗“性格温和，性情端庄”[①]。为了巩固统治秩序，阿鲁浑颁布诏旨：所有的人都要遵守自己父祖的道路，不得互相欺凌、施以暴虐，剌亦牙惕（农民）要安心整顿家业，从事农耕。[②]1284 年末，忽必烈大汗的使臣孛罗丞相率领使团来到伊利汗国，此后，孛罗丞相留在伊利汗国辅佐阿鲁浑。1286 年 2 月，忽必烈大汗册封的诏令抵达伊利汗国，4 月 7 日，阿鲁浑举行了登基大典。

阿鲁浑统治期间，呼罗珊、祃椤答而、忽米思和剌夷等汗国东部地区由长子合赞统治，大臣阿儿浑之子捏兀鲁思成为合赞的辅臣。1289 年，捏兀鲁思发动政变，举兵进攻合赞营地。合赞逃到祃椤答而，在此征集军队。双方于 5 月 8 日在莱干平原（今伊朗马什哈德北）发生激战，合赞战败。阿鲁浑出兵讨伐捏兀鲁思，捏兀鲁思在战败之后经巴达克山逃到海都营地，投靠了海都。1291 年，海都出兵帮助捏兀鲁思返回呼罗珊，军队一路屠杀、掠夺，呼罗珊遭到蹂躏，你沙不儿附近的村庄也被洗劫一空。最后，合赞军在你沙不儿打败捏兀鲁思，他的辎重尽被合赞军队获取。捏兀鲁思向合赞投降，合赞让捏兀鲁思官复原职，继续掌管呼罗珊，海都的军队被逐出呼罗珊。

1291 年 3 月 10 日，阿鲁浑病逝。1291 年 7 月 23 日，阿鲁浑之弟乞合都（又译海合都）即位（1291—1295）。乞合都在位期间，任命撒都剌丁为宰相兼财政大臣，撒都剌丁的兄弟忽忒巴丁被任命为伊斯兰教大法官。乞合都好酒色、挥霍无度，致使国库空虚，入不敷出。为了搜刮人民的财产，乞合都效法元朝发行纸钞，1294 年 9 月 12 日，伊利汗国在都城桃里寺正式发行纸钞，禁止使用金银充当

---

① 〔波斯〕拉施特：《史集》第 3 卷，第 215 页。

② 同上书，第 188 页。

货币。强行施行纸币的结果是商人罢市，食品得不到供应，发生饥民暴乱，纸币在流通两个月之后被迫废止。

在此形势之下，以旭烈兀孙子伯都（又译拜都）为首的一些蒙古贵族起兵反乞合都，于1295年4月21日在木干营地俘获了他，用弓弦将他勒死。蒙古贵族在哈马丹推举伯都为伊利汗。伯都任命脱合察儿为都元帅，兼管政务；因为钞法施行的失败，原宰相兼财政大臣撒都剌丁被贬为鲁木征税官。

伯都倾向于基督教，汗国的穆斯林对他不满。合赞在获悉伯都夺位的消息以后，率军讨伐，双方在忽儿班失剌相遇。伯都在兵力不多的情况下请和，提出和谈要求。为避免自相残杀，合赞答应和解，双方约定分国而治。合赞统治呼罗珊、祃桚答而、伊剌克、克尔曼和法尔思等汗国的东部地区；伯都则统治汗国西部。

为了争取地区领主和穆斯林的支持，合赞在辅臣捏兀鲁思的劝说下于1295年6月正式皈依伊斯兰教，许多异密也随之皈依。合赞奉伊斯兰教为国教，废除了汗的称号，改称素丹，这些改革得到了伊利汗国穆斯林的支持，为他统一伊利汗国奠定了基础。

撒都剌丁被贬为鲁木征税官以后，纠合其兄弟忽忒巴丁叛离伯都，归顺合赞。1295年8月，合赞打响了统一伊利汗国的战争。合赞军队攻打伯都，伯都主帅脱合察儿阵前倒戈，伯都兵败，在逃往谷儿只的途中被俘，1295年10月5日，被处死。

同年11月3日，合赞在阿儿兰的哈剌巴黑继承汗位（1295—1304）。合赞从3岁起就在祖父阿八哈身边，受到了良好的教育，通晓蒙古文、畏兀儿文，熟知蒙古历史。即位以后，他任命捏兀鲁思为宰相，整顿秩序，并进行了多方面的改革。

由于战乱导致国库空虚，税制混乱，各地包税者（木塔撒里甫）侵吞国家资财。合赞从整顿赋税入手。他规定了从各地区征收的所有赋税（额），并制定了地方所需的大部分预算经费。[①]为了防止税

① 〔波斯〕拉施特:《史集》第3卷，第367页。

官多收或克扣税金，合赞下令将应缴税金刻在石板、柱子上公示，任何人都不能多收定额之外的税金。[①]通过税制整顿，国库逐渐充盈。在位期间，合赞整顿驿站，保护商旅；鼓励农桑，兴建水利工程；统一货币及度量衡；加强法制，提倡文治。经过合赞的一系列改革，伊利汗国达到鼎盛。

捏兀鲁思居功自傲，1297年，再次发动政变，被合赞军队打败，退到也里城，也里城守官篾力法黑剌丁设计将他俘获，被异密忽都鲁沙处死。此后，撒都剌丁被委以重任。由于撒都剌丁不善理财，遭到大臣们的指责，心胸狭隘的撒都剌丁对指责者进行报复，合赞不得不将他处死，火者撒都丁被任命为宰相兼财政大臣（1301）。

合赞在位期间，伊利汗国与元朝保持友好关系。1296年，元成宗铁穆耳（1294—1307年在位）派使者拜住出使伊利汗国，以后，拜住留在合赞身边。1298年，合赞遣使到元朝，献上大珠、宝石、文豹等贡品，元成宗派使者将旭烈兀名下历年应得的岁赐送到伊利汗国。1298年，合赞委任拉施特为大臣，主持编写蒙古人的历史，拉施特撰写了名为《史集》的蒙古史。

合赞是伊利汗国史上最伟大的君主，《史集》赞誉他为“伊斯兰君王，神所选中的人，时代之子中的最智慧、完美的人”[②]。

1304年5月17日，合赞去世，他的弟弟完者都继位（1304—1316），都于苏丹尼耶（今阿塞拜疆苏丹尼耶）。在位时期，完者都继续推行合赞时期的各种制度。史学家拉施特是完者都的大臣，1307年，拉施特将他所撰写的《史集》呈献完者都。完者都最初信奉聂思托里教，后来皈依了伊斯兰教。

完者都时期，伊利汗国与埃及马木路克王朝又开始了边境战争。1304—1305年，马木路克袭击小阿美尼亚王国，与当地的蒙古守军激战，蒙古军战胜。为了反对马木路克，完者都派使者到欧洲各国，

① 〔波斯〕拉施特：《史集》第3卷，第448—449页。

② 同上书，第359页。

希望与基督教世界建立友好关系。

1316年12月16日，完者都在苏丹尼耶病逝，年仅12岁的儿子不赛因即位（1317—1335），定都桃里寺。不赛因统治前期（1317—1327），辅臣出班主持朝政。在此期间，1318年7月18日，朝中奸臣罗织罪名处死了史家拉施特，出班平息了国内的牙撒兀儿叛乱。不赛因成年以后，准备亲政，由此引发了君臣之间的冲突。1327年，出班在呼罗珊反叛，在从麦什德向阿哲儿拜占进军途中，由于部下叛离，叛乱运动中途而废，出班逃到也里城避难。该城统治者嘉泰丁让人把他勒死。在对外关系中，不赛因与马木路克王朝纳昔儿约和，结为兄弟，使者往来不断。

1335年11月30日，不赛因病逝，死后无子嗣，大臣们拥立旭烈兀之弟阿里不哥系后裔阿儿巴合温为汗（1335—1336）。阿儿巴合温的即位遭到汗国一些贵族的反对，他们拥立旭烈兀系后裔木撒为汗。在此后的几十年间，地方总督先后拥立了好几位伊利汗，伊利汗国陷入了诸侯割据的混乱局面。1355年，伊利汗国末代汗不知所终，汗国分裂为好几个地方王朝，相互间争斗不息，难以统一。

汗国东部分裂为三个割据政权：阿富汗克尔特人以赫拉特城为中心建立了克尔特王朝（Kartids，1251—1383），领土包括呼罗珊东部，其居民主要信仰伊斯兰教逊尼派；波斯赛尔巴朵尔人以呼罗珊北部的撒卜兹瓦尔堡为中心建立了赛尔巴朵尔公国（Sabzavar，1337—1381），领土包括你沙不儿、祃椤答而，居民主要信仰伊斯兰教什叶派；阿拉伯—波斯人以法尔思为中心建立了穆扎法尔王朝（Muzaffariyyah，1353—1393），领土包括克尔曼。统治着赫拉特和呼罗珊东部的阿富汗政权与赛尔巴朵尔公国因为宗教信仰问题一直处于交战状态；穆扎法尔王朝与汗国西部的蒙古人也进行了长期的战争。

汗国西部的蒙古人分为互相敌对的两部分：大哈桑·札剌亦儿和小哈桑·库楚克。大哈桑·札剌亦儿属于蒙古札剌亦儿部，1340年，他在报达（巴格达）自立为汗，统治着伊剌克和阿哲儿拜占；

小哈桑·库楚克是出班的孙子，在鲁木实施统治。1338年，小哈桑进军阿哲儿拜占，夺取桃里寺城，以该城为都建立了国家，领地有阿哲儿拜占、伊剌克·阿只迷（哈马丹和伊斯法罕）等地。1343年，小哈桑被其妻所杀，其弟阿失剌甫继位。阿失剌甫对报达发动了多次战争，1347年，大哈桑·札剌亦儿击退了阿失剌甫的进攻。1355年，阿失剌甫与入侵的钦察汗札尼别发生战争，兵败被杀，阿哲儿拜占被钦察汗国占领。

1356年，大哈桑·札剌亦儿去世，其子乌畏思（又译歪思）继位。1358年，乌畏思进军阿哲儿拜占，为伊利汗国夺回阿哲儿拜占。此后，乌畏思将伊利汗国西部统一起来，建立了札剌亦儿王朝（Jalayrids，1358—1432）。①

1374年，乌畏思去世，其子胡赛因·札剌亦儿继位，1382年，胡赛因之弟阿合木·札剌亦儿杀兄自立。正在弟夺兄位期间，在中亚地区崛起的帖木儿先后灭亡了汗国东部的几个割据政权。1386年，帖木儿进军札剌亦儿王朝，占领苏丹尼耶、桃里寺和报达。1393年，阿合木·札剌亦儿逃往埃及避难，伊利汗国灭亡。此后，伊利汗国统治的地区陆续归并入帖木儿帝国。

---

① 有学者将大哈桑·札剌亦儿掌权的1336年作为王朝的开始。

第二章

察合台汗国与周边国家的关系

塔剌思会议之后，窝阔台汗海都成为中亚霸主，察合台汗国实际上承认了海都的宗主权，察合台汗参加了海都与元朝的各次战争。海都去世以后，察合台汗国重新承认了元朝大汗的宗主权，开始与元朝友好互访和经济交往。察合台汗国与伊利汗国的关系受到它与元朝关系的制约，在塔剌思会议以前，两国之间保持着友好交往；此后，两国进行了战争；到14世纪初期，两国关系开始缓和，在察合台汗答儿麻失里推行伊斯兰教以后，两国之间的友好关系朝着稳固的方向发展。察合台汗国与钦察汗国之间为争夺花剌子模绿洲一直处于敌对状态，但两国之间没有发生直接的战争。

第一节　察合台汗国与元朝的关系

在忽必烈与阿里不哥争夺汗位的斗争中，察合台系的大多数宗王站在阿里不哥一边，与忽必烈为敌。在此期间，阿里不哥授权阿鲁忽为察合台兀鲁思汗，但阿鲁忽于1262年扣压了阿里不哥在中亚征集的物资后举起了反阿里不哥的旗帜，转而归顺忽必烈。1265年，阿鲁忽去世，其妻带来的儿子木八剌沙继位。木八剌沙的继位没有得到忽必烈大汗的册封，忽必烈认为这是对大汗权力的挑战，于是，派在自己身边的察合台系宗王八剌回国夺权。

八剌夺权成功之后，尊忽必烈大汗为宗主。但随着势力的强大，八剌把手伸向了大汗的属地忽炭。当时，忽炭等地由忽必烈大汗大将木忽勒台（蒙古台）统治。八剌军队在异密必克迷失（别乞迷失）的率领下来到忽炭，赶走了木忽勒台。忽必烈派老将火你赤率 6000 骑兵出征忽炭，八剌以 3 万人的军队迎战，打退了火你赤。八剌士兵在忽炭等地烧杀抢掠。据米尔洪德《洁净园》记载，八剌军队在阿姆河以北推行他们（那种）应受谴责的习惯，使当地那些“不幸的居民承受痛苦，成为一切种类灾难的牺牲品”[①]。忽必烈当时正在谋划与南宋的战争，容忍了八剌的侵占行为。

塔剌思会议之后，八剌成了窝阔台汗海都的附庸，继续与元朝为敌。对外，他发动了与伊利汗国的战争；对内，他把忠于忽必烈和伊利汗阿八哈的人关押起来，没收他们的财产。八剌死后，察合台汗都哇成为海都手下的一员大将，追随海都与忽必烈的战争近三十年（1270—1301），参加了海都与元朝争夺天山南北及哈剌和林的战争，直到 1301 年海都去世，察合台汗国与元朝的关系才发生逆转。

海都去世以后，都哇派使者前往驻守哈剌和林的宗王阿难答（忽必烈之孙）处，通过阿难答向元成宗铁穆耳表示和解和臣服之意。都哇说：“昔我太祖艰难以成帝业，奄有天下，我子孙乃弗克靖恭，以安享其成，连年构兵，以相残杀，是自隳祖宗之业也。今扶军镇边者，皆吾世祖之嫡孙，吾与谁争哉？且前与土土哈战既弗能胜；今与其子床兀儿战又无功，惟天、惟祖宗意可见矣。不若遣使请命罢兵，通一家之好，使吾士民老者得以养，少者得以长，伤残

---

① 刘迎胜：《察合台汗国史研究》，第 174 页。

疲惫者得以休息，则亦无负太祖之所望于我子孙者矣。”[①]长达 40 年之久的内战结束了，察合台汗国和窝阔台汗国再次成为蒙古大汗的“藩属之国”。

1303 年 8 月，都哇与察八儿派使臣明里帖木儿到元廷。铁穆耳同意罢兵讲和，并下令将突厥斯坦归还察合台汗国，对都哇占领的窝阔台汗国领地也予以承认。

1304 年秋，都哇、察八儿的使节前往波斯与伊利汗完者都商议与元朝关系问题，伊利汗国和钦察汗国对此建议没有提出异议。[②]在此基础上，察合台汗国、窝阔台汗国、伊利汗国、钦察汗国正式承认了元朝的宗主地位。经过半个世纪的较量，蒙古帝国在表面上恢复了往昔的统一。

此后，都哇又多次遣使元朝，这些来往可能与灭窝阔台汗国有关。1306 年，都哇与察八儿在撒麻耳干和忽毡之间进行了一次战争，察八儿初战失利，命其弟沙斡兀立出击，沙斡兀立打败了都哇。都哇假意讲和，在沙斡兀立遣散了军队之时，发动突然袭击，打败了沙斡兀立。随即，元军从阿尔泰山东侧包围了在也儿的石河上游与裕勒都斯河之间地区扎营的察八儿，察八儿急忙派 10 万大军从营地出兵，迎击元军。元军统帅海山率部越过阿尔泰山，与察八儿弟斡鲁思率领的窝阔台军相遇，两军相战，斡鲁思战败。

有学者认为，1306 年战争是察合台汗都哇与元朝预先密谋，共同夹击窝阔台汗察八儿的。无论如何，察八儿是在都哇和元军的夹击下被打败的，失败之后，察八儿率众投奔都哇，都哇以地封之，由是察八儿之诸大藩皆降都哇。[③]

都哇死后，其子宽阇与元朝继续保持着友好交往。据《月赤察儿勋德碑》记载，月赤察儿在宽阇即位后曾向元朝廷奏文说：“诸王秃苦灭本怀携贰，而察八儿游兵近境。叛党素无悛心，倘合谋致死，

① （明）宋濂：《元史》，第 3136—3137 页。

② V. V. Barthold, *Four Studies on the History of Central Asia*, Vol.I, p. 130.

③ 〔瑞典〕多桑：《多桑蒙古史》（下），第 389 页。

则垂成之功顾为国患。臣以为昔者笃哇先众请和，虽死，宜遣使安抚其子款彻，使不我异。”[①]为了对付窝阔台残余势力，元朝拉拢察合台汗宽阇。以后，在元军北移阿尔泰山北部之时，察八儿、秃苦灭感到威胁，“欲奔款彻”，宽阇顾及到与元朝的关系而“不敢纳”。[②]

宽阇曾遣万户也列门合散到元朝，呈递成吉思汗时所造撒麻耳干等城的户口青册。中书省臣向元武宗海山奏道：“薛迷思干、塔剌思、塔失玄等城，三年民赋以输县官。今因薛尼台铁木察往彼，宜令以二年之赋与宽阇，给与元输之人，以一年者上进。”[③]武宗同意了中书省臣的方案。宽阇此举是向武宗表明察合台汗国仍然奉元朝为宗主国；而武宗“以一年者上进”，也是为了体现宗主与藩属关系的恢复，并非在乎赋税收入的多少。事实上，自阿鲁忽起，河中农业和城郭地区的赋税管理和征收权已经落到察合台和窝阔台两系蒙古统治者手中。马思忽惕伯及其子在很长时期内受命于阿鲁忽、八剌、海都、察八儿等察合台和窝阔台汗。

1309年，察八儿伙同窝阔台系宗王进攻察合台系宗王怯别，怯别失败之后，率残部渡伊犁河，投奔元朝。[④]后来，怯别击败了察八儿，派卜剌（Pulad）驸马出使元朝，向元武宗汇报：“塔里忽霸占了我等父亲之位。我依靠长生天（原文为‘伟大的胡大’）以及合罕之力，从他那里把（这汗位）夺了回来，并且还削平了秃苦灭的叛乱。从今而后，我愿为合罕效力。”[⑤]元武宗厚赏了怯别。

1310年，察合台汗也先不花统治时期，察合台汗国和元朝瓜分了窝阔台汗国的领地，察合台汗国与元朝成为领土毗邻的两个政权。也先不花最初承认元朝的宗主国地位，双方使节往来频繁，伊利汗国与元朝的往来使者也经察合台汗国境。当时，畏兀儿之地属察合

① 刘迎胜：《察合台汗国史研究》，第350—351页。
② 同上书，第351—352页。
③ （明）宋濂：《元史》，第502—503页。
④ 〔瑞典〕多桑：《多桑蒙古史》（上），第336—337页。
⑤ 刘迎胜：《察合台汗国史研究》，第354页。

台汗国，也先不花从哈剌火州向元朝进贡葡萄酒。

1310年，察八儿率众归附元朝，元朝将归降臣民安置在称海（今蒙古国境内）屯田，降民与邻近的察合台牧民因为牧场产生了纠纷。此后，察合台汗国与元朝由于边境地区的摩擦，关系恶化，最终发展为战争。在近10年间，双方进行了三次战争。

窝阔台汗国灭亡以后，元朝在阿尔泰山北部的戍军仍未撤走，对此，也先不花心怀不满。他与元朝戍守边境的官员曾进行过谈判，但是，从以后的形势来看，谈判没有成效。1311年，守军将领向元朝请求增加一万名戍守边境的士兵，以防察合台汗国突袭。在此时期，也先不花截留了伊利汗国回国使者阿必失哈，也先不花向他打听元军的动向，为了脱身，阿必失哈向也先不花透露了元朝调军戍守边境及备战的军事机密，也先不花对元朝心怀仇恨。此后，也先不花扣留了元朝派往伊利汗国的使臣拜住，也先不花的侍臣问拜住道："使者往来，皆言有启边生事形迹"，这些行为反映了也先不花担心受到伊利汗国和元朝联军的夹击。从元朝在1312—1316年间对哈剌火州一带地方官员加封的情况来看，元朝很可能正在为攻察合台汗国做战争准备。①

1314年，也先不花先发制人，举兵攻元朝边境。也先不花之弟也不干、海都之子沙斡兀立和察合台宗王长史等率军一万出击，元朝五万大军逆也儿的石河而上，双方在河畔开战，最初，胜负难分。以后，察合台军战败，元军从霍博方向攻入察合台汗国，劫掠了也先不花在伊塞克湖的冬营地和塔剌思河附近的夏营地。

1315年，元朝大将床兀儿与察合台将领也不干、忽都帖木儿大战于赤麦干（即铁木儿忏察，今新疆赛里木湖以南果子沟），也不干大败，向西逃去，其斡耳朵、妃子、子女尽被元军俘掠而去。

同年，察合台军与元军在哈密力以西也发生了战争。这次战争由也先不花及其弟怯别分两路进军。"由于大量的军队通过同一条道

① 刘迎胜：《察合台汗国史研究》，第394—395页。

路很困难，于是也先不花通过可失哈儿，而怯别则取道阿力麻里。也先不花在前进时，破坏了路途中遇到的一切，他认为如果遇到了敌人，并战而胜之，那么在歼灭、征服敌人之后，处境会好。如果战败，则敌人也不能从中得到好处。而怯别则认为，如果有可能战胜敌人，他的公正的名字就会闻遍全世，其他领地的居民也会请他保护，如果遭到失败，则在途经曾受到过保护的各个地方，人们会期待着他。”[①] 结果，也先不花遭到重创，在撤退中，军队遇到可怕的饥荒，不得不吃掉自己的马匹；而怯别所部军队却一路得到补给。

此战败北之后，察合台汗也先不花放弃了以武力抗衡元朝，然而，双方之间仍然处于敌对状态，元朝叛臣曾到察合台境内避难。按照元武宗订立的皇位在兄弟、叔侄之间转相继承的协议，元仁宗之后应该是元武宗之子和世㻋继承大汗位，但元仁宗却立自己的儿子硕德八剌为皇太子，和世㻋被封为周王。于是，和世㻋于 1316 年起兵叛元，后来，叛军内讧，互相攻战。和世㻋越过阿尔泰山，逃到察合台汗国境内避难。和世㻋“每岁冬居扎颜，夏居斡罗斡察山，春则命从者耕于野泥，十余年间，边境宁谧”[②]。

1318 年，怯别继任察合台汗，开始与元朝改善关系。为表示和好，怯别把一直扣留在汗国的元朝使节拜住送回。1320 年秋，拜住回到了元廷，元英宗以他为元帅，出使察合台汗国。在拜住的斡旋之下，怯别与元英宗正式约和。1321 年，为了感谢拜住为察合台汗国和元朝约和做出的贡献，怯别上奏元英宗为拜住请求封赏。此后，察合台汗国与元朝之间使节往来不断，恢复了都哇后期察合台汗国与元朝的藩属关系。

继怯别为察合台汗的燕只吉台继续与元朝发展友好交往，双方互通使节。为了表示友好，元朝将窝阔台大汗给察合台铸造的印信

---

① 刘迎胜：《察合台汗国史研究》，第 395 页。

② （明）宋濂：《元史》，第 694 页。

“皇兄之宝”赐给了燕只吉台，此印信由木华黎五世孙乃蛮台护送到察合台汗国。以后，继位者笃来帖木儿也保持了与元朝的友好往来，1330年，元朝使诸王桑哥班及笃怜秃军孛罗等先后赍银币来聘，会修《经世大典》，笃来帖木儿奉诏，“与巴秃后王、旭烈兀后王各制本藩地图进呈”①。

察合台汗国与元朝的友好交往保证了中西陆路交通畅通，原居中亚和西亚的大批伊斯兰教徒东迁中国内地，他们中有突厥人、畏兀儿人、波斯人、阿拉伯人。到元朝末期，这些人在中国内地已经形成了一个与汉族和其他族不同的、信奉伊斯兰教的新民族——回回族，简称回族。

第二节　察合台汗国与伊利汗国的关系

伊利汗国为忽必烈的兄弟所建，所以，察合台汗国与伊利汗国的关系始终受到察合台汗国与元朝关系的制约。察合台与伊利两汗国是疆域接壤的邻邦，伊利汗国建国初期，两国保持着友好关系，塔剌思会议以后，察合台汗国与窝阔台汗国、钦察汗国结成了反忽必烈联盟，于是，察合台汗国与伊利汗国之间的关系也随之破裂。在塔剌思会议上，联盟三方决定八剌出兵伊利汗国，夺取它的领地，以牺牲伊利汗国的利益换取八剌承认窝阔台汗海都对河中地区的占领。

1270年，八剌按照塔剌思会议的约定，出兵伊利汗国的呼罗珊。八剌对海都说：“我们的军队增多了，这些地方负担不了他们的（供养），我过河去夺取呼罗珊地方，需要海都安答对我援助。”② 海都派钦察和察八忒（窝阔台孙脑忽之子）等人率军随八剌出征。临行

---

① （清）屠寄：《蒙兀儿史记》，第290页。

② 〔波斯〕拉施特：《史集》第2卷，第180页。

前，海都告诫钦察和察八忒，要他们见机行事，保存实力。

察合台汗国内部对八剌攻伊利汗国有不同的意见。以八剌为首的一部分人主战；而以马思忽惕伯为首的一些人不主张出征伊利汗国。马思忽惕伯劝阻八剌说："我不赞成你这么干，因为如果你没能征服那边（指伊朗），你就再也不能回到这边来了。"[①]然而，八剌最终还是发动了对伊利汗国的战争。

八剌分兵几路渡阿姆河，以阿合马、不里、塔里忽为统帅的一路军在忒耳迷渡阿姆河，察八忒与木八剌沙、钦察跟随八剌在阿木渡过阿姆河，以异密忽打出和把你阿勒率领的军队从花剌子模的乞瓦（今希瓦）渡阿姆河，异密忽速黑的军队从明乞失列克渡阿姆河。八剌渡阿姆河之时，留其子伯帖木儿率一万骑驻守阿姆河右岸的渴石和那黑沙不。八剌与窝阔台系宗王的联军首先征服了巴达克山、怯失迷儿、沙不儿干，然后在莫夫（马鲁）边界驻军，几路军在八剌帐前会合。

伊利汗国迎战的是秃卜申和阿儿浑。旭烈兀西征之时，各系宗王、万户按蒙哥之命都派出兵马随行，这些人以后留在了波斯地区，因此，在伊利汗国军中有各系宗王的部属。当八剌军队来到之时，伊利汗国军中窝阔台系的千夫长速者克秃听说窝阔台系宗王钦察也随八剌来到，于是，率部逃到八剌军营。这样，伊利汗国军队实力遭到了削弱，秃卜申和阿儿浑在也里城附近被八剌军队击溃，向祃椤答而撤退。当时驻扎在阿哲儿拜占的伊利汗阿八哈获悉伊利军败退的消息之后，率军往东方。

就在此时，八剌与海都军队首领钦察和察八忒发生矛盾，钦察撤走了自己在马鲁察叶可城下的驻军，八剌派兄弟木明、牙撒兀儿、尼克拜追赶，但未能追上。钦察率部众渡阿姆河回到海都驻地塔剌思河流域。钦察离去之后，察八忒也率部归国，当他到达不花剌境内之时，被八剌之子伯帖木儿击溃，只有 10 人随察八忒返回。以

---

① 〔波斯〕拉施特：《史集》第 3 卷，第 112 页。

后，八剌军单独与伊利汗阿八哈作战，阿八哈用计在也里城附近打败了八剌。经此失败，八剌返回河中地区。

此后，察合台汗国与伊利汗国之间关系一直敌对。八剌死后，镇守阿姆河边境的察合台汗国官员阿黑伯叛变，投靠了阿八哈。他带领伊利汗国军进攻不花剌，大肆掳掠。海都也企图借伊利汗之手削弱察合台系实力，与阿八哈结成了“斡脱”（伙伴）。以后，伊利汗国忙于对付钦察汗国和埃及马木路克王朝；察合台汗都哇追随海都忙于对元朝的战争。在此后的在30多年中（1274—1312），双方除了局部地区的小冲突外，没有进行大规模战争。

1295年，伊利汗国发生汗位争夺，察合台汗都哇趁此机会进攻呼罗珊。察合台军队由河中地区向西南侵入伊利汗国的祃椤答而，夺走了合赞在当地的一部分辎重。窝阔台汗海都去世以后，察合台汗都哇采取了与海都完全不同的外交政策，归顺了元朝。在此背景之下，察合台汗国与伊利汗国之间随之也出现了和平友好的局面，这种局面维持了10多年。

在也先不花统治时期，察合台汗国与元朝的矛盾日渐突出，察合台汗多次扣留元朝与伊利汗国之间的使臣，这使得察合台汗国与伊利汗国之间的关系变得紧张起来。察合台汗国与元朝发生战争之时，它与伊利汗国的关系也随之破裂。

为争夺兴都库什山以南的哥疾宁封地（今阿富汗东部），两汗国发生了战争。在都哇任察合台汗时期，哥疾宁是都哇长子忽都鲁·火者的封地，忽都鲁·火者死后，其弟也先不花驻守。也先不花继任察合台汗以后，派忽都鲁·火者之子达乌德火者统领哥疾宁军队。达乌德手下的部将帖木儿驸马（都哇的驸马阿八赤之子）、剌合迷儿等人叛逃伊利汗国。叛军首领帖木儿驸马要求伊利汗完者都为他们提供军事援助。1312年5—6月，完者都派驻守呼罗珊的军队向达乌德火者发起攻击，达乌德火者战败之后渡阿姆河逃往河中地区，向察合台汗也先不花求援。伊利汗国军追入河中地区，大肆抄掠。

1313年秋，也先不花以怯别、牙撒兀儿、长史、倒的·火者和沙斡兀立等诸王军队组成5万—6万兵力的西征军，进攻呼罗珊。西征军击败了伊利汗国的前锋部队，进至穆尔加布河流域。伊利汗国驻呼罗珊最高长官迷里·牙撒兀勒急忙集结在呼罗珊的军队迎战，一场大战役在穆尔加布河畔展开，伊利汗国军主将拜住被杀，迷里·牙撒兀勒奋勇厮杀得以逃走。由于军粮供给不足和元军在汗国东部的威胁，察合台西征军首领怯别、牙撒兀儿在夺得了伊利汗国军的大量辎重之后，迅速撤军。

1316年，曾经追随也先不花出征呼罗珊的察合台系宗王牙撒兀儿叛变，投降伊利汗完者都，于是，两国之间的关系围绕着牙撒兀儿事件而展开。牙撒兀儿是察合台后裔，他是不花帖木儿的孙子，其家族封地在撒麻耳干附近。也先不花继承汗位以后，为感谢其弟怯别的让位之恩，将河中地区和拔汗那作为封地赐给怯别，这一封赐损害了牙撒兀儿的利益，怯别与牙撒兀儿之间产生了矛盾，以后，在西征呼罗珊期间，两人因对穆斯林俘虏处理的态度又加深了矛盾。生长在河中地区的牙撒兀儿，从小受到伊斯兰文化的影响，皈依了伊斯兰教，他对伊利汗国的穆斯林怀有同情，在察合台军追击呼罗珊守军至徒思之时，牙撒兀儿以“斋月（剌马丹月）中，如何能杀死消灭信徒”为由，阻止怯别和长史继续进攻伊利汗国军队，牙撒兀儿还将从呼罗珊军队中夺取的马匹、武器还给伊利汗国的士兵。在对待俘虏阿剌帖木儿千户的问题上，两人态度截然不同，怯别主张杀俘虏，牙撒兀儿却将阿剌帖木儿收为养子。

西征回来以后，怯别与牙撒兀儿两人之间发生了战争。1315年8—9月，成吉思汗长弟拙赤合撒儿系宗王劫掠花剌子模绿洲，牙撒兀儿出兵征讨。怯别于1316年趁机出兵牙撒兀儿部人，被牙撒兀儿部人击败。此后，牙撒兀儿派他的养子阿剌帖木儿为使者，先到伊利汗完者都宫廷联络叛逃事宜。完者都派迷里·牙撒兀勒率军渡阿姆河援助牙撒兀儿。接着，牙撒兀儿率军从撒麻耳干出发南进阿姆河畔的忒耳迷渡口，途中掠夺了撒哈儿只、渴石、那黑沙不等城。

怯别、长史、沙斡兀立率军追击，双方在铁门附近大战，怯别军败。接着，双方又在忒耳迷附近大战几次，均以怯别军的失败而告终。

1316 年 9—10 月，牙撒兀儿渡过阿姆河。完者都发出敕令："余将阿姆河至祃椤答而之界诸地赐予诸王牙撒兀儿。呼罗珊之诸大臣及灭里（Malik）应尽量对他表示敬意。不得违反他所提出的任何条件、命令和禁令。"据记载，完者都和牙撒兀儿之间交换了契约书（Áhd-nama）。[①] 以后，牙撒兀儿据有巴里黑、巴达克山、喀布尔（Kabul）、坎大哈等原察合台汗国领地，他在此为伊利汗国驻守东部边境。

完者都去世以后，握有呼罗珊重权的牙撒兀儿萌发了夺取伊利汗位的野心。在呼罗珊异密之长迷里·也先忽都的怂恿下，牙撒兀儿于 1318 年 7—8 月率部攻亦剌黑，他鼓动士兵说："让伊朗之诸国为我们所有！这样，你们都会得到土地，会成为财产和地位的拥有者。"[②] 伊利汗不赛因派迷里·忽辛征讨牙撒兀儿，同时又派使者与察合台汗怯别联系，希望联合剿灭牙撒兀儿。

1320 年 6—7 月，也里城统治者灭里·吉牙忒丁·曲儿忒写信给怯别，请求察合台汗国配合夹击。怯别召开忽里勒台，与大臣们商议此事，大臣们一致拥护出兵征讨牙撒兀儿。怯别遣使到伊利汗国将领迷里·忽辛处，商讨进攻牙撒兀儿的事宜。怯别派燕只吉台、鲁思探、蒙合里·火者、卜剌等率四万大军出征，伊利汗国对牙撒兀儿部众进行分化瓦解。在以后的战斗中，牙撒兀儿的部下阵前倒戈，牙撒兀儿率亲兵逃走，燕只吉台率轻骑 1000 人追击，俘获并杀死了牙撒兀儿。

在联合剿灭牙撒兀儿之后，察合台汗国与伊利汗国的关系得以改善，双方建立了和平友好交往的关系。在察合台汗答儿麻失里期间，由于他自上而下推广伊斯兰教，察合台汗国与伊利汗国的友好

---

① 刘迎胜：《察合台汗国史研究》，第 411 页。

② 同上书，第 413 页。

关系朝着稳固的方向发展，东西方的商人纷纷取道察合台汗国与伊利汗国经商，一时间两汗国商旅云集，各种物资充盈市场。

1336年以后，察合台与伊利两个汗国都陷入了内部分裂、混战的局面。1336年，伊利汗国陷入了诸侯割据的混乱局面；1347年，察合台汗国也分裂成为东、西两个政权。分裂和战乱使双方在政治、经济、文化上的交流受到了一些阻碍，但两汗国之间的关系相对缓和。随着帖木儿的崛起，西察合台汗国被帖木儿吞并，伊利汗国的领土也陆续成为帖木儿帝国的领地。

第三节 钦察汗国及其与察合台汗国的关系

察合台汗国形成之后，首先在河中地区发展自己的势力，继而夺取了钦察汗国的花剌子模绿洲。1260—1262年间，察合台汗阿鲁忽“杀死了所有别儿哥（在河中）的那可儿和臣属于他的人”[①]，夺取了原属朮赤兀鲁思的楚河西部草原和大部分花剌子模绿洲。在成吉思汗分封领地之时，花剌子模绿洲分给了长子朮赤。花剌子模的玉龙杰赤城在征服战争中曾受到很大的损毁，以后朮赤蒙古人将它重建，经过复建，玉龙杰赤成为东方的最大城市之一。当时，花剌子模绿洲是钦察汗国与蒙古汗廷及中原王朝交往的必经路线。柏朗嘉宾的旅行就是从拔都的萨莱城出发，经过里海和咸海北部的康里人居住区，来到了花剌子模绿洲，由此前往蒙古草原的。据《钦察汗国兴衰史》记载，14世纪，玉龙杰赤城是东西贸易的集散地，贩马在汗国的贸易中占有重要地位，钦察草原的马可以运往各国，其中以印度居多。

当时（1262年），伊利汗旭烈兀的军队已经越过高加索边界的打耳班关隘，向捷列克河以北的钦察汗国领土挺进。可见，钦

① 〔波斯〕拉施特：《史集》第2卷，第302页。

察汗别儿哥正忙于对付入侵的伊利汗国军队，无力东顾。于是，花剌子模绿洲在钦察汗国和察合台汗国之间被瓜分；钦察汗国控制了锡尔河三角洲和玉龙杰赤，而察合台汗国统治着花剌子模南部地区，包括柯提（阿布兹瓦力沙）和希瓦地区。在察合台汗国和钦察汗国争夺期间（即13世纪60年代），花剌子模绿洲北部，突厥化的弘吉剌部强大起来，该部落首领胡赛因·苏菲建立了一个独立的伊斯兰王朝，被称为苏菲王朝。此王朝存在了一百多年，以后被帖木儿帝国灭亡。

钦察汗忙哥帖木儿统治之初，忽必烈数次派遣铁连出使钦察汗国，要求与之共同夹击海都。忙哥帖木儿表示："祖宗有训，叛者人得诛之。如通好不从，举师以行天罚，我即外应掩袭，剿绝不难矣。"[①]1268年，忙哥帖木儿曾出兵进攻海都，后来，在忙哥帖木儿获悉海都在锡尔河畔被八剌打败的消息后，他派其叔别儿哥彻儿（朮赤四子）率五万骑兵增援海都，打败了八剌。八剌逃至河中，以洗劫河中城市为要挟，迫使海都和忙哥帖木儿采取和平解决的办法，促成了历史上有名的塔剌思会议的召开。

忙哥帖木儿于1280年去世，其弟脱脱蒙哥继承了钦察汗位。在位期间（1281—1287），他改善了与元朝大汗的关系，将囚禁在钦察汗国的皇子那木罕送回国，对忽必烈大汗表示："我们听命（于陛下），我们都将来参加忽里勒台。"[②]话虽如此，实际上他并未出席忽必烈召集的忽里勒台。

脱脱蒙哥是一位虔诚的穆斯林，他严格遵守斋戒，时常陪伴着教长和托钵僧，但脱脱蒙哥没有治理国家的能力，实权掌握在宗王那海手中。1287年，忙哥帖木儿之子阿勒灰和脱黑里勒，以及钦察系宗王秃剌不花、宽彻等人借口脱脱蒙哥疯了，他们以秃剌不花为首，实际上他们自己共同执政了四年（1287—1290）。在此期间，

---

① （明）宋濂：《元史》，第3248页。
② 〔波斯〕拉施特：《史集》第2卷，第317页。

“那海与秃剌不花有同等的地位，他们是并驾齐驱的皇帝”。

当忙哥帖木儿之子脱脱身上表现出英武之气之时，秃剌不花他们就想谋害他。脱脱知道这一情况之后，便逃离了他们，向权臣和军队统帅那海求援说：“堂兄弟们要谋害我的性命，你是长者，我要向作长者的请求保护，让他支持我，阻止亲属们谋害我。只要我活着，我就将服从长者，并且不违悖他的善意。”[①] 秃剌不花的即位本来就遭到以那海为首的实权派反对，因此，在他的帮助下，脱脱杀秃剌不花，登上了钦察汗位（1290—1312）。

脱脱统治之初，那海因为拥立有功而权倾朝野，脱脱实际上成为那海的傀儡。不久，脱脱与那海之间发生了冲突。在冲突中，脱脱的部分将士投奔那海，双方最终反目成仇。1297 年，双方在顿河附近发生战争，脱脱战败，逃回萨莱城。1299 年，脱脱率军与那海在第聂伯河附近再战，那海战败被杀。

独立掌权后，脱脱开始恢复经济，医治战乱创伤。1300—1302 年间，钦察汗国经历了旱灾和瘟疫：“他们（居民）没有东西可吃，只得将自己的儿女、亲人卖给商人，被商人送到埃及与其他各处去。”[②] 经脱脱的治理，钦察汗国逐渐恢复了往日的繁荣，军事实力也得到了增强。

脱脱统治期间，钦察汗国与伊利汗国之间的关系一度转为友好，两汗国之间的高加索商路又重新通行，而且保护商旅的驿站等设施也重新建立。钦察汗国与埃及马木路克王朝也保持着友好关系，互通使节。

1312 年 8 月，脱脱去世，他的侄儿月即别在异密忽都鲁帖木儿的帮助下杀死了脱脱之子亦勒巴思迷失，登上钦察汗位，在位 28 年间（1313—1340），钦察汗国达到极盛，因此，他统治下的人民被称为“月即别人”（更常用的汉译名是“乌兹别克人”）。

---

① 〔波斯〕拉施特：《史集》第 2 卷，第 149 页。

② 〔苏联〕Б.Д. 格列科夫、А.Ю. 雅库博夫斯基：《金帐汗国兴衰史》，第 72 页。

在位期间，月即别将都城从拔都萨莱迁至别儿哥萨莱。穆斯林神学家纷纷来到萨莱城，钦察汗皈依了伊斯兰教，并且将它定为国教。他劝蒙古首领们加入伊斯兰教，引起保守的蒙古贵族的不满，他们对他说："你应当满足于我们对你的忠顺，我们的宗教对你有何重要的呢？为什么我们要放弃成吉思汗的札撒黑，而去信奉阿拉伯宗教？"①

月即别时期，钦察汗国与中亚地区，特别是与花剌子模绿洲有着频繁经济交往。"商队从花剌子模出发，乘坐大车，一路平安无事，毫无惊险、风波，三月可达克里木。不需为马匹携带饲料，也不需为跟随商队同行的人们携带粮食。此外，商队不带向导，因为草原与农业地区有着人烟稠密的畜牧业和农业居民点，只需付出若干报酬即可获得一切必需物资。"②

月即别统治下的钦察汗国与元朝保持着良好的关系，使者往来，互通信息。1336年，月即别遣使元朝，要求领取份地岁赐以赈给军战。1337年，元朝政府专门设立总管府，掌管朮赤后王平阳等处份地岁赐，每年按额发给。③在钦察汗国与元朝的交往中，最值得注意的是大批斡罗思人、钦察人、康里人、阿兰人（阿速人）迁入汉地。元朝曾增设了许多担任专门任务的宿卫军，钦察汗国人组成的宿卫军有：钦察卫、康居卫、斡罗思卫、阿速卫等。这些军队成为元朝统治者的重要依靠力量，在争夺皇位的斗争中，这些军队起了关键作用；在元朝末年镇压农民起义的战争中，这些军队也曾是作战的主力。在元朝的钦察人中涌现出一批名臣与名将，如忽必烈晚年的儒相不忽木是康里人；名将土土哈、床兀儿父子是钦察人；后来扶立元文宗的燕帖木儿就是床兀儿之子，他是元朝历史上影响重大的第一位权臣。④

---

① 朱廷耀：《蒙元帝国》，第280页。
② 〔苏联〕Б.Д.格列科夫、А.Ю.雅库博夫斯基：《金帐汗国兴衰史》，第221页。
③ （明）宋濂：《元史》，第2906页。
④ 朱廷耀：《蒙元帝国》，第282页。

月即别继续与埃及马木路克王朝保持着频繁的贸易、文化交流。他曾将成吉思汗族的一位公主嫁给了马木路克素丹。与此同时，他与西方热那亚和威尼斯人订立了商务条约，实施促进商业发展的政策。对于伊利汗国，月即别采取强硬的政策，为了夺取高加索以南地区，月即别派军数次与伊利汗国交战，在战争中还联合埃及马木路克王朝夹击伊利汗国，然而，最终没有获取高加索以南地区。

1340年，月即别去世，札尼别继位。札尼别时期（1340—1357），伊斯兰教的影响在钦察汗国日益扩大，成吉思汗的宗教自由政策被穆斯林极权的狂热主义取代，1343年，钦察汗国发生了穆斯林与意大利人的争端，札尼别将热那亚和威尼斯人从塔那驱走，热那亚和威尼斯人在黑海对蒙古人实行封锁，对此，札尼别表示过让步。

札尼别在位时期，“国家兴隆，国力倍增，但他（札尼别）却觊觎着伊朗”[①]，1356年，札尼别出兵占领了桃里寺（大不里士），派其子别儿迪别镇守，札尼别在桃里寺铸造自己的钱币。然而，钦察汗国最终未能在此站住脚跟，一年以后的1357年，札尼别被杀，有人认为是其子别儿迪别干的。1358年钦察军被赶走。札尼别死后，别儿迪别即位钦察汗。

别儿迪别在位期间（1357—1359），钦察汗国经历了内乱时期。别儿迪别弑父即位导致各地诸侯割据，互相攻击。1359年，别儿迪别被其兄弟忽里纳杀死，忽里纳自立为钦察汗，但不久也被杀，钦察汗国开始了异密掌权时代。在朮赤的几个族人争夺王位期间，钦察汗国的实权掌握在那海式的权臣马麦手中。1371年，斡罗思大公们停止到萨莱汗廷朝觐，甚至不再进献贡品。莫斯科大公发动两次战争打败了马麦的军队，钦察汗国在基督教国家的进攻下似乎已经难以为继。

在此形势下，统治着中亚草原的白帐汗国拯救了钦察汗国。白

① 〔苏联〕Б.Д.格列科夫、А.Ю.雅库博夫斯基：《金帐汗国兴衰史》，第222页。

帐汗汗位一直由朮赤长子斡儿答家族成员继任，14 世纪初，白帐汗国势力崛起。在伯颜任白帐汗时期（1301—1309），斡儿答系宗王之间发生了分裂，宗王古亦鲁克（又译贵裕、古卜鲁克）企图推翻伯颜。1301 年，他在窝阔台汗海都和察合台汗都哇的支持下，袭击了伯颜汗。伯颜逃到钦察汗脱脱处避难，脱脱当时正在与那海交战，不能派兵给伯颜，于是，他派使者到海都处，要求海都把古亦鲁克送往钦察汗国。这一要求遭到了海都的拒绝，“伯颜已经十八次与古卜鲁克及海都和都哇的军队作战，其中，他亲自参加了六次厮杀”[①]。在此期间，由于物资溃乏，伯颜曾向伊利汗国请求援助，伊利汗合赞派使者给伯颜和他的妻子们送去了黄金、衣服、礼物和珍异（物品）。[②]

最后，伯颜向元朝求援说：“让你们的军队立即由该处往东方出动吧，经常为他们所苦的巴达哈伤的君主（是支持我们的），而西面，则有伊斯兰君主合赞汗……的军队一直都在给予支持。我们就把都哇和海都从四面八方包围起来，一下子结束此事。”[③] 元成宗铁穆耳在母亲的建议下，对伯颜的要求采取拖延策略。过了几年，元朝才派军队出征窝阔台系和察合台系宗王。

在海都扩张以前，蒙古帝国直接统治领地与白帐汗国的疆域是毗邻的，在忽必烈与阿里不哥争战期间，海都曾派其子伯颜札儿（又译不颜察儿）和沙斡兀立，以及阿里不哥之子明里帖木儿、蒙哥之孙秃刺帖木儿率军驻扎在伯颜的边境，在海都军队的帮助下，古亦鲁克占领了伯颜的一部分领地，于是，白帐汗国与元朝的联系被阻断。

在钦察汗国内乱不已的时候，白帐汗国强大起来，1361 年，白帐汗国开始干涉钦察汗国事务。兀鲁思任白帐汗期间（1361—1377），白帐汗国的势力强大起来，向钦察汗国发起进攻。对此，白

① 〔波斯〕拉施特：《史集》第 2 卷，第 118 页。

② 同上书，第 119—120 页。

③ 同上书，第 386 页。

帐汗国贵族之间有不同意见：军事贵族支持兀鲁思远征钦察汗国；而以秃亦·火者斡黑兰为首的蒙古宗王反对之。结果，秃亦·火者斡黑兰被杀。回历776年（公元1374或1375年），兀鲁思夺取萨莱城。

秃亦·火者斡黑兰之子脱脱迷失是一个很有才干的宗王，其父被处死以后，他感到自己在白帐汗国的处境危险。为了躲避迫害，他逃到了撒麻耳干城，投奔了河中地区统治者帖木儿。帖木儿热情地接待了脱脱迷失，并把锡尔河中游北岸的讹答剌、扫兰等城赐给他。脱脱迷失得到帖木儿的大力资助后，率军向白帐草原进发。当时兀鲁思正在伏尔加河流域远征，他的儿子忽都鲁·不花执掌白帐汗国大权。忽都鲁·不花在第一个回合中被脱脱迷失杀死，但白帐军队并未因主帅的死去而退却，他们很快把脱脱迷失击溃了。帖木儿再次用更强大的军队资助脱脱迷失。但脱脱迷失又一次被兀鲁思的另一个儿子脱脱乞击溃，脱脱迷失含辱回到了帖木儿的宫里。帖木儿希望在白帐汗国扶持自己的傀儡，因此没有对脱脱迷失的失败表现出不满。

兀鲁思知道了锡尔河上的战事以后，派两个使者到帖木儿处，要求他将逆贼脱脱迷失交给他，不然就将对他开战。帖木儿拒绝了兀鲁思提出的要求，并准备举行远征。这一次，两国国王带着大军亲自出动。兀鲁思在钦察汗国召集了大批的士兵以迎战帖木儿军。两军相遇于昔格纳黑城。1376年的冬天异常寒冷，大雪纷飞中，士兵都冻得拿不住武器，双方都不愿意投入战斗，帖木儿在几次意义不大的对敌交锋获得很小的胜利后就开始撤军，他准备把征服白帐草原的任务推迟到来年春天。1377年初，帖木儿重新出动大军征讨兀鲁思，兀鲁思在出征前夕去世，长子脱脱乞嗣立，但不久也去世了。帖木儿·灭里成了白帐汗。脱脱迷失第三次统率军队出战仍然以失败告终，还险些被俘。由于帖木儿·灭里不理政事，终日嬉戏，饮酒无度，在白帐汗国威望丧尽，白帐汗国贵族中的一大部分人开始拥护脱脱迷失。回历778年（即公元1376年5月21日至1377年5月8日），在帖木儿的帮助下，脱脱迷失取得了胜利，宣布自己为白帐汗。

脱脱迷失“不仅夺得了从阿斯特拉罕起直到不里阿耳为止的伏尔加河流域，而且占有了北高加索、伏尔加河以西地区及克里木。只有花剌子模没有包括在重新统一起来的钦察汗国版图内”[①]。花剌子模当时是帖木儿帝国属地。1383 年，脱脱迷失肆无忌惮地用自己的名字在花剌子模铸币，这是对帖木儿权威的公然漠视。至此，“曾经多次支持、保护他的恩人帖木儿，一下子变成了他的对手”[②]。以后，钦察汗国与帖木儿帝国之间开始了争夺花剌子模的战争。这一时期的内容将在第三编中论述。

---

① 〔苏联〕Б.Д.格列科夫、А.Ю.雅库博夫斯基：《金帐汗国兴衰史》，第 273 页。

② 王治来：《中亚史纲》，湖南教育出版社 1986 年版，第 545 页。

第三章

社会经济

13世纪上半叶，在蒙古社会中，未充分发展的奴隶阶级关系与新产生的封建关系并存，这一时期成为蒙古社会从奴隶制向封建制的过渡时期。[①]13世纪中叶以前，蒙古人仍然崇尚游牧生活；13世纪40年代，蒙古帝国中央领导者在汉化契丹人耶律楚材的影响下转变了游牧观念；到13世纪60年代，中亚的蒙古统治者也改变了重游牧、轻农耕的观念，接受了农耕国家的管理理念和安定百姓、废除苛捐杂税、保证赋税收入等一系列统治思想；13世纪后期，随着察合台系蒙古人游牧观念的转变，以及他们在农耕地区和城市采取的保护措施，中亚地区经济开始恢复和发展。

第一节　阿姆河以北地区

在蒙古帝国统治的半个世纪中，蒙古人仍然崇尚游牧生活，中

① 马曼丽、安俭:《论成吉思汗时代蒙古社会的性质和特点》,《内蒙古社会科学》2002年第1期，第69—72页。

亚的蒙古人对定居生活、城市和农耕甚至抱有轻视和敌视的观念。13 世纪 40 年代，在汉化契丹人耶律楚材的影响下，蒙古帝国中央领导者很快转变了这种观念，窝阔台任大汗期间，委派花剌子模人牙剌洼赤父子管理着河中地区赋税，他们的管理不仅使河中地区经济得到了恢复，而且这种农耕国家管理理念也深深影响了中亚蒙古统治者。13 世纪 60 年代，中亚蒙古统治者转变了重游牧、轻农耕的观念，接受了安定百姓、废除苛捐杂税、保证赋税收入等一系列管理定居国家的统治思想。这种转变的重要标志是他们对待农耕经济和定居生活的态度从掠夺破坏转向保护向往。

中亚蒙古人观念的转变始于察合台汗木八剌沙。1262 年，察合台汗阿鲁忽被阿里不哥军队击败以后，退往不花剌和撒麻耳干，在此，察合台蒙古将领们大肆抢劫富有居民的钱财、武器装备和牲畜，把它们分给部众。1265 年，察合台汗木八剌沙即位之后立即发布命令，禁止军队掠夺农民和破坏农业。不过，这一观念的转变是经过多次反复，甚至是在与游牧观念的斗争中逐步树立起来的。

1266 年，新即位的察合台汗八剌在与海都斗争失败之后，还打算把撒麻耳干和不花剌城民赶到城外，让他的军队肆意掠夺。当时，窝阔台和术赤家族分享了河中地区的利益，他们害怕八剌破坏河中地区的经济，于是，派使者说服八剌，建议召开忽里勒台，以和平的方式解决争端。会上，各方蒙古统治者不仅做出妥协和让步，还提出了一些保护农业的措施。这种观念在半个世纪以前的蒙古人中是根本不存在的。

又过了半个世纪，中亚蒙古人对农业和经济的认识更进了一步。怯别任察合台汗时期（1318—1327），为了禁止官吏的横征暴敛，保证河中地区居民的安定和税收的稳定，他改革了税制。怯别的改革思想受到了伊利汗国宰相、波斯人拉施特的影响，即“衣食之仓被称为国家的支出库，而国家的收入库（实质上）就是剌亦牙惕（农民），因为这座（收入）国库是以他们（剌亦牙惕）的勤俭美德来填满的。如果他们被摧残了，国王就丝毫得不到收入。保护剌亦牙惕，才能保证自己的食粮和财源"[①]。他的改革方法是将察合台汗国划成小的行政和纳税区，统一设置万户，确定税率和征税方法，由汗委派的代表进行管理。

随着游牧观念的改变，蒙古贵族的思想意识发生了变化，他们出现了对领地的渴望。14 世纪，中亚发生了土地重新分配的过程。蒙古帝国时期，中亚的大多数农耕和城市被认为是国家和最高统治者——大汗的财产。大汗派代表管理和收取赋税，然后，将赋税在黄金家族成员中分配。察合台汗国期间，这些地区已经成为察合台家族的财产，察合台汗将它们分封给察合台系军事贵族和异密，这些封地名为"苏尤尔加尔"。苏尤尔加尔实际上是中亚地区原伊克塔的延续，只不过在数量上比伊克塔大得多，不仅限于农业绿洲，还遍及游牧草原，甚至对封地上的城市也有管理权。14 世纪以后，苏尤尔加尔成为中亚封建土地占有的主要形式。与从前的伊克塔制一样，封地上的农民完全依附于封建主，封地所有者在其领地内依靠牧民武装维持统治。

中亚本地的突厥族和塔吉克族大封建主为了保住自己的地位，也积极参与到蒙古政权之中，他们在蒙古汗国内担任民政官员，或以宗教首领、苏菲教长身份参与政治活动，他们利用职权大肆购置地产。14 世纪，中亚地区出现了官员广置地产和中、小封建地主失去土地的现象。著名大臣志费尼曾说："我没有任何现钱，因为我像蠢人般地没有把金子埋在地里。我所取得的一切，都投资于（取得）地产收入了，如今我的资财只有每天从地产收入中得到一知底纳儿。"[②]

察合台汗国的经济来源主要是人头税和土地税两种。人头税"库普丘尔"在塔吉克语中名为"萨尔舒莫尔"，意为按人计算。中亚地区的每个居民都必须缴纳人头税，其税额依贫富状况，每人缴 1

---

① 〔波斯〕拉施特：《史集》第 1 卷第 1 分册，第 52—53 页。

② 〔波斯〕拉施特：《史集》第 3 卷，第 190—191 页。

个到 10 个迪纳尔。[①] 在呼罗珊，（有时）每 10 人抽 70 个迪纳尔。

土地税是汗国的主要收入，从收获物中抽取三分之一到三分之二不等的份额，以实物的形式缴纳。土地税有不同的名称，即哈拉吉、莫尔、穆塔瓦吉霍特。除土地税外，察合台汗国还征收宅院税、园地税、产品出售税和食品税（塔戈尔）等名目繁多的税款。察合台汗国从河中地区得到的农、牧税收是十分可观的。

居民在缴纳以上这些基本课税阿斯尔（意为“根”）的同时，还要支付为征收这些税所付出的费用，即法尔（意为“枝”）。按正式规定，法尔只占捐税的 10%，但正如当时人们生动描述的那样：“树枝与树根同样粗细。”除了税收，蒙古人对中亚居民摊派许多劳务，其中最沉重的是维护驿站（亚姆）和接待使臣（伊利奇）。

蒙古人收税的方式有两种，直接征收和包税制。蒙古人在征税之时，往往采取武力的方式，辅助征税的军队如抢劫的强盗。察合台蒙古人往往将税委托给包税者征收，包税者的营私舞弊行为加重了纳税人的负担。蒙古人以罚款（吉诺亚特）的形式惩罚不纳税或不及时纳税者。

察合台汗国时期，河中地区的经济有了缓慢的发展。由于几代察合台汗的努力，特别是财政大臣马思忽惕伯召集农民的具体措施，使大多数流亡的农民返回家园，恢复农耕，河中地区经济开始恢复和发展，一度呈现繁荣景象。

中亚的水利灌溉设施得到修复和完善。利用撒麻耳干上游河水的法失儿迪咱水渠当时为 2000 个园林和大片农田提供水源。由于灌溉系统的完善，河中地区的农业和园林业尤为发达，种植的水果有葡萄、无花果、石榴、苹果、桃、梨等 10 余种。撒麻耳干和花剌子模的西瓜著称于世，据伊本·白图泰记载，花剌子模西瓜的产量很高，质量优良，远销印度和中国。[②]

---

① 〔伊朗〕志费尼：《世界征服者史》（下），第 577 页。

② 〔摩洛哥〕伊本·白图泰：《伊本·白图泰游记》，第 296 页。

畜牧业也有长足的发展，河中地区每年仅畜牧税的收入就在 50 万的那（迪纳尔）以上。据说，当时河中一个很平常的家庭可饲养 20 至 500 头牲畜①，如果按规定的数额向牧民征牧牲畜税，蒙古统治者每年可获得相当数量的牲畜税。

1289 年，马思忽惕伯去世，他的三个儿子继承了他的事业，管理着不花剌和撒麻耳干。长子阿布·别克尔（Abu Bakr）任职到 1298 年，次子萨替尔密什·伯克（Satilmish Beg）继任到 1302 年（或 1303 年），三子苏英尼奇（Suywitch）继任到 1311 年。前两位是海都任命的，后者是从海都之子察八儿手中获得的权力。②在他们的治理下，河中地区农牧经济繁荣起来，出现了人口众多、收入稳定的局面。据估计，当时河中约有 10 万多个村落，按每个村落可以派出 1 个骑兵和 1 个步兵计，每个村落至少有 5—10 人，河中地区总人口数约在 50 万人以上。③根据蒙古统治者规定的人头税，"一个富人每年应被征收十个的那，如此按比例降至一个穷人为一的那"④，人口增加了，人头税的收入也随之增加。

14 世纪，中亚手工业处于恢复之中，以往被强迫前往蒙古草原的手工业者纷纷返回。中亚城市出现了为官家工作的大作坊——科尔霍纳。科尔霍纳最早出现在呼罗珊徒思城，作坊建筑面积很大，集中生产衣服、武器、军队装备和玻璃器皿等产品。在城市中，手工业居民阶层有一些独立性，蒙古统治者对手工业行会组织和独立手工业者征收塔姆古税。在大作坊中，有使用奴隶的现象。

随着手工业的发展，商业繁荣起来。察合台汗答儿麻失里推行重商政策，使河中成为商业中心和贸易枢纽，从四面八方涌来的商人和旅行者云集中亚各城镇。答儿麻失里在位期间，河中地区与西

---

① 《蒙古世界帝国，乌玛利在〈眼历诸国行纪〉一书中叙述的蒙古国家》，第 121 页，转引自李一新：《察合台汗国的伊斯兰化》，《西北民族研究》1998 年第 2 期，第 68 页。

② 〔法〕勒内·格鲁塞：《草原帝国》，第 425 页。

③ 《蒙古世界帝国，乌玛利在〈眼历诸国行纪〉一书中叙述的蒙古国家》，第 121 页，转引自李一新：《察合台汗国的伊斯兰化》，《西北民族研究》1998 年第 2 期，第 68 页。

④ 〔伊朗〕志费尼：《世界征服者史》（下），第 577 页。

亚、北非伊斯兰教国家的贸易往来频繁。“他以沙里法规约（伊斯兰教法规）为行动准则，以体面明智的方式接见从各地而来的商人和旅行者。过去，埃及和叙利亚商人到汗国的行商之路被堵塞了，甚至旅行者穿越察合台汗国的愿望都不能实现。答儿麻失里登上汗位后，大量商人涌到他的汗国，满载着对他的称誉而归，以至于他的领地成了这些商人行商的通道和经常性的交易场所。”① 为了方便商旅，答儿麻失里在每个城镇的道路两旁及村落里都设置了驿馆。

随着经济的恢复，商品的增多，社会对货币的需求增加，察合台汗国的铸币也反映了这一时期的商业贸易情况。蒙古人统治初期，中亚地区的商业贸易，特别是河中地区，几乎降到了以物易物的状态。13 世纪中叶，货币交易在中亚东部和河中地区逐渐恢复和发展起来，银币再次成为普遍接受的流通货币。1250—1275 年间，马思忽惕伯对中亚的货币进行了改革，银币重新成为货币流通的基础，开始发行货币的大城市有阿力麻里、忽毡、撒麻耳干、不花剌、塔拉兹、讹答剌、俺的干、兵凯特（Binkath，位于塔什干西北）、察赤（塔什干）、忒耳迷等城。② 当时各地发行的货币主要在本地区及其附近流通，很少流出自然区划的范围。从昌吉出土的银币分项统计来看，东部市面上占统治地位的仍是当地城镇铸造的银币。从回历 680 年（公元 1280 或 1281 年）起，撒麻耳干每年都铸新币，它们源源不断地流入东部地区。14 世纪初，察合台汗国兼并窝阔台汗国以后，银币开始大量出现。

14 世纪 20 年代，怯别汗在位期间又进行了一次货币改革。这次改革以伊利汗合赞的改革为榜样，发行了大、小银币，即迪纳尔和迪拉姆（Dirhams）。迪拉姆的重量和价值是迪纳尔的六分之一。③ 怯别规定了铸币地点，这些地点大多数是河中地区的大城市，如不

---

① 李一新：《察合台汗国的伊斯兰化》，《西北民族研究》1998 年第 2 期，第 71 页。

② 陈戈：《昌吉古城出土的蒙古汗国银币研究》，《新疆社会科学》1981 年创刊号，第 71 页；黄文弼：《塔里木盆地考古记》，科学出版社 1958 年版，第 111 页。

③ 〔苏联〕Б. Г. 加富罗夫：《中亚塔吉克史》，第 285 页。

花剌、撒麻耳干、讹答剌、忒耳迷等地。怯别时期铸造的货币铸有自己的名字，其中，银币怯别币（Kebeki）一直使用到帖木儿时代，纯银币迪拉姆与当时埃及和叙利亚的货币具有同等价值。怯别统一货币的改革，对中亚（尤其是河中地区）的贸易繁荣有一定的积极作用。

随着经济的发展，14 世纪中期，丝绸之路的西段繁荣起来，其中古代丝绸之路的北道和中道最繁忙。北道经花剌子模绿洲，从伏尔加河流域、黑海沿岸至君士坦丁堡。花剌子模绿洲上的玉龙杰赤城成为东西贸易的集散地和中转站，伏尔加河流域各城市都通过它与东方联系，因此，花剌子模绿洲成为中亚商业经济的重要地区。中道即是当时著名的呼罗珊大道，经撒麻耳干东到中国，西经呼罗珊的剌夷、哈马丹，到达报达城。察合台汗国从呼罗珊首府赫拉特经喀布尔、白沙瓦，可到北印度。

随着经济的恢复，中亚城市得以复兴和修建。14 世纪，花剌子模绿洲上的玉龙杰赤发展成为钦察汗国“最广阔、最雄伟、最美丽、最庞大的城市。市场建筑雅致，街道宽敞，房舍鳞次，真是美不胜收。该城人口之多宛如潮涌”[①]。中国、中亚以及欧洲的商品都运到这些城市，通过这里再运往东西方各国。贩马贸易在汗国的贸易中占有重要地位，根据《金帐汗国兴衰史》记载，钦察草原的马运往北印度的最多，有时一个商队经中亚贩运的马匹可达到 6000 匹。

不花剌城在 13 世纪 70 年代遭到极大破坏，先经历了伊利汗军队的破坏（1273），以及阿鲁忽之子合班和出拜等察合台系蒙古贵族的掠夺，“几乎有三年，双方的军队，即阿黑伯、合班、出拜的军队进行掠夺、屠杀，结果使这样大的一座城及其郊区完全遭到破坏，在七年内这个地方没有任何一个生灵”[②]。13 世纪末，不花剌城得到恢复和发展，成为繁华的工商业城市，城内有高大的建筑和宽敞的

---

① 〔摩洛哥〕伊本·白图泰：《伊本·白图泰游记》，第 292 页。

② 〔波斯〕拉施特：《史集》第 3 卷，第 139—140 页。

街道，以及学校和教堂。

在海都和都哇统治时期，为了加强河中地区与天山南路可失哈耳（喀什噶尔）等地的经济联系，统治者组织修建了俺的干，即今安集延（Andijan），到14世纪，安集延超过讹迹邗的作用，成为费尔干纳地区最重要的商业城镇。

第二节　呼罗珊

蒙古统治时期，中亚西部的呼罗珊是伊利汗国领地。呼罗珊是中亚重要的农业区，农业主要靠人工修筑的河渠或地下水渠（坎儿井）灌溉。萨曼王朝时期，呼罗珊农业的发展就是依靠这些纵横交错的水渠。瓦迪·萨格哈瓦尔河水流经你沙不儿城，故每一幢房屋都建有地下水渠引水，这些水渠有专门的官员监督管理；城外，水渠露出地面，用于灌溉花园的土地[①]，因此，此河又被称为你沙不儿河。在赫拉特，引哈里·鲁德河水浇灌了耕地，其中，有7条水渠浇灌着赫拉特周围的富饶地区[②]；城内也修建了引哈里·鲁德河的水渠。在巴里黑，河水在浇灌巴里黑地区之后，流经瑙·巴哈尔城门，浇灌了塔尔米德路边的西亚赫吉尔德土地和农场。[③]萨曼王朝时期，塔巴里斯坦的首府阿模尔附近地区盛产稻米，据报道，莫夫绿洲的庄稼第一年的产出量是种子数量的100倍，未收的庄稼第二年能收获种子数量的30倍，第三年甚至还可收获最初所播种子数量的10倍。[④]

蒙古西征使呼罗珊的经济遭到极大破坏，波斯地区的大多数水利设施被毁，人口锐减。13世纪初，“在哈马丹有660个村庄，到

---

① G. Le Strange, *The Lands of the Eastern Caliphate*, p. 384.

② Ibid., p. 407.

③ Ibid., p. 420.

④ Ibid., p. 402.

1340年只剩下212个，在伊斯菲莱因，村庄数目从451个减少到50个；在拜哈克，则由321个村庄减少到40个”[①]。

伊利汗国统治初期，坚持游牧生活方式的蒙古贵族决定了汗国政策，他们在呼罗珊实行竭泽而渔的税收政策。蒙古统治者不注意农业，一些地区因战争破坏而变为牧场，他们对业已遭到破坏的农业不仅不实行休养生息政策，反而使用重税。除了土地税外，蒙古贵族把对游牧民征收的忽卜出儿（即每年每种牲畜征收百分之一税）扩大到伊朗和阿塞拜疆（阿哲尔拜占）的定居农民和市民中，变为人头税，在男丁中征收。此外，汗国臣民还要承担非常税、军需税、供养驿使税、官吏开支税以及果园税等。

除了税收重外，伊利汗国初期实行扑买制，即包税制，包税者肆意加征税款，重复征税，加重了农、牧民的负担。《多桑蒙古史》写道：“在合赞改革以前，诸州税课由税课使（Hakim）定其率而征之……然税课司每年所征之税有征至十倍者，且有不少地方征至二十倍者。”[②]

不能按时纳税的老百姓只得“弃其村庄家屋而逃”。由于官吏的舞弊行为和经济的破坏，各州的大部分农民离开故乡到边远地方去落户，城市和乡村空荡荡的，过了一段时间，政府就派来急使收留外流人员，“但永远也没有人想动身回到自己的州里去，（每个人）都非常厌恶这个王国。尽管在各个时期向四面八方派出这么多急使去收留外流人员，但他们没有一次能把一个剌亦牙惕带回原地”[③]。留在城里的人“大部分用石头把屋门堵住或在门上留一个窄孔，通过屋顶进出，由于害怕税吏而躲避起来”[④]。在也思忒州，“无论何人去到该州各个村庄，根本找不到一个可以问路或谈话的人。少数剩留下来的人指派了放哨的人。当他发现远处不管有什么人，就做出手

---

① 苏联科学院主编：《世界通史》第3卷下册，生活·读书·新知三联书店1961年版，第813页。

② 〔瑞典〕多桑：《多桑蒙古史》（下），第330页。

③ 〔波斯〕拉施特：《史集》第3卷，第432—433页。

④ 同上书，第433页。

势，所有的人们便躲避到坎儿井里或沙漠里去”[①]。

农民大批外逃，正常的农业生产无法进行，因战争遭到破坏的经济更加恶化。呼罗珊成为“无人、无粮、无衣的地方，从巴里黑的边界起到达姆甘的居民只能靠人肉和狗、猫肉充饥”[②]。随着农业的衰落，呼罗珊的大多数城镇也荒废了。

13 世纪 80—90 年代，伊利汗国经历了财政危机。乞合都汗在位期间（1291—1295），滥加赏赐，国库空虚。合赞汗即位之初，想给随他从呼罗珊来此的军队发放一些东西之时，“却发现国库中一无所有，而从各地区征收的税则收不到”[③]。

合赞在任伊利汗期间，对汗国经济实施了整顿和改革，可以说，他统治的时代是呼罗珊最强盛的时期。针对农业的改革有三。第一，合赞汗决心改变以往税率高、税目多、税额不固定的现象。在全国开始清查土地，进行人口登记，确定税额。合赞汗下令，重新普查土地和户口，包括私有领地和教会土地。1304 年，合赞汗下令晓谕全国，固定税额。地税多征实物，农民交给当地政府的实物部分固定到收成的三分之一至四分之一，呼罗珊国有地的租税为收成的五分之三。每年春分、秋分两次征收，不许多征，违者断手或处死。过期不纳税者罚款，并杖打七十。下令禁止强夺居民的毛驴。

此外，合赞汗下令拨款帮助农户购买耕牛、种子。汗国积极引进印度的优良稻种，被誉为 Dhurrat 的稻种在喀山和伊斯法罕播种后，收成增加了 300 倍。[④] 优质稻在吉兰和马赞德兰也得到普遍推广。在大力发展粮食作物同时，合赞汗还注意发展经济作物。棉花在法儿斯、泄剌只、罗耳以及克尔曼等五十多个地区栽种，甚至在高寒地区推广。此外，一度绝种的蓝靛从印度引进而发展，葡萄品种多样化，仅浦山等地就多达百种。

---

① 〔波斯〕拉施特：《史集》第 3 卷，第 433 页。

② J. A. Boyle, *The Cambridge History of Iran*, Vol. 5, p. 486.

③ 〔波斯〕拉施特：《史集》第 3 卷，第 365 页。

④ J. A. Boyle, *The Cambridge History of Iran*, Vol. 5, p. 501.

合赞汗以规定租税数额、减轻农民负担为宗旨的改革，让农民有一个较为安定的环境进行生产。农业生产的恢复与发展，使国家收入增加，“比较新旧簿籍，从前任在何代，五年所费金帛，不及合赞时一年赏赐之多。从前预先处分来年之收获，今则国家仓库之中常储有一年之谷”[①]。

第二，实行军事封地制（伊克塔制）。蒙古人征服以前，萨曼王朝除了对高级将领或地方异密进行分封外，对一般官员和士兵并不实行分封制度，普通士兵和官员的服务是以俸禄的形式支付。伊利汗国初期基本上继承了这一制度。1303年，合赞汗实行军事封地制：分封地包含荒地、垦地与水草的分封。“一俟其分给诸千户以后，各乡绅耆会同吾人所派之必阇赤，先分此地为十份，分给百户，复由百户分给十户。该必阇赤将各百户、十户所得之荒地或垦地载之于册。别具册二份，以一份存财政署，以一份交诸千户长。各百户之专册则由各百户保管之。该必阇赤每年巡视其地，其怠于耕作之军人，罪之。”[②]对于属于“私产或公产之地，无论已开垦的或荒废的，概以封地名义……拨给各千户管理”[③]。受封者在自己领地内只享受国家规定的土地税收，不得任意征索。封地不能转让、赠送或买卖，违者处死，但受封者有继承权，领地是领主的永久地产，到14世纪，汗国私有地形式占了统治地位。这种制度的实施使受封者注意管理好自己的土地，他们也开始注意农业生产。

第三，奖励开荒，修复灌溉工程，发展农业。为了发展农业，合赞汗下令：“底万的土地（即国有地）、村庄和忽脱儿，不论从来荒废的或到圣上即位时没得到耕耘的土地，一律算作废弃的土地，（君王）命令书写盖上金印的契约，对于愿意耕耘土地或在土地上有所兴建者，土地分为三类。”[④]第一类（土地）有水和灌溉渠道，第

① 〔瑞典〕多桑：《多桑蒙古史》（下），第333页。
② 同上书，第346页。
③ 同上书，第345页。
④ 〔波斯〕拉施特：《史集》第3卷，第535—536页。

一年不需要向底万纳税，第二年缴税六分之二，第三年缴纳四分之三；第二类是灌溉渠道需要修整的，条件与以上相同，不同的是，第三年缴税是三分之二；第三类是需要筑水坝和修整地下灌溉渠的，这类土地与以上相同，第三年只缴纳收成的一半。[①] 在此时期，修复和新建了许多水利灌溉工程，其中规模最大、收效显著的大水渠有上、下合赞渠、合赞沟、拉施特沟等，大部分州开凿坎儿井，引地下水灌溉。荒地得到开垦，粮食产量明显提高。卡兹维尼列举了合赞汗时代的剌夷、忽木、大小里七、伊斯法罕和呼罗珊等二十多个地区小麦增产的情况。

针对工商业的改革大概可以归纳为三项。第一，合赞汗规定的工商业税额，工商税一般征收货价的十分之一，有些城市为二十分之一，库希斯坦完全取消征收。此外，合赞汗还于1299年下令禁止高利贷。第二，合赞汗统一了币制与度量衡制。在此以前，伊利汗国币制紊乱，全国流通的货币无统一标准，地方各州、县，甚至拉施特本人都可以铸币。合赞汗下令：各地的铸币权收归国家，由政府专设机构铸造货币作为唯一合法货币。在合赞汗的支持下，呼罗珊人别哈丁以首都桃里寺的衡具为准制作了全国通用的度量衡器具，盖上他们的印戳，规定："在度量单位上实行严格的制度，使得所有各地的度量单位统一，做到各州各村的市场上没有不同的重量单位。"第三，改革了驿站制度。在此之前，交通驿站已经成为百姓不堪忍受的负担，为躲避供索，大道沿线的居民都逃到山区。合赞汗下令：每站置15匹驿马，只有持金印符的官员才能乘用驿马，官吏旅行自备马匹，发给路费。

改革以后，工商业有很大发展，特别是纺织业，产丝的范围扩大，蚕丝质量明显提高。10世纪蚕丝还主要集中在莫夫绿洲、古尔甘、马赞德兰以及阿兰等地，到13世纪末至14世纪初，已经扩展到法儿斯、库希斯坦、呼罗珊和吉兰。

---

① 〔波斯〕拉施特：《史集》第3卷，第536页。

13世纪的吉兰丝曾被认为是劣等产品，到13世纪末，质量迅速提高，以至于热那亚商人前来争相购买，“13至14世纪，佛罗伦萨、胡札罗（Uzziano）以及比萨等地区，其手工作坊大都从伊儿汗国进口各种各样生丝，包括吉兰丝、马赞德兰丝、古尔甘丝、低廉丝以及莫夫丝”①。

农业与手工业的发展促进了商业贸易的扩大。“对外贸易活动十分活跃，与元朝中国以及西欧经贸关系密切。在拉施特书中，记载了许多城镇出口的传统商品，如大不里士的单色丝、驼毛织锦、皮革，设拉子的棉制品、亚麻和皮靴，卡扎汪和伊斯法罕的棉布以及喀山和也里的丝织品”，以致“热那亚和威尼斯商团和侨民大批定居在大不里士”。②

通过改革，呼罗珊衰落的经济有很大改观，这一点从国家收入上反映出来。改革前，中央国库从各地得到的税金，每年为1800万迪纳尔；改革后达到了2100万迪纳尔。③改革前“五年所费金帛，不及合赞汗时一年赏赐之多，从前预先处分来年之收获，今则国家仓库之中常储有一年之谷”④。不过，呼罗珊经济的恢复是有限的，远未达到蒙古入侵前的水平。⑤

---

① J. A. Boyle, *The Cambridge History of Iran*, Vol. 5, pp. 504- 505.

② Donald Newton Wilber, *Iran Past and Present*, Princeton Univ. Press, 1955, p. 53.

③ J. A. Boyle, *The Cambridge History of Iran*,Vol. 5, p. 497.

④〔瑞典〕多桑：《多桑蒙古史》（下），第333页。

⑤ J. A. Boyle, *The Cambridge History of Iran*, Vol. 5, p. 483：“甚至没有达到1220年前的水平。”

第四章

宗教与文化

13 世纪下半叶，中亚蒙古人逐渐接受并且改宗了伊斯兰教，到 14 世纪末期，河中地区的蒙古人基本完成了伊斯兰化的过程；与此同时，在中亚东部徘徊了 3 个多世纪的伊斯兰教，在脱忽鲁帖木儿的倡导和强制推行下，于 14 世纪 60 年代大步向东挺进。从 13 世纪中叶起，苏菲信仰成为中亚伊斯兰教的主要表现形式，14 世纪，亚萨维教团成为中亚占主导地位的苏菲教团。随着生产和生活方式的变化，中亚蒙古人逐渐与当地的突厥居民杂居、通婚，他们在语言和人种上开始突厥化。中亚蒙古人逐渐放弃了蒙古语，开始使用突厥语。14 世纪后期，河中地区广泛使用以阿拉伯字母书写的察合台文，在中亚东部，察合台文与古回鹘文两种文字长期通用。在察合台语和察合台文的形成过程中，中亚文学的主要趋势是将阿拉伯语和波斯语著作翻译成察合台语。在这一时期，伊斯兰苏菲文学继续发展，中亚地区涌现出一批成绩卓著的苏菲诗人和作家，他们对中亚文学产生了影响。在这一时期，中亚出现了著名的史学著作《史集》，《史集》是一部通史性著作，是了解中亚社会的百科全书。

第一节　宗教

14世纪，在苏菲教团的推动下，中亚伊斯兰教形成了继阿拉伯人征服以后的第二次传播高潮。在此高潮中，中亚蒙古人接受了伊斯兰教，开始了蒙古人伊斯兰化的过程；伊斯兰教继续东传到了中国内地；苏菲教团纳合班底的地位上升。

蒙古统治者在统治中亚半个世纪以后开始接受伊斯兰教。察合台蒙古人的伊斯兰教倾向是从兀鲁忽乃监国时期（1253—1260）出现的。据伊利汗国税务官瓦撒夫（Wassāf，1264—1334）记载，兀鲁忽乃本人是佛教徒，但她处处庇护伊斯兰教徒，根据加玛勒·哈尔希（Jamāl Qarshi）的说法，她就是一位伊斯兰教徒。[①] 在兀鲁忽乃监国期间，穆斯林大臣哈巴失阿米忒和他的儿子纳赛尔·哀丁（Nasir al-din）身居高位，掌握了察合台汗国大权。[②] 兀鲁忽乃受到了哈巴失阿米忒家族的影响，她的儿子木八剌沙成为最早皈依伊斯兰教的察合台汗。木八剌沙为了表示对伊斯兰教信仰的虔诚，在河中地区举行了加冕礼。在他之后即位的察合台汗八剌也接受了伊斯兰教，八剌在与伊利汗国的战争中身心俱疲，返回河中地区之后就皈依了伊斯兰教，自名算端黑牙思丁（又译嘉泰丁）。

木八剌沙和八剌改信伊斯兰教仅仅是蒙古统治者的个人行为，直到14世纪20年代，察合台汗怯别公开支持伊斯兰教。巴托尔德认为，怯别在位时期是察合台汗国“采纳伊斯兰文化和国体的一个决定性”时期。[③] 尽管如此，怯别并没有正式皈依伊斯兰教。

第一个公开提倡伊斯兰教的察合台汗是怯别之弟答儿麻失里。答儿麻失里这一名字是由梵文转为蒙古语的，因此，有人认为他早

---

① V. V. Barthold, *Four Studies on the History of Central Asia*, Vol.I, p.121.

② Ibid..

③ 〔苏联〕维·维·巴尔托里德：《中亚简史》，耿世民译，新疆人民出版社1980年版，第56页。

年是佛教徒，以后，放弃佛教改信伊斯兰教。[①] 皈依伊斯兰教以后，他获得了“阿拉丁（Ala al-Din）”的称号，意为“信仰的尊贵”。在位期间，他在国内自上而下地推广伊斯兰教，他的异密、士兵都成了穆斯林。答儿麻失里改奉伊斯兰教的行动得到河中地区伊斯兰教上层人士的欢迎，“博学的亦马目和畏惧安拉的长老们，都在各自的土地上支持这一变化”[②]。中亚蒙古人伊斯兰化的过程持续了大约一百年的时间，答儿麻失里统治时期是察合台汗国伊斯兰化历程中的一个重要阶段。

答儿麻失里皈依伊斯兰教使得中亚与信奉伊斯兰教的西亚及北非的联系加强了，这些地区的穆斯林商人纷至沓来。然而，他的改宗遭到了保守派蒙古贵族的反对，他们对答儿麻失里废止札撒监督汗权的做法十分不满，最终在 1334 年把他推下汗位。

答儿麻失里下台之后，后继的两位察合台汗对伊斯兰教采取压制态度。敞失汗在位期间（1335—1338），在国内大力提倡基督教，统治中心阿力麻里成为基督教中心。教皇本尼迪克特十二世于 1338 年写信给察合台汗，感谢他对领地内的基督教徒，特别是对正在前往汗八里的大主教尼古拉斯（Nicholas）的友好态度。信中的察合台汗名为 Chansi，显然就是敞失。尼古拉斯在被任命为大主教和抵达阿力麻里的时间大概是在 1335 年或 1336 年，正是敞失在位。[③]

据西班牙佛朗西斯派传教士巴斯卡尔于 1338 年写给维托里亚（Vittoria）教会的信，基督教传教士在阿力麻里得到了察合台汗的赏识，他们曾经治愈了汗的疾病，汗赐给他们土地，授予他们传教等特权，他们曾经为汗的 7 岁的儿子施行洗礼，取教名为约翰（John）。[④] 此信写于 1338 年 8 月，地点是阿力麻里，信中的察合台汗可能是也孙帖木儿（1338—1340）。

---

① V. V. Barthold, *Four Studies on the History of Central Asia*, Vol.I, p. 134.

② 刘迎胜：《察合台汗国史研究》，第 426 页。

③ H. Yule, *Cathay and the Way Thither, Being a Collection of Medieval Notices of China*, pp. 34-35.

④ Ibid., p. 32.

在敞失和也孙帖木儿的支持下，阿力麻里成为基督教徒活动的中心，这一时期，天主教宣教师在阿力麻里附近修建了一座华丽的大教堂。然而，伊斯兰教势力并未被削弱。巴斯卡尔的信中提到：在前往阿力麻里的途中，他独自留在撒剌逊人（即阿拉伯人）之中。他在清真寺前与穆斯林辩论神学、《古兰经》等教义之时，遭到穆斯林的围攻和辱骂。他写道："由于这些撒剌逊人，我经常遭受毒害，被扔进水中。我遭受的打击和迫害远非此信所能表述。"[①] 信中叙述了当地穆斯林势力的强大以及西方传教士的艰难。

1340 年，继也孙帖木儿之后的察合台汗阿里算端在阿力麻里重新提倡伊斯兰教，并对基督教采取"宗教压制"的政策，下令国内的基督教徒必须改信伊斯兰教，违令者杀无赦。是年，阿力麻里城发生了屠杀欧洲传教士的事件，不愿改宗的基督教徒被捆绑起来，或者被割去耳朵和鼻子，或者切断手脚，枭首示众。[②] 理查德（Richard）、佛兰希思、劳伦斯（Lawrenee）、巴斯卡尔、雷蒙（Raymond）、彼特（Peter）等六位欧洲基督教传教士在阿力麻里被迫害致死。[③] 不过，迫害持续的时间很短，一年之后，察合台汗对基督教又采取了宽容态度。1341 年，意大利人马黎诺里（Giovanni de Marignolli）受罗马教皇的派遣，率领修士团 50 余人到中国传教。1341 年 9 月，他们抵达察合台汗国都城阿力麻里。马黎诺里谈到了不久前屠杀传教士的事件，他在此停留了三个月，兴建教堂，发展信徒。

阿里算端统治时期，察合台蒙古人迅速皈依伊斯兰教。不过，察合台蒙古人的伊斯兰化程度赶不上术赤蒙古人，统治着花剌子模北部的术赤蒙古人把河中地区察合台蒙古人视为异教徒。1372 年，河中地区遣使花剌子模，花剌子模统治者拒绝与之交谈，他毫不客气地对使者说："你们的帝国是一个异教徒的地区。伊斯兰教徒的义

① H. Yule, *Cathay and the Way Thither, Being a Collection of Medieval Notices of China*, p.31.

② Ibid.,pp.31-32.

③ Ibid..

务就是同你们战斗。”[①] 在花剌子模人看来，察合台人在外表和习俗上还像异教徒。尽管如此，到 14 世纪末期，河中地区的蒙古人已经基本完成了伊斯兰化的过程。

察合台系蒙古统治者改宗伊斯兰教对汗国的政治生活产生了很大影响。随着蒙古政权对伊斯兰教的提倡，中亚宗教界和工商界代表向蒙古政权靠拢，他们集中在汗的周围，支持汗权集中。这种中央集权的意图引起蒙古部落首领和地区突厥贵族的不满。14 世纪中叶，河中地区的蒙古政权与地区首领和部落贵族之间的斗争尖锐起来，斗争的结果是汗权被削弱，部落首领和地方贵族的势力占据了上风。

阿里算端强行推行伊斯兰教的措施在一定程度上为东察合台汗国的伊斯兰化扫清了障碍。在中亚东部，锡尔河以北草原的突厥人自 10 世纪开始的伊斯兰化过程仍在继续，然而，与河中地区相比，到 13 世纪中叶，中亚草原上还有少数突厥部落未信奉伊斯兰教，到 13 世纪后期，在察合台蒙古人集中的地方，也只有个别的蒙古贵族改信了伊斯兰教，大批蒙古人接受伊斯兰教是在脱忽鲁帖木儿登上东察合台汗位以后，即 14 世纪后期。

脱忽鲁帖木儿皈依伊斯兰教是受到了札马剌丁家族的影响。札马剌丁的祖、父两代曾在蒙古人的迫害下迁到哈剌和林，以后，他们从哈剌和林逃到罗卜怯台（今新疆罗布泊）。14 世纪 40 年代，札马剌丁从罗卜怯台举家迁徙到阿克苏，在此结识了脱忽鲁帖木儿，两人成为朋友。据说，脱忽鲁帖木儿与札马剌丁第一次见面时，正在用肉喂狗，侍从引札马剌丁来见，他问札马剌丁：“是你比这条狗优越？还是这条狗比你优越？”札马剌丁回答说：“如果我信真主，当然是我优越；如果我不信真主，这条狗就比我优越！”[②] 这番对答令脱忽鲁帖木儿肃然起敬，以后，札马剌丁向脱忽

① 〔苏联〕威廉·巴托尔德：《中亚突厥史十二讲》，罗致平译，中国社会科学出版社 1984 年版，第 230 页。

② 米儿咱·马黑麻·海答儿：《中亚蒙兀儿史·拉失德史》第 1 编，第 151 页。

鲁帖木儿介绍了伊斯兰教的教义，脱忽鲁帖木儿受到感召，许下诺言："一旦我成了可汗，享有了权威，你一定要到我这儿来，我许诺你，我愿成为一个木速鲁蛮（即穆斯林）。"[①] 当脱忽鲁帖木儿于 1347 年被立为汗之时，札马剌丁已经去世，他的儿子额什丁大毛拉来阿克苏见脱忽鲁帖木儿，1353 年，脱忽鲁帖木儿接受割礼，正式皈依伊斯兰教。

脱忽鲁帖木儿接受伊斯兰教之前，一些蒙古贵族已经秘密加入了伊斯兰教，如杜格拉特部贵族，因此，脱忽鲁帖木儿的皈依和传教得到了他们的支持，据说，在脱忽鲁帖木儿的带动下，当天，有 16 万蒙古人剪掉长发皈依了伊斯兰教。当时，这位汗行了割礼，"于是，伊斯兰教的光辉驱散了不信教的暗影"[②]。当然，在蒙古部落中也有反对改宗者，如楚剌思部。脱忽鲁帖木儿在中亚东部强制推行伊斯兰教，使东、西察合台汗国在宗教信仰上趋于一致，短时期内两个汗国重新统一起来。

脱忽鲁帖木儿之后的东察合台汗继续提倡伊斯兰教。由于他们的倡导和强制传播，改变了 14 世纪中叶以前伊斯兰教在天山北部和东部一带徘徊不前的局面，伊斯兰教逐渐在今新疆东部原佛教势力区盛行起来。脱忽鲁帖木儿之子黑的儿火者发动了征服高昌回鹘国所在地哈喇火州的战争，强迫当地居民信奉伊斯兰教。深受佛教文化影响的吐鲁番、哈密地区的畏兀儿人接受了伊斯兰教，到 16 世纪，在此传播了一千多年的佛教及其文化终于成为陈迹。以后，马黑麻汗（？—1428）在别失八里强行推行伊斯兰教，用残酷的刑罚对待不愿信仰伊斯兰教和违反教规的人。在黑的儿火者和马黑麻汗统治时期，今新疆地区所有的察合台蒙古人都信奉了伊斯兰教。[③]

蒙古统治者在中亚东部强制推行伊斯兰教，为穆斯林进入中国内地创造了条件，伊斯兰教继续向东传播。蒙古西征以后，蒙古军

---

① 米儿咱·马黑麻·海答儿：《中亚蒙兀儿史·拉失德史》第 1 编，第 163 页。

② 同上书，第 165 页。

③ 新疆社会科学院民族研究所编：《新疆简史》第 1 册，第 204 页。

在回师东征时，遣发中亚、西亚的大批穆斯林士卒和军匠，他们被编入探马赤军，参加了灭金灭宋的战争。忽必烈统一中原以后，各地探马赤军“随地入社，与编民等”，于是，数以 10 万计的中亚、西亚穆斯林留居中原，他们“以中原为家，江南尤多，不复回首故国也”①，形成了“元时回回遍天下”的局面。他们在中原各地建造清真寺，繁荣了中国伊斯兰文化。伊斯兰传教士补哈丁是先知穆罕默德女儿法蒂玛的后裔，他于 1262—1274 年间在江苏扬州传教，被尊称为谢赫先贤补哈丁。他在扬州城修建清真寺一座，名曰仙鹤寺，补哈丁于 1275 年去世，葬于扬州城东古运河畔高岗上。以后，元明时期到扬州来的阿拉伯、波斯穆斯林著名阿訇们死后也葬于此，在此形成了补哈丁陵园，陵园与其西南侧的清真寺统称为“回回堂”，成为中国伊斯兰古迹之一，堂内保存着阿拉伯文、波斯文碑。

蒙古人统治时期，伊斯兰教继续向中亚东南方向传播。10 世纪，瓦罕地区是伊斯兰教与异教的分界线，瓦罕地区首府伊什卡什姆（Ishkashim）混居着穆斯林、异教徒。② 据马可·波罗记载，巴里黑、巴达克山居民皆信奉摩诃末（即回教）③，在马可·波罗旅行时期，从瓦罕往东至天山南路的大片领地也已划入伊斯兰教势力范围。

在中亚西部，伊利汗国蒙古人在 13 世纪后期也经历了伊斯兰化的过程。在其伊斯兰化过程中，起到主要作用的是库布拉维教团的苏菲教徒。蒙古征服初期，在巴格达哈里发被处死之后，伊斯兰教正统派势力在中亚受到打击，正统神学家政治地位下降，失去了与蒙古统治者结合的机会，中亚苏菲教团的首领积极向蒙古政权靠拢，他们对蒙古人皈依伊斯兰教起到了促进作用。

在蒙古西征时期受到打击的苏菲库布拉维和亚萨维教团在 13 世

---

① （南宋）周密：《癸辛杂识续集》上“回回沙碛”条。

② V. Minorsky translation and explained, *Ḥudūd al -ʿĀlam*, p. 120.

③ 〔意大利〕马可·波罗：《马可·波罗行纪》，冯承钧译，上海世纪出版社集团、上海书店出版社 2001 年版，第 72、75 页。

纪中叶以后开始活跃起来。他们云游四方，宣经布道，吸收信徒。据《西域番国志》描述，德尔维希（意为“苏菲派托钵僧”）“有等弃家业，去生理，蓬头跣足，衣弊衣，披羊皮，手持拐杖，身挂牛羊骨节，多为异状，不避寒暑，行乞于途。遇人则口语喃喃，似可怜悯，若甚难立身者。或聚处人家坟墓，或居岩穴，名为修行，名曰迭里迷失（即德尔维希）”[①]。他们谴责统治上层对萨里亚法的忽视，主张贯彻萨里亚法，并声称他们代表人民群众的利益，因此，他们获得了大批追随者。

1295年，库布拉维教团的成员赛义德丁哈姆雅之子萨德丁易卜拉欣主持了伊利汗合赞的皈依仪式，合赞改信伊斯兰教以后，将它定为国教。从此，伊斯兰法成为蒙古人在波斯的立国之本。库布拉维教团具有明显的什叶派倾向，这是以后什叶派在伊朗发展的前奏。

14世纪，亚萨维教团的苏菲主义学说开始占据主导地位，并从中亚地区传播到伊朗、印度和中国西部地区。亚萨维教团在中亚获得成功的原因在于其教徒致力于用通俗易懂的突厥语传教，受到中亚游牧民的欢迎。亚萨维教团的传教活动促进了钦察草原的伊斯兰化，使钦察汗月即别皈依了伊斯兰教，这一功绩使亚萨维教主的子孙和宗教继承人得以把中亚最高行政和军事职位纳吉布保持在自己家族手中。由于库布拉维和亚萨维教团的努力，蒙古三大汗国，即察合台、伊利和钦察汗国，最终实现了伊斯兰化。

14世纪下半叶，苏菲教团争夺世俗政治力量的斗争随之开始。在竞争中，新的苏菲教团应运而生，其中，纳合什班底教团（Naqshband）脱颖而出。纳合什班底教团的创始人穆罕默德·伊本·巴哈丁（Baha' al-Din，1317—1389）出生于中亚不花剌城附近村子的一个塔吉克工匠家庭，23岁时拜艾米尔·赛义德·库达勒（？—1370）为师，接受神秘主义功修之法。以后，巴哈丁以华哲·优苏夫·哈马丹尼（1048—1140）的学说为指导思想，在不花

---

① 《西域行程记·西域番国志·咸宾录》，周连宽校注，中华书局2000年版，第69页。

剌创立了纳合什班底教团。纳合什班底教团属于苏菲正统派教团，反对狂热仪式，在中亚上层社会有极大的感召力。纳合什班底教徒分布在中亚、高加索、库尔德斯坦、安纳托利亚、印度等地，巴哈丁死后葬在不花剌附近的巴维丁村，他的陵墓被尊为圣地。到 15 世纪，纳合什班底教团成为中亚社会政治生活中一支重要力量。

除伊斯兰教外，在这一时期，景教（聂思托里教）在察合台汗国内仍有许多信仰者。马可・波罗在谈到基督教徒与穆斯林争夺撒麻耳干城一座基督教礼拜堂承堂顶中柱石一事，据他所记，回教徒人数十倍于基督教徒。①15 世纪初来到中亚访问的西班牙使臣罗・哥泽来滋・克拉维约（Clavijo，？—1414）谈到了中亚的基督教徒："撒麻耳干居民中，亦不乏土耳其人、阿剌伯人及波斯人等。这些人仍然各遵其教派。至于伊斯兰教之外之亚美尼亚人、希腊教徒、基督教之雅各布派、聂斯托里派，皆有。尚有信奉拜火教，而自称基督教之印度人，亦所在多有。"②

据日本学者佐伯好朗收集的七河流域的景教徒墓石来看，这些景教徒的去世年代从 1287 年至 1300 年不等，都处于察合台汗国时期。然而，由于景教徒聚居区在 14 世纪三四十年代发生了瘟疫，教徒大批死亡或迁走，这一带的景教势力衰弱了，这一点从墓石也可以反映出来，在佐伯好朗列举的 568 方墓石中，只有 7 方属于阿力麻里景教徒。③根据在阿力麻里发现的三块石碑（时间分别是：1366 或 1367 年，1367 或 1368 年，1371 或 1372 年），我们了解到基督教在中亚东部的存在延续到 14 世纪下半叶，而此前在比什凯克（Pishpek）和托克马克（Tokmok）出土的景教碑文的日期表明，基

① 〔意大利〕马可・波罗：《马可・波罗行纪》，第 89 页。

② 〔西班牙〕罗・哥泽来滋・克拉维约：《克拉维约东使记》，杨兆钧译，商务印书馆 1957 年版，第 157 页。

③ 即第 8、11、135、144、149、261、500 墓。参见〔日〕佐伯好朗：《支那基督教研究》第 1 卷，春秋社昭和十八年版，第 543、557、558、569、587 页；李一新：《察合台汗国的伊斯兰化》，《西北民族研究》1998 年第 2 期，第 62 页。

督教在中亚存在的下限不会晚于 1345 年。[①]

尽管多种宗教的局面仍然存在，然而，伊斯兰教在河中地区占据绝对优势，其他各种宗教势力都难以与之抗衡。

第二节　文化

11 世纪，随着中亚突厥人接受伊斯兰教，在他们所说的突厥语中掺杂了许多阿拉伯语和波斯语，在麻赫穆德·喀什噶里的《突厥语大词典》中，这种突厥语被称为哈卡尼亚语。12 世纪后期，文学家艾哈迈德·尤格拉克在《真理的入门》一书中，将哈卡尼亚语称为喀什噶尔语。成吉思汗蒙古人来到中亚以后，高昌回鹘语作为蒙古人的官方语言与喀什噶尔语并用、融合，一百多年以后，形成了察合台语。在形成过程中，察合台语在词汇、语法、语音等方面都受到了阿拉伯语和波斯语的影响。从时间上看，察合台语最终形成是在察合台汗国统治中期，14 世纪下半叶，察合台语已经通用。察合台语因在察合台汗国境内使用而得名，它成为阿姆河以北突厥人和蒙古人共同使用的书面语。察合台语在中亚使用了 600 年，在俄国征服和统治中亚时期，由于大批俄罗斯移民的迁入，察合台语受到冲击，在苏联统治中亚期间，察合台语不再使用。察合台语随地区不同而发生变化，以后形成了各种方言，其中，乌兹别克语和维吾尔语就是从察合台语发展形成的。察合台语保持了古代回鹘语的特点，它是现代维吾尔语形成和发展的基础。

这一时期，东察合台汗国的一部分蒙古人仍然说蒙古语，与帐幕生活有关的如斡耳朵、阿乌尔（Aul）等词语在其后的著作中还出现。在蒙兀儿斯坦，蒙古语在 16 世纪初仍在使用，反映了中亚东部

---

① 〔苏联〕科科夫措夫：《阿力麻里出土的叙利亚基督教碑碑文考释》，陈开科译，朱玉麒主编：《西域文史》第 2 辑，科学出版社 2007 年版，第 253 页。

蒙古人突厥化的过程比较缓慢。在迁往河中地区的蒙古人中，保存自己语言的只有今阿富汗境内的少数蒙古人。

成吉思汗时期，蒙古人借用畏兀儿文字母拼写蒙古语，创造了畏兀儿体蒙文。1269年，忽必烈颁诏在蒙古帝国内推行由国师八思巴根据由藏文字母制定的八思巴字，然而，中亚并未使用八思巴字，就是在蒙古草原，八思巴字也从未取代过畏兀儿体蒙文，因此，保存下来的八思巴文献很少，大多数残存在印章、钱币、敕令和佛经上。

10世纪，中亚开始用阿拉伯字母拼写突厥语，在察合台汗国时代，蒙古统治者接受伊斯兰教以后，这种文字得到广泛使用，于是，它被称为察合台文。察合台文借用了阿拉伯文的28个字母，后来又借用了4个波斯文字母，共32个字母。察合台文从右向左写，字体有印刷体和手写体两种。在东察合台汗国，察合台文与古回鹘文并用的现象长期存在，现出土的古回鹘文文献时间多在唐末至元、明时期。

在察合台文形成的过程中，中亚文学的主要趋势是将阿拉伯语和波斯语著作翻译成察合台文。一些精通阿拉伯语或波斯语的中亚文学家、翻译家开始把阿拉伯语或波斯语的优秀文学作品译成察合台文。纳斯尔丁·拉布胡兹是其中较突出的一位。纳斯尔丁·拉布胡兹生于喀什噶尔的一个村庄，精通阿拉伯语、波斯语，他将伊斯兰文学巨匠菲尔多西的著名长诗《玉素甫与祖莱哈》译成察合台文。14世纪，波斯大诗人尼扎姆·甘吉维（1141—1230）的爱情叙事长诗《霍斯鲁与希琳》（*Khusrau va Shīrīn*）也被译成察合台文。

这一时期从事文学翻译的代表人物是贾玛勒·卡尔西。他于1230年出生于察合台兀鲁思统治中心阿力麻里城，青年时代来到当时的文化中心八拉沙衮和喀什噶尔，师从著名学者夏木西丁·艾尤比·八拉沙衮。他精通阿拉伯语、波斯语、突厥语。他在喀什噶尔最著名的萨其叶经学院任教期间，将阿布·纳斯尔·司马义写于1002年的阿拉伯文著作《苏拉赫词典》译成波斯文，并对该书进行了研究和修订，于1301年完成《苏拉赫词典补订》一书，该书收入了许多珍贵的历史资料，为阿拉伯语、波斯语、突厥语的对比研究提供了宝贵的原始资料。

察合台汗国时期，中亚作家开始用察合台文撰写文学作品，纳斯尔丁·拉布胡兹收集了阿拉伯语和波斯语著作中有关圣贤的传说，在1309—1310年间用当时十分流行的察合台语编辑出文学著作《圣人传》，此书后来被译成波斯文，书名为《拉布胡兹圣人传》。托钵僧哈布勒沙写的诗歌在15世纪享有一定的声誉，他的母语是突厥语，他的诗很可能是用察合台语写成的。

蒙古人统治时期，苏菲文学的发展达到顶峰，涌现出一大批成绩卓著的苏菲诗人和作家。其中，最突出的是享有“中亚但丁”美誉的抒情诗大师哈菲兹（1327—1390）。哈菲兹出生在伊利汗国的泄剌只城（设拉子），早年丧父，在一个发酵作坊当学徒。以后，他以托钵僧身份开始写诗，通过颂酒、颂爱情、颂鲜花等题材表达了他对现实的不满和对自由的向往。哈菲兹的诗对劳动人民寄予了深厚的同情，得到广泛流传，甚至口口相传。他的诗感情真挚、联想丰富、寓意深刻、富有哲理，充满浪漫主义精神，他现存的500多首抒情诗代表了中世纪波斯诗歌的最高成就。其他的成就还有，察合台汗国的诗人穆罕默德·花剌子密于1353年写成的《爱情书》（*Muhäbbätnamä*）一书；伊本·穆罕默德·喀什噶里从喀什噶尔去埃及学习，后来成为埃及巴伊巴尔斯亚经文学院的教授，他于1363年写了《幸福之冠和统治者的称号》（*Tajul Säadät Wä Änwanul Siyadät*）一书。

察合台汗国时期，史学成就的代表作是拉施特于回历710年（公元1310或1311年）编辑的《史集》（*Jāmi‘al-Tawārīkh*）。《史集》是用波斯文写成的世界通史性著作，书中记述了从远古时代起以迄回历703年（公元1303或1304年）的历史事件。《史集》篇幅浩繁，汇编了有关世界历史的知识，记录了许多部落和民族的历史，从蒙古人一直讲到欧洲人，涉及中亚、伊朗、高加索、伏尔加河流域的第一手资料。拉施特是该书的主编和主要执笔者，在他领导下有许多人参加编纂工作，其中，突厥蒙古部族志、成吉思汗先祖纪、成吉思汗纪等部分由他本人亲自撰写。

这一时期的另一部史书是被视为《世界征服者史》续篇的《瓦撒夫史》（*Ta'rīkh-i Wassāf*）。作者什哈伯丁·阿不都拉赫·沙拉夫·设拉子所著该书原为《土地的分割与世纪的推移》（*Tajziyat al-Amsār wa Tazjiyat al-A'sār*）。1312 年，作者通过当时的宰相拉施特将此书进献给伊利汗完者都，完者都赐其号为“陛下的颂扬者”（Wassāf al-Hazrat），后人称其书为《瓦撒夫史》。此书共 5 卷，第 5 卷主要叙述完者都汗统治后期至不赛因汗统治时期，以及术赤、察合台、窝阔台后王的历史。

卡兹维尼（Mustawfī Qazwīnī）的《选史》（*Ta'rīkh-i Gūzida*）也是这一时期的重要的著作。卡兹维尼出身于加兹温的显贵之家，拉施特任宰相之时，推荐他为加兹温等地的财政官。《选史》写于 1330—1334 年间，是一部由古代至著者写作时期为止的通史。全书由绪言、正文（6 章）和结语组成。由于记述简略（仅对不赛因汗着墨较多），该书的价值受到影响。除本书外，作者还著有《胜利之书》、《心中的喜悦》等著作。

这一时期，有关中亚的游记有《马可·波罗行纪》和《伊本·白图泰游记》。1271 年，意大利人马可·波罗随父辈从威尼斯出发，前往元朝中国。在旅行中，马可·波罗一行经西亚、中亚，翻越帕米尔高原到达中国。直到 24 年以后，即 1295 年年底，马可·波罗才回到故乡威尼斯。1298 年，马可·波罗在威尼斯与热那亚的战争中被俘入狱。狱中，他口述了在东方的见闻，由狱友鲁斯梯谦笔录下来，整理为《马可·波罗行纪》。《马可·波罗行纪》影响了世界，西方通过此书了解到东方政治、经济、宗教、风俗、民族、地志等方面的情况。

继马可·波罗之后游历中亚的旅行家是北非摩洛哥人伊本·白图泰（Ibn Battuta，1304—1377），伊本·白图泰于 1304 年 2 月 24

日出生在摩洛哥的丹吉尔城，20 岁左右前往麦加朝圣。1332 年以后，他渡过里海，穿越中亚草原，经咸海抵达撒麻耳干和不花剌城，在此，他拜见了察合台汗怯别。以后，他经中亚南部的阿富汗进入北印度。回到丹吉尔之后，摩洛哥素丹派一位学者调查白图泰，这位学者记录了白图泰的叙述，整理为《伊本·白图泰游记》（*The Rihla*）。19 世纪，西方学界发现此书，引起了极大轰动，以后，它被译成多种文字。此书的大部分记述是可信的，为研究 14 世纪的世界各国提供了素材。1985 年，马金鹏教授的汉译本出版。

中亚的绘画艺术一直受到波斯的影响。旭烈兀西征之时，随行的中国人将中国绘画艺术带到了波斯地区，在中国绘画的影响下，波斯一改以往的线条性风格的画风，出现了一种新的、优雅的人物风景画，色彩也从过去的单调沉闷发展为绚丽多彩，于是，具有独特画风的细密画形成。波斯细密画“背景蕴涵着深刻的内容，天空五彩缤纷，人物栩栩如生，动物维妙维肖、植物枝茂叶盛”。细密画广泛用于装饰，最流行的是给波斯叙事诗插画，其中，突出的范例有《史集》的插图。随着细密画的发展，赫拉特、设拉子等流派逐渐形成。细密画在波斯形成以后，迅速向东、西方向传播，影响到河中地区、突厥斯坦和北印度的画风。

14 世纪，撒麻耳干城的建筑反映了中亚建筑成就。撒麻耳干城这一时期最重要的建筑群是谢赫静达陵园。“谢赫静达”意为“永生之谢赫”，是为了纪念伊斯兰教先知穆罕默德的堂弟库萨姆而修建的。8 世纪初，库萨姆作为第一批传教者来到中亚，在撒麻耳干传教时被杀。以后，撒麻耳干的统治者陆续将自己及亲属的陵墓建造在库萨姆陵附近，逐渐形成了一片陵园。陵园内有 13 座陵墓和一座清真寺，库萨姆墓碑上刻有“14 世纪建造”的字样。中亚居民以青色为丧，因此，整个陵园建造的基调是青色。谢赫静达陵园是伊斯兰古建筑群中的艺术精品，反映了 14 世纪中亚地区的建筑水平。

第三编　帖木儿帝国时代

（1370—1507）

14世纪中叶以后，察合台汗国分裂为东、西两部，东、西察合台汗国的统治权都落入了实力强大的异密手中。西察合台蒙古政权落入了非成吉思汗系突厥化蒙古贵族帖木儿手中，帖木儿经过十年（1360—1370）的战争，击败了东察合台汗及河中地区的其他异密，在河中地区建立了自己的统治。此后，帖木儿大举向外扩张，在短时期内迅速发展成为一个西起幼发拉底河，东至锡尔河和印度德里，北抵高加索，南临波斯湾的军事大帝国。帖木儿帝国时期，中亚经济继续发展，中亚文化经历了名为“帖木儿文艺复兴”的繁荣昌盛时期。

第一章

帖木儿及帖木儿战争

帖木儿家族出自突厥化蒙古部落巴鲁剌思部，年轻时代的帖木儿在巴鲁剌思部异密合札罕手下效力。在东察合台汗统一察合台汗国的战争中，他崭露头角；势力强大之后，陆续兼并了河中地区的割据势力，于1370年建立了自己的政权。经过30多年的战争，帖木儿打败了东察合台汗国，遏制了其对河中地区的企图；收复了被钦察汗国占有的花剌子模绿洲；征服了呼罗珊；最终建立起帖木儿帝国。

第一节　帖木儿

帖木儿家族出自巴鲁剌思部。13世纪初，巴鲁剌思部首领哈剌察儿跟随成吉思汗西征来到中亚。西征结束以后，成吉思汗将哈剌察儿统率的千户分封给次子察合台。以后，哈剌察儿在察合台汗手下统率军队。

1334年，察合台汗答儿麻失里去世，汗国陷入了分裂局面，河中地区由蒙古四大部统治，它们是札剌亦儿部、速勒都思部、阿鲁剌惕部和巴鲁剌思部。札剌亦儿部和速勒都思部占据着撒麻耳干以北地区；巴鲁剌思部在撒麻耳干以南地区，统治中心在渴石城（今沙赫里夏勃兹，即绿城）。

察合台汗国分裂之时，巴鲁剌思部首领是塔剌海（Taraghai），塔剌海是一位虔诚的穆斯林，对学者和托钵僧给予热心支持，塔剌海的弟弟哈吉是渴石城的统治者。1336 年 4 月 8 日，塔剌海的儿子帖木儿（Timur）在渴石城附近的霍加伊尔加村出生。14 世纪中叶，巴鲁剌思部异密合札罕控制了河中统治权，1346 年，合札罕起兵反西察合台汗合赞算端，突袭并杀害了他。河中地区进入“部落王”统治时代，在此时期，巴鲁剌思部势力强大起来。合札罕随意废立成吉思汗后裔为傀儡汗，自己操纵河中地区政权十多年。

帖木儿年轻时代在合札罕手下效力，被委任为千户长。1357 年，合札罕被暗杀，其子米儿咱·乌巴都剌继任为巴鲁剌思部异密，继续掌握河中地区权力。米儿咱·乌巴都剌是一位无能的统治者，在他统治期间，河中地区发生了内乱。帖木儿的叔父、渴石城统治者哈吉与速勒都思部异密巴颜联合夺取了河中地区的统治权。然而，巴颜也无统治才干，河中地区的突厥贵族及各部落首领不服从他的统治，纷纷拥兵自立。在这种形势下，在伊犁河流域实施统治的东察合台汗脱忽鲁帖木儿于 1360 年率军进入河中地区，帖木儿的叔叔哈吉放弃斗争，从渴石城逃往呼罗珊。

当时年仅 25 岁的帖木儿抓住了机会，他不失时机地向脱忽鲁帖木儿靠近，由此被任命为渴石及其所属地区的监治官。然而，在脱忽鲁帖木儿离开河中返回东察合台之后，逃亡呼罗珊的哈吉返回故乡，从帖木儿手中夺回了渴石的统治权。1361 年，脱忽鲁帖木儿再次出兵河中地区，并在此重建统治。包括忽毡的迷里拜牙即、速勒都思部巴颜、巴鲁剌思部哈吉的河中地区异密们赶来觐见脱忽鲁帖木儿。脱忽鲁帖木儿处死了迷里拜牙即，以杀一儆百。哈吉在惊恐之下再次出逃，在撒卜兹瓦尔堡附近遭暗杀。帖木儿无可争辩地成了巴鲁剌思部异密，统治了渴石城。脱忽鲁帖木儿班师东归之前，留其子也里牙思火者统治河中地区，同时委任他赏识和信任的帖木儿辅佐也里牙思火者，主管行政，军事由异密别吉克掌管。

也里牙思火者和别吉克在撒麻耳干实施暴政，肆意掠夺，引起帖木儿的不满。以下事件导致了双方矛盾公开化。也里牙思火者在撒麻耳干城搜寻少女送往蒙兀儿斯坦，此举遭到河中地区宗教界的反对，他们出面阻止，一位受人尊敬的宗教首领被拘捕。帖木儿在求情没有任何结果的情况下，强行释放了被囚的宗教首领。有人向脱忽鲁帖木儿报告说帖木儿反了，脱忽鲁帖木儿在盛怒之下发布追捕令。帖木儿逃往阿富汗斯坦，投奔他的姻亲兄弟忽辛。

忽辛是原来操纵西察合台汗国的异密合札罕的孙子，祖父去世以后，忽辛来到祖父领地阿富汗，夺取了巴里黑、昆都士、喀布尔和巴达克山。忽辛的妹妹阿尔再是帖木儿的妻子，在忽辛夺取巴达克山之时，曾得到了帖木儿的帮助，因此，这对姻亲兄弟的关系很好。帖木儿的到来燃起了忽辛的希望之火，他们俩结成了反东察合台汗脱忽鲁帖木儿的联盟。

在阿富汗南部漂泊的这段时间，帖木儿曾应锡斯坦长官扎兰丁之请，到锡斯坦去镇压当地的人民起义，帖木儿很快攻下了起义军占领的一些城堡。此后，军中传言说，如果帖木儿再攻占其余几个城堡的话，那么，锡斯坦就是他的天下了。扎兰丁也意识到这种危险，反过来与起义军达成和解，共同驱逐帖木儿。在一次夜战中，帖木儿的脚受箭伤，成为瘸子，由此，他有了帖木兰（Tamerlane，跛子帖木儿）这一绰号。

从锡斯坦返回阿富汗之后，帖木儿在昆都士附近结集军队。1363 年，帖木儿与忽辛率军北上，开始了驱逐东察合台统治者的战争。他们在阿富汗北部的孔杜兹附近山上点燃火把，东察合台军见营火，误以为被大军包围，军中一片慌乱。帖木儿和忽辛趁乱发动袭击，夺回了渴石城，成千上万的居民拥护他的归来。

也里牙思火者率军在距渴石城 4 法尔沙赫的塔什・阿里希扎营，以后，双方在卡巴・马坦进行了决战，帖木儿以少胜多，打败了东察合台军。也里牙思火者的将领多人阵亡，他本人与别吉克被俘，最后逃走，帖木儿和忽辛攻占撒麻耳干城，赶走了东察合台驻军。在石桥和卡巴·马坦两次战役期间，东察合台汗脱忽鲁帖木儿在伊犁河畔去世，也里牙思火者在逃脱之后，赶往阿力麻里继承汗位。

赶走东察合台统治者和驻军之后，帖木儿和忽辛两人在河中地区建立了统治，他们都没有称汗。为了保持河中地区的稳定，他们扶持原察合台汗都哇的曾孙哈比勒·沙为汗。“他们把他扶上王位，向他献上御杯，各地封建主在御前九叩首。”按蒙古札撒，哈比勒·沙是合法的神圣君主。

1365年，帖木儿、忽辛与东察合台军队进行了被称为“泥沼之战”的战役。在此战中，帖木儿被打败，退守渴石城。正是这一时期，帖木儿和忽辛之间产生了矛盾，忽辛离开渴石城去了萨里·萨莱城（阿姆河畔，今忒耳迷河上游萨莱居民点）。帖木儿在渴石城休整军队，以后，在东察合台军前来攻打渴石城之时，帖木儿向南逃，在阿模里（查尔朱）渡河，来到巴里黑。也里牙思火者进入撒麻耳干城，市民们在穆斯林毛拉的鼓动下坚持抵抗，宗教界首领哈尔答黑和手工业者阿不·纳昔儿·忽律·纳答甫组织居民保卫撒麻耳干城。以后，东察合台军中发生马瘟，也里牙思火者撤军。

外部压力解除以后，撒麻耳干城内爆发了穷人反对富人的斗争，即赛尔巴朵尔运动。市民们痛恨富人的盘剥，惩罚了那些可恨的高利贷者和其他压迫者，斗争一度获得胜利，撒麻耳干市民掌握了市政权。帖木儿和忽辛在得知东察合台军撤军的消息以后，采用欺骗的手段诱捕了赛尔巴朵尔运动的领袖，毛拉得到特赦，撒麻耳干市民的胜利果实被帖木儿和忽辛夺取，两人共同统治了河中地区。

由于权力分配问题，帖木儿和忽辛之间的关系很快恶化。实力略强的忽辛成了河中的最高统治者，驻在撒麻耳干；帖木儿位居第二，驻在渴石和卡尔施城。像祖父合札罕一样，忽辛在撒麻耳干也立了一个傀儡汗，以其名义统治着从印度到咸海的广大地区。在这片广大领土上，忽辛有任命官员之权，有征税和分赐土地的权力。忽辛在巴鲁剌思部征收人头税的做法引起了帖木儿的不满，帖木儿认为，从渴石到阿姆河之间的地区属于自己的世袭领地，别人不可干预。为了表示抗议，帖木儿将其妻阿尔再的首饰，如结婚时佩戴的耳环和珍珠项链，作为税金缴纳。对此，忽辛并未将它们退还，于是，两人之间的矛盾越来越深，联合统治难以为继。帖木儿妻子去世以后，两人之间的矛盾公开化，一场内战不可避免。

忽辛企图以武力压服帖木儿。他派异密穆沙率三四千人的军队占领了帖木儿管辖下的卡尔施城，帖木儿逃到呼罗珊赫拉特城。在穆沙放松警惕之后，帖木儿突然回军收复了卡尔施，然后，乘胜攻下不花剌城，对忽辛不满的异密们陆续归附帖木儿。忽辛在萨里·萨莱城集结军队对不花剌发起攻击，帖木儿再次逃往呼罗珊。1366 年，帖木儿与忽辛的宿敌札剌亦儿部首领凯·胡斯劳结成反忽辛同盟，帖木儿之子只罕杰儿娶了凯·胡斯劳的女儿。为了有效地打击忽辛，他们还与东察合台人联盟。在危急的形势下，忽辛向帖木儿妥协，两人言和。两人的共同统治又重新开始，忽辛驻在巴里黑城，帖木儿仍然只是渴石城的领主。

尽管重归于好，但忽辛灭帖木儿之心不死。一次，当帖木儿正在抵抗入侵锡尔河畔的东察合台军之时，忽辛阴谋对他发起攻击，导致双方关系的彻底破裂。1370 年春，帖木儿从渴石城出发，在呾密渡过阿姆河，包围了巴里黑城。大多数异密站在帖木儿一边，忽辛救援无望，只好向帖木儿投降。1370 年 4 月 10 日，帖木儿率军进入巴里黑城，入城以后，帖木儿军将大部分巴里黑城民屠杀。帖木儿假意允许忽辛去麦加朝觐的请求，暗中却让凯·胡斯劳把他杀掉。

1370 年，帖木儿在巴里黑建立自己的政权，学界将巴里黑政权视为帖木儿帝国建立的标志。以后，帖木儿帝国以撒麻耳干城为都，在中国《明史》中，帖木儿帝国被称为“撒马儿罕”。帖木儿梦想像成吉思汗那样重建一个蒙古帝国，然而，为了维持河中地区的稳定，他坚持了察合台系的正统性原则，先后扶持傀儡汗锁咬儿哈迷失（1370—1388 年在位）和速檀·马哈谋（1388—1402 年在位）登上王位。

锁咬儿哈迷失在位期间一直忠于帖木儿，帖木儿也以异密身份实施统治。锁咬儿哈迷失去世之后，其子速檀·马哈谋继位，当年（1388），帖木儿取“素丹”称号。以后，帖木儿迎娶察合台宗王黑的儿和卓家族之女塔瓦卡勒公主为妻，于是，帖木儿成为成吉思汗家族成员，帖木儿极其看重这一婚姻。

帖木儿在河中地区建立统治以后，迅速向外扩张，进行了持续35年之久的扩张战争。波斯人歇里甫丁（Maulana Sherif-eddin Ali）写于1424年或1425年的《武功记》（*Zafer-Nameh*）一书记载了帖木儿开拓疆域的显赫武功。1388年，他征服花剌子模；1393年，征服伊利汗国和阿富汗；以后，北攻钦察汗国；1398年，南侵印度；1399年，西征小亚细亚；1402年，打败奥斯曼帝国（Ottoman Empire）。在35年的征战中，他依靠武力建立起一个仅次于蒙古帝国的大帝国——帖木儿帝国，帖木儿帝国兴盛之时，统辖之地不仅包括河中地区、花剌子模、里海附近地区，而且包括印度、波斯、南高加索的部分地区。

第二节　与东察合台汗国的战争

1370年，帖木儿在河中地区确立了自己的统治，中亚以塔剌思河为界形成了两大政治势力，即东察合台汗国和帖木儿帝国。当时，东察合台汗国包括了整个天山南北地区，其范围是：东起畏兀儿地，西至塔剌思河东岸，北界为叶密立河与额尔齐斯河，南界从喀什噶尔延伸至费尔干纳；帖木儿帝国的领土东起塔剌思河，西至阿姆河以南的巴里黑。

东察合台汗们一直希望将东、西察合台汗国统一起来，为此，他们频繁出击，并在短时期内征服和统治过河中地区。帖木儿在河中地区立下脚之后，为了确保河中地区的安全，他必须抑制东察合台汗对河中地区的想法。此外，梦想像成吉思汗一样建立大帝国的帖木儿也有灭东察合台汗国之心。于是，双方进行了长期的战争。

在也先不花汗统治时期（1310—1318），察合台汗国开始显露出分裂的迹象。也先不花一直以阿力麻里为中心统治着东察合台人，追随他的蒙古人继续以游牧为生。在他去世之后的三十年间，察合台汗国东部经历了动乱。直到1347年脱忽鲁帖木儿即位，东察合台汗国才逐渐巩固和强盛起来。据《武功记》记载，脱忽鲁帖木儿于1360—1361年两次征服河中地区，恢复了东察合台汗国对西部的统治，短时期内统一了察合台汗国。他在河中的统治者是他的儿子也里牙思火者，1363年，也里牙思火者被帖木儿和忽辛的军队赶出河中地区。在也里牙思火者统治末年，帖木儿与东察合台人进行了一次大战役。

回历766年（公元1365年）冬天，帖木儿与忽辛的联军渡锡尔河，在锡尔河右岸契纳兹和塔什干旧城之间与东察合台军发生了被称为"泥沼之战"的战役。开战之初，帖木儿指挥的军队战胜了东察合台军队，而忽辛指挥的军队却被另一支东察合台军队击溃。忽辛失败之后溃逃，后来又重新集结部队，准备再战。此时，帖木儿和忽辛之间出现了分歧，未能互相配合。第二天会战之时，帖木儿军中的苫思丁率部临阵逃跑，结果帖木儿军被东察合台军击败，殒命于战场者达万人。在仓皇逃窜中，又有士兵溺水而亡。据史书记载，战斗的那天，狂风大作，乌云密布，电闪雷鸣，暴雨倾盆，帖木儿军队的辎重和装备经雨淋后变得非常沉重，步兵举步维艰，战马深陷在泥中。《武功记》一书的作者认为这是萨满教的巫术，是蒙兀儿人使用扎答石所致。帖木儿和忽辛战败逃回河中地区。这次失败以后，帖木儿与忽辛之间的矛盾突出，帖木儿在此后的几年间没有发起对东察合台汗国的战争。

也里牙思火者乘胜率军围攻撒麻耳干城。在围城期间，也里牙思火者军中流行瘟疫，马匹死达四分之三，士兵不得不背着装备徒步撤退。也里牙思火者退回汗国东部。1365年的一天，他在午休时被谋杀。此后，东察合台汗国发生哈马鲁丁反叛事件，大多数脱忽鲁帖木儿家族成员被哈马鲁丁杀死，只有幼子黑的儿火者得以逃脱。哈马鲁丁登上了东察合台汗位。

哈马鲁丁在位期间（1364 或 1365—1389），有效地统治着蒙兀儿斯坦和塔里木盆地南缘的大部分地区。在他的治理下，东察合台汗国日渐强大，成为帖木儿帝国东部边境的强邻。哈马鲁丁家族不属于成吉思汗系，他的称汗遭到了拥护蒙古黄金家族异密们的反对。一些部落，如克烈部异密公开与哈马鲁丁对抗。1368 年，克烈部月即别・帖木儿等人投奔帖木儿，请求帖木儿派兵攻打哈马鲁丁，这一请求符合帖木儿征伐东察合台汗国的愿望。于是，帖木儿发动了一系列征讨哈马鲁丁的战争，其中，重要的有以下几次。

大约 1368 年，由异密八合兰、契丹把阿秃儿、沙黑阿里等人率领的帖木儿军东进，哈马鲁丁亲自率军迎击。双方在东察合台汗国境内的艾沙哈敦河畔（可能在伊塞克湖附近）遭遇，战争互有胜负，最终议和。帖木儿对战争结果很不满意，不久，他就撕毁议和协议，亲率大军出征。据《拉失德史》记载，当帖木儿“高举着胜利的旗帜平安地通过赛兰和养夷（塔剌思）的时候，敌人望风而逃，接着到桑噶里哈吉（Sangarighaj），这时，他的征服军已经掳获了大批俘虏和战利品”。战争胜利以后，帖木儿军队满载而归。

战败之后，哈马鲁丁潜心国内政务，四处招兵买马，积极扩军备战。1373—1375 年期间，他乘帖木儿出兵花剌子模之机，进兵河中地区，先后占领了许多边境城堡，对帖木儿帝国都城撒麻耳干构成了严重威胁。帖木儿给哈马鲁丁发出通牒，命他撤退，哈马鲁丁不予理会。于是，双方战争又起。1375 年 6 月，帖木儿出兵驱赶东察合台人，前锋军首领帖木儿之子只罕杰儿用计重创了哈马鲁丁的主力军，哈马鲁丁率残部连夜撤出所占领的城堡，退回蒙兀儿斯坦。帖木儿军乘胜追击，不仅收复了失地，而且一直打到东察合台汗国领地天山以南地区。哈马鲁丁组织抵抗，双方在乌什和费尔曼（喀什附近）的山间发生激战，结果，帖木儿军大获全胜，哈马鲁丁军溃逃。哈马鲁丁在这次战争中损失惨重，妻子土绵・阿哈和女儿迪勒沙·阿哈被俘。战后，帖木儿军取道讹迹邗和忽毡返回撒麻耳干。

1376年，哈马鲁丁卷土重来，攻占了帖木儿帝国领地费尔干纳地区。帖木儿率军从撒麻耳干出发，途中，遭到哈马鲁丁埋伏的4000骑兵袭击，帖木儿率部奋力拼杀才得以脱身。然后，帖木儿重整军队向哈马鲁丁发起攻击，后者因轻敌而全军覆没。哈马鲁丁本人受伤，徒步逃走，帖木儿乘胜收复了被哈马鲁丁占领的地区。

以上几次战事以后，哈马鲁丁军事实力锐减，与帖木儿的战争进入防御阶段。为了彻底打败东察合台势力，1377年，帖木儿派乌马儿·沙黑率军攻占东察合台汗国的北部游牧区，协助他的将领有异密阿里·不花和契丹把阿秃儿率领的军队。进入东察合台汗国的游牧区之后，帖木儿军在忽老图沙漠中打败了哈马鲁丁的军队。同年，由马黑麻·别乞、异密阿拔思和安克·撒木儿率领的先锋军与哈马鲁丁军队在东察合台汗国境内伊塞克湖附近的布哈姆开战。哈马鲁丁在遭到前几次重创以后，元气大伤，尚未恢复，一经交战，军队便四散奔逃，帖木儿亲领军队追击，一直追至伊塞克湖西南之库什卡儿地方才收兵，在撤退中，又沿途纵兵掠夺。

1383年，帖木儿对东察合台汗国北部地区又发动了一次小规模战争，哈马鲁丁仓促应战，在阿塔库姆被打败，率残部退进伊塞克湖周围的群山之中。帖木儿帝国军队紧追不舍，因未找到哈马鲁丁的踪迹，帖木儿帝国军队洗劫了该地才返回。

1389年，哈马鲁丁被推下汗位。在丧失统治权之后，哈马鲁丁在伊犁河和伊塞克湖一带流窜。1390年，帖木儿军对东察合台北部领地进行了一次扫荡，企图一举根除哈马鲁丁的残余势力。帖木儿军经伊塞克湖、伊犁河、博尔塔拉河到达额尔齐斯河上流，哈马鲁丁及其残部向北逃入阿尔泰山区，从此不再有他的消息。帖木儿军经阿敦·库格和巴尔喀什湖返回河中地区。至此，帖木儿对哈马鲁丁长达22年（1368—1390）之久的战争结束。

1389年，脱忽鲁帖木儿的幼子黑的儿火者在异密们的扶持下继承了东察合台汗位。在哈马鲁丁屠杀脱忽鲁帖木儿家族成员时，格拉特部贵族忽歹达把黑的儿火者藏在他的领地喀什噶尔。在哈马鲁丁在位的二十多年中，忽歹达又把这个男孩辗转藏在帕米尔山、昆仑山等地。哈马鲁丁被推翻以后，忽歹达成为杜格拉特部异密。为了维护东察合台汗国的正统性，他把黑的儿火者扶上了东察合台汗位，统治中心在别失八里。

黑的儿火者即位当年（1389），帖木儿兵分两路，大举东进。由帖木儿亲自率领的一路军向塔尔巴哈台西部进发；由其子乌马儿·沙黑率领的部队前往霍博河畔，向黑的儿火者将领安加提尤里的军队发起攻击。两路军都打了胜仗，最后在额敏会师。在此，帖木儿对进攻天山以南的战役进行了部署。以后，帖木儿军在南去裕勒都斯的路上与黑的儿火者的军队相遇，经过两天的战斗，帖木儿军获胜，帖木儿在查力失（今焉耆）举行集会，分配战利品，俘虏被送到撒麻耳干。此后，班师回国，帖木儿军于 8 月 8 日率主力从裕勒都斯启程，于 8 月 30 日回到了撒麻耳干，乌马儿·沙黑军取道乌什·土鲁番返回。

此次战争以后，东察合台统治者寻求与帖木儿改善关系。黑的儿火者是一位虔诚穆斯林，他的信仰使他与帖木儿接近起来。在实力不够的情况下，黑的儿火者主动与帖木儿和解，帖木儿也希望尽早结束东方的战事。大约 1397 年，黑的儿火者“派其长子沙米·加罕作为特使前往撒马儿罕，商谈同帖木儿和亲事宜”[①]，结果，“黑的儿火者汗以宗室女塔瓦卡勒·哈尼木公主嫁给帖木儿”[②] 并“与帖木儿签订和平协定”[③]。

帖木儿与东察合台汗之间的战争主要发生在东察合台汗国境内，给东察合台汗国的经济造成严重破坏。帖木儿军在每次战役之后都掳走大批战俘和财富，加深了东察合台汗国的经济危机。黑的儿火者与帖木儿的和解，使东察合台汗国获得了一段时期的休养生息。

---

① V. V. Barthold, *Four Studies on the History of Central Asia*, Vol.I, p. 143.

② 米儿咱·马黑麻·海答儿:《中亚蒙兀儿史·拉失德史》第 1 编，第 224—225 页。

③〔英〕P. M. 塞克斯:《阿富汗斯坦史》，伦敦 1940 年版，第 255 页。

此后，双方以帕米尔为界开始了各自不同的发展道路。黑的儿火者潜心于国内的治理，中亚东部的局势逐步稳定，社会经济得以恢复。据《明史》记载，东察合台汗国当时还是一个大国，“别失八里，西域大国也。南接于阗，北连瓦剌，西抵撒马儿罕，东抵火州”[①]。

1399年，黑的儿火者去世。[②]他死后，诸子争位。据《拉失德史》记载，他在蒙兀儿斯坦的王位由他的三个儿子沙迷查干（约1399—1407或1408年在位）、马哈麻（1408—1415或1416年在位）和纳黑失只罕（1415或1416—1417年在位）继承，实权掌握在异密手中。三兄弟的统治实际上处于杜格拉特异密忽歹达的监护之下。

在三兄弟统治期间，帖木儿与东察合台汗的战争再起。在1399至1400年，帖木儿之孙、费尔干纳监治官米儿咱·伊斯堪答儿率领的帖木儿军抵达喀什噶尔，在叶尔羌进行大肆掠夺，并且夺取了阿克苏城。阿克苏城民为了自赎，把居住在该城的明朝富商交给帖木儿军队。伊斯堪答儿还派一支部队往西北方去掠夺拜城和库车，他本人率军进入于阗，于阗城民呈献礼物欢迎他，并承认帖木儿为他们的宗主。

此次征伐以后，帖木儿与东察合台汗几乎没有再发生战争。以后，帖木儿继承者利用东察合台汗国的内讧，使之分裂，东察合台汗国不再对帖木儿帝国构成威胁。

第三节　西征波斯

帖木儿在河中地区建立政权之时，除巴里黑外，阿姆河以南以西的大部分地区仍是伊利汗国的属地，由一些地区小王朝统治。

1335年，蒙古伊利汗国的不赛因汗去世，在此后发生的争权夺

---

① （清）张廷玉等:《明史》，中华书局1974年版，第8606页。

② 黑的儿火者卒年不详。《武功记》作1399年;《中亚蒙兀儿史·拉失德史》（第1编，第224页）作1420年；汉文史书记，明永元元年（1403），明朝遣官赉玺书，綵币。

利的混战中，伊利汗国分裂成一些地区小王朝。1380 年，帖木儿开始西征，在此生死存亡的关键时刻，地区小王朝未能团结起来，这种形势有利于帖木儿的征服。在 1380—1393 年间，帖木儿兼并了伊利汗国境内的一个个小王朝。

帖木儿西征的第一个目标是在呼罗珊建立的克尔特王朝（1251—1383）。克尔特王朝是 13 世纪中叶至 14 世纪下半叶阿富汗人在赫拉特建立的政权。1251 年，赫拉特城发生战乱，蒙哥把被战乱摧毁了的赫拉特城委托阿富汗古尔山区的封建主克尔特人沙姆斯哀丁·穆罕默德管理。沙姆斯哀丁信奉伊斯兰教逊尼派，他的祖父原是依附于阿富汗古尔王朝统治者的一位高级官员。该家族在承认伊利汗国宗主权的前提下，统治着赫拉特及呼罗珊的其他一些地区，取马立克（王）称号。

帖木儿西征之时，克尔特王朝已经存在了一百多年，当时的统治者嘉泰丁二世（Ghiyasal-Din，1370—1381 年在位）是克尔特王朝第七代君主。1380 年，帖木儿以宗主国身份召嘉泰丁出席在河中地区召开的忽里勒台，遭到嘉泰丁的拒绝。1381 年春，帖木儿向赫拉特进军。嘉泰丁家族没有团结对敌，赫拉特萨拉赫斯堡的守将是嘉泰丁之弟，他投降了帖木儿。对帖木儿的征服战争，赫拉特城内有不同的意见，城民们希望与帖木儿和谈，以免家园遭到破坏；而来自阿富汗古尔山区的军队却主张抵抗。最终，赫拉特城被攻破，城墙被拆除，嘉泰丁投降，承认了帖木儿的宗主权。帖木儿宽恕了没有实施抵抗的那些城民，释放了大约两千名俘虏。赫拉特城中有名望的神学家和学者大多数被带往帖木儿家乡渴石城。

在赫拉特城墙被拆除一年之后，1382 年，古尔山区的阿富汗人袭击并攻占了赫拉特城。帖木儿派他的儿子米兰沙先行镇压这些阿富汗人，他随后率军赶到。帖木儿军在城内实施大屠杀，死者的尸体堆积如山，头颅被堆成塔以示惩戒。据《武功记》记载，1383 年，嘉泰丁二世及其家人因有共谋之嫌，被勒令自裁而死。米兰沙接管了赫拉特城，1396 年，米兰沙在一次宴会上暗杀了克尔特王室的其他成员。

征服赫拉特之后，帖木儿把进攻矛头转向了呼罗珊的另一割据政权，即什叶派信徒建立的赛尔巴朵尔公国（1335—1386）。赛尔巴朵尔公国与帖木儿有过友好交往，在该国遭到西部马赞德兰政权威胁之时，国王阿里·穆雅德（Ali-muyyad，1364—1386）曾向帖木儿求援，帖木儿派兵从古尔甘赶往马赞德兰，解除了赛尔巴朵尔公国之围。1381年，当帖木儿到达你沙不儿时，阿里·穆雅德归附帖木儿，宣布自己是帖木儿的属臣，帖木儿任命他为撒卜兹瓦尔总督。阿里·穆雅德一直忠于帖木儿，因此，撒卜兹瓦尔享受免税的待遇。1386年，阿里·穆雅德在镇压呼罗珊境内反帖木儿势力的战争中去世。

此后，撒卜兹瓦尔、锡斯坦等地发生叛乱，帖木儿率军前去镇压，对撒卜兹瓦尔进行了骇人听闻的惩罚，他把俘虏活活地与砖石、泥土混在一起，堆砌成几座尖塔。锡斯坦首府疾陵城遭到了同样的厄运，疾陵城不分男女老幼，从百岁老人到吃奶的婴儿都没能幸免。锡斯坦的农业灌溉系统也遭到了严重破坏，长时期都未能恢复。镇压锡斯坦的叛乱以后，帖木儿进入阿富汗，夺取坎大哈。

在呼罗珊西北部，在卡拉特（Kalat）和徒思城实施统治的地区政权是贾云·依·库尔班（Japun-i-Qurban）王朝。徒思是呼罗珊的大城市，在蒙哥大汗统治期间，徒思曾是阿姆河等处行中书省首府。徒思城内水渠密布，土地肥沃，果树成林。帖木儿西征初期，库尔班王朝统治者阿里别克主动归附帖木儿。以后，卡拉特城反叛，1381年至1382年冬，帖木儿出兵围攻卡拉特城，阿里别克再次表示归附，被帖木儿处死，库尔班王室的其他成员和战俘被送往撒麻耳干及其周围地区。帖木儿任命哈吉·伯格（Hajji Beg）为徒思城总督。

在呼罗珊西北，还有以马赞德兰城为中心的一支势力，这支势力的统治者是爱弥尔·瓦力（1360—1384年在位），他统治的地区包括阿斯特拉巴德、比斯坦、达姆甘（Damghan）和西模娘（Samnān）。在帮助赛尔巴朵尔公国解围之时，帖木儿曾与爱弥尔·瓦力进行过战争。1381 年，马赞德兰政权所属领地伊思法拉因城被帖木儿军摧毁。1382 年以后，爱弥尔·瓦力以纳贡为条件使帖木儿不再进攻他的领地。然而，1384 年底，帖木儿又攻爱弥尔·瓦力的首府阿斯特拉巴德，爱弥尔·瓦力逃往阿塞拜疆，全城居民遭到屠杀，连婴儿也未能幸免。至此，帖木儿控制了呼罗珊全境。1392 年，帖木儿将呼罗珊的统治权交给了三子米兰沙。

夺取呼罗珊之后，帖木儿开始征服西波斯。当时，在西波斯北部实施统治的是札剌亦儿王朝（1358—1411），札剌亦儿王朝的领地与钦察汗国的南部领土相邻，统治地区包括了伊剌克和阿哲儿拜占；在西波斯南部实施统治的是穆扎法尔王朝，统治地区包括伊剌克以南的法尔思、克尔曼和库尔德斯坦。帖木儿首先进攻札剌亦儿王朝。

1340 年，札剌亦儿部贵族哈桑在报达（巴格达）自立为汗，1356 年，哈桑去世，其子乌畏思继位。1358 年，乌畏思出兵夺取阿哲儿拜占，移都桃里寺。此后，乌畏思将伊利汗国西部统一起来，建立了札剌亦儿部人的王朝，即札剌亦儿王朝。帖木儿西征之时，札剌亦儿王朝的统治者是阿合木·札剌亦儿（1382—1411 年在位）。1384 年，帖木儿向伊剌克进军，阿合木·札剌亦儿从报达逃到桃里寺。帖木儿没有乘胜追击，于 1385 年返回都城撒麻耳干。1386 年，帖木儿开始了历时两年的西波斯征服战，先后征服了阿哲儿拜占和亚美尼亚。

1386 年，帖木儿进军阿哲儿拜占，阿合木·札剌亦儿逃到报达，把桃里寺城交给从马赞德兰逃到此地的爱弥尔·瓦力管理。同年，钦察汗脱脱迷失经打耳班进攻桃里寺城，赶走爱弥尔·瓦力，在城内大肆掠夺和屠杀之后返回钦察草原，帖木儿轻易获取桃里寺城，他在城内举行了觐见礼，在此度过了 1386 年夏天，并强迫居民交纳沉重的赋税，将城内的学者和手工匠人迁往撒麻耳干。

接着，帖木儿开始征服亚美尼亚。当时亚美尼亚处于黑羊王朝

（Qara Qoyūnlū，1375—1468）的统治之下。[①]黑羊王朝是土库曼人建立的政权。最初，土库曼人在亚美尼亚的凡湖东部地区游牧，大约在1375年，土库曼各部联合起来建立了部落联盟，因他们的旗帜上绘有黑羊图案，故名黑羊王朝。他们承认了札剌亦儿王朝的宗主权地位。在首领哈拉·穆罕默德统治期间（1380—1389），黑羊王朝开始强大起来，占据了小亚细亚东部和美索不达米亚北部地区。1390年，首领哈拉·玉素甫（Hara Yusuf，1390—1400年及1406—1419年在位）率兵夺取桃里寺，并以此城为都，建立了独立王朝。但是，帖木儿向黑羊王朝发起攻击。1394年2月，帖木儿向库尔德斯坦和迪牙巴克尔两省进发，经过艰苦的围攻，帖木儿于1394年3月占领马尔丁和阿米德（即迪牙巴克尔），他的次子乌马儿·沙黑在库尔底希堡战役中被箭射死。1400年，帖木儿借口土库曼人曾袭击前往麦加的商旅，又对黑羊王朝发起攻击，仅一天时间就攻占了该地区的额尔哲鲁木城。黑羊王朝统治下的另一些城市投降，坚持抵抗者被推毁。埃尔津詹城统治者向帖木儿称臣纳贡，得以保住自己的统治；坚持抵抗的凡城遭到悲惨下场，凡城被攻克以后，帖木儿军“将城民从岩石上推下山”[②]。哈拉·玉素甫逃亡到亚美尼亚。

征服西波斯北部以后，1387年，帖木儿南下攻穆扎法尔王朝。1353年，阿拉伯人穆巴里克·丁·穆罕默德（Mubarikdin Muhammad）控制了泄剌只城，以此为都建立了穆扎法尔王朝（1353—1393），统治着克尔曼和法尔思等地，伊斯法罕也于1356—1357年间被纳入该王朝的统治。在帖木儿西征之时，穆扎法尔王朝的统治者是沙·舒贾。在无力抗拒的情况下，沙·舒贾承认了帖木儿的宗主权，暂时保住了他的统治。临终之时，他请求帖木儿保护他的家族。帖木儿曾致函沙·舒贾之子赞·阿比丁，要求他归顺。赞·阿比丁对此不予理睬，并扣留了帖木儿的使者。为了惩罚赞·阿比丁，帖木儿经

① “黑羊王朝首领世系表”见附录一。

② 〔法〕勒内·格鲁塞：《草原帝国》，第542页。

哈马丹和古尔甘来到伊斯法罕。该城的神职人员请求帖木儿宽恕，伊斯法罕总督穆札菲·喀什匆忙把该城的钥匙交给帖木儿，帖木儿在城郊扎营，派一些王公进城接受投降。这些王公在城内胡作非为，引发了城民的反抗，他们杀死了帖木儿的代表。于是，帖木儿向伊斯法罕发起攻击。第二天，帖木儿军队破城，在城内进行了大屠杀，杀了 7 万人，将他们的首级堆成尖塔。

洗劫伊斯法罕之后，帖木儿向泄剌只进军，赞·阿比丁闻风而逃。帖木儿进城之后，举行了觐见礼，将城内技术高超的工匠送往撒麻耳干。但在帖木儿离开波斯期间（1387—1392），穆扎法尔王朝的一位王公沙·曼苏尔（Shah Mansur）在泄剌只城外打败了帖木儿军，夺取了伊斯法罕和泄剌只，以泄剌只为都建立了统治。1393 年 5 月，沙·曼苏尔被帖木儿之子沙哈鲁（Shahrukh）杀死，帖木儿再次来到泄剌只城，穆扎法尔王朝的地区统治者们都赶来觐见，帖木儿处死了王室成员，把他们的封地分给自己的部下。

1393 年 6 月，帖木儿离开泄剌只，向报达进军，8 月，兵临报达城下。阿合木·札剌亦儿眼见不可抗拒，逃到埃及马木路克王朝避难。帖木儿顺利进入报达城，在此逗留了三个月，充分享受了底格里斯河畔舒适的宫廷生活。

1394 年底，帖木儿发动了对谷儿只（即格鲁吉亚）的征服战争。1386 年，帖木儿发动对西波斯北部的攻击之时，曾北上攻打谷儿只。1386 年冬，帖木儿军攻占了梯弗里斯城，谷儿只王伯格拉特五世被监禁，在答应皈依伊斯兰教之后获释。在帖木儿进行西波斯南部战争之时，可能谷儿只统治者不再归顺帖木儿，引发了 1394 年的再征服。1395 年，谷儿只人打败了帖木儿之子米兰沙的军队，当时米兰沙在攻打纳希切万附近的阿林加克。1399 年，帖木儿侵入谷儿只，蹂躏了谷儿只东部的卡希什地区，为米兰沙报仇。1400 年春，帖木儿进军梯弗里斯，洗劫该城以后，在该城驻扎守军，谷儿只王乔治六世逃走。

正当帖木儿在亚美尼亚和谷儿只进行战争之时，1394 年，阿合木·札剌亦儿从埃及返回报达复位。于是，帖木儿不得不南下攻打报达城。1401 年 7 月 10 日，他再次攻陷该城，在此进行了大屠杀，死者达 9 万多人，只有一些文人得以赦免。7 月的伊拉克酷热异常，堆积如山的尸体很快引起了瘟疫，帖木儿被迫撤走。以后，黑羊部首领哈拉·玉素甫夺取报达城，1403 年，帖木儿之孙阿布·巴克尔率领军队把哈拉·玉素甫赶走。哈拉·玉素甫也逃到埃及避难，直到帖木儿去世之后才返回。

1403 年，帖木儿再次洗劫谷儿只，毁掉了大约 700 个大村庄和小城镇，屠杀居民，拆毁了梯弗里斯的所有基督教教堂。此后，帖木儿开始准备对东方的战争。

帖木儿西征产生的影响很大，然而，他在征服之地并未建立起新秩序，而是保留原有的政权，这些政权一有机会就反叛，这样，帖木儿不得不在这些地区进行多次征服。帖木儿一生都陷入了征服和再征服的战争之中，在西波斯始终未建立起巩固的统治。

第四节　北伐钦察汗国

帖木儿在河中地区建立政权以后，随即开始征服花剌子模。一个半世纪以前，成吉思汗灭花剌子模帝国之时，将花剌子模绿洲分封给长子朮赤。1260—1264 年间，察合台汗阿鲁忽从钦察汗别儿哥手中夺取该地区，于是，花剌子模绿洲成了察合台汗国的领地。此后不久，钦察汗国夺回了花剌子模北部地区，控制了锡尔河三角洲和玉龙杰赤；察合台汗国仍然统治着包括柯提在内的花剌子模南部地区。

13 世纪 60 年代，花剌子模北部的蒙古部落弘吉剌部强大起来，部落首领胡赛因·苏菲建立了独立的伊斯兰王朝，史称苏菲王朝。胡赛因·苏菲利用河中地区战乱，向南发展，夺取了察合台家族领地柯提。帖木儿在河中地区建立政权之后，致函胡赛因·苏菲，要求他归还原属察合台汗国的柯提等地，这一要求遭到胡赛因·苏菲的拒绝。于是，帖木儿兴兵讨伐胡赛因·苏菲。

在夺取河中政权的第二年，即1371年，帖木儿率军围攻玉龙杰赤，胡赛因·苏菲在围困中郁郁而终，其弟优素甫·苏菲继位。优素甫·苏菲意识到自己无力与帖木儿抗衡，于是，以归还柯提为条件向帖木儿求和，帖木儿接受了求和，以柯提为中心的花剌子模南部成了帖木儿的属地。然而，优素甫·苏菲不久反悔，出兵强占柯提。1373年，帖木儿再次出兵花剌子模，优素甫·苏菲战败求和，把女儿罕匝答嫁给了帖木儿之子只罕杰儿，马黑麻·速檀是这一婚姻的结晶。

1377年，帖木儿在锡尔河下游与白帐汗国发生战争，优素甫·苏菲趁机进攻撒麻耳干附近地区。1379年，帖木儿再度向花剌子模出兵，兵锋直抵玉龙杰赤。帖木儿"穿着轻便的胸甲，腰佩利剑，肩背盾牌，头著王盔，骑着战马朝玉龙杰赤城驰去。他相信上帝，只身朝城下的壕沟走去，呼优素甫与他决战。但优素甫宁愿保命而不顾荣誉，置之不理"①。玉龙杰赤被围三个月，在此期间优素甫去世。帖木儿军在攻陷该城以后，进行了大屠杀，除知识分子、学者、艺术家和手工业者被送往渴石外，大多数人被杀。渴石的阿克·萨莱宫就是这些被俘的花剌子模工匠建造的。

帖木儿对花剌子模的占领引起了钦察汗国的不满，于是，钦察汗脱脱迷失发动了收复花剌子模的战争。

脱脱迷失属术赤长支斡儿答的后裔，他的父亲因反对白帐汗兀鲁思（1361—1377年在位）攻打钦察汗国而遭到迫害。1376年，脱脱迷失逃到河中撒麻耳干城避难。帖木儿对兀鲁思攻打钦察汗国也心怀恐惧，担心白帐汗势力扩大之后，危及他在中亚的统治。于是，出于给兀鲁思树立一个敌对势力的考虑，他极力扶持脱脱迷失，把锡尔河以北的讹答剌、扫兰和昔格纳黑赐给脱脱迷失。兀鲁思两次

① 〔波斯〕歇里甫丁:《武功记》，达尔倍英译本。

出兵赶走脱脱迷失，占有了帖木儿赏赐的领地，每次帖木儿都出兵援助，使脱脱迷失得以在自己的领地中住下来。据《武功记》记载，兀鲁思要求帖木儿交出脱脱迷失，帖木儿不予理睬。1377 年，帖木儿在昔格纳黑和讹答剌之间打败了兀鲁思，把他赶回到锡尔河以北草原。就在此年，兀鲁思去世，他的两个儿子脱黑脱乞牙和帖木儿·灭里先后继承汗位。帖木儿·灭里即位之后，出兵把脱脱迷失赶出昔格纳黑。脱脱迷失在帖木儿援军的帮助下不仅夺回了该城，而且袭击了敌人的冬营地哈拉塔尔，俘虏了帖木儿·灭里。1377 年至 1378 年冬，脱脱迷失登上了白帐汗国的汗位。

即位之后，脱脱迷失继续了兀鲁思西征钦察汗国的事业。1378 年春天，他占领了伏尔加河左岸的别儿哥萨莱城。1380 年，他在迦勒迦（或卡尔米乌斯）河附近，即离亚速海岸不远的马里乌波尔地区，打败了钦察汗马麦。1382 年，脱脱迷失攻占并洗劫了莫斯科城，夺取了钦察汗国的大汗位，斡罗思公国重新向钦察汗国交纳贡赋，脱脱迷失的势力得到极大的增强。白帐汗家族对钦察汗国的统治，使锡尔河下游到德涅斯特河，昔格纳黑和讹答剌到乞瓦的大片地区处于脱脱迷失的统治之下。

强大起来以后，脱脱迷失对曾经帮助过他的帖木儿采取敌对态度。他认为自己是成吉思汗的后裔，与他相比，帖木儿既无显赫的背景，又无明确的合法称号。于是，他开始发动战争，收复被帖木儿占领的原钦察汗国领地。

1383 年，趁帖木儿在呼罗珊征战之机，脱脱迷失占领花剌子模，并在此确立了自己的统治，以自己的名义铸造钱币。1387 年，脱脱迷失长驱直入，直达阿姆河畔。在得知帖木儿返回的消息之后，他退回白帐汗国境内，留朮赤系宗王亦勒·易格迷失·乌黑阑与本地王族苏来曼·苏菲镇守花剌子模。

1388 年，帖木儿出兵花剌子模。亦勒·易格迷失·乌黑阑和苏来曼·苏菲二人匆忙逃往钦察汗国。帖木儿夺取了花剌子模的重要城市玉龙杰赤，下令将该城的居民迁往撒麻耳干，然后毁城，在废墟上播种大麦。以后，在1391年底，帖木儿下令重建此城，奉命执行重建工作的长官木撒黑只能恢复原玉龙杰赤城的四分之一。巴托尔德说，像这样有意地完全毁掉一座城而又重建，在帖木儿的征服史上是唯一的事例。原因是玉龙杰赤是一个相当繁荣的商业城市，恢复它对于促进帖木儿帝国的商业有着十分积极的意义。

帖木儿在北方的战争除了与钦察汗国争夺花剌子模绿洲外，还与钦察汗国争夺高加索地区。高加索历来是伊利汗国与钦察汗国争夺的对象，帖木儿打败伊利汗国的地区小王朝之后，占领了这一地区，脱脱迷失登上钦察汗位以后，开始与帖木儿争夺这一地区的统治权。

在对西波斯的征战中，帖木儿于1385年占领了札剌亦儿王朝的阿哲儿拜占，1386年，将它纳入帖木儿帝国，帖木儿在此度过了1386年与1387年之冬。1387年春，脱脱迷失出人意外地越过打耳班关隘，来到了撒木儿河畔（今厄尔布鲁士山附近），帖木儿派前锋军队保卫河的北岸，他吩咐前锋统帅："不要与脱脱迷失作战，因为他同脱脱迷失以前曾有盟约。"他命令道："如果脱脱迷失首先发动进攻，可立即退回来。"[①] 于是，在脱脱迷失发起攻击之时，前锋军队遵命撤回，但敌军用乱箭扫射，帖木儿军遭到惨重的损失。正在此时，帖木儿的三子米兰沙率援军赶到，打败了脱脱迷失。钦察汗国的军队沿着打耳班关隘撤走，米兰沙的到来扭转了局势。

此后，脱脱迷失转而向帖木儿的统治中心河中地区发起攻击，于1387—1388年间在昔格纳黑城附近渡过锡尔河。驻守河中地区的帖木儿之子乌马儿·沙黑前往迎敌，战争在离讹答剌不远的地方进行，乌马儿·沙黑战败。脱脱迷失的军队掠夺了周围不设防的城镇，甚至对不花剌城实行封锁，但没有成功。脱脱迷失在河中地区的破坏一直抵达南部的卡尔施郊区。脱脱迷失的这次行动得到了帖木儿在花剌子模的属臣苏来曼的支持。

---

① 〔波斯〕歇里甫丁:《武功记》，达尔倍英译本 。

当时，帖木儿在西波斯泄剌只获悉这一消息，他于 1388 年 2 月初赶回玉龙杰赤，脱脱迷失退到白帐汗营地。帖木儿惩罚了背叛者苏来曼，苏来曼仓皇逃到了脱脱迷失处，此后以侍从和将官身份一直追随脱脱迷失。

1388 年底，脱脱迷失召集大军再次进攻河中地区。他的一部分军队围攻扫兰，自己绕道向东，从费尔干纳的忽毡发起进攻。当时，帖木儿正在都城撒麻耳干。他率几万先锋军从撒麻耳干朝锡尔河方向出发，乌马儿·沙黑的部队从安集延赶到锡尔河畔与他会合。在离锡尔河不远之地，帖木儿击溃了脱脱迷失的先头部队。1389 年 1 月，帖木儿将敌人赶到锡尔河以北，脱脱迷失在撤退途中寇掠了锡尔河中游的扫兰、雅西诸城，在帖木儿军的追赶之下，他们向北部草原散去了。

帖木儿很快意识到脱脱迷失不仅阻挠他的西征，而且还威胁着他在河中地区的统治。于是，帖木儿决定对脱脱迷失采取主动出击的政策，在 1389—1396 年的七年中，帖木儿开始了他的北伐之战。

北伐战争分两个阶段进行。第一阶段从 1389—1391 年，战争在中亚北部草原上进行；第二阶段从 1395—1396 年，战争主要发生在伏尔加河畔的东欧平原上。

为了彻底解除河中地区的忧患，帖木儿深入草原，在敌人的扎营地进行战争。他命令米兰沙从呼罗珊及附近地区召集部队，然后，率部队到撒麻耳干集结。1390—1391 年冬，帖木儿从撒麻耳干出发，渡过锡尔河，到达塔什干，在此过冬。1391 年 1 月 22 日，帖木儿率军向讹答剌进发，在讹答剌附近的哈拉撒曼遇到了脱脱迷失派来讲和的使者，使者递交了脱脱迷失的悔过信，帖木儿礼貌地接待了他们。在信中，脱脱迷失承认他干了许多有损于帖木儿的事，但他仍牢记帖木儿的恩惠，信的末尾，脱脱迷失答应以藩臣身份向帖木儿效忠。帖木儿知道脱脱迷失此举是为了拖延时间，在回信中，他表示不接受议和，并谴责了脱脱迷失的不体面行为。

1391 年 2 月末，帖木儿军经雅西、哈剌出黑、扫兰进入草原，来到今哈萨克斯坦中部。1391 年 4 月 6 日，疲于跋涉的帖木儿军到了撒里黑兀辛河（今萨雷苏河）畔，渡河之后，于 4 月末抵达兀鲁塔山。据《武功记》记载，帖木儿攀登到山顶，环顾四周，看到山下碧波般一望无际的草原，决定在此为自己的远征留下一个纪念。他下令石工将他的名字及军队经过此地的事迹该在一块巨石上。第二次世界大战期间，有人在哈萨克斯坦中部阿尔腾·楚库山的卡尔萨克采石场发现了这块巨石，证实了有关史书记载的真实性。以后，帖木儿军队渡过赤兰出黑河（今吉兰奇克河），来到北哈萨克斯坦的阿纳哈儿浑。由于粮草缺乏，20 万人处于半饥饿状态。帖木儿军队进行了大规模的围猎，1391 年 5 月 6 日，狩猎很成功。“不仅军队获得了饱食，粮食主管人员还为以后的行军储存了必需数量的肉类。”①

5 月 12 日，由帖木儿之孙马合谋·莎勒坛率领的先锋部队为寻找脱脱迷失军一直搜索到西西伯利亚的托博尔河，然而，未见敌军踪影。后来，从一个俘虏口中得知，脱脱迷失是向乌拉尔河方向逃去了，于是，帖木儿转向西行军。6 月 4 日，帖木儿在奥尔斯克地区渡过乌拉尔河，到达该河的支流萨克马拉河。当时，脱脱迷失的军队正在不远处（即后来的奥伦堡）集中。为了争取战争的主动权，帖木儿在押亦河的四周建营地，在营地周围挖了战壕，部署战阵。6 月 9 日，帖木儿与脱脱迷失大战于昆都尔察河谷（今古尔雪夫地区）。战斗激烈，帖木儿军伤亡惨重，但最终击败脱脱迷失，脱脱迷失的部众在逃跑中或被杀，或被俘。

帖木儿虏获了大批战利品后班师回国，他把白帐汗国的领地交给了脱脱迷失的敌对者，即投靠帖木儿的兀鲁思汗之孙帖木儿·忽特鲁格、宗王昆彻·乌黑阑和异密亦敌忽。在返回途中，帖木儿军东渡乌拉尔河，取道今阿克秋宾斯克地区，经扫兰、讹答剌，回到撒麻耳干。这次北伐历时 11 个月，北伐的目的仅仅希望给钦察汗国

① 〔波斯〕歇里甫丁:《武功记》，达尔倍英译本 。

臣民造成一种威慑，使他们不再侵犯他在中亚的领土，因此，在获胜之后，帖木儿没有采取任何措施巩固这次胜利成果。

1395 年 2 月，帖木儿开始了北伐东欧平原的战争。帖木儿率军经打耳班隘口，来到了脱脱迷失的盟友海塔人的地方。帖木儿下令焚毁他们的村子，在距打耳班四天路程的塔儿乞城安营扎寨。4 月 15 日，两军开战。脱脱迷失军节节溃败，最后，丢盔弃甲，仓皇逃跑。帖木儿虏获了大量的战利品，犒赏了立下功劳的将官和士兵。他留下受伤的米兰沙带着他的部队看守辎重，自己率军追击脱脱迷失。他从秃剌秃儿渡口过河到了亦的勒河（今伏尔加河）左岸，脱脱迷失向北逃到不里阿耳人中。他在此扶持兀鲁思汗之子海里察黑・斡黑兰登上了钦察汗的位置。

此后，帖木儿带着大量虏获物向伏尔加河下游巴勒赤木勤城进发，途中攻取了阿咱黑（阿速夫）城。“在顿河河口，他来到了热那亚和威尼斯商人们经常出没的商业中心塔那城（亚速夫），热那亚和威尼斯商人们派一个代表团带着礼物去见他，他们轻易相信了他的诺言。结果证明他们完全认错了人。除穆斯林获免外，全部基督教徒被奴役，他们的商店、账房、教堂和领事馆被摧毁。”[1] 这一行动打击了克里米亚的热那亚殖民区，影响了该地与中亚之间的贸易。

1395—1396 年冬天，帖木儿率军来到伏尔加河河口，企图毁掉钦察汗国最富有的两个城市——哈只・塔儿寒（即阿斯特拉罕城）和别儿哥萨莱城。在得到帖木儿的安全保证下，哈只・塔儿寒城民未进行抵抗。然而，帖木儿军进城以后，掠夺了全城居民，并向城民索取贡税。撤退之前，帖木儿下令迁走全城居民，将城市烧毁。接着，帖木儿向别儿哥萨莱城进发，别儿哥萨莱城民也没有进行抵抗，但帖木儿军用大火烧掉了这座城市。

1396 年春，帖木儿经打耳班之路返回波斯。帖木儿走后，脱脱

① 〔法〕勒内・格鲁塞：《草原帝国》，第 555—556 页。

迷失开始与兀鲁思之孙帖木儿·忽特鲁格争夺钦察汗位。1399 年 8 月 13 日，脱脱迷失在第聂伯河支流沃尔斯克拉河畔被帖木儿·忽特鲁格打败，逃往立陶宛。1399 年，立陶宛公维托夫特与脱脱迷失联合出兵攻帖木儿·忽特鲁格，双方在沃尔斯克拉河谷展开激战，最终帖木儿·忽特鲁格（约 1400—1407 年在位）获胜。沃尔斯克拉河谷之战使脱脱迷失实力彻底丧失，无力再争夺钦察汗国的统治权。1405 年 1 月，脱脱迷失的使者到讹答剌求见帖木儿，要求保护，帖木儿答应在远征中国回来以后再考虑。然而，帖木儿在远征中国的途中于 1405 年去世。1406 年，脱脱迷失被钦察汗帖木儿·忽特鲁格之弟沙狄别在西伯利亚的秋明城杀死。

帖木儿的北伐战争对东欧和西伯利亚的历史产生了深远的影响，在他北伐之后，钦察汗国开始瓦解。从 15 世纪 20 年代起，一个个地区从钦察汗国分裂出去形成了独立的汗国，其中，东部有西伯利亚汗国、乌兹别克汗国、诺盖汗国，中部有喀山汗国，南部有阿斯特拉罕汗国和克里米亚汗国，而钦察汗国只剩下萨莱都城及其附近的有限疆土，被称为大帐汗国。

第五节　南征印度

帖木儿对南部印度的征服始于 1397 年年底。当时，在印度实施统治的是德里素丹国（Delhi Sultanates，1206—1526）。1206 年，阿富汗古尔王朝驻德里的总督库特布·乌丁·艾贝克（Qutb al-Dīn Aybak）自立为素丹，定都德里，此事标志着德里素丹国的建立。库特布·乌丁·艾贝克是突厥奴隶出身，故德里素丹国又被称为奴隶王朝。德里素丹国经历五个王朝，在卡尔吉王朝统治时期（1290—1320），德里素丹国开始兴盛；继后的图格鲁克王朝（Tughluq，1320—1414）在第二代素丹穆罕默德·伊本·图格鲁克统治时期（1325—1351）国家达到极盛。穆罕默德·伊本出兵远征南印度，将领土扩大到科佛里河以南，其疆域西起印度河流域，东至孟加拉，北抵克什米尔，南达克夫里河。此后，由于往返迁都削弱了中央政权，导致各地王公的反叛，加之，极端的宗教政策激化了宗教矛盾，南印度脱离德里素丹国，形成了新王朝。

帖木儿入侵前夕，图格鲁克王朝统治集团内部互相倾轧，人民起义蜂起，各大省区的王公纷纷脱离素丹，建立起独立自治的穆斯林王国。在德干地区形成了巴曼尼小素丹国（1347）；在孟加拉形成了乌德或札温普儿王国（1394）；古吉莱特也于1396年形成了独立政权；德里素丹国只拥有旁遮普和多阿布。帖木儿南征印度正是在这种形势下发生的。

帖木儿曾就征服印度一事与部下商量，当时，遭到了将领们的一致反对。他们认为，印度远离中亚，兵力和物力难以接济；加之印度地形复杂、气候干燥，易引发瘟疫。然而，帖木儿力排众议，坚持南征。帖木儿南征印度的借口是德里素丹国在其境内容忍保留人数众多的印度教徒。帖木儿以《古兰经》“先知啊！同那些异教徒和不信教者作战吧！”的条文作为远征的根据，这句诗使所有反对者都鸦雀无声了。①

当时，与北印度毗邻的阿富汗昆都士、喀布尔、加兹尼、坎大哈城及其附属地区由帖木儿之孙皮儿·马黑麻统治，于是，皮儿·马黑麻成为帖木儿南征印度的先遣部队统帅。在他的率领下，3万骑兵在掠夺了苏来曼山区的阿富汗人之后，渡过印度河，包围了俄特查（乌奇），在此打败了德里素丹派来的援军。1398年5月，围攻木尔坦。此时，帖木儿率9.2万远征军已经从撒麻耳干出发，越过了兴都库什山抵达喀布尔。

浩浩荡荡的帖木儿军通过了地势复杂的阿富汗山区，于1398年9月24日抵达印度河。帖木儿特意选择在当年花剌子模帝国王子扎

---

① 〔英〕珀西·赛克斯：《阿富汗史》第1卷下册，张家麟译，潘庆舲校，商务印书馆1972年版，第429页。

兰丁过河的地方渡过印度河，以此表示他的这次行动是成吉思汗未竟事业的继续。渡过印度河之后，帖木儿与皮儿·马黑麻的军队会师，两军共约 12 万—13 万人。以后，他们在萨特莱杰河畔打败了科卡尔人首领贾斯腊特，进入木尔坦城。帖木儿任命印度人赫拉尔汗为木尔坦、拉合尔等地的总督，以帖木儿的名义进行统治。然后，帖木儿进军德里素丹国。

途中，帖木儿夺取并摧毁了由拉吉普特首领拉伊·杜尔·查德戍守的帕特奈尔堡，占领了锡尔苏蒂，夺取了德里东北部的洛尼堡，1398 年 12 月 10 日，帖木儿在此建立大本营。当时，德里素丹国掌握实权的马卢汗“冒险进行了一次出击，不仅被击败，而且导致帖木儿采取军事预防措施，把一万名印度俘虏全部屠杀掉”[①]。德里素丹马茂德率领 1 万骑兵、4 万步兵、120 头大象出发迎战。帖木儿军队害怕战象，特别是这些象的牙上都系着淬毒的锋利匕首。帖木儿下令在军营的四周挖壕沟，同时把水牛拴在一起，系在“钉有铁钩、三叉的桩子”上，构成多层防护。

12 月 17 日，帖木儿与马茂德及其大臣马鲁·伊黑巴勒指挥的军队在巴尼伯德和德里之间的朱木拿河畔会战。象军凶猛可怕，战场尘烟蔽天，日轮无光。于是，帖木儿率军从敌人的背后发起攻击，打败了印度的左翼军，向右翼军发起的冲锋也获得胜利。帖木儿用火驱散那些失去主人的战象，“那些庞然大物的战象，就像黄牛一样被赶走了”[②]。印度军战败以后，德里素丹逃到古吉莱特避难，德里素丹国的政治中心——德里的大门向帖木儿敞开了。

帖木儿在德里城内大肆屠杀抢劫。据辛哈和班纳吉所著《印度通史》记载，帖木儿“在占领德里的前夕……杀死了十万人……只有几天功夫，德里、西里、查汉巴那和旧德里四个城市都成了废墟”[③]。

---

① 〔英〕珀西·赛克斯：《阿富汗史》第 1 卷下册，第 431 页。

② 同上。

③ 〔印度〕恩·克·辛哈、阿·克·班纳吉：《印度通史》第 2 册，张若达等译，商务印书馆 1964 年版，第 469—470 页。

马茂德的《伊斯兰教简史》记载说，帖木儿“所到之处，尸骨遍野，目不忍睹……仅在德里周围，他就下令处死了十万名俘虏”[①]。

帖木儿在德里没有逗留，印度人赛义德家族的希拉尔汗成为帖木儿在印度的代理人。1399年1月1日，帖木儿离开德里，朝东北方向沿喜马拉雅山前进。途中，他又攻下密拉特、查谟等地，克什米尔国王伊斯堪答尔·沙出城表示归顺，帖木儿未进攻其地。1399年3月，帖木儿渡过印度河，经喀布尔谷地，越过兴都库什山返回河中地区。

帖木儿对印度的战争前后不到一年，然而，给印度造成的影响是巨大的。印度数以万计的人惨遭杀戮，在城之四隅用人头堆成了四个塔，只有熟练的手艺人生存下来，被送往撒麻耳干城。大批城市建筑被摧毁，帖木儿在印度没有任何建树，他像蝗群一样袭击了许多城市，但按他游荡不定的路线很快就过去了。

帖木儿对印度的征伐主要是为了财富。德里素丹两百年间积累起来的大量财富被帖木儿占有，送往河中地区。“虏获品，诸如宝石、珍珠、红宝石、钻石、纺织品、带子、金银器皿、钱币、盘子，以及种种古玩珍奇，真是不计其数。”帖木儿从征伐中带回了大量战利品，从印度带回的战象在以后帖木儿对西波斯的战争中发挥了作用。

帖木儿南征印度期间，将大批印度工匠送回国内，一些人成为囚犯，一些人成为奴隶。俘虏数量之多，以至于“有些士兵得到了一百五十名奴隶、男人、妇女和儿童，便把这些人带出城去；而一些娃娃兵每人也得到二十个奴隶”[②]。

帖木儿的征服战争严重削弱了德里素丹国的统治，原来处于德里统治下的一些省区重新获得了独立。帖木儿离开印度以后，木尔坦总督赫拉尔汗于1414年占领德里，建立赛义德王朝。赫拉尔汗在

---

① 〔巴基斯坦〕赛义德·菲亚兹·马茂德：《伊斯兰教简史》，吴云贵等译，中国社会科学出版社1985年版，第288页。

② 〔英〕珀西·赛克斯：《阿富汗史》第1卷下册，第432页。

位期间，由于在其王国周围兴起许多独立的敌对国家，为了对这些国家形成威慑，赫拉尔汗仍然以征服者帖木儿的名义进行统治，直到他的继承人穆巴拉克·沙执政期间（1421—1434），王朝才开始使用赛义德王朝的称号，并在伊斯兰教聚礼日诵读胡特巴之时开始念王朝素丹的名字。

帖木儿晚年企图征服中国。他征集一支 20 万装备齐全的军队，备 7 年之粮秣，于 1404 年 11 月从撒麻耳干出发东进。途中，帖木儿生病，于 1405 年 2 月在讹答剌病逝，死后葬于撒麻耳干城。

经过 30 多年的征服战争，帖木儿建立了一个以撒麻耳干为都城，东至印度河，西到幼发拉底河，北达高加索，南临波斯湾的军事大帝国。

第二章

帖木儿帝国

帖木儿去世之后，帖木儿帝国发生了子孙争位的斗争。帖木儿之后继承王位者有哈里勒、沙哈鲁、兀鲁伯、阿不都·剌迪甫（'Abdu'l Latīf）、阿不都剌、卜赛因·米尔咱（Abū Sacīd Mīrzā）。在他们统治时期，帖木儿帝国表面上维持着统一，1470年，帖木儿帝国分裂成东、西两部。1500年和1507年，东、西帖木儿帝国陆续被乌兹别克人灭亡。帖木儿帝国是非成吉思汗系的突厥化蒙古贵族在中亚建立的政权，为了维护成吉思汗系的正统性原则，帖木儿一直以西察合台汗国继承者的面目出现，保留了一些蒙古传统。实际上，帖木儿帝国的统治具有双重特征，它的政府是突厥—波斯式的；它的法律体系兼有蒙古成吉思汗的札撒和突厥穆斯林的萨里亚法。帖木儿的扩张战争给中亚地区经济造成了极大的破坏。帖木儿帝国时期，统治者采取积极措施恢复经济，中亚农业、手工业和商业得到了长足的发展，撒麻耳干城发展成为亚洲政治、经济和文化中心。

第一节　王位继承

1370年4月10日，帖木儿在巴里黑登上王位，建立了自己的政权。1405年2月18日，帖木儿在讹答剌病逝，终年71岁。帖木儿去世以后，他的子孙们展开了争夺领土与权力的战争。[①]

帖木儿生前采取蒙古人分封分治的原则，将帝国分给诸子。长子只罕杰儿在帖木儿之前去世，身后遗有二子，长子马黑麻·速檀和幼子皮儿·马黑麻。马黑麻·速檀被任命为撒麻耳干城的监职官，皮儿·马黑麻被指定为帖木儿帝国王位的继承人，他的封地在中亚南部，即今阿富汗的巴里黑、昆都士、喀布尔、坎大哈。

帖木儿的次子乌马儿·沙黑于1391年在征服亚美尼亚的战争中去世，他的四个儿子皮儿·穆罕默德、罗思檀、昔干答儿、拜哈拉继承其父的领地，统治着帝国西部的设拉子、哈马丹、伊斯法罕等地。

帖木儿三子米兰沙的封地是波斯西北的木干草原、阿哲儿拜占、伊剌克阿拉比（报达）及其附近地区。米兰沙坠马致残之后，1403年，帖木儿将西波斯之地分封给米兰沙的儿子们：长子哈里勒领有亚美尼亚和谷儿只；次子乌马儿·米尔咱领有阿哲儿拜占，此地有优良的冬季牧场；阿不别克尔的封地在伊剌克。哈里勒随帖木儿出征中国明朝，帖木儿去世之时，他正率军在帝国东部，由于手握兵权，他在帖木儿帝国王位继承权的斗争中处于有利地位。

帖木儿的幼子沙哈鲁于1397年受封于呼罗珊，他以哈烈城（赫拉特）为首府。在帖木儿家族中，沙哈鲁是最有政治头脑的人，他是王位争夺战的最终胜出者。以后，帖木儿帝国在他的长期治理（1409—1447）下经历了繁荣和相对和平时期。

---

① “帖木儿帝国统治者世系表”见附录一。

帖木儿去世之时，他生前指定的王位继承人皮儿·马黑麻尚在其封地上的坎大哈城。随帖木儿东征中国的哈里勒在塔什干被部下拥立为王。与此同时，帖木儿的外孙素丹·哈桑利用哈里勒交给他统辖的军队企图抢先占领都城撒麻耳干。然而，他的阴谋败露，便投奔了沙哈鲁，却被沙哈鲁处死。此后，哈里勒率部众及宗王顺利地进入撒麻耳干城。帖木儿去世一个月以后，1405 年 3 月 18 日，哈里勒在撒麻耳干登基。此后，他为帖木儿治丧，并将帖木儿在撒麻耳干城的财富分赏给将士。

大多数帖木儿宗王认为，哈里勒的继位是非法的。其中，以胡歹达、阿拉赫达和沙黑奴儿丁三人为首的宗王和异密起来反对哈里勒，当然，反对者中最为激烈的是皮儿·马黑麻。1405 年夏秋之交，皮儿·马黑麻与他的叔叔沙哈鲁结成联盟，联合出兵河中地区。1406 年春，皮儿·马黑麻与哈里勒在卡尔施城附近开战，由于部下叛变，皮儿·马黑麻战败返回巴里黑。哈里勒没有乘胜追击，当时，花剌子模正遭到钦察汗军队的袭击。1407 年 2 月 22 日，皮儿·马黑麻被自己的丞相皮儿·阿里·塔兹杀害。

帖木儿指定的合法继承人去世以后，争夺继承权的斗争在哈里勒与沙哈鲁之间进行。在皮儿·马黑麻与哈里勒战争之时，沙哈鲁站在前者一边，也在积极备战进攻撒麻耳干，哈里勒派人与他讲和，沙哈鲁因其领地呼罗珊的叛乱而接受讲和，从穆尔加布河撤军返回哈烈城。皮儿·马黑麻死后，沙哈鲁打着为皮儿·马黑麻报仇的旗号占领了巴里黑，修复了 1370 年被帖木儿摧毁的城堡。在沙哈鲁与哈里勒王位争夺战中，帖木儿军队分裂成两派，左、右军首领支持哈里勒；中军首领沙·灭里、沙黑奴儿丁等人支持沙哈鲁。于是，争夺王位继承权的斗争演变成军队派系之间的斗争。

在位期间，哈里勒擢升了大批出身微贱的人担任政府职务，引起河中贵族的不满。沙哈鲁却极力拉拢河中地区的异密和不花剌城宗教领袖，与他们保持着密切的联系。1409 年 3 月 30 日，异密胡歹达发起政变，率军占领了撒麻耳干城，俘虏了哈里勒。4 月 7 日，沙哈鲁率军向河中进发，4 月 22 日，抵达阿姆河畔。胡歹达携哈里勒逃往蒙兀儿斯坦，在此，胡歹达被蒙兀儿人杀，哈里勒获释。在此期间，沙哈鲁轻而易举地进入了撒麻耳干城，登上了帖木儿帝国王位。他把剌夷作为采邑分封给哈里勒，两年以后，哈里勒于 1411 年 11 月 4 日在剌夷城去世。

继位之后，沙哈鲁以自己封地上的哈烈城为都，统治着帝国的广大地区，明代史书称他的国家为哈烈国。河中地区由他的长子兀鲁伯统治，兀鲁伯住在撒麻耳干。

沙哈鲁是一位伟大的统治者，史家评论说，沙哈鲁是帖木儿家族中出类拔萃的人物，尽管性情温和，但却是一个英明的统治者和勇敢的战士。[①] 沙哈鲁致力于国家的治理和建设。在他统治期间，中亚的经济和文化都得到了恢复和发展。"他除了虔信宗教、爱好和平和主持正义之外，也很仁慈，并且关心科学，弘扬文化艺术和注意建设发展，正是他完成了其父帖木儿毁坏的建筑物的修复。"[②]

在长期的统治中，沙哈鲁维系了帖木儿帝国的统一。为了维护西波斯的稳定，他多次出面调解其二哥之子罗思檀、昔干答儿、拜哈拉三兄弟之间的纠纷。罗思檀、昔干答儿、拜哈拉等人统治着伊斯法罕和法尔思等地，他们承认沙哈鲁的宗主地位，他们之间的纠纷由沙哈鲁仲裁。1415 年，沙哈鲁到伊斯法罕废黜了昔干答儿，让罗思檀成为他的代理人统治着这一地区；以后，他又到泄剌只惩罚了拜哈拉的暴动，将他流放。

再往西是沙哈鲁三哥米兰沙的封地，米兰沙的两个儿子阿不别克尔和乌马儿·米尔咱也在互相忌恨和争斗。帖木儿逝世不久，阿不别克尔封地伊剌克被原札剌亦儿王朝首领阿合木·札剌亦儿夺取。阿不别克尔携父米兰沙来到乌马儿领地阿哲儿拜占。在此，兄弟两人发生冲突，乌马儿拘押其兄，接管了他的军队。以后，在部众的

① 〔法〕勒内·格鲁塞：《草原帝国》，第 572 页。

② 〔伊朗〕阿宝斯·艾克巴尔·奥希梯扬尼：《伊朗通史》（下），叶奕良译，经济日报出版社 1997 年版，第 698 页。

支持下，阿不别克尔反攻乌马儿，乌马儿于1406年8月兵败后逃到伊斯法罕。然而，阿不别克尔在阿哲儿拜占的统治也不长久，黑羊王朝首领哈拉·玉素甫将他赶走。1419年，沙哈鲁率军出征阿哲儿拜占，哈拉·玉素甫在沙哈鲁军队到来之前去世。1421年，沙哈鲁夺回阿哲儿拜占，以后，又于1429年、1434年两次出征阿哲儿拜占，最终不得不将此地委托给哈拉·玉素甫之子只罕沙统治。由此观之，黑羊王朝可能承认了沙哈鲁的宗主地位。

尽管如此，沙哈鲁统治下的哈烈国，各地宗王、异密名义上是哈烈国派出的地方官，实际上俨然是独立的统治者，沙哈鲁本人的统治区没有超过河中地区与东波斯。即便是河中地区，他的长子兀鲁伯事实上也处于独立地位，尽管表面上承认哈烈的中央政府，在他的铸币中铸有沙哈鲁的名字。

1447年3月2日，沙哈鲁去世。他死后，长子兀鲁伯继位。为了保持王朝统治的合法性，兀鲁伯仍然保留了一位成吉思汗系汗，把他软禁在自己宫中。兀鲁伯是一位学者型的统治者，对文化事业有着浓厚的兴趣，并在天文、建筑、数学等方面有很高的造诣。他提倡发展文化艺术，尊重文人、学者、艺术家，重视学术和科学，中亚文化得以继续复兴，对河中地区灿烂的文化做出了巨大贡献。但兀鲁伯没有继承其父的政治才能，在继承王位两年（1447—1449）之后，被自己的亲生儿子阿不都·剌迪甫勾结宗教界势力赶下台，阿不都·剌迪甫在巴里黑起兵，宗教界于1449年10月27日处死了他的父亲。

阿不都·剌迪甫企图依靠宗教首领维持统治，对他们极为尊重。然而，其弑父夺位的行为受到兀鲁伯亲信和拥护者的反对，统治集团内部对王位的争夺日益加剧，地方割据势力摆脱了中央的控制，西波斯先后被黑羊王朝和白羊王朝夺取。在统治6个月后，阿不都·剌迪甫于1450年5月9日傍晚，在去清真寺的途中被杀，谋杀者将他的首级挂在兀鲁伯陵墓的入口处。

阿不都·剌迪甫死后，兀鲁伯的侄儿阿不都剌继位（1450—

1451），他的继位受到宗教界头目，特别是不花剌宗教集团的反对。反对派支持米兰沙之孙卜赛因·米尔咱继位。卜赛因通过对沙哈鲁孙辈们的战争，很快就夺取了哈烈、加兹尼、喀布尔、锡斯坦以及花剌子模，他在哈烈城建立了自己的统治，并企图将撒麻耳干为中心的河中地区纳入他的统治之中。卜赛因向撒麻耳干城的进军遭到了阿不都剌的抵抗，卜赛因在兵败之后逃至咸海北岸的成吉思汗长支术赤家族领地避难。以后，在成吉思汗后裔阿布海尔的帮助下，卜赛因再次率军进攻河中地区，1451年6月，双方在设拉子村发生决战，阿不都剌兵败被杀。卜赛因在阿布海尔军队和宗教界的支持下登上了帖木儿帝国的王位（1451—1469），卜赛因自称帕的沙（Padshah，意为皇帝、君主），他先后以撒麻耳干（1452）和哈烈城（1459）为都。卜赛因是统一的帖木儿帝国的最后一位统治者，在他之后，帖木儿帝国分裂成东、西两部分。

卜赛因是继沙哈鲁之后"帖木儿家族中唯一一位能在一段时期将帖木儿帝国疆土中的大部分领域置于统一领导之下的统治者，也是该家族中唯一一位在拓疆方面取得光辉成就者"[①]。

作为帖木儿家族中的一位颇有政治才干的人物，卜赛因的志向是恢复帖木儿帝国的伟业。在东方，卜赛因通过扶持东察合台汗也先不花之兄羽奴思，分裂了东察合台汗国的势力，抑制了察合台人的复兴。在西方，沙哈鲁死后，帖木儿帝国的哈马丹、伊斯法罕、法尔思陆续被黑羊王朝首领只罕沙占领。1459年，卜赛因率军在穆尔加布河畔打败了只罕沙。1467年，只罕沙占领的西波斯被白羊王朝（Āq Qoyūnlū，1378—1501）夺取，白羊王朝的强盛对帖木儿帝国造成了威胁。是年，卜赛因率军越过阿哲儿拜占，向白羊王朝的大本营卡拉巴挺进，白羊王朝首领乌宗·哈桑为避其锐气主动撤退。两年之后，1469年2月11日，卜赛因在追击白羊王朝军队之时被

① 〔伊朗〕阿宝斯·艾克巴尔·奥希梯扬尼:《伊朗通史》（下），第702页。

俘，被乌宗·哈桑处死。① 从此，乌宗·哈桑以波斯国王的面目出现，他的家族以桃里寺为都，统治着报达、泄剌只、法尔思、伊斯法罕、苏丹尼耶、剌夷，甚至克尔曼等地。1501 年，新兴的波斯萨法维王朝将它灭亡。

在卜赛因统治期间，河中地区和呼罗珊迎来了相对稳定的时期。卜赛因去世之后，帖木儿帝国分裂为二。帖木儿次子乌马儿·沙黑的后裔速檀·忽辛·拜哈拉（Sultān Husayn Bāyqarā）击败了卜赛因三子速檀·马合谋，确立了在呼罗珊的统治（1469—1506）。忽辛·拜哈拉曾于 1460 年 9 月在今阿斯特拉巴德一带建立过政权，1461 年，被卜赛因驱逐之后过流亡生活。卜赛因去世以后，1469 年 3 月 25 日，他在哈烈城民的拥护下登上王位，统治着呼罗珊。

忽辛·拜哈拉是沙哈鲁之后的一位明君，尽管他是一位优秀的军事家，但他并没有把毕生精力放在征战上。在他统治时期，哈烈等呼罗珊城市的经济和文化都得到发展，人民生活也平静安康。史学家们称他的统治“是阿富汗历史上最光辉的一页”。忽辛·拜哈拉于 1506 年 5 月 4 日去世，此后，他的儿子巴迪·匝曼继承了呼罗珊的王位（1506—1507）。巴迪·匝曼在统治之初就面临着北方乌兹别克人的入侵，1507 年，乌兹别克人昔班尼率军进入哈烈城，巴迪·匝曼向穆尔加布河附近的霍伊巴巴逃亡，帖木儿帝国灭亡。

卜赛因去世以后，河中地区由卜赛因的儿子们统治。当呼罗珊在速檀·忽辛·拜哈拉统治下呈现繁荣景象之时，河中地区及锡尔河以北的草原地带却是一片混乱。卜赛因的长子速檀·阿合马（Sultān Ahmad）继承父位成为河中地区的君主（1469—1494），但他的统治受到了三弟速檀·马合谋、四弟乌马儿·沙黑（Umal Shāh）、七弟兀鲁伯的威胁。即位之初，他进行了一系列巩固王位的战争，其中，

---

① 加文·汉布里在《中亚》一书中另有说法，他认为乌宗·哈桑并未处死卜赛因，而是将其移交给了一个叫高赫儿沙的人的儿子手中，后者因为卜赛因曾在 1457 年处死了他的母亲，而将他杀死，参见 Gavin Hambly ed., *Central Asia*, p. 155。而《游牧帝国》的著者鲁克·克文敦先生则认为，卜赛因是被暗杀身亡的。

与四弟乌马儿·沙黑的战争最激烈。乌马儿·沙黑的领地在费尔干纳，为了夺取塔什干和赛拉木，兄弟之间进行了殊死的搏斗。“鹬蚌相争，渔翁得利”，结果，东察合台汗羽奴思将塔什干和赛拉木两城据为己有。羽奴思去世以后，乌马儿·沙黑和速檀·阿合马为夺回塔什干而出兵，但两人先后被新继位的察合台汗速檀·马哈木（Sultān Mahmūd）击退，塔什干仍然被东察合台人统治。

1494 年，速檀·阿合马及其弟乌马儿·沙黑先后去世。速檀·阿合马的三弟速檀·马合谋从希萨尔赶往撒麻耳干继位。速檀·马合谋是一位挥霍无度的暴君，他在撒麻耳干的统治非常短暂，继位 6 个月以后，于 1495 年 1 月去世。马合谋死后，速檀·阿合马的三个儿子麻素提、拜孙哈尔和速檀·阿里相继即位。

麻素提的统治十分短暂，并且也是在与兄弟们的战争中度过的，他是在被叛臣弄瞎之后退位的。拜孙哈尔在混乱中继位（1495—1496），他温文儒雅，擅长作诗，但缺乏统治才干，无力驾驭危机四伏的局面。1496 年，撒麻耳干城发动叛乱，拜孙哈尔之弟速檀·阿里被拥立登上王位，然而，拜孙哈儿不久得以复位。与此同时，东察合台汗马哈木，费尔干纳的统治者巴布尔（Babur，1483—1530）开始觊觎撒麻耳干王位，拜孙哈儿无力抵挡巴布尔发起的进攻，1496 年秋天，巴布尔攻入撒麻耳干城，拜孙哈尔逃往昆都士投奔父王的宰相豁思罗沙，结果被害。

1497 年 11 月底，巴布尔登上了帖木儿帝国的王位（1497—1498）。然而，因费尔干纳安集延城的叛乱而离开，1498 年，速檀·阿里重新登上撒麻耳干王位，统治着河中地区。

帖木儿后裔的这些纷争鼓励了外来的入侵者。在咸海北岸游牧的乌兹别克人把目标对准了河中地区。他们的首领昔班尼已经在锡尔河北岸活动，等待时机过河。1500 年，他进入不花剌城，接着围攻撒麻耳干城。帖木儿帝国的末代君主速檀·阿里仓皇出城与之谈判，昔班尼处死了这位无知的年轻人，在河中地区建立了乌兹别克人的政权（昔班尼王朝）。1507 年，昔班尼占领哈烈城，帖木儿帝国在呼罗珊的统治结束，帖木儿帝国灭亡。

帖木儿帝国是一个地跨中亚、西亚和南亚的大帝国。帖木儿帝国统治期间，一部分阿富汗人从游牧生活转为农耕定居生活。沙哈鲁统治时期，哈烈城成为中亚文明的中心，出现了文化开明的局面，迎来了阿富汗历史上的“文艺复兴”时代。

第二节　政治统治

帖木儿家族是非成吉思汗系的蒙古贵族，维护成吉思汗系的正统性原则是帖木儿帝国建立之初立足于中亚的明智之举。在最初半个世纪中，帖木儿政权一直以察合台汗国继承者的面目出现，保留了察合台系的汗王，帖木儿以异密身份实施统治。1388 年，在第二任察合台系汗速檀·马哈谋期间，帖木儿开始起用伊斯兰教突厥君主的“素丹”称号。据记载，他也曾考虑过摆脱汗这一包袱，不过，他很快意识到，要使河中地区的蒙古贵族们顺服，必须继续打察合台系这面旗帜。据《拉失德史》记载，从帖木儿到兀鲁伯掌权时期，这些汗的权力都只是徒有虚名，到该书作者生活的时代，“这些汗一般说来都成了撒麻耳干之囚”[①]。为了跻身于成吉思汗家族之列，帖木儿娶成吉思汗系公主为妻，并努力撮合自己几个孙子与蒙古部落首领女儿的婚事，希望以通婚方式获得合法性。

帖木儿还采取一些措施将帝国伪装成成吉思汗家族的政权。帖木儿政府在颁发的敕令中，以适当的尊重和合乎礼仪的方式签上察合台系后裔的名字；在帖木儿发行的铸币上铭刻着他扶持的察合台汗速檀·马哈谋的名字；帖木儿帝国士兵按蒙古人的习惯留着辫子，以示有别于其他穆斯林。[②]

---

① 米儿咱·马黑麻·海答儿：《中亚蒙兀儿史·拉失德史》第 1 编，第 276 页。

② 据载，当帖木儿军队于 1400—1401 年围攻大马士革时，他的孙子莎勒坛忽辛背叛，跑到了敌方阵营，而敌方首先做的事是把他的辫子剪掉，并替他换了衣服。

此外，帝国对察合台系蒙古贵族采取优抚政策。在帝国政府中，蒙古宗王担任着宫内要职①，如撒麻耳干省长这样的重要职位往往由察合台系宗王担任。据克拉维约记：“察合台人，因帖木儿之扶植，遂在一般人民中，占有特殊的地位。可以随地牧放牛羊，到处可占地耕种，无分冬夏，随意迁徙各地，不受任何限制。”②察合台人免除各种赋税，但是，有服军役的义务。③帖木儿重视蒙古游牧民的力量，在以他们为主体组建的军队中，察合台人掌管着军队的领导权，非察合台人只是偶尔承担军职。

优待察合台系蒙古人的情况保持了很长时间。在帖木儿之孙兀鲁伯统治时期，撒麻耳干政权还显示出察合台政权的特征。兀鲁伯不仅仿效帖木儿在河中地区扶持了一位察合台系汗，还对蒙古人的法律表现出尊重，当伊斯兰法与札撒发生冲突之时，他以札撒为原则处理事务。据说，一位士兵曾向兀鲁伯抱怨说，其兄的遗孀不愿意按游牧民的婚姻法嫁给他，要嫁给一个布商，兀鲁伯根据札撒，下令士兵有权纳她为妻。④

在兀鲁伯之后，强调察合台系合法性的倾向淡化，帖木儿帝国后期的统治者似乎已经放弃了立察合台汗的做法。

论述帖木儿帝国统治制度的历史文献很少，并且文献的大多数关注于帖木儿的军事活动而不关心帝国的行政组织。保存至今的《贵显世系》（*Mu'izz-al-ansab*）⑤一书是本书构建帖木儿时期统治的主要文献。此书是由帖木儿帝国统治者沙哈鲁委托人编写的，书中列出了帖木儿家族的王子，在王子名目后面列出了埃米尔和其他官员，

① 〔西班牙〕罗・哥泽来滋・克拉维约：《克拉维约东使记》，第 121 页。

② 同上书，第 110 页。

③ 同上。

④ 张文德：《论伊斯兰教对中亚站木儿王朝的影响》，《贵州师范大学学报》1995 年第 2 期，第 42—43 页。

⑤ 佚名著作《贵显世系》，内容为成吉思汗系和帖木儿系诸王世系及其后妃、诸大臣姓名表，其成吉思汗世系是以拉施都丁之《五世系》为根据编的，或疑此书亦哈菲兹所作（作者称系奉沙哈鲁汗之命编纂），经后人增补。

这些记载提供了15世纪后期帝国的官僚机构、官职及其担任者的一些信息。

帖木儿帝国的行政机构是双重的，既保持了突厥—蒙古游牧政权的一些统治制度，又大量吸收了阿拉伯—波斯的行政管理方式，帖木儿帝国的统治者们对两者进行整合和改造，以适合帝国的统治需要。

帖木儿帝国的统治权和行政权合一。最高统治者素丹也是中央政府的最高统治者，他们都出自帖木儿家族。实际上，帖木儿帝国政府是一个受君主意志操纵的机构，帝国统治者随意干涉政府事务，他们要求部下完全忠实于他们，而不是忠实于自己的职责。

在素丹之下保留了一个由七人组成的大臣会议，大臣会议的基本分工是：一人管理军事；一人管理行政，包括商业贸易、财政、治安在内；一人管理客旅和无主的产业；一人管理素丹王室的宫廷事务；另外三人管理边境事务。七人的职责基本上反映了帖木儿帝国中央政府的分工，即行政、司法、宫廷管理和军事机构。

早在帖木儿征服时期，已经形成了一个随大汗征战而移动的中央政府，即中央迪万（Diwan-ia'la）。中央迪万体现了阿拉伯—波斯的行政方式。中央行政机构设置了三类官员，官职最高的是掌印官穆哈尔达尔（Muhrdār），此外设置了法官和财务官。中央迪万的主要职能是征税，登记被征服城市的财产和赎金，检查监督省级迪万。参与其中的人员有波斯人和察合台人。

帖木儿帝国时代，掌印官穆哈尔达尔是波斯名，相当于传统上突厥语的Tamghachïs这一官职。穆哈尔达尔与君王的关系密切，在中央政府中地位显赫。帖木儿时代，首先担任此职的人是帖木儿的随从亦也古·帖木儿（Eyegu Temur），他于1391年去世，此后，由他的亲属沙马立克（Shahmalik）继任。目前，对穆哈尔达尔的职责还不清楚。只知道沙马立克领导了专门负责宫廷安全的部队，在有关1404年5月事件的记载中，他以最接近帖木儿的埃米尔之一的身份出现，掌管了参见帖木儿的权力，然而，他并不总是在帖木儿身边。很有可能，穆哈尔达尔一职在一定程度上是一种授予官员的荣誉职位，也许，担任此职位的人只有控制人们觐见君主的作用，并未承担非常明确的职责。

在帖木儿之前和之后的游牧国家，财务官哈赞奇（Khazanchï）的存在并未获得证实，至少没有以 Khazanchïs 一名出现。土库曼人的白羊王朝设立过财务官（Khazina-dar），它是最高统治层的成员，由突厥人担任。帖木儿时期，有三个埃米尔担任过这一官职。

中央财政机构的成员由察合台系异密和波斯人共同组建，最重要的工作是监督各省的地方财政部门。回历 803 年（公元 1400 或 1401 年），中央财政机构派往各地监督税收的官员中有察合台人和波斯人。[①] 如派往大马士革收集税款的小组由三位察合台异密（Shaykh Nūr al-Dīn, Shāhmalik, Allāhdād）和两名波斯书记员（Mascūd Simnānī, Jalāl Islām）组成。这些人来到大马士革城，坐在一个敞开的城门边，登记由在城内工作的官员（Muhassils）带来上缴的钱。[②]

在帖木儿帝国的行政机构中，起用大批波斯人出身的文书，这些人有行政的技巧，特别是书写和记录方面的技能；然而，波斯官吏在行政机构中的地位较低，那些熟悉波斯传统和了解定居文化的察合台系异密占据了较高职务，一般来说，最高职务由察合台系异密担任。在呼罗珊，察合台系异密还担负着监视地区行政机构的任务。不过，波斯官吏并非没有潜力，他们有经过专门训练的优势，他们与被统治人民之间有着直接的联系。在调查滥用职权之类问题上，波斯书记员似乎比察合台人的作用更大，如克尔曼总督（Edigü Barlas）贪污地区财富一案，中央财政部门派去处理此事的代理人就是波斯人，他们独立行动，没有察合台系异密的陪同。

在行政机构之上，帖木儿帝国设置了一个监督机构，它是按突厥—蒙古传统组织起来的部门，成员主要是察合台系贵族和波斯

---

① Beatrice Forbes Manz, *The Rise and Rule of Tamerlane*, p. 110.

② Ibid..

官员。中央派到地区巡查的成员由察合台系蒙古贵族和波斯官吏组成。回历 802 年（公元 1399 年），帖木儿听说阿米兰沙的行为可疑，派一个异密和一个书记员去处理财政和其他有关问题。当法尔思总督皮儿·穆罕默德违令进行战争之时，帖木儿手下部将阿拉达德（Allāhdād）和波斯官员穆扎法尔·纳坦兹（Muzaffar al-Dīn Natanzī）被派去调查此事。

宫廷机构的官职大多数起源于王室原来配备的服务人员，如持箭筒者、驯马师、品酒师、厨师和男侍等，这些服务人员以后发展为职责广泛的官职。例如持箭筒者以后是警卫；驯马师成为怯薛的组成部分。

持箭筒者柯奇（The Qorchï）的职责是保卫宫廷安全的警卫或侍卫。在《蒙古秘史》等书籍中都提到此官职。在帖木儿时期的文献中，它只是作为头衔附加在一两个埃米尔的名字之后。在《贵显世系》一书中，此官名附在帖木儿宗王名之后。

放鹰者库什奇（Qushchi）在许多突厥和蒙古政权中都有设置。在帖木儿统治后期和后帖木儿时期，库什奇是掌管军事的官员，而最初的意义似乎仍然保留下来，还负责管理皇家猎鹰。在《贵显世系》一书中，帖木儿时期并未设置此官职，此官名只是附在一个埃米尔名字之后。在帖木儿后王统治时期，此官职已列入官僚系统内。

阿克塔奇（Akhtachï）的原意是驯马师，在成吉思汗时期属于怯薛的组成部分。帖木儿时期，阿克塔奇由重要的埃米尔阿格浑沙（Arghunshah）担任，他可能是一位突厥人。在《贵显世系》一书中，在几个阅历丰富的王子名下出现了一位名叫阿迪尔·阿克塔奇（Adil Akhtachï）的埃米尔，在沙哈鲁攻打穆扎法尔王朝王公沙·曼苏尔的战争（1393 年 5 月）中，他紧跟沙哈鲁，保护他的安全。这些活动表明，阿克塔奇似乎只对大汗个人的安全负责。

武官官职波克吾勒（Bökevül）的原意是王室品酒师，它最早在成吉思汗时期设置，在后继的蒙古汗国中还保留着。在《贵显世系》一书中，帖木儿时期没有此官职，但对此官职留下了一次记载。在

1399—1400年间的一次宴会时，希尔凡城（Shirwan）城主谢赫·伊不拉欣（Shaykh Ibrahim）为宴会提供了很多马和羊，以至于厨师无法做完。于是，波克吾勒将此任务分派给士兵，宴会的那天由波克吾勒负责提供食物。帖木儿帝国后期，此官名一直保留了最初的含义，指那些负责提供食物的宗教学校马德拉沙（Madrasa）。帖木儿后王统治时期，对此官的记载多起来。据《命官文书规范》（*Dastūr al-Kātib fi Ta' yin al-Marateb*）[①]的记载，此官负责监督军事器械，管理士兵，向士兵传达迪万的命令，防止军队里出现无序混乱（确保军队内部有序运转）。

巴吾儿奇（Bavurchï）的原意是厨师，此官职起源于成吉思汗时代，但它似乎并不像王室品酒师那么普遍和重要。据《贵显世系》记载，帖木儿时代没有设置此官职，巴吾儿奇仅仅与两位埃米尔有联系，其中之一是地位显赫的托克尔（Tökel），他担任过达鲁花（Darugha，仅次于总督的行省官员），此官一般在与大汗亲近的人员中被提到。

酒政官苏奇（Suchï）原意是斟酒人或管家，与上述官职相比，它似乎并不常见，也不重要。帖木儿时代的一位埃米尔名叫契克思·苏奇（Cherkes Suchï），在1393年征服巴格达时，遵照帖木儿之令，他与其他厨师一起把该城的全部酒都倒入河中。因此，有可能此职一直保留着最初的职能。此官职在帖木儿时代也未列入《贵显世系》一书，但他们出现在帖木儿的几个王子的活动中。

在帖木儿帝国的司法机构中，设置了法官、教法官、教法监督官等职。法官雅古奇（Yarghuchïs）是一个突厥蒙古语官职，它在帖木儿时期可能采取Dīvān-i Buzurg之名。这个官职在蒙古帝国时期

---

① 纳黑乞瓦尼（Muhammad Nakhchiwani）编著《命官文书规范》，编者可能是伊利汗不赛因朝宰相吉雅太丁（拉施都丁之子）下属书记员，吉雅太丁奉旨命他集伊利汗国的官文书，历30多年，至1366年始完成，呈献于札剌亦儿朝兀外思算端。除序言、结语外，分两部，第一部为书简，第二部为任命文书范例，计收蒙古长官、宰相及财政长官、伊斯兰圣职者三类任命书95件，是研究伊利汗国制度史的第一手资料。苏联学者阿里札德校订本（分三卷，莫斯科1964—1976年版）。

和伊利汗国国内都有设置，存在的唯一证据是在 1393 年围攻伊剌克塔克里特（Takrit）城战争中提到了雅古奇谢赫·阿尔斯兰（Shaykh Arsian）。法官在听取诉讼之后，判断案件之性质，然后立下判词，法官将判词原文抄送帖木儿批阅，帖木儿批准后在此文书上用印玺，然后，法官在原判决书上盖印。帖木儿用于司法案件之玺，其印文为“公正”，文外四周有三个小圆圈。

帖木儿帝国在各地设有主持宗教事务的教法官。在首都哈烈城设有名为“穆赫塔希布”的教法监督官，监督穆斯林执行教规的情况。

帖木儿帝国可能制定了较完善的法律。据克拉维约的报道：“帖木儿将民、刑各事，及行政诉愿分开；一部分法官，专理刑事案件；另一部分则理官吏贪污案件。至于外国使臣，与民间往来，则另有礼官负责。如此，帖木儿境内司法，有条不紊，职责之划分，极为清楚。”[①]

帖木儿帝国没有明文废除成吉思汗的札撒，帖木儿“宁可用成吉思汗的法律而不用穆斯林法律”。不过，帖木儿定都撒麻耳干城之后，恢复了伊斯兰教的萨里亚法，“既以保护回教者自命，所以将从前成吉思汗系不大遵守的回教法律（Chari’a）一并推行”[②]。实际上，“一切法不足缚之，而君权无限矣”[③]。

尽管如此，帖木儿执法严厉，撒麻耳干城省长底纳在任期间作威作福，对人民暴虐残忍，滥用职权，帖木儿亲自审他的案子，最后，判处死刑并没收了他的所有财产。“帖木儿执法之严，多类乎此。例如，高抬肉价之屠户被处决。其他若鞋匠及工艺人，皆因不守法度，而受重刑。对于工艺匠人所施惩罚，皆在防止他们对顾客过度盘剥；倘若不然，此辈商贩工匠更将任意高抬物价。”[④] 据中国明

① 〔西班牙〕罗·哥泽来滋·克拉维约：《克拉维约东使记》，第 160 页。

② 〔法〕布哇：《帖木儿帝国》，见《西域南海史地考证译丛》第 3 卷，冯承钧编译，商务印书馆 1999 年版，第 503 页。

③ （清）屠寄：《蒙兀儿史记》，第 840 页。

④ 〔西班牙〕罗·哥泽来滋·克拉维约：《克拉维约东使记》，第 140 页。

代出使帖木儿帝国的使节陈诚所见，哈烈城秩序井然，“不用刑法，军民少见词讼，若有致伤人命，亦不过罚钱若干，无偿命者，其余轻罪，略加责罚鞭挞而已”[①]。

军事机构在帖木儿帝国中自然具有十分重要地位。在帖木儿帝国的军事机构中，最高官职是埃米尔·乌玛拉（Amīr-al-umarā），通常译为首席将军（大元帅）。此官职在其他地方（指除军队以外的其他地方）可能作为有权势者出现，尤其是指在君主衰弱之时的握重权者。在14世纪的钦察汗国，此官名（突厥语形式beglerbeg）指四大兀鲁思埃米尔中官职最高的那一个人，一般指仅次于大汗、掌握最高权力者。

《贵显世系》一书列出了帖木儿时期担任此职的一些人。第一个担任此职的是契古·巴尔剌思（Chekü Barlas），以后，此职传给其子贾汉沙·巴尔剌思（Jahānshāh Barlas），再往后是他的另外一个儿子米德拉布·巴尔剌思（Midrāb Barlas）。此书将贾汉沙·巴尔剌思描述为军队首席将军和帝国的警官。贾汉沙·巴尔剌思有时被委以重要的军事远征任务，偶尔还负责统帅军队的左翼或右翼。契古和贾汉沙父子两人有极大的影响力和权力，不过，不能确定其影响力是否与他们担任大元帅有关。可以肯定，埃米尔·乌玛拉是一个极具威望的官职，但要恰如其分地界定它的职责范围和性质是不可能的，其职责随任职者而变化。

巡查官托瓦奇（Tovachï）的职责是监督核查士兵的人数及军队的条件和设备，向士兵传达大汗（最高统治者）的命令，为战事征兵。此官职与游牧政权的一些官职非常相似。帖木儿时期的历史文献对它的记叙很多。巡查官托瓦奇重要的任务之一是征兵：有时候，托瓦奇可以直接征兵，有时候则命令军中的埃米尔征集他们麾下的部队。1404年5月，在帖木儿准备远征中国明朝的前夕，由托瓦奇确定所需军队的规模，通知各兀鲁思部落的重要成员，给他们下达

① 《西域行程记·西域番国志·咸宾录》，第67—68页。

应该提供什么样的人员和设备的任务。

托瓦奇还承担着给从军的埃米尔分配任务的职责。在 1393 年围攻伊剌克塔克里特城战争中，托瓦奇组织挖掘地下通道，当帖木儿军在阿哲儿拜占挖一条连接阿拉斯（Aras）河的运河之时，他们在埃米尔和士兵之间分配任务。在不同场合提到的托瓦奇职责还有监管房屋建设、分配战利品、管理宿营地及帮助安排宴席。这是一个对才干和威望有较高要求的官职，因此由具有权力和威望的人担任。

优里奇（Yurichï）是负责安排营地的官员。帖木儿时期的历史文献提到了它。1394 年 5 月，优里奇被派往谷儿只寻找冬季草场；1400 年，他们在大马士革向帖木儿报告，露营地因过度放牧，必须为军队寻找合适的新草场；在远征印度时，优里奇被派去取行李车，其中一个名叫克佩奇（Kepekchi）的优里奇曾是耶兹德城的达鲁花赤、帖木儿·斡赤斤的兄弟，他被任命为沙哈鲁汗的埃米尔。

副官雅撒吾儿（Yasavül）是法警或宫廷命令的执行官，据《命官文书规范》一书记载，这是一个负责掌握各军团行踪，维持埃米尔和士兵的适合地位和官阶的官员。帖木儿时期的历史文献对此记载不多。1403 年 4 月征服谷儿只的一个要塞之时，帖木儿的一名副官在冲锋之前吹响了号角；在发动远征中国前夕，副官雅撒吾儿与托瓦奇一起在库里尔台（Khuriltay）分配食物和给养。帖木儿时期担任这一官职的人员都不是很重要，但他们中包括了巴尔剌思家族成员。

帖木儿帝国的地区管理呈现多种形式。在战争时代，随帖木儿征战的军队首领常常被指派充当地方行政官员，管理被征服地。当时，地方文职官达鲁哈（Darugha）大多数是军人。如巴士拉城破之后，帖木儿任命部将穆鲁克·萨布扎瓦里（Mulūk Sabzawārī）负责该城的组织工作；又如，帖木儿夺取伊斯法罕城之后，委托贾温库班（Hājjī Beg Jawun-i Qurban）管理，城市重建工作常常是他的职责之一。不过，以军人代理城市行政只是短时期内的安排，如回历 795 年（公元 1393 年）担任耶兹德城（Yazd）达鲁哈的将领帖木儿·斡赤斤（Temūge Qa’uchin）于第二年（回历 796 或 797 年）就离开此城，参加了帖木儿在钦察草原上的战争。回历 795 年（公元 1393 年春）担任法尔思阿巴库赫城（Abarquh）达鲁哈的拉希姆·巴哈都尔·斡赤斤（Lālim Bahadur Qa’uchin）在当年秋天就参与了围攻伊拉克塔克里特城的战争。①

帖木儿任命军队部将为地方行政官员的情况并不说明在帖木儿帝国内没有地方行政机构。战争结束以后，帖木儿帝国的地方行政以大州、小州为单位建立起来。与中央政府的模式一样，各大州、小州建起了地方迪万，不论大、小州，地方迪万都设置长官三人。一人掌民事，一人掌军事，一人掌无主产业，设置了军事及民事辅佐人员协助管理。

在州之下，帖木儿似乎保留了怯伯汗之后的行政管理系统，即将地方再划分为“土绵”（即万户），以土绵为收税单位。地方各部受中央政府机构的监督，现在还不清楚中央机构是否对地方迪万进行定期巡视，但我们知道克尔曼至少接受过定期巡视，这些人是从中央迪万派出的。②

除了地方迪万外，帖木儿统治时期，行省的城市设置了由波斯人担任的地方官员。帖木儿帝国在被征服城市或市镇设置了达鲁哈或哈希姆（Hākim），他们属于地区迪万中的官员。达鲁哈由察合台王子担任，位居行省总督之下。有时候，达鲁哈单独统治一个城市或市镇，由一支察合台驻军协助，军队还直接统领当地的民兵，以维持当地的秩序并帮助镇压地方叛乱。他们也涉足当地的行政事务，负责恢复当地的农业及城市生活。有时候，达鲁哈与本地统治者共同统治一个地区。达鲁哈与地方迪万有着联系，但他们在多大程度上掌控迪万则并不清楚，不同地区的情况并不相同。

征税不是达鲁哈的任务，在达鲁哈之下设有以阿拉伯语“穆哈

---

① Beatrice Forbes Manz, *The Rise and Rule of Tamerlane*, p.112.

② Ibid., p.110.

希尔”（Muḥaṣṣil）命名的专门负责征税的官员，他们可能只征收人头税和土地税，因为，商业税另有官员。穆哈希尔的官阶较高，在许多城市，穆哈希尔与达鲁哈、那可儿一起被提及，他们往往由察合台人担任。我们了解有三人曾担任这一职务官员，他们的地位都很高。例如在伊斯法罕征收人头税时，参与其中负责组织和监督的埃米尔是待在城门外，由穆哈希尔到城中收税。穆哈希尔不完全受制于达鲁哈，他们向行省总督负责，主要是服从帖木儿的命令。但他们具有独立的权力，这一点可以通过他们在卢尔・依库奇（Lur-ikuchik）的行动体现出来，在此，他们处死了有不法行为的阿塔卑（Atabeg）。在此事的报道中没有提及当地的达鲁哈，根据文献，当地有任命达鲁哈的记载。一份写于 1407 年的亚美尼亚手稿的末页谈到了这些压榨奴役过许多国家的征税官。当某地发生起义时，当地的穆哈希尔总是列在被杀死官员之首。

达哈赤（Tamghachïs）是负责征收商业税（尤其是关税）的官员。这一官职在金帐汗国、克里米亚和伊利汗国都有设置。

行省中的军事要塞由地位较低的科特瓦（Kotwas）管理。波斯史学家将这一称谓用来指负责守卫要塞或城堡的官员。它可能由当地官员或帖木儿的亲信担任。在一个城市里，此职位可能授予该市的达鲁哈或者另外一个人，它似乎并不是一个特别高级的官职，因为担任此职位的人中只有很少几个在历史上被提到，且这些被提及的人都不是十分显赫。

在帖木儿帝国，中央军事机构中的一些官职在行省里也有设置，如首席将军。一些埃米尔被任命为行省的首席将军。其中，担任呼罗珊行省的首席将军有阿克不花那颜（Aqbugha Nayamn），1387 年 8 月起义期间，呼罗珊总督不在起义现场，阿克不花那颜主动出面恢复秩序，他在呼罗珊的广大地区征兵，并率领军队作战。他也亲自协助警官贾汉沙镇压了几乎同时在喀布尔爆发的起义。据哈菲兹・阿卜鲁（Hāfiz-i-Ablū）的《全史》记载，此职在行省中除总督外应该是最有权威的官员了，但事实上阿克不花那颜的权力低于另外一个叫穆罕默德·苏丹沙（Muhammad Sultanshah）的埃米尔，后者不仅是行省的军事官员，还监管行省的财务。

除了直属中央管理的地区外，帖木儿帝国还采取突厥—蒙古游牧政权的分封方式进行统治和管理。一部分被征服地被分封给帖木儿家族的成员、帝国的军队将领，以及原地区的统治者异密。哈烈城是沙哈鲁的封地；撒麻耳干是帖木儿之孙马黑麻·速檀的封地；巴里黑、昆都士、喀布尔、坎大哈等地是帖木儿之孙皮儿·马黑麻的封地。沙哈鲁在位时期，在其父分封的基础上再次对帝国领土进行了分封，长子兀鲁伯统治河中之地；次子伊不拉欣统治巴里黑；沙哈鲁本人统治着呼罗珊及帝国西部地区。受封者世袭占有自己的封地，但地区行政由中央派出的官员管理，受封者只享受封地上农民缴纳的赋税。

在帝国境内的一些地区（主要是呼罗珊及其西部），帖木儿保留了一些由当地人统治的王朝，它们成为帝国的被保护国。这些王朝的统治者必须交纳相当数量的赋税。如撒卜兹瓦尔家族受到帖木儿的庇护，继续保持自治。不过，草原帝国西部的这些自治王朝中，只有沙尔别达尔国维持时间较长，其余自治政权都因反叛帝国而被消灭。

帖木儿帝国是建立在武力征服基础上的政权，军队在国家中具有重要作用。帖木儿的军队由40个突厥化蒙古部落构成，军队首领大多数是察合台蒙古人，但帖木儿招募兵士不限国籍、不限地位，连败军的士卒也可录用。招募来的年轻人被训练为各种兵种的职业军人，兵种有轻装部队、骑兵、管理军事机械的技术兵等。

帖木儿帝国的征兵工作是根据素丹的需要随意进行的。原则上征兵工作有专人负责，实际上，帖木儿常常派亲信去征兵。回历806年（公元1403年），在伊斯坎达尔·谢赫（Iskandarb Shaykhī）反叛之时，帖木儿派他的两个孙子与速勒都思部皮儿·阿里（Pīr ‘Alī Suldus）到剌夷征兵；派苏莱曼（Sulaymānshāh）到库姆和喀山去征兵；派巴鲁剌思部米德拉布·本·彻库（Midrāb b. Chekü）

去呼罗珊调兵。[1]

帖木儿军队具有游牧军队的特征，在服兵役期间，察合台人“仍可挈携家小，保有自己的牲畜，不离身边。遇有战事，则妇女儿童，追随大军之后而行。其族妇女往往将幼儿放在马驮内，而马驮则紧系在马鞍上。妇女乘马随大军之后，毫不以为苦”[2]。“帖木儿自己，也随同大军各处迁徙，其余的皇族、扈从人员、后妃，以及嫔妇、亲属等，跟附在后，随行至各处。”克拉维约曾亲眼看见撒麻耳干城外平原上的军营，各部落皆按照指定之方位，安营立寨，在三四日内，建立帐幕两万座，大军屯驻于此。帖木儿及其妃嫔也移住大营内。

帖木儿的军队以百为单位组织起来，军队置百人长、千人长及万人长，全军置有统帅。遇有战事发生，按敌势之强弱，征调各级将士。军队所用马匹及牲畜平时均分拨与族人饲养，负责饲养者必须加倍照看。据《武功记》评论，帖木儿军队的编排不用口令，队形是在敲鼓或吹号以前就排好了的。

军队首领以军阶、战利品赏赐士兵，以维系对军队的统帅权。哈里勒夺取政权之初，为了维系军队的效忠，动用国库资财赏赐将士，以后，凡在重大战役之前，他都要厚赏全军将士。沙哈鲁在位期间数次动用呼罗珊的财富厚赐将士。1405 年初，沙哈鲁在策划入侵河中地区时，就动用国库的钱财征募军队，同时还遣沙蔑里克去不花剌，挪用该城府库的钱财以应付开支。此外，沙哈鲁还以授地的方式奖励将领，1405—1406 年，他把撒剌哈夕的土地赐给苏来曼；1406 年，他将反叛者的土地赐给镇压反叛有功的米德拉伯·切卡。

总的来说，无论是中央政府还是地方，帖木儿帝国的行政机构都是松散的，各部之间的分工并不明确，职权范围也难以确定。实

---

① Beatrice Forbes Manz, *The Rise and Rule of Tamerlane*, p. 112.

② 〔西班牙〕罗·哥泽来滋·克拉维约：《克拉维约东使记》，第 110 页。

际上，帖木儿帝国是通过人而不是通过机构进行统治，用人的原则一是依据他们与素丹的关系，二是依据他们个人的能力。

第三节　社会经济

帖木儿帝国存在的一百多年中（1370—1507），除了帖木儿从事扩张战争的30年外，其余大部分时期中亚都没有遭到外来战争，社会稳定和经济得以恢复，农业、手工业和商业得到了很大的发展。

帖木儿的扩张战争给中亚地区造成了极大的破坏。帖木儿与东察合台汗国的战争主要在东察合台汗国境内展开，对中亚东部的经济造成了破坏。每次战役之后，帖木儿都要掳走大批战俘和财富，导致中亚东部人口锐减，物资匮乏。15世纪初，明使陈诚出使西域，看到战乱对这一地区造成的破坏。“惟鲁陈（今鄯善鲁克沁）、火州（今吐鲁番高昌故城）、土尔番（今吐鲁番）、哈石哈（今喀什）、阿力马力（今霍城阿勒台遗址）数处，略有城邑民居，田园巷陌，其他处所，虽有荒城故址，败壁颓垣，悉皆荒秽，人多居山谷间，盖为其国主微弱，恐为邻境相侵故也。”①

帖木儿对花剌子模绿洲的征服使该地区也经济遭到了严重破坏。玉龙杰赤陷落以后，全城被夷为废墟，播种燕麦。② 俄国学者巴托尔德认为：“在所有文化地区中，花剌子模因帖木儿的征战活动受害最大。该地人民曾数次起来反抗入侵者。1388年，花剌子模首府兀龙格赤（玉龙杰赤）被夷为平地，只有礼拜寺和礼拜寺的尖塔得以幸免。”③

帖木儿对呼罗珊地区王朝的战争导致中亚西部呼罗珊城市经济普遍衰落。呼罗珊地区的城市出现了人口锐减的现象。克尔曼省的

① 《西域行程记·西域番国志·咸宾录》，第102—103页。

② 周一良、吴于廑主编：《世界通史》（中古部分），人民出版社1972年版，第246页。

③ 〔苏联〕维·维·巴尔托里德：《中亚简史》，第66页。

巴姆城（Bam）曾经是一个繁荣的纺织工业城市，遭到破坏后就像一个乡村，只有四五千人口。[①]1388年，伊斯法罕市民起义反抗帖木儿的征税官，遭到残酷镇压，斩首达7万余人，用人头堆成金字塔，据当时有名的历史学家哈菲兹·阿卜鲁记载，他和一个朋友只绕城走了一半，就发现了28个这样的人头塔，每个塔大约有1500个人头。[②]

但征服战争以后，甚至就是在征服战争期间，帖木儿已经开始了恢复经济的工作。到帖木儿去世的15世纪初，阿姆河两岸呈现出人口繁庶、土地肥沃、村落相望的现象。中亚东部的严峻形势迫使东察合台汗国的蒙古统治者实施与民休息、发展生产的政策。在黑的儿火者统治期间（1389—1399），掌握政权的异密忽歹达采取了裁减军队、遣散务农的措施。为了恢复喀什噶尔、叶尔羌、于阗、阿克苏、拜城、库车等地的农业生产，忽歹达曾以重金从帖木儿帝国赎回战俘，给他们备办粮食和牲口，回乡务农。忽歹达政权倡导廉政，他本人"一生大部分时间甚至连坐骑都没有"。歪思汗在位期间也以发展经济为国家的重任，在他的倡导下，很多蒙古人从游牧向定居农业生活过渡。他本人在吐鲁番种植农作物，自给口粮。上述措施客观上对中亚东部的经济恢复和发展起到一定的推动作用。

帖木儿帝国仿照伊利汗国税收制度制定了一套赋税制度。赋税制度规定，帝国境内的居民须缴纳人头税（库普丘尔）和土地税（哈拉吉），为了弥补赋税的不足，有时候还向居民征收食品税（塔戈尔）。人头税是帝国全体居民都必须缴纳的，居民按贫富差异分为几等，富人每人每年应被征收10个迪纳尔，如此按比例降至穷人每人每年交1个迪纳尔。

按伊斯兰教法律，向伊斯兰教徒征收人头税是违法的，而根据游牧民的法律，纳税是包括穆斯林在内的每一个人的义务，只有

① P. Jackson, L. Lockhart, *The Cambridge History of Iran*, Vol. 6, Cambridge University Press, 1991, pp. 134-135.

② Ibid., p. 55.

获得帝国特免权者才可以不纳税。因此，帖木儿帝国制定了免税制度，如在皇家举行重大宴会之时，首都居民被宣布为答剌罕，即不交租不纳税者。在驿站工作的车夫、牲畜饲养员等公职人员均享受免税权。他们还可以向管辖地区的农民征收赋税，以满足驿站无度的需求。①

土地税是农民必须缴纳的主要税种。帖木儿时期的土地税主要以实物的形式征收，份额从三分抽一到三分抽二，“三分之一的收获物属于帝国的税收，三分之二的收获物属于耕种者”②。在人口稠密的农业区，土地应“分为三等（jurreeb），第一等须纳三车载（loads）的谷物税，其中一半是小麦，一半是大麦，按当时的一车载为3.75个Misaul银，三车载的谷物税约合11.25个Misaul银；第二等须纳二车载的谷物税，约合7.5个Misaul银；第三等须纳一车载的谷物税，约合3.75个Misaul银”③。

牧民缴纳的税大致与农民相当，农牧民赋税负担是比较重的。除税外，农牧民还要承担各种劳役，如为驿站提供各种服务。在沙哈鲁统治时期，对贵族和异密的财产、土地进行登记造册，作为征税的依据。据说，登记中有夸大财产的现象，直接伤害了贵族的利益，最后导致了起义。

帖木儿帝国时期，中亚手工业和商业得到了长足的发展。在对外征服过程中，帖木儿所到之处，将各地的手工业者、匠人迁到撒麻耳干和渴石城。土耳其人、阿拉伯人、波斯人、亚美尼亚人、希腊人、印度人，世界各地最富有技巧的工匠都汇集在撒麻耳干，结果，都城中凡百行业，皆无缺乏专门技工之感。④克拉维约认为，来自各地的技术人员的数目在15万以上⑤，此数字可能夸大了，当时，

① 〔苏联〕雅尔采夫译：《脱脱迷失和撒阿迭惕？吉列亦的敕令》，敖得萨1984年版，第2页。

② *Political and Military Institute of Tamerlane*, Printed in India, 1972.

③ Ibid..

④ 〔西班牙〕罗・哥泽来滋・克拉维约：《克拉维约东使记》，第157页。

⑤ 同上。

撒麻耳干城的居民在10万以上[①]，但迁来的人数很多是事实。

帖木儿对手工业者非常重视。据说在移送途中，这些工匠“有骑牛者，有骑驴者，亦有牧放畜群而来者，逢村吃村，遇站吃站”[②]。在举行婚礼等庆典时，帖木儿命全城之商人、工匠等前来与会，立帐营作。各行各业人为展览其本行特色，搭起作坊、工场，以表演工作情形。

不过，来到中亚的工匠大多数仍然处于半奴隶地位，那些在封建王公贵族作坊的手工业者的生活条件很差。据克拉维约说，在撒麻耳干城堡内，约有一千个被俘虏的手工业匠人，整年累月的在从事劳动，为其制作铠甲、头盔、弓箭，撒麻耳干城内有缎丝工厂数处，所产之丝，除供织锦袍或刺绣之用外，尚可织成各色绸、缎、续、罗等衣料。为了防止工匠逃亡，帖木儿在阿姆河等河沿岸一带布置官兵防守，河上的船只要进行盘查，并且派多名巡查官到各地搜截逃户。外来工匠的劳动促进了中亚手工业生产的发展。据说，中亚的工匠，像欧洲中世纪城市中的手工业者一样，结为帮会，困难时期在公共生活中曾起到重大的作用。[③]

帖木儿帝国时期，中亚经济发展的明显特征是商业贸易繁荣。察合台汗国统治末期，河中地区异密群雄割据，混战不息，遍地烟云，商贸受阻。帖木儿在数十年中把从中亚到小亚细亚的广大地区统一起来，维护了其间的秩序，有利于中亚商贸的发展。

帖木儿非常重视发展对外贸易。他曾致书法国国王查理六世，要求法国商人前来贸易，他说，世界因为商人才能繁荣。他还致书英王亨利五世，提议与英国臣民自由贸易往来。1393年，帖木儿遣使开罗，带去了他给贝尔孤格素丹的信，信中写道：“帖木儿的胜利之剑，已使与埃及接壤的波斯和伊拉克臣服。这有利于商路的畅通和两国商人的相互往来、安全无扰。两国将因此繁荣昌盛，城镇与

---

① 〔西班牙〕罗·哥泽来滋·克拉维约：《克拉维约东使记》，第115页。

② 同上。

③ 〔法〕布哇：《帖木儿帝国》，见《西域南海史地考证译丛》第3卷，第512页。

山区人民也将获得和平与安宁。”为了表示诚意，帖木儿摧毁了距底格里斯河几百里远的塔里克要塞，因为，“据巴格达的商人代表说，该据点的盗匪攻击、劫掠商队，尤其是那些来自叙利亚与埃及最富有的商队”[①]。他鼓励商人们外出，包括到印度去经商。

1402 年，帖木儿在安卡拉打败了奥斯曼土耳其帝国，实现了中亚与西亚的统一，确立了对丝绸之路中道西段的控制权。在这条道路上建立了驿站制度，如在大不里士至撒麻耳干之间道路沿线按一日程，或半日程的距离设立站台，大站常备马百余匹。帖木儿之使者邮卒，昼夜奔驰，所至之处皆有马可换，无需中途停息。[②]为了加强道路建设，帖木儿命人建筑新桥、修理旧桥，在通道上建筑队商馆舍。

从撒麻耳干东去明代中国的道路也是畅通的，撒麻耳干城的东门被称为“中国（Sina）门”。蒙古商贾常年穿梭往返于甘肃和吐鲁番等地之间，明代巡抚、甘肃都御史唐泽对哈密等处进贡者有记载说：“每沿途寄住，贩易谋利，经年不归。”[③]天山南北的察合台人把这条通道称为“金路”，反映了中亚蒙古人从与中国贸易中获取的商业利润是十分可观的。

帖木儿帝国在商路上设关征税，获取利润。其中，从印度和阿富汗到撒麻耳干方向的必经之咽喉忒耳迷的铁门是过境税收取的要地，据克拉维约记，帖木儿在此设卡，来自印度的商客每年在此缴纳的税款数目在帖木儿帝国政府的财政收入中占有重要地位。此外，位于里海西南角的苏丹尼耶处于大不里士通往撒麻耳干的道路上，帖木儿命其子米兰沙镇守。“每年夏季 6 月至 8 月间，大批骆驼队皆汇集于此……当地政府，对驼队所载货物，抽税甚重。”[④]“官府之税收，泰半仰赖于此。”[⑤]

---

① Hilda Hookham, *Tamburlaine the Conqueror*, London, Hodder and Stoughton, 1962, p.150.

② 〔西班牙〕罗·哥泽来滋·克拉维约:《克拉维约东使记》，第 87 页。

③ 《钞本明实录》，线装书局 2005 年版，第 14 册，卷 100，第 326 页。

④ 〔西班牙〕罗·哥泽来滋·克拉维约:《克拉维约东使记》，第 89 页。

⑤ 同上。

为了贸易，帖木儿帝国铸造了自己的钱币，“交易亦用银钱，皆本国自造”[①]。钱币形制基本不变，实行银本位，以银币为主币、铜币为辅币。受伊利汗国和察合台汗国钱币形制影响，帖木儿帝国钱币上均用阿拉伯文，每位汗王钱币文字和图案的排列有所区别。帖木儿帝国货币在中亚流通，目前，在北京发现了“沙哈鲁银币”。

帖木儿帝国时期，丝绸之路中道上的城市得到了极大的发展。当时，繁华城市有撒麻耳干、哈烈、不花剌、塔什干、忒耳迷、渴石、巴达克山等。

帖木儿以撒麻耳干为都建立自己的政权以后，发誓要把此城建成“亚洲之都”。在帖木儿家族的经营下，无论是在功能上还是在气质上，撒麻耳干城都具备了“亚洲之都”的面貌，按当时的标准，撒麻耳干城已经可以算得上具有世界影响的国际性城市。这一点从以下三个方面反映出来：

第一，撒麻耳干城成为亚洲的政治中心，帝国最高首领帖木儿住在撒麻耳干城，帖木儿帝国中央政府的驻地也在撒麻耳干城，它是整个帝国的大脑。

第二，撒麻耳干城是帖木儿帝国对外贸易的中心。蒙古帝国和察合台汗国时期，丝绸之路北道十分繁荣，使臣往返、东西方旅游者大多数是通过丝绸北道旅行。帖木儿的战争破坏了丝路北道上的一些重要城市而使此道衰落。1388年，玉龙杰赤城被夷为平地，1395年冬，伏尔加河下游、钦察汗国财富和权力中心阿斯特拉罕与别儿哥萨莱被摧毁。1436年以后，威尼斯人约·巴尔马罗访问了塔那城与阿斯塔拉罕城之间草原，他说，帖木儿毁坏阿斯塔拉罕之前，货物从这里运到塔那城，然后用大船转运到意大利，现在这项贸易中断了，欧洲的货物只能通过叙利亚运到远东去。另一位威尼斯人康塔林尼说，当他在阿斯塔拉罕时，房屋尽是些土坯房，以前这里曾有过高大建筑物，如今只留下一片废墟。以上城市被毁之后，丝绸之路中道繁荣起来。地

① 《西域行程记·西域番国志·咸宾录》，第81页。

中海与中亚之间的全部贸易，差不多在三十年间只能通过帖木儿控制下的波斯、不花剌和撒麻耳干的商路进行。①

世界各地的货物，充斥撒麻耳干城，东西方各国商旅汇聚，商肆栉比，百货杂陈，民物富庶。据陈诚记，撒麻耳干“城内人烟俱多，街巷纵横，店肆稠密，西南番客多聚于此。货物虽众，皆非本地所产，多自诸番至者”②。克拉维约说：“城内屯集货物，到处充斥。其中有来自世界上最远处之货物。自斡罗思及鞑靼境内运来之货物，为皮货及亚麻。自中国境运来世界上最华美的丝织品，其中有一种为纯丝所织者，质地最佳。自和阗运来宝玉、玛瑙、珠货，以及各样珍贵首饰。和阗所产之货其极名贵者，皆可求之于撒麻耳干市上。和阗之琢玉镶嵌之工匠，手艺精巧，为世界任何地方所不及。印度运来撒麻耳干者，为香料。此种香料，亦为世人所最宝贵者。在伊思坎大伦（即亚历山大港）市场上，万难见到此种货色。”③“每年从中国（Cathay）、印度、鞑靼（Tatal）各地运来此城的商品极多。由于没有整理出卖的场所，王（帖木儿）下令修筑备有商店的街道，这些街道从城市的一端通到另一端，街道甚宽，上遮以圆盖屋顶，为了让光线进入，隔一段距离置有窗户。”商业贸易中心地位的确立表明了撒麻耳干城的亚洲贸易中心地位。

第三，撒麻耳干城是各种文化的汇集之地和各类人才的聚集之地。帖木儿帝国统治的大部分时期，中亚地区基本上保持了政治安定、交通畅达、经济繁荣的局面。这一政治和经济局面使撒麻耳干城成为当时科学技术和伊斯兰文化中心，撒麻耳干城的金钱、名望和政治权力像磁石一般地吸引着身怀抱负的人们。西班牙人克拉维约在撒麻耳干城可以遇到说各种语言的人和来自不同城邦的代表人物，他们中有文学、史学、天文学、绘画、建筑大师。宗教界人士在此建立了伊斯兰神学院和一批宗教学校等文化教育设施；文学、史学、天文学、

① 苏联科学院主编：《世界通史》第 3 卷下册，第 804 页。

② 《西域行程记·西域番国志·咸宾录》，第 81 页。

③ 〔西班牙〕罗·哥泽来滋·克拉维约：《克拉维约东使记》，第 157 页。

绘画、建筑大师们在此建功立业，实现了自己的人生价值。而撒麻耳干也因他们走到了世界文化的前列，其中，文学、史学、天文学、建筑学都取得了惊人的成就，尤其突出的是天文学和建筑学。

据伊本·阿拉不沙说，撒麻耳干周围建起了一系列以伊斯兰世界主要城市命名的村庄，它们是“巴格达、大马士革、密斯尔（开罗）、设拉子和苏丹尼亚”[①]。从古代城市的标准来看，撒麻耳干城四方商贾云集，各种文化交融，呈现出一派国际化都市的景象。

不花剌城在帖木儿帝国期间也是一个繁华城市。克拉维约途经之时，给他留下的印象是：不花剌城位于广袤的平川上，城垣系砖砌垒。河水从城堡前流过。城外建有华美之别墅多处。在不花剌城附近，米、麦、牛、羊、名酒等皆有大量出产，人多富厚。

帖木儿帝国期间，阿富汗地区在伽色尼王朝之后再次迎来了一个比较长的政治稳定和经济繁荣的时期，阿富汗境内的哈烈、巴里黑、加兹尼不仅成为帖木儿帝国的经济与商业中心，而且是当时伊斯兰世界文化与科学的荟萃之所。其中，哈烈城在15世纪得到极大发展。沙哈鲁以哈烈城为都，致力于该城的建设。在他当政的四十余年里，他做出了决定性的努力，以恢复因他父亲的掠夺和战争给波斯带来的破坏。他特别精心于呼罗珊的姊妹城哈烈和莫夫，重新修建了哈烈城的城墙，还修建了许多华丽的建筑物来装饰这座城市。

帖木儿帝国时期，帖木儿的故乡渴石城得到极大发展。渴石城原是一个小城，“土地肥沃，有各种农产品，所产棉花，品质最为优良”。建国以后，帖木儿在渴石城建园林，“中有台殿数十间，规模弘博”。有诗云：“高台郁崖峨，屹立荒城曲。云是单于居，何年构华屋。”[②] 宫殿建筑，有的修建了数十年，有的尚未竣工，说明帖木儿大兴土木由来已久。帖木儿在渴石的行宫“建筑之华丽及宏伟，苦乏妙笔以描绘其实况于万一”。克拉维约在途经之时，看到城中正建

---

① 〔苏联〕维·维·巴尔托里德：《中亚简史》，第66页。

② 《西域行程记·西域番国志·咸宾录》，第98页。

筑富丽楼房及宏伟的伊斯兰教礼拜寺。

帖木儿帝国期间，重建、扩建、新建了一些城市，如曾毁于蒙古人西征的沙鹿海牙。1392 年，帖木儿重建此城，移民充实，出现“人烟繁庶”，“园林广茂”的景象。今阿姆河北岸城市忒耳迷古城曾被成吉思汗摧毁，1407 年，帖木儿在旧城附近另筑新城，“城之内外居民数百家牲畜蕃息”。1391 年，帖木儿下令重建 1388 年被他摧毁的玉龙杰赤城。战争时期修建的一些桥头堡以后也发展成新的居民点，如在伊塞克湖建的堡寨。

第三章

宗教与文化

帖木儿时代，伊斯兰宗教界利用王权加强了势力，教权与王权互相利用，维持着对中亚的统治。帖木儿帝国的建立结束了察合台系蒙古人统治后期的混乱局面，文化得到极大发展，取得了惊人的成就，帖木儿时代被史学家们称为“帖木儿文艺复兴时期”。在文学方面，察合台语步入了文学语言的成熟阶段，除一批波斯名著被译成察合台语外，还产生了察合台语著作；在史学方面，出现了《历史精华》、《帖木儿武功记》、《两幸福之会合》等名著；在科学方面，产生了当时精确度很高的天文表，即《兀鲁伯新天文表》；在绘画艺术方面，独立的帖木儿画派形成，它对中亚的影响持续到16世纪20年代；在建筑方面，这一时期建筑具有综合特征，它们既保持了突厥建筑特色，又融合了波斯、阿拉伯的建筑风格，还吸收了中国瓷砖装饰技术。

第一节　宗教

15世纪，中亚宗教界的情况是：第一，蒙古统治者不再被动地接受伊斯兰教，而是主动利用它为扩张和统治服务；第二，在统治者的庇护下，宗教界势力增加，宗教组织加强，继续与王权争夺权力；第三，苏菲亚萨维教团地位下降，纳合什班底教团获得了优势地位。

13世纪中叶，中亚蒙古人开始接受伊斯兰教，他们在河中地区的统治得到了宗教界的拥护，这可能是中亚蒙古人改信伊斯兰教的初衷。一个世纪以后，蒙古人已经从被动接受转变为主动利用伊斯兰教为自己的统治服务。1370年，帖木儿高举着伊斯兰教的旗帜开始了他的对外征服战争，“在帖木儿发起战役之时，有许多圣人和学者（文人和艺术家）相随”①。

帖木儿征服谷儿只国就是在伊斯兰“圣战”的口号下进行的，征服此地之后，帖木儿强迫当地人改信伊斯兰教。1395年，帖木儿占领了威尼斯和热那亚商人聚集的商业中心塔那城，摧毁了基督教徒的商店、账房、教堂和领事馆，将该城的基督教徒全部沦为奴隶。②他对奥斯曼土耳其的战争也因他攻打基督教罗德斯骑士团统治的士麦那（今伊兹密尔）而具有了“圣战”的性质。③在征服伊斯兰教国家之时，帖木儿也采取“圣战”之名，声称这些国家对伊斯兰教“不虔诚”。1398年，帖木儿远征德里素丹国的借口是素丹容许异教徒崇拜偶像。其实，在帖木儿帝国境内也存在着崇拜偶像的佛教徒。

在统治中，帖木儿以“伊斯兰教的保护者”自诩，奉逊尼派教义为国教，推行伊斯兰教法，聘请伊斯兰学者担任宫廷顾问。帖木儿将国民分为12等级，其中，赛义德（即圣裔）、谢赫（穆斯林长老）、伊玛目（伊斯兰学者）等宗教上层人物被列为第一等级。④帖木儿将一些城市或地区作为封地赐给伊斯兰教士，尽夺“宗室诸王之采邑，及异姓贵族领土，分赐阿萨兰（即伊斯兰）礼拜寺”⑤，以提

---

① *Encyclopaedia of Islam*, “Timurlang”, pp. 777-778.

② 〔法〕勒内·格鲁塞：《草原帝国》，第555页。

③ 同上书，第567页。

④ （清）屠寄：《蒙兀儿史记》，第840页。

⑤ 同上。

高他们的经济地位。帖木儿以重金修葺和扩建中亚各大城市的清真寺和宗教学校。以上措施确实使撒麻耳干的伊斯兰上层给予帖木儿有力的支持。①

帖木儿的后继者沙哈鲁将自己视为穆斯林君主，处处展示了虔诚穆斯林的形象，早在他争夺王位之时就得到了苏菲派纳合什班底教团的支持。教团谢赫穆罕默德·帕尔萨在沙哈鲁夺取王位的斗争中起到了重要作用，他们之间“为了安排穆斯林的事务”有着频繁的书信往来。即位之后，沙哈鲁延聘著名宗教学者担任国师、大臣辅佐施政，每周四次召人进宫讲诵《古兰经》②，亲自到清真寺参加星期五大礼拜，严格遵守斋戒。沙哈鲁对宗教人士极为尊敬，“有通回回本教经义者，众皆敬之，名曰满剌（即毛拉），坐立列于众人之右（上）。虽国主亦皆尊之。凡有祠祭，惟满剌诵经而已”③。

在1412年写给中国明朝永乐皇帝的国书中，沙哈鲁说：“帝国落到了我主和父皇至高无上的帖木儿皇帝手中了。他在阿富汗、突厥斯坦和波斯复兴了伊斯兰教法。现在，我们的法庭即据此法而判决，采纳了伊斯兰教律，我们放弃了成吉思汗的军事断事（扎儿忽）和军事法律。”④ 沙哈鲁的都城哈烈当时有居民10多万人，据《西域番国志》记载，哈烈城的宗教气氛很浓。“每月数次，望西礼拜，名纳马思。若人烟辐辏之处，一所筑大土屋，名默息儿，凡礼拜之时，聚土屋下，列成班行，其中一人高叫数声，众人随班跪拜。若在道途，亦随处礼拜。每岁十月并春二月为把斋月，白昼皆不饮食，至日暮方食。”⑤

随着宗教教士地位的上升，15世纪，伊斯兰教组织化的程度加

---

① 〔苏联〕维·维·巴尔托里德：《中亚简史》，第64页提出，帖木儿的支持者“主要是以萨马尔罕的伊斯兰舍依赫（Shaykhal-islam）和忒耳迷城的赛依德（Sayyids-）为首的伊斯兰教上层”。

② V. V. Barthold, *Four Studies on the History of Central Asia*, Vol. 2, p.11.

③ 《西域行程记·西域番国志·咸宾录》，第69页。

④ 〔法〕阿里·玛札海里：《丝绸之路——中国—波斯文化交流史》，耿昇译，中华书局1993年版，第123页。

⑤ 《西域行程记·西域番国志·咸宾录》，第68—69页。

强。谢赫总理教务，其下有：教律解释员穆夫提，清真寺管理员伊玛目、宗教宣教师、读经员、宗教教师、法官、大断事官等人。与此同时，苏菲教团的地位上升，帖木儿帝国素丹、异密都以苏菲学者为精神导师，苏菲学者也通过与世俗封建主的结盟攫取了世俗和经济权益。

随着宗教势力的强大，帖木儿帝国发生了教权与王权之争。沙哈鲁在其统治早期已经看到城市伊斯兰上层对王权的威胁，为了牵制宗教上层势力，沙哈鲁曾采取提高代表低级教士的纳合什班底教团的措施。兀鲁伯统治时期（1447—1449），王权与教权的冲突明显起来。城市伊斯兰上层不满兀鲁伯的统治，1449 年，他们处死了兀鲁伯，扶持兀鲁伯之子阿不都・剌迪甫登上王位。阿不都・剌迪甫的统治完全依靠宗教上层，教权操纵了帖木儿帝国的政权，包括王位继承权。

阿不都剌统治时期（1450—1451），不花剌宗教集团支持米兰沙之孙卜赛因推翻阿不都剌的政变，卜赛因在兵败之后逃到锡尔河以北的塔什干城。据说，他在此认识了纳合什班底教团第三任教长乌拜杜拉・阿赫拉尔。

乌拜杜拉・阿赫拉尔（1404—1490）于 1404 年出生在塔什干附近的巴赫斯坦村，早年受他的堂外祖父易卜拉欣・沙什的教育，后来到撒麻耳干学习。24 岁时，他前往哈烈城，对苏菲教义产生了浓厚的兴趣，奉纳合什班底教团教长亚库甫・恰尔黑为导师。导师死后，他先后定居在巴达克山和察哈尼彦，后来，他回到了故乡塔什干。大约在 1431 年，他成为塔什干城的苏菲派首领。[①] 卜赛因在塔什干期间得到了阿赫拉尔的鼓励。卜赛因取得王位以后，把阿赫拉尔从塔什干请到撒麻耳干，一切“都服从和卓，绝对不违背他的教训和指示”。1457 年，卜赛因迁都哈烈城，阿赫拉尔开始在撒麻耳干城发展自己的势力。凭借经济实力和社会威望，阿赫拉尔左右了河

① 《伊斯兰百科全书・补编》，莱顿 1980 年版，第 51 页。

中地区事务，以不花剌为中心的纳合什班底教团正是在他的支持下迅速发展起来的。

阿赫拉尔的目标是把纳合什班底教团组建成一个具有经济实力、政治影响力和组织严密的集团。他在河中地区“拥有30个果园，64个村庄及其周围的土地和灌溉渠。在不同的城市里有许多商贸机构和手工工场”①。在积累了大量财富之后，他的教徒经常举办赞助和慈善活动，在此过程中传道，扩大了在民众中的影响。在政治上，他放弃了宗教淡泊主义，主动参与政治。他说：“如果我们在这个时代只是充当谢赫，那么没有其他谢赫会找到一个穆里德（信徒）。但是，另一项任务已经分给我们，这就是保护穆斯林，使其免受压迫者的邪恶。为了这个缘故，我们必须同国王打交道，征服他们的灵魂，这样，就实现了穆斯林的目的。”② 以后，他的门徒成为帝国各级统治者和部落首领的宗教指导者。为了团结信徒，他在组织上采取了一些措施，如建立修行中心，以此为基地团结信徒。在思想上，他强调信徒与精神导师的联系，他认为，信徒必须注意与谢赫联系的纯洁性，否则就不可能达到较高的精神状态，更不能达到完美。通过这些措施，阿赫拉尔在政治上获得了地位，成为国王与民众之间的调停人，成为“站在人民和他们的领主之间能够抑制暴力和反抗的人”。

1469年，卜赛因去世，其子速檀·阿合马成为河中地区统治者（1469—1494），据说，他经常跪在阿赫拉尔面前，毕恭毕敬。1490年，阿赫拉尔去世，次子穆罕默德·雅希亚接任他的教长职位，长子霍加卡·库瓦里参与了速檀·阿合马三个儿子（麻素提、拜孙哈尔、速檀·阿里）之间的斗争。拜孙哈尔在被撒麻耳干宗教界赶下台之后，逃到纳合什班底首领霍加卡·库瓦里家中，没有人敢进门搜查。几天之后，霍加卡·库瓦里又把拜孙哈尔扶上王位。③ 速檀·阿

① 《伊斯兰百科全书·补编》，第51页。

② 同上。

③ Arminius Vambery, *The History of Bukhara*, p. 232.

里被赶下台之后也逃到宗教首领穆罕默德・雅希亚家中避难，在他的帮助下，逃往不花剌。[①]此后，霍加卡・库瓦里成了拜孙哈尔的精神导师；穆罕默德・雅希亚成了速檀・阿里的精神导师。1496 年秋，在穆罕默德・雅希亚的建议下，速檀・阿里与费尔干纳统治者帖木儿后裔巴布尔联军进攻撒麻耳干，拜孙哈尔兵败被杀。1498 年，速檀・阿里在撒麻耳干即位，穆罕默德・雅希亚掌握了河中地区的实权。1507 年，乌兹别克人昔班尼占领哈烈城，帖木儿帝国在河中和呼罗珊的统治结束，穆罕默德・雅希亚被处死，阿赫拉尔家族的势力受到打击。

乌拜杜拉・阿赫拉尔早年和晚年都生活在与中亚草原毗邻的塔什干城，对中亚草原上的游牧势力在中亚政治中的地位十分了解，他注意在游牧民中传教。苏菲教团“除博学的神学家外，还有属于各个教团的德尔维希，他们的活动甚至更成功。他们在草原的每一个地方，尤其是在草原的边境地区——不花剌、花剌子模、锡尔河流域、巴里黑的部分地区——在忒耳迷和察哈尼彦有他们的哈纳卡（道堂）”[②]。利用这些道堂，德尔维希成功地在游牧民中间传播教义，游牧传统与伊斯兰教的结合，成为当时社会发展的趋势。

15 世纪中叶，东察合台汗脱忽鲁帖木儿在宗教世家札马剌丁家族的劝说下皈依伊斯兰教。札马剌丁家族属于纳合什班底教团，在该家族的影响下，蒙古贵族开始追随苏菲派。于是，纳合什班底教团在农业中心以外的牧民中得到了传播。15 世纪后期，纳合什班底教团已经在塔里木盆地传播，塔里木南缘的纳合什班底教徒开始与河中地区教徒加强了联系，他们经常到不花剌及其他纳合什班底修行中心游历和访问，有些人甚至成为河中地区纳合什班底教团的核心人物，其中，赛义德・艾丁・喀什噶里（死于 1456 年）就是一位。后来，他成为苏菲诗人阿布德・阿・拉赫曼・贾米（1414—1492）的宗教导师。

---

① 《印度大莫卧儿王朝的第一任皇帝巴布尔回忆录》，伦敦 1909 年版，第 23 页。

② V. V. Barthold, *Four Studies on the History of Central Asia*, Vol. 2, p. 7.

第二节　文化

在帖木儿帝国统治的大部分时期，中亚地区基本上保持了政治安定、经济繁荣、交通畅达的局面。这使河中地区的不花剌、撒麻耳干，以及阿富汗境内的哈烈、巴里黑、加兹尼等城不仅成为帝国的经济与商业中心，而且成为当时伊斯兰世界文化与科学的荟萃之所。[①]帖木儿时期，中亚在文学、史学、天文学、绘画、建筑等方面都取得了惊人的成就，学界将这一时期称为“帖木儿文艺复兴时期”，呼罗珊文化中心哈烈城恰如其分地被称为“佛罗伦萨”。

这一时期用波斯语写作的中亚大诗人阿布德·阿·拉赫曼·贾米享誉世界。贾米生于哈烈城附近，他是用波斯文写作的最后一位古典诗人。贾米留下了46部著作，内容包括抒情诗、浪漫主义叙事诗、阿拉伯文法、音乐、苏菲派教徒传，以及《古兰经》注释等。贾米的诗作充满了人道主义思想，备受热爱。其中，《巴霍里斯顿》（即《春天的花园》）被认为是15世纪散文的优秀典范。他的著作对塔吉克文学的发展有着重要的影响。

14世纪后期，把阿拉伯文和波斯文著作译成察合台语的工作还在继续，波斯文学中的精品陆续被译成察合台语。1390年，波斯语著作《绿洲之颂》和阿拉伯语著作《知识的钥匙》被译成察合台语，1391年，萨迪的《蔷薇园》被译成察合台语，书名是《突厥文蔷薇园》。《知识的钥匙》介绍了语言、文学、哲学、美学、音乐等各学科的知识，内容十分丰富。

除了翻译外，帖木儿帝国时期，中亚文学的突出特点是出现了大批察合台语的文学著作。13世纪中叶以后，中亚居民的突厥语与蒙古人的回鹘语融合形成了察合台语。1391年，帖木儿在哈萨克草

① Ira M. Lapidus, *A History of Islamic Society*, Cambridge University Press, 1988, p. 281.

原的刻石是使用察合台语。[1]15 世纪，察合台语写作在中亚蔚然成风，在帖木儿帝国的统治中心哈烈和撒麻耳干城，聚集着许多用察合台语写作的诗人和学者，产生了一批察合台语写成的文学著作，改变了波斯文在中亚独占文学领域的局面。

萨卡基（Säkkäki）是 15 世纪初活跃在中亚文坛上家喻户晓的人物，他开创了用察合台语写颂诗（Qasida）和抒情诗（Ghazal）的先例。其中，最著名的是察合台文长篇叙事诗（Masnavī）《格尔和纳乌尔兹》，诗中描写了纳尔乌兹王子和格尔的爱情故事。在沙哈鲁时代，出现了一批以察合台语创作的诗歌和文学作品，沙哈鲁本人就擅长于察合台语诗歌的创作。帖木儿后裔巴布尔的自传《巴布尔回忆录》（*Baburnama*）是察合台语文学的典范。然而，奠定察合台语文学语言地位的人是阿利舍尔·纳瓦依（Elshir Nawa'i，1441—1501）。

阿利舍尔·纳瓦依出生于哈烈城的尼扎姆·巴合西家族，他用察合台语创作了数量众多、质量极高的文学作品，其中著名的有：四部察合台突厥语《诗集》，六部马斯纳维体《诗集》。纳瓦依的诗歌和文学作品开创了突厥文学的又一个黄金时代，不仅丰富了突厥文学宝库，而且对中亚各族文学的发展产生了重要影响，在世界文学史上也占有一席之地。俄国学者巴托尔德说，帖木儿王朝时期，“只有纳瓦依的著作获得了比作者生命更久远的，远远超出帖木儿王朝疆域之外的荣誉”[2]。有史家将纳瓦依对察合台语的卓越贡献与但丁对意大利语的贡献相比，他们评价纳瓦依说：

谁说纳瓦依在土堆里埋葬……
天大的地狱也容纳不了他的心脏，
他的灵魂绝不依托任何神像。
他的陵墓你该从每一页里去寻找，

① 厄克曼：《察合台文手册》，印第安纳大学，乌拉尔·阿尔泰丛书，第 60 卷。
② 〔苏联〕威廉·巴托尔德：《中亚突厥史十二讲》，第 234 页。

他的祠碑你该从每行句中去端详。
他已沉湎在创作的大海里啦，
他已埋葬在每行诗句的底下……①

此外，应该提到的杰出诗人还有忽毡城（今苦盏）的喀莫尔和不花剌城的诺西尔。喀莫尔在故乡忽毡度过童年，以后在撒麻耳干求学，据说，他写的抒情诗可以与哈菲兹的相媲美。诺西尔也是以写抒情诗著称。与御用文人对帖木儿帝国统治者的歌功颂德不同，他们的诗作大多数反映了普通百姓的感情生活。

与文学不同，这一时期中亚史学名著大多数仍然用波斯文书写。著名的史家有：哈菲兹·阿卜鲁、伊本·阿拉不沙（1392—1450）、尼札木丁沙米、歇里甫丁（Sherif-eddin Ali）、阿不都·剌匝克、洪德米尔等人。

著名史学家哈菲兹·阿卜鲁生于哈烈城，曾是帖木儿的书记官，随帖木儿西征。帖木儿死后，他担任沙哈鲁宫廷史官，从事史书的编纂。他的《史集续篇》（*Zail-i Jāmi'al-Tawārīkh*）仿效了拉施特的《史集》，记述了1304—1393年的历史。此外，他还编辑了《历史精华》一书，此书是一部通史性著作，现已失传，只有部分留传下来。

历史学家伊本·阿拉不沙生于大马士革，在帖木儿西征叙利亚之时，年仅12岁的伊本·阿拉不沙与叙利亚手工艺人、文人、学者一起被押往中亚。他在撒麻耳干城长大，以后，用波斯文撰写了《难以想象的帖木儿的历史使命》一书，在书中，他一反史学界为帖木儿帝国歌功颂德的惯例，对帖木儿做了尖锐的批评。尽管饱含个人恩怨，但此书从另一个视角反映了帖木儿帝国的情况。

叙利亚人尼札木丁沙米是帖木儿攻占报达城之时投降的，以后他跟随帖木儿辗转各地，目睹了帖木儿的征服活动。1402年，他受

---

① 艾赛提·苏来曼、美合拉伊·买买提力：《论纳瓦依〈五卷诗〉对维吾尔文学的影响》，《西北民族研究》2000年第1期，第172页。

帖木儿之命开始撰写帖木儿的战功，即《帖木儿武功记》，此书于1403—1404年间完成，是用波斯文写的历史著作。以后，波斯耶兹德城人歇里甫丁也写了一部同名的史著。

歇里甫丁的《帖木儿武功记》于1419年开始撰写，到1424年或1425年完成。该书对帖木儿建都撒麻耳干城，征服东察合台汗国、花剌子模，及西波斯等地的军事活动记载详细，对帖木儿帝国与明代中国的交往也有论述。以后，米尔咱·马黑麻·海答儿（Mirza Muhammad Haidar，1499—1551）在写《拉失德史》（*Tārīkh-i Rashīdī*，写于1545年）一书之时，第4—24章曾引用了该书的记录。

沙哈鲁时代的著名史家还有阿不都·剌匝克（ʿAbudu'l Lazak）。他于1423年生于哈烈城，曾在撒麻耳干城居住。他的代表作是《两幸福之会合》，其中第2卷记录了卜赛因统治时期的事情，是研究中亚的重要史书。

洪德米尔是忽辛·拜哈拉时代的著名史学家，他一生的大部分时间是在哈烈城度过的。他写的《乐园》叙述了包括伊朗和中亚在内的伊斯兰教各国的历史，其中，详细叙述了忽辛·拜哈拉时代的情况。《乐园》是有关这一时期波斯和中亚历史的唯一史料。

上述史家大多数是为宫廷服务，他们以描绘帝王史为己任。尽管如此，他们的史著是帖木儿帝国时期历史的第一手资料，十分珍贵。帖木儿帝国时期，游历过中亚的东、西方的使者很多，他们中的一些人留下了游记，这些游记也是我们了解和研究中亚历史文化的宝贵资料。

西班牙卡斯提（Kastil）国王亨利三世（Don Hanri）派使臣克拉维约率使团觐见帖木儿汗，他以日记的形式将沿途见闻记录下来。据克拉维约记载，使团于1403年5月21日从卡斯提湾乘船启程，经直布罗陀海峡、科西嘉岛和撒丁岛，抵达克里特岛，在土耳其海岸的罗德斯岛登岸。以后到达伊斯坦布尔，进入黑海，向特拉布松航行。此后，他从阿姆河南岸渡河进入中亚河中地区，据他记载："南岸所用为波斯语，而北岸则通用蒙古语。"此处所说蒙古语应该是察合台突厥语。在越过铁门之后进入撒麻耳干。在此，克拉维约使团见到了帖木儿，当时他年 70 岁。1406 年，克拉维约返回西班牙，他将日记整理成书，书名《帖木儿时代之自卡斯提至撒麻耳干游记》(*Timur Devrinde Kadistan Semer-Kand'a Seyahat*)，汉译书名为《克拉维约东使记》。

《克拉维约东使记》提到了帖木儿的战争、治国和日常起居的宫廷生活，描述了帖木儿与中国明朝和奥斯曼帝国的交往以及接见各国使臣的盛况。《克拉维约东使记》详细描写了撒麻耳干城的布局、宫殿建筑、民居、市集等情况；其记载不厌其烦、务求详尽，今天的学者通过此书能够窥见当时中亚社会的轮廓。

继《克拉维约东使记》之后的重要游记是《沙哈鲁遣使中国记》。1419 年，随沙哈鲁使团到中国的画师火者·盖耶速丁，将他沿途所见所闻以日记的形式记录下来，以后，帖木儿的书记官哈菲兹·阿卜鲁将他的日记整理和编辑，收入《历史精华》一书。其中，有关 1419—1421 年间的记载幸存下来，汉译本名为《沙哈鲁遣使中国记》，书中记录了从哈烈出发至明朝首都北京的行程、沿途城镇建筑，以及沿途地区的历史地理、政治经济、法律制度、风土人情、宗教文化。此书是这一时期西方学者对中国最翔实的记录，在中外文化交流史上有着重要意义。

这一时期，中国使臣也留下了一些游记，其中，最重要的是《西域行程记》和《西域番国志》。1414 年（明永乐十二年），帖木儿帝国使团到北京朝贡，明成祖朱棣命中官李达、吏部员外郎陈诚、户部主事李暹等护送使臣回国。陈诚一行于 1415 年（永乐十三年）正月出发，于同年十月返回。《西域行程记》和《西域番国志》是 1415 年陈诚回国后送呈明成祖的西使报告。①《西域行程记》记录了使团行程及道里、各地山川地貌、风俗人情，对中亚穆斯林民俗的记载尤为丰富，对了解这一时期中亚的自然和社会状况有参考价值。

---

① 《西域行程记·西域番国志·咸宾录》，第 16 页。

帖木儿帝国时期，中亚绘画受到了中国艺术的影响。英国伊朗学家罗思（D. Ross）总结说，早在10世纪中期（943），当中国的一个使团来到萨曼王朝的首都不花剌之时，使团中有中国的艺术家，他们将中国的画法传入，对中亚的绘画产生了影响，当时中亚人把绘画叫作Kar-i-chini，即“中国的工作”。蒙古人统治时期，波斯在吸收中国工笔画的基础上，形成了细密画。帖木儿统治时期，细密画达到高超的水平，具有独特风格的哈烈派形成。其中，大画家比赫扎德擅长工笔细画，他曾任哈烈艺术科学院院长，以后在忽辛・拜哈拉的宫廷工作，为忽辛・拜哈拉画了两张肖像。沙哈鲁时期绘画艺术的成就主要体现在书籍的装帧和插图上，比赫扎德留下的画作有《御座上的帖木儿》、《战争中的帖木儿》。15世纪中叶，在哈烈学派的影响下，独立的帖木儿画派形成，成员主要集中在撒麻耳干城，他们以地区风格为主，在某种程度上也受到波斯画派的影响。在16世纪20年代以前，帖木儿画派在中亚艺术上有着重要影响。

帖木儿帝国的统治者们重视和提倡教育，在他们的提倡下，一些著名大学兴起，其中，宗教大学有哈烈城的贾米大清真寺、忽辛・拜哈拉经学院、郭瓦夏古学府，撒麻耳干和不花剌伊斯兰经学院。撒麻耳干经学院除了开设宗教和语言学科外，还设置了天文、数学、文学和历史等课程，培养了大批学者。兀鲁伯神学院是15世纪中亚最好的学府之一，它不仅是培养穆斯林神职人员的学府，也是学习和研究世俗科学思想的中心。兀鲁伯本人亲自在学院授课，在此任教的还有著名学者萨阿德丁・马斯武德・伊本・乌马尔（1322—1395）。萨阿德丁是一位博学家，他写的有关神学和语法修辞方面的著作成了教科书，他一生从事教学，曾在撒麻耳干、萨拉赫斯、哈烈、花剌子模等城从教。伟大诗人阿利舍尔・纳瓦依也是一位思想家和教育家，他自己出资在哈烈城修建的经文学堂，既是学习、研究和传播伊斯兰文明的重要讲坛，也是宣传、普及和探索科学知识的学术殿堂。

帖木儿帝国时期，中亚的科学成就集中在天文学上。兀鲁伯是一个学识渊博的天文学者，他于 1428 年斥巨资在撒麻耳干城东北部的柯希克（Kohik）高地建造天文台，任命艾布·卡西姆为台长。天文台是一个三层圆形建筑物，有大理石制作的大尺度六分仪、水平度盘和巨型象限仪等精密的天文仪器装置，收藏了天文历算等大量图书，还招聘了一批又一批各地天文学家来进行天文观测和研究。在他们的努力下，历时近 30 年，测定了 1000 多颗恒星及其方位，积累了关于恒星和行星运行的大量观测资料。在此基础上，1446 年编成了《兀鲁伯新天文表》。《兀鲁伯新天文表》分四个部分：不同时代与不同地区；计时；行星运程；恒星的位置。《兀鲁伯新天文表》是 16 世纪以前精确度最高的天文表，它概述了当时的天文学基础理论和 1018 颗星辰的方位，这是继古希腊天文学家希巴尔赫之后，测定星辰位置最准确的记录。《兀鲁伯新天文表》于 1642—1648 年间被牛津大学格雷夫斯教授介绍到欧洲，成为东西方科学家研究星位的重要参考材料。坐落在撒麻耳干城东北郊的兀鲁伯天文台如今成为乌兹别克斯坦的重要古迹之一，现存遗址上只有巨大的大理石六分仪，它被安装在离地面 11 米深、2 米宽的斜坑道里，坑道上面是兀鲁伯天文台博物馆。

帖木儿帝国时代，中亚建筑得到了飞速发展。在战争期间，帖木儿将征服地区的工匠遣送到中亚，这些人大多数被送到撒麻耳干和渴石。帖木儿的目标是把撒麻耳干建成亚洲最繁荣的都市。撒麻耳干等城的建筑是由各地工匠、设计师、艺术家们完成的，这些建筑既有突厥文化的特色，又融合了波斯、阿拉伯的建筑风格，由于中国工匠的参与，甚至还受到了中国建筑风格的影响。据布哇说："帖木儿曾在撒马儿罕、帖必力思（桃里寺）两城招聚中国陶工不少，所以受中国艺术之影响很大，不仅在建筑物上所用之上泐砖见之，而且植物球根状的圆顶，也是仿效中国作风的。"[①] 可以说，这一

① 〔法〕布哇：《帖木儿帝国》，见《西域南海史地考证译丛》第 3 卷，第 509—510 页。

时期的中亚建筑具有综合特征。它们主要反映在两方面，一是使用了圆屋顶和双穹顶技术，二是在装饰上大量使用彩釉砖瓦贴面，贴面的彩釉砖瓦多以蓝色为主，流光溢彩，极为华丽。

2001 年，联合国教科文组织世界遗产委员会将撒麻耳干古城整体作为文化遗产列入《世界遗产名录》。根据建筑年代，遗址划分为阿弗拉西雅布（Afrasiab）遗址区、帖木儿帝国遗址区和沙俄—苏联建筑区三部分。

帖木儿帝国遗址区主要保存了帖木儿帝国时期建筑的伊斯兰教清真寺、宫殿、陵墓。其中，最杰出的伊斯兰建筑是撒麻耳干城的帖木儿大清真寺。帖木儿远征印度回来以后，为悼念他的王后比比·哈努姆，于 1399—1404 年建筑了这一清真寺，因此，帖木儿大清真寺又名比比·哈努姆清真寺。建造该寺的工匠技师除中亚本地外，还来自波斯、印度、巴库、中国。礼拜大殿有镶着蓝色瓷砖的大穹顶，大穹顶四周，如众星捧月一般环绕着 398 个网状、大小不一的精致小穹顶，大穹顶与大门两端及院墙四角的八边形宣礼塔遥相呼应，显示出恢宏的气势和迷人的风采。寺的所有墙壁上都镶有用彩色瓷砖砌成的图案和壁画，大门上镌刻着细密的花卉藤蔓和回纹图案。中国使者陈诚曾描述说："规制甚精，柱皆青石，雕镂尤工。四面回廊宽敞，中堂设讲经之所。经文皆羊皮包裹，文字书以泥金。人物秀美，工巧多能。"① 帖木儿大清真寺是撒麻耳干建筑学上的杰作。②

沙哈鲁时代建筑艺术的代表作是沙哈鲁之后高哈尔·夏德主持修建的高哈尔·夏德清真寺。清真寺由一个气宇轩昂的四面敞厅构成，四边有花砖装饰的巨大拱门，西南方向有一圣堂门廊，上面托着一个蓝色圆穹顶，中间矗立着两座高高的花砖建造的尖塔。高哈尔·夏德清真寺的巍峨雄姿、完美比例、精美砖工，代表了帖木儿

---

① 《西域行程记·西域番国志·咸宾录》，第 82 页。
② 〔苏联〕Б. Г. 加富罗夫：《中亚塔吉克史》，第 297 页。

帝国时期中亚建筑艺术的最高水平。

在今撒马尔罕市中心的列吉斯坦（意为“沙地”）广场，兀鲁伯神学院是帖木儿帝国时期的建筑，兀鲁伯神学院曾遭到地震破坏，以后重建。新穹顶高13米、直径13米，建于1417—1420年。其中，各色彩釉砖瓦装饰的正门和穹顶体现了伊斯兰建筑风格。

除了清真寺外，陵墓建筑也体现了帖木儿帝国时代建筑的最高成就。其中，最壮观的是古尔·埃米尔麻扎（Gur Amir Mazar）和阿合马·亚萨维陵（The Mausoleum of Khoja Ahmed Yasawi）。古尔·埃米尔麻扎位于撒麻耳干城区，始建于1403年。陵墓造型壮观、色彩鲜艳，具有浓厚的东方建筑特色。陵墓的阿拉伯式球锥形穹顶四周镶嵌着用玛瑙方砖组成的壁画，彩砖、金饰交相辉映，浑然一体。墓门和栏杆的石板、木材上有精美的雕刻，陵墓内壁上部用彩砖嵌成各种几何图案和《古兰经》经文。

阿合马·亚萨维陵位于今突厥斯坦城（当时名雅西城），它是帖木儿时期建筑模式的典范，据说，帖木儿本人亲自参与了它的设计。阿合马·亚萨维陵是一长方形建筑，地基长655米、宽465米，在中心墓室周围有几十间房围绕，陵墓拥有很多穹顶。建造陵墓大厅的材料是一种表面光洁如玻璃的烧砖，北面入口的拱门上有雕刻，镶嵌着精致的象牙。2003年，阿合马·亚萨维陵被联合国教科文组织世界遗产委员会列入《世界遗产名录》，世界遗产委员会在遴选理由中写道：阿合马·亚萨维陵是帖木儿时代建筑中的杰出代表，对伊斯兰宗教建筑的发展做出了巨大的贡献；陵墓和其所在的位置提供了中亚地区文化和建筑技术发展的独特见证；阿合马·亚萨维陵是帖木儿时期蓬勃发展的重要建筑模式的最原始形式，对研究帖木儿时代建筑发展的历史有重要的参考价值。

这一时期的建筑还应该提到渴石城。渴石城是帖木儿家乡，他在征服战争中俘获的工匠技人也输送到渴石城。渴石城，即沙赫里夏勃兹历史中心（Historic Centre of Shakhrisyabz）于2000年被列入《世界遗产名录》。世界遗产委员会在遴选理由中指出：沙赫里夏勃兹有很多好纪念碑，尤其是帖木儿时期的那些。它们具有中世纪中亚的巨大文化和政治意义。沙赫里夏勃兹大楼，特别是阿克萨莱（Ak-Sarai）宫殿和帖木儿墓，是对这个地区的建筑有深刻影响的一种样式的杰出例子。

第四章

中亚国家与周边政权的关系

在 14 世纪中叶至 15 世纪后期的一百多年中，帖木儿帝国与周围的蒙古、突厥诸政权之间进行了长期的战争。在东方，帖木儿帝国与东察合台汗国之间的敌对关系持续了很长时间，结果，东察合台蒙古人势力减弱，无力发动入侵河中地区的战争。在西方，帖木儿帝国与突厥政权（黑羊和白羊王朝）争夺对西波斯的统治权，15 世纪后期，白羊王朝最终成为西波斯的主人。在北方，帖木儿帝国在与钦察汗国争夺花剌子模绿洲的战争中保住了这块属地。在此一百年间，帖木儿帝国、东察合台汗国都与中国明王朝有着政治和经济的交往，在大多数时间里，它们与明王朝保持了友好关系。帖木儿帝国与非洲北部埃及的马木路克王朝和小亚细亚的奥斯曼帝国一直处于敌对状态，1402 年，帖木儿帝国与奥斯曼帝国在安卡拉发生了战争。此役之后，帖木儿在西方赢得了极大的声望，欧洲国家纷纷派使臣到帖木儿帝国，这些使者留下了有关帖木儿帝国的记载。

第一节 帖木儿帝国与周边蒙古、突厥政权的关系

在对外扩张战争中，帖木儿灭亡了西察合台和伊利汗国，打败了钦察汗国，将伊利汗国的西波斯和钦察汗国的花剌子模纳入自己的统治，东察合台汗、钦察汗都向帖木儿表示臣服。帖木儿去世以后，东察合台汗重新燃起了统一河中地区的希望，伊利汗企图在报达重建自己的统治，钦察汗也发动了收复花剌子模的战争。后继的帖木儿帝国素丹们，特别是沙哈鲁，与之进行了长期的斗争。

帖木儿帝国与东察合台汗国之间的战争以卜赛因去世的 1469 年为界可以分为两个阶段。在第一阶段，帖木儿帝国素丹们占据主动，他们不仅在军事上占有优势，而且在外交上也很成功。沙哈鲁在位期间，追随帖木儿对东察合台汗国的政策，继续发动战争，入侵东察合台汗国。统治河中地区的兀鲁伯多次入侵蒙兀儿斯坦，据《两幸福之会合》一书记载，在与东察合台汗国的战争中，兀鲁伯连连获胜，甚至进入和蹂躏了其都城阿力麻里。卜赛因在位期间，利用东察合台汗位之争分裂了东察合台汗国。1428 年，东察合台歪思汗去世，长子羽奴思与次子也先不花争夺汗位，也先不花夺取汗位，其兄羽奴思逃到帖木儿帝国，先后在河中地区和东波斯的泄剌只城避难。也先不花称汗以后，不断出兵蹂躏赛拉木城、突厥斯坦城和塔什干城，卜赛因曾出兵在塔拉兹城附近打败了东察合台军队。此后，卜赛因采取外交策略分裂了东察合台汗国。1456 年，他把正在泄剌只流亡的羽奴思召到宫中，承认他的察合台汗地位，出兵帮助他攻打其弟也先不花。这支军队夺取了包括都城阿力麻里在内的蒙兀儿斯坦西部及伊塞克湖以南地区，成为这些地区的统治者。也先不花向东退缩，统治了蒙兀儿斯坦东部及一直到吐鲁番的畏兀儿地区。1458 年，羽奴思向喀什城进军，在喀什和阿克苏两城之间被也

先不花和喀什城异密赛义德·阿里的军队阻截和击溃。于是，羽奴思又向卜赛因求助。卜赛因再次出兵帮助他在蒙兀儿斯坦西部，即伊犁附近和伊塞克湖一带建立了统治。从此，东察合台汗国分裂成两个政权，它复兴中亚的梦想彻底破灭。1462 年，也先不花去世，羽奴思将东察合台汗国的东部领地纳入自己的统治之中，东察合台汗国重新统一。

1469 年，卜赛因去世，帖木儿帝国分裂，帖木儿帝国与东察合台汗国关系进入了第二阶段。在此阶段中，东察合台汗国占据了主动。卜赛因的长子速檀·阿合马继承了河中地区的统治；卜赛因的四子乌马儿·沙黑继承了费尔干纳地区。兄弟两人为争夺塔什干和赛拉木城的统治权进行了多次战争，在此过程中，东察合台汗羽奴思成了他们之间的仲裁人。当时，乌马儿·沙黑是在羽奴思的扶持下维持着在费尔干纳的统治，实际上已经沦为羽奴思的附庸，羽奴思利用乌马儿·沙黑反对速檀·阿合马。1484 年，速檀·阿合马与乌马儿·沙黑两兄弟为占有塔什干和赛拉木城再次爆发战争，羽奴思应邀进行调解，结果，他把两城纳入了自己的统治范围。

1487 年，羽奴思在塔什干去世，王位由他的长子速檀·马哈木汗继承。速檀·阿合马趁东察合台汗国王位更迭之机企图收复塔什干，但在塔什干附近的奇尔奇克河（或帕拉克河）被马哈木汗打败。正值此时，昔班尼率领的乌兹别克人沿咸海东岸南下，他们在咸海沿岸的活动得到了东察合台汗马哈木的支持。

除了东部的战争外，帖木儿帝国的素丹们还要对付西方突厥政权，即黑羊和白羊王朝。沙哈鲁统治时期，帖木儿帝国统治中心西移，呼罗珊首府哈烈城成为帝国都城。帝国都城西移有两方面的原因：一方面，哈烈城是沙哈鲁的封地，他在此经营了很长时间，基础牢固；另一方面，帖木儿帝国西部局势不稳定，不仅呼罗珊异密的反叛时有发生，而且西波斯的一些王朝，特别是札剌亦儿王朝，企图复辟。

帖木儿在征服伊利汗国的西波斯和小亚细亚之后，将这些地区或者分封给自己的子孙，或者保留其地区统治者，让他们以帝国属臣的身份继续在当地实施统治。

帖木儿去世当年（1405），札剌亦儿王朝统治者阿合木·札剌亦儿从埃及返回，将帖木儿之孙阿不别克尔赶出报达，在此重建了自己的统治，阿不别克尔逃到其弟乌马儿·米尔咱的领地阿哲儿拜占。1406 年，黑羊王朝首领哈拉·玉素甫也结束了他在埃及的流亡生活，在纳希切万打败了阿不别克尔，重新确立了他在阿哲儿拜占的统治。阿不别克尔和父亲米兰沙企图重新夺取该地，但在 1408 年 4 月 20 日的战斗中遭到失败，米兰沙被杀，阿不别克尔先后逃到克尔曼和锡斯坦。

哈拉·玉素甫以桃里寺为都，恢复了黑羊王朝。以后，阿合木·札剌亦儿企图夺取阿哲儿拜占，于是，这对曾经一起在埃及和奥斯曼帝国避难的老盟友发生了战争。1410 年 8 月 30 日，哈拉·玉素甫在桃里寺附近打败阿合木·札剌亦儿，占领报达和伊剌克西部，成为西波斯的统治者。后来，哈拉·玉素甫又利用帖木儿后裔之间的纷争占领了苏丹尼耶和德黑兰以西的可疾云（加兹温），黑羊王朝成为西波斯的强国，帖木儿后裔退出了西波斯。

西波斯的丧失，特别是兄长米兰沙之死，促使沙哈鲁西征。一来为其兄报仇，二来重建帖木儿帝国在西波斯的统治。1419 年，沙哈鲁率领大军从哈烈城出发，前往阿哲儿拜占。当年 12 月，黑羊王朝首领哈拉·玉素甫去世，其子昔干答儿继承王位（1420—1438）。1421 年，沙哈鲁征服了阿哲儿拜占，但当他返回呼罗珊以后，昔干答儿又在阿哲儿拜占复辟。1429 年和 1434 年，沙哈鲁两次出兵打败了昔干答儿，但沙哈鲁军队一撤，昔干答儿又重新攻占这一地区。1438 年，沙哈鲁最终将此地区交给黑羊王朝统治家族成员，即昔干答儿兄弟只罕沙统治。这一任命承认了黑羊王朝土库曼人对阿哲儿拜占和报达的统治，帖木儿帝国让出了在西波斯的统治权。

沙哈鲁死后，只罕沙开始向东发展，逐渐夺取了帖木儿帝国的一些属地。在卜赛因即位之初，西波斯的阿哲儿拜占、伊剌克·阿拉比和伊剌克·阿只迷（1452）、伊斯法罕、法尔思和起儿漫城（1458）都处于土库曼黑羊王朝的统治之下。卜赛因当时忙于对付东察合台人的战争，直到1458年，卜赛因才把注意力转向黑羊王朝。

1458年，只罕沙向呼罗珊进军，7月，占领哈烈城，卜赛因撤往巴里黑。以后，卜赛因在穆尔加布河畔打败了只罕沙之子皮儿·布达克，缓解了呼罗珊局势。1458年12月，达姆甘与剌夷之间的西模娘城（Samnān，位于今伊朗德黑兰东塞姆南）成为帖木儿帝国与黑羊王朝分界线。以后，黑羊王朝兼并了阿拉伯半岛东部沿海地带，成为西亚的伊斯兰大国，只罕沙取用"素丹"称号。1466年，只罕沙企图夺取白羊王朝属地迪亚巴克尔（Diyar Bakr），被白羊王朝首领乌宗·哈桑（Uzun Hasan）打败并杀死，1468年，白羊王朝灭黑羊王朝，继承了黑羊王朝在西波斯的统治。

白羊王朝是土库曼游牧部落在小亚细亚东部建立的封建王朝，最初只是土库曼游牧部落组成的松散联盟。据《拜占庭编年史》记载，这一联盟大约于1340年在小亚细亚东部出现。1378年，各部落拥立卡拉·奥斯曼为联盟首领，因他们的旗帜上绘有白羊图案，故名白羊王朝。[①]在帖木儿西征期间，卡拉·奥斯曼追随帖木儿，白羊王朝成为帖木儿帝国的属国。1402年，卡拉·奥斯曼参加了帖木儿反对奥斯曼土耳其人的安卡拉战役，帖木儿将伊剌克北部迪亚巴克尔地区封给他。帖木儿去世以后，卡拉·奥斯曼于1408年脱离帖木儿帝国，定都迪亚巴克尔。在乌宗·哈桑统治期间，白羊王朝国势强盛，大举向外扩张。

白羊王朝的东邻是黑羊王朝，两个王朝为争夺地盘进行了长期的战争。1467年，乌宗·哈桑夺取了黑羊王朝属地亚美尼亚、阿哲

① 白羊王朝首领世系：卡拉·奥斯曼（1378—1435）、乌宗·哈桑（1435—1478）、阿万德·米尔咱（？—1501）。

儿拜占、伊剌克北部和伊朗西部，迁都桃里寺城。接着，于1468年打败呼罗珊埃米尔艾布·赛义德。

卜赛因本想效仿他在蒙兀儿斯坦的做法，利用黑羊王朝与白羊王朝之间的矛盾“坐收渔翁之利”，达到帖木儿帝国恢复西波斯的目的。然而，灭亡黑羊王朝之后，白羊王朝势力强大起来，对帖木儿帝国造成了极大的威胁。于是，卜赛因向白羊王朝的首领乌宗·哈桑宣战，帖木儿军队穿过伊剌克·阿只迷，经阿哲儿拜占，直奔乌宗·哈桑在阿拉斯河与库拉河下游草原上的大本营卡拉巴赫。时值冬季，乌宗·哈桑求和，在遭到拒绝之后，乌宗·哈桑率部撤退。卜赛因向阿拉斯河进军，决定在气候温和的卡拉巴赫度冬。但途中遭到乌宗·哈桑阻截，撤退时又中了埋伏被俘（1469年2月11日），6天之后被处死。卜赛因恢复西波斯的梦想最终没有实现。白羊王朝以桃里寺为都，乌宗·哈桑家族以波斯国王的身份统治了报达、泄剌只、伊斯法罕、苏丹尼耶、剌夷、克尔曼的广大地区，直到1501年，白羊王朝被波斯人的萨法维王朝灭亡。

在对付东、西方政权的同时，帖木儿帝国还与钦察汗国发生了争夺花剌子模的战争。15世纪上半叶，在帖木儿帝国与钦察汗国的关系中，钦察王公也迪该起到了重要作用。也迪该早年曾为帖木儿效力，帮助帖木儿对付钦察汗脱脱迷失。以后，他回到钦察草原，操纵了钦察汗位的继承，他先后扶持帖木儿·忽特鲁格、沙迪别（1401—1407）、不剌·锁鲁檀（1407—1410）即位。在此期间，他发动了对花剌子模的战争。

帖木儿去世之后，帖木儿子孙之间发生了争夺王位的斗争。钦察军队于1405—1406年间袭击并蹂躏了花剌子模，1406年，也迪该占领花剌子模绿洲。沙哈鲁即位当年，即1409年，钦察汗不剌·锁鲁檀与也迪该都派使者到哈烈城，恭贺新帝即位。沙哈鲁按照东方的外交礼仪接见了钦察汗国的使团，双方互赠礼物。钦察汗国使者向沙哈鲁献上了珍贵的猎禽，沙哈鲁也回赠了丰厚的礼物，沙哈鲁还为其子马哈麻·朮乞·拔都儿向钦察汗国公主求婚。[①]

1410年，不剌·锁鲁檀汗去世，也迪该在新即位的钦察汗面前失势，逃到花剌子模，以此为基地与钦察汗对抗。1412年，原钦察汗脱脱迷失之子札兰丁夺取钦察汗位，接着出兵镇压花剌子模的也迪该政权，被也迪该打退。沙哈鲁认为收复花剌子模的时机到了，于是，出兵花剌子模。在经过几次军事失败之后，统帅沙·灭里施展政治手段，赢得了花剌子模宗教界人士和世俗贵族的拥护。1413年，花剌子模贵族带着礼物来到沙·灭里军营，献上花剌子模首府玉龙杰赤城，也迪该被赶走，花剌子模绿洲重归帖木儿帝国。

1430—1431年间的冬天，在咸海北岸游牧的朮赤系宗王阿布海尔率领部众占领了包括玉龙杰赤城在内的花剌子模北部地区，他们在短时期内统治了这一地区。1447年，兀鲁伯继承其父沙哈鲁的王位，在他统治初期，花剌子模一直是帖木儿帝国的属地。1448年秋，兀鲁伯迁到呼罗珊以后，阿布海尔侵入河中地区，1451年，又扫荡了撒麻耳干城郊，在此扶持米兰沙孙子卜赛因登上撒麻耳干的王位。但到15世纪末期，花剌子模在名义上一直是帖木儿帝国在哈烈的统治者忽辛·拜哈拉的属地。以后，朮赤系后裔昔班尼率部南下，在东察合台汗马哈木的支持下先后灭亡了帖木儿帝国在河中地区和呼罗珊的政权。

第二节　帖木儿帝国与明朝的关系

14世纪中叶以后，中国境内发生了反对元朝统治的农民起义。1356，农民起义军领袖朱元璋攻克建康（今南京），改建康为应天府。1367年，朱元璋正式即皇帝位，第二年正月，改元洪武，定国号为明，以应天府为京师，开启了明朝的历史（1368—1644）。中国

---

① 〔苏联〕Б. Д. 格列科夫、А. Ю. 雅库博夫斯基：《金帐汗国兴衰史》，第337页。

明朝与中亚帖木儿帝国（1370—1507）几乎是同时兴起的国家，除了短暂的时间（1395—1405）外，亚洲的这两大帝国在一百多年的时间内基本上保持了友好交往，这有利于东西方经济和文化的交流。

帖木儿在河中地区建立国家以后，开始了一系列扩张战争。在此期间，帖木儿向明朝遣使贡献。1387 年，帖木儿的使者第一次来到明朝宫廷。据《明史》记载："帖木儿首遣回回满剌、哈非思等来朝，贡马十五，驼二。诏宴其使，赐白金十有八锭。"[①] 此后，帖木儿贡马驼的使者频繁来到明朝宫廷。而刚刚建立不久的明朝也需要一个和平环境，以对付其主要敌人——元朝残余势力。在"太祖欲通西域，屡遣使招谕，而遐方君长，未有至者"[②] 的情况下，帖木儿对明朝的友好表示显得十分珍贵，他是第一个承认明朝政权并向明朝派遣使团朝贡的国家元首。

此后，两国之间有使者互往。据布哇撰《帖木儿帝国》记载："次年（即 1388—1389）帖木儿遣使赴中国，并在撒马儿罕接见中国使臣。"[③] 1391 年，朱元璋派主事宽彻、御史韩敬、评事唐钲到哈梅里（今新疆哈密）、别失八里，以及撒麻耳干诸国进行访问。来到别失八里时，其王黑的儿火者"以其无厚赐"为由，将宽彻扣留，放敬、钲回国。[④] 这些记载表明，明朝在此时期有人到过帖木儿帝国。不过，明使节正式访问帖木儿帝国是 1395 年。

1394 年，帖木儿向明朝上表说："恭惟大明大皇帝受天明命，统一四海，仁德洪布，恩养庶类，万国欣仰。咸知上天欲平治天下，特命皇帝出膺运数，为亿兆之主。光明广大，昭若天镜。无有远近，咸照临之。臣帖木儿僻在万里之外，恭闻圣德宽大，超越万古。自古所无之福，皇帝皆有之。所未服之国，皇帝皆服之。"[⑤] "臣帖木儿"

---

① （清）张廷玉等：《明史》，第 8598 页；另见（明）严从简：《殊域周咨录》卷 15，"撒马儿罕"条，记载："本朝洪武二十年，帖木儿遣回回满剌、哈非思二人开通道路，贡驼马。"

② （清）张廷玉等：《明史》，第 8598 页。

③ 〔法〕布哇：《帖木儿帝国》，见《西域南海史地考证译丛》第 3 卷，第 479 页。

④ （清）张廷玉等：《明史》，第 8607 页。

⑤ 同上书，第 8598 页。

一语起码说明帖木儿表面上承认了中国明朝的宗主国地位。

在帖木儿上表的第二年，即 1395 年，朱元璋派傅安回访了帖木儿帝国。据《明史稿》记载："帝欲通西域，命安（指傅安）与给事中郭骥，御史姚臣，中官刘惟，赍玺书金币，率将士千五百人以行。"[①] 这是明朝使节正式访问帖木儿帝国的第一次记载，此事在西方史书中也被记载下来。据《帖木儿武功记》记载，傅安使团从南京出发的第二年，"帖木儿在锡尔河畔乞那斯镇（Chinaz）过冬时，契丹国（指明朝）皇帝唐古斯汗（Tanghuskhan，指明太祖朱元璋）之大使数人，携带珍品多种来朝。大首领引之觐见后，使臣献呈礼物，报告通聘目的及交呈国书"[②]。

正是在傅安首次出访之年，帖木儿对明朝的态度发生了变化。傅安被帖木儿扣留在中亚未归。此后，明朝又派使者到帖木儿帝国，据《克拉维约东使记》记载，1396 年，西班牙使臣克拉维约来帖木儿朝廷，他被排在明使之上。在帖木儿接见之时，还有一王公走到中国使臣面前，传帖木儿之旨说："（帖木儿）视中国专使如敌寇，为帖木儿之敌人，今日特引见西班牙使团于中国专使之前者，即以示帖木儿不悦中国之意。"[③] 此后，帖木儿在五年内未向明朝贡献。对此，当时曾在帖木儿军队中服役的德国人约翰·细尔脱白格（Schiltberger）在他的游记中写道："契丹国大汗，遣使带马四百匹，至帖木儿之廷，责取贡赋，盖帖木儿不入贡者已五年矣。帖木儿引使者至其都（即撒马儿罕），继乃遣之回国，告以归后须报告契丹大汗。帖木儿自此不复称臣纳贡于大汗。不久彼将亲来见大汗，使之称臣纳贡于帖木儿也。"[④]

据克拉维约记，帖木儿最后一次向明朝遣使纳贡是在 1396 年，

---

① （清）王鸿绪：《明史稿》卷 128，见吴树平主编：《二十四史外编》第 136 册，天津古籍出版社 1998 年版，第 399 页。

② 〔波斯〕歇里甫丁：《帖木儿武功记》，转引自张星烺编注：《中西交通史料汇编》第 5 册，朱杰勤校订，中华书局 1978 年版，第 199 页。

③ 〔西班牙〕罗·哥泽来滋·克拉维约：《克拉维约东使记》，第 159 页。

④ 张星烺编注：《中西交通史料汇编》第 1 册，第 424 页。

使者到达南京大概是1397年了。1398年，明太祖朱元璋去世，明惠帝朱允炆与朱元璋四子朱棣之间发生了历时四年的王位争夺，即“靖难之变”（1399—1403）。这个消息传到撒麻耳干以后，帖木儿停止向明朝遣使。此时，帖木儿之孙皮尔·马黑麻率领3000军队正在印度作战，帖木儿的大队人马即将赶赴印度，因此，出征明朝之事并未提到日程上来。

1398年征服印度之后，帖木儿又与奥斯曼帝国和埃及马木路克王朝发生军事冲突，这些冲突使帖木儿直到1402年才得以回国。是年，帖木儿在撒麻耳干城召开忽里勒台，商讨远征中国之事。就在1403年，明成帝朱棣还遣使帖木儿帝国，使臣于1404年到达。

在与明朝的交往中，帖木儿曾“专心致力于中国风土、人情、地理、形势之考查，以及中国人口、财富、特点之研究。为搜集资料起见，特命鞑靼人赴中国首都居住六个月，从事调查”[①]。据说，帖木儿命人做了一张较为详尽的军用地图，地图上标明了中国西部边疆重要水源之地。按照帖木儿挑选的线路，他的骑兵从于阗到北京需要走161天，因此，帖木儿的计划是先率20万精兵东征，留下一部分士兵沿途屯田，此后再从中亚逐年调遣援兵。

据当时在撒麻耳干城的阿拉伯人回忆，在帖木儿征服中国的计划中，后勤工作做得很扎实，粮积若山，马羊成海。据《帖木儿武功记》记载，在攻契丹的计划中，帖木儿征集了80万人的军队，并按伊刺克和鲁木（罗姆）军队的习惯供给他们足够七年应用的粮秣。由于契丹和河中这段地区耕地很少，人烟稀薄，所以他命每个人除了本人的给养以外，要带两头乳牛和十头乳用山羊，并且告诉他们说，给养用完的时候先挤奶，奶挤干了的时候再宰了吃肉。[②]

帖木儿的前锋部队由他的孙子哈里勒（帖木儿三子米兰沙之子）统帅，从塔什干出发，在1405年新年，前锋部队翻越天山，1月6

---

①〔西班牙〕罗·哥泽来滋·克拉维约：《克拉维约东使记》，第159页。

② 米儿咱·马黑麻·海答儿：《中亚蒙兀儿史·拉失德史》第1编，第226页。

日推进到伊犁河。1404 年 11 月 27 日，帖木儿率领由 20 万步兵和 25 万骑兵组成的部队从撒麻耳干起程，号称 80 万大军。[①] 当浩浩荡荡的大军行至锡尔河畔时，天下大雪，河面开始结冰。帖木儿在河畔驻扎 50 天，等待冰冻结实。帖木儿大军渡过锡尔河以后，来到讹答剌城。在此，帖木儿命令由哈里勒率领的前锋加快进军步伐，务必在三月初拿下蒙兀儿斯坦。

帖木儿大军起程后不久，消息传到了明朝宫廷，明成祖朱棣于永乐三年（1405）二月给甘肃总兵左都督宋晟下了一道谕旨："回回倒兀言，撒马儿罕回回与别失八里沙迷查干王假道率兵东向，彼必未敢肆志如此，然边备常不可怠。……宜练士马，谨斥堠，计粮储，预为之备。"[②]

战争一触即发，然而，帖木儿在驻留讹答剌城期间身染疟疾，卧床不起，于回历 807 年 8 月 10 日（公元 1405 年 2 月 18 日）病逝。据当时在帖木儿军中服役的德国人细尔脱白格记，帖木儿是返回撒麻耳干城后才病逝的。"东行一月余，抵沙漠，须行七十日始得越过。水草缺乏，天气寒冽，马死者甚众。帖木儿乃归国都，病死。"[③] 帖木儿去世之后，帖木儿家族随即展开了争夺王位的战争，远征明朝半途而废。

1405 年，帖木儿之孙哈里勒夺取王位，新王采取了与明朝友好的外交姿态，释放了被帖木儿扣押的明朝使臣傅安、郭骥和陈德文等人。据《明史》记载："（1407）六月，孙哈里嗣，乃遣使臣虎歹达等送安还，贡方物。帝厚赉其使。"[④] 此后，经哈里勒、沙哈鲁和兀

① 参见《帖木儿武功记》，转引自米儿咱・马黑麻・海答儿：《中亚蒙兀儿史・拉失德史》第 1 编，第 226 页。又据布哇《帖木儿帝国》记为"四十多万人"，其中"步兵二十万，骑兵之数过之"，见《西域南海史地考证译丛》第 3 卷，第 501 页；另据《蒙古述略》，所记的数字为"二十万人"；再据张星烺编注：《中西交通史料汇编》第 1 册，第 424 页，德人约翰・细脱白格记为"一百八十万人"。

② 《钞本明实录》第 2 册，卷 39，第 595 页。

③ 张星烺编注：《中西交通史料汇编》第 1 册，第 424 页。

④ （清）张廷玉等：《明史》，第 8599 页。

鲁伯三朝统治者的努力，开创了两国友好关系的新局面。

沙哈鲁在位期间（1409—1447），帖木儿帝国承认了明朝的宗主国地位，沙哈鲁“务求与邻国维持友好，即奉中国为上邦”[①]。沙哈鲁统治时代是帖木儿帝国与明朝关系密切、贸易频繁的一个时期，据美国人莫里斯·罗萨比在《明代到亚洲腹地的两位使者》一文，永乐皇帝在位期间（1403—1424），大约有20个使团来自撒麻耳干和哈烈，32个使团来自中亚的其他城镇。20世纪80年代在北京发现了沙哈鲁的银币，它是帖木儿帝国与明代中国通商贸易友好往来的一件物证。

卜赛因在位期间（1451—1469），帖木儿帝国与明朝继续维持友好关系。《明史》记载：“景泰七年（1456），（撒马儿罕）贡马驼、玉石。”卜赛因之后，帖木儿帝国后王继续向明朝贡献，“成化中（1473年左右），其（撒马儿罕）锁鲁檀阿黑麻三人贡”，“成化十九年（1483），偕亦思弗罕酋长贡二狮。至肃州，其使者奏请大臣往迎”。[②]

帖木儿帝国与明朝友好关系的缔结和维持，加强了中亚与中国之间的政治联系。元亡以后，漠北割据，中亚、西亚的贡使、商旅、公文以及买卖交易几乎完全集中在这条孔道上，中亚统治者都将这条通道视为金路。为了加强与帖木儿帝国的联系，明朝在哈密建立了直属中央政府管理的机构，1404年，明朝在哈密册封元后裔安克帖木尔为忠顺王，两年后建立哈密卫。“朝廷设哈密卫当诸夷通路，每岁各处回回进贡者至此，必令少憩以馆谷之，或遇番寇劫掠，则人马亦可以接护。”[③]哈密成为连接中亚和中国内地交通的咽喉之地。

为了稳定西北地区的安定，明朝以宗主国的面貌解决帖木儿帝国的纷争，维护了中亚地区的和平。在帖木儿帝国内战期间（1405—1409），西域别失八里王沙迷查干于1407年企图趁帖木儿帝

① 〔法〕布哇：《帖木儿帝国》，见《西域南海史地考证译丛》第3卷，第557页。
② （清）张廷玉等：《明史》，第8600页。
③ 《钞本明实录》第10册，卷91，第508页。

国混战，夺取河中的撒麻耳干城。明成祖立即派使臣携带玺书前往别失八里，劝阻沙迷查干，希望他“慎勿轻动”。这些事例反映，明朝在解决中亚地区争端之时，注意维护中亚局势的稳定。

在哈里勒与沙哈鲁争夺王位期间，明朝派出使团调解斡旋，平息事端。1410年，明成祖朱棣遣都指挥白阿儿忻台为使，携玺书谕沙哈鲁曰：“天生民而立之君，俾各遂其生。朕统御天下，一视同仁，无间遐迩，屡尝遣使谕尔。尔能虔修职贡，抚辑人民，安于西徼，朕甚嘉之。比闻尔与从子哈里构兵相仇，朕为恻然。一家之亲，恩爱相厚，足制外侮。亲者尚尔乖戾，疏者安得协和。自今宜休兵息民，保全骨肉，共享太平之福。”[①] 不难看出，明朝希望帖木儿帝国内战双方休战，保持和睦，并对双方给予了赏赐。

帖木儿帝国派往明朝的使者多是王公贵族。1419年，沙哈鲁向明朝派出使团之时，沙哈鲁之长子兀鲁伯、次子亦不剌忻、三子伯开豁儿、四子莎儿合塔米失、五子马哈木·尤杰都派了代表随行。[②] 这些王子是沙哈鲁派往各省区、各地面的统治者。由此观之，帖木儿帝国各地都与明朝有着友好交往。

在经济上，帖木儿在与明朝的交往中是获利的，而且经济交往是帖木儿帝国与明朝保持友好关系的主要因素。帖木儿去世以后，明使陈诚屡次奉命出使西域，打通了明朝与中亚的贡贸通道。陈诚归国不久，中亚的哈烈、撒麻耳干、鲁迷、天方等城纷纷派使团来明朝访问，这种贡贸关系一直延续到帖木儿帝国结束。

明朝对朝贡使团采取“厚往薄来”政策，明成祖朱棣认为，外邦朝贡是“慕义远来”，不可“侵其利”[③]，对贡使的赠送“宁厚无薄”[④]。由于回赐物的价值远远高于朝贡物，中亚商人皆“慕利往来道

---

① （清）张廷玉等：《明史》，第8610页。

② 〔波斯〕火者·盖耶速丁：《沙哈鲁遣使中国记》，何高济译，中华书局1981年版，第107—108页。

③ 《钞本明实录》第2册，卷24，第538页。

④ 《钞本明实录》第3册，卷62，第63页。

路，贡无虚月”。为了达到获利目的，许多商贩冒充国家使臣。“西域使客多是贾胡，假进贡之名，藉有司之力，以营其私。……比至京师，又给赏及予物直，其获利数陪。”[①] 明朝回赐最多的一次曾经达到“钞六万一百五锭、綵币七十表里，绢千一十六匹”[②]。

明朝将前来朝贡的使团成员视如贵宾，沿途官员不仅要保证他们旅途安全，也要负责他们的食宿，在京城还设有会同馆接待。“盖番人善贾，贪中华互市，既入境，则一切饮食、道途之资，皆取之有司。虽定五年一贡，迄不肯遵，天朝亦莫能难也。”[③] 有一些贡使看到明朝富裕，不愿返回，明朝给予优待，许以官职。如景泰元年（1450），“撒马儿罕地面进贡回回哈三，土鲁番进贡回回察乞儿并凉州回回沙即班等来归，命为头目，送南京锦衣卫安插，给赐钞、布、纡丝衣、鞋袜、牛羊、柴米、房屋、床榻等物”[④]。帖木儿帝国到明朝的使臣次数多，使团规模大，是有其经济考虑的。

帖木儿帝国与明代中国经济交流的情况亦可从明代中国生产的瓷器上反映出来，为适应中亚穆斯林民族的需求，景德镇等明朝几大官窑生产以阿拉伯文、波斯文为装饰的青花瓷器。这些瓷器精品经朝贡使团及中亚商人，流传世界各地及阿拉伯地区。故宫博物院及中国历史博物馆现藏有明代以阿拉伯文装饰的瓷器 20 余种。

两国之间的政治和经济友好交往推动了文化交流。1368 年，明将徐达率军攻入元都（今北京），“封府库图籍”，其中有数十百册乾方之书，“乾方之书”指阿拉伯文或波斯文书籍，它们大多数是阐述测天之理的天文和历法书籍，明廷无人识读。在帖木儿使团中，有人能识读，明太祖朱元璋将这些人留在宫中做翻译工作，其中，温尔尼、马沙亦黑马哈麻分别被任命为钦天监监副和翰林院编修，子孙世守。温尔尼还负责给皇帝讲解天象变化，明代参用回回历法者

---

① 《钞本明实录》第 3 册，卷 5 上，第 549 页。
② 《钞本明实录》第 3 册，卷 267，第 488 页。
③ （清）张廷玉等:《明史》，第 8602 页。
④ 《明英宗实录》卷 199，第 4232 页。

260余年。温尔尼以后定居南京，取汉姓温，世代繁衍，成为南京世族大姓。

在文化交流过程中，帖木儿帝国素丹沙哈鲁曾劝明成祖皈依伊斯兰教，明成祖曾就此事于永乐八年（1410）致信沙哈鲁，信中，明成祖高度颂扬了伊斯兰教，但回避了沙哈鲁劝他皈依伊斯兰教的建议，只是反复强调“进而密切友好关系”、“宜更多培育如此真诚友谊”。此信的波斯文文本现存法国国立图书馆手稿部波斯文本106号，收录在帖木儿时代史家阿不都·剌匝克的《两幸福之会合》一书中。

两国交往的路线除了古代丝绸之路外，15世纪后期，海路开通，两国之间的海上交往也发展起来，帖木儿帝国使臣也有经海道入贡的，“弘治二年（1489），其使由满剌加至广东，贡狮子、鹦鹉诸物”[①]。不过，由于明朝大臣的反对，海路朝贡受到阻止。帖木儿来华贡使多沿陆路而来，经海路回国。

第三节　东察合台汗国与明朝的关系

元末农民起义夺取政权之时，元朝皇帝妥欢帖睦尔逃往上都，后来又逃到应昌（今内蒙古克什克腾旗达里诺尔西南古城），第二年在此病逝。妥欢帖睦尔之子爱猷识理达腊在哈剌和林继位，称必力克图汗。哈剌和林建立的残元政权被称为“北元”，朱元璋称帝后半年，即开始了北伐。

1388年，明朝将领蓝玉率领10万军队在捕鱼儿海（今贝尔湖南岸）大败北元军队，北元诸王、平章以下官员3000多人及军士70000余人被俘，降者数万，其中，有中亚撒麻耳干商人数百。明朝派使臣护送这些商人回中亚。明朝使臣在回国途经别失八里之时，

① （清）张廷玉等:《明史》，第8600页。

东察合台汗黑的儿火者派他的千户哈马力丁、百户斡鲁撒等人随行到明朝宫廷朝贡，据记载，贡马十一匹，海青（猎鹰）一。东察合台汗国的朝贡令明太祖非常高兴，当年9月派出主事宽彻、御史韩敬、评事唐钲出使东察合台汗国，并降旨给黑的儿火者汗说："王即遣使来贡，朕甚嘉之。王其益坚事大之诚，通好往来，使命不绝，岂不保封国于悠久乎。特遣官劳嘉，其悉朕意。"[①]

东察合台汗对明朝朝贡的目的是希望获得优厚的"回赐"。由于黑的儿火者汗对"回赐"之物感到失望，故扣留了明使宽彻。1397年，明朝派使者向东察合台汗声明说，明朝对西方来的互市者，"未尝阻绝"。于是，东察合台汗放宽彻回国。

东察合台汗沙迷查干继位之初，于1403年派使臣到明朝贡玉璞、名马，明成祖回赐了白银、綵缎。此后，双方往来不断。1405年，明成祖遣使赐沙迷查干汗綵缎，1406年，沙迷查干汗遣使至明朝贡马，明成祖回赐钞币，并命礼部设宴招待，又命鸿胪寺丞刘帖木儿等赍敕及綵币往别失八里赐沙迷查干，并赏赐火州、吐鲁番和柳陈三城王子哈散。在此时期，西域或中亚商人也常冒充东察合台汗国使臣到明朝进行朝贡贸易。有一次，别失八里商人撒都儿丁以使臣的身份进入明朝都城，被明朝礼部察觉，礼部向皇帝报告说："赐予宜杀。"明成祖的批示是："朝廷柔远人，宁厚毋薄，其同诸番使例给之。"[②]此事不仅说明东察合台汗国与明朝的朝贡贸易是获利的，还反映了明朝对西域和中亚商人的优待政策。

除了经济往来外，沙迷查干汗在位期间还将自己的政治动向向明朝报告，希望得到明朝的支持。1405年，帖木儿帝国因帖木儿去世而发生王位争夺战乱，沙迷查干汗企图趁机出兵收复河中地区。1407年，沙迷查干汗遣使臣脱亦不花等人到明朝贡玉璞及方物，并上书言："撒马儿罕，本其先世故地，请以兵复之。"明成祖派中官

---

① （清）张廷玉等：《明史》，第8607页。

② 《钞本明实录》第3册，卷62，第63页。

把泰、李达，鸿胪寺丞刘帖木儿等人带书信答复沙迷查干的请求说："宜审度而举事，慎勿轻动，以取危辱。"[①] 第二年，沙迷查干汗去世，"上以沙迷查干能归顺朝廷，遂遣把泰等赐祭"[②]。

继沙迷查干为东察合台汗的马哈麻也承认明朝的宗主国地位，明成祖于1413年指示甘肃总兵官李彬说："别失八里王马哈麻敬事朝廷，遣使来贡，如至，可善待之，其市易者听自便。"[③] 明朝使臣李达、陈诚一行出使中亚时，正值马哈麻在位。1414年，马哈麻汗在伊犁河谷冬季牧地上接见了李达、陈诚一行。

1415年，马哈麻汗去世，儿子失儿马黑麻继位，不久即被忽歹达废黜，另立纳黑失只罕为汗。此次政变之后，忽歹达派使臣哈只向明朝贡马及方物，并报告说："马哈麻卒，无子。"明朝于1416年派中官李达、给事中傅安等人前往祭吊马哈麻汗，并对纳黑失只罕的继位进行了册封："以玺书命纳黑失只罕嗣为王，赐金织文绮、盔甲、弓刀，并赐其母綵币"；同时赐忽歹达玺书和綵币，称赞忽歹达事其主四世，国人信服，今能替补纳黑失只罕。明成祖劝他与帖木儿帝国搞好关系："各释怨睦邻，保其民人以享太平之福。"[④] 忽歹达于1417年派使臣哈即哈剌罕到明朝贡方物，请市马以治妆奁，明成祖慷慨解囊，派中官李信、指挥丁金等赉文绮、帛各五百匹助之。1417年，东察合台汗国发生政变。在忽歹达的支持下，歪思汗杀纳黑失只罕，夺取汗位。歪思汗统治时期，东察合台汗国在瓦剌（Oirat）蒙古人的压力下，都城从别失八里西迁到亦力把里。明朝在得知这一消息以后，于1418年遣中官杨忠等人出使亦力把里，赐歪思汗弓刀、甲胄及文绮、綵币，忽歹达等70余人亦并有赐。歪思汗西迁之后对明朝依然"奉贡不绝"[⑤]。1426年，明朝宣德皇帝即位后

① 《钞本明实录》第3册，卷66，第74页。
② 《钞本明实录》第3册，卷76，第104页。
③ 《钞本明实录》第3册，卷141，第282页。
④ 《钞本明实录》第3册，卷174，第344页。
⑤ （清）张廷玉等:《明史》，第8608页。

不久，向歪思汗派出使臣，“赐之纱罗、锦绮有差，以其勤修职贡故也”[①]。歪思汗向明朝派出的使团越来越大，1427年的使团由189人组成，明宣宗不仅赏赐银钞、綵币，而且“授其正、副使为指挥、千户，赐诰命、冠带”。歪思汗死后，也先不花汗继位，在位期间，他向明朝“亦频入贡”。[②]到笃思忒·马黑麻汗时期，笃思忒·马黑麻及其后的怯别是无能之辈，他们抵御不了也先不花之兄羽奴思的进攻。羽奴思向东发展，逐渐占据了吐鲁番等东察合台领地。羽奴思在短时期内统一了东察合台汗国。为争夺明朝属地哈密，东察合台汗国与明朝的关系发生了变化。

元朝末年，镇守哈密的是蒙古宗王兀纳失里。明朝建立之初，兀纳失里多次向明朝贡马，明朝承认了他在哈密的统治。兀纳失里去世以后，其弟安克帖木儿统治了哈密，第二年，明朝封安克帖木儿为忠顺王，赐金印、綵币，并派指挥使霍阿鲁秃前往哈密宣读封敕。1405年，安克帖木儿被北元鬼力赤可汗毒死，明朝封安克帖木儿之侄为忠顺王。1406年，明朝在此建哈密卫，加强了中央对这一地区的控制。哈密是中亚汗国贡使和商人到中国内地的必经之路，他们在哈密把公文译成汉文，办理各种去内地的手续。[③]因此，占据哈密就等于控制了中西商业贸易的咽喉要道，从中可以获取经济利益。

1460年，哈密城忠顺王卜列革去世，其母弩温答失里执政。1473年，羽奴思攻破哈密城，夺明朝所赐金印，留其妹婿牙兰驻守，自己返回吐鲁番。1482年，哈密都督罕慎与赤斤（玉门县附近）、罕东（敦煌东南）二卫联合，共一万人进攻哈密，东察合台汗国守将牙兰逃走，明军收复哈密八城。1487年，羽奴思去世，1488年，明朝册封罕慎为忠顺王。是年，羽奴思的次子阿黑麻率军攻哈密，俘杀罕慎，再次侵占哈密。阿黑麻汗继续派牙兰驻守哈密，自己返回吐鲁番。

为了打击阿黑麻，明朝采取经济制裁的措施，限制吐鲁番人

---

① 《钞本明实录》第4册，卷13，第100页。

② （清）张廷玉等：《明史》，第8608页。

③ 新疆社会科学院民族研究所编：《新疆简史》第1册，第207页。

到内地贸易，削减对吐鲁番贡使的赏赐。由于经济窘迫，阿黑麻于1491年主动将哈密城池11座、哈密王金印及500多人口送还明朝。[①]明朝派安定王亦板丹的族人陕巴去哈密城统治。1493年，阿黑麻又发起对哈密的攻击，俘掠陕巴，第三次侵占哈密。[②]

1495年，明朝派许进率兵进攻哈密，收复哈密城。阿黑麻的作乱阻碍了东西陆路上的正常贸易，经济受到损失。1497年，阿黑麻与其兄马哈木向甘肃镇巡等官员表示悔过："西域诸国，不得通贡，怨阿黑麻。今悔过送回陕巴，乞许与黑娄诸国通贡，放回羁留夷使写亦满速儿等。"[③]1497年冬，阿黑麻送回陕巴，明朝与东察合台汗国恢复了正常关系。1499年，明朝将陕巴及在甘肃的哈密人两千余口护送归哈密，"咸给牛具、种子、布匹、衣粮"[④]。从此，东察合台汗国恢复了对明朝的朝贡。

1503年，阿黑麻病逝，其子满速儿继位。满速儿再次侵占哈密，并常到肃州一带打劫。河西走廊居民深受其害，明朝也疲于应付。明朝鉴于"哈密三立三绝，今其王已为贼用，民尽流亡"，明朝不再企图恢复对哈密的管辖。尽管如此，明朝仍开关准许东察合台汗国人通贡，"西陲藉以息肩"[⑤]。直到东察合台汗国被叶尔羌汗国归并之时，吐鲁番依然通贡不绝，与明朝保持着良好的政治和经济关系。

第四节 帖木儿帝国与西方国家的关系

征服伊利汗国之后，帖木儿帝国与西方两大穆斯林政权，即埃及的马木路克王朝和小亚细亚的奥斯曼帝国，成为领土毗邻的国家。

---

① 新疆社会科学院民族研究所编：《新疆简史》第1册，第208页。

② 同上。

③ 张雨：《边政考》，转引自新疆社会科学院民族研究所编：《新疆简史》第1册，第209页。

④ 马文升：《兴复哈密记》，见余太山主编：《西域通史》，第385页。

⑤ （清）张廷玉等：《明史》，第8526页。

帖木儿帝国与它们的关系一直处于敌对的战争状态。

马木路克王朝和奥斯曼帝国都是突厥人建立的国家。马木路克（Mamluk）一词意为“奴隶”或“奴隶出身的人”，马木路克王朝是突厥奴隶在北非建立的国家。北非埃及和突尼斯原是阿拔斯王朝的一个行省（969—1171）。1171年，库尔德人萨拉丁（Salah-al-din，1138—1193）在突尼斯建立了阿尤布王朝（1171—1250）。阿尤布王朝为了维持自己的统治，也像阿拔斯王朝一样，大量使用突厥奴隶。他们从南斡罗思和高加索地区购买突厥奴隶组建保卫素丹的禁卫军，这支军队常侍素丹左右，参与王朝政治。以后，突厥人僭取了素丹之位，建立了军事寡头政权，史称马木路克王朝（1250—1517）。马木路克王朝在北非掌权长达两个半世纪，王朝军队曾于1260年在艾因贾鲁特战役中阻止了蒙古人的征服，并把蒙古人赶到幼发拉底河以东，鼎盛时期，马木路克王朝曾经统治着叙利亚。

14世纪末期，帖木儿征服伊利汗国之时，埃及发生了大规模鼠疫，人丁锐减，工农业税收减少，国力衰退。马木路克将军们为争夺王位和封地战争不断，马木路克王朝素丹贝尔孤格（1382—1399年在位）一生都在忙于平息国内叛乱。1393年，帖木儿派使臣到北非，希望与贝尔孤格结成反奥斯曼帝国的联盟。贝尔孤格并不希望看到帖木儿帝国过于强大，不愿意与他联合，而是积极联合其他力量抵抗帖木儿帝国。他支持报达的统治者阿合木·札剌亦儿，多次让他到埃及避难；在1394—1395年间，他又与钦察汗脱脱迷失缔结了反帖木儿联盟。贝尔孤格之子法赖吉在位期间（1399—1412），继续其父反帖木儿帝国的政策，拒绝交出在其境内避难的阿合木·札剌亦儿。这一系列行为成了帖木儿帝国征伐马木路克王朝的借口。

1394年，阿合木·札剌亦儿在马木路克王朝的帮助下攻占报达，复辟了札剌亦儿王朝。获悉这一消息之后，帖木儿率军从撒麻耳干向西波斯进发。阿合木·札剌亦儿又投奔黑羊王朝首领哈拉·玉素甫，以后，两人一起在埃及避难。

灭亡复辟的札剌亦儿王朝以后，帖木儿继续西进。1400年10月，帖木儿从加济安特普前往叙利亚，向阿勒颇进军。帖木儿军在阿勒颇城下遭遇马木路克军队，10月30日，帖木儿占领了阿勒颇，马木路克军队交出城堡投降。帖木儿杀城堡守军，洗劫阿勒颇城，并在城内垒起了几座人头塔。阿勒颇城是利凡特地区最大的贸易中心之一，对这座城市的掠夺持续了三天。继阿勒颇城以后，帖木儿拿下了哈马、霍姆斯、巴勒贝克，然后向大马士革城进军。

马木路克素丹法赖吉从开罗赶赴大马士革，亲临战场鼓舞士气。1400年12月25日，两军进行了一场苦战，马木路克军被打败，法赖吉退回埃及，大马士革的统治者们丧失了抵抗的勇气，决定向帖木儿缴纳赎金，和谈投降。当代表前来谈判时，帖木儿表现出虔诚和慈悲，于是，大马士革向这位胜利者敞开了大门。进城后，帖木儿把原谈定的赎金提高了10倍，据《武功记》记载，这次占领最后发展到全面屠城。帖木儿宣称，他这样做是为了惩罚大马士革人，因为他们在659年曾对先知的女婿阿里不虔诚。大马士革大半个城被大火烧毁，倭玛亚大清真寺被毁，寺中避难的数以千计的难民被烧死。1401年3月19日，帖木儿带着该城的手工业者，如丝织工、制兵器和盔甲的工人、玻璃工、制陶工，以及大批文人学者返回撒麻耳干。在这些人中，有历史学家伊本·阿拉不沙，当时他年仅12岁，后来，他写了一本关于帖木儿的书，即《伊本·阿拉不沙书》，书中揭露了帖木儿的种种暴行。在叙利亚烧杀掳掠之后，帖木儿在此未建立任何统治，就打道回府。帖木儿军一撤离，马木路克军队重新占领并统治了叙利亚。

地中海东岸诸城遭到帖木儿的扫荡，削弱了马木路克王朝的实力，小亚细亚的奥斯曼帝国成为唯一能够与帖木儿帝国抗衡的政权。

奥斯曼帝国是突厥族奥斯曼人在小亚细亚建立的国家。奥斯曼人初居中亚，在蒙古人入侵中亚之时，他们西迁到小亚细亚，臣属于塞尔柱人建立的罗姆素丹国。在此后的一百多年中，他们以小亚细亚西北部萨卡利亚河流域为基地，逐渐壮大起来。1326年，首领奥斯曼宣布独立，自称“素丹”，定都布鲁萨，奥斯曼帝国（1326—1922）兴起。

奥斯曼人建国以后实行军事采邑制度，信奉伊斯兰教。他们在伊斯兰教的旗帜下，以“圣战”为名发动了一系列战争。鼎盛时期，奥斯曼帝国的疆域跨越欧、亚、非三大洲，西达直布罗陀海峡，东抵里海及波斯湾，北及奥地利和斯洛文尼亚，南至北非。奥斯曼帝国地处东西文明交汇处，掌握东西陆路交通，利用这一有利的地理位置，帝国从对外贸易和过境贸易中获得很大利益。

帖木儿帝国以恢复成吉思汗帝国为己任，扬言“世界整个有人居住的空间没有达到可以有两个国王的程度”，企图建立世界性大帝国。在征服了西亚的蒙古诸政权和北非的马木路克王朝以后，奥斯曼帝国成了他向西方扩张的劲敌。

为了遏制帖木儿扩张势力，奥斯曼帝国素丹巴耶济德一世采取了两方面的措施，一方面他进行了统一小亚细亚的战争，兼并了小亚细亚东部诸小国家，加强了对抗帖木儿的力量；另一方面，他与马木路克王朝联系，结成了反帖木儿联盟。1394 年，巴耶济德一世遣使赴开罗，表示可以向马木路克王朝提供财政与军事援助。这一联盟在 1399 年夏末彻底破裂。1399 年，马木路克王朝素丹贝尔孤格去世，国内一片混乱，当时，帖木儿刚结束了在印度的战争，回到撒麻耳干。巴耶济德趁此机会吞并了埃及的属地狄尔格底尔，由此导致马木路克与奥斯曼联盟的破裂。

1400 年春，巴耶济德趁帖木儿忙于平息谷儿只叛乱之时，夺取了从叙利亚到奥斯曼帝国商路上的爱洛遵占城，该城当时属于帖木儿帝国。这一行为直接侵犯了帖木儿的利益。同年 8 月，帖木儿出兵安纳托利亚，攻占商业重镇昔瓦斯，然后，在小亚细亚一些不满奥斯曼人统治的小国君主的援助下，大规模向小亚细亚进军。

为了迷惑奥斯曼人，帖木儿在战争前频繁地与巴耶济德接触，他虚伪地表示愿意与巴耶济德谈判，礼遇来访的奥斯曼使节，并五次致书巴耶济德，要求引渡从埃及转到奥斯曼帝国避难的黑羊王朝首领哈拉·玉素甫。在进行外交活动的同时，帖木儿加紧调兵遣将，命其孙穆罕默德素丹率援军从河中兼程赶过来与他会合，队伍在阿维尼克休整之后，在昔瓦斯集结。为了鼓舞士气，他在决战前夕举行了盛大的军事检阅，向将士们宣布巴耶济德迎娶了信奉基督教的塞尔维亚公主，庇护真主的敌人哈拉·玉素甫，玷辱了神圣的伊斯兰教，号召全军将士为真主而战。

1402年，帖木儿统领中亚和小亚细亚军队取道开塞利，直取奥斯曼帝国的安卡拉（Ankara）。1402年7月20日，巴耶济德率领他的军队迎战，双方决战于安卡拉城东北部的赤布哈巴德，鏖战从拂晓至夜半。双方参战人数总共达百万之多，帖木儿军配有战象，凭借兵力多和机动性强的优势最后取胜。奥斯曼军队由于兵力分散和军中小亚细亚异密的背叛而失败。在撤退中，素丹巴耶济德马蹶被俘，次年，巴耶济德抑郁而死。帖木儿攻陷了奥斯曼人都城布鲁萨，他们放火烧了这座城市。帖木儿之孙阿布·巴克尔一直攻打到尼西亚，到处烧杀掳掠。帖木儿本人率军围攻士麦那（后来的伊兹米尔）。该城当时属于罗德的骑士们，信奉基督教。1402年12月，帖木儿对该城进行了两个星期的围攻，该城陷落后，“除了少数骑士乘基督教的船逃走外，居民遭到大屠杀。……士麦那城的攻占，以及随之而来的大屠杀使安卡拉之战（在事后）变成了一次‘圣战’”[1]。

小亚细亚广大地区成为帖木儿帝国一部分，帖木儿将占领地区归还给巴耶济德的几个儿子统治，他们向帖木儿称臣纳贡。巴耶济德的儿子们为争夺素丹王位而互相残杀，直到1413年，巴耶济德之子穆罕默德一世击败对手，国家才重新统一起来。1404年，帖木儿在都城撒麻耳干举行了庆贺胜利的盛大宴会。

帖木儿帝国与奥斯曼帝国之间的敌对和战争，促进了欧洲国家与帖木儿帝国的联系。欧洲国家将帖木儿帝国视为救星。1354年，奥斯曼人渡达达尼尔海峡，占加利波里，以此为桥头堡，向

① 〔法〕勒内·格鲁塞：《草原帝国》，第567页。

欧洲国家发起攻击。1389 年 6 月，由塞尔维亚、波斯尼亚、匈牙利、瓦拉几亚、阿尔巴尼亚、波兰、捷克等国和地区组成的 10 万大军在科索沃原野与奥斯曼帝国决战，联军以惨败告终，许多将军被俘并遭杀害。

1393 年，欧洲国家再次组织了反奥斯曼人的联军。9 月，匈牙利皇帝西吉斯蒙德率领来自英格兰、法兰西、德意志、佛兰德和勃艮第的 10 万军队分两路进攻奥斯曼帝国。9 月 27 日，联军被奥斯曼军队打败，近万基督徒被俘，除重金赎回 24 人，其余均被杀害。这次失败在欧洲引起了一片惊恐。此后，巴耶济德把目标对准了拜占庭帝国。奥斯曼军队从水陆两路全面封锁拜占庭都城君士坦丁堡，拜占庭皇帝被迫出走，奔走于法兰西、意大利，呼吁援兵，君士坦丁堡留给了摄政王约翰，约翰通过多米尼克教派的两位主教法兰西斯科和亚历山大向帖木儿求援。

帖木儿帝国出兵奥斯曼帝国使欧洲人喜出望外，他们指望帖木儿把奥斯曼人的注意力从欧洲大陆引开。15 世纪初，西方国家纷纷遣使向帖木儿表达了结盟的意愿。1398 年，教皇卜利法九世在帖木儿帝国境内的苏丹尼耶建立了教区。帖木儿也积极派使臣出使欧洲国家。他建议特拉布松皇帝曼纽尔、君士坦丁堡和佩腊的统治者各提供 20 艘战舰，供他调遣。为了安抚拜占庭帝国，在与奥斯曼帝国开战之前，帖木儿曾于 1402 年 5 月 15 日致书君士坦丁堡的摄政王约翰："若巴耶济德不赔偿他给拜占庭皇帝造成的损失，将遭到帖木儿的惩罚。"他还通过约翰大主教致书法王查理六世，声称他正在进军讨伐查理六世的敌人巴耶济德，希望扩充两国贸易。

从当时的形势来看，安卡拉战役的胜利对欧洲来说意义重大。奥斯曼帝国的失败大伤元气，暂时缓解了欧洲国家的紧张局面。此后，小亚细亚的一些弱小民族摆脱了奥斯曼帝国的统治，危在旦夕的拜占庭帝国也得以苟延残喘了 50 年。

不过从长远来看，奥斯曼帝国在东方的失败使它的扩张专注于西方基督教世界。此后，奥斯曼帝国的都城从小亚细亚的布鲁萨迁到了欧洲的阿德里亚堡，巴尔干地区成了奥斯曼帝国入侵的主要地区。半个世纪以后，奥斯曼土耳其人占据了君士坦丁堡，控制了通往黑海的商路。他们向过境的欧亚商旅横征暴敛，海盗猖獗，意大利诸城与东方的贸易受到严重影响，促使西欧国家开始寻找通往东方的新航路。在与奥斯曼帝国的抗争中，以哈布斯堡家族为首的多民族国家奥地利形成，改变了东南欧与中欧的布局。

安卡拉战争使帖木儿在西方赢得了威望。埃及马木路克王朝素丹向帖木儿帝国称臣纳贡，释放了被扣留数年的帖木儿的使臣阿提尔迷失，并在公开祈祷中诵念帖木儿的名字。1403 年，西班牙卡斯提王国派使者克拉维约出使帖木儿帝国，热那亚和英国开始与帖木儿帝国通商。

第五章

蒙古人统治中亚的历史意义

从世界史的角度看，13 世纪蒙古人的扩张是游牧世界对农耕世界的一次大冲击。这次冲击虽然给农耕地区带来了严重破坏，但扩大了彼此的交流，打破了各地区、各民族间的闭关自守，在历史发展成为世界历史的漫长过程中起了巨大的推动作用。蒙古帝国的建立掀开了中亚历史的新篇章。在蒙古人统治时期，中亚经历了一次部族分解和重组的过程，阿尔泰语系突厥语族和阿尔泰语系蒙古语族的诸部落、部族相互渗透、长期融合，中亚蒙古人在人种和文化方面开始突厥化。蒙古人突厥化的进程是不一致的，河中地区的蒙古人比锡尔河以北地区的蒙古人突厥化时间早一些，程度也深一些。蒙古人的突厥化是中亚现代民族乌兹别克族和哈萨克族形成的开始。

第一节　蒙古人在中亚统治的历史地位

学者们对蒙古帝国的历史地位做了多方位的研究和评价，本书从三方面论述蒙古人的统治对中亚的影响：第一，蒙古帝国的统治在中亚历史发展中的作用；第二，察合台蒙古人对稳定和巩固蒙古帝国的贡献；第三，察合台蒙古人的统治对中亚政治、经济和文化的影响。

蒙古帝国的统治对中亚历史发展进程起到了积极作用：

第一，蒙古帝国的统治改变了中亚国家政教合一的政权方式。1258年，成吉思汗的孙子旭烈兀攻克巴格达，灭亡了阿拔斯王朝的哈里发帝国。阿拔斯王朝的灭亡结束了阿拉伯人伊斯兰教政教合一的政权形式，在中亚和西亚建立的蒙古政权是世俗性质的。

哈里发帝国时期，中亚地区的萨曼王朝、喀喇汗王朝、塞尔柱王朝、伽色尼王朝这些政权都具有强烈的宗教性质。为了证明政权的合法性，它们都十分强调和保持与阿拔斯哈里发的信仰一致性。蒙古人在中亚的统治不过分强调宗教的作用，他们宣布实行信教自由，允许各个教派存在，并允许蒙古人自由参加各种教派。蒙古政权否定了哈里发帝国政教合一的国家性质，中亚地区的蒙古政权，即使充分利用伊斯兰教为统治工具，也不强调其政权的宗教性质，不再采取政教合一的政权形式。从这一角度出发，蒙古帝国的统治具有积极意义。

第二，蒙古人在中亚和钦察草原的统治促进了民族融合。中亚的古代民族在更广泛的地域上开始了融合，为现代民族的形成提供了历史条件。在融合过程中，中亚原来的古思、葛逻禄等突厥部民在历史上消失了，被说突厥语的钦察部民同化的蒙古人，即突厥化蒙古人（乌兹别克人和哈萨克人）开始形成。

第三，蒙古帝国把东西交通大道上的此疆彼界扫除了，把阻碍经济文化交流的堡垒削平了，促进了东西方的交往。为了保证中外交通线路的畅通，蒙古帝国修建了从蒙古草原中心到达中亚、波斯、里海和黑海以北的钦察草原、斡罗思、小亚细亚等地的驿道。

蒙古帝国为了解决使节往来、消息传递和物资交流的困难，成吉思汗西征时设立了驿站制度。窝阔台大汗期间，蒙古帝国的驿站制度正式确立。蒙古帝国开始大规模地设置驿站，驿站制度趋于制度化、规范化、系统化。

道路的畅通有利于东西方经济和文化的交流。法国东方史学家格鲁塞在《蒙古帝国史》中说："蒙古人几乎将亚洲全部联合起来，开辟了洲际的道路，便利了中国和波斯的接触，以及基督教和远东的接触。中国的绘画和波斯的绘画彼此相识并交流。马可·波罗得知了释迦牟尼这个名字，北京有了天主教的总教主。是将环绕禁苑的墙垣吹倒，并将树木连根拔起的风暴，却将鲜花的种子从一个花园传播到另一个花园，从蒙古人的传播文化一点说，差不多和罗马人传播文化一样有益，对于世界的贡献，只有好望角的发现和美洲的发现，才能够在这一点上对之比拟。"①

在此背景之下，处于蒙古帝国中部的中亚地区在继续发挥着东西方桥梁作用的同时，扩大了与外界的交往。中国的创造发明如火药、纸币、驿站制度等输出到西方，西方的药品、织造品、天文历法等也输入了中国；阿拉伯人的天文仪器和历法传到中国，促进了中国天文学的进步，而中国的四大发明相继传入了欧洲，促使欧洲进入了一个新时代。以上传播和交往都经过中亚地区，促进了中亚地区经济和文化的发展。

察合台蒙古人对稳定和巩固蒙古帝国起到了重要作用。成吉思汗长子术赤先成吉思汗去世，到成吉思汗逝世之时，黄金家族中最年长的宗王是察合台，察合台对其弟窝阔台继位的态度决定着蒙古帝国的生死存亡。按照蒙古札撒的规定，父亲之位应该传给长妻所生的幼子拖雷，但成吉思汗生前选定窝阔台为他的继承人。成吉思汗在临终之时强调说："既然这样，若你们的愿望和你们的话是一致的，若你们的口比着你们的心，你们必须立下文书：我死后你们要承认窝阔台为汗，把他的话当作肉体内的灵魂，不许更改今天当着我的面决定的事，更不许违反我的法令。"②

从临终遗言来看，成吉思汗对他选定的继承人窝阔台能否得到

① 〔法〕雷纳·格鲁塞：《蒙古帝国史》，第 278 页。
② 〔伊朗〕志费尼：《世界征服者史》（上），第 201—202 页。

其他两位兄弟的赞同并无十分的把握。在此关键时期，察合台起到了重要作用，他“便尽了很大努力来为窝阔台登临合罕（大汗）大位之事奔走，并竭力按照父亲之命使他登位”[①]。在察合台、耶律楚材等人多次斡旋下，拖雷同意窝阔台登基为汗。在窝阔台的登基大典上，察合台向窝阔台行了君臣之礼，察合台说：“王虽兄，位则臣也，礼当拜。王拜，则莫敢不拜。”[②]察合台带头行叩拜之礼，大帐内外的蒙古人全部九次跪拜，称他为合罕。[③]察合台在窝阔台继位问题上的态度对稳定帝国的统一和秩序起到了至关重要的作用。

窝阔台在任大汗期间实施的一些措施也得到了察合台的支持，如大札撒的颁布，察合台是成吉思汗指定管理札撒的人，大札撒的颁布和执行应该得到了察合台的支持；又如，窝阔台大汗发动远征波斯的战争，远征军要经过察合台兀鲁思境，沿途察合台兀鲁思要给远征军队补充给养，如果得不到察合台的支持，远征波斯就无法完成。

窝阔台实施的促进蒙古帝国经济发展的措施如果没有察合台的支持也是实施不下去的。窝阔台采取耶律楚材制定的税法，实行“中原以户计，西域以丁计”[④]的征收方案，“命河北汉民以户计，出赋调，耶律楚材主之；西域人以丁计，出赋调，麻合没的滑剌西迷（即马思忽惕伯）主之”[⑤]。1230年，窝阔台采纳耶律楚材建议，设十路课税所，专掌征收钱谷。这些经济政策能够在中亚地区贯彻实施，与察合台的支持是分不开的。

察合台蒙古人在蒙古帝国中的稳定作用维护了蒙古帝国的统一，保证了蒙古帝国的政令在中亚地区的实施。察合台蒙古人在中亚地区的统治产生了以下影响。

---

① 〔波斯〕拉施特：《史集》第2卷，第174页。
② （明）宋濂：《元史》，第3457页。
③ 〔波斯〕拉施特：《史集》第2卷，第28—30页。
④ 〔瑞典〕多桑：《多桑蒙古史》（上），第183页。
⑤ （明）宋濂：《元史》，第30页。

第一，察合台蒙古人在中亚的统治有利于这一地区的融合。察合台汗国在兼并了窝阔台封地之后，将东起吐鲁番、罗布泊，西至阿姆河，北到塔尔巴哈台山，南越兴都库什山的广大领地统一在察合台汗国政权之下[①]，使这一地区政治、经济、文化趋向一体，对后来清朝统一西域有着十分重大的意义。

第二，察合台蒙古人维护了蒙古帝国的驿站制度。汉武帝时期张骞凿通西域，沟通了中国和西亚的交往，开始了对外交流的第一次高峰；阿拉伯人统治时期，中亚与西亚、欧洲的交流频繁起来，出现了中亚对外交流的第二次高峰；察合台蒙古人时期，中亚对外交流的规模超过了以往时期，中亚与东方的交往达到了前所未有的程度。察合台汗国与窝阔台汗国所统治的地区处于东西交通的咽喉地带，既是联系东西方经济文化的桥梁和纽带，也是东西方物资、信息交流的中枢。

以察合台汗国为中心，经过窝阔台汗国通往蒙古草原的哈剌和林、钦察汗国的萨莱、西亚的波斯、印度河以北流域的驿路在此期间经过不断的完善，形成了四通八达的驿站网。蒙古草原通往中亚和中原汉地的道路上的驿站，每隔 5 程设一站赤，每一站赤由所在千户自备人和马，人员 20 名，以供来往使臣使用，由专人负责管理。道路的畅通一方面便利了中央政令的下达和信息的传递，另一方面也为商旅的往来提供了方便。

道路的畅通便利了中亚地区与东西方商贸的发展。中亚这一时期繁荣的商贸活动可以从察合台汗国时期发行的银币反映出来。此前，中亚地区因白银危机，官方铸制镀银铜币，虽有官定币值，但政府无力维持其币值稳定。察合台蒙古人统治时期，银币重新成为货币流通的基础，撒麻耳干、不花剌、安集延、忽毡、塔拉兹、帖尔穆兹和其他许多城市的造币厂大量铸造银币。[②]1977 年在新疆昌

---

① （清）屠寄：《蒙兀儿史记》，第 290 页："时察阿歹汗国疆土广大。突厥斯单俱罗速可萨尼外，兼有畏兀儿地合儿鲁兀地。及阿富汗之可不里哥疾宁二城。"

② 〔苏联〕Б. Г. 加富罗夫：《中亚塔吉克史》，第 285 页。

吉古城出土的蒙古汗国银币中，经鉴定为察合台汗国的银币占绝大多数。[①]

第三，察合台蒙古人实施的宗教政策改变了阿拉伯帝国时期伊斯兰教占据绝对优势的局面，有利于中亚宗教多元化的发展。阿拉伯帝国统治时期，大力推行伊斯兰教，抑制其他宗教的发展，基督教、佛教、摩尼教徒受到迫害。蒙古人实行宗教宽容政策，以往受到压制的宗教得以复兴，特别是基督教。察合台汗国时期，锡尔河以北的楚河和塔剌思河流域有景教信仰者。19 世纪 80 年代，考古学者在今吉尔吉斯斯坦楚河州北部城市托克马克和位于楚河流域的比什凯克发现了景教徒墓地，在可辨认的墓石中，最早的墓立于 858 年，最晚的墓立于 1342 年，大多数处于 13 世纪中叶至 14 世纪中叶。[②]

13—14 世纪，基督教徒在锡尔河以北地区活动频繁。苏联学者在七河流域发现了基督教徒的墓碑，对碑铭文中所提到的人名进行了统计，仅男性名字就有 300 多人[③]，它清楚地反映了察合台蒙古人时期，基督教在七河流域的繁荣程度。基督教势力在喀什噶尔比天山以北地区更加强大，喀什成为景教中心，第 19 教区大主教驻于此地。在马可·波罗抵达喀什噶尔之时（1274），蒙古人派驻该地区的统治者是马思忽惕伯的儿子。1278 年，畏兀儿景教徒拉班·扫马和麻可斯从元大都（北京）前往耶路撒冷朝圣途中经过喀什噶尔，他们记录了喀什噶尔景教的发展，以后，麻可斯成为景教在中国的总主教，喀什噶尔教区也在他的管辖之中。

第四，察合台蒙古人在中亚的统治最终确立了突厥语和突厥文在中亚的地位。10 世纪，随着伊斯兰教的传播，中亚开始用阿拉伯

---

① 陈国光：《论牙剌洼赤与马思忽惕——蒙古统治时期的两位西域穆斯林政治家》，《西北民族研究》1995 年第 1 期，第 143 页。

② 李一新：《察合台汗国的伊斯兰化》，《西北民族研究》1998 年第 2 期，第 63 页。

③〔苏联〕科科夫措夫：《几块带基督——叙利亚碑文的中亚新墓碑考释》，陈开科译，见朱玉麒主编：《西域文史》第 3 辑，第 216 页，相关突厥人名在第 216—229 页。

字母拼写突厥语，并取得了成就，产生了《福乐智慧》、《突厥语大词典》等名著。然而，直到13世纪以前，这种文字只为少数人掌握，未得到普及。在察合台汗国时代，蒙古统治者接受伊斯兰教以后，这种文字得到广泛使用，因此，它被称为“察合台文”。察合台文在西察合台汗国使用相当广泛，现存文献资料涉及文史哲、政法、医药、天文、地理等方面，察合台汗国铸币和铭文也是察合台文。

在蒙古帝国统治下，中亚社会比阿拉伯人统治时期有较大的发展，然而，中亚地区的民族矛盾、阶级矛盾更加复杂和激化，中亚地区发生了反对蒙古人统治的起义，如1238年，在不花剌爆发了由制筛匠塔剌必领导的起义。

第二节　蒙古人的突厥化

在前文中，我们已经论述了中亚蒙古人改宗伊斯兰教，以及伊斯兰化的情况。中亚蒙古人在人种和文化方面的突厥化过程与他们在宗教上的伊斯兰化过程是同步的。突厥化的第一步是与当地居民杂居。

蒙古人游牧观念的转变最早在窝阔台大汗时期。以此之前，蒙古人认为：“汉人无补于国，可悉空其人以为牧地。”[①] 每征服一地，统治者就裂土分封，毁农田为牧场。鲁布鲁克1253年看到巴尔喀什湖东南草原，“过去原来有许多大的市镇，但是它们绝大部分都已被鞑靼人所破坏，以便他们可以在那里放牧羊群”[②]。在窝阔台的辅臣耶律楚材的说服和实际证明下，帝国中央的蒙古人改变了游牧观念。但是，察合台和窝阔台蒙古人的改变要稍晚一下，他们对农耕经济认同的明显标志是塔剌思会盟的召开。察合台汗八剌在锡尔河畔被海

① （明）宋濂：《元史》，第3458页。
② 〔英〕道森：《出使蒙古记》，第154页。

都和钦察汗国联军打败以后，退到河中地区，企图在此烧杀掠夺。窝阔台系和钦察系蒙古宗王们正是为了阻止这一行为才召开了塔剌思会盟。为了保护农耕地区的经济，会上，三方都做出了一些让步，他们约定："以后将迁到山地和草原上，不再在城市周围游荡，不再将牲畜赶到庄稼地里，也不再对剌亦牙惕（农民）提出不合理的征索。"[①]

随着观念的转变，一部分蒙古人开始从事定居农业。大约从14世纪中叶起，河中地区单纯以游牧经济为生的察合台蒙古人已经不多了，大多数人除了牧放牛羊外，还占地耕种，他们"夏季多居于近河滩而平坦之地，在该地播种麦、棉，栽培瓜类。他们所培出的甜瓜，体积之大，味道之美，可以称甲于世"[②]。在不花剌，农耕成为当地的主要经济"城周迴十余里。居平川中，民物富庶，街市繁华，户口万计。地土下湿，天气温和，冬不附向火。土宜五谷桑麻，产丝绵布帛"[③]。在撒麻耳干，"土宜五谷，民风土俗，与哈烈同"[④]。当时的农耕为粗放型，"耕农多卤莽，广播种而少耕锄，然所收不薄者，以其田美而多，每岁更休，地力得完故也"[⑤]。14世纪中叶以后，畜牧业也由游牧向畜养过渡，哈烈城"多产良马，爱护甚密，皆于土房深处喂养，风日不及透，冬暖夏凉"[⑥]。到15世纪，农业，或亦农亦牧，已经成为河中地区察合台系蒙古人的主要经济活动。

随着经济形态的转化，蒙古人的游牧生活方式也随之改变，过上了定居或半定居的生活。13世纪上半叶，察合台系蒙古人主要生活在水草丰美的草原上，从13世纪下半叶起，以蒙古贵族为代表的一些蒙古人陆续转向定居。可以说，定居生活是蒙古人突厥化的首要条件。

---

① 〔波斯〕拉施特:《史集》第3卷，第111页。

② 〔西班牙〕罗·哥泽来滋·克拉维约:《克拉维约东使记》，第108页。

③ 《西域行程记·西域番国志·咸宾录》，第97页。

④ 同上书，第82页。

⑤ 同上书，第73页。

⑥ 同上。

1265年，察合台汗木八剌沙的住地已经不在伊犁河流域，而是在靠近河中地区的安格连（Angren），该地在塔什干附近。①在位期间，他的活动一直在塔什干至忽毡一带，他的住地也应该在此地区，最终，他是在忽毡附近被八剌击败被俘的。他在位期间，原居七河流域的札剌亦儿部和巴鲁剌思部迁到河中地区定居，14世纪后期，它们已经是突厥化的蒙古部落。

继木八剌沙之后的察合台汗八剌也曾住在河中地区的城市中。按照塔剌思会盟的决议，八剌应该扎营于草原游牧地区，不得进入河中地区。而实际上，在被伊利汗阿八哈击败以后，八剌一直住在不花剌城，在此度过了回历668年（公元1269或1270年）冬天。②正是此时，他的部将率部离他而去，朝着锡尔河以北草原，即阿力麻里方向出走。这或许是定居与游牧观念斗争的表现。

也先不花汗在位时期，将费尔干纳以及河中地区南部的渴石和那黑沙不城分封给怯伯，怯伯从伊犁河流域迁居那黑沙不城附近，在此，他筑有一城，名哈儿昔（卡尔施，突厥语：宫殿）。怯伯选择在那黑沙不附近筑城，最初的考虑可能与游牧有关，因为这里是游牧民喜爱的度夏之地，1220年夏天，成吉思汗曾在此修养士马。筑城之举虽然不能肯定察合台汗放弃了游牧生活，但起码反映了察合台系蒙古人从游牧向定居的过渡。

继怯伯之后，答儿麻失里向定居过渡的倾向更加明显。他的住地在不花剌与撒麻耳干两城之间，离不花剌城大约有两天的路程。伊本·白图泰在离开不花剌城之后，经奈赫舍卜镇，第二天傍晚到达答儿麻失里的大营。③在此，答儿麻失里仍然住在帐中，在帐内接见外来使者；他还保持着游牧民热衷打猎的习惯，据伊本·白图泰记载，在他们到达当天，答儿麻失里正外出打猎；在告辞之日，他们也是在答儿麻失里去打猎的途中与他相遇。

---

① V. V. Barthold, *Four Studies on the History of Central Asia*,Vol.I, p.125, n.3.

② *Encyclopaedia of Islam*,1st edition,"Burāk Khān", pp.794-796.

③〔摩洛哥〕伊本·白图泰：《伊本·白图泰游记》，第300页。

尽管如此，答儿麻失里已经不再留恋草原的生活。按旧例，察合台汗每年应该到阿力麻里去一次，处理政务。据伊本·白图泰记载，答儿麻失里违背了这一规定，他在呼罗珊附近一住四年，从未前往汗国东部地区。[①]此处所说的呼罗珊其实是河中地区，对于察合台汗斡耳朵所在地而言，它靠近呼罗珊。答儿麻失里在城市地区一住四年的情况，改变了以往可汗驻阿力麻里斡耳朵，或定期前往汗国东部的习惯，违背了札撒，遭到了以不赞为首的蒙古贵族的指责，他们起兵推翻了答儿麻失里的统治。这场斗争反映了察合台蒙古人从游牧到定居的历程充满着斗争。是坚持传统的游牧还是接受农耕经济的问题在察合台蒙古人中一直未能统一，这一纷争持续到14世纪末期。

帖木儿是将蒙古人向文明进程推进的改革家，帖木儿破坏了成吉思汗“永世流动，任何地方也不要定居下来”[②]的法令。到15世纪，长期住在方便游牧的毡帐穹庐里的蒙古人，大多数已经住进了土木结构的房子。在帖木儿帝国时期，中亚定居建筑的数量、规模、装饰都大大超过了察合台汗国后期。克拉维约记述了帖木儿在撒麻耳干城及附近的宫殿、别墅和花园，说：“帖木儿第一次接见我们之花园及皇宫名底来库沙（Dilktu-sa）。……他接见我们之后，继续在园中住了若干日，又迁往其他附有美丽花园之皇宫居住。”尽管如此，帖木儿并不常住在撒麻耳干官邸，他在撒麻耳干郊区还搭有宫帐，实际上，他过着一种半流动半定居的生活。

然而，到了帖木儿之子沙哈鲁时期，无论是其子沙哈鲁还是其孙兀鲁伯，他们的建筑物都没有一点游牧民的特色。沙哈鲁将都城迁到哈烈，住在砖石结构的屋中。据《西域番国志》[③]记载：“国主居城之东北隅，垒砖石以为屋，屋平方，势若高台，不用栋梁陶

① 〔摩洛哥〕伊本·白图泰：《伊本·白图泰游记》，第304—305页。
② 〔苏联〕威廉·巴托尔德：《中亚突厥史十二讲》，第224页。
③ 陈诚出使哈烈城之后，于1415年（永乐十三年）写成此书。

瓦，中拱虚室数十间。”[①] 贵族的“屋舍皆垒以砖石，豪家巨室，与国主同，甚者加以纹绮，撒哈剌之属，遮护墙壁，以示骄奢”[②]。沙哈鲁之子兀鲁伯在撒麻耳干的住所“巍巍金壁甃高台，窗户玲珑八面开”[③]。

察合台汗国早期都城的衰落也反映了中亚蒙古人定居化倾向。最初，察合台汗国的统治中心在锡尔河以北、七河流域，其中，中西陆路交通的枢纽阿力麻里成为察合台斡耳朵驻地。丘处机、耶律楚材、常德以及亚美尼亚国王海屯、教皇的使臣马黎诺里等都经过此地，他们留下了关于阿力麻里繁荣的记载。

14 世纪，阿力麻里失去统治中心的地位，河中地区成为察合台汗国的统治中心，答儿麻失里在此一住就是四年。尽管他的继位者不赞又把汗帐建在阿力麻里，但在他之后，阿力麻里已经不可挽回统治中心的地位。后继者阿里算端的统治中心在河中地区。此后的察合台汗再也没有将政权中心迁回阿力麻里，合赞算端汗的居地在怯伯建筑的哈儿昔，他在哈儿昔以西两天路程的地方修建了一座名为赞吉尔萨莱（Zanjir Saray）的宫殿。

14 世纪中叶以后，阿力麻里城因战争数度被毁，以后逐渐废弃（遗址位于今新疆伊犁哈萨克自治州霍城西 13 公里处）。“人们从远处看到周围绿葱葱的村庄，但当走近时，则只是一片残垣废墟，居民都是牧民，不事农耕。”[④] 据苏联出土的古钱考察，阿力麻里是蒙古时代锡尔河以北草原城镇中最早铸造银币的地方，除了银币外，在此甚至铸造金币，13 世纪末的近 20 年，中亚东部的经济在继续恢复，这里虽有不花剌、撒麻耳干的银币流入，但在市面上占主要地位的仍是当地各城镇造出的银币。[⑤]1977 年，新疆维吾尔自治区昌

① 《西域行程记·西域番国志·咸宾录》，第 65 页。
② 同上书，第 66 页。
③ 同上书，第 130 页。
④ 〔苏联〕维·维·巴尔托里德：《中亚简史》，第 57 页。
⑤ 刘迎胜：《察合台汗国史研究》，第 497 页。

吉回族自治州州治所在地昌吉新城之北的昌吉古城，发现了蒙古时代银币1300余枚，其中，最早的出自阿力麻里，这里从1240年到1250年锻造了8种银币。[①]失去统治中心的地位以后，阿力麻里不再铸币，在此出土的最后一批钱币铸于回历746年（公元1345年），此后，再未发现该地的铸币。

阿力麻里和河中城市轮番成了察合台汗的住地，这反映了察合台系蒙古人对游牧和农耕的不同态度，这种分歧与斗争使察合台系蒙古人在14世纪中叶以后最终分裂成东、西两部。东部察合台蒙古人继续着传统的游牧业；西部察合台蒙古人逐渐定居下来，除了畜牧业外，还经营农业和其他行业。

随着定居，中亚蒙古人的饮食、服饰等生活习俗发生了变化。成吉思汗生前曾担忧他的子孙后代为了追求享乐而忘记创业的艰苦，他说："我们的后裔将穿戴织金衣，吃鲜美肥食，骑乘骏马，拥抱美貌的妻子，（但）他们不说'这（一切）都是由我们的父兄得来的'，他们将忘掉我们和这个伟大的日子！"[②]事情的发展果然如此。随着蒙古上层阶级转入城郭生活，在中亚定居文化的影响下，他们的生活习俗发生了适应当地文明的转变。

定居城市以后，蒙古统治者在饮食起居方面追求奢侈、豪华。据伊本·白图泰记，在答儿麻失里宫帐内，椅子"上面铺着绣金綵缎，帐篷内蒙着绣金丝绸，镶嵌着宝石珠宝的王冠悬挂在离素丹头部约一腕尺的空中"[③]。答儿麻失里时期，漂亮的商品和罕见的物资从世界各地运到河中，君主们为之赞叹不已。

蒙古人的饮食也发生了一些变化，他们开始饮用由葡萄和大米制成的葡萄酒和米酒。鲁布鲁克记载说："在冬季，他们（蒙古人）用大米、小米、小麦和蜂蜜酿成的一种极好的饮料，清澈如

① 刘迎胜：《察合台汗国史研究》，第494页。
② 〔波斯〕拉施特：《史集》第1卷第2分册，第357页。
③ 〔摩洛哥〕伊本·白图泰：《伊本·白图泰游记》，第302页。

葡萄酒。”[①] 这一记载证明了蒙古人不只饮马奶子酒，也饮粮食酿的酒。

蒙古人的服饰也发生了变化。到15世纪初，男子削发，戴小罩剌帽，妇女以白布裹头。明人陈诚西行途中，经蒙古汗驻地别失八里，见“其王戴小罩剌帽，簪鵕鸹翎，衣秃袖衫，削发贯耳。妇女以白布裹首缠项，衣窄袖衣”[②]。“小罩剌帽”、“白布裹首缠项”和“衣窄袖衣”等装束的变化反映蒙古人接受了中亚穆斯林的服饰。

14世纪中叶以后，察合台汗国西部的蒙古人已经基本被占优势的突厥语居民同化。随着蒙古人转入定居生活，他们与中亚居民杂居、通婚，在语言和人种上开始被当地居民同化。同化过程始于那些最早脱离游牧走向定居的统治上层，由于生活方式的改变，他们放弃了本民族的语言，不再说蒙古语，或者不再单纯只说蒙古语，在他们的语言中夹杂突厥语，甚至波斯语和阿拉伯语。据伊本·白图泰记载，察合台汗怯别说的是突厥语，答儿麻失里在接待他们之时也是用突厥语问候，在早祷之后，察合台汗用突厥语朗读《古兰经》。伊本·白图泰所说的突厥语可能是正在形成过程中的察合台语。

当然，中亚蒙古人定居化的程度是不同的，居住在水草丰美地区的蒙古人农业化进程比较缓慢，定居化过程滞后于河中地区。在15世纪初，他们还以游牧为生，住在移动的营帐中。据《西域番国志》记载，别失八里的蒙古人“不建城郭宫室，居无定向，惟顺天时，逐趁水草，牧牛马以度岁月，故所居随处设帐房，铺毡罽，不避寒暑，坐卧于地”[③]。到15世纪末期，羽奴思汗统治下的东察合台蒙古人“依旧沿袭古俗，居住在蒙兀儿斯坦，……避开一切城镇和农村，极其厌恶这些地方”[④]。不过，这种情况从15世纪下半叶开始发生转变，原来被蒙古统治者夷为游牧地的一些地方重新出现了

---

① 〔英〕道森：《出使蒙古记》，第114页。

② 《西域行程记·西域番国志·咸宾录》，第102页。

③ 同上。

④ 米儿咱·马黑麻·海答儿：《中亚蒙兀儿史·拉失德史》第2编，第11页。

“禾麦初熟，泉水浇灌”的景象，中亚东部的蒙古部民也开始从事耕作，逐渐定居下来，大兴土木，建筑新城的现象出现了。尽管如此，坚持游牧经济的蒙古人到 15 世纪末可能还是东察合台汗国的一股势力，当时，向往城市生活的羽奴思汗怕蒙古人离他而去，只好与部众一起住在离草原毗邻的蒙兀儿斯坦，当他迁到塔什干农业地区之时，“无论如何也不肯住在城镇和农业区”的蒙古人便拥立他的少子阿黑麻返回蒙兀儿斯坦，继续过传统的游牧生活。

在蒙古人突厥化的过程中，中亚地区经历了部族分解和重组的过程。在此之前的许多部族或部落（如葛逻禄、喀喇契丹、乃蛮、克烈）都消失了，出现了突厥化的蒙古部族，如乌兹别克、哈萨克，这些部族逐渐发展成为现代民族。

马克思在《不列颠在印度统治的未来结果》中总结出这样一条规律：“野蛮的征服者总是被那些他们所征服的民族的较高的文明所征服，这是一条永恒的历史规律。”14 世纪中叶以后，察合台系蒙古人被文明程度较高的中亚地区居民同化，蒙古人宗教的伊斯兰化和文化的突厥化证明了这一历史规律。

附录一：世系表

察合台兀鲁思统治者世系表

察合台（1225—1242）

哈剌旭烈兀（1242—1246）

也速蒙哥（1246—1252）

兀鲁忽乃监国（1253—1260）

阿鲁忽（1260—1265）

木八剌沙（1265—1266）

八剌（1266—1269）

察合台汗国汗世系表

八剌（1269—1271）

聂古伯（1271—1273）

不花帖木儿（1274）

都哇（1274—1306）

宽阇（1306—1308）

塔里忽（1308—1309）

也先不花（1309—1318）

怯别（1318—1327）

燕只吉台（1327—1330）
笃来帖木儿（1330—1331）
答儿麻失里（1331—1334）
不赞斡兀立（1334—1335）
敞失（1335—1338）
也孙帖木儿（1338—1340）
阿里算端（1340—1341）
麻哈没（1341—1343）
哈赞（1343—1346）

西察合台汗国汗世系表

答失蛮（1347—1348）
拜延忽里（1348—1358）
帖木儿沙（1358—1359）
迷里·巴颜（1360—1370）

东察合台汗国汗世系表

脱忽鲁帖木儿（1347 或 1348—1362 或 1363）
也里牙思火者（1362 或 1363—1364 或 1365）
哈马鲁丁（1364 或 1365—1389）
黑的儿火者（1389—1399）
沙迷查干（1399—1407 或 1408）
马哈麻（1408—1415 或 1416）
失儿马黑麻（1415 或 1416）
纳黑失只罕（1415 或 1416—1417）
歪思（1417—1428）
也先不花（1429—1461 或 1462）
笃思忒·马黑麻（1461 或 1462—1468 或 1469）
怯别（1468 或 1469—1472）

羽奴思（1468 或 1469—1487）
马哈木（1487—1508 或 1509）
阿黑麻（1487—1503）
满速儿（1503—1514）

窝阔台兀鲁思统治者及窝阔台汗国汗世系表

窝阔台（1225—1229）
贵由（1229—1246）
忽察和脑忽（？）
禾忽（1252—1262）
海都（1262—1302）
察八儿（1302—1310）

黑羊王朝首领世系表

哈拉・穆罕默德（1380—1389）
哈拉・玉素甫（1390—1400，1406—1419）
昔干答儿（1420—1438）
只罕沙（1438—1467）
哈散阿里（1467—1468）

帖木儿帝国统治者世系表

帖木儿（1370—1405）
哈里勒（1405—1409）
沙哈鲁（1409—1447）
兀鲁伯（1447—1449）
阿不都・剌迪甫（1449—1450）
阿不都剌（1450—1451）
卜赛因・米尔咱（1451—1469）

呼罗珊统治者

速檀·忽辛·拜哈拉（1469—1506）

巴迪·匝曼（1506—1507）

河中地区统治者

速檀·阿合马（1469—1494）

速檀·马合谋（1494—1495）

麻素提（？）

拜孙哈尔（1495—1496）

速檀·阿里（1496）

巴布尔（1497—1498）

速檀·阿里（1498—1500）

附录二：地图

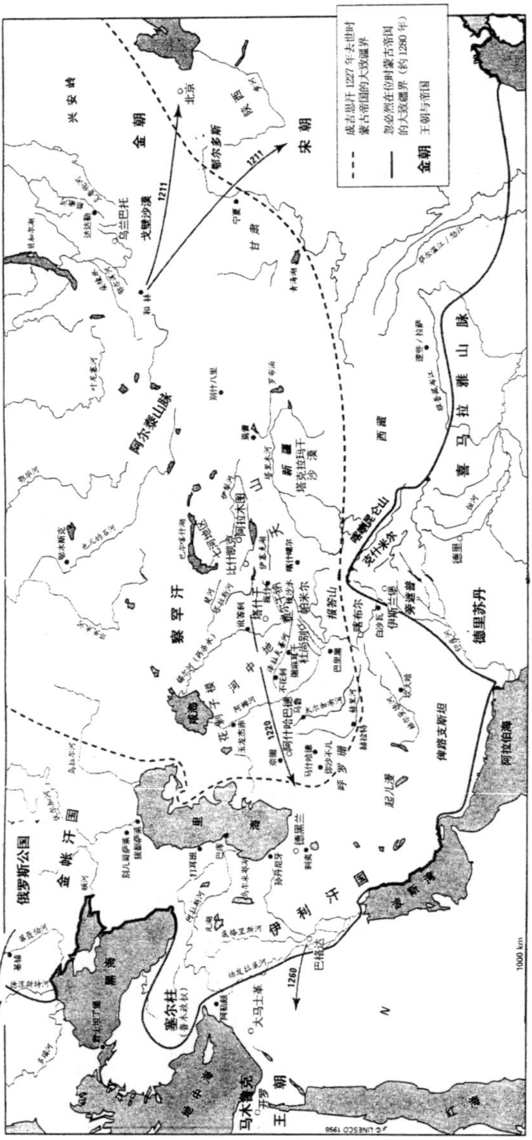

图一：13 世纪的蒙古帝国（采自《中亚文明史》第四卷［上］第 340—341 页）

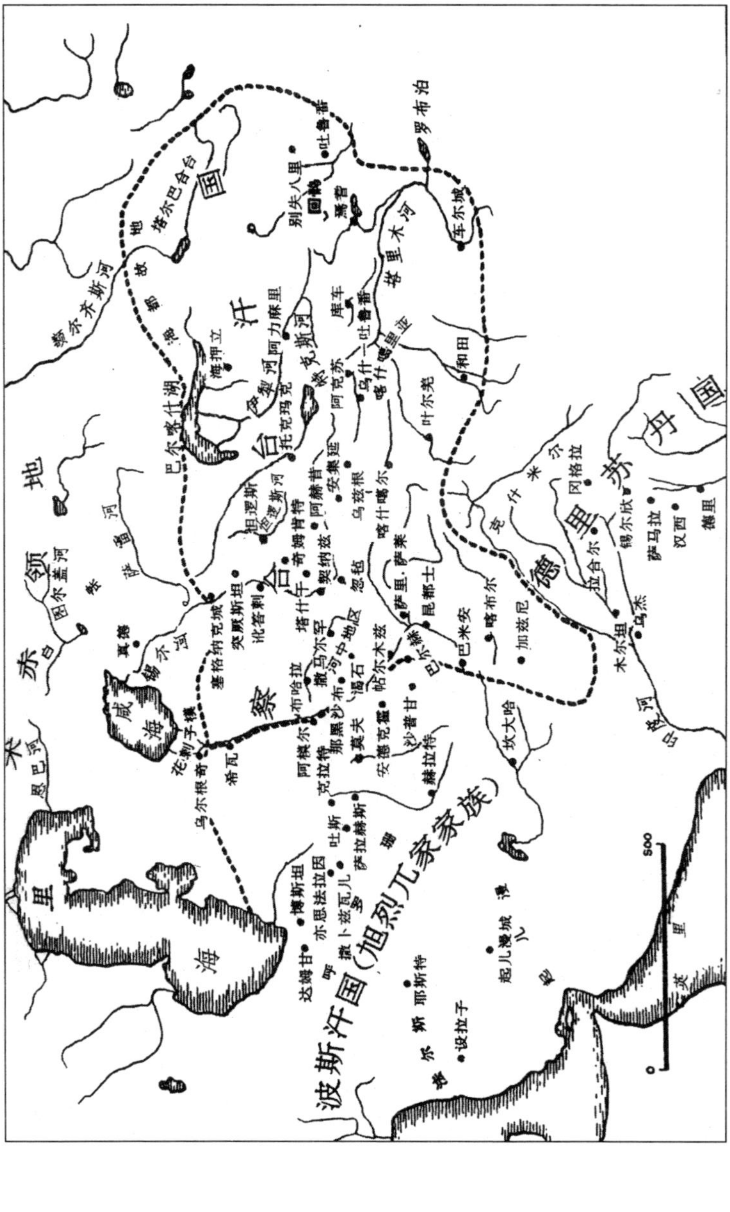

图二：察合台汗国（采自勒内·格鲁塞《草原帝国》，蓝琪译，第 427 页）

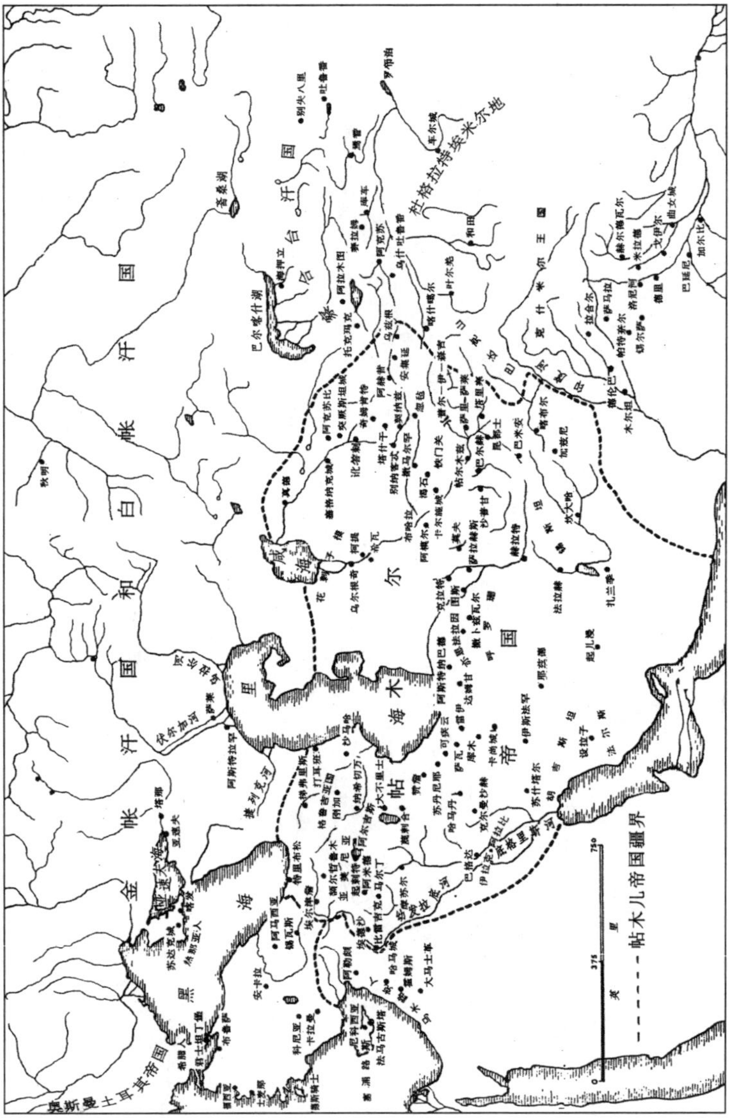

图三：帖木儿帝国（采自勒内·格鲁塞《草原帝国》，蓝琪译，第570—571页）

参考书目

中文著作：

（宋）叶隆礼：《契丹国志》，贾敬颜、林荣贵点校，上海古籍出版社 1985 年版。

（元）李志常述：《长春真人西游记》，中华书局 1985 年版。

（元）刘郁：《西使记》，中华书局 1985 年版。

（元）脱脱：《辽史》，中华书局 1974 年版。

（元）耶律楚材：《西游录》，向达校注，中华书局 1981 年版。

（元）耶律楚材：《湛然居士文集》，谢方点校，中华书局 1986 年版。

（元）佚名：《元朝秘史》，见余大钧译注：《蒙古秘史》附录，河北人民出版社 2007 年版。

（明）宋濂：《元史》，中华书局 1976 年版。

（清）屠寄：《蒙兀儿史记》，中国书店 1984 年版。

（清）张廷玉等：《明史》，中华书局 1974 年版。

《西域行程记 · 西域番国志 · 咸宾录》，周连宽点校，中华书局 2000 年版。

《钦定重订契丹国志》影印《文渊阁四库全书》，台湾商务印书馆。

《元典章》，陈高华、张帆、刘晓、党宝海点校，中华书局、天津古籍出版社 2011 年版。

韩儒林主编：《元朝史》，人民出版社 1986 年版。

黄文弼：《塔里木盆地考古记》，科学出版社 1958 年版。

柯绍忞：《新元史》，中国书店 1998 年版。

刘迎胜：《察合台汗国史研究》，上海古籍出版社 2006 年版。

热扎克・买提尼牙孜主编：《西域翻译史》，新疆大学出版社 1994 年版。

王治来：《中亚史纲》，湖南教育出版社 1986 年版。

王治来：《中亚通史》古代卷（下），新疆人民出版社 2004 年版。

吴树平主编：《二十四史外编》，天津古籍出版 1998 年版。

新疆社会科学院民族研究所编：《新疆简史》，新疆人民出版社 1980 年版。

余太山主编：《西域通史》，中州古籍出版社 1996 年版。

元史研究会编：《元史论丛》第 2 辑，中华书局 1983 年版。

元史研究会编：《元史论丛》第 3 辑，中华书局 1986 年版。

元史研究会编：《元史论丛》第 4 辑，中华书局 1992 年版。

张鸿年：《波斯文学史》，北京大学出版社 1993 年版。

张穆：《蒙古游牧记》，山西人民出版社 1991 年版。

张文德：《明与帖木儿王朝关系史研究》，中华书局 2006 年版。

张星烺编注：《中西交通史料汇编》，朱杰勤校订，中华书局 2003 年版。

周良霄、顾菊英：《元史》，上海人民出版社 2004 年版。

周一良、吴于廑：《世界通史》，人民出版社 1972 年版。

朱耀廷：《蒙元帝国》，人民出版社 2010 年版。

朱玉麒主编：《西域文史》第 2 辑，科学出版社 2007 年版。

《西域史论丛》第 1 辑，新疆人民出版社 1985 年版。

译著：

〔巴基斯坦〕赛义德・菲亚兹・马茂德：《伊斯兰教简史》，吴云贵等译，中国社会科学出版社 1981 年版。

〔波斯〕拉施特:《史集》第 1 卷，余大钧、周建奇译，商务印书馆 1983 年版。

〔波斯〕拉施特:《史集》第 2 卷，余大钧、周建奇译，商务印书馆 1985 年版。

〔波斯〕拉施特:《史集》第 3 卷，余大钧译，商务印书馆 1986 年版。

〔法〕阿里·玛扎海里:《丝绸之路——中国—波斯文化交流史》，耿昇译，中华书局 1993 年版。

〔法〕布哇:《帖木儿帝国》，见《西域南海史地考证译丛》第 3 卷，冯承钧编译，商务印书馆 1999 年版。

〔法〕勒内·格鲁塞:《草原帝国》，蓝琪译，商务印书馆 1998 年版。

〔法〕雷纳·格鲁塞:《蒙古帝国史》，龚钺译，翁独健校，商务印书馆 1989 年版。

〔韩〕李宽淑:《中国基督教史略》，社会科学文献出版社 1998 年版。

〔美〕希提:《阿拉伯通史》，马坚译，商务印书馆 1995 年版。

〔摩洛哥〕伊本·白图泰:《伊本·白图泰游记》，马金鹏译，宁夏人民出版社 1985 年版。

〔瑞典〕多桑:《多桑蒙古史》，冯承钧译，上海书店出版社 2001 年版。

〔苏联〕Б. Г. 加富罗夫:《中亚塔吉克史》，肖之兴译，中国社会科学出版社 1985 年版。

〔苏联〕В. Я. 符拉基米尔佐夫:《蒙古社会制度史》，刘荣焌译，中国社会科学出版社 1980 年版。

〔苏联〕Б. Д. 格列科夫、А. Ю. 雅库博夫斯基:《金帐汗国兴衰史》，余大钧译，张沪华校，商务印书馆 1985 年版。

苏联科学院主编:《世界通史》，生活·读书·新知三联书店

1961 年版。

〔苏联〕维・维・巴尔托里德:《中亚简史》，耿世民译，新疆人民出版社 1980 年版。

〔苏联〕威廉・巴托尔德:《中亚突厥史十二讲》，罗致平译，中国社会科学出版社 1984 年版。

〔西班牙〕罗・哥泽来滋・克拉维约:《克拉维约东使记》，杨兆钧译，商务印书馆 1957 年版。

〔伊朗〕阿宝斯・艾克巴尔・奥希梯扬尼:《伊朗通史》，叶奕良译，经济日报出版社 1997 年版。

〔伊朗〕志费尼:《世界征服者史》，〔英〕J. A. 波伊勒英译，何高济汉译，商务印书馆 2004 年版。

〔印度〕巴布尔:《巴布尔回忆录》，王治来译，商务印书馆 1997 年版。

〔印度〕辛哈、班纳吉:《印度通史》，张若达等译，商务印书馆 1964 年版。

〔英〕道森:《出使蒙古记》，吕浦译，周良霄注，中国社会科学出版社 1983 年版。

〔英〕珀西・塞克斯:《阿富汗史》，张家麟译，潘庆舲校，商务印书馆 1972 年版。

〔英〕韦尔斯:《世界史纲——生物和人类的简明史》，吴文藻译，人民出版社 1982 年版。

〔意大利〕马可・波罗:《马可・波罗行纪》，冯承钧译，上海世纪出版社集团、上海书店出版社 2001 年版。

阿布尔・哈齐・把阿秃儿汗:《突厥世系》，罗贤佑译，中华书局 2005 年版。

米儿咱・马黑麻・海答儿:《中亚蒙兀儿史・拉失德史》，新疆社会科学院民族研究所译，王治来校注，新疆人民出版社 1983 年版。

《海屯行纪・鄂多立克东游录・沙哈鲁遣使中国记》，何高济译，中华书局 1981 年版。

《柏朗嘉宾蒙古行纪·鲁布鲁克东行纪》，耿昇、何高济译，中华书局 1985 年版。

外文原著：

Arminius Vambery, *The History of Bukhara*, London henry s. King & Co. 65 Cornhill & 12 Paternoster Row, 1873.

Beatrice Forbes Manz, *The Rise and Rule of Tamerlane*, Cambridge University Press, 1989.

Encyclopaedia of Islam, 1st edition, Leiden, 1913-1938; 2nd edition, Leiden, 1954-2005 (several indexes to be published until 2007).

Gavin Hambly(ed.), *Central Asia*, New York, 1969.

G. Le Strange, *The Lands of the Eastern Caliphate*, Cambridge University Press, First Edition 1905, Reprinted 1930, printed in Great Britain.

H. Yule, *Cathay and the Way Thither, Being a Collection of Medieval Notices of China*, translated and edited by Henry Yule, New edition, revised throughout in the light of recent discoveries by Henri Cordier, London, The Hukluyt Society, 1915.

J. A. Boyle, *The Cambridge History of Iran*, Vol. 5, Cambridge University Press, 1968.

Narshakhī, *The History of Bukhara*, translated by R. N. Frye, Cambridge, Mass., 1954.

P. Jackson, L. Lockhart, *The Cambridge History of Iran*, Vol. 6, Cambridge University Press, 1991.

V. V. Barthold, *Four Studies on the History of Central Asia*, translated by Minorsky, Leiden, 1956.

W. Barthold, *Turkestan Down to the Mongol Invasion*, Porcupine Press, 1977.

V. Minorsky translation and explained, *Ḥudūd al-ʻĀlam*, Second Edition, London, 1970.

〔日〕佐伯好朗:《支那基督教研究》第 1 卷，东京春秋社，昭和十八年。

主要论文：

艾赛提·苏来曼、美合拉伊·买买提力:《论纳瓦依〈五卷诗〉对维吾尔文学的影响》,《西北民族研究》2000 年第 1 期。

陈国光:《论牙剌洼赤与马思忽惕伯——蒙古统治时期的两位西域穆斯林政治家》,《西北民族研究》1995 年第 1 期。

陈戈:《昌吉古城出土的蒙古汗国银币研究》,《新疆社会科学》1981 年创刊号。

郭武:《丘处机道教思想述评》,《宗教学研究》1994 年 Z1 期。

李一新:《察合台汗国的伊斯兰化》,《西北民族研究》1998 年第 2 期。

马曼丽:《论成吉思汗时代蒙古社会的性质和特点》,《内蒙古社会科学》2002 年第 1 期。

张文德:《论伊斯兰教对中亚站木儿王朝的影响》,《贵州师范大学学报》1995 年第 2 期。

中外译名对照

Abarquh［地］阿巴库赫城

‘Abdu’l Latīf［人］阿不都·剌迪甫

Abishqa［人］阿必失哈

Abu Bakr［人］阿布·别克尔

Abū Sacīd Mīrzā［人］卜赛因·米尔咱

Acre［地］阿卡城

Adil akhtachï［人］阿迪尔·阿克塔奇

Afrasiab［地］阿弗拉西雅布

Áhd-nama［专］契约书

‘Ain Jalud［地］艾因贾卢特

Ahmed［人］阿黑麻

Ak-Sarai［地］阿克萨莱

Äl Barqhinliki［人］依木丁·本·阿斯木·艾勒·巴尔秦力克

Ala al-Din［专］阿拉丁称号

Alans / Ases［族］阿兰人（阿速人）

Ali-muyyad［人］阿里·穆雅德

Al-Jūzjānī［人］朱兹贾尼

Allāhdād［人］阿拉达德

Altan terme［专］金帐
Anda qudai［专］按答忽达
Anda［专］安答
Andijan［地］安集延城
Angren［地］安格连
Ankara［地］安卡拉
Āq Qoyūnlū［王］白羊王朝
Aqbugha Nayamn［人］阿克不花那颜
Aral Sea［地］咸海
Arghunshah［人］阿格浑沙
Ariq Böke［人］阿里不哥
Arqun R.［地］额尔古纳河
Aul［专］阿乌尔
Aurgneh［人］兀鲁忽乃
'Avārizāt［专］临时赋税
Azerbeidjan［地］阿哲儿拜占（阿塞拜疆）
Baburnama［书］《巴布尔回忆录》
Babur［人］巴布尔
Bahā'al-Din［人］穆罕默德·伊本·巴哈丁
Bahā'al-Dīn Marghīnānī［人］巴哈丁·马儿吉纳尼
Bala［人］八剌
Bam［地］巴姆城
Baraq Khan［人］八剌汗
Baroulés［族］巴鲁剌思
Basqaq［专］八思哈
Bayan Qoli［人］拜延忽里
Bechbaliq［地］别失八里
Berke［人］别儿哥
Binkath［地］兵凯特

Bourqan［地］不儿罕山

Bourté［人］孛儿帖

Bukhara［地］不花剌

Bulgharia［族］不里阿耳人

Caspian［地］里海

Caucasus［地］高加索

Chagatai Khanate［王］察合台汗国

Chaghatay［人］察合台

Chansi［人］敞失

Chekü Barlas［人］契古·巴尔剌思

Cherig［专］扯里克

Cherkes Suchï［人］契克思·苏奇

Clavijo［人］克拉维约

D. Ross［人］罗思

Damghan［地］达姆甘

Danishmend［人］答失蛮

Darband［地］打耳班

Darugha［专］达鲁哈

Daruqai［专］达鲁花赤

Dastūr al-Kātib fi Ta'yin al-Marateb［书］《命官文书规范》

Delhi Sultanates［王］德里素丹国

Dharmacri［人］答儿麻失里

Dilktu-sa［地］底来库沙

Dinars［专］迪纳尔

Dirhams［专］迪拉姆

Diwan-ia'la［专］中央迪万

Diyar Bakr［地］迪亚巴克尔

Don Hanri［人］亨利三世

Dughlat［族］杜格拉特部（朵豁剌惕部）

Dust Muhammad［人］笃思忒・马黑麻

Duwa［人］都哇

Elshir Nawa'i［人］阿利舍尔・纳瓦依

Esān Buqā Khan［人］也先不花

Ferghana［地］拔汗那（又译费尔干纳）

Ghadaq［人］葛答黑

Ghazal［专］抒情诗

Ghiyasal-Din［人］嘉泰丁二世

Giovanni de Marignolli［人］马黎诺里

Guillaume de Rubrouck［人］威廉・鲁布鲁克

Gur Amir Mazar［地］古尔・埃米尔麻扎

Gurgan［地］古尔甘

Gurganj［地］玉龙杰赤城

Güyük［人］贵由

Hāfiz-i-Ablū［人］哈菲兹・阿卜鲁

Haji［人］哈只

Hājjī Beg Jawun-i Qurban［人］贾温库班

Hajji Beg［人］哈吉・伯格

Hara Yusuf［人］哈拉・玉素甫

Hashar［专］签军

Heart［地］也里（又译哈烈）

Historic Centre of Shakhrisyabz［地］沙赫里夏勃兹历史中心

Ibn Battuta［人］伊本・白图泰

Il-qan［专］伊利汗

Irtysh R.［地］额尔齐斯河

Ishkashim［地］伊什卡什姆

Iskandarb Shaykhī［人］伊斯坎达尔・谢赫

Jadaran［族］札答兰部

Jalāyersf［族］札剌亦儿人

Jalayrids［王］札剌亦儿王朝

Jamāl Qarshi［人］加玛勒·哈尔希

Jāmi‘al-Tawārīkh［书］《史集》

Jamuka［人］札木合

Jānī Beg［人］札尼别

Japun-i-Qurban［王］贾云·依·库尔班王朝

Jean de Plan Carpin［人］柏朗嘉宾

Jelme［人］哲别

Jöchi［人］术赤

John［人］约翰

Jurreeb［专］等级

Kalat［地］卡拉特

Kartids［王］克尔特王朝

Kashghar［地］喀什噶尔

Kastil［王］卡斯提

Kebeki［专］怯别币

Kerait［族］克烈部

Kerulen［地］怯绿连河

Kesigten［专］怯薛

Khazanchï［专］哈赞奇（财务官）

Khazina-dar［专］财务官

Khentei［地］肯特山脉

Khudai-Dad［人］忽歹达

Khujand［地］忽毡城

Khurasan［地］呼罗珊

Khusrau va Shīrīn［书］《霍斯鲁与希琳》

Khwarezmia［地］花剌子模

Kipchak steppe［地］钦察草原

Kirakos［人］乞剌可斯

Kohik［地］柯希克高地
Kököchü Teb-Tenggeri［人］通天巫阔阔出
Korgus［人］阔儿吉思
Kubrāwiyya［宗］库布拉维
Kurds［族］库尔德人
Küriyen［专］古列延
Kurultay［专］忽里勒台（部落代表大会）
Lālim Bahadur Qa'uchin［人］拉希姆·巴哈都尔·斡赤斤
Lawrenee［人］劳伦斯
Madrasa［专］马德拉沙
Mahmād Yalavach［人］牙剌洼赤
Mahmud Khorazm［人］马合木·花剌子模
Mamluk［专］马木路克
Mansūr［人］满速儿
Marco Polo［人］马可·波罗
Masnavī［专］长篇叙事诗
Mätliululum［书］《科学的源泉》(又译《科学的钥匙》)
Maulana Sherif-eddin Ali［人］歇里甫丁
Merkit［族］蔑儿乞惕部
Midrāb b. Chekü［人］米德拉布·本·彻库
Midrāb Barlas［人］米德拉布·巴尔剌思
Mīrzā Abd al-Allāh［人］米儿咱·乌巴都剌
Mirza Muhammad Haidar［人］米尔咱·马黑麻·海答儿
Mirza Muhammad Qazvini［人］志费尼
Misaul［专］单位
Möngke［人］蒙哥
Mötöghan［人］木阿秃干
Mu'an［专］强制兵役
Mu'izz-al-ansab［书］《贵显世系》

Mubarak Shah［人］木八剌沙

Mubarik din Muhammad［人］穆巴里克・丁・穆罕默德

Muge［人］木哥

Mughal Empire［王］莫卧儿帝国

Muhäbbätnamä［书］《爱情书》

Muhammad Shaybani Khan［人］昔班尼

Muhammad sultanshah［人］穆罕默德・苏丹沙

Muhrdār［专］穆哈尔达尔（掌印官）

Mulūk Sabzawārī［人］穆鲁克・萨布扎瓦里

Mustawfī Qazwīnī［人］卡兹维尼

Muzaffar al-Dīn Natanzī［人］穆扎法尔・纳坦兹

Muzaffariyyah［王］穆扎法尔王朝

Myriad［专］万户

Naiman［族］乃蛮部

Naqshband［宗］纳合什班底教团

Nasir al-din［人］纳赛尔・哀丁

Nāsirīal-Din［人］纳昔儿

Negübei Oghul［人］聂古伯

Nicholas［人］尼古拉斯

Nosal［人］诺萨儿

Noyan［专］那颜

Nüker［专］那可儿

Nuntuq［专］嫩秃黑

Ögedey［人］窝阔台

Oghul Qaymish［人］斡兀立・海迷失

Onon［地］斡难河

Orda［人］斡儿答

Ottoman Empire［王］奥斯曼帝国

Padshah［专］帕的沙（皇帝、君主）

Peter［人］彼特
Pīr ‘Alī Suldus［人］皮儿·阿里
Pishpek［地］比什凯克
Pulad［人］卜刺
Qabul Khan［人］合不勒汗
Qamar al-Dīn［人］哈马鲁丁
Qara Hülegü［人］哈剌旭烈兀
Qara Qoyūnlū［王］黑羊王朝
Qarachar［人］哈剌察儿
Qarāy / Gerāy［人］克烈
Qasida［专］颂诗
Qazan［人］合赞
Qubcur［专］忽卜绰儿
Qubi［专］忽必
Qucha［人］忽察
Qutb al-Dīn Aybak［人］库特布·乌丁·艾贝克
Quti Beki［人］忽惕别吉
Qutluq-Timür［人］火都鲁帖木儿
Rashid al-Din［人］拉施特
Raymond［人］雷蒙
Richard［人］理查德
Sa’di［人］萨迪
Sabzavar［王］赛尔巴朵尔公国
Sa‘īd［人］萨亦德
Säkkäki［人］萨卡基
Salah-al-din［人］萨拉丁
Samarkand［地］撒麻耳干
Samnān［地］西模娘城
Sangarighaj［地］桑噶里哈吉

Sarakhs［地］萨拉赫斯（撒剌哈夕）

Saray-Batu［地］萨莱城

Saray-Berke［地］别儿哥萨莱

Satilmish Beg［人］次子萨替尔密什·伯克

Schiltberger［人］约翰·细尔脱白格

Shahrukh［人］沙哈鲁

Shaybān［人］昔班

Shaykh Arsian［人］谢赫·阿尔斯兰

Shaykh Ibrahim［人］谢赫·伊不拉欣

Shiraz［地］泄刺只城

Shirwan［地］希尔凡

Sigi Qutuau［人］失吉忽秃忽

Sïgnak［地］昔格纳黑

Signaq Tegin［人］昔格纳黑的斤

Soyurqal［专］莎余儿合勒

Sulaiman Beg［人］速来蛮别乞

Sulaymānshāh［人］苏莱曼

Suldus［族］速勒都思

Sultān Ahmad［人］速檀·阿合马

Sultān Husayn Bāyqarā［人］速檀·忽辛·拜哈拉

Sultān Mahmūd［人］速檀·马哈木

Suywitch［人］苏英尼奇

Ta'rīkhi Gūzida［书］《选史》

Ta'rīkhi Wassāf［书］《瓦撒夫史》

Tarīchi Jahān-Gushā［书］《世界征服者史》

Tabaqāti Nāsirī［书］《纳昔儿史》

Tajul Säadät Wä Änwanul Siyadät［书］《幸福之冠和统治者的称号》

Tajziyat al-Amsār wa Tazjiyat al-A'sār［书］《土地的分割与世纪的推移》

Takrit［地］塔克里特城

Talas［地］塔剌思

Talikhan［地］塔里寒

Tamerlane［人］帖木兰（跛子帖木儿）

Taraghai［人］塔剌海

Tarbaghatai［地］塔尔巴哈台

Tārīkh-i Rashīdī［书］《拉失德史》

Tatar［族］塔塔儿部

Tauris［地］桃里寺

Tausha Basqaq［人］塔兀沙八思哈

Temūge Qa'uchin［人］帖木儿·斡赤斤

Temüjin［人］铁木真

The Khanate of Kipchak［王］钦察汗国

The Mausoleum of Khoja Ahmed Yasawi［地］阿合马·亚萨维陵

The Rihla［书］《伊本·白图泰游记》

The Semirechyé［地］七河流域

Timur Devrinde Kadistan Semer-Kand'a Seyaha［书］《克拉维约东使记》

Timür Shah［人］帖木儿沙

Timur［人］帖木儿

Togrul［人］脱斡邻勒

Toluy［人］拖雷

Toqmaq［地］托克马克

Törbei［族］朵儿伯

Toul［地］土拉河

Transoxiana［地］河中地区

Tughluq［王］图格鲁克王朝

Uchachar［人］兀札察儿

Umal Shāh［人］乌马儿·沙黑

Uruk / Orug［人］月鲁
Urus［专］兀鲁思（领地）
Utrar［地］讹答剌
Uvays Khān［人］歪思汗
Uzkand［地］讹迹邗（又译乌兹根）
Uzun Hasan［人］乌宗·哈桑
Uzziano［地］胡札罗
Vittoria［人］维托里亚
Volga R.［地］伏尔加河
Wassāf［人］瓦撒夫
Yailaq va qashlaq［专］冬营地
Yalavach［人］牙剌洼赤
Yarkand Khanate［王］叶尔羌汗国
Yarkand［地］叶尔羌
Yasa'ur［人］牙撒兀儿
Yasawiyya［宗］亚萨维
Yazd［地］耶兹德城
Yeke Mongghol ulus［专］大蒙古国
Yesügey［人］也速该
Yosun［专］约孙
Yūnus［人］羽奴思
Yusuf Saikak［人］玉素甫·赛喀克
Zafer-Nameh［书］《武功记》(《帖木儿武功记》)
Zail-i Jāmi'al-Tawārīkh［书］《史集续篇》
ZanjirSaray［地］赞吉尔萨莱

蓝琪　主编

中亚史

第六卷

蓝琪　刘丹　著

商务印书馆
创于1897
The Commercial Press

图书在版编目（CIP）数据

中亚史. 第六卷 / 蓝琪主编；蓝琪，刘丹著. —北京：商务印书馆，2020（2022.8重印）
ISBN 978-7-100-18499-1

Ⅰ.①中… Ⅱ.①蓝… ②刘… Ⅲ.①中亚—历史 Ⅳ.①K360.0

中国版本图书馆CIP数据核字（2020）第085648号

中 亚 史

第六卷

蓝琪 主编

蓝琪 刘丹 著

商 务 印 书 馆 出 版
（北京王府井大街36号 邮政编码 100710）
商 务 印 书 馆 发 行
三河市尚艺印装有限公司印刷
ISBN 978-7-100-18499-1

2020年10月第1版 开本 640×960 1/16
2022年8月第2次印刷 印张 29

定价（全六卷）：460.00元

第六卷　序

《中亚史》第六卷论述了中亚地区19世纪20年代至20世纪末期近两个世纪的历史。在近两百年中，中亚经历了沙皇俄国的征服和统治，以及苏俄和苏联的统治。从内容来看，本卷属于世界历史分期中的近、现代史范畴；1822年，沙皇俄国以地区总督制度取代哈萨克中、小玉兹人的汗王制度，此举可以视为中亚近代史的开端，1917年的十月革命是中亚现代史的开端。从社会发展史的角度来看，19世纪中叶至20世纪初，中亚处于殖民地或半殖民地时期，十月革命以后，除阿富汗国家外，中亚五国步入了社会主义的历史发展阶段。

第六卷由“沙俄时期”、“争取自治与独立的斗争和苏维埃政权的建立和巩固”、“中亚现代民族国家”三编构成。第一编从俄国出台《西西伯利亚吉尔吉斯（指哈萨克）人条例》的1822年起，到中亚人民反俄大起义的1916年止；第二编从俄国资产阶级民主革命的1905年起到中亚争取自治和独立斗争结束的1924年止；第三编从苏联政府在中亚地区进行“民族划界”和组建民族国家的1924年起到苏联解体的1991年为止。

“沙俄时期”一编主要论述了哈萨克三个玉兹、布哈拉汗国、希瓦汗国、浩罕汗国先后沦为沙皇俄国殖民地和半殖民地的历史，

中亚的征服大多数情况是以暴力形式实现的，俄国在中亚的殖民统治也带有军事管辖的性质，因此，沙俄的征服和统治给中亚人民造成了极大的伤害。在充分认识沙皇俄国的军事扩张与殖民统治给中亚社会带来的负面影响的同时，作者指出：俄国对中亚的征服不是中世纪争夺城池的战争，而是近代资本主义战胜封建主义的战争；俄国对中亚的统治不再具有封建统治的性质，而是近代殖民主义的统治。因此，沙俄的征服和统治将中亚的政治和经济纳入了资本主义体系，使欧洲工业文明浸渗于中亚社会，缩短了中亚当时落后的生产力与近代工业文明的距离。

在“争取自治与独立的斗争和苏维埃政权的建立和巩固”一编中，作者论述了1905—1924年间中亚民族民主运动的历史。将此部分内容独立成编是本书在体例安排上的一个特点。以往有关中亚的著作基本上都以1917年为界将中亚的近、现代史分为沙俄和苏联两个部分。诚然，1905—1924年的中亚资产阶级革命与沙俄和苏俄有着千丝万缕的联系，然而，中亚这一时期的历史内容与沙俄时期和苏联时期却完全不同，应该独立出来。

在1905年俄国资产阶级革命的推动下，中亚民族民主运动发展起来。1905—1907年的中亚人民反帝反封建斗争是19世纪末20世纪初期“亚洲觉醒”（Asian Awakening）的一个组成部分，作者称之为“中亚的觉醒”。中亚的觉醒表现在以下两个方面：其一，中亚地区的资产阶级知识分子取代宗教领袖和封建主成为中亚反帝反封建斗争的领导者；其二，具有民族资产阶级政党性质的组织在中亚成立，布哈拉成立了青年布哈拉党，希瓦汗国成立了青年希瓦党。中亚的觉醒沉重打击了沙俄在中亚的殖民统治和中亚地区的封建势力，传播了民族主义和民主主义的思想，为摆脱沙俄在中亚的统治发挥了积极作用。

1917年二月革命以后，临时政府继续执行沙俄政府的民族政策，临时政府在中亚的分支机构没有提出地方自治或民族自治的任何方案。十月革命初期，中亚人民要求建立独立国家的呼声很强烈，

以及阿富汗沦为英国半殖民地的过程。18 世纪上半叶，俄国开始兼并哈萨克汗国；19 世纪中叶以后，中亚大部分地区陆续沦为俄国的殖民地，一些地区沦为俄国或英国的半殖民地。19 世纪中叶至 1916 年，沙俄在中亚地区实施了殖民和半殖民统治。作者指出：俄国的殖民统治是通过草原总督区和突厥斯坦边区政府实现的，总督区之下划分为州、县、乡、村几级政府；俄国的半殖民地统治是通过建立保护国的形式实现的，俄国保留了布哈拉和希瓦两个半独立的汗国，以及如什克南、鲁善、达尔瓦兹等这样的一些边境小国，俄国在这些保护国设立了附属于突厥斯坦边区的政治代办处等机构，通过这些机构实现了俄国的利益。沙俄对中亚的殖民和半殖民统治激起了人民的反抗，其中，1916 年起义的规模最大，影响最深。作者指出，这一时期，中亚人民与俄国统治者之间的矛盾成为中亚地区的主要矛盾。

本编论述了沙皇俄国利用中亚与中国相邻的有利条件开始侵占中国领土的过程。在确立对哈萨克草原的殖民统治之后，俄国蚕食了中国西北部 44 万多平方公里的领土；在七河州和费尔干纳确立统治之后，俄国在边境地区制造事端，迫使清朝政府签订不平等条约，又侵占了中国西北部的 7 万平方公里土地，并获得了在中国境内的一些经济特权。

本编论述了沙俄政府在中亚的宗教政策和文化政策。作者指出：沙俄政策最初对伊斯兰教采取了不干预和利用的宗教政策；从 19 世纪 80 年代末起，随着中亚民族意识的觉醒，沙皇政府开始限制伊斯兰教的发展。这些政策损害了伊斯兰教神职人员的利益，激起了中亚宗教界的反俄斗争。为了利于俄国的统治，沙俄政府在中亚实施俄罗斯化的政策，除了在宗教方面鼓励东正教信仰外，在文化方面也采取了一些措施，如俄语被定为官方用语，在 1905 年俄国第一届国家杜马的选举中，沙俄政府明文规定在中亚等少数民族地区不会说俄语的人不能成为国家杜马的议员。

本编专门论述了沙俄统治中亚的历史地位。作者指出：俄国对

这一要求既反映了中亚人民的意愿，其中也夹杂着民族主义分子的要求和被推翻的封建势力的复辟希望。然而，中亚建立民族独立国家的愿望在十月革命初期没有实现。作者认为，这一结果既是中亚民族的发展进程决定的，同时，也与苏维埃政权当时所面临的国内外形势有关。

首先，直到20世纪初，中亚一些主体民族的分解和融合过程仍在进行之中，离现代民族还有一定的距离。乌兹别克、哈萨克、吉尔吉斯等中亚主体民族的形成始于16世纪，然而，民族形成的过程十分缓慢，由于各民族宗教信仰相同，风俗相近，加之，各民族居住地交融相错，民族语言文字差异不大，不少民族可以说双语，这些因素导致了各民族的界线不明显，民族自我认同模糊。说突厥语各方言的乌兹别克、哈萨克、吉尔吉斯、土库曼人都以突厥族人自称；由于信仰相同，中亚居民以穆斯林自称；由于城乡区别，中亚居民又以“萨尔特人”（指生活在城市里的乌兹别克人和塔吉克人）自称。民族观念的淡薄使中亚地区无法建立民族自治或民族独立的国家，因此，十月革命以后在中亚建立的自治共和国只能是地区自治国家。

其次，从十月革命初期的中亚形势来看，中亚人民的独立愿望难以实现。在十月革命初期，中亚人民要完成的首要任务是建立人民当家做主的政权，苏维埃政权正是劳动人民渴望的。然而，由于国内战争的爆发，新生的苏维埃政权受到挑战，土地改革未能得到认真贯彻执行。在这种形势下，国家采取什么形式更有利于人民政权的建立和巩固是最重要的。苏维埃政府暂时采取隶属于俄罗斯联邦的自治共和国的组织方式，中亚自治共和国的建立巩固了人民政权——苏维埃，从政治上保障了人民当家做主。直到1924年，苏联在中亚进行了民族划界，民族逐渐明朗化，民族国家也得以建立和巩固起来。

在“中亚现代民族国家”一编中，作者论述了在民族划界的过程中陆续形成的中亚五国（乌兹别克苏维埃社会主义共和国、土库

曼苏维埃社会主义共和国、塔吉克苏维埃社会主义共和国、吉尔吉斯苏维埃社会主义共和国和哈萨克苏维埃社会主义共和国）的概况。中亚五个共和国以独立国家主权的身份先后加入了苏维埃社会主义共和国联盟，根据《苏维埃社会主义共和国联盟成立条约》(1922）和苏联时期正式颁布的三部宪法（1924、1936、1977）的规定，苏联各加盟共和国是“主权国家”，联盟中央与加盟共和国之间实行分权制。然而，与其他加盟共和国一样，中亚五个加盟共和国在政治、外交、军事、经济、文化教育等领域必须与联盟中央保持一致。作者指出：中亚五个加盟共和国的历史被纳入了苏联历史的发展轨道，形成了“一个意识形态”、“一个党”、“一种所有制”为特征的“苏联社会主义模式”：在意识形态领域确立了马克思主义的指导地位，实行一元化的意识形态；在政治制度上，确立了共产党的绝对领导地位和中央集权制度；在经济制度方面，通过农业集体化和工业社会主义改造，单一所有制和中央计划经济体系逐渐建立起来。

在此制度下，中亚民族共和国的宪法虽然规定了本国拥有立法权、行政权、司法权和经济权，而实际上形同虚设，与沙俄政府在中亚直接统治区内实施的统治几乎一样。而苏联在中亚实施的指令性计划管理的经济体制排斥了价值规律和市场机制的调节作用，联盟中央很少考虑各共和国的具体情况和居民生活的需要，很少考虑当地的土地、人口、生态的承受能力等等，这种倾向在中亚国家经济发展中产生了消极后果。此外，苏联党和政府从语言、文字、文学、艺术、教育等诸方面积极推行俄罗斯文化，这些措施给中亚地区带来了负面影响。

尽管如此，在苏联共产党和苏联中央政府的领导下，中亚人民经过艰苦创业，在建设社会主义的过程中，完成了资本主义时期应该完成的任务，如建设法治国家、工业化经济、发展科学教育，等等。中亚地区从殖民地、半殖民地社会一跃进入了社会主义社会，这是中亚历史的一大进步。这一进步与苏共和联盟中央坚持苏联各民族在经济上共同繁荣、在文化教育等社会方面相互

接近的目标，以及为实现这一目标所制定和贯彻的一系列政策和坚持不懈的努力是分不开的。这是苏联时期中亚历史发展的主要方面。

《中亚史》第六卷的分工：第一、二编由贵州师范大学蓝琪教授执笔，第三编由鲁东大学刘丹副教授执笔。

蓝　琪

第六卷目录

第一编　沙俄时期（19世纪中叶—20世纪初）

第二编 争取自治与独立的斗争和苏维埃政权的建立与巩固

第三编 中亚现代民族国家

第一编 沙俄时期

（19 世纪中叶—20 世纪初）

18 世纪，俄国与普鲁士、奥地利共同瓜分了波兰，将边界推进到了涅曼河—布格河一线；18 世纪下半叶，俄国通过对土耳其的战争将克里米亚纳入自己版图，获取了黑海出海口，俄国的综合国力达到鼎盛。19 世纪，俄国在克里米亚战争（1853—1856）的失败动摇了它在欧洲的霸主地位，通往欧洲的道路被堵塞了，俄国的出路指向了东方和南方。在此背景下，中亚地区的国家一个接一个地被俄国征服。19 世纪中叶至 1917 年，俄罗斯帝国在中亚实施了半个多世纪的统治，对中亚人民实行政治压迫和经济剥削，俄国的殖民统治激起了中亚人民的反抗，中亚各族人民以武装斗争的形式推翻了俄国在中亚的统治。

第一章

哈萨克草原

18 世纪 30 年代，中、小玉兹的哈萨克首领向俄国表示臣属，俄国开始在哈萨克草原北部建筑军事要塞；以要塞为据点，俄国军队逐渐向南哈萨克草原推进，最终将整个哈萨克草原纳入了俄国的版图。1822 年，俄国以地区总督制度取代了哈萨克中、小玉兹的汗王制，北哈萨克草原由原来的俄属领地变成了俄国的直接统治区；1882 年，俄国在哈萨克草原和西西伯利亚组建草原总督区，下辖阿克莫林斯克（Akmolinsk）、塞米巴拉金斯克（Semipalatinsk）、图尔盖（Turgaj）、乌拉尔斯克、七河五州；1898 年以后，草原总督区经过调整，下辖州只有阿克莫林斯克和塞米巴拉金斯克。

第一节　沙俄对北哈萨克草原的统治

16 世纪中叶，俄国征服伏尔加河畔的喀山汗国，16 世纪后期，俄国征服西伯利亚汗国，哈萨克人的牧地在西、北两面与俄国领土接壤，两国成为领土毗邻的国家。17 世纪，哈萨克人生活在东起额尔齐斯河，西至乌拉尔河以东的哈萨克草原上。18 世纪初，哈萨克

汗国在准噶尔人的入侵下瓦解，哈萨克人丧失了抵抗准噶尔人的力量，哈萨克统治集团开始寻求俄国的帮助。18 世纪 30 年代，哈萨克中、小玉兹向俄国表示臣属。在臣属期间，中、小玉兹仍然归哈萨克汗统治，不过，俄国开始操纵汗的推选，推举出来的汗要向俄国宣誓效忠，还要得到俄国的正式任命。19 世纪初期，俄国在与拿破仑的战争中获胜，以一个强国的姿态出现在欧洲。在此背景下，血气方刚的沙皇亚历山大一世决定改变对哈萨克中、小玉兹的统治形式，筹划以地区总督制取代原来的汗王制。

于是，西伯利亚总督斯佩兰斯基秉承沙皇旨意开始搜集哈萨克人的习惯法、判例，并根据俄国的需要对这些习惯法和判例进行补充。1822 年，《西西伯利亚吉尔吉斯（指哈萨克）人条例》（又名《斯佩兰斯基条例》）出台，俄国在北哈萨克草原上建立了殖民性质的行政机构。条例首先在中玉兹哈萨克人中实施。根据条例，中玉兹废除了汗王制，以阿克苏丹制（即长老苏丹制）取而代之。大约有 50 万人口[①]的中玉兹领土被分成了 8 个区（okrug）和卡尔卡拉林斯克、科克切塔夫、阿亚古兹、阿克莫林斯克外边区；沙皇政府在各区设立了政府。区政府由俄国当局派两名官员和数名俄国任命的阿克苏丹组成，隶属西伯利亚总督。这一条例受到哈萨克人民的强烈抵制，以致不得不依靠军队强制推行。1838 年，俄国又颁布了《关于对西西伯利亚吉尔吉斯人进行单独管理的条例》，对 1822 年条例进行了修订，以军事殖民的方式强化对中玉兹哈萨克人的管理。条例规定，设立西西伯利亚吉尔吉斯（哈萨克）边防管理总局，管理中玉兹和部分大玉兹的领地。边防管理总局设在鄂木斯克，由俄国边防军将校担任局长、主任及高级文官，中玉兹哈萨克人仅在高级文官中占有一名陪审员的职位。俄国当局在每个行政区派驻一支人数在 100—200 人不等的俄国哥萨克军役人员，以维护统治秩序。[②]

---

① 〔美〕迈可尔·刘金：《俄国在中亚》，陈尧光译，商务印书馆 1965 年版，第 6 页。

② 厉声：《哈萨克斯坦及其与中国新疆的关系（15 世纪—20 世纪中期）》，黑龙江教育出版社 2004 年版，第 179 页。

直到1858年，中玉兹管理体制的调整才最终完成。

1824年，俄国颁布了针对小玉兹哈萨克人的《奥伦堡哈萨克人条例》。条例规定，小玉兹的汗王制被废止，所属哈萨克人的事务交俄国外交部亚洲委员会负责处理。小玉兹被划分成西、中、东三个大区，区下面是小区（波勒斯），小区下面是村（阿吾勒），每个村由50至70户（帐）组成。[①]村由哈萨克长老管辖，小区由哈萨克苏丹（速檀）管辖，大区由公职人员管辖，公职人员中有一位大苏丹和4位助手（其中两位必须是俄国人），每个大区有一支俄军驻守。另有小玉兹1万帐，约5万哈萨克人被迁到乌拉尔河和伏尔加河下游一带居住。[②]1844年，俄国政府又颁布了针对小玉兹哈萨克人的《奥伦堡哈萨克人管理条例》，对1824年的条例做了增补。该条例以军事殖民方式进一步强化对小玉兹哈萨克人的管理，由奥伦堡边防委员会具体负责执行。

俄国在北哈萨克草原建起的一系列外边区成为俄国继续扩张的基地。随着外边区边界向南扩，俄国的国界线也在不断向南移动。1846年，俄军在大玉兹领地、巴尔喀什湖东南地区建筑了科帕尔要塞（今塔尔迪库尔干附近），以及谢尔基奥波尔、列普辛斯克等行政中心。1848年1月，俄国颁布了针对大玉兹人的《大玉兹吉尔吉斯人的管理及谢米列契边区的监督条例》，条例规定，在大玉兹哈萨克人的领地上建立隶属于西西伯利亚总督的警察部队，以维持当地秩序。

19世纪50年代初，俄军渡过伊犁河，占领了几乎整个外伊犁地区，1854年，俄军在阿拉木图村附近修建了一个维尔内要塞（现阿拉木图）。维尔内要塞所建地域当时属于中国，对此，清政府理藩院曾向彼得堡枢密院提出质问。由于清政府当时处于鸦片战争之后的内外交困时期，无力西顾，此事也就不了了之。1854年5月，俄

① 《哈萨克族简史》编写组、《哈萨克族简史》（修订本）编写组：《哈萨克族简史》，民族出版社2008年版，第173—174页。

② 同上。

国将哈萨克草原南部划出，建立了塞米巴拉金斯克州，颁布了《塞米巴拉金斯克州管理条例》，并任命俄国人担任总督，而大玉兹哈萨克人首领只是他的副手。

随着各项条例的实施和新管理体制的建立，俄式殖民政权机构取代了沿袭300多年的哈萨克汗国统治体制。随着统治形式的改变，哈萨克人的牧地直接变成了俄国的领土。

在实现政治统治的同时，俄国开始对哈萨克人民进行经济剥削。俄国对哈萨克人收取赋税，哈萨克牧民要按户（帐）缴纳赋税，无论贫富贵贱，每户每年都要交纳1.5个银卢布，在很多地方一年实际上要征收3到4次赋税。[①] 此外，哈萨克牧民还要向俄国当局提供驼马、柴草等物资以维护俄国驻军的需求。除赋税外，沙俄政府还要求哈萨克人无偿为其军队服劳役，包括修路架桥、建筑要塞、运输货物、开垦田地、修筑水利设施。19世纪30年代，俄国在哈萨克人中强制执行歧视政策，禁止哈萨克人耕种土地，使他们的畜牧与从事农业的哥萨克人在经济上互补，促进哈萨克牧民与哥萨克农民之间的“贸易来往”，这一政策导致哈萨克人不得不以高价买进俄国面包而以低价售出他们的牲畜。[②]

俄国的统治遭到了哈萨克人的强烈反抗，反俄起义在哈萨克各阶层中爆发。在《西西伯利亚吉尔吉斯人条例》颁布三年之后的1825年，中玉兹贵族萨尔赞·喀齐莫夫和额贝都拉瓦里卡诺领导了反俄起义。俄国从乌拉尔调来哥萨克军团残酷镇压了起义。起义失败以后，两位领导人逃到浩罕汗国。1831年，萨尔赞在浩罕汗国又组织了一支队伍重返哈萨克草原，对俄国驻军不断发起袭击。1834年，在俄军的围剿下起义最终失败。

1833—1838年，伊萨泰·泰曼诺夫（Isatay Taymanov）和马哈姆别特·乌捷米斯诺夫（Mahambet Utemisov）领导了中玉兹起义，

① 厉声：《哈萨克斯坦及其与中国新疆的关系（15世纪—20世纪中期）》，第180页。
② 〔美〕迈可尔·刘金：《俄国在中亚》，第7页。

起义很快发展成大规模的反殖民运动。起义军提出“人民自己支配自己的财产、自己管理自己，任何人无权加重我们的负担”等口号。1838 年 11 月，起义军在俄军与哈萨克贵族的联合剿杀下失败，被迫撤到小玉兹哈萨克人的领地。

1836 年，哈萨克草原的西部和北部爆发了大规模反俄起义。起义的领导者是哈萨克速檀肯尼萨尔·卡西莫夫汗（Kenesari Kasymov）。起义爆发的原因从肯尼萨尔 1841 年 6 月写给奥伦堡边防委员会主席的信中反映出来，信上说：“1825 年……首领伊凡色曼诺维奇·卡尔那契夫率 300 俄国人和 100 哈萨克人开始行动，洗劫了速檀沙尔姜·卡西莫夫的村庄，掠去无数的牲口和财产，残杀 64 人；幸存者靠战斗拯救了自己。1827 年……少校明林夫率领下的 200 人摧毁了阿里克区和楚布尔特帕利区的村庄，残杀了 58 人，掠走无数的财产。1830 年……某部又屠杀了 190 人。1831 年……中校阿列克塞·马克西莫维奇率领的 500 人屠杀了 450 人，并拐走（沙尔姜·卡西莫夫的）一个孩子。1832 年……彼得尼古拉伊维奇·库拉可夫率领的 250 人杀死了 60 人。1836 年……少校替梯克率领的 400 人屠杀了 250 人。1837 年，伊凡色曼诺维奇·卡尔那契夫率领的 400 人洗劫了阿里钦、卡尔卡曼乌里、图尔图勒乌里，屠杀了 350 人。”①

他在信中指出：“这样的掠夺性袭击在 1836 年有 4 次以上，它们是由俄国人或任沙皇官员的哈萨克人领导的。这些官员带领由 1600 人组成的各种分队，抢劫和骚扰了几千个哈萨克村庄，杀死了 854 人，并且劫持了 180 多人。1840 年，部队又蹂躏了速檀沙尔姜·卡西莫夫的许多村庄，杀死 70 人，掳走妇女 20 人；赶走了 2300 匹马，300 头骆驼，3000 只羊和 100 头牛。在同年发生的另外两次袭击中，俄国雇用了 900 人劫掠了 6 个不同的哈萨克群体，杀

① Edward Allworth, edit, *Central Asia: 130 Years of Russian Dominance, A Historical Overview*, Third Edition, Duke University Press, Dubham and London, 1994, p. 11.

死了 111 人，俘虏 20 人，抢劫了成千上万头羊，奶牛和骆驼。”[①]

肯尼萨尔呼吁缔造一个统一的哈萨克汗国，让哈萨克人恢复到 1822 年以前的状况，即俄国只能保持纯粹名义上的主权。三个玉兹的哈萨克人积极投入到这次起义之中，肯尼萨尔还打算与中亚南部的三个汗国合作。1841 年，肯尼萨尔一度复兴了哈萨克人的国家，不过起义最终失败。

1856 年，哈萨克首领努尔马哈默多夫・巴图鲁领导了大玉兹哈萨克人反对俄国在锡尔河沿岸实施殖民统治的起义。次年 1 月，起义在俄军及哈萨克封建主的围剿下失败。

到 19 世纪 50 年代中期，俄国基本上实现了对哈萨克三个玉兹的直接统治。在此基础上，俄国继续向南推进。推进以要塞线的方式进行。

第二节　要塞线战略

在中亚，要塞的建筑具有悠久的历史。中亚地区经济形式多样，游牧、半游牧和定居、半定居居民犬牙交错，游牧民入侵农耕地区的现象频繁发生，农耕定居居民建筑要塞防御游牧民的进入。“每个城镇，甚至每一个人都必须关心自卫，因为国家的保护，或根本没有，或有也无济于事。这样就出现了四周打着围墙的房子和城镇。”[②]

古代要塞（或城堡）建筑在各农业中心，实际上是一个带有围墙的小城堡，布哈拉、撒马尔罕、卡尔施、克尔米涅、卡塔库尔干、查尔朱都建有这种要塞。古代要塞建筑材料是泥和秸草，由于古代

---

① Edward Allworth, edit, *Central Asia: 130 Years of Russian Dominance, A Historical Overview*, Third Edition, Duke University Press, Dubham and London, 1994, pp. 11-13.

② 〔俄〕尼・维・鲍戈亚夫连斯基：《长城外的中国西部地区》，新疆大学外语系俄语教研室译，商务印书馆 1980 年版，第 75 页。

攻城技术落后，它们也起到了一定的防御作用。到16世纪，中亚居民建筑要塞的事很普遍，布哈拉城的城墙就是在16世纪之后建成的，城墙直到20世纪初期还基本上保持着原状。①

16世纪后期，随着俄国向东扩张，俄国开始建筑要塞。俄国的第一个要塞托博尔斯克是俄国在征服西伯利亚汗国时期建立的（1587）。俄国的早期要塞是用高大的圆木垒起，在城角设有望楼，环绕城墙挖了壕沟并设大栅栏。②实际上，直到1726年，俄国要塞的质量都很差，当时一个俄国使节报告说："整个西伯利亚尚无一座正式的要塞……只不过有些用木料筑成的劣质要塞，此种要塞可以立时被焚。"③18世纪30年代，小玉兹和西部中玉兹的哈萨克人向俄国表示臣属之后，俄国沿伏尔加河流域、乌拉尔河流域、西伯利亚和北哈萨克草原改建或新建了质量较好的要塞。

俄国早期要塞是沿河而建的，"有很多沿经线的，而不是沿纬线的防线，它们好像是悬着的，因此这些防线只是作战路线，而不是作战基地，就是说，只能袭击，不能围剿"④。这些各自孤立的要塞并不能起到阻挡牧民出入的作用。18世纪末，俄国将孤立的要塞连起来，形成乌拉尔河（乌拉尔河在1775年前称雅伊克河）、奥伦堡、伊施姆河和额尔齐斯河四条要塞线。

第一条，1734年，俄国将乌拉尔河沿岸的要塞连起来，形成乌拉尔河线。乌拉尔河线始于里海北岸的古里耶夫，逆乌拉尔河而上，到乌拉尔斯克止，全线约长747公里。在此要塞线上有4座城市（古里耶夫、雅伊克、伊列茨克、萨克马尔斯克），2座要塞（库拉金和

① 〔苏联〕苏哈列娃：《布哈拉汗国城市史略》（俄文版），塔什干，1958年，第45页，转引自吴筑星：《沙俄征服中亚史考叙》，贵州教育出版社1996年版，第124页。

② 〔苏联〕沙斯季娜：《十七世纪俄蒙通使关系》，北京师范大学外语系七三级工农兵学员、教师译，商务印书馆1977年版，第100页。

③ 〔法〕加斯东·加恩：《彼得大帝时期的俄中关系史（1689—1730年）》，江载华、郑永泰译，商务印书馆1980年版，第341页。

④ 〔俄〕M. A. 捷连季耶夫：《征服中亚史》第1卷，武汉大学外文系译，商务印书馆1980年版，第75页。

卡尔梅科夫）和 18 个前哨。[①]

第二条，1735 年，俄国人在今奥尔斯克地址上建筑奥伦堡要塞（1743 年，奥伦堡要塞迁至今奥伦堡所在地），以后，俄国人把奥伦堡要塞与沿伊列克河（乌拉尔河支流，发源于奥尔斯克，向西流，在奥伦堡以西 75 公里处注入乌拉尔河）中上游至托博尔河之间的要塞连起来，形成了奥伦堡线。此要塞线绵延 1174 公里，要塞线上有 23 座要塞和 27 个多面堡。[②] 奥伦堡线规定了哈萨克人在西北方的活动范围。

第三条，伊施姆河线，即苦水防线，它处于奥伦堡线与额尔齐斯河线之间，起连接两条线的作用。由 9 座要塞组成，其间分布有 17 个前哨，西伯利亚的哥萨克都驻在这条防线上。像奥伦堡防线一样，伊施姆河防线于 1771 年在靠草原的一边沿路筑起了木栅栏（高 4 英尺，由两道横杆相连）。"从 1836 年起沿这条防线筑了一道连绵不断的土墙，顺墙还挖了一条壕沟，以防袭击和草原火灾。"[③]

第四条，额尔齐斯河线又名西伯利亚线，起于鄂木斯克，逆额尔齐斯河而上，最终到达乌斯季卡缅诺哥尔斯克，全线共有 8 座要塞和 34 个多面堡。

以上四条防线总共有 46 座小城市（要塞）和 96 座多面堡。[④] 19 世纪初，在沃尔康斯基任奥伦堡州长期间（1803—1817），俄国将以上四条要塞线横向地连接起来，形成一道屏障，阻止哈萨克人向北、向西和向东方向迁移。

此后，俄国又将西伯利亚的要塞连接起来，形成了新西伯利亚要塞线（或名西西伯利亚要塞线）。新西伯利亚要塞线从额尔齐斯河畔的塞米巴拉金斯克要塞向南延伸，其中有 1831 年建筑的谢尔基奥波尔要塞（今阿亚古斯附近），1846 年在巴尔喀什湖以南地区建筑

---

① 〔俄〕M. A. 捷连季耶夫：《征服中亚史》第 1 卷，第 92 页。

② 同上。原文为 1100 俄里，1 俄里≈1.0668 公里。

③ 同上书，第 93 页。

④ 同上。

的科帕尔要塞（今塔尔迪库尔干附近），最后终于维尔内要塞。这条要塞线的建筑不仅蚕食了哈萨克人的牧地，而且侵占了中国领地。维尔内要塞由5000人的屯垦军驻守，它成为俄国与浩罕汗国作战的军事据点。新西伯利亚要塞线全长700多公里，其中，每隔21公里—27公里设置一个驿站，共设驿站40个，驿站内驻有足够的哥萨克人员和马匹。

俄国利用以上要塞继续南下，来到了锡尔河下游地区。从19世纪上半叶起，俄国逆锡尔河而上，陆续建立了一系列新要塞。1844年，俄国从奥伦堡调来船只，对锡尔河进行勘察。1847年，俄国在离锡尔河河口64公里处建筑了雷姆要塞，1851年，雷姆要塞改名为阿拉尔斯克。1853年，彼罗夫斯基率军从阿拉尔斯克出发，逆河而上筑了一号、二号两个炮台，一号炮台因在卡扎林地区，又名卡扎林斯克炮台。1853年，彼罗夫斯基攻占浩罕汗国要塞阿克麦切季，对此要塞进行修复后将其更名为彼罗夫斯基。以后，俄军又占领了库凡河右岸、浩罕汗国废弃的库梅什库尔干据点，将它改建成炮台，名为三号炮台。

最后，俄国将在锡尔河畔建立的这些要塞连接起来，形成了锡尔河线。锡尔河线连接了阿拉尔斯克、一号炮台、二号炮台、彼罗夫斯基和三号炮台，全长400多俄里，其中心在彼罗夫斯克。

以上诸条要塞线最终连起来形成了两大要塞线：奥伦堡线（即奥伦堡线、乌拉尔河线和锡尔河线）和西伯利亚线（额尔齐斯河线和新西伯利亚线）。两条要塞线成为入侵中亚和中国西北部的进军线。

经奥伦堡线，可以从两条路线进入中亚，一条是沿乌拉尔河抵达里海岸的古里耶夫，然后从古里耶夫取陆路，经乌斯特乌尔特地到达希瓦；另一条是经奥伦堡线的奥尔斯克出发，穿越哈萨克草原抵达锡尔河线。经西伯利亚线，逆额尔齐斯河而上，在塞米巴拉金斯克要塞处转向西南，沿新西伯利亚线抵达阿亚古斯，再向南抵达巴尔喀什湖地区。奥伦堡线和西伯利亚线像两把刀从哈萨克草原插入中亚腹地。

在哈萨克草原上建筑的一些要塞很快发展成由工商业居民居住的城镇，例如位于锡尔河线的卡扎林斯克、彼罗夫斯克等要塞，除了驻扎几个营的兵力外，还分别有几千居民从事工商业。后来以这些要塞为中心，形成了斯拉夫移民区。

1854 年，沙俄政府设立了中亚军事问题特别委员会，该委员会提出建筑一条横向要塞线，把锡尔河要塞线与新西伯利亚要塞线连起来。这一决定因 1853—1856 年的克里米亚战争而延缓。利用这一时机，浩罕汗国及哈萨克人开始对俄国在锡尔河下游的要塞发起进攻。1855 年，由 9000 人组成的浩罕军队从比什凯克要塞出发，渡楚河，准备攻维尔内要塞。为了加强防守，俄国从鄂木斯克调集增援部队，浩罕军撤回比什凯克。1856 年，哈萨克人围攻俄军的炮台。

1856 年，克里米亚战争结束，俄国重新开始了对锡尔河北岸的军事行动。1859 年，俄国军队在锡尔河中、下游进行了一系列侦察性远征，考察队深入到浩罕 640 公里以上的路线。[①] 他们测量和绘制了托克马克与比什凯克要塞的平面图，收集了大量有关楚河流域和南哈萨克与吉尔吉斯部落的资料。考察结束以后，考察队向俄国政府提交了考察报告，报告对中亚东北部的行动提出以下建议：第一，占领塔什干；第二，在塔什干以南把锡尔河线和新西伯利亚线连接起来。

1860 年 8 月中旬，俄军出发攻托克马克要塞，9 月上旬攻比什凯克要塞，浩罕守军退出该要塞。在紧急形势下，浩罕汗国发起反俄宣传，积极做好反俄“圣战”的准备，他们在奥利阿塔和比什凯克之间的广大地区征集到两万多哈萨克人，其中有自愿的，有被迫的。这支军队以 10 门大炮武装，一度夺回比什凯克要塞。但浩罕军被俄军打败，被迫全面撤退。

---

① 〔苏联〕哈尔芬：《中亚归并于俄国》，吴筑星、董兴森译，刘品大校，《中亚史丛刊》1988 年第 4 期，第 58 页。

1861 年，奥伦堡总督别扎克在写给陆军部的一份报告中说："沿锡尔河向上游推进，直抵更富庶的、当地居民定居的地方，那里有丰富的粮食，有我们在锡尔河上的工程所需要的森林。只有这样，才会有巩固的边界。"① 别扎克认为："实现这个计划将使俄罗斯帝国有一条极好的边界，保证锡尔河各要塞的食物和木材的供应，保证锡尔河区舰队的燃料供应，保证祖国的工业得到宝贵的矿藏，而且有可能消除俄国国籍的哈萨克部落同浩罕国籍的哈萨克部落之间的纠纷并增加（帐篷税）。"②

1864 年春，俄军上校参谋切尔尼耶夫率领由 22 门炮装备的 2500 人的部队从伊犁河流域向南出发，前往卡拉套山的奥利阿塔；5 月，切尔尼耶夫的军队在托克马克和麦尔克不战而胜，在此设立了两个兵站。浩罕汗国的重要城市奇姆肯特、赛拉姆、突厥斯坦和塔什干面临俄国的威胁。在此形势下，浩罕汗国组建新军、铸造新炮，积极备战。为了造炮，城市居民的铜制餐具被征收一空。

6 月，俄军对奥利阿塔发起猛攻，浩罕驻军司令领 400 骑兵弃城而逃，驻军死伤数百人，俄国军队在 5 人受伤的损失下占领了该城。③ 6 月 25 日，俄国锡尔河要塞线司令维内夫金上校率领一支约 1500 人的部队从彼得罗夫斯克出发，前往突厥斯坦城。6 月底，军队到达突厥斯坦城下，浩罕守军顽强抵抗，经数天的围攻，占领此城。突厥斯坦城伯克达夫列特与 300 名民军沿塔什干大道撤退，其余守军逃散。

俄军攻打的下一个目标是浩罕汗国的奇姆肯特城。奇姆肯特城是通往布哈拉城、浩罕城及伊犁河流域的重要枢纽。1864 年 7 月，俄军从奥利阿塔出发。与此同时，浩罕汗阿林沽也在南距奇姆肯特城 30 英里的塔什干结集军队。阿林沽坐镇塔什干亲自指挥战斗。其

---

① 〔苏联〕哈尔芬：《中亚归并于俄国》，吴筑星、董兴森译，刘品大校，《中亚史丛刊》1988 年第 4 期，第 62 页。

② 同上。

③ 同上书，第 78 页。

间，他与切尔尼耶夫的使者谢韦尔佐夫进行了谈判。阿林沽提出俄军停止进攻，并从其占领据点撤走的要求。显然，这些要求不可能实现，因此谈判毫无结果。

7 月中旬，切尔尼耶夫率领大约 1300 人围攻奇姆肯特城，遭到了阿林沽率领浩罕军的顽强抵抗，俄军败退。但此后，奇姆肯特城的统治集团内部发生了分歧，与俄国主战还是主和成为分歧的焦点。以基普恰克人为主体的主战派反对隶属于俄国，拥护浩罕汗国的统治；以萨尔特人为主的主和派希望与俄国妥协，结束战争，发展经济，他们的要求反映了工商阶层的利益。两派斗争激烈，无法达成统一。结果，主战派占了上风，杀了主和派的重要代表人物。

正当奇姆肯特内外交困之时，传来布哈拉埃米尔准备进攻费尔干纳盆地的消息，在危急的形势下，阿林沽留下一部分军队驻守奇姆肯特之后，自己率大部分军队赶往塔什干城。切尔尼耶夫趁此机会命令驻扎在外楚河流域的列尔赫中校从奥利阿塔向奇姆肯特进军；他本人率领另一支军队从突厥斯坦出发。1864 年 9 月，两支军队汇合后攻占了奇姆肯特城。

俄国以奇姆肯特城为终点，形成了突厥斯坦城—奇姆肯特—奥利阿塔的要塞线，即新浩罕线。新浩罕线朝西北方面延伸，与锡尔河线南部要塞彼罗夫斯基相接；向东北延伸，与新西伯利亚线南端的维内尔相接。

新浩罕线连接之后，囊括其内的大约 270 万平方公里的哈萨克领土被俄国吞并，哈萨克人中传诵着一首民歌："马车的轱辘不停顿地转，我们的人民沦陷了一半，我们的后面追来了敌人，俄国的大炮轰隆隆地响。"[①] 它生动形象地描绘了沙俄对哈萨克人的侵略。

① 苏北海：《沙俄对哈萨克族小帐的侵略》，《新疆大学学报（哲学社会科学版）》1983 年第 1 期，第 51 页。

第三节　草原总督区

1864 年，哈萨克领土被俄国吞并之后，1865 年，俄国成立草原委员会研究哈萨克领土的统治方式，委员会提议在哈萨克草原组织政府。1868 年，俄国制定了《草原地区临时管理条例》，根据条例，哈萨克草原正式成为俄国的行政单位。1868 年 10 月 21 日，俄国在哈萨克草原组建了乌拉尔斯克（Ural’sk）、图尔盖、阿克莫林斯克三个新区，它们分别隶属奥伦堡总督府（乌拉尔斯克和图尔盖）和西西伯利亚总督府（阿克莫林斯克）。这次改编结束了 1822 年以来建立的统治秩序，地方贵族的政治权力从此结束了。

1882 年，俄国开始组建草原总督区，1891 年 3 月 25 日，俄国政府通过了《阿克莫林斯克、塞米巴拉金斯克、七河、乌拉尔斯克和图尔盖州管理条例》。根据此条例，草原总督区取代了原来的奥伦堡和西西伯利亚总督府，草原总督区首府设在鄂木斯克市，下辖阿克莫林斯克、塞米巴拉金斯克、乌拉尔斯克、图尔盖和七河州共五个州；科尔帕科夫斯基担任首届草原总督区总督。

阿克莫林斯克州是沙俄在今哈萨克斯坦中部设立的一个州，首府在鄂木斯克。该州建于 1854 年 5 月 19 日，1870 年，当地的总人口是 375370 人。[①] 阿克莫林斯克州的切利诺格勒市（Tselinograd，即原阿克莫林斯克市）在 1911 年只有 1.4 万人。[②]

塞米巴拉金斯克州是沙俄在今哈萨克斯坦东北部设立的州，首府塞米巴拉金斯克，该州建于 1854 年。1911 年，首府的人口只有 3.4 万人。[③]

图尔盖州是沙俄在今哈萨克斯坦中西部设立的一个州，首府在科斯塔奈。该州建于 1868 年 10 月 21 日，面积 456185 平方公里，

---

① 孟楠：《俄国统治中亚政策研究》，新疆大学出版社 2000 年版，第 158 页。

② Edward Allworth, edit, *Central Asia: 130 Years of Russian Dominance, A Historical Overview,* p.107.

③ Ibid..

下辖四县。科斯塔奈城在1911年的统计中，有人口2.5万人。[①]

乌拉尔斯克州是沙俄在今哈萨克斯坦西部设立的一个州。该州建于1868年，面积323700平方公里，下辖四县。首府乌拉尔斯克城是于1613年建为要塞，19世纪成为贸易中心，1911年有人口4.6万人。[②]

七河州建立的时间可能在1856—1867年间，1867年突厥总督区成立之时，七河州属于突厥斯坦总督区管辖，第一任州长是科尔帕科夫斯基。1882年，切尔尼耶夫将军接替考夫曼成为突厥斯坦总督，因州长科尔帕科夫斯基的资格比切尔尼耶夫老，要他听从切尔尼耶夫的命令是困难的，于是，七河州被划出来，与塞米巴拉金斯克州和阿克莫林斯克州组建草原总督区，科尔帕科夫斯基成为草原总督区的第一任总督。1898年，中亚发生大规模反俄起义，为了加强对中亚的控制，俄国重组了突厥斯坦总督区，七河州又被划归突厥斯坦总督区；草原总督区遭到削弱，除七河州外，图尔盖和乌拉尔斯克两州也被划出，直接归沙俄政府内政大臣管辖，草原总督区只包括了阿克莫林斯克和塞米巴拉金斯克两个州。这种划分一直保持到1917年革命时期。

七河州位于巴尔喀什湖东南，在楚河流域中游以东，所辖范围为今哈萨克斯坦阿拉木图州和吉尔吉斯斯坦部分地区，面积402200平方公里。

七河州首府维尔内（今阿拉木图）城位于哈萨克斯坦东南部，天山北麓外伊犁阿拉套山脉脚下的丘陵地带，三面环山，伊犁河自东南向西北流经全境注入巴尔喀什湖。维尔内城历史悠久，古代的丝绸之路经过此地。维尔内城所在地区原属中国，1854年被沙俄侵占。在突厥斯坦总督区建立之时（1867），维尔内城是总督区内的重要行政中心。在1914年人口统计中，维尔内城只有4.3万

① Edward Allworth, edit, *Central Asia: 130 Years of Russian Dominance, A Historical Overview,* p.107.

② Ibid..

人。[1] 1921年，维尔内城改名阿拉木图（Alma-ata），哈萨克语“苹果城”之意。

七河州的重要城市还有今吉尔吉斯斯坦共和国（The Republic of Kirgizstan）首都比什凯克（Bishkek）城及其南部的纳伦城（Naryn）。比什凯克城位于吉尔吉斯山北麓的楚河流域，始建于1825年，1878年建市。纳伦城位于吉尔吉斯斯坦中部、纳伦河左岸，考古发现表明，纳伦河流域在远古时代就有人类居住和活动，在此发现了中世纪的古城遗址。19世纪初，浩罕汗国在纳伦河流域有居民的地方修筑了小要塞，以后，俄国人占领了这些要塞，把它们改建成俄国的军事要塞。今天的纳伦城始建于1848年，1872年设市，是纳伦河流域的经济和文化中心。

七河州下辖托克马克（Tokmak）、比什凯克、普尔热瓦尔斯克（Przheval’sk）等6个县，这些地区原来是中国清朝的属地，在19世纪中期被俄国人侵占。根据《突厥斯坦边区管理条例》，北吉尔吉斯斯坦的大部分地区被纳入七河州，大、小克明谷地和楚河流域先后属托克马克县和比什凯克县管辖。

沙俄统治时期，为了巩固在哈萨克草原的统治，俄国对哈萨克草原实行军事移民，一些哥萨克人来到哈萨克草原上居住，靠近俄国要塞的哈萨克牧场大部分被征用，分给了哥萨克人。以后，俄罗斯移民大批迁入哈萨克草原。据1914年公布的数据，1911年大约有180万俄罗斯和斯拉夫移民居住在大草原地区和七河地区。[2]

七河州深受俄国移民之苦。19世纪60年代以前，七河州还没有俄国移民，此后，俄国移民开始移居七河州。早期俄国移民主要是哥萨克人，以及修筑运河来到当地的俄国工人和1891—1892年俄国饥荒时期来到中亚的难民；直到19世纪后期，移居七河州的农民

---

① Edward Allworth, edit, *Central Asia: 130 Years of Russian Dominance, A Historical Overview*, p. 98.

② 1911年有200万俄罗斯和斯拉夫移民在中亚，其中，大约180万在大草原和七河地区，只有20万在突厥斯坦的四个州。Geoffrey Wheeler Collection, *The Modern History of Soviet Central Asia*, London: Weidenfelf and Nicolson, 1964, pp. 6-7.

数量不多，在1883年的俄国移民中只有2500人是农民。[①]

1902年，俄国派了一个调查组到七河州，调查组发现，七河州有大片土地是本地人“不需要的”，可以被列为剩余土地。1906年，俄国当局在七河州成立了移民组织，到1911年，七河地区的俄国移民已经增加到17.5万人。[②]其中大多数安置在比什凯克、维尔内和普尔热瓦尔斯克三县。有些移民对移民局安置的地方不满意，他们希望居住在自己看中的地方，移民局官员也顺从其意，剥夺土著居民的土地以满足他们的要求。

随着俄国农民的迁入，七河州的大量土地被俄国移民占有。据报道，1916年，在七河州的普尔热瓦尔斯克县，占全县人口21.1%的俄罗斯人拥有该县67.3%的可耕地；在比什凯克县，占全县人口38.1%的俄罗斯人拥有57.3%的可耕地。[③]随着土地的丧失，七河州居民的生活日益贫困，对沙俄的殖民统治愈加不满。在1916年中亚大起义中，突厥斯坦边区共有2325名移民被杀，另有1384人失踪[④]，仅在七河州一地，就有9000俄国殖民户和农庄被摧毁[⑤]。

1905年8月，里施坦石油工人举行罢工，提出了经济和政治要求。同年秋天，比什凯克出现了手工业者、职员、学生、城市贫民等组成的政治集会，集会者要求撤销他们痛恨的官员，满足劳动人民的政治权利要求，要求通过无记名投票直接进行选举。随着俄国1905年革命的失败，沙俄殖民者对七河州的工农运动进行了镇压。1907年，比什凯克的民主力量遭到破坏，领导人被捕。尽管如此，反俄运动继续发展，到第一次世界大战爆发前夕，比什凯克的

---

① 〔美〕迈可尔·刘金：《俄国在中亚》，第17页。

② 同上。

③ 《吉尔吉斯人和吉尔吉斯斯坦历史》，第178页；《吉尔吉斯斯坦百科全书》，第139页，转引自刘庚岑、徐小云编著：《吉尔吉斯斯坦》，社会科学文献出版社2005年版，第51页。

④ Geoffrey Wheeler Collection, *The Modern History of Soviet Central Asia*, p. 93.

⑤ 北京大学历史系《沙皇俄国侵略扩张史》编写组：《沙皇俄国侵略扩张史》（下），人民出版社1980年版，第128页。

民主力量已经强大起来，他们在城乡广泛宣传革命思想，发动群众斗争。

在沙俄统治时期，哈萨克草原经济的发展呈现从传统的游牧业向固定畜牧业和农业转变的趋势。随着优良牧场被移居的俄罗斯人占据和传统迁徙路线被俄国大农场阻断，一部分哈萨克人被迫离开他们的牧地，他们开始从事定居农业。到1917年，相当一部分哈萨克人已从单纯的游牧民转为靠饲料喂养牲畜的畜牧者，或者完全从事农业的农民。哈萨克人传统生活方式的改变在中亚其他民族中所占比例是最大的。

七河州的社会经济也出现了相应的变化，即大批牧民开始转向定居农业和畜牧业。七河州境内的居民绝大多数是哈萨克和吉尔吉斯族人，在1916年前夕，比什凯克县有85%的土著居民过着游牧和半游牧的生活[①]，到20世纪初，在今吉尔吉斯斯坦已有上百个吉尔吉斯人的定居村落。在定居和游牧的吉尔吉斯居民中，耕地面积不断扩大，农业在经济生活中起的作用越来越大。1914年，在吉尔吉斯地区的商品交易中，畜牧产品占44%，农产品已经占到33%。[②]牧民向定居农业和畜牧业的转变可能与俄国的土地政策有关。1886年，沙俄通过有关规定，将吉尔吉斯斯坦牧民的牧场转归国家所有，一部分牧场被开垦。

在沙俄统治时期，七河州的手工业得到发展，特别是农村手工业。在比什凯克、托克马克和普尔热瓦尔斯克等县的移民村落和城市，手工业生产的比重在日益增加。一些地主、富农开办榨油、干酪等手工业作坊。19世纪后期，吉尔吉斯北部的商品市场上活畜仍然占据优势，到20世纪初期，市场上的商品以皮和毛制品居多。

随着俄罗斯移民的迁入，俄国资本进入哈萨克草原，资本主义生产方式开始在哈萨克草原出现和发展起来，它们主要集中在哈萨

---

① 马大正、冯锡时主编:《中亚五国史纲》，新疆人民出版社2005年版，第118页。

② 同上书，第119页。

克东部、北部和中部的采矿和煤炭等工业中。与此同时，在吉尔吉斯人居地出现了资本主义的生产关系，在耕地上广泛使用雇佣劳动。连接西伯利亚的土西铁路（中亚—西伯利亚铁路线）建成以后，哈萨克草原与沙俄的联系更加密切了。

第二章

浩罕汗国

1865 年，塔什干被俄国军队占领；1868 年，浩罕汗国与俄国签订不平等条约；1876 年，俄国军队占领浩罕汗国都城浩罕。兼并浩罕汗国领土之后，沙俄政府在浩罕汗国的领地上实行直接统治，将浩罕汗国的部分国土分别划入锡尔河州、七河州，并在一部分国土上设置了费尔干纳州；这些州总属于突厥斯坦总督区管辖。

第一节　沙俄征服浩罕汗国

1864 年，奇姆肯特城把锡尔河线与新西伯利亚线连接起来，俄国以哈萨克领土为基地开始发动对中亚南部领土的进攻。哈萨克领土的物产是俄国军队继续推进的经济保障。俄国将军罗曼诺夫斯基说："我们封闭了草原，并从草原走到生长谷物、能依靠当地资源供应我们军队的广大地区上来了。"① 此后，大规模征服中亚汗国的战

① 〔俄〕罗曼诺夫斯基：《中亚问题札记》，彼得堡，1868 年，第 29—30 页，转引自北京大学历史系《沙皇俄国侵略扩张史》编写组：《沙皇俄国侵略扩张史》（下），第 107 页。

争开始了。

是年，武力征服中亚最大城市塔什干的思想在俄国统治集团中形成。塔什干城是位于奇姆肯特城南的一座设防城市，塔什干城附近的草原是大玉兹哈萨克人的牧地。19 世纪初，塔什干城及其附近地区成为地区统治者的独立领地，1809—1810 年间，浩罕汗国夺取该城，在此建立了自己的统治。浩罕汗国对塔什干的统治是不巩固的，经常面临哈萨克人的反抗起义。

攻占奇姆肯特城以后，俄军上校参谋切尔尼耶夫企图乘胜攻克塔什干。1864 年 9 月 27 日，他率领 1550 人的军队，携带 12 门大炮的装备从奇姆肯特出发。在塔什干城下，俄军用大炮在城墙上打开了一个缺口，企图冲入城内。然而，浩罕守军及时堵住缺口，拆除了要塞壕沟上的桥。俄军进攻失败，切尔尼耶夫退回奇姆肯特。

俄国对塔什干城的进攻引起了欧洲列强的注意，为此，俄国外交大臣戈尔恰科夫于 1864 年 11 月 21 日向欧洲列强递交了沙皇政府的公告。公告声称，俄国对中亚的入侵是为了保卫边界而不得不采取的行动："俄国在中亚的地位，如同一切与半开化的、没有稳定社会组织的游荡民族接壤的文明国家的处境一样。在这种情况下，维持边境安全和商业往来的利益，永远要求更文明的国家对那些以野蛮和狂暴扰人的邻居拥有一定的统治权。"① 在公告中，俄国声称奇姆肯特要塞是俄国推进的地理极限。

1864 年 11 月末，浩罕汗阿林沽率 1 万浩罕军向阿雷斯河进发，企图收复奇姆肯特城。他们阻断了突厥斯坦城与奇姆肯特城之间的道路。12 月初，浩罕军与俄国军官谢洛夫大尉率领的哥萨克军队在伊坎村附近相遇，发生战斗。阿林沽战败，因伤亡过重而撤退。经此次战役，阿林沽丧失了夺回俄国占领地区的信心，在退回塔什干城之前，他将伊坎村的居民全部迁走，烧毁该村。

---

① F. H. Skrine, E. D. Ross, *The Heart of Asia: A History of Russian Turkestan and the Central Asian Khanates from the Earliest Times*, London, 1899, pp. 246-247.

当阿林沽在进行收复奇姆肯特的战争之时，塔什干城的部分居民派使团前往布哈拉，鼓动布哈拉埃米尔出兵进驻塔什干。当布哈拉军队逼近塔什干之际，塔什干一部分人宣布接受布哈拉汗国国籍。阿林沽败归塔什干后，迫使布哈拉埃米尔的部队撤回，塔什干城重新纳入浩罕汗国的统治，拥护布哈拉汗国者遭到镇压。

1865 年春，切尔尼耶夫率领的俄军再次对塔什干发起进攻。4 月 28 日，俄军抵达塔什干东北的尼亚孜伯克要塞，该要塞位于奇尔奇克河畔，控制着塔什干的供水。经过一整天的猛攻，俄军攻占了尼亚孜伯克要塞，他们破坏了向塔什干输水的两条水道，导致城内严重缺水。阿林沽率领以 40 门大炮装备的 6000 士兵北上，双方展开了一场恶战。1865 年 5 月，阿林沽战死，浩罕军退守塔什干。

接着，俄军向塔什干城发起攻击。浩罕军民、哈萨克人和布哈拉军队联合起来，共同保卫塔什干。在塔什干保卫战中，从四面八方赶来救援的军民联合作战，他们中有反俄运动首领肯尼萨里之子萨迪克。在内外夹攻之下，入侵的俄军遭到沉重打击。事件的目击者穆罕默德・萨利赫在回忆录中说，塔什干近郊居民，“从 7 岁的小孩到 70 岁的老头，为了庆祝胜利给穿铠甲的战士们送来了菜饭、饮料和水果”[①]。在战斗中，俄国军官切尔尼耶夫注意到浩罕的大炮已有很大的改善，射程比俄国军队的还远，发射的速度和准确性也比以往有了很大的提高，在浩罕军中还使用了大口径的炮弹。在这种情况下，切尔尼耶夫暂缓攻城，在城外建筑了可容 6 门大炮、4 门臼炮的炮垒，以待时机。浩罕军民则挖堑壕，以便移动炮垒，采用军事工程中的“反接近壕”战术来守城。但是，浩罕人没有真正掌握这一战术，反而使俄军有机会进攻暴露在堑壕中的浩罕步兵。当浩罕士兵败后撤回城之时，俄军尾随其后也攻入城内。

1865 年 6 月 28 日，经过激烈的巷战，塔什干被攻陷。攻入塔

---

① 朱庭光、张椿年:《外国历史大事集（近代部分）》第 2 分册，重庆出版社 1985 年版，第 309 页。

什干城以后，俄国企图收买塔什干上层，通过政治手段离间浩罕和布哈拉的关系。为了从塔什干上层人物手中得到一份自愿臣服的文书，俄国人以设宴、送礼等手段对塔什干上层人物进行拉拢。塔什干统治层中的绝大多数人拒绝签署臣服文书，因此遭到俄军的逮捕。塔什干城最高法官被收买，他拟了一份归顺俄国的声明，并强迫塔什干长老和一部分知名人士在上面盖了印。

俄国将领切尔尼亚耶夫为了尽快恢复塔什干的正常生活，在占领该城之后立即发布了《告全市居民书》，宣布当地居民的信仰和习俗不受侵犯；保证军队不进驻居民住宅和不在当地征兵；保留原有的伊斯兰教法庭（除刑事罪行按俄国的法律审理）；废除随意加派的苛捐杂税，塔什干人全部免除各种赋税一年。① 这些措施在很大程度上稳定了塔什干城的局势。

攻陷塔什干城之后，俄国没有乘胜一举吞并浩罕汗国，踌躇不前的原因主要是顾忌英国。英国强烈反对俄国获取与阿富汗接壤的地区，希望浩罕汗国作为英属印度与俄国之间的缓冲地带，这一缓冲地带最好与英国保持友好，与俄国保持敌对。为了不激化矛盾，俄国把目标转向布哈拉汗国。在征服布哈拉和希瓦两个汗国之后，1873 年，俄国才再次把目标转向浩罕汗国。

19 世纪初期，浩罕汗国扩张领土，从南面的帕米尔高原一直向东北延伸到伊犁河流域。浩罕汗国虽然疆域广大，但中央集权微弱，浩罕汗的权力并不大。19 世纪下半叶，浩罕汗国分裂成由伯克统治的若干伯利克。除了割据政权外，中央统治层内部也经常发生争权夺利的斗争。在胡达雅尔汗统治的第一时期（1845—1853），胡达雅尔与其兄弟、塔什干统治者迈里伯克之间的斗争尖锐起来。正是在兄弟斗争最激烈的时候，彼罗夫斯基于 1853 年夺取了浩罕汗国北部的阿克麦切特要塞。1865 年，当浩罕汗阿林沽在塔什干城组

① 〔苏联〕哈尔芬：《中亚归并于俄国》，吴筑星、董兴森译，刘品大校，《中亚史丛刊》1988 年第 4 期，第 98 页。

织部队准备夺回奇姆肯特城之时，前汗胡达雅尔重新登上了浩罕汗位。为了保住自己的统治，胡达雅尔汗极力巴结俄国人，帮助俄军镇压了哈萨克人中的反俄势力，把逃到浩罕汗国的哈萨克人引渡给俄国。

在俄国征服布哈拉汗国和希瓦汗国期间（1868—1873），为了稳住浩罕汗，考夫曼与浩罕汗国保持着密切联系，使者往来主要商谈贸易问题，给人们造成的印象是：俄国只是为了在浩罕汗国获取一些与贸易有关的利益，不会以武力占领浩罕汗国。

1867 年 12 月 3 日，浩罕汗派外交代表团前去答谢考夫曼发来的慰问信，代表团受到了隆重的接待。浩罕汗在致考夫曼的信中写道："我们都是上帝的奴仆，我们怀着纯洁的心灵经常做祈祷。所有的人都是亚当所造，因此，各国国君之间洋溢着温和友好的气氛。上帝吩咐我们，彼此要和睦相处。为了遵照创造我一万八千居民的上帝的圣训行事，我倡议：和睦与友谊就是美酒，谁尝上一滴，谁就能忘却一切愁苦和一切不满，就会尝到乐趣……"①12 月 19 日，考夫曼在给浩罕使者送行的同时，给汗也捎去了一封信，以及有关双方自由贸易和关税等问题的条约草案。

1868 年 1 月，俄国草拟了与浩罕汗国签订条约的草案，条约共有五条：第一，俄国商人有权游历汗国一切城市；第二，俄国商人有权随意在各处开办商店旅舍；第三，俄国商人有权在汗国的一切城市设置商队头目；第四，浩罕对俄国商人与伊斯兰教徒课税一视同仁；第五，俄国商队可以自由通过浩罕前往与其相邻的其他地区。该条约在贸易方面和保障来往于汗国、从事各种活动的俄国人的安全方面，都对俄国极为有利。胡达雅尔汗对第一条和第五条感到为难，不敢为他的臣民担保，于是俄国的答复是："我们决不容忍邻近地区的居民肆意横行，他们不服从汗王，就得服从我们。"②于是，

① 〔俄〕M. A. 捷连季耶夫：《征服中亚史》第 2 卷，新疆大学外语系译，商务印书馆 1983 年版，第 385 页。

② 〔俄〕M. A. 捷连季耶夫：《征服中亚史》第 1 卷，第 463 页。

胡达雅尔汗最终在2月满足了俄国提出的条件。此后，胡达雅尔汗获得了俄国赠送的贵重礼品，以及一枚斯坦尼斯拉夫钻石星章，对此，他一直感到十分的荣耀。但在俄国征服布哈拉和希瓦两个汗国之后，不管胡达雅尔如何想维护他与俄国人之间的和平关系，俄军武力征服浩罕汗国已经不可避免。

1873年，浩罕汗国爆发了反胡达雅尔汗的暴动，胡达雅尔汗派人到塔什干求援。当时在塔什干的俄国将军科尔帕可夫斯基没有答应他的请求，他将此事电报彼得堡，请求允许他趁此机会出兵占领浩罕汗国，这一请求当时未被批准。

1874年，胡达雅尔汗的兄弟发动政变，胡达雅尔的次子穆罕默德·阿明（马达明）被立为汗。然而，政变没有成功，参与者被杀，马达明被监视。1875年7月，费尔干纳盆地大多数城市爆发了人民起义，一位名叫伊斯哈克的人在讹迹邗领导起义，他自称是爱里木汗之孙普拉德汗，其实，普拉德伯克与其母住在撒马尔罕，伊斯哈克的真实身份是一个卖烟草的商人。为了平息叛乱，胡达雅尔汗出兵镇压。7月17日，两军在安集延遭遇，双方进行了激战。此次战斗以后，汗国各地的长官、贵族和军队纷纷加入起义军。起义军占领了奥什和安集延等地以后向浩罕城进军，在起义军逼近浩罕城之时，胡达雅尔长子纳斯鲁丁率浩罕城卫队、次子马达明以及胡达雅尔兄弟马尔吉兰伯克穆拉德先后加入了起义队伍。起义军立纳斯鲁丁为新汗。在众叛亲离之下，胡达雅尔再次向俄国求援。

考夫曼派4000名俄军前往镇压，此举激起了浩罕人民的愤怒，他们把对浩罕统治者的仇恨转移到俄国人身上，号召一切穆斯林团结起来进行“圣战”，共同抗击侵略者。汗国军政当权人士的加入改变了运动的性质，使它从一个直接反对残暴统治的群众运动变成了由国家当权者领导的抗俄入侵的民族运动，运动的宣言是保护浩罕汗国政权和浩罕人民的文化习俗。

起义军迅速控制了从忽毡通往塔什干和通往撒马尔罕的道路，并开始对俄占区发起进攻，袭击塔什干近郊，围困忽毡。1875年8

月9日，浩罕军开始攻忽毡城。一支约5000人的浩罕军队被击溃，另一支由祖勒富卡尔伯克率领的800人的浩罕军进行了顽强抵抗，后因伤亡过重而撤退，塔什干与忽毡的道路被俄军占领。

8月12日，围攻忽毡城的浩罕军撤到距忽毡约47公里（44俄里）的玛赫拉姆要塞。8月20日，俄军向玛赫拉姆要塞进发，次日，来到了距玛赫拉姆要塞大约4.8公里的地方，在此，他们遭到了浩罕军的袭击。之后，考夫曼指挥攻城，一刻钟后攻下该城，通往浩罕城的道路敞开了。

8月26日，俄军从玛赫拉姆出发前往浩罕城，途中遇到新汗纳斯鲁丁派来的求和使团。考夫曼要使团转告汗，等俄军到达都城以后再谈判。8月29日，考夫曼抵达浩罕城，纳斯鲁丁亲自出城迎接，俄军占领了浩罕城。

考夫曼发表声明，要求马尔吉兰、安集延、纳曼干等城向俄国归顺，这一要求没有得到响应。浩罕将军阿弗托巴奇在马尔吉兰集结军队，准备抵抗。9月17日，考夫曼率军出发前往马尔吉兰，阿弗托巴奇率军驻扎在距离马尔吉兰不远处的古尔吉勒，但在考夫曼抵达马尔吉兰城时，阿弗托巴奇军撤退了。俄军将领斯科别列夫奉命率军追击阿弗托巴奇军，一直追到奥什，奥什城也投降了。俄军对马尔吉兰和奥什的占领产生了很大的影响，在俄军的武力威慑下，安集延、八里克齐、沙赫里汗纳和阿萨克诸城纷纷派人前来表示归顺。

1875年9月23日，考夫曼与浩罕汗纳斯鲁丁缔结了条约。按条约规定，浩罕汗国被剥夺了外交和军事行动的独立权，不直接与除俄国以外的任何国家发生外交关系，也不单独采取军事行动；锡尔河右岸和纳伦河流域许多地方划入归俄国，浩罕汗国答应付给俄国300万卢布的赔偿。[①] 10月17日，沙皇批准了以上条约，并把新征服的地区划为纳曼干分区。

---

① Gavin Hambly, edit, *Central Asia*, Dell publishing Co. Inc. New York, 1969, pp.215-216.

屈辱条约的签订激起了浩罕人民新的起义浪潮，他们将纳斯鲁丁赶出浩罕城，纳斯鲁丁只身一人离开浩罕前往忽毡。起义军以安集延为中心，拥戴伊斯哈克为汗，在他的率领下，起义军击退了前来镇压的俄国军队。10 月 9 日，起义军一度攻入浩罕城，市民们踊跃参加到起义队伍之中。10 月 24 日，起义军夺取纳曼干城，10 月 27 日，俄军调用 16 门大炮对该城进行了强攻，城内房舍尽毁，军民死伤近 3800 人。① 在伤亡惨重的情况下，起义军被迫弃城转移，纳曼干城再度被俄军占领。

1876 年 1 月 6 日，俄军从纳曼干出发，渡纳林河，沿锡尔河进军，一直打到安集延。安集延的城墙虽然不是要塞式的，而城四周的果园都围有 4 俄尺（2.8 米左右）高的土墙。②1 月 8 日晨祷后，12 门大炮齐射，发射了 500 发炮弹。③ 在安集延结集的起义军约有 3 万人④，俄国统帅斯科别列夫派人带信给他们，要他们投降。起义军把信使杀掉，表示宁死不屈的决心。俄军采用与攻克纳曼干城同样的战术，炮轰安集延。在炮击一周之后，俄军于 1 月 21 日占领了安集延。安集延陷落以后，起义军退往距安集延约 9.6 公里的阿萨克。俄军乘胜追击并攻克了阿萨克，伊斯哈克汗被捕，在俄国的绞刑架下壮烈牺牲。沙赫里汗纳城和马尔吉兰城的起义军在俄军的威慑之下投降。

1876 年 2 月 19 日，俄国沙皇亚历山大二世在他登基 21 周年的那天，签署了浩罕汗国归并于俄国的敕令，浩罕汗国灭亡了，成为俄国的费尔干纳州，属突厥斯坦总督统辖，斯科别列夫将军被任命为州长。⑤ 俄国战地记者捷连季耶夫认为："将费尔干纳省这样一个在所有方面都是最富饶的地区并入我国，不仅绰绰有余地补偿了占

① 〔俄〕M. A. 捷连季耶夫：《征服中亚史》第 2 卷，第 453 页。

② 同上书，第 460 页。

③ 同上书，第 461 页。

④ 王治来：《中亚通史》（近代卷），新疆人民出版社 2004 年版，第 335 页。

⑤ F. H. Skrine, E. D. Ross, *The Heart of Asia: A History of Russian Turkestan and the Central Asian Khanates from the Earliest Times*, pp. 259-260.

领费用，而且还带来了另一种极为重要的好处，这就是我们取得了进攻中国，甚至攻击英国属地东印度的一个最好基地。我们获得了从这一方面通往这两个国家的唯一通道。”① 恩格斯说：“从军事观点来看，这些征服地的重大意义就在于，由于它们而为进攻印度建立了作战基地的核心；的确，自从俄军这样深入中亚细亚以后，从北方进攻印度的计划，已经不再是模糊不定的意图，而是具有相当明确的轮廓了。”②

第二节　俄国在浩罕汗国领土上的统治

1865 年，俄军征服塔什干以后，以什么方式来统治它，成为俄国政府亟待解决的重大问题，它为此召集了一次特别会议。外交部认为，将塔什干及周边地区建成一个完全由俄国操纵的、军事软弱而商业发达的“塔什干汗国”，让它成为俄国与布哈拉汗国之间的一个缓冲地带，这样做比吸收它加入俄国并向它派遣俄国统治官员更为有利。陆军部的陆军大臣米柳京认为，应该在塔什干城建立由沙皇军队保护的市政机关，军队不驻在城内，但是，它可以始终保护在该城的俄国政权。但以上问题直到塔什干被征服之后两年（即 1867 年）才得以解决。

1866 年 10 月，塔什干以南的吉扎克城被俄国征服。俄国成立了由陆军大臣米柳京担任主席的委员会，讨论对包括塔什干在内的新征服地区的统治。委员会决定把俄国占领的中亚南部领土从奥伦堡辖区划出，建立独立的突厥斯坦总督区。根据 1867 年 7 月 11 日的沙皇敕令，突厥斯坦总督区的首府设在塔什干，第一任总督是考夫曼将军。

---

① 〔俄〕M. A. 捷连季耶夫：《征服中亚史》第 2 卷，第 505 页。

② 〔德〕恩格斯：《俄国在中亚细亚的进展》，见《马克思恩格斯全集》第 12 卷，人民出版社 1962 年版，第 641 页。

突厥斯坦总督区先后下辖五州：锡尔河、七河、费尔干纳、撒马尔罕和外里海。原浩罕汗国领地分别划入锡尔河、七河和费尔干纳三州。它们的历史是浩罕汗国史的继续。

锡尔河州成立于 1867 年，最初管辖范围东起托克马克以西，西至咸海东岸和南岸，北起咸海东北岸，南至塔什干以南不远地区，州府在塔什干，下辖奇姆肯特等五县。1873 年，沙俄征服希瓦汗国以后，将阿姆河右岸地区纳入俄国直接控制区，设立了阿姆河区，阿姆河区隶属于锡尔河州。[①] 于是，锡尔河州沿咸海南岸地带扩至阿姆河东岸。锡尔河州所属地区今分属于哈萨克斯坦共和国（The Republic of Kazakhstan）和乌兹别克斯坦共和国（The Republic of Uzbekistan）。1870 年，锡尔河州总人口 897199 人。[②]

锡尔河州府塔什干坐落在锡尔河支流奇尔奇克河河谷的绿洲上，塔什干一名在乌兹别克语中意为“石头城”。塔什干城历史悠久，公元前 2 世纪居民就在此建城，古城地处古代东西方贸易的交通要冲，著名的丝绸之路经过这里，中国古代的张骞、法显、玄奘都曾到过此城。6 世纪，塔什干城以商业、手工业著称。沙俄统治期间，塔什干人口仍然不多，1914 年仅有 27.1 万人。[③]

占领塔什干在俄国军政界和工商界曾引起过强烈的议论，各界人士认识到塔什干作为俄国与中亚商业中心的意义。1867 年，塔什干城成为突厥斯坦总督区首府。随着塔什干城政治地位的上升，其经济得到了迅速发展，虽然在 1885 年以前，它还比不上布哈拉、撒马尔罕、浩罕诸城，然而，在外里海铁路线和 1897—1905 年修建的奥伦堡—塔什干铁路修到该城以后，塔什干城逐渐成为中亚最大的城市和贸易中心。

从 1867 年 7 月起，锡尔河州开始实行沙俄政府颁布的《临时管

---

① 〔苏联〕哈尔芬：《中亚归并于俄国》，吴筑星、董兴森译，刘品大校，《中亚史丛刊》1988 年第 4 期，第 154 页。

② 孟楠：《俄国统治中亚政策研究》，第 158 页。

③ Edward Allworth, edit, *Central Asia: 130 Years of Russian Dominance, A Historical Overview*, p. 98.

理条例》，条例规定：在塔什干设立公共经济管理局，其主要职责包括塔什干赋税的征收和分配。管理局分俄国部分和当地部分，其成员由选举产生。这一条例在当时未经彼得堡的批准，直到 1887 年《突厥斯坦边区管理条例》通过之时才正式获得批准。

在沙俄统治时期，锡尔河州的重要城市还有奇姆肯特城。奇姆肯特位于锡尔河支流河畔，在塔什干城的东北，奇姆肯特东 13 公里处是唐代中国的白水城（Isbîjab）遗址。白水城在西方史籍中被名为赛兰城。12 世纪，奇姆肯特城已是丝绸之路上东西方交通要冲，写于 13—14 世纪的一些游记记载，赛兰城是一座规模宏大的古城，周围共有 40 道大门，横贯全城需要足足一天时间。据 15 世纪的中国使者陈诚记："塞蓝城（即赛兰城）在达失干之东，西去撒马尔罕一千三十里，城周回二三里，四面俱平原，略无险要，人烟稠密，树木长茂，流水环绕，五谷蕃殖。"[①] 奇姆肯特城今天是哈萨克斯坦共和国第二大城市，南哈萨克斯坦州首府。

俄国在锡尔河州的统治是军事殖民统治。为了防卫，还为了俄国统治者的健康，俄国人没有进驻塔什干城，他们在塔什干城外兴建殖民城市，原来的塔什干城成为老城区，居民大多数是手工业者。俄国统治者不仅采取分离居住等歧视中亚居民的措施，还在他们之中制造分裂。锡尔河州州长科罗利科夫曾说："俄国政权应当只是要寻找同伊斯兰教进行斗争的最好办法……不应该庇护它，不应该驱赶它的敌人，不应当使它有在自己的羽翼之下能够联合起来的机会，使它陷于分化瓦解的过程之中。"他还建议，应当从穆斯林中"找出最可靠的同盟者，以同穆斯林中另外一些比较危险的分子进行斗争"，要使用"分化与控制的办法"，"使伊斯兰教瓦解"。[②]

俄国的殖民统治激起了锡尔河州的反抗，最激烈的反抗是 1892

---

① （明）陈诚：《西域番国志》，周连宽校注，中华书局 2000 年版，第 93 页。塞蓝城即赛兰城，达失干即塔什干，达失干之东应为东北，西去撒马尔罕为西南去撒马尔罕。

② 孟楠：《沙俄征服中亚后对伊斯兰教的政策》，《西北史地》1998 年第 2 期，第 49 页。

年塔什干暴动。是年，中亚发生霍乱，最初在吉扎克流行，后传到撒马尔罕、沙赫里夏勃兹，向西传到希瓦，向东传到浩罕，向北传到塔什干，最后传播到伊塞克湖，死人极多。在塔什干，瘟疫在老城区的流行最甚。为了阻止霍乱的流行，俄国当局强迫塔什干人做无菌检查，这一行动违反了当地的传统习俗，男人不允许检查他们的女人。又如，为了安全起见，俄国当局坚持废除有传染危险的穆斯林葬礼，规定塔什干城民必须在远离城市的地区举行简短的新式葬礼，并逮捕那些坚持按传统习俗举行葬礼的人，于是，引发了塔什干城民的暴动。

塔什干城民袭击了该城俄军司令部，目标对准司令官普丁泽夫陆军上校，并且袭击了老城区区长穆罕默德·雅库布·喀里姆贝尔丁·乌格里的住所。一些有影响的宗教首领，以及手工业者和商人在起义中起着重要作用。不过，暴动很快被俄国军队镇压下去。

突厥斯坦边区总督伏列夫斯基将军在总结塔什干暴动的原因时提到了两个方面：一方面，暴动是由于俄国总督权力在 1882 年以后受到限制，地方权力过大造成的；另一方面，暴动是由于文化上的分歧导致的。他认为，应该认识到俄国与伊斯兰文化的差异，“俄国在中亚的统治忽视了这一点，结果，对地区居民来说，只要是出自俄国人的，那怕是最好的愿望也会被认为是最恶毒的”①。1892 年暴动之后，伏列夫斯基对塔什干法案提出了修改意见，使总督的权力恢复到 1867 年法案所规定的范围。

18 世纪下半叶，费尔干纳成为中亚经济最发达、繁荣和富庶的地区。1876 年春，俄国军队征服浩罕汗国，2 月 19 日，沙皇颁布敕令，将汗国纳入俄国的直接统治区，设置费尔干纳州，受突厥斯坦总督统辖。1895 年 8 月，英俄划界委员会对帕米尔地区进行瓜分，沙俄把帕米尔东部吉尔吉斯牧民居地分成了帕米尔和奥罗绍尔两个县，并入费尔干纳州。首府浩罕城（斯科别列夫城），斯科别列夫

---

① Edward Allworth, edit, *Central Asia: 130 Years of Russian Dominance, A Historical Overview*, p. 165.

上校因功受赏，晋级为将军，被任命为费尔干纳州第一任州长。费尔干纳州下辖鄂什、安集延、帕米尔、奥罗绍尔等县，费尔干纳州所属地区今分属于乌兹别克斯坦、吉尔吉斯斯坦和塔吉克斯坦。在1897年人口普查中，将安集延、纳曼干、艾比尔和浩罕的人口加起来，有20.3万人。①

浩罕城位于费尔干纳盆地西部、索赫河下游河畔。18世纪初，河中地区的一支乌兹别克人部落迁到费尔干纳盆地，建立了明格王朝，同时开始兴建浩罕城。1740—1876年间，浩罕一直是汗国的都城。在此时期，浩罕城东与中国新疆喀什噶尔等地通商，北与塔什干贸易，逐渐发展为费尔干纳盆地的最大商业中心，到1914年，城市人口达到12万。②

沙俄统治时期，费尔干纳州的重要城市还有位于费尔干纳盆地东南部的安集延城。安集延城最早建于9世纪，一直是费尔干纳的手工业和贸易中心。1898年，外里海铁路线通过安集延，加快了安集延经济的发展。1902年，安集延城遭到地震，现在许多建筑是地震后重建的。据1914年统计，安集延城人口有8.7万人。③

沙俄统治时期，费尔干纳经济得到迅速发展。在吉尔吉斯人生活的地区，吉尔吉斯牧民开始出现了定居的农业和畜牧业。据统计，1917年前夕，费尔干纳州的36.2万吉尔吉斯人中已有20.6万人过的是定居或半定居生活。④

费尔干纳谷地土地丰饶，自从塔什干与俄国本土建立了紧密的贸易关系以后，费尔干纳地区就成了俄国的原料产地，主要成为棉花生产基地。1884年，在费尔干纳移植美国棉种获得了成功，植棉地面积从1885年占耕地面积的14%，到1915年这一数字猛增至

---

① Edward Allworth, edit, *Central Asia: 130 Years of Russian Dominance, A Historical Overview*, p.98, Table, 3.3.

② Ibid..

③ Ibid..

④ 马大正、冯锡时主编：《中亚五国史纲》，第118页。

44%。[1] 费尔干纳州成为中亚重要的植棉中心，占俄国所控制中亚植棉地的近 74%。[2]

植棉地区的扩大使费尔干纳州成了中亚棉花的加工基地，加工棉花的最初工序都是在费尔干纳完成，此外，与棉花有关的加工业，如纺织和榨油等手工业也发展起来。1880 年，中亚引进了美国式轧棉机，是年，引入费尔干纳的轧棉机只有两台，以后逐年增加，到 1890 年，已经有 21 台，1901 年增加到 100 台，1914 年，该地区已有 159 家以轧棉机加工棉花的工厂。[3] 棉花的加工效率大大提高。棉花加工业为居民提供了大量的就业机会，如棉籽油生产，到 1914 年，费尔干纳地区有 19 家棉籽油厂。[4]

费尔干纳盆地蕴藏着丰富矿藏，沙俄统治时期，俄国及其他西方国家的资本在费尔干纳建立了采矿、石油、有色金属等企业。在浩罕城建立了一座硫黄厂，在安集延城建了一座开矿厂。1883—1913 年间，吉尔吉斯地区的工业企业总数从 165 家增长到了 569 家。[5]

从 19 世纪 90 年代起，俄国移民进入费尔干纳州，在鄂什县和安集延县有 25 个俄罗斯移民组成的村庄。在吉尔吉斯人居地，4500 万俄亩[6] 土地中有 300 万俄亩被没收，这些土地被转交给了俄罗斯移民。[7] 1917 年，费尔干纳州的无地吉尔吉斯人占了 81%[8]，失去土地的农民被迫从巴依、玛纳普等大地主手中高价承租土地，其租金多从银行贷款。据沙俄官方统计（1912 年 11 月），“突厥居民”的债务是：欠国有银行 2750 万卢布，欠私人银行 12920 万卢布，共计 15670 万卢

① Edward Allworth, edit, *Central Asia: 130 Years of Russian Dominance, A Historical Overview*, pp. 274-275.

② Ibid., p. 275.

③ Ibid., p. 319.

④ Ibid., p. 320.

⑤ 马大正、冯锡时主编：《中亚五国史纲》，第 119 页。

⑥ 1 俄亩≈1.09 公顷。

⑦《吉尔吉斯斯坦百科全书》，第 138 页，转引自刘庚岑、徐小云编著：《吉尔吉斯斯坦》，第 51 页。

⑧ 马大正、冯锡时主编：《中亚五国史纲》，第 121 页。

布，其中，费尔干纳州就占到8030万卢布，占全部债务的51%。[①]

从1885年起，费尔干纳州的农民陆续展开了反抗俄国人的斗争，斗争遍及安集延、奥什、马尔吉兰等地。起义者希望以武力唤起塔什干居民重建中亚汗国的希望。起义者一度拥立了自己的汗，但起义很快被俄军镇压，大批起义者被捕或被处死。

19世纪后期，伊斯兰宗教领袖、纳合什班底教团的苏菲依禅穆罕默德·阿里·马达里（Madali）在费尔干纳州创建了伊斯兰教大学，在他周围聚集了伊斯兰教的显要人物，他们围绕着复兴中亚汗国开展活动，产生了很大影响，他们的活动得到了纳合什班底兄弟会的资助。

19世纪90年代，中亚反抗俄国殖民统治的运动达到了高潮。在这种形势下，1898年5月17日，纳合什班底兄弟会的两千多人在马达里的率领下，爆发了反对俄国人的起义。起义的口号是唤起民众、重建汗国。起义军很快遍及奥什、纳曼干、马尔吉兰等地。起义最终遭到俄军的镇压，沙俄当局摧毁了起义者占据的马尔吉兰地区的几个村庄，把村民驱逐到贫瘠地区，他们的土地被分给俄国移民种植棉花。

起义被镇压之后，俄国派了一个审讯委员会到安集延县，审讯委员会总结爆发起义的原因时指出：自征服以来所实行的不干涉政策的结果促进了泛伊斯兰教的宣传和行政管理机构缺乏权力。[②]于是，杜霍夫斯基（Dukhovskiy）将军在任突厥斯坦边区总督期间（1898—1900），提高了俄国军队的权力，军队有权以提名的方式取代地区当局的选举；如果俄国当局认为必要的话，军队还有权废除人民审判官；从1899年5月14日起，费尔干纳正式实施俄国的司法制度。俄国在费尔干纳州增派警察部队，俄国移民也要武装起来。[③]1900年，

---

① 万雪玉：《1916年中亚各民族起义原因探讨》，《新疆大学学报（哲学社会科学版）》1997年第4期，第80页。

② Edward Allworth, edit, *Central Asia: 130 Years of Russian Dominance, A Historical Overview*, p. 171.

③ Ibid., p. 170.

沙俄政府曾根据形势变化对《突厥斯坦边区临时管理章程》做出进一步修改，“军管”的实质没有改变，一直延续到沙皇的统治被推翻。

除了加强武力统治，杜霍夫斯基还采取措施以消除俄国与中亚之间的文化差异。为了促进俄国人与中亚居民的互相了解，他在俄国军政官员中传授中亚语言和宗教知识，与此同时，在地区居民中选择少数优秀分子，帮助他们学习俄国语言和文化。杜霍夫斯基企图培养殖民统治代理人，使地区居民脱离他们的宗教首领，融入俄国模式的近代化社会。但是，文化和宗教的调和在俄国的殖民统治下是不可能实现的。

第三章

布哈拉汗国

1868 年，俄国军队占领撒马尔罕城，布哈拉汗国与俄国签订了不平等条约。根据条约，布哈拉汗国丧失了独立，成为俄国的保护国；撒马尔罕城及其附近地区独立出来组建了泽拉夫善区，由沙俄政府直接统治。1887 年，沙俄政府在泽拉夫善区组建了隶属于突厥斯坦总督区的撒马尔罕州。

第一节　沙俄征服布哈拉汗国

征服塔什干以后，俄国的下一个征服目标就是布哈拉汗国。新浩罕线的建立和对塔什干的征服，使俄国军队就地获取给养，实现了以战养战，为俄国征服布哈拉汗国奠定了经济基础。

俄国攻占塔什干之后，布哈拉汗国埃米尔穆扎法尔派一个代表团到塔什干。他以通牒的形式要求切尔尼耶夫把俄国的行政机构和武装部队从塔什干撤走。此时，布哈拉汗国还有武装夺取包括塔什干在内的浩罕汗国领土的想法。俄国以断绝贸易相威胁，阻止布哈拉军队进入浩罕汗国。俄国宣布，任何占领浩罕领地的行为都是对

俄国的敌对行为，它必将导致俄国限制布哈拉人在俄国的贸易。切尔尼耶夫下令逮捕在他管辖领地内的全部布哈拉商人，没收他们的货物。然后，他请求奥伦堡总督克雷扎诺夫斯基在奥伦堡总督区以及全俄国境内对布哈拉商人采取同样的行动。奥伦堡总督区立即响应，仿效切尔尼耶夫的做法。[①]

打击布哈拉商人的措施在俄国国内引起了强烈的反响。陆军部认为，布哈拉埃米尔要俄国撤离塔什干的要求关系到驻突厥斯坦边区俄国部队的安全，他们还担心布哈拉和浩罕两国联合抗俄。俄国工商界认为，限制布哈拉与俄国贸易的政策打击的不仅是布哈拉商人，也打击了与布哈拉商人有着密切商务联系的俄国工商界。在流通渠道，俄国商品将失去布哈拉商人这一大买主；在生产渠道，俄国纺织业将会失去来自中亚的棉花，俄国纺织业的发展将受到限制。俄国工商界请求释放布哈拉商人，撤销奥伦堡总督区对布哈拉商品的管制，恢复俄国与布哈拉汗国的自由贸易。

在国内工商界的压力下，1865 年 10 月，俄国财政大臣就奥伦堡当局执行惩罚手段之后两国之间的贸易情况做了调查和通报，在了解情况之后，大臣委员会决定，奥伦堡总督克雷扎诺夫斯基应该在适当的时候取消对布哈拉商人的限制。克雷扎诺夫斯基在奥伦堡和特罗伊茨克城成立了专门处理布哈拉事务的机构，布哈拉商人在此机构的监督下可以自由贸易。

在征服塔什干期间，切尔尼耶夫曾派由斯特鲁维・格鲁霍夫斯基率领的使团到布哈拉，希望与埃米尔达成协议，阻止欧洲国家在中亚的活动。当时，布哈拉埃米尔将使团成员扣留。征服塔什干以后，1866 年 1 月，切尔尼耶夫以解放使团成员为由，对布哈拉埃米尔采取了军事行动。他率军从塔什干出发，强渡锡尔河，进逼布哈拉汗国的商业中心吉扎克。在此危急之时，为了共同抵抗俄军，布

---

① 〔苏联〕哈尔芬：《中亚归并于俄国》，吴筑星、董兴森译，刘品大校，《中亚史丛刊》1988 年第 4 期，第 107 页。

哈拉埃米尔穆扎法尔将布哈拉、浩罕和希瓦三个汗国团结起来。他们派人到集市去宣传发动反俄的十字军“圣战”，鼓动忠实的信徒团结起来把入侵者驱逐到西伯利亚草原上去。

1866 年 2 月，切尔尼耶夫攻打吉扎克失败。在布哈拉骑兵的追击下，弹尽粮绝的切尔尼耶夫狼狈逃走。这次战役决定了切尔尼耶夫的命运，他被召回莫斯科。1866 年 3 月，总参谋部的罗曼诺夫斯基少将取代了他的位置。然而，人员的更换并没有改变征服布哈拉汗国的总方针，俄罗斯军队继续侵扰吉扎克附近地区。

1866 年 4 月，奥伦堡总督克雷扎诺夫斯基给陆军大臣写了一封信，信中谈到了俄国对布哈拉军事行动的步骤。他认为，为了切断布哈拉汗国与浩罕汗国的联系，俄国人在攻打布哈拉汗国之前，必须首先攻占处于两国边界的忽毡、乌拉秋别和吉扎克三城，占领这三个城市，可以把两个汗国隔离开来，有利于俄国对布哈拉汗国的行动。

1866 年 5 月初，在罗曼诺夫斯基的挑衅下，俄国与布哈拉军队在吉扎克与忽毡之间的伊尔扎发生了一些摩擦，小冲突迅速发展成了正式的交战，即伊尔扎战争。5 月 7 日，俄军从塔什干出发，沿锡尔河左岸前进，与布哈拉埃米尔率领的军队在伊尔扎相遇。战争于第二天爆发，布哈拉军大败，战死者 1000 多人，而俄军仅一人战死，12 人受伤。[①] 布哈拉埃米尔战败后逃往吉扎克。

罗曼诺夫斯基并没有向吉扎克追击，而是率军攻忽毡。忽毡城是通向费尔干纳的必经之地，其城民大多数以经商为业。忽毡曾是浩罕属地，在塔什干被俄国征服期间，布哈拉军队进驻该城。5 月 14 日，俄军攻下忽毡南部的瑙堡，5 月 17 日，俄军向忽毡进发。忽毡城民在城内集结，准备抵抗俄军；而城市中的商人则主张投降。5 月 20 日，俄军炮轰该城，有一个代表团出城表示愿意归顺于俄国，忽毡城在被围 6 天之后陷落。

---

① 〔俄〕M. A. 捷连季耶夫：《征服中亚史》第 1 卷，第 403—404 页。

俄军占领忽毡以后，布哈拉埃米尔穆扎法尔派使者到罗曼诺夫斯基处要求和谈，为了表示和谈诚意，他释放了扣留在布哈拉城的斯特鲁维使团成员。罗曼诺夫斯基向埃米尔提出了议和条件：第一，布哈拉汗国承认近几年来俄国所占领的一切地区归俄国所有；第二，降低俄国货物的关税，其税率应同俄国对布哈拉货物所抽的税率相等；第三，保障俄国所有前往布哈拉的臣民享有充分的自由和安全；第四，必须偿付俄国最近一次远征的全部军费开支。[①]布哈拉埃米尔释放了拘留在布哈拉的俄国人，但对其他条款没有做出任何允诺。

1866年8月，克雷扎诺夫斯基来到了塔什干。他在塔什干宣布，俄国占领地不仅仅是塔什干，外奇尔奇克地区、忽毡也要纳入俄国版图。接着，克雷扎诺夫斯基要求布哈拉埃米尔派全权代表与俄国进行谈判。9月初，布哈拉代表来到忽毡，克雷扎诺夫斯基提出的和平条件是：允许俄国在布哈拉驻扎一名贸易代表，以保护俄国商人的利益；俄国臣民可以在布哈拉汗国的任何一个城镇建商队客栈；俄国商人纳税与布哈拉商人在俄国相同；埃米尔必须永远不再干涉浩罕汗国事务；布哈拉汗国应向俄国政府缴纳10万提拉的战争赔款。布哈拉使者除了要求取消战争赔款一项外，其余条件全部接受了。

然而，俄国的本意是武力征服布哈拉汗国，和谈只是一个幌子，俄国提出的战争赔款是布哈拉汗国无法支付的。在谈判期间，克雷扎诺夫斯基给陆军大臣米柳京写的信中已经谈到了俄国向布哈拉汗国开战一事。9月13日（俄历），俄国向布哈拉使节发出最后通牒，规定布哈拉汗国在10天之内缴纳巨额赔款。在赔款期限（9月23日）内，俄军已于9月20日从忽毡城出发。23日，俄军炮击布哈拉汗国的一些要塞。乌拉秋别城在防守8天后于10月2日被俄军占领。10月18日，俄军占领吉扎克。俄国战地记者捷连季耶夫描述了俄军攻打吉扎克的情况："我军占领了所有的缺口后，关在夹道里的萨

① 〔俄〕M. A. 捷连季耶夫：《征服中亚史》第1卷，第412页。

尔特人到处乱窜，既不能进入堡中，也无法逃到野外。大批守敌吓得晕头转向，在我们的枪弹和霰弹的追逼下，都向着塔什干门狂奔，争先恐后，把前面的人挤得连气也喘不过来。然而，如上所述，城门早就被堵塞了。将近四千名骑马的和步行的守敌，彼此撞来撞去，乱成一团。我军迅猛地跟踪追击，冷酷无情地对着已经放下武器的守敌开枪扫射。城门边人尸和马尸堆积如山。幸存者想越过这座尸山也是枉然，因为俄国人的子弹不断把他们撂倒在大尸堆的上层！从这个尸堆里，时而伸出一只人手或人腿，时而露出一个马脸或马蹄……至少有三千具尸体躺在这里。在这个旷古未闻的、阻止我方士兵前进的尸体街垒后面，约有一千五百名守敌蜷缩在墙边，他们能免于死亡，只是因为我们的部队受到尸堆的阻隔只得停了下来。"[①]在这次攻城中，布哈拉军民死伤达6000人，俄军阵亡6人，负伤76人（其中有5名是军官）和震伤16人（其中有一名中校）。[②]俄军在吉扎克留下了几个连队驻防守城，委派了要塞司令官。从此，吉扎克成为俄国的一个城市，归突厥斯坦总督区管辖。

俄军在占领乌拉秋别、忽毡和吉扎克以后，切断了布哈拉与浩罕之间的联系。考夫曼对布哈拉采取了强硬的态度，提出了将俄国与布哈拉汗国边界划到更西面的意见。按照他的指示草拟了一份新的草案送给布哈拉埃米尔穆扎法尔，穆扎法尔没有批准这一草案，他采取拖延的办法对待俄国的过分要求。1868年1月，考夫曼成功地使浩罕汗胡达雅尔接受了一项贸易条约。在完成这些准备工作之后，沙皇政府开始武力进攻布哈拉汗国重要城市撒马尔罕。

1868年春，布哈拉和希瓦两国的抗俄联军迅速向撒马尔罕集结，准备进行抗俄战争。撒马尔罕市民积极支持备战，他们表示，将带着妻儿老小去抵抗俄国人，直至战斗到最后一人。而布哈拉城和撒马尔罕城的统治上层分成了两派。以宗教界和封建贵族为主的

---

① 〔俄〕M. A. 捷连季耶夫:《征服中亚史》第1卷，第441页。

② 同上书，第442—443页。

主战派要求埃米尔采取行动抵抗俄国，他们指责穆扎法尔软弱，并寄希望于埃米尔的长子卡塔杜拉（名阿布杜尔马利克，外号丘里亚），他们依靠伊斯兰宗教学校的学生，决定对俄国人进行“圣战”；持相反立场的是布哈拉和撒马尔罕工商阶层，他们关心的是布哈拉经济的发展，要求迅速妥善地解决冲突。势力强大的主战派在这次斗争中占了上风。1868 年 4 月，埃米尔率领布哈拉军队前往泽拉夫善河流域阻击俄军。4 月 30 日，考夫曼亲率大军向撒马尔罕进发；5 月 1 日，俄军渡过泽拉夫善河。5 月 12 日，联军在泽拉夫善河左岸的撒马尔罕附近迎击俄军。由于布哈拉埃米尔的全权代表习拉里亦剌克临阵脱逃，军心动摇，联军不战而败。联军的败逃激化了撒马尔罕城主战和主和两派之间的矛盾，双方的对抗最终发展到以伯克的民军和宗教界人士为一方，以商界代表和城市贫民为另一方的武装冲突。5 月 13 日，俄军乘撒马尔罕内讧之机进入该城，这座中亚古老的名城不发一弹就陷落了。

撒马尔罕陷落以后，俄国军队乘胜占领了大居民点乌尔古特。5 月 17 日，俄军占领了通往汗国都城布哈拉要道上的最后一个大城市卡塔库尔干，6 月 3 日，考夫曼率领步、骑兵 2000 多人，带着 20 多门炮西进，来到卡塔库尔干与布哈拉之间的泽拉布拉克高地。在此，布哈拉埃米尔穆扎法尔率 6000 多名步兵，15000 名骑兵，携 14 门轻型火炮，与俄军进行了决战，从兵力来看，形势对布哈拉汗国还是有利的。[①]然而，埃米尔最终还是遭到失败，死伤过半，穆扎法尔本人带着一支小卫队躲在克里米涅。正值此时，传来了撒马尔罕城爆发反俄起义的消息，考夫曼被迫回师支援被围在撒马尔罕城的俄国留守部队。

撒马尔罕的陷落激起了布哈拉汗国各地人民反俄高潮，他们在穆扎法尔的长子卡蒂丘里亚的旗帜下团结起来，发动了反抗战争。6 月 1 日，起义军从沙赫里夏勃兹向撒马尔罕城进军。当起义军逼

---

① Gavin Hambly, edit, *Central Asia*, p. 213.

近撒马尔罕城时，撒马尔罕城内也爆发了摆脱俄国统治的人民运动。手工业者连夜赶造武器支持起义。以伊山乌马尔霍加为首的城郊居民也组织起来，共同抗击俄军。1868 年 6 月 2 日，两支起义军会合，打败了守城的俄军，胜利进入撒马尔罕城。驻守撒马尔罕城的 658 名俄军，以及俄国商人统统撤到撒马尔罕内城固守。

在考夫曼主力军的援助下，俄军镇压了起义，再次占领撒马尔罕城。俄国人在城内进行了反攻倒算，大肆烧杀抢掠了三天，连老人和儿童也未能幸免，著名的大巴扎（市场）和清真寺被焚毁。

1868 年 6 月，布哈拉埃米尔穆扎法尔与俄国先后签订了和约及补充条款。[①] 根据和约和补充条款，布哈拉汗国的部分地区成为俄国直属领地，布哈拉汗国保留下来，接受俄国的保护。通过这些不平等条约，俄国在政治、经济和外交上控制了布哈拉汗国，布哈拉汗国丧失了许多政治、外交、经济权，如俄国臣民在布哈拉汗国享有自由贸易和设立商务代办的权利，有经布哈拉汗国去其他国家的权利，布哈拉汗国有保障他们人身及财产安全的义务，以及布哈拉汗国不得与外国进行独立的外交活动等条款。[②] 此后，穆扎法尔在写给希瓦汗的信中说，他和俄国人缔结和约只是权宜之计，只要时机一到，他就会动手去干。[③]

屈辱条约的签订加深了布哈拉汗国人民对俄军的仇恨和对埃米尔的愤怒，反抗者们不承认穆扎法尔的统治，他们另立穆扎法尔长子卡蒂丘里亚为汗，继续反抗俄军，一度收复了阿姆河上游的卡尔施等军事要镇。

通过不平等条约，俄国实现了对布哈拉汗国的控制，布哈拉汗国沦为俄国的保护国，不再是具有独立主权的国家。

---

① 关于布哈拉汗与俄国签订的和约和补充条款的具体内容，见〔俄〕M. A. 捷连季耶夫：《征服中亚史》第 1 卷，第 542 页。

② 〔俄〕M. A. 捷连季耶夫：《征服中亚史》第 1 卷，第 542 页。

③ 〔俄〕M. A. 捷连季耶夫：《征服中亚史》第 2 卷，第 73 页。

第二节 撒马尔罕州

1868年6月，俄国占领撒马尔罕城，6月18日，布哈拉埃米尔穆扎法尔与俄国突厥斯坦总督考夫曼签订了《俄国与布哈拉的商业条约》，6月23日，双方又签订了3项补充条款。在这些条约和条款中，有关撒马尔罕的内容有两点，一是暂时接受俄国军管，二是在撒马尔罕与布哈拉汗国之间划定边界。

条约规定，布哈拉汗国必须支付50万卢布的战争赔款，为了保证这些赔款的支付，沙俄政府将对撒马尔罕和卡塔库尔干实行军管。为了军管，俄国组建了泽拉夫善军区，管辖撒马尔罕城及附近地区。在军区内建立了军民行政机构，阿勃拉莫夫将军被任命为军区长官，统辖四个步兵营、三个炮兵营、五个哥萨克连和一个火箭连。①

1869年10月，俄国代表与布哈拉代表在锡尔河西岸划界，俄方代表是捷连季耶夫和贝格史鲍姆少校，布哈拉汗国的全权代表是御前马厩长穆罕默德·纳赛尔（米拉胡尔）。“经过长时间的争吵，他同意以克齐尔库姆草原上布哈拉大路左侧九俄里处与队伍经过的道路相平行的路线为边界。这样一来，将来万一出征希瓦，我军就可毫无阻挡地在俄国的土地上行进。边界的标志是用大石头堆成的锥形塔，当然，就近可以弄到石头；甚至水井也可算是边界的标志，只需从水井往左算九俄里。其实，考夫曼本人并不认为这样划界有什么意义，也没有给捷连季耶夫作过任何指示。捷连季耶夫的主要任务是绘出行军路线图和我们当时完全不熟悉的河间地区民族分布图。经过向首长们和一心指望得到长袍和礼物而来不对当向导的人多方面打听，也就完成了这个任务。米拉胡尔因自己的意见没有被采纳而感到自己在场是多余的。我们曾坦率地告诉过他，所以他也觉得俄国希望控制通往希瓦的道路是合情合理的。于是他就装病留在一个宿营地。但他签署了边界条约，也就是说，他在条约上盖了

① 〔俄〕M. A. 捷连季耶夫：《征服中亚史》第1卷，第543页。

章。”[1]后来，米拉胡尔干脆走了，让俄国人单方面去随意地划界。这样，包括布哈拉大道在内的一部分东部边境地区划给了俄国。

在泽拉夫善军区军管期间，俄国就开始向撒马尔罕城民征税。1870 年，在泽拉夫善军区管辖之地，每一个住房征收 25 戈比的房产税；1873 年，游牧人被课以 25 戈比的帐户税；1876 年捐税增加到 75 戈比。[2]此外，还征收一种科什普尔税，这种税直接入国库，用来修路等建设。除了哈拉吉和科什普尔税以外，还有塔纳普税和商业税扎卡特，塔纳普本来是丈量土地的面积单位，后来成为一种货币税。

尽管穆扎法尔在俄国武力面前采取妥协投降的政策，但他对汗国割让领土之事耿耿于怀，多次向俄国提出归还领土的要求，期望有一天沙皇能够归还被割让的领土，尤其是撒马尔罕城。1869 年，他派到塔什干的使团准备去彼得堡向沙皇当面陈述归还被占领土的要求，在沙皇重申了驻塔什干城的突厥斯坦边区总督考夫曼有权处理中亚的一切事务之后，使团只好返回布哈拉。1870 年春季，布哈拉出现罕见的干旱，农业歉收，饥饿的城市贫民和农民发生暴动。考夫曼在给沙俄陆军大臣米柳京的报告中描述说：“饥饿的平民成群结队，开始在汗国内游荡，到处是一片混乱了……狂热的宗教界千方百计地唆使埃米尔反对我们，他们异口同声向埃米尔指出 1868 年失去的产粮区（即撒马尔罕绿洲）的重要性。”[3]可见，撒马尔罕对于布哈拉汗国是十分重要的。1870 年 4 月，布哈拉汗缴清了 3 万提拉的最后一笔战争赔款[4]，按规定，撒马尔罕和卡塔库尔干城应该归还给布哈拉汗国。同年 7 月 13 日，以达特哈为首的布哈拉汗国使团经过塔什干，他们带着埃米尔给沙皇的信，信中说：“我们知道，贵国地大物博，陛下是伟大的国王，我们深为钦佩陛下的高尚和伟大；

---

① 〔俄〕M. A. 捷连季耶夫：《征服中亚史》第 1 卷，第 549—550 页。

② 〔俄〕M. A. 捷连季耶夫：《征服中亚史》第 3 卷，西北师范学院外语系译，商务印书馆 1986 年版，第 378 页。

③ 乌兹别克苏维埃社会主义共和国国立中央历史档案馆，基藏 715，卷宗号 40，文件号 53，《考夫曼 1870 年 2 月 17 日致米柳京的报告》，转引自《中亚史丛刊》1988 年第 4 期，第 144 页。

④ 〔俄〕M. A. 捷连季耶夫：《征服中亚史》第 1 卷，第 546 页。

同贵国相比，我们的王国是微不足道的。尽管我们居处狭窄，但我们满足于祖传的土地。我们乌兹别克人如果违反了贵国的法律和风俗，请陛下宽大为怀，原谅我们，并把贵国占领的要塞归还我们。”[①]该使团最终抵达彼得堡，使团团长达特哈在出席沙皇于1870年10月22日举行的盛大招待会上，向沙皇提出了归还被占领地的请求。“皇上直截了当的答复仍不能使布哈拉的外交官有所醒悟。他在和我们的国务要人会晤之时，还多次提出同样的请求。……这种企图最好不过地说明，号称‘世界明珠’、‘宇宙中心’的撒马尔罕的丢失，使布哈拉人感到何等的痛心。”[②]

1887年1月1日，俄国将泽拉夫善军区改建成撒马尔罕州，隶属于突厥斯坦总督区。撒马尔罕州面积68962平方公里，下辖4个县。

撒马尔罕州首府在撒马尔罕城。1897年的人口统计显示，撒马尔罕城有55000人。[③]撒马尔罕城位于泽拉夫善河流域，城名“撒马尔罕”，意为“肥沃的土地”。撒马尔罕是中亚最古老的城市之一，公元前4世纪，马其顿国王亚历山大远征中亚之时，就攻占了该城。撒马尔罕城东连中国，西接波斯，南通印度，是丝绸之路上的重要城市。在帖木儿帝国时期，帖木儿将征服各地掳来的精巧工匠带到撒马尔罕，用从亚洲各地劫掠来的珍宝装饰撒马尔罕使其成为“亚洲之都”，城内有清真寺、陵墓等许多历史古迹。撒马尔罕城在沙俄统治末期人口有9.8万[④]，人口虽然赶不上塔什干和浩罕城，但是，在中亚城市中仍属于人口较多的城市。

为了巩固俄国人的统治，沙俄政府开始收买撒马尔罕上层人物，特别是宗教界的代表人物。1893年5月2日，在纪念俄军占领撒马尔罕城25周年的会上，撒马尔罕城宗教法官以“当地各界居民”的名义，向沙俄殖民当局表示效忠。他在发言中说：“1868年5月2日，撒马尔罕及泽拉夫珊盆地众多的居民由于真主的意志而归附了

---

① 〔俄〕M. A. 捷连季耶夫：《征服中亚史》第1卷，第547页。

② 同上书，第548页。

③ Edward Allworth, edit, *Central Asia: 130 Years of Russian Dominance, A Historical Overview*, p. 98.

④ Ibid..

伟大的俄罗斯沙皇。从那时起直到今天已满25年，在强大的白沙皇统治的初期，撒马尔罕的居民呼吸着自由的空气，过着和平的保障，免遭外敌的暴力与欺压，充分享受着安宁。在以后，它促进了我们这些地区的商业、工业和文化的发展。皇帝陛下以其无限的仁慈赐予我们保留祖先遗留下来的习惯和民间习俗。由于皇帝陛下及其代理人的仁慈的关怀，在穆斯林统治时期已经完全衰败的撒马尔罕的古迹如清真寺、宗教高级学校以及圣物等，都得到了修复，并恢复了正常秩序。我们已经意识到了陛下对我们的真心的恩赐与无限的仁慈。我们，撒马尔罕老老少少忠实的臣民认为，25周年对我们来说是一个幸福而重要的日子，为此我们请求伯爵大人转达我们这些忠实的臣民对皇帝陛下的祝福，转达我们对陛下——至仁至慈君主的无限忠诚之情。由于陛下赐予我们的仁慈，所以我们这些忠实的臣民为主人真诚地祈祷，祈祷皇帝、皇后、皇太子及至尊的家人健康长寿，幸福安泰。艾门。啊！和平之主。"①

沙俄政府统治时期，撒马尔罕经济得到发展。撒马尔罕州组建的第二年，即1888年，沙俄政府修建的外里海铁路通到了撒马尔罕城。1895—1899年，撒马尔罕—塔什干—安集延段铁路建成通车，1900—1905年，奥伦堡—塔什干铁路建成通车。②于是，从奥伦堡可以直接乘火车到撒马尔罕州。

在第一次世界大战中，俄国在撒马尔罕实行强行征兵。撒马尔罕州督军向各县县长下令，在接到征调令之后，务必在居民中挑选宣传员，万一遇到反抗则实行强制性征调。③仅撒马尔罕县一县，为实行征调就筹建了一个步兵连和一个哥萨克骑兵连。

武力征兵引发了撒马尔罕州居民的抗俄起义。就在当局下发第

---

① 张振国、吴强主编：《中亚伊斯兰教的历史与现状》，北京大学亚非研究所，1996年，第37页。

② 〔美〕迈可尔·刘金：《俄国在中亚》，第14页注2。

③ 〔苏联〕X. T. 吐尔苏诺夫：《1916年中亚和哈萨克斯坦起义》，乌兹别克苏维埃社会主义共和国国家出版社1962年版，第194页，转引自汪金国、赵义刚：《1916年中亚起义直接起因辨析》，《新疆大学学报（哲学·人文社会科学版）》2005年第4期，第87页。

一批《关于立即编制年龄在19岁至43岁之间男性土著花名册》之时，撒马尔罕城公开暴动。撒马尔罕州督军雷申将军报告说：“骚乱在高涨，斗殴和杀害一忽儿在这儿，一忽儿在那儿，当地政府的劝说和训诫丝毫不起作用，他们的解释更无人相信，现在，所有这一切将最终以反对俄国政府的公开暴动的形式表现出来。”[①]

第三节　俄国保护下的布哈拉汗国

布哈拉汗国被俄军征服以后，如何统治布哈拉汗国的问题在俄国引起过争论，有人认为应该把布哈拉汗国领土纳入俄国版图，在此建立总督区。然而，俄国政府考虑再三，最终保留了汗国，并确立了对它的保护地位。1882年6月24日，在沙俄召开的中亚问题特别会议上做出保留布哈拉汗国、俄国驻布哈拉官员主要致力于发展布哈拉汗国的对外贸易的决定。

征服战争结束以后，布哈拉汗国统治者与俄国签订了一系列不平等条约。俄国在布哈拉设立了政治代办处，俄国政府的政治代表驻在布哈拉城。为了与俄国在中亚的最高当局保持直接联系，布哈拉汗国也派一位全权代表驻在突厥斯坦总督区区府塔什干城。

布哈拉埃米尔穆扎法尔与俄国人签订的这些卖国条约引起了布哈拉汗国人民的强烈反对。以穆扎法尔长子卡蒂丘里亚为首的反政府派别在卡尔施城聚集，他们立卡蒂丘里亚为汗，开始了夺取布哈拉汗国统治权的斗争。穆扎法尔向俄国求援。俄国人认为：“不受人爱戴的、没有威望的、昏庸无能的赛义德·穆扎法尔在任何情况下，比有毅力、有威望的宗教狂卡蒂丘里亚更便于掌握。还有，按照亚洲人的概念，现任统治者签订的各种条约，对其继承人来说，是没

① 汪金国、赵义刚：《1916年中亚起义直接起因辨析》，《新疆大学学报（哲学·人文社会科学版）》2005年第4期，第88页。

有约束力的。”[①]为此，俄国人继续支持穆扎法尔，于是，俄国军队镇压了布哈拉汗国的反抗运动，帮助穆扎法尔巩固了统治。

在布哈拉臣属于俄国的最初几年中，俄国军队帮助埃米尔穆扎法尔统一了以往独立于汗国的一些伯克领地，突厥斯坦总督与布哈拉埃米尔使团也频繁往来，双方之间的关系有所缓和。穆扎法尔发现，沙俄政府并不干涉他的统治，他们不仅让布哈拉汗国保留了以往的旧制度，还出兵帮助他统一国内的割据政权。于是，穆扎法尔及其后继者安于俄国的附庸地位，逐渐接受了俄国政府派到布哈拉汗国的政治代办。

1888 年，俄国与布哈拉汗国签订了正式条约。条约规定，俄国派驻布哈拉的政治代表是布哈拉汗国内俄国移民的行政机构，受突厥斯坦总督监督。1889 年和 1893 年双方签订的协议又规定，在布哈拉城俄方政治代表享有司法权，可以受理俄国移民与土著居民之间的纠纷。

在沙俄的保护期间，布哈拉汗国领土的变化最为突出，在俄军的帮助下，布哈拉汗国的版图扩大了。1868 年 6 月，布哈拉汗国的撒马尔罕和卡塔库尔干被划归俄国军队管辖，以后，布哈拉又把阿姆河西岸的查尔朱和阿姆河东岸的帖尔穆兹割让给俄国，允许俄国边防军在布哈拉汗国与阿富汗国家接壤的边界沿阿姆河河岸设立岗哨。这些领土的割让减小了布哈拉汗国的领地，然而，布哈拉埃米尔在汗国的南部获得了补偿。在俄国人武力征服结束以后，穆扎法尔开始南下，将希萨尔地区纳入自己的统治。从 1870 年起，俄国军队帮助他获得了另外一些地盘。

1870 年，俄国将军阿勃拉莫夫出兵镇压穆扎法尔长子卡蒂丘里亚的反抗起义。阿勃拉莫夫率俄军（七个步兵连，两个哥萨克连，六门大炮和六门火箭炮）攻克卡尔施城以后，于 10 月 27 日向撒马尔罕方向撤军，把卡尔施城留给了穆扎法尔。穆扎法尔十分高兴，

---

① 〔俄〕M. A. 捷连季耶夫：《征服中亚史》第 1 卷，第 545 页。

他后来还请求俄国人帮助他拿下亚科巴赫和沙赫里夏勃兹，并答应由他负担军费。

1870 年，独立领地沙赫里夏勃兹也归属于布哈拉汗国。沙赫里夏勃兹在南、北有沙阿尔和基塔布（Kitab）两城，沙阿尔城有居民 2 万，基塔布城有居民 1.5 万。在布哈拉埃米尔纳斯鲁拉赫统治时期此地一直保持着独立，纳斯鲁拉赫对它进行了多次征服，直到他去世那年（1860），布哈拉军队才攻占了沙赫里夏勃兹。不久，沙赫里夏勃兹的伯克们再次宣布独立。1870 年，阿勃拉莫夫将军攻下基塔布城，沙阿尔城随之投降，沙赫里夏勃兹的一部分伯克逃往浩罕，一部分派代表到俄军中表示归顺。此后，俄国人把沙赫里夏勃兹和亚科巴赫都交给了布哈拉埃米尔。

1873 年，俄国征服希瓦汗国，强占了阿姆河右岸的希瓦汗国领地。俄国将阿姆河右岸地区的北部划为阿姆河区，由俄国军队驻守。为了慰劳在征服希瓦汗国中对俄国做出贡献的布哈拉埃米尔，俄国将阿姆河右岸的南部地区划归布哈拉汗国。

在 1877—1878 年，布哈拉埃米尔占领阿富汗北部的达尔瓦兹地区，受达尔瓦兹保护的什克南国脱离达尔瓦兹的统治，成为布哈拉的保护地。1895 年，英俄两国经过长时间伴有军事冲突的外交谈判，将阿富汗管辖下的这些独立领地转归沙俄统治。俄国人认为帕米尔西部的鲁善、什克南和瓦罕走廊北部是边远的贫穷地区，管理费用很大，于是，1896 年 8 月，俄国将这些地区转给布哈拉汗国。

经过上述变化，布哈拉汗国的领土确实是扩大了，但是，与布哈拉汗国丧失的撒马尔罕城相比，这些地区是贫瘠的，而且交通闭塞。在沙俄保护时期，布哈拉汗国人口有所增加。据俄国人估算，1885 年布哈拉汗国的人口大约是 200 万，1913 年增加到 250 万。①

在沙俄保护期间，布哈拉汗国农业受到俄国的控制。撒马尔罕城纳入俄国的直接统治以后，俄国控制了泽拉夫善河中游。1870

① Edward Allworth, edit, *Central Asia: 130 Years of Russian Dominance, A Historical Overview*, p. 93.

年，受考夫曼的指示，阿勃拉莫夫将军进军撒马尔罕以东山区柯希斯坦，考察泽拉夫善河上游，因此，将法拉卜和马吉安两地合并于柯希斯坦山区。1871年，沙俄政府将柯希斯坦的其余地区合并于俄国，控制了泽拉夫善河上游。因此，位于泽拉夫善河下游的布哈拉城，农业灌溉用水受到了俄国人的控制。据俄国军人捷连季耶夫记载，1870年5月，驻吉扎克的军队指挥官诺索维奇率俄国使团来到布哈拉城，“该使团受到了极其隆重的接待，民众也没有表现出任何敌意，也许是因为阿勃拉莫夫从撒马尔罕放的水和使团同时进入布哈拉的缘故”[①]。在俄国兼并撒马尔罕城以后，布哈拉人抱怨灌溉用水不足的情况时常发生。1870年，布哈拉干旱，粮食歉收，引发饥荒。布哈拉人责怪俄国占领者不管理水坝，不给布哈拉城供应充足的水。为了解决这一问题，在1871—1872年的冬天，俄国与布哈拉汗国各派三名代表成立了一个六人委员会，阿勃拉莫夫任主席，委员会讨论了水利工程的问题，双方似乎达成了协议，决定由俄国政府修建永久性的水利工程。

布哈拉汗国成为沙俄的保护国之后，布哈拉汗国与俄国签订的条约为俄国企业家在布哈拉城办工厂提供了有利条件，来到布哈拉城的俄国人可以从事各种行业。到第一次世界大战以前，布哈拉汗国有了50多家企业，它们多是与棉花加工有关的企业，如净棉厂。棉织业的发展影响了布哈拉汗国的农业，使原来粮食自足的布哈拉城需要从俄国直接统治区进口粮食，这种情况加强了布哈拉汗国对俄国的从属地位。

布哈拉汗国经济自主权的丧失还表现在商业贸易方面。布哈拉市场一直是沙俄最看重的贸易中心。1872年，俄国驻布哈拉的财务代表曾写道：“布哈拉是中亚贸易的主要地点。……作为俄国与英—印贸易的聚集处，布哈拉与其他伊斯兰国家进行着大宗的活跃贸易，收购它们的土产并供应其他货物。市集上充满了来自遥远印度和更

---

① 〔俄〕M. A. 捷连季耶夫：《征服中亚史》第1卷，第554页。

远莫斯科的各种商品。”[①] 俄国当局为了本国工商界的利益，极力在布哈拉市场上排除其他国家，特别是英国。1872 年春，俄国派出财政部人员彼特罗夫斯基前往布哈拉，据说，他的主要任务是弄清布哈拉市场在多大程度上受俄国操纵以及抵制英国货物进入市场的时机是否成熟。彼特罗夫斯基考察的结果是：“现在可以有把握地说，俄国商品在这里的买卖占头等地位，随时随地都可以看到布哈拉对马卡里伊（下戈罗德斯克集市）的需要，布哈拉真正地从上到下充塞着俄国的棉纺织品……依我看来，俄国的棉制品至少比英国的多出六倍左右。我在市场上看到索科洛夫、博戈马佐夫、伊斯托明、穆拉维耶夫、科尔尼洛夫、乌鲁索夫、巴拉诺夫、博里索夫、明多夫斯基、福金和济津等工厂的商标。”[②] 据他的报告，在布哈拉市场上销售的俄国商品的品种非常广泛，可以说，到 19 世纪 70 年代，也就是俄国征服布哈拉汗国不到 10 年的时间，俄国商品已经主宰了布哈拉市场。

此外，俄国人还在布哈拉汗国内设关收税。1873 年 9 月 28 日，俄国与布哈拉签订条约，废除布哈拉和希瓦的原有边界，阿姆河右岸从哈尔阿塔到麦舍克利的沙漠地区归布哈拉；俄国的公私汽船可以在阿姆河上自由航行；俄国人有权在阿姆河布哈拉一边的沿岸各地建设码头和货栈。1892 年，俄国的关税边界线南移到阿富汗边境。1895 年，布哈拉汗国全境被纳入俄国的关税线以内。

布哈拉汗国成为沙俄的保护国之后，外交权由俄国所控制。根据 1868 年布哈拉汗国与俄国签订的条约规定，布哈拉汗国不得与外国进行独立的外交活动。1869 年，布哈拉在要求归还撒马尔罕城被拒绝以后，布哈拉埃米尔穆扎法尔开始与邻近的伊斯兰国家联系，希望得到这些国家的帮助。吉扎克县长诺索维奇上校在 1869 年出使

---

① Eugene Schuyler, *Turkistan: Notes of a Journey in Russian Turkistan, Khokand, Bukhara and Kuldja*, Vol.II, New York, 1876, pp.95-96.

② 〔苏联〕哈尔芬：《中亚归并于俄国》，吴筑星、董兴森译，刘品大校，《中亚史丛刊》第 4 期，第 148 页。

布哈拉汗国之时，他看到“阿富汗使者几乎是和我们的使团同时到达的，而土耳其和希瓦的使者到得还要早些。他们的谈判对我们是保密的，但据猜测，谈的是结成反俄大同盟的问题”。依据是，埃米尔曾对这些使者说：“我因为首先发动战争而不止一次地受到过严厉的惩罚，你们说我年纪大，请我当首领……那就让你们的汗王先到这里来拜会我，以此表明大家公认我是首领。”①1871 年夏，穆扎法尔派人去奥斯曼土耳其帝国和印度活动，但没有得到任何帮助。1872 年春，穆扎法尔再次派使者到君士坦丁堡，寻求土耳其人和英国人的帮助，以反对俄国。对此，突厥斯坦总督考夫曼提出抗议，以后，穆扎法尔屈从于考夫曼的要求，答应以后不再撇开突厥斯坦总督直接与土耳其政府联系，因此，布哈拉埃米尔似乎放弃了他的自主权。②

在此时期内，布哈拉汗国的边界依靠沙俄军队守卫。俄国军队驻扎在汗国边境的各重要据点，布哈拉汗国的边界名义上由双方军队联合守卫，但由于布哈拉汗国军力不足，实际上只由俄军驻守。布哈拉汗国的外交权也受俄国的侵犯。布哈拉汗国的法律司法权被割让，俄国移民在布哈拉汗国享有治外法权。1895 年，布哈拉汗国还被纳入了俄国的邮政联盟内，即在布哈拉汗国使用俄国邮票。

对俄国人的统治，布哈拉居民持反对态度，这一点从俄国使者诺索维奇出访布哈拉的情况反映出来。在一次出访中，诺索维奇带去了 8 名随员和 50 名哥萨克组成的护卫队。在起程之前，布哈拉宰相事先对诺索维奇说：“但愿你们不要到处乱逛，你们是客人，我们希望不要发生任何不愉快的事……这里有很多特别难以管束的流氓，没有木棍，监狱和打手是管不住他们的。”③

1905 年革命以后，在社会民主党人的影响下，中亚思想界掀起了反对沙俄统治的斗争，各地出现了办报热潮，创办者大多是中亚本地人。报纸发行的宗旨是“为中亚的改变与突厥民族的振兴而奋

---

①〔俄〕M. A. 捷连季耶夫：《征服中亚史》第 1 卷，第 554—555 页。

② 同上书，第 556 页。

③ 同上书，第 554 页。

斗”[①]。报纸上的文章在抨击了沙俄殖民主义政策的同时，还批判了穆斯林上层保守主义。然而，这些报刊解决中亚实际问题不多，办报者只寄希望于在俄国国家杜马中求得一席之地。创办《胡尔希德报》的穆纳瓦尔·喀里·阿布杜尔热什德·汗在写给突厥斯坦总督的信中说：“我们报纸的目的只是使当地人民了解杜马的活动和它的重要性，也为这些人民的下次选举做好充分准备……我的意图不是散播反政府思想，而是致力于平定激愤的群情，为安定和有益的选举做准备。”[②]因此，这些报纸没有深厚的群众基础，存在时间也不长（1906—1908），1907年“六三政变”以后，突厥斯坦总督区内的地方报全部被禁止。

在此形势下，中亚地区的改革者纷纷转移到了布哈拉和希瓦汗国。他们在布哈拉和希瓦工商业阶层的支持下，展开办学、组织秘密社团等活动。1915年，布哈拉汗国的秘密组织已达十多个，分布在汗国各地。如知识界成立了神圣布哈拉联盟，1910年12月2日，联盟首领秘密组建青年教育社，在它周围很快集聚了众多小团体，它们在普通民众中散发书报，组织政治协商团体，派遣人员到国外去募集物资以确保由扎吉德开始的普及教育和宣传工作的需求。这些社团还组织学生去土耳其留学，如巴拉卡特（Barakat）以进口公司为掩护，组织中亚学生出国留学。据统计，1911年、1913年分别有15名、30名学生由上述秘密社团送到土耳其留学，他们以后成为中亚反对沙俄统治的中坚力量。神圣布哈拉联盟传播的改革和自由主义思想在中亚引起了强烈的反响，在一定程度上反映了中亚民族意识的觉醒。该联盟是以后布哈拉青年党形成的基础。

20世纪初，布哈拉汗国内成立了工兵代表苏维埃。1920年9月，苏俄红军推翻了曼格特王朝，建立了布哈拉苏维埃人民共和国，布哈拉汗国灭亡。

---

① Edward Allworth, edit, *Central Asia: 130 Years of Russian Dominance, A Historical Overview*, p. 193.

② Ibid., p. 191.

第四章

希瓦汗国

1873年，沙俄军队兵分几路攻占希瓦城，希瓦汗国与俄国签订了不平等条约。根据条约，希瓦汗国丧失了独立，成为俄国的保护国；阿姆河下游沿岸地区独立出来成为阿姆河区，由俄国政府直接统治；以后，阿姆河区并入归突厥斯坦边区管辖的锡尔河州。

第一节　沙俄征服希瓦汗国

1842年访问希瓦汗国的俄国军官达尼列夫斯基指出，里海是希瓦汗国的西部边界，波斯领地是它的南部边界。1858年，俄国旅行家伊格纳季耶夫住在希瓦城时，有人对他说，“汗国的南部边界经过莫夫绿洲，北部边界沿恩巴河而行”①。自1834年以来，俄国不顾希瓦汗国的领土主权，在其领地上频繁活动。1834年，俄国侵入里海东岸，在曼吉什拉克半岛上建新亚历山大夫斯克要塞。

① 〔苏联〕帕·彼·伊凡诺夫:《中亚史纲（16—19世纪中叶）》，吴筑星、董兴森译，刘品大校，《中亚史丛刊》1983年第1期，第87页。

1838—1839 年，俄国派彼罗夫斯基率军远征希瓦汗国；远征失败之后，俄国于 1844 年派遣布塔科夫对咸海进行了全面的军事测量；1847 年，俄国在咸海东北岸的锡尔河口修建了雷姆要塞（阿拉尔斯克）；1848 年，俄国又在锡尔河口修建了卡扎林斯克要塞。雷姆和卡扎林斯克要塞以后成为俄国入侵中亚南部的主要基地，俄国在进攻希瓦汗国之时，有一支俄军就是从卡扎林斯克要塞出发的。1873 年，彼罗夫斯基从锡尔河畔新建的基地向希瓦出兵，征服了希瓦汗国。

在俄国征服塔什干和布哈拉汗国期间（1864—1868），为了稳住希瓦，免除俄国两地作战的后顾之忧，俄国主动改善了与希瓦汗国的关系。1865 年 1 月初，俄国的特别委员会决定派出商队与希瓦汗国和土库曼人进行商务联系；同年 4—5 月，俄国政府通过一个决议，于第二年在里海东岸红水湾建立设防的商业据点，以便开通一条经伏尔加河、里海到红水湾的捷径，促进俄国与希瓦汗国的贸易。

在进攻塔什干期间，俄国与布哈拉的贸易一度中断，希瓦商人独享与俄国的贸易。据统计，1864 年，俄国对布哈拉、希瓦汗国的出口贸易额分别是 465.5 万和 1.1 万卢布；1866 年，俄国向布哈拉、希瓦汗国的出口价值分别是 87.7 万和 156.5 万卢布。1867 年，俄国与布哈拉汗国恢复贸易，对布哈拉出口的货物达到了以前的水平，而对希瓦汗国的出口也就相应地降低了三分之二还多。[①]

塔什干被征服以后，俄国对希瓦汗国的态度发生了变化。1867 年，考夫曼写信通知希瓦汗，他将就任突厥斯坦边区总督；1867 年 11 月 29 日，考夫曼在致希瓦汗的信中说，俄国将派兵到锡尔河下游南岸，以保护俄国商队。希瓦外交大臣科希别基严正谴责了这种侵略行为，他说："一个君主应该统治着向来属于他的土地和民众，他的军队不应该越出国境破坏和平。"[②] 1868 年 2 月，管辖希瓦汗国北

① 王治来：《中亚通史》近代卷，第 302 页。

② 〔俄〕M. A. 捷连季耶夫：《征服中亚史》第 2 卷，第 65—66 页。

部的大伯克对俄国人渡过锡尔河提出抗议。1869 年 5 月，俄国工商业促进协会向俄国政府申请，要求开辟一条从里海到阿姆河的商路，其理由是，只有缩短商路和减少运输费用，俄国货物才能在中亚与英国货物相竞争。10 月 10 日，陆军大臣米柳京回信说，他完全支持这一计划。突厥斯坦总督考夫曼于 1869 年 8 月 12 日写信给希瓦汗，在信中，他指责希瓦汗怂恿俄属牧民暴乱，收容和庇护从俄国逃来的盗匪等行为。同年 9 月 20 日，他又给希瓦汗写信要求惩罚抢劫者，交还被他们抢去的财产，并释放在希瓦为奴隶的所有俄国人。考夫曼以布哈拉汗国被征服恐吓希瓦汗，他说，要给那些不接受俄国善意建议的人以军事镇压，对此，希瓦汗没有回信。1869 年，考夫曼向俄国外交部亚洲司陈述，俄军如果在里海东岸的红水湾登陆，将对希瓦人和哈萨克人造成威慑。1869 年 10 月 14 日，考夫曼接到在一个月内夺取红水湾的沙皇命令。1869 年底，俄国派遣参谋总部上校斯托列托夫带领一支高加索军以考察队的身份在红水湾登陆，建立了克拉斯诺沃茨克要塞，要塞归高加索总督管辖。这是俄国在希瓦汗国西部的第一个据点，在此以前，中亚西面没有俄国的机构，中亚西部的事务由奥伦堡和突厥斯坦总督区管辖。克拉斯诺沃茨克要塞成为俄国在中亚的西部基地，至此，俄国从西、北、东三面完成了对希瓦汗国的包围。

在 1867 年俄国征服布哈拉汗国之时，希瓦汗国曾派军队支持布哈拉人抵抗俄国的入侵。俄国在中亚的侵略唤起了希瓦人捍卫独立的决心，他们认为，希瓦汗国的边界最初是乌拉尔河，以后由于俄国的扩张，希瓦汗国的边界线退到里海东北岸上的恩巴河。现在，俄国蚕食的锡尔河左岸也是他们的领土，因此，他们有权在这些地区继续行使收税权，也有权阻止俄国商队在此通行。希瓦人采取以往常用的方式报复俄国人：抢劫俄国边境地区；阻断商路和掠夺俄国商队；把抓到的俄国人，或者杀掉或者在希瓦市场上卖掉；希瓦人还煽动俄属哈萨克人叛乱，并给造反者提供庇护。1869 年春，希瓦支持里海东岸曼吉什拉克半岛上哈萨克人反俄起义。同年，希瓦

势力渗入奥伦堡治下的草原，鼓动俄属哈萨克人造反，一些哈萨克贵族代表来到希瓦，请求希瓦汗支持他们反对异教徒的斗争，希瓦汗派部队到咸海东部沿岸，保卫迁居于此的哈萨克山民。

红水湾被俄国占领之后，希瓦汗穆罕默德·拉希姆·巴哈杜尔汗迫于俄军的压力释放了一些俄国奴隶，想与俄国谋求和谈。但是，俄国征服希瓦汗国的主意已定，军事占领决心不可动摇。从1870年起，希瓦汗国积极备战，希瓦汗决定禁运粮食到俄国；有计划地转移牧场，将处于作战区的水井填塞，不让敌人利用；截断阿姆河支流，使俄国船只无法行驶；并试图恢复对乌斯特乌尔特沙漠中的各部落征收税赋，尽管这一地区早已被俄国认为是俄国的势力范围。希瓦汗国还在咸海乌尔格角附近的江卡拉和卡拉塔马克林川地带修建堡垒，破坏塔什干与奥伦堡之间的交通联络，希瓦宗教界上层教士则鼓励希瓦汗进行“圣战”。

1870年1月18日，考夫曼致函希瓦汗，催促他答应俄方提出的臣服要求，并且威胁说：“我三次写信给您，一封复信也未收到。您甚至违反常规，擅自扣押最近我方所派的信使……此类行动令人不能容忍。我们之间或者结为朋友，或者成为仇敌，二者必居其一，邻国之间别无中间道路可走。”“任何忍耐都是有限度的，如得不到圆满答复，我将亲手去取得它。”[①]4月14日，他收到了希瓦方面的复函，信中对俄军占领克拉斯诺沃茨克提出了严重抗议，并希望俄国不要侵略别国领土。1871年1月，在俄国陆军部召开的外里海边区事务会议上，考夫曼提出了加快进攻希瓦汗国的建议。3月，由考夫曼拟定、俄国陆军大臣米柳京部署的入侵计划得到了沙皇的批准，考夫曼被指定为总指挥，并预定在这年秋季开始军事行动。考夫曼远征希瓦的计划是：由突厥斯坦军区、奥伦堡军区和高加索军区三方面同时向希瓦汗国发兵。同年6月，俄国因出兵侵占中国伊犁地区，推迟了对希瓦汗国的围攻。

---

① 〔俄〕M. A. 捷连季耶夫：《征服中亚史》第2卷，第73—74页。

1872 年 12 月 3 日，沙皇亚历山大二世亲自主持召开了宫廷会议，次日，考夫曼向会议递交了一份关于中亚情况的长篇报告。在报告中，他提到“希瓦与俄国的不正常关系”，主张进攻和征服希瓦汗国。沙皇同意考夫曼的意见，并于 12 月 12 日批准了对希瓦汗国进行军事讨伐的计划，同时给考夫曼下达了实行该计划的时间，决定于 1873 年春对希瓦发动所谓的积极防御的大规模进攻。

希瓦汗国的四周是沙漠，它与外界几乎完全隔绝。花剌子模绿洲周围是卡拉库姆、乌斯特乌尔特、克齐尔库姆沙漠，因此，对希瓦汗国的劳师远征是险途，俄国曾经两次远征希瓦失败，这一次俄国十分谨慎，组织了由 1.4 万人组成的庞大部队，备有 62 门大炮。① 全军由考夫曼总指挥，分四路向希瓦汗国进军。② 从塔什干出发的突厥斯坦军区部队分为两个团，一个团取道吉扎克，一个团经卡扎林斯克前进。奥伦堡军区的军团由维内夫金率领，从奥伦堡出发，取道恩巴河与咸海西岸前进。高加索军区的军团分两支向希瓦进军，由洛马金率领的咸海区舰队从曼吉什拉克出发，经亚历山大罗夫斯克堡前往希瓦汗国北部、咸海附近的昆格拉特地区；由马尔科佐夫率领的一支从里海东岸的克拉斯诺沃茨克出发。

俄国的进攻使希瓦汗大为震惊。1873 年春天，他释放了 21 名俄国奴隶及一些俄国使者，并写了一封表示友好的信送到卡扎林斯克俄国驻军处，但俄军不予理会。③ 高加索军团的马尔科佐夫率领的俄军在人倒马死之后折回原地，突厥斯坦军区的主力军 10000 峰骆驼损失了 8800 峰，几乎全军覆没。④ 除此而外，其余几支俄军于

---

① 〔美〕理查德·阿·庇尔斯：《俄国的中亚细亚 1867—1917》，加利福尼亚，1960 年，转引自曾立人：《沙俄是怎样吞并中亚南部三汗国和土库曼地区的》，《新疆大学学报（哲学社会科学版）》1979 年第 Z1 期，第 158 页。

② F. H. Skrine, E. D. Ross, *The Heart of Asia: A History of Russian Turkestan and the Central Asian Khanates from the Earliest Times*, pp. 257-258.

③ 〔俄〕M. A. 捷连季耶夫：《征服中亚史》第 2 卷，第 202 页。

④ 〔美〕理查德·阿·庇尔斯：《俄国的中亚细亚 1867—1917》，加利福尼亚，1960 年，转引自曾立人：《沙俄是怎样吞并中亚南部三汗国和土库曼地区的》，《新疆大学学报（哲学社会科学版）》1979 年第 Z1 期，第 158 页。

1873 年 5 月中旬先后抵达希瓦城郊。他们对希瓦城发动了猛攻。城内因口粮缺乏发生政变，希瓦汗出走。虽然希瓦守军顽强抵抗，但终因双方力量悬殊于 6 月 9 日陷落。

1873 年 8 月 12 日，希瓦汗穆罕默德·拉希姆·巴哈杜尔被迫与俄国签订了投降条约。条约规定，阿姆河以东的希瓦领土全部被俄国兼并，阿姆河的航行权由俄国独占；希瓦汗国赔偿俄国 220 万卢布的军费；交出所有在希瓦当奴隶的俄国人和波斯人。[①] 俄国政府为巩固对新征服的希瓦领土的统治，在其地设置了阿姆河州，以后阿姆河州归并于锡尔河州；在阿姆河以东离希瓦城 25 英里（约 40 公里）处修建彼得罗·亚历山大罗夫斯克要塞，作为控制希瓦的行政中心。[②] 希瓦汗被保留下来，希瓦汗国成为俄国的一个附属国。1874 年，俄国设立了南里海军区，它隶属高加索总督区，由洛马金少将管辖。

第二节　俄国保护下的希瓦汗国

1873 年 6 月 9 日，希瓦城陷落，俄国完成了对希瓦汗国的军事征服。8 月 12 日，考夫曼与被他重新扶上汗位的穆罕默德·拉希姆·巴哈杜尔签订了所谓的“和平条约”。条约规定：第一，汗王承认自己是全俄罗斯皇帝的忠实仆人；未经俄国中亚最高政权机关的许可，汗王不得与相邻各国领主缔约和宣战。第二，俄国以阿姆河为边界，自该河的库克尔特利开始至该河最后一个支流塔尔德克河，然后再沿该支流而下，直到流入咸海的河口，再向前，即沿咸海南岸至乌尔加角，从此沿乌斯提尤尔特山南麓阿姆河故道一线，即为俄国边界。第三，阿姆河右岸所有希瓦领地划归俄国所有。第

① 〔俄〕M. A. 捷连季耶夫：《征服中亚史》第 2 卷，第 337—338 页。

② 曾立人：《沙俄是怎样吞并中亚南部三汗国和土库曼地区的》，《新疆大学学报（哲学社会科学版）》1979 年第 Z1 期，第 159 页。

四，如上述部分领地转交给布哈拉时，则汗王应承认埃米尔为其合法主人。第五，俄国船只可沿阿姆河自由航行，而希瓦及布哈拉船须经俄国当局许可后才能行驶。第六，俄国有权在阿姆河左岸修筑码头，汗国政府应负责保护。第七，俄国有权在阿姆河左岸修筑贸易圈货栈，汗国政府应为此拨给土地。第八，俄国商人有权在汗国所有城镇、乡村自由贸易，汗国政府应负责保护商队和货栈的安全。第九，俄国商人在汗国内不缴纳任何税捐，不承担任何徭役。第十，俄国商人有权免税经过希瓦领土向所有邻国运输自己的货物。第十一，俄国商人可在汗国各城市设置代办（商队头目），与地方官府办理交涉事宜。第十二，俄国臣民有权在汗国境内购置不动产。第十三，俄国人和希瓦人之间的商业契约应严格履行，不应废除。第十四，俄国人向希瓦人提出的要求由希瓦政府审理，不得拖延。第十五，希瓦人向俄国人提出的要求由俄国长官审理。第十六，希瓦政府不得接纳没有合法证件的俄国移民，而对俄国罪犯应负责捕获并送交最近的俄国长官。第十七，取缔奴隶制和禁止贩卖人口的法令继续有效。第十八，希瓦汗国应缴纳220万卢布赔款，以抵偿军费。①

该条约的签订使希瓦汗国丧失了部分领土。根据第2、3、4条，希瓦汗国丧失了阿姆河以东的全部领土，以后，俄国将这一地区组建阿姆河区，隶属于锡尔河州。1873年条约签订以后，希瓦汗国的领土继续被俄国蚕食。19世纪80年代，沙俄征服了土库曼人，将阿姆河西岸的希瓦汗国领土，即东起阿姆河，经卡拉库姆沙漠一直抵里海东岸，北起乌斯特·尤尔特高地，南到阿列克河与波斯、阿富汗边界的地区，划入俄国版图。1882年，俄国在这一地区组建由沙俄政府直接统治的外里海州。希瓦汗国的领土只局限于查尔朱以北到阿姆河三角洲地区。

由于1873年条约的签订，希瓦汗国不再是独立的国家。根据第1、5、6、7条，希瓦汗国丧失了领土主权和独立的外交权；根据第

① 〔俄〕M. A. 捷连季耶夫：《征服中亚史》第2卷，第337—338页。

15 和 16 条，希瓦丧失了独立的司法权，在希瓦有违法行为的俄国人不受希瓦法律的制裁；根据第 5 至 13 条，希瓦汗国丧失了独立的经济权，沙俄控制了希瓦汗国的经济命脉，成为俄国倾销商品和掠夺原材料的场所，使希瓦商人在贸易中处于不利地位。经过 18 世纪和 19 世纪上半叶的较量，希瓦汗国最终屈服于俄国的武力，不平等条约的签订使希瓦汗国从一个独立自主的国家沦为俄国的半殖民地。

在接受沙俄保护期间，希瓦汗国实际上处于俄国军队的监督之下。1873 年条约以后，阿姆河成为俄国与希瓦汗国之间的自然边界。沙俄政府在阿姆河东岸沿线设置岗哨，由驻彼得罗亚历山大罗夫斯克要塞的部队担任警戒，长官是伊凡诺夫。条约签订之后，1873 年 9 月 12 日考夫曼从希瓦返回塔什干城，途中，他给伊凡诺夫下达了一道指令："阿姆河军分区部队驻扎在该河右岸，期望达到的主要目的是：负责警戒和保卫现已加入俄国国籍的右岸居民。""为达到上述目的，即警戒与保卫的任务，应根据形势需要和当时当地情况，竭尽一切努力采取你们认为必要的那些措施。"指令中还说："有关汗国的内政，不言而喻，应该努力设法掌握其最新动向，至于我们对其内政干预到什么程度，应根据维护新占地区及其居民的利益和安宁的需要而定。"① 训令中另一处说："为了达到上述目的，即警戒与保卫任务，应该根据形势需要和当时当地情况，竭尽一切努力采取你们认为必要的那些措施。"②

捷连季耶夫将军认为考夫曼的指令"措辞相当含混不清。根据这些说法，好似有权变消极防御为积极防御，并能渡河到对岸，深入汗国境内以干涉它的内政……得以在体面的借口下负责警戒并保护我们右岸的居民"③。1873 年 10 月中旬，伊凡诺夫第一次出发到各地走动，他来到阿姆河三角洲的分汊处，即阿姆河渡口的地方。当时对岸的土库曼人料想俄国人要渡过河去采取某种非同寻常的迂回

---

① 〔俄〕M. A. 捷连季耶夫：《征服中亚史》第 2 卷，第 353—354 页。

② 同上。

③ 同上书，第 353 页。

包抄行动，然而，伊凡诺夫在河岸旁边的努库斯选择了一处修筑堡垒的地方之后，于11月12日返回。努库斯的多面堡于1874年建成，驻扎了一个步兵连和一个哥萨克连，安置了两门大炮。

驻在阿姆河东岸的这支俄国军队每逢河水结冰，就过河到希瓦汗国境内勒索财物。俄国军队在希瓦汗国内，“好像是在坦波夫省（在俄国欧洲部分领土上，位于奥卡河—顿河平原的中心地带）内进行似的”[①]。希瓦汗国的领土权受到任意践踏。

1874年1月间，伊凡诺夫耳闻似乎土库曼人准备踏冰过河，骚扰俄国臣民。尽管根本未觉察任何骚扰的迹象，报告中仍将此称为“公开反抗”俄国人。伊凡诺夫迅速率领一支部队前往努库斯，踏冰过河，烧毁了库尔恰尔部族，即在卡拉杰尔格尔迪土库曼人的游牧区。这就引起了普遍的惊慌，邻近各地部族的代表团立即来见伊凡诺夫，请求饶恕他们。伊凡诺夫要求他们缴纳欠款、释放扣押的奴隶以及向邻居乌兹别克人退还所抢的全部财物。[②]

1875年1月间，当阿姆河封冻之时，伊凡诺夫又过河来到希瓦汗国境内，部队有六个步兵连、两个哥萨克连携带六门大炮和四门火箭炮，共1500人。1月7日出动，1月16日在霍杰伊利附近过河，2月1日，在汉基附近过河返回。整个远征过程中未发一弹，部队在任何地方都未遇到抵抗。在俄国部队绕行一周，走访土库曼人地界的15天当中，他们缴收了36000卢布。[③]

驻在阿姆河右岸的这支俄国军队成了希瓦汗的禁卫军，支持和维护着希瓦汗对其国人民的统治，特别是对土库曼人的统治。19世纪末，希瓦汗国的土库曼人主要集中在阿姆河下游三角洲南端的平原绿洲地区，大约有20万人。19世纪末至20世纪初，在布哈拉和希瓦汗国的土库曼人主要从事灌溉农业，兼有畜牧业和家庭手工业。

希瓦汗穆罕默德·拉希姆·巴哈杜尔认识到，他只有依靠俄国

---

① 〔俄〕M. A. 捷连季耶夫：《征服中亚史》第2卷，第357页。

② 同上书，第356页。

③ 同上书，第357页。

军队才能对付国内的土库曼人。俄国人征服希瓦汗国以后，将巨额战争赔款强加于土库曼人身上，引起了土库曼人的不满。他们认为，战争赔款不应只向土库曼人摊派，汗国的其他居民也应负担赔款，土库曼人想要纠正俄国人的错误和处置不当，使乌兹别克人和吉尔吉斯人也分摊一点自己的损失。于是，“他们不听汗王的训诫，汗王无力制服他们”[1]。在俄国军队离开希瓦汗国之时，希瓦汗就预感到汗国会发生动乱，这一预感很快就被证实了。俄国军队“刚刚越过乌奇乌恰克和哈尔阿塔之间的沙漠地带，在阿姆河一带便出现了来自麦尔夫（即莫夫）的帖克人和萨雷克的土库曼人两股匪帮。一股在哈扎拉斯普附近为非作歹，另一股进犯皮特尼亚克”[2]。每当土库曼人有不驯服行为之时，汗王向伊凡诺夫求援镇压土库曼人的信函就纷纷飞来。沙皇政府通过在塔什干的突厥斯坦边区总督完全控制了希瓦汗，俄国军队支持希瓦汗对汗国人民的统治。“君主专制的刺刀可靠地替他们防护着人民群众的愤怒，不止一次支撑了布哈拉埃米尔和希瓦汗摇摇欲坠的宝座。”[3]希瓦汗实际上成了俄国的一个县官，他必须绝对履行俄国人的一切要求。

在接受沙俄保护期间，希瓦汗国经济的发展带有殖民经济的性质。为了满足俄国对廉价棉花的需求，希瓦汗国内种植棉花的地区增加，种植粮食的耕地减少。19世纪末20世纪初，俄国资本家来到希瓦汗国，俄国和希瓦的贸易额达到近1200万卢布，较之1872年30万卢布多一点的贸易额增长了40倍。[4]俄罗斯工商促进会在纪念该会成立25周年的总结中指出：对汗国成功的军事远征及将其部分领土并入帝国，使“我们在阿姆河所处的地位符合俄国的商业利益”[5]。

---

① 〔俄〕M. A. 捷连季耶夫：《征服中亚史》第2卷，第352页。

② 同上书，第351—352页。

③ 〔苏联〕哈尔芬：《中亚归并于俄国》，吴筑星、董兴森译，刘品大校，《中亚史丛刊》第4期，第214页。

④ 同上书，第154页。

⑤ 同上书，第214页。

希瓦汗国人民对沙俄统治是不满的，其中，土库曼人反对最激烈。在1916年中亚大起义中，土库曼人在穆哈马德·库尔班·朱耐德（1860—1938）的领导下，推翻了希瓦汗穆罕默德·拉希姆·巴哈杜尔二世的统治，建立了自己的政权（1916）。但起义者最终被锡尔河州亚历山大·斯加尔将军率领的俄国救援部队镇压。20世纪初，改革派创办的报刊在突厥斯坦被查禁以后，改革者转移到了布哈拉和希瓦汗国，他们在希瓦创建了青年希瓦党等组织。

在沙俄保护时期，沙皇政府承认伊斯兰教法在希瓦汗国是有效的，当地的伊斯兰教拥有对穆斯林居民的司法和民事权力，俄国的影响并未触及希瓦汗国人民的生活方式和文化。在此期间，希瓦汗巴哈杜尔对希瓦汗国的文化的发展做出了贡献。他于1874年把石印术和出版发行引入希瓦，在中亚开办了第一家出版社。他在汗国内创建了最大的图书馆，委托帕尔温·尼亚兹·花剌子密（1825—1899）创立了记录中亚古典音乐的制度。在他的命令下，以散文和诗歌记录希瓦历史的官方编年史一直编到20世纪初，他本人以笔名菲鲁兹写诗，这些诗歌后来被录入希瓦一本诗集中。巴哈杜尔对20世纪初改革者提倡的现代教育形式持宽容的态度。此外，他对希瓦的古建筑进行了加固或改建工作。在1910年，他组织建筑了具有传统风格的希瓦尖塔，该塔高180英尺，当时是希瓦最高的尖塔。

关于沙俄当局保留希瓦汗国和布哈拉汗国一事，在俄国曾引起过多次争论，各界都有不同的看法。从军事实力来看，沙俄完全有能力将这两个汗国吞并，与撒马尔罕等地一样，形成沙俄政府直辖的州、县，然而，在沙俄统治中亚的几十年内，沙俄政府始终没有这样做。这在俄国军界和工商界都引起了强烈的不满，曾在突厥斯坦总督区担任过重要行政职务的洛戈费特写道："俄国武装力量征服了布哈拉大部分地方，俄国人在那里流了很多血。由于某种令人莫解的原因，当时却没有将布哈拉并入俄国的属地。我们在镇压了不承认埃米尔的不顺服的统治者之后，把一个小小的布哈拉建成一个

大的国家，将这个国家仍旧交给埃米尔作为世袭领地……俄国的事情却被远远地推到次要地位。”[①]

1882 年，突厥斯坦总督切尔尼亚耶夫向外交部写了一个简报。他指出：俄罗斯帝国在突厥斯坦的行动中，由于缺乏“指导性计划”，形成了帝国的“最不方便的国界”。在突厥斯坦边区军事政治主要中心塔什干与外里海州之间隔着独立的领地：布哈拉和希瓦。切尔尼亚耶夫认为，为了巩固突厥斯坦的经济和发展商业，就必须将它跟里海联系在一起，把布哈拉汗国和希瓦汗国并入帝国。切尔尼亚耶夫计算过，布哈拉埃米尔每年收入贡税、捐税总计约 600 万金卢布，这笔钱是够抵偿整个突厥斯坦边区每年的赤字和支付改善从俄国到中亚道路必需开支的费用。“我们的贸易需要这笔钱”，“也足够用以安置俄国居民”。[②] 切尔尼亚耶夫提出：“让他（希瓦汗）独占每年达 30 万卢布的国家收入是不合理的，何况维持阿姆河区也要我们花费不少开支。希瓦可汗在喀山或卡卢加靠体面的赡养过日子，也会舒适与安宁得多。”[③]

俄国政界认为，政府通过塔什干已经完全控制了布哈拉埃米尔和希瓦汗，使他们完全按俄国的命令行事，俄国通过他们获得了最重要的利益与好处，因此，俄国应当维持现有的秩序，政府不应当为在这些地区保障安宁和在当地人民及其统治者眼中维持自己的感召力而花钱。[④] 如果将汗国并入俄罗斯帝国，为了取得当地居民的好感，就不得不“大大减轻对他们的压榨和苛捐杂税”，建立比较现代化的行政机构，这样做“在中亚耗费高昂，而且不是轻易能建立的”。这种意见在更大程度上适用于希瓦汗国。如果当地的可汗安于县官地位，那么还有什么苛求呢？应当珍惜这样的地位，况且他的

---

① 〔苏联〕哈尔芬：《中亚归并于俄国》，吴筑星、董兴森译，刘品大校，《中亚史丛刊》第 4 期，第 203 页。

② 同上书，第 204 页。

③ 同上。

④ 同上书，第 205 页。

30 万卢布的收入也未必够养活汗国的管理机关。[①]

此外，俄国不希望引起英国的不安，甚至是“强烈恐慌”，不希望由此导致英俄关系的恶化和打破英俄势力的均衡，不希望“在欧洲东边（即巴尔干和土耳其）造成更大的麻烦”。[②]出于以上两方面的考虑，布哈拉汗国和希瓦汗国一直保留着。俄国政界多次指出，最终将两个汗国并入俄国在原则上是肯定要解决的，但是，将这个措施付诸实现却要有适当的形势。沙俄兼并布哈拉和希瓦汗国的形势直到十月社会主义革命之前一直没有形成。

沙俄政府在希瓦汗国的统治激起了希瓦人民的反抗。在 1892 年塔什干暴动和 1916 年中亚大起义中，希瓦汗国人民，特别是土库曼人，起来反对沙俄的统治。19 世纪末 20 世纪初，希瓦汗国出现了民族资产阶级政党青年希瓦党。青年希瓦党的目标是用宪法限制汗权，进行改良主义的改革。1917 年上半年，希瓦实行了以汗为首的君主立宪制，提出了一些改革方案，如政府官员由选举产生，办学校、修铁路等。但改革很快以失败告终，青年希瓦党大多数逃亡到俄属阿姆河州。[③]改革失败后，土库曼封建首领朱耐德夺取了希瓦汗权，尽管他的政权不久就被推翻，但他在希瓦的活动，使希瓦汗国成为中亚反苏维埃势力的大本营。20 世纪初，在希瓦建立起来的组织青年希瓦党人与苏维埃政权合作，1920 年初，伏龙芝指挥的一支红军进入希瓦，朱耐德汗被赶进沙漠。[④]随后，希瓦建立了革命委员会，青年希瓦党人苏尔坦穆拉多夫担任主席，希瓦汗国灭亡。同年 4 月 4 日，在俄联邦和突厥斯坦共产党帮助下，花剌子模共产党委员会建立。青年希瓦党宣布解散，其成员加入共产党。4 月 27 至 30 日，第一届花剌子模人民代表大会召开，大会决定成立花剌子模苏维埃人

---

① 〔苏联〕哈尔芬：《中亚归并于俄国》，吴筑星、董兴森译，刘品大校，《中亚史丛刊》第 4 期，第 204 页。

② 同上。

③ 马大正、冯锡时主编：《中亚五国史纲》，第 224 页。

④ Geoffrey Wheeler, *The Peoples of Soviet Central Asia,* Manufactured in Great Britain, First published in the U. S. A, 1966, p. 53.

民共和国。1920 年 9 月 13 日，花剌子模苏维埃人民共和国和俄联邦在莫斯科签订了联盟条约和经济协议，规定俄联邦有义务在经济文化方面帮助花剌子模共和国。[①]1924 年，花剌子模苏维埃人民共和国解散，其领土分别并入苏联的乌兹别克和土库曼两个加盟共和国。

① 马大正、冯锡时主编:《中亚五国史纲》，第 224 页。

第五章

土库曼斯坦

土库曼人的居地土库曼斯坦是俄国通往中亚腹地和阿富汗的要道，也是俄国经中亚通往印度的捷径。1877 年，沙俄军队开始计划对土库曼斯坦的征服，1882 年，俄国在土库曼斯坦的北部地区组建外里海州，将其纳入俄国的直接统治。1884 年，莫夫绿洲四个部落首领在沙俄的武力逼迫下向俄国表示臣服，土库曼斯坦南部被纳入俄国版图，隶属于外里海州。外里海州因其战略地位重要，隶属关系几经变动，先后归高加索军区、高加索总督区，最后归突厥斯坦边区管辖。俄国对土库曼斯坦的征服遭到了英国的极力反对，几番较量之后，英俄两国于 1887 年签订了《英俄勘分阿富汗西北边界协定》，同年 11 月，英、俄划界委员会共同标定了俄国和阿富汗的西段边界，具有领土主权的阿富汗没有参与这次划界的谈判会议。

第一节　英俄在土库曼斯坦的争夺

18 世纪末至 19 世纪上半叶，英国和俄国开始蚕食卡扎尔王朝（1794—1925）统治下的波斯领土。到 19 世纪后期，波斯南部和东

部领土巴林、阿富汗的一部分成为英国势力；波斯西北和东北领土阿塞拜疆、土库曼斯坦成为俄国势力。英、俄在波斯的战略竞争被称为“大博弈”或“大棋局”。在“大博弈”中，俄国一步一步向南推进，最终成为赢家。

土库曼斯坦位于里海和阿姆河之间，南接伊朗、阿富汗，北界从曼吉什拉克的南端向东越乌斯秋尔特高地直抵阿姆河下游河岸。土库曼斯坦大部分地区是沙漠，其中有两大绿洲，即阿哈尔帖克绿洲和莫夫绿洲。对俄国而言，土库曼斯坦是战略要地，俄国经此不仅可以到达中亚腹地、波斯和阿富汗，还是通往印度的捷径。1869年，俄国占领里海东南岸的克拉斯诺沃茨克，以此为据点，不断向土库曼斯坦渗透。俄军以考察队为掩护从该据点进入土库曼人各部，收集有关他们的情报。

1873 年，当俄国从里海发起对希瓦汗国的攻击之时，掳掠了约穆德部和帖克部土库曼人，约穆德人进行了激烈的反抗。征服希瓦汗国之后，1873 年，俄国命令曾经反击俄国和保卫希瓦汗国的约穆德部交付 30 万卢布的赔款，其中 10 万卢布必须在 10 日之内交付，剩余的 20 万卢布可以推延 5 日，也就是说，在半个月内必须全部缴清。[①] 考夫曼在 7 月 18 日给部下的指令中说：“如果阁下发觉约穆德人不是收集赔款而是集结起来抗拒军队或有换地游牧的迹象时，则我建议您当立即率部前往约穆德人游牧地区，即沿哈扎瓦特渠及其支渠一带将这些游牧的约穆德人及其家小完全彻底清除消灭。其财产牲畜等物全部予以没收。”[②] 此令下达之后，俄军冲进村庄，逢人就杀，连儿童老人都斩尽杀绝。土库曼人逃命的场面构成了一副恐怖的图画：土库曼人的男女老少，他们都跳入湖中躲避追上前来的哥萨克，湖中简直挤满了人，他们绝望地挣扎着向湖对岸游去。土库曼人的男女老少在这里死了约两千人，部分淹死在湖中，部分

① 〔俄〕M. A. 捷连季耶夫：《征服中亚史》第 2 卷，第 311 页。

② Alexis Krausse, *Russia in Asia: A Record and a Study*, p. 75.

沉溺在湖旁的沼泽里。[①]恩格斯在谈到这次俄军的暴行时讽刺地说："1873 年夏天，考夫曼将军下令进攻鞑靼部落的约穆德人，焚毁他们的帐篷，并且像命令上所说的'按照高加索的好习惯'那样屠杀他们的妇女和儿童。"[②]

1874 年，沙俄政府在克拉斯诺沃茨克设立了属高加索总督区的外里海军区，外里海军区最初管辖克拉斯诺沃茨克和曼吉什拉克两个地区。1875 年，沙俄派遣高加索第一司令官伊维亚诺夫率领 1300 名俄军以侦察为名，对克拉斯诺沃茨克附近地区和土库曼人进行骚扰劫掠。俄国的侵扰活动激起了土库曼人的反抗，土库曼部落首领和僧侣召开会议，决定加紧巩固阿哈尔帖克绿洲重镇格奥克帖佩堡，以防俄军侵入阿哈尔帖克绿洲。

征服浩罕汗国之后，俄国于 1877 年以克拉斯诺沃茨克为基地，开始武力征服土库曼斯坦。俄国征服土库曼斯坦的过程可以分为两步，第一步武力征服阿哈尔帖克绿洲，第二步以外交手段使莫夫绿洲臣属于俄国。

在 1876 年至 1878 年的俄土战争（俄国与土耳其争夺黑海和巴尔干半岛的战争）期间，沙俄以进攻印度为威胁，牵制了英国对俄土战争的干涉。当时，考夫曼组织了两万俄军分兵四路远征印度。在 1878 年 7 月 19 日的柏林会议上，英俄之间的矛盾得到了缓和，于是，除了洛马金率领的高加索—外里海远征军外，其余各路俄军都撤了回来。洛马金率领的这支军队按原计划继续前进，占领了位于松巴河和阿特拉克河汇合处的土库曼部落领地恰特，俄国在此建恰特要塞。要塞长官的任务是了解土库曼人，研究他们的生活方式，注意发展与他们的贸易。

沙俄政府的活动促使土库曼人加强了与波斯王朝的联合。土库曼人向波斯卡扎尔王朝表示效忠，希望获得波斯人的支持，这一行

---

① 〔俄〕M. A. 捷连季耶夫：《征服中亚史》第 2 卷，第 318 页。

② 恩格斯：《反杜林论》，见中央编译局编：《马克思恩格斯选集》第 3 卷，人民出版社 1995 年版，第 442—443 页。

为加速了俄国的行动。1879年6月，俄国任命高加索第一司令官伊维亚诺夫为司令、洛马金为副司令，大举入侵阿哈尔帖克绿洲。途中伊维亚诺夫去世，军队由副司令洛马金率领。8月下旬，先头部队从恰特出发，翻越科彼特山脉，没有遇到任何抵抗就占领了基考尔阿尔瓦特，9月，俄军攻打格奥克帖佩。在此战役中，沙皇军队遭到了在整个“突厥斯坦远征”中最严重的一次失败，俄军失败的消息很快传遍了中亚。据不完全统计，俄国阵亡官兵约200人，受伤250人，俄军被迫撤退。[①] 这次失败对俄国政府的打击是相当沉重的，洛马金因此被撤职，斯科别列夫将军取而代之。土库曼爱国者在俄军的炮火下伤亡也十分惨重，领导者别尔德·穆拉特汗、卡拉·巴特尔等人牺牲。

1880年1月31日，俄军总参谋长盖伊坚主持召开了高级军官会议，会议讨论了高加索总督制定的阿哈尔帖克作战计划。盖伊坚建议在土库曼斯坦不要采取任何行动，甚至应该完全退出外里海边区。他还建议修筑从奥伦堡到塔什干的铁路，以取代向无水沙漠的远征。他认为，这无论是对大英帝国的阴谋，还是对中亚工商业的发展，都是最合适的方法。总参谋长的建议遭到了反对。2月25日和27日，陆军大臣米柳京出席了关于外里海问题的一次讨论会，他向沙皇呈交了关于远征阿哈尔帖克绿洲的报告。他认为，不占领这一绿洲，高加索与突厥斯坦将永远被隔断。3月1日，米柳京的报告获得亚历山大二世的批准。沙皇指示斯科别列夫：“计划既已通过，就应照办；不得后退一步，退步是极其危险的。在欧洲和亚洲人心目中，退步就是我们软弱的表现，就会使我们的敌人胆量更大，而且有可能使俄国付出比计划中的远征还要昂贵得多的代价。”[②]

斯科别列夫坚持从克拉斯诺沃茨克或里海岸边的其他地点为起

① W. K. Fraser-Tytler, *Afghanistan: A Study of Political Developments in Central and Southern Asia*, London: Oxford University Press, 1953, p. 158.

② 〔俄〕M. A. 捷连季耶夫：《征服中亚史》第3卷，第53页。

点，修筑一条通往他将要征服地区的铁路，以便他可以沿铁路线征服沿线的部落，最终孤立帖克土库曼人。1880 年 5 月，斯科别列夫开始行动，他动用了 1.1 万人和两万峰骆驼，建筑了从克拉斯诺沃茨克通往格奥克帖佩堡的铁路，并在沿途建立了军事据点。他采取逐步推移的战术，于 1880 年年底逼近格奥克帖佩堡。当年 12 月 23 日，斯科别列夫军围攻了有两万多土库曼军民守卫的格奥克帖佩要塞。驻守要塞的阿哈尔帖克人和从莫夫绿洲赶来支援的帖克人一起抗击俄国侵略者，他们多次修复被轰毁的城墙，坚守达三个星期之久。

1881 年 1 月 12 日，“俄军挖了一条通向城堡的地道，用地雷炸毁了格奥克帖佩城堡，城堡被攻克后，城中 2.5 万帖克人进行了殊死的抵抗。俄军不分男女老幼，见人就杀，有 8000 名无辜的帖克土库曼居民被屠杀。在大屠杀面前，土库曼部落纷纷投降，阿哈尔帖克绿洲被并入俄国版图。俄军还乘胜强占了阿什哈巴德、卡阿哈和阿哈尔帖克绿洲上的其他居民点。1 月 24 日，俄国国旗在以丹吉尔特普命名的小山上升起”①。以后，俄国把属于高加索总督区的原外里海分区与新掠夺的阿哈尔帖克绿洲合并建外里海州，阿什哈巴德成为该州的统治中心。

俄国征服土库曼斯坦的第二步是占领莫夫绿洲和彭狄绿洲。阿哈尔帖克绿洲被纳入俄国版图以后，隔在俄国领土与俄属布哈拉汗国之间的未征服地只有莫夫绿洲了。莫夫城是俄国通往波斯和阿富汗道路上的枢纽，当时在名义上属于波斯管辖。英国曾极力鼓动卡扎尔王朝在莫夫行使主权以抵抗俄军的南下，但波斯沙赫无力实现对它的统治。1881 年 11 月，东北波斯地区总督通知驻德黑兰的英国公使说，他接到了沙赫的命令，令他不要进一步干涉莫夫事务。1881 年 12 月 9 日，波斯与俄国签订了边界协定，承

① W. K. Fraser-Tytler, *Afghanistan: A Study of Political Developments in Central and Southern Asia*, p. 158.

认了俄军对上述地区的占领。这一边界协定有利于俄国征服土库曼人的莫夫绿洲。

俄国人的南下引起了英国人的强烈反对，1882 年 10 月 24 日，英国驻俄大使索尔顿照会俄外交大臣格尔斯，要求俄军立即停止在土库曼斯坦的军事行动。索尔顿声称，如果俄军不停止进攻土库曼人，所造成的一切后果将由俄国政府承担。在此强硬态度面前，俄国改变了对莫夫绿洲的武力征服政策，开始采取外交手段。一方面，俄国增加莫夫地区土库曼贵族代表人物在外里海州政府任职人数；另一方面，暗中怂恿俄国商人在莫夫上层社会中活动，收买和拉拢土库曼贵族，扶植土库曼封建主中的亲俄势力。1883 年，科马罗夫派出代表前往莫夫进行活动，在亲俄的土库曼上层人物中组成了土库曼莫夫委员会。

1883 年，在沙皇亚历山大三世举行加冕典礼之时，俄国邀请土库曼酋长们参加了典礼。莫斯科游行队伍的宏伟壮丽以及军事力量的强大给这些土库曼人以深刻的印象，以致他们返回土库曼斯坦之后，深感继续对抗俄国是一件蠢事。

1883 年 12 月，科马罗夫对土库曼人进行了一次军事示威，之后，有一个来自莫夫土库曼人的代表团到突厥斯坦边区，去见接替考夫曼的新任总督切尔尼耶夫，代表们请求俄国设立一个行政机构以解决土库曼人之间的争执。1884 年 1 月，俄军来到了莫夫城，土库曼部落首领在俄国武力的威胁下表示归顺。1884 年 1 月 1 日，土库曼莫夫委员会通过了关于莫夫绿洲加入俄国的决定。1884 年 1 月 31 日，来自莫夫绿洲各地的 124 位代表在新建的南里海军区军部所在地阿什哈巴德集会，在隆重的气氛中，四个部落首领带头在科马罗夫将军面前庄严宣誓向沙皇效忠，沙皇政府宣布莫夫绿洲纳入俄国版图，隶属于外里海州。之后，科马罗夫将军签署了《告汗、长老和全体莫夫人民》的特别声明，接受他们加入俄国国籍。根据这个声明，莫夫享有某些自治，保持“不可侵犯的”宗教。声明还规定，在莫夫禁止抢劫性袭击和奴隶贸易。

吞并莫夫绿洲以后，沙俄政府并没有终止向南扩张的步伐。1884年圣诞节前夕，俄国在彼得堡召开御前会议，会议决定把俄国的边界线再向南推进，划在离赫拉特110公里的地方，这样，彭狄绿洲和佐勒菲卡尔山口都将成为俄国征服的对象。

彭狄绿洲属阿富汗领地，当时是萨利克土库曼人的居地。为了抢占战略要地，俄军于1885年2月占领了彭狄绿洲边缘的普勒·伊·基什提，3月18日，俄军沿穆尔加布河行至塔什凯帕里，与驻守当地的阿富汗军队相遇。在此，俄军遭到了阿富汗军队的强烈抵抗。最终，阿富汗军在伤亡惨重的情况下撤离彭狄绿洲，俄军突破了阿富汗防线，进入原臣属于阿富汗的巴德黑斯地区。

俄国对土库曼斯坦的兼并，直接威胁着英国在阿富汗地区的利益，英、俄矛盾极度紧张，战争一触即发。1885年9月10日，英、俄两国在伦敦拟定了《伦敦议定书》，1886年，俄国与阿富汗签订了《阿富汗划界条约》。在该条约中，阿富汗在英国的操纵下，不得不牺牲自己的利益，将巴德黑斯地区划归俄国，换取俄国不再南进阿富汗北部重镇赫拉特的承诺。至此，俄国对土库曼斯坦的兼并活动才基本终止。土库曼斯坦的大部分领土被俄国占领，新占领的巴德黑斯地区被划入莫夫县。

1887年7月至8月间，英俄两国在《英俄勘分阿富汗西北边界协定》的议定书上签字。谈判的最终结果是：阿富汗国家的边界从佐勒菲卡尔山口开始，彭狄绿洲被纳入俄国领土；为了补偿阿富汗，俄国把原布哈拉汗国所属的阿姆河以南地区划给阿富汗。同年11月，俄、英划界委员会共同标定了俄、阿西段边界，确定了西自格里鲁德河，东至阿姆河的俄国—阿富汗边界。具有领土主权的阿富汗没有参与这次划界的谈判会议。

至此，沙俄对土库曼斯坦的征服基本完成。随着土库曼斯坦被俄国兼并，以及俄国在中亚西南部的国界最后确定，英、俄之争转向中亚东南部的帕米尔。

第二节　外里海州

沙俄征服土库曼斯坦以后，阿姆河左岸的土库曼人分属于三个政权之下，一部分土库曼人继续接受布哈拉埃米尔和希瓦汗的统治，生活在里海南岸和东岸地区的大部分土库曼人属俄国外里海州统治。

生活在布哈拉埃米尔统治下的土库曼人主要集中在卡拉库姆大沙漠的东缘，19 世纪末，他们大约有 16.5 万人。[①] 希瓦汗国的土库曼人主要集中在阿姆河下游三角洲南端的平原绿洲地区，大约有 20 万。[②] 19 世纪末至 20 世纪初，在布哈拉和希瓦汗国的土库曼人主要从事灌溉农业，兼营畜牧业和家庭手工业。在布哈拉汗国，大多数土库曼农民无地或少地，靠从以埃米尔为首的贵族手中租地耕种，1900 年至 1901 年间，他们因反对租税过高起来暴动。由于距里海沿岸俄国工商业资本早期开发的地区较近，外里海州土库曼人与布哈拉和希瓦汗国土库曼人相比，其社会发展程度要高一些。

外里海州的土库曼人口最多、物产最丰富。俄国征服希瓦汗国以后，于 1874 年 4 月制定了《外里海边区军事管制暂行条例》，条例规定，在高加索总督管辖区内建立外里海军区，由洛马金少将管辖。[③] 沙俄征服土库曼斯坦期间，1881 年 5 月 6 日，俄国宣布外里海地区为一个州，附属于高加索总督区。1882 年 7 月 10 日，沙俄正式建立外里海州，州府在阿什哈巴德，斯科别列夫被任命为州长。外里海州管辖范围西起里海东岸，经卡拉库姆沙漠西至阿姆河西岸，北起乌斯特・尤尔特高地，南至阿列克河与波斯、阿富汗边界，外里海州成立之时下辖克拉斯诺沃茨克、曼吉什拉克、阿喀尔三个县，

---

① 马大正、冯锡时主编：《中亚五国史纲》，第 134 页。

② 同上。

③ F. H. Skrine, E. D. Ross, *The Heart of Asia: A History of Russian Turkestan and the Central Asian Khanates from the Earliest Times*, p.285. 高加索总督管辖区建于 1785 年，区首府在斯塔夫罗波尔城。

1884年莫夫绿洲归并以后，增加了捷詹和莫夫两个县，共有5个县。面积57.1万平方公里，1897年人口为382487人。[①] 外里海州的居民绝大部分是帖克部和阿利利部土库曼人。

外里海州因其战略地位重要，隶属关系几经变动：1882—1889年外里海州属高加索总督区；1890年，外里海州从高加索总督区划出，在行政上和军事上都直属于国防部；1897年，沙俄政府又将外里海州的行政并入突厥斯坦总督区，在国防事务上亦归突厥斯坦军区领导。从此，外里海州成为突厥斯坦总督区下辖的一个州。

外里海州州府阿什哈巴德城位于科佩特山脉北麓阿哈尔绿洲和卡拉库姆大沙漠南部边缘，是中亚西部的重要城市之一。阿什哈巴德城最初是帖克部土库曼人的城堡，意为"爱之城"，从9世纪起，阿什哈巴德城先后处于波斯塔希尔王朝（9世纪）、萨曼王朝（10世纪）、蒙古伊利汗国（13—14世纪）、帖木儿帝国（15世纪）、希瓦汗国和布哈拉汗国（16—18世纪）的统治之下。1881年，外里海州组建以后，阿什哈巴德成为俄国在中亚西部的行政中心。1885年，外里海铁路通到阿什哈巴德，此后，阿什哈巴德城发展很快，成为沙俄与伊朗、河中地区的贸易重镇。

外里海州的建立使土库曼人的经济得到迅速发展。俄国资本和技术的引入，以及俄国人在此开办工厂，使土库曼族大封建主也开始兼并土地、开办工厂。1913年，外里海州的土库曼地区已经有15座棉花加工厂、56座榨油厂、9座肥皂厂、16座蒸汽磨坊、12座小型水电站和16座制革厂，虽然这些企业的规模都很小，甚至多数工厂是季节性开工。[②] 土库曼族农、牧民沦为雇工，社会结构也发生了变化。

从19世纪70年代开始，里海东岸的土库曼人居地已经开始用原始的方法开采石油、石蜡、盐、硫磺、石膏等。外里海州成立后，

---

① http://zh.wikipedia.org/zh-sg/ 外里海州。

② 马大正、冯锡时主编：《中亚五国史纲》，第136页。

俄国企业在俄属土库曼地区开采矿藏，从这里运出的矿产品逐年增加，以石油为例，19 世纪 90 年代中期的平均年产量是 3 万普特，1913 年，增加到了大约 8788 多万普特。[①]

1880 年，在距克拉斯诺沃茨克市（今土库曼巴什市）不远的米哈伊洛夫湾附近，开始修建外里海铁路。外里海铁路把土库曼的各个主要经济区连成了一个整体，也使包括土库曼斯坦在内的中亚地区和俄国境内的工业发达地区连在了一起，对土库曼的经济发展和社会变化产生了重大影响。中亚的棉花通过阿什哈巴德和克拉斯诺沃茨克港运往俄国西部。

在沙俄统治下，土库曼人的文化教育水平没有明显提高，居民大部分仍是文盲。1897 年的人口普查结果显示，在土库曼斯坦，9 至 49 岁的居民中，只有 7.8% 的人识字，1914—1915 年，只有 58 所学校、6800 名学生，没有中等专业学校和高等学校。[②]1895 年，土库曼斯坦建立了图书馆，以后发展为土库曼斯坦国家图书馆。1899 年，在土库曼斯坦建立了地方志博物馆，以后发展为土库曼斯坦国家博物馆，馆内陈列有很多介绍土库曼斯坦历史文化的珍品。

第一次世界大战争期间，俄国在外里海州动用武力征兵的情况最突出，大战爆发的当年，沙俄政府令外里海州当局组建了一支土库曼骑兵团开往前线。战争期间，外里海州主要为俄提供劳动力。外里海州州长在关于从当地土著居民中征调夫役的问题的会议上，建议各县县长，“如果居民不执行当局提出的征调要求，要采取强制措施，即实行逮捕或使用武力”[③]。在捷詹县，县长比亚罗诺维奇制定了《强制征调夫役计划书》，该计划的第二条规定：“县长或副县长及警察局长（本地区的）将带领不少于半个步兵连、半个哥萨克骑兵连并配备枪炮、一名医生、两名医士、四个卫生员及若干

① 马大正、冯锡时主编：《中亚五国史纲》，第 136 页。

② 施宇玉编著：《土库曼斯坦》，社会科学文献出版社 2005 年版，第 172 页。

③ 汪金国、赵义刚：《1916 年中亚起义直接起因辨析》，《新疆大学学报（哲学·人文社会科学版）》2005 年第 4 期，第 87 页。

担架和绷带等用品的讨伐队，同时带上村长及翻译到指定的阿乌尔（村），命令骑兵侦察班从四面包围村庄，每个侦察班 4 人，选择较为合适的地点安排持枪炮的步兵对准阿乌尔，要求村长告知村民到讨伐队指定的地方集合。”①

此外，土库曼人还为战争提供物资。沙俄当局在外里海州征集了 6872 匹军马、12805 峰骆驼、299 辆大车、32528 顶羊皮军帽，650 顶帐篷等价值 20 万卢布的物资和 1187627 卢布的现金。②

战争期间，俄国国内的经济衰退使俄属土库曼人的生活急剧恶化。沙俄统治期间，土库曼斯坦大批耕地改种棉花，俄国纺织工业因战争的爆发而萧条，对土库曼棉花的需求量减少，土库曼斯坦棉花卖不出去，只好低价卖出，俄国在 1916 年的棉花收购价仅为 1913 年的一半，土库曼人的生活遭受影响。此外，俄国运到土库曼斯坦的面包和工业品价格却急剧上涨，导致土库曼斯坦发生严重饥荒。

对沙俄政府不满的情绪随着战争的进行日益高涨。在战争爆发的初年（1914），为抗议报酬过低和工作条件恶劣，克拉斯诺沃茨克县的盐场工人和乌拉港的码头工人举行了罢工；第二年，该县农民反对沙俄当局强征骆驼，打死了沙皇政府官员；1915 年，切列金岛的采油工人和石蜡工人举行罢工；同年，里海海员也举行了罢工。

在 1916 年中亚大起义中，阿什哈巴德、克拉斯诺沃茨克、莫夫等地的农民纷纷投入到抗俄斗争之中。在编排应征入伍者名单之时，约穆德土库曼人与俄国军队发生了冲突，其中一些人逃到伊朗和阿富汗边境，另一些人攻击俄国人侨居地。到 1916 年底，他们一直对交通线和贸易造成严重威胁，对他们的征服动用了由马德里多夫将军率领的大部队，在镇压起义的过程中，俄国人大肆抢劫土库曼牧民的财物。

---

① 汪金国、赵义刚：《1916 年中亚起义直接起因辨析》，《新疆大学学报（哲学·人文社会科学版）》2005 年第 4 期，第 87 页。

② 马大正、冯锡时主编：《中亚五国史纲》，第 137 页。

第六章

阿富汗

随着俄国对土库曼斯坦的征服，俄国与阿富汗成为领土毗邻的国家，这一局面对英属殖民地印度造成了严重的威胁。为此，英、俄两国经过多次谈判，签订了一系列条约和协定，1887 年和 1895 年英俄两国以条约的形式分别对阿富汗西北和东北部边界进行了界定，阿富汗成为两国的缓冲地带。1895 年，英俄两国在牺牲阿富汗和中国利益的前提下，完成了对中亚势力范围的划分。阿富汗成为英国的半殖民地；阿富汗以外的中亚地区归属于俄国。

第一节　英俄在阿富汗的争夺

19 世纪末至 20 世纪初，欧洲列强在世界范围内掀起了瓜分殖民地的浪潮。在这种国际形势下，为了保卫已经占有的殖民地和继续夺取新的殖民地，日不落帝国英国疲于应付印度、中国、地中海东岸的战争，而俄国却在中亚取得了很大进展，征服了中亚的三汗国，到 19 世纪 80 年代，俄国军队已逼近阿富汗。

阿富汗是俄国人南下印度洋、取得不冻港的必经之路，为实现

俄国人的战略梦想，来到阿富汗大门口的俄国人不会停下锐意进取的步伐。而阿富汗是英属印度殖民地的西北边境，是维护英属印度统治的重要屏障，如果失去阿富汗，英国在印度的统治将面临俄国的威胁，英国也不会退让。

19世纪30年代，英、俄两国首先在中亚西南部城市赫拉特发生争夺。当时，阿富汗国王多斯特·穆罕默德和波斯沙赫对赫拉特都提出了领土要求，这种局面使俄国得以插手其中。1837年7月，俄国唆使波斯沙赫出兵围攻赫拉特，进攻赫拉特的军队由俄国将军彼罗夫斯基组织指挥。①

英国政府宣布，阿富汗是英属印度的边疆，英国政府不会坐视任何干涉阿富汗事务的事件。在英国武力和外交两方面的强大压力下，波斯沙赫于1838年9月撤军。这场战争从表面上看是波斯和阿富汗之间的领土之争，实际上是俄英两国争夺阿富汗的开始。

在武力较量的同时，英俄双方也展开了外交竞争。1836年9月，英国印度总督奥克兰派亚历山大·伯恩斯上尉访问喀布尔，目的是说服阿富汗国王多斯特·穆罕默德与英国签订反俄同盟条约，由于英国没有满足阿富汗国王收复白沙瓦等失地的要求，国王拒绝与英国签约。三个月以后，俄国使者维特凯维奇来到喀布尔，他承诺支持阿富汗人收复失地，答应给他们金钱。在政治经济利益的双重诱惑下，多斯特·穆罕默德产生了与俄国建立反英同盟的倾向。

俄国的成功刺激了英国，英国决定推翻亲俄的阿富汗国王多斯特·穆罕默德。1835年，英国在白沙瓦扶持被推下台的原阿富汗国王沙赫·苏查（曾于1803—1809年在位）为阿富汗国王。1838年，英军带着沙赫·苏查来到喀布尔，第一次英阿战争爆发，这次战争以英国的失败告终。在此后的几十年中，由于英俄双方分别忙于印度和布哈拉、希瓦、浩罕的活动，正面冲突暂时没有发生。

随着俄国征服塔什干和布哈拉汗国，英国政府感到恐慌，立即

① 〔苏联〕斯捷比利格：《英国侵略中东史》，林源译，五十年代出版社1954年版，第74页。

采取外交途径企图阻止俄国的前进。1869年初，英国外交大臣克拉伦登（Clarendon）勋爵建议："在英、俄领土之间，承认一些地区作为双方属地边界外的中立地带，而且双方都应严格认真地不予侵犯。"[①] 对此，俄国戈尔特恰亲王表示："在亚洲，两个帝国之间为了避免接触，维持一条地带，这种意见，沙皇历来是赞成的。"[②] 在1869年12月底的谈判中，俄国做出了一些让步。双方达成了三点协议：（1）应认为希尔·阿里汗实际占有的土地为阿富汗的领土；（2）阿富汗埃米尔将不试图通过侵占布哈拉的土地来扩大这些领地，而英国政府将劝告他不做此类尝试；（3）俄国政府将不允许布哈拉埃米尔破坏阿富汗领土的完整。[③]

英俄两国在中亚争夺殖民地的斗争受制于双方的实力，岂是一些条约和协定就能阻止或约束的呢？就在1869年协议签订的第二年，即1870年3月，俄国就怂恿布哈拉军队渡过阿姆河，占领了阿富汗大片土地，布阿边界冲突升级。在英国的强烈抗议下，俄国做出让步，布哈拉军队撤军。

以后，关于巴达克山和瓦罕的归属，英俄之间又进行了谈判。这一期间关于阿富汗边界的一系列谈判和协议，被统称为英俄1873年协定。这些条约的签订为俄国赢得了时间，在此后的十几年中，俄国完成了对希瓦汗国、浩罕汗国和土库曼斯坦的征服，俄国军队逼近阿富汗的大门边，英俄之间的冲突又激烈起来。

1874年，英国保守党在大选中获胜，保守党领袖迪士累利出任英国首相。面对俄国在中亚的强劲态势，英国政府对以往英国实行的"精明无为"的外交政策做了某些调整，决定采取"前进"外交，旨在通过军事干预、外交恫吓、贸易封锁、扶植傀儡等方式，扩大

---

① 〔英〕A. W. 沃德、〔英〕G. P. 古奇主编：《剑桥版英国外交政策史》第3卷，1923年，第72—90页。

② 同上。

③ 〔苏联〕波将金等编：《外交史》第1卷下册，史源译，刘丕坤校，生活·读书·新知三联书店1979年版，第1043—1044页。

英国在中亚的势力范围。为了顺利实施这一政策，1876 年，英政府任命李顿为印度总督，同年，英军在印阿边境的奎塔（今巴基斯坦北部城市）建筑要塞和驻扎军队，这些军队随时可以进入阿富汗。

1878 年 6 月，俄国向阿富汗派遣了一个使团。突厥斯坦边区总督考夫曼在给使团团长斯托列托夫的命令中说：“阁下出使阿富汗国埃米尔的主要目的是保持埃米尔对英国人行动的不信任，鼓动他进一步对抗英国人在阿富汗立足的企图。”[①] 在这次访问中，斯托列托夫在喀布尔与阿富汗国王希尔·阿里签订了一份有 11 项条款的协定。[②] 其中，大多数条款是针对英国的，如俄方答应帮助阿富汗反抗外敌，提供俄国军事技术和军事教官等。

得知俄阿签约的消息之后，同年 8 月，英印当局派张伯伦为特使前往喀布尔，张伯伦一行遭到阿富汗国王的拒绝，未能抵达喀布尔。英国政府认为，“由于阿富汗国王得到了俄国的正式保证，才拒绝以任何形式接见英印当局的使团”[③]。英印总督李顿采取了强行入关的强硬态度，导致了第二次英阿战争的爆发。

在第二次英阿战争中，阿富汗国王希尔·阿里寄希望于俄国，然而，沙俄政府没有给予他任何援助。在阿富汗人民的奋勇抵抗下，第二次英阿战争仍以英国的失败而告终。然而，由于国力软弱，阿富汗的独立难以保持，新上任的阿富汗国王亚库布投靠英国，与英国签订了不平等的《甘达马克条约》。《甘达马克条约》使阿富汗丧失了外交主权，阿富汗沦为英国的半殖民地。

《甘达马克条约》的签订刺激了俄国，俄国加紧南下。1881 年，俄国征服了与赫拉特毗邻的土库曼人的居地。1884 年 2 月，俄国出兵莫夫绿洲。随着莫夫的归并，俄国成为与阿富汗领土毗邻的国家，

---

① 北京大学历史系《沙皇俄国侵略扩张史》编写组：《沙皇俄国侵略扩张史》（下），第 139 页。

② 有关 11 条协定的具体内容见〔俄〕M. A. 捷连季耶夫：《征服中亚史》第 2 卷，第 535—537 页。

③ Kenneth Bourne, D. Cameron Watt, *British Documents on Foreign Affairs: Reports and Papers from the Foreign Office Confidential Print*, Series B, Vol.II, University Publications of America, 1984, p.85.

这在英国引起了极大的反应。英国保守党认为没有必要与俄国进行更多的谈判，应拿出实际行动，控制阿富汗边界到莫夫的主动权，使英国在土库曼地区有更多的发言权。自由党人基于英属印度的安全和阿富汗边界的稳固考虑，认为最稳妥的办法是与俄国谈判，协商解决阿富汗的西北边界争端。

1884 年 3 月 29 日，英国政府提出成立一个由英、俄、阿三方代表参加的联合勘界委员会，确定阿富汗与俄属中亚地区的边界。1884 年 7 月，英俄两方开始谈判。由于居住在莫夫东南彭狄绿洲上的土库曼人表示归顺于俄国，因此，俄方提出，俄国应拥有一条民族的边界线，而英方拒绝承认除自然地理形势以外的任何边界。谈判结果是，在彭狄绿洲的地位未确定之前双方保持中立，双方军队均不得向彭狄绿洲移动。然而，就在谈判期间，俄军开进了彭狄绿洲。在俄军的压力下，阿富汗守军撤离彭狄。俄、英冲突升级，战争一触即发。英国格兰斯顿内阁在英议会中要求增加经费，并且暗示战争已不可避免。在得到 1100 万英镑拨款作为战备费用之后，英国计划从黑海进攻俄国。俄国政府闻讯，建议德国对奥斯曼帝国施加压力，要奥斯曼帝国遵守外国军舰不得通过黑海海峡的规定，以防止英舰驶入黑海。

谈判持续了近三年，直到 1887 年，英、俄才签署了《英俄勘分阿富汗西北边界协定》，规定了阿富汗西北部的边界。这次勘界谈判中的英方首席代表是李奇维，故 1887 年的阿富汗西北边界线又名“李奇维线”。议定书对俄国有利，英国承认俄军占领区纳入俄国版图，即赫里河右岸，一直到佐勒菲卡尔地区归俄国所有，其中，包括了彭狄绿洲及其以南的巴德吉斯河河谷地带，作为补偿，阿富汗获得了阿姆河以南的一些地区。1887 年《英俄勘分阿富汗西北边界协定》的签署标志着英俄两国在阿富汗西北地区与俄属中亚的缓冲地带形成。

阿富汗西北边界确定以后，英国与阿富汗国王划定了阿富汗与印度的边界，双方于 1893 年签订了《杜兰协定》。至此，英属印度

与阿富汗有了一条明确的边界，这条边界被称为“杜兰线”。杜兰线将阿富汗和当时英属的南亚殖民地分开，数百万计的普什图人居地被划入当时的英属印度。印度、巴基斯坦分治以后，“杜兰线”成为巴基斯坦与阿富汗的“国界”。在相当长的一个时期内，阿富汗历届政府均不承认这条边界线，要求重新划分边界，而巴基斯坦则坚持这一边界。为此，阿富汗与巴基斯坦发生过边界纠纷甚至武装冲突。不过，这条“杜兰线”从未阻止两国普什图族人之间的交流，边界两边的普什图人来去自由。

确定了阿富汗的西北边界之后，俄英两国把注意力转向了夹在英属印度与俄属中亚之间的中国帕米尔地区。[①] 帕米尔在中国古籍中被称为“葱岭”，地域范围是：东起塔什库尔干，西到阿姆河上游的喷赤河，南抵兴都库什山，北达阿赖岭。帕米尔四面高山环绕，有“世界屋脊”之称，虽为天堑，在东西走向的山脉间却有几处山隘给交通提供了必要的出入口，它们构成了从中国新疆通往中亚的交通孔道，古代著名的丝绸之路南道就经过此地。

中国自汉代起开始在帕米尔确立了自己的统治。公元前 60 年，中国西汉王朝在此设置西域都护府，在此后长时期中，中国政府在该地区设置了管理机构。1759 年，清政府平定了南疆的大、小和卓叛乱，在帕米尔设卡置守，派官管理，并在雅什里库里湖边立有满、汉、回三种文字书写的界碑。乾隆皇帝在勘定西域之时，“以葱岭为纲，东新疆，西属国”为原则，把葱岭西部的巴达克山、什克南、鲁善、达尔瓦兹、博罗尔、坎巨提（今巴基斯坦罕萨）及葱岭东部的瓦罕等土邦小国作为清朝的属国看待，称之为“新疆藩属”。清朝对属国的原则是“互不骚扰”，没有在其地设置行政、军事机构和委派官吏，也没有在这些地区征收赋税。葱岭东部属清朝的直接管辖地区，清政府在此任命官员进行司法和财政管理，并对该地区

① 帕米尔由北向南依次分为八个地区：和什库珠克帕米尔、萨雷兹帕米尔、郎库里帕米尔、阿尔楚尔帕米尔、大帕米尔、小帕米尔、塔克敦巴什帕米尔、瓦罕帕米尔。

居民征收赋税。这一地区的居民主要是塔吉克族和柯尔克孜族（布鲁特）。

从1876年起，俄国先后派十余批武装探险队到帕米尔。兼并土库曼斯坦之后，俄国加紧了在帕米尔北部阿赖谷地的活动。1884年6月，俄国强迫清政府签订《中俄续勘喀什噶尔界约》，其中第三条规定：自乌孜别里山口起，“俄国界线转向西南，中国界线一直往南，所有界线以西，及顺该处河流之西，归俄国属辖，其界线以东，及顺该处河流之东，均归中国属辖”①。这样一来，中国领土帕米尔被分成三部分：帕米尔东部仍属中国；帕米尔西北部成为俄国领土；中俄界线之间，即“一直往南”的中国界线与“转向西南”的俄国界线之间一块45°角的三角形地带成为中俄两国间的“待议地区”。

1888年，俄派侦察队潜入帕米尔及其附近地区，进行了为期两年的侦察活动。1889年，俄国人格郎勃切夫斯基窜到南帕米尔地区（阿尔楚尔帕米尔、大小帕米尔、塔克墩巴什帕米尔），甚至深入到喀什噶尔、叶尔羌和西藏，盗窃了中国情报。1891年7月27日，俄国上校约诺夫以打猎为名率领俄军入侵清朝所属的帕米尔地区②，历时两个月，行程一千多公里，俄军的目的是进一步了解有关帕米尔的情况。此外，俄军还在帕米尔撤掉了清朝当局委派的当地一些乡长的职务，任命亲俄分子担任其职。③ 这些活动为俄国进一步控制帕米尔扫清了道路。对此，清朝政府提出了抗议，1891年7月和8月，清政府指示中国驻彼得堡公使许景澄照会俄国外交部，要求速将越境军队撤回。俄国最初否认此事，直到俄军完成使命返回塔什干以后，俄外交部副大臣才承认了俄国士兵越界入帕米尔一事，并保证

① 王铁崖编：《中外旧约章汇编》第1册，生活·读书·新知三联书店1957年版，第457—458页。

② 〔俄〕伊斯坎达罗夫：《十九世纪下半叶的东布哈拉和帕米尔》，第280—283页，转引自甘肃师范大学历史系编：《帕米尔资料汇编》，甘肃师范大学历史系，1978年，第81页。

③ 同上书，第81—82页。

以后“不准派兵入中国界”[①]。

俄国在帕米尔的活动促使中国采取了相应的防御措施，清朝政府在帕米尔的有关地方增兵设卡。1888年，在六尔阿乌卡伦和阿克苏河流域增派兵力；1889年，护理新疆巡抚魏光焘派旗官张鸿筹带队“巡查内外卡伦”[②]；在塔什库尔干、布伦库里、布伦口等地设立哨所，选派当地牧民守卫重要的山口；同时在以上地区修建驿道，开荒种地，以保证物资供应。

俄国在帕米尔的活动也引起了英国的不安。19世纪以来，英国就一直在防范俄国的南下。1873年，英国扶持窃据中国新疆的阿古柏政权，妄图使阿古柏成为英国对抗俄国的一支力量；1878—1880年，英国在控制阿富汗之时，继续北上征服了克什米尔，建立了查谟—克什米尔邦，吞并了旁遮普，把其统治推进到了开伯尔山口。

为解决帕米尔争端，清政府曾提出“帕米尔地为中国所属，今中英俄三国各不相占”的方案。清朝官员许景澄认为，这一地区居中、英、俄之间，于中国边界最近，若俄国想占取，有碍中国边防，并且这一地区难以防守，因此主张三国各不相占。这一方案得到了英国的同意，但俄方认为这是中英联合制俄，不同意这一方案。1891年10月14日，在中俄双方会晤之时，俄方以帕米尔的“分界不甚清楚，……尚难确定”为由，提出“中英俄三国到帕米尔勘明地界”的建议。中英两国对“中英俄三方勘界”的方案表示赞同，于是，三国决定于第二年春共同勘分帕米尔边界。

清政府对此持真诚和积极的态度；英国虽然同意了这一方案，但对俄国抱怀疑的态度。1891年底，在今巴基斯坦境内的坎巨堤发生内乱，英国出兵占领。“坎巨堤事件”的发生使“三国勘界”的设想破产。

坎巨堤（又称洪扎、罕萨，中国古籍称棍杂）历来是中国的藩

---

① （清）许景澄：《许文肃公遗稿》第6卷，文海出版社1968年版，第20页。

② （清）王彦威编：《清季外交史料·光绪朝》第87卷，《清季外交史料》编纂处，1931年，第3页。

属国。坎巨堤地处帕米尔通往印度北部的要道上，对英国在印度的统治至关重要。1891 年 12 月，英国乘坎巨堤内乱进兵占领，中国驻英公使薛福成于 1892 年 2 月 17 日和 21 日两次向英国交涉退兵之事。英方表示，英国并不想妨碍中国对坎巨堤的所有权，只是担心俄国可能会占领兴都库什山一线。1892 年 5 月，中英双方就“坎巨堤事件”的处理达成协议，中国继续拥有对坎巨堤的宗主权，中英双方派员“共同会立”坎巨堤新统治者。

“坎巨堤事件”发生以后，俄国认为，英国占领坎巨堤使兴都库什和帕米尔地区的局势紧张起来，“三国勘界”已经不可能了。在此形势下，清政府提出“中俄双方勘界”的方案。俄国借口中国对英国让步，坚持要中国撤出苏满卡驻军，才与中国勘界。

苏满卡驻军是清政府于 1889 年前后设置的，1891 年夏，俄国入侵帕米尔后，为了保证这一地区的安全，新疆巡抚魏光焘派兵驻守界内各卡。中国向俄国声明：苏满有满汉碑文，确系中界；何况随着英国入侵坎巨堤，“苏满乃原驻扼要之区，应驻兵防英，未便撤回”①。俄国坚持，清朝若不撤兵就不与中国勘界。为了达到勘界的目的，清政府撤走了驻苏满卡的军队，1892 年 6 月，清朝在俄国的威逼下从帕米尔全部撤军。中国撤兵以后，俄国立即派步、炮兵及哥萨克骑兵共 1500 余人抢占了帕米尔的险要地点。到 1892 年 10 月，“待议区”和萨雷阔勒岭以西的中国帕米尔地区全部被俄军占领。同年 11 月，中国在此被动形势下与俄国开始了中俄勘界的实质性讨论。

讨论一开始，双方在确定勘界的起点上就发生了争论。根据中俄 1884 年签订的《中俄续勘喀什噶尔界约》第 3 条规定，双方勘界应该从乌孜别里以南开始。然而，俄国即提出要以萨雷阔勒岭为起点划界。俄国之所以提出如此要求，是因为帕米尔与外界相通的唯一道路穿过该山岭，如果没有这条道，这一地区的交通也就没有了。

---

① 光绪十八年二月初三日总署收陕甘总督电，转引自甘肃师范大学历史系编：《帕米尔资料汇编》，第 102 页。

已经派兵占据帕米尔险要地势的俄国，此时对划界之事已不再迫切，中国陷入了十分被动的局面。在中俄就勘界问题交涉期间，英国曾答应把小帕米尔还给中国，清政府因“中俄界未定，俄未必答应”，又担心英国有变，因此，清政府仍然坚持与俄国交涉。由于中日甲午战争爆发在即，清政府想借助俄国对付日本，所以决定将帕米尔问题暂行搁置。

这正符合俄国的愿望，俄国利用这一时期与英国商议，与英国勾结共同对付亚洲国家是俄国的一贯政策。在征服中亚汗国之时，考夫曼在给陆军大臣米柳京的一封信中曾经指出：“我们和英国在亚洲有共同利益，同时也有共同敌人——伊斯兰教和野蛮行为，如果亚洲人打败英国人，必将于我们不利，而亚洲人战胜我们，也必然会置英国人于死地。……因此在亚洲的事务中我们应同英国携手并进。”[①] 在阿富汗问题上是如此，在帕米尔问题上也是如此。

1894 年 2 月，英俄就瓜分帕米尔地区达成了初步协议：从萨雷阔勒湖向东至中国边界划一直线作为南北分界线，界线以南归英国保护国阿富汗所有，界线以北归俄国所管辖。[②] 1895 年 3 月 11 日，英俄两国绕开了在该地区具有领土主权的中国和阿富汗，擅自签订了关于帕米尔地区势力范围的协议。随后，双方组成了勘界委员会，勘界委员会在 1895 年 7 至 9 月间完成了对阿富汗东北边界的划界。界线沿着山脊，先向南，再向东，从维多利亚湖直到阿克苏河，再顺着这条河向东走两英里，从那里，界线转向东南。从第 6 英里处，一座崎岖的和无法攀登的萨里科尔山脉的横岭把边界带入了永不融化的冰雪区，同它的主脉衔接上，阿富汗的东北边界的划界完成。[③]

---

① 〔俄〕M. A. 捷连季耶夫：《征服中亚史》第 2 卷，第 618 页。

② 《英俄帕米尔界约》，原载〔英〕霍尔迪奇：《十九世纪的东土耳其斯坦》，伦敦，1959 年，第 73 页，转引自《沙俄侵略中国西北边疆史》编写组：《沙俄侵略中国西北边疆史》，人民出版社 1979 年版，第 338—339 页。

③ W. K. Fraser-Tytler, *Afghanistan: A Study of Political Developments in Central and Southern Asia*, p. 174.

为了构筑防止俄国逼近印度西北的战略体系，“完善”阿富汗的缓冲国地位，英国将属于中俄交涉地区的瓦罕走廊交给阿富汗，答应每年给阿富汗国王支付5万卢布的管理费，使之接管了瓦罕河谷。[①]这样，英国在俄国经帕米尔、越兴都库什山进军印度的通道上树起了一道“栅栏”，为英属印度增加了一道安全保障，阿富汗缓冲国的地位正式形成。

这次划界是英、俄势力范围的分割，是对中国和阿富汗主权和领土的践踏。连俄国将军都认为此事很荒谬：“俄国和阿富汗之间划界，而签字确认的只是俄国人和英国人，阿富汗人却只能像个幼年的孤儿般靠边站着——这的确是荒谬的。”[②]清政府对英俄私分帕米尔十分愤慨，“英俄不顾中国允认与否，遽行定界，迹近强占，尤出情理之外”[③]。清朝多次向英俄提出抗议，并郑重声明中国坚持《中俄续定喀什噶尔界约》中的原则，不承认英俄对帕米尔的占领。帕米尔问题的产生和结局是英俄两个帝国主义在中亚进行“大博弈”的必然结果。1896年1月，沙皇批准了俄国的新国界。[④]俄罗斯帝国完成了对中亚的吞并。

20世纪初期，德国在欧洲的崛起引起了英、俄两国的共同忧虑和恐慌，为了对付新的敌人，两国暂时停止了在中亚的争夺。1907年，英、俄两国为了缓和因阿富汗而引起的矛盾，双方在彼得堡会晤，1907年8月31日，两国签订了分割中亚殖民势力的《英俄协约》。《英俄协约》的主要内容是：第一，波斯（今伊朗）东南部划归英国势力范围，波斯北部划入俄国势力范围，两者之间的地区为

① W. K. Fraser-Tytler, *Afghanistan: A Study of Political Developments in Central and Southern Asia*, pp. 169-170.

② 〔俄〕M. A. 捷连季耶夫：《征服中亚史》第3卷，第533页。

③ 《总理各国事务衙门致新疆巡抚书》，转引自王树枬纂：《新疆图志・国界志》，东方学会重校增补铅印本，1923年，第20页。

④ 乌兹别克苏维埃社会主义共和国国立中央历史档案馆，基藏《费尔干纳州公署》，卷宗号4546，第42页，转引自〔苏联〕哈尔芬：《中亚归并于俄国》，吴筑星、董兴森译，刘品大校，《中亚史丛刊》1988年第4期，第202页。

中立地带，对英俄两国平等开放。第二，俄国承认阿富汗在自己的势力范围之外，并承允英国代管阿富汗的外交；英国则声明不变更阿富汗国家的政治地位。《英俄协约》的签订是在阿富汗政府毫不知情的情况下进行的，《英俄协约》公布以后，引起了阿富汗人民的极大愤慨，阿富汗政府不承认这一协约。

《英俄协约》的签订标志着英俄两国最终完成了对中亚势力范围的划分，以英俄争夺亚洲为内容的“大博弈”结束。

第二节　英国保护下的阿富汗

独立的阿富汗国家建立以后，经历了杜兰尼王朝（Durrānī Dynasty，1747—1826）和巴拉克查依王朝（Barakzay，1826—1973）的统治。19 世纪下半叶，当英俄在中亚争夺殖民地的斗争加剧之时，1879 年，阿富汗新国王亚库布汗即位。他在位期间（1879—1880），1879 年 5 月 26 日，阿富汗与英国驻印政府签订了《甘达马克条约》。《甘达马克条约》是阿富汗与英印当局签订的一个不平等条约，从此，阿富汗成为英国的保护领地。按条约的规定，阿富汗丧失了一部分领土权，即阿富汗把库拉姆、比辛和西比诸地割让给英国，同意英国控制开伯尔山口和密奇尼山口及与之相邻的领土；阿富汗丧失了一部分主权，即英国派代表驻于喀布尔及其他地区；阿富汗丧失了独立的外交权，即阿富汗不得同其他强国直接交往，外交由英国在印度的政府代理。

1879 年以后，阿富汗的历史注入了新的内容。《甘达马克条约》的签订加剧了英国和俄国在阿富汗的角逐，加速了阿富汗沦为半殖民地的进程。阿富汗人民开始了反英国半殖民统治的斗争，阿富汗步入了反殖民统治和反封建的历史。因此，1879 年可以视为阿富汗近代史（1879—1921）的开端。

《甘达马克条约》的签订引起了阿富汗人的普遍不满，国内矛盾

激化，亚库布汗在位一年多就被迫宣布退位。汗国最高权力一度呈真空状态，王室成员阿布杜尔·拉赫曼结束了他在国外的流亡生活回国，于 1880 年 7 月 22 日继承了阿富汗王位（1880—1901）。阿布杜尔·拉赫曼是阿富汗国家巴拉克查依王朝创立者多斯特·穆罕默德的孙子，在争夺王位的斗争中，他两次被迫流亡国外。掌握政权以后，拉赫曼开始了统一和改革阿富汗的艰苦历程。

面临一个四分五裂的国家，拉赫曼的首要任务是统一阿富汗。当时，分裂势力中最强大者是原阿富汗国王希尔·阿里汗的第五个儿子阿尤布。当时，阿尤布在赫拉特实施统治，他在赫拉特有很深的根基，大部分杜兰尼人都拥护他，他的军事力量也很雄厚，一直在进行着夺取阿富汗王位的斗争。在拉赫曼登基的第二年，即 1881 年 7 月，阿尤布率部众占据了坎大哈。拉赫曼打击阿尤布势力，开始了统一阿富汗的战争。他率兵从喀布尔出发，在坎大哈城下打了一仗。据拉赫曼说："整整两个小时内，战斗十分剧烈，而且不分胜负……我的军队开始从两侧后退一些，但位于中央的主力部队由于我亲临督战，倍受鼓舞，打得很出色。当我向前冲去时，阿尤布的部队开始露出怯懦的迹象，我原先的四个团步兵——在吉里什克挫败后已投向阿尤布——便改变了自己的主意。……这四个团看到胜利正转向我方，立刻就向着同我军苦战中的阿尤布军队开火了。"[①] 阿尤布被击溃之后逃往波斯，以后流亡印度。统一赫拉特以后，拉赫曼着手统一阿富汗国内的一些独立部落。

在外敌入侵之时，阿富汗境内地方主义盛行，经济衰落，政治上四分五裂。[②] 大多数部落取得了独立或自治地位，部落酋长们为了保住自己在部落中的统治地位，反对拉赫曼的统一，宗教界人士在其中起到了重要作用。拉赫曼在他的自传中写道："每一个部族和村子的每一个'毛拉'和酋长，总是自以为是一个独立的国王……他

① 〔英〕珀西·塞克斯：《阿富汗史》第 2 卷上册，张家麟译，潘庆舲校，商务印书馆 1972 年版，第 929—930 页。

② Ira M. Lapidus, *A History of Islamic Society*, Cambridge University Press, 1988, p.426.

们的暴虐和残酷是令人发指的。砍下男男女女的头，放在烧红的铁板上，欣赏这些人头乱蹦乱跳，这就是他们爱开的一个玩笑。”[①] 在统一过程中，这些人成了拉赫曼的极大障碍，拉赫曼认为：“元凶和惯犯就是那些狂热的毛拉们和冥顽不化的酋长们。”

拉赫曼统一各部落领地的计划是：“把所有这些成百个小小的酋长、抢劫者、强盗和杀人犯纳入秩序之中……这就需要打破封建和部族的体系，而代之以在一个法律、一个统治权之下的大共同体。”[②] 他的统一计划遭到了独立各部落的激烈反对，其中，辛瓦里人的战争就持续了 10 年（1882—1892），辛瓦里人经常在白沙瓦与喀布尔之间的道路上杀害旅客、抢劫商队、掠夺村民羊群。

统一吉尔查依人（Ghilzāis）和哈扎拉人的战争遭到了最强烈的反抗。阿富汗最强大的部族吉尔查依人勇武好战、人多势众，他们曾于 1722 年攻占了伊斯法罕，并一度统治了波斯。在拉赫曼执政之前，他们从不向政府纳税。拉赫曼执政以后，“不仅下令这个部族纳税——这几乎被公认为一种侮辱——而且还取消了宗教首领们的俸金，这从宗教的观点来说，他简直是恶贯满盈了”[③]。中央政府向部民们征收实物地租，按照土地质量收取粮食产量的三分之一、五分之一和十分之一。[④] 以往享有免税特权的一些部落长老也被迫纳税，于是，他们就号召吉尔查依人起来反叛。1886 年夏，在毛拉阿布杜尔·卡里姆的领导下，吉尔查依人因税收起来反对拉赫曼政府，击败了驻扎在加兹尼的驻军。是年冬，拉赫曼的政府军驱散了反叛者，1887 年秋，反叛武装被装备完善的政府军彻底击溃，反叛首领卡里姆逃往印度。

哈扎拉人的居地在阿富汗中央高地，他们是原蒙古人屯兵移民的后裔，19 世纪下半叶，他们有约 34 万人[⑤]，控制着从喀布尔、加

---

① 〔英〕珀西·塞克斯：《阿富汗史》第 2 卷上册，第 983 页。

② 孟庆顺：《阿布杜尔·拉赫曼与现代阿富汗的出现》，《西北大学学报（哲学社会科学版）》1993 年第 4 期，第 96 页。

③ 〔英〕珀西·塞克斯：《阿富汗史》第 2 卷上册，第 985 页。

④ 彭树智、黄杨文：《中东国家通史·阿富汗卷》，商务印书馆 2000 年版，第 156 页。

⑤ 同上。

兹尼以西直抵赫拉特的山区，保持着高度自治。据拉赫曼记载："过去，哈扎拉人侵袭掠夺他们的邻居长达三百年之久，哪一个国王都无力使他们变得确实安分守己。他们自以为很强大，不会被打败，而且对自己的力量又非常骄矜。"[①] 在拉赫曼的努力之下，除两个部落还保持独立外，哈扎拉人的其余各部都与中央政权发生了不同程度的联系。1891 年，哈扎拉人乌鲁兹甘部的 4.45 万人有条件地臣服于拉赫曼政府，由阿布杜尔・库杜斯率领的一万名政府军进驻这一地区。但后来，阿富汗官员在哈扎拉人居住区内为非作歹，强奸妇女，占领堡垒，征收苛捐杂税，这些行为激起了哈扎拉人的反抗。1891—1893 年，拉赫曼以 10 万兵力将哈扎拉人的反抗镇压下去。反抗被镇压之后，许多哈扎拉人被卖为奴，大批部落被迫移居他乡，乌鲁兹甘部的肥沃土地转让给杜兰尼人和吉尔查依人。

统一阿富汗的最后一次行动是征服喀布尔东北部的卡菲里斯坦。卡菲里斯坦地势险要，交通不便，几世纪以来一直保持独立。卡菲里斯坦居民稀少，在 19 世纪后期，总共只有 6 万人[②]，他们不信仰伊斯兰教，被穆斯林称为卡菲尔（异教徒），卡菲里斯坦由此得名。1895 年冬，俄国人占领帕米尔，英国人占据奇特拉尔，独立的卡菲里斯坦有可能成为英俄肢解阿富汗的通道。因此，拉赫曼派三支军队同时攻入卡菲里斯坦，当地居民使用的武器十分原始，大多是长矛和弓箭。政府军用 40 天平定了此地区，以后，许多居民被安置到拉格曼省。

到 1896 年，拉赫曼统一阿富汗的战争基本结束，在这位意志坚定的统治者的执政下，阿富汗重新统一成为一个王国，英国驻印度总督对他的统治予以承认，他说："应称阿布杜尔・拉赫曼为'阿富汗及其附属地的爱弥尔'。"[③]

以后，为了维护阿富汗的统一，拉赫曼采取了以下措施。一是

---

① 〔英〕珀西・塞克斯：《阿富汗史》第 2 卷上册，第 988 页。

② 彭树智、黄杨文：《中东国家通史・阿富汗卷》，第 157 页。

③ 〔英〕珀西・塞克斯：《阿富汗史》第 2 卷上册，第 934 页。

强制迁移的政策。在镇压叛乱部落之后，将这些部落迁离他们的祖居之地。1886年，将吉尔查依人从阿富汗南部和中南部迁移到兴都库什山以北。这些部落迁到北方以后，处于塔吉克、乌兹别克和土库曼等非普什图人的包围之中，不再有力量进行反叛政府的活动。

二是以划分行政区的手段肢解部落领地。在划分新省界的过程中，中央政府有意把一个部落的领地分割，使它们分属于两个或更多的省管辖，打破了部落组织得以维系的领土关系，破坏了部落权力赖以生存的经济基础。

三是在阿富汗境内限制人口流动。拉赫曼之前，阿富汗人口可以随意流动，不需办理护照就可以出国。他执政期间，在喀布尔实行禁止人口流动的政策，除了来自中亚的朝圣者，任何人未经批准不得离开。以后，这一规定越来越严格，除游牧民外，任何人外出都要事先得到官方的许可。据说，有两个阿富汗人擅自从塔什库尔干去巴达克山，结果被处以终身监禁。拉赫曼认为“人民很坏，他们不应当受到温和的对待”，他的政府用严酷的手段对付人民，因此阿富汗人称他为“铁腕国王”。①

四是笼络部落上层分子。为了约束部落贵族，中央设立了议事会，议事会成员由部落贵族、宗教人士和宫廷成员组成。从表面上看，这一机构帮助国王决定国家的大政方针，权力很大，实际上，它只是一个咨询机构。议事会成员有权对各种政策发表见解，但他们没有能力，也没有勇气发表与拉赫曼不同的意见，也不敢指责国家在法律和政策中的失误。这一机构的设置把一些大部落酋长长期留在首都，便于国王控制。

五是集中权力。为了维护统一，拉赫曼把他的儿子们，即担任各州总督的王子都留在喀布尔，只给长子哈比布拉·汗（Habībollāh Khān）很大的权力，让他承担管理政府各部的工作。这样，在许多王子中，只有长子熟悉政府事务，并有一定的政治影响。拉赫曼说：

---

① 彭树智、黄杨文：《中东国家通史·阿富汗卷》，第159页。

“他们（即他的小儿子）之中谁都无法拿起武器来反对那个绝对控制着军队、金库等等的人。”①

拉赫曼统治时期，阿富汗国家完善了中央行政机构。为了扩大中央权力，拉赫曼保留并设置了一些政府部门，如财政部、商业部、司法部、警察局、档案局、公共工程局、邮政通信局、教育部。在这些部门中担任高官的大多数是他的侍从。拉赫曼创立了一种选官制度，选择官员的基本原则是优先录用少数民族或没有权力基础的人，一般是在阿富汗边远地区的奴隶及一些重要人物的子弟中选择，这些人员加以训练，有了一定的才能之后，被委以高级军职和文职，但这些人不得与任何部落有联系。

为了加强中央的控制，拉赫曼建立了庞大的情报网以监督各部官员。1884 年，政府雇佣的间谍有 600 名，这些数字还在不断扩大。这些间谍遍布全国，甚至深入邻国的重要城市。他们搜集有关政府官员、部落贵族，甚至普通平民的情报。拉赫曼说：“在波斯、俄国、印度或阿富汗，任何重要人物的活动都受到注意和报告。”②

在加强中央权力的改革中，拉赫曼重视军队改革和军队建设。在阿富汗历史上，国王的正规军所占比重很小，而部落军队力量却很强大。在封建贵族混战中，军队往往分化成各种派别，无法担负维护国家统一、反击外敌的任务。拉赫曼从少年时代开始统率军队，具有一定的军事指挥能力。他在位期间，对军队进行了改革。

他以征兵制取代了募兵制，确立了“八村抽一”制度，每八个村民抽一人服兵役，兵士的一切费用，如军服和给养均由村庄支付。③在军队待遇上，薪水必须准时发放。在装备上，为军队提供新式武器。为了培养合格的军官，他采取公开招考军官的方式，还建立了训练军官的学校。每个团配备一名毛拉，满足士兵对宗教的要求。

他计划建立一支中亚最强大的军队，他在位期间，军队的规模

① 〔英〕珀西・塞克斯：《阿富汗史》第 2 卷上册，第 999 页。

② 彭树智、黄杨文：《中东国家通史・阿富汗卷》，第 159 页。

③ 同上。

不断扩大。1883 年，军队人数有 45773 人，其中，正规军 4.3 万人；1887 年，正规军达到44469 人；1890 年，增至6 万人；他统治末期，估计阿富汗军队达到了 10 万人。全国共有 100 个步兵团，24 个骑兵团和 5500 名炮兵。[①] 他们驻扎在首都、省城和边境要地。军事改革和军队建设在维护阿富汗统一方面发挥了重要作用。

在实施政治改革的同时，拉赫曼还注意发展阿富汗经济。在农业方面，政府组织建造水利灌溉设施，鼓励开垦荒地，向农业提供贷款，这些措施使阿富汗农业得到发展。在工业方面，国家注意发展军工业。拉赫曼认为，必须引进外国的先进技术和设施，使阿富汗也拥有其他国家使用的大炮、步枪和其他战争装备，否则，阿富汗无法保持政府的完整，也无法保护国家免受外国侵略者的袭击。1887 年，英国人萨尔特·皮纳成为创建阿富汗军事工业的全权总管。阿富汗在 1888 年每月步枪产量达到200 支，在对哈扎拉人的战争中，每天要生产 10 支步枪和一门炮。1896 年，阿富汗每周可造两门山地炮、两门火炮，每天生产 15 支步枪，两万颗子弹。据说，当时，阿富汗在武器和其他物品的生产方面，和欧洲国家处于同等水平。[②]

军工产业带动了民用工业的发展，1887 年 4 月，采用机器生产的第一个工厂奠基，此后，阿富汗建起了铸币厂、肥皂厂、蜡烛厂、面粉和皮革加工厂等。为了满足机器生产的需要，阿富汗聘请了一些外国专家，英国专家有十多名，印度技师有 20—50 人左右。1895 年，600 多名青年开始学习技术，他们后来都成为专家。在 19 世纪末，工厂工人达到了 4000—5000 人。[③]

为了发展商业，拉赫曼统一了货币和度量衡。但是，由于俄国禁止英印商品运往中亚，阻碍了兴都库什山以北的对外贸易。拉赫曼实施的限制人口流动政策在一定程度上也阻碍了商贸的发展，19 世纪后期，阿富汗的对外贸易有所减少。

---

① 彭树智、黄杨文：《中东国家通史·阿富汗卷》，第 159 页。

② 同上书，第 176 页。

③ 同上。

尽管拉赫曼政府采取许多经济措施发展阿富汗的经济，但政府的开支，特别是军队开支还是不够支付。据国王说，仅军队开支就占了全国总收入的 78%。[①] 在这种情况下，拉赫曼只能求助于外援，阿富汗外交政策的出发点是争取外援，以求生存。

在国外期间，拉赫曼就清楚地认识到："阿富汗……如置身于两狮之间的山羊，又似双磨之间的麦粒。此等小邦何能立于二石之间而不至被碾成粉末呢？"[②] 采取中立是他的选择，他确定了与英俄两大帝国同时保持友好关系的外交政策，以获得宽松的国际环境，实现他富国强民的国内政策。

1901 年 10 月 1 日，阿布杜尔・拉赫曼汗去世，10 月 3 日，阿布杜尔・拉赫曼汗之子哈比布拉继位。哈比布拉在执政期间，继续执行拉赫曼的内外政策。他设立国务会议处理部族事务。他提倡学习西方技术，引进电气、汽车、西方医药和外科技术，创办了多所学校，建立了一所用欧洲方法管理、适应阿富汗需要的军事学院，出版新闻周报，等等。随着新思潮的不断传入和民族主义思想的兴起，阿富汗统治阶层内部也因其经济利益和政治主张的差异而分化成不同的政治派别。

随着国家政治上的统一和国内外贸易的发展，阿富汗商业资产阶级有了一定的力量，他们不满英国与印度商人垄断阿富汗的进出口贸易，希望阿富汗摆脱英国的控制。与此同时，在国内外受过教育的一些青年知识分子和军官在 1905 年俄国革命和亚洲觉醒浪潮中开始觉醒，他们组成了青年阿富汗党。在青年阿富汗党人中，有被拉赫曼流放后回国的著名人物，以及商人和官吏。这些人领导阿富汗人民争取独立、争取宪政，反对君主专制的运动。他们创办报刊，宣传对外实现独立，对内实行改革。其中，代表人物马赫迈德・塔尔齐以《光明新闻》为阵地，宣传青年阿富汗党人的主张，他对哈

---

① 彭树智、黄杨文：《中东国家通史・阿富汗卷》，第 160 页。

② L. Dupree, *Afghanistan*, Princeton, 1980, p. 415.

比布拉第三子阿曼努拉的影响很大，以后阿曼努拉成为该党派的政治领袖。青年阿富汗党人的主张反映了阿富汗商业资产阶级的要求，在客观上也符合大多数人民的愿望。

第一次世界大战爆发以后，奥斯曼土耳其和德国派代表团到阿富汗活动，企图拉拢阿富汗加入土、德方面作战，阿富汗国王哈比布拉坚持中立，1914 年 8 月 24 日、10 月 3 日，两次宣布阿富汗的中立外交政策。第一次世界大战以后，印度民族解放运动高涨，牵制了英国力量，俄国国内也发生了十月革命。国际国内形势对阿富汗摆脱英国外交控制、争取独立十分有利。

1919 年 2 月 20 日，哈比布拉遇刺身亡。1919 年 2 月 28 日，其子阿曼努拉·汗（Amanullah Khān）继承王位，青年阿富汗党代表人物控制了国家政权，宣布阿富汗独立，不承认任何外国特权，新生的苏维埃政府第一个承认阿富汗为独立主权国家。英殖民者拒不放弃它在阿富汗已经获得的特权，英军在阿富汗边境集结。1919 年 5 月 3 日，英军入侵阿富汗，第三次英阿战争（1919—1921）爆发。阿曼努拉在青年阿富汗党人的支持下，领导阿富汗人民进行了独立战争。阿富汗正规军 4 万人分三路在开伯尔、瓦济里斯坦和坎大哈抗击英国入侵者，与此同时，阿印边境上的普什图人也发起了抗英起义，加之，印度的反英民族解放运动不断高涨，1919 年 8 月 19 日，阿富汗人民彻底打败了英国侵略军，这一天，被视为阿富汗国的独立日。1921 年，英国与阿富汗正式签订条约，承认阿富汗独立。

第七章

政治统治与社会经济

18 世纪，沙皇俄国通过蚕食哈萨克人牧地的方式将哈萨克草原纳入了俄国版图。以哈萨克草原为基地，19 世纪 60 年代以后，俄国在不到三十年的时间里征服了中亚南部。俄国最初打算在被征服的布哈拉汗国、希瓦汗国和浩罕汗国的领土上组建三个直属俄国统治的总督区，实施殖民统治，但考虑到统治成本，沙俄政府最终决定以直接统治和建立保护国两种方式实施统治。俄国在中亚的直接统治是通过草原总督区和突厥斯坦边区实现的。俄国在布哈拉和希瓦两个汗国及什克南、鲁善、达尔瓦兹等一些边境小国确立了俄国的保护国地位，通过设置政治代办处的形式在保护国实现了半殖民统治。在俄国的殖民或半殖民统治下，中亚的政治、经济和文化具有了殖民和半殖民地的性质。

第一节　政治统治

俄国从乌拉尔山向中亚草原的扩张活动最初是由南俄草原上的哥萨克人完成的。当哥萨克人在西伯利亚站稳脚跟以后，1708 年，

沙俄政府以托博尔斯克为首府成立了西伯利亚总督区。此后，俄国东扩事务由西伯利亚总督管辖。随着征服地区的扩大，1734 年，俄国组建了奥伦堡州，此后，俄国对中亚的事务和计划分别由奥伦堡州州长和西伯利亚总督实施。由于两位长官不仅具有行政权，而且还有指挥军队的职责，因此，他们与俄国陆军部的联系十分密切。1782 年，沙俄政府设立了主管中亚事务的机构——奥伦堡边境委员会。[①]1819 年，俄国外交部成立了亚洲司，第二年，在亚洲司中成立了亚洲问题委员会，委员会主席由亚洲司总监担任，委员会成员中有外交部、财政部、内务部部长和军事参谋长。亚洲问题委员会存在时间不长，由于哈萨克人的反俄大起义而于 1847 年停止执行职责，有关中亚的事务仍然归亚洲司管辖。在 1865 年以前，西伯利亚总督区、奥伦堡州、奥伦堡边境委员会、亚洲司先后承担了策划和处理中亚事务的任务。

1864 年，俄国要塞线在奇姆肯特连接，囊括在新浩罕线内的大约 270 万平方公里的哈萨克领土被俄国吞并。1865 年，俄国成立草原委员会研究哈萨克领土的统治方式；1867 年，草原委员会成立了一个特别委员会，委员会主席由军事大臣担任，特别委员会提出建立一个不受奥伦堡州管辖的总督区的建议。

1868 年，俄国制定了《草原地区临时管理条例》，根据条例，哈萨克草原正式成为俄国的行政单位。1882 年，以鄂木斯克为首府的草原总督区组建起来，科尔帕科夫斯基担任首届草原总督区总督。草原总督区的组建标志着哈萨克草原开始了俄国式行政管理的直接统治。

---

① 奥伦堡于 1734 年建市，1737 年 12 月 30 日，沙皇指示，奥伦堡市除市政徽标外，还有自己的特殊徽标，用于奥伦堡龙骑兵团的旗帜上，此举似乎可以认为奥伦堡军区形成。1744 年，奥伦堡建州。1781 年，奥伦堡州和乌法州合并成立了乌法总督区。1797 年，总督管辖区改成奥伦堡州，原乌法州辖地区归奥伦堡州管辖。1865 年，乌法州独立出来，建乌法州。历任奥伦堡州州长：文职州长普佳京（1765—1768）、武职州长瓦西里·彼罗夫斯基（1833—1842）；总督：彼罗夫斯基（1851—1858）、卡捷宁（1858—1860）、别扎克（1860—1865）、克雷扎诺夫斯基（1865—？）。

19世纪中叶以后，俄国开始武力征服中亚南部，俄国在中亚南部地区的组织工作也随之提了出来。1865年，沙俄政府组建了突厥斯坦州，州长由军人切尔尼耶夫担任。1867年7月11日，突厥斯坦州扩建为突厥斯坦边区，边区首府在塔什干，边区的最高长官是总督，由沙皇任命俄国人担任。[①] 由于中亚远离俄国统治中心彼得堡，突厥斯坦边区总督获得了相当大的权力。总督既掌握了本区的军事大权，又是本区的最高行政长官，有权干预地方官员和法官的任命，有权支配地方税收和财政，同时还有处理外交事务的权力。1867年，亚历山大二世任命陆军部办公厅主任康斯坦丁·彼得洛维奇·考夫曼为第一任总督，他集军政大权于一身，有“半个沙皇”之称。

突厥斯坦边区成立的当年，俄国颁布了《突厥斯坦边区临时管理条例》，确立了突厥斯坦边区的行政、司法和经济体系。按管理条例的规定，总督区下设州、县两级，州、县分别设置州长和县长，州长和县长由沙俄政府任命俄国人担任；县以下设立乡、村两级，乡长、村长等职务由中亚地区居民选举产生。乡由若干个阿乌尔（游牧集团）或几个居民点吉什拉克（村）组成，一个乡一般有1000至2000户。一个阿乌尔有100至200帐牧民，在阿乌尔之下，每50户选出一名50户长，由50户长组成乡代表大会。乡、村（包括阿乌尔）的行政官员由乡、村代表大会每三年选举一次产生，在得到州军事长官批准之后才能上任。乡长掌管乡的行政和警察。乡、村一级官员一般从巴依、商人和高利贷者富裕阶层中产生，“选举”通常伴随着激烈的斗争和不正当的权钱交易，据沙俄官方记载，在“选举”乡一级官员时，一位候选人用于吃喝送礼方面的款项竟达

① 历任突厥斯坦边区总督：考夫曼（1867—1882）、切尔尼耶夫（1882—1884）、罗森巴赫（1884—1889）、伏列夫斯基（1889—1898）、杜霍夫斯基（1898—1900）、伊凡诺夫（1901—1903）、特维雅硕夫（1903—1905）、萨哈洛夫（1905—1906）、苏特提齐（1905）、萨姆索洛夫（1910—1916）、代总督M.P.叶洛费耶夫（1916）、库罗帕特金（？—1917.4）

1.5 万卢布。[①] 乡、村一级官吏滥用职权、以权谋私的现象在沙俄统治初期就已经十分普遍。

最初，俄国对地区政权很少干预，地区统治者与俄国各级统治集团之间的关系非常松散。以后，乡、村一级官吏的选举受到俄国的左右，当选者都是与俄国当局有关系的人。乡、村一级的地方官吏与俄国官员之间形成了一种互相妥协、互相利用的关系，一般来说，俄国官员对这些乡、村级地方官持支持的态度。

1881 年，沙皇亚历山大二世被刺，1882 年，俄军切尔尼耶夫将军取代考夫曼成为突厥斯坦边区总督。继任之后，切尔尼耶夫请求沙皇派人调查突厥斯坦边区问题，于是，以基尔斯为首的调查委员会来到了塔什干。

基尔斯来到塔什干之后，首先视察了地区行政机关。调查委员会发现各州的统治是不统一的，组织机构五花八门。锡尔河州是根据 1867 年的临时条例实施统治；泽拉夫善军区根据 1868 年考夫曼起草的督行条例实施统治；阿姆河区是根据 1874 年的一个督行计划实施统治；费尔干纳州采用的是 1873 年考夫曼制定的管理方式。调查委员会发现俄国行政机构的各级在各方面都有滥用权力的现象。于是，委员会提议对俄国在中亚的管理机构进行改革，建议成立一个特别委员会，目的是分散总督的权力。

在 1882 年调查委员会提出整改突厥斯坦边区的建议之后，1886 年，沙皇政府出台了一个约束突厥斯坦边区总督权力的法案《突厥斯坦边区管理条例》。根据新条例，总督不再是该地区唯一的统治者，行使权力的机关是总督府。总督府下设置一个由军、政官员组成的委员会协助总督工作，委员会下设三个部：第一部处理行政事务；第二部处理有关耕地、教育等事务；第三部管理财政、统计、地区慈善事业。新条例受到在中亚任职的俄国官员们的强烈反对，

① 万雪玉:《1916 年中亚各民族起义原因探讨》,《新疆大学学报（哲学社会科学版）》1997 年第 4 期，第 79 页。

总督及随从人员提出抗议，他们断言，新条例实施的结果将是俄国威信的丧失。事实上，总督的权力几乎没有受到委员会的限制，各级官员照样滥用权力，委员会只充当了顾问的角色。

此外，基尔斯的调查委员会还以1857—1858年的印度舍坡兵变为例，指出要在中亚维持统治，3万多士兵是不可能的，“当这支军队面对一支组织好、装备完善、使用现代武器的地方主力军时，它将是一支软弱的军队”①。

1898年，中亚发生了大规模的反俄起义，突厥斯坦边区总督管辖的地区被宣布为动乱地区，为加强控制，沙俄政府对中亚的管理体制再次做出调整，给予军事长官任命地方官员、任免法官的权力，加强在中亚的警力，实际上，在边区内加强了军事管制。

军事管制的方式在沙俄征服中亚的过程中已经形成。1867年草原委员会成立的特别委员会就明确指出：军、政权力都集中于军界权威人士，只有军界权威人士才对该地区负责。1865年，沙俄政府成立的突厥斯坦州与俄国其他州不同，它不隶属于内务部，而是隶属于陆军部。在草原总督区和突厥斯坦边区成立以后，历任两区总督的都是高级军官，大多数是将军，而且两区总督只对国防大臣负责。除总督外，各州长、县长等职务也全部由军官担任。各州组建的管理委员会是军事长官的执行机关，在军事长官的直接监督下工作。七河州和锡尔河州军事长官还负责处理边界事务。各县县长由各州军事长官推荐，从军官中任命，县长在所辖区域内不仅掌管一县军队和警察，还掌管着包括征收赋税在内的行政和民政事务。

1886年颁布的《突厥斯坦边区管理条例》和1891年通过的《阿克莫林斯克、塞米巴拉金斯克、七河、乌拉尔斯克和图尔盖州管理条例》，沙俄政府以法律的形式巩固和加强了已经实行的军政合一的管理体制。

征服战争结束以后，俄国在中亚实施的军政府性质的统治仍然

---

① Edward Allworth, edit, *Central Asia: 130 Years of Russian Dominance, A Historical Overview*, p. 162.

没有改变。19 世纪 90 年代的塔什干，一切都是军事化，“每一条街道都充满了士兵、哥萨克、骑手、军官、将军，步行的、乘车的、骑马的；到处都在行举手礼，到处都听到马刺声，而沿着人行道奔跑的列兵经常能干的为某位过路的长官开道”。在塔什干，“不仅有军事堡垒，不仅有很多门前闪耀着刺刀和大炮的兵营，而且大部分的官吏都是军人，大部分机关是军事机关，集会是军人的集会，俱乐部、图书馆、学校也都是军用的。甚至这里的教堂也是军用的。譬如，在广场上就有旧的‘士兵’大教堂，而在它旁边就是新的‘军人救主变容节’大教堂。您走进那里所看到的，除了士兵、军官、将军，以及士兵的、军官的、将军的妻子和女儿之外，几乎没有任何其他人。‘自由人’（在突厥斯坦人们对非军人是这样称呼的）在这里不知不觉地淹没在占绝大多数的军人之中”。[①] 费尔干纳州州长斯科别列夫曾恶狠狠地说：“在亚洲，和平的长久与短暂是与对敌人的屠杀直接成正比的，我认为这确是一条定理。对他们打击得越凶狠，他们就安分得越长久。”[②] 这些俄国统治者不仅不把中亚人民视为本国公民，甚至视为敌人。沙皇的警察和宪兵遍布各地，监视着人民的一举一动。沙俄政府在中亚州级城市设置警察局，县级城市设置警察所，乡、村有警察段。1907 年 11 月，沙俄实施白色恐怖，在突厥斯坦边区建立了暗探局，并且封闭和查禁进步书刊，摧毁进步社会组织。沙皇政府以军事力量为后盾的统治机构严重地破坏了中亚人民的政治自主权。

此外，俄国在中亚地区的政治组织有一条明确的原则，即在不干涉居民事务的条件下管理其居民，首先是使殖民统治的机器花费最少、代价最小。[③] 这一原则在 1865 年组建的草原委员会上就已经提出：不牵涉政治性的一切地区事务，以及与俄国臣民和俄国利益

---

① 〔苏联〕波克罗夫斯基：《19 世纪俄国的外交和战争（论文集）》，莫斯科，1923 年，郑绍钦译，见《苏联历史论文选辑》，新疆民族研究所 1974 年打印本，第 21 页。

② 邢广程：《崛起的中亚》，三联书店（香港）有限公司 1993 年版，第 23 页。

③ Edward Allworth, edit, *Central Asia: 130 Years of Russian Dominance, A Historical Overview*, p. 159.

毫不相干的事件，都交给传统的各级统治集团，各级统治集团继续按习惯法处理事务，沙俄政府不应当为在这些地区保障安宁和在当地人民及其统治者眼中维持自己的感召力而花钱。①

俄国驻布哈拉政治代表列萨尔在他写的《关于布哈拉国政治经济情况的简报》一文中，对沙俄以低成本维持统治而获取最大利益的统治思想有深刻的表述。列萨尔指出："我们仅仅关心保障布哈拉市场和在中亚发生麻烦时完成政治与战略任务。埃米尔及其官吏们怎样对付人民，那是他们的事。这样我们不花一分钱，不费一点力，就能从布哈拉得到我们所需要的一切。"②

不难看出，沙皇俄国在中亚地区的统治具有殖民和半殖民的性质。当中亚的一部分地区被划入俄国版图之后，这些地区的居民具有俄国国籍，然而，俄国从来不把中亚人民视为本国公民，而是将他们视为外国人，俄国统治的原则是尽量维持对中亚人民的控制，实现俄国的政治和经济目标。

第二节　社会经济

19 世纪下半叶，中亚经济仍以农、牧业为主。根据俄国于 1897 年进行的人口统计，中亚人口的 82% 从事农牧业生产，6.5% 从事轻工业和探矿业，3.4% 从事商业贸易，0.9% 从事运输和通信，0.8% 在军中服役，0.7% 受雇于政府、法庭或从事独立职业，宗教神职人员占了 0.4%。③

19 世纪下半叶，中亚地区土地占有的情况是国有地、公有地（捷克斯）和宗教用地（瓦克夫）大量存在。在俄国统治时期，国

① 〔苏联〕哈尔芬：《中亚归并于俄国》，吴筑星、董兴森译，刘品大校，《中亚史丛刊》1988 年第 4 期，第 205 页。

② 同上书，第 206 页。

③ Edward Allworth, edit, *Central Asia: 130 Years of Russian Dominance, A Historical Overview*, p. 370.

有地不断增加。沙俄政府利用伊斯兰法典所规定的“一切土地都是国家财产”，在中亚推行土地国有化。1891 年 3 月 25 日颁布的新的《草原各州管理条例》第 119 条重申，草原各州哈萨克人占有的土地及土地上的森林等附属物全部“归国家所有”。俄国当局通过对土地的登记，将居民手中的“剩余土地”收归国有，其中包括未开垦地和游牧民公用的牧场。

俄国统治时期，中亚地区还存在着公有地。公有地由村民共有，在村民中实行定期分配。分配由村中长者主持，原则上以耕牛为准，村民将自己的耕牛带到某地集中，长者将土地与耕牛按一定比例分成若干份，由抽签决定分配。宗教用地历来是中亚地区比较重要的土地占有形式，原则上，宗教用地上的收益归清真寺或慈善院所有。

19 世纪下半叶，中亚的私有地（穆尔克）得到了极大发展，大约 90% 的灌溉土地是私有地。[①] 私有者一般拥有 15 至 20 俄亩的土地。[②] 私有地可以买卖或馈赠。[③] 它们按税收情况可以分为免税地、什一税地（土地所有者把收成的十分之一上交国家）和穆尔克・依・基尔杰（土地所有者把收成的七分之一到五分之一交给国家）共三种。

沙俄统治期间，中亚地区原有的税收制度基本上保留下来。农区征收土地税；牧区按户征收帐篷税；宗教用地分为免税地和纳税地两种。俄国在中亚收取的税收比俄国本土的高出很多，为了保证税收，官府每三年核对一次人口。1868—1881 年，沙俄政府在被占领区的全部收入共 54714766 卢布。[④] 除了帐篷税、土地税、地方税、人头税、牲畜税外，还有消费税、营业执照税、商品税、邮政税、酒税等间接税。[⑤] 此外，沙俄政府还在“自愿捐献”的名义下从中亚搜刮牲畜和其他产品。

---

① Edward Allworth, edit, *Central Asia: 130 Years of Russian Dominance, A Historical Overview*, p.278.

② Ibid..

③ Ibid..

④ 〔俄〕M. A. 捷连季耶夫：《征服中亚史》第 3 卷，第 378 页。

⑤ 具体数字参见上书，第 379 页。

沙俄统治时期，中亚土地集中的情况严重，这一点与沙俄殖民当局实施的政策有关。沙俄政府鼓励发展地主经济，规定拥有 0.5 俄亩土地的农户每俄亩交税 8 卢布 64 戈比，而拥有 6 俄亩以上土地的农户每俄亩只交 6 卢布 96 戈比的税。[①] 沙皇政府的征税政策加速了农村土地的兼并，导致了大批小农破产。这种情况以费尔干纳州产棉区最为典型，据沙俄官方统计，费尔干纳州的土地买卖平均每天价值达 372616 卢布。[②]

银行资本深入中亚农村和农村高利贷猖獗也是导致土地兼并的重要因素。从 19 世纪 90 年代开始，高利贷和采购商在每年春季棉农最困难的时候借给现钱或棉农所需的日用品、茶叶、小麦、面粉等物资，秋季之后加倍收取。农民以土地抵押向高利贷者和采购商借钱，其中大多数人因无法偿还债务而失去土地，沦为佃农或农业雇工。

沙俄统治时期，中亚经济被纳入俄国资本主义经济发展的轨道，成为俄国的原料产地和工业品倾销市场，具有殖民地半殖民地经济的性质和特征。在农业方面，棉花种植面积逐年递增；在工业方面，与棉花加工有关的轻工业得到了发展，为俄国工业提供原料的采矿业也得到了很大的发展。

俄国征服期间，中亚地区的一些灌溉系统遭到了破坏，不过，费尔干纳盆地、泽拉夫善河流域、阿姆河下游地区、穆尔加布河[③]和捷真河流域，以及沿科彼特山的运河网还在继续发挥作用。中亚耕地的灌溉用水实行分配制度，在村一级有专管分配的管理员，他们在塔吉克和乌兹别克被称为“米拉布”，管理员受到共用同一水渠的各村选派的长者监督。长者除了监督水资源的分配外，还要负责渠道的清理和维修，清淤工作是公共义务，每家必须出一个劳动力

---

① 马大正、冯锡时主编：《中亚五国史纲》，第 147 页。

② 〔苏联〕阿米诺夫、巴巴霍扎也夫：《中亚归属俄国的经济和政治后果》（俄文版），塔什干，1966 年，第 92 页，转引自万雪玉：《1916 年中亚各民族起义原因探讨》，《新疆大学学报（哲学社会科学版）》1997 年第 4 期，第 80 页。

③ 中亚有两条河名为穆尔加布河，一条位于阿富汗西北部和土库曼东南部，全长约 970 公里，形成阿富汗和土库曼之间一段数公里长的边界。另一条在塔吉克斯坦东南部，此处指前者。

自备工具参加，清理和维修的时间一般在每年的二三月份。

征服战争结束以后，1878年，沙俄政府颁布《突厥斯坦边区临时灌溉条例》，规定所有的河流、运河、灌溉渠都属国家所有，以法律的形式确定了沙俄政府对突厥斯坦以至整个中亚土地和水资源的所有权。[①]沙俄政府在中亚修建了一些运河、水坝，著名的有尼古拉一世皇帝运河（1898年建成）、罗曼诺夫斯基运河（1913年建成）、兴都库什坝（1895）、约洛坦坝（1909），新修的水利工程大幅扩大了中亚耕地的灌溉面积。1869年，俄国对中亚灌溉土地进行了首次测量，结果表明，灌溉土地面积有40.5万英亩。经过30多年的发展，到1903年，中亚灌溉土地的面积达到了1284.66万英亩。[②]

俄国在中亚扩大耕地面积的目的主要是为了种植棉花，在沙俄统治时期，中亚成了俄国纺织业的原料基地。从19世纪80年代起，棉花种植面积在中亚呈现逐年上升趋势，从1886年的1.32万公顷发展到1914年的59.72万公顷。[③]其中，以突厥斯坦边区费尔干纳州的棉花种植面积增长最大。[④]

1888—1913年突厥斯坦边区三州棉花播种面积增长率

州名	1888年（俄亩）	1913年（俄亩）	增长率(%)
费尔干纳	34670	278900	700
撒马尔罕	7980	31860	298
锡尔河	25840	62690	139

除了扩大棉花种植面积外，沙俄政府还引进美国的新品种。1884年，美国棉种在中亚种植成功，以后，新品种在中亚得到推广。

① 马大正、冯锡时主编：《中亚五国史纲》，第99页。

② Edward Allworth, edit, *Central Asia: 130 Years of Russian Dominance, A Historical Overview*, p.272, Table: 11.1.

③〔美〕迈可尔·刘金：《俄国在中亚》，第15页。

④〔苏联〕阿米诺夫、巴巴霍扎也夫：《中亚归属俄国的经济和政治后果》（俄文版），塔什干，1966年，第75页，转引自万雪玉：《1916年中亚各民族起义原因探讨》，《新疆大学学报（哲学社会科学版）》1997年第4期，第79页。

1884年，中亚有810英亩地种植美国棉种；到1890年，这一数字上升到15.8992万英亩。[①]据俄国官方报道，1900—1901年间，费尔干纳州棉花种植地的93.4%都种植美国棉种。[②]随着优良棉种的引入，中亚棉花的亩产量从1875年的每英亩160磅上升到1915年的每英亩1136磅。[③]

中亚粮食作物的种植面积随着灌溉工程的修建也在增加。在中亚北部，哈萨克草原1913年的农耕地面积达3807万英亩，其中61%种的小麦，14%种的小米，13%种的燕麦，5%种的黑麦，此外还种有大麦、荞麦、马铃薯、玉米、豌豆、亚麻、大麻、向日葵、烟草、瓜类。[④]在中亚南部，谷物收成总量从1900年的220万吨增加到1915年的430万吨，15年间几乎翻了一倍。[⑤]在1880—1917年间，农民从种植稻谷中所获得的收入仅次于种棉。[⑥]尽管如此，由于大批农民改为棉农，原来粮食自足的中亚地区开始依靠从俄国进口粮食才能满足需要。

沙俄统治时期，中亚畜牧业也有一定程度的发展。据1900年的报告，在突厥斯坦总督区内畜养了1330万只绵羊，养马170万匹。[⑦]由于游牧业的流动性以及牧民为了逃税而隐瞒牲畜数，以上数字是不准确的。1913年是中亚经济形势最好的一年，这一年，哈萨克斯坦的肉类产量达44万吨，奶类产量有85.7万吨，蛋类产量是2.33亿个，毛类产量为4.27万吨。[⑧]在乌兹别克斯坦，这四类畜牧产品分别是8.9万吨、23.1万吨、8700万个和5300吨；吉尔吉斯斯坦分别是3.9万吨、9.1万吨、2000万个和2100吨。[⑨]1916年，牛的存

---

① Edward Allworth, edit, *Central Asia: 130 Years of Russian Dominance, A Historical Overview*, p.275.

② Ibid..

③ Ibid..

④ Ibid., pp.282-283.

⑤ Ibid., p.276.

⑥ Ibid..

⑦ Ibid., p.281.

⑧《1958年苏联国民经济统计年鉴》，财政与统计出版社1959年版，转引自赵常庆主编：《中亚五国概论》，经济日报出版社1999年版，第97页。

⑨ 同上。

栏数：哈萨克斯坦为506.2万头，乌兹别克斯坦为134.1万头，吉尔吉斯斯坦为59万头，塔吉克斯坦为73.9万头，土库曼斯坦为31.2万头。[①]同年，绵羊和山羊的存栏数：哈萨克斯坦为1836.4万只，乌兹别克斯坦为430万只，吉尔吉斯斯坦为334万只，塔吉克斯坦为193万只，土库曼斯坦为457.9万只。[②]

工业的发展与棉花的加工有联系，事实上全部产业工人的三分之二受雇于棉纺厂，中亚的工业总产值的四分之三以上也来自棉纺厂。[③]除了与棉花加工有关的行业外，中亚其他轻工业部门萎缩，特别是金属制造业。

棉花从采摘到粗加工都是在中亚地区完成的。采摘棉花的工作主要由妇女承担，棉纤维与棉种的分离由被称作契黑里克的简单机械完成，这种机械每小时可以处理大约6磅棉花。1880年，中亚引进了美国式轧棉机，提高了棉花的加工效率，最初两架是私人在浩罕安装的。1890年，在费尔干纳地区达到了21架；1901年增至100架；1914年，该地区已有159家轧棉机厂。1917年前，撒马尔罕地区有33家轧棉机厂，锡尔河地区有28家。[④]1913年，土库曼斯坦已有15座棉花加工厂，56座榨油厂。[⑤]棉花加工业的发展给中亚提供了很多就业机会。1914年，突厥斯坦边区的棉轧工人占总工人数的36.5%；此外，还有8.2%的人在榨棉籽油行业。[⑥]

除棉花加工业外，中亚轻工业还有生丝纺织、肥皂制作、皮革加工、羊毛加工、金属加工和食品加工等行业。布哈拉城和浩罕城

---

① 《1958年苏联国民经济统计年鉴》，财政与统计出版社1959年版，转引自赵常庆主编：《中亚五国概论》，第96—97页。

② 《1958年苏联国民经济统计年鉴》，财政与统计出版社1959年版，转引自赵常庆主编：《中亚五国概论》，第97页。

③ 〔美〕迈可尔·刘金：《俄国在中亚》，第15—16页。

④ Edward Allworth, edit, *Central Asia: 130 Years of Russian Dominance, A Historical Overview*, p.319.

⑤ 马大正、冯锡时主编：《中亚五国史纲》，第136页。

⑥ Edward Allworth, edit, *Central Asia: 130 Years of Russian Dominance, A Historical Overview*, p.320.

的生丝产量最大，1873 年，中亚每年生产 400 万—500 万磅丝，其中，有 300 万磅来自布哈拉城和浩罕城。[①]1899 年，中亚丝茧的生产达 760 万磅，其中 630 万磅来自突厥斯坦地区。[②]

毛加工业也是中亚的一大产业，牧民们用绵羊、山羊、骆驼等畜毛加工成地毯、毡子、帐篷等成品或半成品，其中，地毯、毡子的制作占有重要地位。中亚最好的地毯出自土库曼人之手，土库曼地毯是俄国和欧洲各国商人争购的主要商品。在中亚输入俄国的商品中，棉花占据第一位，蚕茧生丝第二位，卡拉库尔羔皮第三位。

在重工业中，中亚采矿业在沙俄统治时期得到发展。煤矿集中在哈萨克斯坦和费尔干纳州。费尔干纳州最有名的煤矿是克孜勒基亚煤矿和苏留克塔煤矿，但是，煤的生产无多大意义，多是褐煤，不适用于大多数工业用煤。中亚铜矿集中在费尔干纳盆地、塔什干附近的奇尔奇克、布哈拉等地。1911 年，中亚南部开采了 2700 吨铜矿，绝大多数铜矿运往莫斯科与里加的冶炼厂冶炼。[③]浩罕卡拉吐山区、塔什干城北部还有铅矿，但铅矿的开采效率低，只能利用最优质的矿床。费尔干纳盆地还有少数钒和镭矿，矿产运送到俄国。

在非金属矿藏中，盐的开采最普遍，集中在里海沿岸。据 1915 年统计，约有 2500 名常年采盐的工人，季节性工人可以达到 5200 名。[④]除盐矿外，中亚还开采硫酸盐、硝石矿。随着俄国对矿产需求的增加，1915 年 10 月，俄国在中亚成立了军工委员会，专门从事地下矿藏的勘探。

费尔干纳州的纳曼干和里海沿岸发现了石油，建设了炼油厂以提炼石油，当时中亚石油的产量不高，到 1907 年产量达到 5.16 万吨。产量少的原因主要是因石油公司集中力量扩大巴库的生产，忽视了在中亚的石油开采与生产。[⑤]1913 年，哈萨克斯坦的石油开采

① Edward Allworth, edit, *Central Asia: 130 Years of Russian Dominance, A Historical Overview*, p. 312.

② Ibid., p. 320.

③ Ibid., p. 318.

④ Ibid., p. 319.

⑤ Ibid., p. 317.

量是11.8万吨、乌兹别克斯坦是1.3万吨、土库曼斯坦是12.9万吨。[①] 随着俄罗斯人的大批迁入和俄国资本的进入，资本主义生产方式首先在哈萨克东部、北部和中部的采矿业中发展起来。

沙俄统治时期，中亚开始有了发电厂。1913年，哈萨克斯坦的发电量为130万度、乌兹别克斯坦为330万度、土库曼斯坦为250万度。[②] 电力的使用改变了中亚地区的面貌：城市交通开始使用电车，昔日的烛台被电灯取代，电报加快了信息的传递，摄影和留声机等新的行业出现。

19世纪，中亚运输业发生了巨大变化。以往陆路运输使用骡子、骆驼、驴等畜力；水路运输主要靠锡尔河和阿姆河两大水系。沙俄统治时期，畜力仍在使用，不过已经引进了汽车和电车；水路运输除了锡尔河航运成效不显著外，阿姆河航运继续发展。18世纪末期，已经有5艘俄国船只在阿姆河上航行[③]，到第一次世界大战之时，阿姆河航运上有26艘轮船[④]，随着铁路网的建立，水路运输逐渐衰落。

沙俄统治时期，中亚运输业中发生的巨大变化是铁路建设的发展，中亚铁路和奥—塔铁路两条主线建成通车。考夫曼任突厥斯坦边区总督期间，1874年，成立了铁路委员会，1880年，沙俄政府在距克拉斯诺沃茨克要塞（今土库曼巴什市）不远的米哈伊洛夫湾附近开始修建外里海铁路。1885年，铁路通到阿什哈巴德；1886年，通到查尔朱（今土库曼纳巴德市）；1886年，铁路线修到了布哈拉；1888年，通到撒马尔罕城。这是中亚的第一条铁路，全长为1810公里。沙俄政府建筑外里海线的初衷是为了与英国在中亚竞争。1895—1899年，外里海线从撒马尔罕向南北延伸到安集延和塔

---

① 《1958年苏联国民经济统计年鉴》，财政与统计出版社1959年版，第76页，转引自赵常庆主编：《中亚五国概论》，第96页。

② 同上。

③ Edward Allworth, edit, *Central Asia: 130 Years of Russian Dominance, A Historical Overview*, p. 324.

④ Ibid., p. 325.

什干，总长达到了2510公里，被称为中亚铁路。[①]1898年12月，俄国将外里海线从莫夫延伸到阿富汗边境的库什卡（Kushka），由于英国的反对，该线没有向阿富汗境内延伸。1900—1906年，沙俄建筑了从奥伦堡至塔什干的铁路，即奥—塔铁路，全长2215公里。[②]1906—1912年，从塔什干铺设了连接费尔干纳的费尔干纳线，到十月革命前夕，中亚的铁路线已有十余条。

铁路的修建加强了中亚地区与俄国本土的经济联系，双方贸易进入了新的发展时期。铁路的修建使中亚的棉花、卡拉库尔羊羔皮、毛、皮革、生丝、苜蓿籽、棉籽油、干鲜果品等通过铁路线源源不断地运进俄国中部和欧洲市场，为沙俄政府换取了大量外汇。铁路的修建使俄国商品迅速占领中亚市场，淘汰了中亚原始的手工业制品，并排挤了英、德、美等国商品，到1907年，中亚成了俄国的谷物、糖、木材、钢铁制品和其他制成品的重要买主。

铁路运输的便利促进了中亚矿产资源的开发和制造业的发展，铁路的养护和车辆的修理带动了中亚金属加工业的发展。十月革命前夕，中亚工人共7.6万人，其中一半是铁路工人，1万人从事采矿和燃料企业，1.5万人从事净棉加工，1.6万人在其他行业。[③]

随着铁路的修建，中亚地区微弱的商品货币关系得到了快速发展。俄国商人、高利贷者、资本家和银行主涌入，他们在中亚办工厂，发放高利贷，建立棉花种植园和大农场，开银行。农村面貌有极大的改变，出现了俄国的农业信用银行和生产者协会，有大约四个俄国银行在中亚的主要城镇设了分行，几乎垄断了中亚地区原棉的生产和销售。中亚地区农产品和手工产品的商品化程度迅速提高，刺激了货币经济和商业贸易。

大批俄国工人因为修建铁路来到中亚，以后他们在铁路沿线定居，于是在铁路沿线兴起了俄国移民城镇。在这些城镇中有俄国的

---

① 马大正、冯锡时主编：《中亚五国史纲》，第99页。

② 同上。

③ 同上书，第100页。

商号、银行和工厂。除了新兴城镇外，铁路的修建给中亚原来的城市以新的面貌，由于外里海线和奥—塔铁路的建成，突厥斯坦边区首府塔什干迅速发展成为中亚地区最大的城市，塔什干成为中亚地区行政、贸易、工业中心。1888 年，铁路线穿过布哈拉通到撒马尔罕，撒马尔罕城得到迅速发展，苏维埃时期，该城已成为乌兹别克最大的工业中心之一。

1868 年，沙俄政府决定在突厥斯坦边区开办邮政，驿路全部归邮政厅直接管辖，给奥尔斯克至卡扎林斯克之间的各驿站增加了三辆双套马车。1869 年 12 月 1 日，塔什干开始了邮政业，接受寄往维尔内的汇款和包裹邮件。[①]1873 年 5 月，从塔什干到维尔内的电报设施开通运行，发出的第一份电报是关于俄军占领希瓦城的消息。1875 年，电报线经忽毡架设到浩罕城；1876 年，忽毡与撒马尔罕接通；1878 年，奇姆肯特与突厥斯坦城接通；1888 年以后，突厥斯坦边区通过电报设施，克拉斯诺尔斯克与高加索联系在一起。[②]

沙俄的统治将中亚经济纳入了俄国经济圈，给中亚居民带来了许多负面影响。但从历史发展的趋势来看，沙俄政府在中亚的经济活动客观上起到了促进和推动作用，对中亚社会的发展是有利的。恩格斯曾评价说："俄国的统治，不管怎样卑鄙无耻，怎样带有种种斯拉夫的脏东西，但对于黑海、里海和中亚细亚，对于巴什基里亚人和鞑靼人，都是有文明作用的。"[③]

---

① 〔俄〕M. A. 捷连季耶夫：《征服中亚史》第 3 卷，第 383 页。

② 同上书，第 385—386 页。

③ 《马克思恩格斯全集》第 27 卷，人民出版社 1972 年版，第 285 页。

第八章

宗教与文化

沙俄统治初期，俄国当局在中亚实施不干预的宗教政策，并对伊斯兰教加以扶持和利用；随着中亚民族意识的觉醒，从19世纪80年代末起，俄国政府对中亚的伊斯兰教实行限制政策。限制政策损害了伊斯兰教神职人员的利益，激起了中亚宗教界的反俄斗争。沙俄统治时期，由于政府的提倡，俄语逐渐成为中亚城市居民的交际语言；在文学方面，中亚出现了一批反映人民抗俄斗争的作品；在教育方面，中亚出现了教授实用知识的新学校；在思想方面，1905年俄国革命以后，中亚各族人民的民族和民主意识觉醒。

第一节　宗教

沙俄统治时期，伊斯兰教在中亚各族人民的信仰中仍然占据了主要地位。据1897年人口普查，穆斯林人口在突厥斯坦边区各州总人口数中的百分比是：锡尔河州96.37%、费尔干纳州99.09%、撒马尔罕州97.62%、外里海州88.07%；在草原总督区各州的百分比是：七河州90.18%、图尔盖90.99%、塞米巴拉金斯克89.71%、乌

拉尔斯克州 74.15%、阿克莫林斯克州 64.43%。[①] 也就是说，除了哈萨克北部草原外，中亚其他地区有 90% 的居民是穆斯林。因此，俄国统治初期（1865—1886），对伊斯兰教采取了较为谨慎的不干预政策。这一政策源于俄国军官切尔尼亚耶夫。

切尔尼亚耶夫认为，伊斯兰教在中亚是一股难以驾驭的力量，应该竭力与伊斯兰文明进行平等对话，使伊斯兰教的各种教规保持不变，并使它有可能自由履行从前的职能。[②] 攻占塔什干城之后，切尔尼亚耶夫发表了安民告示，告示中承诺：尊重伊斯兰教和当地的风俗习惯，不征集穆斯林当兵，豁免当地人一年的捐税。[③]

1867 年，考夫曼出任突厥斯坦边区总督，他以切尔尼亚耶夫的思想为核心制定了不干预政策。考夫曼认为，沙俄在中亚的殖民统治机构应该在不干涉居民事务的条件下进行管理，漠视或淡化伊斯兰教，既不给伊斯兰教以任何支持，也不干预伊斯兰教仪式、教育、法律体制，除非与税收有关。[④] 在治理边区的第一年，考夫曼赶走了从乌法派来的法定毛拉，取消了沙俄当局在此前开始的、与当地伊斯兰教团体的一切官方往来，不承认和不批准增加寺院不动产的新捐助。[⑤] 他认为，应该尽量避免激发穆斯林宗教狂热的言行，而攻击伊斯兰教只会使穆斯林更坚定地团结在它周围。

考夫曼在任期间，俄国当局拉拢伊斯兰教宗教上层人士，表现为：第一，俄国当局维护了伊斯兰教教会的经济利益，教会的财产和特权受到保护，允许穆夫提及其后裔购买土地和从事工商业经营活动。民间的毛拉也比普通居民生活富裕，他们往往利用生死嫁娶

---

① 汪金国、洪丽萍：《从 1897 年全俄人口普查看俄罗斯帝国穆斯林的社会阶层状况》，《世界民族》2006 年第 1 期，第 70 页表 5。

② 陈联璧、刘庚岑、吴宏伟：《中亚民族与宗教问题》，中央民族大学出版社 2002 年版，第 70 页。

③ 王治来：《中亚近代史》，兰州大学出版社 1989 年版，第 248 页。

④ Geoffrey Wheeler Collection, *The Modern History of Soviet Central Asia*, p. 90.

⑤ 〔俄〕M. A. 捷连季耶夫：《征服中亚史》第 3 卷，第 348 页。

仪式捞取钱财。[①]

第二，沙俄政府给予伊斯兰教法权威地位，在突厥斯坦边区及布哈拉、希瓦两个汗国内继续以伊斯兰教法处理地方刑事和民事案件。地区伊斯兰教会拥有对穆斯林居民的司法和民事权力，诸如审判案件、主持婚丧嫁娶仪式等。[②]

第三，沙俄当局允许伊斯兰教教会继续承担教育职责，帮助教会创办伊斯兰宗教学校，修建伊斯兰教祈祷场所和出版伊斯兰教书籍。在怀柔政策下，伊斯兰宗教人士在中亚社会文化生活中起到了重要的作用，伊斯兰教会掌握了清真寺、说经坛、律法讲座、报刊等一切舆论工具。

第四，沙皇政府对穆斯林的朝觐活动予以鼓励和支持。朝觐原是穆斯林的个人行为，在沙俄统治初期变成了"有组织"的集体活动。沙皇政府建立了关心穆斯林朝觐者协会，负责接待朝觐者，为朝觐者开设了从塔什干到敖德萨的直达交通，专门调拨车厢。对组织者和有关服务人员给予各种优惠，中亚朝觐的人数不断增加。[③]

沙俄统治初期，这一宗教政策收到了较好的成效。沙俄政府通过宗教界稳定民心，要求穆斯林服从于神职人员，要忠诚地执行伊斯兰教的"义务"，否则将受到惩处。而伊斯兰教神职人员也利用自己的影响号召穆斯林服从沙皇政府的统治，并且要"效忠"于沙皇，清真寺、宗教学校、报刊等成为维护沙俄统治的工具。中亚宗教界与俄国殖民势力在一定程度上形成了一种共生关系，伊斯兰教宗教界与沙俄当局互相利用，共同统治和管理着中亚广大的穆斯林。1893 年 5 月 2 日，撒马尔罕城伊斯兰教法法官在"撒马尔罕被占 25 周年纪念日"大会上，代表当地各界人士讲话，明确表示伊斯兰教毛拉对沙皇制度"忠诚不渝"。[④]

---

① 常玢:《伊斯兰教在中亚的传播与发展》,《东欧中亚研究》2001 年第 1 期，第 81—82 页。

② 王治来、丁笃本编著:《中亚国际关系史》，湖南出版社 1997 年版，第 198 页。

③ 陈联璧、刘庚岑、吴宏伟:《中亚民族与宗教问题》，第 71 页。

④ 同上书，第 73 页。

然而，被沙俄政府收买的伊斯兰教神职人员毕竟只是小部分，大多数人不满意俄国的统治，特别是纳合什班底教团的苏菲派依禅，他们在中亚地区有一定的影响，反抗俄国统治的大多数斗争是他们组织和领导的。如 1879—1881 年间，土库曼人反俄入侵的戈克特佩保卫战是纳合什班底教团的谢赫库尔班·穆拉特领导的；1885 年，费尔干纳州的反俄起义是德尔维希汗·托勒组织的。

19 世纪后期，"泛伊斯兰"思想开始在中亚地区传播。"泛伊斯兰主义"最初是伊斯兰国家各族人民反抗西方殖民主义统治、争取民族独立的一种思潮。19 世纪下半叶，西亚、北非、南亚和东南亚的伊斯兰国家大部分沦为帝国主义的殖民地，为了摆脱民族危亡，各国穆斯林希望革新伊斯兰教，使之成为与西方文化抗衡的先进宗教。在此背景下，阿富汗人哲马鲁丁（1839—1897）萌发了统一伊斯兰世界、共同反抗基督教欧洲的思想。哲马鲁丁曾目睹英国对印度的殖民统治，亲身感受了穆斯林在西方列强奴役下贫困、愚昧、落后的处境，他认为，政治分裂是伊斯兰教衰落的根本原因，应该实现伊斯兰世界的政治统一，在一个统一的哈里发的领导下进行宗教改革和社会改革，重新解释以经、训为基础的伊斯兰教教义，重建宗教制度，复兴伊斯兰教法以适应现代社会的发展和需要。哲马鲁丁先后在阿富汗、印度、伊朗、中亚、俄国、土耳其、埃及、阿拉伯半岛等地宣传他的主张。他的宣传鼓动对伊斯兰各国人民的觉醒产生了巨大的影响。

在中亚，"泛伊斯兰"思想的传播与"泛突厥主义"（又称"大突厥主义"）的思潮紧密地交织在一起。19 世纪下半叶，当俄国推行"泛斯拉夫主义"扩张政策之时，俄国境内的鞑靼族知识分子试图使操突厥语的各民族团结成为一个统一的"突厥民族"，以抵制俄国的扩张。1883 年，克里米亚贵族伊斯马依勒·普林斯基（1815—1914）提出，通过建立共同的、规范的语言和文化，进而建立统一的政治组织，使俄国所有操突厥语的民族在思想上、行动上联合起来，与沙皇专制制度做斗争。为此，他创办了《土库曼报》和《译

文报》，号召俄国“突厥人”联合起来，争取民族复兴，反对沙皇压迫。1893年，伊斯马依勒·普林斯基访问了布哈拉、塔什干和撒马尔罕等地，宣传他的“泛突厥主义”思想。

19世纪末期，“两泛”思想开始在中亚传播，“两泛”思想的初衷是为了与西方文化抗衡，反抗西方殖民主义扩张，主张建立统一的伊斯兰教国家与世界伊斯兰教联盟，宣扬成立所谓的“突厥大帝国”。中亚宗教界和知识分子以之为武器反对沙俄的殖民统治，他们在中亚的活动被称为扎吉德（Jadid，意为“新的”）运动。扎吉德运动初期的活动，如改革穆斯林教育、创办报刊、著书立说以及宣传现代科学文化知识，促进了民族文化和教育改革，对中亚知识分子民族独立意识的觉醒和资产阶级民族主义思潮的形成产生了影响。

扎吉德运动危及俄国在中亚的统治，沙俄政府认为，这种状况不能再继续下去了，于是，俄国政府改变了对中亚伊斯兰教的不干涉政策。1898—1900年担任突厥斯坦边区总督的杜霍夫斯基将军不满地说：“在他（指考夫曼）的继任者在任时期，事情竟发展到这样一种地步：无论是谁都不知道任何关于清真寺和伊玛目的数量情况，也不知道依禅和依禅的活动情况。”① 俄国军界的反应最为激烈。俄国将军捷连季耶夫说：“如果有某个俄国人打算发表公开演说，首先得呈交提纲，请求批准。可是，任何一个闲散的毛拉、伊尚（依禅）或者随便一个说书讲故事的人，都可以满不在乎地往大庭广众中一站，就开始高谈阔论起来，甚至不受基层警察机关的任何监督。顺便说一句，基层警察机关人员也是从穆斯林中招募来的……”② 杜霍夫斯基认为：“冲淡伊斯兰教徒的团结，这是我们的主要任务。”③

19世纪末，沙皇政府对中亚的伊斯兰教采取了限制政策。第一，限制伊斯兰教宗教机构的发展，对已经成立的机构加以严格管理。19世纪80年代，哈萨克草原的宗教事务划归俄罗斯内务部管

① 孟楠：《沙俄征服中亚后对伊斯兰教的政策》，《西北史地》1998年第2期，第43页。
② 〔俄〕M. A. 捷连季耶夫：《征服中亚史》第3卷，第471页。
③ 孟楠：《沙俄征服中亚后对伊斯兰教的政策》，《西北史地》1998年第2期，第45页。

理。“在阿克莫林斯克、七河、塞米巴拉金斯克诸州修建清真寺须经草原总督批准；而在乌拉尔和图尔盖两州修建清真寺必须经内务部批准。”① 当局拒绝给中亚的穆斯林设立宗教管理机构，还把它们与伏尔加河流域的教徒的联系割断。

第二，对宗教界上层分子的选举采取审批制度。1891 年，沙俄颁布《阿克莫林斯克、塞米巴拉金斯克、七河、乌拉尔斯克和图尔盖州管理条例》，其中第 97 至 99 条规定：“游牧和定居的非俄罗斯人允许拥有自己的毛拉从本族中选出，选举出来的毛拉，其任职及免职均由督军负责办理。”在哈萨克草原，毛拉大部分都是鞑靼人，这些鞑靼人利用他们的宗教身份加深了在哈萨克人中的政治和经济影响②，真正是哈萨克人出身的毛拉却很少遇见。

第三，对伊斯兰法典在中亚居民中的司法和民事权利加以限制，削弱了伊斯兰教法在中亚的权威。1886 年和 1891 年颁布的有关法令规定，在突厥斯坦边区同时建立帝国法院和传统民族法院，引入俄国的法律。19 世纪 80 至 90 年代，沙俄开始在中亚建立以“帝国法律”为基础的审判机构，伊斯兰法的实施要求适应俄国的司法观念。20 世纪初，在哈萨克草原，对“早先隶属于伊斯兰教法典职权内的一系列问题都做了很大限制，属于毛拉管理的只剩下一些履行手续方面的事务性工作，即处理结婚、离婚以及登记人员出生和死亡的事宜”③。

第四，从经济上打击宗教界上层。政府规定：未住进人的教会土地继续由教会管理，免交土地税；已住进人的教会土地归耕者所有，国家向耕者收税，将税收的一部分用以维持清真寺、麻扎（圣徒陵墓）和宗教学校的开支。政府还规定：每个乡只能有一名伊斯兰教专职教士，不能强制居民供养清真寺和教会人员。④

---

① 孟楠：《沙俄征服中亚后对伊斯兰教的政策》，《西北史地》1998 年第 2 期，第 42 页。

② Gavin Hambly, edit, *Central Asia*, p. 198.

③ 陈联璧、刘庚岑、吴宏伟：《中亚民族与宗教问题》，第 78 页。

④ 王治来、丁笃本编著：《中亚国际关系史》，第 198 页。

第五，打破伊斯兰教控制教育的局面。19 世纪 80 年代以后，沙俄政府在中亚创办俄罗斯学校，培养俄罗斯化的知识分子，要求当地的上层人物掌握俄语和俄国文化。1898 年安集延“圣战”之后，突厥斯坦边区总督杜霍夫斯基对穆斯林的经学院和初等学校加以控制，甚至置伊斯兰教禁止偶像崇拜的原则于不顾，要求伊斯兰教中小学悬挂沙皇的肖像。

第六，为了削弱伊斯兰教在中亚民众中的影响，沙俄当局鼓励穆斯林放弃伊斯兰教，改信东正教。俄国一些官员甚至提出建议：“如果我们传播基督教应当非常谨慎的话，至少开始必须采取准备性的行政措施，以便吉尔吉斯人皈依基督教。这些措施包括：给吉尔吉斯人土地上或其他方面的优惠，给予那些新接受基督教的教徒们以金钱上的帮助。后一种办法在我们看来，会带来非常重要的益处，它无论对在吉尔吉斯人中传播基督教也好，还是对保证社会秩序，以及消灭上层集团的对抗行为，都是极为有益的。”[①]

沙俄政府对皈依东正教的人施以赠送十字架、衬衣、少量卢布甚至减免赋税等恩惠。19 世纪 60 年代初期，“在一些哥萨克村镇，几乎一半的居民都是受过洗礼的吉尔吉斯人。例如在亚梅舍夫和奇斯达亚及其他一些地区都是如此”[②]。1882 年，沙俄政府颁布法令，赐予接受东正教的哈萨克人一些特权：享有与俄罗斯移民相同的政治地位，可获得“工人”、“农民”的称号，其私有财产受殖民当局的保护，免除 6 年的赋税。[③]

从总的情况来看，俄国在中亚推广东正教的收效甚微，中亚地区信仰东正教的绝大部分仍是哥萨克人、俄国军政官员和俄罗斯移民。据俄国军官巴布科夫记载：“据现有的材料，吉尔吉斯人近来几

---

① 高汝东、夏光仁：《沙俄的统治与柯尔克孜族的社会文化变异》，《塔里木大学学报》2006 年第 3 期，第 71 页。

② 同上。

③〔俄〕苏洛达卡宁耶娃：《伊斯兰教在哈萨克斯坦》，俄罗斯科学院《东方》（俄文），1994 年第 3 期，转引自张来仪：《1917 年前的哈萨克斯坦伊斯兰教》，《华南师范大学学报（社会科学版）》2001 年第 5 期，第 88 页。

乎没有加入东正教，例如 1900 年只有 58 人领洗，而教会却花费了 27260 卢布。”[①] 与此相反，一些俄罗斯人为了物质利益而改宗了伊斯兰教，另有一些俄罗斯移民企图通过改宗伊斯兰教达到与穆斯林妇女通婚的目的。[②]

沙俄当局对伊斯兰教的限制政策降低了神职人员的地位，削弱了宗教界的势力，宗教界上层分子以伊斯兰教为武器将穆斯林团结起来进行反俄斗争。从 19 世纪 80 年代起，中亚反抗俄国统治的起义都具宗教性质，一些起义还打出“圣战”的旗号。从沙俄官方的记录中，清楚地反映出中亚穆斯林反对俄国统治的普遍存在。[③] 其中，1891 年费尔干纳州纳曼干县起义、1892 年塔什干“霍乱”暴动和 1898 年依禅马达里领导的安集延起义都是宗教界发动的。

第二节　文化

为了使中亚人民服从于俄国的统治，沙俄政府企图使中亚民族俄罗斯化，除了在宗教方面鼓励东正教信仰外，在文化方面也采取了一些措施。在语言方面，沙俄政府贬低和排斥非俄罗斯民族的语言，对中亚民族的语言采取限制，如禁止用非俄罗斯民族语言教学、演剧。中亚俄国机构的官方语言使用俄语，当局不要求俄国官员学习当地方言，这些官员也很少有人主动学习当地方言。与此相反，沙俄鼓励中亚民族学习俄语，在 1905 年俄国第一届国家杜马的选举中，沙俄政府明文规定在中亚等少数民族地区不会说俄语的人不能成为国家杜马的议员。[④]

---

① 〔俄〕伊·费·巴布科夫：《我在西伯利亚服务的回忆》（下册），王之相译，陈汉章校，商务印书馆 1973 年版，第 348 页。

② 张来仪：《1917 年前的哈萨克斯坦伊斯兰教》，《华南师范大学学报（社会科学版）》2001 年第 5 期，第 88 页。

③ Geoffrey Wheeler, *The Peoples of Soviet Central Asia*, p. 44.

④ 王治来、丁笃本编著：《中亚国际关系史》，第 197 页。

为了推广俄语，沙俄政府实施“义务国语制”。19 世纪 90 年代以后，中亚出现了用俄语授课的专科学校，如教师进修学校、技工学校、铁路学校、葡萄种植和酿酒专科学校等。[①] 在塔吉克斯坦，出现了 10 所培养低级官吏的学校，它们是俄国人创办的，用俄语授课。19 世纪后期，俄语在中亚产生了影响。在城镇，俄语逐渐成为中亚市民的交际语言，一知半解地说俄语的现象普遍起来；在中亚民族语言文学中，夹杂着许多俄语词汇；俄语作品被译成中亚的民族语言。

沙俄统治时期，中亚文学没有长足的发展。从俄国东方研究者的研究和官方于 1908 至 1912 年间在突厥斯坦边区收集的阅读材料显示，除了翻译阿拉伯语和波斯语的宗教文学外，在平版印刷的突厥语出版物中，原创作品的形式主要是诗歌，内容几乎全部与宗教和传说有关。

尽管如此，在 19 世纪下半叶，中亚地区还是出现了一批激励民族精神的作品。在哈萨克草原，从事散文创作的著名作者有：措汗·瓦里汗（Chkan Valikhan，1835—1865）、伊布拉希姆·阿尔提萨伊（Ibrahim Altynsam，1841—1889）和阿拜·库南贝（Abay Kunanbay，1845—1904）。

阿拜·库南贝是伟大的诗人、思想家和启蒙学者，哈萨克书面文学的创始人。他创造了新的诗歌形式，以新的技巧、新的内容丰富了哈萨克族的诗歌创作。阿拜·库南贝写下了大量振兴民族的诗篇，对启迪哈萨克人民的思想产生了深远的影响。在组诗《春》、《夏》、《秋》、《冬》及《一闪即逝》、《当影子要变长的时候》、《水中的月亮像一叶扁舟》等作品中，阿拜·库南贝揭露了贵族、官僚的罪行和民族之间的倾轧，抨击了暴力和剥削，以犀利的语言激励哈萨克人团结一致：“哈萨克，我人口众多的民族，可爱的人民！迟迟未修的髭须竟污损了你的仪容。你左颊上是血，右颊上有未拭净

① 王沛主编：《中亚四国概况》，新疆人民出版社 1993 年版，第 24 页。

的油泥，分不清好与坏，分不清丑恶与美丽。……各行其是，像剪碎的破布片，瞧！这能不丧失民族的尊严？”①

阿拜的创作题材广泛，他的著作被称为“十九世纪最后二十五年中哈萨克族人民生活的一部真正百科全书”。在著作《加里克亚》中，阿拜提出了历史、哲学、文化、劳动和道德一系列问题，它们对哈萨克文学和思想产生了深刻影响。1995年，联合国教科文组织将阿拜·库南贝定为世界文化名人，在哈萨克斯坦召开了世界性的纪念大会。

这一时期，出现了用哈萨克语创作的小说，即米尔·札库布·杜乌拉特乌里写于1910年的《不幸的札梅尔》，该书被认为是描写哈萨克人生活的第一部小说。此外，西帕迪亚尔·科伯乌里于1913年写成的《新娘的价格》。玛克穆特·脱拉古儿乌里于1915年完成的《美丽的库马尔》和《谁要发怒》，后者以诗的形式写成。1914年，科尔贝、脱格斯乌里创作的《愚昧的牺牲者》是这一时期最著名的剧本。

在吉尔吉斯文学史上，贫苦牧民出身的民间诗人托克托古尔·萨特尔干诺夫（1864—1933）创作了《叶仙卡勒伯》、《别斯卡曼》等诗歌。1898年，他以“参加安集延暴乱”的罪名被捕入狱，并被判处7年流刑，关押在俄国东部边疆鄂霍茨克附近的亚历山大监狱。在狱中，他接触到俄国革命者，接受了革命思想，创作了革命歌曲。他的作品主要有：《我何时才能返回故乡》、《流浪歌》、《在流放中》、《重建故乡》、《从俄罗斯学到的》、《新时代》、《苏维埃政权万岁》、《列宁开辟的道路》和《高举旗帜》。托克托古尔·萨特尔干诺夫在吉尔吉斯民族中享有崇高声誉，纳伦河上的大型水电站和比什凯克的国家音乐馆都以他的名字命名；吉尔吉斯共和国发行的纸币（面值100索姆）正面印有他的肖像；高校历史教科书《吉尔吉斯人和吉尔吉斯斯坦历史》评价说，他是“吉尔吉斯人争取光辉

---

① 〔哈萨克〕阿拜：《阿拜诗文全集》，哈拜译，民族出版社1994年版，第38—39页。

未来的一面旗帜，是他们的灵魂”[①]。

此外，吉尔吉斯人莫尔多·尼亚兹（1820—1896）被誉为19世纪的战斗诗人，他的手稿大约有300页被保存下来，其中包括《纳斯亚特》(醒世警言)、《达特卡伊姆》、《阿凡提姆》。这些诗歌反映了费尔干纳、楚河流域、喀什噶尔、塔拉斯和纳伦河流域等地的历史事件，揭露了浩罕统治者的残酷统治，歌颂了传统道德、民俗民风。

除了激励民族振兴的诗歌外，这一时期中亚出现了反映抗俄斗争的文学作品。其中，具有深远影响的作品有马拉赫·哈里·贝·马姆伯特·乌里写于1885年的叙事诗《俄军1852—1855年在突厥斯坦的征服》和阿尔斯坦伯克·乌里（1840—1882）的长诗《一个糟糕的时代》。阿尔斯坦伯克·乌里在长诗中列举了俄国殖民统治在吉尔吉斯造成的种种恶果，以及俄国侵占吉尔吉斯牧场造成当地牧民贫苦的现象：

金发碧眼的俄国人似乎要出来了，
所有茂盛的牧草似乎要坏掉了，要保护之，
他占据了乌拉吐伯与塔什干的城堡，
所有身强力壮的男子被遣送到西伯利亚，
如果你只不过是监视这个俄国佬，
他在侦查他夺取的土地，
他在搜索他夺去母马所生的黑灰马，
他在搜索他抓获的肥胖富有的人，
他在搜索夺取每一个能藏东西的地方。[②]

在此时期，中亚文学上的大成就是吉尔吉斯著名吟诵诗人特尼别克（1846—1902）笔录的《玛纳斯》史诗第二部《赛麦台伊》在

① 刘庚岑、徐小云编著：《吉尔吉斯斯坦》，第68页。
② Edward Allworth, edit, *Central Asia: 130 Years of Russian Dominance, A Historical Overview*, p. 407.

喀山出版。特尼别克的学生托戈洛克·莫尔多（1860—1942）是吉尔吉斯书面文学的创始人之一，他的诗歌在民间广为流传。他大胆揭露富人的贪婪、腐败、残暴和愚昧，谴责社会不公和人民所受的压榨，对吉尔吉斯妇女的卑微地位也提出了不满。吉尔吉斯斯坦独立以后，在货币（面值 20 索姆的新纸币）上印有他的肖像。

19 世纪后期，塔吉克民间文学得到了发展，涌现出不少民间诗人、故事家及叙事诗演唱大师。其中，优秀作者有：尤苏福·华佛（1882—1945）、博博·尤努斯（1885—1945）、希克马特·里佐（1826—？）。

20 世纪初，尤其是 1905 年革命以后，中亚知识分子中出现了两种不同的观点，一种观点认为中亚应该以俄国的方式进行西化改革，持这种观点者在创作上受到了俄罗斯文学影响的，如费尔恰特（Firqat，1858—1909）和哈吉穆·扎德（Hakim Zadeh，1889—1929）；另一种观点认为，中亚作家应该坚持民族主义、反对俄罗斯化。

沙俄统治时期，中亚著名的史学著作有：穆拉赫·尼叶兹·穆罕默德·本·穆拉赫·阿夏尔穆罕默德·合坎迪用波斯语写的《夏鲁哈之史》；米尔札·布斯坦尼用波斯语编著的《大夏的馈赠》和《统治圣城的玛干特诸苏丹之史》。

这一时期，中亚的绘画水平没有很大的提高，工艺水平和原创性艺术都没有突破性进展。这一点从中亚建筑、地毯编织、制陶、刺绣上表现出来。新的建筑仍以清真寺、伊斯兰学校为主体，一些年代久远的建筑得到整修和扩建。其中，撒马尔罕扬吉·玛斯基德清真寺于 1909 年重新装修，希瓦汗国也开展了加固或改建古建筑的工作，1910 年，为了美化伊斯兰教学校，在其地上修建了高 180 英尺、具有传统风格的尖塔。

19 世纪后期，中亚的一些建筑吸收了西方哥特式和拜占庭式的成分，反映了欧洲成分与当地传统的结合。如塔什干的一些重要的穆斯林建筑和世俗建筑，由于俄国工程师的参与具有了欧洲元素。

沙俄统治时期，塔什干是中亚文化生活最活跃的地方，俄国移民在此组建音乐团体、举办音乐会和演出歌剧，该城还出现了爱乐军官交响乐队。[①]俄国移民对繁荣中亚音乐起到了促进作用，到20世纪初，塔什干城成为中亚音乐中心。不过，当时中亚音乐还没有记谱法。

这一时期，中亚的教育没有明显的改善，居民受教育的程度仍然很低，到1917年，大约97%的草原地区和突厥人居地的穆斯林人口还是文盲。[②]中亚教育分初、中、高几个阶段，承担初级教育的小学分为固定和流动两类学校。突厥斯坦边区的大多数小学附属于清真寺，在游牧民占多数的七河州和外里海州，小学主要是游牧性质的学校。小学教学的主要内容是《古兰经》，学生要学习乃玛孜规则[③]，伊斯兰教信仰、教规和教法，此外还要学习苏菲诗人哈菲兹、印度波斯语诗人贝迪尔等著名诗人的作品和《东方礼仪法典》。中、高等学校的任务是培养初等教育的教师，任教的大多数是伊斯兰教士毛拉，19世纪下半叶，中亚杰出的活动家大多数出自这类学校。

19世纪80年代以后，沙俄政府开始在中亚创办学校。1887年，沙俄政府在安集延开办第一所新学校，1901年，塔什干开办了第一所扎吉德学校，到1914年，中亚地区已经有了100多所这种学校。[④]俄国人创办的学校主要有两种，哈萨克草原的游牧区是俄式普通教育，学校完全按照俄国教育模式进行；中亚南部的学校是俄国人与当地合办的混合学校，学校采用俄语和中亚民族语言教学。沙俄当局还创办了一些传授先进科学技术和文化知识的专科学校，如师范学校、农业学校、武备学堂、园艺学校、葡萄种植学校、酿酒学校和建筑学校等，这类学校有利于中亚居民素质的提高和中亚经济文

---

① Edward Allworth, edit, *Central Asia: 130 Years of Russian Dominance, A Historical Overview*, pp.473-476.

② Geoffrey Wheeler, *The Peoples of Soviet Central Asia*, p.45.

③ 波斯语音译，穆斯林每天“五时拜”的总称。

④ Gavin Hambly, edit, *Central Asia*, p.224.

化的发展。其中，撒马尔罕州的建筑专科学校对中亚建筑发展起到了积极作用，该校单独承担的工程有 34 项，其中有 16 项是在沙皇政府被推翻以前进行的。然而，在此类学校就读的中亚本族人占少数，如塔什干师范专科学校在 1879—1904 年的 25 年间，完成学业的学生共 415 人，其中只有 65 名土著学生，有 11 人是乌兹别克人、土库曼人和鞑靼人；有 54 人是哈萨克人和吉尔吉斯人。[①] 尽管如此，各类学校传播了俄国文化，在这些学校接受过教育的学生以后构成了当地知识分子阶层。

这一时期，中亚科学发展的水平停滞不前。当时，俄国本土共有 300 个科研机构，主要分布在俄罗斯、乌克兰和白俄罗斯，中亚只有一些科研机构的辅助点，其中，有 1873 年建的塔什干天文馆，塔什干、阿什哈巴德的两个气象站，塔什干和撒马尔罕等地的地震站，以及各地成立的地方志学会、自然科学家和医生学会等。在这些机构中，科研人员大多数是俄罗斯籍人。

沙俄的殖民政策，激化了俄罗斯文化与中亚本土文化（突厥或伊斯兰教文化）的紧张关系，使中亚人民形成了敌对或排外心理，为该地区民族主义的形成与发展创造了条件。随着俄国移民，特别是知识分子、工商界人士的到来，欧洲先进的生产方式、科学文化，以及进步的思想传入中亚。19 世纪末期，中亚地区有了自己的报刊，其中，最具代表性的是 1913—1918 年间断断续续在奥伦堡出版的《哈萨克》报。19 世纪末，中亚知识界和工商界上层主导的近代民族主义运动蓬勃发展起来。到 20 世纪初，在工人、学生中出现了反抗沙俄政府的革命团体，其中影响最大的是普希金社，普希金社以传播文化为宗旨，实际上是一个革命组织。1905 年俄国革命之后，中亚各族人民的民族和民主意识觉醒，开始为中亚的自治和独立而奋斗。

---

① Gavin Hambly, edit, *Central Asia*, p. 223.

第九章

内外关系

俄国统治中亚期间，沙皇政府的殖民和半殖民统治激起了中亚人民的反抗，这一时期，中亚人民与俄国统治者之间的斗争成为中亚地区的主要矛盾。随着俄国政府向中亚地区的三次大移民，中亚地区的民族矛盾尖锐起来，中亚各民族举行了武装反抗，其中，1916 年起义规模最大影响最深。俄国统治中亚以后，俄国与中国成为领土毗邻的国家，利用这一地理位置，沙俄开始侵占中国领土。在对哈萨克草原进行殖民统治之后，俄国蚕食了中国西北部 44 万多平方公里的领土；俄属七河州和费尔干纳州的建立扩大了俄国侵占中国领土的可能性，俄国在边境地区制造事端，迫使清朝政府签订不平等条约，又侵占了中国西北部的 7 万平方公里土地，并获得了在中国境内的一些经济特权。

第一节　俄国移民

16 世纪后期，沙俄政府开始向哈萨克草原移民。在此后 300 多年中，沙俄政府集中向中亚移民三次，到沙俄政权垮台之时，中亚

的斯拉夫移民达到了 200 多万。

俄国向东方移民始于 16 世纪后期。在俄国向西伯利亚东进的过程中，斯拉夫人开始移居乌拉尔山以东的中亚草原，早期来到中亚的主要是哥萨克人和俄国军人。18 世纪中叶，俄国在中亚北部草原上建起由俄军驻守的军事要塞，在要塞周围形成了最早的哥萨克移民村落，当时的移民村落规模不大。100 年以后，19 世纪 60 年代，俄国国内进行了农奴制改革，在改革中失去土地和牧场的俄国农牧民大批来到中亚。早期移民大部分属于擅自移居者，他们来到中亚以后，通过沙俄政府与当地牧民“协议”，以租佃方式获得土地。

19 世纪 90 年代，俄国开始有组织地在中亚移民，组织和管理移民的机构应运而生。1896 年底，俄国内务部成立了移民局（1905 年 5 月 6 日移民局并入农业和土地规划总局），移民局的职责是在中亚寻找合适的移民地点，筹备迁移工作，帮助迁移的农民定居。①

19 世纪 90 年代以后，俄国政府在中亚组织了三次大移民。第一次移民高潮发生在 1890 至 1892 年间，由于俄国发生饥荒，大批俄罗斯和乌克兰移民来到哈萨克草原；第二次移民高潮发生在俄国修建西伯利亚铁路时期（1896—1905），沙俄政府有计划地在铁路沿线大规模移民，在突厥斯坦边区各城镇附近出现了“俄国人”居民区；第三次移民高潮发生在 1906 年以后，由于俄国中部农民运动高涨，为了缓和国内对土地需求的压力，沙俄政府鼓励俄罗斯人向中亚迁移，其中，大约半数的俄罗斯移民是在俄国首相兼内务大臣斯托雷平（Pyotr Stolypin，1906—1911 年在任）的“处女地计划”之后来到中亚的。在 1906 至 1910 年间，有 250 万俄罗斯农民迁到包括中亚在内的边远地区。②

到十月革命前夕，中亚本地人大约有 1200 万，他们主要分属以下几个民族：乌兹别克、哈萨克、吉尔吉斯、土库曼、塔吉克、卡

---

① Gavin Hambly, edit, *Central Asia*, p. 219.

② 〔苏联〕安・米・潘克拉托娃：《苏联通史》第 3 卷，山东大学翻译组译，生活・读书・新知三联书店 1980 年版，第 135 页。

拉·卡尔巴克、维吾尔等族；定居中亚的斯拉夫血统移民有 200 多万。[①] 占中亚本地人的六分之一。

俄国移民主要分布在哈萨克草原和突厥斯坦边区，分别集中在与西伯利亚接壤的中亚北部草原地带、七河流域的黑土地带、塔什干三个地区。

据 1897 年的人口普查，哈萨克草原的俄罗斯人有 49.3 万，占草原总督区总人口数的 20%；到 1911 年，这一数字是 155.4 万，俄罗斯移民占草原总督区总人口数达到了 40%。[②] 与草原总督区相比，突厥斯坦边区的俄国移民要少得多，据 1897 年统计，突厥斯坦边区的俄罗斯移民有 19.7420 万人，其中，七河地区有 9.5465 万人，到 1910 年，突厥斯坦边区的俄罗斯移民达到了 38.2688 万人，七河地区有 18.8 万。[③]

俄国移民在中亚城市的比例往往大于农村和牧地，其中，塔什干城的俄罗斯人占该城总人数的 31%（1914）。[④] 迁到城市的俄国移民大多数是工商业者、官吏和军人，他们基本上都住在城市内。少数俄国移民住在塔什干城市区，他们在市区新建了一排排欧式住宅，大多数俄国移民在城郊建立新住地，新城建筑了富丽堂皇的建筑，种植了排列成荫的树木，城内建筑了天文台、博物馆和公共图书馆。以后，新建的俄国移民城市也仿效这种模式。[⑤]

俄国移民局成立以后，来到中亚的俄国农民不再只是自由移居者，更多的是政府组织迁移的。有组织的移民在中亚分到了土地。1881 年，沙俄政府颁布了《农村居民移居吉尔吉斯草原的暂行规定》，按此规定，移民每人可以分到的份地面积平均为 45 俄亩。[⑥]

---

① 〔美〕迈可尔·刘金：《俄国在中亚》，第 58—59 页。

② Edward Allworth, edit, *Central Asia: 130 Years of Russian Dominance, A Historical Overview*, p.103.

③ Ibid., pp.104-105.

④ Ibid., p.105.

⑤ Gavin Hambly, edit, *Central Asia*, p.218.

⑥ 万雪玉：《1916 年中亚各民族起义原因探讨》，《新疆大学学报（哲学社会科学版）》1997 年第 4 期，第 80—81 页。

到1885年，移民每人可分份地减少到10俄亩。[①]随着移民的增加，没有足够的土地供分配。为了保证移民工作的有序进行，1891年和1895年，俄国成立了一个委员会到哈萨克草原考察哈萨克牧民“不需要”的土地，为新移民建立“土地基金”。

1910年12月19日，俄国国家杜马通过了《突厥斯坦边区管理条例》，其中，第270条的补充条款规定：俄国农业和土地规划管理总局有权没收突厥斯坦边区各州牧民的“剩余土地”，用以建立移民“土地基金”[②]，这一规定以法律的形式确立了对突厥斯坦边区牧民土地的剥夺。应该指出，对“剩余土地”的鉴别工作是不审慎的，对“剩余土地”的接管工作也是在行政压力之下实现的。结果，只要适宜于耕种的，就被俄国人买去、抢去或征用。俄国占有的牧地和耕地，小到阿乌尔（村）的冬季住所和清真寺，大到上千万俄亩的成片土地。

在草原总督区，塞米巴拉金斯克州被没收的土地是14174376俄亩，阿克莫林斯克州8682786俄亩，图尔盖州科斯塔奈县3701986俄亩，图尔盖州阿克纠宾斯克县2330234俄亩[③]，到1917年前夕，被接管的哈萨克人农牧地大约在4000万至4500万公顷之间[④]。

在突厥斯坦边区，锡尔河州被没收的土地是476000俄亩，费尔干纳州75000俄亩，撒马尔罕州3000俄亩，外里海州7000俄亩。[⑤]

以上反映的仅仅是占地数量的情况，从占地质量来看，沙俄政府征用的大多数是较好的土地。俄国农民的到来也增加了中亚耕地的压力，中亚农民像美国的印第安人一样被迫迁移到土地贫瘠地区。

---

① 万雪玉：《1916年中亚各民族起义原因探讨》，《新疆大学学报（哲学社会科学版）》1997年第4期，第81页。

② 〔美〕迈可尔·刘金：《俄国在中亚》，第16—17页。

③ 〔苏联〕阿米诺夫：《中亚经济发展》（俄文版），塔什干，1959年，第129—130页，转引自万雪玉：《1916年中亚各民族起义原因探讨》，《新疆大学学报（哲学社会科学版）》1997年第4期，第81页。

④ 〔美〕迈可尔·刘金：《俄国在中亚》，第18页。

⑤ 〔苏联〕阿米诺夫：《中亚经济发展》（俄文版），塔什干，1959年，第129—130页，转引自万雪玉：《1916年中亚各民族起义原因探讨》，《新疆大学学报（哲学社会科学版）》1997年第4期，第81页。

据沙俄官方资料，1903至1908年间，在北哈萨克斯坦农业较发达的地区，破产的土著居民达到65%—70%。[①]这一点还可以从土地的收益情况反映出来，一般而言，俄国农场的年收入比同一地区的哈萨克农场的年收入多一倍。1908年3月，穆斯林党团组织的代表哈斯·马梅多夫在俄国国家杜马发言说："在我们这里有不少村镇，自古以来村民们就以务农为生，但是现在他们却一无所有，被迫离乡背井，去租种官地，而自己的土地却让给了移民。"[②]

大批俄国移民来到中亚，客观上为中亚地区带来了先进的技术和文化，对中亚的经济发展起到了促进作用。然而，随着俄国移民的增加及俄国政府的殖民政策，俄国移民与中亚人民之间的矛盾日益尖锐。

在农村，中亚农民与移民冲突的焦点是争夺土地和灌溉用水。1906年3月，锡尔河州奇姆肯特县巴达姆乡多次发生当地居民与俄国移民的冲突事件，起因是当地居民要夺回被划拨给俄国移民的灌溉地。1910年，费尔干纳州也发生了吉尔吉斯人与俄国移民的暴力冲突，冲突中有多人伤亡。

在城市，俄国移民与中亚居民之间的矛盾集中在厂矿企业。在中亚的厂矿企业中，俄国移民大多数是技术工，工资待遇较好，而且能够长期被雇用；而中亚土著工人大多数是没有技术的普工，他们工作时间长（通常是10至15小时），工资却比俄国移民工人低得多。其中，15至17岁的少年工日工资为25戈比，12至15岁的童工只得到20戈比，临时工年均工资为173卢布，每天约合40戈比。[③]职业和报酬上的差异导致了民族之间的仇恨，从1903年起，中亚工人提出与俄国工人同工同酬及8小时工作制的要求。

---

① 《苏联大百科全书》（俄文版）第30卷，苏联科学院，1937年，第590—595页。

② 〔苏联〕阿尔沙鲁尼、加比杜林：《俄国的泛伊斯兰主义和泛突厥主义简论》，李琪、陈继周译，见《"双泛"研究译丛》1992年第2辑，第58页。

③ 〔苏联〕吐尔逊诺夫：《共产党在突厥斯坦的民族政策》（俄文版），塔什干，1971年，第47页，转引自万雪玉：《1916年中亚各民族起义原因探讨》，《新疆大学学报（哲学社会科学版）》1997年第4期，第82页。

随着矛盾的尖锐化，民族仇杀和武装起义此起彼伏，暗杀俄国军政官员、抢劫俄罗斯移民的“纳马扎”（劫匪）事件普遍发生。除了仇杀外，武装起义是中亚人民反抗俄国统治的主要斗争形式。1916 年大起义具有民族战争的性质，俄国在中亚实施的移民政策是起义的重要因素之一。突厥斯坦边区总督 A.H. 库罗帕特金（？— 1917 年 4 月在任）在谈及吉尔吉斯人起义之时，承认俄国当局的移民政策给中亚人民带来的严重后果，他指出，吉尔吉斯居民被夺去了大面积土地，其中部分土地是其生活必不可少的。这些土地被用来组建俄罗斯人的村镇、牧场和国有林场。在一封写给总督的请愿书中，吉尔吉斯人说：“吉尔吉斯除了山顶外不再有任何东西，那儿已没有牧草地了。”①

沙俄在中亚的殖民统治不仅没有使中亚人民摆脱受剥削和受压迫的地位，反而使中亚人民遭受了俄国殖民政府与当地官吏的双重压迫。沙俄在突厥斯坦边区和哈萨克草原的殖民统治造成了中亚居民与俄国移民之间的民族矛盾。

第二节　反俄武装斗争

19 世纪后期到 20 世纪初期，亚洲殖民地半殖民地人民掀起了民族解放运动的高涨，在国际环境的影响下，中亚人民也加入到争取民族解放斗争的行列之中。他们的斗争既是一场反抗沙皇俄国殖民统治的民族解放运动，又是中亚农牧民反封建压迫剥削的阶级斗争。

1867 年，乌拉尔斯克和图尔盖州爆发了反俄起义，这次起义采取以伊斯兰教为旗帜的反异教徒的“圣战”形式，起义遭到了沙俄政府的镇压。与此同时，里海东部的小玉兹哈萨克人也爆发了反俄起义，起义者袭击了俄国的移民村镇，俄国从巴库调集军队镇压起义。

---

① Edward Allworth, edit, *Central Asia: 130 Years of Russian Dominance, A Historical Overview*, p.208.

中亚人民抗俄起义此起彼伏，俄国殖民当局在统计起义之时，最初以“十”为单位统计，以后发展为以“百”为单位进行统计。[①]在这些起义中，1898年的安集延起义和1916年的中亚人民大起义规模最大、影响最深远。

1898年，费尔干纳州爆发了反殖民统治的“圣战”，领导起义的是纳合什班底教团苏菲依禅马达里（穆罕默德·阿里）。马达里生于马尔吉兰城郊的一个乡村，为人仁慈，有众多崇拜者。他曾在费尔干纳盆地建立了一所伊斯兰教大学、两座清真寺和一个图书馆。1898年5月17日夜，他在安集延县发动起义，有2000人汇集在他的旗帜下。[②]他们袭击了俄国警备队，起义很快蔓延到费尔干纳全州、哈萨克草原、撒马尔罕州的部分地区。

安集延圣战是一次有组织、有计划的抗俄斗争。在圣战中，以往汗国的统治人物成为起义的首领，他们“成功地赢得了劳动人民的支持”[③]。起义最终遭到俄军的镇压，沙俄政府以残酷手段对待起义者，马达里等5名起义军首领于1898年7月18日在安集延被处绞刑，受审者高达546人。[④]

为了加强对费尔干纳州的统治，马达里家乡所在的马尔吉兰城周围的几个村庄或小村落被摧毁，成为俄罗斯移民的安置地。[⑤]俄国人移居其上，开始播种棉花，被驱逐的乡民迁居到新建的马尔哈迈特村贫穷地区。[⑥]俄国对那些被指控支持起义者的乡村也给予经济上的惩罚。

20世纪初，中亚人民掀起了反俄大起义的高潮，其中，1916年起义的规模最大。1914年第一次世界大战爆发，8月1日，俄罗斯帝国参战，第二天，沙皇尼古拉二世发表战争宣言。作为俄国的殖

① Edward Allworth, edit, *Central Asia: 130 Years of Russian Dominance, A Historical Overview*, p. 164.

② Ibid., p. 168.

③ Ibid., p. 169.

④ Ibid., p. 168.

⑤ 刘庚岑、徐小云编著：《吉尔吉斯斯坦》，第52页。

⑥ Edward Allworth, edit, *Central Asia: 130 Years of Russian Dominance, A Historical Overview*, p. 169.

民地，远离第一次世界大战中心的中亚也被卷入了这场战争。在战争期间，沙俄政府对中亚经济的掠夺和劳役的摊派使中亚已经存在的民族和阶级矛盾尖锐化。

1914 至 1916 年 6 月，中亚形势日益恶化。1914 年 9 月，俄国在加尼西亚战役获胜，将有 22. 5 万奥匈帝国战俘押送到草原和突厥斯坦州。① 截至 1916 年，中亚地区关押的同盟国战俘达 20 万人，另有 7 万难民流落中亚各地。② 从前线和德占区来的大批战俘和难民加剧了食品和日用品的短缺，粮食、食品和饲料的价格飞涨，人民的生活水平降低。1916 年，突厥斯坦边区的粮食售价与战前相比涨了 4 倍；1917 年 1 月，中亚有些地方的面包价格比上年同月竟涨了 40 倍。③

战争初期，沙俄政府在中亚增加税收，从 1915 年 1 月 1 日起，沙俄在中亚征收战争税。政府官吏逐乡逐镇、逐个帐篷地收税，无一户能幸免，有些地方还出现了派武装部队下乡收税的现象，征税数额逐月递增。除了战争税外，中亚成为俄国军需物资的供应地。在 1914—1915 年间，仅突厥斯坦边区就征调了 30 万普特（1 普特≈16.35 公斤）的粮食。④ 此外，还征调牲畜、帐篷、奶肉制品等物资。

第一次世界大战期间，中亚棉花的种植面积扩大了 50%（该数字包括外高加索年产 100 多万普特的棉花），俄国棉花需求量的 70% 来自中亚。⑤ 今乌兹别克斯坦几乎承担了战争期间俄国棉花供应的全部任务。棉花种植面积的增长导致了粮食作物减产，从俄国运到中

---

① Gavin Hambly, edit, *Central Asia*, p.225. 此处的突厥斯坦州，可能指突厥斯坦边区。1865 年成立的突厥斯坦州在 1867 年突厥斯坦边区成立之时取消，突厥斯坦边区下辖五州中无突厥斯坦州。

② 马大正、冯锡时主编：《中亚五国史纲》，第 101 页。

③ 哈萨克科学院历史考古与民族研究所：《哈萨克苏维埃社会主义共和国历史》第 1 卷，阿拉木图，1957 年，第 570 页，转引自丁笃本：《中亚通史》（现代卷），新疆人民出版社 2004 年版，第 25 页。

④ 王国杰：《东干族与 1916 年中亚起义》，《陕西师范大学学报（哲学社会科学版）》1997 年第 4 期，第 109 页。

⑤ 马大正、冯锡时主编：《中亚五国史纲》，第 100 页。

亚的粮食、食品和日用工业品逐年减少，到1917年几乎停止。1916年春天，棉花产量因气候因素比1915年下降了24%[①]，在中亚出现了棉花抢购风，为了稳定市场，沙俄政府对棉花实行限价销售，棉农受到了打击。

药材的需求也随战争而增加，1916年，沙俄地方政府规定药材只能由官方收购，否则，要被关押和判刑。官方收购价是市场价的一半，药农的利益受到损害。1916年5月，七河州普尔热瓦尔斯克县有300多名东干人因私自出售药材而被关进监狱。[②]此外，煤炭、石油等矿藏的开采量也迅速增加，棉籽油、肥皂、干果、葡萄酒、芝麻等物资也大批运往俄国。

中亚居民作为“异族”并未被征入伍。1910年，突厥斯坦边区总督A. B. 萨姆索洛夫在致内务部的信函中曾指出：“对边区土著居民来说，实行征兵是不合时宜的，同时也是同边区管理机关的主要任务——巩固俄罗斯在边区的统治不相符的。”[③]然而，俄国在第一次世界大战中伤亡惨重，1915年6月到1916年6月，俄军被俘人员近200万，逃亡人数150万。[④]俄国陆军部提请审议《向曾经免服兵役之居民征兵》的法律草案，草案决定立即向居住在突厥斯坦边区锡尔河州、费尔干纳州和撒马尔罕州免服兵役的居民征兵共计约10万人。[⑤]1916年5—6月间，大臣会议召开了三次特别会议，会议认为，征调先前免服兵役的居民前往作战后方做工是可行的：“目前，军队迫切需求夫役的问题已经提上议事日程，把部分免服兵役地区的居民组织成专门民夫队（不装备武器），较之

① 马大正、冯锡时主编：《中亚五国史纲》，第101页。

② 〔苏联〕苏尚洛：《苏维埃东干族史纲》（俄文版），伏龙芝1967年版，第100页。

③ 〔苏联〕X. T. 吐尔苏诺夫：《1916年中亚和哈萨克斯坦起义》，乌兹别克苏维埃社会主义共和国国家出版社1962年版，第184页，转引自汪金国、赵义刚：《1916年中亚起义直接起因辨析》，《新疆大学学报（哲学·人文社会科学版）》2005年第4期，第85页。

④ 《苏联百科全书》，山东人民出版社1988年版，第136页。

⑤ 汪金国、赵义刚：《1916年中亚起义直接起因辨析》，《新疆大学学报（哲学·人文社会科学版）》2005年第4期，第86页。

陆军部的法律草案实行征兵要好听一点。”[①]会议初步决定征调夫役55万人。[②]

1916年6月25日，沙皇颁布《关于征调帝国异族男性前往作战后方从事防御设施与军事通信建设以及与国防建设相关之一切其他必需工作之法令》。法令第一条规定：为在战区从事防御设施与军事通信之建设，以及从事其他一切利于国防建设必需之工作，特在当前战时征调帝国如下地区19—43岁（含43岁）之异族男性。在该条附后的清单中，第二款具体列出了应征各州的名单：阿克莫林斯克、塞米巴拉金斯克、七河、乌拉尔斯克、图尔盖和锡尔河、费尔干纳、撒马尔罕、外里海等州被列入其中。

1916年7月2日，突厥斯坦边区代总督M. P.叶洛费耶夫主持召开了各州督军会议，会上决定编制各州、县、乡被征调人员的花名册，同时决定加大产粮区和畜牧区的征调力度，相对减少植棉区的征调人数。最后预计在草原总督区征召24.3万人，在突厥斯坦边区征调25万人。[③]在突厥斯坦边区各州的摊派是：锡尔河州8.7万人，七河州6万人，费尔干纳州5万人，撒马尔罕州3.8万人，外里海州1.5万人。[④]为了保证征调工作的顺利进行，殖民当局拟定了两套方案：一是在和平条件下的征调，二是在反抗情况下的征调。事实上，殖民当局本身也不相信会有和平局面出现，因此更多的是准备实施第二种方案。

在征税或征集物资的过程中，乡、村一级官吏就采用各种手段

---

① 〔苏联〕X. T.吐尔苏诺夫：《1916年中亚和哈萨克斯坦起义》，乌兹别克苏维埃社会主义共和国国家出版社1962年版，第188页，转引自汪金国、赵义刚：《1916年中亚起义直接起因辨析》，《新疆大学学报（哲学·人文社会科学版）》2005年第4期，第86页。

② 〔苏联〕X. T.吐尔苏诺夫：《1916年中亚和哈萨克斯坦起义》，乌兹别克苏维埃社会主义共和国国家出版社1962年版，第189页，转引自汪金国、赵义刚：《1916年中亚起义直接起因辨析》，《新疆大学学报（哲学·人文社会科学版）》2005年第4期，第86页。

③ Geoffrey Wheeler Collection, *The Modern History of Soviet Central Asia*, p.92.

④ 《1916年中亚和哈萨克斯坦起义（文献汇编）》，苏联科学院出版社1960年版，第77页，转引自汪金国、赵义刚：《1916年中亚起义直接起因辨析》，《新疆大学学报（哲学·人文社会科学版）》2005年第4期，第87页。

变本加厉地加大征税数额，以中饱私囊，甚至达到公开抢劫的地步。在征调夫役的过程中，这种现象更加突出。首先，征调夫役的政策具有非常明显的等级差别，沙俄地方当局在解释沙皇令的细则中规定，各乡、各村及各阿乌尔管理机构的公职人员、骑手（武装护卫队）、神职人员、“荣誉公民”及其他有产阶层居民，免于征调。[①]此外，还有规定替代的规定：任何一位土著都可以雇用他人来顶替自己去后方做工。这些规定无疑为殖民当局和“土著”行政机关徇私舞弊和暴力欺压民众打开了方便之门，征兵任务落到了那些贫苦农牧民和城市贫民、手工业者身上。[②]1916 年 9 月 21 日，鄂木斯克乡的应征哈萨克人向俄军部状告本乡乡长的舞弊行为。状文指出：“有钱有势的人用各种方式逃避应征：贿买官吏、改变出生年月和老年牧人调换位置等，有钱人和商人大部分被免除了服役。乡长和书记官把穷人和与自己作对的人编入应征名单中。结果，乡长的几个符合条件的兄弟被留在了家里，20 多个超龄的人却被征上了。”[③]地方官吏滥用职权、以权谋私的现象激化了中亚的阶级矛盾，广大贫苦农牧民和城市贫民以暗杀管理户籍的地方官吏、销毁户籍、逃进大草原种种手段躲避夫役。

1916 年大起义发端于突厥斯坦边区所辖的撒马尔罕州。撒马尔罕州所属忽毡城分摊到 9000 个夫役的名额。7 月 17 日，忽毡城被征夫役者及其他民众聚集在警察局门前，抗议沙皇征调夫役的行为，与警察发生冲突，警察开枪打死两名抗议者，打伤多人，激起了民愤，各地穆斯林纷纷起来抗议，由此引发了遍及中亚各地的大起义。

---

① 《1916 年中亚和哈萨克斯坦起义（文献汇编）》，苏联科学院出版社 1960 年版，第 28、33、44、50—53 页，转引自汪金国、赵义刚：《1916 年中亚起义直接起因辨析》，《新疆大学学报（哲学·人文社会科学版）》2005 年第 4 期，第 87 页。

② 刘庚岑、徐小云编著：《吉尔吉斯斯坦》，第 52 页。

③ 《1916 年中亚和哈萨克斯坦起义（文献集）》（俄文版），莫斯科，1960 年，第 539—540 页，转引自万雪玉：《1916 年中亚各民族起义原因探讨》，《新疆大学学报（哲学社会科学版）》1997 年第 4 期，第 79 页。

起义集中在4个地区：突厥斯坦边区的七河州、锡尔河州、费尔干纳州，以及草原总督区的图尔盖州。其中，以七河州及图尔盖州的起义规模最大，影响最深远。

在七河州，反俄情绪最激烈的是比什凯克县和普尔热瓦尔斯克县，起义者与镇压起义的俄国军队发生了大规模的武装冲突。在这场斗争中，七河州的东干人表现突出。1877至1878年中国陕西、甘肃部分回民随首领白彦虎西迁到七河州。在以后的10年间，陆续有甘肃籍回民西迁到这里。东干人信仰伊斯兰教，白彦虎在世时，东干人在七河流域修建了40多所清真寺，均为中国建筑风格的砖木结构。在1916年大起义中，东干人在江尔肯特劫狱事件、七河州大捷和普尔热瓦尔斯克攻城事件三个战役中表现突出。

1916年，由三娃子·伊斯马伊诺维奇（三娃子是第一代到七河流域的陕西回民，他的后代均以此为姓）组织了一个反征兵委员会，他们走村串户，发动群众。7月7日，他们举行游行，有上百名东干人、维吾尔人、哈萨克人走上江尔肯特城街头，高呼："我们都不去当兵"、"我们宁愿死在家乡，也不去为沙皇卖命！"等口号。此后，800名反战群众被抓进监狱。8月4日，三娃子率领的武装群众冲进监狱，解救了被关押的同胞，他们打死2名、打伤4名看守。江尔肯特劫狱事件在中亚各地引起了强烈的反响。

此后，七河州各支起义队伍的数千名起义者联合起来，由东干人吴三麦·尤素波夫统一指挥，他们迅速攻占了托克马克县城。8月中旬，起义队伍控制了通往比什凯克、托克马克、纳伦、普尔热瓦尔斯克诸县的公路、邮站、桥梁及村镇，控制了楚河两岸地区。沙俄政府组织了一支2000人的讨伐队，携带大炮等重型武器围攻托克马克城。8月下旬，双方发生激战，讨伐队在死伤520人的情况下仓皇溃逃。8月底，沙俄政府派出4支讨伐队，对托克马克县城（陕西回族移民居住的营盘和新渠分别距托克马克县城7公里和1公里）进行轮番进攻，于9月13日攻陷托克马克城，吴三麦在守城战斗中阵亡，数百名起义者牺牲。

在大起义后期，七河州发生了普尔热瓦尔斯克攻城事件。普尔热瓦尔斯克县城内住有近3000名东干人。起义首领是东干人希拉子·乌缅拉洪诺夫和吉尔吉斯人江伊纳波夫。8月15日，他们攻破县城监狱，释放了被关押的群众，没收了城内富裕大户及不法商人的财产。沙皇讨伐队攻城数天，未能攻克。城内的东干起义者身穿白衣、手执白旗，准备与讨伐队决一死战。9月21日，讨伐队用重炮轰城，除了少数人得以逃生外，大多数起义者壮烈牺牲，起义失败。

七河州的起义最终被俄国军队镇压下去。七河州军事长官在1917年3月4日写给沙皇尼古拉二世的报告中谈到了七河州起义的原因，他认为，土著人由于俄国移民的到来而丧失了从前的土地和水，特别是逐渐走向定居的土著人对此非常不满。移民竭力侵占其最好的土地和住地，用钱换取在土著人土地上的临时居住权。当七河州有几万擅自移民时，相当部分已不能遵守独立的、和睦相处的原则与土著人进行交易。[①]

图尔盖州的主要领导人是阿曼格尔德·伊曼诺夫、阿卡都·加法尔·詹姆波辛和喀西姆·奥斯潘。阿曼格尔德·伊曼诺夫出生在维尔内（今阿拉木图）一个贫苦牧民家庭，在中亚各族人民中享有很高的威望，他领导的起义声势浩大，由最初的5000人发展到5万人[②]，起义吸引了邻近的乌拉尔斯克、奥伦堡等工业中心的工人，他们也积极参加到起义队伍中。起义者攻击俄罗斯移民、与沙俄军队展开激战，他们提出了推翻沙皇专制、夺取政权的斗争目标。1916年起义爆发以后，阿曼格尔德·伊曼诺夫深入到哈萨克斯坦北部各个矿区，组织矿工罢工，组建矿山赤卫队，与各地农牧民起义取得联系，推动了整个中亚地区武装起义的发展。11月上旬，阿曼格尔德·伊曼诺夫率领起义军包围了图尔盖城，城内守军向沙俄政府紧

---

① 万雪玉:《1916年中亚各民族起义原因探讨》,《新疆大学学报（哲学社会科学版）》1997年第4期，第81页。

② 哈萨克科学院历史考古与民族研究所:《哈萨克苏维埃社会主义共和国历史》第1卷，阿拉木图，1957年，第136页，转引自丁笃本:《中亚通史》（现代卷），第35页。

急求援。11 月中下旬，起义军在攻城中遭到严重损失，加之受到沙俄援军的进攻而失败。一部分起义队伍潜入大草原展开了游击战，他们的斗争一直坚持到 1917 年 2 月俄国资产阶级民主革命。

在费尔干纳州，起义群众进攻当地官僚甚至杀死他们，起义者占领邮电局，破坏电话线、道路和桥梁。在马尔吉兰和纳曼干县都出现了死亡者，在安集延和其他地方发生了有极端野蛮行为的事件，山区吉尔吉斯人一直坚持斗争到 1916 年深秋。

在希瓦汗国，穆哈马德·库尔班·朱耐德汗带领土库曼部落进攻首都希瓦城，结果被锡尔河州州长亚历山大·斯加尔将军率领的俄国救援部队镇压。在外里海州，一些土库曼人有组织地进攻俄国人的侨居地，他们的起义对该州的交通和商业企业造成严重威胁，俄国动用了大量武装部队才把他们的反抗镇压下去。

起义失败以后，沙俄军队对参加起义群众进行疯狂的报复，几乎有 20 万中亚居民死于报复性屠杀之中，大约有 20 万人逃入中国新疆。[①] 沙俄政府成立了军事法庭，大约有 350 名起义者被处死，数百人被流放或关进监狱。七河州人口减少 25%，而吉尔吉斯北部地区人口减少 41.4%。[②] 在起义过程中，突厥斯坦边区总督 A.H. 库罗帕特金将军曾召开了有关处理起义者的会议，会议决定：把所有参加起义的本地人逐出他们原有的土地，赶到东吉尔吉斯去，他们的土地拨给即将来到的俄国移民使用。起义被镇压以后，沙俄统治者烧毁了起义者的房舍、掠走财物、牵走牲口。这种情况一直持续了 4 个月，中亚各地的经济受到严重破坏。到十月革命时期，中亚各地的经济普遍落后于 1913 年的水平。

1916 年中亚大起义的直接原因是沙俄在中亚征调夫役引起的，以后担任突厥斯坦边区总督的 A.H. 库罗帕特金在会见陆军部副部长费罗洛夫时曾谈道："即使是在俄罗斯，征调 19—43 岁之间的男性

---

① Gavin Hambly, edit, *Central Asia*, p.225.

② 《吉尔吉斯加盟共和国百科全书》，第 69 页。

公民参军，在两年之内尚难完成……何况要在短时间内完成对突厥斯坦边区所有年龄在19—43岁之间男性公民的征调。首先，在经济上这将给当地居民以沉重打击，当地土著可能将荒废掉今年的收成，尤其是棉花的采摘，当然就更谈不上下种，包括来年棉花的播种；而游牧民则可能在相当程度上因无力迁徙而舍弃自己的畜群（因为留下来的只有儿童、妇女和老人）。”[①] 沙俄在中亚的大规模移民、剥夺和转拨土地也是导致1916年中亚大起义的主要原因。A. H. 库罗帕特金曾向沙皇报告说：“除了引起土著叛乱的一般原因之外，还有近30年来突厥斯坦土著各集团中对自己状况不满的积累。”[②]

1916年中亚起义的特点是来势猛，发展快，影响大。1916年起义历时两个多月，在高潮时期，哈萨克草原和突厥斯坦边区共有30多个大中型城镇及乡村参与到起义之中，各地起义队伍总数不下50万人。[③] 起义的主力是中亚各地的穷苦农牧民、城市贫民及小手工业者。然而，由于各地的起义多属自发性斗争，各支起义队伍始终没有联合起来，更缺乏统一的指挥和领导，因此，各支起义队伍分别被沙俄军队镇压下去。

1916年中亚人民起义具有民族解放运动的性质。然而，没有超出传统的农民战争的范畴，起义是由农民或宗教首领领导的、以农牧民为主体的旧式民族解放运动。在起义纲领中，起义的领导者未提出建立一个新国家和新社会的主张，尽管中亚代表在1916年6月27日至29日的洛桑国际会议上提出了中亚民族应该享有和俄罗斯人相等权利及某些自主权的要求，然而，起义最终要完成的任务是恢复和维护中亚原有的社会状态。在20世纪初期，亚洲其他殖民地国家的民族解放运动已经步入由资产阶级领导的民族民主革命，而

---

① 《1916年中亚和哈萨克斯坦起义（文献汇编）》，苏联科学院出版社1960年版，第40页，转引自汪金国、赵义刚：《1916年中亚起义直接起因辨析》，《新疆大学学报（哲学·人文社会科学版）》2005年第4期，第87页。

② 同上文，第88页。

③ 《吉尔吉斯加盟共和国百科全书》，第131页。

1916 年中亚大起义落后于 20 世纪亚洲民族解放运动的潮流，最终遭到了失败，从此，农民起义不再是中亚历史舞台上的主角。

1916 年中亚起义虽然失败了，但是，这次起义使中亚的沙俄当局遭到了沉重的打击，沙俄在中亚的机构几乎陷于瘫痪，动摇了沙俄在中亚的殖民统治。起义发生在俄国无产阶级革命前夜，加剧了沙皇专制统治的全面危机，为俄国二月革命和十月革命创造了条件。1916 年中亚大起义的第二年，在俄国统治了近四百年的沙皇专制统治结束了。1916 年起义唤醒和锻炼了中亚人民，为中亚进入新的历史时期做好了准备；在斗争中涌现出的大批组织者，为中亚资产阶级民主革命和社会主义革命锻炼了人才、积累了经验。

第三节　俄属中亚与中国的关系

从 1822 年起，俄国在哈萨克草原废除汗王统治，直接将哈萨克草原纳入了俄国的殖民统治，俄国成为与中国领土毗邻的国家。从此，俄国不再担心中国的影响，因为俄国军队“随着管理机构同时出现在草原上”[①]。此后，俄国继续东进侵占中国领土。中国清政府在 1860 年的中俄《北京条约》和 1864 年的勘界议定书《勘分西北界约记》中承认了俄国侵占中国领土的事实，巴尔喀什湖以东和以南共 44 万多平方公里的中国领土被划归俄国。1867 年和 1875 年，俄国在巴尔喀什湖以东以南地区和费尔干纳盆地设置七河州和费尔干纳州，利用两州的地理位置，继续侵占中国西北部领土。

俄国侵占中国边境地区的手法是：先在边境地区制造事端，然后派军队进驻，最后迫使清朝签订条约承认俄国侵占的领土“合法化”。

1871 年 5 月，俄国突厥斯坦边区总督考夫曼在追剿哈萨克族“逃犯”的借口下，命令七河州州长科尔帕科夫斯基少将率军进入中

---

① 〔俄〕M. A. 捷连季耶夫：《征服中亚史》第 1 卷，第 105 页。

国新疆的伊犁地区。6月12日，科尔帕科夫斯基指挥俄军向伊犁发起攻击，由突厥斯坦军区第十步兵营的第二连、第三连，七河州的第二哥萨克连、第六哥萨克连的半个连、哥萨克教导队、步兵教导队、西伯利亚的第二哥萨克连的一部分和第一炮兵营的连队组成的部队于下午3时出发，途中经过遭到破坏的许多中国城镇，沿着宽阔的伊犁大路前进。[①]整个出征，从5月3日，即各路侦察部队派遣之日起，到6月22日，即占领伊犁城之日止，总共延续了整整50天。[②]7月16日，突厥斯坦军区第十边防营第四连和七河州哥萨克第四连经苏阿舒山口前来会师，从而加强了伊犁部队。[③]

此后，俄国向清政府宣布："既然现在北京政府无力向伊犁地区调出大量部队，那么在中国强大的部队到达之前，我们只有留驻这里，在俄国的旗帜下保护伊犁。"[④]清政府命伊犁将军荣全与俄国公使交涉收回伊犁之事。武力占领伊犁成了俄国谈判的筹码，中国提出"先交后议"，俄国公使则坚持"先议后交"，即先解决中俄边界及其他的问题，然后才能交还伊犁。俄方代表提出了通商、重新划定中俄边界、赔偿俄国"损失"等要求，只字不提交还伊犁之事。于是，中方做出了让步，提出"边交边议"方案。

这种谈判不会有什么结果。在交还伊犁的问题上，俄国只是"一味狡展……断非空言所能有济。必须中国兵力足以震慑，先发制人，方能操纵自如，杜其觊觎之渐……。傥能先复玛纳斯，再复乌噜木齐，毋使该国续有占越，庶可挽回大局"[⑤]。当时，清政府正在镇压甘肃一带举事的回民军，收复伊犁之事被搁置下来。俄军在伊犁一驻就是10年。在此期间，沙俄废除了清朝在伊犁的行政建置，在1871—1879年间，俄国在伊犁收取了966440卢布的税。[⑥]

---

① 〔俄〕M. A. 捷连季耶夫：《征服中亚史》第2卷，第42页。

② 同上书，第56页。

③ 同上书，第57页。

④ 同上书，第62页。

⑤ 《清实录》，中华书局2008年版，第54427—54428页。

⑥ 〔俄〕M. A. 捷连季耶夫：《征服中亚史》第3卷，第376页。

10 年之后，1880 年，钦差大臣左宗棠在哈密建立军事基地，清军开始向伊犁进军。在清朝收复失地取得巨大成功的前提下，正在与俄国交涉伊犁问题的清朝大臣曾纪泽在外交谈判中开始采取强硬态度，据理力争，俄方代表答应从伊犁撤军。1881 年，中俄双方签了《伊犁条约》（即《改订条约》，俄国称《圣彼得堡条约》）。根据《伊犁条约》，中国收回了伊犁和特克斯河上游两岸的领土，但伊犁西部霍尔果斯以西的领土被俄国割占，斋桑湖以东、伊犁西部等总共 7 万多平方公里的中国领土被并入俄国版图。为了加强对西北边疆的管理和防务，1884 年，清政府在新疆设立行省，以迪化（今乌鲁木齐）为省会，新疆行省的建立加强了清政府对新疆地区的统治。

在中国与哈萨克牧土毗邻的地区，俄国也以类似的方式侵占中国领地。1882 年，沙俄军队 700 余人侵入中国哈巴河，遭到哈萨克牧民的强烈反抗，牧民们要求清廷不要再割地给沙俄，纷纷表示“至死不肯分让”、“随地划归俄辖，虽死不从”[1]。1883 年，沙俄与清政府签订了《中俄科塔界约》，以阿拉克别克河划界，中国失去了喀喇哈巴河、马尔喀湖及重要卡伦玛尼图噶勒干（今俄罗斯阿克秋别）等许多地方。[2]

收复伊犁以后，清政府开始与俄国就南疆地区进行谈判。策勒村事件是沙俄在南疆制造事端企图侵占中国领土的行为。策勒村位于南疆的于阗县，俄驻于阗县的商业代表赛义提·阿吉本是中国人，早年随乌兹别克商人到过塔什干、安集延，后来加入了俄国国籍。赛义提·阿吉依仗俄国势力在于阗建立“俄侨组织”，鼓动居民加入俄国国籍，并以断绝灌溉水相威胁，由此激起了策勒村村民的反抗。1912 年 5 月，驻叶尔羌的参将熊高升和赵大胜为了处理这一事件来到策勒村。赛义提·阿吉开枪打死了几个中国士兵和维吾尔族群众，

① （清）王彦威编：《清季外交史料》（光绪朝）第 29 卷，第 1—2 页。

② 《哈萨克族简史》编写组、《哈萨克族简史》（修订本）编写组：《哈萨克族简史》，第 195—196 页。

愤怒的群众包围并焚烧赛义提·阿吉的家，打死了在场的俄国人，赛义提·阿吉逃走。[①]沙俄政府借此大做文章，要求中国政府严惩凶手。1913年，袁世凯政府迫于俄国压力在喀什开庭审理策勒村事件。此后，中俄双方签订了《中俄策勒村协定》，中国赔款6.9万两白银，熊高升判刑12年，苏普尔格等30多名群众分别被处以苦役和徒刑。[②]

除了侵占中国领土以外，沙俄政府还利用中亚的地理条件干预中国内政，组织分裂中国的活动。1864年，新疆发生反清起义，起义者占领了新疆的大部分地区，领导起义的封建主纷纷自立，于是，在新疆出现了许多互相攻伐的割据政权。1865年，南疆封建主金相印向浩罕汗国求援，浩罕军司令阿古柏（1825—1877）率军进入新疆，占领了喀什噶尔、疏勒、于阗、叶尔羌等地。阿古柏在占领区内仿照中亚汗国的制度，建立了“哲德沙尔国”（意为七城之国），他本人称“汗”。1870年，阿古柏的势力继续向北发展，攻陷乌鲁木齐等地，几乎占据了新疆全境。清政府因忙于镇压内地人民起义，无暇西顾。俄国和英国趁机与阿古柏政权勾结，俄国于1872年、1876年两次派使者与阿古柏联系，在财力和武器方面给予援助，阿古柏给予俄国设立领事馆、建商队头目代办处、收取低额关税等政治和经济特权。

1872年4月底，考夫曼派俄国使团从托克马克出发，5月6日，抵达恰蒂尔湖以东32公里，在此受到阿古柏部众的欢迎。6月10日，沙俄使者与阿古柏签订了通商条约。在条约中，俄国承认阿古柏伪政权“哲德沙尔国”，阿古柏同意俄国在南疆各城设“商务代表”和建立“商馆”，同意俄国货物在提取2.5%的过境税之后经喀什噶尔运往他国。随后，阿古柏派遣赛亦德·雅古布（Seyyid Jacoob）前往塔什干，1873年夏，在圣彼得堡接受了沙皇的接见。

---

① 新疆社会科学院民族研究所:《新疆简史》第2册，新疆人民出版社1980年版，第386页。

② 同上书，第389页。

1874年，俄国调集军队两万人，进驻纳伦河地区，派司科贝列夫上校担任指挥，准备入侵南疆，重演代收代守的故事，此事因浩罕汗国爆发抗俄起义而未果。1876年10月25日，以库罗巴特金为团长的俄国使团到达喀什噶尔，当时阿古柏正在乌鲁木齐与清军作战，在喀什噶尔理政的是阿古柏之子比克巴恰。10月27日，俄国使团拜见比克巴恰，提出："从苏约克山口起，……边界线应该通往乌鲁克恰提，并伸延到玛里塔巴尔山"；"乌鲁克恰提、那格拉察勒得、业金与伊尔克什坦，应该转交给我们"。[①]这样，沙俄就可以沿克孜勒河谷长驱直入喀什噶尔。阿古柏的代表答应了沙俄的要求。[②]

与此同时，清朝政府已经着手收复中国西北领土的战争，1876年3月，左宗棠率三路大军从肃州（今酒泉）出发，他采取"先北后南，缓进急战"的战略，用半年多的时间，收复了天山以北的大部分领土。第二年，清军在各族人民的支持下向天山以南推进，5月，在库尔勒打败了阿古柏的主力军，阿古柏服毒自杀。[③]沙俄侵占南疆土地的企图落空。

沙俄政府从俄属中亚的地理位置在中国西北部地区获得了经济利益。随着沙俄对哈萨克中帐和大帐牧地的统治，1851年，沙俄与清朝签订了《中俄伊塔通商章程》，通过这一条约，俄国在新疆取得了设立领事、通商免税、领事裁判权、保护商队等权益。此外，俄国还获得了在伊犁和塔城建立贸易圈，盖房、存货、居住、放牧、设立坟地的权利。从1852年起，沙俄开始在塔城、伊犁建立商业据点。[④]

通过1860年签订的中俄《北京条约》，沙俄取得了在喀什通商和在伊犁、塔城、喀什三地设立领事的权利。1881年中俄签订的《伊犁条约》，以及其后的五个勘界议定书使俄国人在中国领土上建立起更多的领事馆。

---

① 新疆社会科学院民族研究所：《新疆简史》第2册，第202页。乌鲁克恰提、那格拉察勒得、业金和伊尔克什坦皆在今乌恰县西部克孜勒河上游。

② 同上。

③ 也有说气急暴病而死，或被人毒死。

④《哈萨克族简史》编写组、《哈萨克族简史》（修订本）编写组：《哈萨克族简史》，第198页。

《伊犁条约》规定：俄国不仅有权在伊犁、塔城、喀什噶尔设领事馆，还有权在远离边境的吐鲁番和肃州两地派驻领事。1882—1883 年间，沙俄相继在新疆伊犁、塔城、喀什噶尔重建领事馆，1895 年，沙俄在乌鲁木齐新建了领事馆。俄国领事对于“附近各处地方关系俄民事件，均有前往办理之责”，即享有领事裁判权。

《伊犁条约》规定，俄国有权在中国建立贸易圈，这些贸易圈成为俄国在中国的“国中之国”。贸易圈内的俄国人独立于中国的行政、司法权力之外，只接受沙俄领事的管辖，既不向中国政府纳税，也不受当地官吏的约束。《伊犁条约》规定，俄商在中国的贸易圈内可以“建造铺房、行栈”。俄商“到处购买民房，租占牧场以及园地，查城关内外及四乡圩子，凡属上等牧地园地，大半为俄人所占领”[①]。20 世纪初，侨居伊犁地区的俄国人已从北面和东面包围了宁远城，地处金顶寺领事馆周围的侨民区发展特别快，修建了一排排整齐的移民住房，街道笔直，绿树成荫，“俄人呼曰诺威噶尔特，意为新城，直视为彼领土”[②]。据沙俄派驻伊犁领事报告，1911 年住在宁远城的俄国侨民有 890 家，他们基本上都拥有不动产（如房屋、铺面、园地、磨坊等），其财产价值可达 400 万卢布，如果把他们所拥有的各种动产（如牲畜等）也加在一起，可达 800 万卢布，此外，俄国商民还采用各种手段抢占了 2248 俄亩土地（约为 3676 市亩）。[③]在喀什地区，俄属安集延商人在喀什城北关一带任意租赁或购买住房、店铺开张营业，甚至“强行索取中民已经管数十年之产业”，以致经常引起中外商民的商务、财务纠纷。[④]在塔城、乌鲁木齐，俄

① 新疆维吾尔自治区档案馆：《中俄改定条约 · 伊犁说帖》，转引自邓绍辉：《略论 1881—1914 年间新俄贸易关系的扩大》，《新疆大学学报（哲学 · 人文社会科学版）》1989 年第 1 期，第 30 页。

② 谢彬：《新疆游记》，新疆人民出版社 1990 年版，第 155 页。

③《帝俄驻伊犁领事关于 1911 年俄国侨民在伊犁的商业概述》（手抄本），转引自邓绍辉：《略论 1881—1914 年间新俄贸易关系的扩大》，《新疆大学学报（哲学 · 人文社会科学版）》1989 年第 1 期，第 30—31 页。

④ 杨增新：《补过斋文牍》，庚集，台北文海出版社 1965 年版，第 7 页。

国领事多次要求扩大贸易圈的范围。[①]

《伊犁条约》扩大了俄国在中国的经济利益。按1851年中俄《伊塔通商章程》和1860年中俄《北京条约》的规定：俄商在新疆境内享受免税贸易的地方仅有伊犁、塔城、喀什噶尔新疆西部。《伊犁条约》签订以后，免税地区扩大到新疆中部，“乌鲁木齐及关外之天山南北两路各城贸易，暂不纳税”[②]。

据民国初年的不完全统计，俄商在中国西部建立的商行有：塔城12家、乌鲁木齐8家、奇台5家、阿克苏10家、喀什噶尔4家、英吉沙尔7家。[③]与中国商行相比，这些商行的资本雄厚，乌鲁木齐的吉祥涌洋行拥有资本130万卢布，德盛洋行120万卢布，德和洋行100万卢布。[④]在喀什噶尔，艾孜牙司提盖经营的商行拥有资本达80万卢布。[⑤]俄商在中国境内建立的商行和分店垄断了中国西部的进出口贸易。

1893年，俄国由新疆进口的牲畜、毛皮等商品价值总共不到100万卢布，到1906年，仅乌鲁木齐一地运往俄国的畜产品价值就超过了100万卢布。同一时期，俄国每年由伊犁宁远附近哈萨克、蒙古族牧民中收购的各种毛皮高达165万斤；从塔城地区收购的马2000余匹、牛2000余头、羊7万余只；从喀什地区收购的羊毛达36.4万斤，牛羊皮23.3万斤。[⑥]新疆农产品大批流入俄国市场，20世纪初，吐鲁番一地“岁产草棉300余万斤，葡萄200万斤，皆陆由伊犁出俄地行销者十之六七”[⑦]；1913年，俄国由喀什噶尔的

---

① 刘昆玉：《新疆游记地理》，转引自钟镛：《西疆交涉志要》卷5，台湾商务印书馆1963年影印本，第2页。

② 中俄《伊犁条约》，第12条。

③ 新疆维吾尔自治区档案馆：《民国三年外国人在华开设商号表》，转引自邓绍辉：《略论1881—1914年间新俄贸易关系的扩大》，《新疆大学学报（哲学·人文社会科学版）》1989年第1期，第31页。

④ 新疆社会科学院民族研究所：《新疆简史》第2册，第360—361页。

⑤ 新疆维吾尔自治区档案馆：《外国人在喀什疏附县开设商号表》，转引自邓绍辉：《略论1881—1914年间新俄贸易关系的扩大》，《新疆大学学报（哲学·人文社会科学版）》1989年第1期，第31页。

⑥《新疆乡土志二十九种》，转引自邓绍辉：《略论1881—1914年间新俄贸易关系的扩大》，《新疆大学学报（哲学·人文社会科学版）》1989年第1期，第35—36页。

⑦ 同上文，第36页。

进口总额为4567420卢布，其中，皮棉840477卢布，毛167981卢布，丝329600卢布，毡呢产品453382卢布，兽皮358290卢布，毯181048卢布，干果745863卢布，牲畜254191头。[①]

新疆棉花的出口对俄国纺织工业的发展具有重要意义，据当年俄国驻塔城领事馆的一位官员说："从中国西部地区输入棉花对我们有很大意义。……我们除发展中亚的棉花种植外，还应当全力关注增加从中国土耳其斯坦的棉花输入。这样就使我们有可能少依赖美国，而这对我们是很重要的。"[②]

1881年以后，俄国在中国境内的贸易路线增加。1881年签订的《陆路通商章程》规定：俄商前往中国内地贸易除继续由恰克图至天津的商路外，另准开辟由科布多经归化（今呼和浩特）前往张家口，由新疆前往嘉峪关的新商路。这样，中俄陆路贸易路线由原来的一条扩大为三条，前往中国贸易过界卡伦为35个。[③]通商口的增加，为俄商出入中国边卡提供了便利条件。

《伊犁条约》签订以后，伊犁河段有三分之二的流程被划入俄界，俄国在下游开办了水运。1906年，俄国修筑了由吐尔戈特山口至喀什噶尔的马车大道，19世纪末20世纪初，随着俄国中亚铁路和土西铁路（连接中亚细亚和西伯利亚的铁路线）的修建，俄属中亚垄断了与新疆的贸易。据俄国有关方面统计：在新疆的全部进口商品中，俄国货占了90%，新疆出口货物的75%—80%也是输往俄国的中亚等地。[④]

俄国通过不平等条约获取的通商权益，控制了经济落后、交通闭塞的中国西部地区的经济，使这些地区逐渐成为俄国的商品输出地和原料产地。俄国商行与俄国国内许多工商业组织垄断了运往新

---

① 〔苏联〕玛梅多娃：《土尔克斯坦与新疆贸易关系之一页》，李步月译，《西北历史资料》1983年第1期，第69页。

② 〔俄〕尼·维·鲍戈亚夫连斯基：《长城外的中国西部地区》，第192—193页。

③ 王铁崖编：《中外旧约章汇编》第1册，第389—390页。

④ 新疆社会科学院民族研究所：《新疆简史》第2册，第365页。

疆各地的贸易，各大商行推销俄货的方式不只是直接在商行或商行分店销售，更主要的是向代售商批发或贷货。到19世纪90年代，新疆市场上充斥了越来越多的俄国工业品。

19世纪下半叶，沙俄在中国西北部的活动对中国民族的构成也产生了一定的影响。在沙俄侵占伊犁期间，伊犁地区13万余中国维吾尔、回、哈萨克等族居民中大约有7万人“迁入”俄境；在1881年到1884年短短4年内，伊犁各族民众迁去者竟已十之六七，达10余万人。[①] 在血缘上有着千丝万缕联系，在文化上有着共同的语言、宗教和风俗习惯，在经济上保持着紧密关系的哈萨克、乌孜别克、柯尔克孜、维吾尔等民族成为分属中国和俄国统治的跨境民族。

① 伊犁州公安局史志办公室：《1962年新疆伊塔事件史料》，1988年编印，第33—35页，转引自李丹慧：《新疆苏联侨民问题的历史考察》，《历史研究》2003年第3期，第81页。

第十章

中亚被俄国征服的原因及后果

俄国对中亚的征服有着地理和历史原因，而中亚国家政治分裂和经济落后是俄国得以迅速征服的主要原因。在许多情况下，俄国的征服是以暴力的形式完成的，统治也具有军事性质，它给中亚人民造成了极大的伤害；然而，俄国对中亚的征服是近代资本主义战胜封建主义，俄国在中亚的统治使中亚社会步入了近代化的过程。俄国的征服和统治对中亚地区产生了深刻的影响，第一，中亚地区的战略地位下降了，纳入俄国统治之后的中亚成为其边缘地区，只能在俄国范围内发挥作用；第二，改变了中亚历史的发展方向，中亚政治和经济被纳入俄国的资本主义体系，具有了殖民地或半殖民地性质。

第一节　中亚被俄国征服的原因

从 18 世纪后半叶起，全球政治和经济发生了根本的变化。在政治格局上，欧洲人不再局限于欧亚大陆西端，英国人通过控制印度洋从南面包围了亚洲，俄国人通过征服西伯利亚从北面包围

了亚洲。在实力还不够强大之时，欧洲列强满足于在沿海设立贸易点，通过它们积蓄力量，然后从外围向欧亚内陆渗透，这一过程是漫长的。葡萄牙人到达远东后两个多世纪才在广州和长崎两个沿海城市经商；英国人在18世纪末才强大到开始对印度领土的征服；到19世纪，西方以强大帝国和股份公司的力量深入到非洲和亚洲内陆，于是，19世纪的中亚也不可避免地成为西方列强争夺的地区。

在经济格局上，世界正在成为一个经济单位，世界各地卷入了以欧洲为中心的全球性经济活动。新的世界经济关系突出地表现在国际分工和贸易两个方面。初级阶段的国际分工在世界范围内逐步形成：动力机器的使用使欧洲成为世界工业的中心，南北美洲和中亚提供原料，非洲提供人力。欧洲与其他地区的贸易也发生了质的变化，廉价工业品占领了亚洲和非洲市场。于是，以直接抢劫、征收贡赋和垄断贸易获取高额商业利润的掠夺方式逐渐被以获取商品市场和原料产地为主的掠夺方式取代。19世纪，扩展殖民地和势力范围的竞争随之激烈起来，包括中亚在内的亚洲大多数地区成为这一竞争的牺牲品。在这种大环境下，中亚地区被俄国征服了。

在彼得一世时代，俄国领土不仅背靠欧亚大陆，而且已经面临北冰洋、大西洋、太平洋，然而，在彼得去世之时，俄国南下印度洋的目标还没有实现。南下印度洋要从中亚地区通过，征服中亚成为沙俄南下太平洋战略目标的重要步骤。从19世纪60年代起，俄国以惊人的速度征服了中亚的三个汗国和东、西两翼的土库曼斯坦和帕米尔地区。俄国之所以能够迅速地征服中亚与地理因素有关，与西方列强相比，俄国占据了有利的地理因素。

俄国领土的相当一部分在东欧平原上，横亘在平原上的乌拉尔山脉只是一道平均高度只有600米的久经销蚀的狭长山脉。乌拉尔山脉逶迤南下到北纬51度时不再延伸，留下一片伸向里海的与中亚地区相连的平坦沙漠。因此，在地理上，俄罗斯平原区与这片沙漠

在地理上可以视为一个整体，其间没有高山险阻。

欧亚内陆遍布着众多的河流。乌拉尔山脉以西，有流入黑海的德涅斯特河、第聂伯河和顿河，以及先往东、再折向南流入里海的伏尔加河；乌拉尔山脉以东，有额尔齐斯河、鄂毕河、叶尼塞河、勒拿河和黑龙江。欧亚平原地形平坦，没有急湍的险流阻碍，河流漫长而宽阔，大多数河流自古已是东西方贸易的通路，它们便利了俄国的东扩和南扩。这些河流与其众多的支流一起，为俄国提供了一个东通太平洋、南下兴都库什山的交通网。

除了地理因素外，中亚地区的政治形势是俄国迅速征服中亚地区的主要原因。由于远离工业发达的地区，中亚对外面世界的了解极少。古代中国是一个强大而富裕的国家，西方要与中国建立联系必须通过中亚，于是，中亚成为东、西方交通的必经之路，中亚的经济和文化也与古代世界的东、西方强国有着密切的联系。随着海路的开辟，东西陆路交通逐渐被海路取而代之，中亚也就丧失了作为东西交流桥梁的作用，与外界的联系仅局限于周边国家和地区，对欧洲发生的事情了解甚少。对欧洲人来说，18—19 世纪是一个眼界不断开阔的时期，当有关德里“莫卧儿大帝”的财富和豪华生活的报道传到欧洲时，欧洲人为之激动。欧洲少数知识分子热衷于印度和中国文化，并且通过多种渠道加深了对亚洲的认识。18 世纪上半叶，具有各种专门知识的俄国学者来到中亚，他们中的大多数人写了日记、外交文件和报告，记载了他们在中亚观察到的各种情况，西方对中亚是不陌生的；而地处欧亚腹地的中亚国家对其身外的其他民族和世界却并不了解，或者知之甚少。

在中亚古老的文明中心，中亚的统治者们对俄国文化没有一点印象。希瓦汗在回答俄国人的信中说：“开天辟地至今未见如此先例，一国君主为了别国的安宁和别国臣民的安全而在边界上修建堡垒并派遣自己的部队……我汗王希望白沙皇以祖先为榜样，勿醉心于扩张上天所赐于他的帝国领地，勿寻求别国领土，因为这样有损于伟大君主的气度。如想指靠自己的武力要与我们兵戎相见，那么

在创造天地万物的造物主面前，在人间法官们的主宰面前，无论强者弱者，都是平起平坐的。真主的圣意叫谁取胜，谁就取胜……”①这番话出自19世纪70年代的君主，可以想象他对外面世界的了解程度。当俄国打到了家门口之时，希瓦、布哈拉和浩罕三大汗国措手不及，毫无回击的能力。

由于与外界失去交流，中亚社会还停留在中世纪，与学习西方资本主义强国的沙俄无法同日而语。16世纪以前，中亚社会经济和文化的发展水平比俄国高，中亚的农业、手工业、水利工程、医学、文学、艺术都超过了蒙古人统治下的罗斯诸公国。16—17世纪，莫斯科公国有了很大发展，它与中亚诸汗国基本上处于一个水平上了。18世纪，俄国开始向西方学习，在政治稳定发展的前提下，俄国社会经济迅速超过了中亚，赶上西方。然而，直到19世纪，中亚还处于以小农和小作坊为主的农业社会，直到俄国征服前夕，中亚的前工业社会状态没有发生根本的变化。

中亚汗国统治者的残酷剥削和政治压迫也是俄国得以迅速征服中亚的重要原因。中亚居民不仅要缴纳苛捐杂税，而且还要负担各种劳役。在农村，中亚农民要交纳各种各样的赋税，由于没有固定的税收制度，税额被征税人增加了若干倍。②不能按时纳税的人，将受到严酷的惩罚。据雅库比等历史学家记载，不按时按规定数额纳税的人，将受到税吏的残酷折磨，家产被没收。政府把控告收取贡赋者行为的文书看成是不驯服的表现，这种控告只会把情况弄得更糟。在这种情况下，采用的惩罚之一是对受处分的人课以特别罚款。③商业也因沉重的税收和沿途应付的层层关税而受到阻碍，在布哈拉、希瓦、浩罕汗国经商的富人，“对统治者隐瞒自己的财富，

① 〔俄〕M. A. 捷连季耶夫：《征服中亚史》第2卷，第74页。

② 〔苏联〕哈尔芬：《中亚归并于俄国》，吴筑星、董兴森译，刘品大校，《中亚史丛刊》1988年第4期，第27页。

③ 〔苏联〕帕·彼·伊凡诺夫：《中亚史纲（16—19世纪中叶）》，吴筑星、董兴森译，刘品大校，《中亚史丛刊》1983年第1期，第81页。

免得触动他们的贪欲，以便在不利的时刻好逃避他们的抢劫。因为这些统治者虽然挂着汗和埃米尔称号，但实质上却是暴君。他们不受任何约束，总是不知羞耻地占有被自己统治的人的财富。所以在那里连最富的人都无法确信，说不定将来会有一天，尽管自己没有一点过错，却会遭到不经任何法庭审判就被剥夺全部财产而成为一个真正的穷光蛋”[①]。

中亚居民要负担各种劳役，如建造宫殿和军事要塞、清理沟渠修筑道路等。这些劳役常常在农忙期间进行，严重影响了当地的生产。希瓦官员驱赶农民，甚至用棍子打死那些白天没有完成任务的农民。[②]最沉重的劳役是在汗国的军队中服役，民军是战时临时在部落和城市居民中征集，民军得不到国库支付的军饷。他们人数很多，几乎各部落和地区的所有成年男子都得参加，因此在战时，很多地区的经济生活完全停顿下来，留下来的只是一些没有劳动力的居民。

除了经济剥削外，中亚统治者和封建主对中亚人民实行政治压迫，布哈拉汗国采用酷刑统治。曼格特王朝埃米尔纳斯鲁拉统治时期，汗国遍布特务和密探，秘密警察以监视宗教法的执行为借口，闯入民宅。他们常使用酷刑逼人们交出自己的财产。他们采用的酷刑有活剥人皮，火上烘烤，把人从高塔上抛下来摔死等。汗国的埃米尔和伯克对犯人进行审讯和治罪是“随心所欲的，并且总是为汗的金库而谋取利益”[③]。人们因为一点点小过失就可能被汗或埃米尔没收全部财产。

封建剥削和压迫激化了统治者与被统治者之间的矛盾，反对埃米尔、汗、伯克、比等统治阶级的各族人民起义风起云涌。在俄国征服前夕，较大的起义有1814年塔什干起义，起义被镇压下去之

---

① 〔苏联〕帕·彼·伊凡诺夫：《中亚史纲（16—19世纪中叶）》，吴筑星、董兴森译，刘品大校，《中亚史丛刊》1983年第1期，第81页。

② 〔苏联〕哈尔芬：《中亚归并于俄国》，吴筑星、董兴森译，刘品大校，《中亚史丛刊》1988年第4期，第27页。

③ 同上。

后，在该城进行了持续十天的大屠杀。[①]1821—1825年，布哈拉汗国乌兹别克基普恰克人的起义；1826年，撒马尔罕手工业者起义；1827年，以及1855—1856年，希瓦汗国起义；1858年4月，南哈萨克斯坦的哈萨克人反苛捐杂税的斗争，塔什干伯克的掠夺是这次起义的直接原因。

俄国的征服唤起了中亚人民的幻想，哈萨克、吉尔吉斯、乌兹别克、塔吉克和土库曼人民希望通过俄国人摆脱他们的统治者，中亚人民曾公开拒绝抵抗俄国部队，尤其是商人和手工业者。在1865年的伊坎之战中，受浩罕汗国统治的哈萨克人和吉尔吉斯人站在俄国人一边参加了反对浩罕的军事行动。中亚的一些城市，特别是塔什干、撒马尔罕和浩罕城这类商业中心，亲俄势力强大。当俄军兵临撒马尔罕城之时，从备受希尔·阿里（撒马尔罕州统治者）的压迫和国家元首的忽视而吃尽苦头的撒马尔罕居民那里，给俄军司令官送来了一封信，信中通知说："他们希望他占领撒马尔罕，考夫曼将军认为这真是天赐良机。"[②]在浩罕汗国，出现了贫苦农民直接向沙皇当局请求加入俄国国籍的现象。希瓦汗国的土库曼人也是如此，俄国人曾收到一份约穆德土库曼人的呈文，文中写道："约穆德民众向白沙皇委派的长官提出下面的请求：我们的汗王像一只虎，大官们像一群猪，而头目们却像一群豺狼。请来保护像绵羊一样的可怜的居民吧！请来解救他们，使他们能脱离这群贪污受贿者和狡猾奸诈的人们……我们害怕你们的惩罚，吓得哆哆嗦嗦像芦苇一样，一直不得安宁……请为我们主持公道吧！我们的思想就会解除束缚，像鸟儿那样展翅飞翔……"[③]

中亚国家军事上的软弱也是中亚迅速被俄国兼并的一个原因。布哈拉和希瓦两汗国与俄国人作战的军队常常是在战争时临时召集

① 〔苏联〕哈尔芬：《中亚归并于俄国》，吴筑星、董兴森译，刘品大校，《中亚史丛刊》1988年第4期，第27页。

② 同上书，第117页。

③ 〔俄〕M. A. 捷连季耶夫：《征服中亚史》第2卷，第370页。

民军，有时候甚至用棍棒把农民和手工匠驱赶去参战。[1]这些民军的训练很差、装备恶劣。浩罕汗国的情况也一样，军队大多数是由未经正规训练的民军组成。维利亚诺夫译尔诺夫写道："浩罕人有炮队，但它是那样糟糕，以至于未必能够用炮队的名称来称呼它们。"[2]在俄军进攻塔什干之时，浩罕的武器装备已经有了改善，有些装备比沙俄军队的还先进，但是，低素质的浩罕军人使这些武器未能充分发挥作用。布哈拉埃米尔的军人缺乏纪律，在入侵费尔干纳时，埃米尔的军队在被占领地区肆意劫掠，"抢走一切落到他们手上的东西，对妇女和儿童们施行暴虐"[3]。

当俄国征服的脚步越来越近之时，中亚诸汗国之间大多数时间仍然没有团结对敌，反而利用这一机会打击对方，这也是中亚国家迅速被俄国征服的一个原因。1858 年，一个从布哈拉回到俄国的战俘转述说，布哈拉人说如果俄国人占领塔什干，他们将很高兴，这样，布哈拉汗国就更容易征服浩罕了。这些话与布哈拉汗国最高统治者埃米尔纳鲁斯拉及其子穆扎法尔的行为是吻合的。1865 年初，俄国攻打塔什干期间，塔什干的一部分居民请求布哈拉埃米尔援助，穆扎法尔却从撒马尔罕出兵入侵费尔干纳盆地。布哈拉军沿途破坏城市，把大部分穆斯林抓来当俘虏。他的这些行为使对他满怀希望的浩罕汗国人民绝望和崩溃了。中亚思想家阿赫墨德多尼什愤怒地斥责并描述了布哈拉埃米尔穆扎法尔的行径，谴责他不去援助保卫塔什干抗击沙皇军队的浩罕汗国，反而去攻打它。

俄国征服的中亚是一个政治分裂、经济落后和军事软弱的地区，经过 30 多年的战争，俄国使布哈拉和希瓦两个汗国沦为其保护国，将中亚的其余地区纳入沙皇俄国的版图以及政治、经济、军事势力范围。

---

① 〔苏联〕哈尔芬：《中亚归并于俄国》，吴筑星、董兴森译，刘品大校，《中亚史丛刊》1988 年第 4 期，第 30 页。

② 同上。

③ 同上。

第二节　沙俄统治下中亚的历史地位

俄国的征服和统治给中亚带来了许多不利的影响。第一，中亚地区成为俄国的殖民地和半殖民地以后，失去了战略的重要性。历史上，地处欧亚大陆中心的中亚地区在几千年中一直占据着重要的地位，曾是欧亚大陆商路的必经之地和商业贸易中转站，是东西方经济和文化交往的汇合地，也是东西方大国角逐较量的主要舞台之一，具有历史影响的许多帝国，如波斯帝国、亚历山大帝国、蒙古帝国，都在中亚留下了自己的痕迹。纳入俄国的统治之后，中亚地区在政治和军事上都成了俄罗斯帝国整体战略布局中的一部分，只能在俄国范围内发挥作用，成为俄国的边缘地带，中亚的战略重要性下降了。

第二，俄国的统治使中亚的经济纳入了俄国的经济体系，中亚逐渐成为俄国经济的边缘区，中亚经济明显表现出殖民地经济的特征，产品单一，经济不能独立，没有建立起自己的工业体系。中亚作为俄国工业原料的生产地，棉花、亚麻等经济作物产量急剧增加，而一些传统产业及其产量大为缩减。在中亚北部，俄国认为哈萨克人应永世游牧，既是牲畜、兽皮、油脂、兽毛及其他原料的生产者，又是俄国的粮食和手工业品的消费者。① 在中亚南部，棉花的种植得到极大的推动，到 1900 年时，棉花种植面积“在俄属突厥斯坦的大多数地区”已高达耕种地面积的 30%—40%。② 随着棉花耕地面积的增长，粮食耕地面积急剧减少，过去粮食自足的中亚必须从俄国大量进口粮食才能生存。

为了本国纺织业的利益，俄国严格限制中亚纺织业的发展。在中世纪，纺织业一直是中亚的优势产业，享誉世界。但是，俄国的

---

① 〔俄〕M. A. 捷连季耶夫：《征服中亚史》第 1 卷，第 111 页。

② C. Adle, Irfan Habib, *History of Civilizations of Central Asia*, Vol. 5, p. 379. 在该处的注中说：大约在 1900 年时，该地区种植面积的 70%—85% 已经种植棉花。

机纺织品打垮了中亚传统的手工业产品，最终使中亚依靠来自俄国的纺织品。苏联经济学家琼图洛夫总结其主要原因为“沙皇政府推行殖民政策，有意识地限制民族地区的工业发展。例如，为了维护莫斯科、彼得堡、伊凡诺夫—沃兹涅先斯克的纺织工厂主的利益，限制中亚和外高加索棉纺工业的发展”[①]。中亚居民穿的不再是自己纺织的布料，而是从莫斯科等地运来的俄国布料。1872年，一个俄国财务官员写道，布哈拉人从头到脚完全都是俄国的棉制品。以纺织著称的中亚的手工业不再有优势，被挤出了国际市场。

第三，在沙俄的殖民统治下，中亚地区的传统文化遭到破坏和受到遏制，中亚地区开始了俄罗斯化的过程。俄国政府在中亚确立了俄语的优势地位，禁止用中亚的民族语言授课，在塔什干他们为儿童开办了俄语小学[②]，在哈萨克人的游牧学校里，他们采用俄语字母给哈萨克文注音，以取代阿拉伯字母。[③]斯大林曾指出：“大俄罗斯沙文主义倾向的实质是：企图抹杀语言、文化和生活习惯方面的民族差别。”[④]这些做法在中亚各族人民中造成了深刻的文化与心理危机，激化了俄国文化与中亚本土文化，即斯拉夫文化与突厥伊斯兰文化之间的冲突。

第四，19世纪90年代，大批俄罗斯、乌克兰农民来到中亚，改变了中亚原有的民族构成。俄国政府在中亚采取民族歧视政策，对俄罗斯、乌克兰籍人与对中亚当地人采取不平等的民族政策。如俄国移民占据了中亚的肥沃土地，而中亚居民被迁往贫瘠地区。这些措施激起了中亚各族人民与俄罗斯移民之间的矛盾，致使中亚各族人民反殖民压迫的起义不断发生。

俄国的殖民统治对中亚社会产生了很大的负面影响，给中亚人

---

① 〔苏联〕B. T. 琼图洛夫等编：《苏联经济史》，郑彪等译，吉林大学出版社1988年版，第72页。

② 〔俄〕M. A. 捷连季耶夫：《征服中亚史》第1卷，第416页。

③ 〔俄〕M. A. 捷连季耶夫：《征服中亚史》第3卷，第389页。

④ 斯大林：《联共（布）中央委员会向第十六次代表大会的政治报告》，见《斯大林全集》第12卷，人民出版社1955年版，第314页。

民带来了极大的痛苦，这是应该受到谴责的。然而，俄国的统治代表了资本主义生产方式，对封建制度下的中亚起到了积极的促进作用。俄国统治时期，中亚地区无论是生产力发展水平还是社会进步的程度都有了明显的提高。

第一，俄国的统治改变了中亚历史的发展方向，中亚开始步入资本主义发展的轨道。俄国统治以前，中亚地区处于封建王朝的统治之下，中亚汗国的政治统治和社会经济仍然是封建性质的，有的地方甚至还保存着部落制和奴隶制残余，土库曼部落中还存在着部落之间互相残杀的习俗。俄国统治时期，中亚的政治和经济纳入了俄罗斯帝国军事资本主义的发展轨道，政治管理模式和经济发展方式都从封建性质向资本主义性质转变，尽管这种转变充满着暴力。俄国的统治抑制了中亚地区的部落斗争，使中亚人民的生活基本上安定下来，使迟缓的经济得到快速发展。

第二，随着中亚经济被纳入资本主义体系，生产力有了明显的提高。在农业方面，中亚在原有生产力的基础上出现了资本主义性质的农业。俄国在中亚的一些地区进行了土地改革，这些改革包括了减税和减轻农民对国家及地主的劳役，这些措施无疑都对中亚的经济产生了积极的影响。随着俄国移民数量的增加，在一段时期内造成了土地问题和农牧民生活的贫困，然而，对 18—19 世纪中期的中亚社会而言，俄国移民对当地社会发展的贡献是主要方面。俄罗斯农民的到来推广了高产农作物的生产技术和灌溉农业的技术，中亚农作物、经济作物的种类和产量都不同程度地增加了，中亚人民还学会了如养蜂等生产技术。中亚原有的水利灌溉设施得到进一步修缮，大片土地得到开发，中亚从游牧转为定居的进程加快了。

在工业方面，俄国在中亚开采矿产，推动了矿产原料加工业的发展。铁路的修建，特别是外里海线和奥伦堡至塔什干线的开通，带动了中亚商品经济的发展，有利于中亚产品外销和外国资本进入中亚市场。所有这些都促进了中亚生产力的增长，同时也促进了中亚工人阶级和民族资产阶级的形成。

第三，俄国在中亚的统治客观上对中亚的近现代教育与文化起到了一定的促进作用。19 世纪中叶以前，中亚汗国的教育基本上附属于宗教，高等学校只是一种宗教训练机构，学校的教学大纲完全以神学、经院哲学和伊斯兰教法典为中心设置。俄国对中亚教育进行了改革和投入，19 世纪 60 年代，中亚出现了俄罗斯学校与地区宗教学校并存的现象，甚至出现了具有现代教育意味的新方法学校。俄国政府在中亚创办了师范类学校，为中亚教育培养师资。尽管这些学校建在一些人口比较集中的城市。

在许多情况下，俄国对中亚的征服是以暴力形式实现的，俄国的殖民统治也带有军事管辖的性质，给中亚人民造成了极大的伤害。然而，正如恩格斯的评价："俄国的统治，不管怎样卑鄙无耻，怎样带有种种斯拉夫的肮脏东西，但对于黑海、里海和中亚细亚，对于巴什基里亚人和鞑靼人，都是有文明作用的。"[①] 在充分认识俄国的军事扩张与殖民统治给中亚社会带来的负面影响的同时，应该指出：俄国对中亚的征服不是中世纪争夺城池的战争，而是近代殖民主义者的扩张战争；俄国对中亚的统治使中亚社会受惠于欧洲工业文明，缩短了中亚生产力与近代工业文明的距离；俄国的军事扩张与殖民统治将中亚的政治和经济纳入了资本主义体系，中亚开始了近代化过程。俄罗斯、乌克兰等族移民的大批涌入，改变了中亚文化的构成，给本来多元的中亚文化增添了欧洲文化的因素。草原文化与定居文化，伊斯兰文化与基督教文化，古老的亚洲文化与近代的西方文化汇集于中亚，给中亚文化的多元发展提供了动力。

---

① 《恩格斯致马克思（1851 年 5 月 23 日）》，见《马克思恩格斯全集》第 27 卷，第 285 页。

第二编 争取自治与独立的斗争和苏维埃政权的建立与巩固

19 世纪末至 20 世纪初，在世界范围内，殖民地半殖民地人民反殖民统治、争取民族解放的运动蓬勃发展。在世界形势的影响下，特别是在 1905 年俄国民主革命的感召下，中亚人民的民族意识觉醒，争取民族解放的运动步入了新的历史阶段。1917 年的十月革命以后，苏维埃人民政府在中亚的大多数地区建立起来。为了保卫苏维埃政权，苏俄政府依据沙俄时期的行政区划，在中亚北部组建了吉尔吉斯（哈）自治共和国，在中亚南部组建了突厥斯坦自治共和国；1920 年，苏维埃政权在布哈拉和希瓦汗国的领土上组建了两个独立的人民共和国，统治中亚 400 多年的布哈拉和希瓦汗国结束了。以上四个国家在布尔什维克党的领导下粉碎了反革命武装势力，保卫和巩固了中亚的苏维埃政权。1924 年，苏联以中亚主体民族为中心对中亚地区进行了划界，组建了五个民族共和国。

第一章

沙皇俄国的终结

俄罗斯帝国在中亚地区实施了半个多世纪的殖民和半殖民统治。沙皇政府的军事扩张、殖民统治和大俄罗斯民族主义给中亚各族人民造成了严重伤害，激起了中亚各民族的反抗斗争，在此过程中，中亚主体民族开始由自在向自觉发展。在20世纪初的世界反殖民统治的民族解放运动中，1905至1907年，中亚地区开始了由新兴资产阶级知识分子领导的民族觉醒运动。中亚的觉醒为结束沙皇俄国在中亚的统治铺平了道路，1917年的二月革命结束了沙俄在中亚的统治，中亚地区的历史掀开了新的一页。

第一节　中亚的觉醒

19世纪末至20世纪初，全世界殖民地半殖民地人民反殖民统治的民族解放运动蓬勃发展。在此国际形势的影响下，特别是在1905年俄国民主革命的感召下，中亚人民的民族意识觉醒，争取民族解放的运动步入了新的历史阶段。

俄国统治中亚之前，这里的一些主体民族（哈萨克、乌兹别克、

吉尔吉斯、土库曼）还未超出自在民族的发展阶段，自觉的民族共同体的意识还没有形成。俄国的征服和统治使被压迫者——中亚各民族与俄国殖民统治者之间的矛盾激化，民族敌对心理或民族排外心理日益强烈起来，19 世纪中叶以后，中亚各民族开始由自在民族向自觉民族发展，这一发展过程处于亚洲觉醒时期，我们将处于这一时期的中亚各民族之觉醒称为“中亚觉醒”，它以反沙俄殖民统治的民族意识之觉醒和反封建制度的民主意识之觉醒为特征。以 1905 年为界，中亚觉醒可以分为两个阶段。第一阶段是在南俄罗斯草原影响下的扎吉德运动，活动内容主要是办学、办报和反俄宣传等；第二阶段是在俄国 1905 年民主革命影响下兴起的 1905—1907 年中亚革命运动，革命的内容主要是发动工人运动、组织政党、新一轮办报等。

19 世纪后期，在俄国的克里米亚、伏尔加河沿岸、阿塞拜疆地区，以鞑靼人为主体的商业资产阶级发展和壮大起来，为了反抗沙皇俄国的民族压迫，抵制沙俄推行的泛斯拉夫主义和大俄罗斯主义，尽管他们带有“泛突厥主义”的思想，但客观上起到了唤起民族意识的作用，如创办报刊、宣传现代科学知识、改革穆斯林教育等。这些活动影响了中亚地区，运动的代表人物克里米亚鞑靼人伊斯迈尔·贝依·伽斯皮拉里（Ismail Bey Gaspirali，1851—1914）就长期住在中亚。这些宣传活动对唤起中亚民族的意识起到了促进作用，在中亚地区形成了扎吉德运动。在扎吉德运动中，中亚各阶层对反抗沙皇俄国专制统治存在着两种不同的意见，激进派人士主张中亚人民用革命手段推翻沙皇的专制统治，号召穆斯林拿起武器与沙俄殖民主义者展开“圣战”，塔什干的“马什拉伯”组织就是激进派的代表，该组织的大多数成员是中亚当地的知识分子和小企业主。温和派人士主张恢复伊斯兰传统，以它为武器与俄罗斯的西方文化抗衡，他们中的大部分人是上层贵族、商人和伊斯兰教阿訇。

扎吉德运动采取办学、办刊物等形式进行宣传和鼓动。安集延于 1897 年、撒马尔罕和托克马克于 1898 年、布哈拉汗国于 1900 年、

塔什干于1901年创办了改革学校。“对于每个人甚至是对于教育者来说，教育并不是目的，而是回答至少是部分穆斯林日益迫切要求解答的问题，即如何摆脱目前的卑下地位与重现昔日辉煌的手段。”①这些活动对唤起中亚人民的民族意识起到了促进作用。

在中亚的工人、学生中，反抗沙俄统治的革命团体组织起来，这些团体以办学、办报、组织政党唤起民众。草原总督区总督在1902年12月的报告中说，革命党人在鄂木斯克、彼得罗巴甫洛夫斯克及其周邻城镇进行秘密宣传和鼓动。1903年，哈萨克草原成立了普希金协会，反对沙俄统治的各派力量聚集在该协会的周围。1904年，布尔什维克党人莫洛佐夫在撒马尔罕建立了类似普希金协会的组织，它是一个由布尔什维克、孟什维克、社会革命党人、无政府主义者及犹太复国主义者联合组成的集团，该组织出版了《撒马尔罕报》(俄文)。在该组织的领导下，中亚发生了克拉斯诺沃兹克的码头工人罢工、乌斯宾斯基的铜矿工人罢工、卡拉干达的矿工罢工、穆哥扎尔的铁路雇员罢工、鄂木斯克的修理厂工人罢工、库斯卡附近卡拉·伊·莫尔的铁路工人罢工等抗俄运动。

1905年，俄国在日俄战争中失败，俄国不可战胜的神话破灭了，中亚人民看到了推翻沙俄殖民统治的可能，看到了在中亚建立民族国家的希望，中亚人民的民族意识和民族自信心增强。沙俄在日俄战争中的失败使沙俄政府在俄国国内的威望受到削弱，国内的资产阶级革命力量团结起来，1905年，俄国爆发了资产阶级民主革命。

1883年，俄国本土建立了第一个马克思主义团体劳动解放社，此后，革命党人开始在中亚开展活动。1904年5月1日，塔什干爆发了第一次中亚铁路工人示威游行。1905年1月8日，彼得堡枪杀事件发生，第二天，社会民主党人将俄国民主革命的火种带到了中亚，他们在中亚传播革命消息，组织集会、募捐和工人请愿。俄国

---

① Edward Allworth, edit, *Central Asia: 130 Years of Russian Rule, A Historical Overview*, p. 177.

革命党人的活动唤起了中亚人民反封建统治的民主意识，他们仿效彼得堡，在中亚修筑街垒和作战工事，准备战斗。在1905年俄国民主革命的影响下，1905—1907年中亚的民族民主运动蓬勃发展起来。

1905年，吉尔吉斯地区爆发了工农运动，克孜尔·基亚矿区的工人提出了要求实行8小时工作制和提高工资的要求。同年秋，比什凯克出现了手工业者、职员、学生、城市贫民等组成的集会，集会者要求撤销他们痛恨的官员的职位，满足劳动人民的政治权利，要求通过无记名投票进行直接选举。随着1905年革命失败，沙俄当局对吉尔吉斯地区的工农运动进行了镇压。1907年，鄂什和比什凯克的社会民主团体遭到破坏，领导人被捕。

1905年以后，中亚出现了新一轮办报热潮。在突厥斯坦边区，塔什干于1906年创办了《塔拉契》报，该报不仅批判了沙俄的专制统治，而且对沙皇政府的殖民政策也进行了猛烈抨击，《塔拉契》报在发行了17次之后被迫停刊。以后，在塔什干出现了《图贾尔报》。1906年10月11日，乌兹别克人摩纳乌沃在中亚创办《库尔西德》报，该报使用突厥语，每周发行两到三次，内容包括文学、科学和社会政治，这份报纸被称为“穆斯林的喉舌”，该报在发行一个月以后被迫停刊。此后，摩纳乌沃又创办了《肖赫拉特》和《阿西亚》两份报纸，它们在短时间内也遭到禁止。

报刊的创办者大多是中亚本地人，报刊发行的宗旨是“为中亚的改变与突厥斯坦民族的振兴而奋斗”①。报刊登载的文章抨击了沙俄当局的殖民主义政策，批判了穆斯林上层的保守主义，传播了自由主义和革命的思想，在一定程度上反映出中亚民族和民主意识的觉醒。

然而，报刊未能解决中亚的实际问题，办报者将中亚的前途寄托于俄国国家杜马，希望在俄国议会中求得一席之地。这一点从《胡尔希德报》创办者穆纳瓦尔·喀里·阿布杜尔热什德·汗写给突厥斯

① Allworth Edward, edit, Central Asia: A Century of Russian Rule，蓝琪等译，《中亚史丛刊》1985年第3期，第91页。

坦边区总督的信中反映出来，他写道："我们报纸的目的只是使当地人民了解杜马的活动和它的重要性，也为这些人民的下次选举做好充分准备……我的意图不是散播反政府思想，而是致力于平定激愤的群情，为安定和有益的选举做准备。"① 因此，这些报纸没有深厚的群众基础，存在时间也不长（1906—1908）。在 1907 年 6 月 3 日沙皇政府宣布解散国家杜马以后，突厥斯坦边区发行的报刊全部被禁止。

报刊在突厥斯坦边区遭到查禁之后，创办者转移到中亚其他地区。布哈拉和希瓦汗国也出现了办学和秘密社团的活动，这些活动得到布哈拉和希瓦资产阶级的支持。在 1911—1916 年期间，塔吉克人、乌兹别克人、哈萨克人再次创办了自己的报纸和杂志，创办者还不断从土耳其、印度、阿富汗等地引进报纸，在阿富汗《独立自由报》的刊头上，提出了"亚洲是亚洲人的亚洲"的口号。

1905 年以后，党派组织在中亚开始建立。20 世纪初，一批哈萨克青年在彼得堡、莫斯科、华沙、喀山、奥伦堡、鄂木斯克等地接受欧式教育，毕业以后，他们成为哈萨克民族知识分子的骨干，开始在哈萨克人中进行民族启蒙，他们兴办学校、创办报刊宣传民族主义思想。他们批评沙俄政府的民族压迫政策，特别是大规模移民和剥夺中亚土地的行为。② 1905 年 12 月，首次哈萨克民族代表大会在乌拉尔斯克州召开，会上提出建立民族主义政党。1906 年 1 月，第二次哈萨克民族代表大会召开，会上谴责了沙皇政府迫害哈萨克民族英雄艾力汗・博开汉诺夫，要求归还被占领的土地，停止大批移民和垦荒，颁布开办学校、伊斯兰教经文学堂和高等学校的法律等。③

1906 年 2 月，在突厥斯坦边区，第一次社会民主党派会议在塔什干召开，会后成立了俄国社会民主党突厥斯坦联盟，该联盟决定在中亚工人中间开展工作。同年 9 月，突厥斯坦边区第二次社会民

---

① Edward Allworth, edit, *Central Asia: 130 Years of Russian Rule, A Historical Overview*, p. 191.

② 丁笃本：《中亚通史》（现代卷），第 27 页。

③ 〔哈萨克〕努・阿・纳扎尔巴耶夫：《前进中的哈萨克斯坦》，哈依霞译，民族出版社 2000 年版，第 49 页。

主党代表会议召开，会上通过了一系列加强在当地劳动人民中开展斗争的决议。

1905 年革命以后，在突厥斯坦边区，还组建了两个民族主义组织，即浩罕青年党和塔什干的马什拉伯。在外里海州首府阿什哈巴德市组建了两大党，即社会民主党和社会革命党，以后，两党联合形成了联合会，该党组织的活动一直持续到 1908 年。

在布哈拉汗国，到 1915 年秘密组织已达十多个，分布在汗国各地，其中，最突出的是布哈拉知识分子组建的神圣布哈拉联盟。神圣布哈拉联盟于 1910 年 12 月 2 日秘密成立了青年教育社，在它周围聚集了众多的小团体，它们在普通民众中散发书报和组织政治协商团体，派遣人员到国外募集物资以确保在扎吉德运动时期已经开始的普及教育和宣传工作。这些社团还组织学生去土耳其留学，如巴拉卡特组织以进口公司为掩护，组织中亚学生出国留学。这些留学生以后成为反俄运动的中坚力量，神圣布哈拉联盟的成员以后是布哈拉青年党的基础。

1905—1907 年间，中亚民族代表积极与俄国反抗沙俄统治的势力采取联合行动。他们参加了三次俄国穆斯林大会，在第一次大会上，中亚代表提出了穆斯林民族与俄罗斯民族权力平等、穆斯林教育、印刷与出版自由等要求。在第二次穆斯林大会上成立了俄国穆斯林联合会。在第三次会议上，穆斯林大会更名为穆斯林联盟。

1905 年革命以后，中亚知识分子积极参与俄罗斯帝国的政治生活，俄国国家杜马中有中亚代表。杜马（Duma）一词在俄文中原意是思想、思维，后来引申为议会，国家杜马是俄国议会式的全国代表机构。在 1907 年 3 月选举产生的第二届国家杜马中，有 31 名穆斯林代表，其中中亚穆斯林有 10 人，草原边区 4 人，突厥斯坦边区 6 人。[①] 中亚代表大多数是知识分子，如七河州历史学家木哈麦迪江·特尼施巴耶夫是本届杜马议员。中亚议员在国家杜马曾经发挥

① Geoffrey Wheeler Collection, *The Modern History of Soviet Central Asia*, p.91.

了一定作用，如哈萨克议员们在杜马论坛上对俄国首相兼内务大臣斯托雷平的农业政策提出批判，特别是巴合特江·卡拉塔耶夫的发言引起了杜马的热烈争论。在1907年11月选举产生的第三届国家杜马中，穆斯林代表减少到10人，其中没有中亚的代表。①

20世纪初期，中亚地区的无产阶级力量弱小，中亚雇佣工人总共有3.2万人，维持铁路运行的铁路雇员和工人有1.5万人，矿业工人仅1.45万人。② 工人大多数聚居在塔什干、撒马尔罕、阿什哈巴德等重要铁路沿线。因此，在1905—1907年的革命运动中，积极参与革命活动的主要是俄籍工人，参加到革命队伍中的中亚人只是少数，可以说，中亚的这场革命是一场俄籍工人的运动。

由于领导革命的社会民主党人未考虑中亚农民和工人的处境，加之，俄国移民不希望革命思想传播到中亚居民之中，他们害怕引起反对俄罗斯人的暴动。因此，1905—1907年革命未提出中亚人民与俄国移民应该享有平等地位的要求，更没有提出与中亚农民切身利益相关的口号。因此，中亚农民对这次革命的态度是冷漠的，中亚宗教界上层人物对这次革命也不感兴趣，他们仍然沉迷于反对俄罗斯人的“圣战”。

尽管如此，1905—1907年革命对中亚历史产生了巨大的影响，它促进了中亚人民民族和民主意识的觉醒，中亚当地民族在“泛突厥主义”和“泛伊斯兰主义”思潮的影响下，开始了要求民族权力、民族地位的斗争。正如列宁指出：“世界资本主义和俄国1905年的运动终于唤醒了亚洲。几万万受压制的、由于处于中世纪的停滞状态而变得粗野的人民觉醒过来了，他们走向新生活，为争取人的起码权利、为争取民主而斗争。”③ 中亚觉醒为结束沙皇俄国在中亚的统治铺平了道路。

---

① Geoffrey Wheeler Collection, *The Modern History of Soviet Central Asia*, p.91.

② Allworth Edward, edit, Central Asia: A Century of Russian Rule，蓝琪等译，《中亚史丛刊》1985年第3期，第85页。

③《亚洲的觉醒》，见《列宁全集》第23卷，人民出版社1990年版，第161页。

第二节 沙皇俄国的终结

第一次世界大战使俄罗斯帝国的经济濒于崩溃，社会各种矛盾激化，人民处于深重的灾难之中，沙皇政府已经无法控制包括中亚在内的社会秩序。继 1905 年革命之后，1917 年 2 月，俄国爆发了第二次资产阶级革命，即二月革命。3 月 3 日，彼得格勒[①]普梯洛夫工厂工人的罢工得到了全市工人的响应，沙皇政府对参加集会的群众实施镇压，激起了人民的强烈反抗，罢工转变为武装起义，驻守彼得格勒的军队也加入到起义队伍之中。起义者逮捕了沙皇的大臣和将军，释放政治犯，革命在全国迅速展开。3 月 15 日，沙皇尼古拉二世宣告退位，俄罗斯帝国灭亡。

俄罗斯帝国灭亡以后，俄国组建了临时政府，临时政府谋求政治改革，希望在俄国创建一个以资产阶级为代表的立宪会议和行政机构。与此同时，彼得格勒工人和士兵也建立了新政权，即工兵代表苏维埃。[②]临时政府和工兵代表苏维埃成为二月革命以后在俄国并存的两个政权，两个政权在中亚都有自己的分支机构。此外，在中亚还有伊斯兰宗教界组成的穆斯林联盟。因此，二月革命以后，中亚形成了三个政权并存的局面。

俄罗斯帝国灭亡的第二天，突厥斯坦边区当局于 1917 年 3 月 16 日通过《突厥斯坦信使报》发出呼吁，希望保持秩序，防止土著暴动。沙俄中亚政府的这一立场得到了俄国临时政府中央的支持。临时政府于4 月20 日在塔什干城成立了突厥斯坦临时政府特别委员会，委员会共有 9 名成员，其中 5 名是俄罗斯人，4 名是中亚地区的穆斯

① 即圣彼得堡，来源于德文“Sankt Peterburg”。1914 年第一次世界大战爆发以后，俄国出现反日耳曼情绪，沙皇政府将源于德文的圣彼得堡一名改为彼得格勒。苏联时期为了纪念列宁，1924 年将彼得格勒城改名为列宁格勒。1991 年苏联解体以后，恢复圣彼得堡旧名。

② “苏维埃”一词是英文（Soviet）的汉语音译，意思是“代表会议”或“会议”。

林，4 名穆斯林不全是中亚土著[①]，立宪民主党活动家俄罗斯族尼古拉·尼·谢普金任临时政府委员会主席，称专员。当天，突厥斯坦边区总督库罗帕特金被捕并被遣送回彼得格勒。

突厥斯坦临时政府特别委员会的管辖区域是原突厥斯坦边区的统辖范围。在突厥斯坦临时政府委员会成立前后，突厥斯坦边区下辖各州先后成立了临时政府执行委员会，为首者称专员；原突厥斯坦边区各州下辖的市镇和乡村也成立了临时政府的代表机构，即执行委员会或公民委员会。在中亚居民聚居的乡村，执行委员会主席一般由原来的乡长或村长担任；在俄国移民聚居的村落，执行委员会的骨干分子是富裕农民；在哥萨克村镇，传统的军人委员会或军事长官起着主导作用。

在七河州的临时政府执行委员会中，专员是社会革命党人施卡普斯基和哈萨克人塔内什巴耶夫。在外里海州的土库曼人中，临时政府机构成立于 1917 年 3 月 18 日，4 月 8 日土库曼人成立了突厥地方管理委员会，由俄国移民中的资产阶级、沙俄官僚、社会革命党人的代表组成，在委员会中，保留了原突厥斯坦边区总督的权力。突厥斯坦特别委员会在原沙俄的保护国布哈拉和希瓦汗国也成立了分支机构，分支机构的成员与塔什干特别委员会的成员构成大致相同。

中央临时政府在草原总督区未能建立起像突厥斯坦边区一样的机构，因此，草原总督区下辖各州建立的临时政府执行委员会直属于中央临时政府。1917 年 3 月，阿克莫林斯克州哈萨克人建立了民族党，即阿拉什党（Alash Orda）。同年 4 月，阿拉什党在奥伦堡组织召开了第一次哈萨克人代表大会；5 月，阿拉什党的领导人出席了在莫斯科召开的第一次全俄穆斯林代表大会。1917 年 9 月 5—13 日，阿拉什党领导人在奥伦堡召集了第三次哈萨克人代表大会，会上提出了新的要求：驱逐俄国移民，停止征兵，将教育事业交还给本地

---

① Edward Allworth, edit, *Central Asia: 130 Years of Russian Dominance, A Historical Overview*, pp. 215-216.

人管理。[①]

突厥斯坦临时政府特别委员会成立以后，俄国中央临时政府授予该委员会有“解决本地所有问题”的全权，主要任务是维护中亚秩序，防止布尔什维克（Bolshevik）势力和本地民族主义势力破坏临时政府的统治。

布尔什维克是相对于孟什维克而言的一个党派。1898 年，俄国成立了社会民主工党，1903 年，在社会民主工党第二次代表大会上，围绕党纲、党章等问题该党分裂为两派，以列宁为首的革命派主张创建有严格纪律和组织的马克思主义政党，把无产阶级专政原则写入党纲；而以马尔托夫为首的机会主义者对此持反对态度。会上，在选举中央领导机关成员之时，革命派获得多数，故名布尔什维克（俄语意为多数派），机会主义者获得少数，故名孟什维克（Menshevik，俄语意为少数派）。在 1905 年革命中，孟什维克党在日内瓦召开了代表大会，制定了与布尔什维克截然相反的路线，反对无产阶级对资产阶级民主革命的领导权，反对工农联盟和武装起义。1912 年，在社会民主工党第六次代表大会上，孟什维克党被驱逐出党，布尔什维克被称为俄国社会民主党。[②]1917 年二月革命以后，孟什维克党人掌握了俄国临时政府的权力。

在中央临时政府建立的同时，俄国工人和农民在“一切政权归苏维埃”的口号下，建立了工兵代表苏维埃政权。工兵代表苏维埃政权在中亚地区也建立了自己的分支，即工农兵代表苏维埃、工人士兵代表苏维埃、士兵代表苏维埃，甚至还有十几个穆斯林农民代表苏维埃。

苏维埃政府最早在突厥斯坦边区首府所在地塔什干建立。1917

---

① 〔美〕迈可尔·刘金：《俄国在中亚》，第 22 页。

② 1918 年 3 月，布尔什维克党第七次代表大会把党的名称改为俄国共产党（布尔什维克），简称“俄共（布）”；1925 年，苏联共产党第十四次党代表大会决定将俄共改称“苏联共产党（布尔什维克）”，简称“联共（布）”；1952 年，苏联共产党第十九次党代表大会决定将苏联共产党（布尔什维克）改名为苏联共产党，简称“苏共”。

年3月中旬，在塔什干先后成立了工人代表苏维埃和士兵代表苏维埃，以后两个苏维埃合并组建塔什干苏维埃，该机构出版了自己的报纸《我们报》。[①] 塔什干苏维埃的结构同俄国中央的工兵代表苏维埃差不多，包括各个不同的左翼分子。

此后，苏维埃在突厥斯坦边区统辖的许多城市和矿区迅速建立起来，比什凯克、奥里·阿塔、维尔内、奇姆肯特、斯科别列夫、奥什、彼得罗夫亚历山大罗夫斯克（今图尔特库尔）及撒马尔罕都建立了苏维埃。塔什干苏维埃一直在策划利用布哈拉的激进集团推翻埃米尔，建立苏维埃政权。但是，苏维埃组织在布哈拉和希瓦汗国没有建立起来。

草原总督区与俄国本土联系紧密，在二月革命以后的一两个月中，苏维埃组织在奥伦堡、彼得罗巴甫洛夫斯克、塞米巴拉金斯克、阿克莫林斯克、巴甫洛达尔（今克列库）、乌斯季卡缅诺戈尔斯克（今厄斯克门）等地纷纷建立起来。

1917年5月，塔什干苏维埃第一次代表大会召开，大会选举产生了突厥斯坦边区苏维埃，简称突厥斯坦苏维埃，或边区苏维埃。边区苏维埃免去了尼古拉·尼·谢普金及其一些同事的职务，由孟什维克领导人、原费尔干纳州副州长纳里夫金接任突厥斯坦临时政府专员。9月，驻扎在塔什干的两团西伯利亚士兵和塔什干铁路修配厂的左翼工人们召开了会议。他们要求向当地资本家征用必需的物资，由工人管理工厂，将银行收归国有，并把权力移交给塔什干苏维埃。[②] 临时政府起来反对。突厥斯坦军区司令员卡罗维切夫将军受命将部队开往塔什干，装甲列车和哥萨克骑兵开进了城市，卡罗维切夫的部队同以西伯利亚步兵为后盾的苏维埃发生武装冲突，以后，双方达成了停战。

与全国大多数苏维埃一样，中亚各地苏维埃的领导权掌握在孟

① 丁笃本：《中亚通史》（现代卷），第42页。

② 〔美〕迈可尔·刘金：《俄国在中亚》，第20页。

什维克和社会革命党人手中，布尔什维克没有掌握实权。塔什干苏维埃执行委员会主席别利科夫是孟什维克派，布尔什维克在塔什干苏维埃执行委员会中只有利亚宾等3名代表。[①]在中亚其他城市的苏维埃中，布尔什维克也是少数。

在中亚，无论是临时政府还是各党派的苏维埃，成员基本上是俄国移民，当地居民处于少数地位，各政府并没有顾及中亚居民的实际问题。于是，中亚穆斯林组建了自己的组织穆斯林联盟。

1917年4月16—23日，中亚各地的穆斯林代表在塔什干举行了首届穆斯林代表大会，成立了与突厥斯坦临时政府特别委员会并行的全突厥斯坦穆斯林联盟（舒拉—伊—伊斯兰党），有450位代表出席会议，其中有93位俄罗斯籍代表。[②]在5月召开的穆斯林代表大会上，穆斯林联盟组建了第一届民族政府——民族委员会，穆斯塔法·卓开当选为委员会主席。民族委员会希望建立一个以民主联盟为基础的新国家，提出了“突厥斯坦属于突厥人”的口号，出版了《纳若特》、《肯加什》两份报纸。大会投票通过了要求俄国在中亚停止殖民统治并把夺取的土地归还给当地人民的决议。

1917年9月3日，在塔什干召开了第二届中亚穆斯林代表大会，这次会议所通过的有关决议明确表达了脱离俄国的愿望。民族委员会向临时政府提出一系列要求，其中包括将司法权移交给穆斯林，废除欧洲人的单独法庭，穆斯林和俄国人具有平等的选举权，撤退俄国军队，以及在突厥斯坦边区设立独立的立法会议等。[③]但是，民族委员会对于中亚今后以何种方式决定自己的去向、是否参加联邦政府、是自治还是独立等问题没有明确的方向。

穆斯林代表委员会在中亚各地，特别是在突厥斯坦边区下辖州市建立了分支机构。1917年夏天，以哈萨克人C.拉宾为首的新党

---

① 丁笃本：《中亚通史》（现代卷），第43页。

② Edward Allworth, edit, *Central Asia: 130 Years of Russian Dominance, A Historical Overview,* p.216.

③ 〔美〕迈可尔·刘金：《俄国在中亚》，第20页。

派神职人员协会（舒洛—伊—乌拉莫党）从穆斯林代表委员会中分裂出去。舒洛—伊—乌拉莫党代表中亚穆斯林中的保守势力，成员主要是扎吉德运动的积极分子和宗教界神职人员，他们出版了《阿尔—伊佐赫》杂志。1917 年 9 月 17—20 日，舒洛—伊—乌拉莫党和舒拉—伊—伊斯兰党在塔什干召开首届穆斯林大会，经过长时间激烈的争论，两党达成妥协并通过决议，成立了突厥斯坦和哈萨克斯坦联合政党穆斯林联盟。

二月革命在中亚组建的临时政府、苏维埃和穆斯林联盟三个政权各有自己的统治纲领。临时政府致力于维护俄国人在中亚的统治；各党派苏维埃的基本成员是俄国移民，草原总督区苏维埃更具欧俄特色，他们提出的纲领是：八小时工作制，保证粮食供应，实行商品限价，调解劳资纠纷；穆斯林联盟提出的要求是：该地区（即今中亚五国所在的大部分地区）的前途应由当地居民自己决定。

尽管目标和任务不同，然而，在二月革命以后的两个月中，三个政权采取了联合行动，最终摧毁了沙皇俄国在中亚的统治。1917 年 4 月 16 日，工兵代表苏维埃执行委员会、农民代表苏维埃和穆斯林委员会在塔什干召开联会。会上，塔什干苏维埃和穆斯林委员会宣布撤销突厥斯坦边区，正式解除库罗帕特金的总督职务。4 月 20 日，突厥斯坦临时政府特别委员会取代了沙俄政府的突厥斯坦当局，俄罗斯帝国在中亚的统治彻底结束了。与此同时，塔什干苏维埃颁布命令，撤销沙俄政府各级地方军政官员的职务，他们中不少人被逮捕。在草原总督区，各州旧政权机关被解散，原军政官员被解职。在布哈拉汗国，沙俄政府的全权代表米列尔和舒尔加被勒令离开布哈拉汗国。沙皇尼古拉二世宣布退位之后一个月，沙皇政府在中亚的政权体系彻底瓦解。

第二章

苏维埃政权的建立

苏联十月革命的胜利结束了临时政府在中亚的统治，苏维埃政权随后在中亚地区建立起来。苏维埃中央政府在中亚先后组建了四个共和国：突厥斯坦苏维埃社会主义自治共和国、吉尔吉斯（哈萨克）苏维埃社会主义自治共和国[①]、花剌子模苏维埃人民共和国和布哈拉苏维埃人民共和国。突厥斯坦苏维埃社会主义自治共和国和吉尔吉斯（哈萨克）苏维埃社会主义自治共和国在成立之时加入了俄罗斯联邦。1922 年 12 月 30 日，俄罗斯、乌克兰、白俄罗斯和外高加索四个共和国正式成立苏维埃社会主义共和国联盟（苏联），突厥斯坦苏维埃社会主义自治共和国和吉尔吉斯（哈）苏维埃社会主义自治共和国以俄罗斯联邦的身份加入苏联。花剌子模苏维埃人民共和国原来是独立国家，1924 年加入苏联，成为花剌子模社会主义自治共和国。布哈拉苏维埃人民共和国在成立之时是独立的主权国家，俄罗斯联邦在该国派驻了政治代表，1924 年 9 月，布哈拉共和国改名为布哈拉苏维埃社会主义共和国，同时，提出了加入苏联的要求。

① 俄罗斯长期误称哈萨克人为吉尔吉斯人，故名吉尔吉斯社会主义自治共和国。这一错误称谓直到 1925 年才得到纠正。下文简称吉尔吉斯（哈）苏维埃社会主义自治共和国。

第一节　突厥斯坦苏维埃社会主义自治共和国（1918.4.30—1924）

1917年11月7日（俄历10月25日），以列宁为首的布尔什维克党领导的彼得格勒武装起义推翻临时政府，夺取了临时政府中央政权。当天晚上，在彼得格勒召开的全俄第二次工兵代表大会上，建立了俄国苏维埃中央政权；大会通过了列宁起草的《告工人、士兵和农民书》，大会决定各地政权一律归工兵农代表苏维埃所有。此后，莫斯科等中心城市的苏维埃组织在布尔什维克的领导下，或通过武装起义，或通过和平手段夺取了当地政权，俄罗斯、乌克兰、白俄罗斯和外高加索联邦（包括阿塞拜疆、亚美尼亚和格鲁吉亚）等苏维埃社会主义共和国先后成立。1918年3月，苏维埃中央政权迁都莫斯科。1922年12月30日，俄罗斯、乌克兰、白俄罗斯和外高加索联邦4个共和国联合成立苏维埃社会主义共和国联盟，简称苏联。

1917年十月革命在俄国中心地区获得胜利以后，第二天，布尔什维克在突厥斯坦边区以和平方式投票否决了临时政府的机构——突厥斯坦委员会的权力。11月9日，塔什干苏维埃颁布公报刊出俄国临时政府被推翻的电文。11月10日，突厥斯坦军区司令卡罗维切夫将军率领留在塔什干的骑兵进攻塔什干苏维埃，于是，塔什干苏维埃与临时政府委员会之间发生了武装冲突。

两天之后，卡罗维切夫占领了塔什干苏维埃所在地自由宫，逮捕了塔什干苏维埃成员，并下令解除亲苏维埃的西伯利亚步兵的武装。西伯利亚步兵的一个团由于事发突然，被解除了武装，另一个团在铁路工人的增援下进行了武力抵抗。附近地区的苏维埃也赶到塔什干，加入了推翻临时政府的战斗。

经过激烈的战斗，11月11日（俄历），西伯利亚步兵打败了临时政府的军队，卡罗维切夫投降，苏维埃掌握了突厥斯坦边区的权

力。1917年11月15日，突厥斯坦边区苏维埃第三次代表大会在塔什干召开，会上组成了9人的临时执行委员会，其中，工人士兵苏维埃的代表3人，农民苏维埃代表2人，吉尔吉斯委员会、穆斯林委员会、社会革命党边区委员会、社会民主党工党边区中央局的代表各一人。在临时执行委员会下面设立了由22人组成的常设会议，作为政府的执行机构。①

在塔什干执委会中，孟什维克和社会革命党人占有多数。布尔什维克希望按母国俄国那样在中亚建立一个纯粹的无产阶级政权；孟什维克主张在地方当局有较大程度的自治以及普选的基础上，实行地方自治；左翼社会革命党人对成立农民政府感兴趣。布尔什维克不愿意接受孟什维克和社会革命党人的政策，塔什干苏维埃分裂。布尔什维克于1917年11月28日成立了自己的政府——突厥斯坦边区人民委员会（又称突厥斯坦苏维埃政府），全俄中央执行委员会委员柯列索夫（Kolesov）当选为突厥斯坦边区人民委员会主席，其他成员全是俄国人，其中有7名布尔什维克和8名左翼社会革命党人。1918年1月1日，列宁发给突厥斯坦边区人民委员会电报，明确表示中央政权完全信任和支持边区苏维埃政府。

突厥斯坦边区苏维埃政权的建立对中亚其他地区产生了重要影响。从1917年11月起，锡尔河州、撒马尔罕州、外里海州率先建立了苏维埃政权，1917年12月22日，塔什干所在地锡尔河州成立了苏维埃人民委员会；12月17日，撒马尔罕苏维埃下属的军事委员会接管了城市政权，12月26日，撒马尔罕州苏维埃代表大会宣布全部政权归各级苏维埃。以后，费尔干纳州和七河州的苏维埃政权也陆续建立起来，12月20日，费尔干纳州召开苏维埃代表大会，会上宣布将政权转交给布尔什维克控制的苏维埃。到1918年3月，突厥斯坦边区的重要城市都建立了苏维埃政权。

掌握突厥斯坦边区权力以后，突厥斯坦人民委员会在与孟什维

① 丁笃本：《中亚通史》（现代卷），第62页。

克党人为主体的临时政府的斗争中取得了胜利。临时政府垮台之后，突厥斯坦人民委员会又面临与穆斯林联盟的斗争。以拉宾为首的穆斯林联盟尝试与新政权合作，建议组成一个联合政府；另一些代表则提出中亚自治的要求。对以上建议和要求，人民委员会不予支持，进而还反对中亚本地人参与苏维埃政权。1917 年 11 月底，在突厥斯坦苏维埃第三次代表会议期间，以柯列索夫为首的人民委员会发表宣称："在目前吸收穆斯林参加边疆区革命政权最高机关是不可接受的，不仅因为当地居民对士兵、工人和农民代表政权还没有十分明确的态度，而且还因为在当地居民中还没有无产阶级的阶级组织，倘若他们在边区最高权力机关中设有代表处，党团还是会欢迎他们的。"① 在此次代表大会选出的边区人民委员会的 15 名成员中没有当地的穆斯林代表。

突厥斯坦人民委员会拒绝中亚本地人参加苏维埃政府的做法激起了中亚人民的愤怒，各级穆斯林政治团体聚集在穆斯林联盟周围，一些激进分子开始筹备召开突厥斯坦边区穆斯林委员会非常代表大会。1917 年 11 月 27 日，全穆斯林代表大会在浩罕召开，出席会议的有前临时政府突厥斯坦委员会的成员、哈萨克阿拉什党的代表、城市大资产阶级和富商的代表、穆斯林教职人员，甚至连白匪分子、孟什维克、社会革命党人、前浩罕县县长杜托夫的代表都以荣誉代表的身份出席。在此次会议中，总数 300 名代表中只有 16 名是劳动居民代表。② 这次会议集中讨论了中亚对布尔什维克的态度，中亚何去何从等问题。有一种意见主张中亚与乌拉尔山的哥萨克人地区、奥伦堡、西伯利亚共同组成一个政府；而大多数团体不同意这一建议，他们关心的是如何与突厥斯坦人民委员会和谐相处，并决定与塔什干协商南部中亚的自治问题。

---

① 〔苏联〕苏联科学院历史研究所：《苏联民族—国家建设史》（上），赵常庆、鲁爱珍、邢万金、简隆德译，商务印书馆 1997 年版，第 68 页。

② 邓浩：《苏维埃时期吉尔吉斯斯坦的民族自决问题（一）》，《喀什师范学院学报》1999 年第 2 期，第 36 页。

然而，与突厥斯坦人民委员会主席柯列索夫的协商进展不大。11月底，浩罕代表大会召开，会上宣布组建突厥斯坦自治共和国，由12名成员组成的一个委员会成为自治共和国的临时政府，即“浩罕自治政府”（1917年11月—1918年2月），哈萨克人塔尼斯贝·尤里任总统，卓开耶夫任外交部长，政府内阁唯一的非穆斯林赫兹费尔德任财政部长。此外，自治共和国还组建了突厥斯坦穆斯林自卫军。

“浩罕自治政府”提出了在突厥斯坦建立中亚哈里发国家的政治目标，政府发布的纲领有以下几条：第一，突厥斯坦自治；第二，突厥斯坦的全部权力归“浩罕自治政府”；第三，恢复土地和生产资料的私有制；第四，以伊斯兰教法作为基本法律；第五，剥夺妇女的一切自由。①

1917年12月13日，“浩罕自治政府”在塔什干组织了一次示威游行，突厥斯坦苏维埃的士兵枪杀了18名游行的人，驱散了示威者。②但是，示威者得到了一部分塔什干人的支持，其中塔什干工人和农民把他们的命运与“浩罕自治政府”联系在一起，有一些俄国人也加入到他们的行列。“浩罕自治政府”向苏俄中央提出了政治主张，即要求莫斯科中央政府承认自治政府为南部中亚的唯一合法政府。由斯大林起草的答复宣布解散这个对抗政府，他说，布尔什维克是自主的，他们的权力机构是建立在支持他们的人民武装的基础上的。③

在示威没有奏效的情况下，“浩罕自治政府”试图以公众选举的方式证明自己存在的合法性。1918年1月，浩罕政府宣布即将召开一次由南部中亚参加的、给予非穆斯林三分之一席位的国民代表大会。为此，“浩罕自治政府”开始募集资金，总统塔尼斯贝·尤里在募集贷款的过程中辞职，哈萨克人穆斯塔夫·乔凯奥接任总统。

---

① 邓浩：《苏维埃时期吉尔吉斯斯坦的民族自决问题（一）》，《喀什师范学院学报》1999年第2期，第36页。

② 〔美〕迈可尔·刘金：《俄国在中亚》，第23页。

③ Edward Allworth, edit, *Central Asia: 130 Years of Russian Dominance, A Historical Overview,* p.226.

突厥斯坦人民委员会将“浩罕自治政府”定性为反革命政府。人民委员会主席柯列索夫站在阶级立场上阐述了民族自主原则，提出人民委员会与“浩罕自治政府”之间的冲突不是在民族方面，而是在社会方面，是一场人民政府与资产阶级政府的冲突。然而，对于这个反革命政权，塔什干当局没有做出积极应对，因为在1917年底，他们没有能力进行军事干涉，加之，杜托夫率领的哥萨克军队占领了奥伦堡、特罗伊兹克等交通枢纽，切断了突厥斯坦人民委员会与苏俄中央政府的联系。于是，在1917年底至1918年初的两个月中，突厥斯坦边区存在着两个政权。

1918年1月，奥伦堡防线被突破，突厥斯坦人民委员会与苏俄中央政府取得联系。1918年1月19—26日，布尔什维克党在人民委员会非常代表大会上宣布“浩罕自治政府”为非法政府。同年2月14日，来自奥伦堡前线的部队包围了浩罕城。“浩罕自治政府”的对策是先袭击城里的小股俄国警卫队，企图在苏维埃主力军到达以前消灭警卫队。这一行动并未成功。在人民委员帕费列夫率领的苏维埃军队兵临城下之时，守城卫队是一些匆忙聚集起来的乌兹别克居民、帖克土库曼人、高加索山民，以及由伊尔加希比率领的当地穆斯林游击队。在危急时刻，浩罕穆斯林苏维埃企图夺取“浩罕自治政府”的权力，以此使俄国军队失去攻城的理由，可是这一企图没有成功。1918年2月18日，苏维埃军队在当地一群俄国人和亚美尼亚人的支持下发动猛烈进攻，穆斯林卫城者被击溃。浩罕城遭到洗劫，居民遭到了大屠杀，有资料说，至少有5000人被杀，据当地人估计，被杀的人是这一数字的两倍以上。①

当时，浩罕正逢冬荒，突厥斯坦人民委员会没有做出任何解救穆斯林的努力。在农村，苏维埃军队按照当时公布的战时共产主义经济政策征用食物。所有的棉花必须交出来，不然就会被处以死刑。凡是被怀疑同情民族主义游击队的穆斯林农民都被枪决了。结果，

① Geoffrey Wheeler Collection, *The Modern History of Soviet Central Asia*, p. 105.

整个乡村、城市和铁路不久都落入穆斯林游击队之手。这些都为后来的巴斯马奇（Basmachi）民族主义运动打下了基础。①

1918年4月，莫斯科派遣俄国共产党员科波捷夫为“特命人民委员”到突厥斯坦调查情况。1918年4月20日至5月1日，突厥斯坦边区苏维埃第五次代表大会在塔什干开幕，有263名代表参加了会议，其中布尔什维克人86名，左翼社会革命党人70人，无党派人士87人，其余20人是国际主义者及右翼社会革命党人。②科波捷夫主持会议，并在会上做了《关于突厥斯坦自治》的报告，会议讨论了边区人民委员会的报告以及当前的形势、边区自治、边区中央执行委员会和人民委员会选举等问题。4月30日，代表大会通过了创建突厥斯坦苏维埃社会主义自治共和国（以下简称突厥斯坦自治共和国）的《突厥斯坦苏维埃共和国条例》，条例共7项。根据条例，突厥斯坦自治共和国所辖范围是沙俄时期突厥斯坦边区统辖的锡尔河州、撒马尔罕州、七河州、费尔干纳州、外里海州，首府在塔什干城。条例指出：“突厥斯坦边区的领土宣布为俄罗斯苏维埃联邦突厥斯坦苏维埃共和国的领土”，“突厥斯坦苏维埃联邦共和国实行自治，它承认并同俄罗斯苏维埃联邦中央政府协调行动”。③

大会选举产生了共和国最高立法（权力）机关——苏维埃中央执行委员会。第一届突厥斯坦中央执行委员会由36人组成，18人是布尔什维克人，18人是左翼社会革命党人，其中有3人是穆斯林，第一任主席是布尔什维克党人科波捷夫。大会上还成立了突厥斯坦苏维埃共和国政府——人民委员会，作为共和国最高执行机关。政府由16人组成，政府中吸纳了几个当地民族的人。④共和国建立了包括政治、经济、财政、军事、外交等各种职能的机构。其中，外交机构与布哈拉、希瓦汗国签订了条约，与两个君主国及中国和伊

① 〔美〕迈可尔·刘金：《俄国在中亚》，第24页。

② 张娜：《中亚现代民族过程研究》，中央民族大学出版社2008年版，第119页。

③ 〔苏联〕苏联科学院历史研究所：《苏联民族—国家建设史》（上），第75页。

④ 张娜：《中亚现代民族过程研究》，第120页。

朗的边境城市互派外交代表。[①]

突厥斯坦自治共和国建立以后，着手政权建设，在共和国境内建立起各级苏维埃。然而，突厥斯坦自治共和国拥有的自治权是有限的，在建立的最初两年，俄罗斯籍人的地位远远高于当地穆斯林，在政权中起着支配作用。

突厥斯坦宣布自治得到了苏维埃俄国中央政府的认可。在突厥斯坦边区苏维埃第五次代表大会召开的第一天（4月22日），列宁和斯大林就以人民委员会的名义致电祝贺，电报说："同志们，你们可以相信，人民委员会一定会支持你们边区根据苏维埃原则实行自治。"电报还提到邀请大会派代表到莫斯科来，以便共同解决边区"全权机关"与苏俄人民委员会的关系问题。[②]

于是，一个突厥斯坦特别代表团于7月18日抵达莫斯科。在代表团的要求下，苏俄成立了一个专门委员会处理突厥斯坦问题。在委员会的第一次会议上，特别代表团的一位成员说："土耳其斯坦（即突厥斯坦）共和国宣布自治管理并不是土耳其斯坦要分离和独立于俄罗斯中央，而是表现了土耳其斯坦在遵照俄罗斯中央政权的指示和命令行事的同时，有更大的独立自主权和自治权。"[③]

突厥斯坦自治共和国成立以后，布尔什维克党组织随之建立起来。1918年6月17—25日，各地的布尔什维克党组织在塔什干召开了第一届俄国共产党（布尔什维克）地区代表大会，成立了突厥斯坦共产党，隶属于俄罗斯共产党（布），全城总共只有250名党员。[④]会上，选举产生了突厥斯坦共产党中央委员会。该委员会作为州一级党组织并入俄共（布）。在莫斯科的压力下，突厥斯坦自治共和国敞开政府、政党和军队的大门，把本地人吸引到苏维埃政权中。会上，对穆斯林群众做出了一些姿态，"承认"乌兹别克语同俄

---

① 丁笃本：《中亚通史》（现代卷），第80页。

② 《斯大林全集》第4卷，第75页，转引自丁笃本：《中亚通史》（现代卷），第79页。

③ 〔苏联〕苏联科学院历史研究所：《苏联民族—国家建设史》（上），第81页。

④ 〔美〕迈可尔·刘金：《俄国在中亚》，第26页。

语平等，并对乌兹别克无产阶级表示“信任”。1920 年 7 月，俄共（布）中央突厥斯坦局成立，成为当地党的最高机关。

1918 年 10 月，在塔什干召开的第六届苏维埃代表大会上，左翼社会革命党人与布尔什维克分裂；同年 12 月，在第二届党代会上，新老共产党员之间发生了分歧。1919 年 1 月 18 日夜，塔什干苏维埃政府的军事委员奥西波夫发动政变，次日，叛军占领了全城，塔什干铁路修配厂工人参与了这场政变。两天后叛乱被平息，奥西波夫败逃布哈拉。尽管这次政变没有成功，可是苏维埃的士气一落千丈。[①] 1919 年，俄共（布）中央执行委员会和俄联邦人民委员会向突厥斯坦自治共和国派遣一个全权委员会（后来改为俄共［布］中央中亚局，主席鲁祖塔夫），委员会成员除了已在领导突厥斯坦苏维埃政府的科波捷夫外，又加派了两名共产党官员，伊利亚瓦和基塞列夫。

1919 年 3 月，在第二届俄国共产党地区代表大会上，成立了俄国共产党穆斯林组织地区局，一些当地人被选入其中，中亚本地人在党和国家机构中的职权有所扩大。1919 年 7 月 12 日，莫斯科发电报给塔什干，要求让穆斯林参加政府部门。塔什干政府的新首脑卡扎柯夫在接到电报以后，召集塔什干苏维埃政府和党的领导人举行联席会议。会议向莫斯科发出了一份复电，声称由于当地的具体情况，不可能让穆斯林参加地方上的政府部门。会议还决定不发表莫斯科来电的内容。[②] 1919 年 9 月，在塔什干举行了两个代表大会：第八届苏维埃代表大会和突厥斯坦共产党第四次代表大会。苏维埃代表大会最后同意让本地人在塔什干政府内占有多数名额。

1920 年 9 月，突厥斯坦苏维埃社会主义自治共和国第九届苏维埃代表大会召开，大会通过了自治共和国宪法。宪法规定，在中央执行委员会设主席团，人民委员会下设内务、司法、财政、教育、

---

① ［美］迈可尔·刘金：《俄国在中亚》，第 27 页。

② 同上书，第 29 页。

卫生等部。至于外交，宪法规定对外关系事务属于“联邦政权机关的特殊职权范围”[①]。大会选举拉希姆巴耶夫为突厥斯坦自治共和国中央执行委员会主席，柳比莫夫为人民委员会主席。

会上做出了“关于从宪法上确定突厥斯坦苏维埃社会主义自治共和国成为俄罗斯苏维埃联邦社会主义共和国组成部分的决议”。1921年4月11日，突厥斯坦苏维埃社会主义自治共和国作为俄罗斯联邦的一个组成部分，在法律上确认了突厥斯坦自治共和国加入俄联邦。1922年，全苏第一次苏维埃代表大会通过决议，隶属于俄罗斯联邦的突厥斯坦自治共和国加入苏联。

第二节　突厥斯坦苏维埃自治共和国的历史地位

1918年建立的突厥斯坦自治共和国是苏俄中央政府在中亚地区建立的第一个苏维埃社会主义自治国家，它的建立为中亚各民族的苏维埃国家的建立奠定了基础。在武装推翻“浩罕自治政府”和镇压外里海州的武装叛乱中，突厥斯坦自治共和国和突厥斯坦共产党组织发挥了重要作用，对巩固中亚的苏维埃政权做出了贡献。

突厥斯坦自治共和国建立不久，外里海州在1918年7月发动了反苏维埃的暴乱，费尔干纳盆地的巴斯马奇民族主义者在酝酿暴动，哥萨克人在向七河州进军。突厥斯坦自治共和国于1919年消灭了反苏维埃政权的外里海政府；1920年夏，突厥斯坦自治共和国军队与苏俄红军一起对费尔干纳的巴斯马奇武装发起大规模的围剿；1920年以后，突厥斯坦自治共和国领导中亚人民恢复被战争破坏的经济。

1917年11月30日，第四届外里海州苏维埃代表大会在阿什哈巴德召开，大会选举了苏维埃人民委员会。1918年6月，阿什哈巴德苏维埃政权在外里海州进行人口统计，这一政策遭到了土库曼人

① 丁笃本:《中亚通史》(现代卷)，第98页。

的反对，在阿什哈巴德发生了一场反苏维埃暴动。参加暴乱的有白卫军、社会革命党人、地方民族主义者，他们组成了突厥斯坦反布尔什维克同盟，这次暴乱得到了英国的支持。7 月 11 日，叛军在阿什哈巴德和克孜尔·阿尔瓦特两地起事，推翻了当地的苏维埃政权。突厥斯坦人民委员被派到外里海州处理事件，他的任务是镇压反叛运动。但是，镇压引起了更广泛的动乱，弗罗洛夫被反叛者杀死，当地的土库曼部族和反共的俄国军官接管了当地的苏维埃政府，外里海的苏维埃政府人员遭到逮捕和枪决。

8 月，在英国军队的支持下，叛乱分子成立了以社会革命党右派冯济科夫为主席的傀儡政府"外里海州临时执行委员会"。叛乱政权实施白色恐怖，杀害苏维埃干部，其中遭到杀害的有外里海州苏维埃特委委员伏罗洛夫、突厥斯坦人民委员会劳动委员波尔托拉茨基、红军政委杰力亚和日特尼科夫等革命者。叛军在夺取许多地区的苏维埃政权之后，计划通过布哈拉向塔什干推进，企图扑灭以突厥斯坦苏维埃自治共和国为中心的中亚苏维埃政权。

外里海州的严峻形势引起了突厥斯坦苏维埃的高度重视，苏维埃领导人迅速组织武装力量，从奥伦堡—阿克纠宾斯克、七河州、费尔干纳州三条战线支持外里海州的苏维埃政权。苏维埃军队由查尔朱开始反攻，先后解放了莫夫城和库什卡城。然而，由于英军经伊朗再次进犯土库曼斯坦，苏维埃军队不得不放弃库什卡和莫夫，双方进入暂时的对峙状态。[①] 在此期间，外里海州政府向塔什干提出：召开南部中亚的国民代表大会，在会议召开之前维持两个政府并存的局面。这一要求遭到了拒绝。

1918 年底，突厥斯坦自治共和国成立了民族红军新编部队专门司令部，动员和号召当地民族参加红军，苏俄中央政府派来了军队，并带来了粮食、武器和弹药。为了组建中亚的红军，1919 年 4 月 7

① 〔苏联〕涅别索夫：《伟大的十月革命和 1927 年土库曼斯坦东部、北部的人民革命》（俄文版），土库曼科学出版社 1958 年版，第 102 页，转引自马大正、冯锡时主编：《中亚五国史纲》，第 223 页。

日，突厥斯坦自治政府建立了突厥斯坦自治共和国革命军事委员会，1919年8月，俄共（布）中央委派伏龙芝前往中亚组建突厥斯坦方面军，此后，突厥斯坦方面军在各个战场与反苏维埃势力展开了战斗。1920年初，突厥斯坦方面军在伏龙芝的指挥下开始了全面反攻。2月6日，苏维埃军队经8个多小时的激战占领了克拉斯诺沃茨克，俘虏叛军1600多人，其中有79名军官和1名将军。[①] 从塔什干等地来的工农赤卫军参加了战斗，挫败了反革命势力。最终，苏维埃军队在里海沿岸和外里海州的大部分地区获得胜利。以古比雪夫为首的一批人被派往外里海州，重建各级苏维埃和布尔什维克党组织。

突厥斯坦自治共和国不仅巩固了中亚的苏维埃政权，也对恢复和发展中亚经济起到了促进作用。在十月革命爆发的第二天，即1917年11月8日，全俄第二次苏维埃代表大会通过了《土地法令》，法令规定“立刻毫无报偿地废除地主土地私有制”，地主土地、皇室土地、寺院土地，一律无偿地交归全体劳动者使用。中亚（包括塔吉克斯坦）原来的土地基本上是封建土地占有制，耕地大多数被封建贵族、巴依、高级僧侣、依禅等占有。当时，在突厥斯坦边区所辖各州还有相当部分土地被俄国移民官吏、军人和普通移民占有。1917年12月，突厥斯坦边区苏维埃通过了禁止土地买卖法令，以及对所有不是土地占有者本人耕种的土地履行登记的法令，并成立了土地河流委员会。1918年2月，苏维埃政府开始没收原属皇族、官吏和军官的土地。商业和工业公司、当地大封建主、大企业主所占有的土地也予以没收。将没收的一部分土地设立国营农场和集体农庄，另一部分分给农民；撤销移民局，移民局占有的土地分给当地居民。[②] 这些法令因国内战争和封建势力的阻碍在1922年以前未能实现。

苏维埃政权建立之初，遭到欧美主要资本主义国家的围攻。

---

① 马大正、冯锡时主编：《中亚五国史纲》，第224页。

② 〔苏联〕苏联科学院经济研究所编：《苏联社会主义经济史》第1卷，复旦大学经济系和外文系俄语教研组部分教员译，生活·读书·新知三联书店1979年版，第95—96页。

1918 年春，以英、法等国为首的 14 国组织武装与俄国境内的反苏俄政权配合，占领了苏俄最重要的粮食、原料和燃料基地乌克兰、白俄罗斯、波罗的海沿岸和外高加索的一部分。苏维埃政权处境极为困难，在此时期，突厥斯坦自治共和国对苏俄国家的稳定做出了贡献。

突厥斯坦自治共和国是在 1918 年内战爆发前一个月建立的，建立之初为苏俄的战备物资提供了保证。1918—1919 年，突厥斯坦自治共和国实行了以余粮征集制为核心的战时共产主义经济政策。政府以法令的形式规定，由国家控制粮食、饲料及其他农副产品的生产、收购和分配，禁止私人粮食买卖。为了保证国家对棉花的需求，突厥斯坦苏维埃政府颁布法令，禁止任何形式的棉花自由贸易，私人拥有的棉花加工机械和器具被宣布为国有财产。[①] 这些措施缓解了内战时期苏俄中央政府的困难。

内战期间，突厥斯坦自治共和国遇到了粮荒。突厥斯坦自治共和国 1920 年的播种面积比 1913 年缩减 40% 以上；1920 年的牲畜总头数比 1916 年减少约 40%。[②] 由于沙皇时期在中亚扩大棉花种植，这里的粮食依靠来自俄国其他地区的供应。内战期间，由于杜托夫的哥萨克军队控制了乌拉尔地区，切断了俄国向中亚运输粮食的交通，中亚到了断粮的边缘。为了解决中亚粮荒，突厥斯坦苏维埃政府做了很多工作，如向富裕移民和本地巴依征粮，拨出专款采购，设法从外地运进等措施，最后也不得不实行余粮征集制的战时共产主义政策。1920—1921 年财政年度，向吉尔吉斯（哈）自治共和国塞米巴拉金斯克和阿克莫林斯克两州收集“余粮”3500 万普特，歉收严重的乌拉尔斯克州也收集了 150 万普特。[③]

内战结束以后，中亚自治国家还在继续强化战时共产主义政策，引发了大规模的武装暴动。1921 年 8 月，列宁写信给突厥斯坦自治

---

① 丁笃本：《中亚通史》（现代卷），第 133 页。

② 〔苏联〕苏联科学院经济研究所编：《苏联社会主义经济史》第 2 卷，唐朱昌等译，生活·读书·新知三联书店 1980 年版，第 237—238 页。

③ 丁笃本：《中亚通史》（现代卷），第 134 页。

共和国领导人，要求他们把实施新经济政策和开展土地改革结合起来。[①]1921 年 10 月 14 日，俄共（布）中央通过《关于突厥斯坦》的决议，次年 1 月又写信给突厥斯坦自治共和国党组织，督促他们抓紧新经济政策的实施。[②]中亚国家开始实施新经济政策。突厥斯坦自治共和国政府采取了以下措施：第一，经济上互相帮助，互通有无，在内战及其以后时期，共和国从俄罗斯得到了大量人、财、物方面的援助；第二，为了弥补劳动力不足，共和国一部分军队就地参加生产，创建了劳动军部队；第三，实施义务劳动制；第四，实行新经济政策，以取代战时共产主义政策；第五，实行土地、水改革；第六，大力发展各种形式的合作组织，帮助小农组织起来恢复农业，发展生产[③]；第七，工业领域开始在企业内部实行经济核算，以赢利为目的。

在新经济政策实施过程中，突厥斯坦自治共和国政府促进了经济的恢复和发展。在工厂企业以工资制代替了内战时期的定量配给制，按劳取酬代替了过去的平均分配，极大地促进了生产者的积极性。1921 年底至 1922 年初，突厥斯坦自治共和国的大部分企业已转向经济核算并组成托拉斯，目的是集中有限的人力和资金顺利地恢复工业，掌握市场，与资本主义经济成分进行有力的斗争。到 1922 年，已有 99 个企业组成了 10 个托拉斯，如建筑托拉斯、面粉加工托拉斯等。

突厥斯坦自治共和国在恢复土库曼斯坦的经济方面取得了成效。1922 年，有 21 个工业企业恢复生产，新建成的阿什哈巴德玻璃厂从 1922 年开始为中亚和北高加索地区提供产品，基本满足了建设需要。土库曼斯坦很快恢复了铁路运输，1922 年的货运量比 1921 年增加了 50%。工农业生产的恢复促进了商业的发展，1923—1924 年，土库曼斯坦国营合作社的商业贸易额为 7300 多万卢布，比 1922—1923 年

---

① 《列宁全集》第 35 卷，人民出版社 1987 年版，第 518 页。

② 丁笃本：《中亚通史》（现代卷），第 135 页。

③ 〔乌兹〕乌兹别克共和国科学院历史所：《乌兹别克共和国通史》，塔什干，1974 年，第 313 页。

高 5200 多万卢布。[①]

尽管如此，由于原突厥斯坦边区工农业生产落后于俄国的西部地区，加之战争的破坏，恢复速度很慢。直到 1924 年，突厥斯坦自治共和国的播种面积还未达到 1915 年的一半[②]；工业方面，由于缺乏原料、设备和资金，技术工人和专家不足，大多数企业不能完成生产任务。酿酒业、面粉加工业、皮革业、铁路运输业和纺织业等行业完成年计划不足一半。

突厥斯坦自治共和国的建立对发展新型的苏维埃教育和文化事业起到了积极作用。苏维埃政权建立以后，原来的学校开始摆脱宗教的束缚，人民教育系统开始建立起来。从 1918 年起，乌兹别克共和国相继设立了安集延工业学校、在饥饿草原上建立了农业学校、撒马尔罕的蔬菜园艺学校、塔什干人民音乐学校、浩罕石油学校和塔什干卫校。中亚地区的教育从此迈向健康发展的道路。

苏维埃政权建立之初，对文化设施如图书馆、档案馆、古迹遗址实行国有化。苏维埃政权关闭了资产阶级的报纸，在此基础上建立了自己的新闻机构。在七河州的维尔内出版了《自由曙光》报。[③]

第三节　吉尔吉斯苏维埃社会主义自治共和国（1920.8—1925）

继突厥斯坦自治共和国之后，苏俄中央政府在中亚地区陆续建立了三个共和国。1917 年 3 月二月革命以后，封建贵族、宗教上层和资产阶级民族知识分子在哈萨克斯坦组建了一个具有自由纲领的

① 马大正、冯锡时主编：《中亚五国史纲》，第 227 页。

② ［苏联］伊诺亚多夫：《在反对外国干涉者和内部反革命势力斗争中的中亚各民族》（俄文版），莫斯科，1984 年，第 307 页，转引自马大正、冯锡时主编：《中亚五国史纲》，第 185 页。

③ 《哈萨克斯坦共和国史》（俄文版）第 2 卷，阿拉木图，1977 年，第 62 页，转引自邓浩：《论哈萨克斯坦苏维埃政权的建立》，《西北民族学院学报（哲学社会科学版）》1997 年第 1 期，第 41 页。

阿拉什党，1917 年 4—9 月期间，哈萨克人在奥伦堡召开了两次代表大会。在 1917 年 9 月 5—13 日召开的第三次哈萨克人代表大会上，阿拉什党领导人宣告哈萨克人民自治，会上，选举产生了以阿里坎・博凯坎尤里为首的执行委员会。

十月革命以后，彼得格勒革命军事委员会向哈萨克草原的库斯塔那、乌拉尔斯克、奥伦堡、图尔盖等地区派去了以卡兹洛夫、让格尔金等人为代表的一批宣传鼓动员。他们向哈萨克人宣传了十月革命胜利的消息和新生苏维埃政权的民族政策。1917 年 11 月 29 日，彼德罗巴甫洛夫斯克的工人、士兵代表苏维埃通过了以下决议："欢迎彼得格勒革命，对苏维埃政府表示完全信任和坚决的支持，赞同并执行苏维埃人民委员会制定的所有革命政策。"[①] 1917 年 12 月 25 日，苏维埃政权在阿克莫林斯克建立起来。

与此同时，反苏维埃势力也在建立自己的政权。以阿・布克哈诺夫为首的阿拉什党与奥伦堡、乌拉尔以及七河州的反布尔什维克在奥伦堡建立了反苏维埃政权，即阿拉什政府（1917 年 12 月—1918 年 1 月），阿・布克哈诺夫在给西伯利亚反动政府的报告中写道："会议的决议表达了决不让布尔什维克主义在草原上蔓延的愿望。"[②] 该政权得到了哥萨克军队的支持，以杜托夫为首的哥萨克军与社会革命党、孟什维克、资产阶级民族主义分子在奥伦堡建立了"军政府"。

奥伦堡地处哈萨克草原与俄罗斯中部之间，是苏俄中央政府与东方联系的战略要地。1917 年 11 月，列宁指示，彼得格勒苏维埃革命军事委员会司令部派遣里海舰队的水兵部队前往奥伦堡援助当地的工人阶级。1918 年 1 月 18 日，盘踞奥伦堡的反布尔什维克政权被击溃，奥伦堡获得了解放。1918 年 2 月，在阿克莫林斯克召开了阿

---

① 邓浩：《论哈萨克斯坦苏维埃政权的建立》，《西北民族学院学报（哲学社会科学版）》1997 年第 1 期，第 35 页。

② 同上文，第 36 页。

克莫林斯克苏维埃第一次代表大会，与会代表共224名。会议选举了由79人（24人来自哈萨克阿吾勒乡）组成的苏维埃执行委员会。此后，苏维埃执委会分别在图尔盖、塞米巴拉金斯克建立。

随着城市苏维埃政权建立，布尔什维克开始着手进行牧区的苏维埃政权建设工作。苏维埃政府向牧区农村派出去了由工人和革命士兵组成的宣传队，向牧民和农民宣传十月革命的胜利和以列宁为首的苏维埃政府的法令及民族政策。这些宣传提高了哈萨克牧民的觉悟，激发了他们的政治热情，到1918年夏天，苏维埃政权在农村牧区形成了网络。牧区苏维埃政权的建立巩固了哈萨克斯坦的苏维埃政权。

1918年5月，苏俄发生内战。是年，捷克斯洛伐克军团的一批官兵搭乘俄国通往西伯利亚的列车东进，准备经海路开赴欧洲战场。途经哈萨克北部草原之地时，5万军人兵变，陆续占据了哈萨克斯坦北部各州。[①]6月7日，叛军夺取鄂木斯克城，不久，阿克莫林斯克和塞米巴拉金斯克两州陷落。曾经被苏维埃打垮的白匪军杜托夫率哥萨克部队卷土重来，7月，哥萨克部队攻占奥伦堡，叛乱向南蔓延到七河州等地。哈萨克草原绝大部分地区的苏维埃政权被颠覆，只有图尔盖州南部、布克草原的一部分等几个俄罗斯移民村镇还掌握在苏维埃手中。9月10日，苏俄红军发起反攻，陆续占领了喀山、萨马拉等城。11月，红军集中力量消灭了盘踞在乌拉尔地区的杜托夫部队。

1918年11月18日，沙皇时期的海军上将高尔察克在鄂木斯克发动政变，推翻孟什维克和社会革命党政府，哈萨克斯坦北部不少城镇被高尔察克的军队占领，当地苏维埃政权被迫撤走。[②]半年以后（1919年6月9日），红军收复乌拉尔重镇乌法，高尔察克的主力受到重创，向东撤退。8月14日，伏龙芝在突厥斯坦自治共和国

---

① 丁笃本：《中亚通史》（现代卷），第83页。

② 同上书，第85—86页。

组建红军，红军北上与在哈萨克草原作战的苏俄红军会师，到 1920 年 3 月，哈萨克草原四州的反苏维埃势力全部被消灭。

在此期间，阿拉什党曾先后与杜托夫、高尔察克联合，准备建立自己的武装。1918 年春，阿拉什党领导人曾与列宁、斯大林等苏俄领导人谈判，希望建立自治政权。但是，没有得到答应。[①] 以上叛乱被苏俄红军平息以后，1919 年 7 月，根据哈萨克斯坦的具体形势，全俄工农国防苏维埃人民民族委员会决定在当地组建过渡性政府吉尔吉斯边区革命委员会，委员会总部设在奥伦堡城，下设劳动和社会保障、国民经济、土地、司法、粮食、工农、检查、邮电、国民教育与卫生保健等部。为了巩固苏维埃政权，吉尔吉斯边区革命委员会在配合红军平定白军叛乱、恢复工农业经济和交通运输、开展各项社会管理工作及发展文教卫生事业方面发挥了作用。

1919 年 10 月 27 日，吉尔吉斯边区革命委员会召开扩大会议，突厥斯坦人民委员会、突厥斯坦方面军和第一集团军派代表参加了此次会议，会上确定召开哈萨克人民代表会议。1920 年 1 月 2 日，全俄工农国防苏维埃做出全部权力归苏维埃的决议，撤销了包括吉尔吉斯边区革命委员会在内的各州、县革命委员会。1920 年 1 月 3—11 日，在阿克纠宾斯克召开了由哈萨克斯坦所有州及突厥斯坦人民委员会管辖的七河州和锡尔河州代表参加的代表大会，来自哈萨克斯坦各地的 280 多名代表一致赞同建立哈萨克斯坦自治政权，同意联合哈萨克斯坦的所有土地，组建统一共和国，并加入俄罗斯苏维埃联邦。[②]

1920 年 3 月，阿拉什政府所有组织被取消，到 1920 年夏，各地基层苏维埃组织相继完成了选举工作。1920 年 8 月 17 日，俄罗斯苏维埃联邦社会主义共和国人民委员会审议并通过了哈萨克自治法令草案。1920 年 8 月 26 日，俄罗斯苏维埃联邦社会主义共和国全俄中

---

① 丁笃本:《中亚通史》(现代卷)，第 87—88 页。

② 马大正、冯锡时主编:《中亚五国史纲》，第 157 页。

央执行委员会和人民委员会通过了《关于成立吉尔吉斯（哈）苏维埃社会主义共和国》的法令。法令第一条规定，成立吉尔吉斯（哈）苏维埃社会主义自治共和国（1920 年 8 月—1925 年 4 月），吉尔吉斯（哈）苏维埃社会主义自治共和国属俄罗斯联邦。1920 年 9 月 22 日，全俄中央执行委员会通过新的法令，将奥伦堡州和奥伦堡市划入吉尔吉斯（哈）苏维埃社会主义自治共和国，确定奥伦堡市为共和国首都。

1920 年 10 月 2 日，吉尔吉斯（哈）苏维埃自治共和国成立大会在奥伦堡市召开。在共和国政府中，哈萨克族人所占席位与俄国人一样多，共有 273 名哈萨克斯坦各州的代表和六名阿尔泰地区哈萨克族居民代表出席了成立大会，其中，哈萨克族代表 128 名，俄罗斯族代表 127 名，其他各民族代表 18 名。①

10 月 4 日，吉尔吉斯（哈）苏维埃自治共和国在奥伦堡召开了第一届代表大会。10 月 12 日，大会选举了共和国中央执行委员会及中央执行委员会主席团，中央执委会还组建了共和国人民委员会，B. A. 拉杜斯・泽尼科维奇被选为第一届人民委员会主席，100 多名有经验的革命者被派到人民委员会工作。人民委员会接管了原吉尔吉斯边区革命委员会的权力机关。阿拉什党领导人在政府中的作用超过了共产党人，阿拉什党领导人贝特辛尤里担任教育部部长。直到 1928 年哈萨克自治共和国的权力还掌握在他们手中，他们力求保持哈萨克文化的完整性和哈萨克社会的独特性，在地区的文化生活中起到了主导作用。

这次成立大会最重要的议程是通过了《吉尔吉斯（哈）共和国劳动人民权力宣言》，该宣言确立了以工人、农民、红军为主体的哈萨克自治共和国的基本原则。宣言还就土地、经济建设、行政管理、司法组织、国民教育、医疗保健等方面做出了决议。

吉尔吉斯（哈）苏维埃社会主义自治共和国最初管辖沙俄时期

---

① 张娜：《中亚现代民族过程研究》，第 122 页。

的图尔盖州和乌拉尔斯克州，以及外里海州克拉斯诺沃茨克县下辖的一些乡，如阿达耶夫斯克乡和阿斯特拉罕省下辖的锡涅莫尔斯克乡、布克耶夫斯克草原及原沙俄政府管辖的哈萨克人聚集地，面积约200万平方公里。据1920年的统计，吉尔吉斯（哈）自治共和国的人口大约有478.13万，其中，哈萨克人占50.3%，俄罗斯人占31.2%，乌克兰人占14.4%。[①]因此，吉尔吉斯（哈）自治共和国既是中亚的自治政权，也被认为是以哈萨克人为主体的民族自治政权。1921年，苏俄政府批准了吉尔吉斯（哈）自治共和国的要求，把由西伯利亚控制的阿克莫林斯克和塞米巴拉金斯克纳入共和国领土。

随着吉尔吉斯（哈）自治共和国的成立，共产党组织也在共和国内建立起来。1921年6月，哈萨克斯坦第一届党代会在奥伦堡召开，会上组建了俄共（布）中央委员会吉尔吉斯（哈）州委。

吉尔吉斯（哈）自治共和国的成立和吉尔吉斯（哈）共产党的建立有力地推动了哈萨克斯坦经济的发展。1920年底，在共和国中央委员会领导下建立了土地委员会。第二年初，《土地使用临时章程》和关于土地的法令通过。土地法令规定：1917年2月以前被沙俄移民局占有的未使用土地及地主、资本家和富农非法占有的土地收归国有，分给农民；此前被沙俄移民局占有的无地农民耕种的份地仍保留份地权。4月19日，共和国颁布了新的土地法令，规定把前由沙俄移民局划给乌拉尔斯克和西伯利亚两地哥萨克军役人员的土地返还给哈萨克人民。与此同时，废除了各地的地租，数以千计的哈萨克牧民冲破封建主的阻挠转向定居。1921年底，仅塞米巴拉金斯克就有7583户哈萨克牧民转入定居。[②]

十月革命以后发生的国内战争使哈萨克斯坦的工农业生产遭到严重破坏，加之战时余粮征集制度的实施，农民经历了艰难时期。

---

① 马大正、冯锡时主编：《中亚五国史纲》，第158页。

② 同上书，第158页。

在1920年夏，哈萨克斯坦东部农民曾组织“起义军”达1万人。1921年2月，一支2.5万人的暴动队伍冲进彼得罗巴甫洛夫斯克，捣毁了苏维埃机关办公楼，并且一度占领该市和科克切塔夫（今科克舍套）。乌拉尔斯克州的暴动人数也在1万以上。[①] 暴动被红军镇压下去。

1921年3月，在俄共（布）第十次代表大会上通过了新经济政策的决议，新经济政策的实施受到了广大农牧民的欢迎和支持。5月中旬，哈萨克斯坦的大部分地区停止了余粮征集制度。1921年夏，哈萨克斯坦发生了特大旱灾，乌拉尔斯克、奥伦堡、阿克纠宾斯克、布拉耶夫和科斯塔奈等地几乎绝收；牲畜也因草原干枯、饲料断绝而大量死亡。有统计显示：到1921年9月，哈萨克斯坦约40%以上的耕地绝收，剩下的耕地产量也很低。这次旱灾造成的饥荒使成千上万的人死亡，社会动荡不安。[②] 哈萨克斯坦各地灾民积极自救，组织被称为“科什奇联盟”的劳动农牧民协会。

1921年初，为配和土地改革，在哈萨克斯坦出现了第一个科什奇联盟，按联盟章程的规定，联盟的主要任务是提高劳动人民的阶级觉悟，捍卫劳动人民的利益；贯彻苏维埃政权的政策。科什奇联盟最初在哈萨克斯坦南部的阿拉木图、科帕尔、奇姆肯特、奥里阿塔（今江布尔）形成，到1921年上半年，遍布于整个哈萨克斯坦。科什奇联盟参与了土地改革和分配，使农民获得了耕地，牧民得到了从前失去的牧场、游牧转场通道及耕地。科什奇联盟在哈萨克斯坦大旱灾时期帮助农牧民、红军和残疾人家庭生产自救，提倡以义务劳动的形式保护联盟成员的利益，在救灾中发挥了重要作用。以后，哈萨克人民在科什奇联盟基础上成立了农业生产合作社和各种联合协会，包括消费协会、农业协会、信贷协会、家庭手工业协会等组织。科什奇联盟把各族农牧民团结在布尔什维克和苏维埃政权

---

① 丁笃本:《中亚通史》(现代卷)，第135页。

② 马大正、冯锡时主编:《中亚五国史纲》，第159页。

周围，有力地促进了哈萨克斯坦经济的恢复和发展。

在 1921 年灾荒时期，全俄中央委员会暂缓实行有关农业和粮食方面的新经济政策，中央派出以捷尔任斯基为首的政府工作队前往灾区实地调查和救灾。吉尔吉斯（哈）自治共和国中央委员会积极组织农民春播生产，各地成立了播种委员会，负责种子和农具的分配使用。在此期间，苏维埃中央政府拨给共和国 135.7 万普特（约 2.2 万吨）种子，恢复和新建了很多农田水利设施。①

到 1923 年，共和国的经济形势开始好转，共和国重新实施新经济政策。1923 年 5 月，共和国实行了以货币形式为主的农业税政策和一些相应的减免税政策，这一年约有 62% 的牧户和 40% 的农户享受到了免税的优惠。当年共和国的农业税总额比上一年减少了近三分之一，促使减免税后的农牧民全力投入了恢复和发展生产。②合作社则广泛地向贫苦农牧民发放贷款，用于购买农具、牲畜、种子以及推销农副产品。以上政策和措施有效地促进了农牧业的恢复和发展。1925 年，共和国农作物的播种面积就达到了 286.94 万公顷，粮食产量达到了 9200 万普特（约 150.7 万吨），有些地区的播种面积甚至达到或接近了十月革命前的历史最高水平。③这一年棉花的总产量达到了 220 万普特（约 3.6 万吨），远远超出了战前的水平；牲畜存栏头数比 1922 年增加了一倍。④

1921 年的灾荒使共和国的工业也受到影响。在灾荒期间，物资和资金的短缺，使工业生产受到制约，工人大量流失。1923 年以后，随着农牧业生产的恢复和新经济政策的实施，工业生产得到恢复和发展。其中，煤炭、石油、呢绒、食品加工、牲畜产品加工等行业率先得以恢复。到 1925 年底，全国的工业生产水平较 1920 年增长

---

① 马大正、冯锡时主编：《中亚五国史纲》，第 160 页。

② 《哈萨克斯坦共和国史》（俄文版）第 4 卷，阿拉木图，1977 年，第 315 页，转引自马大正、冯锡时主编：《中亚五国史纲》，第 160 页。

③ 同上。

④ 同上。

了5—6倍。[①] 灾荒以后，共和国不仅恢复了因经济衰退而弃用的车站、码头、桥梁、货栈，还新建了彼得罗巴甫洛夫斯克到巴甫洛达尔的铁路，恢复了灾荒时期停航的额尔齐斯河、锡尔河以及乌拉尔河航运。

吉尔吉斯（哈）自治共和国在哈萨克斯坦各州、县建立了专门管理人民教育的苏维埃机构，确立并开始实行免费教育的政策。在哈萨克斯坦出版了《塞米巴拉金斯克苏维埃简报》、《彼得罗巴甫洛夫斯克苏维埃消息》等报刊，在阿克莫林斯克出版了哈萨克文的《统一报》。

1924年1月5—10日，吉尔吉斯（哈）自治共和国苏维埃第四次代表大会召开。大会通过了共和国宪法，宣布吉尔吉斯（哈）苏维埃社会主义自治共和国加入俄罗斯联邦，并作为俄联邦的成员加入苏联。1925年4月，吉尔吉斯（哈）苏维埃社会主义自治共和国正名为哈萨克苏维埃社会主义自治共和国（1925—1936）。1929年，共和国迁都阿拉木图。1936年，苏联宪法通过哈萨克苏维埃社会主义自治共和国改为哈萨克苏维埃社会主义共和国（1937—1991），成为苏联的一个加盟共和国。

第四节　花剌子模苏维埃人民共和国（1920.10—1924）

在俄国二月革命和十月革命初期，沙俄政府在中亚保留下来的布哈拉和希瓦两个汗国继续存在。十月革命之后的几年中，布哈拉和希瓦汗国争取独立的斗争获得胜利，1920年4月，在原希瓦汗国的领土上建立了花剌子模苏维埃人民共和国。

十月革命初期，希瓦汗国仍是一个独立于突厥斯坦人民委员会

① 马大正、冯锡时主编：《中亚五国史纲》，第160页。

的非苏维埃政权。早在19世纪末20世纪初，希瓦汗国的民族资产阶级建立了自己的政治组织青年希瓦党。青年希瓦党在希瓦汗国进行改革，目标是制定宪法，以宪法限制汗权。1917年上半年，希瓦汗国实行以汗为首的君主立宪制，一些改革方案得以实施，如政府官员由选举产生，改革派还干了一些实事，如办学、修铁路等。但改革很快失败，青年希瓦党大多数逃亡到俄属阿姆河区。[①]流亡在外的青年希瓦党人继续进行民主革命活动，彼得罗亚历山大罗夫斯克城的青年希瓦党人成为反朱耐德汗政权的中心，他们中的左派以后成为希瓦共产党的核心力量。

1918年1月，负责希瓦汗国安全和防务的俄国驻希瓦军队首领扎伊采夫上校率军队撤出希瓦，以后参加了反苏维埃政权的巴斯马奇运动。土库曼封建主头目朱耐德推翻了俄国的傀儡汗伊斯芬狄亚，扶持亲信赛义德·阿不都拉登上希瓦汗位，朱耐德本人控制了希瓦汗国的政权。以后，他与布哈拉的埃米尔和突厥斯坦的巴斯马奇分子建立了联系，希瓦汗国成为中亚地区反苏维埃势力的堡垒。

1918年5月，朱耐德开始镇压青年希瓦党人，处决了几名企图推翻希瓦汗国政权的左翼青年组织的领导人。[②]从1919年起，希瓦汗国局势日趋紧张，塔什干的苏维埃政权鉴于自身势孤力弱，派代表到希瓦汗国与朱耐德谈判。苏维埃代表团由突厥军官穆罕默德·卡赞别克率领，而真正的领头者是俄国共产党人斯托富洛夫。斯托富洛夫表面上与希瓦汗谈判，暗中进行反朱耐德的宣传活动。1919年4月9日，双方签订了承认希瓦汗国独立的条约。以后，斯托富洛夫作为塔什干的特使留在希瓦汗国，从事推翻希瓦汗国的秘密活动，最后被朱耐德手下人杀死。

在俄共（布）的影响下，具有资产阶级民主革命倾向的一些青年希瓦党人改变了自己的纲领和策略，他们向苏维埃政权靠拢。

---

① 《乌兹别克斯坦内战史》第1卷，塔什干，1964年，第274页，转引自马大正、冯锡时主编：《中亚五国史纲》，第224页。

② 〔美〕迈可尔·刘金：《俄国在中亚》，第25页。

1919年9月，彼得罗亚历山大罗夫斯克的两万多名希瓦流亡者决定以武力的方式推翻希瓦汗政权，并向突厥斯坦苏维埃政府请求援助。1919年11月，在苏维埃政权的策动下，土库曼族部落首领戈奇马梅德汗在希瓦汗国北部的土库曼人聚居地起义反对朱耐德政权，共有8名土库曼部落首领率部加入他的行列。[①] 暴动很快遍及全国，朱耐德在国内外反革命势力支持下开始镇压起义者，起义坚持了一个多月。彼得罗亚历山大罗夫斯克苏维埃在写给列宁的一封信中说："希瓦人民正在朱耐德汗匪帮的恐怖下呻吟，迫切期待着解放希瓦的苏维埃军队的到来。希瓦人民向负有解放被压迫者使命的红军致以兄弟般的敬礼，并希望加入自由的苏维埃共和国。"[②] 彼得罗亚历山大罗夫斯克苏维埃还以希瓦人民的名义致电突厥斯坦自治共和国政府，请求援助，电报说："希瓦的无产阶级已经举行反对朱耐德汗的起义。战斗正在进行，形势非常严峻。……请求你们派兵赴希瓦支援起义的无产阶级。"[③]

1919年底，伏龙芝和古比雪夫从突厥斯坦自治共和国率军进入希瓦汗国，朱耐德汗出逃，参加了反苏维埃政权的巴斯马奇运动。1920年2月1日，红军占领希瓦城，废黜朱耐德扶持的末代希瓦汗赛义德·阿不都拉。第二天，希瓦新政权临时革命委员会成立。在临时革命委员会中，有2名青年希瓦党人、2名土库曼部落首领、1名伊斯兰教宗教界首领。[④] 青年希瓦党人吉米安·苏丹穆拉多夫当选为临时革命委员会主席，副主席是土库曼部落首领戈奇马梅德汗。中小封建主、工商界资产阶级、昔日的中小官吏和僧侣都参加了中央和地方国家机关的工作。临时革命委员会发表了施政纲领，宣布废除君主专制统治和汗政权，没收汗及其亲贵、大臣的财产归人民

---

① 丁笃本：《中亚通史》（现代卷），第102页。

② 〔苏联〕苏联科学院历史研究所：《苏联民族一国家建设史》（上），第220页。

③ 〔苏联〕涅佩索夫：《花剌子模革命简史（1920—1924年）》，塔什干，1960年，第336页，转引自丁笃本：《中亚通史》（现代卷），第102—103页。

④ 丁笃本：《中亚通史》（现代卷），第103页。

所有，允诺分地主之地给贫农，宣布着手建立人民政权。[1]以后，纲领的内容以法律的形式写进了 1921 年 9 月第二次苏维埃人民共和国代表大会通过的宪法中。

1920 年 3 月 20 日，全俄中央委员会和俄罗斯联邦人民委员会突厥斯坦事务委员会派特别使团到希瓦汗国，筹划组建共产党组织和苏维埃政权。4 月 4 日，在使团的要求下，希瓦临时革命委员会决定在希瓦汗国恢复“花剌子模”这一古称，宣告成立了花剌子模共产党委员会和人民委员会，青年希瓦党解散，大多数青年希瓦党人加入了花剌子模共产党。

1920 年 4 月 27—30 日，花剌子模第一次人民代表大会在希瓦城召开，大会宣布废除希瓦汗国，建立花剌子模苏维埃人民共和国（以下简称花剌子模共和国），首都希瓦城。大会通过了共和国第一部宪法。宪法规定：花剌子模的所有权力集中在劳动人民代表苏维埃手中，剥夺大封建主、高级僧侣、高利贷者的选举权。宪法保留了生产资料私有制和伊斯兰卡孜法庭。大会选举产生了花剌子模人民共和国政府——人民委员会，人民委员会由 15 人组成，主席是巴巴·阿洪德·萨利莫夫，副主席是土库曼人戈奇马梅德汗，外交委员是霍贾马梅多夫、内务委员是苏丹穆拉多夫。突厥斯坦苏维埃社会主义自治共和国在花剌子模苏维埃人民共和国中驻有一名由中亚土著人担任的代表。

1920 年 5 月，俄罗斯联邦驻花剌子模共和国全权大使贝克到任。5 月底，花剌子模共产党首次代表大会召开，花剌子模共产党正式成立，组建了以塔什干工人出身的阿利姆占·阿克丘林为首的中央委员会，后来苏丹穆拉多夫接替为中央领导人。到 1920 年秋，共产党在 22 个地区成立了支部，党员人数超过 1000 人。[2]

1920 年 9 月 13 日，以巴巴·阿洪德·萨利莫夫为首的花剌子

---

① 〔苏联〕苏联科学院历史研究所：《苏联民族—国家建设史》（上），第 220—221 页。

② 〔苏联〕涅佩索夫：《花剌子模革命简史（1920—1924 年）》，塔什干，1960 年，第 338 页，转引自丁笃本：《中亚通史》（现代卷），第 105 页。

模共和国代表团抵达莫斯科，与苏俄中央政府签订了两国军事和政治同盟条约和经济合作协定，此协议成为以后布哈拉人民共和国与苏俄缔结协议的范本。根据条约，苏维埃俄国承认花剌子模共和国为独立的主权国家；取消帝俄根据原俄国—希瓦条约在花剌子模取得的所有特权，把俄国人在花剌子模占有的一切土地、财产和企业全部移交给花剌子模共和国；双方不容许在自己的领土上进行敌视对方的活动，必要时实行军事合作对付共同的威胁；苏俄向花剌子模共和国提供物资、技术和人员方面的援助，以帮助花剌子模共和国的经济和文化建设。①

花剌子模共和国政府没有平等地对待土库曼及卡拉卡尔帕克族人。1920 年 9 月，包括共和国人民委员会副主席戈奇马梅德汗在内的 80 余名土库曼部落首领被以捏造的“发动政变”的罪名惨遭杀害。② 由此引发国内骚乱。为制止内战，苏俄中央执行委员会和俄罗斯联邦人民委员会突厥斯坦事务委员会于 1920 年 11 月派以萨福诺夫为首的特别代表团到花剌子模。1920 年 12 月，在苏俄代表团的主持下，召开了花剌子模共产党代表会议，选举产生了新的花剌子模共产党中央委员会，新的中央委员会改变了青年希瓦党人起主导作用的局面。

1921 年 1 月，苏俄代表团在共和国小城波尔萨赫召开了土库曼部落代表会议，会上成立了一个以霍贾马梅多夫为首的土库曼执行局。实际上是在花剌子模共和国政府之外另成立的一个行政机构。3 月，在花剌子模共和国代表大会召开前夕，新成立的花剌子模共产党与共和国政府之间的矛盾爆发出来。以青年希瓦党人为主要成分的花剌子模共和国政府拒绝接受花剌子模共产党的提议，即把人民中的闲余人和一些受到优惠待遇的社会阶层一起排除在选举名单之外。在苏俄代表团的策划下，花剌子模爆发了大规模反政府起义，

① 〔苏联〕瓦哈波夫：《乌兹别克社会主义民族的形成》，塔什干，1960 年，第 348 页，转引自丁笃本：《中亚通史》（现代卷），第 105 页。

② 丁笃本：《中亚通史》（现代卷），第 110—111 页。

共和国政府在起义中垮台，3 月 14 日，在突厥斯坦事务委员会特别使团的主持下解散了花剌子模人民委员会，建立了一个由 5 人组成的临时革命委员会，由两名乌兹别克人、一名土库曼人、一名哈萨克人和一名科米索莫尔当地成员组成。此次事件被称为花剌子模的“三月事件”。

1921 年 9 月下旬，第二届花剌子模共和国全国代表大会召开，来自劳动阶层的代表比第一次代表大会有明显增加。会议讨论了土地、水资源、财政、国民经济的恢复、武装力量、民族问题、教育文化等一系列重要问题。通过了修改的宪法条文。新修改的宪法规定：共和国最高权力机关为劳动人民苏维埃代表大会，大会通过选举，组成 60 人的花剌子模苏维埃中央执行委员会，又从这 60 人中选举产生了中央执行委员会主席团和人民委员会。中央执行委员会主席团主席是阿塔・马克苏莫夫，人民委员会主席是马夫利亚尼亚兹・尤苏波夫。[①] 这次代表大会就民族问题通过了一项重要决议：“花剌子模苏维埃人民共和国的每个民族都有权实行具有相应机构的地方自治。”[②] 会后，在中央执行委员会下面设立了土库曼局和哈萨克・卡拉卡尔帕克局。

青年希瓦党解散之时，很多人加入了花剌子模共产党。在要求结束封建君主制度，崇尚现代化发展方面，花剌子模共产党与苏俄党中央保持一致。但是，在革命取得成功以后，他们当中的大多数人仍站在民族主义的立场上，希望维护花剌子模共和国的真正独立，而苏俄中央不仅要求他们加入联盟，而且要求他们采取苏俄的苏维埃制度。这一矛盾导致了 1921 年底花剌子模共和国的“清洗运动”。11 月，花剌子模中央执行委员会主席阿塔・马克苏莫夫和外交人民委员穆拉尼亚兹被指控为“泛突厥主义者”，于是，他们发动政变出走。苏俄特别代表团团长萨福诺夫也因此受到牵连而被调离，他的

① 丁笃本：《中亚通史》（现代卷），第 112 页。

② 〔苏联〕苏联科学院历史研究所：《苏联民族—国家建设史》（上），第 228 页。

角色由俄罗斯驻花剌子模共和国大使贝克继任。12 月上旬，花剌子模共产党第一次代表大会在希瓦城召开。

1922 年 2 月，花剌子模共产党加入俄国共产党，制定了新的党纲和党章。“大清洗”运动在花剌子模共和国开始。在两千名党员中，只有 60 名被判定足够可靠，可以保持党证。①青年希瓦党人被排斥在花剌子模共和国政权之外。这一运动为取消共和国的独立扫清了道路。

1922 年 7 月，第二次花剌子模全国代表大会召开，会上制定了共和国新宪法。新宪法规定：花剌子模让境内的土库曼人、卡拉卡尔帕克人和哈萨克人实行自治，并且在他们聚居区划界成立了相应的自治州。②

1923 年 10 月 17 日，第四次花剌子模全国代表大会召开，在与会的 234 名有决定权的代表中，200 名是农民。③大会修改了宪法，新宪法剥夺了所谓“寄生”分子，即统治阶级和宗教神职人员的选举权，宣布土地国有化（包括属于清真寺、经学院的瓦克夫土地和财产）。④宪法确定了花剌子模新的社会力量关系，劳动群众的政治积极性有了很大提高，积极参与国家事务，国内的政治、经济和文化都得到发展，花剌子模从人民共和国向社会主义共和国过渡的条件成熟。1924 年，在花剌子模共和国召开的第五次全国代表大会上，花剌子模苏维埃人民共和国改为花剌子模苏维埃社会主义自治共和国，与此同时，共和国提出了加入苏联的申请。

在存在的 4 年中，花剌子模苏维埃人民共和国对花剌子模的经济和社会发展起到了促进作用。1921—1922 年间，花剌子模共和国没收了汗室成员和官吏的土地和果园，并把它们无偿地分给无地、

① 马大正、冯锡时主编：《中亚五国史纲》，第 224—225 页。

② 丁笃本：《中亚通史》（现代卷），第 113 页。

③ 张娜：《中亚现代民族过程研究》，第 123 页。

④《花剌子模人民苏维埃共和国史文献集》，第 238—245、247、250—259 页，转引自马大正、冯锡时主编：《中亚五国史纲》，第 225 页。

少地的农民。1923 年 10 月开始没收宗教瓦克夫的土地和财产。政府取消了大部分税收，银行给农民提供长期贷款，卖给农民种子。为了尽快恢复植棉业，政府给棉农制定了一些优惠政策，如提高棉花收购价格，减轻或取消棉花税收，给棉农发放奖励金，修复和建筑灌溉系统等。这些政策的实施使共和国的农业逐渐得到了恢复，到 1922 年，播种面积比上一年增加了四倍。①

与此同时，共和国在工业领域实行了国有化政策，没收了当地巴依所有的电站、印刷厂、磨坊、澡堂及各类工厂企业。1924 年初，在俄联邦的帮助下，花剌子模共和国修复了 6 个净棉厂、1 个榨油厂、4 个皮革厂、110 个制砖厂等。②

第五节　布哈拉苏维埃人民共和国（1920.10—1924）

20 世纪初，布哈拉民族资产阶级的代表成立了青年布哈拉党，试图在国内进行一些改革，但是，由于资产阶级的力量软弱，改革遭到失败。二月革命以后，俄国驻布哈拉汗国的代理人米勒在布哈拉汗国实行黑暗的政治统治，布哈拉埃米尔对他做出了一些让步。③1917 年 3 月，埃米尔发表宣言，宣布实施改革措施，似乎要把君主制国家改变为一个拥有议会的君主立宪制国家。但是，一个月以后，埃米尔意识到俄政府穷于应付国外反苏维埃势力而无暇顾及布哈拉，于是，埃米尔废除了改革，重新起用保守派为他的顾问。

十月革命以后，布哈拉汗国爆发了革命，苏维埃政权最先在汗国的俄罗斯移民区建立起来。19 世纪末 20 世纪初，随着外里海铁

① 《花剌子模人民苏维埃共和国史文献集》，第 15、288—300、303—310 页，转引自马大正、冯锡时主编：《中亚五国史纲》，第 225 页。

② 马大正、冯锡时主编：《中亚五国史纲》，第 225 页。

③ Edward Allworth, edit, *Central Asia: 130 Years of Russian Dominance, A Historical Overview*, p.229.

路的通车，在布哈拉领土上建立了最初的俄罗斯居民点：新布哈拉、查尔朱、科尔基、捷尔梅兹等。到1917年，布哈拉汗国的俄罗斯居民已达5万人。[①]在十月革命爆发后的第四天，即1917年10月29日（俄历），布哈拉革命委员会成立，革命委员会宣布夺取布哈拉汗国政权。1918年，在布哈拉汗国内出现了布尔什维克组织，以法祖拉·霍札也夫为首的一部分青年布哈拉党人与布尔什维克党合作，与国内一切进步势力联合，共同反对埃米尔的专制制度。

就全国范围来说，十月革命以后，布哈拉汗国仍处于埃米尔的控制之下，汗国统治阶层对革命采取敌视态度，在1917年11月至1918年3月期间，反苏维埃势力聚集布哈拉汗国，人数达到了5万—6万人。[②]

塔什干苏维埃政府积极与布哈拉汗国联系，希望促进布哈拉汗国的革命。1918年2月28日，人民委员会主席柯列索夫从塔什干到布哈拉城拜访埃米尔赛义德·阿利姆汗，提出双方合作的要求，遭到了埃米尔的拒绝。3月2日，塔什干的苏维埃军队向布哈拉汗国发起进攻，一举击溃了布哈拉守军，长驱直入城市，像在浩罕城一样，他们在城里进行抢劫。在此关头，愤怒的人民决定支持原来不太得人心的埃米尔，入侵者转过来受到了围歼，最终逃离布哈拉汗国。在此过程中，布哈拉的数百名无辜的俄国居民遭到杀戮，等埃米尔的军队赶来制止屠杀时，已经来不及了。[③]

遭此挫折之后，塔什干苏维埃政府与布哈拉汗国签订了一项协定，承认布哈拉汗国独立，答应归还自1855年以来被俄国侵占的布哈拉汗国领土，甚至承诺向布哈拉汗国提供武器援助。此后，布哈拉埃米尔积极备战，购置武器，重建内部秩序。此外，布哈拉埃米尔积极与反苏维埃政权的各种势力联合，分别与波斯和阿富汗建立

---

① 〔苏联〕伊诺亚多夫：《在反对外国干涉者和内部反革命势力斗争中的中亚各民族》（俄文版），莫斯科，1984年，第324页，转引自马大正、冯锡时主编：《中亚五国史纲》，第186页。

② 同上书，第25页。

③ 〔美〕迈可尔·刘金：《俄国在中亚》，第25页。

了联盟。通过反苏维埃政权“外里海政府”[①]，从阿富汗和伊朗等国得到英国政府给予的大量枪支弹药和财政方面的支持。布哈拉成为与布尔什维克对立的中心。

在此形势之下，大多数青年布哈拉党人流亡国外，在塔什干进行革命活动，1918 年，青年布哈拉党人中的进步人士在塔什干组建布哈拉共产党。1918 年 10 月，布哈拉共产党第一次代表大会在塔什干召开，成立了以乌兹别克人阿齐姆占雅库博夫为首的布哈拉共产党中央机关。布哈拉共产党在汗国的俄罗斯人中积极发展力量。

在 1920 年春夏，布哈拉汗国面临塔什干苏维埃政权和青年布哈拉党人的压力，塔什干苏维埃政权在消灭“浩罕自治政府”以后，已经在积极准备结束布哈拉汗国的统治。从 1920 年起，苏俄、突厥斯坦自治共和国与布哈拉汗国中断贸易，布哈拉汗国的经济形势严峻，布哈拉人 70% 的畜群趋于消亡，土地得不到灌溉，人民的不满情绪高涨。1920 年夏，青年布哈拉党与布哈拉共产党联合，在汗国各地建立了自己的武装。他们从突厥斯坦共产党那里得到武器弹药，为武装起义做准备。

1920 年 8 月中旬，布哈拉共产党第四次代表大会在查尔朱召开，25 日，以古比雪夫、胡赛因和霍贾耶夫为首的革命领导中心成立。8 月 29 日，起义在查尔朱爆发，革命领导中心宣布在查尔朱成立布哈拉临时革命委员会。接着，布哈拉旧城、沙赫里夏勃兹、卡尔施等城响应。9 月 2 日，在临时革命委员会的请求下，由伏龙芝率领的一支红军进入了布哈拉城，推翻了布哈拉埃米尔政权，红军占领了汗国的大部分地区，埃米尔赛义德·阿利姆汗逃到汗国东部山区吉萨尔，重新组织力量进行抵抗。

红军占领布哈拉城以后，以布哈拉共产党阿卜杜卡德尔·毛希丁诺夫为主席的布哈拉革命委员会成立。1920 年 10 月 6—8 日，第

---

① Edward Allworth, edit, *Central Asia: 130 Years of Russian Dominance, A Historical Overview*, pp. 244-245.

一次全国布哈拉人民代表大会在布哈拉城召开，大会宣布取消布哈拉埃米尔国，成立布哈拉苏维埃人民共和国（简称布哈拉人民共和国），首都布哈拉城。大会选举产生了人民共和国最高权力机关——革命委员会，阿卜杜卡德尔·毛希丁诺夫当选为革命委员会主席；会上选举产生了人民共和国政府——人民委员会，费祖拉·霍德查耶夫当选为人民委员会主席。

布哈拉人民共和国建立之初，权力掌握在费祖拉·霍德查耶夫手中，政府成员大多数是青年布哈拉党人。共和国初期，采取了一些有利于贫苦人民的措施，如将闲置土地、水力资源和大的私人不动产收归国有，并宣布把没收的土地重新分配给贫农。①但是，为了有效地管理，新政府恢复了旧政府中那些有能力的人的职位，这一措施意味着，这部分人的土地不能剥夺，因此以往允诺的土地改革遇到了阻碍。

11 月 3 日，俄罗斯联邦与布哈拉人民共和国签订了政治军事协定，承认布哈拉人民共和国为独立的主权国家，苏俄将把沙皇政府在布哈拉掠夺的土地连同其上的全部不动产移交给布哈拉人民共和国。②11 月底，青年布哈拉党解散，青年布哈拉党人全部加入布哈拉共产党。1922 年，俄共（布）中央委员会接受布哈拉共产党成为俄共（布）成员，古比雪夫以俄罗斯联邦和俄共（布）中央全权代表的身份常驻布哈拉。

1921 年，布哈拉人民共和国与苏俄中央的关系发生了变化。青年布哈拉党人最初是社会改革的坚决支持者和布尔什维克的同盟者，掌权之后，青年布哈拉党人渐渐放弃了改革的立场，站到布尔什维克的对立面。1921 年，花剌子模“三月事件”发生，以布哈拉革命委员会主席阿卜杜卡德尔·毛希丁诺夫为首的领导者公开反对激进的社会改革，要求红军撤离布哈拉，并把“外来的”俄罗斯族、鞑

① Edward Allworth, edit, *Central Asia: 130 Years of Russian Dominance, A Historical Overview,* p. 246.

② 〔苏联〕苏联科学院历史研究所:《苏联民族—国家建设史》(上)，第 225 页。

靼族共产党员驱逐出去，目的是要建立西方式的民主共和国。[①]青年布哈拉党人还正式以突厥语取代直到当时为止还是国家的“文化”语的波斯语，这样，他们就跻身于激发中亚朝着一个更大的突厥国发展的行列中了。[②]这是俄共（布）中央绝不允许的。

于是，俄罗斯苏维埃中央政府突厥斯坦事务委员会新任主席伊艾·鲁德兹塔克来到布哈拉，他与布哈拉人民共和国的民族主义代表达成了妥协。1921年7月，俄共（布）中央下达了一项指示，强调必须严格遵守布哈拉人民共和国是独立国家的原则，任何社会改革都要谨慎从事。[③]

1921年9月25日，布哈拉人民共和国第二次人民代表大会在布哈拉召开，大会通过选举成立了以乌斯曼·霍贾耶夫为首的最高立法机关中央执行委员会和以费祖拉·霍德查耶夫为首的政府——人民委员会。在中央执委会中，有8名捍卫革命改革的左翼成员，72名对革命改革不感兴趣的温和主义者，另有5名则是坚定的保守派右翼。[④]

第二次人民代表大会正式通过了布哈拉人民共和国宪法。宪法规定：国家政权交付给全体人民（不分性别、种族、民族和宗教信仰）。宪法的一些条款对选举制做了明确规定：第58条规定把公民的选举权扩大到18岁男女青年。[⑤]第59条，剥夺垮台旧政体官员和那些经济地位优越阶层的表决权，体现了阶级斗争的萌芽。[⑥]宪法在行政组织方面显示了协调民主改革和传统组织的考虑，尽管规定了建立苏维埃各级组织的决议，然而，实际上，这些组织与传统的意识结合，在村一级职务中，长者掌权的现象几乎没有改变。

尽管宪法维护了劳动人民的选举权利，但是，在新政府中掌权

① 丁笃本：《中亚通史》（现代卷），第113页。

② Edward Allworth, edit, *Central Asia: 130 Years of Russian Dominance, A Historical Overview*, p. 248.

③ 丁笃本：《中亚通史》（现代卷），第114页。

④ Edward Allworth, edit, *Central Asia: 130 Years of Russian Dominance, A Historical Overview*, p. 246.

⑤ Ibid., p. 247..

⑥ Ibid..

的青年布哈拉党人还是发现宪法似乎更多地捍卫了前统治者的利益而不是他们想代表的普通人民的利益。[①]

宪法突出了伊斯兰教法的作用，宪法第7、8、9款规定了思想意识自由和著书、言论、集会的自由，但第26款却强调“这些不能危害伊斯兰教”。宪法第26款还规定：“宪法所规定的条款无不与它们（伊斯兰教法）协调。”

1922年8月，选举产生了共和国新一届中央执行委员会，帕尔萨·霍贾耶夫当选为共和国中央执委会主席。在中央执委会和布哈拉政府人民委员会中，当选者有不少剥削阶级分子。斯大林在1923年批评说：“在布哈拉政府里一个农民也没有。在九个或十一个政府委员中，有富商的儿子、商人、知识分子、毛拉……但没有一个杰赫坎。”[②]

1923年6月，俄共（布）中央中亚局（原俄共中央突厥斯坦局）对布哈拉政府进行了改组。这一年布哈拉政权机关总共清除了500名“异己分子”。[③]1924年9月19日，布哈拉人民共和国第五次人民代表大会决定：改布哈拉苏维埃人民共和国为布哈拉苏维埃社会主义共和国（1924年9月19日—1924年10月27日），同时，提出了加入苏联的要求。

以青年布哈拉党人为领导的布哈拉人民共和国的建立对共和国的政治稳定和经济发展做出了贡献。十月革命以后的布哈拉汗国曾经是反苏维埃政权的堡垒，1921年9月，布哈拉人民共和国内的巴斯马奇势力联合起来，在“圣战”的口号下试图占据布哈拉人民共和国的东部领土。与此同时，共和国西部也出现了小股的巴斯马奇势力。1921年10月，原青年土耳其党首领恩维尔帕夏从德国来到

---

① Edward Allworth, edit, *Central Asia: 130 Years of Russian Dominance, A Historical Overview*, p. 246.

② 《斯大林全集》第5卷，人民出版社1957年版，第270页。杰赫坎指中亚穆斯林农民，转引自丁笃本：《中亚通史》第114页。

③ 丁笃本：《中亚通史》（现代卷），第114页。

布哈拉旧城，自称“突厥斯坦埃米尔”。1922 年春，恩维尔帕夏集结大约 2 万巴斯马奇武装分子占据了布哈拉人民共和国东部山区。1922 年 3 月初，巴斯马奇分子包围了共和国都城布哈拉，经过两昼夜的激战该武装分子被打退。在严峻的形势下，布哈拉人民共和国政府号召当地居民参军，加强红军的力量。为了更好地打击巴斯马奇分子，布哈拉共产党在东部地区成立了非常委员会，为彻底剿除巴斯马奇运动提供了保证。

布哈拉人民共和国的建立不仅巩固了苏维埃政权，还促进了国内经济的恢复和发展。共和国建立初期，宣布私有耕地，银行、工厂企业为国家所有；国家对棉花和卡拉库尔羊等主要出口产品实行垄断，提高了出口价格。1922 年 5 月，国家通过了在费尔干纳等地减免捐税的法令，刺激经济的恢复。① 共和国政府采取措施恢复战争破坏的灌溉系统，到 1926 年，恢复的总灌溉面积大约是 1914 年的 78%，第二年该数字达到 82%。② 共和国政府在手工业领域推广合作组织形式，1923 年 9 月，建立了第一个手工业行业的合作组织——布哈拉建设组合，到 1924 年初，类似的组织已有 60 多个。③

在恢复和发展经济的过程中，布哈拉人民共和国得到了中亚其他共和国和俄联邦的大力支援。1921 年 3 月 4 日，布哈拉人民共和国代表与俄联邦在莫斯科签订了联盟条约和经济协议，加强了与俄联邦国家的商品贸易关系。1922 年 7 月以后，俄联邦给布哈拉提供了贷款，以及工业设备和技术人员，在此基础上，共和国创建了一批自己的企业。

1923 年 3 月，突厥斯坦自治共和国、布哈拉人民共和国、花剌子模人民共和国召开会议，成立了中亚经济委员会，制定了共同的经济政策。政策对中亚南部的灌溉、商业、农业做出统一规划。会

---

① 〔乌兹〕乌兹别克共和国科学院：《苏维埃时代的乌兹别克斯坦国家和法权的历史：1917—1924 年》，塔什干，1959 年，第 74—80 页。

② Edward Allworth, edit, *Central Asia: 130 Years of Russian Dominance, A Historical Overview*, p. 287.

③ 马大正、冯锡时主编：《中亚五国史纲》，第 187—188 页。

上规定，布哈拉和花剌子模人民共和国在货币、公共运输、电信方面必须与苏俄的体系一致。在中亚民族共和国以加盟共和国名义加入苏联以前，中亚经济委员会和苏共中亚局在中亚经济的发展中起到了重要作用。[①]

① 1934年，该组织因不再能够适应中亚民族共和国的发展而解散。

第三章

苏维埃政权的巩固

十月革命以后，原沙俄政权中的保皇党，以及自由民主分子、温和社会主义者、民族主义分子结成一股反苏维埃的力量，这股力量得到了英、美、法、日等国的大力支持，在西伯利亚、中亚和远东地区展开活动，中亚地区的巴斯马奇分子就是这股势力中的一个组成部分。巴斯马奇运动具有“泛伊斯兰主义”和“泛突厥主义”的性质，目的是在中亚建立脱离苏俄中央政权的伊斯兰共和国或大突厥国家，他们的活动给中亚的苏维埃政权造成了极大威胁。为了抵御这种倾向，苏联中央政府以中亚主体民族为中心在中亚地区实施划界，在中亚形成了五个现代民族国家。

第一节　巴斯马奇运动

苏维埃政权是一个与以往任何政权都不同的新型无产阶级政权，它的建立过程是新制度取代旧制度的过程，这一过程充满了曲折与艰辛。苏维埃政权的建立在国外遭到了世界主要资本主义国家的围攻，在国内遭到了沙皇俄国时期的地主、富农的反抗和自由民主分

子、温和社会主义者的攻击。

从 1918 年 3 月起，当时还在进行第一次世界大战的英、法、美、日，以及他们的对手德国，就派军队直接武装进攻苏维埃俄国，国内反革命势力联合起来占领了苏维埃最重要的粮食、原料和燃料基地乌克兰、白俄罗斯、波罗的海沿岸，以及顿河流域、乌拉尔、西伯利亚等重要地区。

十月革命以后，苏维埃政府还没有一支正规的革命武装，与反革命作战的力量是武装起来的工人、农民和沙俄旧军队中觉醒的革命士兵。苏维埃政府的武装力量以红色为代表，被称为“红军”，以保皇党、自由民主分子、温和社会主义者，以及一些无业游民组成的反革命武装被称为“白军”。白军得到了英、美、法、日等国的大力支持，当苏维埃政权在俄国本土获得全面胜利之时，白军以西伯利亚、中亚和远东为反红军的据点，展开频繁的活动。他们在这些地区建立了傀儡政权。1918—1924 年发生在中亚地区的巴斯马奇运动是反苏维埃武装叛乱的组成部分，它的活动对中亚地区的苏维埃政权构成了极大的威胁。

“巴斯马奇”是突厥语巴斯马克的音译，其意是进攻、突袭。封建时代，中亚地区存在着一股由无业游民组织起来的团伙，他们以拦路抢劫为生。十月革命以后发生的巴斯马奇运动指反对苏维埃政权的武装运动。巴斯马奇运动集团的人员成分复杂，既有封建势力、宗教阶层、土匪，也有反抗俄国人的民族主义者。1918—1924 年，巴斯马奇运动分子先后集中在中亚费尔干纳盆地、花剌子模绿洲和布哈拉共和国东部山区，他们的活动对当地苏维埃政权造成了极大威胁。

十月革命以后，中亚民族主义分子在费尔干纳地区建立了“浩罕自治政府”，巴斯马奇分子曾给予“浩罕自治政府”支持。他们打着“民族解放”的口号，在中亚人民中获得了声望，于是，巴斯马奇分子从一群打家劫舍的土匪演变为一股反苏维埃政权的民族主义力量。丧失统治权的封建上层人物也投身于巴斯马奇运动，他们中

有希瓦汗和布哈拉埃米尔；还有在新兴苏维埃政权中受到排挤的领导者，如布哈拉共和国的青年布哈拉党人的主要领导人米扎·阿布杜尔查蒂·穆希特丁奥格里。其中，布哈拉埃米尔赛义德·阿利姆汗在叛乱中曾被任命为运动的总司令。此外，“浩罕自治政府”中的一部分人在该政权被推翻（1918 年 2 月）以后也加入到巴斯马奇队伍之中，其中，“浩罕自治政府”司令官伊尔尕什就率残部转入山区与巴斯马奇分子一起开展反对苏俄政权的斗争。以后，同情巴斯马奇运动或不堪忍受苏俄政府在中亚推行余粮征集制的中亚农牧民也加入到巴斯马奇运动之中。在费尔干纳，1922 年参加巴斯马奇运动的人数就达到了 2.8 万人之多。[①]

巴斯马奇运动得到奥斯曼土耳其“泛突厥主义”分子，以及英、美帝国主义的支持。1918 年 1 月，巴斯马奇向英、美发出求援信号，希望他们帮助解救 800 万突厥斯坦人脱离苏俄。是时，美国出台了“未来中亚 14 条”，其中一些条款表明，在必要的情况下，美国可以对突厥斯坦实行委托统治，这是当时帝国主义列强瓜分殖民地并对其进行统治的一种时髦政策。英国宣称，可以建立一个大英帝国庇护下的中亚哈里发突厥斯坦国家，英国政府军事外交使团团长贝里和美国驻塔什干领事罗泽尔·特烈杜埃尔直接参与了巴斯马奇反对和破坏苏维埃政权的组织工作。美英的目的是尽快使苏俄中亚变成自己的殖民地。

巴斯马奇运动初期（1918 年 2 月到 1920 年 9 月），费尔干纳州、奥什州和贾拉拉巴德州是巴斯马奇势力强大的地区。受巴斯马奇运动的影响，费尔干纳州的苏维埃政府官员变了节，其中，马尔吉兰城苏维埃民兵队长马达明伯克成为巴斯马奇叛乱的首领。1918 年 9 月，在外里海州成立的“突厥斯坦反布尔什维克同盟”派军官扎伊采夫和科尔尼洛夫到费尔干纳山区，任务是按照哥萨克部队的模式组织和训练巴斯马奇分子。1918 年 11 月，马达明率领的巴斯

---

① 王智娟:《试析中亚巴斯马奇运动的原因》,《外国问题研究》1991 年第 4 期，第 39 页。

马奇部队攻击了费尔干纳地区的俄国移民村。为了防御和阻挡巴斯马奇的袭击，俄国移民建立了自己的军队，这支军队得到了费尔干纳红军总部的支持。在苏维埃实施战时余粮征集制之时，费尔干纳地区的农民组织起来，要求废除国家对粮食的垄断，马达明趁机拉拢农民，以 7000 人的队伍支持农民。1919 年 8—9 月，马达明占领奥什和贾拉拉巴德，在奥什建立了临时政府，他本人担任主席和军队司令。此后，这股势力向安集延挺进。为数不多的安集延守兵与当地工人联合共同保卫城市，打退了巴斯马奇分子的多次进攻。在各地红军的援助下，经过两天的激战，围攻安集延的巴斯马奇分子被打退。

1919 年 10 月下旬，巴斯马奇运动头目在阿伊姆召开会议，英国、布哈拉汗国和突厥斯坦的民族主义集团派代表出席。会上，决定对巴斯马奇分子进行改编，把当时在费尔干纳地区活动的 150 股巴斯马奇部队合并为四大兵团，分别由马达明、哈里霍加、伊尔尕什和库尔什尔马特指挥。①

突厥斯坦自治共和国中央执行委员会在反对巴斯马奇运动中展开了声势浩大的政治攻势。为了瓦解巴斯马奇队伍，1919 年 5 月 7 日，政府宣布对投降的巴斯马奇分子给予赦免，5 月 9 日，发布《告费尔干纳劳动的穆斯林居民书》。8 月 18 日，苏俄政府成立了突厥斯坦方面军，伏龙芝被任命为方面军总司令，指挥围剿巴斯马奇的战斗。②9 月，苏维埃军队开到费尔干纳盆地，9 月 26 日，占领奥什，4 天以后，贾拉拉巴德也获解放，苏维埃政权在两地重新建立起来。此后，伏尔加鞑靼红军旅被派到中亚，加入了镇压巴斯马奇运动的斗争。1920 年 1 月中旬，红军击毙了伊尔尕什。在此形势下，大批巴斯马奇分子投诚，1920 年 1 月有 2600 人，2 月有 3000 人，

---

① 王智娟：《试析中亚巴斯马奇运动的原因》，《外国问题研究》1991 年第 4 期，第 35 页。

② 〔苏联〕H. K. 加姆布尔格等：《伏龙芝传》，刘俊山等译，中国对外翻译出版公司 1985 年版，第 164 页。

余下的巴斯马奇分子在2月4日被击溃。[①]到1920年3月，马达明被迫投降，1920年5月，前线指挥官伏龙芝率红军进入费尔干纳，突厥斯坦苏维埃政府招募3万名当地居民组建了民族红军。[②]1920年10月以后，红军转入大反攻，几股大的巴斯马奇武装被摧毁或击溃。

在此形势下，苏维埃领导者希望通过谈判使其他的巴斯马奇分子投降。1921年2月22日，费尔干纳的反巴斯马奇运动的领导人季诺维耶夫在费尔干纳谷地与巴斯马奇分子的代表会晤，但没有说服他们投降。1921年8月和9月，苏维埃政府与巴斯马奇分子的代表举行了和平谈判。到1921年9月，费尔干纳盆地的巴斯马奇运动基本平息。

1920年以后，巴斯马奇分子的活动主要集中在花剌子模绿洲和布哈拉共和国东部山区。1920年，希瓦汗国灭亡，以朱耐德为首的统治者参加了巴斯马奇运动。1921年，花剌子模“三月事件”发生，失势的花剌子模共和国官员也投奔巴斯马奇，成为巴斯马奇运动的骨干力量。以朱耐德为首的巴斯马奇分子在卡拉库姆沙漠北部绿洲建立了基地，对花剌子模共和国城镇发起攻击。1923年5—6月，突厥斯坦红军兵分几路向他们发起进攻。7月11日，朱耐德藏身的最后一个据点被红军攻克，朱耐德率余部逃进卡拉库姆沙漠。

1924年1月，朱耐德集结巴斯马奇部队向希瓦城进攻，与此同时，布哈拉共和国和突厥斯坦境内的几股巴斯马奇队伍也采取了配合行动，他们占领了塔沙乌兹、伊利亚雷、老乌尔根奇城等城镇。1月20日，1万余名巴斯马奇分子将花剌子模首都希瓦城和新乌尔根奇城团团围住，开始发动攻城战斗。[③]花剌子模共和国成立了革命

---

① 〔美〕迈可尔·刘金：《俄国在中亚》，第37页。

② 〔苏联〕伊诺亚多夫：《在反对外国干涉者和内部反革命势力斗争中的中亚各民族》（俄文版），莫斯科，1984年，第217、296页，转引自马大正、冯锡时主编：《中亚五国史纲》，第185页。

③ 丁笃本：《中亚通史》（现代卷），第119页。

军事委员会组织人民抵抗，大约300名共产党员、共青团员、工会会员和城市苏维埃代表被动员当兵，还有不少城市贫民参加了保卫战。[①] 周围城市的红军也赶来援助，1月22日，查尔朱城的第82突厥斯坦红旗骑兵团跋涉500公里赶来。同时，红军出动飞机参战。28日，在空中轰炸和地面强攻之下，希瓦保卫战获得胜利。朱耐德的部队伤亡惨重，被迫撤离，再次逃入卡拉库姆沙漠，1931年去了阿富汗。

巴斯马奇反叛运动的最后一个阵地是布哈拉共和国。布哈拉共和国的巴斯马奇运动是1920年9月苏俄红军推翻布哈拉埃米尔国之后兴起的。布哈拉汗国埃米尔赛义德·阿利姆汗在布哈拉城陷落之后逃到汗国东部山区。到吉萨尔山区之后，他任命穆拉阿布杜拉卡哈尔统率巴斯马奇部队，自己去了阿富汗。花剌子模共和国"三月事件"之后，布哈拉人民共和国政府中坚持民族主义立场的原青年布哈拉党人惶恐不安，他们当中的很多人陆续与俄共（布）决裂，或组织或参与巴斯马奇暴动。1921年秋，布哈拉共和国革命委员会主席、青年布哈拉党领导人阿卜杜卡德尔·毛希丁诺夫和布哈拉共和国内务委员毛希丁·马克苏莫夫来到东布哈拉，为巴斯马奇效劳。[②]

布哈拉共和国在无力消灭巴斯马奇运动的情况下决定采取招抚的办法解决巴斯马奇运动。布哈拉共和国领导人邀请原青年土耳其政府领导人恩维尔帕夏到布哈拉进行招抚工作。1921年11月，恩维尔帕夏来到布哈拉，他非但不帮助共和国政府做招抚工作，反而跑到叛军一边去了。[③] 利用他在穆斯林中的声望，恩维尔帕夏宣扬"泛突厥思想"。恩维尔帕夏的反叛使邀请的布哈拉共和国领导人难脱干系，这些人本来就反对苏俄插手布哈拉国内事务，于是，他们干脆

① 丁笃本:《中亚通史》(现代卷)，第119页。

② 同上书，第121页。

③ 同上。

跟恩维尔帕夏一起为巴斯马奇分子出力。[①]1921 年 12 月，共和国执委会主席乌斯曼·霍贾耶夫、内务委员阿里里扎以苏俄红军没有遵照条约撤出布哈拉领土为由发动叛乱。

在乌斯曼·霍贾耶夫叛乱之后，布哈拉共和国政府由费祖拉·霍德查耶夫和阿里福夫领导。前者过去曾参加过 1918 年柯列索夫进攻布哈拉的远征队；后者是个民族主义的共产党员，他没有坚定的决心与巴斯马奇作战。1922 年春季，巴斯马奇运动发展到了高潮。面对巴斯马奇力量的增长以及穆斯林共产党人中出现的民族主义倾向，苏维埃政权的处境便越来越危险了，布哈拉政府被迫要求俄国立即给予军事援助。[②]

苏维埃调集大批红军开赴东布哈拉。1922 年 1 月，布哈拉共和国政府设立了一个全权处理东布哈拉共和国事务的非常委员会。同时，莫斯科的共产党中央委员会组织了一个特别委员会专门研究了中亚局势。这个特别委员会的成员包括当时任民族事务委员的斯大林、外交事务委员的齐契林和熟悉中亚形势的古比雪夫。特别委员会很快采取了行动。

2 月，布哈拉、费尔干纳和突厥斯坦边区其他地区的一切反巴斯马奇的力量统一起来，红军转入大反攻。4 月，苏俄组建了一支强大的红军部队——布哈拉集团军，司令员是卡库林。集团军的主力由 4500 名步兵和 3000 名骑兵组成。集团军立即开赴东布哈拉作战。为确保胜利，苏俄红军总司令谢尔盖·加米涅夫亲自到前线督战。[③]巴斯马奇运动由于参与成员复杂而不能统一行动。巴斯马奇各支领导人与运动领导者恩维尔帕夏之间产生了矛盾，他们不听从指挥。同年 5 月，恩维尔帕夏在西部布哈拉的主要基地努拉塔被红军摧毁，8 月 4 日，恩维尔帕夏被红军击毙，他的军队溃败，聚集在西部布哈拉领土上的几股巴斯马奇武装被歼灭，巴斯马奇人数从年初的 21400

① 丁笃本：《中亚通史》（现代卷），第 122 页。
② 〔美〕迈可尔·刘金：《俄国在中亚》，第 42 页。
③ 丁笃本：《中亚通史》（现代卷），第 123 页。

人减为 2100 人。[①]

当恩维尔帕夏的巴斯马奇势力被歼灭以后，布哈拉埃米尔赛义德·阿利姆命土耳其军官赛里姆帕夏为总指挥，把分散在中亚边境地区的巴斯马奇力量集结起来。1922 年秋，赛里姆帕夏来到东部布哈拉指挥巴斯马奇运动。1923 年春，他们陆续占据了布哈拉共和国东部的一些城市。同年 6 月，俄共中央委员会政治局在布哈拉共和国东部地区组建了以费祖拉·霍德查耶夫为主席的革命军事委员会。7 月，在红军和当地自卫队的打击下，赛里姆帕夏逃往阿富汗，他的军队随之溃散。当年夏天，西部布哈拉的巴斯马奇余部逃往沙漠。到 1923 年底，布哈拉共和国境内巴斯马奇人数已不足 3000 人，1924 年上半年，巴斯马奇势力在布哈拉被彻底消灭。[②]

苏维埃政权在采取武力镇压巴斯马奇叛乱的同时，对受蒙蔽的群众采取了一些感化政策，如恢复了穆斯林的学术机构，重建了以萨里法为依据的法令。1922 年，新经济政策在中亚广泛推行，居民的捐税减少了一半，宗教界的权威和经济地位得到恢复。1923 年，苏维埃政权对巴斯马奇成员发布了大赦令，许多巴斯马奇官兵放下武器，返回家园。

到 1925 年，巴斯马奇残余势力逃窜到阿富汗、伊朗和中国。其中，潜入中国新疆塔城、和田、喀什等地的巴斯马奇分子被当时在新疆执政的杨增新迅速平定。

在对巴斯马奇分子的斗争中，中亚人民做出了积极贡献。1919 年，许多维吾尔人在红军中服役，在阿拉木图活跃着一个维吾尔族共产党小组。七河地区有 50 个革命组织和共产党小组，其中维吾尔族（主要是来自新疆的塔兰奇人、喀什人）的党员达 1500 人之多。[③]1920 年 5 月，“塔什干苏维埃政府应征报名参军的男青年达

---

① 〔苏联〕伊诺亚多夫：《在反对外国干涉者和内部反革命势力斗争中的中亚各民族》（俄文版），莫斯科，1984 年，第 374 页，转引自马大正、冯锡时主编：《中亚五国史纲》，第 187 页。

② 同上。

③ 厉声：《新疆历史上的短命分裂政权——“东突厥斯坦伊斯兰共和国”的覆灭》，《中国边疆史地研究》2002 年第 2 期，第 50 页。

31113人，超过了塔什干苏维埃中央执委会发布的征召30000人入伍的规定"[①]。截至1920年底，"中亚的红军人数已达40000—50000人"[②]，其中，"本地人已占红军总人数的三分之一"。[③]

1925年以后，巴斯马奇分子的叛乱基本被镇压下去。1929年，当苏维埃在中亚实施农业集体化之时，巴斯马奇运动一度复苏。到1931年，巴斯马奇集团的残余分子大多数沦为匪帮，他们的活动在1933年遭到了彻底镇压。

巴斯马奇运动的目的是十分明确的，即推翻苏维埃政权，或者使新生的突厥斯坦苏维埃自治共和国脱离苏俄，建立中亚伊斯兰突厥共和国。运动的主要领导者之一、土耳其党人恩维尔帕夏提出了"为所有穆斯林战斗"、"创立一个穆斯林的中亚国家"的行动纲领，甚至提出最后通牒，要求苏俄政府放弃中亚。不难看出，巴斯马奇运动具有强烈的"泛伊斯兰"和"泛突厥主义"的倾向，巴斯马奇领导者打出绿色星月旗，最终目标是将中亚地区从苏联分离和独立出来，纳入他们所要建立的伊斯兰共和国或大突厥国。

第二节　从民族自决到民族联合

沙皇俄国在经历了几百年的扩张之后，到20世纪初，俄国境内有大大小小190多个民族，其中，俄罗斯民族占据全国人口43%。沙俄国家的民族多元性不是建立在民族平等的基础之上，而是以俄罗斯人为统治民族，歧视和压迫其他民族为基础的。

沙俄政权垮台以后，新建立的临时政府在强调保证每个公民的平等权利之时，极力回避如何实现民族平等的问题，直到十月革命

① 〔苏联〕赛亦德巴耶夫：《伊斯兰教与社会》，莫斯科，1984年，第147页。

② 〔英〕K. 伯恩：《英国外交事务机密文件（A集）》（俄文版）卷2，美国大学出版社1985年版，第378号。

③ 〔苏联〕赛亦德巴耶夫：《伊斯兰教与社会》，第142页。

前夕（俄历1917年9月28日），临时政府才宣布："承认在立宪会议制定的原则基础上实行所有民族人民的自决权。"[①] 布尔什维克在夺取政权的过程中，已经充分地认识到了民族问题对于苏维埃政权的生存和巩固的重要性，明确地提出了民族自决权原则。

早在十月革命胜利之前，列宁在《1913年俄国社会民主工党中央委员会夏季会议的决议》中提出："在沙皇专制制度压迫下的各民族自决权，即分离和成立独立国家的权利，无疑是社会民主工党应当拥护的。这是国际民主主义的基本原则的要求，尤其是遭到沙皇君主制度空前的民族压迫的俄国大多数居民的要求。"[②] 列宁的民族自决权有三层含义：第一，被压迫民族享有摆脱沙皇专制制度的政治独立自主权，即脱离俄国建立自己民族国家的权利；第二，在社会主义条件下，实行民族区域自治；第三，承认各民族参加国家和社会管理，包括决定和管理本民族事务的平等权利和民主权利。[③]

十月革命胜利以后，以列宁为首的布尔什维克党的民族自决理论为依据，沙俄统治下的芬兰、波兰、爱沙尼亚、拉脱维亚、立陶宛脱离俄国建立了五个独立国家；乌克兰、白俄罗斯、立陶宛、拉脱维亚、爱沙尼亚、阿塞拜疆、亚美尼亚、格鲁吉亚等地建立了苏维埃政权，这些政权也宣布成立独立的民族国家。

在摆脱沙皇专制统治之后，中亚的临时政府分支机构继续执行沙俄政府的民族政策，没有提出地方自治或民族自治，于是，中亚本地民族建立了自己的组织——穆斯林大会，中亚人民将本地的独立和自治寄希望于穆斯林大会。1917年9月3日，第二届中亚穆斯林代表大会在塔什干召开，会上提出了建立突厥斯坦（中亚）自治共和国的要求。十月革命胜利以后，苏维埃政权在中亚地区建立起来，苏维埃中央政府在中亚地区先后组建了四个共和国：突厥斯坦苏维埃社会主义自治共和国、吉尔吉斯（哈）苏维埃社会主义自治

① Edward Allworth, edit, *Central Asia: 130 Years of Russian Dominance, A Historical Overview*, p.214.
② 《列宁全集》第24卷，人民出版社1990年版，第61页。
③ 《列宁全集》第27卷，人民出版社1990年版，第81—85页。

共和国、花剌子模苏维埃人民共和国和布哈拉苏维埃人民共和国。

然而，这四个共和国都不是民族国家。实际上，十月革命初期，中亚的民族国家没有建立起来，其原因主要有三点：苏俄和苏联中央领导人关于民族思想的变化；苏俄和中亚面临的客观形势；中亚现代民族形成的历史进程。

第一，在夺取政权的革命过程中，十月革命的领导者们提出了民族自决的口号，赢得非俄罗斯民族的支持。十月革命胜利以后，建立民族国家的理论思想在苏俄领导人中还未清晰，处于调整和变化之中，这对中亚民族国家的组建产生了一定的影响。

十月革命胜利之前，列宁根据马克思恩格斯关于国家结构形式的基本思想反对联邦制。他在《关于民族问题的批评意见》中说："只要各个不同的民族组成统一的国家，马克思主义者就决不主张任何联邦制原则，也不主张任何分权制。中央集权制的大国是从中世纪的分散状态走向将来全世界社会主义统一的一个巨大的历史步骤。"[①]随着革命的深入，1916年，列宁开始考虑民族联合的问题，这一思想反映在《社会主义革命和民族自决权》一文中。列宁依据苏俄国家内外形势的变化判断要在俄国建立以俄罗斯为基础的中央集权的单一制国家已经不太可能，如果布尔什维克党在国家政权建设的政策上一旦出现失误，就有可能导致各苏维埃民族共和国各自为政和民族分裂。于是，列宁改变了观点，赞同采用联邦制的国家结构形式。1917年4月，列宁写道："无产阶级政党力求建立尽可能大的国家，因为这对劳动者是有利的；它力求各民族的接近以至进一步的融合，但是达到这个目的的方法不是暴力，而仅仅是各民族工人和劳动群众的自由的和兄弟般的联合。"[②]

民族自决开始转向民族联合，于是，对民族自决做了一些限制。1918年1月，全俄苏维埃第三次代表大会召开，民族事务人民委员

---

① 中国社会科学院民族研究所编：《列宁论民族问题》，民族出版社1987年版，第247页。

② 《列宁选集》第3卷，人民出版社1962年版，第40页。

斯大林在会上做了关于民族问题的报告。斯大林在报告中说："必须把自决原则解释为不是该民族资产阶级的而是劳动群众的自决权"，"自决原则应当是为社会主义而斗争的工具，应当服从社会主义原则"。这里，斯大林实际上否定了无限制的民族自决。当时，在一些布尔什维克领导人的思想中也未根除大俄罗斯国家的意识和观念，他们在夺取政权之后，试图通过对民族地区的苏维埃化，让这些民族强行接受选择苏维埃的自决和走向社会主义的自决。[①]斯大林的观点集中反映了这些人在苏维埃政权建立以后在民族自决权问题上立场的变化。[②]

随着民族自决转向民族联合，如何联合的具体问题提了出来。1921 年 3 月召开的俄共（布）第十次代表大会对此进行了讨论，大会通过了《关于党在民族问题方面的当前任务》的决议，提出了建立"苏维埃共和国联邦"的设想。1922 年 2 月 22 日，俄罗斯联邦与其他 7 个苏维埃共和国（包括中亚的花剌子模和布哈拉人民共和国）的代表在莫斯科签订了一项议定书，共同授权俄罗斯联邦在热那亚国际会议上代表和维护所有苏维埃共和国的利益，并且代表它们与外国缔结与会议有关的各种条约和签署各种文件。[③]这样，在法律上完成了把各共和国外交权移交给俄罗斯联邦的手续。[④]

1922 年 5 月，乌克兰、白俄罗斯、阿塞拜疆、亚美尼亚、格鲁吉亚五个苏维埃共和国与俄罗斯联邦签订了联盟性质的条约，以后，花剌子模和布哈拉两个人民共和国也与俄罗斯联邦签订了同盟条约。

同年 8 月 10 日，建立统一的多民族苏维埃联盟国家的问题正式提上议事日程。苏俄中央成立了一个专门委员会负责起草建立联盟国家的方案，委员会主席斯大林提出了"自治化方案"，即各共和国

① 张盛发：《苏联解体原因再探》，《俄罗斯研究》2001 年第 4 期，第 21 页。

② 同上。

③〔苏联〕维戈兹基等：《外交史》第 3 卷，生活·读书·新知三联书店 1979 年版，第 355—356 页。

④ 丁笃本：《中亚通史》（现代卷），第 144 页。

一律以自治共和国的身份加入俄罗斯联邦。这个方案遭到格鲁吉亚的坚决反对，列宁对此也提出了批评。同年9月，根据列宁的提议，制定了各苏维埃共和国在自愿联合和平等权利的基础上成立苏维埃社会主义共和国联盟的草案，并提交各苏维埃共和国审议。10月6日，苏俄中央批准了经过修改的新方案。新方案是：各共和国以独立的身份与俄罗斯联邦共同组成苏维埃社会主义共和国联盟，简称苏联。

是年12月30日，全俄苏维埃社会主义共和国联盟第一次代表大会召开，会上通过了《苏维埃社会主义共和国联盟成立宣言》和《苏维埃社会主义共和国联盟成立条约》，苏维埃社会主义共和国联盟正式成立。当时的苏联由四个共和国组成，它们是：俄罗斯联邦，乌克兰、白俄罗斯和外高加索联邦。一个无产阶级政权联盟的国家在自愿联合的基础上形成。

随着从民族自决向民族联合的转变，中亚的独立国家和自治国家开始了与俄罗斯联邦的联盟。1922年12月30日，突厥斯坦苏维埃社会主义自治共和国和吉尔吉斯（哈）苏维埃社会主义自治共和国以俄罗斯联邦的身份加入苏联。原来独立的花剌子模苏维埃人民共和国也于1924年加入苏联，成为花剌子模社会主义自治共和国。布哈拉苏维埃人民共和国在成立之时是独立的主权国家，俄罗斯联邦在该国派驻了政治代表，1924年9月，布哈拉共和国改名为布哈拉苏维埃社会主义共和国，同时，提出了加入苏联的要求。

第二，从民族自决向民族联合的理论思想符合苏俄和中亚当时面临的国内国际形势的需要。十月革命以后中亚所面临的国内形势决定了建立民族独立国家的愿望难以实现。为了保卫苏维埃政权，必须走与俄罗斯联邦联合的道路。

十月革命初期，原沙俄政权中的保皇党，以及自由民主分子、温和社会主义者、民族主义分子结成一股反苏维埃的力量，这股力量在英、美、法、日本等国的支持下，在西伯利亚、中亚和远东地区展开活动，中亚地区的巴斯马奇分子就是这股势力中的一个组成

部分，他们的活动给中亚的苏维埃政权造成了极大威胁。出于与反苏维埃势力的斗争，乌克兰等民族国家和中亚的独立自治国家不但没有脱离俄罗斯苏维埃联邦国家，还与它结成了同盟关系。

从十月革命初期的中亚形势来看，中亚人民的独立愿望是难以实现的。在十月革命初期，中亚人民要完成的首要和迫切的任务是建立和保卫人民当家做主的苏维埃政权。1920 年 6 月，列宁在对《俄共（布）中央政治局关于俄共（布）在土耳其斯坦（即突厥斯坦）的任务问题的决议草案》的修改意见中提出："（1）使俄罗斯人、外来人和当地人所占有的土地均等；（2）最坚决地打垮俄罗斯富农，把他们迁走，并强制他们服从……"[①] 在 1923 年 12 月 25 日召开的中亚（东布哈拉）代表大会上，宗教界毛拉们引证《古兰经》说："苏维埃政权是安拉的安排，因为它的建立代替了对人民不公正的政权。"[②] 一位曾在锡尔河州临时政府机构任过职的官员描述了他目睹的现实："无论在哪里，苏维埃在工人和士兵中都享有巨大的威望。在当地的社会和政治生活中，它们实际上起着头等重要的作用。我确信，工人和士兵代表苏维埃在居民们心目中是拥有牢固权力的唯一机关。"[③] 可以说，当时建立起来的苏维埃政权是使中亚人民摆脱封建剥削，自己当家做主的政权。

然而，由于国内外反苏维埃势力的进攻，中亚新生的苏维埃政权受到挑战，土地改革未能得到认真贯彻执行。在这种形势下，关键的问题是国家采取什么形式更有利于人民政权的建立和巩固。苏维埃政府暂时采取隶属于俄罗斯联邦的自治共和国的组织方式，1918 年，苏俄中央在中亚建立了隶属于俄罗斯联邦的自治政权，1920 年，在原希瓦汗国和布哈拉汗国的基础上建立了花剌子模和布

---

① 《列宁文稿》第 3 卷，人民出版社 1978 年版，第 254 页。

② 〔苏联〕伊诺雅托夫：《中亚各族人民反对干涉者和内部反革命的斗争》，莫斯科，1984 年，第 40 页，转引自邓浩：《苏维埃时期的中亚民族宗教问题》，《世界民族》1997 年第 4 期，第 49 页。

③ 《哈萨克苏维埃社会主义共和国历史》第 1 卷，阿拉木图，1957 年，第 590 页，转引自丁笃本：《中亚通史》（现代卷）。

哈拉两个独立的人民共和国。中亚的4个国家希望得到俄罗斯苏维埃的援助，各共和国加快了联合的步伐。事实证明，4个中亚国家在俄罗斯联邦的支持下有效地团结了中亚各族人民，迅速建立和巩固了以工农为主体的苏维埃武装力量，有力地抵御了国内外敌人的疯狂进攻，保卫了人民政权。

第三，十月革命初期，中亚人民要求建立独立国家的呼声是很强烈的，然而，中亚现代民族的发展程度决定了建立民族独立国家的愿望在当时是难以实现的。

20世纪初期，中亚一些主体民族的分解和融合过程没有完成，离现代民族还有一定的距离。乌兹别克、哈萨克、吉尔吉斯等中亚主体民族的形成开始于16世纪，在中亚居民中开始出现了民族差别。然而，中亚民族的形成过程十分缓慢。由于各民族宗教信仰相同，风俗相近，加之，各民族居住地交融相错，民族语言文字差异不大，不少民族可以说双语，这些因素导致了各民族的界线不明显。因此，直到十月革命初期，民族的自我认同仍然是模糊的。说突厥语不同方言的乌兹别克、哈萨克、吉尔吉斯、土库曼人都以突厥人自称，很少称自己是乌兹别克人、土库曼人或吉尔吉斯人；由于宗教一致，中亚居民以穆斯林自称；由于城市与农村的区别，中亚又出现了以“萨尔特人”① 自称的现象。民族观念的淡薄和民族认同的模糊使民族自治或民族独立国家在中亚无法建立，于是，中亚地区在十月革命以后建立的自治共和国只能是地区自治国家。哈萨克族人由于居地较集中，哈萨克自治共和国尽管也是地区自治国家，也可以视为民族自治的国家。

1924年，苏联中央政府以中亚主体民族为中心在中亚地区实施划界，民族认同加速了，现代民族国家得以最终形成。

---

① 萨尔特人，指生活在城市里的乌兹别克人和塔吉克人。

第三节　民族划界

中亚现代民族国家的形成不是十月革命的1917年，而是在苏联在中亚进行民族划界之后，1924年，中亚以民族划界开始陆续成立了五个苏维埃社会主义共和国。

十月革命前夕，中亚约有1200万本地人，分属于乌兹别克、哈萨克、吉尔吉斯、土库曼、塔吉克、卡拉·卡尔巴克、维吾尔、库兰马、邓干、沙特·卡尔慕克、杰姆席德、查沙拉、布哈拉犹太人、山地伊朗部族等。在这些居民中，前五个民族占据了多数：乌兹别克族和哈萨克族各有350万以上，塔吉克族、吉尔吉斯族和土库曼族都不到100万。①

十月革命以后在中亚组建的四个共和国是依据沙俄统治时期的行政区划，即突厥斯坦总督区、草原总督区、布哈拉汗国、希瓦汗国形成的，这一划分使中亚五个主体民族在本国人口中都没有占到绝对多数（哈萨克自治共和国刚过一半）。以乌兹别克族为例，乌兹别克族被划归突厥斯坦共和国所辖的费尔干纳州，撒马尔罕州和锡尔河州的塔什干县、米尔札丘里县、奇姆肯特县和突厥斯坦县；布哈拉人民共和国所辖的拜孙、古札尔、卡尔施、科尔米、努拉塔、沙赫里夏勃兹、施拉巴德、沙雷阿西地区；花剌子模人民共和国所辖的乌尔根奇和希瓦地区。从人数来看，乌兹别克族的66.5%居住在突厥斯坦共和国，占该国总人数的51.4%；22.2%居住在布哈拉共和国，占该国居民总数的50.1%；11.3%居住在花剌子模共和国，占该国总人口的61.1%。②

从民族方面考虑，中亚四个共和国的划分并不是一种理想的、有利于中亚民族发展的形式。为了便于管理，在政权完善的过程中，

① 〔美〕迈可尔·刘金：《俄国在中亚》，第59页。

② 乌兹别克共和国科学院历史所：《乌兹别克共和国通史》第3卷，第379页，转引自马大正、冯锡时主编：《中亚五国史纲》，第188页。

各共和国设置了民族行政区，建立了民族机构。1921 年，花剌子模人民共和国按乌兹别克族、土库曼族和哈萨克·卡拉卡尔帕克族划分了新的行政区。[①] 布哈拉人民共和国中央执行委员会下设了处理塔吉克、土库曼和吉尔吉斯人事务的机构，其中，为土库曼人专门设立了一个行政区；东布哈拉实际上也成了塔吉克人的自治区。突厥斯坦苏维埃社会主义自治共和国于 1922—1923 年在其东部山区成立了吉尔吉斯人的自治区，以后，又将外里海州更名为土库曼州。

以上民族机构的成立反映了民族划界有着客观的需要。突厥斯坦自治共和国在 1920 年就提出了民族划分和按民族组建共和国的要求。1923 年，突厥斯坦共产党的机关向俄共（布）中央提出划界要求。同年，吉尔吉斯（哈）苏维埃第四次代表大会也提出民族国家划界的要求，并建议将突厥斯坦自治共和国的哈萨克人聚居区划归吉尔吉斯（哈）自治共和国。1924 年 2 月，布哈拉共产党中央扩大会议通过决议，赞成按民族特征把中亚领土划分成若干共和国。

列宁对上述要求采取了十分谨慎的态度。1920 年 6 月 13 日，列宁在关于突厥斯坦的一份决议草案中写道："1. 指派人员绘制土耳其斯坦地图（民族志图和其他图），将其分为乌兹别克、吉尔吉斯和土库曼。2. 更详细地阐明上述三部分合并或分开的条件。"[②]

除了客观要求外，苏联对中亚进行民族划界的主观因素是日益威胁着苏联统一的"泛突厥主义"。十月革命以后，一些抱有民族主义思想的人希望在中亚建立"突厥民族—国家"。1920 年 1 月，哈萨克人雷斯库洛夫当选为突厥斯坦中央执行委员会主席，同年 5 月，雷斯库洛夫及其他领导人起草了《俄罗斯联邦突厥斯坦苏维埃自治共和国条例》草案，草案提议取消鞑靼人、吉尔吉斯人、巴什基尔人、乌兹别克人等传统民族的分类，建立"突厥苏维埃共和国"或

---

① 〔苏联〕贝塞姆巴耶夫主编：《跳越资本主义、走向社会主义》，莫斯科，1974 年，第 121 页，转引自丁笃本：《中亚通史》（现代卷），第 148 页。

② 《列宁文稿》第 3 卷，人民出版社 1978 年版，第 284 页，转引自丁笃本：《中亚通史》，第 148 页。

“突厥民族共和国”，将“突厥斯坦共产党”改成“突厥共产党”。

中亚建立“大突厥斯坦国”的思潮与国际“泛突厥主义”思潮有着密切的联系。1920年5月27日，鞑靼社会主义共和国建立，以米尔·赛德·苏丹加列夫为首的一批鞑靼共产党员提出建立一个包括伏尔加—乌拉尔地区、哈萨克斯坦、吉尔吉斯和突厥斯坦的“大突厥国家”，他们自称是“民族主义共产主义者”。土耳其和鞑靼·什基尔政治家在布哈拉人民共和国政府中具有很大的影响力，布哈拉政府成为推崇“泛突厥主义”的中心。布哈拉人民共和国建立之初，在政府部门中有许多原布哈拉扎吉德运动的重要成员，他们在共和国政府内仿效奥斯曼土耳其国家，以突厥文办公，引进土耳其人的“文化纲要”，等等。青年土耳其党的主要领导人恩维尔帕夏于1921年来到中亚，他在“统一突厥”的旗帜下进行活动，在他的倡导下，成立了所谓的“突厥斯坦民族联盟”（或称“突厥斯坦民族联邦”）。

俄共（布）中央认识到在中亚建立一个“大突厥国家”的危险性，于是，派出古比雪夫、伏龙芝等人到塔什干了解情况和处理问题。俄国人耶科博·彼得斯起草了一份对突厥斯坦共产党的起诉书，指控他们企图夺权，以民族主义和泛伊斯兰教的宣传代替共产主义，结果，“民族主义者”被清除出共产党。苏俄中央政府认为，要想彻底摧毁“泛突厥主义”，消除中亚民族主义者建立“突厥民族—国家”的幻想，必须否定把中亚各个民族合并为单一突厥民族的观念，希望通过确认民族特征，在具有相近民族特征的居民群体中组建民族共和国。于是，民族划界的问题提了出来。

1924年1月31日，俄共（布）中央委员会组织召开专门会议讨论中亚民族划界的问题，并委托俄共（布）中央委员会中亚局主席鲁祖塔夫与除哈萨克苏维埃共和国以外的三个共和国的负责人共同商讨。[①] 同年2—3月，俄共（布）中央中亚局派A. 拉希姆巴耶

① 中央中亚局于1919年秋组建，是年，俄共全俄执行委员会和俄联邦人民委员会向突厥斯坦自治共和国派遣一个全权委员会，委员会以后成为俄共（布）中央中亚局；1934年，中央中亚局因不再适应中亚民族共和国的发展而解散。

夫为代表先后到突厥斯坦、布哈拉和花剌子模三个共和国，他分别在三国领导人会议上做了民族领土划界的报告，阐述了“民族划界”的必要性。1924 年 3 月 10 日，布哈拉共产党中央委员会执行局提出了组建乌兹别克和土库曼两个共和国的必要性；与此同时，突厥斯坦和花剌子模两个共和国领导集团也就成立新的民族共和国的问题展开了广泛的讨论。经过讨论和研究，三国领导人都同意按民族特征重新划界，并提出了各自的方案。

1924 年 6 月 12 日，俄罗斯共产党中央委员会（布）政治局通过了被称为“六月决议”的《关于中亚地区民族共和国划界》的决议。“六月决议”确定了中亚“民族划界”及组建民族共和国的基本轮廓，内容是：布哈拉和花剌子模共和国的乌兹别克族和土库曼族与突厥斯坦自治共和国的同族人合并，成立乌兹别克苏维埃社会主义共和国和土库曼苏维埃社会主义共和国；在原突厥斯坦自治共和国的卡拉卡尔帕克人居地成立卡拉卡尔帕克自治州，归属于哈萨克自治共和国；在原突厥斯坦自治共和国吉尔吉斯人居地成立吉尔吉斯自治州，直接归俄联邦；成立塔吉克自治共和国，归属于乌兹别克苏维埃社会主义共和国。这些决定满足了塔吉克、吉尔吉斯、卡拉卡尔帕克民族的要求，为后来成立的塔吉克人、吉尔吉斯人、卡拉卡尔帕克人的民族国家奠定了基础。

“六月决议”通过以后，中亚“民族划界”工作开始了实施阶段。7 月 15 日，俄共（布）中央委员会中亚局召开会议，确定了划界工作的主要原则和提纲，提纲规定于 1924 年 10 月进行中亚民族国家划界工作。为此，成立了由中亚各共和国和州代表组成的中亚领土委员会，下设乌兹别克、土库曼、吉尔吉斯和哈萨克临时民族局以及塔吉克和卡拉卡尔帕克委员会分会，负责领土和边界划分，条约和宣言的起草，国家机构、国民经济的财政预算和计划的编制、组织等工作。

从 1924 年 8 月起，苏联共产党和苏联政府在中亚居民中进行了广泛的宣传、解释工作。成千上万名党、团员和工会会员被派往各

地进行解说、动员工作。在中亚各大小城、镇、居民点、牧民的阿乌尔召开了大大小小的、形式各异的会议；报刊等印刷品也被利用起来，使得划界工作人人皆知，家喻户晓。

9月15日，突厥斯坦中央执行委员会召开了非常会议，通过了关于民族共和国划界的决议和《告突厥斯坦各民族书》；9月19日和29日，布哈拉和花剌子模共和国分别召开了第五次布哈拉苏维埃代表大会和第五次花剌子模苏维埃代表大会，通过了关于“民族划界”的决议。

10月14日，苏联中央执行委员会召开会议，会上形成了以下决议：乌兹别克人、土库曼人、塔吉克人、吉尔吉斯人、哈萨克人、卡拉卡尔帕克人可以脱离突厥斯坦自治共和国，组织自己的政权。10月27日，苏联中央执行委员会批准了关于“民族划界”和建立民族共和国及自治州的决议。至此，中亚新的共和国的组建程序基本完成。

1924年11月，突厥斯坦、布哈拉和花剌子模共和国中央执行委员会召开专门会议，通过了委员会自行解散的决议，并且在新建立的共和国内成立了革命委员会，领导共和国及自治州苏维埃成立大会的准备工作。到20世纪20年代后期，中亚各共和国陆续完成了行政区划的调整。

“民族划界”使中亚地区的行政版图发生了很大变化，中亚第一次出现了五个以民族名称命名的现代民族国家。

第三编 中亚现代民族国家

从 1924 年起，中亚在苏联实施的民族划界过程中陆续成立了五个国家，即乌兹别克苏维埃社会主义共和国、土库曼苏维埃社会主义共和国、塔吉克苏维埃社会主义共和国、吉尔吉斯苏维埃社会主义共和国和哈萨克苏维埃社会主义共和国。中亚五个共和国以独立主权国家的身份先后加入了苏维埃社会主义共和国联盟，根据《苏联成立条约》（1922）和苏联时期正式颁布的三部宪法（1924、1936、1977）的规定，苏联加盟共和国是“主权国家”，联盟中央与加盟共和国之间实行分权制，与其他加盟共和国一样，中亚五国在政治、外交、军事、经济、文化教育的活动必须与联盟中央保持一致。十月革命以后，中亚从封建社会一跃步入了社会主义社会，在此过程中，中亚人民备尝艰辛。然而，在苏联近 70 年（1924—1991）的治理中，中亚五个共和国在经历了工业化和农业集体化以后基本上实现了现代化，与世界历史的发展进程保持一致。中亚五个共和国的发展史构成了中亚现代史的内容。

第一章

概述

苏联宪法规定，苏联共产党是苏联社会的领导力量和指导力量，是苏联社会政治制度以及国家和社会组织的核心；各加盟共和国的宪法规定，共产党是“苏维埃社会的领导力量和指导力量，是政治体制、国家机关和社会组织的核心”，在此思想的指导下，中亚五个加盟共和国形成了以党代政、高度集权的政治体制。中亚五个加盟共和国的政权组织形式是苏维埃制度，1937 年以后，各加盟共和国的最高权力机关是最高苏维埃[①]，共和国下辖各州、市、区、村镇相应地建立了各级苏维埃。中亚五个加盟共和国的最高执行机关是人民委员会（以后称部长会议）[②]，共和国人民委员会由共和国最高苏维埃任命组成，共和国下辖各州、市、区、村镇的苏维埃执行委员

① 《俄罗斯社会主义联邦苏维埃共和国宪法》（1918 年宪法）和《苏维埃社会主义共和国联盟根本法》（1924 年宪法）参见北京大学法律系宪法教研室、资料室编：《宪法资料选编》第 5 辑，北京大学出版社 1981 年版，第 138—197 页。1918 年宪法规定，苏俄国家最高权力机关是全俄苏维埃代表大会，中央执行委员会为它的常设机构；1922 年苏联建立以后，国家最高权力机关是苏联苏维埃代表大会，中央执行委员会是其常设机构。

② 十月革命第二天，1917 年 11 月 8 日（俄历 10 月 26 日），全俄工兵苏维埃第二次代表大会召开，会上成立的苏维埃政府，取名为人民委员会。1946 年 3 月，第二届苏联最高苏维埃第一次会议在莫斯科召开，会议决定把苏联政府名称由人民委员会改为部长会议，各人民委员会改为部，人民委员改称部长。斯大林当选为第一届部长会议主席。

会是地方政府。在十月革命胜利之后的一段时期（1917—1925），苏联（包括苏俄）对全国经济的发展没有全面的规划，国家通过经济运动或政策措施发展和调节经济；1925 年 12 月，苏联开展了社会主义工业化运动，在工业化运动的过程中，国家开始对各地物资、财政和技术进行集中调拨和统筹安排，以保证重点部门的建设，于是，高度集中的指令性计划管理体制逐渐形成。中亚五个加盟共和国的经济被纳入苏联经济体制中。

第一节　联盟中央的历史梗概

1917 年 11 月，俄国十月革命爆发并取得胜利，列宁根据当时俄国的民族状况提出国家采取联邦制形式，建立了俄罗斯苏维埃社会主义联邦共和国（简称苏俄）。为了巩固新生的苏维埃政权，领导革命的俄国社会民主工党（布）于 1918 年 7 月通过了第一部宪法《俄罗斯社会主义联邦苏维埃共和国宪法（根本法）》。宪法规定了国家的阶级性质，即中央和地方的一切权力归苏维埃，规定了劳动人民的权利与自由，并对苏俄的国家政权体系、行政体系做了规定。

1922 年 12 月 30 日，第一次全俄苏维埃社会主义共和国联盟代表大会召开，俄罗斯联邦、外高加索联邦、乌克兰和白俄罗斯四个加盟共和国正式成立了苏维埃社会主义共和国联盟，简称苏联。

在以后的发展中，国家以法律的形式不断加强联盟中央政权。1924 年列宁去世，斯大林时期，随着俄共（布）、联共（布）成为苏联社会领导核心和领导力量，斯大林加强了个人集权，在党内形成了高度集中的领导体制。1934 年，联共（布）十七大修改了党章，使原来享有一定自主权的加盟共和国党组织实际上成为必须服从联共（布）中央的地方党组织。

随之，党内高度集中的组织原则被推广到国家体制上，党政不

分、以党代政、高度集权的国家体制逐渐形成。加盟共和国的国家领导人都由党的领导干部兼任，党的干部由联共（布）中央委派，他们既执行联共（布）中央的决议和中央的领导，又以共和国政权代表者的身份执行联盟中央政府的决议和服从中央政府的领导。于是，联盟中央与加盟共和国之间的关系发生了根本变化，主权国家演变成了苏联的地方政权。1936 年 12 月 5 日，在斯大林的主持下，苏联对宪法进行了修改并获得通过（1936 年宪法），高度集权的"斯大林体制"以根本法的形式确定下来。

斯大林集权统治从三个方面反映出来。第一，在政治方面，以阶级斗争为社会发展的唯一动力，使阶级斗争扩大化和常态化，不断进行政治运动和清洗运动，这些运动未能给人民营造出真正安居乐业、和平稳定的环境；第二，在经济方面，实行高度集权的中央管理体系，否定商品经济和价值规律的作用，用行政手段管理经济；第三，在思想文化方面，实行书报检查和舆论统制，基本否定和排斥一切非俄文化，使民族文化不断地萎缩和衰弱。[①] 中亚五个民族共和国在以上三个方面紧跟联盟中央的步伐，开展了一系列政治、经济和文化运动。

1952 年 10 月，联共（布）第十九次党代表大会召开，会议修改了党章，将联共（布）更名为苏联共产党。会后，中央委员会选举产生的主席团代替过去的政治局，斯大林当选为苏共中央主席团委员和中央书记处第一书记。

1953 年 3 月，斯大林去世，同年 9 月，赫鲁晓夫当选苏共中央第一书记，兼任苏联部长会议主席，掌握了苏联的党、政大权。接着，赫鲁晓夫开始进行了一系列改革。

第一，对斯大林时期的个人崇拜提出批判。1956 年 2 月，苏联共产党在莫斯科举行第二十次代表大会，会上，赫鲁晓夫做《关于个人崇拜及其后果》的秘密报告，批判了斯大林个人专权的种种错

---

① 张盛发:《苏联解体原因再探》,《俄罗斯研究》2001 年第 4 期，第 18 页。

误，强调健全社会主义法制。此后，中亚各共和国为“大清洗”运动中的受害者平反，恢复名誉。

第二，赫鲁晓夫改革了干部制度，废除了党政干部的终身制。1961年，苏共二十二次代表大会通过的新党章规定，党的各级委员会在例行选举时都要更换四分之一到一半的成员，并且就撤销党的各级委员会成员的职务问题做了相应的规定。[①] 赫鲁晓夫的干部政策导致中亚共和国党和政府的高级干部频繁更换。

第三，赫鲁晓夫在经济上进行了大胆改革（主要内容见本章第三节经济体制），为加强党对经济工作的领导，他把统一的党委会分成平行的两个党委会，即工业党委会和农业党委会。

第四，赫鲁晓夫对国家政治体制进行改革，扩大了各加盟共和国的权力，加盟共和国在立法权限、制定本共和国国民经济计划等方面有了一定程度的自主权，此外，下放了一部分企业管理权，扩大了各加盟共和国管理和经营企业的主动权。赫鲁晓夫的改革在某种程度上调动了各加盟共和国和少数民族的积极性、促进民族地区经济和文化的发展。

然而，赫鲁晓夫的改革并没有彻底否定高度集权的政治经济体制，只是根据国内外形势对这一体制做一些调整和完善，目的在于更有效地实现各加盟共和国与苏俄的一体化。在改革过程中，各共和国的地方主义对一体化进程产生了冲击，在此形势下，赫鲁晓夫的改革又朝相反的方向走，加强了中央集权管理，并强调各加盟共和国的经济发展是全苏统一不可分割的部分。赫鲁晓夫统治后期，各加盟共和国扩大的自主权被收回。

1964年10月14日，苏共中央全会解除了赫鲁晓夫的党政领导职务，勃列日涅夫当选为苏共第一书记。勃列日涅夫对削弱中央权力扩大地方自主权的做法进行了纠正，1964年11月，苏共中央全体会议决定把赫鲁晓夫时期实行的各州、边疆区的工业党委会和农业

---

① 《苏联共产党章程》第25、26条，《新华月报》1961年第12期，第179页。

党委会合并成统一的党委会。1966年春，苏共召开第二十三次代表大会，大会决定把苏共中央主席团改为苏共中央政治局，把苏共中央第一书记改名为总书记，勃列日涅夫当选为中央总书记。

在勃列日涅夫的主持下，1977年召开的第九届苏联最高苏维埃非例行的第七次会议通过了《苏维埃社会主义共和国联盟宪法（根本法）》（1977年宪法）。1977年宪法的一些规定加强了联盟中央的集权。新宪法取消了1936年宪法中有关最高苏维埃民族院的否决权、加盟共和国最高苏维埃对司法部门判刑人员的赦免权和加盟共和国对军队编制的规定等权利条文，规定联盟中央有权“解决其他全联盟性问题”。

与赫鲁晓夫的干部政策不同，勃列日涅夫认为，赫鲁晓夫时期频繁更换干部导致广大干部的不满是他下台的主要原因，因此，勃列日涅夫实行“稳定干部队伍”政策，以谋求绝大多数干部的支持。勃列日涅夫时期苏联共产党一共召开了四次代表大会，其中第二十四、第二十五两届中央委员会委员中的80%以上成为下届中央委员会委员，取消了党章中要求中央委员会成员每届要更换四分之一以上的规定，形成了事实上的党政干部职务终身制。[①]

老干部长期在位，新人又不断提拔，于是，苏联中央增设了许多新的机构。到1982年，在中央政治局和书记处下面设了20多个部和办公厅，从党务组织部到轻工业和食品工业部。苏联政府也增加了许多机构，到1982年，属于苏联部长会议管辖的机构总共有88个。[②]干部总量和机构数目交替上升，结果勃列日涅夫时期领导干部人数成倍增加。1981年苏共第二十六次代表大会选出的中央委员会成员多达470人，比第二十三届中央委员会（1966）成员多出三分之一。[③]此外，干部的特权标准在不断提高，有些特权被固定下来，

---

① 丁笃本：《中亚通史》（现代卷），第311页。

② 〔苏联〕帕诺夫主编：《苏联大百科年鉴》（俄文版），莫斯科，1982年，第11—12页，转引自丁笃本：《中亚通史》（现代卷），第309页。

③ 丁笃本：《中亚通史》（现代卷），第314页。

形成了一个脱离人民群众的官僚特权阶层。

中亚五国的情况也是如此。1964 年 10 月到 1985 年 3 月期间，有 36 人担任中亚五个共和国的最高职位（共产党中央第一书记、部长会议主席、最高苏维埃主席团主席），其中，任职 20 年（包括在上述三个职位上加起来的时间）以上的人有 7 个，任职 10 年以上的有 11 人。[①] 这与赫鲁晓夫时期中亚各共和国领导人频频更换的情况形成了鲜明对比。

勃列日涅夫执政期间，苏联干部政策出现了越来越严重的任人唯亲现象。勃列日涅夫在中亚各共和国培植自己的亲信。其中，哈萨克共产党中央第一书记库纳耶夫和乌兹别克共产党中央第一书记拉希多夫就是他培植起来的。1964 年 12 月，刚就任苏共中央第一书记不久的勃列日涅夫便安排库纳耶夫当哈共中央第一书记，几次亲自向库纳耶夫授勋。库纳耶夫 70 岁寿辰时，勃列日涅夫批示，授予库纳耶夫社会主义劳动英雄勋章。[②]

中亚各共和国设置的新机构也在不断增加。到 80 年代初期，中亚五国共产党中央设置的机构有：办公厅、党务委员会、党务组织工作部、宣传鼓动部、总务部、行政机关部、商业、计划和财政机构工作部、文化部、科学和学校工作部、建筑和城市事务部、水利和农村建设部、农业部、轻工业和食品工业部以及机关报社等。

勃列日涅夫去世之后，安德罗波夫执政。苏联经济不景气的现象迫切需要改变。安德罗波夫认为，首先应该在经济领域采取措施改革苏联经济，在工业和农业改革取得成效之后再进行政治体制的改革。他执政期间（1982—1984），从地方调到中央的一批干部成为改革的依靠力量。执政期间，安德罗波夫开展了反腐败运动，首次将反腐败的矛头指向高层领导，揭露、调查或处理了一大批腐败案件。其中，中亚“乌兹别克案”在全国引起了轰动。他采取的一些

---

① 丁笃本：《中亚通史》（现代卷），第 311 页。

② 同上书，第 317 页。

措施促进了苏联政治的民主化，如加强苏共中央工作透明度，定期向社会通报苏共中央政治局的活动情况，每周发布《在苏共中央政治局》的通报等。但是，他的执政时期只有短短15个月，苏联的改革还未见到成效。

安德罗波夫去世之后，年迈多病的契尔年科继任为苏共中央总书记，苏联陷入了毫无生气的停滞状况。1985年3月，契尔年科去世，年富力强的戈尔巴乔夫当选为苏共中央总书记，苏联进入了全面改革时期。

戈尔巴乔夫首先对苏联经济进行了改革，但经济改革没有收到成效。在经济改革受阻的情况下，戈尔巴乔夫开始了政治改革，政治改革直指以党代政的政治弊端。在1988年召开的苏共第十九次代表会议上，戈尔巴乔夫指责现行政治体制"独断专行"，说"分清党机关和国家机关的职能和自下而上地恢复苏维埃的全权具有关键意义"，主张"在宪法中详细规定包括苏联部长会议在内的所有最高权力机关的相互关系细则"。[①]1988年12月，苏联最高苏维埃通过了《苏维埃社会主义共和国联盟关于修改和补充苏联宪法（根本法）的法律》，新宪法规定苏联人民代表大会为苏联最高权力机关，这一规定标志着国家权力从苏共向苏维埃机关转移。1990年，苏联第三次（非常）人民代表大会在莫斯科召开。大会通过了《苏维埃社会主义共和国关于设立苏联总统职位和苏联宪法（根本法）补充法》，补充法废除了宪法赋予共产党的法定领导权。

在国家政权方面，戈尔巴乔夫的设想是："一方面要尊重各共和国人民和各民族的权力并最大限度地满足它们，另一方面，要通过对联盟的深刻改革，通过把联盟转变为真正的联邦来加强联盟。"[②]1989年9月，苏共中央全会通过了《党在当前条件下的民族政策》的纲领。纲领提出了改革联盟的基本任务：改革苏联联邦，

---

① 沈宗武：《苏联（俄罗斯）修改宪法的漫漫征程论析》，《学术探索》2004年第5期，第87页。

② 张盛发：《苏联解体原因再探》，《俄罗斯研究》2001年第4期，第23页。

使其具有实际的政治和经济内容；扩大所有形式和种类的民族自治的权力和条件；保障每个人的平等权利；为民族文化和语言的自由发展创造条件；加强保障，以确保消除对各民族公民权利的妨碍。①

1990 年 3 月，在苏联第三次（非常）人民代表大会上，戈尔巴乔夫一方面重申了忠于国家完整的原则，另一方面则表示考虑“采取措施加强加盟共和国的主权及其经济和政治独立性，提高自治共和国及其他民族地区单位的地位”。他要求，“立即制定一个与当今现实相符，与我们联邦及各民族的发展需要相符的新的联盟条约”。②

在新盟约中，戈尔巴乔夫决定放弃联盟中央对各加盟共和国的诸多权力。然而，此时的联盟中央已经控制不了形势，一些加盟共和国（中亚共和国除外）执意要脱离联盟而独立。1991 年的“八一九事件”使戈尔巴乔夫通过签署新联盟条约而保留联盟的意愿彻底破产，苏联解体成为不可逆转的趋势。

从斯大林到勃列日涅夫，苏联高度集权的国家体制不断加强，中亚五个加盟共和国实际上并没有真正享受到苏维埃自治的权利。虽然赫鲁晓夫和勃列日涅夫进行了改革，但并没有改变斯大林时期形成的党和国家高度集权的状况。在这种体制下，联邦制名存实亡，中亚五个加盟共和国只是形式上的主权国家，实际上是联盟中央控制下的地区政权。

第二节　政治体制

十月革命之后的第二年，苏俄国家就制定了国家宪法。1918 年宪法规定，国家最高权力机关是全俄苏维埃代表大会，中央执行委

① 张盛发：《苏联解体原因再探》，《俄罗斯研究》2001 年第 4 期，第 23 页。

② 〔苏联〕多布罗霍托夫编纂：《戈尔巴乔夫—叶利钦政治对抗 1500 天》，王南枝等译，新华出版社 1993 年版，第 147 页。

员会是它的常设机构；1922 年苏联建立，国家最高权力机关是苏联苏维埃代表大会，中央执行委员会是其常设机构；1936 年苏联宪法规定，国家最高权力机关是苏联最高苏维埃，苏联最高苏维埃主席团是它的常设机构；1977 年苏联宪法，苏联的一切权力属于人民，苏联的政权组织形式是苏维埃制度，人民通过人民代表大会（苏维埃）行使国家权力。①

苏联最高苏维埃由联盟院和民族院组成，两院代表人数相等，代表由选民直接选举产生，任期为 4 年。最高苏维埃主席团从代表中选出，组成人员有主席 1 人、第一副主席 1 人、副主席 15 人（即每一个加盟共和国一人，通常由各加盟共和国最高苏维埃主席团主席担任）、主席团秘书 1 人、委员 21 人。俄罗斯联邦和俄罗斯民族在苏联最高权力机关中处于特殊的地位。1923 年 6 月，按斯大林提出的选举原则，国家最高权力机关苏联苏维埃代表大会中央执行委员会由 350 名代表组成，其中俄罗斯联邦共和国代表为 280 名，占 80%，其他 3 个共和国代表只有 70 名，仅占 20%。②1977 年宪法将苏联最高苏维埃代表的被选举权从 23 岁改为 21 岁，任期由 4 年改为 5 年。

中亚五个共和国的政治体制与苏联政治体制基本一致。各加盟共和国的最高权力机关是共和国最高苏维埃，1977 年宪法规定，共和国最高苏维埃代表的被选举权从 21 岁改为 18 岁。共和国最高苏维埃一般每年举行两次会议，依据不少于三分之一代表的提议可以提前召开非例行会议。共和国最高苏维埃有权解决苏联宪法和加盟共和国宪法规定属于加盟共和国权限的一切问题。具体说，拥有通过、修改和补充共和国宪法和颁布共和国各项法律和法令的权力；批准加盟共和国国家经济发展和社会发展计划、国家预算以及计划

① 1977 年宪法第 2 条。

② 〔苏联〕伊凡·麦斯特连科：《苏共各个时期的民族政策》，林钢译，船甲校，人民出版社 1983 年版，第 103 页。

和预算的执行情况报告；设立对加盟共和国最高苏维埃报告工作的机关。共和国法律由共和国最高苏维埃或由根据共和国最高苏维埃的决议举行的人民投票（全民公决）通过。[①]

共和国最高苏维埃的常设机构是共和国最高苏维埃主席团。哈萨克和乌兹别克两个共和国最高苏维埃主席团由主席、副主席、秘书和 17 名委员组成，吉尔吉斯、塔吉克、土库曼三个共和国最高苏维埃主席团由主席、副主席、秘书和 11 名委员组成。[②] 主席团的组成人员和职权由加盟共和国宪法规定。[③]

苏联国家权力的最高执行机关最初是人民委员会，人民委员会由内务、农业、劳动、陆海军、工商业、教育、财政、外交、司法、粮食、邮电、民族事务和铁路 13 个部组成，列宁当选为人民委员会主席（1917—1924），第二次世界大战期间，人民委员会主席是斯大林（1941 年 5 月 6 日—1946 年 3 月 19 日）。战后，在第二届苏联最高苏维埃第一次会议（1946 年 3 月）上，通过了将人民委员会改为部长会议的决议。在 1946—1990 年间，部长会议成为苏联国家权力的最高执行和发布命令的机关，即苏联政府。苏联部长会议由苏联最高苏维埃在联盟院和民族院联席会议上组成，成员构成是：苏联各部部长、各国家委员会主席、各加盟共和国部长会议主席；部长会议设主席一人、第一副主席和副主席若干人。部长会议的常设机构是部长会议主席团，由部长会议主席、第一副主席和副主席组成。在历届苏联政府首脑中，除斯大林一人外，其他在任者都是俄罗斯人，至于联盟中央政府各部委的主要领导职务也大多由俄罗斯人把持。

各加盟共和国部长会议由共和国最高苏维埃任命组成，它是共和国国家权力的最高执行和发布命令的机关。[④] 共和国部长会议对

---

① 1977 年宪法第 137 条。

② 赵常庆主编：《中亚五国概论》，第 43 页。

③ 1977 年宪法第 138 条。

④ 1977 年宪法第 139 条。

共和国最高苏维埃负责并报告工作，在共和国最高苏维埃闭会期间，对共和国最高苏维埃主席团负责并报告工作。

共和国部长会议设立常设机构是部长会议主席团，由部长会议主席、副主席和一些成员组成，负责政府日常工作。部长会议的主要职能是执行苏联和加盟共和国的立法文件以及苏联部长会议的决议和命令，组织并检查执行情况[①]；领导共和国国民经济和社会文化建设工作，提高人民的物质文化生活水平，发展科学技术、文化教育、卫生保健事业；保障国家安全和国防建设；领导共和国外交工作等。苏联各加盟共和国部长会议的权限是有限的，根据1977年苏联宪法第134条规定，苏联部长会议有权就苏联权限内的问题中止加盟共和国部长会议的决议和命令。此外，在中亚加盟共和国部长会议中的国家安全委员会主席一职基本上由俄罗斯人担任，其实此部门直属苏联国家安全委员会领导，本地人很少被安排在安全网的最高职位之中。在50年代，所有中亚共和国的国家安全部部长都是俄罗斯人或乌克兰人，没有一个是中亚加盟共和国本国的。[②]

共和国州、市、区、村镇各级地方政府是苏维埃执行委员会（乌兹别克共和国还设立卡拉卡尔帕克自治共和国人民代表苏维埃执行委员会），执行委员会成员由主席、副主席、委员和秘书组成。地方苏维埃执行委员会负责本地区社会经济建设、文化教育、居民生活保障、卫生保健等工作，对本地区人民委员会负责并汇报工作，接受上级苏维埃执行委员会的领导和监督。中亚加盟共和国州级苏维埃执行委员会主席多为本民族干部，除哈萨克以外，其他四个共和国的州级领导人中俄罗斯人很少，到区一级领导人中，俄罗斯族干部就更少了。一般来说，越往下级机关，共和国本民族干部就越多。

苏联国家的司法制度在20世纪20年代初步建立。司法权由检

---

① 1977年宪法第140条。

② 〔美〕迈可尔·刘金：《俄国在中亚》，第138页。

察院和法院行使。共和国检察机关系统由共和国检察院，各州、市、区检察院组成（乌兹别克共和国设有卡拉卡尔帕克自治共和国检察院）。共和国检察长、各州检察长、共和国首都检察长由苏联总检察长任命，市和区检察长由共和国检察长任命并报苏联总检察长批准。各级检察长任期 5 年。苏联总检察长直接或者通过共和国检察长和下级检察长，对共和国各级国家机关、社会组织、劳动集体执行法律情况进行监督和检查。

法院行使审判权。苏联设有苏联最高法院，法院设院长一人，副院长若干人，委员和人民陪审员若干人。加盟共和国设有最高法院、州、市和区法院（乌兹别克共和国设有卡拉卡尔帕克自治共和国法院）。各级法院由正、副院长，审判员和陪审员组成，加盟共和国最高法院院长是苏联最高法院的成员。苏联各级法院的审判员和人民陪审员由选举产生，区（市）人民法院的人民审判员由区（市）公民采用无记名投票方法直接选举，任期 5 年。区（市）人民法院的人民陪审员由他们工作或居住地点的公民投票选举，任期两年半。各级法院审理民事和刑事案件实行合议制，实行公开审判，允许社会组织和劳动集体代表参加。1956—1958 年，苏联中央政府将地方司法机关的领导权移交各加盟共和国。

党组织高于平行的政府机关是苏维埃制度的基本原则。十月革命胜利以后，俄国社会民主工党（布尔什维克党）曾与左派社会革命党联合执政。1918 年联合执政破裂，此后，布尔什维克党独立执政，形成了一党制的政党体制。在 1952 年 10 月召开的联共（布）第十九次党代表大会上，修改了党章，联共（布）党更名为苏联共产党。1977 年苏联宪法的第 6 条规定：苏联共产党是苏联社会的领导力量和指导力量，是苏联社会政治制度以及国家和社会组织的核心。[①] 在掌控国家最高权力的苏共中央领导机关中，虽有少数非俄罗斯人参加，但除斯大林外，各届苏共中央最高领导职务均由俄罗

① 1977 年宪法第 6 条。

斯人担任。在安德罗波夫担任总书记时，组成苏共党中央书记处的10位成员全部是俄罗斯人。

中亚五个加盟共和国严格执行苏联宪法原则，在各共和国的宪法中做出如下规定：共产党是“苏维埃社会的领导力量和指导力量，是政治体制、国家机关和社会组织的核心”。1978年哈萨克共和国宪法规定，共和国共产党是社会的“领导和指导力量”、“政治体制以及一切国家和社会组织的核心”，该党由“马列主义武装”，“决定社会发展的总前景”和“国内外政策”。在各共和国，共产党是唯一合法的执政党，其他社会组织都必须接受共产党的领导。

中亚五个加盟共和国的共产党及党中央直接接受苏共中央的领导，实际上成为苏共的地方党组织。各加盟共和国的共产党中央领导机关由苏共中央直接组建，共和国党中央领导人也由苏共中央直接委派。共和国党中央必须执行苏共中央的一切决议。

除哈萨克共和国外，在其他四个共和国党中央的机关中，欧洲人在中央委员会的委员人数所占比率都未超过50%，据1958年统计：在乌兹别克共和国占31%，在吉尔吉斯共和国占34%，在土库曼共和国占38.5%，在塔吉克共和国占25.3%。[①] 在60至80年代中期，从苏联中央到各加盟共和国开办了几百所干部进修学院和上千个干部培训班，以提高民族干部的素质。到80年代中期，中亚五国党中央第一书记、共和国最高苏维埃主席、共和国部长会议主席三个最高职位都由当地民族干部担任，而且五国政府各部委，各州、市和区的主要领导职务以及村镇、农庄农场等基层组织党政领导职务也大部分由当地民族干部担任。从人员上来看，中亚五国在60年代以后逐渐实现了领导干部民族化。

然而，如果考察职位的分配，可以看出，关键的职位，如“在中央委员会书记处中，第二书记一职从未离开过俄国人的手。第一书记是出头露面的人物，永远都是由本民族担任，而第二书记，同

---

① 〔美〕迈可尔·刘金：《俄国在中亚》，第106页。

时又是干部书记，控制着整个党的领导阶层，所以也是整个党的领导阶层的真正首脑，永远而且到处都是由俄国人担任”[①]。

加盟共和国的州级党组织州党委会的职权几乎涉及一切领域。它“对本州所有经济企业完成计划负责，因而就必须同本地区的全部经济生活保持联系，并不断迫使工厂和集体农庄去完成和超额完成为它们订下的指标”[②]。至于苏维埃公民所面临的许多实际问题，州党委对之就像一个有权批下最后裁决的权威一样。

加盟共和国的区党委是按照州党委的形式建立的。区的官员，从第一书记以下一直到机器拖拉机站和国营农场的主任，都得经由州党委的批准。区和市的党员干部的选举是按照各级苏维埃选举的形式进行。候选人由最上一级来“提出”，然后由基层中的某一个人在会上提出这个候选人的姓名，并获得“全场一致”的赞同。[③]

在共和国中，共产党至高地位体现在以下几个方面：一切机构中都有党的组织；党对各级干部有选举和任命权；重大事件由党中央委员会和部长会议的共同决议来处理；党组织监督相应的国家机关的工作，并通过地方党组织把党的决定贯彻到企业、公司和集体农庄一级。通过层层管理机构的每一级，从克里姆林一直到中亚最边远地区的区行政部门，党都保持着这种超越一切的地位。[④]到20世纪20年代末30年代初，中亚五国共产党中央均设立了与本国政府相应的对口部，领导共和国政府部委。中亚各共和国共产党实现了对政权机关的强化领导，成为真正的决策中心。1934年10月3日，联共（布）中央和苏联人民委员会决定撤销联共（布）中央中亚局以及中亚经济委员会。

不难看出，中亚五个共和国在宪法中规定的立法权、行政权、司法权和经济权形同虚设，与沙俄政府在中亚直接统治区内实施的

---

① 〔美〕迈可尔·刘金：《俄国在中亚》，第106页。

② 同上书，第116页。

③ 同上书，第127页。

④ 同上书，第107—108页。

统治几乎一样。一位英国访问者把他的印象总结如下：最后的决定、最后的权威、最后的权力都在于莫斯科。党的路线来自莫斯科，军队在莫斯科的指挥下。[①]

第三节　经济体制

在十月革命胜利之后的一段时期（1917—1925），苏联（包括苏俄）对全国经济的发展还没有全面的规划，国家通过经济运动或政策措施发展和调节经济。

1917 年 12 月，最高苏维埃建立了最高国民经济委员会，领导国民经济和生产。1918 年 1 月，苏俄中央政府成立了土地人民委员部，取代旧政权的移民局和其他土地管理机构，与此同时，各级农民苏维埃建立起来，承担了土地改革的任务。1918 年，中亚地区的苏维埃政权开始成立各级土地改革机构，对非劳动者的土地进行了分配。

在中亚，土地法令是在 1921—1929 年，即国内战争结束之后到第一个五年计划第二年之间组织实施的。十月革命以前，由于沙皇的殖民统治，中亚相当一部分土地被沙皇政府夺去，以满足官吏、军官和俄罗斯移民的利益。因此，中亚土地改革的第一阶段（1921—1922），主要消灭沙俄遗留下来的殖民地的土地关系，废除沙皇制度在土地问题上遗留下的政策，把被夺去的土地还给本地居民。

在此阶段中，1921 年，中亚（主要在七河州）取消了 161 个移民村、175 个独立农庄、95 个小村庄、35 名单独占有者。驱逐或分别迁移到不同地方去的共有 8084 户，用于分配的土地达 232831 俄亩，9755 户哈萨克和吉尔吉斯农民、3017 户乌兹别克人和 54 户俄罗斯人分得了这些土地。[②] 然而，第一阶段的土地改革尚未全面铺开，

---

① 〔美〕迈可尔·刘金：《俄国在中亚》，第 142 页。

② 〔苏联〕苏联科学院经济研究所编：《苏联社会主义经济史》第 2 卷，第 268—269 页。

内战就爆发了。

内战期间，为了保证物质的供应，1919 年 1 月 11 日，苏俄人民委员会颁布余粮征集制，政府把国家所需粮食总额层层下摊，一直到每个农户，强制征收。如果抗拒不交，除了没收“余粮”外，还要没收财产，剥夺自由。[①] 这是一种权力高度集中的经济政策，被名为“战时共产主义”经济政策。

战时共产主义政策在中亚的执行要晚一些，而且政策也较为灵活。1920 年 7 月 20 日，俄罗斯人民委员会颁布法令，决定在中亚北部的吉尔吉斯（哈）自治共和国实施余粮征集制，从粮食逐渐扩大到畜产品。与苏俄中央相比，战时共产主义政策的执行在吉尔吉斯（哈）自治共和国还是比较缓和的。[②] 在中亚南部，突厥斯坦自治共和国也是在 1920 年开始实施余粮征集制，最初在俄罗斯移民区推行，以后扩大到穆斯林农村。自沙俄时期大力发展棉花种植以来，中亚南部的粮食一直不能自给，在国内战争期间，由于运粮路线受阻，中亚缺粮的情况严峻，甚至发生了粮荒。苏俄中央执行委员会规定允许中亚居民“自由支配超过摊派部分的余粮”[③]。

战时共产主义政策保证了国内战争的胜利，但它是特殊历史条件下的经济政策，其中一些措施不符合经济发展规律，一些过激措施影响了人们的生产积极性，阻碍了生产力的发展。1921 年 3 月，俄共（布）第十次代表大会通过《关于用实物税代替余粮征集制》的决议，开始了新经济政策。新经济政策的主要内容是：废除农业余粮征集制，实行粮食税；在大中小工业企业实行国有化的基础上，允许私人开办小型企业，国家暂时无力开发的企业以租让方式让外国资本家经营；恢复货币流通和商品交换。这些改革使苏俄国家经济由单一的公有制变为以公有制为主体，多种所有制并存的所有制

① 徐天新选译：《世界史资料丛刊·俄国十月社会主义革命》，商务印书馆 1997 年版，第 125—126 页。

② 丁笃本：《中亚通史》（现代卷），第 134 页。

③ 〔苏联〕苏联科学院经济研究所编：《苏联社会主义经济史》第 2 卷，第 247 页。

形式。在新经济政策时期（1921—1925），苏联中央政府实施“统一领导、分散管理”，在一定程度上调动了地方的积极性，使经济得到复苏。到1925年，俄国的工业生产恢复到战前的73%（1920年为14%）；谷物生产恢复到战前的92%（1920年为50%）。[①]

新经济政策的执行在中亚比苏联的西部地区晚一些。1921年8月，列宁写信给突厥斯坦自治共和国的领导人，要求他们把实施新经济政策和开展土地改革结合起来。[②]到1922年以后，新经济政策开始在中亚地区实施，中亚各共和国的经济管理权有显著的扩大，中亚经济迅速恢复。1920年，中亚各共和国的工业总产值占苏联全国总产值的1.4%，到1925—1926年财政年度，该数字是2.0%。[③]

与此同时，中亚土地改革的第二阶段（1925—1929）开始，其内容主要是：剥夺封建宗法式的上层剥削分子，消灭地主经济和城市商业资产阶级经济，剥夺他们的土地，没收他们的牲畜和农具，限制富农经济，没收超过规定标准的多余土地、多余的牲畜和农具，往往予以赎买。把土地、牲畜和农具分给无地或少地的农民。[④]

在农业集体化过程中，中亚一些地区违背了自愿原则，侵犯了农民的利益。有些农民的土地、耕畜、农具变成了集体农庄的财产，就连小家畜、家禽及某些房屋等有时也要归集体所有。如果抵制的话，会遭到打击，加重赋税负担，剥夺选举权直至当作富农被消灭。[⑤]在第一个五年计划期间，哈萨克共和国有5.5万到6万巴伊、富农，根据乡村会议取缔了4万户；1930—1933年间，乌兹别克共和国消灭巴伊和富农4万户。[⑥]被剥夺了土地的大多数富农就地安置，

---

① 〔苏联〕基姆主编：《社会主义时期苏联史（1917—1957）》，生活·读书·新知三联书店1960年版，第286、352页。

② 《列宁全集》第35卷，第518页。

③ 〔苏联〕苏联科学院经济研究所编：《苏联社会主义经济史》第2卷，第453页。

④ 〔苏联〕苏联科学院经济研究所编：《苏联社会主义经济史》第1卷，第96页。

⑤ 丁笃本：《中亚通史》（现代卷），第168页。

⑥ 〔苏联〕苏联科学院经济研究所编：《苏联社会主义经济史》第3卷，王逸琳等译，生活·读书·新知三联书店1982年版，第495页。

顽固分子被流放到中亚偏僻的边境地区。

在经济恢复的形势下，1925 年 12 月，苏联召开联共（布）第十四次代表大会，会上决定在全苏开展社会主义工业化运动。随着工业化运动的全面展开，国家开始对各地物资、财政和技术进行集中调拨和统筹安排，以保证重点部门的建设。于是，高度集中的指令性计划管理体制逐渐形成。

指令性计划管理的经济体制是以行政方式管理经济，国家通过层层行政组织，采用强制性的行政命令和决议，对全国经济活动进行集中统一指挥、调节和监督，很少运用甚至排斥经济杠杆和市场机制对经济的调节作用。这一经济体制在苏联实施了半个多世纪，被称为斯大林经济体制或斯大林模式。

30 年代以后，苏联建立起一套对国民经济进行“垂直领导”的部门管理体制。1932 年，苏联成立了管理工业的各人民委员部。1934 年，苏联已建立 17 个全联盟人民委员部（简称联盟部）和 8 个共和国人民委员部（简称共和国部）。[①] 中亚重工业骨干企业直属联盟部管理，共和国部主管的主要是地方企业。

在工业化时期，苏联强调“区域分工”和“经济专业化”，致使中亚各共和国的经济结构演变成单一畸形的经济。苏联在中亚地区建设了能源、冶金、矿产、机械制造等重工业基地，为苏联中西部地区提供丰富的能源、矿产资源。在苏联的统筹安排下，中亚各共和国的经济结构逐步形成。哈萨克共和国重点发展粮食和有色金属初级原料生产；乌兹别克共和国重点发展有色金属（主要是黄金）开采和棉花种植业；土库曼共和国重点发展石油天然气开采和养羊业；塔吉克共和国重点发展植棉、机床生产和水电工业。

在中央集权的计划经济体制下，联盟中央对地方经济具有垄断权。在规划和建设中，往往只强调国家的利益，忽视民族和地方的利益，忽视不同民族地区的不同情况和特点，采取一刀切的经济政

① 赵常庆主编：《中亚五国概论》，第 118 页。

策，从而剥夺了各民族共和国根据自身特点发展民族经济的权力，严重损害了它们的民族利益。

然而，苏联30年代建立起来的指令性计划经济体制为苏联社会主义建设事业创造了不可低估的成就。国家用十多年时间走完了资本主义国家一二百年的现代化历程，成为欧洲第一、全球第二的工业强国。在第二次世界大战中，这种体制高效动员的优势充分显示出来，保证了苏联卫国战争的胜利。为了保证对各共和国经济实行集中领导，联盟中央政府在战争期间成立了国防委员会，各共和国的领导机关担负着将经济纳入战时轨道的全部任务。

中亚共和国为打击法西斯做出了贡献。战争初期，苏联西部的重要产粮区被德军占领，联共（布）中央决定，在伏尔加河沿岸地区、乌拉尔、西伯利亚、中亚地区扩大粮食播种面积。中亚的粮食播种面积从7.9%（1940）上升到9.3%（1945）。[①] 哈萨克共和国向苏联提供了3.56亿普特（合58.3亿公斤）粮食，占全国粮食收获量的7%。[②] 哈萨克共和国比战前5年多出售1580万普特（合2.588亿公斤）肉、319.4万公担牛奶、17.6万公担羊毛。[③] 1941—1943年间，乌兹别克共和国粮食作物的播种面积逐年增加，据苏联官方统计，共和国集体农庄畜牧场的数量由1939年的0.6万个增加到1943年的1.9万个，为苏联红军提供了数十万匹战马。塔吉克共和国为了解决战时的粮食困难，压缩棉花和饲料的播种面积。在1941—1945年间，土库曼斯坦的谷物产量提高74%，土库曼畜牧产品产量增加了68.7%。[④] 1941年土库曼向苏联中央政府上缴的皮棉比1940年多10453吨；1943年上缴的粮食比1941年多2倍。[⑤]

与此同时，中亚诸共和国的工业（特别是重工业）获得了发展

---

① 〔苏联〕苏联科学院经济研究所编：《苏联社会主义经济史》第5卷，周邦新等译，生活·读书·新知三联书店1984年版，第529页。

② 同上。

③ 同上。

④ 马大正、冯锡时主编：《中亚五国史纲》，第231页。

⑤ 同上。

的机遇。战争时期，苏联西部战区的大批工业企业和机器设备，一些研究机构和高等学校也迁到东部地区，其中，有308个中西部企业迁到中亚。[①]在这些企业的带动下，中亚各共和国重工业得到极大发展。1940年，乌兹别克共和国重工业在工业总产值中所占比例为14.3%，1945年，这一数字是52.4%；同期，哈萨克共和国的这一数字分别是51.5%和66%。[②]在吉尔吉斯共和国，1941年，重工业在工业总产值中所占比例为50.2%，1945年这一数字为67.5%。[③]随着苏联西部企业的迁入，中亚地区的电力工业得到迅速发展。1942—1943年，乌兹别克共和国新建了五个大型水力发电站。[④]

在苏联中西部企业的带动下，中亚诸共和国生产前线急需的坦克、大炮等各种军事装备，有力地支援了卫国战争。1940年，乌兹别克共和国根本不生产军用产品，而1942年生产的军用产品产量已经占该共和国工业总产值的25.6%。[⑤]1942年，哈萨克共和国生产的铅占全苏总产量的85%，战争中使用的子弹90%是用哈萨克共和国奇姆肯特和列宁诺戈尔斯克炼铅厂工人熔炼的铅制造的。[⑥]1943年，吉尔吉斯共和国有色冶金业的产量增长36.1%。[⑦]1944年，吉尔吉斯共和国为部队提供的武器比1942年多2.5倍，提供的有色冶金业产品比1940年多1.5倍，提供的轻工业产品多1倍，提供的地方产品多2.7倍。[⑧]

战后不久，1946年3月，第二届苏联最高苏维埃第一次常委会在莫斯科召开，会议决定把苏联政府的名称由人民委员会改为部长

---

① 〔苏联〕苏联科学院经济研究所编：《苏联社会主义经济史》第5卷，第439页。哈萨克共和国150个，其他中亚四国共158个。

② 同上书，第467页。

③ 同上书，第468页。

④ 同上书，第444页。

⑤ 同上书，第446—447页。

⑥ 同上书，第466页。

⑦ 同上书，第447页。

⑧ 同上书，第450页。

会议。各人民委员会改称部，人民委员改称部长。斯大林当选为第一届部长会议主席。此后，中亚五共和国分别召开了第一届共和国最高苏维埃会议，共和国人民委员会全部改名为部长会议。除了名称上的变化外，苏联仍然保持了战前形成的权力高度集中的政治经济体制。

1951 年 4 月 16 日，苏联政府发布公报宣布："苏联恢复和发展国民经济战后五年计划已经胜利完成，而这计划上所规定的各项主要任务则已大大超额完成。"[①] 随着经济的发展，斯大林经济体制的弊端逐渐显现出来，国家统得过死，企业没有自主的权力，影响了企业、劳动者的积极性。50 年代以后，苏联开始在经济改革的道路上摸索前进。

苏联中央政府把原来管理的两级，即联盟部和共和国部，改为联盟部、联盟—共和国部和共和国部三级。联盟部主管关系国民经济全局，为国民经济各部门提供劳动手段的部门，这些部门的所有企业都直属中央；联盟—共和国部主要管理原材料、燃料、动力和消费品生产部门，这些部门的企业在名义上有 20% 属于中央，80% 属于各共和国的相应各部，实际上几乎全部属中央管辖。到 1956 年，联盟部共有 20 个，联盟—共和国部 14 个，共和国部 100 多个。[②]

1957 年，赫鲁晓夫对部门管理进行了一次大胆的改革尝试，撤销了 25 个全联盟的及联盟兼共和国的工业和建筑业部，110 个加盟共和国部，中央只保留有关国防工业方面的 7 个部。把全国划分为 105 个经济行政区，每区设一个国民经济委员会，把原先归各部管辖的所有企业，全部交给 105 个国民经济委员会管理。[③] 中央政府在

---

① 《苏联国民经济建设计划文件汇编》(第一、二个五年计划)，人民出版社 1957 年版，第 215 页。

② 赵常庆主编:《中亚五国概论》，第 118 页。

③ 金挥、陆南泉、张康琴主编:《论苏联经济：管理体制与主要政策》，辽宁人民出版社 1982 年版，第 12 页。

每个经济行政区设一个国民经济委员会，其中，哈萨克斯坦设立了9个国民经济委员会，乌兹别克斯坦设立了4个，中亚其他国家各设一个。[①]1963年，哈萨克共和国成为一个大经济区，中亚其他四个合并为中亚经济区（1964年取消）。这些改革使原属中央的经济管理权大部分下放给国民经济委员会，对调动中亚各共和国的积极性有一定的促进作用。

除经济制度的改革外，在赫鲁晓夫时期，苏联经济发展的重心转移到东部地区。战后，苏联对欧洲部分老工业区和沦陷区的工业投资居高不下，东部地区投资的比重有所下降。在第六个五年计划时，重新提出了加速东部经济发展的任务："加速开发我国东部地区的富饶的天然资源。保证西伯利亚西部和东部以及哈萨克苏维埃社会主义共和国的基本建设速度高于全国基本建设的总和速度。"[②]1959年2月9日，苏共第二十一次代表大会通过了《关于1959—1965年苏联发展国民经济的控制数字》的决议，决议强调："在今后七年内，生产力配置的主要改变，首先是为了加速发展我国东部地区的经济。"[③]第五、六个计划（1951—1960）期间，苏联对中亚的工业投资比重有所增加。在1951—1955年期间，哈乌吉塔土五国得到的工业投资分别占全苏3.8%、1.4%、0.7%、0.6%、0.7%；在1956—1961年期间，哈乌吉塔土五国得到的工业投资分别占全苏的4.9%、1.9%、0.6%、0.5%、0.7%。[④]

赫鲁晓夫时期，苏联在开发东部地区（主要是哈萨克共和国）时采取了一项重大举措，即开展垦荒运动。1954年3月2日，苏联中央全体会议根据赫鲁晓夫的报告通过了《关于进一步增加全国谷物生产和开垦生荒地熟悉荒地的决议》，按决议的规定，

① 赵常庆主编：《中亚五国概论》，第119页。

② 《苏联共产党第二十次代表大会文件汇编》，人民出版社1956年版，第1236页。

③ 《苏联共产党第二十一次非常代表大会文献》（下册），人民出版社1960年版，第1245页。

④ 根据苏联科学院经济研究所编《苏联社会主义经济史》第6卷（盛曾安等译，生活·读书·新知三联书店1986年版）第582页整理。

1954—1955 年内的垦荒面积不少于 1300 万公顷[①]，于是，在幅员辽阔的哈萨克共和国开展了大垦荒运动。1954—1960 年，联盟国家投入了大量的人力和财力（移民 120 万人，投入资金数百亿卢布），开垦的荒地达 2250 万公顷，使哈萨克共和国成为继乌克兰之后的全苏第二大粮仓，到 1960 年，哈萨克共和国的谷物产量比垦荒前增加了三倍多。[②]

赫鲁晓夫的经济改革取得一定成效，苏联经济发展速度明显加快。据苏联官方指标，1951—1960 年，苏联经济增长率达到了 10.3%。[③]

勃列日涅夫上台以后，否定了赫鲁晓夫的一些改革。1965 年 10 月 2 日，苏联最高苏维埃通过了《关于改变工业管理、完善计划工作和加强对工业生产的经济刺激》的决议。会上决定撤销赫鲁晓夫实行的经济行政区及相应的各级国民经济委员会，恢复了原先的联盟部、联盟—共和国部以及共和国部三级管理模式。在 70 年代，联盟部有 21 个，联盟—共和国部有 18 个，共和国部近百个。[④] 由于勃列日涅夫执政时期不断增设党政机构，到 1982 年，苏联共有 33 个联盟部、31 个联盟—共和国部、6 个联盟国家委员会、14 个联盟—共和国国家委员会，还有 4 个其他部级机关，总共 88 个机构。[⑤]

从形式上看，勃列日涅夫的经济改革把赫鲁晓夫时期下放给地方的部分经济管理权收归联盟部或联盟—共和国部，回到了部门垂直管理的体制上，联盟中央可以通过由它直接管理的联盟部和联

---

① 《赫鲁晓夫时期苏共中央全会文件汇编》（1953 年 3 月—1964 年 10 月），商务印书馆 1976 年版，第 74 页。

② 为 2550 万公顷。赵常庆主编：《中亚五国概论》，第 101 页。胡延新《苏联开发中亚边疆少数民族地区的经验、教训和启示》（《东欧中亚研究》2000 年第 6 期，第 76 页）

③ 冯绍雷等主编：《俄罗斯经济转型》，上海人民出版社 2005 年版，第 51 页表 2.1。

④ 赵常庆主编：《中亚五国概论》，第 119 页。

⑤ 〔苏联〕帕诺夫主编：《苏联大百科年鉴》，莫斯科，1982 年，第 11—12 页，转引自丁笃本：《中亚通史》（现代卷），第 309 页。

盟—共和国部控制了各加盟共和国的绝大多数企业和资产。实际上，联盟中央管理的企业比赫鲁晓夫时期少了一些。在斯大林时期，联盟部所属企业占全苏工业总产值的89%，共和国部所属企业只占11%；赫鲁晓夫时期，联盟部及联盟—共和国所属企业占97%，共和国部所属企业占3%；勃列日涅夫时期，联盟部及联盟—共和国部所属企业占94%，共和国部所属企业占6%。[①]

从内容上看，勃列日涅夫的经济改革的某些方面是符合经济规律的。在《关于改变工业管理、完善计划工作和加强对工业生产的经济刺激》的决议中，利润作为考核企业的主要指标，职工的工资福利与企业利润紧紧挂钩，作为条件，国家给予企业较多的生产经营自主权。决议实施以后，苏联的经济尤其是工业获得了长达十余年的快速平稳的发展。苏联官方的统计资料显示，第八个五年计划（1966—1970）期间，苏联工业年均增长率达到10%，第九个五年计划（1971—1975）期间达8.6%。苏联国力迅速强大，成为能够与美国抗衡的超级大国。

但是，苏联经济改革受到了来自政治方面的阻力而未能深入下去。苏联领导集团担心继续深化经济改革会危及社会主义制度，因此，始终未能也不愿意打破指令性计划经济体制。从70年代中期起，苏联逐步废止了经济刺激机制，陆续收回了企业自主权，重新回到指令性计划经济的体制上。高度集中的指令性计划经济体制与生产力发展之间的矛盾尖锐起来，体制的弊端开始制约经济的发展，苏联经济进入了所谓“十年停滞”时期。据苏联官方指标，苏联经济增长率在1961—1970年为7. 0%；1971—1980年下滑到4.9%；1981—1985年为3.6%。[②]80年代中期，苏联经济出现全面衰退的迹象，这种状况一直持续到苏联解体。

在经济行政区取消以后，中亚各共和国经济管理权限就减少了

---

① 果洪升：《中国与前苏联民族问题对比研究》，中央民族大学出版社1997年版，第70页表二。

② 冯绍雷等主编：《俄罗斯经济转型》，第51页表2.1。

一大半，后来一直没有改变，重要的经济活动都由联盟中央来安排。哈萨克共和国是苏联第三大工业生产国，但其一半以上的生产能力直接掌握在联盟中央手中，共和国无权过问境内骨干企业的生产经营，这些企业产生的利润也几乎不纳入共和国预算。80年代以后，中亚五国的经济发展也无一例外地出现了下滑局面。

针对苏联经济停滞、国民经济增长速度缓慢的状况，戈尔巴乔夫上台以后“刻不容缓”地开始了经济改革。戈尔巴乔夫的经济体制改革企图解决两个问题，一是逐步从计划经济向市场经济转变；二是开始注意中央政府与共和国之间经济权力的划分。就第二个问题而言，最初联盟中央重点强调的是中央政府部门与企业之间的权力划分，忽视了中央政府与共和国政府及其他地方政府之间的权力划分。随着改革的深入，联盟中央与加盟共和国之间经济关系和经济利益的问题无法回避。在各加盟共和国和地方政府的压力下，以戈尔巴乔夫为首的联盟中央提出了中央与共和国分权的问题，以至于达到了试图通过全面放权来安抚各共和国，以维护联盟统一的程度。

戈尔巴乔夫全面放权主要反映在两个方面：首先，改变土地和自然资源归统一联盟国家所有的宪法规定，承认它们是各加盟共和国不可剥夺的财产；其次，改变原来的预算体制，规定凡位于共和国境内的所有企业的税收全部由共和国征收，然后再根据联盟的需要向联盟上缴一定比例的收入。这些改革一方面使联盟中央失去了左右局势的物质基础，联盟中央的财政受到共和国的控制；另一方面，共和国的经济独立给民族分离主义提供了土壤，最终导致了苏联的解体。

苏联长期以来实行的中央集权的计划经济体制，在一定时期内对调整生产力的布局，加快落后民族地区的工业化发挥了积极作用，成就是巨大的。但是，苏联社会主义建设的实践表明，由于完全排斥价值规律和市场机制的调节作用，不按价值规律办事，缺乏科学的经济核算，使国民收入的再分配背离了社会主义的利益公正原则。

此外，联盟中央不考虑各共和国的具体情况和居民生活的需要，不顾当地的土地、人口、生态的承受能力等，对苏联经济的进一步发展产生了消极的后果。

第二章

乌兹别克苏维埃社会主义共和国（1925.2.17—1991.8.31）

1925年2月17日，乌兹别克苏维埃社会主义共和国（以下简称乌兹别克共和国）宣布成立。乌兹别克共和国宪法规定：乌兹别克共产党是共和国的领导和指导力量；共和国实行人民代表大会制度，最高人民代表大会（1937年以后改称最高苏维埃）和地方各级人民代表大会是共和国的权力机关；共和国最高行政机关是人民委员会（1946年3月改称部长会议）。乌兹别克共和国政治受到联盟中央的控制和影响，政府各级官员由上级任免，实际上由党的领导人层层任命；在苏联计划经济下，乌兹别克共和国最终形成了以一黄（黄金）一白（棉花）和部分机器制造为主要支柱的国民经济体系。

第一节　政治

1924年6月12日，俄罗斯共产党中央委员会政治局做出了《关于中亚地区民族共和国划界》的决议（简称“六月决议”），决定成立乌兹别克苏维埃社会主义共和国。10月27日，苏联中央执行委员会批准了“六月决议”。1925年2月13日，乌兹别克共和国第一次

代表大会在布哈拉城召开；2 月 17 日，苏维埃代表大会通过了《建立乌兹别克苏维埃社会主义共和国宣言》，宣言从法律上确认了乌兹别克苏维埃社会主义共和国的成立，会上还做出了乌兹别克苏维埃社会主义共和国自愿加入苏联的决定。

根据“六月决议”的决定，乌兹别克共和国的版图包括了原突厥斯坦自治共和国锡尔河州的东南和西南部分、费尔干纳州的中部和西部、撒马尔罕州的中部和西部，原布哈拉共和国的中部和西部，原花剌子模共和国首府希瓦城及其附近地区。乌兹别克共和国是中亚中部的内陆国家，其西北部面临咸海，北部与哈萨克斯坦接壤，东部与吉尔吉斯共和国和塔吉克共和国相连，南邻阿富汗，西南与土库曼共和国毗邻。按 1924 年划界的规定，乌兹别克共和国形成之时的面积为 17 万平方公里（不包括塔吉克自治共和国）。1936 年，卡拉卡尔帕克自治共和国划入乌兹别克共和国版图，20 世纪 70 年代，经联盟中央的调整，名为乌兹别克斯坦（Uzbekistan）的地理范围最终确定下来，面积为 44.74 万平方公里，包括卡拉卡尔帕克自治共和国。[①] 最初以撒马尔罕城为都，1930 年，迁都塔什干。

1927 年，乌兹别克共和国被划分为 10 个州：塔什干、撒马尔罕、布哈拉、费尔干纳、安集延、花剌子模、泽拉夫善、忽毡、苏尔汗河和卡什卡达里亚。按 1926 年人口普查，乌兹别克共和国有 456.5 万人，其中，乌兹别克族人有 329.9 万人，占全国总人口数的 72.2%。[②] 到乌兹别克共和国独立前夕的 1990 年 1 月，乌兹别克共和国人口达到 2032.23 万，其中，乌兹别克族人占 71.4%，俄罗斯人占 8.3%，塔吉克人占 4.7%；哈萨克人占 4.1%。[③]

1937 年 2 月 14 日，乌兹别克共和国通过了共和国宪法。1937 年宪法规定乌兹别克共和国是一个独立自主的国家。事实上，只有

---

① 丁笃本：《中亚通史》（现代卷），第 308 页。

② Edward Allworth, edit, *Central Asia: 130 Years of Russian Dominance, A Historical Overview*, p.96, Table, 3.1.

③ 公抒编著：《原苏联各共和国概况》，世界知识出版社 1992 年版，第 239 页。

当国内的经济、社会、政治、文化艺术、外交、军事等各方面都不是削弱而是依附于莫斯科时，这一主权才能得到认真实施。[①]

最高人民代表大会是乌兹别克共和国的最高权力机关，由150名代表组成，任期5年，由各选区选出。[②]地方人民代表大会是地方国家权力机关，各级人民代表大会通过选举产生，均为兼职，每两年选举一次。[③]在1925年召开的第一届乌兹别克共和国代表大会上，选举产生了共和国最高人民代表大会，尤勒达什·阿洪巴耶夫当选为第一任主席。1937年宪法规定，最高苏维埃取代最高人民代表大会成为国家最高权力机关。在休会期间，最高苏维埃由常设机构最高苏维埃主席团主持工作，主席团由主席、副主席、秘书和17名委员组成。[④]最高苏维埃的职权范围包括通过和修改共和国宪法，颁布各项法律和法令，批准共和国预算和执行报告，批准共和国的经济和社会发展计划等权力。

第二次世界大战以后担任乌兹别克共和国最高苏维埃主席的有：沙拉夫·拉希多夫（1950—？）、纳斯里金诺娃（1955—1970）、马特恰诺夫（1970—1978）、乌斯曼霍贾耶夫（1978—1983）、萨利莫夫（1983—？）。

共和国最高行政机关是人民委员会（40年代以后改为部长会议），人民委员会（部长会议）向最高苏维埃负责并报告工作，向下对卡拉卡尔帕克自治共和国、各州、直辖市政府实行领导和监督。人民委员会（部长会议）成员由主席、第一副主席、副主席、各部部长和若干国家委员会主席组成。部长会议的常设机构是部长会议主席团，由部长会议主席、第一副主席、副主席、若干部长组成，负责政府日常工作。地方人民代表大会执行委员会是地方政府。卡

---

① 《英国大百科全书长编》第19卷，《乌兹别克苏维埃社会主义共和国》，第10—14页。

② 孙壮志、苏畅、吴宏伟编著：《乌兹别克斯坦》，社会科学文献出版社2004年版，第52—53页。

③ 《英国大百科全书长编》第19卷，《乌兹别克苏维埃社会主义共和国》，第10—14页。

④ 孙壮志、苏畅、吴宏伟编著：《乌兹别克斯坦》，第53页。

拉卡尔帕克自治共和国、各州、直辖市代表大会执行委员会对同级人民代表大会负责并报告工作。

在1925年召开的乌兹别克共和国代表大会上，选举产生了第一届人民委员会，费祖拉·霍德查耶夫当选为第一任人民委员会主席（1924—1937）。

费祖拉·霍德查耶夫于1896年出生在布哈拉一个乌兹别克族富商家庭，1917年加入青年布哈拉党，从事反埃米尔统治的斗争，后来流亡塔什干，成为该党左翼领袖。1920年，费祖拉·霍德查耶夫加入共产党；布哈拉人民共和国建立以后，担任人民委员会主席兼外交委员。以后，费祖拉·霍德查耶夫兼任俄共（布）中央中亚局委员、东布哈拉革命军事委员会主席。1924年，乌兹别克共和国成立，费祖拉·霍德查耶夫担任人民委员会主席；1927年，当选为苏联中央执行委员会主席团的主席之一。费祖拉·霍德查耶夫不仅积极投身革命，还写下不少有价值的政论、经济和历史著作。[①]1937年6月，乌兹别克共产党第七次代表大会决定解除费祖拉·霍德查耶夫的职务，接着，他奉命去莫斯科，1938年3月15日，以“布哈林集团”分子之名被枪决。

在乌兹别克共和国，人民委员会和部长会议主席一职一直由乌兹别克人担任。在费祖拉·霍德查耶夫之后，先后继任的三位人民委员会主席在不到一年的时间里被赶下台：阿卜杜拉·卡立莫夫待了两星期，陶拉毕可夫只几个星期，索尔坦·塞吉斯巴耶夫是半年。[②]60年代以后历任部长会议主席有：库尔班诺夫（1961—1971）、胡代别尔迪耶夫（1973—1984）、卡迪罗夫（1984—？）。

在1941—1946年之间，除国家安全委员一直由欧洲人担任外，其他大多数部长由本地穆斯林担任，不过，部长一般都由三名以上俄国籍或乌兹别克籍的副部长襄助。如农业部部长有若干名欧洲人

---

① 丁笃本：《中亚通史》（现代卷），第197页。

② 〔美〕迈可尔·刘金：《俄国在中亚》，第88页。

当副手，在紧急情况下，俄国籍副手不仅可以进行幕后活动，还可以擅自做主，如集体农庄及其庄员在没有完成缴纳公粮任务之前禁止出售粮食的重要法令（1943）就是由人民委员会的俄国籍副主席签署的，而不是由他的乌兹别克上司签署的。[①]外交部长一职从1944年设立之时起，一直由乌兹别克人担任，不过，外交部长没有与外国发生任何联系，始终是一个纯粹点缀门面的人物；而新建的国防部长一职从来没有人担任过，不仅在乌兹别克共和国，在所有其他加盟共和国也是如此。[②]

按苏维埃制度的基本原则，党的机关高于与之平行的政府机关。乌兹别克共和国宪法明确规定了共产党的执政地位，它是共和国的领导和指导力量，是国家、政治制度和社会组织的领导核心，由它决定社会、政治、经济和文化发展的方针和对外政策。20世纪70年代中期，乌兹别克正式和候补党员人数为45.4万人，共青团人数为153.5万人。[③]

乌兹别克共产党中央第一书记是共和国的最高领导人。乌兹别克共和国党中央第一书记名义上是选举产生，实际上，党的高级干部往往是苏联党中央任命的。苏联共产党中央对乌兹别克共和国共产党机关的控制从未放松过，党内主要的职位由俄国人和其他欧洲人担任。在共和国中央委员会的书记处内，第二书记一职从未离开过俄国人的手。[④]乌兹别克共和国成立不久，1925年2月6—12日，乌兹别克共产党第一次代表大会在布哈拉召开，阿克马尔·伊克拉姆·奥格赫里当选为共和国共产党中央第一书记（1925—1937/1938）。

伊克拉姆·奥格赫里于1918年2月加入共产党，1921—1922年任突厥斯坦自治共和国共产党中央书记，1925年担任乌共中央

---

① 〔美〕迈可尔·刘金：《俄国在中亚》，第111页。
② 同上书，第110页。
③ 《英国大百科全书长编》第19卷，《乌兹别克苏维埃社会主义共和国》，第10—14页。
④ 〔美〕迈可尔·刘金：《俄国在中亚》，第106页。

书记，1929 年起担任乌共中央第一书记，1931—1934 年兼任联共（布）中央中亚局书记。1937 年 9 月，伊克拉姆被指控在报刊文章中宣扬民族主义而被开除出党，不久被捕。以后担任乌共中央第一书记的有：乌兹别克人尤苏波夫、尼亚佐夫、沙拉夫·拉希多夫（1959—1983）、伊·布·乌斯曼霍贾耶夫（1983—1988）、伊斯拉姆·卡里莫夫（1989—？）。

在乌兹别克共产党中央第一书记中，沙拉夫·拉希多夫是最重要的人物。沙拉夫·拉希多夫是一位精力充沛、经验丰富的领导者，曾经当过教师、编辑，参加过卫国战争。1950 年，他开始走上政坛，当选为乌兹别克共和国最高苏维埃主席团主席，1959 年 3 月，担任乌兹别克共产党中央第一书记，在此位置上干了 24 年。在此期间，他积极支持赫鲁晓夫，在赫鲁晓夫与“莫洛托夫、马林科夫、卡冈诺维奇反党集团”的斗争中，他在全党会上发言说：“他（指赫鲁晓夫）和各地的积极分子保持着联系，他经常到各州、各共和国去。下工厂、集体农庄、国营农场，深入了解经营状况，进行分析，提出很高明的建议，帮助地方单位。”[①] 1961 年，在苏共第二十二次代表大会上，沙拉夫·拉希多夫当选为苏共中央主席团候补委员。

共和国各州建立了州党委会，州党委会第一书记一般都是本地人，但有些职位往往总是在欧洲人手中，如负责经济部、组织教导部、特别任务组的往往是俄罗斯人、乌克兰人或格鲁吉亚人，本地人只负责宣传鼓动、干部管理、妇女工作，以及少数经济部门。[②]

乌兹别克共产党中央书记处设有与政府相应的部直接控制部长会议下属的每一个部。乌兹别克部长会议中穆斯林部长所占的比率达总数的五分之四，而乌兹别克共产党中央书记处的民族成分恰好相反。因此，本地穆斯林部长们除了要受到俄国副手的襄助外，还被置于中央委员会书记处内相应部部长的监督下，而后者往往总是

---

① 《苏联共产党最后一个“反党”集团》，罗正发等译，赵仲元校，中国社会出版社 1997 年版，第 468 页。

② 〔美〕迈可尔·刘金：《俄国在中亚》，第 117—118 页。

欧洲人。[①] 此外，一些重要的经济部门被摒除在当地政府的管辖权之外，可是它们仍处于乌兹别克共产党书记处的管辖范围内。

乌兹别克共和国的历史深受苏联党中央政策的影响。在苏联的“大清洗”运动中，乌兹别克共产党第一书记阿克拉尔·伊克拉姆·奥格赫里在莫斯科受审，被判“托洛茨基右派集团罪”而遭到了枪决（1938）。在此次运动中，遭到清洗的还有共和国人民委员会主席费祖拉·霍德查耶夫（1937）。

战争期间，中亚各加盟共和国军事委员会动员城乡居民踊跃参加红军，号召“一切为了前线，一切为了胜利”。在 1941 年 11 月至 1942 年 3 月期间，乌兹别克共和国建立了 14 个民族军团，其中有 9 个步兵旅，5 个骑兵师，他们加入了苏联主力部队开赴前线。战争时期，乌兹别克共和国有大约 100 万人上了前线。[②] 卫国战争中获得各种勋章和奖章的乌兹别克人有 8 万人。苏联全国获最高荣誉“苏联英雄”称号的军人有 11618 人，其中，乌兹别克共和国有 69 人。[③]

二战结束以后，苏联领导人在积极恢复经济的同时，在意识形态领域内展开了一场批判“资产阶级民族主义历史观点”的斗争。苏联领导人认为，必须清洗在大战期间受到的资本主义思想的影响。在这场斗争中，乌兹别克共和国斗争的激烈程度仅次于哈萨克共和国。1952 年 2 月，乌共党中央第一书记尼亚佐夫在中央全体会议上说：“许多著作家，在说明沙俄在东方的征服政策的后果时，仅仅强调一方面——沙皇制度对乌兹别克斯坦和整个中亚细亚各族人民的民族压迫，而对乌兹别克斯坦合并于俄国的进步意义则阐述得根本不够。”[④] 对此，他本人也做了自我检查。

斯大林去世以后，以赫鲁晓夫为首的苏共中央于 1956 年 2 月

---

① 〔美〕迈可尔·刘金：《俄国在中亚》，第 111 页。

② 丁笃本：《中亚通史》（现代卷），第 211 页。

③ 〔苏联〕苏联科学院历史研究所编：《苏联民族—国家建设史》（下册），第 467—468 页。

④ 〔苏联〕邵英巴耶夫等：《为正确阐明苏联中亚细亚各民族底历史问题而斗争》，萧扬、罗焚译，人民出版社 1954 年版，第 83 页。

在莫斯科召开的第二十次代表大会上批判了斯大林个人专权的错误。此后，苏共中央开始为在斯大林时期遭到迫害和镇压的数百万计无辜者平反。其中，原乌兹别克共和国领导人费祖拉·霍德查耶夫和原乌共第一书记阿克拉尔·伊克拉姆·奥格赫里得到了平反。

在勃列日涅夫时期，乌共党中央深得苏联党中央的信任。乌共党中央第一书记沙拉夫·拉希多夫获得了多枚苏联勋章。由于长期把持第一书记的职务，沙拉夫·拉希多夫在共和国拥有无限的权力，在领导集团中排斥异己。70 年代初，沙拉夫·拉希多夫把部长会议主席库尔班诺夫、最高法院院长霍贾耶夫赶下了台，分别判以 8 年和 10 年的徒刑；最高苏维埃主席团主席纳斯里金诺娃被调往莫斯科。70 年代以后，沙拉夫·拉希多夫在乌共的地位日益牢固，共和国党中央委员会机关中有 30 多位成员是他的亲戚。[①]

安德罗波夫就任苏共中央总书记之后，开始整肃党政部门的腐败行为，乌兹别克共和国遭到调查。在这次调查中，苏共中央派了一个委员会到乌兹别克共和国，调查结果表明，乌兹别克共和国存在任人唯亲、送礼受贿，以及虚报棉花的产量和收购量，骗取国家巨额补助金等问题。1983 年 10 月 31 日，沙拉夫·拉希多夫因此事件自杀。在这次事件中，乌兹别克共产党中央的 14 名成员中只有 6 人保留下来了，乌共中央第二书记格列科夫、部长会议主席胡代别尔迪耶夫都被撤职了。[②]

在戈尔巴乔夫执政时期，乌兹别克共和国领导人也经历了撤换，1988 年共产党第一书记乌斯曼霍贾耶夫被指控受贿和舞弊而提出退休申请。[③]这些撤换在形式上是加盟共和国共产党中央做出的决定，实际上是按苏共中央政治局和书记处的命令办事。

1991 年苏联“八一九事件”以后，乌兹别克共和国走向独立。1991 年 8 月 31 日，乌兹别克最高苏维埃发布《乌兹别克斯坦共和国

---

① 丁笃本：《中亚通史》（现代卷），第 323 页。

② 同上书，第 325—326 页。

③ 黄宏、纪玉祥主编：《原苏联七年“改革”纪实》，红旗出版社 1992 年版，第 72 页。

独立声明》，向全世界宣布从 1991 年 9 月 1 日起乌兹别克共和国脱离苏联成为独立的主权国家，国名定为乌兹别克斯坦共和国。

隶属于乌兹别克共和国的卡拉卡尔帕克斯坦自治共和国位于乌兹别克共和国最西端，在咸海东南和西南部。东部是沙漠地带，中部是河谷和三角洲，西部以荒原为主。卡拉卡尔帕克人使用突厥语钦察方言，接近哈萨克语。16 世纪至 18 世纪中期，卡拉卡尔帕克人中的大多数占据了锡尔河中下游地区，归属于哈萨克汗国。18 世纪下半叶，绝大多数卡拉卡尔帕克人从锡尔河流域迁移到了锡尔河西部支流热纳河流域。19 世纪初，卡拉卡尔帕克人迁移到了阿姆河三角洲地区，归属于希瓦汗国。19 世纪下半叶，沙俄政府征服希瓦汗国以后，将卡拉卡尔帕克人居住的阿姆河右岸并入俄国，1878 年，沙俄政府在此成立了阿姆河区，归俄国的突厥斯坦边区管辖。

十月革命以后，1923 年 2 月，卡拉卡尔帕克自治州苏维埃第一次代表大会召开，2 月 16 日，卡拉卡尔帕克自治州正式宣布成立，隶属于吉尔吉斯（哈）自治共和国。1930 年 7 月 20 日，卡拉卡尔帕克自治州划归俄罗斯联邦。1932 年 3 月 20 日，卡拉卡尔帕克自治州升格为自治共和国。1936 年 12 月 5 日，卡拉卡尔帕克自治共和国从俄罗斯联邦划归乌兹别克共和国。

卡拉卡尔帕克自治共和国面积 16.6 万平方公里，1928 年分为图尔特库尔、钦拜、霍杰伊利、昆格勒 4 个州。[①] 首都图尔特库尔（1920 年由彼得罗亚历山大罗夫斯克改为现名），1932 年建努库斯市，1939 年，努库斯成为卡拉卡尔帕克自治共和国都城。

努库斯地处卡拉卡尔帕克自治共和国地理中心，交通条件优越，克孜盖特盖大运河和连接共和国各州的公路主干线穿城而过。努库斯集中了自治共和国大型工业企业、科学文化设施及卫生医疗机构，设有乌兹别克共和国科学院分院、大学、师范学院等大专院校，此外，还有艺术科学院分部，音乐家、作家、建筑师和影视艺人联盟

① 丁笃本:《中亚通史》(现代卷)，第 159 页。

组织，成为自治共和国行政、经济和文化中心。霍杰伊利市是卡拉卡尔帕克共和国较发达的城市之一，是阿姆河左岸的交通要冲，也是轻工业和食品工业中心。

乌兹别克共和国独立以后，卡拉卡尔帕克自治共和国继续成为乌兹别克斯坦共和国的一个组成部分。

第二节 社会经济与文化

乌兹别克共和国境内多是高山环绕的绿洲，河流很多，其中，锡尔河流经乌兹别克共和国的东北部，阿姆河流经共和国西部地区，阿姆河下游支流遍布，阿姆河三角洲的冲积平原使乌兹别克共和国西部几乎五分之四的土地平坦。乌兹别克共和国成立之初，国民经济的主要部门是农业，85% 的居民务农，一家一户的私营经济占优势。到 1970 年，共和国内 75% 的人仍是农业人口，20 世纪 70 年代中期，乌兹别克共和国大约有 70 个城市，85 个半城半乡的村落。①

苏联在 1925 年召开的联共（布）第十四次代表大会上提出了国民经济的社会主义改造。1925 年 12 月 2 日，共和国中央执行委员会非常委员会颁布了《土地和水利国有化》法令，在农村进行土地和水资源的改革，联盟政府拨款 1 亿卢布用于这次改革。② 在共和国的各州、县、村设立了地方委员会，农民通过改革得到了土地、农具、役畜、种子和优惠贷款。共和国农村的社会结构改变了，铲除了大土地所有者，无地者分得了土地，中农的人数在农村中的比重增加到 61%，穷人占 37.6%，富农和巴依占 1.4%。③

1925—1927 年的社会主义改革为实现农业集体化创造了条件，1930 年 2 月 17 日，乌兹别克共产党中央委员会做出《关于集体化

① 《英国大百科全书长编》第 19 卷，《乌兹别克苏维埃社会主义共和国》，第 10—14 页。

② 马大正、冯锡时主编：《中亚五国史纲》，第 191 页。

③ 同上书，第 192 页。

和没收富农财产的决议》，决定在全国 17 个地区全面实现农业集体化，主要通过农业劳动组合、共耕制、农业公社三种形式实现，其中劳动组合被认为是个人和集体利益结合的最佳形式。农业集体化反过来促进了社会主义改造，在农业集体化的过程中，富农被消灭，租赁土地和使用雇佣劳动的现象消失。1932 年春，乌兹别克共和国的大规模集体化运动结束，是年 7 月，共和国集体农户占总农户的 82.6%。[①]

为了满足集体农庄的生产，共和国政府开始大规模兴建农田水利工程。其中，1939 年建筑的费尔干纳运河发挥了重要作用，该运河长 270 公里、宽 25 米—30 米、深 3 米—4 米，运河于当年年底通水，沿途浇灌了 2000 个集体农庄的土地，保证了 50 多万公顷土地的灌溉。[②] 战争期间（1940—1945），共和国的集体农庄庄员兴修了不少灌溉设施，新增耕地 24.2 万公顷。[③] 集体农庄的建立便利了农业机械化的使用。到 1934 年，拖拉机站在共和国内建立起来，站内拥有康拜因、拖拉机、汽车、摘棉机、中耕机、播种机等各式农业机械上万辆。

棉花种植获得了飞速发展。苏联政府预计把乌兹别克共和国建成苏联棉花基地。1939 年 12 月 22 日，联共（布）中央委员会和苏联政府做出《关于继续发展乌兹别克共和国植棉业的措施》的决议，计划在以后 6 年中扩大灌溉地面积 43 万公顷，其中，棉花播种面积增加 10 万公顷。这一任务因战争未能完成。[④]

在农业集体化过程中，乌兹别克共和国的畜牧业遭到破坏。1931 年，共和国开始了畜牧经济的集体化。在集体化前夕，农民害怕自己的牲畜被变成集体财产，加紧宰杀。1928 年，共和国共有

---

① 丁笃本：《中亚通史》（现代卷），第 168 页。

② 马大正、冯锡时主编：《中亚五国史纲》，第 194 页。

③ 同上书，第 198 页。

④ 同上书，第 194 页。

牲畜560万头，到1932年，锐减到340万头。[①]为了恢复畜牧业，1939—1940年间，共和国创建了大约1万个牧场，几乎每个集体农庄都有自己的牧场，扩大了苜蓿和其他饲草的种植面积。二战以后，畜牧业得到发展，共和国成为苏联纯种卡拉库尔羊的主要基地，1940—1945年间，卡拉库尔羊的数量增加了85%。[②]苏联出口高质量卡拉库尔羊羔皮中有三分之二来自乌兹别克共和国。此外，撒马尔罕和苏尔汉河州还给国家提供了成千上万匹良种马。[③]

苏联在1925年召开的联共（布）第十四次代表大会上制定了向工业化迈进的方针。乌兹别克共和国的工厂大多数是国家投资兴建的。1925—1926年财政年度，乌兹别克共和国82.4%的工厂是国有企业，5%为合作社企业，12.6%为私人企业；国有企业拥有工业占了94.8%，其产值占工业总产值的97%。[④]1932年，社会主义成分在共和国工业中占98.5%。[⑤]在第一个五年计划期间（1928—1932），苏联给乌兹别克共和国拨款2.65亿卢布，其中四分之一用于发展工业，特别是机器制造业、金属加工业、石油产业、建筑业、动力等重工业。[⑥]乌兹别克共和国工业化始于电力工业，1928年，电站由原来的5个增加到29个，发电量增加了近10倍[⑦]，电力工业的发展为一批新企业的建设提供了动力。

在第二个五年计划期间（1933—1937），苏联政府预计把乌兹别克共和国建成苏联最大的化工基地之一。在此期间，舒尔苏硫化联合企业二期工程、奇尔奇克氮肥联合企业开始上马。除了新建项目外，国家对共和国的一批老企业进行了技术改造，有189个工业

---

① Edward Allworth, edit, *Central Asia: 130 Years of Russian Dominance, A Historical Overview*, pp.299-300.

② 乌兹别克共和国科学院历史所：《乌兹别克共和国通史》第3卷，第107页，转引自马大正、冯锡时主编：《中亚五国史纲》，第198页。

③ 马大正、冯锡时主编：《中亚五国史纲》，第194页。

④〔苏联〕苏联科学院经济研究所编：《苏联社会主义经济史》第2卷，第455页。

⑤〔苏联〕苏联科学院经济研究所编：《苏联社会主义经济史》第3卷，第333页。

⑥ 马大正、冯锡时主编：《中亚五国史纲》，第192页。

⑦ 同上书，第191页。

企业实现了技术更新。[①]

在第三个五年计划期间（1938—1942），乌兹别克共和国成为中亚动力和机械工业基地。其中，奇尔奇克电化学联合企业、阿尔马雷克炼铜厂、塔什干农机厂、蒸汽机车修理厂、塔什干—安格连铁路和塔什干—捷尔梅兹公路线（又称乌兹别克大道）等134个项目投产。[②]

乌兹别克共和国经过最初的三个五年计划（1928—1942），工业在共和国国民经济中所占比重从1928年的19%增加到1937年的67.1%。[③]共和国以各种方式培养技术工人，1928年，民族工人已经超过了工人总数的一半以上。[④]政府号召妇女参加工业生产，在纺织、缫丝、印刷、缝纫和食品业的妇女人数迅速增加，占工人总数的35%以上。[⑤]

1941年，第二次世界大战爆发，乌兹别克共和国成为战争的大后方。1941—1943年间，乌兹别克共和国粮食作物的播种面积逐年增加，年年超额完成计划。据苏联官方统计，共和国集体农庄畜牧场的数量由1939年的0.6万个增加到1943年的1.9万个，为苏联红军提供了数十万匹战马。[⑥]

战争期间，苏联中、西部企业有104个迁到乌兹别克共和国。[⑦]这些企业和共和国的原有工厂一起为苏联红军生产了大量军工产品，包括战斗机、航空炸弹、坦克、冲锋枪、手榴弹、装甲列车、迫击

---

① 马大正、冯锡时主编:《中亚五国史纲》，第192页。

② 乌兹别克共和国科学院历史所:《乌兹别克共和国通史》第4卷，第28页，转引自马大正、冯锡时主编:《中亚五国史纲》，第192页。

③ 马大正、冯锡时主编:《中亚五国史纲》，第192页。

④ 同上书，第191页。

⑤ 同上。

⑥ 乌兹别克共和国科学院历史所:《乌兹别克共和国通史》第3卷，第107页，转引自马大正、冯锡时主编:《中亚五国史纲》，第198页。

⑦ 乌兹别克共和国科学院历史所、乌兹别克共产党中央委员会党史研究所:《卫国战争时期的乌兹别克共和国（1941—1945）》第1卷，塔什干，1981年，第68页，转引自马大正、冯锡时主编:《中亚五国史纲》，第196页。

炮、步枪等。1941年底，共和国生产的第一批武器弹药运往前线，1942年秋，第一辆“乌兹别克号”装甲列车开往莫斯科。

随着工厂企业的增加，电力工业发展起来。1942年11月18日，苏联政府通过了在共和国建造5座水电站的建议，并决定建设安格连煤田新矿井，增加石油和煤炭的产量。为此，苏联政府拨款10亿卢布。①

从苏联中、西部迁到共和国的企业改变了乌兹别克共和国的工业结构，共和国的机器制造业、金属加工业、化学工业、机械工业和燃料等重工业在工业中占的比重显著增加；航空工业、机床制造业、钢铁工业、有色金属等新行业发展起来；奇尔奇克农机厂、洛斯特农机厂、乌兹别克金属冶炼厂、奇尔奇克电化学联合企业、塔什干电缆厂具有了全苏的意义，塔什干城发展成为苏联最大的工业中心之一。

战争结束以后，苏联各加盟共和国的经济迅速转入和平建设的轨道。“四五”计划期间（1946—1950），苏联政府计划对乌兹别克共和国的基本建设投资39亿卢布②，优先发展重工业，特别重视电力工业的发展。在此期间，共和国建设了以法尔哈德为首的8个大中型电站，1947年，设计总功率占当时全苏第三位的苏联大型电站——法尔哈德水电站完工，提供的电量相当于共和国战前全部发电量的总和，为塔什干、杨吉尤里、奇尔奇克、别卡巴德等城，以及城市周边地区提供生活用电和工业用电。60—80年代，共和国建成投产的大型发电企业有：装机192万千瓦的塔什干国营发电站、装机125万千瓦的纳沃伊国营发电站和装机300万千瓦的锡尔河国营发电站，以及别卡巴德、安格连、塔希阿塔什等地的发电厂和恰尔瓦克水电站（装机60万千瓦）。③

---

① 马大正、冯锡时主编：《中亚五国史纲》，第196—197页。

② 人民出版社编辑：《苏联国民经济建设计划文件汇编（第三、四、五个五年计划）》，人民出版社1957年版，第158页。

③ 丁笃本：《中亚通史》（现代卷），第349页。

除电力工业外，有色金属工业也是战后工业发展的重点。1946年8月30日，中亚第一座也是唯一的一座黑色金属冶炼厂——乌兹别克金属冶炼厂的轧钢车间投产。在“五五”计划期间（1951—1955），共和国计划在铅锌产地阿尔马雷克建设有色金属联合企业；在“六五”计划期间（1956—1960），共和国继续扩大稀有和有色金属的开采，计划建设阿尔马雷克炼铜联合企业一期工程、阿尔吞托普坎铅锌联合企业，以期将共和国建成苏联的有色金属生产基地。60年代，共和国的麦伦套地区发现了储量丰富的金矿，于是，建立了马尔江布拉克黄金冶炼和加工联合公司。80年代初，乌兹别克共和国的黄金年产量约为70吨左右，在苏联各加盟共和国中居第2位，占苏联黄金总量的四分之一。①60—80年代，共和国扩建和新建成一批重要的冶金企业，主要有别卡巴德钢厂（改建）、穆伦套金矿（储量居欧亚大陆首位）。

乌兹别克共和国的机械制造业主要是在战争期间和战争结束以后发展起来的。战争期间，苏联西部地区一些大机械厂迁往乌兹别克共和国，在此基础上，建立起16家机器制造厂。二战结束以后，共和国建立了一批生产农业机械、纺织机械和重型机械的新企业。60年代共和国又改造了一批老企业，到80年代末，共和国的机械制造业已形成包括农机、电机、石化机械、纺织机械、建筑筑路机械、飞机制造等15个部门、100多家大企业的机械工业体系。②全苏绝大部分的植棉、摘棉、轧棉和纺织机械是乌兹别克生产的，这些机械还销往世界38个国家。③

60—80年代是乌兹别克共和国的天然气工业发展较快的时期。在布哈拉州和卡什卡达里亚州（穆巴列斯克）开发了新气田，建成了穆巴列斯克天然气加工厂，扩建了阿尔马雷克和费尔干纳的炼油厂。④

---

① 谷松：《中亚五国：经济基础与经济改革》，《东欧中亚市场研究》2000年第2期，第11页。

② 赵常庆主编：《中亚五国概论》，第105页。

③ 同上书，第106页。

④ 丁笃本：《中亚通史》（现代卷），第349页。

战后，根据苏共中央关于联合小型集体农庄的决议，乌兹别克共和国于1949年开始对集体农庄进行合并，撤掉一大批技术力量薄弱，人口少，不能完成国家收购任务的小农庄。从1949—1955年，共和国集体农庄数量减少了三分之一，集体农庄拥有耕地的平均数由合并前的362公顷增加到1298公顷。集体农庄合并以后，数万行政人员被裁减，节约了开支。[①]

大集体农庄的形成加快了农业机械化的步伐。从1957年起开始组织机器大田作业队，实施综合配套机械化生产，到1958年，共和国有3600多个机器大田作业队。采棉机的普遍使用减轻了棉花生产中的劳动强度。[②] 由于农业的发展，化肥生产被放到了重要位置。乌兹别克共和国加大了奇尔奇克化学联合企业氮肥增产的力度，在撒马尔罕建成了过磷酸钙和硫酸厂，扩建了浩罕的过磷酸钙厂。

在农业的恢复和发展中，植棉业始终被放在共和国农业的首位。在很长一段时期内，共和国采取措施或新开垦耕地，或减少谷物的播种面积，以扩大棉花的播种面积。战后，共和国完成了一批水利灌溉工程的建设，其中有卡塔库尔干和乌尔塔托卡尔水库、塔什干大干渠和塔什干北干渠、萨雷库尔干水利枢纽、阿洪巴耶夫干渠等。水利设施的完工扩大了耕地面积。1956年，苏联政府计划在饥饿草原开荒20万公顷土地以扩大棉花播种面积，为此，1955—1956年拨款6500万卢布，1958年再拨5亿多卢布。到1957年，共和国新建国营农场63个，拥有耕地87万公顷。[③] 1986年，棉花播种面积达205.4万公顷，占农作物播种面积的50%以上，籽棉产量达510万吨，占全苏棉花总产量的近70%。[④] 在80年代，乌兹别克共和国形成了一些明显居优势的产业，一黄（黄金）一白（棉花）成为共

---

① 乌兹别克共和国科学院历史所：《乌兹别克共和国通史》第4卷，第228页，转引自马大正、冯锡时主编：《中亚五国史纲》，第200页。

② 马大正、冯锡时主编：《中亚五国史纲》，第201页。

③ 同上。

④ 赵常庆主编：《中亚五国概论》，第106页。

和国经济的主要支柱。

随着经济的发展，乌兹别克共和国的城市化在缓慢发展。1926年，城市人口占全国总人口数的22%，到1959年，这一比例为34%，落后于苏联48%（1959）的平均数。[①]塔什干城发展迅速。1966年4月26日，塔什干发生7.5级地震，城市遭到严重破坏。苏共总书记勃列日涅夫和苏联部长会议主席柯西金亲临塔什干组织抗灾，中央给共和国拨款7200万卢布。在苏联中央政府的支持下，在"八五"计划期间（1966—1970）塔什干城的面貌发生了根本变化。80年代，塔什干城的面积居全国第三位，人口发展到200万，仅次于莫斯科、列宁格勒（彼得堡）和基辅[②]，成为苏联东部最大的行政、经济、文化中心。撒马尔罕在苏联时期成为共和国最大的工业中心之一，仅次于塔什干和费尔干纳流域上的工业城市。战后，共和国出现了纳沃伊、希林、泽拉夫尚、于奇库尔干、恰尔瓦克等新兴城市。[③]然而，有的城市呈现衰落趋势，如卡尔施、沙赫里夏勃兹、希瓦、浩罕。[④]

在苏维埃政府的关注下，共和国的教育事业也得到发展，城市劳动力四分之一的人从事行政和教育事业。据沙皇政府1897年进行的全国人口统计，当时在9—49岁的居民，乌兹别克的文盲约占96%。[⑤]到40年代，文盲基本上扫除，1941年，乌兹别克共有学校5504所，受教育儿童达131万，基本普及了初等教育。[⑥]

随之，高等教育和科研也发展起来。1920年，列宁签署法令成立了突厥斯坦大学，1923年改名为中亚大学，1960年改名为塔什干

---

① Edward Allworth, edit, *Central Asia: 130 Years of Russian Dominance, A Historical Overview*, p.97, Table. 3. 2.

② 马大正、冯锡时主编：《中亚五国史纲》，第206页。

③ 丁笃本：《中亚通史》（现代卷），第349页。

④ Edward Allworth, edit, *Central Asia: 130 Years of Russian Dominance, A Historical Overview*, p.98, Table. 3. 3.

⑤ 〔苏联〕苏联科学院经济研究所编：《苏联社会主义经济史》第1卷，第525页。

⑥ 马大正、冯锡时主编：《中亚五国史纲》，第196页。

大学。塔什干大学是中亚第一所现代化大学，为共和国培养了各方面的人才。二战期间，有 19 所高校从苏联西部迁来，其中有 10 所被安置在塔什干。迁到乌兹别克共和国来的学校有一部分与共和国的高校合并提升了共和国高等院校的水平。其中，1941 年 9 月迁到中亚的基辅工业学院与中亚理工学院合并，成为当时实力雄厚的一所工科高等学府，为共和国培养了大批工程技术人才和专家。迁到共和国来的伏龙芝军事学院、机甲部队科学院、军事师范学院、军需科学院等院校的教学科研人员在共和国的步兵学校、骑兵学校、坦克、航空等学校，以及培训班任教，培养了大批军事骨干和指挥员。

二战期间，苏联科学院的一些研究所，乌克兰和白俄罗斯的科研机构也于 1941 年秋迁到乌兹别克共和国，随着这些机构一起来到共和国的著名专家学者和院士促进了共和国科研的水平。1943 年 11 月 4 日，乌兹别克科学院正式成立，著名物理、数学博士卡雷·尼亚佐夫当选为科学院首任院长。① 到 1944 年底，乌兹别克科学院已拥有 23 个研究机构，其中包括 11 个研究所，2 座天文台，1 个地震站，1 个植物园，2 座博物馆和 1 个试验站，有 1 个研究生院。②

苏联时期乌兹别克共和国取得了飞速的发展。与 1913 年相比，1990 年，乌兹别克共和国工业产值增长了 110 多倍，工业从业人数从 1.8 万增加到 400 多万；农业产值增长了 10 倍多。③ 然而，乌兹别克共和国轻工业落后，虽然棉花、生丝、羊羔皮等轻工原料丰富，而加工能力低下，深加工产品和消费品产值仅占 40% 左右。④

---

① 乌兹别克共和国科学院历史所、乌兹别克共产党中央委员会党史研究所：《卫国战争时期的乌兹别克共和国（1941—1945）》第 2 卷，第 156 页，转引自马大正、冯锡时主编：《中亚五国史纲》，第 198 页。

② 马大正、冯锡时主编：《中亚五国史纲》，第 198—199 页。

③ 孙壮志、苏畅、吴宏伟编著：《乌兹别克斯坦》，第 54 页。

④ 陈联璧：《中亚国家的资源结构和产业结构》，《中国商贸》1995 年第 19 期，第 46 页。

第三章

土库曼苏维埃社会主义共和国（1927.10.27—1991.10.26）

1927年10月27日，土库曼苏维埃社会主义共和国正式宣告成立。土库曼共产党是共和国的领导和指导力量；共和国实行人民代表大会制度，最高人民代表大会（1937年以后改称最高苏维埃）和地方各级人民代表大会是共和国的权力机关；土库曼共和国的最高行政机构是人民委员会（1946年3月改为部长会议）。在苏联统一计划的经济体制下，土库曼共和国形成了以石油工业为主导，以绿洲农业为依托，以棉花和畜产品为特色的国民经济体系。

第一节　政治

土库曼族在15世纪已经基本形成，但在以后很长一段历史时期，土库曼族没有建立起本民族的国家。他们的居地土库曼斯坦在16—17世纪分别隶属于希瓦汗国、布哈拉汗国和波斯王朝，19世纪60年代末至80年代中期，土库曼斯坦的大部分地区并入沙皇俄国，归突厥斯坦边区的外里海州。

1917年二月革命以后，外里海州于1917年3月7日在阿什哈

巴德召开的群众大会成立了工人代表苏维埃。3 月 12 日，在阿什哈巴德成立了工业企业和手工业者会议，紧接着在土库曼斯坦的很多地方都相继成立了工人代表苏维埃，军队中也成立了各级士兵委员会。

1917 年十月革命以后，外里海州的土库曼居地成立了布尔什维克小组，在土库曼斯坦进行革命宣传活动。1917 年 10 月 31 日，土库曼人在克拉斯诺沃茨克召开了工人、士兵、农民代表苏维埃大会，布尔什维克党员德米特里耶夫当选为苏维埃主席，大会通过了支持彼得格勒和塔什干工人起义的决定。同一天，在查尔朱也召开了苏维埃代表大会，会上成立了临时革命委员会，委员会接管了该地区的一切权力。与此同时，什卡地区的铁路工人组成志愿部队前往塔什干参加战斗，法拉帕和阿什哈巴德的铁路工人成立了铁路工会，工会致电彼得格勒和塔什干，表示支持当地工人的革命行动。当时，只有莫夫地区的政权还掌握在中间派手中。[①]

1917 年 11 月 30 日，第四届外里海州苏维埃代表大会在阿什哈巴德召开，大会选举了苏维埃人民委员会，布尔什维克党员日特尼科夫、图钦和尼科诺维奇被选为人民委员；大会决定在外里海州各地建立地方苏维埃政权。此后，苏维埃政权在外里海许多地区建立起来，并陆续取代了临时政府的机构。1917 年 12 月至 1918 年 1 月期间，阿什哈巴德、查尔朱、克拉斯诺沃茨克、捷别尔、卡赞吉克、切列金等地先后成立了赤卫队，克拉斯诺沃茨克的工农警卫队在当地苏维埃的领导下执行着护路、检票、反盗窃和反投机倒把的任务。[②]

为了宣传和执行各级苏维埃政权颁布的一系列政治、经济法规，各地苏维埃政权还创办了报刊。1918 年 1 月 17 日，在波尔托拉茨克

---

① 马大正、冯锡时主编：《中亚五国史纲》，第 221 页。

② 〔苏联〕耶孜阔娃：《北部土库曼斯坦建立和巩固苏维埃政权的斗争（1917—1920 年）》（俄文版），土库曼科学出版社 1954 年版，第 23 页，转引自马大正、冯锡时主编：《中亚五国史纲》，第 222 页。

（1927 年改名阿什哈巴德）开始发行《阿什哈巴德士兵、工人代表城市苏维埃消息报》，布尔什维克党员巴特米诺夫任主编。

然而，外里海州的各级苏维埃没有像中亚其他地区一样组建统一的苏维埃共和国。当时，土库曼斯坦分属于 1918 年 4 月建立的突厥斯坦苏维埃社会主义自治共和国和 1920 年组建的花剌子模、布哈拉两个苏维埃人民共和国。1922—1923 年，花剌子模人民共和国境内的土库曼人居住区和突厥斯坦自治共和国境内的土库曼人居住区合并成立了土库曼自治州，与此同时，布哈拉人民共和国境内的土库曼人居住区也成立了一个特别行政区。

1924 年 6 月，俄共产党中央委员会（布）政治局做出了《关于中亚地区民族共和国划界》的决议，根据“六月决议”，分属于布哈拉和花剌子模两个共和国的土库曼人居地与突厥斯坦自治共和国的土库曼人居地合并，成立土库曼苏维埃社会主义共和国。11 月 5 日，以阿伊塔科夫为主席的土库曼苏维埃社会主义共和国革命委员会成立，委员会成员有阿塔巴耶夫、梅日拉乌克、帕斯库茨阔夫，他们的任务是积极筹备土库曼苏维埃代表大会。

组建土库曼共产党的工作也随之展开。1924 年 11 月 19 日，经俄共（布）中央委员会批准，由梅日拉乌克、萨哈特姆拉多夫、阿伊塔科夫、阿塔巴耶夫、卡尔波夫等人组建土库曼共产党临时中央委员会，负责土库曼共产党的组建工作。同年 12 月 4 日，土库曼共产党临时中央委员会做出了关于土库曼共和国疆域和边界的决定，规定了土库曼共和国的临时行政区划，据此，土库曼共和国划为莫夫（今马雷）、列宁（查尔朱）、凯尔基、塔沙乌兹 4 个州，州下分设县、村两级。

1925 年，土库曼苏维埃第一次代表大会在波尔托拉茨克召开，大会通过了《土库曼苏维埃社会主义共和国成立宣言》，从法律上确认了土库曼苏维埃社会主义共和国的成立。1925 年 5 月 13 日，苏联第三次苏维埃代表大会通过了土库曼苏维埃社会主义共和国加入苏联的决定。

1927年5月26日—6月3日，第二届全土库曼苏维埃代表大会在阿什哈巴德召开，会上制定了土库曼共和国的第一部宪法。宪法规定，土库曼的一切权力来自工人。土库曼公民年满18岁有选举权，年满23岁有被选举权。1927年10月27日，土库曼苏维埃社会主义共和国（以下简称土库曼共和国）正式宣告成立。土库曼共和国早期杰出的领导人是中央执行委员会主席阿伊塔科夫和共和国人民委员会主席阿塔巴耶夫。

土库曼共和国是中亚西南部的内陆国，北邻哈萨克共和国，东北与乌兹别克共和国接壤，东南接阿富汗，南界伊朗，西临里海。土库曼共和国的领土包括了原布哈拉人民共和国的西部、花剌子模人民共和国的部分地区，以及外高加索地区。20世纪70年代，经联盟中央调整，土库曼共和国的面积为48.8万平方公里[①]，领土面积仅次于哈萨克共和国，是中亚第二大国。共和国下设波尔托拉茨克、莫夫、列宁（查尔朱）、凯尔基、塔沙乌兹5个州，首都波尔托拉茨克改名为阿什哈巴德。

土库曼共和国是多民族国家，除主要民族土库曼人外，还有俄罗斯人、乌兹别克人、哥萨克人、鞑靼人、乌克兰人、亚美尼亚人及卡拉卡尔帕克人。据1970年人口普查，共和国的土库曼人有141.7万人，占苏联土库曼人总数的93%，其余7%的土库曼人分布在乌兹别克、塔吉克、高加索山脉北部和俄罗斯苏维埃联邦社会主义共和国的阿斯特拉罕州。[②]据1990年1月统计，土库曼共和国有人口362.21万，其中，土库曼人占72.0%，俄罗斯人9.5%，乌兹别克人9%。[③]

1937年3月2日，土库曼共和国新宪法通过。宪法规定：共和国最高权力机关是一院制的土库曼共和国最高苏维埃，最高苏维埃取代原先的人民代表大会及中央执行委员会。根据宪法，最高苏维

---

① 丁笃本：《中亚通史》（现代卷），第157页。

② 《英国大百科全书长编》第18卷，《土库曼苏维埃社会主义共和国》，第798—802页。

③ 公抒编著：《原苏联各共和国概况》，第205页。

埃每四年一选，它的300名代表大多数是土库曼人，其中大约有三分之一是妇女。[①]地方苏维埃每两年选举一次。土库曼最高苏维埃实际上并无真正的权力，候选人是各个选区的被选举人，他们通常既不是某一选区的居民，甚至还不是土库曼共和国的永久居民，如苏军高级将领经常被列入共和国最高苏维埃的代表名单。[②]此外，代表是按照当局提供的等额名单选举产生的，没有明文保证各族代表的数额，等额名单不是按民族分配的。[③]60年代以后任最高苏维埃主席的有：克雷切夫（1963年3月—1978年12月）、雅兹库利耶夫（1978年12月—？）

土库曼共和国最高行政机构是人民委员会（以后改称部长会议），人民委员会由共和国最高苏维埃任命组成。在土库曼苏维埃第一次代表大会上组建了土库曼共和国的第一届政府，原突厥斯坦人民委员会主席阿塔巴耶夫当选第一届人民委员会主席。60年代以后担任部长会议主席的人有：穆·加普罗夫（1963—1969年12月）、奥拉兹穆罕默多夫（1969年12月—1975年12月）、雅兹库利耶夫（1975年12月—1978年12月）、克雷切夫（1978年12月—1985年3月）。

共和国最高司法机关是最高法院，各个区和城市有区和市人民法院。法官和人民陪审员均从官方提供的等额候选人名单选举产生。[④]

在共和国中，真正的权力中心是土库曼共产党中央委员会，土库曼共产党实际上是苏联共产党的分支。1925年2月14—19日，土库曼共产党第一次代表大会召开，加里宁代表联盟党中央出席了这次大会。大会选举了土库曼共产党中央委员会和中央政治局，梅日拉乌克、萨哈特姆拉多夫当选为土库曼共产党中央书记。此后，

---

① 《英国大百科全书长编》第18卷，《土库曼苏维埃社会主义共和国》，第798—802页。

② 同上。

③ 同上。

④ 同上。

土共中央委员会着手组建地方各级党组织，并在全国进行了地方各级代表大会的选举。

第二次世界大战以后，担任土库曼共产党中央第一书记的人有：土库曼人巴图罗夫、巴巴耶夫、奥维佐夫（1958—1969年12月）、穆·加普罗夫（1969年12月—1985年12月）。在土库曼共产党机关中，土库曼人没有起到主导作用。在党员中，土库曼人占的比例一直不大，占共和国总人口15%弱的俄罗斯人将近占了这个有特权组织成员人数25%（1967），在更高级的党的机构中，土库曼人是无足轻重的。[①]

16世纪，当中亚一些民族组建自己的国家之时，土库曼人未能建立起自己的国家，直到1924年民族划界以后，土库曼人才有了属于本民族的国家。因此，土库曼共和国的成立虽然是苏联中央的计划，但也是土库曼民族历史上的一次飞跃。土库曼共和国的历史与苏联的历史紧密地联系在一起。

在苏联社会主义改造时期，1925年5月23日，土库曼共和国人民代表大会中央执行委员会人民委员会发布了《关于土地、水源使用调整决定》，禁止土地私有和土地买卖，展开了土地改革运动。此后，各地苏维埃政府逐渐建立和完善了有关土地、粮食、财政、税务等相应的管理机构。共和国各地各级工人、士兵代表苏维埃尽管还不完善，但是，受到了广大土库曼人民的拥护，它们胜利地完成了各项任务。

在苏联30年代的“大清洗”运动中，土库曼共和国的清洗对象直指知识分子。这些知识分子在共和国建立之初因拥有文化而获得了土库曼共和国的领导位置。早期组建土库曼共产党的梅日拉乌克、萨哈特姆拉多夫遭到了镇压；土库曼共和国人民代表大会中央执行委员会主席阿伊塔科夫和共和国人民委员会主席阿塔巴耶夫都未能幸免，1939年被处决。土库曼共和国的大多数本族领导人被解职。

① 《英国大百科全书长编》第18卷，《土库曼苏维埃社会主义共和国》，第798—802页。

斯大林去世以后，以赫鲁晓夫为首的苏共中央批判了斯大林政治高压的做法，为在斯大林时期遭到迫害和镇压的数百万计无辜者平反，土库曼共和国领导人阿伊塔科夫、阿塔巴耶夫得到平反。

在第二次世界大战期间，土库曼共产党和共和国政府展开战争动员，申请参军的志愿者有数千人。按照全苏军事委员会的命令，土库曼共和国组建了第33迫击炮旅，第98和118步兵旅，第63和81骑兵师的预备团及部分辎重和运输部队，同时开始筹建陆军学校和航空学校。①1941年入秋，在土库曼共和国开始组建第87和88土库曼步兵旅，第97和98土库曼骑兵师。②这些军队分别参加了斯大林格勒战役、莫斯科保卫战和莫斯科会战。在土库曼籍士兵中，涌现出很多英雄，战争中获得各种勋章和奖章的人有1.5万。苏联全国获最高荣誉“苏联英雄”称号的军人有11618，其中，土库曼共和国有18名。③

二次大战结束以后，苏联在意识形态领域展开了一场批判“资产阶级民族主义历史观点”的斗争。在这场斗争中，土库曼共和国组织力量对历史学中的“资产阶级民族主义错误”进行了严厉的批判。

赫鲁晓夫执政时期，土库曼共和国领导人紧跟赫鲁晓夫。在赫鲁晓夫与“莫洛托夫、马林科夫、卡冈诺维奇反党集团”的斗争中，土共第一书记巴巴耶夫在苏共全党会议上表态说：“土库曼斯坦的党组织和我共和国的全体劳动人民热爱和高度评价尼基塔·谢尔盖耶维奇·赫鲁晓夫同志，并完全拥护我党在赫鲁晓夫同志领导下奉行的列宁主义政策。”④1958年，巴巴耶夫因主张土库曼共和国所有重要职务首先应由土库曼人担任而被赫鲁晓夫免职，最后被开除党籍。

在戈尔巴乔夫的改革中，1990年8月23日，土库曼苏维埃社

---

① 马大正、冯锡时主编：《中亚五国史纲》，第230页。

② 同上。

③〔苏联〕苏联科学院历史研究所编：《苏联民族—国家建设史》（下册），第467—468页。

④《苏联共产党最后一个“反党”集团》，第698页。

会主义共和国最高苏维埃通过了《土库曼苏维埃社会主义共和国国家独立宣言》，1991 年 10 月 27 日，根据全民公决的结果，土库曼共和国成为独立主权国家，国名定为土库曼斯坦。

第二节 社会经济与文化

建国以后，土库曼共和国疆域和行政区划都固定下来，为土库曼共和国经济的发展奠定了基础。土库曼共和国有五分之四的土地是低平原，荒漠占土地面积的 90%。[①] 世界上最大的沙漠之一卡拉库姆沙漠（意为“黑色沙漠”）占据了土库曼斯坦的中心地带。由于地理因素的制约，共和国的农业主要集中在南部、东北部和西部。土库曼共和国的农业以种植业为主，其中，植棉业占据主要地位，谷物种植主要有小麦、大麦和少量水稻。

1917 年革命以后，外里海州实行了将一切权力归苏维埃的一系列措施。从 1918 年起，外里海州地区的各级苏维埃政府采取了一些国有化措施，如将银行和企业收归国有，没收大官僚和资本家的别墅和住宅，将一些工厂，如棉花加工厂、榨油厂、制皂厂收归苏维埃政府，还有一些大企业也被收归国有，如切列金岛上的石油、石蜡开采企业，阿什哈巴德、莫夫、捷詹、别兹缅、克孜尔·阿尔瓦特等地的水电站、旅店、影剧院等。

然而，土库曼斯坦的社会主义改造因国内战争而中断。内战期间，土库曼斯坦也实行了战时共产主义政策。到 1920 年底内战结束，土库曼斯坦开始了和平的社会主义建设。1921 年，俄共（布）第十次代表大会通过了由战时共产主义政策向新经济政策转变的决定。土库曼各级共产党组织和苏维埃政府在由战时共产主义向新经济政策的转变中发挥了重要作用，使土库曼斯坦的经济从战时的衰

① 《英国大百科全书长编》第 18 卷，《土库曼苏维埃社会主义共和国》，第 798—802 页。

退进入了恢复时期。

土库曼政府继续进行在内战之前开始的社会主义改造运动，对土地和水资源进行了改革。土库曼共和国的 40490 俄亩灌溉地在 25313 户中分配[①]，土地改革提高了农民的生产积极性。随即共和国开始了农业集体化，到 1926 年 10 月 1 日，参加合作社的农户占 25.6%。[②] 在第一个五年计划期间，农业集体化取得长足进展，到 1932 年 7 月，共和国集体农户占总农户的 73%。[③]

在农业集体化过程中，农业使用机械化的程度随之提高。到 20 世纪 30 年代，土库曼共和国农业已经部分地实现了机械化生产，全国各集体农庄共拥有 3907 台拖拉机、97 台联合收割机、853 辆汽车。[④] 到 1940 年，土库曼共和国用于农业生产的拖拉机增加到 4523 台、联合收割机 159 台、卡车 1500 多辆。[⑤] 农田耕作的 82%、春播的 80%、棉花播种的 68%、秋播的 37% 实现了机械化。[⑥]

土库曼斯坦农业大多是在山地中进行，农作物依靠灌溉。为了扩大灌溉面积，共和国政府大力发展水利事业，从 1939—1941 年，共和国陆续建成了卡乌舒特宾水利枢纽、巴尔维·沙瓦干渠，修复和清理了布依拉帕等旧渠。农业种植面积在 1913 年为 31.8 万公顷，到二战前夕的 1940 年，达 41.1 万公顷。[⑦]

畜牧业在土库曼共和国中有着重要地位。畜牧业主要是养羊、牛、马、猪、骆驼等牲畜，其中，以养羊为主。卡拉库尔绵羊在世界上享有盛名，用卡拉库尔优质细羊毛织造的毛毯远销世界 50 多个国家。此外，阿哈尔捷金马也是土库曼人的骄傲，此种马能在缺水少食的情况下穿越广阔的沙漠。

---

① 〔苏联〕苏联科学院经济研究所编：《苏联社会主义经济史》第 3 卷，第 463 页。

② 〔苏联〕苏联科学院经济研究所编：《苏联社会主义经济史》第 2 卷，第 262 页。

③ 丁笃本：《中亚通史》（现代卷），第 168 页。

④ 马大正、冯锡时主编：《中亚五国史纲》，第 229 页。

⑤ 同上。

⑥ 同上。

⑦ 《英国大百科全书长编》第 18 卷，《土库曼苏维埃社会主义共和国》，第 798—802 页。

1926 年 8 月 4 日，共和国人民委员会成立了畜牧委员会。畜牧委员会成立的当年就三次深入牧区调查共和国的畜牧资源。在第二个五年计划期间（1933—1937），土库曼共和国在牧区开始推行集体化。随着水利事业的发展，国家强迫牧民转为定居农业，这一过程曾遭到土库曼人的抵制。

土库曼共和国的工商业在苏联时期有长足的发展。交通业得到很快恢复，1922 年的货运量比 1921 年增加了 50%。[①]1922 年，土库曼斯坦就有 21 个工业企业恢复生产，新建成的阿什哈巴德玻璃厂从 1922 年开始为中亚和北高加索地区提供产品，基本满足了建设需要。在 1925—1926 年度，共和国对新建企业投资达 108.2 万卢布，占全部投资的 70%。[②]在此过程中，相当一部分老企业得到改造，如切列金石油工业，库里和捷别尔制盐业，阿什哈巴德和塔沙乌斯的冶金、棉花加工、制皂、榨油等。1928 年，工业产值占工农业总产值的 23%，1932 年这一数字是 44%。[③]1926—1932 年，在土库曼共和国的预算中，联盟中央政府的补贴占 50% 以上。[④]

建国以后，共和国的采矿业发展迅速，政府组织地质工作者对共和国的矿藏资源进行了考察。1926 年，探明了卡拉库姆沙漠中的硫黄矿，1928 年开始建厂；1926—1928 年，全面勘察了切列金岛的钾盐矿，此外，对该岛的石油储量和产量进行了预测。工农业生产的恢复促进了商业的发展，1923—1924 年，土库曼斯坦国营合作社的贸易额为 7300 多万卢布，比 1922—1923 年高 5200 多万卢布。[⑤]

在 1933—1937 年第二个五年计划期间，土库曼共和国进一步对工业企业进行了改造，共和国在 1937 年宪法中宣布社会主义在共和国取得胜利。

---

① 马大正、冯锡时主编：《中亚五国史纲》，第 227 页。

② 同上书，第 228 页。

③〔苏联〕苏联科学院经济研究所编：《苏联社会主义经济史》第 3 卷，第 328 页。

④ 同上书，第 310 页。

⑤ 马大正、冯锡时主编：《中亚五国史纲》，第 227 页。

1938—1942年间，土库曼共和国优先发展重工业，特别是石油和天然气的开采和加工。共和国的绝大部分领土是沙漠，但沙漠地下蕴藏丰富的石油和天然气资源，土库曼的石油开采较早，但石油工业的发展十分缓慢。土库曼共和国建立之后，政府确立了优先发展石油工业的方向。20世纪30年代末至40年代初，联盟中央和俄共（布）中央做出了《关于扩大石油采掘和加工的措施》的决定，以科学院院士古帕金为首的石油地质工作者来到土库曼，对该地区的石油进行了全面的勘测。到第二次世界大战前夕，土库曼共和国基本上形成了以石油工业为主导，以绿洲农业为依托，以棉花和畜产品为特色的国民经济体系。

在第二次世界大战中，作为后方，土库曼共和国与中亚其他国家一样成了前线地区居民的疏散地，到1943年时，土库曼各级苏维埃政府收容了3万多来自敌占区和前线的疏散者，为他们提供了2690头牲畜和204929公斤食品。①

为了支持战争，土库曼共和国于1941年发行了3958.7万卢布的战争债券。②土库曼妇女捐献出了白银1705公斤、黄金95公斤、现金85020卢布。③是年，共和国上缴的皮棉比1940年多10453吨；1943年上缴的粮食比1941年多2倍；从1941—1945年，土库曼畜牧产品的产量增加了68.7%。④

1941—1942年，瓦罗涅什、奥德萨、顿巴斯等地的冶金、机器制造、造船、石油加工等许多重型工业设备和农机配件、钢材以及其他工业原材料工厂转移到土库曼共和国，土库曼斯坦成为俄国的军械、军火生产基地。此外，阿什哈巴德等地的工人利用疏散到该

---

① 马大正、冯锡时主编：《中亚五国史纲》，第231页。

② 《苏维埃土库曼斯坦史》（俄文版）第2卷，第76页，转引自马大正、冯锡时主编：《中亚五国史纲》，第231页。

③ 同上。

④ 马大正、冯锡时主编：《中亚五国史纲》，第231页。

地的设备建立了一些纺织厂、缝纫厂、机械厂、罐头包装厂等轻工企业。

战争结束以后，在“四五”计划期间（1946—1950），苏联对土库曼基本建设投资16亿卢布[①]，重点用于发展石油、玻璃、食用油等工业部门。土库曼产业工人开展了以超额完成计划为目标的劳动竞赛，竞赛活动直接促进了土库曼工业生产的恢复和发展，到1947年，土库曼共和国的工业生产能力已经恢复并超过了战前水平。1948年10月6日，土库曼共和国首都阿什哈巴德发生强烈地震，造成严重的经济损失和人员伤亡。苏联政府和土库曼当局努力组织抗灾和重建工作，很快恢复了经济。

战后，土库曼共和国石油工业得到了迅速发展。1948年10月9日，苏联部长会议通过了关于《扩大开展对土库曼共和国石油资源勘测的措施》，石油地质勘测的工作加紧开展起来，1949年，探明了沿里海地区的石油矿藏量。50年代后期，土库曼共和国内的石油开始大规模的开采。1949年，土库曼石油的开采量58万吨[②]，经过20年的发展，到1970年，石油产量达到了1600万吨[③]。在80年代初，土库曼共和国石油开采继续保持着高速发展的势头。

共和国境内天然气资源丰富，1950—1975年间发现天然气田22处，探明储量达到10000亿立方米。[④]从70年代起，开始了天然气的大规模开采。沙特雷克特大型气田等一批气田和拜拉姆阿里—阿什哈巴德—别兹梅因输气管道、沙特雷克—乌拉尔地区输气管道建成，以及西部地区油田扩大了开采规模，查尔朱炼油厂竣工。

石油和天然气的开采成为国民经济的支柱产业，不仅在中亚地区，而且在全苏都名列前茅。到1990年，天然气开采达到878亿立

① 《苏联国民经济建设计划文件汇编（第三、四、五个五年计划）》，第177页。

② Edward Allworth, edit, *Central Asia: 130 Years of Russian Dominance, A Historical Overview*, p.335.

③ 《英国大百科全书长编》第18卷，《土库曼苏维埃社会主义共和国》，第798—802页。

④ 同上。

方米[①]，成为仅次于俄罗斯和美国的世界第三大天然气出口国。

土库曼共和国的重要企业还有：马雷国营地区发电站（装机126万千瓦）和别兹梅因国营地区发电站等一批发电厂，土库曼氮肥厂、塔沙乌兹石墨电极厂、查尔朱磷肥厂（扩建）、阿什哈巴德棉纺织联合企业（改建）等。

战后，土库曼共和国的农业也得到了很快的发展。1946年，土库曼农产品完成国家计划的117.9%。1950年，共和国植棉面积为15.3万公顷，比1940年增加了0.26万公顷。[②]土库曼共和国农牧业发展中的大事是卡拉库姆干渠的开通。卡拉库姆干渠于1960年开始动工，历经10年建成，全长1450多公里，深达6米—7米，最宽处达150米。卡拉库姆干渠建成以后，阿姆河水被引到土库曼共和国的马雷（原莫夫）、捷詹、阿什哈巴德、克孜尔·阿尔瓦特、卡赞吉克等几个最重要的农业地区，灌溉了44万公顷的土地和大片的草场，缓解了50多个城镇、200多个集体农庄和国营农场的用水问题，有力地促进了农业区和部分牧区经济的发展。[③]1991年，共和国的籽棉产量达143.3万吨，仅次于乌兹别克共和国，在独联体中占第二位。[④]

二战后，共和国经济持续发展了20多年，到1980年，工农业总产值达到了65亿多卢布，比1960年增长了392%。[⑤]然而，在共和国经济结构中，工农业都有不合理的现象。在工业方面，重工业所占比例很大，生产日用消费品的轻工业发展缓慢；在农业方面，以棉花和其他经济作物的种植占了主要地位，粮食种植未能得到发展，如1982年，棉花种植面积占54.8%，饲料占28.6%，谷物只占3.9%。[⑥]

---

① 施玉宇编著：《土库曼斯坦》，第89页。

② 马大正、冯锡时主编：《中亚五国史纲》，第232页。

③ 王沛主编：《中亚四国概况》，第330页。

④ 施玉宇编著：《土库曼斯坦》，第89页。

⑤ 马大正、冯锡时主编：《中亚五国史纲》，第233页。

⑥ 同上书，第234页。

不合理的经济结构最终导致了经济发展趋于缓慢，有的部门甚至出现经济下滑的现象。1981—1990年，经济完成的情况不理想。石油产量在1975年曾达到了1557.7万吨的最高峰，到1991年降到了540万吨。[①]籽棉产量在近十年中，增幅不大，1980年曾达到125.83万吨，到1989年，产量是137.94万吨。[②]

苏联时期，土库曼共和国的文教事业得到了快速发展。1920年，在布哈拉汗国和希瓦汗国灭亡以后，土库曼人摆脱了宗教教育学校和扎吉德学校的教育。共和国成立之后，共和国政府十分重视全民的文化教育，教育事业得到极大发展。1958—1959年，共和国的普通学校有1245所，比1945—1946学年增加了3倍[③]；到1982—1983年，土库曼共和国的普通中学有1800所[④]。在普通教育发展的同时，高等教育也发展起来。1950年，在阿什哈巴德成立了以高尔基命名的土库曼国立大学。

随着教育的发展，共和国科研机构也建立起来。1951年，土库曼共和国科学院成立，该院到1958年时已经有46个研究所，在60年代以后，科学院增设了地震、沙漠、生理与实验病理学、农业经济、妇幼保健等研究所。[⑤]到独立前夕的1990年，土库曼共和国拥有科研人员6500人（包括科学教育工作者），其中具有高等教育水平的5300人，在高等教育水平的专家中有博士89人，副博士学1199人。[⑥]

建国以后，土库曼人在社会经济、文化教育等各方面都取得了很大成就。然而，与全苏联相比，甚至与中亚其他四个共和国相比，土库曼经济仍处于落后之列。这一点在苏联解体前的1990年经济指标中可以得到证实。据苏联《论据与事实》周刊报道，1990年，土

---

① 施玉宇编著：《土库曼斯坦》，第89页。

② 马大正、冯锡时主编：《中亚五国史纲》，第234页。

③ 同上。

④ 同上。

⑤ 马大正等编：《中亚五国史纲》，第234页。

⑥ 《1995年独联体国家统计年鉴》，第484页。

库曼共和国国民生产总值 76 亿卢布，占全苏的 0.9%，排在各共和国中的第 12 位；工业和农业产值分别为 48 亿卢布和 25.57 亿卢布，占全苏的 0.4% 和 1.1%，在加盟共和国中分别居第 14 和 13 位，在中亚五国中，居第 4 位。[①]

① 《论据与事实》1991 年第 39 期，转引自施玉宇编著：《土库曼斯坦》，第 88 页。

第四章

塔吉克苏维埃社会主义共和国（1929.10.16—1991.9.8）

1924年，俄共（布）中央政治局决定成立塔吉克苏维埃社会主义自治共和国，隶属于乌兹别克苏维埃社会主义共和国；1929年10月16日，塔吉克自治共和国从乌兹别克共和国中分离出来，塔吉克苏维埃社会主义共和国正式成立。塔吉克共产党是共和国的核心和指导力量；共和国最高权力机构是共和国人民代表大会（以后改称最高苏维埃）；塔吉克共和国最高行政机关是人民委员会（以后改称部长会议）。苏联时期，塔吉克共和国农业的重点是棉花种植，工业主要有电力工业、有色冶金工业。

第一节　政治

塔吉克族是中亚地区的一个古老民族，公元前10世纪左右，一些说印欧语系伊朗语族的部落从亚欧草原南下，这些部落居住在中亚阿姆河流域、泽拉夫善河和卡什卡达尔河流域、费尔干纳盆地和阿富汗地区，以后，他们与被称为塞种的中亚土著居民融合，形成了塔吉克族。在塔吉克先民聚居地先后出现过塔希尔王朝（821—

873）、萨法尔王朝（873—903）、萨曼王朝（874—999）等政权。在这些政权的统治下，塔吉克人加快了融合的过程。10—13世纪，随着突厥王朝的建立，一些塔吉克人被突厥化，他们会说本民族的东伊朗语（即波斯语）和突厥语。与此同时，一些塔吉克人离开了突厥人统治的撒马尔罕、布哈拉、费尔干纳等地区，退居山区，他们的民族特性和语言被保留下来。

塔吉克族是苏联最大的说伊朗语的民族，在苏联有139.7万人，居住在塔吉克共和国的有105.1万人。[①] 在中亚，塔吉克人聚居的地区被称为塔吉克斯坦，据1989年苏联人口普查，塔吉克斯坦的塔吉克族人有317.24万。[②]

在十月革命的影响下，1918年底，在今塔吉克斯坦先后建立了苏维埃政权，然而，这一地区的革命形势的发展水平是不同的。在塔吉克斯坦北部，当时隶属于突厥斯坦自治共和国的费尔干纳盆地的革命形势高涨；隶属于布哈拉汗国的塔吉克斯坦南部地区直到1920年布哈拉汗国灭亡以后才建立起苏维埃政权。

国内战争时期，塔吉克斯坦一度成为巴斯马奇运动的中心，在与巴斯马奇分子斗争期间，苏维埃政权在布哈拉汗国东部成立了一个自治政权，1923年，又在此成立了革命军事委员会，1924年成立了以鲁特弗拉耶夫为首的东布哈拉州执行委员会。

巴斯马奇运动被镇压以后，苏联中央政府对塔吉克斯坦地理位置的重要性有了足够重视。塔吉克斯坦地处苏联的南翼边防前哨，战略地位十分重要，这一点可能是俄共（布）中央决定在塔吉克人居地建国的重要原因。1924年，在对中亚进行“民族划界”之时，苏联中央政府为了反对“泛突厥主义”思潮，产生了组建独立的塔吉克共和国的想法。1924年4月28日，俄共（布）中央委员会中亚

---

① ［美］贾里夫·魏勒：《苏联中亚现代史》，向阳生译，《中亚史丛刊》1988年第5期，第279页。

② Edward Allworth, edit, *Central Asia: 130 Years of Russian Dominance, A Historical Overview*, p.588, Table 18.

局提出在即将组建的乌兹别克共和国下设置一个塔吉克自治州。但俄共（布）中央政治局最终决定组建隶属于乌兹别克共和国的塔吉克苏维埃社会主义自治共和国。1924 年 11 月，塔吉克革命委员会成立，革命委员会的主要任务是筹建塔吉克自治共和国。

塔吉克自治共和国领土包括原布哈拉汗国东部、哈捷特和费尔干纳西部。对中亚古老的塔吉克人来说，塔吉克自治共和国的建立具有重大意义，它是塔吉克人第一次以本族名命名的国家。

1925 年 1 月 2 日，苏联中央执行委员会在帕米尔地区（包括原费尔干纳州东南部）组建戈尔诺·巴达赫尚自治州，并将该州划入塔吉克自治共和国版图。戈尔诺·巴达赫尚一名源于俄语，意为“多山地的巴达赫尚”，面积 6.37 万平方公里，区府建在霍罗格。①

1929 年 6 月 12 日，苏联中央执行委员会做出了把塔吉克自治共和国升格为加盟共和国的决定。决定指出：“由于注意到塔吉克苏维埃社会主义自治共和国从经济、民族和地理特点上看，是与乌兹别克苏维埃社会主义共和国完全不同的特殊单位，因此，认为为了使塔吉克斯坦的经济和文化更顺利发展，而提出关于划出塔吉克苏维埃社会主义共和国，并使它作为独立的加盟共和国加入苏联的问题是及时的。”②

1929 年 10 月 16 日，塔吉克苏维埃第三次非常代表大会在杜尚别召开，会上通过了塔吉克苏维埃社会主义自治共和国从乌兹别克共和国中分离出来，成立塔吉克苏维埃社会主义共和国（简称塔吉克共和国）的宣言，首都斯大林纳巴德（原名杜尚别，1961 年恢复原名）。同年 12 月 5 日，塔吉克共和国加入苏维埃社会主义共和国联盟。

塔吉克共和国是中亚东南部的内陆国，共和国北、西、南三面分别与吉尔吉斯自治共和国（1936 年升为加盟共和国）、乌兹别克

---

① 刘启芸：《塔吉克斯坦》，《东欧中亚市场研究》1998 年第 4 期，第 55 页。
② 〔苏联〕苏联科学院历史研究所编：《苏联民族——国家建设史》（上册），第 327—328 页。

共和国、阿富汗接壤，东面与中国新疆毗邻。1956 年，乌兹别克共和国的 5.05 万公顷的草原划给塔吉克共和国，忽毡（划归塔国后，名为苦盏州）也划归塔吉克共和国，调整后的塔吉克共和国领土面积达到 14.3 万平方公里。[①] 塔吉克共和国面积占苏联领土面积的 0.6%，是中亚五国中领土面积最小的国家。[②]

塔吉克共和国全境可分为四个部分：北塔吉克，突厥斯坦山的北坡是其南界；中塔吉克或库希斯坦，包括突厥斯坦山、泽拉夫善山、吉萨尔山；西南塔吉克，以吉萨尔山南坡为界，地势较低，全国三分之二的人口集中于该地区；塔吉克东部的帕米尔地区。除戈尔诺·巴达赫尚自治州外，塔吉克自治共和国的其他地区划分为吉萨尔、库尔干秋别、加尔姆、库利亚布、乌拉秋别、宾吉肯特 6 个州。

塔吉克共和国是一个多民族国家，境内有 80 多个民族。据 1926 年人口普查，共和国有 103.2 万人，其中塔吉克人有 61.9 万人，占全国总人数的 60%。[③] 乌兹别克人是共和国第二大民族，占人口总数的 23%（1970）；俄罗斯移民占总人口数的 12%（1970）；其余依次是鞑靼人、日耳曼人、吉尔吉斯人、乌克兰人、犹太人，他们合起来占总人口数的 6.5%（1970）。[④] 1991 年苏联解体之时，塔吉克族人口达到 317.24 万，占全国人口的 62%。[⑤]

根据塔吉克共和国宪法，塔吉克共和国最高权力机构是共和国最高苏维埃，每四年选举一次，代表每年短暂地召开两次会议，会议提出将在各地实施的决议和法案。1929 年，在塔吉克苏维埃第三次代表大会上选举了最高权力机构 ——人民代表大会中央执行委员

① 马大正、冯锡时主编：《中亚五国史纲》，第 238 页。
② 刘启芸：《塔吉克斯坦》，《东欧中亚市场研究》1998 年第 4 期，第 55 页。
③ Edward Allworth, edit, *Central Asia: 130 Years of Russian Dominance, A Historical Overview*, p.96, Table 3. 1.
④ 《英国大百科全书长编》第 17 卷，《塔吉克苏维埃社会主义共和国》，第 985—988 页。
⑤ 许涛：《塔吉克斯坦民族宗教概况》，《国际资料信息》2002 年第 9 期，第 25 页。

会（1937 年改称最高苏维埃），纳斯拉图拉赫・马克苏姆当选为中央执行委员会主席（1929—1933），以后继任者有：肖玛特（？—1937），60 年代以后任最高苏维埃主席团主席的分别有：霍洛夫（1963 年 3 月—1984 年）、帕拉耶夫（1984—？）。

塔吉克共和国的最高行政机构是人民委员会（以后改称部长会议）。它在形式上对共和国最高苏维埃负责，实际上听从莫斯科行政机构的指挥。地方行政由各州、城市、乡村的行政机构执行，其成员从等额候选人名单中产生，每两年选举一次。

1929 年召开的塔吉克苏维埃第三次代表大会选举了人民委员会主席，阿卜杜卡德尔・毛希丁诺夫当选为第一届主席（1929—？），以后继任者有：霍贾耶夫（？—1937）、拉克姆巴巴耶夫（？—1937），60 年代以后任部长会议主席的有：卡哈罗夫（1961—1973）、拉赫蒙・纳比耶夫（1973—1982）、卡哈尔・马赫卡莫维奇・马赫卡莫夫（1982—1990）。

共和国最高司法机关是共和国最高法院，下属有戈尔诺・巴达赫尚自治州法院，各州、市法院，法官采用地方行政官员等额候选人的选举办法，每五年选举一次。[①]

塔吉克共产党中央委员会是塔吉克共和国真正的权力中心。1925 年 3 月，塔吉克共产党组织局成立，负责党组织建设。1927 年 10 月，乌兹别克共产党塔吉克州党委会成立。1930 年 6 月 6—15 日，塔共中央第一次代表大会在首都杜尚别召开，大会选出中央委员会，古谢伊诺夫当选为中央第一书记（1930—1937），希林绍・绍捷莫尔当选为第二书记。50 年代任第一书记的有塔吉克人加弗洛夫、乌尔贾巴耶夫（？—1961）。此后，担任塔吉克共产党中央第一书记的有：扎・拉苏洛夫（1961 年 4 月—1982 年 4 月）、拉赫蒙・纳比耶夫（1982 年 4 月—1985 年 12 月）。

据 1975 年统计，塔吉克共产党党员和候补党员共有 9.42 万

---

① 《英国大百科全书长编》第 17 卷，《塔吉克苏维埃社会主义共和国》，第 985—988 页。

人。[①] 然而，塔吉克族党员不是多数。按 1962 年的统计，占总人数 53% 的塔吉克人，党员只占塔共总人数的 45.5%，而占共和国总人数 13.3% 的俄罗斯人却占党员总人数的 24.2%。[②]

塔吉克共和国加入苏维埃社会主义共和国联盟以后，在政治和经济上受到了苏联的影响。当中亚其他共和国开始土地改革之时，塔吉克共和国也做出了土地改革的决定，但是，由于巴斯马奇运动，土地改革实际上没有全面铺开。在 1930—1936 年的农业集体化运动期间，巴斯马奇运动又在塔吉克共和国内抬头。1933 年，塔吉克中央执行委员会主席纳斯拉图拉赫·马克苏姆被苏共中央委员会指责承担农业失败的责任遭到批判和罢免。这是斯大林在中亚加盟共和国最高领导层中进行清洗的开始。

1934 年，塔吉克党政机关进行了反对“资产阶级民族主义分子”的斗争，66% 的塔吉克共产党员被清洗，其中包括党政高级领导人。1937 年，塔吉克共和国又一批高级官员成了“大清洗”运动的牺牲品。塔吉克共和国人民代表大会中央执行委员会主席肖玛特、人民委员会主席霍贾耶夫、拉克姆巴巴耶夫、原塔吉克共产党中央第一书记古谢伊诺夫被指控为搞“民族分裂”的“托洛茨基分子”被杀害。经过两次清洗，在共和国党政机关中任职的当地民族干部所剩无几，这种情况直到第二次世界大战以后才得到纠正。一批接受过苏维埃教育的塔吉克族青年陆续被提拔到党政领导岗位上，他们往往被任命为党的第一书记、部长会议主席、各部部长，而俄罗斯、乌克兰等族的欧洲人担任副职。

在第二次世界大战中，塔吉克共和国未卷入战争，但国内经济和社会生活被纳入战时需要。共和国政府动员人力物力支持战争，安置战争疏散的人员，接受由西部迁来的工厂。

第二次世界大战结束以后，苏联在意识形态领域展开了一场批

---

① 《英国大百科全书长编》第 17 卷，《塔吉克苏维埃社会主义共和国》，第 985—988 页。

② 同上。

判“资产阶级民族主义历史观点”的斗争。在此次斗争中，塔吉克共产党中央第一书记加弗洛夫于 1951 年 7 月在报上发表文章批判了“资产阶级民族主义历史观点”。

赫鲁晓夫执政期间，苏共中央开始为在斯大林时期遭到迫害和镇压的无辜者平反，原塔吉克共和国领导人拉克姆巴巴耶夫等人得到平反。在赫鲁晓夫与“莫洛托夫、马林科夫、卡冈诺维奇反党集团”的斗争中，塔共第一书记乌尔贾巴耶夫支持赫鲁晓夫，他在党代表大会上说：“塔吉克斯坦的党组织忠于我们列宁党的领袖和组织者的旗帜，紧密团结在我党中央周围，一致赞同本次全会的决议，保证我党队伍的统一，今后仍将一如既往坚决贯彻我党的路线。”①

然而，乌尔贾巴耶夫因在棉花收购上搞虚报，“欺骗党和国家”，1961 年 4 月 16 日被塔共中央解除了第一书记的职务，并被开除出党。第二书记奥勃诺索夫受到了同样的处分。

勃列日涅夫执政时期，1969 年，塔共中央因“削弱了无神论的宣传，宗教活动活跃起来了”遭到了苏共中央的批评。塔共中央举行了会议，第一书记拉苏洛夫在会上报告和检查缺点，他说已制定了“改善组织工作和思想工作”的具体措施，全会指出，党和苏维埃注意的中心应是“宣传无产阶级国际主义和各族人民友好的思想”，在发扬民族传统的同时，要更积极地树立各民族间的“全苏传统”。②

戈尔巴乔夫执政期间，苏联政治改革的浪潮开始冲击塔吉克共和国。1986 年 8 月 3 日，在杜尚别举行的苏维埃社会主义共和国思想工作会议，塔共党的书记在会上指出，塔吉克共和国“穆斯林教职人员的反社会行为在增加，接受伊斯兰经学教育的儿童人数在增长，宣传危险思想的印刷品也在增多”。尤其在青年人中，笃信伊斯兰教的人数不断上升，特别是在一些偏远的农村，“封斋、做乃玛

① 《苏联共产党最后一个“反党”集团》，第 809 页。

② 柯雄编：《苏联国内资本主义复辟纪事（1953—1973）》，生活·读书·新知三联书店 1975 年版，第 427 页。

孜、听讲《古兰经》，已经成为年轻人的主要活动”[①]。1990 年6 月，苏联伊斯兰复兴党分部在塔吉克共和国成立，共和国最高苏维埃通过决议，禁止伊斯兰复兴党在国内的活动，因此，伊斯兰复兴党当时处于地下活动。随着形势的发展，伊斯兰复兴党的势力很快扩大，成为政府的反对派。

在中亚加盟共和国与联盟中央要求主权的斗争中，塔吉克共和国于 1990 年 8 月 24 日召开了第十二届最高苏维埃第四次会议，会上通过了《国家主权宣言》。苏联“八一九事件”以后，1991 年 8 月 31 日，塔吉克斯坦最高苏维埃决定将塔吉克苏维埃社会主义共和国改名为塔吉克斯坦共和国，同年 9 月 9 日，塔吉克斯坦发表《塔吉克斯坦共和国独立声明》，塔吉克苏维埃社会主义共和国结束了。

第二节　社会经济与文化

塔吉克共和国全国领土面积的 90% 是山地和高原，其中约一半在海拔 3000 米以上，有“高山国”之称。北部山脉属天山山系，中部属吉萨尔—阿尔泰山系，东南部为冰雪覆盖的帕米尔高原，共产主义峰是境内最高峰，海拔为 7495 米。

塔吉克共和国农业的发展受到地理因素的限制，耕地很少。在 1913 年，塔吉克的谷物播种面积 44 万公顷，产量 20.2 万吨。[②] 在共和国建立的第二年，即 1930 年，塔吉克共和国开始了农业集体化，参加集体化的农户逐年增加。1933 年下半年，联共（布）中央对塔吉克的农业集体化做出指示，允许塔吉克从最简单的形式开始集体化。结果，低级合作的集体农庄增多。到 1937 年，最简单的集

---

① 许涛：《塔吉克斯坦民族宗教概况》，《国际资料信息》2002 年第 9 期，第 28 页。

② 刘启芸编著：《塔吉克斯坦》，社会科学文献出版社 2006 年版，第 93 页。

体农庄在塔吉克占 67%。[①] 农业集体化以后，塔吉克农业有了较快的发展，到 1937 年，谷物播种面积达到 79 万公顷。[②]

塔吉克共和国畜牧业的发展也受到地理条件的限制。1916 年，牛的存栏数为 73.9 万头，其中，奶牛 26.9 万头，羊有 193 万只。[③] 塔吉克共和国建立以后，特别是在农业集体化的过程中，塔吉克共和国政府曾强使游牧或半游牧民转为定居，以对待富农的剥夺方式对待中农，因此，畜牧业没有得到发展，牲畜存栏数大幅度减少，1929 年，塔吉克共和国有绵羊和山羊 220 万只，1934 年减少到 79.9 万只，牛的数量减少了一半。[④] 这种情况直到 20 世纪 60 年代才开始好转。

苏联时期，塔吉克共和国工业得到了很大的发展。十月革命以前，在塔吉克斯坦只有几家不大的棉花加工厂、纺织品加工厂、水果烘干厂、食盐采集厂，以及几个小油田和小煤矿。据 1913 年统计，该地区的原油产量为 9300 吨、原煤产量为 2 万吨、发电量为 10 万度。[⑤]

塔吉克共和国的轻工业主要是农产品原料加工工业，棉花加工占据主导地位，1928 年，净棉工业和燃料工业在塔吉克斯坦在工业总产值中占优势。

1930 年 1 月，在塔共第一次代表大会上，共和国提出了重点发展电力、采矿、能源开发等重工业的新任务。[⑥] 电力工业，特别是水力发电得到迅速发展。塔吉克境内河流众多，500 公里以上河流有 4 条，100 公里以上的河流有 15 条，这些河流水量充沛、落差大，蕴藏着极大的水力资源。1931 年 2 月 25 日，总装机容量为 2.5 万千

---

① 〔苏联〕苏联科学院经济研究所编：《苏联社会主义经济史》第 4 卷，马文奇等译，生活·读书·新知三联书店 1982 年版，第 455 页。

② 马大正、冯锡时主编：《中亚五国史纲》，第 242 页。

③ 同上书，第 237 页。

④ Edward Allworth, edit, *Central Asia: 130 Years of Russian Dominance, A Historical Overview*, p.300.

⑤ 马大正、冯锡时主编：《中亚五国史纲》，第 237 页。

⑥ 〔苏联〕苏联科学院经济研究所编：《苏联社会主义经济史》第 3 卷，第 310 页。

瓦的上瓦尔佐布1号开工，这是塔吉克共和国电力发展史上具有划时代意义的事，从此，共和国利用水利资源发展电力的进程加速发展。到1940年，塔吉克共和国发电量达到了6210万度。[①]

塔吉克斯坦蕴藏着丰富的煤、石油、天然气、铁、钨、铅、锌、铜、铋、铝、钼、金、铀、锑、汞、萤石、岩盐等70多种矿。到1940年，共和国的石油产量为2.98万吨，天然气产量为220万立方米，煤20.42万吨。[②]

随着工业的发展，塔吉克共和国的城市不断扩大，城市住房总面积从1922年的70万平方米到1940年已经达到150万平方米，其中公有住房有70万平方米。[③]

第二次世界大战期间，作为苏联的大后方，塔吉克斯坦的经济也被纳入战时轨道。为解决战时的粮食困难，共和国压缩棉花和饲料的播种面积。1940年与1945年相比，粮食播种面积由57万公顷增加到61万公顷，棉花播种面积则由21万公顷减少到10万公顷，饲料播种面积由6万公顷减少到3万公顷。[④]为了扩大灌溉面积，1941—1942年间，乌兹别克和塔吉克共和国的5万农庄庄员用14个月的时间建成长50公里的大吉萨尔运河，灌溉农田约4万公顷。[⑤]

苏联东迁的工厂企业促进了共和国有色金属与稀有金属的开采，仅在战争最初两年内，采矿业就增长一倍多。战争期间投产的大型企业有杜尚别水泥厂、杜尚别纺织联合工厂等。1945年塔吉克共和国大工业的固定生产资金比1940年增加42%。[⑥]

战后，塔吉克共和国经济迅速转入和平建设的轨道。塔吉克共和国工业化在60年代得到了快速发展。

在重工业中，电力工业发展最快。60年代，在锡尔河上建成的

① 马大正、冯锡时主编：《中亚五国史纲》，第240页。
② 同上。
③ 同上书，第241页。
④ 同上书，第243页。
⑤ 同上。
⑥ 〔苏联〕苏联科学院经济研究所编：《苏联社会主义经济史》第5卷，第445页。

凯拉库姆水电站，装机容量为 12.6 万千瓦；在瓦赫什河上的戈洛夫水电站装机容量 21 万千瓦；努列克水电站装机容量 270 万千瓦，它是中亚最大的水电站，年发电量达 112 亿度。[①] 此外，装机 360 万千瓦的罗贡水电站也在加紧建设。此外，还有热发电站，杜尚别热电站装机容量 22.5 万千瓦，亚万热电站装机容量 18 万千瓦。1987 年，塔吉克共和国发电站的总装机容量为 433.3 万千瓦，1988 年，塔吉克共和国年发电量达到了 188.4 亿度。[②]

有色金属工业成为塔吉克共和国的主导产业。其中，铀和铝矿成为苏联的主要生产基地。在 60—70 年代，冶炼矿产的工厂从无到有，逐渐发展成为现代化企业。1975 年建成投产的塔吉克里加尔（今图尔松扎德）铝厂是苏联最大炼铝厂之一，年产铝 7 万吨[③]；安佐布采选厂是苏联最大的汞锑矿石加工厂之一；伊斯法拉冶炼厂、乔鲁赫代龙有色金属冶炼厂（浮选铜、钼、钨）、塔吉克金矿采选联合企业都是战后建立起来的有色金属工业企业。战后，还扩建了阿尔滕托普坎铅矿。

塔吉克共和国的煤储量丰富。共和国对煤炭的勘探和开采主要集中在 20 世纪 50 年代。1953 年开采量为 44.9 万吨；1960 年达到 85.4 万吨，以后逐年下降。[④] 与此同时，塔吉克共和国的石油、天然气的开采呈逐年上升趋势。原油产量在 1975 年达到 27 万吨。基姆炼油厂的年加工能力为 100 万吨，天然气蕴藏量不多，并且含硫化物高，产量有限，1989 年曾达到 1.94 亿立方米。[⑤]

塔吉克共和国化工企业的兴起是在 1965 年，是年，瓦赫什氮肥厂开始动工，1972 年投入生产。以后，陆续建起了库尔干秋别氮肥厂、亚万化工联合企业，生产氮肥、塑料等十几种产品。

---

① 马大正、冯锡时主编：《中亚五国史纲》，第 243 页。

② 同上。

③ 同上书，第 244 页。

④ 同上书，第 243 页。

⑤ 同上书，第 244 页。

塔吉克共和国的重工业企业主要分布在杜尚别和苦盏（列宁纳巴德）。它们是：苦盏的商业机械联合企业，加里宁纳巴德的汽车配件厂，库利亚布的钳工工具厂，库尔干秋别的变压器厂，伊斯法拉的照明技术设备厂。产品主要是纺织机械、变压器、电冰箱等，其中，电冰箱、变压器等销往其他加盟共和国。

在交通运输方面，公路是共和国主要交通，共和国 20 座城镇有公共汽车。1989 年，公路总长 1.33 万公里（其中硬路面 1.2 万公里），货运量 9352 万吨、客运量 4.1 亿人次。[①]在杜尚别和苦盏，除汽车外，还有电车。铁路也是主要交通，1989 年，铁路的总长度是 940 公里，货运量 708 万吨、客运量 150 万人次。[②]这一年，航空线路总长 8.39 万公里、货运量 1.7 万吨，客运量 220 万人次，多于铁路客运量。[③]随着工业和交通的发展，塔吉克共和国出现了一些新兴城市，如亚万、努列克、阿德拉斯曼等。

塔吉克共和国的轻工业以纺织、织毯为主，它们是塔吉克共和国的传统工业，职工人数占工业部门的第一位，固定资产居第二位。战后，扩建了杜尚别棉纺织联合企业、列宁纳巴德（今苦盏）合成纤维厂等。其中，凯拉库姆制毯联合企业是中亚最大的制毯厂，产量占全苏 10%。[④]1970 年，塔吉克共和国棉纱产量占全苏的 11%。棉织品年产 999 万平方米，占全苏的第 6 位，丝织品 43193 平方米，占全苏的第四位。合成纤维 33.5 万吨，占全苏的第二位。[⑤]

到 1989 年，塔吉克共和国的工业企业有 425 个，重工业 207 个，轻工业 119 个，农工综合体的食品加工企业 89 个，粮食加工厂 10 个。[⑥]

战后，为了发展农牧业，共和国在全国开荒 514.26 万公顷，其

---

① 马大正、冯锡时主编：《中亚五国史纲》，第 244—245 页。
② 同上书，第 244 页。
③ 同上书，第 245 页。
④ 同上书，第 244 页。
⑤ 同上。
⑥ 同上。

中，耕地86.06万公顷，割草地3.01万公顷，牧场344.86万公顷。[①] 塔吉克共和国耕地的40%种植棉花，是苏联最主要的棉花产地之一，以单产高、纤维细和质量好而闻名。[②] 塔吉克共和国是苏联第三产棉基地，年产籽棉90多万吨[③]，主要以长绒棉为主。共和国的粮食生产不能满足人口急剧增长的需要，年产粮食仅有30万吨左右，在中亚五国中，是人均粮食最少的国家，每年要进口大量粮食和食品。[④] 畜牧业发展缓慢，到1991年，牛的存栏头数为140万头，羊为330万只，肉类产量为8.6万吨（屠宰重），奶类为58.7万吨。[⑤]

苏联时期，塔吉克共和国在教育文化方面也得到了发展。革命以前，塔吉克斯坦的教育主要还是附属教会的经文学校，只有极少数人可以接受教育。据1897年全国人口统计，在年龄在9—49岁的塔吉克斯坦居民中，文盲约占98%。[⑥] 在扎吉德新运动中，知识分子或者创办新式学校，或者在一些经文学校的教学中增加塔吉克语文、算术、地理、物理等学科和手工业技艺的教学。十月革命以后，1924年，苏维埃政府在帕米尔创办了第一所小学，1929年，共和国有4所中专，到二战爆发前夕发展到30所，在校学生近6000名。1990—1991年，塔吉克共和国有中等专业学校43所，在校学生人数为4.09万人。[⑦] 塔吉克共和国首先发展的是师范教育，共和国最早的高等学校是1931年以中亚大学师范系为基础创办的农业师范学院。1948年，共和国创立了多学科的综合大学——国立塔吉克列宁大学，该学校以塔吉克语和俄语教学。1990年，共和国有高校10所，在校大学生人数达6.88万人，毕业生9400人。[⑧] 1991年，塔

① 马大正、冯锡时主编：《中亚五国史纲》，第245页。

② 刘启芸：《塔吉克斯坦》，《东欧中亚市场研究》1998年第4期，第58页。

③ 陈联璧：《中亚国家的资源结构和产业结构》，《中国商贸》1995年第19期，第45页。

④ 同上。

⑤ 《1995年独联体国家统计年鉴》（俄文版），莫斯科1996年版，第432页，转引自刘启芸：《塔吉克斯坦》，《东欧中亚市场研究》1998年第4期，第59页表“牲畜存栏数和畜产品产量”。

⑥ 〔苏联〕苏联科学院经济研究所编：《苏联社会主义经济史》第1卷，第525页。

⑦ 刘启芸：《塔吉克斯坦》，《东欧中亚市场研究》1998年第4期，第61页。

⑧ 同上。

吉克共和国设有研究生院和高等学校共有 5 个，截至 1991 年底，在塔吉克共和国攻读硕士学位的研究生共有 499 名。[①] 塔吉克苏维埃政府注意在文化教育方面的投入，1989 年，共和国财政支出 25.619 亿卢布，其中，教育科研经费（不含基建经费）7.364 亿卢布，占全部支出的 24.7%。[②]

塔吉克共和国的科学事业是在二战期间发展起来的。战后的 1951 年，塔吉克科学院在苏联科学院塔吉克分院的基础上成立，有 3 个科学部，16 个科研机构。到 1989 年，科研机构（包括高等学校的）有 58 个，科学研究所 28 个，研究所分所 10 个，科研试验站 6 个。[③] 1933 年，共和国最大的图书馆菲尔德西国立图书馆开馆，馆藏图书、小册子和杂志等 300 万册。[④] 此外，还有 1600 所群众图书馆，馆藏图书和杂志 1350 万册。[⑤] 其中，《苏维埃塔吉克》、《塔吉克共青团员》是有影响的报刊。

1924 年，塔吉克斯坦开始无线电广播，从 1975 年起，广播用塔吉克语、俄语、乌兹别克语播音。电视的播放始于 1959 年，中心设在杜尚别。[⑥] 1990 年，塔吉克共和国有博物馆 27 座、剧院 14 座、电影放映站 1300 个、俱乐部 1500 个。[⑦] 1990 年，塔吉克共和国有 365 个医疗机构，5. 65 万张病床，平均每万名居民有 106 张病床；共和国有 1. 45 万名医生，平均每万名居民中拥有 27. 1 名医生。[⑧]

苏联时期，塔吉克共和国经济和人民物质文化生活水平取得了巨大的进步，无论是工农业生产、交通运输、邮电通信，还是教育和文化，都得到了巨大发展。居民的素质和生活水平也有很大的提

① 刘启芸:《塔吉克斯坦》,《东欧中亚市场研究》1998 年第 4 期，第 62 页。

② 马大正等编:《中亚五国史纲》，第 246 页。

③ 刘启芸:《塔吉克斯坦》,《东欧中亚市场研究》1998 年第 4 期，第 61 页。

④ 同上文，第 62 页。

⑤ 同上。

⑥ 同上。

⑦ 同上。

⑧ 同上。

高。然而，与中亚其他共和国相比，塔吉克共和国生产力的发展水平还是较低的，与它们的差距仍然是很大的。1991 年苏联解体之时，塔吉克共和国的固定资产仅 230 亿卢布，其中生产性固定资产为 149 亿卢布，占苏联的 0.7%，国民生产总值占苏联的 0.9%，工业产值占 0.4%，农业产值占 1%，国民财富占 0.7%，人均国民生产总值仅为全苏平均额的 50%，人均消费水平为全苏平均额的 48%。[①]

此外，塔吉克共和国经济的发展是极不平衡的。塔吉克斯坦境内多山，交通运输极为不便，地区之间相对封闭。北方列宁纳巴德等州与南部的哈特隆、戈尔诺·巴达赫尚、库尔干秋别等州的经济发展存在较大差异，北部远远超过了南部。因此，在共和国党政机构的重要岗位上，绝大多数席位被经济发达的北部地区（列宁纳巴德州）的干部把持。在塔吉克共和国的政治生活中，南北权力之争一直对政局产生影响，成为社会不稳定的因素。

① 刘启芸：《塔吉克斯坦》，《东欧中亚市场研究》1998 年第 4 期，第 57—58 页。

第五章

吉尔吉斯苏维埃社会主义共和国（1937.3.23—1991.8.30）

1924 年，在吉尔吉斯人居地成立了隶属于俄罗斯苏维埃联邦社会主义共和国的卡拉·吉尔吉斯民族自治州，1925 年 5 月 25 日，卡拉—吉尔吉斯自治州改名为吉尔吉斯自治州；1936 年 12 月 5 日，联盟苏维埃代表大会批准吉尔吉斯自治州组建吉尔吉斯共和国；1937 年 3 月 23 日，吉尔吉斯共和国通过了共和国宪法。宪法规定：最高苏维埃为国家最高权力机关，国家最高权力执行机关是人民委员会（部长会议），共和国的领导核心是共产党。苏联时期，吉尔吉斯共和国发展最快的是重工业部门，其中，有色金属加工、电力工业和机械制造位于苏联经济的前列；共和国畜牧业发达，羊毛产量居苏联第三位；经济作物甜菜在中亚具有重要地位。

第一节　政治

沙俄统治时期，今吉尔吉斯斯坦尚未形成为一个统一的行政区，它分属于突厥斯坦边区各州。奥什和贾拉拉巴德属于费尔干纳州；比什凯克、卡拉库尔属七河州；塔拉斯属于锡尔河州；苏柳克塔煤

矿区属于撒马尔罕州。

1917 年二月革命时期，吉尔吉斯人居地的许多城市和乡村举行了集会、游行。二月革命以后，沙俄旧政府、临时政府和工农苏维埃政权在吉尔吉斯人居地并存。1917 年 3 月 6 日，克孜尔·基亚矿工建立了第一个工人代表苏维埃，选出了 13 名工人代表。①1917 年 4 月，临时政府在比什凯克、普热瓦尔斯克、托克马克、奥什等城市及一些乡村建立了执行委员会；与此同时，沙俄政府的殖民机构在个别城市和乡村依然存在。

十月革命以后，临时政府垮台，贾拉拉巴德、奥什、比什凯克、纳伦和卡拉库尔等地的工人和农民先后建立了苏维埃政权。从 1917 年 11 月至 1918 年 6 月，临时政府各级执委会政权移交给各地苏维埃。苏维埃政权遵照列宁《关于土地的法令》的指示，于 1917 至 1918 年在吉尔吉斯人居地着手解决土地问题，他们把土地分给那些无地或少地的农民，仅普热瓦尔斯克县在 1918 年 4—6 月就把 8 万公顷的土地分给了吉尔吉斯的农民。②

与此同时，工会组织和革命法庭在吉尔吉斯人的居地建立起来，在比什凯克有工人和手工业者协会；在奥什县有工人协会、穆斯林工人和贫农协会。1918 年 3 月，在比什凯克县建立了革命法庭，6 名成员中有 3 名是吉尔吉斯人。③1918 年 4 月，突厥斯坦苏维埃社会主义自治共和国在塔什干成立，吉尔吉斯人居地归属于突厥斯坦自治共和国的各州。

苏维埃政权建立之初，革命与反革命的斗争在吉尔吉斯地区十分激烈。吉尔吉斯各级苏维埃政府为保卫工农苏维埃政权做出了贡献。巴斯马奇分子在奥什和贾拉拉巴德地区破坏灌溉设施和工厂，阻止棉花的运输和粮食的收割，他们赶走牲畜，屠杀平民。据统计，1917—1920 年的 3 年中，纳伦县的牲畜总头数减少了 63.4%，比什

① 马大正、冯锡时主编：《中亚五国史纲》，第 210 页。

② 同上书，第 211 页。

③ 同上。

凯克减少了 32.6%。[①] 在农村，吉尔吉斯农耕地遭到破坏，谷物种植面积比 1913 年减少了 45%。[②]

在此形势下，吉尔吉斯人率先建立了革命武装——赤卫队，第一支赤卫队就是由克孜尔·基亚和苏柳克塔矿工组建的。这支队伍在赫里普钦可和卡得罗夫的指挥下，加入到打击巴斯马奇运动的斗争之中。1918 年夏秋之际，在比什凯克组建的两个营的武装也开赴七河州。1919 年春，吉尔吉斯的许多农民加入到保卫苏维埃的队伍中，比什凯克、托克马克、普热瓦尔斯克和纳伦等县党组织有一半成员在七河州作战。在吉尔吉斯南部，里亚里克、乌孜干、萨鲁、纳纳衣、阿克苏等乡的贫民也组织起来，他们抢收粮食，防止巴斯马奇分子抢劫。托克马克、比什凯克、普热瓦尔斯克的共产党员和共青团员投入到平叛斗争之中，其中，普热瓦尔斯克有 182 名共产党员参加平叛斗争，他们中的一半是吉尔吉斯人。1920 年 11 月底，纳伦县的叛乱被平息，反苏维埃势力在吉尔吉斯人居地基本被肃清，苏维埃政权重新建立起来了。

1924 年 6 月，俄共（布）中央委员会中亚局做出决定，在吉尔吉斯成立卡拉·吉尔吉斯民族自治州，10 月 14 日，卡拉·吉尔吉斯自治州（1924—1927）成立，隶属于俄罗斯苏维埃联邦社会主义共和国，同年 12 月，州革命委员会从塔什干迁到比什凯克城（1926 年改名伏龙芝）。

1925 年 3 月 27 日，卡拉·吉尔吉斯自治州第一次工人、农民、雇农和红军代表大会在比什凯克开幕。大会决定卡拉·吉尔吉斯族恢复吉尔吉斯的族名，会议选举吉尔吉斯人 A. 乌拉孜别克为第一任吉尔吉斯自治州代表大会中央执委会主席。1925 年 5 月 25 日，全俄中央委员会批准将卡拉·吉尔吉斯自治州改名为吉尔吉斯自治州，

---

① 《吉尔吉斯共和国史》（俄文版）第 3 卷，第 258 页，转引自马大正、冯锡时主编：《中亚五国史纲》，第 214 页。

② 同上。

恢复了吉尔吉斯民族历史上的正确名称。[①]

吉尔吉斯自治州面积有19.5万平方公里[②]，州下设4个区：比什凯克区、卡拉库尔·纳伦区、奥什区和贾拉拉巴德区。区下设乡，全自治州共设75个乡。[③]自治州居民大约近73.7万人，其中，吉尔吉斯人占63.5%，俄罗斯人占16.8%，乌兹别克人占15.4%，其他民族的居民占4.3%。[④]以后，联盟中央对中亚国家领土进行了多次调整，到20世纪70年代，吉尔吉斯共和国的面积为19.85万平方公里[⑤]，除首都伏龙芝外，吉尔吉斯共和国划分为4个州、9个直属区。[⑥]

1926年2月1日，全俄中央执委会主席团决定在吉尔吉斯自治州组建吉尔吉斯苏维埃社会主义自治共和国，11月18日，全俄中央执行委员会第三次会议批准了这一决定。1927年3月7日，吉尔吉斯自治共和国苏维埃第一次代表大会在伏龙芝开幕，会议正式宣告了吉尔吉斯苏维埃自治共和国的成立。4月，全俄苏维埃第十三次代表大会批准成立吉尔吉斯自治共和国，并接纳该国加入俄罗斯联邦。乌拉兹别科夫任吉尔吉斯自治共和国人民代表大会中央执行委员会主席（？—1937）。

1936年6月，苏联宪法草案拟定，吉尔吉斯自治共和国改为吉尔吉斯苏维埃社会主义共和国，此项草案在全联盟苏维埃第八次非常代表大会上获得批准（1936年12月5日）。1937年3月23日，吉尔吉斯苏维埃社会主义共和国（简称吉尔吉斯共和国）正式成立。[⑦]同时，吉尔吉斯共和国加入苏联，成为苏维埃加盟共和国。

---

① 俄国人曾错误地将哈萨克人称为吉尔吉斯人，将真正的吉尔吉斯人称为卡拉·吉尔吉斯人。

② 《吉尔吉斯共和国史》（俄文版）第3卷，第327页，转引自刘庚岑、徐小云编著：《吉尔吉斯斯坦》，第55页。

③ 马大正、冯锡时主编：《中亚五国史纲》，第213页。

④ 《吉尔吉斯共和国史》（俄文版）第3卷，第329页，转引自马大正、冯锡时主编：《中亚五国史纲》，第213页。

⑤ 《英国大百科全书长编》第10卷，《吉尔吉斯苏维埃社会主义共和国》，第487—490页。

⑥ 丁笃本：《中亚通史》（现代卷），第308页。

⑦ 《英国大百科全书长编》第10卷，《吉尔吉斯苏维埃社会主义共和国》，第487—490页。

吉尔吉斯共和国是中亚东北部的内陆国，北、西、南三面分别与哈萨克、乌兹别克、塔吉克三个共和国相邻，东部和东南部领土与中国接壤。吉尔吉斯共和国境内多山，南部有柯克沙尔塔山、阿赖山、札赖山，费尔干纳山脉从东南向西北斜穿，将中部高原与西部的费尔干纳流域分开，共和国东北部是一块凹地，中亚地区最好的天然湖——伊塞克湖在这片凹地上。共和国全境低地面积只占全国总面积的15%[①]，除了费尔干纳盆地外，还有楚河流域和塔拉斯流域，首都伏龙芝位于楚河流域上。

吉尔吉斯共和国是以吉尔吉斯人为主体组建的多民族国家。据1926年共和国成立前人口普查，全自治州有100.2万人，其中，吉尔吉斯人有66.1万，占全州总人数的66%。[②]

1937年3月23日，吉尔吉斯共和国通过了共和国宪法，宪法规定最高苏维埃为国家最高权力机关，取代原先的苏维埃代表大会及中央执行委员会。最高苏维埃每四年选举一次，从等额的候选人名单中选举产生。在共和国中，担任最高苏维埃主席团主席一职时间最长的是库拉托夫（1945年9月—1978年8月），此后担任该职的有伊勃莱莫夫（1978年8—12月）、杜伊舍耶夫（？—1981年1月）、科绍耶夫（1981年1月—？）、阿·马萨利耶夫（1990年4月10日—10月）。

吉尔吉斯共和国最高执行机构是人民委员会（以后改称部长会议），早期担任人民委员会主席的有：阿卜杜拉赫玛诺夫、伊拉卡耶夫、萨利霍夫；60年代以后任部长会议主席的有：马姆别托夫（1961年5月—1968年1月）、苏尤姆巴耶夫（1968年1月—1978年12月）、阿勃莱莫夫（1978年12月—1980年12月）、杜伊舍耶夫（1981年1月—？）。其中，马姆别托夫和苏尤姆巴耶夫是被解职的、阿勃莱莫夫是被暗杀的。苏联实行总统制以后，1990年10月

---

① 《英国大百科全书长编》第10卷，《吉尔吉斯苏维埃社会主义共和国》，第487—490页。

② Edward Allworth, edit, *Central Asia: 130 Years of Russian Dominance, A Historical Overview*, p.96, Table 3.1.

24 日，吉尔吉斯最高苏维埃主席签署关于设立共和国总统职位的决定，10 月 27 日，吉尔吉斯共和国科学院院长阿斯卡尔·阿卡耶夫当选为吉尔吉斯共和国总统。总统改称国家元首，部长会议改称内阁。

吉尔吉斯共和国的权力核心实际是吉尔吉斯共产党中央委员会。1937 年 4 月 23 日，根据联共（布）中央的决议，吉尔吉斯共产党成立，处于联共（布）中央的直接领导之下。同年 6 月 5—16 日，吉共第一次代表大会在伏龙芝召开，选出了中央委员会，沙赫莱当选为中央委员会第一书记。以后，担任吉共第一书记的还有：别洛特斯基、阿莫索夫、拉扎科夫（？—1961）、图·乌苏巴利耶夫（1961—1985）、阿·马萨利耶夫（1985—1990）等人。其中，图·乌苏巴利耶夫任职时间长达 24 年，1969 年，他 50 岁生日时获得一枚列宁勋章；1985 年 11 月 2 日，他因工作不称职退休。

吉尔吉斯民族在 15 世纪后半期开始形成，由于吉尔吉斯民族长期以游牧业为生，社会组织松散，一直未能建立起本民族的国家。吉尔吉斯共和国的组建使吉尔吉斯民族有了自己的民族国家，这无疑是吉尔吉斯人历史上的巨大飞跃。

从吉尔吉斯人建立自治州开始，吉尔吉斯历史的发展基本上与联盟中央保持一致。在 20 世纪 20 年代的土地改革中，吉尔吉斯自治州做出了土地改革的决定。在土改中，有 68608 公顷土地列入分配，分配给 16827 户农户，后来，依靠灌溉地和其他来源作为份地分给另一部分农民，总的来说，由于改革的结果，有 18587 户农户领到土地。[①] 在农业集体化时期，吉尔吉斯自治州参加合作社的农户占 31%（截至 1926 年 10 月 1 日）。[②]

吉尔吉斯人在新建立的苏维埃政权中发挥了重要作用，政府和党的重要领导职务都掌握在吉尔吉斯人手中。1928—1935 年，在处理游牧民和集体化问题上，吉尔吉斯族领导人与苏联中央政府产生

---

① 〔苏联〕苏联科学院经济研究所编：《苏联社会主义经济史》第 3 卷，第 463 页。

② 〔苏联〕苏联科学院经济研究所编：《苏联社会主义经济史》第 2 卷，第 262 页。

了冲突，民族领导人逐渐被开除。在1937—1938年的“大清洗”运动中，凡是反对过党的民族政策，对联共中央的高度集权、侵犯和损害共和国主权与利益表示过不满的吉尔吉斯共产党和国家领导人，几乎无一幸免地被逮捕和处决，其中，包括吉尔吉斯共产党的三位第一书记——沙赫莱、别洛特斯基、阿莫索夫；吉尔吉斯人民代表大会中央执行委员会主席乌拉兹别科夫；吉尔吉斯人民委员会的三位主席——阿卜杜拉赫玛诺夫、伊拉卡耶夫、萨利霍夫。赫鲁晓夫执政以后，在斯大林时代遭受迫害的一些吉尔吉斯族领导干部得到平反。

在“大清洗”运动中，以俄罗斯族为代表的欧洲人在共和国政权中逐渐占据了优势。据统计，1935年1月召开的吉尔吉斯苏维埃第四次代表大会，在吉尔吉斯最高机关的领导人中，非吉尔吉斯族人占了59%，在这59%的人中，大部分是俄罗斯人，而俄罗斯人在吉尔吉斯共和国总人口中仅占14%。[①]1958年，在吉共中央委员会中，以俄罗斯族为代表的欧洲人占了34%，在吉共中央委员会书记处中，以俄罗斯族为代表的欧洲人竟占了50%。俄罗斯人在共和国最高执行机构——部长会议中也占据了重要位置，据美国《波罗的海研究公报》(1971年出版)提供的情况，1971年，在吉尔吉斯共和国各部(不包括部级委员会)部长中，俄罗斯族人12名，占到了48%。[②]

在第二次世界大战期间，吉尔吉斯人为战争做出了贡献。吉尔吉斯共和国青壮年劳动力踊跃报名参军，大约有36万名吉尔吉斯人奔赴前线，其中，8万多名为国捐躯，有15万人荣获勋章和奖章，有12名获“苏联英雄”称号[③]。

---

① 邓浩:《苏维埃时期吉尔吉斯斯坦的民族自决问题(二)》,《喀什师范学院学报》1999年第3期，第52页。

② 同上文，第54页。

③〔苏联〕苏联科学院历史研究所:《苏联民族—国家建设史》(下册)，第467页。

二战结束以后，20 世纪 40 年代末至 50 年代初，苏联展开了一场批判“资产阶级民族主义历史观点”的意识形态领域的斗争。在这场斗争中，吉尔吉斯共和国历史学中的资产阶级民族主义错误遭到了批判。

赫鲁晓夫执政初期，在赫鲁晓夫与“莫洛托夫、马林科夫、卡冈诺维奇反党集团”的斗争中，吉共党中央坚定地站在赫鲁晓夫一边，肯定了赫鲁晓夫的路线，谴责了反党集团的阴谋。吉共第一书记拉扎科夫除了颂扬赫鲁晓夫外，还要求撤销反党集团成员的职务，提出严惩背叛赫鲁晓夫的布尔加宁和支持反党集团的伏罗希洛夫。在 1957 年 6 月召开的苏共中央全体会议上，他的发言赢得了暴风雨般的掌声。[①]然而，1961 年 5 月，他因“地主民族主义”被解职。据说他赞同在吉尔吉斯共和国的俄语学校中把吉尔吉斯语定为必修课，在高等学校为吉尔吉斯族学生保留一定的名额。

1964 年，苏联国家安全委员会查出吉尔吉斯高层领导集团与黑社会性质的经济犯罪集团勾结，收取不义之财。1968 年 1 月，吉尔吉斯部长会议主席马姆别托夫及一批官员被撤职，另有一名部长会议副主席被判刑。

勃列日涅夫执政时期，共和国一批知识分子对联盟中央的一些做法表示不满，首先起来反对联盟中央民族政策的是共和国科学院院士尤达欣。他认为“把俄语作为吉尔吉斯人的第二本族语言的观点是否正确，值得怀疑”[②]。此后，共和国科学院院士塞迪克别科夫也发表了类似观点。由此引起了意识形态领域内反民族主义的斗争。1973 年 1—2 月，《苏维埃吉尔吉斯报》针对这些言论两次发表文章批判，说他们“企图将本族语言与伟大的俄语对立起来”，“过分注重吉尔吉斯人的落后习俗”，他们的著作“无助于各民族之间的友

---

① 《苏联共产党最后一个“反党”集团》，第 716—717 页。

② 郑志：《勃列日涅夫上台以来苏联非俄罗斯民族反抗斗争记要（1964 年 12 月至 1980 年 1 月）》，《苏联历史问题译丛》1980 年第 5 辑，第 124 页。

谊”，等等。[①]

勃列日涅夫时期，吉尔吉斯共和国发生了针对党政官员的恐怖袭击。1967 年 5 月 17 日，吉尔吉斯共和国首都伏龙芝市发生骚乱，近 700 人捣毁了区内务分局，起因是一名被拘捕者被警察打死。冲突结果造成数人伤亡，18 人遭到审判。最严重的恐怖事件是吉尔吉斯共和国部长会议主席阿勃莱莫夫的遇刺，1980 年 12 月 4 日，阿勃莱莫夫在伏龙芝市以东的一个小镇旅馆里被人杀害。

戈尔巴乔夫执政以后，撤换了执政 24 年的吉共中央第一书记图·乌苏巴利耶夫。随之，吉尔吉斯共和国也随苏联中央的步伐开始了政治改革。苏联实行总统制以后，1990 年 10 月 24 日，吉尔吉斯共和国最高苏维埃主席签署关于设立共和国总统职位和批准了有关修改、补充共和国宪法的法律。修改后的共和国宪法规定，总统为国家元首，部长会议改为内阁，直接受总统领导。10 月 27 日，最高苏维埃会议选举吉尔吉斯加盟共和国科学院院长阿·阿卡耶夫为吉尔吉斯苏维埃社会主义共和国总统。

80 年代末至 90 年代初，在苏联各加盟共和国要求独立的呼声中，吉尔吉斯共和国也开始走向独立。1990 年 12 月 15 日，吉尔吉斯共和国最高苏维埃发表了国家主权宣言，宣布吉尔吉斯共和国为主权国家。1991 年 8 月 31 日，共和国最高苏维埃非例行会议通过了吉尔吉斯共和国的独立宣言，独立后该国改名为吉尔吉斯斯坦共和国。

第二节　社会经济与文化

十月革命初期，吉尔吉斯人地区开展了土地改革。与中亚其他共和国一样，土地改革的第一阶段（1921—1922）是改革沙俄时期

① 郑志：《勃列日涅夫上台以来苏联非俄罗斯民族反抗斗争记要（1964 年 12 月至 1980 年 1 月）》，《苏联历史问题译丛》1980 年第 5 辑，第 129—130 页。

形成的殖民地的土地关系，把被夺去的土地还给本地居民。十月革命以前，七河州的俄罗斯富农“占有50%到70%的土地”[①]。1921年，在吉尔吉斯人居地比什凯克县、普热瓦尔斯克县、阿乌利阿塔县、贾拉拉巴德率先开始土地改革。俄罗斯移民擅自设立的移民村落被撤销，他们的多余土地被收回分给了农牧民；富农组织被解散，他们的财产没收之后分给当地贫苦的居民。到1923年，几乎有6000雇农和贫农得到了大约20万公顷的可耕地。[②]在此期间，成立了农民协会，1921年7月，比什凯克县参加农民协会的农民已有1.2万多人。[③]1925年以后，土地改革的第二阶段主要是消灭巴依、贵族、官吏、富商、高利贷者及教会寺院的土地，限制富农经济。

内战时期，吉尔吉斯地区实施了战时共产主义政策，实行严厉的余粮征集制度，据俄罗斯联邦突厥斯坦事务委员会委员萨法罗夫说，空前的旱灾加上严厉的粮食收集，使七河州三分之一的吉尔吉斯人死于饥馑。[④]内战结束以后，1925年11月，吉尔吉斯自治州共产党代表大会决议实施新经济政策，决议指出：“发展州内的商品货币关系，使它渗透到目前自然经济占优势的吉尔吉斯部分地区，是我们州经济上的中心任务。”[⑤]

内战结束以后，吉尔吉斯共和国开始了农业集体化运动，共和国设立了专门机构领导农业集体化。到1933年，66.9%的农户加入了集体农庄。[⑥]在集体化的过程中，政府曾采取了过激和违反自愿原则的强迫行为，激起一些农民，特别是牧民和半游牧民的不满和

---

① 〔苏联〕伊凡·麦斯特连柯：《苏共各个时期的民族政策》，林钢译，人民出版社1983年版，第51页。

② 马大正、冯锡时主编：《中亚五国史纲》，第214页。

③ 同上。

④ 〔苏联〕格尼斯：《1921年从突厥斯坦逐出境的俄罗斯人》，《历史问题》（俄文版）1998年第1期，第45页，转引自丁笃本：《中亚通史》（现代卷），第143页。

⑤ 〔苏联〕苏联科学院经济研究所编：《苏联社会主义经济史》第2卷，第260页。

⑥ 〔苏联〕苏联科学院经济研究所编：《苏联社会主义经济史》第4卷，第437页。

反抗，他们宰杀牲畜或将牲畜赶出境外，有的甚至加入了巴斯马奇的武装反抗运动。为此，吉尔吉斯民族领导人在1928—1935年间逐渐被清除。

畜牧业在吉尔吉斯共和国建立之初具有重要地位。十月革命以前，吉尔吉斯地区的居民几乎90%过着游牧生活，十月革命以后，游牧居民定居化的过程逐渐加速，社会主义改造时期，一部分牧民和半牧民开始走向定居生活。在第二个五年计划中，共和国继续鼓励游牧和半游牧各族人民改为定居，1931—1933年间，吉尔吉斯共和国改为定居生活方式的有4.44万户。①

在20世纪30年代的大规模工业化运动中，吉尔吉斯地区开始有了现代化工业，共和国经济逐渐从农牧业向工农业并重发展。社会主义工业化初期，吉尔吉斯地区首先发展起来的是农牧产品加工业。1926—1928年间，一批皮革厂、轧花厂、锯木厂、缫丝厂、糖厂、发酵厂、肉类罐头等企业建立起来。

吉尔吉斯共和国自然资源丰富，主要矿产有黄金、煤、银、锑、钨、锡、锌、汞、铅、铀、石油、天然气、有色金属和稀有金属等，锑的产量居世界第三位。在第二个五年计划期间（1933—1937），共和国在工业方面的投资共1.51亿卢布（按1955年7月1日价值计算），其中63.2%的资金用于发展重工业。②

从30年代开始，重工业的发展受到重视，共和国的重工业企业几乎都是在30年代开始建立起来的。共和国的煤矿储量在中亚国家中首屈一指，被誉为“中亚煤斗”，在第二个五年计划期间，共和国改造了旧的煤矿，并投产了新的煤矿，这些煤矿在提高采煤量后，向中亚其他共和国供应煤。共和国兴建了具有全苏意义的稀有金属和有色金属采矿场，海达尔肯和卡达姆贾依等地的锑、汞矿于1936年正式开采，锑和汞矿的开采使这些地区的重要性迅速上升。在第

---

① 〔苏联〕苏联科学院经济研究所编：《苏联社会主义经济史》第4卷，第459页。

② 马大正、冯锡时主编：《中亚五国史纲》，第215页。

三个五年计划期间（1938—1942），共和国投资 8.67 亿卢布，其中投资工业 2.63 亿卢布，建成 40 多个大型企业，1940 年，工业产值在国民经济中所占比例达 50.2%。①

第二次世界大战期间，吉尔吉斯人在 1926—1928 年间发展起来的农牧加工业有力地支持了卫国战争。共和国为前线和全苏生产了 135.5 万双皮鞋，47.7 万米纺织品，161.3 万双袜子，17.7 万吨食糖和 9440 万听罐头。②1941 年，共和国集体农庄和国营农场上缴粮食、棉花、肉类均高出 1940 年。此外，共和国安置了从莫斯科、列宁格勒前线疏散来的大批工人、集体农庄成员，人数达 1.39 万。③

战争期间，苏联把中西部地区的许多工厂向东部疏散。其中，迁移到吉尔吉斯共和国的企业有 30 多个。这些企业迁到伏龙芝、托克马克和阿克苏等地，这些企业及技术人员的到来加速了共和国现代工业的发展，建立起生产武器、弹药、装备等新型工业，其中，金属加工工业产量增长了三倍，机器制造业产量增长了十倍。④在五年之中，吉尔吉斯工人总数从 1940 年的 3.6 万人，增长到 1945 年的 4.6 万人。⑤战争期间，共和国青壮年劳动力踊跃上了前线，吉尔吉斯妇女承担起农牧业工作，其中，仅女拖拉机手和收割机手就有近 4000 名。⑥

战后，吉尔吉斯共和国通过了关于共和国 1946—1950 年国民经济重建和发展法令，开始了战后经济的发展，重点发展重工业。“四五”计划期间（1946—1950），共和国向国民经济部门投资 1.909 亿卢布（按 1961 年价格计算），其中，工业投资 7190 万卢

---

① 《吉尔吉斯苏维埃社会主义共和国百科全书》（俄文版），第 143—144 页，转引自马大正、冯锡时主编：《中亚五国史纲》，第 215 页。

② 《吉尔吉斯斯坦百科全书》（俄文版），第 146 页，《吉尔吉斯人和吉尔吉斯斯坦历史》，第 247 页，转引自刘庚岑、徐小云编著：《吉尔吉斯斯坦》，第 57 页。

③ 刘庚岑、徐小云编著：《吉尔吉斯斯坦》，第 58 页。

④ 同上书，第 57 页。

⑤ 马大正、冯锡时主编：《中亚五国史纲》，第 216 页。

⑥ 同上书，第 216 页：3193 名拖拉机手，616 名康拜因手。

布，占投资总额的37%以上。[1]1948年与1940年相比，重工业产品产量增长了4倍，重工业在国民经济中所占的比重从9.6%提高到31.4%。[2]

50年代中期，赫鲁晓夫的经济体制改革扩大了加盟共和国的立法和经济管理权限，这一时期也是吉尔吉斯共和国经济迅速发展时期。共和国形成了两大工业区，即北方工业区和西南工业区。北方工业区主要有机器制造和金属加工工业、电力工业、建材工业和轻纺工业；西南工业区主要是有色冶金工业、燃料工业和纺织工业。

在共和国的重工业中，有色金属冶金和煤炭工业、电力工业、机器制造成为优势产业。铀、铅、锌、钨等有色金属的开采与冶炼发展起来，铀矿的开采和加工集中在奥什附近。到70年代中期，吉尔吉斯共和国锑、汞矿的产量分别居苏联第一和第二位。共和国的重工业虽然得到很大发展，但大多数是以原料生产为主的企业。

电力工业的发展迅速，建成的水电工程项目有：装机120万千瓦的托克托古尔水电站、装机80万千瓦的库普赛水电站，还有伏龙芝中央热电站。随着水电站建设，兴起了卡拉库尔等城市。

共和国的机器制造业进入了新的发展阶段，重点发展起来的机械工业有：伏龙芝化工机械厂，以及生产汽车、电机、机床的机械厂。机械制造业不仅发展速度快，而且研制出先进的机器、仪表、仪器。1955年，采煤开始使用康拜因采煤机；1962年，矿井采用了浅灌采煤康拜因和成套采煤设备，生产过程全盘机械化。1955—1960年，共和国开始生产装配式钢筋混凝土构件、装饰板，促进了水泥工业的发展。

战后，以发展制糖业为主的轻工业发展很快。共和国经济作物以甜菜为主，中亚90%以上的甜菜产于吉尔吉斯共和国。1989年，吉尔吉斯共和国的糖产量是41.48万吨，食糖的人均占有量为22.5

---

① 刘庚岑、徐小云编著：《吉尔吉斯斯坦》，第58页。

② 同上。

公斤。[①] 此外，奥什和托克马克新建了肉联厂等食品加工业。

吉尔吉斯共和国的农牧业在战后受到了联盟中央的重视。1946年2月，苏联人民委员会通过了关于《发展吉尔吉斯苏维埃社会主义共和国农业的措施》的决议。在1946—1947年间，苏联政府向共和国拨款980万卢布用以购买牲畜，拨款520万卢布用以购买肥料。[②] 在“四五”期间（1946—1950），农作物的种植面积在战后5年之中增长了14%。[③] 1948年年底，共和国各类牲畜的头数已经超过了战前的水平。

苏联时期，吉尔吉斯共和国经济取得了巨大成功，就当时的国力来看，吉尔吉斯共和国的发展仅次于哈萨克和乌兹别克两个共和国。在苏联计划经济指令下，吉尔吉斯共和国的工业得到发展的主要是有色金属冶金、水力发电、机器制造、农牧业加工；农业发展主要注意棉花和甜菜种植，结构比较单一。

80年代初，共和国的一些部门仍然维持着较快的发展速度。不过，从发展趋势来看，吉尔吉斯共和国的经济状况停滞不前，工农业产值年平均发展速度呈现出下降趋势。如1940—1970年吉尔吉斯斯坦工业产值的年平均增长速度为110%，1980—1985年年平均增长速度为105%；而同期，农业产值的年平均增长速度分别为104%和102%。[④] 工农业在20世纪80年代之后都呈下降趋势。

苏联时期，吉尔吉斯共和国的教育事业得到较大发展。1933年，吉尔吉斯自治共和国建立了第一所正规的高等学校——吉尔吉斯兽医学院，后来改建为农学院；1939年，吉尔吉斯共和国又成立了医学院。[⑤]

---

① 谷松：《中亚五国：经济基础与经济改革》，《东欧中亚市场研究》2000年第2期，第13页。

② 刘庚岑、徐小云编著：《吉尔吉斯斯坦》第59页。

③《吉尔吉斯苏维埃社会主义共和国百科全书》（俄文版），第155—160页，转引自马大正、冯锡时主编：《中亚五国史纲》，第217页。

④ 朱小楠：《中亚各国社会主义建设的基本历程》，《中亚研究》1994年第1—2期合刊，第48页表8。

⑤ 王沛主编：《中亚四国概况》，第151—152页。

战争期间，苏联科学院的遗传学、生物化学、生物学、进化形态学等研究所迁移到吉尔吉斯共和国，共和国的科研机关与这些研究所共同承担了许多国防和国民经济的研究课题。1943 年 8 月 13 日，苏联科学院吉尔吉斯分院在伏龙芝成立，1954 年 12 月 30 日，在吉尔吉斯分院的基础上成立了吉尔吉斯共和国科学院。共和国科学院下设三个学部：自然技术学部、生物学部和社会学部；下设的研究所有：地质研究所、自动化研究所、物理数学研究所、力学研究所、地震研究所、无机化学、物理化学研究所、有机化学研究所、生物研究所、生物化学和生理研究所、高山生理和实验病理学研究所、历史研究所、哲学和法学研究所、东方学研究所等。1987 年，科学院设有 3 个学部，18 个科研机构，有 27 名院士，35 名普通院士。①

苏联时期，吉尔吉斯共和国新闻事业得到了发展，1931 年创建了吉尔吉斯共和国国家广播电台，用 7 种语言（吉、俄、英、东干、德、乌兹别克和维语）广播。1937 年创建了卡巴尔国家通信社。1958 年，吉尔吉斯国家电视台建立，用吉、俄、英三种语言播出节目。

从全苏范围来看，吉尔吉斯共和国的经济位于落后之列。据苏联《论据与事实》周刊报道，在苏联解体前的 1990 年经济指标中，吉尔吉斯共和国国民生产总值与土库曼、塔吉克两共和国相同，只占全苏的 0.9%，仅仅高于爱沙尼亚共和国（0.7%）；工业和农业产值分别占全国的 0.5% 和 1.3%，分别排在全国的第 13 位和第 11 位。②

---

① 赵常庆：《中亚五国概论》，第 252 页。

② 《论据与事实》1991 年第 39 期，转引自李华：《苏联解体与其经济状况“无直接联系”吗？——质询张睿壮先生》，《世界经济与政治》2002 年第 6 期，第 79 页表 5。

第六章

哈萨克苏维埃社会主义共和国（1937.3.24—1991.12.16）

1920年8月26日，吉尔吉斯（哈）苏维埃社会主义自治共和国成立，1922年，作为俄罗斯联邦的组成部分加入苏联；1925年4月，吉尔吉斯（哈）自治共和国改名为哈萨克苏维埃社会主义自治共和国；1936年，苏联宪法通过将哈萨克苏维埃社会主义自治共和国改为哈萨克苏维埃社会主义共和国的决议，同年12月5日，哈萨克苏维埃社会主义共和国加入苏联；1937年3月24日，哈萨克苏维埃社会主义共和国正式成立。[①]1937年，哈萨克共和国宪法制定并获得通过。宪法规定：共和国最高权力机关是共和国最高苏维埃；最高行政机构是人民委员会（以后改称部长会议）。哈萨克共和国在苏联国民经济中占有重要地位：哈萨克共和国是苏联最大的有色金属生产基地，主要的铁矿石基地，重要的能源生产基地，重要的粮食和畜牧业基地。

① 参见《英国大百科全书长编》第10卷，《哈萨克苏维埃社会主义共和国》，第407—411页。

第一节　政治

1920 年 8 月 26 日，俄共（布）中央执行委员会和俄罗斯联邦人民苏维埃通过的法令，宣布吉尔吉斯（哈）苏维埃社会主义自治共和国（1920 年 8 月—1925 年 4 月）成立，加入俄罗斯联邦。同年 9 月，奥伦堡城归属于哈萨克，成为吉尔吉斯（哈）自治共和国首府。1922 年，吉尔吉斯（哈）自治共和国作为俄罗斯联邦的一部分随该联邦加入苏联。

1924 年 10 月 14 日，苏联中央执行委员会第二次会议通过了中亚各民族划界的决议。其中，有关吉尔吉斯（哈）自治共和国的条款是：把突厥斯坦共和国境内哈萨克族人集中的锡尔河州和七河州划入吉尔吉斯（哈）自治共和国，于是，吉尔吉斯（哈）自治共和国的领土面积由原来的 200 万平方公里增加到了 270 万平方公里，人口从 376.2 万增加到了 523 万。[①] 这一决议对哈萨克族人聚合为一个民族具有重大意义。据 1926 年的统计，哈萨克族在哈萨克自治共和国人口中所占的比例从 1920 年的 50.3% 上升为 61.3%。[②]

1925 年 1 月 26 日，联共（布）中央委员会批准以阿克梅切季市作为吉尔吉斯（哈）自治共和国首都的决定。同年 4 月，哈萨克苏维埃第五次代表大会在首都阿克梅切季市召开，会上把吉尔吉斯（哈）自治共和国改名为哈萨克苏维埃社会主义自治共和国（1925 年 4 月—1936 年 6 月，简称哈萨克自治共和国），苏联中央执行委员会做出决议，首都阿克梅切季市改名为克孜勒奥尔达（今哈萨克斯坦南部边境克孜勒奥尔达州州府），原属吉尔吉斯自治共和国的奥伦堡州被划入俄罗斯联邦。

1925 年 7 月，哈萨克自治共和国完成了行政改组。1928 年，哈

① 马大正、冯锡时主编：《中亚五国史纲》，第 161 页。
② 同上。

萨克自治共和国进行了行政划分，全国划分为1个自治州（卡拉卡尔帕克自治州）和阿克纠宾斯克州、阿拉木图州、乌拉尔斯克州、卡尔卡拉林斯克州、科斯塔奈州、彼得罗巴甫洛夫斯克州。在新的行政区划确立以后，共和国首府从克孜勒奥尔达迁到阿拉木图（今哈萨克斯坦东南边境阿拉木图州州府）。1930年7月20日，卡拉卡尔帕克自治州划归俄罗斯联邦。

1934—1935年，哈萨克自治共和国举行地方苏维埃选举，共和国组成8个州苏维埃，148个区苏维埃和2538个乡（阿吾勒）苏维埃。[①]1936年的苏联宪法通过了哈萨克苏维埃社会主义自治共和国改为哈萨克苏维埃社会主义共和国（1936—1991，简称哈萨克共和国）的决定。同年12月5日，哈萨克共和国加入苏联。1937年3月24日，哈萨克苏维埃社会主义共和国正式成立。

哈萨克共和国地处中亚北部，东南与中国相邻，西南与里海和土库曼共和国相邻；南与吉尔吉斯和乌兹别克共和国接壤；北部和西北部与俄罗斯联邦相邻。在苏联加盟共和国中，哈萨克共和国的面积仅次于俄罗斯居第二位。1939年底，哈萨克共和国行政区划调整为14个州，新增加的州有：古里耶夫州（1938）、巴甫洛达尔州（1938）、克孜勒奥尔达州（1938）、阿克莫林斯克州（1939）、塞米巴拉金斯克州（1939）、江布尔州（1939）。

1936年6月，哈萨克共和国代表大会中央执委会主席团通过了制定共和国宪法的决定，成立了宪法委员会。1937年3月26日，哈萨克共和国宪法在共和国第五次苏维埃非常代表大会上通过。1937年宪法规定：共和国的最高权力机关是共和国最高苏维埃。最高苏维埃有权解决一切属于哈萨克共和国管辖的问题，批准经济和社会发展计划、批准国家预算和决算等。1938年7月，哈萨克共和国最高苏维埃成立，在选举产生的300名代表中，哈萨克族人占有152名。[②]

---

① 厉声：《哈萨克斯坦及其与中国新疆的关系（15世纪—20世纪中期）》，第334页。

② 同上。

在随后举行的共和国最高苏维埃第一次会议上，选出了最高苏维埃主席团，由主席、副主席、秘书和 17 名委员组成。在最高苏维埃休会期间，由常设机构最高苏维埃主席团负责处理日常事务。

第二次世界大战以后，1947 年 2 月，共和国最高苏维埃举行了新一届的选举，99.7% 的选民参加了选举，共有 430 名代表被选入最高苏维埃。次年 1 月，共和国举行了地方苏维埃选举，53415 名代表被选入各级苏维埃。[①]60 年代以后，任共和国最高苏维埃主席团主席的有：萨比尔・尼亚兹别科夫（1965 年 4 月—1978 年 2 月）、阿卡杜卡里莫夫、伊马舍夫（？—1984）、巴伊肯・阿希莫夫（1984—？）。

1978 年，哈萨克共和国制定了新宪法。1978 年宪法规定：哈萨克共和国是主权的苏维埃社会主义国家（1978 年宪法第 68 条），最高苏维埃是哈萨克共和国最高政权机构，最高苏维埃由 510 名代表组成（代表人数后来有所减少），代表由各选区选举产生，任期为五年。最高苏维埃会议一般每年举行两次，还可以根据不少于三分之一代表提议召开非例行会议。

哈萨克共和国最高行政机构是人民委员会（以后改称部长会议）。担任人民委员会主席的有：库兰贝托夫（？—1935）、伊萨耶夫（？—1938）、库纳耶夫（1962—1964）、别伊谢巴耶夫（1964—1970）、巴伊肯・阿希莫夫（1970—1984）、努・纳扎尔巴耶夫（1984—1990）。

哈萨克共产党中央委员会是哈萨克共和国的权力核心。1925 年 2 月，俄共（布）中央决定将吉尔吉斯（哈）自治共和国的党组织由州级升为边区级，首任边区党委会第一书记的是戈洛谢金（1925—1933），第二任书记是米尔佐扬（1933—1937）。1937 年 6 月 5—12 日，哈萨克共和国共产党第一次代表大会在阿拉木图举行，哈萨克共产党宣布成立，会上选举了中央委员会，米尔佐扬当选为中央委

① 马大正、冯锡时主编：《中亚五国史纲》，第 172 页。

员会第一书记（1937—？）。在1937—1939年间，担任共和国党中央执行委员会主席的是卢姆别托夫。

在中亚五个共和国中，哈萨克共和国是唯一与俄罗斯接壤的国家，因此，哈萨克共和国受到苏联中央决策的影响最深。1924年以后，哈萨克自治共和国领导人在一系列问题上与苏联中央发生分歧，特别是在游牧民转为定居、消灭有产阶级等问题上。1928年4月，哈萨克自治共和国的一部分领导人作为“资产阶级民族主义”分子被肃清。在1937—1939年的“大清洗”运动中，共和国有18名高级党政负责人被处死，其中包括共和国党中央执行委员会主席卢姆别托夫、代理总理叶斯卡列夫和阿拉木图市党委书记达斯沃卡佐夫。在这场政治灾难中，许多哈萨克族知识分子被清洗出政府。努·纳扎尔耶夫认为，这是“齐根砍掉了民族精华——土著民族的知识分子”①。

在第二次世界大战期间，1941年6月25—26日，哈萨克共产党中央委员会召开全体会议，号召哈萨克共和国的人民行动起来保卫祖国。在此次会上，哈共中央决定将共和国经济整体转入战时轨道。哈萨克共和国政府陆续组建红军参战，组建了7个红军师，20多个步、骑兵师（队），数个炮团或空军团支援前线，被征参加作战部队的人数达1196164人（另有67万人被动员从事军用品生产），其中有一半阵亡，约60万人。②哈萨克士兵英勇善战，在卫国战争中获得各种勋章和奖章的哈萨克人有9.66万人，苏联全国获最高荣誉“苏联英雄”称号的军人有11618人，哈萨克共和国获得了“苏联英雄”称号的有96人。③

战争期间，作为战争后方的哈萨克共和国接收和安置了大批疏散人口和难民，疏散到哈萨克共和国的人口达150万。④

① 〔哈萨克〕努·阿·纳扎尔巴耶夫：《探索之路——自传·反思·立场　答出版社问》，陆兵、王嘉琳译，新疆人民出版社1995年版，第28页。

② 阿贝尔霍仁等：《欧亚大陆腹地国家——哈萨克斯坦历史专题》（俄文版），阿拉木图，1998年，第231页，转引自丁笃本：《中亚通史》（现代卷），第211页。

③ 〔苏联〕苏联科学院历史研究所：《苏联民族—国家建设史》（下册），第467—468页。

④ 赵常庆编著：《哈萨克斯坦》，社会科学文献出版社2004年版，第40页。

战后，哈萨克共和国开展了一场以“资产阶级民族主义历史观点”为主要对象的批判运动。在中亚各共和国中，哈萨克共和国的运动最激烈。哈萨克共和国历史学家别克马汉诺夫因肯定19世纪前期哈萨克贵族肯尼萨尔·卡西莫夫领导的抗俄起义受到批判，苏联领导人认为他歪曲了哈萨克人与伟大俄罗斯人之间不可分离的友谊。[①]在此次清洗中，受牵连的共和国和党的领导人有：党中央宣传部部长、科学院院长、教育部部长和电影事业部部长、作家协会主席等，连当时担任哈共第一书记的沙亚赫买托夫（1949—1954）也不得不自我批评说自己“犯了严重的政治错误”[②]。

赫鲁晓夫执政以后，为在斯大林时期遭到迫害和镇压的无辜者平反，历史学家别克马汉诺夫于1956年重返工作岗位。然而，在评价中亚被俄国征服一事上，赫鲁晓夫没有改变斯大林时期的观点。1957年官方组织编写的《哈萨克苏维埃共和国历史》对反俄起义仍然坚持否定观点，认为肯尼萨尔·卡西莫夫运动“是反对的封建君主的运动，它旨在将哈萨克人民拉向倒退，巩固封建宗法制度，恢复中世纪汗的政权，使哈萨克斯坦脱离俄国以及俄罗斯人民”[③]。

赫鲁晓夫时期，哈共中央委员会第一书记更换频繁。1954年2月，赫鲁晓夫以反对大规模垦荒地为由，撤换了哈共中央的一些主要领导人。哈共中央第一书记沙亚赫买托夫以“官僚主义、文牍主义的领导方法”[④]被降职为南哈萨克奇姆肯特州党委第一书记。与此同时，哈共中央第七次代表大会召开，大会选举白俄罗斯人、苏共

---

① 1950年12月26日苏联《真理报》发表文章《为马克思主义地阐明哈萨克斯坦的历史问题而斗争》，此文的摘译在〔苏联〕邵英巴耶夫等：《为正确阐明苏联中亚细亚各民族底历史问题而斗争》，第16—23页。

② 沙亚赫买托夫：《论哈萨克斯坦党组织在思想工作中所犯资产阶级民族主义错误及其纠正办法》，见〔苏联〕邵英巴耶夫等：《为正确阐明苏联中亚细亚各民族底历史问题而斗争》，第54—77页。

③《哈萨克苏维埃社会主义共和国历史》第1卷，阿拉木图，1957年，第321页，转引自丁笃本：《中亚通史》（现代卷），第280页。

④〔美〕约翰·多恩伯格：《勃列日涅夫——克里姆林宫的明争暗斗》，静海译，生活·读书·新知三联书店1975年版，第166页。

中央主席团候补委员（原白俄罗斯共产党中央第一书记）波诺马连科取代了沙亚赫买托夫为哈萨克共产党第一书记（1954—1955），苏联陆海军总政治部副主任勃列日涅夫为第二书记。勃列日涅夫因主持开垦荒地有功而获得列宁勋章，并于1955年出任哈萨克共产党中央第一书记（1955年5月8日—1956年3月7日）。此后，勃列日涅夫又因支持赫鲁晓夫而青云直上，1957年，当选为苏共中央主席团委员，1960年5月，担任苏联最高苏维埃主席团主席，1964年担任苏共中央第二书记。在勃列日涅夫调到莫斯科以后，哈共中央第一书记由原来的第二书记、俄罗斯人雅科夫列夫担任（1956年3月8日—1957年12月27日）。

在赫鲁晓夫与“莫洛托夫、马林科夫、卡冈诺维奇反党集团”的斗争中，雅科夫列夫赞扬赫鲁晓夫说：“他在党内工作几十年，……他的表现证明他是一位党和国家重要的活动家，是一位出类拔萃、有胆有识的组织者和革新家。”[①] 然而，雅科夫列夫因农业歉收于1957年被解职，苏共中央主席团委员、俄罗斯人别利亚耶夫被任命为哈共中央第一书记（1957年12月26日—1961年1月19日）。

1959年7月29日，哈萨克共和国卡拉干达市附近的铁米尔套钢铁联合企业爆发有2万余人参加的大规模工潮。工人们因长年栖身在简易工棚里从事超强度劳动，食品匮乏，连供水也经常中断，他们聚众请愿，最后酿成一场骚乱。勃列日涅夫奉命处理此事，为了平息事态，他惩治了一批失职干部，包括卡拉干达州党委第一书记和哈萨克冶金联合企业经理在内的一批官员被撤职，有的还被开除党籍。[②] 1961年1月21日，别科亚耶夫被解除了哈共第一书记职务，接替他担任哈共中央第一书记的是哈萨克族人库纳耶夫。

库纳耶夫毕业于莫斯科有色金属和黄金学院，1942年出任哈萨克共和国部长会议副主席；1952年出任哈萨克科学院院长。在此期

---

① 《苏联共产党最后一个“反党”集团》，第559页。

② 丁笃本：《中亚通史》（现代卷），第281页。

间，他结识了当时任哈萨克共产党中央第二书记的勃列日涅夫，从此两人成为密友。库纳耶夫第一次出任哈共中央第一书记期间，共和国粮食收成不理想，库纳耶夫不久就被解除职务，回到原来的部长会议主席职务上，哈萨克边疆区党委第一书记伊·尤苏波夫出任哈共中央第一书记（1962—1964）。

赫鲁晓夫执政以后，哈萨克共和国的行政区划发生了变化。为了协调哈萨克共和国北部各州在垦荒运动中的行动，在州之上设置了边疆区。1960年，切利诺格勒边疆区成立，管辖切利诺格勒（原阿克莫林斯克[①]）、科斯塔奈、巴甫洛达尔、北哈萨克（原彼得罗巴甫洛夫斯克）等州，行政中心设在切利诺格勒市（今哈萨克斯坦首都阿斯塔纳）。以后又成立了西、南哈萨克两个边疆区，西哈萨克边疆区管辖阿克纠宾斯克、乌拉尔斯克和古里耶夫三个州，行政中心在阿克纠宾斯克城；南哈萨克边疆区管辖江布尔和克孜勒奥尔达等州，行政中心设在奇姆肯特市。于是，哈萨克共和国有一半以上的州被纳入边疆区体系，这一行政设置在赫鲁晓夫下台之后被取消。[②]

1964年10月，勃列日涅夫当选为苏共中央总书记，两个月以后，库纳耶夫第二次当选为哈共中央第一书记（1964年12月7日—1986年12月16日）。1966年4月，库纳耶夫在苏共第二十三次代表大会上当选为苏共中央政治局候补委员，1971年4月，在苏共第二十四次代表大会上当选为苏共中央政治局委员。这是哈萨克共产党领导人第一次成为苏共中央政治局委员。

库纳耶夫长期担任哈共中央第一书记的职务，在此期间，他任人唯亲、排斥异己。纳扎尔巴耶夫描述了哈萨克共和国政治生活中的反常情况："第一领导人亲信们的小圈子实际主宰着所有的事情。我们身为中央书记，同时为共和国党中央常委会成员，却经常在事后才得知干部的任命、调动和其他一些主要问题的情况的。经常出

① 1832—1961年称阿克莫林斯克，独立后的哈萨克斯坦又把切利诺格勒恢复了原名阿克莫拉。
② 丁笃本：《中亚通史》（现代卷），第290页。

入库纳耶夫家门的人能够决定任何一个人的任命、晋升、免职、奖励、分配住宅。”[①] 哈萨克共和国部长会议主席别伊谢巴耶夫因与库纳耶夫作对，于 1970 年 3 月“提前退休”。别伊谢巴耶夫被清除以后，哈萨克共和国高层领导中几乎全是库纳耶夫的人。

戈尔巴乔夫执政以后，实行经济和政治改革。在人事制度改革中，戈尔巴乔夫希望把年轻干部提拔到重要岗位，改变以往某些人长期担任同一领导职务的状况。1986 年 2 月，75 岁的库纳耶夫在哈萨克共产党第十六次代表大会上再次当选为第一书记，戈尔巴乔夫对此十分不满，对库纳耶夫提出批评。同年 12 月，库纳耶夫向苏共中央递交了退休申请，12 月 15 日，苏共中央免去了他的职务，任命俄罗斯族人科尔宾为哈萨克共产党第一书记（1986 年 12 月 3 日—1989 年 6 月 22 日）。科尔宾的任命在哈萨克共和国引起了混乱，首都阿拉木图发生了有组织的学生游行，随即酿成的骚乱造成两人死亡、近 200 人受伤，成为戈尔巴乔夫实行改革以来苏联的首次民族冲突。[②]

在苏联各加盟共和国要求独立的呼声中，1990 年 10 月 25 日，哈萨克苏维埃社会主义共和国最高苏维埃通过《主权宣言》；1991 年 12 月 10 日，哈萨克苏维埃社会主义共和国改名为哈萨克斯坦共和国；1991 年 12 月 16 日，哈萨克斯坦共和国宣布独立。

第二节　社会经济与文化

哈萨克共和国的经济受联盟中央经济政策的影响较大。在十月革命之后的内战期间，1920 年 7 月 20 日，由俄罗斯人民委员会颁布法令，在吉尔吉斯（哈）自治共和国实施余粮征集制，以后从余粮征集逐渐扩大到畜产品，这一政策的实施引发了工人罢工，农民暴

---

① 〔哈萨克〕努·阿·纳扎尔巴耶夫：《探索之路——自传·反思·立场　答出版社问》，第 113—114 页。

② 公抒编著：《原苏联各共和国概况》，第 122 页。

动、士兵哗变。1921年，吉尔吉斯（哈）共和国发生农民暴动事件规模最大。

内战结束以后，吉尔吉斯（哈）自治共和国政府进行了国有土地规划与分配的工作。1926年5月，共和国通过了在阿乌勒和大户中平等分配草场和耕地的决议。据统计，到1928年，有125万公顷的耕地和136万公顷的草场分给了阿乌勒村民，其中66.3%的耕地和61.6%的草场分给了贫苦农牧民，只有8.6%草场和7.5%的耕地分给了巴依和富农。[①]1928年8月，哈萨克共和国通过了《没收巴依财产的法令》，哈萨克共和国的大部分游牧和半游牧地区进行了土地分配，除阿达耶夫地区和杰特塞、锡尔河州产棉区外，有700户大牧主的14.5万头牲畜被没收，其中，有8.46万头牲畜分给了2.4万多户牧民，无畜和有5头牲畜以下的贫困牧民户获得了占分配牲畜总头数95.4%。[②]

共和国的农牧民分得耕地和草原以后，形成了分散的小农经济，然而，不久，合作生产的形式出现。1925年，哈萨克自治共和国大约20%的农牧户加入了合作社，依靠合作社获取贷款和组织生产、推销农牧产品。在农业合作社的基础上，哈萨克共和国开始了农业集体化运动。1929年春，共和国召开了第一次集体农庄庄员代表大会，通过了建立边区集体农庄联盟组织的决议。同年秋，大规模的集体农庄运动开始，原来的农业合作社改组为了集体农庄。到1932年，共和国基本完成了农业集体化，经济作物区内94.7%农户加入了集体农庄，谷物种植区加入集体农庄的农户则达到了84.3%。[③]

在牧区，政府改组了在原阿乌勒中形成的共耕社或牧业劳动组，建立了农庄和农场，到1932年，加入集体农庄或农场的牧户分

---

① 〔苏联〕苏联科学院经济研究所编：《苏联社会主义经济史》第3卷，第464页。

② 丁笃本：《中亚通史》（现代卷），第139页。

③ 《哈萨克斯坦共和国史》（俄文本）第4卷，阿拉木图，1977年，第438页，转引自马大正、冯锡时主编：《中亚五国史纲》，第165页。

别为35.1%和53.8%。[①] 在此过程中，政府开始促进游牧和半游牧向定居转变。1920—1928年间，共和国转向定居的游牧民有14万户。[②] 1930年初，政府成立了定居委员会，在34个地区内展开了从牧业向农业转化的进程。在第二个五年计划的几年中，游牧和半游牧各族人民改为定居的过程继续发展，到1934年底游牧转定居基本完成。当时哈萨克共和国改为定居生活方式的有32.57万户。[③]

哈萨克共和国在农业集体化、游牧和半游牧定居化的过程中存在着过激行为，如边疆区党委会第一书记戈洛谢金提出的口号是："做得过火胜过欠火"，"十月革命的铁扫帚将横扫哈萨克村庄"等。这些做法挫伤了农牧民的劳动积极性，使集体化以后的生产率不但没有提高，农业亩产量反而减少了。在集体化运动以前，共和国每公顷的小麦产量在285公斤—315公斤之间，1932年只有220公斤。[④] 1932—1933年，共和国发生大饥荒，农民骚乱和暴动，大批人逃离哈萨克共和国。据1926年全苏人口普查，共和国有人口近362.8万人，1939年全苏人口普查时，共和国人口勉强接近200万，有150万哈萨克人迁出，其中大约有40万人未返回。[⑤] 在此期间，农庄的牲畜因无人照料而死亡。针对上述情况，1932年9月17日，联共（布）中央通过《关于哈萨克斯坦的农业及畜牧业》的决议，纠正了共和国在农业集体化和游牧和半游牧定居化过程中的错误。

1925年，苏联开始了工业化。工业化时期，哈萨克共和国优先发展重工业，其中，有色金属冶炼、煤炭、电力和铁路等重工业和能源交通企业是发展的重点。共和国的工业化得到了苏联中央政府人力和资金方面的很大支持。

在人力资源的投入上，大批干部、技术工人、工程技术人员从

---

① 马大正、冯锡时主编：《中亚五国史纲》，第165页。

② 〔苏联〕苏联科学院经济研究所编：《苏联社会主义经济史》第3卷，第493页。

③ 〔苏联〕苏联科学院经济研究所编：《苏联社会主义经济史》第4卷，第459页。

④ 〔美〕迈可尔·刘金：《俄国在中亚》，第48页。

⑤ 〔哈萨克〕努·阿·纳扎尔巴耶夫：《探索之路——自传·反思·立场　答出版社问》，第6页。

苏联西部地区派到共和国，如有色金属企业卡尔萨克炼铜厂的工程技术人员和技术工人是1926年从列宁格勒、莫斯科、喀山等地来的；卡拉干达煤矿的专家和熟练技工中有400人是1931年从顿巴斯派来的。[①]与此同时，大批哈萨克族人被送到莫斯科等地接受科技培训，1928—1929年，许多哈萨克族学生在莫斯科、列宁格勒、喀山、鄂木斯克、萨拉托夫等地学习。

在资金的投入上，“一五”计划期间，苏联对哈萨克投资7680万卢布，是中亚其他四个共和国工业投资总和（4710万卢布）的1.63倍。[②]哈萨克共和国的工厂大多数是国家投资兴建的。新建或重建37个企业，包括额尔齐斯炼铜和炼铅厂，卡拉干达、连格尔、别尔乔吉尔、恰克帕克煤矿；改造了一批原有的石油、采矿、冶金设施。其中，1833年发现的卡拉干达煤矿一直以土法开采，在20世纪30年代后开始大规模开采，发展成为仅次于顿巴斯和库兹巴斯的苏联第三大煤田。

在工业化时期，哈萨克共和国的采矿业得到飞速发展，到1931年，有140支以上的勘探队在哈萨克共和国境内活动，发现了一批新煤矿和有色金属矿。到卫国战争前夕的1940年，共和国的有色金属产量已居全苏第二位，铅产量占全苏总产量的85%；紫铜产量占全苏总产量的16%；卡拉干达煤矿已建成22个大型机械化矿井，在采煤业机械化水平和煤产量增长速度上居全苏第一位。[③]

随着煤矿的开采，电力工业也得到了发展，哈萨克共和国的电力工业主要是火力发电，在埃基巴斯图兹建有用地区名称命名的第一发电厂和第二发电厂。此外，在卡拉干达、阿克苏、阿拉木图等城也建有发电厂。1932年，在共和国的工业产值中，公有制成分（国营和合作社企业）已经占到98.9%。[④]到1941年6月卫国战争爆

---

① 〔苏联〕苏联科学院经济研究所编：《苏联社会主义经济史》第3卷，第312页。

② 同上书，第320页表2。

③ 厉声：《哈萨克斯坦及其与中国新疆的关系（15世纪—20世纪中期）》，第330页。

④ 〔苏联〕苏联科学院经济研究所编：《苏联社会主义经济史》第3卷，第333页。

发之时，哈萨克共和国的基础工业已初具规模。

第二次世界大战中，苏联西部战区的大批工业企业和机器设备东迁，在迁入中亚的 308 个中、西部企业中，哈萨克共和国接收了 150 个。[①] 其中，阿拉木图就安置了卢甘斯克造船厂、卡拉加洛夫机械厂、哈尔克夫大修厂等企业；奇姆肯特和卡拉干达两地也接收了不少新迁企业和人员。

战争时期，哈萨克共和国政府陆续组建红军参战，为了补充后方劳动力，哈萨克共和国组织妇女，开办了各种技术短期培训班，经过培训的妇女能够驾驶汽车、拖拉机和各种农机，为第二次世界大战胜利做出了贡献。

战后，哈萨克共和国的经济经历了 8 个五年计划。1946 年 7 月，哈萨克共和国最高苏维埃第九次代表大会审议并通过了《1946—1950 年哈萨克共和国战后国民经济发展五年计划》。在“四五”计划期间（1946—1950），苏联政府计划在哈萨克基本建设投资 88 亿卢布[②]，主要项目有：新建塔基巴斯图兹煤矿、恰拉克套（今卡拉套）碳酸盐矿，在江布尔市筹建了新的大型磷肥厂；扩建卡拉干达煤矿、杰兹尔兹甘铜矿、古里耶夫石油加工厂，阿克莫林斯克的农机厂扩建为大型农机制造厂；铺建了阿克莫林斯克经巴甫洛达尔至巴尔瑙尔及莫因特至楚城（全长 438 公里）的两条铁路干线。与 1945 年相比，哈萨克 1950 年的工业产值增长了 169%。[③]

在“五五”计划期间（1951—1955），哈萨克共和国有 200 个重工业企业投产，包括冶金、采矿、煤炭、化工、机器制造等多种行业。在“六五”计划期间（1956—1960），哈萨克共和国开始创建重工业综合企业。1957 年，共和国组成了 9 个经济行政区。在“七五”计划期间（1961—1965），哈萨克共和国完成了对工业企业的技术改造，一些大型工业企业和建设工地相继成立了促进技术进步委员会，

① 〔苏联〕苏联科学院经济研究所编：《苏联社会主义经济史》第 5 卷，第 438—439 页。

② 《苏联国民经济建设计划文件汇编》（第三、四、五个五年计划），第 160 页。

③ 〔苏联〕苏联科学院经济研究所编：《苏联社会主义经济史》第 6 卷，第 239 页表 2。

负责监督生产自动化和机械化的实施。应用新技术的重工业行业有生产钛、镁、钒土、合成橡胶、聚乙烯、磷酸铵、起重机、电动机等行业。

从70年代中期起，共和国在工业企业中按专业组建区域综合体。在煤炭、动力基地，形成了卡拉干达—铁米尔套、帕夫洛夫—埃基巴斯图兹两个区域性综合体，卡拉干达70年代初已经成为苏联的第三大煤炭生产基地，1985年，共和国煤产量达到1.31亿吨（增长三倍）；在石油、天然气部门，形成了古里耶夫—英捷尔斯基、曼格什拉克两个区域性综合体，1985年，哈萨克石油开采量达到2280万吨（包括凝析油），在苏联占第二位，天然气开采量达到54.14亿立方米；在化工原料部门，形成了卡拉套—江布尔、奇姆肯特—肯套两个区域性综合体；在多种金属和稀有金属部门，形成了乌斯季卡缅诺哥尔斯克、巴尔喀什、杰兹卡兹甘—吉列姆三个区域性综合体；在黑色金属冶炼部门，形成了科斯塔奈区域性综合体；在金属加工部门，在阿拉木图、塞米巴拉金斯克、乌拉尔斯克、彼得罗巴甫洛夫斯克、切利诺格勒、科克切塔夫等区域也组建综合体，其中，帕夫洛夫—埃基巴斯图兹、曼格什拉克、卡拉套—江布尔三个区域综合体具有全苏意义。

区域综合体的形成增加了同一地区内工业企业的协调和统一，促进了企业管理的改进。然而，这些综合体直属苏联中央各部或主管部门，实行高度集中的计划经济，产品基本上由苏联中央支配，企业缺乏自主权。

在哈萨克共和国，轻工业没有得到发展，到50年代初，共和国只有65个较大的轻工业企业，其中，不少是革命前建起来的。当时，盛产棉花和羊毛的哈萨克共和国的棉纺织品产量仅占全苏联的1%，毛纺织业产量仅占全苏联的1.4%，皮革产量也只占全苏的1.7%。[①] 直到1979年，轻工业产值在工业总产值中仅占18%，因此，

① 丁笃本：《中亚通史》（现代卷），第267—268页。

人民所需的生活用品 80% 以上要靠其他共和国供给。[①]

战后，卫国战争期间迁来的很多移民投入了开荒造田，50 年代初的垦荒运动使共和国的农业得到很大发展。1953 年 9 月 7 日苏共中央做出《关于进一步发展苏联农业的措施决议》，1946 年至 1953 年间，共和国开垦了将近 370 万公顷荒地，耕地面积由 604 万公顷增加到 972 万公顷。[②]1954 年 2 月，苏共中央全会通过的《继续发展国家的粮食生产和开荒的决议》规定：在哈萨克共和国及附近的西伯利亚、乌拉尔河、伏尔加河流域及北高加索等地进行大规模垦荒。按此规定，哈萨克共和国在 1954 年 6 月 1 日以前必须划定以供开垦的地段。为了完成这一任务，勃列日涅夫被派往哈萨克共和国领导开荒运动。1954 年，全国开垦了荒地 1900 万公顷，哈萨克共和国开垦了 800 余万公顷。[③]1957 年至 1960 年，共和国新垦地 560 万公顷，占苏联同期垦荒总面积（950 万公顷）的 59%。[④]截至 1960 年，哈萨克共和国垦荒总数 2548.4 万公顷，相当于该共和国 1953 年耕地面积的 2.6 倍。[⑤]

1964 年 8 月，赫鲁晓夫跑遍了哈萨克共和国的大部分垦荒区，在视察过程中，赫鲁晓夫感到十分欣喜，他在回忆录中写道："我在哈萨克的这次旅行中，饱受了一生中最大的乐趣。……我所到之处都是一望无际的麦田。麦浪滚滚，好像波涛在风中翻滚一样。到处都是善良、忠厚人们身上的汗水香气。农民在田里干活时发出欢笑声。他们感到快乐，因为他们知道在为国家劳动——也因为他们知道丰收意味着能得到高额收入。我看到出现了不少的新的村庄；房

---

① 穆立立：《哈萨克斯坦当前的民族进程和民族关系》，《俄罗斯中亚东欧研究》1993 年第 4 期，第 47—48 页。

② 张保国：《苏联对中亚及哈萨克斯坦的开发》，新疆人民出版社 1989 年版，第 140 页。

③〔苏联〕苏联科学院经济研究所编：《苏联社会主义经济史》第 6 卷，第 485 页。

④ 同上书，第 486 页。

⑤ 陈联璧等：《略论苏联中亚地区经济和文化的发展》，《中亚研究资料》1984 年第 3 期，第 5 页。

屋是简朴而舒适的；门前有小孩子在玩，并且种有花草。”①

战后，根据苏共中央关于联合小型集体农庄的决议，共和国于1949年开始对集体农庄进行合并，这项工作于1951年基本完成。集体农庄的经营体制决定了土地的统一使用、统一种植，统一机械作业、统一的上交任务。随着垦荒运动的深入，苏联欧洲地区动员数十万人来到规划开垦的哈萨克草原上，他们组建起一个个国营农场。乌克兰人组建了54个国营农场，白俄罗斯人组建了22个，摩尔达维亚人、立陶宛人和拉脱维亚人各组建了4个农场，来自莫斯科的垦荒者组建了46个国营农场。②

大批国营农场在哈萨克共和国的农牧业中发挥了重要作用。国营农场的集约化程度和管理水平大大提高，农牧业逐步实现机械化和电气化。电气化以后，从1954—1984年的30年间，哈萨克共和国向苏联交售了大约34790万吨粮食。③

全民垦荒运动带来的农业大发展，为畜牧业奠定了基础。1958年，饲料作物种植面积扩大到452.1万公顷，畜牧业获得了约105.7万吨的饲料。④随着垦荒和工业的发展，大批新兴城市兴起。勃列日涅夫在其《处女地》一书中写道：“垦荒有力地推动了哈萨克斯坦生产力的发展，使经济、科学和文化事业日益发达。出现了一些巨大的工业中心，兴起了90个新城市。”⑤

十月革命以后，哈萨克共和国在国民教育方面取得了很大成就。革命前，哈萨克人中90%是文盲。⑥1920年7月，在列宁的倡导下，苏维埃政府建立了全苏扫盲非常委员会。第二年，哈萨克共和国发

---

① 〔苏联〕尼·谢·赫鲁晓夫：《最后的遗言——赫鲁晓夫回忆录续集》，上海国际问题研究所等译，东方出版社1988年版，第210页。

② 张保国：《苏联对中亚及哈萨克斯坦的开发》，第141页。

③ 同上书，第142页。

④ 马大正、冯锡时主编：《中亚五国史纲》，第178页。

⑤ 〔苏联〕苏联科学院经济研究所编：《苏联社会主义经济史》第6卷，第492页。

⑥ 穆立立：《哈萨克斯坦当前的民族进程和民族关系》，《俄罗斯中亚东欧研究》1993年第4期，第45页。

布了动员16岁至50岁有足够文化知识的人参加扫盲工作，担任各级扫盲班的教师。1930年，政府为此拨169万卢布的专款。1939年，哈萨克共和国的文盲只占成人总数的16.4%[①]，在1979年人口调查之时，文盲仅为共和国总人口的0.1%[②]。

十月革命之前，哈萨克斯坦境内没有一所高等学校。1928年10月1日，国立哈萨克大学成立，以后，陆续成立了阿拉木图畜牧兽医学院（1929）、阿拉木图农学院（1930）、阿拉木图医学院（1931）。为满足师资的需要，国立哈萨克大学在1930年改为哈萨克师范学院。50年代，共和国高等院校达26所，1960—1965年，哈萨克共和国又新成立12所高等院校。[③]

二战以后，哈萨克共和国的科研工作得到迅速发展。1946年，哈萨克共和国科学院在苏联科学院哈萨克分院的基础上成立，到1950年底，共和国科学院已有50个科研机构。在“四五”计划期间，苏联在哈萨克共和国的塞米巴拉金斯克州境内建成了苏联第一个核武器试验场米什瓦克，1949年8月29日，苏联在此成功爆炸了第一颗原子弹，1953年8月12日，在此进行了第一次氢弹试验。1955年，苏联在哈萨克共和国建造拜克努尔航天站，并建立了技术发射和测试的场所。1957年，共和国建立了核物理所，设置了原子反应堆和回旋加速器，同年，苏联在哈萨克共和国成功地发射了人类历史上第一颗人造地球卫星。1961年，苏联在哈萨克共和国成功地完成了第一位宇航员（加加林）的宇宙飞行。

哈萨克共和国的经济实力是在苏维埃联盟中成长起来的，到1990年苏联解体前夕，按经济规模（国内生产总值）排列，哈萨克共和国居世界第53位（574.72亿美元），按人类发展指数排列，居

---

① 厉声：《哈萨克斯坦及其与中国新疆的关系（15世纪—20世纪中期）》，第335—336页。

② 穆立立：《哈萨克斯坦当前的民族进程和民族关系》，《俄罗斯中亚东欧研究》1993年第4期，第45页。

③ 哈尔肯：《哈萨克加盟共和国的高等教育》，《伊犁师范学院学报（社会科学版）》1994年第1期，第81页。

第54位，属于发达国家集团。[①]到80年代，共和国的经济实力已仅次于俄罗斯和乌克兰，在全苏15个加盟共和国中高居第三位。[②]

80年代后期，高度集中的计划经济的种种弊端表现出来，哈萨克共和国经济进入停滞时期。粮食产量步入低谷，年均总产量一直在1900万—2400万吨之间徘徊；随之，畜牧业也出现停滞趋势，至1988年，共和国牲畜存栏总数近5000万头。[③]哈萨克共和国经济也存在着严重的结构问题，在工业方面，轻工业的发展赶不上重工业的速度。在“十一五”计划期间（1981—1985），哈萨克共和国的国民收入和劳动生产率的增长速度下滑，在苏联居最低位，到“十二五”计划（1986—1990）的一开始，共和国就面临七分之一的工业企业与一半的国营农场和集体农庄亏损的严峻经济形势。[④]

---

① 赵常庆编著：《哈萨克斯坦》，第78—79页。

② 穆立立：《哈萨克斯坦当前的民族进程和民族关系》，《俄罗斯中亚东欧研究》1993年第4期，第45页。

③ 马大正、冯锡时主编：《中亚五国史纲》，第178页。

④ 王嘉琳：《哈萨克共和国的民族问题及其表现》，《中亚研究》1989年第3期，第11页。

第七章

阿富汗

1919年，阿富汗王国摆脱英国的殖民统治，成为一个独立国家。1919—1979年，阿富汗颁布了四部宪法，国家从政教合一逐渐走向世俗的现代国家，政治体制也从君主专制向君主立宪制过渡；为了发展经济，政府在此时期曾实施了两个五年计划。1979年，苏联入侵阿富汗，中断了阿富汗国家的发展历程，阿富汗人民举行了抗苏游击战争，反入侵的“圣战”使宗教在阿富汗的政治生活中起到了主导作用。1989年，苏联撤军，阿富汗内战开始，长期战乱使阿富汗经济滑到了崩溃的边缘，国家政权和人民生活只能依靠救济维持。

第一节　历史概况

1919年，阿富汗国摆脱了英国的半殖民统治，成为一个独立国家，1921年10月22日，英国政府与阿富汗缔结和约，承认阿富汗独立。

阿富汗独立之年（1919）也是阿富汗现代史的开端。国王阿曼

努拉（1919—1929）希望以土耳其国家的改革为原型[①]，把闭塞和落后的阿富汗封建国家建设成为一个资产阶级君主立宪的现代国家。1923年，阿富汗国制定了第一部君主立宪宪法。在青年阿富汗党代表人物马赫迈德·塔尔齐（Mahmud Tarzi）等人的辅佐下，国王开始在行政管理、司法制度、经济制度、土地制度、文化教育、社会生活习俗等领域实施全面改革。

首先，国家改革了中央行政管理混乱的现象，设立了内阁。其次，国家招聘外国军事专家到阿富汗训练军队，招聘技术人员到阿富汗修建工厂，修建了阿富汗通往印度的公路。1927年至1928年6月，阿曼努拉出访西欧各国，以及苏联、土耳其和伊朗。回国以后，他颁布了政教分离、增加税收、强迫教育、取消妇女必须戴面纱等一系列法令。

阿曼努拉的强制性改革引起了教会上层和部落酋长的强烈反对，赋税的征收也引起了人民的抗议，不少地区发生了动乱。其中，以巴契·萨高为首的叛乱分子占领首都，1929年1月，阿曼努拉宣布退位，流亡欧洲，青年阿富汗党瓦解。

阿曼努拉的改革虽然没有达到预期目标，然而，改革在一定程度上改变了阿富汗半殖民地半封建社会的面貌，唤起了阿富汗人民的觉醒，促进了阿富汗经济的发展，为构建民族资本主义生产关系创造了条件。

1929年，阿曼努拉的堂弟、普什图族人穆罕默德·纳迪尔（Mohammad Nader）当选为阿富汗国王，称纳迪尔沙。纳迪尔沙上台以后，废除了阿曼努拉的改革措施，于1931年颁布了新宪法。1931年宪法规定，国家设立首相一职，国家行政大权由首相掌握。然而，国王仍然拥有无限权力，上下两院的成员全部是贵族、地主

---

① 奥斯曼土耳其帝国在第一次世界大战中战败，遭列强宰割。1919年，穆斯塔法·凯末尔领导土耳其民族击退了外国势力；1920年在安卡拉成立大国民议会；1921年1月，大国民议会通过根本法，改国名为土耳其；1922年，废苏丹制，奥斯曼帝国灭亡；1923年，土耳其共和国建立。

与宗教界上层，政府各重要职位也全部由王室与上层神职人员占有。纳迪尔沙的统治遭到了国民的反对，1933 年 11 月 8 日，纳迪尔沙遇刺身亡，其子穆罕默德·查希尔（Mohammad Zahir）继承王位，称查希尔沙（1933—1973）。

查希尔于 1914 年在喀布尔出生，幼年在喀布尔接受教育；1924—1930 年在法国留学，倾心于西方文学和古罗马历史。在其父当选为国王之后，查希尔于 1930 年回国在喀布尔军事学院学习，1931 年，担任代理国防大臣和代理教育大臣等职。父亲遇刺以后，查希尔继任国王，其叔叔马茂德任首相。马茂德执政期间着手调整阿富汗国家各部族之间的关系，遏制了各部族间的武斗，维护了国家的统一。

1953 年，查希尔的堂兄达乌德（Daoud Khan）亲王出任首相（1953—1963），达乌德为推动国家走向现代化做了很多工作。在经济方面，达乌德实施国家经济干预政策，进行了两个五年计划；在社会方面，进行社会改革，解放妇女；在外交方面，致力于发展与第三世界的联系，阿富汗成为不结盟运动的创始国之一，此外，达乌德政府加强了与苏联的关系，在多个领域得到苏联的援助。

1963 年 3 月，查希尔因对达乌德的亲苏外交政策不满而免去了他的首相职务，亲自主政。为了赢得较为宽松的国际环境，查希尔采取中立的外交政策。在执政期间，查希尔向往西方国家三权分立的政治体制，1964 年，他主持召开了制宪大国民会议，审议并通过了 1964 年宪法。新宪法从理论上第一次真正和充分地体现了君主立宪制的精神。首先，新宪法强调了三权分立和制衡等现代政治原则，赋予议会立法权，使王权在理论上受到了更多的限制。其次，新宪法给予包括妇女在内的全体公民参政权，在全国范围内实行自由选举。最后，新宪法规定，在一定条件限制下，阿富汗人民有组织政党的权利。1965 年，左翼政党人民民主党（People's Democratic Party）创建。

除了政治改革外，查希尔制定了以发展经济为主要目标的富国

强兵国策，创办了阿富汗国家银行，发展与欧洲各国的商业交往。在发展经济的同时，查希尔还关注文化的发展，他从国外招来顾问，在喀布尔成立了第一所现代大学。查希尔执政的这段时期，阿富汗国内政局稳定，经济发展，人民安居乐业，被称为阿富汗历史上“和平与繁荣的黄金时期”。

在此期间，原首相达乌德在国内罗织亲苏势力，大肆宣传“民主”、“改革”，积极进行反政府活动。1973 年 7 月 17 日，他领导了军事政变，政变部队很快控制了局势，逮捕和处死了王室及政府高级官员，查希尔流亡意大利。政变成功以后，达乌德势力建立了阿富汗共和国（Republic of Afghanistan，1973—1978），至此，统治一百多年的巴拉克查依王朝（1818—1973）灭亡。3 天以后，即 7 月 19 日，苏联率先承认了达乌德政权——阿富汗共和国。

达乌德解散了阿富汗议会和最高法院，成立了最高决策机构中央委员会，他本人担任委员会主席。接着，达乌德废除了 1964 年宪法。1977 年初，阿富汗共和国公布新宪法，1977 年宪法规定：阿富汗实行一党议会制，除民族革命党外，其他政党一律为非法组织。于是，1965 年建立的左翼政党人民民主党被迫停止了活动。

达乌德的专权激起了人民民主党的不满，一些党员开始策划推翻达乌德政府。1978 年 4 月 17 日，达乌德以参与政变的罪名逮捕了人民民主党领袖塔拉基（Nur Mohammad Taraki）和巴布拉克·卡尔迈勒（Babrak Karmal），暗杀了人民民主党领袖海巴尔。4 月 19 日，人民民主党在首都喀布尔发动大规模示威游行，“四月革命”爆发。4 月 27 日，空军上校迪尔、第 4 装甲旅少校坦贾尔和第 15 装甲旅少校马吉德指挥坦克部队向首都喀布尔进发。坦克部队抢占了电台、国防部、内政部，并包围了总统府，总统府的 1800 名卫兵进行了顽强抵抗。在此关键时刻，喀布尔附近的巴格拉姆机场的空军加入到政变队伍之中，在米格飞机的攻击下，政变部队占领了总统府。

阿富汗军官在政变成功以后成立了阿富汗民主共和国（Democratic

Republic of Afghanistan，1978—1992）。1978 年 5 月 2 日，以人民民主党领袖塔拉基为首的新政府组成。国家最高权力机关是革命委员会，塔拉基担任革命委员会主席兼总理，巴布拉克·卡尔迈勒出任革命委员会副主席兼副总理。苏联立即承认了以塔拉基为首的新政府，为了控制阿富汗局势，苏联派遣 5000 名顾问到阿富汗。

新政府对内实行土地改革，没收王室财产，建立了工会、妇女、青年等组织；对外执行不结盟的亲苏政策。阿富汗人民认为，人民民主党实质上是亲苏的共产党，对塔拉基政府持反对态度。1978 年 7 月，人民民主党内部发生权力斗争。实际上，该党自成立以来，一直存在着人民派和旗帜派的斗争，人民民主党执政以后，两派之间争夺权力的斗争尖锐起来。以塔拉基和哈菲祖拉·阿明（Hafizullah Amin）为首的人民派排斥以卡尔迈勒为首的旗帜派，将时任政府第一副总理卡尔迈勒派往捷克斯洛伐克任大使。1979 年 9 月，人民派内部又发生分裂，阿富汗总理哈菲祖拉·阿明发动政变推翻塔拉基，自己担任了革命委员会主席。阿明上台以后，表现出独立性和民族主义色彩，表示要改善与美国的关系。对此，苏联不能容忍，克里姆林宫开始考虑推翻阿明政府，以在捷克斯洛伐克任大使的巴布拉克·卡尔迈勒取而代之。苏联要求阿明让出一部分权力给卡尔迈勒，阿明拒绝了苏联的要求，他对苏联人说："我是阿富汗人，知道该如何处理，希望不要插手。"[①]

1979 年 12 月 24—26 日，苏联出动 200 架次的大型运输机，向阿富汗首都喀布尔运送了 5000 多人的军队、300 辆装甲车和几十辆坦克，使苏联驻喀布尔的部队增加到近 1 个师的兵力。[②] 这些部队控制了喀布尔空军基地和各个军事要地。与此同时，驻扎在与阿富汗接壤的苏联边境地区（即塔吉克、土库曼和乌兹别克三个共和国）

① 刘靖华、肖克：《苏联在阿富汗的"苏联化"政策与政治解决阿富汗问题的前景》，《世界经济与政治》1987 年第 2 期，第 50 页。

② 《人民日报》1979 年 12 月 27 日：《阿富汗发生武装政变，苏联军队直接参与》。

的5个师处于集结待命状态。[①]12月27日晚，苏军攻占喀布尔，关闭了喀布尔国际机场，阿明被击毙。28日，苏军在喀布尔街上巡逻，米格飞机昼夜不停地在喀布尔城上空飞行。在不到一周的时间里，苏军占领了阿富汗各大城市，国家的重要部门，阿富汗军队都被置于苏联顾问和专家的严密控制之中，阿富汗国旗改成与苏联相似的单一红色，喀布尔街道两旁的房屋门窗都涂成了红色，整个首都变成了一片"红海洋"。[②]

控制阿富汗局势以后，苏联在阿富汗扶植以塔吉克族人巴布拉克·卡尔迈勒为首的阿富汗新政府。12月28日，阿富汗人民民主党召开中央政治局会议，选举卡尔迈勒为中央委员会总书记，成立了最高革命委员会和组建了新内阁。苏共中央总书记勃列日涅夫打电报给巴布拉克·卡尔迈勒："衷心祝贺您当选为阿富汗人民民主党中央委员会总书记和担任阿富汗民主共和国最高的国家职务。我以苏联领导和我本人的名义祝愿您为友好的阿富汗人民的幸福而进行的多方面的全部活动中取得重大成就，我相信，在目前条件下，阿富汗人民能够捍卫四月革命的成果，新阿富汗的主权、独立和民族尊严。"[③]

卡尔迈勒以阿富汗人民民主党中央、阿富汗革命委员会和阿富汗民主共和国的名义向阿富汗人民呼吁："灾难深重的同胞们：在经受了残酷的苦难和痛苦的折磨以后，阿富汗所有兄弟民族自由与复兴的日子终于到来了。今天，阿明及其追随者——野蛮地杀害我们的父母和兄弟姐妹的刽子手们——的政权已被推翻了，这个嗜血的机器彻底崩溃了。……我声明，保卫伟大四月革命的成就、保卫祖国的民族独立与主权，不仅是党和国家的神圣职责，也是阿富汗全

---

① 《人民日报》1979年12月27日：《阿富汗发生武装政变，苏联军队直接参与》。

② 《阿富汗：灾难的山国》,《南风窗》2001年第12期，第25页。

③ 刘温国、郭辉：《强弩之末：前苏联入侵阿富汗秘闻》，社会科学文献出版社2001年版，第15—16页。

体人民的神圣职责。”[①]

卡尔迈勒上台以后，着手组织政府和制定国家的内外政策。12月29日，卡尔迈勒宣布了阿富汗新政府的施政纲领。新政府的历史使命是：加强和发展阿富汗民主共和国进步的社会政治原则，把反封建的、民族的、民主的、反帝的、反买办的革命胜利进行到底。[②]1980年4月，卡尔迈勒政权制定了“国家基本原则”，该原则起到了临时宪法的作用。鉴于过去政权的各种做法，新政权的领导人重视民主和法制，扩大社会基础和加强地方政权，对宗教、部族和少数民族实行灵活的方针政策。

苏军的入侵在阿富汗激起了民愤，反政府武装迅猛发展，最终形成了遍及全国的声势浩大的抵抗运动。1980年2月，喀布尔市发生了群众反苏的示威游行，在此过程中，有4000名政府官员和军官反戈，向苏军开火，卡尔迈勒不得不宣布解散3个师。同年7月，阿富汗的一些政府军携带轻重武器投奔了游击队。

卡尔迈勒的执政能力令苏联很不满意，1986年5月，苏联扶持当时阿富汗国家情报局局长纳吉布拉（Mohammad Najibullah）出任人民民主党总书记；同年12月，纳吉布拉被任命为革命委员会主席；第二年，担任了阿富汗总统。1987年11月30日，纳吉布拉政府制定了新宪法，同年12月，阿富汗改名为阿富汗共和国。

苏联的入侵给阿富汗国家和人民造成了极大的破坏，大批难民外逃。截至1987年，生活在境外的阿富汗难民多达600万，占当时全国人口的三分之一。[③]1988年4月14日，在联合国秘书长德奎利亚尔的主持下，苏联、美国、阿富汗喀布尔政权和巴基斯坦四国外长在日内瓦签署了政治解决阿富汗问题的协议。协议规定，苏军从1988年5月15日起，在9个月内全部撤出阿富汗；要求巴基斯坦和阿富汗喀布尔政权互不干涉内政；阿富汗难民自愿返回家园；由美、

① 刘温国、郭辉：《强弩之末：前苏联入侵阿富汗秘闻》，第13页。

② 同上书，第16页。

③ 肖宪：《阿富汗的难民问题》，《西亚非洲》2002年第2期，第11页。

苏对阿富汗提供国际保护。1989年2月15日，苏军按照协议规定全部撤出了阿富汗。

苏联撤军以后，阿富汗各派抵抗组织开始了争权夺利的斗争，武装斗争迅速发展为全面内战。1991年苏联解体，阿富汗纳吉布拉政府失去了外部的支持，1992年4月28日，阿富汗游击队进入喀布尔，推翻了纳吉布拉政权。在经历激烈讨论和讨价还价之后，各派武装组成了联合政府，宣告成立阿富汗伊斯兰国（The Islamic State of Afghanistan），首都喀布尔。1992年6月政府颁布了新宪法。

在苏联入侵阿富汗期间，阿富汗不仅成为美苏冷战的热点，而且成为大国角斗的场所。阿富汗各派抵抗组织分别得到了西方国家和伊斯兰国家的支持。其中，七党联盟得到了美国、巴基斯坦和沙特的援助；八党联盟得到了伊朗的援助。1989年苏联撤军，为了消除俄罗斯和伊朗在阿富汗的影响，美国和巴基斯坦继续支持普什图族的伊斯兰党，沙特也加入了美巴阵线。随着“冷战”结束和中亚国家独立，苏联入侵期间形成的大国对峙格局进一步复杂化。

1994年，阿富汗反政府组织塔利班崛起，阿富汗内战再起。国内各派力量为了阻挡塔利班咄咄逼人的攻势，结成了北方联盟。到2001年10月，北方联盟与塔利班的内战持续了五年有余，使阿富汗人民再次生活于战火与硝烟之中。

第二节 政治

阿富汗是中亚西南部的内陆国家，国土总面积为647250平方公里。[①] 苏联解体以前，阿富汗北邻苏联的土库曼、乌兹别克、塔吉克共和国，东南与巴基斯坦毗邻，西南与伊朗交界，东北部凸出的狭长地带与中国接壤。

---

① 《阿富汗的经济情况简介》,《财经研究》1959年第1期，第47页。

50年代，阿富汗人口有1200万。[1]阿富汗是多民族聚居地，国内第一大民族是普什图人，普什图人主要居住在阿富汗东部和南部，其中，最大的两支部落是杜兰尼和吉尔查依。历史文献上的“阿富汗人”指的就是普什图人。普什图人使用普什图语，普什图语也称阿富汗语，属印欧语系东伊朗语支，1936年定为阿富汗第二官方语言。第二大民族是塔吉克人，约占总人口的25%（或30%），主要分布在与塔吉克共和国毗连的阿富汗东北部，此外在加兹尼南部、坎大哈中部、赫拉特等地也相对集中，塔吉克族人使用达里语（属波斯语），1964年宪法规定达里语为第一官方语言。阿富汗的第三大民族是哈扎拉族，约占总人口的15%—20%，集中分布在阿富汗中部的巴米扬、塔加卜一带。其他较大的民族还有乌兹别克族，占6%—9%，主要分布在北部马扎里沙里夫、席巴尔干、迈马纳等东西狭长地带；土库曼族集中分布在北部靠近土库曼和乌兹别克边界一带；努里斯坦族分布在阿富汗东部；俾路支族分布在阿富汗西南部。

从1919年独立到1964年，阿富汗先后颁布了4部宪法。1923年，阿富汗国王阿曼努拉颁布了阿富汗第一部宪法，希望以土耳其国家为原型将阿富汗建设成一个现代的资产阶级君主立宪国。此后，阿富汗先后颁布了1931年宪法、1964年宪法[2]和1977年宪法。三部宪法反映了阿富汗国家从政教合一走向政教分离的世俗国家的历史过程。

阿富汗是一个伊斯兰国家，有99%的居民信仰伊斯兰教，从教派归属上看，大约有89%的居民属逊尼派，10%属什叶派，另有1%属其他教派。[3]1923年宪法规定了阿富汗国家政教合一的性质：神圣的伊斯兰教是阿富汗的国教（第2条）。[4]1931年宪法第一条

---

① 《阿富汗的经济情况简介》，《财经研究》1959年第1期，第47页。

② 由于历法换算原因，阿富汗官方称1964年宪法为1963年宪法。

③ 傅小强：《阿富汗民族宗教概况》，《国际资料信息》2002年第12期，第19页。

④ http://www.afghangovernment.com/Constitution1923.htm:The religion of Afghanistan is the sacred religion of Islam.

也规定，阿富汗的信仰是神圣的伊斯兰教，伊斯兰教逊尼派哈乃斐教法学派是阿富汗的官方宗教。此条规定排除了什叶派以及逊尼派其他教法学派的合法地位。此外，1931 年宪法在确定法律诉讼将依据逊尼派哈乃斐教法学派裁决的同时，做出如下规定："各级司法部门及其权力将由基本组织法予以确定"。基本组织法地位的确定促进了司法制度世俗化。1964 年宪法的有些条款规定了国家政教分离的性质。1964 年宪法虽然也有伊斯兰教是阿富汗的神圣宗教（第 2 条），阿富汗国王必须属于伊斯兰教哈乃斐教法学派（第 8 条）[①]等规定，但是，宪法明确规定了世俗立法和司法高于宗教立法与司法的原则。其中，第 69 条规定：议案一旦被两院通过，并由国王签署，即可成为法律；在世俗法未涉及的领域，伊斯兰教哈乃斐教法学派的解释才能被视为法律。[②]第 102 条规定：法院审理案件应当按照国家的宪法和法律条款进行。当宪法或法律中不存在相关条款时，再按照伊斯兰教哈乃斐教法学派进行审理。[③]1964 年宪法初步确立了政教分离、司法和宗教分离的世俗化原则。阿富汗最终选择了政教分离的世俗主义，以宪法的形式排除了伊斯兰教在政治社会中的至高地位。

1923 年、1931 年和 1964 年三部宪法体现了阿富汗国家从君主专制走向君主立宪制的历史过程。

1923 年宪法规定设立具有议会雏形的国务议事会和地方议事会，1928 年 9 月，阿富汗根据 1923 年宪法选举产生了第一届国务

---

① http://www.afghangovernment.com/Constitution1963.htm:The king shall be an afghan national, a muslim and a follower or the hanafi doctrine.

② Excepting the conditions for which specific provisions have been made in this constitution, a law is a resolution passed by both houses, and signed by the king. In the area where no such law exists the provisions of the Hanafi jurisprudence of the shariaat of islam shall be considered as law.

③ The courts in the cases under their consideration shall apply the provisions of this constitution and the laws of the state.Whenever no provision exists in the constitution or the laws for a case under consideration, the court shall,by following the basic principles of the Hanafi jurisprudence of the shariaat of Islam and withen the procisions set forth in this anstitution, render a decision that in their opinion secures justice in the best possible way.

议事会，下设立法会议。国务议事会的设立从理论上说是试图对王权进行某些限制，但实际上国务议事会和地方议事会只起到咨询的职能。首先，国王的立法权没有受到限制。国王有制定法律的权力，批准公共法律、颁布和保护公共法律和萨里亚法的权力，国务议事会可以向国王和王室提供咨询性建议。其次，国王具有绝对的行政权。1923 年宪法规定：国家行政事务由国王领导的大臣会议负责，大臣会议成员由国王挑选和任命，国王担任大臣会议主席（第 25 条）。大臣会议的职能是负责草拟内外政策，所有的决定、条约和协定都必须经国王批准才能生效（第 29 条）。最后，国王掌握国家武装权，国王是阿富汗武装力量的总司令。

1931 年宪法发展了君主立宪制。首先，宪法规定了议会的结构和立法方面的职能。原来由国王操纵的国务议事会被中央的国民议会（下院）和贵族院（上院）两院制议会取代。与国务议事会相比，国民议会不只是咨询机构，还有如下一些权力：有权讨论和批准内阁各部门提交的法案；有权审查和通过国家预算；批准国内外专卖权、条约协定和贷款；有权对政府的政策发表意见；有权质询内阁。贵族院的职能相对弱化，仅限于咨询和辅助王权。然而，1931 年宪法没有明文规定国民议会具有立法权，内阁成员和国王成为立法的来源之一。如宪法规定：国民议会休会时，国王可以政府名义发布皇家法令；宪法第 51 条规定：内阁成员可以就其相关领域提出法律建议。因此，一直到第二次世界大战期间，国民议会和贵族院在大多数情况下只是认可或通过内阁提出法律议案。

其次，1931 年宪法改变了统治权和行政权合一的体制，削弱了国王的行政权。宪法规定：中央行政机构中设立首相一职，首相是中央行政机构的领导。宪法第 73—83 条规定：部长由首相挑选，由国王任命；部长在首相领导下负责政府行政工作；各部部长在涉及政府基本政策时，对国民议会负责，在涉及部门具体政策时对各部负责。到 20 世纪 50 年代后期，阿富汗已有外交、国防、内务、财政、工矿、商业、农业、公共工程、计划、交通、教育、公共卫生

等部，以及新闻出版署和部落事务署。

最后，宪法对国王的继承权作了限制。宪法第 5 条规定：“阿富汗王位过渡给纳第尔沙国王家族，……王位的继承将根据国王陛下和阿富汗人民的选择而定。”

第二次世界大战结束之后，阿富汗曾进行了自由主义议会的试验，企图发挥 1931 年宪法所赋予议会的作用。1949 年初，阿富汗举行了历史上第一次自由的议会选举，并产生了新议会，然而，由于该运动的激进化发展，1952 年被政府镇压。

1964 年，阿富汗通过新宪法。1964 年宪法进一步确立了君主立宪制原则，第一次体现了君主立宪制的原则和精神。1964 年宪法也设立了两院制议会，名称改为人民院和长老院。人民院议员由人民通过自由、普遍、匿名直接选举产生（第 43 条），任期 4 年（第 44 条），人民院议长从人民院议员中选举产生（第 60 条）。长老院议员有三分之一由国王任命，任期五年，另外三分之二的议员经选举产生，长老院议长由国王从长老院成员中任命。

人民院的独立性和权力进一步加强。宪法第 74 条和第 75 条规定，人民院在行使立法方面高于长老院。第 65 条规定政府对人民院负责。第 66—68 条规定，人民院可以就一些具体问题质询政府（或部长），然后决定是否讨论政府（部长）的解释，还可以调查政府行为。第 47 条规定，现任中央政府首脑和成员、军队官员和成员、行政部门官员和成员不能担任两院议员。

1964 年宪法规定设立地方议事会（州议事会和市议事会），州议事会成员和市议事会成员均由各州居民通过自由、普遍、直接和匿名的选举产生；省议事会议长从议事会成员中选举产生。

1964 年宪法赋予议会立法权。宪法规定：议员可以向议会提出议案，议会首次成为立法来源之一。此外，政府、法院和国王也是立法来源之一，涉及预算和财政方面的议案只能由政府提出，涉及司法行政管理方面的议案可以由最高法院提出。在议会休会和解散时，政府可以就紧急问题发布条令，经国王签署后即可成为法律。

1964年宪法在司法上的重大改革是进一步加强了世俗司法体系，强调了司法的独立性，体现了司法与立法和行政机构的分立与制衡的原则。1964年宪法规定设立检察院和首席检察官，负责调查犯罪和提出法律诉讼，检察院成为独立于司法体系之外的一个行政机构。

1964年宪法首次规定，阿富汗公民享有集会、结社、组织政党等各项民主参政的权利。宪法规定了组织政党的条件，条件是，政党的目标和活动不能与宪法的宗旨相违背。

1964年宪法之后，阿富汗成立了一些政治和宗教组织。1965年，人民民主党创建，到1978年有党员5000人。1979年，人民民主党掌握了国家政权，为了扩大政权基础，积极发展党员，政府强迫政府部门的工作人员、武装部队的军官入党，到1985年已经有党员10万余人。[①]

1969年，伊斯兰党成立，伊斯兰党主张建立伊斯兰共和国。该党主席古勒布丁·希克马蒂亚早年在喀布尔大学学习工程学，在普什图族人民中有较高的威望，被认为是“拯救伊斯兰的英雄”。在苏军入侵期间，伊斯兰党多次发表声明，誓与苏联侵略军战斗到底，并表示在苏联全面撤军之前坚决反对任何形式的“政治解决”方案。伊斯兰党组织集中在巴达赫尚、塔哈尔、昆都士、巴格兰和萨曼甘等北部省份，以及西部的赫拉特和中部的巴米扬、古尔、乌鲁兹甘等省。

1970年，伊斯兰统一党成立，主席贝赫什提曾在喀布尔大学神学院任教，成员主要是信仰伊斯兰教什叶派哈扎拉族人。伊斯兰统一党的活动范围在阿富汗中部和北部，在中部哈扎拉族聚居区势力强大，曾建立过自治组织，苏军一直未敢深入到这一地区。

1972年，伊斯兰组织成立，领导者伯哈努丁·拉巴尼曾在喀布

---

① 刘靖华、肖克：《苏联在阿富汗的“苏联化”政策与政治解决阿富汗问题的前景》，《世界经济与政治》1987年第2期，第51页。

尔大学任教，成员主要是塔吉克族人，势力集中在阿富汗东北部。在苏军入侵期间，该党抗苏坚决，反对苏联扶持的卡尔迈勒政权。该党与巴基斯坦的伊斯兰促进会有很深的渊源关系，并得到伊朗的支持。

1978—1979年，伊斯兰全国阵线成立，它是一个地区性的联合组织。该组织的大多数成员受过西方教育，主张吸收西方文化，赞成“民主”、“自由选举”。它是“世俗组织”中力量最大的一个，该组织的许多支持者是旧王朝的军政官员，与前国王查希尔有着密切联系，此外，阿富汗南部普什图地区农民也是该组织的有力支持者。1978年“四月革命”以后，领袖者赛义德·艾哈歇伲·盖拉尼流亡巴基斯坦，在白沙瓦组织反对塔拉基亲苏政权的活动。该组织多次声明决心同苏军作战到底，决不妥协。在“政治解决”阿富汗问题上，该党的态度是：在进行武装斗争的同时，可以考虑政治解决的办法。

1979年，由几个宗教组织合并成立了民族解放阵线，领导者西卜加图拉·穆加迪迪出身阿富汗的名门望族，在政治上有较大的势力。穆加迪迪曾任教于丹麦哥本哈根大学，1978年10月到白沙瓦，担任了该组织的领袖。民族解放阵线的活动主要集中在阿富汗南部和东南部的普什图人居住区，在重大问题上常常与伊斯兰全国阵线采取一致行动。

在阿富汗历史中，部族和部落长期起着重要作用。部落领袖具有很大的社会影响力，部族的习惯法也更具权威性。为此，阿富汗中央政府很难实施有效的行政管理，对各地的统治显得苍白无力，政府的职能主要在村庄一级体现。

第三节　社会经济与文化

阿富汗是一个内陆国家，境内除北部平原及西南沙漠地区外，

全国五分之四的土地是两千米以上的高山，有“亚洲的瑞士”之称。[①]古代阿富汗是东西方贸易的通道，赫拉特、坎大哈、加兹尼曾经都是繁荣的商业城市。海路开辟以后，阿富汗和中亚的其他地区一样丧失了主要陆路交通的作用，经济逐渐衰退。在19世纪殖民主义列强瓜分亚洲之时，阿富汗成为英国的半殖民地。由于长期战争，阿富汗工农业都未得到正常发展，近代以来，阿富汗成为经济落后的国家。

阿富汗经济主要依赖农业和畜牧业。50年代，阿富汗人口中的80%从事农牧业。[②]畜牧业在阿富汗占有重要地位，全国有100万—200万人过游牧畜牧生活，这一数字在全国人口中占有很大的比重。[③]主要畜牧产品是肥尾羊、牛、山羊，50年代末，全国约有羊2000万头（其中著名的紫羔羊400万头），牛200万头，役畜240万头，骆驼40万头。[④]

由于高山和沙漠居多，阿富汗耕地不到全国土地总面积的3%。[⑤]小麦是主要作物，播种面积占耕地的一半。[⑥]除小麦外，农作物主要有棉花、甜菜、油料作物、烟草，以及果树培植。阿富汗是中亚荒漠化最严重的地区之一，这给农业的发展带来了困难。

阿富汗独立以后，政府对经济的发展也曾有过长期规划。50年代中期，政府开始实施发展国民经济的五年计划，从1956年1月开始实行第一个五年计划（1956/1957—1960/1961）。第一个五年计划的重点是发展农牧业。

以农牧业为首要发展目标是根据阿富汗国家的实际情况决定的。阿富汗首相达乌德在公布五年计划时指出：“阿富汗的社会与地理情

① 《阿富汗的经济情况简介》，《财经研究》1959年第1期，第47页。
② 同上。
③ 同上。
④ 同上。
⑤ 同上。
⑥ 同上。

况要求阿富汗的经济进步必须走发展农业的道路，其主要理由是阿富汗有辽阔的适合于耕植的土地，有众多的适合于农业劳动的人口，缺乏建设资金及技术人员、发展农业只需众多的人力和少量的钱。另一方面，目前我们商业平衡、外币支付要依靠出口农牧业产品的收入，发展农牧业的结果将使外汇收入增加，以便换取工业设备来发展经济。"[①]

促进农业发展的主要措施是兴修水利、增加灌溉系统，扩大种植面积。政府打算兴修两条运河、6个水坝，使耕地面积到1960年增加为126万阿亩（约合25.18万公顷）。[②]然而，由于政局不稳定和资金缺乏等原因，阿富汗经济建设的一些目标未能完成，如由美国摩里逊—努得逊公司承包（1946）的利用赫尔曼德河水的灌溉和水电工程，计划三年完成，而实际上十多年都未完成。[③]

70年代，人民民主党执政以后，政府在农村开始了土地改革。到1979年，分给农民的土地只占已耕地面积的4%—6%，分得土地的农户只占全国农户总数的8%。[④]阿富汗的土地改革是不彻底的。苏军入侵阿富汗以后，卡尔迈勒政府继续进行土地改革，1981年，政府出台了"土改第二阶段计划"，但在此计划中，没有条文说明土地分配工作是否在尚未开始"土改"地区继续进行，实际上，土地改革由于战争而无法进行下去。

在土地改革的同时，阿富汗政府开始组织农业合作社。1979年4月，政府将分得土地的22.4万户农民中的10万户组织进了764个合作社。[⑤]在实行农业合作社的过程中，由于操之过急，引起了农民的不满。

苏军的入侵给阿富汗农业带来了极大的破坏。入侵初期，苏联

---

① 张俊：《阿富汗的第一个五年计划》，《世界知识》1957年第14期，第17页。

② 同上。

③ 该计划拖了11年还未完成，除了3950万美元的美国货款之外，阿富汗贴补了几千万美元，见冯培：《真援助和假援助》，《世界知识》1957年第9期，第23页。

④ 花开琼：《处于困境的阿富汗卡尔迈勒政权》，《西亚非洲》1983年第1期，第46页。

⑤ 同上文，第45页。

飞机大炮的狂轰滥炸毁坏了相当一部分水利设施，导致田园荒芜。以后，苏联及其扶持的阿富汗政府为了尽快镇压阿富汗人民的抵抗运动组织，他们在抵抗运动活跃的地区实行“焦土政策”，阿富汗农村各种基础设施遭到严重破坏，有的省半数土地无人耕种。80 年代，苏联在贾拉拉巴德市郊援建的两个国营农场，国营农场主要种植柑橘和橄榄，产品的五分之四供苏联国内所需。①

此外，罂粟的种植也使粮食播种面积缩减。苏联占领期间，与苏军及政府作战的大多数抵抗组织参与了毒品贸易，以换取武器。到 70—80 年代，“几乎所有的阿富汗人不同程度地卷入毒品活动中”。游击队、农民、犯罪组织成员都加入到罂粟的生产及走私行列。据联合国麻管局 1990 年调查，阿富汗农民的鸦片收入是水果和蔬菜收入的 7 倍。② 从 1991 年起，阿富汗的鸦片成为大多数人生存的依据。③1994 年，占世界 40% 的鸦片生长在阿富汗赫尔曼德河谷地区，位于阿富汗西南与伊朗、巴基斯坦接壤处，是金新月的一个组成部分。④

阿富汗粮食主要依赖进口。1981 年，仅从苏联就进口 21.5 万吨小麦，1982 年上半年从苏联、印度进口 30 万吨粮食。⑤ 从 1981 年年初起，政府对粮食销售实行配给制，在市场上禁止自由出售面粉和大米；1982 年 10 月，又严格规定了小麦每天的销售量和每公斤的售价。⑥

1989 年苏联撤军，抵抗运动的各支武装力量为了争夺权力，战火再起。对于领地与政权的争夺使得交战各方经常炸桥、断路、设障。为了防止敌人进犯。他们在势力范围的边缘地区埋下大量地雷。现在阿富汗境内 11% 的土地上还埋有约 1000 万枚地雷，这些地方没

---

① 渔耕：《阿富汗：受损害的经济》，《世界知识》1982 年第 24 期，第 10 页。
② 陶颖、张金山：《巴基斯坦和阿富汗的毒品政治》，《南亚研究季刊》2000 年第 1 期，第 68 页。
③ 同上。
④ 同上文，第 67 页。
⑤ 渔耕：《阿富汗：受损害的经济》，《世界知识》1982 年第 24 期，第 10 页。
⑥ 同上。

人敢涉足，任由土地荒废。[①]

与农牧业一样，近代阿富汗的工业也没有得到发展。在第一个五年计划中，阿富汗政府将工业的发展放在第二位，注意发展交通运输、工业等重工业。计划的总投资额为49800万美元，其中水利工程占7113.3万，矿业占7000万，道路占6900万，工业占383100万美元。[②]在1954—1959年，苏联总共向阿富汗提供了2.46亿美元的援助。[③]在1963—1972年，苏联经援约为4.76亿美元，居阿富汗外援的第一。[④]在此期间，苏联援建的项目有：阿富汗北部石油和天然气的勘探及测绘、喀布尔沥青混凝土工厂、喀布尔詹格拉克汽车修理厂、阿富汗最大的纳格卢水电站和达伦塔水电站、阿富汗第二大水利工程楠格哈尔。

阿富汗矿藏资源较为丰富，目前已探明的资源主要有天然气、煤、盐、铬、铁、铜、云母及绿宝石等。已探明阿富汗首都喀布尔南部的埃伊纳克铜矿矿石储量约7亿吨，铜金属总量达1133万吨，据估计可能是世界第3大铜矿带。阿富汗还可能拥有全球第5大铁矿脉，7300万吨煤。[⑤]1961，阿富汗中部发现哈吉噶克地区赤铁矿矿床，估算铁矿石储量超过20亿吨，含铁量平均为62%。[⑥]由于资金的缺乏，阿富汗的丰富矿藏没有得到有效的开发，真正的开发是在苏联入侵以后，由苏联投资进行的。

80年代，阿富汗开始了矿藏开发。1985年，苏联投资6亿美元的最大项目埃伊纳克铜矿（在鲁格尔省）投产，产品将作为重要的战略物资运往苏联。[⑦]到1991年，煤的产量计划翻一番，达到3.7

---

① 新亚：《阿富汗面临严重生态危机》，《沿海环境》2002年第2期，第5页。

② 《阿富汗的经济情况简介》，《财经研究》1959年第1期，第47页。

③ 黄民兴：《近现代时期的阿富汗中立外交》，《西亚非洲》2002年第4期，第48页。

④ 同上。

⑤ 中华人民共和国外交部：2009年1月，阿富汗国家概况。

⑥ J. Bouladon, A. F. DeLapparent, 梅厚钧：《阿富汗哈吉噶克铁矿》，《地球与环境》1976年第6期，第7页。

⑦ 渔耕：《阿富汗：受损害的经济》，《世界知识》1982年第24期，第10页。

万吨。在赫拉特省，重晶石在计划的时间内将投入生产。在塔哈尔省，盐矿的开发，天青石的探测也在进行之中。阿富汗矿产大多数用以偿付苏联和经互会的债务。①

80年代以后，阿富汗天然气田的开发和输气管的建设成为国家的重点项目。据阿富汗1986—1991年的发展规划，气体冷凝物的提取量每年达6000吨，阿富汗北部新的炼油厂完工，天然气由此成为阿富汗的主要出口产品。苏联帮助开采的天然气，大约90%输往苏联，用来还债。②此外，苏联援建了年产10万吨化肥的马查尔化肥厂，产量的80%（8万吨）被运往苏联抵债。③

由于高山地势，交通是阿富汗国民经济发展的主要障碍，阿富汗政府将发展交通运输作为第一个五年计划的又一个重点，在交通方面的投资为157483万阿富汗尼，占总投资的23.73%。④

阿富汗通往邻国的交通公路线有三条：从阿富汗西部城市赫拉特通往伊朗；从首都喀布尔通往苏联乌兹别克共和国的帖尔穆兹；从喀布尔通往巴基斯坦北部城市白沙瓦。通往白沙瓦的线路在50年代正常通行的情况下需要20—30天，在阿巴两国发生普什图尼斯坦问题期间曾于1955年中断。⑤阿巴公路是阿富汗对外贸易的主要通道，阿富汗的大宗出口产品水果靠这条公路销往印巴。第一个五年计划采取的主要措施是修建和扩建阿巴公路，以及喀布尔与乌兹别克共和国之间的公路。

除公路外，阿富汗交通运输还依靠航空。1955年，阿富汗成立了航空公司，开始了空中运输。第一个五年计划采取的主要措施是在喀布尔及坎大哈建飞机场，新建赫拉特、马扎里沙里夫、卡他甘三个飞机场。⑥

---

① 《阿富汗矿业加速发展》，《国外金属矿选矿》1987年第1期，第38页。

② 渔耕：《阿富汗：受损害的经济》，《世界知识》1982年第24期，第10页。

③ 同上。

④ 张俊：《阿富汗的第一个五年计划》，《世界知识》1957年第14期，第17页。

⑤ 《阿富汗的经济情况简介》，《财经研究》1959年第1期，第48页。

⑥ 张俊：《阿富汗的第一个五年计划》，《世界知识》1957年第14期，第17页。

长期的战争使阿富汗交通遭到破坏，截至20世纪90年代，大约已有2000公里的高等级公里，3000公里的次等级公里以及近300座桥梁遭到破坏。[①]在交通建设中，苏联对阿富汗的援助项目有：穿越兴都库什山、工程浩大的喀布尔基齐公路；库什卡—赫拉特—坎大哈（Kandahar）公路，它把苏联边城库什卡（在今土库曼斯坦境内）与阿富汗西部城市赫拉特和东南部城市坎大哈联系起来。

阿富汗轻工业基础很差，主要是纺织、地毯编织、熟皮、制糖和农产品等加工工业。卡尔迈勒政府在工商业中提倡私有化。卡尔迈勒声称："我们的责任不是实行社会主义。"政府退还了"非法没收"的资金和股份，允许私商在国家管制下与外国公司建立直接联系并降低了关税。为了鼓励私营企业开展业务，政府已将国家控制的20家进口公司交给私商。[②]

在对外贸易中，苏联是阿富汗的第一大贸易伙伴。1979年，两国贸易总额尚不足2亿美元，到1982年，可能要超过10亿美元，增长5倍多。[③]苏联廉价进口阿富汗矿产资源和农畜产品，高价向阿富汗推销质量低劣的工业产品和技术。

20世纪20—70年代，阿富汗政府致力于促进文化教育的发展。1925年，阿富汗广播电台成立，用9种语言对外广播。1978年，阿富汗电视台建立，用波斯语、普什图语播放节目。

1931年，政府开始普及义务教育，男女儿童都得入学读书。1946年，国家创建了最高学府喀布尔大学。1959年，废除妇女外出必须戴面纱的法律，到70年代后期，大学校园里能看到身穿超短裙、牛仔裤的女学生。在喀布尔市，1960—1978年妇女识字率翻了一番。[④]

然而，1979年苏军入侵以后，战争导致阿富汗国民教育体制的

---

① 阿卜杜拉等：《阿富汗公路和城市桥梁的发展与特点》，《中外公路》2015年第2期。

② 扎勒迈·哈利勒扎德：《苏联统治阿富汗的手法种种》，《西亚非洲》1981年第4期，第24页。

③ 渔耕：《阿富汗：受损害的经济》，《世界知识》1982年第24期，第10页。

④ 《阿富汗妇女生活现状》，《科技潮》1999年第7期，第105页。

崩溃，成长中的年轻一代被迫废弃学业，1980 年以后出生的大部分青少年根本就没有受过正式的学校教育。[①] 在 1978 年到 1990 年期间，大约 3 万名教师中的一半被迫离开了教师行业；许多人被招募当兵参战，或者作为难民逃离家园，或者被杀害了。[②]

苏联入侵期间（1979—1989），有 3 万至 4 万阿富汗青年被送到苏联上学，回国后，他们被安排在政府重要部门任职。此外，苏联还将大批阿富汗儿童送到苏联学习，让他们从小接受苏联式的教育和培养。1987 年左右，在苏联学习的 12—16 岁的青少年有 2 万多人，15 岁以下的儿童，有 1 万人左右，其中大部分要在苏联待十年，他们大都是“战争孤儿”。[③]

1971 年，阿富汗被联合国列为最不发达的国家之一。[④] 阿富汗经济不发达的原因首先是政局动荡、战乱不止，几十年来，阿富汗从未获得丝毫的喘息机会。连年的战争使阿富汗全国约三分之一的人口因战乱而流离失所[⑤]，到处流浪；数百万人生活无着，只能靠着世界粮食署的救济度日；逃往巴基斯坦和伊朗的难民一度高达 600 万人。[⑥] 其次，阿富汗基础设施薄弱，资金严重不足，使经济起步有很大困难。

---

① 赵春珍、龚伟编译：《孰先孰后？——阿富汗教育的两难境地》，《当代世界》2002 年第 6 期，第 31 页。

② 同上文，第 32 页。

③ 刘靖华、肖克：《苏联在阿富汗的“苏联化”政策与政治解决阿富汗问题的前景》，《世界经济与政治》1987 年第 2 期，第 51 页。

④ 新亚：《阿富汗面临严重生态危机》，《沿海环境》2002 年第 2 期，第 4 页。

⑤ 杨声威：《毒品——阿富汗内战的怪胎》，《国际展望》2000 年第 12 期，第 10 页。

⑥ 同上。

第八章

内外关系

苏联成立条约和以后的三部宪法（1924年、1936年、1977年）赋予了苏联各加盟共和国国家主权的地位，然而，在实践中，苏联实行的是高度的中央集权，联盟中央与加盟共和国之间实际成为中央与地方政府的关系。在对外关系中，中亚五国没有直接与其他国家建立外交关系的权力，因此，中亚五国与中国的关系实际上是中苏关系的一部分；在60年代之前，中苏之间关系友好，60年代以后，中苏友好关系破裂，两国在边界、苏侨等问题上发生了多次冲突；80年代后期，中苏关系开始朝着好的方向发展。阿富汗实施中立外交政策，二战结束以前，阿富汗的中立外交成功地维护了国家独立，为国内经济的发展和军队的现代化建设争取到一定的援助；二战以后，在美苏冷战中，阿富汗放弃中立外交投靠了苏联。

第一节　中亚五国与联盟中央的关系

1922年12月30日，第一次全俄苏维埃社会主义共和国联盟代表大会召开，苏维埃社会主义共和国联盟成立。成立宣言规定：

联盟是“既能保证外部的安全和内部的经济繁荣，又能保证各族人民的民族发展的自由”的国家，“联盟是各平等民族的自愿联合，保证每个共和国有自由退出联盟的权力”。苏联时期颁布的三部宪法（1924、1936、1977）赋予了苏联各加盟共和国的主权地位，联盟中央与加盟共和国之间实行分权制。按 1924 年宪法的规定，苏联是各主权苏维埃共和国联合的联盟国家，每一个加盟共和国均独立行使自己的国家权力。其中，第二章第四条规定：每一个加盟共和国均保有自由退出联盟的权利；第二章第六条规定：各加盟共和国的疆域，非经该共和国同意，不得变更。[①]然而，近 70 年的实践证明，苏联中央违背了联盟成立宣言和宪法赋予各加盟共和国的权利。

实际上，联盟不断以法律的形式加强中央政权。1924 年宪法开始表现出中央集权的倾向。1924 年宪法在 1918 年宪法的基础上增加如下新内容：规定各加盟共和国依据苏联宪法原则制定自己的宪法；规定了各加盟共和国的最高国家机关体系和行政管理体系；规定外交往来及对外贸易，宣战及媾和，组织和领导武装力量等职权由苏联最高行政机关行使。

1936 年宪法赋予了共产党领导国家权力机关和国家行政机关的合法性。联共（布）中央对苏维埃和人民委员会的领导，联共（布）中央对加盟共和国党中央的领导，联盟中央行政机关对加盟共和国行政机关的领导，都获得了宪法的确认。[②]1936 年以后，联邦制原则实际已经遭到破坏，加盟共和国的独立主权地位丧失，中央高度集权的体制形成。

1977 年宪法在形式上仍然赋予加盟共和国一些自主权。1977 宪法虽然有“苏联法律在各加盟共和国境内具有同等效力”的规定[③]，

① 北京大学法律系宪法教研室、资料室编：《宪法资料选编》第 5 辑，第 185 页。
② 沈宗武：《苏联（俄罗斯）修改宪法的漫漫征程论析》，《学术探索》2004 年第 5 期，第 86 页。
③ 1977 年宪法第 74 条。

但也有“加盟共和国有符合苏联宪法并考虑到共和国特点的自己的宪法”[①]的规定。

俄罗斯学者希什金指出：“形式上，这种统一是按照列宁的建议作为联邦制的共和国联盟建立的。实际上，新建立的多民族国家的一些最高政权机关和管理机关的几乎不受限制的权力（后来又由1923—1924年法律文件的加强）、对加入联盟的各民族共和国政治主权的实际损害、在解决许多经济和社会发展问题时它们受到限制的和不平等的地位，从一开始就让这个实际上‘自上而下’建立的联盟快速转变为集中制的官僚的单一集团，带有强大的垂直管理体系的鲜明特征。”[②]

1924年以后，苏联逐步向中央集权的单一制国家转变，加盟或自治共和国的政治、经济、军事、外交等诸方面都没有完整的主权。

第一，加盟共和国对构成国家主权的根本要素之一的领土没有发言权，中亚各加盟共和国的疆界随联盟中央意志发生变动。50—60年代，为了增加棉花种植，中央政府把哈萨克共和国南部适宜棉花种植的10500平方公里的领土划给乌兹别克共和国，然后又把乌兹别克共和国500平方公里的领土划给塔吉克共和国。1963年1月，根据联盟中央政府的安排，哈萨克共和国再次让出4.09万平方公里的土地，乌兹别克共和国得到了4.07万平方公里，土库曼共和国和塔吉克共和国各得100平方公里。[③]对中亚各加盟共和国领土的调整工作直到20世纪70年代初期还在进行。对于联盟中央任意改变加盟共和国领土的做法，吉尔吉斯法律学家努尔别科夫曾经撰文指出，对共和国边界进行任何强制改变都应视为“吞并”和“侵略行径”，是对民族自决原则的“践踏”。[④]

---

① 1977年宪法第76条。

② 张盛发：《苏联解体原因再探》，《俄罗斯研究》2001年第4期，第22页。

③《新华月报》1961年第12期，第166页，转引自丁笃本：《中亚通史》（现代卷），第289页。

④ 郑志：《勃列日涅夫上台以来非俄罗斯民族反抗斗争记要（1964年12月至1980年1月）》，《苏联历史问题译丛》1980年第5辑，第127—128页，转引自丁笃本：《中亚通史》（现代卷），第338页。

第二，中亚加盟共和国没有国家机器中最重要的组成部分——军队，保障国家安全的武装力量属苏联中央控制，除非与联盟中央统一，否则，共和国没有调动军队的权力。

第三，中亚加盟共和国在国家机器中没有充分的行政权。按1977年宪法规定，加盟共和国有行政权，可以规定自己的边疆区、州、专区和区的划分并解决行政区域结构方面问题的权力。[①] 然而，中亚各加盟共和国行政区的划分由联盟中央决定，如卡拉卡尔帕克自治州（以后为自治共和国）按联盟中央的意志先后隶属于吉尔吉斯（哈）自治共和国、俄罗斯联邦、乌兹别克共和国。

中亚加盟共和国没有决定自己领导人的权力，每一个共和国共产党领导机关和国家政权机关的成员表面上由共和国选举产生，实际上由联盟中央任免，起码也要得到联盟中央的认可。共和国共产党中央机关的第一把手由当地民族党员干部担任，第二把手由俄罗斯人党员干部担任。共和国各州、区（市）两级地方党政机构的情况也差不多，多数州、区党委第一书记由本地民族党员担任，第二书记由俄罗斯人担任。共和国政权机关的安排与共产党中央领导人的安排大体相同。由当地人出任主要负责人，他的副手中必定有一两个俄罗斯人。最高权力机关最高苏维埃主席团的主席由当地人担任，他的两三名副主席中至少有一名俄罗斯人。在最高执行机关部长会议中，主席是当地民族干部，俄罗斯人担任副主席，而且往往是第一副主席。在部长会议下属各部中，有一类部只有联盟部长会议才设立，如重工业部、外贸部、邮电部、交通部等，各共和国虽然设立了外交部和国防部，不过纯粹是摆设，国家安全部各职位都由俄罗斯人担任。当地人担任第一把手体现了民族自治，俄罗斯人当二把手，起到有效的监督作用。哈萨克共和国在苏联有着重要意义，在赫鲁晓夫时期，哈萨克共和国党中央第一书记中，勃列日涅夫、雅科夫列夫、别利亚耶夫都是俄罗斯人。

除了共和国领导者的任免外，联盟中央还可以审判和处置共和

---

① 1977年宪法第79条。

国的最高领导人。1928 年以后，中亚一些共和国的领导人为了维持自治，与中央政府发生冲突，结果这些领导人遭到苏联党中央的“清洗”。哈萨克共和国领导人在游牧民转为定居、消灭有产阶级等一系列问题上与苏联中央发生分歧，1928 年 4 月，他们作为“资产阶级民族主义者”几乎全部被肃清。在乌兹别克共和国，乌共第一书记阿克马尔·伊克拉姆·奥格赫里因反对苏联政府追求棉花增产，被要求到莫斯科接受公审，在公审中被判“托洛茨基右派集团罪”而遭到枪决。1933 年，塔吉克共和国主席纳斯拉图拉赫·马克苏姆、共和国总理阿卜杜拉希姆·哈吉贝扎德被苏共中央委员会指责缺乏警惕，要承担农业失败的责任，还被控怀有民族沙文主义和反俄罗斯情绪，两人被免职。1937 年，塔吉克共和国主席索特马尔和总理拉希姆吉贝扎德被指责带有“民族偏见”，是“托洛茨基分子”和“布哈林分子”。1928—1935 年，吉尔吉斯共和国领导人与苏联中央政府在处理游牧民和集体化问题上产生冲突而被开除。1936 年，土库曼斯坦的最高苏维埃主席因“对破坏集体化的行为提供保护”而被处决。

吉尔吉斯法律学者努尔别科夫曾对联盟制度提出了质疑，他说，按照苏联宪法，每一个加盟共和国拥有退出苏联的权力，那么，某些民族的分离要求在与苏联“总的利益相矛盾”之时，“任何人也无权强制干涉其内部事务和通过暴力去‘纠正’错误”[①]。这位法学专家的观点被认为是资产阶级民族主义的，受到公开批判。

在这种体制下，中亚加盟共和国的领导人争先与中央领导人搞好关系。在赫鲁晓夫与“莫洛托夫、马林科夫、卡冈诺维奇反党集团”的斗争中，中亚各国领导人都支持赫鲁晓夫。1957 年 6 月，在苏共中央全体会议上，中亚五国共产党中央第一书记都发了言，一致谴责反党集团成员的阴谋，充分肯定赫鲁晓夫坚持的列宁主义路

---

① 郑志:《勃列日涅夫上台以来非俄罗斯民族反抗斗争记要（1964 年 12 月至 1980 年 1 月）》,《苏联历史问题译丛》1980 年第 5 辑，第 127—128 页，转引自丁笃本:《中亚通史》(现代卷)，第 338 页。

线。他们表态说，中亚各族人民和党组织无限热爱和充分信任苏共中央及其第一书记赫鲁晓夫同志。[①] 到赫鲁晓夫遭到中央免职之时，中亚五国共产党中央第一书记虽然都是赫鲁晓夫提拔起来的，但他们都投了赞成票。在勃列日涅夫执政时期，中亚共和国的领导人几乎都成为勃列日涅夫的亲信。

第四，中亚加盟共和国没有构成国家权力组成部分之一的司法权。中亚加盟共和国的法律与联盟的法律发生抵触时，以苏联法律为准。[②] 按1924年宪法，联盟中央规定民法和刑法的立法原则。1936年宪法规定：联盟中央有权直接制定民法和刑法；联盟中央检察机关与各加盟共和国检察机关形成了垂直的隶属关系，各加盟或自治共和国、自治州和边疆区的检察长由苏联总检察长任命。

第五，中亚加盟共和国没有构成国家权力组成部分之一的外交权。按1977年宪法的规定，加盟共和国有外交权，可以与外国缔结条约及交换外交和领事代表、参加国际组织活动的权利。[③] 然而，中亚五个共和国没有权利与其他国家发生直接关系，一切外交行为都由苏联外交部统一管理。

第六，中亚加盟共和国丧失了经济自主权。1924年宪法只赋予联盟中央规定国民经济的总原则和总计划的权力，而1936年宪法赋予联盟中央制定苏联国民经济具体计划的权力。在这种体制下，中央过分强调全国统一的国家利益，轻视各民族地区特殊利益。如扩大棉花种植损害了中亚人民的利益，导致中亚地区对苏联粮食的依赖；如重视重工业忽视轻工业，使中亚地区的日用品要依赖苏联其他地区进口；如在重工业中，重视矿产的开发而忽视矿产的加工；等等。

为了完成联盟中央规定的计划，或者为了取悦联盟中央，或者为了获取中央政府的投资，中亚各加盟共和国领导人都不同程度地

---

① 《苏联共产党最后一个“反党”集团》，第473页。

② 1977年宪法第74条。

③ 1977年宪法第80条。

存在着虚报和夸大成绩的情况。乌兹别克共和国领导人虚报棉花产量。70 年代以后，勃列日涅夫几乎每年都要致电乌兹别克共和国的领导人，表示祝贺和鼓励。1981 年 11 月 25 日，勃列日涅夫的最后一次电报是这样说的："共和国的棉农再次达到了高指标。他们收摘并向收购站送去了 600 万吨棉花，其中有 37 万吨是最珍贵的细长纤维品种。这是对发展我国经济的巨大贡献。"[①] 哈萨克共和国虚报粮食增产和上缴的情况。纳扎尔巴耶夫在回忆录中写道："那些确实认真到农场做了调查的人，会对缴售大量粮食产生怀疑。……我愈是深入到农业生产当中，就愈加对农业中的虚假成就看得更加清楚，而哈萨克斯坦的领导人就是因这虚假的成就而获得荣誉的。"[②]

戈尔巴乔夫上台以后，苏共在 1988 年会议上检讨了过去在联邦制问题上的一些做法，提出了改革联邦国家体制的措施。1990 年 6 月 12 日，戈尔巴乔夫首次提出建立联盟各成员在政治、经济和国际关系方面享有充分国家主权的"社会主义主权国家联盟"，以代替"苏维埃社会主义共和国联盟"。在苏共二十八大，戈尔巴乔夫又提出，联盟改革不能只限于扩大共和国和自治地区的权力，而是需要"一个真正的主权国家联盟"，即坚决抛弃"单一制的国家体制模式，完全彻底地实行联邦制原则"，会后，公布了新联盟条约初稿。1991 年 3 月，公布了新联盟条约的第二稿，在第二稿中，放弃了"苏维埃社会主义主权国家联盟"提法，取消了"社会主义"字样，改称"苏维埃主权共和国联盟"，给予共和国更多的权力，使苏联具有联邦的性质。

在改革联邦国家体制以克服中央高度集权的倾向和调动各民族共和国的积极性中，戈尔巴乔夫在政治体制改革方面提倡的"公开性"和"民主化"发展到取消苏共执政党的地位，动摇了联盟得以

---

① 〔苏联〕勃列日涅夫：《勃列日涅夫言论集》第 18 集，赵凤珍、丁炳福译，上海译文出版社 1986 年版，第 489 页。

② 〔哈萨克〕努·阿·纳扎尔巴耶夫：《探索之路——自传·反思·立场　答出版社问》，第 117—118 页。

维系和生存发展的核心和基础，揭露和激化了积压已久的民族纠纷和民族矛盾，复活了民族分离主义的势力，对联盟的统一形成了强大的挑战。[①]

纵观苏联近70年的历史，不难看出，苏联以宪法的形式确定了各加盟共和国国家主权的平等，然而，在实践中却积极推行大俄罗斯主义。这种做法激化了各共和国与联盟之间的矛盾，削弱了中央的权威，失去了各共和国领导者和人民的民心。1990年8月以后，中亚五个加盟共和国相继发表了国家主权宣言。

第二节　民族问题

中亚五个共和国之间，以及各共和国内部都存在着民族矛盾和民族冲突。其中，斯拉夫移民与中亚本地民族之间的矛盾是民族矛盾中的主要方面，这一矛盾在沙皇时代已经产生，苏联时期，苏联党和国家为此做了不少努力，取得了一些成绩，但移民与本地民族之间的矛盾和冲突始终未能得到根本的解决。

十月革命以后，苏俄对中亚地区的移民暂时停止。1927年以后，苏联中央政府为了开发落后地区的经济和文化，有计划地向中亚各共和国移民。在此后的半个多世纪中，苏联对中亚地区的移民出现了三次高潮。

十月革命以后，第一次移民高潮始于1927年，终于1936年。在此次移民中，来到中亚的斯拉夫人绝大多数是俄罗斯和乌克兰族。到1936年，在中亚的新移民已经达到170万人，其中：迁入乌兹别克斯坦的有78.6万人；迁入土库曼斯坦的有15.6万人；迁入吉尔吉斯斯坦的有29万人；迁入塔吉克斯坦（不算哈萨克斯坦）的有20.2万人。[②]

---

① 张盛发：《苏联解体原因再探》，《俄罗斯研究》2001年第4期，第22页。

② 〔美〕迈可尔·刘金：《俄国在中亚》，第59页。

新移民的大多数是被苏维埃政权视为政治和社会的危险人物，作为犯人流放到中亚。①

第二次移民高潮始于第二次世界大战时期的1941年。1941年6月24日，苏联成立了工业疏散委员会，仅1941年下半年数以千计的重要工业企业从苏联西部搬迁到了东部，此外，还有数以百计的大学、研究所、实验室、图书馆、博物馆、中学从苏联西部搬迁到东部。为完成如此巨大的搬迁工作，仅是火车车皮就装满了150万节。②这次移民的成分主要是随苏联轻、重工业企业搬迁的职工及家属，此外，还有德军占领区的难民和苏联政府认为"政治上不可靠的"人物和民族，他们中有德意志人、克里米亚鞑靼人、波罗的海沿岸部分居民，以及被苏联视为不可靠分子而关押在西伯利亚苏维埃集中营中的波兰人，他们是在被释放以后来到中亚的。③

第三次移民高潮发生在20世纪50年代中叶，移民的原因是响应赫鲁晓夫提出的"处女地计划"。这次移民的特点是："渗透到和散漫在人口最稀少的区域。"④大多数被安置在北哈萨克斯坦和南哈萨克斯坦的黑土地带。

经过三次移民高潮，中亚民族结构发生了一些改变，欧洲人在中亚五国所占的比例逐年增加。在1926年到1959年的30多年中，欧洲人在哈萨克共和国的比例从34.9%上升到64.9%；在乌兹别克共和国的比例从5.6%上升到18.4%；在土库曼共和国的比例从7.5%上升到24.2%；在吉尔吉斯共和国的比例从18.89%上升到43.8%；在塔吉克共和国的比例从0.7%上升到19.1%。⑤

中亚地区经济的腾飞、社会进步与苏联中西部地区大量的熟练工人、工程技术人员、科技、文化人才的到来有直接关系。正如一

---

① 〔美〕迈可尔·刘金：《俄国在中亚》，第60页。

② 〔苏联〕安德罗尼科夫主编：《第二次世界大战史（1939—1945）》第4卷，南京师范学院外语系俄语翻译组，上海译文出版社1981年版，第245—246页。

③ 〔美〕迈可尔·刘金：《俄国在中亚》，第60页。

④ 同上书，第61页。

⑤ 同上书，第62页表5。

位美国学者所说：大量勤劳的、在很大程度上不抱殖民偏见的俄国移民和乌克兰移民的存在，对于工业和农业的发展以及本地人民物质福利的改善，做出很大的贡献。[①] 移民在中亚地区的科学文化教育事业中也起到了主导作用，到1970年，在哈、乌、吉、土、塔五国的科学工作者中，非主体民族的比例分别是：70.5%、52%、68%、50%、54%。[②]

移民的到来对中亚政治、经济和文化生活起到了积极的促进作用，但也产生了一些负面影响。在前两次迁移浪潮中，俄国移民主要迁入中亚各国的城市中，他们的到来将中亚本地民族排挤到小城镇或农村。1970年，在吉尔吉斯共和国全国城市人口中，俄罗斯人占51.4%，吉尔吉斯族仅占17.3%，在首都伏龙芝市，俄罗斯人竟占全市总人口数的66%。[③]

俄罗斯族人在中亚国家党和政府部门占据着重要的工作岗位和领导职务。50年代初期，在中亚五国的州、区两级党委中，俄罗斯人所占比例如下：州党委第一书记占30%，第二书记占80%；区党委第一书记占20%，第二书记占90%。[④] 州和区两级的政权机关苏维埃执行委员会主席和民族干部与上面的比例差不多。

在中亚大中城市，俄国移民在中亚工商企业中形成了多数。直到40年代，在产业工人中本地人仍占少数。1934年，在塔什干纺织联合企业工作的工人几乎全是俄国人。[⑤] 据1941年的一篇文章报道，在塔什干的乌兹别克纺织工厂中本地人只占14.5%；在乌兹别克共和国食品工业部所属的企业中只占30%；在塔什干卡冈诺维奇工厂中占14.1%；在马盖伦丝绸联合工厂中占35%。[⑥]

---

① 〔美〕迈可尔·刘金：《俄国在中亚》，第142页。

② 胡延新：《苏联开发中亚边疆少数民族地区的经验、教训和启示》，《东欧中亚研究》2000年第6期，第75—76页。

③ 邓浩：《苏维埃时期吉尔吉斯斯坦的民族自决问题（二）》，《喀什师范学院学报》1999年第3期，第55页。

④ 〔美〕迈可尔·刘金：《俄国在中亚》，第118页注2。

⑤ Geoffrey Wheeler Collection, *The Modern History of Soviet Central Asia*, p. 159.

⑥ 〔美〕迈可尔·刘金：《俄国在中亚》，第67页。

此外，中亚本地人在现代工厂中被置于次要地位，工厂里的工程师、技术员、熟练工基本上是俄罗斯人。据 1941 年《东方真理报》的一篇报道说，在乌兹别克共和国各地选出的 36 个大型企业中，乌兹别克人在技术人员中只占 18%。[①] 据报道，在乌兹别克共和国最重要的升降机厂，1946 年，没有一个本地人被训练来担任工头的职务，而且，在 60 名被训练成装配工、镟工和六角车床工的工人中只有 6 名是本地人。[②]

中亚本地民族对欧洲移民的迁入一般持敌视态度，至少怀有戒备心。欧洲移民在中亚人口中比例的增加，更是令中亚国家领导人感到不安，某些共产党的高级领袖采取措施制止俄罗斯人的迁入。1927 年，哈萨克政府采取严厉措施阻止俄罗斯人和乌克兰人向本国移民，结果，全体哈萨克领导人在 1927 年 11 月的第六次地区党的会议上被免职。塔吉克最高苏维埃主席纳斯拉杜拉・马克苏姆曾试图反对移民而遭到“清洗”。

中亚的普通居民对俄罗斯移民也抱有不满情绪。哈萨克共和国是俄罗斯移民最多的国家，在 80 年代以前，哈俄两族居民之间的关系是友好的，彼此通婚的现象也很普遍。1935 年，哈萨克斯坦卡拉干达的建设者在给苏共中央的信中这样写道：“我们在空地上建起了城市。煤田建设的广大地区被矿井、企业和村庄所覆盖……我们所有的人在一起：哈萨克人、俄罗斯人、乌克兰人、犹太人、鞑靼人、德意志人和其他民族是一个大家庭。”[③]

80 年代中期以后，由于哈萨克共和国经济停滞和人口增长相互作用，造成哈萨克族居民在住房、就业等方面的困难，相对而言，俄罗斯人享有较优越的地位，于是，造成了两民族之间关系的恶

---

① 〔美〕迈可尔・刘金：《俄国在中亚》，第 67 页。

② 同上。

③ 〔苏联〕巴扎诺娃：《哈萨克斯坦苏维埃社会主义共和国居民结构的形成和发展》，阿拉木图，1987 年，第 58 页，转引自张建华：《简论苏联的犹太人问题》，《当代世界与社会主义》2003 年第 2 期，第 118 页。

化。[①]哈俄民族矛盾公开暴露出来是在 1986 年。是年，戈尔巴乔夫解除哈萨克人库纳耶夫哈共中央第一书记的职务，以俄罗斯人科尔宾取而代之，这一人事变动引发了民族冲突（阿拉木图事件）。哈萨克人打出“俄罗斯人滚回去”等标语口号，这些口号伤害了俄罗斯居民的感情。事件发生以后，军警、工人纠察队帮助维持秩序，事件平息以后的处理伤害了哈萨克人的感情，一时间，两族居民之间常为一点小事而爆发斗殴。

在乌兹别克共和国，本族人与俄罗斯人的关系也存在着危机，一些小事即引发民族冲突。1969 年 4 月底，在首都塔什干举行足球赛时发生骚乱，穆斯林观众与俄罗斯球迷对打起来，据说有 15 名俄罗斯人被打死。5 月初，塔什干又爆发群众集会示威，有人高喊“俄罗斯人滚出乌兹别克”的口号，当局紧急出动军警，逮捕了 150 人。[②]

乌兹别克共和国的民族矛盾引起苏共中央的直接干预。1972 年 8 月 8 日，苏共中央通过《关于塔什干市党组织领导干部的马克思列宁主义学习和经济教育问题》的决议。决议批评了塔什干市委在进行思想教育和经济教育方面不符合二十四大的要求，决议指责，有些报告和出版物“片面阐述共和国建设成就，而不深刻揭示苏联各族人民的共同努力所起的决定性作用”，“在评价一些历史事件和历史人物时犯有美化过去和脱离阶级立场的错误”。决议要求市委领导干部“深入掌握现代管理经济的方法”，改进“国际主义教育”，培养同“民族局限性的各种表现形式和旧时代残余进行不调和斗争的精神”，声称要“严厉惩罚欺骗党和国家、滥用职权的干部”。[③]

在吉尔吉斯共和国，俄罗斯人、白俄罗斯人等斯拉夫民族集中

---

① 穆立立：《哈萨克斯坦当前的民族进程和民族关系》，《俄罗斯中亚东欧研究》1993 年第 4 期，第 51 页。

② 丁笃本：《中亚通史》（现代卷），第 340 页。

③ 柯雄编：《苏联国内资本主义复辟纪事（1953—1973）》，第 564 页。

居住在共和国经济和文化比较发达的北部地区，吉尔吉斯人、乌兹别克人等中亚本地民族集中在经济和文化不发达的南部地区。南北之间的经济冲突反映了民族关系中的矛盾。

在塔吉克共和国，北方列宁纳巴德等州与南部偏远的哈特隆、戈尔诺·巴达赫尚、库尔干秋别等州之间，经济发展存在较大差异。移民大都居住在比较发达的北部城市，生活水平普遍高于当地其他民族居民；而大部分塔吉克族居住在偏远地区的居民，居于社会中下层，生活水平更加低下。因此，塔吉克人与俄罗斯人之间也存在着民族对抗。1978 年 5 月下旬，塔吉克共和国发生了一场严重的民族骚乱事件，事件的起因是一个俄罗斯人打了一名塔吉克小孩，结果卷入冲突的群众达到 1.3 万多人，当局动用军队进行镇压，有 60 多人受伤，许多人被捕。[①]1985 年 1 月 12 日，塔吉克共和国首都杜尚别的塔吉克电影院附近发生塔吉克人与俄罗斯人的斗殴事件，双方共有 700 人卷入，最后有 5 名领头闹事者被追究刑事责任。[②]

苏联时期，除了斯拉夫移民与中亚土著民族之间的矛盾外，中亚五国之间也存在着一些矛盾和冲突。首先，中亚五个共和国一直存在着领土纠纷。1924 年，在联盟中央政府对突厥斯坦自治共和国的分割中，乌兹别克共和国反对把锡尔河州和七河州划给哈萨克自治共和国，并要求把邻近的民族也划归乌兹别克共和国；哈萨克自治共和国则坚持要拥有当时主要由乌兹别克人居住的塔什干和锡尔河州；吉尔吉斯被确定为自治州之时，坚持建立本族的“国家组织”；塔吉克在建立自治共和国之时坚持要把乌兹别克共和国由塔吉克人居住的撒马尔罕和布哈拉市划归本国。

苏联时期，无论是五国的领土划分还是五国之间的民族纠纷都由苏共中央和联盟中央政府协调处理，谈不上有属于本国的国际关

① 丁笃本：《中亚通史》（现代卷），第 340 页。
② 同上。

系。以上这些要求都被联盟中央斥之为民族主义，或“无理要求”，提出这些要求的领导者在30年代受到了“清洗”。30年代以后，为了满足苏联整体经济发展的需要，中亚五国的领土在联盟中央的安排下又进行过多次调整，这些调整在中亚各共和国内没有再产生大的反响。

其次是跨界民族之间的矛盾和冲突。1924年的民族划界及中亚民族国家的建立，使中亚的一些民族被国界分隔开来，成为跨界民族。在乌兹别克共和国的一些重要中心，像撒马尔罕、布哈拉，主要居住的是塔吉克人；在塔什干州、纳沃伊州、吉扎克州、锡尔河州和卡拉卡尔帕克斯坦共和国有哈萨克人的聚居地，在布哈拉和花剌子模州也有不少哈萨克人；在花剌子模州和布哈拉州有数以万计的土库曼人；在吉尔吉斯共和国南部和塔吉克共和国北部，居民的成分主要是乌兹别克人；在土库曼共和国，查尔朱州居民主要是乌兹别克人。民族划界不仅产生了民族跨界的现象，甚至还出现了家族跨界的现象，如费尔干纳盆地的许多村庄都是跨界村，村内一些家族分属于不同国家。国家界限与民族界限不相吻合的情况直接影响着中亚国家之间的关系。

跨界民族的居地成为中亚五国民族矛盾和冲突频繁发生的地区，这些地区是：乌吉两国边界的贾拉拉巴德和奥什地区；乌哈两国边界的南哈萨克州、塔什干州的波斯坦雷克区；乌塔两国相邻的苦盏地区、苏尔汗达里亚州、撒马尔罕和布哈拉等地；乌土两国相邻的查尔朱州、花剌子模州和布哈拉州；吉塔两国边界的奥什州巴特肯区；以及哈土两国边界的曼格什拉克州。80年代中叶以前，这些地区的民族纠纷和冲突由联盟中央出面解决和协调。

80年代后期，随着联盟中央权威的衰落，边界地区民族为争夺领土、水、能源等资源的斗争激烈起来，并酿成了武装冲突。1989年，塔吉克共和国的塔吉克人与土库曼人的冲突；1989—1990年，塔吉克共和国的伊斯法林区塔吉克人与吉尔吉斯共和国奥什州的巴特肯区的吉尔吉斯人因争夺耕地和水资源，发生冲突。最严重的冲

突发生在费尔干纳盆地的奥什州。1990年6月6日，吉尔吉斯共和国政府在乌兹别克人的聚居地奥什州安置了很多吉尔吉斯人，由此，导致乌兹别克人与吉尔吉斯人之间因争夺耕地和水源的武装冲突，造成300多人伤亡和严重财产损失。[①]事件发生之后，乌兹别克共和国安集延州的很多乌兹别克人打算越过边界进入吉尔吉斯共和国去援助他们的同胞，几乎酿成了吉尔吉斯与乌兹别克两个共和国的战争，最终由联盟中央出面才暂时平息了冲突。

第三节　苏联中亚与中国新疆的关系

19世纪，沙皇俄国发动了对中亚国家的征服战争，到19世纪70年代，哈萨克人的牧地、吉尔吉斯人的牧地，浩罕汗国领土都被纳入了俄国的版图，俄国与中国领土毗邻的部分大为增加。俄国在中亚建立了统治，并以之为根据地，继续侵占中国领土。通过一系列不平等条约，即1858年的中俄《瑷珲条约》、1860年的中俄《北京条约》、1881年的中俄《改订条约》，以及十几个名目繁多的勘界议定书，割占中国150多万平方公里的领土。

在十月革命之前，列宁曾说过，“有觉悟的工人主张这些条约应一律废除”[②]。十月革命以后，列宁和他领导下的苏维埃政府主张废除沙俄与中国签订的一切条约。1924年5月31日，中苏签订了《解决悬案大纲协定》，协定规定：“将中国政府与前俄帝国政府所订立之一切公约、条约、协定、议定书及合同等项概行废止，另本平等、相互公平之原则，及1919年和1920两年苏联政府各宣言之精神重订条约、协定等项”，并“将彼此疆界重新划定，在疆界未行划定以前，允仍维持现有疆界”。根据这一协定，中苏双方在1926年举行

① 陈联璧：《中亚五国民族关系问题》，《东欧中亚研究》2001年第3期，第44页。
② 《列宁全集》（第24卷），第192页。

了会谈。但是，当时对边界问题没有达成协议，没有签订平等新约，中苏边界问题被悬置下来。

苏联对沙俄时期签订的条约性质确定为侵略和不平等的。1926年出版的《苏联大百科全书》指出,《瑷珲条约》“是帝俄为侵占中国领土做出的坚定步骤”，在1950年出版的维辛斯基主编的《外交辞典》指出,《北京条约》是英国、法国和俄国由于1859—1860年英、法同中国的战争而强加于中国的一系列不平等条约。①

十月革命以后，苏联在制定对中国新疆政策的过程中一直存着两种力量的斗争。以共产国际执委会东方部和一部分激进的苏联领导人为代表的“世界革命派”主张在新疆发动革命，在新疆实行苏维埃化；以苏联外交人民委员部和外贸人民委员部及其在中亚国家的工作人员为代表的务实派主张保持新疆稳定，反对在新疆举行任何民族革命运动。

苏联成立之初，中亚地区仍然被视为苏联与英国对峙的前沿阵地，英国插手中国南疆事务，希望在南疆建立独立于中国之外的伊斯兰国家；中亚国家内部主张“泛伊斯兰主义”和“泛突厥主义”的民族主义者也是分裂苏联的一股势力。由于以上因素，在对中国新疆的政策上，苏联务实派的观点一直占据了主导地位。

在此期间，中国新疆地方最高军政首脑杨增新在新疆采取保境安民“严守局外中立”的政策。②1918年3月，突厥斯坦自治共和国七河州的苏维埃政权建立起来，革命军事委员会决定向新疆方面通报苏维埃革命的性质、苏维埃外交政策的基本方针，苏俄政府颁布法令夺旧俄政府驻华公使及领事之职。③这一法令因中国尚未承认苏俄政府而未能在中国实施。杨增新认为将苏俄委派领事拒之门

---

① 〔苏联〕安·扬·维辛斯基院士主编:《外交辞典》第2卷，蒋洪举译，贝璋衡校，东方出版社1988年版，第305页。

② 杨增新:《补过斋文牍》，戊集1，第1211页电文名称：“电呈派队员科应请照会俄公使俄国宜严守局外中立文”。

③ 〔苏联〕古列维奇:《1918—1921年苏维埃共和国与新疆省的相互关系》，太河摘译,《中亚研究》1987年第1期。

外，“此非善策”。同年6月9日，他致电北京政府：“不如量予通融，早为解决”，“即如喀什俄领现充俄国驻喀公民会会长，对中国则为领事，对于俄党则为会长，随机应变”。[①]同年8月17日，经新疆地方政府同意，七河州苏维埃政权在伊宁设立了代行领事职权的专门机构——领事协议会。9月，突厥斯坦自治共和国派代表前往新疆，被授予领事权，并在新疆设商务代办处。

从此，中亚共和国与中国新疆开始了政治和商贸交往，这种友好关系对新生的苏维埃政权十分有利。1918年，七河州苏维埃政权向中国新疆派遣了贸易代表团，购买粮食及其他食品。同年，七河州苏维埃政权与中国新疆当局联系，“使参加1916年争取自由解放的起义的为躲避沙皇迫害、处境非常困难的哈萨克人、吉尔吉斯人重返苏维埃祖国”，8月29日，七河州苏维埃政权执行委员会通过了允许难民回国的决定。[②]1918年秋，中亚苏维埃政权面临外国干涉军和白卫军的双重进攻，难民问题被搁置下来。

1919年，反苏维埃的巴斯马奇运动在中亚活跃起来，中国新疆塔城、伊犁、喀什境外的边区成为苏维埃与巴斯马奇斗争的战场。1919年下半年，反苏维埃政权的武装势力失败，许多武装分子涌入中国新疆，旧俄驻伊宁领事吕巴对这些败军进行整编，组建起反苏维埃武装。以杨增新为首的中国新疆地方政府采取果断措施处理了这一事件，对中亚苏维埃政权的巩固起到了积极作用。[③]对此，苏俄政府表示满意，并声明要“维持两国和好，并无侵犯中境野心”[④]。

---

① 张大军：《新疆风暴七十年》，台北兰溪出版有限公司1980年版，第400页。

② 〔苏联〕古列维奇：《1918—1921年苏维埃共和国与新疆省的相互关系》，太河摘译，《中亚研究》1987年第1期。

③ 杨增新采取的措施是：1. 阻止败兵、难民入境；2. 收缴其武器装备；3. 稳妥安置解除武装的败兵；4. 要求苏俄发布赦免令，尽快收回难民；5. 取缔旧俄领在伊犁等处征兵、练兵和拼凑步兵旅团的非法活动；6. 拒绝旧俄领从中国境内出击苏俄的无理要求。见杨增新：《补过斋文牍》，癸集。

④ 杨增新：《补过斋文牍》，癸集5，第3425页。

在打击巴斯马奇分子期间，中亚华侨陷入了艰难处境之中。1919年1月2日，中亚华侨财产、货物或被扣押或被没收，中国新疆地方政府致电苏俄，要求“将强收中民财产速行发还”[①]，苏俄中亚苏维埃政权获电后，先将华商在七河州被没收的财产货物发还[②]，后又经伊尔克什塘退还被扣华商货物388驮及15万卢布，“华商未大受损”[③]。

1920年3月2日，苏俄发表第一次对华宣言，宣布：废除帝俄强加于中国的不平等条约；无条件地退还帝俄霸占的中东铁路及中国的森林、矿产、土地；放弃庚子赔款；放弃领事裁判及帝俄时代攫取的一切特权，愿与中国政府商谈以建立平等友好关系。[④] 同年5月28日，中国新疆地方政府与苏俄政府签订了《伊宁会议定案》，双方关系正式建立起来。

1949年，中华人民共和国成立，共和国发表宣告，对于旧中国与外国签订的各项条约和协定，将分别按其内容，或者承认，或者废除，或者修改，或者重订。对于有关中苏边界的条约，中华人民共和国政府进行了慎重的研究。尽管这些条约都是不平等条约，但是，考虑到这些条约是沙俄帝国主义在中俄两国人民都处于无权地位的情况下强迫中国签订的，苏联人民是没有责任的；同时还考虑到苏联广大劳动人民在这些土地上长期居住的情况，中国政府从维护中苏两国人民友谊的愿望出发，仍然准备以这些条约为基础，确定两国边界的全部走向，解决边界上存在的一切问题。[⑤]

中国的这一声明保持了苏联与中国3000多公里长的西段共同边界。其中，哈萨克、吉尔吉斯和塔吉克三个加盟共和国与中国新疆分别有1718公里、1000公里和450多公里的共同边界。在边界两边

① 《新疆外交特派员张绍伯致电苏俄塔什干、安集延公民会各统兵官、各行政首脑电》（1903年1月2日）。

② 厉声：《新疆对苏（俄）贸易史（1600—1900）》，新疆人民出版社1993年版，第246页。

③ 张大军：《新疆风暴七十年》，第399页。

④ 《中俄边境条约集》，商务印书馆1973年版，第133—135页。

⑤ 李汇川：《中苏边界谈判的症结何在》，《国际问题研究》1981年第1期，第14页。

有十几个信奉伊斯兰教的跨界民族，其中，1919年3月，杨增新将新疆的俄国难民送回国的就有30万人[①]；到1916年，旅居中亚的华侨也超过了10万人[②]。

1949年12月17日，新疆省解放，新疆省人民政府和新疆军区宣告成立。在此后的十年间，苏联中亚与中国新疆一直保持着和平友好关系。在1960年以前，中苏边境中方一侧基本处于有边无防的状态。据在新疆工作过的邓力群回忆，在中苏边境的重要通道霍尔果斯口岸只有苏方设立的边卡，而中方没有任何驻军和边境检查人员。[③]

60年代，中苏友好关系破裂。在此形势下，苏联对中国新疆的政策也发生了变化。1960年8月，在新疆境内的博孜艾格尔山口，苏联边防人员以越界放牧为由，袭击了中国牧民，挑起了第一次边境事件，从此，两国的边境纠纷不断发生。仅1960年，类似事件就发生了上千起。[④]

从1960年起，苏联驻新疆机构开始给中国公民非法发放苏侨证件，据1960年的调查，伊犁各直属县市持有苏方发放的各种证件的人占各县市居民总数的25%—40%。[⑤]1962年，苏联鼓动中国边民移居苏联中亚地区，在新疆伊犁、塔城等地区发生了大批居民逃往苏联的“伊塔事件”。截至1962年5月底，逃往苏联的中国公民累计达6万余人，他们带走大小牲畜23万头、大车1500多辆，造成耕地荒芜60万亩。[⑥]

“伊塔事件”是中苏两国一场严重的外交纠纷，双方为此展开了长达一年半时间的交涉。中方严正指出：新疆北部居民外逃是苏方

① 黄建华、马文华：《俄国难民窜扰新疆始末》，《喀什师范学院学报》1995年第2期，第31页。

② 谢彬：《新疆游记》，第329页。

③ 宋凤英：《1962年新疆边民外逃事件》，《党史文苑（纪实版）》2005年第9期，第5页。

④ 阿斯卡尔·居努斯：《中国与吉尔吉斯斯坦边界演变》，《新疆大学学报（哲学·人文社会科学版）》2008年第2期，第92页。

⑤ 伊犁州档案馆，全宗11，目录1，卷号114，第115—116页。

⑥ 宋凤英：《1962年新疆边民外逃事件》，《党史文苑（纪实版）》2005年第9期，第4页。

煽动的，苏联边防人员不但不采取措施加以阻止，反而给非法越境者提供方便；中方要求苏方采取有效措施恢复边境正常状态，并交回外逃人员。1962 年，新疆生产建设兵团在伊犁、塔城、博乐、阿勒泰等地长达 2019 公里、纵深 10 公里—30 公里的边境线上，建立了 58 个边境农场，筑成了坚不可摧的“长城”、被誉为生命界碑的屯垦戍边的国防屏障。[①]

1963 年 8 月 23 日，中国向苏联政府发出照会，提出了 6 项具体建议，内容大致是：中苏边界通过谈判解决，在解决之前，双方应该签订一个关于维持边界现状、防止武装冲突、双方武装力量在边界争议地区脱离接触的临时措施。[②]1964 年 2 月 25 日至 8 月 22 日，中苏两国在北京举行边界谈判，双方承认边界存在着“争议地区”。

在新疆北部边界还未得到解决之时，苏联在帕米尔地区又制造了事端。1979 年，苏联入侵阿富汗，1981 年 6 月 16 日，苏阿两国政府在喀布尔签订了苏联和阿富汗之间从佐尔库里湖西岸到波瓦洛·什维伊科夫斯基峰（中国称克克拉去考勒峰）的边界走向条约，其中，涉及 19 世纪末期形成的中俄帕米尔的争议地区。

按 1884 年 6 月俄国逼迫签订的《中俄续勘喀什噶尔界约》，在帕米尔地区，自乌孜别里山口起，“俄国界线转往西南，中国界线一直往南”，留下了一块三角形的“待议地区”。1895 年，沙俄出兵帕米尔，强行占领了萨雷阔勒岭以西两万多平方公里的中国领土，中国历届政府从未承认过沙皇俄国对这一地区的非法占领和控制。1926 年 3 月 26 日中国方面宣布：“帕米尔地方本系中国领域，于 1892 年被前帝俄政府以借境为由派兵强占，迄今成为悬案。”1926 年 4 月 14 日，苏方在给中方的回答中表示：“至从前从未划界之处，亦应另定新界。”中华人民共和国成立以后，共和国政府在 1969 年 10 月 8 日《中华人民共和国外交部文件》中多次阐述过关于帕米尔

① 宋凤英：《1962 年新疆边民外逃事件》，《党史文苑（纪实版）》2005 年第 9 期，第 8 页。
② 李汇川：《中苏边界谈判的症结何在》，《国际问题研究》1981 年第 1 期，第 15 页。

问题的严正立场。

对于苏阿两国签订的边界条约，1981 年 7 月 22 日，中国政府再次严正声明：在中苏两国政府之间的边界谈判尚未结束、帕米尔争议地区问题仍然悬而未决的情况下，苏联单方面同第三国签订涉及中苏帕米尔争议地区的边界走向条约是非法的，无效的，中国方面表示坚决反对。[①]

有关领土的谈判在苏联总统戈尔巴乔夫时期有所进展。1985 年 10 月，戈尔巴乔夫对中国进行了正式访问，苏联放弃了一些不合理的要求，使中苏边界谈判工作有了实质性的进展。苏联解体以后，中国与中亚国家建立了良好关系，使中国与中亚三国的国界线划定工作顺利开展。1994 年，阿富汗与中国恢复了官方交往，双方承认 1963 年在北京签订的《中华人民共和国和阿富汗王国边界条约》，中阿两国不存在领土问题。[②]

第四节　阿富汗的对外关系

独立以后，阿富汗政府采取了中立的外交政策。在中立外交政策下，阿富汗广泛发展与其他国家的关系，其中，最早与阿富汗建立外交关系的是苏联。

1919 年 9 月，苏俄政府派特使巴宁前往喀布尔，向阿曼努拉声明苏俄支持阿富汗独立的立场。[③] 同年，阿富汗政府派特使穆罕默德·瓦里·汗（Muhammad Wali Khān）前往莫斯科，途经塔什干之时，与突厥斯坦自治共和国达成了维护布哈拉埃米尔国和希瓦汗国“独立地位”的协议。同年 10 月，代表团抵达莫斯科，列宁接见了代表团成员。列宁高度赞扬了阿富汗人民的民族独立运动，并保证

---

① 《中华人民共和国国务院公报》1981 年第 17 号，第 539 页。

② 同上。

③ L. Dupree, *Afghanistan*, p. 443.

在物质上给予大力支持。1921 年 2 月 28 日，苏阿两国在莫斯科签订了《苏维埃俄国和阿富汗友好条约》。该条约本着双方平等、互相承认独立和主权的原则，互派外交代表；苏俄每年给予阿富汗 100 万金卢布的援助；阿富汗享有最惠国待遇；彭狄绿洲归还阿富汗。此外，苏俄送给阿富汗飞机 13 架、大炮数十门及其他运输工具若干。①

由于国内战争的爆发，苏俄答应给阿富汗的援助无法兑现，彭狄绿洲也没有归还，而阿富汗国王阿曼努拉对巴斯马奇运动的支持态度，使阿苏关系朝着坏的方面转化。1921 年 3 月，布哈拉埃米尔赛义德·阿利姆汗带着一伙巴斯马奇分子逃到阿富汗，定居喀布尔。从此，喀布尔成为巴斯马奇运动的又一个指挥中心。后来，陆续有不少巴斯马奇运动的领导者带着他们的残兵败将来到阿富汗，其中有希瓦汗国统治者朱耐德汗、土耳其军官塞里姆帕夏。②阿曼努拉曾接见过前来喀布尔与布哈拉埃米尔阿利姆汗见面的土耳其恩维尔帕夏，对他提倡的建立“大突厥国”表示支持。此外，阿曼努拉还允许本国穆斯林及英属印度穆斯林志愿者开赴河中地区参与巴斯马奇运动。1922 年，阿富汗政府甚至命令一支精锐部队进驻与中亚接壤的北方边境地区，伺机干涉俄属中亚国家的事务。③

巴斯马奇运动被镇压下去以后，苏俄方面强烈要求阿富汗撤走驻扎在阿富汗北方的军队，要求阿曼努拉发表不干涉俄国中亚地区内部事务的声明。1925 年 12 月，阿富汗与苏联为阿姆河的乌尔塔·塔盖勒岛发生冲突，英国插手其间。在此情况下，苏联政府不想扩大事态，苏联边防部队主动撤出该岛，避免了阿苏两国冲突的升级。

1926 年 8 月 31 日，阿苏两国在喀布尔城郊的帕格曼签署了互不侵犯条约，条约第一条规定：“如遇缔约一方和一个第三国或几个

① L. Dupree, *Afghanistan*, p. 451.

② 丁笃本：《中亚通史》（现代卷），第 227 页。

③ 同上。

其他国家间发生战争或军事行动，缔约另一方约束自己对第一方遵守中立义务”；第二和第三条的主要内容是：“缔约双方互不侵犯，互不干涉内政，不参加敌视对方的集团，不允许在本国领土上从事损害对方的活动；条约有效期为三年，可自动延长。”① 此后，两国关系朝着好的方面发展，苏向阿提供了军援，并帮助铺设电话线。1927 年，喀布尔到塔什干的定期航线开通；1928 年，阿曼努拉访问苏联。

1929 年，纳迪尔即位为阿富汗国王，表现出亲英的外交倾向。他以“密谋”的罪名处死阿富汗驻苏大使古拉姆·纳比，并且继续让巴斯马奇武装分子以阿富汗为基地发动对俄属中亚地区的侵扰。于是，阿苏两国关系恶化。巴斯马奇运动被彻底镇压后，两国于 1931 年 6 月 24 日在喀布尔续签了中立和互不侵犯条约，条约除了重申 1926 年条约的规定外，还增加了缔约双方不得签署与本条约相抵触的条约和协定、通过和平方式解决两国间的一切纠纷和争端等内容。② 条约有效期为 5 年，1936 年 3 月，双方商定条约又延长 10 年。这个条约生效以后，阿苏两国关系进入了一个较长时期的稳定阶段。③

1921 年 11 月，英国正式承认阿富汗独立，阿英两国建交。然而，建交之后双方的关系一直很冷淡，尽管在纳迪尔沙时期，阿富汗获得了英国少量的军事和财政援助。与此同时，为了摆脱对苏英两国的依赖，阿富汗积极发展在历史上与阿富汗没有殖民关系的德、意、法、日、美等其他西方国家的关系。德国援建了水电站、工厂、公路、桥梁；德、意两国参与了阿富汗重整军备的计划。1934 年，阿富汗加入国际联盟。④ 此外，阿富汗重视发展与伊朗、土耳其、

---

① 刘竞、张士智、朱莉：《苏联中东关系史》，中国社会科学出版社 1987 年版，第 387—388 页。
② 同上书，第 393 页。
③ 丁笃本：《中亚通史》（现代卷），第 229 页。
④ 国际联盟简称国联，是美国总统威尔逊在第一次世界大战期间建立、以调解国际纠纷的机构。第二次世界大战以后，国际联盟被联合国取代。

沙特阿拉伯、埃及和也门等伊斯兰国家的关系。1937 年，阿富汗与土耳其、伊朗和伊拉克签订了《萨阿达巴德条约》，土耳其向阿富汗派遣了军事教官。

二战期间，阿富汗保持了中立的立场。战争爆发之后，德国主动提出帮助阿富汗收复在印度的失地，阿富汗民族主义者认为这是天赐良机，但政府于 1940 年宣布中立。英苏两国于 1941 年 10 月向阿富汗发出驱逐轴心国非外交人员的最后通牒，为了避免英苏军队入侵，阿富汗命令所有交战国非外交人员离境。

可以说，直到二战结束之时，阿富汗的中立外交成功地维护了国家独立，为国内经济的发展和军队的现代化建设争取到一定的援助。然而，二战以后，在美苏冷战中，阿富汗的中立外交无法继续实施，最终投靠了苏联。

二战结束之后，为了遏制苏联，美国通过建立北大西洋公约组织（North Atlantic Treaty Organization）、北层防御集团、中央条约组织（Central Treaty Organization）、东南亚集体防务条约组织（South-East Asia Collective Defence Treaty Organization）等防御系统[①]，从东北、西北和西南方向对苏联形成了包围。

阿富汗及邻国伊朗和巴基斯坦都参加了北层防御集团，但巴、伊两国得到了美国大量的经济和军事援助，而阿富汗却没有获得美国的军援。美国认为苏联对阿富汗拥有地缘优势，加之，阿富汗与巴基斯坦因“普什图尼斯坦”（Pashtunistan）问题关系破裂，美国不

① 北大西洋公约组织（北约）于 1949 年 4 月 4 日诞生，其战略目标是“集体防御”，参加北约组织的任何一个成员国在受到武装进攻或威胁时，各成员国有义务“采取必要的行动”。1953 年，美国在苏联邻国伊朗、土耳其、阿富汗、伊拉克、巴基斯坦组成一个小型军事集团，即北层防御集团。中央条约组织的前身是巴格达公约组织。1955 年 2 月 24 日，伊拉克和土耳其在巴格达签订《巴格达条约》，同年，英国、巴基斯坦和伊朗先后在该条约上签字，巴格达条约组织正式成立。该组织在英、美操纵下与北大西洋公约组织、东南亚条约组织一起形成对苏联的包围。为了补上对苏联包围圈的漏洞，美国积极策划东南亚的防御系统。1954 年 9 月 8 日，美国、英国、法国、澳大利亚、新西兰、泰国、菲律宾和巴基斯坦，在马尼拉签订东南亚集体防御条约，成立了东南亚集体防务条约组织，简称东南亚条约组织。1955 年 2 月，条约生效，该组织正式成立，总部设在泰国曼谷。

愿意在阿巴边界冲突中得罪盟国巴基斯坦。1954年4月，巴基斯坦同美国签订共同防御协定，1955年9月，巴基斯坦参加了美国的中央条约组织。在此形势下，阿富汗被迫转向苏联。

在阿巴冲突的高潮中，苏联与阿富汗于1950年签署了二战以后的第一个贸易和换货协定，阿富汗由此获得了急需的石油产品和其他商品。1955年12月，赫鲁晓夫访阿，同意向阿富汗"一五"计划提供1亿美元贷款，并公开支持阿富汗的"普什图尼斯坦"政策。[①]1957年，苏联对外广播首次开设普什图语节目。1955—1965年的10年间，苏联向阿富汗提供了5亿美元的援助，在1966—1977年的12年间，这种援助猛增到7.5亿美元。[②]此外，苏联承担了培训阿军官的工作，到1978年，苏联培训过的阿军官达4000人[③]，为苏联入侵阿富汗奠定了基础。

阿苏关系的迅速发展震惊了美国，美国立即展开补救活动。1956—1957年，美国与阿富汗签署了一系列援助协议，截至1978年，美国援助已达5.33亿美元，援建项目涉及公路、机场、航空测绘、水利、工矿业、教育等领域。此外，美国也接受阿富汗留学生，并且成为接受阿留学生最多的国家。[④]在美国的压力下，巴基斯坦也转变了态度，与阿签订了航空及贸易、过境协定。阿美关系的发展反过来又引起了苏联的紧张，导致1979年苏联出兵阿富汗。

苏联入侵阿富汗的部队最初由中亚加盟共和国士兵组成。据悉，在攻占喀布尔的苏军士兵中，塔吉克人占40%、乌兹别克人占25%、土库曼人占25%、俄罗斯人占10%。[⑤]此后，这支军队给苏联的军事行动带来了许多麻烦，据说穆斯林士兵中有的不向阿富汗人开枪，有的与俄罗斯军官发生冲突，不听指挥，有的甚至带着武器投奔阿

---

① 黄民兴：《近现代时期的阿富汗中立外交》，《西亚非洲》2002年第4期，第48页。

② 刘温国、郭辉：《强弩之末：前苏联入侵阿富汗秘闻》，第35页。

③ 黄民兴：《近现代时期的阿富汗中立外交》，《西亚非洲》2002年第4期，第48页。

④ 同上。

⑤ 宋锦海：《苏联在阿富汗的四年》，《俄罗斯中亚东欧研究》1983年第6期，第80页。

富汗的穆斯林游击队。[1]于是，苏联不得不用欧洲部队替换了中亚穆斯林士兵。

阿富汗人民的反入侵抵抗运动得到西方国家和伊斯兰国家的支持。为了削弱苏联在阿富汗的影响，以美、巴、沙特为首的国家支持普什图族的伊斯兰党，在1985财政年度中，美国支持这项计划的预算约为2.5亿美元。[2]美国通过巴基斯坦运送军火给阿富汗抵抗力量，在装有军火的箱子上往往标以电子器材、缝纫机、电视机等货名。据卡拉奇海关官员说，凡标有供阿富汗难民的“特别用品”或“人道主义援助”物资，都给予优先处理。这些物品从未打开，收到后立即由巴方军用卡车从卡拉奇运往白沙瓦，或从卡拉奇运往边境。在美国支持的军火中，有苏制步枪、迫击炮、地对空导弹、火箭筒和火箭推进的手榴弹。这些军火是美国从埃及和以色列那里购买来的。[3]阿富汗成了美苏竞争的场所。

美苏两国的争夺使阿富汗备受战争之苦。苏共在总结这场战争时说：“这一战争是一个不道德的、实质上是反人民的行动。这一行动是以瞒着公众、秘密通过的最重要的外交决定而实行的。”由少数几个人通过的最重要的外交决定，使苏联陷入了一场旷日持久的非正义的战争。在1989年12月第二届苏联人代会上，通报了这些人的名字，他们是勃列日涅夫、乌斯基诺夫、安德罗波夫、葛罗米柯。[4]

冷战期间，阿富汗加强了与第三世界国家的联系。1955年4月18—24日，阿富汗派代表参加了在印度尼西亚的山城万隆召开的亚非会议。会上，由中国和印度、缅甸共同倡导提出了亚洲国家处理外交关系的五项原则：互相尊重主权和领土完整、互不侵犯、互不

---

① 宋锦海：《苏联在阿富汗的四年》，《俄罗斯中亚东欧研究》1983年第6期，第80页。

② 古维摘译：《美国增加对阿富汗抵抗力量的武器供应》，《国际展望》1985年第10期，第15页。

③ 同上。

④ 王秋文：《最新披露的阿富汗战争秘密档案》，《当代世界与社会主义》1996年第1期，第70页。

干涉内政、平等互利、和平共处。在此次会议的推动下，1961 年 6 月，由埃及、南斯拉夫、印度、印度尼西亚、阿富汗五国发起，在开罗举行了第一次不结盟国家和政府首脑会议的筹备会议，同年 9 月，在南斯拉夫首都贝尔格莱德举行了第一次不结盟国家和政府首脑会议，宣告了第三世界不结盟运动（Non-Aligned Movement）诞生，阿富汗成为第三世界不结盟运动的创始国之一。

这些活动促进了阿富汗与周边邻国伊朗、巴基斯坦和中国的关系。1974 年，阿与伊朗签署协议，伊朗同意向阿提供 10 亿美元贷款。在反抗苏军入侵期间，阿富汗的抵抗组织的总部分别建在巴基斯坦和伊朗。其中，逊尼派的 7 个主要组织总部设在巴基斯坦的白沙瓦，1985 年 5 月，这些组织签署了联合宣言，成立了“阿富汗圣战者伊斯兰联盟”；什叶派的组织总部设在伊朗的德黑兰，1985 年，在德黑兰成立了八党联盟。

阿富汗与巴基斯坦的关系经历了复杂的过程。1893 年，英国与阿富汗签订了《杜兰协定》，协定规定：阿富汗东南边界按杜兰线的走向，即北起帕米尔高原的萨雷阔勒岭，穿过赫尔曼德河以南的荒芜沙漠地区，向西南延伸至伊朗高原的科希马利克高地，大约有 2.5 万平方英里的土地（以后这一地区被称为普什图尼斯坦）划归英属印度西北边省，这样，阿富汗大约有 300 万人口的普什图族部落划归印度。世世代代生活在高山峻岭两侧的普什图人被人为地划入两个不同的国度。

二战以后，印度人民要求摆脱英国独立，1947 年 2 月 20 日，英国政府声明将“退出印度”。在此过程中，阿富汗提出归还普什图尼斯坦的要求。1947 年 6 月 3 日，英印总督蒙巴顿提出印巴分治的方案。于是，普什图尼斯坦问题从阿印两国的纠纷演变成阿巴两国的纠纷。1947 年 6 月 21 日，阿富汗首相穆罕默德·哈希姆汗在孟买的一次会议上说：“如果一个独立的普什图尼斯坦国家不能建立，西北边省就应该并入阿富汗。”他还补充说：“我们的邻居巴基斯坦应该明白，阿富汗需要有一个出海口，这对我们的人民和贸易十分重

要。”[①] 对此，巴基斯坦在 1947 年 7 月 20 日在西北边省举行了全民公决，结果多数人赞成该省加入巴基斯坦的决议。1949 年 7 月，阿富汗大国民议会宣布废除阿英 1893 年签署的《杜兰协定》，同年 9 月 30 日，在巴基斯坦申请加入联合国的表决上，阿富汗投了唯一的反对票。阿富汗代表侯赛因·阿扎西说：“只要西北边省人民还没有被赋予摆脱某种控制的权利……去决定是否选择独立或选择加入巴基斯坦的权利，我们就不能承认西北边省是巴基斯坦的一部分。”[②]

在“普什图尼斯坦”问题上，阿巴两国关系的升级演变为边界冲突，并且在 1955 年和 1961 年两次断交。直到 1976 年，两国关系才有明显的改善，实现了首脑互访。1977 年，阿富汗批准《赫尔曼德河水条约》，解决了多年来妨碍两国关系发展的河水分配问题。在苏联入侵期间，巴拒不承认苏联扶持的喀布尔政权。1982—1988 年期间，在联合国撮合与主持下，阿巴外长在日内瓦举行了 11 轮间接谈判，最终，两国在相互尊重主权、政治独立和领土完整，互不使用武力的基础上言和。在阿巴冲突中，印度国大党企图利用阿巴边境之争，拉拢阿富汗，孤立巴基斯坦，称霸南亚次大陆。

中国是与阿富汗领土毗邻的国家，中国始终不干涉阿富汗内政，双方长期保持着友好关系。中华人民共和国成立之后，阿富汗政府于 1950 年 1 月宣布承认中华人民共和国政府。1955 年 1 月 20 日，阿中两国建立外交关系。1963 年 6—8 月，阿中两国在喀布尔举行边界谈判，11 月 22 日，双方在北京正式签署了《中华人民共和国和阿富汗王国边界条约》。1964 年 10 月，阿富汗国王查希尔访华，毛泽东主席会见了查希尔国王。1978 年，阿富汗“四月革命”以后，新政府分别以备忘录和照会的形式向中国驻阿使馆和外交部提出要求，希望中国承认阿政府。为继续发展中阿两国及人民间的友好关系，中国外交部于 5 月 7 日正式照会阿驻华使馆，承认新政府。

---

① S. A. Quddus, *Afghanistan and Pakistan, A Geopolitical Study*, Lahore: Ferozsons Ltd, 1982, p. 99.

② 同上。

1979 年 12 月 27 日，苏联入侵阿富汗。30 日，中国政府发表声明，强烈谴责苏联对阿富汗的武装入侵，同时，对苏联扶持的卡尔迈勒政权不予承认，为了办理签证等事务，中国保留了驻阿富汗使馆（临时代办），但没有与该政权发生正式的官方联系。阿富汗内战期间，出于安全考虑，中国于 1993 年 2 月撤回驻阿使馆工作人员，两国间正常官方往来中断。

第九章

宗教与文化

苏联时期，政府最初实施宗教自由的宽容政策，这一政策在30年代开始改变，到50至60年代，苏联当局对穆斯林的宗教信仰以及与之相联系的风俗习惯和精神观念采取压制政策，打击和压制的举措极大地伤害了信教群众的情感。80年代中期以后，伊斯兰教在中亚迅速复兴。苏联时期，苏联党和政府从语言、文字、文学、艺术、教育等诸方面积极推行俄罗斯文化，一些措施给中亚地区带来了负面影响。不过，中亚五国的社会面貌发生了根本的改变，大多数地区由落后愚昧的封建社会进入了社会主义的文明社会。

第一节　宗教

20世纪，伊斯兰教在中亚地区仍然占据着统治地位，尽管东正教在哈萨克共和国北部的影响超过了伊斯兰教。十月革命以后，布尔什维克党和苏维埃政府在实行宗教信仰自由政策的同时，积极进行无神论教育，苏联共产党中央一直是把宣传无神论作为意识形态领域的一项重要工作。

在十月革命胜利之后的最初两年，苏俄中央政府以法令和宪法的形式将宗教自由的信条规定下来。1918 年 1 月 23 日，俄罗斯联邦人民委员会颁布了《关于教会同国家分离和学校同教会分离》的法令，法令规定："每个公民都有权信奉或不信奉任何宗教"，"保障举行宗教仪式的自由，但以不破坏社会秩序和不侵犯苏维埃共和国公民的权利为限，如果发生上述情况，地方政府有权采取一切必要措施来保障社会秩序和安全"。[①]1918 年 7 月 10 日通过的苏俄第一部宪法规定：为保障劳动者享有真正的信仰自由，实行教会与国家分离，学校与教会分离，并承认全体公民有进行宗教宣传与反宗教宣传的自由。[②]

苏联早期的宗教政策是谨慎的。列宁在俄共（布）第八次代表大会上曾指出："我们对于那些至今还处在毛拉影响下的吉尔吉斯人、乌兹别克人、塔吉克人、土库曼人，能做些什么呢？……我们是否可以到这些民族那里去说，我们要打倒你们的剥削者呢？我们不能这样做，因为他们完全受自己的毛拉的控制。这里必须等待这个民族的发展，等待无产阶级同资产阶级分子的分离。"[③]1920 年 2 月，俄共（布）中央发表《关于东方工作致各级党委和基层党组织的信》，信中表达了对伊斯兰教的立场，信中要求共产党员以民族和宗教的两个基本因素为出发点，以同情心对待信教的穆斯林群众，不要采取直接否定宗教的方法，应采取普及文化，开办学校、俱乐部和传播知识的方法。列宁时期（1917—1924）的宗教政策加强了政权的凝聚力，对革命初期国内社会的稳定起到了积极作用。

在此期间，俄共（布）中央在中亚采取了一些符合中亚实际情况的政策和措施，它们是：寺院（教会）的土地归还宗教机构；允许法官和巴依根据伊斯兰教法典和地方风俗习惯进行审判，容许古

---

① 中国社会科学院世界宗教研究所编译：《苏联宗教政策》，中国社会科学出版社 1980 年版，第 19 页。

② 俄罗斯社会主义联邦共和国 1918 年宪法第 13 条。

③《列宁全集》第 36 卷，人民出版社 1985 年版，第 144 页。

老的伊斯兰教学校发挥作用[①]；不开展反宗教宣传，尊重信教群众的宗教感情，穆斯林的节日被列入公休日[②]。这些措施对巩固苏维埃政权起到了积极作用。

到1924年，伊斯兰教法（萨里亚）还在规范着哈萨克社会生活的诸多方面；清真寺的兴建、维修工作也在有条不紊地进行；伊斯兰苏菲派的宗教活动随处可见；在多达数十所的宗教学校里，苏菲派兄弟会的穆里德派信徒多达500—800人。[③]

1925年以后，苏联的宗教政策发生了变化，对伊斯兰教的宽容态度逐渐消失。联盟中央认为，宗教活动和宗教信仰是阶级斗争尖锐的表现，中亚的伊斯兰教是反共反苏的思想基础。于是，苏共中央加强了无神论宣传，强制对教徒进行所谓的世界观的改造和无神论教育。[④]1926年，在官方下达的文件中，第一次明确提出了“伊斯兰教的反苏维埃性”。1927年，政府大张旗鼓地开展反宗教的宣传，号召人民群众与伊斯兰教进行坚决的斗争，并且把伊斯兰教说成是“劳动人民的阶级敌人”[⑤]。1930年，寺院不动产被全部没收[⑥]；1928—1933年间，全苏关闭清真寺1万座，穆斯林小学1.4万所，伊斯兰教经学院500所。

十月革命以前，撒马尔罕有清真寺和宗教学校150座，塔什干有300座，布哈拉有430座，安集延有387座。[⑦]它们既是伊斯兰教活动的场所，也是地区文化、科学、教育、艺术的中心。30年代，这些清真寺和学校统统被关闭，大量宗教文献被毁。反宗教的宣传

① 〔苏联〕苏联科学院经济研究所编：《苏联社会主义经济史》第2卷，第263页。

② 常玢：《伊斯兰教在中亚的传播与发展》，《东欧中亚研究》2001年第1期，第83页。

③ 张来仪：《1917年后的哈萨克斯坦伊斯兰教》，《华南师范大学学报（社会科学版）》2003年第1期，第77页。

④ Geoffrey Wheeler, *The Peoples of Soviet Central Asia*, pp. 97-99.

⑤ 常玢：《伊斯兰教在中亚的传播与发展》，《东欧中亚研究》2001年第1期，第84页。

⑥ 张佩贤：《试析中亚及高加索地区伊斯兰教的复兴》，《俄罗斯中亚东欧研究》1992年第6期，第33页。

⑦ 孙壮志、苏畅、吴宏伟编著：《乌兹别克斯坦》，第26页。

和行动随处可见：宗教节日期间常常举行进攻性的反宗教游行；报刊上对宗教不加分析地公开指责；用漫画等形式丑化正常的宗教活动；毁坏宗教物品。30 年代后期，苏联政府开始镇压宗教界人士，受牵连的不少是无辜的群众。

二战期间，中亚穆斯林群众表现出极大的爱国热情。斯大林停止了对宗教的迫害，全苏实现了有史以来首次政教关系正常化。1943 年，政府批准重新开放被关闭的清真寺；同年 10 月，苏联政府以塔什干为中心设立了中亚和哈萨克斯坦穆斯林宗教委员会，委员会负责中亚五个加盟共和国的伊斯兰教事务，以及《古兰经》及其他宗教文献的出版发行事宜。[①]

赫鲁晓夫执政以后，重新开始了 30 年代的宗教政策。1954 年，苏共中央做出《关于科学无神论宣传中的重大缺点及其改进措施的决议》，强调必须继续揭露宗教的反动本质及其危害。1954—1964 年间，全苏清真寺数量由 3000 座减少到 300—400 座（1965）。[②] 随之，中亚各共和国也关闭了大部分清真寺。

1959 年，赫鲁晓夫在中亚开始了大规模的反伊斯兰教运动，动员各界力量运用各种手段开展无神论宣传教育，破除封建迷信，并责成各加盟共和国党中央、州委会加强对“反宗教残余斗争的管理”。同年，根据有关禁止穆斯林私自凭吊陵墓（圣地）的文件，哈萨克共和国南部遗存的 24 座陵墓的 14 座被强行关闭。[③]

1961 年 10 月，苏共二十二大通过的新党纲明确宣布：“必须系统地进行广泛的科学无神论宣传，耐心地说明宗教信仰是毫无根据的，它是过去由于对自然界和社会现象真正法则的无知和人们由于遭受到自然界自发力量和社会的压迫而产生出来的。”[④] 1964 年，苏共中央在《关于加强居民中科学无神论教育的措施》的决议中再次

---

① 常玢：《伊斯兰教在中亚的传播与发展》，《东欧中亚研究》2001 年第 1 期，第 85 页。

② 〔美〕S. E. 温布什：《苏联伊斯兰教与民族》，陈德仁译，《民族译丛》1980 年第 6 期，第 1 页。

③ 常玢：《伊斯兰教在中亚的传播与发展》，《东欧中亚研究》2001 年第 1 期，第 85 页。

④ 邓浩：《苏维埃时期的中亚民族宗教问题》，《世界民族》1997 年第 4 期，第 50—51 页。

强调："要广泛发动党、团以及各群众团体的力量，建立有关规章制度，以便更积极地把非宗教的节日和仪式灌输到苏联人的日常生活中去。"[①]

为了使国内穆斯林免受国外"泛突厥"和"泛伊斯兰"的影响，联盟中央政府采取措施阻止苏联穆斯林与国外穆斯林之间的交往。[②]中亚地区正常的宗教活动受到严格控制，哈萨克共和国规定：每年去麦加朝觐的限额为 30 人，然而，最终得以成行的不超过 3 人。[③]

70 年代，全球性伊斯兰运动兴起，伊朗伊斯兰革命取得成功，建立了伊斯兰共和国（1979）。国际伊斯兰运动促进了伊斯兰教在苏联的复兴。为了在国际上（尤其是在伊斯兰国家中）树立正确对待伊斯兰教的形象，苏联对以往激进的宗教政策做了一些调整，对宗教团体、宗教活动的限制有所松动。苏联政府在中亚、北高加索、西伯利亚和外高加索设立了 4 个宗教事务委员会，中亚宗教事务委员会的总部设在塔什干。伊斯兰教的活动在中亚复兴：塔什干的宗教机构出版了报纸《苏联东方穆斯林》；布哈拉和塔什干的两所穆斯林大学恢复；穆斯林上层得到政府的允许与苏联境外的穆斯林加强了联系，可以参加世界性的伊斯兰教活动，其中，中亚大穆夫提[④]参加了 1975—1979 年的各次伊斯兰教会议；1977 年，在塔什干举行了纪念阿勒·布哈里教长[⑤]逝世 1200 周年的会议，世界伊斯兰国家的 1000 名代表前来参加[⑥]。到 1976 年，中亚有 143 座清真寺可供 2700 万位穆斯林使用。[⑦]

除了开展公开的伊斯兰教宗教活动外，地下活动更加活跃。穆

① 《论宗教与社会》，莫斯科，1977 年，第 85 页，转引自邓浩：《苏维埃时期的中亚民族宗教问题》，《世界民族》1997 年第 4 期，第 51 页。
② 〔美〕迈可尔·刘金：《俄国在中亚》，第 141 页。
③ 常玢：《伊斯兰教在中亚的传播与发展》，《东欧中亚研究》2001 年第 1 期，第 85 页。
④ 负责解释伊斯兰教教规的官员。
⑤ 伊斯兰教重要典籍《穆罕默德言行录》的作者。
⑥ 〔法〕亚历山大·贝尼格桑：《苏联的穆斯林与阿富汗危机》，龚羽翼译，《世界民族》1980 年第 4 期，第 6 页。
⑦ 〔美〕S. E. 温布什：《苏联伊斯兰教与民族》，陈德仁译，《民族译丛》1980 年第 6 期，第 2 页。

斯林上层人物成立了许多地下团体或机构，其中有私人学校、《古兰经》学校、苏菲派兄弟会等。随着伊斯兰宗教派别的成立，70 年代末至 80 年代初，出现了全苏伊斯兰教宗教势力联合的趋势。当时具有伊斯兰复兴倾向的、鼓吹宗教组织联合的杂志《赫多亚特》(《拯救》) 在地下印刷所印刷，在较大范围内秘密发行。1983 年，伊斯兰复兴党实现了全国伊斯兰宗教组织的联合。

戈尔巴乔夫时代（1985—1991），随着"民主化"、"公开性"的"新思维"改革，苏联对中亚伊斯兰教的政策发生了本质的变化。1988 年，在基督教传入俄国千年的纪念大会上，戈尔巴乔夫声明要完全恢复公民的信仰权利；1989 年 3 月中旬，在塔什干召开宗教大会期间，戈尔巴乔夫将沙俄时代从塔什干城夺走的一本 7 世纪的《古兰经》正式归还给塔什干宗教机构，作为向此次穆斯林代表大会的致敬。[①] 1990 年，在苏共二十八大的党纲中删除了党员必须与宗教偏见做斗争的规定；1990 年 9 月，苏联政府正式颁布《关于信仰自由和宗教组织法》，从法律上取消了对宗教的种种限制，宣布伊斯兰教的开斋节、宰牲节和那吾鲁孜为公休日。

在此政策的影响下，伊斯兰教在中亚地区迅速发展起来。中亚各加盟共和国的信教人数增加，各共和国内新建或修复的清真寺和宗教学校数量也在增加。1987 年以后的三四年间，中亚地区的清真寺就由 160 座增至 5000 多座。[②] 1989 年，中亚的伊斯兰教大学只有一所，到 1991 年增加到 9 所，此外，还有经学院 25 所。[③]

宗教活动的政治色彩日益浓重，出现了宗教政党。1990 年 1 月，哈萨克共和国召开了伊斯兰教第一届代表大会，成立了哈萨克共和国独立的伊斯兰教宗教事务管理机构，该机构宣布脱离塔什干宗教委员会。1990 年 6 月，在俄罗斯阿斯特拉罕市建立激进的带有明显

---

① 常玢：《苏联解体前后的中亚国家伊斯兰教状况》，《东欧中亚研究》2001 年第 5 期，第 61 页。

② 同上。

③ 沈翼鹏：《中亚五国的宗教问题及其对政局的影响》，《东欧中亚研究》1994 年第 3 期，第 84 页。

伊斯兰原教旨主义色彩的全苏伊斯兰复兴党，中亚出现了该党的基层组织，其中，塔吉克共和国的伊斯兰复兴党成为一支重要的政治力量，它的活动对塔吉克共和国政权构成了严重威胁。

中亚伊斯兰教复兴之后迅速与国际伊斯兰运动建立了联系。1986 年以来，中亚地区的伊斯兰宗教组织对伊朗的伊斯兰革命和阿富汗的“圣战”十分关注，在塔吉克共和国出版的《伊斯兰真理》杂志大量刊载伊朗宗教首领霍梅尼的作品和言论；1989 年，乌兹别克共和国的穆斯林曾高呼“霍梅尼万岁”的口号走上街头；1989 年，沙特阿拉伯通过“世界伊斯兰中心”免费向中亚赠送 100 万册《古兰经》。[①] 从 1989 年起，中亚地区前往麦加朝觐的人数增加，到 1991 年去麦加朝觐者从 25 人增至 4000 多人。[②]

苏联时期，伊斯兰教信仰的程度在中亚五个共和国内存在着差别。哈萨克共和国，特别是共和国北部地区，由于俄罗斯移民的到来，伊斯兰化的程度没有其他中亚国家深，伊斯兰教的影响不如中亚其他共和国那么大。塔吉克共和国的宗教意识很强，1990 年 9 月通过《信仰自由和宗教组织法》，宣布开斋节、宰牲节和那吾鲁孜节为公休日，同年，在首都杜尚别建立第一所伊斯兰教经学院。由于部落、部族势力强大，伊斯兰教在地处伊斯兰世界边缘的阿富汗从未成为社会和政治变革的主导力量，与分散的部落社会相一致，宗教界也是分裂的。

中亚地区，绝大部分的穆斯林信仰伊斯兰教逊尼派，局部地区的穆斯林信仰什叶派。塔吉克共和国伊斯兰教信仰的派别较多，大部分穆斯林信奉逊尼派（哈乃斐教法学派），帕米尔山区居民（主要在戈尔诺·巴达赫尚州）信奉什叶派中的伊斯玛仪派（占穆斯林人口的 5% 多）。塔吉克共和国虽与伊朗不接壤，但由于塔吉克民族属于印欧语系伊朗语族，语言的相近使之受到伊朗的影响较深，塔

① 常玢：《苏联解体前后的中亚国家伊斯兰教状况》，《东欧中亚研究》2001 年第 5 期，第 62 页。

② 同上文，第 61 页。

吉克共和国的伊斯兰教信仰受到伊朗原教旨主义的影响比中亚其他国家多，被认为是中亚各共和国中伊斯兰原教旨主义势力最活跃的地区。在塔吉克共和国还有苏菲派兄弟会，苏菲派兄弟会起源于北高加索，第二次世界大战期间，北高加索少数民族被迫迁徙到中亚，把苏菲派兄弟会也带到中亚。土库曼共和国的穆斯林大多数信仰逊尼派，也有相当数量的苏菲派。土库曼与伊朗接壤，在伊朗有 100 多万土库曼人，土库曼伊斯兰信仰受原教旨主义影响也比较深。阿富汗穆斯林信仰逊尼派和什叶派，逊尼派又分为传统主义组织和原教旨主义组织，传统主义的逊尼派有 3 个支派，逊尼派原教旨主义组织有 4 个支派；什叶派的伊斯兰组织也有很多派别。1979 年苏联入侵阿富汗以后，阿富汗人民在抵抗运动中利用伊斯兰教这一意识形态团结起来。伊斯兰教在反对苏联入侵中发挥着重要作用。

由于苏联时期无神论教育的结果，伊斯兰教的发展受到了一些影响，特别是在年轻人中。年轻人的宗教意识并不浓厚，信仰并不十分坚定。

除了伊斯兰教以外，中亚地区存在着东正教、天主教、佛教、基督教、犹太教、萨满教等众多其他宗教信仰。中亚的俄罗斯人、白俄罗斯人和乌克兰人主要信仰东正教，随着他们的到来，东正教、天主教的信仰者在中亚也呈上升趋势，他们的存在对伊斯兰教的发展起到了一定的遏制作用，在伊斯兰教的发展对他们造成威胁之时尤其如此。[①] 苏联政府鼓励穆斯林与信仰东正教的俄罗斯人、乌克兰人通婚，以淡化宗教信仰。除了东正教外，在中亚的德意志人信奉基督教，犹太人信奉犹太教，朝鲜人信奉基督教和佛教，一些偏僻地区还保留有萨满教的残余。

---

① Meredith B. McGuire, *Religion, the Social Context*, Wadsworth, Inc. USA, 1992, pp. 185-186.

第二节 文化

苏联时期，苏共中央不仅在政治、经济领域起到主导作用，而且在社会文化生活方面也是主宰力量。尽管苏联政府一再强调要繁荣各民族文化，但是，在中亚各共和国积极推行俄罗斯文化的政策贯穿着整个苏联时期。

十月革命以后，苏俄政府改变了沙俄时代的语言政策。1917 年 11 月 15 日，苏俄政府通过了《俄罗斯各族人民权利宣告》，宣布“各族人民的平等和独立自由”，对各族人民的权利做出如下保证：废除俄语作为官方语言的规定，在苏维埃俄罗斯境内没有官方语言；每个民族都有权利保持他们的民族认同，也保留他们在任何场合说“母语”的权利；每个人都有用民族语言接受教育和发展本民族文化的权利。[①]1936 年，苏联宪法规定了各民族语言平等的原则。苏联政府初期的政策确实起到了帮助大小民族，甚至是最弱小的民族繁荣本族语言的作用。

联盟中央大力传播俄罗斯文化和文明。1938 年，苏联的语言政策发生了变化。是年，苏联通过了《关于民族共和国和民族州必须学习俄语》的决议。决议规定：俄语是苏联所有学校从一年级起的必修课程。[②] 到20 世纪30 年代末，俄语实际上成了苏联的官方语言。赫鲁晓夫执政时期，1958 年 11 月，苏共中央和苏联部长会议公布了一个发展国民教育的提纲，强制在中小学推广俄语。[③]1961 年 10 月，苏共二十二大决议正式规定了俄语作为苏联各族人民的“第二母

① 〔苏联〕莱茨尼克：《20 世纪 20 年代的苏联语言政策和改革：反对理想主义语言学的现实辩论》，第 3 部分，转引自王尚达、王文：《苏联对中亚的语言政策：评论和反思》，《俄罗斯中亚东欧研究》2005 年第 6 期，第 68 页。

② 王尚达、王文：《苏联对中亚的语言政策：评论和反思》，《俄罗斯中亚东欧研究》2005 年第 6 期，第 69 页。

③ 北京大学苏联东欧研究所编译：《赫鲁晓夫时期苏共中央文件汇编（1953 年 3 月—1964 年 10 月）》，商务印书馆 1976 年版，第 342—343 页。

语”，明确了中亚语言发展的“两条线”战略：民族语言用于当地文化的发展，而俄语用于其他更宽的途径。[①]此后，中亚开始执行双语化的语言政策，俄语成为政治宣传、经济交往、军事防御、科技发展和工业建设的唯一用语[②]，“连那些当地居民（哈萨克）占 90% 至 95% 的那些地区都规定讲俄语”[③]。1979 年，中亚主体民族人口中语言被完全同化（即不能流利地说“母语”）的人将近 500 万。[④]在 1989 年的全苏人口调查中，虽然 98% 的哈萨克人仍把哈萨克语视为自己的母语，但在实际生活中能够流利掌握哈语的人仅占 0.255%，城市中的青年人几乎都不懂哈语了。[⑤]

1985 年，戈尔巴乔夫执政时期，随着“民主化”思想的传播，少数民族语言的作用重新受到重视。在 1989—1990 年期间，中亚五个加盟共和国相继通过了本国的语言法，赋予主体民族语言以国语地位，俄语降为族际交际语。

文字的改变也是按联盟中央的意志进行的。在 16—18 世纪下半叶，哈萨克语、乌兹别克语、土库曼语、吉尔吉斯语和塔吉克语都采用阿拉伯字母书写，这种状况持续到 19 世纪中叶俄国征服时期。十月革命以前，在中亚主体民族中，仅有哈萨克、乌兹别克和塔吉克民族有较系统的文字体系，即便如此，民族文字的普及率也很低。1922 年，苏维埃政府以阿拉伯文字辨认不易，书写复杂，不利于扫除文盲为由进行了第一次文字改革，推广拉丁字母，以上五种语言开始从阿拉伯字母逐渐过渡到使用拉丁字母写书，这一过程在 1928 年最终完成。1937 年，苏联政府进行第二次文字改革。苏联政府认

---

① 王尚达、王文：《苏联对中亚的语言政策：评论和反思》，《俄罗斯中亚东欧研究》2005 年第 6 期，第 70 页。

② 同上。

③ 〔哈萨克〕努·阿·纳扎尔巴耶夫：《探索之路——自传·反思·立场　答出版社问》，第 29 页。

④ 王尚达、王文：《苏联对中亚的语言政策：评论和反思》，《俄罗斯中亚东欧研究》2005 年第 6 期，第 70 页。

⑤ 穆立立：《哈萨克斯坦当前的民族进程和民族关系》，《俄罗斯中亚东欧研究》1993 年第 4 期，第 48 页。

为 26 个拉丁字母难以标出中亚语言的丰富语音，于是，在 1938—1940 年间，以上几种中亚语言放弃了拉丁字母，改用与俄文相同的基里尔字母书写。从此，大量的俄语词汇进入中亚各民族的语言当中。

使用俄文字母既有利于中亚民族语言吸收俄语，又便于中亚人民学习俄语。一位苏联语言学家解释说："苏联各族人民最重要的文化收获之一……是各（少数）民族在俄文字体的基础上发展了自己语言的字母和书写体系……多数语言采用了俄文字体后，不仅使自身得到了发展，而且使苏联各民族在成功地掌握俄语和吸收俄罗斯文化方面获得了巨大的帮助。"[①]

苏联时期，中亚各共和国文学的发展是不平衡的。苏维埃建立之初，哈萨克和乌兹别克人已经有了自己的文学、戏剧；土库曼人、吉尔吉斯人和卡拉卡尔帕克人仍然处于口头文学向书面文学发展的阶段。

苏联时期，哈萨克共和国产生了相当有影响的诗人、小说家、剧作家与作曲家，开辟了哈萨克文学艺术的新纪元。[②] 哈萨克民间诗歌创作的代表人物江布尔·扎巴耶夫（1846—1945）是一位著名的阿肯，也是阿肯艺术的集大成者。他的诗歌反映了近一个世纪来哈萨克社会的风貌和时代变迁，其中《献给父亲》、《沙皇命令的桎梏》、《列宁格勒人，我的孩子》诗作最著名。

50 年代，哈萨克共和国知识界发生了一件大事。1950 年 12 月 26 日，苏联《真理报》发表了《为马克思列宁主义地阐述哈萨克斯坦的历史问题而斗争》文章，对哈萨克历史学家别克马汉诺夫的著作《19 世纪 20 年代至 40 年代的哈萨克斯坦》提出批判，作者在此书中肯定了 19 世纪前期哈萨克贵族肯尼萨尔·卡西莫夫领导的抗俄起义。批判文章指出，哈萨克斯坦合并于俄国具有深刻的进步意义，

① 〔美〕迈可尔·刘金：《俄国在中亚》，第 69—70 页。

② 公抒编著：《原苏联各共和国概况》，第 128 页。

因为它可以使哈萨克人民免于封建贵族的奴役，并且保证他们与先进的俄国进行经济和文化交流。①

此后，歌颂哈萨克人历史和人民的作品大量出现，其中，穆阿乌埃佐夫（1897—1961）的重要著作《阿拜之路》以史诗般的宏大气魄，全面反映了哈萨克民族独特的生活习俗和悠久历史，在50年代引起轰动，获斯大林奖章。

哈萨克共和国著名诗人穆哈哈力·玛哈泰耶夫（1931—1976）写下了不朽诗篇，他用诗歌表达了对民族命运、祖国前途的思考与忧虑。穆哈哈力·玛哈泰耶夫的父亲曾参加苏联卫国战争，战死疆场。《小路》一诗就是描写“父亲踏上战场、母亲踏上永远不醒的归途”的家乡小路。诗歌十分细腻地描述了母亲千百次叮嘱的“小心，绕着走，不要碰着崖”的小路，深情地歌颂了人类“跌倒，站起来；再跌倒，再站起来；寻找道路，寻找道路，一直向前”的精神。在《爱情对话》一诗中，诗人写道：“我变成飞鸟，无影无踪，你怎么办？我会寻找你，直到永远。我掉进火海，你怎么办？我会伴随着你，烧成灰烬。我变成蒙胧的幻影，你怎么办？我会变成千股清风，永远追逐着你。我给你带来忧愁，你怎么办？别说了，亲爱的，我什么都能承担。”在《黑夜与白昼》一诗中，诗人以乐观主义态度对待困难和黑暗：“我见过伸手不见五指的黑夜，然后又迎来灿烂的黎明。没有黑暗，我根本不会——不会深切体验白昼的灵魂。”②在另一首诗中，他写道：“春天一定会来临，天空会出现灿烂的霞光。苍老的槐树、白桦，会变得郁郁葱葱，当妖魔鬼怪从天空逼近时，快祈求恶魔的火球不要掉入大地！”③

20世纪初，乌兹别克共和国文学摆脱了“纳瓦尔”传统风格，现代诗人和散文作家涌现。阿布都拉卡迪里写了《过去的岁月》和

① 〔苏联〕邵英巴耶夫等：《为正确阐明苏联中亚细亚各民族底历史问题而斗争》，第4页。

② 玛依达·胡巴依：《与诗歌孪生的人——哈萨克斯坦著名诗人穆哈哈力·玛哈泰耶夫》，《昌吉学院学报》2007年第4期，第74—75页。

③ 同上。

《来自讲坛的蝎子》两部历史性小说，在20年代后期，他发表了戏剧、诗歌和短篇散文，诗人在30年代后期的“大清洗”运动中被杀。

二战以后，共和国出现了一些思想性很强的诗歌、散文、乐曲、剧本。乌兹别克族剧作家哈姆扎·哈基姆扎杰·尼亚吉是苏维埃文学的创始人，他在剧作《地主和雇工》、《土地改革》、《世界资本的末日》中反映了新旧矛盾冲突，鼓动人们迎新辞旧。散文作家拉希多夫描写了对国家忠诚的社员形象。小说家阿斯卡德·木哈塔尔于1955年创作了反映社会主义的小说《姐妹们》，他的作品对乌兹别克族新一代诗人产生了很大的影响。此外乌兹别克共和国的知名作家还有：艾阿利姆然、艾别克、拉希姆、卡哈尔、拉希多夫、穆赫塔尔、维贡、谢赫扎杰、祖尔菲亚等。[①]

20世纪初，吉尔吉斯文学仍以诗歌为主，到30年代，吉尔吉斯共和国各种文学体裁开始发展起来。19世纪末至20世纪初，杰出诗人托克托古尔·萨特尔加诺夫的作品揭露了吉尔吉斯社会上层的贪婪和暴虐，他的作品由口头流传了下来。以后，诗人和剧作家廷尼斯坦·乌鲁开始了苏维埃文学的创作。30年代，人民诗人托科姆巴耶夫的代表作《列宁颂》、《感谢》、《时代的声音》、《我的礼物》，以及诗体长篇小说《曙光之前》广为流传。此外，著名作家还有钦吉斯·艾特玛托夫。

钦吉斯·艾特玛托夫生于塔拉斯山区一个牧民家中，1958年开始从事专职文学工作，创作了中篇小说《面对面》和《查密利雅》，这些作品以心理的细腻刻画和语言的优美著称。他的小说集《群山和草原的故事》，中篇小说《别了，古里萨雷》、《白轮船》、《早仙鹤》、《花狗崖》和长篇小说《断头台》，先后获得列宁奖和苏联国家奖，成为世界著名作家。他的作品常以吉尔吉斯斯坦秀丽的自然风光来烘托人物内心的微妙变化，突出了作品独特的抒情诗美，洋溢

① 公孖编著：《原苏联各共和国概况》，第250页。

着浓重的乡土气息。[①]

十月革命以后，塔吉克文学得到迅速发展，大批俄罗斯经典作品被译为塔吉克文，促进了塔吉克文学事业的繁荣。苏联时期，塔吉克民间诗人创作了不少歌颂十月革命、列宁、社会主义劳动、伟大卫国战争、新生活的民间诗歌。塔吉克文学受到俄罗斯文化的影响，现代塔吉克诗歌也受到俄罗斯诗人马雅可夫斯基诗歌的影响。塔吉克苏维埃文学的奠基人艾尼萨德里丁（1878—1954）写的中、长篇小说反映了塔吉克人的思想和生活，其中，《挽诗》（1918），《自由进行曲》（1919）、《奥季纳》（1924）揭露了封建统治者的残酷剥削，歌颂了劳动人民的反抗斗争。艾尼萨德里丁后来成为塔吉克科学院首任院长。另一位新文学的开创者是诗人胡蒂，他的叙事诗、抒情诗既有东方诗歌的传统又有俄国革命诗歌的特点。此外，塔吉克文学家中最著名的有获得列宁奖的塔族人图尔松扎德和获得苏联国家奖的塔族人诗人米尔沙卡尔。[②]

在思想文化方面，苏联领导人认为，在第二次世界大战期间由于与西方国家的频繁接触，资本主义思想的影响传播到了苏联国内，对此必须进行清洗。1946 年 8 月，主管意识形态的联共（布）中央政治局委员、中央书记日丹诺夫起草了中央决议，意识形态领域的清洗由此开始了。这场清洗从文学领域开始，迅速波及各个文化学术领域。对中亚各共和国的清洗集中在有关中亚细亚合并于俄国的评价方面。

苏联《历史问题》杂志 1951 年第 4 期发表社论[③]，对中亚地区历年出版的几十部历史著作及论文中的错误观点进行了批判，一些有严重资产阶级民族主义思想的作者也被点名批判。在中亚共和国发生的这场历史学的批判运动既是当时苏联意识形态清洗的一部分，

---

① 公抒编著：《原苏联各共和国概况》，第 141—142 页。

② 同上书，第 202—203 页。

③ 该社论的译文参见邵英巴耶夫等：《为正确阐明苏联中亚细亚各民族底历史问题而斗争》，第 234—257 页。

也是战前中亚批判“资产阶级民族主义”的继续。思想批判最终导致政治清洗，许多学者、作家被剥夺了写作权利，一批党政干部被罢官。

苏联时期，中亚艺术在俄罗斯文化的影响下发展。吉尔吉斯人谢·阿·楚依克夫是在苏联美术教育下成长起来的第一代画家。在艺术手法上，他的创作接近俄罗斯画家米·弗鲁贝尔，在处理人与大自然的关系方面，他借鉴俄罗斯画家亚历山大·伊万罗夫的经验。他在艺术上的造诣使他获得了“苏联人民艺术家”、“苏联美术研究院院士”的荣誉。楚依克夫于1934年在比什凯克创建了共和国第一个画廊。

荣获“苏联人民艺术家”和“社会主义劳动英雄”称号的土库曼画家伊·纳·克雷切夫是土库曼人的骄傲。克雷切夫生于1923年，15岁考入阿什哈巴德美术学校，入学第三年参加了卫国战争。战后，他于1947年考入苏联列宾美术学院鲍约干松画室学习，以后又在亚·格拉西莫夫画室读研究生。在他的作品中，组画《我的土库曼》于1967年获该年度的“苏联国家奖”。

符·雅·巴夫罗兹基是与伊·纳·克雷切夫同时代的土库曼著名画家。巴夫罗兹基于1925年生于阿什哈巴德，1944年参加卫国战争，1946年考入阿什哈巴德美术学校，1948年阿什哈巴德大地震后转入乌克兰苏德萨美术学校学习，1951年毕业后回阿什哈巴德工作。他的创作吸收了早期立体主义的表现手法和苏派美术成熟的油画技法，他的作品《为了华沙》于1973年获“苏联国家奖”。[①]

在此时期，阿富汗绘画在继承传统绘画风格的基础上形成了新的风格，画家们通过粉彩画、油画、水彩画等形式反映阿富汗人民的生活和爱好。画家伊特玛蒂就代表着两种不同的画派和风格，其中，粉彩画《打猎场》、《夏》、《吹笛子的牧羊人》、《猎鹿》、《猎鹰》、《弹琴》继承了传统的赫拉特画派风格。阿富汗女画家夏柯夫

① 刘文斌：《俄罗斯化的中亚油画探析》，《新疆石油教育学院学报》2001年第4期，第100页。

人的油画笔触流利，色彩鲜明，给人美感，其中，《阿尔卑斯山多姆峰》、《沐浴在阳光中的拉瑟卡尔加》等作品显示了画家在油画技术上的熟练，流畅的笔调和装饰性风格又保持了传统静物画的风格。画家泰西的作品具有整体感，善于把复杂的事物单纯化，其中，《挝尔巴蒂的乡村》、《巴米扬一角》显示了艺术上的独特风格。[①]

中亚音乐也受到了俄罗斯音乐的影响。苏联初期，为了抵制俄罗斯的“现代化”音乐，中亚本地人抵制西洋歌剧、西方芭蕾舞。联盟中央政府发言人指控中亚当地的创作者用70%以上的传说故事和史诗故事做素材，而苏维埃集体农庄和工厂的题材只占不到30%[②]；指责中亚音乐界没有建立专业合唱队，指责他们在歌剧院里和广播节目中，在独唱独奏会舞台上，安排传统的中亚歌手与受过西方音乐培养并以西方风格演出的歌手之比例为8∶1。[③]

30年代以后，苏联中央政府在中亚加强了西方音乐的教育。1935年，在塔什干成立了一所高级音乐学校，1936年，该校改建成塔什干国立音乐学院。1936年，乌兹别克共和国成立了作曲家协会和乌兹别克交响乐队。与此同时，在莫斯科、列宁格勒和基辅音乐学院学习的一批中亚本民族作曲家开始追随西方音乐，他们创作了一些以西方浪漫风格表现中亚的历史素材（诗歌、传说和叙事诗）的歌剧。

苏联时期，一些中亚传统乐器被改造，如纳依和弹布尔，它们奏出的音调“颤抖”、“哀怨”、“悲叹”，反映了“封建时代”的情感，不适合表现苏维埃的时代精神。30年代，在彼得罗山茨的领导下，开始重制带有半音调弦和按平均律调弦的民间乐器。此后，几乎所有的中亚乐器都被改制过。

苏联时期，由政府提供资金对中亚一些古代建筑进行了大规模修复，修复工作持续了很长时间。30年代，中亚传统的穆斯林建筑

---

① 灵人：《看阿富汗绘画艺术展览》，《美术》1963年第6期，第43页。

② Edward Allworth, edit, *Central Asia: 130 Years of Russian Dominance, A Historical Overview*, p. 480.

③ Ibid..

继续发展，不过，中亚地区的建筑风格发生了变化，产生了一批结构主义风格的大型建筑，它们主要是行政大楼、公共建筑。其中，哈萨克共和国的阿拉木图政府大厦是这种风格的范本。苏联设计师金兹堡“（以）一种符合阿拉木图城具体地形以及哈萨克共和国特有的（气候）的简洁、洗练手法（而建成的）”，他说：“这一魁伟块状的纪念性建筑是我为苏维埃建筑探索一种新的建筑风格所进行的第一次尝试。”①

在向都市化迈进的过程中，俄国设计师们为中亚设计了一座座新城。在哈萨克共和国，就设计了十个全新的都市中心和一百个“城市类型的”村落。然而，由于没有足够的合格建设者，大批工作不得不留给迅速培训出来的、勉强合格的工匠们去做了。②在吉尔吉斯共和国，普尔热瓦尔斯克城镇的远景规划是将30年代的现实主义和新古典主义风格运用到中亚建筑之中。其中，由V. 维雷幼兹斯基设计的伏龙芝博物馆是这种风格的典范。按他的设计，博物馆的外观采用吉尔吉斯人传统的圆顶帐篷形式，以吉尔吉斯族刺绣图案装饰，在入口处，采用乌兹别克和塔吉克的爱瓦，以及希瓦式立柱支撑。人们对它的评价是“也许是俄国人唯一表现中亚当地形式的、有胆识的、富有创造性改造的设计”③。然而，这一设计没有成为现实。

在乌兹别克共和国，塔什干的大型歌剧院阿里·锡尔·纳威的设计是在传统的穆斯林形式中糅合了当时反宗教性的公共建筑的元素，是一个传统与现代结合的代表作。剧院的墙壁用摘自《古兰经》语句的装饰，观众休息厅分别以地区的名字命名，以该地区突出的地方特色装饰。剧院体现了中亚的建筑风格和装饰方法。

中亚建筑史在第二次世界大战以后发生了一次突破。苏联建筑专家们抛弃了建筑学上的新古典义主风格，采取了西方建筑形式。

---

① Edward Allworth, edit, *Central Asia: 130 Years of Russian Dominance, A Historical Overview*, p. 508.

② Ibid., p. 510.

③ Ibid., pp. 511-512.

纪念碑式的建筑风格从俄罗斯传到希瓦、伏龙芝或阿拉木图城。

中亚五国经济的发展带动了中亚五国教育的进步。十月革命之前，中亚居民绝大多数是文盲，识字率仅为2.3%。[①]1919年，《俄联邦人口扫盲法》在中亚推广，按法令规定，9—50岁的所有不识字公民必须识字。于是，中亚开始了全民扫盲运动，并收到了显著的成效。到1939年，中亚五国居民的识字率已达77.7%—83.8%，接近全苏87.4%的水平。[②]

十月革命以前，中亚无一所高校。[③]1920年9月7日，在国内战争的艰苦岁月里，列宁签署了建立国立塔什干大学的决定。[④]以后，塔什干大学成为中亚诸共和国科学文化和教育的摇篮，以国立塔什干大学各系为基础，在乌兹别克和土库曼、塔吉克三共和国相继建立了15所高等院校。[⑤]到1940年，中亚五国总共开办了128所高、中等专业学校。[⑥]到1981—1982学年，哈、乌、吉、土、塔五国每万人中大学生的拥有数分别为172、183、155、125、138人，虽低于全苏197人的平均水平，但已达到发达国家水平。[⑦]

苏联时期，中亚地区的科研事业从无到有，发展迅速。到1940年，中亚五国建立了苏联科学院的分院，共有195个研究所，科研人员已达5900人。[⑧]到1981年，哈、乌、吉、土、塔五国拥有的科学工作者人数分别为3.85万、3.65万、0.86万、0.52万、0.77万人，比1940年增长了23、12、29、10和19倍。[⑨]中亚五国的科研

---

① 〔俄〕安德西：《社会主义民族的历史性进步》，莫斯科，1987年，第89页。

② 同上。

③ 同上。

④ 最初名为突厥斯坦大学，1923年改名为中亚国立列宁大学，简称中亚大学。1960年改称国立塔什干大学，共设有15个系20多个专业，在校生约1.7万人（1987）。

⑤ 王沛主编：《中亚四国概况》，第151—152页。

⑥ 〔乌兹〕C. N. 普拉托夫：《列宁思想的胜利》，《乌兹别克斯坦社会科学》1984第10期。

⑦ 胡延新：《苏联开发中亚边疆少数民族地区的经验、教训和启示》，《东欧中亚研究》2000年第6期，第77页。

⑧ 〔俄〕安德西：《社会主义民族的历史性进步》，第124页。

⑨ 胡延新：《苏联开发中亚边疆少数民族地区的经验、教训和启示》，《东欧中亚研究》2000年第6期，第77页。

机构在许多领域形成了自己的特色，如哈萨克共和国的宇航、煤化工业研究，乌兹别克共和国的植棉技术、土地沙漠化治理和太阳能利用的研究均达到世界先进水平。

苏联时期，中亚五国的文化发展改变了中亚地区落后的社会面貌，使中亚大多数地区由落后愚昧的封建社会进入了社会主义的文明社会，缩小了中亚地区与世界文明地区的距离。在此过程中，中亚地区文化不同程度地受到俄罗斯文化的影响，或者说正在俄罗斯化。在哈萨克和吉尔吉斯共和国，俄罗斯文化成为主体文化，本民族文化成为亚文化，可以说，这两个共和国已经俄罗斯化；在乌兹别克和塔吉克共和国，虽然保留着较多的民族文化，但俄罗斯文化正在取而代之，特别是在城市，可以说，这两个共和国正在俄罗斯化。

第十章

苏联治理中亚的历史地位

苏联时期，苏联政府实行教会与国家分离，学校与教会分离，彻底消除了在中亚建立伊斯兰教神权政治的可能性，这是历史的进步。然而，中亚划界及民族共和国的建立在中亚地区产生了人为制造的分裂，形成了主体民族和少数民族的主次差别，在经济上，使中亚原来的统一的经济体被肢解。尽管如此，民族共和国的建立对中亚经济和社会的发展还是起到了积极的促进作用，成绩是主要的。苏联共产党和联盟中央政府为开发中亚投入了巨大的人力和财力，使中亚地区在不长的时间内赶上和保持了与世界其他地区同步发展的势头。

第一节　社会地位

1924 年，苏联中央政府在中亚地区实行了民族划界，先后组织建立了五个民族国家。对于 1924 年的中亚民族划界，历来有不同的评价，有人把民族划界看作“布尔什维克的诡计”，“旨在分化、确

保苏联的控制”。[1]

俄国著名东方学者巴尔托德认为，按民族特征进行的划分在一定程度上加速了民族融合的过程，但同时对中亚民族也有负面影响。希瓦、布哈拉、后来的撒马尔罕及其他城市作为政治和文化中心的作用急剧下降，历史上形成的相互联系的整个体系被摧毁，民族干部政策被废弃。按欧洲模式建立的民族共和国打断了中亚的自然发展过程，产生了新的紧张和冲突根源，极大地减缓了公民社会的形成速度。[2]

苏联在中亚实施的民族划界确实产生了许多负面影响，主要有以下几点：第一，使原来统一的中亚经济体被肢解。如有着悠久历史传统的花剌子模绿洲被肢解为三个块，分别归属于乌兹别克、土库曼和俄罗斯三个共和国。对此，花剌子模共和国共产党中央执行局曾提出不同意见，他们认为花剌子模与阿姆河州、锡尔河州、土库曼州是统一的经济区，这三个州与花剌子模的分离将导致经济混乱。为了抵制分割，花剌子模共产党中央做出决议：禁止领导人和党员在基什拉克和阿吾勒提及民族划界的任何问题，违抗这个决议的共产党员要承担严厉的责任直到开除党籍。以后，做出决议的这些人被指责为“资产阶级民族主义分子”。

第二，为了平衡各共和国领土，一些地区被联盟中央人为地分割。如作为整体的费尔干纳盆地被中亚四个共和国（除土库曼共和国）瓜分；吉尔吉斯共和国的奥什州，划出归属于乌兹别克共和国和归属于塔吉克共和国的两块小飞地；地处塔吉克共和国的阿赖山山前地带的沃鲁赫、索赫、莎希马尔丹划归乌兹别克共和国。民族划界的宗旨是按民族特征进行划界，但为了平衡各共和国领土划出的这些小飞地却偏离了这一宗旨，人为地造成了跨界民族。

---

① Robert A. Lewis, ed., *Geographic Perspectives on Soviet Central Asia,* London and New York: Routledge, 1992, p. 284; Mohammed Ayoob, ed., *The Politics of Pan-Islamic Reassertion*, New York: St Martin’s Press, 1981, pp. 259-260.

② 张娜：《中亚现代民族过程研究》，第 203—204 页。

第三，民族划界和民族共和国的建立在中亚国家中产生了主体民族和少数民族的差别。随着加盟共和国、自治共和国和自治州的建立，这些国家和地区的民族有了主次之分，对于主体民族而言，一些民族变成了少数民族，他们感到本民族的地位和权利遭到了损害，为共和国内部产生民族矛盾和纠纷埋下了隐患。

尽管如此，中亚的民族划界及民族国家组建的积极意义是主要方面。第一，民族划界和民族国家的组建加速了中亚主体民族的融合，使中亚主体民族迅速地从自在民族发展到自觉民族，促使这些民族的最终形成。

16 世纪，哈萨克、乌兹别克、吉尔吉斯已经开始了民族形成的过程，然而，这一过程十分缓慢，直到 20 世纪初，中亚主体民族自我认同的意识还未形成，民族认同还停留在超民族的种族观念上（即“大突厥”）。1921 年，斯大林在他的报告中是这样列举中亚民族的：吉尔吉斯人（指哈萨克人和吉尔吉斯人）、乌兹别克人、土尔克明尼亚人（土库曼人）、塔吉克人、布哈拉人、希瓦人。[①] 布哈拉人和希瓦人并不是民族之名，而是希瓦汗国和布哈拉汗国国民之称。经过民族划界和民族共和国近 70 年的发展，民族形成的过程最终完成，中亚五个主体民族已经可以严格地区分和科学地界定了。

第二，民族国家的建立消除了政治分裂的局面。近代以来，在中亚建立的统治王朝频繁更迭，国家政权软弱，主体民族居地在政治上是分裂的。如在哈萨克族人的历史中，几经聚散的哈萨克汗国即使是在最强盛的时期也只是一个较为松散的部落联盟组织。民族国家的建立遏制了中亚主体民族政治分裂的现象。斯大林认为：“土尔克斯坦（突厥斯坦）的划界，首先是这些国家被分裂的各部分之重新联合而为独立的国家。”[②] 哈萨克斯坦共和国首任总统努·纳扎尔巴耶夫在其著作《前进中的哈萨克斯坦》中评价说：“……我们

① 《斯大林全集》第 5 卷，人民出版社 1953 年版，第 20 页。

② 斯大林：《马克思主义与民族、殖民地问题》，张仲实译，人民出版社 1953 年版，第 287—288 页。

也不能抹杀哈萨克民族1917年以来的历史。别的不说，就在这一时期，我们这个在上个世纪被强行分为三个部分、失去了民族和领土的统一完整的国家成为了一个共和国，恢复了过去的疆域，正式划分了边界，这一切正是在联盟政府最初执政的年代里实现的，这已经成为我们独立的自主的国家完全合法的唯一基础，我们怎么可以忽视这一点呢？”[①] 政治统一有利于消除民族分裂，中亚主体民族在本民族稳定的政治实体中，民族居住区域混杂的状况有所改善，民族分裂的现象不再发生。

第三，民族共和国的建立遏制了超民族性质的“泛伊斯兰主义”在中亚地区的传播与发展，使中亚最终走上了政教分离的现代国家的道路。十月革命以前，中亚的一些地区盛行宗教狂热主义和宗教偏见，穆斯林神职人员和宗教学校、伊斯兰教教规在社会上占有崇高地位。此外，中亚存在过一些地方民族政权，伊斯兰宗教势力在这些政权中均发挥着重要影响。十月革命以后，突厥斯坦自治共和国的一些领导者由于认识方面或者其他方面的原因，他们不顾新生的苏维埃政权的处境，一心只想要建立穆斯林民族国家。在此形势下，民族共和国的建立遏制了“泛伊斯兰”思潮，避免了中亚国家政治泛伊斯兰化。

第四，民族共和国的建立遏制了超民族性质的“泛突厥主义”思潮，对世界和平做出了贡献。1920年以后，中亚改革者先后都加入了共产党，然而，由于认识方面的原因，他们希望建立一个包括突厥斯坦、哈萨克、吉尔吉斯、鞑靼斯坦等地在内的大突厥国。这种思想正好与20世纪20—30年代的地方民族主义相吻合，以巴斯马奇分子为代表的民族分裂主义势力在猖獗之时打出了建立“突厥共和国”的旗号。1924年，苏联政府把突厥斯坦自治共和国分割成乌兹别克、土库曼、塔吉克和吉尔吉斯等民族共和国和民族自治州，打破了民族主义者建立大突厥国家的梦想。不难想象，大突厥国的

① 〔哈萨克〕努·阿·纳扎尔巴耶夫：《前进中的哈萨克斯坦》，第15页。

建立将成为民族和宗教极端分子滋生的土壤，不利于世界和平。

通过民族划界、民族国家的组建，以及民族国家加入苏联，中亚各民族走上了与苏联各民族一体化的社会主义发展之路。各民族人民“在精神面貌上，在心理上具有许多的共同特点”①，有了共同的祖国，共同的经济基础，共同的社会阶级结构，共同的世界观，共同的目标。在此背景下，中亚地区从封建社会开始迈入社会主义社会的道路。

苏联时期，苏联中央政府为开发中亚地区做出了坚持不懈的努力，取得了举世公认的巨大成就，拉近了中亚地区与现代文明社会的距离。1921 年、1923 年俄共（布）和 1927 年联共（布）都明确提出党的主要任务是帮助少数民族赶上“走在前面”的俄罗斯族，以使苏联各个地区共同过渡到社会主义。

在发展中亚经济的过程中，联盟中央政府在资金方面实施倾斜政策，在技术方面给予人员支持。到苏联解体之时，尽管中亚共和国经济与俄罗斯共和国之间仍然存在着差别，然而，从纵向比较来看，中亚地区经济的发展远远超过了十月革命初期，基本上赶上了世界发展水平。

苏联时期，联盟中央政府大力发展中亚的文化和教育事业，中亚五国在文化和教育领域取得了显著的成效。沙皇俄国时期，中亚是全俄经济和社会发展最落后的地区，全国 90% 以上的游牧人口集中在中亚，中亚居民中的 90% 以上是文盲。② 十月革命以后，苏联党和政府开展了扫盲运动。苏维埃政权普及义务教育的第一个法令是扫盲，规定凡不会读不会写的，必须学识字，至于学本族语还是学俄罗斯语，任凭自愿。③ 此后，中亚地区成立了识字学校，扫盲班、组、站等机构，发行了扫盲初级读本。在苏维

① 中国社会科学院苏联东欧研究所、国家民族事务委员会政策研究室编译：《苏联民族问题文献选编》，社会科学文献出版社 1987 年版，第 250 页。

② 〔苏联〕苏联科学院经济研究所编：《苏联社会主义经济史》第 1 卷，第 525 页。

③ 同上书，第 525—526 页。

埃成立的最初三年，扫盲工作就取得了成就，提高了中亚共和国人民的文化素质。

十月革命以前，中亚一所高校都没有，突厥斯坦边区总共只有50所世俗学校，共2000名学生，到1920年末，这里已有2022所初等学校，共有16.5万名在校学生。[①]1920年在塔什干城建立了中亚第一所高校国立突厥斯坦大学。联盟中央政府把熟练的骨干教师从莫斯科和彼得格勒派往塔什干，并为其提供设备和教学书籍。到1982年，在从业人员中，中亚各共和国受过高、中等教育者的比例已经赶上俄罗斯共和国。俄罗斯每千人中有842人，哈乌吉土塔分别为848、888、846、867、817人。[②]苏联时期，科研开始在中亚地区展开。第二次世界大战期间，1940年，中亚五国都建立了苏联科学院的分院，战后，在分院的基础上，中亚五国先后建立了本国的科学院。

中亚五个共和国的医疗卫生条件得到了显著改善。1981年，哈、乌、吉、土、塔五国每万人中医生的拥有数分别为32.7、29.7、30、28.6、24.2人，虽然低于全苏38.5人的平均数，但达到世界先进水平（1981年波兰为22.7人，1976年法国为15.3人，1979年日本为16.9人）。[③]随着医疗卫生条件的改善，人口的平均寿命增长。到1978—1979年，哈、乌、吉、塔、土五个主体民族的平均寿命为：69.51、69.94、68.06、67.07、66.44岁，均高于俄罗斯族65.9岁的水平，除土库曼共和国外，均高于全苏67.8岁的平均水平。[④]

中亚国家的城市化进程得到发展，城市人口大幅度增加。1913年，中亚五国乡村人口占总人口比例是：哈、塔两国超过90%，

---

① 〔苏联〕苏联科学院经济研究所编：《苏联社会主义经济史》第1卷，第531页。

② 胡延新：《苏联开发中亚边疆少数民族地区的经验、教训和启示》，《东欧中亚研究》2000年第6期，第77页。

③ 同上。

④ 〔美〕罗伯特·康奎斯特主编：《最后的帝国——民族问题和苏联的前途》，第241页。

土、吉、乌三国分别为88%、87.5%、75%[①]；到1991年苏联解体之时，中亚五国城市人口所占比例，哈、乌、吉、塔、土分别为57%、40%、38%、31%、45%。[②]

联盟中央对中亚边疆少数民族地区的开发基本是成功的，巨大的投入带来了全方位进步，达到了促进各民族共同繁荣进步、增强凝聚力和综合国力的目的。然而，曾经把中亚国家引向繁荣的苏联最终解体了。

苏联的解体有着政治、经济、民族、外交等多方面的原因。其中，民族政策的失误是苏联解体的重要因素。1928年以前，苏联对民族主义的发展限制在“合作”的范围内，中亚民族领导人在地方政权机构中仍能发挥领导作用；1928年以后，随着工业化的展开，民族共和国的权力逐渐被集中到了联盟中央，到30年代中后期，中亚各民族共和国所能行使的民族自治权力逐渐减少或丧失，即使保留下来权力也受到俄罗斯族人的监督。从赫鲁晓夫到勃列日涅夫，苏联政府纠正了斯大林时期民族政策的一些错误，但他们也未能很好地解决民族问题，而是采取加速推行“民族融合”，及建立“有共同特征的不同民族人们的历史共同体——苏联人民”的政策，对民族融合的超前认识使苏联中央政府未能制定和执行正确的民族政策。

80年代中期以前，由于苏联的强盛，更因为苏联共产党对民族主义意识持续不断的批判，民族主义意识或民族主义情绪没有集中爆发；80年代中期以后，当戈尔巴乔夫的政治改革使苏联社会进入了失控之时，各种民族主义泛滥，最终导致苏联这个统一多民族国家的解体。

苏联的解体是中亚共和国所不愿看到的事情，中亚加盟共和国一直没有脱离联盟的要求。在1991年3月对联盟生存与否的公投

---

① 胡延新:《苏联开发中亚边疆少数民族地区的经验、教训和启示》,《东欧中亚研究》2000年第6期，第76页。

② 常庆:《中亚五国社会变化与社会发展模式》,《东欧中亚研究》2001年第1期，第31页。

中，中亚五国要求保留联盟的呼声最高，哈、乌、吉、土、塔投票赞成保留联盟者分别为94%、93.7%、94.5%、98%、96%，远远高于当时参加投票的9个加盟共和国的76.4%和俄联邦71.34%、乌克兰70%的水平。[①]

第二节 经济地位

列宁在1920年7月召开的共产国际第二次代表大会的报告中说："在先进国家无产阶级的帮助下，落后国家可以不经过资本主义发展阶段而过渡到苏维埃制度，然后经过一定的发展阶段过渡到共产主义。"[②]1921年、1923年俄共（布）和1927年联共（布）先后提出党的主要任务是帮助少数民族赶上"走在前面"的俄罗斯族，以使全苏各个地区共同过渡到社会主义。

苏联初期开展的社会主义改造和农业集体化运动推动中亚国家走向社会主义道路。二月资产阶级民主革命以后，列宁在《四月提纲》中规定了坚持开展革命，将资产阶级民主革命转变为社会主义革命，使国家政权归苏维埃并为争取社会主义革命胜利而斗争的方针。在《四月提纲》中，提出了纲领性要求，即国内一切土地收归国有，由当地雇农和农民代表苏维埃支配。[③]消灭地主土地占有制的纲领符合广大农民的利益，苏维埃政权也因此得到了80%是农业人口的中亚地区人民的拥护。在土地改革中分到了土地的农民为了保卫自己的土地，支持苏维埃政权，捍卫革命成果。土地改革使农民从物质利益上对自己经济发展的关心增强了，农民劳动生产积极性提高，为农业生产的高涨创造了条件。

① 《人民日报》1991年3月22日。

② 《列宁选集》第4卷，人民出版社1960年版，第335页。

③ 〔苏联〕苏联科学院经济研究所编：《苏联社会主义经济史》第1卷，第21—23页。

土地改革之后，1927 年联共（布）十五大提出农业集体化的方针。苏联政府根据各地经济的发展状况把全国划分为三类地区，中央政府将中亚共和国定为第三类地区，农业集体化运动比较缓慢，其完成年限定在 1933 年。在集体化过程中，中亚建立了合作社，合作社广泛地向贫苦农牧民发放贷款，用于购买农具、牲畜、种子以及推销农副产品。1937 年，哈、乌、土、吉、塔五国集体化在农户中所占比例分别是 97.5%、95%、95.4%、89.1%、89.9%（山区为 52.5%）。[①] 国营农场和集体农庄的形式促进了社会主义生产关系的发展，1937 年，中亚农村的社会主义集体化运动最终完成。

二战以后，中亚国家的农牧业取得了较为显著的成绩。苏联政府调整了中亚农业的税收政策和农产品收购价格，取消了税收累进制，由按收入总额计征改为按宅旁园地面积计征，降低了农业税额。从 1953 年 9 月起，国家陆续减少农产品义务交售定额，义务交售的比重从 1953 年的 25. 9% 下降到 1956 年的 17.2%[②]；大幅度提高农牧产品（谷物、畜产品、土豆、蔬菜、向日葵）义务交售的价格和国家收购的价格。[③]

50 至 60 年代，中亚兴修了一批大型水利工程。哈萨克南部草原上的灌溉网、阿姆河—布哈拉干渠、查尔朱—卡拉库尔干渠、楚河运河、引泽拉夫善河的灌溉网，锡尔河、穆尔加布河、捷詹河及塔吉克山区河流上的水库，这些水利工程的大多数是 1964 年以前建成并投入使用的。由于棉花种植面积的扩大，中亚地区的棉花产量增高。到 50 年代中期，乌、塔、土三国棉花产量占全苏的 83.8%；1960 年中亚籽棉产量 384 万吨，占全苏籽棉总产量 429 万吨的 89.5%。[④]

---

① 〔苏联〕苏联科学院经济研究所编：《苏联社会主义经济史》第 4 卷，第 442 页表。

② 农产品义务交售制是苏联政府对农产品的一种征税性质的采购农产品的方式，1958 年由统一的农产品收购制度取代。参见金挥、陆南泉、张康琴主编：《论苏联经济：管理体制与主要政策》，辽宁人民出版社 1982 年版，第 337—338 页。

③ 〔苏联〕加坡连科等：《集体农庄农产品的新收购制度》，钟元昭译，生活·读书·新知三联书店 1960 年版，第 46 页。

④ 〔苏联〕苏联科学院经济研究所编：《苏联社会主义经济史》第 7 卷，第 449 页。

60年代初，中亚畜牧业走出了长期衰退徘徊的状况。自1917年以来，除哈萨克草原（1926—1929年，牲畜数增加了49%）外[①]，中亚其余地区的畜牧业一直处于衰退的状态。1917年，锡尔河州、撒马尔罕州和费尔干纳州的牲畜估计数是840万头，到了1920年，这一数字降到了340万头。[②]1935年，国家出台了新的劳动组合示范章程，考虑到一些地区的特殊性，规定在经济落后的民族地区只对包括役畜在内的小部分牲畜实行公有化。在游牧和半游牧地区，留给个人使用的牲畜定额实际上与协作社一样多。在哈萨克共和国，按照新章程允许，某些地区的劳动组合成员个人拥有的母牛、小牛8—10头，绵羊和山羊100—150头，马10匹。[③]

十月革命以前，工业在中亚国民经济中所占的比重很小，而且90%以上的工厂还是手工作坊。十月革命以后，中亚比较重要的企业都已经收归国有。1925年，苏联召开的联共（布）第十四次代表大会上决定在全国范围内开展社会主义工业化运动。

联盟中央向中亚派出大批的苏联中西部地区的熟练工人、工程技术人员、科技、文化人才。在二战以前，数千名熟练工人和工程师从莫斯科、巴库、列宁格勒和顿巴斯来到哈萨克共和国，仅1933年到1935年，从俄罗斯联邦各州来到乌兹别克共和国工业建设工程的工人有9562名。[④]到1936年，有170万斯拉夫人来到中亚。[⑤]

二战期间，苏联高度集中的体制有力地调整了工业的布局，苏联西部战区的大批工业企业和机器设备迁到中亚共和国，1941年7—11月间，就有1523座工厂迁往中亚和东部地区，其中有308个

① Edward Allworth, edit, *Central Asia: 130 Years of Russian Dominance, A Historical Overview*, p. 302, Table 11. 2.

② Ibid., p. 299.

③ 〔苏联〕苏联科学院经济研究所编：《苏联社会主义经济史》第4卷，第458页。

④ 同上书，第356—357页。

⑤ 〔美〕迈可尔·刘金：《俄国在中亚》，第59页。

工厂迁到了中亚。[①]1941年12月25日，苏联政府颁布计划要求："1942年第一季度基本建设方面的主要任务就是，重建被疏散到伏尔加河流域、乌拉尔、哈萨克、中亚细亚和西伯利亚等地的企业，并使之开工。"[②]经过搬迁、重建和新建，中亚新增了一大批重要的骨干企业，其中最重要的冶金企业有：1944年投产的两个大型钢铁厂——哈萨克冶金厂（在今铁米尔套）和乌兹别克冶金厂（在别戈瓦特，今别卡巴德）。在中亚兴建起许多重要的工厂企业，中亚各国成为战时苏联最重要的军火和工业生产基地。

在中亚国家工业化的进程中，苏联的资金投入起到了至关重要的作用。联盟中央在财政十分紧张的情况下，在"一五"计划（1928—1932）期间对中亚国家的投资是相当大的。在1926—1932年的土库曼共和国预算中，联盟中央的补贴占50%以上。[③]1926年，联盟中央对塔吉克的拨款占共和国国民经济投入的84.4%，1927年占92.2%，1928年占79.7%，1929年占72.6%。[④]在第一个五年计划期间，在吉尔吉斯的预算拨款中，苏联和俄罗斯联邦的预算部分平均占96.3%；地方预算部分没有超过3.7%。[⑤]

1932年2月，联共（布）中央在关于实施第二个五年计划的决议中指出："在苏联东部地区（乌拉尔、西伯利亚西部和西伯利亚东部、巴什基里亚、远东地区、哈萨克斯坦、中亚细亚）建立新的工业基地，大力发展机器制造、冶金、煤矿、石油、电力等工业部门。"[⑥]在第二个五年计划期间（1932—1937），哈、乌、土、塔、吉五国获得的投资比第一个五年计划增加的百分数分别为：152.1%、

① 〔苏联〕安德罗尼科夫主编：《第二次世界大战史（1939—1945）》第4卷，南京师范学院外语系俄语翻译组，上海译文出版社1981年版，第245—246页。
② 同上书，第272—273页。
③ 〔苏联〕苏联科学院经济研究所编：《苏联社会主义经济史》第3卷，第310页。
④ 同上。
⑤ 〔苏联〕苏联科学院经济研究所编：《苏联社会主义经济史》第3卷，第315页。
⑥ 《苏联共产党代表大会、代表会议和中央全会决议汇编》第4分册，人民出版社1957年版，第374页。

240%、245.3%、147.5%、331.4%，均高于全苏联投资平均增幅的120.1%。[①]在此期间，中亚各共和国在全国工业总产值中所占的比重从3.1%增加到3.5%。[②]

1939年3月，联共（布）第十八次代表大会通过关于实施第三个五年计划的决议。决议“规定在苏联东部和远东地区更迅速地扩大基本建设规模，建立新的企业”，“保证进一步提高各民族共和国和民族省的经济和文化”。[③]在第三个五年计划期间（1938—1942），联盟中央提出在中亚地区建立强大工业基地的目标，在全苏工业投资中，中亚各国所占比重继续加大：“三五计划”的头3年半这一比重为6.1%；1942年和1947年这一比例分别达到9.2%和10.5%。[④]

二战期间，联盟中央加大了对东部地区的工业的投资，中亚地区工业基本建设投资达到67亿卢布。[⑤]战争结束以后，苏联继续增加对中亚共和国的投资。在第四个五年计划期间（1946—1950），苏联政府计划在乌、哈、吉、塔、土基本建设投资分别为88亿卢布、39亿卢布、12亿卢布、12亿卢布、16亿卢布。[⑥]在资金的支持下，中亚1950年的工业产值明显增长，与1945年相比，哈、乌、吉、土、塔五国分别增长了69%、71%、76%、64%、104%。[⑦]

60年代以后，苏联对中亚共和国的投资开始减少，相对于苏联的大多数地区来说，中亚各共和国的工业发展速度放慢了。1960年苏联工业总产值相当于1950年的3.03倍，哈、乌、吉、塔、土五

① 《苏联共产党代表大会、代表会议和中央全会决议汇编》第4分册，第374页。

② 〔苏联〕苏联科学院经济研究所编：《苏联社会主义经济史》第4卷，第347页。

③ 《苏联共产党代表大会、代表会议和中央全会决议汇编》第5分册，人民出版社1958年版，第28页。

④ 胡延新：《苏联开发中亚边疆少数民族地区的经验、教训和启示》，《东欧中亚研究》2000年第6期，第75页。

⑤ 〔苏联〕沃兹涅辛斯基著，中共中央马克思恩格斯列宁斯大林著作编译局、国际共运史研究室编译：《沃兹涅辛斯基经济论文选》，纪涛等校译，人民出版社1983年版，第459—460页。

⑥ 《苏联国民经济建设计划文件汇编》（第三、四、五个五年计划），第158、160、172、173、177页。

⑦ 〔苏联〕苏联科学院经济研究所编：《苏联社会主义经济史》第6卷，第239页表2。

国工业、产值分别增长了3.16倍、2.30倍、2.88倍、2.85倍、2.35倍。[①] 除哈萨克共和国外，其他中亚四国工业增长的速度赶不上全苏水平。

尽管如此，中亚在苏联时期取得的经济成就是举世公认的。与1922年相比，1981年苏联工农业产值分别增长了514倍和5.2倍，哈、乌、吉、塔、土五国的增长数分别是：904倍和12.8倍、414倍和11.8倍、668倍和10.8倍、875倍和14.2倍、206倍和10.7倍。[②] 中亚五国的农业增长高于全苏平均数，工业增长除乌、土两国外，其他三国也高于全国的平均数，高出的幅度很大。

在工业化的进程中，中亚国家形成了一些具有全苏联意义的重要产业。哈萨克共和国成为苏联重要的重工业和农牧业生产基地，其中，铅、锌、铜、黄磷、磷肥产量居全国之首；乌兹别克的棉花产量居全国第一位；吉尔吉斯共和国的有色金属加工、水力发电在苏联有重要地位，羊毛产量居全苏联第三位；土库曼共和国的天然气、石油开采产量分别居苏联第二位和第四位，棉花和羔皮产量居苏联第二位；塔吉克共和国的水力发电、有色金属开采冶炼在苏联占有相当地位，水力发电量居全苏联第二位，棉花产量在全苏联居第三位。[③]

在工业化进程中，一批新城市在中亚拔地而起。其中，哈萨克共和国有卡拉干达、里杰尔、巴尔喀什、阿亚古兹、阿拉尔斯克；乌兹别克共和国有奇尔奇克、安格连、努库斯。

苏联时期，中亚五国的经济发展拉近了中亚地区与世界经济发展的距离，“如果说‘繁荣’意味着经济高速发展、高速城市化的话，那么各民族明显是‘繁荣’起来了，而且教育也有很大发展。如果‘接近’是指缩小教育水平差别，至少在最小程度上向全体人民提供公共医疗卫生和社会安全保险，缩小了男女之间、城乡之间

---

① 丁笃本：《中亚通史》（现代卷），第301页。

② 胡延新：《苏联开发中亚边疆少数民族地区的经验、教训和启示》，《东欧中亚研究》2000年第6期，第76页。

③ 丁笃本：《中亚通史》（现代卷），第350—351页。

经济和社会差别，那么‘接近’的目的也达到了”。[①]

苏联中央高度集权的计划经济体制改变了中亚地区经济、文化落后的状况，加强了中亚的经济实力和社会进步，成就是主要的。然而，苏联指令性计划管理和垂直的部门领导也给中亚各共和国的经济造成了以下负面影响。

在经济指令性计划下，开发中亚的动力主要来自意识形态动员和行政命令，当地民族大多数是在被动员而非经济杠杆的作用下投入开发建设的，缺乏积极性和主动性。从纵向来看，中亚共和国经济的增长率是很高的，然而，从全国的平均水平来看，在1940—1985年，中亚五国工业劳动生产率低于全国平均水平。

为了在全国建立起完整的、以“分工协作”为基础的国民经济体系，联盟中央注意中亚的原料工业和个别重工业的发展，重工业产值在工业总产值中的比重上升。哈萨克的工业产值增长了40%，重工业产值增长了90%；乌兹别克的重工业产值在工业总产值中的比重1940年为14.3%，1944年为52.4%[②]；吉尔吉斯的重工业产值在工业总产值的比重由1941年50.2%增长到1945年67.5%[③]。哈萨克共和国生产了全苏联85%的铅、30%的铜、65%的铋、60%的钼和70%的混合金属。[④]吉尔吉斯的稀有金属在苏联居第一位。[⑤]

与此同时，加工工业严重滞后，如有色金属开采是中亚地区重要的重工业部门，但矿石大都外运冶炼和加工。中亚农牧产品的80%不做任何加工便运往苏联其他地区；盛产棉花的中亚针棉织品产量只能满足当地需求的25%—59%。[⑥]乌兹别克等共和国的棉纺织工业有一定发展，但远远没有赶上棉花生产的步伐。在联

① ［美］罗伯特·康奎斯特主编：《最后的帝国——民族问题和苏联的前途》，第175页。
② ［苏联］苏联科学院经济研究所编：《苏联社会主义经济史》第5卷，第467页。
③ 同上书，第468页。
④ 《哈萨克斯坦历史》（俄文版），阿拉木图，1992年，第170页，转引自丁笃本：《中亚通史》（现代卷），第207页。
⑤ 丁笃本：《中亚通史》（现代卷），第207页。
⑥ 赵常庆主编：《中亚五国概论》，第106页。

盟中央“分工协作”的计划下，中亚地区原来就不合理的经济结构继续扩大。

由于经济结构的不合理，中亚共和国经济的对外依赖性很大。乌兹别克、土库曼和塔吉克共和国的耕地绝大部分用来种棉花，粮食需要大量调入。乌兹别克共和国1989年粮食产量只有150多万吨，每年要进口600万吨粮食。[①]乌兹别克斯坦总统卡里莫夫曾这样埋怨道：“这种政策使共和国沦为单纯的原料基地。联盟所有管理部门，只关心让共和国提供棉花等原料，把这个义务总是放在首位，而把困难统统留给这里贫穷的人民自己解决。为了解决联盟的棉花自给问题，我们共和国付出了高昂的代价，联盟许愿给我们的东西，最后都落空。结果在这里造成肉、奶等人民生活必需品靠外地供应的局面。”[②]

在苏联统一计划经济体制下，中亚各共和国与俄罗斯联邦的物资交换很紧密。中亚各共和国生产的矿物、煤、谷物、棉花、羊毛、肉类等初级产品主要运往苏联西部，中亚各共和国之间的经济交流却不是很密切，中亚是苏联重要的棉花产地，但是，绝大部分棉花运到苏联西部加工，而一些工艺简单、需求量大的日用消费品需要从外地运进，增加了商品的成本，还给交通运输带来了压力。

直到苏联解体以前，中亚各国一直处于苏联高度集中的指令性计划和部门管理的体制之下，未能形成一个独立主权国家所应具备的、完整和合理的国民经济体系和工业体系。

苏联经济是“数量赶超型”经济，速度第一是苏联经济发展的战略方针，而经济的持续增长靠的是高投入、高消耗。在此战略方针的指导下，联盟中央在开发中亚地区丰富的能源和矿产资源之时，考虑更多的是产量而不是合理利用，中亚资源开发的浪费是十分惊人的。在矿产开采中，大量贵重金属丢弃在矿渣中没有综合利用，

---

① 谷松：《中亚五国：经济基础与经济改革》，《东欧中亚市场研究》2000年第2期，第11页。

② 《乌兹别克人民之声报》1991年9月1日。

有资料披露，有色金属的资源浪费在 50% 以上。[①] 煤炭和有色金属资源的乱开发使乌兹别克、吉尔吉斯、塔吉克三个共和国的这些资源接近枯竭。吉尔吉斯共和国生产出来的发酵烟叶能被烟厂用于加工的还不到 4%，合乎规格的毛皮料利用率只有 10%，净毛的利用率也只有 30%，其他再生原料利用率也很低。[②] 农业方面的情况也是如此，1981—1985 年间，哈萨克共和国有 53% 的国营农场和集体农庄处于亏损状态。[③] 与苏联平均水平相比，哈萨克共和国每一卢布工业产值所需的投资要高出 40%—50%。纳扎尔巴耶夫在 1986 年的报告中指出："在最近 10 年里，农村的基本建设投资超过 320 亿卢布，生产基金增加了 80%，肥料供应增加了 1.4 倍，农业产量仅增加了 23%。劳动生产率未见增长。"[④]

掠夺性开发不仅浪费了资源，而且还破坏了生态环境。30 年代游牧民的定居化和 50 年代的大垦荒运动导致了中亚地区的沙漠化和咸海干涸。咸海是世界第四大内陆湖，由于在两河流域盲目扩大农田（30 年共开垦灌溉农田 200 万公顷），耗水量猛增，致使咸海因得不到水源补充而日益干涸。到 90 年代初，咸海大约 40% 的海底裸露。为了追求棉花产量，过量使用杀虫剂、除草剂使中亚水资源污染问题严重。1987 年，就有 60 万吨漂浮物、3 万吨石油产品、大量重金属等有害物质被排入哈萨克共和国各个水库。[⑤]

苏联时期，苏共和联盟中央坚持苏联各民族在经济上共同繁荣、在文化教育等社会方面相互接近的目标，以及为实现这一目标所制定和贯彻的一系列政策和坚持不懈的努力，使中亚地区实现了向社会主义的跨越。这是苏联时期中亚历史发展的主要方面。

---

① 张保国：《苏联对中亚及哈萨克斯坦的开发》，第 185 页。

② 同上书，第 221 页。

③ 丁笃本：《中亚通史》（现代卷），第 353 页。

④〔哈萨克〕努·阿·纳扎尔巴耶夫：《探索之路——自传·反思·立场　答出版社问》，第 141 页。

⑤ 胡延新：《苏联开发中亚边疆少数民族地区的经验、教训和启示》，《东欧中亚研究》2000 年第 6 期，第 79 页。

参考书目

中文著作：

（明）陈诚：《西域番国志》，周连宽校注，中华书局 2000 年版。

（清）《清实录》，中华书局 2008 年版。

（清）王树枏纂：《新疆图志》，东方学会重校增补铅印本 1923 年版。

（清）王彦威编：《清季外交史料》，《清季外交史料》编纂处，1931 年。

（清）许景澄：《许文肃公遗稿》，文海出版社 1968 年版。

北京大学法律系宪法教研室、资料室编：《宪法资料选编》第 5 辑，北京大学出版社 1981 年版。

北京大学历史系《沙皇俄国侵略扩张史》编写组：《沙皇俄国侵略扩张史》（下册），人民出版社 1980 年版。

北京大学苏联东欧研究所编译：《赫鲁晓夫时期苏共中央文件汇编（1953 年 3 月—1964 年 10 月）》，商务印书馆 1976 年版。

陈联璧、刘庚岑、吴宏伟：《中亚民族与宗教问题》，中央民族大学出版社 2002 年版。

丁笃本：《中亚通史》（现代卷），新疆人民出版社 2004 年版。

冯绍雷等主编：《俄罗斯经济转型》，上海人民出版社 2005 年版。

甘肃师范大学历史系编：《帕米尔资料汇编》，甘肃师范大学历史系，1978年版。

公抒编著：《原苏联各共和国概况》，世界知识出版社1992年版。

果洪升：《中国和前苏联民族问题对比研究》，中央民族大学出版社1997年版。

《哈萨克族简史》编写组、《哈萨克族简史》（修订本）编写组：《哈萨克族简史》，民族出版社2008年版。

黄宏、纪玉祥主编：《原苏联七年“改革”纪实》，红旗出版社1992年版。

金挥、陆南泉、张康琴主编：《论苏联经济：管理体制与主要政策》，辽宁人民出版社1982年版。

柯雄编：《苏联国内资本主义复辟纪事（1953—1973）》，生活·读书·新知三联书店1975年版。

厉声：《哈萨克斯坦及其与中国新疆的关系（15世纪—20世纪中期）》，黑龙江教育出版社2004年版。

刘庚岑、徐小云编著：《吉尔吉斯斯坦》，社会科学文献出版社2005年版。

刘竞、张士智、朱莉：《苏联中东关系史》，中国社会科学出版社1987年版。

刘启芸编著：《塔吉克斯坦》，社会科学文献出版社2006年版。

刘温国、郭辉：《强弩之末：前苏联入侵阿富汗秘闻》，社会科学文献出版社2001年版。

马大正、冯锡时主编：《中亚五国史纲》，新疆人民出版社2005年版。

彭树智、黄杨文：《中东国家通史·阿富汗卷》，商务印书馆2000年版。

《沙俄侵略中国西北边疆史》编写组：《沙俄侵略中国西北边疆史》，人民出版社1979年版。

施宇玉编著：《土库曼斯坦》，社会科学文献出版社2005年版。

孙壮志、苏畅、吴宏伟编著：《乌兹别克斯坦》，社会科学文献出版社 2004 年版。

王沛主编：《中亚四国概况》，新疆人民出版社 1993 年版。

王铁崖编：《中外旧约章汇编》第 1 册，生活·读书·新知三联书店 1957 年版。

王治来、丁笃本编著：《中亚国际关系史》，湖南人民出版社 1997 年版。

王治来：《中亚近代史》，兰州大学出版社 1989 年版。

王治来：《中亚通史》（近代卷），新疆人民出版社 2004 年版。

谢彬：《新疆游记》，新疆人民出版社 1990 年版。

新疆社会科学院民族研究所编著：《新疆简史》第 2 册，新疆人民出版社 1980 年版。

邢广程：《崛起的中亚》，三联书店（香港）有限公司 1993 年版。

杨增新：《补过斋文牍》，台北文海出版社 1965 年版。

张保国：《苏联对中亚及哈萨克斯坦的开发》，新疆人民出版社 1989 年版。

张大军：《新疆风暴七十年》，台北兰溪出版有限公司 1980 年版。

张娜：《中亚现代民族过程研究》，中央民族大学出版社 2008 年版。

张振国、吴强主编：《中亚伊斯兰教的历史与现状》，北京大学亚非研究所 1996 年版。

赵常庆编著：《哈萨克斯坦》，社会科学文献出版社 2004 年版。

赵常庆主编：《中亚五国概论》，经济日报出版社 1999 年版。

赵龙庚、金火根编著：《苏联民族概览》，时事出版社 1981 年版。

《中俄边境条约集》，商务印书馆 1973 年版。

钟镛：《西疆交涉志要》，台湾商务印书馆 1963 年影印本。

朱庭光、张椿年：《外国历史大事集（近代部分）》第 2 分册，重庆出版社 1985 年版。

论文：

〔法〕亚历山大·贝尼格桑:《苏联的穆斯林与阿富汗危机》，龚羽翼译,《世界民族》1980 年第 4 期。

〔美〕S. E. 温布什:《苏联伊斯兰教与民族》，陈德仁译,《民族译丛》1980 年第 6 期。

〔苏联〕阿尔沙鲁尼、加比杜林:《俄国的泛伊斯兰主义和泛突厥主义简论》，李琪、陈继周译,《“双泛”研究译丛》1992 年第 2 辑。

〔苏联〕古列维奇:《1918—1921 年苏维埃共和国与新疆省的相互关系》，太河摘译,《中亚研究》1987 年第 1 期。

〔苏联〕哈尔芬:《中亚归并于俄国》，吴筑星、董兴森译，刘品大校,《中亚史丛刊》1988 年第 4 期。

〔苏联〕玛梅多娃:《土尔克斯坦与新疆贸易关系之一页》，李步月译,《西北历史资料》1983 年第 1 期。

〔苏联〕帕·彼·伊凡诺夫:《中亚史纲（16—19 世纪中叶）》，吴筑星、董兴森译，刘品大校,《中亚史丛刊》1983 年第 1 期。

〔乌兹〕С. П. 普拉托夫:《列宁思想的胜利》,《乌兹别克斯坦社会科学》1984 年第 10 期。

Allworth Edward, edit, Central Asia: A Century of Russian Rule，蓝琪等译,《中亚史丛刊》1985 年第 3 期。

J. Bouladon, A. F. DeLapparentm, 梅厚钧:《阿富汗哈吉噶克铁矿》,《地球与环境》1976 年第 6 期。

《阿富汗：灾难的山国》,《南风窗》2001 年第 12 期。

《阿富汗妇女生活现状》,《科技潮》1999 年第 7 期。

《阿富汗矿业加速发展》,《国外金属矿选矿》1987 年第 1 期。

阿斯卡尔·居努斯:《中国与吉尔吉斯斯坦边界演变》,《新疆大学学报（哲学·人文社会科学版）》2008 年第 2 期。

《财经研究》编辑部资料室:《阿富汗的经济情况简介》,《财经研究》1959 年第 1 期。

常玢:《苏联解体前后的中亚国家伊斯兰教状况》,《东欧中亚研

究》2001 年第 5 期。

常玢:《伊斯兰教在中亚的传播与发展》,《东欧中亚研究》2001 年第 1 期。

常庆:《中亚五国社会变化与社会发展模式》,《东欧中亚研究》2001 年第 1 期。

陈联璧:《中亚国家的资源结构和产业结构》,《中国商贸》1995 年第 19 期。

陈联璧:《中亚五国民族关系问题》,《东欧中亚研究》2001 年第 3 期。

陈联璧等:《略论苏联中亚地区经济和文化的发展》,《中亚研究资料》1984 年第 3 期。

邓浩:《论哈萨克斯坦苏维埃政权的建立》,《西北民族学院学报(哲学社会科学版)》1997 年第 1 期。

邓浩:《苏维埃时期的中亚民族宗教问题》,《世界民族》1997 年第 4 期。

邓浩:《苏维埃时期吉尔吉斯斯坦的民族自决问题(一)》,《喀什师范学院学报》1999 年第 2 期。

邓浩:《苏维埃时期吉尔吉斯斯坦的民族自决问题(二)》,《喀什师范学院学报》1999 年第 3 期。

邓绍辉:《略论 1881—1914 年间新俄贸易关系的扩大》,《新疆大学学报(哲学·人文社会科学版)》1989 年第 1 期。

冯培:《真援助和假援助》,《世界知识》1957 年第 9 期。

傅小强:《中国周边民族宗教概况专题之六——阿富汗民族宗教概况》,《国际资料信息》2002 年第 12 期。

高汝东、夏光仁:《沙俄的统治与柯尔克孜族的社会文化变异》,《塔里木大学学报》2006 年第 3 期。

古维:《美国增加对阿富汗抵抗力量的武器供应》,《国际展望》1985 年第 10 期。

谷松:《中亚五国:经济基础与经济改革》,《东欧中亚市场研

究》2000 年第 2 期。

哈尔肯:《哈萨克加盟共和国的高等教育》,《伊犁师范学院学报（社会科学版）》1994 年第 1 期。

胡延新:《苏联开发中亚边疆少数民族地区的经验、教训和启示》,《东欧中亚研究》2000 年第 6 期。

花开琼:《处于困境的阿富汗卡尔迈勒政权》,《西亚非洲》1983 年第 1 期。

黄建华、马文龙:《俄国难民窜扰新疆始末》,《喀什师范学院学报》1995 年第 2 期。

黄民兴:《近现代时期的阿富汗中立外交》,《西亚非洲》2002 年第 4 期。

李丹慧:《新疆苏联侨民问题的历史考察（1945—1965）》,《历史研究》2003 年第 3 期。

李华:《苏联解体与其经济状况“无直接联系”吗? ——质询张睿壮先生》,《世界经济与政治》2002 年第 6 期。

李汇川:《中苏边界谈判的症结何在》,《国际问题研究》1981 年第 1 期。

厉声:《新疆历史上的短命分裂政权——“东突厥斯坦伊斯兰共和国”的覆灭》,《中国边疆史地研究》2002 年第 2 期。

灵人:《看阿富汗绘画艺术展览》,《美术》1963 年第 6 期。

刘国防:《新疆对苏（俄）贸易史（1600—1900）》,《西域研究》1994 年第 3 期。

刘靖华、肖克:《苏联在阿富汗的“苏联化”政策与政治解决阿富汗问题的前景》,《世界经济与政治》1987 年第 2 期。

刘启芸:《塔吉克斯坦》,《东欧中亚市场研究》1998 年第 4 期。

刘文斌:《俄罗斯化的中亚油画探析》,《新疆石油教育学院学报》2001 年第 4 期。

玛依达・胡巴依:《与诗歌孪生的人——哈萨克斯坦著名诗人穆哈哈力・玛哈泰耶夫》,《昌吉学院学报》2007 年第 4 期。

孟楠:《沙俄征服中亚后对伊斯兰教的政策》,《西北史地》1998年第2期。

孟庆顺:《阿布杜尔·拉赫曼与现代阿富汗的出现》,《西北大学学报(哲学社会科学版)》1993年第4期。

穆立立:《哈萨克斯坦当前的民族进程和民族关系》,《俄罗斯中亚东欧研究》1993年第4期。

沈翼鹏:《中亚五国的宗教问题及其对政局的影响》,《东欧中亚研究》1994年第3期。

沈宗武:《苏联(俄罗斯)修改宪法的漫漫征程论析》,《学术探索》2004年第5期。

宋凤英:《1962年新疆边民外逃事件》,《党史文苑(纪实版)》2005年第9期。

宋锦海:《苏联在阿富汗的四年》,《俄罗斯中亚东欧研究》1983年第6期。

苏北海:《沙俄对哈萨克族小帐的侵略》,《新疆大学学报(哲学社会科学版)》1983年第1期。

《苏联共产党章程》,《新华月报》1961年第12期。

陶颖、张金山:《巴基斯坦和阿富汗的毒品政治》,《南亚研究季刊》2000年第1期。

万雪玉:《1916年中亚各民族起义原因探讨》,《新疆大学学报(哲学社会科学版)》1997年第4期。

汪金国、赵义刚:《1916年中亚起义直接起因辨析》,《新疆大学学报(哲学·人文社会科学版)》2005年第4期。

汪金国、洪丽萍:《从1897年全俄人口普查看俄罗斯帝国穆斯林的社会阶层状况》,《世界民族》2006年第1期。

王国杰:《东干族与1916年中亚起义》,《陕西师范大学学报(哲学社会科学版)》1997年第4期。

王嘉琳:《哈萨克共和国的民族问题及其表现》,《中亚研究》1989年第3期。

王秋文:《最新披露的阿富汗战争秘密档案》,《当代世界与社会主义》1996 年第 1 期。

王尚达、王文:《苏联对中亚的语言政策：评论和反思》,《俄罗斯中亚东欧研究》2005 年第 6 期。

王智娟:《试析中亚巴斯马奇运动的原因》,《外国问题研究》1991 年第 4 期。

肖宪:《阿富汗的难民问题》,《西亚非洲》2002 年第 2 期。

新亚:《阿富汗面临严重生态危机》,《沿海环境》2002 年第 2 期。

许涛:《中国周边民族宗教概况专题之三——塔吉克斯坦民族宗教概况》,《国际资料信息》2002 年第 9 期。

杨声威:《毒品——阿富汗内战的怪胎》,《国际展望》2000 年第 12 期。

渔耕:《阿富汗：受损害的经济》,《世界知识》1982 年第 24 期。

曾立人:《沙俄是怎样吞并中亚南部三汗国和土库曼地区的》,《新疆大学学报（哲学社会科学版）》1979 年第 Z1 期。

扎勒迈·哈利勒扎德、章佳:《苏联统治阿富汗的手法种种》,《西亚非洲》1981 年第 4 期。

张建华:《简论苏联的犹太人问题》,《当代世界与社会主义》2003 年第 2 期。

张俊:《阿富汗的第一个五年计划》,《世界知识》1957 年第 14 期。

张来仪:《1917 年后的哈萨克斯坦伊斯兰教》,《华南师范大学学报（社会科学版）》2003 年第 1 期。

张来仪:《1917 年前的哈萨克斯坦伊斯兰教》,《华南师范大学学报（社会科学版）》2001 年第 5 期。

张佩贤:《试析中亚及高加索地区伊斯兰教的复兴》,《俄罗斯中亚东欧研究》1992 年第 6 期。

张盛发:《苏联解体原因再探》,《俄罗斯研究（上海）》2001 年第 4 期。

赵春珍、龚伟：《孰先孰后？——阿富汗教育的两难困境》，《当代世界》2002年第6期。

郑志：《勃列日涅夫上台以来苏联非俄罗斯民族反抗斗争记要（1964年12月至1980年1月）》，《苏联历史问题译丛》1980年第5辑。

中华人民共和国国务院：《中华人民共和国国务院公报》1981年第17期。

朱小楠：《中亚各国社会主义建设的基本历程》，《中亚研究》1994年第1—2期合刊。

译著：

〔俄〕M. A. 捷连季耶夫：《征服中亚史》第1卷，武汉大学外文系译，商务印书馆1980年版。

〔俄〕M. A. 捷连季耶夫：《征服中亚史》第2卷，新疆大学外语系译，商务印书馆1983年版。

〔俄〕M. A. 捷连季耶夫：《征服中亚史》第3卷，西北师范学院外语系译，商务印书馆1986年版。

〔俄〕巴布科夫·伊·费：《我在西伯利亚服务的回忆》（下册），王之相译，陈汉章校，商务印书馆1973年版。

〔俄〕尼·维·鲍戈亚夫连斯基：《长城外的中国西部地区》，新疆大学外语系俄语教研室译，商务印书馆1980年版。

〔法〕加斯东·加恩：《彼得大帝时期的俄中关系史（1689—1730）》，江载华、郑永泰译，商务印书馆1980年版。

〔哈萨克〕阿拜：《阿拜诗文全集》，哈拜译，民族出版社1994年版。

〔哈萨克〕努·阿·纳扎尔巴耶夫：《探索之路——自传·反思·立场　答出版社问》，陆兵、王嘉琳译，新疆人民出版社1995年版。

〔哈萨克〕努·纳扎尔巴耶夫：《前进中的哈萨克斯坦》，哈依霞译，民族出版社2000年版。

〔美〕多恩伯格:《勃列日涅夫——克里姆林宫的明争暗斗》，静海译，生活·读书·新知三联书店 1975 年版。

〔美〕罗伯特·康奎斯特主编:《最后的帝国——民族问题和苏联的前途》，刘靖北、刘振前等译，华东师范大学出版社 1993 年版。

〔美〕迈可尔·刘金:《俄国在中亚》，陈尧光译，商务印书馆 1965 年版。

〔苏联〕B. T. 琼图洛夫等编:《苏联经济史》，郑彪等译，吉林大学出版社 1988 年版。

〔苏联〕安·米·潘克拉托娃:《苏联通史》第 2 卷，山东大学翻译组译，生活·读书·新知三联书店 1980 年版。

〔苏联〕安·米·潘克拉托娃:《苏联通史》第 3 卷，山东大学翻译组译，生活·读书·新知三联书店 1980 年版。

〔苏联〕安德罗尼科夫主编:《第二次世界大战史（1939—1945）》，南京师范学院外语系俄语翻译组译，上海译文出版社 1981 年版。

〔苏联〕波将金等编:《外交史》第 1 卷下册，史源译，刘丕坤校，生活·读书·新知三联书店 1979 年版。

〔苏联〕勃列日涅夫:《 勃列日涅夫言论集》第 18 集，左玲珍、高文英译，上海译文出版社 1986 年版。

〔苏联〕多布罗霍托夫编纂:《戈尔巴乔夫——叶利钦政治对抗 1500 天》，王南枝等译，新华出版社 1993 年版。

〔苏联〕基姆主编:《社会主义时期苏联史（1917—1957）》，生活·读书·新知三联书店 1960 年版。

〔苏联〕加姆布尔格、霍罗希洛夫等:《伏龙芝传》，刘俊山等译，中国对外翻译出版公司 1985 年版。

〔苏联〕加坡连科等:《集体农庄农产品的新收购制度》，钟元昭译，生活·读书·新知三联书店 1959 年版。

〔苏联〕列宁:《列宁全集》第 23 卷，中共中央马克思恩格斯列宁斯大林著作编译局译，人民出版社 1990 年版。

〔苏联〕列宁:《列宁全集》第24卷,中共中央马克思恩格斯列宁斯大林著作编译局译,人民出版社1990年版。

〔苏联〕列宁:《列宁选集》第3卷,中共中央马克思恩格斯列宁斯大林著作编译局译,人民出版社1962年版。

〔苏联〕列宁:《列宁全集》第27卷,中共中央马克思恩格斯列宁斯大林著作编译局译,人民出版社1990年版。

〔苏联〕列宁:《列宁全集》第35卷,中共中央马克思恩格斯列宁斯大林著作编译局译,人民出版社1987年版。

〔苏联〕列宁:《列宁全集》第36卷,中共中央马克思恩格斯列宁斯大林著作编译局译,人民出版社1982年版。

〔苏联〕列宁:《列宁文稿》第3卷,中共中央马克思恩格斯列宁斯大林著作编译局译,人民出版社1978年版。

〔苏联〕马克思、恩格斯:《马克思恩格斯选集》,中共中央马克思恩格斯列宁斯大林著作编译局译,人民出版社1995年版。

〔苏联〕尼·谢·赫鲁晓夫:《最后的遗言——赫鲁晓夫回忆录续集》,上海国际问题研究所、上海市政协编译组、章嘉琳、寿进文译,东方出版社1997年版。

〔苏联〕沙斯季娜:《十七世纪俄蒙通使关系》,北京师范大学外语系73级学员、教师译,商务印书馆1977年版。

〔苏联〕邵英巴耶夫等:《为正确阐明苏联中亚细亚各民族底历史问题而斗争》,萧扬、罗焚译,人民出版社1954年版。

〔苏联〕斯大林著,苏共中央马克思恩格斯列宁斯大林研究院编辑:《斯大林全集》第12卷,中共中央马克思恩格斯列宁斯大林著作编译局译,人民出版社1955年版。

苏联共产党第二十一次非常代表大会编:《苏联共产党第二十一次非常代表大会文献》(下册),中共中央马克思恩格斯列宁斯大林著作编译局译,人民出版社1960年版。

《苏联共产党最后一个“反党”集团》,罗正发等译,赵仲元校,中国社会出版社1997年版。

徐天新选译:《世界史资料丛刊·俄国十月社会主义革命》，商务印书馆 1997 年版。

《英国大百科全书长编》第 19 卷，中国大百科全书出版社 2002 年版。

中国社会科学院民族研究所编:《列宁论民族问题》，民族出版社 1987 年版。

中国社会科学院世界宗教研究所编译:《苏联宗教政策》，中国社会科学出版社 1980 年版。

中国社会科学院苏联东欧研究所，国家民族事务委员会政策研究室编译:《苏联民族问题文献选编》，社会科学文献出版社 1987 年版。

外文原著:

〔苏联〕赛亦德巴耶夫:《伊斯兰教与社会》（俄文版），莫斯科，1984 年。

〔苏联〕苏尚洛:《苏维埃东干族史纲》（俄文版），伏龙芝，1967 年。

〔乌兹〕乌兹别克共和国科学院:《苏维埃时代的乌兹别克斯坦国家和法权的历史：1917—1924 年》（俄文版），塔什干，1959 年版。

〔乌兹〕乌兹别克共和国科学院历史所:《乌兹别克共和国通史》（俄文版），塔什干，1974 年。

〔英〕K. 伯恩:《英国外交事务机密文件（A 集）》（俄文版）卷 2，美国大学出版社 1985 年版。

《苏联大百科全书》（俄文版）第 30 卷，苏联科学院 1937 年版。

A. Burnes, *Travels into Bokhara, Containing the Narrative of a Voyage on the Indus from the Sea to Lahore, with Presents from the King of Great Britain*, Repr, 1973. London, 3Vlos.

A. Vambery, *History of Bokhara from the Earlist Period Down to the Present, Composed for the First Time after Oriental Known and Unknown Historical Manuscrips*, London, 1873.

C. Adle, C. AdleIrfanHabib, *History of Civilizations of Central Asia, V, Development in Contrast from to the Sixteenth to the Mid-nineteenth Century*, UNESCO, 2003.

Edward Allworth, edit, *Central Asia: 130 Years of Russian Dominance, A Historical Overview*, Third Edition, Dubham and London: Duke University Press, 1994.

Encyclopedia of Islam, 1st edition, 4 Vols, Leiden, 1913-1938; 2nd edition, Leiden, 1954-2005 (several indexes to be published until 2007).

The Encyclopaedia of Islam, supplement fascicules 1-2, Leiden,1980.

Eugene Schuyler, *Turkistan: Notes of a Journey in Russian Turkistan, Khokand, Bukhara and Kuldja*, Vol.II, New York, 1876.

F. H. Skrine, E. D. Ross, *The Heart of Asia: A History of Russian Turkestan and the Central Asian Khanates from the Earliest Times*, London, 1899.

Gavin Hambly, edit, *Central Asia*, Dell publishing Co. Inc. New York, 1969.

Geoffrey Wheeler Collection, *The Modern History of Soviet Central Asia*, London: Weidenfelf and Nicolson, 1964.

Geoffrey Wheeler, *The Peoples of Soviet Central Asia*, Manufactured in Great Britain, First published in the U. S. A., 1966.

Gordon Sir T. E., *The Roof of the World being the Narrative of a Journey over the High Plateau of Tibet to the Russian Frontier and the Oxus Sources on Pamir*, London: Edinburgh, 1876.

H. Landsdell, *Russian Central Asia*, 2 Vols, London, 1885.

Ira M. Lapidus, *A History of Islamic Society*, Cambridge University Press, 1988.

L. Dupree, *Afghanistan*, Princeton, 1980.

Meredith B. McGuire, *Religion, the Social Context*, Wadsworth, Inc, U. S. A., 1992.

Mohammed Ayoob, edit, *The Politics of Pan-Islamic Reassertion*, NewYork: St Martin's Press, 1981.

Owen Lattimore, *Pivot of Asia: Sinkiang and the Inner Asian Frontiers of China and Russia*, Boston: Little, 1950.

Robert A. Lewis, edit, *Geographic Perspectives on Soviet Central Asia*, London and New York: Routledge, 1992.

S. A. Quddus, *Afghanistan and Pakistan, a Geopolitical Study*, Lahore: Ferozsons Ltd, 1982.

Sir Henry Howorth, *History of Mongol from the 9th to the 19th Centuries*, London: Longmans, Green, 1927.

The Encyclopedia Britannica, 11th, Cambridge University Press, 1911.

V. V. Barthold, *Four Studies on the History of Central Asia*, Tr. by V. and T. Minorsky, Leiden, 1956.

W. Moorcroft, G. Trebeck, *Travels in the Himalayan Provinces of Hindustan and the Panjab; in Ladakh and Kashmir; in Peshawar, Kabul, Kunduz and Bokhara from 1819-1825*, London, 2Vols, 1837.

W. K. Fraser-Tytler, *Afghanistan: A Study of Political Developments in Central and Southern Asia*, London: Oxford University Press, 1953.

中外译名对照

Abay Kunanbay〔人〕阿拜·库南贝（1845—1904）

Akmolinsk〔地〕阿克莫林斯克

Alash Orda〔专〕阿拉什党

Alma-ata〔地〕阿拉木图

Amanullah Khān〔人〕阿曼努拉·汗

Babrak Karmal〔人〕巴布拉克·卡尔迈勒

Barakat〔专〕巴拉卡特

Barakzay〔王〕巴拉克查依王朝（1826—1973）

Bishkek〔地〕比什凯克

Bolshevik〔专〕布尔什维克

Central Treaty Organization〔专〕中央条约组织

Chkan Valikhan〔人〕措汗·瓦里汗（1835—1865）

Clarendon〔人〕克拉伦登

Daoud Khan〔人〕达乌德

Democratic Republic of Afghanistan〔国〕阿富汗民主共和国（1978—1992）

Dukhovskiy〔人〕杜霍夫斯基

Duma〔专〕杜马

Durrānī Dynasty〔王〕杜兰尼王朝（1747—1826）

Firqat〔人〕费尔恰特（1858—1909）

Habībollāh Khān〔人〕哈比布拉・汗

Hafizullah Amin〔人〕哈菲祖拉・阿明

Hakim-Zadeh〔人〕哈吉穆・扎德（1889—1929）

Ibrahim Altynsam〔人〕伊布拉希姆・阿尔提萨伊（1841—1889）

Isatay Taymanov〔人〕伊萨泰・泰曼诺夫

Isbîjab〔地〕白水城

Ismail Bey Gaspirali〔人〕伊斯迈尔・贝依・伽斯皮拉里（1851—1914）

Jadid〔专〕扎吉德（意为新的）

Kenesari Kasymov〔人〕肯尼萨尔・卡西莫夫汗

Kirghizian Soviet Socialist Republic〔国〕吉尔吉斯苏维埃社会主义共和国

Kitab〔地〕基塔布城

Kushka〔地〕库什卡

Madali〔人〕穆罕默德・阿里・马达里

Mahambet Utemisov〔人〕马哈姆别特・乌捷米斯诺夫

Mahmud Tarzi〔人〕马赫迈德・塔尔齐

Menshevik〔专〕孟什维克（俄语意为少数派）

Mohammad Nader〔人〕穆罕默德・纳迪尔

Mohammad Najibullah〔人〕纳吉布拉

Mohammad Zahir〔人〕穆罕默德・查希尔

Muhammad Wali Khān〔人〕穆罕默德・瓦里・汗

Naryn〔地〕纳伦城

Non-Aligned Movement〔专〕第三世界不结盟运动

North Atlantic Treaty Organization〔专〕北大西洋公约组织

Nur Mohammad Taraki〔人〕塔拉基

Oblast〔专〕区

Okrug〔专〕区

Pashtunistan〔地〕普什图尼斯坦

People’s Democratic Party〔专〕人民民主党

Przhevalsk〔地〕普尔热瓦尔斯克

Pyotr Stolypin〔人〕斯托雷平（1906—1911）

Republic of Afghanistan〔国〕阿富汗共和国（1973—1978）

Semipalatinsk〔地〕塞米巴拉金斯克

Seyyid Jacoob〔人〕赛亦德·雅古布

South-East Asia Collective Defence Treaty Organization〔专〕东南亚集体防务条约组织

Tajik Soviet Socialist Republic〔国〕塔吉克苏维埃社会主义共和国

The Islamic State of Afghanistan〔国〕阿富汗伊斯兰国

The Republic of Kazakhstan〔国〕哈萨克斯坦共和国

The Republic of Kirgizstan〔国〕吉尔吉斯斯坦共和国

The Republic of Uzbekistan〔国〕乌兹别克斯坦共和国

Tokmak〔地〕托克马克

Tselinograd〔地〕切利诺格勒市（原阿克莫林斯克市）

Turgaj〔地〕图尔盖

Ural’sk〔地〕乌拉尔斯克

Vrevskiy〔人〕伏列夫斯基将军（1889—1898）